Siegfried Schmidt-Joos, 1936 in Gotha geboren, studierte in Halle/S. und Frankfurt/M. Germanistik, Philosophie und Musikwissenschaft. Von 1959 bis 1968 war er Musikredakteur bei Radio Bremen, lieferte Jazz- und Rock-Sendungen für so gut wie alle deutschen Sender und produzierte beim WDR die ARD-TV-Sendung «Swing-in» (1965–68). Von 1968 bis 1978 gehörte er der Kulturredaktion des Nachrichtenmagazins ‹Der Spiegel› an, war von 1979 bis 1987 Abteilungsleiter für «Leichte Musik» im RIAS, anschließend in gleicher Funktion beim Sender Freies Berlin, wo er bis 2001 das Abendprogramm des Stadtradios 88acht leitete. Zu seinen zahlreichen Publikationen als Autor und Herausgeber gehören ‹Geschäfte mit Schlagern› (1960), ‹Jazz – Gesicht einer Musik› (1961), ‹Das Musical› (1965) sowie ‹Idole›, eine neunbändige Buchserie über die Stars der Popmusik (1984–87). Er ist Initiator und Autor (mit Barry Graves) des erstmals 1973 im Rowohlt Taschenbuch Verlag erschienenen ‹Rock-Lexikons›, derzeit zwei Bände (rororo 16352 und 16353).

Wolf Kampmann, 1962 in Zwickau geboren, absolvierte eine Ausbildung zum Wissenschaftlichen Bibliothekar. Seit 1990 arbeitet er freiberuflich als Musikjournalist, schreibt regelmäßig für diverse Tageszeitungen, Zeitschriften, Musikmagazine über Jazz, Rock, Pop und gestaltet Sendungen für Radiostationen. Seine CD-Produktionen *Chicago2018: It's Gonna Change* (2000) und *Red And Blue: Neither Nor Way* (2001) wurden international stark beachtet. Veröffentlichung: ‹Canbox: Book› (1998).

Barry Graves, 1946 in White Plains, New York, geboren, kam 1964 als Stipendiat nach Berlin und studierte an der Freien Universität Betriebswirtschaft, Soziologie und Publizistik. 1966/67 inszenierte er mit Studentengruppen die ersten psychedelischen Rock-Shows im deutschsprachigen Raum und produzierte von 1969 an für den RIAS Radioserien, die multimediale Avantgarde-Literatur, Rock, Sound-Effekte und elektronische Manipulationen verbanden. Mehrere Jahre moderierte er im WDR eine Musik-Talkshow, gestaltete Dokumentarfilme, verfaßte Fernsehspiele und schrieb über Musik, Film und Lifestyle-Themen. In den Jahren vor seinem Tod 1994 berichtete er über die anglo-amerikanische Musikszene vor allem für Radio Bremen und den Sender Freies Berlin. Buchpublikationen: ‹Elvis – King der verlorenen Herzen› (1985), ‹Vicky und Nicky› (Roman, 1987).

Bernward Halbscheffel, 1953 in Oelde, Westfalen, geboren, studierte an der Freien Universität Berlin Musikwissenschaft, Vergleichende Musikwissenschaft und Publizistik. 1982 bis 1987 war er Musikredakteur im Feuilleton des ‹Tagesspiegel›, schloß 1988 sein Studium ab und arbeitete als Redakteur in einer Technik-Redaktion. Seit 1991 ist er freier Publizist. Er beteiligte sich an den Anthologien ‹Rock in den 70ern›, herausgegeben von Tibor Kneif (1980), ‹Bremer Jahrbuch für Musikkultur› (1995), ‹Semantische Inseln – Musikalisches Festland› (1997). Außerdem überarbeitete er das von Tibor Kneif 1978 veröffentlichte ‹Sachlexikon Rockmusik› (rororo 16334, Reinbek 1992).

POP-LEXIKON

Siegfried Schmidt-Joos
Wolf Kampmann

Unter Mitarbeit von Barry Graves
und Bernward Halbscheffel

Rowohlt Taschenbuch Verlag

Redaktion Wolfgang Müller, Andreas Feßer
Umschlaggestaltung Cordula Schmidt
(Foto: APPLY PICTURES / PHOTOSELECTION
Hilaneh von Kories GmbH, Jens Boldt)

Originalausgabe
Veröffentlicht im Rowohlt Taschenbuch Verlag
GmbH, Reinbek bei Hamburg, Januar 2002
Teilen dieser Ausgabe liegt das
1973 im Rowohlt Taschenbuch Verlag erschie-
nene und 1998 vollständig überarbeitete zwei-
bändige ‹Rock-Lexikon› zugrunde
Copyright © 1973, 1975, 1990, 1998, 2002 by
Rowohlt Taschenbuch Verlag GmbH, Reinbek
bei Hamburg
Satz Minion PostScript PageOne
Gesamtherstellung Clausen & Bosse, Leck
Printed in Germany
ISBN 3 499 61114 7

INHALT

Während ich dies schreibe, flimmert «Tribute to the Heroes» über den Bildschirm, das zweistündige Benefiz-Programm der amerikanischen und englischen Pop-Elite für die Angehörigen der bei den Rettungsarbeiten am World Trade Center umgekommenen Feuerwehrleute und Helfer, die bislang gewaltigste TV-Livesendung ihrer Art. In 156 Ländern wird sie ausgestrahlt, knapp 250 Millionen Dollar werden erlöst.

Die Welt trauert, die Emotionen liegen bloß, und Popmusiker drücken sie aus. Solidaritätsstiftend und zu Herzen gehend die Lennon-Zeile «You may say I'm a dreamer, but I'm not the only one» (*Imagine*) in der Interpretation von Neil Young. Ein Popsong als Konzentrat dessen, was Menschen fühlen: Wenn es noch eines Beweises bedurft hätte, daß die Welt mit Pop eine universale musikalische Sprache gefunden hat – dieses TV-Ereignis hätte ihn erbracht. Stars wie Stevie Wonder, Mariah Carey, Jon Bon Jovi, Billy Joel oder Sting traten auf. In diesem Buch werden sie neben vielen anderen vorgestellt.

Als wir vor nun genau dreißig Jahren das ‹Rock-Lexikon› starteten, galten Rock & Pop mit all ihren Vorläufern und Stilmischungen als Jugendmusik. Daß sie generationsübergreifend zum musikalischen Ausdrucksmittel einer weltumspannenden Informationsgesellschaft werden würden, war damals so wenig vorauszusehen, wie ich selbst ahnte, daß dieses Buch als ‹work in progress› zu einer Art Lebenswerk werden würde.

Barry Graves, 1994 verstorben, war bis zur ‹Rock-Lexikon›-Ausgabe von 1990 mein Partner. An der ein weiteres Mal erweiterten und aktualisierten Fassung von 1998 hat Bernward Halbscheffel entscheidend mitgewirkt. Wer seine Kenntnisse in Rock-Geschichte vertiefen möchte, wem in diesem Buch große Namen zu fehlen scheinen, wer zu Sachbegriffen stichhaltige Erklärungen sucht, sei nachdrücklich auf die beiden Bände des ‹Rock-Lexikons› verwiesen. Mit dem ‹Pop-Lexikon› haben Wolf Kampmann und ich uns aufs Aktuelle konzentriert. Künstler mit abgeschlossenen Karrieren wurden nur dann aufgenommen, wenn die Popmusik von heute ohne ihre Pionierarbeit nicht zu denken und zu deuten wäre.

Der Strom ist breiter geworden, der Begriff Pop umfassender als Rock. Neue Stilformen von Rap und Hip Hop bis House, Ambient, Lo-fi oder Industrial wurden einbezogen und der Mainstream mit seinen Boy Groups und Teenie Girls nicht ausgegrenzt. Auch den Pop-Größen haben wir uns mit Skepsis und Ironie genähert, gründlich recherchierte Fakten mit vielfach brillanten, oft hemmungslos subjektiven Zitaten aus der internationalen Publizistik verbunden und vor allem Wert auf Lesbarkeit gelegt.

Unsere Meinung, so hatte es Barry Graves für das ‹Rock-Lexikon› gefordert, sollte nicht die alleinseligmachende sein. Wir wollten bewußt den Konflikt, den Zwiespalt, den Widerspruch um ein Ensemble oder einen Sänger deutlich werden lassen, damit die Lektüre facettenreich bleibt und der Leser die Chance hat, sich eine eigene Meinung zu bilden. Mit einer Gesamtauflage des ‹Rock-Lexikons› von knapp einer halben Million Exemplaren und dem ‹Spiegel›-Prädikat «ein bahnbrechendes Standardwerk» steht das ‹Pop-Lexikon› in einer guten Tradition.

Berlin, im Herbst 2001   *Siegfried Schmidt-Joos*

Wo ist Gary Moore? Wo sind The Corrs, Goldfrapp, Rio Reiser und White Zombie? Dies ist ein Pop-Lexikon, und doch ist es zugleich viel mehr und viel weniger als das. Was ist es dann? Wir nähern uns einer der Antwort mit ein paar grundlegenden Überlegungen zum Thema Pop im neuen Jahrtausend.

Die Funktion der Musik hat in der westlichen Gesellschaft einen essentiellen Wandel erfahren. Bis in die achtziger Jahre hinein war Musik, egal welcher Prägung, ein Phänomen, auf das man bewußt zugreifen mußte. Um bestimmte Platten zu kriegen, mußte man oft lange Wege zurücklegen, im Osten weit längere als im Westen. An weniger bekannten oder exotischen Musikrichtungen teilzuhaben gestaltete sich ungleich schwieriger als heute, denn niemand entdeckte sie uns. Die Schallplatte und das Tonband waren als Speichermedien stets mit einem gewissen Aufwand und unvermeidlicher physischer Abnutzung verbunden. Spartenradio gab es nicht. Statt dessen wurden am Nachmittag im Jugendprogramm ein bis zwei Stunden Pop gespielt. Man kannte die Moderatoren und wußte, was man von ihnen erwarten konnte. Am späten Abend konnte man mit ein bißchen Glück ein mehrstündiges Feature zu einem Thema, einem Künstler oder einer Band hören.

Mit der Anpassung unseres Alltags an die Umwandlung der Gesellschaft in ein gigantisches Medien-Netz und der Verdrängung gelebter Wirklichkeit durch eine virtuelle Realität hat sich auch unser Verhältnis zur Musik einschneidend verändert. Spätestens seit Einführung von MTV ist Pop zu einer Art Soundtrack für Videoclips mutiert. Die visuellen Assoziationen zu einem bestimmten Stück oder einer ganzen Musikrichtung werden mit fertigen Bildern vorgegeben. Durch unmittelbare optische Anschauung werden nicht nur Marketing-Kanäle geöffnet, sondern auch Verhaltensweisen antizipiert. Da war es nur noch ein kleiner Schritt, Musik auch im Alltag zum Soundtrack zu funktionalisieren. Wir leben nicht mehr mit den einst unausweichlichen Geräuschen der uns umgebenden Menschen, Bäume, Tiere, Autos, sondern schaffen uns via Walkman unsere eigene, individuell genehme Klangumgebung. Egal, ob man ins Café oder in den Supermarkt geht, ob man im Flugzeug sitzt oder im Wartezimmer beim Arzt, im Autohaus wie an der Würstchenbude wird man in Musik eingetaucht. Autos fahren an uns vorüber und werfen wummernde Fetzen aus ihren weit aufgedrehten Stereoanlagen nach erschreckten Gestalten am Straßenrand. Wir müssen nicht mehr nach der Musik suchen, sondern finden sie allenthalben. Nicht nur Ambient ist Ambient, sondern jede Szene und Subszene schafft sich ihr eigenes Klangmilieu. Um diesem jeweiligen Mikroklima auch stets gerecht zu werden, wurde Anfang der neunziger Jahre der Beruf des Produzenten erheblich aufgewertet. Es geht nicht mehr nur um die genuinen Ausdrucksweisen einer Band, sondern vor allem auch um einen Weg, den Anforderungen des Marktes gerecht zu werden. Freilich hat schon Miles Davis über derartige Tendenzen in den Sechzigern geklagt. Motown oder Pye Records beschäftigten Produzenten, die einen spezifischen Label-Sound bedienten. Aber viel stärker als damals haben Produzenten wie Butch Vig oder Andy Wallace (dies nur zwei prominente von unzähligen Beispielen) ein eigenes, persönliches Vokabular entwickelt, das sie problemlos jeder Band aufdrücken können. Nicht selten stehen die Namen der Produzenten fetter im Booklet einer CD als die der beteiligten Musiker, manchmal sollen sogar Sticker auf der CD-Hülle dazu dienen, die Aufmerksamkeit auf den Produzenten zu lenken. Die Musiker, also die eigentlichen Erfinder der Musik, werden zu Handwerkern degradiert, die ihre Stücke in die Hände eines Visionärs geben, der sein Ohr am Zeitgeist hat.

Ein exemplarisches Beispiel für die Vereinnahmung junger Bands durch den erbarmungslosen Zugriff des Marktes war die Erfolgskurve der letzten genuinen Äußerung des Rock, des Grunge. Eine Handvoll Bands in Seattle, allen voran Mudhoney, Soundgarden, die Screaming Trees, Temple Of The Dog, aus denen später Pearl Jam wurden, Jack Endino und die jungen Nirvana, hatten einen Sound gefunden, mit dem sie ihre Frustrationen in Songs kanalisieren konnten. Indem die Welt nicht von einer rosa Synthie-Wolke aus besungen wurde, sondern dreckige Gitarrenriffs von existentiellen Problemen junger Menschen kurz vor der Jahrtausendwende kündeten, schuf sich Grunge binnen kurzem eine riesige Anhängerschar nicht nur in Amerika. Der Rock 'n' Roll hatte sich ein letztes Mal auf sein räudiges Protest-Potential besonnen.

Diese seit den frühen Tagen des Punk unerreichte «street credibility» blieb den großen Medien und Plattenfirmen natürlich nicht verborgen. Frust wurde als partykompatibler Lifestyle promotet, Grunge zum weltweiten Schlagwort und Nirvana zu den neuen Beatles erhoben. Seattle war plötzlich Kulisse zahlreicher Hollywood-Filme. Durch die Werbespots für Kosmetikartikel, Sportwagen und coole Drinks geisterten hagere Langhaartypen mit Ziegenbärten, Flanellhemden und Wollmützen. Aus ehrlichem Protest und offen eingestandener Hilflosigkeit wurde ein gut verwerteter Markenartikel, bis sich Kurt Cobain die Flinte in den Mund steckte und abdrückte. Das Wort vom Ausverkauf des Grunge machte ebenso schnell die Runde wie zuvor der Name selbst. Nur schrien die am lautesten vom Ausverkauf, die als erste die Ideale des Grunge zu Markte getragen hatten. Egal, um welche musikalische Richtung es sich handelt, sowie sie die Potenz zur Massenwirksamkeit hat, wird sie zum Spielball der Medienindustrie.

Ähnlich verhielt es sich Anfang der Neunziger mit dem Hip Hop nach den L. A. Riots. Musik als Katalysator des Lebensgefühls einer Minderheit wird zur Schablone des gesellschaftlichen Umgangs einer durch Manipulation zusammengeschweißten Mehrheit. Pop als funktionaler Dispatcher des urbanen Alltags, der sich längst nicht mehr auf Musik beschränkt, aber ohne Musik nicht mehr denkbar wäre.

Bei der weltweit fortschreitenden Marktanpassung von Idealen und Spielhaltungen darf jedoch nicht übersehen werden, daß gerade die Pop-Kultur ein sensibler Seismograph gesellschaftlicher Entwicklungen ist. Wir stehen unmittelbar vor einer neuerlichen Wende von Pop als Ausdruck der ultimativen Spaßgesellschaft zu einer Musik als Forum scharfer sozialer Auseinandersetzungen, die nicht mehr auf die Metropolen des Westens beschränkt bleiben. Seattle, Prag, Göteborg und Genua haben weltweit Verständnislosigkeit und Ohnmacht gegenüber Globalisierung und Wachstumswahnsinn in offenen Aufruhr verwandelt. Die aktuelle Bewertung dieser Proteste durch die Medien wird der Zeit genausowenig standhalten wie einst die öffentliche Einschätzung der Studentenunruhen in den späten Sechzigern. Feindbilder, seit dem Fall des Eisernen Vorhangs geschickt verschleiert, werden wieder greifbar, Protest erhält wieder eine Zielrichtung. Davon wird Pop in all seinen Ausprägungen keinesfalls unberührt bleiben. Noch ist es zu früh, diese Bewegung zu dokumentieren, aber es wird spannend zu beobachten sein, auf welchen Kanälen dieser Protest Einzug in die Populärkultur finden wird. Doch das ist Zukunftsmusik.

Hinter uns liegt eher eine Periode der Aufweichung und Verwirrung. Wie weit diese gehen können, zeigt sich an der Entwicklung von Begriffen wie «independent» oder «alternative». «Independent» stand einst für all jene Gruppen, die ihre Platten auf kleinen unabhängigen Labels veröffentlichten wie Sub Pop in Seattle, SST in Los Angeles, Alternative Tentacles in San Francisco oder Mute in London, um nur einige zu nennen. Viele Bands, die von diesen Labels aufgebaut wurden, konvertierten früher oder später ins sogenannte Major-Lager, also zur Industrie. Wurde diese Tendenz anfangs noch als Verrat gebrandmarkt, gewöhnte man sich jedoch schnell daran und pflegte die ehemals unabhängigen Gruppen weiterhin als Indie-Bands zu bezeichnen. Schließlich wurden sogar jene Gruppen als «independent» vermarktet, die von Anfang an auf Major-Labels veröffentlichten, wie zum Beispiel Pearl Jam.

Da junge Menschen stets nach Alternativen zum etablierten Lebensstil suchen, fand sich auch in dem Euphemismus «alternative» ein handfestes Schlagwort, um Jugendliche härteren Gitarrenrock schmackhaft zu machen. Als die Alternative selbst zum Mainstream wurde, hielt man an diesem Begriff fest. Das Internet hat nun die Verwirrung aller Begrifflichkeiten und Abgrenzungen ins Unermeßliche gesteigert. Mittlerweile gibt es keine Information mehr, die nicht zugänglich wäre. Der Markt hat sich ins Netz verlagert. Dagegen ist zunächst nichts zu sagen, denn mit einer Liberalisierung des Musikkonsums durch den Direktzugriff des interessierten Kunden im Internet haben Zwerg-Labels dieselbe Chance wie Giganten. Viele Musiker brauchen gar kein Label mehr, sondern können ihre Veröffentlichungen individuell über das World Wide Web an den Mann bringen. Im Internet sind nicht nur die Homepages aller nur denkbaren Musiker und Plattenfirmen abrufbar, man kann sich auch fast jedes Stück Musik «downloaden». Der Vielfalt der Musik kann das nur zuträglich sein, denn niemand ist mehr darauf angewiesen, Informationen über den Äther oder Printmedien ins Haus zu holen. In Amerika gibt es Bands, die nur über das Internet zu Superstars geworden sind. In Europa sind wir noch nicht so weit, aber auch hier setzt der Trend einer Auflösung der Genres ein.

Dennoch ist Vorsicht geboten. Die immer größere Selbstverständlichkeit, mit der wir auf Musik zugreifen können, beeinflußt auch unsere Wahrnehmung. Pop wird immer mehr zur Nebensache, zur Verpackung, zum Gimmick unseres Konsums, zum Grundrauschen des alltäglichen Lebens. Mit der Egalisierung der Kategorien und der lange überfälligen Überwindung kommerzieller Hierarchien setzt auch eine unvermeidliche Gleichgültigkeit ein. «Anything goes» war eine Formel, die bereits in den siebziger Jahren griff. Heute wird es immer schwerer, mit Musik zu provozieren. Und doch gibt es immer wieder Künstler, die aus diesem Prinzip ausbrechen und populäre Ansätze mit kreativen und innovativen Grundsätzen verbin-

den. So konvertierten zahlreiche Punk-Stars, allen voran der einstige Dead Kennedys-Shouter Jello Biafra und die Punk-Clowns Ween, zur Country Music, um ihre giftigen Pfeile unmittelbar ins Herz der amerikanischen Befindlichkeit abzuschießen. Anders herum covert Country-Legende Johnny Cash auf seine alten Tage Songs von Nick Cave, Danzig, U 2, den Palace Brothers und Soundgarden. Die Lo-fi-Bewegung, an deren Spitze Beck, die Palace Brothers, Smog oder Folk Implosion stehen, setzt mit ihren nicht selten auf einem Kassettenrecorder aufgenommenen Alben einen bewußten Kontrast zur aufgeblasenen Perfektionshysterie der großen Plattenfirmen.

Erstaunlicherweise berufen sich sowohl die Lo-fi-Helden wie auch die Protagonisten der Grunge-Szene auf Musiker wie Iggy Pop und Neil Young, die ihrerseits wieder die Impulse ihrer späten Jünger aufnehmen. Die Ex-Punks der Jon Spencer Blues Explosion gehen mit dem steinalten Delta Blues-Barden R. L. Burnside ins Studio, der daraufhin ein Album aufnimmt, auf dem er die klassische Rhythmusgruppe durch einen DJ ersetzt. Die Neo-Folk-Band Wilco trifft sich mit dem englischen Politrocker Billy Bragg, um Woody Guthrie zu huldigen, die vor allem unter Jugendlichen beliebte Singer/Songwriterin Ani DiFranco trifft sich mit dem uralten Union-Singer Utah Phillips und initiiert eine spektakuläre Guthrie-Tribute-Aktion. Und überall schießen die Hank Williams-Coveralben aus dem Boden. Traditionslinien und generationsübergreifende Dialoge werden offenbar, die vor kurzem noch nicht denkbar gewesen wären.

Doch die Querverbindungen gehen noch weiter. Der politisch korrekte Hardcore-Vulkan Henry Rollins vergleicht seine Band nicht etwa mit den Sex Pistols oder Dead Kennedys, sondern mit dem Mahavishnu Orchestra und tritt in seiner Freizeit mit Free Jazz-Pionieren wie Matthew Shipp, Charles Gayle und Rashied Ali auf. Sonic Youth, die maßgeblich dazu beigetragen haben, Noise Rock hoffähig zu machen, treten nicht nur mit dem New York Art Quartet auf, sie covern auch auf einer Doppel-CD, mit der sie das 20. Jahrhundert verabschieden, Stücke von John Cage, Christian Wolff, Steve Reich und Pauline Oliveros. Karlheinz Stockhausen wird plötzlich zum Überhelden der New Yorker Dance-Szene, Steve Reich geht Kollaborationen mit DJ Spooky, Howie B. und anderen Clubgeistern ein und bezeichnet sich offen als deren Schüler. Die deutschen Rock-Dinosaurier Can lassen sich von The Orb, Sonic Youth, Westbam und weiteren Klangneuerern remixen. Ausgerechnet der rebellische Sonic Youth-Drummer Steve Shelley reediert auf seinem Lo-fi-Label Smells Like Records sämtliche Alben des amerikanischen Pop-Entertainers Lee Hazlewood. Und der zu Lebzeiten außerhalb Frankreichs kaum wahrgenommene Chansonnier Serge Gainsbourg wird plötzlich genreübergreifend zur Ikone einer ganzen Musikergeneration und zum meistgecoverten Songschreiber 2001.

Die Grenzen zwischen Avantgarde und Mainstream, zwischen Vision und Tradition sind fließend geworden. Und das um so mehr, als zahlreiche Zusammenhänge erst unter der Oberfläche hergestellt werden. Wo der durchschnittliche Disco-Besucher oder Pop-Konsument ein langes Gesicht und spitze Finger machen würde, wenn ihm ein Stück Jazz oder Neue Musik unterkäme, wird er im alltäglichen Pop ständig mit Samplings konfrontiert, deren Herkunft ihm oft unbekannt ist. Doch ermutigt durch Brian Eno haben DJ Spooky und andere Protagonisten der Postmoderne im Pop die Sensibilität für die Vielfalt der Quellen geschärft. Die Musikgeschichte ist eine gigantische Bibliothek, so das Postulat DJ Spookys. Es macht überhaupt keinen Unterschied, ob man auf eine Sinfonie von Beethoven, ein Stück Gamelanmusik, ein Saxophonsolo von Pharoah Sanders oder irgendeine beliebige Quelle aus Rock und Pop zurückgreift. Die Noise-Rabauken der avantgardistischen New York Downtown-Szene fühlen sich vom Pop-Mainstream ihrer Botschaften beraubt, sind darüber aber in keiner Weise sauer und sichten neues Terrain.

Der Begriff Pop gilt landläufig als Synonym für die Top 40. Ihm haftet der Makel des Trivialen, des allein aus kommerziellem Kalkül Generierten, des Unlebendigen an. Gern werden der vermeintlichen Beliebigkeit des Pop die inhaltliche und künstlerische Dimension des Jazz oder die soziale und politische Relevanz von Weltmusik entgegengesetzt. Doch ist nicht gerade der Jazz selbst nur eine auf Abwege geratene Form der Populärkultur? Der gesamte Standard-Fundus des Jazz geht auf den Pop der vierziger und fünfziger Jahre zurück. Und der von Herbie Hancock postulierte New Standard baut auf die Erfahrung von Joni Mitchell bis Nirvana. Sind nicht die meisten Erscheinungsformen der unter dem Dachbegriff Weltmusik zusammengefaßten musikalischen Ethnien in ihrem konkreten Kontext Pop? Ja, war nicht selbst der größte Teil der klassischen Musik seinerzeit Pop? Wären wir konsequent, müßten wir mit unserem Pop-Begriff bis zu den Troubadours zurückgehen.

Wir haben uns lange schwergetan, diesem Buch einen Titel zu geben. Es nimmt Ansätze und Artikel des ‹Rock-Lexikons› auf, führt dessen Tradition weiter und dehnt sich doch in völlig andere Bereiche aus. So schwer es ist, den Begriff Rock zu fassen – Barry Graves wies darauf in seiner Einleitung zum ‹Rock-Lexikon› hin –, so eindeutig ist doch, daß sich sämtliche Künstler aus den Bereichen Hip Hop, Drum 'n' Bass, Ambient und Dance nicht darunter subsumieren lassen. Nach endlosen Grübeleien und unzähligen, schnell verworfenen Geistesblitzen entschieden wir uns für das simple ‹Pop-Lexikon›. Erste Telefonate mit Musikern ergaben eine deutliche Unsicherheit mit der Besetzung dieses Begriffes. Wir sind aber nicht kommerziell, war eine Bemerkung, die wir immer wieder hörten. Aber unter welcher Formel sollten wir Fettes Brot, Deep Purple, Cher, Woody Guthrie, Ice-T, DJ Spooky, Black Flag, Hank Williams, Prince, Serge Gainsbourg, Beck, Paul Weller und Napalm Death zusammenfassen, wenn nicht unter Pop?

Es geht uns im ‹Pop-Lexikon› nicht darum, den kommerziell besetzten Pop-Begriff zu bedienen oder aufzufrischen, sondern um einen möglichst repräsentativen Überblick über die Populärmusik der letzten 50 Jahre. Wir verstehen Pop nicht als musikalischen Stil oder Trend, sondern als Sammelbegriff für eine Vielzahl musikalischer Richtungen von Country, Folk, Blues, Rock 'n' Roll, R & B und Soul über Funk, Beat, Hard Rock und Heavy Metal in all seinen Spielarten, Reggae, Ska, Gothic, Punk und Hardcore, Alternative, Grunge und Crossover bis Lo-fi, Hip Hop, House, Acid Jazz, Industrial, Techno, Drum 'n' Bass, Post Rock und Ambient. Eine klare Abgrenzung zwischen diesen Bereichen läßt sich nur bei den wenigsten Künstlern vornehmen. Auch wollten wir uns davor hüten, in die Falle voreiliger Kategorisierungen zu stolpern, die vielleicht morgen nicht mehr zutreffend sind. Die Begriffswelt ist außerordentlich schnelllebig, und Beispiele wie Cool Jazz, Beat oder Rhythm & Blues zeigen uns, wie oft und schnell allgemein verbindliche Festlegungen, Definitionen und Zuordnungen sich verschieben. Jeder Leser dieses Buches hat seine eigene Vorstellung davon, was Pop bedeutet, und jeder hat auf seine Weise recht, wie auch die beiden Autoren sich in ihrer Sicht auf das weite Feld des Pop eher ergänzten als übereinstimmten. Allerdings näherten sich unsere Standpunkte während der Arbeit immer weiter an, bis wir zu guter Letzt mit viel Vergnügen einen einzigen gemeinsamen Artikel schrieben.

Der Begriff Lexikon setzt ein bestimmtes Maß an Vollständigkeit voraus. Das ist kaum oder nur mit riesigem Aufwand zu erreichen. Deshalb beschränken wir uns auf exemplarische Beispiele aus der Pop-Geschichte, die wir ausführlicher behandeln, um Mechanismen und Verhaltensweisen in der Welt des Pop transparent zu machen. Wir sind uns der Gefahr bewußt, daß jeder, der dieses Buch in die Hand nimmt, zunächst nach seinem Lieblingsmusiker suchen und, wenn er diesen und auch einen weiteren nicht findet, das Buch enttäuscht oder fluchend wieder aus der Hand legen wird. An dieser Stelle verweisen wir auf das ‹Rock-Lexikon›. Es macht wenig Sinn, Hunderte von Artikeln, die bereits vorliegen, in alle Ewigkeit mitzuschleppen. Die Herausforderung dieses Buches bestand für uns gerade darin, uns dem Ungeist der Sparte entgegenzustellen. Niemand wird im ‹Pop-Lexikon› eine vollständige Aufzählung aller Hard Rock-, Hip Hop- oder Dance-Acts finden. Um es noch einmal zu betonen, es geht um exemplarische Beispiele. So machte es für uns wenig Sinn, den Artikeln zu Deep Purple, Led Zeppelin und Black Sabbath auch noch jenen über Uriah Heep hinzuzufügen.

Kommerzieller Erfolg und die Popularität bei der Vorbereitung dieses Buches waren untergeordnete Beweggründe für die Aufnahme eines Interpreten oder einer Band. Viel wichtiger ist die Frage, welchen Beitrag der entsprechende Künstler zu Geschichte und Entwicklung des Pop geleistet hat. Ein Musiker wie Nick Drake war niemals sonderlich erfolgreich, hat aber so viele Künstler zu eigenen genuinen Äußerungen inspiriert, daß

er für uns unverzichtbar war. Sicher können die Meinungen darüber, was «innovativ» bedeutet, weit auseinandergehen. Die Liste der Namen, die uns ursprünglich vorschwebte, war dreimal so lang wie die der tatsächlich geschriebenen Artikel. Bis zum Schluß schoben wir Namen hin und her, wogen ab, schlossen zu spät bemerkte Lücken und trennten uns schweren Herzens von eigenen Lieblingsmusikern. Ist es wirklich gerecht, Bands wie die Butthole Surfers oder die Bad Brains aufzunehmen, während wir andere, die Millionen und Abermillionen verkauften, unberücksichtigt lassen? In vielen Fällen können wir auf die Frage, warum dieser und nicht jener, nur entgegnen, daß wir uns entscheiden mußten.

Fürwahr, keine befriedigende Antwort. Nur sahen wir den Sinn dieses Lexikons von Anfang an nicht in enzyklopädischer Vollständigkeit, sondern darin, das Phänomen Pop als Lebens- und Ausdrucksform, die von der Mitte des 20. Jahrhunderts ins neue Jahrtausend führt, in seiner aufregenden Vielfalt zu dokumentieren. Das entscheidende Kriterium war am Ende die Frage der Relevanz eines Künstlers für unsere Zeit.

Besonders brisant wurde die Auswahl deshalb in Fällen von Musikern oder Sängern, die lange tot sind, und Bands, die sich vor Jahren aufgelöst haben. Wie wichtig sind Robert Johnson, die Doors, Grateful Dead, Frank Zappa, Jimi Hendrix wirklich für das 21. Jahrhundert? Verdeckt nicht die Nostalgie-Brille den tatsächlichen Sachverhalt? Können wir uns von bestimmten Künstlern nur deshalb nicht trennen, weil wir mit ihnen prägende Erinnerungen verbinden? Oder halten wir sie deshalb für irrelevant, weil sie seinerzeit eher belächelt wurden? Wie innovativ waren ABBA und die Bee Gees wirklich? Auch an diesem Punkt scheiden sich die Geister.

Ein weiteres Auswahlkriterium bestand in der Verfügbarkeit von Informationen. Speziell deutsche Bands sind sehr geizig mit sachdienlichen Details ihrer Biographien. Ihre Homepages sind oft kryptisch, und im persönlichen Gespräch drücken sie sich um konkrete Aussagen. Die Angst vor Festlegungen und Mißverständnissen ist in Deutschland weit stärker ausgeprägt als im angloamerikanischen Raum. Andere Bands und Musiker sind trotz enormen Erfolgs und deutlicher individueller Akzente noch zu kurz im Geschäft, als daß sich Biographien aufzeichnen ließen, die über die Fertigstellung eines ersten Albums hinausgingen.

Das Angebot der Medien, die sich weltweit unter ganz unterschiedlichen Gesichtspunkten mit dem Phänomen Pop auseinandersetzen, ist absolut unüberschaubar geworden. Für uns verband sich damit der Vorteil, auf eine Unzahl von Quellen zurückgreifen zu können. Doch der Teufel steckt wie so oft im Detail. Natürlich konnten wir nur die wenigsten Themen aus unmittelbarer Erfahrung bearbeiten, sondern mußten uns in der Regel einer Vielzahl von Quellen bedienen. Das Problem der Recherche bestand weniger darin, in ausreichendem Maß biographische und diskographische Einzelheiten herauszufinden, als in der Fülle vorliegender Informationen die bedeutsamen von den unbrauchbaren zu trennen. Das beginnt bei der Schreibweise von Namen, die nicht selten von Artikel zu Artikel, von Home- zu Fanpage, von einer Enzyklopädie zum nächsten Lexikon wechselt. Nicht wenige Künstler ändern auch selbst ihren Namen, manche sogar mehrfach. Geburtsdaten klaffen auseinander, Zusammenhänge werden aus der Retrospektive anders bewertet als aus dem unmittelbaren Erleben.

Fehler, die sich einmal eingeschlichen haben, werden wie ein Virus über Jahre und Jahrzehnte von einem Medium zum nächsten weitergeschleppt. Daher kann man sich nicht einmal auf das Mehrheitsprinzip verlassen. Manchmal hat ein einzelner recht, während hundert andere das Falsche abgeschrieben haben. Die Künstler direkt zu befragen macht oft wenig Sinn, weil viele von ihnen Gedächtnislücken haben, es mit der Wahrheit nicht so genau nehmen oder aus Imagegründen bewußt Legenden verbreiten. Wir waren daher oft gezwungen, selbst abzuwägen, für welche Fakten, Zusammenhänge oder Einschätzungen wir uns entscheiden.

Bei den Diskographien stießen wir gleich auf einen ganzen Komplex von Schwierigkeiten. Waren Gruppen und Musiker in den zurückliegenden Jahrzehnten immer schön brav für eine gewisse Zeit bei einem weltweit vertriebenen Label unter Vertrag, bis sie zum nächsten Label wechselten, so neigen sie mittlerweile dazu, für jedes Land oder jeden Großraum separate Verträge abzuschließen. Ein und dieselbe Platte erscheint zu völlig verschiedenen Zeitpunkten mit unterschiedlichen Titeln auf unterschiedlichen Labels. Eine Erstveröffentlichung präzise auszumachen wird hierdurch deutlich erschwert. Bei erfolgreicheren Gruppen stellte sich dazu noch das Problem ein, daß ihr Back-Katalog von einem Major-Label gekauft wird und sich die Spuren der originalen Editionen schnell verwischen. So kommt es teilweise zu äußerst widersprüchlichen Angaben. Hinzu kommen weitere Unsicherheitsfaktoren. Verschiedene Bands haben neben ihren offiziellen eine Reihe autorisierter inoffizieller Veröffentlichungen. Bootlegs auf nicht immer ganz seriösen Labels werden nachträglich zu regulären Alben erhoben, bereits angekündigte Alben werden wieder zurückgezogen, geistern jedoch als sogenannte Weißpressungen dennoch auf dem Markt herum und vieles mehr. Wieder andere Künstler veröffentlichen Platten unter so vielen Pseudonymen, daß es selbst für den Insider unmöglich ist, den Überblick zu behalten. Wir haben versucht, diskographische Angaben so genau wie möglich zusammenzutragen, aber an manchen Stellen können wir nur eine Auswahl anbieten, weil die Opera omnia eines Musikers einfach zu unübersichtlich sind.

Pop-Geschichte ist ein Stück Zeitgeschichte. Wie bei jeder Geschichtsbetrachtung schleichen sich absichtliche und unbewußte Fehler ein. Es gab keine einzige unserer Quellen, und mag sie auch noch so seriös gewesen sein, bei der wir nicht auf Fehler gestoßen wären. Daher wäre es vermessen anzunehmen oder vorzugeben, unser Werk sei fehlerfrei. Wir können jedoch für uns in Anspruch nehmen, alle Quellen so gut wie möglich geprüft zu haben im Bestreben, Pop-Geschichte nach bestem Wissen und Gewissen aufzubereiten.

Berlin, im Herbst 2001   *Wolf Kampmann*

IM TEXT VERWENDETE ABKÜRZUNGEN

acc	Akkordeon	LP	Langspielplatte
arr	Arrangeur	lyrics	Songtexte
as	Altsaxophon	mandolin	Mandoline
b	Kontrabaß	org	elektronische und elektromechani-
bg	Baßgitarre		sche Orgel
bj	Banjo	p	Klavier, auch Elektroklavier
bs	Baritonsaxophon	perc	Percussion, alle Rhythmusinstru-
CD	Compact Disc		mente wie Congas, Bongos, Timba-
cl	Klarinette		les, Tamburine, Kuhglocken, Sam-
cond	Conductor, Dirigent		barasseln etc.
dr	Drums, Schlagzeug	prod	Schallplattenproduzent
electronics	alle tonerzeugenden und -verän-	sax	alle Saxophone
	dernden Elektrogeräte wie Genera-	ss	Sopransaxophon
	toren, Ringmodulatoren, Misch-	steel-g	Steel Guitar, im Sitzen gespieltes,
	pulte etc.		hauptsächlich in der Country &
fl	Querflöte		Western-Musik gebräuchliches,
flh	Flügelhorn		elektrisch verstärktes Instrument
g	Gitarre	tb	Posaune
harm	Mundharmonika	tp	Trompete
harp	Harfe	ts	Tenorsaxophon
kb	Keyboards, alle Tasteninstrumente	vi	Violine
	wie Klavier, Orgel, Cembalo, Spi-	vib	Vibraphon
	nett, Mellotron, Synthesizer etc.	voc	Gesang

A

A Tribe Called Quest, 1989 in New York gegründet, öffneten sich als erstes Hip Hop-Team mit Erfolg dem Jazz. «Ohne Frage das künstlerisch interessanteste Rap-Projekt der neunziger Jahre» (‹All Music Guide›), gehörten A Tribe Called Quest unter den zahlreichen Herolden des Hip Hop zu den wenigen echten Erfindern. Die aus Queens stammenden Rapper Q-Tip, als Jonathan Davis am 20. November 1970 in Queens geboren, und Phife Dog, als Malik Taylor am 10. April 1970 geboren, sowie der DJ Ali Shaheed Muhammad, geboren am 11. August 1970 in Brooklyn, betraten in einer Zeit die Bühne, als der Hip Hop zumindest partiell das tradierte Streetfighterimage abstreifte, sich aus dem Underground löste und seine weltweite Anerkennung als massenkompatibles Pop-Medium erlangte. Q-Tip hatte sich bereits Anerkennung als Gast von De La Soul erspielt, so daß die interessierte Öffentlichkeit gespannt das ATCQ-Debütalbum *Peoples Instinctive Travels And The Paths Of Rhythm* (1990) erwartete. «Das Album war ein Novum. So verspielt und locker in seinem Aufbau, doch gestützt auf ein simples wie stringentes Rhythmusgerüst, war zuvor noch niemand an den Hip Hop herangetreten» (‹Intro›). Die für den Hip Hop typische Großmäuligkeit ging dem sympathischen Trio aus Queens völlig ab. Man bevorzugte zurückhaltendere Töne und leicht verständliche Rhymes, verbreitete positive Vibes, stellte den Menschen als suchendes Individuum dar und fand deshalb gerade in Europa eine große Anhängerschaft. Mit ihrem auf einem Sample von Lou Reeds *Walk On The Wild Side* beruhenden Song *Can I Kick It?* erlangten sie auch im Rock-Lager Zuspruch. Auf dem zweiten Album *The Low End Theory* (1991), «dem konsistentesten und flüssigsten Hip Hop-Album, das jemals aufgenommen wurde» (‹All Music Guide›), ging man strikt den Weg der Reduktion und ebnete mit Gast-Bassist Ron Carter den Boden für eine äußerst fruchtbare Kombination von Jazz und Hip Hop, die das ganze Jahrzehnt beherrschen sollte. Auf dem platinveredelten *Midnight Marauders* (1993), auf dessen Cover die Porträts von über fünfzig Rappern abgebildet waren, legte das sanfte Trio eine etwas härtere Gangart ein, die sie für die Teilnahme an der Lollapalooza-Tour 1995 empfahl. Nach einer kreativen Pause von einem Jahr liehen sie ihr Ohr auf *Beats, Rhymes & Life* (1995) dem Sound der Straße und näherten sich dem Hip Hop-Underground, ließen jedoch auch erste Ermüdungserscheinungen erkennen. Die Platte verfügte nicht mehr über jene innovative Brillanz, der ihre drei Vorgänger ausgezeichnet hatte. Drei Jahre ließ sich das Trio nun Zeit für *The Love Movement* (1998), auf dem sie die Hip Hop-Themen gegen den Strich bürsteten und ein Plädoyer für die Liebe rappten. «Nach all den modisch aufgeblasenen Videos und Sound-Kollaborationen führen A Tribe Called Quest den Hip Hop auf einen angenehm schmalen Pfad zurück. Und bringen das Kind damit wieder nach Hause» (‹Jazzthing›). Auf der anschließenden Tour mit den Beastie Boys gaben sie ihre Auflösung in gegenseitigem Einvernehmen bekannt. Q-Tip, der u. a. als Gast auf Janet Jacksons Single *Got 'Til It's Gone* mitgewirkt hatte, und Shaheed machten mit ihrer Produktionsfirma The Ummah weiter, während Phife Dog unter dem Namen Muddy Ranks eine Solo-Karriere einschlug.

LPs auf Jive: *People's Instinctive Travels And The Paths Of Rhythm* (1990); *The Low End Theory* (1991); *Midnight Marauders* (1993); *Beats, Rhymes & Life* (1996); *Anthology* (2000); ... auf BMG: *The Love Movement* (1998) ... LP Q-Tip auf Arista: *Amplified* (1999)

ABBA, 1972 in Stockholm gegründet, machten mit zeitlosen Popschlagern, die sich nur bedingt modischen Trends unterwarfen, «das Knopfdrücken am Autoradio wieder zu einer lohnenden Sache» (‹Rolling Stone›). Zu einer Zeit, da auch Dilettanten-Bands gleich mit einem Album debütieren durften, definierten sie die Single als musikalische Visitenkarte im Popgeschäft neu. Björn Ulvaeus (g), geboren am 25. April 1945 in Göteborg, und Benny Andersson (kb), geboren am 16. Dezember 1946 in Stockholm, bastelten einprägsame, pfiffig arrangierte Ohrwürmer, die ihre (zeitweiligen) Ehefrauen Agnetha Fältskog (voc), geboren am 5. April 1950 in Jönköping, und Anni-Frid «Frida» Lyngstad (voc), geboren am 15. November 1945 bei Narvik, Norwegen, «mit der höflichen Distanziertheit von Chorsängerinnen» (‹New York Times›) zum besten gaben. Nach ansehnlichen Solo-Erfolgen in schwedischen Jazz-, Folk-, Pop-Ensembles traten die Paare Benny/Frida und Björn/Agnetha ab 1970 zunächst als Festfolk Quartet oder Engaged Couples in Göteborger Restaurants und Clubs auf. Der Stockholmer Plattenunternehmer Stig Anderson (Polar Records) brachte die Karriere der vier dann auf Kurs. Er animierte die Individualisten, sich einen Team-Sound zu erarbeiten, und riet ihnen, die Anfangsbuchstaben ihrer Vornamen zum Markenzeichen (A-B-B-A) zu vereinen, obwohl dies auch der Handelsname der größten schwedischen Fischfabrik war. Erste ABBA-Tonkonserven (*People Need Love*; 1972) brachten nur wenige Pop-Fans auf den Geschmack; bei der schwedischen Vorentscheidung zum Grand Prix d'Eurovision fiel das Quartett mit *Ring Ring* 1973 durch. Im darauffolgenden Jahr, beim Eurovisionswettbewerb in Brighton, England, machten ABBA dann den großen Fischzug: Vor einem potentiellen TV-Publikum von 500 Millionen Zuschauern in 32 Ländern gewannen sie mit *Waterloo* den ersten Preis. «Auf einen Schlag löste Popmusik die Rockmusik ab»

(‹New Musical Express›). ABBA, die «Avantgarde des Normalen» (Kultblatt ‹Elaste›), verabreichte nach diesem sensationellen internationalen Einstand der Konsumwelt Coca-Cola für die Ohren und bediente sich dabei eines musikalischen Esperanto: *Mamma Mia, S.O.S., Money Money Money, Voulez-Vous, Honey Honey.* «Amerikanisches Schmalz mit teutonischem Rhythmus und skandinavischem Singalong-Feeling» (‹Newsweek›) war eine unwiderstehliche Pop-Mixtur, die sich überall absetzen ließ. «Niemals in den Annalen der modernen Popmusik hatte eine bekannte Gruppe so wenig von literarischem Interesse zu sagen und war dennoch so einflußreich», konstatierte die ‹New York Times›. ABBA borgten vom US-Pop der sechziger Jahre (Connie Francis, Motown, Phil Spector, Beach Boys, The Mamas And The Papas) und schlugen eine Brücke zum Synthesizer-Pop der Gegenwart. Ihr rigider Song-Rhythmus, ihre Eigenart, jede Textsilbe stakkatogleich einer Note zuzuordnen, und ihr eklektizistischer Umgang mit Musikeinflüssen aus dem globalen Dorf inspirierten Sänger und Songschreiber wie Elvis Costello, The Clash, The Police, Human League, ABC. In vier Jahren verkauften ABBA, inzwischen längst Teilhaber bei Andersons Polar, 53 Millionen Platten und avancierten zur erfolgreichsten Popgruppe seit den Beatles. Ihre Gewinne investierten sie mit beträchtlicher Rendite in die heimische Konsumgüter-Industrie, Computerleasing, Immobiliengeschäfte, Kunsthandel. Auch in ihrem Hauptberuf legten die ABBA-Artisten mehr Substanz zu. Mit ansteigendem Erfolgsdruck und zunehmenden Privatproblemen wurden ihre LPs düsterer; der frivole, spielerische Singsang der *Waterloo*-Jahre wich mehr und mehr introspektiven Balladen und Chansons voller Abschiedsschmerz oder Paranoia. Ihr neuntes Album, *The Visitors* (1982), ließ zu hübschen Melodien sentimentale Texte aus einer häßlichen Welt am Rande des nuklearen Holocaust erklingen. In jener Zeit löste sich der Gruppenverband auf. Frida und Agnetha starteten Solokarrieren, Benny und Björn dachten sich mit dem englischen Texter Tim Rice (*Evita*) das Musical *Chess* aus, das 1984 auf Platte erschien. Eine Bühnenversion kam 1986 in London heraus, wurde 1988 am Broadway jedoch ein Flop. Ein zweites Musical von Andersson und Ulvaeus, *Kristina Fran Invelma*, hatte am 7. Oktober 1995 im schwedischen Malmö Premiere, kam aber nicht auf die internationalen Bühnen. Die Original Cast-CD erreichte in den schwedischen Charts Position zwei. ABBAs Mentor Stig Anderson erlag im Alter von 66 am 12. September 1997 in Stockholm einem Herzschlag. Der Mythos der Gruppe lebte fort. Best-of-Zusammenstellungen erzielten bis in die neunziger Jahre Millionenverkäufe, ABBA-Coverversionen, in den achtziger Jahren von Blancmange, in den Neunzigern von Erasure, fanden immer ein großes Publikum. Besonders die vollelektronischen ABBA-Songs von Erasure sorgten für ein ABBA-Revival und trieben den Verkauf der Kompilationen *ABBA Gold* (1992) und *More ABBA Gold* (1993) in schwindelnde Höhen. Während die ABBA-Musiker sich entweder vom Musikgeschäft zurückgezogen hatten – wie Fältskog und Lyngstad – oder sich vor Gericht mit dem früheren Management stritten – wie Ulvaeus und Andersson –, konnte das Fake-Quartett Björn Again mit dem Nachsingen von ABBA-Titeln reich und berühmt werden. Aber auch veritable Rockgruppen wie U 2 erwiesen den schwedischen Pop-Artisten ihre Reverenz und sangen – gemeinsam mit Ulvaeus und Andersson – 1992 *Dancing Queen*. Welche Bedeutung ABBA-Musik in den siebziger Jahren für den einzelnen Fan haben konnte – der australische Film ‹Muriels Hochzeit› (1994), dessen Protagonistin ergebener Fan ABBAs war, ließ es ahnen. Am 6. April 1999, exakt 25 Jahre nachdem das Quartett mit *Waterloo* den Eurovision Song Contest gewonnen hatte, kam im Londoner Prince Edward Theatre das Musical *Mamma Mia* heraus. Buchautorin Catherine Johnson stellte den Generationenkonflikt zwischen einer traditionell denkenden jungen Frau Anfang Zwanzig (Sophie) kurz vor ihrer Hochzeit und ihrer emanzipierten Mutter Mitte Vierzig (Donna) mittels 27 ABBA-Songs dar. Björn, Benny, Anni-Frid und Agnetha erschienen zur Premiere und dementierten abermals Pläne einer Reunion.

LPs auf Polar: *Ring Ring* (1973; als *Honey Honey* auf Karussell 1994 veröffentlicht) ... auf Polydor: *Waterloo* (1974); *Mamma Mia* (1974); *ABBA* (1975); *Arrival* (1976); *The Album* (1977); *Voulez-Vous* (1979); *Super Trouper* (1980; auch als Box zusammen mit LP *ABBA For The Record*); *Gracias Por La Musica* (1980); *The Visitors* (1981); *Live* (1986) ... Zusammenstellungen (Auswahl): *The Best of ABBA* (1975); *The Very Best of ABBA* (1976); *Greatest Hits Vol. 2* (1979); *The Singles – The First Ten Years* (1982); *ABBA Gold* (1992); *More ABBA Gold* (1993) ... LPs Benny Andersson mit The Hepstars (teilweise mit Björn Ulvaeus) auf Olga: *Mashed Potatoes* (1965); *The Hepstars – Isn't It Easy To Say* (1966); *Jul Med Hepstars* (1966); *Hep Stars Pa Svenska* (1967) ... LP Benny Andersson und Orsa Spelman auf Mono Music: *Fiolen Min – Svenska Spelmanslater* (1990) ... LP Benny Andersson mit Barbra Bellander auf Mono Music: *Da Jag Sag Dig* (1991) ... LPs Björn Ulvaeus und Benny Andersson mit The Hootenanny Singers auf Polar: *Bästa* (1967); *Bellman Pa Vart Sätt* (1968); *Pa Tre Man Hand* (1969); *Skilling Tryck* (1970); *Vara Vackraste Visor* (1971); *Vara Vackraste Visor / 2* (1972); *Dan Andersson Pa Vart Sätt* (1973); *Evert Taube Pa Vart Sätt* (1974); *Sjunger Evert Taube* (1976); *Manga Ansikten* (o. J.) ... Duo-LP Björn Ulvaeus und Benny Andersson auf Polar: *Lycka* (1976) ... auf RCA: *Chess* (1984) ... Solo-LPs Agnetha Fältskog auf Cupol: *Agnetha Fältskog* (1968); *Vol. 2* (1969); *Som Jag Är* (1970); *Bästa* (1973); *Elva Kvinnor I Ett Hus* (1975); *Tio Ar Med Agnetha* (1979); *Sung Denna Sung* (1986) ... auf Polar: *Nu Tändas Tusen Juleljus* (1980) ... auf Polydor: *Wrap Your Arms Around Me* (1983); *Eyes Of A Woman* (1985) ... auf WEA: *I Stand Alone* (1987) ... Solo-LPs Frida auf EMI: *Anni-Frid Lyngstad* (1971) ... auf EMI / Columbia: *Frida* (1971) ... auf Polar: *Frida Ensam* (1975) ... auf Polydor: *Something's Going On* (1982); *Shine* (1984)

AC / DC (englisch für Wechsel- und Gleichstrom) machten Molotow-Cocktailmusik «für heranwachsende junge Weiße, die vielleicht die Biker von morgen sind» (‹Variety›). Angus Young (g), am 31. März 1959 in Glasgow geboren, sein Bruder Malcolm Young (g), am 6. Januar 1953 in Glasgow geboren, Ronald «Bon» Scott (voc), am 9. Juli 1946 in Kirrimuir, Schottland, geboren, Phil Rudd (dr, 1983 ersetzt durch Simon Wright) und Mark Evans (bg, 1977 ersetzt durch Cliff Williams) rotteten sich 1973 / 74 in Sydney, Australien, zusammen, «weil die Kids dort nichts hatten – außer Linda Ronstadt» (Angus Young). Diesem Notstand halfen sie mit rüden Songs über Sex, Suff und Sünde ab, «laut, schnell und elektrisierend, wie Rock-Nummern eben sein sollen» (‹Sounds›). Wenn sie ihr Repertoire aus den Instrumenten droschen, gebärdeten sich die Musiker wie Derwische und ersetzten fehlende Intelligenz des Vortrags durch mitreißende akrobatische Kunststücke. Dabei tat sich Gitarrist Angus besonders hervor: Zumeist hüpfte er in Schuluniform mit kurzem Höschen wie ein verderbtes Internatskind über die Bühne, während er sich an seinem Spielgerät verging, und zeigte auch schon mal dem entzückten Pubertär-Publikum den blanken Hintern. In der schieren Verschwendung von Jungmänner-Energie konnte kaum eine andere Rock-Band der achtziger Jahre der Sturmtruppe mit dem Wechselstrom / Gleichstrom-Namen gleichkommen. «Aber wenn es um Plattenaufnahmen geht, ist die Sache ganz anders», befand der ‹New Musical Express› als Anführer im Chor der niedermachenden Kritik über die AC/DC-Vinyl-Stücke, von Angus' und Malcolms Bruder George Young mit seinem ehemaligen Easybeats-Partner Harry Vanda produziert. «Sie haben musikalisch nichts zu sagen», verurteilte ‹Rolling Stone›, erregte sich über den «zweifellosen Tiefpunkt im Hard Rock-Genre» und rechnete schließlich ab: «Dummheit befremdet, kalkulierte Dummheit beleidigt.» Als Bon Scott am 20. Februar 1980 nach einer durchzechten Nacht in London an Erbrochenem erstickte, schlachtete die Band in Pressetexten den Tod als gloriosen Macho-Abgang aus und legte mit dem neuen Sänger Brian Johnson, am 5. Oktober 1947 in Newcastle geboren, ein Memorial-Album (*Back In Black*) vor, das «als groteske Perversion der frühen Led Zeppelin» (‹NME›) geschmacklose Anspielungen auf Scotts unappetitliches Ende, frauenverachtende Texte und musikalisch inferiore Selbstzitate enthielt. Diese miese Tour war aber bei dem weltweiten eingeschworenen Fan-Clan nach wie vor eine Erfolgsmasche, die Single mit dem trotzigen Titel *Rock 'n' Roll Ain't Noise Pollution* ein Hit. Auch auf neueren Produktionen ließen die Rock 'n' Roll-Nervtöter die Metal-Klischees rasseln, die durchaus vorhandene Ansätze zu musikalisch substantielleren Beiträgen übertönten. Während der Achtziger beruhigten sich die Metal-Elektriker und veröffentlichten ihre Alben in

größeren Zeitabständen. Sie wuchsen in die Rolle der Hard Rock-Klassiker hinein, die sie vordem nur imitiert hatten. 1990 wurde Drummer Simon Wright durch Chris Slade (Manfred Mann, Gary Moore) ersetzt. Das von dem Heavy Metal-Experten Bruce Fairbairn produzierte Album überflügelte den Erfolg der vorangegangenen Platten. Die konsternierte Bewunderung der Kritik angesichts der LP *Live* galt weniger der schnörkellosen Musik und deren Monteuren als vielmehr der Unverfrorenheit, mit der AC/DC das Immergleiche auf immer neue Platten bannte. Dabei konfrontierte *Live* (1992) seine Zuhörer nicht mit minutenkurzen Songs, sondern mit breit ausgewalzten Fassungen der AC/DC-Klassiker *High Voltage*, *Let There Be Rock* und *Jailbreak*. ‹Mojo› versuchte das Erfolgsgeheimnis der Australien-Rocker zu erklären: «Sie verkörpern eine Musik vor Punk, vor Heavy Metal, als Rock noch Tanzmusik war.» Und, weil die Beastie Boys *T.N.T.* von 1976 in einem ihrer Rap-Stücke verwandt hatten: «Vielleicht waren sie ihrer Zeit einfach voraus.» AC/DC-Fan Rick Rubin, den die Band für die Produktion von *Ballbreaker* (1995) engagierte, sah es unkompliziert: «Gleichgültig, was sie machen, es klingt immer wie AC/DC.» Dem ‹Spiegel›, der sie nach mehr als 80 Millionen verkauften Platten «zu den großen Primitiven des Rock 'n' Roll» zählte, gewährten die 1 Meter 57 Zentimeter kleinen Brüder Young Ende 1997 ein Gespräch. Frage: «Können Sie es sich erklären, daß Sie seit fast 25 Jahren als böse Buben der Rockmusik gelten?» Malcolm: «Kleine Jungs müssen viele böse Scherze ertragen: Hey, du Zwerg, wie ist denn das Wetter da unten? Da lernst du ganz schnell die passenden Antworten: Komm doch her, ich zeig's dir, wenn du neben mir im Dreck liegst.» Angus: «Wir wachsen mit den Stadien.» Zu Anfang des neuen Jahrtausends ließen sie es mit dem Album *Stiff Upper Lip* wieder im Studio krachen. «We felt like the music world was getting a bit sterile of late, so we'd give them a good ol' wham, bam, Rock 'n' Roll man album» (Producer George Young) – voll der alten, abgenudelten Heavy Blues Rock Riffs und der pubertären Sex-Protzerei ihrer *Big Balls* von 1981. Diesmal prahlte Johnson: «I warn all you ladies, I shoot from the hip / I was born with a stiff (Pause) ... stiff upper lip.» Und so weiter bis in alle Ewigkeit – gemäß Titel sieben: *Can't Stop Rock 'n' Roll*. Der deutsche ‹Rolling Stone›: «Prolltum ist schick beziehungsweise kultig, was heute ja massentauglich bedeutet.» In den deutschen Charts landeten AC/DC ergo wieder auf Platz eins.

LPs auf Albert (nur in Australien): *High Voltage* (1974); *T.N.T.* (1975) … auf Atlantic: *High Voltage* (1976; enthält Titel der beiden ersten, nur in Australien veröffentlichten Platten); *Dirty Deeds Done Dirt Cheap* (1976); *Let There Be Rock* (1977); *Powerage* (1978); *If You Want Blood You've Got It* (1978); *Highway To Hell* (1979); *Back In Black* (1980); *For Those About To Rock We Salute You* (1981); *Flick Of The Switch* (1983); *Fly On The Wall* (1985); *Who Made Who* (1986); *Blow Up Your Video* (1988); *The Razor's Edge* (1990); *Live* (1992); *Ballbreaker* (1995) … auf EMI: *Box Set 1* (1987); *Box Set 2* (1987) … auf East West: *Bonfire* (4-CD-Box, 1997); *Stiff Upper Lip* (2000); *Live From The Atlantic Studios* (2000)

Adams, Bryan Guy (voc, g), am 5. November 1959 im kanadischen Kingston, Ontario, geboren, war mit elf Millionen verkauften Platten in drei Jahren ein «Pop-König, der aus Versehen auf den Thron kam: Es mag einen nicht wundern, daß man ihn nicht liebt; aber wahrscheinlich ist man überrascht, daß man ihn nicht haßt» (‹Village Voice›). Seine Rocker-Attitüde wirkte aufgesetzt, seine Stimme schien Rauhbeinigkeit vorzutäuschen, die Musik mochte Drama und Hysterie bloß simulieren, und sein Standard-Outfit mit T-Shirt, Jeans und derbem Schuhwerk kam Kritikern lediglich wie die Berufsuniform eines Arbeiter-Rockers vom Dienst vor. «Er siedelt im Springsteen-Territorium», notierte der ‹New Musical Express› hämisch: «Während man Bruce aber wenigstens glaubt, daß er in den Außenseiterbezirken der Stadt herumlungert, bleibt Bryan mit seiner ordentlichen Lederjacke immer jemand, der einem am langen Samstag in der Fußgängerzone mit einer Woolworth-Tragetasche in der Hand begegnen könnte.» Der Sohn eines Berufssoldaten in UN-Diensten wurde in Israel, Portugal und Österreich groß. Mit 17 Jahren traf er in Vancouver, Kanada, den Musikveteranen Jim Vallance, der seine Band Prism aufge-

geben hatte und einen Demo-Sänger suchte. Ihre erste auf Platte veröffentlichte Kollaboration war der leidliche Disco-Erfolg *Let Me Take You Dancing* (1979). Die nachfolgenden beiden Alben fanden bei Fans wie Fachleuten kein Interesse. Erst mit *Cuts Like A Knife* schaffte Adams den Karriere-Durchbruch, den er allein 1983 mit 283 Konzertauftritten festigte. Hits wie *Heaven*, *The Summer Of '69*, *Run To You*, *This Time*, *It's Only Love* (mit Tina Turner) gefielen auch Skeptikern als «Lieder jugendlicher Leidenschaft, die emotional glaubwürdig klingen» (‹Rolling Stone›). «Bryan Adams wird nie einen Preis für Originalität gewinnen», erkannte ‹Stereo Review›, «aber er ist mit Selbstbewußtsein und Energie bei der Sache.» Das trug ihm 1991 für den Titelsong *(Everything I Do) I Do It For You* zu dem Film ‹Robin Hood – König der Diebe› mit Kevin Costner einen Grammy ein. Die Musik stammte im wesentlichen von Michael Kamen, aber Adams wich von der ursprünglichen Idee Kamens ab, den Song mit Cembalo und Laute zu instrumentieren, und verpaßte ihm ein übliches Rockgewand. Der immense Erfolg des Songs, der in 16 Ländern Platz eins der Charts einnahm, allein in den USA sieben Wochen lang, machte es seinem nach mehreren Anläufen zustande gekommenen Album *Waking Up The Neighbours* leicht, Chartsplazierungen waren ihm sicher. Wie um einer drohenden Orientierungslosigkeit vorzubeugen, nannte Adams die nächste LP *So Far So Good* (1993), eine Retrospektive auf die eigene Karriere. Die Ballade *Have You Ever Really Loved A Woman* (1995), mit der Flamenco-Gitarre Paco de Lucias angereichert, taugte wieder einmal zum Millionen-Hit – wie auch ein Jahr zuvor seine Kollaboration mit Sting und Rod Stewart, mit denen er 1993 *All For Love* für den Film ‹Die drei Musketiere› sang. MTV erteilte ihm 1997 die höchste Weihe und ließ ihn *Unplugged* vor das Publikum treten. Drei neue Songs gab er der CD zum Ereignis bei, darunter mit *Back To You* wieder ein Hit. Das schöne neue Stück *Hey Elvis* wurde nur in der japanischen Ausgabe des Albums veröffentlicht. Mit der europäisch-amerikanischen Edition des Konzerts aus dem Hammerstein Ballroom des New Yorker Manhattan Center ging ‹Stereoplay› hart ins Gericht: «Das Konzept, den muskulösen Mainstreamrock des Kanadiers zu entschlacken, geht mindestens so häufig daneben, wie es klappt ... Total daneben gehen Adams' Breitwand-Hymnen, die einfach nach rockigem Drive verlangen.» Die Weichspülung zahlte sich nicht aus. *Unplugged* erreichte in England Position 19, in den USA 88, Tendenz fallend. Das Anschlußalbum *On A Day Like Today* (1998) erreichte trotz der Bemühung, wieder an den früheren Rocksound anzuknüpfen, in den USA nicht einmal mehr die Top 100. Adams duettierte zum Ende des Millenniums mit Celine Dion (*Let's Talk About Love*) und dem Spice Girl Melanie C (*When You're Gone*), trat in der 77. Royal Variety Performance für Prinz Charles im Londoner Lyceum auf und gab im Oakland Stadium, Kalifornien, das Vorprogramm zur «No Security»-USA-Tournee der Rolling Stones. ‹Der Musikmarkt› nannte die für Adams typischen Songs «Halbballaden». Das traf auch die zuletzt taumelnde Karriere: Alles ein bißchen unentschieden.

LPs auf A & M: *Bryan Adams* (1980); *You Want It, You Got It* (1981); *Cuts Like A Knife* (1983); *Reckless* (1984); *Into The Fire* (1987); *Live Live Live* (1988); *Waking Up The Neighbours* (1992); *So Far So Good* (1993); *18 'til I Die* (1996); *MTV Unplugged* (1997); *On A Day Like Today* (1998) ... auf Polygram: *Greatèst Hits* (1999)

Aerosmith beschlossen 1970 in Sunapee, New Hampshire, einer neuen Generation von Rock-Konsumenten vorzuführen, was die Yardbirds, Rolling Stones, Led Zeppelin einst berühmt gemacht hatte. Steven Tyler (voc, dr), bürgerlich: Steven Victor Tallarico, am 26. März 1948 in New York geboren, Anthony Joseph «Joe» Perry (g, 1979 vorübergehend durch Jim Crespo ersetzt), am 10. September 1950 in Boston geboren, Brad Whitford (g, 1981 eine Zeitlang gegen Rick Dufay ausgetauscht), am 23. Februar 1952 in Winchester, Massachusetts, geboren, Tom Hamilton (bg), am 31. Dezember 1951 in Colorado Springs geboren, Joey Kramer (dr), am 21. Juni 1950 in New York geboren, verausgabten sich im aggressiven bluesverwurzelten Rockspiel mit jugendlichem Hunger auf Tournee-Erfolge und dem provozierenden Gehabe von minderjährigen Strauchdieben. Bei Konzertauftritten dienten sie

sich wahllos vor allem welken Superstarbands an, um sie mit Feuereifer bei jenen Zuhörern auszustechen, «die die einfachen Rock-Wahrheiten mit Großspurigkeit und Cleverness serviert haben wollten» (‹Melody Maker›). Der unermüdliche Live-Einsatz brachte ihnen 1972 einen Plattenvertrag ein und machte sie zu einer der beliebtesten amerikanischen Heavy Metal-Bands der siebziger Jahre. Ihre mit energetischem, aber imitativem Power Rock gefüllten Alben wurden Millionenerfolge; Singles wie *Dream On* (1976), *Walk This Way* (1977) avancierten zu Klassikern des Genres. Konservative Kritiker barmten über den andauernden Erfolg der Arena-Rocker: «Warum, Gott, warum?» (‹Stereo Review›). Geneigtere Kollegen entdeckten immerhin eine «versteckte Menschlichkeit» (‹Melody Maker›) im rauhen Spiel und priesen den «rasiermesserscharfen, gewitzten Rock 'n' Roll in bester Tradition» (‹New Musical Express›). 1977 begann der Sound-Monolith zu bröckeln. Neuere Alben irritierten durch stilistische Richtungslosigkeit, einige Gruppenmitglieder machten sich vorübergehend selbständig, es gab juristische Gefechte mit dem Management. 1984 fanden Aerosmith wieder zur Urform zurück, nicht zuletzt aus finanziellen Gründen. Tyler: «Ich hatte in der Zwischenzeit halb Peru verkokst.» Ihr Comeback-Versuch *Done With Mirrors* (1984) wurde jedoch hämisch abgetan als «das Werk von ausgebrannten Deppen, deren Mangel an musikalischen Ideen nur noch von ihren abstoßenden Texten übertroffen wird» (‹Rolling Stone›). Das Run-D.M.C-Remake von *Walk This Way* (1986) brachte unter Mitwirkung von Tyler und Perry die abgetakelte Band noch einmal ins Spotlight, die sich 1987 mit *Permanent Vacation* wie gehabt in Szene setzte. Frühere Alben verkauften sich noch einmal in Millionen-Stückzahlen, neuere wie *Pump* (1989) und *Get A Grip* (1993), von Hard Rock-Spezialist Bruce Fairbairn produziert, brachten der Band weltweit Platin ein. Ihre ehemalige Plattenfirma CBS zog mit: In *Pandora's Box* (1992) stellte sie alte Hits und Unveröffentlichtes zu einer verkaufsträchtigen Mischung zusammen. Die frühere Kritik an der Band war nach deren ungewöhnlichem Comeback nahezu völlig verstummt. Neun Leben hat die Katze: Das nahmen Aerosmith auch für sich in Anspruch und veröffentlichten 1997 *Nine Lives*. Das vom Hitproduzenten Glen Ballard in Miami, Florida, betreute Album enthielt mit *Hole In My Soul* eine der besten, wenn nicht die beste Ballade, die Aerosmith je aufgenommen hatten. Mit der Ballade *I Don't Want To Miss A Thing*, die ihnen Diane Warren für den Soundtrack des Films ‹Armageddon› (1998) schrieb, in dem Tylers Tochter Liv mitspielte (‹Stereoplay›: «einer der steilsten Zähne halb Amerikas»), plazierten sich Aerosmith anschließend erstmals auf Platz eins der deutschen und amerikanischen Single-Charts. Gitarrist Perry: «Als Rockband kannst du heute nur einen Hit haben, wenn die Leute dazu schmusen können.» Der Hit entschädigte die Band für eine Pechsträhne 1998. Im Mai mußte eine USA-Tournee wegen einer Knieoperation Tylers verschoben werden, im Juli fing Joey Kramers Ferrari an einer Tankstelle südlich von Boston Feuer und brannte aus, wobei der Drummer schwere Verbrennungen erlitt. Dafür ging in der zweiten Jahreshälfte ein wahrer Preisregen auf die Gruppe nieder: vier MTV Video Awards für *Pink* und *I Don't Want To Miss A Thing*, beste Rockband bei den MTV Europe Music Awards in Mailand, schließlich im Februar 1999 ein Grammy in Los Angeles («Best Rock Performance») für *Pink*. Mit dem Doppelalbum *A Little South of Sanity*, von ihrem langjährigen Producer Jack Douglas mit Live-Hits der Tourneen von 1993/94 und 1997 bestückt, verabschiedeten sich Aerosmith von der Plattenfirma Geffen. Ein Vierteljahrhundert in der Originalbesetzung, hatte die Gruppe bis dahin rund 70 Millionen Tonträger verkauft. Gitarrist Joe Perry: «Natürlich wünschen wir uns, daß der Erfolg noch eine Weile anhält. Wohin uns die Straße auch führt, wir werden angemessen darauf reagieren.» Das von Tyler und Perry selbst produzierte Einstandsalbum *Just Push Play* (2001) bei ihrer neuen/alten Firma Columbia teilte wieder einmal die Fraktionen. Während der US-Autor Tom Moon im amerikanischen und deutschen ‹Rolling Stone› «frontale Gitarren-Attacken, jede Menge rotzige Attitüde und die bewährte Aerosmith-Mixtur aus schrägen Riffs und cleveren Melodien» wahrnahm, klagte Birgit Fuß im selben (deutschen) Heft: «Keine Exaltiertheit mehr, nur noch ein müder Aufguß alter Ideen.»

LPs auf Columbia: *Aerosmith* (1973); *Get Your Wings* (1974); *Toys In The Attic* (1975); *Rocks* (1976); *Draw The Line* (1977); *Live! Bootleg* (1978); *Night In The Ruts* (1979); *Greatest Hits* (1980); *Rock In A Hard Place* (1982); *Classics Live* (1986); *Classics Live 2* (1987); *Gems* (1988); *Pandora's Box* (1992); *Box Of Fire* (1994); *Nine Lives* (1997); *Just Push Play* (2001) … auf Geffen: *Done With Mirrors* (1985); *Permanent Vacation* (1987); *Pump* (1989); *Get A Grip* (1993); *Big Ones* (1994); *A Little South Of Sanity* (1998) … LPs Joe Perry mit Joe Perry Project auf Columbia: *Let The Music Do The Talking* (1980); *I've Got The Rock 'n' Rolls Again* (1981); *Just Push Play* (2001) … auf MCA: *Once A Rocker, Always A Rocker* (1984) … LP Brad Whitford auf Columbia: *Whitford / St. Holmes* (1981)

Afghan Whigs, 1987 in Hamilton, Ohio, gegründet, waren das exemplarische Beispiel einer aus dem Gitarrenboom der späten Achtziger hervorgegangenen Band, die im Lauf eines Jahrzehnts sowohl stilsicher mit dem gesamten Bestand der amerikanischen Pop-Tradition zu spielen lernte als auch ihr eigenes Songgespür bis zur Perfektion verfeinerte. «Auf Platte wie im Konzert sind die Afghan Whigs hirnversengende Brandstifter, ihre Musik prickelt vor Zerstörungspotenzial und entsetzlicher Wahrheit. Eindringlich, furchteinflößend, großartig.» (‹L. A. Reader›) Von Beginn an war den Afghan Whigs ein eindrucksvoll kompakter Band-Sound eigen, der kein Mitglied der Gruppe in besonderer Weise exponierte. Sänger Greg Dulli, geboren am 11. Mai 1965, und Bassist John Curly, geboren am 15. März 1965, lernten sich im Gefängnis von Cincinnati kennen, wo sie wegen öffentlichen Urinierens gemeinsam eine Nacht verbringen mußten. Mit Gitarrist Rick McCollum, geboren am 15. Juli 1965, gründeten sie 1986 die Band The Black Republicans. Als ein Jahr später Drummer Steve Earle, geboren am 28. März 1966, hinzustieß, benannten sie sich in Afghan Whigs um. In den Clubs von Cincinnati erspielten sie sich binnen kurzer Zeit den Ruf der kompromißlosesten Band seit den frühen Replacements. Sie entluden über dem Publikum Tonnen von Lärm, erlaubten sich mitten in den Shows bis zu halbstündige Rauchpausen und beendeten die Konzerte nicht selten durch handfeste Prügeleien mit dem Publikum. 1988 veröffentlichten sie auf dem bandeigenen Ultrasuede-Label ihr Debütalbum *Big Top Halloween*, das die Energie der Live-Auftritte konservierte. Talent-Scouts des Labels Sub Pop aus Seattle wurden auf das Quartett aufmerksam und sorgten für Aufsehen, als sie es als erste nicht aus dem Nordwesten stammende Band unter Vertrag nahmen. 1989 produzierte Jack Endino, der Geburtshelfer des Grunge, mit den Whigs in Seattle das Album *Up In It*, das den Ruf der Band über Amerika hinaustrug. Als 1992 ihr zweites Album für Sub Pop, *Congregation*, erschien, jubelte ‹Spin› mit Blick auf Nirvana: «Sub Pops nächste Bombe ist im Begriff zu explodieren. Deckung!» Der Sound der Band hatte sich verändert, das Menü war vielfältiger geworden. Die Gruppe reicherte ihren Hardcore durch Elemente des Soul und Funk der frühen Siebziger an, coverte den Song *The Temple* aus Andrew Lloyd Webbers Rock-Oper *Jesus Christ Superstar* und bekannte in dem Hidden Track *Miles Iz Dead* auch Interesse an anderen musikalischen Genres. Mit *Congregation* im Gepäck gingen Afghan Whigs erstmalig auf Europa-Tour. Die allein aus Soul-Covers bestehenden EPs *My World Is Empty Without You* und *Uptown Avondale* untermauerten die Reputation der Gruppe als exzentrischer Neo-Soul-Act. 1993 wechselten die Afghan Whigs zu Elektra, nicht zuletzt, um der auf Sub Pop unausweichlichen Nähe zum Grunge zu entrinnen. In ihrem Kontrakt sicherte sich die Band die alleinige Kontrolle über alle Platten- und Videoproduktionen. Erst auf *Gentlemen* (1993) machte der Vierer den Eindruck, als wäre er am Ziel einer langen Reise angelangt. Das Songwriting der Whigs war noch filigraner geworden, Greg Dulli lotete sensibel all seine stimmlichen Möglichkeiten aus, und die gefühlvoll zwischen laut und leise pendelnden Songs bezogen sich aufeinander wie bei einem Konzeptalbum. «Auf *Gentlemen* brechen die Whigs mit dem matschigen Gitarren-Morast, der von anderen Sub Pop-Exilanten wie Nirvana oder Mudhoney favorisiert wird. Statt dessen entscheiden sie sich für einen sauberen, merkwürdig unbeteiligten Hard Rock-Sound, der launisch zwischen läuternder und entwaffnender Schönheit umschaltet» (‹Rolling Stone›). Ein Jahr später lieh Greg Dulli seine Stimme dem

Darsteller des John Lennon in dem Film ‹Backbeat›. Gemeinsam mit Thurston Moore von Sonic Youth, Don Fleming von Gumball, Dave Pirner von Soul Asylum und Dave Grohl von Nirvana nahm er auch das Album *Backbeat* auf, das ausschließlich aus frühen Songs der Beatles bestand. Auf *Black Love* (1996) wurde Steve Earle durch Paul Buchignani ersetzt. Dieser Einschnitt in der korporativen Identität der Afghan Whigs markierte den Beginn der Stagnation. Zwar meinte die amerikanische Journalistin Ann Powers, das düstere Album «verbiegt die verbissene Energie von *Gentlemen* zu einem lauten Geheul», aber schon auf der folgenden Tour wurden die Schwächen des neuen Band-Konzepts allzu deutlich. «Mangelnde Substanz und zurückhaltender Esprit wurden in mehrfacher Hinsicht durch Lautstärke ausgeglichen. Das Quartett präsentierte sich zur allgemeinen Überraschung in Septett-Stärke. Ein Keyboarder für das Schmalz, ein Percussionist für die Breaks und eine Cellistin für den Intellekt» (‹Visions›). Die Afghan Whigs waren auf dem Weg, ihre berühmt-berüchtigte Hemmungslosigkeit und Extravaganz zugunsten von belanglosem Adult Rock aufzugeben. Für *1965* (1998) machte Buchignani Michael Harrigan Platz. Der Titel, ein Hinweis auf das Geburtsjahr der meisten Bandmitglieder, war die endgültige Absage an die jugendliche Wildheit und Ungezwungenheit von einst. Im ‹Melody Maker› kommentierte Greg Dulli: «Wenn ich ein besserer Sänger wäre, würde ich keine Songs mehr schreiben. Interpretation füllt mich viel mehr aus als das Schreiben von Liedern, denn ich bin faul. Vielleicht werde ich in meinen mittleren Jahren zum Piano wechseln und einen Barjob übernehmen.» Im Frühjahr 2001 erklärte die Band ihre Auflösung.

LPs auf Ultrasuede: *Big Top Helloween* (1988) ... auf Sub Pop: *Up In It* (1990); *Congregation* (1991) ... auf Elektra: *Gentlemen* (1993); *Black Love* (1996) ... auf Columbia: *1965* (1998)

a-ha, ein Trio frisch-fromm-fröhlich-freier Jungs aus Oslo, Norwegen, bewies 1985 einer erstaunten Pop-Welt und einer entzückten weltweiten Teenie-Gemeinde, «daß die Skandinavier, wie ABBA vor ihnen, durchaus das eine oder andere von erstklassiger Popmusik verstehen» (‹Time Out›). Morten Harket (voc), am 14. September 1959 in Kongsberg geboren, Magne «Mags» Furuholmen (kb), am 1. November 1962 in Oslo geboren, Pål Waaktaar (g), am 6. September 1961 in Oslo geboren, zeigten in der Tat beachtliches Talent, jugendliche Melancholie und frühreife Sehnsucht in akzeptablen Elektropop-Songs mit Ohrwurm-Qualität zu artikulieren. Während Morten sich vom spröden Folk-Charme Janis Ians und dem theatralischen Rock-Gebaren von Queen beeindrucken ließ, orientierten sich seine späteren Partner, damals noch im Quartett Bridges, an der Musik der Doors. Im Januar 1983 verließen sie, nach diversen Anläufen, gemeinsam die Rock-Diaspora Norwegen und sprachen so lange in der Londoner Musikbranche vor, bis dem Talentsucher der Warner Bros. beim Anblick der fotogenen Knaben ein Nordlicht aufging: «Da haben wir ja unsere Duran Duran!» Der globale Erfolg der ersten Single *Take On Me* (1985), verstärkt durch ein preisgekröntes exquisites Zeichentrick-Video (Produktionskosten: 100 000 Pfund), machte das Trio mit dem Allerweltsnamen zum Titelthema vieler Fanmagazine. Nachfolge-Seller wie *The Sun Always Shines On TV*, *Train Of Thought*, *Hunting High And Low*, *Cry Wolf* und *The Living Daylights* (aus dem gleichnamigen James Bond-Film) bezeugten 1986/87, daß der Polarstern der drei religiösen, naturverbundenen Saubermänner so schnell nicht sinken würde. Doch die Sonnyboys wußten auch um die Schattenseiten ihres Ruhms: «Man hat uns gesagt, daß wir Pin-up-Qualitäten haben, und das ist natürlich ein großes Problem, wenn man es wie wir ernst mit seiner Musik meint.» Als die Erfolgskurve am Ende des Jahrzehnts zuerst in den USA, später im UK deutlich abflachte, suchte die Band nach langer Studiopause mit den melancholischen Klängen von *Memorial Beach* (1993) vergeblich ein neues Publikum. In den USA wurden sie nicht vermißt. «Es heißt, sie seien in Norwegen», so ‹Spin› 1995, «hoffen wir, daß es dabei bleibt.» Tatsächlich bewegten sich Waaktaar, Harket und Furuholmen in der zweiten Hälfte der Neunziger professionell nicht außerhalb ihrer Landesgrenzen. Waaktaar nahm im Duo mit seiner Frau Lauren Savoy unter deren Mädchennamen drei nur in

Norwegen veröffentlichte CDs auf. Harket besang die Soloalben *Wild Seed* und *Vogts Villa* und lieh seine Stimme für drei Titel des Albums *Nature Will Be Satisfied Again* an die schwedisch-irische Gruppe Boola-boss. Furuholmen betätigte sich als Kunstmaler. 1998 wurden a-ha gebeten, die Feier zur Verleihung des Friedensnobelpreises mit ihrem Gesang zu verschönen. Waaktaar: «Es war der pure Spaß» – und Anlaß für ein Comeback. Harket: «Wir hatten die Gruppe ja aus gutem Grund niemals offiziell aufgelöst.» Mit dem Album *Minor Earth Major Sky* (2000) war alles wieder wie einst: «rührende, verzweifelte Romantik, schwelgerische Traumtänzereien» (‹Rolling Stone›), vom deutschen Produzenten Roland Spremberg allerdings gelegentlich durch «eher einfallslose Dance-Beats» (‹Stereoplay›) verstört. Morten Harket: «Es gibt vieles im Leben, das unerklärlich ist. Unsere Songs liefern zwar keine Antworten, dafür aber – hoffentlich – Geborgenheit.» Die CD wurde für jeweils mehr als eine halbe Million verkaufte Einheiten mit Mehrfach-Platin ausgezeichnet, aber nur in Japan und Deutschland. In England gab sie nur ein kurzes Gastspiel in den Top 40 und wurde in den USA nicht veröffentlicht. Und so gaben a-ha auch nur dort wieder Konzerte, wo man sie liebte. Im Berliner Velodrom gingen bei der Schlußballade *Hunting High And Low* sämtliche Feuerzeuge an und «alle, wirklich alle», so Josef Engels in der ‹Welt›, «sangen mit – weil die Zeit, als Helmut Kohl Bundeskanzler war, auch schön war, weil Nostalgie, die man zum erstenmal im Leben verspürt, die Seele waidwund macht».

LPs auf Warner Bros.: *Hunting High And Low* (1985); *Scoundrel Days* (1986); *Stay On These Roads* (1988); *East Of The Sun, West Of The Moon* (1990); *Headlines And Deadlines* (1991); *Memorial Beach* (1993); *Headlines And Deadlines: The Hits Of A-Ha* (1998); *Minor Earth Major Sky* (2001) ... LP Magne Furuholmen mit Furuholmen/Bjerkestrand/Wadling auf Rune Grammofon: *Hermetic* (1998)

Alice In Chains, gegründet 1987 in Seattle, begründeten ihren Erfolg auf einem Mißverständnis. Sie profitierten vom Grunge-Boom ihrer Heimatstadt, obwohl sie weit stärker Ästhetik und Image einer klassischen Hard Rock-Band «im düsteren Black Sabbath / Led Zeppelin-Stil» (‹Rolling Stone›) repräsentierten. Nichts weniger als alternativ oder independent, galten sie unter Kollegen als erstes Synonym für den Ausverkauf der Grunge-Szene. Mit ausgeprägtem Stargestus, permanenten Skandalen und anhaltenden Drogenproblemen wurde die Band in keiner Weise jenem Nimbus gerecht, der von ihren Szene-Kollegen Nirvana, Pearl Jam, Mudhoney oder Soundgarden geschaffen und gepflegt wurde. Um so überzeugender bedienten sie das alte Klischee von Sex & Drugs & Rock & Roll. Layne Staley (voc), geboren am 22. August 1967 in Bellevue, Washington, hatte bereits zu einem früheren Zeitpunkt mit einer Band namens Alice In Chains gearbeitet, bevor er das Logo mit Jerry Cantrell (g), geboren am 18. März 1966 in Tacoma, Washington, Mike Starr (bg), geboren am 4. April 1966 in Honolulu, Hawaii, und Sean Kinney (dr), geboren am 27. Mai 1966 in Seattle, wieder neu aufleben ließ. Schon die schleppenden Tracks der Debüt-EP *We Die Young* (1990) gaben Aufschluß über die düsteren Obsessionen der Band und verschafften ihr einen Job als Opener für Poison. Mit einem Plattendeal von Columbia in der Tasche spielten sie das Album *Facelift* (1990) ein, dessen Hit *Man In The Box* von der MTV-Show ‹Beavis & Butthead› zur Hymne stilisiert wurde. Gemeinsame Tourneen mit Megadeth und Slayer untermauerten den Metal-Charakter von Alice In Chains. An ihrer Grunge-Reputation änderte das wenig, denn durch ihre Mitwirkung an dem erfolgreichen Grunge-Film *Singles* rückten sie wieder in unmittelbare Nähe der anderen Seattle-Bands. Nicht ohne Kalkül hüllte sich die Band fortan in grungiges Flanell. Trotz der weitgehend akustisch-psychedelischen anmutenden EP *Sap* (1991) folgten Ende 1991 und Anfang 1992 weitere Tourneen als Support für Van Halen und Ozzy Osbourne. Tonnenschwere Rock- und Blues-Balladen enthielt hingegen das zweite Fulltime-Album *Dirt* (1992), das auf Platz 6 der amerikanischen Charts gelangte und sich bis Januar 1995 drei Millionen Mal verkaufte. Staleys klagende Stimme sollte nie wieder so charismatisch wie auf diesem Meisterwerk klingen. Auf der anschließenden Tour wurde Starr von Ozzy Osbournes ehemaligem Bassisten Mike Inez, geboren am 14. Mai in San

Fernando, Kalifornien, abgelöst. Nach der Beteiligung am '93er Lollapalooza-Festival nahm die Band in London innerhalb einer Woche die EP *Jar Of Flies* (1994) auf, die als erste EP der Geschichte Platz 1 der amerikanischen Billboard-Charts belegte. Doch der Erfolg konnte nicht über erste Ermüdungserscheinungen hinwegtäuschen. «Die Band hatte sich nach eigener Aussage totgelaufen. Die Erschlaffung war so überwältigend, daß Leute, die sie backstage trafen, sagten, es wäre schmerzhaft, sich mit ihnen in einem Raum aufzuhalten» (‹MTV-Online›). Von Staley, dessen Drogenprobleme kein Geheimnis waren, ging kurzzeitig sogar das Gerücht um, er wäre tot. Indessen gründete er gemeinsam mit Mike McCready von Pearl Jam, Barrett Martin von den Screaming Trees und John Baker Saunders die Band Gacy Bunch, die ein Jahr später in Mad Season umbenannt wurde und das wegen seiner Solidität von der Kritik gefeierte Album *Above* (1994) veröffentlichte. Die verbliebenen drei Musiker von Alice In Chains arbeiteten zunächst im Trio weiter, schrieben neues Material und überredeten Staley im Frühjahr 1995, in den Schoß der gemeinsamen Band zurückzukehren. Auf *Alice In Chains* (1995) schlug das Quartett einen stilistischen Haken in Richtung Byrds und Buffalo Springfield, ohne jedoch auch nur entfernt an die Dichte und innere Logik der Vorgänger-Alben anzuschließen. Das songschreiberische Potential der Gruppe, die einmal mehr Position 1 der Charts erklimmen und zwei Millionen Einheiten absetzen konnte, hatte sich weitgehend erschöpft. Die «Living Dead der Seattle-Szene» (‹Visions›) nahmen noch an mehreren Tribute Compilations teil und brachten das für Mitte der Neunziger beinahe unvermeidliche *Unplugged*-Album (1996) heraus, für das Mike Ohlson als zweiter Gitarrist hinzustieß. Am Ende verloren sie sich aber in den Drogenproblemen einzelner Mitglieder und kriegten keine nennenswerte gemeinsame Arbeit mehr zustande. 1998 brachte sich Jerry Cantrell mit dem Solo-Album *Boggy Depot* in Erinnerung, an dem auch Kinney und Inez beteiligt waren. Die Songs für das Projekt waren eigentlich für eine weitere Alice In Chains-Platte gedacht, zu der es aber wegen Problemen mit Staley nicht mehr kam. Im April 1999 kehrte die Band dann doch noch einmal ins Studio zurück, um in endlosen, ermüdenden Sessions zwei neue Tracks für ein 4-CD-Boxset aufzunehmen.

LPs auf Columbia: *Facelift* (1990); *Sap* (1992); *Dirt* (1992); *Jar Of Flies* (1994); *Alice In Chains* (1995); *Unplugged* (1996); *Music Bank* (4-CD, 1999); *Live* (2000) … auf Sony: *Greatest Hits* (2001) … LP Layne Staley mit Mad Season auf Columbia: *Above* (1995) … Solo-LP Jerry Cantrell auf Columbia: *Boggy Depot* (1998)

Alice Cooper → Cooper, Alice

The Allman Brothers Band, 1969 in Macon, Georgia, gegründet, verlor seit 1971 durch den Tod hervorragender Ensemblemitglieder ständig an musikalischer Potenz. Sie war eine der wenigen rassisch integrierten Gruppen aus dem Süden der Vereinigten Staaten und orientierte sich sowohl am schwarzen Country Blues des legendären Robert Johnson als auch an den schwermütigen Jodlern des weißen Country-Sängers Jimmy Rodgers. In der Originalbesetzung Gregory «Gregg» Allman (org, voc), geboren am 8. Dezember 1947 in Nashville, Tennessee, Richard «Dicky» Betts (g), geboren am 12. Dezember 1943 in Palm Beach, Florida, Berry Oakley (bg), geboren am 4. April 1948 in Chicago, Illinois, Duane Allman (g), am 20. November 1946 in Nashville, Jay Johanny «Jaimoe» Johanson (dr), als John Lee Johanson am 8. Juli 1944 in Ocean Spring, Mississippi, geboren, und Butch Trucks (dr) aus Jacksonville, Florida, musizierten sie mit einer Nonstop-Virtuosität, die stets die Empfindung gab, sie «spielten nur so aus Spaß drauflos» (‹Rolling Stone›). Begonnen hatten die Gebrüder Allman ihre musikalische Karriere in diversen Schülerbands, bevor sie 1965 die Allman Joys gründeten und eine Single veröffentlichten. Als Hourglass ging die Band nach Los Angeles und schloß mit Liberty ab; nach zwei LP-Veröffentlichungen wies die Firma die Aufnahmen zur dritten zurück. Frustriert kehrten Gregg und Duane Allman nach Florida zurück und schlugen sich als Studiomusiker durch. Jerry Wexler von Atlantic wurde auf Duane Allman aufmerksam und ermunterte ihn zur Gründung einer neuen Band, die der Gitarrist in Ma-

con zusammenstellte und The Allman Brothers Band nannte. Sein Slide-Gitarrenspiel mit charakteristischen, sirenenschrillen Aufwärtsfahrten aus schmelzenden Slow-Akkorden war typisch für den Sound der Allman Brothers. Die Spieler gaben die sonst bei Rock-Combos übliche Dominanz der Lead-Gitarre über die Rhythmusgitarre auf – zugunsten eines erregenden Wechselspiels zwischen Duanes schwebenden, gedehnten Klängen und Dicky Betts' scharfkantigem Splitterspiel. Die zwei Schlagzeuger lieferten einen derart komplexen Rhythmusteppich, daß Oakley sich mit seinem energetisch pulsenden Baß oft dem Duo-Spiel der Lead-Gitarren anschließen konnte. Der Gruppe gelangen in Konzerten und auf Studio-Alben selbst die ambitioniertesten Spielversuche von Eigenkompositionen (*In Memory Of Elizabeth Reed*) und Blues-Fremdvorlagen (*Statesboro Blues*) in einem dermaßen homogenen Zusammenspiel, daß sie die Kritiker «wie ein einziger schwerer Atmer» (‹Billboard›), wie «ein Meistermusiker mit 30 Fingern und sechs Instrumenten» (Tony Glover) beeindruckte. Nach dem Unfalltod Duane Allmans am 29. Oktober 1971 in Macon spielte Betts als Gitarren-Solist die Allman Brothers mehr in einen erdigen Blues-Sound hinein, der nach Meinung mancher Kritiker «das Beste darstellt, was die Rockmusik in jeder Stilart zu bieten hat» (Tony Glover). Als Berry Oakley am 11. November 1972 ebenfalls nach einem Motorradunfall starb, war die Band mit dem Gruppen-Novizen Chuck Leavell (p) gerade bei den Vorbereitungen zu der nächsten LP *Lightnin' Rod* (Blitzableiter). Da zur gleichen Zeit drei Tourneetechniker bei Sport- und Autounfällen verunglückten, mochte dieser Albumtitel wohl als makabrer Hinweis auf den Katastrophen-Appeal des Ensembles mißverstanden werden. Er wurde in *Brothers And Sisters* umgeändert, Lamar Williams (bg) komplettierte das Allman-Sextett. «Wir müssen uns von dem Schock auf die uns einzig mögliche Art erholen», erklärte Gregg Allman, «indem wir weiter Musik machen.» Dieser Durchhaltewille zahlte sich zunächst aus: *Brothers And Sisters* avancierte zwei Wochen nach der Veröffentlichung zum Multi-Millionen-Bestseller, die ausgekoppelte Hit-Single *Ramblin' Man* brachte die Allmans erstmals ins AM-Radio, und beim Mammut-Konzert der

600 000 von Watkins Glen im Juli 1973 erspielten sie neben Grateful Dead und The Band einen Live-Triumph, der endgültig zu beweisen schien: «Die Allman Brothers haben Amerika erobert wie keine andere Band seit Rock and Roll-Gedenken» (‹Melody Maker›). Der Gruppen-Zusammenhalt wurde jedoch 1974/75 zunehmend in Frage gestellt, als Gregg Allman und Richard Betts mit separaten Alben und Tourneen ihre Solo-Identität aufzubauen begannen. Im Sommer 1976 schließlich brach das Ensemble auseinander, als Gregg Allman in einem Drogenprozeß gegen seinen Roadie und Leibwächter John «Scooter» Herring aussagte und damit nach Meinung einiger Band-Kollegen gegen die in der Gruppe geübte Loyalität verstieß. Betts formierte Great Southern, während sich Leavell, Johanson und Williams in der Jazz Rock-Combo Sea Level zusammenfanden und Allman Soloprojekten nachging, bei denen er auch seine Kurzzeit-Ehefrau Cher auftreten ließ. Bereits 1978 jedoch waren die Allman-Musiker wieder brüderlich vereint. Betts brachte Dan Toler (g) und David Goldflies (bg) von seinem Great Southern-Ausflug mit und spielte mit Allman, Trucks und Johanson 1979 das kompromißlos Blues- und Boogie-orientierte Album *Enlightened Rogues* ein. Nachdem das Label Capricorn 1980 in Konkurs gegangen war, trennten sich die Musiker 1982 ein zweites Mal. 1989, nach diversen Solo-Projekten von Gregg Allman und Dicky Betts, kam die Band, die immer mal wieder Konzerte gegeben hatte, zu einer längeren Tournee zusammen und veröffentlichte im Anschluß 1990 die LP *Seven Turns* – für ‹Rolling Stone› das «Comeback des Jahres». 1993 traten die Allman Brothers, inzwischen eine amerikanische Institution, anläßlich der Amtseinführung des amerikanischen Präsidenten Bill Clinton auf. 1995 wurden sie in die Rock and Roll Hall of Fame aufgenommen. 1996 erhielten sie für ihre Aufnahme *Jessica* den Grammy Best Rock Instrumental Performance. 1997 ersetzten Jack Pearson (g) und Oteil Burbridge (bg) Haynes und Woody, die mit ihrer experimentellen Jam-Band Gov't Mule dem ursprünglichen Spirit der Allman Brothers folgten und bis zu Woodys Tod am 26. August 2000 zu einer der erfolgreichsten US-Live-Bands avancierten, auf einer ausgedehnten USA-Tournee. Gregg unternahm eine Solotournee, um für sein Album *Searching For Simplicity* zu werben. Zugleich erschien bei Polydor Chronicles die 2-CD-Retrospektive auf das Werk von Gregg Allman *One More Try: The Anthology*. 1998, 1999 und 2000 setzte sich die Endless Tour der Band in den Vereinigten Staaten fort und wurde 2001 auf dem Live-Album *Peakin' At The Beacon* dokumentiert, das jedoch das Feuer und den Einfallsreichtum früherer Konzert-Mitschnitte der Band vermissen ließ.

LPs auf Capricorn: *The Allman Brothers Band* (1969); *Idlewild South* (1970); *Live At Fillmore East* (1971); *Eat A Peach* (1972); *Brothers And Sisters* (1973); *Beginnings* (1973); *Win, Lose Or Draw* (1975); *The Road Goes On Forever* (1975); *Wipe The Windows Check The Oil Dollar Gas* (1976); *Enlightened Rogues* (1979); *The Best Of…* (1980); *The Story Of…* (1981) … auf Atlantic: *All Men's Brothers* (1973) … auf Arista: *Reach For The Sky* (1980) … auf Polydor: *Live At Ludlow Garage* (1970); *Dreams* (1989) … auf Columbia: *Seven Turns* (1990) … auf Sony: *Shades Of Two Worlds* (1991); *An Evening With The Allman Brothers Band* (1992); *An Evening With The Allman Brothers Band – 2nd Set* (1996); *Where It All Begins* (1994); *Mycology – An Anthology* (1998) … auf Dial als Allman Joys: *Early Allman* (1973) … auf United Artists als The Hourglass: *1967–1969* (1973) … Solo-LPs Gregg Allman auf Capricorn: *Laid Back* (1974); *Playin' Up A Storm* (1977) … auf Warner Bros.: *Two The Hard Way* (1977) … auf Epic: *I'm No Angel* (1987); *Just Before The Bullets Fly* (1988); *Searching For Simplicity* (1997) … auf Polydor: *One More Try: An Anthology* (2-CD, 1997) … Solo-LPs Richard (Dicky) Betts auf Capricorn: *Highway Call* (1974) … auf Arista: *Dicky Betts & Great Southern* (1977); *Atlanta's Burning Down* (1978) … LPs Dicky Betts Band auf Epic: *Pattern Disruptive* (1988); *Peakin' At The Beacon* (2001) … Solo-LPs Duane Allman auf Polydor: *An Anthology* (1972); *An Anthology, Vol. 2* (1974); *The Best Of Duane Allman* (1979) … LPs Woody und Haynes mit Gov't Mule auf Relativity: *Gov't Mule* (1995) … auf Foundation: *Live At Roseland Ballroom* (1996) … auf Capricorn: *Dose* (1998); *Live With A Little Help From Our Friends* (1999); *Life Before Insanity* (Evil Teen, 2000)

Almond, Marc (voc), am 9. Juli 1957 in Southport, England, geboren, fragte sich 1979 mit seinem Studienkollegen David Ball von der

Kunsthochschule in Leeds: «Warum muß elektronische Musik so kalt sein?» und schuf mit dem von beiden initiierten Duo Soft Cell Abhilfe. Beeinflußt von Brian Eno, Kraftwerk, Giorgio Moroder und inspiriert von Tanz-Marathons zu obskuren Northern Soul-Platten, gingen sie daran, «Musik für die Diskothek unserer Träume (ein billiger, schmieriger Ort)» zu verfertigen. Nach den Aufwärm-Singles *Girl With The Patent Leather Face, Memorabilia* machten sie als Stars des kleinen Some Bizarre-Labels 1981 die tanzwütige Kultgemeinde auf beiden Seiten des Atlantik heiß mit *Tainted Love*. Das Remake eines Songs von Gloria Jones hielt sich 43 Wochen in den Billboard-Singles-Charts und war in der brillant verlängerten Maxi-Version mit einer Neufassung des Supremes-Schlagers *Where Did Our Love Go* genial verkoppelt. «Ich mag Peep-Shows, ich liebe es, über Begebenheiten aus dem wahren Leben zu schreiben, über Vorfälle, die sonst unter den Teppich gekehrt werden», erklärte sich der outrierte Almond und animierte seinen stillen Elektronik-Teilhaber zu «freudlosen Ausflügen in die Rotlichtdistrikte» (‹Stereo Review›): *Non-Stop Erotic Cabaret, The Art Of Falling Apart, Last Night In Sodom* (1982–1984). «Es gibt keine Entschuldigung für solchen Ramsch und solche Dümmlichkeit», tadelte der ‹New Musical Express› die «unspektakuläre Musik und die platten Texte, eingehüllt in ein außergewöhnliches Versprechen, das nie eingelöst wird». Die Branchenbibel ‹Billboard› dagegen befand: «(Die Musik) wabert zwischen erstklassigen Tanzklängen und verrückter Esoterik, langweilt jedoch niemals.» Auch ‹Rolling Stone› konnte sich für den kleinen Sänger begeistern, der mit seiner Spezialtruppe Marc And The Mambas gelegentlich noch schrägere Töne anschlug. «Er serviert seine traurigen Schilderungen ganz gewöhnlicher Alltags-Existenzen mit schriller Großartigkeit», lobte das Blatt die mit feuchter Stimme vorgetragenen Ergüsse aus dem Off der Nachtschatten-Existenzen. «Marc Almonds große Kunst liegt in der grenzenlosen Fähigkeit, sich bejubeln zu lassen», erkannte ‹Spex› 1984. Diese Sucht nach Selbst-Inszenierung brachte Almond dann auch auf den Solo-Trip. Fortan putschte er, in stilistischer Breite von Fassbinders wüst-laszivem ‹Querelle› bis zum Existentialismus des belgischen Chansonniers Jacques Brel, seine Songs zu Vier-Minuten-Mikro-Dramen auf und gab sich als eine «wahrhaft verlorene Seele, die den Objekten ihrer Begierde zum Vergnügen der zahlenden Kundschaft vor aller Augen nachstellt» (‹City Limits›). Auf der LP *Mother Fist And Her Five Daughters* (1987) reimte er: «And if I die before I wake up, I pray the Lord don't smudge my make-up.» – «Je nach Verlauf der eigenen erotischen Frühentwicklung und der augenblicklichen Stimmungslage kann einem das entweder komisch (bis zum Selbstmord) oder unerträglich tuntig vorkommen», empfand ‹Time Out›. Zur «Mother Fist»-Tournee schleppten Almond und seine Willing Sinners Kontrabaß und japanische Wölbbrettzither auf das Podium, künstliches Kerzenlicht flakkerte, auf dem Keyboard lag ein Rosenstrauß, mit dem Almond im weiteren Verlauf des Konzertes sich flagellierte. Unter Einbindung von Rumba- und Tangorhythmen versuchte der Künstler die Kreation britischer Chansons. Hatte er immer schon mit den Liedern Jacques Brels geliebäugelt, so ließ er mit der LP *Jacques* 1989 dieser Liebe freien Lauf, 1993 veröffentlichte er mit *Absinthe* weitere damals aufgenommene Chansons. 1991 tat Almond sich für einige Aufnahmen wieder mit Dave Ball zusammen, ließ die zweite Hälfte des Albums *Tenement Symphony* aber von Trevor Horn produzieren, der auch ein Arrangement von Claude Debussys Bilitis-Chansons beisteuerte. Dem musikalischen Werdegang Almonds vom Synthesizer-Pop zu französischen, eigenwillig instrumentierten Chansons entsprach sein Zickzackkurs gegenüber seinen Plattenfirmen – kaum eine wollte ihn mehr als ein oder zwei Platten lang halten. Mit *Open All Night* (1999) war der «Pierrot des Pop» (‹Musikexpress›), melancholisch zwischen Hip Hop, Ragga Jungle und Electro Blues pendelnd, bei dem kleinen französischen Indie-Label XIII Bis Records gelandet. Sein *Torch Song*, urteilte ‹Stereoplay›, klinge «schwer und bittersüß wie Absinth». Das Folgealbum *Stranger Things* (2001) beurteilte Almond selber als «gehaltvoll, dunkel und dekadent» oder auch als «mein reifstes Album» – für den deutschen ‹Rolling Stone› «ein Ding aus glorioser Shirley Bassey-Grandeur und emphatischem Musicalpathos», dem RS-Kritiker Jörn Schlüter zugestand, daß es «die vielen, manchmal etwas ziellos eingesetzten Begabungen Almonds ganz gut auf einen Punkt bringt.» – «Ich weiß», so der versponnene Sound-Lyriker, «daß ich die Leute mit meiner ‹Diva-Seite› erschrecke, mit der Schauspielerei und dem Offenlegen meiner Seele. Das bringt vor allem die Briten in Verlegenheit. Sie dachten immer: Was ist dieser Almond für einer? Singt er über Männer? Über wen ist er so verzweifelt? Ich gelte, vielleicht mit einem gewissen Recht, als vertrackte Person.»

LPs auf Virgin: *Vermine In Ermine* (1984); *Stories Of Johnny* (1985); *Violent Silence* (Mini-LP, 1986); *A Woman's Story* (Mini-LP, 1986); *Mother Fist And Her Five Daughters* (1987); *Singles 1984–1987* (1987) … auf Materiali Sonori: *Songbook +7* (Single mit Buch, publiziert in Italien, 1987) … auf Parlophone: *The Stars We Are* (1988); *Enchanted* (1990); *Treasure Box* (1995) … auf Warner Bros.: *Tenement Symphony* (1991); *12 Years Of Tears* (1993) … auf Mercury: *Memorabilia – The Singles* (1990); *Fantastic Star* (1996) … auf Some Bizarre: *Jacques* (1989); *Absinthe* (1993) … auf Thirsty Ear: *The French Album* (1996); *Flesh Volcano / Slut* (1998); *Virgin's Tale* (1998); *Live In Concert* (1998) … auf Blue Star: *Live At The Liverpool Philharmonic Hall, 1992* (2000) … auf XIII Bis Records: *Open Night* (1999); *Stranger Things* (2001) … LPs mit Soft Cell auf Some Bizarre / Vertigo: *Non-Stop Erotic Cabaret* (1981); *Non-Stop Ecstatic Dancing* (1982); *The Art Of Falling Apart* (1983); *This Last Night In Sodom* (1984); *The Singles (1981–1984)* (1986) … mit Marc And The Mambas auf Some Bizarre: *Untitled* (1982); *Torment And Toreros* (1983)

Amos, Tori (voc, p, harpsichord), am 22. August 1963 als Myra Ellen Amos in Newton, North Carolina, geboren. Die Tochter eines Methodisten-Predigers und einer Cherokee-Indianerin wurde nach ihrem Debüt im Club Bottom Line im April 1992 von der ‹New York Times› in höchster Bewunderung «eine hysterische Sängerin» genannt. Dabei komme es darauf an, erklärte die Kritikerin Karen Schoemer, «jede Unze innerer Energie, die geronnenen Gefühle, das schmerzhafte Pochen des Herzens und das Rauschen des Blutes nach außen zu kehren und in zerklüftete Melodien, ungezähmte Stimmausbrüche sowie eine ungezügelte Körpersprache

umzusetzen». Dies sei von hohem voyeuristischem Reiz: «Der Zuhörer wird Zeuge des verwirrenden Spektakels im Innenleben der Künstlerin.» Und da war ziemlich was los. Wenn die rothaarige Elfe Arpeggios und Cluster im Stile von Keith Jarrett aus den Tasten drosch, wenn sie ihre Stimme wie Laura Nyro oder Kate Bush vom Croonen und Grummeln bis in klirrende Koloraturhöhen trieb, fühlten sich Kritiker an einen Exorzismus (‹Daily News›) oder an eine Psychoanalyse erinnert (‹New York Post›), «und es sind ganz schmutzige Ecken und ganz dunkle Winkel, in die Tori Amos mit dem Licht ihrer therapeutisch-verzweifelten Ehrlichkeit hineinleuchtet» (‹Stereoplay›). In ihren Songtexten, die sich eher wie Prosa denn wie Lyrik lasen, aber durch die melodische Qualität der Interpretation zur Poesie strukturiert wurden, schilderte sie inbrünstig ein Fegefeuer voller mythischer Gestalten, Isis und Osiris, Jesus und Magdalena, Vater Luzifer und die geköpfte englische Königin Anne Boleyn, dazu christliche Häresien, Zitate aus der Popkultur, Mord und Totschlag und immer wieder Sex. Ihr frühes Meisterwerk *Me And A Gun*, zumeist a cappella dargeboten, schilderte autobiographisch, wie sie auf der Heimfahrt nach einem Gig in L. A. mit einer Pistole bedroht und vergewaltigt worden war: «I sang Holy Holy, as he buttoned down his pants.» Am Ende des Liedes war der Sexgangster tot. Den Song *Boys For Pele*, dem Vulkan-Gott des Berges Mouna Kea auf Hawaii gewidmet, kommentierte sie: «Es geht um das Stehlen von Feuer. Du weißt, was Männer brauchen, du kannst es riechen, wenn du in den Raum kommst. Und, o ja, die wissen auch, was ich brauche. Ich habe mich mit ein paar von ihnen eingelassen, und heute weiß ich bei den meisten nicht einmal mehr, warum.» Da Tori Amos schon mit zweieinhalb auf dem Klavierstuhl, den man mit Telefonbüchern erhöhen mußte, Anzeichen einer musikalischen Hochbegabung zeigte, wurde das dritte Kind von den ehrgeizigen und streng religiösen Eltern ins Internat des renommierten Peabody-Konservatoriums an der Johns Hopkins University in Baltimore geschickt. Sie sollte und wollte Konzertpianistin werden, absorbierte aber auch jede Art Popmusik von Fats Waller und Gershwin bis zu Jimi Hendrix und den Doors. Beim sturen Üben fragte sie sich zunehmend: «Wo bleibt die Seele der Musik?» und begann zu improvisieren. Mit elf flog sie aus dem Internat: «Es war ein Trauma, aber meine Kindheit bestand ohnehin nur aus Tabus.» Ihr Vater, der Pfarrer, vermittelte sie mit 13 immerhin als Pianistin in eine Schwulenbar in Washington, D.C.: «Ich rang verzweifelt um Anerkennung, entdeckte in mir aber auch die sehr lustgeprägte Madame und litt unter Schuldkomplexen.» Der Song *Baltimore*, den sie 1980 zusammen mit ihrem Bruder Michael komponierte und unter dem Label MEA auf eine Single pressen ließ, blieb unbeachtet. Demobänder, die sie während eines Engagements im Hilton-Hotel in Myrtle Beach, South Carolina, bespielte und an Producer verschickte, trugen ihr 1983 immerhin eine Einladung von Narada Michael Walden zu einer folgenlosen Studiosession nach San Francisco ein. Sie blieb in Kalifornien, ließ sich in Los Angeles nieder und nannte sich 1985 Tori. Die Band, mit der sie 1987 für Atlantic mit Steve Farris (g), Matt Sorum (dr, später Guns N' Roses) das gleichnamige Album aufnahm, hieß *Y Kant Tori Read* und blieb unbeachtet. Sie arbeitete als Background-Sängerin für Al Stewart, Sandra Bernhard, die Gruppe Mosquitos und andere und steuerte ohne Credits den Song *Distant Storm* zum Film ‹China O'Brien› bei. 1991 schob Atlantic (WEA) in L. A. die Vertragskünstlerin Amos an die Partnerfirma EastWest (WEA) nach London ab – in der berechtigten Hoffnung, eine derart exzentrische Singer/Songwriterin werde sich auf einem kleineren und für Avantgardeklänge aufgeschlosseneren Markt wie England leichter durchsetzen lassen. Das Kalkül ging auf. Nach der von der Kritik enthusiastisch aufgenommenen Start-EP, unter den vier Titeln der Hit *Me And A Gun*, klickte die von ihrem Freund Eric Rosse und zwei Partnern produzierte LP *Little Earthquakes* auf Nr. 14 in den britischen Charts. Im Jahr 1992 wurden die Songs der internationalen Musikindustrie beim MIDEM-Musikmarkt in der Bar des Hotels Martinez in Cannes von der Künstlerin am Flügel präsentiert. Konzerte in Europa und Amerika sowie der erste von mehreren Gastauftritten in David Lettermans New Yorker ‹Late Night›-TV-Show hoben sie 1992 über den Status eines Kultstars hinaus. Ende des Jahres wurde sie im Leserpoll der

Zeitschrift ‹Rolling Stone› zum Best New Female Artist gekürt und entwickelte Allüren. Für das Album *Under The Pink* (1994, UK 1, USA 12) ließ sie sich ein ganzes Jahr Zeit – überwiegend in der Wüste von Taos, New Mexico. Aber den Song *Past The Mission* produzierte sie in dem Haus in Kalifornien, in dem 1969 die Schauspielerin Sharon Tate von der Bande des Satanisten Charles Manson ermordet worden war. *Boys For Pele* (1996, UK und USA 2) nahm sie nach ihrer Trennung vom langjährigen Partner Rosse, «um von der eigenen Lasterhaftigkeit in bezug auf Männer loszukommen», monatelang in einer kleinen Kirche in Dougany an der südirischen Küste auf: «Hier in Irland mußt du nur zwei Meter tief graben und stößt auf keltische Mythen, auf Gegenstände, die aus mehr als 2000 Jahren erzählen – von alten Ritualen, vom Verständnis der Erde gegenüber, von der kollektiven Erinnerung der Menschen und ihrer Art der Kommunikation. Ich wollte die Fähigkeit entwickeln, dies alles zu fühlen.» Am 23. Januar 1997 gab die *Professional Widow* (so ihr zu dieser Zeit aktueller Nr.-1-Hit in England) im New Yorker Madison Square Garden ein Benefizkonzert für die Organisation RAINN zugunsten der Opfer von Vergewaltigungen, sexuellem Mißbrauch und anderen Sexualverbrechen. «Ich glaube, die schmerzhafteste Folge von Mißbrauch ist der anschließende Selbsthaß», erklärte die Künstlerin. «Wir übernehmen den Haß des Täters und richten ihn gegen uns selbst. Wir sind dieser Qual ausgesetzt, aber wir können uns davon befreien, wenn wir nur intensiv genug daran arbeiten.» Im Song *Juárez* vom Album *To Venus And Back* (1999) berichtete sie wie eine Reporterin von 300 vor noch nicht allzu langer Zeit in der gleichnamigen mexikanischen Grenzstadt vergewaltigten, ermordeten und in der Wüste verscharrten Frauen: «Als wir nach einem Konzert in Texas ganz nahe der Grenze entlangfuhren, hörte ich die Stimmen der getöteten Frauen in meinem Kopf. Ich konnte sogar die Musik wahrnehmen, die sie hörten, bevor man ihnen die Kehlen durchschnitt.» Mehr noch als auf ihrer CD *From The Choirgirl Hotel* (1998), mit der sie sich von einer Fehlgeburt erholte und während der Produktion ihren Toningenieur Mark Hawley heiratete, hatte sich die Psychopoetin mit den elf neuen Songs des Doppelalbums *To Venus And Back* der Außenwelt zugewandt: «Es ist, als wenn die Venus eine Kamera in ihrem Kopf hätte.» Zwar gab es da immer noch ein paar böse Träume, aber die frische Luft um das 300 Jahre alte Bauernhaus in Hawleys Heimat Cornwall im Westen der britischen Insel, wo das Album entstand, weckte in Amos Sinn für die Sinnlichkeit der Natur – etwa in der Ballade *1000 Oceans* über ein Meer aus Tränen («if that's what it takes to sail you home»). Im beinahe vegetativ versunkenen Poem *Oátura* rezitierte sie groovy die lateinischen Namen der Pflanzen, die in ihrem Garten in der Karibik wachsen. Daß dazu nun ebenfalls ganz diesseitig Loops, Computer-Sounds (Andy Grey) und die Bühnenmusiker von ihrer 98er «Plugged»-Welttournee zu hören waren (Steve Caton, g; John Evans, bg; Matt Chamberlain, dr), die auch die zweite CD des Doppelalbums mit Live-Mitschnitten bestritten, fand nicht überall Zustimmung. Birgit Fuß im deutschen ‹Rolling Stone›: «Wenn alles still sein sollte, scheppert ein Schlagzeug; die zartesten Momente werden von Gitarre und Baß zugedröhnt.» Dagegen pries Patrick Großmann in ‹Tip› «gerade in den looporientierten Songs einen deutlich subtilen Weg der Verknüpfung von Elektronik und Natursounds, von Samples, Keyboards und ihrem geliebten Bösendorfer-Flügel.» – «Über die Jahre», resümierte die ‹FAZ›, «ist ihre Musik kantiger, härter, mitunter auch erdenschwerer geworden, was sie indes in den besten Momenten sogar noch höher federn läßt.» Als nächstes kündigte Tori Amos unter dem CD-Titel *Strange Little Girls* ein Cover-Album an: Songs von Eminem, Slayer und anderen Männern aus Frauensicht.

LPs auf Atlantic: *Y Kant Tori Read* (1987) … auf East West: *Me And A Gun* (1991; 4-Track-EP); *Little Earthquakes* (1992), *Under The Pink* (1994); *Boys For Pele* (1996); *From The Choirgirl Hotel* (1998); *To Venus and Back* (1999); *Strange Little Girls* (2001)

Anderson, Laurie (voc, vi, electronics), am 5. Juni 1947 in Chicago, Illinois, geboren, artikulierte in ihrer «Performance Art» mit verfremdeter Sprache, Filmen, Dias, Musikfetzen, Songbruchstücken und Schattenspielen die Kommunikationsprobleme einer High-Tech-Gesellschaft. Von dem Avantgarde-Literaten William S. Burroughs übernahm sie das provokante Bonmot «Sprache ist ein Virus aus dem All», enthüllte durch witzige Wortspiele und kokette Kalauer die Absurditäten des Alltags und enttarnte die Werbebotschaften und Politikerreden als hohlen Zauber mit Netz und doppeltem Boden. Ihre Sprach-Artistik führte die an Elite-Colleges ausgebildete und diplomierte Kunsthistorikerin mit allerlei technischem Brimborium vor: So spielte sie Wortkaskaden auf einer Neonvioline, bei der die Saiten durch einen Magnetkopf und die Bogenhaare durch ein bespieltes Tonband ersetzt waren, band sich einen Schlips mit eingebauter Elektronik-Klaviatur um oder legte einen mit Kontaktflächen ausgerüsteten «Drum Suit» an, dem sie mit Schlägen auf verschiedene Körperteile eine Skala an Percussion-Effekten entlockte. New Yorker Performance-Kollektive wie The Kitchen in SoHo ermöglichten ihr ab 1973 erste Auftritte, die sie seit 1976 auf Museen, Festival-Zirkel, Konzerthallen ausdehnte. Als Mitglied der Künstlertruppe Talented Teens entwarf sie ein «Handphone Table», bei dem sich Musik und Geräusche von einem in die Tischplatte eingebauten Bandgerät über die aufgestützten Arme des Benutzers auf Hände und Kopf übertrugen. Sie komponierte eine Sinfonie für Autohupen und spielte ihre Violine, während sie in Eisblöcken eingefrorene Rollschuhe trug und über die Balance-Probleme an den Füßen und am Bogen referierte. Solche Happening-Techniken und Musik-Manierismen übernahm sie von John Cage und Philip Glass, aus den Theaterkantaten der ehemaligen Choreographin Meredith Monk, der Fernsehoper *Private Lives* (1975) des Komponisten Robert Astley, den Techno-Gag-Shows des Neunerkollektivs Mabou Mines und den intellektuellen Vaudeville-Darbietungen der JoAnne Akalaitis. Laurie Anderson «nahm dabei den Schock aus dem Neuen und ersetzte ihn durch reinen Spaß» (‹Village Voice›). 1981 hatte sie mit *O Superman*, einer «Mini-Symphonie aus der Schönen Neuen Welt› (‹Der Spiegel›), einen Pophit in England. 1983 führte sie in der Brooklyn Academy of Music *United States* auf, das «kubistische Porträt eines Landes» (Anderson), das «den Weg zu einer Oper der Zukunft wies» (‹New York

Times›). Diese multimediale sarkastische Liebeserklärung an eine Nation voller Widersprüche vermittelte sieben Stunden lang «das Science-fiction-Abbild eines medienverseuchten Environments mit abgehörten Telefonen und Gedankenkontrolle, in dem sogar Mutti zu einem Roboter geworden ist» (‹Time Out›). Laurie Anderson, die sich den monologisierenden Komikern der Nachtclubs stilistisch nahe fühlte, fand mit ihren «verführerischen Soundtracks für ein Kino im Kopf» (‹Rolling Stone›) ein aufnahmebereites Publikum bei «der statusbewußten oberen Mittelklasse, die unter 35 und durch und durch weiß ist» (‹New York Magazine›). Variationen ihrer zentralen Themen Transport, Politik, Geld, Liebe aus *United States* fanden sich auf eher rockorientierten Alben und in einer Kino-Dokumentation ihrer Show (‹Home Of The Brave›, 1986); das gleichnamige Album wurde von Nile Rodgers (Chic) produziert. Im selben Jahr raunte sie auf Peter Gabriels Hit-Album *So* in dem Song *This Is The Picture* rätselhafte Worte. Sie schien Gefallen an der detaillierten Musik Gabriels gefunden zu haben und holte sich für *Strange Angels* Bobby McFerrin (voc), Steve Gadd (dr), Anthony Fier (dr), Chris Spedding (g), Arto Lindsay (g), Tony Levin (bg) ins Studio. Ihre Fans mochten den ungewohnt opulenten Klängen indes nicht recht folgen. Ende der achtziger Jahre verlor sie selbst für einige Jahre das Interesse am Rockpublikum. Als sie Mitte der neunziger Jahre wieder Schallplattenstudios und Konzertbühnen betrat, war ihr Publikum auf eine eingeschworene Gemeinde geschrumpft, die ihr gleichwohl an den Lippen hing. «Als Künstler mußt du dir einen Sinn für Ironie bewahren», erkannte Laurie Anderson bei ihren Expeditionen durch den Medien-Dschungel, «sonst wirst du zu einem elektronischen Teilchen dieser Maschinerie.» Daß sie selbst die elektronischen Mittel der neunziger Jahre virtuos für ihre Zwecke einzusetzen wußte, zeigte sie mit ihrer in Zusammenarbeit mit dem japanischen Computer-Künstler Hsin-Chien Huang produzierten CD-ROM *Puppet Motel*. «In einer warmen, dichten, spannenden und einfach schönen Atmosphäre», schrieb der Berliner ‹Tip›, «erkundet der Benutzer Andersons Welt der Symbole, Weisheiten und Rätsel.» Die mit Lou Reed liierte Künstlerin richtete

sich auch im Internet ein und veröffentlichte mit *The Ugly One With The Jewels* (1995) eine vergleichsweise konventionelle Platte: «Du brauchst nur den richtigen Code, um die Welt zu erforschen», wußte sie, «ein Code, und die Welt wird zu *einem* System.» Mit einem zwei Wochen dauernden Gastspiel in der stets ausverkauften Brooklyn Academy of Music startete sie im November 1999 ihre Welttournee mit *Songs And Stories From Moby Dick*. Herman Melvilles wucherndes Geschichtenknäuel in stehenden und bewegten Projektionen, Tonmanipulationen mit dem Talking Stick, Keyboard-Romantik und baßgewaltige Vibrationen: «Schwarz gewandet, doch rotem Schuhwerk nicht widerstehend, mutiert Paganinis zart angepunkte Schwester mit der Elektrogeige zur Märchentante, sobald ein über- oder unterdimensionierter weißer Sessel auf die Bühne rollt» (Jordan Mejias in der ‹FAZ›). Den Plan, diese Show für eine CD umzusetzen, gab Laurie Anderson im Studio auf: «Es war schon ein äußerst komplexes Projekt, ein Buch in eine Bühnenshow umzuwandeln. Um so härter kam es mich an, die Show auf eine Platte zu bannen.» Statt dessen entschied sie sich kurzfristig zu dem autobiographischen Song-Album *Life On A String* (2001) mit Skuli Sverrison (b, bg), Gästen wie Bill Frisell (g), Dr. John (p, kb), Lou Reed (g), Orchestrationen von Van Dyke Parks und Hal Willner als Koproduzenten. Das postmoderne Sound-Kaleidoskop zwischen Drum 'n' Bass, Streichorchester und verfremdeter Karibik-Folkore litt unter dem gleichen Mangel wie ihre handverlesene Anthologie *Talk Normal* (2000) mit 35 kommentierten Performances aus ihrem Lebenswerk: Es fehlte die optische Dimension.

LPs auf Giorno Poetry Systems: *You're The Guy I Want To Share My Money With* (mit William Burroughs/John Giorno, 1981) ... auf Warner Bros.: *Big Science* (1982); *Mister Heartbreak* (1983); *United States Live* (1984); *Home Of The Brave* (1986); *Strange Angels* (1989); *Bright Red* (1994); *The Ugly One With The Jewels* (1995) ... auf Nonesuch: *World On A String* (2001) ... auf Rhino: *Talk Normal – The Laurie Anderson Anthology* (2000)

Aphex Twin, bürgerlich Richard D. James, geboren 1971 in Truro, Cornwall, England, beherrschte mit barocker Verspieltheit, Virtuosität und Gestaltungslust das Vokabular von Techno, Ambient und Industrial. «Richard D. James zählt zu den Protagonisten der numerischen Ära. Es heißt, er sei größenwahnsinnig, gestört, zynisch, finster, gereizt ... Doch hinter der kühlen Fassade entdeckt man einen sanften, besinnlichen Menschen» (‹Party News›). «Aphex, so stilprägend er auch sein mag, liegt immer daneben» (‹taz›). Schon als Kind manipulierte er das Klavier seiner Eltern, und als Teenager begann er, mit selbstgebauten Klangmaschinen zu experimentieren. Aus dem neugierigen Spiel eines Zehnjährigen mit Kassettenrecordern wurden schließlich Computerbasteleien und Elektronik-Studium. Das Pseudonym Aphex Twin geht auf einen drei Jahre vor seiner Geburt tot zur Welt gekommenen Bruder zurück, der ebenfalls den Namen Richard getragen hatte. Das Schicksal dieses Verwandten, den er niemals kennengelernt hatte, von dem er aber behauptete, er würde über ihn wachen, und in dessen Tod er eine mystische Ursache seines eigenen Glücks sah, veranlaßte ihn während seiner ganzen Karriere immer wieder zur musikalischen Auseinandersetzung. 1991 erschien seine erste EP *Analogue Bubblebath #1*, die in Zusammenarbeit mit Schizophrenia alias Tom Middleton aufgenommen wurde. Das nur als Weißpressung unter die Radio-DJs gebrachte Werk erhielt durch ständiges Airplay auf KISS FM schnell Kultstatus, so daß «Mac Mozart» (‹Party News›) nicht viel Zeit verstreichen ließ und noch im selben Jahr die EP *Analogue Bubblebath #2* folgen ließ, «dessen A-Seite mit 160 bpm schneller war als sonst irgendwas zu dieser Zeit» (‹Rough Guide›). Stücke von beiden EPs wurden ein Jahr später als Single unter dem Titel *Didgeridoo* veröffentlicht. Nach einer weniger beachteten EP *Xylem Tube* erschien 1993 das erste Album des «Erfinders des Psycho-Techno» (‹Spex›). *Selected Ambient Works 85–92* versammelte Aufnahmen, die bis in Aphex Twins fünfzehntes Lebensjahr zurückreichten und den schon früh einsetzenden künstlerischen Willen des Heranwachsenden dokumentierten. Die Sounds für dieses Album waren «dem schlafenden Philosophen» (‹Münchner›) angeblich teilweise im Traum erschienen. Unter dem Pseudonym Polygon Window brachte er 1993 das Opus *Surfing On Sine Waves* heraus, auf dem er wieder stärker in Richtung Industrial tendierte. Über Nacht war Aphex Twin zum Superstar auf der Elektro-Welle avanciert und erhielt Remix-Aufträge aus der ganzen Welt. Mit der völlig ohne Titelangaben auskommenden Kollektion *Selected Ambient Works Volume 2* (1994) spaltete er die Kritik. Endloses Vorüberziehen gleichförmiger Klangwolken ließ einige Schreiber die gewohnte Formulierfreude vermissen, während andere ihm gerade auf Grund der psychedelischen Tiefe ein unerreichtes Meisterwerk bescheinigten. ‹Keyboards› kürte ihn gar zum Wunderkind. Einhelligen Zuspruchs erfreute sich wiederum *I Care Because Of You* (1995), auf dem er «detailverliebt die Melange aus krachigen Rhythmusgebilden und subtilen, bisweilen süßlichen Melodien zelebriert» (‹New Life›). Im selben Jahr verarbeitete er unter dem Pseudonym AFX auf der EP *Hanging Auto Bulb* seine Erfahrungen mit Drum 'n' Bass und machte auf *Classics* vergriffene Frühwerke zugänglich. Auf *The Richard D. James Album* (1996) setzte er die Ausformulierung von Drum 'n' Bass-Gedanken fort und kreierte «rhythmischen Free Jazz oder einfach eine wahllose Verteilung elektronischer Impulse mit Nähe zu percussiven Klängen» (‹Intro›). Die ‹taz› sah in dem Album den «lebendigen Beweis für die Existenz des Dekonstruktivismus außerhalb philosophischer Zirkel», und ‹Die Zeit› jubilierte: «Ein exquisites Hörvergnügen, ein Meisterwerk der Auflösung im richtigen Augenblick.» Gleichzeitig gründete «das experimentelle Phänomen schlechthin» (‹Sabotage›) mit seinem Label Rephlex ein «Medium, das für viele Neueinsteiger die Eintrittspforte zu Szenen und musikalischen Bereichen schafft, die schon länger existieren als ihr Interesse für sie. Vorsicht beim Schließen der Türen» (‹Spex›). Er arbeitete daher mit Tom Jenkinson alias Squarepusher, μ-sic alias Mike Paranidas sowie Luke Vibert und sogar Philip Glass zusammen. Auf der EP *Come To Daddy* (1997) nahm der «Stil-Anarchist» (‹Keyboards›) mit dem Grunge-Outfit, der nicht zuletzt Schlagzeilen machte, als er in einem panzerähnlichen Kettenfahrzeug durch Cornwall fuhr, eine elektronische Abrechnung mit den Klang-Images des

Rock der Neunziger vor. Seine 1999 veröffentlichte Single *Windowlicker* wurde zu einem internationalen Top-Seller und führte weltweit zu euphorischen Reaktionen. «Ich weiß gar nicht, ob ich so komplett anders bin als alle anderen. Was ich hauptsächlich tue, ist, die Regeln, die andere etabliert haben, zu nehmen, mit ihnen zu spielen und sie zu verdrehen. Ich möchte auch nicht außergewöhnlich klingen, denn ich möchte, daß meine Musik einen aktuellen, gegenwärtigen Aspekt hat – einen Bezug zu dem, was gerade passiert. Es macht mir nur mehr Spaß, meine eigenen Regeln aufzustellen und sie mit den bestehenden Regeln zu vermischen», erklärte sich der Elektro-Künstler gegenüber ‹Visions›.

LPs auf EfA: *Analogue Bubblebath III* (1992) ... auf Apollo: *Selected Ambient Works 85–92* (1993) ... auf Sire: *Selected Ambient Works, Vol. 2* (1994); *I Care Because You Do* (1995) ... auf R & S: *Classics* (1995) ... auf Elektra: *Richard D. James Album* (1996) ... auf WEA: *Singles Box* (1999)

Armatrading, Joan (voc, g), am 9. Dezember 1950 in St. Kitts, Westindien, geboren, seit 1958 in Birmingham, England, aufgewachsen, vereinte in ihren Songs und ihrer Performer-Persönlichkeit eine Reihe von Widersprüchen. Sie sang von verletzten Gefühlen, zerbrochenen Beziehungen, Einsamkeit, Leere, Spannungen zwischen Menschen, die nicht zueinander finden können – doch ohne Selbstmitleid, ohne morbide Lust an der Depression, bisweilen in klinisch neutraler Anteilnahme. Ihre kehlige Stimme ließ Willensstärke und Selbstbewußtsein hören, und dennoch zerflossen ihre Songs beinahe spielerisch in extravaganter, impulsiver Rhythmik. Die scheue Sängerin hatte «die Nachdenklichkeit einer stolzen, unabhängigen Frau und zugleich die Verletzlichkeit und hoffnungslos romantische Attitüde eines jungen Mädchens» (‹Rolling Stone›). Obwohl sie als schwarze Frau aus der Karibik mit weißen britischen Szene-Musikern ein Konglomerat aus Rock, Reggae, Rhythm & Blues darbot, fehlten in ihrem Œuvre nahezu alle feministischen oder ethnischen Obertöne. Was sie jedoch «mit ihrer Gitarre anstellt, das hat man in solcher Konzentration von Musikalität, Emotionalität und Originalität seit

den Konzerten von Janis Joplin kaum mehr erlebt» (‹FAZ›). Joan Armatrading schöpfte, nach eigenem Bekunden, ihre Pop-Poesie nicht aus dem privaten Erleben, sondern aus Alltagsbeobachtungen, in die sie sich dann lyrisch hineinversetzte. Dabei überraschte sie immer wieder durch die Präzision, mit der sie Situationen und Stimmungen auf den Punkt brachte, wie in ihrer klassischen Ballade *Love And Affection* (1979): «Like a crying child, I need comfort now / Don't pick me up when the tears are dry on my face / Need someone to help me / But not you, you're not ready / Seems you have trouble helping yourself.» Betreut von renommierten Rock-Producern ersang sich Joan seit 1974 ein stilistisch zeitgemäßes Repertoire, das vor allem in Europa auf großes Interesse stieß. Spätere Produktionen weckten jedoch Argwohn an der künstlerischen Wirksamkeit und Beständigkeit der talentierten Außenseiterin. «Wie ein singender Kunstkalender», kam sie der Kritikerin vom ‹New Musical Express› 1986 vor, «ein entzückender Gebrauchsartikel zur Zerstreuung, der Leid und Armut pittoresk erscheinen läßt.» Eine andere Autorin notierte im gleichen Blatt enttäuscht: «Sie hat sich in eine Sackgasse formelhafter Popmusik verrannt, nach dem wiederholten Schema: Ich liebe dich / aber ich bin stark / also zisch ab.» Mit ihrer tatsächlichen oder auch nur vermeintlichen Stachligkeit stand die Sängerin sich selbst im Wege, wenn auch das Bild der Kühle, das sie umgab, nicht von ihr selbst, sondern von der Presse herrühren mochte. Unter Kollegen war sie hoch angesehen: Schon früher hatten Musiker wie der Bassist Pino Palladino (Paul Young), Joe Jackson, Andy Summers (Police), Sly and Robbie, Andy Partridge (XTC), Thomas Dolby an ihren Platten mitgewirkt, die von Studiogrößen wie Glyn Johns, Richard Gottehrer, Steve Lillywhite produziert worden waren. Für die Cover ihrer LPs achtete sie auf jedes Detail und ließ sich von Robert Mapplethorpe oder Lord Snowdon ablichten. Für das 1988 erschienene Album *The Shouting Stage* gewann sie Mark Knopfler (Dire Straits) und den Schlagzeuger Mark Brzezicki (Big Country) – ohne kommerziellen Erfolg. Dafür erwuchs ihr Konkurrenz: Tracy Chapman debütierte neben ihr anläßlich eines Konzertes im Wembley-Stadion zu Nelson Mandelas siebzigstem Geburtstag. Die Ähnlichkeit des Chapman-Stimmklangs zu dem von Armatrading war offensichtlich, die Frische ihres Vortrags und das Engagement ihrer Songs aber einem größeren Publikum zugänglicher als Armatradings wohlüberlegte Kompositionen. Armatrading ließ sich nicht in eine Ideal-Konkurrenz zu Chapman zwingen. *Hearts And Flowers* (1990), von ihr selbst produziert, liebäugelte nicht mit dem Folk Chapmans, sondern war eine genuine Armatrading-LP. Mit Mick Karn hatte sie wiederum (nach Pino Palladino) einen Fretless-Bassisten hinzugezogen. Nach zwanzigjähriger Zusammenarbeit mit A & M nahm sie 1995 mit *What's Inside?* erstmals ein Album für RCA auf. Antwort auf die Titelfrage: Namhafte Studiomusiker aus dem Umfeld der Rolling Stones und von Tom Pettys Heartbreakers sowie das Kronos Quartet. «Sie baut ihre Glaubwürdigkeit auf handwerkliches Können und die Fähigkeit, Gefühle in Musik zu fassen», bescheinigte der ‹Record Collector› «einer der beständigsten Singer/Songwriterinnen Großbritanniens der letzten zwanzig Jahre». An den 39 Songs ihrer A & M-Retrospektive *Love And Affection* (1997) war das leicht zu überprüfen. Zweimal wurde sie als Best Female Vocalist für den Brit Award, ebenfalls zweimal für den Grammy nominiert. 1996 erhielt sie für Outstanding Contemporary Song Collection den renommierten Ivor Novello Award, und als der britische TV-Sender VH 1 in einer Umfrage die 100 einflußreichsten Frauen der Rockmusik ermittelte, war Joan Armatrading dabei. Wichtiger als solche Auszeichnungen oder auch die Ehrung als Honorary Fellow der John Moore University of Liverpool war ihr die Teilnahme so vieler berühmter Kollegen, als sie 1998 die Benefizplatte *Lullabies With A Difference* für Kinder in Not zusammenstellte. Die Schlaflieder wurden u. a. von Tina Turner, Melissa Etheridge, Mark Knopfler, Midge Ure und natürlich ihr selber interpretiert. Und ihr schönstes Erlebnis: Als sie ihr Lied für den Friedenskämpfer und ehemaligen Präsidenten Südafrikas, *The Messenger*, diesem bei einem privaten London-Besuch am 6. April 2000 zusammen mit dem Kingdom Choir zu Gehör brachte, tanzte Nelson Mandela begeistert während des ganzen Songs.

LPs auf Cube: *Whatever's For Us* (1972) ... auf A & M: *Back To The Night* (1975); *Joan Armatrading* (1976); *Show Some Emotion* (1977); *To The Limit* (1978); *The Wild Geese* (Soundtrack, 1978); *Stepping Out* (1979); *How Cruel* (1979); *Me Myself I* (1980); *Walk Under Ladders* (1981); *The Key* (1983); *Track Record* (1983); *Secret Secrets* (1984); *Sleight Of Hand* (1986); *The Shouting Stage* (1988); *Hearts And Flowers* (1990); *The Very Best Of ...* (1991); *Square The Circle* (1992) ... auf RCA: *What's Inside?* (1995) *Love And Affection* (1997) ... auf Universal: *Millennium Edition* (2000)

Arrested Development, 1988 in Atlanta gegründet, waren die Hippies unter den Hip Hop-Truppen. Mit dem Kommunen-Image einer Grateful Dead der neunziger Jahre konnten die Mitglieder der Gemeinschaft selbst indes wenig anfangen. Tatsächlich wohnte lediglich Rap-Oberhaupt und Begründer der Band DJ Peech, bürgerlich: Todd Thomas, am 25. Oktober 1968 in Milwaukee, Wisconsin, geboren, auf dem Lande. DJ Peech hatte bereits bei den Disciples Of A Lyrical Rebellion (D.L.R.) gerappt, als er 1987 den Rapper Headliner, bürgerlich: Timothy Barnwell, am 26. Juli 1967 in New Jersey geboren, traf und mit ihm eine Gangsta Rap-Gruppe aufbauen wollte. Die Gewalt-Themen rückten in den Hintergrund, als 1988 weitere Musiker zu dem Duo stießen. Aerle Taree, bürgerlich: Taree Jones, am 10. Januar 1973 in Milwaukee geboren, Montsho Eshe, bürgerlich: Temelca Gaither, am 23. Dezember 1974 geboren, Nadirah Shakoor, 1959 geboren, und Rasa Don, bürgerlich: Donald Jones, am 22. November 1968 in New Jersey geboren, sahen ihre Zukunft nicht als Gangsta Rapper, sondern wollten afrikanische Wurzeln in der afroamerikanischen Musik offenlegen und wiederbeleben. Unterstützt wurden sie dabei von dem 1933 geborenen «Spiritual Advisor» Baba Oje. Mit der konsolidierten Gruppe stellte Speech, wie DJ Peech sich mittlerweile nannte, in einem Haus außerhalb Atlantas das Programm zusammen. Aus diesen ersten Wochen resultierte das Landkommunen-Image der Gruppe. Auftritte in kleinen Clubs folgten, 1992 ein Schallplattenvertrag bei Chrysalis. Die Single *Tennessee* überraschte mit für Hip Hop unkonventioneller Instrumentierung (unter anderem kam eine

Country Fiddle zum Einsatz) und auf Anhieb erfolgreicher Hitparadenplazierung: Nummer sechs in den USA. Für den Film ‹Malcolm X› steuerte das Rap-Kollektiv den Song *Revolution* bei, eine Mischung aus Reggae, Rhythm & Blues und afrikanischen Gesängen, die vor allem in Großbritannien als Rückseite des Songs *Mr. Wendal* erfolgreich war. 1993 erschien das Debütalbum *3 Years, 5 Months, 2 Days In The Life Of Arrested Development.* Speech: «Wir sind eine Gruppe, die über Afrikas Kampf, Afrikas Realität spricht.» MTV ließ unablässig das Video zu *Mr. Wendal* laufen, so daß die Single Platz sechs der amerikanischen Hitparade erreichte und mehr als 500 000 Exemplare verkauft wurden. 1993 erhielt Arrested Development Grammys als beste neue Band und als beste Rap-Gruppe. Die Leser von ‹Village Voice› und ‹Rolling Stone› wählten sie in Top-Positionen. Die LP *3 Years, 5 Months, 2 Days* … kletterte nun auch in den USA auf Platz sieben der Hitparade, nahezu ein Jahr nach der Veröffentlichung. Die Beliebtheit bei MTV führte zu einer *Unplugged*-Produktion, der ersten einer Hip Hop-Band. Zwar enthielt die von dieser Session veröffentlichte LP nur drei kurze neue Songs und sture Wiederholungen, mit *Zingalamaduni* (1994) brachte sich Arrested Development als eine der musikalisch interessantesten Hip Hop-Formationen aber wieder ins Gespräch. Sie mischte Jazz- und Rock-Fragmente ironisch, versah die Samples und selbsteingespielten Kürzel mit moralisierend optimistischen Texten, schreckte aber auch vor läppischen Verhaltensmaßregeln wie «Ich versuche, gesund zu essen, um Krebs zu vermeiden» nicht zurück. Dabei sah Arrested Development sich in der Tradition schwarzer Musik. In einer Vorrede nannte Baba Oje die Vorbilder: Bob Marley, Miriam Makeba, Curtis Mayfield, Isaac Hayes, Tracy Chapman, Steve Wonder, Gil Scott-Heron. In Konzerten ging die politische Botschaft Speechs unter, dafür brach die vielköpfige Gruppe auf der Bühne stets in wilde, von Choreographin Montsho Eshee angeführte Tänze aus. Trotz der Beachtung, die *Zingalamaduni* gefunden hatte, konnte Arrested Development den Erfolg der früheren Alben damit nicht wiederholen. 1995 löste sich die Gruppe auf.

LPs auf Chrysalis: *3 Years, 5 Months, 2 Days In The Life Of Arrested Development* (1993); *Unplugged* (1993); *Zingalamaduni* (1994) … auf Capitol: *The Best Of Arrested Development* (1998) … Solo-LPs Speech auf Chrysalis: *Speech* (1996) … auf TVT: *Hoopla* (1999); *Hey Song* (2000)

Die Ärzte eröffneten ihre Praxis 1982 in West-Berlin und verordneten mit ihrem unbeschwerten, lauten, pubertären Fun-Punk einer schnell wachsenden Anhängerschar Lachen als beste Medizin. Dabei machten Bela B., als Dirk Felsenheimer am 14. Dezember 1964 geboren, Farin Urlaub, als Jan Vetter-Marciniak am 27. Oktober 1964 geboren, und Sahnie (bg), als Hans Runge geboren, vor platten Kalauern ebensowenig halt wie vor ausgesuchten Obszönitäten, die sie mit Jugendschutzgesetzen in Konflikt brachten und für Publizität sorgten. Das aus der Punk-Truppe Soilent Grün hervorgegangene Trio hatte bereits 1983 mit *Zu schön, um wahr zu sein* einen Independent-Hit und gewann Ende des gleichen Jahres den ersten Preis des Berliner Senats-Rockwettbewerbs. Die rauhbautzige Atmosphäre ihrer stets ausgiebigen Konzertauftritte konnten Bela B. und seine Assistenten allerdings nur unzureichend auf Platte bannen. Die Mini-LP *Uns geht's prima* (1984) erfüllte nicht die Erwartungen der Fans, wenn die Band nun auch von Teenager-Postillen wie ‹Bravo› an die Brust gedrückt und fortan vom Rakete-Management (Nena, Spliff) betreut wurde. Schon die nächsten LPs *Debil* (1984) und *Im Schatten der Ärzte* (1985) begründeten den Ruf des Trios, neben den Toten Hosen Deutschlands lustigste Rock-Gruppe zu sein. «Wir wollten etwas noch Dümmeres machen als die Neue Deutsche Welle», sagte Bela B. zu *Im Schatten der Ärzte*, «und das ist uns auch voll gelungen.» Sahnie verließ nicht ganz freiwillig 1986 Die Ärzte, widmete sich zunächst seinem Studium und versuchte 1989 mit *Erste Sahne* ein erfolgloses Comeback. Bela B. und Farin Urlaub spielten ihre «bombigen Lieder» (Eigenwerbung) zunächst allein weiter und nahmen 1986 die LP *Die Ärzte* auf. Unerwartete und unfreiwillige Promotionhilfe erhielt die Band durch die Bundesprüfstelle für jugendgefährdende Schriften, die 1987 an den Texten der Ärzte-Songs *Claudia* und *Schlaflied*, 1984 auf *Debil* veröffentlicht, Anstoß nahm und sie auf den Index setzte. Die von der früheren Plattenfirma der Ärzte schnell nachgeschobene Zusammenstellung *Ab 18* mit älteren Aufnahmen wurde gar komplett indiziert. Immerhin hatte sich die Band auf höchste Popularitätsebene gebracht. Hagen Liebing (bg), am 18. Dezember 1961 geboren, vergrößerte sie wieder auf Trio-Stärke. Der Bangles-Hit *Walk Like An Egyptian*, von den drei Musikern mühsam auf den Text *Geh'n wie ein Ägypter* gebogen, und der Erfolg der Zusammenstellung *Ist das alles?* (1987) ließen die Ärzte in eine gesicherte Zukunft innerhalb der deutschen Rockmusik blicken, doch schienen die Musiker zunehmend das Interesse an ihrer Musik zu verlieren. Tatsächlich löste sich die Band nach der Veröffentlichung der LP *Das ist nicht die ganze Wahrheit* (1988) und einer Abschiedstournee auf, die noch ein Dreifach-Live-Album ergab, nicht ohne zu versichern, niemals wieder zusammen als Ärzte zu praktizieren. Bela B. gründete zusammen mit den ehemaligen Rainbirds-Musikern Beckmann (bg) und Rodrigo Gonzales (g, bg) S.U.M.P., nahm dann den Schlagzeuger OM Kobold von der Berliner Band Rubbermind Revenge hinzu und benannte die Band in Depp Jones um. Weitere Platten produzierte Bela B. mit der Berliner Punk-Legende PVC und dem Lästermaul Wiglaf Droste (*Grönemeyer kann nicht tanzen*), während Farin Urlaub nach einer längeren Pause die Gruppe King Kong gründete. Den beiden früheren Ärzten kamen ihre alten Songs, nach und nach aus *Das ist nicht die ganze Wahrheit* ausgekoppelt, immer wieder in die Quere und minderten die Erfolge ihrer neuen Projekte. So taten sich Farin Urlaub und Bela B. 1993 wieder zusammen. Gonzales, am 11. August 1968 in Valparaiso, Chile, geboren, übernahm für den in den Journalismus gewechselten Liebing die Baßgitarre im neuen Ärzte-Team. Bei Metronome knüpften sie mit *Die Bestie in Menschengestalt* (1993) mühelos an die früheren Erfolge an, wurden von der nochmals vergrößerten Anhängerschar zu Superstars erhoben und mutierten gleichzeitig zur Klamauk-Truppe für Jung und Alt. «Wir probieren alles aus», beteuerte Farin Urlaub kurz nach *Planet Punk* (1995), «und machen halt das, wozu wir Spaß haben. Das geht auch mal voll nach hinten los.» Gemeint waren damit Songs über Kreisfahrer Michael Schumacher, über Misanthropen und explodierte Freundinnen, aber auch über Hersteller von Tretminen. Nicht faul, veröffentlichten die Ärzte wenige Monate später statt einer geplanten EP gleich eine ganze LP: *Le Frisur* (1996) zeigte sie optisch als matte Kopie der Heavy Metal-Veralberer Spinal Tap, musikalisch kopierten sie sich selbst. «Na, es war halt, irgendwie ... schon 'ne sehr alberne Platte», gestand Farin Urlaub. Ernst wurden die Ärzte nur beim Geschäft: Ihr Vertrag mit Metronome war nichts mehr wert, als Ende 1996 die Firma aufgelöst wurde. Die Musiker setzten einen schnellen Schnitt und gründeten 1997 ihr eigenes Label, Hot Action Records, auf dem im Mai 1998 ihre LP *13* mit dem Hit *Männer sind Schweine* erschien: auf Anhieb Nr. 1 in den Single- und Video-Charts. Die Zumutung, die Punk-Schweinerei für einen Proll-Sampler mit Ballermann 6-Grölereien freizugeben, blockten die Ärzte ab. Aber ihr Song wurde gnadenlos gecovert. Mittels einer «Mega-Ochsentour», so Farin Urlaub, wurde das Album *13*, auf dem Bläser der James Last Band mitspielten, von den Musikern promotet: «Wir dachten, das ist unser Baby, da wollten wir alles richtig machen und haben dann prompt alles falsch gemacht.» Am Ende eines entnervenden Interview-Marathons mit immer wieder den gleichen Antworten auf dieselben Fragen und einer angsterregenden dreimonatigen Tour wollten sie sich mal eine Weile möglichst wenig begegnen: «98 war extrem hart. Das ganze Jahr haben wir aufeinander gehockt, im Studio, in irgendwelchen Bussen. Das ist wie bei einem alten Ehepaar. Das geht an die Substanz.» Bela trat als Schauspieler vor die TV-Kamera, spielte einen erfolglosen Techno-DJ in der Komödie «Gott und die Welt», einen Vampir in der Sat 1-Produktion «Nur kleine Fische» und verbrachte einige Zeit des Jahres 1999 nach einem explodierten Benzintank mit Verbrennungen im Krankenhaus. Rod produzierte in seinem Mad Dog Studio für sein Label RodRec Newcomer-Bands. Farin ging allein mit Motorrad und Zelt on the road und schrieb Songs. Das waren am Ende viel mehr, als die Ärzte brauchen konnten, also entschloß er sich zu einem Soloalbum, «auf dem ich außer Streichern und Bläsern alles selber spielen will, das ist mein Ehrgeiz».

Zur Produktion ihrer Video-Sammlung *Killer* sowie der Dreifach-CD *Wir wollen nur deine Seele* (1999) kamen die drei dann wieder zusammen. Zwei CDs, Gesamtspielzeit 148 Minuten, mit den Untertiteln *Nö Sleep 'Til Viehauktiönshalle Öldenbürg* und *Halt's Maul und spiel!* enthielten Live-Mitschnitte, die dritte «Spoken Word Performances»: im Drei-Zoll-Miniformat geile Sprüche und verbale Absurditäten unter dem Slogan *Invasion der Vernunft*. Stilprobe aus einem Interview mit dem Berliner Stadtmagazin ‹Zitty› auf die Frage, ob nicht «die Harfe als Ausdruck innerster seelischer Balance für die sphärischen Klänge» der Ärzte angemessen sei: «Farin: Müssen wir drei tumbe Rock-Toren jetzt genauso blumig antworten? Arschlecken! Rod: Also im Rock ist das so: Nummer eins ist der Sänger, dann kommt die Gitarre, dann kommt der Baß. Dann kommt gaaanz lange nichts mehr. Aber ganz unten, da kommt dann der Schlagzeuger.» Alle zusammen brachten Ende 2000 unter dem Titel *Runter mit den Spendierhosen, Unsichtbarer!* wieder eine Nr. 1-CD in die deutschen Läden – «das übliche Ärzte-Punk-Pop-Gerocke» (‹Rolling Stone›). Zusammenfassend postulierte Björn Döring in der ‹Berliner Zeitung›: «Anarchie ist für die Ärzte heute jene Narrenfreiheit, die es ihnen ermöglicht, zwischen Schlager, Country, Swing, Rap, Metal oder – tatsächlich – Punkrock zu tänzeln, ohne daß ein Hardliner tatsächlich daran Anstoß nehmen könnte.»

LPs auf Schnick Schnack: *Uns geht's prima* (1984) ... auf CBS: *Debil* (1984); *Im Schatten der Ärzte* (1985); *Das ist nicht die ganze Wahrheit* (1988); *Nach uns die Sintflut – Die Ärzte Live* (1988); *Ist das alles?* (1987) ... auf Vielklang: *Die Ärzte – Ab 18* (1987); *Die Ärzte früher* (1989) ... auf Metronome: *Die Bestie in Menschengestalt* (1993); *Planet Punk* (1995); *Le Frisur* (1996) ... auf Hot Action Records: *13* (1998); *Wir wollen nur deine Seele* (1999); *Runter mit den Spendierhosen, Unsichtbarer!* (2000) ... LP Bela B. mit S.U.M.P. auf Weserlabel: *Get Wise, Get Ugly, Get Sump* (1989) ... mit Depp Jones auf Epic: *Return To Caramba* (1990) ... auf Cyclon: *Welcome To Hell* (1991) ... LPs Farin Urlaub mit King Kong auf Ariola: *King Who?* (1990); *General Theory* (1991) ... auf Gringo: *Life Itself Is Sweet, Sweet, Sweet!* (1992) ... LP Sahnie auf EMI/Electrola: *Erste Sahne* (1989)

Asian Dub Foundation, 1993 in London gegründet, waren keine Band im eigentlichen Sinne, sondern eher eine Bildungseinrichtung, die Songs als Katalysatoren für politische Botschaften einsetzte. Neben Gruppen wie Fun-Da-Mental, Cornershop und Transglobal Underground waren sie entscheidend daran beteiligt, Pop, Rock und Industrial von den britischen Inseln um die musikalischen Einflüsse Asiens zu erweitern. Dabei wanderten Asian Dub Foundation «nicht zwischen den Kulturen – zumindest nicht in dem Sinne und nicht mit der akademischen Arroganz weißer Mittelstandsmusiker wie Peter Gabriel, die eher plündern als wandern –, vielmehr bezogen ADF Kraft und Inspiration aus ihrem unmittelbaren Umfeld» (‹Visions›), der politischen und sozialen Realität der britischen Suburbs. «30 Jahre nach Tom Wolfe haben Asian Dub Foundation die Kunst des radikalen Schicks neu definiert» (‹London Times›). Jazz-Gitarrist John McLaughlin nannte Asian Dub Foundation einen wesentlichen Anstoß zur Reformation seiner Band Shakti. Im September 1993 lud John Stevens den Musiker Aniruddha Das und den Jugendarbeiter John Pandit zu einem Kurs seines Community Music Project im Londoner Vorort Farrington ein, um asiatischen Kindern die Grundlagen der Musiktechnik beizubringen. Sie zogen den bengalischen Rapper Deeder Zaman von Fun-Da-Mental hinzu. Die gute Zusammenarbeit in diesem Kurs resultierte in dem Beschluß der drei, als Dr. Das (bg, programming), Pandit G. (turntables) und Master D (voc, programming) ein Soundsystem nach Vorbild jamaikanischer Gruppen zu gründen. Um ihren Radius zu erweitern, heuerten sie 1994 den Gitarristen Steve Chandra Savale alias Chandra Sonic, früher bei Higher Intelligence Agency, an, der seine Gitarre wie eine Sitar stimmte und somit den asiatischen Ton der Band eigentlich erst begründete. Auf dem Höhepunkt rassistischer antiasiatischer Gewalt in Großbritannien beschlossen Asian Dub Foundation, einen politischen Kontrapunkt zu setzen. 1994 erschien ihre Debüt-EP *Conscious*, auf der sie Elemente von Dub, Hip Hop, Ska, Punk und Ambient zu einer explosiven Mischung verbanden. Auf anschließenden Konzerten «erspielten sie sich den Ruf der besten Live-Band Englands» (‹Melody Maker›). Asian Dub Foundation rekrutierten ihre Fans nicht nur im stets nach dem neuesten Trend gierenden englischen Club-Publikum, sondern in der wesentlich konsistenteren Antifa-Bewegung, zu deren Sprechern sie avancierten. Sie erweiterten ihre Besetzung um den zweiten DJ Sun J und den Tänzer Bubble E. Ihr erstes Album *Facts & Fictions* (1995) klang «wie der Soundtrack zu einem gewalttätigen und sehr schnellen Thriller, in dem Tee trinkende Cyberpunks in Hilfiger-Anoraks auf gelblackierten Elefanten durchs verseuchte Bhopal brettern und von fiesen Wall-Street-Brokern auf Indian-Motorrädern verfolgt werden» (‹WOM Journal›). Dieser Trip fand jedoch nicht nur Anhänger, sondern verstörte auch viele Hörer, weshalb die zweite ADF-Platte *R.A.F.I.* (1997) nur in Frankreich erschien, da der multikulturelle Ansatz der Band bei den Franzosen auf wesentlich fruchtbareren Boden fiel. 1998 begleiteten sie die Beastie Boys durch die USA und Kanada, während ihr Album *Rafi's Revenge* (1998) nun weltweit erschien und die Band sogar noch den Live-Mitschnitt *Conscious Party* (1998) hinterherschob. Im Frühjahr 1999 folgte eine erste US-Tournee als Headliner und später eine gemeinsame Reise mit Rage Against The Machine, auf der die Band abermals ihre Fan-Basis erweitern konnte. Als Tribut an ihre Wurzeln verstanden Asian Dub Foundation das Album *Community Music* (2000), auf dem sie zündenden Raggamuffin mit den traditionsreichen Shouts des pakistanischen Sängers Nusrat Fateh Ali Khan verbanden. Als erste Platte seit sieben Jahren erhielt das opulente Werk zehn von zehn möglichen Bewertungspunkten im ‹NME›.

LPs auf Nation: *Facts And Fictions* (1995) … auf Slash: *Rafi's Revenge* (1998); … auf Virgin: *R.A.F.I.* (2000)

B

B-52's, im Oktober 1976 in Athens, Georgia, bei chinesischem Essen und tropischen Fruchtdrinks gegründet, spielten am Valentinstag 1977 zum erstenmal vor Collegefreunden ihre fröhlich-exzentrische Partymusik. Cindy Wilson (voc, perc, g), geboren am 28. Februar 1948 in Athens, ihr Bruder Ricky (g), geboren am 19. März 1953 in Athens, Keith Strickland (dr), geboren am 26. Oktober 1953 in Athens, Kate Pierson (org, voc), geboren am 27. April 1948 in Weehawken, New Jersey, Fred Schneider (voc, org, kb, walkie-talkie), geboren am 1. Juli 1951 in Newark, nannten ihre Band nach einem südstaatlichen Slangwort – das seinerseits auf die schweren Bombenflugzeuge der US-Luftwaffe zurückgeht – für den hochgetürmten Haarputz der weiblichen Ensemblemitglieder und boten eine Musik-Melange, die den antiquierten Sound der Ventures mit der New Wave-Nervosität von Devo, Talking Heads zu verschmelzen schien. Die «erste surrealistische Surf-Band» («Billboard») arbeitete mit Kenntnis und Komik die Trends, Stile, Manieren und Traumata der Periode 1955–1965 für das Publikum der entzauberten achtziger Jahre auf. Fellini-Soundtracks, Schwarzweiß-Weltraum-B-Filme, Cartoons, die Tiraden der peruanischen Nachtigall Yma Sumac, Captain Beefheart, der frühe Stevie Wonder, die Unschuld der schmalzigen Balladensänger, der amüsante Firlefanz des Bubblegum und der Kunstgewerbe-Rock der sechziger Jahre verschmolzen zu einem zeitgemäßen tanzbaren Popsound, der sich niemals lächerlich nostalgisch oder herablassend ironisch gab. B-52's waren «moderne Folk-Künstler, die die wahren Träume hinter den Konsumgütern, Groschenblättern, Second-Hand-Klamot-

ten poetisch überhöht artikulieren konnten und als Hommage an die Erzähltechnik der Bilderheftchen Sprechblasen statt Songtexte absonderten» («New Musical Express»). Denn «Amerikas Glorie, seine wahre Kultur, liegt in dem, was wir wegwerfen» («Stereo Review»). Nach einer Serie von semiprofessionellen Gigs als Partyunterhalter nahmen B-52's 1978 ihre Single *Rock Lobster* auf, die bei einer Auflage von nur 2000 Exemplaren ein Kulthit wurde und ihnen einen Vertrag mit dem Warner-Konzern einbrachte. *Party Out Of Bounds, Quiche Lorraine, Girl From Ipanema Goes To Greenland, Theme From A Nude Beach* waren exzellente Beispiele ihres Talents, Trivialitäten und Geschmacksentgleisungen von damals mit dem Witz und der Sensibilität der Gegenwart zu kombinieren. Allein die von Talking Heads-Leader David Byrne produzierte Mini-LP *Mesopotamia* (1982) schien eine künstlerische Fehlkalkulation zu sein: «Sie schnippelten das ‹P› von ‹Party› weg, wurden arty (kunstgewerblich) und gierten nach Akzeptanz bei New Yorks Avant-Funk-Intelligenzija» («Rolling Stone»). Mit *Whammy!* (1983) drehte die Band das Rad zwar wieder zurück, doch wirkte die kalkulierte Einfachheit der Songs und die ausgedünnte Instrumentation inzwischen anachronistisch, zumal zahllose Amateurbands in aller Welt den vermeintlichen Simpel-Sound mehr oder weniger gekonnt nachahmten. Die Produktion von *Bouncing Off The Satellites* (1986) war bereits von der Erkrankung Ricky Wilsons geprägt, der noch vor der Veröffentlichung der ungewohnt verhaltenen LP am 12. Oktober 1985 an den Folgen von Aids starb. Ihres musikalischen Kopfes beraubt, dachte das Rest-Quartett zunächst an Auflösung, pausierte für längere Zeit und begann 1989 wieder öffentlich aufzutreten, zunächst in Benefiz-Konzerten für Umwelt- oder Tierschutz. Im selben Jahr erschien das von Nile Rodgers (Chic) und Don Was produzierte Album *Cosmic Thing*. Die zehn Songs zeigen eine routinierte Band, die zwar die rauhe Naivität der frühen Tage nur noch hier und da aufblitzen ließ, ihren schnoddrigen Witz aber nicht verloren hatte; die Single *Love Shack* erwies sich *Rock Lobster* ebenbürtig. Das erfolgreiche Comeback brachte die Band in die großen Konzerthallen zurück. Sie veröffentlichten eine Best-of-Platte und ein Remix-Album der glücklosen *Mesopotamia*-LP. 1992 trennte sich Cindy Wilson von den B-52's, die Gewichte innerhalb der Band verschoben sich erneut. Mit *Good Stuff* versuchte das Trio den Erfolg von *Cosmic Thing* zu wiederholen. Zumindest teilweise gelang dies, wiederum unter der Regie von Rodgers und Was. Für die 1992 anschließende Tournee wurde als zusätzliche Sängerin Julee Crusie engagiert. Danach wurde es ruhig um die ehemals quirlige Band. Zwei Songs zu dem Steinzeit-Film ‹The Flintstones› (1994) zeigten nicht einmal mehr einen Abglanz des früheren Ideenreichtums. Fred Schneider, der 1991 bei Reprise mit einem Soloalbum debütiert hatte, unterrichtete an der New Yorker New School of Social Research, Pierson vergnügte sich als Gast der TV-Serie ‹The Adventures of Pete and Pete› im Kabelkanal Nickelodeon. Bis 1997 gab die Band so wenige Konzerte, daß Schneider bei den 39. Grammy Awards massiv Gerüchten entgegentreten mußte, The B-52's hätten sich aufgelöst. Er hatte soeben ein weiteres Soloalbum, *Just Fred* (1996), veröffentlicht, 1998 ging die voll reformierte Band nach einem Tryout-Konzert in Athens im vorangegangenen Oktober wieder auf große USA-Tournee. Das dazu veröffentlichte Album *Time Capsule – Songs For A Future Generation* enthielt neben Highlights aus der Band-Karriere lediglich zwei neue Songs. Es erreichte auch nur die Position 93 in den US-Charts.

LPs auf Island: *Play Loud* (1979); *Wild Planet* (1980); *Party Mix* (Mini-LP, 1981); *Mesopotamia* (1982); *Whammy!* (1983); *Bouncing Off The Satellites* (1986); *Dance This Mess Around* (1990) ... auf Reprise: *Cosmic Thing* (1989); *Good Stuff* (1992) ... auf MCA (mit anderen): *The Flintstones* (1994; Soundtrack) ... auf Warner Bros.: *Time Capsule – Songs For A Future Generation* (1998) ... Solo-LPs Fred Schneider auf Reprise: *Fred Schneider* (1991); *Just Fred* (1996)

Babes In Toyland, gegründet 1988, waren Anfang der Neunziger nicht nur der letzte große Ausläufer der legendären Hardcore-Pop-Szene von Minneapolis, die von den Replacements über Hüsker Dü bis Soul Asylum reichte, sondern auch das weibliche Pendant zu Nirvana. Vor allem aber waren sie einer der größten Coups, die je ein Major-Label auf dem Indie-Markt zu landen versuchte. Mit dem Buch ‹Babes In Toyland, The Making And Selling Of A Rock And Roll Band› wurde ihnen als Sinnbild einer amerikaweiten unabhängigen Szene, die sich von der Industrie korrumpieren ließ, durch den ‹New York Times›-Autor Neal Karlen ein einmaliges Denkmal gesetzt. «Karlen nimmt eine subtile Inventur vor. Er zeichnet minutiös auf, welche Schritte notwendig sind, um aus einer verschlafenen Indie-Band, die ihren Kleinbus auf der ständigen Jagd nach Auftritten bei Wind und Wetter übers Land steuert, ein profitables Unternehmen zu machen» (‹Tip›). Die Entstehungsgeschichte der Babes In Toyland liest sich hingegen eher verschlungen. Bandgründerin, Gitarristin und Hauptsongschreiberin Kat Bjelland, geboren am 9. Dezember 1963, war aus San Francisco gekommen, wo sie mit ihrer Jugendfreundin Courtney Love, später Hole, und Jennifer Finch, später L7, das Trio Sugar Baby Doll auf die Beine gestellt hatte. Anfangs bediente Courtney Love auch bei den Babes den Baß, doch ständige Reibereien mit der Bandleaderin führten schließlich zum Split. Später behauptete Kat Bjelland jedoch, daß Courtney Love niemals in der Band gewesen sei. An ihre Stelle trat Michelle Leon. Den Platz hinter dem Schlagzeug besetzte die hyperaktive Lori Barbero, geboren am 27. November 1960, die der Band über die Musik hinaus Identität gab. «Lori war die einzige bei den Babes In Toyland, die oft darüber nachdachte, was es bedeutete, daß ihre Band nur aus Frauen bestand» (Neal Karlen). Im legendären Sub Pop-Singles-Club kamen sie zu ersten Erfolgen. Im Gegensatz zu vielen anderen Gruppen erregten sie in Europa bereits Aufsehen, bevor sie ihr erstes Album aufgenommen hatten. Als Vorgruppe von Sonic Youth tourten sie mit deren Goo-Tour über den gesamten Kontinent und ernteten mit ihrem rauhen, zügellosen Stil böse Schelte seitens der Rock-Kritik. In ihrem unschuldigen Püppchen-Outfit erweckten sie den Anschein ungezogener Kleinkinder. Ihr Debütalbum *Spanking Machine* (1990), «eine laute und manchmal schmerzvolle Erfahrung, die von Verrat und Überleben kündete» (‹Rough Guide›), wurde in Seattle von Grunge-Macher Jack Endino größtenteils live produziert. In altbewährter Punk-Attitüde prahlten die Babes, ihre Instrumente nicht zu beherrschen. «Lori wußte nicht, wie man trommelt, Michelle wußte nicht, wie man Baß spielt, und ich habe mir alles selbst beigebracht», so Kat Bjelland gegenüber der ‹New York Times›. Dennoch feierte der ‹Melody Maker› das Damen-Trio als Band, «die endlich den kruden Rock, der in den achtziger Jahren im Dornröschenschlaf lag, wachgeküßt und neu definiert hat». Nach dem Überraschungserfolg des Debüts unterschrieben Babes In Toyland bei WEA, die in der Band schon die ‹nächsten Nirvana› vermutete. Zunächst wurde unter dem Titel *To Mother* ein Mini-Album produziert, um die Gruppe im Gespräch zu halten, dann machte man sich generalstabsmäßig an die Produktion des Albums *Fontanelle* (1992), für das man Lee Ranaldo (Sonic Youth) als Produzent und Babysitter gewann. Die zerbrechliche Michelle Leon hielt dem Druck nicht stand und machte der robusteren Maureen Herman, geboren am 25. Juli 1966, Platz. Die Strategie ging so weit, daß vor Veröffentlichung des Albums Raubkopien auf der Straße verteilt wurden, um den Kultwert der Band zu erhöhen und Ausverkauf-Gerüchten vorzubeugen. Die Rechnung ging auf. «Jahrelang galten sie schlicht als die schlechteste Band der Welt. Plötzlich verkörpern sie den amerikanischen Traum vom Rock ’n’ Roll in den neunziger Jahren», scherzte ‹Visions›. Dank Ranaldo waren der Sound der Band klarer und die Songs einprägsamer geworden. Nach einer bejubelten Tournee mit Faith No More zog sich das Trio ein Jahr zurück. Lori Barbero gründete das Label Spanish Fly, Kat Bjelland widmete sich der Arbeit mit ihrem Mann Stuart Grey, dem Sänger der australischen Band Lubricated Goat, an den Projek-

ten Crunt und Kat Su. Auf den beiden Platten *Painkillers* (1993), auf dem sie neben fünf neuen Songs in dem 34minütigen Titel *Fontanellette* das gesamte Vorgänger-Album in einer Live-Version vorstellten, und *Nemesisters* (1995) setzten sie den auf *Fontanelle* eingeschlagenen Weg eines provokanten, aber glamourösen Hardcore konsequent fort. Tragischerweise war es ausgerechnet der Erfolg von Kat Bjellands schärfster Konkurrentin Courtney Love mit ihrer Band Hole, der die domestizierte Wildheit der drei Damen aus Minneapolis in den Schatten stellte und am Ende überlebte. 1995 steuerten sie noch einen Track zu der Abtreibungs-Compilation *Spirit Of ’73* bei, und 1998 tauchten sie mit Michelle Leon am Baß sowie Gästen wie Arto Lindsay und Melvins-Gitarrist Buzz Osborne auf dem von Kat Bjelland produzierten Comic-Album *Songs Of The Witchblade* auf. Der ‹Rough Guide› bilanzierte ihre Wirkung trotzdem als «Teil eines essentiellen Wandels in der Musik, als Punk auf Feminismus traf».

LPs auf Twin / Tone: *Spanking Machine* (1990); *To Mother* (1991) ... auf Reprise: *Fontanelle* (1992); *Painkiller* (1993); *Nemesisters* (1995) ... auf Almafame: *Lived* (2000); Minneapolism: *Live - The Last Tour* (2001) ... Kat Bjelland mit Crunt auf Trance: *Crunt* (1993); Soundtrack auf Dreamworks: *Witchblade* (1998)

Backstreet Boys, bei einer Audition am 19. April 1993 in einer Schule in Orlando, Florida, gegründet, hatten «in der Pop-Landschaft einen Claim abgesteckt, in dem Musik als eine Art Disneyland der Gefühle fungiert – eine ironiefreie Zone, die jungen Musikern die Möglichkeit bietet, Teil der Maschinerie zu werden, statt gegen sie zu rebellieren» (‹Rolling Stone›, Hamburg). Als Boy Group von dem Charterflug-Unternehmer Lou Pearlman, Besitzer eines Reisebüros und einer Kette von «Chippendale’s» Clubs, gezeugt, hatten die Boys jahrelang unter dem Kritiker-Vorurteil gegen jederart musikalisches Retortenprodukt zu leiden. Noch im Dezember 2000, als das Quintett bereits zweimal, davon einmal als «Artists of the Year» auf dem Cover des US-‹Rolling Stone› erschienen war, forderte der Chefredakteur der deutschen Ausgabe Jörg Gülden in einem Editorial die Leser auf, «auf die Ohren» zu hören: «Denn der stiere Blick auf cheese cake photos der Backstreet Boys kann die Sicht auf ihre wahren Qualitäten nur trüben.» Tatsächlich zeigten bereits ihre ersten Single-Hits *We've Got It Going On, I'll Never Break Your Heart, Get Down (You're The One For Me)* im Winter 1995/96 ihr Talent für energetischen, dynamischen und vielschichtigen Harmoniegesang, für den sie selbst zu Recht den Vergleich mit schwarzen Gruppen wie Boys II Men reklamierten. Pearlman, der den erfolgreichen Teenies New Kids On The Block zu deren Blütezeit einen Tournee-Jet vermietet hatte, kam auf die Idee, selbst eine solche Teen-Truppe zu gründen, und bediente sich dazu des Know-how von Johnny Wright, ehemals Road-Manager der New Kids On The Block, sowie dessen Frau Donna. Beim Casting wurden drei Oberschüler aus Orlando ausgesucht: Howie D. alias Howard Dwaine Darough, geb. 22. August 1973 in Orlando, A. J. alias Alexander James McLean, geb. 9. Januar 1978 in West Palm Beach, Florida, Nicholas Gene Carter, geb. 28. Januar 1980 in Jamestown, New York. Zur Vervollständigung des Quintetts orderten die Boys ihren Freund Thomas Wittrell, geb. 20. Februar 1975, sowie dessen Vetter Kevin Scott Richardson, geb. 3. Oktober 1972, per Flugzeug aus deren Geburtsstadt Lexington in Kentucky herbei. Die ersten Aufnahmen wurden nach cleverem Management-Konzept mit den Producer/Composern Max Martin, Dehniz Pop (Ace Of Base) in Stockholm zunächst für den durch Take That und Boyzone auf Boy Groups fixierten europäischen Markt gemacht und stiegen zuerst in Deutschland in die Charts. Das erste Album *Backstreet Boys* erreichte im September 1996 in England die Charts-Position zwei und kam erst mit 14monatiger Verzögerung im Januar 1998 in den USA auf Platz vier. Bevor die Boys noch mit ihrem sorgfältig gestageten Auftritt (Anfang 1998) ihre erste US-Konzertreise unternahmen, wurden sie bei den europäischen MTV Awards in Rotterdam (November 1997) bereits als Best Dance Act nominiert und gewannen fortan europaweit zahlreiche Preise. In manchen Ländern war die Gruppe so populär, daß beispielsweise im Oktober 1997 ein geplantes Open Air-Konzert mit freiem Eintritt auf der Mostenses Plaza in Madrid abgesagt werden mußte, weil bei dem befürchteten Andrang die Sicherheit nicht zu gewährleisten war. Im Mai 1998 wurden die Boys bei den World Music Awards in Monaco als World's Best Selling Dance Artists ausgezeichnet. Daheim in Orlando verklagten sie ihren Schöpfer Pearlman, er habe mit ihnen seit 1993 rund zehn Millionen Dollar verdient, aber nur 300000 an das Quintett weitergegeben – magere 12000 pro Kopf und Jahr. Im Oktober, mittlerweile von MTV im kalifornischen Universal City für das beste Gruppenvideo ausgezeichnet (*Everybody/Backstreet's Back*) und beim MTV Europe Music Award in Monaco als Best Group und Best Pop Act nominiert, feuerten sie auch das Management-Ehepaar Wright, einigten sich aber außergerichtlich mit Pearlman auf weitere faire Zusammenarbeit. «Big Poppa» hatte glaubwürdig dargelegt, er habe allein 1993 drei Millionen Dollar in die Band investiert, und die 300000 seien nur eine Anzahlung gewesen. Weitere Honorarbeträge in Millionenhöhe zugunsten der Sänger wurden beglichen, «Big Poppa» fortan wie ein sechstes Gruppenmitglied beteiligt. Unverändert produzierten die nach einem Freiluft-Einkaufszentrum in Orlando benannten Backstreet Boys ihre CDs in Stockholm: *Backstreet's Back* (1997), *Millennium* (1999), *Black & Blue* (2001). Für das letzte Album entwarfen die fünf sieben eigene Songs und ließen R & B-Koryphäen wie Babyface Hand anlegen. Die Backstreet Boys als Boy Group ein verderbliches Produkt? Kevin Richardson: «Wir sehen uns eher in der Tradition der Temptations, der Bee Gees oder von Boys II Men.» – A. J. McLean: «Die Beatles waren die erste Boy Group. Wir haben diese Tradition in einem anderen Umfeld fortgesetzt.» Mit einer Auflage von neun Millionen ihres Debütalbums allein in den USA waren die Backstreet Boys 1998 die umsatzstärksten Popkünstler des Jahres.

LPs auf Jive: *Backstreet Boys* (1996); *Backstreet's Back* (1997); *Millennium* (1999); *Christmas Album* (1999); *Black & Blue* (2000)

Bad Brains, gegründet 1978 in Washington, D.C., waren die erste Band, die weißen Hardcore mit schwarzen Roots wie Dub und Reggae kombinierte, und wirkten als Prototyp für spätere

Crossover-Bands wie Living Colour, Red Hot Chili Peppers und Rage Against The Machine. Ursprünglich waren H. R. (bürgerlich: Paul Hudson, voc), Doctor Know (bürgerlich: Gary Miller, g), Darryl Jennifer (bg) und H. R.s Bruder Earl Hudson (dr) 1976 unter dem Namen Mind Power zusammengekommen, um Fusion Jazz und Go-Go-Musik zu spielen. Ein Freund brachte Darryl Jennifer ein Jahr später mit dem Punk der Sex Pistols und Ramones in Berührung, worauf sie eine radikale Richtungsänderung vornahmen und sich in Bad Brains umbenannten. Die Energie ihrer Live-Shows war stets gebrochen, da ihre in atemberaubender Geschwindigkeit zelebrierten Hardcore-Sets regelmäßig durch schleppende Reggae-Einlagen abgebremst wurden. Trotz unüberhörbarer Einflüsse auf den jungen Henry Rollins und die Band Minor Threat, aus der später Fugazi hervorgehen sollten, machten sich die Bad Brains wegen zweideutiger Statements in Interviews innerhalb der politisch überkorrekten Hardcore-Szene von Washington zunächst wenig Freunde. 1979 erfolgte deshalb der Umzug nach New York. Dort fielen sie der Punk-Band The Damned auf, die sie 1979 mit auf eine Großbritannien-Tour nehmen wollten. Die Bad Brains mußten ihre Anlage verkaufen, um die Flugtickets bezahlen zu können, doch auf dem Flughafen wurde ihnen die Arbeitserlaubnis für das UK verweigert. Ihre erste, genau 93 Sekunden lange Single *Pay To Cum* erschien 1981 und wurde als Bestandteil der Compilation *Let Them Eat Jellybeans* in Europa veröffentlicht. Ihr erstes Studio-Album *Bad Brains* brachten sie ihrem Underground-Status entsprechend ausschließlich als Kassette heraus. Erst mit *Rock For Light* (1983) gelang es der Band, ihre Mischung aus gnadenlosem Hardcore und präzise gebündelter Jazz-Erfahrung einem größeren Hörerkreis zugänglich zu machen. 1986 unterschrieben die Bad Brains bei dem kalifornischen Hardcore Credibility-Label SST und veröffentlichten ihr erfolgreichstes Album *I Against I*, «eine allumfassende Rock-Explosion, eine reife Kollektion gut geschriebener Originale, die in wechselnder Geschwindigkeit mit Autorität und Enthusiasmus gespielt werden» (‹Trouser Press›). Diese Platte löste in Hardcore-Kreisen eine regelrechte Revolution aus, weil sie die Grenzen eines ganzen Genres in bis dato nicht für möglich gehaltener Weise sprengte. Nach dem Konzert-Album *Live* (1987) gingen die Hudson-Brüder eigene Wege. H. R. warf sich zum Rastafari-Priester auf und predigte auf den Alben *Human Rights* (1987) und *It's About Love* (1988) Liebe und Gewaltlosigkeit, wovon er privat allerdings nur wenig zu halten schien. Zu seinen Gästen zählte unter anderem Jazz-Legende Oscar Brown, Jr. 1988 stellte Dr. Know ein neues Line-up der Bad Brains vor. Für den Gesang holte er Chuck Mosley von Faith No More und fürs Schlagzeug den Präzisionsarbeiter Mackie Jayson, der zuvor für die Cromags und Urge Overkill getrommelt hatte. Doch da die Chemie nicht stimmen wollte und H. R. mit seinen Projekten in der Öffentlichkeit auf wenig Gegenliebe stieß, präsentierte man sich auf den Alben *Quickness* (1989) und *Youth Are Getting Restless* (1990) wieder in Originalbesetzung. Der Sound der Band orientierte sich nun wesentlich stärker am Heavy Metal, hatte aber von seiner Schärfe und Brillanz nichts eingebüßt. Die Reggae-Nummern wurden weniger, doch die religiösen Überzeugungen der Gruppe machten sich um so mehr in den Texten breit. 1991 kehrten H. R. und Earl Hudson der Band abermals den Rücken. Jayson kehrte ans Schlagzeug zurück, der junge Sänger Israel Joseph I übernahm den Vocal-Part. Mit ihrem Epic-Album *Rise* (1993) gelang ihnen zwar ein respektables Comeback, doch in ihren Live-Shows ließ Young Israel, wie er von den Alt-Brains väterlich genannt wurde, die Prägnanz und das Charisma von H. R. vermissen. Die Band brach nochmals auseinander, um sich 1995 erneut zu reformieren und auf Madonnas Maverick-Label *God Of Love* zu veröffentlichen. Der Album-Titel korrespondierte mit der Band-Philosophie, die als «Positive Mental Attitude» propagiert wurde. «Nie zuvor waren die Bad Brains auf einer Platte so abwechslungsreich. Die Reise beginnt mit dem schwermetallenen, autobiographischen *Cool Mountaineers*, führt über Hardcore- und Reggae-Stücke, erstreckt sich aber auch auf Nummern mit Bläserarrangements und psychedelische Balladen. Insgesamt wirkt der Sound der Band zurückhaltender als gewohnt. Die Instrumente scheinen in erster Linie die Botschaften H. R.s zu tragen. Dessen Einfluß auf die

Klanggestaltung scheint größer denn je. Seine Stimme umfaßt plötzlich ein Spektrum, das selbst seinen größten Verehrern Verblüffung abringen dürfte», konstatierte ‹Visions›. Trotz positiver Album-Kritiken hatten die Bad Brains mit ihren andauernden Splits den Anschluß an ihr Publikum verpaßt. Als die Götter der Liebe sich anläßlich einer Drogenkontrolle an der kanadischen Grenze gegenseitig krankenhausreif schlugen, brach die Gruppe zum vierten Mal auseinander. H. R. mußte hinter Gitter, Dr. Know verdingte sich als Session-Musiker, Darryl Jennifer gründete mit wenig Glück die Band Stealth. Erst 1998 erfolgte eine weitere Inkarnation in Originalbesetzung, diesmal aber unter dem Namen Soul Brains, um die vermeintlich positive Energie des Quartetts besser zu transportieren. Doch außer ein paar Konzerten in New York und einigen kämpferischen rasta-religiösen Pamphleten für den Reggae-Gott Jah hinterließ diese letzte Version der Bad Brains keine nennenswerten Spuren.

LPs auf ROIR: *Bad Brains* (1980) … auf Caroline: *Rock For Light*; *Quickness* (1989); *Youth Are Getting Restless: Live In Amsterdam* (1990); *Black Dots* (1996) … auf SST: *I Against I* (1986); *Live* (1988); *Spirit Electricity* (1991) … auf Epic: *Rise* (1993) … auf Maverick: *God Of Love* (1995) … auf Victory: *Omega Sessions* (1997) … Solo-LPs HR auf SST: *Now You Say* (1977); *It's About Luv* (1985); *Human Rights* (1987); *Singin' In The Heart* (1989); *Charge* (1990); *Rock Of Enoch* (1992) … auf D.I.A.: *Out Of Bounds* (2000)

Bad Religion, 1980 in Los Angeles gegründet, war die erfolgreichste Amateur-Band der achtziger und neunziger Jahre. Mit süffigen Punk-Hymnen versetzten sie kleine Vorstadt-Clubs ebenso in Wallung wie riesige Stadien. Ihre Songs im kompakten Format schlagkräftiger Polit-Slogans griffen die Folk-Tradition der Fünfziger und Sechziger auf. «Es ist eine Art Volksmusik. Und Volksmusik ist traditionell musikalischer Protest. Ich glaube, unsere Musik verkörpert schon deshalb diese Folk-Attitüde, weil ein Teil unserer Melodien total folkig ist. Wir versuchen, dies in einen Pop-Kontext zu verpacken und eine schöne Mischung daraus herzustellen», postu-

lierte Sänger Greg Graffin gegenüber ‹NM! Messitsch›. Die ‹Los Angeles Times› bestätigte: «Bad Religion ist die lebendige Inkarnation der Theorie, daß Hardcore Punk eigentlich Folk Music ist.» Wie viele andere Punk-Bands begannen auch Bad Religion als Schüler-Combo. Greg Graffin (voc), geboren am 6. November 1964, Brett Gurewitz (g), geboren am 12. Mai 1964, Jay Bentley (bg), geboren am 6. Juni 1964, und Jay Ziskrout (dr) hielten sich nicht lange damit auf, nach einem Partner zur Vermarktung ihrer Songs zu suchen, sondern gründeten ihr eigenes Label Epitaph, das eine der erfolgreichsten Plattenfirmen in der Geschichte des Punk werden sollte. Schon 1981 erschien ihre erste EP *Bad Religion*. Ein Jahr später folgte das Album *How Could Hell Be Any Worse* mit dem neuen Drummer Pete Finestone. Mit der rasenden Geschwindigkeit der Songs, die selten länger als zwei Minuten waren, veränderten sich auch die Besetzungslisten der frühen Jahre. 1983 wurden Bentley und Finestone durch den Bassisten Paul Dadona und den Schlagzeuger Davy Goldman ersetzt. In dieser Besetzung entstand *Into The Unknown*, eine Platte, die wegen unmotivierter Keyboard-Einsätze weder Fans noch Kritik begeisterte. Kurz nach Veröffentlichung warf Brett Gurewitz wegen Drogenproblemen das Handtuch und wurde durch Greg Hetson, geboren am 29. Juni 1961, von den Circle Jerks ersetzt. Den Baß übernahm Tim Gallegos. Die in gewohnter «live fast – die young»-Manier eingespielte EP *Back To The Known* versöhnte Musiker und Fans, doch 1985 fiel Bad Religion vorerst auseinander. 1988 hatte Gurewitz seine Sucht im Griff und trommelte seine Truppe (Graffin, Hetson, Finestone und Bentley) wieder zusammen. Mit dem ehrgeizigen Album *Suffer*, das von den Magazinen ‹Flipside› und ‹Maximum Rock And Roll› zum Album des Jahres 1988 gewählt wurde, gelang den Antipriestern prompt ein Comeback, das alle bisherigen Erfolge in den Schatten stellte. *No Control* (1989), *Against The Grain* (1991), das die zynische Punk-Hymne *21st Century Digital Boy* enthielt, und *Generator* (1992), zu dem Bobby Schayer, geboren am 23. Dezember 1965, für Pete Finestone kam, festigten den Ruf der Band als unablässiger Lieferant in Songs gegossener Politparolen. Ihr Signet, ein mit durchgestrichenem Kreuz versehenes

Verkehrsschild, wurde zum Symbol der linken autonomen Szene in ganz Europa. Auf *Recipe For Hate* (1993) wich die Band kaum wahrnehmbar vom Schema der unendlichen Variation des ewiggleichen Songs ab, lud Gäste wie Eddie Vedder von Pearl Jam oder den ehemaligen MC 5-Gitarristen Wayne Kramer ins Studio und erweiterte ihre Gassenhauer um Spurenelemente von Grunge und Heavy Metal. «Ich find's phantastisch, wenn sich Leute unsere Songs anhören und sofort sagen können, das ist Bad Religion», schwärmte Bentley mit kokettierender Unschuld. ‹Rolling Stone› kommentierte ebenso nüchtern wie treffend: «Their best yet!» Greg Graffin hatte inzwischen eine Professur für Biologie an der Cornell University im Staat New York angenommen. Da auch alle anderen Bandmitglieder Tagesjobs nachgingen, konnte die Band nur mehr in den Sommerferien auf Tournee gehen. Mit ihren Familien im Anhang erinnerte der große Pulk von Bad Religion an eine Punk-Version der Grateful Dead. Mit *Stranger Than Fiction* (1994), einer Hommage an Allen Ginsberg, wechselten die nach außen unkorrumpierbaren Punks ins Major-Lager und durchstießen erstmalig die Millionen-Grenze. Brett Gurewitz geriet wegen seines Labels Epitaph in einen Interessenkonflikt und verließ die Band, diesmal endgültig. Den «Glimmer Twins des Punk» (‹NM! Messitsch›) war eine Hälfte genommen. Der neue Gitarrist, Brian Baker von Minor Threat, geboren am 25. Februar 1965, konnte das kreative Potential Gurewitz' nicht ausgleichen. *The Gray Race* (1996) und das Live-Album *Tested* (1997) vermittelten den Eindruck, die Band habe sich ausgepowert. In den Shows war davon jedoch nichts zu spüren. «Bad Religion verwandelten sich langsam, aber sicher in die AC/DC des Punk Rock» (‹WOM Journal›). Der sich auf *No Control* beziehende Titel des 1998 veröffentlichten Albums *No Substance* war kein Eingeständnis mangelnder Substanz, sondern ein Kommentar zur Gesellschaft der Jahrtausendwende. «Genug ist genug. Wir sind an dem Punkt angekommen, an dem wir 90 Prozent unserer Zeit damit verbringen, unsere Rechnungen zu bezahlen, und nur noch zehn Prozent zur emotionalen Stimulanz zur Verfügung haben, die wir als Menschen benötigen. Wir halten uns selbst zum Narren, indem wir techno-

logische Innovation mit Fortschritt gleichsetzen. Wir verwandeln uns von einer realen Gesellschaft in eine Gemeinde von Robotern. Da kann man wohl schon von einem Mangel an Substanz sprechen», so der Biologe Graffin auf der Homepage seiner Band. Leider konnte es die Musik des Albums trotz des provokanten Folk Punk-Hits *Raise Your Voice* mit Gastsänger Campino von den Toten Hosen nicht mit dieser programmatischen Erklärung aufnehmen. 1999 gab es kein Album von Bad Religion. Statt dessen arbeitete Graffin an seinem Enthüllungsbuch ‹Band Aid: The Music Industry from a Band's Perspective›. Erst 2000 legte die Gruppe mit *The New America* und Brett Gurewitz als Gast an der Gitarre eine weitere Sammlung schmissiger Punk-Hymnen hin, die sich mit der Rolle des Individuums im Zeitalter virtueller Entfremdung befaßten. «So viel Sozialkritik ist zwar ehrenwert, aber ein wenig Subtilität wäre auch nicht verkehrt» (‹Zitty›). Ein Jahr später kehrte Gurewitz ganz zu Bad Religion zurück und zog seine endlich wieder in alter Frische aufspielende Band auch auf sein Label Epitaph zurück.

LPs auf Epitaph: *How Could Hell Be Any Worse* (1982); *Into The Unknown* (1983); *Suffer* (1988); *No Control* (1989); *Against The Grain* (1990); *80–85* (1990); *Generator* (1992); *Recipe For Hate* (1993) … auf Atlantic: *Stranger Than Fiction* (1994); *All Ages* (1995); *The Gray Race* (1996); *No Substance* (1998); *The New America* (2000) … auf Epic: *Tested* (1997)

BAP entwickelten sich 1976 aus einem Probenclan Kölner Gelegenheitsmusiker um den Kunststudenten Wolfgang «Fuzz» Niedecken, am 30. März 1951 in Köln geboren. Beeinflußt von Bob Dylan, den Rolling Stones und anderen Rock-Größen der sechziger Jahre, trugen sie «Elendslieder der Wohlfahrtsgesellschaft» (Wolf Biermann) vor, die vom Leben, Lieben und Leiden der kleinen Leute «zwischen Kneipe, Glotze und Arbeitsamt» berichteten und deren «armselige Träume vom schöneren Leben in einer häßlichen Welt» kolportierten. Dabei bediente sich der Songschreiber und Frontmann Niedecken eines industriellen Slangs aus Altkölsch und Neudeutsch («Tankstellen-Kölsch»), dessen bodenständiges Vokabular, «biegsamer, weicher und schmiegsamer als Hochdeutsch» (‹FAZ›), «ideal für Rock» (‹Stern›) zu sein schien. Durch katholische Erziehung und einen Dauerkonflikt mit seinem 1980 verstorbenen konservativen Vater («an ihm reibe ich mich noch immer») geprägt und zermürbt, brachte Niedecken in Liedern wie *Verdamp lang her* (1981), *Kristallnaach* (1985) Angst und Ärger seiner Kiez-Mitmenschen in eine literarisch reizvolle und politisch engagierte Form. Der Bap (Vater) des Mundart-Trupps «rettete mit phantasievollen Bildern seine Stücke vor der platten Vordergründigkeit abgestandenen Politrocks» (‹Der Spiegel›). Seine Mitstreiter Manfred «Schmal» Boecker (perc), Klaus «Major» Heuser (g), Stefan «Steve» Borg (cello, bg), Wolfgang «Wolli» Boecker (dr, abgelöst 1983 bis 1987 von Jan Dix, dann Pete King, danach Jürgen «Jürgens» Zöller), Alexander «Effendi» Büchel (kb seit 1981), Hans «Fonz» Wollrath (Mischpult) konnten allerdings mit der «breitarschigen Gemütlichkeit» (Biermann) ihrer biederen Rockbegleitung den Texten qualitativ nicht gleichkommen. Die gefällige Verpackung der sperrigen Texte kam bei Jugendlichen der Mittelschicht, auch in rheinfernen Gegenden, jedoch sensationell an. Platinumsätze und Spitzenplätze waren für BAP-LPs die Regel, ausverkaufte Konzerte lockten auch die Intelligenzija an. So befreundete sich Heinrich Böll kurz vor seinem Tode mit Sänger Niedecken; Willy Brandt rezensierte 1986 im ‹Stern› das siebte Album *Ahl Männer, aalglatt* («Alte aalglatte Männer») und fühlte sich von der Politikerschelte des Ensembles angenehm berührt: «Aufklärung braucht Künstler, die durchdringen. Wie diese BAP aus Köln.» Ein Jahr später schien Niedecken des «Sieben-Zwerge-Mythos» seiner Gruppe überdrüssig («Alle essen aus einem Näpfchen, alle schlafen in einem Bettchen»). Er entschied: «Ich kann nur über das schreiben, was in meinem Kopf vorgeht», und nahm eine LP mit Solostücken auf, «bei denen sich die Band nicht repräsentiert sah». Trotz der Alleingänge ihres Frontmannes, die in der von Wolf Maahn produzierten LP *Schlagzeiten* (1987) gipfelten, fand sich die volkstümliche Rockband aus der Kölner Südstadt im Oktober 1987 zu einer Chinatournee zusammen. Sprachprobleme hielt der kritische BAP-Freund Wolf Biermann

dabei für unerheblich: «Im Weltuntergang macht es keinen Unterschied, ob einer seine letzten Worte in Hochdeutsch murmelt oder im Kauderwelsch der Sprachnische.» Niedecken focht es nicht an, daß innerhalb der Band die Kommunikationsprobleme immer wieder aufbrachen und für Plattenaufnahmen hintangestellt wurden. Zunächst hatte die Chinatournee zu neuer Eintracht geführt und die Aufnahmen zu *Da Capo* (1988) beflügelt. Die Single *Fortsetzung folgt* wurde ein Top Ten-Hit, die folgenden Tourneen und der Jubiläumsauftritt zum zehnjährigen Bestehen der Band 1989 bestätigten deren Beliebtheit beim deutschen Publikum. Danach nahmen die Musiker wieder Abstand voneinander. Mit Sinn für kommerzielles Timing wurden 1990 etwa gleichzeitig die BAP-LP *X für'e U* und Niedeckens verfrühte Memoiren ‹Auskunft› veröffentlicht. Über die LP, zu der erstmals auch Niedecken, Borg und Büchel Kompositionen beigesteuert hatten, wußte ‹Musikexpress / Sounds› nur Gutes zu berichten: «Das Album klingt kraftvoll, ohne angestrengt zu wirken, gekonnt, aber nie gekünstelt ... BAP kommt jetzt ohne falsche Ansprüche aus.» Auftritte der obligaten Tour, die die Band teils in kleine Clubs, teils in große Hallen führte, wurden 1991 mit *Affrocke* veröffentlicht. Das ständige Auf und Ab in der Zusammenarbeit zwischen Niedecken und dem schweigsamen Heuser hatte den positiven Nebeneffekt, daß jede ihrer Regungen von den Fans mit Freude begrüßt wurde – es könnte ja das letzte Lebenszeichen von BAP sein. So erhielten Auftritte wie zu der Aktion «Arsch huh, Zäng ussenander», mit der BAP und anderer Deutschrocker gegen die grassierende Ausländerfeindlichkeit demonstrierten, immer auch den Beigeschmack eines Comebacks, wie auch die LP *Pik Sibbe* (1993), aufgenommen in Peter Maffays Red Rooster Studio, das Zusammengehörigkeitsgefühl der Band betonen sollte. Doch nicht von Dauer: 1994 übertrug Niedecken Dylan-Songs ins Deutsche und nahm sie mit seiner sogenannten Leopardenfell-Band auf: «Die Jungs von BAP sind nun mal keine Dylan-Fans.» Im April 1996 verließen Borg und Boecker nach 16 Jahren Zugehörigkeit die Band. Der neue Bassist Werner Kopal hatte zuvor bei Klaus Lage, der Zeltinger Band, Bläck Fööss, Herwig Mitteregger und der

RTL-Nachtshow-Band gespielt. Der neue Drummer Margandona gab als Renommee die Hauptrolle im Musical «Jesus Christ Superstar» 1972 in Santiago de Chile an. Ihr Konzeptalbum *Amerika* (1996), das BAP in einem gemieteten Sonderzug der Deutschen Bundesbahn mit sorgsam vorbereiteten Ad-hoc-Sessions auf deutschen Bahnhöfen promotete, klang mit seiner «zähen, mitunter bemühten Rocker-Pose, klebrigem Breitwand-Sound und großspuriger Stones-Kopie» dem ‹Musikexpress› wie «der feuchte Traum L.A.-verliebter Teutonen-Rocker». Das Presseheft zum Album wartete neben einem «wirklich wirren, ellenlangen Text» von Heinrich Böll mit dem erhellenden Kernsatz auf: «Die einzelnen Songs wirken wie die Stücke einer Torte, die alle nach innen zeigen.» Kaum hatte Niedecken die Arbeit am Folgealbum *Comics & Pin Ups* (1999) in hohen Tönen gelobt («Die Band ist während der letzten Tournee so zusammengewachsen, wie es nach den massiven Umbesetzungen vor den *Amerika*-Sessions noch nicht der Fall sein konnte»), da braute sich neues Ungemach zusammen – wie es schien. Diesmal kündigten – im März 99 – «Major» Heuser und «Effendi» Büchel ihren Ausstieg an. Die Neubesetzung der Positionen Gitarre und Keyboards durch Helmut Krumminga und Michael Nass wurde während der Sommerkonzerte in fliegendem Wechsel vollzogen, hinzu kam Sheryl Hackett (voc, perc). Als dann das in 14 Tagen im südfranzösischen Pompignan überwiegend live eingespielte Album *Tonfilm* (1999) als Reminiszenz der Band-Geschichte bis weit zurück zu Klassikern wie *Jupp, Ne schöne Jrooss, Müsli Män* auf den Markt kam, reagierte die Kritik auf die neuen «Wolfgang Niedecken All Stars Formerly Known As BAP» (Jörg Peter Klotz) einhellig positiv. «Leicht, lässig und laidback», so der ‹Musikexpress›, schössen sich Niedecken & Co. mit ihren alten Songs ins musikalische Hier und Jetzt: «Sozusagen zurück in die Zukunft.» Ihr Album *Tonfilm*, so ‹Rolling Stone›, «könnte auch Leuten gefallen, die BAP gewohnheitsmäßig für einen chemischen Kampfstoff halten». Im Jahr 2000 wurde die zwanzigjährige BAP-Geschichte mit einem Budget von 1,1 Millionen Mark unter dem Titel «Vill passiert» von Wim Wenders verfilmt. Zum Band-Jubiläum und zum 50. Geburtstag gönnte sich Niedecken

für das Album *Aff un zo* (2001) eine leerstehende Gründerzeit-Villa in der Cala San Vincenc an der Nordküste von Mallorca als Aufnahmeort. Als Resultat registrierte Ernst Hofacker im ‹Musikexpress› eine «neue Lust an filigranen Klangmalereien und ungewöhnlichen Instrumentierungen» sowie «geradezu drastisch bessere Gesangsarrangements». Als nachteilig vermerkte der Kritiker «etwa den Hang zur grün gestrichenen Alternativ-Bürgerlichkeit in den Texten, BAP eben», während Jörn Schlüter im deutschen ‹Rolling Stone› nach Zugeständnissen an die neuen Sidemen zu dem vernichtenden Schluß kam: «In diesen alten Schlauch paßt kein junger Wein.» Niedecken widerfuhr das Schicksal aller älter werdenden und sich selbst treu bleibenden Rockmusiker mit breiter Akzeptanz: einerseits Hit-Erfolg (*Aff un zo* auf Platz eins in den deutschen Charts) und Umarmung durch das Establishment (unter den erotischsten deutschen Männern im Klatschblatt «Bunte» auf Platz elf), andererseits Mißgunst der nachwachsenden Kritikergeneration. So hob ihn eine Niedermacher-Riege um den Satiriker Wiglaf Droste sogar auf den Buchdeckel ihrer Spottschrift ‹Who is who peinlicher Personen› (2000). Der Vater von zwei Söhnen aus erster und zwei kleinen Töchtern aus zweiter Ehe arbeitete unverändert auch als Maler an der Staffelei. Niedecken 2001: «Ich wollte immer nur Maler werden und dachte, BAP ist eine Sache von zwei Jahren. Das habe ich falsch eingeschätzt. Nun bewahrt mich die Musik davor, in der Kunst zum Fachidioten zu werden – und umgekehrt.»

LPs auf Eigelstein: *Rockt andere kölsche Leeder* (1979); *Affjetaut* (1980) … auf Musikant: *Für usszeschnigge* (1981); *Vun drinne noh drusse* (1982); *Live* (1983); *Zwesche Salzjebäck un Bier* (1984) … auf EMI: *Ahl Männer, aalglatt* (1986); *X für'e U* (1990); *Affrocke – Live* (1991); *Pik Sibbe* (1993); *Wahnsinn – Die Hits von 79– 95* (1995); *Amerika* (1996); *Comics & Pin Ups* (1999); *Tonfilm* (1999); *Aff un zo* (2001) … Solo-LPs Wolfgang Niedecken auf EMI: *Schlagzeiten* (1987); *Da Capo* (1988); *Leopardefell* (1994)

Bauhaus, gegründet 1978 in Northampton, England, gehörten zu jenen seltenen Phänomenen der Pop-Geschichte, deren Bedeutung man sich erst bewußt wird, wenn sie vorüber sind. Obgleich ihr Name eher funktionale Strenge suggerierte, galten Bauhaus als Hauptvertreter des introvertiert-maßlosen Gothic Sound. Sänger Peter Murphy zu dem angeblichen Widerspruch: «Manche Leute nennen uns Gothic, aber wir heißen ja nicht umsonst Bauhaus. Es gibt eine Menge Parallelen zum originalen Bauhaus in Dessau. Unsere Kunst war funktional, fiel uns leicht und war positiv motiviert. Das Equipment trägt ja nur dazu bei, Musik umzusetzen, die ohnehin schon funktioniert. Wir haben von Anbeginn mit Electronics gearbeitet. So war uns der Remix schon Anfang der Achtziger vertraut.» Mit ihrem lasziven Darkcore bereiteten Bauhaus den Weg für Bands wie Sisters Of Mercy, The Cult oder Marilyn Manson. Die Kunststudenten Peter Murphy (voc), geboren am 11. Juli 1957, Daniel Ash (g, voc), geboren am 31. Juli 1957, David J (b), als David Jay Haskins am 24. April 1957 geboren, und sein Bruder Kevin Haskins (dr), geboren am 19. Juli 1960, alle in Northampton, hatten bereits in unterschiedlichen Konstellationen in lokalen Bands wie The Craze, The Submerged Tenth oder Jack Plug And The Sockettes miteinander gespielt, bevor sie am Neujahrsabend 1978 als Bauhaus 1919 ernst machten. Den Namen legten sie sich zu, weil sie eine Formel des originalen Bauhauses in Weimar, «weniger ist mehr», zur Band-Philosophie erhoben hatten. Für ihre erste Single, *Bela Lugosi's Dead* (1979), ließen sie die Jahreszahl im Band-Namen weg. Das düstere Stück erregte mit seinen unerträglich lang erscheinenden neun Minuten sofort Aufmerksamkeit. Trotz häufiger Nachfrage weigerte sich die Band bis 1998, den Track auf einem Album oder einer CD zugänglich zu machen. Nach Veröffentlichung des Epos holte John Peel das Quartett in eine seiner Peel Sessions bei der BBC, die wiederum die Scouts von 4AD die Ohren spitzen ließ. Bauhaus produzierte zunächst drei weitere Singles, bevor sie sich an ihr erstes Album *In The Flat Field* (1980) wagten. Sie klangen wie eine düstere Mischung aus David Bowie, Velvet Underground und den New York Dolls. Mehr noch als ihre Alben wurden jedoch ihre Live-Shows zur Attraktion, bei denen die Band völlig auf Beleuchtung durch farbige Spots verzichtete. «Bunte Lichter sind für Weihnachts-

bäume», lautete das Motto von Bauhaus. «Tiefe, explodierende Drums, dröhnende Bässe und eine endlose Vielfalt von Gitarren-Sounds, die niemals auf konventionelle Methoden zurückgreifen» («Melody Maker»), wurden die musikalischen Kennzeichen von Bauhaus. 1980 unternahm die Band ihre erste Tournee in den USA, wo sie «mit ihrem eher glamourösen Extrakt aus Gary Glitter-Riffs, T. Rex und groovigem Ambiente» («Intro») eine neue Welle der «British Invasion» auslöste. Das zweite Album *The Mask* (1981) war weniger düster und melodischer als sein Vorgänger, hatte aber nichts von der gewohnten Lust am Experiment eingebüßt. 1982 spielten Bauhaus in David Bowies Film ‹The Hunger› noch einmal eine Version von *Bela Lugosi's Dead*. Peter Murphy hatte inzwischen seinerseits das Interesse am Film entdeckt und verlegte sich auf Arbeiten an Werbespots und Underground-Videos. Nach einer Coverversion von David Bowies *Ziggy Stardust*, mit der sie in den britischen Charts Position 15 erklommen, wurden sie in der englischen Presse als Bowie-Plagiatoren gehandelt. Ihrer Popularität tat das jedoch keinen Abbruch, so daß sie mit ihrem nächsten Longplay *The Sky's Gone Out* (1982) sogar Platz vier der Album-Charts erreichten. Die Aufnahmen zu *Burning From The Inside* (1983) standen unter einem schlechten Stern. Murphy war an Lungenentzündung erkrankt, und der Rest der Band mußte die Aufnahmen ohne den Sänger beginnen. Murphy sang den Vocal-Part nach seiner Genesung ein, doch durch die Band ging unverkennbar ein Riß. Am 11. Juli 1983 verließ Peter Murphy die Bühne des Londoner Hammersmith mit den Worten «Rest in peace», die als Titel eines später veröffentlichten Live-Mitschnittes dieses Konzertes herhalten mußten. «Man mag aus heutiger Sicht den Kopf darüber schütteln, daß Bauhaus eine kommerziell so wenig nachvollziehbare Trennung vollzogen haben. Vielleicht war es der einzig mögliche Weg, zur Legende zu avancieren» («Visions»). Peter Murphy sang kurzzeitig in Mick Karns Band Dali's Car und schlug danach eine erfolgreiche Solo-Karriere ein. Die drei anderen Bauhaus-Mitglieder machten nach Intermezzi in den Bands Tones On Tail und Jazz Butcher Weihnachten 1985 als Love And Rockets weiter. Mit

Alben wie *Seventh Dream Of A Teenage Heaven* (1985), *Express* (1986) oder *Earth Sun Moon* (1987) positionierte sich das Trio stilistisch zwischen späten Beatles und frühen Pink Floyd. In England kaum wahrgenommen, landete die Band mit der Single *So Alive* von ihrem vierten Album *Love And Rockets* (1989) in Amerika einen Riesen-Hit (Position drei in den Billboard Charts). Nach einem dreijährigen Split veröffentlichten Love And Rockets 1994 das Danceorientierte Album *Hot Trip To Heaven* und zwei Jahre später das in San Francisco aufgenommene, hippieeske *Sweet F. A.* 1998 kam es anläßlich der Veröffentlichung der Compilation *Crackle* zu einer auf zwei Shows angesetzten Reunion von Bauhaus. Die beiden Konzerte im Hollywood Palladium waren die am schnellsten ausverkauften in der Geschichte dieser Arena. Die anschließende, komplett ausverkaufte «Resurrection»-Tournee führte quer durch Amerika und Europa. «Als Rock-Theater war es brillant», resümierte ‹Rolling Stone›: «Im grellen Licht erstarrend, verstand Murphy klar seine eigene Ikonographie, die er das Publikum bis zum letzten Tropfen zu absorbieren erlaubte.» Die Tour wurde auf dem Doppelalbum *Gotham* (1999) dokumentiert, das außer allen großen Hits der Band auch eine Coverversion des Dead Can Dance-Klassikers *Severance* enthielt.

LPs auf Beggars Banquet: *In The Flat Field* (1980); *Mask* (1981); *The Sky's Gone Out* (1982); *Press The Eject And Give Me The Tape* (1982); *Burning From The Inside* (1983); *Crackle* (1998); *Live In Studio 1979* (2000) … auf KK: *Gotham* (2000) … Solo-LPs Peter Murphy auf Beggars Banquet: *Should The World Fail To Fall Apart* (1985); *Love Hysteria* (1988); *Deep* (1990); *Holy Smoke* (1992); *Cascade* (1995) … auf Red Ant: *Rollcall-Recall* (1998) … auf Metropolis: *Alive Just For Fun* (2001) … Solo-LPs Daniel Ash auf Beggars Banquet: *Coming Down* (1991); *Foolish Thing Desire* (1992); *Get Out Of Control* (1993) … LPs Daniel Ash und Kevin Haskins mit Love & Rockets auf Beggars Banquet: *Seventh Dream Of Teenage Heaven* (1985); *Express* (1986); *Earth, Sun, Moon* (1987); *Love And Rockets* (1989); *Sweetz F.A.* (1996) … auf American: *Hot Trip To Heaven* (1994) … auf Red Ant: *Lift* (1998)

The Beach Boys, 1961 in Hawthorne, Kalifornien, gegründet, reflektierten in ihren Songs den Westküsten-Mythos von permanentem Sonnenschein, ewiger Jugend und unaufhörlichem Aktivismus. Im Stil der epischen Jukebox-Schlager Chuck Berrys, mit der motorischen Rhythmik der Ventures und dem vom Cool Jazz inspirierten Harmoniegesang der Four Freshmen priesen sie die Artefakte kalifornischer Freizeitkultur und ihre Nutznießer. Das erregende Geschicklichkeitsspiel des Surfing (Wellenreiten) und den Geschwindigkeitsrausch in schnellen Autos und auf hochgezüchteten Motorrädern verherrlichten sie als amerikanische Urerlebnisse. «Was bedeuten denn Autos und Surfbretter?» fragte der Rock-Kritiker Donald Lyons. «Sie sind die Hauptcharakteristika des amerikanischen Bewegungsdrangs. Autos verkörpern die aktive Nutzbarmachung natürlicher Energie durch die Maschine und Surfbretter das passive Vergnügen an natürlicher Energie mit Hilfe körperlicher Geschicklichkeit.» Indem die Beach Boys solche alltäglichen Betätigungen zu Primärsymbolen des American Way of Life emporstilisierten, vermittelten sie ihrem Publikum das Gefühl, ein exemplarisches Leben zu führen. Die Musiker, die privat ihrem Show-Image entsprachen, projizierten das konventionelle Idealbild eines Clans netter amerikanischer Jungen von nebenan und gaben ihren Zuhörern damit ein leicht erreichbares Identifikationsmodell. Obwohl zahlreiche Beach Boys-Songs einen patriotischen Akzent hatten («California girls are the cutest in the world»), vermied die Gruppe dennoch chauvinistische Töne, indem sie in ihren Texten mit Humor und gelegentlichen Frustrationsausbrüchen gegensteuerte – und damit den Westküsten-Mythos nur noch glaubwürdiger machte. 1961 gehörten zu den Beach Boys die Brüder Brian Wilson (bg, kb, voc), am 20. Juni 1942 geboren, Dennis Wilson (dr, voc), am 4. Dezember 1944 geboren, Carl Wilson (g, voc), am 21. Dezember 1946 geboren, ihr Vetter Mike Love (voc, perc), am 15. März 1941 geboren, sowie der Schulfreund Larry Marks, der kurze Zeit später von Al Jardine (g, voc), am 3. September 1942 geboren, abgelöst wurde. Vater Murry Wilson, Maschinengroßhändler, Gelegenheitskomponist und treibende Kraft hinter der Beach Boys-Karriere, vermittelte dem Familien-Ensemble, das sich damals noch Carl And The Passions nannte, einen Start auf dem lokalen Candix-Label mit *Surfin'*, das jedoch über einen regionalen Hit nicht hinauskam. Bereits die nächste Single *Surfin' Safari*, nun auf Capitol, schaffte den Sprung in die nationalen Bestsellerlisten. Von da an vermarktete das Quintett kalifornisches Strandleben sowie den Slang und die Wortspiele der Surfer, Sonnenanbeter und Geschwindigkeitsfetischisten zu ausnahmslos erfolgreichen Single-Produktionen: *Surfin' U.S.A.*, *Little Deuce Coupe* (1963), *Fun, Fun, Fun*, *I Get Around* (ihr bester Titel in jener Periode), *Dance, Dance, Dance* (1964), *Help Me Rhonda*, *California Girls* (1965), *Barbara Ann* (1966). Brian Wilson, der Sound-Direktor der Gruppe, wußte den Mythos von der Sommersonnen-Jugend in immer neuen Variationen frisch zu halten. Er war nach drei Nervenzusammenbrüchen im Dezember 1964 als aktives Mitglied des Ensembles ausgeschieden, blieb aber weiterhin als Komponist, Arrangeur und Produzent der wichtigste Mann der Gruppe, die Bruce Johnston (bg, voc), am 27. Juni 1944 in Chicago geboren, als Ersatz aufnahm. Zu jener Zeit waren die Beach Boys die erste Rock-Formation, die sich im eigenen Studio selbst produzierte und damit einen für die Entwicklung der Rockmusik wesentlichen Trend einleitete. Brian Wilson nutzte diese Freiheit auf dem von Capitol widerwillig veröffentlichten Album *Pet Sounds* (1966), das die Hinwendung der Musiker zu komplexeren Sounds markierte, wie es parallel auch die Beatles mit ihrer LP *Revolver* versuchten. Im Gegensatz zu dem englischen Quartett nahmen die Kalifornier jedoch nur wenige Fremdklänge in ihre Musik auf. Außer der Chuck Berry / Ventures / Four Freshmen-Synthese holten sich die Beach Boys lediglich bei der klassischen Musik sowie beim Rhythm & Blues von Detroit und Memphis stilistische Anregungen. Selbst ihre intensive Bekanntschaft mit dem Maharishi Mahesh Yogi verleitete sie nicht zur Adaption fernöstlicher Folklore. Die Beschäftigung mit asiatischer Philosophie und Experimente mit angeblich bewußtseinserweiternden Drogen führten jedoch zu einer ästhetischen Verfeinerung und thematischen Differenzierung der Beach Boys-Musik, zu einer Zeit, da Surf-Seligkeit und Auto-Kult von dem neuen kalifornischen Mythos der Flower Power-Generation abgelöst wurden. Die Produktion des sinfonischen Mosaiks *Good Vibrations* dauerte sechs Monate und bescherte den Wilson-Musikern Ende 1966 ihre erste Millionensingle. Noch aufwendiger war das LP-Projekt *Smile*, das Brian während einer Europa-Tournee der anderen Beach Boys gemeinsam mit Van Dyke Parks zu realisieren versuchte. Von dem ambitioniert orchestrierten und surrealistisch betexteten Vier-Stunden-Werk fanden sich schließlich nur Bruchstücke auf den LPs *Smiley Smile* und *20/20*. *Heroes And Villains*, ein Single-Zusammenschnitt aus weiteren *Smile*-Teilen, markierte 1967 den Abstieg der Gruppe in der Publikumsgunst. Die subtilen Trickklänge mißfielen zahlreichen Anhängern aus der Surf-Zeit. Progressive Rock-Fans wiederum argwöhnten, «wir seien Doris Day auf Wellenbrettern» (Bruce Johnston). Die Beach Boys erspielten sich jedoch mit erfolgreichen Tourneen und erstklassigen LP-Veröffentlichungen eine Renaissance. *Do It Again* aus ihrem zwanzigsten Album *20/20* war perfekt getimete Nostalgie nach Sonne, Strand und Surfing. Auf der LP *Surf's Up* (1971) mochten die Musiker dann den Wellen, die sie einst auf bunten Songbrettern beritten hatten, nicht mehr zu nahe kommen. *Don't Go Near The Water* warnten sie umweltbewußt, denn «Zahnpasta und Seife machen unsere Meere zu einem Schaumbad». In brillanter Manier artikulierten sie das Heimweh nach der schwindenden Jugend der «Kirchgänge, Bingo-Spiele und altmodischen Tänze» (*Disney Girls*), empfahlen trotz ihres Engagements für Vietnam-Protest, Wehrdienstverweigerung und Rassenintegration: «Wenn's wieder mal Krawall gibt, haltet euch besser raus» (*Student Demonstration Time*), und feierten in dem Titelsong *Surf's Up*, einem weiteren Reststück aus der unvollendeten LP *Smile*, in ätherischer Poesie die Rückkehr zur Unschuld der Kinderzeit. Trotz ständiger peripherer Personalveränderungen blieb der Sound der Strandjungen unverändert. Über dem sonnigen Image der Band jedoch zogen düstere Schicksalswolken auf. Brian Wilson, der Spiritus rector, verlor sich mehr und mehr in Trübsal und benötigte schließlich jahrelange psychiatrische Betreuung rund um die Uhr. Zwischen Mike Love und Dennis Wilson entwickelte sich eine Feindschaft, die sogar in ungenierte Handgreiflichkeiten bei ihren zahlreichen Comeback-Konzerten ausartete. Der von Drogen und Alkohol derangierte Dennis war ein Sympathisant des wirren Massenmörders Charles Manson und verkorkste sein Privatleben, seine Solo-Ambitionen, seine Auftritte im Gruppenverband. Nach dem Konsum einer halben Flasche Wodka ertrank der beste Schwimmer und Surfer des Clans am 28. Dezember 1983 bei einem Tauchversuch vor Marina del Rey in Kalifornien. Den Showdampfer der Beach Boys brachte diese Tragödie nicht zum Kentern. Im Gegenteil: Getragen von der konservativen Woge der Reagan-Ära schwang sich die Wilson-Clique wieder und wieder auf die Wellenbretter ihrer Surf-Oldies und fand mit ihrer «good time music» auch bei der nachgewachsenen Generation Gehör. 1988 gelang der Band sogar nach jahrzehntelanger Top-Hit-Abstinenz mit *Kokomo* aus dem Tom Cruise-Film «Cocktail» ein Nummer-eins-Erfolg. «Wir erwecken in den Leuten ein Gefühl von Sommer», erklärte Al Jardine den andauernden Erfolg der Beach Boys. «Ich glaube, manche Leute gehen sogar erst mal ins Bräunungsstudio, bevor sie zu uns ins Konzert kommen.» Ihre Auftritte entwickelten sich folgerichtig zu Oldie-Shows, in denen die Beach Boys ihre zahllosen Hits herunterspielten. Um die Anteile an den Einnahmen aus den Songs gab es Streit zwischen Brian Wilson und der übrigen Truppe. Über den Gerichtsterminen zerbrach die Band beinahe, kam aber gelegentlich wieder zusammen. So sangen sie mit der britischen Gruppe Status Quo *Fun Fun Fun* zu deren 25jährigem Bühnenjubiläum und nahmen 1996 in Nashville einige ihrer alten Hits in Country-Fassung auf; Brian Wilson half bei der Produktion. Der Krebstod Carl Wilsons am 7. Februar 1998 entließ die Beach Boys endgültig in die Geschichte. Mike Love rekrutierte mit Bruce Johnston (bg) und David Marks (g) zwei Sidemen aus den alten Tagen und repetierte unter dem alten Markennamen weiterhin die alten Hits. ‹Rolling Stone›: «Den Fans sind die Namen der Typen auf der Bühne eh völlig Wurscht – Hauptsache, der Sound schmeckt nach *endless summer*.» Al Jardine zog mit seinen Söhnen und Brian Wilsons Töchtern als Beach Boys Family & Friends über

Land. Im Sommer 2000 coverten 24 aktuelle Pop Acts der Jahrtausendwende «The Songs Of Brian Wilson And The Beach Boys» unter dem Titel *Caroline Now.* ‹Musikexpress›: «Himmlischer Pop.»

LPs auf Capitol: *Surfin' Safari* (1962); *Surfin' U.S.A.* (1963); *Little Deuce Coupe* (1963); *Surfer Girl* (1963); *Shut Down Vol. 2* (1964); *All Summer Long* (1964); *Beach Boys Christmas Album* (1964); *Beach Boys Concert* (1964); *Today* (1965); *Summer Days* (1965); *Beach Boys Party* (1965); *Pet Sounds* (1966, Reissue 1972 auf Doppel-LP *Carl And The Passions – So Tough*); *Best Of The Beach Boys* (1966); *Smiley Smile* (1967); *Wild Honey* (1967); *Best Of The Beach Boys Vol. 2* (1967); *Beach Boys Deluxe Set* (1967); *Stack O'Tracks* (Original-Bakking-Tracks zu Beach-Boys-Hits – ohne Vocals, 1968); *Friends* (1968); *Best Of The Beach Boys, Vol. 3* (1968); *20/20* (1969); *Live In London* (1970); *Rarities* (1983); *Made In U.S.A.* (1986); *The Pet Sounds Sessions* (1996; 4 CDs); *The Best 1970–1986/The Brother Years* (2000); *Hawthorne, Ca. – The Birthplace Of A Musical Legacy* (2001) … auf Reprise: *Sunflower* (1970); *Surf's Up* (1971); *Carl And The Passions – So Tough* (1972, mit Reissue *Pet Sounds*); *Holland* (1973); *In Concert* (1973); *15 Big Ones* (1976); *Love You* (1977); *M.I.U. Album* (1978) … auf Columbia: *L. A. (Light Album)* (1979) … auf Caribou: *Keepin' The Summer Alive* (1980); *Beach Boys* (1985) … auf EMI: *20 Golden Greats* (1988); *Still Cruisin'* (1989); *Rarities & Beach Boys Medley* (1991); *Summer In Paradise* (1992); *Good Vibrations – Boxset* (1993) … auf Elektra: *Cocktail* (Soundtrack, mit anderen, 1988); *Selected Works 1972–1999* (2000) … auf Surprise: *The Beach Boys* (1970; teilweise unveröffentlichte Aufnahmen) … auf Orbit: *Greatest Hits (1961–1963)* (1972) … auf Dunhill: *Lost & Found* (1991) … auf Get Back/Cargo: *Studio Sessions '61–'62* (2000) … Solo-LP Carl Wilson auf Caribou: *Carl Wilson* (1981) … Solo-LP Bruce Johnston auf Columbia: *Going Public* (1977) … Solo-LP Dennis Wilson auf Caribou: *Ocean Blue* (1977) … Solo-LP Mike Love auf Boardwalk: *Looking Back With Love* (1981) … Beteiligung der Beach Boys an LP der Gruppe Spring auf United Artists: *Spring* (1972) … auf Marina/EfA: *Caroline Now – The Songs Of Brian Wilson And The Beach Boys* (Tribute-Album, 2000) Solo-LPs Brian Wilson → Wilson, Brian

Beastie Boys, 1982 in New York gegründet, nannten mit einiger Berechtigung MCA (Master of Ceremonies Adam) Adam Yauch (voc), am 15. August 1967 in Brooklyn, New York, geboren, Mike D (voc), als Michael Diamond am 20. November 1965 in New York geboren, und King Ad-Rock (voc), als Adam Horovitz am 30. Oktober 1966 in Manhattan, New York, geboren, die Band, mit der sie anläßlich Yauchs 15. Geburtstag auftreten wollten; Horovitz hatte musikalische Erfahrungen in der Band Young And The Useless gesammelt. Ebenfalls anwesend: Kate Shellenbach und John Berry. Aus dem Party-Spaß wurde Ernst, die Beastie Boys, zunächst eine laute Punk-Band, nahmen mit *Pollywog Stew* noch im gleichen Jahr ihre erste EP auf. Shellenbach und Berry verließen kurz danach die Band. Zum Trio geschrumpft, sahen sich Yauch, Horovitz und Diamond gezwungen, mangels eigener Gesangsfähigkeiten es den Schwarzen New Yorks nachzutun: Sie wandelten einige ihrer Songs, darunter das sexuell eindeutige *Cookie Puss,* zum Rap um und waren mit diesem aus der Not geborenen Einfall die erste weiße Crossover Rap-Gruppe. Sie engagierten den Discjockey DJ Double RR (hinter dem Namen verbarg sich der spätere Def Jam-Label-Chef Rick Rubin), ersetzten ihn aber bald durch DJ Dr. Dre. Beinahe über Nacht machte das weiße Trio mit schwarzer Musik Karriere: Rubin nahm sie für Def Jam unter Vertrag, für einige Madonna-Konzerte wurden sie als Vorgruppe engagiert. Ihr Aussehen – überweite Jeans, Baseball-Mützen, dicke Goldketten und schrankartige Sweatshirts – wurde allenthalben nachgeahmt. Die Kiss-Fans aus gutbürgerlichem Elternhaus der jüdischen Gemeinde New Yorks nahmen ihre ersten Rap-Singles auf und machten mit unflätigen Bühnenshows von sich reden: Sie tranken in Unmengen Bier, spritzten es über ihre Zuhörer und ließen in einem Käfig eine spärlich bekleidete Frau zu ihren harten Beats tanzen. Zwar brauchten sie Monate, um die erste LP fertigzustellen, doch war *License To Ill* (1987) das erste Rap-Album, das auf den ersten Platz der amerikanischen LP-Hitparade kam. Rubins Einfall, unter die Rap-Tiraden Hard Rock-Riffs, etwa von Led Zeppelin, und Heavy Metal-Sounds zu legen, erwies sich nicht nur als kassenträchtig, sondern auch als prototypisch für das Genre. Das hedonistische Revolutionsgehabe – *Fight For Your Right* (*To Party*) – der Beastie Boys wurde bald als aufgesetzt empfunden, vielmehr benahmen sie sich wie «Tick, Trick und Track, betrunken auf ihrer ersten Klassenparty» (‹Der Spiegel›). Drei Jahre später hatten sie sich ausgetobt: *Paul's Boutique* (1989) war nur noch milde sexistisch und nicht gewalttätiger in seinen Texten als beliebige schwarze Rapper, in der Musik aber vielschichtig und interessant. Formationen wie Public Enemy hatten die bösen Buben inzwischen längst hinter sich gelassen. War *Paul's Boutique* dennoch ähnlich erfolgreich wie *Licensed To Ill*, kam *Check Your Head* (1992), mit dem die Beasties wieder zu den Stilmitteln des ersten Albums zurückzukehren versuchten, nicht an diese Erfolge heran. Inzwischen hatten sich die Interessen der «postmodernen Clown-Prinzen» (‹New York Times›) verlagert: Sie betrieben das eigene Plattenlabel Grand Royal, auf dem sie in den folgenden Jahren ein heterogenes Repertoire von Individualisten aus aller Welt versammelten: die Damentruppe Luscious Jackson, den Urban-Folkie Ben Lee und den Beatles-Sprößling Sean Lennon, den Disco-Pop von Buffalo Daughter aus Japan ebenso wie den Krawall-Techno-Künstler Alex Empire aus Berlin. Dazu brachten sie unter dem gleichen Namen ein alle paar Monate erscheinendes Magazin mit Lifestyle-Themen sowie Interviews überwiegend mit musikalischen Sidemen heraus und beteiligten sich an der Designer-Modemarke X-Large. «Die Grundregel ist, Dinge zu tun, die glücklich machen und am Ende funktionieren», erklärte Mike D. «Was immer die Beastie Boys tun, mit sich spazierentragen oder auch bloß gut finden – es gilt als cool», beobachtete ‹Der Spiegel›: «Ihr Name ist ein Markenzeichen der Popkultur in den Neunzigern geworden.» Sie lebten mit ihren Ehefrauen mittlerweile in Kalifornien, weitab von New Yorker Straßen-Gangs und Drogen-Banden. Horovitz hatte eine Karriere als Filmschauspieler aufgenommen, Yauch war zum Buddhismus konvertiert. *Ill Communication* (1994), das Ergebnis der Läuterung dieses «coolsten Nonkonformisten und Eklektizisten» (‹Rolling Stone›), sprang in den US-Charts in der ersten Woche auf Platz eins und war wieder weltweit ein Bestseller. 1995 wurde unter dem Titel *Root Down* eine EP mit zehn Live-Versionen der *Ill Communication*-Songs nachgeschoben, 1996 das Mini-Album *The In Sound From Way Out!* mit Live-Tracks derselben Lieder sowie Instrumentals von einer Australien-, Neuseeland- und Südostasien-Tournee, die zuerst der Fanclub in Frankreich veröffentlicht hatte. Im Mai 1996 fungierten die Beastie Boys in San Francisco als Gastgeber des ersten von mehreren «Tibetan Freedom Concerts», die sie in den nächsten Jahren auch in anderen US-Städten veranstalteten. So viele prominente Acts von Beck, Björk und den Fugees bis zu den Smashing Pumpkins und Sonic Youth nahmen daran teil, daß sie der Musikjournalist Thomas Weiland zu Ereignissen hochstilisieren konnte, bei denen «die letzten maßgeblichen Bands aus der unübersichtlichen Alternativ-Szene der USA eine Gemeinsamkeit zelebrieren können, die Zuhörern das Gefühl vermittelt, im Musiktreiben der Staaten gäbe es doch mehr als butterweichen R & B und Sub-Alanis-Gekeife». Als MCA, Mike D und Ad Rock im Sommer 1998 auf Europas Mammut-Rockfestivals erschienen, um die Gefolgschaft auf ihr neues Album *Hello Nasty* vorzubereiten, wurden sie von ein paar hunderttausend Fans «als Heilsbringer» (‹Der Spiegel›) gefeiert. Die CD sprang in allen maßgeblichen Musikmärkten sofort auf Platz eins, «ein psychedelisches Pop-Meisterwerk» (‹Rolling Stone›). Kritiker bejubelten die Beastie Boys als «ein leuchtendes Beispiel dafür, wie Popbands sich entwickeln sollten» (‹Q›). «Nie waren sie cleverer, witziger, radikaler oder spannender», urteilte der ‹New Musical Express›. Nur Neil Strauss in der bedächtigen ‹New York Times› wandte vorsichtig ein: «They may be too smart to fail these days, but they are also too smart to be a phenomenon again … On *Hello Nasty*, there is probably something for everyone, but there is probably no one whom everything is for.» Immerhin bescheinigte er dem mixtum compositum aus Hip Hop, Funk, Soul, Jazz, TV-Moderationen, Punk-Vignetten, Ramones- und Circle Jerks-Zitaten, Crash-Elektronik und bizarrem Knistersound «bewundernswerten Geschmack». Am Ende des Jahres, als die Gruppe beim Poll der Branchenbibel ‹Billboard› unter den Pop Acts mit weitem Abstand ganz vorn lag, resümierten die ‹Rolling Stone›-Redakteure in Hamburg: «Käufer und

Kritiker waren sich eins: '98 gehörte den Beastie Boys.» Das war nun schwerlich zu überbieten, allenfalls zu ergänzen. Die nunmehr «politisch korrekten Repräsentanten ihrer Generation» (‹Rolling Stone›) taten es, indem sie für die Anthologie *The Sound Of Science* (1999) in 42 Tracks sämtliche Highlights ihrer 18jährigen Band-Geschichte mit Outtakes, Raritäten (z. B. aus einer C&W-Session von 1998), Live-Versionen sowie drei neuen Songs verschnitten: Nachhilfeunterricht für die nächste Publikumsgeneration. Er wolle «Kids sehen, die den Computer rocken können, die aber auch den erstaunlichsten, schönsten Krach aller Zeiten zustande bringen», erklärte Michael Diamond alias Mike D: «Ich habe die Wunschvorstellung einer Generation von Kids, die genau das tun. Für mich wäre das die Zukunft der Musik.» Für 18 US-Dollar konnten sich die Kids bereits aus 150 Titeln ihre eigene Beasties-Anthologie zusammenstellen – unter www.musicmaker.com im Internet.

LP auf Def Jam: *Licensed To Ill* (1986) … auf Capitol: *Paul's Boutique* (1989); *Check Your Head* (1992); *Ill Communication* (1994); *Some Old Bullshit* (1994); *Root Down* (1995); *The In Sound From Way Out!* (1996); *Hello Nasty* (1998)

The Beatles waren beinahe ein Jahrzehnt lang die «stärkste schöpferische Kraft der modernen Populärkultur» (‹Time›). Sie komponierten und interpretierten den «Soundtrack der sechziger Jahre» (‹Melody Maker›), indem sie archaische Rockmuster von Chuck Berry, Little Richard, Buddy Holly und Elvis Presley phantasievoll verjüngten und variierten. Mit ihren Songs, in denen Jugendlichkeit um ihrer selbst willen und nicht mehr als Vorstufe zum Erwachsensein gefeiert wurde, boten sie ihrer konsumorientierten, mediengesteuerten Generation in einer Zeit bröckelnder Gesellschaftsstrukturen ungeheuer wirkungsvolle Identifikationsmodelle an. Weder in ihrer rocknostalgischen Frühphase noch in der von Kritikern hochgeschätzten Ära artifizieller Studioproduktionen erschlossen sie – von originellen Melodie- und Texteinfällen abgesehen – der Rockmusik tatsächlich Neuland. «Ihnen fiel es zu», urteilte der Kritiker John Gabree, «stets einige Meilen hinter der Avantgarde herzusegeln, deren Errungenschaften zu festigen und neue Ideen zu popularisieren.» Dieses konnte ihnen in einem solchen Ausmaß gelingen, weil das Quartett als sensibler, in sich ausgewogener Organismus stets mehr als die Summe von vier hervorragenden Solisten war. Über Jahre hinweg vermochten sie ihre stark divergierenden künstlerischen und menschlichen Eigenarten auszubalancieren und in einem psychischen Spannungsfeld auf Hochleistung zu polen. Am 27. Dezember 1960 trat die Gruppe unter dem Namen Beatles erstmals im Gemeindesaal des Liverpooler Vororts Litherland auf. Zum Ensemble gehörten John Lennon (voc, g), am 9. Oktober 1940 in Liverpool geboren, James Paul McCartney (voc, bg), am 18. Juni 1942 in Liverpool geboren, George Harrison (g, voc), am 24. Februar 1943 in Wavertree, Liverpool, geboren, Randolph Peter «Pete» Best (dr), am 24. November 1941 in Madras, Indien, geboren. Lennon hatte 1955 in Liverpool die Skifflegruppe The Quarrymen organisiert, der sich 1956 McCartney und 1957 Harrison anschlossen. Daraufhin trennte sich Lennon von seinen bisherigen Mitspielern und formierte 1959 mit McCartney und Harrison das Trio Johnny And The Moondogs, das Pete Best und 1960 Stuart «Stu» Sutcliffe (g), am 23. Juni 1940 in Edinburgh geboren, zum Quintett erweiterten. Die Gruppe nannte sich fortan The Silver Beatles und ging zu sporadischen Gastspielen nach Hamburg, wo sie unter anderem auch im Star Club auftrat. Dort lernten die Musiker die Fotografin Astrid Kirchherr kennen, die ihnen die später weltweit kopierten «Moptop»-Frisuren (Pilzköpfe) verpaßte. Sutcliffe, der sich mit Astrid verlobt hatte, schied aus und starb am 10. April 1962 an einem Gehirntumor. Das Rest-Quartett begleitete während seiner Hamburg-Aufenthalte gelegentlich den englischen Rock-Sänger Tony Sheridan bei Clubauftritten und Plattenaufnahmen. Ringo Starr (dr, voc), geb. als Richard Starkey am 7. Juli 1940 in Dingle, Liverpool, der im Hamburger Kaiserkeller für die Skifflecombo Rory Storm And The Hurricanes trommelte, ersetzte dabei den kränkelnden Pete Best ab und zu am Beatles-Schlagzeug und trat 1962, als die Gruppe endgültig nach Liverpool zurückgekehrt war, ganz an dessen Stelle. Zu dieser Zeit waren die Beatles als Hausband des Cavern Club nach einer Umfrage der Musikzeitschrift ‹Mersey Beat› die beliebteste Band in Liverpool und Umgebung. Sie stammten, wie ein Großteil ihres Publikums, aus zerbrochenen Familien der unteren Mittelschicht und fanden in ihren grellen Imitationen des amerikanischen Rock 'n' Roll, die sie mit Teddy Boy-Attitüde vortrugen, ein Aggressionsventil und gleichzeitig einen Ausstieg aus ihrem sozialen Spannungsfeld, wie er bisher vor allem als Motivation für Sportlerkarrieren bezeichnend gewesen war. Brian Epstein, geb. 19. September 1934, ein vermögender Liverpooler Schallplattenhändler, bot sich Ende 1961 den Beatles als Manager an und vermittelte ihnen einen Schallplattenkontrakt beim Londoner Musikkonzern EMI. George Martin, Producer für klassische Musik, aber auch für Cilla Black, Spike Milligan und Peter Sellers, fungierte als Sound-Betreuer der Provinz-Musiker. Am 4. Oktober 1962 erschien als erste Beatles-Single auf Parlophone die Eigenkomposition *Love Me Do*, die auf Platz 17 der englischen Hitparade kam. Die drei Monate später veröffentlichte zweite Single *Please Please Me* schaffte auf Anhieb die Top-Position. Die ebenfalls 1963 veröffentlichten Titel *From Me To You*, *She Loves You* und *I Want To Hold Your Hand* erreichten ähnlich schnell die Spitze. Das letzte Stück brachte den Beatles den Durchbruch in den USA und der übrigen Welt und leitete die «Beatlemania» ein, die fortan für Schlagzeilen, Superlative und Umsatzrekorde sorgte. Als die Beatles im Februar 1964 zum erstenmal im amerikanischen Fernsehen auftraten, schalteten 72 Prozent aller Gerätebesitzer ihretwegen auf den Kanal der ‹Ed Sullivan Show›. Bis zum Juli jenes Jahres besetzten die Liverpooler ohne Unterbrechung die Top-Plätze der US-Hitlisten. 60 Prozent aller 1964 in den Vereinigten Staaten verkauften Singles waren Beatles-Produktionen, die mit durchschnittlich 2,5 Millionen Stück pro Monat umgeschlagen wurden. Allein die Gewinne aus dem Verkauf ihres ersten Film-Soundtrack-Albums *A Hard Day's Night* (1964) deckten die Herstellungskosten des Streifens, bevor überhaupt eine Kinokarte verkauft war. Bis 1973 wurden 90 Millionen LPs und 125 Millionen Singles mit der Musik der Pilzköpfe abgesetzt. Der Erfolg der Beatles regte diverse Industriezweige an: Die Plattenfirmen verzeichneten erhebliche Profitsteigerungen durch die Propagierung des «Mersey-Sounds»; der Verkauf von Gitarren und Verstärkeranlagen vervielfachte sich; das Diskothekengewerbe erlebte einen Boom; zahlreiche Modetrends weckten bei kaufkräftigen Teenagern erfolgreich Bedürfnisse. In ihrer damaligen imitativen Phase holten sich die Beatles Inspiration bei Rock-Musikern der ersten Generation, von denen sie einige Stücke für ihre LPs übernahmen, und fusionierten die harte Rock-Attacke zumeist mit der weichen Gospeltechnik der Drifters oder Shirelles. Ihre Texte entsprachen der Schnodderigkeit und Sensibilität der Arbeiterjugend. Unprätentiös, respektlos, selbstparodistisch, aber reserviert in der Artikulation von Empfindungen gegenüber dem anderen Geschlecht, entsprachen sie durchaus der verbalen Selbstkontrolle des Rock 'n' Roll der fünfziger Jahre, der die Tabus der weißen Mittelklasse keineswegs sprengte. Die Beatles befreiten immerhin den Rock 'n' Roll, «ohne dessen Ursprünglichkeit zu zerstören, von seiner Aufheizungsstereotypie» (Hellmuth Karasek) und durchlüfteten ihre Songs mit Wortwitz, spielerischer Gesangsironie und unkomplizierten Tanzrhythmen. Diese naive Phase fast ungetrübten Spaßes, die in dem Film ‹Help!› 1965 ihre Slapstick-Apotheose fand, ging ein Jahr später mit der Veröffentlichung der LP *Rubber Soul* zu Ende. Angeregt von (seit 1964 zunehmendem) Drogengenuß, beeindruckt von der surrealistischen Poesie Bob Dylans und gereift an der Persönlichkeit ihres musikalisch versierten Producers George Martin, begannen die Beatles, mit klassischen Musikformen, exotischen Instrumenten (Sitar) und esoterischer, teilweise sogar fremdsprachiger Lyrik (*Michelle*) zu experimentieren. Songtitel wie *Norwegian Wood* und später *Yellow Submarine, Strawberry Fields Forever, Lucy In The Sky With Diamonds* deuteten, trotz gegenteiliger Behauptungen der Bandmitglieder, auf die Insider-Kenntnis diverser Rauschmittel hin. *Yesterday* orchestrierten sie mit einem Streichquartett, *Eleanor Rigby* wie ein Weillsches Couplet. *Tomorrow Never Knows*, den letzten Titel der LP *Revolver* (1966), füllten sie mit elektronischen Verfremdungen, den Geräuschen rückwärts laufender Bänder und Multi-Track-Überspielungen. Das Stück signalisierte, warum die

Beatles, nach triumphalen, rekordbrechenden Tourneen in den USA und aller Welt, am 29. August 1966 in San Francisco ihr letztes Konzert gaben: Fortan ließ sich ihr Gruppensound nicht mehr live auf der Bühne reproduzieren. Die LP *Sgt. Pepper's Lonely Hearts Club Band* (1967) markierte für die Musiker den «Verlust ihrer künstlerischen Unschuld» (Richard Poirer). In vier Monaten Produktionszeit, mit 120 Orchesterspielern, elektronischen Apparaturen, Bläserchören und einem Kostenaufwand von 56 000 Dollar fertigten sie eine Synthese von Rock 'n' Roll und den schönen Künsten, die zwar «die Langspielplatte zu ihrer höchsten Entwicklungsstufe als künstlerisches Medium brachte» (‹Rolling Stone›), die Beatles jedoch endgültig in die Nähe bewußt manipulativer Kunstfertigkeit rückte. «Es gibt nur etwa 100 Leute in der Welt, die unsere Musik verstehen», behauptete John Lennon, nachdem er ein Jahr zuvor noch verkündet hatte, die Beatles seien «nun populärer als Jesus». Die Gefahr, allmählich ihrer eigenen Propaganda zum Opfer zu fallen, wurde für die Gruppe akut, als am 27. August 1967 ihr Manager Brian Epstein an einer Überdosis Beruhigungstabletten starb und die vier sich fortan selbst managten. Sie gründeten mit Apple Corps Ltd. einen Entertainment-Konzern, der alsbald durch ungeschickte Geschäftsführung 65 000 Dollar Verlust pro Woche machte. Ihr Weihnachten 1967 aufgeführter TV-Film ‹Magical Mystery Tour›, den sie selbst hergestellt hatten, wurde zum ersten künstlerischen Minus der Beatles. Sie suchten auf religiösen Trips nach Indien Befreiung von ihren Drogenproblemen und Beratung bei der Bewältigung ihrer Ruhm-Komplexe. Ihre seit 1968 vorgelegten LPs gerieten immer mehr zu Dokumenten künstlerischer Auseinandersetzungen und zu Spiegelbildern ihrer privaten Querelen. Der gegen den Willen McCartneys als Apple-Boss engagierte amerikanische Finanzberater Allen Klein, die Verbindung Lennons mit Yoko Ono, Harrisons Forderung nach mehr Songbeteiligung auf den LPs brachten die Gemeinschaft auf Kollisionskurs. Mit der Doppel-LP *The Beatles* (1968) versuchten sie in virtuosem Zitieren aller Rock-Musiker, die sie stilistisch beeinflußt oder experimentell längst überholt hatten, eine Gesamtschau der

«Geschichte und Synthese westlicher Musik» (‹Rolling Stone›). *Abbey Road* (1969) und *Let It Be* (1970) tönten wie mißglückte Versuche, die Simplizität und Frische ihrer Aufnahmen aus der «naiven Phase» vor 1966 zurückzuholen. Nachdem sie auf Solo-LPs bereits interpretatorische Eigenständigkeit vorgewiesen hatten, trennten sich die Beatles inoffiziell am 11. April 1970, zu einer Zeit, da allgemein unter Rock-Musikern eine Auflösung des Gruppenbewußtseins einsetzte. In der Folgezeit gab es zahlreiche Versuche, die vier Musiker mit Geld und guten Worten zu einem erneuten Zusammenspiel zu animieren. «Laßt die Welt einen Tag lächeln», bat der Promoter Sid Bernstein im September 1976 per Zeitungsanzeige und versprach den Fab Four 230 Millionen Dollar aus den Eintritts-, TV-, Platten- und Filmerlösen eines einzigen Konzertes an einem Ort ihrer Wahl. Doch die Beatles blieben solo und machten fortan allein durch individuelle Eskapaden oder Projekte und andauernde Rechtsstreitigkeiten mit ihrer Plattenfirma von sich reden. Die Fans mußten mit Ersatz-Erlebnissen vorliebnehmen – Balletten zur Beatles-Musik, einem verunglückten ‹Sgt. Pepper›-Film (1978), indiskreter Literatur aus Mitarbeiterkreisen des Quartetts oder Nostalgie-Shows mit Imitatoren («Beatlemania») und Auftritten von Mimikry-Gruppen wie der deutschen Beatles Revival Band. Durch diesen Verzicht auf Wiedervereinigung erhoben sich die ehemaligen Pilzköpfe zur schmerzlich vermißten und kulthaft verehrten Legende und boten ihre Solo-Karrieren, eine Zeitlang durchaus mit Erfolg, als Reinkarnation des Beatles-Mythos an. Erneut angefacht wurde das Interesse an den Beatles durch CD-Fassungen ihrer LPs seit Mitte der achtziger Jahre. Vor allem die CD-Ausgabe von *Sgt. Pepper* wich von der ursprünglichen Vinyl-Platte durch eine ausführliche Dokumentation der Aufnahmeumstände und eine detaillierte Erklärung des Covers erheblich ab. Gewitzten Plattensammlern genügte dies allerdings nicht: Hatte es immer schon Beatles-Bootlegs von Live-Konzerten und von vermutlich gestohlenen oder verworfenen Studiobändern gegeben (etwa *Minstrels In The Gallery*), ermöglichten gesetzliche Lücken die Veröffentlichung weiterer Beatles-Platten durch obskure Label, so etwa die Ultra Rare Trax-Reihe

von Swingin' Pig Records. EMI unternahm zwar rechtliche Schritte, konnte aber nicht verhindern, daß zahlreiche Schallplattenläden die CDs verkauften. Auf diesen Markt aufmerksam geworden, entschlossen sich die Plattenbosse im Einvernehmen mit den restlichen Beatles-Mitgliedern, weitere Beatles-Aufnahmen zu veröffentlichen. Die Wahl fiel auf BBC-Aufnahmen aus den Jahren 1963 bis 1965. Die Doppel-CD *The Beatles – Live At The BBC* (1994) wurde vom Publikum erwartungsgemäß enthusiastisch begrüßt, wenn auch die Kritik bemängelte, es handele sich dabei «nicht um ein qualitativ hochwertiges Beatles-Produkt» (‹Mojo›). 25 Jahre nach dem Beatles-Split nahm die Idee einer umfassenden Fernseh-Dokumentation Gestalt an. Als Harrison, McCartney und Starr ihre Teilnahme und Unterstützung zugesagt hatten, wurde auch Yoko Ono gefragt. Lennons Witwe willigte ein, Ende 1994 kam es zu einer Verständigung zwischen ihr und Paul McCartney, in deren Folge auch ein Song mit dem Lennon-Sohn Sean aufgenommen wurde. Für die geplante Dokumentation steuerte Ono ein Band mit unfertigen Lennon-Songs bei. Jeff Lynne überarbeitete das Kassetten-Tonband, bis es technisch genügte, ihm weitere Tonspuren mit den übrigen Beatles anzufügen. «Es klingt wie eine Beatles-Aufnahme», so Ringo Starr, «man könnte sagen, sie hätten es 1967 aufgenommen.» Ende 1995 erschien die erste Doppel-CD der geplanten Serie, begleitet von einem beispiellosen Medien-Rummel. Eingefleischten Beatles-Fans waren die meisten darauf enthaltenen Aufnahmen bereits von diversen Bootlegs her bekannt. *Free As A Bird*, so der Titel des postumen Beatles-Songs, erwies sich als typische, etwas weinerliche Lennon-Komposition. Nach bewährten Rezepturen aus den sechziger Jahren aufgepeppt, mochte man die Produktion je nach Standpunkt als kurios oder gespenstisch ansehen – oder als peinliches, am toten Lennon vorbei in die Öffentlichkeit geschobenes Machwerk. Die beiden folgenden Doppel-CDs 1996 mit einem weiteren «neuen» Beatles-Song (*Real Love*) erregten weniger publizistische Aufmerksamkeit. Dafür beklagten die Kritiker bei der Edition *One* (2000) mit 27 Nummer-eins-Hits der Fab Four «die taktile, von Sorgfalt und Stimmigkeit ungetrübte Zusammenstellung» (Wolfgang Doebeling im deutschen ‹Rolling Stone›). ‹Stereoplay› bilanzierte, «daß die erste Nr. 1 *Please Please Me* (1963) nicht drauf ist (statt dessen *Love Me Do*, 1962, das erst 1964 in den USA im Zuge der Beatlemania nachträglich Nr. 1 wurde), daß etwa von *She Loves You* der Mono-Mix, von *Can't Buy Me Love* (vom selben Album) aber ein Stereo-Mix erklingt.» Pure Beckmesserei? Lothar Brandt in ‹Stereoplay›: «Nun, es geht schließlich um wirklich große Musik.»

LPs auf Parlophone: *Please Please Me* (1963); *With The Beatles* (1963); *A Hard Day's Night* (1964); *Beatles For Sale* (1964); *Help!* (1965); *Rubber Soul* (1965); *Revolver* (1966); *A Collection Of Beatles Oldies* (1966); *Sgt. Pepper's Lonely Hearts Club Band* (1967); *Magical Mystery Tour* (zwei EPs 1967; LP 1976); *Love Songs* (1977); *The Beatles Collection* (1978; 14 LPs); *Rarities* (1979); *Beatles Ballads* (1980); *Reel Music* (1982); *20 Greatest Hits* (1982); *The Beatles Mono Collection* (1982; Mono-LPs); *Past Masters* (1988); *The Beatles* (1988) ... auf Apple: *The Beatles* (1968); *Yellow Submarine* (1969); *Abbey Road* (1969); *Let It Be* (1970); *From Them To You* (1970); *The Beatles 1962–1966* (1973); *The Beatles 1967–1970* (1973); *The Beatles – Live At The BBC* (1994); *Anthology Volume 1* (1995); *Anthology Volume 2* (1996); *Anthology Volume 3* (1996) ... auf EMI: *The Beatles At The Hollywood Bowl* (1977); *One* (2000) ... auf MfP: *Rock And Roll Music Vol. 1* (1980); *Rock And Roll Music Vol. 2* (1980) ... auf Orbis: *The History Of Rock Vol. 26* (1984) ... auf St Michael: *The Beatles: Their Greatest Hits* (1984) ... auf Heineken/EMI: *The Beatles* (1986; Cassette) ... auf World Records: *The Beatles Box* (1980) ... auf Polydor: *The Beatles' First* (1964) ... auf Contour: *The Early Years* (1971); *The Beatles Featuring Tony Sheridan* (1976) ... auf Charly: *The Savage Young Beatles* (1982) ... auf Phoenix: *Early Beatles Vol. 1* (1981); *Early Beatles Vol. 2* (1981); *Rare Beatles* (1982); *20 Great Hits* (1983) ... auf Breakaway: *The Hamburg Tapes Vol. 1* (1983); *The Hamburg Tapes Vol. 2* (1983); *The Audition Tapes* (1983) ... auf Showcase: *The Beatles Live! At The Starclub, Hamburg, Germany, 1962 Vol. 1* (1985); *The Beatles Live! At The Starclub, Hamburg, Germany, 1962 Vol. 2* (1985) ... auf AFE: *The Complete Silver Beatles* (1982) ... auf Topline: *Decca Sessions* (1987)

Im folgenden sind die US-amerikanischen LPs aufgelistet, die im Repertoire erheblich von den britischen Veröffentlichungen abweichen. *Sgt. Pepper's Lonely Hearts Club Band* war die erste Beatles-LP, die mit gleichen Songs und identischer Songfolge sowohl in Großbritannien als auch in den USA veröffentlicht wurde.

LPs auf VeeJay: *Introducing The Beatles* (1963; mehrmals wiederveröffentlicht, teilweise auch in Zusammenstellung mit Aufnahmen anderer Musiker; 1965 von Capitol als *Early Beatles* veröffentlicht) ... auf Capitol: *Meet The Beatles* (1964); *The Beatles' Second Album* (1964); *A Hard Day's Night* (1964); *Something New* (1964); *The Beatles Story* (1964); *Beatles '65* (1964); *Beatles VI* (1965); *Help!* (1965); *Rubber Soul* (1965); *Yesterday And Today* (1966); *Revolver* (1966); *Sgt. Pepper's Lonely Hearts Club Band* (1967); *Magical Mystery Tour* (1967); *Hey Jude* (1970); *The Beatles 1962–1966* (1973); *The Beatles 1967–1970* (1973); *Rock And Roll Music* (1976); *The Beatles Collection* (1978); *The Beatles Rarities* (1980) ... auf United Artists: *A Hard Day's Night* (1964).

Solo-LPs George Harrison auf Capitol: *Wonderwall Music* (1968); *All Things Must Pass* (1970); *The Concert For Bangladesh* (1971); *Living In The Material World* (1973); *Dark Horse* (1974); *Extra Texture* (1975); *The Best Of George Harrison* (1976) ... auf Zapple: *Electronic Sound* (1969) ... auf Dark Horse: *33 & 1/3* (1976); *George Harrison* (1979); *Somewhere In England* (1981); *Gone Troppo* (1982); *Cloud Nine* (1987); *The Best Of Dark Horse* (1989); *Live In Japan* (1992) ... Solo-LPs Ringo Starr auf Capitol: *Sentimental Journey* (1970); *Beaucoups Of Blues* (1970); *Ringo* (1973); *Goodnight Vienna* (1974); *Blast From Your Past* (1975) ... auf Atlantic: *Ringo's Rotogravure* (1976); *Ringo The Fourth* (1977) ... auf Portrait: *Bad Boy* (1978) ... auf The Right: *Stop & Smell The Roses* (1981); *Old Wave* (1983) ... auf Rykodisc: *All Starr Band* (1990); *Live From Montreux, Vol. 2* (1994) ... auf Private Music: *Time Takes Time* (1992) ... auf Mercury: *Vertical Man* (1998); *VH-1 Storytellers* (1998); *I Wanna Be Santa Claus* (1999)

Weitere Solo-LPs → John Lennon, → Paul McCartney

Beck (voc, g), als Beck David Campbell am 8. Juli 1970 in Los Angeles geboren, brauchte genau einen Song, um als 23jähriger in die Annalen der Rockgeschichte einzugehen. *Loser* verkörperte nicht nur alle Ängste und Leidenschaften der sogenannten Generation X, Beck führte auch die

Singer / Songwriter-Tradition eines Bob Dylan ins Zeitalter des Samplers hinüber. Er war ein Meteor, der die Flora und Fauna eines friedlich vor sich hin dämmernden Rock 'n' Roll-Planeten durcheinanderwirbelte. Nach eigenen Worten ging es ihm stets darum, einen sicheren Ort außerhalb des Möglichen zu finden. «Beck wechselt ständig seine Richtung, manchmal während der gesamten Dauer einer Langspielplatte, manchmal innerhalb eines einzigen Songs. Er hat einen Glaubwürdigkeitsfreischein für alle musikalischen Reisen, die er unternimmt» (‹Tip›). Beck, der sich nach seiner Mutter Hansen nannte, wurden künstlerische Begabung und hemmungsloser Bewegungsdrang in die Wiege gelegt. Sein Vater, der Arrangeur und Produzent David Campbell, verließ die Mutter, als der Junge drei Jahre alt war. Größeren Einfluß als seine Eltern hatte sein Großvater, der Fluxus-Künstler Al Hansen, bei dem er einen großen Teil seiner Kindheit in Kansas verbrachte. «Die Collagen-Technik, der Einsatz des Unerwarteten und vor allem der Humor Als, dessen Inszenierungen in der Reihe der sonst gern mal etwas esoterisch verbrämten Fluxus-Aktionen oft vor allem dank ihres Witzes zu glänzen wußten, begannen bereits sehr früh auch Becks künstlerisches Schaffen zu dominieren» (‹Intro›). Schon als Kind begann der «sympathische Trasher» (‹Skug›) sich für Folk und Blues zu interessieren und experimentierte mit der Manipulation von Kassetten, wobei die Grenzen zwischen natürlichen Folk-Sounds und künstlichem Lärm fließend waren. Nach einem ersten Versuch, unter dem Namen The Sex-Commies eine Band zu gründen, ging er 1989 nach New York, wo er unter den Einfluß intellektueller Bands mit Hardcore-Nähe wie Sonic Youth oder Pussy Galore geriet. Zwei Jahre lang lebte er dort von der Hand in den Mund und kehrte 1991 zurück nach Los Angeles. Mit Hilfe des Produzenten Karl Stephensen, der unter dem Pseudonym Forest for the Trees ebenfalls als Musiker tätig war, nahm Beck den Song *Loser*, auf. Er kopierte den Song 500mal in Vinyl und verschickte ihn auf Kassette an diverse College-Radiostationen, wo er sofort den Status einer nationalen Alternativ-Hymne erlangte. Die Kassetten wurden weiter kopiert, die Qualität wurde immer schlechter, doch der rotbäckige, blonde Junge mit den unschuldigen Augen war in aller Munde. Seine Songs waren «ein Frontalangriff, der Verzerrung, John Lee Hooker-artige Blues-Stampfer, Akkordeons, Hip Hop-Breakbeat-Gemisch und Folk-Philosophiererei aufeinanderprallen läßt» (‹Spin›). 1993 erhielt er einen Vertrag bei Geffen. «Nach dem Tode von Kurt Cobain waren sie auf der Suche nach jemandem, den sie zur neuen Stimme der Generation X erklären konnten. Und in dem bleichen jungen Mann mit den buschigen Augenbrauen hatten sie ihn gefunden» (‹Der Tagesspiegel›). Noch vor Unterzeichnung des Kontrakts galt er bereits als «Mittelpunkt eines der dramatischsten Trends, die die Los Angeles-Musikszene in knapp einem Jahrzehnt hervorgebracht hat» (‹Billboard›). Um *Loser* herum baute Beck das Album *Mellow Gold* auf, das mit erfrischend infantiler Respektlosigkeit das gesamte Wertesystem des Rock 'n' Roll einschließlich all seiner Nebenströmungen in Frage stellte. Neben *Mellow Gold* beinahe unbemerkt erschienen auf Indie-Labels die Platten *One Foot In The Grave* und *Stereopathic Soul Manure*, die in ihrer postmodernen Unbefangenheit noch viel offener die vielfältigen Quellen Becks an den Tag legten und seine innige Liebe zu musikalischen Werkstoffen, die nicht recht zusammenpassen wollten, dokumentierten. Über Nacht war der 23jährige zur Symbol-Figur des Lo-fi-Rock geworden. «Er könnte Purzelbaum schlagen, mit dem Wolf tanzen oder sich einfach nur auf den Stuhl setzen und einen Pfannkuchen in sich hineinstopfen. Seine Fans würden jubeln und es ihm am nächsten Morgen gleichtun» (‹Skug›). Seine Fähigkeiten als genialer Songschreiber stellte er endgültig auf dem Album *Odelay* (1996) unter Beweis, wo er seine bisherigen Ingredienzen um einfühlsame Balladen und leicht federnde Latin-Songs ergänzte. Zu den Gästen der Platte gehörten nicht nur die Gitarristen Jon Spencer und Greg Leisz, sondern auch der renommierte Jazz-Bassist Charlie Haden, mit dessen Töchtern Rachel und Petra er wiederum über die Band That Dog in engem Kontakt stand. Der Rockgeschichte erwies er einmal mehr durch Respektlosigkeit Respekt. So basierte der Song *Jack-Ass* auf einem Sample der Them-Einspielung von *It's All Over Now Baby*

Blue, entwickelte unter Becks Dramaturgie jedoch eine ganz eigene Dynamik. «Groovig und futuristisch ordnete Beck kosmisches Geröll» (‹Rolling Stone›). *Mutations* (1998) war nur als Interims-Werk gedacht. Entgegen seiner gewohnten Herangehensweise setzte das «im ständigen Fluß befindliche Perpetuum mobile des Aktionismus» (‹Intro›) auf dieser «auffallend beatfreien Platte» (‹Visions›) nicht auf Kontraste, sondern instrumentierte seine Balladen in der Tradition des amerikanischen Folksongs. Doch der Innovator Beck hatte sich keineswegs aufs Altenteil gesetzt. Sein Anschlußalbum *Midnite Vultures* (1999) verwirrte wieder alle, die Beck einordnen zu können geglaubt hatten. Mit einem Konzept, das stark an Prince und Sly Stone angelehnt war, löste sich das Enfant terrible des Alternative Rock «von all jenen cool vorgetragenen Hirngespinsten, die ihn zum Liebling der weißen Pop-Intelligenzija gemacht hatten» (‹Tip›). Beck Hansen war nun unwiderruflich zum Symbol einer nach stilistischer, medialer und kommerzieller Unabhängigkeit strebenden Pop-Elite der Neunziger geworden, ein «Star», so der ‹Tagesspiegel›, «wie es ihn vorher nicht gab: allürenfrei, clever, durch und durch ironisch».

LPs auf Flipside: *Stereopathetic Soul Manure* (1994) … auf K: *One Foot In The Grave* (1994) … auf Geffen: *Mellow Gold* (1994); *Odelay* (1996); *Mutations* (1998) … auf Interscope: *Midnite Vultures* (1999)

The Bee Gees kamen 1967 als erfolgreiche Kinder-Entertainer von Sydney, wohin sie 1958 mit ihren Eltern ausgewandert waren, nach England zurück und starteten eine Karriere, deren künstlerische und finanzielle Parallelen zum Werdegang der Beatles etwa dem Verhältnis Cliff Richards zu Elvis Presley entsprachen. Barry Gibb (voc, g), am 1. September 1946 geboren, und seine Zwillingsbrüder Robin Gibb (voc, g, p), Maurice Gibb (voc, bg), beide am 22. Dezember 1949 wie Barry auf der Isle of Man geboren, spielten bereits Mitte der fünfziger Jahre als The Blue Cats in ihrer Heimatstadt Manchester zusammen. Nach der Rückkehr aus Australien formierten sie mit Vince Melouney (g), Colin Peterson (dr) die Bee Gees (Abkürzung für Brothers Gibb). Ihre ersten beiden Hits, *Spicks And Specks*

(ein Erfolg aus ihrer australischen Zeit), *New York Mining Disaster 1941* waren stilistisch noch stark den frühen Rhythmusnummern der Beatles verwandt. Jedoch der dritte Single-Hit *To Love Somebody* (1967) etablierte sie als «Meister der romantischen Ballade» (‹Stereo Review›). Ihre Eigenkompositionen walzten sie zu verschwenderisch arrangierten Mini-Opern aus, die von einem vierzigköpfigen Streichorchester eingespielt wurden. Robins grotesk überzogenes Soul-Vibrato dominierte den an die Everly Brothers erinnernden Harmoniegesang der Brüder Gibb, der charakteristisch für die Bee Gees-Musik wurde. Im Falsett hüstelten sie Verse, deren Banalität («Now I found that the world is round») präzis kalkuliert schien. Belanglose Abschieds- und Abenteuer-Texte verfremdeten sie mit dem Lupen-Effekt genauer Orts- und Zeitangaben. An exotischen Schlagerschauplätzen wie Odessa, Massachusetts, bei der Air Force oder Trafalgar siedelten sie sich nur wegen des Assoziationsreizes dieser Namen an. In absurden Reimen betonten sie «die Ernsthaftigkeit, George zu sein», prahlten: «Du sagtest goodbye – ich erklärte Spanien den Krieg», besangen den «christlichen löwenbeherzten Jedermann» und behaupteten: «Zitronen vergessen niemals.» Selbst der von Kritikern verschmähte Violin-Sirup schien nach seltsamen Rezepten zubereitet. Nicht selten bekämpften sich die Streichinstrumente in grellen Dissonanzen, große Orchesterbögen zersplitterten an harten Gitarrenschlägen; mitunter verjaulte der sinfonische Wohlklang in traumatischen Akkordverzerrungen. Bei einem Konzert in der Londoner Royal Albert Hall plazierten die Bee Gees 60 Orchestermusiker hinter sich, ließen bei einem Titel einen 45köpfigen Chor auftreten und bestritten das spektakuläre Finale mit einer kompletten Band der Royal Air Force. Der instrumentale Pomp, der nichtssagende Surrealismus der Songtexte und die grotesken Phrasierungen des Vokal-Trios ergänzten sich jedoch vorzüglich und waren stilistisch genau abgezirkelt. 1968/69 verkauften die Bee Gees zehn Millionen Singles und drei Millionen Alben und waren, zumindest in Europa, eine Teenager-Attraktion ersten Ranges. Doch ein Bruderzwist entzweite das Quintett. Seit 1969 verließen diverse Gibbs die Gruppe, kehrten kurzfristig zurück, um die Band abermals aufzubrechen. Die Streitigkeiten verhinderten Tourneen, verzögerten Plattenaufnahmen und verwirrten die Bee Gees-Fans, denen neben Aufnahmen der jeweiligen Rest-Gruppe auch noch gleichklingende Solo-Platten von Barry oder Robin Gibb angeboten wurden. Obendrein verschob sich zu Beginn der siebziger Jahre in Europa das Interesse der Popmusik-Konsumenten mehr zu unterhaltsamen Hard Rock-Gruppen wie Black Sabbath, Slade, Deep Purple. 1970 reformierten sich die Bee Gees zwar zum Gibb-Trio, das vor allem in den USA mit einigen Top-Singles eine bescheidene Renaissance erlebte. Doch im Gegensatz zu früheren Erfolgen, die selbst stilistisch ferne Interpreten wie Janis Joplin (*To Love Somebody*) nachgesungen hatten, fehlte diesen Reprisen die Raffinesse des kalkulierten Overstatement. Bevor die Bee Gees zu einem «Witz» wurden, «über den sie selbst nicht mehr lachen konnten» (‹Die Welt›), half ihnen der Rhythm & Blues-Producer Arif Mardin auf die Sprünge. Er animierte die drei Brüder, ihre romantischen Melodie-Entwürfe mit dem aggressiven Puls der Disco-Ära zu unterlegen. *Jive Talkin‹*, *Nights On Broadway* aus dem Album *Main Course* (1974) markierten die Stilwende, die dem Gibb-Clan keinerlei Kopfzerbrechen bereitete. «Wir haben immer Leuten gestattet, uns zu beeinflussen», erklärte Bruder Robin lakonisch. «Erst waren es die Beatles, davor sogar noch Neil Sedaka, und jetzt ist es Stevie Wonder.» *You Should Be Dancing*, forderten sie nunmehr ihre Klientel auf und lieferten mit diesem Hit von 1976 den Probelauf zum Höhenflug ihrer Karriere, dem Soundtrack *Saturday Night Fever* (1977). Die eher konventionelle Studie aus dem Freizeit-Milieu New Yorker Vorort-Jugendlicher (Hauptrolle: John Travolta) gewann ihren Pep und ihre Kommerz-Magie vor allem aus fünf neuen Bee Gees-Songs, darunter *Stayin’ Alive*, *Night Fever*. 30millionenmal verkaufte sich die Doppel-LP mit der Filmmusik – ein Weltrekord, den erst der Erfolg von Michael Jacksons *Thriller* (1982) einstellte. «Die Bee Gees werden so groß wie die Beatles», behauptete die ‹New York Times› damals voreilig, was diese wohl selbst glaubten und ein eigenartiges Remake von *Sgt. Pepper’s Lonely Hearts Club Band* vorlegten. Nach drei weiteren Hits (*Too Much Heaven*, *Tra-*

gedy, *Love You Inside Out*, 1979) sank die Fieberkurve der Bee Gees-Hysterie jedoch beträchtlich. Nahezu alle Songs auf ihrem Flop-Album *Living Eyes* irritierten durch überkandidelten Falsettgesang und «einschläferndes Pop-Genudel» (‹Rolling Stone›). Resigniert verlegten sich die Gibbs auf wenig erfolgreiche Soloarbeiten oder Producer-Dienste für Showbiz-Diven wie Barbra Streisand (*Woman In Love*), Dionne Warwick (*Heartbreaker*), Dolly Parton (*Islands In The Stream*), Diana Ross. Aufgeben mochten sie nicht: «Wenn man die Fähigkeit hat, eine eingängige Melodie zu schreiben, die die Leute zum Mitsummen animiert», tröstete sich Bee Gee Robin, «dann ist man nie ganz weg vom Fenster.» 1987 probierten die Veteranen mit Arif Mardin, ihrem Mentor aus der ruhmreichen Disco-Ära, einen neuen Start als Funk-Rocker. Der höchst erfolgreichen Comeback-Single *You Win Again* stand das dazugehörige Album *E.S.P.* nicht nach, wenn auch Single und Album in Europa mehr Zuhörer fanden als in den USA, wo ‹Record Mirror› ironisch behauptete, daß «die CIA plane, den Iran mit Hilfe von speziellen über dem Land abgeworfenen Lautsprechern, die unablässig *E.S.P.* abspielen würden, lahmzulegen». *E.S.P.* war zugleich die erste LP für Warner: Mit Robert Stigwoods RSO-Label, mit dem sie viele Jahre verbunden waren, hatten sie sich über die Jahre zerstritten. Das Jahr 1988 war überschattet vom Tod des jüngsten Gibb-Bruders, Andy, 30, am 10. März in Oxford. Tief betroffen hielten die Bee Gees ihre Karriere in den folgenden Jahren auf einem merkwürdig niedrigen Level. *One* (1989) verzeichnete allenfalls Achtungserfolge beim Publikum, die Presse nahm das Album erst gar nicht wahr. Möglicherweise war der Wechsel zu Warner für beide Seiten eine Enttäuschung. Wieder bei Phonogram, brachte *Size Isn’t Everything* (1993) ebenfalls nichts Neues: «Glatter, computerisierter, leichtgewichtiger Funk, Massen von Chorgesängen und Unsinns-Lyrik, die sich für tiefsinnig hält», so ‹Q› über das Album. Das Blatt ließ dabei außer acht, daß die ausgekoppelte Single *For Whom The Bell Tolls* immerhin Platz vier der britischen Charts erreichte. ‹Rolling Stone› war schon Jahre zuvor vorsichtig und mit den Bee Gees im reinen: «Kann man wissen, ob sie nicht noch ein weiteres Mal auferstehen?» Tatsächlich war «die Band, von der keiner zugibt, daß er sie mag» (‹London Evening Standard›), seit ihrem ersten Welthit *New York Mining Disaster 1941* (1967) in jedem siebten Jahr eines Jahrzehnts ganz oben: 1977 mit *Saturday Night Fever*, 1987 mit *You Win Again*. Und tatsächlich hielt die Band, die an Zahlenmagie glaubte, auch in den Neunzigern die Regel ein. Für ihr Album *Still Waters* (1997) erhielten die drei Brüder von der Musikindustrie «so ziemlich alle Preise, die für Musiker zu vergeben sind» (‹Der Spiegel›) und wurden in die Rock and Roll Hall of Fame gekürt. Der neuerliche Charts-Erfolg, an dem namhafte Produzenten wie David Foster, Arif Mardin, Hugh Padgham, Russ Titelman mitgearbeitet hatten, war durch eine Flut von Coveraufnahmen, unter anderem von Take That (*How Deep Is Your Love*), Boyzone (*Words*), N-Trance (*Stayin' Alive*), vorbereitet worden. US-Garagenbands vereinigten sich zu dem Album *Melody Fair – A Tribute To The Bee Gees* (1996). 13 andere Bands, darunter Robbie Williams, Orb, Space und Steps, brachten 1998 das Tribute-Album *Gotta Get A Message To You* heraus. Noel Gallagher von Oasis schwärmte: «Eine phänomenale Gruppe. Ich wünschte, ich hätte den Song *To Love Somebody* geschrieben.» Beyonce Knowles coverte mit ihrem texanischen Trio Destiny's Child den Hit *Emotion* und bedankte sich in Interviews: «Thank you for writing that song, Bee Gees. Y'all is tight.» Andererseits wurden die drei Australier aber auch von einer Fake-Band namens HeeBeeGeeBees mit einem parodistischen Album verhöhnt: *Meaningless Songs In Very High Voices*. Barry Gibb nahm es auf seinem parkumsäumten Landsitz in Beaconsville bei London gelassen: «Das ist die Natur der Popkultur. Mal bist du oben, mal bist du unten. Und selbst wer lange verachtet wird, wird eines Tages geliebt.» Im Januar 1998 gab das Trio zum 20jährigen Jubiläum des Travolta-Films zusammen mit Yvonne Elliman, den Tavares, Kool And The Gang und den Trammps ein Galakonzert im Theatre at Madison Square Garden: «Saturday Night Fever Again». Am folgenden 5. Mai startete Produzent Robert Stigwood im Londoner Palladium den Filmstoff als Musical. «Saturday Night Fever» in der Regie / Choreographie von Arlene Phillips wurde im September 1999 auch in Köln, einen Monat später auch an New Yorks Broadway gestartet – handlungsarme Disco-Nostalgie mit starken Reizen für Touristen aus der Provinz. Ben Brantley von der ‹New York Times› erinnerten die verzweifelten Versuche der Schauspieler, durch ihre Kopfmikrofone den Ton der Bee Gees-Originale zu treffen, an eine «von Studenten frequentierte Karaoke-Bar». Gleichwohl trugen auch diese dünnblütigen Bühnen-Surrogate zur neuerlichen Popularität der Bee Gees bei. Im Sommer 1998 plazierte sich das im Jahr zuvor in Las Vegas mitgeschnittene Live-Doppelalbum *One Night Only* auf Anhieb auf Position vier der britischen Charts, es kam weltweit unter die Top Ten. Am 27. März 1999 gastierten die Bee Gees noch einmal im Stadion von Sydney, Australien. Aber der Aufwand und die Kosten dieser Show waren so hoch, daß die Brüder beschlossen, ihr nächstes Album nur noch mittels kleiner Funk- und TV-Konzerte rund um den Globus zu promoten. In London gastierten sie am 24. März 2001 bei BBC 1. Die CD *This Is Where I Came In* kam am 17. April in die Läden und löste je nach der Geneigtheit der Ohren gegensätzliche Rezensionen aus. «Selten nur», so Christof Hammer in ‹Stereoplay›, «kommt bedingungslos sich einschmeichelnder Softpop so sympathisch daher wie hier.» Dagegen Birgit Fuß im deutschen ‹Rolling Stone›: «Erstaunlich generisch, bemitleidenswert charakterlos.» Statt ihre vielen Nachahmer («those cheeky R & B pups») mit der hohen Kunst des Boogie auf ihre Plätze zu verweisen, schrieb Barbara Ellen in der Londoner ‹Times›, liefere die meistkopierte Popgruppe der Welt nicht nur ein Album, das nicht nach ihnen klingt. Schlimmer noch: «Sie klingen, als wären sie mal die Bee Gees gewesen und möchten heute jemand ganz anderes sein.»

LPs auf Calendar: *Barry Gibb And The Bee Gees* (1964) ... auf Spin: *Spicks And Specks* (1966) ... auf Polydor: *Bee Gees 1st* (1967); *Horizontal* (1968); *Idea* (1968); *Rare Precious & Beautiful* (1968); *Rare Precious & Beautiful, Vol. 2* (1968); *Odessa* (1969); *Rare Precious & Beautiful, Vol. 3* (1969); *Best Of The Bee Gees* (1969); *Cucumber Castle* (1970); *Sound Of Love* (1970); *Two Years On* (1970); *Trafalgar* (1971); *Best Of The Bee Gees, Vol. 2* (1971); *To Whom It May Concern* (1972); *Tales From The Brothers Gibb*

(1990); *Size Isn't Everything* (1993) ... auf Polydor: *Still Waters* (1997); *One Night Only* (2 CD, 1998) ... auf RSO: *Life In A Tin Can* (1973); *Mr. Natural* (1974); *Main Course* (1975); *Children Of The World* (1976); *Here At Last ... Live* (1977); *Saturday Night Fever* (1977); *Sgt. Pepper's Lonely Hearts Club Band* (Soundtrack, mit diversen anderen Interpreten, 1978); *Spirits Having Flown* (1979); *Greatest* (1979); *Living Eyes* (1981); *Staying Alive* (Soundtrack, 1983) ... auf Atco: *Love Melody* (Soundtrack, mit Crosby, Stills, Nash & Young und anderen, 1971) ... auf Warner Bros.: *E.S.P.* (1987); *One* (1989); *High Civilization* (1991) ... auf Uptown: *This Is Where I Came In* (2001) ... Solo-LPs Andy Gibb auf RSO: *Flowing Rivers* (1977); *Shadow Dancing* (1978); *After Dark* (1980) ... Solo-LPs Robin Gibb auf Polydor: *Robin's Reign* (1969) ... auf RSO: *How Old Are You?* (1983); *Secret Agent* (1984); *Walls Have Eyes* (1985) ... Solo-LP Barry Gibb auf Polydor: *New Voyager* (1984)

Belafonte, Harold George **Harry** (voc), am 1. März 1927 in New York City geboren, popularisierte 1956/57 mit Hits wie dem *Banana Boat Song (Day-O), Island In The Sun, Mama Look A Boo Boo, Jamaica Farewell* die Calypsomusik der Karibischen Inseln derart massiv und überzeugend, daß sein Einfluß bis in den Reggae-Boom der siebziger Jahre nachwirkte und er selbst lange einer großen Öffentlichkeit als gebürtiger Westinder galt. In Wirklichkeit verbrachte der Sohn eines Arbeiters aus Martinique und einer Jamaikanerin (ein Großvater stammte aus Nizza und hieß Bellafontaine) nur die Jahre 1935 bis 1940 auf Jamaika und assimilierte die dortige Musik- und Sprechtradition. Ähnlich intensiv studierte er später, Anfang der fünfziger Jahre, unter dem Eindruck der Folk-Szene von Greenwich Village die authentischen, in der Washingtoner Library of Congress gesammelten Spirituals, Work Songs und Blues, die er in allen Unterhaltungsmedien für ein Massenpublikum reproduzierte. Nach dem Dienst in der U. S. Navy, Gelegenheitsjobs in der New Yorker Bekleidungsindustrie und als Fahrstuhlführer, dem Schauspielstudium an Erwin Piscators Dramatic Workshop und einem von zwei auf 20 Wochen verlängerten Gesangs-Engagement im Club Royal Roost erhielt Belafonte («Ich hätte genausogut Gangster werden können») 1950 einen Capitol-Plattenvertrag. Da

er die ihm vorgelegten Kommerz-Songs jedoch ablehnte, platzte der Deal. Erneut startete er, diesmal mit einem reinen Folksong-Repertoire, in einem New Yorker Nightclub: Village Vanguard. Die sich anschließende Show Business-Karriere mit Broadway-Auftritten (‹John Murray Anderson's Almanac›, 1953), Filmrollen (‹Carmen Jones›, 1954) und Tournee-Erfolgen («Three For Tonight», 1954) führte zu einer für Schwarze bis dahin beispiellosen Medienpräsenz. Belafonte wurde zum Stammgast in eigenen und fremden TV-Shows, zum hochbezahlten Hollywood-Darsteller, zum Platten-Spitzenverkäufer und zum Konzert-Magneten, der das Greek Theatre in Los Angeles drei Wochen lang füllte. Je mehr er sich aber daneben auch für die gewaltlose Bürgerrechtsbewegung einsetzte, desto mehr verkam sein Image in der Zeit der Rassen-Konfrontation um 1968 zu dem eines «Renommier-Negers aus Hollywood» (James Brown). Auf solche Vorwürfe antwortete er 1968 in der ‹International Herald Tribune›: «Ich identifiziere mich unverändert mit meinen schwarzen Brüdern. Ich bin kein Rock 'n' Roll-Sänger, aber ich interpretiere Songs mit tiefen Wurzeln in afrikanischer, amerikanischer und karibischer Negermusik.» In den siebziger und achtziger Jahren setzte er seine Popularität vielfach als Wortführer der weltweiten Anti-Atomkraft- und Friedensbewegung ein und trat bei Massendemonstrationsveranstaltungen vor allem auch in der Bundesrepublik Deutschland auf. 1985 gehörten Belafonte und sein Manager Ken Kragen zu den Organisatoren des Tages «U.S.A. For Africa» und der Benefizplatte *We Are The World*, an der sich die Creme schwarzer US-Popkünstler beteiligte und an die sich das Album *Paradise In Gazankulu* (1988) mit schwarzen Künstlern aus Afrika anschloß. Nach Filmkomödien wie ‹Buck And The Preacher› (mit Sydney Poitier, 1972) oder dem Harlem-Klamaukfilm ‹Uptown Saturday Night› (1974) trat er immer wieder vor die Kameras bis hin zu Robert Altmans Musikfilm ‹Kansas City› (1995). «Belafontes Musik und Belafontes Konzerte sind hochprofessionelle Ereignisse, die dem Risiko und den Extremen aus dem Weg gehen», schrieb Harald Martenstein zum 70. Geburtstag 1997 im ‹Tagesspiegel›: «Er ist ein Geschöpf und ein Sprachrohr des zutiefst liberalen und zugleich dem Experiment zutiefst abgeneigten amerikanischen Unterhaltungs-Establishment.» Daß er das gesellschaftliche Klima für ein intensiveres Verständnis verschiedenartiger Musikkulturen und die seither möglich gewordenen Rock-Mischstile vorbereitet hat, sollte dabei nicht vergessen werden.

LPs (Auswahl) auf RCA: *Harry Belafonte* (1956); *Evening With Harry Belafonte* (1956); *Calypso* (1957); *Songs Of The Caribbean* (1957); *Love Is A Gentle Thing* (1959); *Porgy And Bess* (mit Lena Horne, 1959); *At Carnegie Hall* (1959); *What A Mornin‹* (1960); *Sings The Blues* (1960); *Swings Dat Hammer* (1960); *Harry Belafonte Returns* (1960); *Jump Up Calypso* (1961); *Midnight Special* (1962); *Many Moods* (1962); *Streets I Walked* (1963); *At Greek Theatre* (1964); *Ballads, Blues* (1964); *Evening* (mit Miriam Makeba, 1965); *Evening* (mit Nana Mouskouri, 1966); *In My Quiet Room* (1966); *Calypso In Brass* (1966); *On Campus* (1967); *Sings Of Love* (1968); *Homeward Bound* (1970); *By Request* (1970); *This Is Harry Belafonte* (1970); *Warm Touch* (1971); *Calypso Carnival* (1971); *Belafonte Live* (1972); *Play Me* (1973); *Live Now* (1976); *Calypso Festival* (1978); *Rare Belafonte* (1981); *Legendary Performer*; *Calypso*; *Pure Gold*; *All Time Greatest Hits* (1988); *This Is Harry Belafonte* (1990) ... auf Camden: *Harry* (1973); *Abraham, Martin & John* (1974) ... auf CBS: *Turn The World Around* (1977); *Loving You Is Where I Belong* (1981) ... auf Pair: *The Harry Belafonte Songbook* (1986); *Island In The Sun* (1990) ... auf EMI: *Paradise In Gazankulu* (1988); *Belafonte '89* (1989) ... auf BMG: *Live In Concert At The Carnegie Hall* (1993); *Ultimate Collection* (2001) ... auf A World Of Music: *Folk Songs From The World* (1997); *With Miriam Makeba & Odetta* (1997); *Calypso From Jamaica* (1997)

Ben Folds Five, 1995 in Chapel Hill, North Carolina, gegründet, waren die netten Jungs von nebenan, denen auch der größte Angsthase jederzeit gern die Tür öffnen würde, weil sie das Bad-Boy-Image des Rock 'n' Roll mit eingängigen Pop-Songs und schwiegermutterkompatiblem Lächeln invertierten. «Trotz ihres langhaarigen Auftretens und Wurzeln im Grunge-Milieu von Chapel Hill sind Ben Folds Five alles andere als archetypische Yankee-College-Rocker. Unter völligem Verzicht auf Gitarren entschied sich die

Gruppe für eine schräge Kombination von Schlagzeug, Flügel und brummendem Kontrabaß, um wie die Essenz blauäugiger Americana zu klingen» (‹Q›). Pianist und Sänger Ben Folds, geboren am 12. September 1966, verdingte sich zunächst in Nashville als Pianist für Weihnachts-Orchester, bevor er nach North Carolina zurückkehrte, um dort nach lokalen Musikern Ausschau zu halten. In Schlagzeuger Robert Sledge, geboren am 9. März 1968, und Bassist Darren Jessee, geboren am 8. April 1971, fand er die adäquaten Partner für ein Bandkonzept, das keine Gitarre brauchte, «weil ich das Piano nicht wie ein Pianist, sondern eher wie ein Gitarrist spiele» (Ben Folds). In ihren freundlich wehmütigen Songs, deren «ironischer Bombast» (‹Rolling Stone›) am Sound der Wings ebenso orientiert war wie an Simon & Garfunkel und voller liebevoll verhüllter Bösartigkeiten steckte, spiegelten sie auf perfekte Weise das amerikanische Kleinstadt- und College-Leben. Dennoch urteilte das Londoner Studentenmagazin ‹RASP› zutreffend über die Meister des in Songs gegossenen Sarkasmus: «Sie sind das Letzte, was man derzeit aus Amerika erwarten konnte.» Dementsprechend setzte sich das Platten-Debüt *Ben Folds Five* (1996) erst in Europa durch, bevor es auch in Amerika wahrgenommen wurde. Es galt als eines der «dynamischsten Pop-Alben des Jahres, das keine Angst erkennen ließ, vor sich hin zu singen und das Hirn dennoch nicht zu vernachlässigen. So hätte Elton John 1975 geklungen, wenn er Todd Rundgren in seiner Band gehabt hätte. Oder Joe Jackson 1979 mit Carole King und Paul McCartney an seiner Seite» (‹Sydney Morning Herald›). Mit ihrem zweiten Album *Whatever And Ever Again* (1997), das vom legendären Nirvana-Produzenten Andy Wallace gemixt wurde, erreichte die Band in den USA Platin-Status. Der feste Trio-Kontext wurde unter Hinzunahme von Gästen, unter anderem den Klezmatics, aufgebrochen. Das dreiköpfige Quintett ging mit seinem «Grunge ohne Gitarren» (‹WOM Journal›) auf ausgedehnte internationale Tourneen und scheute nicht davor zurück, auf dem New York Jazz Festival einen gefeierten Auftritt in einem Set mit dem Saxophon-Heros Pharoah Sanders zu absolvieren. Egal wie groß die Arenen oder Hallen waren, in denen Ben Folds Five auftraten, auf Grund ihrer Besetzung vermittelten sie stets den Eindruck eines intimen Club-Gigs. Noch im selben Jahr erschien mit *Naked Baby Photos* eine Compilation von Singles-B-Seiten. Den Höhepunkt der ironischen Brechung erreichten sie 1999 mit dem Album *The Unauthorized Biography Of Reinhold Messner*. Der Albumtitel bezog sich auf einen Jugendstreich Darren Jessees, der auf der Highschool die Ausweise sämtlicher Freunde mit dem Namen des österreichischen Bergsteigers gefälscht hatte. Der Sound der Band wurde durch Streicher angereichert und dehnte sich in psychedelische Untiefen aus. «*Reinhold Messner* erweitert die orchestralen Möglichkeiten des Trios, dessen Klang ohnehin schon üppig theatralisch war» (‹Boston Phoenix›). Für dem Album folgende Live-Auftritte verstärkten sie ihren Swing Beat unter anderem durch die Neo-Swing-Combo Squirrel Nut Zippers.

LPs auf Passenger: *Ben Folds Five* (1995) ... auf 550 Records: *Whatever And Ever Amen* (1997); *The Unauthorized Biography Of Reinhold Messner* (1999) ... Solo-LP Ben Folds auf Epic: *Rockin' The Suburbs* (2001)

Berry, Charles Edward **Chuck** (voc, g), am 18. Oktober 1931 im schwarzen Ellardsville-Distrikt von St. Louis geboren, war mit seinem geraden Rock 'n' Roll, den er gelegentlich mit Mambo- und Calypso-Metren frisierte, der wichtigste Anreger der britischen Beat-Szene zwischen 1962 und 1964. Elvis Presley hatte eine ganze Generation in Bewegung versetzt; Berry motivierte mit zündenden Gitarrenchorussen und Songs, «in denen er die Wünsche und Frustrationen der jungen Hörer zur Vision einer Teenager-Subkultur verschmolz» (Franz Schöler), jene Musiker, von denen die Bewegung fortan in Gang gehalten wurde: The Beatles, The Animals, The Yardbirds, The Zombies und andere. Sie alle spielten zuerst Berry-Kompositionen, ehe sie eigenes Material entwickeln konnten. Berrys Hitliste begann 1955 mit dem im Chicagoer Chess-Studio produzierten Song *Maybelline* und enthielt in den folgenden Jahren Rock 'n' Roll-Klassiker wie *Roll Over Beethoven*, *School Days*, *Rock And Roll Music*, *Sweet Little Sixteen*, *Johnny B. Goode*, *Jo Jo Gunne* (nach dem sich später eine kalifornische Band betitelte), *Memphis*, *Little Queenie*, *Back In The U.S.A.*, *Let It Rock*, *Nadine* und zahlreiche andere. In den Texten wurde von den Alltagsproblemen alltäglicher Menschen erzählt. Berry war der erste, der konsequent die amerikanische Landkarte besang und mit vordem unbekannter Detailtreue rasant-ironische Rock-Balladen für Klein- und Mittelstädte, Flughäfen, Bahnhöfe und Greyhound-Stationen erfand. Die Verwendung der echten Namen gab seinem Publikum Ansatzpunkte für Identifikationen, die Beschreibung simpel-vertrauter Situationen an der Tankstelle, im Taxi, am Telefon verankerte die Melodien im eigenen Erlebnisfeld. Vom Einspielergebnis seiner Erzeugnisse sah Berry während der ersten Erfolgsperiode bis 1966 nicht viel. Schon bei seiner ersten Aufnahme *Maybelline* drängten ihn beispielsweise die Brüder Chess, Inhaber der Plattenfirma, den weißen Rock 'n' Roll-Discjockey Alan Freed als Co-Autor eintragen zu lassen, damit dieser Grund habe, den Song im Radio zu propagieren. Freed und viele andere kassierten von Chuck Berry Tantiemen. 1965, nachdem die Beatles *Roll Over Beethoven* erneut in die Hitparaden gejubelt hatten und Berry wieder etwas galt, akzeptierte er daher einen hochdotierten Mercury-Schallplattenvertrag. Diese Firma war jedoch nicht in der Lage, seinen schwarzen Sound adäquat zu produzieren und imagegerecht zu vermarkten. Selbst in einem Live-Album mit der Steve Miller Band aus dem Fillmore West, das unter anderem an falscher Repertoiregestaltung litt, wurde Berry unter Wert verkauft. Erst die erneute Partnerschaft mit der Bluesfirma Chess (nach 1969) brachte dem «absoluten Rock-Idol» (‹Die Zeit›) das Comeback und mit *My Ding-A-Ling* 1972 einen Millionen-Hit. Seine Gagen, die er sich stets vor den Konzerten in baren Dollars auszahlen ließ, investierte der Musiker seit etwa 1970 in den Berry-Vergnügungspark in Wentzville, Missouri, etwa 40 Meilen westlich seiner Geburtsstadt St. Louis. Mehrfach kam der explosive Musikant mit dem Gesetz in Konflikt. 1959 holte er eine 14jährige, spanisch sprechende Prostituierte vom Stamme der Apachen aus Texas in seinen Nachtclub in St. Louis, angeblich als Garderobiere. Als er sie feuerte, zeigte sie ihn an. Ein erster Prozeß wurde wegen offenkundiger rassistischer Voreingenommenheit der Justiz ausgesetzt, in einem zweiten Chuck

Berry jedoch zu zwei Jahren Gefängnis verurteilt. 1979, kurz vor einem geplanten Auftritt für Präsident Jimmy Carter im Weißen Haus, wurde er wegen Steuerhinterziehung angeklagt und mußte abermals für 100 Tage in den Knast. In den achtziger Jahren machte Berry unverändert Musik, galt aber bei den Musikern seiner Pick-up-Bands und vor allem bei Veranstaltern noch mehr als früher als ungerecht, verbittert und launenhaft. In einem Galakonzert zu seinem 60. Geburtstag, das ihm Rolling Stone Keith Richards am 16. Oktober 1986 in St. Louis ausgerichtet hatte, traten unter anderem Etta James, Linda Ronstadt, Julian Lennon und Eric Clapton auf. Regisseur Taylor Hackford drehte dabei große Teile des biographischen Films ‹Hail! Hail! Rock 'n' Roll›, der im Oktober 1987 in Hollywood uraufgeführt wurde. 1988 erschienen Berrys 1979 überwiegend im Gefängnis geschriebenen Memoiren sowie eine *Chess Box* seiner besten zwischen 1955 und 1973 gemachten Aufnahmen. Doch auch die Schwierigkeiten hielten an. Die Staatsanwaltschaft von Wentzville erhob Anklage, Berry habe in einer Damentoilette seines Amüsierparks eine versteckte Videokamera eingebaut und Bänder mit Urinalaufnahmen verkauft. Rund 200 Damen waren als Zeuginnen geladen. Bei einer Polizeirazzia im Juni 1989 wurden Haschisch, Marihuana, unangemeldete Schußwaffen und pornographische Acht-Millimeter-Filme beschlagnahmt. Berry erhielt eine Gefängnisstrafe und zahlte 5000 Dollar Buße an ein lokales Hospital. Seine Berufung wurde 1993 vom Obersten Bundesgericht abgelehnt, was ihn nicht hinderte, kurz darauf bei der Inaugurationsgala von Präsident Clinton im Weißen Haus aufzuspielen. Begleitet von Bruce Springsteen & The E Street Band rockte der Veteran im September 1995 im Cleveland Stadium zur Eröffnung der Rock and Roll Hall of Fame, der er eine seiner Gibson-Gitarren stiftete. Sein Platz in der Geschichte war somit gesichert.

LPs auf Chess: *After School* (1958); *One Dozen Berrys* (1958); *On Top* (1959); *Rockin' At The Hops* (1960); *More Chuck Berry* (1960); *New Juke Box Hits* (1961); *Twist* (1962); *On Stage* (1964); *Greatest Hits* (1964); *In London* (1965); *Fresh Berrys* (1965); *St. Louis To Liverpool* (1966); *Golden Decade* (1967); *Back Home* (1970); *Original Oldies, Vol. 1/2* (1970); *San Francisco Dues* (1971); *The Best Of Chuck Berry* (1971); *The London Sessions* (1972); *Golden Decade Vol. 2* (1973); *Bio* (1974); *Rockin' Together* (1974); *Chuck Berry* (1975); *Motorvatin'* (1976); *The Great 28* (1982); *Chess Box* (CD-Box; 1988) … auf Checker: *Two Great Guitars* (mit Bo Diddley) … auf Mercury: *Golden Hits* (1967); *In Memphis* (1967); *Live At The Fillmore Auditorium* (mit Steve Miller Band, 1967); *From St. Louis To Frisco* (1968); *Concerto In B. Goode* (1969) … auf RCA: *Live In Toronto* (1982) … auf Bellaphon: *Live In Concert* (1978) … auf EMI: *Tokyo Session* (1981) … auf Teldec: *Greatest Hits* (1984) … auf Ariola: *Story Of Rock 'n' Roll* (1977) … auf Atlantic: *Rockit* (1979) … auf MCA: *Hail! Hail! Rock 'n' Roll* (Soundtrack, 1987) … auf Ace: *On The Blues Side* (1994) … auf Magnum: *Live On Stage* (1995)

Björk (voc), die «kleine Eisprinzessin aus Island» (Pressetext), nahm schon im zarten Alter von elf Jahren ihre erste LP auf, eine Sammlung von Volksliedern. Doch erst die Platten mit der isländischen Band The Sugarcubes verhalfen der am 21. November 1965 in Reykjavík geborenen Björk Gudmundsdottir zum Sprungbrett für eine erstaunliche Solo-Karriere. «Eigentlich hat es die Gruppe nie wirklich gegeben. Es war einfach nur lustig, so zu tun, als wären wir eine Band», behauptete sie später und spielte damit herunter, daß sie bei den Sugarcubes zwar prima inter pares, nicht aber Primadonna war. Die quirlige Sängerin mit den asiatischen Gesichtszügen machte mit überdrehtem Gesang im Stil von B-52's oder Les Ritas Mitsouko sich selbst zum Aushängeschild der Zuckerwürfel. Als die britische Musikpresse die Band entdeckte und bald die Sängerin zum Liebling erkor («Sie bringt jedes Herz zum Schmelzen», seufzte der ‹Melody Maker›), diese wiederum sich wenig später auf den Titelblättern zahlloser Zeitschriften fand und zum Fixstern nicht nur der Londoner Popwelt wurde, reifte in ihr die Erkenntnis, daß sie sehr gut ohne die Band auskommen könne. Der 1992 vollzogene «Schritt vom Kult zum Style» (‹Q›) bekam der sich offen, direkt und gewollt naiv gebenden Björk ausgezeichnet. Gleichwohl bewegte sie sich mit *Debut* (1993) nicht in den ausgefahrenen Bahnen der Sugarcubes, sondern entwickelte mit Nellee Hooper

(Soul II Soul) Eigenes, indem sie die Musik von Jahrzehnten plünderte. Schräge Musical-Songs zu Harfenbegleitung, elektronische Dance-Rhythmen, mit denen sie an ihre Zusammenarbeit mit 808 State erinnerte, Geigenklang zu *Come To Me* und vokale Schlitterpartien durch die Melodiebögen von *Play Dead* verdeutlichten ihre Philosophie, daß «Musik genauso wichtig ist wie Religion und Essen». «Rechne damit, daß der Mensch und sein Verhalten dich verwirren können» – die Zeile aus *Human Behaviour* schien sie zum Leitspruch gewählt zu haben. «Niemals, niemals verstehe ich, wer ich bin», gab sie zu Protokoll, wußte aber genau, wie Hitparaden und Kritikerherzen zu erobern waren. «Björk ist eine veritable Albumkünstlerin», schrieb ‹Rolling Stone› zu ihrem zweiten Album *Post*. Mehr noch als mit *Debut* hatte sie sich dafür auf überraschende Sounds eingelassen. Zu den allgegenwärtigen Dancefloor-Klängen kamen brachialer Rock (*Army Of Me*) und kongenial eingespielte, kenntnisreich gesungene Big Band-Musik der Vierziger (*It's So Quiet*). Wieder hatte Björk die Aufnahmen zusammen mit Nellee Hooper und mitunter auch Graham Massey von 808 State produziert. Ihr ohnehin beträchtliches Selbstbewußtsein war noch gewachsen. Ihrer Stimme ließ sie den größten Raum, wenn sie sich auch, wie ‹Rolling Stone› herausfand, «niemals an einen imaginierten Zuhörer» wandte. «Etwas zu eklektisch», mäkelte ‹Mojo›, wollte über Björk gönnerhaft aber nur Gutes sagen: «Das Mädchen ist ein wirkliches Original, geradezu eine Explosion von Überfülle und Empfindsamkeit». Björk selbst wußte derlei verbales Knallgas zu erklären: «Ich gelte als Sonderling. Das gefällt mir ganz gut. Es macht mich interessanter, als ich in Wirklichkeit bin.» Für *Telegram* (1996) holte sie das Brodsky Quartet, die Percussionistin Evelyn Glenie, den Hip Hop-Spezialisten Dobie, um den Remixes einiger Songs von *Post* neue vokale und instrumentale Glanzlichter aufzusetzen. Der Londoner Musik-Szene war sie so verbunden, daß sie den Drum 'n' Bass-Erfinder Goldie angeblich sogar heiraten wollte. Der Titel *Homogenic* ihrer 1997 veröffentlichten LP konnte nur als Ironie verstanden werden, denn Björk experimentierte wieder mit jedwedem musikalischen Material, bis es homogene Björk-Musik geworden war. Kokett empfand sie den kreativen Prozeß im Studio als «furchteinflößend, denn es gab nichts, hinter dem ich mich verstecken konnte – nicht einmal die Vergangenheit». Ende 1997 mußte sie wegen einer schwerwiegenden Nerveninfektion mit stationärer Behandlung alle Verpflichtungen absagen. Anschließend begab sie sich in eine langwierige Akupunktur-Behandlung, um das Energie-Level ihrer Leber wieder zu heben: «Mit 18, 19 hatte ich drei Jobs gleichzeitig: in einer Fischfabrik, einer Abfüllanlage von Coca-Cola und in einem Plattenladen. Auch im Urlaub kann ich keine Ruhe geben. Und dann, auf einen Schlag, hatte ich keine Kraft mehr, und auch die Stimme blieb weg.» Im Herbst 1998 dachte sie daran, ihre Musik nicht mehr zu veröffentlichen, nachdem ein aufdringlicher spanischer Fan, der sie vier Jahre verfolgt hatte, ins Haus ihrer Mutter eingebrochen war: «Das ist schlimmer als eine Briefbombe. Vor meinem 26. Lebensjahr wollte ich eigentlich überhaupt niemanden meine Musik hören lassen.» Im April begann sie mit der Arbeit an dem ‹Dancer in the Dark› des Regisseurs Lars van Trier, für den sie eigentlich nur den Soundtrack besorgen sollte. Sie spielte darin eine 30jährige augenkranke Tschechin, die mit ihrem blinden Sohn für eine komplizierte Augenoperation in die USA emigriert. Die dreijährige Drehzeit gestaltete sich zu einer nervenaufreibenden und selbstquälerischen Auseinandersetzung mit dem Regisseur um die Rollenauffassung und die Musik: «Ein paarmal sollten meine Songs im Film minimal geändert werden, aber selbst das konnte ich nicht hinnehmen. Ich habe um jede Note gekämpft.» Bei den Filmfestspielen in Cannes 2000 erhielt das Leinwand-Drama eine Goldene Palme, die ungeschulte Björk, die schon im eigenen Film neben der hochprofessionellen Partnerin Catherine Deneuve und bei der Ausscheidung neben den Film-Stars der Welt bestehen mußte, wurde als beste Schauspielerin ausgezeichnet. Der kapriziöse, zwischen Pop-Programming, Alltagsgeräuschen und opulenten Hollywood-Orchestrierungen oszillierende Soundtrack lag im September 2000 auf der CD *Selmasongs* vor, deren «32 äußerst ereignisreiche, bildgewaltige und – dank dieser immer wieder Gänsehaut erzeugenden Stimme – zauberhafte Minuten Musik» (‹Tip›) sämtliche Kritiker zum Schwärmen brachten. Jörn Schlüter in ‹Rolling Stone› über Björks Duett *I've Seen It All* mit Thom Yorke von Radiohead: «In einer Melodie, die einem in ihrer schlichten Schönheit den Atem nimmt, singen die beiden Meister der Introspektion ein Lied übers Augenlicht, das Ewiges weiß und Endliches schaut.» Zu ihrem lyrisch-kakophonischen Studioalbum *Vespertine* (2001) notierte Andreas Oswald im ‹Tagesspiegel›: «Engel machen komische Geräusche. Aber alles Knirschen ist von höchster Klangqualität.»

LPs auf One Little Indian: *Debut* (1993); *Post* (1995); *Telegram* (1996); *Homogenic* (1997) … auf Polydor: *Selmasongs, Music From Dancer In The Dark* (2000); *Vespertine* (2001) … LPs mit Sugarcubes auf Rough Trade: *Life's Too Good* (1988); *Here Today, Tomorrow Next Week* (1989) *Stick Around For Joy* (1992); *It's It* (1992)

The Black Crowes formierten sich 1988 als Mr. Crowe's Garden in Atlanta, Georgia. Christopher «Chris» Robinson (voc), am 20. Dezember 1966 geboren, und sein Bruder Richard «Rich» Robinson (g), am 24. Mai 1969 in Atlanta geboren, waren musikalisch einschlägig vorbelastet: Vater Stan hatte 1959 einen kleinen Hitparadenerfolg mit *Boom-A-Dip-Dip*, und Mutter Nancy, geborene Bradley, gehörte zum Heer der Countrysängerinnen Nashvilles. Ihre Söhne hatten andere Musik im Sinn. Zusammen mit dem Bassisten Johnny Colt, geboren am 1. Mai 1966 in Cherry Point, North Carolina, und dem Schlagzeuger Steve Gorman, geboren am 17. August 1965 in Hopkinsville, Kentucky, versuchten sie sich zunächst als Punk-Band. Die Songs lieferten hauptsächlich die Robinson-Brüder, die die Musik bald in härteren Südstaaten-Rock überführten und dafür einen zweiten Gitarristen anheuerten: Jeff Cease, geboren am 24. Juni 1967 in Nashville. 1989 benannten sie die Band in The Black Crowes um und erhielten bei Rick Rubins Def American einen Plattenvertrag. Mit Hilfe des ehemaligen Allman Brothers-Bandmitglieds Chuck Leavell nahmen sie in Atlanta und Los Angeles fast durchweg Kompositionen von Chris und Rich Robinson auf. 1990 wurde die LP *Shake Your Moneymaker* veröffentlicht. «Die besten Ideen dieses Debüts sind mehr als 20 Jahre alt», so der Kritiker

John Floyd über den Retro-Rock der Robinson-Brüder, «aber da diese Ideen Repliken der Stones und der Faces sind, sind sie ohne Frage zeitlos.» Immerhin verhalf die Platte der Band zu einem Engagement als Opening Act für Aerosmith und Heart. Als The Black Crowes 1991 für eine ZZ Top-Tour als Vorgruppe verpflichtet wurden (sie weigerten sich später, der Verpflichtung nachzukommen, weil ZZ Top ihrer Meinung nach allzu geschäftssinnig waren), holten sie sich den Keyboarder Eddie Harsch, den sie kaum zwei Monate später wieder entließen. Er wurde für die LP *Amorica* abermals Mitglied der Band. Die Geradlinigkeit ihrer Musik wie ihres Geschäftsgebarens brachte den Crowes Achtung ein: Die Leser des ‹Rolling Stone› kürten die Band zur besten ‹New American Band 1990›, Sänger Chris Robinson zum besten männlichen Sänger 1990. Inzwischen kriselte es in der Gruppe: Nach fortwährendem Streit mit Rich Robinson verließ Jeff Cease die Band und gründete Blackeyed Susan. Für ihn kam der ehemalige Burning Tree-Gitarrist Marc Ford. Der Hörerkreis wuchs auch in Europa, so daß die zweite LP, *The Southern Harmony And Musical Companion*, mühelos den zweiten Platz der britischen Hitparaden erreichte. Die Band hatte sich das Image einer kongenialen Sixties-Band erarbeitet, bewies nun aber wachsende Eigenständigkeit. Auf das Cover ihrer dritten LP *Amorica* (1994) ließen sie ein schon einmal vom Sex-Magazin ‹Hustler› verwendetes Foto drucken, das auf Grund des sichtbaren Schamhaars einer jungen Dame unter der amerikanischen Flagge in den USA Entrüstung hervorrief. Die «ehrlichen, handgemachten Rocknummern» (‹Core›) erwiesen sich als ein Mischmasch von depressiven Texten («Ich hasse mich, jeder haßt sich»), Lateinamerikanischem, beeindruckenden Hammondorgel-Garnierungen, harschen Gitarren-Riffs und schematischem Blues Rock, der laut ‹Q› «gelegentlich in die Nähe von Little Feat kommt» – tatsächlich aber wie müde gewordene Allman Brothers klang. «Unser Drogenkonsum war außer Kontrolle geraten», gestand Chris Robinson später: «Ich habe mich ständig mit psychedelischen Pilzen abgeschossen. Als wir die Platte aufnahmen, war es tiefster Winter. Wir lebten alle unter einem Dach und gingen uns gegenseitig auf die Nerven. Von Marc Ford und Johnny

Colt mußten wir uns trennen, weil sie auf der Bühne zu Risikofaktoren geworden waren. Auf der letzten Tour erlebten wir einfach zu viele katastrophale Konzerte.» Die neuen Musiker hießen Audrey Fried (g) von der Band Cry Of Love und Sven Pipien (bg), vormals bei Mary My Hope. Vor allem aber Chris Robinson selber, der zuletzt strähnig, räudig, vollbärtig «wie ein bekiffter Jesus oder ein ausgemergelter Jerry Garcia» (Sylvie Simmons) über die Bühnen getaumelt war, bedurfte dringend der Regeneration. Nach einer Drogen-Therapie erschien Robinson im Londoner Shepherd's Bush nicht mehr als bekiffter Hippie, sondern (so die Reporterin Simmons) «ein schlankes, glattrasiertes Energiebündel – weißer Anzug, weißer Hut, wie eine Kreuzung aus Mick Jagger anno '67 und einem jungen Steven Tyler». Entsprechend die Musik, die The Black Crowes mit dem Album *By Your Side* (1999) vorlegten: ruppig, rotzig, spannungsgeladen, ökonomisch, rasiermesserscharf. Als die Truppe nach ihrer erfolgreichen Tournee zur CD für Herbst 1999 Konzerte zusammen mit Altmeister Jimmy Page von Led Zeppelin ankündigte, waren Amerikas große Arenen im nu ausverkauft. Chronisten registrierten «einen der ganz großen Höhepunkte des US-Tourneeherbstes» (‹WOM Journal›). Das Konzert im Greek Theatre, L.A., wurde mitgeschnitten und als Doppelalbum veröffentlicht. «Page rockte wie ein Derwisch», so Kritiker Willi Andresen in ‹Stereoplay›, «Crowes-Sänger Chris Robinson heulte wie ein einsamer Blues-Kojote, und die Band galoppierte auf einem Höllenrhythmus: eines der besten Live-Dokumente der jüngeren Rockgeschichte.» Jörn Schlüter deutete die Kollaboration mit Page im deutschen ‹Rolling Stone› allerdings auch als «das äußere Zeichen fürs Untoten-Dasein: Die Black Crowes haben sich längst überlebt.» Wohl nicht ganz: Denn mit einem neuen Plattenvertrag und dem im intimen Ambiente eines New Yorker Off-Broadway-Theaters aufgenommenen Album *Lions* (2001) mit Don Was als kompetentem Producer gestand Fritz Herbert im ‹Musikexpress› wenigstens streckenweise «den Stoff» zu, «aus dem Innovationen sind»: verwirrende instrumentale Facetten, tückische Tonartwechsel, insgesamt ein «durchgeknalltes Potential».

LPs auf Def American: *Shake Your Moneymaker* (1990); *The Southern Harmony And Musical Companion* (1992) … auf American: *Amorica* (1994); *Three Snakes And One Charm* (1996); *By Your Side* (1999) … auf Steamhammer: *Live At The Greek* (mit Jimmy Page, 2000) … auf V2: *Lions* (2001)

Black Flag, 1977 in Los Angeles gegründet, waren der Prototyp der amerikanischen Hardcore-Band. «Die Geschichte des amerikanischen Hardcore wird für alle Zeiten mit Black Flag beginnen» (‹CMJ›). Ihr kaum zu unterschätzender Einfluß stand jedoch in keinem Verhältnis zu ihrem unmittelbar meßbaren Erfolg. Unangefochtener Leiter der Gruppe war von Anfang an Gitarrist Greg Ginn, der mit seinem lauten, energiegeladenen, von den Ramones beeinflußten Stil einen Kontrapunkt zum kuscheligen California-Sound der Eagles setzen wollte. Mit Sänger Keith Morris, Bassist Chuck Dukowski und Schlagzeuger Brian Migdol nahm Ginn 1978 die EP *Nervous Breakdown* auf. Ein Jahr später verließ Morris die Gruppe, um die Circle Jerks zu gründen. Er wurde von Johnny Goldstein ersetzt, der während der Aufnahmen zur EP *Jealous Again* für Chavo Pederast das Feld räumte. Dieser wiederum wurde durch Dez Cadena ersetzt, «der klang, als hätte er vor jedem Take mit Batteriesäure gegurgelt» (‹Rough Guide›). Ginns autoritärer Führungsstil führte zu zahlreichen Besetzungswechseln, bis 1981 bei einer Show in New York ein Mann aus dem Publikum auf die Bühne sprang und nach dem Mikrofon griff. Die Energie des jungen Shouters namens Henry Rollins sprang sofort auf die Band über, und Rollins folgte Ginn nach Los Angeles. Mit Ginn und Dukowski, der Doppel-Vokalspitze Rollins und Cadena sowie Drummer Robo (Roberto Valverde) entstand 1981 das erste Fulltime-Album der Band, *Damaged*. Über mangelnde Unterstützung seines Labels Unicorn, einer Sub-Company von MCA, verärgert, gründete Ginn seine eigene Firma SST, die zur Plattform der gesamten jungen Hardcore-Bewegung werden sollte. Auf SST wurden Platten von Hüsker Dü, Sonic Youth, Dinosaur Jr., den Bad Brains, Minutemen, aber auch Jazz-Gruppen wie Universal Congress Of, Bazooka oder Hotel X veröffentlicht. Der Bruch mit Unicorn führte jedoch dazu, daß Black Flag per Gerichtsbeschluß untersagt wurde, weiterhin ihren Namen zu führen. Auf den folgenden Alben verzichtete die Gruppe auf das Band-Logo und firmierte ausschließlich unter den Namen der Mitglieder, was ihrer Popularität jedoch keinen Abbruch tat und dem Underdogstatus eher förderlich war. Erst 1983, nach dem Bankrott von Unicorn, ging man wieder als Black Flag an die Öffentlichkeit. Mit Rollins wurde die Band zur amerikanischen Hardcore-Legende. Wie Jagger und Richards ergänzten sich Rollins und Ginn, doch in ähnlicher Weise machten sie sich auch gegenseitig das Leben schwer. 1983 verabschiedete sich Robo in Richtung Misfits und wurde erst kurz von dem späteren Danzig-Drummer Chuck Biscuits und dann von Bill Stevenson ersetzt. Auch Chuck Dukowski strich die Segel. Auf *My War* (1983) übernahm Ginn unter dem Pseudonym Dale Nixon selbst den Posten des Bassisten, gab ihn aber auf *Slip It In* (1984) an Kira Roessler weiter. Das Energie-Level der folgenden Platten war recht unterschiedlich. Auf *Family Man* (1984) beispielsweise wechselten sich Spoken Word Performances mit instrumentalen Tracks ab, und auf dem ohne Rollins im Trio-Format eingespielten *The Process Of Weeding Out* (1985) zelebrierte man ein elektrisches Free Jazz-Feuerwerk, dessen fast zehnminütige Improvisationen in krassem Widerspruch zu den gewohnten Quickies der Band standen. Die schwarze Flagge wurde zum Inbegriff für jede erdenkliche künstlerische Freiheit und die schöpferische Kanalisierung der Gefühle. Der Druck innerhalb der Gruppe wurde jedoch so stark, daß sie 1986 nach einem weiteren Wechsel der Rhythmusgruppe (Tony Martinez nahm hinter dem Schlagzeug Platz und C'el spielte Baß) und dem vielgelobten Live-Album *Who's Got The 10 ½* zerbrach. Ginn hatte seit 1985 ohnehin mehr Aufmerksamkeit auf sein Instrumental-Trio Gone verlegt, in dem er mit Andrew Weiss und Sim Caine spielte, der späteren Rhythmusgruppe der Rollins Band. In den Neunzigern verfolgte er diverse Projekte an der Nahtstelle von Hardcore und Jazz, wie die gemeinsam mit Universal Congress Of-Gitarrist Joe Baiza geleitete Band October Faction, zu der auch Chuck Dukowski und der spätere Soundgarden- und Pearl Jam-Schlagzeuger Matt Cameron gehörten, sowie Mojack,

Hor House oder Radio Terrorists, doch alle mit mäßigem Erfolg. Kira Roessler ging zu fIRE-HOSE, der Band ihres Ehemannes Mike Watt. Chuck Dukowski formierte mit United Gang Members immerhin eine solide Art Rock-Truppe und leitete das Jazzlabel New Aliance. Nur Henry Rollins vermochte mit der Rollins Band sowohl künstlerisch als auch kommerziell über Black Flag hinauszuwachsen. In seinem Buch ‹Get In The Van› ließ er die Jahre mit Black Flag auf humorvolle und anschauliche Weise Revue passieren.

LPs auf SST: *Damaged* (1981); *Everything Went Black* (1983); *Family Man* (1984); *Live '84* (1984); *My War* (1984); *Slip It In* (1984); *In My Head* (1985); *Loose Nut* (1985); *The Process Of Weeding Out* (1985); *Who's Got The 10 1/2?* (1986); *Wasted ... Again* (1987) ... Greg Ginn und Chuck Dukowski mit October Faction auf SST: *October Faction* (1985); *The Second Factionalization* (1986) ... Solo-LPs Greg Ginn auf Cruz: *Getting Even* (1993); *Payday* (1993); *Dick* (1993); *Let It Burn* (1994) ... mit Gone auf SST: *Let's Get Real, Real Gone For A Change* (1986); *Gone 2: But Never Too Gone* (1986); *Criminal Mind* (1994); *All The Dirt* (1994); *Damage Control* (1995); *Best Left Unsaid* (1996); *Country Dumb* (1998) ... auf Joker: *Demology* (2000); *Into The Bright Oxygen Of My Nod* (2001) ... mit Mojack auf SST: *Merchandising Murder* (1995) ... mit Confront James auf SST: *Ill Gotten Hatred* (1995) ... mit Screw Radio auf SST: *Talk Radio Violence* (1995) ... mit Hor House auf SST: *Hor House* (1995)

Black Sabbath verschwor sich 1969 in Birmingham zum totalen Rock und taufte sich nach einem Horrorfilm mit Boris Karloff. Ein Jahr später war das Quartett mit dem in zehn Minuten arrangierten Debilen-Trip *Paranoid* auf beiden Seiten des Atlantik eine Hitband. John «Ozzy» Osbourne (voc), geboren am 3. Dezember 1948, Tony Iommi (g), geboren am 19. Februar 1948, Terry «Geezer» Butler (bg), geboren am 17. Juli 1949, und Bill Ward (dr), geboren am 5. Mai 1948 (alle vier in Birmingham), ergingen sich zunächst in okkulten Bühnen-Ritualen und prahlten von ihren gewalttätigen Kinderspielen in den Arbeitervierteln Birminghams, bis sie sich als romantische Rock-Outlaws volkstümlich gemacht hatten. Ihr Erfolg beim minderjährigen Publikum stand im umgekehrten Verhältnis zur Wertschätzung der Kritiker. Der zähflüssige Lava-Sound mit einer enervierend jammernden Solostimme transportierte Society-Schock-Texte vom Kaliber «Nimm dir ein Leben, es wird billig; töte jemand, niemand wird weinen. Die Freiheit ist dein; tu nur deine Pflicht, wir wollen bloß deine Seele» (*Cornucopia*). Diese begeisterten die Jugendlichen Amerikas so sehr, daß die Band dort pausenlos auf Tournee war und ständig Goldalben kassierte. Erst nachdem einige Spieler bei Konzerten vor Erschöpfung zusammengebrochen waren, gab die Band ihre hektischen US-Reisen auf. Osbourne begründete es anders: «Amerika ist das satanischste Land der Welt. Für Dollars machen die Yankees alles. Die Leute (mit ihrer Rauschmittelgier) sind fast wie lebende Alpträume. Ich wundere mich, daß die Hälfte von ihnen nicht mit einem Sarg ins Konzert kommt.» Daß die Band mit der Thematik ihrer Songs, ihrem selbstgegebenen, bis hin zur Cover-Gestaltung der Platten dazu passenden Image selbst bestimmender Teil dieses Kultes war, schien Osbourne dabei außer acht zu lassen. Tatsächlich war Black Sabbath nach der eher komisch wirkenden Crazy World von Arthur Brown und den eher pubertären Schock-Gags eines Alice Cooper die erste Band, die das Bild von Heavy Metal prägte und den Fan im unklaren ließ, wie ernst das Ganze denn nun gemeint war. Nach dem Rückzug aus Amerika nahm Black Sabbath den Dampframmen-Rock ein wenig aus der Schußlinie der Kritik. Spätere Produktionen (*Volume 4*) lockerten die Musiker mit Instrumentaleinlagen und Streicherzugaben auf und bewiesen mit variationsreicher Spielweise auch Skeptikern, daß sie in Wirklichkeit mehr als nur Schallwerfer waren. Die Gruppe drohte sogar noch weiterzugehen: «Wir sind vielseitig. Wir könnten Jazz spielen, wenn wir wollten.» Bevor es zu solchen kunstgewerblichen Aktivitäten kam, verließ Osbourne das Quartett der harten Rocker und stürzte sich in eine tumultuöse Solokarriere. Weitere Bandmitglieder kamen und gingen, darunter Ronnie James Dio (voc), der später sein eigenes Schwermetall-Ensemble zusammennietete, Ian Gillan (voc), Glenn Hughes (bg, voc) von Deep Purple. Obwohl der abtrünnige Osbourne mit Greuelgehabe und Furienklängen kommerziell weitaus besser im Rennen der Metal-Gladiatoren lag, ließ sich die Sabbath-Gemeinde um Gitarrist Iommi nicht so leicht abhängen. Der postulierte, selbst als ihn Ward und Butler auch noch verlassen hatten: «Die Musik soll es bringen und nicht die Effekthascherei.» Gerade die Musik aber brachte laut ‹Rolling Stone› nur noch «altmodische Langweiligkeit». Doch die Fans kauften die Platten nach wie vor in die Hitparaden, selbst das wiederveröffentlichte *Paranoid* kam 1980 noch einmal zu Hit-Ehren. Die bandinternen Probleme fanden 1985 ein kurzzeitiges Ende, als zum «Live Aid»-Konzert in Philadelphia die originale Besetzung der Band, Osbourne eingeschlossen, zusammenkam. Zu diesem Zeitpunkt hatte Iommi sich allerdings längst als Black Sabbath-Mittelpunkt durchgesetzt und duldete keinen anderen Star neben sich. «Black Sabbath with Toni Iommi» war auf der LP *Seventh Star* zu lesen: der Gitarrist neben einigen anderen, zum Teil unbekannten Musikern. Jahr um Jahr veröffentlichte Iommi mit wechselnden Mitstreitern LPs, 1991 etwa mit Butler, Vinnie Appice und Ronnie James Dio – allesamt gehörten sie schon zu früheren Black Sabbath-Formationen. Als Ozzy Osbourne seinen Rückzug von der Konzertbühne ankündigte, kam es 1992 zu einer Konzert-Reunion beinahe der kompletten Urbesetzung, doch mochte Osbourne sich nicht überreden lassen, noch einmal der Frontman der Band zu werden. Iommi nahm es gelassen und spielte mit Butler, dem früheren Rainbow-Drummer Bobby Rondinelli und dem Sänger Tony Martin *Cross Purposes* ein. Die Zeit arbeitete für ihn: 1997 kehrte Osbourne ans Sabbath-Mikrofon zurück. Nach dem Ozzfest im Mai 1997 in Stone Ridge, Virginia, wo Osbourne und Black Sabbath auf dem gleichen Ticket auftraten, gab es am 4. und 5. Dezember die endgültige Reunion am Ort der Bandgründung – im National Exhibitions Center in Birmingham. Die Konzert-CD *Reunion* (1998) enthielt neben den Hits auch weniger bekannte Stücke aus den Anfangsjahren wie *Dirty Women, Spiral Architect, Behind The Wall Of Sleep*, die vor allem die Nach-Grunge-Generation begeisterten. Jüngere Metal-Bands wie die Cardigans (*Sabbath Bloody Sabbath*), Pantera (*Planet Caravan*), Butthole Surfers

(*Sweet Leaf*) hatten schon 1994 mit den Sampler *Nativity In Black* ihren Vorbildern gehuldigt, 2000 folgten Godsmack, Megadeth, System Of A Down u. a. mit einer zweiten Ausgabe. Am 5. April 1998 kam der zeitweilige Sabbath-Drummer Cozy Powell (geb. 29. Dezember 1947 als Colin Flooks in Cirencester, Gloucs.) ums Leben, als er beim Telefonieren mit seiner Freundin in seinem Saab 9000 auf der A 4 zwischen London und Bristol mit der Leitplanke kollidierte. Drummer Bill Ward mußte die *Reunion*-Tournee 1998 nach einem Herzinfarkt absagen und wurde durch Carmine Appice ersetzt. Bassist Geezer Butler mußte während der Tour wegen eines akut verklemmten Nervs auf der Stelle ins Hospital. Die 99er Tournee und die dabei mitgeschnittene CD nannte die Band *The Last Supper*.

LPs auf Vertigo: *Black Sabbath* (1970); *Paranoid* (1970); *Master Of Reality* (1971); *Volume 4* (1972); *Sabbath Bloody Sabbath* (1973); *Sabotage* (1975); *Technical Ecstasy* (1976); *Never Say Die* (1976); *We Sold Our Soul For Rock 'n' Roll* (1976); *Heaven And Hell* (1980); *Live At Last* (1980); *Mob Rules* (1981); *Live Evil* (1983); *Born Again* (1983); *Seventh Star* (1986); *The Eternal Idol* (1987) ... auf IRS: *Headless Cross* (1989); *T.Y.R.* (1990); *Dehumanizer* (1992); *Cross Purposes* (1994); *Forbidden* (1995) ... auf Epic: *Reunion* (1998) ... auf Raw Power / Castle: *Best Of* (2-CD, 2000) ... Solo-LPs Ozzy Osbourne auf Jet: *Blizzard Of Ozz* (1980); *Diary Of A Madman* (1981); *Speak Of The Devil* (1982); *Bark At The Moon* (1983); *The Ultimate Sin* (1986); *Tribute* (1987); *No Rest For The Wicked* (1989); *Just Say Ozzy* (1990); *No More Tears* (1991); *Live And Loud* (1993); *Ozzmosis* (1995) ... auf Priority: *Ten Commandments* (1990) ... auf Red Ant: *OzzFest, Vol. 1* (1997) ... Solo-LP Tony Iommi auf Priority: *Iommi* (2000)

Blondie, 1975 in New York gegründet, rekonstruierten wie in den klassischen Drei-Minuten-Schlagern der Shirelles, Shangri-Las, Ronettes die Pop-Sagenwelt der fünfziger und sechziger Jahre, in der «Rock als Geheimbund der Fans, als eine eingeschworene Phantasiewelt der Teenager» (Kritiker Nik Cohn) seine mystische Verklärung erfuhr. Als Pin-up-Girl der Band im Niemandsland zwischen aggressivem Punk Rock und gefälligem Plastik-Pop agierte Deborah

«Debbie» Harry (voc), am 1. Juli 1945 in Miami geboren. Nach Gelegenheitsjobs als Barfrau, Kosmetikerin und «Häschen» im New Yorker ‹Playboy›-Club beteiligte sie sich 1972 am Rock-Damentrio Stilettoes. Unter die 40 bis 50 Begleitmusiker, die die Damen binnen zwei Jahren verbrauchten, geriet auch der Kunststudent und Gitarrist Chris Stein, am 5. Januar 1950 in Brooklyn geboren, mit dem Debbie die Frauenriege alsbald zur Blondie-Formation ummodelte. Zum festen Kern der Truppe gehörten schließlich Frank Infante (g), Nigel Harrison (bg), Jimmy Destri (kb), Clem Burke (dr). Genau wie das 1930 von Murat Young kreierte Comic-Strip-Vorbild Blondie Bumstead betonte Debbie Harry in Aufputz und Auftreten eine mediengefällige Eigenständigkeit. Ihr proletarischer Glamour, eine Mischung aus «Gammel, Glanz und ausgeflipptem Chic» (‹New York Times›), verlieh der Garagenband, die 1976 mit *X Offender* auf Platte debütierte, ein marktgängiges Styling. Debbies Kindfrau-Singsang tönte auf den 20 Millionen Platten, die Blondie weltweit absetzen konnten, nicht selten uninspiriert, teilnahmslos, kontaktarm, zynisch und schuf vor einem energetisch rockenden Instrumental-Hintergrund faszinierende Spannungsmomente. Mit zunehmender Ambition des Paares Harry / Stein zerfloß der kompakte Rocksound zu einem Stilmischmasch aus Kinomusik, Country & Western, Reggae, Disco und Broadway-Melodik. *Heart Of Glass* (1979), *Call Me*, eine Kollaboration mit Giorgio Moroder für den Film ‹American Gigolo› (1980), *The Tide Is High* (1980), eine Coverversion des Songs von der Reggae-Truppe The Paragons, *Rapture* (1981) gerieten zu weltweiten Hits. «Wir haben immer die richtigen Karriereschritte gemacht», brüstete sich daraufhin Chris Stein. Das 1981 veröffentlichte Harry-Album *KooKoo* wurde kein Kritiker- und Kommerzerfolg, obwohl die Producer Nile Rodgers und Bernard Edwards von Chic ihre Klientin nach bislang oberflächlichen Flirts mit schwarzer Musik zur totalen Liaison mit Ghetto-Punk und Disco-Funk brachten. Weitere Solo-Aktivitäten anderer Gruppenmitglieder legten 1983 die Auflösung des Blondie-Bundes nahe. Debbie Harry mußte danach ihre Karriere für Jahre unterbrechen, als Chris Stein mit einer tückischen

Blutkrankheit zum vorübergehenden Pflegefall wurde. Ende 1986 war die Sängerin mit «dem derangierten Sex-Appeal einer Vorstadt-Monroe» (‹Der Spiegel›) wieder auf der Musik-Szene, nachdem sie ihr fotogenes Gesicht gelegentlich in Filmen wie ‹Union City› (1979), ‹Videodrome› (1982), ‹Forever Lulu› (1986) gezeigt hatte. *Rockbird*, mit dem Hit *French Kissin' In The U.S.A.*, empfand ‹Stereo Review› als «High-Dreck in High-Tech». Auch ‹Rolling Stone› war vom Comeback der Pop-Ikone aus den siebziger Jahren enttäuscht: «Sie hat kein überzeugendes Konzept für die Achtziger gefunden.» Tatsächlich konnte sie das gar nicht finden, weil von ihr erwartet wurde, «Marilyn Monroes verlorene Tochter» (‹Mojo›) wieder und wieder zu spielen. Das Cover der 1989 erschienenen LP *Def, Dumb & Blonde* (Stein war inzwischen genesen) zeigte eine müde, melancholische Deborah Harry – einmal abgesehen von dem bitteren Titel der Platte. 1993 versuchte die Sängerin noch einmal, ihrer versandenden Karriere neuen Schwung zu geben. *Debravation* erzielte aber ebenso wie die bald darauf folgende Zusammenstellung von Blondie-Raritäten *Blonde And Beyond* kaum mehr als einen Achtungserfolg. 1995 trat Debbie Harry, auch in Europa, als Sängerin des Lounge Lizards-Ablegers The Jazz Passengers auf – vom Rock-Publikum weitgehend unbemerkt. Von der Jazzkritik wurden die drei Platten, die sie mit den Passengers aufnahm, jedoch hoch gelobt. Weit mehr Presse-Hall gab es aber zu dem als «Blondies zweiter Frühling» (‹Musikmarkt›) hochgejubelten Revival-Album *No Exit* (1999). Schon vor der Veröffentlichung hatten die nicht hinzugebetenen Ex-Mitglieder Nigel Harrison und Frank Infante Debbie Harry, Stein und ihre Mitspieler Jim Destri (geb. 13. April 1954 in Brooklyn), Clement Burke (geb. 24. Nov. 1955 in Manhattan) vor einem New Yorker Gericht auf eine Million Dollar verklagt. Um Geld gehe es ihnen bei dem neuen Album aber gar nicht, konterte Burke: «Die Plattenfirmen haben unseren Back-Katalog in den letzten Jahren bis zum Abwinken gemolken, und wir haben gut daran verdient, so daß endlich Zeit für etwas Neues war.» Das kam aber mit «seicht pluckernden Sequencergrooves, seifigen Keyboards, süßlichen Tonfolgen und verstaubten Korg-Sounds» (‹Tip›) ganz wieder auf das Alte heraus. «Eine Band», so Kritiker Hagen Liebing, «die die Gnade des frühen Ausstiegs aus dem blutarmen Achtziger-Pop hatte, knüpft mit *No Exit* genau an diesen wieder an – als gelte es, ausgelassene Fettnäpfchen aufzuspüren.» Mit dem durch den milden Single-Hit *Maria* beflügelten, auf einer Welt-Tournee 1999 mitgeschnittenen Live-Album *Livid* (2000) ging die Kritik noch härter ins Gericht. Aus der Blondine der 70er Jahre mit der markanten Stimme sei ein ältliches Mädchen geworden, kotterte der ‹Musikexpress›, «das seinen eigenen Kunststoff-Pop darbietet, als habe es zum Nachtisch eine übergroße Portion Zuckerwatte gegeben». Kritiker Lukas Grasberger: «Debbie, geh zum Therapeuten. Und nimm endlich die Lockenwickler aus den Ohren.»

LPs auf Private Stock: *Blondie* (1976) ... auf Chrysalis: *Plastic Letters* (1977); *Parallel Lines* (1978); *Eat To The Beat* (1979); *Automerican* (1980); *Blondie's Hits* (1981); *Best Of Blondie* (1981); *The Hunter* (1982); *Once More Into The Bleach* (1989); *The Complete Picture* (1990) ... Solo-LPs von Debbie Harry auf Chrysalis: *KooKoo* (1981); *Rock Bird* (1986); *Debravation* (1993); *Blonde And Beyond* (1993) ... auf Sire: *Def, Dumb & Blonde* (1989) ... Solo-LP Jimmy Destry auf Chrysalis: *Heart On A Wall* (1982) ... LP Debbie Harry mit The Wind In The Willows auf Capitol: *The Wind In The Willows* (1968); ... auf Beyond: *No Exit* (1999); *Live In New York* (1999) ... Debbie Harry mit The Jazz Passengers auf Windham Hill: *In Love* (1994) ... auf 32 Records: *Individually Twisted* (1996); *Live In Spain* (1998)

Blood Hound Gang, gegründet 1994 in King of Prussia, Pennsylvania, übersetzten in nahezu perfekter Manier den Lifestyle und die Weltsicht der Generation Y genannten Kids vom Ende der neunziger Jahre, die durch ein extremes Spaßbedürfnis gekennzeichnet waren. Sie gaben sich nach allen Seiten rücksichtslos und auf erfrischende Weise politisch inkorrekt, gingen jedoch nie so weit, zu konkreten Problemen Stellung zu beziehen. Charakteristisch für den Sound der Band war ihr Umgang mit Samplings. «Wo andere Bands wochenlang nach obskuren 70s-Soul-Schnipseln suchen, die garantiert kein Mensch erkennt, plündern Blood Hound Gang das Archiv der peinlichsten Lieblingslieder der Achtziger» (‹Visions›). Mit spielerischer Leichtigkeit produzierte die Gruppe einen Ohrwurm nach dem anderen und fand auch beim Mainstream-Publikum Anklang. Mit ihre «Mischung aus Punkt und Hip Hop, wie von den Beastie Boys vor ihnen» (‹All Music Guide›) praktiziert, war der Erfolg der Blood Hound Gang auf lange Sicht vorgezeichnet. Virtuosität gehörte weder zu den Stärken noch zu den Zielen der Band. «Die illegitimen Liebeskinder von Weezer und ‹Weird› Al Yankovic brüsten sich, die degenerierteste, talentloseste Band dieser Tage zu sein» (‹Rolling Stone›). Jim Pop Ali (voc) und Lupus (g) begannen als Depeche Mode-Coverband. Schon bald schrieben sie jedoch eigene Songs und debütierten samt einer Handvoll Gäste mit der EP *Dingleberry Haze.* Das ein Jahr später auf Columbia veröffentlichte Album *Use Your Fingers,* das Elemente eines derben Comic-Strips mit einem «Psychogramm des notorischen Blödlers, Partylöwen und Frauenschrecks» (‹Intro›) verband, erwies sich als Flop. Die Band verlor ihren Vertrag und nahm eine inhaltliche wie auch personelle Umstrukturierung vor. Mit Evil Jared (b), Spanky G (dr) und DJ Q-Ball nahm man *One Fierce Beer Coaster* (1996) für das Indie-Label Republic auf. Die Grobheiten beschränkten sich nun auf die Texte, der Sound der Band war rockiger und doch geschliffener, die Songs melodischer und somit massenverträglicher geworden. Der Track *Fire Water Burn* rutschte in die Rotation von MTV, wurde ein Hit, und das Majo-Label Geffen veröffentlichte das Album noch einmal auf den internationalen Markt. Nach zahlreichen Singlesauskopplungen und noch häufigeren Ankündigungen eines neuen Albums erschien 1999 mit *Hooray For Boobies* eine Platte, die «spritzig und gedankenlos komisch» (‹Intro›) die bisherigen Erfolge in die Schatten stellte. Mit der unverbindlich bösen Single *Discovery Channel* trafen sie präzise den Nerv der Zeit. Im März 2000 eckten Blood Hound Gang mit dem Video zu *Bad Of Touch,* in dem die Band einem schwulen Pärchen auflauert, bei der amerikanischen Schwulenliga an, weil der Clip angeblich zur Gewalt gegen Homosexuelle aufgefordert hätte. Sie beugten sich dem Druck und brachten eine politisch korrekte Fassung des Videos heraus.

LPs auf Cheese Factory: *Dingleberry Haze* (1994) ... auf Columbia: *Use Your Fingers* (1995) ... auf Geffen: *One Fierce Beer Coaster* (1996) ... auf Interscope: *Hooray For Boobies* (2000)

Blumfeld, 1990 in Hamburg gegründet, hoben sich von vielen anderen deutschen Bands durch tiefsinnige, von individueller Selbstzerfleischung geprägte, Rock- und Rap-Flair verbindende Texte ab, die auf einem dichten, treibenden, vielschichtigen Gitarrenuntergrund dargebracht wurden. «Deutschlands wichtigste Alternative Rock-Band» (so die englische ‹Virgin Encyclopedia›), die sich nach Franz Kafkas Erzählung *Blumfeld – Ein älterer Junggeselle* benannte, erlangte internationale Anerkennung, indem sie die spezifische Sperrigkeit der deutschen Sprache in der Rockmusik überwand und einen flüssigen Sound generierte, der an Sonic Youth, die Pixies und Pavement erinnerte. Neben Tocotronic und Die Sterne galten Blumfeld als herausragende Vertreter der sogenannten Hamburger Schule. Ein Kritiker von ‹NM! Messitsch› stellte 1992 Blumfelds «Ansingen gegen die Spaßtyrannen dieser Zeiten als letzten Versuch, Rockmusik in Deutschland noch glaubhaft und relevant vorzutragen», heraus. Jochen Diestelmeyer (g, voc) sammelte 1985 erste musikalische Erfahrungen im Umfeld von Bernd Begemanns Bad Salzufler Label Fast Weltweit, aus dem neben Blumfeld Bands wie Die Sterne und Die Goldenen Zitronen hervorgehen sollten. Mit dem Bassisten Peter Wenzel (später Die Sterne) gründete er die Gruppe Bienenfänger, die 1988 auf zwei Tape-Samplern von Fast Weltweit mit mehreren Stükken vertreten waren. Zu dieser Zeit begann sich Diestelmeyer auch für den Sprechgesang des Hip Hop zu interessieren. 1990 traf er sich mit André Rattay (dr) und Eike Bohlken (g, b) von der Noisecore-Band Der Schwarze Kanal. Gemeinsam mit Gruppen wie Cpt. Kirk und Brüllen lösten Blumfeld noch vor ihrem Plattendebüt einen deutschlandweiten Hamburg-Boom aus. Nach dem im Herbst 1991 erschienenen und von ‹Spex› zur Single des Jahres gekürten Song *Ghettowelt* veröffentlichte die Band im Herbst 1992 ihr erstes Album *Ich-Maschine.* «Das Wunder Hamburgs» (‹Zitty›) zelebrierte ein «Musikempfinden irgendwo zwischen Krach und Dehnung, das Ergebnis: harte Grooves, verzerrte Bässe, Lärmteppiche, die elegant wie Joni Mitchell auf außergewöhnliche Akkorde fallen» («taz»). Eine gemeinsame Europa-Tournee mit Pavement führte dazu, daß Blumfeld von dem britischen Label Big Cat verpflichtet wurden. Das zweite Album *L'Etat Et Moi* (1994) geriet noch klaustrophobischer als sein Vorgänger und präsentierte die Stimme des vereinsamten Individuums inmitten einer unentrinnbaren Maschinerie in einer Weise, die an Chaplins ‹Lichter der Großstadt› erinnerte. Die Band verstand diese Platte als Diskussionsforum, doch die Stärke der Texte Diestelmeyers lag gerade darin, daß diese, mochten sie auch noch so politisch sein, niemals die Musik dominierten. Sie «fixieren Gefühlsmomente, vage Stimmungen, kratzen an Tabus» («WOM Journal»). Nach zwei Jahren intensiver Konzerttätigkeit stieg Bohlken aus, weil er die Doppelbelastung aus Band-Stress und Philosophie-Studium nicht mehr verkraftete. Statt seiner stießen Peter Thiessen (g, bg) und Michael Mühlhaus (kb) zu Blumfeld. In dieser Besetzung entstand das dritte Album *Old Nobody* (1999), das noch hintergründiger und poetischer als bisher alltägliches Scheitern beschrieb. «Die Texte Blumfelds greifen eher klassische Themen wie Liebe, Kunst, Geschichte und Vergänglichkeit auf und führen diese auf eine konventionelle Sprache zurück. Das ehemalige Verdienst der Erfindung und Gestaltung einer eigenen Sprache scheint somit Vergangenheit» (so eine Website). Das Album wurde von der Kritik zwiespältig aufgenommen, begeisterte Stimmen mischten sich mit Warnungen von dem drohenden Ausverkauf. In einem Video zum Titelsong trat der Schauspieler Helmut Berger denn auch als Old Nobody auf.

LPs auf What's So Funny About: *Ich Maschine* (1992) ... auf Big Cat: *L'Etat Et Moi* (1995); *Old Nobody* (1998) ... EastWest: *Testament der Angst* (2001)

Blur, 1988 in London gegründet, wurden 1995 von der britischen Musikpresse, allen voran den im selben Verlag erscheinenden Blättern ‹New Musical Express› und ‹Melody Maker›, in eine Idealkonkurrenz zu Oasis gezwungen, wie weiland die Beatles und die Rolling Stones. Damit erschöpften sich die Gemeinsamkeiten: Während die Fab Four und die Stones direkte Konfrontationen vermieden, schienen Blur und Oasis wenn schon nicht Gefallen, dann doch Interesse an dem absurden Spiel zu haben und bedachten sich gegenseitig mit ausgesuchten Unflätigkeiten. Das Blur-Debütalbum *Leisure* (1991) wurde vom Publikum kaum beachtet, *Modern Life Is Rubbish* (1993) ließ die Kritik aufhorchen, *Parklife* (1994) brachte der Band um den Keyboarder und Sänger Damon Albarn, geboren am 23. März 1968 in Whitechapel, London, den Durchbruch bei der Musikpresse und beim britischen Publikum. Dabei zeigte schon *Leisure* die Qualitäten der «Cockney-Rocker» (‹Rolling Stone›) um Albarn, der zusammen mit dem Bassisten Alex James, geboren am 21. November 1968 in Dorset, und dem Gitarristen Graham Coxon, geboren am 12. März 1969 in Rinteln, Deutschland, an einer Kunstschule in London studiert und mit Drummer Dave Rowntree, geboren am 8. April 1963 in Colchester, Essex, zunächst die Band Seymour gegründet hatte. Hilfreich war, daß die Musiker sich teilweise bereits in Colchester gekannt hatten – Albarn hatte dort eine Musikschule besucht. 1989 beeindruckte ein Demoband des Quartetts den ehemaligen ‹Sounds›-Journalisten Andy Ross und den früheren Teardrop Explodes-Keyboarder Dave Balfe, die zusammen das Label Food betrieben. Die beiden Food-Eigner wollten die Band unter Vertrag nehmen, bestanden jedoch auf einem Namenswechsel; aus einer von Balfe und Ross vorgelegten Liste wurde Blur ausgewählt. Das strikte Engagement von Food zahlte sich bald aus: Die ersten Singles, *She's So High* und *There's No Other Way*, erreichten die Charts, das Album *Leisure* die Top Ten. «Impertinenter Pop» nannte ‹Q› die Songs in der Tradition von Kinks, Small Faces und XTC. Zweierlei war beachtenswert: die Texte Albarns, die in distanzierter und dennoch kenntnisreicher Weise das britische Alltagsleben beschrieben, und das gitarristische Können Graham Coxons. Doch zeigten sich die Food-Besitzer Balfe und Ross angesichts des schnellen und leichten Erfolges mißtrauisch. Obwohl die Kritik das zweite Album, *Modern Life Is Rubbish*, wiederum mit Lob bedachte, verhielt sich das Publikum desinteressiert. *Modern Life Is Rubbish* galt als der Flop der Band, obwohl die Platte nicht schlechter, sondern eher noch differenzierter als *Leisure* war. 1994 konnte Albarn wieder sein bübisches Grinsen aufsetzen, mit *Parklife* war die Band erfolgreicher denn je: «Sind sie wirklich die beste britische Band seit den Smiths? Mit dieser Platte, verdammt noch mal, sind sie es!» (‹Melody Maker›). Blur hatten für das wieder von Stephen Street produzierte Album die britische Musikgeschichte durchforstet: Neben Reminiszenzen an Kinks, Who und Beatles waren Anklänge an Music Hall und New Wave auszumachen, ohne daß nostalgische Gefühle bedient wurden. Albarn hatte auf die scheinbar vertrauten, von der Band stilsicher umgesetzten Klänge bissige Texte gesetzt. «Omas neue Zähne» wurden ebenso Gegenstand seines kalten Blicks wie die krude Behauptung, noch nicht einmal «wert zu sein, begraben zu werden». *Magic America* ließ an ironischer Deutlichkeit nichts zu wünschen übrig und paßte gut in den grassierenden Chauvinismus der jungen britischen Bands. Die Begeisterung der Presse über das Album war verständlich. Blur kam wie gerufen angesichts der zweiten erfolgreichen Band, Oasis. So hetzten die britischen Musikblätter die beiden Gruppen aufeinander bis hin zu einem Showdown der Singles, die im Spätsommer 1995 zeitgleich veröffentlicht wurden. Die Presse-Präsenz stieg vor allem Titelblatt-Hauptdarsteller Albarn zu Kopf: «Es gibt momentan kein Land in der Welt, wo soviel Neues rauskommt wie hier … all die alten Größen interessieren sich wieder für die neue Musik», und er sah sich selbst im Mittelpunkt des Interesses. Das hatte sich zur Veröffentlichung von *The Great Escape* (1995) wieder etwas abgekühlt; von den deutlich rauheren Klängen von *Blur* (1997) wurde kaum mehr Aufhebens gemacht. Anfang 1998 beschloß die Band nach jahrelangem, fast ununterbrochenem Touren (als fünftes Bandmitglied hatte Diana Gutkind [kb] teilgenommen), «auf absehbare Zeit» (Albarn) keine Konzerte mehr zu geben. Albarn: «Wir wollen mal ein Album machen, das wir nicht auf die Bühne bringen müssen.» Die Band konnte sich eine Pause leisten, denn sie verdiente mit der zweiminütigen Gitarrennummer *Song 2* neben Hit-Tantiemen auch als Werbe-Signal viel Geld. Die Firma Intel verkaufte damit Compu-terprozessoren, die amerikanische National Hockey League machte damit Reklame, die Macher der TV-Serie «The Simpsons» verwendeten es zu ihren Cartoons, nur die US-Luftwaffe beschied Albarn abschlägig: «Wir sind nicht für jeden käuflich.» Nachdem ihn seine langjährige Freundin Justine Frischmann von der Band Elastica verlassen und ihm Konkurrent Noel Gallagher öffentlich Aids an den Hals gewünscht hatte, hockte der Sänger eine Zeitlang in seinem Haus auf Island und zog Bilanz. In die Kommerzmaschine sei Blur eher zufällig hineingeraten, «weil unsere Ironie als Patriotismus interpretiert wurde: Aus einer Beschreibung des britischen Muffs machten die Medien dessen Glorifizierung. Wenn die Realität deine Phantasie zu behindern droht, fühlst du dich zum erstenmal sterblich – und du merkst plötzlich, daß das Leben nicht nur ein Spaß ist.» So holte er sich für das Album *13* (1999) mit Madonnas Produzenten William Orbit (*Ray Of Light*) einen neuen Producer und ließ für die vorgesehene Single *Tender* den 40köpfigen London Community Gospel Chor mit viel Tamburin und Handclapping einen «wüst-melancholischen Abgesang auf den frühen Starruhm und die unbeschwerten Freuden der Jugend» (‹Der Spiegel›) gospeln. «Mit diesem Album haben wir Gott gefunden», so Blur-Gitarrist Graham Coxton, «es ist ein Album der höheren Kraft, Mann.» – ‹Spiegel›-Kritiker Christoph Dallas: «In Wahrheit handelt es sich um großartigen Kunstrock zu virtuos loslärmenden Gitarren.» Blurs vielschichtige CD *13* mit ihren Trip Hop-Beats, Electro-Aquarellen, Folk-Sounds, Punk-Akkorden und Soul-Hymnen war wirklich «das erwachsene und experimentelle Album, nach dem ihnen zumute war» (Thomas Weiland in ‹Tip›). Doch wie kaum anders zu erwarten, sprang auch sogleich wieder die Hype-Medienmaschine an. «Eine Jahrtausendplatte» hörte beispielsweise Arne Willander vom deutschen ‹Rolling Stone›: «das *Sgt. Pepper* des ausgehenden Jahrtausends, das weiße Album für das nächste Jahrtausend, 13 Songs für ein neues Millennium, mit dem Jahrtausendproduzenten William Orbit an allen Reglern, der schon das letzte Album der Jahrtausendkünstlerin Madonna so schön jenseitig gemacht hat …» Oder sollte auch das ein Teil jener Ironie gewesen sein, von der Damon Albarn gesprochen hatte? Als Ende 2000 der Karriereüberblick *Greatest Hits* in die Läden kam, wußte Albarn eine Art Antwort auf diese Frage. «Ohne uns hätte es den Britpop nicht gegeben», sprach er sehr selbstbewußt: «Wir gaben der Sache eine gewisse Würde. Das brauchte der Britpop, um nicht an der Oberfläche hängen zu bleiben. Nur auf Bier und groben Sprüchen kann man keine Bewegung aufbauen.»

LPs auf Food: *Leisure* (1991); *Modern Life Is Rubbish* (1993); *Parklife* (1994); *The Great Escape* (1995); *Blur* (1997); *Live In Holland* (1998) ... auf Parlophone: *Bustin' & Dronin'/Live At Peel Acres* (1998) ... auf Virgin: *13* (1999) ... Solo-Album Graham Coxton auf Transcopic: *The Sky Is Too High* (1998)

Bolton, Michael (voc, g), am 26. Februar 1953 in New Haven, Connecticut, geboren, war ein MOR-Star, wie er im Buche steht. Dabei gab er seine ursprünglichen Ambitionen, mit eigenen Kompositionen zu reüssieren, zunehmend zugunsten täuschend echt wirkender Coverversionen erprobter Songs auf. Der jüngste Sohn des Demokraten-Parteifunktionärs George Bolotin gründete 1978 mit Bruce Kulick (g), Jimmy Halsip (bg) und Sandy Germarro (dr) die Band Blackjack, mit der er bald die LP *Blackjack* aufnahm. Unter dem Namen Bolotin hatte Michael Bolton 1975 die LP *Michael Bolotin* und 1976 *Every Day Of My Life* veröffentlicht. Da seine Mutter fand, daß der Name Bolotin «zu russisch» klänge, gab er sich den Namen Bolton. Anfang der achtziger Jahre entschloß er sich endgültig zu einer Solo-Karriere und unterschrieb bei Columbia einen Vertrag. 1983 erschien die erste mit *Michael Bolton* betitelte LP, doch war Bolton entschlossen, neben seiner Sangeskunst weiterhin auch als Songschreiber zu arbeiten. So verschaffte er im Team mit Eric Kaz, Dionne Warren, Desmond Child beispielsweise Laura Branigan den Hit *How Am I Supposed To Live Without You.* Er selbst versuchte es weiterhin mit hartem Rock, doch war sein erster größerer Erfolg die Soul-Ballade *That's What Love Is All About* (1987). Bolton mischte fortan unter seine Eigenkompositionen immer wieder Soul-Klassiker von Ray Charles, Percy Sledge, Otis Redding.

Die eigenen Songs paßte er seinem neugewonnenen Image als Balladen-Sänger an. Coverversionen wie *(Sittin' On) The Dock Of The Bay,* ursprünglich von Otis Redding gesungen, wurden zu seiner Domäne, erst recht, als er für sein Album *The Hunger* (1987) mit einem Grammy ausgezeichnet wurde. Er fuhr mit Songwriter-Kollegen nach Moskau und arbeitete an einem Glasnost-Album mit, dessen Songs von Amerikanern und Russen gemeinsam geschrieben wurden. Auf Boltons Musik blieb die Goodwill-Episode ohne weitere Auswirkungen. Mit *Soul Provider* verfeinerte er 1989 sein erfolgreiches und einträgliches Rezept: Seine Rockballaden waren ebenso wie seine Soul-Coverversionen an klassischen Songs orientiert. Das konnte man dem weiterhin mit Platin- und Gold-Schallplatten wie mit Grammys ausgezeichneten Sänger durchaus vorwerfen: «Schamlos geklaut», stellte ‹Q› zu der Sammlung *Timeless (The Classics)* (1992) fest, lobte allerdings auch seine «große Stimme». Alben wie *The Hunger* (1987), *Soul Provider* (1989), *Time, Love And Tenderness* (1991) und *The One Thing* (1993) verkauften sich durchweg millionenfach. Längst war Bolton in den Rock-Hochadel aufgenommen: Mit Ray Charles sang er zu dessen 50jährigem Showbiz-Jubiläum *Georgia On My Mind,* 1992 schrieb er mit Bob Dylan den Song *Steel Bars,* und wieder erhielt er für die beste Vocal Performance einen Grammy. Dennoch gab es auch Schattenseiten in seiner Karriere: Die Isley Brothers verklagten Bolton, weil ihrer Ansicht nach der Millionen-Erfolg *Love Is A Wonderful Thing* ein Plagiat ihres gleichnamigen Songs sei. Bolton und sein Management beharrten auf der Originalität der Komposition. Gestohlen, geliehen oder gut abgelauscht – die Methode Boltons, Songs «auf ihren kleinsten gemeinsamen Nenner» (‹Q›) zu reduzieren und Texte zu verfassen, die «einen durchschnittlich intelligenten Achtjährigen beleidigen», war allzu leicht zu durchschauen. «Letztendes wird diese Platte häufiger verkauft werden als beispielsweise eine neue Platte von Kate Bush», resignierte das Magazin über *The One Thing,* «und mit Sicherheit wird Bolton wieder einen Haufen Grammys gewinnen. Ganz sicher wird er es sein, der zuletzt und am besten lacht.» Um die Jahreswende 1997/98 beglückte der inzwischen kurzhaarige Sänger Freund und Feind mit einem musikalischen Doppelschlag: *All That Matters* (1997) war ein Bolton-Album wie gehabt, *My Secret Passion* (1998) machte das Publikum mit einer heimlichen Leidenschaft des «Tenors» (Cover-Text) bekannt. Nach einem Auftritt mit Gesangs-Schwergewicht Luciano Pavarotti fand er Gefallen am Belcanto und sang nun ebenfalls die Hits aus Oper und Konzert. Ganz ernsthaft veröffentlichte Sony das Werk auf seinem Classical-Label.

LPs auf Columbia: *Michael Bolton* (1983); *Everybody's Crazy* (1985); *The Hunger* (1987); *Soul Provider* (1989); *Time, Love And Tenderness* (1991); *Timeless – The Classics* (1992); *The One Thing* (1993); *Greatest Hits 1985–1995* (1995); *This Is The Time – The Christmas Album* (1996); *All That Matters* (1997); *Merry Christmas From Vienna* (1997); *Timeless (The Classics), Vol. 2* (1999); *Love Songs* (2001) … auf Sony Classical: *My Secret Passion* (1998) … als Michael Bolotin auf RCA: *Michael Bolotin* (1975); *Every Day Of My Life* (1976) … mit Blackjack auf Polygram: *Blackjack* (1979); *World's Apart* (1980)

Bon Jovi verbanden das überhitzte Spiel, die Neigung zu ausgedehnten Soli und die Publikums-Anmache einer Heavy Metal-Band mit dem Spaß und harmlosen Überschwang einer Teenybopper-Gruppe. Ihre Vokalharmonien borgten eher bei den Beatles als bei Queen, in den Gitarrensoli ließen sie Led Zeppelin oder Steve Miller anklingen, im Balladengesang imitierten sie die rauhbeinige Romantik Bruce Springsteens. «Sie bemühten sich nie, eine eigenständige Metapher zu finden, wenn es auch mit einem Klischee ging», tadelte die ‹New York Times›: «Es ist doch etwas anderes, ob man auf der Vergangenheit des Rock aufbaut oder, wie Bon Jovi, sie einfach nur in einer hübschen Verpackung verscherbelt.» Bandleader Jon Bon Jovi (voc), bürgerlich: John Francis Bongiovi, am 2. März 1962 in Perth Sayreville, New Jersey, geboren, Richie Sambora (g), Alec John Such (bg), David Bryan (kb), bürgerlich: David Rashbaum, Tico Torres (dr) hatten sich jahrelang mit musikalischen Gelegenheitsjobs durchgeschlagen, bevor sie 1983 in New Jersey zueinander fanden

und Billy Squier sich bereitfand, ein Demo-Band zu produzieren. Der Song *Runaway* weckte das Interesse lokaler Radiosender und brachte den Musikern einen Vertrag mit Polygram ein. Die Attraktion der Gruppe war zweifellos der «Heavy Metal-Herzensbrecher» (‹Time›) Jon Bon Jovi, der seine Attraktivität für ein jugendliches Publikum auch in dem Film ‹Footloose› zu nutzen wußte. Für die Boys und Girls seiner Fangemeinde, die längst über den harten Kern der Levi's & Leder-Brigaden hinausgewachsen war, stilisierte er sich so flauschig wie «eine Ginger Rogers, die sich mal dringend rasieren müßte» (‹Q›), und führte sich «in kompetenter Belanglosigkeit» (‹Village Voice›) auf «wie ein Springsteen für das Mickey Mouse-Programm des Disney-Kanals» (‹Libération›). Bon Jovi wurde beim dritten Album *Slippery When Wet* für seine Publikumsverbundenheit belohnt: Fans hatten aus 35 Titeln die endgültigen Stücke der LP ausgesucht, die sich seit 1986 weltweit über zwölfmillionenmal verkaufte und das meistverkaufte Rock-Album des Jahres 1987 wurde. Eine anschließende Tournee erbrachte bei 82 Konzerten 20 Millionen Dollar Kasse, ein Erfolg, der die Band schwindlig machte: «Wir fühlen uns wie auf einem Zug, der mit 120 Meilen die Stunde daherbraust. Und wir können einfach nicht abspringen.» Wollten sie wohl auch nicht, veröffentlichten 1988 *New Jersey* und gingen abermals auf eine ausgedehnte Welttournee. Frontman Bon Jovi hatte dann vorerst genug und wollte keine weitere Bon Jovi-LP aufnehmen. 1990 spielte er in dem Western ‹Young Guns II – Blaze of Glory› und komponierte einen Großteil der Filmmusik, die er unter anderem mit Gitarren-Heros Jeff Beck aufnahm. 1992 formierte sich die Band wieder und veröffentlichte *Keep The Faith: An Evening With…* Im Laufe der Jahre 1993 und 1994 wuchsen Ruhm und Marktwert der Band und ihres Vorsängers so gewaltig, daß sie zur Tournee 1995 den erfolgsgewohnten Alt-Rockern und Heavy Metal-Schwergewichten Van Halen als Headliner vor die Nase gesetzt wurden. Hinter Bon Jovi-Oberhaupt Bongiovi lagen zu dieser Zeit Monate harter Studioarbeit für das Album *These Days*, in deren Verlauf er Bassist Alec Such und Produzent Peter Collins in Ungnaden entließ. Für Such wurde der Studio-Crack Hugh

MacDonald eingespannt, die Produktion übernahmen Gitarrist Sambora und Bongiovi selbst. «Dieses Album war eine schwere Geburt», resümierte der Sänger, «ich bin physisch und mental völlig ausgelaugt.» Derartiger Fron mochte er sich so schnell nicht noch einmal aussetzen und verließ sich für weitere Alben lieber auf sich selbst. *Destination Anywhere* (1997) geriet etwas weniger bombastisch als die Alben mit der Band. Sechs Produzenten wurden bemüht, darunter der Pop-Champion David Foster (u. a. Barbra Streisand), Dave Stewart (Eurythmics) und Steve Lironi, der den Schlagzeug-Computer anwarf und auch Samples einbaute. Die stereotypen Rock-Klischees des Sängers und seine Texte, in denen Frauen «in ihren burgunderfarbenen Kleidern schöner aussehen als französischer Wein», in denen der Barde seiner großen Liebe ein «sandiger Strand» sein möchte, konnten alle sechs Producer kaum aufmöbeln. Schwer zu glauben, daß Jon in seiner Jugend «süchtig nach Bukowski-Texten» war, wie er in einer Songzeile behauptete. Das Album erreichte Platz zwei im United Kingdom, in den Vereinigten Staaten, mit dessen Präsidenten Bill Clinton er «ein sehr herzliches, entspanntes Verhältnis» reklamierte («Wir sollten endlich akzeptieren, daß ein guter Blow Job eine wunderbare Sache ist»), nur Platz 31. Im Jahr 1999 habe er 60 neue Songs geschrieben, verriet Jon Bon Jovi Liz Smith von der «New York Post» – teils für *Crush* (2000) wieder mit Trivialzeilen à la «My heart is like an open highway», teils für ein weiteres Band-Album mit dem Arbeitstitel *TBD*. Aufnahmen von der Studioproduktion waren am 10. Januar 2000 (*The Making of Bon Jovi 2000 – A Web Session Exclusive*) unter www.bonjovi.com im Internet zu besichtigen, gekrönt von einem Internet Only Concert live aus seinem Home-Studio in New Jersey. Das Jahr 2000 verbrachte der «Julio Iglesias des Rock 'n' Roll» (‹Stern›), die «Institution für pathosgetränkten Soft-Hardrock» (‹Tip›) teils für den Unterseeboot-Actionfilm ‹U-571› im Studio, teils mit der Band on the road. Dem Auftritt in der ausverkauften Berliner Waldbühne, bei dem 20 000 Fans trotz strömenden Regens *It's My Life* mitsangen, bescheinigte das Boulevardblatt ‹BZ› eine «ausgelassene Spielfreude der Band, wie man sie bei Superstars dieser Größenord-

nung selten sieht». Insgesamt konzertierte die Band 2000 in Europa, Japan und den USA vor rund einer Million Fans. Im Leserpoll des englischen Magazins ‹Smash Hits› wurde sie zum Best Rock Act gewählt, beim Barr Festival in Italien als Best International Act geehrt und von Viva Deutschland für ihr Gesamtwerk mit einem Kometen prämiert. Die CD *Crush* plazierte sich in elf Ländern an der Chartspitze, erreichte in 22 Ländern Platin- oder Multiplatin-Auflagen, in weiteren 14 Ländern Gold. Weltauflage in den ersten acht Monaten: 6,5 Millionen. Aber das war eben nur die eine Seite des Ruhms. Wenn Elton Johns Musical *Aida* eines Tages verfilmt werde, erklärte der Rock- und Leinwandstar, möchte er gern dabeisein, auch hätte er nichts gegen Tennessee Williams-Klassiker wie ‹Süßer Vogel Jugend› oder ‹Die Katze auf dem heißen Blechdach›: «Es ist schon seltsam, für meine Filme kriege ich tolle Kritiken, trotzdem habe ich mit ihnen bisher nicht den ganz großen Erfolg gehabt. Im Musikgeschäft dagegen nimmt mich keiner so richtig ernst, aber ich habe über 90 Millionen Platten verkauft.»

LPs auf Vertigo: *Bon Jovi* (1984); *Live At Castle Donington* (1985); *780° Fahrenheit* (1985); *Slippery When Wet* (1986); *New Jersey* (1988) … auf Mercury: *Keep The Faith* (1992); *Cross Road – The Best Of* (1994); *These Days* (1995); *Crush* (2000) … Solo-LPs Jon Bon Jovi auf Vertigo: *Blaze Of Glory* (1990); *Destination Anywhere* (1997) … Solo-LPs Richie Sambora auf Mercury: *Stranger In This Town* (1991); *Undiscovered Soul* (1998)

Boo Radleys, 1988 in Liverpool gegründet, legten ein ausgeprägtes Gespür für eingängige Melodien an den Tag, die in grobe Gitarrengewänder gehüllt wurden. Mit ihrer ausgewogenen Mixtur aus leichtem Pop und schwerem Rock, ihrem unverwechselbaren Surrogat aus den Beatles und Dinosaur Jr. fanden sie Anschluß an My Bloody Valentine und bereiteten den Boden für Bands wie Oasis, Blur und The Verve. Sänger Sice, als Simon Rowbottom am 18. Juni 1969 in Wallasey geboren, Martin Carr (g), geboren am 29. November 1968 in Thurso, Schottland, Timothy Brown (bg, kb), geboren am 26. Februar 1969 in Wallasey, und Steve Hewitt (dr) benannten sich nach einer Figur aus dem Roman ‹To Kill a Mockingbird›. Sice und Carr hatten sich bereits als Jugendliche vorgenommen, einst als Rockstars ganz groß rauszukommen, und mit Tennisschlägern vor dem Spiegel alle nötigen Posen einstudiert. Anfangs kamen die Mitglieder der Band nur gelegentlich zusammen und gingen bürgerlichen Jobs nach. Von der britischen Presse zunächst unbeachtet, erschien das Debütalbum *Ichabod And I* (1990). Nach einem Rundfunkauftritt bei John Peel in der BBC änderte sich die Situation für die Band augenblicklich. Hewitt verließ die Boo Radleys in Richtung Breed und wurde durch Robert Cieka, geboren am 4. August 1968 in Birmingham, ersetzt. Mit der auf Rough Trade veröffentlichten EP *Every Heaven* (1990) gelang den Boo Radleys der Einstieg in die britischen Top 100. Diese und zwei weitere EPs jener Periode wurden später auf der Compilation *Learning To Walk* (1994) zusammengefaßt. Mit dem Zusammenbruch der Firma Rough Trade schienen alle Träume vom ganz großen Erfolg am Ende. Doch Rettung kam von Creation. Nach einer selbstkritischen Bestandsaufnahme veröffentlichte die Gruppe ihr Erfolgsalbum *Everything's Alright Forever* (1992), das sie an die Spitze der britischen Indie-Bewegung katapultierte, aber nicht Dominanz der amerikanischen Grunge-Bands noch nicht brechen konnte. Im Sinne der späten Beatles erweiterten die Boo Radleys ihre Besetzung um eine Bläsersektion und experimentierten mit Sounds, Texturen und Instrumentierungen. Auf *Giant Steps* (1993) perfektionierten sie diese spezielle Mischung aus Experiment und Wohlklang, was ihnen prompt zum Einstieg in die britischen Top 20 und zum Prädikat Album of the Year im ‹Melody Maker› verhalf. Auf Grund des US-Erfolges der Single *Lazarus* spielten die Boo Radleys 1994 auf der Second Stage des amerikanischen Lollapalooza Festivals. Mit ihrem vierten Album *Wake Up* (1995), einem Bekenntnis zu orchestralem Pop, gelangten sie endlich auf Position eins der britischen Charts. Das Geheimrezept lautete diesmal «psychedelisches Barock, leiser Dub, Celli, Bläser und hie und da ein bißchen Feedback» (‹WOM-Journal›). Die Boo Radleys hatten damit das Selbstvertrauen der Rock-Szene auf den britischen Inseln wiederhergestellt, doch die ganz

großen Früchte dieser Leistung trugen andere davon. Mit dem unerwarteten Erfolg von Oasis und Blur verblaßte ihr Stern. Von ihrem amerikanischen Label Columbia gefeuert, verloren sie die Orientierung und versuchten auf Teufel komm raus ihr kommerzielles Level zu halten. Auf dem wieder deutlich härteren, aber auch Elemente von House und Break Beat aufgreifenden Album *C'mon Kids* (1996) klangen sie wie eine mittelmäßige Kopie ihrer eigenen Epigonen Oasis. Die Band schien «den Beweis erbringen zu wollen, daß auch die unterschiedlichsten musikalischen Elemente kombinierbar sind, um so den totalen Crossover herbeizuführen, was allerdings völlig zerstreut klingt» (‹Visions›). Der kahlköpfige Sice machte sich als Eggman selbständig. Unter Beteiligung aller anderen Boo Radleys und weiterer Creation-Musiker veröffentlichte er unter diesem Logo das etwas überladene Album *First Fruits* (1996). Nach einem vergeblichen Comeback-Versuch mit der Platte *Kingsize* (1998) löste sich die Band endgültig auf.

LPs auf Action: *Ichabod & I* (1990) ... auf Columbia: *Everything's Allright Forever* (1992); *Giant Steps* (1993); *Wake Up!* (1995) ... auf Mercury: *C'mon Kids* (1996) ... auf Creation: *Kingsize* (1998)

Bowie, David, bürgerlich: David Robert Jones (voc, g, sax), am 8. Januar 1947 in Brixton, London, geboren, übersättigte den paranoiden Rock 'n' Roll seiner frühen Karrierejahre mit Reizbildern aus Horrorshows und inszenierte mit theatralischem Gespür makabre Visionen von planetarischen Katastrophen, am Rock-Terror verzweifelten Selbstmördern und transsexueller Erlösung durch kosmische Supermänner. Bei seinen aggressiven Vaudeville-Shows gebärdete er sich mit pinkfarbenem Haar, surrealistischem Make-up und bizarrer Kostümierung wie der «Dylan eines Parallel-Universums, der zur Begleitmusik von Black Sabbath umhertaumelt» (‹Cream›). Sein Rollenspektrum reichte von mystischer Weiblichkeit à la Greta Garbo und der ätherischen Hysterie eines Sternenwesens bis zum sado-erotischen Männlichkeitswahn eines Lederfetischisten. Bowie, nach eigener Definition ein singender Schauspieler, ließ sich bei der

Gestaltung seines Repertoires vornehmlich von Stanley Kubricks Filmen ‹2001: A Space Odyssey› und ‹A Clockwork Orange› anregen. Die Magie eines interplanetarischen Trips, mystische Spekulationen über den Weltenanfang, die stilisierte Darstellung von Gewalt, Zivilisationsneurosen in einer übertechnisierten Welt sowie Nietzsches Übermenschentheorie als zweifelhafte Verheißung waren ständig wiederkehrende Themen in seinen Songs. Der ehemalige Jazzsaxophonist, Leiter einer psychedelischen Beatband, Folksänger, Werbetexter und Spieler in einer Pantomimengruppe hatte bereits 1967 einen bescheidenen Hiterfolg mit dem satirischen Liebeslied *Love You Till Tuesday* gehabt. Seine Einspielungen für das damals neugegründete Deram-Label, simple ironische Gesellschaftskommentare, trug er mit dem Cockney-Akzent des Revue-Sängers Anthony Newley vor, der damit in der Cabaret-Show ‹Stop the World I Want to Get Off› forciert volkstümliche Töne hatte anschlagen wollen. Doch Bowies Spottlieder, die gelegentlich (wie in *London Boys*) in bitterer Selbsterkenntnis ausklangen, waren in der Flower Power-Saison von 1967 nicht gefragt. Nach einem Therapie-Studium des tibetanischen Buddhismus und einigen Gigs mit dem Pantomimen-Ensemble von Lindsay Kemp tauchte er 1969 wieder auf der Musikszene auf. Sein zweiter, wesentlich erfolgreicherer Hit *Space Oddity* bezog sich schon im Titel auf Kubricks ‹2001› und deutete die Hinwendung des Sängers zu metaphysischen Themen an. Auf den nachfolgenden Mercury-LPs *David Bowie* (1969), *The Man Who Sold The World* (1970) bewies Bowie, der sein Pseudonym von dem gleichnamigen Jagdmesser abgeleitet hatte, poetische Flexibilität. In dem Bemühen, bisexuellen Avantgardismus, die Hilflosigkeit eines kreativen Individuums in einer irrwitzigen Umwelt und das Planspiel einer Transformation zum Übermenschen theatralisch aufzuputzen, überfrachtete er jedoch seine Songs mit esoterischen Metaphern und quälenden Rock-Dissonanzen. Die kommerzielle Attraktivität der LPs war deshalb sehr gering. Bowie zog sich für einige Zeit in die Künstlerwerkstatt zurück, die er mit seinen *Space Oddity*-Tantiemen eingerichtet hatte. 1971 zündete seine dritte Karrierestufe. Seine neue Plattenfirma RCA investierte 100 000 Dollar in die Fabrikation eines neuen Superstars, der ein Jahr später bereits im Triumphzug durch 24 amerikanische Großstädte geschickt werden konnte. Obendrein kaufte der Konzern die zwei erfolglosen Mercury-LPs ein und brachte sie nochmals, nun mit Profit, heraus. Die neuen Bowie-Songs unterschieden sich stilistisch kaum von diesen alten Einspielungen. Der Sänger konnte sie allerdings wesentlich exaltierter anpreisen. Da die allgemeine Einstellung zur Sexualität inzwischen liberaler geworden war und Gruppen wie Alice Cooper nützliche Feldarbeit geleistet hatten, fiel es Bowie nicht schwer, als Transvestit mit Lidschatten und Chiffongewändern zu posieren. Sein sicheres Gefühl für theatralische Wirkung, die Qualität seiner Kompositionen und die instrumentale Brillanz der von Mick Ronson (g, p, voc) angeführten Begleitgruppe The Spiders setzten Bowie von der Masse seiner Nachahmer deutlich ab, die kaum über die plüschige Zweideutigkeit einer «Drag Show» hinauskamen. 1973 schien Bowie, wie in einem Song aus der LP *Ziggy Stardust* angedeutet, einen «Rock 'n' Roll-Selbstmord» vorzubereiten, als er wichtige Konzerttermine ohne Grund kurzfristig absagte und verkündete, er wolle sich nunmehr nur noch futuristischen Filmprojekten widmen. Doch die schicke Verzicht-Erklärung signalisierte bloß eine Atempause im Flirt mit dem dekadenzwilligen Publikum: Im Sommer 1974 eröffnete «La Bowie» eine neue Saison in der Präsentation von Rockmusik. Seine *Diamond Dogs*-Show fusionierte auf hypertheatralische Weise nervösen Rock, Pantomime und exquisit choreographierte Lichteffekte. Obwohl die Presse-Reaktion günstig war (‹New York Times›: «Er hat sein Potential als Mann des Theaters noch gar nicht recht erkannt»), schälte sich Bowie nach Tournee-Ende aus seinem Glitter-Image und ließ sich in Philadelphia mit Rhythm & Blues-Musikern auf eine LP-Session ein: «Das ist die Art von Musik, die ich eigentlich immer singen wollte.» Bowies Manier, sich ständig theatralisch neben die von ihm eifrig nachempfundenen Musikstile zu stellen, wirkte bei seinen Soul-Adaptionen nicht sehr überzeugend. «Der Effekt war tödlich», kommentierte ‹Rolling Stone› die bemühte Mimikry. ‹Village Voice› hingegen fand die desorientierenden Disco-Mutationen von *Station To Station* (1976) so reizvoll, «als habe sich der schwarze Kino-Detektiv Shaft in Jean-Luc Godards ‹Alphaville› verirrt». Sein Gespür für musikalische Zeitströmungen und seine Vorahnung kommerzieller Trends brachte Bowie 1976 nach Berlin, das er als «eine Stadt voller Bars für traurige und enttäuschte Menschen» empfand, «eine Stadt, um sich zu besaufen». Bowie wurde trunken am düsteren Pomp der deutschen Vergangenheit («Hitler war einer der ersten Rockstars; er hat ein ganzes Land inszeniert») und an den asketischen Avantgarde-Aktivitäten von Karlheinz Stockhausen, Kraftwerk, Tangerine Dream. Gemeinsam mit Brian Eno entwarf er auf *Low* und *Heroes* (1977) Szenarien eines Berlin zwischen Götterdämmerung und Kristallnacht und Porträtskizzen eines Außenseiters, der in diesem Niemandsland kokett Pose bezieht. Seine Neigung zur Schauspielerei brachte ihn unterdessen auf einem zweiten Karriereweg in Kontakt zu Film und Theater. Während er 1980 am Broadway in Bernard Pomerances Drama ‹The Elephant Man› und 1982 im BBC-Fernsehen als Bertolt Brechts ‹Baal› brillierte, waren seine Kino-Aktivitäten zumeist künstlerisch unbefriedigend. Auftritte in Nicolas Roegs ‹Der Mann, der vom Himmel fiel› (1976), David Hemmings' ‹Schöner Gigolo – Armer Gigolo› (1977), Tony Scotts ‹Begierde› (1983), Nagisa Oshimas ‹Merry Christmas, Mr. Lawrence› (1983), Julian Temples ‹Absolute Beginners› (1986), Jim Hensons ‹Labyrinth› (1986) und Scorseses ‹The Last Temptation of Christ› (1988) zeigten eine beträchtliche Instinktschwäche bei der Auswahl von Filmrollen, die Bowies Anspruch als Trendsetter festigen sollten. Auf neueren Plattenveröffentlichungen gingen dem Chamäleon des Rock die Verwandlungsfarben aus. Deshalb borgte Bowie reichlich bei den verschiedenen Entwicklungsstadien seiner eigenen Show-Vergangenheit, ohne diesem Eklektizismus jedoch einen zeitgemäßen Ausdruck geben zu können. «Kalt, kraftlos und kalkuliert», kanzelte der ‹New Musical Express› die LP *Never Let Me Down* (1987) ab, sah den Verdacht auf «verschrobene kunstakademische Vorstellungen von Pop» endgültig bestätigt und riet dem Sänger, es «doch mal wieder mit Drogen» zu versuchen. Die Zeitschrift ‹Crawdaddy› hatte jedoch bereits 1977 ein faireres Urteil über die Widersprüche in Bowies Œuvre gefunden: «Man mag ihn einen widerwärtigen Egozentriker nennen, aber er ist niemals langweilig.» Ende der achtziger Jahre gönnte Bowie sich eine Atempause und veröffentlichte 1988 erstmals seit 1971 weder eine neue Single noch eine neue LP. 1989 übertrug er dem amerikanischen Label Rykodisc die Veröffentlichungsrechte an seinen früheren LPs, gründete mit Tin Machine wieder eine Band und stürzte sich mit Feuereifer in seine neue Rolle als primus inter pares. Doch verschwand hinter der Standardbesetzung mit Gitarren, Baß und Drums und dem Namen nicht sein Image als Superstar: Der zunächst sich schnell einstellende Erfolg wurde ihm zugeschrieben. 1991 wendete sich das Blatt. Die zweite Veröffentlichung der Blechmaschine dümpelte in unteren Charts-Rängen, während seine als CDs wiederveröffentlichten Alt-Aufnahmen fast ausnahmslos vorbeizogen. Unbeeindruckt ging Bowie mit der Band auf Tour, verlor 1992, nach der Veröffentlichung des Live-Albums *Oy Vey Baby* aber die Lust am Blechspielzeug. «Er wähnte sich auf dem Weg zur Selbstfindung», diagnostizierte ‹Tip›, «doch was er fand, waren Muster ohne Wert.» *Black Tie, White Noise* zeigte Bowie wieder solistisch als weißen Soul-Interpreten. Das Charisma des Sängers hatte die Tin Machine-Periode weitgehend unbeschadet überstanden, wie auch der Erfolg des von Bowie geschriebenen Soundtracks zu der englischen TV-Serie ‹The Buddha of Suburbia› 1994 unterstrich. 1995 stellte der Künstler in einer Londoner Galerie Skulpturen, 3D-Bilder, Kohlezeichnungen aus und tat sich für die CD *Outside* zum viertenmal mit Brian Eno zusammen: «Wir bewegen uns gern am Rand von Dingen, in all diesen Teilchen und Stückchen, die im tyrannischen Zentrum keine Verwendung finden», so Bowie über dieses Song-Szenarium von Außenseitern um einen bizarren Mord, in dem er in alle sieben Rollen schlüpfte: «Der Mainstream verkörpert die Katastrophe des Erfolgs.» Was aber auch hieß, daß er sich mit Enos Stimmfilter- und Cyber-Gadgets, Soundcollagen und Macintosh-Mutationen auf *Outside* und der selbstproduzierten Folge-CD *Earthling* (1997) mit ihren schrägen Anleihen bei Techno, Dance, Jungle, Drum 'n' Bass ziemlich katastrophal von seinen

Fans und vom Markt entfernt hatte. Konrad Heidkamp in der «Zeit»: «Wer wollte sich noch erheben lassen von dieser Musik, wer weinen, sich lieben, wer tanzt, wer träumt?» Als der Star im Januar 1997 mit seinem soeben zurückerworbenen gesamten Backkatalog von mehr als 250 Songs auf 25 Alben sowie einem Vorgriff auf seine künftigen Copyrights über die New Yorker Investment-Bank Fahnestock & Co als erster Rockmusiker an die Börse ging, wurden 55 Millionen Dollar erlöst. Im Oktober jenes Jahres schätzte ihn die Zeitschrift ‹Business Age› als reichsten britischen Rockmusiker und sein Privatvermögen auf 917 Millionen Dollar ein. Dazu paßte die Retrospektive auf die Songs und Sounds seiner Berliner Jahre Ende der Siebziger und gleich danach im Album *Hours* (1999). Heidkamp: «Seit *Let's Dance* (1983) war keines seiner Alben der Hitparade so nahe und der Gegenwartskunst so fern. Es ist die beste CD eines Mannes, der nie einen Unterschied zwischen Massengeschmack und Kunst machte, die schwächste CD eines Künstlers, der immer bereit für das Unerwartete war: ‹Alles, was den Maßstab verändert, muß unterstützt werden.› David Bowie als Konzernherr. Vermarktet sich wie immer selbst, verkauft die eigene Vergangenheit als Gegenwart, die Wiederholung ersetzt die Entwicklung. Wieder verkörpert er den Trend – mit Recht, es ist seine eigene Musik.» Als er am 27. Juni 2000 in einem edwardianischen Gehrock mit prächtigen Ärmelaufschlägen und zur Seite gekämmten, präraffaelitischen Locken beim Glastonbury Festival auftrat, gab er den 20 000 Fans «eine eindrucksvolle Lektion: How to be a Rock Star», so die Londoner ‹Times›: «Er demonstrierte, daß er immer noch eine Kraft ist, mit der zu rechnen ist.» Der Mitschnitt wurde unter dem Titel *BBC Radio Theatre* in limitierter Auflage dem Doppelalbum *Bowie At The Beep* (2000) mit Rundfunkaufnahmen aus den Jahren 1968 bis 1972 als Bonus-CD beigelegt.

LPs auf Deram: *David Bowie* (1967); *The World Of David Bowie* (1970); *Images* (1973) ... auf Mercury: *David Bowie* (1969); *The Man Who Sold The World* (1970) ... auf RCA: *Hunky Dory* (1971); *The Rise And Fall Of Ziggy Stardust And The Spiders From Mars* (1972); *Aladdin Sane* (1973); *Pinups* (1973); *Dia-mond Dogs* (1974); *David Live* (1974); *Young Americans* (1975); *Station To Station* (1976); *Changesonebowie* (1976); *Heroes* (1977); *Low* (1977); *Peter And The Wolf* (1978); *Stage* (1978); *Lodger* (1979); *Scary Monsters* (1980); *Golden Years* (1980); *Changestwobowie* (1981); *Christiane F.* (1981); *Rare* (1982); *In Bertolt Brechts Baal* (1982); *Let's Dance* (1983); *Ziggy Stardust – The Motion Picture* (1983); *Tonight* (1984); *Fame And Fashion* (1984); *Outside* (1995); *Earthling* (1997); *Best Of 1969/1974* (1997); *Best Of 1974/1979* (1998) ... auf Virgin: *Hours* (1999) ... auf EMI: *Tonight* (1984); *Labyrinth* (Soundtrack, 1986); *Never Let Me Down* (1987); *Bowie At The Beep* (2-CD, 2000, BBC-Aufnahmen 1968–1972) ... auf Arista: *Black Tie, White Noise* (1993); *The Buddha Of Suburbia* (1994) ... auf EMI mit Tin Machine: *Tin Machine* (1989); *Tin Machine II* (1991); *Oy Vey Baby* (Live, 1992) ... auf Virgin (mit anderen): *Absolute Beginners – The Musical* (1986); *Absolute Beginners – The Original Motion Picture Soundtrack* (1986) ... auf PRT: *1966* (1987, 2000 wiederveröffentlicht: *I Dig Everything – The 1966 Pye Singles*) ... auf Rykodisc: *Sound + Vision* (1989)

Boy George (voc), als George Alan O'Dowd am 14. Juni 1961 in Eltham, Kent, geboren, war der Paradiesvogel des Pop in den Achtzigern. Er flog frühzeitig von der Schule, weil er sich konventionellen Kleidervorschriften nicht beugen mochte, flirtete als Dekorateur und Schminkhilfe bei der Royal Shakespeare Company herum und avancierte allmählich zum Fixpunkt der outrierten Londoner Party-Schickeria. Mit seinem zeitweiligen Lebenspartner Jon Moss (dr), der im Dunstkreis von Clash, Damned und Adam Ant getrommelt hatte, Roy Hay (g), Michael «Mickey» Craig (bg) gründete er 1981 den Culture Club. Sie bemühten sich, zwischen Soul und Elektronic Rock die Brücke zu schlagen; sie schrieben Melodien, die in der Erinnerung blieben, und trugen Songtexte vor, die die Phantasie anregten. Wie ABBA kümmerten sie sich nicht darum, was stilistisch koscher war, sondern «mischten die Elemente, die unsere Popmusik ausmachen, neu auf und re-definierten die Kriterien, nach denen wir eine Pop-Performance beurteilen» (‹Rolling Stone›). Ihre gefällige Jukebox-Musik sog Rhythmen und Klangfarben aus der Dritten Welt auf, ließ Rock- und Country-Töne durchklingen und gab sich Disco-orientiert. «Ich möchte, daß Culture Club alle Völker und Minderheiten repräsentiert», wünschte sich Frontmann Boy George. «Ich selber sehe mich eher als konservativen Typen. Ich habe kein Interesse, ausgeflippt zu sein.» Dieses bescheidene Credo wurde jedoch durch seine medienwirksame Erscheinung überwältigend dementiert. Wie «eine Geisha, die sich als chassidischer Rastafarier verkleidet hat» (‹Tip›), unterstrich er sein androgynes Gebaren durch eine hemmungslos eklektizistische Zusammenstellung seiner Garderobe und einen verschwenderischen Umgang mit Mascara, Puder, Rouge und Nagellack, «weil ich damit einfach besser aussehe». Trotz der überkandidelten Selbstdarstellung und des allmählichen Eingeständnisses seiner Homosexualität wirkte Boy George eher wie eine putzige Aufziehpuppe des Pop, wie eine Phantasiefigur, die aus einem psychedelischen Cartoon entsprungen sein konnte. Vor allem Kinder ließen sich von dem merkwürdigen Onkel in Fummel und Schminke mit Schlager-Süßigkeiten verwöhnen. Singles wie *Do You Really Want To Hurt Me*, laut ‹Billboard› der «beste Song, den Smokey Robinson nicht geschrieben hat», *Time (Clock Of The Heart), I'll Tumble 4 You, Church Of The Poison Mind* mit Helen Terry (voc), für Michael Jackson «die beste Soul-Sängerin seit Aretha Franklin», *Karma Chameleon, Miss Me Blind, It's A Miracle, The War Song* machten das Quartett zur Welt-Attraktion, zur «Pop-Gruppe, die zählt» (‹Rolling Stone›). Ihr Œuvre, das zunächst schillernde Identitätsverwirrungen und eine Vision der Hoffnung durch Liebe und die Kraft zum Träumen geboten hatte, wurde jedoch zunehmend verquält und unoriginell: «Sie suhlten sich so sehr in unserer Zuneigung, daß sie vergaßen, gute Lieder zu schreiben» (‹Village Voice›). Vom *Luxus zum Leid* (Albumtitel) rutschte die Band vollends, als Boy George 1986 wegen seiner Drogenaffären in die Schlagzeilen und vor Gericht geriet und die Gruppe von den Skandalen ausgezehrt wurde, bis Jon Moss im Winter 86 den Club dichtmachte. «Heroin», sagte Boy George, «war vielleicht die schlimmste meiner Drogen – aber ich habe das erst bemerkt, als ich keins mehr hatte.» Ende des Jahrzehnts erinnerte er sich im Aufbruch der Acid House-Musik Londons, «daß Pop doch mehr bedeutet hatte, als sich von schlechten Fotografen und biederen Talkmastern ausnehmen zu lassen» und wurde Discjockey – Gage: 2000 Mark für zwei Stunden. Er gründete das Label More Proteine und produzierte Newcomer: «Ich bin jetzt Vegetarier und habe Prinzipien.» 1994 rückte sich der scheue Narziß mit dem Album *Cheapness And Beauty* und einem eklektizistischen Potpourri aus Punk, Folk, Soul, Glam Rock- und New Wave-Zitaten als Artist wieder in den Mittelpunkt und rechtfertigte in seiner Autobiographie ‹Take It Like A Man› den Ruf, «einer der letzten Pop-Großmeister und nicht bloß ein einfallsloser Fälscher» (‹Der Spiegel›) zu sein: «Jede Form von Musik ist Diebstahl. Es kommt nur darauf an, daß man es beherzt tut.» So begab er sich beherzt, dem Vernehmen nach gegen 250 000 Pfund Vorauskasse, zusammen mit dem DJ und Remixer Pete Tong in den Dienst der Firma Ministry of Sound, um zwei Jahre lang Dance-Mixe für Sampler herzustellen. Neben dem Broterwerb spazierte er auch gelegentlich noch als Performer auf die Bühne – 1996 u. a. für eine Solo-Show in der Londoner Royal Albert Hall, 1997 mit seiner Band Sister Queen im St. George Yachtclub Beirut, 1998 mit einem kurzfristig wiederbelebten Culture Club in Monte Carlo. Außerdem bestritt er ein wöchentliches Disco-Programm von zwei Stunden bei Radio Galaxy und schrieb eine wöchentliche Klatschkolumne für den ‹Daily Express›. 1999 wurde der Mix *When Will You Learn* aus seinem Studio in der Kategorie Best Dance Recording für einen Grammy nominiert. Das nächste eigene Werk war etwas für eingefleischte Fans: Die Boy George-CD *The Unrecoupable One Man Bandit* (1999) enthielt Sammlerstücke von der skizzenhaften Demo-Aufnahme bis zu fertig gemixten Songs, eine akustische Version von *GI Josephine*, ein Cover von David Bowies *Suffragette City* und den Transsexuellen-Tribut *She Was Never He*. Den deutschen ‹Rolling Stone› erinnerte die «Restesammlung» daran, «daß mit der Jugend oft auch die Ideale und Ideen vergehen, und daß der Mensch von was leben muß – notfalls auch von totem Rock 'n' Roll. Auch wenn der – wie im Fall von Boy George – früher Pop war.» Unter dem Titel «Taboo» kündigte George Alan O'Dowd 2001 für das Londoner West End ein

Musical über seine Jugend und seinen Höhenflug als Paradiesvogel der Londoner Clubszene in den Achtzigern an: «Ich werde das nicht selbst spielen. Dafür brauchen wir jemanden jünger, schöner und dünner als ich.»

LPs auf Virgin: *Sold* (1987); *Tense, Nervous, Headache* (1988); *Boyfriend* (1989); *High Hat* (1989); *The Martyr Mantras* (1991); *Devil In Sister* (1994); *Cheapness & Beauty* (1995) … auf Back Door: *The Unrecoupable One Man Bandit* (1999) … auf Disky: *Everything I Own* (1999) … LPs mit Culture Club auf Virgin: *Kissing To Be Clever* (1982); *Colour By Numbers* (1983); *Waking Up With The House On Fire* (1984); *From Luxury To Heartache* (1986); *VH-1 Storytellers/Greatest Moments* (1998); *Don't Mind If I Do* (1999)

Bragg, Billy (voc, g), bürgerlich: Steven William Bragg, am 20. Dezember 1957 in Barking, Essex, geboren, vermengte in seiner Song-«Kollektion vergilbter Postkarten aus den sterbenden Vororten der frühen achtziger Jahre vernünftige sozialistische Ansichten mit einem nahezu unheilbaren Romantizismus» ‹New Musical Express›). «Proletarisch gerüstet mit einer verstimmten elektrischen Gitarre, bissigen Texten und punkiger Anmache» (‹City Limits›) sang der engagierte Sympathisant der Labour Party «in einem Tonfall, flacher noch als ein Pooltisch» (‹Time Out›), von Schulmädchen mit unerwünschten Schwangerschaften, von Jungs, die in der Schule die Größten und im Berufsleben ohne faire Chance waren, von Gewalt auf den Straßen und einer Zukunft nur für die Günstlinge des Thatcherismus. Einzige Ablenkung und sparsamen Trost mochte die schwärmerische Suche nach der großen Liebe bieten: «I don't want to change the world, I'm not looking for a New England – I'm just looking for another girl.» Doch Bragg wußte, daß in einer von Aids-Hysterie befrachteten Zeit dem Liebesvollzug die Risikoverminderung vorangehen mußte: «Oh baby, let's take our blood tests now.» Mit ihrer Version von *New England* stieß die Sängerin Kirsty McCall bis auf Platz sieben der britischen Charts vor und verschaffte Bragg ein gewisses Ansehen als Songautor. «Jedermanns liebster Post-Punk-Folksänger» (‹Stereo Review›) hatte sich nach einer Reihe von Gelegenheitsjobs der punk-

orientierten Rhythm & Blues-Gruppe Riff Raff und anderen Off-Bands angeschlossen, war dann aus Frustration vorübergehend beim Militär und trat 1983 mit der für nur 175 Pfund in drei Tagen Heimarbeit aufgenommenen Mini-LP *Life's A Riot With Spy Vs Spy* spektakulär ins Rampenlicht der alternativen Musikszene. Sosehr Bragg auch mit treffendem Wortwitz und charmanten Bonmots Übel, Konflikte und Widersprüche seiner Umwelt zu skizzieren und zu geißeln wußte, so konturenlos und tiradenhaft geriet ihm die Beschreibung seiner eigenen Gefühlswelt. 1984, anläßlich des Bergarbeiter-Streiks, veröffentlichte er die Songs *Which Side Are You On*, *There Is Power In The Union* und *Between The Wars*. 1988 brachte er eine Coverversion des Beatles-Songs *She's Leaving Home* auf Platz eins der britischen Hitparade. Bragg, der 1989 für aufstrebende Jung-Künstler das Label Utility gründete, integrierte Anfang der neunziger Jahre zunehmend konventionelle Rock-Elemente in seine Musik – zu hören auf seiner 1991 veröffentlichten LP *Don't Try This At Home*: «Einnehmende, geistreiche Liebeslieder und Problem-Songs, die den Hörer mit ihrer Melodie fesseln, bevor sie ihre Botschaft anbringen» (‹Rolling Stone›). Nach einer jahrelangen Pause veröffentlichte Bragg Ende 1996 wieder einmal eine LP. «New Labour, new Billy» kommentierte ‹Q› spöttisch *William Bloke*. Der neue Billy war wieder ganz der alte: Er hatte sich auf seine Folk-Vergangenheit besonnen, sang von sich und der Welt und vom «Sozialismus des Herzens» – mit der Charts-Position 16 im United Kingdom immerhin so erfolgreich, daß er auf der Marke Cooking Vinyl 1997 das Album *Bloke On Bloke* folgen lassen konnte (Position 72). In dieser Zeit war er bereits mit Woody Guthries Tochter Nora im Geschäft, die ihn nach mehreren Auftritten mit Guthrie-Songs (1992 in New Yorks Central Park, 1996 für die Rock and Roll Hall of Fame in Cleveland, Ohio) Zugang zu rund 1000 unveröffentlichten Texten des 1967 verstorbenen Folk-Pioniers verschafft hatte. 1998 veröffentlichte Bragg seine ersten Vertonungen der Guthrie-Poeme mit der US-Folk-Combo Wilco aus Illinois unter dem Titel *Mermaid Avenue* nach Guthries letzter Adresse auf Long Island, N. Y. – Volume 2 folgte 2000. Die leicht folkrockenden, von Kritikern hoch gelobten Versionen der teils mehr als ein halbes Jahrhundert alten Texte wurden im Januar 1999 für einen Grammy nominiert. Sie zeigten einen vielseitigeren Poeten als das konventionelle Guthrie-Bild. «In einem Song haben ein Schwuler und eine Lesbe Sex miteinander», erzählte Bragg: «In acht Versen schildert Guthrie sehr detailliert, wie sie es miteinander treiben, und am Ende erklärt er beide für ‹geheilt›.» Bragg, der Guthrie als größten amerikanischen Dichter neben Walt Whitman und Mark Twain einschätzte, nahm diesen Text nicht auf, weil er bei jeder Zeile einen «knallroten Kopf» bekam; «außerdem hatte ich keine Lust, mich hinterher als Denkmalschänder beschimpfen zu lassen». Da legte er lieber unter dem Titel *Reaching To The Converted* (1999) noch einmal seine alten Beatles-, Ry Cooder- oder The Smiths-Coverversionen sowie vergessene B-Seiten von früher vor – abermals mit wohlwollender Presse-Resonanz. «Denn seine linkische Zärtlichkeit trifft einfach voll ins Herz», so der ‹Musikexpress›, «wenn er mit der naiven Verliebtheit eines Schuljungen den Love-Song *Ontario, Quebec And Me* anstimmt.»

LPs auf Chrysalis: *Life's A Riot With Spy Vs Spy* (1983); *Brewing Up With* (1984) … auf Intercord: *Talking With The Taxman About Poetry* … auf Go! Discs: *Days Like These* (1985); *Between The Wars* (Mini-LP, 1985); *Back To The Basics* (1987) … auf Line: *Worker's Playtime* (1988) … auf Warner Bros.: *Help Save The Youth Of America – Live* (1988) … auf BBC: *The Peel Sessions* (1988; Aufnahmen von 1982/83) … auf Utility: *The Internationale* (1990); *Don't Try This At Home* (1991) … auf Cooking Vinyl: *William Bloke* (1996); *Bloke On Bloke* (1997); *Reaching To The Converted* (1999) … auf Elektra: *Mermaid Avenue* (1998); *Mermaid Avenue, Vol. 2* (2000)

Braxton, Toni (voc, p), enterte mit ihrem Debütalbum und einer «emotionalen Intensität, die Banalitäten in wahre Glaubensbekenntnisse umformte» (‹New York Times›), am 31. Juli 1993 die US-Charts und erreichte acht Monate später, am 26. Februar 1994, die Top-Position. Ein wahrer Preisregen ging auf die nur 1,57 Meter große Sängerin nieder, die wegen ihrer gutturalen Altstimme sofort mit Tracy Chapman (‹New York Times›), Anita Baker (‹Tip›) verglichen und wegen der Dimension ihres Starterfolgs in die Kategorie Whitney Houston, Mariah Carey eingeordnet wurde: Top Soul / R & B New Artist und Top Adult Contemporary New Artist bei den American Music Awards 1994, Best New Artist und Best R & B Performance / Female bei den Grammys, Best R & B Single / Female (*Breathe Again*) und R & B Album of the Year (*Toni Braxton*) bei den Soul Train Awards in Los Angeles, World's Bestselling R & B Newcomer of the Year bei den World Music Awards im Mai 1994 in Monte Carlo. Das Album war bis dahin mehr als zweimillionenmal verkauft worden. Als älteste von fünf Töchtern eines Sonntagspredigers und einer Amateur-Opernsängerin am 7. Oktober 1968 in Severn, Maryland, geboren und am Piano klassisch geschult, hatten ihre Eltern Toni Braxtons frühes Interesse an der Musik von Quincy Jones, Stevie Wonder, Chaka Khan zu unterdrücken versucht; sie verboten Popmusik im Haus. Das Kind wich in den Kirchenchor aus und beteiligte sich als Teenager während des Pädagogik-Studiums am Bowie State College heimlich an Talentwettbewerben. Ein junger Songschreiber namens Bill Pettaway, der an einer Tankstelle im nahegelegenen Annapolis arbeitete, als Co-Autor mit *Girl, You Know It's True* (Milli Vanilli, 1989) aber schon einmal einen Nummer-eins-Hit gelandet hatte, vermittelte sie an Arista. Der Song *Good Life*, den sie 1990 als The Braxtons mit ihren Schwestern Traci (18), Towanda (15), Trina (14), Tamar (12) aufnahm, erreichte auf Position 79 die R & B-Charts und machte die Produzenten Babyface (Kenny Edmonds) und (Antonio) L. A. Reid auf sie aufmerksam. Die beiden verpflichteten sie für ihr in Atlanta, Georgia, beheimatetes, mit Arista verbundenes Label LaFace und starteten sie als Duett-Partnerin von Babyface mit dem Song *Give U My Heart* im Soundtrack des Eddie Murphy-Films ‹Boomerang› (1992) – Platz 29 auf den US-Single-Charts. Anläßlich ihres Debütalbums *Toni Braxton* (1993) machte Stephen Holden in der ‹New York Times› «eine neue Balance zwischen Härte und Unterwürfigkeit bei den Soul-Diven» aus: «Sie klingt, als sei sie nicht nur fähig, jeden zudringlichen Liebhaber in seine Schranken zu verweisen, sondern auch, Boxhandschuhe anzulegen und ihn damit umzuhauen.» Vom Clip-Sender MTV gefördert, stilisierte sich Toni Braxton für ihr zweites Album *Secrets* (1996) «zur Zeitgeistikone», so Claudia Wiegand in ‹Tip›: «angeschweißte Kunsthaarmähne, ein um mindestens zwölf Pfund erleichterter makelloser Körper, um den sich atemberaubende Versace-Einblick-Roben hüllen, und ein Blick, der nicht mehr freundlich ist, sondern fordernd sexy». In einem kontroversen Video, ‹You're Makin' Me High›, legte sie Hand an ihre «private parts» (Songtext) und stöhnte sich dem Orgasmus entgegen: «All I want is you there inside me.» Zugleich sehnte sie sich in den wohlkonstruierten *Secrets*-Balladen – sieben der zwölf Songs aus der Feder von Babyface – aber auch nach einem Mann «with sensitive eyes that knows his right from wrong» (*Find Me A Man*). Mit dem Sextett Mint Condition aus St. Paul, Minnesota, trug Toni Braxton ihre «sweet street-corner vocals in jazz instrumentation» (‹The Times›, London) im Herbst 1997 unter dem Titel «Songs and Visions» auch auf Europatournee vor. Im Dezember 1997 focht sie vor dem Obersten Gericht Kaliforniens in Los Angeles ihren siebenjährigen Exklusivvertrag mit LaFace Productions und Arista Records an, der ihr bei gleichbleibenden Anfänger-Konditionen (35 Prozent der Tonträger-Einnahmen) alle Kosten aufbürdete, und erklärte sich im Januar 1998 für bankrott. Der langwierige Prozeß endete nach rund einem Jahr mit einem Vergleich, der Vertragsänderungen einschloß; Kenneth «Babyface» Edmonds blieb ihr Produzent. Inzwischen hatte sie bei den American Music Awards als beste R & B/Soul-Künstlerin und für das beste R & B/Soul-Album (*Secrets*) abgeräumt und – besonders für den Song *Un-Break My Heart* – diverse andere Preise eingeheimst, war für ihren Entschluß, am Broadway Theater zu spielen, aber auch vom ‹Entertainment Weekly› als «Loser of the Week» geschmäht worden. Zudem mußte sie sich einen zudringlichen Stalker, der sie sogar in der Theatergarderobe bedrängte, polizeilich vom Hals halten lassen und sich in einer TV-Talkshow zudringlicher Fragen von Oprah Winfrey nach ihrer Steuerehrlichkeit erwehren. Das Angebot, im Musical ‹Beauty and the Beast› als schwarzes Mädchen aus Maryland die Rolle der Belle zu übernehmen, sah sie als Herausforderung («Andere Popsänger träumen von einer solchen Chance ihr Leben lang»). Die Partitur mußte von Sopran auf ihren Contraalt heruntertransponiert werden, Komponist Alan Menken und Texter Tim Rice schrieben ihr mit *A Change In My Life* einen für sie auch autobiographisch stimmigen neuen Song. Ihre Erkenntnis: «Das Pop Business ist nichts für reife, erfahrene Menschen, sondern nur für die Jungen und Naiven. Als Frau mußt du Krallen zeigen, sonst wirst du nach Strich und Faden verschaukelt.» Mit neuem Selbstbewußtsein kehrte sie von ihren acht Vorstellungen pro Woche im New Yorker Palace Theatre zur Produktion des Albums *Heat* (2000) ins Popstudio zurück. Keck lästerte sie unter einem Cher in den Seventies nachstilisierten Cover über einen Ex-Boyfriend: *He Wasn't Man Enough* trug ihr in der Kategorie weiblicher R & B-Gesang einen Grammy ein. Nur der als Hit gemeinte Album-Track *Spanish Guitar* klang allzu sehr nach ihrem *Un-Break My Heart*, also von gestern.

LPs auf LaFace/Arista: *Toni Braxton* (1993); *Secrets* (1996); *The Heat* (2000).

Bronski Beat, 1983 in London gegründet, entfachten durch die einfache Verbindung der Rezeptur Giorgio Moroders mit dem Flair des britischen Synthie-Pop einen europaweiten Dance-Boom. Die Band nutzte ihre Popularität, um sich zum Sprecher der internationalen Gay-Bewegung zu machen. Dem hypnotischen Falsett von Jimmy Somerville, geboren am 22. Juni 1961 in Glasgow, Schottland, war es zu verdanken, daß Bronski Beat beinahe jeden infizierten, der mit ihrer Musik in Berührung kam. Nachdem er jahrelang gejobbt, von der Sozialhilfe gelebt und einen Song für die Jugend-TV-Serie *Framed Youth* eingesungen hatte, nahm Somerville ein Tape auf, das Steve Bronski (kb), als Steve Forrest am 7. Februar 1960 geboren, und Larry Steinbeck (kb), am 6. Mai 1960 geboren, in der Londoner Schwulen-Disco Heaven zu Ohren kam. Sie nahmen Kontakt zu dem Sänger auf und traten 1983 erstmalig als Bronski Beat auf dem Londoner Pink Gay Arts Festival auf, nach weiteren Erfolgen im Vorprogramm von Tina Turner, was unmittelbar einen Plattenvertrag bei London Records zur Folge hatte. Ihre Debüt-Single *Smalltown Boy* erklomm in England auf Anhieb Position drei der Charts und wurde rund um den Globus zum Dauerbrenner auf dem Dancefloor. Auch die Nachfolge-Single *Why,* die sich mit den Erfahrungen eines pädophilen Freundes Somervilles auseinandersetzte, der England hatte verlassen müssen, bescherte der Gruppe weltweiten Erfolg. Somerville hatte sich bereits einen Namen als Kämpfer für die Rechte Homosexueller gemacht, als Bronski Beat ihr erstes Album *The Age Of Consent* (1984) veröffentlichten. Der ideologische Gehalt stieß bei der Presse auf geteiltes Echo, doch die Popularität von Bronski Beat war auch unter Heterosexuellen kaum zu bremsen. Im Sommer 1984 eröffneten sie im Londoner Wembley-Stadion eine Show von Elton John und gingen danach auf ausgedehnte Tournee durchs Vereinigte Königreich. Auf ihrer dritten Single nahmen sich Bronski Beat George Gershwins *It Ain't Necessarily So* an. 1985 ließen sie ihrer Liebe zu Giorgio Moroder freien Lauf und coverten gemeinsam mit Marc Almond Donna Summers *I Feel Love,* das sie mit Zitaten von *Love To Love You Baby* und *Johnny Remember Me* spickten. Die Single enterte im April 1985 abermals Platz drei der britischen Charts, doch unbeeindruckt vom Erfolg kehrte der Überzeugungstäter Somerville der Band noch im selben Monat desillusioniert den Rücken. Mit den Communards konnte er ein zweites Kapitel seiner Erfolgsstory schreiben. Bei Bronski Beat kam Ersatz in John Jon, bürgerlich John Foster, von der aus Newcastle stammenden Band Bust. Die neue Besetzung reichte nicht an die alte heran, der schlüpfrig-provokante Charme des androgynen Trios war verflogen. Nach Somervilles Ausstieg wurde das Remix-Album *Hundreds And Thousands* (1985) produziert. Mit der Single *Hit That Perfect Beat* (1986) schnupperten Bronski Beat noch einmal Charts-Luft. Das zweite reguläre Album *Truthdare Doubledare* (1986) fiel hingegen in jeder Hinsicht enttäuschend aus. 1988 wurde Foster durch Jonathan Hellyer ausgetauscht. Danach verliefen sich die Spuren der Band im Sande.

LPs auf London: *The Age Of Consent* (1984); *Truthdare Doubledare* (1986) … auf ZYX: *Rainbow Nation* (1995)

Brötzmann, Caspar (g), am 13. Dezember 1962 in Wuppertal geboren, galt lange Zeit als Prophet im eigenen Lande. In Amerika mit Anerkennung überhäuft, fühlte sich der Gitarrist in Deutschland stets verkannt. Der introvertierte Querkopf mochte sich nie in einen von außen gesetzten Kontext fügen und empfand die geschäftliche Seite des Musikerdaseins stets als lästige Notwendigkeit. Als Intellektueller auf den sechs Saiten mißverstanden, bekannte er: «Mir geht es um nichts anderes, als Gitarre zu spielen und Spaß daran zu haben.» Als Sohn des Free Jazz-Saxophonisten Peter Brötzmann kam er schon als Kind intensiv mit Musik in Berührung. Vom Jazz zunächst abgestoßen, wandte sich Brötzmann der Rock-Gitarre zu. Als er erkannte, daß er an Vorbilder wie Ritchie Blackmore, Jimmy Page, Jimi Hendrix nicht heranreichen würde, lieferte ihm Punk einen willkommenen Ausweg. Er vergaß, was er gelernt hatte, ging nach Berlin und gründete mit dem ehemaligen DAF-Bassisten Gabriel Delgado Lopez und Schlagzeuger John Stöckelmann die Band Massaker, mit der er die beiden Hardcore-Platten *Black Axis* (1988) und *The Tribe* (1989) einspielte. Ohrenbetäubende Lautstärken, improvisationsreiche Stücke, selten kürzer als zehn Minuten, und Texte mit Tendenz zur Selbstzerfleischung wurden zu Brötzmanns Markenzeichen. Die Cover seiner Platten gestaltete er mit selbstgemalten Bildern, die an prähistorische Höhlenmalereien erinnerten. Anfang der neunziger Jahre profilierte er sich durch Auftritte auf Jazz-Festivals auch in der Jazz-Welt. Seinen internationalen Durchbruch hatte er mit dem Album *Der Abend der schwarzen Folklore* (1992), auf dem Danny Arnold Lommen Schlagzeug spielte. «Schwarz», so erklärte Brötzmann anläßlich des Albums, das nicht zuletzt unter dem Eindruck der Zusammenarbeit mit seinem Vater an der Platte *Last Home* und mit dem New Yorker Jazz-Gitarristen Nicky Scopelitis entstanden war, «ist für mich eine musikalische Wurzel. Man macht die Augen zu, sieht nichts und kann sich etwas ausdenken. Schwarz gibt Ruhe.» Das Nachfolgealbum *Koksofen* (1993) kennzeichnete den Abschluß einer kontinuierlichen Arbeitsphase, die bis zur ersten Platte zurückreichte. Mit *Home* (1994) rekapitulierte er seine Ursprünge, indem er Songs der ersten beiden, zu diesem Zeitpunkt nicht mehr lieferbaren Alben in ein neues Gewand kleidete. Daneben ging er mit der Gruppe Pigface ins Studio, machte Aufnahmen mit Jim Foetus und produzierte gemeinsam mit dem Schlagzeuger der Einstürzenden Neubauten, F. M. Einheit, die apokalyptische Hörlandschaft *Merry Christmas* (1994). Eine Wende in Brötzmanns Umgang mit sich und seiner Musik markierte die Platte *Zulutime*, die er 1997 in nur sechs Stunden im Duo mit Ex-Helmet-Gitarrist Page Hamilton in New York einspielte. Er wandte sich offeneren Strukturen zu, sein Spiel begann spiritueller zu klingen. Angebote, weiterhin in New York zu arbeiten, lehnte er ab. Infolge der Erfahrungen mit stilistisch freieren Projekten löste er die Band Massaker auf. Nach einer Periode der Läuterung und Zurückgezogenheit spielte er mit dem Schlagzeuger Robert Dämmig und dem Bassisten Otmar Seum 1999 *Mute Massaker* ein. Dazu griff Brötzmann auf Elemente zurück, die von Pharoah Sanders bis Jimi Hendrix reichten. Das ‹Visions›-Urteil, «es massakert nicht mehr, es brötzt nur noch», kennzeichnete die Unfähigkeit einer auf vorgegebene Formate geeichten Rock-Kritik, mit dieser Musik umzugehen. Nach eigener Aussage fühlte sich Brötzmann erstmalig nicht mehr dem Druck ausgesetzt, etwas beweisen zu müssen. Gerade weil er auf vokale Eskapaden verzichtete und sich frei von Textbezügen ganz auf die Gitarre konzentrieren konnte, hatte er zu einem Punkt gefunden, an dem er die Musik frei von genrepolitischer Rücksicht fließen lassen konnte.

LPs auf Zensor: *The Tribe* (1987); *Black Axis* (1989) … auf Our Choice: *Der Abend der schwarzen Folklore* (1992); *Koksofen* (1993); *Home* (1995); *Merry Christmas* (1994); *Zulutisme* (1996); *Mute Massaker* (1999)

Brown, James (voc), am 4. Juni 1933 (andere Quellen: 1928, 1929) auf einer Südstaaten-Farm bei Toccoa, Georgia, geboren und elternlos in einem Holzverschlag sowie später bei seiner Tante Handsome «Honey» Washington in deren Bordell 944 Twiggs Avenue in Augusta aufgewachsen, hat es vom Schuhputzer, Baumwollpflücker, Wagenwäscher, Autodieb und Einbrecher mit Kraft, Talent, Bühnen-Akrobatik, unbeugsamem Durchsetzungswillen und der perfektesten musikalischen Revuemaschine Amerikas zum mehrfachen Dollar-Millionär ge-

bracht. Der schwarze Besitzer von Rundfunksendern und Fernsehstationen, von Musikverlagen, einer Plattenproduktion, einer Künstleragentur und einer Kette von Soul Food-Restaurants galt als «Idealtyp des kulturellen Helden, den die unteren Klassen verehren» (Bluesforscher Charles Keil). Amerikas Schwarzen war er «Dichter, Philosoph, Wohltäter und vielleicht sogar ein Messias» (‹Look›). Denn der «Mister Dynamite» des Showgeschäfts (Werbeslogan) hat mit einer hechelnden Blues-Diktion, heiseren Falsetttönen, überschnappenden Nasallauten, melodisch simplen Songs von *Soul Fire* und der *Sex Machine*, monotonen Rhythmusketten und dem unablässigen Appell: «Say it loud, I'm black and proud» stets und ausschließlich die Emotionen der schwarzen US-Underdogs zum Klingen gebracht. Wie einst zu Hause im Gospel-Chor, reißt er auch heute noch «mit seiner Stimme die Kirche ein», so der Polizist Sylvester Means aus Toccoa. Seit der «originellste und am härtesten arbeitende Soul-Interpret» (‹Melody Maker›) 1956 «mit mehr Angst und Lampenfieber, als man sich vorstellen kann», seine erste Platte *Please, Please, Please* aufnahm und Sendezeit im Radio kaufte, um sie populär zu machen, gab er alljährlich annähernd 300 Konzerte und legte dabei – zeitweilig im eigenen Lear-Jet für 713 000 Dollar – jeweils rund 100 000 Meilen zurück. 1966 besuchte er zum erstenmal Ghetto-Schulen in San Francisco, um den Schülern klarzumachen, daß sie ihre Ausbildung beenden müssen, denn «nicht jeder schafft es auf die gleiche Weise wie ich». Als in Detroit und Washington die Ghettos brannten, rief er über Funk und Fernsehen seine rebellischen Soul Brothers auf, sich nicht abschlachten zu lassen. «Eine einzige Handbewegung von James Brown», erklärte damals der Polizeioffizier E. C. McClung in Columbia, Georgia, «ist soviel wie hundert Polizisten wert.» Mit dem Song *King Heroin* gospelte er im Winter 1971 / 72 gegen die Rauschgiftgefahr. Als seine «Feinde» betrachtete er Sidney Poitier, Sammy Davis Jr., Bill Cosby, Diahann Carroll und andere «Renommier-Neger Hollywoods»: Keiner von ihnen habe jemals ein unretuschiertes Bild vom erbärmlichen Ghetto-Leben in die Massenmedien gebracht. Er selbst dagegen, wenngleich als Chef eines Unterhaltungskonzerns ein Kapitalist mit Ausbeuter-Allüren, empfahl sich als Vorbild: «Meine Musik spricht aus, was der schwarze Mann auf der Straße fühlt. Ich hatte nie Hilfe vom Staat oder von den örtlichen Behörden; ich habe mir meinen Weg Schritt für Schritt erkämpft. Und ich bin froh darüber, denn jetzt ist ganz deutlich, was James Brown mit der Hilfe seines Volkes geschafft hat. Er schaffte es als schwarzer Mann.» Und als Super-Macho. Im Frühjahr 1988 verprügelte er seine dritte Frau, die er nicht auf eine Südamerika-Tournee mitnehmen wollte, derart heftig, daß sie ihn auf mehrere Millionen Dollar Schadenersatz verklagte (Frau Adrienne, die mit ihren Blutergüssen für das Klatschblatt ‹National Enquirer› posiert hatte, zog die Klage später zurück). Im Dezember desselben Jahres wurde er von einem Gericht in Aiken, South Carolina, zu sechs Jahren Gefängnis verurteilt, weil er bei einer Kontrolle auf Waffenbesitz in North Augusta versucht hatte, zwei Polizeibeamte zu überfahren. Er wurde in ein Gefängnis in South Carolina eingeliefert und appellierte mehrfach an den US-Präsidenten, ihn unverzüglich freizulassen – ohne Resonanz. Konflikte dieser Art waren ihm auch früher nicht fremd. 1975 hatte er seine drei Rundfunksender und seinen Jet verkaufen müssen, um Steuerschulden von 4,5 Millionen Dollar abzustottern. Er bestach Discjockeys und wurde bei seiner zweiten Scheidung zur Abfindungszahlung in Millionenhöhe verknackt. Sein Sohn Teddy starb nach einem Autounfall. Dennoch bejubelte er 1986, für den Soundtrack des Films ‹Rocky IV›, mit Hit-Erfolg sein *Living In America*. 1988 setzte er zur Begleitung der Band Full Force auf der LP *I'm Real* abermals zum Überflug an. ‹Musikexpress›: «Full Force beweisen, daß die Vergangenheit des Godfathers mehr Zukunft hat als die Gegenwart seiner Plagiatoren. Sie nehmen seine klassisch schleppenden Mülleimer-Beats, die hektischen Gitarren und schmetternden Bläser, mit denen er berühmt wurde, und betten sie in moderne Hip Hop-Arrangements mit Techno-Soul und Scratch-Effekten.» Im State Park Correctional Center von South Carolina sinnierte derweil Brown: «Ich hoffe, daß Präsident Bush erkennen wird, daß hier einer für nichts im Knast sitzt. Für einen Mann, der mehr geleistet hat als Beethoven, Bach und Brahms, muß es doch

einen Platz geben.» Vom Frühjahr 1989 an arbeitete er als Freigänger für die soziale Aiken / Barnwell-Hilforganisation zur Fürsorge für Alte, Arme und Arbeitslose – Stundenlohn: 3,80 Dollar. Im Februar 1991 wurde er zur Bewährung entlassen und gab im gleichen Jahr wieder Konzerte. Seine Strafe endete offiziell am 23. Oktober 1993. Aber noch vorher verklagte er einen Schuhfabrikanten sowie den Konzern Molson & AC & R in Columbia, South Carolina, in Millionenhöhe wegen der unberechtigten Verwendung von Songzeilen beziehungsweise eines Zitats aus dem Song *I Feel Good*. 1992 erhielt er den Ehrenpreis der American Music Awards für die besten Liner Notes in der CD-Box *Star Time* mit 72 Songs aus seiner fünfunddreißigjährigen Karriere. Im November 1993 wurde ein Stück der Ninth Street in Augusta in James Brown Boulevard umbenannt. Von seiner Frau Adrienne, die während der Knastzeit zu ihm gehalten hatte, begehrte er Ende 1994 die Scheidung, nahm aber die Klage zurück, nachdem sie ihn wegen Mißhandlung und Körperverletzung erneut angezeigt hatte. Im Oktober 1995 wurde Brown wegen dieses Deliktes abermals arrettiert. Adrienne starb am 6. Januar 1996 nach Monaten des Drogenentzuges und zwei Tage nach einer kosmetischen Operation im Alter von 47 Jahren in einem Krankenhaus in Beverly Hills. Im Dezember desselben Jahres ließ James Brown, der die Rapper zuvor als «meine Kinder» begrüßt hatte («Ich war meiner Zeit 25 Jahre voraus»), das Sampeln seiner Songs für alle Raps mit einem Bezug zu Gewalt oder Drogen verbieten. «Mr. Brown möchte nichts mit Rap-Songs zu tun haben, die einen Teil unserer Gesellschaft demoralisieren», erklärte sein Sekretär. Zur Feier seines 63. Geburtstags musizierten in Atlanta am 2. Mai 1996 Isaac Hayes, Bootsy Collins, Slash u.a. Seine Karriere hielt auch im Rentenalter an, immer wieder von Prozessen begleitet – er verklagte andere, andere verklagten ihn. Auch mit der Polizei und den Drogenbehörden kam er wiederholt wegen unerlaubten Schußwaffengebrauchs oder Besitzes von Narkotika in Konflikt. Polydor veröffentlichte 1998 ein Doppelalbum mit den Songs von Soul Ladies wie Vicky Anderson, Yvonne Fair, Bea Ford, Lyn Collins, Anna King, Elsie Mae, Tammy Montgomery (alias Terrell), die er in den

Jahren 1960 bis 1977 produziert hatte: *James Brown's Original Funk Divas*, und auch er selber trat für das Album *I'm Back* (1999) wieder vors Mikrofon mit alten Heulern wie *Papa's Got A Brand New Bag*, künstlicher Live-Atmosphäre, Soul- und Funk-Klischees. ‹Stereoplay›: «Hier tuckert nur eine alte *Sex Machine*. Doch was will man mehr.»

LPs James Brown & The (Famous) Flames auf Federal: *Please, Please, Please* (1957); *Try Me* (1959); *Think* (1960) ... auf King: *The Amazing James Brown* (1961); *Live At The Apollo* (1962); *Prisoner Of Love* (1963); *Pure Dynamite! Live At The Royal* (1964); *Tell Me What You're Gonna Do* (1964); *Grits And Soul* (1965); *Please, Please, Please* (1965; andere Zusammenstellung als LP von 1957); *Papa's Got A Brand New Bag* (1965); *James Brown And The Famous Blue Flames Tour The USA* (1965); *James Brown Plays James Brown Today And Yesterday* (1965); *Plays New Breed* (1966); *It's A Man's, Man's, Man's World* (1966); *The James Brown Christmas Album* (1966); *Mighty Instrumentals* (1966); *Handful Of Soul* (1967); *Raw Soul* (1967); *Live At The Garden* (1967); *Mr. Excitement* (1967; Aufnahmen von 1962); *Cold Sweat* (1967); *The James Brown Show* (1967); *I Can't Stand Myself (When You Touch Me)* (1968); *Mr. Dynamite* (1968); *I Got The Feeling* (1968) ... LPs James Brown auf King: *Live At the Apollo Vol. II* (1968); *Say It Loud – I'm Black And I'm Proud* (1969); *Gettin Down To It* (1969); *James Brown Plays And Directs The Popcorn* (1969); *It's A Mother* (1969); *Turn It Loose* (1970); *The Popcorn* (1970); *Ain't It Funky* (1970); *It's A New Day So Let A Man Come In* (1970); *Sex Machine (live)* (1970); *Superbad* (1970) ... auf Polydor: *Hot Pants* (1971); *Revolution Of The Mind – Live At The Apollo Vol. III* (1972); *There It Is* (1972); *Get On The Good Food* (1972); *Black Caesar* (Soundtrack, 1973); *Slaughter's Big Rip-Off OST* (1973); *The Payback Mix* (1974); *(It's) Hell* (1974); *Reality* (1975); *Sex Machine Today* (1975); *Everybody's Doin' The Hustle And Dead On The Double Bump* (1975); *Hot* (1976); *Get Up Offa That Thing* (1976); *Bodyheat* (1977); *Mutha's Nature* (1977); *Jam 1980's* (1978); *Take A Look At Those Cakes* (1979); *The Original Disco Man* (1979); *People* (1980); *James Brown ... Live – Hot On The One* (1980); *Love Overdue* (1991); *Universal James* (1993) ... auf T. K.: *Soul Syndrome* (1980); *The Third Coming* (1981) ... auf Augusta: *Bring It On*

(1983) ... auf Scotti Bros.: *Gravity* (mit Steve Winwood, 1986); *Soul Session Live* (1987); *I'm Real* (1988); *Universal Soldier* (1992); *Funky President* (1993); *Live At The Apollo* (1995) ... auf Eagle Rock: *I'm Back* (1998) ... Zusammenstellungen (Auswahl) auf King: *16 Unbeatable Hits* (1965); *James Brown's Greatest Hits* (1968) ... auf Polydor: *James Brown Soul Classics* (1972); *Soul Classics Vol. II* (1973); *Soul Classics Vol. III* (1975); *The Best Of James Brown* (1982); *The Compact Disc Of James Brown* (1985); *The LP Of James Brown (Sex Machine & Other Soul Classics)* (1986); *Messin' With The Blues* (1991); *Sex Machine – The Very Best Of James Brown* (1991); *In The Jungle Groove* (1986); *Live At The Apollo Vol. I & Vol. II / Hot On The One* (3 CD-Box; 1995); *James Brown Funky Christmas* (1995); *Try Me* (1996); *Hookedonbrown* (1996); *Foundations Of Funk. A Brand New Bag 1964 – 1969* (2-CD, 1996); *Dead On The Heavy Funk 1975 – 1983* (2-CD 1998); *Say It Live & Loud: Live In Dallas 1968* (1998); *James Brown's Original Funk Divas* (2-CD, 1998) ... auf Audio Fidelity: *Live In New York* (1981) ... auf K-Tel: *The Best Of James Brown (The Godfather Of Soul)* (1987) ... auf Charly: *James Brown & The Soul G's – Live At Chastain Park* (1988) ... auf Solid Smoke: *Federal Years Vol. I* (1984); *Federal Years Vol. II* (1984) ... auf Wisepack: *The Essential Collection* (1995)

Buckley, Jeff (voc, g), litt sein nur dreißigjähriges Leben lang unter der Legende und dem Charisma seines mit 28 an Rauschgift gestorbenen Vaters Tim Buckley, in seiner Kindheit aus purer Existenznot auch ganz handgreiflich. Sechs Monate nach Jeffs Geburt am 1. August 1966 in New York verließ der Vater die Familie. Tim Buckley (voc, g), am 14. Februar 1947 in Washington, D.C., geboren, galt mit seinen bleiernen Wortgebilden über extravaganten Metren an der Grenze der Tonalität bis zu seinem Überdosis-Tod am 29. Juni 1975 in Santa Monica, Kalifornien, als der jazznahe Mystiker unter den Singer/Songwritern seiner Generation. Die Mutter Mary Guibert führte mit ihren zwei kleinen Kindern ein Nomadenleben von Stadt zu Stadt, von Job zu Job. Jeff nahm bei seinem jüngeren Bruder bald die Vaterposition ein. Mit 15 startete er in New Yorker Folk-Kneipen als Profi ins Musikgeschäft. Er begann seinen Halbstunden-Auftritt leise, «wie ein Chorknabe im Hurenhaus» (‹New York

Times›), und steigerte das Stimmvolumen bis zum totalen Verstummen des Kneipenpublikums in Vokaleruptionen à la Kurt Cobain oder in ein eiskaltes hohes C, bis er die Spannung in eine manchmal zehn Minuten lange Scat-Jazz-Odyssee à la Van Morrison abgleiten ließ. Einem größeren Publikum stellte sich Buckley als Sänger von Gary Lucas' Band Gods & Monsters vor, mit der er regelmäßig in der New Yorker Knitting Factory auftrat. Seine erste Platte *Live At Sin-é* (1993) in limitierter Auflage auf dem Independent-Label Big Cat erregte in der New Yorker Szene soviel Aufmerksamkeit, daß Sony ihn sofort unter Vertrag nahm, die *Sin-é*-Bänder erwarb und binnen weniger Monate auf dem Columbia-Label das üppig arrangierte Album *Grace* (1994) nachschob. In außergewöhnlichen Coverversionen von Leonard Cohens *Hallelujah* und Benjamin Brittens *Corpus Christi Carol* sowie eigenen Kompositionen zeigte der Junior kongenialen Umgang mit dem Erbe seines Vaters: expressive Diskant-Ausbrüche aus femininem Schöngesang, Dehnung der Song-Strukturen, harmonische Variation. «Auf *Grace* wird jeder Klang zum Teil eines Modulsystems, dessen Teile so lange hin- und hergeschoben werden, bis die perfekte Balance aus Dramatik, Expressionismus und sensibler Introspektion erreicht ist» (‹Die Zeit›). ‹Rolling Stone› prämierte die Platte 1995 mit ihrem Best New Artist Award. Beim englischen Glastonbury Festival 1995 präsentierte der «Künstler mit unbeschränktem Talent» (so die Londoner ‹Times›) neue Songs, an denen er im Studio noch arbeitete, darunter das atemberaubende *What Will You Say When You See My Face* mit verzweifelten Blues-Arpeggios über fernöstlichen Akkordfolgen. Die Veröffentlichung der von seiner Mutter fertig edierten CD *Sketches (For My Sweetheart The Drunk)* (1998) erlebte er nicht mehr. Nach einem anstrengenden Studiotag in Memphis, Tennessee, wollte er sich am 29. Mai 1997 mit einem Freund am Mississippi entspannen. Hochgestimmt von den Studio-Resultaten watete er singend in voller Kleidung ins Wasser und wurde von der Bugwelle eines vorüberpreschenden Schnellbootes umgerissen. Sein Leichnam wurde erst eine Woche später gefunden. Das drei Jahre später postum veröffentlichte Live-Album *Mystery White Boy* (2000) mit

Aufnahmen von Buckleys Welttournee 1995/96 aus Europa, Australien und Nordamerika zeigte noch einmal die Qualität auch der Begleitmusiker Michael Tighe (g), Mick Grondahl (bg), Matt Johnson (dr). «Die Band dicht und kompakt», so Kritiker Jörg Feyer, «ein Riesenschwungrad und -rückgrat, davor, darin, darüber Buckley auf dem schmalen Grad zwischen Einkehr und Ekstase, Exhibitionismus und Elevation: Hallelujah!»

LPs auf Columbia: *Live At Sin-é* (1993); *Grace* (1994); *Sketches (For My Sweetheart The Drunk)* (1998); *Mystery White Boy* (2000); *Live À L'Olympia* (2001)

Buffalo Tom, 1986 in Amherst, Massachusetts, gegründet, standen mit ihrem Sound und Songwriting stellvertretend für die Neunziger. Sie spannten einen weiten Bogen von Hardcore-inspiriertem Prä-Grunge zu Americana und Lo-fi-Rock. Mit erstaunlicher Kontinuität gelang es der Band, in unveränderter Besetzung über sechs Alben ihr Gespür für den perfekten Rock- bzw. Pop-Song zu verfeinern und stets Ansätze für eine künstlerische Steigerung zu finden. «Schon zu Zeiten allgemeiner Lebens- und Melodieverweigerung hielt der Bostoner Kampfstier unverzagt die Fahne tosend lauter, hymnisch mitreißender Popmusik in die Höhe» (‹WOM Journal›). Kreativer Kopf der Gruppe war Gitarrist und Sänger Bill Janovitz. Er traf sich mit Chris Colbourn und Tom Maginnis an der Massachusetts University, wo sie sich dem Zeitgeist folgend als typische College Band durch die Rock-Geschichte coverten. Ihren Band-Namen hatten sie einer Comic-Figur entlehnt. Zunächst spielten alle drei elektrische Gitarre. Der erste Auftritt fand auf einer Party von J. Mascis, dem Chef von Dinosaur Jr., statt, der für diesen und andere Gigs im Vorprogramm seiner eigenen Band für Buffalo Tom trommelte. Als Janovitz zur Umsetzung erster eigener Songs nach einer festen Besetzung suchte, entschied sich Colbourn für den Baß und Maginnis für das Schlagzeug. Mascis war es auch, der die Band an sein Label SST empfahl. Ihr erstes Album *Sunflower Suit* (1989), in Großbritannien nur *Buffalo Tom* betitelt, wurde von Mascis produziert und wies deutliche stilistische Parallelen zu Dinosaur Jr. auf, was ihnen den Spitznamen «Dinosaur Jr. Jr.» einbrachte. Kein Geringerer als Hüsker-Dü-Drummer Grant Hart verkündete, daß er das Album für das beste der achtziger Jahre halte. Auch der Nachfolger *Birdbrain* (1990) entstand noch unter der Regie von Mascis, doch er hatte schon wesentlich eigenständigere Züge. Vor stahlhartem Gitarren-Stakkato erzählte Janovitz bizarre und düster-existentialistische Geschichten. Buffalo Tom waren inzwischen nach Boston umgezogen und zu Lieblingskindern der lokalen Szene avanciert. «Viele Leute dachten, wir hätten unseren Erfolg nur Mascis' Namen zu verdanken. Vielleicht ist das auch gar nicht falsch. Vor unserem dritten Album waren wir uns einig, daß wir nun genug Erfahrungen gesammelt hätten und es an der Zeit wäre, uns von ihm zu lösen», kommentierte Chris Cobourn die Zäsur in der Band-Biographie. *Let Me Come Over* (1992) stand ganz im Zeichen der Emanzipation von ihrem Mentor. Obgleich sie auch leisere Töne anschlugen, positionierten sich Janovitz und Co. in der Nähe des Grunge und festigten ihren Ruf als exzellente Songschreiber. Nicht wenige Kritiker stellten sie auf eine Stufe mit Nirvana. Die ungeheuer produktive Band konnte aus einem reichen Fundus schöpfen, da das Repertoire jedes Albums nur die Quintessenz von etwa fünfzig neuen Songs war. [*Big Red Letter Day*] (1993) schlug in dieselbe Kerbe wie das Vorgänger-Album, ließ aber auch schon das Pop-Potential der Gruppe ahnen. «Elf gelungene Songs im Spannungsfeld zwischen getragener Ballade und treibender E-Gitarre, wobei sich der Schwerpunkt noch mehr in Richtung der ruhigen Stücke verschiebt, sprechen eine überzeugende Sprache» (‹NM! Messitsch›). Nach ausgedehnten Tourneen gönnte sich die Band eine zweijährige Auszeit. Janowitz nahm in Tucson, Arizona, mit den Mitgliedern von Giant Sand das vielgelobte Solo-Album *Lonesome Billy* auf. Der Lo-fi- und Folk-Charakter dieser Produktion sollte später auch die Arbeit von Buffalo Tom beeinflussen. Chris Colbourn widmete sich unterdessen der Musik für Theater-Produktionen wie John Steinbecks ‹Of Mice and Men› oder Ken Keseys ‹One Flew Over the Cuckoo's Nest›. Erst 1995 kehrten sie mit *Sleepy Eyed*, «ihrem bis dahin besten Album» (‹Rough Guide›), zurück zu einer ausgewogenen Mixtur von treffsicherem Rock und einfühlsamem Pop. «Es wird wieder weniger ausprobiert und über den Arbeitsprozeß nachgedacht, sondern alternativer Rock zelebriert», freute sich ‹Visions›. «Die Wut, Begeisterung, Verzweiflung und Tobsucht, mit der Buffalo Tom an ihre wilde Mischung aus Einflüssen von The Who bis The Clash herangehen, läßt am Schluß auch den Hörer mit gestreckter Faust und Tränen der Begeisterung zurück» (‹WOM Journal›). In einer zum Studio umgebauten katholischen Kirche aufgenommen, klang das Album wie ein Befreiungsschlag aus der muffigen amerikanischen Provinz-Atmosphäre, offen bezog die Band Stellung gegen Katholizismus und Puritanismus. Drei weitere Jahre vergingen – die Band heuerte den ehemaligen Belly-Keyboarder Tom Gorman an, der nach kurzer Zeit von Phil Aiken ersetzt wurde –, bis das Album *Smitten* (1998) folgte. Außer dem Keyboarder wurde auch eine Streicher-Sektion hinzugezogen, die den BT-Sound weicher, einfühlsamer, zugleich aber reduzierter und ausladender machte. Auf dem Gipfel des Erfolges unterschrieben Buffalo Tom einen Vertrag bei PolyGram und standen angesichts der Fusion des Majors mit Universal wie viele andere Bands plötzlich ohne Label da. Die drei Freunde beteiligten sich noch an einer Jam-Tribute-Compilation und beschlossen, für eine Weile getrennte Wege zu gehen. Im Herbst 2000 erschien ein Sampler mit Singles und Raritäten, der die Band im Gespräch hielt.

LPs auf Beggars Banquet: *Buffalo Tom* (1989); *Birdbrain* (1990); *Let Me Come Over* (1992); *Big Red Letter Day* (1993); *Sleepy Eyed* (1995); *Smitten* (1998); *A-Sides From Buffalo Tom* (2000) ... LP Bill Janovitz auf Beggars Banquet: *Lonesome Billy* (1996)

Bush, 1992 im Westen Londons gegründet, widerstanden als eine von wenigen Rock-Bands der britischen Insel auf Dauer den Versuchungen des Britpop. Ihr Songkonzept war eher an amerikanische Grunge- und Crossover-Modelle angelehnt. Kein Wunder, daß «die Grunge-Granate mit besonderer Sprengkraft aus dem Vereinigten Königreich» (‹WOM Journal›) in den USA auf weit mehr Resonanz stieß als in ihrer Heimat. Gavin Rossdale (voc, g), geboren am 30. Oktober 1964, Nigel Pulsford (g, vorher King's Blank), geboren am 11. April 1964, Dave Parsons (bg, vorher Transvision Vamp), geboren am 2. Juli 1965, und Robin Goodridge (dr), geboren am 10. September 1965, nannten sich zunächst Future Primitives, bevor sie die Abkürzung des Londoner Stadtbezirks Shepherd's Bush zum Bandnamen erkoren. Zwei Jahre lang fristete die Band ein unbeachtetes Dasein in winzigen Londoner Clubs, ohne selbst bei Indie-Labels auch nur das leiseste Interesse auszulösen. Ende 1994 fiel ein Demo-Tape der Gruppe in die Hände des Radio-DJ Gary Crowley, der es an die Interscope-Tochter Trauma weiterreichte. Das Label hypte die Band in den USA mit aller Kraft, so daß noch vor Veröffentlichung der Debütplatte *Sixteen Stone* (1995) der Song *Everything Zen* in die Rotation mehrerer Radiostationen gelangte. Die amerikanische Öffentlichkeit war so gespannt auf das Album, daß davon sofort nach der Veröffentlichung mehr als eine Million, insgesamt sogar sieben Millionen Einheiten abgesetzt wurden. «Obwohl der Bush-Sound sich eindeutig an allen Parametern des eigentlich ja schon totgesagten Grunge-Stils orientiert, dröhnt das Album frisch und zeitgemäß aus den Boxen» (‹WOM Journal›). Verkaufszahlen, die selbst die von Oasis in den Schatten stellten, machten Bush in den USA zu den erfolgreichsten britischen Musikern seit mehr als zehn Jahren. In England wurden sie unterdessen als vermeintliche Nirvana-Epigonen weitgehend ignoriert. Der Vorwurf war nicht unbegründet, denn nicht zufällig stellte sich der Erfolg von Bush exakt ein Jahr nach dem Freitod Kurt Cobains ein. Den trauernden Nirvana-Fans war Bush «längst kein Ersatz, auch keine Entschädigung, doch immerhin ist es dieser bestimmte, eigentümliche Sound, der behagt. Bush machten die Musik, die wir seit einiger Zeit schmerzlich vermißten» (‹Visions›). Um die Erfahrungen ihrer auf das Album folgenden Tourneen zu konservieren, holten sie für ihr zweites Longplay *Razorblade Suitcase* (1996) den Produzenten Steve Albini ins Studio. Stilistisch schloß die Platte an ihren Vorgänger an. «Noch immer zelebrieren die amerikanophilen Briten ihren rifflastigen Post-Grunge-Rock der Marke Smells like Nirvana» (‹Intro›). Sowohl mit dem Album, das fünfmillionenmal über den Ladentisch ging, als auch mit der Single-Auskopplung *Swallowed*

konnte Bush in den USA weitere Top-Positionen in den Charts verbuchen. Um dem Vorwurf der Eingleisigkeit entgegenzutreten, veröffentlichte die Band 1997 das Album *Deconstructed*, auf dem Künstler wie Tricky oder Goldie, die eher im Dance- und Electro-Bereich zu Hause waren, Bush-Hits remixten. Erstaunlich war der zusammenhängende Charakter der aus völlig verschiedenen Händen stammenden Remixe, die einmal mehr die melodische Kraft des Grund-Materials herausstellten. Auf einer Südamerikatournee verletzte sich Rossdale bei einem Handgemenge die Hand und wurde vorübergehend an der Gitarre von Band-Techniker Dale Meekins ersetzt. 1999 traten Bush als Headliner der ersten Nacht des Festivals zum 30jährigen Woodstock-Jubiläum an. Wenig später erschien mit dem im abgeschiedenen irischen Eyre produzierten *The Science Of Things* das dritte reguläre Bush-Album, das nahtlos an das erfolgreiche Konzept der ersten beiden Platten anschloß und «sich verkaufte wie geschnittenes Brot» (‹Tip›).

LPs auf Interscope: *Sisteen Stone* (1994); *Razorblade Suitcase* (1996); *Deconstructed* (1997); *The Science Of Things* (1999)

Busta Rhymes (rap), als Trevor B. Smith am 20. Mai 1972 in Brooklyn, New York, geboren, inszenierte eindrucksvolle Hip Hop-Epen, bei denen es offensichtlich keine Rolle spielte, daß seine Texte oft nicht sonderlich originell waren. «Eine der extravagantesten Figuren des Hip Hop» (‹Wall Of Sound›), verstand er sich auf die perfekte Selbstdarstellung und «übertrug Jackson Pollock Action Paintings auf einen Funk Beat» (‹Rolling Stone›). «Mit seiner Begabung für verbale Gymnastik» (‹UBL›) «bleibt sein Ra-Ta-Ta-Geraspel die originellste Stimme des Hip Hop» (‹Entertainment Weekly›). Durch sämtliche, stets sorgfältig arrangierten Hörspiel-Collagen ähnelnden Alben Busta Rhymes' zog sich eine geradezu panische Angst vor dem Weltuntergang. «Ich mag ein verrückt animierter Charakter in einem Comic sein, aber wäre das alles, wäre ich längst im Mülleimer gelandet» (Busta Rhymes in ‹Spin›). Als Sohn jamaikanischer Eltern wuchs Trevor B. Smith in relativ geordneten Verhältnissen in East Flatbush in Brooklyn auf. Während seiner Jahre an der Uniondale Highschool mauserte sich der hochgewachsene Jugendliche zu einem hoffnungsvollen Basketball-Spieler, doch wann immer es seine Zeit erlaubte, ging er in die Bronx, um Hip Hop zu hören. In der zehnten Klasse nahm er an einem Rap-Wettbewerb teil, den Chuck D und Public Enemy ausgeschrieben hatten. In Folge seines guten Abschneidens gründete er mit seinen Freunden Charlie Brown, Dinco D. und Cut Monitor Milo das Projekt Leaders Of The New School. Die Band hielt sich ununterbrochen im Studio von Public Enemy auf, um von den Übervätern des Hip Hop so viel wie möglich abzugucken und sich selbst auszuprobieren. Mit 17 schmiß Busta Rhymes die Schule, um sich fortan ausschließlich der Musik zu widmen. Das Risiko zahlte sich aus, und die Band erhielt einen Vertrag von Elektra. Die beiden Alben *A Future Without A Past* (1991) und *T.I.M.E.* (1993) waren zwar kommerziell relativ erfolglos, galten aber als Insidertips. Neben der Arbeit in der Band verdingte sich Busta Rhymes jedoch auch als Gast auf den Alben anderer Künstler, so zum Beispiel A Tribe Called Quest. Von familiärem Pech verfolgt, trennte sich das Mitglied der islamischen Sekte Five Percent Nation 1994 von den Leaders Of The New School, nahm die Hauptrolle in John Singletons Spielfilm *Higher Learning* an und veröffentlichte sein erstes Solo-Album *The Coming* (1996). Mit der Single-Auskopplung *Woo Ha! Got You All In Check* stieg der «Jackie Chan des Hip Hop» (‹Entertainment Weekly›) in die Top Ten der amerikanischen Charts auf. Das anderthalbmillionenmal verkaufte Nachfolgealbum *When Disaster Strikes* (1997) war «eine komplizierte Suite über das Ende des Jahrhunderts vom hochvoluminösen Major Domus des Hip Hop» (‹Rolling Stone›). Als Produktionsplattform gründete Rhymes Flipmod Squad, an dessen Compilation *The Imperial* (1998) neben anderen Rah Digga und sein Cousin Rampage mitwirkten, und die von seiner Mutter gemanagte Firma Flipmode Entertainment. Ende 1993 beteiligte sich Busta Rhymes am Soundtrack zu dem Zeichentrickfilm *Rugrats* und veröffentlichte sein drittes Solo-Album *Extinction Level Event*, auf dem er ein Duett mit Janet Jackson sang und gemeinsam mit Ozzy Osbourne aus der Black Sabbath-Hymne

Iron Man den Track *This Means War* zauberte. Mit seinen für Hip Hop-Verhältnisse ungewohnt ausgefeilten Arrangements war «*E.L.E.* das Produkt eines Künstlers, der sein Medium meistert und uns etwas näher an eine neue Realität heranführt» (‹Source›). Das Album gelangte auf Position 13 der US-Charts, und Busta war im Begriff, gemeinsam mit Nas, R. Kelly, Deborah Cox und Foxy Brown auf Tournee zu gehen. Die Großveranstaltung wurde jedoch wenige Tage vor dem Start von ihrem Veranstalter abgesagt. Vom Unglück verfolgt, handelte sich Busta auch anhaltenden Ärger mit der Polizei ein. So wurde der «intergalaktische Cockerspaniel» (‹Spin›) wegen unerlaubten Waffenbesitzes und öffentlicher Ruhestörung angeklagt. Seine reifste, ausgewogenste und fulminanteste Inszenierung gelang ihm mit *Anarchy* (2000). Für die Arbeit an dem Album, das die Grenzen zwischen Rap, Rock und Reggae endgültig aufhob und wie die legitime Weiterführung des P-Funk-Erbes klang, konnte er unter anderem Lenny Kravitz gewinnen.

LPs auf Elektra: *The Coming* (1996); *When Disaster Strikes* (1997); *Extinction Level Event* (1998); *Anarchy* (2000)

Byrne, David, geboren am 14. Mai 1952 in Dumbarton, Schottland, und aufgewachsen in Kanada, war ein Wanderer zwischen den Welten, und das nicht nur im geographischen Sinne. Mit seinen ausgefallenen, oft zickigen Konzepten zwischen Weltmusik, Kunst und Kitsch schien er sich permanent in einer Sackgasse zu bewegen, aus der er jedoch immer wieder selbst hinausfand. Intellekt, Anspruch und Ehrgeiz standen seiner freien künstlerischen Entfaltung immer wieder im Wege. Im Gegensatz zu den Talking Heads wirkten Byrnes Solo-Projekte stets ein wenig überladen, doch übten sie gerade durch diese barocke Schräglage einen merkwürdig schillernden Reiz aus. Seine zittrige, stets zu Hysterie neigende Stimme klang wie eine schlechte Roy Orbison-Imitation. Ohne einen einzigen ernsthaften Hit avancierte Byrne dennoch auch als Solo-Artist zu einem der respektabelsten und engagiertesten Rock-Sänger und Soundpoeten im Gravitationsfeld von Brian Eno, Sting und Peter Gabriel. Sein Dilemma beschrieb er in einem

Interview der Zeitschrift ‹Zounds›: «Ich weiß nicht, ob Pop-Musik Kunst sein kann ... Die Musik ist natürlich in erster Linie Unterhaltung, aber für mich bedeutet sie mehr – und hoffentlich auch für ein paar andere Menschen. Bin ich Künstler? Ist es Kunst?» Schon vor Gründung der Talking Heads sammelte er während seines Studiums an der Rhode Island School of Design musikalische Erfahrungen in der Cover-Band The Artists. Die Jahre 1975 bis 1991 standen hauptsächlich im Zeichen der Talking Heads, die er sowohl mit seiner Stimme als auch mit seinen Songs und Maximen maßgeblich prägte. Trotz des weltweiten Erfolgs der Band blieb ihm jedoch ausreichend Zeit für Solo-Projekte. 1980 nahm er gemeinsam mit Talking Heads-Produzent Brian Eno sein erstes Solo-Album *My Life In The Bush Of Ghosts*, eine Klangcollage aus verschiedensten Quellen wie Radio-Predigern und islamischen Gesängen, auf. «Es manifestierte sein fortdauerndes Interesse an Weltmusik, fundamentalistischen Priestern und den Ähnlichkeiten zwischen religiöser Ekstase und Rock ’n’ Roll» (‹Rough Guide›). Ein Jahr später schrieb er die Musik für Twyla Tharps Ballett *The Catherine Wheel*. Nach einer Solo-Theater-Performance seines auf persönlichen Reiseerlebnissen beruhenden Stückes *The Tourist Way Of Knowledge* am New York Public Theatre begab er sich ins Klassik-Lager und veröffentlichte mit *Music For The Knee Plays* (1985) eine Reihe von Stücken für Bläserquartette, die er für Robert Wilsons *The Civil Wars* geschrieben hatte. Die Zusammenarbeit mit Wilson setzte er 1988 mit dem schwülstigen orchestralen Soundtrack *The Forest* fort, der 1991 als Platte erschien. Byrne selbst bezeichnete das Werk in ‹Zounds› als «Versuch, romantische Gefühle zu erforschen, die meine Generation abgelehnt hat, die fast schon verboten waren, weil sie als sentimental und überholt galten». Romantik und Bombast hielten sich auch bei dem gemeinsam mit Ryuichi Sakamoto geschriebenen Soundtrack zu Bernardo Bertoluccis Film *The Last Emperor* (1987) die Waage. Seine eigentliche Karriere als Solo-Performer begann mit dem La-tin-Album *Rei Momo* (1989). Die Talking Heads waren noch nicht aufgelöst, doch Byrne steckte seine Energie ausschließlich in Projekte unter eigenem Namen. So konnte er denn auch mit *Uh-Oh* (1990) unbeschwert zur Ästhetik der Talking Heads zurückkehren, ohne sich seiner ehemaligen Kollegen zu bedienen. Nach verschiedenen Orientierungsversuchen in Duos mit Natalie Merchant, Roseanne Cash und anderen übte er 1994 den Schulterschluß mit der New Yorker Avantgarde-Szene und produzierte unter der Regie von Arto Lindsay mit *David Byrne* ein sensibles Song-Album, das reich an poetischen Momenten war. Mit den Songs des neuen Albums und den Klassikern der Talking Heads im Gepäck ging Byrne anschließend auf Welttournee, auf der er sich als hypersensibler Rock ’n’ Roll-Gentleman feiern ließ. Weitere drei Jahre vergingen, bis er mit *Feelings* ein Anschlußalbum vorlegte, das wieder rockiger war und stärker als je zuvor elektronische Elemente einbezog. Im Oktober 1998 buchte er eine ganze Woche lang die New Yorker Knitting Factory, um das neue Material gemeinsam mit dem Balanescu Quartet, einem Londoner Streichquartett, das das Vokabular des Pop ebenso beherrschte wie das der Klassik von Mozart bis Nyman, vorzustellen. Eine Sammlung von neuen Kompositionen und Remixen für die belgische Ultima Vez Dance Company, auf denen Byrne selbst nicht mitspielte, wurde unter dem Titel *In Spite Of Wishing And Wanting* (2000) ausschließlich über Byrnes Internet-Site vertrieben. Als «Renaissance-Mann des Rock» (‹Time›) publizierte Byrne auch Foto-Bücher. Auf seinem Label Luaka Bop veröffentlichte er unter anderem Alben von Tom Zé, Zap Mama, Jim White und Mimi Goese.

LPs auf Sire: *My Life In The Bush Of Ghosts* (mit Brian Eno, 1981) ... auf Luaka Bop: *The Catherine Wheel* (1981); *Rei Momo* (1989); *The Forest* (1991); *Uh-Oh* (1992); *David Byrne* (1994); *Feelings* (1997); *Look Into The Eyeball* (2001) ... mit Jim White auf Luaka Bop: *Talk And Talk And Talk* (2001)

C

Cake, gegründet 1991 in Sacramento, Kalifornien, verbanden die Tradition des sozial engagierten, durch die Lande ziehenden Folk-Singers mit dem wirksamen Selfmade-Image der von allen stilistischen Fesseln befreiten Post-Grunge-Band. Mit unernsten Americana, leichten Latin-Grooves, respektlosen Coverversionen und Trompetensoli, wo andere Bands beherzt in die Saiten griffen, avancierten sie zu einer Band für die ganze Familie. Ihr «durchgängig guter bis exzellenter Sound, der einem im Zusammentreffen mit verblüffend schönen Texten die Tränen in die Augen treibt» (‹Visions›), manifestierte den Westcoast-Rock der Neunziger. Cake-Gründer, Sänger und Hauptsongschreiber John McCrea spielte seit 1980 in verschiedenen erfolglosen Bands wie Dali Lamas und Joe McCrea & The Rough Housers, lebte für einige Zeit in Europa und ließ sich Ende der Achtziger in Los Angeles nieder, wo er sich in lokalen Coffee Shops mit Solo-Akustik-Gigs die Zeit vertrieb. Während dieser Auftritte stellte er bereits Songs vor, die später, auf die ersten drei Alben von Cake verteilt, den Erfolg der Band begründen sollten. Bei einigen dieser Gigs firmierte er erstmalig unter dem Logo Cake. 1991 kehrte der leidenschaftliche Fußgänger enttäuscht von der Fassadenwelt der Traumfabrik in seine Heimatstadt Sacramento zurück, wo sich Cake aus einem Solo-Projekt in eine Band verwandelte. Zur ersten Besetzung gehörten Jazz-Trompeter Vince di Viore, Schlagzeuger Frank French, Gitarrist Greg Brown und Bassist Sean McFessel, der schon kurz darauf von Gabe Nelson ersetzt wurde. Nach einem Single-Debüt 1993 spielte die Band 1994 ihr erstes Album *Motorcade Of Generosity* in einem Studio

ein, das nur acht Dollar in der Stunde kostete. Doch das Lo-fi-Ergebnis traf genau den Nerv der Zeit. Die Auskopplung *How Can You Afford Your Rock 'n' Roll Life Style?* rotierte auf MTV und wurde ein College-Hit. French und Nelson räumten ihre Positionen für Todd Roper und Victor Damiani. Mit endlosen Touren quer durch die Vereinigten Staaten sammelte «Sacramentos Antwort auf den Post-Grunge-Bombast» (‹Spin›) nun eine feste Fan-Gemeinde um sich. Der Aufwand zahlte sich aus, denn das zweite Album *Fashion Nugget* (1996) stürmte die Charts und erntete Platin. Die Platte «verblendete vollendet Folk, Jazz, Country und Pop zu einer Sinfonie von Gitarren, Trompeten, Orgeln und Hip Hop-Beats» (‹BAM Music Magazine›) und «wies schrulligen Pop-Bands, die sich nicht unbedingt an Rap- oder Industrial-Konventionen anlehnen müssen, um die Lizenz zur Benutzung von Drum-Maschinen und Samples zu erlangen, den Weg in die Zukunft» (‹Music Wire›). Mit der Weihnachten 1996 veröffentlichten Coverversion des Gloria Gaynor-Klassikers *I Will Survive* landete Cake auch in Europa einen Hit. Die Situation änderte sich für die Band schlagartig. «Es wäre mir lieber, nur im College oder Public Radio gespielt zu werden und ein kleines Publikum zu haben, das wirklich versteht, was wir tun», erklärte McCrea anläßlich des überraschenden Erfolgs. «Aber es gibt keinen Mittelweg. Entweder du machst dieses große, dumme Rock-Ding mit, oder du kannst dir nicht mal die Krankenversicherung leisten.» Im Frühjahr 1997 machte Damiani wieder Platz für Gabe Nelson. Während der Aufnahmen zum dritten Album *Prolonging The Magic* im Sommer 1998 streckte auch Gitarrist Greg Brown die Waffen. McCrea, dessen despotischer Leitungsstil nicht unumstritten war (McCrea: «Musik ist nicht demokratisch»), arbeitete im Studio zunächst mit unterschiedlichen Gitarristen, unter ihnen Chuck Prophet und Tyler Pope, bevor Dan McCurdy als festes Mitglied hinzustieß. Das Ergebnis wurde zwiespältig aufgenommen. «Allerbeste Unterhaltung ist garantiert. Auf dem Weg zu einer festen Größe sind sie allemal. Und feste Größen machen für gewöhnlich wenig Experimente» (‹Intro›). Im September 1998 gingen Cake, die ihr Domizil inzwischen nach Berkeley verlegt hatten, erstmalig auf ausgedehnte Europa-Tournee, während die Single-Auskopplung *Never There* für drei Wochen auf Position eins der amerikanischen Billboard Alternative Rock Charts kletterte.

LPs auf Capricorn: *Motorcade Of Generosity* (1994); *Fashion Nugget* (1996); *Prolonging The Magic* (1998) … auf Columbia: *Comfort Eagle* (2001)

Cale, Jean Jacques **J. J.** (voc, g), am 5. Dezember 1939 in Tulsa, Oklahoma, geboren, bot seine unprätentiös formulierten Balladen in einer «wahrhaft vorzüglichen Mischung aus seiner ultracoolen Oklahoma-Lässigkeit und der gelösten, vollkommenen Spielsicherheit der Studio-Musiker von Nashville» (‹Crawdaddy›) dar. Scheinbar mühelos verband er in seinem unterkühlten Sprechgesang und den sparsamen, unspekulativen Begleit-Instrumentals diverse südstaatliche Countryblues-Klangformen zu einer bisweilen hypnotisierenden Understatement-Musik. Cales rauchige, mitunter brüchige Vokalisen fügten sich dabei so unauffällig in die Song-Arrangements ein, daß sie ein Teil der Instrumentierung zu sein schienen. Cale war schon seit den fünfziger Jahren auf Country-Achse und tauchte mit seinem Kurzzeit-Ensemble The Valentines gelegentlich sogar in den Show-Moscheen der Country-Metropole Nashville auf. Die Bekanntschaft mit Musikern des Eric Clapton-Clans und dem ebenfalls aus Oklahoma stammenden Leon Russell ermöglichte Cale 1970 die Verwirklichung seiner Solo-Performer-Ambitionen. Stücke wie *After Midnight* (auch von Clapton aufgenommen), *Crazy Mama, Lies, Cocaine* machten ihn einem breiteren Publikum bekannt. Cales vielgerühmte «Relaxedheit» erwies sich auf neueren LPs als tückisches Stilmittel; nicht selten zerfloß die überakzentuierte Lässigkeit seines Vortrags in Leblosigkeit oder gar Langeweile. (‹Rolling Stone›) glaubte daraufhin konstatieren zu müssen: «J. J. Cale vermag nicht, die künstlerischen Fingerzeige in Rock und Country zu geben, die man ihm einstmals zugetraut hat.» Dennoch hat er, zumindest in den Brüdern Knopfler von der Band Dire Straits, erfolgreiche Nachahmer gefunden. «Ich hoffe», so brummeite der wortkarge Künstler 1994 auf seiner staubigen Farm bei San Diego, «daß Mark Knopfler auch mal einen meiner Songs aufnimmt, statt so zu klingen.» Immerhin hatte er den vermeintlichen Pigonen ja auf seinem Album *8* (1983) mitspielen lassen. Das Geheimnis seines Stils brachte Herman van den Horst in der Zeitschrift ‹Oor› auf die Formel: «Cale erhebt Schlichtheit zur Kunst.» Eric Clapton erklärte, ihn fasziniere an Cale, was dieser *nicht* spiele – was Christoph Dieckmann in der ‹Zeit› raunen ließ: «Eric Clapton konturiert, Cale wirft rasche Skizzen. Clapton ist pünktlich, Cale flüchtig. Clapton kommt, Cale geht.» Einen Gutteil seiner Zeit war der «Schweiger von Tulsa», wie ihn die Branche einst nannte, in seinem Wohnwagen zwischen San Diego und Nashville unterwegs, um in großen Abständen immer mal wieder eine Platte abzulagern – immer im gleichen unverwechselbaren Stil: «Ich bemühe mich jedesmal um eine neue Richtung, aber meine Platten kommen doch immer wieder auf die gleiche hinaus.» So auch *Closer To You* (1994), für die er ausnahmsweise auch mittels einiger Europakonzerte warb. Überwiegend spielte er aber dann doch wieder seine Hits *Sensitive Kind, Call Me The Breeze, Money Talks, Crazy Mama* und das unvermeidliche *Cocaine*. Das Album *Live* (2001), ein weit überdurchschnittlicher Konzertmitschnitt» (‹Stereoplay›) aus der New Yorker Carnegie Hall, begann mit *After Midnight* und endete mit einem furiosen Band-Finale über *Ride Me High* aus der LP *Troubadour*: Rocky Frisco (p), Bill Raffensperger (b), Jim Karstein (dr), James Cruce (perc), Jimmy Gordon (harm), Christine Lakeland (voc). Viel mehr als die 14 Ohrwürmer, die 1984 auf dem Sampler *Special Edition* zusammengefaßt wurden, hat J. J. Cale nicht zustande gebracht. «Aber hört ihn mal spielen», kommentierte seine Frau, «wenn er in einer warmen Sommernacht in Strümpfen mit einer Flasche Bier in Reichweite daheim auf der Terrasse sitzt!»

LPs auf A & M: *Naturally* (1971); *Really* (1972); *Okie* (1974) ... auf Shelter/Philips: *Troubadour* (1976); *5* (1979); *Shades* (1980); *Grasshopper* (1982) ... auf Mercury: *8* (1983); *La Femme De Mon Ponte* (1984) ... auf Polygram: *Special Edition* (1984) ... auf Silvertone: *Travel-Log* (1989); *10* (1992) ... auf Delabel/Virgin: *Closer To You* (1994); *Guitar Man* (1996) ... auf Virgin: *Live* (2001)

Calexico gingen 1996 in Tucson, Arizona, aus einer Reihe von Transformationen hervor. Das Duo stand für den Drang vieler Musiker der späten Neunziger, ausgetretene Pfade zu verlassen und nach Ausdrucksmitteln zu suchen, die sowohl mehr Individualität als auch einen unbefangeneren Umgang mit der Tradition zuließen. «Als Ableger von Giant Sand wissen sie, daß die Wüste lebt und wie das klingt, wenn in gleißender Luft eine Fata Morgana aufsteigt: wie Sonnenuntergangs-Texmex, wie Surfrock ohne Wasser, wie Tarantella in Zeitlupe» (‹Kultur News›). Gitarrist und Bassist Joey Burns und Schlagzeuger John Convertino erspielten sich in Howe Gelbs Lo-fi-Band Giant Sand seit dem Album *Ramp* (1991) den Ruf der Sly & Robbie des Independent Rock. Als feste Rhythmus-Einheit begleiteten sie Vic Chesnutt, Victoria Williams, Richard Buckner und Barbara Manning, bevor sie sich mit Gitarrist Bill Elm zu den Friends Of Dean Martinez zusammentaten. In dieser Band wurde das Lo-fi-Ideal vorbehaltlos mit Western-Klischees und Soundtrack-Nostalgie vermengt. Die beiden Alben *The Shadow Of Your Smile* (1995) und *Retrograde* (1997) nahmen jenen instrumentalen Art Rock vorweg, der kurze Zeit später in Chicago unter dem Begriff Post Rock bekannt werden sollte. Fast als Verlegenheitsprojekt veröffentlichten Burns und Convertino auf dem kleinen deutschen Label Hausmusik ein paar im Anschluß an eine Giant Sand-Tour entstandene Home Recordings unter dem Titel *Spoke* (1996). Der Name des Projektes, Calexico, legte zugleich die Richtung fest: Musik von beiden Seiten der mexikanisch-amerikanischen Grenze, flockige Latin Grooves ebenso wie Easy Jazz und leichter Westcoast Rock. Die Nachfrage nach der zunächst ausschließlich auf Vinyl erhältlichen Einspielung war so groß, daß man eine CD-Auflage nachschob und aus der flüchtigen Idee eine solide Band machte. Die Zusammenarbeit mit Howe Gelb wurde jedoch fortgesetzt. So gründeten die drei Giant Sand-Kempen gemeinsam mit der Folk-Sängerin Lisa Germano das Quartett OP8, in dem Burns und Convertino erstmals gleichrangiger Status wie Gelb zukam. Das Album *Slush* (1997) war wie eine leichte Jazz-Brise, die über eine Landschaft aus geschmackvoll arrangiertem Zuckergebäck hinwegwehte. Auf dem zweiten Calexico-Album *The Black Light*, auf dem auch Howe Gelb gastierte, bekamen die Jazz- und Mariachi-Elemente noch größeres Gewicht. Der Band-Sound wurde um Trompeten, Vibraphon und Akkordeon angereichert. «Joey Burns will so viel Musik wie irgend möglich miteinander verbinden. Er liebt den Sound alter, kratzender 78er Platten ebenso wie die digitalen Arbeitsmöglichkeiten und versucht, beide Herangehensweisen in Einklang zu bringen» (‹Visions›). Eine ausgedehnte Tournee mit Vic Chesnutt und der alternativen Nashville-Big Band Lambchop brachte dem Duo europaweiten Erfolg ein. *The Black Light* tauchte in sämtlichen Jahres-Bestenlisten der deutschen Musikpresse auf. Zeitgleich mit dem Giant Sand-Album *Chore Of Enchantment* (2000), auf dem der leidenschaftliche Schmelz des Calexico-Einflusses wesentlich deutlicher als bisher herausgearbeitet war, erschien des Duos dritte Platte *Hot Rail*, betitelt nach einem Warnruf mexikanischer Gleisarbeiter. Burns und Convertino erweiterten ihr Repertoire um unaufdringliche Musette-Perlen und offenere Sound-Experimente. «Im Gegensatz zum gefeierten Debüt wartete der Nachfolger mit einigen zusätzlichen Nuancen auf, die das im wahrsten Sinne des Wortes grenzüberschreitende Klangkonzept des Duos noch tiefer in die Subregionen panamerikanischer Musik führt» (‹Intro›).

LPs auf Quarterstick: *Spoke* (1997); *The Black Light* (1998); *Hot Rail* (2000) ... Burns und Convertino mit Friends Of Dean Martinez auf Sub Pop: *The*

Shadow Of Your Smile (1995); *Retrograde* (1997) … Burns und Convertino mit Giant Sand auf Rough Trade: *Ramp* (1991) … auf Brake Out: *Center Of The Universe* (1992); *Purge Slough* (1993); *Goods And Services* (1995); *Backyard Barbeque Broadcast* (1996) … auf Normal: *Stromausfall* (1993) … auf Imago: *Glum* (1994) … auf Thrill Jockey: *Chore Of Enchantment* (2000) … Burns und Convertino mit OP8 auf Thirsty Ear: *Slush* (1997)

Can, 1968 in Köln gegründet, galt dem Londoner ‹Melody Maker› Ende 1972 als die «talentierteste und beständigste Experimental-Rockgruppe in Europa» und als «jedem britischen Ensemble weit voraus». Teils lag das am Format der Musiker, teils an ihrer Ensemblekonzeption. Organist Irmin Schmidt (geb. 29. Mai 1937 in Berlin), laut Kritiker Richard Williams «einer der stärksten Rockmusiker auf diesem Planeten», studierte unter anderem beim Elektronik-Meister Karlheinz Stockhausen acht Jahre lang Musik, wirkte als Theaterkapellmeister und mit Symphonieorchestern und entwickelte aus dieser formalen Schulung ökonomische Rockstrukturen. Gitarrist Michael Karoli (geb. 29. April 1948 in Straubing) arbeitete als Jurastudent in Schweizer Jazz- und Pop-Combos. Baßgitarrist Holger Czukay (geb. 24. März 1938 in Danzig) hatte vor seiner Can-Zeit drei Jahre in den Elektronik-Studios von Stockhausen, Pousseur, König und Brown zugebracht. Schlagzeuger Jaki Liebezeit (geb. 26. Mai 1938 in Dresden) trommelte für prominente Jazzer wie Chet Baker und das Manfred Schoof Quintett. Der japanische Vokalist Damo Suzuki (geb. 16. Januar 1950), der 1970 an die Stelle des schwarzen Amerikaners Malcolm Mooney trat, reiste vier Jahre lang durch viele Länder und machte auf Gitarre, Saxophon und Klarinette unablässig Musik. Ihre ausgefeilten Stücke, schwere Rock-Improvisationen mit elektronischen Filigranen, die «allen gesellschaftlichen Zwängen entgegenwirken» sollten, wurden im eigenen ‹Inner-Space-Studio› in einem alten Kino 20 Kilometer außerhalb Kölns erarbeitet und ohne kommerzielle Bevormundung plattenreif produziert. Aus einer Underground-Gruppe, deren Privatpressung *Monster Movie* (Auflage 500) zu Stückpreisen bis zu 60 Mark gehandelt wurde, waren sie zur hochgeschätzten Musik-

kommune avanciert, deren Klang zahlreiche Kino- und Fernsehfilme untermalte. Von ihrer Singleplatte *Spoon*, Themamusik des Durbridge-TV-Krimis ‹Das Messer›, wurden in einem Jahr allein in Deutschland mehr als 200 000 Exemplare verkauft. Dabei machte die Band keinerlei Kompromiß. «Nach ihrer Musik eine andere Platte aufzulegen», urteilte der britische ‹Spectator›, «ist wie eine Rückkehr zur Schule nach einem Ferienaufenthalt auf Wolke 9.» Nach Damo Suzukis Ausscheiden im Winter 1973/74 arbeitete die Gruppe in Quartettbesetzung weiter; Schmidt und Karoli teilten sich die Vocals. Die Personal-Reduzierung führte zu einer weiteren Verdichtung von Material und Spielintensität. 1974 etablierte sich Can im Urteil des englischen Rockpublikums und der Fachkritik endgültig als «eine der bedeutendsten europäischen Bands» (‹Melody Maker›). In ihrem Heimatland waren die Musiker immer seltener zu hören. 1975 unternahmen die Musiker ihre fünfte England-Tournee, unmittelbar gefolgt von Konzerten in Frankreich. 1976 holten sie sich in London Rosko Gee (bg) und Reebop Kwaku Baah (perc) von Traffic in die Band. Diese im Musikgeschäft erfahrenen Profis ließen sich ins Can-Selbstverständnis nicht integrieren. Sie bestanden auf individueller Tantiemen-Regelung, wo Can die kompositorischen Anteile bisher gleichmäßig aufgeteilt hatten. Holger Czukay, der zuletzt nur noch Kurzwellen-Aufnahmen aus dem Radio in die Aufnahmen eingespielt und sich um «special sounds» gekümmert hatte, verließ nach der LP *Saw Delight* (1977) die Band. Die Anschluß-LP *Out Of Reach* (1978) zeigte die Rest-Gruppe orientierungslos. Was einmal «eine Art revolutionäre Zelle» (Can-Chronistin Gabriele Meierding) gewesen war, existierte nicht mehr. Ende Mai 1977 gab Can in Lissabon vor 10 000 Menschen ein letztes Konzert. Die letzte LP erschien im Dezember 1978 unter dem schlichten Titel *Can* mit einer Single-Auskopplung zum zehnten Geburtstag: einer Paraphrase über Jacques Offenbachs *Can Can*. Irmin Schmidt lieferte fortan vor allem Film- und Fernsehmusik, die auch in LP-Anthologien veröffentlicht wurde, und arbeitete in den Neunzigern vor allem an seiner Oper *Gormenghast* nach der britischen Kult-Romantrilogie von Mervin

Peake mit einem Libretto von Duncan Fallowell, dem Autor vieler Texte von Can: «Es war mir wichtig, mal etwas zu machen, von dem ich nicht wußte, ob ich das kann.» Die Oper wurde im November 1998 in Wuppertal in englischer Sprache uraufgeführt. Der Techno Groove und die Orchesterstimmen kamen – bearbeitet von Jono Podmore – vom Band. Simon Rekers dirigierte live nur ein Streichquartett. In der Zeitschrift «Scala» nannte Angela Reinhardt die Fantasy Opera «ein kühnes, kompliziertes Werk, das erst die Hörgewohnheiten herausfordert und dann seine ganze Faszination offenbart.» In der Londoner ‹Times› urteilte Rodney Miles, Herausgeber des renommierten ‹Opera Magazine›: «Hätte Richard Strauss Rockmusik geschrieben, müßte sie so geklungen haben – herrlich üppig, ohne sich dafür zu schämen.» Holger Czukay collagierte kunstvoll Rundfunk-Mitschnitte, Geräuschaufnahmen und elektronische Sounds zu erfolgreichen LPs wie *On The Way To The Peak Of Normal* oder *Der Osten ist rot*. Für das Doppelalbum *Clash* tat er sich 1998 mit dem Kölner Techno-Musiker Dr. Walker (Sektion Air Liquide, Kölner Elektronik Mafia) zusammen, der beinahe sein Enkel sein könnte. Czukay: «Ein echtes Trash-Manöver.» Jaki Liebezeit gründete zwischen Rock und Jazz die Phantom Band und nahm mit ihr Platten auf. Michael Karoli richtete sich in einer alten Mühle in einer Schlucht nördlich von Nizza ein Studio ein. Unverändert blieben die Musiker einander verbunden und halfen sich bei Produktionen gegenseitig. Ihre Bezugsperson war über die Jahre Irmin Schmidts Frau Hildegard, die das Can-Œuvre auf dem eigenen Plattenlabel Spoon Records sowie durch Lizenz-Deals international pflegte. Auch das solistische Werk der vier Musiker wurde von ihr betreut. Von 1989 an brachte sie die historischen Meisterwerke aus den Jahren 1968 bis 1978 in CD-Editionen wieder auf den Markt: «Rauschfreie, akustische Weltraumfahrten, die den Konservenstumpfsinn der achtziger Jahre glatt vergessen lassen» (‹Der Spiegel›). Eine Reunion-LP mit ihrem in den USA lebenden ersten Sänger Malcolm Mooney nahmen die vier Sound-Pioniere 1988 in Karolis Studio auf. Das Album *Rite Time* erschien im August 1989 bei Phonogram – offensichtlich zur falschen Zeit. Erst nachdem Autor

Julian Cope mit seinem 1995 im Verlag Head Heritage vorgelegten Buch ‹Krautrocksampler› die englischsprachige Musikindustrie noch einmal nachdrücklich auf die Alternativklänge aus Germany hingewiesen hatte, erwachte neues Interesse an Can oberhalb des Undergrounds. Holger Czukay ging im Winter 1996/97 auf seine erste Amerikatournee. Rockmusiker der Neunziger-Szene lieferten aktuelle Remixe von Can-Titeln für das Album *Sacrilege* (1997), unter ihnen Pete Shelley von den Buzzcocks (*Father Cannot Yell*), Bruce Gilbert von Wire (*TV Spot*), Sonic Youth (*Spoon*). Hinzu kamen Arbeiten von Mix-Mastern aus der Techno-Szene: UNKLE (*Vitamin C*); A Guy Called Gerald (*Whiskey Tango Man*); The Orb (*Halleluwah*). Sogar Brian Eno stiftete einen Remix von *Mother Sky*. Parallel dazu veröffentlichte DJ Westbam seine CD-Bearbeitung des Can-Songs *and more*; sie beweise – so ‹Der Spiegel› – «die erstaunliche Zeitlosigkeit des Originals genauso wie das Einfühlungsvermögen des jungen Bearbeiters». Zum dreißigjährigen Band-Jubiläum erschien 1999 auf Spoon eine *Can Box*: zwei CDs mit unveröffentlichten Aufnahmen aus früheren Jahren, dazu eine Biographie und eine Video-Dokumentation. Zugleich gaben die Musiker unter dem Motto «Can Projects» in mehreren Ländern wieder einige Konzerte – nicht gemeinsam, einzeln nacheinander. Schmidt: «Eine Band-Reunion widerspräche dem Can-Geist, wir reproduzieren nicht.» Außerdem seien Instrumente wie Baß und Gitarre, mit denen Can einst antraten, mittlerweile «schon klanglich total veraltet». Auf einer weiteren Solo-CD bettete der Can-Kopf seinen Konzertflügel in die Electronics seines Schwiegersohns Kumo alias Jono Podmore ein. Die Musik, aber auch der Plattentitel kam Can-gerecht: *The Confusion Musical Academy Presents Irmin Schmidt & Kumo – Masters of Confusion*.

LPs auf United Artists: *Monster Movie* (1970); *Soundtracks* (1970); *Tagomago* (1971); *Ege Bamyasi* (1972); *Future Days* (1973); *Limited Edition* (1974); *Soon Over Babaluma* (1974); *Cannibalism* (1978); *Classic German Rock Scene* (1976) … auf Sunset: *Opener* (1976) … auf Electrola: *Unlimited Edition* (1976) … auf Harvest: *Landed* (1975); *Flow Motion* (1976); *Saw Delight* (1977); *Can* (1978); *Out Of Re-*

ach (1978) … auf Spoon: *Delay* (1982); *Cannibalism II* (1994); *Cannibalism III* (1995); *Can Box* (2-CD, 1999) … auf Virgin: *Incandescence* (1981) … auf Phonogram: *Rite Time* (1989) … auf Mute: *Sacrilege – The Can Remix-Album* (1997) … Solo-LPs Holger Czukay auf Spoon: *Cannaxis* (mit Rolf Dammers, 1969) … auf Harvest: *Movies* (1979) … auf Welt-Rekord: *On The Way To The Peak Of Normal* (1981) … auf Virgin: *Der Osten ist rot* (1984); *Rome Remains Rome* (1987); *Radio Wave Surfer* (1991) … auf SPV: *Moving Pictures* (1993) … mit Phew auf Passport: *Phew* (1981) … mit Jah Wobble und Jaki Liebezeit auf Virgin: *Full Circle* (1983) … mit Jah Wobble und The Edge auf Island: *Snake Charmer* (1983) … mit Arno auf Virgin: *Charlatan* (1988) … mit David Sylvian auf Virgin: *Plight And Premonition* (1988); *Flux And Mutability* (1989) … mit Dr. Walker auf Sideburn Recordings: *Clash* (1997) … auf Tone: *Good Morning Story* (1999); *La Luna* (2000) … Solo-LPs Irmin Schmidt auf Spoon: *Filmmusik* (1980); *Filmmusik Volume 2* (1982); *Filmmusik Volumes 3 & 4* (1984); *Gormenghast* (2000) … auf Teldec: *Rote Erde* (1983; Soundtrack) … auf WEA: *Herr Schmidt – Songs aus kein schöner Land* (1985); *Musk At Dusk* (1987); *Impossible Holidays* (1991) … auf Ariola: *Reporter – Filmmusik Volume 5* (1989) … mit Bruno Spoerri auf Spoon: *Toy Planet* (1981) … mit Kumo auf Spoon: *Masters Of Confusion* (2001) … Solo-LP Michael Karoli auf Spoon: *Deluge* (mit Polly Eltes, 1983) … Solo-LPs Jaki Liebezeit mit Phantom Band auf Sky: *Phantom Band* (1980); *Freedom Of Speech* (1981) … auf Spoon: *Nowhere* (1984) … (auf Spoon) *Can Box Music* (Live 1971–77) … Jaki Liebezeit mit Club Of Chaos auf Mute: *Club Of Chaos* … auf Les Disques: *The Change Of The Century* (1998) … LPs Damo Suzuki auf Net Work: *Vernissage* (1998); *P.R.O.M.I.S.E.* (1998)

Carey, Mariah (voc), am 22. März 1970 als drittes Kind einer Irin und eines Venezolaners in New York geboren, zählte zu den Glückskindern der Popmusik: Eines der Demo-Bänder, die sie der Sängerin Brenda K. Starr gegeben hatte, steckte diese dem Columbia-Manager Tommy Mottola zu. Der von der wandlungsfähigen, technisch perfekten und angeblich fünf Oktaven umfassenden Stimme der jungen Sängerin beeindruckte Mottola nahm sie für Columbia unter Vertrag und baute ihre Karriere zielstrebig auf. Carey hatte seit ihrem fünften Lebensjahr Gesangsunterricht von ihrer Mutter, einer ausgebildeten Opernsängerin, erhalten. Während ihrer Schulzeit verdingte sie sich als Backgroundsängerin für diverse New Yorker Bands. Mit 16 verließ sie die Schule, arbeitete tagsüber als Kellnerin und schrieb in ihrer Freizeit zusammen mit Ben Margulies, einem Freund ihres Bruders, Songs und verschickte Demos. Als Mottola 1988 ihre Karriere in die Hand nahm, war ihm nur das Beste gut genug: Er engagierte als Produzenten die Soul-Experten Narada Michael Walden, Rie Wake und Rhett Lawrence, verordnete ein Jahr Studio-Klausur und ließ sie schließlich, nur von dem Pianisten Richard Tee und einer Gospel-Vokalgruppe begleitet, vor dem Kongreß der US-Schallplattenhändler singen. Rundfunk- und Fernsehauftritte schlossen sich an. 1990 sang sie die amerikanische Nationalhymne vor der Eröffnung der Endspielrunde der amerikanischen Basketball-Liga und wurde von Johnny Carson und Arsenio Hall zu deren Fernsehshows eingeladen. Ihre ersten drei Singles erreichten in den USA jeweils Platz eins, die LP *Mariah Carey* wurde auf Anhieb sechsmillionenmal verkauft und 1991 mit zwei Grammies ausgezeichnet. Ihre folgenden Platten, darunter ein *Unplugged*-Album, erzielten ähnliche Umsätze. Die Schattenseite des Ruhms und des Dollar-Segens: Ben Margulies präsentierte einen von ihr früher unterschriebenen Vertrag, der ihm fast die Hälfte aller Einnahmen an den von ihr aufgenommenen Songs garantierte. Hinzu kam die Presse, die sie als Abklatsch von Whitney Houston bezeichnete – mit gewisser Berechtigung. Tatsächlich war ihr Timbre ähnlich, auch ihr melismenreicher Gesangsstil, Konstruktion und Produktion ihrer Songs erinnerten wohl nicht zufällig an Houston. Tommy Mottola, inzwischen zum Präsidenten von Sony Music aufgestiegen, heiratete sie im Juni 1993. Zu diesem Zeitpunkt war die vierte Carey-Platte, *Music Box*, bereits fertig. Ungeachtet der Kritik – «schmalziger Rock für Erwachsene» (‹Melody Maker›), «eher erdrückend als gewinnend» (‹The Times›) – fanden die teils bombastischen, teils pathetischen Songs ein Massenpublikum. Kritik wie Erfolg begegnete Carey abgeklärt: «Es gibt Momente, da kann man Schmalz nicht widerstehen. Die Menschen werden davon ergriffen, davon bewegt. Es kann ihnen helfen.» Ihr Wille, die eigene Karriere durch alle Widrigkeiten auf hohem Niveau zu halten, ließ auch nach der Scheidung von Mottola im Frühjahr 1997 nicht nach. Die Produktion *Butterfly* (1997) wurde fristgerecht abgeschlossen, die Platte zum Weihnachtsgeschäft in die Läden gebracht. «All diese persönlichen Dinge durchzustehen war natürlich sehr belastend für die Aufnahmen», so die Sängerin, «aber ich bin der Typ, der sich in die Arbeit stürzen kann. Schon als Kind war mir Musik ein Schutz und gab mir Hoffnung.» Aber das wird die Musikpresse wohl nie verstehen. «Genügen zwei clever kombinierte Sound-Elemente, ein smarter Groove und ein hübsches Piano-Thema für eine Hitsingle (*Honey*)?» mäkelte ‹Stereoplay›: «Reichen ein paar ordentliche Songs für einen Millionenerfolg?» *Butterfly* stieg auf Platz eins in die US-Charts ein und löste drei Grammy-Nominierungen aus, gewann allerdings keinen der Preise. Dafür wurde die CD in Japan als «Pop-Album des Jahres» ausgezeichnet. Bei den World Music Awards in Monte Carlo im Mai 1998 erhielt Mariah Carey erstmals eine Auszeichnung als umsatzstärkste R & B-Sängerin der neunziger Jahre, was sich am Ende des Jahrzehnts bestätigte. Der ‹Spiegel› errechnete Ende 1999 eine weltweite Gesamtauflage von 115 Millionen CDs, davon 7,5 Millionen in Deutschland: «Sie plazierte 14 Singles auf Platz eins der amerikanischen Hitparade – nur die Beatles und Elvis hatten mehr Hits. Aber Careys Titel standen insgesamt länger an der Spitze der Charts als die Beatles-Songs.» Da war es naheliegend, daß Sony/Columbia eine CD mit dem Titel *The Ones* (1998) herausbrachte: 13 der 18 Single-Titel des Samplers standen in den Billboard-Charts auf Platz eins, darunter das Duett mit Whitney Houston zum Disney-Film ‹The Prince of Egypt›. Demonstrativ war die blonde Soul-Sirene durch Kooperation mit den Jahrhundertstimmen des Genres in die R & B- und Pop-Oberliga aufgerückt. Im April 1998 gab sie im New Yorker Beacon Theatre für den TV-Kanal VH 1 sowie eine Live-CD das Konzert *Divas Live* – neben Aretha Franklin, Céline Dion, Shania Twain, Gloria Estefan sowie dem Gast-Star Carole King. Zwei Monate später glänzte sie für PBS-TV im New Yorker Ballroom als Gast der Soul-Diva Patti La-

Belle. Die Blüte des Hip Hop – Producer Jimmy Jam & Terry Lewis, Song-Komponistin Diane Warren, die Interpreten Missy Elliott, Snoop Dog, Da Bratt, Usher, Jay-Z, 98 Degrees – beteiligten sich an ihrem überwiegend auf Capri gefertigten Album *Rainbow* (1999), und doch reiche, so die Kritik, «Mariah Careys musikalisches Spektrum wieder nur von Wollwaschgang bis Weichspül-Pop» (‹Musikexpress›) «im typischen Carey-Sound zwischen Ballade und Softpop, die oft nur ihre rhythmischen Raffinessen vor dem Auseinanderfallen bewahren» (‹Stereoplay›). Mariah Careys neuen Songs fehle, so Michael Pilz in der ‹Welt› «der Schmutz von der Straße, der indiskrete Charme und der Glamour der Gosse, die Coolness und Selbstsicherheit von Hip Hop, von Rhythm & Blues». Zunehmend versuchte sich die Sängerin mit der Ambition Hollywood durch provokativ knappe Miniröcke und Metallic-Kleidchen ein unmoralisches Image, in Interviews durch Andeutungen einer «beschädigten Kindheit» etwas verruchte street credibility beizugeben. Als aber ihre acht Jahre ältere Schwester Alison im Frühjahr 2000 ankündigte, in einem Buch ‹Mariah und ich› aus dem Nähkästchen zu plaudern, schritt die Sängerin gerichtlich dagegen ein. Das US-Klatschmagazin ‹Star› veröffentlichte Details: Alison Carey, als Kind mehrfach sexuell mißbraucht und inzwischen drogenabhängig und Aids-infiziert, habe als Prostituierte gearbeitet, um Mariah in großem Stil den Start ins Musikgeschäft zu ermöglichen, der hirngeschädigte Bruder Morgan habe die Schwestern umzubringen versucht und so fort. «Alles nur Qualm aus der Gerüchteküche?» fragte die ‹Bunte›. Das Buch erschien nicht, aber der Star stand spürbar unter Streß. «Ihre Welt-Tour auf 19 Konzerte zu beschränken», mutmaßte Oliver Tepel in der ‹Süddeutschen Zeitung›, «mag weniger an mangelnder Auftrittsfreude oder wirtschaftlichen Erwägungen liegen als vielmehr an der Belastungsfähigkeit von Mrs. Careys Stimme.» Eine Liaison mit dem mexikanischen Popstar Luis Miguel forderte Zeit und Energie, andererseits geriet sie durch einen neuen, hochdotierten Virgin-Plattenvertrag unter beruflichen Druck. Im Sommer 2001 entdeckten Fans auf der Website www.MariahCarey.com. verzweifelte Noten der offenbar verwirrten Sängerin, beispielsweise: «Ich weiß nicht, was mit dem Leben los ist, und ich hoffe, die Fans sind gut zu mir. Ihr sollt einfach wissen, daß ich versuche, die Dinge des Lebens richtig zu verstehen, und daß ich spüre, ich sollte jetzt erst mal keine Musik machen.» Boulevardblätter berichteten, sie habe sich in einem Hotelzimmer die Pulsadern aufgeschnitten und sei in New York in eine psychiatrische Klinik eingeliefert worden. Careys Sprecherin Cindi Berger bestätigte die selbstverursachten Schnittwunden, dementierte aber einen Selbstmordversuch: Die Pop-Diva sei wegen «extremer Erschöpfung» ins Krankenhaus gekommen. Die Presse spekulierte, das Ende ihrer Beziehung zu Luis Miguel habe zu dem Kollaps geführt. Als Mariah Carey die Klinik verließ, flog sie als erstes nach Hollywood. Titel ihres ersten Lichtspiels: ‹Glitter – Glanz eines Stars›.

LPs auf Columbia: *Mariah Carey* (1990); *Emotions* (1991); *MTV Unplugged EP* (1992); *Music Box* (1993); *Merry Christmas* (1994); *Daydream* (1995); *Butterfly* (1997); *The Ones* (1998); *Rainbow* (1999) … auf Virgin: *Glitter* (2001)

Cash, John R. **Johnny** (voc, g), am 26. Februar 1932 in Kingsland, Arkansas, als Sohn eines Baumwollfarmers geboren, sang mit seiner Begleittruppe Tennessee Three amerikanische «Geschichte für die Massen» (‹Melody Maker›) als eine Art «Dylan ohne Metaphern» (Richard Goldstein). Der Mann in Schwarz (Albumtitel) mit dem «Gesicht wie aus einem Steckbrief» (‹Life›) und der sonoren Patriarchen-Stimme war der «erste zornige Poet unter den Country-Sängern» (‹New York Times›). Seine oft als Sprechblues zu simplen Harmonien vorgetragenen Sympathie-Erklärungen für rechtlose Indianer, verketzerte Hippies und eingesperrte Kriminelle machten den Cherokee-Abkömmling und einstigen Drogenkonsumenten 1968/69 zum Superstar der Subkultur-Anhänger, die immer mehr nach unverfälschten Klängen aus der amerikanischen Musik-Vergangenheit verlangten und in Cash einen sozial engagierten Mann aus dem Volk zu sehen glaubten. Doch der selbsternannte Feld-, Wald- und Wiesen-Missionar war ein Idol voller Widersprüche: Er stand sich gut mit dem Alt-Protestler Bob Dylan und sang

Plädoyers für die langhaarige Aktivisten-Jugend (*What Is Truth*); interpretierte aber auch, zusammen mit dem Law & Order-Prediger Billy Graham, naiv-erbauliche Mittelklassen-Gospels. Er applaudierte den Vietnam-Aktivitäten des Watergate-Präsidenten Nixon immerhin als «Taube mit Falkenkrallen» (Cash), weigerte sich aber bei einem Liederabend im Weißen Haus, vom Präsidenten gewünschte Spottgesänge auf die Hippies und sozial Unterprivilegierten vorzutragen. Er präsentierte sich in zahlreichen, oft unentgeltlichen Zuchthaus-Auftritten (Folsom, St. Quentin) als Sympathisant der Outlaws (Songtext: «Ich erschoß einen Mann in Reno, bloß um ihn sterben zu sehen») und zeigte Mitgefühl für die an Heroin gestorbene Janis Joplin. Gleichzeitig deckte er die meisten seiner mehr als 500 selbstverfaßten Lieder mit der «Küchen-Philosophie» (‹Stereo Review›) vom patriarchalischen Aktivisten ein, dem das gesunde Gefühl für Recht und Unrecht das Schießeisen oder den Spaten führt. Cash machte 1955 seine ersten Aufnahmen bei Sun Records in Memphis, deren früherer Besitzer Sam Phillips auch die Debüt-Platten von Elvis Presley, Jerry Lee Lewis und Carl Perkins produzierte. Perkins zog lange Jahre mit Cash durch die Tourneestädte in aller Welt, genauso wie die zweite Cash-Frau June Carter, die für ihren Mann den Erfolgs-Song *Ring Of Fire* schrieb. Johnnys (Stief-)Töchter aus beiden Ehen, Roseanne Cash und Carlene Carter, etablierten sich als erfolgreiche Country-Rock-Performerinnen, während der Vater wiederholt mit einer Tablettenabhängigkeit zu kämpfen hatte. Als ihn seine Plattenfirma Columbia 1986 nach 28 Jahren sang- und klanglos feuerte, nutzte Cash die Brüskierung zu einem erneuten Karriereaufschwung. *Johnny Cash Is Coming To Town* (1987) zeigte den Altvater der ländlichen Folklore wieder in traditioneller Form. Vor allem Musiker der jungen britischen New Wave-Generation entdeckten in dem komplexen Cash-Charakter Seelenverwandtschaften und nahmen 1988 eine Hommage-Platte mit Cash-Songs (*’til Things Are Brighter*) zugunsten der englischen Aids-Hilfe auf. Abseits des Redneck-Images, das Teilen der Country Music – mitunter mit Berechtigung – immer noch anhing, war der charismatische Sänger zu einer unangreifbaren und unabhängigen Größe geworden. Musiker jedweder stilistischen Herkunft rechneten es sich als Ehre an, zu Plattenaufnahmen mit ihm eingeladen zu werden. An seinem Album *Water From The Wells Of Home* (1988) waren neben Tochter Rosanne Cash und Sohn John Carter Cash Emmylou Harris, Paul McCartney, The Everly Brothers, Waylon Jennings und Hank Williams Jr. beteiligt. Mit *Boom Chicka Boom* (1989) hielt er mühelos den Anschluß an die Generation junger, nicht unbedingt von Nashville geprägter Country-Musiker und erhielt dafür den wichtigsten Preis der US-amerikanischen Songwriter-Vereinigung, den Aggie Award. Er reanimierte das Quartett The Highwaymen, das er zusammen mit Waylon Jennings, Willie Nelson und Kris Kristofferson 1985 gebildet hatte, und ging mit dieser Formation auf Tournee. Nach *The Mystery Of Life* (1991) wechselte Cash von Mercury zu Rick Rubins Label American Recordings. Das erste Resultat *American Recordings* (1994) war bereits bei seiner Veröffentlichung ein Meilenstein amerikanischer Country-Tradition im digitalen Zeitalter, es wurde als «Best Contemporary Folk Album» prompt mit einem Grammy bedacht. Dasselbe geschah mit dem Folgealbum *Unchained* (1996), an dem Tom Petty, Mary Stuart und Flea mitwirkten: ein Grammy als bestes Country-Album. Inzwischen hatten ihm die Kritiker des ‹Rolling Stone› 1995 das «Comeback of the Year» bescheinigt, er war wieder mit den Highwaymen (u. a. in David Lettermans TV-Show) aufgetreten, hatte den Soundtrack zum Film *Dead Man Walking* um einen Song bereichert und seine normale Konzertaktivität fortgesetzt. Im Mai 1997 nahm er mit Willie Nelson auf zwei Barhockern für den TV-Kanal VH 1 die Live-Session *Storytellers* auf, die seine alte Hausmarke Columbia / Sony auf CD und Video veröffentlichte – «noch nicht zahnlos, aber doch ohne Biß» (so Hagen Liebing in ‹Tip›). Als er sich im Oktober 1997 auf einer Konzertbühne in Flint, Michigan, nach einem Gitarrenpicker bückte und nicht wieder hochkam, verlautbarte das Tournee-Management, er leide an der Parkinsonschen Krankheit. Konzerte wurden abgesagt, ebenso eine Promotion-Tour für seine soeben erschienene Autobiographie (deutsch bei Palmyra). Im November wurde er im Baptist Hospital in Nashville zusätzlich wegen Lungenentzündung behandelt. Innerhalb des folgenden Jahres mußte er mit derselben Diagnose zwei weitere Male ins Krankenhaus. Krank – ja, aber zahnlos noch lange nicht. Als nach seinem zweiten Grammy bei Def American die Herren von Columbia wieder ihre Fühler nach ihm ausstreckten, von denen er, so Cash ironisch, «viele, viele Jahre nichts gehört» hatte, bedankte er sich auch namens seiner neuen Plattenfirma auf einer ganzseitigen Anzeige im Branchenblatt ‹Billboard› beim «Nashville music establishment and country radio» für ihre Unterstützung. Auf dem alten Foto aus den sechziger Jahren war ein wütender Johnny Cash zu sehen, der dem Betrachter den ausgestreckten Mittelfinger zeigte. Von Parkinson's Disease nicht genesen, hat er dann doch noch seinen Frieden mit Columbia gemacht. Für das Dreifach-Album *Love – God – Murder* (2000) stellte er eigenhändig die ihm noch aktuell genug erscheinenden Songs aus seinem Back-Katalog zu den drei CD-Themen Liebe, Mord und Gott zusammen – Zentralthemen seines Lebens und seines Werks. Im Februar 1999 erhielt Johnny Cash, der als einziger Musiker in die Country Music Hall of Fame, die Songwriters Hall of Fame und die Rock and Roll Hall of Fame aufgenommen worden war, dann auch noch einen Grammy für sein Lebenswerk. «Von Johnny Cash gecovert zu werden ist eine Auszeichnung», konstatierte Christine Heise in einer Rezension des Albums *American III: Solitary Man* (2000). Zu den Kollegen deren Lieder er vielfach unerhört neue Facetten abgewann, gehörten Neil Diamond (das Titelstück), Nick Cave *(The Mercy Seat)* und U 2 *(One)*. Wie genau Cash hingehört habe, um auch bei den Jungen die wirklich guten herausfinden, so Christie Heise in ‹Tip›, belege die überraschende und erschütternde Version des Will-Oldham-Titels *I See A Darkness*: «Selten so harten Stoff gehört. Hier wird Bilanz gezogen. Der Song bringt einen lebenslangen Kampf mit Gut und Böse, mit Gott und dem Teufel auf den Punkt.» Das Jahr 2001 verbrachte Cash, zu Konzertreisen nicht mehr fähig, mit seiner Frau June Carter Cash abwechselnd in ihren Häusern in Tennessee, Virginia und Jamaika. «Ich würde meine Zukunft nicht gegen die irgendeines anderen Menschen tauschen», schrieb er in den Liner Notes zu *Solitary Man*.

LPs (Auswahl) auf Columbia: *Johnny Cash* (1959); *Hymns* (1959); *Song Of Our Soil* (1959); *Ride This Train* (1960); *There Was A Song* (1960); *Sound* (1962); *Hymns From Heart* (1962); *Blood, Sweat & Tears* (1963); *Ring Of Fire* (1963); *Christmas Spirit* (1963); *Bitter Tears* (1964); *I Walk The Line* (1964); *Orange Blossom Special* (1965); *Everybody Loves A Nut* (1966); *Mean As Hell* (1966); *Carryin' On With Johnny Cash And June Carter* (1967); *Happiness Is You* (1967); *By The Time I Get To Phoenix* (1968); *From Sea To Shining Sea* (1968); *At Folsom Prison* (1968); *At San Quentin* (1969); *The Holy Land* (1969); *Jackson* (1970); *Hello, I'm Johnny Cash* (1970); *The Johnny Cash Show* (1970); *The World Of Johnny Cash* (1970); *Man In Black* (1971); *A Thing Called Love* (1972); *America – A 200 Year Salute In Story And Song* (1972); *Der Sheriff / I Walk The Line* (Soundtrack, 1972); *Christmas With The Johnny Cash Family* (1972); *Any Old Wind That Blows* (1973); *The Gospel Road* (1973); *Johnny Cash And His Woman* (1973); *Five Feet High And Rising* (1974); *Ragged Old Flag* (1974); *The Junkie And The Juicehead Minus Me* (1974); *Welcome To Europe* (1975); *John R. Cash* (1975); *Johnny Cash's Children Album* (1975); *Sings Precious Memories* (1975); *Look At The Beans* (1975); *Strawberry Cake* (1976); *Riding The Rails* (1976); *One Piece At A Time* (1976); *The Last Gunfighter Ballad* (1977); *The Rambler* (1977); *I Would Like To See You Again* (1978); *Gone Girl* (1978); *Silver* (1979); *A Believer Sings The Truth* (1979); *Rockabilly Blues* (1980); *A Free Man* (1981); *The Baron* (1981); *The Survivors* (mit Jerry Lee Lewis & Carl Perkins, 1982); *The Adventures Of J. C.* (1982); *Johnny 99* (1983); *Rainbow* (1985); *Heroes* (mit Waylon Jennings, 1986) ... auf Mercury: *Johnny Cash Is Coming To Town* (1987); *Water From The Wells* (1988); *One Million Dollars* (1988) ... auf Sun: *With His Red & Blue Guitar* (1957); *Sings The Songs That Made Him Famous* (1958); *Sings Hank Williams* (1960); *Johnny Cash* (1961); *All Aboard The Blue Train* (1962); *Original Sun Sound Of Johnny Cash* (1964); *The Singing Story Teller* (1969); *Get Rhythm* (1969); *Show Time* (1969); *Story Songs Of The Trains And Rivers* (1969); *Sunday Down South* (mit Jerry Lee Lewis, 1970); *The Rough Cut King Of Country Music* (1970); *Country Comeback* (mit Jerry Lee Lewis, 1970); *Sings Hank Williams* (mit Jerry Lee Lewis, 1971) ... auf Bear Family: *The Unissued* (1978); *Johnny & June* (1978); *Tall Man* (1979); *Old Golden Throat* (1981); *More Of Golden Throat* (1981); *Bitter Tears* (1984) ... auf Polystar: *1 000 000 Dollar* (1988) ... auf Mercury: *The Mystery Of Life* (1990); *Boom Chicka Boom* (1990) ... auf American Recordings: *American Recordings* (1994); *Unchained* (1996); *VH-1 Storytellers* (1998); *American III: Solitary Man* (2000) ... Zusammenstellungen auf Columbia: *Johnny Cash's Greatest Hits Vol. 1* (1967); *Johnny Cash's Greatest Hits Vol. 2* (1972); *Johnny Cash's Greatest Hits Vol. 3* (1980); *Lore – God – Murder* (3-CD, 2000) ... auf Bear Family: *The Man In Black* (1990; Box mit fünf CDs, enthält Sun- und Columbia-Aufnahmen, Unveröffentlichtes, Outtakes); *The Man In Black Volume II* (1991; Box mit fünf CDs, Columbia-Aufnahmen) ... mit Waylon Jennings, Willie Nelson und Kris Kristofferson als The Highwaymen auf Columbia: *Highwayman* (1985) ... auf Sony: *Highwayman II* (1990) ... auf Liberty: *The Road Goes On Forever* (1995)

Cave, Nicholas **Nick** (voc), am 22. September 1957 in Warracknabeal, Australien, geboren, wurde von einem Kritiker-Kartell als «australischer Kultheld» (‹Billboard›), «genialer Sänger» (‹Musikexpress›), «Hank Williams und Bob Dylan der achtziger Jahre» (‹New Musical Express›) gefeiert, von den Musikkonsumenten jedoch weitgehend ignoriert. Seine «Versuche, die achtziger Jahre mit Musik zu terrorisieren» (‹The Face›), verstörten viele Popfans als ein «Hammer-Haus des Horrors, wo Frauen zumeist dominant oder tot sind, weggehen oder in Schmerz zerfließen, wo die Väter betrunken oder katholisch sind und wo die Sonne nur scheint, um verweste Körper auszudörren» (‹Time Out›). In rücksichtsloser Selbstzerstörung und provokanter Arroganz stilisierte Cave – «schwarzer Zwirn und Junkie-Blässe» (‹Village Voice›) – seine persönliche Unfähigkeit, mit dem Leben zurechtzukommen, als mythologische Passion des modernen Rockstars. «So wie sich in den sechziger Jahren unzählige britische Vorortbands wie die Rolling Stones aus importierten Bluesplatten eine neue Identität nach der Legende exotischer amerikanischer Tagediebe zulegten, berauschte sich Nick Cave am düsteren Gebräu südstaatlicher Mythen – den Lynch-Mobs, entflohenen Sklaven, fundamentalistischen Predigern und Kriminellen, die von Leidenschaft und psychopathischen Zwängen getrieben waren» (‹Q›). Als Vorsänger der australischen Boys Next Door, als Attraktion der Birthday Party (in London 1981–83) und treibende Kraft bei den Bad Seeds entwickelte er sich vom übergeschnappten Hexendoktor des australischen Rock zum liebeskranken Schmelzsänger von unerwarteter Zärtlichkeit. In Eigenkompositionen wie *The Mercy Seat, Your Funeral ... My Trial, From Her To Eternity* und Coverversionen von *All Tomorrow's Parties* (Velvet Underground), *In The Ghetto* (Elvis Presley), *Something's Gotten Hold Of My Heart* (Gene Pitney) präsentierte sich Cave als «ein Mann, der die Geister in seinem Kopf mit unzureichenden Mitteln austreiben möchte. Sentimentalität, Bitterkeit, Aufgebrachtheit, Humor und Morbidität lösen sich von seinem Kehlkopf wie die Häute von der Schlange» (Kritiker Jack Barron). Cave hatte nach seinem Abschied von der Birthday Party mit Lydia Lunch, Marc Almond in dem Projekt Immaculate Consumptive musiziert, bevor er mit dem Bassisten Barry Adamson (Ex-Magazine) und dem Multiinstrumentalisten Mick Harvey die Bad Seeds formierte, an denen sich gelegentlich der dann erstaunlich gruppenkonforme Blixa Bargeld von den Berliner Einstürzenden Neubauten beteiligte. Berlin wurde Cave zur zweiten Heimat, die er wie auf einem B-Film-Trip als Asyl der sozial und emotional Gestrandeten ansah: «Viele Angehörige meiner Generation sitzen hier zusammengedrängt in den Bars, stützen den Kopf in die Hände und stöhnen voller Schwermut: ‹Zuviel Speed, zuviel Speed.›» Von Speed und härteren Drogen wie Heroin konnte sich Cave 1988 lösen. Zu jener Zeit hatte er in Wim Wenders' Film ‹Der Himmel über Berlin› eine kleine Rolle gespielt, war in dem von ihm initiierten Kinoprojekt ‹Ghosts of the Living Dead› aufgetreten und hatte ‹And the Ass Saw the Angel›, ein Buch «voller pechschwarzer Ironie und perverser Melodramatik» (‹NME›), zu Ende geschrieben. Der Sänger, «der die Hausband auf Etage IV in Dantes Inferno anführen könnte» (‹Spin›), «hält sich nicht für zu klein, um in jedermanns Fußstapfen zu treten – und er ist dabei ziemlich überzeugend» (‹Time Out›). Dies erschloß sich weniger dem Plattenhörer als dem Konzertgänger: Cave sang nicht, er beschwor sein Publikum. In einer quasi religiösen Verzückung ging er in die Knie, richtete den Blick in für gewöhnliche Menschen

unsichtbare Welten und streckte die Hände imaginären Personen entgegen. Seine tiefe Stimme verlor sich dabei in kreisenden Monologen, das Publikum schien für ihn nicht mehr zu existieren. Einen vagen Eindruck dieses durchaus authentischen Pathos gab sein 1990 erschienenes Album *The Good Son*, das er mit Drummer Thomas Wydler, Bassist Mick Harvey, Gitarrist Kid Congo Powers und Blixa Bargeld einspielte, mehr noch das Live-Album *Live Seeds* von 1993. Mit diesem, wie auch mit der von einer Liebe im brasilianischen São Paulo inspirierten, 1992 erschienenen Platte *Henry's Dream* zeigte Cave aber auch, daß er im Grunde kein Rockmusiker war, sondern ein Poet, der die Rockmusik benutzt. Seine Zusammenarbeit mit Kylie Minogue und P. J. Harvey für das Album *Murder Ballads* (1995) und die dazugehörigen Videoclips erschlossen ihm jenseits seiner Fanzirkel ein größeres Publikum. Allzu heftige Umarmungsversuche des Musik-Business wehrte er ab. «Meine Muse ist kein Pferd», verweigerte er seine Teilnahme an der Verleihung des MTV Music Award 1996, «und an Pferderennen nehme ich nicht teil.» Daß er in seiner Heimat Australien für den Hit *Where The Wild Roses Grow* (Duett mit Kylie Minogue) gleich drei Preise für die beste Single, die beste Pop-Veröffentlichung und den Song des Jahres erhielt sowie von der Urheberrechtsgesellschaft APRA obendrein zum «Songwriter of the Year» erhoben wurde, konnte er nicht verhindern. 1997 geriet er neben der Veröffentlichung seines Albums *The Boatman's Call* und des Buches ‹King Ink II› zweimal in die Nähe der E-Musik: Er war mit der Ballade von Mackie Messer (*Mack The Knife*) an Video und CD *September Songs: The Music Of Kurt Weill* von Sony Classical beteiligt und gab im Londoner Barbican neben Pulp, Spiritualized und dem English Chamber Orchestra ein Benefizkonzert für den amerikanischen Avantgarde-Komponisten La-Monte Young. 1998 erschien bei Mute der Sampler *The Best Of Nick Cave And The Bad Seeds*. Mit dieser Truppe gab er bis ins neue Jahrtausend hinein in vielen Ländern, vielfach bei Festivals wie dem englischen Glastonbury 1998, aber auch im Westport-Zelt vor den Hamburger Deichtorhallen im Sommer 2000, unermüdlich Konzerte. *The Boatman's Call* habe «wie das Röcheln eines sterbenden Insekts» geklungen, bemerkte er selbstkritisch beim Erscheinen des Albums *No More Shall We Part* (2001), das Christine Heise, mit den meisten Kritikern übereinstimmend, in ‹Tip› als «persönlich, emotional, poetisch, mit schönen, wohlplazierten, tiefsinnigen Formulierungen» pries: «Er singt und schreibt sich in Höhen, in denen er sich nicht mehr mit dem Nimbus des vielseitig trunkenen Mannes umgeben muß, und spielt dazu sein feierliches Klavier.» Die Bad Seeds mit Mick Harvey (g), Blixa Bargeld (g), Warren Ellis (vi), Conway Savage (org), Thomas Wydler (dr) und den Backing-Stimmen Kate & Ann McGarrigle erschienen hier beinahe als so entbehrlich, daß der deutsche ‹Rolling Stone› titeln konnte: «Die Vollendete: Nick Cave geht spazieren und Gott geht durch den Raum.» Er selbst wehrte ab: «Meine Sachen sind kaum so ausgefeilt wie die von Leonard Cohen. Ich bin nicht so spontan wie Bob Dylan und singe nicht halb so gut wie Van Morrison.» Ein «düsterer Dandy, die Inkarnation des besessenen Melancholikers», wie ihn schon 1988 das Lifestyle-Magazin ‹Tempo› apostrophierte, war Cave in seinem Hausboot auf der Themse mit einiger Mühe geblieben. So verabschiedete er sich im Konzert gern imagegerecht: «You can go and fuck yourself, it's time for me to leave.» Zu seiner reich bebilderten Biographie ‹The Life and Music of Nick Cave› im Gestalten-Verlag Berlin erklärte Autor Max Dax Anfang 2000: «Am meisten begeistern mich die Anmut, Konsequenz und Würde, die Nicks ganzes Leben durchziehen. Es gibt nicht mehr viele Stars dieses Kalibers.»

LPs auf Mute: *From Her To Eternity* (1984); *The Firstborn Is Dead* (1985); *Kicking Against The Pricks* (1986); *Your Funeral ... My Trial* (1986); *Tender Prey* (1988); *Ghosts ... Of The Civil Dead* (1989; Soundtrack mit Mick Harvey, Blixa Bargeld); *The Good Son* (1990); *Henry's Dream* (1992); *Live Seeds* (1993); *Murder Ballads* (1995); *The Boatman's Call* (1997); *No More Shall We Part* (2001)

Chapman, Tracy (voc, g), am 30. März 1964 in Cleveland, Ohio, geboren, stieg «über Nacht zum Weltstar» (‹Q›) auf, nachdem sie beim «Nelson Mandela's 70th Birthday Tribute»-Konzert im Wembley-Stadion für den inhaftierten südafrikanischen Bürgerrechtler am 11. Juni 1988 vor einem globalen TV-Publikum in 64 Ländern ihre grimmigen Songs über verzweifelte Träume und heimliche Rebellen gesungen hatte. Der beeindruckend unprätentiöse Auftritt der schwarzen Folksängerin ließ die Umsätze ihres Debütalbums weltweit ins Millionenfache wachsen. Im Kontrast zum noch vorherrschenden, von der Reagan-Ära geprägten Zeitgeist der Selbstgefälligkeit und sozialen Gefühlsroheit klagte sie: «Auf den Hinterhöfen Amerikas wird der amerikanische Traum niedergemacht», hoffte, «die Armen werden sich erheben und bekommen, was ihnen zusteht», mißtraute jedoch materiellem Wohlstand als «Ersatzbefriedigung, um meine Traurigkeit und Einsamkeit in Schranken zu halten», und bekannte schwärmerisch: «Was täten wir nicht alles für die Liebe – zwei Wochen Knast in Virginia für meinen Lover.» Dieses Neo-Protest-Repertoire artikulierte sie zu karger Instrumentalbegleitung mit einer «imposanten Stimme, die klar und fest zwischen Folk-, Gospel-, Soul- und Bluesphrasierungen pendelt» (Kritikerin Ingeborg Schober), deren rauhe Sensibilität gelegentlich an Joan Armatrading erinnerte. Damit kam sie weniger bei Schwarzen an, gefiel aber weißen Liberalen, die sich in die Zeiten Bob Dylans, Neil Youngs und Joni Mitchells zurückversetzt fühlten. Die junge Frau aus dem Arbeiterviertel von Cleveland besuchte als Stipendiatin eine progressive Privatschule in Connecticut, studierte später Anthropologie an der Tufts University bei Boston und trat in den Feierabendzirkeln der Folkclubs und Musikkneipen am Campus auf. Ein begeisterter Kommilitone vermittelte einen Kontakt zu seinem Vater Charles Koppelman, der als einflußreicher Musikverleger das Talent Tracy Chapman in professionelle Bahnen leitete. Trotz der bisweilen rührend altmodischen Folksinger-Ernsthaftigkeit der jungen Poetin fand ‹Newsweek›: «Die Musik mag stilistisch in der Vergangenheit angesiedelt sein; aber in einer Ära des oberflächlichen Glitzers klingt sie funkelnagelneu.» Tracy Chapman erhielt 1989 für ihre erste Platte drei Grammies; mehr als zehn Millionen Stück wurden weltweit verkauft. Mit *Crossroads* konnte die Sängerin den immensen Erfolg ihres Debüts nicht ganz wiederholen, wenn die LP auch die vorderen Plätze der US-Charts erreichte und über fünf Millionen Käufer fand. Das «introspektive Album» (‹Rolling Stone›) *Matters Of The Heart* (1992) fügte den vorangegangenen Platten nichts Neues hinzu, machte aber deutlich, daß Tracy Chapman sich um ihre künstlerische Unbestechlichkeit bemühte, um nicht als «Cassandra der Weinlokale» (‹Q›) zu enden. Ihre schöne, dunkle Stimme treffe immer noch genau in die Magengegend, urteilte der ‹Stern› über ihr viertes Werk *New Beginning* (1995): «Hier ein paar Ethno-Klänge, dort ein paar Geigen und ansonsten Blues für Puristen» – wie der schon 1986 geschriebene Zwölftakter *Give Me One Reason*, für den Tracy Chapman 1997 einen Grammy bekam. Aber auch *New Beginning* wurde allein in den USA innerhalb eines Jahres dreimillionenmal verkauft. 1997 erhielt sie als beste akustische Gitarristin in New Yorks Hard Rock Cafe den Orville H. Gibson Guitar Award. Sie gastierte regelmäßig überwiegend bei Benefizkonzerten für Tibet, Amnesty International, den Weltfrieden und ließ sich beim «Very Special Christmas»-Konzert im Weißen Haus in Washington zu *O Holy Night* von Eric Clapton begleiten. Mochte es an der Sprache liegen: Tracy Chapman wurde in den angelsächsischen Ländern mehr als beispielsweise in Deutschland geschätzt. Während die ‹New York Times› ihr Album *Telling Stories* (2000) mit seiner Mischung aus Politischem und Persönlichem vor allem wegen seiner «fine precision» lobte («Eine Künstlerin, die nicht nur zu ihren Wurzeln zurückfindet, sondern diese auch neu erschafft und neu definiert»), während die Londoner ‹Times› *Telling Stories* als «ein erstaunliches, wunderbares Album, so weit entfernt von Glamour und Getöse der Pop-Welt wie es nur geht» pries, hielten die meisten deutschen Blätter den Daumen nach unten. ‹Stereoplay› gestand der Sängerin eher vorwurfsvoll wenigstens noch «Ernsthaftigkeit und Konzentration» und, wenn man «mit dem Herzen hört, viel Wärme» zu, ‹Rolling Stone› kreidete ihr «immer beliebigere und banalere Bilder» sowie «mangelnde Risikobereitschaft» an, dem ‹Musikexpress› erschien ihre «durchaus bezaubernde Filigranität im Sumpf allzu großer Gleichförmigkeit» als «zu angepaßt, zu glatt, zu

wenig offensiv», gar ein «gefälliges Nichts». Vielleicht war sie den Teutonen ja einfach zu scheu. Wenn es dafür einen Preis gäbe, spekulierte Nigel Williamson in der Londoner ‹Times›, «Tracy Chapman würde ihn um Lichtjahre gewinnen».

LPs auf Elektra: *Tracy Chapman* (1988); *Crossroads* (1989); *Matters Of The Heart* (1992); *New Beginning* (1995); *Telling Stories* (2000)

The Charlatans, gegründet 1989 im englischen Wolverhampton, gehörten neben den Stone Roses und den Happy Mondays zu den einflußreichsten Bands der sogenannten Madchester Scene, deren hochgradig partykompatibler Rave europaweit wie eine Bombe einschlug. «Die Charlatans sind nicht eben vom Leben gestreichelt worden. Ihren Platten hörte man das kaum an. Wie man es von echten Scharlatanen erwartet, paßten sie sich immer dem Zeitgeist an» (‹Visions›). Sie waren die einzige britische Band, die in den Neunzigern vier Alben an die Spitze der Charts geführt hat. Und doch war ihre Geschichte auf Grund einer Verkettung persönlicher und kollektiver Schicksalsschläge die Geschichte einer Passion. Nach verschiedenen Inkarnationen, unter anderem als The Gift Horses mit Sängerin Fay Hallam und später mit dem Songwriter Barry Kettley, konsolidierte sich die Gruppe 1990 mit Tim Burgess (voc), geb. am 30. Mai 1967, Martin Blunt (b), geb. 1965, Jon Brooks (dr), Jon Baker (g), geb. 1969, und Rob Collins (kb), geb. am 23. Februar 1963, dessen Hammond-B3-Sound zum bestimmenden Element der Band werden sollte. Aufgrund der Tatsache, daß Burgess äußerlich und im Gebaren an den jungen Mick Jagger erinnerte, hatte die Band leichtes Spiel. Ihr Manager Steve Harrison lancierte sie geschickt in die Clubs von Manchester. Bereits im Frühjahr 1990 veröffentlichte sie die Single *The Only I Know*, die auf Anhieb in die britischen Top Ten aufstieg. «Die vierminütige Verquickung von Eigenschaften der Byrds, von Deep Purple und Booker T. & The MG's klingt auch heute noch erhaben und stolz, wild und ungebändigt», schätzte ‹Intro› zehn Jahre später ein. Nach einer weiteren, nicht weniger erfolgreichen Single erschien noch im selben Jahr das Album *Some Friendly*, das bereits nach einer Woche

Goldstatus erlangte. In Amerika liefen die Dinge für die Charlatans indessen nicht so gut. Auf einer US-Tournee wurden sie gezwungen, als The Charlatans UK aufzutreten, da eine amerikanische Band die Namensrechte für sich reklamierte. 1991 hatten sie mit der Single *Over Rising* einen weiteren Top-20-Erfolg, doch interne Probleme machten der Band zu schaffen. Blunt verfiel in eine tiefe Depression, Baker erklärte seinen Ausstieg. Als neuer Gitarrist trat Rob Collins' Bruder Mark der Band bei. Als das zweite Album *Between 10th And 11th* (1992) erschien, das wesentlich düsterer geriet als sein Vorgänger, war der Madchester-Hype weitgehend vorüber und die Tage des Erfolgs, der sich wie von selbst einstellte, gezählt. Auch weiterhin wurde die Band vom Pech verfolgt werden. Nach einer Japan-Tournee Ende 1992 fuhr Rob Collins den Fluchtwagen bei einem Banküberfall und mußte für acht Monate ins Gefängnis. Während des Prozesses spielte er noch schnell den Keyboard-Part für die Single *Can't Get Out Of Bed* ein, die erst 1994, nach seiner Entlassung, veröffentlicht wurde. Die Platte *Up To Our Hips* (1994) markierte die Rückkehr zur unbeschwerten Kraft des Debütalbums. «Jeder Musiker fühlte sich diesmal weniger eingeschränkt, und es ist das erste Mal, daß wir die Aufnahmen im Studio als Prozeß richtig genießen konnten», erklärte ein gelöster Mark Burgess angesichts eines aufgeräumten Albums, das sogleich vordere Chart-Positionen erklomm. Vier Jahre nach ihren ersten Gehversuchen hatten die Charlatans den Schritt vom unschuldigen Party-Act zur ernsthaften Rock-Band vollzogen. Sie erweiterten ihren Sound sowohl um Country- als auch um Techno-Einflüsse. Nach der Arbeit an dem Album legte Mark Burgess ein Intermezzo mit den Chemical Brothers ein und verarbeitete deren Einflüsse auf dem Album *The Charlatans* (1995), mit dem die Band abermals die Top-Position der britischen Charts erreichte. Die folgende Platte *Tellin' Stories* (1997) ging dem Quintett wesentlich schwerer von der Hand. Sich auf ihr Erfolgsabonnement verlassend, zog es die Band vor, durch die Nachtclubs zu ziehen, anstatt sich im Studio der Arbeit zu widmen. Als Rob Collins am 22. Juli 1996 bei einem Autounfall ums Leben kam, gerieten die Charlatans in eine schmerzhaft-kreative Phase und beendeten die Aufnahmen mit Martin Duffy von Primal Scream. Wider Erwarten enterte auch *Tellin' Stories* Position eins der britischen Charts. Aber selbst damit war das Pech-Konto der Charlatans noch nicht gedeckt. Der Buchhalter der Band suchte mit einer halben Million Pfund das Weite und führte damit den Bankrott der Gruppe herbei. Trotzdem gelang mit dem Keyboarder Tony Rogers ein neuer Anfang. Burgess zog nach Los Angeles und inspirierte seine Band mit *Us And Us Only* (1999) zu einem Album, auf dem amerikanische Stilelemente überwogen. «Wer hätte gedacht, daß sich die Charlatans etwas – und nur das Beste – von Bob Dylan abschneiden würden und vom Delta Blues» («Kultur News»). «Das Album beginnt mit schweren Keyboardschwaden und schleppenden Beats wie ein Trauermarsch. Ein Begräbnis, auf dem die Vergangenheit zu Grabe getragen wird» («Visions»).

LPs auf Beggars Banquet: *Some Friendly* (1990); *Between 10th And 11th* (1992); *Up To Our Hips* (1994); *The Charlatans* (1995); *Melting Pop* (1998) … auf MCA: *Tellin' Stories* (1997) … auf Uptown: *Us And Us Only* (2000)

Charles, Ray (voc, p, org, as, tp), am 23. September 1930 als Ray Charles Robinson in Albany, Georgia, geboren, mit sechs Jahren erblindet, Vollwaise mit 15, ist die einflußreichste Persönlichkeit der bluesorientierten Popmusik. Mit seiner «Fusion von Sex und Salvation, von Heiligem und Säkularem, dem Jubel des Gospelsongs und der Erdhaftigkeit des Blues» (Arnold Shaw) hat der «Hohepriester», das «Genie» (Werbeslogan) beinahe jeden Rocksänger beeinflußt. In der St. Augustine-Blindenschule in Florida nahm er Musikunterricht, gründete mit siebzehn das Maxim Trio, mit dem er in der Art Nat King Coles musizierte, trat vornehmlich an der US-Westküste auf und besang 1949 bis 1951 für die Firma Swing Time seine ersten Singleplatten (*Confession Blues*; *Kiss Me Baby*; *Baby, Let Me Hold Your Hand*). 1952 ging er zu Atlantic und entwickelte als Sänger und Pianist seinen unverwechselbaren Personalstil. Bei einer Plattenaufnahme im November 1954 in Atlanta, Georgia, verband er erstmals die vordem unvereinbaren Ausdrucksmittel von Blues und Gospelsong. Aus dem Spiritual

My Jesus Is All The World To Me wurde *I Got A Woman*, aus der Clara Ward-Hymne *This Little Light Of Mine* der Song *This Little Girl Of Mine*. Bluessänger Big Bill Broonzy artikulierte das allgemeine Entsetzen: «Er hat eine gute Stimme, aber es ist eine Kirchenstimme; er sollte in der Kirche singen. Blues und Spirituals zu mischen ist verwerflich.» Doch mit diesem Soulstil durchbrach Ray Charles sämtliche Schranken, die Ausbildung und Herkunft ihm setzten. Akademien überschütteten ihn mit Schallplattenpreisen, ‹Down Beat› erklärte ihn zum besten Jazzsänger, die amerikanische Music Operators Association zum populärsten Interpreten im Jukebox-Geschäft. Als Instrumentalist, Sänger, Orchesterleiter und Arrangeur gab er dem steril gewordenen Cool Jazz Ursprünglichkeit und Ausdruck zurück und gastierte triumphal beim Newport Jazz Festival. Mit seinen Hits *What'd I Say*, *Yes Indeed* oder *Hallelujah, I Love Her So* legte er «das Blues-Schema als Symbol des Eros» bloß und «betonte es mit einer Eindeutigkeit, die einem Geringeren zu tödlicher Frivolität ausgeschlagen wäre» (Jazzkritiker Olaf Hudtwalker). Nach seinem Wechsel zur Plattenfirma ABC Paramount 1960 erweiterte er sein Repertoire um konventionelle Pop-Songs und Country & Western-Melodien. Fortan wurden Einzeltitel (*I Can't Stop Loving You*) und LPs (*Modern Sounds In Country And Western Music*) in Millionenauflagen verkauft. 1962 etablierte Ray Charles in Los Angeles ein eigenes Aufnahmestudio und die Tangerine Record Company, die später in Crossover Records umbenannt wurde. Für den United Artists-Film ‹In the Heat of the Night› interpretierte er den Titelsong und trat 1980 im Film ‹The Blues Brothers› auf. Manchmal, etwa auf der LP *Ray Charles Invites You To Listen*, klang seine bis ins Kastratenhafte übersteigerte Kopfstimme gespenstisch immateriell. Immer wieder aber fand er auf den Boden seiner handfest-erotischen Bluestradition zurück. Bisweilen wagte er sich – mit Stücken wie Stevie Wonders *Living For The City*, dem Little Milton-Song *We're Gonna Make It* und vor allem dem Album *A Message From The People* (1972) – sogar in die Nähe von Sozialkritik. 1972 plädierte er im Song *Hey Mister* dafür, Präsident Richard Nixon abzuwählen, weil der ihm in einem Gespräch gesagt hatte: «Wir wollen

ja gar nicht, daß alle Menschen gleich sind.» Eine repräsentative Auswahl seiner besten Stücke wurde von Atlantic in der vierteiligen Anthologie *The Ray Charles Story* (1962–64), von ABC im Doppelalbum *A Man And His Soul* (1967) veröffentlicht. Als er am 1. November 1964 in Boston wegen Heroinbesitzes verhaftet wurde, gab er an, er habe seit seinem 16. Lebensjahr Rauschgift gespritzt. Nach einer Entziehungskur in Kalifornien trat er ein Jahr lang nicht auf. In den achtziger Jahren bestritt er seine größten Kommerzerfolge zum zweitenmal in seiner Karriere mit Country & Western-Material. Nach der LP *Do I Ever Cross Your Mind* holte er sich für die LP *Friendship* (beide 1984) mit Chet Atkins, Johnny Cash, Merle Haggard, Willie Nelson, Hank Williams Jr. u. a. einige der bekanntesten C&W-Stars als Partner ans Mikrofon. Seinen Countryalben der späten Achtziger fehlte die Inspiration. Nach dem Wechsel zu Warner mit *Would You Believe* (1990) erreichte er mit dem von Richard Perry produzierten Album *My World* (1993) einen neuen Höhepunkt seiner Ausdruckskraft im Schnittpunkt von Pop, Gospel, Rhythm & Blues: «Er singt seine Botschaften mit spielerischer Vitalität. Seine Stimme bricht, wenn er ein Problem darstellt, und sie erstrahlt im Glanz, wenn er eine Lösung anbietet» (Jon Pareles in der ‹New York Times›). Das Album endete in einer gospelbluesigen Version von Paul Simons *Still Crazy After All These Years*, in der er die Midlife-Krise in ein triumphales Bekenntnis zur Einsamkeit des Älterwerdens verkehrte, mit einer optimistischen Note: befreiendem Gelächter. In den Neunzigern hat Ray Charles mit seinem Orchester und den Raylettes immer noch rund 250 Konzerte pro Jahr absolviert und zahlreiche Ehrungen unterschiedlicher Organisationen für sein Lebenswerk entgegengenommen. Den Sinatra-Satz, er sei «das einzige Genie in unserem Geschäft», wies er in einem ‹Spiegel›-Gespräch 1996 zurück: «Ich bin kein Jazzer, aber ich kann Jazz spielen. Ich bin kein Blues-Sänger, aber ich kann den Blues singen. Ich bin kein Country & Western-Sänger, aber ich kann Country singen. Ich bin ein Gebrauchsmusiker. Deswegen bin ich immer noch da.» – «Ray Charles», urteilte der ‹New Yorker›, sei «der einzige Jazzkünstler, der durch einen überdimensionalen Erfolg nicht korrumpiert worden ist». Im Herbst 1997 wurde er in die Jazz Hall of Fame aufgenommen, zur gleichen Zeit legte Rhino eine 5-CD-Box mit den Atlantic-Aufnahmen der Jahre 1952–1980 vor: *Genius & Soul: The 50th Anniversary Collection*, im Frühjahr 1999 gefolgt von *The Complete Country & Western Recordings 1959–1986*. Zu dieser Zeit hielt Ray Charles im New Yorker Waldorf Astoria die Laudatio auf Billy Joel zu dessen Aufnahme in die Rock and Roll Hall of Fame, deren Mitglied er selbst schon seit 1986 war. Als er am 12. Mai 1998 in Stockholm den oft mit dem Nobelpreis verglichenen Polar Music Prize aus den Händen des schwedischen Königs Carl Gustav XVI. entgegennahm, gratulierte auch US-Präsident Clinton zu seiner «outstanding musical career». Seine Stimme sei «incomparably expressive and always easy to recognize as soon as it is heard». Der Präsident war schließlich ein Jazzer.

LPs (Auswahl) auf Atlantic: *Ray Charles Sings* (1957); *Yes Indeed* (1958); *Ray Charles At Newport* (1958); *Soul Brothers* (mit Milt Jackson, 1958); *What'd I Say* (1959); *The Genius Of Ray Charles* (1959); *In Person* (1960); *Do The Twist* (1960); *Genius After Hours* (1961); *The Genius Sings The Blues* (1961); *The Greatest* (1962); *Ray Charles Story, Vol. 1* (1962); *Ray Charles Story, Vol. 2* (1962); *Brothers In Soul* (1963); *Ray Charles Story, Vol. 3* (1963); *Ray Charles Story, Vol. 4* (1964); *All Time Great Performances* (1971); *Live* (1973); *The Complete Atlantic Rhythm And Blues Recordings* (1992; Box mit drei CDs) … auf Impulse: *Genius + Soul = Jazz* (1961) … auf ABC: *Genius Hits The Road* (1960); *Dedicated To You* (1961); *Modern Sounds In Country & Western Music Vol. 1* (1962); *Modern Sounds In Country & Western Music Vol. 2* (1962); *Ingredients In A Recipe For Soul* (1963); *Sweet And Sour Tears* (1963); *Have A Smile With Me* (1964); *Live In Concert* (1965); *Together Again* (1965); *Crying Time* (1966); *Ray's Mood* (1966); *A Man And His Soul* (1967); *Listen* (1967); *Portrait Of Ray Charles* (1968); *I'm All Yours, Baby* (1969); *Doing This Thing* (1969); *Love Country Style* (1970); *Volcanic Action Of My Soul* (1971); *25th Anniversary Salute* (1972); *A Message From The People* (1972); *Through The Eyes Of Love* (1972); *All Time Country & Western Hits* (1973) … auf Tangerine: *My Kind Of Jazz* (1973); *Jazz Number II* (1973) … auf Mainstream: *Arbee Stidham* (1973) … auf London: *The World Of Ray Charles Vol. 1* (1973); *The World Of Ray Charles Vol. 2* (1974); *Come Live With Me* (1974); *Georgia On My Mind* (1974); *Renaissance* (1975); *Take These Chains From My Heart* (1975); *Porgy & Bess* (mit Cleo Laine, 1976); *True To Life* (1977); *What Have I Done To Their Songs* (1977); *Love & Peace* (1978); *Brother Ray* (1978); *Ain't It So* (1979) … auf Columbia: *Wish You Were Here Tonight* (1983); *Do I Ever Cross Your Mind* (1984); *Friendship* (1984); *The Spirit Of Christmas* (1985); *Just Between Us* (1988); *Seven Spanish Angels And Other Hits* (1989) … auf Rhino: *Standards* (1988); *Genius & Soul: The 50th Anniversary Collection* (5-CD Box, 1997); *In Concert* (1998); *Dedicated To You* (1998); *The Complete Country & Western Recordings 1959–1986* (4-CD Box, 1999); *Ultimative Hits Collection* (2 CDs, 1999) … auf Warner Bros.: *Would You Believe* (1990); *My World* (1993) … auf Quest: *Strong Love Affair* (1996)

Cheb Khaled (voc), bürgerlich: Khaled Feddal, 1959 in Oran, geboren, war der prominenteste Exponent der sogenannten Raï-Musik, die vor allein bei der arabischen Großstadtjugend in den nordafrikanischen Metropolen populär wurde und dann über Paris auf dem europäischen Kontinent eine Kultgemeinde fand. Khaleds vorwiegend auf Cassetten vertriebenen emotional starken Improvisationen um simple Akkordfolgen wie der Hit *Hada Raykown* waren «der Sound der arabischen Welt, die ihre Traditionen mit ihren Gelüsten vereinen möchte, ein Hoffnungsschrei für die Jugend, ein Sehnsuchtsschrei für Männer und Frauen, die gezwungen sind, sich füreinander jungfräulich zu halten» (‹Actuel›). Die traditionell ausschließlich von Frauen gesungene Hochzeitsmusik, spirituell dem spanischen Flamenco und dem portugiesischen Fado verwandt, gab nach dem Algerienkrieg 1962 «den sexuellen Spannungen einer islamischen Welt, die mehr und mehr dem Westen verbunden ist, eine Stimme,» (‹The Face›) Junge Männer, die die Musik der Bee Gees und der Disco-Szelle für sich entdeckten, vermischten diese Rhythmen mit den Melodien des Raï (Arabisch für «Weltanschauung, Schicksal») und sangen über ihr Leben im Straßenslang von Oran, der Hochburg des neuen regionalen Pop. Cheb (der junge) Khaled, Sohn eines Arbeiters, gründete mit 14 nach dem Schulabschluß seine erste Band. Mit seiner kraftvollen, gefühlsbetonten, modulationsfähigen Stimme stieg er zum Superstar der Szene auf und verkaufte seit 1985 eine halbe Million Cassetten jährlich mit Stücken wie *La Baraka,* von dem zahllose Coverversionen kursierten: «Ich mochte dich mit mir nehmen, ich würde mich dir liebend gern hingeben, aber ich kann nicht … wegen der Leute.» Die Raï-typische Spannung von kaum unterdrückter Begierde und dem frustrierenden Bewußtsein der Uerfüllbarkeit machte die Musik «mehr zum Ausdruck einer sozialen Krise als zum popästhetischen Phanomen, zur Dokumentation eines Konfliktes zwischen Vergangenheit und Zukunft» (‹Actuel›). Der populäre arabische Blues wurde von den algerischen Behörden als Musik von Kriminellen und Alkoholikern diskreditiert; Cheb Khaled erhielt nur durch Intervention des französischen Kulturministers eine Ausreisegenehmigung nach Frankreich, um dort seine Raï-Hits vorzutragen: «Sie sagten, es sei schmutzig, was ich singe, doch ich sagte ihnen, ich singe über Liebe, und Liebe ist rein.»

LPs (Auswahl) auf Celluloid: *Sel Dein Drai*; *Hada Raycoum*; *Moule El Kouchy*; *Khartou Geddainna* … auf Mango / Barclay: *Sahra* (1997)

Chemical Brothers, gegründet 1989 in Manchester, legten mit ihren dichten gesampleten Texturen das Fundament für den Sound, der Ende der Neunziger als Big Beat Europa erschütterte. Der Sound des Duos «entsprach einer rockistischen Techno-Variante, die auf endlosen Jams, gebündelter Atmosphäre und immer neuen Gastsängern beruht» (‹ME/Sounds›). Die Chemical Brothers waren «eigen statt eitel» (‹Stern›), «immer auf dem Sprung, stets von dem Jetzt gelangweilt» (‹Rolling Stone›) und «bewährten sich als muntere Wanderer zwischen den unterschiedlichsten musikalischen Mikrokosmen» (‹Loop›). Ed Simons und Ted Rowlands waren aus dem Süden Englands nach Manchester gekommen, um sich in den dortigen Clubs mit Musik vollzusaugen und an der University of Manchester Geschichte zu studieren, wo sie sich 1989 bei einer Vorlesung über das Mittelalter kennenlernten. Unter dem Logo Dust Brothers, benannt nach dem amerikanischen Produzententeam, sammelten sie in den Clubs der Stadt Erfahrungen als DJ-Duo. Von Anfang an hoben sie sich von den DJs ihres meist puristischen Umfelds ab, indem sie die Gräben zwischen House, Hip Hop und Rock zuschütteten. Ihr Programm unterschied sich kaum «von den Singles in den Jukeboxen typischer englischer Studentenkneipen. Die großen Erfolge der Beatles wurden gespielt, Hip Hop von Public Enemy und natürlich der Manchester Sound von den Stone Roses oder den Charlatans» (‹Der Tagesspiegel›). Rowlands spielte noch in der Dance-Band Ariel, bevor er mit Simons 1992 erstmalig ins Studio ging, um aus allen verfügbaren Quellen das Tape *Song To The Siren,* «einen überwältigenden Soundclash aus House und Hip Hop» (‹Rough Guide›), zusammenzusampeln, das in 500 Kopien an DJs verschickt wurde. Eine dieser Kopien erreichte Andy Weatherall, der sie für sein Junior Boys Own-Label unter Vertrag nahm. 1994 zauberten sie die beiden EPs *14th Century Sky* und *My Mercury Mouth* aus ihrem Labor, deren landesweites Echo ihnen Remix-Jobs für die Manic Street Preachers, Primal Scream, The Prodigy und St. Etienne einbrachte. Im selben Jahr gaben sie erste Live-Shows in London, die zwar optisch wenig hermachten, mit ihrem treibenden Eklektizismus jedoch jedes Publikum in Bann zogen und sie als Vorband von Primal Scream empfahlen. Ein Rechtsstreit mit den amerikanischen Dust Brothers zwang sie, sich nach ihrem Song *Chemical Beats* in Chemical Brothers umzubenennen. Unter dem neuen Logo veröffentlichten die beiden Hightech-Hippies ihr erstes Album *Exit Planet Dust* (1995). Mit seiner packenden Mischung aus eingängigem Pop und komplexen Rhythmen, einer neuen Version von *Song To The Siren* sowie den Gastvokalisten Tim Burgess von den Charlatans und Beth Orton verkaufte das Album weltweit über eine Million Einheiten, mehrere Singleauskopplungen gelangten in die britischen Top 20. Das von den Chemical Brothers entworfene Schema wurde stilbildend für den gesamten britischen Markt und schlug sogar auf dem U 2-Album *Pop* nieder. Die EP *Loops Of Fury* (1996), deren Titelsong zum Soundtrack für ein Sony-Computerspiel auserkoren wurde, steigerte den Erfolg des Albums sogar noch. Die beiden «englischen Stubenhocker» (‹Zillo›) bestritten unter anderem im Vorprogramm von Oasis ausgedehnte Tourneen rund um den Globus. Rowlands ging darüber hinaus eine kurze Liaison mit den Charlatans ein. 1997 erschien mit Gästen wie Noel Gallagher von Oasis und Jonathan Donahue von Mercury Rev das Album *Dig Your Own Hole*, das bis zum Rand mit ausgefallenen Ideen von House über Dub und Jazz-Anleihen bis Psychedelic Rock vollgepackt war. «Auf einmal konnte niemand mehr genug von den Chemicals bekommen» (‹WOM Journal›), die «neben The Prodigy zu den ersten der jungen Garde britischer Dancefloor-Reformatoren gehörten, denen in den USA der Durchbruch gelang» (‹Intro›). 1998 beschränkte sich das Duo hauptsächlich auf Live-Auftritte und brachte quasi im Vorübergehen unter dem Titel *Brothers Gonna Work It Out* ein DJ-Remix-Album heraus, mit dem sie sich in die Karten ihrer Arbeit als DJs gucken ließen. Mit dem Drittwerk *Surrender* (1999), an dem abermals Gallagher und Donahue beteiligt waren, schlossen sie nahtlos an die Erfolge der ersten beiden Alben an. Weitere Gäste waren Bernard Sumner von New Order und Bobby Gillespie von Primal Scream. Der Titel des Albums symbolisierte den Wunsch der beiden Protagonisten, das Publikum an unerwartete Plätze mitzunehmen. So überraschten die Chemical Brothers neben typischen Stücken mit «perfektem, intelligentem Pop» (‹Body Styler›) und einem Kontext, der den «Acid-Filter-Electro-Funk» (‹Style›) der beiden etwas weniger infernalisch erscheinen ließ. «Wer Big Beat erwartet, wird wohl erst enttäuscht, doch schnell eines Besseren belehrt sein, denn die Brothers kennen keinen Stillstand» (‹Raveline›).

LPs auf Astralwerks: *Exit Planet Dust* (1995); *Dig Your Own Hole* (1997); *Brothers Gonna Work It Out* (1998); *Surrender* (1999)

Cher (voc), als Cherilyn Sarkasian LaPierre am 20. Mai 1946 in El Centro, Kalifornien, geboren, brach mit ihrem Nr. 1-Hit *Believe* im März 1999 in den US-Charts einen Rekord. Ein Vierteljahrhundert nach ihrer letzten Nr. 1-Plazierung war sie mit 52 Jahren die älteste Pop-Künstlerin aller Zeiten an der Spitze der Hitparade. Als «Gesamtkunstwerk» (Selbsteinschätzung) vielfach geliftet und beschnitten, machte die auf ewige Jugend getrimmte Pop-Diva auch auf der Bühne noch eine gute Figur. «Cher weiß, was die Leute wollen», notierte die ‹Berliner Morgenpost› Ende 1999 nach einem Konzert, «weiß aber auch, was sie selber kann: Ein Hüftschwung nach links, und Mariah Carey ist erledigt. Ein Fingerschnipsen nach rechts, und Whitney Houston wird blaß.» Ihr erstaunliches Stehvermögen im Show Business verdankte die Schauspielerin und Sängerin frühkindlichem Überlebenstraining bei einer instabilen Mutter indianischer Abstammung (Cherokee). Jackie Jean Crouch war 18, als sie Cher zur Welt brachte. Den Kindsvater John Sarkasian, einen armenischen Lastwagenfahrer, verließ sie kurz nach der Geburt, nannte sich zeitweise Georgia Holt, heiratete einen Schauspieler namens John Southall, bekam eine weitere Tochter und brach auch die zweite Ehe kurzfristig ab. Cher: «In den ersten zehn Jahren meines Lebens kannte ich nur Armut und Umzüge, Gummibänder als Schnürsenkel. Bis heute habe ich vor dem Armsein eine Todesangst. Damals habe ich mir diese Traumfigur ausgedacht und Autogrammschreiben geübt. Ich wollte immer diese berühmte Cher sein.» Der dritte Vater Gilbert LaPierre, Vizepräsident einer Bank in Encino, adoptierte die beiden Kinder, bescherte Cher einen zweiten Nachnamen und eine gewisse Sicherheit, blieb aber als Vorbild blaß. Sie war 17, als sie den am 16. Februar 1935 in Detroit, Michigan, geborenen und mithin zehn Jahre älteren Entertainer Salvatore «Sonny» Bono kennenlernte, der für Phil Spector arbeitete und ihr als Background-Sängerin für die Ronettes dessen Studio erschloß. Eine erste Solo-Single hieß *Ringo, I Love You*. Doch Sonny erkannte seine Chance für ein Duo – Altersunterschied hin oder her – im Unisex-Look. Nach einer Blitzheirat in der mexikanischen Grenzstadt Tijuana 1964 berichteten Sonny & Cher in gleichgeschnittenen Hosenanzügen, mit Pelzwesten und Zottelhaar ihrem verständnisvollen Teenager-Publikum vom Spießrutenlauf durch eine vorurteilsvolle Erwachsenenwelt, den nur unverbrüchliche Liebe erträglich mache. Sie entschärften den von Bob Dylan zu jener Zeit angestimmten Protest-Rock, schminkten die Polit-Kritik mit flottem Außenseiter-Getändel ab und konnten auf diese harmlose Manier in ihrem Spitzenjahr 1965 fünf

Hit-Singles gleichzeitig in die Schlagerparaden bringen. Sonny Bono stopfte in ihr kommerziell verwässertes Folk Rock-Schema Kostproben adaptierter Personalstile. *I Got You Babe* (1965), der Drei-Millionen-Hit des Duos, war Donovans *Catch The Wind* nachempfunden; melodischen Kontakt zum Trip-Song des gleichen Autors meldete *The Beat Goes On* (1966). *Baby Don't Go* (1965) erinnerte an Gale Garnetts Folk-Hit *We'll Sing In The Sunshine,* und Chers Solo-Stück *Bang Bang* (1966) verdankte Mikis Theodorakis' *Zorba's Dance* die wesentlichen Akkorde. Diese Neubearbeitungen gaben Sonny & Cher mit Nasallauten zum besten, die wie «Paarungsrufe zweier Zahnarztbohrer tönten» (Chris Hodenfield) – Cher als «Vibrato auf der Suche nach einer Stimme» (Hodenfield) und Sonny «mit der Vokalbreite von immerhin zwei Tönen, die sich als sechs ausgaben» ‹Rolling Stone›. Der düpierende Vortrag täuschte jedoch nicht über das bürgerliche Konzept des Paares hinweg, das weder trank noch rauchte, kiffte oder LSD schluckte und damit den Rock-Insidern der Flower Power-Zeit ab 1967 höchst verdächtig vorkommen mußte. Auch die Rebellen-Attitüde modischer Extravaganz war längst von ausgeflippteren Kleiderstilen überholt worden. Sonny & Cher probierten 1969 die Flucht nach vorn mit dem Film ‹Chastity›, der die Hippie-Kultur optisch ausbeutete und dem Producerehepaar einen Verlust von 500 000 Dollar brachte. Zusammen mit dem Minus von einer Million für die erste Sonny & Cher-Filmpleite ‹Good Times› (1966) ergab das einen Schuldenberg, den das Ehepaar auf mühseligen Tourneen und in Nightclub-Marathons abzutragen hatte. 1972 gelang ein Comeback im Fernsehen. Die ‹Sonny and Cher Comedy Hour› war ein Destillat aus der in jahrelanger Varieté-Fron erprobten Bühnenshow und verzeichnete 1972/73 eine durchschnittliche Sehbeteiligung von 40 Prozent pro Woche, Der Bildschirmruhm aktivierte auch das Interesse an den Plattenstars Sonny & Cher. Mit rockfremder Entertainer-Verve waren sie wieder dabei, wenn Hitplätze ausgezählt wurden – freilich nur für ein Publikum im mittleren Alter, das hektisch mit hip verwechselte. Warum sie bei den Teenagern nicht mehr den Ton angaben, hatte die ‹Vogue›-Titelschöne Cher längst erkannt: «Wir

sind so spießig, daß es einen geradezu krank macht.» In solcher Selbsteinschätzung konnte Cher sich mit voll durchklischierten Pop-Tragödien wie *Half-Breed* (1973), *Dark Lady* (1974) als Top-Solistin emanzipieren. Das neue Selbstwertgefühl ermutigte die Modefanatikerin zur privaten und künstlerischen Trennung von ihrem Mann Sonny; sie ließ sich scheiden. Ihre Stimme klinge «dunkel und selbstbewußt», befand Claudius Seidl im ‹Spiegel›, doch schwarze Kolleginnen wie Diana Ross und Aretha Franklin hätten «im linken Lungenflügel mehr Volumen als Cher in der ganzen Brust». Gleichwohl: «Schon damals vermutete sie den Nabel der Welt auf ihrem eigenen Bauch.» Für eine Gage von zeitweise 350 000 Dollar pro Woche riß die nach einer Kurzzeitehe mit Gregg Allman erneut geschiedene Sängerin in Las Vegas die Schamgrenzen nieder: «Mein Name ist Cher. Ich bin 45 Jahre alt und habe seit 18 Monaten keinen Mann mehr gehabt.» Bis hin zu ihrer Cover-Sammlung *It's A Man's World* (1996) veröffentlichte sie von Zeit zu Zeit müde Platten und stilisierte sich über die Jahre zum Ausstellungsstück der plastischen Chirurgie. Die Filmkamera wollte ihr wohl. Nach Lichtspielen wie ‹Silkwood›, ‹Suspect›, ‹Die Hexen von Eastwick› verlieh ihr Hollywood 1988 für ‹Mondsüchtig› einen Oscar. Auch Sonny Bono, der sich nach der Scheidung vom Schallplattengeschäft zurückgezogen hatte, trat in Film- und Fernsehrollen auf, wenn auch nicht annähernd so erfolgreich wie seine Ex-Frau. 1988, am gleichen Tag als Cher der Oscar verliehen wurde, geriet jedoch auch Sonny in die Schlagzeilen: Er wurde zum Bürgermeister des Millionär-Dorados Palm Springs, Kalifornien, gewählt, machte sich trotz allerlei Sport-, Filmfest- und Entertainment-Aktivitäten allerdings nicht sonderlich beliebt, als er Bikinis auf offener Straße verbot. 1982 eröffnete er mit seiner vierten Frau in Hollywood ein Restaurant, 1988 ein zweites in Palm Springs. 1992 kandidierte er erfolglos auf dem republikanischen Ticket für den Senat und schaffte es 1994 ins Repräsentantenhaus. 1996 wurde er wiedergewählt. Cher kommentierte hämisch: «Politiker lügen wie Autohändler. Genau der richtige Job für Sonny.» Am 6. Januar 1998 kam Sonny Bono bei einem Ski-Unfall auf der «Upper Orion»-Piste im Heaverly

Valley, Nevada, ums Leben. Sonny & Chers Tochter Chastity Bono trat im Sommer 1993 mit ihrer eigenen Band Ceremony an die Öffentlichkeit. Die Londoner ‹Times› registrierte überrascht «respektablen Pop, der aufmerksames Anhören verdient». Als dies ausblieb, begann die erfolglose Musikerin unmäßig zu essen, nahm auf 91 Kilo zu, verdingte sich als bekennende Lesbe als PR-Frau bei der Gay and Lesbian Alliance Against Defamation in Hollywood. Chers Sohn Elijah Blue Allman gründete die Band Deadsy. Die Diva trat vor der Jahrtausendwende zur Verfilmung der Autobiographie von Franco Zeffirelli vor die Kamera (‹Tea with Mussolini›), ging mit ihren Konkurrentinnen Tina Turner, Whitney Houston u. a. auf die Bühne (CD *Divas Live '99*), probte für eine Zusammenarbeit mit Madonna, ließ sich vorsorglich schon mal eine Grabstelle auf dem Pariser Prominentenfriedhof reservieren und trumpfte abermals mit dem Gesamtkunstwerk auf: «Wenn ich mir morgen mein Gesicht auf den Hinterkopf basteln lasse, ist das ausschließlich mein Ding. Basta!»

LPs Sonny & Cher auf Atlantic: *Look At Us* (1965); *The Wonderous World Of Sonny & Cher* (1966); *In Case You're In Love* (1967); *Good Times* (Soundtrack, 1967); *The Best Of Sonny & Cher* (1967); *This Good Earth* (1968); *The Two Of Us* (1972); *Greatest Hits* (1981) … auf Atco: *The Beat Goes On* (1975) … auf Kapp / MCA: *Sonny & Cher Live* (1967); *All I Ever Need Is You* (1972); *Mama Was A Rock 'n' Roll Singer, Papa Used To Write All Her Songs* (1973); *Live In Las Vegas* (1974); *Greatest Hits* (1975) … auf MCA: *16 Original World Hits* (1989) … auf Reprise: *Baby Don't Go* (1965) … Solo-LPs Cher (Auswahl) auf United Artists / Imperial: *All I Really Want To Do* (1965); *The Sunny Side Of Cher* (1966); *Cher* (1967); *With Love* (1968); *Back Stage* (1968); *Cher's Golden Greats* (1968); *Superpak* (1971); *Superpak Vol. 2* (1972); *Very Best* (1974) … auf Kapp / MCA: Cher (1971); *Foxy Lady* (1972); *Bittersweet White Light* (1973); *Half-Breed* (1973); *Dark Lady* (1974); *Greatest Hits* (1974) … auf Atlantic: *Jackson Highway* (1968) … auf Sun: *This Is Cher* (1970) … auf Warner Bros.: *I'd Rather Believe In You* (1977); *Cherished* (1977); *It's A Man's World* (1995) … auf Casablanca: *Take Me Home* (1979); *Prisoner* (1979); *The Casablanca Years* (1979) … auf MFP: *Gypsies Tramps And Thieves* (1981) … auf Columbia: *I Pa-*

ralyze (1982) … auf Geffen: *Cher* (1987); *Heart Of Stone* (1989), *Love Hurts* (1991); *Greatest Hits 1965 – 92* (1992) … auf Imperial: *All I Really Want To Do* (1965); *The Sonny Side Of Cher* (1966); *With Love, Cher* (1968); *Backstage* (1968) … auf United Artists: *Cher* (1966) … auf Rhino: *3614, Jackson Highway* (1969) … auf MCA: *Gypsys, Tramps & Thieves* (1971); *Foxy Lady* (1972); *Half Breed* (1973); *Bittersweet White Light* (1974); *Dark Lady* (1974) … auf Warner: *Stars* (1975); *I'd Rather Believe In You* (1976); *Two The Hard Way* (1977); *Cherished* (1977) … auf Sunset: *This Is Cher* (1978) … auf Casablanca: *Take Me Home* (1979); *Prisoner* (1980) … auf Columbia: *I Paralyze* (1982) … auf Geffen: *Cher* (1987); *Heart Of Stone* (1989); *Outrageous* (1989); *Love Hurts* (1991) … auf WEA: *It's A Man's World* (1996); *Believe* (1998) … auf EMI: *Black Rose* (1999) … auf Arista: *Divas Live '99* (mit Whitney Houston, Tina Turner, Brandy, 2000) … auf Universal: *Gypsier, Tramps & Thieves* (Best of, 2-CD, 2000) … auf Isis: *Not.Com.Mercial* (2000)

Cherry, Eagle-Eye (voc, kb, perc), nach eigenen Angaben 1970 in Skane, Schweden geboren, verteidigte einen großen Namen. Der Sohn des Jazz-Innovators Don Cherry und Stiefbruder der Sängerin Neneh Cherry war auf dem besten Weg, die Rezeptur für den perfekten Pop-Song zu finden. Er verband eingängige Melodien mit hintergründigen Arrangements und versah seine Alben mit dramaturgischen Bögen, in denen sich alle Songs voneinander abhoben und doch als integrale Teile eines Ganzen zu erkennen waren. Seine Texte waren von tiefgründiger Leichtigkeit, kamen aber ohne jede Didaktik aus. Der stets nachdenklich dreinblickende Cherry bestach mit einer ausgewogenen Mischung aus flockigem Jazz-Flair, doppelbödigem Blues und domestiziertem Rock. Mehr als sein Fingerspitzengefühl für exakt ausbalancierte Songs war es jedoch seine sanfte, leicht nasale, verträumt schwebende Stimme, die sich auf Anhieb ins Trommelfell grub. Obwohl er die ersten Kindheitsjahre in Schweden verbrachte, lernte Eagle-Eye Cherry an der Seite seines Vaters, dem er wie aus dem Gesicht geschnitten war, schon früh das Leben im Tourbus kennen. Mit zwölf Jahren zog er nach New York, wo er die School of Performing Arts in Brooklyn besuchte. Nach einer Ausbildung auf Percussion und Keyboards stieg er in die Band Don Cherrys ein. Erst kurz vor dem Tod des Vaters 1995 entdeckte er die Musik Bob Dylans und Neil Youngs, begann Songs zu schreiben und stellte sich auf eigene künstlerische Füße. Sein Debütalbum *Desireless* (1998) spaltete die Öffentlichkeit. Ein Kritiker des ‹Rolling Stone› wagte die Prophezeiung: «Fans des abenteuerlustigen Cherry-Clans werden enttäuscht sein von diesem lite-rockenden Debütalbum.» Auch Begriffe wie Cat Stevens-Ersatz oder Ben Harper-Rip-off machten die Runde. In Opposition dazu jubelte ‹Uncut›: «Es gibt diese Talente, deren erstes Album so perfekt geformt ist, daß du vom ersten Ton an weißt, sie werden einst gewaltig sein.» Nach der Veröffentlichung der Platte gab Cherry innerhalb zweier Jahre insgesamt 300 Konzerte. Unter dem Eindruck einer Brasilien-Reise entstand sein zweites Album *Living In The Present Future* (2000). Obwohl das in weiten Teilen von dem Heavy Metal-Fachmann Rick Rubin produzierte Werk eine wesentlich größere rhythmische Vielfalt aufwies als sein Vorgänger, wirkte es doch in seiner Gesamtheit harmloser. Auf der Singleauskopplung *Long Way Around* gab Cherry sich ein Stelldichein mit Stiefschwester Neneh.

LPs auf Polydor: *Desireless* (1998), *Living In The Present Future* (2000)

Chesnutt, Vic (voc, kb, g), 1965 in Athens, Georgia, geboren, galt als kompromißlos unabhängiger Singer / Songwriter, der seiner Umwelt einen ebenso poetischen wie schonungslosen Spiegel vorhielt. Nicht zuletzt auf Grund seiner körperlichen Behinderung konnte er über Seiten des Lebens singen, die von seinen Kollegen gern verschwiegen wurden. Er selbst bugsierte sich mehrfach in ausweglose Situationen, bediente sich seiner Songs jedoch stets als Therapie, um einen Ausweg aus dem Labyrinth des eigenen Lebenslaufs zu finden. «Vic Chesnutt ist bestimmt nicht einer unter vielen. Wenn überhaupt, gibt es nur wenig Vergleichbares zu seinen bekenntnishaften, verzweifelten und bitter komischen Songs» (‹NME›). «Er ist die Art von Geschichtenerzähler, der das Publikum, an das er sich richtet, verstummen läßt» (‹CMJ›). Chesnutt spielte zunächst Keyboards in der lokalen Band

La De Das, bevor er 1983 durch die Folgen eines unter Alkoholeinfluß verursachten Autounfalls, den er nur knapp überlebte, für den Rest seines Lebens an den Rollstuhl gefesselt wurde. Er wechselte von den Keyboards zur Gitarre und begann bissige Songs aus der Perspektive des verzweifelten Zynikers zu schreiben. Chesnutt tingelte oft betrunken durch die Clubs seiner Heimatstadt und wurde schließlich im 40 Watt von R.E.M.-Sänger Michael Stipe entdeckt, der an einem einzigen Nachmittag seine Debüt-Platte *Little* (1988) produzierte. Der Legende nach hatte Stipe zu Chesnutt gesagt: «Ich möchte mit dir eine Platte aufnehmen, bevor du dich umgebracht haben wirst.» Die Gesamtkosten dieser Produktion betrugen 100 Dollar. Die amerikanische Presse reagierte zunächst empört und warf ihm vor, am Südstaatenmythos zu partizipieren, ohne ihn umgesetzt zu haben. Auch das Folge-Album *West Of Rome* (1991) entstand unter der Regie von Stipe. Der Sänger verarbeitete «zufällige Schnappschüsse von Grabsteinen und Trottoirs» (‹Rough Guide›) und setzte sich mit dem düsteren Schicksal von Freunden auseinander. Bissiger Humor, Ausweglosigkeit und Verbitterung hielten sich die Waage. Der spartanische Sound seiner Gitarre, der wie eine Lo-fi-Variante von Southern Rock klang, wurde von Cello, Violine, elektrischer Gitarre und Schlagzeug umrahmt. 1992 bedankte er sich bei Stipe für dessen Unterstützung, indem er auf dem R.E.M.-Tribute-Album *Surprise Your Pig* deren Hit *The One I Love* coverte. Auf der mit Freunden und Verwandten eingespielten Platte *Drunk* (1994) zog Chesnutt Bilanz seines eigenen Lebens, schilderte Alkohol- und Drogen-Exzesse, abgebrochene Therapien und gescheiterte Beziehungen. Etwas weniger pessimistisch war der Grundton von *Is The Actor Happy?* (1995), auf dem er sich von der Scared Skiffle Band begleiten ließ und ein Duett mit Michael Stipe sang. Chesnutt begab sich in stilistische Nähe Neil Youngs der Periode von *Tonight's The Night*. Auf *About To Choke* (1996) «trat Chesnutt aus der Geheimtipecke ins helle Rampenlicht» (‹Zitty›), nahm eine Reihe unveröffentlichter Favoriten aus seinem Songkatalog in recht unterschiedlicher Qualität auf und ließ sich schließlich von Ex-Hüsker Dü Bob Mould dabei helfen, diesem

Sammelsurium eine endgültige Form zu verpassen. Im selben Jahr wechselte er seine musikalischen Formate, indem sich «der sensible Sponti mit dem Lo-fi-Appeal mit den legitimen Nachfolgern von Grateful Dead» (‹Blue Rhythm›) Widespread Panic zu dem Projekt Brute zusammentat. In den weiten instrumentalen Läufen der Band konnten sich die Texte und der Gesang Chesnutts auf überraschende Weise Raum schaffen. Einen weit größeren Bekanntheitsgrad als mit seinen eigenen Platten sollte er durch die Compilation *Sweet Relief 2* (1996) erlangen, auf der Gruppen und Musiker wie Garbage, R.E.M., Smashing Pumpkins, Joe Henry, Madonna, Soul Asylum, Live und viele andere Chesnutts Songs interpretierten. Der Erlös dieser Platte ging an eine Stiftung für behinderte Musiker. In den folgenden Jahren beschränkte er sich hauptsächlich auf Live-Aktivitäten, unter anderem eine hochgelobte Tour mit den Protagonisten des Neo-Nashville-Sounds Lambchop und den Lo-fi-Heroen Calexico, um 1999 mit dem «nicht unangenehmen, aber bizarren» (‹Boston Phoenix›) Album *The Salesman And Bernadette* zurückzukehren, auf dem er sich von Lambchop begleiten ließ. «Seine einst schneidende Nasal-Stimme klingt schmeichelnd und sanft. Orgeln und Trompeten und Klarinetten und Vibraphon wirken wie ein dickes, bequemes Bett für die sperrigen Texte. Alles wird gut, möchte man meinen» (‹Rhein Zeitung›).

LPs auf Texas Hotel: *Little* (1990); *West Of Rome* (1990) … auf Caroline: *Drunk* (1994); *Is The Actor Happy?* (1995) … auf Capitol: *About To Choke* (1996) … auf Polygram: *The Salesman & Bernadette* (1998) … auf Backburner: *Merriment* (2000) … auf Spinart: *Left To His Own Devices* (2001) … mit Brute auf Capricorn: *Nine High A Pallet* (1995)

Chumbawamba, gegründet 1983 in Leeds, verbanden eingängige Pop-Songs mit brisanten politischen Inhalten, ohne jemals dem Image einer eindimensional festgelegten Agitprop-Band aufzusitzen. Auch wenn der ‹NME› urteilte: «Der Sound ist wichtiger als die Musik», lieferte die Gruppe mit eingängigen Melodien und folkloristischem Timbre eher fröhlich-sarkastische Kommentare zur Zeit als plakative Protest-Songs. Man konnte, mußte sich aber nicht auf ihre Botschaften einlassen. «Chumbawamba sind keine Polemiker oder blind agierende Stresser. Ihre Art von Show kann man als Infotainment bezeichnen, da neben ihrer Musik auch noch Varieté, Zirkusluft und basisbezogene Informationsmusik in das Gesamtkonzept einfließen» (‹Uncle Sally's›). Sie waren «die ultimative Kombination von tanzbarer Popmusik und politischer Radikalität» (‹Visions›). Die Ursprünge von Chumbawamba lagen in einer anarchistischen Wohngemeinschaft in unmittelbarer Nachbarschaft zum Armley-Gefängnis von Leeds. Die Schlagzeugerin und spätere Sängerin Alice Nutter, zuvor bei Oh My Hair's On Fire, Sänger Dunstan Bruce, zuvor in der Velvet Underground-Coverband Men In A Suitcase, und der Computerspezialist Lou Watts nahmen einen Song für eine Compilation auf, an der sich auch die Band Passion Killers mit Harry Hamer und Mavis Dillon beteiligte. Die beiden Bands taten sich zusammen und gründeten Chumbawamba. «Ihr erster Auftritt an Elvis' Geburtstag 1982 endete in einem Flaschenhagel» (‹WOM Journal›). Die Besetzung wechselte entsprechend der Fluktuation der Wohngemeinschaft und mündete schließlich in einem achtköpfigen Ensemble. Eher ein Punk-Theater, in dem die Rollen je nach Bedarf verteilt werden, als eine Band herkömmlichen Formats, nahmen sie die politische und soziale Realität der Thatcher-Ära ins Visier. «Chumbawamba ließen keine Gelegenheit aus, von ihrer geschützten anarchistischen Trutzburg aus gegen das Establishment zu rebellieren. Sie spielten im Bankenviertel von London ohrenbetäubende Straßenmusik, befreiten Tiere aus einem Versuchslabor in Glasgow» (‹Aktiv›), gaben Benefiz-Konzerte für politische Kampagnen, sammelten auf der Straße Geld für Streiks und unterstützten die Minenarbeiter bei ihren landesweiten Protesten 1984 und 85. Anläßlich einer Polizeiaktion gegen Obdachlose nahe Stonehenge erschien 1985 die erste Single *Revolution*, auf der die Band John Lennons *Imagine* zitierte. Vor und nach dieser Veröffentlichung mußte sich die Band wegen angeblichen Sprengstoff-Besitzes mehrere Polizei-Razzien gefallen lassen. Mit

Hilfe John Peels von der BBC gelangte der Song jedoch sofort an die Spitze der britischen Indie-Charts. 1986 erschien das Debütalbum *Pictures Of Starving Children Sell Records: Starvation, Charity And Rock 'n' Roll – Lies And Tradition*, ein beißendes Punk-Opus, auf dem die Band Bezug auf Bob Geldofs Live Aid-Erfolg nahm. Mit der Single *Scab Aid* reagierte sie auf das von der Zeitung ‹Sun› initiierte Projekt *Let It Be* zugunsten der Opfer des Fährunglücks von Zeebrügge. Pünktlich zu den Unterhauswahlen 1987 veröffentlichte die Gruppe ihr zweites Album *Never Mind The Ballots … Here Is The Rest Of Your Lives*, die mit dem Song *The Candidates Find Common Ground* eine scharfe Attacke gegen alle Parteien enthielt. Die Mini-LP *English Rebel Songs 1391 – 1914* (1989) vereinte A-cappella-Versionen von Protest-Songs aus dem Mittelalter bis zum Ersten Weltkrieg. Mit dem Album *Slap!* (1990) nahmen Chumbawamba eine grundlegende Veränderung ihres Sounds vor. Sie entdeckten die Sampling-Technik und näherten sich der Dance-Szene an, ohne von ihren politischen Inhalten zu lassen. Die Veröffentlichung einer Platte unter dem Titel *Jesus H. Christ* mit geplanten Coverversionen bekannter Pop-Songs von ABBA bis Paul McCartney scheiterte am Veto der Rechteinhaber der Songs. Die Band reagierte auf ihre Weise mit dem Album *Shhh* (1992), auf dem sie sich scharfzüngig mit dem Thema Zensur auseinandersetzte. Einen weiteren Wendepunkt in der Karriere von Chumbawamba markierte *Anarchy* (1994), dessen Indie-Hits *Timebomb* und *Enough Is Enough* die Gruppe endlich auch über ihre Klientel hinaus bekannt machten. Das Live-Album *Showbusiness* (1995) und das Konzeptalbum *Swingin' With Raymond* (1996), das sich aus einem *Love It!* und einer *Hate It!*-Teil zusammensetzte, verfestigten die Reputation Chumbawambas als Band, die sich einmischt, ohne zu penetrieren. «Nach langen Diskussionen beschloß das Kollektiv Chumbawamba, neue Wege zu gehen. Keine Parolen mehr, dafür Besinnung auf die Welt und Gefühle des einzelnen» (‹WOM Journal›). 1997 verfehlte das Oktett mit der von der Band als Kampfhymne der britischen Arbeiterklasse gegen die Blair-Republik verstandenen Single *Tubthumping* nur knapp Position eins der britischen Charts. Mit der CD *Tubthum-per* (1998), der Auskopplung *Top Of The World* und dem Label EMI im Rücken konnte sie den Erfolgsweg fortsetzen, auch um den Preis, daß Chumbawamba plötzlich dem Establishment angehörten, gegen das sie zwölf Jahre lang angerannt waren. «Chumbawamba haben 15 Jahre gewartet. Dann wurde aus einer skandalumwobenen Punkband ein millionenschweres Pop-Kollektiv. Sie blieben trotzdem ein Fels in der Brandung» (‹Ultimo›). Der Skandale nicht müde, kippte Sänger Danbert Nobacon bei der Verleihung der Brit Awards 1998 dem britischen Vize-Premier John Prescott einen Kübel Eiswasser über den Kopf. Auf ihrem neunten Album *What You See Is What You Get* (2000) setzten sich die «Anarchisten im Disneyland» (‹Rolling Stone›) mit der Position des Menschen im Cyberspace auseinander. Die Platte war «über ihren zweifellos humoristischen Gehalt hinaus eine Abrechnung mit den gesammelten Dummheiten im Pop-Betrieb: eine Art Hohlspiegel mit Flügelhorn- und Banjo-Begleitung, mit Scratchern, Hip Hop-Beats und sachte aufgedrehten E-Gitarren» (‹Kölner Stadtanzeiger›). An der Spitze der britischen Charts brachten Chumbawamba erneut «ihren Ekel gegenüber allgegenwärtiger Verlogenheit und einer Welt, in der man (nur) für Geld alles haben kann» (‹X-Mag›), zum Ausdruck.

LPs auf Agit Prop: *Pictures Of Starving Children Sell Records* (1986); *Never Mind The Ballots, Here's The Rest Of Your Life* (1987); *English Rebel Songs 1381 – 1914* (1987); *Slap!* (1990); *Shhh* (1992); *First Two* (1993) … auf One Little Indian: *Anarchy* (1994); *Showbusiness! Chumbawamba Live* (1995); *Swingin' With Raymond* (1996) … auf EMI: *Tubthumper* (1997); *What You Say Is What You Get* (2000)

Clapton, Eric (g, voc), am 30. März 1945 unter dem Namen Eric Patrick Clapp als uneheliches Kind geboren, wuchs bei den Großeltern in Ripley in der englischen Grafschaft Surrey auf. Das Studium an einer Kunstschule brach er nach kurzer Zeit ab, um sich 1963 in Gilford einer Beatgruppe anzuschließen, der damals auch Brian Jones angehörte. Schon nach zwei Wochen verließ der Gitarrist – sein Vorbild war Chuck Berry – diese Gruppe und spielte anschließend je anderthalb Jahre mit den Yardbirds und mit den Bluesbreakers von John Mayall. Dort entwickelte er unter dem Einfluß von B. B. King seine Gitarrentechnik derart perfekt, daß er seither vielfach (1971 in einer Umfrage der Zeitschrift ‹Guitar Player› sogar von 60 000 amerikanischen Kollegen) als führender Rockgitarrist nominiert wurde. Bevor er 1966 mit Jack Bruce (bg) und Ginger Baker (dr) das Trio Cream gründete, schrieben seine Fans auf Londoner Häuserwände: «Clapton ist Gott.» Gegen diesen Heroenkult in der Rockwelt hatte er schon damals immer wieder polemisiert: «Daß Musiker heute einflußreicher als Politiker sein können, ist grotesk. Man braucht zum Musikmachen weder besondere Intelligenz noch eine vorbildliche Moral.» Nachdem Cream für die Popmusik neue Improvisationsmaßstäbe gesetzt hatte, gingen sie auseinander. Eine von Claptons Manager initiierte neue Supergroup namens Blind Faith scheiterte nach einer LP und einer USA-Tournee. Ende 1969 ging Clapton mit Delaney & Bonnie auf eine zum Teil von ihm selbst finanzierte Europa-Reise. Mit drei Musikern dieser Truppe (Bobby Whitlock [g, kb], Carl Radle [bg], Jim Gordon [dr]) formierte er 1970 das Ensemble Derek And The Dominos, mit dem (plus Gastsolisten wie Duane Allman [g]) er das exzellente Doppelalbum *Layla* aufnahm. Außerdem beteiligte er sich an Studioaufnahmen zahlreicher befreundeter Musiker (John Lennon, Stephen Stills, Howlin' Wolf, Billy Preston) und gastierte 1971 im New Yorker Madison Square Garden beim Concert for Bangla Desh. In der Abgeschiedenheit seines Hauses in Surrey konnte ihn Pete Townshend überreden, zu einem All Star-Konzert am 31. Januar 1973 auf die Bühne des Londoner Rainbow Theatre zurückzukehren. Nach dem *Rainbow Concert*, das für eine LP mitgeschnitten wurde, verschwand er wieder in seiner inneren Emigration. Im Frühjahr 1974 bekannte Eric Clapton in einem ‹Rolling Stone›-Interview, er habe in den vergangenen drei Jahren, heroinabhängig, «in einer Wolke aus rosa Baumwolle» gelebt, sei aber durch eine neuartige Elektro-Akupunktur genesen. Das in einem Studio mit der Adresse *461 Ocean Boulevard* (LP-Titel) in Miami mit Yvonne Elliman (voc), Dick Sims (org), George Terry (g), Carl Radle (bg), Jamie

Oldaker (dr) aufgenommene Album schien die Genesung zu bestätigen. Clapton präsentierte sich als gereifter Musiker, der seine Virtuosität in den Dienst einfacher Blues- und Folk Rock-Stücke stellte. LP und die ausgekoppelte Single *I Shot The Sheriff*, Coverversion einer Wailers-Nummer, etablierten sich als Charts-Spitzenreiter. Die etwa in der Plattenbesetzung unternommenen USA- und Europa-Tourneen waren ausverkauft. Gemessen an seiner instrumentalen Virtuosität zu Zeiten von Cream mußte Claptons Plattenproduktion nach 1975 enttäuschen. Der Musiker reduzierte die Gitarrenpassagen zugunsten seines nicht annähernd so ausdrucksvollen Gesangs und bescherte seinen Fans ein nicht sehr abwechslungsreiches Amalgam aus Gospel, Blues, Reggae und Rock. Er beteiligte sich an LP-Einspielungen von Bob Dylan, nahm dessen *Knocking On Heaven's Door* für seine LP *E. C. Was Here* auf und spielte 1976 beim Abschiedskonzert von The Band *The Last Waltz*. Dylan und The Band beteiligten sich umgekehrt an Claptons Album *No Reason To Cry* (1976). 1979 formierte er für eine Welt-Tournee eine neue Band mit Albert Lee (g), Chris Stainton (kb), Dave Markee (bg), Henry Spinetti (dr), der sich später Gary Brooker von Procol Harum anschloß. Der Live-Mitschnitt *Just One Night* (1980) aus der Budokan-Konzerthalle in Japan erreichte in Großbritannien die Charts-Position drei und hielt sich in den USA sechs Wochen auf Platz zwei. Auf Konzertreise durch Amerika erlitt Clapton 1981 unter übermäßigem Alkoholeinfluß und mit Magengeschwüren einen körperlichen Zusammenbruch. Abermals versuchte er einen neuen Start. Er gründete – Vertrieb WEA – das eigene Label Duck Records, begann eine Zusammenarbeit mit Phil Collins und spielte auf dessen Debüt-Solo-LP. Für seine erste Duck-LP *Money And Cigarettes* (1983), produziert von Tom Dowd, holte er sich in Ry Cooder (g), Donald «Duck» Dunn (von Booker T., bg), Roger Hawkins (dr) kompetente Partner. Bei den nächsten beiden Alben kam Phil Collins als Producer zum Zuge (mit Dowd als Co-Producer). Er spielte – neben Greg Philiganes (kb), Nathan East (bg) – Schlagzeug und sang Background. Die von Phil Collins produzierten LPs *Behind The Sun* (1985) und *August* (1986) zeigten einen verjüngten Clapton. Auf *August* gab Tina Turner in zwei Duetten eine Gastrolle. *Journeyman* (1989) plazierte sich als Nummer zwei in den britischen Charts, gleich hinter Phil Collins' *But Seriously*. Das Stück *It's In The Way That You Use It*, das Clapton zusammen mit Robbie Robertson von The Band komponiert hatte, fand in Martin Scorseses Kino-Hit ‹The Color of Money› Verwendung. Eine mehrwöchige USA-Tournee 1987 schloß mit einem ausverkauften Konzert im New Yorker Madison Square Garden. 1988 wurde der Gitarrist im Londoner Savoy-Hotel mit einer Laudatio von George Harrison für sein Lebenswerk geehrt. Am Ende seiner Welttournee 1989 gab er ein Free Concert für 70 000 schwarze Fans in Moçambique. Clapton fuhr fort, anderen Stars wie Lionel Richie oder Bob Geldof im Studio zu helfen. Er war nun «ein elder rock statesman in Übereinstimmung mit den Zeitläuften, aber ohne großen Einfluß auf sie» (Hardy und Laing). Eindrucksvolle Retrospektiven auf sein Gesamtwerk wurden 1982 unter dem Titel *Time Pieces* und 1988 in der LP-Box *Crossroads* veröffentlicht. Sein Renommee wuchs ins Grenzenlose. Abermals wurde er 1990 im Leserpoll von ‹Rolling Stone› zum weltbesten Gitarristen gekürt. In der Londoner Royal Albert Hall, wo er 1987 sechs Konzerte am Stück gegeben hatte, 1988 neun und 1989 zwölf, stand er im Januar und Februar 1990 nicht weniger als achtzehnmal mit vier verschiedenen Programmen auf der Bühne – mit drei Bands, den Blues-Gästen Buddy Guy und Robert Cray sowie einem sechzigköpfigen Orchester. 1991 der Rekord, die «Salzburger Festspiele des Rock» (‹Stern›): 24 Konzerte, auf der Platte *24 Nights* dokumentiert, für die der Komponist Michael Kamen eigens ein Konzertwerk schrieb. Kamen hatte Clapton zuvor in seine Soundtracks für die Filme ‹Edge of Darkness› (1986) sowie ‹Lethal Weapon› 2 und 3 (1989) integriert. Ein Grammy als bester Rocksänger für die Aufnahme *Bad Love* am 20. Februar 1991 in der New Yorker Radio City Music Hall, am 19. März die Nachricht über zwei Millionen Auflage von *Journeyman*, dann der Schock: Am 20. März stürzte Claptons vierjähriger Sohn Conor aus seiner Ehe mit der Schauspielerin Lori Del Santo durch ein offenes Fenster seines Apartments im 53. Stockwerk eines Wolkenkratzers an New Yorks 57th Street in den Tod. Clapton, der sich zwischen Konzerten nur für 24 Stunden in N. Y. aufhielt, wurde traumatisiert ins Krankenhaus gebracht. In dem Konzert, das er am 16. Januar 1992 mit Chuck Leavell (kb), Andy Fairweather-Low (g), Nathan East (bg), Ray Cooper (dr, perc) für die ‹MTV Unplugged›-Serie aufnahm, gedachte er des Sohnes unter anderem mit dem Lied *Tears In Heaven* (Text: Will Jennings). Er erhielt dafür ein Jahr später zwei Grammies: Song des Jahres und beste männliche Vokalaufnahme. Das Album *Unplugged* (1992) wurde von den 7000 Juroren der National Academy of Recording Arts & Sciences mit vier weiteren Grammies bedacht. Es hatte sich bis dahin 4,5 millionenmal verkauft. «Tatsächlich hat Clapton aber wohl all die Grammies für die anrührende Traurigkeit erhalten, die ihn umgab, als er bei der *Unplugged*-Session wie ein Musiklehrer mit Hornbrille und Bart seinen MTV-Schülern eine letzte, wenn auch vielleicht vergebliche Lektion in Stillehre erteilen wollte» (so Meike Winnemuth im ‹Stern›). Die Schüler dankten ihm die Lektion. Sie kauften sein Album *From The Cradle* (1994) mit 16 Blues-Klassikern in der Besetzung Fairweather-Low (g), Chris Stainton (kb), Dave Bronze (bg), Jerry Portnoy (harm), Jim Keltner (dr), Richie Hayward (perc) und drei Bläsern im UK und in den USA vom Fleck weg auf Platz eins der Charts. Es war die erste Bluesplatte an der Spitze der ‹Billboard›-Bestsellerliste und wiederum für drei Grammies gut. «Auf eine derartige emotionale Kraft und musikalische Sicherheit», staunte das sonst eher pingelige Jazz-Magazin ‹Down Beat›, «waren wir nicht vorbereitet.» Auch auf seiner Nordamerikatournee im Spätherbst 1994 spielte Clapton umjubelt «Nothing But The Blues» (Tour-Titel). Mr. Clapton scheine in der Sprache des Blues einen direkten Kanal zwischen seinen intimsten Gefühlen und seiner Gitarre zu besitzen, schrieb Neil Strauss in der ‹New York Times›, «der durch nichts zu zerstören ist». Der Musiker selbst sah den Blues als Therapie: «Wenn ich in Schwierigkeiten bin, kann mich ein einziges Musikstück von meinen Sorgen, meinen Belastungen, meinem Selbstmitleid befreien. Es ist eine Flucht und auch wieder nicht. Denn meine Probleme werden immer dann überwältigend, wenn ich die Vergangenheit oder die Zukunft durch die Augen der Angst betrachte. Und wenn ich gut spiele, habe ich nichts zu fürchten.» Die Neunziger, die ihm schwere Schmerzen zufügten – Tod des Sohnes, tödlicher Flugzeugabsturz seines Freundes Stevie Ray Vaughan und dreier Mitglieder seiner Tourneemannschaft, Bruch seiner Beziehung zu der Songautorin Sheryl Crow – waren zugleich sein erfolgreichstes Jahrzehnt. Die Preise, die er für sein in zwei 4-CD-Box Sets (*Crossroads*, 1988 und 1995) sorgfältig dokumentiertes Lebenswerk entgegennahm, waren kaum mehr zu zählen: «Living Legend of the Year» bei den International Rock Awards in London 1990, «Lifetime Achievement Award» bei den Ivor Novello-Preisen in London 1992, «Bester männlicher Rockkünstler» bei den American Music Awards 1994 in Los Angeles, «Artistic Excellence Award» von Billboard 1994, je eine OBE-Medaille von Königin Elizabeth II. und von Prinz Charles 1995, «Top Classic Rock Artist» bei den Blockbuster Entertainment Awards 1995 in Hollywood, «Merit Award» der Zeitschrift ‹Q› in London 1995, «Silver Clef Award» der Nordhoff-Robbins-Stiftung 1995 und so fort. Im Juni 1996 musizierte er im ersten Rockkonzert seit zwanzig Jahren im Londoner Hyde Park neben Bob Dylan und The Who vor 150 000 Fans und kassierte 1997 wieder drei Grammies – unter anderem für den Song des Jahres *Change The World*. Daher fürchtete er, so im Gespräch mit dem ‹Stern›, einen «gigantischen Flop», als er Anfang 1998 mit dem Album *Pilgrim* seine Blueswurzeln weitgehend verließ: «Am meisten Angst habe ich, daß es den jungen Hörern nicht gefällt. Die Leute meines Alters werden es eh nicht mögen, weil ich mit Drum-Computern und Streichern experimentiert habe.» Die Quittung für soviel Unbescheidenheit, nach der Vergangenheit nun auch noch die Zukunft bewältigen zu wollen, kam prompt. ‹Tip› als Beispiel für viele ähnlich lautende Rezensionen: «Hier wurde der Blues zu oft in plüschige Gewänder gekleidet oder durch eiskalte Maschinen-Arrangements dem Hungertod preisgegeben.» Bei genauerer Betrachtung und jenseits der oberflächlichen Sound-Analyse zeigte das Album einen zutiefst resignierten Clapton, der mit Hilfe seines Keyboard-Partners Simon Climie mit nur wenigen Abstechern in den Blues einfach die Stimmung seiner Ballade *Tears In Heaven* fortge-

schrieben hatte. Zwar empörten sich Frauengruppen in England und den USA über den Text *Sick And Tired*, wie man am besten seine Geliebte loswerde: «I may have to blow your brains up / then you won't bother me no more» (Ich müßte dir das Hirn rausblasen, dann hätte ich meine Ruhe), insgesamt aber wirkte das Album total unaggressiv. Sogar wo er im Titelsong artikulierte, er sei «completely out of control», wirkte er zutiefst gesammelt, von explosiven Gitarrensoli ganz zu schweigen. Clapton positionierte sich in seinen Lyrics zwischen der Suche nach seinem Vater, den er nie kennengelernt hat, und dem vergeblichen Dialog mit seinem Sohn («How could I lose him?») – manchmal sentimental an der Schmerzgrenze wie im Song *Circus*, in dem er «his little man» Spielzeug bringen möchte, bis ihm klar wird: «The circus left town». Das Unbehagen der meisten Kritiker, die ihm bis dahin gefolgt waren, lag also wohl weniger an ungewohnten Sounds als an dem oft nur halbbewußten Eindruck, daß er sich in Selbstmitleid ergoß. «Es wäre falsch, sich Eric Clapton als glücklichen, in sich ruhenden Menschen vorzustellen», schrieb Michael Sontheimer im ‹Spiegel›. Jon Pareles in der ‹New York Times›: «Clapton versuchte seinen Verlust schonungslos zu bewältigen, doch irgendwo in diesem Prozeß wich er aus. Seine Befangenheit klingt weniger nach einem, der unkontrollierbare Emotionen zurückhält, als nach einem Profi, der die Dinge dann doch im Lot lassen will.» *Pilgrim*, sein Versuch, mit dem Trauma klarzukommen, kam in den US-Charts auf Platz vier, in England auf Platz sechs. Im Herbst 1998 eröffnete er auf der karibischen Ferieninsel Antigua sein Crossroads Centre, eine Klinik zur Drogentherapie. Zwei Drittel der Patienten mußten bezahlen, für das restliche Drittel, überwiegend Einheimische, war die Behandlung frei. Um das gemeinnützige Projekt zu finanzieren, ließ er bei Christie's in New York für fünf Millionen Dollar hundert seiner erlesenen Gitarren versteigern. Clapton im Oktober 1999 in der Londoner ‹Times›: «Mein Leben hat sich in den letzten fünf Jahren beruhigt, weil ich mir andere Ziele gesetzt habe. Es ist nicht mehr erfolgsorientiert. Es hat mit Dingen wie dem Therapiezentrum zu tun – mit einem Wert in sich. Darin wird mein Vermächtnis liegen – viel mehr als in meiner Musik.»

Daß das zur gleichen Zeit erschienene Doppelalbum *Clapton Chronicles* bereits etwas mit seinem Vermächtnis zu tun habe, wies er zurück. Er habe nur ein paar neuere Songs für Filme wie ‹Die Braut, die sich nicht traut› oder ‹Story of Les› mit älterem Material kombiniert. Außerdem publizierte er wieder Blues – so mit B. B. King auf der CD *Riding With The King* (2000) und auf einer weiteren 2-CD-Kompilation älterer Aufnahmen auf Polydor: *Blues* (1999). Franz Schöler hörte darin «solides Mittelmaß», aber auch – im Zusammenspiel mit Albert Lee und Duane Allman – «absolute Sternstunden». Das Routine-Album *Reptile* (2001) mit Studio-Charts wie Billy Preston (kb), Steve Gadd (dr) enthielt mit überwiegend gecoverten Songs von Ray Charles, J. J. Cale, Stevie Wonder etc. nur noch Mittelmaß.

LPs auf Polydor: *Eric Clapton* (1970) … auf RSO: *Rainbow Concert* (1973); *E. C. Was Here* (1973); *461 Ocean Boulevard* (1974); *There's One In Every Crowd* (1975); *No Reason To Cry* (1976); *Slowhand* (1977); *Backless* (1980); *Just One Night* (1979); *Another Ticket* (1981); *Time Pieces* (1982); *Eric Clapton's Rainbow Concert (Expanded)* (1995); *Blues* (2-CD, 2000) … auf Warner Bros. / Reprise: *Money And Cigarettes* (1983); *Behind The Sun* (1985); *August* (1986); *Journeyman* (1989); *24 Nights* (1991); *Unplugged* (1992); *Rush* (1992; Soundtrack); *From The Cradle* (1994); *Pilgrim* (1998); *Clapton Chronicles – The Best* (2-CD, 1999); *Riding With The King* (mit B.B. King, 2000); *Reptile* (2001) … auf Decca: *The Blues World Of* (1975); *Steppin' Out* (1982) … auf RCA: *Guitar Boogie* (mit Jeff Beck / Jimmy Page, 1973) … LPs mit Derek and the Dominos auf RSO: *Layla* (1970); *In Concert* (1970); *The Layla Sessions – 20th Anniversary Edition* (1990) … mit Michael Kamen auf Virgin: *Homeboy* (1989; TV-Soundtrack) … Zusammenstellungen auf Polydor: *Pop History* (1971); *History Of* (1972); *The Best Of* (1975); *The Cream Of Eric Clapton* (1987); *Crossroads* (6 LPs bzw. 4 CDs, 1988); *Crossroads 2 (Live In The Seventies)* (1995; 4-CD-Box) … auf RSO: *Backtrackin'* (1984) … mit Cream auf Polydor: *Fresh Cream* (1966); *Disraeli Gears* (1967); *Wheels Of Fire* (1968); *Goodbye* (1969); *Live Cream, Vol. 1* (1970); *Live Cream, Vol. 2* (1972) … auf Koine: *Live 1968* (1989) … mit Blind Faith auf Polydor: *Blind Faith* (1969)

The Clash formierten sich 1976 in London mit Mick Jones (g), am 26. Juni 1953 in London geboren, Paul Simonon (bg), am 15. Dezember 1956 in London geboren, Terry Chimes (dr), Joe Strummer (voc, g) zu einem radikalen Punk-Ensemble, das sich in gestylter Militanz naiv links gab und «aus unkontrollierter Aggression und Galgenhumor seine Musik zusammenbastelte». Dabei entdeckte und definierte die Gruppe jene gefährliche Unberechenbarkeit wieder, die die Essenz jeder wahrhaft großen Rock and Roll-Musik ausmacht» (‹Time›). Strummer, bürgerlich: John Graham Mellor, ein am 21. August 1952 in Ankara / Türkei geborener Diplomatensohn, hatte 1974 nach abgebrochenem Schulbesuch die Hausbesetzerband 101's gegründet, während Jones zu der Zeit die Punk-Band London SS mit Chimes, Nicky «Topper» Headon (dr), geboren am 30. Mai 1955 in Bromley, Kent, leitete, zu der auch Simonon stieß. Animiert von dem Krawall-Erfolg der Sex Pistols gab Strummer seine Band auf und schloß sich mit Keith Levene (g) der Jones-Band an, die sich fortan The Clash nannte und zum Start mit den Sex Pistols auf Tournee ging. Im Gegensatz zum Nihilismus der Pistols machten The Clash jeden ihrer Songs über Rassismus, Polizei-Brutalität und soziale Entfremdung «zu einer Schlacht mit Siegesaussichten» (‹New York Times›). Ihr «epochales Debütalbum» war «die denkbar akkurateste Schnappschuß-Aufnahme vom Großbritannien des Jahres 1977», eine Serie von «Blitznachrichten, Flugblättern, Einberufungsbefehlen zum Straßenkampf» (‹New Musical Express›). *White Riot*, die erste Single, oder Nachfolgestücke wie *London Calling*, *(White Man In) Hammersmith Palais*, *London's Burning*, *Safe European Home*, *Stay Free*, *Career Opportunities* begeisterten als Klassiker des Punk-Genres, überschritten aber auch dessen Grenzen. Das Quartett Jones, Strummer, Headon, Simonon (Chimes kam und ging verschiedene Male) verstieg sich jedoch zunehmend «auf Barrikaden aus Pappmaché» zur «miesesten Art politischer Sloganmacherei» (Kritiker Tony Parsons). Die übertrieben affektierte Zuneigung zum Underdog-Stil Reggae, Disco-Elemente als Funk der verlorenen Großstadt-Seelen, Rockabilly- wie Honky Tonk-Zutaten, ein Themen-Sammelsurium von Montgomery Clift bis zum spanischen Bürgerkrieg verdeutlichten auf LPs wie *London Calling, Sandinista!* «die verzweifelte Beziehungslosigkeit, mit der sich The Clash aus dem großen Füllhorn all der Dinge, die ‹politisch› heißen, das herausgreifen, was sie, ohne hinzusehen, in die Finger kriegen» (‹Sounds›). Mit der «geopolitischen Profundität einer Wermutpennerin» (‹Village Voice›) führte Strummer («Ich glaube ernsthaft, ich bin auserwählt, die Wahrheit zu verkünden und mit dem ganzen Scheißdreck aufzuräumen») den «Rebellen-Schick» (‹Melody Maker›) seiner Protest-Band allen «Touristen an der Punk-Peripherie» vor, «die einen Logenplatz für die Apokalypse suchen» (Kritiker Jay Cocks). Nachdem Headon 1982 wegen «politischer Differenzen» ausgeschieden und Jones 1983 gefeuert war (er realisierte sein Clash-Konzept später mit Big Audio Dynamite), reformierten Strummer und Simonon die Band mit Vince White, Nick Sheppard (g), Peter Howard (dr) und fanden bisweilen zur alten aufsässigen Form zurück. *This Is England* (1985) «präsentiert ein aufregendes Drama sozialer Unterdrückung, wie es sieben Jahre zuvor *Give 'em Enough Rope* zur Ehre gereicht hätte» (‹New Musical Express›). «The Clash hatten kaum jemals die richtigen Antworten, aber sie waren clever und zeitbewußt genug, immer die richtigen Fragen zu stellen», lobte ‹Q› die Band, «deren einziges Verbrechen in Großbritannien war, daß sie aus der Mode kam» (‹Rolling Stone›). Tony Parsons: «Es zeigte sich, daß sie zwischen zwei Stühlen saßen: der gängige zeitgenössische Kommentar zum Zustand der Welt und ihre enge eindimensionale Sicht desselben – und die alte militärische Mythologie als Bestätigung von Jugendlichkeit, Vitalität, Integrität und Männlichkeit. Es war entsetzlich.» Strummer, der sich längst als Oberhaupt der Clash verstand, löste 1986 die dahindümpelnde Band auf. Clever genug, konnte er sich mühelos im Rock Business halten: Er spielte Rhythmusgitarre für die Pogues und sprang als Lead-Sänger für den unpäßlichen Shane MacGowan ein. Ebenso war er an der Produktion des Films ‹Sid and Nancy› über den Sex Pistols-Bassisten Sid Vicious beteiligt. Headon, der bei Mercury als Solointerpret das Album *Waking Up* (1986) und drei Singles veröffentlicht hatte, wurde im November 1987 zu 15 Monaten Gefängnis verurteilt, weil er Heroin an einen Junkie verkauft hatte, der daran starb. Nach dem Knast arbeitete er als Taxifahrer und lebte später, krank und immer noch süchtig, wieder bei seinen Eltern. 1991 kehrten The Clash mit ihrem Song *Should I Stay Or Should I Go* in die Charts zurück – der erste Nummer-eins-Hit der Clash. Wenig verwunderlich, denn die Titel-Frage wurde im Rahmen eines Levi's-Jeans-Werbespots gestellt und von einer Generation gehört, die die ersten Platten der Band nur aus der Sammlung ihrer Eltern kannte. Im Herbst 1999 wurde ein Dokumentarfilm von Don Letts über The Clash unter dem Titel ‹Westway to the World› im Coronet-Kino in Notting Hill Gate vor der überlebenden Londoner Punk-Prominenz uraufgeführt – darunter auch Strummer, der in den Neunzigern u. a. Techno Dance Tracks hergestellt hatte und am Ende als «verbrauchter, verhärmter alter Mann» (‹Musikexpress›) mit seiner Band Mescaleros bei Sommer-Festivals aufgetreten war. US-Stars der Jahrtausendwende wie Ice Cube, Rancid, Silverchair, No Doubt, Indigo Girls hatten ihm kurz zuvor mit 14 Coverversionen von Chart-Hits unter dem Titel *Burning London* gehuldigt. Also ging er mit Mick Jones, Paul Simonon sowie Tonmeister Bill Price noch einmal ins Studio, um Clash-Liveaufnahmen aus den Jahren 1978 bis 1982, die bisher nur als Bootlegs im Handel waren, nun endlich als offizielles Album zu veröffentlichen. *From There To Eternity* (1999) löste bei Columbia / Sony eine Serie von acht Clash-Wiederveröffentlichungen aus und schloß den Superlativen von einst neuen Kritker-Jubel an. ‹Musikexpress›: «*From Here To Eternity* atmet, schwitzt, spuckt Punkrock. In jeder Minute.» – ‹WOM Journal›: «Die Authentizität, die unbearbeitete Energie, die aus jedem Song strömt wie Lava aus einem explodierenden Vulkan, ist das vielleicht stärkste Argument dafür, daß The Clash die größte Rockband aller Zeiten waren.» Oder so.

LPs auf CBS: *The Clash* (1977); *Give 'em Enough Rope* (1978); *London Calling* (1979); *Sandinista!* (1980); *Combat Rock* (1982); *Cut The Crap* (1985) … auf Epic: *Black Market Clash* (1980); *Permanent Record* (Soundtrack, mit anderen, 1988); *The Story*

Of The Clash (1988); *The Clash On Broadway* (1991; Box mit drei CDs, enthält Live-Aufnahmen, Demos, bis dahin Unveröffentlichtes); *Super Black Market Clash* (1993); *From Here To Eternity – Live* (1999) ... Solo-LP von Topper Headon auf Mercury: *Waking Up* (1986) ... LPs Mick Jones mit Big Audio Dynamite auf CBS: *This Is Big Audio Dynamite* (1985); *No. 10 Upping St.* (1986); *Tighten Up, Vol '88* (1988); *Megatop Phoenix* (1989) ... Solo-LPs Joe Strummer auf Epic: *Earthquake Weather* (1989) ... auf Epitaph: *Rock Art And The X-Ray Style* (1999); *Global A Go-Go* (2000) ... Mick Jones mit Big Audio Dynamite auf Columbia: *The Globe* (1991); *Higher Power* (1994) ... auf Radioactive: *F-Punk* (1995)

Cocker, John Robert **Joe** (voc), am 20. Mai 1944 in Sheffield, England, geboren, hat es mit seinem an Schallplatten von Ray Charles geschulten Soul-Gesang vom Klempner und Rohrleger zur internationalen Kassenattraktion gebracht. Er war einer der Stars des Woodstock-Festivals, von Kritikern gelegentlich schlicht zum «besten männlichen Rocksänger» (‹New York Times›) erklärt. Er war «der lebende Beweis, daß man aus Sheffield kommen und trotzdem wie ein Schwarzer aus Mississippi singen kann» (‹Rolling Stone›). Jahrelang hatte der «Sänger der Unterprivilegierten» (so sein Kollege Alexis Korner) für rund 100 Mark pro Woche nur in Proletarierkneipen gekreischt und dabei jeden Abend mehr als fünf Liter Bier getrunken. Doch als er 1969 vom großen Show Business entdeckt wurde (die Beatles-Komposition *With A Little Help From My Friends* machte ihn berühmt), fand er sich nicht mehr zurecht. In 56 Tagen hetzten ihn seine Manager 1970 durch 48 amerikanische Städte. Eine Horde von etwa 50 Musikern, Sängerinnen, Technikern, Managern, Kameramännern, Groupies, Kindern und Hunden reiste in einem Charterflugzeug mit der Aufschrift «Cocker Power», das «immer mal irgendwo zwischenlandete, wenn wir Hunger hatten, heiße Würstchen, Hamburger oder kalte Getränke brauchten» (Producer Denny Cordell). Die chaotische Tour – Cocker: «Ich hatte keine Ahnung, wie viele von uns jeweils auf der Bühne waren und mit dem Tamburin rasselten» – wurde unter dem Titel ‹Mad Dogs and Englishmen› verfilmt und brachte den Produzen-

ten volle Kassen. Für Cocker selbst, der anschließend mit einem Nervenzusammenbruch bei seinen Eltern untertauchte, blieben ganze 862 Dollar von der Tournee übrig. 18 Monate lang fuhr Cocker mit Schlafsack und Schlagzeug durch Großbritannien, rastete an Fernfahrerkneipen und rockte dann und wann bei Provinzfesten mit unbekannten Bands. Ins Showgeschäft wollte der kontaktarme, geistig eher unbewegliche Entertainer («Wenn ich nicht zu singen begonnen hätte, wäre ich sicher kriminell geworden») nicht mehr zurück. 1972 jedoch holten seine Manager den Sänger mit psychischem Druck und kommerziellen Verlockungen wieder vor die Mikrofone. «Joe», verlautbarte seine Plattenfirma, «kommt langsam wieder auf die Beine.» Und tatsächlich zeigte er auf der LP *Something To Say* sein altes Format. Tourneen durch die USA, Europa und Australien bewiesen jedoch, daß Cocker immer noch am Boden war. Zumeist betrunken, zappelte er mit eingeknickten Knien und gespreizten Fingern über die Bühne, zerrte sich nervös an den Haaren, gestikulierte unrhythmisch und hechelte jeden Song, als wäre es sein letzter. Die Australien-Reise mußte schließlich im Oktober 1972 abgebrochen werden, nachdem sich der Sänger gegen eine Verhaftung wegen Rauschgiftbesitzes mit körperlicher Gewalt zur Wehr gesetzt hatte. Erneut tauchte er unter und wiederholte das Comeback-Spiel mit einem überraschend konsistenten Album. Für die in Los Angeles produzierte LP *I Can Stand A Little Rain* umgab ihn Producer Jim Price mit vorzüglichen Session-Spielern, unter anderen Nicky Hopkins, legte dem Sänger Material hochkarätiger Autoren wie Harry Nilsson, Billy Preston, Jim Webb, Randy Newman vor und veranlaßte Webb und Newman sogar zu je einem Stimme-Piano-Duett. Cockers Intensität, die den Reiz seiner früheren Darbietungen ausgemacht hatte, konnte sich jedoch an den Melodien der Neo-Romantiker nicht entzünden; er interpretierte sie kompetent, aber nicht inspiriert. 1975 schaffte er die amerikanischen Top Ten mit der Ballade *You Are So Beautiful* und gab weiter weltweit Tourneen. 1981 nahm er zwei Titel mit den Crusaders auf und duettierte sich 1982 mit der Sängerin Jennifer Warnes erneut auf Platz eins. Ihr Song *Up Where We Belong* aus dem Soundtrack *An Officer And A Gentleman* wurde sogar mit einem Filmmusik-Oscar ausgezeichnet. Bei der Preisverleihung im April 1983 wirkte Cocker neben seiner polierten Partnerin völlig daneben; der Mann kämpfte erkennbar ums Überleben. 1984 schloß er einen Plattenvertrag mit Capitol, der in der Folge vor allem weitere Film-Hits hervorbrachte: *Edge Of Dream* (1984), *You Can Leave Your Hat On* (‹9 ½ Weeks›; 1986), *Love Lives On* (‹Harry and the Hendersons›; 1987); *One Night Of Sin* und *When The Night Comes* (‹An Innocent Man›; 1990). Hochs und Tiefs, Konzerte in großen Arenen neben anderen Rockstars oder in kleinen Sälen als Soloattraktion waren in den Achtzigern seine Routine. ‹Der Spiegel›: «Immer noch steht der Sänger ziemlich unbeholfen auf der Bühne herum, immer zappelt der ganze füllige Leib, und die etwas kurz geratenen Arme rudern meist im Leeren.» – ‹Stern›: «Weil er Unmengen soff und dazu Heroin schniefte, fiel er unter Dealer, Schnorrer, vergeudete Jahre, ließ Verträge platzen, mußte horrende Ablösesummen zahlen. Er hat Schecks in Höhe mittlerer Lottogewinne verschlampt, keine Gelegenheit verpaßt, Geld zu verschleudern.» Er machte eine Single mit Klaus Lage und sang für Beck's-Bier. Der Mitschnitt aus dem Memorial Auditorium in Lowell, Montana, von der 28-Städte-Tournee «The Power and the Passion» neben der Double Trouble-Band von Stevie Ray Vaughan, erbrachte das Album *Joe Cocker Live* (1990). Im Januar 1991 sang er beim «Rock In Rio II»-Festival in Rio de Janeiro vor etwa 60 000 Menschen, absolvierte im Juni ein Heimspiel im Old Trafford-Stadion in Manchester, begann in einem Londoner Studio die Arbeit an *Night Calls* und trat im Juli schon wieder beim Telluride Midsummer Music Festival in Connecticut auf. Als ihm dann im August sein Manager Michael Lang vorschlug, sich langsam auf den Ruhestand vorzubereiten, wurde Lang sofort gefeuert. Cocker übergab die Geschäfte an Roger Davies, der Tina Turners späte Solokarriere in unerwartete Höhen getrieben hatte und auch hier Tüchtigkeit bewies: Er vermittelte den Sänger, der nicht Gitarre spielt, als erstes zum Festival ‹Guitar Legends› ins spanische Sevilla mit Robert Cray und Steve Cropper in der Begleitband. Davies, der auch die Karriere von Tony Joe White wiederbelebt hatte, verschrieb seinem neuen Klienten Whites *Let The*

Healing Begin neben Songs von John Sebastian, Robbie Robertson (The Band) und anderen für das nächste Album mit dem Titelstück von John Hiatt: *Have A Little Faith* (1994). Die Songkollektion sitze, so ‹Stereoplay›, «so perfekt wie ein italienischer Maßanzug». Das von Don Was produzierte Anschlußalbum *Organic* (1996) mit Neudeutungen alter Cocker-Erfolgsnummern wie *Delta Lady*, *You Can Leave Your Hat On*, *You Are So Beautiful* und einer illustren Studiomannschaft (Randy Newman, Billy Preston, Jim Keltner) nannte die Zeitschrift «ein würdevolles Alterswerk». Einen Überblick über Cockers Karriere seit 1965 bot inzwischen die 4-CD-Box *The Long Way Home* (1995) mit einem 56seitigen Booklet und 14 vordem unveröffentlichten Songs. So schien sich der Sänger, «einer der vitalsten Untoten des Musikgeschäfts» (‹Stern›), neben dem Haus in Santa Barbara nun auch noch Eigentümer einer Ranch mit Schweinezucht in den Bergen von Colorado, dann doch auf den Ruhestand vorzubereiten. Seine Alben, resümierte ‹Der Spiegel›, «dürfen in keiner CD-Sammlung der aus dem Yuppie-Zeitalter erwachten Materialistengeneration fehlen: Sie sind das Schmerz-Surrogat der am Mineralwasserglas und im Fitneßstudio gestählten Erfolgsmenschen.» Wer aber so erfolgreich ist wie Cocker (zumal in Deutschland), den läßt das Musikgeschäft nicht aus. Nach *Across From Midnight* (1997) mit Bob Marleys eingeebnetem *Could You Be Loved* als Single sowie einer Sammlung von *Greatest Hits* (1999) mit dem Kommerz-Status Gold verkündete EMI-Präsident Heinz Carnibol Ende 1999 in Berlin stolz und vollmundig, die CD zur Jahrtausendwende *No Ordinary World* mit dem aalglatt gerockten Leonard Cohen-Evergreen *First We Take Manhattan* und dem London Symphony Orchestra habe schon vor der Auslieferung Goldstatus erreicht. «Es ist schon ein ziemlich ideales Leben, das ich habe», so Cocker im Februar 2000 in der ‹Zeit›: «Ich hoffe, daß alles gutgeht. Wo wir jetzt das Jahr 2000 haben, ist alles ein bißchen seltsam. Ich habe gerade erst gelernt, E-Mail zu benutzen. Ich brauche ungefähr eine Stunde, um eine Mail zu schreiben. Das ist auch schon mein ganzer Kontakt mit der Computerrevolution. Ich habe ein bißchen Sorge, daß ich verlorengehe. Einfach nur überleben, das ist mein Traum.»

LPs auf Regal Zonophone: *With A Little Help From My Friends* (1969); *Joe Cocker!* (1969) ... auf A & M: *Mad Dogs And Englishmen* (1970); *Stingray* (1976); *The Long Way Home* (1995; Box mit vier CDs) ... auf Flyover: *Cocker Happy* (1971) ... auf Cube: *Something To Say* (1972); *I Can Stand A Little Rain* (1974); *Jamaica Say You Will* (1975); *Live In LA* (1976); *The Platinum Collection* (1981); *Space Captain – Live In Concert* (1982) ... auf Asylum: *Luxury You Can Afford* (1978) ... auf Island: *Sheffield Steel* (1982) ... auf Capitol: *Civilized Man* (1984); *Cocker* (1986); *Unchain My Heart* (1987); *One Night Of Sin* (1989); *Joe Cocker Live* (1990); *Night Calls* (1991); *Have A Little Faith* (1994); *Best Of Joe Cocker* (1994); *Across From Midnight* (1997) ... auf Polygram TV: *The Legend* (1992) ... auf Parlophone: *Organic* (1996); *Greatest Hits* (1999) ... auf Red Ink: *No Ordinary World* (2000); ... auf Voiceprint: *Vance Arnold And The Avange 1963* (2000)

Cohen, Leonard (voc, g), am 21. September 1934 als Sohn eines wohlhabenden Textilkaufmanns russisch-jüdischer Abstammung in Montreal, Kanada, geboren, wurde zunächst als Lyriker und Romancier bekannt. In seinen Gedichtbänden und Romanen irrten ‹Schöne Verlierer› (Buchtitel) durch ein Chaos von Plakatwänden und Fernsehreklamen, durch eine schwüle Traumwelt voller Sumpfblumen, Labyrinthe und voll von «überwältigender Musik» (so die kanadische Zeitung ‹The Telegram›). Musik hatte im Leben des Poeten von Jugend an eine Rolle gespielt: Mit 15 war er Gitarrist der Countryband Buckskin Boys. Nach dem Geschichtsstudium an der kanadischen McGill University (1955 abgeschlossen), einem erfolglosen Gastspiel im väterlichen Unternehmen und mehreren monatelangen Aufenthalten auf der griechischen Insel Hydra, wo er ein Haus besaß, begann er seine Gedichte selbst zu vertonen. 1965 debütierte er in dem kanadischen TV-Film ‹Ladies and Gentlemen, Mr. Leonard Cohen› vor einem Millionenpublikum als Komponist eigenwilliger Melodien mit oftmals überraschenden harmonischen Wendungen. Judy Collins präsentierte auf ihrer LP *In My Life* (1966) als erste die Cohen-Songs *Suzanne* und *Dress Rehearsal Rag*. Am 30. April 1967 holte sie ihn bei einem Anti-Vietnam-Benefit in der New Yorker Town Hall auf die Bühne. Seitdem intonierte er mit der Stimme eines alten Bluessängers, dem bereits die hohen Töne fehlten, seine eindringlich-eintönigen Gesänge von halbzerstörten Städten und einsamen Helden, von Vögeln, die auf Hochspannungsleitungen sitzen, und – in seinem populärsten Song (1967) – von der irren Heiligen *Suzanne*, die in Lumpen und Federn gekleidet geht. Cohen sang von den «Blüten, die im Müll wachsen» und von einem Leben «voller bedrohlicher Rasierklingen». Seine Plattenfirma warb für die «pathologischen Töne» (Cohen) mit der Frage: «Hatten Sie je das Gefühl, Sie müßten Schluß machen mit dem Leben?» Daß so viele Jugendliche dieses Gefühl zu teilen schienen (Cohens LPs erreichten immerhin Auflagen von je mehr als 500 000 Exemplaren), überraschte den Sänger, der «eigentlich die enttäuschten Mittdreißiger ansprechen» wollte. Der «schwarze Romantiker» (‹Time›), der Marihuana rauchte, vorübergehend an die Astrologie glaubte, eine Zeitlang nur Gemüse aß und einen kanadischen Literaturpreis zurückwies, erklärte seinen Erfolg bei der Rockjugend so: «Wir sind alle keine typischen Amerikaner.» Cohen liebte die rebellische Geste. Er bevorzugte Hotels, «in denen ich ohne Aufsehen morgens um vier einen Zwerg, einen Bären und vier Frauen mit aufs Zimmer nehmen kann». Doch als er einst in Castros Kuba auf der Seite der Revolutionäre kämpfen wollte, ließ er sich dann doch lieber mit Portiers, Pennbrüdern und Prostituierten ein – «eingefroren in der Pose eines Anarchisten, dem es unmöglich ist, Bomben zu werfen» (‹New York Times›). 1973 erklärte Cohen seinen Abschied von der Rock-Szene und beteuerte, nicht mehr singen zu wollen. Ein Jahr später jedoch kehrte er von Hydra mit neuen Liedern zurück, die Producer John Lissauer mit höchster Delikatesse für die LP *New Skin For The Old Ceremony* aufbereitete. Geschickte Instrumentierung ließ die Monotonie der meisten Cohen-Melodien diesmal beinahe vergessen; die Songtexte hatten ohnehin das alte Format. Der Poet hatte sich «seit seiner Rücktrittserklärung nicht geändert, sondern sich bloß die Haare gekämmt und die Zähne geputzt fürs Comeback» (‹Melody Maker›). Mit der Folgeplatte *Death Of A Ladies' Man* (1977), auf der ihn neben vielen anderen Background-Stimmen auch der Dichter Allen Ginsberg und

Bob Dylan begleiteten, war Cohen nicht zufrieden. Produzent Phil Spector hatte beim Sound-Mixen zu sehr von den Texten abgelenkt. Cohen («Eine Katastrophe!») kehrte mit der LP *Recent Songs* (1979) wieder zur intimen Folksong-Auffassung zurück und ließ sich von Jennifer Warnes stimmlich ergänzen. Mit Cohens Song *First We Take Manhattan*, den er selber 1988 auf der LP *I'm Your Man* vorlegte, hatte diese Sängerin 1987 einen Hit. Auf ihrer LP *Famous Blue Raincoat* (1987) sang sie ausschließlich Cohen-Songs. 1984 erschien in New York sein Gebetbuch ‹Book of Mercy›. Sein Videofilm ‹I am a Hotel› erhielt beim TV-Festival in Montreux eine Goldene Rose, und mit dem Lied *Dance Me To The End Of Love*, Platz 52 in den britischen Charts, verzeichnete er noch einmal einen bescheidenen Hit. Sein Marktwert in den USA war zu dieser Zeit so gering, daß sich Columbia weigerte, die dazugehörige LP *Various Positions* zu veröffentlichen; sie kam dort auf Passport Records heraus. Verwundert vermerkte er in einem ‹Stern›-Interview, «daß ich von meinen Tantiemen immer noch gut leben kann, denn schließlich bin ich kein Dante, und meine Lieder sind nicht die Göttliche Komödie». Rockkünstler wie John Cale, Nick Cave, R.E.M., Lloyd Cole, The Pixies waren anderer Meinung. Sie brachten 1991 das Tributalbum *I'm Your Fan* auf den Markt, dem eine weitere Künstlergilde (Elton John, Billy Joel, Willie Nelson, Sting, Tori Amos, Suzanne Vega, Peter Gabriel und andere) 1995 die CD-Huldigung *Tower Of Song: The Songs Of Leonard Cohen* nachlegte. ‹Der Spiegel›: «Heilige Lieder». Der Fall der Berliner Mauer inspirierte den Poeten zu seinem bis dato politischsten Album *The Future* (1992), mit dem Song *Democracy*, den Don Henley dann im Januar 1993 auf dem von MTV übertragenen Inaugurationsball Präsident Clintons vortrug, dem Irving Berlin-Evergreen *Always* sowie viel düsterer Zukunftsschau: «I've seen the future, brother it's murder.» Auf der im Album *Live* (1994) dokumentierten Welttournee, mit der er *The Future* propagierte, zeigte er sich unerwartet humorvoll und moderierte den jeweils folgenden Songtitel in kleinen Parabeln an, etwa bei *Ain't No Cure For Love*: «Als Jesus an seinem letzten Ast hing und in die gierigen Gesichter unter ihm blickte, da wußte er, daß ein Anker ins All geschleudert worden war und daß es kein Heilmittel für die Liebe gibt.» Dazu mochte passen, daß der von der Presse längst heiliggesprochene «Lord Byron des Rock'n'Roll», so die ‹New York Times›, diese «singuläre Erscheinung in dem für ihn ungeeigneten Medium Pop», in der zweiten Hälfte der Neunziger häufig und jeweils lange in einem kalifornischen Zen-Kloster zu Gast war. 1998 legte sein Sohn Adam Cohen, 26, als Singer/Songwriter auf Columbia sein Debütalbum vor. Naturgemäß vom Übervater nicht unbeeinflußt, lehnte er sich als Sänger eher an Bono von U 2 an, schuf als Komponist gemeinsam mit Phil Roy, Tonio K., Dillon O'Brian und Brock Walsh überraschende, wohlklingende, groovy Melodien und überzeugte vor allem in drei Songs über Dreier-Verhältnisse und gestörte Beziehungen mit homoerotischen Untertönen: *Tell Me Everything, Sister, Don't Mean Anything*. Sein Ausflug in die politische Moral im Song *How The Mighty Have Fallen*, gut gemeint, erschien dagegen naiv. «Ich habe ihn für O. J. Simpson, Pinochet und Ceauçescu geschrieben», so der junge Poet, «und für die vielen anderen Tyrannen, die am Ende doch bekommen, was sie verdienen.» Sein Song in Gottes Ohr!

LPs auf Columbia: *The Songs Of Leonard Cohen* (1968); *Songs From A Room* (1969); *Songs Of Love And Hate* (1971); *Live Songs* (1973); *New Skin For The Old Ceremony* (1974); *Greatest Hits* (1975); *Death Of A Ladies' Man* (1977); *Recent Songs* (1979); *Songs And Poems* (1981); *Various Positions* (1984); *I'm Your Man* (1988); *The CBS Collection* (o. J.; Box mit fünf CDs); *More Best Of* (1997) … *Live Songs* (1998); *Field Commander Cohen* (2001); *Ten New Songs* (2001) … auf Sony: *The Future* (1992); *Cohen Live* (1994) … LP Adam Cohen auf Columbia: *Adam Cohen* (1998)

Coil, gegründet 1983 in London, kombinierten Elemente von Industrial, Dancefloor, Ambient und Techno zu einem hypnotischen Hybrid, das bereits Elemente einer ganzen Reihe von Stilen von Electric Body Music bis Drum'n'Bass vorwegnahm. Ihre als Deep Listening bezeichneten Electroscapes basierten auf der «Doppelung wiederkehrender Trancen» (Platten-Info) und sollten die Aufhebung der Grenzen zwischen Geist und Körper bewirken. Psychic TV-Mitglied John Balance (voc, perc), geboren am 16. Februar 1962 in Mansfield, Nottinghamshire, hatte bereits Anfang der achtziger Jahre mehrere Solo-Aufnahmen unter dem Logo Coil gemacht. Im Mai 1983 tat er sich mit Peter Christopherson (kb), geboren am 27. Februar 1955 in Leeds, zu einem festen Projekt unter demselben Namen zusammen. Der gelernte Grafik-Designer Christopherson war Gründungsmitglied von Throbbing Gristle wie auch langjähriges Mitglied bei Psychic TV und hatte als erster Musiker überhaupt live mit Samples experimentiert. Nach einer EP unter dem Titel *How To Destroy Angels* (1984) ging das Duo mit dem Soundanarchisten Jim Thirlwell alias Foetus, Stephen Thrower (kb), geboren am 9. Dezember 1963 in Ashton Under Lyme, Manchester, und Gavin Friday (voc) ins Studio, um *Scatology* (1985) aufzunehmen. Indem alltägliche Sounds gesamplet und mit musikalischen Qualitäten versehen wurden, erschlossen Coil einen ganzen Komplex neuer Klangquellen. Im selben Jahr kommentierte die Band mit einer Coverversion des Soft Cell-Hits *Tainted Love* das Tabu-Thema Aids. Ein zu dieser Single produziertes bitterböses Crash-Video, in dem Marc Almond als Todesengel auftrat, wurde verboten, jedoch vom Museum of Modern Art in New York gekauft und aufbewahrt. 1986 nahm die Gruppe Stephen Thrower als drittes Vollmitglied auf. In dieser Besetzung entstand das Album *Horse Rotorvator* (1986), auf dem die Band eine Bläsersektion samplete und ihren Sound um Elemente von Jazz und Klassik erweiterte. Die Gruppe selbst bezeichnete das Werk als «Erforschung der Welt nach chemischer und sinnlicher Ekstase». Ein für Clive Barkers Film *Hellraiser* entstandener, aber nie verwendeter Soundtrack erschien auf dem Mini-Album *The Unreleased Tracks For Hellraiser* (1987), das einige düster-impressionistische Instrumentals enthielt. Als viertes festes Bandmitglied stieß 1987 Otto Avery, geboren am 29. Februar 1968 in Dublin, zu Coil. Christopherson behauptete später, daß er keinerlei musikalische Funktion gehabt hätte und lediglich wegen seines Namens, seiner Jugend und seines Aussehens rekrutiert worden wäre. Dennoch ging das Remix-Album *Gold Is The Metal* (1987) angeblich auf sein Konto. 1990 nahm die Band mit der Compilation *Unnatural History* eine Bestandsaufnahme vor, um sich mit *Love's Secret Domain* (1991) stärker in Richtung Techno zu orientieren. Das Album, dessen Titel ein Synonym für LSD war, obwohl bei den Aufnahmen keinerlei Drogen im Spiel gewesen sein sollen, verarbeitete die Eindrücke einer Thailand-Reise in Form von Gamelan-ähnlichen Strukturen. Als Gäste wirkten Drummer Charles Hayward von This Heat und mehreren Gruppen um Fred Frith sowie Marc Almond mit. Auf das Album folgte eine enge Zusammenarbeit mit Nine Inch Nails, deren Trent Reznor Coil auch auf sein Label Nothing holte. 1992 verließen Avery und Thrower die Band. Als neues drittes Mitglied kam drei Jahre später Drew McDowell, geboren am 28. Januar 1961 in Paisley, Schottland, hinzu. Er hatte bei Psychic TV gespielt, als Tour Manager für The Shamen gearbeitet und für Coil schon Remixe angefertigt. In der neuen Trio-Besetzung erschien *Backwards* (1995). Coil kehrten zu ihren eigenen Wurzeln zurück und versetzten diese mit Feldaufnahmen. In der zweiten Hälfte der Neunziger verzichtete die Band auf eigene Alben und kollaborierte dafür mit Bill Laswell, Autechre, Atom Heart und anderen Projekten. 1997 stieß William Breeze (v, g, electronics), geboren am 12. August 1955 in Paris, zu Coil, um die Arbeit zu einem neuen Album aufzunehmen.

LPs auf Some Bizarre: *Scatology* (1984); *Horse Rotorvator* (1986) ... auf Treshold: *Gold Is The Metal* (1987); *Stolen And Contaminated Songs* (1992); *The Angelic Conversation* (1994); *Tribe* (1997) ... auf Wax Trax: *Love's Secret Domain* (1991) ... auf Eskaton: *Worship The Glitch* (1995); *A Thousand Lights In A Darkened Room* (1996); *Black Light District* (1997); *Time Machines* (1998); *Astral Disaster* (1999); *Jakpot* (2000); *Constant Shallowness Leads To Evil* (2000) ... auf Chalice: *Music To Play In The Dark, Vol. 1* (1999); *Music To Play In The Dark, Vol. 2* (2000)

Collins, Philip David Charles **Phil** (voc, dr), am 31. Januar 1951 in London geboren, erschien der ‹New York Times› als «die Antwort der Popmusik auf Alfred Hitchcock». Denn der Songschreiber und Instrumentalist verstand sich darauf, «eine spannungsgeladene Stimmung aufkommen zu lassen, in die sich ein drohender Unterton mischt. Seine undurchsichtigen Songtexte sind befrachtet mit unterschwelligen Verdächtigungen, nahenden Verhängnissen und der Ahnung einer Leidenschaft, die sich so sehr aufgestaut hat, daß sie jeden Moment gewaltsam explodieren kann – obwohl es dann doch nie passiert.» Sein charakteristischer Schlagzeug-Sound der machtvollen übereinandergelagerten Drum-Beats, in Echo und Hall aufschillernden Percussion-Zwischentöne und elektronisch unterkühlten Herzschlag-Klangmuster «ist mittlerweile fast die Muster-Rhythmusspur der Achtziger-Jahre-Popmusik» (‹Der Spiegel›). Der ehemalige Kinderschauspieler (‹Humpty Dumpty›) und Gelegenheitstrommler bei Eintags-Ensembles wie Flaming Youth haute ab 1970 bei Genesis auf die Pauken und übernahm 1974 von dem ausscheidenden Peter Gabriel den Platz am Vokalmikrofon, nachdem 400 andere potentielle Solisten beim Probevortrag gescheitert waren. Unter Collins' Einfluß verlor Genesis «den europäischen Pomp der progressiven Rock-Jahre und legte sich einen Geschmack für amerikanischen Pop und afrikanische Einflüsse zu. Während Gabriel auf irritierende Weise experimentell ist und Genesis noch etwas von ihrer technokratischen Ausstrahlung behalten haben, kommt Collins rüber als ein weiterer lieber britischer Mensch, dem es die schwarze amerikanische Mainstream-Musik angetan hat» (‹Billboard›). Mit solcher Neigung, seinem Talent und viel Fleiß ersang sich Collins seit seinem Album *Face Value* (1981) eine beachtliche Solo-Karriere neben Genesis. Songs wie *One More Night, You Can't Hurry Love, Sussudio, Take Me Home, Don't Lose My Number, Easy Lover* (mit Philip Bailey von Earth, Wind And Fire), *Against All Odds (Take A Look At Me Now)* dienten als «Blaupausen für einen neuen europäischen Oberliga-Pop» (‹New Musical Express›). Das gleiche Blatt notierte allerdings bei fortschreitendem Hit-Erfolg des Allround-Musikers, der auf zahlreichen Benefiz-Platten und für das von ihm gegründete Jazz Rock-Ensemble Brand X trommelte, Stars wie Eric Clapton, Frida von ABBA, Howard Jones produzierte und nebenbei als TV- und Filmschauspieler reüssierte: «Ermüdend sind inzwischen dieses asthmatische Synthie-Geröchel, das nach Höhepunkten schnappende Drum-Geballere und Melodien, sowenig spritzig wie eine seit drei Tagen offene Mineralwasserflasche.» Europäische Kritiker mäkelten bei seinen Solo-Konzerten: «Der Funke will nicht überspringen» (‹Süddeutsche Zeitung›); «Es fehlt an Magnetismus» (‹Le Monde›). Der Kritiker der Londoner ‹Times› war gar bei Collins live «in ein emotionales Vakuum» gefallen. Der von niederträchtiger Presse als «häßlichster Mann seit George Orwell» (Julie Burchill) geschmähte Publikumsfavorit sah sich als «stinknormalen Typ, der gerne mal in der Kneipe einen hebt mit Leuten, die älter sind als ich und kein Interesse haben, über Musik zu reden». Dennoch blieb Collins mehrgleisig im Gespräch: 1988 als beachtlicher Filmschauspieler in der Kriminalkomödie ‹Buster› und als Superstar der Charts mit den Kino-Soundtrack-Hits *Two Hearts, A Groovy Kind Of Love*. Das Album … *But Seriously* (1989) ging als das am schnellsten verkaufte in die britische Pop-Geschichte ein. Collins war ein Mann der Superlative: Für seine Platten konnte er Musiker wie Sting, Nathan East, Greg Phillinganes, Eric Clapton, Steve Winwood, Stephen Bishop, David Crosby, Pino Palladino gewinnen. Seine Platten verkauften sich immer zu Millionen, *No Jacket Required* innerhalb von sechs Jahren allein in den USA sieben Millionen Stück. Für jede seiner LPs erhielt er Grammies, American Music Awards, Brit Awards; er war mehrmals Drum Poll-Gewinner bei verschiedenen Zeitschriften. Für die Aufnahmen zu *Both Sides* (1993) ging Collins einen anderen Weg: Er vergrub sich in sein häusliches Studio und spielte sämtliche Instrumente selbst. Das Resultat unterschied sich nur in Nuancen von den aufwendigen Studioproduktionen, zeigte aber einen grüblerischen Collins, der sich mit politischen Konflikten wie dem irischen Bürgerkrieg (*We Wait And We Wonder*), vor allem aber mit sich selbst beschäftigte: «There's nothing, there's nothing, just me», so im Song *I've Forgotten Everything*. «Sehr vertrauliche, sehr private Songs schienen plötzlich einfach zu fließen», kommentierte der Künstler. «Ich fühlte auf einmal, daß ich eine Menge zu sagen hatte. Jetzt ist eine gute Zeit, meine Arbeit neu zu bewerten.» Dies hatte vor allem für Genesis Bedeutung: Anfang 1996 trennte sich Collins von seinen alten Weggefährten. «Ich möchte mich in Zukunft mehr mit Filmmusik beschäftigen, etwas mit Jazz und natürlich mit meiner eigenen Karriere», erklärte der musikalisch omnipotente Künstler. Da waren seine Arbeiten an der CD *Dance Into The Light* (1996) bereits abgeschlossen, die Disney-Filmgesellschaft hatte ihn beauftragt, für den Zeichentrickfilm ‹Tarzan› den Soundtrack zu schreiben, und er ging mit Quincy Jones und Tony Bennett auf Big Band-Tournee: «Ich bin wieder, wo ich hingehöre, hinter den Drums. Und ich spiele mit einigen wunderbaren Musikern, worauf ich stolz bin.» Davon beflügelt, stellte er sich 1998 eine Tournee-Big Band mit 14 Bläsern zusammen. Das damit aufgenommene Album *A Hot Night In Paris* nannte ‹Stereoplay› milde einen «amüsanten, unterhaltsamen Live-Trip». Sonst war er von Journalisten schlimmere Schelte gewöhnt. Das Magazin ‹Business Age› hatte ihn im Oktover 1997 mit einem geschätzten Privatvermögen von 367 Millionen Dollar als einen der vier reichsten britischen Rock-Stars geoutet. Er war zu seiner 21 Jahre jüngeren Freundin Orianne Cevey ins Steuerparadies Schweiz umgezogen. Das erzeugte Neid, Wut und verletzende Schlagzeilen. Als im Vereinigten Königreich bekannt wurde, Collins sei mit einem Song zur Fußball-WM beauftragt worden, giftete der ‹New Musical Express›: «Phil, verpiß dich, wir wollen einen guten WM-Song.» Manchmal, so der Trommler zum ‹Spiegel›, fühle er sich «wie ein Maulwurf in diesem Jahrmarktspiel: Kaum hebt sich der Kopf des Maulwurfs aus seinem Versteck, schon schlägt jemand mit einem Spaten – bäng! – auf ihn drauf. Irgendwann kapiert auch der dümmste Maulwurf, daß er besser gleich unten bleibt.» Das, allerdings, wäre für die Pop-Szene ein ziemlicher Verlust.

LPs auf Virgin: *Face Value* (1981); *Hello, I Must Be Going* (1982); *No Jacket Required* (1985) … auf Atlantic: *Against All Odds* (Soundtrack, 1984); *Buster* (Soundtrack, 1988) … auf WEA: … *But Seriously* (1989); *Serious Hits – Live* (1990); *Both Sides* (1993) … auf EastWest: *Dance Into The Light* (1996) … LPs mit Brand X auf Charisma: *Unorthodox Behaviour* (1976); *Moroccan Roll* (1977); *Livestock* (1977);

Masques (1978); *Product* (1979); *Do They Hurt?* (1980) … auf CBS: *Is There Anything About* (1982) … auf WEA: *Live From The Board* (1998); *Hits* (1998); *A Hot Night In Paris* (1999)
Weitere LPs → Genesis

Come, gegründet 1990 in Boston, waren die Spätgeburt einer kompakten Szene, die durch Bands wie die Pixies, Dinosaur Jr. und Buffalo Tom bereits in den Achtzigern zu den Kreativzellen des Independent Rock gehört hatte. Mit ihrem intellektuellen, vollen, mit schleppendem Hardcore durchsetzten Blues wirkten sie wie ein Bindeglied zwischen Grunge und der sogenannten Post Rock-Bewegung von Chicago. Als eine der ersten Bands konfrontierten sie die amerikanische Alternative-Szene mit den Wurzeln ihrer eigenen Tradition. Die Entwicklung der Gruppe verlief jedoch genauso schleppend wie die meisten ihrer Songs und markierte ein ständiges Wechselspiel von Aufbruch und Stagnation. Chris Brokaw (g) hatte zunächst als Schlagzeuger in der Doom Metal-Band Codeine gedient, bevor er sich mit Thalia Zedek (voc), der ehemaligen Frontfrau der Hardcore-Extremisten Live Skull, traf. Gemeinsam mit der Rhythmusgruppe der Bar B Q Killers, Sean O'Brien (bg) und Arthur Johnson (dr), kombinierten sie mutig Art Rock mit Delta Blues und leiteten ein alternatives Blues-Revival ein. «Come lieben das Spiel mit den Extremen. Das Quartett kennt die Phraseologie des Blues, strebt aber nicht krampfhaft nach Authentizität» (‹Szene Hamburg›). Nach zwei ersten Singles, *Car* und *Fast Piss Blues* – letztere erregte vor allem wegen ihrer B-Seite, einer leidenschaftlichen Adaption des Rolling Stones-Songs *I Got The Blues* Aufsehen – erschien 1992 ihr von der Presse einmütig gelobtes Debütalbum *Eleven: Eleven*. Das tiefe, verhangene Vibrato in Thalia Zedeks Stimme symbolisierte den Kontrapunkt zu einer auf immer schnelleren Konsum ausgerichteten, nur noch dem Namen nach unabhängigen Independent-Bewegung. Mit ihrem zweiten Album *Don't Ask, Don't Tell* (1994) setzten sie konsequent den Weg des Debüts fort, «entwickelten eine Sogwirkung, die einen erst losläßt, wenn alles vorbei ist» (‹Stadtrevue›), und überzeugten mit «kraftvoller, melancholischer, mystischer Musik mit theatralisch getragenem Gesang» (‹Subline›). 1995 fungierte Come geschlossen als Backing Band für Steve Wynns Platte *Melting In The Dark*. Nach dem Ausstieg von O'Brien und Johnson arbeiteten Brokaw und Zedek auf *Near Life Experience* (1996) mit einer offenen Besetzung, zu der unter anderem Tortoise-Gitarrist Bundy K. Brown, Jesus Lizard-Drummer Mac McNeilly sowie Kevin Coultas (dr) und Tara Jane O'Neill (b) von Rodan gehörten. Unter der Produktion von Tortoise-Mastermind John McEntire wurden die Songs um Jazz- und Country-Elemente bereichert. Auf *Gently Down The Stream* (1998) entpuppte sich Come als Band, die, ohne ihren Ansprüchen untreu zu werden, auch ein kompaktes Pop-Album produzieren kann. «Musik sollte das Hirn beeinflussen, und nichts anderes tut das neue Material von Come» (‹Streetwise›). Obgleich Come mit Bassist Winston Bramer (b) und Daniel Goughlin (dr) wieder solides Quartett-Format angenommen hatten, stagnierten sie abermals, und Brokaw begann sich mehr auf die Arbeit mit der All-Gitarren-Band Pullman zu konzentrieren, die 1998 mit *Turnstyles & Junkpiles* den Fakt bestätigten, «daß wir nicht nur die Ära des Lo-fi, sondern des Ultra-Lo-fi betreten haben» (‹NME›). Mitte 2000 gingen Come ins Studio, um ihrer Geschichte ein weiteres Kapitel hinzuzufügen, das aber nicht zum Abschluß kam. Statt dessen beschritt Thalia Zedek Solowege als psychedelische Blues-Sängerin.

LPs auf Matador: *Eleven: Eleven* (1992); *Don't Ask Don't Tell* (1994); *Near Life Experience* (1996); *Gently, Down The Stream* (1998) … LPs Thalia Zedek mit Life Skull auf Caroline: *Dusted* (1987); *Positraction* (1988) … Solo-LP Thalia Zedek auf Matador: *Been Here And Gone* (2001) … LPs Chris Brokaw mit Codeine auf Sub Pop: *Frigid Stars* (1990) … mit Pullman auf Thrill Jockey: *Turnstyles & Junkpiles* (1998); *Viewfinder* (2001)

Consolidated, 1988 in Portland, Oregon, gegründet, verstanden sich als Happening, das die Massenmedien kritisierte, indem es virtuos mit ihnen spielte. Die Songs von Consolidated waren meisterhaft arrangierte Collagen aus Samplings, live eingespielten Instrumental-Parts, Noise, Rap und wahllos aus anderen Medien zusammengeschnittenen Interview-Schnipseln. «Consolidated wurde zum Rollenmodell einer politisch aktiven und engagierten Establishment-Kritikerszene, beließ es aber nicht bei auf Krawall gebürsteten Aktionen, sondern schuf ein Forum, in dem ihre Fans mit den Bandmitgliedern jene Themen aufarbeiten konnten, die zu ihrem täglichen Leben gehörten – wie Gewalt, männliche Riten, feministische Positionen, Kritik am gesellschaftlich anerkannten Mißbrauch von Schwächeren, Diskriminierung, Antipornographie, Antimilitarismus, Antirassismus. Es wurde informiert, diskutiert und appelliert» (‹Musikmarkt›). Die Musik verkam bei der Performance von Consolidated oft zum Nebenschauplatz gegenüber Video-Darbietungen und Gruppen-Diskussionen. Nicht selten samplete die Band die Diskussionsbeiträge ihres Publikums und verarbeitete sie sogleich in ihren Live-Shows, womit die Hörer in den kreativen Part der Song-Entstehung einbezogen wurden. Adam Sherburne (g, voc), Mark Pistel (bg) und Philip Steir (dr) spielten 1990 mit *The Myth Of Rock* einen Crossover aus Heavy Metal, House, Industrial, Techno und Hip Hop ein, der Fachwelt wie Laien verblüffte. Auf einer intensiven Tour versuchten Consolidated mit aggressiven Show-Inszenierungen, in enge Tuchfühlung mit ihrem Publikum zu kommen, mußten aber erkennen, daß dieses Konzept nicht aufging und sich der Show-Aspekt verselbständigte. An dieser Stelle änderten sie ihr Konzept in einen Dialog mit dem Publikum. Ihr zweites, von Meat Beat Manifesto-Mastermind Jack Danger produziertes Album *Friendly Fascism* (1991) thematisierte die Probleme gesellschaftlicher Randgruppen. Aufgrund vermeintlich antiamerikanischer Texte verzögerte sich die Auslieferung des Albums in Europa erheblich. *Play More Music* (1992) baute nicht nur auf den musikalischen und inhaltlichen Errungenschaften des Vorgängeralbums auf, sondern setzte auch die Zusammenarbeit mit Danger fort. Eine spielerische Wende zum Handgemachten ließ *Business Of Punishment* (1994) erkennen. Nachdem sich erst Pistel, der immerhin als Produzent erhalten blieb, und dann auch Steir aus der Band, welche sich inzwischen als «activist recording and performing project» verstand, verabschiedeten, nahm Sherburne mit Todd Bryerton (dr) und Michael Dunne (bg) *Dropped* (1997) auf. «Da er kampferprobt stets den Weg des größten Widerstands wählt, geht seine Melange weit über die gewohnte Crossover-Ästhetik hinaus. Wenn er Prince, Hendrix und P-Funk verquickt, mag das nicht weiter verwundern. Mit Ingredienzien aus Ambient, Techno, Seventies Fusion und dem Delta Blues der dreißiger Jahre legt er jedoch Fußangeln und Widerhaken aus, an denen man sich zuweilen gehörig die Trommelfelle zerkratzt» (‹Tip›). Im Vergleich zu früheren Alben war *Dropped* verhältnismäßig melodisch ausgefallen. Sherburne deklarierte es als ersten Teil eines Soundtracks zu den Ideen des Bürgerrechtlers und Dichters John Stoltenberg. Auf dem zweiten Teil dieses imaginären Soundtracks, *Tikkun* (1999), verwandelte sich Consolidated in ein Soloprojekt Sherburnes, auf dem die übrigen Musiker nur noch eine Statistenrolle spielten. Sherburnes «bestes Album seit sieben Jahren» (‹Visions›) war zugleich sein persönlichstes Statement, denn es enthielt neben gewohnt gesellschaftskritischen Songs erstmalig Liebeslieder. «Härte und Intensität haben sich in intensive Seelenforschung gewandelt» (‹Body Styler›). Die anschließende Tournee bestritt Sherburne nur noch mit einem Bassisten und von Pistel angefertigten Drum Programmings.

LPs auf Antler: *Consolidated* (1989) … auf Nettwerk: *The Myth Of Rock* (1990); *Friendly Fascism* (1991); *Play More Music* (1992); Adam Sherburne als Childman: *Childman* (1993) … auf London: *Business Of Punishment* (1994) … auf Roadrunner: *Dropped* (1997) … auf Clearspot: *The End Of Meaning* (2000)

Cooper, Alice, bürgerlich: Vincent Damon Furnier (voc), am 4. Februar 1948 in Detroit, Michigan, als Sohn eines Elektronik-Ingenieurs geboren, tat sich 1965 in Phoenix, Arizona, mit seinen Kunstakademie-Freunden Mike Bruce (g, kb), Glen Buxton (g), Neal Smith (perc), Dennis Dunaway (bg) zu einem Show-Quintett zusammen, das das ästhetische Konzept des Dadaisten Marcel Duchamp in einer Mixtur aus Rock und Theater konkretisieren wollte. Die fünf nannten sich zunächst The Spiders, dann Nazz und, als eine Band aus Philadelphia diesen Namen für sich reklamierte, 1966 schließlich Alice Cooper. Der typisch amerikanische Frauenname als Pseudonym für eine Männerband und deren Hauptakteur sollte die Schock-Einsicht vermitteln, daß «biologisch gesehen jeder weibliche und männliche Anlagen in sich trägt» (Alice). Die Verdrängung dieser latenten Bisexualität und die daraus resultierende Gewalttätigkeit wollten die Coopers mit einer aggressiven, homoerotischen Sado-Maso-Show dokumentieren. «Wir sind die amerikanische Band schlechthin», behauptete Alice. «Wir sind das Endprodukt einer Überflußgesellschaft. Es macht uns Spaß, auf die Bühne zu gehen und der Öffentlichkeit zu zeigen, wie weit es mit ihrer Welt gekommen ist.» Das demonstrierte die Gruppe fortan immer intensiver. Als Protegés von Frank Zappa, der sie 1967 zu seinem Straight-Label holte, verwirrten sie ihr Publikum zunächst mit Make-up-verschmierten Gesichtern, femininem Gehabe und gleichgeschlechtlichen Anspielungen. Gedrängt von der gegen Ende der sechziger Jahre zunehmenden sexuellen Liberalität, stiegen die Cooper-Leute, die sich von den Kinks, dem Comicstrip ‹Barbarella› und der TV-Kriminalserie ‹77 Sunset Strip› gleichermaßen beeinflußt fühlten, auf einen grotesk übersteigerten Horror-Trip um. In makabren Ritualen der Kinderschändung (Songtitel *Dead Babies*), Galgen-Exekution (*Killer*-LP) und Nekrophilie (Titel *I Love The Dead*) zeigten sie sich als «düstere Alternative zu Grand Funk Railroad» (‹Stereo Review›). Auf Mammuttourneen führten sie mit Millionenaufwand perfekt inszenierten «Grand Guignol Rock» (‹Time›) vor, der als «chaotischer Reflex des elektronischen Zeitalters» (‹Circus›) mit den Requisiten einer schwarzen Broadway-Show dargeboten wurde. Mit einem elektrischen Stuhl, einer Guillotine, Floretts und Klappmessern, einer lebenden Boa constrictor, Rauchbomben, explodierenden Bettfederkissen sowie makabren Femerituralen, narzißtischen Lustübungen und einstudierten Schlägereien zwischen den Bandmitgliedern versuchten sie ihrem Teenager-Publikum klarzumachen, «daß Amerika sich auf Sex und Gewalt aufbaut» (Alice). Auf ihren üppig ausgestatteten Langspielplatten, die mangelnde Musikalität durch vorzügliche Produktion tarnten, riefen sie zur Rebellion gegen alle

Autoritäten auf, zumeist jedoch so unglaubwürdig übersteigert, daß Eltern und Erzieher gar nicht erst in diese künstlich verbreitete Generationenkluft tappten. «Da es immer schwerer wird, Erwachsene zu schockieren», erkannte der Kritiker Noel Coppage, «ist Alice Cooper ein Beispiel dafür, wie sehr sich eine Band heutzutage anstrengen muß, um den schlechten Ruf zu erlangen, der Elvis einst mit einem einfachen Hüftschwung zuteil wurde.» Alice Coopers Lebensstil war privat weit von jeder Rebellen-Attitüde entfernt. Der notorische Biertrinker (Marke Budweiser) und Fernsehnarr, der zeitweilig den Dada-Veteranen Salvador Dalí, den Marx Brother Groucho, den Tänzer Fred Astaire und den Modemacher Pierre Cardin zu seinen Freunden zählte, genoß das Glamour-Leben einer Show Business-Berühmtheit, fand Politik langweilig und bekannte, mit einem Blick auf seine Goldenen Schallplatten: «Ich mag die Art und Weise, wie das System in den Vereinigten Staaten funktioniert. Es macht mir nichts aus, ausgenutzt und manipuliert zu werden.» Als das System im Watergate-Horror nicht mehr so gut funktionierte, wurde Alices Schrecken kommerziell unrentabel. Cooper löste sein Ensemble kurz vor dem Abstieg auf und hielt sich nach allen Medien-Seiten hin offen. 1975 entschied er sich für eine thematische Rückkehr an die Stätte früherer LP-Untaten und verhieß der Plattenkundschaft: *Willkommen in meinem Alptraum.* Doch im Gruselkabinett des Schock-Rock spukten inzwischen viel extremere Geister. Cooper taugte gerade noch als Themamusik-Gespenst in Billigfilmen wie ‹Freitag, der 13., Teil VI› (1986). «Der Schlangenmensch hat die Giftzähne des Exzesses gegen Milchzähnchen eingetauscht», höhnte der ‹New Musical Express› über Coopers zahmes Comeback. Mit *From The Inside* (1979), zu der Bernie Taupin (→ Elton John) die Texte schrieb, verarbeitete er Selbsterlebtes: seinen Aufenthalt in einer Klinik für Alkoholkranke. 1988 geriet ihm anläßlich einer Probe zu einer Show das obligate Selbsterhängen ein wenig zu realistisch: Nachdem die Sicherheitseinrichtung versagt hatte, konnte ihn ein Roadie gerade noch retten. Nach seinem Einstandsalbum *Trash* (1989) bei Epic, das weltweit 2,5millionenmal verkauft wurde, sah ein verjüngtes Publikum in

dem Altrocker einen Vorläufer von Death Metal und Black Metal. Lange genug im Geschäft, um die Zeichen der Zeit zu erkennen, nahm Cooper die LP *Hey Stoopid* (1991) auf und ließ sich von den Gitarreros Joe Satriani, Steve Vai und Slash von Guns N' Roses begleiten; Ozzy Osbourne und Axl Rose waren ebenfalls mit von der Partie. Beträchtliche Mengen der Erstauflage verkaufte er in einer ungewöhnlichen Promotion-Aktion persönlich zum Stückpreis von 99 Cent auf dem New Yorker Times Square. Sein Song *Feed My Frankenstein* aus der Filmkomödie ‹Wayne's World› (1992), in der er auch eine Nebenrolle spielte, plazierte sich auf Nummer 27 in den britischen Charts. Die Single *Lost In America* (1994) schaffte es in England sogar auf Platz 22. 1996 war Cooper im Duett mit dem Hip Hopper Rob Zombie in der Warner Bros.-Anthologie *Songs In The Key Of X* mit musikalischen Themen aus der Mystery-Fernsehserie ‹Akte X› zu hören. Weitere Song-Flirts mit dem Mysteriösen, Abstrusen und Abseitigen legte er auf den Alben *The Last Temptation* (1994), *A Fistful Of Alice* (1997), *Freedom For Frankenstein* (1998), *Brutal Planet* (2000) vor. Zur Erholung von derlei strapaziösen Psychotrips, die er gleichwohl nur mehr als pures Entertainment einschätzte («Ich entlasse mein Publikum nie mit einem unguten Gefühl, eher mit Luftballons und Konfetti im Haar»), spielte er im wirklichen Leben passioniert Golf, joggte nach Möglichkeit sechs Kilometer täglich und eröffnete 1999 in Phoenix, Arizona, ein Lokal namens Cooperstown. Zwar starb Alice Cooper in der Mitte seiner Show *Brutal Planet* im Jahr 2000 immer noch durch die Guillotine, aber im zweiten Teil wurde, ganz in Weiß, nur noch herzlich gerockt und gerollt. An den alten Grusel erinnerten nur noch die alten Songs – seit 1999 nachzuerleben in der 4-CD-Box *The Life And Crimes of Alice Cooper* auch mit Alternativ-Versionen, Raritäten und einem Booklet, in dem neben John Lydon (über Coopers «Frechheit und Mut») auch der Easy Listening-Guru Burt Bacharach (über Coopers «Einfallsreichtum und Kreativität») zu Wort kam. Warum auch nicht? Mit dem Musical- und Filmmusik-Komponisten der Disney Company, Alan Menken, hatte der einstige Schocker schon 1999 für ein Konzertalbum Kontakt aufgenommen. Zu Menkens Theater-Hits gehört schließlich nicht nur ‹Little Shop of Horrors›, sondern auch ‹Beauty and the Beast›.

LPs auf Straight: *Pretties For You* (1969); *Easy Action* (1970) … auf Warner Bros.: *Love It To Death*; *Killer* (1971); *School's Out* (1972); *Billion Dollar Babies* (1973); *Muscle Of Love* (1974); *Greatest Hits* (1974); *Goes To Hell* (1976); *Lace & Whiskey* (1977); *Alice Cooper Show* (1977); *From The Inside* (1978); *Flush The Fashion* (1980); *Special Forces* (1981); *Zipper Catches Skin* (1982); *Da Da* (1983) … auf MCA: *Constrictor* (1987); *Raise Your Fist And Yell* (1988) … auf Atco: *Welcome To My Nightmare* (1975) … auf Epic: *Trash* (1989); *Hey Stoopid* (1991); *The Last Temptation* (1994); *Classicks* (1995) … auf EMI: *A Fistful Of Alice* (1997) … auf Ariola: *He's Back* (1997) … auf Raven Records: *Freedom For Frankenstein* (1998) … auf Rhino: *The Life And Crimes Of Alice Cooper* (1999) … auf Eagle: *Brutal Planet* (2000); *Dragontown* (2001) … auf Columbia: *Science Fiction* (2001) … auf Delta: *Alice Cooper Live* (2001) … auf Warner Archive/Rhino: *Billion Dollar Babies De Luxe Edition* (2-CD mit 14 Bonustracks, 2001)

Costello, Elvis (voc, g), bürgerlich: Declan Patrick McManus, am 25. August 1954 in London geboren, gab sich inspiriert von der Songschreiber-Ära der Cole Porter, Noël Coward sowie den Rhythm & Rock-Legenden der sechziger Jahre und fühlte sich animiert von der Aufsässigkeit des Punk und der minimalistischen Klarheit der New Wave-Musik. Mit cleveren Wortspielen zeichnete er in seinen stilistisch facettenreichen Songs das pessimistische Bild einer korrupten Welt, in der Liebende von ihren Illusionen zum Narren gehalten werden und Sehnsucht nach erotischer Erfüllung untrennbar mit dem Hunger nach Macht verbunden scheint. Besessen von Gefühlen der «Vergeltung und Schuld» (Costello), stieß er «mit der Intelligenz von Randy Newman, der Unduldsamkeit eines Bob Dylan, dem Jedermann-Pathos wie bei Buddy Holly, der Originalität John Lennons» (‹Rolling Stone›) «Schreie der emotionalen Not und spirituellen Isolierung» (‹Time›) aus und entwickelte die «rare Begabung, den Zuhörer in genau jenen emotionalen Aufruhr zu stürzen, den er mit seinen Liedern illustrieren will» (‹Melody Maker›). Dabei führte der Verehrer des Country-Tragöden George Jones («Bei ihm kann

jeder Song klingen wie das Ende der Welt») den Typus des absoluten Verlierers in die Rockmusik ein: «Das ist etwas völlig Neues in diesem Genre, dessen Grundeinstellung total Macho-orientiert ist. Nur in der Country-Musik ist es möglich, daß jemand ehrlich über totalen Verlust singt.» McManus, der zuvor als Computer-Programmierer bei einer Kosmetikfirma gearbeitet hatte, wurde 1976 mit einigen Demo-Bändern beim alternativen Londoner Stiff-Label vorstellig und erhielt prompt einen Kontrakt. Auf Anregung des Labelbosses Jake Riviera, der auch sein Management übernahm, änderte er seinen Namen in Elvis (wie der «King») Costello (nach einer Verwandten). Mit den ersten Singles *Less Than Zero*, *Alison*, *Watching The Detectives* stieg er zum Kulthelden der britischen Rock-Insider auf. Sein Habitus – Kassenbrille, kleinbürgerlicher Haarschnitt, Bürokratengarderobe von der Stange – war die freiwillige Karikatur eines Rockstars. Dennoch: «Nur ein totaler Idiot würde sich in meiner Position als ‹Typ aus dem Volke› aufführen. Ich bin nie auf eine derartige Versuchung hereingefallen. Wer das tut, verdient die ganze Häme, die unweigerlich über ihn hereinbricht, denn er lebt ein total verabscheuungswürdiges Leben.» Mit seinen Attractions in der Besetzung Steve Nieve (kb), als Steve Nason geboren, Bruce Thomas (bg), Pete Thomas (dr) und Producer Nick Lowe brillierte er auf den Alben *My Aim Is True* (überwiegend eine Solo-Aufnahme), *This Year's Model*, *Armed Forces*, *Get Happy*, *Trust*. 1979 wurde jedoch das Vertrauen seiner rapide ansteigenden Fangemeinde erschüttert, als Costello nach einem Konzert in Columbus, Ohio, sich im Streit mit Musikern aus der Band von Stephen Stills zu rassistischen Bemerkungen über Ray Charles («blinder, ignoranter Nigger»), James Brown und die schwarze amerikanische Musikszene hinreißen ließ und bei den US-Medien einen Proteststurm entfachte. Der Sänger, der in Großbritannien engagiert gegen Rassismus agitiert hatte (Rock Against Racism), entschuldigte sein skandalöses Verhalten als Provokation unter Alkoholeinfluß und befürchtete: «Der Vorfall wird meine ganze Karriere überschatten – ganz schön deprimierend.» Tony Parsons: «Er wollte sich zum Dorn im Auge machen und wurde zum Pickel am Arsch.» Künstlerischen Respekt zumindest konnte Costello zurückgewinnen mit Alben wie *Almost Blue, Imperial Bedroom, King Of America*. Diese Alben faszinierten als «asketische Experimente, ambitionierten Pop zu schreiben, und als Demonstration seines Zutrauens in die Klarheit und Wahrhaftigkeit des simplen, unverschnörkelten Rock and Roll» (‹Rolling Stone›). *Spike* (1989), ohne Attractions aufgenommen, stellte einen Wendepunkt in Costellos Karriere dar. Einerseits bot ihm der Entschluß, seine Songs ohne die Beschränkungen einer Rockband aufzunehmen, die Möglichkeiten zu mitunter ausufernden, aber immer spezifischen Arrangements, andererseits konnte er auf Partner wie Paul McCartney, Roger McGuinn, Ehefrau Cait O'Riordan, Chrissie Hynde, Benmont Tench, T-Bone Burnett, The Dirty Dozen Brass Band, Allen Toussaint, Jim Keltner bauen. *Spike* war eine virtuose Mischung von New Orleans-Klängen, englischem Folk, Musical-Bruchstücken und tiefgründigen Balladen, die dennoch beiderseits des Atlantik bei der Kritik auf Unverständnis stieß. Costello ging mit *Mighty Like A Rose* (1991) auf dem mit *Spike* eingeschlagenen Weg weiter und verblüffte mit *The Juliet Letters* (1993) Publikum wie Presse. Er selbst definierte die ausschließlich mit den vier Streichvirtuosen The Brodsky Quartet eingespielte LP nicht etwa als eine Hinwendung zu so etwas wie Klassik, sondern als das «erste Rock-Album des Brodsky Quartet». Der originellen Sammlung von Liebesbriefen, Abschiedsbriefen, Bettelbriefen ließ er im Verein mit den Attractions *Brutal Youth* (1994), wieder ein genuines Rock-Album, folgen. «Unter Tränen und mit brechender Stimme erinnert sich der Melodienmagier seiner Anfänge», schwelgte der deutsche ‹Rolling Stone›. «Während das britische Pop-Königreich in Epigonentum und Beliebigkeit zerfällt, wird der neben Paul Weller letzte Herrscher immer wieder gekrönt.» Abseits vom Getöse der jungen britischen Bands war Costello für den «ernsten» Bereich innerhalb der Rockmusik zuständig geworden. Nach einer mit dem Jazz-Gitarristen Bill Frisell produzierten Platte schrieb er 1995 zusammen mit dem Komponisten Richard Harvey die Musik für die TV-Serie ‹Jake's Progress› des britischen Intelligenz-Kanals Channel 4. Bereits 1992 hatte das Team Costello/Harvey einen Preis für die beste TV-Musik gewonnen.

Seine Arbeitsweise veränderte er dabei nicht: «Sonst nahm ich ein Riff von Howlin' Wolf», erklärte er, «jetzt nehme ich es von Mozart, oder ich nehme eine Instrumentation von ihm.» Über die Teilung Costellos zwischen dem «klassischen» Komponisten und dem Rock-Star wurde die Kritik nicht recht froh. «Früher war eine neue Costello-Platte eine große Sache», seufzte der Kritiker John Aizlewood, «heute heißt es: Na ja, schon wieder eine Costello-Platte.» – «Sollen sie doch über Siebzehnjährige schreiben», raunzte Costello, «und nicht über mich.» *All This Useless Beauty* (1996) war eine Rückschau der besonderen Art und stieß dennoch nicht auf das gewohnte Interesse. Costello hatte zusammen mit den Attractions, die mittlerweile als Backing-Band der Sängerin Tasmin Archer arbeiteten, einige neue Werke, vor allem aber Songs aufgenommen, die er für Sam Moore oder David Crosby geschrieben hatte und die unproduziert geblieben waren – Costello: «Nutzlose Schönheiten.» Noch ein solches Album, eine Zusammenarbeit mit seinem Keyboarder Steve Nieve, folgte Ende 1996: *Costello & Nieve* – zwar nur eine Fußnote in den Charts, aber die Basis für eine «Lonely World Tour» des Duos 1999, auf der Costello täglich wechselnd aus seinem gesamten Song-Katalog schöpfte. Beim London-Konzert spielten Costello & Nieve 33 Stücke, davon zwölf Zugaben. Inzwischen nämlich hatte ein ungewöhnlicher Coup den musikalischen Grenzgänger wieder in die Schlagzeilen zumindest der Musikpresse gebracht. Aus einem Song für das Lichtspiel ‹Grace of My Heart›, den Costello am Telefon zwischen London und Los Angeles zusammen mit dem 70jährigen Altmeister des Easy Listening mit Vorliebe für vertrackte Metren, Burt Bacharach, komponiert hatte, wurde ein ganzes Album, eine Zusammenarbeit auch in Concert beiderseits des Atlantik. Im Universal Amphitheatre und im Shrine Auditorium in Los Angeles, in der David Letterman-TV-Show und im Hammerstein Ballroom in New York wie in der Londoner Royal Festival Hall bot Costello mit Marlene Dietrichs ehemaligem musikalischem Direktor Burt Bacharach am Piano vor großem Orchester ihre neuen Lieder, «die in Schwermut und Eleganz schwer zu überbieten sind» (‹WOM Journal›). Das Album *Painted From Memory* (1998), so auch der Titel des Filmsongs, wurde in vielen Länder für die namhaftesten Musikpreise nominiert und vielfach auch ausgezeichnet – so z. B. mit einem Grammy («Best Pop Collaboration with Vocals») in Los Angeles, Costello als «Best International Male Singer» bei den Edison Awards in Hilversum, Holland. Ein Jahr später legte der Gitarrist Bill Frisell mit den Sängern Elvis Costello und Cassandra Wilson unter dem Titel *The Sweetest Punch* (1999) eine Jazz-Version der Songs aus *Painted From Memory* vor. Weitere ungewöhnliche Aktivitäten von Elvis Costello: Auf dem Polydor-Sampler *18 Original Hits By 18 Unoriginal Artists* (1999) sang er die Ballade *They Didn't Believe Me* von Jerome Kern (1885–1945). An der Anthologie *Songs In The Key Of X* (Warner Bros. 1996, nach Motiven der TV-Mystery-Serie «Akte X») beteiligte er sich mit einer Koproduktion mit Brian Eno. Auf der CD und im Video *September Songs – The Music Of Kurt Weill* (Sony Classical, 1997) sang er mit dem Brodsky Quartett *Lost In The Stars*. Er besorgte Songs für den Film ‹Spiceworld› mit den Spice Girls, den Soundtrack *Long Journey Home* mit den Chieftains für die TV-Serie ‹The Irish in America› (beide 1998) und nahm an den Abschiedsfeiern für Dusty Springfield in der St. Mary's Church in Henley-on-Thames sowie Linda McCartney in der Londoner Royal Albert Hall teil (beides 1999). Für ein Album mit modernen Standards holte er sich 2001 die Opernsängerin Anne Sofie von Otter ins Studio: *For The Stars*.

LPs auf Stiff: *My Aim Is True* (1977) … auf Radar: *This Year's Model* (1978); *Armed Forces* (1979); *Get Happy* (1980) … auf Columbia: *Taking Liberties* (1980); *Ten Bloody Marys & Ten How's Your Fathers* (nur auf Cassette, 1984) … auf F-Beat: *Trust* (1981); *Almost Blue* (1981); *Imperial Bedroom* (1982); *Punch The Clock* (1983); *Goodbye Cruel World* (1984); *King Of America* (1986) … auf Warner Bros.: *Spike* (1989); *Mighty Like A Rose* (1991); *Brutal Youth* (1994); *Kojak Variety* (1995); *All This Useless Beauty* (1996); *Costello & Nieve* (1996); *Extreme Honey – The Very Best Of The Warner Bros. Years* (1997) … auf Mercury: *Painted From Memory* (1998) … auf Demon: *Blood And Chocolate* (1986); *Out Of Our Idiot* (1987); *Girls, Girls, Girls* (1989); *The First 2 ½ Years* (1993; Box mit vier CDs, eine davon enthält Live-Aufnahmen); *The Very Best Of Elvis Costello & The Attractions* (1994) … mit Richard Harvey auf Demon: *G.B.H.* (1991; TV-Soundtrack) *Original Music From The Channel 4 Series Jake's Progress* (1996) … mit Brodsky Quartet auf Demon: *The Juliet Letters* (1993) … mit Bill Frisell auf Warner Bros.: *Deep Dead Blue* (1995; Mini-LP) … auf Decca: *The Sweetest Punch* (1999) … auf Polygram: *Terror & Magnificence* (1997); *For The Stars* (mit Anne Sofie von Otter, 2001) … auf Edsel: *My Aim Is True* (2-CD, 2001) … LP The Attractions auf F-Beat: *Mad About The Wrong Boy* (1980)

Counting Crows, 1991 in San Francisco gegründet, wirkten mit bodenständigem Gruppenklang und handwerklich gediegenen Songs wie eine Reinkarnation von The Band. Die getragenen, melancholischen Hammondorgel-Klänge, die akustischen Gitarren und das träge Laid Back-Schlagzeug hätten sich aber ungehört in den Weiten Amerikas verloren, gäbe es nicht MTV: Der Musiksender nahm sich der Songs von Adam Duritz und seiner traditionsbewußten Band an und ließ ihnen «heavy rotation» angedeihen. Unablässig über die Bildschirme flimmernd, erreichte die Band bald den gewünschten Popularitätsgrad und kommerziellen Erfolg. Für die erste LP *August And Everything After* (1993) sackten die Counting Crows gleich mehrfach Platin-Auszeichnungen ein, mehr als sechs Millionen Exemplare wurden verkauft. Duritz (voc, p), geboren am 1. August 1964 in Baltimore, war in der Folk-Scene der Bay kein Unbekannter: Zusammen mit David Bryson (g, voc), geboren am 5. November 1961, war er im Duo aufgetreten. Auf der Suche nach neuen musikalischen Möglichkeiten verbreiterten Duritz und Bryson die instrumentale Basis und nahmen Matt Malley (bg, voc), geboren am 4. Juli 1963, Charlie Gillingham (org, p, acc), geboren am 12. Januar 1960 in Torrance, Kalifornien, und Steve Bowman (dr), geboren am 14. Januar 1967, hinzu – mit Gewinn: Vor allem die Klangfarbe der Hammondorgel Gillinghams stellte den Widerpart zu Duritz' narrativem, manchmal auch nörgeligem Gesang dar. Wenn der Sänger schwieg, löste sich die Orgel aus dem Hintergrund und vollendete, was der Sänger unausgesprochen ließ. Für *August And Everything After* (1993) hatte die Band den Wegbegleiter Dylans, T-Bone Burnett, gewinnen können, Maria McKee und Mark Olson von den Jayhawks hatten Background gesungen. Songs wie *Round Here, Mr. Jones, Perfect Blue Buildings* erinnerten an den frühen Van Morrison. Als Morrison 1993 in die Rock and Roll Hall of Fame aufgenommen wurde, sprangen die Counting Crows für den schüchternen Iren ein und absolvierten statt seiner den obligatorischen Konzertauftritt, angekündigt von einem begeisterten Robbie Robertson. «Wir alle möchten große Stars sein, aber wir wissen nicht, warum, und wir wissen nicht, wie», hatte Duritz in *Mr. Jones* gesungen. Der rastagelockte Sänger jüdisch-russischer Abstammung war wenige Monate nach Veröffentlichung von *August And Everything After* ein Star und genoß es in vollen Zügen – bald eilte ihm der Ruf eines Don Juan voraus. Seine Beziehungen zu Frauen münzte er in Songs um: *Anna Begins, Goodnight Elizabeth.* «Ich bin mir nicht sicher», philosophierte er, «ob ich überhaupt existiere, ich sehe das Leben als einen Gespensterreigen an.» So kreisten seine Songs zumeist um seine Befindlichkeit: «Ich nehme mein Leben», analysierte er, «und verfüttere es an eine Karriere. Ich habe kein Leben, sondern eine Karriere.» Nach *August And Everything After* nahm Duritz, der sich uneingeschränkt als Chef fühlte, Dan Vickrey (g), geboren am 26. August 1966 in Walnut Creek, Kalifornien, in die Band; Bowman wurde durch Ben Mize (dr), geboren am 2. Februar 1971, ersetzt. Der zweite Gitarrist verschob den Gruppen-Sound zugunsten der Saiteninstrumente. Auf der LP *Recovering The Satellites* blieb der Orgel kaum mehr als eine wichtige Nebenrolle, Gillingham wich gelegentlich auf das Mellotron aus. Wie für die erste LP hatte die Band auch für *Recovering The Satellites* in Hollywood ein Haus zum Leben und Arbeiten gemietet. Duritz zog nicht mit ein, Produzent Gil Norton hielt ihn auf Distanz. Musikalisch knüpfte ohnehin Bryson die Fäden. «Ich schreibe nur ein paar Akkorde auf, Song-Skelette», behauptete Duritz, «die Band bringt das Ganze in Gang. Sie macht die Songs dunkler und zerbrechlicher.» Das Doppelalbum *Across A Wire – Live In New York* (1998) wurde aus zwei Auftritten mit unterschiedlichem Charakter zusammengestellt, die auch auf Video vorlagen. Für das Programm ‹Storytellers› des TV-Senders VH 1 musizierte die Band im August 1997 unplugged ausschließlich akustisch, für ‹Live From The 10 Spot› auf MTV

elektrisch verstärkt. Aber das war nur ein Abstecher in die Großstadt. Gleich anschließend ging's wieder zurück in die Landkommune nach dem Muster von *Big Pink* und The Band: *This Desert Life* (1999) entstand wieder in einem gemieteten Haus, «das aussah, als ob es in den 70ern einem Pornoregisseur gehört hätte». Adam Duritz legte sich gleich ins Bett: «In der Phase des Einschlummerns sind mir viele Ideen gekommen.» Lieder zum Einschlafen eben, oder – so Jörg Feyer in ‹Tip› – «Schlaflieder für Jammerlappen».

LPs auf Geffen: *August And Everything After* (1993); *Recovering The Satellites* (1996); *Across A Wire – Live In New York* (2-CD, 1998) ... auf Interscope: *This Desert Life* (1999)

The Cranberries, 1990 in Limerick, Irland, gegründet, der «größte Musikexport Irlands seit U 2» (‹Rolling Stone›), war die Band von Dolores Mary Eileen O'Riordan. Die zierliche Sängerin, am 6. September 1971 in Ballybricken, Limerick, geboren, hatte schnell erkannt, daß die vormaligen Cranberry Saw Us zwar nicht «Musik nach meinem Geschmack machten, aber durchaus das Potential hatten, meinen Absichten gerecht zu werden». Mit zwölf hatte O'Riordan eigene Songs geschrieben. Als Niall Quinn, Sänger der Cranberry Saw Us, beschloß, seine Band zu verlassen, hatte er sich großmütig bereit gefunden, O'Riordan mit den drei verbliebenen Musikern Noel Hogan (g), am 25. Dezember 1971 in Moycross, Limerick, geboren, Mike Hogan (bg), am 29. April 1973 in Moycross geboren, und Fergal Lawler (dr), am 4. März 1971 in Parteen, Limerick, geboren, zusammenzubringen. Nach wenigen Wochen nahm das Quartett im heimischen Xeric-Studio unter der Leitung des Eigners Pearse Gilmore die ersten Demo-Bänder auf. Mehrere Labels waren interessiert, Island machte das Rennen. Die Produktion der EP *Uncertain* führte zum Zwist zwischen Gilmore und der Band, der sich noch verstärkte, als Gilmore die Musik der Cranberries mit Dance-Rhythmen und splitternden Gitarrenklängen unterlegen wollte. Nach den ersten Aufnahmen Anfang 1992 endete die Zusammenarbeit, man begann Mitte des Jahres mit dem Produzenten Stephen Street aufs neue. Als die LP *Everybody Else Is Doing It, So Why Can't We?* 1993 erschien, waren alle zwölf Songs überzeugend. Street hatte völlig auf O'Riordans Stimme gesetzt, sie mal mit akustischen Gitarren, mal mit Streichern unterstützt, stets darauf bedacht, die Folk-Wurzeln der Formation nicht zu verschütten. «Die traumhaften Melodien» («Q») rankten sich um die Erlebnisse einer jungen Frau zwischen Adoleszenz und Reife und hatten auf Anhieb Erfolg: The Cranberries wurden zeitweilig zu MTV-Lieblingen, die LP war in Europa wie in den USA in die Top Ten zahlloser Hitlisten aufgestiegen; nach knapp zwei Jahren waren mehr als drei Millionen Platten verkauft. Von Anfang an begleiteten aber auch Trennungsgerüchte die Band. Hier die zerbrechliche, schutzbedürftig wirkende O'Riordan mit der klaren, häufig umschlagenden Stimme, eine Art Sinéad O'Connor ohne neurotisches Erscheinungsbild, dort drei düstere Musiker, die der Sängerin nicht nur auf der Bühne das Feld zu überlassen schienen. O'Riordan wies Trennungsabsichten von sich: «Ich möchte kein Solist sein.» Die Folge-LP No Need To Argue (1994) unterschied sich trotz der cleveren Aufmachung, die Requisiten des ersten Albums wieder aufgriff, vom Debütalbum. In für Newcomer-Bands typischer Weise waren die Songs während der Tourneen zustande gekommen; die Themen stammten nicht mehr nur aus dem heimatlichen Lebensraum, sondern setzten sich aus Gehörtem, Gelesenem und Erlebtem zusammen. Der mitunter fast flüsternde Gesang, die häufigen Kostümwechsel O'Riordans wie ihre Fähigkeit, Stimmungen zu erzeugen, veranlaßten den ‹New Musical Express› zu einer Eloge: «Nun hat sie die Wandlung von einer der scheuesten Frauen im Rock zu einem tasmanischen Teufel mit dem Selbstvertrauen von sieben Elefantenbullen vollzogen, und niemand kann sie aufhalten.» Für To The Faithful Departed (1996) hatte die Gruppe den Heavy Metal-Produzenten Bruce Fairbairn (AC/DC, Aerosmith) verpflichtet. Doch schien O'Riordan ihre Ansichten über die Cranberries-Musik durchgesetzt zu haben. ‹Fachblatt Musik Magazin› bedauerte offensichtlich in der enttäuschten Hoffnung, Fairbairn möge den Songs klarere Rock-Konturen geben, daß «die Platte vor müder Melancholie strotzt, während Dolores im Andenken (von JFK über Kurt Cobain bis zu ihrem Großvater) ergriffen flötend ihre Powerstimme

verschenkt». Die Band hatte mit dem Produzentenwechsel jedoch ganz andere Absichten verfolgt: «Ein Produzent sollte die Band inspirieren», sagte Dolores O'Riordan, «und das geschah mit Stephen (Street) nicht mehr. Wir wollten, daß es schön rauh und live klingt.» Das hieß aber noch lange nicht, daß sie sich von der Presse nachsagen ließ, bei einem Konzert in Hamburg ohne Unterwäsche aufgetreten zu sein. Das britische Blatt ‹Daily Star› mußte sich mit einer Zahlung von 5000 Pfund an die Kinderhilfe Warchild für diese Ente öffentlich entschuldigen. Nach einer vorab annoncierten Auszeit, in der das Ehepaar Hogan in Limerick ein Restaurant eröffnete, Dolores O'Riordan und ihr Mann, Tournee-Manager Don Burton, einen Sohn bekamen, ging die Truppe bei der Verleihung des Friedensnobelpreises an die Iren John Hume und David Trimble im Dezember 1998 in Oslo erstmals seit September 1996 wieder auf die Bühne und wartete im April 1999 mit der CD Bury The Hatchet auf. Ihre weltweite Bilanz verzeichnete zu dieser Zeit 28 Millionen verkaufte CDs. An die «Millionenseller der Vergangenheit» erinnerte, so der ‹Musikexpress›, im neuen Album «allenfalls noch die hymnisch durcharrangierte Single Promises». Kritiker Frank Sawatzki: «Die vier Bandmitglieder (Fußballfan, Rucksacktourist, Restaurantbesitzer und Mutter) verabschieden sich mit Bury The Hatchet vom Zentrum der Popmusik und schieben eine ruhige Kugel durch schützende Naturreservate. Hier wachsen noch Streicher an den Bäumen, hier veranstaltet die Volkshochschule Gitarrenkurse, und wenn man genau hinhört, erfährt man sogar, daß die heilige Dolores zurückgefunden hat zu ihren Animal Instincts.»

LPs auf Island: Everybody Else Is Doing It, So Why Can't We? (1993); No Need To Argue (1994) ... auf Mercury: To The Faithful Departed (1996); Bury The Hatchet (1999); Promises (1999)

Crosby, Stills, Nash (& Young) erlebten ihren ersten großen Auftritt beim Woodstock Festival im August 1969. David Crosby (voc, g), geboren als David Van Cortland am 14. August 1941 in Los Angeles, ehemals bei den Byrds, Stephen Stills (voc, g), geb. am 3. Januar 1945 in Dallas, Texas, zuvor bei Buffalo Springfield, Graham Nash (voc, g), geb. am 2. Februar 1941 im englischen Blackpool, Lancs., Ex-Hollies, hatten bereits im Dezember 1968 in Los Angeles gemeinsam ein Album mit Eigenkompositionen aufgenommen. Kurz nach der Veröffentlichung der LP im darauffolgenden Frühjahr holten sie Neil Young (voc, g, p), einen weiteren Springfield-Spieler, in ihre Folk Rock-Firma. Das Quartett verstand sich von vornherein als Interessengemeinschaft ohne feste Gruppenbindung. Neil Young hatte bereits bei seinem Eintritt einen Solo-Kontrakt mit einem anderen Label; seine Mitspieler planten ebenfalls Alleingänge. Im Team faszinierten CSN & Y durch Vokal-Harmonie und ein Präzisionsspiel, das die Kritikerin Ellen Sander mit «hochgezüchteten Düsenjägern im Formationsflug» verglich. Dallas Taylor (dr), einst bei der psychedelischen Folkband Clear Light, sowie Gregory Reeves (bg), perfektioniert in den Motown-Studios, legten als ständige Begleiter einen kraftvollen, doch spannungsfreien Rhythmus. CSN & Y verfeinerten die Vokaltechnik der Everly Brothers, die bereits die Hollies und Buffalo Springfield inspiriert hatten, und borgten vom Folklore-Feeling der Byrds, die die Musik der Beatles mit amerikanischen Country-Klängen fusioniert hatten. In dieser eklektizistischen Manier bauten CSN & Y raffinierte Songgebilde voller geschickter Tempowechsel, überraschender Breaks, Chorus-Variationen und komplizierter Zwischenstrophen. In ihren Songs teilten sie bereitwillig Privates mit. So klagte Stills in *Suite: Judy Blue Eyes* über seine unerfüllte Neigung zu Judy Collins; Crosby besang in *Guinnevere* seine bei einem Autounfall verunglückte Freundin Christine; Nashs Titel *Lady Of The Island* enthielt eine Widmung an Joni Mitchell. Andere Lieder wie *Chicago*, *Ohio*, *Long Time Gone* wiesen auf ein politisches Engagement der Musiker hin, das sich freilich meist im melancholischen Protest erschöpfte. Der Perfektionsdrang Stills' verleitete das Quartett bei seinen Plattenaufnahmen zu einem exzessiven Zeitaufwand. Für ihre ersten beiden LPs benötigten CSN & Y 1400 Studio-Stunden. Das Resultat dieser Tüftelei war oft nicht mehr als ein banaler Formalismus, der mitunter an die sterile Schönsingerei von Barbershop-Gruppen erinnerte. Doch der gefällige, leicht eskapistische Gleichstromrock fand als

Fortentwicklung des Byrds-Sounds großen Anklang: CSN & Y-Platten wurden zu Verkaufsschlagern mit Millionengarantie; die Gruppe war zu Beginn der siebziger Jahre eine der größten Konzertattraktionen. Nicht selten wurden Crosby, Stills, Nash & Young von Kritikern wegen der Eigenständigkeit ihrer Musikerpersönlichkeiten, des Fan-Zuspruchs und der Zahl ihrer Nachahmer mit den Beatles verglichen. Obwohl sie ihren Erfolgsgipfel noch nicht erreicht hatten, verloren die Musiker Mitte 1971 das Interesse am Ensemblespiel und gingen getrennte Wege. «Wir sind nun mal», erklärte Nash damals, «vier ausgeprägte Individualisten mit einer intensiven Liebe-und-Haß-Beziehung zueinander. Wir kennen uns so gut, daß wir genau wissen, welchen Knopf wir drücken müssen, um uns gegenseitig in Rage zu bringen.» Doch auch nach der Auflösung der Singgemeinschaft assistierten sich die vier gegenseitig bei ihren Solounternehmungen im Plattenstudio und im Konzertsaal. Ihr Einzelgänger-Ruhm verdünnte sich jedoch von LP zu LP dermaßen, daß die Tournee-Reformation des Quartetts 1974 auf die Fans wie eine Erlösung wirkte. Die inzwischen noch mehr vertieften musikalischen und charakterlichen Divergenzen erschwerten der Truppe jedoch eine Reprise ihrer glorreichen Vergangenheit. Neil Young zog sich schließlich ganz zurück, die anderen versuchten in der Folgezeit mehrfach, sich wieder ins Herz der Fans einzuschmeicheln. Dabei überzuckerten sie ihren Harmoniegesang in unfreiwilliger Selbstparodie mitunter dermaßen, daß sich die Pop-Gazette ‹Crawdaddy› 1977 bei der Rezension der LP *CSN* zu der Warnung genötigt sah: «Vorsicht, dieses Album kann Diabetes hervorrufen.» Wenn auch die Kritiker beim Anhören einiger Comeback-Produktionen bisweilen *Déjà Vu*-Gefühle verspürten, lobten sie doch stets CSN als «klare Gewinner in der Kategorie ‹Beste Performance einer abgewrackten Gruppe› » (‹Stereo Review›). Graham Nash glaubte unbeirrt an die Zukunft seines unsteten Ensembles: «Wir bringen es immer noch, wir sind immer noch ernst zu nehmen. Um Geld ist es uns nie gegangen. Es ging immer nur um die Musik.» 1988 gab er sich und seinen Freunden, Young eingeschlossen, nach 18 Jahren Ensemble-Abstinenz erneut eine Chance, das zu beweisen: *American*

Dream wurde ein Millionenseller. Wenn auch die Gruppe nur gelegentlich auftrat, war das alte Charisma geblieben. Als im Herbst 1989 die Berliner Mauer gefallen war, reisten Crosby, Stills & Nash spontan nach Berlin und spielten 20 Minuten lang *Teach Your Children, Long Time Gone* und *Carried Away* im Tiergarten am Brandenburger Tor. Stills: «Ich habe es im Fernsehen mitbekommen und gedrängelt, bis wir im Flugzeug saßen. Wir hatten Hammer und Schraubenzieher dabei und haben uns Brocken aus der Mauer geschlagen. Meiner liegt nun auf dem Kamin.» Solche vereinzelten Auftritte, mit oder ohne Young, und eine Tournee des Trios CS & N 1990 stärkten den Gruppenzusammenhalt soweit, daß die LP *Live It Up* aufgenommen und veröffentlich werden konnte, ehe sich Crosby im November nahe bei seinem Haus mit der Harley-Davidson das linke Bein, Fußgelenk und Schulter brach. Während der Neunziger musizierten Crosby, Stills und Nash jeder einzeln, in wechselnden Duos oder im Trio, während sich Young konsequent seiner Solokarriere widmete – immer wieder von Unfällen und gesundheitlichen Gebrechen geplagt. Eine Tournee des Trios 1994 zur Promotion ihrer CD *After The Storm* (Chart-Position 98 in den USA) mußte abgesagt werden, weil Crosby dringend eine Lebertransplantation benötigte. Im Januar 1996 brach sich Stills während einer Südafrikatournee im Suff die Nase. Und als 1998 das Crosby & Nash-Album *Another Stoney Evening* aus dem Jahr 1971 auf CD erschien und in Konzerten beworben werden sollte, sagte Crosby wegen einer fiebrigen Infektion ab. Erst 1999 ließ sich Young zu einer weiteren Quartett-Produktion überreden, der vierten in drei Jahrzehnten: *Looking Forward* (1999). Bei den Promotion-Interviews fehlte diesmal Graham Nash. Er hatte sich beide Beine beim Segeln gebrochen. Stefan Krulle in ‹Die Welt›: «Young sieht aus wie vor zehn oder 20 Jahren: wie ein Wildhüter und Pilzesammler in der Cocktailbar. Crosby, seit dem Erhalt seiner zweiten Leber vor fünf Jahren zwar schlohweiß, aber glücklich genesen, gibt den Erzählonkel, der seine Großneffen mit Bonbons besticht. Nur Stills mußte jahrelangen Alkoholexzessen nicht nur optischen Tribut zollen; er spricht wie ein betrunkener Texaner nach dem Zahnarztbesuch. Crosby nimmt die Gitarre und erinnert sich an ganz, ganz alte Lieder; Stills erzählt von der Arbeit an seiner Autobiographie über ‹die schönsten Momente meines Lebens›; Young verspricht ein Soloalbum. Dann ist der schöne Einakter wieder einmal zu Ende.» Wie die CD *Looking Forward* klingt? Wie früher.

LPs auf Atlantic als Crosby, Stills & Nash: *Crosby, Stills & Nash* (1969); *CSN* (1977); *Replay* (1980); *Daylight Again* (1982); *Allies* (1983); *Live It Up* (1990); *After The Storm* (1994) … als Crosby, Stills, Nash & Young: *Déjà Vu* (1970); *Four Way Street* (1970); *Crosby, Stills, Nash & Young* (1988); *American Dream* (1988) … auf Reprise: *Looking Forward* (1999) … Zusammenstellungen auf Atlantic: *So Far* (1974); *Carry On* (1990); *Boxed Set* (1991; Box mit vier CDs; enthält auch bis dahin Unveröffentlichtes, Live-Aufnahmen und Outtakes) … LPs Graham Nash / David Crosby auf Atlantic: *Graham Nash / David Crosby* (1972) … auf Polydor: *Wind On The Water* (1975); *Whistling Down The Wire* (1976); *Live* (1977); *The Best Of David Crosby And Graham Nash* (1978) … auf Grateful Dead: *Another Stoney Evening* (1998; Aufnahmen von 1971) … Solo-LPs David Crosby auf Atlantic: *If I Could Only Remember My Name* (1971); *Thousand Roads* (1993); *It's All Coming Back To Me Now* (1994) … auf A & M: *Oh Yes I Can* (1989) … mit CPR auf Samson / Edel: *CPR* (1998); *Live At The Wiltern* (1999) … auf Gold Circle: *Just Like Gravity* (2001) … Solo-LPs Graham Nash auf Atlantic: *Songs For Beginners* (1971); *Wild Tales* (1973); *Innocent Eyes* (1986) … auf Capitol: *Earth & Sky* (1980) … Solo-LPs Stephen Stills auf Atlantic: *Stephen Stills* (1970); *2* (1971); *Live* (1975); *Still Stills – The Best Of* (1976); *Right By You* (1984) … auf Columbia: *Stills* (1975); *Illegal Stills* (1976); *Thoroughfare Gap* (1978) … auf Vision: *Stills Alone* (1991) … mit Al Kooper und Mike Bloomfield auf Columbia: *Super Session* (1968) … mit Stills / Young Band auf Reprise: *Long May You Run* (1976) … mit Manassas auf Atlantic: *Manassas* (1972); *Down The Road* (1973)

Crow, Sheryl (voc, g), am 11. Februar 1962 in Kennett, Missouri, als Tochter eines Trompete spielenden Rechtsanwaltes und einer Big Band-Sängerin geboren, besang mit rauchiger Stimme die Lido-Tänzerin, die den Entschluß, Las Vegas zu verlassen, endlich wahr macht, den eindringlich seine Hilfe bei der musikalischen Karriere anbietenden Manager, der dafür sexuelle Gegenleistungen erwartet, und einen desillusionierten «William, Bill oder Billy, Mac oder Buddy», der «nur noch ein wenig Spaß haben will», aber stolz genug ist, auf «all die guten Menschen, die ihre Autos waschen» herabzusehen. Die elf Songs ihres 1993 veröffentlichten Debütalbums *Tuesday Night Music Club* brachten der Sängerin Top Ten-Notierungen, ausverkaufte Konzerte, die Anerkennung von Bob Dylan, Neil Young und Bruce Springsteen und 1995 schließlich vier Grammies ein. Crow, in einem politisch liberalen und musikalisch interessierten Elternhaus aufgewachsen, war nach einem kurzen Engagement in der heimatlichen Rockband Cashmere, einem Abstecher in die Niederungen von Werbe-Jingles und einem Musikstudium an der University of Missouri nach Los Angeles gegangen, um dort Musik zu machen. Da die Jobs zunächst ausblieben, verdingte sie sich als Klavierlehrerin und sang in der Band des Keyboard-Spielers Kevin Gilbert, Toy Matinee, Background. Als Michael Jackson für seine *Bad*-Tournee eine Background-Sängerin suchte, wurde Crow akzeptiert. Jackson-Manager Frank Dileo verpaßte ihr den Vornamen Shirley, ließ sie die Haare auftürmen und steckte sie in ein ihm passend erscheinendes Sex-Outfit. Nach 18 Monaten kehrte Crow desillusioniert nach Los Angeles zurück. Ihre Professionalität als Sängerin hatte sich aber herumgesprochen, Rod Stewart und Don Henley engagierten sie. Auch ihre Songs fanden Abnehmer, darunter Eric Clapton und Wynona Judd. Als sie für Vinx ebenfalls Background singen sollte, steckte sie dem Produzenten Hugh Padgham eines ihrer Demo-Bänder zu. Der Produzent von Police und Sting nahm das Band mit zu A & M, die der Sängerin einen Vertrag gaben und auch zu Crow standen, als sie und Padgham sich nicht einigen konnten. Auch mit dem zweiten Produzenten, Bill Bottrell, brachte Crow zunächst keine verwertbaren Aufnahmen zuwege. Erst als Bottrell auf Gilberts Vorschlag einging, die Sängerin mit ihrer gemeinsamen Feierabend-Band zusammenzubringen, ordneten sich die Ideen Crows. Die nach diesen nächtlichen Sessions *Tuesday Night Music Club* benannte Platte wurde innerhalb eines Jahres mehr als dreimillionenmal verkauft. Vor allem der genau beobachtete Song *All I Wanna Do*, der virtuos Folk-Gesang und Jazz-Elemente verband, zog das musikalisch kantige Album mit sich. Ihre Texte über das amerikanische Alltagsleben schienen manchen Zuhörern so realistisch, daß sie die Text-Figuren mit der Sängerin identifizierten. «Wenn alle Texte von mir handeln würden, dann wäre ich wohl eine betrunkene Prostituierte», distanzierte sich Crow, «aber ich erzähle nur Geschichten.» – «Die faltenfreie Bonnie Raitt, die Emmylou Harris mit Schweiß unter den Achseln» (‹Rolling Stone› über Crow) verstärkte ihren Plattenerfolg durch monatelange Tourneen und beinahe ständige Medienpräsenz. Der Rummel verhinderte einen schnellen Anschluß an *Tuesday Night Music Club*: Die Aufnahmen zum Nachfolgealbum begannen erst Anfang 1995. Da sie sich mit den Musikern des Tuesday Night Music Club heillos zerstritten hatte, produzierte sie *Sheryl Crow* (1996) nach einem kurzen Versuch, wieder mit Bottrell zu arbeiten, selbst. Das Zerwürfnis mit den Musikern ihrer ersten LP warf ein fahles Licht auf die Sängerin: Gilbert, ihr zeitweiliger Lebensgefährte, verfiel nach der Trennung von Crow in tiefe Depressionen und kam unter seltsamen Umständen zu Tode. Er wurde am 18. Mai 1996 in seinem Apartment in Eagle Rock, Kalifornien, leblos aufgefunden; der Arzt gab «autoerotische Erstickung» als Todesursache an. Gitarrist Baerwald äußerte sich kritisch über Crow. Auch ihre Beziehung zu Eric Clapton, die über pure Kollegialität hinausgegangen war, zerbrach. Der Covertext ihrer LP *Tuesday Night Music Club* las sich danach wie eine Lüge. Die Anfeindungen gingen an Crow nicht spurlos vorüber: Auf dem Cover der LP wie auf begleitenden Pressefotos sah sie wie frisch verprügelt aus und gab sich in Interviews vorsichtig und mißtrauisch. «Es gibt eben Menschen», sagte sie über ihre ehemaligen Bandkollegen, «die wollen einfach unglücklich sein.» Der kommerzielle Erfolg blieb der Sängerin treu: Nun wieder mit TV-gerechtem Lockenkopf bedankte sie sich bei der Grammy-Verleihung 1997 für zwei Auszeichnungen. Die CD *Sheryl Crow* war nach Ansicht der Jury das «beste Rockalbum 1996», sie selbst besaß danach die «beste weibliche Rockstimme», gut genug, um den Titelsong für den James Bond-Streifen ‹Tomorrow Never Knows› singen zu dürfen. Nach kontinuierlicher Konzerttätigkeit 1997 in Europa, überwiegend England, und Nordamerika entschloß sie sich Anfang 1998, in New York eine Wohnung zu nehmen: «Die Leute in L. A. reden nur darüber, wer in welchem Film spielt, wer mit wem schläft, wo die wichtigen Parties laufen. New York ist anders, individualistischer.» Im Januar durfte sie im Waldorf Astoria Fleetwood Mac in die Rock and Roll Hall of Fame einführen, im Februar Bob Dylan in der Radio City Music Hall seinen Grammy für das «Album des Jahres» (*Time Out Of Mind*) überreichen; im März sang sie beim sechsten ‹Tibet House Benefit› in der Carnegie Hall, im April unter dem Titel ‹One Amazing Night› bei einem Tribut-Konzert für Burt Bacharach im Hammerstein Ballroom. Doch vor allem: «Mein Studio liegt in einer schrägen Gegend. Es gibt dort Nutten, Transvestiten, Hell's Angels, viele Clubs, viel Kriminalität. Die enorme Energie dieser Nachbarschaft bietet mir Stoff für Songs.» Im Oktober 1998 erschien ihr Album *The Globe Sessions* mit fast ausschließlich autobiographischem Material voller Detailbeobachtungen – herausragend: *There Goes My Neighborhood*. Die CD wurde in England auf Platz zwei, in den USA auf Platz fünf notiert, brachte ihr sechs Grammy-Nominierungen und den Award für das «beste Rock-Album des Jahres» ein. Ihre große US-Frühjahrstournee 1999 begann im März im ‹House of the Blues› in Las Vegas und endete im Mai beim Beale Street Music Festival in Memphis, stets mit Bodenberührung. Im Juni eröffnete sie vier Konzerte der Rolling Stones in Großbritannien. Dafür revanchierte sich Keith Richards als ihr Stargast beim Konzert am 14. September 1999 im New Yorker Central Park. Ansage Richards' vor dem Song *Happy* mit Chrissie Hynde als Background-Vokalistin: «It's great to be here, it's great to be anywhere.» Das Girl Trio Dixie Chicks begleitete Sheryl Crow bei der akustischen Ballade *Strong Enough*, Stevie Nicks übernahm die Lead Vocals beim Fleetwood Mac-Klassiker *Gold Dust Woman*, Sarah McLachlan bei *The Difficult Kid*, für einen Cream-Oldie kam Eric Clapton zum Duett mit Crow auf die Bühne, in der siebenminütigen Glanznummer *Leaving Las Vegas* erlebten die Sängerin und ihre Band – laut ‹Rolling Stone› – «die Zeit ihres Lebens»: Tim Smith (g, bg), Mike Rowe (kb), Peter Stroud (g), Matt Brubeck (cello, b), Mary Rowell (vi), Jim Bogios (dr). Das Album *Live From Central Park* (1999) kom-

primierte das stargespickte Heimspiel der Wahl-New-Yorkerin vor 25 000 Zuhörern, das vor Ort unter Regen und langen Werbepausen für die TV-Übertragung litt, auf 14 Songs nicht immer in der besten Tonqualität. But the feeling hits you!

LPs auf A & M: *Tuesday Night Music Club* (1993; mit verändertem Cover 1994 wiederveröffentlicht); *Sheryl Crow* (1996); *The Globe Sessions* (1998); *Live In Central Park* (1999)

The Cure, 1976 als Easy Cure von Robert Smith (voc, g), am 21. April 1959 in Crawley, Sussex, geboren, Laurence Tolhurst (dr, kb), am 3. Februar 1959 geboren, Michael Dempsey (bg) in Crawley, Sussex, gegründet, spielten sich mit Leidensmiene durch ein «Marathon an Angstzuständen, die auf einem drei Akkorde umfassenden Hypno-Minimalismus und Smiths bleichem Tenor aufbauten» (‹Rolling Stone›). Sie bezeichneten ihre Musik freiwillig als «trostlos» und gingen souverän mit diversen Post-Punk-Stilen um, vom «schmuddeligen Vaudeville über Selbstmord-Rock bis zu überdrehten psychopathischen ‹camp›-Manieren, über die sie zumeist in brillanter Weise triumphierten» (‹Time Out›). Ihre erste Single *Killing An Arab*, eine ambitionierte Popsong-Fassung von Albert Camus' 1942 erschienener Novelle ‹Der Fremde›, machte The Cure 1979 zu Kritikerfavoriten. Das Debütalbum *Three Imaginary Boys* überraschte mit zwei klassischen Singles: *Boys Don't Cry*, eine bittere Demontage populärer sexueller Stereotype, *Jumping Someone Else's Train*, die düstere Abrechnung mit oberflächlicher Trendgier. Fortan lamentierte die Gruppe, die um den Kern Smith, Tolhurst ständig fluktuierte, über Identitätsverlust, Weltschmerz, geballte Verzweiflung und «geschichtslose Erfahrungen in leeren Räumen» (‹Sounds›), gab sich angstbesessen, furchtbefallen, pessimismusbeladen. «Manche Leute machen aus Elend einen Beruf», lästerte der ‹New Musical Express›, wenn Smith mit verschmiertem Lippenstift im Gesicht und zerwühlter Haarpracht seinem Publikum zugeiferte: «Du bestehst ja bloß aus drei kranken Löchern, die wie Schwären triefen, du bist so was von scheißüberflüssig, du bist wie eine schleimige Schnecke am Boden, du bist zu nichts nutze und abscheulich.»

Auf diese Weise überschritt die Band relativ oft die Grenze zwischen Grusel und Groteske. *One Hundred Years* (auf dem Album *Pornography*, 1982) war «wie Phil Spector in der Hölle, der Gitarrensound auf dem Synthesizer nervte wie ein Migräneanfall, und Smiths querulant-verzweifelte Stimme setzte mit der nettesten Einleitungszeile der Woche ein: ‹Es ist ganz egal, ob wir sterben›» (‹NME›). Der Anführer der Band war sich sicher: «Je weiter wir voranschreiten, desto weniger Ähnlichkeiten gibt es zwischen dem, was wir tun, und dem, was die anderen jemals so gemacht haben.» Dennoch zeigte er emotionale Ermüdungserscheinungen: «Wie lange muß ich so noch in den Wind heulen?» (*A Thousand Hours*). Das Doppelalbum *Kiss Me Kiss Me Kiss Me* (1987), das diese Klage enthielt, erschien ‹Stereo Review› wie «der letzte Tango im Paris des Punk Rock». Immerhin artikulierte Smith seine Dauer-Depressionen «mit einer Überzeugungskraft, die einen frösteln läßt, mit einer Musik, die bedrohlich zersplittert und aufpeitschend ist, daß man immer wieder zuhören muß, selbst wenn man aus dem Kopfschütteln nicht herauskommt.» Dabei hatte Smith schon mit *The Head On The Door* (1985) eine vorsichtige Richtungsänderung seines Bleich-und-düster-Rocks angedeutet. Die bis dahin erfolgreichste LP der Band wartete mit raffinierter Rhythmik (*Six Different Ways*) und ausgetüftelter Spieldosenmusik (*Close To Me*) auf und erschloß Smith und Co. ein neues Publikum, das sie mit *Kiss Me Kiss Me Kiss Me* noch vergrößern konnten. In ihren Auftritten Ende der achtziger Jahre bestätigte die nun aus Smith, Tolhurst, Simon Gallup (bg), Porl Thompson (g) und Boris Williams (dr) bestehende Band ihre bis dato beste Phase. 1989 dehnte The Cure ihre Aktivität verstärkt auf die USA aus und kam mit ihrem *Love Song* auf Platz zwei der US-Charts. Anfang des Jahres hatte Smith sich endgültig mit Tolhurst überworfen (dieser gründete später die Band Presence) und für ihn den Keyboarder Roger O’Donnell in die Band genommen. Die LPs *Disintegration* (1989), das Remix-Album *Mixed Up* (1990), die Live-EP *Entreat* (1991) und vor allem *Wish* (1992) lieferten zwar den einen oder anderen radiofreundlichen Song, immer wieder auch Hits, hinter den verbindlichen Melodien kamen aber auch des

Sängers Depressions-Stereotype, sein «Sinn für Majestät» zum Vorschein. 1993 verließ Thompson die Band, die im selben Jahr die Live-Alben *Show* und *Paris* herausbrachte. 1996 veröffentlichte die erneut umbesetzte Band *Wild Moon Swings*, wofür auch ein Bläsersatz, ein Streichquartett, ein mexikanischer Trompeter und ein indisches Orchester aufspielten. Mit diesem Album, das sich auf Platz neun im United Kingdom, zwölf in den USA, gerade noch respektabel plazierte und während der sogenannten Swing Tour auch noch ein nur über Internet vertriebenes Mini-Album abwarf (*Five Swing Live*, 1997), wollte Smith beweisen, «daß ich das Publikum mittlerweile ebenso ernst nehme wie uns selbst». Erst später merkte er, daß er sich mit der Sound-Vielfalt gefährlich verzettelt hatte (‹Süddeutsche Zeitung›: «eine Mißgeburt»), und stimmte als nächstem Album einer zweiten Singles-Kollektion zu: *Galore – The Singles 1987–1997* (1997). Der erste Single-Sampler von The Cure aus dem Jahr 1986, *Standing On The Corner – The Singles*, hatte sich innerhalb eines Jahrzehnts immerhin allein in den USA zweimillionenmal verkauft. Nun aber hatte der «Trübsinnsvirtuose» (‹Rolling Stone›) «keine Lust mehr, Popsongs zu schreiben», und schloß mit *Bloodflowers* (2000) an die düsteren Werke *Pornographic* (1982) und *Disintegration* (1989) wieder an, die er nun als Teile einer Trilogie verstand. Christof Hammer von ‹Stereoplay› empfand Teil drei als «ein wenig positiver» als die beiden Vorgänger, «eher wohlig-melancholisch als depressiv: Akustikgitarren, Synthesizer und Simon Gallups tiefe, volle Baßlinien sind die tragenden Elemente dieser bis zu elf Minuten langen (*Watching Me Fall*) Songs in getragenen Tempi, aus denen man förmlich düstere Nebelwände aufsteigen sieht.» Sebastian Wehlings in ‹Tip› anno 2000 über den «düster leuchtenden Star, der Generationen von Teenagern in einen Zustand tiefer Melancholie versetzt hat: Robert Smith singt und singt, als wäre er einfach nur froh, seine Stimme zu hören.» Er hatte sich schließlich, so Kritiker Lars Jensen, «23 Jahre durch ein Rockerleben gequält, elf Platten veröffentlicht, Überdosen von Heroin, Kokain und Crack überlebt, an seinem Image als Scheintoter geschuftet ...», dreimal das Ende der Cure angekündigt, und er redete und redete: «Ich will nur dann Songs schreiben und aufnehmen, wenn ich den Drang dazu verspüre – andernfalls würde ich ein Repertoire beschädigen, das ich doch für ausgesprochen ehrlich halte. Wenn ich anfinge, Songs zu *fabrizieren* – das wäre lächerlich. Ich wollte nie die Welt erobern. Als ich jung war, wollte ich einfach nur Künstler sein. Erfolg zu haben war sehr schön – aber es ist nicht der Grund, warum ich weitermache. Ob The Cure als hip oder angesagt oder als kulturell bedeutsam gelten, ist mir völlig egal, solange es mir gefällt, darauf habe ich immer Wert gelegt.» An dieser Stelle machen wir mal einen Punkt.

LPs auf Fiction: *Three Imaginary Boys* (1979); *Seventeen Seconds* (1980); *Boys Don't Cry* (1980); *Faith* (1981); *Pornographic* (1982); *Japanese Whispers* (1983); *The Top* (1984); *Concert – Live* (1984); *The Head On The Door* (1985); *Standing On The Beach* (1986); *Staring At The Sea* (1986); Kiss Me Kiss Me Kiss Me (1987); *Disintegration* (1989); *Mixed Up* (1990); *Wish* (1992); *Show* (1993); *Paris* (1993); *Wild Moon Swings* (1996) … auf Polydor: *The Walk* (1983); *Galore: The Singles 1987–1997* (1997); *Bloodflowers* (2000)

Cypress Hill, gegründet 1988 in Los Angeles, wirkten mit schleppenden Beats, unbeteiligt vorgetragenen Raps und dem Image permanenter mentaler Entrücktheit wie die Antithese zum alltäglichen Hip Hop-Geschehen. Mit ihrem schweren, von den Medien Dope Beat genannten Sound erreichten sie als einer der ersten Hip Hop-Acts ein weites Crossover-Publikum. Ein stilisiertes Cannabis-Blatt im Band-Logo und Titel wie *Legalize It* oder *Cannabis And Hemp Are The Same* machten die Karriere «der offensiv bekennenden Marihuana-Dauerkonsumenten» («Music Print») zu einer einzigen Kampagne für die Legalisierung von Marihuana und schufen Identifikation über geographische und stilistische Grenzen hinweg. «Cypress Hill ist wahrscheinlich die einzige Hip Hop-Band, die in der Lage ist, die Westküste mit der Ostküste auszusöhnen, die Schwarzen mit den Weißen, Rock mit Rap und die Aufsteiger mit den Absteigern» («Addicted to Noise»). Mit ihrer opulenten Kombination aus Rap und Rock haben Cypress Hill «den Weg für Bands wie Limp Bizkit, Korn oder Deftones geeb-

net» («Blond»). Rapper Sen Dog, bürgerlich Senen Reyes, geb. am 20. November 1965 auf Kuba, sein jüngerer Bruder Mellow Man Ace, bürgerlich Ulpaino Sergio Reyes, und B-Real, bürgerlich Louis Freeze, geb. am 2. Juni 1970 in Los Angeles, formierten sich mit dem italoamerikanischen Turntable-Zauberer DJ Muggs, bürgerlich Lawrence Muggerud, geb. am 28. Januar 1968 in New York, 1986 in Southgate, einem Latino-Stadtteil von Los Angeles, zu dem Quartett DVX. Nachdem Mellow Man Acid ausgestiegen war, um 1990 sein Solo-Album *Escape From Havanna* zu veröffentlichen, benannten sie sich nach einer Straße im Schwarzenviertel von Los Angeles in Cypress Hill um. Schon nach kurzer Zeit arbeiteten sie sich zur Speerspitze des Latin Rap vor. 1991 nahmen sie das Debütalbum *Cypress Hill* auf. Die College Radios wurden aber erst durch den Song *How Could I Just Kill A Man*, eine B-Seite der Single *The Phuncky Feel One*, auf das Trio aufmerksam. Erst in Folge dieses unerwarteten Triumphes ging das Longplay für 88 Wochen in die amerikanischen Charts. «Mit ihrem Mainstream-unfreundlichen Rap, der auf Grund der Texte und Videos so gar nicht in die Mitte passen wollte, standen sie auf einmal genau da, wo sie keiner vermutet hatte: im Pop-Geschäft» («Visions»). Das psychedelische Nachfolge-Album *Black Sunday* (1993), «das den Standard seines Vorgängers nicht signifikant steigerte, sondern ein Niveau intensiver Kreativität bewahrte» («New York Times»), stieg sogar auf Position eins der Billboard-Charts ein. Mit einem Cover, das an den Hippie-Geist der Sechziger erinnerte, und der Hymne *I Wanna Get High* traten sie einen Siegeszug um den gesamten Erdball an. In Amerika beschworen sie einen Skandal herauf, als B-Real sich in der Fernsehsendung ‹Saturday Night Live› während der Performance des Songs *Insane The Brain* einen Joint ansteckte. 1994 stellte die Band auf dem Woodstock Festival mit dem ehemaligen Beastie Boys-Drummer Eric Bobo, Sohn des legendären Willie Bobo, ihr viertes Band-Mitglied vor. Im selben Jahr kollaborierten Cypress Hill auf der Soundtrack-Compilation *Justice Night* mit Pearl Jam und Sonic Youth. In den Reihen ihrer Fans trugen ihnen diese Handreichungen zur weißen Alternative-Szene nicht nur Wohlwollen ein. Als Reaktion auf das Schlagwort vom Ausverkauf fiel ihr drittes Album *Cypress Hill III – Temples Of Boom* (1996) wieder deutlich aggressiver aus und orientierte sich am Street Sound von South Central. «Die Texte von Cypress Hill sind bedrohlich. Aber nicht weil sie Gewalt propagieren, sondern weil sie den Wahnsinn heraufbeschwören» (‹New York Times›). In einer limitierten Doppel-CD-Edition wurde das Album um DJ Muggs' 21minütigen, experimentellen *Buddha Mix* diverser Cypress Hill-Songs erweitert. DJ Muggs hatte sich indessen auch außerhalb des Rahmens von Cypress Hill einen Namen als Produzent gemacht. Mit DJ Lethal von House Of Pain hatte er die Produktionsgesellschaft Soul Assassins gegründet und sich unter anderem Produktionen von Funkdoobiest und Ice Cube angenommen. B-Real gründete neben dem Solo-Projekt Psycho Realm die Bekleidungsfirma Joker, und Sen Dog probierte sich mit der Band SX 10 aus. Um über die Solo-Aktivitäten nicht den Band-Kontext in Vergessenheit geraten zu lassen, veröffentlichte Cypress Hill 1997 die EP *Unreleased & Revamped*, die unter anderem Remixe von Prince Paul und den Fugees enthielt. 1998 kehrten die vier Akteure in den Schoß der Gruppe zurück und knüpften mit *IV* an die erprobte Mixtur von «Latino-Beats, Mariachi-Loops und Nasal-Reimen» (‹Jazzthing›) der ersten drei Alben an, öffneten sich dabei jedoch in Richtung Rock und Funk. 1999 erschien mit *Los Grandes Exitos En Español* eine Sammlung spanischer Versionen der großen Erfolge von Cypress Hill, die der Band wenig Lob einbrachte und ‹Time Out› gar über «Marihuana-Maskottchen für rebellische Studenten» spotten ließ. Auf *Skull And Bones* (2000) schließlich setzte man auf Handarbeit und zog Gäste wie Brad Wilk von Rage Against The Machine sowie Gitarrist Dino Cazares und Bassist Christian Olde Wolbers von Fear Factory hinzu. Vergebliche Müh, denn «Cypress Hill wollen klingen wie Fear Factory und schaffen's nicht» (‹Intro›).

LPs auf Ruffhouse: *Cypress Hill* (1991) … auf Columbia: *Black Sunday* (1993); *III The Temple Of Boom* (1995); *Unreleased And Revamped* (1996); *IV* (1998); *Los Grandes Exitos En Español* (1999); *Skull & Bones* (2000); *Live At The Filmore* (2000)

D

Danzig, gegründet 1987 in Los Angeles, sollten in erster Linie das Image ihres charismatischen Namensgebers und Frontmannes transportieren. Ein schwarzbunter Reality-Comicstrip, mauserten sie sich zu einem der einflußreichsten Acts im Niemandsland zwischen Heavy Metal, Gothic und psychedelischem Crossover. Schon in der 1979 in New Jersey gegründeten Hardcore-Band Misfits machte Glenn Danzig, geboren am 23. Juni 1959 in Lodi, New York, den Eindruck eines Jim Morrison-Epigonen im Punk-Gewand. Nachdem er den Misfits, die zu den erfolgreichsten Truppen der ersten amerikanischen Punk-Generation gehörten, den Rücken gekehrt hatte, rekrutierte Danzig gemeinsam mit Cirkle Jerks-Bassist Eeric Von, geboren am 25. August 1964, die Art Rock-Band Samhain, mit der er vier Platten produzierte. Unter Hinzuziehung des ehemaligen D.O.A.-, Cirkle Jerks- und Black Flag-Drummers Chuck·Biscuits und des Gitarristen John Christ, geboren am 19. Februar 1965 in Baltimore, Maryland, den Danzig schon von den Misfits kannte, wurde aus Samhain 1987 Danzig. Ein Jahr später verkaufte «der Sänger mit dem vokalen Killerinstinkt» (‹Visions›) das zwischen Doors und Black Sabbath pendelnde Konzept seiner Band an Rick Rubins Label Def American. Rubin persönlich produzierte auch das Debütalbum Danzig (1988). Danzig hoben sich von anderen Kapellen der Schwarzkittelfraktion ab, indem sie ihr dämonisches Image zumindest anfangs mit niveauvollem Songwriting und schwerem, groovigem Blues versetzten. Im Gegensatz zu Kollegen wie Deicide, Obituary oder Slayer «waren Danzig eine Band für Metal-Gourmets» (‹Yahoo! Music›) und fanden mit ihrer ironischen Distanz zum eigenen Auftreten auch außerhalb satanistischer Kreise Anhänger. Unter dem Einfluß der Schriften Baudelaires, der Satan zum Rebellen erklärt hatte, entstand das zweite, mitreißende Album Danzig II – Lucifuge (1990). Mit ihrer dritten LP Danzig III: How The Gods Kill (1992) wurden sie auch beim Mainstream Rock-Publikum zur festen Größe und schafften es auf Position 24 der US-Charts. Das von der Öffentlichkeit wenig beachtete Solo-Projekt Black Aria (1993) war der Versuch des Sängers, die schwarze Magie seiner Metal-Alben auch auf einen Kontext mit klassischen Musikern zu übertragen. Der erfolgsorientierte, muskelbepackte Shouter ließ diesen Zweig seiner Aktivitäten jedoch wieder verkümmern und widmete sich weiter seiner Band. Mit einer neuen Version des Songs Mother von der EP Thrall – Demonsweatlive (1993) erlangte die Gruppe weltweite Unterstützung durch MTV. Seinen Ruf als pseudosensibler Allroundkünstler verteidigte Danzig 1994 mit dem Song Thirteen, den er für Johnny Cashs Album American Recordings schrieb. Der unverhofften Popularität Tribut zollend, fiel ihr viertes Album Danzig IV (1994) überraschend stadionkompatibel aus, was ihnen seitens der ursprünglichen Fans scharfe Kritik eintrug. Nach den Aufnahmen wurde Chuck Biscuits gefeuert, der danach zu Social Distortion ging, und durch den von Sugartooth kommenden Joey Castillo, geboren am 30. März 1966 in Gardenia, Kalifornien, ersetzt. Bis zur Einspielung von Blackacidevil (1996) tauschte Danzig auch noch den Rest der Band aus. So stellte «der Mann, dessen Brustkorb genügend Resonanz bietet, um ganze Stadien mit Rückenschauern zu versorgen» (‹Visions›), Gitarrist Tommy Victor von Prong und Bassist Josh Lazie ein. Als Nebenbeschäftigung gründete er einen Comic-Verlag, der vergriffene Sex- und Gewalt-Comics aus den Vierzigern bis Sechzigern neu edierte und durch die zeitgenössischen Serien *Verotik*, *Satanica* und *Def Dealer* ergänzte. Nach einer Phase der Beruhigung veröffentlichten Danzig mit *Danzig 6:66 – Satan's Child* (1999) ihr bis dahin mit Abstand düsterstes und schwerstes Album. Auf der anschließenden Tour reformierte der Sänger Samhain als Support für Danzig.

LPs auf American: *Danzig* (1988); *Danzig II: Lucifuge* (1990); *Danzig III: How The Gods Kill* (1992); *Thrall: Demonsweatlive* (1993); *Danzig IV* (1994) … auf Phonographie: *Black Aria* (1993); *Blackacidevil* (1996); *Satan's Child* (1999) … auf Restless: *Live On The Black Hand Side* (2001) … Glenn Danzig mit Samhain auf Plan: *Initium* (1994); *November Coming Fire* (1986); *Final Descent* (1990)

Dead Can Dance, gegründet 1981 in Melbourne, Australien, bezogen ihren Stoff ausschließlich aus der Mystik und Poesie längst vergangener Jahrhunderte oder ferner Welten und suchten gar nicht erst nach direkten Bezügen zu Gegenwart und Alltag ihrer Fans. Mit ihrem kunstvoll arrangierten Mittelalter-Rock avancierten sie nicht nur zu Superstars der Gothic-Szene, der sie selbst sich gar nicht zugehörig fühlten, sondern sie verbanden auch asiatische, arabische und afrikanische Expressionen mit der Tradition keltischer Musik zu einem unverwechselbaren Hybrid aus Exaltiertheit und Weltvergessenheit. Sprache war ihnen nicht Kommunikationselement, sondern Instrument. So sangen sie Laute, die dem Gälischen, Keltischen oder Griechischen nachempfunden waren. Unbeirrt arbeitete das Duo «an einer Fusion verschiedenster Stile und brachte dabei zusammen, was auf den ersten Blick nicht zusammengehört» (‹WOM Journal›). «Seit unserer Gründung 1981 haben wir es vermieden, auf momentane Trends einzugehen, und bevorzugten statt dessen Ausdruckswege, die uns stärker forderten, indem wir diverse Traditionen absorbierten und auf unseren eigenen Bedarf zuschnitten. Bei denen, die uns klassifizieren wollten, hat das oft Verwirrung ausgelöst»

(Brendan Perry). Brendan Perry (voc, kb, g), geboren 1959 in London, trat 1977 der neuseeländischen Band Scavengers bei, die psychedelische Songs im Stil der Stooges spielte. 1979 siedelte er nach Melbourne über, benannte die Band in The Marching Girls um und begann mit Loops und alternativen Rhythmen zu experimentieren. 1980 traf er in Melbourne die klassisch ausgebildete Sängerin Lisa Gerrard (voc, kb). Ein Jahr später gründete er mit seinen Freunden Simon Monroe und Paul Erikson Dead Can Dance, zu denen auch Lisa Gerrard stieß. Nach Veröffentlichung des Songs *The Fatal Impact* für das australische Kassetten-Magazin ‹Fast Forward›, auf dem sie sich mit den australischen Rassenproblemen auseinandersetzten, ging die zum Duo geschrumpfte Band 1982 nach London, wo sie ein Tape mit mehreren Songs produzierte. Eine Kopie dieses Bandes gelangte zu Ivo Watts-Russell, dem Chef des angesehenen Labels 4AD, der das Duo sofort unter Vertrag nahm. Ein erstes Album *Dead Can Dance* (1984) faßte die Arbeit bis zu diesem Punkt zusammen. Mit dem Cover-Artwork, einer rituellen Maske aus Neuguinea, versuchten Gerrard und Perry die Unterstellung zu entkräften, sie hätten sich nach mittelalterlichen Totentanz-Darstellungen benannt. Sie wollten statt dessen zeigen, daß ein toter Gegenstand, der aus einem lebendigen Baum geschaffen wurde, durch die Hand eines Künstlers zu neuem Eigenleben erweckt werden kann. Ende 1984 steuerten sie zwei Songs zu der This Mortal Coil-Compilation *It'll End In Tears* bei. Kurz darauf veröffentlichten sie die verträumte EP *Garden Of The Arcane Delights*. Mit den surrealistischen Sound- und Wort-Gebilden ihres zweiten Albums *Spleen And Ideal* (1985), dessen Titel an symbolistisches Gedankengut des 19. Jahrhunderts angelehnt war, gelangte die Band auf Platz zwei der britischen Charts. 1986 waren Dead Can Dance fast ununterbrochen auf Tour. Auf ihrem dritten Album *Within The Realm Of A Dying Sun* (1987) gelang ihnen der Befreiungsschlag von ihren eigenen Limits. Gerrard und Perry hatten sich mit der auf dem Kontrapunkt basierenden Musik des Barock beschäftigt und setzten die daraus gewonnenen Erkenntnisse nun sowohl mit klassischen Instrumenten als auch auf Computern um. Die Einheit und der

Gegensatz von synthetischen und natürlichen, oft archaischen Klangquellen wurde noch stärker auf *A Serpent Egg* (1988) herausgearbeitet. Ungewohnt deutlich berief sich die Band dabei auf die Welt der Troubadours und Trouveres. Nach der Arbeit an dieser Platte gingen die beiden nach Spanien, wo sie den Soundtrack für Agustin Villarongas Film *El Niño De La Luna* schrieben, in dem Lisa Gerrard auch erstmalig als Darstellerin auftrat. Elemente liturgischer Musik des Mittelalters überwogen auf *Aion* (1990). In den folgenden beiden Jahren widmeten sich Dead Can Dance in erster Linie Theater-Produktionen. In den USA veröffentlichten sie die Compilation *A Passage Of Time* (1991), arbeiteten mit Hector Zazou an dessen Kolossal-Soundgemälde *Sahara Blue* (1992) und beteiligten sich mit zwei Songs am Soundtrack zu Ron Frickes Film *Baraka* (1993). Mit dem Material von *Into The Labyrinth* (1993) gingen die Band und diverse Gast-Musiker auf Welt-Tournee, die auf der Live-LP *Toward The Within* (1994) dokumentiert wurde. Von der aufreibenden Arbeit der letzten Jahre mitgenommen, zog Lisa Gerrard nach Australien zurück, und Perry ließ sich in einer Kirche in dem irischen Dörfchen Belturbet nieder. Als letzte gemeinsame Arbeit erschien das esoterische Meisterwerk *Spiritchaser* (1996).

LPs auf 4AD: *Dead Can Dance* (1984); *Spleen And Ideal* (1985); *Within A Realm Of A Dying Sun* (1987); *The Serpent's Egg* (1988); *Aion* (1990); *Into The Labyrinth* (1993); *Towards The Within* (1994); *Spiritchaser* (1995) ... Brendan Perry auf 4AD: *Eye Of The Hunter* (1999) ... Lisa Gerrard auf 4AD: *The Mirror Pool* (1995) ... auf Warner Bros.: *Duality* (1998)

de Burgh, Chris (voc, g), unter dem Namen Christopher John Davidson als Sohn eines irischen Diplomaten am 15. Oktober 1948 in Argentinien geboren, befuhr «die Siegesstraße mit jenem Stil, den man so schön ‹middle of the road› nennt» (‹Der Tagesspiegel›). Seine «Balladen im Weichspülgang» schienen «jenen Fluchtpunkt der Gefühle zu treffen, der in kalten Zeiten von Kerzenlicht in warmer Heimstatt kündet», so die ‹FAZ›. Heimat und Heimeligkeit hatte er in früher Kindheit bei den Berufsaufenthalten

der Familie in Nigeria, Zaire und auf Malta vermißt. 1960 eröffnete der Vater bei Dublin, Irland, in einem restaurierten Normannenschloß aus dem 12. Jahrhundert ein Hotel. Da war es wohl angemessen und schicklich, daß Chrissie (Kosename), der mittlerweile am renommierten Trinity College in Dublin Englisch und Französisch studierte, unter dem Familiennamen der Mutter mit der Klampfe und selbstverfaßten Gesängen vor die Hotelgäste trat. Schon die Frau des Normannenfürsten Wilhelm der Eroberer, der im Jahre 1066 den Kanal überquerte, hieß Eleanor de Burgh, im Drama ‹King John› beschrieb William Shakespeare Gemütstiefe und Zivilcourage eines Hubertus de Burgh. Das paßte sehr gut zu den Liedern eines Barden in der Nachfolge von Cat Stevens und Donovan mit Parabeln aus der christlichen Heilsgeschichte, Kreuzfahrerlegenden, Königsdramen und Beziehungskisten. «Hoch über den Sorgen der Welt möchte er mit seiner Liebsten schweben, und in einer alten Festung will man gegenseitig die tiefsten Geheimnisse ergründen», schrieb ‹Die Welt› über den Song *Fire On The Water*. Textprobe: «Oh, heute abend passiert etwas, / Und das ist etwas, das nie passieren sollte, / Aber da ist eine Flamme über dir und mir.» Lange mochte die schnöde Welt de Burghs Poesie nicht recht goutieren. Im Vorprogramm der «Crime of the Century»-Tournee von Supertramp 1974 erhielt er nur Achtungsapplaus; seine ersten vier LPs *Far Beyond These Castle Walls* (1975), *Spanish Train And Other Stories* (1975), *At The End Of A Perfect Day* (1977), *Crusader* (1979) fanden kaum Käufer. Erst als er sich zum fünften Album *Eastern Wind* (1980) und für die dazugehörige Tour mit Ian Kojima (sax), Al Marnie (bg), Glen Marrow (kb), Tim Wynveen (g), Jeff Phillips (dr) eine reguläre Band zusammenstellte, flammten rund um den Globus in seinen Konzerten Wunderkerzen und Feuerzeuge auf – zunächst in (von Dublin aus gesehen) exotischen Ländern. *Eastern Wind* wurde in Norwegen mit 125 000 verkauften Exemplaren zur zweiterfolgreichsten LP nach *Abbey Road* von den Beatles. *Best Moves* (1981), eine Kompilation früher Songs mit nur einem neuen Track, klickte zuerst in Kanada. 1982, im Jahr von *The Getaway*, wurde ein Viertel von weltweit einer Million LPs in der Bundesrepublik Deutschland verkauft. In der BRD, den alten Ländern, verzeichnete der Künstler fortan nicht nur die treuesten Fans und die verbissensten Kritiker (‹Die Welt›, 1986: «Stereotype Synthesizer-Klänge und vermeintlich gehaltvolle Texte ergeben eine dicke Gefühlspampe, die die Gehörgänge verstopft»), hier wurde seine Kunst auch lexikonreif analysiert. Armin Sahihi am 8. Dezember 1986 in der ‹Frankfurter Allgemeinen Zeitung›: «Seine Musik, die Lieder, die er schreibt, sind in der Tat narrativ, wortreich, manchmal wortlastig erzählend. Melodie und Rhythmus sowie die Abfolge von Text und Refrain dienen häufig nur noch als dramaturgische Taktgeber und akustischer Hintergrund einer Erzählung. Die Handlung ist meist einfach, ihr Fortlauf fast immer voraussagbar, die Moral leicht durchschaubar – und die Metaphern sind in aller Regel altbekannt. Die Liebe und die Liebe zum Leben, das Leben als Spiel, als Weg, als Kampf, Kämpfe zwischen Helden und Schurken, Guten und Bösen sind die Motive – oft historisch nachempfunden, sehr oft biblisch orientiert. Die Haltung des Erzählers Chris de Burgh ist immerzu moralisch und streng wertorientiert. Entsprechend lebt auch sein Vehikel, die Musik, von eingängigen, einprägsamen Melodien, mit einem Hauch des geheimnisvollen Irischen und erfüllt von menschenmöglicher Inbrunst.» In jenem Jahr 1986 verbuchte er mit dem Album *Into The Light*, Nummer zwei in England, und der Single *The Lady In Red*, die sich drei Wochen auf Platz eins der britischen Charts hielt und in den USA auf Platz drei kam, seine größten Hits. Im Oktober 1991 empfing er von der Urheberrechtsgesellschaft ASCAP in Großbritannien einen London Award, in den USA einen PRS Award für einen der meistgespielten Songs des Jahres. *Into The Light* wurde weltweit mehr als achtmillionenmal abgesetzt. In Südafrika hatte de Burgh, so errechnete das Management seiner Frühjahrstournee 1993 mit 100 000 Besuchern, in 15 Jahren 350 000 LPs verkauft. Mit *This Way Up* (1993) versuchte de Burgh mit den Sessionmusikern Neil Taylor (g), Vic Martin (kb), Phil Spelding (bg), Jimmy Copley (dr) musikalisch eine etwas härtere Gangart einzulegen und erlaubte sich im Song *Blonde Hair, Blue Jeans* etwas Sex, in *This Weight On Me* etwas Presseschelte. Ergebnis: Daumen nach unten. David

Sinclair in der ‹Times›: «The only possible direction for *This Way Up* to go is down.» Da verlor sich der «Poet des Rock» (‹New York Times›), abgeschirmt von einem 43köpfigen Orchester und einem vielstimmigen Chor, doch lieber wieder in seinen *Beautiful Dreams* (Albumtitel, 1995) und wartete 1997 mit einem puren *Love Songs Album* auf. Für solch herzliches Bemühen um die Gunst seines Publikums hatte Kritiker Peter Kemper schon 1982 in der ‹FAZ› versöhnliche Worte gefunden: «Ein Gestus der Gefälligkeit, des gediegenen Kleinods wohnt den meisten Liedern inne ... Tröstungsversuche für glücklose Tagträumer. Wunschbilder gewinnen da vertraute Kontur, sind Surrogate unerfüllter Leidenschaften.» Dem konnte sich Kritiker Sigi Hümmer 1999 im ‹WOM Journal› vorbehaltlos anschließen: «Mein altes, geschundenes Herz ging auf wie eine Aster in der Herbstsonne.» Er nannte de Burghs Album *Quiet Revolution*, von Chris Potter (George Michael, Take That) wieder mit einer konventionellen Begleitband produziert, «ein Meisterwerk der Melancholie».

LPs auf A & M: *Far Beyond These Castle Walls* (1975); *Spanish Train And Other Stories* (1975); *At The End Of A Perfect Day* (1977); *Crusader* (1979); *Eastern Wind* (1980); *Best Moves* (1981); *The Getaway* (1982); *Man On The Line* (1984); *The Very Best* (1985); *Into The Light* (1986); *Flying Colours* (1988); *From A Spark To A Flame – The Very Best* (1989); *High On Emotion – Live From Dublin* (1990); *Power Of Ten* (1992); *This Way Up* (1994); *Beautiful Dreams* (1995); *The Love Songs Album* (1997) ... auf Universal: *Quiet Revolution* (1999)

Deep Purple, im Februar 1968 von Jon Lord (org, p) und Ritchie Blackmore (g) in London gegründet, bezog die Spannung, die das Quintett zu einer der erfolgreichsten britischen Rockbands machte, aus einem ununterbrochenen Konflikt zwischen diesen beiden Musikern. Nicht selten trugen sie ihren Kampf auf offener Bühne, vom Publikum als Teil der Show mißverstanden, derart handgreiflich aus, daß Gitarren und Verstärker zu Bruch gingen und Teile des Schlagzeugs ins Auditorium flogen. Lord, am 9. Juni 1941 in Leicester geboren, studierte Musik und besuchte drei Jahre lang eine Schauspielschule.

Er spielte in verschiedenen Jazz- und Rockbands, u. a. bei den Combos Artwoods, Flower Pot Men und Santa Barbara Machine Head; sein uneingestandenes Ziel war jedoch stets das Komponieren größerer Konzertwerke. Nachdem er von Beginn an Deep Purple durch klassische Musikstrukturen geprägt hatte, schien er sich mit seinem *Concerto For Group And Orchestra* und der *Gemini Suite* 1970 endgültig als Ensemble-Chef durchgesetzt zu haben. Das Concerto wurde am 24. September 1969 von Deep Purple und dem Royal Philharmonic Orchestra unter Malcolm Arnold in der Londoner Royal Festival Hall uraufgeführt. Die *Gemini Suite*, ein Auftragswerk der BBC, wurde 1970 von der Gruppe, dem London Symphony Orchestra und den Sängern Tony Ashton und Yvonne Elliman aufgenommen. Ashton wirkte – neben den Rock-Solisten Ray Fenwick (g), Glenn Hughes (voc, bg, g), Pete York (dr, perc), David Coverdale (voc) – 1974 in München auch an der Gemeinschaftskomposition *Windows* von Jon Lord und Eberhard Schoener mit, die mit dem Orchester der Münchner Kammeroper als Bindeglied zwischen Rock und E-Musik anläßlich eines Kongresses der Jeunesses Musicales aufgeführt und vom Fernsehen in viele Länder übertragen wurde. Lords Gegenspieler Ritchie Blackmore, am 14. April 1945 in Weston-Super-Mare geboren, hatte seit seinem elften Lebensjahr Gitarrenunterricht. Um 1960 wurde er beim Rock 'n' Roll-Aristokraten Screaming Lord Sutch Berufsmusiker und rockte in England, Italien und Deutschland mit zahlreichen Bands wie z. B. den Three Musketeers und den Hamburger Faces. Egozentrisch, ehrgeizig und aggressiv, erklärte er oft: «Ich bin so lange im Geschäft, daß ich den meisten Gitarristen heutzutage den Arsch abspielen kann.» Vom Album *Deep Purple In Rock* an entsprach der Ensemblestil Blackmores hartem, unverbindlichem, kompromißlosem und gewalttätigem Naturell. In einem Bauernhaus in der englischen Grafschaft Hertfordshire hatten sich Lord, Blackmore, Rod Evans (voc), Nick Simper (bg) und Ian Paice (dr) 1968 zwei Monate lang zusammengerauft. Ihre erste Single *Hush* wurde in den USA ein Hit, in England aber kaum beachtet. Erfolgreiche Amerika-Tourneen verstärkten die Kluft zwischen US-Popularität und heimischer Bedeu-

tungslosigkeit; ihr zweites und drittes Album kamen in England mit monatelanger Verzögerung heraus. Erst das Konzert mit dem Royal Philharmonic Orchestra brachte die Band auch in Großbritannien ins Gerede und in die Hitlisten. Evans und Simper hatten nicht das nötige Durchstehvermögen gehabt und nach ihrem Ausscheiden die Bands Captain Beyond und Warhorse gegründet. An ihrer Stelle traten fortan Ian Gillan (voc) und Roger Glover (bg) auf. 1971 gründeten die Musiker ihr eigenes Platten-Label Purple Records, obgleich der Konflikt in der Band sich eher verschärft hatte. Bei allem Erfolg war offensichtlich geworden, daß Blackmores Dampframmen-Stil in Leerlauf geraten war. Anfang 1973 erklärten die Band-Mitglieder übereinstimmend, Deep Purple löse sich auf. Tatsächlich schieden Ende Juni lediglich Gillan und Glover wieder aus, die durch David Coverdale (voc) und Glenn Hughes (bg, voc) ersetzt wurden. Erst im Frühjahr 1975 verließ Ritchie Blackmore die Band, um Rainbow zu gründen. Für ihn trat Tommy Bolin (g) bei, der noch auf der LP *Come Taste The Band* (1976) zu hören war, bevor die Band endgültig auseinanderging. Bolin, der zuvor bei der James Gang und bei Billy Cobham gespielt hatte, starb am 4. Dezember 1976 an einer Überdosis Heroin. 1984 rief Jon Lord, der zwischendurch unter anderem bei David Coverdales Whitesnake beteiligt war, seine Mannen Blackmore, Gillan, Glover und Paice zur Band-Reunion Deep Purple (Mark II) wieder zusammen. Die Polygram-Offerte von zwei Millionen Dollar für jeden der Musiker, so das nicht dementierte Gerücht, war schwerlich zurückzuweisen. Sie produzierten das Album *Perfect Strangers* (1984), das in England die Charts-Position fünf erreichte, in den USA Platz 17, und begaben sich für die nächsten Jahre unverzüglich wieder on the road. Die Konzerte ihrer diversen Welttourneen waren in der Regel ausverkauft, doch die neuen Songs, «ohne jede Chance, sich zu entwickeln oder zu atmen» (Kritiker Patrick Neylan-Francis), gerannen nicht zu Single-Hits. Die alten Spannungen und Streitigkeiten zwischen den Veteranen dauerten an. Blackmore weigerte sich wiederholt, die «lausige Nummer» *Smoke On The Water* aus dem alten Album *Machine Head* (1972) im Konzert mitzuspielen. Gillan gefiel das neue Album *The House*

Of Blue Light (1986) nicht. Er ging 1989 und wurde für *Slaves And Masters* (1990) durch Joe Lynn Turner (voc) ersetzt. «Ich kann», so Gillan damals, «an Deep Purple nur noch wie an eine Verflossene denken. Wir heirateten 69 und wurden 73 geschieden. 84 heirateten wir noch mal und ließen uns 89 wieder scheiden. Das mach ich nicht noch mal.» Im Dezember 1992 scherte er sich jedoch nicht mehr um sein Geschwätz von gestern und ging mit den alten Kumpels für die CD *The Battle Rages On* (1993) in Peter Maffays Studio bei München wieder ans Mikrofon. Verblüfft wartete ‹Der Musikmarkt› mit dem Allgemeinplatz «Deep Purple klingt tatsächlich wie Deep Purple» auf. Für die erste Single *Anya* flirtete die «laue Altherrenriege» (‹Stern›) auch mit andalusischer Flamencomusik. Eine weitere Welttournee begann im Juli 1993 in Clarkston, Missouri, und endete nach 69 Konzerten im Dezember in Osaka, aber da war Blackmore bereits wieder abgesprungen. An seine Stelle trat kurzfristig Joe Satriani (g). Vollgültiges Mitglied wurde für das Album *Purpendicular* (1996) der am 28. Juli 1954 in Hamilton, Ohio, geborene Saitenvirtuose Steve Morse, vordem bei den Dixie Dregs, bei Kansas und von der Zeitschrift ‹Guitar Player› zum weltbesten Allroundgitarristen gekürt. Morse brachte neben seiner Jazzvirtuosität auch eine Bläsersektion in die Band ein und erfrischte die «nicht ganz unironischen Verspieltheiten von Altrockern, die nichts zu verlieren haben» (‹Zitty›). Dem als «Official Bootleg» avisierten Album *Live At The Olympia '96* (1997) der «in Würde gealterten Mark-II-Haudegen» bescheinigte die Zeitschrift ‹Stereoplay› einen «manierlichen Mix alter und neuer Rock-Perlen». *Days May Come And Days May Go* (2000), wiederentdeckte Proben-Tapes von 1975 mit Coverdale, Lord, Hughes, Paice und Tommy Bolin aus den kalifornischen Pirate Sound Studios, mochte die gleiche Zeitschrift nur mit Einschränkungen empfehlen: «Trotz viel Energie doch sehr sessionartiger Charakter und klangtechnische Mängel.» Aber das neue, in Orlando, Florida, aufgenommene Werk *Abandon* (1998) dieser «Lieblingsband aller Musiklehrer», so Christian Seidl im ‹Stern›, habe «in seinem ironiefreien Perfektionismus durchaus Größe». ‹Stereoplay› präziser: «*Abandon* geht als direkter

Nachfolger von *Fireball* oder *Machine Head* durch: ein kraftstrotzendes Hardrock-Werk, versetzt mit Jazz, Blues und Funk.» Doch auch dem Flirt mit der Klassik wurde noch einmal Genüge getan. Dreißig Jahre nach dem *Concerto For Group And Orchestra* trafen sich Deep Purple erneut mit dem London Symphony Orchestra in der Royal Albert Hall. Das Konzert, später auf Tournee mit dem Romanian Philharmonic Orchestra wiederholt, enthielt neben dem Concerto und Band-Hits auch Songs aus den Solo-Karrieren der Musiker. ‹Tip› über das Album *In Concert With The London Symphony Orchestra* (2000): «Sie streifen die längst zur Hülse gewordene Hardrock-Attitüde ab, geben sich als raffinierte Show-Band zu erkennen, weiden sich in gewähltem Bombast und lassen anstelle der Band die Idee Deep Purple treten.» So war denn – mit der bandeigenen Abwandlung des lateinischen Wortes perpendicular – am Anfang des dritten Jahrtausends alles «purpendicular»: die Welt im Lot.

LPs auf Parlophone: *Shades Of Deep Purple* (1968) … auf Harvest: *The Book Of Taliesyn* (1969); *Deep Purple* (1969); *Live In Concert At The Royal Albert Hall With The Royal Philharmonic Orchestra* (1970); *Deep Purple In Rock* (1970); *Fireball* (1971); *Machine Head* (1972); *Made In Japan* (1972); *Who Do We Think We Are* (1973); *Burn* (1974); *Stormbringer* (1974); *Mark I & II* (1974); *Come Taste The Band* (1975); *Made In Europe* (1975); *Last Concert In Japan* (1975); *24 Carat Purple* (1975); *Powerhouse* (1977); *The Singles A's & B's* (1978); *The Mark Two Purple* (1979); *Deepest Purple* (1980); *Live In London* (1982); *Greatest Hits* (1985) … auf Scepter: *The Best Of…* (1972) … auf Warner Bros.: *When We Rock, We Rock And When We Roll, We Roll* (1978) … auf Polydor: *Perfect Strangers* (1984) *The House Of Blue Light* (1987); *Nobody's Perfect* (1988) … auf RCA: *The Battle Rages On* (1993); *Come Hell Or High Water – Live* (1993); *Purpendicular* (1996) … auf Thames/EMI: *Live At The Olympia* (1997); *Abandon* (1998) … auf Purple: *Days May Come And Days May Go* (2000) … auf Eagle: *In Concert With The London Symphony Orchestra* (2000) … auf Rhino: *Shades 1968–1998* (4-CD Box 1999) … Solo-LPs Roger Glover auf Purple: *The Butterfly Ball & The Grasshopper's Feast* (1974) … auf Polydor: *Elements* (1978); *Mask* (1984) … Solo-LPs Jon Lord auf Purple: *Gemini Suite* (1971); *Windows*

(1974); *Sarabande* (1976) … auf EMI: *Pictured Within* (1998) … auf Harvest: *Before I Forget* (1982) … LPs Ian Gillan auf Oyster: *Child In Time* (1976) … auf Island: *Scarabus* (1977); *Clear Air Turbulence* (1977); *Live At Budokan* (1978) … auf Acrobat: *Mr. Universe* (1979) … auf Virgin: *Glory Road* (1980); *Double Trouble* (1981); *Future Shock* (1981); *Magic* (1982); *Live At Budokan* (Doppel-LP-Version, 1983); *Accidentally On Purpose* (mit Roger Glover, 1988) … auf 10 Records: *What I Did On My Vacation* (1986) … auf Caramba!: *Dreamcatcher* (1997) … auf EMI: *Picture Within* (1999) … Solo-LPs Glen Hughes auf Safari: *Play Me Out* (1977) … auf Epic: *Hughes & Thrall* (mit Pat Thrall, 1982) … LP Jon Lord und Tony Ashton auf Purple: First Of The Big Bands (1974) … LP Paice Ashton Lord auf Oyster: *Malice In Wonderland* (1976) … Solo-LPs David Coverdale auf Purple: *David Coverdale's Whitesnake 87* (1977); *Northwinds* (1978) … mit David Coverdale's Whitesnake auf EMI: *Trouble* (1978); *Whitesnake 87* (1987); *Slip Of The Tongue* (1989); *Whitesnake's Greatest Hits* (1994) … auf United Artists: *Love Hunter* (1979) … mit Whitesnake auf United Artists: *Ready And Willing* (1980); *Live – In The Heart Of The City* (1980); *Come An' Get It* (1981) … auf Liberty: *Saints And Sinners* (1982); *Slide It In* (1984) … als Coverdale Page auf EMI: *Coverdale Page* (1993) … auf Eagle: *Live At The Royal Albert Hall* (2000) … auf Purple Records: *Days May Come And Days May Go* (2000) … David Coverdale mit Whitesnake auf EMI: *Restless Heart* (1997); *Starkers In Tokyo* (1998) … solo auf EMI: *Into The Light* (2000) … LPs Ritchie Blackmore mit Rainbow auf Polydor: *Ritchie Blackmore's Rainbow* (1975); *Rainbow Rising* (1976); *Live In Germany* (1976); *Live On Stage* (1977); *Long Live Rock 'n' Roll* (1978); *Down To Earth* (1979); *Difficult To Cure* (1981); *Straight Between The Eyes* (1982); *Bent Out Of Shape* (1983); *Finyl Vinyl* (1986) … auf RCA: *Stranger In Us All* (1995) … mit Blackmore's Night auf Intersound: *Shadow Of The Moon* (1998); *Under A Violet Moon* (1999)

De La Soul, 1985 in Amityville, New York, gegründet, «erfanden die Sprache des Rap noch einmal neu» (‹New York Magazine›), indem sie das musikalische Repertoire des Genres ausweiteten, dabei jedoch auf das, Standardvokabular der Rapper sowie deren Dresscode und Bühnengebaren verzichteten. Posdnous, bürgerlich: Kelvin Mercer, geboren am 17. August 1969, Trugoy the Dove, bürgerlich: David Jolicoeur, geboren am 21. September 1968, P. A. Pasemaster Mase, bürgerlich: Vincent Lamont Mason Jr., geboren am 24. März 1970, «prügelten» in ihrem «Album des Jahres» (Kritiker Arnd Schirmer) *3 Feet High And Rising* (1989), das «auf Anhieb ein Meilenstein geworden ist» (‹Q›), «die historische Entwicklung des Hip Hop mit einer unablässigen Salve unverblümter, unverfälschter, ungemein inspirierter Verrücktheiten zu Tode» (‹New Musical Express›). Ihr «Hippie Hip Hop» (‹Billboard› nach einem Pressetext der Band) ließ die vollgedröhnte Sozialsatire der Mothers of Invention mit dem drogenbekifften Humor von Cheech & Chong kollidieren, schüttelte Sciencefiction-Poesie, Las Vegas-Glitz, hyperrealistische Ghetto-Straßenlyrik und den Running Gag einer absurden Game Show virtuos zusammen und stahl in dreister Sampling-Manier charakteristische Klang-Bruchstücke von Otis Redding, Steely Dan, Liberace, James Brown und den Turtles, deren ehemalige Mitglieder Howard Kaylan und Mark Volman (Flo and Eddie) die Grabräuber der Psychedelic-Ära denn auch verklagten. Mit dem Machogebaren ihrer Goldketten-behängten Kollegen von der Schnellsprechzunft mochten sich die drei Flower Power-Rapper kaum identifizieren: «Wir richten den Focus nicht aufs Äußere, sondern auf das Innere.» Mit *De La Soul Is Dead* (1991) brach das Trio mit dem Hippie-Image. Aus Schaden klug geworden, hatten die Musiker die Lieferanten ihrer zahllosen Samples, darunter Chicago, Frankie Valli, Wayne Fontana & the Mindbenders, Funkadelic, Serge Gainsbourg, Parliament, George Clinton, Bob Marley, brav auf dem Cover genannt. Die rauhere Musik fand ihre Entsprechung in der Thematisierung von psychischer und physischer Gewalt. Mit der 1993 veröffentlichten Platte *Buhloone Mindstate* versuchte das ehemals «bizarrste Trio des Rap» (‹Q›) mittels milderer Texte einen Kompromiß mit dem Mainstream und vereinsamte zwischen den Stilen. Eingeklemmt zwischen finsterem Gangsta-Rap und elegant dahinfließendem, aber immer ernst gemeintem Hip Hop hatte auch das Album *Stakes Is High* (1996) mit seiner versteckten Ironie keine Chance. Es plazierte sich in den USA kurz auf Position 13, in

Großbritannien eine Woche lang auf 42. Fast vier Jahre schlingerte der Kurs der «Native Tongues» (Selbstbeschreibung) entlang wenig bedeutender Auftritte ohne eindeutiges Konzept, bis sich das Trio zu einem Befreiungsschlag entschloß: Alles für Fun. Das Album mit dem sperrigen Titel *Art Official Intelligence: Mosaic Thump* war wie eine ungeplante Nachbarschafts-Party mit prominenten Gästen angelegt: Chaka Khan, Busta Rhymes, Mike D von den Beastie Boys, Saxophonist Joshua Redman, dazu in den Texten imaginäre Gestalten wie «fat chick gettin' your fuck up tonight» (so in der ersten Single *Oooh*). Alles für Kommunikation: Im Song *With Me* hofft Postnous, die Telefonnummer seiner eben gemachten Party-Bekanntschaft werde «pop up like some bubbles on VH1» auf seinem Display. «*Art* ist eine Art Hip Hop», lobte Ethan Brown im Magazin ‹New York›, «bei dem vorsätzliche Oberflächlichkeit zur Tugend wird.»

LPs auf Tommy Boy: *3 Feet High And Rising* (1989); *De La Soul Is Dead* (1991); *De La Remix* (1991); *Buhloone Mindstate* (1993); *Stakes Is High* (1996); *Art Official Intelligence: Mosaic Thumb* (2000)

Denver, John, bürgerlich: Henry John Deutschendorf Jr. (voc, g), am 31. Dezember 1943 in Roswell, New Mexico, geboren, sang folkloristische Eigenkompositionen, deren ländliche Nostalgie meist wenig Kontakt zur Realität besaß. Er beschwor die «Stille eines klaren blauen Bergsees» (*Rocky Mountain High*), kündete von «Gedichten, Gebeten und Gelübden» (Albumtitel) am Lagerfeuer, fuhr als «Sohn Amerikas» auf dem Zug *City Of New Orleans* durch ein Schattenreich der Erinnerungen und bat: «Ihr Landstraßen, führt mich nach Hause, dorthin, wohin ich gehöre» (*Take Me Home, Country Roads*). Denver wurde zunächst als Autor des Liedes *Leaving On A Jet Plane* bekannt, das Peter, Paul & Mary 1969 zu einem Top-Hit sangen. Der ehemalige Architekturstudent hatte sich zu Beginn der sechziger Jahre an der amerikanischen Westküste niedergelassen und in den Folkclubs von Los Angeles bescheidene Anerkennung ersungen. Er gehörte eine Zeitlang dem renommierten Chad Mitchell Trio an, dessen Leitung er nach dem Fortgang Mitchells übernahm. Als Solist

konnte er sich jedoch erst nach dem Erfolg seines *Jet Plane*-Songs profilieren. Denver hatte die Mentalität der Folk-Sänger vor den Beatles, brachte aber wenig von deren politischem Engagement in seine Lieder ein. Seine leicht patriotischen Eigenkompositionen und die meist vorzüglich re-interpretierten Fremdtitel waren gelegentlich mit Marihuana-Anspielungen und Anti-Spießer-Bemerkungen im Stil der harmlosen Aufmüpfigkeiten von College-Verbindungen angereichert. Sein inoffensives Repertoire und sein wohlgefälliger Vortrag machten Denver zum erfolgreichsten Folksänger der frühen siebziger Jahre; seine LPs wurden zu Millionensellern. 1975 notierte ihn das Fachblatt ‹Billboard› gleich viermal als erfolgreichsten Pop-Sänger, Country-Interpreten, Easy Listening-Balladier und Star mit den meisten Top-Singles des Jahres. 1977 machte er in seinem Kinodebüt ‹Oh God› an der Seite des Comic-Veteranen George Burns eine gute Figur. Der «Sunshine Boy» (‹Newsweek›) verschrieb sich, den Themen seiner Hitsongs entsprechend, mehr und mehr zeitgemäßen ökologischen Aktivitäten; doch seine Art, Musik zu machen, kam in der Ära des Synthesizer-Overkills aus der Mode. Nicht zuletzt deshalb suchte sich Denver seit Mitte der achtziger Jahre bodenständige neue Publikumskreise in der Sowjetunion und in China, aber auch im TV-Familien-Programm. Seine Ende der achtziger Jahre gedrehten Ökologie-Filme wurden verschiedentlich ausgezeichnet. Er gründete die Windstar Foundation mit dem gleichnamigen Label, auf dem er 1988 nach drei Jahren Pause das Album *Higher Ground* veröffentlichte. 1990 folgte *The Flower That Shattered The Stone*, aber die Rockpresse nahm Denvers Bemühungen um eine bessere Welt in zumeist platten Texten inzwischen kaum noch zur Kenntnis. Bei dem Absturz eines von ihm unter Alkoholeinfluß gesteuerten Kleinflugzeugs kam John Denver am 12. Oktober 1997 ums Leben; die Maschine stürzte in der Nähe der kalifornischen Stadt Monterey ins Meer.

LPs auf Mercury: *Beginnings* (mit Chad Mitchell Trio, 1974) ... auf RCA: *Rhymes & Reasons* (1969); *Take Me To Tomorrow* (1970); *Whose Garden Was This* (1970); *Poems, Prayers & Promises* (1971); *Aeric* (1972); *Rocky Mountain High* (1972); *Farewell

Andromeda (1973); *Greatest Hits* (1973); *Back Home Again* (1974); *Best* (1974); *An Evening With John Denver* (1975); *Rocky Mountain Christmas* (1975); *Windsong* (1975); *Live In London* (1976); *Spirit* (1976), *I Want To Live* (1977); *Greatest Hits Vol. 2* (1977); *Live – At The Sydney Opera House* (1978); *J. D.* (1979); *Autograph* (1980); *Some Days Are Diamonds* (1981); *Seasons Of The Heart* (1982); *It's About Time* (1983); *Dreamland Express* (1985); *Greatest Hits Vol. 3* (1985); *One World* (1986) ... auf Allegiance: *Stonehaven Sunset* (1989) ... auf American Gramophone: *The Flower That Shattered The Stone* (1990) ... auf Windstar: *Higher Ground* (1988); *Different Directions* (1991) ... auf Music Collection: *Earthsongs* (1990) ... auf Legacy: *The Wildlife Concert* (1995) ... auf RCA: *Forever John* (1998)

Depeche Mode machten «Musik für die Massen» (Albumtitel) und hatten als «Teenybop-Band des denkenden Schulmädchens» alles, «was man zum Kulthelden braucht» (‹Village Voice›): Sie waren «jung, putzig, Typen von nebenan» (‹Melody Maker›). Andererseits: «Warum drängt sich bloß jemand nach einer Band, deren Sänger nicht singen kann, deren Melodien zum Verzweifeln überraschungsarm und infantil sind und deren Musik sich anhört, als hätten Ultravox total verkatert einige Kraftwerk-Nummern fehlinterpretiert?» (‹NME›-Kritiker Simon Witter) Andrew Fletcher (g), am 8. Juli 1960 in Basildon, Essex, geboren, Martin Gore (g, voc), am 23. Juli 1961 in Basildon geboren, Vince Clarke (kb, voc), am 3. Juli 1960 in Basildon geboren, Dave Gahan (voc), am 9. Mai 1962 in Epping, Essex, geboren, hatten 1980 als konventionelle Rockband zusammengefunden und benannten sich nach einem französischen Modeblatt. Ein Jahr später stiegen sie auf elektronische Instrumente um. Clarke schied nach Erscheinen des ersten Albums aus, gründete mit Alison Moyet Yazoo und später mit Andy Bell Erasure. Inspiriert von Gores zahlreichen Berlin-Aufenthalten, versuchte die mit Alan Wilder (kb) komplettierte Band, den Sturm und Drang deutschen Industrie-Pops à la Einstürzende Neubauten in ihren Sound einzuarbeiten. Allerdings glich der gefällige Elektrobeat eher «dem Herzschlag eines liebenswerten Joggers»; ihre zahlreichen Hitsingles waren für ‹Time Out›

das «charmante und proper arrangierte Beispiel gepflegter britischer Langweiligkeit». Dem widersprach Gore nicht einmal: «Ich möchte die Langeweile des Lebens wiedergeben. Wenn man ausflippt und die Dinge zu einem absurden Extrem treibt, sagt man damit nichts über das wahre Leben. Das wahre Leben ist nämlich nicht extrem, wir sind es auch nicht, und unsere Musik genausowenig.» Während Depeche Mode zunächst so klingen wollten wie «ein Märchen von schweigenden Maschinen, Robotern, Konsumdiktaten und stummen Kindern, die sich in den Himmel verlieben», trieb Gore das Hitmaterial seiner Band zunehmend in «schale Morbidität» (‹Village Voice›). Bei Stücken wie *Master And Servant, Never Let Me Down Again, Shake The Disease* mischten sich homoerotische Allegorien mit Drogen-Euphorie und sadomasochistischen Anzüglichkeiten in einer schwarzen Romantik voller Begierde und Reue. Zwar konnte Autor Gore solche düsteren Obsessionen mit Witz und Intelligenz artikulieren. Dennoch tönten die Texte wie Prahlereien aus Schülermund nach der heimlichen Lektüre harter Pornos. S & M als Modepose, Lederfetischismus als schick schockierender Garderobenvorschlag: «Damit sind Depeche Mode im Grunde nicht mehr als die Avantgarde jener gut gestylten Fotomodelle, die ihren schwungvollen Haarschnitt in den Dienst der Musikindustrie stellen» (‹Die Zeit›), und ihre Musik schallte so zeitgeistgemäß wie ein «Soundtrack für den Modetrend zum schwarzen Design: elegant, aber auch leicht lächerlich» (‹New Musical Express›). Mit *Violator* (1990) und mehr noch mit *Songs Of Faith And Devotion* (1993) änderte Gore vorsichtig die Richtung der Band, indem er der Sex-Thematik etwas Religion beigab. Die vormals gepflegten, netten Jungs ließen sich tätowieren, Bärte und Haare wachsen. Von Star-Rockfotograf Anton Corbijn ins rechte Licht gerückt, strahlten die ehemaligen Teenie-Rocker nun Härte und Einsamkeit aus. Tatsächlich befand sich die Band in einer Krise: Alan Wilder verließ im Juni 1995 nach 15 Jahren Zugehörigkeit Depeche Mode und beklagte sich über die «internen Verhältnisse und die Arbeitsweise» der Gruppe, die ihm zu wenig Raum ließ. Wenige Wochen später schlitzte Frontmann Dave Gahan sich im Alkoholrausch die Pulsadern auf, konnte aber gerettet werden.

Kurz zuvor hatte er in einem Interview düstere Andeutungen über die seelischen Belastungen eines Rockstars gemacht: «Fünfzehn Jahre Dauer-Party und Spaßhaben fordern nun mal ihren Tribut.» Doch fing sich die zerrissene Band, zum Trio geschrumpft, noch einmal und legte mit *Ultra* (1997) ein überraschendes Album vor. «Dieses Comeback hätte uns wohl niemand mehr zugetraut», freute sich Andy Fletcher. Wie die Musiker äußerlich nichts mehr mit den adretten Teenagern von einst gemein hatten, war auch die Musik vom munteren Electronic Pop zum finsteren Klangwerk mutiert. Das «rabenschwarze, mysteriöse, grüblerische Album» (‹Musikexpress›), an dem Ex-Can-Drummer Jaki Liebezeit und Doug Wimbish (bg, Ex-Living Colour) beteiligt waren, wollte Gahan nicht mit Konzerten promoten. «Eine Mammuttournee werden wir nicht mehr machen», sagte der mittlerweile drogenfreie Sänger und dachte wohl an Fletchers Nervenzusammenbrüche und seine eigene Herzattacke während der vorangegangenen Tour. Gleichwohl sprang *Ultra* unmittelbar nach Veröffentlichung in England, Schweden, Spanien und Deutschland auf Platz eins, in den USA auf Platz fünf in den Charts. Vier ausgekoppelte Singles gerieten in den wichtigsten Märkten unter die Top 15. Der Erfolg zog nach der ersten von 1985 eine zweite Singles Collection aus den Jahren 1986 bis '98 in einer Doppel-CD nach: Nummer fünf im UK, 38 in den USA. Und was scherte Gahan sein Statement von gestern. Am 2. September 1998 begann die Gruppe in Tallin, Estland, eine weitere Europatournee, die am 17. Oktober in San Sebastian, Spanien, endete und vom 27. Oktober bis 22. Dezember in Nordamerika fortgesetzt wurde. Im Februar 1999 kam eine weitere Singles Collection mit den Oldies der Jahre 1981 bis '85 auf den Markt. Auf der Marke A & M hatten mittlerweile Konkurrenztruppen wie die Smashing Pumpkins, The Cure, Rammstein unter dem CD-Titel *For The Masses* und als Tribut-Album deklariert eigene Versionen der Depeche Mode-Hits dargeboten, die der ‹Spiegel› mit den Attributen unauffällig, reduziert, langweilig, massakriert charakterisierte: «Die Originale bleiben unübertroffen.» Ein weiteres Tributalbum, das der Berliner Elektronik-Spezialist George Lindt 1999 unter dem Titel *Coming Back To You* auf seinem Label Kodex (EfA) publizierte, war da schon von anderer Qualität. Lindt hatte unveröffentlichte DM-Songs aus den frühen Achtzigern, die bisher nur auf technisch miserablen Bootlegs vorlagen, mittels alter Synthesizer mit dem Sound des DM-Debütalbums *Speak And Spell* digital rekonstruiert. Ergebnis, so Tim Fabian in ‹Zitty›: «Sechs lupenreine Depeche Mode-Cover, die die Zeit zurückdrehen, selbst der Sänger klingt nach Gahan.» Außerdem habe Lindt neben dem damaligen Songschreiber Vince Clark einen bisher unbekannten Komponisten (etwa des Stückes *Television Set*) entdeckt: Jason Knott. Fabian: «Wie es scheint, müssen die DM-Chroniken dank Lindt neu geschrieben werden.» Eine exzellente Depeche Mode-Biographie von Steve Malins vom britischen ‹Q›-Magazin erschien Ende 1999 im Hannibal-Verlag. Erst 2001 wartete die Band mit einem weiteren Album, *Exiter*, auf: «Fette, gelegentlich tanzbare Synthesizer-Sequenzen, gepaart mit vertrackten Beats und einem zwingenden melodischen Element», hörte der ‹Musikexpress›, während Wolfgang Doebeling in ‹Rolling Stone› zugleich einwandte: «Zu oft lassen die Herren Gahan, Gore und Fletcher ihre Maschinen mellotronig schwellen, ohne ihnen dafür ein stabiles Song-Gerüst zu bauen, zu oft setzen sie auf pure Soundmalerei.» Die auf ein halbes Jahr veranschlagte «Exciter»-Tour, zu gleichen Teilen in den USA und Europa, startete im Sommer 2001 im New Yorker Madison Square Garden vor einer riesigen Leinwand, auf der Star-Fotograf Anton Corbijn Wasserkaskaden herabstürzen und Haie einen Goldfisch umkreisen ließ. Gegenüber dem «Grufti-Pomp» (‹Musikexpress›) früherer Tourneen hatten Depeche Mode nicht nur musikalisch, sondern auch optisch abgespeckt. Martin Gore: «Bei der ‹Songs Of Faith And Devotion›-Tour hatten wir 14 Video-Leinwände auf der Bühne und standen auf unterschiedlich hohen Podesten. Dave fühlte sich da oben völlig allein gelassen, als ob er kein Teil des Ensembles sei. Das Publikum war mehr auf die Leinwände fixiert als auf die Band. Diesmal haben wir ein sehr aufgeräumtes Bühnenbild, so daß wieder ein Bandfeeling aufkommen kann.» Für die Tournee wurde das Trio durch Peter Gordeno (kb), Christian Eigner (dr) und die Vokalistinnen Jordan Bailey, Georgia Lewis verstärkt.

LPs auf Mute: *Speak And Spell* (1981); *See You* (Mini-LP, 1982); *A Broken Frame* (1982); *Construction Time Again* (1983); *Everything Counts* (Mini-LP, 1983); *Get The Balance Right* (Mini-LP, 1983); *People Are People* (1984); *Blasphemous Rumours* (Mini-LP, 1984); *Some Great Reward* (1984); *It's Called A Heart* (1985); *The Singles* (1985); *Catching Up With Depeche Mode* (1985); *Black Celebration* (1986); *Music For The Masses* (1987); *Live* (1988); *101* (1989); *Violator* (1990); *Songs Of Faith And Devotion* (1993); *Songs Of Faith And Devotion – Live* (1993); *Ultra* (1997); *The Singles 86 – 98* (1998); *The Singles 81 – 85* (1999); *Exciter* (2001) … Solo-LP Martin Gore auf Mute / Intercord: *Counterfeit E.P.* (1989) … LPs Vince Clarke mit Yazoo auf Mute: *Upstairs At Eric's* (1982); *You And Me Both* (1983) … Weitere LPs mit Erasure

Destiny's Child (voc), 1995 in Houston, Texas, als Quartett weiblicher Teenager gegründet, starteten 1998 mit der Single *No, No, No* in die US-Charts, wurden 1999 mit dem Song *Bills, Bills, Bills* für zwei Grammies nominiert und 2001 – als Trio – für *Say My Name* mit zwei Grammies prämiert. Die Namen der Girls waren zu diesem Zeitpunkt Beyoncé Knowles, geb. 1982, Kelly Rowland und Michelle Williams, beide 1981 geboren, alle aus Houston. Personelle Turbulenzen, Prozesse und Gerüchte über das drakonische Regiment des Ensemblegründers und Managers Matthew Knowles hatten die «Achterbahn-Karriere» der Girls bis in die Millionenauflagen über Singles und CDs begleitet. Knowles und seine Frau Tina, die als Stylistin der Truppe wirkte, hatten ihre Tochter Beyoncé schon als Kleinkind für die Bühne bestimmt. 1990 holten sie sich – mit Zustimmung deren Mutter – die damals neunjährige Kelly Rowland als Ziehkind und zum Show Business-Drill ins Haus. Kelly 2001: «Ich hatte damals bei dem kleinsten Tanzschritt Probleme. Nein, die haben schon hart daran gearbeitet, um die kleine Kelly dahin zu bringen, wo sie heute ist.» Anschließend bezog Knowles die Küken La Tavia Robertson und La Toya Luckett aus der Nachbarschaft in seine Trainingsmethoden ein, die amerikanische Journalisten später an die unbarmherzige Züchtung der Jackson Five durch deren Vater Joe Jackson erinnerte. Die Mädchen waren noch nicht flügge, als sie schon tingeln und

bisweilen Auftritte in drei Städten täglich absolvieren mußten. 1996 schloß das Ehepaar Knowles für seine Schützlinge mit Columbia einen Plattenvertrag ab, der 1998 das mit Platin ausgezeichnete Debütalbum *Destiny's Child* hervorbrachte – aber für die Children keine Sicherheit bedeutet. 1999 feuerte der Manager Robertson und Luckett und ersetzte sie durch Michelle Williams sowie die talentierte Schauspielerin und Sängerin mit Background-Erfahrung Farrah Franklin. Als diese, mit welcher Entschuldigung auch immer, einige Auftritte versäumte, war sie wieder draußen. Knowles, der «selbst den Herrgott hochkant rausschmeißen würde, sollte der nicht jeden Abend mindestens 110 Prozent Leistung liefern» (Jancee Dunn in ‹Rolling Stone›), reduzierte das Quartett zum Trio. Die Familien der entlassenen, sich mißbraucht fühlenden Mädchen zogen im März 2000 vor den Kadi, Abfindungen wurden gezahlt, am Tantiemensegen nahmen sie indes nicht mehr teil. Kelly Rowland, nun schon lange Familienmitglied: «Wir haben es Gott zu verdanken, daß die Anklage gegen uns fallengelassen worden ist.» Beyoncé Knowles, die um die verlorenen Freundinnen laut ‹Rolling Stone› wochenlang weinte, betete, das Bett nicht verließ und in der St. John's United Methodist Church in Houston Trost suchte, startete schließlich durch: «Wir mußten uns mit unseren Ex-Mitgliedern rumschlagen, und alle meinten schon: Tja, das war's dann wohl mit Destiny's Child. Tatsächlich verkaufen wir nach den Umbesetzungen mehr Platten als je zuvor.» Als ihr Album *Survivor* am 1. Mai 2001 in die US-Plattenläden kam, stand die Single *The Writing's On The Wall*, siebenfach Platin-prämiert, bereits in der 91. Woche auf den ‹Billboard›-Pop-Charts. Beyoncé Knowles nahm in Interviews nun sehr gern die Rolle einer Prima inter pares ein. «Ich schreibe die Songs mit und produziere auch», erklärte sie dem ‹Spiegel›: «Warum muß ich mich dafür rechtfertigen? Wenn irgendwer sich schwertut, mein Talent anzuerkennen, ist das sein Problem.» In diesem Interview mit Johanna Adorján erläuterte sie auch den Ursprung des akustischen Markenzeichens der Truppe, dem schnellen, stakkatoartigen Gesang: «Wir arbeiteten mit Wyclef Jean von den Fugees im Studio an einem Remix unseres ersten Hits *No, No, No,* und ich sang nur zum Spaß den

Refrain im doppelten Tempo. Plötzlich sagte Wyclef: ‹Das ist es!› Ich sagte: «Unsinn, ich klinge wie ein Backenhörnchen! Aber er beharrte darauf, daß er genau so gut sei – und was soll ich sagen: Mittlerweile habe ich mich an den Klang gewöhnt.» Von Anfang an transportierte dieser Sound of Young America wie bei Motown fast 40 Jahre vorher Texte, mit denen sich junge Mädchen identifizieren konnten und die pubertäre Knaben sexy fanden. Das Album *Survivor* wurde mit dem von der US-Fernsehserie abgeleiteten Titelsong (Gegen das Publikumsvotum überleben auf einer einsamen Insel) und Liedern wie *Independent Woman Part 2* (und noch Part 1 aus dem Soundtrack zum Film ‹Charlie's Angels›), *Independent, Apple Pie A La Mode* oder *Bootylicious* konsequent in diese Richtung produziert: Girl power und street credibility. Mit diesem Album habe Destiny's Child «eine neue Stufe von Sophistication und Reife» erreicht, urteilte die ‹New York Post› und attestierte *Survivor* «zeitgenössische Popmusik von Bestand, ohne den Spaß zu verlieren». Mit «wunderbar arrangierten Gesangsharmonien, extrem eingängigen Melodien und abwechselungsreich in Szene gesetzten Beatkonstruktionen, die für eine Produktion in diesen hohen Chartsregionen neue Maßstäbe setzen», schwärmte Frank Stengel im ‹Musikexpress›, lasse die CD «eine Klasse aufblitzen, von der die Konkurrenz im Moment nur träumen kann.» Und damit nach Produktion, Marketing und Promotion bei Destiny's Child (deutsch: Kind des Schicksals) auch wirklich alles stimme, verhielten sich die Girls schließlich auch noch politisch korrekt. Auf die Frage des ‹Spiegel›, warum sie bei den Auftrittsfeierlichkeiten von Präsident George W. Bush in Washington aufgetreten seien («… weil er wie Sie aus Texas kommt oder weil Sie mit den Republikanern sympathisieren?»), antworte Beyoncé Knowles: «Wir reden nicht über Politik.» Darauf Kelly Rowland: «Wir können aber schon erzählen, daß er sehr cool war. Ganz anders als im Fernsehen – hübscher. Er hat einen festen Händedruck, und er hat gut gerochen, frisch, so ein bißchen nach Waschmittel.»

LPs auf Columbia: *Destiny's Child* (1998); *Writing On The Wall* (1999); *Survivor* (2001)

DeVille, Willy (voc, g), bürgerlich: William Borsay, am 27. August 1953 in New York geboren, spielte mit seiner Band Mink DeVille in den Lederbars von San Francisco und Punk-Schuppen der New Yorker Lower East Side romantischen Rhythm & Blues, der ethnische Vorbilder nicht sklavisch imitierte, sondern die federnde, latinowürzige Soulmusik der Drifters und ihres zeitweiligen Leadsängers Ben E. King zu einem eigenständigen urbanen Straßenpop entwickelte. Er hatte sich 1974 nach einem musikalisch anregenden London-Trip in San Francisco mit Ruben Siguenza (bg), Tom Allen (dr) zu einem Trio zusammengetan, das als Lazy Eights oder Billy de Sade and the Marquis die örtliche Clubszene abklapperte. Der Aufstieg der Ramones und die Off-Legende des Bowery-Punk-Treffs CBGB's veranlaßte die drei Musiker, nach New York zu gehen. Mit Louis X. Erlanger (g, voc), Bobby Leonards (kb) komplettierten sie sich zu Mink DeVille und waren 1976 auf dem trenddokumentierenden Sampler *Live At CBGB's* mit drei Stükken zu hören. Die ersten beiden Alben für Capitol wurden von dem renommierten Producer Jack Nitzsche mit stilistischer Finesse arrangiert und enthielten Mink DeVille-Klassiker wie *Spanish Stroll, Cadillac Walk*. Willy DeVille baute sich als extravaganter Poseur des Ensembles auf und gefiel sich im Look eines spanischen Zuhälters mit Goldzahn, Ohrringen, bleistiftdünnem Schnurrbart, im Pompadour-Stil hochgefettetem Haar: «Musik ist mein ganzes Leben, es ist das einzige, was ich kann. Ich habe den Film ‹Rocky› gesehen, damit kann ich mich identifizieren. Ich habe jede Menge Talent, ich bin wirklich gut, ich könnte der Beste sein. Ich muß es mir beweisen, ich muß es für New York beweisen, denn irgend etwas Gutes muß diese gottverdammte Stadt doch hervorbringen.» Dem ‹Melody Maker› kam der schrille Schönling eher wie eine «grotesk stilisierte minderwertige Kopie von Springsteen» vor, aber «ohne dessen Wärme, Aufrichtigkeit, Vitalität und Humanität». Während sich DeVille auf dem CBGB's-Sampler noch ungeniert als Mick Jagger- und Lou Reed-Kopie zum besten gab, spürte ‹Rolling Stone› bei dem Album *Le Chat Bleu* (1980) den Atem eines Genius am Mikro: «Als Sänger – vor allem bei majestätischen Soulballaden, die seine subtile Meisterschaft am ehesten deutlich werden lassen – kommt ihm im weißen Rock & Roll kaum jemand gleich.» Seine Plattenfirma weigerte sich jedoch zunächst, die in Paris mit Erlanger und Elvis Presley-Sessionmusikern aufgenommene Kollektion romantischer Balladen im Cajun-Stil, Latino-Beat, Ghetto-Blues zu veröffentlichen, da DeVille weit von den kommerziellen Klischee-Erwartungen abgewichen war. Mit Rick Borgia (g), Kenny Margolis (acc, kb), Joey Vasta (bg), Tommy Price (dr), Louis Cortelezzi (horns) versuchte er sich bei einem anderen Konzern erneut als Folk-Troubadour aus der Arbeiterklasse und bevölkerte seine Songlandschaften weiterhin mit Straßenecken-Romeos und Spätschicht-Dandys, auch als er 1986 vollends auf den Solo-Trip ging. Der von Drogenproblemen belastete Sänger tat sich mit Dire Straits-Boss Mark Knopfler zusammen; doch ein *Miracle* wurde das gleichnamige Album von 1987 für seine Karriere nicht: «Die dauernden Vergleiche mit Springsteen, Dylan, Van Morrison, Dire Straits, Elvis Costello haben ihm schwer zugesetzt» (‹Q›). Ohne Plattenvertrag tat er sich in New Orleans mit Dr. John zusammen und nahm unter der Regie von Carlo Ditta für das winzige lokale Orleans-Label *Victory Mixture* (1990) auf. Dem selbstbewußten Titel entsprach die Musik: DeVille hatte sich seiner musikalischen Wurzeln erinnert und Latino-Rhythmen, Swamp Music und bodenständigen Rock zusammengemixt. Die Tournee zum Album brachte ihm so viel enthusiastische Pressekritik ein, daß er zumindest in Europa bei East-West wieder einen Plattenvertrag erhielt. Seine auf *Backstreets Of Desire* (1992) veröffentlichte Mariachi-Version des Billy Roberts-Titels *Hey Joe*, bekannt vor allem in der Fassung von Jimi Hendrix, erwies sich als Hit und rief den hageren Sänger ins Gedächtnis seiner Fans zurück. Auch das im darauffolgenden Jahr veröffentlichte Live-Album, im wesentlichen eine Best-of-Sammlung, zeigte DeVilles stilsichere Brillanz. Seine musikalische Heimat hatte er zwar in New Orleans und Mexiko gefunden, *Loup Garou* (1995) festigte seinen Ruf als genuiner Sänger bittersüßer Balladen, doch schmeckte DeVille für sich nur das Bittere: «Ich bin verdammt zufrieden mit meinem Los», fauchte er auf Fragen nach seinem unverdientermaßen begrenzten Erfolg,

«auch wenn die Welt mich ungerecht behandelt.» Sprüche dieser Art verbreitete er in einer TV-Dokumentation, in der auch zwei andere «Beautiful Losers» zu Wort kamen: die wie er selber hochtalentierten Gefühlspoeten Marianne Faithfull und Leonard Cohen. Die fast vierjährige Schaffenspause im Recorded Œuvre des «praktizierenden Drogisten von einst» ließ Peter Felkel im ‹Musikexpress› «Schlimmes befürchten». Das 1999 veröffentlichte, von Jim Dickinson (Dylan, Clapton etc.) mit dessen Sohn Luther, 25, an der Slide-Gitarre in Memphis, Tenn., produzierte Album *Horse Of A Different Color* gab Entwarnung. Der «Grandseigneur des gepflegten Liedgutes» (‹ME›) wartete auf diesem «Roots-Ding» (DeVille) mit den Session-Cracks Spooner Oldham (kb), David Hood (bg), Roger Hawkins (dr), Bläsern, Streichern und Voices mit einer gesunden Vielfalt bodenständiger Stilmittel auf, die «fast schon beliebig zu nennen wäre, hielte nicht Willy DeVilles Krähenstimme den Laden auf ähnlich charmante Weise zusammen wie ein verarmter Adliger sein Storyville-Puff» (‹ME›). Neben DeVille-Originals stammten die archaischen Songs von Mississippi John Hurt, Fred McDowell, Ry Cooder, Andy Williams, Sonny & Cher. Das Album kletterte in mehreren europäischen Ländern in die Charts, wurde in den USA aber wieder mal weitgehend überhört. DeVille in seinem Landhaus an der Grenze zwischen Louisiana und Tennessee: «Die Europäer sind im allgemeinen gebildeter, interessierter und musikalisch anspruchsvoller als die meisten Amerikaner. Das US-Publikum läßt sich seinen Geschmack von MTV und kaputt formatierten Radiosendern diktieren. Ich versuche nicht mehr, diesen Dummköpfen zu gefallen.»

LPs auf Capitol: *Cabretta* (1977); *Return To Magenta* (1978); *Le Chat Bleu* (1979); *Savoir Faire* (1981) … auf Atlantic: *Coup De Grace* (1981); *Where Angels Fear To Tread* (1983); *Sportin' Life* (1985) … auf A & M: *Uptown Lowlife* (1987) … Solo-LPs Willy DeVille auf Polydor: *Miracle* (1987) … auf Orleans: *Victory Mixture* (1990) … auf East West: *Backstreets Of Desire* (1992); *(Live) Greatest Hits '76 – '93* (1993); *Loup Garou* (1995) … auf New Rose: *Big Easy Fantasy* (1996) … auf Sony: *Horse Of A Different Color* (1999); *Live* (2001)

DiFranco, Ani (voc, g), 1970 in Buffalo, New York, geboren, besorgte sich 1990 für 50 Dollar einen Gewerbeschein und gründete ihr Schallplattenlabel Righteous Babe Records. «Das war natürlich ein Witz», freute sie sich später: «Ich habe meine eigene Plattengesellschaft. Dabei hatte ich lediglich eine Tonbandkassette selbst produziert.» Dieses eine Band wurde zum Grundstein für eine erstaunliche Karriere, die Ani DiFranco durch die Coffeeshops und College-Säle führte, zu kleinen und großen Folkfestivals, zur Anerkennung durch die amerikanische Musikkritik. Mit dem Etikett «Punk Folk» war ihre Musik nur unzureichend beschrieben. Zwar stand sie in der Tradition von Pete Seeger, Woody Guthrie und Bob Dylan, die Wahrheit, die sie austeilte, war aber nicht immer poetisch verpackt. «Politisch» in einem sehr weiten, vor allem aber sehr persönlichen Sinn waren fast alle ihre Lieder. «Wer ist gerade Präsident?» fragte sie 1998 beiläufig und scheinbar ahnungslos in *Fuel*: «Tweedle dumb oder tweedle dumber?» Ihre Liebeslieder dagegen waren von einer vorsichtigen Intimität, die noch die Betriebsamkeit der größten Konzertsäle verstummen ließ. «Ich schreibe über das, was ich weiß», erklärte DiFranco, «mir sind Leute suspekt, die in ihren Texten die Erfahrungen anderer Leute als ihre eigenen ausgeben.» Jahrelang begleitete sie sich ausgezeichnet mit einer akustischen Gitarre, doch blühte ihr instrumentaler Einfallsreichtum auf, als sie 1993 zunächst den Schlagzeuger Andy Stochansky, dann die Bassistin Sara Lee, später auch Jason Mercer (bg, double-b) hinzunahm. Bis *Little Plastic Castle* (1998) hatte sie sich zu größeren Instrumentalformationen bis hin zum Orchester durchgerungen und griff dann auch schon mal zur elektrischen Gitarre. DiFranco hatte früh ihr Elternhaus verlassen, spielte in kleinen Bands, arbeitete in New York als Küchenhilfe und stand für Künstler Modell, immer mit dem Berufsziel Musik. Ihre autarke Haltung trieb mitunter seltsame Blüten. So waren die meisten ihrer selbstentworfenen LP-Cover von ausgesuchter Häßlichkeit, *Not A Pretty Girl* nannte sie eine ihrer Platten – womit sie nicht sich selbst gemeint haben konnte. Bis 1998 war sie bereits auf den Titelseiten diverser Zeitschriften abgebildet: ‹Pulse!›, ‹Now›, ‹The Aquarian›, ‹Swing›, ‹Folk Roots›, ‹Ms.›

machten sie zum Cover-Star. Mit dem Frauen-Magazin ‹Ms.› geriet sie 1997 aneinander, als das Blatt sie in seine Galerie von 21 Feministinnen für das 21. Jahrhundert aufnahm und bei dieser Gelegenheit kundtat, daß sie «je Platte mehr einnimmt als Hootie & The Blowfish». DiFranco reagierte empfindlich und rechnete vor, daß man als konzertierende Künstlerin mit dem Verkauf von CDs vor dem Konzertsaal noch wesentlich mehr verdienen könne als sie, daß aber Hootie & The Blowfish oder Michael Jackson angesichts ihrer Millionenverkäufe sicherlich nicht verarmen, wenn sie je Platte mit weniger auskommen müßten als sie. Der im Internet veröffentlichte witzig-böse Brief zeigte, daß ‹Ms.› einen wunden Punkt DiFrancos berührt hatte: Sie hatte um ihre persönliche Integrität gefürchtet und deshalb nicht bei einer der großen Plattengesellschaften unterschrieben. Nun begann ihr eigenes Label Righteous Babe zu expandieren, andere Labels zu vertreiben und Musiker unter Vertrag zu nehmen (Utah Phillips). Sie selbst war nicht nur mit ihrer eigenen Musik ausgebucht, sondern wurde zunehmend als Produzentin gefragt, etwa von Dan Bern und Janis Ian. Spätestens mit *Little Plastic Castle* schickte sie sich an, den Weltmarkt zu erobern. «Es wird interessant zu beobachten sein», schrieb die Zeitschrift ‹Pulse!›, «wie die kantige DiFranco mit ihrem proletarischen Stil gegen die sterileren, vorgewaschenen Sounds ihrer Kolleginnen von den großen Labels ankommt.» Gemeint waren Alanis Morissette und Tori Amos. Erfahrene Kritiker hatten ihr Urteil über die geradlinige, empfindsame und empfindliche Sängerin längst gefällt: «Jemanden wie Ani Di-Franco», stellte Robert Christgau in der ‹Village Voice› fest, «hat die Pop-Welt noch nicht gesehen.» Sie sei, formulierte David Sinclair in der Londoner ‹Times›, «the most brilliant musician and performer you are likely to see in many a year». Dazu trug wohl vor allem die Souveränität bei, mit der sie sich Ende der Neunziger über alle Stilschranken hinwegsetzte. Ihr zwölftes Album *Up Up Up Up Up Up* (1999) beschrieb sie als «funkige Abstraktionen für Folk-Teufel mit erweitertem Verständnis», wagte sich (so ‹Musikexpress›) «in *Jukebox* an nervösen New Wave, in *Angry Any More* an Country & Western, in *Know Now Then* gar an morbiden Weirdo-Blues» und steigerte ihre groovy Rhythmusgruppe Mercer (bg), Stochansky (dr), Julie Wolf (kb) im Stück *Hat Shaped Hat* in eine 13minütige Jam Session «in bester Funkadelic-Manier». Im Folgealbum *To The Teeth* aus dem gleichen Jahr 1999 kamen nicht nur zwei prominente Gast-Stars zu Gehör: der Artist namens Prince, der sie nach einem Konzert in Minneapolis in sein Paisley Park Studio einlud, und der Saxophonist Maceo Parker, vormals bei James Brown, George Clinton, mit dessen Band sie anschließend ein Tournee-Ticket teilte. Auch die Mitwirkung des New Orleans-Trompeters Irvin Mayfield, des Tubisten Brian Wolf, des kanadischen Noise-Spezialisten Kurt Swinghammer (g) und des Rappers und Scratchers Corey Parker erinnerte den ‹Tip› an «eine Reise vom pastoralen Süden in den urbanen Norden in 13 schrillen Etappen». Dazu wieder Ani DiFrancos kompromißlose Kommentare zum amerikanischen Alltag – etwa im Song *Hello Birmingham* über einen Arzt in einer Klinik in Alabama, der von einem Abtreibungsgegner erschossen wurde: «I was once escorted / through the doors of a clinic / by a man with a bulletproof vest / and no bombs went off that day.» Den Titelsong *To The Teeth* über mörderischen Schußwaffengebrauch in der US-Gesellschaft kommentierte die Sängerin: «Die Waffenhersteller sind das Problem und ihre Lobby, die die Medien kontrolliert und Gewalt promotet, nicht die Teenager, die in die Schulen gehen und Menschen erschießen.» Ihrer Doppel-CD *Revelling / Reckoning* (2001) bescheinigte Thomas Weiland in ‹Tip› ein weiteres Mal «Wörter als Schwert gegen Abstumpfung, Rassismus, Republikaner, Justizmüll» und nickte zu ihrer «spannenden und richtigen Weiterentwicklung». Seit sie (einen Mann!) geheiratet hatte, was ihre lesbische Hardcore-Fans logischerweise als Verrat empfanden, war ihr Groove und der ihrer Band noch intensiver geworden. Ani DiFranco bestehe aus drei verschiedenen Persönlichkeiten, hatte Jon Pareles schon 1998 in der ‹New York Times› angemerkt: einer furchtlosen Geschichtenerzählerin, die ihre Triebe und Traumata verarbeitet, einem Kult-Star, der von seiner wachsenden Gemeinde motiviert und bestärkt wird, und einer zunehmend selbstsicherer werdenden Musikantin, die alle Folk-Grenzen sprengt.

LPs auf Righteous Babe: *Ani DiFranco* (1990); *Not So Soft* (1991); *Imperfectly* (1992); *Puddle Dive* (1993); *Like I Said – Songs 1990–1991* (1993); *Out Of Range* (1994); *Not A Pretty Girl* (1995); *Dilate* (1996); *More Joy, Less Shame* (1996); *Living In Clip* (1997; Live-Doppel-CD); *Little Plastic Castle* (1998); *Up Up Up Up Up Up* (1998); *Fellow Workers* (1999); *To The Teeth* (1999); *Revelling / Reckoning* (2-CD, 2001) ... auf T & M: *Women In (E)Motion* (1994; Live-Aufnahme) ... LP Utah Phillips auf Righteous Babe: *The Past Didn't Go Anywhere* (1996)

Dinosaur Jr., gegründet 1984 in Amherst, Massachusetts, waren das Bindeglied zwischen Neil Young und Sonic Youth. Sie gehörten zu jenen Bands, die die Ästhetik des Grunge vorwegnahmen, ohne dabei jemals am Erfolg der Gruppen aus Seattle partizipieren zu können. Anfangs als Band konzipiert, verwandelte sich Dinosaur Jr. schon nach wenigen Jahren in das Solo-Projekt des Sängers und Gitarristen J. Mascis. «Sein hilflos in der Luft hängender Gesang und sein halsbrecherischer Gitarrenstil legen den Schluß nahe, daß er in seiner Jugend eine gehörige Überdosis Neil Young absorbierte», charakterisierte die ‹Berliner Zeitung› das Sound-Image von Dinosaur Jr. J. Mascis, geboren am 10. Dezember 1965, sammelte zunächst Erfahrungen als Schlagzeuger, bevor er auf die Gitarre umstieg. Bis 1983 spielte er in verschiedenen Jazz-Bands und gemeinsam mit dem Bassisten Lou Barlow, geboren am 17. Juli 1966, in der Gruppe Deep Wound. 1984 fanden sich die beiden, ergänzt durch den Schlagzeuger Patrick Murphy, genannt Murph, geboren am 21. Dezember 1964, wieder unter dem Namen Dinosaur zusammen. Ihr Debütalbum *Dinosaur* (1985) klang zunächst wie eine schlechte Kombination von Buffalo Springfield, The Cure und The Police, brachte den Sauriern aber eine Tour als Anheizer von Sonic Youth durch die gesamte USA ein. Mehr als von ihre eigenen Aktivitäten profitierte die Gruppe jedoch davon, daß sie von John Cippolinas verblichener Westcoast-Legende The Dinosaurs wegen ihres Namens verklagt wurde und sich fortan nicht ohne Ironie Dinosaur Jr. nannte. Mascis ließ sich zwei Jahre Zeit, um seine Fähigkeiten als Songwriter und Band-Dramaturg reifen zu lassen, bevor er auf dem kalifornischen Credibility-Label SST Records das zweite Album *You're Living All Over Me* (1987) veröffentlichte. Die Band klang stilistisch gefestigt, ihre Noise-Balladen steckten voller Spannung, indem sie stets den Eindruck machten, als wären sie eine Idee zu langsam gespielt. Wiederum waren es Sonic Youth, die Dinosaur Jr. dem britischen Label Blast First vorstellten, das die Single *Freak Scene* herausbrachte. Die Platte stürmte die britischen Indie-Charts und wurde die Hymne der Pre-Grunge-Generation. Über Nacht wurden Dinosaur Jr. in Europa zum Sinnbild für den neuen explosiven Rock-Sound aus Amerika. Nach Veröffentlichung des Albums *Bug* (1988) verließ Barlow die Gruppe, um Sebadoh zu gründen, die Mitte der neunziger Jahre für die Lo-fi-Generation denselben Stellenwert einnehmen sollten wie Dinosaur Jr. für den Grunge. Mascis holte Donna Biddell von den Screaming Trees an den Baß, um eine Single mit dem Cure- Cover *Just Like Heaven* aufzunehmen und sich dann mit Dinosaur Jr. für drei Jahre von der Szene zu verabschieden. Er verdingte sich als Produzent für Buffalo Tom, unterstützte Sonic Youth auf deren Album *Goo* und wirkte auf dem Konzeptalbum *Rage* der Velvet Monkeys mit. 1990 machte gar das Gerücht die Runde, er wolle als Schlagzeuger bei Nirvana einsteigen. Der Faden von Dinosaur Jr. wurde erst 1991 wieder aufgenommen, als Mascis mit Bassist Don Fleming und Drummer Jay Spiegel, beide ehemals Velvet Monkeys und kurze Zeit später Gumball, die Single *The Wagon* aufnahm, die qualitativ an *Freak Scene* anschloß und den Wechsel der Band zur Warner-Tochter Blanco Y Nero markierte. Die darauf folgende LP *Green Mind* (1991) spielte Mascis weitgehend im Alleingang ein. «Die Euphorie ist eher einer schlichten Begeisterung gewichen, zumal die neue LP, obgleich gewohnt großartig, längst nicht mehr einen Riß in der Weltgeschichte markierte», beurteilte ‹NM! Messitsch› das im Vergleich zu seinem Vorgänger etwas bieder geratene Werk. Für seine '91er Tour rekrutierte er wieder Murph und den ehemaligen Snakepit-Bassisten Mike Johnson, geboren am 27. August 1965. Ausschnitte einiger Konzerte in dieser Formation waren in dem Sonic Youth-Film ‹1991 — The Year Punk Broke› zu sehen. Mit wenigen

Statements in diesem Streifen outete sich der erklärte Liebhaber amerikanischer Seifenopern als leidenschaftlicher Langweiler und «scheuer Misanthrop» (‹Intro›). «Mascis ist für einiges bekannt, aber Gesprächigkeit gehört nicht dazu. Es würde in der Tat mehr Sinn machen, eine lebendige Konversation mit Marcel Marceau zu entfachen als mit diesem enigmatischen Gitarristen» (‹Guitar›). Um seine Fähigkeiten als Schlagzeuger nicht ganz verkümmern zu lassen, trommelte er nebenbei in der Doom Metal-Band Upside Down Cross und in der zappaesken Truppe Gobblehoof. Die stilistisch geschlossenste Arbeit gelang Dinosaur Jr. mit *Where You Been* (1992). Mit großen Gesten und weiten songschreiberischen Bögen stellte Mascis das Album in die unmittelbare Tradition von Neil Youngs *Rust Never Sleeps*. Leider gelang es Mascis nicht, mit seinem maßlosen, das Publikum aus den Hallen vertreibenden Lärm die poetische Besessenheit der Platte auch live umzusetzen. 1994 erschien mit *Without A Sound* eine CD, die wie die perfekte Kopie des Vorgängeralbums klang und ihm auch im Erfolg um nichts nachstand. Danach wurde es abermals still um Dinosaur Jr. Murph verließ die Gruppe und schloß sich Evan Dandos Lemonheads an, Mike Johnson kümmerte sich um seine Solo-Platten, und Mascis frönte seiner Golf-Leidenschaft und Gitarrensammelei. Auf der Breeders-Single *Do You Love Me Now* (1994) gab er den Duo-Partner von Kim Deal. 1996 trat Mascis mit seinem zutiefst depressiven Solo-Album *Martin & Me*, auf dem er sich nur mit seiner akustischen Gitarre begleitete, auch in Neil Youngs Fußstapfen als Folk-Sänger. Die Songs der Platte stellte er im Vorprogramm einer Show von Alanis Morissette in der riesigen Toronto Hall einem größeren Live-Publikum vor. Daneben betätigte er sich als Soundtrack-Komponist. Das letzte Kapitel von Dinosaur Jr. wurde 1997 geschrieben, als Mascis mit *Hand It Over* einen abermaligen Versuch unternahm, seinen Songs mit Flöte und Trompete ein neues Sound-Image zu verpassen. Dazu ging der chronische Faulpelz eigens für einige Wochen nach Großbritannien, um mit seinem Freund Kevin Shields von My Bloody Valentine die Richtung des Albums festzulegen. Zwar reagierte die Presse wohlwollend auf das «britischste aller Dinosaur-Alben» (‹Tip›), doch Mascis'

Konzept hatte sich überlebt. Auf der abschließenden Tournee überforderte er das Publikum abermals mit einem undifferenzierbaren Brei aus Krach und Ignoranz. Mit der Live-Compilation *In Session* wurde 1999 das Buch von Dinosaur Jr. endgültig zugeschlagen. Thurston Moore (Sonic Youth) äußerte in den Liner Notes mit einem Seitenhieb auf die Britpop-Band Oasis: «Diese Sessions stammen aus einer Zeit, da Dino die Erde beherrschte. Inzwischen ist alles Oasis.» Nach weiteren drei Jahren, in denen man keinen Mucks von dem maulfaulen Songpoeten gehört hatte, überraschte er seine Fans mit dem Projekt J. Mascis & The Fog und dem ganz in der Tradition von Dinosaur Jr. stehenden Album *More Light* (2000). Mascis hatte genau die richtige Zeit abgewartet, um überhaupt nicht mehr antiquiert, sondern wie ein Survivor aus besseren Zeiten zu klingen.

LPs auf Homestead: *Dinosaur* (1985) … auf SST: *You're Living All Over Me* (1987) … auf Blast First: *Bug* (1988) … auf Warner: *Green Mind* (1991); *Where You Been* (1993); *Without A Sound* (1994); *Hand It Over* (1994) … auf Strange Fruit: *In Session* (1999) … Solo-LP J. Mascis auf Reprise: *Martin & Me* (1996) … mit Gobblehoof auf New Alliance: *Gobblehoof* (1989) … mit J. Mascis & The Fog auf City Slang: *More Light* (2000)

Dion, Céline (voc), am 30. März 1968 im kanadischen Charlemagne, hundert Kilometer vor Montreal, geboren, hatte alles, was man als 14. und letztes Kind frankokanadischer Middleclass-Eltern zum Überleben benötigt: unbändigen Ehrgeiz und einen Stimmumfang von knapp drei Oktaven. Die ‹Neue Zürcher Zeitung› bescheinigte ihr «filigrane und doch jederzeit erdbebensichere Modulationen», die ‹Frankfurter Rundschau› obendrein «Charisma, Persönlichkeit und Witz». Nach ihrem ersten öffentlichen Auftritt mit fünf hatte sich das Mädchen, das in der Familie wenig zu sagen hatte und erst sehr spät Englisch lernte, vorgenommen, ein Weltstar zu werden, und mit 30 alle Höhen erklommen, die das Pop-Business zu bieten hatte. 1988 gewann sie mit dem Song *Ne Partez Pas Sans Moi* von Attila Sereftugs und Nella Martinetti in Dublin den Schlagerwettbewerb Grand Prix d'Eurovision für

die Schweiz. In Toronto holte sie sich zwischen 1991 und 1999 jeweils als «Sängerin des Jahres» nicht weniger als 20 Juno-Preise ab. In den USA erhielt sie Grammies 1993 für die Titelmelodie des Musicals ‹Beauty and the Beast› (Alan Menken, Howard Ashman) im Duett mit Peabo Bryson sowie 1999 zweimal für den ‹Titanic›-Filmhit *My Heart Will Go On* (bester Filmsong und beste weibliche Pop-Gesangsaufnahme). Dafür bekam sie auch einen Oscar. Außerdem kassierte sie wiederholt Trophäen bei den American Music Awards in Los Angeles (1995/99), den World Music Awards in Monte Carlo (1995/96/97), dem irischen D'Eux in Dublin (1996/97) sowie den International Achievement of the Arts Award in Beverly Hills (1997), den RIAJ Gold Disc Award in Tokio (1998) und einen deutschen Echo in Hamburg (1999). Sie gastierte 1994 im Ford's Theatre in Washington, D.C., in einer «Gala for the President» (Clinton), 1996 bei der Eröffnungsgala der Olympischen Spiele in Atlanta und brach im Januar 1998 einen amerikanischen Radio-Rekord: Dem Broadcast Data System zufolge wurde ihr Hit *My Heart Will Go On* binnen einer einzigen Woche im US-Rundfunk 116millionenmal abgespielt. Für die ‹Berliner Morgenpost› errechnete Steffen Rüth im Januar 1999: «Alle 1,2 Sekunden kauft irgendein Mensch an irgendeinem Flecken dieser Erde irgendeines der Alben von Céline Dion. Macht 50 Alben pro Minute. 3000 pro Stunde. 72000 am Tag. 26280000 im Jahr. 60 Millionen in den vergangenen zweieinhalb Jahren.» Doch als das britische Musikmagazin ‹Q› zum Ende des Centennials in einer Leserumfrage die 100 größten Stars des 20. Jahrhunderts ermittelte, war die Sängerin nicht darunter. Obgleich sie mit entwaffnender Naivität auf der Bühne vor 20000 Zuhörern die größten Allgemeinplätze mit der Formel «Can I tell you a secret?» einleitete, so kommentierte die Londoner ‹Times›, entbehre ihre Kunst jeglichen Geheimnisses. «Ihr Profil ist so flach, daß sich keiner mit ihr identifizieren möchte – fast keiner», so der deutsche Kritiker Jan Feddersen: «Céline Dion ist die Steffi Graf des Popgeschäfts: Immer gesiegt, nie geliebt. Mainstream eben, doch noch nicht mal ein Objekt, das den Streit lohnte. Céline Dion ist so eindeutig, so schlicht, daß kein Expertenstreit um sie entstehen kann.

Nichts schwingt mit, was uns Uneindeutiges hinterläßt, kein Ton kommt spekulativ oder verstörend daher. Wenn stimmt, daß Soul ein Gekreisch in gefälligen Arrangements ist, ist Céline Dion eine Soulistin – aber eine, deren Seele in Ketten zu liegen scheint.» Selbst ihr Lebenslauf, eine eigentlich klassische Geschichte vom Aschenputtel zur umjubelten Königin, sei frei von Rissen, Abstürzen, Strauchlern: «Weiß Céline Dion nicht, daß Aschenputtel brav sein müssen, Königinnen aber auch schlecht sein dürfen? Daß Mädchen, denen der Thron ungerecht verwehrt bleibt, Respekt genießen oder Mitleid, die Liebe aber nur Herrscherinnen gebührt?» Offenbar wollte die Pop-Diva, deren Stimme allenfalls in der Herausforderung durch Duettpartner wie Barbra Streisand (*Tell Him*) oder die Bee Gees (*Immortality*) rauhe Noten zuließ, durch übertriebene Anpassung nur immer jemanden stolz auf sich machen – zuerst möglicherweise ihre Eltern, dann jedenfalls ihren 26 Jahre älteren Entdecker, Manager und späteren Ehemann. Sie war zwölf, als sie ein mit ihrem Bruder Michael aufgenommenes Duett an die Autogrammadresse ihres Chanson-Idols Ginette Reno schickte. Es war die Adresse des Managers René Angélil in Quebec. Dieser nahm 1981 eine weitere Hypothek auf sein Haus auf, um Célines Debütalbum *La Voix Du Bon Dieux* zu produzieren. In den Achtzigern nahm er mit ihr in Kanada weitere erfolgreiche LPs in französischer Sprache auf. *Des Mots Qui Sonnent* mit Lyrics des Frankokanadiers Luc Plamondon kam 1990 nach dem Grand Prix-Sieg in Frankreich zustande. Seit 1991 sang sie für Epic in den USA vorwiegend in Englisch und wurde von Pop-Profis wie dem Franzosen Jean-Jacques Goldman (*D'Eux*, 1995), der Lyrikerin Diane Warren sowie den Producern Chris Neil, Andy Goldmark, Jim Steinman (Meat Loaf), David Foster (*Falling Into You*, 1996) betreut. Als sie am 17. Dezember 1994 René Angélil in der Notre Dame Basilica in Montreal heiratete, war sie 26 und er 52. Im November 1998 verklagten die beiden in Toulouse die französische Zeitschrift ‹Voici›, die behauptet hatte, sie hätten vergeblich ein Baby zu bekommen versucht. Im Herbst 1999, nachdem eine Krebserkrankung ihres Mannes Schlagzeilen gemacht hatte, kündigte die Sängerin an, sich für einige Jahre vom

Popgeschäft zurückziehen zu wollen, und kam – im Interview mit dem ‹Stern› – auch wieder auf das Baby zu sprechen: «Wenn es mit einem eigenen nicht klappt, könnte ich mir auch vorstellen, eins zu adoptieren.» Silvester 1999 gab sie in Montreal ihr vorerst letztes Konzert und flog anschließend nach Las Vegas, um Angélil ein zweites Mal zu heiraten: «Vor fünf Jahren wurden wir zum erstenmal getraut, und fünf ist unsere Glückszahl. Damit beginnt unser neues Leben. Krebs hilft einem, die Dinge richtig einzuordnen. Wir leben jetzt jede Sekunde eines jeden Tages.» Das Baby, mit dem Samen des Vaters Angélie künstlich gezeugt, kam am 25. Januar 2001 zur Welt und wurde auf den Namen René Charles getauft, zwei Kilo und 946 Gramm schwer, 52 Zentimeter groß. Während der Schwangerschaft hatte die glückliche Mutter ihre Love Story in Buchform gegossen: ‹My Story, My Dream› (deutsch im Frankfurter Wolfgang Krüger Verlag). The show could go on. Nach der Geburt verlautbarte Céline Dion, sie kehre demnächst auf die Bühne zurück … standesgemäß … in einem extra für sie gebauten Songtempel in Las Vegas.

LPs (Auswahl) auf Epic/Sony: *Unison* (1990); *Céline Dion* (1992); *The Colour Of My Love* (1993); *Dion Chante Plamondon* (1994, Wiederveröffentlichung des Albums *Des Mots Qui Sonnent* von 1991); *Céline Dion À L'Olympia* (1994); *D'Eux* (US-Titel: *The French Album*, 1995); *Falling Into You* (1996); *Live À Paris* (1996); *Let's Talk About Love* (1997); *S'il Suffisaint D'aimer* (1998); *These Are Special Times* (1998); *All The Way* (1999) … auf Columbia: *VH1 Divas Live* (mit Gloria Estefan, Aretha Franklin, Mariah Carey, Shania Twain, 1998)

Disposable Heroes Of Hiphoprisy, 1990 in San Francisco gegründet, trugen Beat und Jazz Poetry in den Hip Hop und verbanden sie mit einer musikalischen Ästhetik, die eher an die Einstürzenden Neubauten erinnerte als an gängige Hip Hop-Klischees. Sie nahmen sich alles heraus, was im Hip Hop verboten war, und begnügten sich in ihren extrem politischen Texten niemals mit der für ihr Genre typischen Endloswiederholung griffiger Parolen. Sie schlugen die Brücke von der Hip Hop-Generation zu Gil

Scott-Heron und Oscar Brown Jr. Rapper Michael Franti und Percussionist, Noise-Maniac und Mixer Rono Tse arbeiteten bereits in der Avantgarde Jazz-Band Beatniks zusammen, bevor sie die Disposable Heroes Of Hiphoprisy ins Leben riefen. Zwar brachten sie nur ein einziges Album unter diesem Logo heraus, doch *Hiphoprisy Is The Greatest Luxury* (1992) blieb viele Jahre einzigartig in einer Landschaft, die allein auf schnellen Umsatz und leichtverdauliche Provokation aus war. Sie spielten geschickt und intelligent mit Zitaten ihrer Kollegen wie Ice-T oder Ice Cube und stellten chauvinistische, sexistische und rassistische Tendenzen im Rap bloß. Unter Verzicht auf die übliche «Motherfucker»-Terminologie bezogen sie Stellung zu akuten politischen Problemen, griffen multinationale Konzerne an und coverten die engagierte Punk-Hymne *California Über Alles* von den Dead Kennedys. Ihr Live-Publikum erschlossen sie sich vor allem als Support unterschiedlichster Gruppen von Public Enemy bis Nirvana. In den Performances begleitete Rono Tse den Frontmann nicht nur mit Turntables und elektrifizierten Beats, sondern erzeugte ungewöhnliche Sounds, indem er verschiedene Materialien mit Motorsägen bearbeitete. Nicht selten wurden die Disposable Heroes Of Hiphoprisy von dem jungen Charlie Hunter begleitet, der später zu den einflußreichsten Jazz-Gitarristen zählen sollte. 1993 nahmen sie unter der Regie von Hal Willner mit William S. Burroughs das beeindruckende Spoken Word-Album *Spare Ass Annie And Other Stories* auf, auf dem sich die Sounds und Beats des Duos wie eine enge Haut um die sperrige Poesie des Alt-Beatniks legten. «Kaum zu glauben, wie auf diesem Album Beat und Beats, die Ahnung der Apokalypse und der Impuls der Riots zusammenkommen» («Intro»). Nach dieser Produktion gingen Franti und Tse auseinander. Tse tauchte in der Band Mystic Journeymen wieder auf, und Franti verarbeitete die mit den Heroes gesammelten Erfahrungen später in der Funk-Band Spearhead, zu der neben anderen wiederum Charlie Hunter gehörte.

LPs auf Island: *Hiphoprisy Is The Greatest Luxury* (1992) … mit William S. Burroughs auf Island: *Spare Ass Annie* (1993) … LP Michael Franti mit Beatnigs auf Alternative Tentacles: *Beatnigs* (1988) … LPs Franti mit Spearhead auf Capitol: *Home* (1994); *Chocolate Supa Highway* (1997) … auf Labels: *Stay Human* (2001)

D.O.A., 1978 in Vancouver gegründet, absorbierten den britischen Punk in Kanada, bevor dieser sich in den USA durchsetzen konnte. Eine Institution des Punk, blieben sie diesem Genre im Gegensatz zu zahlreichen anderen Punk- und Hardcore-Bands über zwei Jahrzehnte treu. Trotz mehrerer Punk-Booms in den Achtzigern und Neunzigern, die aus Gruppen wie Bad Religion, Green Day oder Offspring Superstars machten, widerstanden die personell inkonsistenten D.O.A. allen kommerziellen Versuchungen und blieben ein Synonym für Bodenständigkeit, Aufrichtigkeit und Street Credibility. Joe ‹Shithead› Keighley (g) stellte 1977 die Punk-Band Skulls auf, bevor er sich ein Jahr später mit Randy Rampage (bg) und Chuck Biscuits (dr) zu D.O.A., Dead On Arrival, zusammenfand. Die erste EP *Triumph Of The Ignoroids* (1979) war ein unausgewogenes Feuerwerk aus schlagkräftigen politischen Parolen und sprödem Gitarrenrock. Mit den straighten Alben *Something Better Change* (1980) und *Hardcore '81* (1981) erreichte die Band auch musikalisch das Niveau ihrer wirkungsvollen Texte. Nach der EP *War On 45* (1982), auf der sie unter anderem Edwin Starrs Soul-Nummer *War* coverten, verabschiedete sich Biscuits' in Richtung Cirkle Jerks, um später bei Black Flag und Danzig aufzutauchen, Randy Rampage startete eine Solo-Karriere. Keighley reformierte die Band mit Dave ‹Dimwit› Gregg (g), Brian ‹Wimpy Boy› Goble (b) sowie Biscuits' älterem Bruder Gregg James (dr) und dockte bei Jello Biafras (Dead Kennedys) Label Alternative Tentacles an. *Let's Wreck The Party* (1985), «eine definitive, hart rockende, intelligente Punk-Platte» (‹Virgin Encyclopedia›), zeigte die Band auf ihrem kreativen Höhepunkt. Ihr pointiertestes politisches Album veröffentlichten D.O.A. mit *True (North) Strong And Free* (1987), auf dem sie sich unter anderem mit dem wachsenden Rechtsextremismus in Kanada und der kulturellen Dominanz durch die USA auseinandersetzten. Ein Teil des Erlöses dieser Platte wurde dem südafrikanischen ANC überwiesen. Auf der wenig überzeugenden LP *Murder* (1990) wurden Gregg und James durch Chris Prohourn alias Humper the Dumper von Red Tide und Jon Card von Personality Crisis und SNFU ersetzt. Der Mangel an eigener kreativer Energie wurde durch eine Zusammenarbeit mit Jello Biafra ausgeglichen, die in dem politisch wie musikalisch brisanten *Last Scream Of The Missing Neighbours* (1990) und der Hymne *Full Metal Jackoff* gipfelte. Mit dem neuen, wesentlich jüngeren Drummer Ken Jebsen, der zuvor als Merchandiser für NoMeansNo gearbeitet hatte, «symbolisierte die Band den Aufbruch in eine neue Ära» («NM! Messitsch»). Auf dem von NoMeansNo-Drummer John Wright produzierten *Thirteen Flavours Of Doom* (1992) klangen D.O.A. wieder kraftvoll und frisch wie ein halbes Jahrzehnt zuvor. Im Vorprogramm von NoMeansNo brachten sich D.O.A. auch dem europäischen Publikum wieder in Erinnerung. Auf *Loggerhead* (1993) attakkierten sie nicht nur die kanadische Indianer-Politik, sie vollzogen auch eine musikalische Wende zu ausgefeilterten Arrangements und jazzigen Bläsersätzen, die bei ihren Fans jedoch wenig Anklang fanden. Des ewigen Drummerwechsels müde, verzichteten Keighley und Goble auf *The Black Spot* (1995) völlig auf einen festen Schlagzeuger und stellten statt dessen mit Ford Pier wieder einen zweiten Gitarristen ein. Das vorläufig letzte Kapitel von D.O.A. wurde geschrieben, als Keighley, der sich inzwischen Keithley nannte, mit Kuba (bg) und dem vormaligen Itch-Drummer Brian O'Brian das Album *Festival Of Atheists* (1998) vorstellte, auf dem sich rüde Punk-Songs mit schweren Reggae-Tracks abwechselten. In schroffem Gegensatz zu der mittelmäßigen Soundqualität des Albums stand eine Sammlung von acht Videos aus der Bandgeschichte, die als CD-ROM-Bonus gereicht wurden.

LPs auf Can: *Something Better Change* (1980) ... auf Friends: *Hardcore 81* (1981) ... auf Alternative Tentacles: *Bloodied But Unbowed* (1984); *Let's Wreck The Party* (1985); *The Dawning Of A New Error* (1985); *Loggerheads* (1993); *13 Flavours Of Doom* (1993); *It's Not Unusual* (1993) ... auf Profile: *True (North), Strong & Free* (1987) ... auf Philo: *Ornamon Of Hope* (1988); *Ancient Beauty* (1988); *Companions Of The Crimson Coloured Ark* (1988) ... auf

Restless: *Talk – Action = Zero* (1988); *Murder* (1990) ... auf Essential: *Black Spot* (1995) ... auf Sudden Death: *Festival Of Atheists* (2000)

The Doobie Brothers waren weder Brüder noch hieß einer von ihnen Doobie. Gitarrist Skip Spence von der aufgelösten Band Moby Grape brachte 1969 den Bluesspieler Tom Johnston (voc, g, p, harm), Jahrgang 1948, aus Visalia im kalifornischen San Joaquin Valley mit dem Tricktrommler John Thomas Hartman, geboren am 18. März 1950 in Falls Church, Virginia, und Dave Shogren (bg) zusammen, die zunächst unter dem Namen Pud im Chateau Liberte in den kalifornischen Bergen nahe Santa Cruz aufspielten, einem hundert Jahre alten früheren Bordell. In einem zum Üben gemieteten Haus an der Twelfth Street von San Jose fiel dann, während der Joint kreiste, der Satz: «We're all doobie brothers» – Doobie war eine kalifornische Subkultur-Bezeichnung für Marihuana-Zigaretten. Johnston vertraute so sehr auf den Erfolg seiner Band dieses Namens, daß er sich den Titel neben einem schwarzen Mammut und einer roten Tarantel auf den rechten Arm tätowieren ließ. Doch der kommerzielle Durchbruch ließ auf sich warten. Ihr im Quartett mit dem am 23. Januar 1950 in San Jose geborenen Patrick «Pat» Simmons (g, voc) aufgenommenes Start-Album – eine Seite mit akustischen, die zweite mit elektrischen Instrumenten – wurde von Warner Brothers mit negativem Effekt als Produkt einer «Hell's Angels Band» propagiert. Simmons: «Eine reine Hype. Rocker kamen ein paarmal, wenn wir im Chateau spielten, aber wir waren nie ihre Band.» Eine Tournee mit der kaum bekannteren Mother Earth mobilisierte ein zahlenmäßig geringes Publikum. Dave Shogren verließ die Gruppe, für ihn kam Tiran Porter (voc, bg); später ergänzte Michael Hossack (dr, perc), geboren am 18. September 1950 in Paterson, New Jersey, das Ensemble zum Quintett. In dieser Besetzung erschien im März 1972 die zweite LP *Toulouse Street*; die Band ging wieder auf Tournee, und diesmal klickte es in den Hitlisten. *Listen To The Music* hämmerten die Musikanten ihren Hörern ein – 24mal in den knapp drei Minuten der gleichnamigen Single, die sich fünfzehn Wochen in ‹Billboard's Hot 100› hielt. Von nun an wurde jede

Langspielplatte vergoldet. 1973 kam Keith Knudsen, geboren am 18. Oktober 1952 in Ames, Iowa, für den ausscheidenden Hossack an die Drums, der Sound nahm mehr Soul-Farben auf. «Was mir vorschwebt», erklärte Tom Johnston, «ist eine Motown-Basis, eine Baßlinie wie bei Seals & Crofts und Vocals in der Art von Stevie Wonder.» Addierte man dazu einige Ingredienzien aus Folk Rock und Acid Rock, so umschrieb das annähernd den fortgeschrittenen Doobie Brothers-Stil. Wesentlichen Anteil daran hatten zwei Ex-Musiker von Steely Dan, die nacheinander 1974 und 1975 die Gruppe bereicherten: Jeff «Skunk» Baxter (g), geboren am 13. Dezember 1948 in Washington, D.C., und Michael McDonald (voc), geboren am 12. Februar 1952 in St. Louis. Johnston mußte während einer Tournee 1975 wegen eines schmerzhaften Magenleidens die Brüderschaft verlassen; er kam 1976 noch einmal für ein Jahr zurück, ehe er endgültig solo ging. Zunehmend wurde McDonald mit seiner hohen Tenorstimme zum Markenzeichen und als Songschreiber zum kreativen Zentrum der Brothers. Den mit einem Grammy ausgezeichneten Hit *What A Fool Believes* von der abermals bestsellernden LP *Minute By Minute* (1978) schrieb er zusammen mit Kenny Loggins. Am Ende des Jahrzehnts waren die Doobie Brothers nur noch wenig mehr als eine Begleitband für McDonalds Stimme: John McFee (g, vi), Willie Weeks (bg), Bobby LaKind (perc), Cornelius Bumpus (sax, kb), Chet McCracken (dr). Nach einer in einem Live-Doppelalbum verewigten *Farewell Tour* (1983) löste sich die Gruppe auf. Nachdem 1987 bereits elf ehemalige Mitspieler der Band auf eine Reunion-Tour gegangen waren, fanden sich 1989 Johnston, Hartman, Simmons, Porter, Hossack mit dem neuen Doobie Brother Bobby LaKind für das Album *Cycles* und eine ausgedehnte Konzertreise wieder zusammen. Das britische ‹Q›-Magazin tat den *Cycles*-Sound als Recycling-Ware ab: «Die originalgetreue Rekreation einer Ära, aber mit einem fatalen Mangel an Schmiß.» Nachdem das Album der Band mit *The Doctor* aber noch einmal einen Top Ten-Hit in den US-Charts verschafft hatte und *Brotherhood* (1991) immerhin in den Hitlisten dahindümpelte, gab es auch immer wieder Live-Gigs, die 1993 mit einer 22-Städte-USA-Tournee einen ersten Höhepunkt in den Neunzigern erreichten, übertroffen noch von der Tournee 1995 neben der Steve Miller Band mit 34 Gigs. Einer fehlte: John Thomas Hartman war 1979 in Petaluma Feuerwehrmann geworden und hatte die Jahre 1988 bis 1991 bei der Reservepolizei verbracht. Seine Bewerbung zum Polizeioffizier wurde abgelehnt, weil er über seinen Umgang mit Drogen in den Doobie-Jahren falsche Angaben gemacht hatte. Aber McDonald war auf der 95er Tour erstmals seit 1978 mit Simmons und Johnston wiedervereint. Ihre Tournee 1996 begannen die drei Vokalisten zum 25jährigen Band-Jubiläum am 6. Mai in den New Yorker Sony-Studios zugunsten der Wildlife Conservation Society mit einem Kaleidoskop ihrer größten Hits – unter dem Titel *Rockin' Down The Highway* als Doppel-CD veröffentlicht. In der zweiten Hälfte der Neunziger setzten die Doobies, nun wieder ohne McDonald, alljährlich ihre Konzertaktivität fort. Im März 1999 wurden sie im Roseland Ballroom, N.Y., für zehn Millionen verkaufte *Best Of*-CDs mit dem Diamond Award der RIAA ausgezeichnet. Ihrem Album *Sibling Rivalry* (2000) bescheinigte das ‹WOM Journal› aufs neue «lässigen West Coast Rock, Jazz-Pop in Steely Dan-Art sowie Funk mit fetten Synthiebässen und millimetergenauen Bläserspots». Kritiker Harald Kegler: «Man kann also nach 50 Millionen verkauften Tonträgern noch kreative Hochs erleben.»

LPs auf Warner Bros.: *The Doobie Brothers* (1970); *Toulouse Street* (1972); *The Captain And Me* (1973); *What Were Once Vices Are Now Habits* (1974); *Stampede* (1975); *Taking It To The Streets* (1976); *Living On The Fault Line* (1977); *Minute By Minute* (1978); *One Step Closer* (1980); *Best Of* (1977); *Best Of Vol. 2* (1981); *Farewell Tour* (1983); *Listen To The Music – The Very Best Of* (1993) … auf Capitol: *Cycles* (1989); *Brotherhood* (1991) … auf Sony: *Rockin' Down The Highway – The Wildlife Concert* (2-CD, 1996) … auf Rhino: *Sibling Rivalry* (2000) … Solo-LPs Michael McDonald auf Warner Bros.: *If That's What It Takes* (1982); *No Lookin' Back* (1985); *The Best Of* (1986); *Voice Of Michael McDonald* (2001) … auf Reprise: *Take It To Heart* (1990); *Blink Of An Eye* (1993); *Blue Obsession* (1997) … auf MCA: *In The Spirit: A Christmas Album* (2001) … auf Rhino: *The Very Best* (2001)

The Doors wurden 1965 von Jim Morrison (voc), Ray Manzarek (p, org, voc), Robbie Krieger (g, voc) und John Densmore (dr, voc) in Los Angeles gegründet. Der Name der Band, die auf ausgefeilten Bluesimprovisationen «zum Mond schwimmen», ans «Ende der Stadt» eilen und «zur anderen Seite durchbrechen» wollte (so einige Songtexte), war literarischen Quellen entlehnt: erstens einem Satz des englischen Dichters William Blake («There are things that are known and there are things that are unknown; in between there are doors»), zweitens der Rauschmittel-Studie ‹The Doors of Perception› (deutsch: ‹Die Pforten der Wahrnehmung›) von Aldous Huxley. Denn im Rausch, unter Meskalin, Methedrin und LSD, entwickelte das Quartett, zunächst für fünf Dollar pro Nacht, im Club London Fog am Sunset Boulevard von Los Angeles seinen Stil: lastende Orgelakkorde, langdauernde Filigransoli und Songtexte voller Todesträume, Schreckensvisionen und Zaubersymbole. 1969, auf dem Höhepunkt ihrer Karriere, kassierte die Band 120 000 Dollar für ein Konzert im New Yorker Madison Square Garden und machte mit jeder LP Millionenumsätze. Kritiker Mike Jahn damals: «Ihre Bedeutung für die Jugend und ihre Musik wird nur von den Beatles übertroffen.» Wegen ihrer aggressiven, vielfach obszönen Bühnenschau wurden Doors-Konzerte in mehreren amerikanischen Bundesstaaten verboten und der Sänger Morrison wegen «Entblößung in der Öffentlichkeit» arretiert. Im März 1969 veranstaltete eine «Liga für den Anstand» eine Anti-Doors-Demonstration in Miami, an der sich 30 000 Bürger beteiligten. Das stärkte die Reputation der Gruppe im Underground. Nach Morrisons Tod am 3. Juli 1971 arbeiteten seine Mitmusiker im Plattenstudio und im Konzertsaal als Trio – mit erheblich geringerem Erfolg. 1971 erschien das Trio-Album *Other Voices*, 1972 *Full Circle*. Eine *Greatest Hits*-Collection der alten Doors erschien 1972 unter dem Titel *Weird Scenes Inside The Gold Mine*, erreichte Platz 55 in den US-Charts und wurde vergoldet. Krieger, am 8. Januar 1946, und Densmore, am 1. Dezember 1945, beide in Los Angeles, geboren, gründeten schließlich die Butts Band. Manzarek, geboren am 12. Februar 1935 in Chicago, ging als Chef eines eigenen Ensembles Solo-Wege. Mit dem Album *The Golden Scarab* konnte Manzarek den alten Doors-Sound brillant wiederbeleben und in Jazz-Richtung weiterentwickeln; Tony Williams (dr), Larry Carlton (g), Jerry Scheff (bg) halfen ihm dabei. 1983 war er Partner des Komponisten Philip Glass bei einer Rock-Bearbeitung von Carl Orffs *Carmina Burana*. 1977 taten sich die überlebenden Doors noch einmal zusammen, um Poesie zu vertonen, die Jim Morrison an seinem letzten Geburtstag auf Band gesprochen hatte. Die Studioarbeit an *An American Prayer* (1978) dauerte achtzehn Monate, erhielt aber als «Grabschändung» (Paul Rothchild) überwiegend negative Rezensionen. 1980, als die Morrison-Biographie ‹No One Here Gets Out Alive› von Danny Sugerman und Jerry Hopkins erschien, wurden mehr Doors-LPs verkauft als jemals zuvor. ‹Rolling Stone› schlagzeilte auf dem Cover: «Er ist heiß, er ist sexy, er ist tot.» Von 1983 an bemächtigte sich MTV der Legende und transportierte Doors-Videos in die nachfolgenden Fan-Generationen. 1990 wurde Jim Morrisons graffitibesprühter Granit-Grabstein vom Pariser Père-Lachaise-Friedhof geklaut. 1991 brachte Oliver Stone den Doors-Mythos mit Val Kilmer als Morrison in die Kinos. 1993 stellte Robbie Kriegers Sohn Waylon Krieger (g), zu dieser Zeit 19, auf dem Label Bloodline das Trio SBK vor, zu dem er sich mit zwei Sprößlingen berühmter Väter zusammengetan hatte: Berry Oakley Jr., Sohn des Allman Brothers-Bassisten, spielte Baß, Erin Davis, Sohn des Trompeters Miles Davis, war am Schlagzeug. Als die drei Ex-Doors auf einer Pressekonferenz in Beverly Hills im Sommer 1997 vier CDs mit großenteils unveröffentlichten Archivaufnahmen im *The Doors Box Set* präsentierten, erklärte Manzarek: «Die Gegenwart ist doch entsetzlich. Wir leben in genau dem zynischen Alptraum, vor dem wir in den Sechzigern immer gewarnt hatten.» Dann zitierte er Tom Wolfe: «Die Naivität anzunehmen, das Unmögliche könne geschehen, hat die Sixties überhaupt erst möglich gemacht.» Manzarek schloß: «Und Naivität ist besser als gar kein Traum.» Sprach's und begab sich 1999 zum Piano, um (mangels besserer Poesie) für das Label Ozit die Lyrik des Brit-Poeten Darryl Reed zu begleiten. Morrison fehlte. Eines seiner Gedichte, ‹The Celebration of the Lizard›, wurde am 4. Februar 1998 bei Christie's in New York für 40 000 Dollar versteigert. Im Jahr 2000 machte sich der clevere Klassik-Geiger Nigel Kennedy über das Doors-Œuvre her. Für sein Album *Riders On The Storm – The Doors Concerto* (Decca) ließ er sich Stücke wie *Hello, I Love You, Spanish Caravan* vom Grunge-Musiker Jaz Coleman (Nirvana, Pearl Jam) für Streicher arrangieren.

LPs auf Elektra: *The Doors* (1967); *Strange Days* (1967); *Waiting For The Sun* (1968); *The Soft Parade* (1969); *Morrison Hotel* (1970); *Absolutely Live* (1970); *Doors 13* (1970); *L. A. Woman* (1971); *Weird Scenes Inside The Gold Mine* (1972); *Alive She Cried* (1983); *Live At The Hollywood Bowl* (1987); *The Doors Box Set* (4-CDs, 1997); *Essential Rarities* (2000) … LPs The Doors ohne Jim Morrison auf Elektra: *Other Voices* (1971); *Full Circle* (1972) … LP Jim Morrison auf Elektra: *An American Prayer* (mit The Doors, 1978) … Solo-LPs Robbie Krieger auf Blue Note: *Robbie Krieger & Friends* (1977) … auf Passport: *Versions* (1982) … auf EMI: *No Habla* (1989) … LPs Robbie Krieger / John Densmore mit The Butts Band auf Blue Thumb: *The Butts Band* (1973); *Hear & Now!* (1975) … Solo-LPs Ray Manzarek auf Mercury: *The Golden Scarab* (1974); *The Whole Thing Started With Rock 'n' Roll* (1975); *Carmina Burana* (1983) … auf Monstersounds: *The Doors – Myth And Reality* (1996) … LP Ray Manzarek / Michael McClure auf Shanachie: *Love Lion* (o. J.) … LPs Ray Manzarek mit Nite City auf 20th Century: *Nite City* (1977); *Golden Days Diamond Nights* (1978) … LP Manzarek / Darryl Read auf Ozit / BMG: *Freshly Dug* (1999)

Dr. John the Night Tripper war der Bühnenname des weißen Studio-Rockmusikers Malcolm «Mac» Rebennack (voc, p, g, dr), erster und einziger Hohepriester des Voodoo Rock. Am 20. November 1941 in New Orleans, Louisiana, geboren, war ihm die Vorstellungswelt des Voodoo-Kults mit seinen Zauberamuletten und seiner Schwarzen Magie von Kind auf vertraut. Seine Großmutter, sagte er, beherrschte Levitation und Telekinese: Sie konnte mit der Kraft ihrer Gedanken Tische rücken und Gegenstände schweben lassen. Sein Vater, ein ausgepowerter Arbeiter, hinterließ ihm nichts als vier zerfledderte Folianten über Mystizismus. Und nach einem Regen, so behauptete er wenigstens, sei ihm einmal der

Geist von Marie Laveaux, der berühmten Louisiana-Hexe des 19. Jahrhunderts, auf dem Friedhof erschienen. Derlei Halluzinationen untermalte Dr. John, einen Goldreif im Ohr und mit magischen Federn, Katzenknochen und Schlangenhäuten geschmückt, mit geheimen und halbvergessenen Kultrhythmen aus den Bayou-Sümpfen, heidnischer Musikfolklore aus Haiti, verstümmelten Mardi Gras-Karnevalsmärschen und dem alten New Orleans-Jazz aus der Preservation Hall. Eine seltsam hypnotische Spannung ging von seinen mit heiserer Stimme eher gekrächzten und geflüsterten als gesungenen Rockliturgien aus, zu denen er als Jüngling vom schwarzen Piano-Entertainer Professor Longhair, der Voodoo-Magierin Sister Catherine aus dem «Tempel des Unschuldigen Blutes» und von der Straßenmusikantin Sister Eunice angeregt worden war. Auf seinen LPs *Babylon* und *Remedies* hat er sich mit dünnen Texten und dürftigem Resultat auch als Gesellschaftskritiker versucht. Bei vielen Rock- und Blues-Plattenaufnahmen hat er als Begleitmusiker mitgewirkt und manchen Hit, beispielsweise *When This Battle Is Over* für Delaney & Bonnie, komponiert. Einmalig jedoch war er nur, wenn er das Übernatürliche beschwor und in die Abgründe des Aberglaubens und des kollektiven Unterbewußtseins der US-Südstaatenbewohner hinunterstieg. Dann, etwa auf seiner LP *The Sun, Moon And Herbs*, waren sich selbst Stars wie Mick Jagger und Eric Clapton nicht zu schade, ihn schlicht zu begleiten. Nach seiner Trennung von Atlantic 1975 nahm er für andere Marken wie DJM, United Artists, Horizon und Warner Bros. noch mehrere LPs auf, war aber unfähig zu kontinuierlicher Studio- und Promotionarbeit. Ende der Siebziger zog er nach New York und konzertierte als Pianosolist vielfach in Europa. 1982 stöhnte er auf einer in London aufgenommenen LP mit der Chris Barber Band: *Take Me Back To New Orleans* (Titel) – jedenfalls heim nach Amerika. 1984 experimentierte er in New York unter dem Titel *Jet Set* auf dem kleinen Label Streetwise mit Hip Hop und zog sich infolge gesundheitlicher Probleme von Live-Auftritten zurück. 1986 produzierte er zusammen mit Doc Pomus ein Album des schwarzen Blues-Sängers Jimmy Witherspoon, *Midnight Lady Calls The Blues*, und trat 1987 mit einer Blues-Supergroup bei der Grammy-Verleihung in Los Angeles auf. Seine LP *In A Sentimental Mood* (1989) mit Jazz-Standards wurde von der Kritik wegen des «exquisiten Geschmacks bei der Auswahl der Stücke» als «eine Perlenkette aus Ebenholz und Elfenbein» («Musikexpress») gerühmt. Den Grammy erhielt er für sein Duett *Makin' Whopee* mit Rickie Lee Jones. Stimmlich klinge Dr. John, so John Carr in ‹New Musical Express›, wie ein «riesiger Ochsenfrosch mit Mandelentzündung»: allerhöchstes Lob. Wenn ihm danach war, erschien er unangemeldet im Humus der Musikszene von New Orleans und spielte – einigermaßen verläßlich beim Mardi Gras und beim jährlichen New Orleans Heritage Jazz and Blues Festival. Mit dem Album *Bluesiana Triangle* (1990) auf der esoterischen Jazz-Marke Windham Hill akzentuierte er neben David «Fathead» Newman (ts), Art Blakey (dr) seine Improvisationskünste am Klavier und holte sich für sein traditionelles Jazz-Album *Goin' Back To New Orleans* (1992) mit Al Hirt (tp), Pete Fountain (cl) und den Neville Brothers einen weiteren Grammy ab. In den Neunzigern wurde immer deutlicher: Jazz war sein Ding. Unter dem Titel *Afterglow* legte er 1995 ein Album mit Jazz-Standards aus den vierziger und fünfziger Jahren mit Big Band-Begleitung vor. 2000 drückte er im Album *Duke Elegant* Ellingtons Swing-Evergreens wie *Satin Doll, Mood Indigo Perdido, Don't Get Around Much Anymore* «seinen Funk-triefenden Louisiana-Stempel auf» («Musikexpress»). Die CD *Anutha Zone* (1998), mit Dr. Johns Band Lower 911 im Londoner Abbey Road Studio aufgenommen, hatte ebenfalls kreolischen Funk als Basis, wurde aber noch mehr durch die Gastsolisten Paul Weller (g, voc), Squeeze-Keyboarder Jools Holland sowie Musiker der Bands Portishead, Primal Scream, Ocean Colour Scene, Supergrass, Spiritualized von Space Rock und Britpop geprägt. Pur Rebennack war dagegen das Album *Trippin' Live*, das er an sieben Abenden im Januar 1997 im Londoner Ronnie Scott's Club mit seiner eigenen Band mitschneiden ließ, bevor deren langjähriger Leader, Saxophonist Alvin «Red» Tyler, 1998 starb. Dr. John knietief im Blues 'n' Boogie und ganz im Diesseits verwurzelt – ‹Stereoplay›: «So klingt der Doc in Höchstform.» Die tropische Cajun-Mystik seiner frühen Jahre klang als fernes Echo nur noch im Titel seiner 1994 mit Jack Rummel verfaßten Autobiographie nach: ‹Under A Hoodoo Moon›.

LPs unter dem Namen Mac Rebennack auf Rex: *Dr. John And His New Orleans Cong.* (1960) … auf A & M: *Zuzu Man* (1965) … als Dr. John (the Night Tripper) auf Atco / Atlantic: *Gris Gris* (1968); *Babylon* (1969); *Remedies* (1970); *The Sun, Moon And Herbs* (1971); *Gumbo* (1972); *In The Right Place* (1973); *Desitively Bonnaroo* (1974) … auf Columbia: *Triumvirate* (mit Mike Bloomfield, John Hammond, 1973) … auf Springboard: *Cut Me While I'm Hot (Anytime Anyplace)* (1975) … auf United Artists: *Hollywood Be Thy Name* (1976) … auf A & M: *City Lights* (1978); *Tango Palace* (1979); *Love Portion* (1980) … auf Fontana: *Loser For You Baby* (1982) … auf Clean Cuts: *Dr. John Plays Mac Rebennack* (1982); *The Brightest Smile In Town* (1983) … auf Streetwise: *Jet Set* (1984) … auf Warner Bros.: *In A Sentimental Mood* (1989); *Goin' Back To New Orleans* (1992) … auf Windham Hill: *Bluesiana Triangle* (1990); *Bluesiana 2* (1991) … auf Grusin / Rosen: *Television* (1994); *Afterglow* (1995) … auf Rhino: *The Dr. John Anthology* (1994; zwei CDs) … auf Eagle: *Trippin' Live* (1997) … mit Chris Barber auf Black Lion: *Take Me Back To New Orleans* (1982) … auf Great Southern: *On A Mardi Gras Day* (1991) … auf Virgin: *Anutha Zone* (1998) … auf Columbia River: *Cat & Mouse Game* (1999) … auf Blue Note: *Duke Elegant* (2000)

Drake, Nick (voc, g), geboren am 19. Juni 1948 in Rangun, Burma, galt als Englands talentiertester Songschreiber der späten sechziger, frühen siebziger Jahre. Von der Kritik geliebt, wurde er vom zahlenden Publikum jedoch bis 20 Jahre nach seinem Tod nahezu ignoriert. Erst mit der Rückbesinnung der Independent-Bewegung der Achtziger auf die unabhängigen Geister der Vergangenheit wurde Nick Drake zum verkannten Genie verklärt, gleich einigen romantischen Dichtern des frühen 19. Jahrhunderts viel zu früh verstorben, aber durch sein einzigartiges Werk zu Unsterblichkeit gelangt. «Die Story von Nick Drake ist so traurig wie seine schaurig schöne Musik» (‹Troubadours Web Site›). Drake, der nur ein einziges Paar Schuhe besessen haben soll, verabscheute jeglichen Materialismus und begab sich in immer tiefere Isolation. Er war «ein scheuer, introvertierter Folk-Sänger, der nicht dafür bekannt ist zu sprechen, solange es nicht unbedingt notwendig ist. Doch Nick ist nicht die Art Folk-Sänger, die im freundlichen Club deiner Nachbarschaft auftauchen wird. Wenn du ihn je gesehen hast, wird es wohl in einem ausverkauften Konzert in der Royal Festival Hall gewesen sein» (‹Sounds›). Seine fast pathologische Abneigung gegen öffentliche Auftritte und alle Regeln des Musikmarktes verhinderte, daß ihm schon zu Lebzeiten die Anerkennung zuteil wurde, die er «dank seiner sensiblen Stimme und emotional ehrlichen, introvertierten Texte» (‹Rolling Stone›) Jahrzehnte nach seinem Tod genoß. Mit sieben Jahren zog der Sohn eines Kolonialbeamten von Burma in ein Dorf in die Nähe von Coventry. Mit sechzehn begann er unter dem Einfluß der Songs von Joni Mitchell Gitarre zu lernen, und während seines Studiums in Cambridge verfaßte er erste Songs. Bei einem Auftritt in Cambridge, den er mit einer weiblichen Streichergruppe absolvierte, wurde von Ashley «Tyger» Hutchings, dem Bassisten der Fairport Convention, entdeckt, der ihn an den Produzenten seiner Band, Joe Boyd, weiterempfahl. Dieser ließ sich ein Demo-Band schicken und nahm den 20jährigen sofort unter Vertrag. Mit Unterstützung der prominenten Folk Rock-Musiker Richard Thompson (g, Fairport Convention) und Danny Thompson (b, Pentangle) nahm er sein Debütalbum *Five Leaves Left* (1969) auf. Die federleichten Arrangements seiner Songs vermittelten den Eindruck einer sommerlich schwülen Blumenwiese, die von schwerelosen Insekten bevölkert wird. Die Kritik stellte das Album des Debütanten neben Arbeiten von Van Morrison und Tim Buckley. Weniger gute Kritiken erntete er dafür, daß er während seiner raren Live-Shows jeden Blickkontakt mit dem Publikum vermied. Riß ihm eine Saite, so berichten Augenzeugen, «brauchte er halbe Ewigkeiten zur Reparatur, ohne ein einziges Wort an seine Zuhörer zu richten. Danach spielte er den Song genau an der Stelle weiter, an der er ihn unterbrochen hatte» (Guido Lucas). Ende 1969 siedelte Drake nach London um und arbeitete ein ganzes Jahr lang an seinem zweiten Album *Bryter Layter* (1970), von dem Toningenieur John Wood Jahre später in

dem holländischen Sender Walhalla sagte, es wäre «die befriedigendste Platte, an der ich je gearbeitet habe». Die Kritik war sich darin einig, daß das Album ein seltenes Beispiel für eine perfekte Pop-Platte sei. Kommerziell erwies es sich jedoch als absoluter Flop. Die Depressionen des Einzelgängers waren indessen auf einem Tiefpunkt angelangt. Unfähig zu arbeiten, verharrte der Sänger über längere Perioden in absoluter Lethargie und verbrachte mehrere Wochen in der Psychiatrie. Er mußte all seine Kraft zusammennehmen, um mit *Pink Moon* (1972) innerhalb von 48 Stunden eine Sammlung düsterer akustischer Solo-Songs zu produzieren. Als auch dieses dritte Album floppte, zog sich Drake völlig aus der Öffentlichkeit zurück. Er nahm fünf weitere Songs auf, die zunächst unveröffentlicht blieben, und ging nach Paris, wo er für Françoise Hardy schreiben wollte. Auf einem Besuch bei seinen Eltern verstarb er am 25. November 1974 an den Folgen einer Überdosis Antidepressiva. Es blieb offen, ob es sich um Selbstmord oder einen Unfall handelte. Nach seinem Tod begannen sich Drakes Platten immer besser zu verkaufen. 1985 stellte Joe Boyd die fünf unveröffentlichten Songs nebst anderen Outtakes unter dem Titel *Time Of No Reply* zu einem Album zusammen, dem weitere Compilations folgten. Zahlreiche Musiker, unter ihnen Beck, Paul Weller, R.E.M. und Belle & Sebastian, wurden nicht müde, das Schaffen Nick Drakes zu preisen. Der Drake-Kult erreichte seinen Höhepunkt, als Volkswagen 1999 den Song *Pink Moon* für einen erfolgreichen Werbespot verwendete. 2000 brachte das deutsche Label Blue Noise das Tribute-Album *In Search Of A Master – In Search Of A Slave* heraus.

LPs auf Island: *Five Leaves Left* (1969); *Bryter Layter* (1970); *Pink Moon* (1972); *Heaven In A Wild Flower* (1986) … auf Hannibal: *Time Of No Reply* (1986); *Fruit Tree* (1986)

Duran Duran wurden 1978 in Birmingham, England, zunächst von Nick Rhodes, bürgerlich: Nick Bates (kb), geboren am 8. Juni 1962 in Moseley, West Midlands, John Taylor (bg), geboren am 20. Juni 1960 in Birmingham, gegründet, später ergänzt durch Andy Taylor (g, synthesizer), geboren am 16. Februar 1961 in Tynemouth,

Roger Taylor (dr), geboren am 26. April 1960 in Castle Bronwich, West Midlands, Simon Le Bon (voc), geboren am 27. Oktober 1958 in Bushey. Sie fertigten «Tanzmusik mit Designer-Qualitäten» (‹Stereo Review›), «so permanent und überzeugend wie eine Filmdekoration» (‹Melody Maker›). Ästhetisch entwöhnte Kritiker schmähten das Œuvre der modebewußten Künstler als «süßlich-klumpigen Geräusch-Pudding» (‹New Musical Express›), «kitschiges Pappmaché» (‹Sounds›) oder «barocken Art Rock Bubblegum, übermittelt auf einer Frequenz, die nur weibliche Teenager oder experimentell gezüchtete Feldmäuse empfangen können» (‹Rolling Stone›). Dabei hatten die Musiker, die sich als «Mischung aus Sex Pistols und Chic» (Kritiker Biba Kopf) verstehen mochten, in ihren an Roxy Music orientierten romantischen Pop komplexe Botschaften von Verführung (*Girls On Film*), Kontrolle (*Is There Something I Should Know?*) und Ausbeutung (*Skin Trade*) in der schönen neuen Welt des totalen Medien-Rummels eingebracht. Als «Vertreter des neuen Fatalismus» (‹Spex›) stellte die nach einem Science-fiction-Schurken aus Roger Vadims Film ‹Barbarella› (1968) benannte Band ihre «dekadente Apathie, die den bevorstehenden Niedergang signalisiert» (‹City Limits›) vorwiegend in Yuppie-Pose und exotischem Ambiente zur Schau. «Video ist für uns, was Stereo für Pink Floyd war», erläuterte Rhodes den Hang zu mysteriös-amourösen Kunstgewerbe-Clips, die stilistisch dort anfingen, «wo sich Ken Russell und Helmut Newton gute Nacht sagen» (Kritiker Diedrich Diederichsen). Nach den gemeinsamen Video-Arbeiten zum James Bond-Filmsong *From A View To A Kill* beteiligten sich John und Andy Taylor 1985 an der kurzlebigen Supergroup Power Station, während Roger Taylor, Rhodes und Le Bon das geschmäcklerische Übergangsprojekt *Arcadia* starteten. Von den nicht miteinander verwandten Taylors blieb schließlich John übrig, der mit Sänger Simon Le Bon und Tastenspieler Rhodes unter Anleitung des ehemaligen Chic-Gitarristen Nile Rodgers die «feudalen Pin-ups der Video-Ära» (‹New York Times›) zu einer sehnigeren, funkorientierten Vortragsweise animierte (*Notorious*, 1986). Vielen Fans der frühen Jahre gefiel die neue elegante Tristesse nicht, so

daß bei Duran Duran-Konzerten fortan keine Garantie für ausverkaufte Hallen mehr gegeben war. Dennoch konnte sich die Band konsolidieren, nahm Warren Cuccurollo (g; früher bei Frank Zappa) und Sterling Campbell (dr; Soul Asylum) als feste Mitglieder hinzu und veröffentlichten *Big Thing* (1988). Die mäßige Publikumsresonanz dieser LP paralysierte die erfolgsgewohnten Teenie-Rocker. Nach mehreren Anläufen, unterbrochen von Managementwechsel und einem Motorradunfall Le Bons im Juli 1992 in Wales, erschien 1993 *Duran Duran (The Wedding Album)*. Ihre 1995 veröffentlichte LP *Thank You* füllten sie mit Coverversionen von Grandmaster Flash bis Elvis Costello, von Iggy Pop bis Public Enemy. «Sie können nicht ironisch sein», analysierte ‹Q›, «und so gerät ihnen Iggy Pops *Success* zu einem fröhlichen Liedchen mit Glitter-Beat, während die Wut von Public Enemys *911 Is A Joke* zugunsten eines swingenden akustischen Blues unter den Tisch gekehrt wird.» ‹Rolling Stone› beschrieb den stilistischen Rundschlag der Band mit den Worten: «Du fragst dich, wie das alles klingen könnte. Schließ die Augen und stell's dir so vor: anstrengend.» Während Le Bon beim jährlichen Benefizkonzert zugunsten von Kriegskindern in Modena, Norditalien, mit «Luciano Pavarotti and Friends Together» fremdging, hatten die beiden Taylors ihre Liebe für Power Station wiederentdeckt und gingen nach zehn Jahren Abstinenz mit Robert Palmer ins Studio, um die zweite LP dieser Gruppe einzuspielen. Mitten in der Arbeit an *Living In Fear* stieg John Taylor wieder aus, um sich – nun in Los Angeles ansässig – zunächst den Neurotic Outsiders anzuschließen und anschließend eine Band namens Terroristen zu gründen. *Living In Fear* erschien 1997 in der Power Station-Besetzung Andy Taylor, Tony Thompson, Robert Palmer, Bernard Edwards auf Guardian Records in den USA. *Medazzaland* (1997), die nächste CD des verbliebenen Duran Duran-Trios LeBon, Rhodes, Cuccurullo und laut ‹WOM Journal› «eine einzige Katastrophe», entnahm Capitol die Single *Electric Barbarella* und bot sie für 99 Cents im Internet zum Herunterladen an. Die CD blieb in den USA ein Ladenhüter und wurde in England gar nicht erst veröffentlicht. Im Juni 1998 musizierten LeBon & Co. unangefochten beim Memorialkonzert für Prinzessin Diana im Althorp House, London. Doch als sie sich im Dezember des gleichen Jahres zum Start ihrer Promotion-Tournee für den Hit-Sampler *Greatest* im englischen Birmingham auf die Bühne begaben, notierte John Sinclair in der ‹Times›, ihr Problem sei nicht das Repertoire, nicht ihre Fähigkeit, das Publikum der alten Zeiten wegen zu begeistern, sondern die Gefahr der Selbstparodie zu vermeiden. Der Rat schien zu wirken, wie die Kritikerresonanz auf ihre Neuerscheinung des Jahres 2000 zeigte, nachdem 1999 unter dem Titel *Strange Behavior* noch einmal eine Doppel-CD mit Remixen und Maxifassungen aus den Achtzigern erschienen war. ‹WOM Journal›: «An *Pop Trash* ist nun glücklicherweise so ganz und gar nichts mehr peinlich. Von drei belanglosen Dance-Nummern abgesehen, zeigen Duran Duran ihren Brit-Pop-Nachkömmlingen, was Müll ist und was nicht.» Besonders die Balladen wurden gelobt. ‹Frankfurter Rundschau›: «*Pop Trash Movie* ist so ein Favorit, mit dem man sich einfach ganz entspannt in die eigene Melancholie zurücklehnen kann.» Michael Sailer im deutschen ‹Rolling Stone› empfand die Platte als «ein halbes Meisterwerk: eine Hälfte routiniert, eine Hälfte inspiriert». Sein Fazit: «So gelingt es der Band, ihre frühen Reize in eine Art erwachsene Phase hinüberzuretten.»

LPs auf EMI: *Duran Duran* (1981); *Rio* (1982); *Seven And The Ragged Tiger* (1983); *Arena* (1984); *Notorious* (1986); *Big Thing* (1988); *Decade* (1989); *Liberty* (1990); *Duran Duran (The Wedding Album)* (1993); *Double Pack* (1993); *Thank You* (1995); *Medazzaland* (1997); *Greatest* (1998); *Strange Behaviour* (2-CD, 1999) … LPs Andy Taylor und John Taylor als The Power Station auf EMI: *33 1/3* (1985) … Simon Le Bon, Nick Rhodes und Roger Taylor als Arcadia auf Parlophone: *So Red The Rose* (1985) … auf Polygram: *Pop Trash* (2000) … auf Edel: *Playing With Uranium, Vol. 1 + 2* (2000) … LP Andy Taylor als Power Station auf Chrysalis: *Living In Fear* (1997)

Dury, Ian (voc), am 12. Mai 1942 in Upminster, Essex, geboren, gab in derben Cockney-Akzent ein rauhbolziges Repertoire zum besten, das Freud und Leid der Arbeiterklasse mit einer «bra-chialen Kirmesmusik» (‹Sounds›) aus Pop, Reggae, Funk und Vaudeville-Klamauk untermalte. Flotte Sprüche wie «Ich wette, deine Mutter hat dich mit einem Katapult gefüttert», überzogene Songtitel vom Kaliber «Nimm den Ellenbogen aus der Suppe, du sitzt auf dem Hühnchen» oder absurde Verse à la «Die Maus rennt dein Hosenbein hoch / es ist ein Uhr in China» machten seine Shows und Platten mit den Blockheads, «der kraftvollsten Rhythmusgruppe jenseits von James Brown» (‹Billboard›), zu einem Remmidemmi-Vergnügen. Seine Ode an den tragisch-verquälten Rocker Gene Vincent und eine Ballade für seinen verstorbenen Vater zeigten jedoch auch, daß er «die Clownsmaske fallen lassen» und seinem Publikum «ohne falsche Genierlichkeit zu Herzen gehen» konnte – «ein Zeichen für einen großen Künstler» (‹Crawdaddy›). Dury, der von den Spätfolgen einer mit sieben Jahren erlittenen Kinderlähmung gehandikapt war, hatte Kunstgeschichte studiert und sich 1970 der Band Kilburn And The High Roads angeschlossen, die Rock 'n' Roll mit Bebop Jazz vermengte. Nach dem Ende der Londoner Kultband fertigte Dury mit dem Kilburn-Gitarristen Chaz Jankel «eine Kollektion schriller Charaktere, die eine Heimat auf Vinyl suchen» (‹Village Voice›). Das Resultat der Suche: *New Boots And Panties!!* (1977). Weitere Alben und Singles erbrachten die weltweiten Hits *What A Waste*, *Hit Me With Your Rhythm Stick*, *Reasons To Be Cheerful, Pt. 3* sowie die Nach-mir-die-Sintflut-Hymne *Sex & Drugs & Rock & Roll*, ein Standard der Rockmusik. Nach der Trennung von Jankel und den Blockheads nahm er mit Hilfe von Sly & Robbie *Lord Upminster* auf. Doch weder mit dieser LP noch mit der nach einigem Hin und Her 1984 veröffentlichten *4,000 Weeks Holiday* konnte Dury an seine früheren Erfolge anknüpfen. Schlimmer noch: Die Kompromißlosigkeit des Sängers führte zu einem Zerwürfnis mit seiner Plattenfirma Polydor, die an einigen seiner Songs etwas auszusetzen fand. Ohne Plattenvertrag, wandte sich Dury verstärkt Film- und Theater-Aktivitäten zu, trat als kauziger Nebendarsteller in Lichtspielen von Roman Polanski und Peter Greenaway auf, die ihn als charismatischen Performer auswiesen. Auf englischen Bildschirmen erschien er regelmäßig in der Serie ‹King of the Ghetto›, mit dem Bühnenstück ‹Talk of the Devil› ging er auf Tournee. Im November 1989 hatte sein Musical ‹Apples› im Londoner Royal Court Theatre Premiere, leider ein Flop. Ein großer Mißgriff war es auch, daß er es abgelehnt hatte, für Andrew Lloyd Webbers späteren Welterfolg ‹Cats› die Songtexte zu schreiben. 1992 faßte er wieder Mut für eine Rock-Platte. *The Bus Driver's Prayer & Other Stories* zeigte ihn in Bestform. Respektlos plünderte er gemeinsam mit den Blockheads die Rock-Geschichte, doch der Markt nahm die intelligente Rückblende nicht an. Also ging er wieder vor die Kamera – für die ITV-Serie «Metro» und weitere Nebenrollen in weiteren Filmen. Die Nachricht, daß sein Körper von Krebs befallen sei, kommentierte er gewohnt sarkastisch in der Zeitung ‹The Mirror› mit der Schlagzeile: «I'm dying of cancer – but I've still got reasons to be cheerful (Ich sterbe an Krebs – aber ich habe immer noch gute Gründe zum Jubeln).» Im Herbst 1998 reiste Dury als UNICEF-Botschafter zusammen mit Robbie Williams in das krisengeschüttelte Sri Lanka, um für Polio-Schutzimpfung zu werben. Er veröffentlichte unter dem Titel *Mr. Love Pants* noch eine CD und erhielt von der Zeitschrift ‹Q› deren Classic Songwriter Award. Anfang Februar 2000 gab er mit Weggefährten der ersten Stunde wie seinem Song-Partner Chaz Jankel und Bassist Norman Watt-Roy im englischen Norwich noch ein Konzert, über das die ‹Times› schrieb: «Seine granitenen Züge sind durch die Jahre und die Krankheit etwas geglättet, aber die Woge von Zuwendung, die ihn bei seinen ersten Schritten auf die Bühne umfing und mit jeder Ansage, Geste oder Erinnerung erneut anschwoll, kräftigte zusehends sein altes Selbst.» Ian Dury starb am 27. März 2000 in London.

LPs auf Stiff: *New Boots And Panties!!* (1977); *Do It Yourself* (1979); *Laughter* (1980); *Juke Box Dury* (1981) ... auf Polydor: *Lord Upminster* (1981); *4,000 Weeks Holiday* (1984) ... auf Demon: *The Bus Driver's Prayer & Other Stories* (1992) ... LPs Kilburn And The High Roads featuring Ian Dury auf Dawn: *Handsome* (1975) ... auf Warner Bros.: *Wotabunch!* (1978) ... auf Bonaparte: *Kilburn And The High Roads* (1983); *Upminster Kids* (1983) ... auf Demon: *Mr. Love Pants* (1998) ... auf WEA: *Apples* (Musical Original Cast, 1989)

Dylan, Bob (voc, g, harm), am 24. Mai 1941 unter dem Namen Robert Allen Zimmerman als Sohn eines Waschmaschinenhändlers in Duluth, Minnesota, geboren und in der nahe gelegenen Grubenstadt Hibbing aufgewachsen, war der schlechthin vollendete Rock-Solointerpret – in seinem Einfluß auf die Entwicklung dieser Musik nur mit den Beatles vergleichbar. Mehrmals hat er mit einer künstlerischen Kraft ohnegleichen und einer Stimme, «die klingt, als käme sie über die Mauern eines Tuberkulose-Sanatoriums» (‹Time›), Popmusik-Trends ausgelöst, die sich binnen kurzem als die dominierenden erwiesen. 1961 bis 1964, nach Wanderjahren in Minnesota, Dakota, Kansas und einem abgebrochenen Studium an der University of Minnesota, setzte er sich in New Yorks Greenwich Village an die Spitze der Folksong-Bewegung und verdichtete das politisch-soziale Klima der USA sowie die Gemütslage seiner Generation zu archetypischen Song-Chiffren wie *The Times They Are A-Changin', Blowin' In The Wind, With God On Our Side, A Hard Rain's A-Gonna Fall, Chimes Of Freedom, One Too Many Mornings* und vielen anderen. Kritiker Gordon Friesen nannte Dylans Protestlieder damals «nicht nur potentielle Klassiker als Songs, sondern als Dichtung», und sein *Masters Of War* «eine der eindringlichsten Anklageschriften in der amerikanischen Literatur». 1965 schloß Dylan, dessen Pseudonym auf den an Trunksucht gestorbenen walisischen Lyriker Dylan Thomas verweist, seine Gitarre beim Newport Folk Festival an einen Elektroverstärker an und gab damit das Signal für den von einem Heer Folklore-Interpreten nachvollzogenen Übergang vom Folksong zum Rock. Seine Stücke *Mr. Tambourine Man, It's Alright Ma I'm Only Bleeding, Like A Rolling Stone, Highway 61 Revisited, Gates Of Eden, It's All Over Now Baby Blue, Visions Of Joanna, Rainy Day Women* sowie das Doppelalbum *Blonde On Blonde* reflektierten in ihren dunklen, vieldeutigen Versen den durch Rauschmittel wie LSD und Marihuana bewirkten Aufbruch der Rock-Jugend in die eigene Psyche. In den Liedern, die er fortan vortrug, zeichnete er mit dunklen Tonfarben ein apokalyptisches Zivilisationsporträt voller Drogen-Metaphern, surrealistischer Satire und wüster Traum-Poesie. «Seine Lyrik», urteilte ‹Time›, sei ein «kunstvolles Chaos, das klang, als sänge Rimbaud Rock 'n' Roll». Nach einem schweren Motorradunfall, von dem er sich durch einen gebrochenen Halswirbel nur langsam erholte, ging er 1966 in Woodstock bei New York in eine Art innere Emigration, probte zusammen mit The Band im Keller seines Hauses neue Stücke wie *I Shall Be Released, Mighty Quinn, This Wheel's On Fire*, die mitgeschnitten, von Plattenpiraten später auf Raubpressungen veröffentlicht (*Little White Wonder*) und in den Versionen von Manfred Mann, Julie Driscoll und anderen zu Welt-Hits wurden. Dylans Comeback mit der in Nashville produzierten Country-LP *John Wesley Harding* (1968) ließ einen zu genialer Einfachheit gereiften Rock-Moralisten erkennen, der als Vorbild abermals die gesamte Szene veränderte. Wegen seines Albums *Self Portrait* (1970), auf dessen selbstgemaltem Cover er sich als Clown darstellte und das unter anderem abgesungene Schlager und Folk-Evergreens wie *Blue Moon, Gotta Travel On* enthielt, wurde er hart kritisiert. Doch der sogenannte künstlerische Ausverkauf erwies sich kurze Zeit später als Prophetie: Dylan hatte den resignierten Abschied des Rock-Volks von der Politik und den Beginn der Ego-Trips vorausgeahnt und mit autobiographischer Aufrichtigkeit beschrieben. Kein Popmusik-Autor vermochte es, die kollektiven Mythen und Emotionen seiner Zeit mit einem solchen Bilder- und Assoziationsreichtum auszudrücken wie Dylan, keiner ist in demselben Ausmaß wie er selber zu einem Mythos geworden. Schon immer war er ein geschickter «Manipulator von Ereignissen, Medien und Menschen» (Anthony Scaduto). Alles, was Dylan über seine Herkunft verbreitete, als er im Januar 1961 die Folk-Szene betrat, hatte nur den einen Sinn, ihn den Blues-Outcasts und Folk-Desperados ähnlich zu machen, die der Humus der amerikanischen Popkultur sind. Kaum eine der Legenden, die er kolportierte, entsprach den Tatsachen: nicht, daß er ein Waisenkind aus Oklahoma sei; nicht, daß er aus Gallup, New Mexico, stamme und schon als Kind mit wandernden Schaustellern durch den Süden gezogen sei, nicht seine sieben vorgeblichen Fluchtversuche aus dem Elternhaus, auch nicht seine Teilnahme an Rock 'n' Roll-Plattenaufnahmen von Elvis Presley und Bobby Vee. Dylan stahl in dieser Frühphase unbedenklich Mythen, Stories, Lieder und Stilelemente von anderen Interpreten. Aber er transformierte all diese Dinge in einen unverwechselbaren Dylan-Stil und baute aus Täuschungen und Maskerade seine eigene, sorgsam gehegte Wahrheit auf. «Die Klänge von François Villon hallen durch meine verrückten Straßen», hatte er einst geschrieben: «Ich stolpere über die verlorenen Zigarren von Brecht, eine leere Flasche von Brendan Behan …» Seine wahren Musik- und Textvorbilder waren andere: Dylan verschmolz die Song-Diktion seines Idols Woody Guthrie, die Bluesfarben von Leadbelly, Mance Lipscomb, das Rhythmusverständnis von Chuck Berry, Buddy Holly, die Country & Western-Phrasierung von Hank Williams, Jimmie Rodgers und die Piano-Technik von Little Richard zu einer überraschend originellen und neuartigen Ausdrucksform. Seine Poetik verdankte einiges den englischen Dichtern John Bunyan, William Blake und der assoziativen Methode von James Joyce. Mit seinem schwerverständlichen Prosawerk ‹Tarantula› hatte sich Dylan, einst als «eine Kreuzung zwischen einem Chorknaben und einem Beatnik» (‹New York Times›) beschrieben, 1971 auf Position sieben der ‹Time›-Bestsellerliste placiert. Sein von D. A. Pennebaker während einer England-Tournee 1966 hergestelltes Film-Porträt ‹Don't Look Back› galt als Cineasten-Delikatesse; 1972 trat er in Mexiko für den MGM-Spielfilm ‹Pat Garrett and Billy the Kid› auch als Schauspieler vor die Kamera. Doch das Superstar-Dasein brachte Dylan durchaus nicht nur Annehmlichkeiten. Politische Sektierer riefen zur Aktion «Free Dylan» auf, da der Sänger angeblich in Heroinabhängigkeit und in die Sklaverei der Musikindustrie geraten war. Ein neurotischer selbsternannter «Dylan-Forscher» namens Alan Weberman verfolgte ihn unaufhörlich und durchstöberte auf der Suche nach Indizien sogar Dylans Müll. Daher trat der Rock-Poet nur mehr selten in die Öffentlichkeit und unternahm rund acht Jahre lang keine Tournee. Seine Konzertreise im Januar/Februar 1974 mit 40 Auftritten in 21 Städten löste einen gewaltigen Dylan-Rummel aus. Niemals zuvor war eine so ausgedehnte Veranstaltungsserie so schnell ausverkauft: am 2. Dezember 1973 binnen einer Stunde zwischen null und ein Uhr nachts. Da die

Veranstalter nur briefliche Kartenbestellungen akzeptierten und der Poststempel die Reihenfolge bestimmte, bildeten sich zu dieser Zeit vor den US-Postämtern lange Schlangen von Fans. In manchen Städten waren eigens Briefkästen für Dylan-Post aufgestellt worden. Insgesamt gingen für die 658 000 verfügbaren Sitzplätze der Tournee mehr als fünf Millionen Kartenwünsche ein. Bis 100 Dollar kletterte der Preis pro Ticket auf dem schwarzen Markt, bei einem normalen Top-Preis unter zehn Dollar. Ähnlich sensationell wie die Tourneeankündigung wurde sein (später nicht verwirklichter) Plan empfunden, eine eigene Plattenmarke namens «Ashes and Sand» zu gründen; Aufsehen erregte auch seine neue Selbstdarstellung auf der parallel zur Tour von Asylum veröffentlichten LP *Planet Waves*. Im *Wedding Song* wies er die Rolle eines revolutionären Herolds seiner Generation ausdrücklich zurück und betonte, es sei nie sein Begehr gewesen, die Welt von Grund auf zu ändern oder zum Kampf zu blasen. Diesen privatistischen Aspekt bestätigte er ein Jahr später auf der LP *Blood On The Tracks*, mit der er vertraglich zu seinem früheren Partner Columbia und stilistisch zu den Folksong-Anfängen seiner Karriere zurückkehrte. Das Album enthielt vor allem stimmungsvolle Liebeslieder (*You Gonna Make Me Lonesome When You Go*), zynische Goodbye-Songs (*Idiot Wind*) sowie introspektive Balladen über die Suche nach Geborgenheit in den Turbulenzen des Ruhms (*Shelter From The Storm*). Im gleichen Jahr 1975 wurden von Columbia endlich die alten *Basement Tapes* mit The Band offiziell in einem Doppelalbum veröffentlicht. Dylan, der sich zu dieser Zeit umgänglich zeigte und sogar gelegentlich unerwartet in Greenwich Village-Musikkneipen wie dem Other End einstieg, arbeitete bereits mit dem Producer Jacques Levy am Album *Desire*, dessen auch auf Single ausgekoppelter Song *Hurricane* Freiheit für den offenbar zu Unrecht zu lebenslänglich verurteilten schwarzen Boxer Rubin «Hurricane» Carter forderte (Dylan gab 1976 zwei Benefiz-Konzerte zur Finanzierung eines Revisionsprozesses für Carter; 1985 kam der Boxer nach 19 Jahren Haft als Opfer eines Justizirrtums endlich frei). Unangemeldet spielte der Künstler im Kreise New Yorker Freunde wie Ramblin' Jack Elliott

und Bob Neuwirth in Plymouth, Massachusetts, vor 200 Zuhörern. Daraus entwickelte sich die total improvisierte Rolling Thunder Revue, an der zeitweise auch Joan Baez, Joni Mitchell, Arlo Guthrie, Mick Ronson, Allen Ginsberg u. a. teilnahmen. Das Open Air-Konzert in Fort Collins, Colorado, wurde vom NBC-Fernsehen aufgezeichnet, Columbia brachte eine Live-LP heraus: *Hard Rain* (1976). Aufnahmen von der Tournee wurden auch für Dylans kryptischen Vier-Stunden-Film ‹Renaldo and Clara› verwendet, der ihm zwei Millionen Dollar Verlust einbrachte. Durch die Einnahmen von einer ausgedehnten Welttournee wurde das wieder ausgeglichen. Dylan konzertierte in Neuseeland, Australien, Japan, Europa und den USA, unter anderem vor 70 000 Fans auf dem Nürnberger Zeppelinfeld, Hitlers ehemaligem Reichsparteitagsgelände. «Ich als Jude vor so vielen Menschen auf diesem Platz», bekannte er später, «das hätte mich fast umgebracht.» Die Musik von der Tour wurde im Doppelalbum *Live At Budokan* veröffentlicht. 1977 hatte sich seine Frau Sara Lowndes, die er noch ein Jahr zuvor im Liebeslied *Sara* (auf *Desire*) besungen hatte, von ihm scheiden lassen. Sie erhielt eine Abfindung in Millionenhöhe und das Erziehungsrecht für ihre fünf Kinder. 1978 erklärte er seine Bekehrung zu den Wiedergeborenen Christen: «Ich hatte die Suche nach irgendeiner Wahrheit längst aufgegeben. Diese Veränderung war grundlegender Art.» Die Frage nach Gott hatte ihn seit seinem Motorradunfall auch schon in Songtexten beschäftigt; im Album *Street Legal* trat diese Problematik textlich und musikalisch in den Vordergrund. Auf drei weiteren LPs, *Slow Train Coming* (1979), *Saved* (1980) und *Shot Of Love* (1981) legte er sodann ausschließlich religiöse Gesänge mit Gospel-Begleitstimmen vor. Viele seiner Anhänger mochten dieser neuerlichen Wendung nicht mehr folgen, in der Presse mehrten sich negative Rezensionen. Doch die christliche Phase seines Schaffens bescherte ihm für den Song *You Gotta Serve Somebody* (aus *Slow Train Coming*, Nummer drei in den LP-Charts) nicht nur seinen ersten Grammy als bester Rocksänger, sondern auch einige reife, nachdenkliche Texte, etwa *Every Grain Of Sand* (aus *Shot Of Love*): «Ich ging von Armut zum Reichtum / durch all die Sorgen in der Nacht. /

Die Gewalt der Sommerträume, das Frösteln der Winterlichter / haben mich um den Schlaf gebracht. / In dem zerbrochenen Spiegel der Unschuld, / auf jedem vergeßnen Gesicht / hör ich verwehte Schritte / gleich einem uralten Gedicht. / Wenn ich mich umdreh, ist manchmal jemand da / und manchmal ist es mein Schritt. / Ich hänge in der Balance der Wirklichkeit / wie jeder Spatz, der fällt, / jedes Sandkorn, auf das man tritt.» Mit dem Album *Infidels* (1983), nicht zufällig «Ungläubige» betitelt, nahm Dylan Abschied vom christlichen Fundamentalismus, ohne seine christlichen Aussagen damit außer Kraft zu setzen. Im Farbfoto auf dem Innen-Cover hockte er in nachdenklicher Pose auf dem Berg Golgatha, das Stadtbild von Jerusalem unter sich. Sein Song *Neighborhood Bully* war eine massive Verteidigung des Staates Israel. Mit den Produktionen *Empire Burlesque* (1985), *Knocked Out Loaded* (1986) und *Oh Mercy* (1989) wandte er sich demonstrativ wieder dem Diesseits zu und ging mit Tom Petty And The Heartbreakers, einer der kräftigsten Live-Bands der Szene, wieder auf Tournee. Vielfach spielten Grateful Dead in den gleichen Konzerten, was zu Sessions am Ende der Sechs-Stunden-Marathons Anlaß gab. Zu diesen Konzerten, dokumentiert im Album *Dylan & The Dead* (1989), kamen in den USA rund eine Million Menschen. In die neunziger Jahre hinein setzte er diese später «Never Ending Tour» genannten Konzerte, bis zu 200 pro Jahr, überwiegend in kleineren Open Air-Arenen und Konzerthallen rund um den Globus fort. Er spielte beim Rockfestival in São Paulo, Brasilien (1990), in der Veranstaltungsserie «Guitar Legends» in Sevilla, Spanien (1991), zu seinem 30. Bühnenjubiläum mit prominenten Kollegen wie Eric Clapton, George Harrison, Neil Young in New Yorks Madison Square Garden (1992), beim New Orleans Jazz & Heritage Festival (1993) und vor den mittelalterlichen Mauern des Schlosses Friedenstein in Gotha, Thüringen (1994) – niemals dasselbe Konzert. Er ließ seine Songs stilistisch oszillieren, mal Sologitarre, mal elektrische Band. Folk, Blues, Country, Reggae, Rock 'n' Roll, Hard Rock: «Was immer jemand von ihm will, er wird es nicht bekommen. Außer, er will das Nichtvorhersehbare, das Überraschende, das andere – live zumal» (Gregory Beck

in ‹Tip›). «Mögen manche der Konzerte seiner drei Dekaden umspannenden Karriere verstümmelt, ja sogar pervers gewirkt haben», notierte Jon Pareles 1994 in der ‹New York Times›, «so reklamiert Mr. Dylan mit der gegenwärtigen Band seinen Platz als bedeutender amerikanischer Musiker: ein Improvisator mit tiefen, breiten Wurzeln.» Die Band bestand aus John Jackson (g), Bucky Baxter (steel-g, mandolin), Tony Garnier (bg), Winston Watson (dr), und mit den Wurzeln der amerikanischen Musik hatte er sich gerade Anfang der Neunziger wieder besonders intensiv auseinandergesetzt. Seine Alben *Good As I Been To You* (1992) und *World Gone Wrong* (1993), auf denen er mit Mundharmonika und Gitarre ohne Schnitte, Overdubs und Nachbesserungen amerikanische, irische und australische Balladen, Blues, Folksongs und Kinderlieder vortrug, erinnerte die ‹New York Times› an «Feldaufnahmen aus den Dreißigern, eher Dokumentationen als Kunst». Der deutsche Hörspielautor und Popjournalist Karl Bruckmaier wies aber zu Recht darauf hin, daß dies «nicht einfach die Wiederaufnahme einer vergessen geglaubten ästhetischen Konzeption» war, sondern der Versuch, durch «das Herz des eigenen Frühwerks zu stoßen» und weiter zurückzugehen: «*Good As I Been To You* ist das Radioteleskop der Popmusik – ein Mittel, längst vergangene Phänomene endlich zu sehen und zu verstehen.» Nach der eher beiläufig mitgenommenen MTV-Session *Unplugged* (1995) mit Pearl Jam-Producer Brendan O'Bryan (kb) trug Dylans Spurensuche im Album *Time Out Of Mind* (1997) reiche Früchte. Von Daniel Lanois (U 2, Peter Gabriel), dem Produzenten seines von den Neville Brothers begleiteten Albums *Oh Mercy* von 1989, in den Criteria Studios, Miami, Florida, überwacht, durch Studio-Cracks wie Jim Dickinson (p), Augie Myers (org), Duke Robillard (g), Cindy Cashdollar (steel-g) unterstützt, gelang ihm ein erstaunliches Spätwerk, zu dem Großkritikern in den Medien nur platte Superlative einfielen und bei dem es selbst Dylan-Exegeten die Sprache verschlug. «*Time Out Of Mind* übertrifft beinah alles, was er in den vergangenen zwei Jahrzehnten herausgebracht hat», schrieb – gleichlautend mit fast allen großen Blättern – ‹Der Spiegel›. ‹Tip›: «Großartig. Einzigartig. Genial.» Greil Marcus, der erst kurz zuvor Dylans *Basement Tapes* im 286-Seiten-Buch ‹Invisible Republic› einer tiefsinnigen kulturhistorischen Analyse unterzogen hatte, summierte seine umfangreiche, weltweit nachgedruckte Rezension in der Platitüde: «*Time Out Of Mind* ist allein durch handwerkliches Können, durch die Hingabe des Musikers an sein Material gestaltet. Die Welt mag sinnlos sein; ihm bleibt nichts anderes übrig, als dem Nichts eine Form zu geben.» Die junge Generation der Musikbeschreiber sah das nüchterner, und der Künstler wohl auch. Für Gerrit Bartels in ‹Zitty› war es «ein Album, das unpeinlich und okay ist, von einer Legende, die sich damit nicht demontiert». Dylan: «Ich finde, Pop-Ikone oder Legende sind nur andere Ausdrücke für Typen von vorgestern, von denen heute keiner mehr wirklich etwas wissen will.» Zehn Stücke lang beschwöre der Sänger bluestypisch Liebeskummer, die Freuden des Autofahrens, die Einsamkeit der Landstraße und die Veränderung, die sich ankündigt, deutete ‹Der Spiegel›. Anders als in den legendären Erzählgedichten seiner früheren Alben protze Dylan im 16 Minuten langen Blues *Highlands* nicht mehr mit seinen zusammengesuchten Lesefrüchten, sondern erzähle einfach eine so belanglose wie traurige Geschichte aus seinem Leben: «Sie handelt von hartgekochten Eiern und wie man sie nicht bekommt – ein ganz und gar ergreifendes Stück, humorlos, verzweifelt ernst und auch wieder komisch, wie der Dialog in einem alten W. C. Fields-Film.» Dylan: «Auf meinem ersten Album ging es auch schon um unglückliche Liebesbeziehungen. Die Leute sollen nicht alles so wörtlich nehmen. Elvis Presley hat einmal gesungen: You ain't nothing but a hound dog. Es wäre doch ziemlich dumm, Elvis zu fragen, ob er das ernst meint. Man ändert sich eben von einer Minute zur nächsten. So eine Platte fängt die Stimmung von Augenblicken ein. Eine Stunde später ist alles wieder anders. Was immer auf dieser Sammlung von Songs behauptet wird – es stimmt alles irgendwie.» In dieser Vielschichtigkeit, Mehrdeutigkeit, Ausdeutbarkeit seiner Lyrik, ihrer Anwendbarkeit auf alltägliche Situationen oder die spezielle Gemütslage des Hörers lag schon immer ihr größter Reiz. Ihre humanistische Grundaussage blieb unmißverständlich. Dylan hatte nicht aufgehört, sich

gesellschaftlich zu engagieren. In den Achtzigern verurteilte er die amerikanischen Bombenangriffe auf Libyen und die Unterstützung der Contras in Nicaragua. Er initiierte oder beteiligte sich an Protest- oder Benefiz-Aktionen wie Live Aid, Farm Aid, Sun City, Martin Luther King-Memorials, Amnesty International's Conspiracy of Hope: «Ich bin gegen alles, was die menschliche Intelligenz bedroht. Wir müssen alle dagegen sein, oder es gibt keinen Raum mehr für uns. Dieses kann nicht der Kampf eines einzelnen sein, es ist die Sache von allen.» Im Juli 1993 mußte Dylan krankheitshalber ein Konzert in Lyon, Frankreich, absagen – zum erstenmal seit 32 Jahren. Im Mai 1997 wurde er in einem New Yorker Krankenhaus auf Histoplasmose behandelt, jenen gefährlichen Pilzbefall der Lungen, der 1923 nach der Öffnung des Grabes von Tutench-Amun bei Luxor, Ägypten, als «Höhlenkrankheit» 23 Archäologen das Leben kostete. Bei ihm hatte die Entzündung bereits den Herzbeutel angegriffen. Im November 1995 hatte er beim Tribut-Konzert zu Frank Sinatras 80. Geburtstag im Shrine Auditorium, Los Angeles, *Restless Farewell* gesungen. Im August 1997 spielte er – wieder genesen – zum Eucharistischen Weltkongreß in Bologna, Italien, für Papst Johannes Paul II. auf. Ein Dylan-Symposion an der Stanford University in Palo Alto, Kalifornien, schlug Dylan, seit 1990 Träger der höchsten französischen Kultur-Auszeichnung Ordre des Arts et des Lettres, im Januar 1998 zum wiederholtenmal für den Literaturnobelpreis vor. 1991 hatte er bereits einen Grammy für sein Lebenswerk empfangen, 1995 einen weiteren in der Kategorie Best Traditional Folk Album für *World Gone Wrong*. 1998 räumte er für *Time Out Of Mind* triumphal gleich drei der begehrten Academy Awards ab: Album des Jahres, bestes Folk-Album und bester Rockinterpret (mit dem Song *Cold Irons Bound*). Daneben wurde sein Sohn Jakob Dylan (voc, g) mit seiner Band Wallflowers mit zwei Grammies prämiert: Beste Rockgruppe und bester Rocksong (*One Headlight*). Jakob Dylan, am 9. Dezember 1969 in New York City geboren, spielte zu dieser Zeit mit Michael Ward (g), Rami Jaffee (kb), Greg Richling (bg), Mario Calire (dr). Ihr zweites Wallflowers-Album *Bringing Down The Horse* (1997) kletterte in den US-Charts bis auf

Platz vier und wurde dreimillionenmal verkauft. Dylan jr.: «Mein Vater war für die Wallflowers nie ein relevantes Thema – und wird es auch nie sein.» Am 14. November jenes Jahres gaben Bob Dylan und die Wallflowers erstmals ein gemeinsames Konzert – zum 30. Jubiläum der Computerfirma Applied Material in San Jose, Kalifornien. 1998 teilte er die Bühne gelegentlich mit Van Morrison (Madison Square Garden im Januar, West Coast Tour im Mai, Europatournee Juni/Juli), Joni Mitchell (Madison Square Garden im November, West Coast Tour im Mai) und den Rolling Stones (Rio de Janeiro im April). 1999 absolvierte er mit Paul Simon eine Mammut-Tournee durch die USA. Seine Never Ending Tour rund um den Globus wurde Ende der Neunziger kontinuierlich fortgesetzt; Besetzung 2000: Larry Campbell (g), Charlie Sexton (g), Tony Garnier (bg), David Kemper (dr). Als letztes Dylan-Album des Jahrzehnts brachte Columbia 1998 eines der populärsten Bootlegs der Rockgeschichte in exzellenter Klangqualität als Doppel-CD heraus; jahrzehntelang fälschlich betitelt «Live At The Royal Albert Hall». Das am 17. März 1966 in der Free Trade Hall in Manchester mitgeschnittene Konzert hieß nun korrekt *Bob Dylan Live 1966: The «Royal Albert Hall» Concert*. Es konservierte den historischen Moment der Dylan-Mutation vom Folksinger zum Rock-Interpreten: Teil eins Dylan solo in spektakulärer Form (*Mr. Tambourine Man, Desolation Row*), Teil zwei mit Robbie Robertson, Rick Danko, Garth Hudson, Richard Manuel, die später als The Band firmierten, und Mickey Jones (*Ballad Of A Thin Man, Like A Rolling Stone*). Der wütende Protest des Folk-Publikums gegen deren Rock-Inferno ist hier dokumentiert inklusive des berühmten Zwischenrufs «Judas!» und Dylans Antwort: «I don't believe you ... you are a liar!» Zu seinem Geburtstag am 24. Mai 2001 brachte Columbia Sony Japan die CD *Live 1961–2000* mit elf seltenen Konzertmitschnitten heraus. In den USA versammelten sich Dylan-Jünger wie Patti Smith, Etta James, Nina Simone, die Cowboy Junkies, Jazz-Vibraphonist Gary Burton auf dem Tribute-Album *May Your Song Always Be Sung*. In die internationalen Buchhandlungen ergoß sich eine Flut neuer Studien, was denn der Meister in dieser oder jener Zeit seiner Karriere getan hatte oder getan oder gedacht haben könnte. Dylan sr. in einem ‹Spiegel›-Gespräch im Sommer 1997: «Ich bin mir sicher, daß es einen großen göttlichen Sinn hinter allem gibt.» – ‹Spiegel›-Frage: «Wo kommen Ihre Songs her? Fliegen sie einfach so durchs Universum und kommen einfach so zu ihnen?» – Dylan: «Der Folk-Sänger Woody Guthrie hat diesen Gedanken als erster gehabt, und ich glaube, er hat recht.» Auf seinen Beruf angesprochen, sagte er 1978 in seinem Haus in Malibu, Kalifornien: «Musiker sein bedeutet – abhängig davon, wie weit du gehen willst – durch die Tiefen deines Daseins zu gehen. Die meisten Musiker versuchen, irgend etwas aus diesen Tiefen zu vermitteln. Denn Musikmachen ist unmittelbar. Dein Geist arbeitet, während du spielst. Du schaust tiefer und tiefer in dich selber hinein.» Und dort habe er, so analysierte Michael Gray im dritten Band seines Grundlagenwerks ‹Song and Dance Man› (Continuum International Publishing Group Ltd, London 2000), nicht nur die kollektiven Erinnerungen aus der Kindheit der Rockmusik, sondern auch die Ebene der Märchen und Kinderreime, die liturgische Litanei und ganz unten sogar die mündlichen Traditionen des alten Afrika angezapft. Man müsse nur auf den «Klang hinter dem Klang» achten, «then you'll hear all the joys and mysteries of esoteric vocals, guitar magic, sheer moody weirdness: all the synapse-crinkling giddy-hop that rock 'n' roll gave you when you were thirteen.» So wird es wohl sein.

LPs auf Columbia: *Bob Dylan* (1962); *The Freewheelin' Bob Dylan* (1963); *The Times They Are A-Changin'* (1963); *Another Side Of Bob Dylan* (1964); *Bringing It All Back Home* (Titel in Europa: *Subterranean Homesick Blues*, 1965); *Highway 61 Revisited* (1965); *Blonde On Blonde* (1966); *John Wesley Harding* (1968); *Nashville Skyline* (1969); *Self Portrait* (1970); *New Morning* (1970); *A Tribute To Woody Guthrie, Vol. 1* (Live-Konzert mit anderen, 1972); *Pat Garrett & Billy The Kid* (Soundtrack, 1973); *Dylan* (1973); *Blood On The Tracks* (1975); *The Basement Tapes* (mit The Band, 1975); *Desire* (1975); *Hard Rain* (1976); *Street Legal* (1978); *Live At Budokan* (1978); *Slow Train Coming* (1979); *Saved* (1980); *Shot Of Love* (1981); *Infidels* (1983);

Real Life (1984); *Empire Burlesque* (1985); *Knocked Out Loaded* (1986); *Down In The Groove* (1988); *Dylan & The Dead* (mit Grateful Dead, 1989); *Oh Mercy* (1989); *Under The Red Sky* (1990) ... auf Sony / Columbia: *Acoustic / Good As I Been To You* (1992); *The 30th Anniversary Concert Celebration* (mit Roger McGuinn, Eric Clapton, Tom Petty, George Harrison, Neil Young u. v. a., 1993); *World Gone Wrong* (1993); *Unplugged* (1995); *Time Out Of Mind* (1997); *Live 1966* (1998); *Live 1961 – 2000* (Japan 2001); Love And Theft (2001) ... auf Asylum: *Planet Waves* (1974); *Before The Flood* (mit The Band, 1974) ... auf Apple: *The Concert For Bangla Desh* (mit anderen, 1971) ... Zusammenstellungen auf Columbia: *Greatest Hits* (1966); *Greatest Hits Vol. 2* (1966); *Greatest Hits Vol. 3* (1967); *More Greatest Hits* (1971); *Biograph* (1985); *The Bootleg Series Vol. 1 – 3* (1991); *Essential Bob Dylan* (2000)... auf Wilbury Records / WEA: *The Traveling Wilburys* (unter dem Pseudonym Lucky Wilbury mit Roy Orbison, George Harrison, Jeff Lynne, Tom Petty, 1989); *Vol. 3* (1990) ... LPs Jakob Dylan mit Wallflowers auf Virgin: *Wallflowers* (1992) ... auf Interscope: *Bringing Down The Horse* (1996); *Breach* (2000)

E

Eagles feierten am Jahreswechsel 1999/2000 mit einem Millennium-Konzert 26 Millionen verkaufte Tonträger ihres Albums *Greatest Hits 1971–1975*. Sie verwiesen damit den bisherigen Rekordhalter, Michael Jacksons *Thriller* mit einer Auflage von 25 Millionen, auf den zweiten Platz und galten in den Kategorien des Einzelumsatzes einer Hit-LP/CD fortan als erfolgreichste Popband der Welt. Die «Adler» stiegen im August 1971 in Los Angeles auf und nutzten die individuellen Erfahrungen aus der Gruppenvergangenheit ihrer Mitglieder auf hitträchtige Weise. Randy Meisner (bg, voc), geboren am 8. März 1946 in Scottsbluff, Nebraska, hatte ein Jahr lang zu Poco gehört und anschließend in Linda Ronstadts Band bei Tourneen ausgeholfen. Glenn Frey (voc, g), geboren am 6. November 1948 in Detroit, Don Henley (dr, voc), geboren am 22. Juli 1947 in Gilmer, Texas, gehörten eine Zeitlang ebenfalls zum Ronstadt-Clan. Bernie Leadon (g, voc), geboren am 19. Juli 1947 in Minneapolis, hatte bis zum Eagles-Start bei den Flying Burrito Brothers gespielt. Gewarnt von den frustrierenden Ego-Trips, die ihre Vorgänger-Bands zermürbt hatten, entwickelten die vier Musiker zunächst in intensiven Proben einen kompakten Gemeinschaftsklang, der das weite Spektrum vom harten Rock 'n' Roll bis zur Bluegrass-Musik umfaßte. Songbewußt vermieden sie bei ihren Plattenaufnahmen undistinguierte Melodien ohne einprägsame Refrains sowie uferlose Improvisationen. Dieser freiwillige Zwang zur Konzentration machte ihr Zusammenspiel schlackenlos präzise und verlieh ihren Songs die Qualität von Ohrwürmern. Allein aus dem ersten Bestseller-Album zogen sie drei Hitsingles,

darunter *Take It Easy*, dessen clevere Textformulierungen zum Teil in die amerikanische Umgangssprache eingegangen sind. Der große Wurf gelang ihnen mit dem zweiten Album *Desperado*, das zwischen der Doolin Dalton Gang, die um 1890 in der Gegend von Kansas ihr Unwesen trieb, und der Outlaw-Existenz eines modernen Rock-Rebellen romantische Parallelen zog. Aufstieg, Euphorie, Selbstüberschätzung und Fall eines Superstars wurden von den Eagles, ohne den prätentiösen Anspruch einer Rock-Oper, in der Western-Mythologie musikalisch vorbildlich gespiegelt. Bei den Aufnahmen zu ihrer dritten LP stieß Don Felder (g), geboren am 21. September 1947 in Topanga, Kalifornien, zur Gruppe und animierte sie zu einem «volleren, weniger rauhbeinigen Sound und einer erregenden Frische bei den Gitarren-Soli» (‹Melody Maker›). Joe Walsh (g, voc), geboren am 20. November 1947 in Wichita, Kansas, von der James Gang ersetzte 1976 Bernie Leadon; ein Jahr später tauschte Randy Meisner seinen Platz in der Band mit Timothy B. Schmit (voc, bg), geboren am 30. Oktober 1947 in Sacramento, Kalifornien. Obwohl die Eagles mit *Hotel California* (1976) den Verdruß an der Überflußgesellschaft ihres Sonnenstaates erstaunlich unverblümt artikuliert hatten, galten sie nach eigenem Eingeständnis mehr und mehr als «die Verkörperung dessen, was die Leute an Kalifornien hassen» (Frey). «Sie verhökern romantisierte Nostalgie nach dem Alten Westen», mäkelte der ‹New Musical Express›; Songs wie *Take It To The Limit, Life In The Fast Lane* waren demnach «Weltfluchtlieder, in denen bloß auf gefährlich und riskant gemimt wurde». Immerhin: Die Poseure waren gut genug, «den Übergang vom Hippie zum Yuppie nahtlos zu machen». Auch das deutsche ‹Sounds› verdammte die hochpolierten Rock-Darbietungen der Musiker vom Pazifik als «absolute Degeneration eines universellen Kommunikationsmittels zur Schickeria-Pose». Auf der Hülle ihres Live-Albums (1980) bedankten sich die Eagles bei fünfzehn Managern, sechs Promotern, drei Agenten, zwei Grossisten, einem Buchhalter und fünf Rechtsanwälten. «Wir alle wissen, daß Rock Big Business bedeutet; aber das ist einfach lächerlich», befand der ‹Melody Maker›. Die Hitfabrikanten schienen auch zu bemerken, daß ihr Zusammenspiel zur Kommerz-Farce geworden war. 1981 lösten sie den Adler-Horst auf und gingen auf Solo-Flug. Besonders hoch hinaus kamen dabei Frey (*The Heat Is On*, *Smuggler's Blues*, 1984; *Strange Weather*, 1992) und Henley (*The Boys Of Summer*, 1985). Unterdessen preschten aber auch immer wieder die Hit-Kompilationen der Eagles auf vordere Plätze der Charts. Gerüchte um eine anstehende Wiedervereinigung erhielten neue Nahrung, als 1989 Henley und Frey anläßlich eines Konzertes in Los Angeles erstmals wieder gemeinsam auf der Bühne standen und noch im selben Jahr auch Schmit ein Konzert nutzte, um mit Henley und Frey zusammenzuspielen. 1993 agierte die komplette Band für Travis Tritts Video zu *Take It Easy* gemeinsam vor der Kamera. Damit schien eine Reunion nicht ausgeschlossen, die 1994 endlich, wenn auch ohne Meisner und Leadon, vollzogen wurde. «Wir sind niemals auseinandergegangen», frotzelten die Musiker, «wir haben nur 14 Jahre Urlaub gemacht.» *Hell Freezes Over* enthielt neben einigen alten Songs vier Neukompositionen, darunter *Get Over It*, das als Single sofort auf Platz eins der US-Charts schoß. Die Welt-Tournee zur CD begann im November 1995 mit vier ausverkauften Konzerten in der Yokohama Arena in Japan und endete am 4. August 1996 im Murrayfield Stadium im schottischen Edinburgh. Mit mehr als 60 Millionen Dollar Erlös war es die erfolgreichste Pop-Tour des Jahres. Im März 1998 waren von *Hell Freezes Over* sieben Millionen Exemplare verkauft. Zwei Monate vorher, am 12. Januar, standen alle sieben Eagles, einschließlich Leadon und Meisner, auf der Bühne des New Yorker Waldorf Astoria-Hotels

und intonierten *Take It Easy* und *Hotel California* – zum Dank für ihre Aufnahme in die Rock and Roll Hall of Fame. Der sensationelle Long-Run-Erfolg des Albums *Greatest Hits 1971–1975* ohne Video-Einsatz, ohne medienwirksame Gimmick- oder Kult-Attraktionen, noch dazu ohne die beiden größten Eagles-Hits *Hotel California* und *Life In The Fast Lane* veranlaßte die Plattenfirma Elektra Ende 2000 zu einer vorzüglich edierten 4-CD-Box mit *Selected Works 1972–1999*, in der auch ein packender Live-Mitschnitt *Hell Freezes Over* von 1994 sowie das Millennium Concert 1999/2000 in der Besetzung Frey, Henley, Walsh, Felder, Schmit enthalten war. «Es gibt Prickelnderes in der Geschichte der Poprock-Musik», schrieb dazu Christof Hammer in ‹Stereoplay›, «als den wohltemperierten, stets verhalten kontrolliert daherkommenden Westcoast-Sound der Eagles. Betrachtet man indes das Wie, sieht die Sache anders aus. Bemerkenswert oft bewegt sich das Werk der Formation auf einem respekteinflößenden kompositorischen und handwerklichen Niveau.» Die ‹New York Times› nannte sie sogar «die einflußreichste Gruppe der Rockmusik», deren Spuren sich bei den Counting Crows, Jewel, Jars Of Clay und Melissa Etheridge feststellen ließen. Ebenso hätten sie die Crossover-Erfolge der Countrymusik in den musikalischen Mainstream Amerikas ermöglicht und den Stil von Künstlern wie Trisha Yearwood, Vince Gill, Clint Black, Tanja Tucker geprägt, die den Eagles 1993 im Tribute-Album *Common Thread* mit Coverversionen huldigten. Zugleich warnte ‹NYT›-Autor Rob Tannenbaum aber auch nachfolgende Bands: «Wer versuchen wollte, den langdauernden Vormarsch der Eagles an die Spitze zu wiederholen, brauchte nicht nur deren visionäre Kraft und ihr von Zufällen begünstigtes Timing, sondern auch die Ausdauer Napoleons, den Marsch unbeirrt fortzusetzen.» An der Europatournee im Sommer 2001 (‹Tagesspiegel›-Überschrift: «Nichts Neues, nirgends») war Gitarrist Felder nicht beteiligt. Er hatte die Gruppe im Februar verlassen und gegen die anderen beiden Gründungsmitglieder Henley und Frey geklagt. Er verlangte die Offenlegung aller geschäftlichen Aktivitäten ihrer Vermarktungsfirma Eagles Limited und deren Auflösung. Er sei an der Firma zu einem Drittel beteiligt, in Entscheidungsprozesse aber nicht einbezogen gewesen und habe keine Einsicht in die Bilanzen gehabt. Henley und Frey konterten, sie selbst hätten Felder hinausgeworfen, «weil das für die Weiterentwicklung der Band unerläßlich wurde». Trouble im Hotel California. Frey: «Wir werden dieses Unternehmen am Laufen halten.»

LPs auf Asylum: *Eagles* (1972); *Desperado* (1973); *On The Border* (1974); *One Of These Nights* (1975); *Greatest Hits* (1975); *Hotel California* (1976); *The Long Run* (1979); *Eagles Live* (1980) … *Greatest Hits, Vol. 2* (1982); *Best Of* (nur UK, 1985); *Very Best Of* (nur UK, 1994) … auf Geffen: *Hell Freezes Over* (1994) … auf Elektra: *Selected Works 1972–1999* (4-CD-Box, 2000) … Solo-LPs Glenn Frey auf Asylum: *No Fun Aloud* (1982); *Greatest Hits Vol. II* (1982) … auf MCA: *The Allnighter* (1985); *Soul Searchin'* (1988); *Strange Weather* (1992); *Glenn Frey Live* (1993) … Solo-LPs Don Henley auf Asylum: *I Can't Stand Still* (1982) … auf Geffen: *Building The Perfect Beast* (1984); *The End Of The Innocence* (1989); *Actual Miles: Henley's Greatest Hits* (1995) … auf Warner Bros.: *Inside Job* (2000) … LP Bernie Leadon mit Michael Georgiades auf Asylum: *Natural Progression* (1977) … Solo-LPs Joe Walsh auf ABC: *Barnstorm* (1972); *The Smoker You Drink, The Player You Get* (1973); *So What* (1974); *You Can't Argue With A Sick Mind* (1975) … auf Asylum: *But Seriously, Folks* (1978); *There Goes The Neighbourhood* (1981) … auf Full Moon: *You Bought It – You Name It* (1983) … auf Warner Bros.: *The Confessor* (1985); *Got Any Gum?* (1987) … auf MCA: *So Far So Good* (1978); *The Best Of* (1979) … auf Sony: *Ordinary Average Guy* (1991); *Songs For A Dying Planet* (1992)

Echo And The Bunnymen fanden 1978 in der Besetzung Ian McCulloch (voc, g), geboren am 5. Mai 1959 in Liverpool, Will Sergeant (g), geboren am 12. April 1958 in Liverpool, Les Pattison (bg), geboren am 18. April 1958 in Ormskirk, aus diversen Liverpooler Bands zusammen und spielten zur Begleitung ihrer Drum-Maschine «Echo» in den Clubs ihrer Heimatstadt, bevor sich ein Jahr später Drummer Pete De Freitas, geboren am 2. August 1961 in Port of Spain, Trinidad, dem Trio anschloß. Fortan verstand sich die Gruppe als Fackelträger eines pompös angefachten Psychedelic Rock-Lyrizismus und stimmte eine emotional getönte Musik im Stil der Velvet Underground, Doors an, voller Nonsens-Reime, verhuschter Mehrdeutigkeiten, verklausulierter Banalitäten. «Nicht von Aufständen in Südafrika, sozialen Spannungen und ähnlichen Dingen» wollte Songschreiber und Gruppen-Großmaul McCulloch künden. «Ich schreibe schlichtweg Songs, die sich gut anhören und eine hübsche Melodie haben. Wir möchten einfach etwas machen, das gut und atmosphärisch ist.» Bei dem Versuch, die in Selbstzweifeln und Morbidität verirrte Rockmusik ins Stadium der Unschuld und Naivität zurückzuführen, gelangen ihnen einige brillante Singles wie *Pictures On The Wall, Rescue, The Cutter, Never Stop, The Killing Moon, Bring On The Dancing Horses* sowie die LP *Heaven Up Here*, «das makellose Meisterwerk von einem Album», das «für Rock das leistete, was Tamla Motown für die Dance Music tat» (‹New Musical Express›). Verwirrt von Selbstüberschätzung und solchen Komplimenten steigerte sich die einst witzige und erfindungsreiche Band allmählich in eine Großmannssucht hinein. *Porcupine* (1983) wurde von McCulloch als «das größte Kunstwerk seit Michelangelos David» gepriesen, dabei war es randvoll mit trivialen Synthesizer-Imitationen der Beatles-typischen Streichersätze, Gitarren-Riffs, die aus frühen Who-Aufnahmen stammen konnten, pseudo-psychedelisch wabernden Sitar-Schnörkeln und Vokalmanieren, die an schlecht verinnerlichte Jim Morrison-Pomp-Poesie denken ließen. Echo And The Bunnymen wurden zu «Märtyrern matschiger Mystik» (‹Melody Maker›). Mit *Ocean Rain* (1984), dem «großartigsten Album, das je gemacht wurde» (Pressetext), versuchten sie, in kommerziell gefälliger Form Amerika zu erobern, verloren aber jeden Biß und kamen Kultfans der ersten Stunde «so leer wie hübsch» (‹Rolling Stone›) vor. Derlei Kritik ließ die Band für Jahre verstummen. Erst 1987 versuchten McCulloch und seine Mitstreiter noch einmal, in den USA Fuß zu fassen. Tatsächlich wurde *Echo And The Bunnymen* das erfolgreichste Album der Gruppe in den USA, doch das genügte McCulloch nicht. Er verließ 1988 die Band, begann eine mäßig erfolgreiche Solokarriere und gründete 1992 McCulloch's Mysterio Show. Die restlichen Bunnymen, dezimiert um den am 14. Juni 1989 bei einem Autounfall tödlich verunglückten De Freitas, veröffentlichten unter dem alten Namen 1990 die LP *Reverberation*, von der weder Publikum noch Kritik besonders Notiz nahmen. Sie zogen den einzig möglichen Schluß und lösten die Band auf. Pattinson schloß sich Terry Hall an, McCulloch versuchte es wieder solo und nahm mit Liz Fraser und Robin Guthrie von den Cocteau Twins das Album *Mysterio* (1992) auf. Ganz mochten McCulloch und Sergeant jedoch von dem alten Bandnamen nicht lassen, traten gelegentlich als Echo & The Bunnymen auf, gründeten dann aber in gemeinsamer Kraftanstrengung die Gruppe Electrafixion. Als auch deren LP *Burned* (1995) nicht erfolgreicher als die letzte Bunnymen-Produktion war, Pattinson bei Terry Hall ebenfalls nicht reüssierte, belebten die drei Musiker die alte Hülse erneut. «Vielversprechend ist natürlich ein seltsames Wort für eine Band, die 20 Jahre dabei ist», wand sich Kritiker Robert Yates in ‹Q›, als er über *Evergreen* (1997) schrieb, «aber es ist ja wohl auch keine schlechte Sache, ‹vielversprechend› zu sein.» Neil Cooper formulierte es nach einem Konzert der auferstandenen Dreieinigkeit im März 1998 in der ‹Times› direkter: «After all these years McCulloch is still sex-on-legs.» Das Album plazierte sich in Great Britain auf Position acht, die Single (*How Does It Feel To Be*) *On Top Of The World*, Englands offizielle Hymne zur Fußball-WM, auf Platz neun. ‹WOM Journal› über *Evergreen*: «Das erste Reunion-Album, das nicht stinkt wie zehn Lagerhäuser toter Fische.» Dem setzten die zum Duo geschrumpften Bunnymen McCulloch und Sergeant (ohne Pattison) 1999 mit *What Are You Going To Do With Your Life* noch eine Überraschung obendrauf. «Fast so, als hätten sie den Wahnsinn der achtziger Jahre erst jetzt richtig verarbeitet» (‹Musikexpress›), also ihre notorischen Orgien mit Booze 'n' Drugs, offerierte «Mac the Mouth» Selbstzweifel, Nachdenklichkeit, Verletzlichkeit und Zärtlichkeit für die eigene Frau in teils hymnischen, teils zurückgenommenen Balladen. ‹WOM Journal› brachte den Kritiker-Tenor auf den Nenner: «Ein Album über das Fallen und Wiederaufstehen, traumhaft und stolz.» ‹Musikexpress› beinahe gleichlautend: «Wer unter Popmusik mehr versteht als nette Hintergrundmu-

sik, der liegt hier goldrichtig.» Sogar Wolfgang Doebeling im deutschen ‹Rolling Stone› mußte zugestehen: «Die Arrangements zeugen von einem neu gewonnenen Verständnis für musikalisches Understatement. Eine Platte wie Watte.» Und doch: «Träumen läßt sich danach auch noch, aber wer träumt schon gern vom Lebensabend im Eigenheim? Emphase macht noch keinen unsterblichen Pop.» Zwei Jahre später war der Traum ausgeträumt, das Album *Flowers* (2001) nicht mehr emphatisch, sondern eher «ein bißchen müde, sehr sympathisch, aber seufz, irgendwie unnötig», so Michael Sailer im ‹Musikexpress›: «Eine Sammlung von elf potentiellen B-Seiten, für die die Singles noch geschrieben werden müssen.»

LPs auf Korova: *Crocodiles* (1980); *Shine So Hard* (Mini-LP, 1981); *Heaven Up Here* (1981); *Echo And The Bunnymen* (Mini-LP, 1983); *Never Stop* (Mini-LP, 1983); *Porcupine* (1983); *Ocean Rain* (1984); *Songs To Learn And Sing* (1985); *Reverberation* (1990) … auf BBC: *BBC Radio 1 – Live In Concert* (1988) … auf WEA: *Echo And The Bunnymen* (1987) … auf London: *Evergreen* (1997); *What Are You Going To Do With Your Life* (1999) … auf Cooking Vinyl / Indigo: *Flowers* (2001) … auf Rhino: *Crystal Days 1979–1999* (4-CD-Box; 2001) … LP mit Electrafixion auf WEA: *Burned* (1995) … Solo-LPs Ian McCulloch auf WEA: *Candleland* (1989); *Mysterio* (1992) … Solo-LPs Will Sergeant auf Korova: *Themes From Grind* (1980) … mit Glide auf Korova: *Space Age Freak Out* (1997) … auf Cooking Vinyl: *Flowers* (2001)

Eels, 1995 in Los Angeles gegründet, waren unter allen amerikanischen Bands der späten neunziger Jahre diejenige mit der raffiniertsten Synthese aus anspruchsvollem kompositorischem Patchwork, dadaistischen und existentialistischen Texten und der Befriedigung des permanenten Unterhaltungsbedürfnisses der amerikanischen Jugendszene. Sänger und Songschreiber E, bürgerlich: Mark Oliver Everett, sah die Eels zu keinem Zeitpunkt als solide Band an, sondern als persönliches Vehikel, um seine Lieder auf den Weg zu bringen. Stilistische Vergleiche mit den Beatles konterte E mit der Bemerkung: «Statt zu versuchen, wie die Beatles zu *klingen*, wollte ich lieber *sein* wie sie. Sie haben zu ihrer Zeit alles um sich herum aufgesaugt, um es danach mit ihrer eigenen Duftnote zu versehen.» Nach Einspielung der beiden Solo-Alben *A Man Called E* (1992) und *Broken Toy Shop* (1993) gründete E gemeinsam mit Drummer Butch, bürgerlich: Jonathan Norton, und Bassist Tommy, bürgerlich: Tommy Walter, das Trio Eels, das zunächst in Echo Park, einem Künstlerviertel von Los Angeles, Furore machte, bevor es von Michael Simpson von den Dust Brothers entdeckt und von Dreamworks unter Vertrag genommen wurde. Das Debütalbum *Beautiful Freak* (1996) war ein «Lo-fi-Hip Hop-, Grunge-, Jazz- und Kammermusik-Mix 'n' Match, das den Sound von heute verkörpert» (‹Melody Maker›). «Die sympathischen Eigenbrötler aus Los Angeles schaffen mit ihren leicht spinnerten Songs über schöne Freaks und andere Nonkonformisten ein Ambiente, in dem sich Anhänger der gegensätzlichsten Stilrichtungen wohl fühlen können. Eine Antwort auf Retro-Bands, die sich in der Emulation alter Songs und Sounds ergehen» (‹Intro›). E verarbeitete auf der Platte die aus Einsamkeit und Drogenmißbrauch resultierenden Depressionen seiner Kindheit. Die düstere Schönheit und melancholische Abenteuerlust des Eels-Sounds machte den Opener des Albums, *Novocaine For The Soul*, schnell zum Westcoast-College-Hit. Nach erfolgreichen Tourneen in Europa, unter anderem als Opener für die Screaming Trees, und einem Auftritt im TV-‹Rock-Palast› absolvierte die Band 1997 eine erfolglose Lollapalooza-Tour. Das so verlorene Terrain konnte sie jedoch noch im selben Jahr mit dem Song *Bad News*, den sie dem Soundtrack von Wim Wenders' Film *The End Of Violence* beisteuerte, gutmachen. Während Bassist Tommy die Eels verließ, um Metromax, später Tely zu gründen, spielten E und Butch das zweite Album *Electro Shock Blues* (1998), das wie eine Rückbesinnung auf Manfred Mann's Earth Band mit «den Bezugspunkten Beck, den späten Nirvana und Randy Newman» (‹Mojo›) klang, im Duo ein. Indem E den Selbstmord seiner Schwester Elizabeth und die Erfahrung mit der Krebserkrankung seiner Mutter in Songs goß, geriet das Album noch bedrückender als sein Vorgänger. Sein Manager beschwor E, die Platte aus verkaufstechnischen Gründen nicht zu veröffentlichen, doch der «Mann mit der

schwarzen Brille, dessen Stimme heiser und gebrochen, erschöpft und entspannt zugleich klingt» (‹Tip›), feuerte ihn und brachte die Platte erst recht heraus. «Obwohl man – kommerziell gesehen – tatsächlich nicht mehr ganz auf Nummer Sicher geht und eine zunehmende Bereitschaft zum Experiment erkennen läßt, zeigt die ungebrochene Begeisterung seitens des Publikums und der Medien, daß Eels nicht mehr aus der Oberliga des Modern Rock wegzudenken sind» (‹Intro›). Als Gast-Bassist wurde Grant Lee Phillips von der Gruppe Grant Lee Buffalo gewonnen, der auf der anschließenden Tournee von dem ehemaligen Suicidal Tendencies-Bassisten Adam Siegel ersetzt wurde. Der amerikanische Teil der Tour wurde jedoch von der Band abgesagt, nachdem E die Nachricht vom Tod seiner Mutter erhielt. Seine neuerlichen Depressionen verarbeitete er auf dem dritten Eels-Album *Daisies Of The Galaxy* (2000). Das «mit einer geschmacklich kaum noch zu toppenden Entgleisung» (‹Intro›) versehene Cover-Artwork ging auf Illustrationen aus Kinderbüchern zurück, die E beim Ausräumen der mütterlichen Wohnung gefunden hatte. Gäste des Albums waren abermals Grant Lee Phillips und R.E.M.-Gitarrist Peter Buck. Auf diesem «Meisterwerk» (‹NME›) surfte Es Stimme sowohl durch mit Streichern und Bläsern instrumentierte als auch minimalistisch mit Piano oder akustischer Gitarre begleitete Songs. Zeitgleich mit *Daisies Of The Galaxy* spielte das in dieser Besetzung angetretene Quartett Material für ein komplettes zweites, ungleich dunkleres Album ein, dessen Veröffentlichung E jedoch zu diesem Zeitpunkt für unangemessen hielt. Nach Beendigung der Arbeiten an der Platte gingen E und Butch zunächst getrennte Solo-Wege, um sich Mitte 2000 in großer Besetzung mit Streichern und Bläsern wieder auf Tour zu begeben. Anfang 2001 nahm E mit dem Multiinstrumentalisten John Parish (zuvor PJ Harvey) und Butch das nachdenkliche, aber im Eels-Kontext erstaunlich lebensbejahende Album *Souljacker* auf, zu dem Wim Winders in Berlin ein Video drehte.

LPs auf Dreamworks: *Beautiful Freak* (1996); *Electro-Shock Blues* (1998); *Daisies Of The Galaxy* (2000); *Souljacker* (2001)

Einstürzende Neubauten agierten seit 1979 mit Fundstücken aus der im Verfall begriffenen Industriewelt und «beackern damit musikalisches Neuland, bis es fruchtbar wird. Wenn wir lange genug weitermachen, wird es Musik.» Blixa Bargeld (voc, g), bürgerlich: Christian Emmerich, 1959 in Berlin geboren, Mark Chung (perc), 1956 in Leeds, England, geboren, Alexander «Borsig» Hacke (electronics, perc), 1965 in Berlin geboren, F. M. Einheit (electronics, perc, voc), bürgerlich: Frank Martin Strauß, 1958 in Dortmund geboren, N. U. Unruh (perc), bürgerlich: Andrew Chudy, 1957 in New York geboren, war alles, was Schall macht, zur Erzeugung tönender Visionen von Armageddon und Apokalypse gerade recht. Inspiriert von Kraftwerk (*Metall auf Metall*), in Verwandtschaft zu den radikalen Manifesten der Neutöner aus der Bauhaus-Ära und den Klang-Theorien von John Cage, gab sich der Suchtrupp durchaus findig im Aufspüren von Schrott, Bruchstücken, Abfällen, Alltagsgerätschaften jeder nur denkbaren Form und Konsistenz zum Erzeugen von Geräuschen. Biswelen mußten sogar Haut und Knochen der Interpreten als Klangkörper herhalten. Dabei jonglierten sie geschickt mit der «Melodie der Stille, der Poesie der jähen Dynamiksprünge» (‹Die Zeit›); biswelen «nahm ihre Attacke auf die Trümmer der urbanen Zivilisation die Form wüster Kopulation an» (‹New Musical Express›). Dazu gurgelte, grölte, röchelte, würgte und kreischte Bargeld bis kurz vorm Stimmbandriß: «Mein Kopf ist ein Labyrinth, mein Leben ist ein Minenfeld.» *Stahlversion* (1980) ließ zunächst nur grollenden Verdruß an der Techno-Welt hören. *Steh auf Berlin* (1981) lieferte dann als Percussion aus Steinwürfen und Metallsplittern den Soundtrack zu den Hausbesetzer-Unruhen in der Stadt. Auf Platten wie *Zeichnungen des Patienten O. T.* (1983), *½ Mensch* (1985), *Fünf auf der nach oben offenen Richterskala* (1987) und mit der im Hamburger Schauspielhaus aufgeführten Bühnenmusik zu Peter Zadeks Melodram ‹Andi› entfernten sie sich dermaßen von der Konvention konzeptuell gleichorientierter Bands wie SPK, Test Department, Art Of Noise, daß ihnen niemand mehr die Brechstange reichen konnte. «Musik setzt sich für mich aus drei Teilen zusammen: Macht, Magie, Wahnsinn», erläuterte Bargeld, der nebenbei gelegentlich bei Nick Cave den Baß zupfte. «Vieles, was wir tun», so Unruh, «hängt damit zusammen, daß wir durch das oberflächlich Deutsche zu etwas Tieferem durchstoßen wollen: Schwermut.» Dem entsprachen auch Texte voller Freude an der Ausweglosigkeit, am alles auslöschenden Finalschlag, am Verfall aller Werte. Katharsis, die aus dem Prozeß der Zerstörung Schönheit erzeugt, war nicht beabsichtigt, eher die Propaganda eines nihilistischen Totentanzes auf dem erloschenen Vulkan. Die Auftritte der Band hinterließen faszinierte Zuschauer: Während Bargeld und Chung unbeweglich auf der Bühne standen, rotes und blaues Licht die Musiker mehr verhüllte als zeigte, werkelte Unruh mit funkensprühendem Trennschleifer an dicken Stahlplatten oder legte zum Schrekken der Veranstalter auch mal ein kleines Feuer. Je mehr die Neubauten mit dem Kultur-Establishment liebäugelten, desto ratloser gerieten die Beschreibungen: «Nichts geschieht, und was da kommt, kommt unter dem Deckmantel der Kunst», befand ‹Q› über *Tabula Rasa* (1992). Bargeld selbst sah die Neubauten keineswegs als Kulturtruppe: «Die Neubauten haben mal zwei Theaterstücke in den achtziger Jahren gemacht», wehrte er sich gegen Feuilleton-Vereinnahmung, «es ist mehr Medien-Krimskrams als Realität.» Mitte der neunziger Jahre verließ zunächst F. M. Einheit, dann Mark Chung die Band. 1996 erschien eine weitere Neubauten-LP, deren Titel *Ende Neu* treffend die Situation der Gruppe um Blixa Bargeld beschrieb, der im Duett mit Hackes Ehefrau Meret Becker *Stella Maris* sang. Die Truppe war nun ein Trio, das Album von Bargeld weitgehend allein eingespielt. Als die Neubauten 1997 damit auf Tournee gingen, konsolidierten sie sich mit Jochen Arbeit (g), Rudi Moser (dr) wieder als Quintett. Der Autor, Komponist, Schauspieler, Sänger, Performer Bargeld verdiente sich sein Geld nebenbei auch als Gitarrist der Gruppe Bad Seeds sowie als Dozent. Er habe sich, urteilte der ‹Musikexpress›, «vom Anti-Helden zum Conferencier eines innovativen Kammerorchesters entwickelt, das dem Kunstlied näher steht als dem atonalen Fegefeuer». Seine Neubauten, so dasselbe Blatt in einer Rezension der Doppel-CD *Silence Is Sexy* (2000), überrundeten «das Gros der deutschen Bands bei der Suche nach einem zeitgemäßen Klangbild: Aus Stille erhebt sich Geräuschmusik, aus den Worten ziehen sich metallene Spuren, und plötzlich ist da gar nichts, bis man stutzt, den Volume-Regler aufdreht und hört, wie das Streichholz an der Reibefläche Feuer fängt.» Musik auch zum Riechen: «Beim Lied *Pelikanol* geht es um den Geruch eines Klebstoffes aus der Schulzeit, den jeder kennt» (Bargeld). Das «beste Neubauten-Album seit *Haus der Lüge*» von 1989, wie es der ‹Musikexpress› deklarierte? Oder wieder mal des Kaisers neue Kleider als Reizwäsche für Kulturdeuter? *Silence Is Sexy* sei «ein monolithisches Werk aus Geräuschen und Sprache», urteilte Christof Hammer in ‹Stereoplay›, «das eher die klassischen Medien der ‹Pop›-Kultur auf ihre feuilletonistischen Fähigkeiten hin testet als umgekehrt die Feuilletons auf ihre popkulturelle Belastbarkeit». Im Fernsehen war Promotion eine Nummer kleiner zu haben, da ging Blixa auch schon mal zum Köcheln zu Biolek. «Das war super», so der Künster im ‹Spiegel›-Interview (14/2000), «seitdem kennt mich auch mein Zeitschriftenhändler. Der Moment, als ich die schwarze Tintenfischsoße über den weißen Reis gekippt habe, hat Biolek sprachlos gemacht. Ich habe das genossen. Die Stille war, wie immer, der schönste Moment.» Seine Rezension der Jubiläumstournee 20 Jahre Einstürzende Neubauten im Feuilleton der ‹FAZ› überschrieb Norbert Krampf im Mai 2000: «Die Sprengkraft liegt in der Stille.» Textprobe: «Am Anfang steht die Identitätsfrage. Die glühende Dynamik des epischen *Redukt* zwischen leise gesprochenen Strophen und skandiertem Refrain verheißt hypnotische Kräfte des Sextetts.» 2001 untermalten die hypnotischen Neubauten Hubertus Siegerts modernen Stummfilm ‹Berlin Babylon› über Berlin Mitte im Umbruch. «Daneben gibt es einen Text von Walter Benjamin sowie einen von Ludwig van Beethoven zu hören», so Oliver Hüttmann im deutschen ‹Rolling Stone›: «Das dürfte als Warnung einstweilen wohl genügen.»

LPs auf Zick Zack: *Kollaps* (1981) … auf Rough Trade: *Zeichnungen des Patienten O. T.* (1983); *Malediction* (o. J.); *Die Hamletmaschine* (1990; zur Aufführung von Heiner Müller); *Strategies Against Architecture II* (1991); *Tabula Rasa* (1993); *Ende Neu* (1996); *Ende Neu Remixe* (1997) … auf Mute: *Strategien gegen Architekturen* (1983) … auf EfA: *1/2 Mensch* (1985); *Fünf auf der nach oben offenen Richterskala* (1987); *Nag Nag Nag/Wüste* (o. J.; Buch mit Mini-CD) … auf PVC: *Drawings Of O. T.* (1984) … auf ROIR: *2x4* (nur auf Cassette, 1984) … auf Some Bizarre: *Haus der Lüge* (1989) … auf Point Records: *Bany As A Can* (1998) … auf Rough Trade: *Silence Is Sexy* (2000); *Berlin Babylon O.S.T.* (Soundtrack, 2001) … Solo-LPs Blixa Bargeld auf Our Choice: *Commissioned Music* (1995); *Recycled* (2000) … Solo-LP FM Einheit auf Our Choice: *Prometheus/Lear* (1993) … LPs FM Einheit mit Stein auf Our Choice: *Steinzeit* (1992); *König Zukker* (1994) … LPs FM Einheit mit Andreas Ammer (und Ulrike Haage) auf Our Choice: *Radio Inferno* (1993); *Odysseus 7* (1998) … Solo-LPs Alexander Hacke auf Our Choice: *Filmarbeiten* (1993)

Element Of Crime, 1985 in Berlin gegründet, beriefen sich als einzige deutsche Band erfolgreich auf die Ästhetik des deutschen Vorkriegssongs à la Kurt Weill. Obwohl sie sich aktuellen Trends wie New Wave, Dance und Neofolk nicht verschlossen, waren die melancholischen Grübeleien der Band in jeder Phase anregend zeitlos. «Die Berufs-Melancholiker, die Walzerkönige, die Band, die sogar Chansons auf deutsch hinkriegt und mit Sven Regner einen Vorstand hat, der immer so poetische Sachen singt und auch noch so toll Trompete spielt» (‹ME-Sounds›), thematisierte in ihren «Songs der Befremdlichkeiten – immer mit dem sympathischen Charme des Diskreten und des Selbstzweifels» (‹Süddeutsche Zeitung›) Phänomene wie Erinnerung und Verdrängung. «Es ist Regners Lakonismus, der anrührt, seine Einsicht ins Unglück» (‹Rolling Stone›). Element Of Crime waren extrem unextrem. «Statt zu polarisieren, haben die Elements es geschafft, mit ihrer Kunst, die ohne jegliche Künstlichkeit auskommt, parallel existierende Szenen zusammenzubringen» (‹Aktiv›). Element Of Crime gingen als Nachwehe aus dem Westberliner Kollektivgeist der Neuen Deutschen Welle hervor. Sven Regner (voc, tp, g, org), geboren am 1. Januar 1961 in Bremen, und Jakob Ilja (g), als Jakob Dreiw Ilja Friedrichs 1959 in Berlin geboren, kannten sich bereits aus der Punk-Band Neue Liebe, bevor sie sich mit Paul Lukas (bg), Jürgen Fabritius (sax) und Uwe Bauer (dr), geboren am 4. Juni 1953, der von den

Fehlfarben kam, zu Element Of Crime zusammenfanden. Eine erste Deutschland-Tournee mit den Subtones trieb die Band an den Rand des finanziellen Ruins, machte jedoch Kurt Dahlke alias Der Pyrolator von der Düsseldorfer Band Der Plan auf die Gruppe aufmerksam, der sie auf sein Label Ata Tak holte. Das Debütalbum *Basically Sad* (1986) verkaufte sich im ersten Jahr etwa 800mal. 1986 verließen Bauer und Fabritius die Band. Während Richard Pappik, geboren am 6. Dezember 1955 in Holzminden, als Trommler einstieg, beschloß man, keinen neuen Saxophonisten einzustellen. Im selben Jahr wechselte die Gruppe zu Polygram und nahm in London unter der Regie von John Cale *Try To Be Mensch* (1987) auf. Element Of Crime wurden plötzlich zu den Lieblingskindern der deutschen Medien und absolvierten eine äußerst erfolgreiche Tournee durch Deutschland, Österreich und die Schweiz, die aus «Kreuzberger Lokalhelden weltzugewandte Musiker-Modelle» (‹Die Zeit›) machte. Zwei inoffizielle Auftritte führten die Band in die Ostberliner Zionskirche. Beim zweiten wurde das Publikum von einer Horde Rechtsradikaler überfallen. Produziert von Paul Young, geboren am 2. Mai 1949 in London, der zuvor unter anderem für Duke Ellington, Bronski Beat, Country Joe McDonald und David Bowie gearbeitet hatte und ein halbes Jahrzehnt später als fester Live-Gitarrist in die Band einstieg, nahm die Gruppe in New York das Album *Freedom, Love And Happiness* (1988) auf. Während der Aufnahmen an dieser relativ poplastigen Platte arbeiteten die Berliner unter anderem mit den Uptown Horns und Peter Scherer von den Ambitious Lovers zusammen. Auf dem wiederum in Berlin produzierten *The Ballad Of Jimmy And Johnny* (1989), auf dem der Pyrolator als Keyboarder mitwirkte, veröffentlichten Element Of Crime mit *Der Mann vom Gericht* erstmalig einen Song in deutscher Sprache. Diese Entscheidung blieb nicht ohne Folgen. Ende des Jahrs wurde die Gruppe zu einer Kurt Weill-Hommage auf das Festival de la Batie nach Genf geladen. Es entstanden acht Coverversionen von Weill-Songs, von denen *Surabaya Johnny* ins feste Repertoire der Gruppe übernommen wurde. Eine Phase der Stagnation und Orientierungslosigkeit im Jahr 1990 wurde durch die Live-Platte *Crime Plays* überbrückt, die zugleich das Ende der

«englischen» Ära der Band markierte. Für *Damals hinterm Mond* (1991) sattelten Element Of Crime auf deutsche Texte um und begannen eine Zusammenarbeit mit dem Komponisten Orm Finnendahl, der ihre Songs mit Streicher-Arrangements versah. Das Jahr 1992 stand ganz im Zeichen von Live-Auftritten. Das nun zweisprachige Repertoire stiftete bei Fans und Kritikern zunächst mehr Verwirrung als Klarheit. Im Sommer lud Herbert Grönemeyer die Band als Support auf seine Deutschland-Tournee, was einen ungeahnten Popularitätszuwachs zur Folge hatte. Entsprechend erfreulich waren die Verkaufszahlen der «arg pathetischen» (‹taz›) CD *Weißes Papier* (1993), auf der die Gruppe mit Bläsersätzen, Akkordeon und anderen Instrumenten arbeitete. Die Platte verkaufte sich auf Anhieb 60 000mal und löste endlich die finanziellen Probleme der Band. Die Konjunktur ausnutzend, wurde ein Jahr später das aufwendig produzierte Monumentalwerk *An einem Sonntag im April* (1994) veröffentlicht, mit dem die Band ihren kreativen Höhepunkt erreichte. Mit einer sechsköpfigen Tourband konnten erstmals große Konzerthallen gebucht werden. Vom plötzlichen Erfolgsrausch überwältigt, reichte Paul Lukas 1995 den Abschied ein und wurde durch Christian Hartje, geboren am 7. Mai 1964 in Hamburg, von der Country-Band Twang Dudes ersetzt. Das folgende Album *Die schönen Rosen* (1996) stieg auf Platz 24 in die deutschen Charts ein. 1997 setzte eine weitere Phase der Beruhigung ein. Ilja wurde im Umfeld von 17 Hippies aktiv, Pappik nahm Kinderlieder auf, Regner und Hartje wirkten als Gäste auf einem Album von Das Holz mit. 1998 entstand im Can-Studio nahe Köln das Album *Psycho* (1999), mit dem die Gruppe den Versuch unternahm, sich französisches Material anzueignen, und das in den deutschen Charts Position elf belegte. Nach 13 Jahren waren Element Of Crime nicht mehr aus der deutschen Musiklandschaft wegzudenken. «Eigentlich kann man die Band nur vergleichen mit den großen Durchhaltern der jüngeren Geschichte: Helmut Kohl, Lothar Matthäus, den Rolling Stones» (‹Rolling Stone›). Für eine Inszenierung von *Peter Pan* am Schauspielhaus Bochum nahmen «die Lieblinge des denkenden Liebhabers deutschsprachiger Popmusik» (‹WOM Journal›) vier weitere Songs auf, die

auf der EP *Irgendwo im Nirgendwo* (2000) veröffentlicht wurden. Der renommierte Theaterregisseur Leander Haussmann drehte das Video
zur EP.

LPs auf Büro: *Basicälly Sad* (1986) ... auf Polydor:
Try To Be Mensch (1987); *Freedom, Love And Happiness* (1988); *The Ballad Of Jimmy & Johnny*
(1989); *Crime Pays* (1990); *Damals hinterm Mond*
(1991); *Weißes Papier* (1993) ... auf Motor: *An
einem Sonntag im April* (1994); *Die schönen Rosen*
(1996); *Psycho* (1999)

Eleventh Dream Day, 1983 in Chicago gegründet, legten das Fundament des sogenannten Post
Rock, der zum Aushängeschild der Chicago-
Szene wurde. Ähnlich Gruppen wie Sonic Youth
und Yo La Tengo vollzogen sie eine Entwicklung
von geradem Gitarren-Rock zu komplexen und
lineareren Strukturen, auf deren Grundlage der
Sound von Tortoise möglich wurde. Rick Rizzo
(g), seine Frau Janet Beveridge Bean (dr, voc),
Shu Shubat (bg) und Baird Figi (g, voc) spielten
einen lauten und ekstatischen College-Rock, der
mit zahlreichen Versatzstücken von Blues, Country, Folk, Psychedelic und einem Hauch von
jazziger Offenheit angereichert wurde. Noch vor
ersten Aufnahmen wurde Shubat durch Doug
McCombs ersetzt. Nach dem Mini-Album *Ele-
venth Dream Day* (1987) und der LP *Prairie
School Freakout* (1988), deren Songs mit großem
Erfolg im College Radio liefen, wurde die Band
von den Talent Scouts von Atlantic entdeckt, wo
sie ihren Kult-Status mit dem Gitarrengewitter
Beet (1989) weiter ausbauen konnten. Intensive
Tourneen führten das «Familienunternehmen»
(‹Rolling Stone›) rund um den Globus, bis die
Band mit *Lived To Tell* (1991), eingespielt in einer
Scheune im beschaulichen Dörfchen Cub Run in
Kentucky, ein weiteres intensives Gitarren-Album veröffentlichte. Des vielen Tourens müde,
stieg Figi 1992 aus und wurde von Wink O'Bannon ersetzt. Nach dem Erscheinen von *El Moodio*
(1993) verließ die Band die Plattenfirma Atlantic
im Streit über deren Veröffentlichungspolitik.
Trotz verhältnismäßig erfolgreicher Verkäufe
wurden alle drei Alben nach jeweils einem Jahr
aus dem Programm genommen und nie wieder
aufgelegt. Die Musiker widmeten sich zunächst

anderen Projekten. Janet Beveridge Bean gründete das Lo-fi-Country-Quartett Freakwater,
Doug McCombs hob Tortoise aus der Wiege,
O'Bannon widmete sich der Band Bodeco, und
Rick Rizzo verwirklichte jazzinspirierte Solo-
Ambitionen. 1994 traf man sich wieder zu den
Aufnahmen von *Ursa Major* (1995), einem Album «von trauriger, aber vollkommener Schönheit» (‹Skug›). «Ihre Wurzeln bei Neil Young, Te-
levision und Velvet Underground verschwinden
dabei aber beileibe nicht, nur scheint jetzt auch
ein anderer Teil ihrer Wurzeln ein gehöriges
Stück weit durch, die in der deutschen Avantgarde der 70er liegen» (‹Zillo›). Doch kurz nach
Beginn der Aufnahmen stieg O'Bannon aus und
wurde interimsweise durch Ira Kaplan von Yo La
Tengo bzw. John McEntire von Tortoise, der auch
als Produzent des Albums fungierte, ersetzt.
Möglicherweise ließ der Umstand, daß Rizzo und
Beveridge Bean Eltern eines Sohnes geworden
waren, das Album wesentlich geschmeidiger und
filigraner als seine Vorgänger wirken. Gemeinsam mit Tortoise und der ebenfalls aus Chicago
stammenden Band The Sea And Cake ging «die
Postpunk-Boogie-Walze» (‹WOM Journal›) auf
Europa-Tournee. McCombs wurde inzwischen
mehr und mehr von Tortoise in Beschlag genommen, Rizzo arbeitete als Lehrer und half bei Palace und Red Red Meat aus, Beveridge Bean kümmerte sich um den Sohn und brachte mehrere
Platten von Freakwater heraus. Nach drei weiteren Jahren, die von bestenfalls sporadischen Zu-
sammenkünften geprägt waren, legten die zum
Trio geschrumpften Eleventh Dream Day mit
dem versonnenen, weitgehend instrumentalen
Sound-Elaborat *Eighth* (1997) einen «Geniestreich» (‹Niagara›) nach. «Der Sound nimmt
sich Zeit, breitet sich langsam und weit aus, um
Stimmung und Atmosphäre zu schaffen» (‹Visions›). Janet Beveridge Bean kümmerte sich
fortan ausschließlich um Freakwater, während
Rick Rizzo mit Tara Key auf *Dark Edson Tiger*
(2000) endgültig die Ästhetik des Post Rock annahm. Die Ironie der Musikgeschichte wollte
es, daß Eleventh Dream Day, die trotz ihrer strukturellen Öffnung bis zum Schluß eine Gitarrenband geblieben waren, genau jener Strömung
zum Opfer fielen, der sie den Weg geebnet hatten.

LPs auf Amoeba: *Prairie School Freakout* (1988) ... auf Atlantic: *Beet* (1989); *Lived To Tell* (1991); *El Moodio* (1993) ... auf Atavistic: *Ursa Major* (1994) ... auf Thrill Jockey: *Eighth* (1997); *Stalled Parade* (2000) ... LPs Janet Beveridge Bean mit Freakwater auf Amoeba: *Freakwater* (1989) ... auf Thrill Jockey: *Dancing Under Water* (1991); *Feels Like The Third Time* (1995); *Old Paint* (1995); *Springtime* (1998); *End Time* (1999) ... LP Rick Rizzo mit Tara Key auf Thrill Jockey: *Dark Edson Tiger*
LPs Doug McCombs → Tortoise

Eminem, als Marshall Bruce Mathers III am 17. Oktober 1972 in St. Joseph bei Kansas City geboren, durchlebte alle Tiefen eines weißen Kindes der amerikanischen Unterschicht, bevor er im Rap ein Ventil fand, um seinen Frustrationen Luft zu machen. Sein Erfolg beruhte auf der Fähigkeit und Kraft, sich in jeder noch so verzwickten Situation durchzubeißen, wie auch auf seinen unverblümt in spontanen Raps übersetzten Jugenderfahrungen, die hundertprozentig kompatibel zu den Erfahrungen Millionen schwarzer und weißer Jugendlicher in den USA waren. «Seine Freude an der Verachtung der konservativen Kritik befindet sich ohne Zweifel in Einklang mit einer ganzen Generation Jugendlicher, die ignorant und unfair für ihren Geschmack in Musik und Kleidung dämonisiert werden» (‹Sonicnet›). «Er besitzt sein Publikum. Diese hauptsächlich weißen Kids kennen jedes Wort, jede Nuance und können nicht genug kriegen» (‹Rolling Stone›). Eminem spielte nicht mit anonymen Charakteren wie dem Polizisten oder dem Street Kid an sich, sondern nannte seine Feinde direkt beim Namen und polarisierte damit weit stärker als viele Rapper vor ihm. Das «Detroiter Großmaul mit Dr. Dre als Ziehvater» (‹Intro›) gefiel sich mit gewaltverherrlichenden und sexistischen Texten, scheute sich aber nicht vor pathetischen Gefühlen und outete sich als liebevoller Vater. Auf seinen Alben erzählte er die Leidensgeschichte seiner Kreatur Slim Shady, der er auch die vielen Mißverständnisse um seine Texte in die Schuhe schob. Seine Kombination aus Popularität und Unangepaßtheit machte ihn in Amerika zum Staatsfeind Nummer 1. «Für konservative US-Politiker ist er die Wurzel allen Übels», (‹Spiegel›), doch Madonna nahm ihn in Schutz und erklärte öffent-

lich, Präsident Bushs Statements wären wesentlich anstößiger als Eminems Texte. Der Rapper kommentierte derartige Debatten in einem Song mit den Worten: «Gott hat mich geschickt, um auf die Welt zu pissen.» Seine frühe Kindheit verbrachte Eminem mit seiner Mutter zwischen Kansas City und Detroit pendelnd. Als er zwölf war, ließ sich seine Mutter fest in Detroit nieder, doch Marshall Mathers wechselte alle zwei bis drei Monate die Schule, fand keine Freunde und neigte zu brutaler Gewalt. Schon während der Highschool nahm er erste Demo-Kassetten auf, mit denen er sich an verschiedenen Wettbewerben beteiligte. Nach der neunten Klasse verließ er die Schule, um sich mit Gelegenheitsjobs durchzuschlagen, den Gruppen Basement Productions und New Jacks anzuschließen und später das Duo Soul Intent zu gründen. 1996 veröffentlichte er auf eigene Faust sein erstes Album *Infinite*, das ihm jedoch neben weitgehender Ignoranz lediglich den Ruf einbrachte, Nas zu kopieren. Doch Eminem ließ nicht locker, betrachtete das Album als gescheiterten Versuch, der ihn nur noch mehr anspornte, seinen eigenen Stil zu finden. Neuen Auftrieb erhielt er mit einem Feature in der Unsigned Hype-Kolumne des Magazins ‹Source›. Er schuf die Figur des Slim Shady und begann diese mit Songs auszufüllen, die er auf der *Slim Shady EP* (1997) zu Gehör brachte. Zur selben Zeit gab er Wendy Day von der Rap Coalition eine Kopie von *Infinite*, die ihn kurz entschlossen zu den Rap Olympics nach Los Angeles einlud. Dort belegte er den zweiten Platz im Freestyle-Wettbewerb. Im Rahmen dieser Reise trat er in der bekannten ‹Wake Up Show› im Radio von Los Angeles auf. Im Bewußtsein, die Chance seines Lebens zu haben, verblüffte er die Gastgeber der Sendung, die ihm den Freestyle Performer Of The Year Award verliehen, ebenso wie die Hörer. Zu letzteren gehörte Ex-NWA-Mann Dr. Dre, der den Detroiter sofort für sein Label Aftermath buchte und die *Slim Shady LP* (1999) veröffentlichte, an der er auch selbst partizipierte. ‹Sonicnet› charakterisierte die Platte, die bis März 1999 auf Platz zwei der Billboard-Charts stieg, als «provokanten Reigen gewalttätiger und zwiespältiger Texte». ‹Billboard› empörte sich darüber, daß er «Geld macht, indem er die Misere der Welt ausbeutet». Neben solch unverhohlener Kritik lobten auch einige Rezensenten die «Kantigkeit und den surrealen Humor wie auch Eminems nicht zu leugnenden poetischen Fähigkeiten und Dr. Dres erfindungsreiche Produktion» (‹All Music Guide›). Die Auskopplung *Just Don't Give A Fuck* wurde ein weltweiter Underground-Hit. Über Nacht war Eminem ein gern gesehener Gast auf den Platten seiner Kollegen, unter anderem auf MC Shabaam Sahddeqs Single *Five Star Generals* und Kid Rocks *Devil Without A Cause.* Doch mit seinen provokanten und aggressiven Texten brachte Eminem ebenso viele Menschen gegen sich auf, unter anderem seine Mutter, die den Sohn wegen anstößigen Äußerungen in Interviews verklagte. Ein Affront folgte dem nächsten, doch Eminems Popularität wuchs unaufhaltsam, bis er es im April 1999 sogar auf die Titelseite des ‹Rolling Stone› brachte. Mit der *Marshall Mathers LP* (2000), die sich allein in der ersten Woche zweimillionenmal verkaufte, stieg er bereits auf Position eins in die amerikanischen Charts. In Neuseeland hingegen durfte das Album an Personen unter 18 gar nicht verkauft werden. Dennoch war Eminems dritte Fulltime-LP das sich am schnellsten verkaufende Rap-Album aller Zeiten. *2001* erhielt er für das Album drei Grammies. Anläßlich der Grammy-Verleihung trat er gemeinsam mit Elton John auf, was sowohl als Brückenschlag von der harten Rap-Fraktion zum sanften Pop gewertet wurde als auch als Versuch einer partiellen Versöhnung mit Gay Rights-Aktivisten, die zuvor scharf gegen die Auszeichnung protestiert hatten. Die gutgemeinte Aktion konnte der Kontroverse jedoch nicht den Wind aus den Segeln nehmen. Erneute Schlagzeilen machte der Rapper mit der medienwirksam ausgeschlachteten Scheidung von seiner Frau Kim. Als er gegen einen Rivalen unbeherrscht seine Pistole einsetzte, wurde er wegen unerlaubten Waffenbesitzes zu zwei Jahren Gefängnis auf Bewährung verurteilt.

LPs auf Interscope: *The Slim Shady LP* (1999); *The Marshall Mathers LP* (2000) … mit D12 auf Interscope: *Devil's Night* (2001)

Eno, Brian, angeblich: Brian Peter George St. John de Baptiste de la Salle Eno (synthesizer, tape recorder, studio, voc), am 15. Mai 1948 in Woodbridge, England, als zweites von vier Kindern eines Postboten in der dritten Generation geboren, verstand sich als experimentelles Bindeglied zwischen dem ausgeklügelten Art Rock und der Amateur-Attitüde des Punk. Seine Klanggewebe «von verrückter Naivität» (‹Sounds›) knüpfte der ambitionierte Autodidakt mit minimalistischem Aufwand: «Ein paar Bandmaschinen, ein Mixer, Geräuscherzeuger, Rasierklingen sowie etwas Zeit – und Eno kann Meisterwerke hervorzaubern, auf denen sich die unwahrscheinlichsten Sounds gegenseitig zum Strahlen bringen» (‹Village Voice›). So ergaben sich aus «vagen utopischen Ideen» mit «amateurhaft-technophilen Methoden erbauliche Resultate». Eno, «eine der Renaissance-Figuren des späten zwanzigsten Jahrhunderts» (‹Spin›), hatte erstklassige katholische Schulen besucht, sein Kunstdiplom gemacht und in der Band The Maxwell Demon dilettiert, bevor er 1969 nach London ging und sich von 1971 bis 1973 Roxy Music anschloß. Nachdem ihn Bryan Ferrys Eifersucht aus den Band-Spotlights gedrängt hatte, stieg Eno mit den «freiassoziativen, lärmend erfindungsreichen» (‹Rolling Stone›) Songkollektionen *Here Come The Warm Jets, Taking Tiger Mountain (By Strategy)* voll auf die Avantgarde-Schiene um, beteiligte sich an Konzertalben mit Nico, Kevin Ayers, John Cale und der Gruppe 801 des Roxy Music-Gitarristen Phil Manzanera. Der John Cage-Verehrer, Kybernetik-Student und Sympathisant der kalifornischen Minimal Music-Szene gründete 1975 sein Experimental-Label Obscure Records, dessen Ambient Music in «Landschaften zum Zuhören» (Eno) entführte, *Music For Airports, For Films, On Land* bot, die einigen Kritikern allerdings «zickig und zahm» (‹New Musical Express›) vorkam und als «Designer-Muzak» bespöttelt wurde. Mit den Schlummerklängen der New Age Music wollte Eno seine sachten Sounds am Rande der Hörschwelle allerdings nicht verwechselt wissen: «Das Schlimme an New Age ist, daß dieser Musik jede Gemeinheit fehlt.» Auf Alben wie *Another Green World, Before And After Science* offerierte Eno hingegen «Abenteuer, Spontaneität, Unberechenbarkeit» (‹Melody Maker›), «schräge Arrangements, bei denen die Präsentation mehr Gewicht bekommt als die originale Komposition» (‹Rolling Stone›), eine «dadaistische Tour de force durch die Musik, von

Klassik, krachendem Rock, Ragtime bis zu kosmischen Klängen und purer Elektronik – und man weiß nie, wann es dem Jungen ernst ist und wann nicht» (‹Circus›). Eno sah den Studio-Kontrollraum als sein eigentliches Instrument: «Als Producer versuche ich, eine Situation zu schaffen, wo die Leute zur kreativen Arbeit gezwungen werden, wo sie den Mut gewinnen, Dinge auszuprobieren, selbst wenn das Resultat zunächst absurd erscheint.» Diese Manier erprobte er in Kollaborationen mit Cluster (*Cluster And Eno*), Moebius und Roedelius (*Eno, Moebius And Roedelius – After The Heat*), David Bowie (*Low, Heroes, Lodger*), Robert Fripp von King Crimson, Devo, Ultravox, Talking Heads (*Fear Of Music, Remain In Light*), John Cale (*Wrong Way Up*) und U 2 (*The Unforgettable Fire*). Mit Talking Head David Byrne tüftelte er aus dem eurasischen Archivstimmen-Gewirr von Basar-Sängerinnen, Fernsehpredigern, Discjockeys und religiösen Rezitatoren mit subtilen Studiosound-Zutaten ein irritierendes und aufreizendes World Music-Schwebeklang-Panorama *My Life In The Bush Of Ghosts*, 1981, lange bevor der Konsum von Drittwelt-Musik zur Hörmode wurde. Bei all seinen Arbeiten mit Feedback, Bandverzögerungen, Klangmutationen, Mix-Tricks «überschritt Eno nie die gewohnten Grenzen des Rock, sondern gab sich innovativ innerhalb dieser Limitationen» (‹Rolling Stone›). Trotz aller avantgardistischen Anwandlungen blieb er «ein Popmusiker, der intuitiv alle Extravaganzen auf ein konsumables Maß abmildert» (Kritiker Jon Pareles). Sein blumiges «Komponieren von Soundlandschaften» (Eno) verhalf U 2 für die Eno-produzierte LP *The Joshua Tree* (1987) zu einem Grammy. Mit *Nerve Net* erschien 1992 auch mal eine Eno-LP: Vogel-Gezwitscher, Bruchstücke von Piano-Musik, Gesang, Juju-Anklänge, Trompetenstöße von Robert Fripp. Im selben Jahr stellte Eno für den russischen Maler Sergej Shutow, der sich bei ihm beklagte, daß seine Platten in seiner Heimat nicht zu bekommen seien, ältere Aufnahmen zu der LP *The Shutov Assemble* zusammen. 1995 verlieh ihm das britische Radio 1 bei den Novello Awards im Londoner Grosvenor House einen Preis für «Continuing Innovation in Music». Er produzierte die Benefizplatte *Help* mit Aufnahmen von Paul McCartney, Paul Weller, Blur, Suede, Radiohead, Sinéad O'Connor u. a. zugunsten von Kriegskindern im ehemaligen Jugoslawien, die bald die englischen Sampler-Charts anführte und rund vier Millionen Mark erlöste, brachte auf seiner Kollaboration mit U 2 *Original Soundtracks Volume I* den Tenor Luciano Pavarotti dazu, *Miss Sarajevo* zu singen, und half in Mostar eine Musikschule aufzubauen. Ebenfalls 1995 produzierte er David Bowies Zeitsprung-Album *T. Outside*, dessen Song-Impressionen zwischen 1977 und 1999 oszillierten; Tätigkeitsbeschreibung des Künstlers im Booklet: «Synthesizers, Treatments & Strategies». «Es ist immer noch schwer, genau zu sagen, was Eno überhaupt macht», lästerte ‹Pulse› über die unterschiedlichen Aktivitäten des Musikers, «aber er macht es immer noch gut.» Musik, erklärte Eno, als Virgin 1994 sein musikalisches Lebenswerk auf sechs CDs veröffentlichte (*I & II*), «ist mir völlig egal». Er sei ein «Sammler und Sinnsucher», befand ‹Der Spiegel›, «der aus den Fundstücken einer rasend beschleunigten Informationslawine Theorie-Puzzles zur Welterklärung zusammensetzt». Während 1997 auf Cleopatra Records *A Tribute To The Music And Works Of Brian Eno* veröffentlicht wurde, erschien bei Faber & Faber in London ein 400-Seiten-Wälzer des kurz zuvor mit einem Brit Award als «Best Producer» ausgezeichneten Künstlers: ‹A Year with Swollen Appendices› («Ein Jahr mit angeschwollenen Blinddarm-Wurmfortsätzen»), Tagebuchnotizen aus dem Jahr 1995 mit einem 120seitigen Anhang voller Fußnoten und Briefe. Beispiel vom 26. August 1995: «Pißte in eine leere Weinflasche, um weiter ‹Monty Python› gucken zu können, und dachte plötzlich: Ich habe noch nie meine eigene Pisse geschmeckt, trank also ein bißchen. Sah genau wie Orvieto Classico aus und schmeckte nach fast nichts.» Eno spekulierte über Rollenspiele zur Belebung von Band-Improvisationen, computergenerierte Musik, lobte den Bildschirmschoner, verwarf die CD-ROM und memorierte, daß er in Irland selten Erektionen habe und im Schlaf mit den Zähnen knirschte. «Eine milde, aber nicht unbedingt anregende Lektüre» (so Jörg Heiser in der ‹Süddeutschen Zeitung›), «während im Hintergrund *The Drop* wie ein stetes Daten-Flüßchen pastellener Piano- oder Synthie-Farben und feingliedriger Elektronic-Percussion aus den Boxen plätschert: der Horror jedes lebhaften Menschen.» Die Promotion zum Album *The Drop* (1997) mit 14 Instrumentals auf All Saints Records in England und Thristy Ear Records in den USA besorgte Eno via E-Mail von St. Petersburg aus, wo er sich für kurze Zeit niedergelassen hatte. 1998 verlieh ihm die Akademie der Künste in Berlin die Ehrenprofessur. Obgleich seine Mutter von den Nazis aus Belgien in ein Zwangsarbeiterlager in Deutschland verschleppt worden war, hatte er schon 1978 einmal mit David Bowie und Iggy Pop in Berlin gelebt: «I like Germany, actually, I have to say.» Die englische Kunsthochschule, so geistreichelte er in der Berliner Akademie, sei «die eigentliche Wurzel der Popmusik-Industrie. Aber niemand gibt das zu. Jeder tut so, als ob man nach dem Abschluß Maler würde, auch die Studenten. Und dann gehen wir ab und kaufen Gitarren.» In einem kleinen Essay für die ‹Frankfurter Allgemeine Zeitung› hielt er am 8. November 2000 eine Eloge auf das Geräusch in der populären Musik: «Geräusch ist nicht länger eine Domäne der Avantgarde. Was aber wird mit dem Anwachsen von Geräusch in der Musik emotional erreicht? Zunächst verwischen sich die Grenzen zwischen dem Hören von Musik und dem Hören an sich. Die Kunst wird so gewissermaßen ins Leben verlängert, und wir können das Leben so betrachten, als sei es Kunst.» Enos epochemachendes Werk *Music For Airports*, 1978 einer der Auslöser der Ambient-Stilrichtung in der Techno-Musik, hatte sich in den ersten zehn Jahren weltweit nicht mehr als 200000mal verkauft. Eine Live-Aufnahme davon erschien 1998 unter dem Titel *Bang On A Can* bei Point Records in den USA; sie illustriert Enos Interplay von Leben und Kunst: «Ich hatte damals einen Unfall gehabt und konnte für längere Zeit mein Bett nicht verlassen. Eine Freundin kam zu Besuch und legte zum Abschied eine Platte mit Harfenmusik auf. Die Musik war viel zu leise, ich konnte kaum etwas hören, außerdem regnete es draußen. Hätte ich aufstehen können, wäre ich sofort zum Plattenspieler gerannt und hätte die Lautstärke aufgedreht. Aber es ging nicht. Also mußte ich mich damit abfinden, und nach einer Weile hatte ich mich ganz auf das Wechselspiel aus Regen und den kaum hörbaren Harfen eingestellt. Es

war eine völlig neue und aufregende Sache – Musik, die kurz vor dem Verschwinden entsteht.» Für die musikalische Eröffnung seiner Installation ‹Future Light Lounge Proposal› in Bonn tat sich Eno mit dem klassisch geschulten Komponisten, Drummer und DJ Peter Schwalm, geb. 1970 in Frankfurt/M., zusammen, ehemals Chef der kurzlebigen Band Slop Shop und Gründer des Labels Poet Club Records. Schwalm über seine Arbeit am Computer für die CDs *Makrodelia* (1998) und *Makrodelia 2* (2001): «Ich jamme mit mir selbst und lasse mich vom Ergebnis überraschen.» Das Album *Drawn From Life* (2001) der beiden seelenverwandten Musiker beschrieb Jörn Schlüter im deutschen ‹Rolling Stone› als «die auditive Begleitung für einen Sonntagnachmittag im Museum für moderne Kunst», als «Soundtrack für wortlose Strecken im ambitionierten Autorenkino». Und, um jeden Zweifel auszuschließen: «Es ist Kunst! Und sie ist schön!»

LPs auf Island: *No Pussy Footin'* (mit Robert Fripp, 1972); *Here Come The Warm Jets* (1973); *Taking Tiger Mountain* (1974); *Another Green World* (1975); *Evening Star* (mit Robert Fripp, 1975) ... auf Obscure: *Discreet Music* (1975) ... auf Sky: *Cluster And Eno* (mit Cluster, 1977); *After The Heat* (mit Dieter Moebius und Achim Roedelius, 1978); *Begegnungen* (1984) ... auf Polydor: *Before And After Science* (1977); *Music For Films* (1978) ... auf EG: *Ambient I – Music for Airports* (1978); *Ambient II – The Plateaux Of Mirrors* (mit Harold Budd, 1980); *Fourth World I – Possible Music* (mit Jon Hassell, 1980); *My Life In The Bush Of Ghosts* (mit David Byrne, 1981); *Ambient 4 – On Land* (1982); *Apollo – Atmospheres & Soundtracks* (1983); *Pearl* (mit Harold Budd, 1984); *Thursday Afternoon* (1985); *More Blank Than Frank* (1986) ... auf Warner Bros.: *Wrong Way Up* (mit John Cale, 1990); *Nerve Net* (1992); *Shutov Assembly* (1992); *Songs In The Key Of X* (TV-Musik «The X-Files» mit Elvis Costello, 1996) ... auf Rough Trade: *Neroli* (1993) ... auf Virgin: *Box Set I – Instrumental* (1994); *Box Set II – Vocal* (1994) ... auf All Saint: *Spinner* (1995; mit Jah Wobble); *The Drop* (1997) ... auf Point Records: Bang On A Can (1998) ... auf Virgin: *Drawn From Life* (mit Peter Schwalm 2001)
Weitere LPs → Roxy Music

Estefan, Gloria (voc), am 1. September 1957 als Gloria Maria Fajardo in Havanna, Kuba, geboren, gab mit ihrer Miami Sound Machine «der ansonsten ermüdend metronomhaften Gleichförmigkeit des elektrorhythmischen Pulses in der Dance Music eine humane Färbung durch die unwiderstehlich enthusiastische und großzügige Verteilung von Off-Beats, On-Beats und Zwischendrin-Beats» (‹Q›). Hits wie *Dr. Beat*, *Conga*, *Rhythm Is Gonna Get You*, *1-2-3* ermöglichten dem Ensemble, die Fanbasis über den eingeschworenen Kreis der Kubaner im Barrio von Miami zu verbreitern. Dort hatte Glorias späterer Ehemann, der Castro-geschädigte Emilio Estefan Jr., in Restaurants Akkordeon gespielt, bevor er 1974 mit den Schulfreunden Enrique «Kiki» Garcia (dr), Marcos Avila (bg) die Miami Latin Boys ins lokale Rampenlicht stellte. Die Boys neutralisierten sich 1976 zur Sound Machine, als Gloria Fajardo sich der Combo anschloß, und brachten ihr erstes Album auf dem regionalen Audio Latino-Label heraus. Es enthielt englisch und spanisch gesungene Titel, darunter den ersten Hit *Renacer*. Ihr Columbia-Debüt mit *Dr. Beat* brachte, nach diversen Platten für den spanischsprechenden Markt, 1979 das «Crossover» zu Tanzfanatikern in Japan, Australien, Europa und Nordamerika. «Sie sind am besten, wenn sie ihren Latino-Akzent hervorheben; ansonsten ist es Saccharin», lautete das zwiespältige ‹Billboard›-Urteil zum Album *Primitive Love* (1985), das den globalen Diskotheken-Renner *Conga* enthielt. Für die Nachfolge-LP *Let It Loose* (1987) fand das Fachblatt jedoch nur noch Lob: «Latin Funk auf einem chartsprengenden Siedepunkt.» Miami Sound Machine war zu jener Zeit die Schaumkrone einer karibischen Tanzmusikwoge. «Latin Music ist so heiß wie Sex in der Sauna», priesen die ‹Miami News› das lokale Produkt: «Sie hebt ab wie Hip Hop im schnellen Vorwärtsgang.» Dennoch klang das Tanzorchester manchen Puristen «einfach nicht kubanisch genug» (‹New Musical Express›). Während sich Emilio Estefan als Manager aus der aktiven Ensemble-Arbeit zurückzog, führten Jorge Casas (g), Clay Ostwald (kb) Gloria ins Solo-Spotlight und reduzierten die Miami Sound Machine zur Begleitgruppe in wechselnder Besetzung. Die scheue Exil-Kubanerin machte dabei eine durchaus attraktive Figur und versprühte eine Art von Sexualität, «die Madonna wie ein halbes Pfund gefrorenen Kabeljau aussehen läßt» (‹20/20›). Ihr Balladengesang (*Don't Wanna Lose You*) ödete Rock-Puristen bisweilen an «wie pastellfarben retuschierte Langeweile» (‹Q›) und artete gelegentlich wirklich zu «schrecklich klamottigen Kitsch-Affären» (‹Time Out›) aus. Doch im Grunde war an der perfekten Urlaubsmusik nichts auszusetzen: «Nichts trübt die makellose Oberfläche jenseits des federleichten Beats, nichts zerzaust die heitere Gelassenheit ihrer Stimme außer einem sachten Lispeln» (‹NME›). Gloria Estefan, deren Vater gegen Castro im Untergrund gekämpft hatte und nach der gescheiterten Schweinebucht-Invasion zwei Jahre in kubanischen Gefängnissen verbringen mußte, sah sich in der Musik-Szene von Miami als «Symbol dafür, daß unsere Kultur nicht stirbt, obwohl uns das Regime vertrieben hat, sondern hier in der jungen Generation weiterlebt». Anfang 1990 wurde ihre mit *Cuts Both Ways* gerade begonnene Solo-Karriere durch einen Unfall des Tour-Busses jäh unterbrochen. Ein Bruch der Wirbelsäule erzwang eine mehr als einjährige Pause. Resultat ihrer Innenschau war das beseelte Album *Into The Light* (1991). Sie besann sich auch ihrer kubanischen *Tradición* (Songtitel) und versammelte für zwölf Lieder in spanischer Sprache über *Mi Tierra* («Mein Land», 1993) die Creme exilkubanischer Musiker im Crescent Moon Studio in Miami, darunter Tito Puente, Arturo Sandoval, Paquito D'Rivera, Luis Enrique, aber auch die Percussionistin Sheila E. Kaum weniger überzeugend geriet ihr das von Phil Ramone produzierte Weihnachtsalbum *Christmas Through Your Eyes* (1993). In opulenten Orchesterarrangements gab sie den abgesungenen Weisen mit gestalterischer Kraft Würde und einen leicht hymnischen Gospel-Touch, was ihr auch mit der Cover-Kollektion *Hold Me, Thrill Me, Kiss Me* (1994) vergleichbar gültig gelang: gut gesungene Oldies von Berry Gordy, Carole King, Neil Sedaka, Elton John, die bewiesen, daß sich das Dancefloor-Girl Gloria Estefan inzwischen zur Entertainment-Lady gemausert hatte. Ihr spanisches Album *Abriendo Puertas* (1995) war eine Reverenz an die kubanische Song- und Tanzmusik-Tradition der dreißiger und vierziger Jahre, als «Best Tropical Latin Performance» mit einem Grammy ausgezeichnet. *Destiny* (1996), ein gepfeffertes, englischsprachiges Mainstream-Produkt, erreichte in England die Charts-Position zwölf, in den USA 23. *Gloria!* (1998) mit 16 Dance-Tracks fiel mit Platz 16 (UK) und 27 (USA) dagegen leicht ab, alle drei CDs wurden wieder mit Platin prämiert. Von Atlanta aus, wo sie am Vorabend der Olympischen Spiele im Juli 1996 die amerikanische Nationalhymne sang, ging die studierte Psychologin, in ihrer Heimatstadt Orlando, Florida, als «inoffizielle Bürgermeisterin» verehrt, auf ihre Evolution World Tour – ihre erste seit 1991. Im Dezember desselben Jahres gab sie mit Donna Summer und Chaka Khan im New Yorker Lunt-Fontanne Theater das Konzert «Three Divas On Broadway», trat am 1. April 1998 neben Ray Charles, Stevie Wonder, Smokey Robinson, Oprah Winfrey u. a. in der TV-Hommage «Quincy Jones … The First 50 Years» vor die Kamera und kehrte unmittelbar darauf an den Broadway zurück. Der Mitschnitt des Konzerts aus dem Beacon Theatre «Divas Live: An Honors Concert for VH 1 Save the Music» mit Mariah Carey, Aretha Franklin, Céline Dion, Shania Twain zugunsten des Musikunterrichts in US-Schulen erschien im Oktober auf CD und erreichte Platz 21 in den Charts. Nach 25 Jahren im Musikgeschäft besaß Gloria Estefan zur Jahrtausendwende mit ihrem Ehemann Emilio ein Latin-Imperium mit 700 Angestellten, ein Art-déco-Hotel in Miami Beach und drei Restaurants, darunter das nach ihrem Hit benannte «Bongos» in Orlandos Disney World. Ihre Produktionsfirma Crescent Moon startete die Erfolgssänger Jon Secada, Carlos Ponce und arbeitete für die Latino-Stars Jennifer Lopez und Ricky Martin. Mit ihrer dunkler gewordenen Stimme agitierte sie auf der CD *Alma Caribeña* (2000) auf Spanisch abermals gegen Kubas Castro, «dessen Kommunismus ein Irrweg ist». – «Rundgelutscht fast bis zum Geht-nicht-mehr», so ein Naseweis im deutschen ‹Rolling Stone›, gehe «der Latin-Diva dabei leider jeglicher Pep ab.» Es sei «nun wirklich Zeit, daß sich die Sängerin aus den achtziger Jahren verabschiedet». Davon könne allerdings, so der «erste Latin-Superstar Amerikas» (‹Der Spiegel›), vorerst gar keine Rede sein: «Allerdings habe ich meiner

Schwester gesagt, sie soll mich erschießen, falls ich noch auf der Bühne stehe, wenn mir mein Hintern bis zum Boden hängt.» Das Magazin ‹Zitty› nannte *Alma Caribeña* einen «feinen Sommernachtstraum».

LPs Gloria Estefan & Miami Sound Machine auf Epic: *Eyes Of Innocence* (1984): *Primitive Love* (1985); *Let It Loose/Anything For You* (1987) … Solo-LPs auf Epic: *Cuts Both Ways* (1989); *Exitos De Gloria Estefan* (1990); *Into The Light* (1991); *Mi Tierra* (1993); *Christmas Through Your Eyes* (1993); *Hold Me, Thrill Me, Kiss Me* (1994); *Abriendo Puertas* (1995); *Destiny* (1996); *Gloria Estefan Box Set* (o. J., Box mit drei CDs); *Gloria!* (1998); *Alma Caribeña* (2000); *Tres Gotas De Agua Bendita* (2000)

Etheridge, Melissa (voc, g), am 29. Mai 1961 in Leavenworth, Kansas, geboren, erhielt die höheren Weihen von Island-Label-Chef Chris Blackwell: «Die Zukunft des Rock ’n’ Roll hat ein weibliches Gesicht», sagte er in Anlehnung an Jon Landaus berühmtes Wort über Springsteen 1986 nach einem kurzen Auftritt der Sängerin in einem Club in Long Beach und nahm sie unter Vertrag. «Jeder, der mich kannte, wußte, daß ich ein Rockstar werden würde», so die Sängerin selbstbewußt. Als Kind hatte sie Gitarrespielen gelernt, wurde vom renommierten Berklee College aufgenommen und erholte sich von allzuviel Theorie in nächtlichen Clubauftritten in Boston, später in Los Angeles, wo sie «von Barbra Streisand bis Janis Joplin alles» sang. Der Vergleich mit Joplin war zutreffend: ähnlich rauh ihre Stimme, ebenso ungekünstelt und expressiv ihr Stil. Dennoch rümpfte Blackwell die Nase, als Etheridge ihm ihre ersten Songs präsentierte. In einem zweiten Versuch nahm sie das Album *Melissa Etheridge* (1988) auf, das – obwohl die Sängerin für den Song *Bring Me Some Water* für einen Grammy nominiert wurde – an der unentschlossenen Produktion von gleich vier Produzenten litt, darunter Etheridge selbst. Einerseits an Springsteens Sound orientiert, andererseits allzu auffällig Joplin imitierend, kam die Platte vor allem in Europa nicht über Anerkennungserfolge hinaus. Als auch *Brave And Crazy* (1989) in der Alten Welt mehr oder weniger unbeachtet blieb, während Etheridge in den USA zum Superstar avancierte, entschlossen sich Sängerin und Plattenfirma zu einem Image-Wechsel. Neuer Haarschnitt, geschönte, leicht erotische Fotos, Melissa Etheridge mal in schwarzem Leder, mal in Rüschenbluse – so erreichte die LP *Never Enough* (1992) auch ein europäisches Publikum. Das angeblich «stärker experimentelle» Album (‹Rolling Stone›) enthielt zwar auch den kraftvollen, konventionellen Rock, mit dem Etheridge ihre amerikanischen Fans gewonnen hatte, doch mit einigen besinnlichen Songs zur akustischen Gitarre traf sie den Geschmack der europäischen Rock-Hörer eher als mit den früheren Platten. Für *Ain't It Heavy* erhielt sie den zweiten Grammy, aus den kleinen Clubs war sie längst in die großen Hallen gewechselt. Die Anerkennung durch das Publikum gab ihr 1994 den Mut, im Anschluß an das Outing von k. d. lang bekanntzugeben, auch sie sei lesbisch. Sie lebte mit der Schauspielerin und Filmemacherin Julie Cypher zusammen. Die vormals unklaren Adressaten ihrer Songs, in denen es vornehmlich um Liebe und Wut ging, gewannen damit Konturen: «Sex darf in Amerika nur Fortpflanzung sein, ansonsten ist es eine böse Sache. Und wir Homosexuellen sind die Allerbösesten, denn wir haben Sex nur zu unserem Vergnügen.» Das Bekenntnis schadete ihrer Karriere nicht. *Yes I Am* (1993), von dem Engländer Hugh Padgham mit Etheridge zusammen produziert, enthielt mit *Come To My Window* einen Top Ten Hit, der 1995 mit einem Grammy ausgezeichnet wurde. Das Album wurde fünfmillionenmal verkauft. Etheridge hatte damit einen vorläufigen Höhepunkt ihrer Karriere erreicht: «In den nächsten Jahren möchte ich gern eine Stadion-Tour machen», erklärte sie ‹Rolling Stone›, «meines Wissens wäre ich damit der erste weibliche Rock-Star, dem das gelänge». Sie habe nun «den Bereich der Stadionhymnen» betreten, bestätigte ihr 1995 Jon Pareles in der ‹New York Times›: «Sie singt für die vielen Menschen, die sich vor unerwiderter Liebe fürchten.» – «Zur Hölle mit den Konsequenzen», donnerte sie zum Phil Spector-Beat in *I Want To Come Over*: «Du hast mir doch gesagt, daß du mich liebst.» Ihre Songs, «die Liebe zu einer schmerzhaften Übung, einer die Seele verbrennenden Erfahrung machen» (Gillian G. Gaar), spalteten die Kritiker-Reaktion nach Geschlechtern. Männliche Rezensenten blieben davon weitgehend unberührt. Ihre «Gretchenfrage» sei, so Jörg-Peter Klotz im deutschen ‹Rolling Stone›, «Warum willst du mich nicht mehr?» Nach der CD *Your Little Secret* (1995), Nummer sechs in den USA, zog sich Melissa Etheridge für drei Jahre in einen – wie sie sagte – «Erziehungsurlaub» zurück. Ihre Lebensgefährtin Julie Cypher gebar ihr (von einem zunächst geheimgehaltenen Erzeuger, der dem rätselndem Amerika erst 2000 präsentiert wurde: David Crosby) zwei Söhne: im Februar 1997 Bailey, im Juni 1998 Beckett. Etheridge: «Wir wollten beide unbedingt Kinder haben, und als dann Bailey geboren wurde, wußte ich, daß das der Sinn meines Lebens ist. Die Kinder haben emotionale Erfahrungen in mir ausgelöst, die mir als Künstlerin ganz neue Impulse gaben. Ich sehe die Welt nun durch die Augen meiner Kinder und fordere daher: Sie muß besser werden, damit meine Kinder in ihr leben können.» Auf ihrem Album *Breakdown* (1999) attackierte sie nicht nur die Gefühlskälte der Hollywood Society, in der sie lebte, sondern griff im Song *Scare Crow* einen aktuellen Fall rassistischer Gewalt auf. Vier weiße Jugendliche aus guten Elternhäusern hatten den 21jährigen homosexuellen Studenten Matthew Shepard aus Wyoming derart mißhandelt, daß er sechs Tage später, am 12. Oktober 1998, seinen Verletzungen erlag: «They tortured you and burnt you / They beat you and they tied you / They left you cold and breathing / For love they crucified you / … Scare crow crying, waiting to die, wondering why.» Anders als die Texte, bemängelten die Herren Kritiker, seien die «gewohnt griffigen elektrischen und akustischen Gitarren, der pathetische Gesang, die eingängigen Arrangements» (‹Stereoplay›) «ambitioniert, aber leider auch sehr altbacken und bieder» (‹Musikexpress›), während «die Refrains in Breitwand-Rockbrei versinken» (‹Rolling Stone›). Juroren der amerikanischen Urheberrechtsgesellschaft ASCAP hatten Melissa Etheridge 1996 als «Songwriter of the Year» ausgezeichnet. Die Human Rights Campaign hatte 1998 Etheridge und Cypher für ihre Zivilcourage mit ihrem National Family Civil Rights Award geehrt. Als die eheähnliche Verbindung nach zwölf Jahren zerbrach, verarbeitete Etheridge das schmerzhafte Finale im Album *Skin* (2001), das David Cole (Bob Seger, N'Sync) mit Mark Browne (bg), Kenny Aronoff (dr) für sie produzierte. Parallel zu dieser «unmusikalischen Selbsttherapie zwischen Melancholie und Aggression» (Etheridge) erschien ihre mit Co-Autorin Laura Morton verfaßte Autobiographie ‹The Truth Is …› Bei der Buchpremiere in New York trat mit der Nachwuchsschauspielerin Tammy Lynn Michaels, 26, auch ihre neue Lebensgefährtin an die Öffentlichkeit.

LPs auf Island: *Melissa Etheridge* (1988); *Brave And Crazy* (1989); *Never Enough* (1992); *Yes I Am* (1993); *Your Little Secret* (1995); *Breakdown* (1999); *Skin* (2001)

Eurythmics boten, in «hinreißender Mischung» (‹Der Spiegel›) aus High Tech-Elektronik und eisiger Beseeltheit, eine eklektizistische Musik, «die Üppigkeit, Dekadenz und souveräne Distanziertheit in einer Weise vermittelt, wie es amerikanischen Bands bis jetzt einfach nicht möglich war» (‹Stereo Review›). Annie Lennox (voc, p, fl), am 25. Dezember 1954 in Aberdeen, Schottland, geboren, und David A. Stewart (g, kb), am 9. September 1952 in Sunderland, England, geboren, wußten, «warum wir erfolgreich sind: Unsere Musik ist allgemein verständlich und intelligent». In der Tat mengten die beiden Musiker energetischen Funk Beat, karibische Steel Drums, afrikanische Chorgesänge, Jazz-Saxophone, Synthesizer Pop à la Kraftwerk, Memphis Soul-Elemente, Beatles-Melodik und Bowie-Cabaret-Harmonien zu interessanten Variationen zusammen. Annie Lennox, «die New Wave-Antwort auf Shirley Bassey» (‹Village Voice›), dominierte diese oftmals kühnen Verschnitte der Pophistorie mit souveränen Vokalisen zwischen Verletzlichkeit und Vergeltungssucht. «Wenn sie auch nie wegweisend waren, so konnten sie doch die Illusion von Avantgarde vermitteln», erkannte der ‹New Musical Express›. Stewart hatte seinen Start in diversen Folk- und Pop-Ensembles. Lennox begann an der Royal Academy of Music in London ein Flötenstudium, verdingte sich jedoch nach einigen Jahren desillusioniert als Kellnerin und Gelegenheitssängerin in Londoner Szene-Bistros. Beide lernten sich in einem Restaurant kennen und lieben, traten 1977 in die Post-Punk-Band Tourists ein und formierten 1981, nach dem Ende der Tou-

rists-Saison, die Partnerschaft Eurythmics, um die sich eine variable Zahl von Session-Musikern gruppierte. Ihre Hits *Sweet Dreams (Are Made Of This)*, *Love Is A Stranger*, *Who's That Girl*, *Here Comes The Rain Again*, *Sexcrime* (aus dem Film ‹1984›), *Would I Lie To You*, *There Must Be An Angel*, *Sisters Are Doing It For Themselves* (Duett mit Aretha Franklin), *Missionary Man*, *Beethoven (I Love To Listen To)* offenbarten «verhaltene Exotik, gesundes Popverständnis, halsbrecherische Melodieerfindungen, versponnene Stimmungen» (‹Tip›), waren bisweilen jedoch auch «überproduziert, hochpoliert bis zur Transparenz, voller überlanger Gitarrensoli» (‹City Limits›). Während der introvertierte Stewart sich in Konzerten in den Hintergrund zwischen Verstärker und Lautsprecherboxen setzte und aus dieser Position brachiale Gitarrentöne hören ließ, stilisierte Annie Lennox sich mal mit karottenrotem Stoppelhaar in strenger Männerkleidung als transsexuelle Video-Attraktion, mal mit platinblonder Perücke und üppigem Pelzmantel als Fifties-Vamp und behauptete trotz dieser effektheischenden, modisch anregenden Outriertheit: «Andere Leute wollen Popstars sein, dabei ist es doch nur wichtig, ein guter Musiker zu sein.» Ihr «bibliothekarisches Aufstöbern aller Popstile seit den Beatles» (‹Q›) bescherte den Eurythmics auch harsche Kritik: «Sie fingern wie Taschendiebe in Träumen herum, diese nach allen Regeln der Marktforschung trainierten Fledderer, sprühen sie mit Glitter neu an – und bevor die Farbe auch nur trocken ist, verscherbeln sie ihre Beute zurück an ihre Opfer, als seien das die Objekte, nach denen sich die Bestohlenen immer gesehnt haben» (Kritiker Biba Kopf im ‹New Musical Express›). Offensichtlich denn, Platten wie *Be Yourself Tonight* (1985), *Revenge* (1986), *Savage* (1987) und *We Two Are One* (1989) verkauften sich in Millionen, wenn auch der Titel der letzteren sich als Euphemismus erwies. Seit 1988 gingen die beiden Musiker häufig getrennte Wege; der geschäftstüchtige und arbeitswütige Stewart nahm Produktionsaufträge in Serie an (Bob Dylan, The Ramones, Bob Geldof, Tom Petty, Mick Jagger), gründete mit Anxious Records sein eigenes Label und schließlich die Band The Spiritual Cowboys. Daneben schrieb er Filmmusik (‹Lily Was Here›), was ihm weitere Reputation und der beteiligten niederländischen Saxophonistin Candy Dulfer eine Weltkarriere einbrachte. Annie Lennox zog sich nach einer Stimmbanderkrankung 1985 vom Rock-Business zurück. Die Verhältnisse hatten sich nun umgekehrt: Der im Laufe der Eurythmics-Karriere stetig offensiver gewordene Stewart begab sich auch in Konzerten ins Rampenlicht, während Annie Lennox 1990 ankündigte, zwei Jahre lang pausieren zu wollen. *We Two Are One* war das letzte gemeinsame Album. Stewart nahm unter dem Titel *Honest* (1992) ein weiteres Album mit seinen Spiritual Cowboys auf, tat sich mit der Sängerin Terry Hall, vormals bei Specials, Fun Boy Three, Colour Field, zur Gruppe *Vegas* (gleichnamige CD 1992) zusammen und schrieb fortan hauptsächlich Film- und Fernsehmusik. Annie Lennox veröffentlichte eigene Songs auf der CD *Diva* (1992), die auf Platz eins in die britischen Charts einstieg (USA: 23) und zu einem der Bestseller des Jahres in Europa wurde, Weltauflage: 5,5 Millionen. Ihr Auftritt beim Montreux Jazz Festival im Juli 1992 wurde in der TV-Serie «Unplugged» von MTV ausgestrahlt. 1993 begann eine Serie von Preisen und Auszeichnungen, die über die folgenden Jahre anhielt: Brit Awards als Best Female Artist und für Best Album (*Diva*), Grammy in der Kategorie Best Long Form Video; Best Female Singer in ‹Rolling Stone›, Novello Award für Best Song Musically and Lyrically in London etc. Im September 1995 gab sie ein Free Concert im New Yorker Central Park. Die verfügbaren 6000 Tickets waren in zwei Plattenläden binnen 15 Minuten vergeben. Acht Songs aus dem Live-Mitschnitt kamen gekoppelt mit ihrer zweiten Solo-CD *Medusa* (1995) in limitierter Auflage in Großbritannien (100 000 Exemplare) und Deutschland (50 000 Exemplare) in den Handel. *Medusa*, eine Kollektion von Coverversionen, debütierte auf Platz elf der US-Charts und okkupierte in England sofort wieder den Spitzenplatz, mißfiel aber den Kritikern: «Tatsache ist, daß Standards wie *Take Me To The River* oder *A Whiter Shade Of Pale* noch nie so oberflächlich und emotionslos verwurstet worden sind» (‹Rolling Stone›, Hamburg). Dennoch gewann sie abermals Brit Award, Grammy und andere Preise. Im Oktober 1997 nannte das Magazin ‹Business Age› Annie Lennox mit einem geschätzten Privatvermögen von 43 Millionen Dollar in einer Liste der reichsten Pop-Stars auf dem 34. Platz. Die Sängerin lebte in der zweiten Hälfte der Neunziger überwiegend auf Mallorca. 1998 traten Lennox und Stewart zweimal gemeinsam auf. Bei den Brit Awards im Februar 1999 nahmen sie – beide in aus dem Union Jack geschneidertem Dress – in der Londoner Docklands Arena eine Auszeichnung für Outstanding Contribution to British Music entgegen und sangen auch wieder. Am 21. November starteten sie im englischen Birmingham, ein neues Eurythmics-Album im Gepäck, zu einer Comeback-Tournee zugunsten von Greenpeace und Amnesty International. Die Kritiker-Reaktion auf das Album *Peace* (1998) war zwiespältig. ‹Musikexpress›: «Gut komponiert, besser produziert.» – ‹Tip›: «Larmoyanter Gitarrenpop mit unmotivierten Rock-Anflügen.» Im Verreißen waren die Deutschen schon immer gut: «Das Bewährte klang schon besser, ist ausgelaugt zu gefälligen Derivaten eigener gewagter Verschnitte von früher» (‹Rolling Stone›). Das hätte man auch anders sagen können: «The Eurythmics keep their performing and songwriting quality» (‹New York Times›).

LPs auf RCA: *In The Garden* (1981); *Sweet Dreams Are Made Of This* (1983); *Touch* (1983); *Touch Dance* (Mini-LP, 1984); *Be Yourself Tonight* (1985); *Revenge* (1986); *Savage* (1987); *We Two Are One* (1989); *Live 1983–1989* (1993); Peace (1999) ... auf Virgin: *1984* (Soundtrack, 1984) ... auf Arista: *Peace* (1999) ... Solo-LPs Annie Lennox auf RCA: *Diva* (1992); *Cold / Colder / Coldest* (1992; drei Maxi-CDs mit Unplugged-Versionen); *Medusa* (1995); *Train In Vain* (1995); *Live At Central Park* (limited edition, 1995) ... LPs Dave Stewart auf RCA: *Lily Was Here* (1990; Soundtrack) ... Dave Stewart mit Vegas auf RCA: *Vegas* (1992) ... auf N2K Records: *Slyfi* (1998) ... mit The Spiritual Cowboys: *Dave Stewart And The Spiritual Cowboys* (1990); *Honest* (1991) ... auf EastWest: *Greetings From The Gutter* (1995) ... LPs Annie Lennox / David Stewart mit The Tourists auf Logo: *Tourists* (1979); *Reality Effect* (1979); *Luminous Basement* (1980)

Everlast (rap), am 18. August 1969 als Eric Schrody in Kalifornien geboren, war einer der ganz wenigen Musiker, die den Sprung vom hyperventilierenden Teenager-Idol zum ernsthaften Künstler mit Tiefgang schafften, indem er seine «Hautfarbe offensiv und provokativ zum Dreh- und Angelpunkt seines Images machte» (‹FAZ›). Nach einem ersten erfolglosen Solo-Gehversuch mit dem Album *Everlasting Everlast* (1990) tat sich das weiße Mitglied von Ice-Ts Rhyme Syndicate Cartel mit Danny «Danny Boy» O'Connor, geboren am 12. Dezember 1968, und Leor «D. J. Lethal» Dimant, geboren am 18. Dezember 1972, zu House Of Pain, einer der einflußreichsten Hip Hop-Bands der Neunziger, zusammen. House Of Pain standen für eine Kombination aus irischer Lebensart und schwarzer B-Boy Attitude. Die Single-Auskopplung *Jump Around* aus dem Album *House Of Pain* wurde zur Hymne des weißen Hip Hop schlechthin. Nach drei erfolgreichen Alben begann Everlast das Hip Hop-Format zu langweilen. Er löste das Trio auf, und beschloß allein weiterzumachen. Einen ersten Schritt in neues Terrain unternahm er auf der Soundtrack-Compilation *Justice Night* (1993), auf der er noch im House Of Pain-Verbund gemeinsam mit der Artcore-Band Helmet den Song *Just Another Victim* zelebrierte. Doch ihn verlangte nach mehr. Der einstige Rapper setzte auf Risiko, hängte sich die Gitarre um und begann Songs mit richtigen Melodien zu schreiben. «Er wirkte noch ein bißchen unbeholfen mit dem Sechssaiter, doch seine Stimme tendierte in Richtung Tom Waits» (‹Kultur News›). Mit *Whitey Ford Sings The Blues* (1998) schlug er eine Brücke zum Blues. Vollmundig deklamierte er: «Hip Hop ist nichts anderes als die Übersetzung der Blues-Erfahrung der Baumwollfelder in die Suburbs der amerikanischen Großstädte von heute.» Everlast wollte «nichts mehr von der für den Rap der Vergangenheit obligatorischen Karaoke-Pose wissen. Er fühlte sich als Musiker, und Rap war nur noch eine von verschiedenen Optionen in seinem Konzept» (‹Jazzthing›). Dafür tat er nun, «was weiße Musiker während der gesamten Geschichte Amerikas getan haben: sich von einer breiten Vielfalt schwarzer und einiger weißer Stile bedienen, um mehr zu sein als einfach nur ein Sänger» (‹New York Times›). Seine Dritt-Identität Whitey Ford hatte er sich von einem New Yorker Baseball-Spieler ausgeborgt. Nachdem ihm während der Aufnahmen zu dem Album auf Grund eines angeborenen gesundheitlichen Defekts ein Herzmuskel gerissen und

Schrody knapp dem Tod entkommen war, beschloß der «Blues-Lazarus» (‹Visions›), sein Leben grundlegend zu ändern und sein Bad Boy-Image abzulegen. Er konvertierte zum Islam, drückte erneut die Schulbank und drang tief in die Tradition der amerikanischen Musik ein. Er baute eine Tour-Band auf, die mit Blues- und Jazz-Musikern besetzt war, und schaffte den Spagat, in sein neues Konzept auch die Klassiker von House Of Pain einzubeziehen. 1999 schrieb er für Carlos Santanas Erfolgsalbum *Supernatural* den eingängigen Pop-Song *Put Your Lights On*. Im selben Jahr veröffentlichte er mit der Compilation *Today* eine Reihe von Live-Aufnahmen, Coverversionen und Outtakes, die noch einmal belegen sollten, daß es ihm mit dem Sinneswandel ernst sei, darunter auch eine groovige Live-Version seines einstigen Millionensellers *Jump Around*. Auf *Eat at Whitey's* (2000) setzte er den zuvor eingeschlagenen Weg eher halbherzig fort, denn unter dem Druck zu steigernder Verkaufszahlen nahm er den jazzigen Biss aus den Songs und ließ sich auf Konzessionen in Richtung Mainstream ein.

LPs auf Warner: *Forever Everlasting* (1990) ... auf Tommy Boy: *Whitey Ford Sings The Blues* (1999); *Eat At Whitey's* (2000) ... mit House Of Pain auf Tommy Boy: *House Of Pain* (1992); *Same As It Ever Was* (1994); *Truth Crushed To Earth Shall Rise Again* (1996)

Everything But The Girl, nach einem Trödelladen im englischen Hull benannt, wurde 1982 vom Cherry Red Records-Inhaber Mike Alway zu einer Zweckgemeinschaft zusammengebracht. Er machte die bei seinem Label bereits unter Vertrag stehende Sängerin Tracey Thorn, geboren am 26. September 1962 in Brookmans Park, mit Ben Watt (g, kb), geboren am 6. Dezember 1962 in London, bekannt und ermunterte sie zu kreativer Gemeinsamkeit. Das fiel ihnen schwer, denn sie waren beide auf Solospur: Watt hatte bei Cherry Red bereits eine Platte veröffentlicht, Thorn zwei Alben mit der Truppe The Marine Girls aufgenommen. Zwar trat das ungleiche Paar bald öffentlich auf, fand aber im Studio weder bei Cherry Red noch bei dem Rough Trade-Ableger Blanco Y Negro einen gemeinsamen Nenner. Tracey Thorn verdingte sich bei Working Week und war auch an Style Councils *Cafe Bleu* beteiligt. Währenddessen werkelte Watt an Songs für das immer noch fiktive Duo Everything But The Girl, das schließlich auf dem Album *Eden* debütierte. Die von Blasinstrumenten getragenen Melodien mit Latin-Einsprengseln und Jazz-Anklängen, vor allem der kühle Gesang von Thorn wurden vorschnell als neue Art von Pop-Jazz katalogisiert und von der britischen Musikpresse neben Sade, Working Week und Style Council gestellt. Dagegen warteten Thorn und Watt auf *Love Not Money* (1985) auch mit Folk- und Country-Tönen zu ihren nachdenklichen Texten auf. Nur selten wurden sie konkret wie im Song *Sean* mit einem Sujet aus dem Nordirland-Konflikt, all ihre Songs durchzog die melancholische Grundstimmung menschlicher Einsamkeit. *Love Not Money* kam wie auch die folgenden LPs *Baby The Stars Shine Bright* (1986) und *Idlewild* (1987) in die britischen Charts, doch blieb der große Erfolg aus. Unzufrieden über die Richtung ihrer Musik, die ihnen allzu festgefahren schien, versuchten Thorn und Watt es mal mit dem bewährten Charts-Titel *I Don't Wanna Talk About It* von Danny Whitten. Ihre Coverversion stieg erwartungsgemäß bis in die höchsten Ränge der Hitparaden. «Wir konnten natürlich nicht plötzlich Sounds aus dem Underground bringen, der war von Jüngeren besetzt», erklärte Watt, «also versuchten wir es eben mit dem Mainstream.» Ebenso halbherzig produzierte das musikalisch orientierungslose Duo in Los Angeles die LP *Language Of Life* (1990) mit der Unterstützung illustrer Studiogäste wie Michael Brecker, Stan Getz und Jerry Hay. Thorn: «Es fehlte uns an Ideen, wir wärmten unsere eigene Vergangenheit immer wieder auf.» Eine EP mit Coverversionen setzte für das Duo den künstlerischen Schlußpunkt. Als Watt 1992 schwer erkrankte – er litt an Asthma und ständiger Müdigkeit –, verschwand Everything But The Girl für Jahre von der Bildfläche. Tracey Thorn sang für Massive Attacks Album *Protection* und fand Gefallen an dieser Art Musik. Versuchshalber engagierten Thorn und der wieder genesene Watt den House-Star Todd Terry, um ihre frühere Single *Missing* erneut abzumischen. Der Remix brachte es zum weltweiten Top-Hit, machte Everything But The Girl unversehens zu Trip Hop-Stars und animierte die beiden Musiker, 1996 bei Virgin mit dem Drum 'n' Bass-Album *Walking Wounded* eine zweite Karriere zu beginnen. «Es ist großartig», freute sich der mittlerweile auch privat mit Thorn verbundene Watt, «wieder eine Pop-Band zu sein.» Ihr Produkt, an dem sich auch Howie B und Spring Heel Jack als Gastkünstler beteiligten, verband Elemente von Jazz, Jungle, Ambient und Pop und erreichte in den britischen Charts Platz vier, USA 37. Im August 1996 brach ihr *Missing* den Rekord von *December, 1963 (Oh, What A Night)* der Four Seasons als am längsten notierte Single in den Billboard Hot 100: 54 Wochen. Gleichwohl fand es Watt bald wieder erquicklicher, Platten aufzulegen, als selbst welche herzustellen. Er übernahm 1997 Howie Bs Slot in der Sonntagnacht im West-Londoner Club The Paradise By Way Of Kensal Green und eröffnete kurze Zeit später seinen eigenen Club Lazy Dog im Notting Hill Arts Club. Außerdem fand er noch Zeit, ein schrilles Buch zu schreiben, das bei Viking Press erschien: ‹Patient – The History of a Rare Illness›. Ein weiteres Album des Duos kam erst 1999 auf den Markt. Andreas Borcholte über die CD *Temperamental* im deutschen ‹Rolling Stone›: «Elektronische Klänge jeder Couleur, fette Breakbeats, Drum 'n' Bass und Deep House: Die Stärke von EBTG liegt noch immer in den gemeinsam geschriebenen, stets melancholischen Pop-Melodien, die sich kraft der markanten Stimme Tracey Thorns auch unter dem härtesten Tanzbeat noch behaupten können.»

LPs auf Blanco Y Negro: *Eden* (1984); *Love Not Money* (1985); *Baby The Stars Shine Bright* (1986); *Idlewild* (1988); *The Language Of Life* (1990); *Worldwide* (1991); *Acoustic* (1991); *Home Movies – The Best Of Everything But The Girl* (1993); *Amplified Heart* (1994) … auf Virgin: *Walking Wounded* (1996); *Temperamental* (1999) … Solo-LP Tracey Thorn auf Cherry Red: *A Distant Shore* (1982) … Solo-LP Ben Watt auf Cherry Red: *North Marine Drive* (1983)

F

Faithfull, Marianne (voc), am 29. Dezember 1946 in Hampstead, London, als Tochter eines Literatur-Professors und einer österreichischen Baronesse aus der Familie Sacher-Masoch geboren, spielte nicht ganz freiwillig die Rolle der verführten Unschuld in der misogynen Lebewelt der Rolling Stones. Die ehemalige Klosterschülerin mit dem «Gesicht einer Jungfrau, die alle Mittel der Verführung kennt» (‹Rolling Stone›), wisperte mit 17 Jahren ihren von Mick Jagger und Keith Richards geschriebenen Hit *As Tears Go By*, den «Meilenstein meines unglaublichen Lebens», schlief mit den beiden wie mit Brian Jones und wurde dann bis 1970 die ergebene Geliebte Jaggers. Fortan war sie die Femme fatale im Sex & Drugs & Rock 'n' Roll-Zirkus des Swingin› London. Ihren weiteren Hits *Come And Stay With Me*, *This Little Bird*, *Summer Nights* folgten Theaterrollen von Tschechow bis Shakespeare, Filmaktivitäten, Fehlgeburt, Selbstmordversuch, Heroinabhängigkeit. 1979 glitt sie aus ihrer Isolation mit dem Album *Broken English*, einer Songkollektion, «wie wir sie noch nie von irgend jemandem gehört haben» (‹Rolling Stone›) – nach eigener Einschätzung «eine Therapie dagegen, als Mick Jaggers Freundin in die Pop-Annalen einzugehen». Mit nunmehr brüchiger, rauher Grabesstimme, «wie fünf Rémy Martin und zwei Schachteln Zigaretten zuviel» (‹Billboard›), röchelte sie sich im furiosen Poem *Why'd Ya Do It* die geschundene Seele einer verratenen, erniedrigten Frau aus dem Leib, raspelte eine schwarze Ode an die Baader-Meinhof-Terroristen (*Broken English*), grantete gegen ein Gesellschaftssystem, das Menschen zu Amok und Selbstmord treibt (*The Ballad Of Lucy Jordan*). 1985 verlieh ihr der Dichter Allen Ginsberg den Titel einer Ehrenprofessorin für Poesie an der Jack Kerouac School of Disembodied Poetics in Boulder, Colorado, wo sie drei Monate lang Kurse in Creative Writing abhielt: «Durch Allen habe ich gelernt, daß Songschreiben nichts mit deiner eigenen Einschätzung zu tun hat oder wie die anderen dich sehen wollen. Entweder du bist es, oder du bist es nicht.» Derlei Erkenntnisse sowie der Sensationserfolg des wütenden, spartanisch instrumentierten Katharsis-Albums brachten jedoch ihr Leben nicht wieder ins Lot. Ihre permanenten Comebackversuche scheiterten an Drogenrückfälligkeit und zerbrochenen Liebesbeziehungen: «Ich hasse das Wort Comeback. Ich hatte so viele angebliche Comebacks, dabei war ich doch eigentlich nie richtig da.» Nach einer Entziehungskur gab sie 1987 mit der LP *Strange Weather* wieder Laut, auf der sie Standards wie *Boulevard Of Broken Dreams*, *Yesterdays*, *Penthouse Serenade* in dem Mißverständnis sang, die verwüstete und verlebte Stimme einer Frau, «die durch die Hölle gekrochen ist» (‹Village Voice›), sei schon der Ausweis für Bluesfeeling und Songverständnis. Immerhin: «Sie hat die wissende Einfachheit, die Lotte Lenyas Gesang so faszinierend machte, in die Gegenwart übertragen» (‹New York Times›). Mit dem Live-Album *Blazing Away* zog sie 1990 eine musikalische Bilanz ihres Lebens. Sie trieb ihre zerstörte Stimme durch den nunmehr bis auf den Grund ausgelebten Hit *As Tears Go By*, Lennons *Working Class Hero* sowie ihr *Broken English*: eine musikalische Séance. Nach 1988 lebte die Überlebenskünstlerin in Irland und trat gelegentlich mit den Chieftains auf. Auch Liederabende mit ihren Versionen von Brecht / Weill standen auf dem Programm. Literatursüchtig, hatte sie auch ihr Leben zu Literatur stilisiert. Die Autobiographie ‹Faithfull› gab erhellende Einblicke in die Psyche des Swinging London in den Sixties, streckenweise jenseits der Schmerzgrenze. Sie sei «von Träumen gelangweilt», bekannte sie im Album *A Secret Life* (1995) und entwarf ein Song-Szenarium ihrer schlaflosen Nächte, Halluzinationen über Liebe am Nachmittag, eine imaginäre Hochzeit, Stars, die Schlange stehen für sie – von Angelo Badalmenti komponierte, orchestrierte und dirigierte Gedichte einer hochtalentierten, manchmal melodramatischen Lyrikerin. Aus dem ländlichen Shell Cottage, das ihr der Freund und Co-Autor Frank McGuinness besorgt hatte (Faithfull: «Keine Heizung und viele Mäuse»), war der einstige «Engel mit Titten» (Stones-Manager Andrew Loog Oldham) in ein plüschiges Apartment am Stadtrand von Dublin umgezogen und vertiefte sich in die Songkultur des Berlin der zwanziger Jahre. 1996 erschien ihr Album *20th Century Blues* mit Songs von Brecht / Weill, Friedrich Hollaender u. a., die sie nun als «Marlene Dietrich des Rock» (so der deutsche ‹Rolling Stone›) in einem «Evening in the Weimar Republic», von Paul Trueblood (p) begleitet, auf einer achtmonatigen Welt-Tournee vortrug. 1998 führte sie Brecht / Weills *Die Sieben Todsünden* bei den Salzburger Festspielen auf – mit anschließender CD-Edition. Im Mai 1999 ergänzte sie die *Seven Deadly Sins* mit dem Royal Philharmonic Orchestra unter Carl Davis in der Londoner Royal Albert Hall, wo sie sich fünf Wochen davor am Memorialkonzert für Linda McCartney beteiligt hatte, durch Song-Klassiker von Noël Coward (*20th Century Blues*) und Cole Porter (*Miss Otis Regrets, Love For Sale*). Die Mutter eines zu dieser Zeit 39jährigen Sohnes, der man einst wegen ihrer «Höllentrips ohne Rückfahrkarte, Drogen und Marsriegeln in Mengen und an Stellen, die der britischen Gesellschaft heilige Schauer über den kollektiven Rücken jagten» (Wolfgang Doebeling), das Sorgerecht entzogen hatte, galt nun «romantisierend» als «Grande Dame der 60er» (Gitti Gülden). Von den alten Zeiten sang sie ungeschönt und mit Kaskaden von Zwischentönen im Album *Vagabond Ways* (1999) zu eigenen Texten und Noten von Leonard Cohen, Elton John,

Daniel Lanois: «I drink and I take drugs, I love sex and I move around a lot» – so in dem an ihren Psychiater gerichteten Titelstück. Doebeling: «Marianne Faithfull zelebriert ihr unwahrscheinliches Überleben mittlerweile als kulturelle Errungenschaft.» Zu Recht. Die Doppel-CD *A Perfect Stranger* (1999) mit 35 Aufnahmen aus 17 Karrierejahren wies die Sängerin als eine der großen Song-Tragödinnen des 20. Jahrhunderts aus – in einer Linie mit Billie Holiday, Abbey Lincoln, Edith Piaf.

LPs auf Decca: *Come My Way* (1965); *Marianne Faithfull* (1965); *North Country Maid* (1966); *Love In A Mist* (1967); *The World Of Marianne Faithfull* (1969) … auf London: *Go Away From My World* (1965); *Faithfull Forever* (1966); *The Very Best Of Marianne Faithfull* (1988) … auf NEMS: *Dreamin' My Dreams* (1976); *Faithless* (1978) … auf Island: *Broken English* (1979); *Dangerous Acquaintances* (1981); *A Child's Adventure* (1983); *Strange Weather* (1987); *Blazing Away* (1990); *A Secret Life* (1995); *A Perfect Stranger* (2-CD, 1999) … auf RCA: *20th Century Blues: An Evening In The Weimar Republic* (1996); *The Seven Deadly Sins* (1998) … auf Virgin: *Vagabond Ways* (1999)

Faith No More, 1981 in San Francisco gegründet, war «eine der bösesten und verwirrendsten Bands im Mainstream-Metal» (‹Pulse›). Die Musiker mischten Heavy Metal mit Pop, Funk, Rap, Jazz und machten selbst vor Country-Gitarristik und pathetischen Orgelklängen nicht halt. Der genreübliche Machismo blieb ihnen im Halse stecken, Selbstzweifel und Depressivität durchzogen wie Gewalt gegen sich und andere viele Texte. Als Billy Gould (bg), am 24. April 1963 in Los Angeles geboren, und sein Schulfreund, der klassisch ausgebildete Pianist Roddy Bottum, am 1. Juli 1963 in Los Angeles geboren, beschlossen, eine Band zu gründen, fanden sie mit Mike «Puffy» Bordin (dr), am 27. November 1962 in San Francisco geboren, schnell den passenden Schlagzeuger. Der Berkeley-Student interessierte sich allerdings weniger für Rock-Rhythmen als für afrikanische Trommel-Pattern. Lange Zeit suchte das Trio nach einem Gitarristen, bis Bordin-Freund Cliff Burton, Bassist bei Metallica, sie auf Jim Martin (g), am 21. Juli 1961 in Oakland, Kalifornien, geboren, aufmerksam machte. Den Gesangspart ließ sich die Band, die sich nach einem Windhund benannte, auf den die Musiker einmal gewettet hatten, von interessierten Zuhörern ihrer Konzerte abnehmen. Gewöhnlich bemächtigte sich Chuck Mosely, ein Freund Goulds, des Mikrofons und wuchs allmählich in die Rolle des Leadsängers hinein. Die 1985 eingespielte LP *Faith No More* mit ihrer besonderen Mischung von Funk und Metal brachte der Gruppe einen Vertrag mit Slash Records, einem Warner-Label. Obwohl die Gruppe bis hin zum MTV-Einsatz von der Plattenfirma unterstützt wurde, mochte sich das Publikum außerhalb der Colleges nicht mit den finsteren und wenig verbindlichen Kompositionen anfreunden. 1988 wurde Mosely, dessen Bühnengebaren stetig bizarrer und unberechenbarer geworden war, durch Mike Patton, am 27. Januar 1968 in Eureka, Kalifornien, geboren, ersetzt. Der Wechsel belebte die Verkäufe der LP *The Real Thing* (1989) und brachte die Band auch in die Charts, doch war Faith No More nach wie vor keine Band für das US-Publikum. Die gequälten, wütenden Texte und die brüllende Musik fanden in Europa schon eher Fans. Die in England aufgenommene LP *Live At The Brixton Academy* (1991) wurde in den USA zunächst nicht veröffentlicht, dann aber mit drei Grammies ausgezeichnet. *Angel Dust* (1992) brachte den endgültigen Durchbruch: Die Musiker hatten ihr fragiles Stil-Gefüge ausbalanciert und Stücke wie *Midlife Crisis*, *Everything's Ruined*, *Be Aggressive*, *A Small Victory* zu einem, wenn auch inhomogenen, Ganzen geformt. ‹Musikexpress›: «*Angel Dust* ist brutal und bösartig. Wohlklingende Stilbrüche, Atempausen im nervenzehrenden Wirrwarr klingender Zynismen, waren sicher keine Zugeständnisse an Plattenfirmen-Promoter.» Ihr handwerkliches Können bewiesen die Musiker mit *King For A Day ... Fool For A Lifetime* (1995), einem weniger spektakulären Album als *Angel Dust*. Ohne den exzentrischen Gitarristen Martin, der für die Aufnahmen durch Trey Spruance ersetzt worden war, präsentierte die Gruppe damit eine in sich gekehrte, bedrohlich funkelnde Musik, aus der zuweilen wortlose Vokalisen Pattons herausbrachen, die Drummer Bordin und Bassist Gould stoisch bändigten. Die Musik, Hard Rock, lateinamerikanische Rhythmen, Jazz-Ele-

mente und Hymnisches unorthodox vermengend, stiftete abermals Verwirrung: «Faith No More wurden nun von der Revolution, die sie möglich machten, überholt», befand ‹Rolling Stone›. Die mit John Hudson (g) – Interims-Saitenspezialist Dean Menta blieb nur kurz – wieder auf Sollstärke gebrachte Band ließ sich vom mäßigen Charts-Erfolg von *King For A Day ... Fool For A Lifetime* nicht beirren. *Album Of The Year* (1997) stieß den Hörer erneut in ein Wechselbad, konfrontierte ihn mit den konvulsiven Vokalisen Pattons (*Collision*), lullte ihn mit den sanften Klängen einer akustischen Gitarre ein, die in pumpendes Gebrüll mündeten (*Helpless*), versöhnte wieder mit einem monumentalen Rock-Rhythmus (*Paths Of Glory*). Die Musiker lehnten es ab, ihre widersprüchlichen Platten zu erklären oder sich gar für sie zu entschuldigen. «Wir sind hier, um Musik zu machen», knurrte Bordin, «nicht, um uns Denkmäler zu setzen.» Dazu sollte es auch in Zukunft nicht kommen: Im Mai 1998 löste sich die Gruppe «einvernehmlich» (Pressetext) auf. Ihr Nachlaß, die Doppel-CD *Who Cares A Lot? – The Greatest Hits* mit 23 Stücken, machte ihrem Titel alle Ehre: Kaum jemand kümmerte sich groß um sie. In den britischen Charts wurde sie lediglich eine Woche lang auf Platz 37 notiert. Fortan kümmerte sich der «begnadete Stimmkünstler» (‹Tip›) Mike Patton um zwei Projekte. Mit Mr. Bungle, mit denen er schon vor und während seiner Jahre bei Faith No More Begeisterung und Verwirrung ausgelöst hatte, drehte er auf der CD *California* (1999) musikalische Fundstücke aus dem globalen Dorf durch den Reißwolf: «Wir greifen, was immer uns in die Finger fällt, und verzwirbeln es zu Songs, die exakt auf der Schwelle zur Popmusik stehen.» Als Fantômas verwirklichte er mit Dave Lombardo (Ex-Slayer), Buzz Osborne (sonst Melvins), Trevor Dunn (auch Mr. Bungle) seine Vorstellung von einer Hardcore Metal Band: «Ein Sound wie ein grellbunter Comic Strip. Schnell geblätterte Seiten, kurze Perzeptionszeiten, rasch aneinandergereihte Sequenzen, die mit der althergebrachten Songstruktur nichts mehr zu tun haben. Es ist definitiv keine Popmusik, so viel steht fest.»

LPs auf Mordam: *Faith No More* (1984) ... auf Slash: *Introduce Yourself* (1987); *The Real Thing*

(1989); *(You Fat Bastards) Live At The Brixton Academy* (1991); *Angel Dust* (1992); *King For A Day ... Fool For A Lifetime* (1995); *Album Of The Year* (1997); *Who Cares A Lot? – The Greatest Hits* (2-CD, 1998) ... LP Roddy Bottum mit Imperial Teen auf Slash: *Imperial Teen* (1996) ... Solo-LPs Mike Patton auf Tzadik: *Adult Themes* (1996); *Pranzo Oltranzista* (1997) ... Mike Patton und Trey Spruance mit Mr. Bungle auf Warner: *Mr. Bungle* (1991); *Disco Volante* (1995); *California* (1999) ... Mike Patton mit Fantômas auf Ipecac: *Fantômas* (1998); *The Director's Cut* (2001) ... Chuck Mosley mit Cement auf Dutch East India: *Cement* (1993); *Man With The Action Hair* (1994)

Falco (voc, bg), bürgerlich: Johannes Hölzel, am 19. Februar 1957 in Wien geboren, erkannte, daß «an und für sich kein rechter Weg an der Leistungsgesellschaft vorbeiführt», und suchte deshalb ein «positives Arrangement mit dem Establishment». Andererseits blieb ihm nicht verborgen, «daß bestimmte Dinge schon in den Graben gefahren sind», und entwickelte bei seiner Stil-Fledderei im Niemandsland einer Populärkultur, «die ja längst dem Untergang zugeschrieben ist», ein «positives Endzeitgefühl». Der ehemalige Baßspieler in kurzlebigen Ensembles wie Spinning Wheel, Hallucination Company, Drahdiwaberl hatte sich während eines Berlin-Aufenthaltes Ende der siebziger Jahre vom Vornamen des DDR-Skispringers Falko Weißpflog zu seinem Pseudonym inspirieren lassen. Bei seinem mit professioneller Energie betriebenen Bemühen, «auf intelligente Weise den Zeitgeist zu spiegeln», gelang ihm gleich mit seinem ersten Hit *Der Kommissar* (1981) eine erfolgsträchtige Mixtur scheinbar disparater Stile. Seine Wiener «Substanz, den Sarkasmus und die Doppeldeutigkeit, das Teppichhändlerische, Jiddische, ein bißchen Böhmische und Monarchistische» spickte er mit Hip Hop-Kürzeln und Rap-Floskeln aus dem schwarzen Untergrund der US-Metropolen. Dieses auf LP-Format (*Einzelhaft*) gestreckte Gebräu bekam sogar den bestohlenen amerikanischen Disco-Konsumenten. Mit den *Jungen Römern* (1984) hingegen, einer unlizenzierten Austro-Imitation des *Lexicon Of Love* von ABC, mochte sich niemand identifizieren. Unter Beihilfe der holländischen Producerbrüder Rob und Ferdi Bolland befreite sich Falco 1985 aus dem Kuriositätenkabinett der musikalischen Eintagsfliegen. *Rock Me Amadeus*, schamlos dem weltweiten Oscar-Erfolg von Milos Formans ‹Amadeus›-Film hinterherskandiert, wurde ein globaler Hit mit Spitzenplätzen in den US-Charts. Der schlitzohrige Plünderer im Museum der Rock-Geschichte brachte vor allem Puristen gegen sich auf. Seine bisweilen abgeschmackte Melange aus Pidgin-Deutsch («Er war so exaltiert, because er hatte Flair»), Heavy Metal, Rapper-Jargon, Cars-Melodien, Springsteen-Feeling, Moroder-Disco und Motown-Soul «überzeugt nur als Argument, die amerikanischen Einfuhrgesetze zu verschärfen», nörgelte ‹Rolling Stone›, als 1985 *Falco 3* auf den US-Markt kam. In Deutschland hatte zu der Zeit *Jeanny*, eine bizarre Moritat vom verwirrten Sexualtäter und dem durchaus willigen Mädchen, für absatzfördernde Proteste und Radio-Zensurmaßnahmen gesorgt. Falco schob dem vage sexistischen und latent nekrophilen Song auf dem Album *Emotional* (1986) eine überflüssige Erklärung nach. Inzwischen hatte sich der stilbewußte Star «mit Durchsetzungsvermögen, Wiener Brutal-Schmäh und gnadenloser Erfolgsgier» (‹Der Spiegel›) gerade einen Multimillionen-Kontrakt beim US-Konzern Warner Bros. verschafft und strebte eine internationale Filmkarriere an. Die kam gar nicht erst in Gang. Statt dessen sang er mit Brigitte Nielsen das Duett *Body Next To Body* (1987), über dessen Peinlichkeit selbst eiserne Fans den Kopf schüttelten. 1990 versuchte er mit alten Partnern einen musikalischen Neuanfang, holte den *Kommissar*- und *Junge Römer*-Produzenten Robert Ponger zurück und nahm *Data De Groove* auf. Erfolg brachte ihm das nicht, in den Discotheken tanzte man längst nach anderen Grooves. Nicht anders erging es ihm mit seiner LP *Nachtflug* (1992). Im Herbst 1994 wurde der Sänger in seinem Heimatland Österreich mit einer Sechs-Schilling-Sonderbriefmarke geehrt. Auflage: 3,1 Millionen Stück. Doch wurde er zu früh als historisch abgestempelt: 1996 konnte er unter dem Pseudonym T«MA mit der Single *Mutter, der Mann mit dem Koks ist da* wieder einen kleinen Hit verbuchen. Der Erfolg gab ihm Auftrieb, er nahm eine neue LP in Angriff und spielte unter der Regie des Produzenten Torsten Börger, der auch das deutsche Mädchen-Trio Tic Tac Toe betreute, unter anderem *Der Kommissar* noch einmal ein. Angeblich von Drogen und Alkohol weitgehend befreit, ließ er sich in der Dominikanischen Republik nieder und begann, in der Ferienkolonie Puerto Plata ein Studio aufzubauen. Die Veröffentlichung seiner ersten dort produzierten CD erlebte er nicht mehr. Im dafür vorgesehenen Song *Out Of The Dark* sang er: «Muß ich denn sterben, um zu leben?» Nachdem er sich auf dem Parkplatz einer Touristen-Disco etwa eine Stunde lang im Auto das Tonband noch einmal angehört hatte – wohl, um über die Song-Koppelung für die CD nachzudenken –, raste er am 6. Februar 1998 mit seinem Mitsubishi Pajero-Jeep in den Tod. In Anwesenheit von mehr als 6000 Menschen wurde er am 15. Februar auf dem Wiener Zentralfriedhof beigesetzt. Als sein Freund Niki Lauda, bei dessen Betriebsweihnachtsfeier der Lauda Air Hölzel zum letzten Mal live aufgetreten war, am 31. Juli eine Boeing 737 auf den Namen Falco taufte, sprach Heribert Paierl, Landesrat der Steiermark, die hehren Worte: «Musik liegt in der Luft, deshalb flieg, Falco, flieg!» Vor allem klang die Kasse. Die Single *Out Of The Dark* wurde mehr als einemillionmal abgesetzt, das gleichnamige Nachlaßalbum und die nächste Single *Egoist* jeweils eine halbemillionmal. Sven Ottke, amtierender Boxweltmeister im Mittelschwergewicht, lief zu seinem Titelverteidigungskampf am 27. Februar zu Falcos *Push Push* in den Ring und vor die TV-Kameras von RTL. Der vordem unveröffentlichte Song kam im Sampler *The Final Curtain – The Ultimate Best* in den Handel, für den EMI in zähen Verhandlungen auch die Hits bei den Firmen BMG und EastWest zusammengekauft hatte. Eine verschollene Berliner Konzertaufnahme vom 27. Oktober 1986 kam als *Live Forever* (1999) zu CD-Ehren. Die Video-Produzenten Rudi Dolezal und Hannes Rossacher (DoRo), die zu seinen Lebzeiten mit Falco zusammengearbeitet hatten, gingen mit einem Langzeit-Video und einem sogenannten Doku-Roman, teils Fakt, teils Fiction, unter dem Titel ‹Hoch wie nie› sowie dem Spielfilm ‹Sterben um zu leben› ins Rennen; während im österreichischen Kommerz-Sender FM 4 ein Moderator betete: «Wenn Dolezal und Rossacher weiterhin

mit der Behauptung, sie wären deine Freunde gewesen, schamlos Geld verdienen, dann kack ihnen auf die Birne von dort oben!» Alsbald wurden in Wien eine High-Tech-Revue um die Falco-Songs aufgeführt und Falco-Stadtrundfahrten zum Grab, den Studios, dem Geburtshaus mit Gedenktafel etc. angeboten. Vom Hit *Rock Me Amadeus* inspiriert, klöppelte in Deutschland Autor Burkhard Driest gereimte Dialoge zum Musical ‹Falco Meets Amadeus› (FMA), das am 23. September 2000 im Berliner Theater des Westens herauskam und bis April 2001 erfolgreich en suite lief, 150 000 Besucher sahen das Stück. Alle Tantiemen gingen an die Miterbin, Mutter Maria Hölzel, 1998 geschätzte sechs Millionen Mark. Das Testament über das Gesamterbe in Höhe von (geschätzt) 45 Millionen Mark wurde vor Gericht vom Vater, der sich seit dessen zehnten Lebensjahr nicht um den Sohn gekümmert hatte um den Pflichtanteil angefochten. Einen 3,2 Meter hohen Oberlisken aus rotem Marmor sowie eine Basaltsäule mit dem in Glas gegossenen Falco-Foto vom *Nachtflug*-Cover hatte ein Steinmetz bereits als Denkmal projektiert. Ein Falco-Museum war für seine Villa in Gars angedacht. Doch die Memorabilia schrumpften. Im Herbst 1998 zerstörte der Hurrikan «George» in wenigen Minuten die Garage in Puerta Plata mit Falcos Instrumenten, Fotos, Aufzeichnungen, Goldenen Schallplatten und all dem irdischen Tand, den Hansi Hölzel zurückgelassen hatte.

LPs auf Gig: *Einzelhaft* (1982); *Junge Römer* (1984) … auf Teldec: *Falco 3* (1985); *Emotional* (1987); *Wiener Blut* (1988) … auf EastWest: *The Remix Hit Collection* (1991) … auf EMI: *Nachtflug* (1992); *Egoisten* (1997); *Out Of The Dark, Into The Light* (1998); *The Final Curtain – The Ultimate Best* (1999) … auf WEA: *Live Forever* (1999) … auf Hansa: *Verdammt wir leben noch* (1999)

Die Fantastischen Vier, 1991 in Stuttgart gegründet, haben deutschsprachigen Rap zwar nicht erfunden, trugen ihn aber so erfolgreich vor, daß ihre Platten neben amerikanischen Vorbildern bestehen konnten. Von ihrem Party-Zwiegespräch zweier Geleimter *Die da?!*, einem nur auf den ersten Blick frauenverachtenden

Sprechgesang, verkauften sie 1992 mehr als 370 000 Stück, von dem dazugehörigen zweiten Album *Vier gewinnt* (1992) über 750 000. Dabei schafften die vier Stuttgarter mit ihren LPs fast immer die Wanderung auf schmalem Grat, Sinn mit Unsinn zu paaren. S.M.U.D.O (kurz: Smudo), bürgerlich Michael Bernd Schmidt, am 6. März 1968 in Offenbach/Main geboren, kam wie viele seiner Generation über das Computerprogrammieren zur Musik. Zusammen mit Andy Y., bürgerlich Andreas Rieke, am 17. November 1967 in Stuttgart geboren und ebenfalls zunächst mehr an Rechenmaschinen als an Sounds und Rhythmen interessiert, gründete er das Terminal Team. Die Nachahmung von Rappern wie Grandmaster Flash verschaffte dem Duo lokale Berühmtheit. Hausmeister Thomas D., als Thomas Dürr am 30. Dezember 1968 in Ditzingen bei Stuttgart geboren, bat das Terminal Team, mit ihm für seine Freundin einen Geburtstag-Rap zu schreiben. Der nach einer Friseurlehre als Hausmeister arbeitende Thomas D. brachte musikalische Erfahrung mit: Er spielte in seiner Freizeit Saxophon. 1987 traf das Terminal-Trio auf den Discjockey Dee Jot Hausmarke, als Michael Beck am 11. Dezember 1967 in Stuttgart geboren, und produzierten als Quartett den Song *Burger B. Is Back*. Da sie zunehmend deutsche Worte zu Rap-Texten zusammenreimten, legten sie den Namen Terminal Team ab und nannten sich Die Fantastischen Vier, kurz: Fanta 4. Den Ausschlag für diese Entscheidung ergab die «Feldforschung» von Smudo und Thomas D, die sich 1988 einige Monate in den USA aufhielten und dort die Themen großstädtischer Rapper real kennenlernten: Armut, Rassismus, Gewalt. Das bürgerliche Leben in Stuttgart bot für derartige Texte keine glaubwürdige Grundlage. Die Gruppe fiel dem Plattenladeninhaber Andreas Läsker auf, der das Management übernahm und ihnen Auftritte verschaffte. Die 1991 auf Sony veröffentlichte Single *Hausmeister Thomas D.* machte die Fantastischen Vier den deutschen Hip Hop-Fans bekannt, bald traten sie als Vorgruppe mit De La Soul, Ice T. auf. Texte wie «Egal ob blond ob braun, ich liebe alle Frau'n» oder «schnick, schnack und dideldum, weder schräg noch krumm» von der Debüt-LP *Jetzt geht's ab* (1991) gründeten noch auf der Absicht, über-

haupt etwas zu sagen, wenn schon Sinnvolles nicht einfiel. Mit der zweiten LP *Vier gewinnt* (1992) und der Single *Die da?!* fanden die vier Stuttgarter ihren eigenen Stil. *Die da?!* besetzte wochenlang den ersten Platz der deutschen Charts, spielte nach wenigen Wochen Platin ein und funkelte auf MTV. Die weitgehend unpolitischen Gute-Laune-Texte trafen auf ein Publikum, das sich Anfang der neunziger Jahre musikalisch unterlegtem Blödeln in höchstem Maße aufgeschlossen zeigte. Doch mochten sich die Fantastischen Vier nicht auf ein Schlagerimage festlegen lassen oder gar als Blödelbarden gelten. Mit *Die vierte Dimension* (1993), nach einer von den Vieren moderierten Rundfunkserie benannt, steuerten sie dem vorzeitigen Imageverlust entgegen. Penibel ausgewählte Samples zwischen Funk und Trance Music, nachdenkliche, mitunter vulgärphilosophische Texte erhöhten die Glaubwürdigkeit des Quartetts, doch erreichte die Platte nicht die Auflage von *Vier gewinnt*. «Die Medien hatten mit ihrer Hype unsere Persönlichkeiten verfälscht», behauptete Thomas D., «*Die vierte Dimension* war unsere Chance, uns wieder zu besinnen und neuen Halt zu finden.» Für Live-Auftritte zogen die Fantastischen Vier seit 1993 den Schlagzeuger Florian «Floh» Dauner hinzu. Sie taten sich mit der Frankfurter Heavy Metal-Band Megalomaniax zusammen und gaben als Megavier Konzerte. Botschaften für Consumer ließen sich mittels ihrer Musik zeitgemäß an junge Menschen bringen: Die cleveren Vier verjubelten *Die da?!* an eine Orangensaftfirma. Ende 1997 überraschte Thomas D. die Fans von Fanta 4 mit seinem Solo-Album *Solo*, auf dem auch Nina Hagen, die Ärzte und die Lemonbabies zu hören waren. Wenige Monate später tat es ihm Hausmarke nach und brachte *Weltweit* (1998) in die Plattenläden. Anders als viele andere Rap-Gruppen überzeugten die Fantastischen Vier vor allem laut und live. Mit ihnen, so ‹Tip›, werde «nicht übernommene Underground-, sondern Unterhaltungskultur erfolgreich vermarktet». Schnellreimer Smudo: «Wir sind viel von der Hip Hop-Szene gedisst worden. Wir haben auf deutsch gerappt, als alle noch englisch von der Bühne brüllten. Dafür sind wir gedisst worden. Als alle auf deutsch gerappt haben, sind wir gedisst worden, weil wir Erfolg hatten.»

Und jetzt werden wir gedisst, weil wir nicht auf den Jams sind. Am Anfang haben wir uns tierisch darüber geärgert, aber mittlerweile stehen wir darüber.» Die Fanta 4, selbstbewußt nun manchmal auch F4 abgekürzt, schufen sich mit dem Benztown Studio in Stuttgart eine eigene Produktionsstätte, mit Four Music ein eigenes Plattenlabel und ließen sich unter dem Titel ‹Die letzte Besatzermusik› (Kiepenheuer & Witsch) eine Autobiographie schreiben: «Vom Kassetten-Tauschen am Stuttgarter Schloßplatz bis zum Ausblick in die Zukunft erfahren die Fans Details und Histörchen aus elf Jahren Fanta-4-Geschichte» (so das Boulevardblatt ‹BZ›) – natürlich auch ein Resümee jener weltbewegenden Rapperliebe zwischen Thomas D. und einer Berufsblondine namens Jenny Elvers, Ex-Gespielin des Schauspielers Heiner Lauterbach, welche das Party-Girl publikumswirksam und öffentlich beendet hatte. Originalton Thomas D.: «Ihre Abfuhr in den Medien wirkte wie ein Tritt in die Eier. Ich hätte nie erwartet, daß unsere Beziehung auf diese Weise enden würde. Trotzdem, auch wenn die Dame mehr Züge gemacht hatte – ich war der König!» Nicht nur derlei Publicity und ein unerhörter Presse-Hype brachte das Album *4:99* (1999) wieder vom Start weg ins Spitzenfeld der deutschen Charts, schon die Vorab-Single *MfG* («Mit freundlichen Grüßen») auf Platz eins. ‹Stereoplay› bescheinigte der CD «pulsierende Grooves mit mächtigem Schub und gewitzten Soundscapes», für die gelegentlich melancholische Trip Hop-Rhythmen und sogar ein Gospelchor bemüht wurden. Im Song *Mittelmaß* bürsteten die Fanta 4 deutsche Konkurrenz wie Tic Tac Toe («äußerst mittelmäßig») oder «Gurken wie Oli P.» (Andy Y.: «Das ist 'ne Knallcharge») gehörig ab. Der Hamburger ‹Rolling Stone›: «Die Fantastischen Vier sind die Platzhirsche auf weiter Flur.» – ‹Musikexpress›: «Sie präsentieren sich auf *4:99* als Hip Hop-Hausmacht, der textlich und musikalisch kaum ein anderer deutscher Act gewachsen ist.» Deshalb wurden sie auch als erste Deutschhopper zu *MTV Unplugged* (2000) gebeten – underground, in die Balver Höhle im Sauerland. Doch dort, zwischen den fernsehwirksamen Stalagmiten und Stalaktiten der Tropfsteinhöhle, aber auch für eine CD, zogen «die Großmeister des deut-

schen Hip Hop nicht nur den Stecker raus», sondern drehten «leider auch noch den Saft ab: handwerklich auf allerhöchstem Niveau», so Kritiker Wolfgang Hertel, «aber eben auch ein bißchen betulich – oder anders, langweilig.» Textzeilen wie «Gib uns kein Geld / denn das ist nur Glimmer / Gib uns auch kein Silber / denn das fänden wir schlimmer» oder «Der Verstand gibt uns die Hand / und wir betreten Neuland» kommentierte Georg Diez in der ‹Süddeutschen Zeitung› mit dem Satz: «Der deutsche Hip Hop ist unter die Heilsucher und Wahrheitsprediger gefallen.» Überschrieben war der Vierspalter mit der Zeile: Wie sich die Fantastischen Vier aus dem Land der Bedeutungslosigkeit in eine Höhle flüchteten und nichts fanden als ein bißchen Sinn.»

LPs auf Sony: *Jetzt geht's ab* (1991); *Vier gewinnt* (1992); *Die vierte Dimension* (1993); *Lauschgift* (1995) ... auf Four Music / Sony: *4:99* (1999); *MTV Unplugged* (2000) ... mit Megalomaniax auf Sony: *Megavier* (1994) ... mit Jazzkantine auf RCA: *Jazzkantine* (1994); *Heiß und fettig* (1995); *Frisch gepreßt & Live* (1996); *Geheimrezept* (1998) ... Solo-LP Thomas D auf Epic / Sony: *Solo* (1997) ... Solo-LP Hausmarke auf Four Music / Sony: *Weltweit* (1998)

Fatboy Slim alias Norman Cook, als Quentin Cook am 13. Juli 1963 in Bromley, England, geboren, verstand es meisterlich, produktionstechnisches Kalkül als spielerisches Abenteuer zu deklarieren. Als ein Mann mit vielen musikalischen Gesichtern gehörte er zu den großen Zauberern des Big Beat. «Cooks Talent ist die Fähigkeit, eine eingängige Melodie zu finden und diese mit einem bösartigen Dance-Groove zu verheiraten» (‹Pulse›). Sein Markenzeichen war eine auf penetranter Wiederholung beruhende kosmische Panik, die selbst in seinen Balladen das Gefühl vermittelte, kein Molekül würde an seinem ursprünglichen Platz bleiben. Zu vielen seiner Songs «kann man sich das Hirn aus der Birne tanzen» (‹Der Spiegel›). Privat gab sich Norman Cook weit zurückgezogener als seine Fans, die meist unter den chronischen Party-Löwen zu finden waren. Unter Kollegen war Fatboy Slim nicht unangefochten. Sein immenser Erfolg trug ihm unter Puritanern die Kritik ein, «er würde Dance Music so plump und lächerlich machen wie Britney Spears oder die Backstreet Boys» (‹Pulse›). Als Medium für die Verbreitung seiner Musik wählte Cook nicht nur Platten und Videos, sondern auch Werbespots. «So bringt man die Musik unter die Leute, ohne daß jemand dafür bezahlen muß. Das ist doch ziemlich demokratisch» (Norman Cook). Norman Cook wuchs in der Kleinstadt Redhill als Sohn eines Glasers auf. In der elterlichen Plattensammlung hörte er sich durch ein Repertoire, das von den Beatles bis zu den Carpenters reichte. Als 16jähriger entdeckte er die Black Music. Mit 19 zog er nach Brighton, um dort das College zu absolvieren. 1985 begann seine aktive musikalische Laufbahn als Aushilfsbassist für die Housemartins. In dieser Zeit begann er bereits unter dem Einfluß seines Freundes Coldcut als DJ Ox erste Rap- und Dance-Gigs zu spielen. Mit Linda Leighton (voc), Lester Noel (voc), Andy Boucher (kb) und DJ Wildski gründete er 1989 das Studio-Projekt Beats International, das 1990 für seine Debüt-Single *Won't Talk About It* Billy Bragg als Gastvokalist gewinnen konnte und im selben Jahr den Hit *Dub Be Good To Me* auf Platz eins der britischen Dance-Charts katapultierte. Die Band geriet in die Schlagzeilen, als sich große Teile des Songs als Plagiat diverser anderer Stücke, unter anderem von Clashs *Guns Of Brixton,* entpuppte. Weitere Singles, auf denen Cook Jazz, Soul, Dance und afrikanische Elemente mixte, blieben weit hinter dem Erfolg von *Dub Be Good To Me* zurück, doch die Nachfrage nach Cook als Remixer stieg stetig. Neben anderen wurde er für Aztec Camera und die Jungle Brothers aktiv. Nach dem Debütalbum *Let Them Eat Bingo* (1990) und dem stark Reggae-orientierten Folgewerk *Excursion On The Version* (1991) löste Cook das Projekt wieder auf. Wenig später gründete er die Acid Jazz-Band Freak Power, die mit dem Dancefloorhit *Turn On, Tune In, Cop Out* einen Levi's-Spot unterlegte und mit dem Album *Drive Thru Booty* (1994) zu Charts-Ehren kam. 1994 und 1995 firmierte Cook zeitweilig unter dem Logo Pizzaman. Weitere Pseudonyme waren Fried Funk Food und Might Dub Katz. Norman Cooks Prä-Slim-Ära zusammenfassend, erinnerte Heiko Hoffmann in ‹Jazzthing›: «Es gab eine Zeit, da galt Norman Cook

vor allem als Witz. Als erstes wurde er ausgelacht, weil er als Bassist einer Indie-Pop-Band Mitte der 80er lieber DJ sein wollte. Danach mit Beats International, weil er als Weißer versuchte, ‹schwarze› Musik zu machen. Schließlich, weil er mit Freak Power schlaffen Funk produzierte und seine Dance-Platten nicht nur trashige Titel trugen, sondern auch meist so klangen.» 1997 schlüpfte Norman Cook erstmalig in die Hülle von Fatboy Slim. Den Namen hatte er der Single *Dare To Be Fat!* von Rootboy Slim entlehnt. Ursprünglich wählte Cook dieses Outlet nur zur einmaligen Unterstützung des von Freunden gegründeten Labels Skint, das erste Fatboy Slim-Album *Better Living Through Chemistry* (1997) wurde jedoch so erfolgreich, daß Cook die Fatboy-Inkarnation beibehielt. 1998 setzte er sich mehrere Wochen mit einem Remix des Cornershop-Hits *Brimful Of Asha* auf Platz eins der britischen Charts fest. Mit seinem zweiten Album *You've Come A Long Way Baby* (1998) sah Fatboy Slim in Amerika Platin. Dancefloor-Kracher wie *Right Here, Right Now* und *The Rockafeller Shank* waren hocherregte Expressionen eines extravaganten Genies, dem die Welt in ihrer gewohnten Ausdehnung zu klein geworden war. Neben seinen regulären FBS-Alben nahm «der Mann, für den das Produzentendasein eine Bestimmung ist» (‹Intro›), zahllose Mix-Alben auf bzw. veröffentlichte Sammlungen von Beats und Samples, die als Quellenmaterial für DJs gedacht waren. Auf *Halfway Between The Gutter And The Stars* (2000) setzte er seinen Erfolgsweg fort. In der Ballade *Sunset* samplete er die Spoken Word-Aufnahme des Jim Morrison-Gedichtes *Bird of Prey* in einer Weise, daß sich der Eindruck aufdrängte, der 30 Jahre zuvor verstorbene Doors-Sänger wäre mit Cook leibhaftig im Studio gewesen. Reale Gäste waren hingegen Bootsy Collins, Macy Gray und Ashley Slater. Im Zuge der Veröffentlichung des Albums erklärte Cook jedoch, daß er vom Music Biz genug hätte und sich ins Privatleben zurückziehen wolle. «Die Geister, die Cook rief, wurden scheinbar etwas zu unbehaglich» (‹Intro›). Seine kreativen Tage waren indes noch lange nicht gezählt. «Daß Cook mit Big Beat untergehen wird, ist unwahrscheinlich – denn ein dusseliger Name für ein neues Projekt dürfte ihm schon einfallen» (‹Visions›).

LPs auf Astralwerks: *Better Living Through Che-mistry* (1996); *You've Come A Long Way, Baby* (1998); *Halfway Between The Gutter And The Stars* (2000) ... als Norman Cook auf Zip: *The Roots Of Norman Cook* (2001)

Faust, gegründet 1969 in Hamburg, entsprangen dem kollektiven Geist der frühen Siebziger und entwickelten sich, in Deutschland kaum beachtet, neben Can und Kraftwerk zu einer der einfluß-reichsten deutschen Bands im internationalen Rahmen. Die improvisierten Materialschlachten der Gruppe sind legendär. Die «Vorbilder Stereo-labs, Vordenker der Einstürzenden Neubauten und Inspiratoren Sonic Youths» (‹Tip›) waren in erster Linie eine Live-Band. «Europas näch-stes Äquivalent zu Zappas Montage-Technik» (‹Mojo›) war eine Gruppe kompromißloser Prie-ster des Augenblicks, ihre Musik geordnete Cha-ostheorie. Der spontane, experimentelle Geist ihrer Shows wurde auf Platten hingegen nur mit-telbar transportiert. Zappi Diermaier, Hans-Joa-chim Irmler und Arnulf Meifert von der Band Campylognatus Citelli sowie Jean-Hervé Peron, Rudolf Sosna und Günter Wüsthoff, die bei Nu-cleus (nicht Ian Carrs gleichnamige Jazz Rock-Formation) gespielt hatten, trafen sich zufällig in Hamburg und begannen zwanglos ohne festen Bandnamen zu musizieren. In einem Bunker an der Hamburger Sternschanze entstand 1970 ein erstes Demo. Auf Vermittlung des Journalisten und Produzenten Uwe Nettelbeck, Co-Herausge-ber des Magazins ‹Konkret›, richtete die Gruppe in einer ausgedienten Dorfschule in Wümme nahe Hamburg ein Studio ein. Als Kommune die Einheit von Leben und Arbeit vollziehend, konn-ten die Musiker ohne Störung und Ablenkung ihren Experimenten nachgehen. «Oft machten wir unsere Aufnahmen im Bett. Wir lagen herum und hatten unsere Kopfhörer auf», erinnerte sich Peter Blegvad von Slapp Happy und Henry Cow, der sich längere Zeit in Wümme aufhielt. Das er-ste Album *Faust* (1971), aus transparentem Vinyl gepreßt, «sah so verrückt aus, wie es klang» (‹Rough Guide›), und erinnerte an «Musik aus einem Paralleluniversum, durch das älteste Radio gespielt» (Julian Cope in ‹Krautrocksampler›). Um ein erstes Konzert der Band in der Hambur-ger Musikhalle im Herbst desselben Jahres nicht

an technischen Problemen scheitern zu lassen, entschlossen sich die Musiker zu radikaler Impro-visation. Auf dem zweiten Album *So Far* (1972) arbeiteten Faust auf Druck ihrer Plattenfirma we-sentlich stärker mit Songformaten. Ein Jahr spä-ter ging die Band auf ein Gut in der Nähe von Oxford, um für das neu gegründete Label Virgin, deren allererster Act sie waren, das Album *The Faust Tapes* (1973) aufzunehmen, das in England zum Preis einer Single verkauft wurde und Platz elf in den Charts erreichte. Den jähen Erfolg aus-nutzend, tourte die Band durch Frankreich und in der Besetzung Wüsthoff, Diermaier, Peron und Blegvad durch Großbritannien. Die mit dem Mi-nimal-Komponisten Tony Conrad eingespielte Platte *Outside The Dream Syndicate* (1974) be-gründete den späteren legendären Ruf von Faust in den USA. Nach der Veröffentlichung von *Faust IV* (1974) trennte sich die Band wegen finanzieller und inhaltlicher Differenzen von ihrem Label Vir-gin, weshalb das ein Jahr später eingespielte Al-bum *Faust V* zunächst unveröffentlicht blieb. Faust verschwanden sang- und klanglos von der Bildfläche und wären wohl in Vergessenheit gera-ten, wenn sich nicht Henry Cow-Trommler Chris Cutler ihrer angenommen hätte. Auf seinem La-bel ReR hielt er mit den Platten *The Faust Party Tapes*, die Material von *Faust V* enthielt, sowie *Munich And Elsewhere* und *The Last LP* die Erin-nerung an Faust wach. Die Musiker blieben in Kontakt zueinander und fanden sich sporadisch in verschiedenen Konstellationen zusammen. 1990 erlebte die Welt die Wiederauferstehung von Faust in einem Konzert Perons, Irmlers und Dier-maiers in der Hamburger Prinzenbar. 1992 gab es ein zweites Konzert im Londoner Marquee, das von der englischen Presse frenetisch bejubelt wurde. Jeff Hunt von dem Tony Conrad naheste-henden amerikanischen Label Table Of The Ele-ments lud die Band nach Amerika ein, wo sie mit Gästen wie Jim O'Rourke, Thurston Moore und Keiji Haino eine Tournee absolvierte, die sie unter anderem ins Death Valley führte. Von Jim O'Rourke produziert, spielte sie in Chicago die minimalistische Platte *Rien* (1994) ein. Der Grün-dung des bandeigenen Labels Klangbad folgte un-ter dem Titel *You Know FaUSt* (1997) das euro-päische Platten-Comeback. «Faust haben in einer Parallelwelt überlebt, einem Mikrokosmos, in dem sich Zeit, Rebsorte und Raum längst zu einem neuen Aggregatzustand verändert haben: Musik als romantisches Ideal von Ewigkeit», schwärmte der Hamburger Kritiker Max Dax. Die Shows von Faust waren zu dieser Zeit eher brachiale Rituale als Konzerte. «Musikalisch ereignete sich nicht viel. Dafür gab es jede Menge Action. Es wurde auf alles eingeschlagen, dessen man habhaft werden konnte. Fernseher gingen in Flammen auf. Der Taumel gipfelte darin, daß Peron sich nackt auszog und in Action-painting erging, schließlich mit einer Kettensäge bewaffnete und in eine große, weiße Holztafel die Worte Muerte Nada einschnitt» (‹Berliner Zeitung›). Faust steckten in dem offensichtlichen Dilemma, gleichzeitig nach vorn und hinten preschen zu wollen. Das Problem erkennend, verließ Peron 1997 die Gruppe. Diermaier (dr) und Irmler (kb) nahmen um Steven Wray Lobdell (g), Lars Paukstat (zither, perc) und Michael Stoll ergänzt auf dem Flux Music Festival das Live-Album *Edinburgh 1997* (1998) auf. Mit *Faust Wakes Nosferatu* (1998) lieferten sie einen assoziationsreichen Soundtrack zu F. W. Murnaus Stummfilmklassiker. Doch erst mit dem «inspirierten, wenn auch nicht mehr revolutionären» (‹Q›) Album *Ravvivando* (1999) schloß die Band wieder vollends an den innovativen Geist der frühen Tage an. ‹Jazz-thing›: «Erstaunlicherweise klingen die bekennenden Anachronisten immer noch nicht abgestanden. Gitarren zerschellen an mystischen Keyboard-Kolossen, Baß und Schlagzeug wummern unablässig gegen massive Betonwände. Nur ganz selten werden diese tiefroten und pechschwarzen Klang-Blöcke von goldenen Fäden aus Poesie durchzogen».

LPs auf Recommended: *Faust* (1971); *Faust So Far* (1972); *The Last LP* (1988); *Munich And Elsewhere* (1996); *The Wumme Years 1970–1973* (2000); *BBC Sessions* (2001) … auf Caroline: *Outside The Dream Syndicate* (1973) … auf Cuneiform: *The Faust Tapes* (1973); *71 Minutes Of Faust* (1996) … auf Virgin: *Faust IV* (1973) … auf Table Of The Elements: *Rien* (1995); *Faust Concerts, Vol 1: Live In Hamburg 1990* (1996); *Faust Concerts, Vol. 2: Live In London 1992* (1996) … auf Klangbad: *You Know Faust* (1997); *Faust Wakes Nosferatu* (1998); *Edinburgh 1997* (1998); *Ravvivando* (1999)

Ferry, Bryan (voc, kb), am 26. September 1945 in Washington, England, geboren, bot seine Eigenkompositionen und Remakes klassischer Pop-Hits als «betörend sinnliche Flirts mit Verlangen und Enttäuschung» (‹Time Out›) dar und posierte dabei als «eleganter Saboteur des Rock-Rebellen-Image» (‹Der Spiegel›). Seine Versionen von Standards wie *The ‹In› Crowd, A Hard Rain's A-Gonna Fall, Smoke Gets In Your Eyes, You Are My Sunshine* «akzentuierten psychologische und soziale Aspekte, die in den Original-Interpretationen der Songs nicht zutage getreten waren» (‹Rolling Stone›). Diese «Revitalisierung von Evergreens ereignet sich in Würde und Schönheit – und Rock 'n' Roll schallt immer um die Ecke» (‹Die Welt›). Der Sohn eines Bergwerksangestellten aus dem britischen Durham County und Absolvent einer Privatschule hatte seine Neigung zu Motown-Musik während seiner Kunststudentenzeit an der Newcastle University in der Band Gas Board zu artikulieren versucht. Als Gründungsmitglied von Roxy Music dominierte er mit seinem Aufsteiger-Ehrgeiz und seinem Drang nach nobler Lebensart Repertoire und Image der Band bis zu deren Auflösung 1983. In Ferrys Show-Persönlichkeit vereinigten sich Frank Sinatras romantische Schwermut, Elvis Presleys Hüftschwung-Erotik, Mick Jaggers dämonisches Augenglitzern und Errol Flynns prahlerisches Heldentum. Ein solches Gehabe «faszinierte und stieß ab – aber Bryans Bedeutsamkeit kann nicht geleugnet werden» (‹Rolling Stone›). Sein singulärer, vibratoreicher Staccato-Gesang wurde für zahllose Sänger noch zehn Jahre nach den ersten Roxy Music-Platten Vorbild, so etwa für Mark Hollis von Talk Talk oder David Sylvian (Japan). Das exzentrische Beharren auf Stil an sich als Ausweis seiner künstlerischen Identität verdeckte oft genug Ferrys Talent als exquisiter musikalischer Handwerker. *In Your Mind*, 1977 mit selbstgeschriebenem Material aufgenommen, während die Roxy Music vorübergehend verklungen war, tönte überzeugend und überwältigend wie «eine Hymne auf die Befreiung der schwärmerischen Phantasie» (‹Melody Maker›). Auch auf weiteren Solo-Platten, parallel zu seinen Roxy-Aktivitäten, überraschte er mit delikaten Song-Gourmetstükken, die «witzig, literarisch, eigenständig, innovativ» klangen, ihren «Reiz aus dem zweideutigen

Pendeln zwischen herzergreifender Ergebenheit und hintersinniger Ironie bezogen» und damit «nahezu unfaßbar clever» (‹The Face›) erschienen. Alben wie *Boys And Girls* (1985) mit dem Hit *Slave To Love*, «verdampften fast auf dem Plattenteller» (‹Rolling Stone›) und «schleppten sich musikalisch von vagem Funk zu vagem Reggae zu vager Vagheit» (‹Stereo Review›). Auf *Bête Noire* (1987) sang Ferry («Ich war immer der Meinung, meine Arbeit sei wichtiger als meine Persönlichkeit») schließlich «wie ein alter Mann mit seinen Erinnerungen», der «hart an seiner poetischen Wehleidigkeit gearbeitet hat» (‹New Musical Express›). Trotz dieser neureichen Melancholie, «wo die Selbst-Imitation zur Selbst-Parodie abgeglitten ist» (‹Village Voice›), stand eines für ‹City Limits› fest: «Eleganz hat wohl kaum jemals einen besseren Botschafter gefunden.» Gut fünf Jahre trat Ferry in der Pose eines müden Dandy nur gelegentlich mit Platitüden an die Öffentlichkeit: «Wenn man so lange Platten macht wie ich, wird man automatisch zu einer Establishment-Figur, selbst wenn du selber glaubst, daß du die Avantgarde umarmst. Die meisten Leute erwarten, daß man einen bestimmten Abschnitt einer Entwicklung endlos reproduziert.» Dann schon lieber gleich Cover-Songs unter dem Titel *Taxi* (1993). ‹Die Zeit›: «In einem fließenden, wabernden Strom aus Gitarren, Synthesizer und Rhythmen verplätschern die Fassungen schöner Standards … Wo früher Verzweiflung immer ironisch gebrochen schien, hat sie sich jetzt in Langeweile verwandelt.» Diese war auch in *Mamouna* (1994) nicht ganz überwunden, tarnte sich aber in zusammen mit Brian Eno geschaffenen eigenen Songs wenigstens als Melancholie. Co-Produzent Robin Trower hatte dafür unter anderen auch die Roxy-Veteranen Phil Manzanera, Andy Mackay ins Studio geholt. Ferry: «Ich versuche heute Intelligenz statt Jugend einzusetzen … Erfahrung vielleicht. Man muß sich ja nicht generell dafür schämen, daß man älter wird und trotzdem weiter Musik machen will.» *Mamouna*, von Ende 1994 an während des ganzen folgenden Jahres auf einer Welttournee dargeboten, wurde in England auf Platz elf notiert, erreichte aber in den USA nur die Position 94. Da erschien ein Rückgriff auf altes Material angesagt. Der hoffnungsvoll betitelte Sampler *More Than This – The Best Of Bryan Ferry And Roxy Music* (1995) entwickelte sich prompt zum Langzeit-Seller und wurde drei Jahre nach Erscheinen mit Platin prämiert. Einige Songs daraus waren 1998 auch im Glam Rock-Spielfilm ‹Velvet Goldmine› zu hören. 1999 entschied sich der Dandy mit der alten Liebe zu Evergreens für pure Nostalgie, klassische Standards wie *Falling In Love Again, I'm In The Mood For Love* oder das Titelstück der CD, *As Time Goes By*. Ferry begründete: «Das Songschreiben war früher eine regelrechte Kunst. Die Worte sind sorgfältig gewählt und die Melodien so durchdacht konstruiert, daß es der Traum eines jeden Sängers ist.» Die Kritik beklagte in seiner Interpretation «das Fehlen jeglichen emotionalen Engagements» und «die traurige Tatsache, daß seine Stimme in Stücke gesprungen ist», so das Magazin ‹Metro›, New York: «Von seiner alten Sinnlichkeit sind nur Manierismen geblieben.» Auf der Tournee sang Ferry, so beobachtete Andreas Obst für die ‹Frankfurter Allgemeine Zeitung›, die alten Lieder «respektlos und ironisch», aber die Stimme «ertrank ein ums andere Mal im robusten Orchesterklang». Erst als er mit *Bitter-Sweet* wieder zur Roxy Music überging, geriet «das Publikum der ausverkauften Alten Oper Frankfurt außer sich vor Begeisterung. Das Orchester verwandelt sich von einem Takt auf den anderen in eine furiose Rockband. Ferry gibt den Abstand zum gepflegten Jazz auf und umarmt den Rock. So wird der Abend zur Behauptung mit erhobener Faust: Der Rocksong ist dem Jazzlied überlegen …» Ferry hatte es anders gewollt. Doch auch seine halbherzige Rückkehr zum Rocksong mißriet. Für die CD *Slave To Love* (2000) suchte er sich «The Best of the Ballads» (Untertitel) aus – wie er sie empfand. ‹Musikexpress›: «Eine wilde Berg- und Talfahrt in Sachen Qualität … dahinplätschernde Tracks … musikalische Schlafmittel … ein fataler Hang zur poetischen Wehleidigkeit.»

LPs auf Island: *These Foolish Things* (1973); *Another Time Another Place* (1974); *Let's Stick Together* (1976) … auf Polydor: *In Your Mind* (1977); *The Bride Stripped Bare* (1978); *More Than This* (1995) … auf EG: *Boys And Girls* (1985); *Windswept* (Mini-LP, 1985); *Street Life / 20 Great Hits* (1986; viele Roxy Music-Titel) … auf Virgin: *Bête Noire* (1987); *Ultimate Collection* (1988); *Taxi* (1993); *Mamouna*

(1994); *As Time Goes By* (1999); *Slave To Love* (2000); *Live In Paris, March 2000* (DVD, 2001) Weitere LPs → Roxy Music

Fettes Brot, gegründet 1992 in Pinneberg bei Hamburg, rappten sich mit Witz und Verstand durch die Geschichte des bundesrepublikanischen Alltags bis zur Jahrtausendwende. Als Antipoden zu den Fantastischen Vier versahen sie ihre Rhymes stets mit ein bißchen mehr Witz und Doppelbödigkeit. Ihre «Texte waren lustig, aber nicht albern, die Lieder einprägsam, aber nicht eintönig. Und die Musik gefiel auch solchen Leuten, die nicht wußten, wer LL Cool J und Dr. Dre sind, aber mit Westernhagen auf du und du waren» (‹Hamburger Abendblatt›). «Thematisch pendeln die Bäckerburschen zwischen größeren Mengen Blödelei und Ansätzen von Sozialkritik, zwischen Debility und Credibility» (‹WOM Journal›). Sie «nahmen eine Beobachterrolle im deutschen Hip Hop ein» (‹Borkener Zeitung›), und mit Augenzwinkern, Augenmaß sowie Titeln wie *Nordisch By Nature* nahmen sie auch ihr Hip Hop-Umfeld aufs Korn. Dabei «erheben sie keinen Anspruch auf die Vermittlung von großen Weisheiten. Es reicht ihnen, Alltäglichkeiten und Befindlichkeiten in gute Reime zu kleiden und diesen den nötigen Flow zu verpassen» (‹Visions›). König Boris, als Boris Lauterbach 1974 geboren, Schiffmeister, als Björn Warns 1973 geboren, und Doktor Renz, als Martin Schrader 1974 geboren, begannen im Quintett mit Tobi, später Der Tobi und das Bo, und dessen Bruder unter dem Logo Poets Of Peeze mit englischem Rap. Als sie auf einem Konzert von einem Fan als Fettes Brot bezeichnet wurden, stand der Name für die Band fest. 1995 erschien nach diversen Singles und einer EP das erste Album *Auf einem Auge blöd. Außen Top Hits – Innen Geschmack* (1996) und *Fettes Brot läßt grüßen* (1998) festigten den Ruf des Trios als führender deutscher Hip Hop-Act. Sie bezogen Position «weitab von der bräsigen Chartbrühe, aber doch poppig, nett und charmant genug, um reihenweise kleine Mädchen in den Bann zu ziehen» (‹Visions›). Während die Shows der «drei charmanten Nordlichter» (‹WOM Journal›) die Massen in Ekstase versetzten und selbst das Publikum auf einer vom Goethe-Institut organi-

sierten Rußland-Tour begeisterten, drangen kaum Nachrichten über das Privatleben der zurückgezogenen Stars in die Öffentlichkeit. In ihren Presse-Infos gefielen sich die drei mehr mit unverbindlichen Blödeleien als mit konkreten Informationen. Auf der Doppel-CD *Fettes Brot für die Welt* (2000) zogen sie eine fröhliche Bilanz ihrer achtjährigen Geschichte. Anfang 2000 schlug das Kleeblatt eine Brücke der besonderen Art, indem es eine Kollaboration mit James Last einging.

LPs auf Intercord: *Auf einem Auge blöd* (1995); *Außen Top Hits innen Geschmack* (1996); *Fettes Brot lässt grüßen* (1998); *Fettes Brot für die Welt* (2000)

Fields Of The Nephilim, gegründet 1983 in Stevenage, England, waren die grauen Eminenzen des Gothic Rock, die zwar niemals in die kommerziellen Regionen von The Mission oder Sisters Of Mercy vordringen konnten, aber mit ihrer dumpfen Mystik und selbstgezimmerten Quasi-Philosophie, die christliche und antike Quellen beliebig durcheinanderwirbelte, eine Fangemeinde um sich versammelten, die beinahe wie eine Sekte funktionierte. Die Band stellte sich selbst als todesmutiges Häuflein von Magiern und Alchimisten, als geächtete Eremiten in schwarzbraunem, abgestoßenem Quasi-Cowboy-Leder-Outfit dar. Entweder man ließ sich auf alle Aspekte der extrem polarisierenden Band ein, oder man fand nur schwer Zugang zur esoterischen Welt der selbsternannten Priester aus dem Reich des Todes. Trotz geschraubter Ideologie verfügten die Fields jedoch über musikalische Brillanz. Ihr raumgreifender, gitarrenbetonter, bewußt antiquierter Hard Rock vereinte Momente von Gruppen wie Blue Öyster Cult, Black Sabbath und Pink Floyd. «Von allen Bands der britischen Goth Rock-Bewegung in den Achtzigern waren Fields Of The Nephilim die Glaubwürdigste» (‹All Music Guide›). Carl McCoy (voc), Tony Pettitt (bg), Alexander ‹Nod› Wright (dr) und Paul Wright (g) traten zunächst mit Saxophonist Gary Whisker an, um nach knappen Proben und einigen Shows, die auf geteiltes Echo stießen, 1985 ihre selbstfinanzierte EP *Burning The Fields* auf den Markt zu bringen. Ohne Whisker, dafür mit Peter Yates (g) folgte ein Jahr später die etwas einfacher strukturierte EP *Returning To Gehenna*, die das Label Beggar's Banquet auf die Band aufmerksam machte. Mit ihrem schrillen Debütalbum *Dawnrazor* (1987) und dem Independent-Hit *Blue Water* setzten sich die Fields in den britischen Charts fest. Ihre charismatisch zelebrierten Selbstmordgedanken, Mordgelüste und Todesvisionen fanden nicht nur auf den Britischen Inseln eine breite Anhängerschaft. Im Anschluß an das Album absolvierte die Band mehrere erfolgreiche Großbritannien-Tourneen und brachte sogar einige Tracks in der TV-Serie *Miami Vice* unter. Die Shows, in denen die «Godfathers of Gothic» (‹Visions›) in dichten Nebelbänken verschwanden, hatten mehr mit religiösen Ritualen als mit gewöhnlichen Rock-Konzerten gemein. Die LP *The Nephilim* (1988) toppte gar noch den Erfolg des Vorgängeralbums und gelangte auf Platz 14 der UK-Charts. Die psychedelische Single *Psychonaut* (1989), ein neunminütiger Ausschnitt aus einem in der vollen Länge von 20 Minuten nie veröffentlichten Epos, brachte der Band einen Klassiker und machte sie auch über die Gothic-Fraktion hinaus bekannt. Das mit dem Pink Floyd-Live-Keyboarder Joe Carin eingespielte Album *Elizium* (1990) erwies sich als ruhiger, weniger aggressiv als seine Vorgänger. Indessen zeichneten sich Kompetenz-Rangeleien zwischen McCoy und dem Rest der Band ab. In bewährter Manier versuchte man die Differenzen mit einem Livealbum, *Earth Inferno* (1991), zu übertünchen, doch der Riß war nicht mehr zu kitten. 1991 verließ McCoy die Band und brachte sein Projekt Nefilim an den Start, mit dessen CD *Zoon* (1996) er gnadenlos durchfiel. Die verbliebenen Mitglieder der Gruppe atmeten auf. Sie legten den Namen Fields Of The Nephilim ab und firmierten nun unter Rubicon. Mit Andy Delany, dessen vokale Qualitäten nicht annähernd an McCoy heranreichten, wurde der programmatisch angelegte, allerdings wenig inspirierte Neubeginn *What Starts, Ends* (1992) eingespielt. Auch *Room 101* (1995) konnte nichts daran ändern, daß Rubicon nur wie eine schwache Kopie von Fields Of The Nephilim klangen. Nod Wright verließ Rubicon 1996, um seine eigene Band Swallowed Soul zu gründen. Vom Mißerfolg ihrer separaten Bands getrieben, ver-

einten sich McCoy und Pettitt im Sommer 1999 zu The Nephilim.

LPs auf Tower: *Burning The Fields* (1985) ... auf Supporti: *Returning To Gehenna* (1986) ... auf Beggars Banquet: *Dawnrazor* (1987); *The Nephilim* (1988); *Elizium* (1990); *Earth Inferno* (1991) ... auf ROIR: *Live In Concert* (1992) ... Carl McCoy mit Nefilim auf Beggars Banquet: *Zoon* (1996) ... Rubicon auf Beggars Banquet: *What Starts Ends* (1992); *Room 101* (1995) ... Paul u. Nod Wright mit Last Rites auf Dream Catcher: *Guided By Light* (2001)

The Flaming Lips, 1983 in Oklahoma City gegründet, eine der exzentrischsten Bands zwischen Post-Punk und Neo-Psychedelia, zwischen Trash und Glamour, bestachen durch eine ganz eigene Mischung aus urbaner Kraft und provinzieller Dünnhäutigkeit. Ihre Alben waren allesamt keine Ansammlungen von Songs, sondern abenteuerliche Trips mit weit gespannten dramaturgischen Bögen. Konsequent vermied die Band jede Art der Festlegung. «Kurzzeitige Eindeutigkeiten werden postwendend wieder in Frage gestellt und aufgelöst, Irritation ist Trumpf und auch vermeintlicher Wohlklang immer schon haarscharf daneben» (‹Rolling Stone›). Unter dem Bandnamen The Frying Psychos hatten die Brüder Wayne, geboren am 17. März 1965 in Pittsburgh, Mark, Barry, Maurice und Robin Coyne, Mitte der Siebziger im Keller ihres elterlichen Hauses mehr darum gestritten, wer nun als Frontmann agieren solle, als sich auf die Musik zu konzentrieren. Mit Wayne (g) und Mark Coyne (g), zu denen sich Mike Ivins (bg) und Richard English (dr) gesellten, kristallisierte sich die erste ernstzunehmende Besetzung der Band heraus. Schon auf ihrer ersten EP *My Own Planet* (1985) machten die Lips unmißverständlich klar, daß ihr die üblichen amerikanischen Rock-Clubs zu klein wären und es sie eigentlich in die Stadien zog. Ihr hysterischer Sound verlangte nach Raum. Nach dieser Platte verließ Mark Coyne die Band und trat den Posten des Sängers an seinen Bruder ab. Die eingängigen Hooklines und ausgefeilten Arrangements der im Trio eingespielten Alben *Hear It Is* (1986) und *Oh My Gawd!!!* (1987) machten die Gruppe zum permanenten Geheimtip in den College Radios. Zwischen Süßlichkeit und Chaos pendelnd, arbeitete sie mit Tape Loops und bezog sich in versteckten Zitaten auf die späten Beatles. Wie schon ihre Vorgänger, so hinterließ auch die LP *Telepathic Surgery* (1989) wieder den Eindruck eines konzeptionell dichten Gesamtkunstwerks, dessen Covergestaltung sensibel auf die Musik abgestimmt war. Nachdem English die Band verlassen hatte, produzierten Coyne und Ivins die Duo-EP *Unconsciously Screamin'* (1989), um ein Jahr später auf *In A Priest Driven Ambulance* in neuer Besetzung zu neuer Form aufzulaufen. Mit dem ehemaligen Mercury Rev-Mitstreiter Jonathan Donahue (g) sowie Nathan Roberts (dr), Dr. Manhattan (kb) und Produzent David Fridman (ebenfalls Mercury Rev) setzte sich die Gruppe einmal mehr zwischen alle Stühle und brach mit der Coverversion von Louis Armstrongs *What A Wonderful World* obendrein ein Tabu in einer Zeit, die mit Brücken zwischen Rock und Jazz wenig anfangen konnte. In derselben personellen Konstellation entstand *To Death In The Future Head* (1992), dessen Maßlosigkeit der Mittel alle von den Flaming Lips selbst gesetzten Maßstäbe brach. Sound-Erfahrungen von Sonic Youth durch Streicher und Bläser erweiternd, klang das Album wie eine Ton gewordene Massenpsychose. Nach den Aufnahmen kehrte Donahue mit Fridman zu Mercury Rev zurück, und die Band trat in eine erste Phase der Stagnation. Mit Gitarrist Ronald Jones, geboren am 26. November 1970, und Drummer Steven Drozd, geboren am 6. Dezember 1969, blieben die Flaming Lips auf *Transmissions From The Satellite Heart* (1993) zwar ihrem Bandkonzept treu, stellten jedoch den radiokompatiblen Pop-Song stärker in den Mittelpunkt. Der Track *She Don't Use Jelly* schaffte es sogar in die TV-Serie *Beverly Hills 90 210* und verursachte eine «Erschütterung in der Popularitätsskala» (‹Tip›) der Band. «*Transmissions* könnte sowohl das *Sgt. Pepper's* der Neunziger als auch etwas ganz Neues darstellen» (‹NM! Messitsch›). Wie eine Wolke weicher Art Rock-Sounds klang *Clouds Taste Metallic* (1995). Mit schmalzig geschraubten Songs schienen die «liebenswertesten Exzentriker des Rock 'n' Roll» (‹Rolling Stone›) die Geschmeidigkeit früher Yes-Platten auf die Neunziger übertragen und in die Nähe von Jane's Addiction rücken zu wollen.

Mit *Bad Day* steuerten sie einen Song zum Soundtrack von *Batman Forever* bei. Plötzlich war aus einer inhomogenen Gruppe, die mit ihren aufwendigen Konzepten seit 15 Jahren am Rande der Wahrnehmung agierte, eine Starband geworden. Sogar die Teen-Bibel ‹Bravo› war begeistert: «Ihren kreischenden und jaulenden Songs hört man mit stets wachsender Aufmerksamkeit zu.» In gewohnter Weise kratzte die Gruppe am eigenen Image, als sie *Zaireeka* (1998) in Form von vier separaten CDs veröffentlichte, die man parallel abspielen mußte. Das nach dem Weggang von Ronald Jones abermals im Trio entstandene *The Soft Bulletin* (1999) präsentierte die Band weicher und verspielter als je zuvor.

LPs auf Restless: *The Flaming Lips* (1985); *Hear It Is* (1986); *Oh My Gawd!!!* (1987); *Telepathic Surgery* (1989); *In A Priest Driven Ambulance* (1990) ... auf Warner: *Hit To Death In The Future Head* (1992); *Transmissions From The Satellite Heart* (1993); *Clouds Taste Metallic* (1995); *Zaireeka* (1997); *The Soft Bulletin* (1999)

Fleetwood Mac rangierten 1969 nach einer Hitparaden-Auswertung des ‹Melody Maker› in der englischen Erfolgsstatistik auf Platz eins: mit 748 Punkten vor den Beatles (671) und vor Stevie Wonder (661). Die Band hatte sich im August 1967 von John Mayalls Bluesbreakers abgespalten, denen Peter Green (g, voc, harm), John McVie (bg), geboren am 26. November 1946 in London, Mick Fleetwood (dr, voc), geboren am 24. Juni 1947 in Redruth, Cornwall, zuvor angehört hatten. Vierter Mann des Gründungsquartetts wurde Jeremy Spencer (voc, g), geboren am 4. Juli 1948 in West Hartlepool, Lancashire; 1968 kam Danny Kirwan (g, voc), geboren am 13. März 1950 in London, hinzu. Ihr Blues hielt sich zunächst so nahe an schwarzen Vorbildern, daß die Zeitschrift ‹Eye› von einer «fast lächerlich zu nennenden Mimikry» sprach. Die Klavierfiguren in *Hellhound On My Trail* stammten unverarbeitet aus der Memphis Slim-Version von *If You See Kay*; Spencers Gitarrenstil war eine Kopie von Elmore James, Green kopierte B. B. King. Mit Stücken wie *Albatross* und Greens *Black Magic Woman*, das später ein Welt-Hit für Santana wurde, spielten sich die Musiker jedoch rasch frei. Schon im Januar 1968 waren sie im Plattenstudio musikalisch erfolgreich mit dem Bluesinterpreten Eddie Boyd zusammengetroffen. Bei einer *Blues Jam At Chess* (Titel des Doppelalbums) begegneten sie genau ein Jahr später in Chicago schwarzen Vorbildern wie Willie Dixon (voc, b), Walter «Shakey» Horton (voc, harm), Otis Spann (p, voc) und anderen als gleichwertige Partner. Ebenfalls im Januar 1969 nahmen sie in New York zusammen mit Spann das Album *The Biggest Thing Since Colossus* auf. Als Peter Green 1969 ausschied, profilierte sich Spencer durch die LP *Kiln House* als dominierender Musiker. Er sprengte die Bluesfesseln und trieb seine Mitspieler in einen an früheren Teenager-Idolen wie Buddy Holly und den Everly Brothers orientierten Rock'n'Roll, bis auch er während einer Amerika-Tournee Anfang 1971 Fleetwood Mac verließ. Danach wurde der Band-Sound von Bob Welch (g, voc), geboren am 31. Juli 1946 in Los Angeles, Danny Kirwan (g, voc) und McVies Frau Christine (voc, p), die unter ihrem Mädchennamen Christine Perfect einst zu Chicken Shack gehört hatte, geprägt. Sie kam am 12. Juli 1943 im englischen Birmingham zur Welt. 1972 firmierten auch Bob Weston (g, bj, harm, voc), Dave Walter (voc, harm), Steve Nye (org) unter dem Namen Fleetwood Mac. Als unbestrittener Chef hatte sich mittlerweile der Drummer etabliert, der den Bandnamen auch in seinen Personalpapieren führte: Mick Fleetwood. Sein Anrecht auf den Gruppennamen wurde im Frühjahr 1974 einer Bewährungsprobe ausgesetzt. Manager Clifford Davis beanspruchte den Titel und schickte eine frisch zusammengestellte Pick-up-Band als Fleetwood Mac auf USA-Tournee. In der gerichtlichen Auseinandersetzung bekam Fleetwood recht. Die Gruppe hatte beschlossen, in Amerika zu bleiben, und siedelte sich in Kalifornien an. Ihr erstes total in den USA produziertes Album *Heroes Are Hard To Find* mit Fleetwood (dr, perc), Weston (g), Welch (g, voc), John McVie (bg), Christine McVie (kb, voc) zeigte sie in guter Form. Als Welch 1975 ausstieg, um das Trio Paris zu gründen, schlug der Produzent Keith Olsen das Duo Lindsey Buckingham (voc, g; geb. 3. Oktober 1947) und Stevie Nicks (voc; geb. 26. Mai 1948) als neue Bandmitglieder vor. Die erotische Spannung der zwei Bühnenpaare McVie und Bucking-

ham/Nicks zahlte sich schon mit der ersten gemeinsamen LP *Fleetwood Mac* (1975) aus: Sie spielte vier Millionen Dollar ein und wurde sofort mit Platin prämiert. Buckingham, dessen einprägsame Songs wie *Go Your Own Way, Monday Morning, Never Going Back Again,* dessen Arrangierfinessen und Improvisationsqualitäten ihn schnell zum eigentlichen Leader erhoben, inszenierte die Songs mit den Band-Charakteren wie kleine Theaterstücke. Jeder Musiker spielte eine Rolle, die exzentrische Stevie Nicks die der Isadora Duncan. Dennoch klangen die Stimmen auf den Platten beinahe aseptisch asexuell. Der zunehmende Erfolg und die fortwährende physische Nähe trieb die beiden Paare in der Band 1976 auseinander. Christine McVie ließ sich scheiden und ging eine langdauernde Liaison mit Dennis Wilson von den Beach Boys ein. Zu allem Überfluß renommierte Currie Grant, Lichtmeister der Band, im Blatt ‹Rolling Stone› detailliert mit seinen intimen Beziehungen zu beiden Sängerinnen. All diese Wirren fanden ihren Niederschlag im Album *Rumours* (1977), «einer Art Extrakt aus den Tagebüchern unseres damaligen Lebens» (John McVie). Vier Hit-Singles, darunter der Nummer-eins-Hit *Dreams,* transportierten die LP mit weltweit rund 25 Millionen verkauften Exemplaren in die Spitzengruppe der auflagestärksten Tonträger aller Zeiten. Entsprechend ehrgeizig ging Buckingham das Nachfolgeprodukt *Tusk* an. Fast zwei Jahre lang experimentierte er im Studio mit ungewöhnlichen Songformen und mit dem Sound. Am Ende kostete die Produktion eine Million Dollar und spielte nur vier Millionen wieder ein. Weltweite Tournee-Erfolge glichen die Enttäuschung einigermaßen aus; dokumentiert wurden sie durch das Doppelalbum *Live* (1980). Verstärkte Solotätigkeit von Buckingham, Fleetwood, Stevie Nicks und Christine McVie mit einem soliden und kontinuierlichen Plattenausstoß ließ in den achtziger Jahren das Gerücht nicht verstummen, Fleetwood Mac löse sich auf. Das hatte sich bis 1998 nicht bewahrheitet. Ihr Album *Mirage* (1982) brachte drei Singles hervor, schoß binnen kurzem auf Platz eins und hielt sich 45 Wochen lang in den Charts: ein perfektes Hochglanzprodukt ohne akustische Widerhaken für die Erinnerung. Der Vorwurf des britischen ‹Melody Maker›, Fleetwood Mac hätten wohl «über ihren Soloplatten vergessen, wie man als Band arbeitet», ließ sich angesichts von *Tango In The Night* (1987) nicht aufrechterhalten. Die mit strenger Arbeitsdisziplin täglich zwischen 14 und 22 Uhr produzierte LP wurde von starkem Gruppengefühl getragen. «Es ging», so Christine McVie, «überraschend reibungslos – wie Fahrradfahren: Wenn man erst mal im Sattel sitzt, rollt's ganz von selbst.» Mick Fleetwood: «Es gab bei vielen die Furcht, daß die Maschinen bei uns die Herrschaft übernehmen. Und die Leute hatten die überperfekte Musik einfach satt. Kein Atem mehr, kein Gefühl. Ob es Malerei, Literatur, Musik ist – wenn es einen Menschen nicht emotional bewegt, stirbt es nach kurzer Zeit.» Insofern war *Tango In The Night* eine Art Rückkehr zu den frühen Tugenden von Fleetwood Mac auf einer neuen Bewußtseinsstufe. 1988 leistete sich die Gruppe ein Album mit *Greatest Hits*, trug aber zwei beziehungsreich betitelte neue Lieder bei: *No Questions Asked* und *As Long As You Follow*. Buckingham hatte das Ensemble 1987 kurz vor einer ausgedehnten Nordamerika-Tournee verlassen. Billy Burnette, als Sohn des Rockstars John Burnette am 8. Mai 1953 in Memphis geboren, und Rick Vito (g, voc), geboren am 13. Oktober 1949 in Darby, Pennsylvania, traten an seine Stelle. 1988 bereiste die Band Europa und Australien. Das neue Jahrzehnt begann mit der Nachricht, Stevie Nicks' erstes Soloalbum *Bella Donna* von 1981 sei nun viermillionenmal verkauft. Für die Neunziger galt: Wer einmal zur Kernmannschaft von Fleetwood Mac gehörte (Peter Green ausgenommen), hat ausgesorgt. Die Musiker veröffentlichten erfolgreiche Soloalben und trafen sich bei gutbezahlten Galas. 1993 nahmen Fleetwood, Buckingham, Christine und John McVie und Stevie Nicks den Titel *Don't Stop* als Wahlkampfschlager für den Präsidentschaftskandidaten Bill Clinton auf. Mick Fleetwood eröffnete 1991 einen Bluesclub in Los Angeles und leistete sich unter dem Namen Zoo (ursprünglich The Cholos) 1992 eine neue Band mit Bekka Bramlett, Tochter von Bonnie Bramlett (Delaney & Bonnie), als Leadsängerin. Nur eine Platte kam bei Capricorn heraus: *Shakin' The Cage*. 1994 kam in Alexandria nahe Washington ein weiterer Bluesclub hinzu. Gern erinnerten sich die Musiker ihres Bestsellers *Rumours*, das 1998 noch einmal auf Platz 18 in die britischen Top 20 einrückte, und nahmen für ihr im Third Encore Studio in Los Angeles live eingespieltes Album *The Dance* (1997) einige Titel von damals noch einmal auf – mit zweifelhaftem Ergebnis. «Keine Innovationen», registrierte ‹Rolling Stone› resigniert, «aber doch der Versuch einer Modernisierung.» – «Daß die Solo-Gitarre beim letzten Refrain von *Don't Stop* nicht einsetzt», bemängelte ‹Zitty›, «kann einem den ganzen Tag verderben.» Die Fans sahen es wieder einmal anders. Sie kauften die 17-Track-CD *The Dance* unmittelbar nach der MTV-Ausstrahlung am 6. September auf Platz eins der US-Charts und erwarben für 36 Millionen Dollar rund 750 000 Tickets für 44 Konzerte einer Tournee, die am 30. November in Landover, Maryland, endete. Die Band mit den Gitarristen Neale Heywood, Brett Tuggle, dem Percussionisten Lenny Castro und zwei Background-Sängerinnen wurde für drei Grammies nominiert, aber nicht ausgezeichnet. Dafür kamen Fleetwood Mac 1998 in die Rock and Roll Hall of Fame. Bei der Zeremonie im New Yorker Waldorf Astoria wurde *Black Magic Woman* gejammt von Peter Green (g), der es komponiert, und Carlos Santana, der es berühmt gemacht hatte. Eine weitere Auszeichnung für Outstanding Contribution to British Music schloß sich im Februar bei den Londoner Brit Awards an. Gleichzeitig erklärte Christine McVie, sie stehe für Live-Auftritte künftig nicht mehr zur Verfügung, und ließ ihren Grammy für *Rumours* für 11 500 Dollar versteigern. Auch die US-Plattenfirma Lava Records (im Atlantic-Vertrieb) wollte vom neuerlichen *Rumours*-Hype profitieren. Sie brachte ein Bündel Coverversionen von Elton John, Cranberries, Jewel, The Corrs, den Goo Goo Dolls u. a. unter dem Titel *Legacy: A Tribute To Fleetwood Mac's Rumours* auf den Markt. Im April 1998 passierte das Original-Album die Auflagenmarke 18 Millionen in den USA. Stevie Nicks war derweil auf Amerikatournee, um ihre schlecht verkäufliche 3-CD-Box *The Enchanted Works* zu promoten. Im Juli wurde ein geistesgestörter Fan, der glaubte, sie sei eine Hexe und könne ihn von seiner Homosexualität kurieren, vom obersten Gericht in L.A. aus ihrer Nähe verbannt. Ein anderer erhängte sich am Ende ihres Konzertes in Concord, Kalifornien, an einem Stromkabel. Im November kam der Film *Practical*

Magic in die US-Kinos, in dessen Soundtrack Stevie Nicks zusammen mit Sheryl Crow zwei Lieder sang. Die folgenden Jahre 1999 und 2000 waren durch das Heben von Schätzen aus Fleetwood Macs Frühzeit geprägt. Bei Columbia/Sony erschienen *The Complete Blue Horizon Sessions 1967–1969* in einer 6-CD-Box. In den bisher unveröffentlichten Titeln und Alternativversionen gehörten acht verschiedene Fassungen von Peter Greens *Need Your Love So Bad*, über die Peter Kemper in der ‹FAZ› schrieb: «Mit jedem Neuansatz verwandelt der Gitarrist das melodische Leitthema – die vorher nie veröffentlichte Version mit Christine Perfect am Klavier stellt alle anderen an süffiger Schwermut in den Schatten.» Eine bisher schmerzlich vermißte Live-Aufnahme der frühen Fleetwood Mac brachte Rykodisk unter dem Titel *Shrine '69* heraus: das Konzert vom 25. Januar 1969 in der Exposition Hall in Los Angeles, kurz nachdem Danny Kirwan das Quartett als dritter Gitarrist erweitert hatte. Kemper: «Ganz neue Möglichkeiten von Saitenduellen taten sich damit auf. Lodernde Licks und jaulende Phrasen wandern durch diese Konzertaufnahmen.» Schließlich, als «größte Überraschung», *The Boston Box* auf Snapper Music: drei vorzüglich aufbereitete Konzerte «Live At The Boston Tea Party» vom Februar 1970, kurz bevor Peter Green verwirrt die Band verließ, auf drei CDs mit neun unbekannten Stücken, darunter eine unerhörte Jam Session von Peter Green, Eric Clapton und Joe Walsh. Kemper: «In der 15 Minuten langen Saitenschlacht kollidieren hämmernde Beats und zärtliche Blues-Beschwörungen; leidenschaftliche Frage-und-Antwort-Spiele künden vom Ideal befreiter Kommunikation.» Mit der CD *Trouble In Shangri-La* ging Stevie Nicks nach sieben Jahren 2001 erstmals wieder auf Tournee. Hagen Liebing beurteilte das Album in ‹Tip› als «stilvoll und unprätentiös: relativ schlicht gehaltene Songs über Selbstzweifel, Drogen, Krankheiten und unzuverlässige Jungs.»

LPs auf Blue Horizon: *Fleetwood Mac* (1968); *7936 South Rhodes* (mit Eddie Boyd, 1968); *Mr. Wonderful* (1968); *The Pious Bird Of Good Omen* (1969); *English Rose* (1969); *Albatross* (1969); *Blues Jam At Chess* (in USA auf Sire als *Fleetwood Mac In Chicago*, mit Otis Spann, Willie Dixon, Buddy Guy, 1969); *The Biggest Thing Since Colossus* (mit Otis Spann, 1969) … auf CBS: *Greatest Hits* (1971); *Vintage Years* (1975); *Man Of The World* (1978) … auf Reprise: *Then Play On* (1969); *Kiln House* (1970); *Future Games* (1971); *The Best Of* (1971); *Bare Trees* (1972); *Penguin* (1972); *Mystery To Me* (1973); *Heroes Are Hard To Find* (1974); *Fleetwood Mac* (1975); *The Dance* (1997) … auf Warner Bros.: *Rumours* (1977); *Tusk* (1979); *Live* (1980); *Mirage* (1982); *Tango In The Night* (1987); *Behind The Mask* (1990); *25 Years – The Chain* (1992; Box mit vier CDs); *The Dance* (1997) … auf Line: *Live In Boston* (1984) … auf Ryko: *Shrine '69* (1999) … auf Original: *Live At The Boston Tea Party* (1999) … auf Columbia/Sony: *The Complete Blue Horizon Sessions 1967–1969* (1999) … auf Snapper: *The Boston Box* (1999) … Solo-LP John McVie auf Warner: *John McVie's Gotta Band With Lola Thomas* (1992) … Solo-LPs Christine McVie als Christine Perfect auf Blue Horizon: *Christine Perfect* (1970) … auf Warner Bros. als Christine McVie: *Christine McVie* (1984) … Solo-LPs Bob Welch auf Capitol: *French Kiss* (1977); *Three Hearts* (1979); *The Other One* (1979); *Man Overboard* (1980) … auf RCA: *Bob Welch* (1981); *Eye Contact* (1983) … Solo-LPs Mick Fleetwood auf RCA: *The Visitor* (1981); *I'm Not Me* (1983) … mit Zoo auf Capricorn: *Shakin' The Cage* (1992) … Solo-LPs Stevie Nicks auf WEA: *Bella Donna* (1981) … auf Modern: *The Wild Heart* (1983) … auf EMI: *Rock A Little* (1985); *The Other Side Of The Mirror* (1989); *Time Space – The Best Of Stevie Nicks* (1991); *Street Angel* (1994) … auf Reprise: *Trouble In Shangri-La* (2001)… LP Buckingham/Nicks auf Polydor: *Buckingham/Nicks* (1973) … Solo-LPs Lindsey Buckingham auf Mercury: *Law And Order* (1981); *Go Insane* (1984); *Out Of The Cradle* (1992) … LPs Jeremy Spencer auf Reprise: *Jeremy Spencer* (1970) … auf CBS: *And The Children* (1972) … auf Atlantic: *Flee* (1979) … LP Billy Burnette auf Polydor: *Billy Burnette* (1980)

Flowerpornoes, 1985 in Duisburg gegründet, hatten nichts, was einer Band zum Vorteil verhilft. Sie sangen deutsch, als niemand deutsche Texte hören wollte, zeigten Gefühl, als Kraft wesentlich höher im Kurs stand, und hatten einen Frontmann, der weder Stimme noch Charisma besaß, dafür aber um so exzessiver die eigenen Unzulänglichkeiten besang. Doch machte die Summe all dieser Mängel gerade die Stärke der Antiband Flowerpornoes aus, die den Boden für das deutsche alternative Rock Revival der Neunziger bereitete. Schon als Jugendlicher hatte sich Tom Liwa (voc, g), geboren am 25. Oktober 1961 in Duisburg, am Verfassen von Songs nach den Vorbildern Neil Youngs, Joni Mitchells und Bob Dylans versucht, die er in verschiedenen Bands vortrug. 1985 entstand eine Vierspuraufnahme, die in seinen Ohren wie eine kompakte Band klang. So rief er kurzerhand ein paar Freunde zusammen, die bis dahin gar nichts mit Musik zu tun hatten, und gründete mit Anni Vocado (bg), Doc Suhren (dr) und kurze Zeit später Birgit Quentmeier (kb) die erste Besetzung der Flowerpornoes. Das Personal der Gruppe sollte sich permanent verändern und Liwa die einzige feste Größe bleiben. Der trashig-punkige Sound der ersten EP *Make Up* (1987) hatte mit der späteren Schwermut ihres Stils noch wenig gemein. Der LP-Einstand *Stardust Kiddies* (1988) folgte weitgehend dem Muster der EP. Eine Zäsur setzte mit der ersten CD *Pumpkin Tide* (1989) ein, die als Bonus nochmals die gesamte *Stardust Kiddies*-LP enthielt. Der Poet Liwa war es leid, sich immer nur in Englisch auszudrücken, und probierte auf dem Album erste deutsche Songs aus. «Es ging mir um aufrichtiges, chronologisches Erzählen», bemerkte er später. Für die Aufnahmen zu *As Trivial As Life And Death* (1989) begab sich die Band nach Hamburg, wo sich gerade die neue Hamburger Szene um Blumfeld und Cpt. Kirk formierte, zu der sie fortan enge Kontakte pflegte. Danach ging Liwa für drei Jahre in Klausur und wollte mit Musik vorerst nichts mehr zu tun haben. Erst 1990 spürte der «Meister der melancholischen Ironie» (‹Intro›), daß seine Songs ihn nicht losließen. Mit neuem Label und neuer Besetzung, zu der außer Birgit Quentmeier Markus Steinemann (bg), Thomas Waschau (dr) und seine spätere Frau Alexandra Gilles-Videla (g) gehörten, nahm er mit *Mamas Pfirsiche (Für schlechte Zeiten)* (1993) sein erstes durchgängig deutschsprachiges Album auf, das von lockeren Folksongs mit nachdenklichen Texten getragen wurde und mit dem *REMCover* eine liebevoll-respektlose deutsche Version des R.E.M.-Hits *Losing My Religion* enthielt. «Hier ergänzen sich wundervoll Sprödheit und Sanftheit, hier werden Umrisse weicher» (‹NM! Messitsch›). Liwas undidaktische, «persönliche Momentaufnahmen»

(‹Prinz›) setzten mit ihrer Suche nach inneren Horizonten einen erfrischenden Kontrast zur «naseweisen Betroffenheitsduselei» (‹Intro›) à la Grönemeyer und Kunze. « … *Red' nicht von Straßen, nicht von Zügen*» (1994) markierte die Entwicklung der Flowerpornoes von einer Band zu einem Solo-Projekt Liwas. Er begann seine Musiker nach Bedarf zu wählen und zu wechseln, trat mal in einer Streicherbesetzung an, um ein andermal eine Rock-Band aufzufahren. Das reicher instrumentierte, laut ‹Frankfurter Rundschau› «Emotionen zwischen den Extremen Schmerz und Euphorie aufgreifende» Album *Ich & Ich* (1996) war der Höhepunkt einer Selbstreflexion, die langfristig die Auflösung der Band zur Folge hatte. «Ist Tom Liwa ein Fall von Schizophrenie?» fragte der deutsche ‹Rolling Stone› mit Bezug auf den Albumtitel, fand aber sogleich die Antwort: «Auf dem letzten Album nahm die Auseinandersetzung mit der Außenwelt noch breiteren Raum ein, jetzt scheint Liwa weitgehend allein zu sein.» Die Platte beschrieb den Versuch, «die Depression als Energie-Reservoir für etwas dann doch wieder nicht Depressives zurückzugewinnen» (‹Spex›). Als Solo-Künstler zog sich «der beste Neo-Beatnik des neuen deutschen Pop-Selbstverständnisses» (‹Zillo›) sich zunächst aufs Feld der Theatermusik zurück. 1994 hatte er bereits an der Berliner Volksbühne Bühnenklänge für Brechts ‹Der gute Mensch von Sezuan› produziert, der auf Grund eines Rechtsstreits mit den Brecht-Erben niemals veröffentlicht wurden. 1997 inszenierte Liwa das apokryphe Brecht-Stück *Fatzer F* am Berliner Ensemble. 1998 begann er im Stil einer Big Band-Version der Flowerpornoes Songs für das Tim Isfort Orchester zu schreiben und zu singen. Im selben Jahr nahm er gemeinsam mit Bill Callahan von der Band Smog eine Variation von Scott Walkers Titelthema für den Film *Pola X* auf und inszenierte das Singer / Songwriter-Großprojekt *Paradies der Ungeliebten*. Mit *St. Amour* (2000) veröffentlichte Liwa endlich ein Album mit gewohnt nachdenklichen Songs, bei denen die anfängliche chronologische Erzählweise einer Aneinanderreihung poetischer Bilder gewichen war. «Wenn das Leben ein Roadmovie ist, dann ist Tom Liwa der Wim Wenders unter den Troubadours d'amour» (‹WOM Journal›). Ob Flowerpornoes oder Liwa solo, an den Vorzeichen hatte sich nichts geändert. ‹Tip›: «Der dichtende Denker läßt Zeitgeschehen und Zeitgeist an sich vorbeiziehen, während er sich daheim um seine Familie kümmert und im Sinne der Bodenhaftung halbtags Post austrägt.»

LPs auf Scratch'n Sniff: *Stardust Kiddies* (1988); *Pumpkin Tide* (1989); *As Trivial As Live And Death* (1989) ... auf Moll: *Mamas Pfirsiche (für schlechte Zeiten)* (1993); *Red' nicht von Straßen, nicht von Zügen* (1994); *Ich und Ich* (1996) ... Solo-LPs Tom Liwa auf Moll: *St. Amour* (2000)

Foetus alias Jim Thirlwell alias Clint Ruin alias Steroid Maximus alias Wiseblood alias eine Unzahl anderer Pseudonyme hat sein eigenes Universum geschaffen. Er gehörte zu den geheimnisumwobensten Gestalten der Rock-Geschichte. Über sein privates Leben war kaum mehr bekannt, als daß er sich hemmungslosem Alkohol- und Drogenkonsum hingab. In Foetus gingen Scharlatan und Genie eine fast perfekte Verbindung ein. «Er ist ein Konstruktivist, der sich das Prinzip der erbarmungslosen Selbstzerstörung auf die Fahnen geschrieben hat, ein Visionär, der die apokalyptische Konsequenz des Fortschrittsgedankens in der Verknüpfung seiner Musik und Persönlichkeit vorwegnimmt. Vernichtung durch Kreativität» (‹Intro›). 1978 siedelte Jim Thirlwell aus dem australischen Melbourne nach England über. Er hatte die komplette Dramaturgie seiner Foetus-Figur in der Tasche, scheiterte jedoch bei dem Versuch, sie bei einer Plattenfirma loszuwerden. So startete er 1980 sein eigenes Label Self Immolation. Seine Platten *OKFM* (1981) von dem Projekt Foetus Under Glass, *Deaf* (1981) von You've Got Foetus In Your Breath und *Ache* (1982) waren erste Versuche, mit Tapes und Mehrspurmaschinen zu arbeiten, eine Arbeitsweise, die Jahre später vor dem Hintergrund der Sampling-Technik zur Perfektion führen sollte. Foetus war lärmbesessen und maßlos in jeder Hinsicht. Mit seinem spröden Industrial Sound war er seiner Zeit mindestens zehn Jahre voraus. Das unter dem Logo Scraping Foetus Off The Wheel veröffentlichte Album *Hole* (1984), eine erbarmungslose Abrechnung mit den Ikonen der Achtziger von Batman bis Reagan, mar-

kierte den Umstieg von Acht- auf 24-Spur-Technik. Nach der am Hip Hop angelehnten Foetus Art Terrorism-EP *Calamity Crush* (1984) arbeitete der Extremkünstler zunächst mit Nurse With Wounds und Orange Juice, um später mit Nick Cave, Lydia Lunch und Marc Almond unter dem Bandnamen Immaculate Consumptive auf US-Tournee zu gehen. 1985 begann er mit einer Reihe von Veröffentlichungen unter seinen zahlreichen Projektnamen, deren bekannteste *Nail* (1985) und *Thaw* (1988) waren. 1986 siedelte er nach New York über und gründete mit Roli Mosiman von der New Yorker Band The Swans das Projekt Wiseblood, mit dem er seinen Studio-Zauber in eine packende Live-Show übersetzte. Eine unüberschaubare Anzahl weiterer Alben seiner Projekte Foetus Corruptus und Foetus Interruptus folgten, alle mit einem Serien-Artwork im Stile schwarz-weiß-rot-gelber Billig-Comics versehen. Foetus' Platten hatten stets den Charakter eines Strudels, der den Hörer zu verschlingen drohte. «Immer hast du das Gefühl: Jim Foetus mag dich nicht», hieß es treffend im Pressetext zu der Live-Doppel-CD *Male* (1993). Um die Verwirrung perfekt zu machen, nahm Foetus mehrere Sample-Orgien von der Dichte und Dynamik klassischer Big Bands unter dem Logo Steroid Maximus auf. Für sein englisches Label Big Cat stellte er 1994 die Compilation *Mesomorph Endurous* zusammen, auf der er dem europäischen Markt neue amerikanische Bands wie Unsane, Cop Shoot Cop, Barkmarket, Helios Creed und Jesus Lizard vorstellte. Gleichzeitig verdingte er sich als Produzent amerikanischer Industrial-Größen wie Prong und Ministry und remixte die Red Hot Chili Peppers, EMF, Front 242, Nine Inch Nails und The Cult. Das konzeptionell dichteste und opulenteste Werk der Neunziger war das 1995 unter Beteiligung mehrerer Vertreter der New York Downtown Jazz Avantgarde, allen voran die Trompeter Steven Bernstein und Frank London sowie Gitarrist Marc Ribot, eingespielte Album *Gash*. «Die Inszenierung der foetischen Klangwelt wirkt zunächst fast unwirklich. Eine expressionistische Übertreibung, die über den schlichten Superlativ weit hinausstößt. Er stapelt aus New York das Metropolis seiner Phantasie. Der unerbittliche Takt einer verrosteten Uhr fängt Foetus' toxisch verfremdete Stimme auf, die sich in eine Lava aus Gitarrennoise und undefinierbaren Geräuschen ergießt, aus der sich wiederum rotglühende Skyscraper gen Himmel türmen. Gigantische Orchester kollidieren mit kompaniestarken Big Bands. Eine urbane Supernova aus Faszination und Schmerz» ‹Visions›). Die auf dieses Meisterwerk folgende Tour samt Live-LP *Boil* (1996) war hingegen eine herbe Enttäuschung. Foetus, von Drogen verzehrt, wirkte wie eine schlechte Karikatur seiner selbst. Die endgültige Konfusion seiner bis dahin ungemein loyalen Fan-Gemeinde setzte mit dem live im gigantischen Brooklyn Anchoridge vom Foetus Symphony Orchestra aufgenommenen Monumentalwerk *York* (1997) ein. In einem Oratorium, in dem die für Foetus typischen Industrial-Sounds und -Beats gänzlich von frei improvisierten Assemblagen verdrängt wurden, erzählte er gemeinsam mit Lydia Lunch die Geschichte der Menschen und Material verschlingenden Konstruktion der Brooklyn Bridge. Nach diesem Album tauchte Foetus noch einmal als Gast der Melvins auf deren Album *Crybaby* (2000) auf, um bis 2001 Kräfte für ein großes Comeback zu sammeln.

LPs auf Self: *Deaf* (1981); *Ache* (1982) … auf Thirsty Ear: *Hole* (1984); *Nail* (1985); *York* (1997); *Flow* (2001) … auf Some Bizarre: *Stink* (1988) … auf Invisible: *Thaw* (1988); *Rife* (1988) … auf Big Cat: *Male* (1990) … auf Columbia: *Gash* (1995) … auf Cleopatra: *Boil* (1996) … als Clint Ruin auf Big Cat: *Don't Fear The Reaper* (1992) … als Foetus Inc. auf Wax Trax: *Butterfly Potion* (o. J.) … als Steroid Maximus Big Cat: *Gondwanaland* (1992) … als Wiseblood Thirsty Ear: *Dirtdish* (1986) … auf Wax Trax: *Motorslug* (1990) … auf Big Cat: *Pedal To The Metal* (1991)

Foo Fighters, 1994 in Seattle gegründet, konnten als einzige Band für sich in Anspruch nehmen, die legitime Nachfolge von Nirvana anzutreten. Doch trotz der personellen Nähe zu den Königen des Grunge und stilistischen Übereinstimmungen erreichten sie niemals deren Tiefe und Brillanz. Dave Grohl, geboren am 14. Januar 1969, lernte von seinem zehnten Lebensjahr an Gitarre. In der Highschool-Band Freak Baby wechselte er 1984 zum Schlagzeug und sammelte erste Lorbeeren in den DC-Bands Dain Bramage und Mission Impossible. Seine Laufbahn als Profi-Musiker begann er in der Punk-Band Scream, mit der er 1989 das Album *Fumble* einspielte. 1990 verließ er die Band während einer Amerika-Tour, um bei Nirvana einzusteigen, mit denen er durch das Album *Nevermind* zum Olymp des Alternative Rock aufrückte. Nach dem Tod von Nirvana-Sänger Kurt Cobain wurde die Band aufgelöst. Anfänglich wollten Grohl und Bassist Krist Novoselic in einer neuen Formation gemeinsam weitermachen. Doch nach einem kurzzeitig umlaufenden Gerücht, er werde den vakanten Posten des Drummers von Pearl Jam einnehmen, entschloß sich Grohl, zur Gitarre zurückzukehren und sein Glück als Frontmann zu versuchen. Zunächst spielte er im Alleingang ein Demo mit zwölf Songs ein, die den Urbestand des Foo Fighters-Repertoires bilden sollten. Einen Teil der Songs hatte er bereits unmittelbar nach den Aufnahmen von *Nevermind* geschrieben. Er fertigte von diesem Tape ungefähr 100 Kopien an, die er großzügig verteilte. «Die Kopien vermehrten sich seinen Worten zufolge wie der Ebola-Virus, und sein Anrufbeantworter kam vor Label-Angeboten nicht mehr zum Stillstand» (‹Visions›). Den Zuschlag erhielt Capitol. Auch die Aufnahmen für das erste Album seines neuen Projektes nahm Grohl mit Ausnahme einiger Gitarrenloops Greg Dullis von den Afghan Whigs allein vor. Im September 1994 ging er mit der Punk-Legende Pat Smear (g), der mit der Hardcore-Band The Germs Rock-Geschichte geschrieben und Nirvana in den letzten Monaten zum Quartett erweitert hatte, sowie zwei ehemaligen Mitgliedern der Gruppe Sunny Day Real Estate, Nate Mendel (bg), geboren am 2. Dezember 1968, und William Goldsmith (dr), geboren am 4. Juli 1972, erneut ins Studio. Aus dem Ein-Mann-Unternehmen Foo Fighters war eine Gruppe geworden. Der Bandname stammte aus dem Jargon des Zweiten Weltkriegs für vermeintliche UFO-Beobachtungen. Die öffentlichen Erwartungen an diese Allstar-Band waren gewaltig und wurden von dem Debütalbum *Foo Fighters* (1995) keineswegs enttäuscht. Schon der vorab als Single veröffentlichte Opener *This Is A Call* vermittelte jenes einzigartige Feeling, das den Spirit von Nirvana reaktivierte. Als Songschreiber stand Grohl in nichts seinem Ex-Band-leader nach. Live hinterließ er jedoch den Eindruck eines Miniatur-Cobains, und sein Gitarrenspiel weckte beim Publikum nicht selten den Wunsch, er wäre bei den Trommeln geblieben. Dennoch absolvierten die Foo Fighters eine überaus erfolgreiche US-Tournee und wurden auf den europäischen Festivals herumgereicht. Für das zweite Album der Band brauchte Grohl nicht mehr auf den Nirvana-Bonus zu vertrauen. Die Platte *The Colour And The Shape* (1997) «verstand sich als Experiment» («WOM Journal»). Man setzte auf folkigere, teilweise sogar angejazzte Töne, ohne dem Punk-Nimbus untreu zu werden. Nach den Aufnahmen verließ Goldsmith die Band und kehrte zu Sunny Day Real Estate zurück. Kurz darauf strich auch Smear die Segel. Seinem Punk-Verständnis war der Starrummel zu viel geworden. Sie wurden von Alanis Morissettes Tour-Drummer Taylor Hawkins und Grohls ehemaligem Scream-Kollegen Franz Stahl ersetzt. Im selben Jahr fertigte Grohl den Soundtrack zu dem Film *Touch* an, auf dem er abermals alle Instrumente selbst spielte und sich in die stilistische Nähe des Surfrockers Dick Dale begab. Stahl verließ indessen die Foo Fighters nach wenigen Auftritten wieder. Das dritte Album *There Is Nothing Left To Lose* (2000) entstand im Trio und klang wesentlich geschmeidiger als seine beiden Vorgänger. Um die Songs der Platte auch live umsetzen zu können, wurde Gitarrist Chris Shiflett eingestellt, der von No Use For A Name kam. Grohls Erfolgsbilanz konnte sich sehen lassen. Der Ruhm von Nirvana war sechs Jahre nach dem Tod Kurt Cobains verblaßt, und er gehörte mit seiner eigenen Band zu den ganz großen Acts im Rockgeschäft. «Mit drei feinen Alben im Gürtel ist Grohl längst aus dem Schatten jener anderen Band getreten und hat sich selbst als starker Songwriter und charismatischer Frontmann bewiesen» («Rolling Stone»).

LPs auf Capitol: *Foo Fighters* (1995); *The Colour And The Shape* (1997) ... auf RCA: *There Is Nothing Left To Lose* (1999) ... Dave Grohl solo auf Capitol: *Touch* (1997) ... Pat Smear solo auf SST: *So You Fell In Love With A Musician* ... (1992) ... Pat Smear mit The Germs auf Slash: *GI* (1979) ... auf Mohawk: *Germicide* (1981) ... auf Gasatanka: *Let The Circle Be Unbroken* (1982) ... auf Ghost o'Darb: *Lion's Share* (1985) ... auf Xes: *Rock 'n' Rule* (1986); *Media Blitz* (1993) ... William Goldsmith und Nate Mendel mit Sunny Day Real Estate auf Sub Pop: *Diary* (1994); *LP2* (1995)

Weitere LPs → Nirvana

Franklin, Aretha (voc, p), am 25. März 1942 in Memphis, Tennessee, geboren, sang mit mehr Personality, Autorität und Feeling als beinahe jede andere Popmusik-Interpretin. Sie war die «Lady Soul», die «Soul Sister No. 1» der schwarzen Amerikaner und zugleich eine Schallplatten-Künstlerin, die für ihre Erfolge auf dem weißen Musikmarkt mit Golden Records, Grammy Awards und sämtlichen anderen Auszeichnungen geehrt wurde. Mutterlos wuchs sie mit vier Geschwistern beim Vater Clarence L. Franklin, einem Gospel-Pfarrer, der annähernd 100 Predigt-LPs bekreischt hat, in der New Bethel Baptist Church von Detroit auf. Mit zehn Jahren war sie Vorsängerin im Kirchenchor, mit dreizehn besang sie ihre ersten Spiritual-Platten, mit vierzehn zog sie als Solistin des väterlichen Gospel-Teams auf frommen Wegen durchs Land. Nach sechs harten Tournee-Jahren versuchte sie Pop: mit katastrophalem Ergebnis. Der Schallplattenkonzern Columbia/CBS empfing die Sängerin zwar als «größte Begabung seit Bessie Smith und Billie Holiday» (Columbia-Producer John Hammond); ihre schwarze Stimme wurde jedoch mit Saccharin-Arrangements und Studio-Gimmicks geschändet, und der erhoffte Umsatz blieb aus. Statt mit Gospel-Songs tingelte Aretha Franklin nun mit zweitklassigen Schlagern durch drittklassige Etablissements. Erst die auf schwarze Musik spezialisierte Columbia-Konkurrenz Atlantic machte die Sängerin 1967 zur «Queen of Soul», in deren Songs sich nun «die religiösen Ermahnungen der Gospel-Meetings in einen sexuellen Kriegsruf» («Newsweek») verwandelten. Der Ruf wurde sofort verstanden: Die erste Atlantic-Single von Aretha Franklin (*I Never Loved A Man The Way I Love You*) war binnen zwölf Wochen ein Millionen-Seller. Die US-Schallplatten-Akademie und Martin Luther Kings Southern Christian Leadership Conference wählten den neuen Star zur «Sängerin des Jahres»; die Illustrierte ‹Ebony› erhob den (von

Otis Redding übernommenen) Franklin-Hit *Respect* zur «schwarzen Nationalhymne». Der Ruhm und die Millionenerträge ihrer Platten machten die Mutter von drei Knaben nicht glücklich. Ehen gingen schief, mit Alkohol und Zigaretten suchte sie die fortdauernde Angst vor dem Show Business zu überwinden. Nur auf der Bühne, so schien es, fühlte sie sich nach dem Lampenfieber «like a natural woman» (Songtext). Zwar blieben ihre Interpretationen konkurrenzlos und ihre Shows, etwa der für die Platte mitgeschnittene Auftritt mit Ray Charles im Fillmore West, voller ekstatischer Höhepunkte, dennoch erweckte ihre Karriere fortan den Eindruck der Richtungslosigkeit. Statt sich zu ihren wenigen selbstkomponierten Stücken von begabten Autoren ein frisches Repertoire schreiben zu lassen, nahm die Grammy-Gewinnerin Hits und Flops anderer Sänger noch einmal auf. Zwar blieben ihre Interpretationen in Phrasierung und Diktion makellos, ihre LPs erschienen jedoch vielfach eher als zufällige Singles-Kollektionen denn als sinnvolle Album-Editionen. *Let Me In Your Life* und *With Everything I Feel In Me* wurden beispielsweise mit Aufnahmen von je vier Producern bestückt: Arif Mardin, Tom Dowd, Jerry Wexler und Aretha Franklin selbst. «Ich muß», bekannte sie der großen Spiritualsängerin Mahalia Jackson vor deren Tod 1971, «wieder eine Gospel-Platte machen und Jesus sagen, daß ich diese Bürde allein nicht mehr tragen kann.» Sie tat es: Ihr Album *Amazing Grace*, am 14. Januar 1972 mit dem Southern California Community Choir in der New Temple Missionary Baptist Church eines Ghettos von Los Angeles aufgenommen, geriet zu einem Meilenstein in der Geschichte der populären amerikanischen Musik. «Wenn Sie die Wahrheit wissen wollen», kommentierte ihr Vater, «dann hat Aretha die Kirche nie verlassen. Wenn Sie die Fähigkeit zu fühlen und zu hören haben, dann ist Aretha immer noch eine Gospelsängerin.» Danach trennte sie sich von ihrem Producer Jerry Wexler und arbeitete mit Quincy Jones, Curtis Mayfield, Lamont Dozier, Van McCoy, Arif Mardin, Luther Vandross, Narada Michael Walden und sogar Keith Richards – mit unterschiedlichem Erfolg. 1980 verließ sie Atlantic für Arista und trug zwei unvergeßliche Interpretationen

zum Film ‹The Blues Brothers› bei: *Respect* und *Think*. 1982 erreichte sie endlich wieder die Spitzenposition der R & B-Charts mit *Jump To It*, gefolgt 1983 von *Get It Right* und 1985 vom Chartsbreaker-Album *Who's Zoomin' Who* und dem Monster-Hit *Sisters Are Doin' It For Themselves* zusammen mit Annie Lennox von den Eurythmics. Ein weiteres Duett, *I Knew You Were Waiting* mit George Michael, schaffte es 1987 an die Spitze der britischen Charts. Auf der LP *Through The Storm* (1989) überbot sie sich selbst mit vier Duetten – «mal terzenselig mit Elton John, mal butterweich in Sachen Four Tops und schließlich mit Produzent Narada Michael Waldens erfolgreichstem Schützling Whitney Houston, die sich Arethas etwas rauherer Gangart perfekt anpaßt» (‹Musikexpress›). Als Höhepunkt des Albums machte sie den Soul-«Godfather» James Brown kräftig an: «Give it to me right here – on the microphone.» Dem ‹Musikexpress›-Rezensenten war *Through The Storm* der Superlativ von fünf Sternen wert. Und da ihr Soloalbum *What You See Is What You Sweat* (1991), wiederum von so vielen Produzenten (unter anderem Narada Michael Walden, Luther Vandross, Burt Bacharach) überproduziert, gerade einmal Platz 153 in den US-Charts erreichte, wurde die Duett-Idee am 27. April 1993 in New Yorks Nederlander Theater noch einmal höchst erfolgreich fürs Fernsehen gemolken. Über die am 9. Mai 1993 in Fox-TV ausgestrahlte Show mit Gloria Estefan, Bonnie Raitt, Rod Stewart, Elton John, Smokey Robinson notierte die ‹Village Voice›: «Wenn Rod Stewart sie auf der Bühne als beste Stimme des Jahrhunderts titulierte, dann machte Aretha das Kompliment an diesem Abend sogar noch zu einem Understatement.» Das Nachrichtenmagazin ‹Newsweek› variierte über ihre vorzüglichen Duettpartner eine Songzeile von Irving Berlin: «Anything they could sing, she could sing better.» Kein Wunder, daß Frank Sinatra die Soul-Diva für einen Song auf seinem Album *Duets I* einlud. Seit dem Krebstod ihrer 1945 geborenen Schwester Carolyn am 25. April 1988 in Bloomfield Hills, Michigan, und dem Ableben ihres Bruders und Managers Cecil kurz darauf hatte sich Aretha Franklin wieder stark der Kirche, öffentlichen Aufgaben und Wohltätigkeitsaktivitäten zugewandt. Den Erlös ihrer Duets-TV-Auf-zeichnung im Nederlander Theatre in Höhe von 225 000 Dollar stiftete sie beispielsweise für die Aids-Hilfe der Gay Men's Health Crisis. Sie sang im März 1991 zur Beisetzung eines ermordeten Veteranen des Golfkrieges in der Little Rock Baptist Church in Detroit, im Juli 1992 auf dem Parteitag der Demokraten in Chicago, im Dezember 1993 im New Yorker Kennedy Center zu Ehren der verstorbenen Gospel-Sängerin Marion Williams, im Juni 1994 für Präsident Clinton im Weißen Haus, im Januar 1995 zum Andenken an Ella Fitzgerald im Universal Amphitheater in Kalifornien. Zumindest ebensooft wurde sie in den Neunzigern von Organisationen wie der Rhythm & Blues Foundation (1992), der Essence Org. (1993), der NARAS, welche die Grammies verleiht (1994), oder dem Kennedy Center (1995) für ihr Lebenswerk geehrt. 1998 stand sie für den Film ‹Blues Brothers 2000› vor der Kamera und veröffentlichte die LP *A Rose Is Still A Rose*, an der sie, wie sie erklärte, sechs Jahre gearbeitet hatte – wieder mit zahlreichen Produzenten, diesmal kein bißchen überproduziert. Im April 1998 trat sie neben Gloria Estefan, Mariah Carey, Céline Dion und Shania Twain in einem Benefizkonzert zur Förderung des Musikunterrichts in den Schulen im New Yorker Beacon Theatre auf. ‹New York Post›: «Sie hatte zweimal soviel Stimme, zweimal soviel Leidenschaft und mehr Haltung als auch nur eine der dünnen Diven, die vor oder nach ihr sangen.» Das dabei mitge-schnittene Album *VH 1 Divas Live* erreichte die US-Charts-Position 21. *A Rose Is Still A Rose* hatte sich in den USA auf 26, im United Kingdom auf 22 plaziert. Im September 1998 jubilierte Aretha Franklin neben Stars wie Natalie Cole und Barry Manilow im Madison Square Garden, im Dezember für NBC-TV im National Building Museum für die Show «Christmas in Washington». Als sie im gleichen Jahr auf Einladung von Bill und Hilary Clinton das White House Correspondents Dinner mit einem Pop-Gospel-Dessert akzentuierte, wandte sich ein europäischer Journalist zum schwarzen Jazz-Publizisten und ‹Daily News›-Kolumnisten Stanley Crouch: «A lot of white people are looking for some soul.» Der nickte: «Everybody, regardless of colour, needs some of that.»

LPs (Auswahl) auf Chess: *The Gospel Soul Of Aretha Franklin* (1958) ... auf Harmony: *Queen Of Soul* (1968); *Once In A Lifetime* (1969); *Two Sides Of Love* (1970) ... auf Columbia: *Aretha* (1961); *The Tender, Moving, Swinging A. F.* (1962); *Laughing On The Outside* (1963); *Running Out Of Fools* (1963); *Unforgettable* (1964); *Yeah!* (1965); *Soul Sister* (1966); *Take A Look* (1967); *Take It Like You Give It* (1967); *Soft And Beautiful* (1969); *Today I Sing The Blues* (1970); *In The Beginning* (1972); *First 12 Sides* (1974); *The Legendary Queen Of Soul* (1983); *Aretha Sings The Blues* (1985); *Aretha After Hours* (1987) ... auf Atlantic: *I Never Loved A Man The Way I Love You* (1967); *Aretha Arrives* (1967); *Lady Soul* (1968); *Aretha Now* (1968); *Aretha In Paris* (1968); *Soul '69* (1969); *This Girl's In Love With You* (1970); *Spirit In The Dark* (1970); *Aretha Live At Fillmore West* (1971); *Young, Gifted And Black* (1972); *Aretha's Jazz* (1972); *Amazing Grace* (1972); *Hey Now Hey* (1973); *Let Me In Your Life* (1974); *With Everything I Feel In Me* (1974); *You* (1975); *Sparkle* (Soundtrack, 1976); *Sweet Passion* (1977); *Almighty Fire* (1978); *La Diva* (1979); *That's Soul* (1984) ... auf Arista: *Aretha* (1980); *Love All The Hurt Away* (1981); *Jump To It* (1982); *Get It Right* (1983); *Who's Zoomin' Who* (1985); *Aretha Franklin* (1986); *One Lord, One Faith, One Baptism* (1987); *Aretha* (1988); *Through The Storm* (1989); *What You See Is What You Sweat* (1991); *Greatest Hits 1980–1994* (1994); *A Rose Is Still A Rose* (1998); *VH1 Divas Live* (mit anderen, 1998) ... auf Rhino: *Queen Of Soul: The Atlantic Recordings* (1992; Box mit vier CDs) ... auf MCA: *You Grow Closer* (1998)

Fugazi, gegründet 1987 in Washington D.C., waren nicht nur die konsequenteste und radikalste, sondern auch die langlebigste aller Hardcore-Bands. Von Anfang an vermieden sie jede Form von Vereinnahmung, behielten absolute Kontrolle über die eigenen Belange, verzichteten auf jegliches Merchandising («Wir sind eine Band, keine T-Shirt-Firma»), bestimmten ihre Promotion-Maßnahmen und die Eintrittspreise für ihre Konzerte selbst und gründeten mit Dischord eine Plattenfirma, die nicht nur ihre eigenen Interessen wahrnahm, sondern zu einer Plattform für die gesamte DC-Hardcore-Szene wurde. «Wir hatten kein industrielles Modell, dem wir hätten nacheifern können. Uns fehlte jeglicher

Sinn für Strategie und Methodik. Also brachten wir alles in ein System, das für unseren damaligen Erfahrungshintergrund als Band, für unsere Musik und Community Sinn machen würde. Fugazi ist eine Gruppe, deren Ziel allein darin besteht, Musik zu spielen» (Ian MacKaye). Ian MacKaye (voc, g), der die Hauptstadt der USA in seinen Jugendtagen gemeinsam mit Henry Rollins unsicher machte und später eine ähnliche Arbeitsethik entwickeln sollte wie der Shouter der Rollins Band, sammelte zunächst Erfahrungen in den Gruppen Teen Idles, Egg Hunt, Embrace und vor allem Minor Thread, bevor er mit Brendan Canty (dr) und Joe Lally (bg) sowie kurze Zeit später Guy Picciotto (g, voc) zu jener Band zusammenfand, die sich nach dem militärischen Slang-Begriff für eine außer Kontrolle geratene (fucked up) Situation benannte. In der Tat führten Fugazi einen höchst politischen Kampf gegen das Establishment. Als konsequente Vertreter der Straight Edge-Bewegung (ein Begriff, den MacKaye selbst nie akzeptierte) lehnten sie den Genuß von Drogen, Tabak und Alkohol sowie den Verzehr von Fleisch ab. Mit ebensolcher Vehemenz lehnten sie den Terminus Hardcore und alle anderen Trendbegriffe ab. «Gehst du in den Tag, wirst du dich nicht der Feststellung entziehen können, daß es kalt ist, wenn es kalt ist, und warm, wenn es warm ist. Entsprechend wirst du dich kleiden. Auf Trends bezogen heißt das, daß wir überall auf der Welt mit unterschiedlichen Arten von Musik in Berührung kommen. Manche Leute kopieren Trends, andere vermeiden sie. Und dann gibt es Musiker, die einfach spielen, was sie spielen wollen» (MacKaye in ‹Visions›). Ihre Musik war stets äußerst diszipliniert und doch eruptiv und kraftvoll. «Scharfe, schneidende, aggressive Gitarren verbinden sich scheinbar problemlos mit einem ausgeprägten Rhythmus, nahtlos fügen sich kleine Melodien ein» (‹NM! Messitsch›). 1988 katapultierte die Debüt-EP *Fugazi* die Band an die Spitze des DC-Hardcore. Die Band fand zu einem faszinierend kompakten Gruppen-Sound. Ausgedehnte Tourneen durch Europa und Amerika wie auch die folgenden Platten *Margin Walker* (1989), *Repeater* (1990) und *Steady Diet For Nothing* (1991) festigten den Ruf Fugazis als Eingreiftruppe des internationalen Hardcore. Von

der Mainstream-Presse als Phänomen umworben, stellte sich das Quartett mit wenigen Ausnahmen ausschließlich Fanzines. 1992 traten Fugazi mit der CD *In On The Killtaker* in eine neue Phase. Der Sound wurde komplexer und ließ Reverenzen an die Rock-Geschichte zu. Mit dem düsteren Album *Red Medicine* (1995) wurde die Band von der kritischen Fan-Presse in die Nähe von Gothic und Industrial gerückt, konnte sich aber mit der reifen Kraft von *End Hits* (1998) wieder rehabilitieren. Mit dem Soundtrack zu ihrem Film *Instrument* (1999) präsentierte sich Fugazi als instrumentale Band, die knochentrockkene Song-Torsi mit konstruktivistischen Strukturen verquickte.

LPs auf Dischord: *Repeater* (1990); *Steady Diet Of Nothing* (1991); *In On The Kill Taker* (1993); *Red Medicine* (1995); *End Hits* (1998); *Instrument* (1999); *The Argument* (2001) … Ian MacKaye mit Minor Thread auf Dischord: *Out Of Step* (1983); *Minor Thread* (1984)

Fun-Da-Mental, 1991 in London gegründet, waren das Synonym für das multiethnische Bevölkerungsgemisch in den Vororten der britischen Hauptstadt. «Sie haben eine neue Rock-Form kreiert, die aus indischen, westindischen und angloamerikanischen Musikformen schöpft – Bhangra, Ragga, Rap, Hip Hop und was immer sonst ihre Message unterstützt» (‹Rough Guide›). Sie setzten sich über die Gräben von Religionen und Weltanschauungen hinweg, verknüpften Songformate mit Reden von Malcolm X oder dem Black Muslim-Führer Louis Farrakhan, mischten Field Recordings mit kühnen Samplings, kitschige Melodiebögen mit anarchistischer Elektronik. Unverhohlen propagierten sie Gewalt als Mittel zum Widerstand gegen Rassismus. Sie «ersparten sich krampfig verbissene, auf street credibility getrimmte Hardcore-Attitüde und setzten lieber auf den ungezwungenen, nicht durch Schablonen eingeengten Fluß der Geräusche» (‹Tip›). «Nicht selten kann man Parallelen zu den ebenfalls hochpolitischen Disposable Heroes Of Hiphoprisy erkennen» (‹Visions›). Der ehemalige Punk Aki Nawaz alias PropaGhandi begann seine Laufbahn als Drummer von The Southern Death Cult, stieg jedoch aus der Band aus, bevor sie sich in The Cult umbenannte. Auf einer Reise nach New York kam ihm die Idee, die Energie des amerikanischen Hip Hop in eine Mischung aus asiatischer Roots-Musik und europäischer Hightech-Power zu übersetzen. Mit Blacka-D alias Impi-D (bürgerlich: David Watts), MC Mushtaq und Hot Dog Dennis traf er sich 1991 für einen einzigen Auftritt auf dem Nottingham Carnival in London. Im Lauf zweier Jahre wuchs das Quartett zu einer festen Band zusammen, deren Besetzung in der Folgezeit allerdings um den festen Kern von Propa-Ghandi und Blacka-D herum kontinuierlich wechselte. Die ersten Singles von Fun-Da-Mental waren bis dahin ungehörte Sampling-Kanonaden. 1992 stellten sie die Kassetten-Anthologie *Peace, Love Or War* zusammen. Im folgenden Jahr gingen sie gemeinsam mit dem britischen Rapper Blade und der politisch motivierten Hardcore-Band Blaggers ITA unter dem Motto *United Colours Of Frustration* auf Tour. 1993 gelang es ihnen, mit der Single *Countryman* in die Rotation von MTV zu gelangen. Anfang 1994 teilten sie sich mit Pop Will Eat Itself die Split-Single *Ich Bin Ein Ausländer*. Mit dem Doppelalbum *Seize The Time* (1995) lieferten sie einen bissigen Kommentar zum allgegenwärtigen Rassismus-Problem in England ab. Im Opener *Dog Tribe*, dessen Video-Version wegen ihrer aggressiven Botschaft von MTV ins Nachtprogramm verbannt wurde, sampleten sie die Morddrohung eines Neonazis auf dem Anrufbeantworter der Liverpooler Dependence von Youth Against Racism. Stilistisch war die Platte schwer einzuordnen, weil die Band in jedem Song eine neue Reise zwischen Science-fiction und Tradition antrat. Propa-Ghandi warnte offen die britische Regierung, daß die L.A.-Riots zwei Jahre zuvor nur eine Anwärmübung für einen internationalen Aufstand unterdrückter Rassen gewesen seien. Ihr nächstes Album *With Intend To Pervert The Cause Of Injustice* (1995) versahen sie mit dem Zusatz «an instrumental fusion of peace, love, confusion and extremism». Das Album bestand aus instrumentalen Versionen der Songs des Vorgängeralbums, die den Hörer veranlassen sollten, die Musik auch frei von politischen Statements zu genießen. Die akribische Auflistung der aus der ganzen Welt zusammengetragenen Klangquellen ermöglichte einen Einblick in die globale Arbeitsweise von Fun-Da-Mental. In ihren Shows ergänzten sie die akustischen Signale um selbstgedrehte Videos. Unentwegt tourte die Band über sämtliche Kontinente, bis sie mit *Erotic Terrorism* (1998) ein Album produzierte, das ungewohnt harte Industrial-Merkmale aufwies. Die fun-da-mentale Offensive gegen Unrecht und Unterdrückung weitete sich diesmal auf die Mißhandlung von Frauen und Kindern aus. Im Booklet der CD waren Fotos von mißbrauchten und im Krieg getöteten Kindern und Jugendlichen abgebildet. «Allein optisch wird es einem bei der neuen Fun-Da-Mental-Platte übel, und das soll es auch. Die Musik ist kaum weniger leicht zu verdauen» (‹Visions›). Mit ihrem vierten Album *Why America Will Go To Hell* (1999) bezogen sich Fun-Da-Mental auf eine nie gehaltene Predigt Martin Luther Kings. Die CD bestand aus neuen und Remixen alter Tracks, die unter anderem von Jesus And Mary Chain angefertigt wurden, und gipfelte in dem 15minütigen, bis zur Unkenntlichkeit verzerrten Percussion-Gewitter *Full Metal Tabla*.

LPs auf Mammoth: *Seize The Time* (1995) … auf Nation: *With Intent To Pervert The Cause Of Injustice* (1995) … auf Beggars Banquet: *Erotic Terrorism* (1998); *Why America Will Go To Hell* (1999)

G

Gabriel, Peter (voc), am 13. Mai 1950 in London geboren, bereicherte als exzentrischer Performer die Auftritte von Genesis mit überzogenem Habitus und einer Neigung zu avantgardistischen Exerzitien, indem er bei den überdonnerten Live-Auftritten der Bombast-Rocker mal als Sonnenblume kostümiert auftrat oder auch unter einer Fuchsmaske seine bizarren Späße trieb. 1975 hatte er schließlich den «Mummenschanz» (Gabriel) satt und ging auf einen Solo-Trip. Assistiert vom King Crimson-Gitarristen Robert Fripp, inspiriert von Brian Eno und David Bowie entwickelte er «ein Image, das auf diskrete Weise subversiv ist und ihn dazu bringt, sich ständig selbst in Frage zu stellen» (‹Melody Maker›). Seine Songs von Entfremdung, Unterdrückung, Heilssuche, Magie und weißer Schuld bot der «Rock-Visionär» (‹Billboard›) mit apokalyptischen Music Hall-Sounds und ominösen Dritte-Welt-Ritualklängen dar. Seine ersten vier Alben, die die Hits *Solsbury Hill, D.I.Y., Games Without Frontiers, Biko, Shock The Monkey* enthielten, nannte er uniform *Peter Gabriel*, weil er sie lediglich als Variationen eines stilistischen Grundmusters sah und «weil irgend etwas Perverses in mir sagt, daß ich alles anders als die andern machen muß». So brachte er in Sprachgrenzen überschreitender Pioniertat die dritte Peter Gabriel-LP von 1980 auch als *Ein Deutsches Album* in angemessener Übersetzung heraus und engagierte sich, lange vor der modischen «Weltmusik»-Zeitströmung, für die Integration exotischer Klänge in westliche Pop-Konzerte und die Verbreitung der Original-Musiken außerhalb ihrer Ursprungsländer. Zu diesen Bemühungen gehörte auch die Organisation des «World of Music, Arts and Dance-Festival» (WOMAD) 1982 in London, das 600 Künstler aus 21 Ländern zusammenbrachte und der multikulturellen britischen Rockszene dauerhafte Impulse gab. Die extravaganten Rock-Artikulationen des «singenden Schauspielers» (‹Village Voice›) aus dem gehobenen englischen Bürgertum blieben nicht unwidersprochen. So fand ‹Stereo Review›: «Trotz all ihres Pomps und ihrer düsteren Posen gehen seine Songs in einer linkischen Oberschüler-Manier mit der englischen Sprache um, und die Melodien offenbaren nicht viel Substanz unter all der neoviktorianischen Aufmachung.» Den ‹New Musical Express› erinnerten die didaktisch gehaltvollen Kunst-Stücke an «zweitklassige Nationalhymnen». Seine «monotone Stimme», vermutete das Blatt, «sehnt sich, von Leidenschaft getrieben, vergebens danach, das Unausdrückbare auszudrücken». Immerhin wertete ‹Rolling Stone› die Tatsache, daß Gabriels fünfte Studio-LP *So* (1986) mit dem weltweiten (Video-)Hit *Sledgehammer* und vier Grammy-Nominierungen auf breiteste Akzeptanz bei Fans und Fachleuten gleichermaßen stieß, positiv: «Ein Zeichen dafür, daß Intelligenz im Schlager-Radio und in der Popmusik allgemein durchaus anerkannt wird.» Der immense Erfolg von *So* hielt Gabriel den Rücken für eine Vielzahl von Aktivitäten frei. Er beteiligte sich an Benefizkonzerten, setzte sich besonders für Amnesty International ein und schrieb für Martin Scorseses umstrittenen Film ‹The Last Temptation of Christ› die Musik, die er teilweise unter dem Titel *Passion* 1989 auf seinem Label Real World veröffentlichte. Für diese Instrumentalmusik erhielt er ein Jahr später einen Grammy in der New Age-Kategorie. Real World diente aber nicht nur seinen eigenen Platten als Veröffentlichungsforum, sondern vor allem Musikern aus der Dritten Welt, die Gabriel in sein in eine alte Wassermühle in Box eingebautes Studio einlud. 1991 veranstaltete er dort eine «Real World Week of Recording», bei der er Musiker aus Asien, Afrika, Nord- und Südamerika mit Stars wie Van Morrison und Sinéad O'Connor zusammenbrachte. Der charismatische, von Selbstzweifeln nicht freie Sänger ebnete Senegals Gesangsstar Youssou N'Dour den Weg und arbeitete immer wieder mit ihm zusammen. Für *Us* (1992) griff er auf die Vokalkünste seiner damaligen Gefährtin Sinéad O'Connor zurück, die den Part übernahm, den Kate Bush musikalisch für *So* innehatte. *Us* folgte demselben Erfolgsmuster wie *So*: Blechbläser-Funk (*Steam*), psychologisierende Duette (*Come Talk To Me*), Selbstquälerisches (*Diggin' In The Dirt*). Wieder hatten Gabriel und Co-Produzent Daniel Lanois – auch schon Gabriels Helfer bei *So* – hervorragende Musiker angeheuert: Manu Katche (dr), Tony Levin (bg), David Rhodes (g), Brian Eno (kb), Shankar (vi). Die besondere Atmosphäre dieses Albums aber beruhte auf der Klangvielfalt exotischer Instrumente: Sabar Drums, Dudelsack, Doudouk, Tabla, Djembe, Surdu. ‹Q›: «Wunderbarer Schall». Gabriel, der nach der Veröffentlichung von *Us* auf eine 18 Monate dauernde Welttournee ging und anschließend ein Live-Album veröffentlichte, hatte den Finger am Puls der Zeit: Platten, selbst CDs hielt er für antiquiert. Er veröffentlichte als einer der ersten Rockmusiker eine CD-ROM (*XPlora 1 – Peter Gabriel's Secret World*; 1994), die Maßstäbe setzte, und sah dennoch dies alles nur als Durchgangsstadium an: «Der Informations-Highway, oder, wie ich lieber sage, der Informations-Ozean wird kommen», weissagte er in ‹Mojo›, «mir würde es gefallen, wenn Real World die Boote bauen würde, um auf dem Ozean zu fahren.» Zwei Jahre lang werkelten 60 Programmierer, Designer, bildende Künstler, Philosophen und Wissenschaftler an den Galerien und Klanglabyrinthen von Gabriels zweiter CD-ROM *Eve* (1997). Sie verwendeten 22 000 Fotos, 80 Minuten Video und 45 Minuten Songs über zwischenmenschliche Beziehungen (*Come Talk To Me*, *In Your Eyes*, *Shaking The Tree*) für

insgesamt 50 Stunden verschachteltes Multimedia-Entertainment. «Das Paradies ist verloren. Die Welt ist nur noch Schmutz. Du reist durch mysteriöse Landschaften, schaffst Musik, entdeckst Kunst und mußt einige Rätsel lösen auf der Suche nach Eve – zur Rückkehr ins Paradies» (Gabriel). Die Kritik applaudierte gedämpft: «Die Verbindung von Gabriels Musik und Gegenwartskunst in einer Rahmenhandlung ist gelungen umgesetzt», schrieb ‹Der Tagesspiegel›, «eine zweite Reise ins Paradies verliert dann allerdings an Reiz.» Die Arbeit an seinem nächsten Soloalbum *Soft City* (Arbeitstitel) schob Gabriel auf, als ihm der Bühnenarchitekt Mark Fisher 1997 die Mitwirkung an einem szenischen Mammutprojekt offerierte: *Ovo – The Millennium Show* für den Londoner Millennium Dome zur Jahrtausendwende, das englische Gegenstück zur Weltausstellung in Hannover und – am Themse-Ufer auf einer Fläche von der Größe des Trafalger Square – im Jahr 2000 ebenso defizitär. «Wir wurden gebeten», so der Multi-Media-Künstler, «etwas über Vergangenheit, Gegenwart und Zukunft zu machen, und ich dachte mir, dass es ganz gut wäre, dies anhand einer Familie mit ihren unterschiedlichen Generationen zu entwickeln, so daß die Auseinandersetzungen zwischen ihnen vielleicht auch etwas von den historischen Kämpfen zeigen würden.» Dreimal täglich je 30 Minuten lang zelebrierten rund 160 Künstler in Gabriels nach eigener Einschätzung «bisher unpopulärstem Projekt» die mythische Parabel von Theo, dem Herrscher der Erde, seiner Frau Beth und ihren Kindern Ion und Sofia als quasi circensisches Spektakel. ‹Tip›: «Schwebend, springend, tanzend an Bungee-Seilen, auf riesigen Metallrädern und Stelzen jagen die Artisten mit bis zu 50 Stundenkilometern in einer Höhe von bis zu 50 Metern durch die Luft. Licht, Kostüme, Masken – ein wahrlich atemraubendes Event.» Musikalisch «verweigerte sich das Werk jedoch autarken Songs» und «zerfaserte sich ins Esoterische» (‹Musikexpress›). Das Konzeptalbum *Ovo* (2000), mit Richie Havens, Neneh Cherry, Rasco, Peter Buchanan (The Blue Nile), Elizabeth Frazer (Cocteau Twins) glänzend besetzt und gegenüber der Show auf die doppelte Länge gedehnt, glich mit «handgemachten Klängen von Afrika bis Irland, von Asien bis Australien, kühlen, mitunter scharfkantigen Elektro-Sounds und grüblerischen Piano-Balladen» einer «musikalischen Weltausstellung» (Kritiker Christof Hammer) und hing dabei (Kritiker Arno Frank) «merkwürdig in der Luft». Nur einmal, im «Piano-Rührstück» (Kritiker Jörg Feyer) *Father, Son*, war Gabriel selber zu hören – «ein wenig verloren in dieser künstlichen real world».

LPs auf Charisma: *Peter Gabriel* (1977); *II* (1978); *III* (1980); *I Don't Remember* (Mini-Album, 1980); *III – Ein Deutsches Album* (1980); *IV* (1982); *IV – Ein Deutsches Album* (1982); *Plays Live* (1983); *Birdy* (Soundtrack, 1985) … auf Charisma / Virgin: *So* (1986) … auf Virgin: *Passion* (1989) … auf Peter Gabriel Ltd / Virgin: *Us* (1992); *Secret World Live* (1994) … auf Peter Gabriel Ltd / Real World: *Xplora 1 – Peter Gabriel's Secret World* (1994; CD-ROM); *Eve* (1997; CD-ROM) … auf Real World: *Ovo* (2000) … weitere LPs → Genesis

Gainsbourg, Serge (voc, p), bürgerlich: Lucien Ginsburg, am 2. April 1928 in Paris geboren, gelang es, «erotisches Chanson und Elektro-Pop fast bis zum geschmacklichen Kurzschluß zu fusionieren» (Männer Vogue) und als «sexueller Provokateur» (‹Billboard›) die französische Entertainment-Szene dauerhaft in Unruhe zu versetzen. Berühmt-berüchtigt wurde er 1968 außerhalb des französischen Sprachraums mit seiner damaligen Lebensgefährtin Jane Birkin durch das lustvoll gestöhnte Duett *Je t'aime … moi non plus*, das eigentlich für Brigitte Bardot, die Gespielin früherer Gainsbourg-Chansons (*Harley Davidson*, *Bonnie And Clyde*), gedacht war. Lange vor diesem Skandal nach Noten hatte sich Gainsbourg auf der Pariser Showbiz-Szene als «vulgär schwatzender, kettenrauchender Trunkenbold» etabliert, «der als Hofnarr dem König Publikum eine lange Nase drehte oder irgendein anderes Körperteil provokant hinstreckte» (‹Paris Passion›). Mit 30 Jahren ließ er sich als Pianospieler in den Clubs des Boheme-Viertels St. Germain hören und fühlte sich vor allem von den pessimistischen Poemen und schwarzhumorigen Balladen des Satirikers Boris Vian beeindruckt. Gainsbourgs erster Hit *Le Poinoinneur des Lilas* (1961) handelte von einem Kartenlocher der Metro, der sich schließlich aus Langeweile Löcher in den Kopf schießt. Mit einer weiteren Erfolgs-Single, *La Javanaise*, und den Alben *Confidentiel*, *Percussions* «etablierte er seine drei Markenzeichen – Frauenverachtung, Novitäten-Geilheit und die Lust am kruden Scherz» und gerierte sich fortan als «weltläufiger Ästhet de Sadescher Prägung, als rumpoussierender Drahtzieher von Starlet-Karrieren und Medien-Rebell, der immer gut genug ist für ein Skandal-Zitat» (‹New Musical Express›). Jane Birkin, die er in der Stöhn- und Wisper-Operette *Histoire de Melody Nelson* 1971 als Lolita-gleiches Nymphchen präsentiert hatte, entschärfte Gainsbourgs Lustmolch-Gebaren: «Ich habe erkannt, daß all das, was ich bei ihm für Aggressionen hielt, nur als Selbstschutz von jemandem dient, der unglaublich übersensitiv ist, schrecklich romantisch, mit einer Zärtlichkeit und Sentimentalität, die die Leute einfach bei ihm nicht entdecken können.» Gainsbourg-Freundinnen Isabelle Adjani, Brigitte Bardot, Catherine Deneuve, France Gall, Franoise Hardy, Anna Karina mochten das ähnlich gesehen haben. Der Sohn eines russisch-jüdischen Emigranten erlebte das Kriegsende in den Wäldern bei Vichy, da sein Vater vor den deutschen Besatzern fliehen mußte, nachdem französische Musikerkollegen gedroht hatten, ihn an die Nazis zu verraten. Als Serge 1979 mit Sly and Robbie eine Reggae-Version der Marseillaise in Kingston, Jamaika, aufnahm und als *Aux Armes et cetera* veröffentlichte, lief er erneut Gefahr, als vaterlandsloser Geselle verteufelt zu werden: «Die Franzosen können einfach nicht ertragen, wenn ein halbes Dutzend Schwarze und ein russischer Jude die Nationalhymne singen.» Bisweilen fühlte sich der Schock-Chansonnier «erschöpft von der Rolle, die man so in der Öffentlichkeit spielt», und mutmaßte in grimmigem Zynismus: «Wenn ich eines Tages wie John Lennon erschossen werde, sage ich vielleicht noch danke schön.» Andererseits: «Ich finde immer einen Weg zu schockieren, aggressiv zu machen – das ist ein lebenswichtiger Antrieb für mich, sonst könnte ich mich gleich wie Sid Vicious von den Sex Pistols ins Aus schießen.» So begrüßte er denn Whitney Houston vor französischen TV-Kameras höflich: «Ich will Sie ficken!», verbrannte in einer Fernseh-Talkshow

Geldscheine, um gegen 74 Prozent Einkommensteuer zu protestieren und gedachte auch vorsorglich seines Ablebens: «Ich habe eine Totenmaske von meinem Schwanz machen lassen, damit mich alle, die mich geliebt haben, weiterlieben können.» Vom Alkohol beinahe schon imprägniert, vom Kettenrauchen gegerbt, starb Gainsbourg am 2. März 1991 an Herzversagen. Präsident Mitterrand weinte scheinheilig «unserem Baudelaire, unserem Appolinaire» hinterher, der Pariser Bürgermeister Jacques Chirac brachte persönlich Betroffenheit in seinem Nachruf ein: «Mein Lieblingslied *Harley Davidson* ist für immer in unserem Herzen verewigt, weil Brigitte Bardot, die ich sehr verehre, es singt.» Rückblickend schrieb der deutsche Journalist Andreas Banaski 2001 zum zehnten Todestag: «In der ewigen Pophipster-Coolness-Weltrangliste tummelt sich Gainsbourg mit dem Coolnessquotienten 0,81 (26 Cooljahre geteilt durch 32 Dienstjahre) auf den vorderen Plätzen unter Titanen wie John Lennon, Chico Buraque und Neil Young. Wäre Gainsbourg Deutscher, dann mindestens Bert Brecht, Thomas Mann, Horst Schimanski, Manfred Krug und Udo Jürgens in einer Person.» 16 Studioalben wurden 2001 von Motor Music wiederveröffentlicht – um keinen Tag gealtert, zeitlos subversiv. «Schönheit vergeht, Häßlichkeit bleibt», hatte er von sich selbst gesagt, oder auch: «Mein Herz ist eine Handgranate, die jederzeit losgehen kann.»

LPs auf Phonogram, fast komplett 2001 wiederveröffentlicht auf Motor Music: *Du Chaut à la Unel* (1958); *No. 2* (1959); *L'etonnant* (1961) ; *No. 4* (1962); *Confidentiel* (1963); *Percussions* (1964); *Initials B.B.* (1968); *Jane & Serge* (1968); *Histoire de Melody Nelson* (1971); *Vu de l'exterieur* (1973); *Rock Around The Bunker* (1974); *L'homme à tete de chou* (1976); *Aux Armes etc.* (1979); *Mauvaises nouvelles des étoiles* (1981); *Gainsbourg 1958 à 1963* (1983); *Love On The Beat* (1984); *Gainsbourg Live* (1985); *You're Under Arrest* (1987); *Hey Man Amen* (1989) … auf Phonogram: *De Gainsbourg à Gainsbarre* (9-CD-Box, 1990) … auf Motor Music: *Gainsbourg Forever* (2-CD, 2001)

Galaxie 500, 1986 in Boston gegründet, verwischten die Grenzen zwischen Avantgarde und Kitsch und nahmen mit ihrem langsamen, soften Lo-fi-Pop bereits in den Achtzigern das Glamour-Revival vorweg, von dem ein halbes Jahrzehnt später ganz Europa und Amerika erfaßt werden sollten. Dean Wareham (g, voc), geboren am 1. August 1963 in Wellington, Neuseeland, und Damon Krukowski (dr, perc), geboren am 6. September 1963 in New York, lernten sich 1981 in New York an der Highschool kennen und begannen kurz darauf, an der Harvard University in Cambridge Musik zu machen. Ein Jahr später zog Krukowskis Freundin Naomi Yang ebenfalls nach Cambridge und wurde die graphische Beraterin der Band. Als Duo coverten Wareham und Krukowski zunächst britische Punk-Songs. 1986 benannten sie sich nach dem früheren Standard-Streifenwagen Ford Galaxie 500. Den Boston-Boom Ende der achtziger Jahre ausnutzend, erspielten sie sich rasch einen guten Namen und nahmen in New York eine Reihe von Demos auf. Einer dieser Songs, *Obvious*, wurde als Give-Away-Flexi der Zeitschrift ‹Chemical Imbalance› beigelegt. Nach einem erfolglosen Versuch, via Anzeige in der ‹Village Voice› einen Bassisten zu finden, beschloß Naomi Yang, diesen Job selbst zu übernehmen. Aufgrund einer Empfehlung von Thurston Moore (Sonic Youth) und Frank Black (Pixies) kam die Band, die inzwischen nach New York umgesiedelt war, mit Kramer, dem Besitzer des Labels Shimmy Disc, in Kontakt, der in nur 18 Stunden und unter Gesamtkosten von 750 Dollar das Album *Today* (1988), «ein erstaunliches Debüt, das jedem Standard gerecht wird» (‹Melody Maker›), produzierte. Kramer verfeinerte den Sound der Band durch Keyboards, Flöten und Feedbacks und überzog ihn mit einem zarten Schleier von Mystik. Zur Popularität der Platte trug bei, daß Thurston Moore sie zu seiner «Lieblings-Gitarrenplatte 1988» erklärte. Über Nacht wurde aus Galaxie 500, die «mit ihrem scheinbar altmodischen, schlichten Sound, der wie in Zeitlupe wirkt und sich bald in flächendeckende Lärmwellen ausweitet» (‹NM! Messitsch›), klangen, als wäre Neil Young Velvet Underground beigetreten, die führende Band der amerikanischen Neo-Psychedelia. In bewährter Kollaboration mit Kramer entstand auch das zweite Album *On Fire* (1989), «eine umwerfende Sammlung von Tagtraum-

Pop» (‹Melody Maker›), das vor allem von der europäischen Kritik ebenso euphorisch aufgenommen wurde wie sein Vorgänger. Auf den EPs *Blue Thunder* (1990, mit einer fulminanten Version von Velvet Undergrounds *Here She Comes*) und *4th Of July* (1991) sowie dem nach einem Ornette Coleman-Klassiker benannten und abermals von Kramer produzierten Album *This Is Our Music* (1991) setzten sie den Weg der ersten beiden Platten konsequent fort, stießen aber auf Grund ihrer Verspieltheit in der Öffentlichkeit auf immer weniger Interesse. Bandinterne Auseinandersetzungen ließen Gerüchte über eine Trennung der Gruppe nicht zur Ruhe kommen. Wareham verließ Galaxie 500 Anfang 1991. Nach einem kurzen Zwischenspiel bei Mercury Rev gründete er mit Bassist Justin Harwood von der neuseeländischen Band The Chills und Drummer Stanley Demesky von The Feelies nach dem Vorbild von Galaxie 500 das Trio Luna 2, aus dem nach kurzer Zeit Luna wurde. Auf dem von Lou Reed- und Material-Drummer Fred Maher produzierte Debütalbum *Lunapark* (1992) näherte sich Wareham noch ein weiteres Stückchen Velvet Underground an, auf deren Reunion-Tournee Luna dann auch im Vorprogramm auftraten. Der gewünschte Erfolg stellte sich jedoch erst mit dem zweiten Album *Bewitched* (1994) ein. «Wie wenige andere Bands versteht es das Unternehmen, die Schönheit seltsamer Geräusche und die Magie des Rhythmus zu feiern» (‹Hamburger Morgenpost›). 1995 produzierte Luna, durch Gitarrist Sean Eden zum Quartett erweitert, das Album *Penthouse*, mit dem Wareham zumindest in kommerzieller Hinsicht ein Level erreichte, von dem er mit Galaxie 500 nicht zu träumen gewagt hätte. Auf einem Hidden Track coverte die Band Serge Gainsbourgs *Bonnie & Clyde*, wobei Tom Verlaine den Damen-Part übernahm. 1996 partizipierte Luna mit einer Coverversion von Donovans *Season Of The Witch* am Soundtrack für den Film *I Shot Andy Warhol*. Für das vierte Longplay *The Days Of Our Nights* (1999) übernahm Lee Wall das Schlagzeug. «Die unterkühlte Schönheit der Luna-Songs schafft unweigerlich Distanz. Faszination, deren Sog Gefahr verheißt. Luna ist eine Band der Nacht. Der Mond ist von lasziver Weiblichkeit. Was Dean Wareham an ihm fasziniert, ist

sein mattes Leuchten in der Dunkelheit» (‹Visions›). Mit Luna war Wareham gelungen, auch bei einem Publikum zum Helden zu werden, das mit Galaxie 500 absolut nichts verband. Weniger ehrgeizig als ihr ehemaliger Kompagnon, war Krukowski und Yang nicht ganz so viel Glück beschert. Auch sie hielten auf ihre Weise am Sound von Galaxie 500 fest, bewegten sich aber eher in die Singer/Songwriter-Richtung. 1991 veröffentlichten sie unter dem Logo Pierre Etoile die EP *In The Sun*. Sie brachten als Damon & Naomi *More Sad Songs* (1992) und *Wonderous World* (1994), unter dem Namen Magic Hour *No Excess Is Absurd* (1995) und wieder als Damon & Naomi *Playback Singers* (1998) heraus. Ihre Musik betrachteten die beiden jedoch nur als Nebenprodukt ihrer künstlerischen Arbeit. Ihr Hauptaugenmerk galt ihrem selbstgegründeten Verlag Exact Change, mit dem sie sich auf die Neuedition klassischer Avantgarde-Literatur spezialisierten. Die Legende von Galaxie 500 lebte indessen durch das spät nachgeschobene Live-Album *Copenhagen* (1997) weiter, ein vom dänischen Rundfunk mitgeschnittenes und von Kramer produziertes Konzert. Auch sechs Jahre nach Auflösung der Band war es noch atemberaubend, welch orchestrale Klangfülle die drei Musiker mit der klassischen Rock-Besetzung von Gitarre, Baß und Schlagzeug ohne technische Gimmicks erreichen konnten. Galaxie 500 waren eine Band, die den Zenit ihres Ruhmes erst erreichte, nachdem sie sich aufgelöst hatte.

LPs auf Rykodisc: *Today* (1987); *On Fire* (1989); *This Is Our Music* (1990); *Copenhagen* (1997) … Dean Wareham mit Luna auf Elektra: *Lunapark* (1992); *Bewitched* (1994); *Penthouse* (1995); *Pup Tent* (1997); *The Days Of Our Nights* (1999) … auf Arena Rock: *Luna Live* (2001) … Damon Krukowski und Naomi Young auf Shimmy Disc: *More Sad Hits* (1992) … auf Sub Pop: *Wondrous World Of Damon & Naomi* (1995); *Playback Singers* (1998); *Damon & Naomi With Ghost* (2000)

Galliano, 1988 in London gegründet, galten mehr als irgendeine andere Band als Sinnbild für den britischen Acid Jazz der neunziger Jahre. Trotz einer Reihe erfolgreicher Alben auf dem mit der Gruppe eng verbundenen Label Talkin'

Loud mutierte die Gruppe nicht wie die meisten anderen Acid Jazz-Acts zu einem introvertierten Studio-Projekt, sondern suchte stets den direkten Kontakt zum Publikum und fand auch live zu einer explosiven Mischung aus jazzigen Harmonien und Improvisationen, feurigem Funk und eingängigem Pop. Galliano hatten die perfekte Mixtur für all jene, «die nach dem natürlichen High statt nach dem chemischen Kick suchen» (‹The Face›). Galliano gingen im Acid-Boom des Jahres 1988 aus der Londoner Club-Scene hervor. Den Kern der Gruppe bildeten Sänger und Hauptsongschreiber Rob Gallagher alias Earl Zinger oder Rob Galliano, Ernie McKone (bg), Crispin Taylor (dr), Mick Talbot (Ex-Style Council, kb), Mark Vandergucht (g) und Brother Spry (perc) sowie den Background-Vokalisten Valerie Étienne, Brother Constantine und Daddy Smith, die je nach Bedarf ausgetauscht oder durch weitere Musiker verstärkt wurden. Einzige personelle Konstante der Band blieb im Lauf der Jahre Rob Gallagher. Aufgrund unterschiedlichster ethnischer und kultureller Hintergründe der Mitglieder war von Anfang an eine erstaunliche stilistische Bandbreite gegeben. Auf dem Einstandsalbum *In Pursuit Of The Thirteenth Note* (1991) griff der Spät-Hippie Gallagher soziale und Rassenprobleme auf, versuchte jedoch stets verschiedene kulturelle Standpunkte zu moderieren, statt nach Konfrontation zu suchen. Das zweite Album *A Joyful Noise Unto The Creator* (1992) fiel weniger programmatisch und stärker Dance-orientiert aus. Galliano brachen aus dem selbstgesetzten Kontext aus und kombinierten ihre vielfältigen Wurzeln zu einer Weltmusik eigener Prägung. Puristen bevorzugten das introspektivere erste Album, aber diese zweite LP erweiterte ihre Gefolgschaft beträchtlich. Die Jahre '92 und '93 standen im Zeichen weltweiter Tourneen, deren Feuer auf der ausschließlich in Japan veröffentlichten Live-Platte *Until Such Time* (1993) dokumentiert wurde. Auf *The Plot Thickens* (1994) orientierte sich die Gruppe wesentlich stärker an Folk und Ethno-Pop, coverte David Crosbys *Long Time Gone* und widmete sich in einem Song wie *Twyford Down* wieder stärker sozialen und ökologischen Inhalten. Obwohl Galliano längst nicht mehr zum harten Kern des Acid Jazz gehörten, bekamen sie das rückläufige Interesse an dieser Musik zu spüren, und die Platte floppte. Erst als sie zwei Jahre später mit *:4* ein klares Bekenntnis zu Break Beats und Drum 'n' Bass ablegten, konnten sie wieder Boden gutmachen. Galliano bewiesen noch einmal, daß sie in Sachen Black Music in England ein gehöriges Wörtchen mitzureden hatten, und absolvierten eine grandiose Welt-Tournee. Trotzdem wurde es nach dem in Tokio mitgeschnittenen Live-Album *Live At The Liquid Room (Tokyo)* (1997) still um die Band, die sich nur noch an ein paar Compilations des Talking Loud-Labels beteiligte. Lediglich Keyboarder Mick Talbot feierte noch einige Erfolge mit seinem Soul Jazz-Projekt Talbot/White.

LPs auf Talkin' Loud: *In Pursuit Of The Thirteenth Note* (1991); *A Joyful Noise Unto The Creator* (1993); *What Colour Our Flag* (1994); *The Plot Thickens* (1994); *A Thicker Plot – Remixes* (1995); *:4* (1996); *Live At The Liquid Rooms* (1997)

Gallon Drunk, 1989 in London gegründet, nahmen mit ihrem süffigen Rockabilly und dem Outfit cooler Salonlöwen bereits Anfang der Neunziger jenes Swing Revival vorweg, das erst gegen Ende des Jahrzehnts zu voller Blüte kommen sollte. Ihr Sound klang wie ein ferner Widerhall der Doors vor dem Hintergrund einer taumelnden Suche nach anspruchsvollem Party-Spaß und lüsternem Vaudeville. «Wenn Gallon Drunk ein Film wären, würden sie unter der Regie und dem Drehbuch von Quentin Tarantino stehen. Die Gewalt der Musik nimmt dermaßen gefangen, daß du unweigerlich mehr willst» (‹TNT›). «Wer Gallon Drunk einmal erlebt hat, weiß, daß es sich bei dieser Meute um keine gewöhnliche Rock 'n' Roll-Band handelt, sondern um eine Art Stamm oder Sekte. Sie zelebrieren ihre Musik nicht wie einen normalen Gig, sondern eher wie eine Messe, bei der sie gegen einen Zustand von Trance konvergieren» (‹Visions›). James Johnston (g, voc), Mike Delanian (bg), Max Decharne (org, dr) und Nick Combe (dr) gehörten bereits vor Gründung der Band zur Boheme des Londoner Bezirks Soho. Nach der Produktion von vier Singles, von denen einige in die Top Five der britischen Indie-Charts vordrangen, wurde Combe gegen den ehemaligen Drummer von My Bloody Valentine, Joe Byfield, ausgetauscht. Die LP *You, The Night ... And The Music* (1992), deren klaustrophobische Grundstimmung an B-Picture-Soundtracks aus den Sechzigern erinnerte, stand noch ganz im Zeichen unkontrollierter Ekstase, die von einem zackigen Schlagabtausch zwischen Gitarre und Orgel dominiert wurde. Entgegen allen Erwartungen erklomm das Werk auf Anhieb Position eins der britischen Independent-Charts. Die Band nutzte die Erfolgswelle und schob die Single-Compilation *Tonite ... The Singles Bar* (1992) sowie eine Split-LP mit ihrer eigenen und der Peel-Session von Breed nach. Ihren endgültigen Sound fanden sie, als sie den Saxophonisten Terry Edwards in ihre Band aufnahmen, der sich im Vokabular des Jazz ebenso auskannte wie in dem des Rock 'n' Roll. *From The Heart Of Town* (1993) bezeichnete der ‹Rough Guide› als «ihr Meisterwerk». Die charismatische Ausstrahlung von Johnstons Stimme stellte die Band unmittelbar neben Nick Cave & The Bad Seeds. Edwards' querulantes Horn verlieh der Gruppe Ecken und Kanten, die sonst keine andere Indie-Band hatte. Als Background-Sängerin war Laetitia Sadier von Stereolab an den Aufnahmen beteiligt. In einer limitierten Ausgabe wurde das Album noch um den Konzertmitschnitt *Live At The Madison Square Garden, NYC* erweitert. «Anarchische, pumpende Voodoo-Rhythmen, Hawaii-Shirts, blutige Thriller-Musik – Amerika mag Gallon Drunk» (‹Time Out›). Mit der Single *You Should Be Ashamed* mischte sich die Band im selben Jahr in die Abtreibungsdebatte in England ein. «Wir wollen weder Bob Geldof nachahmen noch irgend jemandes Meinung verändern, aber es kann nicht schaden, dem Streit ein bißchen mehr Gewicht zu verleihen», erklärte Johnston dem ‹Melody Maker›. Danach wurde es zunächst stiller um die Band. Johnston ersetzte für eine Amerika-Tour Blixa Bargeld bei den Bad Seeds, Decharne warf das Handtuch, und mit der Plattenfirma Clawfist geriet man sich derart in die Haare, daß eine weitere Zusammenarbeit undenkbar war. Johnston und Edwards nahmen mit dem Gossen-Dichter Derek Raymond gemeinsam das Poetry-Album *I Was Dora Suarez* auf, und die anderen Bandmitglieder spielten mit den Tindersticks und PJ Harvey. Erst 1995 kehrten Johnston, Edwards, Byfield und Delanian mit Drummer Ian White, Percussionist Andy Dewar und Gitarrist / Trompeter Ian R. Watson an die Oberfläche zurück. Die EP *Traitor's Gate* (1995) bediente einmal mehr jene Mischung aus Swamp Blues und schwermütigem Surfabilly, der auch schon das letzte Album ausgezeichnet hatte. Auf dem Album *In The Long Still Night* (1996) glänzten sie mit schmissigen Bläsersätzen und einem aufpolierten Pop-Image, das trotzdem nicht die alten Abgründe zuschüttete. «Waren Gallon Drunk in der Vergangenheit eine britische Reinkarnation der Doors, laut, beschwörend und auf der Bühne stets von allen guten Geistern im Stich gelassen, so scheinen sie jetzt in einen neuen Höllenkreis der Seelentiefe vorgedrungen zu sein und Blues, Jazz und Soul für sich entdeckt zu haben» (‹Visions›). Trotz des Lobes, mit dem die Band für das Album seitens der Presse bedacht wurde, fiel sie danach abermals auseinander. Lediglich Terry Edwards machte im alten Stil weiter, indem er Watson und White in seine Band Scapegoats holte und auf den Alben *My Wife Doesn't Understand Me* und *I Didn't Get Where I Am Today* eine lustvolle Mischung aus knarzigem Acid Jazz, verschrobenem Punk, groovigem Ska und würzigem Rockabilly zelebrierte. Johnston kündigte indessen eine Solo-Karriere als JJ Stone an, doch im November 1999 überraschten Gallon Drunk mit dem neuen Bassisten Jeremy Cottingham und dem Album *Black Milk*, einem Soundtrack zu dem gleichnamigen Film des griechischen Regisseurs Nikos Triandafyllidis, der die Band endlich ihrer eigentlichen Bestimmung zuführte.

LPs auf Rykodisc: *Tonight ... The Singles Bar* (1992); *You, The Night ... & The Music* (1992) ... auf Clawfist: *From The Heart Of Town* (1993) ... auf City Slang: *In The Long Still Night* (1996) ... auf FM Records: *Black Milk* (1999) ... LPs Terry Edwards mit Terry Edwards & The Scapegoats auf Wiiija: *I Didn't Get Where I Am Today* (1997) ... auf Artlos: *My Wife Doesn't Understand Me* (o. J.)

Gang Starr, 1988 in New York gegründet, erwarben sich in Jazz-Kreisen ebensolche Achtung wie in der Hip Hop-Community. Sie führten «den Hip Hop auf ein neues Niveau von Komplexität und Kultiviertheit, indem sie wegweisende Beats und inhaltsreiche Raps in die Venen der Black Music injizierten» (‹Wire›). In Widerspruch zu ihrem Projekt-Namen distanzierten sich die bekennenden Anhänger der Nation Of Islam stets vom auf Gewalt beruhenden Image des Gangsta Rap. Ihr Auftreten war nicht auf Provokation, sondern auf Bewußtseinsbildung angelegt. «Ich habe mich intensiv mit dem Christentum beschäftigt, mit dem Islam, meine Schwester ist Buddhistin, meine Freunde sind Rastas aus Jamaika oder weiße Juden. Ich hoffe, daß es mir gelingt, etwas Allgemeingültiges aus all diesen Weltanschauungen zu kombinieren» (Guru in ‹Visions›). Rapper Keith Elam, der unter dem Pseudonym Guru (Gifted Unlimited Rhymes Universal) auftrat, gründete bereits 1980 als Teenager ein Rap-Trio mit Big Shug und 1/2 B Down (beide sollten auch weiterhin zum unmittelbaren Umfeld von Gang Starr gehören). Unter dem Eindruck der Songs von Jazzy Jeff und Run-D.M.C. gründete er 1988 mit seinem Mitbewohner Chris Martin, der sich Waxmaster C und später DJ Premier nannte, das Duo Manifest, das sich nach kurzer Zeit in Gang Starr umbenannte. 1989 debütierten sie mit der LP *No More Mr. Nice Guy,* die jedoch nicht über einen Insidertip in der relativ jungen Hip Hop-Gemeinde hinauskam. In dieser aber sorgte das Opus «für gelindes Aufsehen wegen seiner relaxten Verschlepptheit der Lyrics und eindeutigen Sophistication in Richtung Jazz» (‹Jazzthing›). Der Bekanntheitsgrad des Duos änderte sich schlagartig, als es von Spike Lee für den Soundtrack des Films *Mo Better Blues* (1990) angeheuert wurde. In der Rap- und Sampling-Orgie *Jazz Thing* rekapitulierten sie gemeinsam mit dem Saxophonisten Branford Marsalis die gesamte Jazz-Geschichte und prophezeiten, daß die Neunziger das Jahrzehnt des Jazz werden würden. Von Stund an expandierten Gang Starr parallel in Richtung Jazz und Hip Hop. Das Album *Step In The Arena* (1991) war ein noch zaghafter, aber kommerziell bereits erfolgreicher Schritt in diese Richtung. DJ Premier erweiterte mit seinen Samplings die Quellenbasis des Hip Hop und «nahm die Idee des Trip Hop um Jahre vorweg» (‹Rough Guide›). Guru unterschied sich vor allem von seinen Kollegen an der Westküste, indem er auf Metaphern statt Parolen setzte. Auf *Daily Operation* (1992) betonten

Gang Starr stärker die Funk-Wurzeln des Hip Hop. Unter dem Titel *Jazzmatazz* veröffentlichte Guru 1993 eine experimentelle Fusion von Hip Hop und Jazz im Blue Note-Outfit, an der außer dem Rapper Jazz-Musiker wie Courtney Pine, Roy Ayers, Donald Byrd, Ronny Jordan sowie die Vokalisten Carleen Anderson, N'Dea Davenport und MC Solaar beteiligt waren. *Jazzmatazz* trug noch einmal dazu bei, Gang Starr speziell in Europa neues Publikum zuzuführen und die Akzeptanz des Hip Hop gerade in jenen Kreisen zu untermauern, die diesen bis dahin ausschließlich für schwarze Dance Music gehalten hatten. Zur bis dahin organischsten Einheit von gesampleten Sounds und Sprechgesang verschmolzen Gang Starr auf *Hard To Earn* (1994), ihrem «härtesten und unjazzigsten» (‹Jazzthing›), experimentellsten und zugleich kommerziell effektivsten Album. Im selben Jahr produzierte Premier weite Teile von Branford Marsalis' bahnbrechendem Acid Jazz-Album *Buckshot LeFonque.* Ab 1995 ging «das Dream Team Guru und DJ Premier» (‹Visions›) zunächst getrennte Wege. Guru vertiefte auf *Jazzmatazz 2 – The New Reality* (1995), auf dem «alles noch easyer zu flutschen schien» (‹WOM Journal›), die Furchen vom Hip Hop zum Jazz, während der Perfektionist DJ Premier Bands und Künstler wie Nas, Fu-Schnickens, Notorious B.I.G., Arrested Development oder Jeru Tha Damaja produzierte. Erst auf *Moment Of Truth* (1998) verarbeiteten die beiden wieder gemeinsam die in der Zwischenzeit gesammelten Erfahrungen. Mit sparsamen Samplings und pointierten, fast gesungenen Raps sponnen Gang Starr ein feines Netz aus Hip Hop, Jazz, Ambient und Minimal Music. «Während ganze Heerscharen von Rappergenerationen auf dem schmalen Grat zwischen Kommerzialität und Credibility abschmieren und auf Nimmerwiedersehen in der tiefen Schlucht musikalischer Belanglosigkeit versinken, zeigen Gang Starr mit jedem neuen Album, wer die unangefochtenen ‹leaders of the world school› sind» (‹Visions›).

LPs auf Chrysalis: *No More Mr. Nice Guy* (1989); *Step In The Arena* (1991); *Daily Operation* (1992); *Hard To Earn* (1994) … auf Virgin: *Moment Of Truth* (1998) … Guru mit Jazzmatazz auf Chrysalis: *Jazzmatazz, Vol. 1* (1993); *Jazzmatazz, Vol 2: The*

New Reality (1995) ... auf Virgin: *Streetsoul* (2000)
... DJ Premier auf Payday: *New York Reality Check 101* (1998)

Garbage wurde 1993 von drei Studio-Veteranen in Madison, Wisconsin, gegründet, die damit ihre Midlife-Krisen zu therapieren versuchten. Butch Vig (dr), 1957 geboren, hatte Erfolgsplatten von Nirvana (*Nevermind*), Smashing Pumpkins (*Siamese Dream*) und Sonic Youth (*Dirty*) produziert, war aber als Musiker frustriert. Seine Freunde Duke Erikson (kb, g, bg), 1953 geboren, und Steve Marker (g, bg, kb), 1961 geboren, mit denen er seit 1984 sein Tonstudio betrieb, hingen in den Feierabend-Bands Spooner und Firetown ihren Träumen nach. Also mit Shirley Manson (voc, kb, g) ein letzter Versuch. Die rothaarige Schottin war jung – geboren am 3. August 1967 in Edinburgh –, hübsch, gemäßigt frech, um als Girlie durchzugehen, und genügend bürgerlich, um die männliche Kundschaft der Platten-Megastores nicht zu verschrecken. Außerdem besaß sie Erfahrung im Musikgeschäft, hatte seit 1985 bei Goodbye Mr. Mackenzie sowie der eigenen Band Angelfish gesungen und fand schnell heraus, daß das Ältere-Herren-Trio Vig, Marker, Erikson in ihr die letzte Chance sah, als Musiker zu Ruhm und Ehre zu kommen. Marker hatte sie in einem MTV-Clip gesehen und war begeistert. «Sie hat eine wirklich coole Stimme», schwärmte er, «eine besondere Art von Understatement in ihrer Stimme, die den Gesang intensiv, aber auch subversiv erscheinen läßt.» Vig ergänzte: «Sie klingt manchmal unheimlich, manchmal träumerisch, manchmal sexy, manchmal psychotisch – was will man mehr?» Nun noch ein Name: Als Vig über einem Nine Inch Nails-Remix brütete, ließ ihn die Bemerkung eines Anwesenden – «Was ist denn das für ein Müll?» – aufhorchen: Garbage sollte seine Band heißen. Shirley Manson unternahm alles, um diesem Namen gerecht zu werden, schwadronierte über Männer, Sex und Frauen und benahm sich auf der Bühne wenig damenhaft. Auch sonst redete sie mit: Die Songs der ersten LP *Garbage* (1995) wurden ausschließlich gemeinsam verfaßt. Das Ergebnis war buntschillernd: Vig, der einst Vorsitzender der «Madison Roxy Music Society» gewesen war, hatte seiner Vorliebe für den Glam Rock der siebziger Jahre ebenso Raum gegeben (*Not My Idea*) wie seinen Erfahrungen mit dem Grunge der beginnenden neunziger Jahre. Dazu Anklänge von Trip Hop (*A Stroke Of Luck*) und Gothic Rock à la Siouxsie And The Banshees. Voller Berechnung hatten Vig, Marker und Erikson das alles kunstvoll zusammengebaut, sich selbst aber nicht in den Vordergrund gespielt: Den überließen sie ihrer Sängerin, die mit ihrer trotzigen, etwas nörgeligen Stimme den Songs Leben einhauchte. Das Album, dem drei Singles vorausgegangen waren, wurde bis Anfang 1997 mehr als dreimillionenmal verkauft. In mehr als 200 Auftritten teilte Manson ihre rüde Bühnenshow aus, bis sie es mit Courtney Love von Hole aufnehmen konnte. «Ich bin nur glücklich, wenn es regnet», sang sie: «Mein einziger Trost ist die schwarze Nacht. Und ich überlasse mich meiner tiefen Depression.» Auf der zweiten LP *Version 2.0* (1998) gab Manson einem ihrer Songs den Titel *I Think I'm Paranoid*. Vig, Marker und Erikson hörten solche Töne gern. Ihre Garbage-Fee hatte sie aus dem tristen Studiodasein erlöst und zu erfolgreichen Rockmusikern gemacht. Glamour-Fotos von Shirley Manson erschienen in diversen Musikmagazinen und schließlich auch auf dem Cover von ‹The Face›. Vig war darüber nicht traurig: «Ich sehe uns nicht als Popstars», winkte er ab, «aber Shirley könnte ein Popstar sein.» Die Resonanz gab ihm recht, «Entertainment Weekly» ernannte Shirley zur «Best New Female Singer», ‹Rolling Stone› ließ aber auch die Band gut aussehen: «Best New Artist» 1997. 1998 steuerten die glamourösen Abfallbeseitiger den Titelsong zu dem James Bond-Film ‹The World Is Not Enough› bei. 1999 wurde die Truppe für zwei Grammies nominiert, ging aber am Ende leer aus. Ansonsten Konzerte, Konzerte, Konzerte. 1999 bereisten sie dreimal Europa, zweimal Nordamerika. Doch es sollte noch zwei weitere Jahre dauern, bis sie im Herbst 2001 ihre dritte LP *Beautiful Garbage* herausbrachten.

LPs auf Almo/Geffen: *Garbage* (1995); *Version 2.0* (1998); *Beautiful Garbage* (2001)

Gaye, Marvin (voc, p, dr), am 2. April 1939 als Sohn eines schwarzen Geistlichen der Pentecostal-Gemeinde in Washington, D.C., geboren, gab der Soul-Musik 1971 mit seinem Album *What's Going On* eine neue Richtung. In dieser dicht gearbeiteten, durch Leitmotive geordneten Schallplatten-Suite, die so unterschiedliche Stilmittel wie Blues, Rock, Jazz, Soul, Bossa Nova und quasisymphonische Unterhaltungsmusik verschmolz, kommentierte der Sänger Krieg, Rauschgift, Umweltverschmutzung und das Elend in den Ghettos. Er pries Gott und Jesus und plädierte für die Armen, die Ausgestoßenen, die Kinder, den Frieden und die Liebe. Für sich genommen, klangen manche dieser Songtexte naiv; im Gesamtkonzept wirkten sie so überzeugend, daß Kritiker *What's Going On* (vielleicht etwas zu euphorisch) als «schwarzes Gegenstück zur *Sgt. Pepper*-Platte der Beatles» klassifizierten. Die LP erbrachte einen Erlös von mehr als zwei Millionen Dollar; drei Hit-Singles daraus erreichten eine Auflage von zusammen fast fünf Millionen Exemplaren. Bis zu diesem Riesenerfolg hatte Gaye, der 1961 in den Dienst der jungen Motown Company in Detroit getreten war und die Schwester des Präsidenten Berry Gordy geheiratet hatte, vorwiegend Trivialschlager im Stil des Schmalz-Vokalisten Johnny Mathis von sich gegeben. Nach seinem Entree in die Hitparaden mit *That Stubborn Kinda Fella* (1962) erntete er bis 1971 zwölf Goldene Schallplatten, darunter *Hitch Hike*, *Ain't That Peculiar*, *Can I Get A Witness*, *I'll Be Doggone*, *How Sweet It Is To Be Loved By You*. Mit drei Motown-Sängerinnen (Mary Wells; Kim Weston, geb. 20. Dezember 1939 in Detroit; Tammi Terrell, geb. 29. April 1945 in Philadelphia) bildete er nacheinander ein Team. Als Tammi Terrell auf der Bühne des William and Mary College neben ihm zusammenbrach und nach sechs Operationen in 18 Monaten am 16. März 1970 im Graduate Hospital in Philadelphia an einem Gehirntumor starb, nahm Gaye ein Jahr Urlaub vom Showgeschäft. Er war der Onkel-Tom-Rolle und des Glamours müde und wollte «endlich etwas sozial Belangvolles» produzieren. Das Ergebnis, *What's Going On*, löste zahlreiche Soul-Konzeptalben mit sozialkritischen Texten in U-Musik-Verpackung aus. Gaye selbst entwickelte anschließend ein erotisch hochwirksames Sexsong-Konzept nach der Devise: «Ich hasse Moralpredigten. Habt euren Sex, das kann ungeheuer erregend sein, wenn man Glück hat.» Seine LP *Let's Get It On* und die Duettplatte *DianA & Marvin* mit Diana Ross enthielten einige der stimulierendsten bis dahin veröffentlichten Schlafzimmergesänge. Eine seiner seltenen Live-Darbietungen wurde im Oakland Coliseum bei San Francisco mitgeschnitten. Die Platte unterschied sich in Repertoiregestaltung und technischer Brillanz vorteilhaft von den meisten Soul-Konzert-LPs. Einen Song darauf hatte er *Jan* gewidmet. Gemeint war Janis Hunter, die er im Alter von 33 kennenlernte, als sie 17 war. Ihretwegen ließ er sich im April 1977 nach jahrelangen peinigenden Auseinandersetzungen von seiner Frau Anna Gordy scheiden. Anna wurde ein Teil des Vermögens zugesprochen. Seine Frustration verarbeitete Gaye im Doppelalbum *Here My Dear*. Er heiratete Janis Hunter, die ihm zwei Kinder gebar; doch schon im November 1978 reichte sie die Scheidung ein. Zu dieser Zeit hatte der *Trouble Man* (LP-Titel) Schulden in Millionenhöhe, allein zwei Millionen bei der Steuer. 1979 zog er sich nach Hawaii zurück, lebte in einem Auto-Anhänger am Strand und versuchte mit einer Überdosis Kokain Selbstmord zu begehen. Er war es gewohnt gewesen, pro Jahr drei bis vier Millionen Dollar einzunehmen, und verfügte über gewaltigen Reichtum. Er besaß eine 1,5-Millionen-Dollar-Villa mit fünf Schlafzimmern und drei Swimmingpools in Hidden Hill, Kalifornien, in der er mit der Familie wohnte, ein Anwesen im San Fernando Valley, das Haus seiner ersten Frau Anna, eine Ranch im kalifornischen Redding, das Haus seiner Eltern am Gramercy Place in Los Angeles, ein Strandgrundstück auf Jamaika. Seine Fahrzeug-Flotte umfaßte einen Rolls-Royce, einen Mercedes, einen Jaguar, einen Excalibur, einen Bus, einen Wohnwagen und weitere Autos sowie ein Rennboot und einen Kabinenkreuzer. Von seinem Einkommen lebten durchschnittlich 15 Menschen. Manchen gab er 1000 Dollar pro Woche, seiner Frau Jan wöchentlich rund 10 000. Unsummen verschlang sein und seiner Freunde Kokainkonsum. Seine Selbstzweifel und Todessehnsucht artikulierte er 1981 in dem Album *In Our Lifetime*. Auf dem Cover stellte er sich als gespaltene Seele vor: Gott und der Teufel beim Schachspiel, beidesmal Marvin Gaye. David Ritz, Journalist und ein enger Freund, der 1985 eine Gaye-Biographie veröffentlichte, wählte als Buchtitel ‹Divided Soul›. Statt den durch familiäre Spannungen belasteten Motown-Vertrag zu verlängern, floh der Sänger 1981 nach Europa, pendelte zwischen London und Belgien und ließ sich schließlich vorübergehend in Ostende nieder. Nach langen Verhandlungen schloß er mit Columbia / CBS ab und knüpfte mit der LP *Midnight Love* (1982) unmittelbar an die sexy Songs von *Let's Get It On* (1973) an. Das neue Produkt war «alles andere als langweilig». Es hatte «rhythmische Spannung, melodische Delikatesse und den erotischen Schwung von Gayes größter Musik» (Dave Marsh in ‹Rolling Stone›). Für die Single *Sexual Healing*, Nummer drei in Amerika, kassierte er im Februar 1983 als bester R & B-Sänger des Jahres einen Grammy und einen zweiten für die beste Instrumentalbegleitung. Nach diesem gelungenen Comeback trieb ihn Columbia auf eine nicht ausverkaufte Promotion-Konzert-tournee. Gaye ging in einer goldbetreßten Admiralsuniform oder im schwarzseidenen Pyjama auf die Bühne und geriet unter neuerlichem Kokainkonsum zunehmend in Paranoia. Nachdem ihm von einem Hustenmittel übel geworden war, fürchtete er Anschläge auf sein Leben und ließ sich auf der Bühne und im Hotelzimmer von bewaffneten Bodyguards bewachen. Er legte sich Schußwaffen zu, ging nicht mehr ohne Revolver aus und deutete Selbstmordabsichten an. Am 1. April 1984 wurde er nach einer handgreiflichen Auseinandersetzung im Elternhaus von seinem Vater erschossen. Marvin Gaye senior, 70 Jahre alt, erhielt eine fünfjährige Gefängnisstrafe wegen Totschlags, die zur Bewährung in einer psychiatrischen Klinik ausgesetzt wurde, weil der alte Herr an einem Gehirntumor litt. 1985 veröffentlichte Columbia unter dem Titel *Dream Of A Lifetime* Nachlaß-Tracks des Sängers, die von Harvey Fuqua und Gordon Banks technisch und musikalisch aufbereitet worden waren, sowie eine LP mit Jazz- und Pop-Standards, die – 1979 aufgenommen – Marvin Gaye nicht freigegeben hatte: *Romantically Yours*. Am 19. Oktober 1995 strahlte MTV die TV-Dokumentation ‹Inner City Blues: The Music Of Marvin Gaye› mit Gaye-Covers von Madonna, Stevie Wonder, Lisa Stansfield, mehreren Rap-Gruppen und anderen aus, deren Soundtrack auch als CD erschien. Unmittelbar darauf wurde der längst legendäre Sänger postum in die Soul Train Hall of Fame aufgenommen und im Februar 1996 für sein Lebenswerk mit einem Grammy geehrt. 1997 legte Motown unter dem Titel *Vulnerable* unbekanntes Archivmaterial vor, 1999 koppelte Sony das Album *Midnight Love* auf einer Doppel-CD mit den *Sexual Healing Sessions*, darunter fünf Alternativ-Versionen des Titelstücks. Für Gaye-Exegeten: Die hier veröffentlichte Urfassung von Marvin Gayes letztem Hit hieß ursprünglich *Clique Games / Rick James*. Die Doppel-CD mit der Deluxe-Edition von *What's Going On* (2001) enthielt neben der Original-LP auch den sogenannten Detroit-Mix des Albums sowie eine ein Jahr nach Veröffentlichung im Kennedy Center von Washington, D. C., aufgenommene Live-Version des Meisterwerks und die aus der LP ausgekoppelten Singles.

LPs auf Tamla Motown: *Soulful Moods* (1961); *That Stubborn Kinda Fella* (1963); *Live On Stage* (1963); *When I'm Alone I Cry* (1964); *A Tribute To The Great Nat King Cole* (1965); *Hello Broadway* (1966); *How Sweet It Is* (1966); *Moods Of Marvin Gaye* (1966); *Take Two* (mit Kim Weston, 1966); *United* (mit Tammi Terrell, 1967); *You're All I Need To Get By* (mit Tammi Terrell, 1968); *In The Groove* (1968); *I Heard It Through The Grapevine* (1968); *M.P.G.* (1969); *Marvin Gaye And His Girls* (1969); *Easy* (1969); *That's The Way Love Is* (1970); *What's Going On* (1971); *Trouble Man* (Soundtrack, 1972); *Let's Get It On* (1973), *DianA & Marvin* (mit Diana Ross, 1973); *Anthology* (1974); *Live!* (1974); *I Want You* (1976); *Live At The London Palladium* (1977); *Here My Dear* (1978); *Early Years* (1980); *In Our Lifetime* (1981); *Musical Testament* (1988) ... auf Columbia: *Midnight Love* (1982); *Dream Of A Lifetime* (1985); *Romantically Yours* (1985); *Midnight Love / The Sexual Healing Sessions* (2-CD, 1999) ... Zusammenstellungen auf Tamla Motown: *Greatest Hits* (1964); *Greatest Hits, Vol. 2* (1967); *Super Hits* (1970); *Gaye & Terrell Greatest Hits* (1971); *The Hits Of Marvin Gaye* (1972); *Love Songs* (1987); *Motown Remembers Marvin Gaye* (1986); *Seek And You Shall Find: More Of The Best* (1993; auch auf Rhino); *The Very Best* (1994); *Classics Collection* (1994; vier CDs, teilweise bis dahin unveröffentlichte Aufnahmen); *The Master 1961 – 1984* (1995; vier CDs, teilweise bis dahin unveröffentlichte Aufnahmen); *Motown Remembers Marvin Gaye* (1994); *Vulnerable* (1997); *What's Going On* (2-CD-DeLuxe Edition, 2001); *The Very Best* (2-CD, 2001)

Geldof, Robert Frederick Zenon **Bob** (voc), am 5. Oktober 1954 in Dublin, Irland, geboren, entfloh einer unglücklichen Kindheit und einem unsteten Berufsleben als Fleischpacker, Baggerführer, Fotograf und Pop-Korrespondent, um im Gruppenverband der Boomtown Rats seinen Traum realisieren zu können: «Ich will schnell reich und berühmt werden.» Beides gelang dem redegewandten, charismatischen Sänger und Songschreiber nur in Maßen. Statt dessen half er in spektakulärer Manier, mit Millionenbeträgen den wahrhaft Bedürftigen dieser Welt das Existenzminimum zu sichern, und wurde dadurch zu einer Figur der Zeitgeschichte. Ein Fernsehfilm der BBC über die Hungersnot in Äthiopien hatte dermaßen an sein soziales Unrechtsbewußtsein appelliert, daß er im Herbst 1984 die Creme der britischen Rock- und Pop-Szene dazu brachte, sich als «Band Aid» an einer Benefiz-Single für Afrika zu beteiligen. Das lediglich als humanitäre Geste gedachte Pop-Stück *Do They Know It's Christmas?* wurde zu einem weltweiten Bestseller, erbrachte für den von Geldof initiierten Hungerfonds acht Millionen Pfund Sterling und löste in vielen Ländern eine Kette ähnlicher All-Star-Platten-Aktivitäten aus (beispielsweise *We Are The World* von USA for Africa). Im Sommer 1985 organisierte Geldof in London und Philadelphia das transatlantische TV-Pop-Marathon «Live Aid», das von neun Satelliten zu 500 Millionen potentiellen Fernsehzuschauern in nahezu 100 Ländern übertragen wurde und 120 Millionen Dollar für die globale Hungerhilfe einspielte. Verwandte Unternehmungen wie «Farm Aid», «Sport Aid», «Fashion Aid» folgten. Für seine beispielhafte Initiative wurde Geldof von Königin Elizabeth II. zum Ritter geschlagen und 1986 für den Friedensnobelpreis nominiert. Seine im gleichen Jahr veröffentlichte Autobiographie ‹Is That It?› avancierte zum Bestseller. Das erste Solo-Album nach dem Ende der Boomtown Rats, *Deep In The Heart Of Nowhere* (1986), fand jedoch bei Kritikern und Konsumenten keinen Gefallen. Geldof nahm seine Filmkarriere wieder auf, die mit Rollen in der Pink Floyd-Kinoshow ‹The Wall› (1982) und dem Halbwelt-Drama ‹The Normal› (1985) begonnen hatte. Seine Position im Scheinwerferlicht der Weltöffentlichkeit sah Geldof nüchtern:

«Jeder weiß, ich bin bloß ein Popsänger – keine politische Persönlichkeit. Deshalb bin ich für niemanden eine Bedrohung. Ich bin kein großer Popstar, darum sehen mich die Pop-Leute nicht als Rivalen. Ich bin keine bedeutende politische Erscheinung, weil ich mit Politik nichts zu tun habe. Für die afrikanischen Politiker bin ich der Typ, der mit einem Scheck winkt. Ich repräsentiere also nur mich ganz allein, und das gibt mir enorm viel Freiheit.» Allerdings erwies sich sein Band Aid- und Live Aid-Engagement als Fessel für die Karriere als Musiker. Als er sich 1990 mit der LP *Vegetarians Of Love* englischem Folk zuwandte, kam er damit und der Single *The Great Song Of Indifference* auch mal wieder in die Hitlisten. Doch war sein Name mit Band Aid so untrennbar verbunden, daß er von der britischen Musikpresse milde als «Saint Bob» gehänselt wurde. Mit der LP *The Happy Club* (1992) orientierte er sich nun an Van Morrison und Bob Dylan, gab mit seiner Band The Happy Clubsters noch gelegentlich Konzerte und mußte sich die Frage gefallen lassen, ob er noch Vertrauen in seine Fähigkeiten als Songschreiber habe. Geldof bejahte, gründete aber vorsichtshalber eine Firma für TV-Produktionen. Die Show, die er von 1995 an unter Anteilnahme sämtlicher Medien in seinem Privatleben aufführte, kam einer Seifenoper gleich. Nach einer achtjährigen Liaison hatte er 1986 die zur TV-Moderatorin aufgestiegene Punk-Braut Paula Yates geheiratet und mit ihr drei Töchter. Yates, die ihre Karriere mit Nacktfotos in ‹Penthouse› begonnen und seither ein gutes Dutzend Enthüllungsbücher (‹Pop Stars in Their Underpants›) verfaßt hatte, verliebte sich Mitte der Neunziger in das Sex-Idol Michael Hutchence von der Band INXS («in excess»), unterzog ihren Körper einer Runderneuerung – neue Haare, neue Zähne, größere Brüste – und gab ihren Ehemann Geldof in ihrer Kolumne im Boulevardblatt ‹Sun› der Lächerlichkeit preis: «Wir sind Charles und Diana in der Undergroundversion.» Geldof ließ sich auf ein entwürdigendes Bäumchen-wechsle-dich-Spiel mit Wohnungstausch, Rückkehrversuchen und einer Schlammschlacht um Haus und Kinder ein, die er gegen den Medien-Profi Yates nicht gewinnen konnte. Die Journalistin publizierte ihre Autobiographie und gab Interviews dazu in ihrem Schlafzimmer, Kondome und Handschellen eindrucksvoll auf dem Nachttisch drapiert. Sie setzte die Scheidung durch, gebar Hutchences Tochter Heavenly Hiraani Tiger Lili und hinterließ Sir Bob als Ritter von der traurigen Gestalt. Nach Michael Hutchences Tod am 22. November 1997 in Sydney, Australien, klagte die Hinterbliebene öffentlich: «Man nennt Geldof Saint Bob, aber für mich ist das nur ein schlechter, kranker Witz … Der Bastard hat Michael umgebracht.» Die Presse – ratlos. «Was ist nur aus Saint Bob geworden?» fragte der ‹Observer›. Die ‹Daily Mail› untersuchte «die dunklen Seiten» des Menschenfreundes. Auch ‹Der Spiegel› spekulierte: «Ein Heiliger oder ein Sünder? Geldof ein Schurke? Das klingt so, als habe Mutter Teresa heimlich einen Puff geführt.»

LPs auf Mercury: *Deep In The Heart Of Nowhere* (1986); *Vegetarians Of Love* (1990) … auf Vertigo: *The Happy Club* (1992) … auf Eagle: *Sex & Age & Death* (2001) … LPs mit den Boomtown Rats auf Mercury: *Boomtown Rats* (1977); *A Tonic For The Troops* (1978); *A Fine Art Of Surfacing* (1979); *Mondo Bongo* (1980); *V Deep* (1982); *In The Long Grass* (1984); *Loudmouth – Best Of* (1994) … auf Vertigo: *Rat Tracks* (Mini-LP, 1981) … auf CBS: *Retrospective* (Mini-LP, 1983) … auf Columbia: *Greatest Hits* (1987)

Genesis, urteilte Jim Bickhart im ‹Phonograph Record Magazine›, sei «eine fünfköpfige Band mit literarischen Inspirationen, subtil ausgearbeiteten musikalischen Strukturen, deren Songspektrum von Überzeugendem bis zu Prätentiös-Schwerfälligem reicht». Der Genesis-Stil, ergänzte Chris Welch im ‹Melody Maker›, sei «exzentrisch und überaus englisch; Blues schleicht sich schwerlich einmal ein; selbst der Begriff Rock ist zumeist irrelevant». Dennoch verbuchte die Band ab 1972 außerordentliche Erfolge in England und Nordamerika; in Italien stand ihr Album *Foxtrot* monatelang auf Platz eins der LP-Listen. Attraktiv wirkte ihre Horror-Theatralik mit einer «fast kontinuierlichen Abfolge von Ereignissen» (‹Melody Maker›): Licht-Schocks, besessene Aktion unter Ultraviolett-Effekten, die ihre Gesichter im schwarzen Nichts schweben ließen, dauernde Wechsel von Posen und Kostümen – Fuchsmaske, Mumie, Schamane, Gnom. Gefallen fand auch ihre *Nursery Cryme*-Grusellyrik vom Mädchen, das dem achtjährigen Henry mit dem Krocketschläger den Kopf in eine Spieldose katapultiert (*The Musical Box*), und vom Unkraut, das unablässig wächst und das ganze Land verschlingt (*The Return Of The Giant Hogweed*). Das Ensemble bestand zu dieser Zeit aus Peter Gabriel (voc), Anthony Banks (kb), geboren am 27. März 1950 in East Hoathley; Steve Hackett (g), geboren am 12. Februar 1950 in London, Mike Rutherford (bg), geboren am 2. Oktober 1950 in Guildford, und Phil Collins (dr). Gabriel, Banks und Rutherford hatten 1966 mit ihrem damaligen, 1970 ausgeschiedenen Gitarristen Anthony Phillips die ehrwürdige englische Charterhouse School besucht und (unabhängig voneinander) Songs komponiert. Sie taten sich zur Band zusammen, um ihre Kreationen hörbar zu machen. Als sie von der Existenz einer US-Combo namens Genesis hörten, tauften sie sich Revelation, kehrten aber nach Auflösung des Konkurrenzunternehmens zum alten Namen zurück. Bis 1970 litt die Gruppe, der nacheinander die Schlagzeuger Chris Stewart (1966/67), John Silver (1967 bis 1969), John Mayhew (1969 bis 1970) angehörten, an einem stilistisch uneinheitlichen Repertoire. Die Musiker spielten jedoch so lange konsequent ihre eigenen Stücke, bis sie eine unverwechselbare Form gefunden hatten: lange, hochgradig strukturierte Klanggespinste ohne Improvisationsrisiken, in die dynamisch abgestufte Rezitativgesänge zwischen Wispern und Schrei eingepreßt waren. Ihr Werk *Supper's Ready* nahm die ganze zweite Seite ihrer LP *Foxtrot* ein: eine Suite über die schizophrene Spaltung einer Persönlichkeit, die in der Realität und in einer Phantasiewelt lebt. Nach dem grandios arrangierten und interpretierten Album *Selling England By The Pound*, das die personell unveränderte Band im musikalischen Reifezustand zeigte, wurde das Psycho-Thema im folgenden Doppelalbum erneut aufgegriffen. *The Lamb Lies Down On Broadway*, nach Aussage der Musiker von Pete Townshends *Tommy* inspiriert, war «eine Hippie-Fabel über die Reise eines amerikanischen Subkultur-Helden in sein eigenes Gehirn». Mit diesem musikalisch nicht zusammenhängenden

Song-Zyklus nach Motiven von Franz Kafka und James Joyce, 1974/75 auf USA- und Europa-Tournee dargeboten, wollten Genesis mit ausgeklügelten Dia-Projektionen auf einer gigantischen dreigeteilten Leinwand den Zuhörer wie immer «aus der Konzerthalle in eine total integrierte Phantasiewelt entführen» (Gabriel). Die Tournee endete mit einem Defizit von 200 000 englischen Pfund. In St. Etienne, Frankreich, ging Gabriel im Mai 1975 zum letztenmal als Leadsänger auf die Bühne. Danach stieg er aus, um sich als Solist zu entfalten. Das stürzte die Band in eine Krise. 400 Sänger wurden ausprobiert, ehe die Musiker entschieden, Phil Collins müsse Gabriels Platz einnehmen, ihre Stimmen seien ähnlich. Zu seiner Entlastung am Instrument wurde Bill Bruford (dr) verpflichtet. Collins veränderte das Konzept der Gruppe, indem er Gabriels Theatralik zurückdrängte und die Kompositionstechnik straffte: «Einige unserer Songs bestanden aus Stückchen und Teilchen und waren nicht so gut konstruiert, wie es hätte sein können. Ich will unser altes Material nicht abwerten, aber die neuen Sachen sind kräftiger, konzentrierter, weniger Stückwerk. Diese Veränderungen haben nichts mit Peters Ausscheiden zu tun. Sie sind einfach ein Teil der Entwicklung unserer Musik» (Collins 1976 gegenüber der ‹Los Angeles Times›). Resultat der Neuorientierung waren die LPs *A Trick Of The Tail*, *Wind And Wuthering* (beide 1976), *Seconds Out* (1977). Auf der dritten war Bruford durch Chester Thompson (dr) ersetzt worden. Kurze Zeit später verabschiedete sich Hackett für Soloproduktionen mit «einer Mischung aus modernem Minnesang und Weltall-Trip» (‹Süddeutsche Zeitung›). Die Rest-Truppe reagierte mit dem Album *And Then There Were Three* (1978). Je kleiner die Band, desto größer ihr Plattenerfolg: Die *Three*-LP von Collins, Rutherford und Banks bescherte ihnen den ersten Gold-Preis und erreichte in England die dritte, in den USA die 14. Charts-Position. Als Banks und Rutherford 1979 Solo-LPs produzierten und sich Collins nach Ehekonflikten in Kanada niederließ, befürchteten Genesis-Fans endgültig die Auflösung der Truppe. Die Musiker widerlegten während ihrer USA-Tournee 1980 demonstrativ solche Gerüchte, indem sie an der Kasse des Clubs Roxy in Los Angeles zu dritt höchstpersönlich die Karten zu ihrem Gig verkauften. Ihr Album *Duke* trug ihnen eine zweite Gold-Trophäe ein. Nachdem auch Collins 1981 mit dem erfolgreichen Debütalbum *Face Value* (Auflage: zwei Millionen) eine Solokarriere begonnen hatte, dosierten die Musiker sorgfältig ihre Genesis-Aktivitäten, Plattenproduktionen wie Tourneen, ohne den Gruppen-Zusammenhalt in Frage zu stellen. Beim Album *Abacab* (1981) ließen sie sich vom Bläsersatz von Earth, Wind & Fire begleiten und gewannen damit erstmals einen Platinpreis. Die Millionenauflage von *Genesis* (1983) hielt diesen Standard. Anstelle der ausgeflippten Pop-Märchen der Peter Gabriel-Zeit war unter dem Regime des illusionslosen Hitmachers Collins solides Klangwerk getreten, das keine Umsatzchance ungenutzt ließ. Mit *Invisible Touch* (1986) steigerte die Interessengemeinschaft notorischer Individualisten abermals ihre Kommerz-Attraktivität. Das Album hielt sich bis weit ins Jahr 1987 hinein unter ‹Billboards› Top Ten und spie eine Reihe von Top-Singles aus. Das Video zur Single *Land Of Confusion*, von den satirischen Puppenspielern der britischen TV-Serie ‹Spitting Image› gestaltet, erhielt als bestes Konzept-Musikvideo 1987 einen Grammy. Die Tournee, die im September des Vorjahres in Detroit begonnen hatte, schloß im Juni 1987 nach 111 Konzerten in 59 Städten in 16 Ländern. Rund drei Millionen Menschen sahen die Show, allein in den USA blieben mehr als 15 Millionen Dollar übrig. Die Gigantomanie schritt voran. Nach Soloprojekten – Rutherford mit der Band Mike & The Mechanics – funktionierte das Marketing der nächsten Genesis-Scheibe *We Can't Dance* (1991) nach der Melodie ihres Titelstücks: «Ich kann nicht tanzen, ich kann nicht singen, ich steh bloß hier und verkaufe alles.» Die Tournee zur Platte, von der in den ersten zwei Wochen 750 000 Exemplare abgesetzt wurden, wurde von der Firma Volkswagen mit 20 Millionen DM gesponsert. Allein 30 000 Mitarbeiter von VW kauften sich eine Karte, verriet die ‹Bild-Zeitung› und versteigerte ein zur Tournee geschaffenes Sondermodell «Genesis», Eintrittskarten und Fan-Sets (CD, Feuerzeug für die Illumination bei Titeln wie *Hold On My Heart*, Tasche, Autogrammkarte und Souvenirprogramm). 106 000 Menschen hörten die

Band auf dem Berliner Maifeld. Im Niedersachsenstadion bezahlten 174 984 Besucher in drei Konzerten umgerechnet exakt 6 515 992 Dollar, mehr als 10 Millionen DM – Weltrekord. Für Tickets zu den 26 Konzerten in Nordamerika hatten davor 1 115 238 Menschen 30 368 945 Dollar ausgegeben. «Die Geschäfte mit Unterhaltungsmusik werden immer gigantischer», notierte der Berliner ‹Tagesspiegel›: «Anscheinend besteht ein soziales Defizit an gemeinsamen Erlebnissen in der Masse, an kurzzeitiger Intimität in der Öffentlichkeit, das von Konzerten wie dem Genesis-Spektakel befriedigt und kommerziell abgeschöpft wird.» Mit der Tournee und der LP *We Can't Dance*, die sich in Deutschland 24 Wochen an der Spitze der Bestsellerliste hielt, war zumindest für Phil Collins eine Schallgrenze erreicht. Im März 1996 erklärte er, sich künftig nur noch Jazz-Projekten, Filmmusik und seiner Solokarriere widmen zu wollen und verabschiedete sich von den Kollegen. Banks und Rutherford engagierten Ray Wilson (dr, Ex-Stiltskin) und fingen sofort am Album ohne Collins zu bosseln an. Dem deutschen ‹Rolling Stone› war die LP im September 1997 einen lakonischen Nachruf wert: «*Calling All Stations* heißt das Opus – doch ob noch jemand antwortet? Genesis in den 60er Jahren? Eine Schülerband. Genesis in den 70er Jahren? Rockmusik in progressiver Vollendung, erst mit Peter Gabriel, dann mit Phil Collins. *The Lamb Lies Down On Broadway* und *Trick Of The Tail* waren in ihrem Segment wegweisend für die Epoche. Genesis in den 80er Jahren? Einige furiose Videos. Genesis in den 90er Jahren? Ein VW Golf. Genesis 1997? Von allem ein bißchen und doch nichts so richtig.» Der ‹Musikexpress› leistete sich den ekstatischsten Verriß seiner Geschichte: «Aaarrgh! Nein!! Erbarmen!!! Vergessen Sie alles, was Sie über schlechte Musik zu wissen glaubten ... Die Musik (?) schwillt und wabert, schleimt und winselt, daß es nur so eine Art ist. Eine Art? Eine Art Rock? Artrock? ... Nichts von alledem. Sondern schauderhafte Klangmonster, jedes für sich eine Körperverletzung und zusammen ein Verbrechen gegen die Menschlichkeit, die den Wunsch nach sofortigem Verlust des Hörsinns, nach panzerbrechenden Waffen oder wenigstens einem kleinen Stromausf ... Ah, endlich Ruhe. Schluß, aus, Ende, Genesis.» Eine für Anfang 1998 geplante USA-Tournee wurde auf Grund zu geringen Kartenvorverkaufs abgesagt – Zeit für die Ausschlachter und Archivare. Schon im Jahr davor hatte Steve Hackett, Bandmitglied von 1971 bis 1976, zu *Genesis Revisited* (1997) auf Arcade in die Saiten gegriffen und sich einige der All Time Oldies vom Royal Philharmonic Orchestra aufschäumen lassen. ‹Stereoplay›: «Gebraucht hat man das eigentlich nicht, aber richtigen Mist hat Hackett auch nicht gebaut.» 1999 versuchten oder vergingen sich junge Bands auf Eagle an elf Titeln der Altvorderen aus deren Kunst-Phase vor 1977: *The Fox Lies Down – A Tribute To Genesis* (1999). ‹Stereoplay›: «Manches geht gut (*Vision Of Angels*, David Allen), manches voll daneben (*In The Beginning* in einer dämlichen Techno-Fassung von Mother Gong).» *The Return Of The Giant Hogweed* aber «rocken Spirits Burning gewaltig hoch». Zwei eindrucksvolle Querschnitte durch ihr Gesamtwerk stellte die Band selber in den zwei Boxen *Archives* zusammen: Box 1 (1967–75) mit vier CDs (1998), Box 2 (1976–1992) mit drei CDs (2000). Für den kleinen Geldbeutel erschien 1999 der Sampler *Turn It On Again – The Hits*. Und damit nicht der fatale Eindruck entstehe, die Musiker hätten endgültig die Instrumente aus der Hand gelegt, gingen Collins, Gabriel, Banks, Hackett und Rutherford auch noch einmal gemeinsam ins Studio – für ein einziges Stück. Der Song *Carpet Crawlers*, 1974 Teil von *The Lamb Lies Down On Broadway*, wurde in der Neuaufnahme mit dezenten Drum & Bass-Grooves dem Greatest Hits-Sampler beigegeben und erschien auch als Single. Die Plattenfirma Virgin volltönend: «Eine Version fürs nächste Jahrtausend.»

LPs auf Decca: *From Genesis To Revelation* (1969); *Roots* (1975); *The Silent Sun* ... auf Charisma: *Trespass* (1970); *Nursery Cryme* (1972); *Foxtrot* (1972); *Selling England By The Pound* (1973); *Genesis Live* (1973); *The Lamb Lies Down On Broadway* (1974); *A Trick Of The Tail* (1975); *Wind And Wuthering* (1977); *Seconds Out* (1977); *And Then There Were Three* (1978); *Duke* (1980); *Abacab* (1981); *Three Sides Live* (1982); *Genesis* (1983); *Invisible Touch* (1986) ... auf Virgin: *We Can't Dance* (1991); *The Longs – The Way We Walk* (1992); *The Shorts – The*

Way We Walk (1992); *Calling All Stations* (1997); *Archives Vol. 1 (1967–1975)*; (4-CD-Box, 1998); *Turn It Again – The Hits* (1999); *Archives Vol. 2* (*1976–1992*) (3-CD-Box, 2000) ... Solo-LPs Mike Rutherford auf Charisma: *Smallcreep's Day* (1980) ... auf WEA: *Acting Very Strange* (1982) ... LPs Mike Rutherford mit Mike & The Mechanics auf WEA: *Mike & The Mechanics* (1985); *The Living Years* (1988) ... auf Virgin: *Word Of Mouth* (1991); *Beggar On A Beach Of Gold* (1995) ... Solo-LPs Tony Banks auf Charisma: *A Curious Feeling* (1979); *The Fugitive* (1983) ... auf Ariola: *Statement* (1989) ... auf Virgin: *Soundtracks* (1986); *Bankstatement* (1989); *Still* (1991) ... Solo-LPs Anthony Phillips auf APL: *Private Parts And Pieces* (1976) ... auf Vertigo: *The Geese And The Ghost* (1977); *Sides* (1978); *Wise After The Event* (1978) ... auf RCA: *Private Parts & Pieces III Antiques* (1981); *1984* (1981) ... auf Resurgence: *Sail The World* (1991) ... Solo-LPs Steve Hackett auf Charisma: *Voyage To The Acolyte* (1975); *Please Don't Touch* (1978); *Spectral Mornings* (1979); *Defector* (1980); *Cured* (1981); *Highly Strung* (1983) ... auf Lamborghini: *Bay Of Kings* (1983); *Till We Have Faces* (1984) ... auf SPV: *Time Laps Live* (1991); *Guitar Noir* (1993) ... auf Herald: *Blues With A Feeling* (1994) ... auf Kudos: *There Are Many Sides To The Night – Live* (1994) ... auf EMI: *A Midsummer Night's Dream* (mit dem Royal Philharmonic Orchestra, 1997) ... auf Snapper Music: *Genesis Revisited* (1997) ... LP Steve Hackett mit GTR auf Arista: *GTR* (mit Steve Howe, 1986) ... auf Arcade: Genesis Revisited (mit dem Royal Philharmonic Orchestra, 1997) ... auf Camino: *Sketches Of Satie* (2000)

Solo-LPs → Phil Collins; → Peter Gabriel

Girls Against Boys, gegründet 1990 in Washington D.C., gingen aus einem Experiment hervor und experimentierten sich von kompromißlosem Underground Rock zu massenkompatiblem Pop empor. Indem sie «die klassische Rock-Instrumentierung genug verfremdeten, um sie interessant zu machen» (‹Heckler›), trugen sie erheblich dazu bei, dem auf Punk und Hardcore basierenden Alternative Rock der frühen Neunziger breitere Perspektiven zu öffnen. Zunächst sogar von der Independent-Szene unabhängig, rückten sie am Ende ins Major-Lager auf, wo sie schließlich in der Versenkung verschwanden. Die Anfänge von Girls Against Boys

lagen in der Hardcore-Band Soulside, die aus Scott McCloud (voc, g), Alexis Fleisig (dr) und Johnny Temple (bg) bestand und mehrere Alben für Dischord aufgenommen hatte. Gleichzeitig experimentierte der Techniker der Gruppe, Eli Janney (bg), mit Brendan Canty (dr) von Fugazi in einem Keller in Washington, D. C., unter dem Namen Girls Against Boys. Als McCloud mit Janney nebst einigen Mitgliedern von Fugazi und Fire Party jammte, kam den beiden die Idee zu einer Band, deren rhythmische Basis auf zwei Bässen beruhen und die weiterhin den Namen Girls Against Boys tragen sollte. Sie involvierten die anderen beiden Mitglieder von Soulside und nahmen zunächst als gemeinsames Seitenprojekt die EP *Eighties Vs. Nineties* (1991) auf. Die spröde Mixtur dieses Post-Punk-Produktes wurde auch auf das erste Album *Tropic Of Scorpio* (1992) übertragen, das den Beginn der Arbeit als solide Band markierte und «schon einen der wesentlichen Vorzüge der Band präsent machte: eine Energie, der man sich nur tanzend stellen kann» (‹Skug›). Der «Herrengesangsverein mit Damenbart» (‹Visions›) siedelte nach New York über, war aber ohne festen Wohnsitz und deshalb ununterbrochen entweder im Studio oder auf Tournee, um so ein Dach über dem Kopf zu haben. Die Musiker übten ununterbrochen, machten sich mit der amerikanischen Pop- und Jazzgeschichte vertraut und durchliefen einen Prozeß der Kultivierung durch Vereinfachung, der auf *Venus Luxure No. 1 Baby* (1993) erste Früchte zeitigte. Zur gleichen Zeit gründeten Temple und McCloud gemeinsam mit Geoff Turner (g) von Gray Matter und Charles Bennington (sax) die Punk Jazz-Gruppe New Wet Kojak, die nicht selten im Vorprogramm von Girls Against Boys auftrat. Einen weiteren Reifeprozeß dokumentierte *Cruise Yourself* (1994), auf dem Girls Against Boys mit minimalistischen, polyrhythmischen Figuren und obsessivem Sprechgesang Spannungen erzeugten, die an die sorgfältigen Songschichtungen von Sonic Youth erinnerten. Textlich eher depressiv, «sprachen sie musikalisch die Worte Gottes» (‹Kerrang›). Eine endgültige Abkehr vom Punk-beeinflußten Gitarrenrock zeichnete sich auf *The House Of GvsB* (1996) ab. Das Quartett orientierte sich stärker am gerade boomenden Dance- und Electro-

Sound von New York und perfektionierte diesen Trend auf *Freak* On* Ica* (1998), auf dem Janney die Baßgitarre aus der Hand legte und ausschließlich am Sampler und Computer arbeitete. Der bislang so präzise Sound der Gruppe war toxischer und unschärfer geworden. Trotz ungebrochener musikalischer Abenteuerlust tat der Band der Wechsel zum Major-Label Geffen und die damit verbundene Veränderung des sozialen Umfelds keineswegs gut. Auf ihrem kreativen Höhepunkt angelangt, erlebten die einstigen Underground-Helden eine jähe Abkehr des öffentlichen Interesses und verschwanden über Nacht von der Bildfläche, ohne eine Spur zu hinterlassen.

LPs auf Adult Swim: *Tropic Of Scorpio* (1989) ... auf Touch & Go: *Venus Luxury No. 1 Baby* (1994); *Cruise Yourself* (1995); *House Of GVSB* (1996) ... auf Geffen: *Freak* On* Ica* (1998) ... Scott McCloud und Johnny Temple mit New Wet Kojak auf Touch & Go: *New Wet Kojak* (1995); *Nasty International* (1997) ... auf Beggars Banquet: *Do Things* (2000)

Glen, Marla (voc, g, harm, cl, perc), am 3. Januar 1960 als Tochter eines Ingenieurs und einer «Künstlerin» (Glen) in Chicago geboren, machte 1993 anläßlich ihres in Paris aufgenommenen Debütalbums *This Is Marla Glen* mit einer «Stimme, die klingt, als habe sie gerade das gesamte Lager einer Zigarettenfabrik leergepafft» (‹Tip›), androgynem Look im Nadelstreifen-Dreiteiler mit Krawatte und einer biographischen Story auf sich aufmerksam, die sich sämtlicher Blues-Mythen bediente und der Legendenbildung des frühen Bob Dylan nahekam. Ihre Großmutter, bei der sie aufwuchs, war der Story zufolge Gospelpianistin, B. B. King Hausfreund der Mutter. Drei Onkel spielten Gitarre, Muddy Waters habe ihr eine Plastik-Mundharmonika und ein Buch über Musiktheorie geschenkt, als sie gerade mit Babysitten beschäftigt war. Mit 16 oder 18 riß sie von zu Hause aus und schlug sich, wie sie berichtete, in New York und Detroit mit der Gitarre, als Fast Food-Kellnerin, auf dem Bau und als Putzfrau durch, Referenz: der Song *Ain't That A Shame*. Bo Diddley, den sie in den Credits des dritten Albums *Our World* (1997) ihren «Musikvater»

nannte, wollte sie in Florida das Haus gehütet haben: «Ich wußte damals nicht einmal, wer genau er war.» Ihre wichtigste Inspiration jedoch verdankte sie Nina Simone, als sie in Los Angeles einmal bei einem Wachdienst war. Version eins: Marla machte an einem Gebäude in praller Sonne Überstunden, Lady Nina kam vorbei und fragte, ob sie mal die Toilette benutzen dürfe. Version zwei: Marla war Security-Angestellte eines Hotels, «ein Typ drehte durch und ballerte in der Gegend rum», und Lady Nina fragte nach dem Klo. Jedenfalls habe sie die Soulsängerin beim Piss Talk als Putzfrau, Köchin, Chauffeur und Leibwächterin engagiert: «Sie hat mich gelehrt, Songs zu schreiben, und mir Mut gemacht: Du wirst mal ein Star!» Im Song *Travel* bedankte sie sich dafür. Auch das Schicksal war wohlgesinnt: Im French Quarter von New Orleans (Achtung, Legende: wo vor knapp einem Jahrhundert der Jazz entstand) gewann sie bei einem Gesangswettbewerb einen Auftritt bei der Niort Faire Expo in Frankreich und blieb anschließend in Paris. Natürlich schlief sie erst einmal imagegerecht «in Parks und Abbruchhäusern», wovon sie im Lied *The Cost Of Freedom* Kunde gab. Bei Rotwein und Joints wurde sie in Pariser Bistros für die Platte entdeckt. Und, o Wunder: «*This Is Marla Glen*, schon leicht angestaubt und bloß unter jenen dubiosen Gestalten ein Renner, die Tom Waits am liebsten mit Grace Jones vermählt sähen, schwang sich empor in lichte Chartshöhen: Top Ten» (‹Frankfurter Rundschau›). Die autobiographischen, oft leicht anrüchigen R & B-Balladen der als unberechenbar geltenden Freak-Sängerin, vom deutschen TV-Entertainer Harald Schmidt als «Sünderin von Chicago» annonciert, gefielen vielen Kritikern: «Black Soul, der einmal nicht an den traditionellen Motown-, Memphis- oder Philadelphia-Strickmustern klebt, der gleichzeitig melodiöser, musikalischer daherkommt als militanter Ghetto-Rap – und der mit seiner Süffigkeit, seiner Ironie auch ein breites Pop-Publikum anspricht» (Matthias Inhoffen in ‹Stereoplay›). Mit dem zweiten Album *Love And Respect* (1995) sollte «der Nerv der Disco-Szene, der Fast Body-Szene, getroffen werden», so die Künstlerin. «Nochmals ein groovend-blubberndes Late-Night-Musik-Kaleidoskop, nochmals diese Wahnsinns-Arrangements, nochmals diese

Stimme. Und wieder ein Riesenerfolg – diesmal ohne Zeitverzögerung» (Stefan Nink, ‹Frankfurter Rundschau›). Unerwartet erklärte die Sängerin auf der Erfolgswoge im Januar 1996 in der Berliner ‹Tageszeitung›, die gewaltige, manchmal auch rüde Resonanz in den Medien habe sie verletzt: «Mir gefällt das Geschäft nicht mehr. Singen soll ich für die Leute, aber was geben sie mir? Einen Haufen Lügen und einen Stich ins Herz.» Das dritte Album *Our World*, auf dem sie sich im Song *Myriam* auch vor der rebellischen, seelenverwandten Bürgerrechtssängerin Miriam Makeba verneigte, wurde – wieder von ihrem Partner Michael Crosio – mit in Paris aufgenommenen Grund-Playbacks in Los Angeles zu Ende produziert. Es enthielt neben einem Dank an Frankreich mittels des Charles Aznavour-Songs *La Mamma* und dem beziehungsreichen James Brown-Titel *It's A Man's World* zwölf eigene Songs «um die weltverbessernde Kraft der Liebe, und sogar in bluesigen Heartbreak-Balladen wie *Real Love* überwiegen warm-optimistische Klänge» (‹Tip›). Das Resümee ihrer Jahre in Europa von Marla Glen, die nach 1997 wieder in Los Angeles lebte: «Die Leute phantasieren sich zuviel zusammen. Sobald sie hören, daß du aus Chicago bist und schwarz, halten sie dich für eine Art Gangster oder nehmen zumindest an, daß deine Eltern sich trennten und dich verwahrlosen ließen. Alles Scheiße, Schubladen, in die mich die Leute stecken, weil sie zuviel fernsehen.» Oder vielleicht, weil manche Künstler zuviel fabulieren? 1998 trennte sie sich von ihrer französischen Produktionsfirma Vogue mit der Verdächtigung, sie sei finanziell hintergangen worden, und schloß mit Glam Records ab. Ansonsten Business wie gehabt: Langwierige Studioarbeit, diesmal in Spanien, «diesmal in sieben Sprachen» (Glen), viele Konzerte in Europa mit berauschenden Kritiken (‹FAZ› im September 2000: «Unter Marla Glens Füßen scheint der Boden zu glühen»), und ein Behavior nach Art ihres Idols Nina Simone, hochaggressiv. Nach einem Streit mit der Klofrau auf einer Bahnhofstoilette in Luzern biß sie im Frühjahr 1999 einen Polizisten in den Arm und wurde für eine Stunde inhaftiert. Der Grund, klar: «Ich bin schwarz und sehe nicht aus wie ein Weltstar – das ist mir zum Verhängnis geworden.»

LPs auf Vogue/BMG Ariola: *This Is Marla Glen* (1993); *Love And Respect* (1995); *Our World* (1997); *Best Of* (1998).

Goldie, als Clifford Price 1966 in Walsall, Wolverhampton, England geboren, war der erste und einzige Superstar des Jungle, der in die Pop-Musik des ausgehenden Jahrtausends ein völlig neues Zeitgefühl einbrachte. Er «knüpfte im computerisierten Gewand der 90er etwa an Herbie Hancocks frühe 70er-Phase an und überwand, zumindest musikalisch, stilistische Barrieren und zeitliche Limits» (‹WOM Journal›). «Goldies Musik ist ein Lebensentwurf, um Überlebenskampf, Chaos, Geld, Ruhm, Charisma, Urban Blues, Break Dance, Dunkelheit, Licht, Energie, Techno und Soul zu vereinen, ohne verrückt zu werden», kommentierte der DJ und Kritiker Michael Reinboth. Als Sohn eines Jamaikaners und einer Schottin verbrachte er den größten Teil seiner Kindheit bei verschiedenen Pflegeeltern und in Kinderheimen, wo er schon früh einen Sinn für Hip Hop und Graffiti entwickelte. Vor seinem zwanzigsten Lebensjahr schlug sich Goldie als fotorealistischer Graffiti-Künstler und Breakdancer durchs Leben. Seine musikalische Liebe galt in jenen Jahren dem Hip Hop. Binnen kurzem avancierte er zu einem Graffiti-Star, der in TV-Shows auftrat und kommunale Aufträge erhielt. Bei einem Konzert von Afrika Bambaataa in London lernte er den New Yorker Maler Brim kennen, der ihn von seinen Arbeiten beeindruckt mit in den Big Apple nahm. Gemeinsam mit 3D, später bei Massive Attack, half er Brim bei einer TV-Dokumentation über britische Sprayer. Dem Aufenthalt in New York folgte ein Intermezzo als Rasta in England (auf die blonden Dreadlocks jener Zeit geht der Künstlername Goldie zurück) und mehrere Jahre in Miami. 1990 wieder in London angekommen, wurde er der gestylten Hip Hop-Posen überdrüssig. Er faßte den Entschluß, etwas dagegen zu tun, schloß sich der Londoner Hardcore-Dance-Szene an und produzierte die EP *Kellermuffin* (1992). Im Frühjahr 1993 veröffentlichte er unter dem Pseudonym Metalheadz die EP *Terminator*, die einen völlig neuen Umgang mit verschiedenen, übereinandergelegten Zeitformen ermöglichte. Eine Goldie Time Stretching genannte Arbeitsmethode erlaubte ihm den freien Umgang mit Gesangsparts in verschiedenen Beat-Tempi. Die EP markierte die Geburtsstunde des Jungle. Auf einer Reihe weiterer EPs unter verschiedenen Logos versuchte er diese Ästhetik auszubauen und sich von seinen zahlreichen Nachahmern abzuheben, bis er mit dem Doppelalbum *Timeless* (1994) einen Megahit landete. «Dank der gelungenen Kombination aus harten Beats, atmosphärischen Sounds und eingängigen Melodien ist *Timeless* auch für Nicht-Jungleisten hörbar und wird somit zum ersten Album, das den Sprung vom Club-Underground in die Pop-Charts schafft» (‹Jazzthing›). Die infektiöse Vitalität der Platte, «in der sich jede lineare Orientierung verliert» (‹WOM Journal›), resultierte aus dem einfachen Prinzip, daß Goldie eine Reihe von Live-Musikern erst eins zu eins aufnahm, bevor er sie elektronisch verfremdete und samplete. Außerdem arbeitete er auf dem Album mit gestandenen Soul- und Jazz-Vokalisten wie Diane Charlemagne und Cleveland Watkiss. Goldie hatte mit seinen in sich widersprüchlichen Sounds und Beats ein nachvollziehbares Äquivalent zum Ungleichgewicht der unberechenbar hektischen und doch oft unvermutet poetischen Lebens in den westlichen Metropolen gefunden. Er selbst nannte seinen Mix fortan «inner-city ghetto music». Ohne jegliches Radio-Airplay stieg das Album auf Platz sieben der britischen Charts. Auf seinem Label DJ Metalheadz gab er auch anderen Künstlern wie Photek, Wax Doctor oder Alex Reece Gelegenheit, sich kreativ auszutoben. Er selbst gründete eine achtköpfige Band, mit der er Björk durch die USA und Europa begleitete. Gleichzeitig legte er jeden Sonntag als Metalheadz im Londoner Club Blue Note auf. An dem fulminanten, großorchestralen Nachfolgealbum *Saturnz Return* (1998) bastelte Goldie ganze vier Jahre lang. Die erste Platte dieser Doppel-CD bestand weitgehend aus Songs, die zweite jedoch aus dem einstündigen biographischen Stück *Mother*, dessen instrumentale Parts Goldie ausnahmslos auf Kassette gesungen hatte, diese einem Freund zur Transkription übergab und dann von einem 30köpfigen Streichorchester einspielen ließ. Goldie verglich die Platte mit seiner Kindheit: «Voller Schmerz, und doch kommt sie von der Seele. Man muß den Schmerz kennen, um zur Freude zu gelangen.» Neben Diane Charlemagne holte er auch Noel Gallagher von Oasis, David Bowie und Björk auf die Platte. Auf der vorab veröffentlichten Single *Digital*, die auf Platz 13 der nationalen Charts kletterte, kollaborierte er in Erinnerung an alte Vorlieben mit Hip Hop-Star KRS One. Dann ging «die schillerndste, in den Medien präsenteste Figur der Jungle-Szene» (‹Visions›) wieder nach Amerika, um die Shows der neu formierten Jane's Addiction anzuheizen.

LPs auf Ffrr: *Timeless* (1995); *Saturnz Return* (1998) ... auf Ovum: *INCredible Sound Of Drum 'n' Bass* (1998)

Goo Goo Dolls, gegründet 1986 in Buffalo, New York, standen mit ihrem kraftvoll-melodiösen Trash Pop zwischen den Lagern des medienwirksamen amerikanischen Adult Pop und des Ende der Achtziger im Aufwind begriffenen aufsässigen Alternative Rock. «Vom Alternative Mainstream weitgehend ignoriert» (‹Guitar World›), kämpfte sich die Band verbissen an die Spitze des amerikanischen Rock-Geschehens. Doch gemessen an ihrem temporären Erfolg hinterließen die stromlinienförmigen Platten der Goo Goo Dolls erstaunlich wenig Spuren. Vor allem in Europa kriegte die von der Kritik wenig geliebte Band kein Bein auf den Boden. Johnny Rzeznik (g, voc), geboren am 5. Dezember 1965, durchlebte als Sohn eines Alkoholikers eine schwere Kindheit und verlor als Teenager beide Eltern. Schon als Schüler suchte er einen Ausweg in der Musik. Nachdem er Akkordeonspielen gelernt hatte, wechselte er zur Gitarre, schrieb sich am Buffalo State College ein, strich jedoch nach einem Jahr wieder die Segel und gründete mit seinem ehemaligen Kommilitonen Robby Takac (bg, voc), geboren am 30. September 1964, unter dem Einfluß britischer Punk-Bands die Goo Goo Dolls, die sich nach dem Text einer Zeitungsanzeige benannten. Mit George Tutuska (dr) erspielte sich die Gruppe als Cover-Band eine begrenzte Fangemeinde in Buffalo. 1987 zog das Trio nach New York, wo es am Trash-Boom um den Club CBGB's beteiligt war und von dem eher jazzorientierten Label Celluloid verpflichtet wurde. Die erste LP *Goo Goo Dolls* (1987) war «eine infektiöse Kohäsion der Replacements und Cheap Trick» (‹Kerrang!›). Tourneen quer durch die USA machten das kalifornische Label Metal Blade auf die Gruppe aufmerksam, bei dem sie unterschrieben. Mit einer Coverversion von CCR's *Down On The Corner* auf ihrem zweiten Album *Jed* (1988) landeten sie einen ersten mittleren Hit. Zu weiterer Popularität gelangten sie durch den Umstand, daß Metal Blade in den Vertrieb von Warner kam. So schafften sie mit dem Song *There You Are* von ihrer dritten LP *Hold Me Up* (1991) den Sprung auf Platz 24 der amerikanischen Modern Rock Charts. Die Erfolgsgeschichte «der Punk Pop-Ikonen» (‹Buffalo Beat›) wurde 1993 mit dem Album *Superstar Car Wash* und der gemeinsam mit Ex-Replacement Paul Westerberg produzierten Single *We Are The Normal* fortgeschrieben, die auf Platz fünf der Modern Rock Charts gelangte. Mit *A Boy Named Goo* (1996) beschwor die Band einen Skandal herauf, denn die vor allem für Amerikas ländliche Gebiete ungemein wichtige Einzelhandelskette Wal-Mart weigerte sich, das Album zu verkaufen, weil auf dem Cover angeblich ein blutverschmiertes Baby zu sehen war. Am Ende konnte nachgewiesen werden, daß es sich dabei nicht um Kinderblut, sondern um Brombeersaft handelte. Trotz des Boykotts wurden von der Platte mehr als zwei Millionen Exemplare verkauft. Nach Fertigstellung der Produktion verlor Drummer Tutuska den Job, weil er sich weigerte, auf Tournee zu gehen, solange die Verteilung der Tantiemen ungeklärt blieb. Er gründete in Buffalo das Projekt Bobo und wurde von Mike Malinin ersetzt. Mitte 1996 partizipierte die Band am Soundtrack zu Steven Spielbergs Film ‹Twister›. Mit abnehmender Frequenz eigener Veröffentlichungen beteiligte sich die Band nun immer häufiger an Soundtracks und anderen Compilations, so an *Legacy: A Tribute To Fleetwood Mac's Rumours* (1998), wofür sie *I Don't Want To Know* coverten. Erst im Oktober 1998 legten sie mit dem mehrfach platinveredelten *Dizzy Up The Girl* wieder eine eigene Platte mit «problemlos radiokompatiblem Mainstream-Poprock» (‹WOM Journal›) vor.

LPs auf Metal Blade: *Goo Goo Dolls* (1987); *Jed* (1989); *Hold Me Up* (1990); *Superstar Car Wash* (1993); *Boy Named Goo* (1995) … auf Warner Bros.: *Dizzy Up The Girl* (1998); *Ego Opinion Art & Commerce* (2001)

The Grateful Dead, 1965 in San Francisco aus Bands namens Mother McCree's Uptown Jug Champions und The Warlocks hervorgegangen, war unter Leitung von Jerry Garcia (g, voc, harm), geboren am 1. August 1942 in San Francisco, die Keimzelle des San Francisco-Rock und blieb seither eine Verkörperung der Hippie-Kultur. Um einen Musikerkern aus Garcia, dem Songschreiber Robert Hunter, dem Gitarristen Bob Weir, als Robert Hall am 16. Oktober 1947 in San Francisco geboren, den Pianisten und Organisten Tom Constanten, Ron «Pigpen» McKernan, geboren am 8. September 1945 in San Bruno, Kalifornien, und Keith Godchaux nebst Frau Donna (voc), dem Baßgitarristen Phil Lesh (bürgerlich: Philip Chapman) und den Schlagzeugern Bill Kreutzmann (auch bekannt als Bill Sommers), geboren am 7. April 1946 in Palo Alto, Kalifornien, Mickey Hart (in unterschiedlichen Kombinationen) gruppierte sich eine gelegentlich bis zu 70 Mitglieder starke Großfamilie, die einen antiautoritären Lebensstil praktizierte. Die Dankbaren Toten, die ihren Namen einst dem willkürlich aufgeschlagenen Oxford Dictionary entnommen hatten, unterstützten die revolutionären Studenten der Berkeley University, versagten sich dem Reklamerummel des Show Business, organisierten ihre Konzerte und Tourneen selbst und feilschten nicht um Spitzengagen. Im Gegenteil: In den Parks von San Francisco spielte die Band sehr oft umsonst, um «die Welt für jeden etwas angenehmer zu machen» und die «totale Kommunikation mit dem Publikum» (Garcia) herzustellen. Dazu verabreichte Garcia seinen Anhängern nicht selten LSD. Eine akustische Darstellung ihrer Halluzinationen und Drogentrips war den Musikern, die live im Folk-, Blues- und Rockidiom musizierten, anfangs nur im Plattenstudio geglückt. Für die LPs *Anthem Of The Sun* und *Aoxomoxoa* montierten sie Aufnahmen aus 18 verschiedenen Konzerten und Studiosessions mit elektronischen Retortenklängen zu bizarren Collagen, bei denen die eingeblendeten Tonschocks und Horrorminiaturen den Fluß der Musik oft empfindlich störten. Später gelang ihnen bei öffentlichen Auftritten, die sie für das Doppelalbum *Live / Dead* mitschneiden ließen, ein ähnlich komplexer Klang. Ihre Stücke *Dark Star* und *Turn On Your Love Light* waren subtile, lang dauernde Kollektivimprovisationen für zwei Elektrogitarren, elektrische Baßgitarre und ein umfangreiches Schlagzeugarsenal. Kaum einmal hatte eine andere Popband die Töne so gut aufeinander abgestimmt. Auf den darauffolgenden LPs wurde das Gruppenspiel noch intensiviert. Statt der klirrenden Instrumentalsoli von einst wurde nun – mitunter auf Banjo, Mandoline und unverstärkter Gitarre – ein raffiniert-einfacher Folk Rock gespielt. Auf ihrer ersten großen Europa-Tournee im Frühjahr 1972, bei der sie mit einem Troß von insgesamt 37 Ehefrauen, Freundinnen, Sekretärinnen, Tourneemanagern und Technikern durch fünf Länder zogen, absolvierten sie jeweils ein inspiriertes, abwechslungsreiches Vier-Stunden-Programm. Es war, urteilte der ‹Melody Maker› zu Recht, das europäische «Rockereignis des Jahres». 1973 etablierte die Band ihre Plattenmarke Grateful Dead Records. Ihr dort veröffentlichtes Album *From The Mars Hotel* dokumentierte eine weitere stilistische Metamorphose: Der Folk Rock hatte nun den zarten, pulsierenden Drive der Allman und Doobie Brothers absorbiert. Um mit ihrem durchsichtigen, glasklaren Klang auch in den größten Arenen noch den letzten ihrer ergebenen, «Deadheads» genannten Fans zu erreichen, konstruierten Dead-Tontechniker «the wall», ein 20 Kilowatt starkes PA-System mit 641 Lautsprechern. Im Juli 1973 drehte es die Band in Watkins Glen bei New York für 600 000 Menschen auf. Danach empfanden die Musiker, daß sich derlei Gigantomanie nicht mehr mit ihren Grundüberzeugungen vertrug. Zwei Jahre lang verzichteten sie auf Tourneen und widmeten sich ihren (auch solistischen) Platteneditionen. Da der Eigenvertrieb jedoch unüberwindliche Probleme aufwarf, schlossen sie 1976 mit Arista ab und gaben auch wieder Konzerte. Höhepunkt: drei Abende 1978 im Gizah Sound and Light Theater vor der Sphinx und der Großen Pyramide bei Kairo zugunsten behinderter Kinder. Weitere herausragende Auftritte absolvierten die Dead anläßlich ihres fünfzehnjährigen Jubiläums im Warfield Theater in San Francisco und in der New Yorker Radio City Music Hall (23 Konzerte, 1980); beim World Music Festival in Montego Bay, Jamaika (1982), und anläßlich des chinesischen Neujahrsfestes zusammen mit dem Chinese Orchestra und Drachentänzern Ende Januar 1984 in San Francisco. Mit Ausnahme von Pigpen McKernan (org), der am 8. März 1973 an Leberzirrhose starb, und Keith Godchaux, der 1979 ausschied, durch Brent Mydland (kb) ersetzt wurde (und am 23. Juli 1980 nach einem Autounfall starb), blieb die Kernbesetzung über ein knappes Vierteljahrhundert konstant. 1986 und 1987 gaben Grateful Dead zusammen mit Bob Dylan in Amerikas großen Stadien vielbeachtete Konzerte. Trotz negativer Kritiken der Fachpresse («schwach», «endlos heruntergenudelt», «voller Country-Klischees», so ‹The Face›) erreichten die Dead mit dem im Juli 1987 veröffentlichten Album *In The Dark* erstmals die Top Ten (Platz sechs), mit dem ausgekoppelten Song *Touch Of Grey* Platz neun in den Singles-Charts. Ihr einstündiges Musik-Video *So Far* hielt sich 1987 / 88 sogar viele Wochen lang auf Platz eins und eröffnete der Band auf Grund der MTV-Ausstrahlung ein neues, jüngeres Publikum. Als Mydland am 26. Juli 1990 an einer Überdosis Rauschgift starb, sprang für ihn zunächst der Pianist Bruce Hornsby ein, am 23. November 1954 in Williamsburg, Virginia, geboren; als ständiges Mitglied wurde schließlich der frühere Tubes-Keyboarder Vince Welnick in die Band genommen. The Dead, wie die Band von Fans knapp genannt wird, verbuchten weiterhin vor allem Konzerterfolge. Während Hart, Weir und Garcia Solo-Platten veröffentlichten, Garcia gar eine Jerry Garcia Band gründete, gingen die Alt-Hippies nicht mehr ins Studio. Seit Beginn der neunziger Jahre veröffentlichte Grateful Dead Records verschiedene, teils aus den sechziger und siebziger Jahren (*One From The Vault*, 1991; *Two From The Vault*, 1992) stammende Live-Aufnahmen. Das Siechtum Garcias 1992 vereitelte für Monate geplante Auftritte der Band; der erschreckend abgemagerte Gitarrist ging erst Ende des Jahres wieder auf eine Konzertbühne und starb am 8. August 1995 in einem kalifornischen Drogentherapiezentrum an Herzversagen. Die übrigen Mitglieder der Band entschlossen sich Ende desselben Jahres, die Band aufzulösen.

Mickey Hart gründete Mystery Box, Bob Weir Ratdog. Beide Bands traten zusammen mit anderen am 20. Juni 1996 unter dem Titel «The Furthur Festival» im Coca-Cola Lakewood Amphitheater in Atlanta auf und benutzten den Festival-Titel später auch auf gemeinsamen Tourneen. Gelegentlich spielten die Dead-Musiker auch als The Other Ones wieder zusammen. Dead-Material wurde – auf dem Dead-Label – auch weiterhin veröffentlich, so vor allem 1999 die 5-CD-Box *So Many Roads (1965–1995)*. Und wie sie zuvor ihre Fans ermuntert hatten, Konzerte zum eigenen Gebrauch und zum kostenlosen Austausch untereinander mitzuschneiden, so stellten die Musiker unter Dead.net. nun alte Aufnahmen zum Downloaden im MP3-Format ins Internet. «Die Spielregeln haben sich nicht geändert», so ihr Anwalt Eric Donen im Mai 1999 in San Francisco, «nur zur privaten Verwendung ... as long as no commercial gain may be sought by websites offering digital files of our music, whether through advertising, exploiting data-bases compiled from their traffic, or any other means.» 1998 veröffentlichte Bob Weirs hellsichtige Schwester Wendy Weir bei Harmony Books postume Gespräche mit dem toten Dead-Vater, dessen Asche teils in den Ganges in Indien, teils von der Golden Gate Bridge bei San Francisco in den Pazifik gestreut worden war: ‹In the Spirit: Conversations with the Spirit of Jerry Garcia›. Seit 1999 operierte der Kern von Grateful Dead in erweiterter Besetzung unter dem Logo The Other Ones.

LPs auf Warner Bros.: *The Grateful Dead* (1967); *Anthem Of The Sun* (1968); *Aoxomoxoa* (1969); *Live / Dead* (1969); *Workingman's Dead* (1970); *American Beauty* (1970); *Grateful Dead* (1971); *Europe Live '72* (1972) ... auf Sunflower: *Vintage Dead* (1970; Live-Aufnahmen von 1966); *Historic Dead* (1971; Aufnahmen von 1966) ... auf Grateful Dead: *Wake Of The Flood* (1973); *History Of The Grateful Dead Vol. 1 – Bear's Choice* (1973); *From The Mars Hotel* (1974); *Skeletons From The Closet* (1974); *Blues For Allah* (1975); *Steal Your Face* (1976); *What A Long Strange Trip It's Been: The Best Of Grateful Dead* (1978); *One From The Vault* (1991; Live-Aufnahmen von 1975); *Infrared Roses* (1992); *Two From The Vault* (1992; Live-Aufnahmen von 1968);

Hundred Year Hall (1995); *Fallout From The Phil Zone* (1996); *Dozin' At The Knick* (1996); *Fillmore East 2–11–69* (1997); *So Many Roads (1965–1995)* (5-CD-Box, 1999) ... auf Yeah / Almafame: *Trouble Ahead, Trouble Behind – The Dead Live In Concert 1971* ... auf Arista: *Terrapin Station* (1977); *Shakedown Street* (1978); *Go To Heaven* (1980); *Reckoning* (1981); *Dead Set* (1981); *In The Dark* (1987); *Built To Last* (1989); *Without A Net* (1990); *The Arista Years* (1996) ... Weitere Aufnahmen von Grateful Dead aus den sechziger, siebziger und achtziger Jahren erschienen seit 1993 in der Reihe *Dick's Picks* auf Grateful Dead Records ... Solo-LPs Jerry Garcia auf Douglas: *Hooteroll?* (1971) ... auf Warner Bros.: *Garcia (The Wheel)* (1972) ... auf Fantasy: *Live At The Keystone* (1973) ... auf Round: *Garcia (Compliments)* (1974); *Reflections* (1976) ... auf Arista: *Cats Under The Stars* (1978); *Run For The Roses* (1982) ... auf Acoustic Disc: *Not For Kids Only* (1993) ... LPs mit Old And In The Way auf Grateful Dead: *Old And In The Way* (1975) ... auf Acoustic Disc: *That High Lonesome Sound* (1996) ... LPs mit Jerry Garcia Acoustic Band auf Grateful Dead Records: *Almost Acoustic* (1988) ... LPs mit Jerry Garcia Band auf Arista: *Jerry Garcia Band* (1991); *How Sweet It Is ...* (1997); *Don't Let Go* (2001); *Shining Star* (2001) ... mit David Grisman auf Acoustic Disc: *Jerry Garcia / David Grisman* (1991); *Shady Grove* (1996); *So What* (1998); *The Pizza Tapes* (2000) ... Solo-LPs Bob Weir auf Warner Bros.: *Ace* (1972) ... auf Arista: *Heaven Help The Fool* (1978); *Bobby And The Midnites* (1981) ... auf Columbia: *Where The Beat Meets The Street* (1984) ... mit Dave Torbert als Kingfish auf Grateful Dead: *Kingfish* (1976) ... auf Jet: *Live 'N' Kickin'* (1977) ... LP Phil Lesh mit Ned Lagin als Seastones auf Round: *Seastones* (1975) ... Solo-LPs Mickey Hart auf Warner Bros.: *Rolling Thunder* (1972) ... auf Rykodisc: *Dafos* (1989); *Music To Be Born By* (1990); *At The Edge* (1991); *Planet Drum* (1994) ... mit Diga Rhythm Band auf Grateful Dead Records: *Diga* (1976) ... LP Hart, Lesh, Kreutzmann als Rhythm Devils auf Passport: *Rhythm Devils Play River Music* (1980) ... Solo-LPs Robert Hunter auf Round: *Tales Of The Great Rum Runners* (1974); *Tiger Rose* (1975) ... auf Dark Star: *Jack O'Roses* (1981) ... auf Relix: *Promontory Rider* (1982; Aufnahmen von 1974/75); *Amagamalin Street* (1984); *Rock Columbia* (1986); *Liberty* (1989) ... auf Rykodisc: *Sentinel* (1994); *A Box Of Rain* (1994) ... LP Keith und Donna Godchaux (mit Jerry Garcia) auf Relix: *Keith And Donna Godchaux* (1975) ... LPs Bruce

Hornsby auf RCA: *The Way It Is* (1986); *Scenes From The Southside* (1988); *A Night On The Town* (1990); *Harbor Lights* (1993); *Hot House* (1995); *Spirit Trail* (1998); *Here Comes The Noise Makers* (2000) … LP Bob Weir, Phil Lesh, Mickey Hart, Bruce Hornsby mit The Other Ones auf Arista: *The Strange Remain* (1999)

Green Day nannte sich 1989 ein Teenager-Trio in der White Trash-Arbeitersiedlung Gilman Street Project in Oakland, Kalifornien, nach einem seiner Songs, in dem Herumhängen und Pot-Paffen als erstrebenswerte Tugenden gepriesen wurden. Die Musik der Rotznasen, die auf der Bühne gelegentlich die Hosen herunterließen, in die Luft spuckten und das Sekret mit dem Mund wieder auffingen, war «schnell, laut, böse und irgendwie auch melancholisch – Stakkato-Rock, dessen Wucht aus einem trüben Kinderzimmer wieder eine eigene Welt macht», so der ‹Stern›: «Wenn Take That die Musik zum ersten Kuß und ersten Petting machen, singen Green Day die Lieder zum ersten Arschtritt.» Die Lebensläufe der Kids, die sich von Jukebox-Singles der Clash, Sex Pistols, Ramones und Monkees anregen ließen und deren Plattenauflagen mit acht Millionen *Dookie*-LPs (1994) weit überflügelten, «müßten bei jedem Subkultur-Gewissensprüfer Billigung finden», so ‹Der Spiegel›. Mike Dirnt (bg), als Michael Pritchard am 4. Mai 1972 von einer heroinabhängigen Mutter irgendwo in Kalifornien ins Leben geworfen, wurde von einer Indianerin adoptiert, herumgestoßen, mit sieben vom soeben geschiedenen Ehemann der Indianerin beherbergt, schließlich seiner leiblichen Mutter zurückgegeben und riß aus. Mit fünfzehn lebte er in einem Autowrack. Billie Joe Armstrong (voc, g), am 17. Februar 1972 in San Pablo, Kalifornien, als eines von sechs Kindern eines oft joblosen Arbeiters geboren, gründete 1983, ein Jahr nach dem Tod des Vaters, mit elf seine erste Band Sweet Children – mit Al Sobrante (dr). Mit dessen Nachfolger John Kiftmeyer (dr) und einem alten Kleinbus ratterten und rockten die Greenhorns 1989 durch Kalifornien und die angrenzenden Staaten. Zurück in Oakland, verließ sie Kiftmeyer entnervt. Den richtigen Green Day-Drummer Frank Edwin Wright III, am 9. Dezember 1972

als U.S. Army-Kid irgendwo in der Bundesrepublik Deutschland geboren, holten sich Dirnt und Billie Joe von der Konkurrenzband Lookouts in der Gilman Street. Deren sogenannter Producer Lawrence Livermore, der auch mit einem eigenen Indie-Label dilettierte, nahm Green Day nach einem Gig in Mendocino vor zwölf Zuhörern für Lookout Records unter Vertrag. Auf die Debüt-EP *1000 Hours* (1991) mit vier Titeln folgte im gleichen Jahr die LP *1039/Smoothed Out Happy Hours* mit 23 Tracks, im Mai 1992 *Kerplunk*. Schnell hatte sich in der Westcoast-Szene die Kunde vom Trio Infernale verbreitet, das in Post-Punk-Manier von den Teenager-(Angst-)Träumen der Jahrtausendwende sang: Onanie und Selbsthaß, lahme Eltern und stumpfe Mädchen, Karambolen und Irrenhäuser, Vorurteile und Arbeitslosigkeit. Textproben: «Ich kenn dich nicht, doch ich hasse dich»/«Ich werde nie erwachsen, ich brenne lieber aus»/«Meine Mutter sagt: Such dir 'nen Job, doch sie haßt ihren eigenen»/«Ich bin ein melodramatischer Schwachkopf, neurotisch bis ins Mark». Plattenfirmen begannen für die ungereimte Punk-Poesie zu bieten, Reprise erhielt den Zuschlag und hatte das große Los gezogen. Das Album *Dookie* (1994) hielt sich über zwei Jahre in den Charts und holte sich einen Grammy als Best Alternative Music Performance. Mit seiner Acht-Millionen-Auflage war es der absolute Punk-Bestseller der USA. In der ‹Rolling Stone›-Leserumfrage holte sich Green Day im Januar 1995 vier erste Plätze: Best New Band, Best New Male Singer (Billie Joe Armstrong), Best Album (*Dookie*), Best Album Cover. Die rasch gefertigte Anschluß-CD *Insomniac* (1995), nur 33 Minuten lang, etablierte sich sofort auf Platz acht in England, Platz zwei (hinter Mariah Careys *Daydream*) in den USA. Innerhalb weniger Monate erzielte der Schnellschuß Doppel-Platin. Fast über Nacht waren Green Day zu Stadionfüllern avanciert (80 000 in Boston) und in der Szene in Mißkredit geraten; Flugblatt-Text: «Tell Green Day to fuck off for bringing MTV into our scene» («Sag Green Day, sie sollen sich verpissen, weil sie uns an MTV verraten haben»). Gnadenlos wurden die drei Musiker von Industrie und Management rund um den Globus gehetzt. Totale Erschöpfung erzwang eine Pause, die sie Anfang

1998 mit dem Album *Nimrod* beendeten. ‹Tip› hörte «ihr bisher reifstes Album, das die typischen Ohrwurm-Melodien rauher und ungeschliffener verpackt als jemals zuvor». Auf der Bühne waren sie die alten Rüpel geblieben. In der Milwaukee Arena wurde Billie Joe Armstrong verhaftet und erst gegen Zahlung von 141,85 Dollar wieder entlassen. Er hatte wieder mal die Hosen heruntergelassen und dem Publikum seinen nackten Hintern gezeigt. Im kalifornischen Meadows Amphitheater bekam Dirnt bei einer Backstage-Schlägerei mit einem Musiker von Third Eye Blind eine Bierflasche auf die Rübe und wurde am Schädeldach verletzt. Und dann die Wende: Zum Album *Warning* (2000) – «die Gitarren nicht mehr so arg verzerrt, der Ton bedacht(er) und geruhsam(er)» (‹Rolling Stone› Hamburg) – erklärte Armstrong: «Wir sind gereift. Das Unattraktivste, was ich je in meinem Leben gesehen habe, ist ein erwachsener Mann, der sich aufführte wie ein Teenager.» Da war er 28 und schrieb «Singalongs wie *Waiting* oder einen Punk-Schunkler wie *Minority*» (Kritiker Jörn Schlüter). «Textlich wie musikalisch», staunte der ‹Musikexpress›, «ein echter Schritt ins Erwachsenenlager. Aus Leichtgewichten ist eine ernstzunehmende Band geworden.»

LPs auf Lookout Records: *1039/Smoothed Out Happy Hours* (1991); *Kerplunk* (1992) … auf Reprise: *Dookie* (1994); *Insomniac* (1995); *Nimrod* (1998); *Warning* (2000)

Grönemeyer, Herbert (voc, kb), am 12. April 1956 in Göttingen geboren, vertonte mit altmodischer deutscher Ernsthaftigkeit und neuzeitlicher Sensibilität den Sorgenkatalog des engagierten BRD-Bürgertums und fand zu Bonner Korruption, Revanchismus, Südafrika, Nachrüstung und Alkoholproblemen passende Primaner-Poesie. Mit heller, kehliger, gelegentlich sich überschlagender Stimme «rückte er den Überbleibseln nicht-reformierter Männlichkeit zuleibe» («Überfrau mich mit Gefühl»), zeigte dabei «Einsicht und zugleich Nachsicht mit den eigenen Defiziten» (‹Der Spiegel›), wünschte sich «Kinder an die Macht», jonglierte mit modischen Reizwörtern wie Amerika, Angst und Heimat und löste damit bei seiner Fangemeinde gehaltvolle Betroffenheit und herzliche Identifikationsgefühle aus. «Ich finde es wichtig, über unsere Wurzeln und Gefahren nachzudenken», erläuterte er seinen Einsatz als singender Flugblattverteiler. Aber: «Das Problem von uns deutschen Künstlern ist, daß wir unter uns keine Radikalen haben, wir kommen doch alle aus ’ner bürgerlichen Ecke. Unsere Provokationen sind im Vergleich zu England, beispielsweise, wo es Leute wie Billy Bragg gibt, sehr gering.» Grönemeyer hatte nach dem Abitur mit einem Jurastudium begonnen und als Bühnenmusiker im Bochumer Schauspielhaus gejobbt. Ein Engagement als Mime in einer Peter Zadek-Produktion baute das schauspielerische Naturtalent zu einer Bühnenkarriere in Hamburg, Köln, Stuttgart und Berlin aus. 1979 nahm er mit dem Ensemble Ocean im Eigenvertrieb eine englischsprachige LP auf, der drei wenig beachtete Solo-Platten folgten. Günstiger stand es um seine Film- und Fernsehkarriere. Er gab in Wolfgang Petersens Kinoknüller ‹Das Boot› einen Kriegskorrespondenten und agierte in der Robert Schumann-Zelluloid-Biographie ‹Frühlingssinfonie› mit «gewinnender Unmittelbarkeit und ausgeprägtem Temperament» (‹Neue Zürcher Zeitung›). 1984 wurde Grönemeyer mit dem Album *4630 Bochum* («Du Blume im Revier») und dem Single-Hit der «griffigen Männer-Anmache» (‹Bravo›) *Männer* ein Senkrechtstarter im deutschsprachigen Pop-Business, dessen Alben sich fortan in Millionenauflage verkauften. «Seine Stärken sind ganz offensichtlich», analysierte ‹Time› den Erfolg des «charismatischen» blonden Bochumers; nämlich: «Ein Ohr für verlockende Melodien und ein deutlicher Hang zum Romantizismus, der in besonders eindringlicher Weise ausgespielt wird.» Hunderttausende besuchten die Konzerte seiner *Sprünge*-Tour 1986, Millionen kauften die folgenden Grönemeyer-Platten *Ö* (1988), *Luxus* (1990), *Chaos* (1993) mit den Hit-Songs *Was soll das?*, *Deine Liebe klebt*, *Luxus* und verschafften dem Sänger einen Platz neben Müller-Westernhagen und BAP. «Nicht Genie, dafür aber Talent», charakterisierte ‹Musikexpress› Grönemeyers Werke und lobte seine Aufrichtigkeit: «Einer, der Widersprüche in sich vereint und lebt: zackig, zickig.» ‹Audio› meinte zu *Chaos*, daß «er seine sarkastischen Skizzen vielseitiger denn je bebildert». Dabei war Grönemeyers Musik, handwerklich gediegen und mit Macht an anglo-amerikanischen Vorbildern orientiert, so typisch deutsch, daß sie auf anderen Musikmärkten nicht funktionierte. Der Mann swingt nicht. *What's All This* (1988) und *Luxus* (1990) mit englischen Fassungen von Grönemeyer-Songs, ohnehin nur in Kanada veröffentlicht, stießen kaum auf Interesse. Von einigen *Chaos*-Stücken ließ Grönemeyer Dance-Remixes anfertigen und veröffentlichte 1995 ein Live-Album und eine Platte mit Unplugged-Versionen seiner Songs. Beide LPs paßten gut in das Bild, das Grönemeyer von sich zeichnete: ein ehrlicher Rockstar, der nichts zu verbergen und zu vertuschen hat. Der Gerechtigkeitssinn des streitbaren Sängers war wohl echt. Als die Lufthansa ein Videoband eines Frankfurter Antirassismus-Konzertes, an dem Grönemeyer beteiligt war, gegen seinen Willen mit dem Kranich-Logo versah und an die Goethe-Institute in aller Welt verschickte, pfiff er die Luftfahrer gerichtlich zurück und expedierte die Bänder auf eigene Rechnung an die bundesdeutschen Auslandskulturinstitute – ohne Kranich. Seine Angriffe auf Kollegen waren berühmt-berüchtigt, aber wohl nicht so scharf gemeint, wie sie der impulsive Künstler vortrug – Grönemeyer 1998 im ‹Spiegel›: «Ich küsse anders als Lindenberg. Ich schlafe auch anders mit einer Frau als Lindenberg, und wenn eine Frau sagt, der Udo macht das aber besser als du, kann ich nur sagen: Dann schlaf doch mit Udo!» Das habe «mit Prinzipien und Leidenschaft zu tun», tönte er – zumal er selbst auch oft genug als Zielscheibe für Spott herhalten mußte: Seine Stimme und seine Art zu singen gehörten nach Wiglaf Drostes und Bela B.s (Die Ärzte) Satire *Grönemeyer kann nicht tanzen* mittlerweile zum Repertoire mittelmäßiger Imitatoren und Kabarettisten. Der Nichttänzer nahm's gelassen: «Das war zynisch, fand ich okay.» Zur Veröffentlichung des Albums *Bleibt alles anders* (1998) nach fünfjähriger Studiopause sinnierte der im Designer-Anzug vom Londoner Mode-Star Helmut Lang und Igel-Frisur modisch gewendete Künstler mit neuem Wohnsitz Berlin-Zehlendorf: «Ich hatte in einer hochbeschleunigten Scheinwelt gelebt. Ich fuhr eine schwarze Abfahrt herunter, ohne mir den Hang anzuschauen. Da habe ich gedacht, ich müßte

seitlich rausfahren und einen Stopp machen.» Über sein Video, in dem ein Grönemeyer einen zweiten Grönemeyer in die Luft sprengt: «Man könnte das so deuten, daß ich versuche, mich selbst zu finden, und dabei eine Version von mir aufgeben muß – am Ende siegt das alte Secondhand-Hemd über den Prada-Anzug.» Neben wenigen Polit-Songs wie *Reines Herz* über den Zynismus der Macht spiegelte *Bleibt alles anders* vor allem den Zeitgeist in seiner schönen neuen Welt – auf die knödelige alte Art: «Es gibt keinen besseren Grönemeyer als mich. Weil ich zehn Millionen Platten verkauft habe, muß ich doch nicht zum Arschloch werden. Mein Hirn ist durch das Geld jedenfalls nicht aufgeweicht.» Im November 1998 starben im Abstand von nur wenigen Tagen sein Bruder Wilhelm, 44, den er mittels einer Knochenmarkspende zu retten versucht hatte, an Leukämie, und seine Frau Anna Henkel, 45, an Brustkrebs. In seinem Nachruf im «Spiegel» auf die «Schauspielerin, die nicht scheitern kann, weil sie keine falschen Töne im Repertoire hat», schrieb Roger Willemsen: «Anna hatte ein Talent, die Dinge tief zu sehen, und Herbert besitzt die Kraft eines westfälischen Berserkers und Märchenerzählers.» Nach einer Pause von mehreren Monaten setzte er seine Deutschlandtournee fort. Peter Kemper in der ‹FAZ› über das Abschlußkonzert in der Frankfurter Festhalle: «Wirkte er als generationsübergreifender Sympathieträger in der Vergangenheit bisweilen aufgebracht und gereizt, so entpuppt er sich jetzt als moderner Narr: ‹Die Kulturen toben, Denkzentralen unter Schock, Antworten laufen Amok.› Die spezielle Chiffriermaschine seiner Alltagspoesie spuckt vergrübelte Halbwahrheiten aus. Sein sorgsam kultiviertes Selbstbild ist ihm urplötzlich unter den Händen zersprungen, das eigene Ich muß wieder zusammengesetzt werden. Doch die Scherben beginnen sich für ihn bereits neu zu fügen.» Zunächst stellte er seine Sicht der deutschen Popmusik und die History des sogenannten Krautrock in der CD-Compilation *Pop 2000* (Polystar) dar, dann ging er bei der Expo 2000 in Hannover für zwei Konzerte mit dem 80köpfigen Hannover Pops Orchestra auf die Bühne. Arne Willander in ‹Rolling Stone›: «Grönemeyer kann man nicht imitieren, er singt gar nicht mit der Musik, er wütet gegen sie an, verschluckt Silben, zerhackt Worte, brüllt. Das Orchester kann ihn nicht bezwingen. Die Band sowieso nicht.» Das fast komplette Konzert, rund hundert Minuten, ließ er auf einer Doppel-DVD veröffentlichen, wahlweise in Stereo, Dolby Digital 5.1 oder DTS, ergänzt durch eine Backstage-Führung mit Grönemeyer, diverse Interviews, Gitarrengriffe aller Songs, Partitur, Fotos, Internet-Links und anderer Spielereien für Herbert-Fans; Titel: *Stand der Dinge* (2000). Grönemeyer: «Ich wollte es persönlicher haben und einen intimeren Eindruck geben, was für ein Typ ich eigentlich bin. Mir hängt ja schon lange dieses Image an, ein griesgrämiger Köttelbär zu sein.» Im September 2000 gab sich der Bär in einem von der Berliner Verkehrsgesellschaft BVG veranstalteten Konzert mit dem NDR Pops Orchestra am Brandenburger Tor bei 49 Mark Eintritt ganz politisch: «Kein Rassismus – Gegenwehr.» Frage der Boulevardzeitung ‹BZ›: «Wird etwas von den Einnahmen an Stiftungen für die Opfer rechtsradikaler Gewalt abgegeben?» BVG: «Nein, wir bezahlen Grönemeyer die ganz normale Gage.» Dieselbe Frage an Herberts Manager Hansi Hoffmann mit der Antwort: «Er bekommt die Kosten für die Bühne und den Aufbau erstattet und wird prozentual an den Einnahmen beteiligt. Fragen Sie die BVG, ob sie etwas spendet.»

LPs auf Intercord: *Grönemeyer* (1978); *Zwo* (1980); *Total egal* (1982); *Gemischte Gefühle* (1983); *Die frühen Jahre 1978–80* (1984) … auf EMI: *4630 Bochum* (1984); *Sprünge* (1986); *Ö* (1988); *Luxus* (1990) *Luxus* (1990; englische Texte); *Chaos* (1993); *Chaos* (1993; CD-ROM mit fünf Audio-Tracks); *Cosmic Chaos* (1994); *Unplugged* (1995); *Live* (1995); *Bleibt alles anders* (1998); *Stand der Dinge* (Doppel-DVD, 2000) … auf SBK Records: *What's All This?* (1989) … mit Ocean Orchestra auf Beach: *Ocean Orchestra* (1979)

Guano Apes, 1994 in Göttingen gegründet, kamen, sahen und siegten. Mit eingängigen, aber sperrig vorgetragenen Melodien, sorgfältigen Arrangements und einem ausgewogenen Crossover-Konzept eroberten sie die verödete deutsche Rock- und Pop-Landschaft über Nacht. «Ihre Lieder laufen nur selten im Radio – dennoch wurden die Guano Apes zu einer der erfolgreichsten deutschen Bands» (‹WOM Journal›). «Die Schnelligkeit, mit der es die Guano Apes von der ersten Probe in einer Scheune auf die großen Bühnen schafften, glich schließlich der Fahrt eines Hochgeschwindigkeitsfahrstuhls vom Erdgeschoß zum Penthouse» (‹Hammer›). Nach zweijähriger Anlaufzeit in einer zum Übungsraum umgebauten Scheune, «gewissermaßen zwischen Schafen und Schweinen» (‹WOM Journal›), gewannen Sandra Nasic (voc), geboren am 25. Mai 1976 in Göttingen, Stefan Ude (bg), geboren am 14. Oktober 1974 in Garmisch-Partenkirchen, Henning Rümenapp (g), geboren am 23. April 1976 in Northeim, und Dennis Poschwatta (dr), geboren am 22. April 1974 in Northeim, im Herbst 1996 das Finale des niedersächsischen Musikwettbewerds ‹Local Heroes›. Mit dem Preisgeld von 70 000 DM ging die Band ins Studio und produzierte mit *Proud Like A God* (1997) das bestverkaufte englischsprachige Debüt einer deutschen Rockband aller Zeiten. Nicht weniger als zwei Millionen Kopien gingen von dem Album über die Ladentische. Selbst in den USA erreichte es sechsstellige Verkaufszahlen, und die Single *Open Your Eyes* kletterte sogar auf Platz vier der amerikanischen Alternative Charts. Der von der Snowboard-EM im österreichischen Fieberbrunn in Auftrag gegebene und als Single veröffentlichte Song *Lords Of The Boards* brachte den Göttingern den Ruf einer Snowboarder-Band ein, ein Image, das ihnen keineswegs behagte. 1998 wurden die Guano Apes mit dem Echo, dem Comet und anderen Preisen ausgezeichnet und spielten auf allen großen europäischen Rock-Festivals. Im Frühjahr 1999 folgte eine erste erfolgreiche US-Tournee. Auf Bitten von Herbert Grönemeyer coverten sie im Dezember desselben Jahres Alphavilles *Big In Japan* für Grönemeyers Projekt *Pop 2000*. Nach fast zweijähriger Dauer-Action hatte sich die Gruppe in jeder Hinsicht ausgepowert und ging in Dänemark für mehrere Wochen in Klausur, um das zweite Album *Don't Give Me Names* (2000) auf den Weg zu bringen. «Die Abgeschiedenheit eines Landhauses kam dem gruppendynamischen Kreativprozeß massiv entgegen» (‹ME/Sounds›), und die Kritik hatte einmal mehr Grund, sich zu überschlagen. «Die Guano Apes klingen anno 2000 eine Spur mondäner, griffiger, erwachsener – ohne dabei ihre Pfiffigkeit verloren zu haben»

(‹Hammer›). «Musikalisch präsentiert sich das Quartett als ein Rockgeschoß mit enormer Durchschlagskraft» (‹Visions›). Mit dem prompten Einstieg auf Position eins der deutschen Chart straften die Guano Apes alle Unkenrufe um das verflixte zweite Album Lügen, setzten ihren Erfolg in der Heimat unbeirrt fort und nahmen selbstbewußt Amerika ins Visier.

LPs auf Gun: *Proud Like A God* (1998); *Don't Give Me Names* (2000)

The Gun Club, 1980 in Los Angeles gegründet, bereicherte den US-Hardcore durch balladeske Formen und Elemente von Jazz, Rockabilly und Blues. Die Band, mehrfach aufgelöst und wieder gekittet, wurde von einer morbiden Aura der Selbstzersetzung umweht, die in krassem Gegensatz zur Vitalität der sie umgebenden Hardcore-Szene stand. Der obsessive Blondie-Fan Jeffrey Lee Pierce (voc, g), geboren am 27. Juli 1958 in El Monte, Kalifornien, setzte sich als Musikjournalist hauptsächlich mit Soul, Blues und Jazz auseinander, bevor er, von Debbie Harry ermuntert, in Los Angeles die Band Creeping Ritual gründete, die er kurz darauf in Gun Club umbenannte. Weitere Mitglieder der Urformation waren Kid Congo Powers, bürgerlich: Brian Tristan (g), sowie Rob Ritter (bg) und Terry Graham (dr), die von der Punk-Band Bags kamen. Das Debütalbum *Fire Of Love* (1981), auf dem Kid Congo Ward Dodson Platz gemacht hatte, um sein Glück bei den Cramps zu suchen, verband kompromißlosen Punk mit Delta Blues und enthielt neben dem Underground-Hit *Sex Speed* eine Version von Robert Johnsons *Preaching The Blues*. Pierce, dessen Outfit sich verblüffend dem von Debbie Harry annäherte, schlüpfte in die Rolle eines wütenden Schwarzen weißer Hautfarbe. Ihr zweites, wesentlich entspannteres und kompositorisch wie auch spielerisch ausgefeilteres Album *Miami* (1982) veröffentlichte die Band auf Animal Records, dem Label des Blondie-Gitarristen Chris Stein. Das als offizielles Bootleg erschienene Live-Album *Death Party* (1983) dokumentierte die unbändige Bühnenenergie der frühen Jahre und enthielt mit einer zehnminütigen Version von John Coltranes *A Love Supreme* nicht nur ein frühes Beispiel für ausladenden Jazzcore, der in der Szene um Los Angeles Schule machen sollte, sondern auch einen skurrilen Beleg für Pierce' Todessehnsucht. Ende 1982 ersetzte Patricia Morrison Rob Ritter, Kid Congo Powers kehrte an die Gitarre zurück. In dieser wohl besten Besetzung des Gun Club entstand *The Las Vegas Story* (1984), ein musikalischer Ritt durch die Welt der Magie, auf dem die Band unter anderem Pharoah Sanders' *The Creator Has A Masterplan* coverte. Pierce' charismatischer Gesang, der nicht selten an Jim Morrison erinnerte, wirkte auf Powers' dichtem Gitarrenteppich und den hypnotischen Grooves der Rhythmusgruppe wie Voodoo. Nachdem Patricia Morrison einem Ruf zu den Sisters Of Mercy gefolgt war, fiel die Band auseinander. Die Plattenfirma schob das Live-Album *Danse Kalinda Boom* (1985) nach, auf dem die Slide Guitar des Bandleaders über Gebühr in den Vordergrund gemischt worden war. Pierce, der Jim Morrison leider auch bezüglich seiner Alkohol- und Drogen-Gepflogenheiten nacheiferte, versuchte eine Solo-Karriere, konnte jedoch mit dem enttäuschenden Opus *Wildweed* (1985) nicht Fuß fassen und reformierte 1987 den Gun Club. Um so überraschender war die spirituelle Kraft des Comeback-Albums *Mother Juno* (1987), auf dem Pierce und Powers von Pierce' Frau Romi Mori, bürgerlich: Hiromi Atami (bg), Nick Sanderson (dr) und Gast-Gitarrist Blixa Bargeld von den Einstürzenden Neubauten unterstützt wurden. Pierce brillierte sowohl als Sänger als auch als Songschreiber. Die Presse reagierte überschwenglich, und der Gun Club spielte auf beiden Seiten des Atlantik in ausverkauften Häusern. Doch anstatt auf dem überraschenden Erfolg aufzubauen, zogen sich Pierce und Mori nach Vietnam zurück, um den Gun Club erst 1990 für *Pastoral Hide And Seek* wieder zusammenzutrommeln. Das Album bestand hauptsächlich aus schmachtenden Rock-Balladen und wurde von einer psychedelischen Version des Jefferson Airplane-Songs *Eskimo Blue Day* abgeschlossen. «Mit fast verächtlichem Gleichmut» ließen Pierce und seine Band «eitle Verbindlichkeiten wie zeitgemäße Relevanz links liegen» (‹Skug›). Aus einer Studio- und einer Live-Seite bestand *Divinity* (1991), das Pierce' Hang zum Balladensänger bestätigte, aber nicht über das charismatische Feuer des Vorgänger-Albums verfügte. Live schien der Gun Club jedoch in besserer Verfassung als je zuvor. Gleich einem Rock 'n' Roll-Schamanen zog Pierce jedes Publikum in seinen Bann. Das hervorragend produzierte Live-Album *Achmed's Wild Dream* (1994) fing die Wut und Leidenschaft der Band treffend ein. Powers reichte jedoch abermals seinen Abschied ein, um zu der britischen Band Killing Joke zu gehen. Pierce, der fleißig geübt hatte, übernahm allein den Gitarren-Part. Auf *Lucky Jim* (1993) setzte sich der bereits von den Folgen seines übermäßigen Alkoholkonsums gezeichnete Pierce mit den Gewinnern und Verlierern des Kapitalismus und dessen Begleiterscheinungen auseinander. Einem letzten Aufbäumen glich das zweite Solo-Album *Ramblin' Jeffrey Lee & Cypress Grove With Willie Love* (1993). Dieser passionierte Spaziergang durch die Welt des schwarzen Blues war «ein sehr persönliches Statement ohne die übliche Rassenscheiße, wenn auch historisch abgesichert» (‹Spex›). 1994 ging die Band letztmalig auf Tour. Pierce, der sich nur noch mit Mühe auf den Beinen halten konnte, verabschiedete sich von seinem Publikum im Wissen um das nahe Ende. «Eine Zukunft habe ich nicht, und an die Vergangenheit kann ich mich nicht erinnern», äußerte er gegenüber ‹NM! Messitsch›. Am 31. März 1996 erlag er nach langen Leiden einem Herzinfarkt. In ihrem Nachruf schrieb die Zeitschrift ‹Intro›: «Späteren Generationen wird sich das Phänomen Jeffrey Lee Pierce nicht erschließen können, des Mannes, der von der banalen Blondie-Kopie zu einer buddhistisch anmutenden Tiefe gefunden hat und sich Schritt für Schritt auflöste. Sein Siechtum war unglaublich, ebenso unglaublich wie die Kraft, mit der er sich immer wieder aufrappelte. Auf der Bühne war er bis zum Schluß ein Tornado. Seine Gitarren-Soli wurden immer ekstatischer, seine Stimme immer prophetischer. Er hatte ein One Way-Ticket ins Leben gekauft und war an seinem Ziel angekommen.»

LPs auf Slash: *Fire Of Love* (1981) ... auf IRS: *Miami* (1982); *The Las Vegas Story* (1984) ... auf New Rose: *Death Party* (1983); *Divinity* (1991) ... auf ABC: *The Birth, The Death, The Ghost* (1984) ... auf Roadrunner: *Danse Kalinda Boom* (1985) ... auf Buddha: *Mother Juno* (1987) ... auf Fire: *Pastoral Hide & Seek* (1990) ... auf Triple X: *In Exile* (1992); *Live In Europe* (1992); *Lucky Jim* (1994) ... Solo-LPs Jeffrey Lee Pierce auf Statik: *Wildweed* (1985) ... auf Triple X: *Ramblin' Jeffrey Lee & Cypress Grove With Willie Love* (1992) ... LP Kid Congo Powers mit The Cramps auf IRS: *Psychedelic Jungle* (1981)

Guns N' Roses, 1985 in Hollywood, Kalifornien, gegründet, gaben sich in ihrer Musik, ihrem Bühnengebaren und Freizeitverhalten unverantwortlich, wollten niemandem ein Identifikationsmodell liefern, trieben mit ihren Körpern Raubbau bis zum schweren Suff, harten Drogenkonsum, ungeschützten Sex, schlugen sich permanent mit Sicherheitspolizisten, Fans, Mitspielern aus anderen Gruppen, Hotelangestellten, sagten aus Lust und Laune Konzerte ab, feuerten nach momentanem Gutdünken ihre Betreuer und wurden mit diesem wüsten Lebensstil vor allem in Amerika Massenidole bei der minderjährigen Hard Rock-Kundschaft. Auf ihren multimillionenfach gekauften Alben und bei überfüllten Konzerten, wo gelegentlich schon mal Anhänger in der Menge zu Tode gequetscht wurden, machten sie «Appetit auf Zerstörung» (LP-Titel) mit einer niederträchtigen Donnermusik, die mehr Punk als Heavy Metal war und unversehens von beinahe faschistoiden Anti-Minderheiten-Tiraden zu hinterhältigen Schmelz-Balladen umschlagen konnte. «Sie hören sich an wie eine abgesägte Schrotflinte, mit großer Durchschlagskraft, aber ohne präzise Schußrichtung» (‹Q›). «Wir wissen, daß wir konfus und verdreht sind», gab Leadsänger Axl Rose zu, dem ein Psychiater einen hohen IQ, aber eine manisch-depressive Pendelstimmung attestiert hatte und der gegen seine Stimmungsumschwünge Beruhigungsdrogen nahm. «Unser Verhalten symbolisiert alles, worum es beim Rock 'n' Roll eigentlich geht.» Rose, bürgerlich William Bailey, am 6. Februar 1962 in Lafayette, Indiana, geboren, Izzy Stradlin, bürgerlich: Jeffrey Isbell (g), am 8. April 1962 in Lafayette geboren, Saul «Slash» Hudson (g), am 23. Juli 1965 in Stoke-on-Trent, Staffordshire, geboren, Duff «Rose» McKagan (bg), als Michael McKagan am 5. Februar 1964 in Seattle geboren, Steven Adler (dr), am 22. Januar 1965 in Cleveland, Ohio, geboren, hatten sich als Zugereiste in

Los Angeles kennengelernt und eine Zeitlang wie räudige Rock-Rebellen zusammen gehaust, bevor Talentsucher der Plattenkonzerne die Musiker aus dem Lumpenproletariat zu hofieren begannen. Als Ensemble nannten sie sich nach den Bands La Guns und Hollywood Rose, bei denen einige von ihnen zuvor gespielt hatten. Viele Kritiker delektierten sich mit wohligem Schauder an dem rotzigen Gebaren und den umstrittenen Texten der Schmuddelband: «Guns N' Roses sind das bestverdienende, nichtsnutzigste Monster, das Hollywood je hervorgebracht hat ... Unbedingt kaufen!» (‹New Musical Express›) «Während sich die gutverdienenden Yuppie-Punker ohne kunstvoll zerrissene Jeans und Lidschatten nicht auf die Straße wagen, sind Straßenköter wie Guns N' Roses geradezu ein frischer Wind», schwärmte der ‹Musikexpress› in verquerer Metaphorik. Soviel mehr oder weniger echtes Rock 'n' Roll-Leben verkaufte sich entsprechend gut: *Appetite For Destruction* ging mehr als zwanzigmillionenmal über den Ladentisch. Die Band tat alles, um ihren Ruf als Vollstrecker sämtlicher Rock-Klischees aufrechtzuerhalten. Adler hatte 1990, nach der Veröffentlichung der Platte *G N' R Lies* (1989) genug davon und verließ die Band; 1991 verklagte er seine früheren Freunde. Für ihn kam der vormalige Cult-Drummer Matt Sorum, am 19. November 1960 in Mission Viejo geboren. Trotz ihrer diversen Skandale und Skandälchen hatten sich die Musiker, allen voran Slash, die Anerkennung von Musiker-Kollegen wie Bob Dylan und Michael Jackson erspielt: der Gitarrist setzte deren Songs Glanzlichter auf. Zwei Doppelalben, *Use Your Illusion I* und *II* (1991), wurden in der mit 4,2 Millionen bis dahin höchsten bereitgestellten Auflage an die Plattenhändler der USA ausgeliefert. «Es ist Zeit, über die Musik von Guns N' Roses zu sprechen, nach all der Hype, der Paranoia, den selbst beigebrachten Wunden», hob ‹Q› zur Eloge an, «*Use Your Illusion I* ist ganz einfach ein großartiges Rock-Album. *Use Your Illusion II* ist ein Meilenstein.» Tatsächlich hatte die Band unerwartete Disziplin bewiesen und innerhalb des Hard Rock / Heavy Metal-Genres mit eigenen Songs und kongenialen Coverversionen, darunter Dylans *Knockin' On Heaven's Door* und McCartneys *Live And Let Die*, Maßstäbe gesetzt.

Der zunächst lediglich für eine Tournee engagierte Keyboarder Dizzy Reed hatte den Gruppen-Sound bereichert, Slash sich mit fettem Gitarrenklang als dominierender Gitarrist durchgesetzt; lediglich die Texte offenbarten Schwächen. Kurz nach der Veröffentlichung der «Illusionen» gab Stradlin bekannt, nicht mehr mit der Band touren zu wollen; seinen Platz nahm Gilby Clarke ein. Obwohl Guns N' Roses nunmehr in die Oberklasse der Rock-Bands aufgenommen war, spielten Slash und Axl Rose weiterhin die bösen Buben. Sie gingen nicht zusammen ins Studio, setzten ihre Songs telefonisch zusammen und meinten sich mit dem Titel einer zweijährigen Welttournee wohl gegenseitig: «Get In The Ring, Motherfucker». Unterdessen stiegen *Use Your Illusion I* und *II* in die höchsten Charts-Ränge, die ausgekoppelten Singles erwiesen sich fast alle als Top Ten-Hits. Als Clarke sich 1993 ein Handgelenk brach, sprang zu Beginn der anstehenden Tournee der inzwischen als Solist leidlich erfolgreiche Stradlin ein. Im gleichen Jahr erschien die LP *The Spaghetti Incident*, die Coverversionen von Songs unter anderem von den New York Dolls, Iggy Pop, The Damned und den UK Subs enthielt, aber auch die umstrittene Aufnahme eines Songs von Sharon Tate-Mörder Charles Manson. Auch dieses Album war ein Charts-Stürmer. «Eines der besten Alben von 1993», befand ‹Spin›. In der Band allerdings kriselte es. Slash und Rose gingen sich weiter konsequent aus dem Weg, der Gitarrist widmete sich einem Solo-Projekt, wie es McKagan schon vorher getan hatte. Als Ende 1994 *It's Five O'Clock Somewhere* veröffentlicht wurde, mühte sich der mopköpfige, tätowierte Frauenliebling Slash ab, die nach seinem Privat-Bestiarium mit rund 300 Schlangen benannte Band Slash's Snakepit nicht als Guns-Ersatz erscheinen zu lassen, zumal seine Guns-Mitstreiter an der Platte beteiligt waren. Er dementierte immer wieder einen Bruch der Band. Im Oktober 1996 gab Axl Rose offiziell bekannt, Slash gehöre schon seit April 1994 nicht mehr zur Band und sei seither an keiner ihrer Aktivitäten mehr beteiligt gewesen. An welchen denn wohl auch? Die Band bestehe nun aus Rose, Reed, McKagan und Sorum. Die letzten beiden hatten aber längst die Neurotic Outsiders gegründet und mit Madonnas Maverick-Label abgeschlossen. Slash ging mit seiner neuen Band Blues Ball auf Tournee. Gilby Clarke hatte Rose Ende 1995 vor dem Obersten Gericht von Los Angeles auf ausgebliebene Copyright-Zahlungen verklagt, der zeitweilige Sideman und Songschreiber West Arkeen (g), zuletzt Mitglied von Izzy Stradlins JuJu Hounds, starb am 30. Mai 1997 mit 36 Jahren an einer Überdosis. Rose selbst machte neben gelegentlichen Erwähnungen in den «Leute»-Kolumnen der Yellow Press wegen Frauen-Affären gut ein halbes Jahrzehnt nur einmal Schlagzeilen, als er sich im Februar 1998 auf dem Flughafen von Phoenix, Arizona, weigerte, sein Handgepäck checken zu lassen. Immer wieder einmal aber kündigte er ein neues Band-Album an. Guns N' Roses bestünden nun, so verlautbarte er 1999, außer ihm selbst aus Robin Finck (g), Paul Huge (g), Dizzy Reed (kb), Tommy Stinson (bg), José Freese (dr). In dem einzigen Stück *Oh My* God, das Guns N' Roses 1999 für den Schwarzenegger-Film ‹End of Day› einspielte, war auch der Gitarrist Dave Navarro zu hören. Und da auch das bereits mehrfach angekündigte Album *Intentions* 2000 ausblieb, warfen Geffen Records noch einmal Altwaren auf den Markt. *Live Era '87–'93* (1999) – nach Ansicht von Michael Sailer im ‹WOM Journal› «eine lähmend öde, erschreckend leere Sache, aus der einem die Vergangenheit höhnisch kichernd die Zunge herausbleckt und ‹Ätsch› sagt». Willi Andresen in ‹Stereoplay› empfand die Live-CD dagegen als «ein explosives Tondokument einer der ganz großen Rock 'n' Roll-Bands dieser Dekade» und als ein «furioses Finale». 25 Jahre nach den Rolling Stones, 15 Jahre nach den Sex Pistols hätten Axl Rose und seine Gang noch einmal das Geschäft mit der Rebellion betrieben, befand ‹Der Spiegel›: «Die sechs Jungs haben den Rock 'n' Roll fürs erste zu Ende gebracht. Die Revolte ist zum Zeichen ihrer eigenen Ohnmacht geworden.»

LPs auf Geffen: *Appetite For Destruction* (1987); *G N' R Lies* (1988); *Use Your Illusion I* (1991); *Use Your Illusion II* (1991); *The Spaghetti Incident* (1993); *Live Era '87–'93* (1999) ... Solo-LP Slash mit Slash's Snakepit: *It's Five O'Clock Somewhere* (1995) ... Solo-LPs Gilby Clarke auf Virgin America: *Pawnshop Guitars* (1994) ... auf SPV: *The Hangover* (1997) ... Solo-LP Duff McKagan auf Geffen: *Believe In Me* (1993) ... Solo-LP Izzy Stradlin mit The Ju Ju Hounds auf Geffen: *Izzy Stradlin & The Ju Ju Hounds* (1992); *117'* (1998) ... Solo-LPs Slash mit Slash's Snakepit auf Koch: *Ain't Life Grand* (2000) ... LP Duff McKagan und Matt Sorum mit Neurotic Outsiders auf Maverick: *Neurotic Outsiders* (1996) ... Solo-LP Izzy Stradlin auf Sanctuary: *River* (2001)

Guthrie, Woodrow Wilson **Woody** (voc, g), am 14. Juli 1912 in Okemah, Oklahoma, als Sohn eines ehemaligen Preisboxers geboren, zog nach dem frühen Tod seiner Eltern als Wandersänger und Gelegenheitsarbeiter mit den verarmten Farmern der «Dust Bowl»-Landstriche seines Heimatstaates nach Kalifornien. Die soziale Entwurzelung dieser Menschen, die Strapazen ihres Trecks über den Kontinent und ihr Hungerleider-Dasein in den Arbeitslagern der kalifornischen Plantagenbesitzer regten ihn zu mehr als tausend Songs an, die ein realistisches Bild des proletarischen Amerika während der Depressionszeit nach der Weltwirtschaftskrise von 1929 ergaben. Mit einigen Schauspielern und politisch engagierten Intellektuellen versuchte der überzeugte Sozialist Guthrie die Wanderarbeiter zur Solidarität untereinander und zur Gründung und Unterstützung von Gewerkschaften zu bewegen. Seine Lieder sollten als Ermutigung dienen (Songtext: «Sie können mich nicht einschüchtern, ich halte mich an die Gewerkschaft») und Außenstehende über die Schattenseiten des amerikanischen Traums aufklären (Titel: *Deportee*). Guthrie war religiös, patriotisch (*This Land Is Your Land*) und ein optimistischer Visionär (*Pastures Of Plenty*). Im Gegensatz zu Pete Seeger, mit dem er sich 1939 befreundete, band er seinen unreflektierten Humanismus an kein Partei-Programm, obgleich er zeitweilig am US-Kommunistenblatt ‹Daily Worker› mitarbeitete. In der Autobiographie ‹Bound for Glory› (1943) schilderte er seine Wanderjahre durch das arme Amerika mit der gleichen unkontrollierten literarischen Spontaneität wie 14 Jahre später Jack Kerouac, der Beatnik-Prosaist von ‹On the Road›. 1941 formierten Guthrie und Seeger mit Freunden die Almanac Singers, eine Vorläufergruppe der Weavers. Guthrie sang mit einem kunstlosen, nasalen Timbre, das später von seinem Bewunderer Bob Dylan und zahlreichen anderen Folksängern der fünfziger und sechziger Jahre imitiert wurde. 1954 mußte er wegen eines unheilbaren Nervenleidens (Huntington's Chorea), das ihm seine Mutter vererbt hatte, in ein New Yorker Krankenhaus. Dort starb er am 3. Oktober 1967. Seine Kompositionen waren inzwischen ein Bestandteil der amerikanischen Volksmusik geworden. Dylan, Joan Baez, Bobby Scott und Guthries Sohn Arlo Guthrie übernahmen einige von Woodys Liedern in ihr Repertoire. 1976 verfilmte Hal Ashby Guthries ‹Bound for Glory› als «Apotheose eines Folk-Helden» (‹SoHo News›), die von Publikum und Kritik freundlich aufgenommen wurde. In der zweiten Hälfte der Neunziger belebte Billy Bragg das Erbe der Folk-Legende in zahlreichen Tribut-Konzerten, u. a. am 29. September 1996 bei der Rock and Roll Hall of Fame in der Severance Hall in Cleveland, Ohio. Braggs Guthrie-Album *Mermaid Avenue* (1998) löste bei der Smithsonian Institution eine Reihe von Wiederveröffent-lichungen aus. «Doch seien wir mal ehrlich», so Peter Böckel in ‹Musikexpress› über die CD *Buffalo Skinners* (1999): «Wäre es nicht der legendäre Woody Guthrie, der da über Outlaws und andere Western-Themen singen würde, würde kaum jemand nach diesen Ausgrabungen krähen.»

LPs (Auswahl) auf Folkways: *Ballads Of Sacco And Vanzetti* (1961); *Sings With Leadbelly* (1962); *Bound For Glory* (1963); *Folk Songs* (1963); *Dust Bowl Ballads* (1964); *Woody Guthrie* (1964); *This Is Your Land* (1966); *Poor Boy* … auf Elektra: *The Library Of Congress Recordings* (1964) … auf Rounder Records: *Library Of Congress Recordings* (1964; Aufnahmen von 1940, 1989 als CD veröffentlicht) … auf Archive of Folk Musik: *Woody Guthrie* (1966) … auf Vanguard: *The Greatest Songs Of Woody Guthrie* (1971) … auf Bellaphon: *The Early Years* (1974) … auf XTRA: *Woody Guthrie* (1965) … auf Warner Bros.: *Original Recordings* (1977) … auf Cream: *We Ain't Down Yet* (1978) … auf Pläne: *Dies ist mein Land* (1978) … auf Smithsonian: Buffalo Skinners (1999)

Hagen, Nina (voc), am 11. März 1955 in Berlin geboren, machte mit ihrer Stimme, «was Stockhausen in seinem Studio mit Sound macht» (‹Paris Passion›): Sie lieferte einen «Reflex auf den laufenden Wahnsinn des Weltgeschehens» (‹FAZ›). In «magischer Verbindung von Kindlichkeit, Wahnsinn und Verweigerung» (Autorin Cornelia Frey im ‹Spiegel›) brach sie mit sämtlichen Konventionen des zuhörerfreundlichen Rock-Vortrags, vermischte anarchistisches Gebaren auf der Bühne, im Studio, bei der Karriereplanung mit ihrem als Happening inszenierten Privatleben zu einem existentialistischen Gesamtkunstwerk, das Fans wie Kritiker abwechselnd in Rage und Ekstase versetzte. Die Tochter der Schauspielerin Eva Maria Hagen war mit 17 bereits ein staatlich geprüftes DDR-Schlagersternchen (*Du hast den Farbfilm vergessen*) und mit 19 als Mitglied der Rockband Automobil auf dem Weg zum Anti-Star. Eine öffentliche Solidaritätsbekundung für den verfemten Autor und Musiker Wolf Biermann, mit dem ihre Mutter zeitweilig zusammengelebt hatte, brachte Nina ins sozialistische Abseits, so daß sie 1976 die Chance nutzte, in den Westen zu emigrieren. Im Herbst 1977 gründete sie mit den Kreuzberger Musikern Bernhard Potschka (g), Herwig Mitteregger (dr), Manfred «Manne» Praeker (bg), alle früher bei Lokomotive Kreuzberg, und Reinhold Heil (kb), vorher bei Bakmak, die Nina Hagen Band. Ihr erstes Album besang mit Berliner Deftigkeit und punkiger Unverblümtheit radikalen Feminismus (*Unbeschreiblich weiblich*), Fetischismus und Bisexualität (*Bahnhof Zoo*), Weltangst- und Weltflucht-Romantik (*Naturträne*), träge Aussteiger-Erotik (*Heiß*). Die Resonanz war zu Recht überwältigend: «Nina ist schon jetzt Stars wie Patti Smith oder Liza Minnelli ebenbürtig», jubelte die Feministin Alice Schwarzer. «Wo andere Mühe hätten, die sperrige deutsche Sprache überhaupt in den Rhythmus des angelsächsischen Rock 'n' Roll einzupassen, bleibt ihr noch die Kehle für Koloratureinlagen in Alt, melodische Kiekser und parodierende Kellerfahrten», staunte der ‹Stern›. Und der britische ‹Melody Maker› spekulierte: «Kann Nina Hagen Deutschlands bedeutendster Beitrag zur Pop-Kultur seit Brecht werden?» Nach zwei Alben trennte sich Nina von ihren angeblich «provinziellen» Musikern, die später als Pop-Band Spliff vorübergehende Hitparaden-Erfolge mit Deutsch-Rock erzielten. Nina durchlebte unter heftiger Anteilnahme der Klatschpresse Affären mit diversen drogenabhängigen Rockmusikern, legte in der Wiener TV-Talkshow ‹Club 2› zum kleinbürgerlichen Schock-Amüsement der Fernsehnation Hand an sich, verband sich eine Zeitlang mit dem Management von Frank Zappa in der Absicht, Weltkarriere zu machen, und gebar 1981 Tochter Cosma Shiva. Berauscht von Kind und Kosmos, verlor sich Nina Hagen zunehmend in UFO-Phantasien, Rastafarier-Krampf, Jesus-Flips und behauptete, Gott habe das LSD erfunden, David Bowie sei ihr in einem früheren Leben sehr nahe gewesen, mit der Schauspielerin Shirley MacLaine habe sie einst in Peru beim Bau der Pyramiden geholfen. Diese Behauptungen schienen eher spiritistischen Modetrends, Zufalls-Lektüren und Tageslaunen zu entspringen. In ihrer Musik hörten selbst experimentierfreudige Rock-Freaks viel zu oft bloß «Platitüden», die «meistens schnell, wirr und schlecht» schrillten, wobei die einstmals virtuose Stimme «nur noch unangenehm hysterisch-theatralisch» (‹Sounds›) Erwartungs-Klischees vom Hagen-Sound befriedigte. Im Ausland jedoch hatte Ninas Erscheinen beim Publikum noch einen Schauwert. «Allzu früh und fern der Heimat zur komischen Alten gereift» (‹Der Spiegel›), heiratete sie 1987 auf Ibiza publicityträchtig einen achtzehnjährigen Punkmusiker aus der Londoner Hausbesetzer-Szene – just for show. Den Priester bei der Zeremonie auf dem alten Zweimastsegler *El mistico veloz* spielte der Gitarrist Bill Liesegang. Nina Hagen: «Ich glaube, man kann keinen tiefen Sinn in mir finden, denn ich bin der tiefe Sinn selbst.» 1989 hatte sie, nach erneutem Sinneswandel, einen französischen Freund und stilisierte sich, beraten vom Mode-Designer Jean-Paul Gaultier, als Funk Rock-Diva. Auf Platten, die sie von Zeit zu Zeit ihrer Gemeinde vorlegte, gab sie sich kosmopolitisch, sang mal deutsch, mal englisch, schlug sich zur Präsidentin vor (*Street*, 1991), fand aber nicht die Musik, die ihr entsprach. 1993 unternahm sie mit *Revolution Ballroom* und dem Produzenten Phil Manzanera (Roxy Music) einen neuen Anlauf und schockierte ‹Mojo› unerwartet durch Gefälligkeit: «All ihre früheren Inkarnationen – die Königin des Tanzes, die Reggae-Rockerin, die Punk-Frau, die Lärm-Terroristin – sind auch hier versammelt. Aber sie hat etwas wirklich Schauriges hinzugefügt: Dieses Album ist angenehm zu hören.» Zum 100. Geburtstag des Dramatikers Bertolt Brecht zog es sie Anfang 1998 zurück in ihre Geburtsstadt Berlin, «wo die Äktschn is» (Hagen). Zusammen mit der Schauspielerin und Chansonsängerin Meret Becker gab sie im Berliner Ensemble «verrucht und schrill, zart und brutal, witzig und ernst» (‹BZ›) den Punk-Brecht-Abend «Wir hießen beide Anna» und dialogisierte mit dem Dichter. «Mensch, Brecht», unterbrach sie einen Song, «was soll denn das jetzt? Meint der jetzt die Pariser Commune oder Kreuzberg?» 1999 sang sie für ein CD-Doppelalbum der kompletten *Dreigroschenoper* mit Max Raabe als Mackie Messer und dem Ensemble Modern unter HK Gruber (RCA Red Seal) die Sopran-Partie der Celia Peachum – getreu der Originalpartitur von Kurt Weill, aber für sie eine Oktave zu hoch. Für die Live-Aufführung

im Berliner Konzerthaus sagte sie ab: «Soll ich mir etwa den Kopf absingen? Ich mache mir doch nicht die Stimme kaputt.» Statt dessen präsentierte sie im März 2000, barfuß im seidenen Sari, auf der Bühne des von Räucherstäbchen eingenebelten Berliner Ensembles (BE) vor einem Altar mit Opfergaben eine «Indische Nacht». Ansprache Hagen: «Ich bin noch aufgetankt voll guter Energien aus meiner zweiten Heimat. Ich war sechs Wochen oben im Himalaya und habe beim Navarati im Haidhakan Vishwa Mahadam zu Babaiji groß mystische Sachen gemacht und Kräfte entfesselt, die bei meinem indischen Abend im BE vor einem Jahr noch nicht da waren.» Ein Teil der dort vorgestellten Gesänge erschien auf Nina Hagens ausschließlich übers Internet (www.ninahagen.com) vertriebenen Chill-Out-CD *Om Nama Shivay*, deren Erlös zur Hälfte dem Babaiji-Ashram, einem deutschen Sterbehospiz, brasilianischen Straßenkindern, Kinderkrankenhäusern in Indien und Tschernobyl und so fort zugute kommen sollte. ‹Tip›-Autor Hagen Liebing: «Sie ist ein guter Mensch!» Das kommerzielle Produkt 2000 von Nina Katharina alias (indisch) Haidakhani Shivani hatte sie in dreijähriger Mühsal in Kalifornien und Berlin mit Joshua Lopez (g), Brad van Loenen (bg), Jeff Mince (dr), Paul Roessler und Eric Moon (kb) unter Mitwirkung von Keith Forsey u. a. selbst und mit Ingo Krauss koproduziert. *Return Of The Mother* erschien auf dem eigenen Label Orbit bei Virgin und schloß mit *Der Wind hat mir ein Lied erzählt* und *Yes Sir* an ihr Zarah Leander-Cover *Ich weiß, es wird einmal ein Wunder geschehen* von 1983 an. Hagen Liebing: «Das hat was!» Harald Kepler im ‹Musikexpress› dagegen goß alle Niedertracht, die ihm einfiel, über die Platte aus: «Schnee von vorgestern … ein müdes Gähnen … schnarchlangweilig … gewohnt theatralisch … chaotisches Durcheinander … x-tes Aufwärmen … zum wiederholten Male … Punk-Jule … spinnert … Rock-Schreihals … geifernde Hexe … ein alter Hut.» Das hat auch was. Wo immer Nina Hagen im Jahr 2000 – vorsätzlich oder unfreiwillig – in deutsche Schlagzeilen geriet, wurde sie niedergemacht: Alles nur Show! Läßt sie den Vertrieb der Autobiographie ihrer Mutter, «Evas schöne neue Welt», aus Verärgerung über pikante Details per einstweilige Verfügung stoppen, «munkelt die Fachwelt: Bloß eine PR-Aktion» (‹Der Tagesspiegel›). Versucht sie ihren zehnjährigen Sohn Otis vor dem Familiengericht in Los Angeles nach einem versuchten Kidnapping durch ihren ehemaligen Lebensgefährten Franck Chevalier zurückzubekommen, titelt die ‹Bunte›: «Was treiben sie für ein Spiel? Wie viel ist daran Show?» Für einen Werbespot zur Expo 2000 in Hannover sang Nina Hagen (von Franz Léhar): *Schön ist die Welt.* Ihr Album *Return Of The Mother* kam neben der Bundesrepublik Deutschland in 15 weiteren Ländern, darunter Japan, Portugal und Rußland, in die Charts.

LPs auf CBS: *Nunsexmonkrock* (1982); *Angstlos* (1983); *In Ecstasy* (engl. Version, 1985); *In Ekstase* (deutsche Version, 1985); *Love* (1987) … auf Phonogram: *NINA* (1989) … auf Mercury: *Nina Hagen* (1989); *Street* (1991); *Revolution Ballroom* (1993); *My Way From 78–94* (1994) … auf RCA: *Freud Euch* (1995) … mit Nina Hagen Band auf CBS: *Nina Hagen Band* (1978); *Unbehagen* (1979) … auf DSB: *Rock aus Deutschland – Volume 12* (1992; Amiga-Aufnahmen); *Bee Happy* (1996); *Om Namah Shivay* (1999) … auf Orbit Reco: *Return Of The Mother* (2000)

Haley, Bill (voc, g), am 6. Juli 1925 in Highland Park, Michigan, geboren, entwickelte als erster (weißer) Popmusiker einen definitiven Rock 'n' Roll-Stil aus Country & Western, Dixieland-Jazz und Rhythm & Blues. «Ich dachte mir», erklärte er in seinem Fan-Magazin ‹Haley News› «wenn ich eine Dixieland-Melodie nehme und den ersten und dritten Rhythmus-Schlag weglasse, dafür aber den zweiten und vierten betone und einen Beat hinzugebe, nach dem die Zuhörer klatschen oder auch tanzen können – das wäre dann genau nach ihren Wünschen. Der Rest war einfach: Ich nahm alltägliche Redewendungen wie *Crazy Man Crazy, See You Later Alligator, Shake Rattle And Roll* und machte nach der eben geschilderten Methode Songs daraus.» Zunächst orientierte sich Haley an den Rhythm & Blues-Nummern schwarzer Sänger, die damals im rassisch noch stark segregierten Show Business kaum eine Chance auf dem von Weißen beherrschten Plattenmarkt hatten. *Shake Rattle And Roll,* ein Ghetto-Hit Joe Turners, wurde von Haley textlich enterotisiert und in sein schematisches Rhythmuskonzept eingepaßt. Ihm gelang damit 1954 sein zweiter Millionenbestseller nach *Crazy Man Crazy.* Der ehemalige Musik-Manager einer Radiostation in Chester, Pennsylvania, der zuvor in der Country-Band The Saddlemen aufgetreten war, formierte 1954 The Comets, mit denen er die meisten seiner späteren Welterfolge aufnahm. Zu den Musikern gehörten Rudy Pompelli (ts), Al Rex (b), Francis Beecher (g), Ralph Jones (dr), später ersetzt durch Don Raymond, John Grande (acc), Bill Williamson (g). Die Besetzung der Band mit einem Saxophonisten und einem Akkordeonspieler wies noch auf die stilistische Verbindung zu Rhythm & Blues und Country hin. Haley verwendete jedoch zum erstenmal die elektrische Gitarre als Lead-Instrument. Die 1954 veröffentlichte Single *Rock Around The Clock,* Coverversion eines schwarzen Hits von Johnny Rae, fand zunächst nur geringe Beachtung. Erst als sie ein Jahr später als Thema-Song des Halbstarken-Melodrams ‹Blackboard Jungle› (deutsch: ‹Die Saat der Gewalt›) in den Kinos erklang, wurde sie zur ‹Marseillaise der Teenager-Revolution,› (Lillian Roxon). Frustrierte, aggressionslustige Jugendliche glaubten in dem biederen Rock-Schlager ein akustisches Fanal zu hören. Sie zertrümmerten die Kinopaläste, in denen die nachfolgenden Musikstreifen ‹Rock Around the Clock› und ‹Don't Knock the Rock› gezeigt wurden, und demolierten die Konzerthallen, in denen Haley mit seinen Comets auftrat. Als er 1957 nach Europa kam, wurde sein Sonderzug auf dem Londoner Waterloo-Bahnhof von 3000 Teenagern umlagert, die den Verkehr in der Innenstadt lahmlegten. Gewalttätiger ging es ein Jahr später bei einer Haley-Tournee durch Deutschland zu. Randalierende Jugendliche zertrümmerten in Berlin, Hamburg, Essen und Stuttgart die Konzertsäle und richteten allein im Berliner Sportpalast einen Sachschaden von 50 000 Mark an. Die Ostberliner SED-Zeitung ‹Neues Deutschland› bezichtigte damals den ‹Rock 'n' Roll-Gangster› Haley, eine ‹Orgie der amerikanischen Unkultur› angerichtet zu haben, der ‹Rheinische Merkur› klagte, daß ausgerechnet «am Tag der Papstwahl» der «Komet der Triebentfesselung» im Bistum Essen einen «Generalangriff auf Geschmack, Anstand und Selbstachtung» gewagt hatte. Der Cellist Pablo Casals erkannte in Haleys Musik schließlich «ein Destillat aus allen Widerwärtigkeiten unserer Zeit». Die Krawalle und die vehemente Reaktion der Öffentlichkeit führten dazu, daß Haleys Bedeutung für die Rock 'n' Roll-Musik eine Zeitlang überschätzt wurde. Er zog zwar als Neuerer alle Aufmerksamkeit zunächst auf sich, doch Stilisten wie Little Richard, Elvis Presley sowie später Buddy Holly, Fats Domino, Chuck Berry, Pat Boone perfektionierten die kruden Anfänge auf ihre individuelle Art. *Rock Around The Clock,* von dem angeblich 25 Millionen Singles verkauft wurden, geriet im Sog des Rock-Revivals zu Beginn der siebziger Jahre noch einmal in die internationalen Hitparaden. Das gab dem fast vergessenen «Mann mit der Schmalzlocke», der schon zu seiner Glanzzeit als dicklicher Familienvater von 30 kaum ein Rock-Idol war, die Chance, den alten Ruhm ein wenig aufzupolieren. Haley: «Wir kommen noch ein paarmal wieder, selbst wenn wir schon ganz alte Knacker sind.» Am 9. Februar 1981 wurde Bill Haley in seinem Haus in Harlingen, Texas, tot aufgefunden. Er lag in voller Straßenkleidung im Bett. Als Todesursache wurde Herzschlag diagnostiziert. Er hatte den Rock 'n' Roll nicht erfunden, aber zu Lebzeiten gut 60 Millionen R 'n' R-Platten abgesetzt. 1987 kam er postum in die Rock and Roll Hall of Fame.

LP's (Auswahl) auf Decca: *Rock 'n' Roll Stage Show* (1956); *Rock Around The Clock* (1956); *Chicks* (1959) ... auf MCA: *Haley's Juke Box* (1960); *Calling All Comets* (1973); *Rockin'* (1973) ... auf Warner Bros.: *Haley's Juke Box* (1961); *Rock 'n' Roll Revival* (1981) ... auf Sonet: *Rock Around The Country* (1971); *Just Rock 'n' Roll Music* (1973); *Rock – Recorded In Muscle Shoals* (1976); *Everyone Can Rock And Roll* (1979) ... auf Atlantic: *Live In London* (1974) ... auf Bellaphon: *Live* (1974) ... auf Marble Arch: *Rockin' The Joint* (1966) ... auf Hallmark: *On Stage* (1968) ... auf Decca: *Rip It Up, Greatest Hits* (1968) ... auf See For Miles: *The EP Collection* (o. J.) ... auf Polydor: *Live In Copenhagen* (1984) ... auf Buddah: *Bill Haley's Scrapbook* (1984) ... auf Bear Family: *The Decca Years & More* (5-CD-Box, 1994)

Happy Mondays, 1984 in Manchester gegründet, galten als eine der bestgehypten Bands Englands, waren als Top Act des Rave und Acid House jedoch wesentliche Vordenker des ein Jahrzehnt nach ihrer Gründung und ein Jahr nach ihrem Split einsetzenden Britpop-Booms. Sie installierten in England wie auf dem europäischen Festland eine exzessive Club-Kultur, die kurzzeitig Momente von Rock, Dance und Psychedelic zu einer hyperventilierenden Partymixtur verband. Die Ursprünge der Happy Mondays gehen in das Jahr 1980 zurück, als sich Shaun Ryder (voc), geboren am 23. August 1962 in Little Hulton, sein Bruder Paul Ryder (bg), geboren am 24. April 1964 in Manchester, Marc ‹Cow› Day (g), geboren am 29. Dezember 1961 in Manchester, und Gary ‹Gaz› Whelan (dr), geboren am 12. Februar 1966 in Manchester, in Salford, nahe Manchester, trafen, um als namenlose Cover-Band durch die Clubs der Region zu tingeln. Komplettiert wurde die Gruppe ein Jahr später durch Paul Davis (kb), geboren am 7. März 1966 in Manchester. 1983 nahm die Gruppe in Anlehnung an den New Order-Song *Blue Monday* den Namen Happy Mondays an. Zwar konnte die Band eine kleine lokale Anhängerschaft gewinnen, doch belegte sie bei der vom Factory-Label 1984 im Hacienda Club von Manchester organisierten ‹Battle of the Bands› den letzten Platz. Im Februar 1985 lernten die Ryder-Brüder den Besitzer eines Mode-Geschäfts Phil Sachs kennen, der von einem Demo der Band angetan war und sich entschloß, die Gruppe zu managen. Er organisierte der Band einige Gigs im Vorprogramm von New Order. Im Oktober 1985 erschien mit *Delightful* die erste Single der Happy Mondays, im November wurde Mark ‹Bez› Berry, geboren am 18. April 1964 in Manchester, engagiert, dessen luftige Percussion und animierenden Tanzeinlagen den Happy Mondays den letzten Schliff gaben. Langsam, aber sicher gewann das Sextett an Boden. Bernard Sumner von New Order produzierte im August 1986 die zweite Single *Freaky Dancin'*, und im Dezember folgte eine zehntägige Studio-Session mit John Cale, als dessen Ergebnis das Album *Squirrel & G-Man Twenty Four Hour Party People Plastic Face Can't Smile (White Out)* (1987) entstand. Die Platte geriet weniger auf Grund ihrer Qualität ins Gerede als wegen des Openers *Desmond*, der als Plagiat des Beatles-Songs *Ob-La-Di, Ob-La-Da* galt. Das Album wurde zurückgezogen, ohne den Track wieder-veröffentlicht, und die Happy Mondays waren in aller Munde. Die eingängigen Songs des Albums verhalfen ihnen nun zu Auftritten im Vorpro-gramm der Shows von New Order und beim New Music Seminar in New York. Nach einer Headliner-Tour durch die USA im Juni 1988 lö-sten sie mit ihrem Album *Bummed* (1988) eine wahre Dance-Hysterie in Großbritannien aus. Im Februar 1989 folgte eine Peel Session bei der BBC, im Sommer desselben Jahrs schwappte die Euphorie um die Band auch auf die USA über, wo die Happy Mondays vor ausverkauften Häu-sern spielten. Kurz darauf stiegen sie mit einem Vince Clarke-Remix der Single *W.F.L.* auf Platz 68 erstmlig in die britischen Charts ein. Die EP *Madchester Rave On* schaffte es Ende 1989 sogar auf Position 19. Das Jahr 1990 stand mit weiteren ausverkauften Shows, unter anderem in der Wembley Arena in London, und zahlreichen Ti-telstories ganz im Zeichen des Erfolges. Mit der LP *Pill 'n' Thrills And Bellyaches* (1990) landeten sie auf Platz vier der nationalen Charts. Im Früh-jahr 1991 eröffneten sie eine Show von Jane's Ad-diction im Madison Square Garden in New York. Eine wegen angeblicher Ermüdungserscheinun-gen abgesagte US-Tournee kündigte kurz darauf den beginnenden Abstieg des Acid House-Teams an. Anhaltende Drogenprobleme und daraus re-sultierende Therapien einzelner Band-Mitglieder machten eine kontinuierliche Arbeit unmöglich, so daß die Ausbeute langer, um den ganzen Glo-bus verteilter Aufnahme-Sessions eher mager war. Die britische Musikpresse, die der Band un-gewöhnlich lange die Treue gehalten hatte, fiel nun über sie her. Zur Überbrückung der kreati-ven Rezession wurde das Doppelalbum *Live* (1991) veröffentlicht. Mit der LP *... Yes Please* (1992) konnten die Happy Mondays noch einmal auf Platz 14 der englischen Charts klettern, doch der Abstieg war unaufhaltsam. Die Produktion hatte eine viertelmillion Pfund verschlungen, die Band stand am finanziellen Abgrund. Endlose Verhandlungen mit diversen Plattenfirmen blie-ben ohne Ergebnis. Ryder verließ die Happy Mondays und sollte zunächst durch die Backing-Sängerin Rowetta ersetzt werden, doch im März 1993 gab die Gruppe ihre Auflösung bekannt. Unter dem Namen Mondays unternahm Shaun Ryder noch einen kurzlebigen Versuch, das Image der Band wieder aufzubessern, bis er völlig vom Konzept der Happy Mondays abließ und mit seiner neuen Gruppe Black Grape, der auch Percussionist Bez angehörte, das kurzweilige Rave 'n' Blues-Album *It's Great When You're Straight Yeah* (1995) auf Platz eins der britischen Charts hievte.

LPs auf Factory: *Squirrell & G Man Twenty-Four Hour Party People Plastic Face Can't Smile (White Out)* (1987) ... auf Elektra: *Bummed* (1988); *Pills 'n' Thrills & Bellyaches* (1990); *Live* (1991); *Yes, Please* (1992); *Double Easy: The US Singles* (1993) ... auf London: *Loads (& Loads More)* (1995) ... Shaun Rider und Bez mit Black Grape auf Radioac-tive: *It's Great When You're Straight ... Yeah* (1995); *Stupid, Stupid, Stupid* (1997)

Harper, Ben (g, voc), geboren am 28. Oktober 1969 in Inland Empire nahe Los Angeles, führte die Tradition des Blues- und Folksongs mit aktu-ellen Strömungen des Rock der neunziger Jahre zu einem elektrisierenden Mix zusammen und öffnete die Post-Grunge-Generation für das Erbe der Prä-Bob-Dylan-Ära. «Es ist ein seltener Kitzel, derart authentischen Back-to-the-Roots-Geist mit einer harten, zeitgenössischen Rock-Kante zu hören» ‹The Times›. «Ben Harper ge-hört zu den erfrischend offenherzigen, aber nicht weniger sensiblen Vertretern jener Spezies Sin-ger / Songwriter mit ausgeprägter Neigung in Richtung Rock, die auf den Normalsterblichen nicht selten wie ein Alien wirken» ‹Intro›. Seine «individuelle Kraft liegt in seiner Zurück-haltung, hinter der sich ein explosives Gemisch aus domestizierter Wut und passionierter Neu-gier verbirgt» ‹WOM Journal›. Privat zurück-haltend, introvertiert, Skandale und Sensationen jeder Art vermeidend und ohne den Umweg über die Medien den unmittelbaren Kontakt zu seinen Fans suchend, verkörperte er einen neuen, sym-pathischen Typus von Rockmusiker, der sich dia-metral zu dem rauhen, distanzierten Star-Image eines Kurt Cobain verhielt. Ben Harper wuchs in einem musikalischen Elternhaus auf. Seine Großeltern wie auch seine Eltern waren in unterschiedlichen Kontexten als Amateurmusiker aktiv. Schon als Kind wurde er mit der Musik von Son House, Skip James, Bob Marley und Bob Dylan konfrontiert. Mit fünf hielt er erstmalig eine Gitarre in der Hand, mit zwölf absolvierte er seine Feuertaufe vor einem Publikum. 1992 sammelte er Erfahrungen an der Seite von Taj Mahal und Brownie McGhee, die ihm Kenntnisse über psychoakustische Prozesse und effizientes Songwriting vermittelten. Harpers Debütalbum *Welcome To The Cruel World* (1994), das die Erinnerung an die Cotton Fields mit der Erfahrung am Rande des Molochs Los Angeles verband, war ein Überraschungserfolg. Die tremolierende Stimme des Sängers und der singende Ton seiner Weissenborn-Gitarre verschmolzen zu einer betörenden Einheit. In dem politisch aufrüttelnden Song *Like A King* assoziierte er den Bürgerrechtler Martin Luther King mit dem schwarzen Justizopfer Rodney King, dessen Mißhandlung 1992 die L.A. Riots ausgelöst hatte. «Platten wie diese werden heute gar nicht mehr gemacht. Der Appeal dieser Folk Blues-Melodien ist unmittelbar», lobte die ‹L.A. Times›, und ‹Mojo› fragte euphorisiert: «Der Geist von Bob Marley mit der Technik von Jimi Hendrix gekreuzt – was kann man mehr von Musik erwarten?» Trotz der immensen Erwartung von Medien, Fans und Plattenfirma war Harper nicht bereit, den mit seinem Debüt eingeschlagenen Weg fortzusetzen. «Ich kann nicht fortfahren, Alben wie dieses zu machen. Ich könnte, aber die Herausforderung eines jeden Albums besteht darin, extrem unterschiedlich zu sein», ließ er die Öffentlichkeit wissen. Nach einer Kollaboration mit dem Schauspieler Morgan Freeman für den Kinderfilm ‹Follow the Drinking Gourd› (1994) erschien mit *Fight For Your Mind* (1995) ein weiteres Song-Album, das durch seine wirkungsvolle Sparsamkeit überzeugte. Auf dem etwas aufwendigeren *The Will To Live* (1997) stellte Harper erstmalig seine Band The Innocent Criminals mit Juan Nelson (bg), der ihn auch schon auf seinen ersten beiden Alben begleitet hatte, und Dean Butterworth (dr) vor, die auf *Burn To Shine* (1999) durch den Percussionisten David Leach komplettiert wurde. «Harper und seine Musiker erinnern daran, daß das Wort Band von Bande kommt» (‹Berliner Zeitung›). Auf einer an-

schließenden Tournee wirkte ein entfesselter Harper, «der ganz unprätentiös seinen Leidenschaften freien Lauf ließ, mit seiner exzellent besetzten und pointiert spielenden Band harmonierte und trotz aller scharfen Anspielungen in seinen Songs den Hippiegeist von einst mit einem optimistischen Ausblick ins neue Jahrtausend verband» (‹WOM Journal›), wie die Apotheose der Jimi Hendrix Experience. In seinen Zugaben spielte er stets eruptive Versionen von Hendrix-Stücken, von dessen vereinnahmendem Geist er sich auf diesem Weg nach eigenem Bekunden zu befreien hoffte.

LPs auf Virgin: *Welcome To The Cruel World* (1994); *Fight For Your Mind* (1995); *The Will To Live* (1997); *Burn To Shine* (1999); *Live From Mars* (2001)

Harris, Emmylou (voc, g), am 2. April 1947 in Birmingham, Alabama, geboren, bemühte sich, Countrymusik einem countryfernen Publikum nahezubringen, wobei sie in der eklektizistischen Auswahl und exquisiten Aufbereitung ihres Materials der großstädtischen Sophistication Rechnung trug, ohne die Bodenständigkeit und Authentizität der Musik zu kompromittieren. Mit einer ätherischen, fragilen Sopranstimme, als sei sie den Tränen nahe, trug der «Engel der Countrymusik» (‹Time›) Country-Klassiker und zeitgenössische Rock-Poesie vor – «dramatisch, doch ohne Drama» (‹New York Times›), aber stets «verflixt geschmackvoll» (‹New Musical Express›). Die technische Perfektion ihrer Stimme glitt bisweilen ins Mechanische ab; gelegentlich geriet ihre zarte Stimme zur Karikatur einer Country-Sängerin. Doch «mit der möglichen Ausnahme von Dolly Parton kann keine andere Frauenstimme in der Countrymusik so an die privaten Geheimnisse der Zuhörer rühren wie die von Emmylou Harris» (‹Esquire›). Sie wuchs, untypisch für das Milieu der Countrysänger, in einer Offiziersfamilie in Virginia auf, studierte Drama an der Universität von North Carolina, vagabundierte nach einer unglücklichen Ehe eine Zeitlang durch die Folkzirkel von Greenwich Village und lernte 1971 den Countryversessenen, am 5. November 1946 unter dem Namen Ingram Cecil Conner in Winter Haven,

Florida, geborenen Rock-Rebellen Gram Parsons kennen, der zuvor bei den Byrds, Flying Burrito Brothers gespielt hatte. Bis zu seinem überraschenden Drogentod am 19. September 1973 war sie ein Mitglied seiner Tourneeband und widmete ihm später, als sie sein musikalisches Vermächtnis zu verwirklichen suchte, ihre Eigenkomposition *Boulder To Birmingham*. Inspiriert vom Country Blues des Robert Johnson und den politischen Liedern Woody Guthries, Pete Seegers, in Verehrung für George Jones, Hank Williams baute sie ein Platten-Repertoire auf, das ihre künstlerische Intelligenz, emotionale Reife und beeindruckende vokale Virtuosität hören ließ. Nach dem Highlight des Bluegrass-Albums *Roses In The Snow* (1980) überraschte sie 1985 mit *The Ballad Of Sally Rose*, einer Country-Oper in 13 Songs, die autobiographische Anklänge bot und 1986 mit einem Grammy ausgezeichnet wurde. Die gleiche Ehre widerfuhr dem *Trio* (LP-Titel) Emmylou Harris, Dolly Parton, Linda Ronstadt bei ihrem 1987 veröffentlichten Gemeinschaftsalbum. Die drei Freundinnen hatten bereits 1978 gemeinsam Plattenaufnahmen gemacht; doch nur die Titel *How High The Moon*, *Mister Sandman* fanden sich drei Jahre danach auf dem Album *Evangeline*. «Erst habe ich Countrymusik nur wegen des Feelings gesungen», erklärte Emmylou Harris, «dann erkannte ich, wieviel doch auch die Texte beinhalten. Es ist ein Drahtseilakt zwischen Gefühlsduselei und Banalität auf der einen und Aufrichtigkeit und Realitätstreue auf der anderen Seite. Außerdem liebe ich in der Countrymusik die Harmonien und Phrasierungen. Das hat schon eine gewisse Erhabenheit und Anmut.» Da sie selbst kaum Songs schrieb, verlegte sie sich um 1990 darauf, Country-Hits in einer bodenständigen Form neu zu interpretieren. 1992 trat sie mit einer aus hervorragenden Country- und Bluegrass-Musikern wie Sam Bush (Ex-New Grass) und Al Perkins (Ex-Manassas und Flying Burrito Brothers) bestehenden, ausschließlich auf akustischen Instrumenten spielenden Hot Band im Ryman Theatre in Nashville auf, bis 1974 Heimat der Grand Ole Opry. Der im selben Jahr veröffentlichte Konzertmitschnitt – ihr erstes Live-Album seit zehn Jahren – zeigte die ganze Bandbreite der Sängerin. «Zu vorsichtig, zu blank geputzt, zu kunstfertig», beckmesserte ‹Q›. Die Platte brachte ihr wiederum einen Grammy ein. Ihr von der Kritik hochgelobtes Album *Wrecking Ball* (1995) wurde ebenfalls in Nashville und in New Orleans produziert. Produzent Daniel Lanois (g, bg, mandolin, voc) brachte seine Rhythmiker Darryl Johnson (bg), Brian «Brady» Blade (dr) ein, versicherte sich aber zusätzlicher Hilfe von Larry Mullen Jr. (U 2) sowie Neil Young, der auch den Titelsong beisteuerte. Neben zwei selten gecoverten Standards von Bob Dylan (*Every Grain of Sand*) und Jimi Hendrix (*May This Be Love*) enthielt die LP neue Lieder, überwiegend von Lanois. Emmylou Harris sang sie «eindrucksvoll an der Schmerzgrenze und manchmal kurz vor dem Umkippen, wie es nur ganz großen Stimmen eigen ist» (Ann Scanlon in der Londoner ‹Times›). 1996 erhielt sie für das «Best Contemporary Folk Album» wieder einen Grammy, ihren siebten. Mitschnitte von der Tournee, auf der sie *Wrecking Ball* promotete, kamen – vom Gitarristen Buddy Miller koproduziert – 1998 unter dem Titel *Spyboy* auf den Markt; das war der Name ihrer Band. In Erinnerung an Gram Parsons ließ sie sich vom Almo-Sounds-Manager Paul Kremen überreden, ein Tributalbum mit Parsons-Kompositionen zu koproduzieren und übernahm dann freudig die Kontaktaufnahme mit Chrissie Hynde, Sheryl Crow, Gillian Welch, Lucinda Williams, Chris Hillman, David Crosby, Steve Earle, den Mavericks und anderen. Ihr Favorit auf der CD *Return Of The Grievous Angel* (1999): *Ooh Las Vegas* von den Cowboy Junkies. Ebenfalls 1999 erschien ihr Duett-Album mit Linda Ronstadt *Western Wall: The Tucson Sessions*. ‹Rolling Stone›-Kritiker Wolfgang Doebeling lobte das «wirklich schöne, fast ebenmäßige Rock-Album» als ein «Himmelsglück aus farbechten Gefühlen, luftigen Akkordfolgen und liebreizenden Harmonies», wandte aber ein: «Menschen mit chronischer Sacharin-Allergie sei vom Konsum ebenso abgeraten wie solchen, die sich vor Kitsch ekeln». Ähnlich wohlklingend geriet Emmylous zweites Zusammenwirken mit Linda Ronstadt und Dolly Parton im lang erwarteten Album *Trio 2* (1999). «In ihren besten Momenten», schrieb Joyce Maynard in der ‹New York Times›, «erschaffen sie mehr als nur eine Summe von drei großen Stimmen, nämlich eine ausgeprägte himmlische Einheit, den Klang perfekter Harmonie.» Zum ersten Mal seit *The Ballad Of Sally Rose* (1985) brachte die Sängerin, die sich in Benefiz-Konzerten und in Organisationen gegen den Einsatz und für das Verbot von Landminen engagierte, im Jahr 2000 wieder ein Album mit ausschließlich eigenen Kompositionen auf den Markt. *Red Dirt Girl* wurde wie zuvor *Wrecking Ball* im Wohnhaus des Assistenten von Daniel Lanois, Malcolm Burn, in New Orleans aufgenommen, auch stilistisch weit von Nashville entfernt. Es changiere, so die Kritikerin Christine Heise, «zwischen atmosphärischem Wall of Sound und der Konzentration auf die Gesangsstimme». Gleichwohl wirkten Studiogäste wie Dave Matthews, Patty Griffin, Julie Miller, Bruce Springsteen und seine Frau Patty Scialfa daran mit. Deren «waidwunde Harmonies» schimmerten schön dahin und rührten «elegisch ans Herz», befand Jörg Feyer respektlos im deutschen ‹Rolling Stone›: «Doch insgesamt verstärken Ambiente und Ambitionen Harris' Hang zum Sakralen, der eigentlich geerdet gehört.»

LPs auf Jubilee: *Gliding Bird* (1969) … auf Reprise: *Pieces Of The Sky* (1975); *Elite Hotel* (1975); *Luxury Liner* (1977); *Quarter Moon In A Ten Cent Town* (1978); *Blue Kentucky Girl* (1978); *Profile* (1978); *Light Of The Stable – The Christmas Album* (1979); *Roses In The Snow* (1979); *Evangeline* (1981); *Cimarron* (1981); *Last Date* (1982); *White Shoes* (1983); *Profile II* (1984); *The Ballad Of Sally Rose* (1985); *Thirteen* (1986); *Angel Band* (1987); *Trio* (mit Linda Ronstadt und Dolly Parton, 1987); *Bluebird* (1989); *Duets* (1989); *Brand New Dance* (1990); *Live At The Ryman* (1991); *Cowgirl's Prayer* (1993); *Songs Of The West* (1994); *Portraits* (1997; drei CDs); *Anthology: The Warner/Reprise Years* (2001, großenteils mit *Portraits* identisch) … auf Grapevine: *Wrecking Ball* (1995); *Light Of The Stable* (1999); *Red Dirt Girl* (2000) … auf Eminent: *Spyboy* (1998) … auf EastWest: *Western Wall: The Tucson Sessions* (mit Linda Ronstadt, 1999) … auf Asylum: *Trio 2* (mit Linda Ronstadt und Dolly Parton, 1999)

Harvey, Polly Jean **PJ** (voc, g), am 9. Oktober 1970 in Corscombe, Dorset, geboren, beantwortete die Frage, ob Musik «schön» sein müsse, mit einem lauten, verzerrten, aber glasklaren und kategorischen «Nein». Die junge Frau, die auch in ihrem Äußeren keinerlei Ambitionen zu verfolgen schien, irgend jemandes Schönheitserwartungen zu erfüllen – «der magerste Vamp der Pop-Geschichte» (‹Der Spiegel›) –, sang wie unter der Folter, manchmal im düsteren, gequälten Sprechgesang zum Streichquartett, mal gleich schnurstracks durch den Gitarrenverstärker. Die emotionale Kraft und Unbedingtheit ihres Gesanges zog kein Massenpublikum an, machte sie aber zum bestaunten Zentrum hedonistischer Zuhörer und nach dem Besonderen gierender Musikmagazine. Harvey war in ihrem Elternhaus mit Musik von Captain Beefheart und Bob Dylan in Berührung gekommen, hatte im Folk-Trio Polekats gesungen und in einer anderen Gruppe Saxophon gespielt. Mehr als zwei Jahre spielte sie in der Band Automatic Dlamini, der auch ihr späterer Produzent John Parish (dr, g) angehörte. Entnervt, die Kompositionen anderer Leute spielen zu müssen, widmete sie sich in London der Bildhauerei. Für einige Konzerte tat sie sich unter dem Projekt-Namen PJ Harvey mit Ian Olliver (bg) und Robert Ellis (dr), ebenfalls vorher bei Automatic Dlamini, zusammen. Die bizarre Musik des Trios erregte das Interesse des Independent-Labels Too Pure, das die ungewöhnliche Frontfrau unter Vertrag nahm. Nach der Produktion der Single *Dress* und des Albums *Dry* (1992), auf dem Harvey unverblümt von Sex, Menstruation und verkorksten zwischenmenschlichen Beziehungen sang, wurde Olliver durch Stephen Vaughan (bg) ersetzt. Mit *Rid Of Me* (1993) legte die «männermordende Sirene» (‹Der Spiegel›) ein Album von ausgesuchter Widerborstigkeit, aber auch von seltener Klarheit vor, sowohl in ihren Texten wie in der Produktion. Songs wie *Rub' Til It Bleeds* und *Hook* wirkten wie live aufgenommen. Harveys Gesang erinnerte an Patti Smith, während Ellis' wuchtiger Drum-Sound es mit Phil Collins' Trommelklang aufnehmen konnte. *To Bring You My Love* (1995) wirkte dagegen geradezu nett und verbindlich. Das gefiel sogar dem amerikanischen TV-Publikum, dem sie sich in David Lettermans ‹Late Night Show› wiederholt präsentierte. Die Musik der nunmehr geschminkten, in rote Seide gehüllten Harvey verleitete ‹Spin› zum Psychologisieren: «In diesen Songs gibt es keine Trennung mehr zwischen männlich und weiblich, zwischen menschlich und göttlich.» Die Sängerin hatte ihre spannungsgeladene Triomusik zugunsten wechselnder Besetzungen mit (unter anderen) John Parish (dr), Mick Harvey (bg) und Joe Gore (g) aufgegeben und sich selbst in den Mittelpunkt gestellt. Teilweise simpelste, abgegriffene Rock-Riffs und ausgesparte Drum-Linien genügten zur Illustration ihrer Texte. ‹New York Times› in einer Schlagzeile: «PJ Harvey Goes Back To Basics And Finds More.» Parish, Co-Produzent der LP, konnte sie danach bewegen, für *Dance Hall At Louse Point* (1996) seine Songs zu singen. PJ Harvey entledigte sich dieser Aufgabe bravourös und bewies nebenbei, daß sie ihre Stimme nicht nur für das Ausbreiten der eigenen Gefühlswelt nutzen konnte. Im Frühjahr 1997 wurde der Song-Zyklus, von der Mark Bruce Dance Company getanzt, auf einer Englandtournee brillant choreographiert aufgeführt. Die ‹Times› registrierte eine «perfekte Chemie» zwischen den fünf Musikanten incl. Harvey und fünf Tänzern: «Die dunklen, lastenden Klänge verschmelzen vollendet mit Harveys expressiver Stimme, schreiend, wispernd, einen Moment flehend, im nächsten voller Trotz. Die Leinwand ihrer Gefühle ist breit; manchmal gibt es sogar ein flüchtiges Happy End.» Als sie dann auch noch in Hal Hartleys Jesus-Film «The Book of Life» die Maria Magdalena gegeben hatte, bescheinigte ihr Robert Christgau in der ‹New York Times›, Miss Harvey habe mit 28 eine «kulturüberspannende Glaubwürdigkeit (crosscultural credibility)» angehäuft, die nur wenige Rock-Artisten in einem ganzen Leben erreichen. Inzwischen war die «Duchess of Darkness» (so ihr Spitzname) aus London in das am Meer gelegene Dorf Yeovil in ihrer westenglischen Heimat Dorset umgezogen und hatte im dortigen Small World Studio ihr Album *Is This Desire?* (1998) aufgenommen. «Immer noch», so Kritiker Thomas Weiland, «stößt die Diva Aufschreie quälenden Schmerzes ab, aber zugleich fällt auf, daß ihr Sound wärmer, gefühlvoller, stellenweise sogar rhythmischer geworden ist.» Strukturell, sprachlich und thematisch hatte die Sängerin in ihren starken, mit äußerster Dynamik vorgetragenen Songs keinerlei Kompromisse gemacht: eine junge Frau mit vielen Namen (Elise, Catharine, Joy, Dawn, Leah, Angelene) auf der Suche nach universalen Antworten auf individuelle Fragen. Am Ende der Lieder blieben die Fragezeichen, aber sie signalisierten – wie im Titelsong – Hoffnung, Songtitel: *The Sky Lit Up*. ‹Musikmarkt›: «Von den Dämonen auf ihrer Schulter und all dem süßen Wahnsinn von Lust und Leid hat sie sich ein sattes Stück weit entfernt, trotzdem blitzt der alte Kampfgeist noch durch.» Mutig begab sie sich im April 2000 für fünf Monate nach New York, um ihren daheim am Meer verfaßten Poemen City-Inspirationen aus Brooklyn, Little Italy und Chinatown hinzuzufügen. Als PJ Harvey die Songs ihres Albums *Stories From The City, Stories From The Sea* (Höhepunkt: *The Whore's Hustle And The Hustler's Whore*) Ende 2000 mit ihrer neuen Band Eric Drew Feldman (bg, kb), Rob Ellis (dr), Tim Farthing (g), Margaret Fiedler (g, cello) in New York vorstellte, erklärte sie: «In der Hektik dieser Stadt habe ich zu mir selbst gefunden. Seitdem weiß ich: Ich bin ein glücklicher Mensch.» Kritiker Tom Moon nach ihrem Konzert im Theater of the Living Art in Philadelphia: «Zwischen roher Gewalt und Präzision, zwischen kühnen Ausbrüchen und zarten Nuancen kommt der Sound dieser Künstlerin gerade erst richtig in Schwung. Wenn sie ihren Zenit erreicht, dann gnade uns Gott.»

LPs auf Too Pure: *Dry* (1992) ... auf Island: *Rid Of Me* (1993); *4-Track Demos* (1993); *To Bring You My Love* (1995) ... mit John Parish: *Dance Hall At Louse Point* (1996) ... auf Mercury: *Is This Desire?* (1998); *Stories From The City, Stories From The Sea* (2000)

Helmet, 1989 in New York gegründet, war eine jener Hardcore-Bands, die, aus dem Dunstkreis von Glenn Branca und No Wave hervorgehend, fast ein Jahrzehnt lang die Geschicke des Alternative Rock maßgeblich beeinflussen sollten. Neben Sonic Youth gehörten Helmet zu den ersten Gruppen, die Strukturen aus der Neuen Musik in den Rock übertrugen. «Das Quartett revolutionierte mit seinem ganz eigenen Sound die Hörgewohnheiten des Hardcore-, Metal- und Rock-Fans gleichzeitig» (‹Tip›). Page Hamilton, geboren am 18. Mai 1960 in Portland, Oregon, hatte zunächst im Gitarren-Orchester von Glenn

Branca unter anderem dessen *Symphony #1* eingespielt, bevor er sich in der Band Of Susans an der Schichtung ähnlicher Gitarren-Sounds vor einem Rock-Hintergrund beteiligte. Um diese diffizilen Klanggebilde aber mit der Kraft einer Punk-Band zu versehen, gründete er gemeinsam mit Henry Bogdan (bg), geboren am 4. Februar 1961 in Riverside, Kalifornien, dem klassischen Schlagwerker John Stanier, geboren am 2. August 1968 in Baltimore, und dem Australier Peter Mengede (g), der zuvor bei den New Christs gespielt hatte, Helmet. Nach mehreren Singles auf dem amerikanischen Kult-Label Amphetamine Reptile, die 1995 auf dem Album *Born Annoying* zusammengefaßt wurden, gelang ihnen bereits mit ihrer von Wharton Tiers (auch er stammte aus Brancas Orchester) produzierten Debüt-LP *Strap It On* (1990) der Sprung in die Spitzenriege des Hardcore. Trotz komplexer Strukturen und einem eindeutigen Bekenntnis zu brachialem Noise ließ Hamilton doch einen gewissen Sinn für eingängige Melodien und wirkungsvolle Gitarrenriffs erkennen. Noch undurchdringlicher und dreckiger klang das zweite, diesmal von Steve Albini produzierte Album *Meantime* (1992). Helmet orientierten sich auf diesem Major-Entree stärker am Heavy Metal, ließen aber auch jazzige Einflüsse zu. Hamilton «bellt seine zusammengestückelten Lebensweisheiten ins Mikro, bündelt in seiner kämpferischen Stimme den Geist und die Aggressionen eines in die Enge getriebenen, vernarbten Straßenköters. Er signalisiert in seinen Texten die Bereitschaft, Schmerz zuzulassen und die Vergangenheit mit sich tragend vorwärts zu schreiten» (‹Tip›). Seine Texte handelten meist vom brutalen Alltag in New York und Erinnerungen an seine Jugend in Oregon, Themen, die seine Hörer leicht nachvollziehen konnten. Auf einer US-Tournee mit Faith No More und einer Europa-Tournee mit Ministry spielten sich Helmet immer größeren Publikumsschichten ins Bewußtsein. 1993 zelebrierten Helmet gemeinsam mit dem Hip Hop-Trio House Of Pain den Song *Just Another Victim* für den Soundtrack von ‹Judgement Night›. Im Vorfeld des dritten Helmet-Albums verließ Mengede die Band, um mit Drummer Peter Hines von den Cro-Mags, Gitarrist Tom Capone von Quicksand, Bassist Eddie Nappie und Sänger Jeremy

Chatelains die Metal-Band Handsome zu gründen. Von Rest In Pieces kam statt seiner Rob Echeverria, geboren am 15. Dezember 1967 in New York. Auf *Belly* (1994) klang die Band weicher und geschmeidiger, ohne Konzessionen an den Mainstream-Geschmack zu machen. 1995 nahmen sie für die Led Zeppelin Tribute Compilation *Enconium* den Song *Custard Pie* auf, wofür sie David Yow von The Jesus Lizard hinters Mikro luden. «Als Gitarrist ist Page Hamilton (sein Vorname ist kein Künstlername) für die Neunziger sicher ebenso prägend wie Jimmy Page für die Siebziger» (‹Visions›). Mit Echeverrias Sound unzufrieden, besetzte Hamilton die Position des zweiten Gitarristen für die vierte und letzte Helmet-Platte *Aftertaste* (1997) mit Chris Traynor. Trotz euphorischer Kritiken und zufriedenstellender Verkaufszahlen löste Hamilton die Band nach einer auf das Album folgenden Tournee auf. Er hatte das Interesse am Rock verloren, nahm mit Caspar Brötzmann das experimentelle Duo-Album *Zulutime* (1997) auf und widmete sich danach ausschließlich elektronischer Musik.

LPs auf Amphetamine Reptile: *Born Annoying* (1990) … auf Interscope: *Strap It On* (1991); *Meantime* (1992); *Betty* (1994) … auf Epitaph: *Aftertaste* (1997) … Page Hamilton mit Caspar Brötzmann auf Our Choice: *Zulutime* (1996) … Peter Mengede mit Handsome auf Sony: *Handsome* (1997)

Hendrix, James Marshall **Jimi** (g, voc), wurde am 27. November 1942 als Sohn eines Landschaftsgärtners teils negroider, teils indianischer Abstammung in Seattle, Washington, geboren. Im Mau-Mau-Look, mit Voodoo-Ketten behängt, berichtete der «phänomenale Gitarrist» (‹New Musical Express›) auf der Rockbühne von Expeditionen in die Zukunft (*1983*) und ins All (*Up From The Skies*). In seinen Science-fiction-Blues landeten akustisch fliegende Untertassen (*EXP*), fielen Steine von der Sonne (*Third Stone From The Sun*). Als er beim Woodstock Festival 1969 über die amerikanische Nationalhymne improvisierte und das *Star Spangled Banner* dabei elektronisch zerfetzte, wurde daraus ein Abgesang auf den American Way of Life. Hendrix, der von den Bluessängern Muddy Waters und Elmore James sowie von den Jazzmusikern

Charles Mingus und Roland Kirk inspiriert wurde, «liebte seine Gitarre mit der Leidenschaft und dem Einfallsreichtum eines Casanova» (‹Newsweek›): Er riß die Saiten mit den Zähnen an, malträtrierte sie mit dem Ellbogen, fuhr mit der Zunge über den Steg und entfesselte damit ein 100-Phon-Inferno von hochdifferenzierten Jaul-, Splitter- und Überlagerungsklängen. Mittels der Rückkoppelung brachte er die Saiten derart virtuos in eigenerregte Schwingung, daß er oft minutenlang nur mit der Griffhand spielen konnte. Manchmal zertrümmerte er das Instrument an einer Lautsprecherbox, trampelte darauf herum oder steckte es – wie beim Monterey Pop Festival 1967 – in Brand. In seiner Musik und in seiner Bühnenshow entdeckten Kritiker «Obszönität» (US-Frauenvereine), «religiöse Obertöne» (ein Pfarrer aus Cleveland), aber auch «den Zorn und die Gewalttätigkeit einer ganzen Generation» (‹The Observer›). Jahrelang hatte das Rockidol in reisenden Bluestruppen und Rock 'n' Roll-Bands (Isley Brothers, B. B. King, Little Richard, Ike & Tina Turner) sowie als Aushilfsmusikant in Harlem (etwa bei King Curtis, Joey Dee & The Starlighters) für ein paar Cent die letzte Gitarre gespielt. Im Cafe Wha? in Greenwich Village, wo er unter dem Pseudonym Jimmy James musizierte, wurde er im September 1966 von Chas Chandler, dem Baßgitarristen der Animals, entdeckt. Chandler holte ihn nach London, besorgte ihm die Begleitmusiker Mitch Mitchell (dr), geboren am 9. Juli 1947 in Ealing, London, Noel Redding (bg), geboren am 25. Dezember 1945 in Folkstone, Kent, und investierte 5000 englische Pfund in die Promotion der Jimi Hendrix Experience. Ein Jahr später, nach Hits wie *Hey Joe*, *Purple Haze*, *The Wind Cries Mary*, *Burning Of The Midnight Lamp*, wurde der Gitarrist von den Lesern des ‹Melody Maker›, der Redaktion des ‹Rolling Stone› und zahlreichen anderen Pop-Publikationen zum führenden Rocksolisten der Welt erklärt. Auf seinen USA-Tourneen kassierte Hendrix, dessen monotoner Sprechgesang nur schwer verständlich war, bis zu 100 000 Dollar für ein Konzert. Als die Experience im November 1968 in der New Yorker Philharmonic Hall mit einem Barockmusik-Quintett zum Baroque and Roll aufspielte, verglich die ‹New York Times› den «Superstar Mr. Hendrix» mit den «großen klassischen Virtuosen». Das Superstardasein jedoch konnte er nur schwer verkraften. Er löste die Experience auf und jammte mit wechselnden Partnern, etwa mit Buddy Miles (dr) im Trio Band Of Gypsys. Seit er 1968 unter Alkohol das Mobiliar eines Hotelzimmers in Schweden demoliert hatte (Kosten: 6500 Mark), wurde Hendrix maßlos in seinen Ansprüchen sowie in seinem Rauschmittel- und Groupie-Verbrauch. Nach seinem Tod am 18. September 1970 in einem Londoner Hotel gab die internationale Presse harten Drogen die Schuld. In Wirklichkeit war der «schwarze Elvis Presley» (‹New York Times›) nach Alkoholgenuß und der Einnahme von Schlaftabletten an seinem Erbrochenen erstickt. Von der Musikindustrie wurde der Hendrix-Mythos postum skrupellos vermarktet. Zahlreiche Plattenfirmen veröffentlichten beinahe jede irgendwann einmal aufgenommene Note des Gitarristen, war sie auch noch so uninspiriert gespielt und noch so dilettantisch konserviert. Manager Mike Jeffrey, mit dem Hendrix Ende 1966 einen vierjährigen Exklusivvertrag unterzeichnet hatte, starb bei einem Flugzeugabsturz in Frankreich am 5. März 1973. Am 22. Mai 1980 wurden vier Gold-Alben von Jimi Hendrix aus seinem ehemaligen Electric Ladyland Studio in New York gestohlen. 1988 ließ Mitch Mitchell, Ex-Drummer der Experience, Hendrix' weiße Fender Stratocaster bei Sotheby's versteigern und erlöste 340 000 Dollar. 1993 nahm Scotland Yard alte Ermittlungen über die näheren Todesumstände wieder auf. Eine Ex-Geliebte namens Kathy Etchingham klagte nach jahrelangen minuziösen Recherchen die ehemalige Eiskunstläuferin Monika Dannemann an, in deren Hotelzimmer Hendrix gestorben war, diese habe die Ambulanz nicht Minuten, sondern erst Stunden nach dem Ableben des Musikers benachrichtigt. Frau Dannemann, Autorin peinlich persönlicher Memoiren, klagte gegen die Behauptung vor einem Londoner Gericht und wurde abgewiesen. Am 5. April 1996 vergiftete sie sich mit Autoabgasen. In dieser Zeit, 25 Jahre nach dem Tod des Musikers, der wenig mehr als 20 000 Dollar auf seinen Konten hinterlassen hatte, wurden jährlich noch an die drei Millionen Hendrix-Platten verkauft. Über seine fünf offiziellen Alben zu Lebzeiten hinaus waren bis dahin mehr als 300 weitere Titel veröffentlicht worden, Bootlegs nicht gerechnet. Die Tantiemen kassierte überwiegend Leo Branton, ehemals Anwalt von Nat «King» Cole, der den Vater und Alleinerben James Allen Hendrix mit Vertragsfinten ausgetrickst hatte. Ein verschachteltes Copyright-Kartell auf den Bahamas, den britischen Jungferninseln, in Holland, Kanada und den USA besorgte undurchsichtig das Inkasso. Hendrix der Ältere verklagte den Anwalt sowie dessen Geschäftspartner vor dem District Court von Seattle und bekam nach zweijähriger Prozeßdauer im Juli 1995 recht. Jimi Hendrix' Nachlaß wurde nun auf 70 Millionen Dollar geschätzt. Den Lifetime Achievement Award für sein Lebenswerk hatte Jimi Hendrix zwei Jahrzehnte nach seinem Tod bei der Grammy-Verleihung 1992 erhalten – viel zu spät. Im gleichen Jahr schmuggelte ihn das Pop-Establishment verschämt in die Rock and Roll Hall of Fame. Im Januar 1997 wurde in seiner Heimatstadt Seattle an der Ecke Broadway/Pine Street eine Hendrix-Statue aufgestellt. Im September des gleichen Jahres enthüllte die Gesellschaft English Heritage im Beisein von Vater, Schwester und Freunden eine Tafel an Haus 23 Brook Street in London, in dem der Gitarrist 1968/69 gewohnt hatte. Zum 30. Todestag im September 2000 Memorials an vielen Orten: ein All Star-Konzert in der Brooklyn Academy of Music, ein Recital der Sängerin Nora York sowie eine Hendrix Dance Party mit den Free Radicals im BAM Cafe in Fort Greene, eine Ausstellung im Rock-Museum in Cleveland, Ohio, und so fort. Zahlreiche Künstler zollten Hendrix auf CD-Samplern mit seinen Kompositionen Tribut: 1995 *In From The Storm* (Santana, Sting, Redding, Miles u. a.) auf RCA Victor, 2000 *Blue Haze* (Taj Mahal, Eric Burdon, Michelle Shocked, Buddy Miles u. a.) auf Ruf Records, ebenfalls 2000 *Hendrix Hits* (Jeff Beck, Stevie Ray Vaughan, Steve Lukather, Frank Marion u. a.) auf Sounds. Nach dem Ende des Nachlaßprozesses 1995 hatten Vater und Schwester Hendrix eine Wiedereröffnungsaktion seiner Werke in Gang gesetzt – beginnend mit dem endgefertigten Studioalbum *Voodoo Soup*, an dem er zur Zeit seines Todes gearbeitet hatte, unter dem Titel *First Rays Of The New Rising Sun* (1995). Ihren vorläufigen Höhepunkt fand die Aktion in der in lila Samt

gebundenen 4-CD-Box *The Jimi Hendrix Experience* (2000) auf MCA mit einem 80-Seiten-Booklet: Essays von John McDermott und Dave Marsh, zuvor unveröffentlichtes Bildmaterial von Linda McCartney und Jean-Pierre Leloir, handgeschriebene Lyrics von Hendrix. Auf den CDs hatte sein langjähriger Toningenieur Eddie Kramer seltene Rough-Mixe und vollendete, aber unbekannt gebliebene Cuts der Hendrix-Kompositionen als ungewöhnlichen Werkstattbericht ediert. Jeder seiner berühmten Hits war, wie sich hier zeigte, für Hendrix selber ein work in progress gewesen.

LPs auf Track/Polydor: *Are You Experienced?* (1967); *Axis: Bold As Love* (1967); *Electric Ladyland* (1968); *Smash Hits* (1968); *Band Of Gypsys* (1970) … Sämtliche folgenden LPs wurden erst nach Hendrix' Tod zusammengestellt und veröffentlicht … auf Polydor: *In The Beginning* (mit The Isley Brothers, 1970); *Cry Of Love* (1970); *Isle Of Wight* (1971); *In The West* (1972); *War Heroes* (1972); *Loose Ends* (1973); *Midnight Lightning* (1975); *Nine To The Universe* (1980); *The Singles Album* (1983); *Jimi Plays Monterey* (Soundtrack, 1986); *Stages* (1991; Box mit vier CDs, Live-Aufnahmen); *The Ultimate Experience* (1992); *Blues* (1994); *Voodoo Soup* (1995) … auf AFE: *Cosmic Turnaround* (1981) … auf Reprise: *Historic Performances Recorded At The Monterey International Pop Festival 1967* (1970); *Rainbow Bridge* (1971); *Jimi Hendrix* (Soundtrack, 1973); *Crash Landing* (1975) … auf London: *Get That Feeling* (mit Curtis Knight, 1966); *Flashing* (mit Curtis Knight, 1966); *In Memoriam* (1970) … auf Stateside: *I'm A Man* (1970); *On The Killing Floor* (1970); *Friends From The Beginning* (mit Little Richard, 1972) … auf Saga: *At His Best Vol. 1* (1972); *At His Best Vol. 2* (1972); *At His Best Vol. 3* (1972) … auf Pantonic: *Jimi Hendrix* (1971) … auf Shout: *In The Beginning* (1972) … auf Hallmark: *The Eternal Fire Of* (mit Curtis Knight, 1971); *The Wild One* (mit Curtis Knight, 1972) … auf Ember: *More Experience* (Soundtrack, 1972); *Looking Back With Jimi Hendrix* (1974) … auf Byg: *Faces & Places* (1972) … auf Joker: *Two Great Experiences* (mit Lonnie Youngblood, 1973) … auf Entertainment: *Experience* (Soundtrack, 1970) … auf MFP: *Birth Of Success* (1972) … auf Trip: *Rare Hendrix*; *Roots Of Hendrix* (1971); *Moods* (1973) … auf Maple: *Together* (1972) … auf Cobra: *That Unforgettable* (1973) … auf Boulevard: *Jimi Hen-*

drix'64 (1973) ... auf Pickwick: *Together With Little Richard* (1973) ... auf Archive of Folk & Jazz Musik: *Roots Of Rock* (mit Little Richard, 1973) ... auf Barclay: *Jimi Plays Berkeley* (1970) ... auf Musidisc: *The Genius Of Jimi Hendrix* ... auf Capitol: *Johnny B. Goode* (Soundtrack, 1986) ... auf Castle: *Radio One* (1988) ... auf Columbia: *The Jimi Hendrix Concerts* (1982) ... auf MCA: *The Experience Collection* (o. J.); *BBC Sessions* (1998; Aufnahmen von 1967–1969); *Experience Hendrix* (2-CD, 1999, erweiterte Neuauflage 2001); *Voodoo Child* (2-CD, 2001) ... auf Nektar: *Experience* (1995) ... auf Rough Trade (Institute of Art Records): *Hot Trigger* (1995) ... auf Digibook Hendrix / MCA: *The Jimi Hendrix Experience* (4-CD-Box, 2000)

Hiatt, John (voc, g, p), am 20. August 1952 in Indianapolis, Indiana, geboren, trug seine Charakterstudien, präzis beobachtete Alltagsgeschichten und unsentimentale Liebeslieder in einer Art «blues moderne» (‹Stereo Review›) aus Boogie, Rock, Funk vor, die er selbst «ZZ Top trifft Funkadelic am Big Pink» nannte. Seine Manier, mit traditionellen amerikanischen Populärgenres umzugehen, wurde von der Kritik gepriesen, von den Konsumenten nicht zur Kenntnis genommen. Auf seinen ersten in Nashville eingespielten Platten hörte er sich, bar jeder Richtungsorientierung, noch wie die Karikatur eines weißen Bluessängers an und klang abwechselnd nach Randy Newman, John Prine, Jack Bruce. Weitere Produktionen, die ihn diverse Plattenfirmen trotz fehlenden Umsatzes machen ließen, boten New Wave-Anklänge à la Elvis Costello, Graham Parker, Riffs wie bei Chuck Berry, Bo Diddley, eine Pop-Transformation des Blues im Stile von Boz Scaggs. Der ‹Melody Maker› lästerte damals über «das dumme, traurige Getue für junge Erwachsene, die sich wohl schick vorkommen, wenn sie sich Sentimentalität als Ersatz für Sensibilität anschminken». Erst bei dem Album *Riding With The King* (1984) wurde Hiatts Talent für intelligente Wortspiele und exquisite Melodien beeindruckend hörbar; sein bis dahin forcierter weißer Soul-Gesang überzeugte in unverkrampfter Emotionalität. Der Titelsong war eine frappierende Meditation über Elvis Presley als Metapher für eine ganze Generation, die sich selbst zerstörte. Ähnliches Format hatte die meisterliche Soulballade *When We Ran* aus dem «grandiosen»

(‹Village Voice›) Album *Warming Up To The Ice Age*. Zu dieser Zeit litt Hiatt unter Alkohol- und Drogenproblemen und dem Selbstmord seiner von ihm getrennt lebenden ersten Frau. Songschreiben wurde zu einem Teil seiner Rekonvaleszenz-Therapie. 1987 nahm er dann in nur vier Tagen mit Ry Cooder (g), Nick Lowe (bg), Jim Keltner (dr) «das beste Album seiner Karriere» (‹Rolling Stone›) auf. *Bring The Family*, das mit *Alone In The Dark* eine Reminiszenz an seine Zeit im seelischen Off enthielt, wurde vom ‹New Musical Express› gefeiert: «Es ist den neueren Arbeiten seiner Zeitgenossen überlegen, Springsteen eingeschlossen. Gott sei gedankt für einen US-Helden, der nie den Glauben an die unendlich reiche Tradition seines musikalischen Heimaterbes verloren hat.» Mit Lowe, Keltner und Cooder tat er sich 1992 noch einmal zu der Band Little Village zusammen. Die als Super Group annoncierte Formation brachte es nur zu einer gemeinsamen LP und Tournee, dann wurde die «heimliche Hauptstadt des Musik-Universums» (Pressetext) zur Geisterstadt. Hiatt wandte sich wieder seiner eigenen Musik zu und veröffentlichte 1993 *Perfectly Good Guitar*. Mit School Of Fish-Gitarrist Michael Ward, Wire Train-Drummer Brian McLeod unter der Regie von Faith No More-Produzent Matt Wallace aufgenommen, spielte er sich damit endgültig «in die erste Reihe der amerikanischen Rockmusiker» (‹Stereoplay›). Beweis: das Live-Album *Hiatt Comes Alive At Budokan?*, das entgegen dem Titel (mit Fragezeichen) nicht in Japan, sondern während der USA-Tournee 1994 aufgenommen wurde und die seinerzeit erfolgreichen Live-LPs von Peter Frampton und Cheap Trick ironisieren sollte. Hiatt: «Diese junge Band hatte schon im Studio so viel Dampf abgelassen, und die Art, wie sie ältere Songs von mir interpretierte, war so erfrischend und erregend, daß die Live-Platte einfach nötig wurde.» Inspiration für den Komponisten: Während der Frühjahrstournee 1994 schrieb Hiatt 35 neue Songs, von denen einige auf *Walk On* (1995) vertreten waren. Danach gründete er mit Peter Holsapple (kb) und David Immergluck (bg) ein Trio für die Aufnahmen von *Little Head* (1997). Wenn auch nicht immer als solche zu erkennen, waren Hiatts Lieder allemal Liebeslieder, manchmal auch Haßliebeslieder, die eine gewisse Distanz zum Allzu-Intimen wahrten. «I'm talking with her tight red sweater / I'm feeling like Eddie Vedder» – die Selbstironie dieser Textzeile war kaum zu überbieten. «Der einsame Wolf hat nach Hause gefunden», schrieb ‹Musikexpress› über Hiatts *Little Head*, «aber Pfötchen gibt er deshalb noch lange nicht.» Zu den Künstlern, die seine Lieder bis dahin gesungen oder aufgenommen hatten, gehörten unter anderen Bob Dylan, Joan Baez, The Everly Brothers, Dr. Feelgood, Ry Cooder, The Nitty Gritty Dirt Band, Bonnie Raitt, Nick Lowe, David Edmunds, David Crosby, Willie Nelson, Iggy Pop, Mitch Ryder, Conway Twitty, Ricky Nelson, Paula Abdul, Three Dog Night und so fort. 1999 holte sich der Gitarrist G. E. Smith ein Dutzend hochkarätige Rock-, Folk- und Blues-Interpreten von James Cotton bis Odetta für «The Songs Of John Hiatt» (Untertitel) zu seiner Band ins Studio. Das dabei entstandene Tributalbum *Rollin' Into Memphis* auf Telarc spiegele, so Kritiker Matthias Inhoffen, «die schillernde Vielfalt von Hiatts Schaffen mit saftigem Soulrock, frischem Cajun und intensivem Folkrock». Hiatt, der im Februar 1999 seine kontinuierliche Konzertaktivität zwecks Entfernung einer Lungenzyste für einige Wochen unterbrechen mußte, zeigte sich 2000 auf dem Akustik-Album *Crossing Muddy Waters* wieder «knietief im Delta Blues» (‹Tip›), mit einer Handvoll potentieller Hits (*Only The Song Survives, Gone, What Do We Do Now*) und total genesen. Kritiker Hans Joachim Günther: «Klasse-Arbeit mit Langzeitwirkung.»

LPs auf MCA: *Slug Line* (1979); *Two Bit Monster* (1980) ... auf Geffen: *All Of A Sudden* (1982); *Riding With The King* (1983); *Y' All Caught?* (1989) ... auf Columbia: *Warming Up To The Ice Age* (1985) ... auf A & M: *Bring The Family* (1987); *Slow Turning* (1988); *Stolen Moments* (1990); *Perfectly Good Guitar* (1993); *Hiatt Comes Alive At Budokan?* (1994) ... auf Capitol: *Walk On* (1995); *Little Head* (1997) ... mit Ry Cooder, Jim Keltner, Nick Lowe auf Warner Bros.: *Little Village* (1992) ... auf Polydor: *Monday Morning: Jimi At Woodstock* (1995) ... auf MCA: *First Rays Of The New Rising Sun* (1995); *South Saturn Delta* (1997); *Live At Filmore East* (1999) ... auf Vanguard: *Crossing Muddy Waters* (2000) ... auf Sanctuary: *The Tiki Bar Is Open* (2001) ... Hip-O: Anthology (2-CD, 2001)

The High Llamas, 1992 in London gegründet, lieferten mit ihrem melodischen, wohlarrangierten Pop, der Erinnerungen an die Beach Boys, Buffalo Springfield oder frühen Prog Rock in die Nähe von mondänem Easy Listening rückte, entscheidende Impulse für das britische Sixties-Revival in den Neunzigern. Sean O'Hagan (voc, g) gründete bereits 1980 im irischen Cork die Band Microdisney, in der er gemeinsam mit Cathal Coughlan (kb) melodisch weichen Rock spielte, der in auffälligem Gegensatz zu den bitterbösen Texten der Band stand. Nach vier Platten, *Everybody Is Fantastic* (1984), *The Clock Comes Down The Stairs* (1985), *Crooked Mile* (1987) und *39 Minutes* (1988) sowie einer Tournee als Support für U 2 ging das Duo auseinander. Coughlan rief die Fatima Mansions ins Leben. O'Hagan ging drei Jahre in Klausur, um an seinem Solo-Debüt *High Llamas* zu basteln. Den Titel hatte er von einem Bild eines viktorianischen Heißluftballons. Das Album umfaßte eher Skizzen als ausgereifte musikalische Ideen. Nachdem O'Hagan zunächst die Musik aufgeben wollte, kehrte er 1992 mit der Band zurück, die er nach seinem Debütalbum benannte, um die EP *Apricots* aufzunehmen. Mit einem Vertrag von Mute nahm O'Hagan für die französische Ausgabe der Platte noch vier neue Tracks auf, so daß sie nun unter dem Titel *Santa Barbara* als Full Length Album erscheinen konnte. Zur gleichen Zeit ging O'Hagan als Keyboarder mit Stereolab auf Tour, als deren inoffizielles Mitglied er in der Folge an jedem Album der Band mitarbeiten sollte. 1993 komponierte er die Titelmusik für die Special Olympics, die mit großem Aufwand im Don Valley-Stadion in Sheffield aufgeführt, aber nicht aufgenommen wurde. Inzwischen stellte er mit John Bennett (g), Marcus Holdaway (kb), seinem ehemaligen Microdisney-Mitstreiter John Fell (bg) und Rob Allum (dr) die erste solide Besetzung der High Llamas auf. Das für 2000 Pfund produzierte, samtweiche Album *Gideon Gaye* (1994) war «ein kleiner, aber perfekt geformter Traum» (‹NME›), der «den Kopf schwimmen machte» (‹Mojo›), und galt als «bestes Beach Boys-Album seit 1968» (‹Q›). Der Erfolg der High Llamas schlug sich nicht so sehr in den Charts nieder als vielmehr in den Reaktionen von Kollegen. O'Hagan remixte mehrere Tracks der Boo Radleys, und Arthur Lee lud die Band ein, um einige Klassiker seiner legendären Gruppe Love neu zu arrangieren und in einer Konzertreihe zu präsentieren. Sie gingen auf Tournee mit Mercury Rev, O'Hagan und Allum wirkten auf dem Palace-Album *Palace Songs* mit. Die Beach Boys- und Van Dyke Parks-Bezüge wurden noch stärker auf *Hawaii* (1996), einem 77minütigen Streifzug durch die amerikanische Pioniergeschichte. Ein Fan arrangierte daraufhin ein Treffen der High Llamas und der Beach Boys, das in einem gemeinsamen Album gipfeln sollte, welches aber nie zustande kam. Immerhin stand O'Hagan aber in Columbus, Ohio, gemeinsam mit den echten Beach Boys auf der Bühne, um Gitarre bei *I Can Hear Music* und *Sail On Sailor* zu spielen. 1997 vertiefte O'Hagan seine Zusammenarbeit mit der Musikerszene von Chicago, ging erneut mit Will Oldham von Palace ins Studio, arbeitete mit diversen Tortoise-Mitgliedern an einem Track für Stereolab und partizipierte an einem Album der Chicagoer Country-Chanteuse Edith Frost. Das Album *Cold And Bouncy* (1998) rückte die Band in die Nähe der deutschen elektronischen Musik. Der elektronische Anteil wurde auf dem Remix-Album *Lollo Rosso* (1998) ausgeweitet, auf dem die Band mit Jim O'Rourke (Chicago), Schneider TM und Mouse On Mars (beide Deutschland), Stock Hausen & Walkman (England) und Kid Loco (Frankreich) kooperierte. «Sag niemals, Sean O'Hagans High Llamas hätten Angst vor dem Experiment», bejubelte ‹NME› dieses Werk, das so gar nichts mehr mit dem Beach Boys-Klischee zu tun hatte und die High Llamas plötzlich zum Flaggschiff einer internationalen experimentellen Pop-Szene machte. Unter dem Eindruck dieser Horizonterweiterung entstand das flockige, von den Chicagoern Jim O'Rourke, John McEntire und Bundy K. Brown produzierte Bossa-Album *Snow Bug* (1999). Als Gäste wirkten Laetitia Sadier und Mary Hansen von Stereolab mit. Nach einem Jahrzehnt unerschütterlicher Soundforschung war es Sean O'Hagan mit den High Llamas gelungen, eine weltweit wirksame Alternative zu Britpop und britischem Dancefloor zu etablieren.

LPs auf V2: *Santa Barbara* (1992); *Gideon Gaye* (1994); *Hawaii* (1996); *Cold & Bouncy* (1998); *Lollo Rosso* (1998); *Snowbug* (1999); *Buzzle Bee* (2000)

Hill, Lauryn (voc), am 25. Mai 1975 als Tochter eines Management Consultant und einer Englischlehrerin in South Orange, New Jersey, geboren, wurde mit ihrem Album *The Miseducation Of Lauryn Hill* (1998) als letzter Soul-Superstar des ausgehenden 20. Jahrhunderts und Titelfigur des Magazins ‹Time› für zehn Grammies nominiert und mit fünf ausgezeichnet: Best New Artist, Album of the Year, Best R & B Album, Best R & B Song und Best R & B Vocal Performance (für *Doo Wop That Thing*). «Ohne Kompromisse gemacht zu haben, ist sie zur einigenden Übermama geworden, zur universal queen of hip-pop, zur Sympathieträgerin ohne Grenzen» (Thomas Weiland in ‹Tip›). Das nach dem soziologischen Standardwerk ‹The Miseducation of The Negro›, von Carter G. Woodson betitelte, von ihr selbst getextete und produzierte Album verband Rap, Hip Hop-Beats, Popmelodien und Reggae-Groove mit einer beinahe hymnischen Spiritualität. Doch es sei nicht die religiöse Emphase, so Ann Powers in der ‹New York Times›, die *Miseducation* so einzigartig macht: «It is the way that her faith, based more in experience and feeling than in doctrine, leads her to connect the sacred to the secular in music that touches the essence of soul.» Zumindest ebenso wichtig wie die unverkrampfte Religiosität ihrer Eltern waren für die damals achtjährige Lauryn, die frühzeitig Geigenunterricht erhielt, die Motown-Singles ihrer klavierspielenden Mutter, die sie bis zur Expertenreife buchstäblich aufsog: «Ich mag es, wenn man die Stimme kratzen hört. Ich mag keine Kompressoren, keine Glattmacher, weil ich mit Musik groß geworden bin, die noch ohne diese ganze Technik auskam. Computer sind mir zu perfekt. Es ist immer das menschliche Element, von dem ich eine Gänsehaut kriege.» *Miseducation* mit den wohldosiert eingesetzten Gastkünstlern Mary J. Blige, D'Angelo stieg im September 1998 auf Platz eins in die US-Charts ein und verkaufte sich auf Anhieb siebeneinhalbmillionenmal. Dieser Erfolg beendete vorerst Lauryn Hills erste Karrierestufe mit den Fugees Pras Michel (rap voc), geb. 19. 10. 1972, und ihrem langjährigen Boyfriend Wyclef Jean, geb. 17. 10. 1972, beide auf Haiti: «Wir haben uns alle sehr geliebt, aber ich mußte meine eigene Stimme finden – den Sound, der ganz und gar meiner ist. Ich mußte die Frau werden, die ich bin, und ich mußte diese Platte machen. Möglicherweise hat sie einige Unsicherheit in den anderen zutage gefördert. Nicht alle hielten mein Soloprojekt für angebracht oder notwendig.» Ihr Bühnendebüt gab sie mit 13 und dem Smokey Robinson-Song *Who's Loving You* in der Amateurnacht des Apollo-Theaters in Harlem. Nach Abschluß der Columbia High School in Maplewood, N. J., studierte sie an der New Yorker Columbia University Geschichte und trat nebenbei als Schauspielerin vor die Kamera – als verstörter Teenager in der TV-Serie ‹As the World Turns›, als rebellischer Teenager im Whoopi Goldberg-Film ‹Sister Act 2: Back in the Habit› (1994). Dafür nahm sie auch – im Duett mit Tanya Blount – ihre erste Single auf: den Ethel Waters-Oldie *His Eye Is On The Sparrow*. Ihre erste CD mit Wyclef Jean und Pras Michel, die sich nach dem weiblichen Neuzugang von Tranzlator Crew in The Fugees umbenannten, erschien – im eigenen Booga Basement Studio in East Orange aufgenommen – im Juli 1994 auf Ruffhouse / Columbia und plazierte sich auf Position 62 in den R & B-Charts: *Blunted On Reality*. Die zweite Fugees-CD *The Score,* im Januar 1996 veröffentlicht, enthielt als Hit ein Remake der Teena Marie-Nummer *Oh La La La* aus dem Jahr 1988 unter dem neuen Titel *Fu-Gee-La*, ein Remake von Bob Marleys *No Woman, No Cry* (1975) sowie vor allem eine Neufassung von Roberta Flacks *Killing Me Softly With His Song,* 1971 in den USA Nummer eins. Diesen Erfolg konnten die Fugees nun weltweit locker wiederholen. Ihr *Killing Me Softly* wurde 1996 von MTV als bestes R & B-Video ausgezeichnet. *The Score* wurde «Album des Jahres» u.a. bei den Billboard Awards und verkaufte sich weltweit 18 Millionen Mal. Vom Tantiemen-Segen konnte sich das Trio, im März 1997 auch bei den deutschen «Echos» als «Beste Internationale Gruppe» ausgezeichnet, Benefizkonzerte in Krisenregionen wie Zaire oder Jeans und Michels Heimatinsel Haiti leisten sowie ein «Refugee Project» für unterprivilegierte Kinder auflegen. Das Geldverdienen mit gesampleten Fremdnummern befriedigte aber nicht den künstlerischen Ehrgeiz. Noch bevor Lauryn Hill mit ihrer CD auf den Markt kam, stellte ihr ehemaliger Liebhaber sein erstes Soloprojekt vor: *Wyclef Jean Presents The Carnival Featuring The Refugee All Stars*. Es plazierte sich auf 16 und hatte mit dem Bee Gees-Klassiker *Staying Alive* unter dem Titel *We Try To Stay Alive* doch wieder ein Remake als Single. Und auch Lauryn Hill lehnte sich abermals an eine Musik-Legende an. Sie sang – für den Soundtrack des Films ‹The Best Man› (2000) – mit dem toten Bob Marley Duett: *Turn Your Lights Down Low.* Aber das war eher eine Familienangelegenheit. Denn Bob Marleys Sohn Rohan, der das virtuelle Duett auch produzierte, war der Vater ihrer beiden Kinder Zion (geb. 4. 11. 1997) und Selah Louise (geb. 12. 11. 1998). Nachdem sie auch als Autorin und Produzentin des 1999 für einen Grammy nominierten Aretha Franklin-Songs *A Rose Is Still A Rose* nun ohnehin in der Oberliga mitspielte, konnte sie sich dieses Zwiegespräch mit dem Schwiegervater wohl auch leisten.

LPs auf Rufthouse / Columbia: *The Miseducation of Lauryn Hill* (1998) ... auf Orchard: *The Lauryn Hill Story* (2000) ... LPs mit den Fugees: *Blunted On Reality* (1994); *The Score* (1996) ... Solo-LPs Wyclef Jean auf Columbia: *The Carnival* (1997); *The Eclectic* (2000) ... Solo-LP Pras Michel auf Columbia: *Ghetto Supastar* (1998)

Hole wurde 1986 in Auditions nach einer von Courtney Love (voc, g), als Love Michelle Harrison am 9. Juli 1964 in San Francisco geboren im Lokalblatt ‹Recycler› aufgegebenen Anzeige in Los Angeles gegründet. Gemeldet hatten sich Eric Erlandson (g), geboren am 9. Januar 1963 in Los Angeles, Jill Emery (bg), Caroline Rue (dr). Die nach einem Begriff aus dem Drama ‹Medea› von Euripides betitelte Punkband trat 1990 mit der EP *Rat Bastard* und dem Song *Retard Girl*, 1991 mit der Single *Dicknail* auf dem kleinen Alternativlabel Sub Pop in Seattle, Washington, an die Öffentlichkeit, ehe die Marke Caroline ihre Debüt-LP *Pretty On The Inside* (1991) voller Sex & Drugs & Rock 'n' Roll veröffentlichte. Das Album mit der provokativen Single *Teenage Whore* (Teenager-Hure) gelangte im November 1991 während einer kurzen Europatournee der Band eine Woche lang auf Platz 59 der britischen Charts. Courtney Loves Affäre mit dem Nirvana-Star Kurt Cobain, ihre Hochzeit auf Hawaii und die Geburt ihrer Tochter Frances Bean Cobain am 19. August 1992 katapultierte auch Hole in die Medien und trug der Band Offerten von großen Plattenfirmen ein. Love und Erlandson schlossen mit David Geffens Company ab, die auch Nirvana unter Vertrag hatte. Im April 1992 ersetzt Patty Schemel, geboren am 24. April 1967 in Marysville bei Seattle, Caroline Rue am Schlagzeug; am Jahresende übernahm den Baß Kristen Pfaff, die am 16. Juni 1994 an einer Heroin-Überdosis starb. An ihre Stelle trat Melissa Auf Der Maur (bg), geboren am 17. März 1972 in Montreal, Kanada. Das Album *Live Through This* (1994), unmittelbar nach Kurt Cobains Selbstmord veröffentlicht und durch diesen ebenfalls von Medieninteresse, überraschte die Kritiker. Gegenüber dem unstrukturierten Lärm der ersten Platte, urteilte Jon Pareles in der ‹New York Times›, tendierte die zweite «zu Klarheit, Kontrolle und der altmodischen Kunst des Songschreibens». Songs wie *Plump* mit der Zeile «I don't do the dishes, I throw them in the crib» (Ich wasche nicht ab, ich werf das Geschirr in die Krippe), *I Think I Would Die* mit dem Aufschrei «I want my baby, where is our baby?» oder *Outless* mit der Feststellung «All my friends are embryonic» waren autobiographisch durchwachsen oder jedenfalls so zu verstehen. Andererseits warnte Courtney Love – vielleicht aus Selbstschutz: «I am the girl you know, I lie and lie and lie» (*Miss World*), oder auch: «I fake it so real I am beyond fake». Erstens: Ich lüge. Zweitens: Ich täusche so gründlich, daß es schon Wahrheit wird. Man solle die Texte von Hole besser nicht wörtlich-biographisch lesen, forderte Sandra Grether in der Zeitschrift ‹Spex›. Ihre Schönheit liege in den Andeutungen, die sich aus konkreten Zusammenhängen ergeben: «Genau wie die nunmehr druckvollere, weniger *zerrissene* Musik ist auf *Live Through This* alles sehr kalkuliert ineinander geschachtelt, ohne konstruiert zu wirken. So entsteht eine Art von Authentizität, der das *Authentische* immer wieder entrissen wird.» Courtney Love wolle nicht einfach gute Platten machen, postulierte die Analytikerin Grether, sondern die besten. Dies sei der produk-

tivere Teil ihrer Losung «I want to be the girl with the most cake» (aus *Doll Parts*). Vielleicht stand der große Kuchen für den Star Love aber auch in Hollywood (‹People vs. Larry Flint›, 1996). Hole brauchten jedenfalls vier Jahre, bis sie mit *Celebrity Skin* (1998) ein neues, überraschend Mainstream-orientiertes Album vorlegten. Nur in einem Track, *Playing Your Song*, gab es noch ferne Echos des Seattle Grunge, Ort der Handlung war nun auch musikalisch das Los Angeles von Gruppen wie Mamas And Papas, Tom Petty, GoGo's und Fleetwood Mac. Das Titelstück war ein bitter selbstironischer Striptease des Hollywood-Starlets («Hooker waitress model actress») mit einem Rudiment von Selbstrespekt: «You want a part of me / Well I'm not selling cheap.» Im Grunde aber erschien *Celebrity Skin* doch noch als eine Art Abrechnung mit dem toten Cobain, dessen Selbstmord ihr offenbar unverständlich und darum nur schwer zu bewältigen war. Die Zeile «It's better to burn out than to fade away» von Neil Young variierend, sang sie in *Reasons To Be Beautiful*: «When the fire goes out you better learn to fake / It's better to rise than to fade away.» Unter den starken Statements der desillusionierten später Neunziger hatte *Celebrity Skin* einen sicheren Platz.

LPs auf Caroline: *Pretty On The Inside* (1991) ... auf DGC / Geffen: *Live Through This* (1994); *Celebrity Skin* (1998)

Hooker, John Lee (voc, g), auf einer Farm nahe Clarksdale, Mississippi, wahrscheinlich am 22. August 1917 (es kursierten auch die Daten 1918, 1919, 1920) geboren, hat als Bluesmusiker den Stil zahlreicher Rockgruppen wie Rolling Stones, Animals, Yardbirds, Canned Heat, Groundhogs, Steve Miller Band etc. nachhaltig beeinflußt. Nach Wanderjahren durch die ganzen USA wurde er um 1947 in Detroit ansässig und nahm 1948 für das Label Modern Records und die Marke Sensation seine ersten Platten auf. Seine erste Single *Boogie Chillen* wurde sofort zur Nummer eins in den Jukebox-Charts. In den folgenden sechs Jahren besang er unter zehn Pseudonymen rund 70 Singles für 21 verschiedene Labels: als Delta John für Regent, als Birmingham Sam für Savoy, als Johnny Williams für Staff und

Gotham, als Texas Slim für King, als The Boogie Man für Acorn, als John Lee und Johnny Lee für De Luxe, als John Lee Booker für Gone, Chess, Chance, DeLuxe und Rockin' sowie unter seinem richtigen Namen unter anderem für Modern, Sensation, Regal, JVB, Chart, Fortune, Specialty und Vee Jay. Die Single *I'm In The Mood* erreichte 1951 eine Millionenauflage. Hooker war von der Firma abgefunden worden und verdiente nichts daran. Seine Platten machten ihn zu einem Star in schwarzen Rhythm & Blues-Zirkeln, zum Geheimtip bei Rock 'n' Roll-Fans und Folklore-Enthusiasten sowie zum Studienobjekt für Anthropologen und Musikwissenschaftler. Jacques Demêtre nannte den Sänger, der bald zum Dauergast amerikanischer Folklore-Festivals wurde, «den vom musikalischen Gesichtspunkt primitivsten und afrikanischsten aller Bluesinterpreten». Marshall W. Stearns fand, er summe «auf eine Art, die an einen Dudelsack erinnert». John W. Peters beschrieb seinen Stil als «eine Synthese aus versengender emotioneller Glut, einer unerbittlichen rhythmischen Intensität und einer ursprünglichen Poesie von höchst originellem Charakter». Bis zur Unerträglichkeit wiederholte Ostinati, ein eingängiger Shufflerhythmus, geläufige Textzeilen voll sexueller Anspielungen, eine oft an das Timbre von schwarzen Geistlichen erinnernde Stimmfarbe und ein ungeheuer intensiver Vortrag definierten seinen Stil. Die Leidenschaft und die Kraft John Lee Hookers, urteilte der Kritiker Nat Hentoff, seien so ungefiltert, daß sie den Zuhörer erschrecken können, der ihn zum erstenmal hört. 1971 wurden die Blues Rock-LPs *Hooker 'n' Heat* mit Canned Heat sowie *Endless Boogie* mit der Steve Miller Band als Begleitensembles veröffentlicht. 1972 gehörten für *Never Get Out Of These Blues Alive* Charles Musselwhite und Van Morrison zu seinen Begleitmusikern. 1980 gab er eine Gastrolle in John Belushis und Dan Aykroyds Film ‹The Blues Brothers›. 1986 war seine Musik in Steven Spielbergs ‹The Color Purple› (‹Die Farbe Lila›) zu hören. 1989 sang er die Titelrolle in Pete Townshends theatralischem Rock-Album *The Iron Man*. Die von Roy Rogers produzierte LP *The Healer* (1989) mit Gastauftritten von Carlos Santana, Canned Heat, Robert Cray, George Thorogood, Los Lobos hielt sich 38 Wochen in den Charts und brachte ihm für das Duett *I'm In The Mood* mit Bonnie Raitt seinen ersten Grammy ein. Im Oktober 1990 wurde seine Musik von zahlreichen Rock- und Bluesinterpreten im New Yorker Madison Square Garden dargeboten, im gleichen Jahr war er neben Miles Davis im Grammy-nominierten Soundtrack des Films ‹The Hot Spot› zu hören. Im Januar 1991 wurde er in die Rock and Roll Hall of Fame aufgenommen. Das Album *Mr. Lucky* mit Keith Richards, Van Morrison, Ry Cooder, Tom Waits, Santana und anderen wurde ebenfalls für einen Grammy nominiert. Im metallicfunkelnden Anzug, mit Hut und Sonnenbrille hockte er auf der Bühne und spielte zur Begleitung einer Coast to Coast Blues Band mit wechselnder Besetzung endlose Boogie Shuffles in der Tonart E und ließ – so der ‹Musikexpress› – «Töne aus dem Hals, als hätte er mit Reißnägeln gegurgelt». Nun endlich, über 70, wurde er auch anständig dafür bezahlt. «Das Geld regnet jetzt vom Himmel», erklärte er 1993 in einem ‹Spiegel›-Gespräch, «wie warmer Regen.» Hooker ließ sich eine dreiviertel Autostunde südlich von San Francisco nieder, kaufte zwei Häuser, einen Wagenpark mit unter anderem einem BMW, einem Mercedes, einer Lincoln Continental Stretch Limousine, einem metallicschwarzen Jaguar, insgesamt 15 Vehikeln, und renommierte in Interviews: «Ich fahre sie alle, das war mein Kindertraum, aber ich hab gar keinen Führerschein.» Hooker war auf seine alten Tage plötzlich «in». Saxophonist Branford Marsalis ließ ihn auf seiner Platte *I Heard You Twice The First Time* (1992) mitspielen. Pepsi-Cola und Lee-Jeans unterlegten ihre TV-Commercials mit seinem hypnotisierenden Blues-Beat. Das ‹Guinness Buch der Rekorde› rückte ihn als den ältesten Musiker ein, der je die Top Five erreichte, und für die höchste Chartsplazierung eines Bluesalbums in Großbritannien. Der Staat Tansania druckte in beschränkter Auflage eine Hooker-Sondermarke, die in den USA für vier Dollar verkauft wurde. 1994 brachte Virgin *The Legendary Modern Recordings* wieder auf den Markt. *Chill Out* (1995), coproduziert von Carlos Santana, und *Don't Look Back* (1997), produziert von Van Morrison, vereinigten «alle Stärken und Eigenarten des Mississippi-Mannes» (‹Stereoplay›). «I'm gonna live for the future, not for the past», sang er im Titelstück *Don't Look Back*. Tatsächlich hatte die Zukunft des Namens Hooker im Blues Business bereits begonnen. Seine Tochter Zakiya, am 1. April 1948 als Vera Lee Hooker in Detroit geboren, hatte sich den Bühnennamen nach dem Suaheli-Wort für Intelligenz zugelegt und war 1991 zum erstenmal mit ihrem Vater aufgetreten. Sie lebte mit ihrem Mann, dem Plattenproduzenten Allan Christopher, in Oakland, Kalifornien, und zog erst drei Kinder auf, ehe sie sich den Bühnentraum erfüllte. 1993 debütierte sie mit dem programmatischen Album *Another Generation Of The Blues*. Ihre zweite LP *Flavors Of The Blues* (1997) wurde durch den Titel ihres Vaters *Bit By Love* geadelt. Als Hooker am 22. August 1997 seinen 80. Geburtstag feiern ließ, antwortete er auf die Reporterfrage nach der genauen Datierung: «Irgendwann im Sommer 1917 bin ich geboren, keine Ahnung, wann genau. Damals zählte das Leben eines Niggers nicht viel, niemand machte sich die Mühe, das Datum aufzuschreiben. Außerdem: Spielt das wirklich eine Rolle?» John Lee Hooker starb in der Nacht des 21. Juni 2001 im Schlaf in seinem Haus in Los Altos, Kalifornien. In der Woche davor hatte er noch zweimal auf der Bühne gestanden und nach Auskunft von Ohrenzeugen wie stets elektrisierend gespielt: «Er wußte, was er wollte, und er tat es», kommentierte Keith Richards, «und er ist genau so gegangen, wie es für ihn richtig war. Ich würde ihm gern sagen: Hey John Lee, du hast das getan, wofür wir alle da sind – wir Spielleute und Troubadoure. Du hast es an uns weitergegeben.»

LPs (Auswahl) auf King: *Sings The Blues* (1959) … auf Chess: *House Of The Blues* (1959); *Plays And Sings The Blues* (1959); *Real Folk Blues* (1966); *Mad Man Blues* (1973) … auf Vee Jay: *I'm John Lee Hooker* (1959); *Travelin'* (1960); *Folklore* (1961); *Burnin'* (1962); *The Big Soul* (1962); *On Campus* (1963); *At Newport* (1964); *John Lee Hooker On VeeJay* (1993) … auf Riverside: *Folk Blues* (1959); *Burnin' Hell* (1960); *That's My Story* (1960) … auf Atco: *Don't Turn Me From Your Door* (1962) … auf Verve: *Seven Nights* (1966) … auf Impulse: *It Serves Me Right To Suffer* (1966) … auf Bluesway: *Live At The Cafe Au Go Go* (1967); *Urban Blues* (1968); *Simply The Truth* (1970); *If You Miss 'im* (1970); *Kabuki-Wuki* (1973) … auf Liberty: *Hooker 'n' Heat*

(mit Canned Heat, 1971) … auf ABC: *Endless Boogie* (1971); *Never Get Out Of These Blues Alive* (1972); *Live At Soledad Prison* (1972); *Born In Mississippi – Raised In Tennessee* (1973); *Free Beer & Chicken* (1974) … auf Atlantic: *Detroit Special* (1972) … auf Fantasy: *Boogie Chillun* (1973); *Black Snake* (1978) … auf United Artists: *Coast To Coast Blues Band* (1973) … auf Green Bottle: *Johnny Lee* (1973) … auf Bulldog: *Blues Before Sunrise* (1976); *Do The Boogie* (1984) … auf Charly: *Everybody Rockin'* (1980); *This Is Hip* (1980) … auf Specialty: *Alone* (1974) … auf DJM: *Dimples* (1977) … auf Tomato: *The Cream* (1978) … auf Lunarz: *Live* (1978) … auf Checker: *Madman Blues* (1973) … auf Muse: *Sittin' Here Thinking* (1980) … auf Musidisc: *The Blues*; *Live At Sugarhill*; *I Wanna Dance All Night*; *Living With The Blues*; *King Of Folk Blues*; *Great Blues Sound Of John Lee Hooker*; *Black R & B* (1975) … auf CMG: *Jealous* (1988) … auf Chameleon Records: *The Healer* (1989) … auf Charisma: *Mr. Lucky* (1991) … auf Rhino: *The Ultimate Collection* (1991) … auf Charly: *The Vee-Jay Years 1955–64* (1992) … auf Capitol: *Alternative Boogie* (1995; Box mit drei CDs) … auf Virgin: *Boom Boom* (1992); *Chill Out* (1994); *The Legendary Modern Recordings* (1994); *Don't Look Back* (1997) … mit Miles Davis auf Antilles: *The Hot Spot* (1990; Soundtrack) … mit Branford Marsalis auf Columbia: *I Heard You Twice The First Time* (1992) … mit Van Morrison auf Polydor: *Too Long In Exile* (1993); *A Night In San Francisco* (1994) … LPs Zakiya Hooker auf Pointblank/Virgin: *Another Generation Of The Blues* (1993); *Flavors Of The Blues* (1997) … auf Indigo: *Essential Recordings* (2001)

Hootie & The Blowfish, gegründet 1986 in Columbia, South Carolina, symbolisierten wie keine andere Band den Geschmack des amerikanischen Mittelstandes im ausgehenden Jahrtausend. Sie «verkörpern in fast jeder Hinsicht den jahrhundertealten American Dream vom kleinen Mann, der es über Nacht zu Geld und Ruhm bringt» (‹WOM Journal›). «Im Hinblick auf Verkaufszahlen eine der erfolgreichsten Bands der Neunziger, fiel es ihnen deutlich schwerer, Respekt zu verdienen» (‹Wall of Sound›). Das Quartett «verwandelte sich binnen 18 Monaten von einer kleinen Bar-Band in ein kulturelles Phänomen» (‹Music Monitor›) und «erreichte jene Art von Popularität, bei der plötzlich Leute ihre Platten kaufen, die sonst niemals Platten kaufen» (‹Rolling Stone›). Die Beliebtheit der Band resultierte nicht zuletzt aus dem Umstand, daß sie sich trotz ihrer Stellung als Superstars niemals exzessiv aufführten oder gesellschaftliche Tabus verletzten, freundlich zu ihren Fans blieben und das Image der netten Jungs von nebenan pflegten. «Ihre zurückhaltende Attitüde und der Respekt ihren Hörern gegenüber stammt aus den Jahren, in denen sie in South Carolina als Bar-Band gearbeitet haben» (‹C-Net›). So beliebt Hootie & The Blowfish in jener Schicht der Bevölkerung waren, die ihre Informationen über Musik aus der Fernsehwerbung bezieht, entwickelten sie sich doch zum Hassobjekt bei dem Teil, dem es bei Musik auch um Inhalte geht. Die Ablehnung führte so weit, daß neben zahlreichen Hootie-Fan-Pages im Internet auch Anti-Hootie-Websites eingerichtet wurden. Sie selbst waren eine der ersten Bands, die sich ihren Fans auf einer eigenen Homepage mitteilten. Der überwältigende Erfolg von Hootie & The Blowfish kam nicht über Nacht. Der ehemalige Chorknabe Darius Rucker (g, voc), geboren am 13. Mai 1966, studierte an der University of South Carolina in Columbia. Gemeinsam mit seinem Kommilitonen Mark Bryan (g), geboren am 6. Mai 1967, gründete er die Campus-Band Wolf Brothers, der sich Dean Felber (bg), geboren am 9. Juni 1967, und Brantley Smith anschlossen. Nachdem sie sich nach den Spitznamen zweier Chorkameraden Ruckers in Hootie & The Blowfish umbenannt hatten, räumte Smith seinen Platz für Jim ‹Soni› Sonefeld, geboren am 20. Oktober 1964. Gemeinsam tingelten sie durch den Südosten der USA, spielten jährlich etwa 250 Konzerte in kleinen Bars und veröffentlichten eine Handvoll Singles und EPs. Mit Hilfe des R.E.M.-Produzenten Don Dixon nahmen sie im Juni 1993 die EP *Kootchypop* auf, die sich nicht nur 50 000mal verkaufte, sondern auch einem Talentscout von Atlantic in die Hände fiel, der die Band sofort unter Vertrag nahm. Ihr Debütalbum *Cracked Rear View* (1994), auf dem sie «Rock in derselben Weise zusammensetzten, wie die Eagles es mit Country Music getan hatten» (‹MTV Online›), war zunächst kein durchschlagender Erfolg. Doch mit jeder Single-Auskopplung kletterte das Album etwas höher in den Charts, bis es sich Ende 1996 mehr als zwölf- und bis 1997 sogar 15 millionenmal verkauft hatte. Damit gehörte die Platte zu den 15 meistverkauften LPs und zu den drei bestumgesetzten Debütalben aller Zeiten. Dieser exorbitante Erfolg war nicht zuletzt der Dauerrotation auf MTV zu verdanken, die im April 1996 in der Ausstrahlung einer Unplugged-Session gipfelte. Das einen Monat später erschienene Album *Fairweather Johnson* stieg zwar auf Platz eins in die amerikanischen Charts ein, blieb aber weit hinter den Verkaufszahlen seines Vorgängers zurück. Die Presse ließ am Rock Lite dieses Albums kaum ein gutes Haar. Die ‹Washington Post› urteilte knapp: «Diese Band ist überschätzt», das New Yorker Szene-Blatt ‹Village Voice› tat es gar als «Babynahrung» ab. Immerhin gingen bis 1998 auch von diesem Album drei Millionen Einheiten über den Ladentisch. Nach Veröffentlichung ihrer dritten CD *Musical Chairs* (1998) absolvierte die Band am 9. Dezember 1998 ein umstrittenes Konzert vor den amerikanischen Truppen in Bosnien.

LPs auf Atlantic: *Cracked Rear View* (1994); *Fairweather Johnson* (1996); *Musical Chairs* (1998); *Take 2* (2000)

Houston, Whitney (voc), am 9. August 1963 in Newark, New Jersey, geboren, stieg 1985 mit generalstabsmäßiger Planung ihrer Plattenfirma zum globalen Popstar auf. Als «Schau-mich-an-und-kauf-mich-Packung» (‹New Musical Express›) vor allem wegen ihrer Fotomodell-Schönheit clever vermarktet, sang sie auf ihrem Debütalbum (Weltauflage: 15 Millionen) Soul-Platitüden, Disco-Banalitäten und Balladen-Einerlei mit erstaunlich gelenkiger Vokalgymnastik und beachtlicher Anmut, hielt sich aber selbst bei vorgeblich erotischen Stücken immer bedeckt: «Man spürt keine richtige Verschwitztheit» (‹Newsweek›). Der Star aus der schwarzen amerikanischen Mittelklasse, «wie eines von Bill Cosbys Kindern, das im Himmel gezeugt wurde» (‹Time›), war ein Teenager-Idol für die ganze Familie, «das sich anzieht wie eine junge Nancy Reagan auf dem Disco-Trip» (‹Time Out›), erschien aber mit ihrer tönenden «Konsumware für breiteste Massenakzeptanz» der ‹Zeit› «so jung und schon so banal wie eine Matrone aus den Supper-Clubs von Las Vegas». Die Tochter der Gospelsängerin Emily «Cissy» Houston, die vor ihrer kurzen Solo-Karriere im Quartett Sweet Inspirations hinter Aretha Franklin jubiliert hatte, war wie ihre Kusine Dionne Warwick mehr dem glatten Popgesang zugetan und «glaubt offensichtlich an diesen Quark» (‹Village Voice›). Entdeckt wurde Whitney 1982 mehr durch Zufall von den Talentsuchern der Firma Arista, nachdem sie für Bill Laswells Band Material gesungen hatte (*One Down*, 1982). Arista-Chef Clive Davis verwandte nahezu zwei Jahre darauf, für seine Neuerwerbung passendes Songmaterial auszusuchen. Hauptkriterium bei der Repertoire-Zusammenstellung: «Wird es ein Hit?» Das Debütalbum, bei dem Davis die Aufnahme-Sessions überwacht, die Promotionkampagne gesteuert und die Singles bestimmt hatte, wurde lanciert wie «das Pop-Äquivalent eines Cecil B. De Mille-Films – episch und extra teuer» (‹Inside Tracks›). Mit ihrer «Feuer-und-Stahl-Stimme» (‹New York Times›) triumphierte Whitney Houston über die bisweilen trivialen Songvorlagen und die konfektionierte Aufbereitung nach Marktanalyse. *Saving All My Love For You, Greatest Love Of All, You Give Good Love, Nobody Loves Me Like You Do, How Will I Know* wurden zu Jukebox-Ohrwürmern. Auch die in gleicher Strategie gefertigte Nachfolge-LP *Whitney* faszinierte als «ein Album voller Songs, das man heute abscheulich findet und morgen den ganzen Tag mitsingt» (‹Rolling Stone›). Die LP schoß von null auf Platz eins der Hitlisten, sieben Singles belegten in Folge den ersten Platz in den USA. Damit brach Whitney Houston den Rekord der Beatles. Die junge Pop-Diva für den Massengeschmack sah sich als Türöffnerin für andere Interpreten, die es allen recht machen möchten: «Hier bin ich auf einmal, mit der richtigen Hautfarbe, der richtigen Stimme, dem richtigen Stil, dem richtigen Was-auch-immer. Ein kleines Girl überschreitet einfach die Geschmacksgrenzen und – wusch! ist es auf einmal ein bißchen einfacher für die anderen.» Für sie selbst wurde das Leben schwieriger. Ihr drittes Album *I'm Your Baby Tonight* (1990) kam abermals auf vordere Charts-Plätze und wurde in wenigen Monaten weltweit siebenmillionenmal verkauft. Aber auf ihr Privatleben fiel der Schatten des Ruhms. «Sind die

Jahre vorbei, in denen sie immer wieder versicherte, sie sei Jungfrau und glaube nur an Jesus Christus?» fragte der ‹Stern›. 1992 heiratete sie den fünf Jahre jüngeren Rapper Bobby Brown, Vater dreier unehelicher Kinder von zwei verschiedenen Frauen, und brachte im März 1993 ihre Tochter Bobbi Kristina zur Welt. Vater Brown kam wegen angeblicher Seitensprünge nicht aus den Schlagzeilen. Mutter Houston sagten die Klatschpresse und ihr Biograph Jeffery Bowman ein lesbisches Verhältnis mit ihrer langjährigen Freundin und Managerin Robyn Crawford nach. Ein psychotischer Fan namens Gilberg, 36, aus Detroit behauptete, der Vater ihrer Tochter zu sein. Per Gerichtsbeschluß wurde ihm auferlegt, sich Whitney Houston nicht mehr als 300 Meter zu nähern. Überdies hatte sich die Sängerin Mariah Carey mit ähnlichem Timbre, vergleichbaren Soft Soul-Songs und marktstrategischem Kalkül während ihrer Schwangerschaft als ernsthafte Konkurrenz etabliert. Whitney Houston konterte erfolgreich in einem für sie neuen Medium. Sie spielte in Kevin Costners ‹The Bodyguard› (1992) eine Pop-Diva, in die sich ihr Leibwächter verliebt: sich selbst, mit vielen neuen Songs. Der Film erlöste weltweit rund 400 Millionen Dollar, der Soundtrack wurde allein in den USA 26millionenmal verkauft und brachte ihr drei Grammies ein. Drei Singles daraus – *I Will Always Love You, I'm Every Woman, I Have Nothing* – tummelten sich gleichzeitig in den Top Ten. Fortan galt, wohl nicht nur aus kommerziellen Gründen, ihre Liebe dem Cinema: «Als Schauspielerin kann ich auch meinen gesanglichen Ausdruck vertiefen», sagte sie 1995 – natürlich besonders mit ethnischen Stoffen. 1995 kam ihre Komödie ‹Waiting to Exhale› ins Kino: Vier schwarze Frauen warten auf den Richtigen. Der Soundtrack, in dem Houston nur drei Lieder sang, enterte dessenungeachtet im Januar 1996 Platz eins der US-LP-Charts. Der Titelsong *Exhale (Shoop Shoop)* trug ihr die elfte Nummer-eins-Single-Notierung ein. Zu Weihnachten 1996 erhellte sie die Lichtspielhäuser mit der Gospel-Komödie *The Preacher's Wife* und ließ neben den Kinokassen abermals auch das Soundtrack-Inkasso klingeln. Mit 14 Songs, Gospel-Prominenz wie der Sängerin Shirley Caesar und ihrer Mutter Cissy Houston, dem Georgia Mass Choir und dem Hezekiah Walker Choir sowie Ehemann Bobby Brown in einer musikalischen Nebenrolle, entsprach die Filmmusik in Volumen und Intensität einem regulären Studioalbum und zeigte relativ unparfümiert ihre Gospel Roots. Doch der 65-Millionen-Dollar-Film lief nur selten in weißen Kinos, der schwarze Identität stiftende Soundtrack wurde bis Mitte 1998 nicht mehr als dreimillionenmal verkauft. Mittels eines Studio-Kraftaktes versuchte Mentor Clive Davis 1998, Whitney Houston auf dem «direkten Weg zur Karibik-Kreuzfahrt-Unterhalterin» aufzuhalten (so, bissig, der Kritiker Stefan Düfel) und ihre Akzeptanz im Ghetto mit neuerlicher Glaubwürdigkeit für umsatzstarke Pop-Kids zu verbinden. Mit Wyclef Jean (Fugees), Missy Elliot, Kenneth «Babyface» Edmonds, Rodney Jenkins und David Foster wurde für ihr erstes Studioalbum seit acht Jahren ein schlagkräftiges, ebenso Hip Hop- wie Balladen-erprobtes Produzententeam rekrutiert, die Sängerin fürs Video *It's Not Right But It's Okay* in das schulterfreie Lederkleid einer Sado-Braut gesteckt. Aber vor allem sang sie «mit einem Biß in der Stimme wie niemals zuvor» (‹Rolling Stone›). Stefan Düfel in ‹Zitty›: «Die Soul-Diva hat sich neu erfunden. Houston entpuppt sich als zeitgenössische Version von David Bowie, denn wie er schlüpft sie in immer neue Rollen. Dame, Domina oder sensibles Lockenköpfchen sind nur einen Videoclip entfernt.» Das Album *My Love Is Your Love*, mit dem Filmschlager *When You Believe* aus Disneys ‹The Prince of Egypt› erstmals auch im Duett mit der Konkurrentin Mariah Carey, beurteilte Ulli Güldner in ‹Tip› als den «respektabelsten Song-Zyklus ihrer 15jährigen Laufbahn». Peter Bickel im ‹Musikexpress› schwärmte: «Wer würde sich nicht gern von dieser zuckersüßen Soul-Verführung um den Finger wickeln lassen?» Nur Wolfgang Doebeling im deutschen ‹Rolling Stone› reagierte gewohnt gallig: «Ein Pfund Schokolade mit Zuckerguß und Sahne. Diabetes tremens.» *My Love Is Your Love* wurde neunmillionenmal verkauft und trug der Diva, die im April 1999 im New Yorker Beacon Theatre neben Tina Turner, Cher, Mary J. Blige u. a. in der VH 1-Show «Divas Live '99» brillierte, im Februar 2000 einen weiteren Grammy als beste R & B-Sängerin ein. Ganz Diva-like gestalteten sich allerdings auch weiterhin die Kapriolen und Unzuverlässigkeiten ihres Alltags. Im Oktober 1997 verließ sie das TV-Studio der New Yorker «Rosie O'Donnell Show» eine Dreiviertelstunde vor der Aufzeichnung angeblich wegen eines Anfalls von Darmgrippe, tauchte aber kurze Zeit später als Begleiterin ihres Mannes Bobby Brown in der «Late Night»-Show von David Letterman auf. Einen Monat später cancelte sie kurz vor Showtime einen Eine-Million-Dollar-Auftritt bei einer Massenhochzeit der Mun-Sekte im JFK-Stadion in Washington, D. C. Im Januar 2000 wurde sie auf dem Flughafen von Hawaii wegen Marihuana-Besitzes festgehalten, bei der Galaveranstaltung der Rock and Roll Hall of Fame in New York fehlte sie unentschuldigt, bei einem Fototermin des Magazins ‹Jane› stand sie – «innerlich abwesend» (so ein Redakteur) – offenkundig unter Drogen, und bei den Proben zur Oscar-Verleihung in Hollywood war sie so zugedröhnt, daß sie nicht singen konnte und man sie feuern mußte. Clive Davis bat ihre Familie um Hilfe und stellte drei bis vier Arista-Firmenangehörige als Bodyguards ab – zu ihrem Schutz vor sich selbst. Beim 25jährigen Arista-Jubiläum im April 2000 in Los Angeles war sie wieder bei Stimme. Wenn sie das nächste Mal in der Öffentlichkeit weine, so Andreas Oswald im ‹Tagesspiegel›, «sollte sie jemand in den Arm nehmen». Dagegen ein Arista-Sprecher zur ‹New York Post›-Kolumnistin Liz Smith: «Whitney ist kein Gänseblümchen. Sie teilt ebenso aus, wie sie einstecken kann.»

LPs auf Arista: *Whitney Houston* (1985); *Whitney* (1987); *I'm Your Baby Tonight* (1990); *The Bodyguard* (Soundtrack, 1992); *Waiting To Exhale* (Soundtrack, 1995); *The Preacher's Wife* (Soundtrack, 1996); *My Love Is Your Love* (1998); *Greatest Hits* (2-CD, 2000)

Howie B (electronics), 1969 als Howard Bernstein in Schottland geboren, setzte Maßstäbe als Erfinder elektronischer Klänge und Produzent von internationalem Format. Der besessene Soundlaborant galt als Kult-Figur in der Dance-Szene, gab sich aber in Wirklichkeit nie mit eindimensionalen Wirkungsgraden zufrieden, sondern schlug Brücken in Richtung Rock, Jazz und zeitgenössische Klassik. Seine ausgeprägte Fähigkeit, kalten Electronics menschliche Wärme zu entlocken, brachte er auf die ebenso selbstbewußte wie einfache Formel: «Erstens keine Kompromisse, zweitens Obsession, drittens Geschmack.» Im Gegensatz zu zahlreichen anderen Produzenten ging es ihm weniger um die klangliche Beschaffenheit des Tones als vielmehr um die Quellen seiner Erzeugung und seine physischen Eigenschaften. Wichtigstes Arbeitsmittel waren ihm nicht seine zahlreichen elektronischen Geräte, sondern sein Ohr. «Howie B gehört jener seltenen Spezies von Musikern an, die es vom unschuldigen Hörer zum verschlagenen Produzenten bringen, ohne je ein Instrument zu erlernen» (‹Der Tagesspiegel›). Als Impulsgeber für seinen Zugang zur Musik nannte er neben Brian Eno und Hal Willner den Jazz-Altmeister Gil Evans. Howard Bernstein entdeckte mit 13 die Musik Brian Enos. «Plötzlich hatte er das Gefühl, dieser würde ihm einen Führerschein dafür ausstellen, sich selbst über die Musik auszudrükken, und das, obwohl er Musik weder lesen noch schreiben oder spielen konnte» (‹Intro›). Mit 17 riß er von zu Hause aus und lebte für drei Jahre in einem Kibbuz. Dort wurde er gefeuert, weil er beim Haschischrauchen erwischt worden war. Er blieb jedoch auch weiterhin aktives Mitglied der jüdischen Gemeinde Schottlands. An der University of Manchester begann er ein Studium der Psychologie und arbeitete nebenbei als Laufbursche in Produktionsstudios. In den Londoner Lily Yard Studios eignete er sich das Know-how eines Toningenieurs an, arbeitete drei Jahre lang als Assistent des Soundtrack-Komponisten Stanley Myars und war kurzzeitig Mitglied der Band Nomad Soul. Von den Gesetzen des Music Business enttäuscht, gründete er 1994 das Label Pussyfoot Records, auf dem er Jahre später neben eigenen Produktionen unter anderem Platten von Hal Willner veröffentlichte. Einen ersten Achtungserfolg konnte Howie B verbuchen, als

er 1995 den UNKLE-Track *The Time Has Come* remixte. Dem Ruf von Bono folgend, war er gemeinsam mit U 2 und Brian Eno an dem Soundtrack-Projekt Passengers beteiligt, dessen Ambient-orientiertes Album *Soundtracks 1* (1995) weltweit für Aufsehen sorgte. 1996 nahm «der schottische Einmann-Vibes-Zyklon» (‹Select›) in endloser Studiotüftelei das Album *Music For Babies* auf, das als Soundtrack für einen Kurzfilm von Run Wrake mehrere internationale Preise gewann. Nach dem Folge-Album *Turn The Dark Off* (1997) setzte eine wahre Flut von Produktions- und Remix-Aufträgen ein. Unter anderem arbeitete er für Björk, Soul II Soul, U 2, Gavin Friday und Ry Cooder. Darüber hinaus legte er Hand an die Musik zu Wim Wenders' Erfolgsstreifen ‹The End of Violence›. 1998 ging er auf Tournee mit U 2 und nahm in Jamaika mit Sly & Robbie deren Konzeptalbum *Drum & Bass Strip To The Bone By Howie B* (1998) auf, das von ‹Select› als «instrumentale Odyssee» gelobt wurde. Als «Kind der neunziger Jahre, jener Dekade also, in der das Recycling, in der musikalischen Fachterminologie Remix genannt, zum Motor jeder musikalischen Entwicklung geworden ist» (‹Jazzthing›), führte Howie B auf *Snatch* (1999) alle bisherigen Erfahrungen zu einer warmen, weichen, in jeder Hinsicht entmaschinisierten Maschinenmusik zusammen. Zeitgleich erschien seine Bearbeitung von Steve Reichs *Eight Lines* auf der CD *Reich Remixed*. Nach eigener Aussage war Howie B der einzige von allen beteiligten Remixern, der nicht den fertigen CD-Track bearbeitete, sondern sich der originalen Bänder annahm.

LPs auf Polydor: *Music For Babies* (1996); *Turn The Dark Off* (1997) … auf Virgin: *Snatch* (1999) … mit U2 und Brian Eno als Passengers: *Original Soundtracks* (1995) … mit Sly & Robbie auf Palm Pictures: *Drum & Bass Strip To The Bone By Howie B* (1998)

ICE T

Ice T (rap), bürgerlich Tracey Marrow, 1958 in Newark, New Jersey, geboren, prangerte Gewalt an, indem er sie verherrlichte. Die Grenzen zwischen beiden Extremen waren dabei oft fließend. Seine Songs hatten das Potential, Aufstände auszulösen. Seit Jimi Hendrix in Woodstock *The Star Spangled Banner* aus den Boxen dröhnen ließ, hatte kein schwarzer Rock- oder Pop-Star die Gemüter derart kompromißlos erhitzt wie Ice T mit seinem berühmt-berüchtigten Song *Cop Killer*. Er polarisierte bewußt, indem er den Alltag der Straßen von Los Angeles naturalistisch in seine Songs einbaute, und ließ unter seinen Gegnern den Schrei nach Zensur laut werden. «Wortgewaltig rappt Ice T vom US-Alltag im Ghetto – er dozierte darüber auch in US-Hochschulen. Seine Begabung für Texte übertrifft sein musikalisches Talent, meinen Kritiker» (‹Focus›). Tracey Marrow verlor bei einem Verkehrsunfall frühzeitig beide Eltern und wuchs bei einer Tante im Schwarzenviertel South Central in Los Angeles auf. Seine Jugend war ebenso von der Mitgliedschaft in einer Straßengang geprägt wie von den Intentionen eines angehenden Lyrikers. Nach dem Poeten Iceberg Slim nannte er sich Mitte der Achtziger in Ice T um. Mit gesampleten Grooves und selbstverfaßten Raps, die vom brutalen Alltag in L. A. handelten, trat er in den Clubs seiner Nachbarschaft auf. 1987 gelang es ihm, ohne Umwege und Vorleistungen von dem Major Label Sire Records unter Vertrag genommen zu werden. Sein unter Mithilfe von Afrika Slim entstandenes Debüt *Rhyme Pays* (1987) rief das Parent's Music Resource Center auf den Plan, das «jugendgefährdende» Produktionen mit dem Stikker «Parental Advisory Explicit Lyrics» versah.

Rhyme Pays war die erste Platte der Geschichte, der diese zweifelhafte Warnung zuteil wurde, die fortan eher Werbe-Zwecke erfüllte als abschreckte und auf keinem ernst gemeinten Rap- oder Metal-Album mehr fehlen durfte. 1988 gründete «der Frank Sinatra des Hip Hop» (‹Uncle Sally's›) mit dem Rhyme Syndicate eine der ersten Rap-Organisationen, in dem er unter anderem Mitglieder seiner alten Street Gang beschäftigte. Dennis Hopper war von der subversiven Kraft des Rappers derart angetan, daß er bei ihm den Titelsong für seinen gesellschaftskritischen Film *Colors* in Auftrag gab. Ice Ts zweites Album *Power* (1989) thematisierte erneut die Gewalt auf der Straße, paarte sie jedoch raffiniert mit Sex und Schick. Musikalisch war es immer noch stark am Funk der Seventies orientiert. Wieder war er Angriffen der Wächter über die political correctness ausgesetzt, worauf er mit seinem dritten Album *The Iceberg / Freedom Of Speech … Just Watch What You Say* (1989) reagierte. Aus der Besetzung dieses erstaunlich rockigen Albums mit Ernie C. (g) und Beatmaster V (dr), Biafra Lloyd (bg) und Johnny Rivers (kb) sollte wenig später Ice Ts Band Body Count hervorgehen. Nach der Mitwirkung an mehreren Filmen, unter anderem mit Partnern wie Wesley Snipes und Denzel Washington, veröffentlichte «der Mann, der den Gangsta Rap erfand» (‹Rolling Stone›) mit *O. G. Original Gangster* (1991) sein bis dahin stringentestes und bissigstes Album. Mit der Band Body Count stellte der Rapper, dem das herkömmliche Hip Hop-Modell als Ventil für seine Wut nicht ausreichte, sein Metal-Outlet vor. Das Debütalbum *Body Count* machte mit seiner explosiven Kollision von hartem Rock und aggressiven Raps etwas bis dahin nicht für möglich Gehaltenes wahr. Der hyperventilierende Song *Body Count's In The House* wurde zur Hymne einer euphorisierten Fan-Gemeinde beiderseits des Ozeans. Der bekannteste Song des Albums war jedoch *Cop Killer*, der auf US-Präsident George Bushs persönliche Veranlassung hin der Zensur zum Opfer fiel und Ice T eine Klage wegen Aufrufs zum Mord einbrachte. Der Song wurde zum Bootleg-Bestseller und zur obligatorischen Zugabe der vom ersten Ton an elektrisierenden Body Count-Shows. An die multistilistischen Erfahrungen von Body Count schloß auch das wiederum unter Ice Ts eigenem Namen veröffentlichte Album *Home Invasion* (1993) an. Eine Version von *Hey Joe* für die Hendrix-Tribute-Compilation *Stone Free* (1993), die gerade deshalb so sensationell war, weil sie dem Original gegenüber nichts veränderte als den Beat, kündigte die Fortsetzung der Aktivitäten seiner Metal-Band an. Mit *Born Dead* (1994) gelang Ice T dann auch ein kraftvoller, wenn auch etwas dunklerer und «ein bißchen zu seriöser» (‹Spinal Column›) Anschluß an *Body Count*. Auf seinem sechsten Solo-Album *VI Return Of The Real* (1996) gab Ice T einen Underground-Prediger, der aus einem düsteren Refugium heraus über entrückten Orgel- und Keyboard-Samplings die Mißstände seiner Zeit anprangerte. Sowohl musikalisch als auch textlich klang Ice T weicher, balladesker und entspannter als in der Vergangenheit. Auf dem dritten Body Count-Album *Violent Demise: The Last Days* (1997) erstarrte die einstige Provokation der Band zur formalen Pose und zeitigte keinerlei Wirkung mehr. Ice T widmete sich für eine Weile stärker seinen Aktivitäten als Filmschauspieler, was seiner Karriere als Rapper schlecht bekam. Nach langer Labelsuche kehrte er erst im Frühjahr 2000 mit dem zunächst nur über das Internet erhältlichen Album *The Seventh Deadly Sin* zurück. «Der Untermieter im Sündenpfuhl» (‹Focus›) zeigte sich als Wolf im Schafspelz, um im Anschluß daran mit einem weiteren Body Count-Album um so stärker den Kontrast zwischen seinen beiden Persönlichkeiten herauszuarbeiten.

LPs auf Sire: *Rhyme Pays* (1987); *Power* (1988); *The Iceberg/Freedom Of Speech* (1989); *O. G. Original Gangster* (1991) ... auf Priority: *Home Invasion* (1993); *VI: Return To The Real* (1996) ... auf Corner: *7th Deadly Sin* (2000) ... mit Body Count auf Sire: *Body Count* (1992) ... auf Capitol: *Born Dead* (1994) ... auf Virgin: Violent Demise: *Last Days* (1997)

Inchtabokatables, 1990 in Berlin und Potsdam gegründet, ähnelten eher einer wilden Horde marodierender Spielleute als einer real existierenden Band. Aus dem kreativen Taumel der deutschen Wende um 1990 hervorgegangen, vereinten sie süffigen Rock 'n' Roll mit derber Folklore und Anleihen aus der Musik des Mittelalters. Ihr Erscheinen war so bunt wie ihr Bandname unaussprechlich. In Australien bedeutet The Inchtabokatables soviel wie Menschen, die gern in einer Bar rumhängen, so tun, als gehörte sie ihnen, und dabei nicht einmal ihren eigenen Drink bezahlen können. Die Alben der Inchtabokatables steckten voller bewußt unausgewogen aufeinanderprallender Kontraste. Aufgrund der ungewöhnlichen Besetzung mit einem Cello und zwei Geigen, jedoch ohne Gitarren, wurde aus der Expression ostdeutscher Aufbaustimmung schnell ein Phänomen gesamtdeutscher Wirklichkeit. «Gott hat uns nur fünf Finger gegeben. Deshalb sind sechssaitige Instrumente für uns nicht spielbar» (B. Breuler). «Ihr Platz ist dort, wo Geigen detonieren und Trommeln in Tränen ausbrechen. Sie sind die Priester der urbanen Sehnsucht, die dort, wo Stahl auf Beton schlägt, ein letztes Gefühl kultivieren» (Info der Plattenfirma). Die Wurzeln der Inchtabokatables lagen in der Ostberliner Folk-Band Catriona. Als deren Sänger Eric Hecht zu Subway To Sally ging, machte der Rest der Gruppe, B. Breuler (voc, v), bürgerlich: Robert Beckmann, der die mittelalterlichen Musik studiert und sich als Straßenmusiker durchs Leben geschlagen hatte, Herr Jeh (v), bürgerlich: Jan Klemm, B. Deutung (vc, voc), bürgerlich: Tobias Unterberg, die beide Erfahrungen in der Klassik gesammelt hatten, Kokolorus Mitnichten (dr), bürgerlich: Titus Jany, und Frenzi Underdrive (bg), unter dem Namen Inchtabokatables weiter. Anfangs hinterließen sie den Eindruck eines feuchtfröhlichen Partyscherzes, dem kein langes Leben beschieden sein würde. Doch über Mundpropaganda und von

Hand kopierte Kassetten verbreitete sich der Ruf dieser ungewöhnlichen Folk Rock-Derwische in Windeseile in der Berliner Szene. Ihr erstes Album *Inchtomanie* (1992) wurde von Kritikern auf Epidemie gereimt. «Es stand so konträr zur vorherrschenden Musik zu Beginn der Neunziger wie sonst nur noch Modern Talking» (‹Berliner Zeitung›). Die «Inchies», wie sie von ihren Fans genannt wurden, baten zum Veitstanz. Von Anfang an arbeitete die Band mit verschiedensprachigen Texten. Vor den Aufnahmen zum zweiten Album *White Sheep* (1993) verließ Frenzi Underdrive schwangerschaftsbedingt die Gruppe und wurde übergangsweise von Orgien-Olli, bürgerlich: Oliver Riedel, ersetzt. Das Album folgte dem eingeschlagenen Weg und enthielt mit dem von Kay Pankonin (Sandow) gedichteten Song *In Die Raghandi* einen packenden Aufruf zum Widerstand gegen neue Rituale und Gewohnheiten in einer gerade erst umgewälzten Gesellschaft. An die Platte schlossen sich ausgedehnte Europatourneen an. Auf dem in London unter der Regie von Justin Sullivan von New Model Army eingespielten Album *Ultra* (1994), «das als verträumtes Klassikwerk daherkommt, um schnell zum brachialen Punkfolk-Spektakel zu mutieren» (‹Frankfurter Rundschau›), arbeiteten «die Potsdamer Violinenrocker» die Kontraste zwischen klassischen und mittelalterlichen Einflüssen einerseits und hartem Rock andererseits stärker heraus: «So klingt Rock 'n' Roll von übermorgen. Russische Texte, Marschmusik, ein Stück von Walther von der Vogelweide, und danach singt ein Schulchor das schlimme Kinderlied» (‹Mitteldeutsche Zeitung›). Den Platz am Baß hatte zu jener Zeit Hans Tomato inne. Das Cello imitierte inzwischen täuschend echt Gitarrensounds, was den Inchtabokatables starken Zulauf vom Indie-Rock-Publikum bescherte. Unter dem in die Irre führenden Titel *Quiet* veröffentlichten sie 1997 ihr bis dahin lautestes und rockigstes Album. Das Opus war «nicht nur musikalisch bestechend und atmosphärisch intensiv, es war auch so gnadenlos heftig, daß der Sound so manche Heavy-Band lässig an die Wand haut» (‹Feedback›). «Die Geigen erinnern viel eher an Metallica als an Menuhin» (‹Musik Woche›). Den Baß hatte Moeh, bürgerlich: Moeh Haverkamp, übernommen, der endlich

Konsistenz und Kontinuität an diese Position brachte. Auf dem «muskulösen, alternativen Rock-Album» (‹Rock Hard›) *Too Loud* (1998) arbeitete die Band stärker mit Industrial Grooves und elektronischen Hilfsmitteln, verzichtete aber nach wie vor auf Gitarren. Die Folk-Elemente traten deutlich in den Hintergrund. Kokolorus Mitnichten nannte sich inzwischen Dr. Tinitus Banani. Wie kaum eine andere deutsche Band hatten die «Spaßvögel mit einem Hang zum Morbiden» (‹Frankfurter Rundschau›) über ein Jahrzehnt und fünf Alben ihre absolut unverwechselbare Eigenständigkeit bewahrt. «In dieser Welt der Abziehbilder ist jedes Original aufs Gierigste willkommen, und hier haben wir ein besonders liebenswertes» (‹Bodystyler›). Ein stilistischer Bruch erfolgte 2001 mit der Platte *Mitten im Krieg*, auf der sich die Inchtabokatables von allen selbstgeschaffenen Klischees lossagten und eine genretechnisch nicht mehr ortbare Richtung einschlagen.

LPs auf Costbar: *Inchtomanie* (1992); *White Sheep* (1993) … auf BMG: *Ultra* (1994); *Quiet* (1997); *Too Loud* (1998) … auf Strange Ways: *Mitten im Krieg* (2001)

INXS formten «eine schwer vorstellbare Allianz zwischen dem extremen Sound eines Led Zeppelin-ähnlichen Rums-Rock und dem leichtfüßigen Beat von Disco» (‹Rolling Stone›) und fanden damit vor allem in den USA begeisterte Zustimmung. Die englische Musikpresse hingegen gab sich feindselig. «Langweiliges, oberflächliches transatlantisches Pop-Rock-Genudel», nörgelte ‹Sounds› nach Erscheinen der LP *Listen Like Thieves* (1985), die den Jukebox-Hit *What You Need* enthielt. «Sie sind das bedrückend typische Beispiel eines quälend langweiligen und unglaublich phantasielosen Rock, wie er für den Clipkanal MTV gemacht wird», giftete der ‹New Musical Express›. Michael Hutchence (voc), geboren am 22. November 1962 in Sydney, die Brüder Andrew Farris (kb, g), geboren am 27. März 1959 in Perth, Tim Farris (g), geboren am 16. August 1957, Jon Farris (dr), geboren am 10. August 1961, Garry Gary Beers (bg), geboren am 22. Juni 1957, Kirk Pengilly (g, sax), geboren am 4. Juli 1958, taten sich 1977 in Sydney zunächst als Farris Brothers, dann als The Vegetables zusammen und spielten Stücke von Roxy Music sowie krude Eigenkompositionen in der derben Art des Pub Rock, wobei sie ihre Vorlieben für Aretha Franklin, Sly And The Family Stone in das unterhaltsame Spiel einfließen ließen. Sie nannten sich fortan INXS [Wortspiel entweder für in excess = im Übermaß oder inaccess(able) = unerreichbar] und hofften nach australischen Starterfolgen auf eine Weltkarriere. Amerika erwärmte sich sofort für das sehnige Baßspiel, die flirrenden Gitarren, die forschen Drumwirbel und die kessen Gesangspartien der optisch ansprechenden Band. *The Original Sin*, ein Song über interrassische Liebesbeziehungen, wurde 1984 ein US-Top-Erfolg, den jedoch viele Radiostationen nicht spielten. In ihrer australischen Heimat hatten sie zu dieser Zeit schon Superstar-Status. Ein angeblich damit verbundenes Leben im Exzeß wollten INXS nicht für sich gelten lassen: «Früher mal haben sich die Bands nach Mitternacht zu Sachen hinreißen lassen, die den Fans nicht im Traum eingefallen wären. Heute aber gehen die meisten Bands auf den Fitnesstrip, und die Fans sind alle total verkorkst», meinte Sänger Hutchence. «Ich mag die Pogues, aber eine derartige Lust an der Selbstzerstörung ist doch zu nichts nutze, sie sind alle in ein paar Jahren tot, und dann kräht kein Hahn mehr nach ihnen.» Die INXS-Schallplattenwerke waren allerdings auch nicht für die Ewigkeit, sondern tatsächlich mit Blick auf MTV gemacht. Mit ihrer Video-Show ‹The Swing and Other Stories›, die 1984 im Anschluß an eine monatelange US-Tournee fast unablässig in MTV abgespult wurde, eroberten sie endgültig den lukrativen US-Schallplattenmarkt. Die LP *Swing* erlangte in Australien mehrfach Platin. Mit den folgenden LPs baute die Band ihre Stellung aus, bis dann endlich 1988 *Kick* auch in den USA ein Top-Hit wurde. Wieder wirkten besonders die Videos, die den Erfolg beschleunigten, doch zählten auch andere Gründe: Die Band bewies personelle Konstanz, mehrere Songschreiber innerhalb der Gruppe sorgten für eine gewisse Abwechslung, schließlich war Hutchence fotogen. Die Musiker erlaubten sich nach der Veröffentlichung von *Kick* eine einjährige Pause und gingen eigenen Ambitionen nach: Hutchence nahm mit Ollie Olsen von der austra-

lischen Band No unter dem Namen Max Q eine LP auf, die Farris-Brüder produzierten LPs verschiedener Musiker, darunter die der australischen Sängerin Jenny Morris, *Shiver* (1989). Nach den Ferien schloß INXS mit *X* (1990) nahtlos an die Erfolgsphase der achtziger Jahre an. Hutchence sorgte durch seine Romanze mit Kylie Minogue für Schlagzeilen in den Pop-Gazetten. Nach der Trennung von Minogue ließ er sich auf eine Affäre mit der Fernsehmoderatorin Paula Yates, Ehefrau von Bob Geldof, ein. Die LPs *Live Baby Live*, der Mitschnitt eines Konzertes im Wembley-Stadion, *Welcome Wherever You Are*, wenige Monate nach *X* veröffentlicht, zeigten, daß die Zeit «der simplen Rhythmen und Riffs, mit studiotechnischen Stereotypen vollgepumpt» (‹Q›), vorbei war. Die «Band der Nicht-Persönlichkeiten» schlug experimentellere, weniger überproduzierte Töne an. Sie konnte es inzwischen gelassen nehmen, als MTV das Video zur Single *Taste It* wegen zu großer Freizügigkeit ablehnte. Auch war sie, «eines der wenigen Gottesgeschenke des Stadion-Rock» (‹Q›), in der glücklichen Lage, ohne große Promotion in kleinen Hallen auftreten zu können. Mit *Full Moon, Dirty Hearts* (1993) setzten die Musiker den mit *Welcome Wherever You Are* eingeschlagenen Weg fort. «*Kick* war vielleicht ihr kommerzieller Höhepunkt», mutmaßte ‹Q›, «aber sie machen jetzt bessere Platten.» Das zwanzigjährige Jubiläum 1997 wollte die Band mit einer Welttournee feiern; Hutchence hatte für das Frühjahr 1998 seine Heirat mit Paula Yates auf Tahiti geplant. Dazu kam es nicht mehr: Der Sänger, «der als einziger Australier Rock-Rebellen wie Mick Jagger und Jim Morrison nahekam» (‹The Times›), wurde am 22. November 1997 in seinem Hotelzimmer in Sydney tot aufgefunden. Er hing an einem Ledergürtel, der an eine Tür geknüpft war. Auf dem Nachttisch fand die Polizei verschreibungspflichtige Medikamente und leere Alkoholflaschen, keine Drogen. Da der Star im Ruf bizarrer Sex-Vorlieben stand (Paula Yates in ihrer Autobiographie: «Schon in den ersten Stunden tat er im Bett sieben Dinge mit mir, die ihn wegen Unzucht vor Gericht bringen könnten»), behauptete die Boulevard-Presse: «Es war kein Selbstmord, sondern ein Sexunfall» (‹Daily Mirror›). Hutchence habe seine Lust mit Erstickungsspielen steigern wollen und sei dabei verunglückt. Der Anwalt von Paula Yates dementierte: «Er starb nicht bei sado-masochistischen Praktiken.» INXS-Kollege und Co-Autor Andrew Farris beschwor die Fans, sich nichts anzutun: «Michael hätte das nicht gewollt.» Ein Jahr nach seinem Tod bestätigte ein Untersuchungsrichter im australischen New South Wales nach eingehenden Recherchen noch einmal offiziell den Selbstmord. Hutchence hatte in seinem Hotelzimmer mit der Schauspielerin Kim Wilson und deren Freund Andrey Rayment bis 4.45 Uhr morgens heftig getrunken und seine Auseinandersetzungen mit Paula Yates und Bob Geldof als ziemlich aussichtslos dargestellt. In England erinnerte sich sein Song-Partner und Koproduzent Andy Gill: «Michael konnte nirgends mehr hingehen, ohne daß ihn aus irgendeiner Ecke ein Fotograf ansprang. Seine gute Laune zu Beginn unserer Arbeit verschlechterte sich zusehends. Es häuften sich die Zeiten, in denen er depressiv, fast schon paranoid wirkte. Die ständigen Angriffe der englischen Presse und der Gerichtsstreit um Paulas Kinder machten ihm schwer zu schaffen. Er sah kein Licht am Ende des Tunnels.» Gill hatte zusammen mit dem Producer Danny Saber an einem Hutchence-Solo-Album gearbeitet. Zehn Songs waren bereits abgemischt. Die restlichen vier vollendeten Gill und Saber – im Stück *Slide Away* mit Bono von U 2 – nach Hutchence' Tod zur postumen Solo-CD mit dem ursprünglichen Titel *A Straight Line* (1999). Hier werde, erkannte die Kritik, die sensible, verletzliche Seite des wilden Sängers akzentuiert. Paula Yates überlebte ihn nicht lange. Sie starb im November 2000 in London an einer Mischung aus Heroin, Wodka und Barbituraten.

LPs auf Deluxe: *INXS* (1980); *Inxsive* (1982) … auf RCA: *Underneath The Colours* (1982) … auf Mercury: *Shabooh Shoobah* (1983); *The Swing* (1984); *Listen Like Thieves* (1985); *Kick* (1987); *X* (1990); *Live Baby Live* (1991); *Welcome Wherever You Are* (1992); *Full Moon, Dirty Hearts* (1993); *Greatest Hits* (1994); *Elegantly Wasted* (1997) … auf Atco: *Dekadance* (Mini-LP, 1983)… auf Charisma: *Innocent* (1984) … auf Rhino: *Anthology 1979–1997* (2-CD, 2001) … auf Mercury: *Best* (2000) … Solo-LPs Michael Hutchence (mit Ollie Olsen) auf Atlantic: *MAX* (1989) … auf V 2 / Zomba: *Michael Hutchence* (1999)

J

Jackson, Janet Damita (voc, kb), am 16. Mai 1966 in Gary, Indiana, als Jüngste im singenden, tanzenden, spielenden Neun-Kinder-Clan geboren, wurde bereits als Siebenjährige von Vater Joe animiert, mit Bruder Randy als Duo auf die Bühne zu gehen. Später fand sie sich in belehrenden und banalen TV-Serien wie ‹Good Times› ‹Diff'rent Strokes›, ‹Fame› wieder. Eine Schallplatten-Karriere schien der logische dritte Schritt zu sein. Nach zwei Singsang-LPs ohne Resonanz riß das achtzehnjährige Jackson-Küken aus und heiratete James von der Detroiter Popclique DeBarge. Die Protest-Ehe dauerte nur 60 Tage. «Es gibt bloß einen Peter Pan», erkannte sie nach der Rückkehr ins fromme Elternhaus mit Seitenblick auf ihren verträumten Bruder Michael. «Wir anderen müssen erwachsen werden.» Dazu gehörte *Control* über das eigene Leben. «Dies ist ein Album über Kontrolle, meine Kontrolle. Ich hoffe, Ihr habt soviel Spaß daran wie ich», begann ihre «reife und selbstbewußte LP» (‹New Musical Express›), die sie 1986 in Minneapolis mit den Producern Jimmy Jam und Terry Lewis nach selbstanalytischen Gesprächen aufgenommen hatte. Die Bekenner-Platte hatte genau die richtige Mischung aus «Seifenopern-Dialogen, postfeministischen Patzigkeiten, einem Schuß grimmigem Realismus und einem Hauch antiseptischer Verworfenheit» (‹The Face›). Freche Songs wie *What Have You Done For Me Lately*, *Nasty*, Statements der Eigenverantwortlichkeit (*Let's Wait Awhile*) oder aufgeklärten Verliebtheit (*When I Think Of You*) wurden mit Hilfe brillant inszenierter Videos zu weltweiten Hits. In diesen Showclips steppte die Mae West-Bewunderin Janet mit markiger Tanzakrobatik eigener Prä-

gung vollends aus dem Schatten ihrer berühmten Brüder und war letztlich auch mit ihren Platten erfolgreicher: *Janet Jackson's Rhythm Nation 1814* (1989), ein mehrfaches Platin-Album, war für nicht weniger als sieben Top Ten-Singles gut. Für eine Summe von mehr als 30 Millionen Dollar wechselte die neugebackene «Queen of Pop» (‹Q›) mit dem Album Janet 1993 zu Virgin. Janet Jackson verstand es, ihren energetischen Soul mit neuerer schwarzer Musik wie Rap zu einem homogenen Ganzen zu verbinden. Für *Janet* hatte sie nicht nur Ober-Rapper Chuck D von Public Enemy gewinnen können, sondern auch die Sopranistin Kathleen Battle. «Jeder Quadratzentimeter ein Produkt des Video-Zeitalters», schrieb die Londoner ‹Times›, werde Janet Jackson ebensosehr für ihre pneumatischen Tanzeinlagen und ihre Optik bewundert wie für ihren Gesang. Hier aber spiele die Musik «nicht so sehr in der Aerobic-Halle als im Massagesalon». Vor allem ließ sie es in der Kasse klingeln: Innerhalb eines Jahres wurden von Janet mehr als zehn Millionen Exemplare abgesetzt. Ein Angebot des Magazins ‹Playboy›, sich für viel Geld nackt ablichten zu lassen, habe sie abgelehnt, erklärte die attraktive Sängerin 1994 in einem ‹Spiegel›-Gespräch, bekannte sich aber zum Sex, auch in ihrer Bühnenshow: «Janet erscheint, im Gegensatz zum Bruder, aus Fleisch und Blut», so Kritiker Uwe Sauerwein 1995 im Berliner ‹Tagesspiegel›: Der Kontakt zum Publikum bereite ihr sichtlich Genuß, die Show gehöre «zum Besten, was die Pop-Welt momentan zu bieten hat». Im Film ‹Poetic Justice› von John Singleton spielte Janet Jackson 1994 ihre erste Kinorolle. Später wolle sie sich «noch einen weiteren Kindheitstraum erfüllen:

einen Auftritt am Broadway». Ihr Bemühen um emotionalen Tiefgang sei noch unerfüllt, urteilte Kritiker David Sinclair in London, «aber man kann einem Mädchen nicht übelnehmen, es immer wieder zu versuchen». Virgin waren diese Versuche 1996 für vier Alben eine Garantiesumme von 80 Millionen Dollar wert. Den Reigen der lukrativen Alben eröffnete 1997 *The Velvet Rope*. «Knackige Dance-Tracks mit trockenem oder wummerndem Dampfhammer-Beats» (‹Musikexpress›) waren mit langatmigen Selbsterfahrungs-Balladen verkoppelt. «Es hat mich 31 Jahre gekostet, dieses Album zu machen», flötete sie, ergriffen von der Ernsthaftigkeit des eigenes Werkes, «weil ich meinem Leben auf den Grund gehen mußte und all diese Dinge ausgegraben habe.» Auf die Frage, welche Dinge denn nun, gab sie sich verschlossen: «Oh, das ist sehr persönlich.» Vier Jahre und eine kostspielige Scheidung später deklarierte sie anläßlich ihres Albums *All For You* (2001): «Mein Motto ist nicht: Sex sells. Ich setze lieber auf mein musikalisches Talent.» Ihr Ex-Ehemann Rene Elizondo forderte zehn Millionen Dollar für die 30 Songs, die er für sie geschrieben hatte. Und schon wieder gab die Kritik weniger der Sängerin als einem Mann hinter den Kulissen Kredit. Ihr Producer Rockwilder, urteilte Ethan Brown im Magazin ‹New York›, habe beispielsweise den Song *Come On Get Up* durch «erstaunliche Drum Breaks, House Beats und Tabla-Virtuosität» bereichert, während ihre Erotik in Liedern wie *Love Scene (Ooh Baby)* und *When We Oooo* so kühl wirke «wie ihres Bruders Michael berühmter Fernsehkuß mit Lisa Marie Presley». Trotz gewaltigen Werbeeinsatzes von Virgin Records hielt sich *All For You* in den US-Album-Charts Anfang Mai 2001 nur eine einzige Woche auf Platz eins. Dann wurde es von der Girl-Truppe Destiny's Child verdrängt. Deren Album *Survivor* war in jener Woche 663 280mal verkauft worden, *All For You* nur 605 128mal.

LPs auf A & M: *Janet Jackson* (1982); *Dream Street* (1984); *Control* (1986); *Control (The Remixes)* (1987); *Rhythm Nation 1814* (1989); *Design Of A Decade 1986–1996* (1995; Zusammenstellung mit zwei neuen Songs) … auf Virgin: *Janet* (1993); *Remixed* (1995); *The Velvet Rope* (1997); *All For You* (2001)

Jackson, Joe (voc, p, harm), am 11. August 1954 in Burton-upon-Trent, England, geboren, galt als «zorniger junger Perfektionist» (‹Rolling Stone›) der anglo-amerikanischen Musikszene, der seine glattpolierten Popklänge mit einer rauhen New Wave-Schale umgab und sich dabei zwangsläufig Vergleiche mit Elvis Costello, Graham Parker gefallen lassen mußte, ohne die Eloquenz und den sarkastischen Biß seiner Landsleute zu erreichen. «Ich fühle mich nicht eigenständig genug, einen definitiven Stil zu haben», bekannte er. «Deshalb benutze ich verschiedene Stile, so wie ich verschiedene Kleidungsstücke trage.» Mit einem Eklektizismus, «der aber auch nichts ausläßt» (‹Village Voice›), versuchte er sich an Reggae (*Beat Crazy*), Swing Jazz (*Jumpin' Jive*), Latino-Rhythmen (*Night And Day, Body And Soul*). Sein feines Gespür für spielerische Nuancen, wohldosierte Ironie und die souveräne Beherrschung aller Stilmittel bewahrten ihn vor dem Abdriften in prätentiöse Coolness und Kunsthandwerkelei. Jackson hatte mit elf Jahren Violinunterricht genommen, überredete aber später seine Eltern, ihm ein Piano zu kaufen. 1971–1974 studierte er an der Londoner Royal Academy of Music Komposition und durchlief danach eine Vielzahl von Jobs, bevor er 1979 mit der Single *Is She Really Going Out With Him?* debütierte. Der Musiker, «der weiß, daß er nicht gerade der bestaussehende Bursche in der Straße ist» (‹Billboard›), verband in seinem passablen Gesangsvortrag «die gehetzten Kehllaute eines aufgewühlten Rockers mit der mehr intimen Vortragsweise eines Bar-Sängers» (‹Rolling Stone›), zeigte in seinen Texten «postpubertäre Angst und heraufkommende Senilität» (‹Time Out›), bot jedoch in seinen Songs voller Sozialkritik und Showbiz-Zynismen «zuviel verklemmtes Vorspiel, ohne mal richtig zur Hauptsache zu kommen» (‹Village Voice›). Immerhin: «Wer in den USA Platten mit dem unverblümten Statement verkaufen will, was für Amerika gut sei, ist noch lange nicht von Nutzen für die übrige Welt, hat schon Courage und Compassion» (‹New Musical Express›). Jackson, der seine Platten bisweilen in extravaganter Manier digital vor Studiopublikum aufnahm (*Big World*, 1986) und dabei gelegentlich sinfonische Musiker hinzuzog (*Will Power*, 1987), sah sich als geschmäcklerischen

Außenseiter: «Ich fühle mich nicht als Teil der Rockgemeinde, ich fühle mich allgemein der großen Kulturgemeinde zugehörig. Ich halte nichts davon, daß Rock sich gegen die übrige Welt querstellen muß. Das ist doch dumm.» Fatale Folge: Dem Rockpublikum bot er zuwenig Rock, dem Klassikpublikum galt er, wenn überhaupt bekannt, als Parvenü. Trotz größten Kritikerbeifalls für sein Album *Blaze Of Glory* (1989) sah er sich plötzlich ohne Plattenvertrag. Mehr als ein Jahr dauerte es, bis er 1991 mit Virgin einig wurde; Einstandsalbum: *Laughter And Lust*. Selbstironisch, doch nicht ohne Bitterkeit beklagte er in *Hit Single*, daß selbst im Pophimmel die Engel seinen Hit hören wollen, aber «nicht das ganze verdammte Album». «Es ist nur Rock 'n' Roll – aber unser Joe mag ihn offensichtlich nicht mehr», spottete ‹Mojo› über das reine Instrumentalwerk *Night Music* (1994), dann ernsthaft: «Jeder sollte es hören, der Sehnsucht nach Atmosphäre hat.» Doch zu den kammermusikalischen Kompositionen Jacksons, «mehr stille Reflexion als wilde Geste» (‹Q›), fanden nur noch eingefleischte Fans, die den «unruhigen Geist gerade wegen seiner Verneinung des Mainstreams» (‹Der Tagesspiegel›) schätzten. 1997 war er endlich angekommen, wo er immer sein wollte und nach eigener Meinung auch hingehörte: bei einem wirklichen Klassik-Label. Für Sony Classical hatte er sich der sieben Todsünden angenommen und für *Heaven & Hell* tief in die Klamottenkiste des von Marketing-Experten sogenannten Crossover gegriffen: Da sangen Suzanne Vega und Dawn Upshaw, da kreiste «ein irrwitziger Baß in Streicherstrudeln, Klavierkadenzen brechen sich an perlender Percussion» (‹Musikexpress›), Brad Roberts (Crash Test Dummies) brummte, Jane Siberry gurrte – für Rockohren sehr bemüht, ernst und bedeutungsvoll. ‹Kultur Extra›, die Monatsbeilage des ‹Spiegel›, hörte es anders: «*Heaven & Hell* trägt eher die fratzenhaften Züge eines wildgewordenen Comicstrips.» Also noch einen Zahn zulegen, diesmal gleich mit einer richtigen Symphonie. Das 45-Minuten-Werk in vier Sätzen *Symphony No. 1* (1999) wurde zwar nicht mit einem Symphonieorchester, sondern u. a. mit den Jazzern Robin Eubanks, Wes Anderson und dem Gitarristen Steve Vai eingespielt, sprengte

aber deutlich die Kategorie Pop. In einer parallel dazu veröffentlichten autobiographischen Studie («Ein Mittel gegen die Schwerkraft») schwadronierte der Künstler: «Die ‹Klassik› sollte von der Popmusik lernen, für die Menschen wieder eine Bedeutung zu haben, ein Publikum zu fesseln und auf dieses zuzugehen. Die Popmusik könnte von der ‹Klassik› etwas über technische Perfektion, Langlebigkeit, Intelligenz und emotionale Tiefe lernen.» Hören und lesen wollte solches kaum jemand. Also wieder einen Gang zurückschalten – zum Pop der frühen Jahre, dem New York-Soundtrack *Night And Day* von 1982. Zunächst rockte Jackson mit seinen einstigen Bandkollegen Graham Maby (voc, bg), Gary Burke (dr) in einem «zwar launig gespielten, aber nur mäßig inspirierten Set» (‹Stereoplay›) über eigene und Beatles-Oldies für die CD *Summer In The City* (2000), dann strickte er *Night And Day* nach demselben Schema wie einst mit ineinanderfließenden Songs und leitmotivisch eingesetzten Zitaten zu *Night And Day II* (2000) fort: «Sphärische, beinahe visionäre Klanggemälde zwischen Synthie-Collagen, Streichorchester und multikulturellem Touch» (‹WOM Journal›). New York habe sich verändert wie er selber, erklärte der Künstler, deshalb lasse er seine Song-Stories nun von einem Obdachlosen, einer Geschäftsfrau, einem Transvestiten und einem Immigranten erzählen; in den Rollen: Susan Deyhim, Dale DeVere, Marianne Faithfull. Arne Willander in ‹Rolling Stone›: «*Night And Day II* hat seine Momente. Ungefähr zwei. So weit Joe auch läuft, so viel Nocturnes er auch komponiert – nichts wird mehr besser als *One More Time*, *The Band Wore Blue Shirts* oder *Get That Girl*. Armer alter Joe.»

LPs auf A & M: *Look Sharp* (1979); *I'm The Man* (1979); *Beat Crazy* (1980); *Jumpin' Jive* (1981); *Night & Day* (1982); *Mike's Murder* (Soundtrack, 1983); *Body And Soul* (1984); *Big World* (1986); *Collection* (6-LP-Set, 1986); *Will Power* (1987); *Live 1980–1986* (1988); *Blaze Of Glory* (1989); *This Is It! The A & M Years* (1997) ... auf Virgin: *Laughter And Lust* (1991); *Night Music* (1994) ... auf Sony: *Heaven & Hell* (1997); *Symphony 1* (1999); *Summer In The City: Live In New York* (2000); *Night And Day 2* (2000)

Jackson, Michael (voc, kb), am 29. August 1958 in Gary, Indiana, geboren, sorgte als Kinderstar bei den Jackson Five (später Jacksons) für pikante Kontraste, indem er mit Elan und Einfühlungsvermögen Schlagertexte vortrug, die thematisch weit außerhalb seines kindlichen Erfahrungsbereiches lagen. 1972 überraschte der Pubertierende mit seiner Freundschafts-Ode an die Ratte Ben, die in dem gleichnamigen Horrorfilm eine tückische Hauptrolle spielte. Nach diesem Superhit nabelte sich das Jungidol stetig von seiner Brüder-Gemeinde ab und stilisierte sich zum triebhaften Entertainer: «Nur auf der Bühne fühle ich mich zu Hause. Da lebe ich, da wurde ich geboren, da allein bin ich sicher.» Gleichzeitig perfektionierte sich der wunderliche Knabe im Studio als Musik-Magier. Das Album *Off The Wall* (1979), erstes Produkt einer Kollaboration mit Producer Quincy Jones, schoß als «furios flammendes Finale der Disco-Ära» in die Hitparaden, wie der ‹New Musical Express› jubelnd registrierte. *Don't Stop 'Til You Get Enough* und andere Attraktionen der LP flirrten unter Jones' dramatischer Anleitung, «als seien sie in akustisches Neon getaucht», sie «zuckten perfekt im Puls der Zeit», während Michaels Stimme in einem «elektrischen Kraftfeld der Sounds» zu tanzen schien. Die Nachfolge-LP *Thriller* (1982) wurde zunächst von der Kritik wegen der sparsameren Produktions-Pyrotechnik verhalten aufgenommen. Unter multimedialem Promotioneinsatz brach das Werk jedoch binnen zwei Jahren alle Branchen-Rekorde: Es wurde weltweit 40millionenmal verkauft, in der Sowjetunion auf Underground-Kassetten gehandelt, in Südafrika als Anti-Apartheid-Hit gefeiert. Denn Jackson war der erste schwarze Künstler außerhalb des Jazz, der zum globalen Idol jenseits aller Rassenschranken und Altersabgrenzungen aufsteigen konnte. Seit den Beatles vermochte kein anderer Performer dermaßen massenmagnetisch zu wirken, seit Elvis Presley hat kaum ein anderer Rockstar die Phantasien und Sehnsüchte einer Musikkonsumenten-Generation so eindeutig bestimmt. Wenn Jacksons Falsettstimme durch seine oftmals banalen Nonsensverse winselte, sich in Murmeln, Stöhnen und Schluckauflauten verlor, mit schweren Atmern den polyrhythmischen Background-Effekten voranhaspelte und

schließlich mit pubertären Kieksern wartete, bis ihn die Musik wieder einholen konnte, vereinigten sich Unschuld und ausgekochter Professionalismus, unverstellte Gefühlstiefe und ausgefuchste Kalkulation zu einem explosiven Gemisch. Den definitiven Push zum Weltbestseller bekamen Songs wie *Billie Jean* durch exquisit gestylte Videos, die die Märchenwelt des ‹Wizard of Oz› mit der mysteriösen Aura eines «film noir» aus den vierziger Jahren anreicherten. Der 14 Minuten lange Videofilm ‹Thriller› (von Hollywood-Regisseur John Landis 1983 inszeniert) offenbarte Jackson als perfekten Tanzakrobaten, dem sogar Altmeister Fred Astaire applaudierte: «Er bewegt sich wundervoll, es ist das reine Vergnügen, ihm zuzuschauen.» Der monumentale Erfolg des *Thriller*-Albums schien den «Peter Pan des Pop» (‹Newsweek›) jedoch nachhaltig zu verstören. Der erste Superstar des globalen Dorfes, der alle elektronischen Register ziehen konnte, wollte kein Idol zum Anfassen sein und zog die Kommunikation mit seinen Anhängern über Bildschirm und Laserdisc vor. Fortan machte er durch groteske Geheimniskrämerei und bedenkliche private Schrullen von sich reden, aber auch durch clevere Deals: So kaufte er 1985 für 47,5 Millionen Dollar den lukrativen Song-Katalog der Beatles mit 260 Titeln der Pilzköpfe und stellte sich 1986 dem Softdrink-Hersteller Pepsi zur Rekord-Gage von 15 Millionen Dollar für drei Werbespots zur Verfügung. Im gleichen Jahr war er als Titelheld des ersten perfekten 3-D-Films ‹Captain Eo› (Regie: Francis Ford Coppola) in Disneys Vergnügungsparks zu sehen, in denen sich das «Bambi der Rockmusik» (‹Die Zeit›) ohnehin am liebsten die Weltfluchtstunden vertrieb. Da er keine Interviews mehr gab, konnten Gerüchte über exzessive Schönheitsoperationen, Hormonbehandlungen, sexuelle Desorientierung und makabre Hobbies ungeniert kursieren. «Michael», sinnierte die englische Kritikerin Julie Burchill, «ist der reichste und neurotischste schwarze Mensch, der je auf Erden wandelte.» 1987 ließ Jackson in perfekter Publicity-Planung die LP *Bad* lancieren, zu deren Titelsong Regisseur Martin Scorsese eine grimmige 16-Minuten-Ghetto-Story nach New Yorker Polizeiakten beisteuerte. Auch auf diesem weltweiten Superseller waren Selbstkasteiung,

Paranoia, pubertäre Morbidität zentrale Stimmungsauslöser. «In seiner transsexuellen Sinnlichkeit weicht Jackson den individuellen Festlegungen aus, die nun mal zu einer Erwachsenen-Identität gehören», analysierte die ‹New York Times›: «Das scheint die Jugendlichen heutzutage besonders anzusprechen, die weniger denn je daran interessiert sind, die vermeintliche Idylle ihres Halbwüchsigen-Daseins zu verlassen.» Nach einer langen globalen Tournee der Hallen-Umsatzrekorde brachte Jackson 1989 den Film ‹Moonwalker› heraus, ein «geradezu pathologisches Dokument» (‹Der Spiegel›) der Ich-Bezogenheit. Fortan, so drohte der Sänger an, wolle er nie mehr live auftreten und sich verstärkt dem Kino-Business widmen. Doch blieb es bei der Drohung. Die weiten Abstände zwischen Jacksons Produktionen wurden durch LP-Auskopplungen und einen endlosen Strom kleiner und kleinster Meldungen über den Sänger überbrückt. 1989 feuerte er seinen langjährigen Manager DiLeo, eine schillernde Gestalt, und versuchte mit einer Millionensumme seine Schwester LaToya zu hindern, ihre Autobiographie ‹LaToya: Growing Up in the Jackson Family› zu veröffentlichen; erwartungsgemäß kam der Jackson-Clan, Michael eingeschlossen, in dem Buch nicht gut weg. Seiner Reputation im Musikgeschäft konnte das nicht schaden. Er kassierte Auszeichnungen aller Art für LPs, Singles und Videos. 1991 führte die Erfolgskette zu einem der lukrativsten Plattenverträge der Geschichte: Für das projektierte Album *Dangerous* und die fünf folgenden Alben verpflichtete sich Sony zu je etwa 18 Millionen Dollar Vorkasse an Jackson. *Dangerous* konnte die kommerziellen Erwartungen erfüllen. «Der melodische Electro-Groove (seines Co-Produzenten) Terry Lewis paßt ihm wie angegossen», staunte ‹Rolling Stone› und lobte besonders die Songs *Why You Wanna Trip On Me* und *In The Closet*. Nach dem Erfolg des Albums, der Singles und der *Dangerous*-Welttournee gab Jackson der schwarzen Journalistin Oprah Winfrey sein erstes Fernsehinterview seit 14 Jahren: ein Public Relation-Ereignis. Er erklärte seine zunehmende Weißhäutigkeit mit einer rätselhaften Krankheit, äußerte sich zu Gerüchten (er habe niemals die Knochen des Elefantenmenschen kaufen wollen) und spa-

zierte mit Winfrey über das gespenstisch erleuchtete Gelände seiner Neverland-Ranch. Während sich im Hintergrund leere Karussells drehten, berichtete Jackson von seinem Engagement für kranke Kinder, die er gruppenweise in seinen Vergnügungspark und seinen Kinosaal einlud. Seine Neigung zu Minderjährigen sollte ihm 1994 zum Verhängnis werden. Jackson wurde von dem kalifornischen Zahnarzt Evan Chandler beschuldigt, seinen 13 Jahre alten Sohn Jordan sexuell mißbraucht zu haben. In den Aufschrei der Presse stimmten bald auch Mitglieder des Jackson-Clans ein, verteidigten ihren Bruder (Janet) oder beschuldigten ihn (LaToya). Er selbst floh ins Ausland, sagte Konzerte der laufenden Tour ab, beteuerte seine Unschuld und versuchte mit allen Mitteln, eine gerichtliche Auseinandersetzung zu vermeiden. Nach monatelangem Versteckspielen und Feilschen einigte sich der Star mit dem Vater des Kindes außergerichtlich. Der Skandal hinterließ tiefe Spuren: Zunächst zog sich der Sänger aus dem öffentlichen Leben zurück und überraschte im Mai 1994 seine Fans mit der Heirat von Presley-Tochter Lisa Marie. Eine Weile ließ er sich nur noch mit seiner Frau sehen, wich aber jedem Interview-Ansinnen aus; 1995 aufkommende Trennungsgerüchte des Paares wurden Anfang 1996 bestätigt. Jackson konzentrierte sich auf seine *HIStory*, die 1995 erschien. Das Doppelalbum mit dem hintergründig programmatischen Titel bestand aus einer CD mit neuen Songs und einer Best-of-CD mit alten Hits in einer digital aufpolierten Fassung – wie um seine bisherigen Leistungen zu unterstreichen. Die Veröffentlichung wurde von einem beispiellosen PR-Rummel begleitet, der «teuersten, kompliziertesten und beladensten Kampagne aller Zeiten» (‹Q›). Jackson ließ sich zum unangreifbaren, martialisch blickenden Monument stilisieren: Die steinerne Jackson-Skulptur auf dem Plattencover wurde als mehrere Meter große Replik in einigen Weltmetropolen aufgestellt. «Das neue Album von Michael Jackson soll alle Rekorde brechen, sonst bricht es den Popstar», spekulierte ‹Die Zeit›. Tatsächlich stand Jackson neben dem Druck der Chandler-Affäre vor allem unter Erfolgsdruck. Vier Jahre nach *Dangerous* sollte *HIStory* ihn erneut als King of Pop bestätigen. Dahinter verblaßte die

Musik: Mit dem für ihn üblichen immensen Studioaufwand, unter Hinzuziehung der Produzenten Jimmy Jam und Terry Lewis, mit der Teilnahme von Slash (der seine Gitarrenparts spielte, ohne zu wissen, für welche Songs sie benutzt wurden) hatte Jackson nichts dem Zufall überlassen wollen. Dennoch verfügte keiner der neuen Songs über die Anziehungskraft der alten Hits *Thriller* und *Billie Jean*. Mochte Jackson noch so manieristisch keuchen und kieksen, ‹Q› hatte recht: «Die Verkäufe des Albums werden durch das Oldie-Element so verzerrt werden, daß es unklar bleiben wird, wer *HIStory* aus welchen Gründen kaufte.» Erst nach seiner Hochzeit mit der Arztassistentin Debbie Rowe faßte Jackson wieder Tritt und widmete sich seinem CD-Musical *Blood On The Dancefloor*, das 1997 auf den Markt kam. Rowe gebar ihm zwei Kinder, 1996 Prince Michael Jackson Jr. und 1998 Paris Michael, ein Mädchen. Die Kinder wuchsen auf seiner Ranch auf, seine Ehefrau lebte in Los Angeles. Fast stets von seiner aseptischen Gesichtsmaske verhüllt, besuchte er den Tournee-Impresario Marcel Avram, wegen Steuerhinterziehung einsitzend, im Gefängnis München-Stadelheim, nahm an der Amtseinsetzung von Präsident Kim Dae Jung in Südkorea teil und gratulierte Nelson Mandela auf dessen Farm bei Johannesburg zum 80. Geburtstag. Immer wieder überraschte er mit spektakulären Bauvorhaben die Presse: ein Vergnügungszentrum, Hotel mit 800 Betten, Casino und Untergrund-Aquarium in Detroit … ein Vergnügungs- und Shopping-Center in Windhoek im ausgepowerten Namibia. Die CD *Blood On The Dance Floor* erreichte in Großbritannien den Charts-Spitzenplatz, in den USA nur Position 24, aber dafür schien sich kaum noch jemand zu interessieren. Im März 2001 las Michael Jackson im Debattierclub der britischen Oxford University einen Vortrag über seine Stiftung «Heal the Kids» vom Teleprompter ab. Als er schilderte, daß sein Vater nie «Ich liebe dich» zu ihm gesagt habe, kamen ihm die Tränen. Nach der rührenden Rede minutenlanger stehender Applaus. In seiner «ontologischen Instabilität», schrieb Thomas Mießgang in der ‹Zeit›, sei Michael Jackson eine Figur des Übergangs: «eine Spiegelung jener gesellschaftlichen und medialen Trugbilder, die es an der Schwelle zum 21. Jahrhundert schwierig machen, dem Begriff Realität Fülle und Inhalt zu geben. Noch ist er Teil des großen Spieles, doch bald schon könnte er endgültig hinter Gerüchten, Spekulationen, Schlagzeilen und Videoprojektionen verschwinden. Ein digitalisierter Howard Hughes der Popmusik, der seine Klone auf Welttournee schickt und als Schattenwesen durch die Netze geistert.»

LPs auf Motown: *Ben* (1972); *Got To Be There* (1972); *Music & Me* (1973); *Album* (1973); *Forever Michael* (1975); *Superstar* (1980); *One Day In Your Life* (1981); *Farewell My Summer Love* (1984); *Anthology* (1986); *The Best Of Michael Jackson And The Jackson Five* (1997) … auf Epic: *Off The Wall* (1979); *Thriller* (1982); *Bad* (1987); *Dangerous* (1991); *HIStory, Past, Present And Future, Book I* (1995); *Blood On The Dancefloor – HIStory In The Making* (1997) Weitere LPs mit Jacksons / Jackson Five

Jagger, Mick (voc, harm), am 26. Juli 1943 als Sohn eines Physiklehrers in Dartford, Kent, geboren, studierte an der London School of Economics und kam 1962 zur Blues Incorporated von Alexis Korner. Als Korner eines Nachts in einer Jazzsendung des BBC-Fernsehens auftrat, vertrat ihn Jagger zusammen mit Keith Richards, Brian Jones und Charlie Watts im Londoner Marquee Club. In dieser Nacht formierten sich, von Muddy Waters' *Rollin' Stone Blues* inspiriert, die Rolling Stones. Seinen ekstatischen Bühnenstil, der alsbald zum optischen Zentrum der Stones-Show wurde, modellierte Jagger nach dem Vorbild des schwarzen Entertainers James Brown, dessen wilde Gestik er zu einer vibrierenden, nervös-überzüchteten, stets die Grenze der Selbstparodie streifenden Sexualgymnastik choreographierte. «Erst in blutrotes, dann in gelbflammendes Licht getaucht, strippt er sich aus der Jacke, geht zu Boden, schwingt den Gürtel wie eine Peitsche – ein Vorgang, der herausfordernd, aber nie peinlich ist, weil er das genaue Korrelat zu der losgelassenen Musik darstellt» (‹Die Zeit›). Auch seinen von schwarzen Blues- und Soulinterpreten abgeleiteten Vokalstil entwickelte Jagger im Laufe der Jahre zu einem unverwechselbaren, kaum zu kopierenden Sound. Zusammen mit Keith Richards schrieb er fast sämtliche Stones-Stücke, die der jeweiligen Stimmung auf der Rockszene bis in die Achtziger stets genau entsprachen. Mit allem wurde Jagger zum Auslöser und Idol einer Teenager-Massenhysterie, die den Elvis Presley-Kult der fünfziger Jahre annähernd erreichte. Er konnte es sich leisten, die Erwachsenenwelt fortwährend mit anarchistischen oder obszönen Äußerungen, mit seinen Sex- und Drogenaffären zu brüskieren; seine Show hatte ihm längst ein Schloß aus dem 15. Jahrhundert in Südengland mit zwölf Schlafzimmern, fünf Salons und fünf Badezimmern eingebracht. Nach seinem Schauspiel-Debüt 1969 im Spielfilm ‹Ned Kelly› über einen australischen Banditen des 19. Jahrhunderts ließ er sich 1969 im Film ‹Performance› als feudal-exzentrischer Rockstar, der einen professionellen Erpresser und Mörder in seinem Haus verbirgt, so darstellen, wie er sich vermutlich selbst sah: als Außenseiter mit deutlicher Affinität zum ursprünglich verachteten Establishment. Jagger lebte nach 1971 eine Zeitlang aus Steuergründen mit seinen Kameraden an der Côte d'Azur in Südfrankreich, wo er die zahlreichen geschäftlichen Interessen der Rolling Stones wahrnahm und koordinierte. Die Sängerin Marsha Hunt gebar ihm im November 1970 seine erste Tochter Karis, die er jedoch erst 1973 nach einer Gerichtsverhandlung und einem Bluttest anerkannte. Im Mai 1971 heiratete er in St. Tropez das aus einer reichen Familie in Nicaragua stammende Model Bianca Perez Morena de Marcias. Die Ehe wurde 1979 nach langem Zerwürfnis mit einer Abfindung von angeblich 2,5 Millionen Dollar geschieden, nachdem im Oktober 1971 ihre Tochter Jade geboren worden war, die ihn am 2. Juli 1992 zum Großvater machte. Jaggers dritte Tochter Elizabeth Scarlett, am 2. März 1984 geboren, entstammte – wie auch der am 28. August 1985 geborene Sohn James Leroy Augustin – seiner jahrelangen Beziehung mit dem texanischen Fotomodell Jerry Hall. Er heiratete Miss Hall am 21. November 1990 auf Bali, die Gültigkeit dieser Ehe wurde jedoch verschiedentlich angezweifelt. Die ‹Bunte› kolportierte, er habe ihr ein Haus auf der Karibikinsel Mustique, eine Ranch in Texas sowie ein Vier-Millionen-Dollar-Haus in London geschenkt. Am 12. Januar 1992 kam ihr drittes gemeinsames Kind, die Tochter Georgia May Ayeesha, zur Welt. Seit den Siebzigern gab sich der Sänger, der sich zunehmend als Performer verstand, ein bisexuelles Image. ‹Circus›: «Der neue Mick ist Satan, Superkerl und Fummeltrine in einem. Man traut seinen Augen nicht.» Biograph Peter Urban: «Voller Witz und Charme ist er Clown, Derwisch, Zauberer, Rattenfänger und Lebedame zugleich.» Kritiker Werner Burkhardt: «Für jeden Song hat er andere Gesten, ein anderes Gesicht.» Mit Rockstars wie Michael Jackson, David Bowie, Peter Tosh, Tina Turner und Carly Simon spielte er Duette ein. Mit einem Soloalbum wartete er nach 23 Bühnenjahren erst 1985 auf. Für die erfrischend durchsichtige, von Nile Rodgers (Chic) und Bill Laswell produzierte LP *She's The Boss* holte er sich eine illustre Besetzung vornehmlich aus dem Jazz Rock-Feld: Herbie Hancock und Jan Hammer (kb), Jeff Beck (g), die aus Jamaika stammende Rhythmusgruppe Sly & Robbie. Jagger: «Ich war nicht frustriert mit den Rolling Stones. Ich wollte nur aus der Routine von Stones-Platten und Stones-Tourneen heraus. Es war wie eine Affäre mit einer Geliebten neben der Ehefrau.» 1987 setzte er die Affäre mit dem Soloalbum *Primitive Cool* fort. Sein ihm musikalisch ebenbürtiger Leadgitarrist war abermals Jeff Beck. Die Solotournee, mit der er die Platte in den USA bewerben wollte, hatte im Vorverkauf so wenig Resonanz, daß er für die Kasse den Namen Rolling Stones mißbrauchte. Seine Solo-LPs sowie sein von zahlreichen Kritikern als «gräßlich» eingeschätzter Spielfilm ‹Running Out of Luck› wurden vom Publikum abgelehnt. Reumütig kehrte er 1989 für das Album und die Tournee «Steel Wheels» zu den alten Kumpanen zurück, ohne die Soloträume aufzugeben. Seinem von Rick Rubin produzierten Album *Wandering Spirit* (1993) mit Lenny Kravitz, Courtney Pine, Doug Wimbish von Living Colour und der kalifornischen Bluesband Red Devils, auf dem er auch Reggae-, Gospel-, Calypso- und Country-Nummern sang, bescheinigte ‹Der Spiegel›, es klinge «nicht revolutionär, aber mutiger als jede Platte, welche die Rolling Stones seit *Some Girls*, also seit 15 Jahren, veröffentlicht haben». Das Nachrichtenmagazin nannte Jaggers großbürgerlichen Lebensstil als Grund, weshalb er von den Fans der «härtesten Rockband der Welt» nicht in der gleichen Weise goutiert wurde: «Er liebt Kostümfeste, Scrabble, Ballonfliegen und

Cricket.» – «An Wochenenden», so die englische Gesellschaftszeitung ‹Queen›, «besucht er gern, mit einem Baedeker in der Hand, Kirchen in der Nachbarschaft, schwatzt über kürzlich erschienene Biographien und darüber, ob man Rosen über die Gartenmauern wachsen lassen sollte – Themen, die normalerweise vom Landadel bevorzugt werden.» In den Neunzigern wuchs in der Stones-Gemeinde der Eindruck, der Boss verwende seine Energie immer mehr aufs Geschäft und immer weniger auf den Rock 'n' Roll. «Wer Jagger dabei zuschaut, wie er mit Handy-Telefon, Taschenrechnern, Laptop-Computern und Währungstabellen hinter der Bühne hantiert», berichtet der ‹Stern› von der «Voodoo Lounge»-Tournee 1995, «wie er jedes Detail der seltsam futuristischen Bühnenarchitektur im Kopf hat, wie er über T-Shirt-Preise und Mikrofon-Marken diskutiert, sieht auch die Dollarzeichen in seinen Augen.» Keith Richards lakonisch: «London School of Economics – was willst du machen?» Der Erfolg gab ihm ja recht, die «Voodoo Lounge»-Tour 1994 bis 1996 war mit einem Kartenverkauf von weit über 300 Millionen Dollar die erfolgreichste Konzertreise aller Zeiten. Im Oktober 1996 verriet das Londoner Boulevardblatt ‹The Sun›, Jerry Hall habe Jagger um die Scheidung gebeten. Das war kaum ernst zu nehmen angesichts permanenter Streitigkeiten des Paares in der Öffentlichkeit und Jaggers kaum kaschierter Seitensprünge, zumal Jerry am 9. Dezember 1997 Mick ihr viertes Kind Gabriel Luke gebar. Doch als das brasilianische Model Lucinda Morad, 29, Ende 1998 ebenfalls mit einem Kind namens Lucas des nun 55jährigen Ober-Stone aufwartete und um die Apanage in New York vor Gericht ging, machte sie Ernst. Während Jagger Frau Morad monatlich 5500 Dollar Alimente überwies, sie aber 35 000 forderte, ging es bei der Scheidungsauseinandersetzung um wirklich große Summen, vor allem um Grundbesitz. Jaggers jährliches Einkommen wurde höchst konservativ auf zwölf Millionen englische Pfund geschätzt, sein Privatvermögen auf zwischen 110 und 150 Millionen Pfund. Er besaß das Schloß Down House mit 26 Zimmern in Richmond südwestlich von London, das Schloß La Forchette im französischen Loire-Tal nahe Amboise, den Landbesitz Stargroves mit

eigenem Strand auf der Karibik Insel Mustique, ein Brownstone-Apartment auf der Upper West Side von New York, eine der exklusivsten Adressen von Manhattan, sowie über seine Frau eine umfangreiche Farm in Lone Oak, Texas. In beiden Fällen entschieden die Gerichte hinter verschlossenen Türen. Gerüchteweise verlautete, Jaggers Anwalt habe vor Gericht die rechtliche Verbindlichkeit der 1990 in einer sechsstündigen Hindu-Zeremonie geschlossenen Ehe zur Kostenminderung abermals abgestritten. Wie die Prozesse auch ausgingen: Niemand mußte verhungern. Jagger, der 1995 zur Produktion des Spionage-Thrillers ‹Enigma› zusammen mit Steve Tisch die Filmproduktion Lip Service gegründet hatte, widmete sich am Ende des Jahrzehnts zunehmend seinen Leinwandträumen: «Die Filmbranche galt für Rockmusiker als Sperrbezirk. Dabei muß man nichts weiter tun, als ständig alle anzutreiben. Du läßt eine Geschichte schreiben, suchst jemanden, der Geld auftreibt, um die Rechte zu kaufen, dann läßt du das Drehbuch schreiben, besorgst noch mehr Geld, damit Regisseur und Schauspieler kommen und so fort.» Auf die Frage, wieviel seines nicht an Jerry Hall gezahlten Vermögens in der 19-Millionen-Dollar-Produktion ‹Enigma› stecke: «Kein Penny.» Im März 2000 wurde in seiner alten Grammar School in Dartford, Kent, das Mick Jagger Performing Arts Centre eröffnet.

LPs auf United Artists: *Ned Kelly* (Sountrack, 1970) … auf Warner Bros: *Performance* (Soundtrack, 1970) … auf CBS: *She's The Boss* (1985); *Primitive Cool* (1987) … auf Atlantic: *An Interview With Mick Jagger By Tom Donahue* (1971); *Wandering Spirit* (1993)
Weitere LPs → The Rolling Stones

James, 1982 in Manchester gegründet, bereicherten den klaustrophobischen New Wave der frühen Achtziger um luftige Folk-Elemente. Gemeinsam mit den Happy Mondays initiierten sie Ende der Achtziger den Manchester Boom, der durch den Britpop in den Neunzigern weitergeführt werden sollte. Nicht zuletzt auf Grund der Tatsache, daß Smiths-Sänger Morrissey keine Gelegenheit ausließ, James zu seiner Lieblingsband zu erklären, galten sie vor allem in ihren

Anfangstagen als legitime Nachfolger von The Smiths. Dieser Ruf setzte James jedoch im selben Maß unter Druck, wie er die Popularität der Band steigerte. James entstanden mit Danny Ryan (voc), Jim Glennie (g), geboren am 10. Oktober 1963, Paul Gilbertson (g) und Gavin Whelan (dr) als öffentlich gefördertes Projekt an der Manchester University. Kurz nach Gründung stieß der Theaterstudent Tim Booth, geboren am 4. Februar 1960, als Tänzer zu der Band, um schon bald Ryan hinter dem Mikrofon abzulösen. Nach zwei erfolgreichen EPs (*Jimone* und *James II*) für das lokale Label Factory lehnte die Band eine Titelstory im ‹New Musical Express› ab, folgte jedoch einer Einladung Morrisseys als Support für eine Tournee von The Smiths. Nachdem Gilbertson 1985 für Jerry Gott den Platz geräumt hatte, unterschrieb die Band einen dreijährigen Vertrag bei dem Warner-Sublabel Sire Records. Ihr von Lenny Kaye produziertes LP-Debüt *Stutter* (1986) «bestätigte sie als widerspenstig, kultisch und einmalig ... Das erste Album setzte die Saat für den James-Stil: ein improvisatorisches Feeling, Myriaden Indie- und Folk-Einflüsse plus Tim Booths sehr englischer Gesang nebst seinem sehr unenglischen Sinn für Dramatik» (‹Rough Guide›). Die positiven Reaktionen auf das Album führten auch zu außerordentlicher Live-Resonanz. Zwei Jahre war die Band ununterbrochen unterwegs, bis sie ihren Zweitling *Strip Mine* (1988) veröffentlichte, der mit seinen simplen Refrains jedoch nicht an den Erfolg des Vorgängers heranreichte. James beschlossen, sich von Sire zu trennen. Auf Rough Trade erschien das Live-Album *One Man Clapping* (1989), das die erste Phase der Band zusammenfaßte. Die Platte belegte die Spitzenposition der britischen Indie-Charts. 1990 verließ Whelan die Band und wurde durch Dave Baynton Power, geboren am 29. Januar 1961, ersetzt. Saul Davies (g, v), geboren am 28. Juni 1965, Andy Diagram (tp) und Mark Hunter (kb), geboren am 5. November 1968, erweiterten James zum Septett. Nach einem abermaligen Labelwechsel zu Polygram entstand mit *Gold Mother* (1990) das bislang fulminanteste und künstlerisch reifste Album, zugänglicher als die früheren Platten, obwohl die alte Exzentrik durchschimmerte. Eine enorme Popularitätssteigerung und

gigantisches Medieninteresse bescherte die Neuaufnahme der früheren Single *Sit Down*, die auf Platz zwei der Pop-Charts stieg, zum Superhit im amerikanischen Radio wurde und James zum gefragten Support selbst für David Bowie machte. Über Nacht wurde James allein mit diesem Song identifiziert, wogegen die Band vor allem live heftig rebellierte, indem sie fast ausschließlich neues Material spielte. Das folgende Album *Seven* (1992) belegte wieder Position zwei der britischen Charts, wurde aber von der Kritik als uninspirierter Stadion-Rock abgelehnt. Die Band nahm eine Kurskorrektur vor, setzte Diagram und Davies vor die Tür, wurde experimenteller und nahm mit Hilfe Brian Enos das wesentlich leisere und ambitioniertere Album *Laid* (1993) auf, das die Kritiker wieder auf ihre Seite zog. ‹Select› beschrieb die Platte als Sammlung «paranoider Liebeslieder, ekstatischer Klagegesänge und perverser Schlaflieder». In England ein Flop, wurde die Platte der größte Hit der Band in den USA. Während der Sessions zu *Laid* nahmen James noch eine Reihe experimenteller Ambient Jams auf, die 1994 unter dem Titel *Wah Wah* auf den Markt kamen. Nach geteilter Zustimmung – unter anderem wurde James vorgeworfen, auf den *Zooropa*-Zug von U 2 aufspringen zu wollen – nahm die Band eine mehrjährige Auszeit. Tim Booth nahm 1996 mit dem Soundtrack-Komponisten Angelo Badalamenti das Album *Booth And The Bad Angel* auf. Ein Jahr später kehrten auch James mit dem Mainstream-Longplay *Whiplash* auf die Szene zurück.

LPs auf Blanco Y Nero: *Stutter* (1996); *Strip-Mine* (1988) ... auf One Man: *One Man Clapping* (1989) ... auf Mercury: *Gold Mother* (1990); *James* (1990); *Seven* (1992); *Laid* (1993); *Wah Wah* (1994); *Whiplash* (1997); *Millionaires* (1999); *Pleased To Meet You* (2001) ... Solo-LP Tim Booth auf Polygram: *Booth & The Bad Angel* (1996)

Jamiroquai, 1992 in London gegründet, vereinten auf der Ästhetik Stevie Wonders und Sly Stones fußend Jazz und Soul zu einem clubkompatiblen Acid Pop. Jason Kay (voc), als Sohn der Sängerin Karen Kay am 30. Dezember 1969 geboren, ging zuerst mehreren Gelegenheitsjobs nach, bevor er den Brand New Heavies beitrat. Doch schon während dieser Zeit arbeitete der Mann, dessen Markenzeichen ein großer Büffelhut war, mit Unterstützung des jungen Labels Acid Jazz an jazzbeeinflußten Solo-Projekten. Nach und nach scharte er ein Häuflein Gleichgesinnter um sich, zu denen Stuart Zender (bg), geboren am 18. März 1974, Toby Smith (kb), geboren am 29. Oktober 1970, Nick Van Gelder (dr) und Wallis Buchanan (didgeridoo) gehörten. Weitere Mitstreiter waren Glenn Nightingale (g), Simon Katz (g), Sola Akingbola (perc), Andrew Rewell (fl, sax), Martin Shaw (tp), Maurizio Ravalio (perc), D-Zire (DJ), Gary Barnacle (sax), John Thirkell (horns) und Richard Edwards (tb). Nach dem Stamm der Irokesen nannte Kay zunächst sich selbst und dann seine Truppe Jamiroquai und zog einen Vertrag über acht Platten auf dem Sony-Sublabel Soho Square an Land. Aufgrund mehrerer erfolgreicher Singles auf Acid Jazz stieg das Debütalbum *Emergency On Planet Earth* (1993) mit seinem klassischen Funk-Feeling sofort auf Platz eins in den britischen Charts. «Zu dieser Zeit wurde klar, daß er (Kay) neben seinem Talent als Sänger noch zwei andere Qualitäten besaß, die ihm auf der Straße zum Stardom helfen würden: einen großen Hut und ein großes Maul. Er war dreist, er war laut, manchmal war er naiv, immer war er unterhaltsam» (‹Rough Guide›). Anfang 1994 ersetzte Derrick McKenzie, geboren am 27. März 1962, Van Gelder. Das zweite Album *Return Of The Space Cowboy* (1994), das der Rezeptur seines Vorgängers folgte, stieg auf Platz zwei in die UK-Charts ein. In den USA rief der Titelsong des Albums die Wächter über die Jugendmoral auf den Plan, die der Band Verherrlichung von Drogen vorwarfen. Das Video zu dem Song mußte Kay noch einmal drehen. Inzwischen war die Band auf den internationalen Jazz-Festivals genauso gern gesehen wie auf Rock-Bühnen. Im Gegensatz zu anderen Acid Jazz-Acts arbeitete Jamiroquai fast ausschließlich live und ohne doppelten Sampling-Boden. Die Shows der Band wurden stets mit ausgiebigen Solo-Einlagen gepfeffert. Mit dem dritten, platinveredelten Album *Traveling Without Moving* (1996) konnte die Band nicht nur abermals auf Position zwei plazieren, sondern auch erste nennenswerte Erfolge in den USA verbuchen, die sofort mit Tourneen und Festival-

Teilnahmen untermauert wurden. «In süßesten Tönen macht Jamiroquai auf die Zerstörung des Planeten aufmerksam, während seine Band einen dichten Teppich aus Soul und Disco-Funk webt» (‹Visions›). Im Februar 1997 trat die Gruppe gemeinsam mit Diana Ross bei der 16. Verleihung der Brit Awards auf. 1998 war Jamiroquai mit dem Song *Deeper Underground* am Soundtrack zu *Godzilla* beteiligt. 1999 wurde mit *Synchronized* das vierte Studio-Album veröffentlicht.

LPs auf Columbia: *Emergency On Planet Earth* (1993); *The Return Of The Space Cowboy* (1995); *Travelling Without Moving* (1996); *Syncronized* (1999)

Jane's Addiction, gegründet 1986 in Los Angeles, und ihre Folge-Band Porno For Pyros, gegründet 1992, brachten die beiden Elemente Kunst und Exaltiertheit zu einer beinahe vollkommenen Einheit. Ihren kurzatmigen Stil aus den Quellen Punk, Sleeze Metal, psychedelischen Drogen-Trips im Stile der Doors und Art Rock speisend, standen sie sowohl für die späten Guns N' Roses Pate als auch für die Red Hot Chili Peppers und einen großen Teil der härteren Alternative-Szene. Unangefochtener Leader von Jane's Addiction war der androgyne Sänger Perry Farrell, als Perry Bernstein am 29. März 1959 in New York geboren. Nachdem er seine hochgesteckten persönlichen Ansprüche in der Band Psi-Com nicht erfüllen konnte, heuerte er Dave Navarro (g), geboren am 7. Juni 1967 in Santa Monica, Eric Avery (bg), geboren am 25. April 1965 in Los Angeles, und Stephen Perkins (dr), geboren am 13. September 1967 in Los Angeles, an, um mit der nach einer gemeinsamen Freundin benannten Band Jane's Addiction einen neuen, ebenso sanften wie provokanten Sound umzusetzen. Sein Gesang erinnerte an die elfenhafte Poesie des frühen Jon Anderson und die Kraft Robert Plants, wenn auch das musikalische Umfeld der Band wesentlich härter war und der dämonische Habitus eher Alice Cooper ins Gedächtnis rief. Ihr erstes Album *Jane's Addiction* (1987) war ein hypnotisierender Live-Mitschnitt aus dem Hollywood Roxy, der bei den Kritikern jedoch auf zurückhaltendes Interesse stieß. Die erste Studio-Produktion *Nothing's Shocking* (1988) hingegen löste eine Welle der Euphorie aus, die sich jedoch nicht in Verkaufszahlen übertrug. Trotz eines aggressiven und kompakten Grundsounds arbeitete die Band mit vielen versteckten Details und Brüchen innerhalb der überaus sorgfältig arrangierten Songs. Gewalt und Mystik hielten sich in diesem Bekenntnis zur Faszination des Bösen die Waage. Doch nicht die mehr als zweideutigen Texte von Songs wie *Ted, Just Admit It*, in dem Farrell sich geradezu traumatisiert in Endloswiederholungen der Zeile «sex is violent» erging, brachten dem Album Ärger mit der Zensur, sondern vielmehr das Cover-Artwork, das eine brennende Skulptur siamesischer Zwillinge zeigte. Die Platte durfte nur in neutralen Umschlägen verkauft werden. In der Folge spielten Jane's Addiction auf allen großen Rock-Festivals der USA. Mit einem ähnlichen Layout wie sein Vorgänger war auch das Cover des dritten Albums *Ritual De Lo Habitual* (1991) ausgestattet, das in musikalischer Hinsicht eine solide Weiterführung des bisher Erreichten war. Erstmalig stiegen Jane's Addiction in die amerikanischen Top 20 ein. Im selben Jahr rief Farrell die Lollapalooza-Serie ins Leben, die erstmalig Independent-Bands die Chance gab, große Arenen zu bespielen. Es sollte für Jane's Addiction, die von der Rollins Band, Ice T, Nine Inch Nails und Living Colour begleitet wurden, ein großer Triumphzug durch Amerika werden, endete jedoch in der Katastrophe. Daß Jane's Addiction just versagten, als sie im Begriff waren, ganz oben anzukommen, lag vor allem an internen Spannungen, die sich seit langem abgezeichnet hatten. Trotz aller offensichtlichen Probleme wurde die Tour ein kommerzieller Erfolg, doch Farrell zog Konsequenzen und löste die Band auf. Jane's Addiction mußten erst auseinandergehen, um aller Welt begreiflich zu machen, welch immensen Beitrag sie zum Musikverständnis ihrer Zeit geleistet haben. ‹Visions›: «Sie gehörten nie zu den ganz Großen der späten achtziger und frühen neunziger Jahre. Dennoch hatte die Band mit ihrem feinen Sinn fürs musikalische Detail und ihren ins Endlose abdriftenden Phantasien in einer Szenerie, die von knochentrockenem Hardcore beherrscht wurde, einen entscheidenden Input auf all jene, denen es in ihrer Musik

wieder um mehr ging als in Akkorde gegossene Direktiven.» Der vor Selbstbewußtsein strotzende Dave Navarro schlug ein Angebot von Guns N' Roses aus, weil er sich für diese Band als überqualifiziert erachtete, gründete die kurzzeitig existierende Formation Deconstruction und folgte 1994 dem Ruf der Red Hot Chili Peppers. Perry Farrell rief gemeinsam mit Stephen Perkins die Gruppe Porno For Pyros ins Leben, die durch den Gitarristen Peter DiStefano, geboren am 10. Juli 1965 in Los Angeles, und den ehemaligen Bassisten von Thelonious Monster, Martyn Le Noble, geboren am 14. April 1969 in Vlaardingen, Niederlande, ergänzt wurde. Porno For Pyros klangen zahmer und erdiger als Jane's Addiction. Der Sound des Albums *Porno For Pyros* (1993) näherte sich soundtechnisch gängigem Heavy Metal an, experimentierte aber in rhythmischer und harmonischer Hinsicht mit Einflüssen von Blues und Jazz Rock. Die Arbeit an dem zweiten Album *Good God's Urge* (1996) im Shangri-La Studio in Malibu zog sich über zwei Jahre hin. Die Ursachen lagen sowohl in den Drogenproblemen als auch im Lollapalooza-Engagement Perry Farrells. Während dieser Zeit strich Le Noble die Segel und wurde von Mike Watt (ehemals Minutemen und fIREHOSE) ersetzt. Weitere Gäste auf dem Album, das ‹Option› als «warme halluzinogene Sensation, eine spanische Landschaft, die irgendwo zwischen der 60er-Psychedelia der Alben von Jefferson Airplane, der 90er-Jahre-Ambience von The Orb und einer weicheren Version des Folk Blues von Led Zeppelin liegt», beschrieb, waren die kompletten Love & Rockets sowie Dave Navarro und Flea von den Red Hot Chili Peppers. Aufgrund seiner stilistischen und atmosphärischen Vielfalt und Ausgewogenheit galt *Good God's Urge* zurecht als das Meisterwerk aller Farrell-Bands. Die zehn Tracks boten «zehn Gelegenheiten, auf angenehme Weise einen kleinen Belastbarkeitstest zu unternehmen» (‹WOM Journal›). Anstatt jedoch an diesem Punkt weiterzumachen, entschlossen sich Farrell und Perkins, Jane's Addiction wieder aus der Versenkung zu holen, wobei Flea die Position des Bassisten besetzte. Die Band gab 1997 einige Konzerte in den USA und veröffentlichte auf *Adult Listening* (1998) zwei brandneue Songs nebst Live-Tracks und Outtakes. Doch sie löste nicht ein, was der riesige Medienrummel um das Projekt versprach. Farrell war die Puste ausgegangen. Auf dem Album *Rev* (1999), auf dessen Cover der Sänger in der Pose eines friedlich sterbenden Priesters abgebildet war, bettete er noch einmal zwei neue Solo-Tracks, unter anderem eine Coverversion von *Whole Lotta Love*, in die alten Erfolge seiner beiden Bands.

LPs auf Triple X: *Jane's Addiction* (1987) … auf Warner Bros.: *Nothing's Shocking* (1988); *Ritual De Lo Habitual* (1990); *Live And Rare* (1991); *Kettle Whistle* (1997) … LPs Perry Farrell und Stephen Perkins mit Porno For Pyros auf Warner Bros.: *Porno For Pyros* (1993); *Good God's Urge* (1996) … Solo-LPs Perry Farrell auf Warner Bros.: *Rev* (1999) … auf Virgin: *Song Yet To Be Sung* (2001) … Dave Navarro → Red Hot Chili Peppers

Jarre, Jean-Michel (electronics, g), am 24. August 1948 in Lyon als Sohn des Filmkomponisten Maurice Jarre geboren, vermengte in seinem Synthesizer-Schaltwerk sonore klassische Harmonien mit elektronischen Soundeffekten und «forderte damit konservative Puristen und Vertreter der Avantgarde zugleich heraus» (‹Passion›). Vor allem engagierte Elektronik-Freaks schmähten seine «pompöse Kakophonie mit ihrem reaktionär imitierten Violingeschwirre» (‹New Musical Express›). Der Absolvent des Pariser Konservatoriums und der elitären Groupe de Recherche Musicale begann, nach Studentenjobs als Rockgitarrist, 1972 im selbstgebauten Studio, «Hintergrundmusik fürs alltägliche Leben» (‹Interview›) herzustellen. Die Musik seiner dritten LP *Oxygène* (1976), einer «hypnotisierenden Tour de Force» (‹Billboard›), wurde von acht Millionen Käufern inhaliert. Auch mit *Equinoxe* (1978), *Chants Magnétiques* (1981) gelang ihm «eine Verbindung zwischen neuen Klängen und der Öffentlichkeit» (Avantgarde-Komponist Pierre Schaffer). Bei *Zoo Look* (1984) assistierte ihm die Konzept-Artistin Laurie Anderson, «Sounds, Stimmen und Kulturen zu mixen und sie nach meinem Willen zu transformieren» (Jarre). Musiken aus verschiedenen Kontinenten und Schnipsel aus 25 exotischen Sprachen wurden per Synthesizer zu einer polyrhythmischen Sinfonie mit Disco-Elementen verfremdet. Ethnischer Hintergrund und kulturelle Historie der Beuteklänge interessierten den Sound-Kolonisten dabei nicht. Um spektakuläre Statements war Jarre bei der Propagierung seiner Melange-Musik nicht verlegen. 1983 ließ er von der LP *Music For Supermarkets* nur ein Exemplar pressen und für 69 000 Francs an einen Liebhaber versteigern. Der Grund: «In einer Zeit, da wir mit überfabrizierten Sounds und Images übersättigt sind, scheint es notwendig zu demonstrieren, daß eine Schallplatte nicht nur ein Stück Ware ist, sondern auch – wie ein Gemälde oder eine Skulptur – ein integraler Teil der Kreativität eines Künstlers sein kann.» Jarre, der einst «Konzerte als notwendige Konsequenz einer Schallplatte» abgelehnt hatte, scheute sich andererseits nicht, monströse Live-Darbietungen als Vorwand für multimedialen Produktabsatz zu benutzen. Ob am 14. Juli 1979 vor einer Million Landsleuten auf der Pariser Place de la Concorde, im Oktober 1981 in China, im April 1986 beim «Rendez-Vous Houston» zu Ehren der toten Challenger-Astronauten oder im Oktober 1986 zum Papstbesuch in seiner Geburtsstadt Lyon – stets folgte dem Spektakel aus Laserfeuerwerk und Lautsprechergetöse die totale Vermarktung mit Platten, Büchern, Videocassetten und TV-Specials. Die Nebelwerfer der Publicity konnten jedoch nicht über die konzeptuelle Dürftigkeit des digitalen Angebotes hinwegtäuschen. «Obgleich er als Techno-Zauberer posiert, ist Jean-Michel vor lauter Wissenschaft mit Blindheit geschlagen» (‹New Musical Express›). Jarre wurde 1992 in die Jury der anläßlich der MIDEM erstmals vergebenen International Visual Music Awards gewählt. Doch sein angemessenes Medium war nicht die Schallplatte, nicht das Video oder das Studio, sondern das massenwirksame Spektakel. 1990 kamen zu seinem Bastille-Gedenkkonzert in Paris angeblich 2,5 Millionen Menschen. «Es reicht eben nicht, nur das Feuerwerk zu hören», schrieb ‹Q› ironisch über Jarres *Hong Kong* (1995) und meinte damit, daß der Platte die Möglichkeit fehlte, den Zuhörer so mit Sinneseindrücken zu überhäufen, daß er die Monotonie der Musik nicht bemerkt. Sein Werk *Oxygene* von 1976 war mittlerweile bis zur zehnten Ausgabe fortgediehen. Die Sätze 7 – 13 plazierten sich auf den britischen CD-Charts 1997 auf Position elf. *Odyssee Through O2* kam 1998 nur auf Platz 50. Dafür zeichnete ihn der Spitzenverband der internationalen Phonoindustrie IFPI in Brüssel mit ihrem Platinium Europe Award aus und entsandte ihn als ersten Musiker für zwei Jahre in die europäischen Gremien. 1999 machte er beim Europa-Parlament durch die Forderung nach einer Novellierung des Urheberrechts von sich reden. Teile seiner CD *Metamorphoses* (1999) mit orientalischen und nordafrikanischen Einflüssen, besonders das siebenminütige Stück *C'est la vie* mit der ägyptischen Vokalistin Natasha Atlas, führte Jarre in einem Millenniumkonzert vor der Kulisse der Pyramiden in Kairo auf. Der Kommentar des Komponisten: «Die alte ägyptische Kultur war so vielschichtig und komplex, daß ich mich frage, wie die Menschheit sich in den folgenden tausend Jahren so zurückentwickeln konnte.»

LPs auf Polydor: *Oxygène* (1976); *Equinoxe* (1978); *Magnetic Fields* (1981); *The Concerts In China* (1982); *Zoo Look* (1984); *Rendez-Vous* (1986); *Concerts Lyon / Houston* (1987); *Revolutions* (1988); *Jarre Live* (1989); *Waiting For Cousteau* (1990); *Images – The Best* (1991); *The Essential Jean-Michel Jarre* (1993) ... auf Dreyfus: *Live In Hongkong* (1994); *Jarremix* (1995); *Metamorphoses* (2000) ... auf Epic: *Chronologie* (1995); *Oxygène 7–13* (1997); *Odyssey Through O2* (1998)

The Jesus Lizard, 1989 in Chicago gegründet, provozierten den politisch korrekten amerikanischen Plattenmarkt, indem sie jedes ihrer Alben mit einem *four-letter word* betitelten. Die Bedeutung der Band lag jedoch in ihrer Verbindung von kompromißlosem Hardcore, unaufdringlichem Jazz, surrealistischen Texten und in diesem Sektor außergewöhnlichen spielerischen Fähigkeiten ihrer Mitglieder. David Yow (voc) und David Sims (g) kannten sich bereits von der texanischen Hardcore-Band Scratch Acid. Unter Hinzunahme von Duane Denison (g) von Cargo Cult und eines Drum-Computers entstand in Chicago The Jesus Lizard, die zunächst die Richtung von Scratch Acid fortsetzten. Für die Produktion der ersten EP *Pure* (1989) wurde Produzent Steve Albini angeheuert, mit dem Sims

bereits bei The Rapemen gespielt hatte. Für das Album *Head* (1990) wurde die Besetzung durch den Drummer Mac McNeilly von Phantom 309 komplettiert. Ihren Durchbruch erreichten The Jesus Lizard, die sich nach einer mexikanischen Eidechse benannt hatten, mit *Puss*, einer Split-Single mit Nirvana. Mehr noch als mit seinen Studio-Produktionen verschaffte sich das Quartett als Live-Act Aufmerksamkeit. The Jesus Lizard spielten bis zur absoluten physischen Erschöpfung von Band und Publikum. Während Yow auf der Bühne nicht selten masturbierte, taumelte der Rest der Band Abend für Abend in ein instrumentales Inferno. «Von Anfang an ging es Yow um Texte mit Tiefgang, um kleine Geschichten, die sich nicht auf die Belanglosigkeiten sonstiger Rock- und Hardcore-Singerei beschränkten. Um ihn herum tobten sich drei Musiker aus, die von Platte zu Platte besser wurden, besessen von einer gewaltigen und gewalttätigen Manie, den Äther um die Gesamtheit seiner Töne und Geräusche zu erleichtern, diese in ihre Saiten zu drücken und schließlich als geballte Ladung aus den Boxen dröhnen zu lassen. Die sieben letzten Posaunenstöße sind ein Scheiß dagegen» (‹Visions›). Das Album *Goat* (1991) wurde so erfolgreich, daß die Gruppe als die Led Zeppelin des Underground von Atlantic einen Vertrag über eine Million Dollar angeboten bekam, was «the best *** ing rock 'n' roll band on the planet» (‹Melody Maker›) lächelnd ablehnte. Über Nacht waren sie die internationalen Symbolfiguren für Unkorrumpierbarkeit im Rock Business. Auf Alben wie *Liar* (1992), *Lash* (1993), *Show* (1994) und *Down* (1994) setzte die Band den einmal eingeschlagenen Weg unbeirrt und trotz unüberhörbarer virtuoser Steigerungen ohne den leisesten Kompromiß fort. Für die einen ein Beispiel einmaliger Konsequenz, waren Jesus Lizard für die anderen ein Fanal für die Unbeweglichkeit der Hardcore-Szene. 1996 gaben die vier Unbestechlichen dann doch dem Ruf der Industrie nach und unterschrieben bei Capitol. Auf *Shot* (1996) wurden dann auch die Studio-Bedingungen an die spielerischen Fähigkeiten der Band angeglichen. Der erwartete kommerzielle Erfolg blieb jedoch aus. Dennison widmete sich inzwischen mit Jimmy Kimball (dr) und Ken Vandermark (sax) der Band Dennison Kimball Trio, später DK-3, die die harmolodische Philosophie Ornette Colemans auf den Alternative Rock übertrug. Die in dieser Band gesammelten Erfahrungen wie auch Drummer Kimball brachte Dennison zu The Jesus Lizard mit, was auf der von John Cale und Jim O'Rourke produzierten EP *The Jesus Lizard* (1997) zu einer sprunghaften Sophistication führte. Das Album *Blue* (1998) zeigte eine Band, die trotz personeller Kontinuität wie ausgewechselt klang. Zusätzliche Keyboard-Parts gaben einigen Stücken der Platte ein gewisses Ambient-Flair, anderes klang nach intellektuellem Industrial. Das Magazin ‹Ink 19› lag mit seiner Einschätzung, im Zeitalter überflüssiger Bands könne nur eine Gruppe mit einem so unerschütterlichen Sound wie The Jesus Lizard überleben, leider völlig falsch. Die Öffentlichkeit hatte das Interesse an den Echsenrockern verloren, und Capitol kündigte ihren Vertrag. Auf den Tag genau zehn Jahre nach ihrer Gründung gab die Band ihre Auflösung bekannt. Dennison ging nach Memphis und gründete ein Duo mit Hank Williams III. Yow trat ein paarmal mit den Melvins auf, gab die Musik dann aber gänzlich auf und widmete sich fortan ausschließlich der bildenden Kunst.

LPs auf Touch & Go: *Head* (1990); *Goat* (1991); *Liar* (1992); *Down* (1994); *Bang* (2000) ... auf Capitol: *Shot* (1996); *Blue* (1998) ... David Yow und David Wm. Sims mit Scratch Acid auf Rabid Cat: *Scratch Acid* (1984); *Just Keep Eating* (1986) ... auf Touch & Go: *The Greatest Gift* (1991) ... Duane Denison mit DK3 auf Skingraft: *Walls In The City* (1994); *Soul Machine* (1995) ... auf 1/4 Stick: *Neutrons* (1997).

Jethro Tull, so hieß es, sei ein 1674 geborener englischer Landwirt und Schriftsteller gewesen, der 1731 ein Buch publizierte: ‹The New Horses Hoeing Husbandry› (etwa: ‹Wie man Pferde richtig beschlägt›). Die Rockband, die seinen Namen adaptierte, wurde zu Weihnachten 1967 in London gegründet von Ian Anderson (fl, voc, harm, g), am 10 April 1947 in Edinburgh, Schottland, geboren und im britischen Blackpool, Lancs., aufgewachsen; sie wirkte genauso altertümlich und britisch wie ihr Pate. «Leben in der Vergangenheit» nannte die Band ein Plattenal-

bum. Im modischen Kleider-Zuschnitt der Charles Dickens-Ära erschienen die Musiker auf der Bühne, als alte Männer ließen sie sich für ein Cover-Foto schminken. Zunächst klang ihre Musik «wie eine elektrisch verstärkte Heilsarmee-Kapelle» (‹Rolling Stone›). Später vollführten sie in der Maske von Tiefseetauchern, Bären und dem weißen Kaninchen Harvey eine Show, die als typisch englische Mischung von Rock, Music Hall-Burleske und Marty Feldmans Comedy Machine über die Rampe kam. Anderson reiste im Spätherbst 1967 mit der siebenköpfigen John Evans Blues Band von Blackpool nach London. Dort formierte er, nachdem sich das Ensemble mangels Engagements aufgelöst hatte, mit Glenn Cornick (bg), Mick Abrahams (g), Clive Bunker (dr) Jethro Tull. Beim National Jazz and Blues Festival 1969 im Kempton Park außerhalb Londons erntete das Quartett stürmische Ovationen. Obgleich in der Band Einhelligkeit darüber herrschte, «daß alles, was wir tun, nur Show Business ist» (Anderson), gab es Streit um die musikalische Richtung. Abrahams, am 7. April 1943 in Luton, England, geboren, wollte mehr Blues spielen, verließ die Gruppe und gründete Blodwyn Pig. Nach zwei LPs und zwei USA-Tourneen gab der Flugreisen abgeneigte Gitarrist dieses durch starke Bläser-Arrangements gekennzeichnete Ensemble mit dem vorzüglichen Saxophonisten Jack Lancaster wieder auf, versuchte sich 1970 zwei Monate lang an einer Band namens Wommet und rief schließlich die wenig erfolgreiche Mick Abrahams Band ins Leben. Bei Jethro Tull bestimmte Anderson als Komponist, Texter, Arrangeur, Produzent, Bandleader und Star-Solist allein den «logisch entwickelten, bemerkenswert dichten, textlich relevanten» Stil (‹Rolling Stone›). Martin Lancelot Barre (g), John Evans (p, org, mellotron), Jeffrey Hammond-Hammond (bg), Barriemore Barlow (dr) konnten ihn unterstützen, aber nicht verändern. Dennoch war Jethro Tulls erstes total durchgearbeitetes Album *Aqualung* wegen der religiös-moralisierenden Konzeption und einer allzu flachen und leichtgewichtigen Programm-Musik ungeachtet des Millionen-Erfolgs eine Enttäuschung. Mit *Thick As A Brick* holte Anderson wieder auf. Er gab vor, das Gedicht «Dumm wie Bohnenstroh» eines achtjährigen Wunderkindes namens

Gerald Bostock vertont zu haben, das im Fernsehen einen Preis gewonnen und wütende Zuschauerproteste ausgelöst habe. Andersons Begleitstory zufolge hatten Lehrer dem Knaben verboten, den Preis anzunehmen, weil das Gedicht eine Verneinung von Leben, Gott und Vaterland sei; auf der Plattenhülle wurde die Kontroverse durch Zeitungsausschnitte dokumentiert. Tatsächlich hatte der Flötenmeister die ganze Affäre erfunden und seine Zuhörer hinters Licht geführt. Als genialer Phantast und cleverer Geschäftsmann münzte er auch noch den in der internationalen Rock-Publizistik einhelligen Verriß der nächsten LP *A Passion Play* als «langweilig, ermüdend und leblos» zu einem Publicity-Gag um, indem er gekränkt erklärte, der Öffentlichkeit seine Huld zu entziehen und «für unbestimmte Zeit» nicht mehr aufzutreten. Obgleich *Passion Play* und *War Child*, mit Sound-Effekten überladen, vor allem Schmock-Poesie und wabernde Lyrismen transportierten, die sich zwischen imitierten Granatexplosionen mitunter jenseits der Grenze guten Geschmacks abspielten, wurde Jethro Tulls Konzert-Comeback in der Saison 1974/75 zu einem überwältigenden Triumph. Anderson zog wieder alle Show-Register, ließ vier Damen unter Lockenperücken geigen, einen weiblichen Dirigenten unter Frackschößen verführerische Dessous offenbaren und verlieh der Komödie mit virtuosem Flötenfeuer den gewohnten Glanz. Er sei, urteilte Ulrich Olshausen, aus Menschenverachtung in die Rolle des Hofnarren geschlüpft: «Wenn er sich mit servilem Kratzfuß für den Applaus bedankt, dann ist er der Wissende, der mit seiner Unterwerfung diejenigen verhöhnt, von denen er abhängt.» Doch die Grenze zwischen Realitätsflucht und Komödie hatte sich für Anderson längst lukrativ verwischt. War es Wahrheit oder Spott, daß er einem Greatest Hits-Album den Titel gab: *Living In The Past*? War es Eskapismus oder Ironie, daß er im Album *Minstrel In The Gallery* in die musikalischen Kostüme des Elisabethanischen England kroch? Und machte er sich nicht über den Harlekin Anderson gefährlich lustig, wenn er ein weiteres Album betitelte: *Too Old To Rock 'n' Roll, Too Young To Die*? Jede dieser LPs brachte der Truppe Platin oder Gold. Drummer Bunker hatte Jethro Tull bereits nach der LP *Aqualung* verlassen. Bassist Hammond-Hammond ging nach *M.U.*, einer Satire auf die Musikergewerkschaft (Musicians' Union), und wurde durch John Glascock ersetzt. Der trat aber auf Grund eines Herzfehlers zu Konzerten gar nicht an und starb am 17. November 1979. Für ihn kam 1978 Tony Williams (bg). 1979 baute Anderson die Band gänzlich um: Eddie Jobson (kb, vi), Dave Pegg (bg), Mark Craney (dr). Doch nun hatte der Rock-Rattenfänger sein Erfolgskonzept überspannt. Was die ‹Neue Zürcher Zeitung› noch freundlich formulierte, galt dem großen Publikum als überholt: «Spielerische Balladen mit höfischen Klängen und schottischen Volksweisen wechselten mit harten und aggressiven Rockrhythmen und klassischen Einlagen ab.» Vom Umsatz-Tief der beiden LPs *A* (1980) und *The Broadsword And The Beast* (1982) versuchte sich Anderson 1983 mit dem synthesizerbetonten Soloprojekt *Walk Into Light* zu erholen, einem laut Kritiker Martin Hoggarty «dünnen und blutleeren Produkt». Die nächste Gruppenarbeit *Under Wraps* (1984) mit dem neuen Drummer Duane Perry wurde nicht besser aufgenommen. Hoggarty im Buch ‹The Royal Guide›: «Es befriedigt nur die allerloyalsten Fans.» Das schlug dem Flötisten aufs Gemüt und auf den Hals. Eine Amerika-Tournee mußte 1985 wegen einer Stimmbandinfektion abgebrochen werden. Während einer anstrengenden Tournee mit dem London Symphony Orchestra ein Jahr später versagten die Stimmbänder abermals. Anderson verordnete sich eine dreijährige Erholungspause und ging erst im Winter 1987/88 mit Martin Barre (g), Dave Pegg (bg), Duane Perry (dr) und Martin Allcock (kb) wieder auf Tournee. Die LP *Crest Of A Knave* (1988) brachte ihm einen Grammy für das beste Hard Rock-Album des Jahres ein. Die *20 Years Of Jethro Tull* (Titel einer 5-LP-oder 3-CD-Box, 1988) wurden mit einem Jubiläumskonzert in der englischen Wembley Arena begangen. Am Ende der Achtziger, Anfang der Neunziger waren die Auftritte der Band auch in den größten Arenen und Hallen wieder sämtlich ausverkauft: Civic Center, San Francisco, 1989, abermals Wembley 1990, Civic Center, Providence/Rhode Island, 1991 und so fort. Eine «Never-Ending Tour For The Ever-Faithful» registrierte im Mai 1995 die ‹New York

Times›. Zu kaum einer anderen Band hatten so viele älter gewordene Fans soviel Vertrauen, spielten jede Wendung der nostalgischen Songs auf imaginären Gitarren mit. «Hand Me My Air Guitar, I'm Still A Jethro Tull Freak», schwärmte im Juni 1995 der Schriftsteller Jeffrey Eugenides, ebenfalls in der ‹New York Times›. Auch zum 25. Bandjubiläum erschien ein Box-Set mit vier CDs, gefolgt von *The Other Box Set* (beide 1993) mit weiteren Raritäten aus der Karriere wie dem vordem unveröffentlichten Album *Shadow Disaster* aus den Seventies – Leckerbissen für Oldtimer. Die neuen Produktionen blieben dagegen hinter den Konzertkarten-Umsätzen zurück. *Catfish Rising* (1991) schaffte es in Großbritannien nur auf Platz 27, in den USA 88. Ebenso das akustisch eingespielte Live-Album *A Little Night Music* 1992 (UK 34, USA 150) sowie *Roots To Branches* 1995 (UK 20, USA 114). Bei einem Pressegespräch im Juli 1997 in Berlin warfen Kritiker Anderson vor, *Living In The Past* sei ihm zum ewigen Programm geworden, vom Leben in der Vergangenheit profitiere Tull schon seit Jahren. Ist Jethro Tull out? Andersons Antwort: «Wenn bei uns zwei Jahre nichts passiert, redet man gleich vom Ende. Zwei Jahre sind eine lange Zeit im Leben eines Spice Girl, aber nichts für eine Institution wie Tull.» Zukunftsbewußt machte er die Internet-Adresse der Band zum Titel der nächsten CD: *J-Tull.Dot.Com* (1999) – addiere «http://www.» –, die Homepage gab u. a. Anleitungen für indische Curries. Die CD, so Kritiker Matthias Inhoffen, sei «kein Meilenstein, aber eine respektable Leistung von einer Band, deren kreatives Potential beileibe noch nicht erschöpft ist»; Neuerung: die Gast-Sängerin Najma Akhtar. Nur wenige Monate danach wartete Anderson mit seiner dritten Solo-CD auf. Während die beiden Vorgänger *Walk Into The Light* (1983) und *Divinities – Twelve Dances With God* (1994) weder bei Kritikern noch bei den Plattenkäufern Beifall gefunden hatten, wertete z. B. Arno Frank im ‹Musikexpress› *The Secret Language Of Birds* (2000) als «echte Sensation». Frei von den «zentnerschweren Riffs, mit denen die Melodien bei Jethro Tull allzu oft plattgewalzt werden», so der Kritiker, «entfalten sich hier vergnügte Harmonien, komplex arrangiert und mit Mut zum arabesken Schnörkel».

LPs auf Chrysalis: *This Was* (1968); *Stand Up* (1969); *Benefit* (1970); *Aqualung* (1971); *Thick As A Brick* (1972); *A Passion Play* (1973); *War Child* (1974); *Minstrel In The Gallery* (1975); *Too Old To Rock 'n' Roll, Too Young To Die* (1976); *Songs From The Wood* (1977); *Live – Bursting Out* (1978); *Heavy Horses* (1978); *Stormwatch* (1979); *A* (1980); *The Broadsword And The Beast* (1982); *Under Wraps* (1984); *Crest Of A Knave* (1987); *Rock Island* (1989); *Live At Hammersmith* (1991); *Catfish Rising* (1991); *A Little Light Music* (1992); *Roots To Branches* (1995) … auf Windsong: *In Concert Live At Hammersmith* (1991) … auf Papillon/Roadrunner: *J-Tull.Dot.Com* (1999) … auf EMI: *The Very Best Of* (2001) … Zusammenstellungen auf Chrysalis: *Living In The Past (1972)*; *M. U. – The Best Of* (1976); *Repeat – The Best Vol. 2* (1977); *Original Masters* (1985); *20 Years Of Jethro Tull* (1988); *Nightcap – The Unreleased Masters* (1991); *25 Anniversary Box Set* (4-CD-Box, 1993); *The Other Box Set* (1993) … Solo-LPs Mick Abrahams auf Chrysalis: *A Musical Evening With Mick Abrahams* (1971); *At Last* (1972) … mit Blodwyn Pig auf Island: *Ahead Rings Out* (1969); *Getting To This* (1970) … Solo-LP Martin Barre auf Zyx: *A Trick Of Memory* (1994) … Solo-LPs Ian Anderson auf Chrysalis: *Walk Into Light* (1983) … auf Ariola: *A Classic Case* (mit dem London Symphony Orchestra, 1985) … auf EMI: *Divinities – Twelve Dances With God* (1994) … auf Roadrunner: *The Secret Language Of Birds* (2000)

Jewel Kilcher (voc, g, p) hat ihren Vornamen «im Streichelzoo attraktiver Folkseelchen» (‹FAZ›) zum Markenzeichen postmoderner Hippieseligkeit gemacht. Als «eine Träne in Blond» sang sie sich zur Klampfe mit einem «unzeitgemäß vor lauter Natürlichkeit, Ehrlichkeit und Empfindsamkeit triefenden Pop- und Folk-Werk» (‹WOM Journal›) auf die Titelseiten der Magazine ‹Time›, ‹Rolling Stone›, ‹Entertainment Weekly› und brach im Januar 1997 mit dem Medley *Foolish Games / You Were Meant For Me* den Rekord der am längsten notierten Single in den Hot 100 der Branchenbibel ‹Billboard›: 61 Wochen. Nach dem Motto des Songtitels *What's Simple Is Time* und dem zeitlosen Teenage-Kanon Herz – Schmerz – Romance – Intoleranz goß sie in «gnadenlos ärmlichen, schauerlich gesungenen Kleinmädchenliedern, in denen es pausenlos um die Suche nach Sinn im entseelten Hier und Jetzt geht» («Der Spiegel»), in ihren Konzerten «wahre Füllhörner reinsten amerikanischen Folk Roots Revivals» («Berliner Morgenpost») aus und ließ sich – ebenfalls mit einem Songtitel – auf Transparenten huldigen: «Maintaining Our Innocence» (Wir behalten unsere Unschuld). Um von einem CD-Erstling wie *Pieces Of You* (1995) weltweit mehr als 15 Millionen Exemplare abzusetzen, bedurfte es allerdings mehr als purer Einfalt und stiller Größe – eines unbändigen Ehrgeizes, Geschicks im Umgang mit Medien und Zähigkeit. Am 23. Mai 1974 in St. George, Utah, geboren, wuchs Jewel ohne Fernseher und fließendes Wasser auf Farmen zuerst in Anchorage, dann in Homer, Alaska, auf. Ihre Eltern Atz und Nedra Kilcher waren Folksinger und hatten mit eigenen Liedern sogar zwei LPs herausgebracht: *Early Morning Gold* (1977), *Raised On Alaska Land* (1978). Der Vater, gebürtiger Schweizer, brachte dem Kind Klavierspielen und Jodeln bei und stellte es im Alter von sechs auf die Bühne. Als die Eltern zwei Jahre später geschieden wurden, bekam er das Sorgerecht, das er als überzeugter Hippie kaum ausübte. In einem ihrer wenigen wirklich autobiographischen Songs rechnete Jewel später mit ihm ab, indem sie sich ausmalte, ihm die Kehle aufzuschlitzen, die Zähne einzuschlagen, das Herz herauszureißen. Mit 14 verließ sie ihren Erzeuger, der sie jahrelang als Duettpartnerin nur zum Geldverdienen wahrgenommen hatte, ließ sich «ehrenhalber» von einem Indianerstamm in Ottawa adoptieren und floh für ein Jahr zu Verwandten nach Hawaii. Die Rückkehr zu ihrer Mutter in die Kleinstadt Seward in Alaska empfand sie groteskerweise als Befreiung, weil diese ihr zum erstenmal Grenzen setzte. Mit einem Stipendium an der Kunstakademie Interlaken schulte sie ihre Stimme und schrieb 1991 neben anderen frühen Songs ihren späteren Hit *Who Will Save Your Soul*. Vom Verdienst aus ersten Gesangsauftritten kaufte sie nach dem Examen einen alten VW-Bus und folgte ihrer Mutter nach San Diego in Südkalifornien, wo sie auf einem Parkplatz am Strand kampierte, sich von Erdnußbutter und Möhren ernährte und jeden Donnerstag bei drei Dollar Eintritt im Innerchange Coffeehouse aufspielte. Dort wurde sie von einem A & R-Manager der Plattenfirma Atlantic entdeckt. Daß ihre im Februar 1995 veröffentlichte Debüt-CD *Pieces Of You* floppte und ihre Promotion-Tour durch US-Clubs nur wenige Besucher anlockte, provozierte nur ihren Sinn für die richtigen Medienkontakte zur rechten Zeit. Am 15. Mai 95 erschien sie als «junge Dame, der die Welt ein Mysterium ist» (Kritiker Hilmar Fischermann), coast to coast in der NBC-Talkshow des TV-Intellektuellen Conan O'Brian und stellte Fragen wie diese: «Was ist es denn eigentlich, was ich brauche? Wie geht es mir eigentlich? Ist *I Want To Hold Your Hand* von den Rolling Stones? Übrigens: Wer waren die Rolling Stones?» Von so viel Blondheit bezaubert, rief tags darauf der Schauspieler Sean Penn an und lud sie zum Filmfestival nach Venedig ein. Die kurzzeitige Liaison war für Videos gut, die Penn später inszenierte. Mit sicherem Gespür wählte sie sich die größten Rock-Namen für Vorprogramm-Auftritte aus: Beach Boys, Neil Young, Bob Dylan. Neben Jackson Browne, Roger Daltrey und Nathalie Cole trat sie als Dorothy im Musical-Märchen ‹The Wizard of Oz› in der New Yorker Avery Fisher Hall vor die TNT-Fernsehkameras. Und immer wieder kehrte sie publicityträchtig in Amerikas beliebteste TV-Talkshows zurück: bis zum Ende des Jahrzehnts ein weiteres Mal zu Conan O'Brian, dreimal zu Jay Leno, nicht weniger als fünfmal zu David Letterman, der ihr live dargebotenes Lied *You Were Meant For Me* neben anderen erlesenen Gastauftritten 1997 auch auf seiner CD *Live On Letterman: Music From The Late Show* veröffentlichte. Diesen Song hatte die Plattenfirma Atlantic zuvor vom Starproduzenten Peter Collins neu aufnehmen lassen, für Jewels zweite CD *Spirit* (1998) wurde Madonnas Weggefährte Patrick Leonard engagiert. Ihr laut ‹Spiegel› «ätzend harmloser» Gedichtband ‹A Night Without Armor›, erschien – gegen eine mutmaßlich siebenstellige Vorauskasse – im Mai 1998 im New Yorker Verlag HarperCollins und verkaufte sich auf Anhieb 300 000mal. Und seit sie 1997 beim Inaugurationsball Präsident Clintons in Washington, D.C., aufgetreten war, hatte auch ihre Mutter Leandra J. Carroll erkannt, wo Milch und Honig fließen. Die Mama, genannt Nedra, übernahm Ende 1998 das Management ihrer Tochter und schickte deren langjährige Managerin Inga Vainshtein in die Wüste. Diese konterte mit einer Zehn-Millionen-Dollar-Klage wegen Vertragsbruchs. Da flogen Mutter und Tochter geschockt erst mal nach Rom und sangen gemeinsam, von einem vierzigköpfigen Chor und einem hundertköpfigen Orchester begleitet, im Konzert «Weihnachten im Vatikan» vor Papst Johannes Paul II. *What Child Is This*.

LPs auf Atlantic: *Pieces Of You* (1995); *Spirit* (1998); *Joy: A Holiday Celebration* (1999); *Chasing Down The Dawn* (2000)

Joel, Billy (voc, p), bürgerlich: William Martin Joël, am 9. Mai 1949 in der Bronx, New York, geboren, aufgewachsen in Hicksville, Long Island, gehörte «zu der kleinen Gruppe von Songschreibern, die ein neues Goldenes Zeitalter des amerikanischen Pop kreieren» («Stereo Review»). Mit «Originalität, Bissigkeit, Entschlossenheit und einer poetischen Stärke, die von seinen Zeitgenossen kaum erreicht wird» («Melody Maker»), skizzierte er musikalische Genrebilder vom Leben am Rande der großen Stadt, von der Verlorenheit im Trubel Manhattans, der Einsamkeit in Nacht- und Neon-Bars. Wehmut, Nostalgie, Tristesse schäumten in seinen Songs bisweilen über; doch seine eindrucksvolle Hit-Kollektion *New York State Of Mind, Say Goodbye To Hollywood, Just The Way You Are, My Life, Honesty, You May Be Right, Only The Good Die Young, Big Shot, It's Still Rock And Roll To Me, Allentown, Tell Her About It, Uptown Girl, An Innocent Man, The Longest Time, Keeping The Faith, You're Only Human (Second Wind), Modern Woman* bewies «eine Menge kraftvollen Pop-Appeals und eine attraktive Mischung aus Rock-Energie und jazzgetönter Sophistication» («New York Times»). Joels Œuvre fehlte «das im Blues verwurzelte persönliche Engagement, aus dem sich die Rock-Musik der sechziger Jahre definierte» (Kritiker Robert Palmer), aber er «klaut sich durch die Historie des Rock 'n' Roll mit dem Talent des versierten Komponisten und der Leidenschaft des unbedingten Fans und stellt dabei sein eigenes Museum von Ohrwurm-Melodien zusammen» («Village Voice»). Damit entsprach er jedoch nicht den Klischee-Erwartungen der etablierten Rock-Kritik

und mußte sich bisweilen herbe Verrisse gefallen lassen: «Es stimmt ja, wenn manche seiner Gönner sagen, seine Songs seien ansteckend. Bloß – das trifft auch auf die Grippe zu» («Rolling Stone»). Immerhin hatte er «einen wichtigen Dreh des Rock 'n' Roll drauf – den von der Magie der richtigen Zeile im richtigen Augenblick» («Sounds»). Joel hatte sich als Mitglied diverser kleinkrimineller Gangs durch die High School geboxt und mischte ohne merkliche Resonanz in den halbstarken Ensembles The Hassles und Attila mit, bevor er 1972 sein Solo-Debüt herausbrachte. *Cold Spring Harbor* war jedoch fehlerhaft produziert und wurde ungenügend propagiert. Im Streit darüber zerfiel das Produktionsteam. Joel entzog sich weiteren Verpflichtungen gegenüber seinem habgierigen Manager Artie Ripp, indem er an die Westküste auswich und dort unter dem Decknamen Bill Martin in Pianobars arbeitete. Der Titelsong seines zweiten Albums *Piano Man* war eine Reminiszenz an die Exil-Zeit in Kalifornien. Joels Alben erreichten in der Folgezeit Millionenauflagen, seine Tourneen lockten Rekordzahlen von Besuchern an. Im Juli 1987 gab er als erster amerikanischer Rockstar sechs Konzerte in der Sowjetunion, auf einer Live-LP dokumentiert. 1989 feuerte er seinen Manager und ehemaligen Schwager Frank Weber und verklagte ihn wegen Unterschlagung in mehreren Verfahren auf 90 Millionen Dollar. Ein Bruchteil davon wurde erstattet: zwei Millionen Dollar. 1990 war er der erste Rock-Star, der das New Yorker Yankee Stadium mit 103 367 Plätzen zweimal hintereinander ausverkaufen konnte. 1994 wurde er von den Lesern des amerikanischen ‹Rolling Stone› zum besten Keyboarder erkoren. Joel erinnerte gelegentlich im Pianospiel an den frühen Elton John und in der Intensität seines Popballaden-Vortrags an Harry Chapin – doch «wenn es einen Künstler gibt, nach dem ich mich ausgerichtet habe, ist es Paul McCartney». Die Kritik von Rock-Puristen – «Billy Joel ist kein Künstler, sondern ein Popstar» («Los Angeles Times») – wußte er bodenständig abzuwehren: «Wir sind nicht im Studio, um bedeutsame Platten zu machen. Wir gehen ins Studio, mixen einen Song, der dann später über kleine Autolautsprecher läuft. Wir haben auch einfach Spaß, zusammen auf der Bühne zu spielen. Man soll doch nie aus den Augen verlieren, daß man dazu da ist, die Leute zu unterhalten. Die kaufen kein Ticket, um Kunstgewerbe zu sehen. Keiner zahlt sein Geld, damit unsereiner sich hinsetzen und eine ‹Billy Joel›-Nummer abziehen kann.» Joels Understatement war typisch. In seiner Laufbahn gab es weder Drogen- noch Alkoholexzesse, keine politisch fragwürdigen Statements, keine gewalttätigen Ausbrüche. Der Piano Man war ein angesehener Bürger, mit Musikpreisen überhäuft, mit einem Doktortitel geehrt und Ehrenmitglied der Polizei. Nach mehr als 66 Millionen verkaufter Tonträger offerierte er 1993 mit *River Of Dreams* ein zu den nachdenklichen Songs (*Famous Last Words*) passendes Promotion-Konzept. In den Medien-Metropolen verband der Entertainer in veritablen Konzerthallen unter dem Titel «Fragen und Antworten» Live-Darbietung, Talkshow und Pressekonferenz. In Hamburg gewann er: «Brillant am Piano, intelligent in den Antworten» (‹Hamburger Abendblatt›). Im Doppelpack mit Elton John gebuchte Auftritte sowie alle weiteren Rock-Konzerte sagte Joel im Sommer 1998 kurzfristig ab: «Mein Körper funktioniert nicht mehr so wie früher, und mit 49 singe ich Stücke, die ich mit 20 oder 30 geschrieben habe. Es ist an der Zeit, etwas anderes zu tun und meinen Platz Jüngeren zu überlassen.» Im Herbst davor hatte der russische Pianist Yuliya Gorenman Billy Joels erste klassische Konzertkomposition *Reverie* für das amerikanische National Public Radio aufgenommen. Der eigentlich auf drei CDs geplanten Box *The Complete Hits Collection: 1973–1997* gab Columbia eine vierte CD mit Live-Aufnahmen und Interviews von College-Auftritten sowie seiner Welttournee 1993/94 bei. 1999 wurde er von Ray Charles, mit dem er 1986 sein Album *The Bridge* aufgenommen hatte, in die Rock and Roll Hall of Fame introduziert. Silvester des gleichen Jahres bat er in New Yorks Madison Square Garden zu seinem Millennium Concert. Seinen alten Fan Arne Willander hatte er mit dem dabei mitgeschnittenen Live-Doppelalbum *2000 Years* (2000) enttäuscht. «Das meiste klingt nach Bierzelt», schrieb der Kritiker im deutschen ‹Rolling Stone›, «Billy reißt billige Witze und prostet dem neuen Jahrtausend zu.» Das mochte schon sein. Aber zugleich hatte Billy Joel *New York State Of Mind* auch noch nie derart atemberaubend packend gesungen und gespielt.

LPs auf Philips: *Cold Spring Harbor* (1972); *Piano Man* (1973) … auf Columbia: *Streetlife Serenade* (1974); *Turnstiles* (1976); *The Stranger* (1977); *52nd Street* (1978); *Glass Houses* (1980); *Songs In The Attic* (1980); *The Nylon Curtain* (1982); *An Innocent Man* (1983); *Greatest Hits Volume I & II* (1985); *The Bridge* (1986); КОНЦЕРТ (1987); *Storm Front* (1989); *The Ultimate Collection* (1990; fünf CDs); *Night After Day* (1993); *River Of Dreams* (1993) … auf Sony: *A Voyage To The Rivers Of Dreams* (1994); *Greatest Hits Volume III* (1997); *The Complete Hits Collection 1973–1997* (4-CD-Box, 1997); *2000 Years: The Millennium Concert* (2-CD, 2000); *The Ultimate Collection* (2-CD, 2001) … LP mit Attila auf Epic: *Attila* (1970)

John, Elton, bürgerlich: Reginald Kenneth Dwight (voc, p), am 25. März 1947 im englischen Pinner, Middlesex, geboren, wurde in einer kritischen Phase der Rockmusik bekannt, als sich gegen Ende der sechziger Jahre die traditionellen Supergruppen aufzulösen begannen und die thematische Verinnerlichung der drogengeschädigten oder politisch enttäuschten Musiker dem Solo-Performer mehr Chancen auf der Szene einräumte. Der Abbau des Gruppenbewußtseins und die von den Beatles angeregte Ästhetisierung des Rock drängten die Gitarre als Lead-Instrument und Symbol der vorgeblichen Rock-Revolution aus ihrer dominierenden Position; die Fixierung auf Einzel-Persönlichkeiten förderte den Superstar-Kult. Das «Pop-Rock-Pantheon» der frühen siebziger Jahre glich nach Meinung von ‹Time› einem «neuen Hollywood: Seine Haupt-Götter haben die verwaisten Plätze der Harlows und Gables eingenommen». In dieser Atmosphäre der Esoterik und des Glamour gelang Elton John 1970 ein glänzender Start: Innerhalb eines Jahres konnte er fünf LPs in den US-Hitparaden placieren, die ihn als nahezu perfekten Songschreiber und Interpreten auswiesen. Seine dramatischen Kompositionen mit ihren langen Melodiewindungen, den raffinierten Dynamikwechseln und schroffen Piano-Akkorden bildeten ein ideales Vehikel für die «cinematographischen Texte» (‹Time›) seines Partners Bernie Taupin, den er 1968 als Mitbewerber um einen Songschreiber-Posten im Londoner Dick James-Musikverlag kennengelernt hatte. Taupins thematische Vorliebe für Bibel-Mythen und Legenden aus dem amerikanischen Westen vermittelte seiner Lyrik den eigenartigen Reiz «vergilbter Tagebuchblätter» (‹Boston Globe›). John trug diese Stimmungscollage aus «Erhabenheit, Pathos, Humor und Depression» (‹Crawdaddy›) in einem nasalen Blues-Falsett vor, das Anklänge an die Artikulationstechnik von Mick Jagger, José Feliciano, Ray Charles zu einem individuellen Vortragsstil integrierte. Taupins Texte ließen Elton John in verschiedenen Rollen auftreten, so als Astronaut (*Rocket Man*), Bandit (*Ballad Of A Well Known Gun*), Negersklave (*Slave*), Kettensträfling (*Rotten Peaches*), Indianer (*Indian Sunset*), Hippie-Hasser (*Texan Love Song*). Am besten lag ihm wohl die Rolle des Rock ’n’ Roll-Stars, die er auf der Bühne bis zur Groteske ausspielte. In bestickten Hot Pants, Batman-T-Shirt und einer Brille mit batteriegetriebenen Scheibenwischern sprang er beim Finale seiner Show aufs Piano, hechtete über den Flügel, bearbeitete die Tasten mit Füßen und Ellbogen und verkündete hinterher empörten Kritikern: «Ich möchte, daß man mich nicht zu ernst nimmt.» Gelegentlich präsentierte er im weißen Frack vor einem Sinfonieorchester die andere Seite seines Repertoires: neoklassizistisch arrangierte Songs, bei denen das von Paul Buckmaster geführte Orchester die Position der fehlenden Leadgitarre einnahm und John sein Piano nicht als Rhythmusinstrument, sondern zur Melodieführung einsetzte. Er hatte vor seiner Partnerschaft mit Taupin fünf Jahre Piano und Musiktheorie an der Royal Academy of Music studiert und anschließend mit Studienfreunden die Band Bluesology gegründet, die später in verschiedenen Ensembles von John Baldry aufging. In seiner Vorliebe für den Rock ’n’ Roll der fünfziger Jahre wurde er von seiner Mutter bestärkt, die ihm die ersten Platten von Bill Haley und Elvis Presley besorgt hatte. Seine exzentrische Bühnenshow erklärte Elton als psychologische Reaktion auf jene Zeit, da er als dickliches Kind unter Minderwertigkeitskomplexen gelitten und in der Begeisterung für anarchischen Rock ’n’ Roll eine Kompensation für seine innere Unfreiheit gesucht habe. Den ersten Erfolg als Komponist brachte ihm der Titel *Lady Samantha*, den Three Dog Night 1969 für ihr zweites Bestseller-Album aufnahmen. El-

tons Debüt als LP-Solist, *Empty Sky* (1969), war ein noch unausgegorener Versuch, seinen individuellen Stil auf Platte zu fixieren. Eine zweite Session mit Streichorchester und Rock-Band erwies sich dagegen als so erfolgreich, daß das Material auf zwei LPs verteilt werden konnte. *Elton John* enthielt sinfonisch getönte Gospel-Songs und komplex arrangierte Songdramen. Vier Monate nach der Veröffentlichung wurde diese LP in den USA mit einer Goldenen Schallplatte ausgezeichnet. Der Rest des Session-Materials fand sich in dem Konzept-Album *Tumbleweed Connection*, «dem wahrscheinlich genauesten Porträt des Bürgerkriegs-Amerika, das jemals im Rock versucht worden ist» (‹Hit Parader›). Hier kam der Gold-Erfolg bereits nach zehn Verkaufstagen. In schneller Folge gab Eltons Plattenfirma ein konfuses Live-Album sowie eine weitere Studio-LP heraus. Zur Überexponierung des Stars trug ferner die gleichzeitige Freigabe eines Film-Soundtracks bei, zu dem er die Musik geschrieben hatte, sowie durch das Reissue des zuvor erfolglosen *Empty Sky*-Albums. Dem drohenden künstlerischen Fiasko entging John durch Drosselung seiner Produktivität, Einschränkung seiner Konzerttermine sowie Abbau der Pressepublicity. Das nach dieser Abkühlungsperiode veröffentlichte Comeback-Album bestätigte ihn als souveränen Eklektiker. Taupins Texte hatten sich inzwischen von psychedelischer Verspieltheit und üppig wuchernden Metaphern befreit. Die Musikbegleitung von Dee Murray (bg), Nigel Olsson (dr), Davey Johnstone (g) drängte mit stärkeren Rhythm & Blues-Akzenten die Orchesterwellen zurück. Elton ließ dafür seine Bühnenshow überschwappen. Die Kostüme, mit denen er sich fortan garnierte, parodierten in ihrem grotesken Zuschnitt sowie dem exzessiven Verbrauch an Federn, Rüschen und geschmacksmordenden Mustern das zaghafte Transvestitentum solcher Eintags-Glamour-Rocker wie Jobriath, New York Dolls, Gary Glitter in Grund und Boden. Sein 1974 erneuerter Amerika-Vertrag mit MCA Records brachte John mit acht Millionen Dollar die damals höchste bekanntgewordene Garantiesumme für einen Rock-Artisten. MCA brauchte um die Rendite nicht besorgt zu sein: In der Show Business-Flaute der Wirtschafts-Rezession von 1975 war Elton John mit permanent ausverkauften Konzert-Tourneen, ständig platinveredelten Hit-LPs und weltweiter Dauer-Publicity in allen Medien «das Entzücken der Elite» und «der Held der Teenies» (‹Melody Maker›) – an Massen-Magnetismus nur Elvis Presley vergleichbar. *Rock Of The Westies*, die wohl brillanteste Kollaboration mit Texter Taupin, wurde wegen des hintergründigen Humors und der überschäumend ausgespielten Lust am Rock'n'Roll als «eines der besten Hard Rock-Alben der siebziger Jahre» (‹Rolling Stone›) hoch gelobt und viel gekauft. 1976 gab Elton, erschöpft vom Tournee-Zirkus, ständig kursierenden Gerüchten nach und bestätigte, daß er bisexuell sei. Diese Offenheit verdunkelte vorübergehend sein Image in Amerika und führte zu einer Stagnation der Plattenumsätze. Der verschmähte Star widmete sich seinem neuerworbenen Watford Football Club und trat 1977 als *A Single Man* (LP-Titel), nur begleitet von Ray Cooper (perc), in kleineren Konzerthallen mit einer vorzüglichen Reminiszenz an seine großen Hits auf. 1979 ließ er sich als erster westlicher Popstar live in der UdSSR hören. Sein Versuch, zur gleichen Zeit bei den Disco-Kids im Westen mit dem imitativen Tanz-Album *Victim Of Love* das bereits sinkende «Saturday Night Fever» noch einmal steigen zu lassen, schlug fehl. 1980 fanden John und Taupin nach vorübergehender Trennung wieder als Autoren-Team zusammen. Fortan gelang den beiden eine Reihe internationaler Hits, die Elton auf Dauer zurück ins Rampenlicht brachten: *Little Jeannie* (1980), *I'm Still Standing, Kiss The Bride, I Guess That's Why They Call It The Blues* (1983), *Sad Songs* (1984), *Nikita* (1985), *Heartache All Over The World* (1986). «Jedes Album klingt gleich», bemängelte ‹Time Out› im Verein mit anderen Kritikern den unermüdlichen Output des immergrünen Veteranen: «Du liebe Güte, man kann ja schon vorausahnen, wann wieder die Kastagnetten einsetzen.» Langweilig waren die Einheitsschlager jedoch kaum, denn «Elton macht seine Sache schon verdammt gut». Nachdem er 1988 eine Verleumdungsklage gegen das Londoner Massenblatt ‹Sun› zu seinen Gunsten entscheiden konnte (ihm waren homosexuelle Exzesse mit minderjährigen Strichjungen unterstellt worden), räumte er auch bei sich zu Hause auf: Mit einer spektakulären Verkaufs-aktion beim Londoner Auktionshaus Sotheby's konnte er seinen Bühnenplunder und die glitternden Objekte einer undifferenzierten Sammelwut für acht Millionen Dollar losschlagen. Von der deutschen Tontechnikerin Renate Blauel, die John 1984 in Australien aus – wie er später sagte – «den falschen Gründen» geheiratet hatte, ließ er sich «in aller Freundschaft» scheiden: «Es war ein glatter Schnitt, und ich war sehr glücklich, mit einem der besten Menschen auf der Erde verheiratet gewesen zu sein.» In einem ‹Stern›-Interview beschrieb er seine 16jährige, von Drogen- und Alkoholmißbrauch begleitete Krise: «Ich war fett und furchtbar. Einer, der sich über ein Hotelzimmer oder über einen Privatjet beschwerte, weil ihm die Farbe nicht paßte. Ich hab mich allein ins Hotelzimmer gesetzt, eine Flasche Whisky gesoffen und mir einen Haufen Koks reingezogen. Ich war völlig zu. Bei manchen Konzerten bin ich auf die Bühne gegangen und wußte anschließend nicht mehr, was ich dort gemacht hatte. Meine Mutter verleugnete mich, und Freunde hatte ich auch keine mehr.» Ausgelöst wurde die Inventur 1988 in einer Klinik in Chicago, wo Elton John nach einem Kokainkoller ausnüchterte und eine Woche lang einem minderjährigen, an Aids erkrankten Bluter beim Sterben half: «Als ich den kleinen Ryan, den sie aus der Schule geekelt hatten, und seine Familie erlebte, diese einfachen Menschen, die alles verloren hatten und doch nicht aufgaben, da begriff ich, wie sehr mein Leben auf dem Kopf stand.» Im September 1990 begann er eine monatelange Alkohol- und Drogentherapie. *Sleeping With The Past* (1989), das letzte Album vor der Inventur, hatte sich sofort in den britischen Top Ten plaziert und war ein halbes Jahr später Nummer eins. Die folgende Produktionspause überbrückte die Plattenfirma mit Best-of-Samplern und dem Album *Two Rooms* (1990): John/Taupin-Songs in den Interpretationen von Kate Bush, Rod Stewart, Beach Boys, The Who und anderen. Für *The One* (1992) ging Elton John, von der Selbsthilfegruppe Anonyme Alkoholiker seelisch eskortiert, mit neuen Taupin-Texten wieder ins Studio. Duette mit Kollegen wie Leonard Cohen, Little Richard, Bonnie Raitt, Gladys Knight, k. d. lang (*Duets*, 1993) folgten, dann *Made In England* (1995), laut ‹Rolling

Stone› «luxuriöser Kitsch», für John ein weiterer Schritt auf dem Weg zu sich selbst: «Früher habe ich meine Stücke runtergesungen und den Rest meinen Produzenten überlassen. Diesmal habe ich mich in alles eingemischt.» Über seinen Traumata und Skandalen habe man den Musiker Elton John nur zu leicht vergessen, resümierte Adrian Deevoy in der Londoner ‹Times›: «Nur wenige zeitgenössische Sänger können eine Melodie wie er modulieren, und sein Klavierspiel ist – ungeachtet gelegentlicher Seitensprünge aus dem Handgelenk in die Phantasie – unverändert unschlagbar.» Der größte Erfolg seiner an Höhepunkten nicht eben armen Karriere stand ihm aber noch bevor: Nach dem Unfalltod der Princess of Wales 1997 sang er anläßlich der Trauerfeier seinen Kitsch-Song *Candle In The Wind* – ein älteres, ursprünglich auf Marilyn Monroe gemünztes Werk. Die Ballade, schnell und sauber im Studio nachproduziert, war innerhalb von 37 Tagen weltweit mehr als dreißigmillionenmal abgesetzt worden und damit die meistverkaufte Single der Rock-Geschichte. Im Dezember 1997 übergab John dem Diana-Fonds einen Scheck in Höhe von umgerechnet 58,6 Millionen Mark. Das Musical nach dem Disney-Film ‹The Lion King› (Regie: Julie Taymor), zu dem Elton John und Texter Tim Rice die Songs beigesteuert hatten, wurde im Juni 1998 am Broadway mit sechs Tony-Preisen prämiert. Der Soundtrack des Films hatte schon zuvor Umsatz-Trophäen eingeheimst. Beim Anschluß-Musical ‹Aida› nach dem Opernstoff von Verdi (Offizier Radames, geliebt von der nubischen Sklavin Aida und der ägyptischen Prinzessin Amneris), Eltons erstem Originalwerk für die Bühne, entfiel die Promotionwirkung des Films. Schon während der Probeaufführung in Atlanta im Herbst 1998 nahm er die Songs selber und mit den Rock-Stars Sting, Tina Turner, LeAnn Rimes, Janet Jackson, Shania Twain, Lenny Kravitz, James Taylor, Spice Girls, Boyz II Men für eine Studioplatte auf: «‹Aida› als große Mainstream-Schlachtplatte mit Geigen, Pauken und Trompeten», so Ralf Schlüter im deutschen ‹Rolling Stone›: «Elton Johns träge Balladen haben längst die Weltherrschaft übernommen. Es scheint sie in Hunderten, kaum voneinander zu unterscheidenden Varianten zu geben – wahrscheinlich werden sie mittlerweile im Computer geklont.» Aber die Promotion-Wirkung blieb aus. Am 23. März 1999 veröffentlicht, waren von dem Studioalbum bis zu den Nominierungen der Tony-Theaterpreise am Broadway Anfang Mai erst 119 000 CDs verkauft worden, das Album klebte auf Platz 146 der Billboard-Charts. Zwar war das im April in New York angelaufene Musical wieder auf Wochen im voraus ausverkauft, es wurde aber trotz respektabler Leistungen der Hauptdarstellerinnen Heather Headley, Sherrie Scott nicht für den kasseträchtigen Tony «Best Musical» nominiert. Gleichwohl blieb Elton John der Großverdiener des Musikgeschäfts. Allein bei Konzertauftritten, zum Teil im Tandem mit Billy Joel, verdiente der Tastenkünstler 1998 in den USA 46,2 Millionen Dollar, Tantiemen aus Song-Copyrights nicht gerechnet. Im Jahr 2000 wurde er mit Tim Rice auch wieder für einen Disney-Zeichentrickfilm tätig. Vom erprobten Soundtrack-Spezialisten Hans Zimmer unterstützt, walzten sie fünf Song-Einfälle zu Spielfilmlänge aus. Als ‹The Road to El Dorado› ins Kino kam, attestierte die ‹Frankfurter Allgemeine Zeitung› den drei Tonsetzern den Midas-Touch: «Was sie anfassen, wird zur Goldenen Schallplatte. Wie eine goldene Badewanne in einem goldenen Schloß nicht mehr zum Geldbad einlädt, so hat man sich satt gehört an diesen ins Hohe und Weite drängenden Melodien, die sich von den üppigen Orchestrationen umschlingen lassen, bis sie nicht mehr vom Fleck kommen.» Das im Film von Schauspielern dargebotene Lied *Tough To Be A God* sangen auf der CD Elton John und Randy Newman im Duett. Ach ja, eine CD *Duets* mit allerlei Rock-Prominenz hat Elton John 1999 auch noch herausgebracht. Das Album *One Night Only*, eine Live-Aufnahme mit Gästen aus dem New Yorker Madison Square Garden vom Oktober 2000, wurde 2001 veröffentlicht.

LPs auf DJM: *Empty Sky* (1969); *Elton John* (1970); *Tumbleweed Connection* (1970); *17 – 11 – 70* (1971); *Madman Across The Water* (1971); *Honky Château* (1972); *Don't Shoot Me, I'm Only The Piano Player* (1973); *Goodbye Yellow Brick Road* (1973); *Caribou* (1974); *Greatest Hits* (1974); *Rock Of The Westies* (1975); *Captain Fantastic & The Brown Dirt Cowboy* (1975); *Here And There* (1976); *Greatest*

Hits Volume II (1977); *Feat. John Lennon & The Muscle Shoals Horns* (1981) ... auf Rocket: *Blue Moves* (1976); *A Single Man* (1978); *Victim Of Love* (1979); *21 At 33* (1980); *The Fox* (1981); *Jump Up* (1982); *Too Low For Zero* (1983); *Breaking Hearts* (1984); *Ice On Fire* (1985); *Leather Jackets* (1986); *Live In Australia* (1987); *Greatest Hits Volume III* (1987); *Reg Strikes Back* (1988); *Sleeping With The Past* (1989); *The Complete Thom Bell Sessions* (1989; Aufnahmen von 1979–1983); *To Be Continued* (1990); *The One* (1992); *Duets* (1993); *Made In England* (1995); *Love Songs* (1996) ... auf Paramount: *Friends* (Soundtrack, 1971) ... auf Mercury: *The Big Picture* (1997); *Aida* (1999) ... auf Polygram: *The Muse* (1999) ... auf Dreamworks: *The Road To El Dorado* (2000) ... auf Universal: *One Night Only* (2000); *Songs From The West Coast* (2001) ... Solo-LPs Bernie Taupin auf DJM: *Bernie Taupin* (1971) ... auf Asylum: *He Who Rides The Tiger* (1980) ... auf RCA: *Tribe* (1987) ... LPs von Elton Johns vormaliger Begleitgruppe Hookfoot auf DJM: *Hookfoot* (1971); *Good Times A-Coming* (1972); *Communication* (1972); *Roaring* (1973)

Johnson, Robert (voc, g), am 8. Mai 1911 in Hazelhurst, Mississippi, geboren, beeinflußte mit seinem ausdrucksstarken Bottleneck-Gitarrenspiel und seinem kompositorischen Ideenreichtum Rock- und Bluesmusiker gleichermaßen. Muddy Waters sang den *Walkin' Blues* nach, den Johnson von seinem Mentor Son House übernommen hatte. Elmore James übertrug *Dust My Broom* auf die E-Gitarre und beanspruchte dafür das Copyright. Eric Clapton spielte mit Cream *Crossroads* ein, die Rolling Stones coverten *Stop Breaking Down* und kopierten, ohne Quellenangabe, *Love In Vain*, Led Zeppelin bestückten ihre zweite LP mit Johnson-Riffs und -Verszeilen (*Lemon Song*), Captain Beefheart packte Johnsons *Terraplane Blues* auf seine LP *Mirror Man*, Delaney & Bonnie zollten dem *King Of The Delta Blues* (Album-Titel) mit *Poor Elijah* Tribut. Mit nur 29 Aufnahmen aus drei Sessions 1936 und 1937 wurde er zum einflußreichsten unter den Delta-Bluessängern und als deren rätselhaftester und unheimlichster eine Legende, nachdem er im Alter von 27 Jahren gestorben war. In ihrem Buch ‹Verschlußsache Magie› (London/München, 1997) beschrieben ihn Michael Baigent und Richard Leigh als «einen Voodoo-Einge-

weihten, der über eine infernalische magische Kraft verfügte und dessen Geschicklichkeit auf der Gitarre einem faustischen Pakt zugeschrieben wurde, den er *an einem Scheideweg* geschlossen habe soll». Sein *Crossroads Blues* begann: «Ich begab mich an den Kreuzweg und kniete nieder ...» Dann folgten Bilder und Metaphern, wie sie in Voodoo-Ritualen verwendet werden. Auch in Songs wie *Hellhound On My Trail* oder *Me And The Devil Blues* («Good morning, Satan, I believe it's time to go») registrierten die Autoren «dämonische Magie». C. S. Murray zitiert in seinem Buch ‹Crosstown Traffic› (London, 1996) Muddy Waters über Johnson: «Er war ein gefährlicher Mensch ... und er hat die Gitarre wirklich *zu verwenden* gewußt ... Ich schlich weg und machte mich davon, denn das war zu heavy für mich.» Peter Guralniks ‹Searching for Robert Johnson› (New York, 1988) zufolge wuchs der uneheliche Sohn von Noah Johnson und Julia Dodds bei mehreren Stiefvätern auf, denen Julia zu Diensten war, darunter ein Charles Spencer, der sich gleich zwei Frauen hielt, sowie ein Willie «Dustin» Willis in Robinsonville, 40 Meilen südlich von Memphis. Robert ging selten zur Schule, streunte herum, spielte Harmonika und lernte von Wandersängern wie Charlie Patton und Willie Brown Gitarre. Mit 17 heiratete er 1929 Virginia Travis, die bei der Totgeburt seines ersten Kindes auch selber starb. Nach der Begegnung mit dem einflußreichen Bluesmann Son House kehrte er heim nach Hazelhurst, arbeitete als Baumwollpflücker und geriet unter dem magischen und musikalischen Einfluß eines obskuren Voodoo-Musikers namens Ike Zinneman, der ihm auf Grabsteinen sitzend Gitarrengriffe beigebracht haben soll. Er heiratete Calletta Craft, die einen Nervenzusammenbruch erlitt und kurz darauf starb, als er sie verließ. Er ließ sich in Helena, Arkansas, nieder, musizierte mit der Creme des Country Blues Elmore James, Howlin' Wolf, Memphis Slim, Sonny Boy Williamson etc. und adoptierte inoffiziell den unehelichen Sohn seiner Geliebten Estrella Coleman, Robert Lockwood Jr., der als Bluesspieler in seine Fußstapfen trat. Auf Trampfahrten kam er mit seiner Gitarre bis nach New York und nach Kanada. Am 23. November 1936 nahm er für Columbias Blues-Label Vocalion seine erste Schallplatte auf, den Bestseller *Terraplane Blues*. Im August 1938 spielte er in einer Kaschemme in Greenwood, Mississippi, seinen letzten Gig. Der Kneipenbesitzer, dessen Frau der Erotomane Johnson zuvor einmal gefickt hatte, stellte ihm eine offene Flasche Whiskey aufs Podium. Sonny Boy Williamson, der dabei war, warnte ihn vergeblich, daraus zu trinken. Drei Tage später, am 16. August 1938, war er tot. Bevor man ihn an einer unmarkierten Stelle verscharrte, wurden Lungenentzündung und eine Strychninvergiftung als Todesursache festgestellt. Als Columbia 1990 *The Complete Recordings*, 29 Songs und zwölf Outtakes herausbrachte, verkaufte sich das Doppelalbum für einen Moment rasanter als der letzte Schrei von Madonna. Mehr als eine Million Exemplare wurden weltweit abgesetzt. «53 Jahre nach seinem Tod», schrieb die ‹New York Times›, «ist Robert Johnson ein Pop-Star.» Er bekam auch sogleich einen Grammy: Best Historical Recording. Und sogleich gingen Musikhistoriker an die Arbeit, um die Frage zu klären: «Was Robert Johnson really the first rocker?» (so Tony Sherman 1998 in der ‹New York Times›). Eine ganze Woche, vom 20. bis 27. Juni 1998, tagten Forscher in der Rock and Roll Hall of Fame in Cincinnati, Ohio, mit Diskussionsthemen wie «Me and the Devil Blues: The Mythology of Robert Johnson» oder «The Impact of Robert Johnson on Jazz». Dazu musizierten Taj Mahal, Cassandra Wilson, Keb' Mo, Bob Weir, John Hammond, Sonny Landreth, die Allman Brothers in zwei Tribute-Konzerten und einer Jam Session. Eine von Danny Glover moderierte Film-Dokumentation über Johnson (‹Can't You Hear the Wind Howl›), wurde uraufgeführt. Ob er nun der erste Rocker war oder nicht: «Nach dreißigjähriger Beschäftigung mit seinem Werk», erklärte Tony Sherman, «bin ich mir sicherer denn je, daß Robert Johnson als amerikanischer Künstler mit unseren größten Poeten, Schriftstellern, Malern und Komponisten verglichen werden muß. Sein Abstand zum Spiel anderer großer Delta-Blues-Musiker wie Charlie Patton oder Son House ist der zwischen Meisterschaft und Genie.»

LP auf Columbia: *The Complete Recordings* (2-CD, 1990; Aufnahmen von 1936 / 1937)

Jones, Rickie Lee (voc, g, p), am 8. November 1954 in Chicago geboren, kreierte mit ihren Alltagsballaden aus den Seitenstraßen der amerikanischen Traumstädte «eine Fusion von Poesie, populärer Musik, Rock & Roll und Jazz, die in brillanter Manier alle Genres aus 35 Jahren Pop in die rhapsodische Sprache der Beat Generation hineinwob» (‹Rolling Stone›). Ihre verhangene Stimme glitt über die Texte, verschluckte Silben, zog Worte in die Länge und benutzte die bittersüße Songlyrik als Spielmaterial für ganz und gar unprätentiöse Vokal-Exkursionen, die ihre Kritiker und Verehrer an Laura Nyro, Lou Reed, Van Morrison, Bruce Springsteen denken ließen. Als Tochter eines herumvagabundierenden Ehepaares mit vier Kindern – die Mutter Krankenschwester, der Vater ein erfolgloser Musiker und Komödiant – kam Rickie Lee 1973 nach Los Angeles, fing als Bedienung in einer Bohème-Kneipe des Aussteiger-Vorortes Venice an und kellnerte sich durch eine Nacht- und Neon-Welt «voller Motorrad-Rocker, perverser Figuren, besoffener Männer und zahnloser Frauen». 1977 lernte sie Tom Waits während einiger Feierabend-Auftritte in kleinen Clubs kennen und verbrüderte sich mit ihm im Alkoholrausch «auf der Jazz-Seite des Lebens»; sie ist die blonde Frau auf dem Cover seines Albums *Blue Valentine*. Mit ihrer ersten LP, *Rickie Lee Jones* (1979), porträtierte sie in überschwenglichen Hymnen an die nächtliche Stadt (*Young Blood*) und ironischen Milieuskizzen (*Coolsville*) «Außenseiter, die vom Erfolg träumen, in der Vergangenheit leben und doch von der Gegenwart eingeholt werden» (‹Die Zeit›). In Tankstellen, Poolhallen, Coffee Shops, Pianobars und anderen Treffs der rastlosen und einsamen Nachtmenschen fand sie Typen wie den Tellerwäscher Chuck E. Weiss, den sie in ihrem großen Hit *Chuck E.'s In Love* verewigte. *Pirates* (1981) und weitere Alben, stets mit hervorragenden Musikern wie Steve Gadd, Steve Lukather, Donald Fagen, Chuck Rainey eingespielt, brachten Rickie Lee Jones «an den Rand von Ambitionen, die im Pop als verdächtig gelten: Texte zu Gedichten zu machen, ganz tiefe Empfindungen zu artikulieren, Songs von epischem Format vorzutragen» (‹New York Times›). ‹New Musical Express›-Kritikerin Julie Burchill bezweifelte die positive Ausstrahlung der Sängerin: «Sie hat ein wahnsinniges Bedürf-nis zu kommunizieren, zeigt aber eine erschrek-kende Unfähigkeit dazu und wirkt infolgedessen unangenehm herablassend.» Tatsächlich schien der plötzliche Erfolg der Grammy-Gewinnerin (Best New Artist 1979) mit ihren zwei Gold-LPs die Kindheitsängste der kleinen Rickie Lee, die mit sieben zum erstenmal von zu Hause davon-gelaufen war, nur noch zu potenzieren. Vor dem Ruhm in L. A. floh sie 1982 zuerst nach New York, dann weiter nach Paris, der französischen Sprache nicht mächtig und lange Zeit unfähig, Songs zu schreiben. Zwei Jahre nach dem opu-lent, beinahe überproduzierten Album *Pirates* warf Warner eine hingefetzte 25-cm-LP mit kaum bearbeiteten Rohaufnahmen aus zwei Jah-ren, Outtakes und zwei Live-Titeln auf den Markt: *Girl At Her Volcano* (1983), die manchen Kritikern gerade durch ihre Unschuld als kleines Meisterwerk galt. Nach dem Studioalbum *The Magazine* (1984) und einer ausverkauften Welt-tournee inklusive Ostblock und Australien setzte sich die Sängerin 1985 nach Tahiti ab. Dort traf sie den französischen Musiker Pascal Nabet-Meyer, mit dem sie nach der Heirat ein Jahr lang in Frankreich verbrachte, ehe sie sich mit Familie im Dorf Ojai in den Bergen Kaliforniens nieder-ließ, wo 1989 ihre Tochter Charlotte geboren wurde. Ihr Comeback im US-Show Business wurde wiederum durch einen Grammy markiert – für das Duett *Makin' Whopee* mit Dr. John von dessen Standards-LP *In A Sentimental Mood* (1989). Parallel dazu erschien das von Walter Becker (Steely Dan) produzierte eigene Album *Flying Cowboys* mit «wundervollen Bildern, Per-sonen, Wahrheiten, Gefühlen, Nuancen und Poesie» (‹Ladyslipper›), auf dem sie von der fri-schen schottischen Band The Blue Nile begleitet wurde. Der Umgang mit dem über ein halbes Jahrhundert alten Evergreen *Makin' Whopee* hatte sie jedoch offensichtlich beeindruckt. Sie ließ *Pop Pop* (1991) folgen: ein von ihr selbst und David Was produziertes Cover-Album mit den Jazz-Solisten Joe Henderson (ts), Charlie Haden (b) und Standards zwischen *Second Time Around* der Hollywood-Autoren Jimmy Van Heusen / Sammy Cahn und Jimi Hendrix' *Up From The Skies*. Die Kritiker und der Markt ver-weigerten sich. Das Album erreichte nur die Po-sition 121 in den ‹Billboard›-Charts. Inzwischen war ihre Ehe zerbrochen. Nach einer zweijähri-gen, komplizierten Trennungsphase erwirkte sie 1993 die Scheidung. Resultat ihrer psychischen Inspektion war das in Zusammenarbeit mit Gi-tarrist Leo Kottke entstandene Album *Traffic From Paradise* (1993) mit einem Cover des David Bowie-Songs *Rebel Rebel* und viel Autobiogra-phischem. Timothy White in ‹Billboard›: «Eine nahezu perfekte Platte über menschliche Unzu-länglichkeiten.» In den neunziger Jahren gab Rickie Lee Jones immer wieder vielbeachtete und stets ausverkaufte Konzerte: in der Londoner Royal Festival Hall, in der New Yorker Town Hall, im kalifornischen Universal Amphitheater und in der Constitution Hall in Washington, D. C. *Naked Songs* (1995) gab einen Eindruck von der Intensität dieser Auftritte. Mit *Ghostyhead* (1997), für das sie sich von dem ausgefuchsten Studio-Crack Rick Boston (Ex-Low Pop Suicide) helfen ließ, ließ sie die akustisch erzeugten Klänge zugunsten von Ambient und Trip Hop hinter sich: «Neue Sounds, aber für mich doch in fast jeder Beziehung das gleiche, immer noch Malerei mit Tönen.» Und immer noch das Jon-glieren mit Silben, Wörtern, Bedeutungen, das Erkunden psychischer Territorien in Songs wie *Scary Chinese Movie*, *Cloud Of Unknowing* mit vollem Risiko. Sie war mit *Ghostyhead* nach einem Drei-CD-Intermezzo bei Geffen zu ihrer alten und zeitweise risikofreudigen Firma War-ner / Reprise zurückgekehrt – ein Fehler. Denn auch dort bestimmten jetzt gehörlose Controller die Firmenpolitik. Sie konnten mit dem «Gei-sterkopf» nichts anfangen und verweigerten Pro-motion. Als der Umsatz die Quote nicht erfüllte, strichen sie die CD aus dem Katalog und entlie-ßen die Künstlerin aus dem Vertrag. Ihr Versuch, das inkriminierte Album bei einer anderen Firma, besser beworben, noch einmal zu starten, mißlang. Sie wurde mit einem Exklusivvertrag geködert, aus dem sie sich erst nach langem Rechtsstreit wieder befreien konnte, doch es be-wegte sich nichts. Vertragslos begann sie mit der Produktion der CD *It's Like This*, mit der sie an die jazzigen Standards von *Pop Pop* anschloß. Sie coverte Steely Dan, Traffic, Marvin Gaye und die Beatles, sang Gershwins *Someone To Watch Over Me*, Bernsteins *One Hand, One Heart* und – aus

‹My Fair Lady› – *On The Street Where You Live*; Taj Mahal, Dan Hicks, Ben Folds und Joe Jackson halfen ihr dabei. Die CD erschien schließlich bei dem kleinen Label Artemis und wurde 2000 von Sony in den internationalen Vertrieb übernommen. Rickie Lee Jones brüte auf diesem Album, fand die ‹Süddeutsche Zeitung›, «fern des Diktats, wieviel Zeit zwischen zwei Platten verstreichen darf und was kommerziell Sinn macht und was nicht», über dem perfekten Lied. Das war für sie nicht neu. Am 21. Oktober 1995 verbot ihr das irische Fernsehen den Song *The Altar Boy* in einem TV-Konzert in Dublin, weil er «bei manchen Menschen religiöse Gefühle verletzen könnte». Rickie Lee Jones: «Als ich das Lied schrieb, sagte meine Tochter zu mir: ‹Weißt du, wer Gott ist? Gott ist die erste Person, die gestorben ist!› Darüber habe ich lange nachgedacht.»

LPs auf Warner Bros.: *Rickie Lee Jones* (1979); *Pirates* (1981); *Girl At Her Volcano* (Mini-LP, 1983); *The Magazine* (1984) ... auf Geffen: *Flying Cowboys* (1989); *Pop Pop* (1991); *Traffic From Paradise* (1993) ... auf Reprise: *Naked Songs* (1995); *Ghostyhead* (1997) ... auf Artemis: *It's Like This* (2000)

Jones, Tom, bürgerlich: Thomas Jones Woodward (voc), am 7. Juni 1940 in Pontypridd, Wales, geboren, war «die logische Verbindung zwischen Elvis Presley und Mittelklasse-Pseudo-Sexsymbolen wie Engelbert Humperdinck» (‹Rolling Stone›). Der stämmige Sohn eines Bergarbeiters und ehemalige Staubsauger-Vertreter tigerte vor zumeist weiblichem Publikum über die Showbühnen der Welt und ließ «in einer Mischung aus untrainiertem Charisma und animalischer Sexualität» (‹New Musical Express›) selbst banale Balladen wie erotische Brandsätze aufflammen: «Dieser Mann singt dir blaue Flecken» (‹Stern›). Auf dem Höhepunkt der heißen Betriebsausflugsstimmung warfen ihm die enthusiasmierten Verehrerinnen dann in einem ironischen Ergebenheitsritual ihre Wohnungsschlüssel und Dessous auf das Podium. Tom Jones wußte, woher sein Massen-Magnetismus rührte: «Ich bin ein Mann, durch und durch. Stimme, Tanz und Sex sind bei mir eine Einheit.» In den frühen sechziger Jahren hatte sich der Phantasieheld grüner Witwen als Tommy Scott

mit seinen Senators eine bescheidene regionale Popularität ertingelt. 1964 nahm ihn der Musikmanager Gordon Mills unter Vertrag und taufte ihn um in Tom Jones, nach einem zu jener Zeit populären Erotik-Abenteuerfilm. Ein Jahr später gelang Jones mit der Mills-Komposition *It's Not Unusual* der Durchbruchshit. Frauen-Favoriten wie *What's New Pussycat?*, *Green, Green, Grass Of Home*, *Delilah*, *Love Me Tonight*, *I'll Never Fall In Love Again*, *Daughter Of Darkness*, *I (Who Have Nothing)* folgten und zementierten die Legende vom sinnbetörend röchelnden Lustmolch: «Das ist Geruch nach männlichem Tier, Brutalität und verhexender Gesang» (Filmstar Ava Gardner). In den siebziger Jahren rutschte Tom Jones aus den Hitparaden, war jedoch in den Plüsch-Palästen der Casino-Oasen nach wie vor eine heiße Nummer. 1987 hatte er ein Fernseh-Comeback wie einst Elvis Presley: Er trat im engen Lederdress in der britischen Talkshow ‹The Last Resort› auf und sang seine Napalm-Version des Prince-Klassikers *Kiss*. Die Reaktion war ekstatisch: «Historisches Fernsehen» (Kritiker Paul Morley); «Dieser Auftritt rechtfertigte die anhaltende Existenz von Popmusik in Vier-Minuten-Länge» (Kritiker David Quantick). In der Tat war der heiße Hit, auf Platte elektronisch aufgedonnert von The Art Of Noise, «eine brillante Fusion zeitgenössischer Studio-Zauberei mit der Anmach-Technik eines Kaffeefahrten-Entertainers» (‹NME›). Die Brachial-Orgasmen aus voller Soul-Röhre keuchten noch immer viele schwarze oder weiße Rhythm & Blues-Sänger in Grund und Boden: «Jener kleine bewußte Tick zuviel an Schmelz und Schmalz – da wird Kitsch zur großen Musik» (‹Musikexpress›). Seinen «Prozeß der erfolgreichen Selbsterneuerung» (‹The Face›) setzte der Millionär Jones, der die Villa von Dean Martin in Beverly Hills gekauft hatte und einen Fuhrpark von Nobelkarossen sein eigen nannte, politisch korrekt auf den Weltbühnen fort: beim Kurden-Benefizkonzert im Wembley-Stadion neben Paul Simon, Whitney Houston, Sinéad O'Connor, für Stings Regenwald-Initiative mit George Michael, Bryan Adams, Tina Turner, beim größten Alternativfestival Großbritanniens in Glastonbury vor 75 000 Fans. 1991 ging er mit Van Morrison ins Studio. 1994 moderierte er die Verleihung der MTV Awards in Berlin und leistete sich für sein Album *The Lead And How To Swing It* (1994) die Produzenten Flood (U 2, Depeche Mode), Teddy Riley (Michael Jackson, Bobby Brown) und Trevor Horn. Diesen «späten Drang zur Modernisierung» mit Rap, House, Funk und Elektronik erläuterte er in einem ‹Spiegel›-Gespräch: «Ich hasse alles, was apathisch klingt und was apathisch macht. Manche Grunge-Bands gehen mir auf die Nerven. Immer nur leiden, leiden, leiden. Was soll das? Das ist doch eine trübsinnige Angelegenheit. Ich will Spaß haben, den Leuten und mir beweisen: Hier kommt Tom Jones – die Stimme. Sie hat zum erstenmal vor 32 Jahren die Welt erschüttert, und sie ist auch heute noch so etwas wie ein Thunderball.» Als 1999 das Album *Reload* mit 17 Coverversionen und 17 Duettpartnern überwiegend aus der aktuellsten Popmusik die Charts stürmten, faselte die Presse abermals von einem Comeback – ‹Musikexpress›: «Sein fünftes!» Die CD sei «ein Quantensprung in der Karriere des Tigers». Übersehen worden war, daß nach dem Krebstod des Managers Gordon Mills 1986 der Sohn des Sängers, Mark Woodward, dessen Betreuung übernommen hatte. In seinem zähen Ringen, durchaus auch mit dem Vater, veränderte Woodward durch eine zeitbezogene Repertoirepolitik sowie die zielstrebige Kombination des Tigers mit jungen Stars dessen Image und Glaubwürdigkeit bei der jungen Generation. *Reload* war sein Meisterstück in Konzeption und Marketing. Neben Rock-Klassikern wie Van Morrison und Mick Hucknall (Simply Red) sowie der Creme des Britpop Stereophonics, Robbie Williams, Portishead etc. rekrutierte er Duettpartner mit hohem Marktwert in ihren jeweiligen Heimat-Territorien: Zucchero aus Italien, die Cardigans aus Skandinavien, Natalie Imbruglia aus Australien, die Barenaked Ladies aus Kanada sowie Mousse T aus Deutschland, der Tom Jones den Hit *Sex Bomb* buchstäblich auf den Leib schrieb. Wo der ‹Musikexpress› von «ungeahnter Hipness» schwärmte, gab Mark Woodward bescheiden zu Protokoll: «Es hat mich 14 Jahre gekostet, Tom Jones cool zu machen.» Nach einer rund 35jährigen Karriere kassierte der Tiger mit 60 im Jahr 2000 als «Best British Male» erstmals einen Brit Award. «Tom Jones», kommentierte ‹Die Zeit›, sei «der einzige Angeber, der nicht nervt».

LPs (Auswahl) auf Decca/Teldec/London: *Atomic* (1966); *Green, Green, Grass Of Home* (1966); *13 Smash Hits* (1967); *At The Talk Of The Town* (1967); *From The Heart* (1967); *Tom Jones* (1968); *Delilah* (1968); *Help Yourself* (1969); *Live In Las Vegas* (1969); *This Is Tom Jones* (1969); *Live At Caesar's Palace* (1971); *I (Who Have Nothing)* (1970); *Tom* (1970); *Close Up* (1972); *The Body And Soul Of Tom Jones* (1973); *Greatest Hits* (1973); *Memories Don't Leave* (1975); *20 Superhits* (1979); *What's New Pussycat?* (1987) … auf Mercury: *Don't Let Our Dreams Die Young* (1983); *Tender Loving Care* (1985); *Things That Matter Most To Me* (1988) … auf EMI: *Something About You Baby I Like* (1974); *The Very Best Of Tom Jones* (1977); *Say You'll Stay Until Tomorrow* (1976) … auf Epic: *Matador* (1987) … auf Jive: *At This Moment* (1989); *Move Closer* (1989) … auf Atlantic: *The Lead And How To Swing It* (1994) … auf Repertoire: *The Ultimate Hit Collection* (1995) … auf Interscope: *The Lead & How To Swing It* (1994) … auf Sony: *Reload* (1999)

Joplin, Janis (voc), am 19. Januar 1943 als Tochter eines Direktors der Texaco-Ölgesellschaft in Port Arthur, Texas, geboren, hielt sich stets an die Devise eines ihrer Songs: *Get It While You Can* («Nimm, solange du was kriegen kannst»), oder, mit ihren eigenen Worten: «Berausch dich, sei fröhlich und fühl dich wohl.» Ihr Leben war eine exaltierte Jagd zwischen Bühne, Bett und Bourbon-Whiskey, von dem sie zeitweise bis zu einen Liter täglich konsumierte. Sie war die Verkörperung der Beatnik-Philosophie «Live fast, love hard, die young». Damit und mit ihrem hemmungslosen Vokalstil, in dem «die gesamte Geschichte des Gesangs auf den Kopf gestellt» wurde (‹Vogue›), etablierte sie sich als Leitbild der Hippiegeneration und als unbestrittene Königin der Rockmusik. Hechelnd und stampfend tobte sie auf die Bühne, riß das Mikrofon vom Stativ und kreischte, «als würde sie von der zweiten Etage eines Bordells herunterbrüllen: Kommt rauf!» (Kritiker Alfred Aronowitz). Dieses Expressivo, das sie mit den unflätigsten Vokabeln kommentierte, verband sie mit derartiger Intonationssicherheit und solchem Nuancenreichtum, «daß technische Gesangsprobleme nicht mehr zu existieren» schienen (‹Frankfurter Allgemeine Zeitung›). Geschult an Schallplatten der verstorbenen Bluesinterpreten Leadbelly und

Bessie Smith, sang die Gelegenheitsstudentin des Lamar College of Technology und der University of Texas mit 18 in Kneipen und Folksong-Lokalen, trampte fünf Jahre lang durch die USA, arbeitete da und dort in Aushilfejobs und holte sich gelegentlich Fürsorgeunterstützung ab. 1966 schloß sie sich in San Francisco der Band Big Brother and the Holding Company an, mit der sie im August 1967 beim Monterey Pop Festival reüssierte und sich anschließend nach sechsmonatigen Verhandlungen einen lukrativen Columbia-Plattenvertrag einhandelte. Als ihre LP *Cheap Thrills* (etwa: «Billige Schauer») herauskam, hörten Kritiker «eine der ungewöhnlichsten Frauenstimmen dieses Jahrzehnts» (‹Life›), ein Mädchen, das «den Blues singt wie keine Weiße zuvor» (‹Village Voice›). Im September 1968 trennte sie sich von Big Brother und stellte sich das Begleitensemble Full Tilt Boogie Band zusammen, mit dem sie Europa bereiste und ihren *Kozmic Blues* auf einer zweiten Columbia-LP aufnahm. Die Edition der dritten, die nach ihrem Spitznamen *Pearl* genannt wurde, erlebte sie nicht mehr. Während der Produktion in Los Angeles wurde die Sängerin, die zuvor stets verkündet hatte: «Wer Drogen nimmt, muß verrückt sein, wenn er sich doch mit Southern Comfort besaufen kann», heroinvergiftet mit 14 Einstichen im linken Unterarm in einem Motelzimmer aufgefunden – am 4. Oktober 1970. Im Studio hatte sie eben ihren besten, postum veröffentlichten Song *Me And Bobby McGee* aufgenommen, in dem es heißt: «Freiheit bedeutet lediglich, daß du nichts mehr zu verlieren hast.» Eine letzte Aufnahme, in der sie singen wollte, sie sei «lebendig im Blues begraben», hatte Janis Joplin nicht mehr vollendet. Das Stück ist auf der Platte *Pearl* nur in einer Instrumentalversion zu hören. Die 2500 Dollar, die sie bar hinterließ, vertranken 200 Freunde ihrem Wunsch gemäß bei einer Party in San Anselmo, Kalifornien. Ihre Asche wurde, gleichfalls wie von ihr gewünscht, in den Pazifischen Ozean gestreut. Ihr Leben war zur Legende geworden. Es wurde unter dem Titel ‹The Rose› mit Bette Midler in der Titelrolle verfilmt; Uraufführung: 10. Oktober 1979. 1991 strengten die Erben – Schwester Laura, Bruder Michael und Mutter Dorothy – einen Prozeß an, um von einem biographischen Drama ‹Janis›

von Susan Ross mit dem Argument Tantiemen zu kassieren, sie besäßen alle Rechte an «Stimme, Auftrittsstil, Darbietung, Manierismen und Garderobe» der Verstorbenen. Susan Ross klagte erfolgreich dagegen: Janis Joplin sei längst eine Person der Zeitgeschichte. 1993 wurde die Sängerin in die Rock and Roll Hall of Fame aufgenommen. 1998 gelangten Teile ihres spärlichen Nachlasses bei Christie's in New York zur Versteigerung. Ihre Samtbluse erbrachte 4830 Dollar, ihre Federboa 5175 Dollar, eine bedruckte Leinenhose 10 350 Dollar. 1999 wurde im Play House in Cleveland, Ohio, das Musical ‹Love, Janis› uraufgeführt, das auf Janis Joplins Korrespondenz mit ihrer Familie beruhte. Unter den Büchern, die postum über sie erschienen, war ‹Scars of Paradise – The Life and Times of Janis Joplin› von Alice Echols (Henry Holt & Company, New York, 1999) wohl das biographisch ergiebigste.

LPs auf Columbia: *I Got Dem Ol' Kozmic Blues Again Mama!* (1969); *Pearl* (1971); *In Concert* (1972); *Greatest Hits* (1973); *Janis* (Soundtrack, 1975); *Farewell Song* (1982) ... auf Sony: *Janis – Box Set* (1993; enthält unter anderem bis dahin unveröffentlichte Songs) ... LPs mit Big Brother and the Holding Company auf Mainstream: *Big Brother And The Holding Company* (1967) ... auf Columbia: *Cheap Thrills* (1968) ... auf Records: *Live At Woodstock: August 19, 1969* (1999) ... auf Columbia Legacy: *Live At Winterland '68* (1998); *Love, Janis* (2001) ... auf Sony: *The Very Best* (nur in Norwegen, Spanien und Deutschland, 1998), *The Ultimate Collection* (2-CD mit Fotos von Linda McCartney, 1998)

Jungle Brothers, 1986 in New York gegründet, waren weit weniger erfolgreich als einflußreich. Sie entwickelten jenen Hip Hop-Sound weiter, der von Afrika Bambaataa begründet worden war, und bereiteten den Boden für De La Soul, Digible Planets und A Tribe Called Quest. Respektlos kreuzten sie alle Einflüsse schwarzer Musik von R & B über Funk und Soul bis Jazz und Hip Hop mit panafrikanischen Inhalten. Ihrer Zeit waren sie mit diesem Crossover jedoch derart weit voraus, daß sie mehr Verwirrung auslösten als Zustimmung fanden. Das New Yorker Trio war zudem ein tragisches Beispiel dafür, wie stümperhaftes Marketing der adäquaten Entfaltung einer kreativen künstlerischen Laufbahn im Weg stehen kann. «Während A Tribe Called Quest die Neunziger damit verbrachten, durch die Charts zu springen, sprangen die Jungle Brothers von Label zu Label» (‹Rolling Stone›). «Keine andere Hip Hop-Crew hat so viele Probleme gehabt. Die Urväter des Native Tongue gerieten in die Mühlen der Plattenindustrie und wurden als Abschreibungsprojekt schließlich auch von ihren Fans abgeschrieben» (‹Plärrer›). «Ihr einziger Weg, die Ketten der Verträge zu durchbrechen, war es, die Qualität ihrer Musik schlagartig zu verschlechtern» (‹Break Beat›). Mike G, als Michael Small 1969 in Harlem geboren, DJ Sammy B, als Sammy Burwell 1968 in Harlem geboren, und Afrika Baby Bambaataa, als Nathaniel Hall 1971 in Brooklyn geboren, gehörten gemeinsam mit A Tribe Called Quest und Queen Latifah der von Afrikaa Bambaataa gegründeten Native Tongues Coalition an, die es sich zum Ziel gesetzt hatte, Afrikaner schwarzer Hautfarbe hinsichtlich ihres kulturellen Backgrounds in Amerika zu bilden. Rap und Hip Hop war für sie nicht gleichbedeutend mit einem Bruch der Tradition schwarzer Musik. Unter dem unüberhörbaren Einfluß James Browns entstand das «Kult-Album» (‹Raveline›) *Straight Out The Jungle* (1988). Nicht umsonst hatte ihr Band-Logo dieselben Initialen wie der Name des Soul-Gottes. In dem Song *I'll House You*, entstanden unter der Regie des House-Produzenten Todd Terry, nahmen sie erstmalig eine Fusion von Hip Hop und House vor, weshalb sie als Erfinder des Hip House in die Geschichte eingingen. Auf ihrem zweiten Album *Done By The Forces Of Nature* (1989) ließen sie sich noch weiter zurück in die Ästhetik des klassischen Soul fallen. «Die Jungle Brothers verherrlichen keine Gangs, sondern sprechen über afrikanische Könige. Sie lassen keine Schimpftiraden auf Weiber ab, sondern loben die Schönheit schwarzer Frauen» (‹Berliner Kurier›). Die Öffentlichkeit hatte jedoch gerade das Streetfighter-Potential des Gangsta Rap

nebst der Post Beat Poetry von De La Soul entdeckt und gab den Jungle Brothers kaum eine Chance. Auf Anraten ihres Labels Warner Brothers nahm das Trio eine vierjährige Auszeit, über die es fast in Vergessenheit geriet. Erst 1993 kehrten die Jungle Brothers mit *J. Beez With The Remedy* ins Rap-Geschehen zurück, konnten aber kommerziell nicht punkten. «Ihre musikalische Reise durch die Tiefen des Hip Hop-Universums, die sie gemeinsam mit Altmeister Bill Laswell unternahmen, gefiel den Herren Plattenbossen gar so wenig, daß sie das komplette Album ohne die Zustimmung der J.B.s von einem externen Produzenten remixen ließen, bevor es auf den Markt kam. Das gänzlich unausgegorene Endprodukt enttäuschte beide Seiten sowohl musikalisch als auch kommerziell, so daß man sich wieder von Warner trennte» (‹Visions›). Wieder brauchte die Band vier Jahre Zeit, um mit dem «vor Kraft und positiver Energie nur so strotzenden Album» (‹Visions›) *Raw Deluxe* (1997) das Desaster zu wiederholen. Erst auf *V.I.P.* (2000) konnten die zum Duo ohne Sammy B. geschrumpften Jungle Brothers als mittlerweile große alte Formation des Hip Hop das nötige Presseecho auf sich ziehen, um verkaufstechnisch ihrem innovativen Stellenwert gerecht zu werden. Mitverantwortlich für den Erfolg der in Jamaika eingespielten Platte war Alex Gifford von den britischen Propellerheads. «Das Album dokumentiert die Entdeckung von amerikanischem Hip Hop durch britische Dance-Kultur, den sogenannten Big Beat» (‹Jazzthing›). «Der Spagat zwischen Dance-Kultur und Hip Hop ist blendend gelungen, das ganze Album ein einziges schimmerndes Juwel zeitgemäßer Musik, die sich souverän über alle Genre-Grenzen hinwegsetzt und sich jedem Versuch einer kategorischen Beschreibung entzieht» (‹Media World Magazin›).

LPs auf Warlock: *Straight Out The Jungle* (1988) … auf Warner Bros.: *Done By The Forces Of Nature* (1989); *J. Beez With The Remedy* (1993) … auf Gee Street: *Raw Deluxe* (1997); *V.I.P.* (2000)

K

Karat, 1975 in Berlin, Hauptstadt der Deutschen Demokratischen Republik, gegründet, waren neben den Puhdys die erfolgreichste Band der ehemaligen DDR. Mit dem Lied *Über sieben Brücken*, im Westen Deutschlands von Peter Maffay zum Schlager auf- und abgesungen, repräsentierten sie eine von Zwischentönen, aber auch von Pathos und Schwulst geprägte Songkultur, bei der die Grenzen zwischen Rock-Underground und Rundfunk-Unterhaltungsmusik vielfach verschwammen. So gaben die Zeilen «Über sieben Brücken mußt du gehn / Sieben dunkle Jahre überstehn» der eingemauerten DDR-Jugend Lebenshilfe und Hoffnung auf Freizügigkeit, wirkten – vom offiziösen Jugendblatt ‹Neues Leben› vielfach prämiert – im «erfolgreichsten DDR-Hit aller Zeiten» (‹Munzinger-Archiv›) aber zugleich als Narkotikum und brachten dem Mauer-Staat West-Devisen ein. Den Text schrieb der Regisseur Helmut Richter ursprünglich für einen DEFA-Film. Die Gründungsmitglieder von Karat hatten zuvor in der Soul Rock-Band Panta Rhei die Sängerin Veronika Fischer begleitet: Ulrich «Ed» Swillms (kb, cello), geboren am 7. März 1947 in Berlin, Henning Protzmann (voc, bg), geboren am 12. Februar 1946 in Radebeul, Herbert Dreilich (voc, g), geboren am 5. Dezember 1942 in Mauterndorf, Österreich. Nachdem die drei von Januar 1975 an mit Ulrich Pexa (g), Konrad Burkert (dr), Hans Joachim Neumann (voc) im DDR-Funkhaus an der Berliner Nalepastraße mehrfach Rundfunkaufnahmen eingespielt und sich in einschlägigen Wertungssendungen damit erfolgreich plaziert hatten, fand die Band im Juli 1976 ihre Stammbesetzung mit Bernd Römer (g), geboren am 6. September 1952

in Erfurt, und Michael Schwandt (dr), geboren am 4. November 1947 in Merseburg. Als Neumann 1977 zur DDR-Volksarmee eingezogen wurde (er gründete später den Neumis Rock Circus und floh 1983 in die Bundesrepublik), etablierte sich Gitarrist Herbert Dreilich als Lead-Sänger und prägte fortan den Gruppensound. Mit Texten, die überwiegend von Kurt Demmler und Burkhardt Lasch geschrieben wurden, und Kompositionen, für die hauptsächlich Ulrich Swillms verantwortlich zeichnete, gab die Band didaktische Konzerte zur Rock-Geschichte und -Machart in Oberschulen, beteiligte sich mit den Hits *Über sieben Brücken*, *König der Welt* erfolgreich am Schlagerfestival der sozialistischen Länder in Dresden, veröffentlichte Höhepunkte ihres bisherigen Schaffens auf einer ersten LP (*Karat*, 1978) und erhielt den Kunstpreis der Freien Deutschen Jugend (FDJ). Die zweite LP auf der staatseigenen Marke Amiga (*Über sieben Brücken*, 1979) erschien unter dem Titel *Albatros* über Teldec auch in der Bundesrepublik; bis zur achten LP *Die fünfte Jahreszeit* (1986) wurde die kommunistisch-kapitalistische Platten-Kooperation fortgesetzt. In jenen Jahren stiegen die Musiker in schnulzige Niederungen ab (*Schwanenkönig*, 1980) und schwangen sich mit Öko-Themen in Zeitgeist-Höhen auf (*Der blaue Planet*, 1982; *Die sieben Wunder der Welt*, 1983). Da Keyboarder Swillms der Live-Belastung auf Grund eines labilen Gesundheitszustandes auf Dauer nicht gewachsen war, trat ihm für drei Jahre der Pop-Komponist Thomas Natschinski (kb), geboren am 25. Oktober 1947 in Claußnitz, an die Seite, anschließend Thomas Kurzhals (kb), geboren am 13. Dezember 1953 in Ronneburg. Swillms, der neben diesen beiden anfangs noch als zweiter Tastenmusiker gewirkt hatte, gab dies Mitte der achtziger Jahre auf und steuerte mit seinem Texter Norbert Kaiser auch immer weniger Melodien bei. Herbert Dreilich, längst Boss der Band, drängte sich nun auch als Texter in den Vordergrund; mit dem Album *Die fünfte Jahreszeit* (1986) kam Christian Liebig, geboren am 22. Dezember 1954 in Berlin, an den Baß. Die gegenüber früheren LPs müde Resonanz auf *Die fünfte Jahreszeit* lag nicht nur an Verschleißerscheinungen der Truppe, sondern auch an einem Wechsel im politisch-sozialen Klima der DDR. Der real existierende Sozialismus knirschte in allen Fugen. Junge, aggressive Musiker und Songtexter wie Silly, Feeling B, Die Anderen, AG Geige oder die Skeptiker verwiesen Karat in der Publikumsgunst aufs Altenteil. Für das vor dem Zusammenbruch des DDR-Regimes begonnene, aber erst nach der Wende veröffentlichte Album *Im nächsten Frieden* (1990) versuchte Peter Maffay dem Ensemble zu helfen, indem er mit Dreilich im Duett *Über sieben Brücken* sang. Der Absturz war unaufhaltsam. Das Album *Karat* (1991) auf der kleinen Marke extra records & tapes mit Kompositionen von Kurzhals, Natschinski und Dreilich, das ausschließlich Dreilich getextet hatte, wollte niemand mehr hören. Mit der LP *Die geschenkte Stunde* (1995), die mit Martin Becker (kb), geboren am 30. Juni 1961 in Berlin, anstelle von Kurzhals im Studio der Ex-City-Musiker Fritz Puppel und Toni Krahl aufgenommen wurde, gelang Karat im Zuge der DDR-Nostalgie ein bescheidenes Comeback. Ende der Neunziger gaben Karat nicht mehr wie einst 170, aber immerhin noch rund 50 Konzerte pro Jahr. Ihre CD *Balance* (1999) wurde nur etwa 8000mal verkauft. Herbert Dreilich erlitt am 9. Oktober 1997 einen Schlaganfall, von dem er sich bis zur Bühnentauglichkeit wieder erholte. ‹Berliner Morgenpost›: «Wenn Dreilich singt: ‹Üüüüühh, ich lebe noch/Mir gefällt jeder Augenblick/Ich liebe seinen Zauber›, dann glaubt man ihm jedes Wort.» Zum 25. Bühnenjubiläum von Karat in der Berliner Wuhlheide spielte im September 2000 auch Peter Maffay auf. ‹Morgenpost›: «Man kann Karat vergöttern, wie man will, aber im Direktvergleich klingen sie irgendwie unlustig, überarran-

giert.» Komponist Ed Swillms 2000 in der ‹Berliner Zeitung› auf den Vorhalt, «daß seine romantischen Lieder mit den großen Melodien gern in die Kitschecke gestellt wurden»: «Es ist kein Kitsch. Vielleicht klingt es manchmal so, dann stimmt was nicht, der Gesang oder das Arrangement.» Als hätte die Band Wiedergutmachung nötig, huldigte der ‹Musikexpress› Karat 2000 als «einer der besten Combos deutscher Zunge».

LPs auf Amiga: *Karat* (1978); *Über sieben Brücken* (identisch mit *Albatros* auf Teldec, 1979); *Im nächsten Frieden* (1990); *Vierzehn Karat – ihre größten Hits* (1994) … auf Amiga/Teldec: *Schwanenkönig* (1980); *Der blaue Planet* (1982); *Die sieben Wunder der Welt* (1983); *Zehn Jahre auf dem Weg zu Euch* (1985); *Die fünfte Jahreszeit* (1986) … auf extra records & tapes: *Karat* (1991) … auf K & P Musik/Ariola: *Die geschenkte Stunde* (1995); *Balance* (1999); *Die sieben Wunder der Welt* (1999); *Ich liebe jede Stunde* (2-CD, 2000) … auf BMG: *25 Jahre Karat – Das Konzert* (2001)

Killing Joke, 1979 in London gegründet, waren die erbarmungslose Umsetzung der Visionen eines Rock-Anarchisten, dem die Expressivität des Punk nicht weit genug ging. «Seit jeher ein Seismograph für die Fäulnis im System und Wegbereiter für neue Klänge im Grenzbereich des Rock» (‹WOM Journal›), profilierten sie sich als «Quasi-Metal-Band, die einer Stimmung von Doom und Gloom entgegentanzte» (‹All Music Guide›). Kompromissen abgeneigt, lebten sie jede Empfindung und stilistische Regung bis zum Extrem aus. Ihr minimalistischer, politisch motivierter Spagat zwischen Noise und Dance wurde zum Rollenmodell so unterschiedlicher Bands wie Chumbawamba, Deutsch Amerikanische Freundschaft und Metallica. In der Matt Stagger Band lernte Jaz (bürgerlich: Jeremy) Coleman (voc, kb) Ende der Siebziger Paul Ferguson (dr) kennen. Sie beschlossen, eine gemeinsame Band zu gründen, und engagierten Youth (bg), als Martin Glover am 27. Dezember 1960 geboren, und Geordie (g), bürgerlich: K. Walker, und riefen Killing Joke ins Leben. Mit Geld, das sich Coleman von seiner Freundin geborgt hatte, produzierten sie ihre erste EP *Turn To Red*, deren Material John Peel von der BBC zu Ohren kam. Eine äußerst erfolgreiche Peel-Session brachte der Band eine Show im Vorprogramm von Joy Division und einen Deal mit Island ein, auf deren Plattform Killing Joke ihr eigenes Label Malicious Damage einrichten konnten. Nach der Single *Wardance* (1980) zog das Quartett samt Label zu Brian Enos EG Records um. Die dort veröffentlichte Debüt-LP *Killing Joke* (1980) war mit ihrer Mischung aus Punk, Ska und Psychedelia «ein brutaler Klassiker» (‹Rough Guide›). Entlud sich auf dieser Platte noch blinde Wut, so vermochte die Band ihren Überschuß an Gefühlen auf ihrer zweiten Platte *What's This For?* (1981) schon zielgerichteter zu kanalisieren. Lange vor anderen Bands unterlegten Killing Joke die Ungeschliffenheit des Punk mit einem hypnotischen Dance-Groove. Daneben löste die Band diverse Kontroversen aus, unter anderem durch ein Plakat, auf dem der Papst beim Segnen von mit Pfund- und Dollar-Zeichen geschmückten SA-Männern gezeigt wurde, was auf ein Auftrittsverbot in Glasgow hinauslief. Nach dem dritten Album *Revelations* (1982) verließen Coleman und Geordie die Band, um in Island das Ende der Welt zu erwarten und bis dahin Verbindungen mit mehreren isländischen Kapellen einzugehen. Eine dieser Bands namens Theyr wurde später unter dem Logo Sugarcubes bekannt. Geordie reiste den beiden nach, kehrte aber nach kurzer Zeit nach London zurück, um mit Ferguson die Formation Brilliant zu gründen. Ferguson verließ diese Band wieder und ging mit Neon Heart-Bassist Paul Raven nach Island, um mit Geordie und Coleman Killing Joke neu zu beleben. Youth arbeitete mit Brilliant weiter und machte sich wenige Jahre später einen Namen als exzellenter Dance-Produzent. Nach einer kurzen gemeinsamen Zeit in Island kehrten Killing Joke geschlossen nach England zurück und nahmen das im Vergleich zu seinen Vorgängern wesentlich entspanntere Album *Fire Dances* (1984) auf. Mit *Night Time* (1985) gelang Killing Joke endlich der Durchbruch. Die Single *Love Like Blood* wurde zum Dauerbrenner. *Brighter Than A Thousand Suns* (1986) war weitgehend von flächigen Keyboards dominiert. Nach dem von Coleman bereits praktisch im Alleingang eingespielten Album *Outside The Gate* (1988) brach die Band abermals auseinander und reformierte

sich 1990 mit Martin Atkins (Ex-P.I.L.) anstelle von Paul Ferguson. Auf *Extremities, Dirt & Various Repressed Emotions* (1990) tendierte die Gruppe wieder stärker in Richtung Industrial. Die Besetzung blieb aber nicht bestehen. Atkins ging zu Ministry und gründete später Pigface. Coleman arbeitete in der Zwischenzeit an klassisch inspirierten Solo-Projekten und nahm mit Anne Dudley von Art of Noise und dem Cairo Symphony Orchestra das Monumentalwerk *Songs From The Victorious City* (1990) auf. Schlagzeilen machte er, indem er Nirvana verklagte, weil diese ihren Hit *Come As You Are* auf einem Gitarrenriff des Killing Joke-Songs *Eighties* aufgebaut hatten. Geordie, Ferguson, Raven und Chris Conelly von den Revolting Cocks schlossen sich unterdessen zu Murder Inc. zusammen, konnten aber als apostrophierte Supergroup des Industrial mit dem Album *Murder Inc.* (1991) nur wenig Terrain gewinnen. Während Raven zu Prong ging, kehrten 1994 Killing Joke mit Coleman, Geordie, Youth und dem neuen Drummer Geoff Dugmore zurück, um mit ihrem kommerziell erfolgreichsten Album *Pandemonium* (1994) eine gelungene Mischung aus schwerem Dub und noch schwererem Metal vorzulegen. Seinem Hang zum Okkultismus konnte der «leicht irre Visionär» (‹WOM Journal›) Coleman frönen, indem er Teile des Albums ohne Genehmigung in der Königskammer der Cheopspyramide einspielte. «Zeichnete Coleman vor zehn Jahren noch paranoide Bilder eines nuklearen Holocaust, um sich zu Beginn der Neunziger mit ironischem Unterton über Dekadenz und Kapitalismus auszulassen, so scheint nunmehr der Teufel vors Jüngste Gericht gekommen zu sein» (‹Visions›). Auf dem unter der Hauptregie von Youth entstandenen Remix-Album *Alchemy* (1996) driftete die Band in Richtung Ambient und Trance ab. Auf *Democracy* (1996) wurde die Ästhetik von *Pandemonium* wieder aufgenommen und erfolgreich ausgebaut. Coleman widmete sich jedoch zunehmend seinen klassischen Neigungen, schrieb mehrere Sinfonien und wurde Hauskomponist für das New Zealand Symphony Orchestra. Der Dirigent Klaus Tennstedt ging so weit, Coleman als «den neuen Gustav Mahler» zu bezeichnen.

LPs auf EG: *Killing Joke* (1980); *What's THIS For …!* (1981); *Revelations* (1982); *Ha! Killing Joke Live* (1982); *Fire Dances* (1983); *Night Time* (1985); *Brighter Than A Thousand Suns* (1986); *Outside The Gate* (1988); *Extremities* … auf RCA: *Dirt And Various Repressed Emotions* (1990) … auf Big Life: *Pandemonium* (1994); *Democracy* (1996) … auf Windsong: *BBC In Concert* (1995) … Solo-LPs Youth auf Illuminated: *The Empty Quarter* (1984) … Atkins, Raven, Ferguson und Walker mit Murder Inc. auf Invisible: *Murder Inc.* (1992); *Corpuscle* (1993) … Walker und Atkins mit The Damage Manual auf Invisible: *The Damage Manual* (2000)

King Crimson, 1969 in London gegründet, ähnelten wegen ihrer fragilen Gruppen-Konsistenz nach Meinung des ‹Melody Maker› «einem Feuerrad: hell und flammend, doch von kurzer Dauer und nur durch Zentrifugalkraft zusammengehalten». Der Komponist Robert Fripp (g, kb), am 16. Mai 1946 in Wimbourne, England, geboren, war die treibende Kraft des Ensembles. Er versamelte um sich einen Kreis von Elitemusikern und kombinierte mit ihnen verschiedenartige musikalische Ausdrucksformen zu «surrealistischen Werken voller Macht und Originalität» (‹Rolling Stone›). Im Crimson-Sound verschmolzen Free Jazz-Elemente, klassizistische Mellotron-Passagen, Rhythm & Blues-Variationen, elektronische Improvisationen sowie die assoziative Poesie Peter Sinfields zu sinfonischen Rock-Strukturen, die sich im Verlauf der LP-Produktionen von «Wagnerscher Fülle zu Haydnscher Zartheit» (‹Crawdaddy›) verfeinerten. Das profunde Musikverständnis der Fripp-Combo zeigte sich in der makellosen Realisierung komplizierter Spielvorlagen mit kühnen Stilsprüngen, ausgeklügelten Klangverästelungen, effektvoll dosierten Ton-Tricks, die weit über den experimentellen Rahmen hinausgingen, in dem sich die Moody Blues oder Pink Floyd bewegten. Allerdings neigte King Crimson zur artistischen Selbstgefälligkeit, die sich im Leerlauf allzu ätherischer Instrumental-Passagen erschöpfte oder brillante Ideen durch häufige Wiederholung entwertete. Bei der Gründung bestand die Gruppe aus Fripp, Ian McDonald (fl, vib, kb), Greg Lake (bg, voc), Michael Giles (dr, perc), Sinfield (lyrics). In dieser Besetzung nahm die Band das allegorische Album *In The Court Of The Crimson King* (1969) auf. Bei der Produktion der zweiten LP fehlten McDonald und Lake. Dafür kamen Mel Collins (sax), Peter Giles (bg) hinzu. Michael Giles schied 1971 aus und gründete mit McDonald ein Folk Rock-Duo. Lake gründete zusammen mit Keith Emerson (The Nice) und Carl Palmer das Trio Emerson, Lake & Palmer. Von nun an gruppierte sich King Crimson nach dem Stress jeder Amerika-Tournee um. Bei der Einspielung der dritten LP *Lizard* (1971) waren – außer Fripp, Sinfield und Collins – Gordon Haskell (bg, voc) und Andy McCulloch (dr) dabei. Zur nächsten US-Reise wurde Haskell durch Boz Burrell ersetzt; für McCulloch kam Ian Wallace ins Ensemble. Hauptgrund für den mangelnden Band-Zusammenhalt war Fripps Unvermögen, seinen eigenwilligen Starsolisten genügend kreative Möglichkeiten bei der Synthese so disparater Musikstile und Spielweisen zu geben. Das von Fripp erzwungene Ausscheiden Sinfields (1972), dessen phantasiegewaltige Lyrik ein integraler Bestandteil des Crimson-Sounds gewesen war, stellte den Fortbestand der Gruppe ernsthaft in Frage. Dennoch gelang es Fripp, mit David Cross (vi, fl, kb), Jamie Muir (perc), Bill Bruford (dr), vormals bei Yes, dem ehemaligen Family-Mitglied John Wetton (bg, voc) sowie Richard Palmer-James (lyrics) eine vierte King Crimson-Formation zu bilden, die dem Standard der vorhergegangenen Ensembles gerecht wurde. 1974 schmolz die Fripp-Truppe jedoch auf das artistische Existenzminimum von Bruford, Wetton, Fripp ein und wurde von ihm im Oktober aufgelöst. Die Gründe des Rock-Intellektuellen: King Crimson sei in Gefahr gewesen, als Institution zum Geldverdienen zu erstarren; er habe im Kontext der Band keine künstlerische Selbstverwirklichung mehr finden können. Als neuen Partner bei der Realisierung seiner freiformalen Musikkonzepte und der generalstabsmäßigen Planung einer Rückkehr auf die Hauptbühne des Rock erkor sich Fripp zunächst den von Roxy Music verstoßenen Brian Eno. Von ihm übernahm er eine Gitarrenspieltechnik mit komplexen Echo- und Bandverzögerungs-Effekten, die er «Frippertronics» nannte und im Fußballer-Jargon als die «Kreisklasse» bei seinem Aufstieg zum Rock-Olymp bezeichnete. «Landesstaffel» war dann

1980 die League Of Gentlemen, die unter Fripps mäanderndes Gitarrenspiel einen deftig pulsierenden Tanzbeat legte. 1981 schaffte er schließlich die «Oberliga» mit einer Neuauflage von King Crimson in der Besetzung Fripp, Bruford, Adrian Belew (vormals Gitarrist bei David Bowie, Talking Heads), Tony Levin (bg). «Eine schmerzlose Wiedergeburt, die mehrere Augenblicke der Größe aufweist», charakterisierte der ‹Melody Maker› das Comeback dieser «Traumband jedes Gitarren-Freaks» (‹Village Voice›). In der Tat lieferten sich die konträren Temperamente Fripp und Belew in unorthodoxer Spieltechnik und mit einer Fülle von Klangmanipulationen aufregende Vorlagen, die stets zum Duett verschmolzen und nie zum Duell von Gitarren-Egomanen degenerierten. «Eine Band, die das Genre des ‹Art Rock› interessant machen könnte», freute sich die ‹New York Times›. Skeptiker hingegen disqualifizierten die gelegentlich exzentrischen Collagen aus Minimal Music, afrikanischer Polyrhythmik und typischen King Crimson-Schwellklängen als «uninspirierte und enervierende Geleecktheiten» (‹New Musical Express›). Nach drei Platten löste Fripp King Crimson wieder auf. Seine Solo-Ambitionen hatte er auch in dieser Phase nicht völlig aufgegeben. So hatte er 1983 zusammen mit dem ehemaligen Police-Gitarristen Andy Summers das Album *I Advance Masked* eingespielt. Nach dem neuerlichen Split King Crimsons erneuerte er diese Zusammenarbeit 1984 (*Bewitched*). Weiterhin veröffentlichte er Platten mit seiner League Of Gentlemen, nahm mit seiner 1986 angetrauten Ehefrau Toyah eine LP auf und gründete mit ihr das Ensemble Fripp Fripp. Daneben nahm er sich Zeit für eine Gitarrenschule, die er 1985 unter dem Namen Guitar Craft gegründet hatte. Ende der achtziger Jahre erlahmte seine Schaffenskraft vorübergehend, doch arbeitete er nach einem Wechsel der Plattenfirma seit Anfang der neunziger Jahre an einer Wiederauflage von King Crimson. 1993 hatte er mit Levin, Belew, Jerry Marotta (dr) und Trey Gunn (bg, Chapman-Stick) wieder eine Band vorzüglicher Musiker zusammengestellt und mit dem ehemaligen Japan-Sänger David Sylvian das von der Kritik verrissene Album *The First Day* (1993) produziert. Nach einer Single und der Mini-LP *Vroom* (1993) erschien 1994 das langerwartete Crimson-Album

Thrak. Bruford war wieder dabei, Marotta gegen Pat Mastelotto ausgetauscht worden. «Die schiere Körperlichkeit ihres Sounds ist beeindruckend», meinte ‹Rolling Stone›. ‹Mojo› schlug in die gleiche Kerbe: «*Thrak* ist ein kraftvolles und inspiriertes Comeback.» Fast unüberschaubar waren Fripps Solo-, Team- und Band-Projekte – darunter auch ein Album mit Musik für Streichquartett –, clever die Vermarktung immer wieder neuer Zusammenstellungen bereits veröffentlichter Aufnahmen; so enthielt *Thrak* Kompositionen von *Vroom*. Dabei stand seine Aura des künstlerisch stets kompetenten Soundtüftlers zu den Rezensionen seiner Schallplatten manchmal in krassem Gegensatz. «Kaum anhörbar», befand ‹Q› zu Teilen von *THRaKaTTak* (1996). Nach einer Welttournee mit dem krachenden Avantgarde-Metal, mit den beiden Drummern Bruford und Mastelotto, spaltete Fripp die Band in unabhängige sogenannte ProjeKCts auf – mal «Double Trios», also Sextett, mal «Double Duos», also Quartett. Diese sogenannte FraKCtalisierung ermöglichte, so der Crimsonologe Ulrich Bassenge, «höchst spannende Forschungen zu den Themen Loops, Samples, Chapman-Sticks; schlagzeugspielende Gitarristen und Midi-Gitarren» und führte zu der erst 1999 veröffentlichten 4-CD-Box *ProjeKCts* mit verqueren, zumeist live eingefangenen Instrumentals. Fripp hatte mittlerweile mit Discipline Global Mobile ein eigenes Label gegründet, produzierte einerseits sich selbst solo (*The Gates Of Paradise*), Jazz Rock von Bill Bruford (*A Part, And Yet Apart*), Dudelsack- oder Kammermusik und wühlte andererseits in Crimson-Archivmaterial. Heraus kam, ebenfalls 1999, *Cirkus – The Young Person's Guide To King Crimson Live*, ein virtuelles Konzert quer durch alle Besetzungen von 1969 bis 1999 – Bassenge: «Die ganze Wahrheit über King Crimson. Hören mit Schmerzen. Und Genuß.» Der «Tausendsassa des Avantgarde-Rock» (‹Mojo›) zelebrierte den 30. Geburtstag seiner Dinosaurier-Band auf dem 2-CD-Set *Cirkus* wie erwartet futuristisch, enhanced für Windows 95/98 und Mac, mit einem umfassenden KC-Katalog mit Audio- und Bildsamples. Die King Crimson-Website wurde neu gestaltet (www.elephant-talk.com), eine weitere von der Vertriebsfirma Virgin eingerichtet (www.eden.vmg.co.uk/kingcrimson.html). Dazu Interviews, Interviews, Interviews. Zur Sache ging es erst wieder mit *The ConstruKCtion Of Light* (2000), Bruford und Levin hatten den KonstruKCteur mittlerweile verlassen. «Anfangs meint man, der CD-Player sei kaputt», so Willi Andresen über das Studioprodukt von Fripp mit Adrian Belew (g), Trey Gunn (bg), Pat Mastelotto (dr). «Wirres Zeug? Nur scheinbar. All das ist jenseits des Verstehens, aber diesseits des Fühlens» (Mathias Schmidt im ‹Musikexpress›). Auch live lagen die Kritiker Fripp wieder zu Füßen: «Nostalgie tötet die Devise, und deshalb gibt es kaum ältere Kompositionen, und wenn, dann werden sie zerstückelt und zerfrickelt und zerfrippelt bis zur Unkenntlichkeit. Das ist Heavy Metal Artrock mit Augenzwinkern und artistischen Dimensionen» (Peter Müller nach einem Konzert, Mai 2000, in der ‹Berliner Morgenpost›). Und er wäre nicht Fripp, wenn er aus den Schnipseln der Welttournee 2000 nicht auch wieder einen Ton- und Bildträger zusammengefrickelt hätte – das 3-CD-Set *Heavy ConstruKction* (2001), diesmal mit kleinem c, wovon aber nur eine CD etwas taugte. Der Rest bestand aus Spielereien wie einem kleinformatigen Video-Mitschnitt, den man aber ohne ein Paßwort von der King Crimson-Website nicht abspielen konnte. Vor Fripps konstruiertes Chaos hatten die Götter die Mühsal gesetzt. «Tja», seufzte Rolf Jäger im ‹Rolling Stone›, «je öller, je döller. Und merkwürdig: Irgendwie rockt es.»

LPs auf Island: *In The Court Of The Crimson King* (1969); *In The Wake Of Poseidon* (1970); *Lizard* (1970); *Islands* (1972); *Earthbound* (1972); *Larks' Tongues In Aspic* (1973); *Starless And Bible Black* (1974); *Red* (1974); *King Crimson USA* (1975); *The Young Person's Guide* (1975) ... auf EG: *Discipline* (1981); *Beat* (1982); *Three Of A Perfect Pair* (1983); *The Compact King Crimson* (1986) ... auf Virgin: *The Concise King Crimson* (1984); *The Great Deceiver* (1992; Live-Aufnahmen von 1972/1973) ... auf Discipline Global Mobile: *Vroom* (1994); *B'Boom – Live In Argentina 1994* (1994); *Thrak* (1995); *THRaKaTTak* (1996); *The Nightwatch: Live At The Amsterdam Concertgebouw* (1998); *The ProjeKCts* (4-CD, 1999); *Cirkus. The Young Person's Guide To King Crimson Live* (2-CD, 1999); *The ConstruKCtion Of Light* (2000); *Heavy ConstruKction*

(3-CD, 2001); *ProjeKCt X* (2001) ... LP Giles, Giles & Fripp auf Deram: *The Cheerful Insanity* (1968) ... Solo-LP Pete Sinfield auf Manticore: *Still* (1973) ... Solo-LP Peter Giles/Ian McDonald auf Island: *McDonald And Giles* (1970) ... Solo-LP Gordon Haskell auf Atco: *Is It And It Isn't* (1999) ... Solo-LPs Robert Fripp auf Island: *No Pussy Footing* (mit Brian Eno, 1973); *Evening Star* (mit Brian Eno, 1975) ... auf EG: *Exposure* (1977); *God Save The Queen* (1980); *Let The Power Fall* (1981); *The League Of Gentlemen* (1981); *I Advance Masked* (mit Andy Summers, 1982); *Bewitched* (mit Andy Summers, 1984); *Network* (1985); *League Of Crafty Guitarists* (1986); *Show Of Hands* (1990) ... auf Discipline Global Mobile: *The Bridge Between* (mit Robert Fripp String Quartet, 1994); *Soundscapes – Live In Australia* (1995); *Soundscapes Volume II – Blessing Of Tears* (1995); *Soundscapes Volume III – Radio Phonics – Live In Argentina* (1996); *November Suite* (1998) ... mit David Sylvian auf Virgin: *Darshan Remixes* (1993); *The First Day* (1993); *Damage* (1994) ... mit FFWD auf Inter: *FFWD* (1994; mit Thomas Fehlmann, Kris Weston, Dr. Alex Paterson) ... mit The League Of Crafty Guitarists auf Virgin: *And The League Of Crafty Guitarists Live!* (1986) ... Solo-LPs Adrian Belew auf Island: *Lone Rhino* (1982); *Twang Bar King* (1983); *The Rhino King* (1992) ... auf Atlantic: *Mr. Music Head* (1990); *Young Lions* (1990) ... auf Virgin: *Here* (1993) ... auf Rough Trade: *The Acoustic* (1993) ... auf Discipline Global Mobile: *Belewprints, Vol. 2* (1998) ... auf Thirsty Ear: *Salad Days* (1998); *Coming Attractions* (2000) ... Trey Gunn mit Trey Gunn Band auf Discipline Global Mobile: *One Thousand Years* (1994); *The Third Star* (1996); *The Joy Of Molybdenum* (2000) ... Solo-LPs Bill Bruford auf EG: *Feels Good To Me* (1978): *One Of A Kind* (1979); *The Bruford Tapes* (1980); *Gradually Going Tornado* (1980); *Earthworks* (1987); *Dig?* (1989); *Music For Piano And Drums* (1989); *All Heaven Broke Loose* (1991); *Stamping Ground* (1994) ... auf Discipline Global Mobile: *If Summer Had Its Ghosts* (1997); *A Part & Yet Apart* (1999); *Sound Of Surprise* (2001); *Upper Extremities* (2001)

King, Riley **B. B.** (voc, g), am 16. September 1925 auf einer Farm in Itta Bene nahe Indianola, Mississippi, geboren, war «ohne Zweifel die Vater-Figur des heutigen Blues» (‹Jazz & Pop›). «Jeder Blues- und Rock-Gitarrist, der ihn nicht als einen wichtigen Einfluß nennt», urteilte ‹Rolling

Stone», «ist entweder ein Ignorant oder ein Lügner.» Kein Sänger hat in seinen Text-Interpretationen wie er den Eindruck höchster Dramatik und Aufrichtigkeit erweckt, kein Gitarrist einen derartigen Modulations- und Nuancenreichtum zuwege gebracht. 22 Jahre lang hatte der «King of the Blues», wie ihn die amerikanische Discjockey Association 1966 ehrte, in Südstaaten-Spelunken und Ghetto-Bars *Nothing But The Blues* (Songtitel) von sich gegeben und dabei jährlich mehr als 300 Abende in die Saiten gegriffen, ehe er auch bei den Weißen Gehör fand. Als er vier Jahre alt war, verließ der Vater die Familie; fünf Jahre später starb die Mutter: «Ich molk zehn Kühe am Morgen und zehn am Abend. Zur Schule, einer Baracke, in der ein Lehrer 87 Kinder unterrichtete, hatte ich einen Weg von fünf Meilen zu laufen, zehn Meilen am Tag.» Zwölfjährig wurde er festbestellter Farmarbeiter: «Zehn Jahre ging ich hinter dem Pflug.» Ursprünglich wollte er Spiritualsänger «in der Art des Golden Gate Quartet» werden; ein älterer Vetter, der Bluessänger Bukka White, brachte ihm die ersten Gitarrengriffe bei. Danach erlöste er als Straßensänger 25 bis 30 Dollar pro Woche. Vom Militärdienst wurde er 1943 suspendiert, «weil in der Heimat jeder Farmarbeiter gebraucht wurde». 1947 wurde er Radio-Discjockey in Memphis und sprach Werbetexte für ein medizinisches Tonikum. Dort legte er sich das Pseudonym «Beale Street Blues Boy» zu, das später zu B. B. abgekürzt wurde. 1949 machte er für Bullet seine ersten Aufnahmen und hatte 1952 mit dem *Three O'Clock Blues* seinen ersten Hit. Seitdem hat er, wie der Kritiker Stanley Dance ermittelte, «mehr Alben und Singles verkauft als jeder andere Bluessänger in der Vergangenheit und Gegenwart». Der große Erfolg aber kam erst, als stilreiner Blues auch auf dem weißen Musikmarkt zum Modeklang geworden war: «Ich lehnte es ab, unter der Rock 'n' Roll-Fahne zu segeln, wie es viele Bluesmusiker taten. Wenn Nat King Cole in Nightclubs auftreten und ein großer Popsänger sein konnte, wenn Frank Sinatra mit seinen Songs ein großer Mann werden konnte, wenn Mahalia Jackson durch ihre Spirituals berühmt wurde – warum sollte ich dann nicht Blues singen und trotzdem ein Künstler sein?» Also leistete er sich 1968 wie die anderen Stars einen Full-time-Ma-

nager, den ehemaligen Buchhalter Sydney Seidenberg. Die Konsequenz machte sich bezahlt: Nach seinen diversen Europa-Reisen und einer USA-Tournee mit den Rolling Stones wurde B. B. King auch in der Carnegie Hall und in den Show-Tempeln von Las Vegas gern gehört. Diese Plüsch-Welt verschluckte allerdings auch ein gut Teil seiner alten Überzeugungskraft. *The Thrill Is Gone* (Die Spannung ist weg), Titel eines seiner Hits, galt nun auch für so überproduzierte King-LPs wie *Guess Who* oder den verunglückten Abstecher in den Philadelphia-Sound mit dem Titel *Friends*. Die theoretisch verheißungsvolle Kollaboration mit dem stilistisch ähnlichen Bluesinterpreten Bobby «Blue» Bland vor Live-Publikum entartete, 1974 und 1976 auf zwei LPs festgehalten, zu einem akustisch peinigenden Konkurrenzkampf. Eine seiner besten Platten machte er 1971 mit seinen ehemaligen Schülern. Unter dem Titel *B. B. King in London* spielten mit ihm Alexis Korner, Steve Winwood, Peter Green, Steve Marriott, Klaus Voormann und Ringo Starr. Daß er auf die LP *Six Silver Strings* 1985 stolz drucken lassen konnte: «B. B. King's 50th album», um seine permanente Präsenz zu dokumentieren, verdankte er seiner sorgfältigen und abwechslungsreichen Auswahl von Begleitmusikern und Mitarbeitern aus dem Rock- und Jazz-Bereich. Dazu gehörten, kleine Auswahl, Leon Russell, Carole King, Joe Walsh, Taj Mahal, Dr. John, Bonnie Raitt, Patti Austin, die Saxophonisten David «Fathead» Newman, Jerome Richardson, Hank Crawford, Tom Scott und Ernie Watts sowie die Crusaders. Mit den Crusaders bestritt er nicht nur das intensivste Studioalbum *Midnight Believer* (1978), sondern auch eine *Royal Jam* (LP-Titel, 1982), die vom Royal Philharmonic Orchestra im September 1981 in der Londoner Royal Festival Hall begleitet wurde. Im gleichen Jahr, 1981, wurde er für den Titel *There Must Be A World Somewhere* (LP und Single) mit einem Grammy geehrt. Die Sehnsucht von Menschen, daß es «da irgendwo eine Welt geben muß», hatte er zum erstenmal am 10. Dezember 1970 im berüchtigten Cook County-Zuchthaus in Chicago erfahren, das den Justizbehörden als «ein lebensgefährlicher Dschungel» galt. King musizierte dort, auf einer LP festgehalten, vor 2117 Sträflingen und erhielt stehende Ovationen.

Er ging mit dem Satz von der Bühne: «Wenn ihr meine Musik heute geliebt habt, darf ich dann wiederkommen?» Er kam zurück und musizierte bis 1989 mehr als 60mal in amerikanischen Gefängnissen. Zusammen mit dem Rechtsanwalt F. Lee Bailey hatte er schon 1972 eine Foundation for the Advancement of Inmate Rehabilitation and Recreation zur unmittelbaren Häftlingshilfe gegründet. Aber er ging auch in die Universitäten und lehrte auf anschauliche Weise in Konzerten den Blues. Beispiel: sein Live-Doppelalbum aus der University of Mississippi, *Now Appearing At Ole Miss* (1980). In den achtziger Jahren engagierte er sich in den US-Medien vor allem gegen die seinerzeit gefährlichste Ghetto-Droge Crack. Andererseits erfreute er sich schöner kommerzieller Erfolge. Sein Titel-Track zum Film ‹Into the Night› schaffte es als gleichnamige Single 1985 in mehreren Ländern in die oberen Ränge der Charts. 1989 präsentierten ihn U 2 im Rahmen ihres Albums *Rattle And Hum* als Gaststar mit dem Titel *When Love Comes To Town* – als Single Platz sechs in den britischen Charts. Weitere Grammies folgten: 1986 für *My Guitar Sings The Blues* aus dem Album *Six Silver Strings*, 1991 für die LP *Live At San Quentin*, die zwanzig Jahre nach der Aufnahme endlich erschienen war, 1992 für *Live At The Apollo*, 1993 für *Blues Summit* mit Robert Cray, Albert Collins, Etta James, John Lee Hooker, Buddy Guy und anderen, dazwischen noch einmal 1988 für sein Lebenswerk. Immer wieder war B. B. King in den späten Achtzigern und frühen Neunzigern in stargespickten Konzertpaketen mit anderen Blueskünstlern aufgetreten und hatte zum Teil auch mit ihnen zusammen gesungen: 1987 zum Beispiel im Shrine Auditorium von Los Angeles mit einer «Blues Supergroup»; 1992 war er mit einem «Blues Music Festival» neben Ray Charles, Dr. John, Joe Cocker, Robert Cray und anderen auf Tournee. Die Schallplatten-Idee *Blues Summit* aber war so zwingend, daß King zu seinem 70. Geburtstag 1995 unter dem Titel *Lucille & Friends* 15 Duette mit berühmten Partnern, von Diane Schuur bis U 2, nachlegte. Mit dem Mädchennamen Lucille redete er von alters her seine Gibson-Gitarre an, die er nach einem Konzert im Vatikan 1997 Papst Johannes Paul II. schenkte. Seit den späten Achtzigern Ehrungen allenthalben: 1987 Aufnahme in die Rock and Roll Hall of Fame, 1990 in die Songwriter Hall of Fame und – als 1917. Künstler – ein eigener Stern im Hollywood Walk of Fame. 1991 Blues/Soul/R & B-«Musiker des Jahres» im ‹Down Beat›-Magazin, 1994 «Outstanding World Music Artist» der Bürgerrechtsorganisation NAACP, 1995 eine Ehrung des Kennedy Center in Washington. Nur einmal in all den Jahren hatte B. B. King eine Veranstaltung ausfallen lassen. Beim New Orleans Jazz & Heritage Festival 1990 trat er nicht auf, weil er zu dieser Zeit in einem Krankenhaus in Las Vegas wegen Diabetes behandelt wurde. 1996 kündigte er an, er werde nun etwas kürzer treten: statt mehr als 250 Konzerten nur noch rund 200 pro Jahr. Mit *Deuces Wild* (1997) schloß er an sein *Blues Summit* von 1993 an, indem er diesmal Rock-Prominenz wie Eric Clapton, Mick Hucknall (Simply Red), Van Morrison, Tracy Chapman und die Rolling Stones zu Sessions in London, New York und L. A. rekrutierte. ‹Stereoplay› urteilte mit Superlativen: «Ein Album der Extraklasse ... ein Blues-Meisterwerk.» Zum Ende des Jahrhunderts war der fleißige King produktiv wie schon lange nicht mehr. Für das in den Dockside Studios von Lafayette, Louisiana, mit seiner Tourneeband ohne Overdubs und kommerzielle Konzessionen geradeaus musizierte *Blues On The Bayou* (1998) ließ er sich, vom strengen Jazz-Magazin ‹Down Beat› als «premier blues singer and guitarist on the planet» gefeiert, im Alter von 73 erstmals auch als Produzent nennen. Zwei Jahre später nahm er *Makin' Love Is Good For You* (2000) in demselben Studio auf, «ein edles Blues-Album, auch wenn man alles schon mal gehört hat» (Kritiker Willi Andresen). Dazwischen präsentierte er auf dem Konzept-Album *Let The Good Times Roll* (1999) in einer exzellenten Studiobesetzung mit Marcus Belgrave (tp), Hank Crawford, David «Fathead» Newman (sax), Dr. John (p, voc), Neil Larsen (org, p), Russell Malone (g), John Heard (b, bg), Earl Palmer (dr) und Lenny Castro (perc) 17 Titel des R & B-Pioniers Louis Jordan derart frisch, «als seien ihm die Chartbreaker unserer Großeltern auf den Leib geschrieben» (‹WOM Journal›). Kurze Zeit später ging er mit Eric Clapton (g, voc), Nathan East (bg), Steve Gadd (dr) für das Summit-Meeting *Riding With The King* (2000) ins Studio. «Lange nicht hat man

Clapton so vital und entschlackt gehört», urteilte der ‹Musikexpress›. Im ‹WOM Journal› machte Chefredakteur Christian Stolberg darauf aufmerksam, Clapton habe darauf bestanden, daß King auf dem Cover zuerst genannt wurde, und ihm auch akustisch oft den Vortritt gelassen, «indem er Kings Gesangs- und Gitarrenspuren in den meisten Tracks weiter nach vorne mischen ließ als die eigenen». Kompliment an Clapton und an den Rezensenten, der es bemerkte. Aber auch die Historiker und Compilatoren waren nicht müßig. Zum 50jährigen Bühnenjubiläum brachte MCA im vorbildlich edierten Doppelalbum *His Definitive Greatest Hits* (1999) 34 digital remasterte Titel mit ausführlichen Liner-Notes und seltenen Fotos auf den Markt. Bei Ace Records tauchte der Collector Ray Topping tief in B. B. Kings Vorgeschichte ein – zunächst mit *The RPM Hits 1951–1957* (1999), dann mit *The Best Of The Kent Singles 1958–1971* (2000). Nicht in allen Fällen konnte Topping die Umstände und Besetzungen der für Kings Karriere sowie für die Geschichte des Rhythm & Blues formativen Singles rekonstruieren, aber die Kritiker des deutschen ‹Rolling Stone› jubelten zu Recht: «Wer der Meinung war, daß Kings Karriere erst 1963 mit *Live At The Regal* begann, sollte sich einmal *The RPM Hits* anhören» (Franz Schöler). «Extraklasse. Mehr als ein Dokument!» (Bernd Matheja über die Kent Collection). Genug der Historie. B. B. King is well and alive and living in New York. Im Sommer 2000 eröffnete der König an der 42nd Street im Herzen von Manhattan seinen «Blues Club and Grill».

LPs (Auswahl) auf Kent: *The Jungle* (1966) ... auf Crown/United: *Singin' The Blues* (1959); *The Blues* (1960); *I Love You So* (1960); *Sings Spirituals* (1960); *The Great* (1960); *King Of The Blues* (1961); *My Kind Of Blues* (1961); *More B. B. King* (1962); *Easy Listening Blues* (1963); *Heart Full Of Blues* (1963); *B. B. King* (1963) ... auf ABC/Paramount: *Mr. Blues* (1963); *Live At The Regal* (1965); *Confessin' The Blues* (1966) ... auf Bluesway: *Blues Is King* (1967); *Blues On Top Of The Blues* (1968); *Lucille* (1968); *The Electric* (1968); *Alive And Well* (1969); *Completely Well* (1969); *Back In The Alley* (1974) ... auf ABC/Probe: *Indianola Mississippi Seeds* (1970); *Live In Cook County Jail* (1971); *In London* (1971);

L. A. Midnight (1972); *Guess Who* (1972); *To Know You Is To Love You* (1973); *Friends* (1974); *Together For The First Time – Live* (mit Bobby Bland, 1974); *Lucille Talks Back* (1975); *Midnight Believer* (1978) ... auf MCA: *Take It Home* (1979); *Now Appearing At Ole Miss* (1980); *There Must Be A Better World Somewhere* (1981); *Love Me Tender* (1982); *Blues 'n' Jazz* (1983); *Six Silver Strings* (1985); *Why I Sing The Blues* (1985); *King Of The Blues* (1989); *Ain't Nobody Home!* (1989); *Live At St. Quentin* (1990); *There Is Always One More Time* (1991); *King Of The Blues* (1992, vier CDs); *Blues Summit* (1993); *Rhythm, Country & Blues* (1994); *Lucille & Friends* (1995); *Deuces Wild* (1997); *Blues On The Bayou* (1998); *His Definitive Greatest Hits* (1999); *Let The Good Times Roll* (1999); *Makin' Love Is Good For You* (2000) ... auf GRP: *Live At The Apollo* (1990) ... auf Victory: *B. B. King And Sons* (1990) ... auf ITM: *When Love Comes To Town* (1992) ... auf Ace: *The RPM Hits 1951–1957* (1999); *The Best Of The Kent Singles* (2000) ... auf Reprise: *Riding With The King* (mit Eric Clapton, 2000)

The Kinks gingen am Neujahrstag 1964 aus einer Amateurband hervor, die schon drei Jahre lang unter dem Namen The Ravens im Londoner Stadtteil Muswell Hill getingelt hatte. Ihr lärmender Rock, eine «rudimentäre und anglisierte Interpretation der angeschwärzten US-Popmusik aus der Eisenhower-Ära» (‹New York Times›), wurde von der Teenager-Begeisterung für Liverpool- und Manchester-Beat auf zahlreichen Singles in die Hitparade transportiert. *You Really Got Me, Louie Louie, All Day And All Of The Night, Tired Of Waiting For You, See My Friends, Where Have All The Good Times Gone, Dead End Street, Set Me Free, Till The End Of The Day* gehörten zwischen 1964 und 1966 zu ihren Bestsellern. Von den Stücken *Sunny Afternoon, Well Respected Man* (1966) an entwickelte sich Bandleader Ray Davies (voc, g, kb), geboren am 21. Juni 1944 in London, zum «einzigen Pop-Songschreiber, der fortwährend das Risiko einging, ein so verwegenes Thema wie den Konservativismus einfacher Leute darzustellen» (‹Cream›). Dazu führte Davies, der während der Studentenzeit an der Hornsey Art School noch Theaterregisseur werden wollte, seinen Bruder Dave Davies (voc, g), geboren am 3. Februar 1947, und die weiteren Mitspieler Pete Quaife (ab 1969 John Dalton

[bg]), Mick Avory (dr) sowie seit Frühjahr 1970 John Gosling (org) in die altertümliche Klangwelt des Vaudeville und der Music Hall-Unterhaltung zurück. Zentrum dieser «charmanten Oase» (‹Rolling Stone›) von Kleinbürger-Träumen und -Traditionen inmitten der Rock-Szene war die oft mit Pete Townshends *Tommy* verglichene LP *Arthur* über «Niedergang und Verfall des britischen Weltreichs» (Untertitel). Die TV-Produktionsfirma Granada, die *Arthur* bei Davies als Soundtrack zu einem Fernsehfilm bestellt hatte, weigerte sich, das musikalische Spießer-Psychogramm zu produzieren: Die Story des Teppichhändlers Arthur Morgan, der die Sinnlosigkeit seines Lebens erkennt und sogar an Churchill zweifelt, war den Auftraggebern zu pessimistisch; die Songtexte («Aristokraten und Bürokraten sind dreckige Ratten») empfanden sie als «zu renitent». Tatsächlich war Davies zu dieser Zeit in seiner Weltsicht bereits von der Melancholie zu bitterem Sarkasmus gelangt. Die folgende LP *Lola Versus Powerman* kam als treffsichere Satire auf das Musikgeschäft heraus. Porträtiert wurden Verleger, Hitparaden-Manager und Platten-Bosse, die vom Gewinn einer Schallplatte stets so viel kassieren, daß es für die Musiker «nur noch zum Überleben reicht». Seine eigenen Agenten, die «noch nicht einmal die Texte und Melodien kennen», nahm Davies nicht aus; im Stück «Das Money-Karussell» wurden sie als korrupte Ausbeuter besungen. Nach dem Wechsel zur US-Plattenfirma RCA setzte Davies seine Song-Analyse der Unterhaltungsbranche mit der LP *Everybody's In Show Biz* fort und wandte sich mit *Muswell Hillbillies* verstärkt amerikanischen Musik-Idiomen zu. «Das magische Königreich der Kinks», urteilte ‹Rolling Stone›, «ist ein Rock-Disneyland in seiner allerschönsten Form.» Von dort kehrte Ray Davies 1973/74 mit der aufwendigen Sozial-Parabel *Preservation Act 1 & Act 2*, die in Fortsetzungen auf einer LP und in einem Doppelalbum erschien, nach Großbritannien und zu massiver Gesellschaftskritik zurück. Der für szenische Aufführungen geplante Song-Zyklus, formal an *Arthur* anschließend, zeigte Klassenauseinandersetzungen, Kapitalismus und die Vision einer sozialistischen Gesellschaft in einem Zerrspiegel: Jedermann ist gleich anfällig für Korruption. Die

Satire auf moralische und politische Defekte der gesellschaftlichen Leitfiguren wurde in Songs wie *There's A Change In The Weather, Money Corruption/I Am Your Man, Shepherds Of The Nation* textlich plausibel, ermangelte jedoch gelegentlich ironischen Pfiffs und melodischer Dichte. Versucht wurde, so Kinks-Biograph Heinz Rudolf Kunze, «eine Rock-Antwort auf die ‹Dreigroschenoper› zu geben, es kommen aber nur sozialkritische Banalitäten über den Verfall der westlichen Gesellschaft und ihren Orwellschen Untergang heraus». *Preservation*, mit Alan Holmes (sax), Laurie Browne (tp), John Beecham (tb), war wie die darauffolgenden Produktionen *Soap Opera* (1975) und *Schoolboys In Disgrace* (1977) eher ein Bühnenspektakel als ein überzeugender Schallplatten-Act. In allen Fällen wirkte die Story stärker als ihre musikalische Umsetzung. *Soap Opera* erzählt die Geschichte eines Rock-Stars, der in einer Kleinstadt Spießer-Bilder für ein geplantes Konzept-Album sucht und dem Reiz des Trivialen verfällt, bis er nicht mehr weiß, ob er der Star (Ray Davies) oder sein Gegenspieler Norman Normal ist. Mit *Schoolboys* tauchte Davies in seine Pubertät zurück, wartete mit saftigen Rock 'n' Roll-Kürzeln auf, leistete sich aber textlich «ein ununterbrochenes Bombardement von suseligen Plattheiten, Aufzeichnungen, die er in besserer Verfassung wohl wegen Belanglosigkeit aus seinem Tagebuch gestrichen hätte» (Kunze). 1976 trennten sich die Kinks von ihrer Plattenfirma RCA, gründeten das eigene Label Konk und ließen sich endgültig in den USA nieder. Ihre Vertriebsfirma wurde Arista. Hinter den Kulissen tobte ein Bruderkampf zwischen Ray und Dave um die Dominanz in der Band, der die restlichen Musiker demotivierte. 1977 verließ John Dalton für Andy Pyle (bg) die Band, 1978 ersetzte Jim Rodford (bg) Pyle, Keyboarder John Gosling überließ Gordon Edwards seinen Platz. Das Album *Misfits* (1978), mäßig verkauft, gebar mit *A Rock 'n' Roll Fantasy* immerhin einen mittleren Single-Hit, ebenso *Low Budget* (1979), bei dem Ian Gibbons an den Keyboards saß, mit (*I Wish I Could Fly Like*) *Superstar*. Von der aufklärerischen Anstrengung der kabarettistischen Konzeptalben war nichts mehr übrig. Davies zielte nun mit Erfolg auf den Durchschnittshörer, auf Midwest America. Kunze: «Manchmal klingt Ray jetzt wie ein Nörgler, wenn es um politische Zusammenhänge geht, als habe er sich in eine der früher von ihm beschriebenen Figuren verwandelt: panisch, mißtrauisch, mit engem Horizont.» Auf der Bühne bot er fast ausschließlich Kinks-Oldies an und forderte das Publikum zum Mitsingen auf. Ein Live-Doppelalbum, *One For The Road* (1980), auf dem das Publikum wie eine Applausmaschine klang, wurde von vielen Konzertbesuchern als Souvenir gekauft. Kunze: «Ray hat das Volk mit kompetentem Entertainment im Griff, bestraft es und belohnt es. *Lola* wird auf diese Weise zum Vehikel einer Stimmungskanone.» Doch mit *Give The People What They Want* (1981) lief Davies noch einmal zu Hochform auf. Er schilderte nun die Tragik des Älterwerdens (*Art Lover*), die Vergeblichkeit, Liebe über die Zeiten zu erhalten (*Yo Yo*), und die Psyche von Attentätern (*Killer's Eyes*). Er hatte seine Midlife-Krise überwunden und zeigte wieder, worauf es im Rock ankommt. Die im Dezember 1982 veröffentlichte Single *Come Dancing* kam in Amerika und endlich wieder einmal in England in die Charts, gefolgt von *Don't Forget To Dance* aus der LP *State Of Confusion* (1983). Sosehr sich die Kinks mit LPs wie *Word Of Mouth* (1984) oder *Think Visual* (1986) als eine kompetente Band auch der achtziger Jahre bewiesen, so sehr huldigte ihnen als Vorbild bereits die nächste Generation. New Wave-Bands wie Jam, Spectres und die Pretenders nahmen Kinks-Evergreens wie *This Strange Effect, Stop Your Sobbing, I Go To Sleep* in ihr Repertoire auf. Unter dem Titel *Shangri-La* veröffentlichten 1989 ein Dutzend englische Bands ihre Bearbeitungen der Klassiker auf einer Tribute-CD. 1990 kamen die üblichen Ehrungen: Aufnahme in die Rock and Roll Hall of Fame in New York, ein Novells Award für ihre Verdienste um die britische Musik in London. Zur Promotion ihrer ersten Song-CD *Phobia* unternahmen die Kinks 1992/93 eine Welttournee und überzeugten die Kritik abermals durch den Charme ihrer gespielten Amateurhaftigkeit. Die ‹New York Times› vermerkte, Ray Davies balanciere immer noch eine Bierbüchse auf dem Kopf, dafür gebe es keinen künstlichen Nebel, und: «Der Bandgesang war erfrischend out of tune.» Mitschnitte von der Tournee sowie eine «Unplugged»-Session im bandeigenen Konk-Studio wurden 1995 im Album *To The Bone* veröffentlicht. Als Höhepunkt der rund 100 Minuten Kinks in den Neunzigern empfand der ‹Musikexpress› das Stück *I'm Not Like Everybody Else*, «das vom zornigen Pubertätsschrei der sechziger Jahre zur weisen Altershymne mutierte». Seine im Herbst 1995 veröffentlichte Autobiographie ‹X-Ray› bewarb Davies im Frühjahr 1996 mit der Personality-Show «20th Century Man: An Evening with Ray Davies». Zitat: «Ich möchte ein wenig lügen, Phantasie einsetzen, um die Wahrheit ans Licht zu bringen. Ich werde schreiben, bis ich in meinem Bett erstochen werde. Ich bin müde, erschöpft, aber ich mache weiter.» In einem Interview mit ‹Spiegel-Extra› kündigte er im März 1997 ein Buch mit dem Titel des Songs *A Well Respected Man* an: «Es gibt immer noch die Banker in dieser Stadt, die so tun, als sei London ihr Klub. Den Rest der Menschheit halten sie schlicht für Konsumenten, für einen Teil der Bilanzen. Das macht mich sauer!» Im Frühjahr 1998 zog er mit dem Gitarristen Pete Matheson, seiner Klampfe und einem kleinen Lederkoffer mit dickem Manuskript durch die Lande und trug unter dem LP-Titel *Storyteller* Kinks-Geschichten vor. Ein Mitschnitt davon wurde von EMI / Capitol veröffentlicht. Nach einem von Davies mit dem US-Label Velvel Records ausgehandelten Vertrag wurden die ersten 15 Kinks-LPs aus den siebziger und achtziger Jahren auf CD wiederveröffentlicht. Im Massachusetts College of Art führte Davies mit dem Ensemble Boston Rock Opera sein Werk *Preservation* auf, das er zuletzt 1974 mit den Kinks gegeben hatte. Heinz Rudolf Kunze hatte 1982 mit einer kongenial übertragenen *Lola*-Version in Deutschland einen Hit. «Die Kinks», notierte er, «haben sich auf verblüffend frische Weise mit der Tatsache abgefunden, daß sie die Musik nicht mehr verändern können, daß ihre Jahre als fortschrittliche Besonderheit endgültig und schon sehr lange vorbei sind. Aber sie werden graziös und zugleich kraftvoll alt.»

LPs auf Pye: *Kinks* (1964); *Kinda Kinks* (1965); *Kink Kontroversy* (1965); *Face To Face* (1967); *Kinks Live At The Kelvin Hall* (1967); *Something Else* (1967); *The Kinks* (1967); *The Kinks Are The Village Green Preservation Society* (1968); *Arthur Or The Decline*

And Fall Of The British Empire (1969); Lola Versus Powerman And The Money-Go-Round (1970); Percy (Soundtrack, 1971); Hit Collection (1973); Lola Percy And The Apeman Come Face To Face With The Village Green Preservation Society, Something Else (1974) ... auf Marble Arch: Well Respected Kinks (1964) ... auf Reprise: Kinks Size (1965); Kinkdom (1966); Greatest Hits (1966); Kinks Kronikles (1972); The Great Lost Kinks Album (1973) ... auf Vogue: Sunny Afternoon (1967) ... auf RCA: Muswell Hillbillies (1971); Everybody's In Show Biz – Everybody's A Star (1972); The Kinks (1973); Preservation Act 1 (1973); Preservation Act 2 (1974); Soap Opera (1975); Schoolboys In Disgrace (1975); Celluloid Heroes (1976); Second Time Around ... auf Arista: Sleepwalker (1977); Misfits (1978); Low Budget (1979); One For The Road (1980); Give The People What They Want (1981); State Of Confusion (1983); Word Of Mouth (1984); Come Dancing With The Kinks (1986) ... auf MCA: Think Visual (1986); Lost & Found (1986–1989) (1991) ... auf Metronome: The Road (1987) ... auf London: UK Jive (1989) ... auf Charly: The Singles Collection 1964–1970 (1991) ... auf See For Miles: The EP Collection (1992); EP Collection Volume II (1992) ... auf Sony: Phobia (1993) ... auf Grapevine: To The Bone (1994) ... auf Rhino: Tired Of Waiting For You (1995) ... auf Sanctuary/Zomba: BBC Sessions 1964–1977 (2000) ... Solo-LPs Ray Davies auf RCA: Return To Waterloo (1984) ... auf EMI: Storyteller (1998) ... Solo-LPs Dave Davies auf RCA: AFL1–3603 (1980) ... auf Warner Bros.: Chosen People (1983) ... auf PRT: The Album That Never Was (1987)

Kiss zelebrierten nach eigenem Selbstverständnis «heidnische Religion für Halbwüchsige» und donnerten ihre Bühnenshow zu einem vulgäramüsanten Fantasy-Trip auf, bei dem kein Gimmick zu ordinär und keine protzige Pose zu abgeschmackt war. «200 Millionen Amerikaner sind nicht an Subtilitäten interessiert», wußte das 1972 in New York konzipierte Quartett. «Die wollen eins mit dem Vorschlaghammer über den Kopf und kein vornehmes Getue.» Also setzten sich die vier Schausteller Gene Simmons (bürgerlich: Gene Klein, nach anderen Quellen Chaim Witz, bg, voc), am 25. August 1949 in New York geboren, Ace Frehley (bürgerlich: Paul Frehely, g), am 27. April 1950 in New York gebo-

ren, Paul Stanley (bürgerlich: Paul Eisen, g, voc), am 20. Januar 1950 in New York geboren, und Peter Criss (bürgerlich: Peter Crisscoula, dr), am 20. Dezember 1945 in New York geboren, vor ekstatischen Jugendlichen als sadomasochistische Horror-Clowns in Szene, deren Gebaren eine Karikatur infantiler Sehnsüchte und frühreifer Ängste war. Mit übertrieben gestylten Lederkostümen, martialischen Frisuren und wahnwitzig grellem Schock-Make-up stelzten sie auf riesigen Plateauschuhen über die Bühne und gaben Laute von sich, die angewiderte Kritiker als «kriminell repetitiv, tumb monoton» diagnostizierten. Wenn die Darbietungen ins Geschmackvolle abzugleiten drohten, spuckte Simmons Blut und Feuer oder wedelte obszön mit seiner beachtlich langen Zunge, während Criss in Rauch und Leuchtraketen mit seinem Schlagzeug bis zu zehn Meter auf und nieder schwebte, Frehleys Gitarre wie ein abstürzender Kamikazeflieger Funken sprühte und Stanley in bestialische Urschreie verfiel. «Schriller als Kiss ist eigentlich nur noch der Tod», erkannte ‹Rolling Stone›. Das doppelte «S» in ihrem Gruppennamen stilisierten die Musiker wie die Runen der Nazi-Schutzstaffel und rekrutierten eine treue Fan-Organisation, die «Kiss Army», der Simmons auf Plattenhüllen gelegentlich Wohltaten versprach: «Meine sieben Zoll hohen, mit Spikes versehenen Stiefelabsätze sind euch zu Diensten, wenn ihr Lust auf harten Sport habt.» Damit traten Kiss voll in die Marktlücke, die sich nach dem Abflauen der Popularität von Grand Funk Railroad, Alice Cooper im Schock-Rock-Sektor aufgetan hatte. Über 30 Millionen Platten mit größtenteils mediokrem, sexistischem Klamauk konnten sie ihrer Stammkundschaft andrehen, die sich einbildete, «die Verkörperung des Rock 'n' Roll» (‹Sounds›) zu erleben. Ausgerechnet aber in dem ansonsten von Kiss samt «Army» verschmähten Disco-Stil konnten sie 1979 mit I Was Made For Loving You einen beinahe klassischen Welthit landen. 1980 verließ Criss die Horror-Gang und wurde durch Eric Carr ersetzt. Für Frehley kam 1983 Vinnie Vincent, 1984 Mark St. John (bürgerlich: Mark Norton) an die schußbereite Gitarre. Zu dem Zeitpunkt hatten sich die Kiss-Krakeeler ihr mysteriöses Make-up-Image abgeschminkt – publikumswirksam 1983 im Musiksender MTV – und konzentrierten sich darauf, überdrehten Imitatoren wie Mötley Crüe, Twisted Sister «die Schlammgrube des theatralischen Overkill» (‹Melody Maker›) streitig zu machen. Nach der Veröffentlichung des 22. Albums *Crazy Nights* (1987) drohten Kiss eine Welttournee an, «auf der wir so lange spielen, bis wir alle Arenen durchhaben und alle Ohren taub sind», und kamen mit derlei vollmundigen Sprüchen und permanentem Lärm anläßlich der LP *Forever* zum erstenmal seit 14 Jahren wieder in die Top Ten der US-Charts. Das Image der Band wurde durch anerkennende Worte von Country-Star Garth Brooks, der sich als früherer Kiss-Fan outete, und Lars Ulrich von Metallica aufgewertet. Der plötzliche Krebstod des Schlagzeugers Eric Carr am 24. November 1991 im New Yorker Bellevue-Krankenhaus unterbrach vorübergehend den Höhenflug der Band. Mit einer *Carr Jam* gedachte die Band auf der Platte *Revenge* (1992) des Musikers. Hinter den Trommeln saß der frühere Black Sabbath-Drummer Eric Singer. Die Musik war nun «für die Hitparaden gesofteter Hard Rock» (‹Q›), und diese stilistische Gefälligkeit behielt die Band auch bei – bis ‹Q› über *Kiss Alive III* milde spöttelte: «Das ist Tin Pan Alley, über die Hard Rock-Schiene erreicht.» 1995 kam Kiss in der originalen Besetzung Criss, Simmons, Frehley, Stanley zu einem MTV-Unplugged-Termin zusammen, 1996 erschien der Mitschnitt des Auftritts. Mit neuem Spaß an der Sache und neuen Knalleffekten, aber kostümiert und geschminkt wie in alten Tagen, traten sie im Sommer 1996 wieder auf und waren überzeugt: «Wir waren, wir sind, und möglicherweise werden wir es immer sein: die Wechselbälger des Rock 'n' Roll.» Nur bedingt selbstironisch betitelte die geschäftstüchtige Truppe, die ihre Songs alsbald auch an die Firma Muzak für Fahrstuhl- und Supermarkt-Instrumentals auslieh, einen CD-Sampler *You Wanted The Best, You Got The Best!* (1996). 1997 prämierten die Leser des amerikanischen ‹Rolling Stone› Kiss für das «Best Comeback». Der Verlag Billboard Books publizierte eine unauthorisierte Band-Biographie unter dem Titel ‹Kiss and Sell›. So viel Geld war im Spiel, daß der frühere Leadgitarrist Vinnie Vincent Kiss und Polydor vor dem Bezirksgericht

Los Angeles wegen angeblich vorbehaltener Tantiemen auf 5,5 Millionen Dollar verklagte. Und noch vor Jahresende 1997 gab es eine neue Studio-CD, *Carnival Of Souls: The Final Sessions*, gefolgt von *Psycho Circus* ein Jahr später. Denn als einen gigantischen Zirkus nach Art der Rocky Horror Picture Show und sonst nichts verstanden Gene «Demon» Simmons, Paul «Starchild» Stanley, Ace «Space» Frehley, Peter «Cat» Criss mittlerweile ihren pyrotechnischen Bühnenzauber zwischen Feuersäulen und Explosionen: «Die nun schon etwas in die Jahre geratenen Herren führen sich auf, als befänden sie sich noch mitten in den Siebzigern, spielen Bombast-Bubble-Gum-Rock und schrecken auch vor Raketen-Gitarrensoli nicht zurück» (‹Tip›). Das unscharfe Wackelbild auf der dabei mitgeschnittenen CD *Psycho Circus – Live In 3-D* (1999) erschloß sich mittels einer original Kiss-3-D-Brille räumlich und tiefenscharf. Kein Wunder, daß bei so viel Optik und Theatralik auch eine Theaterproduktion nach dem Kiss-Image verlangte: In Andrew Lloyd Webbers Musical ‹The Phantom of the Opera› in Toronto gab Paul Stanley im Sommer 1999 das Phantom. Und wenn die Plünnen, Instrumente und Effektgeräte von der Tourneebühne ausgedient hatten, ließen sie sich immer noch meistbietend versteigern – so geschehen am 24. und 25. Juni 2000 via Internet und in Hollywood.

LPs auf Casablanca: *Kiss* (1974); *Hotter Than Hell* (1974); *Dressed To Kill* (1975); *Alive* (1976); *Destroyer* (1976); *Rock 'n' Roll Over* (1976); *Love Gun* (1977); *Alive 2* (1977); *Dynasty* (1979); *Unmasked* (1980); *Music From The Elder* (1981); *Creatures Of The Night* (1982); *Lick It Up* (1983); *Animalize* (1984); *Killers* (1982) ... auf Mercury: *Asylum* (1985); *Crazy Nights* (1987); *Smashes, Trashes & Hits* (1988); *MTV Unplugged* (1996); *You Wanted The Best, You Got The Best* (1996); *Carnival Of Souls: The Final Sessions* (1997); *Psycho Circus* (1998); *Psycho Circus – Live In 3-D* (1999) ... auf Vertigo: *Hot In The Shade* (1989); *Revenge* (1992); *Alive III* (1993) ... Solo-LP Gene Simmons auf Casablanca: *Gene Simmons* (1978) ... Solo-LPs Peter Criss auf Casablanca: *Peter Criss* (1978); *Out Of Control* (1980); *Let Me Rock You* (1982) ... auf TNT: *Criss Cat #1* (1994) ... Solo-LP Paul Stanley auf Casablanca: *Paul Stanley* (1978) ... Solo-LPs Vinnie

Vincent auf Chrysalis: *Invasion* (1986); *All Systems Go* … Solo-LPs Ace Frehley auf Casablanca: *Ace Frehley* (1978) … auf Atlantic: *Frehley's Comet* (1987); *Frehley's Comet Live +1* (1988); *Frehley's Comet Second Sighting* (1988); *Trouble Walkin'* (1989) … auf Roadrunner: *Loaded Deck* (2000)

KLF, 1987 in Liverpool gegründet, waren eine heimliche Punk-Band im Disco-Gewand. Sie spielten mit den Regeln des Pop Business wie im absurden Theater und nahmen eine ganze Reihe von Number-one-Hits lachend in Kauf. Sie «fügten die Schockterrorismus-Taktik des Punk zum Acid House der späten Achtziger hinzu und schlossen zu Britanniens bestverkaufenden Künstlern auf» (‹All Music Guide›). Kommerzielle Beweggründe spielten dabei kaum eine Rolle. Das bewies allein schon der Umstand, daß die Gruppe 1992 ihren gesamten Back-Katalog zurückzog und erklärte, sie wolle erst wieder eine Platte verkaufen, wenn der Weltfrieden erklärt sei. Band-Gründer Bill Drummond, als William Butterworth am 29. April 1953 in Südafrika geboren, führte schon Jahre vor KLF ein bewegtes musikalisches Leben. Nachdem er sein Heimatdorf verlassen hatte, um dem Leben eines Fischers zu entgehen, gehörte er 1977 zu den Protagonisten der Punk-Band Big In Japan, der auch Holly Johnson, später Frankie Goes To Hollywood, und Ian Broudie, später The Lightning Seeds, angehörten. Er rief das Zoo-Label ins Leben und managte Bands wie Echo & The Bunnymen und The Teardrop Explodes. Mitte der Achtziger arbeitete er als A & R-Mann für WEA und nahm neben Zodiac Mindwarp unter anderem eine Band namens Brilliant unter Vertrag, in der Jim Cauty, geboren 1954, Gitarre spielte. 1986 schmiß er den Job, um das Solo-Album *The Man* zu veröffentlichen. Das Album sollte einen lautstarken Schlußpunkt unter seine Karriere im Musikgeschäft setzen, doch schon sechs Monate später beschloß er, eine Hip Hop-Platte aufzunehmen. Technischer Hilfe bedürfend, rief er Cauty an. Die beiden firmierten zunächst unter Justified Ancients Of Mu Mu (kurz JAMS). Nach der Single *All You Need Is Love*, einem bösen Kommentar zum Umgang der Medien mit Aids, brachte das Projekt das Album *1987 (What The Fuck Is Going On?)* (1987) heraus. Der Track

The Queen And I bestand in weiten Zügen aus Samples des ABBA-Songs *Dancing Queen*, was Drummond und Cauty auf der Stelle einen Prozeß mit den Schweden einbrachte, als dessen Folge das Album vom Markt genommen wurde. Drummond und Cauty flogen nach Stockholm, um das Problem mit ABBA im persönlichen Gespräch zu klären, wurden aber nicht vorgelassen. Als Antwort verbrannten sie 500 Kopien der Platte auf einem schwedischen Acker, behielten lediglich fünf Exemplare und boten sie in der Zeitschrift ‹The Face› für 1000 Pfund pro Stück zum Kauf an. Im Oktober desselben Jahres brachte die Band eine edierte Version des Albums unter dem Titel *The JAMS 45 Edits* heraus, nicht ohne genaue Anweisungen, wie man den Originalzustand der Tracks wiederherstellen könnte. Auch auf dem zweiten Album *Who Killed The JAMS?* (1988) samplete sich die Band frech durch den Katalog der jüngeren Pop-Geschichte. Unter dem Logo The Timelords brachten sie, ebenfalls 1988, die Single *Doctorin' The Tardis* heraus, die ein internationaler Erfolg wurde und in England auf Platz eins der Charts vorrückte. Ihre Erfahrungen auf dem Gebiet der Erfolgsanbahnung verrieten sie in dem Buch ‹The Manual – How to have a number one the easy way – The Justified Ancients of Mu Mu reveal their zenarchistic method used in making the unthinkable happen›. Die Dance-orientierte Single *Kylie Said To Jason* (1989) brachten sie endlich unter dem Bandnamen Kopyright Liberation Front, kurz KLF, heraus. Die Single wie auch das Album *The White Room* (1989) floppten, und die Band änderte die Gangart. Unter dem Titel *Chill Out* (1990) erschien ein Ambient-Album, dessen Tracks von zwei DAT-Maschinen gesamplet wurden. Zur gleichen Zeit gründete Cauty gemeinsam mit Dr. Alex Paterson die Ambient Band The Orb, blieb dem Projekt aber nur bis 1990 treu. Einen Teil des bereits mit Paterson aufgenommenen und veröffentlichten Materials brachte er später in modifizierten Fassungen als The Space heraus. KLF nahmen indessen eine erneute Kehrtwende zum Acid House vor und landeten mit der Single *What Time Is Love?* einen Riesenhit. Mit der Folge-Single *3 A. M. Eternal* führten sie die britischen Single-Charts an. Eine neubearbeitete Version des Albums *The White*

Room (1991) führte sie auch an die Spitze der LP-Charts. Mit der Single *America: What Time Is Love?*, für die sie den Diskant des Ex-Deep-Purple-Sängers Glenn Hughes einkauften, wiederholten sie ihren europäischen Erfolg auch in Amerika. 1992 veröffentlichten sie in den USA den Song *Justified And Ancient* mit der Country-Legende Tammy Wynette. KLF standen im Zenit ihres Erfolges, als sie bei der Überreichung des Prädikats Best British Group anläßlich der Brit Award-Verleihung im Londoner Hammersmith Odeon am 13. Februar 1992 eine Version von *3 A. M. Eternal* mit der Noisecore-Band Extreme Noise Terror aufführten. Sie schleppten den Kadaver eines frischgeschlachteten Schafes auf die Bühne, bespritzten das Publikum mit Wasserpistolen und verkündeten die Losung «The KLF have left the music industry». Auf der Aftershow-Party verschütteten sie acht Gallonen Blut. Die britische Öffentlichkeit reagierte entsetzt. Am 5. Mai 1992, auf den Tag genau fünf Jahre nach Gründung von Big In Japan, erklärten Cauty und Drummond die Auflösung von KLF. Ein Jahr später kehrten sie mit einer Anzeigenkampagne unter dem Motto «Abandon all art now» zurück. Als The K-Communication schrieben sie einen Preis von 40 000 Pfund für das schlechteste Kunstwerk des Jahres aus. Der Preis ging an Rachel Whiteread, die ihn jedoch empört zurückgab. Im August 1994 setzten Drummond und Cauty ihren absurden Aktionismus fort, indem sie in der größten Bar-Abhebung der britischen Geschichte eine Million Pfund von ihrer Bank holten, um sie an ein Brett zu nageln, dieses unter dem Titel «Nailed to the Wall» durchs Land zu tragen und schließlich öffentlich zu verbrennen. Im selben Jahr wurde das dadaistische Duo auch wieder musikalisch aktiv. Als Reaktion auf den Friedensschluß zwischen Yassir Arafat und Yitzhak Rabin veröffentlichten sie ausschließlich in Israel die Single *K Sera Sera*, aufgenommen mit dem Chor der russischen Armee. 1995 tauchten sie auf einer Benefiz-Compilation als One World Orchestra auf. 1996 erlebten sie eine neue Inkarnation als 1300 Drumms mit der Charts-Single *Ooh! Aah! Catonah*. 1997 schließlich veröffentlichten sie unter dem Namen 2K die Single *✳✳✳k The Milennium*.

LPs auf KLF Communications: *Who Killed The JAMS?* (1988); *The What Time Is Love Story* (1989); *The White Room* (1990); *Chill Out* (1990) … Solo-LPs Bill Drummond auf Atlantic: *Bill Drummond* (1987) … auf Creation: *The Man* (1987) … LPs Jim Cauty mit Space auf Space-KLF: *Space* (1990)

Gladys Knight And The Pips begannen 1952 gemeinsam zu singen, machten 1955 in Detroit ihre erste Single *Whistle My Love*, landeten 1961 auf Bobby Robinsons Fury-Label mit *Every Bit Of My Heart, Letter Full Of Tears* ihre ersten Hits und erreichten 1967, seit kurzem auf der Motown-Marke Soul, mit *I Heard It Through The Grapevine* die Spitze der Charts; 2,5 Millionen Exemplare wurden verkauft. Daheim in Atlanta, Georgia, wo sie am 28. Mai 1944 geboren worden war, hatte Gladys Knight schon mit vier Jahren in der Mount Moriah Baptist Church Gospels gesungen, war anschließend mit dem Morris Brown Choir durch die Südstaaten gezogen, hatte achtjährig den mit 200 Dollar dotierten ersten Preis der Ted Mack Amateur Hour gewonnen und war schließlich reguläres Mitglied des Wings Over Jordan Choir geworden. Seit sie sich, damals noch nicht zwölf, während einer Geburtstagsparty für ihren älteren Bruder Merald mit diesem sowie den Cousins William und Elenor Guest zusammentat und den Spitznamen eines weiteren Vetters, James «Pip» Woods, der ihr Manager wurde, als Gruppenetikett übernahm, änderte sich ihre Art der Darbietung allenfalls durch wachsende Reife. Gladys Knight gehört zu den bedeutendsten Vokal-Talenten des Rhythm & Blues. Motowns Top-Producer Norman Whitfield, Nicholas Ashford, Valerie Simpson, Clay McMurray, Joe Porter und Johnny Bristol haben ihre Stilfacetten und Songtempi souverän überspannende Ausdrucksfähigkeit in Funky-Stücken wie *Friendship Train, If I Were Your Woman* und Balladen wie *Help Me Make It Through The Night* vollendet herausgekehrt. Stets umgaben sie die Pips mit einer Fülle harter Kontraste oder schimmernder Schattierungen. Nur einmal, in den Jahren 1961 bis 1963, wurde der imponierende Aufstieg von Gladys Knight And The Pips aus südstaatlichen Soul-Spelunken in die Philharmonic Hall unterbrochen: Die Sängerin brachte ihren Sohn James zur Welt, die Pips zogen sich als Session-Sänger in den Studio-Background zurück. Bei Motown veröffentlichte das wiedervereinigte Team sodann 16 Singles und neun LPs. Mit wachsendem Erfolg fühlte sich die Gruppe jedoch zunehmend von Motown vernachlässigt. Schon daß die Firma den Gladys Knight-Hit *I Heard It Through The Grapevine* noch einmal in der Version von Marvin Gaye herausbrachte und damit ihren eigenen Plattenumsatz dieses Liedes überrundete, hatte sie verärgert: «Sie stahlen uns unsere Hit-Identität.» Nach ihrem Top-Ten-Seller *Help Me Make It Through The Night* brachte Motown zudem sechs Monate lang keine neue Knight-Single auf den Markt und weigerte sich schließlich, den nach der langsamen Nummer von der Gruppe gewünschten Up-Tempo-Song *Daddy Could Swear, I Declare* auf einer kleinen Platte zu veröffentlichen. Gladys Knight And The Pips wechselten daraufhin zu Buddah Records und belegten mit dem Album *Imagination*, dem Song *Midnight Train To Georgia* sowie mit ihrem von Curtis Mayfield komponierten Soundtrack zum Diahann Carroll-Film ‹Claudine› und der ausgekoppelten Single *On And On* sofort die ersten Plätze der Soul-Charts. Im März 1974 wurden sie mit zwei Grammies ausgezeichnet. Das Glück hielt nicht an. Gladys Knight, die sich 1976 ohne die Pips für den in Alaska spielenden Ölsucher-Film ‹Pipe Dreams› als Schauspielerin verdingt hatte, verdächtigte Motown vor Gericht des Tantiemenbetrugs und wechselte als Solistin zu Columbia. Das sprengte die Gruppe. Drei Jahre lang durfte sie mit den Pips keine Platten aufnehmen. 1980 gab es die langersehnte Reunion bei Columbia mit dem Album *About Love*, produziert von Ashford And Simpson. Es erreichte die Top Five der R & B-Charts und brachte drei Hit-Singles hervor: *Landlord*, *Taste Of Bitter Love* und *Bourgie Bourgie*. Das Album *Touch* (1981) enthielt neben vom krampfhaften Lebenskampf geprägten religiösen Nebentönen vor allem eine triumphale Coverversion des Gloria Gaynor-Hits *I Will Survive* im Gospel-Stil. 1989 brillierte sie als Titelsong-Interpretin des James Bond-Films ‹Licence to Kill›. Auf die Frage nach dem Geheimnis des lang andauernden Erfolgs von Gladys Knight And The Pips anläßlich ihres Albums *Life* (1985) verwies Gladys auf Familienbande: Bubba war

ihr Bruder, Ed und William Vettern – sämtlich sehr religiös. Gladys Knight: «A family that prays together stays together» (Eine Familie, die zusammen betet, bleibt zusammen). Doch die Gebete wurden offenbar nicht erhört. Nachdem die Truppe zu ihrem 30jährigen Bestehen 1988 mit zahlreichen Preisen ausgezeichnet worden war und 1989 auch noch den Grammy als bestes Soul-Ensemble erhalten hatte, ging sie auseinander. Nach all den Jahren mit heißer Musik strebten die Sänger Edward Patten und Elenor Guest ins Ice Cream-Business. Gladys Knight führte ihren seit 1986 bestehenden MCA-Solokontrakt weiter und beteiligte sich an den Duett-Projekten von Elton John (1993) und Frank Sinatra (1994). Die Konzerte, die sie in den Neunzigern – zum Teil mit anderen Soul-Interpreten – in den großen US-Konzerthallen Madison Square Garden in New York, Universal Amphitheater oder Cerritos Center in Kalifornien gab, waren durchweg ausverkauft. 1992 gehörte sie zu einer Gruppe von acht Afroamerikanerinnen, die im New Yorker Paramount für ihre «Leistungen in Erziehung, Sozialpolitik, Öffentlichkeitsarbeit und in den Künsten» mit einem Essence Award geehrt wurden. Für ihre TV-Werbung für «Aunt Jemima's Lite Maple Syrup», mit der sie «rassistische Stereotype» bediene, wurde sie 1994 von afroamerikanischen Gruppen angegriffen. Immer gut im Gespräch, trat sie häufig auch als Moderatorin schwarzer Galas und Musikshows im Fernsehen auf. Einen Tag nachdem ihre alte Firma Motown am 16. Januar 1996 mit mehr als zwanzigjähriger Verspätung ein grandioses Konzert von Gladys Knight And The Pips vom 27. Juli 1974 aus dem Pine Knob Theater in Detroit unter dem Titel *The Lost Live Album* veröffentlicht hatte, traf die Truppe seit 1990 zum erstenmal wieder zusammen. Im New Yorker Waldorf Astoria Hotel wurde sie in die Rock and Roll Hall of Fame aufgenommen. William Guest war inzwischen zum Vizepräsidenten von Crew Records in Chicago aufgestiegen. Merald «Bubba» Knight begleitete seine Schwester Gladys als ihr Manager. Edward Patten fuhr im Rollstuhl vor. Er hatte 1995 einen Schlaganfall erlitten. Ihr Konzert in der Londoner Royal Albert Hall Ende März 1997 schloß Gladys Knight wie üblich mit *I Will Survive*. «Sie ist», schrieb Clive Davis tags darauf in der ‹Times›, «von der Musikindustrie nicht immer mit dem Respekt behandelt worden, der ihr gebührt. Selbst bei Motown spielte sie hinter der geringeren Stimme von Diana Ross nur die zweite Geige. Dabei ist sie immer noch mehr als eine Herausforderung für all die jungen Möchtegern-Stars, denen die Industrie die volle Marketing-Dröhnung angedeihen läßt.» Gladys Knights Autobiographie erschien im Herbst 1997 unter dem Titel «Between Every Line of Pain and Glory». 1998 verlieh ihr die amerikanische Rhythm & Blues Foundation für das Lebenswerk der Gruppe den Pioneer Award.

LPs auf Soul: *Gladys Knight And The Pips* (1967); *Feelin' Bluesy* (1968); *Silk And Soul* (1969); *Nitty Gritty* (1969); *Standing Ovation* (1972); *Neither One Of Us* (1974); *All I Need Is Time* (1974); *Knight Time* (1974) … auf Motown: *Anthology* (1973); *Everybody Needs Love* (1967); *The Lost Live Album* (1996) … auf Buddah: *Imagination* (1973); *Claudine* (Soundtrack, 1974); *A Little Knight Music* (1975); *I Feel A Song* (1974); *2nd Anniversary* (1975); *Silent Night* (1975); *Pipe Dreams* (Soundtrack, 1976); *Still Together* (1977); *The One And Only* (1978); *Miss Gladys Knight* (1978) … auf Columbia: *Gladys Knight* (1979); *About Love* (1980); *Touch* (1981); *Visions* (1983); *Life* (1985) … auf MCA: *All Our Love* (1987); *Love Overboard* (1988); *The Singles Album* (1989) *At Last* (2000) … Solo-LPs Gladys Knight auf MCA: *Good Woman* (1991); *Just For You* (1994)

Korn, 1994 in Los Angeles gegründet, «kamen durch die Hintertür» (‹Visions›). Sie profitierten anfangs von der Lücke, die Bands wie Faith No More, Suicidal Tendencies, Soundgarden und Nirvana hinterließen, deren Errungenschaften sie geschickt nach dem Lego-Prinzip zusammenfügten. Genau im passenden Augenblick sprangen sie Mitte der neunziger Jahre ins allgemeine Crossover-Vakuum und entfalteten mehr Kreativität im stringenten Verweben von Zitaten als in der genuinen Schöpfung eigener Ideen. So durften sie für sich in Anspruch nehmen, die Quintessenz des Rock der Neunziger gefunden zu haben. «Korn gehören zu den bestimmenden Rock-Acts der ausgehenden neunziger Jahre. Doch der boomartige weltweite Erfolg des amerikanischen Hardcore-Quintetts hängt an einem

seidenen Faden – in Gestalt eines Psychopharmakons» (‹WOM-Journal›). Im Gegensatz zu vielen Bands, die unter ähnlichen Vorzeichen zu Ansehen gekommen waren und ebenso schnell verglühten, wie sie aufgeleuchtet hatten, gewannen Korn kontinuierlich an Profil. Als eklektizistische Resteverwerter waren sie maßgebend für den Erfolg von Trittbrettfahrern wie Kid Rock und Limp Bizkit. Ihr Markenzeichen war die erstaunlich wandlungsfähige und verblüffend plastisch Gefühle und Ängste übertragende Stimme von Jonathan «HIV» Davis, geboren am 18. Januar 1971 in Bakersfield, Kalifornien. Davis «entspricht so gar nicht dem Prototyp eines kalifornischen Twens: Er ist träge, käsebleich, spielt Dudelsack und besitzt nicht mal einen Führerschein» (‹Zillo›). Dafür hatte er einen Abschluß an der School of Mortuary Science in San Francisco erworben und sich als Leichenträger verdingt, bevor er mit der Hard Rock-Band Sexart durch die Lande zu tingeln begann. Der dreadlockige Sänger «repräsentiert den modernen Underdog, ein labiles Seelchen, das aus zerrütteten sozialen Verhältnissen stammt, vom Vater mißbraucht, von der Stiefmutter geschlagen und von den Schulkollegen ignoriert – traumatische Erlebnisse, die den zentralen Dreh- und Angelpunkt des Korn-Universums bilden» (‹Zillo›). Bei einer Show in Bakersfield wurde er von James «Munky» Shaffer (g), geboren am 6. Juni in Rosedale, Kalifornien, entdeckt, der zu jener Zeit mit einer Band namens LAPD zugange war. Ein weiteres Mitglied dieser Gruppe war Brian «Head» Welch (g), geboren am 19. Juni 1970 in Torrance, Kalifornien. Mit Reggy «Fieldy Snuts» Arvitzu (bg) und David Silveira (dr) schlossen sie sich 1994 zu Korn zusammen. Noch im selben Jahr gingen sie bei dem Epic-Sublabel Immortal unter Vertrag, das zunächst im nationalen Rahmen eine Single und das Debüt-Album *Korn* veröffentlichte. Erste Aufmerksamkeit konnte die Band auf sich ziehen, als Davis auf der zweiten Single *Shoots And Ladders* außer zum Mikrofon auch zum Dudelsack griff. Im Gefolge von Danzig, House Of Pain, Megadeth, KMFDM, Biohazard und Ozzy Osbourne erspielte sich die Band zunächst live den Zuspruch der Fans ganz unterschiedlicher musikalischer Lager von Hip Hop bis Death Metal. Am '96er Bizarre-Festival in

Deutschland konnten Korn jedoch nicht teilnehmen, weil sie auf dem Londoner Flughafen einen derartigen Tumult aufführten, daß keine Fluggesellschaft bereit war, die Gruppe zu transportieren. Mit dem im Vergleich zum Vorgänger wesentlich ausgewogeneren Album *Life Is Peachy* (1996) stiegen Korn binnen weniger Wochen auf Platz drei der amerikanischen Charts. Auch mehrere Single-Auskopplungen des Albums, unter anderem der Song *A.D.I.D.A.S.* (Davis hüllte sich bevorzugt in blaue Trainingstücher mit weißen Streifen), belegten obere Charts-Plazierungen. Mit ihrer dritten LP *Follow The Leader* (1998), auf der Gäste wie Ice Cube und Fred Durst von Limp Bizkit auftauchten, stiegen sie auf Platz fünf in die britischen Charts ein. Sie war «noch eine Spur durchgedrehter, der typische Korn-Gitarrensound, der tieftönende Baß und Davis' manisch-depressives Gejammer und Geschrei jedoch blieben» (‹Hammer›). Das Cover stammte von dem Zeichner Todd McFarlane, der als Erfinder von ‹Spawn› Comic-Geschichte geschrieben hatte. Wieder war es Korn gelungen, ihren Sound ein wenig zu perfektionieren, wenn auch zu Lasten des provokanten Touch von Davis' Stimme. Im September 1998 gingen sie gemeinsam mit Rammstein, Limp Bizkit, Ice-Cube und Orgy auf ihre «Family Values»-Tour mit 40 Stationen, auf der sie vor insgesamt 243 000 Fans spielten und 6,4 Millionen Dollar einnahmen. Auf ihrem eigenen Label Elementree veröffentlichten sie ein Album von Orgy. Das Live-Album *Family Values* (1999) war insofern ungewöhnlich, als Korn auch alle anderen an ihrer Tour beteiligten Projekte featureten. Für *Issues* (2000), «ein Konzept-Album über Davis' Alkoholismus, Ängste, Depressionen und mit der Band zusammenhängende Probleme» (‹Visions›), schrieben Korn über MTV einen Cover-Wettbewerb aus, an dem sich angeblich über 25 000 Einsender beteiligten. Am Ende kam das Album mit vier verschiedenen Covers auf den Markt. Das Hip Hop-Element trat auf *Issues* erstmalig zugunsten von Heavy Metal in den Hintergrund. Korn verteidigten einmal mehr ihren Ruf als «Lieblingsband der gefrusteten weißen Kids, die in dem Land, dessen Möglichkeiten so unbegrenzt sein sollen, keine Chance und keinen Sinn für ihr Leben sehen. Dabei spielt die Band für das Lebensgefühl

dieser Generation eine ähnliche Rolle wie Kurt Cobains Nirvana zu Beginn der neunziger Jahre. Der Unterschied: Korn leben noch wilder, schreien noch lauter, klingen noch aggressiver – und sind noch erfolgreicher» (‹Stern›). Mit 573 000 verkauften Exemplaren in der ersten Woche stieg *Issues* 2000 auf Platz eins der Billboard Charts.

LPs auf Immortal: *Korn* (1994); *Life Is Peachy* (1996); *Follow The Leader* (1998); *Issues* (2000)

Kraftwerk, 1968 in Düsseldorf zunächst unter dem Namen Organisation gegründet, bezogen ihre Energie von den Musikstudenten Ralf Hütter (kb, voc), geboren am 20. August 1946 in Krefeld, Florian Schneider-Esleben (fl, vi, voc, electronic perc), geboren am 7. April 1947 in Düsseldorf. Die nach einer unbeachtet gebliebenen Organisation-LP von den beiden Rock / Jazz-Fanatikern mit Andreas Hohmann (dr), Klaus Dinger (dr) eingespielte und von Conny Plank co-produzierte Debüt-LP *Kraftwerk* (1970) bot einen zu jener Zeit populären Elektronik-Verschnitt à la Pink Floyd und lieferte mit *Ruckzuck* den progressiven Diskotheken Deutschlands einen Subkultur-Hit. Weitere Einspielungen des Duos wie *Strom, Spule 4, Wellenlänge, Megaherz* festigten das clever projektierte Gruppen-Image einer «Mensch-Maschine» (PR-Slogan). «Wir erfinden Geschichten und illustrieren sie mit Musik», definierten Kraftwerk ihr Sound-Konzept lakonisch, «und strukturiert ist unsere Musik folgendermaßen: rauf / runter; vor / zurück; schnell / langsam; laut / leise; linear / vertikal; weich / hart; verdichtet / geöffnet; schön / häßlich; dumpf / hell.» Tatsächlich mochte die Gruppe ihre vom Tubon, einer einmanualen Orgel im Baßregister, dominierten Schwell- und Gluckerklänge nur «einlinig verstärkt» (Produzent Rolf-Ulrich Kaiser) einsetzen, im Gegensatz zu den komplex verschachtelten Tongebäuden, die beispielsweise Tangerine Dream zu türmen pflegte. Diese «hypnotische Hübschheit ihrer Synthesizer-Ausflüge» (‹Billboard›) gefiel dem an leichte elektronische Kost gewöhnten US-Rock-Publikum, das die vierte Kraftwerk-LP *Autobahn* (1974) zu Hunderttausenden kaufte und damit einer zweiten deutschen Band nach Nektar einen überseeischen Goldhit verschaffte. Der mit Klaus Roeder (vi, g), Wolfgang Flür (perc) eingespielte Kassenknüller war von der Kraftwerk-Plattenfirma für nur 5000 Mark angekauft worden. «Die Realität ist heute so beschaffen, daß in ihr mehr Science-fiction liegt als in einer Reise in den Weltraum», erkannten die Sound-Laboranten und führten fortan «eine Welt mechanischer Künstlichkeit in all ihrer perversen Schönheit vor: Radio, Mensch-Maschine, Sprachcomputer, Autobahn-Visionen und die Monotonie der Eisenbahn – Utopien der Gegenwart» (Ingeborg Schober). «Wir sind die Kinder von Wernher von Braun und Fritz Lang», plakatierte Hütter und trat mit seinen Gehilfen wie ein altmodischer teutonischer Tüftler im Beamtenstatus auf. Dieser ironische Kontrast zum hochmodernen Handwerkszeug war nicht allein ein Image-Gag: Kraftwerk bezogen ihre Inspiration von Konstruktivisten aus der Bauhaus-Ära (Maschinenkünstler Lissitzky) und damaligen Rhapsoden des industriellen Aufschwungs wie Wladimir Majakowski. Seit 1975 verfeinerten die Düsseldorfer Esoteriker ihre Soundtracks der dritten Industriellen Revolution in der Besetzung Hütter, Schneider(-Esleben), Flür, Karl Bartos (perc) und stiegen zum einflußreichsten Rock-Ensemble der kommenden Dekade auf. Japanische Techno Pop-Formationen wie Yellow Magic Orchestra imitierten die klassizistisch sparsamen Synkopenläufe, Baßlinien und Percussionssätze; Disco-Designer wie Giorgio Moroder, Chic übernahmen die minimalistischen Klangschleifen und erotischen Rhythmus-Klöppeleien; Hip Hop-Heroen wie Afrika Bambaata heizten mit Adaptionen des mechanischen Power-Beat aus Germany den tanzwütigen Kids im Ghetto ein; etablierte Rock-Stars wie David Bowie oder New Wave-Newcomer wie Devo borgten von den Synthesizer-Tricks der vorbildlichen Deutschen; Residents-Gitarrist Snakefinger machte *The Model* zu einem kleinen Hit. Die heimische Presse tat jedoch die Kraftwerk-Musik nicht selten als «Futuristenkitsch» (‹Der Spiegel›) ab, fand die «süße Monotonie» der hochvoltigen Klänge «ziemlich unerträglich» (‹Sounds›) und war gleich mit der Vokabel «geschichtslos» (‹FAZ›) zur Stelle, wenn die Musiker listig-provokant Gitarren als «Instrumente aus dem Mittelalter» diskreditierten. «Wir spielen Studio», erklärten die vier vom Rhein statt

dessen und vereinten in ihrer Musik Horror und Hoffnung, Ekstase und Einsamkeit im technischen Zeitalter (*Der Telefonanruf*). In ambivalenter Haltung priesen und beklagten sie zugleich die Segnungen der Zukunftstechnik (*Computerwelt*), legten schwärmerische Melodien über ihren Stakkato-Beat (*Spiegelsaal*), programmierten sich auf neckisch (*Taschenrechner*), ließen die Elektronik wie ein verschwitztes Afro Rock-Ensemble rattern (*Nummern*). «Sie haben die Seele der modernen Maschinen gefunden und mit einer Humanität ausgestattet, die den meisten ihrer Imitatoren verborgen geblieben ist», urteilte ‹Time Out› über «eine der außergewöhnlichsten Gruppen, die jemals zu Pop-Ruhm gekommen ist» (‹New Musical Express›). *Trans Europa Express* (1977) stärkte abermals die Reputation der Gruppe und beeindruckte neben Afrika Bambaata radikale Bands wie Cabaret Voltaire und Throbbing Gristle, Deutsch Amerikanische Freundschaft und selbst Einstürzende Neubauten. Dennoch sprangen Hütter und Schneider, die nunmehr für sämtliche Kraftwerk-Kompositionen verantwortlich zeichneten, nicht auf den schnell in Fahrt gekommenen Neue-Deutsche-Welle-Zug auf und schlugen Jahre später selbst ein Angebot von Michael Jackson aus. In den achtziger Jahren veröffentlichten sie lediglich zwei LPs und zogen sich dann vollends in ihr Düsseldorfer Kling-Klang-Studio zurück. Die aufkommende Digitalisierung der Tonstudiotechnik übte erhebliche Faszination auf das kreative Duo aus und brachte sie auf die Idee, ihr gesamtes bis dahin aufgenommenes Material zu digitalisieren. Diese Sisyphusarbeit dauerte Flür und Bartos, ohnehin in die bloße Musikantenrolle gedrängt, schließlich zu lange: 1990 stieg zunächst Flür aus, der für wenige Auftritte durch den Toningenieur Fritz Hilpert ersetzt wurde. Bartos folgte wenige Monate später und gründete die Formation Electric Music; für ihn kam zunächst Fernando Abrantes in die Band, der jedoch wenig später von dem Tontechniker Henning Schmitz ersetzt wurde. Ein publizistischer Nebeneffekt der endlosen Studiofron war das Gerücht, die Erfindungskraft des Duos sei erloschen. Tatsächlich folgte auf *Electric Cafe* (1986) erst 1991 mit *The Mix* eine neues Kraftwerk-Album, das allerdings nur Bearbeitungen früherer Kompositionen enthielt. Flür: «Ralf und Florian wissen, daß es besser ist, ganz selten mal ein Album zu bringen, damit dann wieder alle Augen darauf gerichtet sind, anstatt mit ihren Produkten den Markt zu überschwemmen.» Als Kraftwerk ankündigten, im Mai 1997 in Luton nahe London im Rahmen der Techno-Veranstaltung Tribal Gathering aufzutreten, waren die Erwartungen entsprechend hochgespannt. Hütter und Schneider hatten ihren Sound den neuen Entwicklungen angepaßt und vor allem in neue Technik investiert. An neuen Stücken gab es nur ein Instrumental zu hören. Der fanatische Fahrradfahrer Hütter fixierte weiterhin unbeirrt die Zukunft: «Man kann unsere Musik nennen, wie man will: Science-fiction-Musik, Techno-Disco, Kybernetik-Rock. Ich ziehe den Begriff Roboter-Pop vor, weil er etwas mit unserem Ziel zu tun hat, ohne Zeitlimit an der Konstruktion eines perfekten Popsongs für die Rituale des globalen Dorfes zu arbeiten.» Perfekt oder nicht – 1999 kassierten Hütter und Schneider für ihr erstes veröffentlichtes Lied seit 1986 400 000 DM. Die Auftragsarbeit, ein TV-Jingle zur Weltausstellung in Hannover, dauerte vier Sekunden – 100 000 DM pro Sekunde. Vier Versionen des genial einfachen, abwechselnd in Deutsch, Englisch und Französisch vorgetragenen Computer-Textes («Expo 2000 / Mensch, Natur, Technik / Das 21. Jahrhundert / Planet der Visionen») wurden für eine CD auf 23 Minuten gedehnt – immer noch knapp 290 DM pro Sekunde. Derlei Milchmädchenrechnungen waren es wohl, die den Ex-Kraftwerker Wolfgang Flür veranlaßten, das nur allzu menschliche Diarium seiner Zurücksetzungen, Kränkungen, Eifersucht 1999 unter dem Titel ‹Ich war ein Roboter› im Hannibal-Verlag zu veröffentlichen – Stilprobe: «Aufgewühlt vom Song (der Who im Radio) und stöhnend vor jugendlicher Sündenlust, spritzte ich im wertvollsten Zimmer meiner Eltern mit befreiender Wohltat mein Sperma bogenweise über das edle Rokokosofa, auf dem ich mit heruntergelassener Hose saß, nicht ahnend, daß der Song, den ich gehört hatte, die bedeutendste Teenagerhymne aller Zeiten werden würde.» Kraftwerk, die Flür bedauerlicherweise an ihren Einnahmen nicht beteiligten, standen den Who in ihrer Bedeutung für die Popmusik kaum nach: «Kein Pop-Genre», so Christoph Amend zur Jahrtausendwende im ‹Tagesspiegel›, «das in den

vergangenen zwei Jahrzehnten erfunden wurde, ist ohne Kraftwerk-Zitate vorstellbar.» Ihr Stück *Autobahn* erklang mit Fiddle, Banjo und Lapsteel-Gitarre auf der CD *Mondscheiner* der Hamburger Country-Band Fink (1999) ebenso wie im Cha-Cha-Beat des Exil-Deutschen Uwe Schmidt und dessen Band Señor Coconut Y Su Conjunto auf der CD *El Baile Alemán* aus Santiago de Chile (2000). So war es wohl nicht ganz unbegründet, wenn das US-Magazin ‹Entertainment Weekly› Kraftwerk neben dem Regisseur Werner Herzog zu den «100 größten Entertainern der letzten 50 Jahre» zählte – etwas wortkarg allerdings.

LPs auf Philips: *Kraftwerk* (1970); *Kraftwerk 2* (1971); *Ralf & Florian* (1973); *Autobahn* (1974) … auf KlingKlang: *Radio-Aktivität* (1975); *Trans Europa Express* (1977); *Die Mensch-Maschine* (1978); *Computerwelt* (1981); *Electric Cafe* (1986); *The Mix* (1991) … auf Capitol: *Trans-Europe Express* (1977) … auf Elektra: *Computer World* (1981); *Electric Cafe* (1986) … auf Astralwerks: *Expo 2000* (2001) … Zusammenstellungen auf Capitol: *The Capitol Years* (o. J.); *Showroom Dummies* (1978) … LP Organisation auf RCA: *Tone Float* (1970) … LP Wolfgang Flür mit Mouse On Mars auf Cleopatra: *Time Pie* (1997)

Kramer, 1958 als Mark Kramer geboren, schlüpfte als Instrumentalist und Sänger, Produzent, Herausgeber, Bandgründer und Labelbesitzer, als gesuchter Mäzen und gefürchtetes Schlitzohr in höchst unterschiedliche Rollen und durchlief viele, sich oftmals entgegengesetzt vollziehende Entwicklungen. Sein unübersichtliches Gesamtwerk war nur schwer als das einer einzigen Persönlichkeit zu begreifen. Doch gerade von seiner zwischen Chaos und Glamour schillernden Vielseitigkeit ging seine Faszination aus. «Mark Kramer produziert nicht einfach Platten, er durchdringt sie. Er arbeitet mit der Hingabe eines Wissenschaftlers, der die Innereien einer fliegenden Untertasse gesehen hat und weiß, wie sie funktionieren» (‹Village Voice›). Als Till Eulenspiegel der New Yorker Downtown-Szene war er jedoch nicht selten selbst der einzige Leidtragende seiner Streiche. Seine ersten musikalischen Gehversuche unternahm er Ende der Siebziger in Woodstock als Posaunist im Umfeld der Jazz-

Pianistin Carla Bley und des Saxophonisten Anthony Braxton. Zur selben Zeit ließ er sich von Daevid Allen für dessen New York Gong-Projekt rekrutieren, wo er in die Nähe des Kreises um Bill Laswell rückte. Nach Erfahrungen in verschiedenen Avantgarde-Formationen wechselte er zu Gitarre und Baß und gründete mit Eugene Chadbourne (g) und David Licht (dr) das Trio Shockabilly, das nach dem Vorbild des Fake Jazz einen Fake Rock schuf, der Punk und Hardcore mit allen erdenklichen Richtungen der Sechziger und Siebziger verhackstückte. Um eine Plattform für Shockabilly herzustellen, mietete Kramer in New York ein Studio an und gründete Shimmy Disc, «das wahrscheinlich verwirrendste Plattenlabel der Welt» (‹Sounds›), auf dem später neben Kramers zahlreichen eigenen Bands Gruppen wie Half Japanese, Ween, Ruins, Galaxie 500 und King Missile eine Heimat finden sollten. «Im großen Independent-Wind der achtziger Jahre nahm Shimmy Disc eine besondere Stellung ein. Es stand weder für ein Genre noch für eine irgendwie geartete Szene, sondern für künstlerische Freiheit schlechthin, die sich von Glamour und Art Rock bis Hardcore und Free Jazz erstreckte» (‹Tip›). Nach fünf Platten brachen Shockabilly auf Grund persönlicher Meinungsverschiedenheiten wieder auseinander. Fünfzehn Jahre später äußerte Kramer: «Eugene Chadbourne ist der phantastischste Musiker, mit dem ich je gearbeitet habe. Wenn er nur nicht solch ein Arschloch wäre.» Am 1. April 1987 erschien mit der Shimmy-Compilation *The 20th Anniversary Of The Summer Of Love* das musikalische Glaubensbekenntnis des Produzenten Kramer, eine Rückbesinnung auf die späten Sechziger. «Kramers Hang zur Psychedelia hatte eine raum- und zeitlose Qualität» (‹Alternative Press›). Mit David Licht, Ann Magnusson (voc) und Dave Rick (g) gründete «der notorisch schlechte Geschäftsmann und Interviewverweigerer» (‹WOM Journal›) 1987 die Glamour-Punk-Band Bongwater, die sein erfolgreichstes Outlet werden sollte. Die Band coverte sich durch die Rock-Geschichte von Gary Glitter bis Led Zeppelin und gab in betörende Sounds verpackte bissige Zeitkommentare ab. Das Doppelalbum *Double Bummer* (1988), dessen exzentrischer Eklektizismus die Postmoderne in den Rock ’n’ Roll trug,

wurde auf Anhieb ein College-Hit. Weitere Bongwater-Platten, das verhaltene *Too Much Sleep* (1990), das wilde *The Power Of Pussy* (1991) und das poppige *The Big Sell Out* (1992) untermauerten den legendären Ruf von Bongwater. Mit großer Energie widmete sich Kramer während der ganzen Zeit diversen Zweitbands. B.A.L.L. mit Licht, Don Fleming (g) und Jay Spiegel (dr) waren die Keimzelle für die späteren Glam-Rocker Gumball. Diverse Duos und Trios unterhielt er mit Hugh Hopper und Jad Fair. Als Magnusson ein Solo-Kontrakt von Geffen angeboten wurde, zerbrach Bongwater. Kramer und Magnusson setzten sich vor Gericht wegen angeblich nicht gezahlter Tantiemen auseinander, Kramer verlor und mußte eine sechsstellige Summe zahlen, die ihn an den Rand des Ruins trieb. Auch ein Rechtsstreit mit Galaxie 500 wurde zu Kramers Ungunsten entschieden. Das Solo-Triple-Album *The Guilt Trap* (1993) stellte ihn als exorbitanten Song-Dramaturgen heraus. «Kramers erstes Solo-Album hebt ab, wo Bongwater einst aufhörte, und geht dann in alle Richtungen gleichzeitig» (‹Spin›). Im gleichen Jahr produzierte er das vielgelobte Urge Overkill-Album *Stull*. Vom Musikgeschäft frustriert, leistete sich der «Zappa der Neunziger» (‹Melody Maker›) anschließend das wenig beachtete Album *The Secret Of Comedy* (1994), siedelte nach New Jersey um und zog sich fürs erste ins Familienleben zurück. Verschiedene Benefiz-Aktionen der New Yorker Künstler-Community verhinderten sein gänzliches Verstummen. Die Vorzeichen änderten sich erst 1996, als Shimmy Disc von dem New Yorker Independent-Imperium Knitting Factory übernommen wurde und Kramer den Job des künstlerischen Leiters erhielt. Mit dem instrumentalen *Huge* (1996), eingespielt mit Hugh Hopper, meldete er sich zurück. Die Kritiken des in jeder Hinsicht runden Pop-Albums *Songs From The Pink Death* (1996), einer Hommage an Buddy Holly und die Beach Boys, «auf der kein einziger Ton, mag er auch noch so zufällig sein, fehl am Platz war» (‹Streetwise›), überschlugen sich. «Der Ton ist klagend, aber irgendwie transzendental-surrealistisch», urteilte ‹Atlantic Monthly›. «Gitarren und Drums etablieren eine hypnotische, an Grabgesänge erinnernde Klangwolke, während die pathetisch vorgetragenen Texte nach dem passenden Image kriechenden Horrors suchen, die in unseren dekadenten Zeiten die Forderung nach Liebe begleiten.» Trotz des respektablen Comeback war jedoch nicht zu übersehen, daß Kramers glamouröses Image Kratzer abbekommen hatte. Mit Mühe und Zeit baute er einen neuen Stamm junger Shimmy-Künstler auf, engagierte sich für sein Duo-Projekt Milksop Holly um die Songs der blonden Chanteuse Mara Flynn, ließ das Duo mit Jad Fair wieder aufleben, gründete die Jazz-Band Brainville mit Hugh Hopper und Daevid Allen und veröffentlichte in John Zorns Radical Jewish Culture Series den bedrückenden Hörfilm *Let Me Explain Something To You About Art* (1998), auf dem er auf der Grundlage von Interviews in einem jüdischen Altersheim Alter, Tod, Vereinsamung, Erinnerung und Verdrängung in der modernen Welt thematisierte.

LPs auf Shimmy Disc: *Guilt Trip* (1992); *Secret Of Comedy* (1994); *Songs From The Pink Death* (1998) … auf Creativeman: *Still Alive in '95* (1996) … auf Tzadik: *Let Me Explain Something To You About Art* (1998) … mit Hugh Hopper auf Shimmy Disc: *A Remark Hugh Made* (1994); *Huge* (1996) … mit Ralph Carney und Daved Hild auf Shimmy Disc: *Happiness Finally Came To Them* (1987), *Black Power* (1995) … mit Jad Fair auf Shimmy Disc: *The Sound Of Music* (1999) … mit Shockabilly auf Rough Trade: *Earth Vs. Shockabilly* (1983), *Vietnam* (1984), *Colosseum* (1984), *Heaven* (1985) … auf Shimmy Disc: *Earth Vs. The Dawn Of Shockabilly* (1988), *Live Just Beautiful* (1990) … mit B.A.L.L. auf Shimmy Disc: *Period* (1987), *Bird* (1988), *Trouble Doll* (1989), *Hardball* (1990) … mit Bongwater auf Shimmy Disc: *Double Bummer* (1988); *Too Much Sleep* (1989); *The Power Of Pussy* (1991); *The Big Sell Out* (1992) … mit Captain Howdy auf Shimmy Disc: *Tattoo Of Blood* (1996); *Money Feeds My Music Machine* (1998) … mit Milksop Holly auf Shimmy Disc: *Milkweeds* (1998); *Time To Come In* (2000)

Kravitz, Leonard **Lenny** (voc, g, bg, dr, kb), am 26. Mai 1964 in New York als Sohn des aus Rußland stammenden jüdischen TV-Produzenten Sy Kravitz und der schwarzen Schauspielerin Roxie Roker geboren, ließ die Hörer im unklaren, ob er die Popmusik der späten sechziger Jahre konge-nial zitierte, auf modische Weise recycelte oder einfach nur veralberte. Der handwerklich souveräne Multiinstrumentalist machte aus seiner Vorliebe für Hendrix, Blümchenhemden und antiquierte Studiotechnik kein Hehl. Der Rückgriff auf Antikes war dennoch allemal gut für Hits: *Mr. Cabdriver, It Ain't Over Til It's Over, Are You Gonna Go My Way* markierten seinen Weg an die Spitze der Charts. In seinem Elternhaus hörte er Soul, Pop, die Musik der mit seinen Eltern befreundeten Jazzmusiker; später brachte er sich selbst Klavier, Gitarre, Baß und Schlagzeug bei. Seine Mutter gab ihn nach der Übersiedlung der Familie von New York nach Los Angeles in den Californian Boys Choir – für den selbstbewußten Kravitz später Grund genug, stolz auf Opernaufführungen an der New Yorker Metropolitan Opera hinzuweisen, an denen er als Chorsänger teilgenommen hatte. Mit 16 verließ Kravitz die Schule, legte sich das Pseudonym Romeo Blue zu und bemühte sich um einen Plattenvertrag. «Alle Plattengesellschaften sagten, daß meine Musik nicht schwarz genug sei, weil ich nicht wie Cameo oder Prince klang», erklärte er später. «Ich sollte eine Drum Machine nehmen oder mir ein paar Locken ins Haar drehen.» A & M, MCA und IRS lehnten seine Musik ab, Warner wollte ihn allenfalls als Teil eines Dance-Duos akzeptieren, bevor ihm Virgin 1989 einen Plattenvertrag gab. Als den Plattenbossen die ersten Aufnahmen zu Gehör kamen, wollten sie ihn zurück ins Studio schicken, um den Klang seiner Masterbänder zeitgemäß aufzupolieren. «Ich hasse moderne Studios; sie sind so steril wie Zahnarztpraxen», begründete er seine Vorliebe für museumsreife Mischpulte und jahrzehntealtes Bandmaterial. Das Resultat seiner Starrsinnigkeit, *Let Love Rule* (1989), machte ihn beinahe über Nacht bekannt. Der telegene, MTV-gerechte Kravitz tauchte mit seiner Kurzzeit-Ehefrau Lisa Bonet bald überall auf, wo sich der Pop-Jetset traf. Der rastagelockte Musiker nutzte das Interesse von Kollegen wie Aerosmith, Yoko Ono, Bob Dylan für seine Promotion; für Madonna schrieb er den Hit *Justify My Love*. 1991 veröffentlichte Kravitz seine zweite LP *Mama Said*. Wieder war die Mischung von Funk, Soul-Balladen und mitunter schwülstigen Pop-Melodien das Ergebnis einer engen Zusammenarbeit mit dem Toningenieur Henry Hirsch, kenntnisreicher Urheber des faszinierend angestaubten Kravitz-Sound. Seine Reputation als Produzent und Songschreiber wuchs mit seiner dritten Veröffentlichung *Are You Gonna Go My Way* (1993) erheblich: Er kollaborierte mit Mick Jagger und Tom Petty und produzierte die zweite LP der Französin Vanessa Paradis, auch diese eine Sammlung von Coverversionen und Versatzstücken altgedienter Popmusik. Mittlerweile konnte Kravitz als Prototyp des Retro-Rockers gelten; seine Plattenfirma Virgin erinnerte sich an ihr altes Mädchen-und-Drachen-Logo und druckte es auf Kravitz' CD. Das bedeutete aber auch, daß er sich an einer Vielzahl von Bands und Einzelmusikern, von The Black Crowes bis Terence Trent D'Arby, messen lassen mußte und seine Songwriter-Qualitäten neben der zur Masche geronnenen Produktionstechnik verblaßten. Mit *Circus* (1995) blieb er den Beweis schuldig, etwa einem Prince ebenbürtig zu sein. Der ‹New Musical Express› konnte mit der religiösen Thematik des Albums nichts anfangen und bescheinigte dem inzwischen in New Orleans lebenden Kravitz «marginales Talent». Kravitz zuckte die Achseln: «Manche mögen meine Musik nur deshalb nicht mehr, weil sie so populär geworden ist.» *Circus* erreichte in den US-Charts die Position zehn. Der Tod seiner Mutter im Dezember 1995 lähmte seine Inspiration. Die Jahre 1996 und 1997 verbrachte er in Europa und Amerika, teils als Headliner der Tournee-Karawane H.O.R.D.E., weitgehend auf der Bühne und verirrte sich nur für die Produktionen anderer Künstler (Chicago, Steve Winwood) gelegentlich ins Studio. 1998 legte er unter der Ziffer *5* als Titel ein in New York und auf den Bahamas von ihm selbst produziertes und überwiegend auch eingespieltes Comeback-Album vor, das anfangs nur zögerlich gekauft wurde, sich mit Charts-Notierungen über ein Jahr dann aber als Dauerseller erwies. 1999 wurde er für den Song *Fly Away* (Best Male Rock Performance) mit einem Grammy prämiert. Mit *Thinking Of You*, einem Erinnerungsstück für seine Mutter, hatte er die kreative Blockierung überwunden und mit Samples und Loops nun endlich den Pop-Mainstream erreicht. Claudia Wiegand in ‹Tip›: «Kravitz ist vom Zootiger zum Kaminkätzchen geschrumpft.»

LPs auf Virgin America: *Let Love Rule* (1989); *Mama Said* (1991); *Are You Gonna Go My Way* (1993); *Circus* (1995); *5* (1998); *Greatest Hits* (2000)

Kruder & Dorfmeister waren das kommerziell erfolgreichste Projekt der Wiener DJ- und Elektronik-Bewegung, die Mitte der Neunziger für kurze Zeit ein kontinentaleuropäisches Gegengewicht zur britischen und amerikanischen Übermacht auf dem Electronic Pop-Sektor herstellte. «Das Trip Hop-Production-Duo hat mehr Ruhm für seine stellaren Remixe und DJ-Sets geerntet als für die Produktionen seiner eigenen Arbeit. Mit der Nachbearbeitung der Tracks von Künstlern, die von William Orbit und Bomb The Bass bis Bone Thugs-N-Harmony und United Future Organization reichen, wurde das österreichische Duo zu einem der respektiertesten Acts in der Dancefloor-Gemeinde» (‹All Music Guide›). Andere Remix-Arbeiten fertigten sie für Rockers Hi-Fi, Alex Reece und Lamb an. Mehr Schlagzeilen als mit ihren tatsächlichen Arbeiten machten sie jedoch mit Remix-Angeboten, die sie ausschlugen, unter anderem für David Bowie, U 2 und die Fantastischen Vier. Dabei führten sie den Remix «weg vom Groove-Diktat» (‹WOM Journal›). Allerdings gelang es ihnen nicht, eine für die Öffentlichkeit klar nachvollziehbare Grenze zwischen genuinen Eigenschöpfungen und Auftragsarbeiten zu ziehen. Einige ihrer Remix-Alben wurden sowohl von den Fans als auch von der Kritik für Platten von Kruder & Dorfmeister gehalten. Sie selbst gaben sich auf einem Cover das Image der Simon & Garfunkel der Elektronik-Szene, trugen aber auch maßgeblich zur breiten Akzeptanz von Drum 'n' Bass in den Massenmedien bei. Trotz radikaler Standpunkte versetzten sie ihre Konstruktionen doch immer mit Wiener Charme. Kruder: «Musik, zu der man Refrains singen kann, ist langweilig. Wir verwenden Sounds, die man irgendwo auf Platten findet, und verfremden sie elektronisch.» Die «genialen Schnösel» (‹Zeit-Magazin›) setzten ihr Sound-Labor 1993 mit der EP *G-Stoned* in Gang. *Conversations With Spray* und *DJ Kicks* (beide 1996) dokumentierten die Remix-Fähigkeiten der «mäandernden Eigenbrötler» (‹Neue Zürcher Zeitung›). In Interviews betonten sie, jahrelang geübt zu haben, bis sie mit Computern umgehen konnten wie Rockmusiker mit Gitarren. 1996 gründeten sie ihr eigenes Label G-Stone. 1997 waren sie ausschließlich mit Remixen und DJ-Auftritten beschäftigt. Erst Ende 1998 kam das Album *The Kruder & Dorfmeister Sessions* heraus. Für jeden einzelnen Arbeitsschritt brauchte das Duo ungewöhnlich lange. «Schließlich handelt es sich bei Kruder & Dorfmeister im schnellebigen Dancefloor-Genre ohnehin um anachronistisch langsam in zwei eigenen Wohnzimmerstudios an Computern und Sampling-Geräten arbeitende Protagonisten» (‹Neue Zürcher Zeitung›). Außerhalb des Duo-Kontextes arbeitete Dorfmeister gemeinsam mit dem ebenfalls aus Österreich stammenden Soundtüftler und Komponisten Rupert Huber in dem Projekt Tosca zusammen, das sich die Übertragung klassischer Musizierformate ins elektronische Zeitalter auf die Fahnen geschrieben hatte. Tosca waren «heimverträglich, auffällig unauffällig und more groovy» (‹Style›) als Kruder & Dorfmeister.

LPs auf Shadow: *Conversations With Spray* (1996) ... auf!K7: *DJ Kicks* (1996); *The K&D Sessions* (1998) ... auf G-Stone: *G-Stone* (2001) ... LPs Dorfmeister mit Tosca auf G-Stone: *Chocolate Elvis Dub* (1999); *Suzuki* (2000)

Kunze, Heinz Rudolf (voc, g), als Sohn eines Lehrerehepaars aus Frankfurt/Oder am 30. November 1956 im Flüchtlingslager Espelkamp geboren, wirkte bei seinem Start auf der Rock-Bühne «wie eine Inkarnation jener Normalität, auf die er in Liedern Anschläge verübte» (‹Frankfurter Allgemeine Zeitung›). Mit Anzug, Oberhemd, Krawatte und kurzgeschnittenem Haar gewann er beim Nachwuchsfestival der Deutschen Phono-Akademie in Würzburg 1980 den ersten Preis in der Sparte Liedermacher und erinnerte die ‹Frankfurter Rundschau› an einen «Bankier aus dem mittleren Management, der nach einer durchsoffenen Nacht morgens in die falschen Schuhe gesprungen ist». Tatsächlich waren bis dahin alle biographischen Weichen auf die kleinbürgerliche Existenz eines Gymnasiallehrers gestellt. Der Primus seines Osnabrücker Gymnasiums durch alle Klassen studierte in Münster und Osnabrück (Kunze: «der statistisch durchschnittlichsten Stadt der alten Bundesrepublik») Germanistik und Philosophie, erwarb die Befähigung für das höhere Lehramt und strich für frühe literarische Arbeiten 1978 einen von seiner Heimatstadt Osnabrück gestifteten Förderpreis ein. Er war ein Streber, den er im autobiographischen Titelsong seines Albums *Brille* (1991) gleichzeitig bemitleidete, anklagte, entschuldigte, verteidigte und bewunderte: «Du mußt besser sein, Brille, besser als der Rest. Sie zertrampeln deine Gläser, sie nageln dich am Boden fest ... die andern schon scheintot, du springst aufs Podest – du bist besser dran, Brille, besser, viel besser als der Rest.» In diesem Bewußtsein nahm er weitere Preise entgegen; 1982 den von Konstantin Wecker gestifteten Kleinkunstpreis «Berliner Wecker» sowie den «Willy-Dehmel-Preis» im Rahmen des SWF-Liederfestivals, 1983 den Deutschen Schallplattenpreis für das Album *Eine Form von Gewalt*, 1984 das Niedersächsische Künstlerstipendium des Ministers für Wissenschaft und Kunst. ‹Die Welt› urteilte, er sei «ein Senkrechtstarter in der an Talenten nicht eben übersatten deutschen Liedermacher- und Chansonnier-Szene, ein Preiseschießer ohnegleichen». Bei seinem ersten wesentlichen Fernsehauftritt, 1981, bezeichnenderweise in der Sendung ‹Litera-Tour›, debütierte er mit dem Song *Noch hab ich mich an nichts gewöhnt*. Der «Niedermacher», wie er von seiner Plattenfirma WEA anläßlich seiner ersten LP *Reine Nervensache* (1981) genannt wurde, schuf sich (so die Titel früher LPs) gegen jede *Form von Gewalt* (1982) mit *Schwerem Mut* (1983) in *Städten wie schlafende Hunde* (1984) seinen *Ausnahmezustand* (1985) und polarisierte die Kritik. Extrembeispiel: ein Konzert am 18. Januar 1987 in Aachen. Während ihn die ‹Aachener Nachrichten› als «Star ohne Kompromisse» feierten («Seine Texte haben von der alten Schärfe nichts verloren»), nannte ihn die ‹Aachener Volkszeitung› einen «Sprücheklopfer auf der Protestwelle» («Songs triefen von Weltschmerz»). Bis in die neunziger Jahre hinein litt der Singer/Songwriter, der seine Rock-Gitarre immer groviger spielte, unter dem Ruf eines «Oberlehrers im Schaugeschäft», eines «Rock-Oberstudienrats», den er mit grotesken Maskeraden zu überwinden versuchte. 1985 schmalzte er wie eine Wiedergeburt Rudolph Valentinos über einer weißen Gretsch-Halbresonanz-Gitarre seinen Hit *Dein ist mein ganzes Herz*, 1991 schmierte er sich zur Promotion des Hits *Brille* Gel ins Haar und setzte sich zu *Draufgänger*-Springerstiefeln und einem neonfarbenen Karo-Jackett kostbare Ray Ban-Gläser auf. Die Kluft in der Rezeption wurde damit nicht überwunden. Kritiker ho 1994 in der Zeitschrift ‹Stereoplay› über Kunzes LP *Macht Musik*: «Die Mehrzahl der Texte ist wieder so kryptisch wie damals, als noch niemand dem Klugscheißer mit der Gitarre zuhören wollte.» Kritiker ham 1996 in der Zeitschrift ‹Stereoplay› über Kunzes LP *Richter-Skala*: «Unerbittlich wie kaum ein anderer nimmt der sprachgewaltige Zyniker aus Westfalen dieses Land und seine Menschen unter die Lupe. Ob Heinz Rudolf Kunze dabei einen Knick in der Optik hat, wie seine Kritiker meinen, ist eine Frage der Perspektive.» Kunzes Texte, die er unter den Titeln ‹Deutsche Wertarbeit› (1984), ‹Papierkrieg› (1986), ‹Mücken und Elefanten› (1992), ‹Nicht daß ich wüßte› (1995), fortlaufend auch in Buchform vorlegte, beruhten oft auf Alltagsbeobachtungen, die er scharfzüngig und sarkastisch überpointierte. Er liebte Rollensongs, schlüpfte in die Haut anderer Figuren, entlarvte beispielhaft Denk- und Verhaltensweisen, neigte aber auch dazu, seine Songs mit Bildern und Metaphern zu überfrachten. Je mehr er sich seit Anfang der Achtziger mit den Stars der Sechziger und Siebziger auseinandersetzte (Kinks, Velvet Underground, King Crimson, Neil Young), desto mehr überwand er seinen anfänglichen Hang zum gesungenen Prosatext. Musikalische Partner wie zunächst Mick Franke (g), später Heiner Lürig (g) halfen ihm dabei. Über seine kongeniale deutsche Fassung des Kinks-Hits *Lola*, bei Kunze die treffsichere Schilderung einer abstrus zweideutigen Sexualbegegnung in Dortmund-Nord (1982), urteilte der Kritiker Peter Kleiss: «Meist rutschen solche Adaptionen ins Klischee-Schlagerhafte ab. Nicht so bei Kunze. Seine *Lola* hat wesentlich mehr Witz als das Original.» Die Konzerttourneen, die HRK mit seiner Band Verstärkung – langjährig Joshi Kappl (bg), Peter Miklis (dr) – von 1981 an unternahm, wurden umfangreicher: 1986 33 westdeutsche Städte, 1987 70 Konzerte im Bundesgebiet, drei mit je 40 000 Besuchern in der DDR. 1991 ging er mit dem kabarettistisch-literarisch geprägten Programm «Sternzeichen Sündenbock» auf Tournee und konservierte es in einem Live-Album, 1993 mit der Show «Der Golem aus Lemgo». «Das Kauderwelsch von Trendkommentatoren inszenierte er als urkomisches Paradestückchen», so die ‹Berliner Morgenpost›, «und die Zwischenüberschriften aus Gustav Meyrinks ‹Golem› geraten zum Text für einen Punk-Song. Doch immer wieder bremst er seinen komödiantischen Übermut, wird ernst und bitterböse ... Die Texte werden von einer spannenden, atmosphärischen Musik untermalt.» Kunze verlängerte die «Golem»-Tournee bis ins Jahr 1996 hinein, entwickelte eine weitere Kleinkunst-Show für 60 Auftritte unter dem Titel «Das ist Rock 'n' Roll» als «zweites vollwertiges Standbein» und löste die Band Verstärkung auf: «Ich zeige in meinen Texten schon eine gewisse Ratlosigkeit. Die neueren Sachen haben immer mehr den Charakter eines überforderten Menschen, der sich zwischen den Programmen durchzappt und von Katastrophe zu Katastrophe eilt.» Der «Workaholic mit dem Mitteilungsbedürfnis eines marketendernden Masochisten» (so der hellsichtige Promotiontext zur LP *Macht Musik*) hatte sich schon 1987 ein drittes Standbein wachsen lassen: Er übersetzte Musicals – ‹Les Misérables› von Jean Michel Schoenberg und Alan Boublil für Wien, ‹Miss Saigon› derselben französischen Autoren 1994 für Stuttgart, 1996 Andrew Lloyd Webbers ‹Joseph and the Amazing Technicolor Dreamcoat› für Aachen, 1998 Jonathan Larsens ‹Rent› für Düsseldorf und Berlin. Auf seinem vierten Standbein trällerten seit langem Sangeskünstler wie Milva, Herman van Veen, Mario Adorf, Peter Hammill und andere Kunze-Songs. Vier Beine – ein Esel? Im Januar 1996 erschien mit *Halt's Maul* eine neue Single – «soundmäßig beeinflußt vom magischen Dreieck Troggs, Equals und Beatles». Im Text geht es um einen «ziemlich miesen deutschen Michel, einen ekelhaften Mr. Normal», so der Autor. Kunze im Interview mit ‹Tip›: «Es werden immer mehr stenoartige Bilder bei mir, aber das ist der Stand der Welt. Ich sehe keinen um mich herum, dem ich derzeit irgendwelche Patentrezepte abnehmen würde.» 1996 gab das Multitalent viele Interviews. Im ‹Spiegel› forderte er – im Einklang mit dem Deutschen Rock- und Popmusiker-Verband – eine Zwangsquote von 40 Prozent «für Produktionen einheimischer und insbesondere deutschsprachiger KünstlerInnen» in Radio und Fernsehen. In ‹Frau im Spiegel› präsentierte sich der nun bei Hannover ansässige Rock-Literat als Eigenbrötler, der gern mit Frau und Kindern Familienleben zelebriert, sich aber noch lieber zurückzieht in seine Gedankenwelt. In der Zeitschrift ‹Musiker› mußte er sich sodann gegen die von seiner Quotenforderung ausgelöste «Niedertracht» verteidigen, er verlange «in Zukunft Ariernachweise fürs Musikmachen»: «Wer in Deutschland irgendeine wirklich wichtige, unbequeme Auseinandersetzung anschiebt, wird verläßlich postwendend als ‹faschistoid› beschimpft. Keiner will eine Quote. Ich auch nicht. Wir brauchten nur ein Wort wie ein Donnerschlag, das zumindest ist uns gelungen.» Wortgewaltig war Heinz Rudolf Kunze allemal: «Ich habe mit vielen Stilarten geflirtet und viele in meinen Worten ausprobiert. Das kommt wahrscheinlich daher, weil ich mit den Worten anfange. Da fühlt man sich schon gekitzelt, sie ganz verschieden zu illustrieren. Würde ich mit der Musik anfangen, wäre schon so viel Grundstimmung definiert, daß ich bei den Texten nicht mehr frei wäre.» Auf der CD *Korrekt* (1999) leistete er sich eine altgriechische Sci-Fi-Lyrik-Trilogie (*Der trojanische Pferdedieb*), surreale Sprachbilder (*Der Froschmann*) sowie ein Elf-Minuten-Opus ohne Akkordwechsel (*Die Peitschen*), wurde von der Kritik aber auch für eine «erstaunlich hohe Modernisierungsausbeute» (‹Musikexpress›) gelobt. Das Album, so ME-Kritiker Peter Bickel, sei «teils elegant geloopt, oft fett gerockt und meist richtig klasse gesungen». Kunze goes pop? Mit *Halt* (2001) schien sich das zu bestätigen. Das Album, an dem sich neben Kunzes Alter ego Heiner Lürig mit vier Titeln auch der ein Jahrzehnt jüngere Carol von Rautenkranz von der Hamburger Band Blumfeld beteiligt hatte, wurde vom deutschen ‹Rolling Stone› als «Kompromißplatte» abgetan: «Kein Experimentierwahn, keine Überraschungen, auch kein Schweinerock» (Gerrit Pohl). Der ‹Musikexpress› qualifizierte es indes als einen «Meilenstein der deutschsprachigen Popmusik» (Karl Günter Rammoser). Mit dem autobiographischen *Jesus Tomahawk* hatte Kunze die Introspektion und Standortbestimmung seines Songs *Brille* von 1991 fortgesetzt – wie immer nicht ohne Selbstironie, aber schon ganz zufrieden. Die Mitwirkung des Kollegen von Rautenkranz, 33, erklärte Kunze, habe dazu geführt, «daß Heiner Lürig und ich überprüfen konnten, wie wir dastehen mit Mitte 40. Das Ergebnis ist, finde ich, daß wir gut dastehen.»

LPs auf WEA: *Reine Nervensache* (1981); *Eine Form von Gewalt* (1982); *Der schwere Mut* (1983); *Die Städte sehen aus wie schlafende Hunde* (1984); *Ausnahmezustand* (1984); *Dein ist mein ganzes Herz* (1985); *Wunderkinder* (1986); *Deutsche singen bei der Arbeit* (1987); *Einer für alle* (1988); *Gute Unterhaltung* (1989); *Brille* (1991); *Sternzeichen Sündenbock* (1991); *Draufgänger* (1992); *Ich brauch Dich jetzt* (1993); *Kunze: Macht Musik* (1994); *Der Golem aus Lemgo* (1994; Live-Aufnahme); *Richter-Skala* (1996); *Alter Ego* (1997); *Korrekt* (1999); *Nonstop – Das bisher Beste* (1999); *Halt* (2001)

Kyuss, gegründet 1989 in Palm Desert, Kalifornien, führten schweren Heavy Rock in der Nachfolge von Black Sabbath und Blue Cheer mit ebenso schwerer Southern-Attitüde und den Walls of Sound des Post Punk zu einer Musik zusammen, die sie selbstbewußt als Desert Rock bezeichneten. Dabei verbanden sie Intelligenz und Spielwitz mit zur Schau gestellter Schwerfälligkeit. Kennzeichnend war ein tiefer, eruptiver Sound, der dadurch hervorgerufen wurde, daß die Gruppe ihre tiefgestimmten Gitarren über Baßverstärker laufen ließ. Ihre Gefolgschaft war äußerst heterogen und vereinte «20jährige mit 60jährigen Speed Freaks» (Josh Homme). John Garcia (voc), Nick Oliveri (bg) und Brant Bjork (dr) sammelten bereits als Teenager erste Erfahrungen in der Punk-Band Across The River, mit der sie durch die Clubs südkalifornischer Wüstenstädte tingelten. Als Josh Homme (g) zu der Band stieß und Oliveri, der unter dem Pseudonym Rex Everything zu den Dwarves ging, durch Scott Reeder ersetzt wurde, benannten sie sich nach einer Figur aus einem Computerspiel in Kyuss um. Ihr billig produziertes Debütalbum *Wretch* (1991) war nicht in der Lage, den beeindruckenden Live-Sound der Band adäquat zu dokumentieren. Die starke Live-Präsenz von Kyuss, unter anderem im Whiskey A-Go-Go in Los Angeles, weckte aber das Interesse von Masters Of Reality-Sänger Chris Goss. Dieser produzierte mit minimalem zeitlichen und finanziellen Aufwand den Zweitling *Blues For The Red Sun* (1992). Ursprünglich für das Label Chameleon eingespielt, wurde das Album wie auch sein Nachfolger später von Elektra übernommen und brachte der Band den Ruf von Underground-Heroen und Rettern des Gitarren-Rock ein. Nach erfolgreichen Touren, u. a. mit Danzig, White Zombie und Faith No More, nahmen sie abermals unter der Regie von Goss das hyperschwere Konzept-Album *Welcome In Sky Valley* (1994) in drei Suiten zu je drei bzw. vier Songs auf. Doch der ausbleibende kommerzielle Erfolg führte zu Konflikten unter den Musikern. Unmittelbar vor den Aufnahmen zu *... And The Circus Leaves Town* (1995) verließ Bjork die Band in Richtung Fu Manchu und wurde durch Alfredo Fernandez ersetzt. Mit Ausnahme des elfminütigen *Space Ship Landing* erreichte die Gruppe nicht mehr die Prägnanz der beiden Vorgänger-Alben und löste sich im Frühjahr 1996 auf. Garcia machte mit der Band Slo-Burn weiter, mit der er 1997 wiederum unter Aufsicht von Chris Goss die EP *Amusing The Amazing* veröffentlichte. Den Ruf der legitimen Kyuss-Nachfolger machten sich Slo-Burn mit Queens Of The Stone Age streitig, die aus Josh Homme,

der kurzzeitig als Zweitgitarrist bei den Screaming Trees gastiert hatte und neben der Gitarre auch den Vocal-Part übernahm, sowie Across The River-Bassist Nick Oliveri, Kyuss-Drummer Alfredo Fernandez und Pianist Dave Catching bestanden. Mit ihrem Debütalbum *Queens Of The Stone Age* (1997) wurden sie von ‹Rolling Stone› als «eine der zehn wichtigsten Hard and Heavy Bands right now» gefeiert. Danach legte Homme eine Pause ein und produzierte für das Label Man's Ruins Records eine Serie von Desert-Sessions, an der sich Mitglieder von Soundgarden, Monster Magnet, Fu Manchu und anderen Bands beteiligten. Unter dem Einfluß dieser Sessions und abermals produziert von Chris Goss, entstand das zweite QOTSA-Album *Rated R* (2000), auf dem Fernandez alternierend von Gene Troutman und Nicky Lucero (dr) ersetzt wurde. Gäste auf der bewußt nebulös gehaltenen Platte waren die Sänger Rob Halford (Judas Priest) und Mark Lanegan (Screaming Trees) sowie Percussionist Barrett Martin (Screaming Trees).

LPs auf Dali: *Wretch* (1991); *Blues For The Red Sun* (1992) ... auf Elektra: *Welcome To Sky Valley* (1994); *... And The Circus Leaves Town* (1995) ... LPs Queens Of The Stone Age auf Loose Groove: *Queens Of The Stone Age* (1998) ... auf Interscope: *R* (2000) ... Solo-LP Brant Bjork auf Man's Ruin: *Jalamanta* (1999)

L

L7, 1986 in Los Angeles gegründet, transportierten ein anderes Image von Girl-Band, als es von den Shangri-Las bis zu Heart und den Bangles verkörpert worden war. Sie waren hart und unerbittlich, sangen für Frauen, waren mit ihrer ungeschminkten Total-Weiblichkeit nicht darauf aus, Männern zu gefallen oder zu imponieren, fanden aber dennoch Fans bei beiden Geschlechtern, strippten vor der Fernsehkamera und warfen benutzte Tampons ins Publikum. Ihr «rifforientierter Gitarren-Grind – ein Mix aus den Ramones, Motörhead und Joan Jett – brachte ihnen mehr Erfolg ein als der Fakt, daß sie weiblich waren» («All Music Guide»). Sie wurden zu Identifikationsfiguren der Frauenbewegung, ohne dies jedoch in ihren Songs in den Vordergrund zu stellen. Jennifer Finch (bg), geboren am 5. August 1966 in Los Angeles, die zuvor bei Hole, den Babes In Toyland und den Sugar Baby Dolls gespielt hatte, Donita Sparks (g, voc), geboren am 8. April 1963 in Chicago, Suzie Gardner (g, voc), geboren am 1. August 1960 in Sacramento, und Anne Anderson (dr) gingen aus einer Reihe anderer Punk-beeinflußter Bands in Los Angeles hervor, bis sie sich 1986 unter dem Logo L7 eine Fanbasis in den Clubs ihrer Heimatstadt erspielten. Ihr uneingeschränktes Vertrauen in die Kraft von lautem, ungebrochenem Heavy Rock brachte ihnen den Ruf einer knurrigen Grrrl-Band ein. Ein erstes Demo entstand mit Percussionist Don Bolles von den Germs. Auf Grund dieser Aufnahmen wurden sie von Bad Religion-Chef Brett Gurewitz, der sich zwischen L7 und Jane's Addiction entscheiden mußte, für dessen Label Epitaph verpflichtet, auf dem sie ihr ruppiges Debütalbum L7 (1988) veröffentlichten. Ihr Schlagzeuger hieß zu dieser Zeit Roy Kolltsky. Mit Bad Religion gingen sie im selben Jahr auf eine erste, wenn auch kaum beachtete US-Tournee. 1989 wechselten sie Kolltsky gegen den am 9. November 1960 in Chicago geborenen Dee Plakas aus. Als der Boden in Los Angeles immer unfruchtbarer zu werden drohte und hoch im Norden der USA ein neues Rock-Mekka Gestalt annahm, siedelten sie nach Seattle über. Nach einer erfolgreichen zweiten US-Tournee mit der weniger bekannten Band Cat Butt und grandiosen Reaktionen auf die Single *Shove / Packing The Road* (1989) für den populären Sub Pop Single Club wurde das Quartett von Sub Pop noch einmal ins Studio geschickt, um unter der Regie der Grunge-Ikone Jack Endino die Mini-LP *Smell The Magic* (1990) aufzunehmen, die ihnen die Reputation der neben den Babes In Toyland führenden Damen-Grunge-Band einbrachte. Mit dem Material der Platte gingen die vier Harpyen auf eine erste Headliner-Tournee nach Europa und eröffneten zehn Konzerte für Nirvana in England. 1991 wurden L7 von dem Universal-Label Slash unter Vertrag genommen. Der Major-Einstieg *Bricks Are Heavy* (1992) vermittelte endlich ihre tatsächliche musikalische Potenz. Mit Produzent Butch Vig, der zuvor Nirvanas *Nevermind* in den Kasten gebracht hatte, sollte offenbar noch einmal herausgestrichen werden, daß L7 das weibliche Pendant zu Seattles Nummer eins waren. Die Rechnung ging auf, der Erfolg des Albums mit seinen prägnanten Riffs und einprägsamen Melodiefetzen war durchschlagend. Die spröde Single *Pretend We Are Dead* wurde zur Hymne und gelangte selbst in England in die Top 30. Auf dem Reading Festival 1992 gehörten

L7 zu den Attraktionen. 1993 tauchten sie in John Waters' Film ‹Serial Mom› unter dem Namen The Camel Lips auf. Ihr zweites Major-Album *Hungry For Stink* (1994) erschien unmittelbar vor der Teilnahme an der '94er Lollapalooza-Tour. In Europa gingen L7 im Jahr darauf mit den Melvins auf Tournee. Während der Arbeiten zu *The Beauty Process: Triple Platinum* (1997) erklärte Jennifer Finch überraschend ihren Ausstieg, um ihre eigene Band Lyme zu gründen. Ihr Part wurde während der Aufnahmen teilweise von den anderen Band-Mitgliedern ausgefüllt, bis mit Gail Greenwood von Belly Ersatz kam. Das Album markierte insofern einen Richtungswechsel, als L7 vom Grunge abrückten und eher Heavy Rock zutage förderten. Ihrer Popularität tat das keinen Abbruch. Das Live-Album *Live: Omaha To Osaka* (1998) dokumentierte die Energie der Auftritte von L7 und machte deutlich, daß die lebhafte und variantenreiche Gail Greenwood mehr als nur ein Ersatz für Jennifer Finch war. 1999 drehte der ehemalige Nirvana-Bassist Krist Novoselic den Dokumentarfilm ‹The Beauty Process› über L7. Ende desselben Jahres erschien das Studio-Album *Slap Happy*, mit dem die Gruppe jedoch kaum noch Akzente zu setzen vermochte.

LPs auf Epitaph: *L7* (1990) … auf Sub Pop: *Smell The Magic* (1991) … auf Slash: *Bricks Are Heavy* (1992); *Hungry For Stink* (1994); *The Beauty Process: Triple Platinum* (1997) … auf Man's Ruin: *Live: Omaha To Osaka* (1998) … auf Bong Load: *Slap Happy* (1999)

Laibach, gegründet 1980 in Trbovlje, Slowenien, überschritten vorsätzlich und wiederholt die Grenzen zwischen Kunst und Politik. Sie verstanden sich als Botschafter und Speerspitze einer NSK (Neue Slowenische Kunst) benannten Bewegung, unter deren Dach slowenische Musiker, Dichter, Maler, Regisseure und Schauspieler vereint werden sollten. «NSK, so verlautbart es aus dem Hauptquartier der vierköpfigen Einheit, ist ein Staat ohne Grenzen, Territorien und Nationalität. Es ist ein symbolischer, moderner, virtueller Staat, der uns in keiner Weise limitiert. Zu den Mitteln, mit denen Laibach kämpft, gehört ein doppelt und dreifach gebrochenes Spiel mit

Symbolen. Unter totalitären Verhältnissen hat man gelernt, Botschaften so lange zu verschlüsseln, bis sie nur noch Eingeweihten verständlich sind» (‹Tip›). Mit ihrem martialischen, oft Ikonen des Faschismus wie Leni Riefenstahl kopierenden Auftreten sorgten sie fortwährend für Mißverständnisse, die sie selbst nie ausräumten. Sie spielten mit der Imagination ihres Publikums, das sie mit knackigen politischen Erklärungen aufs Glatteis führten. «Unter Tito galten die Musiker von Laibach als rechtsgewickelte Provokateure – doch heute hören sie sich manchmal so an, als blickten sie wehmütig zurück in jene von Planwirtschaft geprägte Zeiten. Doch der Eindruck täuscht. Denn Laibach trieb schon immer ein Vexierspiel mit den herrschenden Ideologien. Und sei es um den Preis, gründlich mißverstanden zu werden» (‹Zounds›, 1992). Sie spielten Totalitarismus, um Alternativen zur westlichen Demokratie auszuloten. Die Zeitschrift ‹Visions› beschrieb sie als «ein Phänomen in der europäischen Musik-Landschaft, eine der wenigen Bands, deren Auftreten viel mehr Menschen bekannt ist als ihre Musik. Vor allem aber sind sie die einzige Gruppe aus dem ehemaligen Ostblock, die sich internationale Anerkennung erspielt hat. Vielleicht ist dazu militärische Disziplin notwendig». Laibach rekrutierten sich 1980 aus Mitgliedern der jugoslawischen Armee, unter anderem Tomaz Hostnik, geboren 1961, der jedoch bereits 1982 starb. Die exakte personelle Konstellation der Band blieb stets unklar. Auf den Platten wurden keine Namen angegeben. Sprecher war Ivan Novak, von dem sich aber nicht mit letzter Sicherheit sagen ließ, welche musikalische und konzeptionelle Funktion er in der Band innehatte. Andere Mitglieder waren Milan Frez, Dejan Knez und Ervin Markozek. Doch «das Individuum gilt nichts; was zählt, ist allein die Truppe» (‹Berliner Zeitung›). Stilistisch orientierten sie sich zunächst an EBM und avantgardistischem Jazz. Mit einer Reihe von Platten, veröffentlicht unter anderem auf dem Label Walter Ulbricht Records, sorgten Laibach schon Mitte der achtziger Jahre für Aufsehen. Ihre teutonische Attitüde und nicht zuletzt ihr Bandname rückte sie früh in die Nähe der rechten Szene, zu der sich die Gruppe selbst jedoch nie bekannte. 1983 erfolgte ein erstes Auftrittsverbot seitens der jugoslawischen Zentralregierung. Um es zu umgehen, traten Laibach für einige Zeit nur unter dem Logo eines schwarzen Kreuzes auf. 1987 schickten sie auf einem sozialistischen Plakatwettbewerb einen Entwurf ein, der vollständig von einer Vorlage des faschistischen Künstlers Richard Klein übernommen war. Die Juroren hielten dieses Artwork für ein gelungenes Stück sozialistischen Realismus und prämierten es. Von diesem Zeitpunkt an waren Laibach die Chefprovokateure für slowenische Intellektuelle. Doch ihre Botschaft wurde schnell über die Grenzen der Republik Slowenien hinausgetragen. Beginnend mit *Opus Dei* (1987), auf dem sie Rock- und Pop-Klassiker in ein Gewand aus wagnerianischem Pomp und industrieller Sachlichkeit kleideten, waren alle ihre Platten Konzeptalben. Mit ihrer deutschen Version des Opus-Hits *Live Is Live* unter dem Titel *Leben heißt Leben* und dem Song *Geburt einer Nation* polarisierten Laibach in gewohnter Manier. Auf *Let It Be* (1988) coverten sie das komplette gleichnamige Beatles-Album mit Ausnahme des Titeltracks, und auf dem im Auftrag des Deutschen Schauspielhauses entstandenen *Macbeth* (1990) nahmen sie sich des klassischen Shakespeare-Stoffes an. Die deutsche Wiedervereinigung feierten sie mit der Single *3. Oktober*. Auf *Kapital* (1992) setzten sie sich mit den Gesetzmäßigkeiten des Kapitalismus am Ende des Kommunismus auseinander, auf dem technolastigen *NATO* (1994) entwarfen sie das Szenario einer Nato-Intervention auf dem Balkan, das schon kurze Zeit später Wirklichkeit werden sollte. Der als Video und CD veröffentlichte und mit dem Europe-Hit *The Final Countdown* eingeleitete Live-Mitschnitt *Occupied Nato Europe Tour 1994–95* (1996) war der Höhe- und Endpunkt einer Entwicklung, in der sich Laibach hauptsächlich über Fremdmaterial artikulierten. Die CD dokumentierte unter anderem ein Konzert, das die Musiker unter Lebensgefahr im vom Krieg erschütterten Sarajewo gegeben hatten. Auf *Jesus Christ Superstars* (1996) gingen die «Krieger Gottes» (‹Visions›) angesichts konfessionell bedingter Konflikte von Tschetschenien bis zum Kosovo mit religiöser Verlogenheit ins Gericht. Dabei verarbeiteten sie Motive aus Andrew Lloyd Webbers Musical ‹Jesus Christ Superstar› und beriefen sich auf die Tradition slawischer Choräle. Auf der anschließenden Europa-Tournee präsentierten sich Laibach zum Erstaunen ihrer langjährigen Fans als sechsköpfige Metal-Band. «Mochte er strategisch auch noch so überzeugend inszeniert gewesen sein (und am Ende ist jedes Laibach-Konzert eine Inszenierung)», erkannte ‹Visions›, «ihren Metal wollte niemand haben. Was im Grunde eine logische und auch kreative Weiterentwicklung war, wurde von den Puristen des Fortschritts als Rückentwicklung abgelehnt.»

LPs auf Staal: *Through Occupied Europe Tour* (1984) ... auf Wax Trax!: *Nova Akropola* (1985) ... auf Skuc: Laibach (1985) ... auf Walter Ulbricht Records: *Krst Pod Triglavom-Baptism* (1986) ... auf Mute: *Opus Dei* (1987); *Let It Be* (1988); *Sympathy For The Devil* (1990); *Macbeth* (1990); *Occupied 1985 Europe Tour* (1991), *Kapital* (1992), *Nato* (1994), *Jesus Christ Superstars* (1994), *Occupied Nato Europe Tour* (1996), *MB December 21, 1984* (1997)

Lambchop, 1993 in Nashville gegründet, ließen vor dem Hintergrund von Alternative Country den Nashville-Sound neu aufleben, ohne sich direkt auf die Vergangenheit zu berufen. Die neunköpfige Band unterlegte schrullige Alltagsgeschichten mit einem ausladenden Sound, den ihre Plattenfirma als «zwischen galant und majestätisch, zwischen humorig und sehr persönlich» liegend beschrieb. Lambchop waren depressiver als die Tindersticks, düsterer als Nick Cave und verschrobener als die Palace Brothers. «Stell dir vor, Lou Reed käme aus Nashville, nicht aus New York, oder Roy Orbison hätte in einem Paralleluniversum die Passagiere der Traveling Wilburys abgeworfen, um sich mit David Byrne und Michael Stipe zu treffen», so die Zeitschrift ‹Wire›. Mit John Delworth (org), Deanna Varagona (sax), John Mock (fl), Paul Niehaus (steel-g), Allen Lowrey (dr), Jonathan Marx (sax, cl), Steve Goodhue (g), Bill Killebrew (g), Marc Trovillion (bg) und C. Scott Chase (perc) spielte Big Band-Leader Kurt Wagner das Debütalbum *I Hope You're Sitting Down* (1993) ein. Der weiche, quäkende Klang der Band, teilweise mit schrillen Großstadt-Gitarren verschnitten, kannte in der zeitgenössischen Popmusik keine Entsprechung und ließ die Kritik sofort aufhorchen. ‹Select›: «Der Lambchop-Sound ist ebenso perfekt für das Kuscheln zu später Stunde wie für die unvermeidlichen Tränen am Morgen danach.» Dazu erzählte Wagner «mit sonorer Stimme Geschichten von Hinterwäldlern, verstopften Toiletten und Cowboys auf dem Mond. Kurts Stimme ist verhalten, bestens geeignet für semitragische und demikomische Südstaatenballaden» (‹WOM-Journal›). Was in der Welt der kleinformatigen Besetzungen als Eintagsfliege deklariert wurde, fand auf dem zweiten Album *How I Quit Smoking* (1995) konsequente Ausweitung. Um den Klang noch geschmeidiger zu machen, zog Wagner zu den Aufnahmen sogar noch eine fünfköpfige Streichergruppe hinzu und erläuterte: «Lambchop hat eine ähnliche Dynamik wie eine kubanische oder eine alte Swing Big Band. Da ist ein Bandleader, eine Rhythmusgruppe, ein Bläsersatz. Fällt eines dieser Elemente aus, stimmt das Gleichgewicht nicht mehr. Du denkst, wenn der Piccolo-Flötist krank ist, kann das ja gar nicht auffallen. Doch das ist ein Irrtum. Wir haben einen festen Sound, und das ist der Sound einer Big Band.» Für *Thriller* (1997) verzichtete Wagner wieder auf die Streicher, erweiterte die Kern-Band aber auf 13 Musiker, bis sie mit ihrem soulig-satten Bläsersätzen wie ein Ableger von Blood Sweat & Tears klang. Wagners weinerlich vorgetragene bittersüße Stories wurden vom Gesamtsound besser als auf den beiden Vorgänger-Platten akzentuiert. Noch weicher und verträumter gerieten die «zeitlosen Kleinodien in Moll» (‹ME/Sounds›) auf *What Another Man Spills* (1998), an dem als Gast auch Vic Chesnutt beteiligt war. Im selben Jahr ging die Truppe zusammen mit Chesnutt und Calexico auf Europa-Tournee. Das opulente Klanggewebe und die «gewaltigen Arrangements» (‹Persona Non Grata›) der Band wurden immer mehr perfektioniert und markierten mittlerweile den Gegenpol zur Lo-fi-Ästhetik der Palace Brothers oder von Freakwater. Mit den ätherisch weichen Klangwolken des Albums *Nixon* (2000) riefen Lambchop das Feeling der Siebziger aus der Perspektive der Jahrtausendwende in Erinnerung.

LPs auf Merge: *I Hope You're Sitting Down* (1993); *How I Quit Smoking* (1995); *Hank* (1996); *Thriller* (1997); *What Another Man Spills* (1998); *Nixon* (2000); *Tools In The Dryer* (2001)

lang, k. d. (voc, g), am 2. November 1961 in Consort, Kanada, geboren, gehörte, ungeachtet der konsequenten Kleinschreibung ihres Namens, zu den Großen in der US-amerikanischen Country-Welt. Obwohl sie als Teenager diese Musik eher mißbilligte, wurde sie zu einem späten Fan von Patsy Cline, als sie für eine Schulaufführung eine Country-Sängerin mimen sollte und mit der Musik des Country-Stars in Berührung kam. Kathryn Dawn Lang nannte ihre Band in Anspielung auf Cline The Reclines und nahm in Nashville mit Clines Produzenten Owen Bradley eine LP auf. Die Farmerstochter hatte als Kind Klavierunterricht erhalten und zeigte zunächst weit mehr Interesse an klassischer und avantgardistischer Musik als an den Klängen von Fiddle und Steel Guitar. Als Teenager brachte sie sich das Gitarrespielen bei, begann eigene Songs zu schreiben und entdeckte die Möglichkeiten der Country Music an Platten von Loretta Lynn und Cline. Zusammen mit den Reclines Mike Creber (p), John Dymond (bg), Gordon Matthews (g), Ben Mink (vi, mandolin) und Michel Pouliot (dr) nahm sie 1983 eine Single sowie die nur wenig beachtete LP *A Truly Western Experience* (1984) auf. Doch brachte ihr die LP, Grundlage ihrer erfolgreichen Konzerte, einen Vertrag mit dem Label Sire ein, das für die zweite lang-LP *Angel With A Lariat* den Briten Dave Edmunds engagierte. Das Album mit rauhen Gitarren-Songs und langs mitunter schneidend scharfer Stimme war keineswegs rundfunkkonform. Neben aufgeschlossenen Country-Fans erreichte die Sängerin damit aber auch jugendliche Rock-Hörer; ‹Rolling Stone› kürte sie zur «Sängerin des Jahres». Das im gleichen Jahr für den Film ‹Hiding Out› veröffentlichte Duett *Cryin'* mit Roy Orbison sorgte neben einem Grammy für Anerkennung im Country-Lager, die sie für *Shadowland* (1988) nutzte: Loretta Lynn, Brenda Lee, Kitty Wells und die Jordanaires sangen mit. Ihre Songs, etwa auf *Absolute Torch And Twang* (1989), schrieb sie weiterhin mit Ben Mink, auch wenn der Name ihrer ohnehin häufig umbesetzten Band Reclines seitdem nicht mehr fiel. *Absolute Torch And Twang* (1989) beschrieb so treffend wie ironisch ihre Musik, bewegte sich allerdings mitunter weitab von Country Music. Ohnehin entsprach das Image der kurzhaarigen lang nicht den ungeschriebenen Nashville-Konventionen: 1992 outete sie sich als Lesbe und bekannte sich als Tierfreundin zu vegetarischer Ernährung. Sie schrieb Songs in bester Singer/Songwriter-Tradition und wurde auch von Musikern zu gemeinsamem Gesang eingeladen, die nichts mit der Pferd-und-Kuh-Musik zu tun hatten. So war sie auf Wendy & Lisas Album *Eroica* (1990) zu hören und sang mit Jane Siberry *Calling An Angel* (1990). Die optische Zweideutigkeit der Sängerin lockte in den neunziger Jahren Fotografen und Filmregisseure. Sie posierte für Titelbilder der Zeitschriften ‹Entertainer Weekly› und ‹Vanity Fair› – das Foto auf letzterer zeigt die nur mit einem Badeanzug bekleidete Cindy Crawford als langs Barbier. 1991 stellte die Sängerin ihre darstellerischen Talente in Percy Adlons Film ‹Salmonberries› unter Beweis – sie spielte einen Eskimo. Mit *Ingénue* (1992) schaffte sich k. d. lang eine eigene musikalische Kategorie. Sie hatte typische Country-Elemente nahezu restlos aus ihrem Gesang entfernt und zog zur Instrumentierung ihrer metaphorischen Liebes- und Sex-Balladen Streicher, Holzblasinstrumente, Mandolinen und Akkordeon heran. Die geheimnisvolle, von Selbstzweifeln nicht freie Vokalistin, die sich für eine Reinkarnation Patsy Clines hielt, sprach über das Album als «eine neue Art des easy listening, als postnukleares Kabarett». *Ingénue* brachte ihr 1993 einen Grammy als «Best Female Singer» ein. Sie ließ sich in Los Angeles nieder und setzte sich damit den Show-Biz-Maßstäben, -Intrigen und -Querelen Hollywoods aus. Als der von ihr geschriebene Soundtrack zum Film ‹Even Cowgirls Get the Blues› (1993) nicht denselben Erfolg wie die vorangegangenen Platten hatte, zog sie sich verletzt wieder nach Vancouver zurück. «Ich bin froh, daß das Album nicht erfolgreich war», behauptete sie später. «Das verhalf mir wieder zur Realität.» *All You Can Eat* (1995), erneut in Zusammenarbeit mit Ben Mink, sollte ihrer anfänglichen Vorstellung zufolge «wie eine Oper» werden. Von dieser Idee blieb nicht viel übrig, sah man davon ab, daß die Songfolge eine fiktive Liebesaffäre nachzeichnete. Die Sängerin, die vorgab, niemals ein Buch oder eine Zeitschrift zu le-

sen, versuchte zu erklären: «Ich muß so Musik machen, ganz tief in etwas hineintauchen. Darum dreht sich mein ganzes Leben, das braucht meine ganze Energie.» So war denn das jazzunterlegte Album *Drag* (1997) auch nur vordergründig eine Folge von Coverversionen, mit Songs wie *Smoke Dreams*, *Don't Smoke In Bed*, tatsächlich aber eine Auseinandersetzung mit dem Thema Rauchen als Ausdruck von Liebesentzug. lang: «Mich interessierte das Verlangen, das Brauchen – nicht einfach nur das Paffen an sich.» Nach der erschöpfenden Bewältigung anstrengender und teils dramatischer Lieder wie dem von David Wilcox komponierten Monolog *My Old Addiction* über die letzten Stunden des heroinabhängigen Trompeters Chet Baker vor dessen ungeklärtem Fenstersturz in Amsterdam 1988 hatte sie Erholung nötig: «Ich brauchte eine Auszeit, um meine Batterien wieder aufzuladen.» Sie kaufte und renovierte ein Haus in Santa Monica, tollte mit ihrem Hund Sailor am Strand, hörte Musik von den Mamas And Papas, genoß eine neue Liebe und las Albert Camus. Zitat: «Mitten im Winter erfuhr ich endlich, daß in mir ein unvergänglicher, unbesiegbarer Sommer ist.» Die Auszeit dehnte sich auf drei Jahre aus und warf das Mainstream-Album *Invincible Summer* (2000) voller Frühlingsgefühle ab. lang zu ihren neuen Balladen zu Streichersounds, Keyboards und Trip Hop-Beats: «Ich kann endlich solche Lieder schreiben, weil ich die Erfahrungen machen durfte.» An die Gefühlstiefe ihrer Sucht-Platte *Drag* reichte die Sommerliebe mit «fataler Erregungsbegrenzung» (‹Tip›) allerdings bei weitem nicht heran. «Emotionen, so flach verpackt wie für den Ikea-Versand», so die Londoner ‹Times›: «Man möchte sich zu den Songs auf *Invincible Summer* gewiß nicht verlieben, aber sie könnten die Dinge etwas herunterkühlen, wenn man sie während einer Scheidungsphase hört.» Die Single *Summerfling* verdrängte immerhin Madonna von Platz eins der Charts – allerdings nur in Hongkong. k. d. lang 2000: «Für mich ist es das schönste Geschenk, mich durch meine Songs gefühlsmäßig mit anderen Menschen zu verbinden.»

LPs auf Bumstead: *A Truly Western Experience* (1984) ... auf Sire: *Angel With A Lariat* (1987); *Shadowland* (1988); *Absolute Torch And Twang* (1989);

Ingénue (1992); *Even Cowgirls Get The Blues* (1993; Soundtrack); *All You Can Eat* (1995); *Drag* (1997) … auf Warner Bros.: *Invincible Summer* (2000); *Live By Request* (2001)

Led Zeppelin, Ende 1968 in London gegründet, stiegen ohne wesentliche Unterstützung durch die Massenmedien und mit nur zwei gegen den Willen der Musiker aus LPs ausgekoppelten Single-Platten (*Whole Lotta Love, Immigrant Song*) in die Gruppe der Rock-Spitzenverdiener auf. Nach ihrer ersten USA-Tournee im Februar / März 1969, auf der sie sich noch mit 750 Dollar Abendgage begnügen mußten, konnten die Heavy Rocker bis zu 75 000 Dollar für ein Konzert kassieren. Ihre ersten vier Alben, jedes über zweimillionenmal verkauft, trugen ihnen Platin-Trophäen ein; allein die Autoren-Tantiemen waren mittlerweile in Dollar siebenstellig. «Absicht der Gruppe ist es», schrieb ‹Time› 1970, «alle Stile und Techniken des heutigen Rock-Spektrums auszubeuten, ohne dessen harten Kern eines direkten Gefühlsausdrucks zu verfehlen.» Tatsächlich verstand es der Gitarrist Jimmy Page vortrefflich, seinen mit Hilfe eines Ringmodulators, einer mit dem Geigenbogen bearbeiteten Gitarre und mehrfachen Echohalls erzeugten Experimentier-Sound mit dem erotischen Show-Exhibitionismus des Sängers Robert Plant in Einklang zu bringen. «Quetsch mich, Baby», kreischte Plant beispielsweise im *Lemon Song*, «bis mir der Saft die Beine runterläuft» (Squeeze me, baby, till the juice runs down my leg). Der orgiastische Blues Rock, «in dem alle Frustrationen der Teens und angehenden Twens gespeichert sind» (Franz Schöler), war eine super-verstärkte Fortentwicklung des alten Yardbirds-Stils. Page (g, bg), am 9. Januar 1944 als Sohn des Personalchefs einer Industriefirma in Heston geboren, hatte (als Nachfolger von Eric Clapton, Jeff Beck) zuletzt diesem berühmten Ensemble angehört und galt daneben als einer der besten Session-Musiker Londons, der auch auf Platten von Donovan, Joe Cocker, Rolling Stones zu hören war. Den Baßgitarristen John Paul Jones, bürgerlich: John Baldwin (bg, kb), am 3. Januar 1946 geborener Sohn eines Big Band-Pianisten aus Sidcup, hatte Page bei der Produktion von Donovans *Hurdy Gurdy Man* kennengelernt. Sänger Robert Plant (voc, harm, bg), am 20. August 1948 geborener Ingenieurssohn aus West Bromwich, und Schlagzeuger John Bonham aus Redditch, geboren am 31. Mai 1948 als Sohn eines Zimmermanns, kamen von der Birminghamer Band Of Joy; Plant hatte auch schon bei Alexis Korner gesungen. Ihre musikalischen Leistungen fanden trotz aller Virtuosität nicht den Beifall versierter Rock-Kritiker. Don Heckman in der ‹New York Times›: «Plants nasaler Blues-Stil übertreibt die schwarze Passion bis zur Belanglosigkeit von Plastik-Sex. Page ersetzt Einfälle durch mechanische Geläufigkeit und musikalische Klarheit durch plumpe Strukturen. Jones' Beiträge, die wohl bemerkenswertesten in der Gruppe, werden im Ensemblestil unangemessen überbetont.» Zur Zeit ihres fünften Albums (1973), mit dem sie aus ihren bisherigen Erfolgsmustern auszubrechen versuchten, wurde ihre beschränkte Kreativität auch wohlmeinenden Kritikern klar. Franz Schöler in der ‹Zeit›: «Ein Song ist nur noch dazu da, um instrumentales Können zu beweisen. Das konsternierte Publikum begreift, daß hier Rockmusik nur noch ein Ego-Trip ist.» Wie viele erfolgreiche Bands hatten auch Led Zeppelin 1974 ein eigenes Plattenlabel mit dem Namen Swan Song gegründet. In der kommerziell unergiebigen Konzertsaison 1974 / 75, in der die US-Tourneeumsätze um mehr als ein Drittel zurückgingen, konnten die vier Musiker mit ausverkauften Hallen ihren Ruf als Rock-Moneymaker festigen. In London verkauften sie das Stadion Earl's Court mit 20 000 Plätzen fünfmal hintereinander aus. 1975 legten sich aber auch düstere Schatten über die Band. Auf der griechischen Insel Rhodos erlitt Plant mit seiner Familie am 4. August einen schweren Autounfall und wurde lebensgefährlich verletzt. Zugleich machte das Gerücht von Schwarzer Magie und satanischen Praktiken der Led Zeppelin-Musiker in Fan-Kreisen die Runde. In der Juniausgabe 1975 der US-Zeitschrift ‹Crawdaddy› hatte Page im Gespräch mit dem Schriftsteller William Burroughs geäußert: «Im Led Zeppelin-Konzert ist das Ziel Energie bei den Spielern und beim Publikum. Um das zu erreichen, muß man die Quellen magischer Kraft anzapfen, so gefährlich das auch sein mag.» Page, der nebenbei in London eine okkultistische Buchhandlung betrieb, hatte das

Haus Boleskin des einflußreichen, 1947 gestorbenen Magiers und Satanisten Aleister Crowley bezogen und komponierte 1975 Musik für Kenneth Angers unvollendeten Film ‹Lucifer Rising›. Am 25. September 1980 starb Schlagzeuger Bonham in Pages Haus nach einer mystisch gemeinten Alkohol- und Drogen-Orgie an seinem Erbrochenen. Nur zwei Led Zeppelin-LPs erschienen in der zweiten Hälfte der Siebziger: *Presence* (1976) und *In Through The Out Door* (1979). Nach Bonhams Tod veröffentlichte die Band eine kryptische Presseerklärung mit dem Tenor: «So können wir nicht weitermachen.» 1982 erschienen vier LPs der aufgesplitteten Band: der Soundtrack zum beziehungsreich betitelten Film ‹Death Wish II› von Jimmy Page sowie dessen erste Solo-LP, Robert Plants Solo-Platte *Pictures At Eleven* sowie *Coda*, eine Sammlung alter Titel und Demos der Band. Pages Album *Outrider* (1988) exponierte als Gäste drei Vokalisten: John Miles, Chris Farlowe und den alten Kompagnon Robert Plant. Ein Plagiatsprozeß – Bluessänger Willie Dixon hatte allzu große Ähnlichkeiten von *Whole Lotta Love* mit seinem *You Need Love* eingeklagt – war inzwischen außergerichtlich beigelegt worden. Nachdem sich Led Zeppelin 1985 für das Live Aid-Konzert mit Phil Collins und Tony Thompson (dr) wiedervereinigt hatten, stieg für ein Reunion-Konzert zum 40. Jubiläum der Plattenfirma Atlantic am 14. Mai 1988 im New Yorker Madison Square Garden Johns Sohn Jason Bonham am Schlagzeug ein. Bonham jr., der mit seiner Heavy Metal-Band 1989 das Album *The Disregard Of Timepicking* herausbrachte, war im Mai 1990 Anlaß einer weiteren Zeppelin-Reunion: Er heiratete im Heath Hotel im englischen Bewdley nahe Kidderminster seine Jugendliebe Jan Charteris. Ein drittes Zusammentreffen der alten Band ergab sich im Januar 1995 in New York bei der Aufnahme von Led Zeppelin in die Rock and Roll Hall of Fame. Als sie im gleichen Monat bei der Verleihung der American Music Awards im Shrine Auditorium von Los Angeles für ihr Lebenswerk geehrt wurden, ließen sich Page und Plant mit dem Song *Black Dog* von London aus via Satellit zuschalten. Page hatte 1990 die nach seiner Meinung 26 besten Aufnahmen von Led Zeppelin überarbeitet im Album *Remasters* ediert und eine CD-Box mit

54 Titeln aus den Jahren 1968 bis 1978 vorgelegt. Seine Anfrage nach einem offiziellen Zeppelin-Comeback beantwortete Plant 1993: «Das ist nicht meine Idee von Ruhm: Männer gereiften Alters, die auf der Bühne herumhampeln und *Black Dog* spielen – einfach vulgär!» Als sich die beiden 1994 bei einem Memorial-Konzert für Alexis Korner im Buxton Opera House in Derby wiedertrafen, einigten sie sich auf eine Fortsetzung ihrer Kooperation mit anderen Mitteln. Für die ‹Unplugged›-Serie von MTV, ausgestrahlt am 12. Oktober 1994, wurde das 90-Minuten-Programm «Unledded» mit Charlie Jones (bg), Michael Lee (dr) aufgenommen, dessen Konzentrat auf der CD *No Quarter* in den Handel kam. «Die Arbeit war heikel wie bei einem geschiedenen Ehepaar», so TV-Producer Alex Coletti. «Die kleinste Irritation hätte alles ruinieren können.» Doch das teure Programm, in London, Rabat, Marrakesch und in einem alten Schieferbruch in Wales aufgenommen, bescherte MTV mit «klassischem Zeppelin-Bombast» (‹New York Times›) die höchste ‹Unplugged›-Einschaltquote dieser Serie. Im Stück *Kashmir* spielten ein englisches und ein ägyptisches Streichorchester mit Gnawa-Trancemusikern, in *The Battle Of Evermore* zupfte Page zum indischen Gesang seiner Freundin Najma Akhtar eine überdimensionale Gitarre mit drei Hälsen, die er kaum umfassen konnte. «Das Duo nahm seine alten Songs und machte sie größer» (‹New York Times›), fügte aber auch acht neue Stücke hinzu. Das Ergebnis war künstlerisch ambivalent, wie fast alles bei Led Zeppelin, deren Album *IV* 1996 mit 16 Millionen Auflage nach Michael Jacksons *Thriller* (24 Millionen), *Greatest Hits 1971–1975* der Eagles (22 Millionen) und Fleetwood Macs *Rumours* (17 Millionen) auf Platz vier der US-Umsatzstatistik lag; Ende 1997 lagen sie mit weltweit insgesamt 86 Millionen LPs auf dem zweiten Platz hinter den Beatles und vor US-Country-Superstar Garth Brooks. Das Album *Encomium – A Tribute To Led Zeppelin* (1995) mit Beiträgen zahlreicher Künstler der Neunziger wurde von den Lesern des US-‹Rolling Stone› 1996 zum besten und gleichzeitig zum schlechtesten Tribute-Album des Jahres gewählt. Ansichtssache. Als Page und Plant Anfang 1998 mit Charlie Jones (bg), Michael Lee (dr) das Al-

bum *Walking Into Clarksdale* vorlegten, reagierte die Kritik geteilt wie eh und je. Während die ‹Times› die «Eleganz und schiere Vitalität» der Produktion pries und ‹Musikexpress› die «beste Led Zep-Platte seit dem titellosen vierten Album von 1971» hörte, schmetterte ‹Der Spiegel› die «zahmen Rocksongs» ab: «So sind die Helden, die einst die steilen Stufen in den Rockerhimmel besangen, nun als zickige Spaßvögel unterwegs auf der Treppe ins Rentnerparadies.» Nicht ganz. Jimmy Page ging 1999 mit den Black Crowes auf eine sensationell erfolgreiche USA-Tournee. Das im Oktober jenes Jahres im Greek Theatre von Los Angeles mitgeschnittene Doppelalbum *Live At The Greek* (2000) nahm nach Veröffentlichung im Internet auf Grund gewaltiger Fan-Nachfrage die Marke Steamhammer in den Katalog. Robert Plant, von den gigantischen Rock-Arenen ermüdet, stellte sich in England die halbprofessionelle Band Priory Of Brion zusammen und sang in kleinen Pubs Folk-Standards und Blues. Als Songschreiber von Led Zeppelin hatte er ausgesorgt. 1999 erlöste der Back-Katalog der Band 14,5 Millionen Pfund Tantiemen, etwa 50 Millionen Mark.

LPs auf Atlantic: *I* (1969); *II* (1969); *III* (1970); *IV* (1972); *Houses Of The Holy* (1973); *BBC Sessions* (1997) … auf Swan Song: *Physical Graffiti* (1975); *Presence* (1976); *The Song Remains The Same* (Soundtrack, 1976); *In Through The Out Door* (1979); *Coda* (1982) … Zusammenstellungen auf Atlantic: *Remasters* (2-CD, 1990); *Boxed Set* (1990; vier CDs); *Complete Studio Recordings* (1993; zehn CDs); *Boxed Set 2* (1994; zwei CDs); *Early Years – Best Of Remasters, Vol. 1* (1999); *Latter Days – Best Of Vol. 2* (2000) … LP Jimmy Page mit The Firm auf Atlantic: *Mean Business* (1986) … Solo-LPs Jimmy Page auf Swan Song: *Death Wish II* (Soundtrack, 1982) … auf Teichiko: *Studio Works 1964–1968* (o. J.) … auf Geffen: *Outrider* (1988) … auf Rough Trade: *Voodoo Blues* (1995) … LP Jimmy Page mit Black Crowes auf Steamhammer: *Live At The Greek* (2-CD, 2000) … Solo-LPs Robert Plant auf Swan Song: *Pictures At Eleven* (1982) … auf Atlantic: *The Principle Of Moments* (1983) … auf Esparanza: *Shake 'n' Stirred* (1985); *Now And Zen* (1988) … auf Fontana: *Manic Nirvana* (1990); *Fate Of Nations* (1993) … LP Jimmy Page und Robert Plant auf Fontana: *No Quarter: Jimmy Page & Ro-*

bert Plant Unledded (1994) … LPs John Paul Jones mit Diamanda Galas auf Mute: *The Sporting Life* (1994) … auf Mercury: *Walking Into Clarksdale* (1998) … LPs Jason Bonham auf Epic: *The Disregard Of Time Keeping* (1989); *Mad Hatter* (1992); *In The Name Of The Father – The Zep Set* (1997) … LP Jimmy Page mit David Coverdale auf EMI: *Coverdale Page* (1993)

The Lemonheads, 1986 in Boston gegründet, waren eine freundliche Allerweltsband, die im rechten Moment eine Hardcore-dominierte Rock-Szene mit Pop-Frischzellen versorgte. Doch mit der Tendenz, sich selbst in den Fuß zu schießen, verhinderte die Gruppe, allen voran ihr Leader Evan Dando (voc, g, dr), geboren am 4. März 1967 in Boston, konsequent ihren langfristigen Erfolg. Mit Ben Deley (g, dr) und Jesse Peretz (bg) gründete Dando, der gern betonte, in den «Sommer der Liebe» hineingeboren worden zu sein, an der Highschool die Gruppe The Whelps. Sein außerordentliches Talent als Songschreiber brachte ihm einen Vertrag bei dem Underground-Label Taang! ein. Nach einer ersten Single benannte sich die Gruppe in Lemonheads um und veröffentlichte in rascher Folge die Alben *Hate Your Friends* (1987), *Creator* (1988), mit John Strohm von den Blake Babies am Schlagzeug, und *Liek* (1989). Nicht enden wollender, offen ausgetragener Rivalitäten mit Deley müde, trennte sich Dando am Ende dieser Phase von seinen Begleitern. Statt dessen stellte er Trommler David Ryan, geboren am 20. Oktober 1964, sowie dessen Freundin Juliana Hatfield (bg) von den Blake Babies ein, bei denen er selbst zuweilen am Baß ausgeholfen hatte. Die Compilation *Create Your Friends* (1990) markierte den Zeitpunkt, höhere Ziele ins Auge zu fassen. Dando wechselte zu dem Major Atlantic und spielte mit dem neuen Trio das Album *Lovey* (1991) ein. Danach ging er unter dem Logo Lemonheads auf eine Solo-Tour. Im August 1992 veröffentlichte er mit Ryan und Bassist Nic Dalton, geboren am 14. November 1964, mit *It's A Shame About Ray* ein Album, das vor allem in Europa den Ruf der Lemonheads als führende amerikanische College-Band festigte. Eine fluffige Cover-Version des Simon & Garfunkel-Hits *Mrs. Robinson* löste schließlich auch in den USA Live-Erfolge aus. Dem Druck, ein weiteres Erfolgsalbum hinterherschieben zu müssen, versuchte Daando durch die Flucht in die Rauschdroge Crack zu entkommen. Der «Bubblegrunge» (‹Rough Guide›) auf *Come On Feel The Lemonheads* (1993) folgte der Rezeptur des Vorgängeralbums und baute den Erfolg der Lemonheads aus. Mit ihrer unbedarften Hippie-Attitüde und Anlehnungen an Beatles und Byrds wurden sie zu den Superstars einer nach Alternativen zu New Kids On The Block suchenden Teenager-Szene. Dando «war drauf und dran, zu einem James Dean der Neunziger stilisiert zu werden», beobachtete ‹Visions›: «Kaum ein Rock-Star hat anno '93 mehr Titelseiten geziert als er. Aus dem smarten Ex-Punk aus Boston wurde ganz schnell eine Art massenkompatibler Streichelboy für die ganze Nation. Evan Dando war weit davon entfernt, dagegen aufzubegehren, und doch raubte ihm diese ganze Maschinerie mehr Energie, als ihm lieb sein konnte.» So vermochte er die Zügel seiner Band nicht in der Hand zu halten. Er verfiel zusehends Drogen und Alkohol und ließ zu, daß seine Band-Kollegen anderen Aktivitäten nachgingen. Mit seiner Version von *Plaster Caster* für das Kiss-Tribute-Album *Kiss My Ass* (1994), mit der er auf Platz 19 der amerikanischen Charts gelangte, machte er wieder als Solist von sich reden. Im August desselben Jahres eröffnete er auf dem englischen Reading Festival eine Show von Oasis. Erst 1996 erlebten die Lemonheads eine Neuauflage. In unterschiedlichen Besetzungen, in denen unter anderem John Strohm zur Gitarre wechselte und Ex-Dinosaur Jr.-Trommler Murph auftauchte, spielte die Band das sanfte, aber pointierte Album *Car Button Cloth* ein, auf dem Dando eine seelische wie körperliche Läuterung vornehmen wollte. Highlight des Albums sollte der Song *Purple Parallelogram* mit Gast Noel Gallagher von Oasis werden, doch unmittelbar vor der Veröffentlichung wurde der Track zurückgezogen. Angeblich wollte Dando die Lemonheads nicht auf einen Wurmfortsatz von Oasis reduziert wissen. In kommerzieller Hinsicht war diese Entscheidung unklug, denn die Öffentlichkeit verlor augenblicklich das Interesse an der CD. Auf Grund schleppender Verkäufe wurden die Lemonheads von Atlantic gedroppt, Dando ergab sich vollends Alkohol und Drogen.

LPs auf Taang!: *Hate Your Friends* (1987); *Creator* (1988); *Lick* (1989); *Create Your Friends* (1990) … auf Atlantic: *Lovey* (1991); *It's A Shame About Ray* (1992); *Come On Feel The Lemonheads* (1993); *Car Button Cloth* (1996)

Lennon, John (voc, g, p), am 9. Oktober 1940 in Liverpool als Sohn eines Schiffsstewards geboren, reicherte die musikalischen Artikulationen der Beatles mit dem «intelligenten, informierten und infantilen Humor» (‹New Society›) englischer Gymnasiasten an. 1955, als er noch zur Quarry Bank High School ging, hatte er die Quarrymen formiert, die Skiffle und Rock 'n' Roll spielten und Elvis Presley, Little Richard, Jerry Lee Lewis zu ihren Vorbildern zählten. Nachdem aus den Quarrymen durch mehrere Mutationen die Beatles geworden waren, profilierte sich Lennon im Pilzkopf-Quartett schnell als «instinktiver Poet des Proletariats» (Nik Cohn), dessen scharfzüngige Texte und geschickte Reime zunächst mehr Furore auf Pressekonferenzen als auf Beatles-Platten machten. Die ersten Songs der vier Liverpooler faszinierten eher durch ihren melodischen Merkwert, während ihre Texte auf erfrischend naive Weise konventionell waren. Nach dem Erfolg des im Hickhack-Stil der TV-Commercials gedrehten Musikfilms ‹A Hard Day's Night› (1964) reicherten Lennon & Co. ihre Texte mehr und mehr mit verbalen Spitzfindigkeiten und doppeldeutigen Redensarten an. So hörten zahlreiche Beatles-Fans aus den Lennon-Texten zu *Strawberry Fields Forever, Lucy In The Sky With Diamonds, Yellow Submarine* – gegen Lennons Widerspruch – unverhüllte Drogenempfehlungen für Marihuana, LSD und das gelbe Phenobarbiturat Nembutal heraus. Behauptung und Dementi umrissen immerhin den Erfahrungsbereich, der Lennon zu seinen skurrilen Texten anregte: die Phantasiewelt des Morbiden, Verbotenen, Irrationalen und die Alltagswelt der Slums von Liverpool (*Penny Lane*) sowie die Aggressivität und Frustration sozialen Lebens (*A Day In The Life, Happiness Is A Warm Gun*). Neben seinen Beatles-Aktivitäten trat Lennon schon frühzeitig als Buchautor und Stückeschreiber in Erscheinung. 1964 veröffentlichte er die Sketch- und Kalauersammlung ‹In His Own Write›; ein Jahr später erschien ‹A Spaniard in the Works›.

1968 wurde in London ‹Scene Three, Act One› uraufgeführt, in dem der literarisch begabte Beatle seinen Ärger über gesellschaftliche Konventionen und soziale Tabus abreagierte. Seine Bekanntschaft mit der Happening-Künstlerin Yoko Ono, am 18. Februar 1933 in Tokio geboren, die er im März 1969 nach der Scheidung von seiner ersten Frau Cynthia in Gibraltar heiratete, führte Lennon von der vergnüglichen Burschenschaft der Beatles weg in esoterische Experimental-Zirkel. Auf «bed-ins», in Plakat-Aktionen, mit der Verschickung von Baumsamen an alle Staatsoberhäupter bat das Paar darum, «dem Frieden eine Chance zu geben» (Songtitel). Lennon/Ono posierten nackt auf einem Album-Cover (*Two Virgins*), bespielten Platten mit Yokos schrillen Schreien, krächzenden Transistorradio-Tönen, Herztönen und minutenlangem Band-Leerlauf. Immer mehr nutzten sie die Rockmusik als therapeutisches Medium, denn sie fühlten sich vom Mißtrauen der übrigen Beatles und deren unverhohlenen Abneigung gegen die unkommunikative Yoko verfolgt. Sie betäubten sich mit harten Drogen und griffen zeitweilig gar zu Heroin, «wegen all der Dinge, die die Beatles uns angetan haben» (Lennon). Von Juni bis September 1971 unterzogen sie sich bei dem kalifornischen Wissenschaftler Dr. Arthur Janov, dem umstrittenen Vertreter der «Theorie des Urschreis», einer «Berlitz-Schnelltherapie» (‹Newsweek›), mit deren Hilfe sich die Patienten im nochmaligen Durchleben ihrer Repressions-Traumata heilen. Diese Rekreation von Kindheitsschocks vollzog Lennon auch auf seinen Solo-LPs nach der Trennung der Beatles (1970). Songs wie *Mother, Look At Me, God, Crippled Inside* dokumentierten verdrängte Erlebnisse und die Stadien seiner Heilung. In zahlreichen Interviews pflegte er den «radikalen Schick» (Tom Wolfe) des Patrons der Entrechteten. Dabei hatte Lennon, der seit 1971 in New York City lebte, selbst Protektion nötig: Die amerikanische Einwanderungsbehörde drohte dem wegen Rauschgiftbesitzes in England verurteilten Musiker mit der Ausweisung. Eine Intervention bekannter Politiker und Show-Persönlichkeiten (darunter der damalige New Yorker Oberbürgermeister Lindsay) verhinderte vorerst die Vollstreckung des Behördenurteils; 1976 wurde ihm dann unbegrenztes Aufenthaltsrecht gewährt.

Die vorübergehende Trennung von Yoko Ono (1974) befreite den sensiblen Genius von der traumatischen Verkrampftheit eines Kultur-Apostels und Polit-Missionars. Sean, das Kind ihrer Versöhnung, kam genau an Lennons 35. Geburtstag zur Welt. Einem Versprechen gemäß zog sich Vater John als Hausmann und Amme für fünf Jahre aus dem Musik-Business «in die Stille der Liebe und nicht der Gleichgültigkeit» zurück, während Yoko das Familienvermögen von geschätzten 150 Millionen Dollar verwaltete und mehrte. Im November 1980 breitete das Paar Lennon/Ono Szenen seiner gefestigten Ehe auf der Comeback-LP *Double Fantasy* aus, die von zahlreichen Kritikern als «Infantilisierung John Lennons» (‹Village Voice›) abgetan wurde. Nach wie vor galt Yoko Ono nämlich bei nostalgischen Beatles-Fans als Drahtzieherin einer unheilvollen Liaison, «die einen großen Künstler trivialisiert und eine dubiose Artistin vergöttlicht» (Kritiker Geoffrey Stokes). «Warum glauben die Leute uns nicht, wenn wir sagen, daß wir uns einfach lieben?» konterte Lennon, und der Autor Robert Christgau erkannte: «Die angeblich neurotische Ehe war in Wirklichkeit eine Saga der Selbsttherapie, die in unserer psychodramatischen Kultur nur wenige Parallelen hat.» Am 8. Dezember 1980 wurde John Lennon vor dem Dakota Building am New Yorker Central Park, in dem die Familie wohnte, von dem psychopathischen Fan Mark David Chapman erschossen. Der gewaltsame Tod löste weltweite Betroffenheit aus. So wurde am 14. Dezember, 20 Uhr MEZ, in vielen Ländern zehn Schweigeminuten lang des ermordeten Musikers gedacht. Drei Monate später veröffentlichte Yoko Ono ihr Memorial-Album *Season Of Glass* (mit Lennons blutbespritzter Brille auf dem Cover) und brachte in der Folgezeit mit dem Eifer einer Kultbewahrerin bislang unveröffentlichte Titel aus dem musikalischen Nachlaß ihres Mannes heraus. ‹Rolling Stone› resümierte: «Er bewies, daß man seiner Vision folgen, seine Talente entfalten, frei seine Meinung sagen kann – daß man alles vermag, wenn man es nur wagt. In einer Zeit der Angepaßtheit lehnte es John Lennon ab, nach irgend etwas anderem als nach seiner eigenen Fasson zu leben. Er sang und schrieb, was er glaubte, und er vertraute darauf, daß wir zuhörten.» Lennons Sohn Julian aus erster Ehe versuchte sich 1984 in der Nachfolge des Vaters. Nach anfänglichem Publicity-Wirbel ließ das Interesse an dem mäßig begabten Sprößling schnell nach. Anfang der neunziger Jahre suchten die Rest-Beatles, allen voran Paul McCartney, den Kontakt zu Yoko Ono. Im Rahmen einer Fernsehdokumentation anläßlich des Beatles-Endes vor 25 Jahren wollten McCartney, Harrison und Starr auch Lennon-Werke aufnehmen, die dieser als Rudimente zurückgelassen hatte. Ono übergab ihnen eine Tonbandkassette mit halbfertigen Lennon-Songs, die Anfang 1995 von Jeff Lynne überarbeitet und mit weiteren Tonspuren versehen wurden, auf denen McCartney, Harrison und Starr sangen und spielten. Ob Lennon *Free As A Bird* (1995) oder *Real Love* (1996), wie die im Rahmen der Beatles-*Anthology*-Serie veröffentlichten Studio-Elaborate hießen, als postume Beatles-Songs akzeptiert hätte, durfte bezweifelt werden. Die clevere Ono nutzte die familiären Sessions mit McCartney, eine eigene Komposition unterzubringen. «Zornig», schrieb ‹Der Spiegel› 1995, habe sich Lennon schon 1970 über die «kommerziell einträgliche, persönlich aber verheerende Entfremdung» geäußert, «die er als Markenartikel der Kulturindustrie erfahren hatte». Zum 15. Jahrestag seiner Ermordung, im Dezember 1995, brachten sechs Staaten Lennon-Sonderbriefmarken heraus: Ghana, Guyana, Mali, Nicaragua, Palan und die ehemalige Sowjetrepublik Aserbeidschan – ausschließlich Länder der Dritten Welt. 1998 startete auch sein zweiter Sohn Sean Ono Lennon (voc, bg), am 9. Oktober 1975 geboren, mit einer halbgaren Mischung aus Country, Bossa Nova, Soul und Jazz unter dem LP-Titel *Into The Sun* auf dem Beastie Boys-Label Grand Royal ins Musikgeschäft. Der Live-Sound seiner Band, in der Seans ein paar Jahre ältere japanische Lebensgefährtin Yuka Honda Klavier spielte, klänge, so Andrian Kreye später in der ‹Süddeutschen Zeitung›, «als hätten sich der Beach Boy Brian Wilson, Captain Beefheart und (Jazz-Drummer) Elvin Jones zu einer Jam Session getroffen». Anklänge an die Beatles waren in diesem Sound-Sammelsurium kaum zu hören. Lennon junior, 22: «Ich kenne niemanden unter 30, der die Beatles hört. Heute regiert Puff Daddy.» Dann waren es wohl die Fans über 30, welche die teure 4-CD-Box *Anthology* (1998) von EMI so häufig

kauften, daß diese im Veröffentlichungsmonat November sofort auf Platz 62 in die britischen, auf Platz 99 in die amerikanischen Charts einrückte und bereits am 7. Dezember vergoldet wurde. Der im März desselben Jahres veröffentlichte Sampler *Lennon Legend – The Very Best* mit den 20 meistverkauften Singles hatte zu diesem Zeitpunkt bereits Platin erreicht. Im Unterschied dazu gab es auf den vier nach Lennons Lebensstationen geordneten CDs der *Anthology* – *Ascot* (London), *New York City*, *The Lost Weekend* (L. A. 1974), *Dakota* (N. Y. bis 1980) – auch Raritäten: frühe Demos, unveröffentlichte Heim- und Studio-Takes, zum Schluß *With A Little Help From My Friends* vom kindlichen Sean Lennon sowie eine grandios rockende Version von *I'm Losing You* von John. Einige Session-Ausschnitte, bemängelte Christian Hennig im deutschen ‹Rolling Stone›, seien «schwer erträglich», dennoch: «Wer die Lost Lennon Tapes gehört hat, der weiß, wieviel unveröffentlichtes Material noch in den Schränken ist.» Höhepunkte aus der Anthologie faßte EMI parallel dazu in der Einzel-CD *Wonsaponatime* (1998) zusammen. Zum Ende des Jahres 2000, zwischen Lennons 60. Geburtstag am 9. Oktober und seinem 20. Todestag am 8. Dezember, so prognostizierte kurz vor diesem Zeitraum Christoph Dallach im Magazin ‹Spiegel Reporter›, komme nun «eine Industrie in Fahrt, die im Pop-Geschäft ihresgleichen sucht und wieder einmal tonnenweise Videos, Bücher, Platten in die Läden zaubert; limitiert, unveröffentlicht, neu zusammengestellt – mit garantiert gewaltigem Erfolg». Es hielt sich in Grenzen. In Tokio ließ Yoko Ono zur Eröffnung eines Lennon-Museums mit rund 130 Exponaten «aus der Rumpelkammer der Witwe» (Dallach) die offizielle Geburtstagsfeier ausrichten und im Museums-Shop Lennon-Brillen, -Puppen, -Aschenbecher feilbieten. Viel mehr geschah nicht. Dem Lennon-Bild, so ‹Rolling Stone›, sei «an Substanz nichts (mehr) hinzuzufügen». Jon Wiener, Geschichtsprofessor an der University of California, war anderer Ansicht. Nach 14 Jahren Rechtsstreit erzwang er die Herausgabe von Lennons FBI-Akte (bis auf zehn Dokumente) und publizierte darüber das 360-Seiten-Buch ‹Gimme Some Truth›. Lennon habe einst, so seine Behauptung, die irische Untergrundarmee IRA und britische Trotzkisten mit

45 000 britischen Pfund unterstützt. Heute entspreche diese Summe, kalkulierte die Londoner ‹Sunday Times›, 400 000 Pfund oder fast 700 000 Euro. Den Beweis, daß der Autor des Songs *Give Peace A Chance* eine gewalttätige politische Organisation mitfinanziert habe, konnte der Professor allerdings nicht antreten. Die Behauptung des Journalisten Geoffrey Giuliano im ebenfalls 2000 erschienenen Buch ‹Lennon in America›, Yoko Ono habe nach dem Mord an John selber Todesdrohungen erhalten und im ersten Jahr eine Million Dollar für ihre Sicherheit ausgegeben, wurde von der Witwe nicht bestätigt. Das Ersuchen des Lennon-Mörders Mark David Chapman, ihm 20 Jahre nach der Tat Haftverschonung zu gewähren, wurde vom Begnadigungsausschuß des Zuchthauses Attica im Staat New York abgelehnt.

LPs auf Apple: *Unfinished Music No. 1 – Two Virgins* (mit Yoko Ono, 1968); *Unfinished Music No. 2 – Life With The Lions* (mit Yoko Ono, 1969); *Wedding Album* (mit Yoko Ono, 1969); *Live Peace In Toronto* (mit Yoko Ono, 1970); *John Lennon / Plastic Ono Band* (1970); *Imagine* (1971); *Sometime In New York City / Live Jam* (mit Yoko Ono, 1972); *Mind Games* (1973); *Walls And Bridges* (1974); *Shaved Fish* (1975); *Rock 'n' Roll* (1975) … auf Geffen: *Double Fantasy* (mit Yoko Ono, 1980) … auf Ono Music: *Milk And Honey* (mit Yoko Ono, 1983) … auf Parlophone: *Live In New York City* (1986); *Menlove Ave* (1986); *Imagine – The Movie* (Soundtrack, 1988) … auf Capitol: *Wonsaponatime* (1998); *Lennon Legend – The Very Best* (1998); *Anthology* (4-CD-Box, 1998)
Weitere LPs → The Beatles

Limp Bizkit, 1994 in Jacksonville, Florida, gegründet, polarisierten wie kaum eine andere Band der Jahrtausendwende. Für viele Sinnbild des Aufbruchs einer neuen Generation von Rockgruppen, galten sie anderen als Symptom für den Ausverkauf des Rock 'n' Roll. Songschreiberische Defizite glichen sie durch einen signifikanten Bandsound aus. Sie knüpften am Crossover von Korn und House Of Pain an, verstanden es aber, mit einem aufsässigen Mix aus beißendem Hip Hop, toxischem Techno und kochendem Metal, noch größere Massen auf sich zu vereinen. «Was Limp Bizkit tatsächlich aus dem Heer der harten Ami-Combos heraushebt, ist, daß die Band sich sowohl aus Hip Hop-Fanatikern als auch Leuten mit Rock-Background zusammensetzt» (‹WOM Journal›). Im Gegensatz zu Korn gaben sie stets die netten Jungs von nebenan, bauchpinselten ihre Fans, verteilten Freikarten an Mädchen, stellten gern ihre Religiosität heraus und versäumten auf keiner Platte, sich bei Gott zu bedanken. Kurz: Limp Bizkit waren politisch korrekt genug, um für eine große Filmproduktion wie ‹Mission Impossible 2› den Titeltrack einzuspielen. Ihre Live-Shows waren «riesige Bühnenspektakel, für die sich auch Spinal Tap nicht hätten schämen müssen» (‹Rolling Stone›). Sie scheuten keinen Aufwand, um im Gespräch zu bleiben, und verpulverten auch mal ganz nebenbei drei Millionen Dollar für einen Videodreh. Da ihre Songs aber absolut unpolitisch waren und die zur Schau gestellte Wut und Wucht somit ziellos, hing Limp Bizkit die Reputation eines Kasperle-Theaters des Alternative Rock an. «Für eine Band, die alles daransetzte, sich ein nagelspitzes Image zu verpassen, fiel es ihnen verdammt schwer, den Kaugummi aus ihren Wurzeln zu schneiden» (‹Rolling Stone›). Fred Durst (voc), Wes Borland (g), Sam Rivers (bg) und John Otto (dr) nannten sich erst Funky Moses And The Red Sea Pedestrians, bevor sie auf die Bemerkung eines bekifften Freundes, sein Kopf fühle sich an wie ein «humpelnder Keks», ein limp bisquit, den Namen annahmen, unter dem sie später berühmt wurden. Bereits 1995 tourten sie im Vorprogramm von House Of Pain durch die USA, bis DJ Lethal von House Of Pain die Band zum Quintett erweiterte. 1996 eröffneten Limp Bizkit eine Show für Korn in Florida. Als Durst, im Zweitjob Tätowierer, die Arme zweier Korn-Mitglieder verzierte, kamen die beiden Bands in engere Tuchfühlung. Durst steckte Korn eine Demo-Kassette zu, diese gaben sie weiter, zahlreiche Firmen standen bei Limp Bizkit Schlange, und mit der Interscope-Tochter Flip Records wurde am Ende ein Vertrag unterzeichnet. Von dem Debüt-Album *Three Dollar Bill Y'all* (1997) wurden allein in den USA 1,5 Millionen Einheiten abgesetzt. «Mitte 1998 waren Limp Bizkit eine der meistgehypeten Bands des Underground Rapcore geworden» (‹All Music Guide›). Auf der ersten «Family Values»-Tour von Korn konnte die Band ihr Publikum um die Besucher großer Rock-Arenen erweitern. Für das zweite Album *Significant Other* (1999), das auf Platz eins in die Billboard-Charts einstieg und innerhalb eines halben Jahres vier Millionen Kopien verkaufte, heuerten Limp Bizkit mit Keyboarder Wes Borland ein sechstes Bandmitglied an, das den Sound der Gruppe gleichzeitig geschmeidiger und undurchdringlicher machte. «Die Sounds sind vielschichtiger, die Hip Hop Beats von DJ Lethal originärer, die Vocals in stärkerem Maße gesungen und die restlichen Arrangements kompakter und melodiöser» (‹Visions›). «Fred Durst und Gefolgschaft haben auf diesem Album Kurzweil auf ihre Art neu definiert» (‹Intro›). Mitte desselben Jahres wurde Durst zum Vizepräsidenten von Interscope ernannt. Auf dem '99er Jahrgang des Woodstock-Festivals gerieten Limp Bizkit durch ihre zweifelhafte Rolle bei den Ausschreitungen ihrer Fans in die Schlagzeilen. Die Veranstalter sahen sich gezwungen, der Gruppe mitten im Set den Strom abzudrehen, und die Medien gaben ihr später die Schuld an der Eskalation der Gewalt. Der Zuspruch zur zweiten «Family Values»-Tour, auf der sie neben Filter als Headliner auftraten, wurde dadurch nicht eingeschränkt. Einen weiteren stilistischen Schritt wagten Limp Bizkit – nach Wes Borlands Abgang wieder im Quintett – auf *Chocolate Starfish And The Hot Dog Flavored Water* (2000). Ermutigt durch den Erfolg ihrer Version von Lalo Schifrins *Mission Impossible*-Thema ließen sie alle Hüllen fallen und präsentierten einen verschlingenden Endzeit-Sound, der sich von allen Vorbildern weitgehend emanzipiert hatte. Im Frühjahr 2001 debütierte Wes Borland mit seinem Solo-Projekt Big Dumb Face, das sich jedoch nicht wesentlich vom Limp Bizkit-Format abhob.

LPs auf Interscope: *Three Dollar Bill Y'All* (1997); *Significant Other* (1999): *Chocolate Starfish And The Hot Dog Flavored Water* (2000) ... Solo-LP Wes Borland mit Big Dumb Face auf Interscope: *Duke Lion Fights The Terror* (2001)

Lindenberg, Udo (voc, dr, g, p, sax), als Sohn eines Installateurs am 17. Mai 1946 in Gronau, Westfalen, geboren, begann 1973 / 74 als erster, die Kluft zwischen Rock-Underground und Schlagermarkt in der Bundesrepublik mit deutschen Songtexten zu überwinden. Statt wie das Gros der Schlager-Reimer plakative Leerformeln von Liebesglück und Abschiedsschmerz aneinanderzureihen, statt wie die meisten Polit-Rocker altbakkene Agitprop-Parolen zu dreschen, erzählte der Drummer in trockenem Keller-Jargon Geschichten von sich und aus seinem Milieu: «Meine Welt, das sind Bühnen und eingehauene Trommelfelle, fremde Betten und Straßen und heiße Lieder und abends der Korn gegens Lampenfieber; und überhaupt ist mein Leben reichlich turbulent. Ich bin Trommler in 'ner Rock 'n' Roll-Kapelle, ich bin Sänger in 'ner Rock 'n' Roll-Band.» Mit elf Jahren hatte der Knabe zum erstenmal hinter dem Dixieland-Schlagzeug gesessen: «Ich kriegte immer Schokolade, wenn die anderen in der Band ein Bier spendiert bekamen.» Mit 15 arbeitete er in der Düsseldorfer Altstadt als Kellner und trommelte, wo immer er ein unbesetztes Instrument fand. Später tingelte er in Frankreich, Nordafrika und paukte sich bis zu namhaften Jazz- und Rock-Combos wie den City Preachers, Emergency, Inga Rumpfs Atlantis und Klaus Doldingers Passport hoch. Mit Eindrücken und Bildern von diesen Lehr- und Wanderjahren waren seine Lieder prall gefüllt. Lindenberg sang mit einer dünnen, schartigen Stimme vom Boogie-Woogie-Mädchen in zu knappen Jeans und vom Groupie, das sich zu Tode soff. Er pries bisexuelle Liebe und ließ einen Engel auftreten, der den Sänger Udo zum Messias machen will. Der 13jährige Ausreißer mit dem Ziel London, der sich später an Meditation, Hermann Hesse und Jerry Cotton ergötzte, war er selber. Teils holte er sich seine Anregungen mit erstaunlichem Gespür für umgangssprachliche Nuancen aus seinem unmittelbaren Theken-Dunstkreis: «Im Onkel Pö spielt 'ne Rentnerband seit zwanzig Jahren Dixieland.» Die Musikkneipe Onkel Pö's Carnegie Hall im Hamburger Stadtteil Eppendorf lohnte ihm die Reklame mit Freibier; ein Ensemble namens Rentnerband wurde rasch gegründet und tutete 1974 / 75 einträglich zum Lob der von Lindenberg mitrepräsentierten «Hamburg-Szene» (Werbeslogan von Plattenfirmen). In anderen Liedern setzte der sensible Musiker mit dem Spitznamen «Nervenberg» seine Science-fiction-Lektüre humoristisch um («Gerhard Gösebrecht aus dem dreizehnten Sonnensystem»); er nostalgierte über einen mittlerweile achtzigjährigen, früher beliebten Stehgeiger *Rudi*

Ratlos und parodierte das Musikgeschäft im Manager- und Mafia-Song *Johnny Controlletti*. Kritiker schwärmten von seiner «Wegwerfethik», seiner «lebendigen, rauh verputzten Poesie» (‹Die Welt›): Lindenberg habe «den Zeitgeist mit ungeheurer Präzision erfaßt» (‹Frankfurter Allgemeine Zeitung›). Von links wurde er gescholten: «Seine Sprache, die nicht gestelzt daherkommt, eher plattfüßig im schnoddrigen Pennäler-Jargon einherlatscht, offenbart … die Sprachlosigkeit und Artikulationsohnmacht in der Darstellung jugendlicher … Problemstellungen» (‹Frankfurter Rundschau›). Westdeutsche Fans hielten sich lieber an den Jargon als an derlei gestelzte Rezensionen. Von der LP *Ball Pompös* wurden im Winter 1974/75 in vier Monaten 70 000 Exemplare verkauft, *Votan Wahnwitz* erreichte im Mai 1975 binnen zehn Tagen eine Verkaufsauflage von 160 000 Exemplaren. Die Plattenfirma Teldec nahm Lindenberg für eine Million Mark Garantie auf fünf Jahre unter Exklusivvertrag. Nach optisch akzentuierten Tournee-Shows (1975 bis 1977) sowie einer Konzertreise mit Inga Rumpf, Ulla Meinecke, Freya Wippich (1978) verstieg sich der clevere Star mit einer 17-Städte-Tour durch die größten Hallen, «Dröhnland Symphonie», in die Dimensionen der Rolling Stones. Alles mußte vervielfacht werden: die Phonstärke, die Lautsprecher, das Licht. Zu Beginn der Show hüpften 15 Pinguine über die Bühne, «damit es auch von weitem noch jeder sieht» (Lindenberg). Theater-Crack Peter Zadek führte Regie, Sammy Molcho choreographierte. In diesem grobschlächtigen Ambiente mußten sogar Lindenberg-Standards wie der *Andrea Doria*-Song derart angedröhnt werden, daß jeglicher Nostalgie die Puste ausging. Für die folgenden Lindenberg-Konzertreisen wurde «Dröhnland» zum Modell. Hinter den «im Stil der Residenztheater des letzten Jahrhunderts drapierten Bühnenvorhängen» der Tournee «Götterhämmerung» (1984) erlebte die ‹Frankfurter Rundschau› ein «circensisches Spektakel aus Rockmusikern, Tanzgirls, Zwergen, Muskelmännern, allerlei Akrobaten und Breakdancers, immer begleitet vom fetzigen, leicht übersteuerten Rock des Panikorchesters». Die im gediegenen Berliner Schillertheater gestartete «Feuerland-Revue» (1988), diesmal auch nach Noten altväterlicher Tonsetzer wie Friedrich Hollaender,

Hanns Eisler, Theo Mackeben von Lindenbergs LP *Hermine*, variierte Szenisches wie gehabt: «… abenteuerliche Kostüme und Requisiten, Diaprojektoren, eine Hochhauskulisse mit leeren Fensterhöhlen, eine Konfettikanone, *Ich brech die Herzen der stolzesten Frau'n* in einer Punk-Version» (‹FAZ›). Diese Show (Produktionskosten: 55 000 Mark pro Aufführung) wurde in 21 Städten gezeigt. Seit seinem Film ‹Panische Zeiten› (Produktionskosten: zwei Millionen Mark, 1980), in dem er in einer Doppelrolle sich selbst als entführten Rock-Star und den Detektiv gab, der ihn suchte, stilisierte sich Lindenberg zunehmend als das «Rockgewissen der Nation» (‹Frankfurter Rundschau›). Im Film wurde er schließlich zum Bundeskanzler gekürt. Im richtigen Leben kokettierte er immer wieder mit der Gründung einer «Panik-Partei». Kein Zeitgeist-Thema, vom Nazi-Comeback bis zur Gastarbeiter-Problematik, ließ er aus: «Auf den Straßen und im Fußballstadion fangen sie wieder an zu schrei'n, und dann schmeißen grölende Germanen-Gangs Granaten in die Kebab-Läden rein.» Seine «Angriffsziele», vermerkte die ‹FAZ›, seien «Lieblosigkeit, neuer und alter Faschismus, Vorrüstung und Nachrüstung, Ausländerdiskriminierung und Vidiotie». Daß Udo Lindenberg seine Sujets und Pointen selber finde oder erfinde, wurde 1979 vom Saxophonisten Olaf Kübler rechtlich bestritten. Sprüche wie «Keine Panik auf der Titanic» oder «Alles klar auf der Andrea Doria» stammten von ihm, behauptete der Musiker und verlangte 500 000 Mark Schadenersatz. Der Copyright-Streit wurde außergerichtlich beigelegt. Lindenberg-Co-Autor Horst Königstein bezeichnete seinen prominenten Partner als einen «Ausforscher», einen «Sammler»: «Udo ist gefährlich. Er okkupiert einen, er beherrscht einen.» Nach der Glenn Miller-Melodie *Chattanooga Choo Choo* gelang dem «Jodel-Talent» (Lindenberg über Lindenberg) eine Fußnote zum deutsch-deutschen Dialog. Im Text *Sonderzug nach Pankow* adressierte er den DDR-Staatsratsvorsitzenden Erich Honecker als «Oberindianer» und erbat für dessen Deutschland eine «Jodel-Lizenz». Das Lied wurde in der DDR prompt verboten, doch am 25. Oktober 1983 durfte der Song-Provokateur vor einem handverlesenen FDJ-Publikum im Ostberliner Palast der Republik 20 Minuten lang vier Songs vortragen. Ein Vergleich amerikanischer Pershing-2-Raketen mit sowjetischen SS 20 fand keinen Beifall. Eine geplante DDR-Tournee im Mai 1984 wurde abgesagt. Lindenberg schickte «Honey» mit publizistischem Getöse und griffigen Slogans eine Rocker-Lederjacke sowie eine Gitarre. Honecker revanchierte sich mit einer Schalmei mit Gravur für «Lindi». In der veröffentlichten Meinung, die der Sänger bis dahin fast vollständig für sich hatte, regte sich seither zunehmend Unmut: «Die gesungene Zeitkritik, mit der es in unserer Republik so lange haperte, trägt mittlerweile inflationäre Züge, nähert sich dem Kollaps» («FAZ», 1986). «Auch des Sängers privates Glasnost verursacht bloß noch Schulterzukken; so ist das eben im Schlagergeschäft» («FAZ», 1988). Der «rüstigste Greis der westdeutschen Rockmusik» («Süddeutsche Zeitung») bot in der Presse der achtziger Jahre ein zwiespältiges Bild. Einerseits: «Udo Lindenberg – das ist der Sieg eines mit unverbrüchlicher Ehrlichkeit, Glaubwürdigkeit, mutigem Engagement und genialisch adäquater Musik verfochtenen Konzepts» (Kritiker Ulrich Olshausen). Andererseits: «Seine nölige Stimme hat sich überlebt, der schlampige Auftritt mit dem taumelnden Gang und den Gummiknien paßt nicht mehr in die Moden der Zeit» (Kritiker Peter Saalbach). 1989 veröffentlichte Lindenberg die als Autobiographie deklarierte Sprechblasen-Sammlung ‹El Panico, oder: Wie werde ich Popstar? Der praktische Ratgeber›. Im November desselben Jahres wurde er mit dem «Verdienstkreuz am Bande des Verdienstordens der Bundesrepublik Deutschland» ausgezeichnet, 1990 mit einer «Goldenen Europa» des Saarländischen Rundfunks für sein Lebenswerk: rund sieben Millionen Tonträger in zwei Jahrzehnten. Das Album *Hermine* (1988) widmete er seiner Mutter, *Gustav* (1991) seinem Vater, *Benjamin* (1993) dem Aufstieg eines 13jährigen Jungen zum Box-Star: «… fast die Beschwörung eines Sohnes – den Udo nicht hat» (‹Hör zu›). Als «merkwürdiger Eigenbrötler», so 1993 die Programmillustrierte, die ihm ein Jahreseinkommen von 1,1 Millionen DM vorrechnete, lebte Lindenberg ausschließlich in Hamburger und Berliner Hotels. Nach Meinung von ‹Spiegel Extra› 1996 war er «zur Witzfigur mutiert, samt Glatze unterm Hut, Turnschuhen zum Nadelstreifenan-

zug und Siebziger-Jahre-Kauderwelsch aus Echt-nich-du-da-muß-ich-erst-mal-meine-Geheim-räte-fragen-ob-du-Lindi-dazu-Bock-hast-du.» Das Nachrichtenmagazin nannte ihn aber auch einen «Klassiker». Mit der Panik-Band (1991 Karl Allaut, g, Lukas Hilbert, bg, Kieran Hilbert, g, Frank Oberpichler, kb, Hendrik Schaper, kb, Bodo Schopf, dr) ging er in den Neunzigern mehrfach auf Tournee, stets auch mit Gastsolisten wie Nina Hagen, den Prinzen, Helge Schneider oder Joan Jett. ‹BZ› im Februar 1997: «Sehr schön. Seine Stimme hat sich kaum verschlechtert. Kein Wunder: Er hatte ja nie eine.» Seine späteren Alben *Panik Panther* (1992), *Kosmos* (1995), *Und ewig rauscht die Linde* (1996) versuchten mit Sound-Zitaten, Pop-Kommentaren zur Zeitgeschichte und Psychoanalyse aus den Text- und Ideenwerkstätten von Horst Königstein und den Brüdern Ströer an das Frühwerk anzuknüpfen – zuweilen überzeugend. Lindenberg 1995: «Jeder Song bin ich – der echte und der, den ich mir auf der Leinwand des Lebens zusammenphantasiere.» Im Frühjahr 1996 zeigte der Künstler eigene Gemälde und Zeichnungen im Hamburger Erotic Art Museum: «Arschgesichter und andere Gezeichnete». 1997 stellte er eine Auswahl seiner Lieder in Unterhaltungsmusik-Bearbeitungen (*Belcanto*) mit dem Filmorchester Babelsberg vor und vergriff sich zum 100. Geburtstag des ihm vielleicht ja sogar seelenverwandten Olympiers im Berliner Ensemble an Bertolt Brecht: «Ich entdeck das gerade. Gefällt mir aber.» Das Stadtmagazin ‹Tip› über Lindenbergs Aneignung des Kulturerbes: «Er schlurft über die Bühne, zeigt seine schönsten Mikrofon-Schleudertricks, erläutert die Vorzüge seines Nadelstreifen-Anzugs und hat das Publikum binnen fünf Minuten so bedingungslos auf seiner Seite, als spiele er in der Hamburger Markthalle als zweite Zugabe *Reeperbahn*.» Brechts *Moritat vom Mackie Messer* behielt das «Fettauge in der westdeutschen Wassersuppe» (Wolf Biermann) auch während der Tournee «Alles unter einem Hut» (2000), wieder mit dem Filmorchester Babelsberg und dem Panik-Orchester in alter Form – Steffi Stephan (bg), Bertram Engel (dr), Jean-Jacques Kravetz (p), Hannes Bauer (g), Carl Carlton (g), Hendrik Schaper (kb) – im Programm. Wie auf der Bühne (‹Berliner Morgenpost›: «Alles springt auf, tobt und jubelt») waren als Gastsolisten Lindis Duettpartnerin Doskas Kiefer (*Und trotzdem lieb' ich dich so sehr*) sowie sein langjähriger Bodyguard Eddy Kante (*Mama*) auch auf dem parallel zur Tour veröffentlichten Studioalbum *Der Exzessor* (2000) zu hören. Ein Live-Mitschnitt, u. a. mit der Soulsängerin Natalie Dorrer (*Baby, wenn ich down bin, Hinterm Horizont*), erschien im Doppelalbum *Ich schwöre* (2001). Highlights aus der Vergangenheit brachte Polydor in der 3-CD-Box *Das 1. Vermächtnis, 50 Songs aus 30 Jahren* (2000) noch einmal auf den Markt. Von potenten Sponsoren wie Bertelsmann, BMW, Telekom und der Sound Foundation von VW unterstützt, rief der inzwischen aus dem Hamburger Atlantic Hotel ins Berliner Adlon am Brandenburger Tor umgezogene Lindenberg im Frühjahr 2001 befreundete Musiker zu den demonstrativ politischen Mammutspektakeln «Rock gegen rechte Gewalt» auf. Ohne Gage und zugunsten von Neonazi-Opfern und für Aufklärungsmaßnahmen beteiligten sich Nina Hagen, Peter Maffay, Nena, City, Söhne Mannheims, Ayman, Ben Becker und die 3 Highligen, Marius Müller-Westernhagen ließ sich entschuldigen. Udo: «Ich hatte Marius immer für einen integren Vogel gehalten, aber nun ist er für mich gestorben.» Während der Tournee gingen massive Todesdrohungen gegen Lindenberg ein: «Wir kriegen dich. Dein Leben ist nichts mehr wert.» Manager David Rienau vor dem Konzert in Dresden: «Natürlich hatten wir Widerstand erwartet, aber das hier zeigt, wie gewalttätig diese Szene ist.» Die Stabilität der Kunstfigur Udo Lindenberg mit ihrer «elektrisierenden Mischung aus Naivität und Schizophrenie» (Peter Zadek) über drei Jahrzehnte hinweg, sein Humor und sein gesellschaftliches Engagement brachten das Image des Panik-Rockers zu Beginn des neuen Jahrtausends wieder deutlich ins Plus. «Mögen ihm die Zeitgeist-Spötter der Mißgunst auch längst einen Ruheplatz auf dem Abstellgleis des Pop an den Hals wünschen», schrieb Peter Müller in der ‹Berliner Morgenpost›: «Irgendwie ist immer noch alles klar auf der Andrea Doria.»

LPs auf Telefunken: *Lindenberg* (1971); *Daumen im Wind* (1972); *Alles klar auf der Andrea Doria* (1973); *Ball Pompös* (1974); *Votan Wahnwitz* (1975); *No Panic* (1976); *Panik-Udo* (1976); *Galaxo Gang* (1976); *Waldemar Wunderbar* (1976); *Sister King Kong* (1976); *Panische Nächte* (1977); *Lindenbergs Rock-Revue* (1978); *Dröhnland Symphonie* (1978); *Der Detektiv* (1979); *Livehaftig* (1979); *Profile* (1980); *Panische Zeiten* (1980); *Udopia* (1981); *Intensivstationen – Live* (1981); *Keule* (1982); *Alles klar* (1984); *Honky Tonk Show* (1985) *Raritäten und Spezialitäten* (1998); *Das Beste mit und ohne Hut* (2000) ... auf Polydor: *Odyssee* (1983); *Lindstärke 10* (1983); *Götterhämmerung* (1984); *Radio Eriwahn* (1985); *Sündenknall* (1985); *Phönix* (1986); *Horizonte* (1986); *Feuerland* (1987); *Gänsehaut* (1987); *Hermine* (1988); *Casanova* (1988); *Bunte Republik Deutschland* (1989); *Ich will Dich haben* (1990); *Live in Leipzig* (1990); *Gustav* (1991); *Unter die Haut* (1991); *Panik Panther* (1992); *Benjamin* (1993); *Kosmos* (1995); *Und ewig rauscht die Linde* (1996); *Live '96* (1997); *Belcanto* (1997); *Das 1. Vermächtnis, 50 Songs aus 30 Jahren* (3-CD-Box, 2000) ... auf Berlin Records / Sony: *Der Exzessor* (2000); *Ich schwöre* (2-CD, 2001)

Lindley, David, 1944 in San Marino, Kalifornien, geboren, ging mit Saiteninstrumenten um, wie man es sonst nur von Holzbläsern kennt, die ihre Virtuosität auf allen Arten von Flöten, Saxophonen und Klarinetten entfalten. Er war ein Meister auf sämtlichen elektrischen und akustischen Gitarren, spielte Harfe und Ukulele, Geige, Bouzouki, Dulcimer, Mandoline, Banjo und Oud. Dabei verkam sein Spiel nie zu exhibitionistischer Clownerie. Vielmehr erspielte er sich mittels seines gigantischen Saitenarsenals eine multikulturelle Sprache, die sich über Genres und Spielauffassungen von Folk über Rock 'n' Roll bis Jazz und diversen Formen von Weltmusik hinwegsetzte. Daß er sich zu keinem Zeitpunkt auf irgendeine Stilistik festlegen ließ, führte zwar zu Kultstatus unter Saiten-Gourmets, beschränkte seine Popularität aber stets auf relativ kleine Kreise. Um so beliebter war der Eklektizist par excellence, der sich mit musikalischen Informationen und Ausdrucksmitteln vollsog wie ein Schwamm, unter Kollegen. Lindley war ein gern gesehener Gast auf Sessions oder Alben von Bob Dylan, Rod Stewart, Jackson Browne, Henry Kaiser, Linda Ronstadt, Rory Block, Ry Cooder, Warren Zevon, James Taylor, Iggy Pop, Taj Mahal und vielen anderen. Daß seine 35 Jahre lange Laufbahn über weite Strecken schlecht auf Tonträgern dokumentiert ist, lag daran, daß Lindley keine vertraglichen Verbindlichkeiten mit der Industrie eingehen wollte. «Warum, zum Teufel, soll ich ein Stück Papier unterschreiben, das es mir verbietet, mit Ry Cooder zu spielen?» Bereits als Teenager begann Lindley auf Banjo und Fiddle herumzuklimpern. So gewann er fünfmal die Topanga Canyon Banjo and Fiddle Competition. In den sechziger Jahren spielte er in diversen Folk- und Bluegrass-Bands, unter anderem mit den Mad Mountain Ramblers, den Smog City Trestle Hangers und der Dry City Scat Band. Mit den Rodents spielte er erstmalig in einer Rock-Band. 1967 gründete er Kaleidoscope, die bis 1970 psychedelischen Space Rock mit Sounds aus dem Orient verbanden. Kaleidoscope, die als erste World Music Band der Welt galten, veröffentlichten vier Platten. 1969 und 1971 sammelte Lindley Erfahrungen in der englischen Ska- und Beat-Szene. 1971 folgte er einer Einladung von Jackson Browne, dessen Band er bis 1980 angehörte. Von ihm stammte der berühmte Falsett-Gesang in *Stay (Just A Little Bit Longer)*. Nebenbei erschloß er sich in zahlreichen Nebenprojekten eine immer größere Palette spielerischer Möglichkeiten. 1979 begann eine intensive Arbeitsphase mit Ry Cooder. Lindley war maßgeblich an Cooders Album *Bop Till You Drop*, dem ersten voll digital aufgenommenen Album der Geschichte, sowie an der Konzeption der Soundtracks zu den Filmen ‹Long Riders› und ‹Paris, Texas› beteiligt. 1981 gelüstete es Lindley wieder nach eigenen Projekten. Er veröffentlichte das hochgelobte Folk-Album *El Rajo-X* (1981) und gründete daraufhin eine Band desselben Namens mit Jorge Calderón (b), Bernie Larsen (g, perc, voc), Ian Wallace (dr) und Ras «Baboo» Pierre (perc), die bis 1990 bestand. 1985 versuchte er mit dem Album *Mr. Dave* auch kommerziell Fuß zu fassen, scheiterte aber an der Inkompatibilität seines eigenen Anspruchs mit den Bedürfnissen der Plattenindustrie. 1990 begann die Arbeit in verschiedenen Duo-Konstellationen, so mit dem jordanischen Percussionisten Hani Naser und dem aus San Francisco stammenden Avantgarde-Gitarristen Henry Kaiser. Mit letzterem reiste Lindley 1991 nach Madagaskar, um dort innerhalb von zwei Wochen insgesamt sechs Alben einzuspielen. 1994 war er gemeinsam mit Henry Kaiser, Harvey Mandel und

Freddie Roulette am Psychedelic Guitar Circus beteiligt. 1997 ging eine musikalische Partnerschaft mit dem Percussionisten Wally Ingram ein.

LPs auf Asylum: *El Rayo-X* (1981); *Win This Record* (1982); *El Rayo Live* (1983); *Mr. Dave* (1985); *Very Greasy* (1988) ... auf Pleemhead Audio: *El Rayo-X Live!!* (1999) ... mit Kaleidoscope auf Epic: *Side Trips* (1967); *The Beacon From Mars* (1968); *The Incredible Kaleidoscope* (1969); *Bernice* (1970) ... auf Island: *When Scopes Collide* (1977) ... auf Edsel: *Rampe Rampe* (1984) ... auf Gifthorse: *Greetings From Kartoonistan* (1991) ... mit Hani Naser auf Pleemhead Audio: *Live In Tokyo* (1996); *Playing Even Better* (1998) ... mit Wally Ingram auf Pleemhead Audio: *Twango Bango Deluxe* (1998)

Lindsay, Arto (voc, g, prod), am 28. Mai 1953 in Brasilien geboren, stellte sein Leben und seine Laufbahn ganz in den Dienst einer Totalverweigerung. In absolutem Widerspruch zu amerikanischen Gepflogenheiten besaß er weder einen Führerschein, noch war er in der Lage, mit einem Computer zu arbeiten. Er rauchte Kette, als Raucher für vogelfrei galten, und hatte es in einer 20jährigen musikalischen Praxis nicht gelernt, Noten zu lesen. Arto Lindsay, «ein griechischer Weiser mit Hornbrille und Goebbels-Haarschnitt, dessen Gefäße nicht von Blut, sondern purer Ästhetik durchströmt werden» (‹Jazzthetik›), zählte zu den Integrationsfiguren der New Yorker Downtown-Szene. Doch der erklärte Non-Musician war nicht nur als Bandleader, Songschreiber, Sänger, Gitarrist und Konzeptionalist aktiv, sondern auch als Produzent wunderbarer brasilianischer Pop-Alben. «Unter den Früchten von Mr. Lindsays Arbeit sind einige der besten Pop-Alben der Neunziger» (‹New York Times›). Seine «Fähigkeit als angeblich ungelernter Musiker besteht darin, Pop-Songs weiter und schneller zu pushen als irgend jemand sonst, gelernt oder ungelernt» (‹The Wire›). Seine Rolle bestand in der eines «Botschafters, Kurators und Agitators» (‹New York Times›). Der gebürtige Brasilianer wuchs in den sechziger Jahren unter dem Eindruck des großen Tropicalia-Booms auf. Zunächst sollte sich dieser Einfluß in seiner Musik kaum bemerkbar machen, denn in New York gründete er Ende der Siebziger mit der Keyboarderin Ikue Mori und dem Schlagzeuger Tim Wright das Noisecore-Trio DNA, das fernab gängiger Strukturen und Hörgewohnheiten wild drauflosmusizierte und freie Improvisationen ins handliche Format von Rock-Songs verpackte. Seine Art, freie Improvisationen mit dem Feeling von Rock-Songs zu koppeln, wurde zum Prototyp einer Stilvorstellung, der John Zorn kurze Zeit später seinen immensen Erfolg verdankte. 1978 wurde Brian Eno auf das brillante Dilettanten-Trio aufmerksam und beförderte es kurzerhand mit drei Tracks auf seine legendäre Compilation *No New York* (1978), die als Auslöser für die spätere Downtown-Szene gilt. «Anstatt zum Nihilisten zu werden, wie der Rest seiner Generation, ähnelte sein Noise stets mehr dem fröhlichen Gurgeln eines Babys» (‹Option›). 1979 gründete Lindsay gemeinsam mit den Brüdern John und Evan Lurie, Anton Fier und Steve Piccolo die Fake-Jazz-Band Lounge Lizards, die er nach dem von Teo Macero produzierten Album *The Lounge Lizards* (1981) jedoch wieder verließ, weil der Einfluß John Luries den der anderen Band-Mitglieder zu überdecken begann. Gemeinsam mit Anton Fier rief er 1982 die Golden Palominos ins Leben, zu denen außer ihnen auch John Zorn und Bill Laswell gehörten, konnte sich jedoch mit Fier auf keinen gemeinsamen Weg einigen und ging abermals nach nur einem Album. Mit dem aus der Schweiz stammenden Keyboarder Peter Scherer stellte er dann die avantgardistische Dance-Band Ambitious Lovers auf, mit der er seiner Liebe zu gutem Pop frönen wollte und neben Rap- und Techno-Elementen auch erstmalig die brasilianischen Einflüsse seiner Jugend nach außen treten lassen konnte. Die Ambitious Lovers galten als Top Act in der Dance-Szene, doch nach den drei Platten *Envy* (1984), *Greed* (1988) und *Lust* (1991) sowie einem Duo-Album mit Peter Scherer, *Pretty Ugly* (1990) beschloß Lindsay, endgültig Solopfade zu beschreiten. Nach einer längeren Sammlungspause und der Produktion von David Byrnes Album *David Byrne* schnitt er in der New Yorker Knitting Factory im Trio mit Melvin Gibbs (bg) und Dougie Bowne (dr) das Album *Aggregates* (1995) mit, das in seiner strukturellen Unbefangenheit wieder an den Noisecore von DNA erinnerte. Mit *O Corpo Sutil* (1995) bekannte sich Lindsay zum Prinzip soliden

Songwritings. Seine brasilianischen und amerikanischen Wurzeln zu einer verblüffenden Synthese führend, sang er sowohl auf portugiesisch als auch auf englisch. «Brasiliens unglaublich reicher Fundus an musikalischen Kulturen offeriert Lindsay nicht nur Inspiration, sondern eine lebhafte zweite Karriere» (‹Artforum›). Seine Songs lebten häufig einzig aus Andeutungen, seine Texte wurden oft nur gehaucht. Das auf diesem Album eingeschlagene Konzept des verhaltenen Kontrastes verfeinerte er auf der «über zwei Kontinente ausgegossenen urbanen Romanze» (‹Details›) *Mundo Civilizado* (1996), auf deren Remix-Variante *Hyper Civilizado* (1997) er die New Yorker DJ-Szene um DJ Spooky, DJ Soul Slinger, Sub Dub, WE und DJ Mutamassik erstmals einer weltweiten Öffentlichkeit zugänglich machte. «Sensibel lotet Lindsay die Bereiche zwischen laut und leise aus, läßt Stille donnernd atmen und Lärm schweigen» (‹Intro›). Etwa zur gleichen Zeit führte «der unermüdliche Soundforscher» (‹Sonic›) seine Produzententätigkeit auf einen weiteren Höhepunkt. Unter Lindsays Regie entstanden Platten von Carlinhos Brown, Marisa Monte, Caetano Veloso, Gal Costa und Vinicius Cantuaria. Auf *Noon Chill* (1997) und *Prize* (1999) setzte er den auf den Vorgänger-Alben beschriebenen Weg konsequent fort, indem er elektronische und akustische, geradlinige und verzerrte, brasilianische und amerikanische sowie traditionelle und avantgardistische Musik in immer abenteuerlicheren Kombinationen zu einer organischen Einheit führte. Er «spielt raffiniert mit digitalen und analogen Aufnahmeverfahren, entwirft sterile Räume, um sie sogleich mit Noise vollzuladen. Mit seinem Kontrastprogramm widersetzt er sich wirkungsvoll einer immer vehementer um sich greifenden Tendenz zum perfekten Sound» (‹Kultur News›).

LPs auf Knitting Factory: *Aggregates 1–26* (1995) … auf For Life: *The Subtle Body* (1995); *Mundo Civilizado* (1996); *Hyper Civilizado* (1996); *Noon Chill* (1998); *Prize* (1999) … mit DNA auf Avant: *DNA* (1982/1993) … mit The Lounge Lizards auf EG: *The Lounge Lizards* (1981) … auf ROIR: *Live 79/81* (1985) … mit The Golden Palominos auf Celluloid: *The Golden Palominos* (1983) … mit Ambitious Lovers auf EG: *Envy* (1984) … auf Virgin: *Greed*

(1988) ... auf Elektra: *Lust* (1991) ... mit Peter Scherer auf Made To Measure: *Pretty Ugly* (1990)

Little Richard, bürgerlich: Richard Wayne Penniman (voc, p), am 5. Dezember 1932 (nach anderen Quellen 1935) in Macon, Georgia, geboren, lieferte in seinen zur Show Business-Hysterie übersteigerten, hochenergetischen Auftritten «das l'art pour l'art-Credo des Rock 'n' Roll» (‹Twen›): Energie und Effekt. Vor jedem Konzert zog er sich die Augenbrauen nach, kalkte das Gesicht mit Make-up, zupfte den Schnurrbart zu einer dünnen Linie aus und trug reichlich Mascara auf. Sein Haar ließ er lang wachsen und toupierte es wie Zuckerwatte. Als Bühnenkostüm dienten ihm ausgefallene Roben, die zwei Schneider aus Hollywood nach seinen Angaben fertigten. Er machte Mode mit weiten Beutelhosen, spiegelglasbesetzten Hemden, bizarr gerafften Satingewändern und eleganten Pelzumhüllungen. Seine Konzerte vor ekstatischem weißem Publikum kamen religiösen Revival-Meetings gleich. Seine hymnischen Verzückungsschreie untermalte er mit einem Stakkato-Pianospiel, wobei er den Flügel gelegentlich mit Füßen, Ellbogen und unter Einsatz seines ganzen Körpers verstimmte. Auf dem Siedepunkt riß er sich die teuren Kleider vom Leib und warf sie ins Parkett – auch die Pelzmäntel, denn «ohne Publikum ist man kein Star. Warum soll man ihm nicht etwas von dem zurückgeben, was es einem zuteil werden ließ?» Entgegen der von ihm selbst verbreiteten Legende stieg Little Richard nicht vom Tellerwäscher zum *Tutti Frutti*-Interpreten auf. Bereits vier Jahre vor dem Bestseller-Erfolg dieses Titels hatte er auf den Labels RCA und Peacock frenetische Rhythm & Blues-Nummern zum besten gegeben. Ein Idol wurde er jedoch erst 1955, als er für das Specialty-Label *A-wop-bop-a-loo-bop a-lop-bam-boom* skandierte, den «Schlachtruf musikalischer Anarchie» (‹L. A. Times›). Von da an geriet ihm beinahe jede Aufnahme zu Gold: *Reddy Teddy, Rip It Up, Slippin' And Slidin', Long Tall Sally* (1956), *Keep A-Knockin', Send Me Some Lovin', Jenny, Miss Ann, Lucille* (1957), *Good Golly Miss Molly* (1958). Bei den von Bumps Blackwell beaufsichtigten Platten-Sessions in New Orleans begleitete ihn die gleiche Band, die auch Fats Domino im Studio betreute. Little Richard hämmerte ihr sein überschwengliches Boogie-Piano vor und trieb sie in Gospel-Exegesen, die sich mit hektisch dahinstürzendem Rhythmus und abrupt wechselnder Metrik deutlich von den eher schleppenden Blues-Klängen der übrigen schwarzen Popmusik abhoben. Penniman garnierte seine selbstverfaßten Text-Versatzstücke mit improvisierten Rufen und langanhaltenden Falsettschreien (*Ooo, My Soul!*). Seine Song-Lyrik war zumeist ein Konglomerat aus zusammenhanglosen Phrasen, bedeutungslosen Silbenreihungen und Wortspielen um des Klangeffekts willen. Beispiel: «Well, it's Saturday night / And I just got paid, / A fool about my money, / Don't try to save, / Gonna rock it up, / Gonna rip it up, / Gonna shake it up, / Gonna ball it up, / Gonna lock it up, / And ball tonight.» Little Richards Komponier- und Vortragsstil diente beinahe jedem Rockmusiker als Vorbild. Elvis Presley kopierte seine Bühnenbewegungen und bestückte sein frühes Repertoire mit zahlreichen Penniman-Titeln. James Brown, Jimi Hendrix und Otis Redding wurden von Little Richard entdeckt, gefördert oder angeregt. Die Beatles traten mit ihm zu Beginn der sechziger Jahre im Hamburger Star-Club auf. Paul McCartney orientierte seinen Rhythm & Blues-Gesang am ungehobelten Effektgeschrei seines schwarzen Anregers und ließ das Liverpooler Quartett einige von dessen Songs zu Platte bringen. Die Rolling Stones borgten mindestens genausoviel schwarzes Feeling von Little Richard wie von Chuck Berry, während Elton John zu Beginn der siebziger Jahre seinen Konzertflügel im Penniman-Stil attackierte. Als die Sowjets 1957 ihren ersten Sputnik steigen ließen, sah Little Richard dies als «ein Zeichen des Himmels» an, das blasphemische Streben nach Mammon aufzugeben. Auf der Dampferrückfahrt von einer Australien-Tournee, so die Fama, habe er damals seinen kostbaren Juwelenschmuck über Bord geworfen. Beweisbar ist, daß er anschließend seine sechs Cadillacs verkaufte und sich für zwei Jahre am Oakwood Adventisten-College in Huntsville, Alabama, als Theologiestudent einschrieb. Fortan wirkte er als Prediger und nahm nur noch fromme Gesänge auf Schallplatten auf. 1967 kehrte er auf die Rock-Bühne zurück – in alter Manier mit heiser geschriener Kehle, Lidstrich und dem selbstparodistischen Show-

Gebaren eines «King of Rock and Roll». «Ich verließ meinen Thron», erinnerte er sich, «um Hand in Hand mit meinen Leuten zu gehen. Während ich die Botschaft der Liebe verbreitete, kamen andere, die meinen Titel, meine Leute und meinen Thron beanspruchten. Da hörte ich wieder jenen Ruf. Er lautete: ‹König, kehr zurück!›» Der «bronzefarbene Liberace» (Eigenwerbung) verspielte jedoch alsbald Zepter und Krone bei trivialen Revival-Abenden. Obendrein brachte er sich mit halbkriminellen Kokain-Exzessen und riskanten Männeraffären um jede Königswürde. Doch «wie ein Chamäleon die Farbe wechselt» (Biograph Charles White), vertauschte der reuige Sünder wieder einmal den Königsmantel mit dem Predigerkittel, wurde Handelsvertreter für einen Bibelverlag und 1979 erneut Profi-Prediger, «um ganz Amerika die Parabel meiner Erlösung zu erzählen». Fünf Jahre später, als Prince und Boy George von Culture Club in outrierten Outfits nach seinem Vorbild Pop-Mode machten, hielt es der abgetakelte König für angebracht, noch einmal eine Rock-Palastrevolution zu versuchen. «Der Mann, der die wildesten Rock 'n' Roll-Parties in seiner Nase gefeiert hatte» (‹Time Out›), ließ die ungeschminkte Story seines wüsten Lebens (‹The Life and Times of Little Richard›) unter die Leute bringen und zeigte sich wieder multimedial auf der Show-Szene. So spielte sich der *Lifetime Friend* (LP-Titel) der Pop-Gemeinde 1986 in dem dekadenten Hollywood-Film ‹Down and Out in Beverly Hills› recht lebensnah als verrockte Ulknudel auf. Der aus dem Film stammende Song *Great Gosh A'mighty* brachte Richard wieder zu Hit-Ehren und veranlaßte Warner, 1986 *Lifetime Friend* zu veröffentlichen. Der Song *Operator* entwickelte sich zum kleinen Hit. Die erste Gold-Trophäe seines Lebens erhielt der quirlige Sänger 1991 für seine Version des Disney-Songs *Itsy Bitsy Spider* (auf: *For Our Children*). Auch auf seinen ersten Grammy mußte der nach wie vor aktive Little Richard lange warten: Für sein Lebenswerk wurde er 1993 mit dem Lifetime Achievement Award der US-Schallplattenindustrie geehrt. – allerdings nicht während der Gala im Shrine Auditorium von Los Angeles, sondern bei einem Dinner am Abend davor. Der Künstler schimpfte: «I'm the innovator. I'm the emancipator. I'm the originator. I'm the architect of

rock 'n' roll.» Ein Jahr später, als ihm die Rhythm & Blues Foundation im New Yorker Roseland Ballroom ihren Ray Charles Lifetime Achievement Award verlieh, fühlte er sich angemessener honoriert. Danach trat er nur noch zu besonderen Anlässen in der Öffentlichkeit auf: etwa bei einer Aids-Gala in Los Angeles und zur Eröffnung von Dolly Partons Amüsierpark Dollywood in Tennessee 1995, beim Abschlußkonzert der Olympischen Spiele in Atlanta und zur Eröffnung der Georgia Music Hall of Fame in Macon 1996, zum Gipfeltreffen mit James Brown bei der New York State Fair 1997, zur Eröffnung einer neuen Sektion in der Rock and Roll Hall of Fame in Cleveland, Ohio, 1998 und so fort. Neue Aufnahmen von ihm waren nur noch auf Samplern von anderen Künstlern zu hören: Duette mit Elton John auf dessen CD *Duets* (1993) und mit Tanja Tucker auf der Anthologie *Rhythm, Country & Blues* (1994) sowie seine Version von Leonard Bernsteins *I Feel Pretty* auf dem Album *The Songs Of West Side Story* (1996).

LPs (Auswahl) auf Specialty: *Here's Little Richard* (1958); *Little Richard* (1958); *The Fabulous Little Richard* (1959); *Biggest Hits* (1963); *Grooviest 17 Original Hits* (1967); *Well Alright* (1968) … auf Coral: *Coming Home* (1963) … auf Mercury: *King Of The Gospel Singers* (1964) *Shag On Down By The Union Hall* (1996) … auf Pickwick: *Gospel*; *Together* (mit Jimi Hendrix) … auf Camden: *Little Richard*; *Every Hour* (1970) … auf Kama Sutra: *Little Richard* … auf OKeh: *Greatest Hits Recorded Live* (1967) … auf Epic: *Greatest Hits* (1967); *Explosive Little Richard* (1967); *Cast A Long Shadow* (1972) … auf Reprise: *The Rill Thing* (1970); *The King Of Rock And Roll* (1971); *The Second Coming* (1972) … auf Joy: *Slippin' & Slidin'?* (1964) … auf Modern: *Wild And Frantic* (1965) … auf Charly: *Dollars, Dollars And More Dollars* (1975); *Georgia Peach* (1980) … auf Creole: *Now* (1977) … auf WEA: *Lifetime Friend* (1986) … mit Canned Heat auf United Artists: *Historical Figures And Ancient Heads* (1972) … auf Ace: *The Specialty Sessions* (1989; Aufnahmen von 1955–1964, sechs CDs) … auf Disney: *Four Our Children* (1991; nur *Itsy Bitsy Spider*); *Shake It All About* (1992)

Live, 1985 in York, Pennsylvania, gegründet, verbanden eingängige Rock- und Pop-Motive mit spirituellen Themen und charismatischem Auftreten. Dabei gelang es ihnen nicht immer, sich von pseudoreligiösem Bekennertum freizumachen. Ed Kowalczyk (voc), geboren am 17. Juli 1971 in Lancaster, Pennsylvania, Chad Taylor (g), geboren am 24. November 1970 in York, Patric Dahlheimer (bg), geboren am 30. Mai 1970 in York, und Chad Gracey (dr), geboren am 23. Juli 1971 in York, fanden sich als Public Affection an der High School zusammen und tingelten mit selbstgeschriebenen Songs zunächst fünf Jahre lang durch die Clubs ihrer Heimatgegend. Im August 1989 veröffentlichten sie auf ihrem eigenen Label Action Front Records das absolut unbeachtete Kassettenalbum *The Death Of A Dictionary*. Die Vorzeichen änderten sich, als sie 1991 in Pennsylvania eine Show für die Hooters eröffneten und von einem Talent-Scout des Labels Radioactive entdeckt wurden. Sie änderten ihren Namen in Live und spielten unter der Regie des ehemaligen Talking Head Jerry Harrison die EP *Four Songs* (1992) ein, deren Auskopplung *Operation Spirit* auf Position eins der College Cuts Charts von CMJ und auf Platz neun der amerikanischen Single-Charts gelangte. Mit Hilfe Harrisons entstand auch das Debütalbum *Mental Jewelry* (1992), das stilistisch wie die Quersumme von U 2 und R.E.M. klang. Kowalczyks teils sperrig-didaktische Texte erinnerten an zwanghaft lebensbejahende Predigten. Mit Hilfe von MTV gelangten Live mit dem exzellenten, Grunge-beeinflußten Album *Throwing Copper* (1994) endlich an die Spitze der amerikanischen Album-Charts. In ihren Liedern, schwärmte ‹Rolling Stone›, «steckt die Reife aus drei Jahrzehnten Popkultur». Bis Mitte 1996 wurden von dem Album sechs Millionen Exemplare abgesetzt. Songwriting und Produktion waren auf ein Höchstmaß verfeinert worden, die Texte standen der Dramaturgie der Songs nicht mehr im Wege. Mit ihrer Teilnahme am '94er Woodstock Festival sicherten sich Live einen Nischenplatz in der amerikanischen Rock-Geschichte. Allerdings wollten sie sich nicht festlegen lassen und schlugen auf *Secret Samadhi* (1996) eine Richtungsänderung ein. Die religiösen Texte rückten wieder in den Vordergrund, der Sound wurde weicher, geschmeidiger und transzendenter. «Die Songs verbreiten ein sur-

realistisches Image, sie lösen etwas aus, das sich nicht so recht fassen läßt, oft ein Unbehagen, eine Unsicherheit. Kowalczyk singt in Bildern, in Rätseln, in siebenfach verschlüsselten Metaphern. Seine Lyrics haben eine poetische Qualität, die sich nicht selten am musikalischen Aufbau eines Songs reibt» (‹Visions›). Das Album floppte auf ganzer Linie, worauf die Band mit *The Distance To Hear* (1999) wieder zu bodenständigeren Konzepten zurückkehrte. Ed Kowalczyk: «*Secret Samadhi* war eher ein Trip als alles andere. Jetzt wollten wir wieder ein Album machen, das die Leute auch verstehen können.» Die Kritik belohnte den erneuten Sinneswandel. «Live kehrten mit ihrem kraftvollsten, philosophischsten, lautesten und persönlichsten Album zurück», urteilte die Zeitschrift ‹The Swirling Sphere›.

LPs auf Radioactive: *Mental Jewelry* (1992); *Throwing Copper* (1994); *Secret Samadhi* (1997); *The Distance To Here* (1999); *They Stood Up For Love* (2000)

Living Colour, 1983 in New York gegründet, waren die erste schwarze Rock-Band mit einem Publikum jenseits aller Rassenschranken, seit Sly And The Family Stone in den siebziger Jahren an Drogenproblemen auseinanderbrachen. Vernon Reid (g), geboren am 22. August 1958 in London, Muzz Skillings (bg), geboren am 6. Januar 1960 in Queens, New York, Will Calhoun (dr), geboren am 22. Juli 1964 in Brooklyn, New York, stammten aus Mittelklassefamilien, hatten Avantgarde-Musik studiert oder in Jazz-Fusion-Ensembles gespielt, Sänger Corey Glover, geboren am 6. November 1964 in Brooklyn, New York, war in Oliver Stones ‹Platoon› als Schauspieler aufgetreten, bevor sie sich zusammentaten und einen an ihren Vorbildern Led Zeppelin, Grand Funk Railroad, Foghat orientierten Hard Rock mit Punk-, Funk-, Metal- und Jazz-Obertönen entwickelten. Reid hatte diesen Hard Rock-Funk schon in Ronald Shannon Jacksons Decoding Society erprobt. Im Gegensatz zu den barockschwülstigen Macht & Macho-Texten gängiger Schwermetall-Poesie hielten sie ihr Songmaterial hart an der grimmigen Realität des City-Alltags. *Which Way America?* wies auf den Kontrast zwischen der Glitzerwelt der Fernsehbilder und der Wirklichkeit des Überlebenskampfes hin, *Funny Vibe* attackierte rassistische Stereotype, und *Cult Of Personality* begann mit einem Kampfspruch von Malcolm X. Reid hatte sich 1985 an der Gründung der ‹Black Rock Coalition› beteiligt, die schwarzen Rock-Bands mehr Mut zur Selbstbehauptung machen und mehr Auftrittsmöglichkeiten verschaffen wollte und sich mühte, die Mehrheit weißer Rock-Fans auf die Bedeutung schwarzer Rockmusiker in der amerikanischen Populärmusik-Geschichte hinzuweisen. Obwohl Mick Jagger 1987 zwei DemoSongs der Gruppe produzierte, nachdem er sie im Punk-Schuppen CBGB's entdeckt hatte, war es für Living Colour schwierig, einen Plattenkontrakt zu finden. Die Gruppe paßte wegen ihrer Hautfarbe nicht in die gängigen Klischeevorstellungen der Musikmanager von einem Hard Rock-Ensemble. Das Debütalbum *Vivid* (1988) avancierte zum Millionenseller, befremdete jedoch einige Kritiker wegen seiner vermeintlichen ethnischen Inkonsequenz. «Die Musik auf *Vivid* ist nicht ungeschickt, sondern bloß auf beunruhigende Weise unauthentisch», eiferte sich das schwarze Wochenblatt ‹The City Sun› aus Brooklyn. «Der Fehler, beweisen zu wollen, daß jeder Hard Rock spielen kann, beweist nur auf unerfreuliche Weise die kulturelle Limitation der Band: Als Rock-Gruppe kann Living Colour nicht mit einem Ensemble wie Cheap Trick konkurrieren.» Die ‹Village Voice› sah eine Dauerkontroverse um die Band auf akademischer Ebene voraus: «Die Art, wie Living Colour ihren post-Led Zeppelinschen, studiogelackten Metal spielen, klingt für viele Leute weiß – ganz gleich, wieviel Funk und Jazz und Gospel und Straßengewieftheit man dazutut. Die Form wiegt nun mal eine Tonne.» Den Musikern war der Kritikerstreit um Sound-Identität und Zielpublikum so egal wie ihren Fans: «Natürlich hoffen wir auch, ein schwarzes Publikum zu erreichen. Aber eigentlich sind wir mehr daran interessiert, uns selbst zu verwirklichen. Was wir tun, kommt aus dem, was wir sind. Es ist nur schwarz, weil es von Schwarzen gespielt wird.» Mit ihrer zweiten LP *Time's Up* (1990) setzten die vier Musiker das tückische Spiel von simplen Rock-Riffs und harmonisch ausgeklügelten Gitarren-Soli fort. Little Richard, Saxophonist Maceo Parker und Mick Jagger hatten sich einspannen lassen. «Absolut phänomenale Momente» bescheinigte ‹Rolling Stone› Songs vom Schlage *Elvis Is Dead*, *Type* und vor allem *Love Rears Its Ugly Head*. Eine Flut von Ehrungen brach über die vier Musiker herein: Reid und Calhoun wurden in diversen Polls als beste Musiker ihres Fachs gefeiert, ‹Rolling Stone›-Leser wählten Living Colour zur «Best Newcomer Band». *Time's Up* brachte wiederum Gold und Living Colour 1991 einen Grammy ein. Gewitzt schoben die Musiker eine Live-LP (*Biscuits*, 1991) hinterher, die außer einigen CoverVersionen nichts Neues enthielt. Ende des Jahres entschloß sich Skillings, die Band zu verlassen, und wurde durch den ehemaligen Tackhead-Bassisten Doug Wimbish, geboren am 22. September 1956 in Hartford, Connecticut, ersetzt. In dieser Besetzung entstand 1993 *Stain*. Das vage Konzept-Album machte Kritiker ratlos. «Das Ganze schwankt vom Bizarren zum Banalen», versuchte ‹Q› zu analysieren. «Der Einfluß von (Rappern wie) Paris oder Ice Cube kontrastiert zu den Studio-Spielereien, die Platten wie Hendrix' *Axis Bold As Love* und *Revolution No. 9* von den Beatles so betörend machte. *Nothingness* ist dagegen ein Song, der allenfalls zur Hintergrundmusik taugt.» Die Band schien mit *Stain* ihr Pulver verschossen zu haben. Reid löste Living Colour Anfang 1995 auf und erklärte im Magazin ‹Performance›: «Ich habe ein ganzes Jahr um diese Entscheidung gerungen. Aber die Magie war raus und der Gruppengeist zum Teufel. Es hat einfach keinen Spaß mehr gemacht.» Corey Glover verdingte sich als Video-Jockey beim Kabelkanal VH 1 und beteiligte sich am Jimi Hendrix-Tribute-Album *In From The Storm* (1995). Vernon Reid debütierte mit seiner neuen Band Masque, u. a. mit Don Byron (bg, cl), Hank Schroy (bg), Curtis Watts (dr), Leon Gruenbaum (perc) und DJ Logic (turntables) und dem Album *Mistaken Identity* (1996).

LPs auf Epic: *Vivid* (1988); *Time's Up* (1990); *Biscuits* (1991); *Stain* (1993); *Pride – The Greatest Hits* (1995) ... LPs Vernon Reid mit Masque auf Sony: *Mistaken Identity* (1996) ... mit Elliott Sharp und David Torn auf Knitting Factory Records: *Guitar Oblique* (1998)

Lopez, Jennifer (voc), am 24. Juli 1970 als mittlere von drei Töchtern eines aus Puerto Rico stammenden Computertechnikers und einer ebenfalls puertoricanischen Kindergärtnerin im Castle Hill-Distrikt der New Yorker Bronx geboren, war schon ein Hollywood-Sexsymbol, als sie 1998 beschloß, nun auch noch Sängerin zu werden. ‹Rolling Stone› machte hinter dem Superstar-Image der für acht Millionen verkaufte Einheiten ihres Debütalbums *On The 6* (1999) mit einem American Latino Media Award und anderen Preisen ausgezeichneten «Entertainerin des Jahres» zwei verschiedene Persönlichkeiten aus: «… die Hollywood-Schauspielerin, die maßgeschneiderte Kleider trägt und das Leben in L. A. ihrer Geburtsstadt New York vorzieht, und das mutige Mädchen, das immer mit der Subway-Linie 6 zum Training nach Midtown-Manhattan fuhr und davon träumte, ein Star zu werden.» Erfolg haben, im Mainstream Fuß fassen – diese Lektion hatte ihr ihr Vater David, der mit den Kindern nur englisch und nicht spanisch sprach, frühzeitig eingebleut. Mutter Guadalupe traktierte sie von Geburt an mit Salsa-, Merengue-, Doo-Wop-, Rock ’n’ Roll- und Broadway-Platten und führte mit den drei Schwestern Szenen aus der ‹West Side Story› auf, wobei Jennifer immer die feurige Anita gab. Mit fünf Jahren erhielt sie Tanz- und Gesangsstunden und ging immer noch zum Tanzunterricht, als sie nach der High School bereits in einer Anwaltskanzlei jobbte. Nachts tanzte sie in Clubs, bereiste 1989 mit dem Ballett der Revue ‹The Golden Musicals of Broadway› vier Monate Europa, stellte sich 1990 in Los Angeles bei der TV-Comedyserie ‹Living Colour› vor und bekam dort ihren ersten Medienvertrag. Sie spielte Nebenrollen in Fernsehfilmen, war in der Serie ‹Hotel Malibu› zu besichtigen, durfte in Janet Jacksons Video zu *That’s The Way Love Goes* das Tanzbein schwingen und wurde 1995 mit dem Film ‹My Family / Mi Familia› fürs Kino entdeckt. Sie spielte in diesem Immigrantendrama (Regie: Gregory Nava) die Rolle der jungen Latina Maria Sanchez, deren Familienschicksal von den zwanziger bis zu den achtziger Jahren des 20. Jahrhunderts dargestellt wurde, derart überzeugend, daß sich eine weitere Filmrolle (‹Money Train›) unmittelbar anschloß und Francis Ford Coppola, der ‹My Fa-

mily› co-produziert hatte, sie 1996 für die Komödie ‹Jack› unter eigener Regie neben Robin Williams wieder vor die Kamera holte. Damit spielte sie in Hollywoods Oberliga und schloß – nach den Filmen ‹Blood and Wine›, ‹Selena›, ‹U-Turn› – 1998 in dem Bankräuberdrama ‹Out of Sight› neben George Clooney zum Weltstar auf. Regisseur Steven Soderbergh: «Jennifer gehört zu jenen Menschen, die durch ihre Aura beim Betreten eines Raums dessen Molekularstruktur verändern.» Die Spannung zwischen Clooney als Gangster und Lopez als Polizistin empfanden Kritiker als «elektrisierend, einfach das erotischste Pas de deux im Kino seit Jahren» (‹Empire Online›). Zudem stimmte der Soundtrack: Latino-, Jazz- und Soul-Samples, Hits von Mongo Santamaria, Willie Bobo, Herbie Hancock, den Isley Brothers, also «alles, was deine Seele tanzen läßt» (Hollywood-Komponist David Holmes). Aber es war nicht der Holmes-Soundtrack, der Jennifer Lopez inspirierte, selbst Platten besingen zu wollen, sondern ihr Filmporträt der Tejano-Sängerin Selena Quintanilla Perez, geboren am 16. April 1971 in Lake Jackson, Texas, die – eine Art Latino-Janis Joplin – als größte spanischsingende Pop-Interpretin der USA galt und am 31. März 1995 im texanischen Corpus Christi von der geldgierigen und eifersüchtigen Präsidentin ihres Fan-Clubs, Yolanda Saldivar, erschossen wurde. Jennifer Lopez sang im Film ‹Selena› 1997 (wieder unter der Regie von Gregory Nava) nicht selbst, sie spielte in Selenas Maske nach deren Songs. Aber sie stand für den Film im Houston Astrodome vor 35 000 Selena-Fans auf der Bühne. Lopez: «Als ich da oben stand, war es ein unbeschreibliches Gefühl. Ich empfand, daß meine Träume und die dieser 35 000 dieselben waren, und ich war glücklich. Noch in derselben Woche informierte ich meinen Manager, daß ich ein Album aufnehmen wollte.» Benny Medina, Ex-Manager von Puff Daddy, sortierte die Angebote der Major Companies. Den Zuschlag erhielt Sony-Boss Tommy Mottola, einschlägig erfahren mit Künstlerinnen wie Mariah Carey und Céline Dion. Mottolas Produzenten-Empfehlungen wurden akzeptiert, vorgeschlagene Kompositionen von Charts-Abonnenten wie Diane Warren, Michael Bolton und Babyface abgelehnt. Lopez: «Ich spürte genau, daß es wichtig war, weniger Pop-Songs zu haben als ursprüngliche Latino-Musik. Natürlich bedurfte es einiger Mühe, Sony das klarzumachen.» Doch trotz der federführenden Beteiligung des Salsa-Papstes Emilio Estefan Jr. aus Miami neben Producer-Koryphäen wie Ric Wake (Céline Dion), den sogenannten Track Masters Poke and Tone (L. L. Cool J) sowie Puff Daddy, trotz des Duettpartners Marc Anthony (*No Me Ames*) und des Insistierens der Künstlerin auf den Stilbegriff Latin Soul geriet das Album *On The 6* ganz wenig Latin und sehr viel mehr Mainstream. Mit den drei Charts-Singles *Waiting For Tonight, Feeling So Good, Let's Get Loud* und dem weltweiten Nummer-eins-Hit *If You Had My Love* wurde das Lopez-CD-Debüt außerordentlich erfolgreich, aber doch nicht mehr als – positiv – «ein großartiges Album für einen Sommer in der Stadt» (so die US-Ausgabe der Illustrierten ‹Elle›) oder – negativ – «ein bißchen Gloria Estefan, Mariah Carey, Gipsy Kings, Spice Girls, ein Hauch *La Isla Bonita*, ein paar harmlose Hip Hop-Beats, Flamencogitarren, Kastagnettengeklapper, Disco-Stamp und gehauchter Gesang», so ‹Musikexpress›. Mit dem Fazit: «Latin Soul» (O-Ton Lopez) «ohne Seele» (O-Ton Musikexpress). Nach den Dreharbeiten zum Film ‹Selena› hatte Miss Lopez im Februar 1997 das männliche Model Ojani Noa aus Kuba geheiratet, im Hauptberuf Kellner in Gloria Estefans Restaurant Larios in Miami. Er brachte ihr etwas Spanisch bei und nervte sie extrem durch seine Eifersucht. Ein Jahr später waren sie geschieden, und er besaß ein eigenes Lokal. Aus der Produktionsphase zu *On The 6* blieb Jennifer Lopez eine Liaison mit Sean ‹Puff Daddy› Combs, Mitte 1999 von beiden offiziell bestätigt. Sie begleitete den «Ablador» (spanisch für Großmaul) im März 2000 zu einigen Konzerten seiner Europa-Tournee und war auch an seiner Seite, als er am 27. Dezember 2000 Auslöser einer Schießerei in der Disco New York Club in Manhattan wurde. Das 14stündige Polizeiverhör, nach dem sie freigelassen wurde, stellte die Beziehung auf eine schwere Belastungsprobe, kurze Zeit später war sie beendet. Lopez: «Zwei Jahre – das ist lang!» Die beiden besten Tracks ihres zweiten Albums *J. Lo*, das Ende Januar 2001 erschien, hatte Puff Daddy (jetzt: P. Diddy) immerhin noch produ-

ziert: *Walking On Sunshine* (Textprobe: «Catch my tears with a kiss / These special moments do exist») mit stampfenden House-Beats und Techno-Sounds sowie *Dance With Me*, eine Hymne auf agile DJs und volle Tanzflächen («Nobody's on the wall, that's what I like») in der Art von Madonnas Hit *Music*. Das Album sei «nichts für akademische Lustmuffel», lobte Thomas Weiland in ‹Tip› und meinte damit wohl Kritiker wie Jörg Feyer vom deutschen ‹Rolling Stone›, der sich zu dem Urteil verstieg, Jennifer Lopez sei «das Superbabe, das die globalisierte New Economy verdient hat, ein feuchter Aufsteiger-Traum ohne Vision und Gewissen». Tatsächlich ließen die Balladen, stärker als im ersten Album, etwas Stimme erkennen (*Come Over*), die auf spanisch gesungenen Tanznummern (*Cariño, Si Ya Se Acabó*) kamen schon sehr in die Nähe des von ihr propagierten Latin Soul – besser: Latino-Pop. Sie hatte an sechs Songtexten mitgeschrieben, für *I'm Real* auch die Melodie komponiert und die Produktionszeit gegenüber dem ersten Album von sechs auf drei Monate gesenkt. Nicht auszuschließen, daß aus der brillanten Tänzerin und der mitunter charismatischen Schauspielerin noch eine richtige Musikantin wird.

LPs auf Epic: *On The 6* (1999); *J. Lo* (2001)

Lovett, Lyle (voc, g), wurde einem größeren Publikum erst durch seine Ehe mit der Schauspielerin Julia Roberts (‹Pretty Woman›) bekannt. Doch als er Roberts im Juni 1993 heiratete, war er als Musiker längst ein Star. Lovett, geboren am 1. November 1957 in Klein, Texas, wuchs in der texanischen Dorfgemeinschaft auf, die nach ihrem Gründer Adam Klein, einem bayerischen Weber und Lovetts Ururgroßvater, benannt war. Das Dorf wurde überwiegend von deutschstämmigen Siedlern bewohnt – ein Grund für Lovett, nach Publizistik auch Deutsch zu studieren und Europa zu bereisen. Neben seinem Studium begann er Songs zu schreiben und war, wie zur selben Zeit auch Nanci Griffith, bald ständiger Gast vor und hinter der Bühne des Anderson Fair Retail Restaurant in Houston, einem Country Music-Club. Wie Griffith verehrte er Guy Clark, Jerry Jeff Walker und Townes Van Zandt. Noch bevor er ein Album mit eigenen Songs veröffentlichen konnte, war er auf Platten anderer Musiker als Background-Sänger zu hören, so auf Griffiths ersten beiden LPs; er posierte sogar für das Cover ihres zweiten Albums, *Last Of The True Believers*. 1986 vermittelte ihm Guy Clark einen Vertrag mit MCA. Das Debütalbum *Lyle Lovett* zeigte einen äußerst eigenwilligen Musiker, der mit dem Erstling bei den Rundfunkstationen der Universitäten, nicht aber beim Country-Publikum ankam. Lovett hatte für die Platte keine Studio-Routiniers, sondern junge Musiker engagiert, die vornehmlich in Jazz-Gruppen gespielt hatten; auch mied er Country-Klischees. In Europa fand er schnell Zuhörer, tourte mit dem Cellisten John Hagen erfolgreich durch Großbritannien. «Ich war als Sänger nie so gut», sagte er, «daß ich Songs von Merle Haggard singen konnte. Wäre ich ein besserer Sänger, hätte ich vielleicht niemals etwas Eigenes geschrieben.» Die Mischung aus Country und Jazz, auffälligen Instrumentierungen und skeptischen, doppelbödigen Texten behielt Lovett auch für *Pontiac* (1987) bei. Neben anderen Gastmusikern war Emmylou Harris auf dem Album zu hören. Lovett hatte mittlerweile eine recht große Musikerschar um sich gesammelt, mit der er auf Tour ging und das Album *Lyle Lovett & His Large Band* (1989) einspielte. Das Country-Publikum stand Lovetts Ausflügen in Jazz und Blues nach wie vor reserviert gegenüber, aber wie k. d. lang, Nanci Griffith, Garth Brooks, Dwight Yoakam hatte er Teile des Rock-Publikums für seine differenzierten Songs mit literarisch anspruchsvollen Texten gewonnen. Immerhin hatte er sich mit Tammy Wynettes *Stand By Your Man* auch gen Nashville verneigt. Lovett arbeitete langsam: In zehn Karrierejahren, die *Joshua Judges Ruth* (1992) und *I Love Everybody* (1994) hervorbrachten, veröffentlichte er mit *The Road To Ensenada* 1996 erst die sechste eigene Platte. Hinter berückend schönen Melodien, sanften Streicherarrangements, aber auch handfestem Rhythm & Blues lauerte die Misanthropie des Sängers. «Ich interessiere mich nicht für tolle Autos, Diamantringe oder Filmstars», sang der frischgebackene Ehemann von Julia Roberts sarkastisch, «ich hab es mehr mit Pinguinen.»

Lovett, der auch in Robert Altmans ‹Short Cuts› zu sehen war, hatte Roberts 1992 bei Dreharbeiten zum Film ‹The Player› kennengelernt. Die Ehe mit dem umworbenen Filmstar hatte allerdings keinen langen Bestand: Ende 1995 trennte sich das Paar. Lovett setzte seiner Ex-Frau auf *The Road To Ensenada* mit dem sarkastischen Song *The One-Eyed Fiona* ein wenig schmeichelhaftes Denkmal – Fiona war der zweite Vorname von Julia Roberts. Mit dem Doppelalbum *Step Inside This House* (1998) zollte der knarzige Singer/Songwriter-Vorbildern und Weggefährten aus Texas mit deren Liedern Tribut: Guy Clark, Townes Van Zandt, Robert Earl Keen, Walter Hyatt, Steven Fromholz, Vince Bell. Die stilsichere Gratwanderung zwischen respektvoller Verneigung vor deren Eigenarten und eigenständiger Interpretation mit einer märchenhaft homogenen Begleitband war dem ‹Musikexpress› einen Superlativ wert: «Singer/Songwriter-Album des Jahres». Das bereits im Spätsommer 1995 in Austin und San Antonio mitgeschnittene Folge-Album *Live In Texas* (1999) mit einer 17köpfigen «Large Band» und Gast-Vocals von Francine Reed und Rickie Lee Jones nannte Jörg Feyer im deutschen ‹Rolling Stone› einen «in sich stimmigen Best-of-Streifzug durch die ersten vier Alben». Die Large Band erscheine manchmal «larger than life, so mühelos fließen hier Finesse und Power zusammen». Gleichwohl beurteilte der Rezensent die CD als «ein wenig inspiriertes Live-Album» – wie denn nun? ‹WOM Journal›: «Large Band heißt R & B galore, heißt soulvolle Chorus-Arbeit, heißt fette Bläsersätze, heißt uptempo Western Swing, heißt einfach: Spaß, Ironie und Sentiment. Bleibt bloß die Frage, warum dieses wunderbare Album so lange unterwegs gewesen ist.»

LPs auf Curb: *Lyle Lovett* (1986); *Pontiac* (1987); *Lyle Lovett & His Large Band* (1989); *Joshua Judges Ruth* (1992); *I Love Everybody* (1994); *The Road To Ensenada* (1996) ... auf MCA: *Step Inside This House* (1998); *Live In Texas* (1999); *Dr. T. & The Women* (2000)

M

(The) Madness gaben sich im Gruppennamen, in Outfits und Make-up wie eine New Wave-Band und inszenierten ihre Songs mit Sponti-Attitüde. Dabei reicherten sie ihre Sound-Mixturen aus Ska, instinktsicher nachgeahmtem altertümlichem Pop, Rhythm & Blues und forschen Sozialsatiren ohne politischen Tiefgang mit Klamauk aus der reichen britischen Music Hall-Tradition an. Dieser «nutty sound» stellte «die Exzentrizität, den Pomp und die Schattenseiten der englischen Mentalität» (‹New Musical Express›) bloß, schlug aber stets versöhnliche Töne an: «Sie betrachteten die Absurditäten des Lebens mit einem Lächeln in den Mundwinkeln und nicht mit einem rasiermesserscharfen Sezierblick» (‹Melody Maker›). Chris Foreman (g), Mike Barson (kb) und Lee Thompson (sax) spielten seit 1976 in der Londoner Band Morris And The Minors, taten sich 1978 mit Graham «Suggs» McPherson (voc), Mard Bedford (bg), Dan Woodgate (dr) zu The Invaders zusammen und tauften sich 1979 schließlich um in Madness, nach einem Song des Ska-Stars Prince Buster, dem sie ihre erste Single auf dem 2-Tone-Label der Specials widmeten. Mit Chas Smash (voc), bürgerlich: Carl Smyth, der sich bei einem Konzert als flotter Sprücheklopfer einfach zu ihnen gesellt hatte, brachten sie bis 1986 bei Stiff Records 21 Top Twenty-Hits, darunter *My Girl*, *Baggy Trousers*, *Grey Day*, *It Must Be Love*, *House Of Fun*, *Our House*, heraus, die «dazu beitrugen, Pop als Kunstform wiederzubeleben, und sie auf ihrem Sektor als Giganten etablierten» (‹NME›). Madness-Musik war eine «elektrisierende Verbindung von Sinn und Unsinn, Nichtsnutzigkeit und Nachdenklichkeit, Puls und Impuls. Musik

für Hirn, Hände und Füße. Und fürs Herz» (‹Melody Maker›). Die «Rock & Roll-Commedia dell' arte» (‹Rolling Stone›) verlor jedoch zunehmend ihren pubertären Übermut. Seit dem Album *7* (1981) beklagten sie mit eher melancholischem Humor «den gesunkenen Geist der Britannica» (‹The Face›), wandten sich in Stücken wie *Blue Skinned Beast* gegen den Hurra-Patriotismus nach dem Falkland-Krieg und stimmten auf Alben wie *The Rise And Fall* einen «Trauergesang» an «auf das England, das Thatchers Tories ausnutzen und ausbeuten» (‹NME›). Songs wie *Grey Day* und *Our House* zeichneten aber auch ein Bild des britischen Kleinbürgerlebens, wie es seit den Kinks kaum eine Rock-Gruppe vermocht hatte. Die einst als vermeintliche Lieblingstruppe rechtsradikaler Jugendlicher gescholtenen Cockney-Musiker wurden Ende 1983 hart getroffen, als Gründungsmitglied Barson genug von der Madness hatte und mit seiner holländischen Frau nach Amsterdam zog. Die Single *Ghost Train* markierte mit dem Fortgang Bedfords und Woodgates das vorläufige Aus für die in die Jahre gekommenen Spaßvögel. 1988 versuchten McPherson, Smyth, Foreman, Thompson als Quartett The Madness einen neuen Anfang und boten ein Album, das schwermütig von zerbrochenen Beziehungen, Trennungsschmerz, privater Frustration und vergeudetem Leben handelte. ‹City Limits› hielt den Comeback-Versuch für pure Madness: «Indem sie ihren alten Namen wiederaufleben ließen, haben sie sich an eine Geschichte gekettet, die eigentlich ein abgeschlossenes Kapitel hätte bleiben müssen. *Ghost Train* wäre das ideale letzte Wort gewesen, ein Nachruf auf die Kunst, Singles zu machen, und auf den Vaudeville-Pop.» Die für Madness-Verhältnisse ungewohnte Erfolglosigkeit der Platte führte zum baldigen Bruch der reformierten Band. Die Musiker blieben der Pop-Welt erhalten: Suggs im Umkreis von The Farm und Morrissey; Woodgate arbeitete mit der Mädchen-Gruppe Voice Of The Beehive zusammen, Thompson und Foreman gründeten The Nutty Boys. 1992 kamen Madness für zwei Open Air-Konzerte wieder zusammen. Der Mitschnitt dieser Auftritte, *Madstock*, animierte die Band auf Grund des unerwarteten Erfolges in den folgenden Jahren zu weiteren Konzerten im Londoner Finsbury Park. Der Film ‹Madstock: The Movie› wurde am 1. Januar 1993 im englischen TV-Kanal C4 uraufgeführt. Suggs, der 1995 einen Vertrag als Solokünstler mit Best West abschloß, kam mit den Singles *I'm Only Sleeping, Camden Town* und *Cecilia* (von Paul Simon) aus seinem Album *The Lone Ranger* (1995) unter die britischen Top 20, zwei weitere Singles, *No More Alcohol* und der Fußball-Song *Blue Day*, stoppten 1996 auf den UK-Positionen 24 und 22. 1998 war aus dem nun bereits traditionellen Madness-Konzert im Finsbury Park ein kleines Madstock-Festival geworden, das mit sechs anderen Bands zum viertenmal stattfand. Diesmal beschloß das in Originalbesetzung wiedervereinigte Madness-Sextett nicht nur einen weiteren Oldies-Sampler, *The Heavy Heavy Hits* (1998), sondern auch eine neuerliche USA-Tournee mit CD-Mitschnitt in Kalifornien: *Universal Madness: Live In Los Angeles* (1998). Des großen Erfolgs wegen wurde beides, US-Tournee und CD-Produktion, 1999 wiederholt. Nach der Madness-Party im New Yorker Irving Plaza im Mai titelte Jon Pareles in der ‹New York Times›: «The Songs Are Sad but the Beat Is Glad». Es war die alte 2-Tone-Mischung aus Scherz, Ironie und tieferer Bedeutung, die dann auch in den neuen Liedern des vom eingeführten Produzententeam Clive Langer / Alan Winstanley betreuten Albums *Wonderful* (1999) überzeugte: «Bei Madness passiert immer alles auf einmal – Streicher, Klavier, Bläser und tausend kleine Sound-Effekte, die vor dem geistigen Auge einen Zirkus auffahren. Glamouröses Kopfkino voller Stars und Attraktionen, immer an der Grenze zum Kitsch und zur Selbstparodie, das vor keiner Groteske zurück-

schreckt, weder Bombast noch Hörspiel-Einlagen scheut und ganz einfach riesigen Spaß macht» (Marcel Anders im ‹Musikexpress›). Ihre alten Songs waren inzwischen zu Klassikern geworden: 1993 hatte in London das von Alan Gilbey verfaßte Musical ‹One Step Beyond› Premiere – um 15 Madness-Melodien herumgebaut.

LPs auf Stiff: *One Step Beyond* (1979); *Work, Rest & Play* (Mini-LP, 1980); *Absolutely* (1980); *7* (1981); *The Rise And Fall* (1982); *Complete Madness* (1982); *Keep Moving* (1984) … auf Virgin: *Mad Not Mad* (1985); *Utter Madness* (1986); *Madness* (1988); *Divine Madness* (1992); *The Business – Definitive Singles Collection* (1993; Box mit drei CDs); *The Heavy Heavy Hits* (1998); *Wonderful* (1999) … auf Strange Fruit: *The Peel Sessions* (1986) … auf Go!: *Madstock* (1992) … auf Golden Voice: *Universal Madness: Live In Los Angeles* (1998)

Madonna (voc), bürgerlich: Madonna Louise Ciccone, am 16. August 1958 in Bay City, Michigan, als Tochter eines Autoschweißers geboren, sollte nach dem Willen ihrer früh an Krebs verstorbenen Mutter als Novizin in einen Orden eintreten. Statt dessen brachte die «blasierte Frühreife» (Madonna über Madonna) die Begleitrituale ihrer streng katholischen Erziehung auf die Showbühne und stilisierte sich 1983 zur Promotion ihrer ersten LP mit Dutzenden von Kruzifixen, Rosenkränzen, fluoreszierenden Gummiarmbändern, schwarzen Strümpfen und Strapsen über Männer-Boxershorts zur Klosterfrau Lolita. Das Tragen der Glaubenssymbole bereitete der singenden Nymphe sinnliches Vergnügen: «Ich mag Kruzifixe, weil sie sexy sind; schließlich ist ja ein nackter Mann drauf.» In ihren mit dünner Stimme vorgetragenen Hit-Songs begab sich Madonna kokett in die Rolle des Sex-Objektes, spielte die «Klischee-Situation einer willigen Frau zum Aufreißen» (‹Tip›) voll aus – und behielt am Ende doch alle Fäden in der Hand. Eine «prinzipielle Dusseligkeit» registrierte Mick Jagger in den zumeist selbstverfaßten, oberflächlichen Konsum-Songs der «Minnie Mouse auf Helium», die nach den Disco-Bedürfnissen der vorwiegend minderjährigen Fans arrangiert waren. Als «Mischung aus Heidi auf der Alm, Margaret Thatcher und Mae West»

(‹Time›) verstellte sie sich «wie eine Jungfrau» (LP-Titel) und tat den Verlust ihrer Unschuld keß als «Karriereschritt» ab. Der Karriere zuliebe ging sie als Fotomodell und Background-Sängerin in New York und Paris ständig Zweckfreundschaften mit Tänzern, Musikern, Discjockeys und Designern ein, die aber selbst ihre rüde abgelegten Liebhaber nicht als «Ausbeutung von Vertrauen» tadeln mochten: «Madonna schreitet voran, und die anderen bleiben stehen. Da kennt sie keine falsche Höflichkeit.» – «Ich bin ein materialistisches Girl und lebe in der materialistischen Welt», sang die Aufstiegsbesessene 1985 nicht ohne Selbstironie und posierte im dazugehörigen Video als Monroe-Typ à la ‹Blondinen bevorzugt›. Anders als Marilyn, aber ähnlich wie Barbra Streisand schien Madonna entschlossen, ihre hemmungslose Selbstvermarktung und die ständigen Image-Variationen voll unter Kontrolle zu halten. Ihre unterhaltsamen Platten und brillant choreographierten Live-Auftritte waren perfekte Inszenierungen eines Massenidols. Änderungen in Kleidung und Haartracht nahmen geschickt den Wechsel des Zeitgeschmacks vorweg. So konnte die Illusion von Persönlichkeit hinter der Videoclip-Fassade entstehen. Die Kinokameras jedoch entlarvten das begrenzte Talent der Poseurin. Während sie in der Verwechslungskomödie ‹Susan – verzweifelt gesucht› (1985) noch als glückliche Zufallsbesetzung amüsieren konnte, ließ Madonna in den kalkulierten Star-Vehikeln ‹Shanghai Surprise› (1986, mit Kurzzeit-Ehemann Sean Penn) und ‹Who's That Girl› (1987) allen Charme und jegliche Leinwand-Ausstrahlung vermissen. Ihr Terrain, erkannte die ‹Village Voice›, sei eben doch eher die Hitparade: «Sie verkörpert die Popmusik mit all ihren Widersprüchen, Beschränkungen und Beglückungen. Madonna hat die wissende Unschuld und den simplen Frohsinn des Pop voll drauf. Sie begreift den Reiz der schillernden Oberflächlichkeit im Pop, hat aber auch das Lebensgefühl, die Energie und Emotion dahinter kapiert.» Dabei gelangen ihr längst nicht alle Projekte, die sie in Angriff nahm: Der mit Warren Beatty zu Songs des Broadway-Intellektuellen Stephen Sondheim gedrehte Film ‹Dick Tracy›, in dem sie Breathless Mahoney spielte, war ebenso ein höchst mäßiger Erfolg wie die dazu-

gehörige LP *I'm Breathless* (1990). Die Big Band-Standards paßten nicht zu ihren begrenzten vokalen Möglichkeiten und stießen trotz eines Oscars für den Soundtrack-Song *Sooner Or Later* (*I Always Get My Man*) bei ihrem angestammten Publikum auf Unverständnis. Der Flop ließ die Sängerin in Hektik verfallen: Da sie sich selbst als Kunstfigur erschaffen hatte, konnte nur ständige Medienpräsenz sie am Leben erhalten. Die ehrgeizigen Pläne, über eine Pop-Karriere zu einer Filmkarriere im Stil Marilyn Monroes zu kommen, hatten sich als illusorisch erwiesen. Ihre «Blonde Ambition»-Tour durch die USA und Europa geriet zum zwiespältigen Ereignis: In den USA waren viele der in riesigen Arenen veranstalteten Shows ausverkauft. In Europa dagegen schäumte der katholische Klerus und versuchte in Italien Auftritte der Symbolverletzerin zu verhindern. Im Vertrauen auf die immerwährende Wirkung sexueller Provokationen hatte sie bereits in dem Video zu *Like A Prayer* Katholizismus mit Erotik vermengt. 1991 veröffentlichte Madonna, «die wahre Feministin» (Camille Paglia), den Video-Film ‹Truth or Dare: On the Band Behind the Scenes, and in Bed with Madonna›, an dem vor allem der Titel provokativ war. Grobkörnige Schwarzweiß-Aufnahmen aus dem Tournee-Alltag wurden mit inszenierten Dokumentarszenen und farbigen Ausschnitten aus der Bühnenshow unterschnitten, so daß der Eindruck entstand, «als würden die Dramen aus Sex, Macht und Geld, die die Show des Superstars bestimmen, hinter der Bühne, im Bus und im Hotelzimmer weitergespielt» (‹Der Spiegel›). «Madonna reagiert», kommentierte das Nachrichtenmagazin, «sobald die Kamera läuft. Erst das scheint ihrem Verhalten Gültigkeit zu geben. Dabei verkommt gelegentlich die Skandal- zur Betriebsnudel, und manchmal schrumpft sie zu der banalen Karikatur ihrer selbst: ein dummes Mädchen, das gern Sigmund Freud, Caligula und Marlene Dietrich in einer Person wäre.» Hinter all dem Rummel um ihre Person, um eine Flut von Auszeichnungen, die sich stets um die Pole «beste …» oder «schlechteste …» bewegten, um mehr oder weniger pornographische Fotos und Filme, um unberechenbare Talkshow-Auftritte, um kühle, klug von ihr dominierte Interviews, verbarg sich jedoch eine fast in neurotischer

Weise sich selbst disziplinierende Frau, die ihre Karriere fest in der Hand hatte. Madonnas Produktionsgesellschaft Maverick, über das Label Sire mit Warner fest liiert, war die Pfeife, nach der die Sängerin den mächtigen Medienkonzern tanzen lassen konnte. Was immer Maverick produzierte – Warner hatte es zu vermarkten. Der daraus resultierende Erfolgsdruck zwang sie aber auch immer wieder ins Studio. *Erotica* (1992), ihr «unbestritten bestes Album» (‹Spin›), schloß sich bruchlos an *Like A Virgin* und *Like A Prayer* an, laut ‹New York Times› auf eine noch explizitere Art: «*Erotica* zoomt in eine bestimmte kulturelle Stimmung und unterwirft diese – in einem erstaunlichen Willensakt – gänzlich ihren politischen Absichten. In ihren provokativsten Songs bietet sie ein kleinformatiges TV-Bild von Sex und Startum durch ihre persönliche Feminismus-Definition: Liebt euren Körper.» Madonna im ‹Stern›: «Ich glaube, jeder Mensch ist ein Masochist und ein Sadist. Menschen mißbrauchen sich gegenseitig und lassen sich mißbrauchen. Arm derjenige, der sich sein Vergnügen von anderen erlauben lassen muß.» Songtext: «Ich glaube nicht, daß du weißt, was Schmerz ist. Ich schenke dir so viel Lust. Ich weiß, du willst mich.» Diese eher triviale Botschaft und ihre erotischen Träume ließ sie (auch) zur Promotion der *Erotica*-LP vom Fotografen Steven Meisel für den 50 Dollar teuren Fotoband ‹Sex› inszenieren, der nach Verlagsangaben in der ersten Woche eine halbe Million Mal verkauft wurde: Madonna beim Liebesspiel mit Frauen, als Sklavin eines Mannes und nackt über einem Hund kniend. «Szenen vom Raffinement einer Reeperbahn-Inszenierung», spottete ‹Der Spiegel›. «Die schönste Sauerei des Jahres», schwärmte ‹Bild›. Die Postille ‹Prinz› brachte es auf den Nenner «Pornodonna». Sie selbst sah mit gemischten Gefühlen, «daß *Erotica* wegen der ‹Sex›-Buch-Geschichte übersehen wurde. Es ist eine Schande.» Im Frühjahr 1994, als sie New Yorks TV-Talk-Star David Letterman in seiner ‹Late Night Show› mit den Worten ansagte: «Hier kommt Madonna, die mit vielen Größen der Unterhaltungsindustrie geschlafen hat», drückte sie ihm kurzerhand ihren Slip in die Hand. Madonna später: «Das Ganze war keine Talk-Show, sondern ein Boxkampf. Ich mußte

den Mann aus der Balance bringen und ihn möglichst schnell entwaffnen, selbst auf die Gefahr hin, daß ich mit zu Boden gehe.» Die Nation schäumte – oder schmunzelte. Ende des Jahres veröffentlichte die zwischenzeitlich wieder erblondete Sängerin mit *Bedtime Stories* ein stilistisches Gemisch aktueller Sounds. «Etliche Songs haben Klasse», urteilte der deutsche ‹Rolling Stone›, «am besten sind die lasziv-langsamen Songs: *Forbidden Love, Inside Of Me, Secret*.» ‹Q› mäkelte: «Es scheint, als wäre der Stimme der Körper weggefiltert worden und nur noch die Umrisse blieben zurück.» Eine Umfrage des Magazins ‹Entertainment Weekly› ergab, nur noch 46 Prozent der amerikanischen Männer würden die Straßenseite wechseln, um einen Blick auf Madonna werfen zu können. Ihr Kommentar: «Ich wünschte, es wären noch weniger, dann könnte ich wieder ungestört ins Kino gehen.» Die 1995 veröffentlichte Balladen-LP *Something To Remember* stand bereits im Schatten des ‹Evita›-Films nach dem Musical von Andrew Lloyd Webber. Um dessen Anforderungen gerecht zu werden, nahm Madonna Gesangsunterricht: «Dabei fand ich meine Stimme und entdeckte Möglichkeiten in ihr, die ich vorher nicht kannte.» Als der Soundtrack erschien, staunte der ‹Musikexpress›: «Madonnas Stimme ist glockenhell, und man hätte nicht gedacht, daß sie die zum Teil verflucht hohen Töne in dieser Klarheit und Präzision trifft.» Es gebe hundert Gründe, das Lichtspiel des ehemaligen Werbefilmers Alan Parker mit dem ehemaligen Nacktmodell Louise Ciccone (mit Jonathan Pryce als Juan Perón und Antonio Banderas als Che Guevara) gut zu finden, schrieb Cordt Schnibben im ‹Spiegel›: daß der Film seine Story in Bildern erzähle und nicht in Dialogen, daß er detailgenau sei wie ein Champagner-Spot, daß Madonnas Stimme so schön sei wie nie zuvor. «Das wichtigste aber ist: Der Film strotzt vor Kraft. All die Walzer und Tangos, all die Streicher und Chöre, all die Singerei, mit der in ‹Evita› von der Politik eines totalitären Pärchens erzählt wird, verkleistern seltsamerweise nicht die Wirklichkeit, sondern enthüllen das Wesen aller Inszenierung von Herrschaft.» Zehn Regisseure hatten zuvor versucht, die abenteuerliche und umstrittene Karriere der mit 33 Jahren an Krebs gestorbenen Eva

Perón aus der Pampa zur Gattin des faschistischen Diktators General Juan Perón und zur argentinischen Nationalheiligen zu verfilmen, darunter Francis Ford Coppola und Oliver Stone. Stars wie Barbra Streisand, Bette Midler, Liza Minnelli, Meryl Streep und Michelle Pfeiffer hatten um die Hauptrolle in der Lloyd Webber-Version gekämpft. Madonna sah in Evita die Seelenschwester, bündelte all ihre Energie und gewann die Rolle. Sie recherchierte besessen, las Bücher, sah Dokumentarfilme, sprach mit Diplomaten, Obristen und Oligarchen, kroch in die Rolle und siegte auch als Schauspielerin. Noch vor der Filmpremiere verriet sie im April 1996 der Klatsch-Kolumnistin Liz Smith, sie sei von ihrem acht Jahre jüngeren Fitness-Trainer Carlos Leon schwanger, den sie achtzehn Monate vorher im New Yorker Central Park kennengelernt hatte. Sie inszenierte die Geburt ihrer Tochter Ende Oktober wie eine Show. Für die erste TV-Präsentation des 2,95 Kilo schweren Babys zahlte ABC dem Vernehmen nach 1,5 Millionen Dollar. Das Gesellschaftsmagazin ‹Vanity Fair› bezahlte eine sechsstellige Summe für Madonnas Tagebuch von der «Schwangerschaft des Jahrhunderts». Zu Weihnachten 1996 erschien der Fotoband über alle Phasen der Schwangerschaft: ‹Life›. Als Anfang 1998 die Veröffentlichung der LP *Ray Of Light* anstand und das nach dem französischen Marien-Wallfahrtsort benannte Töchterchen Lourdes Maria das fotogene Alter von 14 Monaten erreicht hatte, präsentierte sie sich, den fröhlichen Nachwuchs auf dem Schoß, als junge Mutter, gestresst, aber glücklich, wieder in ‹Vanity Fair›. Das offizielle Foto der Madonna mit Kind erbrachte im Februar 1998 weltweit eine satte Dollar-Million. Vertraut mit der Medienklaviatur, lobte sie die Mutterschaft: «Wenn man Kinder hat, muß man einen Schritt aus sich herausgehen. Man kann nicht herumsitzen und im Selbstmitleid versinken oder sich als Opfer von irgendwas oder irgendwem fühlen. Man sieht das Leben von einer ganz anderen Warte» (so in ‹Q›). Auf der CD sang sie: «I traded fame for love.» *Ray Of Light* zeigte aber auch, daß sie nicht nur Windeln gewechselt hatte. Songs wie *Substitute For Love* oder *Swim* bescheinigte Hagen Liebing in ‹Tip›, sie gewönnen «durch bewußte Auslassung im Klangteppich enorm an Leichtig-

keit und Transparenz», die Sängerin klinge «manches Mal sogar wie eine erfrischende Newcomerin». Zusammen mit dem Ambient Dance-Spezialisten William Orbit hatte sie sich aktuelle Sounds zunutze gemacht und in typische Madonna-Songs umgemünzt, wie sie es immer verstand, die Kreativität anderer für sich zu nutzen. Der Klangschmied zeigte sich erstaunt über die Arbeitsweise und -wut der Sängerin: «Wenn ich völlig fertig war und erschöpft nach Hause gehen wollte, sagte sie nur, ich könne ja schlafen, wenn ich tot wäre. Man sieht in ihr nur die Entertainerin, die Pop-Ikone, und nimmt kaum wahr, daß sie auch eine großartige Produzentin ist.» Auf die Häme der Medien über ihr «neues Image – Mütterlichkeit» (‹Die Zeit›), die «Rückkehr der öffentlichsten Frau der Welt als romantische Märchentante» (‹Stern›) reagierte die «Postmadonna» (‹Der Spiegel›) wie gehabt: «Die Medien haben mich schon so oft für tot erklärt – na und? Hier bin ich, mache meine Arbeit und lasse mir von niemandem den Mund verbieten.» Von den sechs Grammy-Nominierungen für *Ray Of Light* gewann sie vier, von ihren neun MTV Award-Nominierungen kassierte sie sechs. Die Leser des amerikanischen ‹Rolling Stone› wählten sie im Januar 1999 zur besten Pop-Künstlerin und zur besten Interpretin in der Kategorie Dance / Electronica. Und obgleich sie beim Ice Ball im New Yorker Roxy im Januar 1998 zum erstenmal seit zehn Jahren wieder live in einem Club aufgetreten war, wurde sie im Dezember in Las Vegas als Dance Club-Play Artist of the Year und für die Dance Club-Play Single (*Ray Of Light*) mit Billboard Music Awards gekrönt. Als im September 2000 ihr Album *Music* erschien, schrieb Ethan Brown unter dem Titel ‹Dance Fevered› im Stadtmagazin ‹New York›, Madonnas Originalität liege darin, auf dem Dancefloor interessante neue Sounds zu finden und dazu Producer, die sie für sie umsetzten. Nur noch fünf der elf Tracks, darunter *Runaway Lover* und das hymnische *Amazing*, waren von ihrem *Ray Of Light*-Partner William Orbit produziert worden, dessen Kühle nun schon wieder fast altmodisch erschien. Ihr neuer Mann am Mischpult hieß Mirwais Ahmazadi, war italienisch-afghanischer Herkunft und lebte seit seiner Kindheit in Paris, wo er als Teenager die Elektropop-Band

Taxi Girl betrieb. Durch die kreative Elektronik seines Albums *Production* hatte er Madonna derart überzeugt, daß sie seinen Song *Paradise* (*Not For Me*) inklusive des französischen Sprechgesangs gleich für sich übernahm. Mit dem New Wave-Flavour von *Borderline*, dem Retro-Discostück *Deeper And Deeper* und dem wiederholten Einsatz des Vocoders, der in den Seventies-Aufnahmen von Kraftwerk der menschlichen Stimme Robotercharakter gegeben hatte und gerade eben in Chers *Believe* wieder populär geworden war, führte er die Sängerin in Madonnas eigene Anfänge um 1980 in den New Yorker Discos Paradise Garage und Danceteria zurück. Die Textzeile «Hey, Mr. D.J., put a record on» im Opening Track von *Music* erinnerte direkt an Indeeps *Last Night A D.J. Saved My Life* oder Zhanes *Hey Mr. D.J.* aus jener Zeit. Und die war im Zyklus der Pop-Moden 2000 gerade wieder angesagt. Mit ihrem Video *American Pie* nach dem Don McLean-Hit von 1972, den sie im Film ‹The Next Best Thing› (mit Rupert Everett, 2000) gesungen hatte und in die CD *Music* übernahm, gab sie sich imagegerecht kontrovers. Unter der Regie von Philipp Stölzl, Sohn des Berliner Kultursenators Christoph Stölzl, traten fast nur Lesben und Schwule auf. Im Clip *Music* äffte sie die protzigen Posen populärer Rapper nach. Das Video *What It Feels Like For A Girl* zeigte den Amoklauf eines «nihilistic pissed-off chick» (Madonna), das zuerst ein paar Männer mit dem Elektroschocker erledigt und dann mit ihrem Boliden gegen einen Mast crasht. Ansonsten entsprach ihre Karrierewindung wieder genau dem Zeitgeist: nostalgisch, multikulturell, patriotisch, persönlich. So trat sie am 28. November 2000 in Cowboystiefeln und Westernhut, die auch ihr Cover zierten, unter dem Sternenbanner auf die Bühne der Londoner Brixton Arena, welche das italienische Designer-Paar Domenico Dolce und Stefano Gabbano mit einem Western-Ambiente aus Glitzerkakteen, Strohballen und Plastikattrappen skelettierter Rinderschädel ausgestattet hatte. 3500 Besucher, darunter Pop-Prominenz aus ganz Europa, zahlten für die exklusivste Privatparty des Jahres auf dem Schwarzmarkt bis zu – umgerechnet – 3000 Euro Eintritt, dafür wurde Madonnas 30-Minuten-Auftritt von 21 Kameras vom Software-Giganten Microsoft im Internet für angeblich neun Millionen Computernutzer übertragen. Auf der Rückseite ihres schwarzen T-Shirts zur schwarzen Hose mit Silbergürtel stand «Lola», Spitzname ihrer Tochter, auf der Vorderseite «Rocco», der Name ihres knapp vier Monate zuvor geborenen Sohnes. Und der Guy, für den sie die Eigenkomposition *I Deserve It* intonierte («This guy was dreamt for me / And I was dreamt for him») war im Zweifelsfall ihr neuer Lebensgefährte und Roccos Vater, der englische Filmregisseur Guy Ritchie. Von Lolas Vater Carlos Leon hatte sie sich unverheiratet 18 Monate nach Lolas Geburt getrennt. Nach einer kurzen Affäre mit einem britischen Drehbuchautor lernte sie den nach seinem Lichtspiel ‹Lock Stocks› als hot geltenden Filmemacher Ritchie auf einer Party in New York kennen. Der Sohn eines überaus erfolgreichen Werbe-Unternehmers, wegen Unbotmäßigkeit von zehn staatlichen und privaten Schulen geflogen, hatte Drogenerfahrungen und verstand als zeitweiliger Angestellter von Island Records etwas von Popmusik. Außerdem galt er in seinem Job als ebensolcher Workaholic und als Senkrechtstarter wie sie. Sein Drogen-Thriller ‹Lock Stocks› hatte bei einer Million Pfund Produktionskosten elf Millionen britische Pfund erlöst. Um ihm nahe zu sein, kaufte sie für 13 Millionen Dollar eine Villa im Londoner Nobelviertel Chelsea und verkaufte sie wieder, weil sie ihren Sicherheitsvorstellungen nicht genügte. Danach erwarb sie ein Schlößchen in Kensington – für 13,5 Millionen Dollar. Die Hochzeit mit Ritchie und Roccos Taufe wurden an Weihnachten 2000 unter Beteiligung des internationalen Rock-Hochadels streng abgeschirmt auf Schloß Skibo im Flecken Dornoch in den britischen Highlands vollzogen – Presse ausgeschlossen. «Madonna glaubt wohl, sie sei etwas Besseres als die Royals», nörgelte der ‹Star›. – «Madonna – die geheime Braut» titelte die ‹Daily Mail›. Der ‹Independent› spottete: «Die Ritchies laden Sie herzlich ein … auf Distanz zu bleiben.» Das Boulevardblatt ‹The Sun› drechselte sich mangels Details die Hochzeitsstory selbst. Die angereisten Promi-Freunde des Paares «hielten die Tränen zurück, als Madonna endlich ihren Guy bekam», so das Blatt. Doch im Vereinigten Königreich hatte die vulgär-selbstbewußte Pop-Ikone aus dem amerikanischen Mittelwesten noch nie eine besonders gute Presse. Zu ihrem ersten Auftritt in Großbritannien seit acht Jahren, Ende November 2000, bemühte sogar die ehrwürdige ‹Times› ihren Opernkritiker Rodney Milnes in einer zweiseitigen Titelstory («Virgin Territory») für den Nachweis, sie könne eigentlich gar nicht singen: «Die Qualität ihrer Songs wird von ihrer geringen Stimmbreite – nicht viel mehr als eine Oktave – eingeschnürt, das heißt, die Stücke kommen nie richtig zum Fliegen. Sie haben einfach nicht genug Töne dafür. Damit und mit ihrem stampfenden Rhythmus plus ihrem minimalen Reiz klingen sie beinahe alle gleich.» Ähnliches hatten Kritiker der E-Musik früher allerdings auch schon Elvis Presley und den Beatles nachgesagt. Mit dem Titelstück der CD *Music* erreichte Madonna im September 2000 zum zwölftenmal Platz eins in den US-‹Billboard›-Charts und lag damit – nach Elvis (38) und den Beatles (34) – in der amerikanischen Hit-Statistik auf Platz drei. Als die Diva im Juni 2001 in Barcelona zu ihrer Welt-Tournee ‹The Drowned World› aufbrach, schrieb Thomas Hüetlin im Vorspann seiner ‹Spiegel›-Story «John Wayne auf Stilettos»: «Die unumstrittene Herrscherin der Popwelt muß nichts mehr beweisen – und tritt doch zu einem Kreuzzug an: gegen das Alter und die eigenen Ängste.»

LPs auf Sire: *Madonna* (1983); *Like A Virgin* (1985); *True Blue* (1986); *Who's That Girl* (Soundtrack, 1987); *You Can Dance* (1987); *Like A Prayer* (1989); *I'm Breathless* (1990); *The Immaculate Collection* (1990) … auf Maverick: *Erotica* (1992); *Bedtime Stories* (1994); *Something To Remember* (1995); *Evita* (Soundtrack, 1995); *Erotica Remixes* (1997); *Ray Of Light* (1998) *Music* (2000)

Maffay, Peter (voc, g), bürgerlich: Peter Alexander Makkay, am 30. August 1949 in Kronstadt, Rumänien, geboren, setzte die pubertären Tagträume eines Aussiedler-Jungen in Hitparaden-Realität um: «1963 habe ich in irgendeine verstimmte Gitarre reingehauen und gedacht: Das könnte das Tor zur Welt sein.» Auf seinem «langen ankunftslosen Marsch von der Schnulze zum Rock» (‹Die Zeit›) brach er nahezu alle Rekorde der deutschen Popmusik-Branche. Singles wie sein Einstand *Du* (1969), *Und es war Sommer*

(1976) wurden millionenfach gekauft von «Leuten, die ein Feeling für Rock haben, dabei aber die Gefühlsseligkeit der Schlagermusik nicht missen möchten» (‹Tip›). LPs wie *Steppenwolf* (1979), *Revanche* (1980), der Kinderlieder-Zyklus *Tabaluga oder Die Reise zur Vernunft, Sonne in der Nacht* (1985) erreichten mühelos Gold- und Platinstatus; die Popularitäts-Trophäen «Goldener Löwe», ‹Bravo›-«Otto», Burda-«Bambi» fielen ihm mehrfach zu. Bei seinen ausverkauften Konzertauftritten gab sich der «Sänger der Zukurzgekommenen» (Selbsteinschätzung) seinen Fans gegenüber zu erkennen als «einer, der genau dort herkommt, wo sie noch stecken». Der «Ledermann für jedermann» erzeugte in solchen Momenten mit dem «Rumpelbeat» seiner «Hippie-Kapelle aus der Muppets-Show» ein «Biedermeier-Feeling des Stillstands, und sein gigantischer Erfolg spiegelt die Zukunftsängste eines Publikums, das sich bei ihm in einem Reservat der Zeitlosigkeit von den Strapazen des Alltags erholt» (‹Der Spiegel›). Trotz der Kritikerhäme gab sich der bescheiden agierende Superstar in seinen Bekenner-Songs unverdrossen: «Glaubt mir, solange ich noch atme, schlägt man mich nicht ungestraft. Ich weiß ja, Leben ist Kampf, und den geb ich niemals auf.» Der erfolgreiche Underdog war 1963 mit seinen Eltern nach Bayern übergesiedelt und hatte während der Schulzeit mit den Dukes gängigen anglo-amerikanischen Pop nachgespielt. 1969 wurde der Chemigraphen-Lehrling von dem Texter und Produzenten Michael Kunze in Münchner Nachtclubs entdeckt und nutzte mit der sentimentalen Ballade *Du* seine Chance zum Ruhm, die er zur Dauerkarriere ausbaute. Die nicht selten unbeholfen plakativen Klippverse von Freiheit und Abenteuer orchestrierte Maffays Band vorzugsweise mit Sechziger-Jahre-Klängen à la Rolling Stones, Kinks, Lovin' Spoonful, Byrds, weil da seine «musikalischen Wurzeln» lagen, von denen er sich «eigentlich nicht wegbewegen» mochte. Dabei überschätzte der Sänger den Ewigkeitswert seiner Darbietungen keineswegs: «Ich bin kein Künstler. Ich mache nichts Außergewöhnliches. Meine Musik ist verbrauchbar. Etwas, das man sich für den Augenblick reinzieht.» Einen ähnlich flüchtigen Eindruck hinterließ er bei seinem Kinodebüt: In dem Krimi ‹Der Joker› (1987) mimte der Autodidakt einen Kommissar, der im Rollstuhl die Mafia bekämpft, eine Zelluloid-Variation des kleinbürgerlichen Schlager-Rebellen ohne Ziel. Mit seinen Plattenveröffentlichungen blieb Maffay erfolgreich: *Lange Schatten* (1988) und die bald folgende LP *Leipzig – Live* (1989) hatte er mit Musikern von John Mayalls Bluesbreakers eingespielt, Keith Reid übersetzte 1988 das Maffay-Märchen *Tabaluga* und brachte es mit Chris Thompson und einer Reihe von Maffay-Musikern auf den britischen Schallplattenmarkt. Nach der Veröffentlichung von *Freunde und Propheten* (1992) widmete sich Maffay einer neuen *Tabaluga*-Produktion. *Tabaluga und Lili* wurde von den Maffay-Fans so umjubelt, daß Platte und die Tournee mit der von Andreas Fricsay in Szene gesetzten Bühnenshow den Sänger jahrelang beanspruchten. Der Kinderliedersänger hier, der Rock-Star mit Lederjacke und Harley-Davidson da – Maffay war vielseitiger als sein holzschnittartiges Image. Er betrieb seine eigene Firma mitsamt eigenem Label und einem von Kollegen geschätzten («Red Rooster»-)Studio. Er füllte größte Hallen und Stadien und schien ohne Starallüren auszukommen. Musiker wie Colin Hodgkinson (bg), Clarence Clemons (sax) von Bruce Springsteens E Street Band, Alvin Lee (Ten Years After) und John Mayall gehörten zu seinen Bewunderern. Mit dem saarländischen Ministerpräsidenten Oskar Lafontaine war er befreundet; den Politiker beeindruckte sein «Eintreten für Randgruppen und sozial Schwache in unserer Gesellschaft». So war es nur folgerichtig, daß er sich für sein Album *Begegnungen* (1998) mit der deutsch-türkischen Hip Hop-Truppe Cartel aus Berlin-Kreuzberg, dem in Paris lebenden kongolesischen Sänger Lokua Kanza und den australischen Aborigines-Musikanten Yothu Yindi zusammentat. Zu der Weltmusik in vielen Sprachen holte sich Maffay Künstler aus fünf Kontinenten jeweils zum Duett, darunter die Sängerin Noa aus Israel, den Operntenor José Carreras aus Spanien und die Bluesmusiker Sonny Landreth und Keb' Mo' aus den USA. Erstaunlicherweise ergab sich aus der Vielstimmigkeit in Verbindung mit Maffays Vokal- und Gitarrenklang ein durchaus homogener Albumsound, keineswegs, wie ‹Tip› bemängelte, «bei der weltmusikalischen Pop-Prominenz abgesahnt». Er habe feststellen müssen, kommentierte Maffay, wie gehabt holzschnittartig, «daß sich eine gewisse Engstirnigkeit breitmacht, ein Scheuklappen- und Schubladendenken». Für das «Verständnis miteinander» sei das «alles andere als förderlich». Danach die Fortsetzung der Maffay-Story wie gehabt als Gratwanderung zwischen leichtfüßigem Schlager und ambitioniertem Rock. Mit der CD *Heute vor 30 Jahren* (2000) zeichnete BMG diesen Weg mit einer Greatest Hits-Auswahl (*Du, Josie* etc.) historisch nach, der aktuell zum Album *X* (2000) mit den bewährten Begleitmusikern Bertram Engel, Carl Carlton, Siggi Brem und Ken Taylor führte. Die auf Maffays Hazienda auf Mallorca vorbereitete, in den Factory Studios in Dublin aufgenommene CD litt unter der – so Carl Erich Hagen im deutschen ‹Rolling Stone› – «textlichen Assistenz von Leichtgewichten und Flitzpiepen wie Lukas Hilbert (Ex-Panik-Orchester und Songschreiber für Blümchen etc.) und Carsten Pape (Ex-Clowns & Helden), die zusammen die unsägliche Band Roh bilden und auch noch bei der fürchterlichen Schnulze *Rette mich* ihre Stimmen erheben dürfen». Hagen Liebing brachte sein Urteil in ‹Tip› weniger aufgeregt auf den Nenner: «Nicht *X*, sondern x-beliebig.» Immerhin: Sein Publikum liebte den fitnessgestählten Rock-Barden auf der «X»-Deutschlandtournee Ende 2000 auch für die neuen, «getarnten Schlager» – so die ‹Berliner Morgenpost› unter der Überschrift «Ein ‹X› für ein ‹U›: So bist duhuhu, nur du.» An die 20 Sträuße seien ihm während des Konzerts in der Berliner Max-Schmeling-Halle auf die Bühne gereicht worden, zählte der Rezensent Ivo Mailand: «Bei so viel Grün könnte der Sänger getrost eine Karriere als Gebrauchtblumenhändler einschlagen.»

LPs auf Teldec / EastWest: *Omen* (1973); *Samstagabend in uns'rer Straße* (1974); *Meine Freiheit* (1975); *Und es war Sommer* (1976); *Dein Gesicht* (1977); *Live* (1978); *Steppenwolf* (1979); *Carambolage* (1984); *Sonne in der Nacht* (1985); *Stationen* (1986); *Tabaluga und das leuchtende Schweigen* (1986); *Lange Schatten* (1988); *Live '88* (1989); *Kein Weg zu weit* (1989); *Leipzig – Live* (1990); *38 317* (1991); *Freunde und Propheten* (1992); *Der Weg*

1979–1993 (1993); *96* (1996) … auf Metronome: *Revanche* (1980); *Ich will leben* (1982); *Live '82* (1982); *Tabaluga oder Die Reise zur Vernunft* (1983) … auf Ariola: *Tabaluga und Lili* (1993; auch mit Kinderbuch); *Tabaluga und Lili – Live* (1994; auch mit Kinderbuch); *Begegnungen* (1998); *Heute vor 30 Jahren* (2000); *X* (2000) … im Duo mit Johnny Tame auf Teldec: *Tame & Maffay* (1977); *Tame & Maffay 2* (1979)

Manic Street Preachers, gegründet 1986 in Blackwood, Wales, fanden eine wirkungsvolle Synthese aus Punk und Glam Rock, der ihren Alben und Auftritten stets den Hauch eines Spektakels verlieh. Sie stellten sich bewußt gegen den Geist der Achtziger, wollten einen deutlichen Gegenpol setzen zur Beliebigkeit von Acid House und Synthie-Pop, bekannten sich zu linken politischen Idealen und streiften sich ein Image von Gefahr und Anarchismus über. «Für einen großen Teil ihrer frühen Karriere war es unmöglich, die Rhetorik von der Musik zu trennen» (‹All Music Guide›). «Auf der Bühne verbreiten sie eine Aura von Dekadenz und Gehässigkeit. Ihre Religion heißt Konfrontation» (‹Zounds›). Ihre Mission, die Revolution in den Rock 'n' Roll zurückzutragen, erstarrte jedoch am Ende in der Pose selbsternannter Moralapostel. «Sie waren spektakulär gebildete Situationskunst-Terroristen, die die Werte der westlich-kapitalistischen Erwachsenenwelt genug verabscheuten, um zu sagen, bringt euch um, bevor ihr 13 seid» (‹NME›). Die Inspiration zur Gründung der Band, die sich zunächst Betty Blue und dann The Blue Generation nannte, ging vom zehnjährigen Jubiläum der Sex Pistols aus. James Dean Bradfield (voc, g), geboren am 21. Februar 1969 in Newport, Monmouthshire, sein Cousin Sean Moore (dr), geboren am 30. Juli 1968 in Pontypool, Glamorgan, und ein Bassist namens Flicker beschlossen, eine Band nach Vorbild der Sex Pistols zu gründen. Nur ließen sie sich zwei Jahre Zeit, um auf diesen Beschluß erste Taten folgen zu lassen. 1988 traten Bradfield und Moore mit Wire (b), als Nicholas Jones am 20. Januar 1969 in Tredegar, Glamorgan, geboren, und Richey James (g), als Richey Edwards am 27. Dezember 1967 in Blackwood geboren, unter dem Etikett Manic Street Preachers zu ersten ernstzu-

nehmenden musikalischen Versuchen an. Im Juni 1990 erschien ihre Debüt-EP *The New Art Riot*. Auf Einladung ihres Managers Philip Hall zog die Band 1991 nach London um, wo sie sich mit unablässigen Live-Shows ein treues Publikum erspielte und euphorische Kritiken seitens des ‹NME› einfuhr. Schlagzeilen machte das Quartett unter anderem, als sich der mental instabile James während eines Interviews mit einer Rasierklinge die Lettern 4REAL in den Arm ritzte. Ohne ein einziges Album veröffentlicht zu haben, unterschrieben die Manic Street Preachers einen Vertrag über zehn Platten bei Columbia. Mit ihrer Einstands-LP *Generation Terrorists* (1992) wollten sie den Erfolg von *Appetite For Destruction* von Guns N' Roses übertreffen, sich danach auflösen und als größte Rock 'n' Roll-Band aller Zeiten in die Geschichte eingehen. Doch die Rechnung ging nicht auf, das Album schaffte es gerade mal in die britischen Top 20, und die Band machte weiter. Ihr zweites, «schlechtestes» (‹The Face›) Album *Gold Against The Soul* (1993) deckte noch stärker als das Debüt die Wurzeln der Band zwischen süffigem Seventies Rock und Drei-Akkord-Punk auf. Nachdem das Album auf Position acht in die britischen Charts einstieg, bereisten die Manic Street Preachers bis Sommer 1994 alle großen europäischen Festivals. Im Frühjahr 1994 verließ James, der nach diversen weiteren öffentlichen Selbstverstümmelungen nur noch 90 Pfund wog, die Band auf Grund chronischer Erschöpfung. Das dritte Album, *The Holy Bible* (1994), wiederum im kompletten Quartett eingespielt, war ein surrealistischer Trip durch James' Depressionen und Ängste. Weitere Tourneen folgten. Am 1. Februar 1995 machten sich Bradfield und Edwards zu einer Promotour auf. James verließ früh um 7.00 Uhr das Embassy Hotel in London und wurde niemals wieder gesehen. Ob er tot war oder einen Totalausstieg vollzogen hatte, konnte nicht geklärt werden. Der Rest der Band machte sich jedoch mit von James hinterlassenen Texten unverzüglich an die Proben für das Album *Everything Must Go* (1996), dessen hyperventilierender Prog Rock den Manic Street Preachers zum endgültigen kommerziellen Durchbruch verhalf und 1997 zahlreiche Preise einbrachte. Im August 1996 sollte die Band im Vorprogramm von Oasis durch die USA touren, doch als Oasis die Tour auf Grund interner Differenzen absagten, kamen die Manics plötzlich in den Genuß einer Headliner-Tournee durchs gelobte Land des Rock 'n' Roll. Die Veröffentlichung des schnulzig-souligen Albums *This Is My Truth Tell Me Yours* (1998) verzögerte sich um ein Jahr, weshalb die Band in Streit mit ihrem Label geriet und zu Virgin wechselte. Trotzdem stiegen die Manic Street Preachers endlich auf Platz eins in die britischen Charts ein. Das Album markierte den Höhepunkt einer kontinuierlichen Entwicklung in Richtung Mainstream seit *The Holy Bible*. Von der Zeitschrift ‹Q› wurde sie dementsprechend zur «Best Band in the World Today» gekürt.

LPs auf Columbia: *Generation Terrorists* (1992); *Gold Against The Soul* (1993) ... auf Epic: *The Holy Bible* (1994); *Everything Must Go* (1996); *This Is My Truth Tell Me Yours* (1998); *Know Your Enemy* (2001)

Manson, Marilyn (voc), als Brian Wagner am 5. Januar 1969 in Canton, Ohio, geboren, galt als Erneuerer der Ästhetik von Alice Cooper mit anderen, subtileren Mitteln. Beharrlich versuchte er sich als Hohepriester Satans zu inszenieren. In Wirklichkeit war er nichts weiter als das tragische Beispiel einer Figur, die Grenzen einreißen wollte, als es längst keine Grenzen mehr gab. Dem begabten Performer fehlte die fundamentale Verbindung zum Rock 'n' Roll, die er aber durch Charisma und dramaturgisches Gespür auszugleichen wußte. «Expliziter Sex, Drogen, schrille Posen – Marilyn Manson provoziert mit allem, was amerikanische Puristen verteufeln und Publicity bringt» (‹WOM Journal›). Seine Musik glich oft einer schlechten Übersetzung von Alfred Hitchcock in den Alternative Rock. In seinem Namen vereinten sich mit Marilyn Monroe und Charles Manson zwei auf fatale Weise gescheiterte Ikonen der amerikanischen Pop-Geschichte. Mit sechs Jahren schlüpfte Brian Wagner in einer Schulaufführung in die Rolle von Jesus, ein Thema, das ihn zeitlebens nicht mehr loslassen sollte. Mit Daisy Berkowitz (g), bürgerlich: Scott Putesky, Olivia Newton-Bundy (bg), bürgerlich: Brian Tutunick, Tza Tza Speck (kb), bürgerlich: Perry Pandrea, und einer Drum Ma-

chine gründete er 1990 in Florida Marilyn Manson & The Spooky Kids. Sein erklärtes Ziel war, die Grenzen der Zensur zu erforschen. Schon nach kurzer Zeit wurden Bundy und Speck gegen Gidget Gain, bürgerlich: Brad Stewart, und Madonna Wayne Gacy, bürgerlich: Stephen Bier, ausgetauscht. Nachdem Trent Reznor von Nine Inch Nails auf das Häuflein Gruselrocker aufmerksam geworden war, tourte die Band im Vorprogramm von Suicidal Tendencies, Meat Beat Manifesto, Murphy's Law und anderen Gruppen durch Amerika. Sara Lee Lucas (dr), bürgerlich: Freddy Streithorst, ersetzte schließlich die Drum Machine. Aus kommerziellen Gründen benannte sich die Gruppe ab 1992 nur noch nach ihrem Leadsänger. Nachdem Twiggy Ramirez, bürgerlich: Jeordie White, endgültig den Posten des Bassisten übernommen hatte, gewann Manson 1993 die «Dope Head»-Kategorie des Slammy Award. Im Haus von Sharon Tate, dem bekanntesten Opfer des kalifornischen Massenmörders und Satanisten Charles Manson, nahm er sein Debütalbum *Portrait Of An American Family* (1994) auf, an dem Reznor als Gastmusiker mitwirkte. Nach der Produktion übernahm Ginger Fish die Position von Lucas. Auf der abermals von Trent Reznor produzierten EP *Smells Like Children* (1995) coverte er den Eurythmics-Hit *Sweet Dreams* und gelangte in die amerikanischen Top 50. Weitere Berühmtheit erlangte «der Weirdo par excellence» (‹Visions›) durch Tracks, die er für den Soundtrack von David Lynchs Kultfilm ‹Lost Highway› beisteuerte. Live gefiel sich der verwirrte Performer, in Utah Bibeln zu zerreißen und in Florida nackt aufzutreten, ohne jedoch jemals ernsthaft anzuecken. *Antichrist Superstar* (1996) markierte sowohl den Höhepunkt des Kultes um Marilyn Manson als auch seinen künstlerischen Zenit. Auf dem abwechslungsreichen Konzept-Album schilderte «Amerikas liebster Schock-Rocker» (‹Rolling Stone›) seine Metamorphose vom Schmetterling zum Antichrist. Daisy Berkowitz hatte sich inzwischen mit Manson überworfen und Zim Zum von Life Sex & Death Platz gemacht. Zu Halloween 1996 machte Manson Schlagzeilen, indem er ankündigte, er werde während einer Performance an diesem Tag Selbstmord begehen, was er dann aber doch unterließ. Statt dessen vollzog der 1997 von den Lesern des ‹Rolling Stone› zugleich zum «Worst Artist» und zum «Best New Artist» gewählte Künstler eine stilistische Wandlung. Das Platin-Album *Mechanical Animals* (1998) war ein überraschendes Bekenntnis zum Glam Rock, welches «das blutverschmierte Ekelpaket von einst als Vollblut-Entertainer auswies» (‹Visions›). 1999 schob er die Live-Platte *The Last Tour* hinterher.

LPs auf Interscope: *Portrait Of An American Family* (1994); *Smells Like Children* (1995); *Antichrist Superstar* (1996); *Mechanical Animals* (1998); *The Last Tour On Earth* (1999); *Holy Wood* (2000)

Bob Marley And The Wailers verfeinerten die Ghetto-Klänge des Reggae zu artistischen Statements, die den besten Werken Sly Stones und Marvin Gayes verwandt und ebenbürtig waren. Robert Nesta Marley (voc), «der erste Genius des Reggae» (‹Melody Maker›), am 6. Februar 1945 (laut Reisepaß am 6. April) in St. Ann, Jamaika, als Sohn eines britischen Hauptmanns und einer einheimischen Kolonialwarenhändlerin geboren, würzte die Reggae-Melange aus westindischer Folklore, Rockabilly-Klängen und afrikanischen Rhythmen mit Soul-Spieltechniken und Elektronikeffekten, wie sie Stevie Wonder im Motown-Kontext vorgemacht hatte. Der im Zeitlupentempo akzentuierte Achtel-Rhythmus und die sparsame Orchestrierung der meist von Marley verfaßten Wailers-Stücke mit ihren subtilen Slide-Gitarren- und Synthesizer-Zumischungen resultierten in einer raffinierten Simplizität, «die niemand sonst gelingt, höchstens ungebildeten Jamaikanern» (‹Rolling Stone›). Denn Reggae war ein Protestprodukt der Armenviertel und Proletarierreservate, das von der Oberschicht Jamaikas als potentiell unruhestiftend degoutiert wurde. Die Wailers fanden zusammen 1964 in den Shantytown-Slums der Hauptstadt Kingston in der Besetzung Marley, Peter Tosh (voc, p, g), als Winston Hubert McIntosh, am 9. Oktober 1944 in Westmoreland, Jamaika, geboren, Bunny Wailer (perc, voc), als Neville O'Reilly am 10. April 1947 in Kingston geboren. Dem Trio schlossen sich zeitweilig die Vokalisten Junior Braithwaite, Beverly Kelson an. Die erste Einspielung für das lokale Coxsone-Label, *Simmer Down*, wurde zu einem Ghetto-Bestseller. Zu den

Früherfolgen des Ensembles gehörten auch die makellos interpretierten Titel *Put It On*, *Sunday Morning* (1966) sowie *Stir It Up* (1967), das der amerikanische Pop-Sänger Johnny Nash später mit internationalem Erfolg in sein Repertoire übernahm. Nach einem Zwischenaufenthalt Marleys in den USA reformierten sich die Wailers 1970 mit Marley, Tosh, Wailer, Aston «Family Man» Barrett (bg), Carlton «Carlie» Barrett (dr). 1973 kam noch Earl «Wire» Lindo (kb) hinzu. Die im gleichen Jahr für das Island-Label des weißen Jamaikaners Chris Blackwell aufgenommene LP *Catch A Fire* machte Publikum wie Rezensenten überregional auf Marley und seine Wailers aufmerksam und brachte ihnen, neben zahlreichen Elogen, auch hochfahrendes Kritikerunverständnis ein: «Ein Nebel angenehmer Langeweile» breitete sich nach Meinung von ‹Down Beat› über der im gleichen Jahr veröffentlichten LP *Burnin'* aus, der Eric Clapton die Marley-Komposition *I Shot The Sheriff* mit Bestseller-Erfolg entnahm. ‹Rolling Stone› dagegen erschienen die Reggae-Variationen von Bob Marley And The Wailers, wie sich das Ensemble fortan nannte, historisch bedeutsam: «Sie entwickeln eine phantastische Ausdrucksbreite in einem Kontext, den man restriktiv nennen könnte. Aber war das nicht schließlich stets das Großartige am Rock 'n' Roll?» Nach dem Fortgang von Tosh und Wailer 1973 erweiterte Marley die Instrumental-Sektion seiner Band und ergänzte sie durch den Drei-Frauen-Chor I-Threes, dem auch seine Frau Rita angehörte. Das Album *Natty Dread* (1975) mit den Wailers-Klassikern *Them Belly Full (But We Hungry)*, *No Woman No Cry* «gab dem Reggae größtmögliche Ausdrucksbreite, ohne daß die Musik ihre Kraft verlor» (‹Melody Maker›). Mit steigender internationaler Anerkennung stieg der «Messias von der Insel» (‹Paris Match›), «der Performer des Jahres» (‹Rolling Stone›) zum Kulthelden Jamaikas auf. Am 3. Dezember 1976 wurde er bei einem Attentatsversuch in seinem Haus angeschossen, möglicherweise wegen seines Eintretens für den damaligen sozialistischen Premierminister Michael Manley. «Ich singe nicht über Politik, ich singe von Freiheit», postulierte er nach dem Vorfall und stilisierte sich fortan zum Vorbeter der «Rasta-Litanei, jenes wunderbaren geheimen

Evangeliums, aus Ganja-Eingebungen geboren und in wundersamen oder furchtbaren Zungen weitergegeben, jubelnder als alle Siege, untröstlicher als alle Niederlagen» (Nik Cohn). Marley wurde zum spirituellen Anführer der Rastafaris – jener Jamaikaner, die sich als Menschen vom verlorenen Stamm des Volkes Israel ansahen, der in die westliche Unfreiheit («Babylon») verkauft worden war. Als ihren Heiland verehrten sie den verstorbenen Lija Ras Tafari Makonnen (Kaiser Haile Selassie) von Äthiopien. Aus den Schriften des schwarzen US-Erweckungspredigers Marcus Garvey, der in den zwanziger Jahren eine «Zurück nach Afrika»-Bewegung initiieren wollte, und aus der koptischen Bibel destillierten die Rasta-Brüder Marleys ihre Inspirationen, die sich bei ständigem Genuß von Marihuana (Ganja) zu vermeintlichen Offenbarungen verdichteten. Nachdem Marley vor seiner religiösen Phase das Outlaw-Image des jamaikanischen «Rude Boy» aus dem Ghetto auf dem eigenen Tuff Gong-Label glorifiziert hatte, schuf er aus Rasta, Rebellion und Rhythmus ein ekstatisches Musik-Œuvre, das allein durch Marleys charismatische Persönlichkeit zündete. Seine zehn Alben für Island wurden Golderfolge, er sang auf Einladung der neuen Regierung 1980 bei den Unabhängigkeitsfeiern von Zimbabwe, Stevie Wonder nannte ihn in einem weltweiten Hit-Song den *Master Blaster*. Auf seiner triumphalen Tournee durch Europa spielte er 1979 mit den Wailers in der Besetzung Marley (voc), Al Anderson (g), Julian «Junior» Marvin (g), Earl «Wire» Lindo (kb), Alvin «Seeco» Patterson (perc), Carlton «Charlie» Barrett (dr), Tyrone Downie (kb), Aston «Family Man» Barrett (bg) bei 33 ausverkauften Konzerten vor 2,5 Millionen enthusiasmierten Zuhörern. Seine nachfolgende Nordamerika-Tournee mußte er nach wenigen Konzerten wegen gesundheitlicher Beschwerden abbrechen. Die Diagnose der Ärzte: Gehirntumor und andere Krebserkrankungen. Am 11. Mai 1981 starb Bob Marley in Miami. Sein Tod wurde in Jamaika zu einem nationalen Trauerereignis. «Als Prophet der Hoffnung und Befreiung lebt Marley weiter durch seine Musik», resümierte damals ‹Stereo Review›. Um sein Erbe von 30 Millionen Dollar entbrannte 1986 ein häßlicher Streit, als seine seit mehr als zehn Jahren getrennt von ihm lebende Frau auf betrügerische Weise versuchte, das Vermögen unter ihre Kontrolle zu bringen; in den Kampf um die lukrativen Rechte an den Marley-Songs griff neben MCA und Island auch Eddy Grant mit unverblümten Forderungen ein. Rita Marley brachte es noch vor der 1991 erfolgten gerichtlichen Schlichtung immerhin fertig, etwa 120 unfertige Rohproduktionen von Marley-Originalen aus der Zeit vor dessen Vertragsunterzeichnung bei Island vom Produzenten Danny Sims digital bearbeiten oder zur erhaltenen Gesangsspur mit Marleys Geisterstimme neu einspielen zu lassen. Erbpflege, Museumsarbeit oder Leichenfledderei – die Firma Koch International brachte jedenfalls erste Resultate des Konservierungsprozesses 1996 unter dem Titel *Soul Almighty* in den Handel. Im selben Jahr gab Rita Marley bekannt, daß sie die Einrichtung einer permanenten Marley-Ausstellung, «Bob Marley – A Tribute to Freedom», plane. Marleys Sohn Ziggy Marley machte sich unterdessen mit seiner Band Melody Makers und originellen Eigenkompositionen über *Jahmeyka* (Albumtitel, 1991) einen Namen. Zusammen mit seinen Schwestern Cedella und Sharon sowie Bruder Stephen Marley, der wegen seiner stimmlichen Ähnlichkeit mit Vater Bob oft die Leadstimme übernahm, versuchte Ziggy, das Rastafari-Erbe durch Anleihen bei Blues, Gospel und Folk weiterzuentwickeln und für die nächsten Hörergenerationen kompatibel zu machen. Seinem herausragenden Album *Spirit Of Music* (2000), mit Taj Mahal (harm) und kalifornischen Studio-Cracks wie Jim Keltner (dr) und Benmont Tench (org), von Don Was produziert, warfen Reggae-Puristen «Multiformat-Masochismus» und eine «Crossover-Psychologie» vor, «die das Bewußtsein deformieren kann wie ein Krebsgeschwür» (Ulli Güldner). Andere Rezensenten priesen das Album mit seinen «Highlights in beeindruckender Fülle» (‹Tip›) und mit «prachtvollen Grooves, vielen Klangfarben und traumhaft lässig agierenden Begleitmusikern» als «Meisterwerk der Marley-Geschwister» (Peter Bickel). Ein weiterer Marley-Sohn, der mit der Soul-Sängerin Lauryn Hill verheiratete Rohan, führte nicht nur bei der Grammy-Verleihung im Februar 1997 im Madison Square Garden mit Familienmitgliedern und den Fugees, bei denen seine Frau lead sang, ein Marley-Tribute auf – er ließ sie für das Album *Chant Down Babylon* (1999) nach postumen Tonbändern auch mit seinem Vater Duett singen. Das Nachrichtenmagazin ‹Time› kommentierte die «engagierte und respektvolle» Exhumierung mit einer Songzeile des Verstorbenen: «There's a natural mystic blowing trough the air.» Nicht von allen Marley-Vermarktungen ließ sich das sagen – nicht von dem von Sprößling Stephen produzierten Tribute-Album *A Rebel's Dream* (1999) mit Lauryn Hill, Guru, Busta Rhymes, Chuck D, The Roots und so wenig passenden Rockern wie Steven Tyler und Joe Perry auf Mercury, nicht von Bill Laswells dubiosen *Dreams Of Freedom: Ambient Translations Of Bob Marley In Dub* (1997) auf Island und schon gar nicht von den Aktivitäten der umtriebigen Witwe. Rita machte aus ihrem Traum einer permanenten Marley-Ausstellung den Alptraum eines Themenparks im Disney-Stil mit der Nachbildung seines Road-Hauses in Kingston, Restaurant und Souvenirshop auf dem Gelände der Universal Studios in Orlando, Florida. Und sie veröffentlichte das von Danny Simps bearbeitete Sammelsurium von 111 unbekannten, überwiegend zu Recht vergessenen Alternative Takes, Session-Mitschnitten, Rhythmusfragmenten, Demos und Klangnotizen unter dem Titel *The Complete Wailers 1967–1972, Part I & II* in zwei Boxen mit je drei CDs (1998). ‹Stereoplay›: «Ein ermüdender Einblick in rudimentäre Arbeiten.» Demgegenüber verdiente die historische Gesamtausgabe aller 113 Stücke, welche die Wailers Anfang der Siebziger mit dem legendären Produzenten Lee «Scratch» Perry einspielten, auf Trojan Records höchstes Lob: Die 6-CD-Box *The Complete Upsetter Collection* (2000) sei «der Blueprint von Reggae», schrieb Tobias Rapp in der ‹Zeit›: «Rauher und kompromißloser als alles, was später nachkommen sollte, und von einer seltenen Perfektion.» In der ‹Berliner Zeitung› spezifizierte Tobias Nagl: «Die schnell groovenden Orgel-Instrumentals der Swinging Sixties wichen einem psychedelisch baß-schweren Sound. So wuchtig und zeitlos wirkten dessen komplexe Rhythmusarchitekturen, als wären sie tief unter der Meeresoberfläche produziert.» Zur Konfusion des Marley-Erbes auf dem Plattenmarkt trug bei, daß Rita Marley

73 dieser Perry-Produktionen, mit 22 Aufnahmen von anderen Producern verschnitten, 1999 auch schon in der 4-CD-Box *Trench Town Rock* auf dem britischen Re-issue-Label Charly wiederveröffentlicht hatte. Besser als gar nicht. Denn in diesen Perry-Aufnahmen auf Jamaika war der Stil entwickelt worden, der, auf den LPs von Chris Blackwells Rock-Label Island in London perfekt promotet, dann weltweite Wirkung gewann. ‹Time›: «Before Bob Marley, reggae was an island; after Marley, reggae was global.» Das drei Jahre nach Marleys Tod im Mai 1984 veröffentlichte Island-Album *Legend* mit seinen Greatest Hits stand 16 Jahre später, im Jahr 2000, immer noch auf den ‹Billboard›-Charts, Gesamtauflage: elf Millionen. 1995 legte Blackwell eine zweite Ausgabe nach: *Natural Mystic – The Legend Continues.* Die 1992 in 54 Ländern veröffentlichte und zunächst auf eine Million Exemplare limitierte 4-CD-Box *Songs Of Freedom* mußte erneut aufgelegt werden. Blackwell: «Wir haben seine Musik niemals überexponiert, als er sie machte. So hat sie sich eine Art Underground-Flair erhalten, und jeder neue Hörer kann das Gefühl haben, etwas zu entdecken. Das ist es wohl, was ihn so aktuell hält – und natürlich das Faktum dieser unglaublichen Musik.»

LPs (Auswahl) auf Trojan: *Soul Rebel* (1971); *The Early Years 1969–1973* (o. J.; Box mit vier CDs) *The Complete Upsetter Collection* (Box mit sechs CDs, 2000) … auf Island: *Catch A Fire* (1973); *Burnin'* (1973); *African Herbsman* (1973); *Rasta Revolution* (1974); *Natty Dread* (1974); *Live At The Lyceum* (1975); *Rastaman Vibration* (1976); *Exodus* (1977); *Kaya* (1978); *Babylon By Bus* (1978); *Survival* (1979); *Uprising* (1980); *Confrontation* (1983); *Legend* (1984); *Rebel Music* (1986); *Talkin' Blues* (1991); *Songs Of Freedom* (1992; Box mit vier CDs); *Natural Mystic – The Legend Continues* (1995); *Chant Down Babylon* (1999); *The Very Best Of Bob Marley & The Wailers* (2001) … auf WEA: *Chances Are* (1981) … auf Epic: *Birth Of A Legend* (1977); *Early Music* (1977) … auf Psycho: *In The Beginning* (1979) … auf Fontana: *Reflection* (1977) … auf Heartbeat: *One Love: Bob Marley And The Wailers At Studio One* (1991) … auf Koch: *Soul Almighty* (1996); *The Complete Wailers 1967–1972, Part I & II* (zwei Boxen mit je drei CDs, 1998) … auf Axiom / Island: *Dreams Of Freedom* (1997) … auf

Charly: *Trench Town Rock* (4-CD-Box, 1999); *Concrete Jungle* (3-CD-Box, 2001) ... LPs Rita Marley auf Strand: *Who Feels It Knows It* (1981) ... auf Shanachie: *Harambe* (1982) ... LPs Ziggy Marley auf Virgin: *Melody Makers Conscious Party* (1988); *One Bright Day* (1989); *Jahmeyka* (1991); *Joy And Blues* (1993); *Time Has Come – The Best Of Ziggy Marley And The Melody Makers* (1998) ... auf WEA: *Free Like We Want 2 B* (1995) ... auf Elektra: *Fallen Is Babylon* (1997); *Spirit Of Music* (1999) ... LP Ky-Mani Marley auf Artists Only: *Many More Roads* (2000) ... LP Marley Family auf Tabow: *Live* (2001)

Martin, Enrique, genannt **Ricky** (voc), am 24. Dezember 1971 in San Juan, Puerto Rico, geboren, wurde 1998 von Columbia Records als «mediale Wunderwaffe, die den Salsa endgültig auf dem internationalen Pop-Menü etablieren» sollte (‹Rolling Stone›) in Stellung gebracht. Die New Yorker Major Company wollte den vom preisgekrönten und kassenstarken Wim Wenders-Musikfilm ‹Buena Vista Social Club› ausgehenden Kaufimpuls nutzen und mit einem strahlenden jungen Prinzen die Käufer kubanischer und karibischer Musik aus dem gerontologischen Ghetto erlösen. Martin, der auf Puerto Rico schon als Siebenjähriger im Werbefernsehen aufgetreten war und in den USA in der Serie ‹General Hospital› TV-Dauerpräsenz besaß, hatte beste Voraussetzungen: Er war nicht nur ein Medien-Profi, der singen und tanzen konnte, sondern auch ein Teenagerschwarm, der in der Latino-Welt bereits 15 Millionen Alben in spanischer Sprache verkauft hatte. Kritikerin Birgit Fuß: «Wenn er spanisch singt und dazu die Hüften schwingt, kann sich keiner seiner Lebenslust entziehen.» Von der Großmutter, einer Dozentin für Pharmakologie, die drei Fachbücher publiziert habe und nebenbei male, habe er die Kreativität geerbt, erzählte er später. Die Eltern waren in Freundschaft geschieden. Die Mutter sorgte dafür, daß er neben US-Rockmusik aus dem Radio (Journey, Cheap Trick, Boston, Foreigner) auch live die Tropical Music von Celia Cruz und dem Salsa-König Tito Puente hörte: «Damals nervte mich das, heute bin ich ihr dankbar dafür» (1999). Mit sieben Jahren erklärte er seinem Vater, der als Psychotherapeut im Knast dro-

genabhängige Strafgefangene betreute, Künstler werden zu wollen. Daddy fand in der Zeitung die Anzeige einer «Agentur für Models, TV-Werbung und PR», wo sich der Knabe vorstellte: «Ich machte 30 Spots in drei Jahren – Limonade, Zahnpasta, alles, wofür Kids in dem Alter eingesetzt werden.» Mit zwölf trat er der in ganz Lateinamerika ungeheuer populären Boy Group Menudo bei und gastierte mit dieser auch einmal zehn Tage lang in der New Yorker Radio City Music Hall: «Die Mädchen drehten durch, es war die reinste Massenhysterie. In unserem Hotel war eine ganze Etage als Spielhalle für uns eingerichtet, lauter Flipperautomaten, nur für uns. Es war wie Disneyland.» Als er mit 17, altersbedingt, die Boy Group verlassen mußte, suchte er sich für zehn Monate ein Apartment auf Long Island und gab – für Geld – Autogrammstunden in New Yorker Läden, die Menudo-Merchandising-Artikel verkauften. Dann spielte er in Mexico City Theater und wurde für die erfolgreichste TV-Soap Mexikos entdeckt: ‹To Reach a Star›. Nach einem wenig erfolgreichen Pop-Plattendebüt 1991 mit dem Latino-Produzenten Juan Louis Calderon brachte ihm die von seinem einstigen Menudo-Kollegen Robi Rosa komponierte Single *(Un, Dos, Tres) Maria* 1998 mit einem ersten Millionenumsatz zunächst in Spanien den Einstieg in die Charts. In Spanien gab er in zwei Monaten 44 Konzerte, gastierte erfolgreich in Asien (Höhepunkt: ein Konzert vor 55 000 Menschen in Kalkutta) und kam mit *La Copa De La Vida*, der von Robi Rosa, Desmond Child, Luiz Gomez fabrizierten Hymne der Fußball-WM 1998, in den USA auf Platz eins. Als er im Februar 1999 bei der Grammy-Verleihung in englischer Sprache *The Cup Of Life*, teils Salsa, teils Hip Hop, in die TV-Kameras schmetterte, bot ihm Madonna beeindruckt eine Zusammenarbeit an. Ihr zweisprachiges Duett *Be Careful (Cuidado Con Mi Corazón)* – Madonna spanisch, Martin englisch – war auf der ersten englischsprachigen CD *Ricky Martin* (1999) enthalten, die Madonnas Produzent William Orbit co-produzierte und die sich während des ganzen Sommers in den Top Ten der US-Charts hielt. Daß er nun auch in englischer Sprache Balladen sang, störte die Puristen unter den Konkurrenten und Kritikern. Celia Cruz: «Das westliche Publikum hat sich mit

Salsa doch nur beschäftigt, wenn es ihm von Gloria Estefan oder Ricky Martin mundgerecht vorgesetzt wurde – in Englisch natürlich. Si no entiende, no atiende – wenn sie etwas nicht verstehen, wollen sie es auch nicht hören.» Dagegen der einflußreiche Latino-Produzent Emilio Estefan: «Vor zehn Jahren setzte mich eine Plattenfirma vor die Tür, weil ich darauf bestand, bei Studio-Sessions Congas einzusetzen. Keine Frage: Eine neue Generation hat die Latin Music für sich entdeckt.» Und Ricky Martin, dessen Porträt die Titelblätter der Nachrichtenmagazine ‹Newsweek› und (gleich zweimal) ‹Time› zierte: «Ich spiele mit Kulturen. Ich verwende anglo-amerikanische Klänge, aber in meinen Adern fließt Latin Music.» Deshalb gab er seinem ersten Restaurant, 1999 in Miami, Florida, eröffnet (Martin: «Die Küche ist klasse und der Laden kein Touristennepp»), auch den Namen ‹La Casa Salsa›. Für sein zweites anglo-amerikanisches Album, *Sound Loaded* (2000), bot Columbia Hitparaden-Prominenz wie Diane Warren, Jon Secada, Desmond Child als Songlieferanten auf. Deren Texte fand die Kritikerin Birgit Fuß im deutschen ‹Rolling Stone› «albern bis peinlich, im besten Falle niedlich, viel zu selten sexy». Ausnahme: die Single *She Bangs* mit den Eröffnungszeilen: «She looks like a flower / But she stings like a bee / Like every girl in history.» Die wurde nämlich wegen der auch sexuell zu verstehenden Zeile «You blow me off like it's all the same» im prüden Großbritannien sofort indiziert. Ricky Martin, sagt er, habe von dem Doppelsinn nichts gewußt: «Du bläst mir einen, weil es dir nichts ausmacht – das ist wirklich nicht das, was ich sagen wollte (richtig: Du läßt mich fallen, weil ich dir schnurzegal bin). Nicht, daß ich etwas gegen diese Art von Sex hätte, und das Mißverständnis ist ja auch ganz amüsant, aber es ist halt nicht das richtige Vokabular für einen Pop-Song.» Merke: Any motion is promotion. Auf die Frage von Nancy Collins 1999 für den amerikanischen ‹Rolling Stone›, ob er zum Zeichen seines Erwachsenwerdens schon einmal überlegt habe, sich Rick Martin zu nennen: «Mein richtiger Name ist Enrique, abgekürzt Kiki. Als ich mit Meduno anfing, waren wir auch in Asien sehr erfolgreich. In Asien bedeutet Kiki Möse. Wenn die Leute ‹Möse, Möse› rufen, ist

das nicht so erhebend. Also nannte ich mich Ricky. Würde ich jetzt noch den Namen ändern, wäre ich wohl The Artist Formerly Known As Ricky.»

LPs auf Columbia / Sony: *Ricky Martin* (1999); *Sound Loaded* (2000); *La Historia* (2001)

Massive Attack, 1983 als The Wild Bunch in Bristol gegründet, erhoben ihr Motto «Wenn etwas überhaupt wert ist, gemacht zu werden, dann sollte man es langsam machen» zum Gesetz und begründeten mit dieser lethargischen Betrachtung der Welt Anfang der neunziger Jahre ein neues Genre in der seinerzeit hektisch überdrehten Dancefloor Music. Der «Bristol Sound» – Soul-Gesang und sanfter Rap, durchsetzt mit elektronischen Einsprengseln und Samples, gelegentlichen Dub-Elementen und Reggae-Baßlinien über einem durchgehenden Rhythmus – wurde von Tricky fortgeführt, von Portishead zum Trip Hop verformt und war damit neben Techno die wichtigste Tanzmusik in den neunziger Jahren. Von Anfang an sprengte die Musik von Massive Attack die Grenzen gängigen Disco-Getöses und konnte auch im Konzertsaal bestehen. 3D, bürgerlich: Robert Del Naja (voc, prod), 1966 geboren, Mushroom, bürgerlich: Andrew Vowles (kb, arr, prod), 1968 geboren, und Daddy G, bürgerlich: Grant Marshal (kb, arr, prod), 1959 geboren, hatten seit 1987 in loser Zusammenarbeit mit Nellee Hooper (Björk, Madonna), Milo Johnson und Tricky Kid, bürgerlich: Adrian Thaws, mit Portastudios und Synthesizern herumgespielt, ein wenig gerappt und waren auch schon mal im örtlichen Dug Out Club aufgetreten. Nach dem Sam Peckinpah-Western ‹The Wild Bunch› benannt, vermischten die Musiker Punk, Reggae und Hip Hop und veröffentlichten auf dem eigenen Wild Bunch-Label zwei Singles. «Punk, Reggae und Hip Hop haben musikalisch nicht viel gemeinsam», sagte Daddy G, «aber die drei Musikformen teilen dieselbe Haltung. In ihnen drückt sich das Gefühl der Rebellion aus.» 1986 war die Sängerin Shara Nelson zu der Musikergruppe gestoßen, auch der Reggae-Sänger Horace Andy hielt Verbindung zu der kreativen Formation. Im Jahr darauf verließ Hooper den wilden Haufen, war aber noch an der ersten Single von Massive Attack, wie sich die Gruppe nun nannte, beteiligt. *Any Love* erregte die Aufmerksamkeit von Neneh Cherrys Ehemann, dem Produzenten Cameron McVey. Der drängte die immer noch eher in den Tag hineinlebenden Amateurmusiker sanft ins Studio und brachte 3D dazu, einen Text für einen Song seiner Frau zu schreiben: *Manchild* wurde 1989 zum Hit. Außerdem sorgte er dafür, daß das Wild Bunch-Label vom Virgin-Unterlabel Circa übernommen wurde. Die Single *Unfinished Sympathy* erschien 1991 unter dem wegen des Golf-Krieges auf Massive gekürzten Band-Namen. Nur unter Vermeidung jeglichen kriegerischen Beigeschmacks hatte die Single eine Chance, von den britischen Rundfunksendern ausgestrahlt zu werden. Das Debütalbum *Blue Lines* (1991) wurde bereits wieder unter dem alten Namen veröffentlicht und von der Musikpresse zunächst verschlafen; lediglich ‹The Face› erkor die Platte zum «Album of the Year». Zwar wurde *Blue Lines* auch für die Brit Awards nominiert, und die von Shara Nelson gesungene Single *Safe From Harm* stieg auf Platz 25 der britischen Charts, doch 3D blieb skeptisch: «Ich glaube, wir werden überschätzt. Wir sind immer noch keine Künstler. Wir können nicht auf die Bühne gehen wie etwa Sinéad O'Connor.» Andere Künstler sahen das Potential der Gruppe in freundlicherem Licht, U 2 baten um einen Remix ihres Songs *Mysterious Way*. Nachdem Shara Nelson die Band verlassen hatte, engagierten 3D, Mushroom und Daddy G ihren alten Freund Hooper als Produzenten und fanden in Tracey Thorn von Everything But The Girl und der nigerianischen Sängerin Nicolette neue Stimmen. *Protection* erschien 1994 und unterschied sich in der Machart nur unwesentlich von *Blue Lines*. Wieder hatten Massive Attack Rhythmusspuren eingespielt, zu denen weiblicher Gesang und männlicher Rap traten; Samples aus Filmmusik erzeugten unterschiedliche Stimmungen: Soundtrack für Filme, die es nicht gab. Massive Attack gingen mit diesem Material erstmals auf Tour. 1995 wünschte Madonna die Zusammenarbeit mit dem Trio aus Bristol, das mit ihr eine Version des Marvin Gaye-Songs *I Want You* für ihr Album *Something To Remember* produzierte. Während Massive Attack ein Remix-Album ihrer LP *Protection* unter dem Titel *No Protection (Massive Attack Vs. Mad Professor)* (1995) veröffentlichten, zogen Portishead die Aufmerksamkeit auf sich: Geoff Barrow, Kopf des Duos aus Bristol, hatte Massive Attack bei den Aufnahmen zu *Blue Lines* Tee gekocht und im Studio Tricks für Trip Hop gelernt, die er bei Portishead verwenden konnte. *Mezzanine* (1998) von Massive Attack wirkte prompt wie eine Antwort auf *Portishead* (1997): Mit Liz Fraser (Cocteau Twins) hatten sie eine Sängerin gewonnen, die den Vergleich mit Portisheads Beth Gibbons nicht zu scheuen brauchte und doch von ganz anderer Art war, denn gelegentlich ließ sie vokal die Volksmusik der britischen Inseln durchscheinen. Auch Sara Jay (voc), die im Stück *Dissolved Girl* sang, stand Fraser nicht nach. 3D, Mushroom und Daddy G hatten ihre Klangwelt um die omnipräsente E-Gitarre erweitert und den meisten Songs mit Samples und Synthesizer-Klängen eine unheimliche, bedrohlich wirkende Atmosphäre gegeben. Das Abgezirkelte, Wohlausgewogene, Berechnete von Massive Attack konnte nicht jeden überzeugen. «Designer-Musik für Designer-Leute», murrte der Kritiker David Sheppard, «ganz nett so weit.» 3D konterte: «Die Musik ist jedenfalls nicht geeignet für Leute, die von neun bis fünf arbeiten und sich danach entspannen wollen.» – «Kater nach einem Besuch in der Hölle», urteilte der ‹New Musical Express› über *Mezzanine* und wählte die Gruppe zu der «wohl besten englischen Band der letzten zehn Jahre». Das Blatt verlieh ihnen den «Godlike Genius Award for Unique Services to Music». Die Zeitschrift ‹Q› prämierte *Mezzanine* als bestes Album von 1998, MTV den Titel *Teardrop* daraus bei den Europe Music Awards in Mailand, Italien, als bestes Video. Im November 1998 erklärten die Trip-Hopper in einem BBC-Interview beiläufig, sie wollten sich auflösen, weil sie sich nach dem ganzen Preis-Theater mit all der Feierei gegenseitig nicht mehr riechen könnten. Tags darauf machte die Boulevardzeitung ‹The Sun› eine Schlagzeile daraus, der ein eiliges Dementi der Plattenfirma folgte: Die Band habe dem müden Interview lediglich etwas Pep verleihen wollen. Nach einer mehrmonatigen Sendepause gab 3D alias Robert Del Naja im Londoner Radio 1 kleinlaut zu, Mushroom alias Andrew Vowles habe das Trio tatsächlich verlassen: «Es war wirklich das beste, und wir bleiben hoffentlich Freunde und können irgendwann wieder zusammenarbeiten.» Mangels neuen Produktes veröffentlichte Virgin 1999 die elf *Singles 90/98* (Titel) der «überragenden Soundtüftler» («Musikexpress›) auf einer CD.

LPs auf Wild Bunch/Circa: *Blue Lines* (1991); *Protection* (1994); *No Protection* (*Massive Attack Vs. Mad Professor*) (1995) … auf Circa: *Mezzanine* (1998); *Singles 90/98* (1999)

Mayfield, Curtis (voc, p, g), am 3. Juni 1942 im Cook County bei Chicago, Illinois, geboren, hatte sich seit Beginn seiner Solokarriere 1970 als führender Autor und Interpret der bissig-sozialkritischen Richtung in der Soulmusik qualifiziert. Seit seinem 1967 für die Impressions geschriebenen Hit *We're A Winner*, einem der ersten Songs zum Thema «black is beautiful», wurden seine Verse (*Beautiful Brother Of Mine, Mighty Mighty, This Is My Country, Choice Of Colors*) zunehmend aggressiver, bis ihm mit seiner Filmmusik zum Rauschgift-Thriller ‹Superfly› (1972) ein Meisterstück musikalisch-poetischer Realitätsdurchdringung gelang. Mayfield beschränkte sich längst nicht mehr auf Rassenprobleme; er attackierte aus der Ghettoperspektive die Sozialstruktur der USA. Dabei «quetscht er» mit seiner hohen, mitunter kastratenhaft klingenden Stimme «Wörter und Phrasen in Taktteile, die nach Meinung jedes Musikformalisten dafür einfach zu knapp sind, und schafft mit seiner unbequemen Einbettung der Songs in die metrischen Strukturen eine magische Spannung» (‹New York Times›). Komponiert hat er von Kindesbeinen an: *Rainbow*, später ein Hit Gene Chandlers, schrieb er mit zwölf; *Gypsy Woman*, mit dem die Impressions 1961 reüssierten, hatte er mit 14 in der Schublade. Nach dem bei Soul-Interpreten beinahe obligatorischen Stimmtraining im Gospelchor schloß er sich 1956 in Chicago der Combo Alphatones an und gründete kurze Zeit später zusammen mit Jerry Butler, geboren am 8. Dezember 1939 in Sunflower, Mississippi, die Roosters, die sich alsbald in Impressions umtauften. Als Butler 1959 seine Solokarriere begann, begleitete ihn Mayfield zunächst zwei Jahre lang als Gitarrist, rief aber 1961 die Impressions wieder

zusammen und verschrieb ihnen Bestseller wie *Amen, Keep On Pushing, People Get Ready*. Oftmals arbeitete er dazu lediglich früher entstandene eigene Gospelstücke in der gleichen Manier um, in der Ray Charles um 1954 die Soulmusik begründet hatte: «Ich strich das Wort Gott im Text und überließ es dem Hörer, die Lücke auszufüllen und die Botschaft zu finden, die Gospels im allgemeinen vermitteln. Im Stück *Keep On Pushing* setzte ich an die Stelle von ‹Gott gab mir die Kraft› die Sequenz: ‹Ich habe meine Kraft erhalten, und es hat keinen Sinn stehenzubleiben …›» 1970 verließ Mayfield die Impressions, blieb aber ihr Haupt-Songlieferant und ihr Plattenproduzent. Er präsidierte dem eigenen Label Curtom und zählte nach dem Welterfolg seines *Superfly*-Soundtracks (mehr als zwei Millionen LPs wurden verkauft) sowie seiner von Gladys Knight And The Pips interpretierten Filmmusik zum schwarzen Familien-Lichtspiel ‹Claudine› (1974) im US-Musikgeschäft zur Prominenz. Die Langspielplatte *Sweet Exorcist*, die nichts mit dem Satansfilm ‹The Exorcist› zu tun hatte, enthielt eindrucksvoll vorgetragene Liebeslieder (*Suffer, Make Me Believe In You*) sowie optimistischere Gesellschaftskommentare. Sein *Power To The People* klang weit weniger aggressiv und revolutionär als der gleichnamige Song von John Lennon. Nach einer Zusammenarbeit mit Aretha Franklin 1976/77, die Hits wie *Sparkle* und *Almighty Fire* hervorbrachte, schrieb er Musik zu dem gesellschaftskritischen Gefängnis-Drama ‹Short Eyes› und spielte die Hauptrolle. 1983 ging er mit den Impressions noch einmal auf eine kurze Tournee. 1985 gab er wohl aus steuerlichen Gründen sein Label Curtom auf und etablierte mit dem Album *We Come In Peace With A Message Of Love* die Marke CRC. Die LP erschien nur in den USA, das Label ging schnell wieder ein. 1988 übergab er seinen Katalog an die Soul-Firma Ichiban, blieb aber in Kontrolle der Copyrights. Nach den geschäftlichen Turbulenzen ein körperliches Desaster: Bei einem Open Air-Konzert auf dem Footballplatz der Wingate High School in der East Flatbush Section des New Yorker Stadtteils Brooklyn traf ihn eine vom Sturm losgerissene Lichttraverse. Er war vom Hals abwärts querschnittgelähmt. Kurze Zeit später brannte sein Haus in Dunwoody, einer Vorstadt von Atlanta, ab. Den 28. Februar 1991 deklarierte die Stadt Los Angeles zum Curtis Mayfield Day. 1993 brachte die Marke Shanachie unter dem Titel *People Get Ready – A Tribute To Curtis Mayfield* eine Benefizplatte heraus. Die Interpreten Jerry Butler, Huey Lewis, Bunny Wailer, Vernon Reid und andere stifteten die Hälfte ihrer Tantiemen für den gelähmten Komponisten. 1994 nahm ihn die Bürgerrechtsorganisation NAACP in ihre Ruhmeshalle auf. Bei einer Gala der Superstars (Bruce Springsteen, Steve Winwood, B. B. King, Bonnie Raitt und andere) empfing er in der New Yorker Radio City Music Hall den Grammy Legends Award. Auf dem WEA-Tribut-Album *All Men Are Brothers* (1994) waren außer den genannten Künstlern auch Aretha Franklin, Whitney Houston, Rod Stewart, Elton John, Phil Collins und andere zu hören. Und obgleich er in einem Interview mit der ‹New York Times› beklagte, er könne ohne seine Gitarre schwerlich komponieren und lerne gerade, mit einem stimmaktivierten Computer zu arbeiten, legte Mayfield 1996 das Album *New World Order* mit neuen Liedern vor. Aretha Franklin und Mavis Staples wirkten als Gäste mit; mit Sandra St. Victor sang der Komponist im Duett. Mit seinem Sohn Todd C. Mayfield, der nun die Geschäfte führte, gründete er für die Rap-Generation das Label Conquest, das ebenfalls von Ichiban vertrieben wurde. «Curtis Mayfield ist für die Soulmusik, was Bach für die Klassik, Gershwin und Berlin für die Popmusik waren», erklärte Aretha Franklin bei einer Laudatio 1994. «Aber das wichtigste ist – er lebt!» 1997 bekräftigte ‹Rolling Stone›: Schwarze Musik, wie wir sie heute kennen, gäbe es nicht ohne ihn.» 1999 wurde er – nach einer ersten Ehrung dieser Art mit den Impressions 1991 – zum zweitenmal in die Rock and Roll Hall of Fame aufgenommen: für sein Solowerk. An den Feierlichkeiten konnte er nicht mehr teilnehmen, die Ärzte amputierten wegen Diabetes sein rechtes Bein. Curtis Mayfield starb am Weihnachtssonntag, dem 26. Dezember 2000, in Roswell, Georgia, im Krankenhaus. Seinen Falsett-Gesangsstil hatte er früher einmal kommentiert: «Vielleicht schaut man hinauf zu Gott, wenn man so singt. Ich liebe es, wenn bei Gospel und Soul die Stimmen im Himmel verschwinden.»

LPs (Auswahl) auf Kama Sutra: *Curtis* (1971); *Curtis Live* (1971); *Superfly* (Soundtrack, 1972); *Back To The World* (1973); *Curtis In Chicago* (1974); *Sweet Exorcist* (1974); *Got To Find A Way* (1974); *Roots* (1974); *Move On Up* (1974); *There's No Place Like America Today* (1975); *Give, Get, Take And Have* (1976) ... auf Warner Bros.: *Never Say You Can't Survive* (1977); *Do It All Night* (1978) ... auf Curtom: *Short Eyes* (Soundtrack, 1978); *Something To Believe In* (1980); *Take It To The Streets* (1990); *Living Legend* (1995) ... auf RSO: *Heartbeat* (1979) ... auf Boardwalk: *Love Is The Place* (1981); *Honesty* (1982) ... auf CRC: *We Come In Peace With A Message Of Love* (1985) ... auf MCA: *The Anthology 1961–1977* (1992; zwei CDs) ... auf Sequel: *Love, Peace, Understanding* (1997; drei CDs) ... auf WEA: *New World Order* (1996) ... LPs mit den Impressions auf ABC: *The Impressions* (1963); *Never Ending Impressions* (1963); *Keep On Pushing* (1964); *People Get Ready* (1965); *Greatest Hits* (1965); *One By One* (1965); *Ridin' High* (1966); *Fabulous Impressions* (1967); *We're A Winner* (1968); *Best Of*; *Versatile*; *16 Great Hits*; *Big 16* (1975); *Originals* (1976); *Collection* ... auf Curtom: *This Is My Country* (1968); *Check Out Your Mind*; *Young Mod's Forgotten Story* (1969); *Best Impressions*; *Preacher Man* (1973); *Finally Got Myself Together* (1974); *Three The Hard Way* (1974); *Sooner Or Later* (1975); *Loving Power* (1976) ... auf Cotillion: *It's About Time* (1976) ... auf Sire: *Vintage Years* ... auf 20th Century: *Come To My Party*; *Fans The Fire* (1981) ... auf Probe: *Early Years* (1973) ... auf VeeJay: *For Your Precious Love* (1976) ... auf Charly: *Right On Time* (1983); *Soul Legacy* (4-CD-Box, 2001) ... auf Warner Bros.: *First Impressions* (1975); *Loving Power* (1976) ... auf RSO: *The Right Combination* (mit Linda Clifford, 1980) ... auf MCA: *In The Heat Of The Night*; *It's Allright* (1985); *The Anthology 1961–1977* (Box-Set, 1992) ... auf Castle: *People Get Ready – Live* (1988); *Move One Up – The Singles Collection* (2-CD, 1999) ... auf Movie Play Gold: *Back To The World* (1988) ... auf BBC: *BBC Radio One – Live In Concert* (1990) ... auf Ichiban: *Off All Time* (1990) ... auf Sequel: *Love Peace Understanding* (Box-Set, 1997) ... auf Rhino: *The Curtis Mayfield Story 1961–1990* (3-CD-Box, 1998)

McCartney, Paul (voc, bg, g, p), am 18. Juni 1942 in Liverpool als Sohn eines Baumwollhändlers geboren, verfaßte mit John Lennon die meisten Lieder des Beatles-Repertoires. Bis Ende

1973 konnte das einflußstärkste und erfolgreichste Songschreiber-Duo der Rock-Geschichte Tantiemen aus den Verkäufen von etwa 90 Millionen LPs und 125 Millionen Singles ihrer ehemaligen Gruppe kassieren. Allein die McCartney-Kompositionen *Yesterday* und *Michelle* wurden binnen fünf Jahren von mehr als 2000 Interpreten nachgesungen und gespielt. McCartney «polierte Lennons Unverblümtheiten zurecht und brachte ihn dazu, etwas Stil zu entwickeln» (‹Rolling Stone›); Lennon bewahrte Paul vor einem Abdriften in seichte Unterhaltungsklänge. McCartney adaptierte mit Geschick archaische Rock-Stile von Chuck Berry, Fats Domino, Little Richard, Buddy Holly (*Get Back, She's A Woman, I'm Down*); gleichzeitig erwies er sich, beinahe «schizoid» (‹Rolling Stone›), als Meister exquisiter Balladen (*Hey Jude, She's Leaving Home*). Für das dramatische Poem *A Day In The Life* bemühte er wagnerische Schwellklänge, die Song-Tristesse *She's Leaving Home* ließ er als Mazurka dahinschleifen, für *When I'm Sixty-Four* verballhornte er Ragtime und das Dance Hall-Klima der zwanziger Jahre, bei *Michelle* orientierte er sich an Blues-Schemata. Elektronische Effekte, wie in *Tomorrow Never Knows*, waren stets mehr Glamourzutaten als Struktur-Innovationen. «Pauls Einzigartigkeit», erkannte denn auch der Komponist Ned Rorem, «liegt nicht so sehr in seiner Rolle als Neuerer, sondern in seiner überlegenen Handhabung vorhandener Stilmittel.» McCartney war seit jeher kein Revolutionärs-Typ. In der Schule tat er sich als Klassenbester in englischer Literatur hervor und galt als «ein bißchen kultursüchtig. Er ging stets zu den richtigen Theaterstücken, las die richtigen Bücher und besuchte die richtigen Ausstellungen», berichtete Nik Cohn. 1955 schloß er sich Lennons Quarrymen an und war von da an maßgeblich am Aufstieg der Beatles beteiligt. Die Leichtlebigkeit seiner Junggesellenjahre endete 1969, als er die am 24. September 1941 geborene New Yorker Fotografin Linda Eastman heiratete. Unter dem Einfluß seiner Frau geriet er in einen ständig sich vergrößernden Gegensatz zum kulturellen Avantgardismus, den Lennon mit seiner japanischen Frau Yoko Ono entfaltete. 1969 machte McCartney auf kuriose Weise Schlagzeilen, als Discjockeys in Amerika das Gerücht verbreiteten,

er sei schon seit geraumer Zeit tot, und den Beweis für ihre Behauptung aus geheimnisvollen Zeichen im Beatles-Œuvre herauslasen: Rückwärts gespielte Songpassagen ergaben angeblich das Geräusch eines Autounfalls; der Sieger des Wettbewerbs «Wer sieht Paul am ähnlichsten?» wurde nie bekanntgegeben; die Autonummer «28IF» auf dem Cover der LP *Abbey Road* sollte wohl auf das unvollendete 28. Lebensjahr des Beatle hindeuten. McCartney konterte solche Spekulationen mit der doppeldeutigen Bemerkung: «If I had really died, I would have been the last to know.» Ein Jahr später war die Partnerschaft der Beatles gestorben. Paul schied aus dem Quartett aus und brachte ein in Heimarbeit gefertigtes Solo-Album heraus, bei dem seine Gattin als Co-Autorin und Background-Sängerin assistierte. Der künstlerische Alleingang verstimmte die Kritiker. «Kitschiges Heimkino», giftete ‹Stereo Review›; «monumental irrelevant», höhnte ‹Rolling Stone›. Tatsächlich hatte McCartneys Solo-Musik zunächst nicht jene unvergleichliche Mischung aus «Kraft und Poesie, Autorität und Lyrizismus» (Carl Belz), die typisch für den Sound der Beatles gewesen war. *McCartney, Ram* und die seit 1971 mit der Begleitgruppe Wings aufgenommenen LPs *Wild Life, Red Rose Speedway* waren Dokumente der stilistischen Richtungslosigkeit sowie eines erheblichen Mangels an Selbstkritik. McCartney und seine Wings, zu denen, außer der Autodidaktin Linda, Denny Seiwell (dr), Denny Laine (g), Henry McCulloch (g) gehörten, bestückten ihr Trivial-Repertoire gelegentlich mit Polit-Schnulzen (*Give Ireland Back To The Irish*), Naiv-Singsang (*Mary Had A Little Lamb*) oder Porno-Pop (*Hi-Hi-Hi*). ‹Playboy› dekorierte das Quintett mit dem Titel «Schlechteste Rock-Band weit und breit» und fügte zur Begründung hinzu: «Das Problem bei der Vorliebe von Paul und der Lovely Linda für die leichte Entertainment-Seite des Rock besteht darin, daß diese Art von Musik zu unausgereiftem Murks degeneriert, wenn sie nicht ordentlich gespielt wird.» Obwohl die Fans anderer Meinung waren und McCartneys Platten nach wie vor zum Goldstatus erhoben, fühlte sich der Ex-Beatle durch die massive Fachkritik dermaßen verstört, daß er im Sommer 1973 den Spekulationen um eine Reunion des Quartetts neuen

Auftrieb gab: «Es ist klar, wenn wir wieder zusammenkommen wollten, wäre jetzt die Zeit dafür günstig.» Ein halbes Jahr später dementierte er die Notwendigkeit eines solchen Zusammenschlusses durch die Vorlage «der bislang vorzüglichsten Platte, die einer der vier ehemals als Beatles bekannten Musiker gemacht hat» (‹Rolling Stone›): *Band On The Run*, ohne Seiwell und McCulloch in Lagos, Nigeria, aufgenommen, brillierte mit der gleichen stilistischen Komplexität und technischen Makellosigkeit, wie sie auf den klassischen LPs der «Fab Four» zu hören waren. Die Multi-Millionenumsätze des Albums sowie der ausgekoppelten Singles *Band On The Run, Jet, Mrs. Vanderbilt* bestätigten auch die kommerzielle Attraktivität der McCartneyschen Popmusik. 1975 spreizte Paul seine Wings wieder mit den Neuzugängen Jimmy McCullough (g), Geoff Britton, Joe English (dr) und produzierte die LP *Venus And Mars* im Mardi Gras-Trubel von New Orleans. Bei weiteren Alben wuchs die Indifferenz von Presse und Plattenkäufern. «Wings haben soviel Nährwert wie Zuckerwatte», spöttelte ‹Crawdaddy› über McCartneys zunehmenden Drall ins seichte popmusikalische Fahrwasser. Der gescholtene Superstar kam 1979 ins ‹Guinness-Buch der Rekorde›. Kein anderer hatte so viele Millionen-Bestseller wie er geschrieben (43 Songs zwischen 1962 und 1978); seine Komposition *Yesterday* galt als das meistgespielte Lied aller Zeiten. Zudem hatte er die meisten Goldplatten-Auszeichnungen erhalten (42 für Aufnahmen mit den Beatles, 17 für Wings-Stücke, eine gemeinsam mit Billy Preston). Der erfolgreichste Plattenkünstler der Welt (jeweils mehr als 100 Millionen verkaufter Singles und LPs) galt mit einem geschätzten Vermögen von 500 Millionen Dollar auch als reichster Popstar. *McCartney II* (1980) markierte die Rückkehr des Erfolg-Reichen zum Solo-Status, «eine weitere Übung in Belanglosigkeit wie *Back To The Egg* oder in geringerem Maße *London Town*» (‹Billboard›). Erst bei *Tug Of War* (1982), einer Kollaboration mit Beatles-Producer George Martin, gelang ihm «das Meisterwerk, das jedermann Paul McCartney immer zugetraut hat» (‹Rolling Stone›). Das Nachfolge-Album *Pipes Of Peace* war hingegen wieder «mittelmäßig» (‹Rolling Stone›), «gefühlsduselig bis zur Selbstbeweihräu-

cherung» (‹Melody Maker›). Vollends von der Kritik verrissen und vom Publikum einhellig gemieden wurde der Kinoauftritt McCartneys und seiner Freunde im selbstgeschriebenen ‹Give My Regards to Broad Street› (1984). ‹New Musical Express›: «Selbstgefällig, ohne Charme.» Der Output des Ex-Beatle schien nur noch «einen matten Abglanz der alten Zeiten» (‹Time Out›) zu offerieren. «Ich weiß, ich habe meinen Biß verloren», gab McCartney zu. «Ich brauche einen Anstoß von außerhalb, eine Stimulierung, und die finde ich nicht mehr.» Die immer wiederkehrenden Erinnerungen an die Vergangenheit blockierten offenbar jeden Versuch einer neuen Teamarbeit: «Es ist sehr schwer für irgend jemanden, an die Zusammenarbeit mit John heranzukommen.» Eric Stewart von 10 CC und Elvis Costello versuchten es immerhin. Einige gemeinsam geschriebene Songs wie *Veronica* von McCartney/Costello klangen achtbar, kamen aber an die Symbiose Lennon/McCartney nicht heran. Auf einer überaus erfolgreichen Welttournee mit einem Besucherrekord in Rio de Janeiro (184 000 Zuhörer) spielte McCartneys Gruppe überwiegend Beatles-Songs – aus McCartneys Feder. Der Tournee-Mitschnitt wurde unter dem Titel *Tripping The Live Fantastic* veröffentlicht. Eine 95-Minuten-Filmdokumentation des Beatles-Regisseurs Richard Lester von der Tournee (‹Get Back›, 1991) enthielt unter 21 Musiknummern 17 Beatles-Stücke. «Generell sind die alten Songs die populärsten», sagte der Sänger ohne Illusionen, «*Let It Be* ist ein besserer Song als *My Brave Face*». Die Beatles-Songs trugen McCartney auf einer Erfolgswelle, die noch verstärkt wurde, als 1991 eine MTV-‹Unplugged›-Session als LP auf den Markt kam. Wieder waren es die alten Songs, die die Platte in die Charts schoben, die ‹Unplugged›-Konzerte bei MTV populär machten und schließlich für eine nicht abreißende Kette von ‹Unplugged›-Alben anderer Rock-Stars (Eric Clapton, Neil Young, Nirvana) sorgten. Auf den Boden der Tatsachen wurde McCartney bald darauf zurückgeholt, als er zunächst für sein *Liverpool Oratorio* (1991) herbe Kritik einstecken mußte und *Off The Ground* mit neuen Songs veröffentlichte. ‹Q› konstatierte einen «erschreckenden Mangel an Geschmack» und erregte sich besonders über banal gereimte Texte. Die Reaktion McCartneys folgte umgehend: *Paul Is Live*, ein 1993 nach einer weiteren Welttournee veröffentlichtes Live-Album, enthielt wiederum zahlreiche Beatles-Songs, das Cover war eine Parodie auf die Hülle von *Abbey Road*. Einige neue Songs, *C'Mon People* und *Let Me Roll It*, zeigten McCartney in kompositorischer Hochform. Prompt attestierte die ‹Times› dem Ex-Beatle: «Er kann immer noch jedem die Finger wegspielen und den meisten die Kehle wegsingen.» McCartney, dessen Privatvermögen in den Neunzigern auf rund 1,5 Milliarden Mark geschätzt wurde, gönnte sich Mäzenatentum. Im Januar 1996 etablierte er mit einer Spende von einer Million Pfund in der alten Volksschule Ecke Toxteth Street, in die er und George Harrison gegangen waren, das Liverpool Institute of the Performing Arts, in dem Show Business-Schüler jeder Art (Musiker, Tänzer, Producer, Designer etc.) das Handwerk lernen sollten. Die auf 8,2 Millionen Pfund veranschlagten Renovierungskosten des 200 Jahre alten Gebäudes beliefen sich indes auf 12,5 Millionen. Als die britische Königin im Juni 1996 LIPA eröffnete, war McCartneys Show-Schule erst einmal pleite. Der Beatle würde es richten, er war an seinem Nachruhm durchaus interessiert. In einem ‹Spiegel›-Gespräch antwortete er auf die Frage, ob er Beethoven Konkurrenz machen wolle: «Absolut. Warum nicht? In ein- oder zweihundert Jahren wird man die Beatles genauso einschätzen wie heute Beethoven oder Mozart. Ich glaube, es gibt keine Statusunterschiede zwischen großen Komponisten. Das mag arrogant klingen, aber man kommt zu nichts, wenn man nicht an sich glaubt.» Sein Glaube an sich selbst führte 1997 zu gleich zwei Schallplattenwerken: der LP *Flaming Pie*, ein Echo auf die mittlerweile jahrelange Beschäftigung mit seiner Beatles-Vergangenheit, und dem Orchesterwerk *Standing Stone*. McCartneys Melodienseligkeit, diverse Filmmusik-Klischees und die opulente Produktion vereinigten sich zu einer Musik-Melange, die erwartungsgemäß weder bei der Rock-Kritik noch beim Feuilleton Anklang fand. «Mir war klar, daß sie mich zerreißen werden», winkte McCartney ab. Seine Fans in den USA kauften *Standing Stone* unterdessen auf Platz eins der Klassik-Charts. In der von ihm autorisierten Biographie ‹Paul McCart-

ney: Many Years from Now› versuchte Autor Barry Miles auf 600 Seiten, seinen Helden aus dem Schatten John Lennons zu lösen: «Unglücklicherweise wird jeder Versuch, John Lennons Rolle bei den Beatles objektiv zu bewerten, zum Angriff auf ein Denkmal» (Vorwort). McCartney unterstützte den Biographen dabei nach Kräften: «Bei allem Respekt für John, es stimmt einfach nicht, daß ich immer der Nette war und er der intellektuelle Wilde. Das war eine Erfindung der Presse und weil uns die Fans so haben wollten.» Mehr Zuwendung und Verständnis als das Buch trug ihm der tragische Krebstod seiner Frau Linda McCartney nach 29jähriger harmonischer Ehe im Alter von 56 ein. «Lady McCartney» (so ‹Newsweek› in der Überschrift eines vierseitigen Nachrufs) starb nach dreijähriger Krankheit, nach Chemotherapie und einer Knochenmarkstransplantation am 17. April 1998 auf der familieneigenen Ranch in Tucson, Arizona, die zur Abschirmung der Presse intern den Codenamen Santa Barbara trug. Postum wurde Sir Pauls vielseitige Partnerin, die neben der von ihm adoptierten Tochter Heather (33) aus erster Ehe die gemeinsamen Kinder Mary (27), Stella (25) und James (19) hinterließ, als starke Frau gewürdigt, die eigenständig zum Haushaltsbudget beitrug. Ihre vegetarischen Kochbücher ‹Home Cooking› (1989), ‹New Home Cooking› (1994), ‹Linda's Kitchen› (1995) hatten Spitzenauflagen erreicht. Vegetarische Tiefkühlkost unter ihrem Namen hatte in den letzten vier Jahren rund 34 Millionen englische Pfund Gewinn eingebracht. In knapp drei Jahrzehnten war das Ehepaar McCartney nur einmal elf Tage lang getrennt gewesen – als Paul während einer Japan-Tournee wegen Marihuanabesitzes im Gefängnis saß. Im Herbst 1998 veröffentlichte McCartney unter dem Titel *Wild Prairies* auf Parlophone das erste Solo-Album seiner Frau mit 16 Eigenkompositionen (*The Light Comes Down From Within*) und Oldies (*Mr. Sandman*), die Linda kurz vor ihrem Tod in Arizona aufgenommen hatte. Die Lieder, die Paul zusammen mit dem ehemaligen Beatles-Toningenieur Geoff Emerick abmischte, befand Michael Schlüter in ‹Stereoplay› trotz einer gewissen Intonationsunsicherheit als «fraglos melodisch attraktiv». Zu Lindas erstem Todestag organisierte ihre Freundin Chrissie Hynde mit

George Michael, Tom Jones, Elvis Costello u. a. am 10. April 1999 ein Gedenkkonzert in der Londoner Royal Albert Hall. Drei Wochen vorher war Paul in New York als Solokünstler in die Rock and Roll Hall of Fame aufgenommen worden und hatte zusammen mit seiner Tochter Stella (mit Billy Joel am Piano) *Let It Be* intoniert. Zum 25jährigen Jubiläum seiner Band Wings erschien, ebenfalls im März 1999, sein bestes Post-Beatles-Album, *Band On The Run,* als Doppel-CD-Sonderausgabe, durch 21 Demos, Outtakes, Live-Aufnahmen und Interviews ergänzt. Nach der Wings-Retrospektive ein reines Rock 'n' Roll-Album mit Standards von Elvis Presley, Chuck Berry, Carl Perkins, Ricky Nelson, Gene Vincent etc. aufzunehmen war – so McCartney – Lindas Idee: Sie liebte Rock 'n' Roll. Es war ein guter Weg, wieder ins normale Leben zurückzukehren – Rock 'n' Roll als Therapie und auch Exorzismus: «Lauf, Teufel, lauf. Ich machte mit meinem Sohn James Ferien in Atlanta. Wir kamen an einem Voodoo-Laden vorbei. Da gab es Badezusätze, die angeblich den Teufel fernhielten. Einer davon hieß Run Devil Run. Und ich dachte: Das ist ein toller Titel für das Rock 'n' Roll-Album, sehr positiv.» Das mit David Gilmour (g), Mick Green (g), Pete Wingfield (kb) und Ian Paice (dr) im Sommer binnen weniger Tage im Abbey Road Studio eingespielte Album *Run Devil Run* (1999) wurde im Dezember, 36 Jahre nach dem Beatles-Debüt in diesem Kellerlokal, vor 300 geladenen Gästen vom Liverpooler Cavern Club ins Fernsehen und ins Internet gestartet. Etwa zeitgleich mit dem R 'n' R-Album legte der laut ‹Guinness-Buch der Rekorde› erfolgreichste Komponist der Gegenwart unter dem Titel *Working Classical* (1999) einen Silberling mit Orchestermusik vor: drei Stücke für Symphonieorchester, elf für Streichquartett – in Erinnerung an *The Lovely Linda* (so ein Titel). Außerdem habe er sich, so ließ er verlauten, dabei aber auch an seine Herkunft in Liverpool erinnert: «Ich bin stolz auf meine Wurzeln in der Arbeiterklasse.» – ‹Tip›: «Das hätten wir nun wirklich nicht gedacht.» Im April 2001 erschien gleichzeitig in England und den USA ‹Blackbird Singing›, eine Sammlung von Gedichten und poetischen Songtexten. Bei der Buch-Präsentation in Liverpool und New York wurde McCartney von seiner neuen Liebe begleitet: Ex-Model Heather Mills, 33, die bei einem Autounfall 1993 das linke Bein verloren und den Kampf für ein Verbot von Landminen zu ihrem Lebensinhalt erhoben hatte.

LPs auf Apple: *McCartney* (1970); *Ram* (mit Linda, 1971); *Wild Life* (mit Wings, 1972); *Red Rose Speedway* (mit Wings, 1973); *Band On The Run* (mit Wings, 1974) ... auf EMI: *Venus And Mars* (mit Wings, 1975); *Wings At The Speed Of Sound* (mit Wings, 1976); *Wings Over America* (mit Wings, 1976); *London Town* (mit Wings, 1978); *Greatest Hits* (mit Wings, 1978); *Back To The Egg* (mit Wings, 1979); *The McCartney Interview* (1980); *Wingspan* (2001) ... auf Odeon: *McCartney II* (1980); *Tug Of War* (1982); *Pipes Of Peace* (1983) ... auf Parlophone: *Give My Regards To Broad Street* (1983); *Press To Play* (1986); *All The Best* (1987); *Choba B CCCP* (1989); *Flowers In The Dirt* (1989); *Tripping The Live Fantastic* (1990); *Tripping The Live Fantastic – The Highlights* (1990); *Unplugged – The Official Bootleg* (1991); *Off The Ground* (1993); *Paul Is Live* (1993); *Flaming Pie* (1997); *Wingspan – Hits And History* (2-CD, 2001) ... auf EMI Classics: *Standing Stone* (1997); *Working Classical* (1999) ... auf EMI Electrola: *Band On The Run – 25th Anniversary Edition* (2-CD, 1999) ... auf Parlophone / EMI: *Run Devil Run* (1999) ... Weitere LPs → *The Beatles*

McLaren, Malcolm (voc), am 22. Januar 1946 in Stoke Newington, London, geboren, durchlebte eine der ungewöhnlichsten Karrieren, die je von der Musikindustrie toleriert und in den Medien hofiert worden war. Weil nach seiner Ansicht dem Rock and Roll die drei klassischen Ingredienzien Sex, Stil, Subversion abhanden gekommen waren, versuchte er, in der Tradition der Dadaisten, Surrealisten, Pop-Artisten, das Business mit dessen eigenen Mitteln hochzunehmen, hohle Gestik, verlogene Posen zu enttarnen, den Affront zum Programm, die Banalität zum Trend, die Belanglosigkeit zum Hit zu machen. Mit dem Mut, sich zu dem zu bekennen, was niemand wahrhaben wollte, und Tabus zu brechen, erwarb sich der «Mann, der stets den kürzesten Weg von der Abfalltonne zur Präsidenten-Suite findet» (‹Jazzthetik›) den Ruf eines Visionärs. In Wirklichkeit machte er nie einen Hehl daraus, ein Scharlatan zu sein. Er galt als Produzent, gab aber zu, stets mit einem Stapel Bücher ins Studio zu gehen, weil er sich dort nur langweilen würde. McLaren war ein genialer Dilettant dessen einzige wirkliche Gabe darin bestand, zu jeder beliebigen Zeit das Design für den Sound der Zukunft zu entwerfen und gewinnbringend zu verkaufen. Ohne Frage hätte sich der Punk in irgendeiner Form auch ohne Malcolm McLaren als Gegenbewegung zum Gigantismus der Jugendkultur der mittleren Siebziger entwickelt, aber ohne seine Initiative und seinen Spürsinn wäre die Musikgeschichte seit 1977 völlig anders verlaufen. Er wußte «daß die Leute alle ausgeflippten oder auch widerwärtigen Konzepte akzeptieren, wenn man sie durch die anerkannten Medien Platte und Kino schleust: *Anarchy In The UK* – und es ist bei Woolworth zu kaufen. Toll!» (‹New Musical Express›). So dirigierte er die Sex Pistols 1976 zur rüden Anti-Attraktion, die den etablierten Rockstars in die Limousine rülpsen und den verbeamteten Platten-Anstalten das Mobiliar aufmischen oder fette Gagen abluchsen sollte. 1979 lockte er dem Sänger Adam Ant die Musiker weg, tat sie mit der unbedarften minderjährigen Wäschereihilfe Annabella Lu Win zusammen und kreierte den Sound und Look von Bow Wow Wow, die acht Songs nur auf Kassette herausbrachten, dabei zu Raubmitschnitten von Popmusik aufforderten und mit exotischen Phantasiekostümen arbeitslosen Jugendlichen Fluchtträume vermittelten. «Als Manager und Imagegestalter der Sex Pistols war McLaren sowohl das Genie wie das Arschloch der Punk-Bewegung. Er trieb die Industrie in Peinlichkeiten ohne Ende und schuf mit seinen decouvrierenden Provokationen letztendlich auch eine Ermutigung für die Bewegung der Independents. Andererseits waren McLarens Provokationen des Kapitalismus stets selbst auf rücksichtslose Ausnutzung seiner Musiker aufgebaut, was ihm das Image eines Sklaventreibers eintrug» (‹Sounds›). McLaren kümmerte die negative Reputation als zynischer Svengali wenig: «Man zerstört, um Dinge zu erschaffen, und da muß man dann schon rücksichtslos vorgehen. Die Sex-Pistols waren ein Kunstwerk. Mein Material ist nicht Farbe oder Ton, sondern Menschen. Ich benutze sie, mißbrauche sie, manipuliere sie, weil ich an meine Idee glaube. Die Sex Pistols waren eine

Idee, keine Band. Und sie waren das schillerndste, spektakulärste Scheitern, das ich je erlebt habe, einfach großartig.» Schon als Teenager war Malcolm McLaren ein Extremist. Er wuchs bei seiner Großmutter auf, in deren Bett er bis zu seinem 13. Lebensjahr schlafen mußte und die ihn ermutigte, in seiner Schule Gangs zu gründen. In den Sechzigern besuchte er «aus purer Langeweile» eine Reihe von Kunstschulen. Einen großen Teil seiner Zeit verbrachte er im British Museum. Beeindruckt von einer Andy Warhol-Ausstellung, verließ er 1964 die Kunstschule und veranstaltete in der Londoner Kingley Street Art Gallery ein 24stündiges Art Happening, das am Ende von der Polizei gestoppt wurde, weil es den Verkehr eines ganzen Stadtviertels lahmlegte. Unter dem Einfluß der dadaistischen Gruppe International Situationists machte er sich den Slogan «Be reasonable – demand the impossible» zu eigen, ließ sich von der anarchistischen Ideologie der '68er Studentenunruhen infizieren und erkannte das Verkaufspotential jeglicher Subversion. Nachdem er mit einem Dokumentarfilm über die Geschichte der Oxford Street im Film-Business nicht Fuß fassen konnte, eröffnete er 1971 mit seiner Lebensgefährtin Vivienne Westwood auf der Kings Road die Boutique «Let it Rock» mit Klamotten für Teds. Da ihn die Kundschaft aber nicht interessierte, stellten er und Vivienne das Angebot auf Porno-Wäsche und S&M-Artikel um, nannten den Shop «Sex» und später «Seditionaries». McLaren hatte bereits Erfahrungen mit der Glitter-Schock-Truppe New York Dolls gemacht, als er das Management der Sex Pistols übernahm. Nach dem Ende des «großen Rock 'n' Roll-Schwindels» (so der Titel des von ihm initiierten Sex Pistols-Films) «befreite er sich von seinem konzeptuellen Ventriloquismus und nahm selbst den Mikrofonständer in die Hand» (‹Interview›). «Musik kann wieder eine sehr mächtige Waffe werden, sie könnte Menschen verändern», mutmaßte McLaren. Sein zweiter genialer Streich nach der Erfindung des Punk war die Sozialisierung der sich noch im absoluten Untergrundstadium befindenden New Yorker Hip Hop-Szene. Die Top Ten-Single *Buffalo Gals* (1981) war die erste kommerziell erfolgreiche Hip Hop-Single der Geschichte. McLaren konnte zwar nicht für sich in Anspruch nehmen, den Hip Hop erfunden zu haben, doch er trug maßgeblich dazu bei, ihn in die westliche Dance-Kultur einzuführen. Mit der LP *Duck Rock* (1983) bot er eine Kompilation verschütteter Tanzrituale an, wobei er nordamerikanische Square Dances wie afrikanische Zulu-Rhythmen mit Hip Hop-Klängen unterlegte: «Heidnische Rituale, die uns helfen, den Normen zu entfliehen.» Julie Burchill zürnte dagegen im ‹NME›: «Malcolm bringt fremden Kulturen die Attitüde eines Kinder-schänders entgegen.» Ein Jahr später vergriff sich der Mythen-Deflorierer an den Schwellklängen der Oper und unterlegte Arien aus ‹Madame Butterfly›, ‹Turandot›, ‹Carmen› mit einem Elektro-Rhythmus-Track, Soul-Gesäusel und semiobszönem Palaver. Laut ‹Stereo Review› gelang es so, «das Vertraute auf neue Art zu hören, überraschende Beziehungen zu knüpfen, Situationen humorvoll zu transponieren und unerwartete Emotionen auszulösen». Weniger geneigte Kritiker konstatierten einen «Verlust seiner dadaistischen Instinkte», als McLaren auf dem Album *Swamp Thing* (1985) abgestandene multiethnische Mixturen neu aufkochte. ‹City Limits›: «Der große Rock 'n' Roll-Schwindel geht weiter.» Tatsächlich: 1989 brach McLaren Wiener Walzer und Hip Hop über einen Sound-Leisten und empfahl sich als Soundtrack-Lieferant für die Disco-Poseur-Mode des Vogueing. Er war einer der ersten der sich schnell entwickelnden britischen Dancefloor-Szene, deren Markenzeichen es wurde, disparate musikalische Stile miteinander zu vermischen. Als er der Musik nichts mehr hinzufügen wollte, ging er nach Hollywood und versuchte – erstaunlicherweise erfolglos – eine Filmkarriere. Dann beschwatzte er Cathérine Deneuve und Françoise Hardy, für ihn ins Mikrofon zu hauchen, und veröffentlichte das Schnurren der Diven mit jazzartiger Untermalung als *Paris* (1994). ‹Q›: «Die Musik will mal Jazz, mal Funk sein, und ist meist bloß Jazz Funk. Aber wenn's mal funktioniert, ist *Paris* fast so etwas wie ein Triumph der Phantasie.» Er landete mit dem Album einen Nummer-eins-Hit in Polen, lehnte jedoch das Angebot des polnischen Präsidenten ab, sich an der Weichsel niederzulassen. Das Album *Buffalo Gals Back To Skool* (1998) war eine Hommage an den frühen Hip Hop unter Teilnahme von De La Soul und KRS 1. Befragt ob es nach all diesen Eingriffen in den Lauf der Pop-musik überhaupt noch eine Herausforderung für McLaren gäbe, erklärte er 1999: «Ich jage einem Regenbogen nach, und das läßt nach, sobald du einen Job hast.» Anfang 2000 hielt er es für «an der Zeit, sich wieder einzumischen» und kandidierte mit der Forderung nach Bordellen neben dem Regierungssitz, Bierausschank in Bibliotheken und freiem Eintritt in Museen für das Amt des Bürgermeisters von London: «Wir wollen eine authentische Kultur, nicht diese Karaoke-Kultur, die hier immer weiter wuchert und die uns Tony Blair mit seiner Cappuccino-Gesellschaft aufdrängen will.» Folgerichtig gab er einer autobiographischen Installation im Zentrum für Kunst und Medientechnologie (ZKM) in Karlsruhe im September 2000 den Titel «Casino of Authenticity and Karaoke»: «Wir leben in einer Welt der Zweitverwertung, die ohne jeglichen Standpunkt auskommt. Es geht nur noch um Product Placement, Marketing, Verkaufen. Ich habe vielleicht mal Mode entworfen, Musik gemacht, Filme gedreht, in den Achtzigern sogar in Hollywood. Aber eigentlich bin ich einfach nur nie erwachsen geworden. Und wie ein Kind zerstöre ich alles, um etwas zu schaffen. Das ist meine Art, die Dinge zu verstehen.» Damit machte er vor der eigenen Biographie nicht Halt. Die wurde in Karlsruhe auf Knopfdruck von vier Spielautomaten zu einem Chaos aus Bildern, Texten und Tönen auf drei Leinwänden zerhäckselt. Mit Vivienne Westwood nähte er da in seinem ersten Laden in der Kings Road abgenagte Hühnerknochen aus Abfalleimern der Umgebung auf T-Shirts, dazu auf einer Textbanderole der Satz, daß er bei der Großmutter aufgewachsen sei. Dann wieder ein Schnipsel aus einem Interview über die Sex Pistols: «Ich brauchte einfach eine Band, die zu meinen Kleidern paßte.» Blinklicht auf einer Leinwand: «Cash from chaos.» Oder auch der Slogan: «Nothing to declare but my genius.»

LPs auf Island: *Buffalo Gals* (1983); *Scratchin'* (1984); *Fans* (1984); *Swamp Thing* (1985) ... auf Epic: *Something's Jumpin' In Your Shirt* (1989); *Waltz Darling* (1989) ... auf Atlantic: *World Famous Supreme Team Show* (1990); *Round The Outside! Round The Outside* (1990) ... auf V2: *Paris* (1994) ... auf Priority: *Buffalo Gals Back To Skool* (1998)

Meat Beat Manifesto, gegründet 1986 in Swindon, England, starteten auf der Schwelle vom Post-Industrial zum Dancefloor, bevorzugten jedoch in den folgenden Jahren immer wieder aufs neue unentschiedene Positionen, statt auf den eigenen, stets höchst kreativen Leistungen kontinuierlich aufzubauen. Ihre abstrakten Soundscapes klangen oft zu intellektuell, um eine wirkliche Massenbasis zu erlangen. Dafür beeinflußten sie unzählige Gruppen auf dem Dancefloor der Neunziger, von den Chemical Brothers bis The Prodigy. Das Konzept von Meat Beat Manifesto, deren Name ein versteckter Hinweis auf Masturbation war, ging über das bloße Musikmachen hinaus. Die Platten der Gruppe gaben deshalb nur partiell Auskunft über das Gesamtkunstwerk. Zu dem Multiinstrumentalisten und Sänger Jack Dangers und dem Programmierer Jonny Stephens gesellten sich der Tänzer und Choreograph Marcus Adams und der Bühnen- und Kostüm-Designer Craig Morrison. In ihren Anfangstagen kombinierte die Band Samples von TV-Shows und Werbespots mit Hip Hop-Beats und Dub-Grooves. Eine Reihe von Singles, die Ende der achtziger Jahre entstanden waren, wurden 1989 auf dem Album *Storm The Studio* zusammengefaßt. Der Titel ging auf den Ausspruch einer Figur des Romanautors William S. Burroughs zurück, mit dessen literarischer Schnitt-Technik sich die Gruppe musikalisch identifizierte. Die Single *Radio Babylon* (1990) baute auf einem Boney M.-Sample auf, das in einen tiefdröhnenden avantgardistischen Taumel transformiert wurde. Das Material für ein erstes in einem Stück aufgenommenes Studio-Album war 1989 durch einen Brand vollständig verlorengegangen. So bestand auch das zweite MBM-Album *Armed Audio Warfare* (1990) aus Tracks, die in früheren Zeiten entstanden waren. Auf dem eigentlichen Debütalbum *99 %* (1990) nahmen sie eine drastische Richtungskorrektur zum House vor, die sie auch auf *Satyricon* (1992) durchhielten. Ihre Texte wurden politisch immer brisanter und setzten sich mit Themen wie Konsumterror und den Rechten von Tieren auseinander. Vier Jahre sollte Danger in erster Linie als Remixer für Künstler wie MC 900ft Jesus, David Byrne, Consolidated; The Shamen und andere tätig sein, bis Meat Beat Manifesto mit der Doppel-CD *Subliminal Sandwich* (1996) ein Album veröffentlichten, das ungleich tiefer und schwerer wirkte als seine Vorgänger. Stärker als in der Vergangenheit orientierte sich Danger, der MBM ohne Jonny Stephens weiterführte, an Musik aus Afrika, Asien und der Karibik. Als Gäste konnte er unter anderem Keyboarder Mark Pistel von Consolidated und Gitarrist Joe Gore von PJ Harvey gewinnen. Jeder künstlerischen Wiederholung abhold, stockte Dangers Meat Beat Manifesto 1997 mit Lynn Farmer (dr, perc) und John Wilson (präparierte Gitarren) zum Trio auf. *Actual Sounds + Voices* (1998) war ein aggressives Jazz-Ambient-Album, auf dem die beiden Jazz Rock-Pioniere Dr. Pat Gleeson und Bennie Maupin, die an den toxischen Sounds des frühen elektrischen Herbie Hancock entscheidenden Anteil gehabt hatten, eine pikante Gastrolle gaben.

LPs auf Wax Trax!: *Armed Audio Warfare* (1989); *Storm The Studio* (1989) … auf Mute: *99 %* (1990) … auf Elektra: *Satyricon* (1992) … auf Play It Again Sam: *Version Galore* (1995); *Subliminal Sandwich* (1996) … auf Nothing: *Actual Sounds & Voices* (1998)

Medeski Martin & Wood, 1992 in New York gegründet, waren die Boy-Group des Jazz. Wie keiner anderen Band gelang es dem Trio, den Appeal des Alternative Rock in den Jazz zu tragen. Mit ihren endlosen, stilistisch offenen Jams galten sie als Reinkarnation der Grateful Dead und rekrutierten eine landesweite Gefolgschaft jugendlicher Deadheads. Ihre Live-Sets hatten die Wirkung bewußtseinserweiternder Drogen. Als eine der ersten Jazz-Gruppen profitierten MMW erheblich von der Verbreitung von Informationen über das Internet. Das Phänomen Medeski Martin & Wood, das in den USA regelrechte Hysterien auslöste, übertrug sich jedoch nicht auf Europa. John Medeski (p, org, synth), geboren 1965 in Kentucky, Billy Martin (dr) und Chris Wood (b, bg) sammelten Erfahrungen in ganz unterschiedlichen Gruppen, bis sie sich zu einem gemeinsamen Side-Project zusammenfanden. Medeski genoß schon als Jugendlicher einen so außerordentlichen Ruf, daß der renommierte Bassist Jaco Pastorius den 16jährigen 1981 zu einer Tournee einlud, deren Teilnahme dem jungen Pianisten von seiner Mutter jedoch untersagt wurde. Später gehörte er in Boston zum Either / Orchestra. Martin hatte einige Duo-Aufnahmen mit der Schlagzeug-Legende Bob Moses eingespielt und gehörte zu der Fake Jazz-Gruppe Lounge Lizards. Wood spielte bei Marc Ribots Radical Jewish Culture-Band Shrek. Ihr wenig beachtetes Debütalbum *Notes From The Underground* (1992), auf dem die halbe New Yorker Downtown-Szene gastierte, war eine Mischung aus unbändigem Funk und ehrfürchtigen Verneigungen vor Jazz-Klassikern wie Wayne Shorter und Duke Ellington. Im Gegensatz zu späteren Alben spielte Medeski ausschließlich akustisches Piano und Wood einzig Kontrabaß. Das Trio blieb ein Nebenprojekt, und die Musiker arbeiteten hauptsächlich in ihren anderen Bands weiter. Mit dem zweiten Album *It's A Jungle In Here* (1993) und einem größeren Label im Rücken begann die Gruppe ununterbrochen zu touren. Im Gegensatz zu den meisten ihrer Kollegen beschränkten sie sich dabei nicht auf den New Yorker Raum und setzten ihren Ehrgeiz auch nicht in Europa-Tourneen, sondern sie kauften sich einen Kleinbus und fuhren wie eine Rock-Band kreuz und quer durch die USA, um in jedem noch so kleinen Nest zu spielen. Auf dem im Duo mit dem Gitarristen Dave Fiuczynski eingespielten Album *Lunar Crush* (1994) reicherte Medeski sein Vokabular um elektrischen Jazz Rock an. Mit *Friday Afternoon In The Universe* (1995) lösten sich MMW aus dem Jazz-Kontext und traten immer öfter vor einem Publikum auf, das sich aus jugendlichen Neo-Hippies zusammensetzte. Sie hatten «tatsächlich ein halbes Jahrzehnt lang den Staub der Highways geschluckt, bevor sie zum Überlebenssymbol einer vierten Generation von Grateful Dead-Fans wurden» (‹Süddeutsche Zeitung›). Dabei war ihrer Popularität der Umstand zuträglich, daß sie alle Belange selbst in die Hand nahmen. «Medeski Martin & Wood sind ein ganz heißes Eisen, das von der Plattenindustrie schlicht verschlafen wurde und sich nun um sich selbst kümmert» (‹Jazzthetik›). Im Vorprogramm der Jam-Band Phish traten sie vor bis zu 30 000 Zuschauern auf. Die Kunde von der funkigen Jazz-Band im Rock-Gewand verbreitete sich via Internet wie ein Lauffeuer in Amerika.

Medeski, der zwischenzeitlich auch zu den Lounge Lizards und John Zorns Band Masada gehörte und mittlerweile auf die Orgel umgestiegen war, weil sich ein Piano so schlecht im Van transportieren ließ, brachte mit seinen nebulösen Sounds auf den komplexen Rhythmus-Teppichen von Wood und Martin jeden Saal zum Kochen. 1996 kauften sich die drei eine Hütte auf Hawaii, in der sie das psychedelische Space Jazz-Album *Shack-Man* (1996) einspielten. MMW waren auf dem Gipfel ihrer Popularität angelangt. Alle großen Labels Amerikas rissen sich um das Trio. Als Sieger aus dem Wettrennen ging schließlich Blue Note hervor. Zuvor jedoch verdingte sich die Gruppe als komplette Begleitband für Oren Bloedows Album *The Luckiest Boy In The World* (1997) und für John Scofields *A-Go-Go* (1998). Zur Zusammenarbeit mit Scofield kam es, weil der Gitarrist über seine halbwüchsige Tochter von der hippen Groove-Troika erfahren hatte. Ihr erstes Album für das Label mit dem besten Jazz seit 1939, *Combustication* (1998), war alles andere als traditionsfreudig. Unter dem Einfluß von Hip Hop, Drum 'n' Bass und Ambient legte die Gruppe gemeinsam mit DJ Logic eine Tour de force moderner Spielauffassungen vor. Das Album fing erstmalig hundertprozentig die Live-Energie der Gruppe ein. Im Frühjahr 1999 half das Trio Iggy Pop bei den Aufnahmen zu seiner Platte *Avenue B*. Das völlig akustisch eingespielte erste MMW-Live-Album *Tonic* (2000) war eher eine Abkehr von allen Erwartungen ihrer Fans und ein Tribut an die Ästhetik von Blue Note. Billy Martin und Chris Wood bildeten die kongeniale Backing-Band für Chris Whitleys Cover-Album *Perfect Day* (2000).

LPs auf Hap-Jones Records: *Notes From The Underground* (1992) ... auf Gramavision: *It's A Jungle In Here* (1993); *Friday Afternoon In The Universe* (1995); *Shack-Man* (1996) ... auf Blue Note: *Combustication* (1998); *Tonic* (2000); *The Dropper* (2000) ... mit Oren Bloedow auf Knitting Factory: *The Luckiest Boy In The World* (1997) ... John Medeski mit David Fiuczynski auf Gramavision: *Lunar Crush* (1994) ... Billy Martin mit Drumming Birds auf ITM: *East Side* (1987) ... mit The Lounge Lizards auf Verabra: *Berlin 1991, Pt. 1 & 2*

(1992) … mit G. Calvin Weston auf Amulet: *Percussion Duets* (1995)

Melvins, gegründet 1984 in Aberdeen, Washington, waren eine jener Bands, deren spirituelle Aura ihr kommerzielles Potential bei weitem übertraf. Es schien, als hätte es sie schon immer gegeben und als würden sie auch bis ans Ende der Zeiten weiter unbeirrt ihre von Trends und Strömungen unbeeindruckten Alben produzieren. Mit ihrem Zeitlupen-Surfrock waren die Melvins eine jener unkorrumpierbaren moralischen Größen, die zu allen Zeiten das Rückgrat des Rock 'n' Roll ausmachten. «Im Rock-Müll stöbern, zitieren, raubbauen und übercodieren, um dann nur ein Lächeln übrig zu haben für solche, die die Stücke nach verborgenen Kunstgesten abklopfen – das sind die Melvins» (‹Visions›). Sie galten als «das Grunge-Original schlechthin» (‹NM! Messitsch›) und waren zumindest dadurch an der Gründung von Nirvana beteiligt, daß sie Kurt Cobain mit Krist Novoselic bekannt machten. Mit ihrem Wahlspruch «Dominication through amplification» rekrutierten sie nach dem Vorbild der Deadheads Melvins Army, eine der Band treuergebene internationale Fan-Gruppe. Sie waren als Schülerband in einer Zeit gestartet, da sowohl Heavy Metal als auch Punk in einer Krise steckten. Mit Buzz Osbourne alias King Buzzo (g, voc), Mike Dillard (dr) und Matt Lukin (bg) schoß sich die Band von Anfang an auf schwere, verzerrte Metal-Sounds ein. Dillard verließ sie schon nach kurzer Zeit und wurde von Dale Crover ersetzt. Noch vor Einsetzen des großen Seattle-Booms siedelten die Melvins nach San Francisco um. Nach Erscheinen des ersten Albums *Gluey Porch Treatments* (1987) ging Lukin zu Mudhoney und machte die Erfindung des Grunge amtlich. Ersatz kam mit der Bassistin Lori «Lorax» Black, die mit der Band die Alben *Ozma* (1989), *Bullhead* (1991) und *Eggnog* (1991) einspielte. Die frühen Platten «zementierten den Ruf einer Band von zeitloser Heavyness, ein Charakteristikum, das auch auf ihre physisch mörderischen Live-Shows zutraf» (‹Rolling Stone›). Nach einem Intermezzo mit dem Bassisten Tom Flynn stieß 1992 Joe Preston von Earth zu den Melvins. In dieser Besetzung entstanden nach dem Vorbild von Kiss drei minimalistische Solo-EPs der Bandmitglieder mit obskuren, teilweise jazzigen Stücken. Auf *King Buzzo* wurden fast alle instrumentalen Tracks von Nirvana-Drummer Dave Grohl unter dem Pseudonym Dale Nixon eingespielt. Ihr experimentierfreudigstes Album legten die Melvins 1992 mit dem hyperlangsamen *Lysol* vor, das jedoch wieder vom Markt genommen werden mußte, weil die Rechteinhaber des Namens erfolgreich klagten. Für das von Kurt Cobain produzierte Meisterwerk *Houdini* (1993) kehrte Lori Black an den Baß zurück, und Cobain selbst übernahm einige Drum-Parts. Dieses Major-Debüt der bereits altgedienten Metal-Heads klang mit seinem extremen Low Frequency-Rock «durchdachter, kompakter und sogar disziplinierter als alles, was die Melvins bisher produziert haben» (‹NM! Messitsch›). Auf *Prick* (1994) stellte die Band mit dem in London lebenden Mark Deutrom, der ihre ersten beiden Alben produziert hatte, abermals einen neuen Bassisten vor. Dieses wie auch das Nachfolge-Album *Stoner Witch* (1994) waren eklektizistische Collagen, die sich aus Versatzstücken der gesamten Rock-Geschichte zusammensetzten. Mit *Stag* (1996) endlich schafften sie auch den Durchbruch beim Mainstream-Publikum. Dieses «zentrale Werk einer epochal angelegten Volksverwirrung» (‹Visions›) klang «wie ein Dreißigtonner mit Motorschaden im Gebirge» (‹Spiegel Extra›). Da die Verkäufe jedoch hinter den Erwartungen zurückblieben und die Band sich von Atlantic nicht gebührend berücksichtigt fühlte, setzten die Slow Motion-Heroes für das psychedelisch versponnene Konzeptwerk *Honky* (1997), auf dem Kat Bjelland von den Babes In Toyland einige wunderschöne Vocal-Parts beisteuerte, zu dem Credibility-Indie Amphetamine Reptile über. Nach einer längeren Besinnungspause und einer abermaligen Neubesetzung des Bassisten-Jobs durch Kevin Rutmanis von den Cowws kehrten die Melvins 1999 auf Mike Pattons Ipecac-Label mit der CD-Trilogie *The Maggot* (1999), *The Bootlicker* (1999) und *Crybaby* (2000) zurück, auf der sie alle Register ihres Könnens zogen. Letztere enthielt außer Gastauftritten von Foetus, David Yow (Jesus Lizard), Eric Sanko (Lounge Lizards) und Hank Williams III eine von dem einstigen Teenie-Idol Leif Garrett gesungene Version des Nirvana-Hits *Smells*

Like Teen Spirit. Osbourne faßte darüber hinaus in Mike Pattons noisiger, nach dem Vorbild von Naked City organisierter Jazz Rock-Band Fantomas Fuß, in der außerdem Dave Lombardo (dr) von Slayer und Trevor Dunn (bg) von Mr. Bungle spielten.

LPs auf C/Z: *10 Songs* (1986) … auf Boner: *Gluey Porch Treatments* (1987); *Ozma* (1989); *Bullhead* (1991); *Melvins* (1991); *Lysol* (1992) … auf Atlantic: *Houdini* (1993); *Stoner Witch* (1994); *Stag* (1996) … auf Amphetamine Reptile: *Prick* (1994); *Honky* (1997) … auf Ipecac: *The Maggot* (1999); *The Bootlicker* (1999); *The Crybaby* (2000); *The Colossus Of Destiny* (2001) … auf Man's Ruin: *Electroretard* (2001)

Mercury Rev erinnerten mit ihren obskuren Song-Elaboraten an Zauberlehrlinge, die die Geister, welche sie beschworen, nicht mehr zu bändigen verstanden. Doch gerade jene Maßlosigkeit in der Wahl der eigenen Mittel, die vielen Übertreibungen und barocken Schnörkel machten auf lange Sicht die Faszination der Gruppe aus. 1988 in Buffalo, New York, gegründet, stand die Band zunächst im Schatten der Flaming Lips, in deren näherem Umfeld Jason Donahue (g) und Dave Fridman (bg) aktiv waren. Gemeinsam mit David Baker (voc), Sean «Grasshopper» Mackowiak (g), Suzanne Thorpe (reeds) und Jimmy Chambers (dr) waren sie auf der Suche nach einem Klang, der, über allen Genres stehend, Elemente von Rock, Jazz, Noise und Broadway-Shows vereinbaren sollte. Jahrelang bastelten sie an ihrem ersten Album, das 1991 unter dem Titel *Yerself Is Steam* erschien und die Ästhetik von Gitarren-Rock und Neo-Psychedelia mit den vertrackten Klangschichtungen von Pink Floyd oder Mike Oldfield verband. «Im Gegensatz zu den meisten anderen Bands kannst du nicht sagen, welche Platten die im Regal haben», so John Peel in der BBC. ‹Rolling Stone› schätzte das Album als «Edelstein von selbstquälerischer Selbstbezogenheit und überzeugender Dissonanz» ein. Obgleich erste Tourneen unter eigenem Namen in Europa nahezu unbeachtet blieben, hinterließen sie einen starken Eindruck als Support für Bob Dylan und My Bloody Valentine. Auch die 1993 erschienene zweite Platte *Boces* klang wie der Soundtrack zu einem federleichten Fantasy-Film. Neben ihren Alben legten Mercury Rev großes Augenmerk auf ihre Singles, die weit mehr waren als nur LP-Auskopplungen. Die skurril-schöne Single *Car Wash Hair*, die unter Mitarbeit des ehemaligen Galaxie 500-Frontmannes Dean Wareham entstand, wurde mit einer unbetitelten 30minütigen Sound-Collage versehen. Auf der Single *The Hum Is Coming From Her* (1993) begleiteten sie als Mercury Rev Orchestra und Mercury Theremin Sextet charismatisch vorgetragene Texte des Poeten Robert Creeley. All die verspielte Schrulligkeit in Sound und Auftreten der Märchenprinzen des Alternative Rock konnte jedoch nicht darüber hinwegtäuschen, daß es unter den Musikern zu handfesten Auseinandersetzungen kam. Die Schlachten zwischen David Baker und dem Rest der Band wurden legendär; Donahue versuchte in aller Öffentlichkeit, Grasshopper ein Auge auszustechen. 1994 kam es zum Bruch zwischen dem Sänger und der Gruppe. Für die Single *Everlasting Arm/Dead Man* (1994) sprang zunächst Alan Vega von Suicide ein, doch die Zusammenarbeit war nicht von Dauer. David Baker versuchte indessen, seine Vision von Mercury Rev mit dem stilistisch schwer einzuordnenden Projekt Shady aufrechtzuerhalten. Mit Gästen von den Boo Radleys, Rollerskate Skinny, Seam und The Faith Healers inszenierte er auf *World* (1994) bizarre Sound- und Noise-Welten, die in der Kritik jedoch auf wenig Gegenliebe stießen. Als Quintett meldeten sich Mercury Rev 1995 mit *See You On The Other Side* zurück. Obgleich ‹Tip› jubilierte: «Das erste Album ohne den indisponierten Frontmann klang wie ein Befreiungsschlag», ließ die Band die bisherige konzeptionelle Dichte vermissen. Daran änderte sich auch nichts, als sie als Support von Pavement durch Europa tourte. Neuen Mut faßten Gitarrist Grasshopper und Flötistin Suzanne Thorpe erst mit ihrem Seitenprojekt Grasshopper & The Golden Crickets, dessen von Fridman und Donahue produziertes Album *The Orbit Of Eternal Grace* (1998) die Weichen für den künftigen kompakten Pop-Sound von Mercury Rev stellen sollte. Kurz darauf kehrten auch Mercury Rev mit einer neuen LP zurück. Auf *Deserter's Songs* (1999) wurde das Sextett durch Keyboarder Adam Snyder komplettiert. Zwar orientierte man sich mit einem reichhaltigen Zusatzinstrumentarium, das von singenden Sägen über Slide Guitars bis zu jeder Menge Blech reichte, an der Buntheit der ersten beiden Alben, doch das Ergebnis klang mehr nach einer amerikanischen Britpop-Variante denn nach eigenständiger Weiterentwicklung. Mercury Rev waren unter Preisgabe ihrer beständigen Suche nach schrillen, unkonventionellen Konzepten auf dem Gipfel ihrer Popularität angelangt. «Jetzt haben sie aufdringlichen Gitarrenklang wie Schlacke im Hochofen abgeschöpft und entsorgt», schrieb Thomas Weiland in ‹Tip›: «Sie haben sich in experimentellen Randgebieten der Americana umgesehen und auf ein sinfonisches Klangpanorama gesetzt, das von Harfen, Flügelhorn, Holzblasinstrumenten und singenden Sägen bestimmt wird. Oldschool-Jazz, Klassik, Blues, Weihnachtsliederartige Sequenzen und vereinzelte House-Pianos sind Ergänzungen, die sich im Gegensatz zu früher harmonisch ins wunderbare Ganze einfügen.» Die Stammbesetzung fiel nach Einspielung des Albums auseinander, so daß sich Donahue und Grasshopper für die anschließenden Tourneen durch Europa und die USA mit einer Riege eilig zusammengestellter Ersatzmusiker begnügen mußten. Nachdem sich am Schluß der Tour von der Plattenfirma undementierte Auflösungsgerüchte breitgemacht hatten, erhielt die Band in England ihre erste Goldene Schallplatte für *Deserter's Songs*.

LPs auf Columbia: *Yerself Is Steam* (1991); *Boces* (1993) … auf Beggars Banquet: *See You On The Other Side* (1995) … auf V2: *Deserter's Songs* (1998); *All Is Dream* (2001) … David Baker mit Shady auf Beggars Banquet: *World* (1994) … Grasshopper mit Grasshopper & The Golden Crickets auf Beggars Banquet: *The Orbit Of Eternal Grace* (1998) … Grasshopper und Donahue auf Big Cat: *Paralyzed Mind Of The Archangel Void* (1995)

Metallica, 1981 im kalifornischen Norvale im Großraum Los Angeles gegründet, waren mit «Stakkato-Gitarrengewitter, tonnenschwerem Schlagzeug und wütend gebellten Lyrics» (‹Tip›) der Inbegriff von Heavy Metal: «glaubwürdig, kompromißlos, erfolgreich» (‹Stereoplay›). «Angesichts überlebensgroßer Ängste exorzierten die Metallica-Songs die tägliche Bedrohung, indem sie sich mit ihr identifizierten» (‹New York Times›). Das 1991 veröffentlichte Album mit dem Band-Namen als Titel erreichte eine Weltauflage von 15 Millionen Exemplaren, davon neun Millionen in den USA. Bis 1998 hatte das Quartett rund 50 Millionen Tonträger abgesetzt. Drummer Lars Ulrich, am 26. Dezember 1963 in Kopenhagen geboren, sollte nach dem Wunsch seines Vaters Torben Ulrich, eines früheren Tennis-Cracks, professioneller Tennisspieler werden, sein Aufschlag war aber, wie sich 1980 in Los Angeles herausstellte, nicht ausreichend. Enttäuscht ging er nach London zurück, wo er sich schon mit mächtigen Trommelschlägen als Musiker versucht hatte. Auf dem Sampler *The New Wave Of British Heavy Metal* (1979) des HM-Magazins ‹Kerrang!› war er mit einem Titel vertreten. Nach einer England-Tournee mit der Band Diamond Head ging er nach Los Angeles zurück und rekrutierte aus Anzeigen in einem Musikblatt James Alan Hetfield (voc, g), am 3. August 1963 in Los Angeles geboren, und Lloyd Grant (g) für Metallica. Grant wurde 1982 durch den alkoholabhängigen Dave Mustaine (g) ersetzt, den Ulrich ein Jahr später wieder feuerte und dafür den am 18. November 1962 in San Francisco geborenen Kirk Hammett (g) in die Band holte. Mustaine machte mit seiner Band Megadeth Metallica später spürbar Konkurrenz. Am Baß erweiterte Cliff Lee Burton, am 10. Februar 1962 in Los Angeles geboren, die nun in San Francisco ansässigen Metallica zum Quartett. Ihr Debüt-Album *Kill 'Em All* (1983) auf Megaforce war mit Stücken wie *No Remove, Seek And Destroy* ein grimmiger Zerrspiegel von Kriegsgreueln und Straßengewalt. Hetfields und Hammetts Unisono-Riffs, Burtons beweglicher Baß, vor allem aber Ulrichs in den Vordergrund gemischter Drum-Sound griffen stilistische Elemente des britischen Heavy Metal auf, übertrafen diesen aber an rhythmischer Extravaganz und Präzision. Ausgeklügelte Rhythmus- und Taktwechsel sowie die rasanten Unisono-Passagen vieler Metallica-Songs strahlten aber auch eine gewisse Kälte aus, die an früheren Fusion Jazz erinnerte. Mit der zweiten LP *Ride The Lightning* (1984) gehörten Metallica bereits zum kleinen Zirkel der Super Groups innerhalb des Heavy Metal-Genres, wechselten von Megaforce zu Elektra und nahmen 1985 an den Monsters of Rock-Festivals teil. Ohne bis dahin ein einziges Promotion-Video gedreht zu haben, erhielt die Band für *Master Of Puppets* 1986 die erste Platinauszeichnung in den USA. Ulrich: «Viele Songs auf dieser Platte erkunden verschiedene Arten von Manipulation.» Als «Drahtzieher» sah er Drogendealer, menschenverachtende Generäle und machtgierige Prediger. Der wachsende Erfolg wurde vom Tod Burtons überschattet, der am 27. September 1986 während einer Skandinavientour ums Leben kam, als der Band-Bus auf eisglatter Straße verunglückte. Im ersten Schock wollten Ulrich und Hetfield die Band auflösen, holten dann aber Jason Newsted (bg), am 4. März 1967 in Battle Creek, Michigan, geboren, zu Metallica. Newsted versuchte nicht, Burtons für eine Metal-Band ungewöhnlichen Stil nachzuahmen, sondern lehnte sich mit seinem Spiel eng an Hetfields Gitarrenrhythmik an. Trotzdem fanden die vier Musiker nur langsam eine neue gemeinsame Basis: Die 1987 in einem High-Tech-Studio begonnenen Aufnahmen für eine weitere LP wurden bald in Ulrichs zum Studio ausgebaute Garage verlegt. Das Resultat, *$5.98 EP – Garage Days Revisited,* enthielt lediglich fünf Cover-Versionen von Lieblingssongs der Bandmitglieder. Der Siegeszug Metallicas, deren *Seek And Destroy* längst zum Schlachtruf der Fans geworden war, wurde dadurch nicht aufgehalten: ... *And Justice For All* (1988) und *Metallica* (1991) sorgten für zahlreiche Platin- und Goldauszeichnungen, 1990, 1991 und 1992 erhielt die Band für die «Best Metal Performance» Grammies. Nach der Veröffentlichung der Kassette *Live Shit: Binge And Purge* (1993), die zwei CDs und drei Videos enthielt, «nach jahrelangen Exzessen im Backstage-Bereich, handfesten Auseinandersetzungen im Studio und komatösen Alkoholorgien» änderte das rüde Quartett seinen Lebensstil und zeigte mit dem Album *Load* (1996), so das Magazin ‹Tip›, «eine rückstandsfreie, fast artige Neuordnung der eigenen Wertigkeiten: Statt neuer Bestmarken in den Kategorien härter, aggressiver und schneller zu setzen, präsentierten die Götter des Metal eher harmoniebeseelten Metal Light.» Äußerlich verändert und nun an Depeche Mode erinnernd, hatten Ulrich, Hetfield, Hammett und Newsted erneut die Grenzen von Heavy Metal erweitert. «Es gibt keinen Heavy Metal mehr», konstatierte Hetfield, «dieser Stil ist innerhalb der Grenzen erstarrt, die er sich selbst gesetzt hat.» In 14 Songs waren Country-Anklänge, Jazz-Elemente, Blues und Balladen zu hören, mit denen Metallica endgültig vom Trash Metal Abschied nahmen. Das Folge-Album *Reload* (1997), das im wesentlichen aus Songs bestand, die während der Sessions zu *Load* aufgenommen worden waren, und auch ein Stück taumelnden Gesangs von Marianne Faithfull enthielt, bekräftigte, daß sich die «Götter» nunmehr am Zeitgeist orientierten. Jason Newsted 1997: «Ich kann mir nicht vorstellen, mit 50 noch headbangend über die Bühne zu hetzen. Ich könnte mir viel eher vorstellen, in einer Jazz-Band Kontrabaß zu spielen und Elvis-Songs zu covern.» Mit *Reload* auf Platz eins der US-Charts ging die laut Leser- und Kritiker-Poll des amerikanischen ‹Rolling Stone› «Best Hard Rock Band» zunächst einmal wieder auf Tournee durch drei Kontinente: Australien, Nordamerika, Europa. Bei ihrer Rückkehr nach Kalifornien Ende 1998 lagen zu einigen ihrer CDs neue Verkaufszahlen vor: *Reload* hatte sich bis dahin dreimillionenmal verkauft, *Master Of Puppets* fünfmillionenmal, *Metallica* sogar elfmillionenmal. Für das im Herbst erschienene Album *Garage Inc.* (1998), ausschließlich mit Cover-Versionen zu Songs u. a. von Diamond Head, Killing Joke, Motörhead, Lynyrd Skynyrd und Nick Cave, wurde von der RIAA kurze Zeit später die Auflagenhöhe nachgereicht: vier Millionen verkaufte Exemplare. Dann gab es einen Grammy für die «Best Metal Performance» (*Better Than You*), und San Franciscos Bürgermeister Willie Brown deklarierte den 7. April zum Metallica Day. «Dann kann ich wohl jetzt all meine unbezahlten Parktickets wegschmeißen», kommentierte Kirk Hammett lakonisch. Nun dachte auch Lars Ulrich, Film-Fanatiker, Kunstsammler (Jackson Pollock, Franz Klein, Motherwell) und Gründer des Nachwuchs-Labels The Record Company, öffentlich über die Zeit nach Metallica nach, «weil ich mit dieser Band in 17 Jahren schon alles erlebt habe. Ich könnte zum Beispiel Platten produzieren, Regie führen, ein Buch schreiben oder sechs Monate durch Nepal wandern. Ich weiß, daß viele Rock-Stars mit einer

Schauspielerkarriere liebäugeln, aber das ist nicht mein Ziel. Nur: Metallica ist die einzige Band, in der ich je gespielt habe, und ist auch die einzige, in der ich jemals spielen werde.» Aber eine kleine Erweiterung durch ein schlappes Symphonieorchester durfte es schon mal sein. Im April 1999 gaben Metallica mit dem 108köpfigen San Francisco Symphony Orchestra in Berkeley, Kalifornien, unter Leitung des Hollywood-Komponisten Michael Kamen Konzerte, die das Doppelalbum *S & M* (1999) abwarfen. Weitere Auftritte mit ‹Symphony & Metal›, ebenfalls unter Leitung von Kamen, folgten mit den Berliner Symphonikern vor 7000 Zuhörern im Velodrom, mit dem New York Symphony Orchestra im Madison Square Garden. «Wieder einmal», notierte die ‹FAZ›, «waren die Musiklehrer landauf, landab wild begeistert.» Die ‹Berliner Morgenpost› registrierte einen «außergewöhnlichen Abend zwischen Triumph und Mißklang» – «Und die leidensfähigsten Fans dieser Welt», so ‹Die Welt›, «entfachten ihr Feuerzeug.»

LPs auf Megaforce: *Kill 'Em All* (1983); *Ride The Lightning* (1986) … auf Elektra: *Master Of Puppets* (1986); *$ 5.98 EP – Garage Days Revisited* (1987; Mini-LP); … *And Justice For All* (1988); *Metallica* (1991); *Live Shit: Binge & Purge* (1993); *Load* (1996); *Reload* (1997) … auf Mercury: *Garage Inc.* (1998); *S & M* (2-CD, 1999)

Michael, George (voc, g, kb), bürgerlich: Georgios Kyriacos Panayiotou, am 25. Juni 1963 in Nord-London geboren, assimilierte spielerisch, ohne verklemmte Ambition, schwarze Musikstile und schrieb als «Kronprinz des Pop in den achtziger Jahren» (‹The Face›) melodisch beachtliche und textlich ungemein einfühlsame Songs. Der Sohn eines griechisch-zypriotischen Einwanderers und einer Engländerin gab sich «viril und verletzlich, pur und pervers» (‹Village Voice›), genoß den zweideutigen Klatsch um seine sexuelle Orientierung und hielt bei seiner Vorliebe für afro-amerikanische Klänge nichts von konventioneller Rockmusik: «Rock 'n' Roll bildet sich ein, daß die Musik dich zu etwas erheben kann, was du nicht bist. Wenn du aggressive Gitarrenmusik nudelst, dann wird dein Schwanz automa-

tisch drei Zoll größer. Das ist doch absoluter Schwachsinn.» Diese forsche Ignoranz zahlte ihm ein Teil der britischen Rock-Presse mit zynischen Verrissen seiner Aktivitäten heim. «Pop-Imitat und Soul-Kopie, völlig bedeutungslos, aber eine gute Beschäftigungstherapie», hatte der ‹New Musical Express› bereits über die Songs gehöhnt, die Michael seit 1982 mit seinem Schulfreund Andrew Ridgeley im Duo Wham! zum besten gab. Dabei waren ihre Hits *Young Guns (Go For It)*, *Bad Boys*, *Club Tropicana*, *Wake Me Up Before You Go-Go*, *Freedom*, *Last Christmas*, *Everything She Wants*, *I'm Your Man* und *The Edge Of Heaven* «wie Küsse mit offenen Augen, eine Phantasie, die die Widersprüche der wirklichen Welt nicht als peinlich empfindet» (‹Sounds›). Wham! nahmen in liebenswerter Naivität «Motown-Musik und erfanden sie neu mit einer Extradosis Enthusiasmus und Aufschneiderei» (‹Q›). Im Wham!-Duo besorgte George Michael die Arbeit als Songschreiber, Arrangeur, Produzent und Sänger, während Ridgeley als Imageträger der Gruppe den Typ des Bad Boy und Playboys verkörperte. Nach einer auf beiden Seiten des Atlantiks erfolgreichen George Michael-Solo-Single (*Careless Whisper*) und einem spektakulären Konzert in China (1985) drifteten die beiden Freunde auseinander. Als die Managementfirma der beiden Musiker 1986 an einen Entertainment-Komplex mit Geschäftsinteressen in Südafrika verkauft werden sollte, nutzte Michael die Gelegenheit, die Auflösung des Duos zu annoncieren. Im Juni des gleichen Jahres gaben Wham! im Londoner Wembley-Stadion ein aufwendiges Abschiedskonzert für ihre Fans. Seinen Start als Solist leitete George Michael mit den Singles *A Different Corner*, *I Want Your Sex* ein. Trotz des umstrittenen erotischen Gehalts wurde der Sex-Song ein weltweiter Top-Hit. Nur der ‹NME› wunderte sich: «‹Don't you think it's time you should have sex with me› – ist das nicht die bescheuertste Textzeile seit Ewigkeiten, treibt einen das nicht schnurstracks zum nächsten Hare-Krishna-Keuschheits-Workshop?» Das George Michael-Debüt-Album *Faith* lobte das Blatt zwar zunächst als «beachtliche Übung in Sachen Eklektizismus», hörte aber doch aus dem Werk «jedes klassische Soul/Funk-Klischee» heraus, «das auf einem Mikrochip untergebracht werden kann». Schwarze Pop-Konsumenten schien die in eigenständige musikalische Formen gegossene Sympathieerklärung für Bo Diddley, Cameo, Prince nicht zu bekümmern: Sie kauften die LP des weißen Sängers auf den ersten Platz der Black Music Charts. Außerdem: «Wie viele weiße Typen können schon mit Aretha Franklin singen [*I Know You Were Waiting (For Me)*, 1986], ohne wie ein bleichgesichtiger Trampel zu klingen?» (‹Village Voice›). Der manisch-perfektionistische Sänger schien seinen Superstar-Ruhm schwer zu verkraften und wurde von Todesahnungen geplagt: «Ich habe das Gefühl, ich werde nicht sehr lange leben. Es ist nicht bloß die Angst vor dem Alter oder ein geheimer Todeswunsch, es ist ein bestimmtes Gefühl. Und bislang lag ich immer richtig mit meinen Ahnungen, was die Zukunft wohl bringen könnte.» Zunächst weltliches Ungemach: Auf Grund seines immensen Erfolges, acht Top-Hits allein in den achtziger Jahren, hatte er seinen im Januar 1989 geschlossenen Vertrag mit Epic/CBS schon Ende des Jahres nachbessern lassen. Als er 1990 *Listen Without Prejudice, Vol. I* eingespielt hatte, wurde der Vertrag durch CBS-Nachfolger Sony noch einmal geändert. Der streitbare Sänger, der sich 1998 als schwul outete, hatte 1989 schon einmal eine Verleumdungsklage gegen das Klamauk-Blatt ‹Sun› gewonnen. 1992 ließ er seiner Plattenfirma mitteilen, daß er sich nicht an seinen Vertrag gebunden fühle, und gab mit einer spektakulären Geste 1,6 Millionen Mark Vorschuß zurück. Begründung: Er habe einmal als Teenager einen Vertrag mit der großen amerikanischen Gesellschaft CBS abgeschlossen, sehe sich nun aber als kleiner Teil eines Elektronikkonzerns, der nichts von Kunst verstehe: «Sony scheint in Künstlern kaum mehr als Software zu sehen.» Seinen Anwalt Mark Cran ließ er vor dem Londoner High Court vortragen, er fühle sich betrogen. Sony habe das Siebenfache seiner Tantiemen über die Jahre an Gewinn eingestrichen. Überdies beklagte er im Zeugenstand die mangelnde Promotion für sein Album mit dem beziehungsreichen Titel «Hört ohne Vorurteile, Teil eins», das in der Tat mit einer Auflage von acht Millionen Stück nur halb so erfolgreich war wie der Vorgänger *Faith*: «Sony hat mein Album regelrecht abgewürgt.» Die Firma habe ihren Künstler deckeln wollen, weil dieser sich der Aussage seines Albums entsprechend geweigert habe, Videos aufzunehmen. Der Song *Praying For Time* war das Statement eines Popstars, der sich in seinem Ruhm unwohl fühlte, *Freedom 90* eine Absage an den mächtigen Video-Sender MTV. Nach 74 Verhandlungstagen wies Richter George Parker auf 273 Seiten Urteilsbegründung George Michaels Klage ab: «Der Vertrag ist vernünftig und gerecht.» Noch bevor es zu der vom Künstler angestrebten Berufsentscheidung vor dem Europäischen Gerichtshof kam, kauften der von den Show Biz-Moguln Steven Spielberg, Jeffrey Katzenberg und David Geffen neugegründete Entertainment-Gigant Dreamworks SKG für die USA sowie Virgin Records für den Rest der Welt Michael mit 40 Millionen Dollar aus dem Sony-Vertrag. Sein neuer Deal: dem Vernehmen nach zwölf Millionen Dollar Vorauskasse und eine generöse Umsatzbeteiligung für nur zwei LPs. David Geffen: «George hat auf diese Weise die Kontrolle über seine Musik und seine Lebensplanung. Was die Musik angeht, ist das großartig. Ob es sich auch auszahlt, wird die Zukunft zeigen.» Die Pressereaktion auf das erste Album nach Sony im Sommer 1996 war zunächst zögerlich: «Michaels neuer Edel-Pop ist nicht ohne Tiefgang» (‹Stereoplay›). «Michael versinkt in einer wollüstigen Einsamkeit, in der entfernte Jazz-Bläser oder wabernde synthetische Streicher seine Selbstverliebtheit dekorieren» (‹New York Times›). Unter dem programmatischen CD-Titel *Older* (1996) hatte er den überwiegenden Teil des Albums allein produziert, Keyboards, Baß und Percussion selbst eingespielt. Nachdem schon die Ballade *Cowboys And Angels* auf *Listen Without Prejudice* die Atmosphäre von Astrud Gilbertos Bossa Nova-Aufnahmen aus den sechziger Jahren vermittelt hatte, widmete er *Older* nun ganz dem verstorbenen brasilianischen Komponisten Antonio Carlos Jobim und dessen Melancholie. Sicher sei der «selbsternannte Spartakus der Popmusik» (‹Der Spiegel›), so unkte Kritiker Jon Pareles in der ‹New York Times›, im Alter von 33 «better off now as a crooner» – als Schnulzensänger besser bedient. Als wär's Prophetie: Drei Jahre später reüssierte Michael mit *Songs From The Last Century* (1999), Oldies aus dem Repertoire von

Frank Sinatra (*Where Or When*), Doris Day (*Secret Love*) und sogar Rudy Vallee (*Brother, Can You Spare A Dime*), aber auch Sting (*Roxanne*) und Roberta Flack (*Last Time Ever I Saw Your Face*) abermals an der Spitze der Charts. Der älteste Song war 68, der jüngste knapp zehn Jahre alt. Die von Phil Ramone produzierte «Platte des Monats» (‹Musikexpress›) war «mehr als eine hastig in die Welt gesetzte Saisonplatte: Das hat Stil, das ist große Performance» (‹Tip›). Auch aus aussichtslos erscheinenden Situationen ging George Michael als Sieger hervor. Am 7. April 1998 gab sich ein vermeintlicher Cruiser, mit dem der Star in einer öffentlichen Toilette im Will Rogers Park, Beverly Hills, anzubändeln versuchte, als Undercover-Cop zu erkennen und nahm ihn fest. Bereits am folgenden Tag stand es im britischen Skandalblatt ‹The Sun›. Michael: «Genausogut hätte ich nackt die Oxford Street entlanglaufen und singen können: *I Am What I Am.*» Im TV-Nachrichtenkanal CNN bekannte er, er habe seit zehn Jahren mit keiner Frau geschlafen und leide unter sexueller Konfusion. Im Mai erging in Kalifornien das Urteil: 910 Dollar Strafe, verordnete Sexualberatung und 80 Stunden Sozialdienst, den Michael beim Projekt Angel Food ableistete, indem er rund 1000 Essen pro Tag an Aids-Patienten ausgab. Nur wenige im Show Biz reagierten so bigott wie das Management der Sängerin Mary J. Blige, die ihr Duett über die Stevie Wonder-Nummer *As* von der US-Pressung der nächsten George Michael-CD zurückzog. In Großbritannien stürmte die Single *As* am 21. November 1998 an die Spitze der Charts und verharrte dort bis zum Jahresende. Die Michael-Single *Outside* wurde in den USA von einigen Radiosendern boykottiert, weil das dazugehörige Video in einer Toilette spielte. Im übrigen aber erfuhr der Sänger von Kollegen, der Presse und dem Publikum nur Zuspruch wegen seiner Aufrichtigkeit und konnte im deutschen Homo-Magazin ‹Hinnerk› schwärmen, «wie wohl ich mich dabei fühle, schwul zu sein». Englands ‹New Musical Express› stellte die rhetorische Frage: «Gibt es irgend etwas an dem Mann, das nicht unantastbar ist?» und antwortete: «Nein – außer dem Kalauer über seine Karriere, die den Bach runterging.» Sein Doppelalbum *Ladies And Gentlemen – The Best Of George Michael*

(1998) mit all seinen großen Songs *Careless Whisper, Faith, I Want Your Sex* ließ, so der ‹Stern›, «als Renner im heiß umkämpften Weihnachtsgeschäft sogar Cash-Kühe wie Whitney Houston und Mariah Carey weit hinter sich». In Kopenhagen erhielt die in den USA mit sechsmal Platin ausgezeichnete Doppel-CD einen dänischen Grammy, in Holland einen Edison Award.

LPs auf Epic: *Faith* (1987); *Listen Without Prejudice, Vol. 1* (1990); *Ladies And Gentlemen – The Best Of George Michael* (2-CD, 1998); *Songs From The Last Century* (1999) … auf EMI: *Five Live* (mit Queen und Lisa Stansfield, 1993) … auf SKG / Virgin: *Older* (1996) … LPs mit Wham! auf Epic: *Fantastic* (1983); *Make It Big* (1984); *The Final* (1986) … Solo-LP Andrew Ridgeley auf Epic: *Son Of Albert* (1990)

Ministry, 1981 in Chicago gegründet, verknüpften den Sound und das Image des Heavy Metal mit einer repetetiven, tanzbaren Rhythmik und trugen somit zur Grundlage des Industrial bei, als dessen Flaggschiff sie Anfang der Neunziger segelten. «Fühlt sich die Apokalypse wirklich so gut an?» fragte der ‹Melody Maker›: «Das sind Led Zeppelin aus der Hölle, Big Black in einem Disco-Inferno, das klingt wie PILs Metal Box, die man über Tackhead auf Metallica-Speed getrimmt hat.» Der Erfolg von Ministry basierte nicht zuletzt darauf, daß es die Band live verstand, ihre Musik als Theater aus perfekter Selbstdarstellung, Filmprojektionen und aufwendigen Kulissen zu transportieren. Obwohl sie sich nach außen stets das Image einer kompakten Band gaben, waren sie doch ein personell äußerst inkonsistentes Solo-Projekt von Al Jourgensen, geboren am 9. Oktober 1958 in Havanna, Kuba. Als Kind siedelte er mit seiner Mutter in die USA über und nomadisierte durch eine Vielzahl von Städten. Er verdingte sich als Radio-DJ und spielte kurzzeitig in einer New Wave-Band namens Special Affect. Fasziniert von europäischem Synthie-Pop und amerikanischem Punk, gründete er mit Lamont Welton (bg) und Stevo (dr), bürgerlich: Stephen George, die Band Ministry. Nach der stilistisch an Gruppen wie Human League oder Thomson Twins angelehnten EP *Cold Life* (1982) wurde er von Arista unter

Vertrag genommen, die aus Ministry ein amerikanisches Pendant zur britischen Pop-Szene machen wollte. Zutiefst unzufrieden mit dem Sound des ersten Albums *With Sympathy* (1983), löste Jourgensen die Band kurzerhand wieder auf. Statt dessen gründete er die Revolting Cocks. 1985 brachte er im Alleingang unter dem Logo Ministry das von Adrian Sherwood produzierte Album *Twitch* heraus, auf dem er bereits jene aggressive Richtung einschlug, die kurze Zeit später zum Markenzeichen der Band werden sollte. Nach einer kurzen Zusammenarbeit mit Steve Ogilvie von Skinny Puppy heuerte Jourgensen für *The Land Of Rape And Honey* (1988) wieder eine komplette Band-Besetzung an. Von den Blackouts holte er Paul Barker (bg), geboren am 8. Februar 1950 in Palo Alto, Kalifornien, William Rieflin (dr), geboren am 30. September 1960 in Seattle, Washington, und Mike Scaccia (g), geboren am 14. Juni 1965 in Babylon, New York. Als Sänger wurde Chris Conelly eingestellt. Jourgensen und Barker, die künftig den Kern von Ministry bildeten, firmierten unter Hypo Luxa und Hermes Pan auch als Produktionsgespann für Ministry. Auf *A Mind Is A Terrible Thing To Taste* (1989) arbeitete die Gruppe mit Gastsängern wie Trent Reznor (Nine Inch Nails) und David Yow (Jesus Lizard). Der Sound wurde bei wachsendem kommerziellem Erfolg immer gewalttätiger, düsterer und härter. Auf dem Live-Album *In Case You Didn't Feel Like Showing Up* (1990) tauchten Schlagzeuger Martin Atkins und Gitarrist William Tucker sowie Gast-Shouter Jello Biafra (Dead Kennedys) in der Besetzung auf. Die ‹Berliner Morgenpost› bescheinigte der Band «sägende Breitseiten ungestümer Punk-Energie». 1991 produzierten Ministry mit Gibby Haynes von den Butthole Surfers die Single *Jesus Built My Hotrod*. Ihren kommerziellen Höhepunkt erreichten Ministry mit dem Platin-Album *Psalm 69* (1992), auf dem Jourgensen und Barker dem Rest der Band, unter anderen Gitarrist Louis Svitek, nur noch die Rollen von Statisten zukommen ließen. Das Album war eine faszinierende Aufeinanderfolge treibender Beats, ultraharter Imitationen von Alltags-Sounds und hämmernder Sprachfetzen. In den folgenden Jahren kümmerte sich «das undurchdringliche Musik-Genie Jourgensen» (‹Visions›) mehr um

seine diversen Seitenprojekte, zu denen neben den wesentlich experimentierfreudigeren Revolting Cocks, bei denen mittlerweile die gesamte Ministry-Belegschaft mitmischte, auch Pailhead mit Ian MacKaye von Fugazi und Lard mit Jello Biafra, Bill Rieflin, Paul Barker und Jeff Ward gehörten. Martin Atkins gründete indessen mit Pigface ein erfolgreiches Industrial-Projekt, zu dem in wechselnden Besetzungen Musiker wie Jello Biafra, Louis Svitek, William Tucker, Chris Conelly, Andrew Weiss (Rollins Band), Paul Ferguson (Killing Joke) und Flea (Red Hot Chili Peppers) gehörten. Auch Chris ,Conelly baute seine Ministry-Connections auf dem halbherzigen Dark Wave-Album *Phenobarb Bambalam* (1992) mit Tucker und Atkins aus. Das wie ein in Sound gegossener Alptraum klingende, düster schleppende Ministry-Album *Filth Pig* (1995) wirkte trotz einer provokant verzerrten Version von Bob Dylans *Lay Lady Lay* nur noch wie ein Seitenprojekt der Seitenprojekte von Jourgensen und Barker und konnte in keiner Weise an den Erfolg seines Vorgängers anschließen. 1999 schoben Ministry mit Svitek, Ray Washam von den Didjits, Scratch Acid (dr) und Ziatko Hukic (g) das musikalisch wieder wesentlich frischere, vom Funk beeinflußte, textlich die Heroinprobleme der Bandmitglieder reflektierende *The Dark Side Of The Spoon* nach, doch der Electro-Boom hatte dem Industrial à la Ministry den Wind aus den Segeln genommen. Im Mai 1999 nahm sich William Tucker das Leben.

LPs auf Arista: *Work For Love* (1983); *With Sympathy* (1983) ... auf Wax Trax!: *Everyday Is Helloween* (1984) ... auf Sire: *Twitch* (1986); *The Land Of Rape And Honey* (1988); *The Mind Is A Terrible Thing To Taste* (1989); *In Case You Didn't Feel Like Showing Up* (1990); *Psalm 69* (1992); *Filth Pig* (1995); *The Dark Side Of The Spoon* (1999) ... auf Ipecac: *Live Psalm 69 Tour* (2000) ... Jourgensen mit Revolting Cocks auf Wax Trax!: *Big Sexy Land* (1986); *You Goddamned Son Of A Bitch* (1988); *Beers, Steers & Queers* (1999) ... auf Warner Bros.: *Linger Ficken Good...* (1993) ... Jourgensen und Barker mit Lard auf Alternative Tentacles: *The Last Temptation Of Lard* (1990); *Pure Chewing Satisfaction* (1997) ... Solo-LPs Chris Connelly auf Wax Trax!: *The Hawk, The Butcher, The Killer Of Beauty* (1991); *Whiplash Boychild* (1991); *Phenobarb Bambalan*

(1992); *Shipwreck* (1994) ... auf Hit It: *Ultimate Seaside Companion* (1997) ... auf Invisible: *Blonde Exodus* (2001) ... Atkins mit Pigface auf Invisible: *Gub* (1990); *Welcome To Mexico Asshole* (1991); *Fook* (1992); *Truth Will Out* (1993); *Notes From Thee Underground* (1994); *Feels Like Heaven* (1995); *A New High In Low* (1997); *Eat Shit, You Fucking Redneck* (1998)

Minogue, Kylie (voc), am 28. Mai 1968 in Melbourne, Australien, geboren, mauserte sich von der Stock / Aitken / Waterman-Marionette zu einer Pop-Ikone, deren Duett mit Nick Cave 1995 schließlich dem Kult-Sänger zu unerwarteter Popularität und ihr selbst zur Glaubwürdigkeit in Rock-Kreisen verhalf; MTV hatte das atmosphärisch dichte Video zum Cave-Song *Where The Wild Roses Grow* wieder und wieder abgespult. Die kleingewachsene Minogue war in ihrer Heimat bereits in den achtziger Jahren zum beliebten TV-Star in Soap Operas wie ‹The Sullivans›, ‹The Hendersons›, ‹Neighbours› aufgestiegen, als sie 1987 im Rahmen eines Fußballspiels *The Locomotion* sang, einen Song, den 1962 schon einmal Little Eva zu Hit-Ehren geführt hatte. Das Teenager-Liedchen in der Minogue-Fassung beeindruckte die A & R-Manager des australischen Labels Mushroom so sehr, daß sie eine Single veröffentlichten; die Coverversion wurde die erfolgreichste australische Single der achtziger Jahre. Mit *I Should Be So Lucky* konnte Minogue den Erfolg nicht wiederholen. Ihre Gesangskarriere schien beendet, bevor sie überhaupt richtig in Gang gekommen war. Lediglich die Hit-Fabrik Stock / Aitken / Waterman in Großbritannien zeigte Interesse an der Platte und veröffentlichte sie auf dem eigenen PWL-Label. Wie von SAW geplant, stellte sich der Erfolg dieser wie der folgenden Single *Got To Be Certain* und der ersten Minogue-LP *Kylie* (1988) beinahe automatisch ein. Ende 1988 konnte sich Kylie Minogue in Großbritannien mit Barbra Streisand und Madonna vergleichen – was die Verkaufserfolge betraf. Der glatte SAW-Sound kam in den USA nicht ganz so gut an, doch stieg der SAW-Remix von *The Locomotion* bis auf Platz drei der Charts. Die cleveren Produzenten ließen Minogue 1989 mit Jason Donovan zusammen die Ballade *Especially For You* singen, dann wieder solo *Hand On Your Heart, Wouldn't I Change Anything, Never Too Late*. In Großbritannien wurden es Hits, in den USA hatten die Hörer bald genug von der SAW-Gleichförmigkeit, die zweite LP *Enjoy Yourself* schaffte es gerade noch in die Charts. Eine Umwertung des Teenie-Images der Sängerin war dringend nötig, wenn auch die Single *Tears On My Pillow* – eine Coverversion eines Hits von Little Anthony aus dem Jahre 1958 – ohne weiteres die britische Hitparade eroberte. Mit *Rhythm Of Love* (1990) und *Let's Go To It* (1991) versuchte die Sängerin Hörer jenseits des zwanzigsten Lebensjahres zu erreichen, doch waren dem zunächst durch das SAW-Image Grenzen gesetzt. In Großbritannien weiterhin als Sängerin und Filmschauspielerin (‹The Delinquents›) äußerst populär, sank sie in den USA in die Bedeutungslosigkeit: Die Leser der Zeitschrift ‹Smash Hits› kürten sie zur «Schlechtesten Sängerin». Gerechtfertigt war dies weniger durch ihre Stimme – Minogue verfügte durchaus über einen eigenen Stimmklang und ging mit ihren Songs keinerlei vokale Wagnisse ein – als durch die Fassade der Ewig-zu-Jugendlichen. Sie änderte dies beinahe schlagartig, kehrte in Videos und Live-Shows plötzlich den Sex-Vamp heraus. Zwar distanzierte sie sich später von dieser Phase ihrer Karriere, doch hatten die Aktionen ihr nun das Image einer zweitklassigen Madonna eingebracht. Als sie sich 1992 von SAW trennte, versuchte sie ihrer Karriere eine Wendung zur Ernsthaftigkeit zu geben. «Ich bin manchmal ziemlich deprimiert», sagte sie Ende 1992, «weil ich nicht in einer einzigen Sache wirklich brillant bin. Ich sehe ganz gut aus, ich kann singen, ich kann gut tanzen. Alles irgendwie durchschnittlich. Und das ist doch deprimierend.» Die zeitweilige Freundin des INXS-Sängers Michael Hutchence werkelte am ersten Album ohne Dirigat von Stock / Aitken / Waterman zwei Jahre lang herum, wechselte Produzenten und verwarf Songs, selbst wenn sie von Prince stammten. Als *Kylie Minogue* (1994) endlich erschien, war das Album ein Dokument der Orientierungslosigkeit: Unterstützt von Pet Shop Boys, M People, St. Etienne und anderen, hatte die Sängerin beinahe jedem Trend einschließlich House gerecht werden wollen und dabei den Überblick verloren. Anfang 1995 sagte sie in einem Interview, sie «träume davon, mit Blur oder Nick Cave zu arbeiten ... um zu sehen, was sie mit mir anfangen könnten». Landsmann Nick Cave, ein heimlicher Minogue-Verehrer, nahm wenige Monate später die Mörderballade *Where The Wild Roses Grow* zusammen mit ihr auf und machte sie im Videoclip zur schönen Wasserleiche. Das sei, so die Sängerin, «ein entscheidender Wendepunkt» in ihrem Leben gewesen. Für *Impossible Princess* (1997) schrieb sie selbst die Songtexte und mischte sich auch in die Produktion ein. Das Album wurde erst im Frühsommer 1998 ausgeliefert: Der Unfalltod von Diana, Princess of Wales, ließ der Plattenfirma den Titel ungeeignet erscheinen. Das Drum 'n' Bass-lastige Produkt mit Anklängen an Björk, Garbage und Portishead hieß in Europa nun einfach *Kylie Minogue*. Als es nach 43 000 verkauften Exemplaren in den Läden liegenblieb, kündigte ihr die Firma. Was tun? Das «Chamäleon der Popmusik» (Christoph Dallach) tingelte etwas im Theater, gab in einer Musical-Fassung von Shakespeares ‹Der Sturm› auf Barbados in der Karibik die Miranda, trällerte im Studio-Background für die Pet Shop Boys, ließ sich für Unterwäsche-Werbung (Hennes & Mauritz) auf Plakatwänden ablichten und trat in Winz-Rollen in Kunst-, Trash- und Underground-Filmen vor die Kamera. «Viele nette, kleine Projekte, aber nicht gerade das, was man eine Karriere nennt», so die Sängerin: «In einem Film werde ich nach zwei Sekunden brutal aufgeschlitzt. War aber ein Superspaß, weil ich herausgefunden habe, daß es Kunstblut in Geschmacksrichtungen von Minze bis Maracuja gibt.» Und obgleich sie sich das Wort Comeback in Interviews verbat («Ich war nie weg!»), knüpfte sie mit ihrem Album *Light Years* (2000), fremdbestimmt, wieder dort an, wo sie schon einmal ganz oben war: in Stock/Aitken/Watermans Disco-Manufaktur. Zum sogenannten «Relaunch of Kylie Minogue» attachierte ihr das EMI-Label Parlophone neben drei weiteren Produzenten Johnny Douglas (George Michael, All Saints), Mark Picchiotti (Madonna) und Steve Power (Robbie Williams). Die wollten alle nur das eine von ihr: Disco, Disco, Disco – im Sound, in dem Songtiteln (*Disco Down, Your Disco Needs You*), in den Lyrics, in denen sie der ganzen internationalen Love Parade auch auf Deutsch und Französisch einhämmerte: «Du bist niemals allein/Du weißt, was du tun mußt/Laß dein Volk nicht im Stich/Deine Disco braucht dich!» Es seien vor allem die Schwulen, die sie verehrten, gestand sie. Aber auch die Disco-Teenies, denen sie das Duett *Kids* mit Robbie Williams widmete: «We don't mind doing it for the kids/So jump on board/Take a ride/Feel the high/The kids are alright.» Zur TV-Unterstützung räkelte sie sich im Video *Spinning Around* auf einer Nightclub-Bar und zeigte sich im Anschluß-Video *On A Night Like This* fast, wie Gott sie schuf. Die Single *Spinning Around* sprang im Vereinigten Königreich sofort auf Platz eins, andere Titel der CD rotierten einen Sommer lang vor allem in den Diskotheken am Mittelmeer. That's Pop? Der deutsche Musikjournalist Stefan Meyer wußte es besser. «Minogue zu beurteilen», so formulierte er in der ‹Berliner Morgenpost›, «funktioniert nicht nur auf der rein kunstimmanenten Basis; der geschmäcklerische Gruppenzwang im Spätkapitalismus macht es schwierig.» Dennoch hier das Resultat seines Nachdenkens: «Kylie ist ein Camp-Phänomen der neunziger Jahre und paßt daher ins Feldbusch-Big-Brother-Zeitalter.» In der prächtigen Bilddokumentation ‹Kylie› (Bouth Clibborn Editions, London) brachte Julie Burchill das Camp-Phänomen 1999 auf den poetischen Nenner: «Kylie ist wie der Silberstreifen in Geldscheinen – sie steht für Schönheit im häßlichen Musikgeschäft.»

LPs auf PWL: *Kylie* (1988); *Enjoy Yourself* (1989); *Rhythm Of Love* (1990); *Let's Go To It* (1991); *Greatest Hits* (1992); *Kylie's Non Stop History* (1993) ... auf Mushroom: *Rhythm Of Love/Shocked Remixes* (1991) ... auf DeConstruction: *Kylie Minogue* (1994); *Kylie Minogue* (1998; in AUS u. USA auch u.d.T. *Impossible Princess*) ... auf Parlophone: *Light Years* (2000)

Mitchell, Joni (voc, p, g), unter dem Namen Roberta Joan Anderson als Tochter eines Air Force-Soldaten am 7. November 1943 in Fort McLeod in der kanadischen Provinz Alberta geboren, gelangte zunächst als Autorin zarter Popsongs voll komplexer Wortrhythmen, poetischer Bilder und beinahe philosophischer Kontemplation zu internationalem Ansehen. Ihre Lieder von Zinnengeln, alternden Kindern, goldenen Prinzen, Kerzenschein und Juwelenglanz, vom Konflikt zwischen schönem Traum und trister Realität wurden «mit ihrem reichen Formenspiel allen Ansprüchen gerecht, die man an Lyrik stellen kann» (‹Frankfurter Allgemeine Zeitung›). Sie waren «wie die cleversten Novellen konstruiert: Stories innerhalb von Stories» (‹Rolling Stone›). Im Song *Woodstock*, den sie 1969 in New York am Fernsehgerät schrieb, «weil ich durch sieben Meilen lange Autoschlangen nicht zum Festival kommen konnte», verwandelten sich Bomber am amerikanischen Himmel in Schmetterlinge. In *For Free* porträtierte sie einen Londoner Straßenmusikanten, «dem niemand zuhört, obgleich er so zärtlich die Klarinette spielt». Von ihrer Mutter, einer Lehrerin, «mit Shakespeare großgezogen wie andere Leute mit der Bibel», besuchte sie die Graphik-Klasse des Alberta College of Art in Calgary; die Umschläge ihrer Langspielplatten entwarf sie später größtenteils selbst. Im Studentenlokal The Depression artikulierte sie sich erstmals zur Gitarre und traf 1965 in Toronto den Folk-Musikanten Chuck Mitchell aus Detroit, den sie wenige Tage später heiratete. Nachdem die Ehe zerbrochen war, tingelte sie durch die Folksong-Lokale des US-Staates Michigan, wurde von ihrem Kollegen Tom Rush in den New Yorker Gaslight Club vermittelt und machte 1968 ihre erste LP. Der Song *Both Sides Now*, von Judy Collins, Frank Sinatra, Bing Crosby und mehr als 50 weiteren Sängern interpretiert, brachte ihr inzwischen reichlich Tantiemen. *Tin Angel*, *Chelsea Morning*, *Big Yellow Taxi*, *Woodstock* und andere Hits, die sie mit einer verschwenderisch modulationsreichen Vier-Oktaven-Stimme vortrug, bescherten ihr eine Titelgeschichte im ‹Time›-Magazin, ein Haus im kalifornischen Laurel Canyon und Einnahmen von etwa 500 000 Dollar pro Jahr. Eine USA-Tournee mit der Band L. A. Express des Saxophonisten Tom Scott im Sommer 1974, im Doppelalbum *Miles Of Aisles* dokumentiert, etablierte sie auch als zugkräftige Konzertattraktion. Das Angebot eines Musikkonzerns, ihr die Verlagsrechte aller Mitchell-Kompositionen für 1,5 Millionen Dollar abzukaufen, lehnte sie mit dem Argument ab: «Dann müßte ich ja das Gefühl haben, ich hätte meine Lieder ausschließlich des Geldes wegen komponiert.» Das Gegenteil, beteuerte sie glaubwürdig, sei wahr: «Was ich schreibe, habe ich selbst empfunden, geträumt oder erlebt. Ich ändere nur das Detail. Aufrichtigkeit ist für mich das wichtigste. Doch das ist nicht einfach in einem Business, in dem es so viel Lüge gibt.» Tatsächlich wirkte ihr poetisches Gesamtwerk aus rund zwei Jahrzehnten wie eine ungemein vielschichtige, facettenreiche Exploration der zwei Seiten ihres Wesens. Einerseits war sie (laut Hardy und Laing) eine Romantikerin, die Romantik gleichzeitig als Einschränkung empfand (*I Had A King*), andererseits die Jet-Set-Lady, der ihre Freiheit als unzureichend galt (*Cactus Tree*). Joni Mitchell lieferte dafür Bilder und Worte im Übermaß, trug aber selbst nicht im geringsten zur Klärung bei. «Das Ganze wird unterbreitet wie ein Mysterium», schrieb sie im Begleittext zur LP *The Hissing of Summer Lawns*. «Ich habe nicht die Absicht, das Rätsel für irgend jemanden zu lösen. Ich biete lieber noch einige zusätzliche Möglichkeiten an.» Im Song *Talk To Me* (auf *Don Juan's Reckless Daughter*) sang sie: «I pay a high price for my open talking / Like you do for your silent mystery / Come and talk to me / Mr. Mystery.» Mit *Blue*, «sicherlich eines der besten Alben von 1971 und wahrscheinlich eines der besten des Jahrzehnts» (Irwin Stambler), schloß sie die Periode ihrer Folk-Orientierung ab. Sie wechselte die Plattenfirma (von Reprise zu Asylum) und gab anderthalb Jahre lang keine Konzerte. Danach wurde ihre Hinwendung zum Jazz immer intensiver und drang in immer experimentellere Gefilde vor. Für *Hejira* (1976) gelangen ihr mit Hilfe von Neil Young (harm), Larry Carlton (g), Victor Feldman (vib) und vor allem Jaco Pastorius (bg, von Weather Report) impressionistische, ebenso spröde wie stimmungsvolle Jazz-Sketche à la *Furry Sings The Blues*. Am Doppelalbum *Don Juan's Reckless Daughter* (1977) wirkten neben Pastorius auch Wayne Shorter (ss, von Weather Report), Michel Colombier (p), Airto (dr) und Chaka Khan (voc) mit. Ihren Höhepunkt erreichte Joni Mitchells Jazz-Orientierung 1979 mit dem Album *Mingus*. Der bedeutendste Baßspieler des modernen Jazz, Komponist und Bandleader Charles Mingus, fragte an, ob sie zu sechs seiner Stücke Texte schreiben wolle. Im Hotel Regency in New York machte sie sich unverzüglich an die Arbeit. Das fertige LP-Produkt mit den vier Mingus-Kompositionen *A Chair In The Sky*, *Sweet Sucker Dance*, *The Dry Cleaner From Des Moines*, *Goodbye Pork Pie Hat* und der erstklassigen Jazz-Besetzung Gerry Mulligan (bs), Phil Woods (as), John McLaughlin (g), Jan Hammer (mini moog), Stanley Clarke (b), Eddie Gomez (b), Tony Williams (dr) erlebte der Urheber nicht mehr. Mingus starb am 5. Januar 1979 im Alter von 56 Jahren in Cuernavaca, Mexiko, nach einem Herzanfall. Das Album erschien mit widersprüchlichen Kritiken im Juli, kam in den USA auf Platz 17, in England auf Platz 24, hielt sich aber lange in den Charts. Nach ihrem letzten jazzbezogenen Werk, *Shadows And Light* (1980), einem Konzert-Doppelalbum aus der Santa Barbara County Bowl u. a. mit Pat Metheny (g), Michael Brecker (sax) und der Gesangsgruppe The Persuasions, verordnete sich die Song-Poetin abermals eine schöpferische Pause von knapp zwei Jahren und heiratete am 21. November 1982 in Malibu, Kalifornien, ihren Bassisten Larry Klein. *Wild Things Run Fast* (1982), in den zwei Ruhejahren in Intervallen aufgenommen, verzichtete (Wayne Shorter, ss) nicht völlig auf Jazzfarben, enthielt aber vor allem «einige vibrierende Rock 'n' Roll-Darbietungen, die den puren Spaß daran vermitteln, am Leben zu sein» (Stephen Holden). «Seit dem Mingus-Projekt», erklärte Joni, «bin ich zu dem Schluß gekommen, daß das meiste vom besten traditionellen Jazz schon gemacht ist. Und ich höre nur wenig gute Fusion-Musik.» Parallel zu dieser Wiederentdeckung der Popmusik hatte sich auch ihre Weltsicht in den Texten geändert. Anstatt ihr erotisches Gefühlsleben mit permanenten unterschwelligen Selbstzweifeln zu sezieren, betrachtete sie die alten Obsessionen nun mit einem trockenen, gelegentlich leicht bitteren Humor: «We're middle-class, we're middle-aged, we were wild in the old days» (*Chinese Café*). Auf *Dog Eat Dog* (1985), von ihrem Mann Larry Klein (bg, kb) produziert, einem stark gesellschaftskritischen und in der Stimmung eher pessimistischen Album, trat der Rock-Beat stark in den Vordergrund. James Taylor, Michael McDonald und Don Henley unterstützten sie als Vokalisten. *Chalk Mark In A Rain Storm* (1988) war durch die Überexposition der Gaststars Peter Gabriel,

Don Henley, Thomas Dolby, Tom Petty, Wendy & Lisa, Billy Idol kaum noch als ein Joni Mitchell-Album zu erkennen. Es erreichte trotz der prominenten Besetzung in den USA nur Position 45, in England 26. Das Gros ihrer Fans, das ihr über alle Karrierewendungen gefolgt war, schien sich hier zu verweigern. *Night Ride Home* (1991), vom Jazz-Magazin ‹Down Beat› mit viereinhalb von fünf möglichen Sternen hoch bewertet, fand auch deshalb wenig Käufer, weil die Künstlerin mit ihrer Plattenfirma in Fehde lag und Geffen Records die zur Hälfte sozialkritischen, zur Hälfte autobiographischen Songs sowie eine brillante Bearbeitung des Poems ‹The Second Coming› von W. B. Yeats nicht genügend bewarb. Die Firma hatte ihre Autorentantiemen vertragswidrig mit den Produktionskosten des Albums verrechnet. «Vielleicht ist es mir nicht gegeben, für immer Musik zu machen», tröstete sie sich. «Ich wäre genauso glücklich, nur noch zu malen. In der Rockmusik wird man aufgebaut, um niedergemacht zu werden. Es ist wie mit der Architektur in Amerika. Man baut etwas, läßt es zehn Jahre stehen und reißt es ab, um irgend etwas Neues hinzusetzen. Ich kokettiere nicht mit dem Gedanken an Beständigkeit.» *Turbulent Indigo* (1994), ihr erstes Album für Reprise seit 23 Jahren, trug ihr dann nicht nur zwei Grammies und weitere Auszeichnungen ein, sondern wurde auch zum Auslöser von Ehrungen für ihr Lebenswerk. Das Branchenblatt ‹Billboard› verlieh ihr 1995 seinen frischgestifteten Century Award. 1996 kam sie in die Rock and Roll Hall of Fame und erhielt den hochangesehenen Governor General's Performing Arts Award ihrer Heimat Kanada. «Miss Mitchell hat Bob Dylans ausgedehnte Erzählform in Folk Pop-Poesie von einer Dichte und Verfeinerung umgesetzt, die vordem ohne Beispiel war» (‹New York Times›). Als wollte sie dies mit einer eigensinnigen Song-Retrospektive untermauern, legte sie 1996 nicht nur ihre *Hits*, sondern auch sorgfältig ausgewählte *Misses* aus ihrer gesamten Karriere auf zwei separaten CDs vor und bewies mit der Hüllengestaltung abermals Humor. Hatte sie sich auf dem Cover von *Turbulent Indigo* samt bandagiertem Ohr in Vincent van Goghs berühmtes Selbstbildnis hineingemalt, so legte sie sich für das *Hits*-Cover-Foto wie nach einem Autounfall tot auf die Piste und streckte auf *Misses* beim Markieren der Unfallstelle mit Kreide dem Betrachter ihr Hinterteil entgegen: «Hier die Künstlerin, die von ihren eigenen Klassikern überrollt wurde, dort die Künstlerin, die sagt: Kiss my ass» (deutscher ‹Rolling Stone›). Seit ihre Gemälde im September 1990 im Rahmen der Ausstellung «Canada in the City» im Londoner Broadgate Centre gezeigt worden waren, widmete sie sich zunehmend ihrer bildenden Kunst. Ihr *Goodbye Blue Sky* bei der Aufführung von Roger Waters' *The Wall* am 21. Juli 1990 auf dem Potsdamer Platz in Berlin erwies sich als Abschiedslied für ein Massenpublikum. In den Neunzigern spielte sie nur selten und dann ausschließlich für Kenner und Liebhaber auf: 1993 beim Troubadours of Folk Festival in Los Angeles, 1994 in der Londoner Queensgate Terrace, 1995 vor 240 geladenen Gästen im Gene Autrey Western Heritage Museum in Los Angeles, vor 200 prominenten Fans im Fez Club in Greenwich Village, N.Y., sowie beim New Orleans Jazz Heritage Festival und so fort. 1996 wurde sie von Larry Klein einvernehmlich geschieden. Ihr neuer Lebenspartner, der sechs Jahre jüngere Musiker und Songschreiber Don Freed, stammte aus Saskatoon, Saskatchewan, in Kanada. Konzentriert aufs Malen und den neuen Mann, beschloß Joni Mitchell im Sommer 1996, die Musik ganz aufzugeben, und hatte bereits den Termin für ein Abschiedskonzert in New Orleans festgesetzt. Da schickte ihr ein kalifornischer Instrumentenhändler die neue, computerisierte Gitarre Roland VG-8, mit der sie sämtliche Sounds von Duane Eddy bis Jimi Hendrix abrufen konnte. Von diesen Möglichkeiten fasziniert, ging sie unverzüglich wieder ins Studio. Das Resultat erschien unter dem Titel *Taming The Tiger* (1998) in der Besetzung Wayne Shorter (sax), Michael Landau (g), Larry Klein (bg), Brian Blade (dr). Sie selbst spielte zu den elf neuen Songs über geliftete Frauen (*Face Lift*), ihren Kater Nietzsche (*Man From Mars*) sowie ihre frühen Begegnungen mit Big Bands und Swing (*Harlem In Havanna*) nicht nur die neue Gitarre, sondern auch Baß. Mitchell: «Ich weiß, daß ich auf eine ganz unverwechselbare Art spiele; das schien aber niemand zu bemerken. Niemand tat, was ich im Sinn hatte – die Gitarre wie ein Orchester einzusetzen. Ich betrachtete die oberen drei Saiten als Bläsersatz und die unteren drei als Rhythmusgruppe. Ich fand es beknackt, daß sie meinen Stil Folk nannten – dabei hatte er viel mehr mit Duke Ellington zu tun.» So kam es denn keineswegs überraschend, daß sie sich zur Jahrtausendwende, ähnlich wie George Michael, mit hochkarätigen Musikern wie Herbie Hancock (p), wieder Wayne Shorter (sax) und dem 70köpfigen London Symphony Orchestra unter Leitung von Vince Mendoza zehn Song-Klassiker aus den zwanziger bis vierziger Jahren vornahm – und grandios scheiterte. In den zwei Eigenkompositionen der CD *Both Sides Now* (2000), dem Titelstück aus dem Jahr 1969 und *A Case Of You* von 1971, artikulierte sie sich abgelagert und ausgereift. In den Standards jedoch trat das «Genie kühl sezierender Abstraktion», so Peter Felkel im ‹Musikexpress›, in Konkurrenz zu Ella Fitzgeralds verzehrendem Liebesfeuer (*You're My Thrill*), zu Billie Holidays nachtschwarzer Verzweiflung (*Stormy Weather*), zu Dinah Washingtons majestätischem Pathos (*Don't Go To Strangers*), zu Frank Sinatras ungebrochen naiv-amerikanischem Optimismus (*I Wish I Were In Love Again*) und so fort: «Jede einzelne dieser Song-Perlen erhielt den Schimmer der Ewigkeit, lange bevor sich Miss Mitchell ihrer annahm.» Immerhin wurden die Perlen (Wolfgang Doebeling im deutschen ‹Rolling Stone›: «Exquisit!») durch die Miss auch in die Rock-Presse sowie in die besten Rock-Radioprogramme transportiert. Und so hatte sie die CD *Both Sides Now* ja wohl auch gemeint. Joni Mitchell im Interview dazu im Mai 2000: «Das Musikgeschäft macht mich krank. Es ist ein Witz. Kannst du es ertragen, dir eine dieser Preisverleihungen anzuschauen? Wo sind die Erwachsenen? Wo ist die Qualität? Nichts als nölende, quietschende Kleinkinder, und alle sind überzeugt, sie seien das Größte, was die Schöpfung jemals hervorgebracht habe. Genau wie der Abschaum, der heutzutage das Business kontrolliert. Ich schäme mich, dazuzugehören.» Allerdings: Die teure Produktion *Both Sides Now* wurde von Reprise veröffentlicht – von der Firma, die Joni Mitchell 1971 schon einmal verlassen hatte.

LPs auf Reprise: *Joni Mitchell* (1968); *Clouds* (1969); *Ladies Of The Canyon* (1970); *Blue* (1971);

Both Sides Now (2000) ... auf Asylum: *For The Roses* (1972); *Court & Spark* (1973); *Miles Of Aisles* (1974); *The Hissing Of Summer Lawns* (1975); *Hejira* (1976); *Don Juan's Reckless Daughter* (1977); *Mingus* (1979); *Shadows And Light* (1980) ... auf Geffen: *Wild Things Run Fast* (1982); *Dog Eat Dog* (1985); *Chalk Mark In A Rain Storm* (1988); *Night Ride Home* (1991) ... auf WEA: *Turbulent Indigo* (1994); *Hits* (1996); *Misses* (1996); *Taming The Tiger* (1998)

Moby, als Richard Melville Hall 1966 in New York geboren, versah kalte, computergenerierte Sounds mit menschlicher Wärme und überwand die Kluft zwischen massenkompatiblem Pop und Avantgarde. Er war resistent gegen stilistische Eingrenzungen und zog es vor, auf seinen Platten zwischen Extremen zu pendeln. Das Pseudonym Moby rührte daher, daß er seinen Stammbaum auf den Romancier Herman Melville zurückführen konnte. Obwohl er in Interviews scheinbar pausenlos über sich und seine Vergangenheit redete, drangen über sein Leben kaum Einzelheiten in die Öffentlichkeit. Markenzeichen des innovativen Multitalents war «eine grundflexible Haltung» (‹Aktiv›). «Seine Vielseitigkeit ist unschlagbar, sein Ideenreichtum geradezu gespenstisch. Richard Hall ist im schnellebigen Musik-Business ein nie auszurechnender Sonderling, der hier die ravende Techno-Gemeinde begeistert und dort Freunde dreckiger Punkrock-Gitarren befriedigt» (‹Westzeit›). So kokettierte Moby im Blatt ‹Beam Me Up›: «Wenn ich auf mein Leben zurückblicke, stelle ich fest, daß ich alle paar Jahre meine Meinung wechsle, und das macht es schwierig für mich, diese Meinung ernst zu nehmen.» – «Sein Lebenslauf liest sich etwas länger als der von anderen Musikern, weil bei ihm mit jedem Jahr eine neue Lebensphase beginnt» (‹Intro›). Moby, «die Personifizierung des guten Menschen» (‹Rolling Stone›), stellte sich gern als öffentlichkeitsscheuen Anti-Star dar, wußte in Wirklichkeit jedoch stets das Interesse der Medien auf sich zu lenken, und sei es mit geschickt lancierten Fehlinformationen wie die über gewisse Sexualpraktiken, die er im nachhinein eifrigst dementierte. Als Kind von Hippie-Eltern verlor Richard Melville Hall schon im Säuglingsalter bei einem Autounfall seinen Vater.

Seine Mutter zog mit ihm nach Connecticut, wo er mit zehn Jahren Gitarre zu lernen begann. Als Jugendlicher sang «der New Yorker Eremit» (‹Zitty›) in der Hardcore-Band Vatican Commandos, sprang als Aushilfsstimme bei den Psychopunks Flipper ein und spielte bei Ultra Vivid Scene Gitarre. Nach dem Studium der Philosophie begann der engagierte Tierschützer, gläubige Christ und strenge Veganer sich als DJ in New Yorker Clubs zu verdingen. Ende der Achtziger unternahm er mit der Eisenbahn auf eigene Kosten eine erste Tour durch Europa. 1992 schaffte er es mit seiner auf einem Sample des ‹Twin Peaks›-Themas beruhenden Debüt-Single *Go* auf Anhieb in die Top Ten der amerikanischen Charts. Eine weitere Single, *I Feel It / Thousand* (1993), ging mit 1015 bpm als schnellste Single der Geschichte ins ‹Guinness Book of Records› ein. Im selben Jahr unterschrieb er einen Vertrag bei Mute und veröffentlichte unter dem Titel *Ambient* eine Sammlung von Aufnahmen, die bis ins Jahr 1988 zurückreichten. Auch *The Story So Far* (1993) umfaßte eine Compilation von Tracks, die er zuvor für das Label Instinct Records aufgenommen hatte. Sein erstes komplett konzipiertes Album *Everything Is Wrong* (1995) kombinierte weichen Techno-Pop mit rüden Hardcore-Attacken und abstrakten Sound-Konstruktionen. Trotz seiner stilistischen Vielfalt wurde Moby mit der Platte zum Superstar der Rave-Szene. «Dann aber kam der Bruch mit der Techno-Gemeinde, deren ideologische Engstirnigkeit dem Freigeist zuwider war» (‹Musikexpress›). Sein zweites Album, *Animal Rights* (1996), war trotz eines butterweichen Cello-Intros eine böse Punk-Attacke, die seine treue Fan-Schar brutal vor den Kopf stoßen mußte. Doch mit dem Punk-Publikum machte Moby keine besseren Erfahrungen als mit der Technik-Klientel. Auf *I Like To Score* (1997) kehrte er auch dem Gitarren-Rock den Rücken, beschäftigte sich mit Soundtracks und rückte dabei wieder in die Nähe des Techno. Eine Adaption des James Bond-Themas trug ihm den Vorwurf des Ausverkaufs ein. Sein viertes Album *Play* (1999) wurde von der Presse zunächst sehr zurückhaltend aufgenommen. Doch «der gute Geist der Techno-Kultur» (‹WOM Journal›) nutzte die Angebote von Filmproduzenten, um die Songs der Platte in

Lichtspielen wie ‹Any Given Sunday› und ‹The Beach› unterzubringen und *Play* somit «durch die Hintertür» (‹ME / Sounds›) zum Multimillionen-Seller zu machen. Der «Klang-Rebell» (‹Stern›) verband auf dem Album «kongenial tiefschwarze Gospel- und Blues-Melodien mit Techno- und Drum 'n' Bass-Beats, um damit seiner Zeit wie immer eine Groove-Länge voraus zu sein (‹Gaffa›). Neben seinen eigenen Alben fertigte er Remixe für so unterschiedliche Künstler wie Michael Jackson, Metallica, Pet Shop Boys, Brian Eno, Depeche Mode, Erasure, B-52's und Orbital an.

LPs auf Instinct: *Moby* (1992); *Ambient* (1993) … auf Elektra: *Everything Is Wrong* (1995); *Animal Rights* (1996) … auf Mute: *I Like To Score* (1997); *Play* (1999)

Modern Talking, bestehend aus dem Songkomponisten Dieter Bohlen (voc, g) und Thomas Anders (voc), wurde Ende 1984 in Hamburg zur Aufnahme der Single *You're My Heart, You're My Soul* gegründet, die sich als bis dahin erfolgreichste deutsche Debüt-Veröffentlichung weltweit mehr als acht Millionen Mal verkaufte. Die sechs LPs des Duos in den zunächst zwei Jahren seines Bestehens erreichten mit simplen Mitklatsch-Heulern in Basic English à la *Cheri Cheri Lady, Brother Louie (Louie, Louie), Sexy, Sexy Lover, You Can Win If You Want* eine Gesamtauflage von rund 60 Millionen und machten ihre Urheber zur erfolgreichsten deutschen Pop-Gruppe des Jahrhunderts. Wie keine andere wurde die «Hitmaschine von geradezu erbarmungsloser Durchschlagskraft», dieses «Bindeglied zwischen Schlager und Techno» (‹Berliner Zeitung›) aber auch von den deutschen Feuilletons als «Emphase ohne Botschaft, Romantik ohne Affekt» (‹Die Zeit›) abgelehnt. Kritiker Thomas Mießgang: Diese Musik habe «nicht den geringsten Charme: schlappe Schlagermelodien ohne den verführerischen Zauber der Unschuld, der sich noch in der Berechnung verbergen kann, Disco ohne den Willen zum Inferno und zum Tanz auf dem Vulkan. Bei Bohlen muß malocht werden: Kraft ohne Freude.» Der Sohn eines Bauingenieurs, am 7. Februar 1954 in Oldenburg geboren, studierte in Göttingen Betriebswirtschaft,

spielte in Amateurbands, verschickte Demos mit eigenen Songs, versuchte sich als Interpret in eigener Sache (*Heiße Nacht in der City*) und stieg, statt wie geplant ins väterliche Bauunternehmen, 1979 als Komponist und Produzent in den Hamburger Musikverlag Intersong ein. Er lieferte Noten für Schlagersänger wie Bernd Clüver, Roland Kaiser, Katja Ebstein, produzierte die erfolgreiche Ricky-King-LP *Happy Guitar Dancing* und trat unter den Pseudonymen Steve Benson und Sunday – erfolglos – auch mal selbst ans Mikrofon. Bei der Arbeit an deutschsprachigen Singles des Sängers Thomas Anders für das Berliner Hansa-Label (*Wovon träumst du denn?*, 1983; *Endstation Sehnsucht*, 1984) erkannte Bohlen: «Es gibt Menschen, die eine Energie ausstrahlen, wenn sie zusammentreffen. Thomas und ich sind zusammen irgendwie mehr als jeder für sich.» Doch ungeachtet ihrer gemeinsamen Mega-Erfolge weltweit wuchsen in den beiden Jahren ihrer Partnerschaft die Spannungen zwischen den ungleichen Charakteren. Bohlen: obzwar verheiratet und Vater von drei Kindern, ein Macho mit der 22 000-Mark-Cartier-Uhr am Handgelenk und je einem Fuß auf dem Hamburger Kiez und auf dem Tennisplatz. Anders, als Bernd Weidung am 1. März 1963 in Münstermaifeld bei Koblenz geboren: der abgebrochene Student der Universität Mainz (Germanistik und Musikwissenschaft), den seine Frau Nora an eine goldene Kette mit ihrem eingravierten Namen gelegt hatte, die er um den Hals trug. Der monatelange medienwirksam öffentlich ausgetragene Trennungskrieg des Duos kulminierte in Bohlens Satz: «Thomas soll sich einen Finger in den Arsch stecken und Kikeriki schreien!» Er war genervt von den Launen und Eskapaden des kapriziösen Partners im rosaschimmernden Satin-Anzug, den ‹ME / Sounds› eine «höhensonnengegerbte Sangesschwuchtel» genannt hatte (und dafür Schmerzensgeld zahlen mußte), ebenso auch vom Erfolgsdruck durch die Plattenfirma. «Nach dem zweiten Magengeschwür» (Bohlen) gab er Modern Talking auf. Anders versuchte zunächst mit geringer Resonanz eine Solokarriere und tauchte dann jahrelang in esoterische Zirkel in Kalifornien ab. Seine Ehe mit Nora wurde erst 1999 geschieden. Bohlen ging wieder ins Studio und produzierte u. a. Marianne Rosenberg, Roy

Black, Bonnie Tyler, Dionne Warwick, Al Martino. Mit C. C. Catch alias Caroline Müller und dem Ex-Smokie-Sänger Chris Norman (*Midnight Lady*) hatte er Hits. Das eigene Anschlußprojekt an Modern Talking, das er in seinem Studio in Hamburg-Ohlstedt mit Hilfe von Achim Vogel (g), Jeanne Dupuy (voc), Snoopy (kb), Frank Otto oder Michael Rollin (dr), später auch Achim Strieber (bg), Joe Koli (kb), Afro & Sandra (voc) u. a. vorantrieb, brachte unter dem Etikett Blue System bis 1997 nicht weniger als 14 CDs hervor und gastierte 1989/90 zweimal erfolgreich in der Sowjetunion. Auf dem Album *Déjà Vu* (1991) sang Bohlen mit Dionne Warwick (*It's All Over*) im Duett. Und auch der alte Duo-Partner Thomas Anders stellte sich wieder ein. Nach einem Friedensschluß mit beiderseitigen Entschuldigungen 1994 und einer weiteren vierjährigen Beruhigungspause trat Modern Talking am 28. März 1998 in Thomas Gottschalks ZDF-Show ‹Wetten, daß …?› mit dem remixten Oldie *You're My Heart, You're My Soul* plus Rap-Zutat (Eric Singleton) nach mehr als einem Jahrzehnt wieder vor die Kameras. Das Comeback-Album *Back For Good* mit nur vier neuen Stücken wurde in Deutschland spektakulär zweimillionen- und weltweit über zehnmillionenmal verkauft. Und sofort traten auch die alten (und neuen) Kritiker wieder auf den Plan: «Bum Bum Bum» (‹Die Zeit›), «Notorisch motorisch» (‹Berliner Morgenpost›), «Das Duo des Grauens ist wieder da» (‹taz›). Nun wurde vor allem darüber spekuliert, ob die auch durch den TV-Erfolg von Bohlens Kurzzeit-Ehefrau Verona Feldbusch – Ende 1996 geheiratet, im Mai 1997 rechtskräftig geschieden – in der Erotik-Show ‹Peep› repräsentierte Trash-Kultur samt Yellow Press-Publizität seiner deutsch-sudanesischen Lebensgefährtin (on and off) Nadja «Naddel» Ab Del Farrag das gewaltige Comeback der «ältesten Boy-Group der Welt» (‹Berliner Zeitung›) befördert habe. «In den Siebzigern und Achtzigern als stumpfe Prollmusik verworfen», so Kritiker Volker Weidermann in der ‹taz›, «durfte man sich zu diesem schlechten Geschmack schon Anfang der Neunziger bekennen. Modern Talking hatten erst Guildo Horn als Wegbereiter nötig, um in der frischen Nische des Worst-taste-Kultes stolz und entschlossen Platz zu nehmen.» Aber vielleicht war auch alles viel einfacher. «Jedes Volk hat die Schlager, die es verdient», konstatierte die ‹Berliner Morgenpost›. Und ‹Die Welt›: «Plastik vergammelt nicht.»

LPs auf BMG/Hansa: *The First Album* (1985); *Let's Talk About Love* (1985); *Ready For Romance* (1986); *In The Middle Of Nowhere* (1986); *Romantic Warriors* (1987); *In The Garden Of Venus* (1987); *The Collection* (Sampler, 1991); *Back For Good* (Remix-Sampler, 1998); *Alone* (1999); *2000 – Year Of The Dragon* (2000) … LPs Blue System auf BMG/Hansa: *Walking On A Rainbow* (1987); *Body Heat* (1988); *Twilight* (1989); *Obsession* (1990); *Seeds Of Heaven* (1991); *Déjà Vu* (1991); *Hello America* (1992); *Backstreet Dreams* (1993); *X-Ten* (1994); *21st Century* (1994); *All Around The World* (1994); *Forever Blue* (1995); *Body To Body* (1996); *Here I Am* (1997) … Soundtracks von Dieter Bohlen auf BMG/Hansa: *Rivalen der Rennbahn* (1989); *Die Stadtindianer* (1994)

Monster Magnet, 1989 in New Jersey gegründet, wirkten schon zu diesem Zeitpunkt wie Dinosaurier des Rock 'n' Roll. Beeinflußt vom schweren, schleppenden Seventies Sound, trugen sie die Aura von Gruppen wie Black Sabbath, Blue Cheer und Hawkwind mit mehr Authentizität in die Neunziger, als diese Bands es selbst vermochten. Sie ließen sich laut krachend zwischen die Stühle von Alternative und Heavy Metal fallen, galten einerseits als Autorität für soliden, bodenständigen, unkorrumpierbaren Hard Rock, wurden aber auf der anderen Seite als wandelnder Anachronismus belächelt. Ihr Sound-Image wurde stilprägend für den Mitte der Neunziger aufkommenden Stoner Rock von Bands wie Kyuss oder Fu Manchu. «Monster Magnet machen keine Musik zum Zuhören. Monster Magnet sind ein Ganzkörperereignis», erklärte ihr Anführer David Wyndorf. Der Sänger und Gitarrist wuchs in den Siebzigern mit Musik von MC 5 und den Stooges auf. Später bekannte er sich auch zum Krautrock und den frühen Scorpions. Von der Energie des Punk fasziniert, gründete er Ende der Siebziger seine erste Band Shrapnel. Nach mehreren erfolglosen Singles und Alben brach die Band Anfang der Achtziger wieder auseinander. Wyndorf verdingte sich in einer Reihe anderer Bands, um schließlich mit Tim Cronin (voc), John McBain (g), Joe Callandra (bg) und John Kleinman (dr) Monster Magnet aus der Taufe zu heben. Im Line-up der Gruppe strömten Einflüsse aus Hard Rock, Punk, Space Rock und Psychedelic zusammen. Die Band tourte ununterbrochen und faszinierte Fans wie Kritiker durch ihre Urgewalt. Nach der Debüt-EP *Monster Magnet* (1990) übernahm Cronin die Rolle eines Konzeptionalisten im Hintergrund und überließ dem «drogenverseuchten Spinner und komplizierten Egomanen» (‹Visions›) Wyndorf allein das Mikrofon. Auf dem zwischen lastender Schwere und weiten Räumen schwankenden Album *Spine Of God* (1992) vereinten Monster Magnet eine Reihe langer Feedback-Jams im Stil des Seventies Rock. Mit der Single *Diet Pill* landete «der Fliegende Holländer des Cyberspace» (‹Rolling Stone›) einen Independent-Hit, ging als Support von Soundgarden auf Tour und wurde von deren Label A & M unter Vertrag genommen. Vor ihrem Major-Einstand veröffentlichten sie jedoch noch das zuvor nur als Bootleg erhältliche Session-Album *Tab* (1993), dessen ultrapsychedelische Sound-Kontemplationen stärker den Hawkwind-Einfluß in den Mittelpunkt rückten. Vor den Aufnahmen zu *Superjudge* (1993) ersetzte Wyndorf Gitarrist McBain durch Ed Mundell. Tim Cronin tauchte in der Besetzungsliste als Mountain of Judgement auf. Indem die Band ihre Feedbacks in den Hintergrund stellte und dafür mehr auf handlichen Riff Rock setzte, nahm sie eine Veränderung in ihrem Sound vor, die auf Kosten ihres mystischen Images ging. Das auf dem Hoch des Nirvana-Booms erschienene Album floppte. Wyndorf und seine als Grunge-Kapelle mißverstandene Band gerieten unter Druck und spielten mit *Dopes Of Infinity* (1995) ein denkbar unentspanntes Album ein, das die einstige Tiefe und Gravitationskraft gänzlich vermissen ließ. ‹Entertainment Weekly› beschrieb das Dilemma der Band: «Monster Magnets drittes Album ist ein Muß für all jene, die sich nach maximaler psychedelischer Überladung sehnen. Angereichert mit übriggebliebenen Black Sabbath-Riffs, Bombast im Stil der Butthole Surfers und Pseudo-Comic-Humbug wirkt *Dopes* zugleich edel und lächerlich.» Trotz des Top Ten-Hits *Megasonic*

Teenage Warhead konnten die Verkaufszahlen der Platte die ihres Vorgängers nicht toppen. Monster Magnet gingen zunächst auf Tournee und dann in Klausur. In einem Hotelzimmer in Las Vegas schrieb Wyndorf das Material für *Powertrip* (1998), dessen rohe, instinktgesteuerte Gewalt alle Rücksichten und möglichen Vorurteile außer acht ließ und an die frei fließenden Bewußtseinsströme des ersten Albums anschloß. ‹Rolling Stone›: «Es kracht und donnert und zischt und explodiert, und immer dann, wenn man glaubt, jetzt platze einem das Trommelfell, schalten sie achteinhalb Gänge zurück.»

LPs auf Caroline: *Spine Of God* (1992); *Tab* (1993) … auf A & M: Superjudge (1993); *Negasonic Teenage Warhead* (1995); *Dopes To Infinity* (1995); *Powertrip* (1998) … auf Interscope: *God Says No* (2001)

Morcheeba, 1994 in London gegründet, konnten weder die Erfindung des Trip Hop für sich reklamieren, noch führten sie die Verknüpfung von poppigen Melodien, jazzigem Feeling, Dance-Grooves und Ambient-Texturen zu neuen Ufern. Sie waren einfach nur einen Tick poetischer und dafür weniger programmatisch als die meisten anderen Trip Hop-Acts, wenngleich diese Einschätzung auch nur auf ihre ersten beiden Alben zutraf. «Morcheeba wollen unterhalten, persönliche Musik machen, sie aus der Hand geben und es jedem selbst überlassen, was er damit anfängt. Sie scheuen sich nicht, plakativ zu zitieren, Ideen der 60er in ihren Sound zu verpacken, ohne sich stilistisch festlegen zu wollen» (‹Intro›). So schlugen sie einen weiten Bogen vom Blues der Dreißiger zu Stevie Wonder und Michael Jackson. Ross Godfrey (g) und dessen Bruder Paul Godfrey (programming, voc) teilten eine Vorliebe für Soundtracks, psychedelische Musik der Sixties und Marihuana, bevor sie beschlossen, ihre Obsessionen in Aktionen zu kanalisieren. Zunächst arbeiteten sie als Co-Produzenten an David Byrnes Album *Feelings* mit. Danach zogen sie sich im Londoner Stadtteil Clapham in ein Studio zurück, lernten auf einer Party Skye Edwards (voc) kennen, die ein Studium am London College of Fashion absolviert und Erfahrungen als Sängerin in der Soul-Band

Flytrap gesammelt hatte, und nahmen die Single *Trigger Hippie* auf. Die britische Presse war begeistert. Eine «neue Spezies von Experimentalisten der langsamen Beats» (‹Record Mirror›) koppelte «Billie Holiday-artige Vocals mit apokalyptischem Donnergrollen» (‹NME›). Ein ganzes Jahr lang ließen sie sich Zeit, um an ihrem Debüt-Album *Who Can You Trust?* (1995) zu basteln. Die Kombination von traditionellem Instrumentarium und elektronischem Studio-Know-how verschmolz bei Morcheeba «zu Slide-Gitarren und Sitar-Klängen über einer rollenden Baßlinie, die dieses trippige Experiment tief in dein Unterbewußtsein sendet» (‹The Face›). Hintergründige Dub-Zitate verschafften Morcheeba in erster Linie unter Reggae-Fans eine treue Anhängerschaft. Außer mit David Byrne folgten Kollaborationen mit Zion Train und Burning Spear. Mit *Big Calm* (1998) setzten sie noch einmal auf die melancholisch-träge Mixtur des ersten Albums, konnten jedoch nicht an dessen Erfolg anschließen. Ihr drittes Album *Fragments Of Freedom* (2000) markierte einen deutlichen Sinneswandel und Richtungswechsel. Das «chronisch miesepetrige Pop-Trio» (‹Audio›) orientierte sich stärker am Disco-Sound der späten Siebziger, klang fröhlicher und dynamischer, beschwor «Urlaubsfeeling» (‹Ran›) herauf. «Nach den deprimierten Trip Hop-Klängen ihrer ersten beiden Werke erfreuen sich Morcheeba plötzlich am Sein, geben sich unterdrückten Soul-Vorlieben hin und klingen so unbekümmert, daß man es kaum glauben kann» (‹Rolling Stone›). Skye Edwards bezeichnete diesen Befreiungsschlag vielsagend als Pop Hop.

LPs auf Indochina: *Who Can You Trust?* (1996) ... auf Sire: *Big Calm* (1998); *Fragments Of Freedom* (2000)

Morissette, Alanis Nadine (voc, g, harm), am 1. Juni 1974 in Ottawa, Kanada, geboren, schrieb ihren ersten Song im Alter von neun Jahren, mit 14 war sie ein TV-Star. Das Wunderkind verwendete das Honorar, das sie als Zehnjährige in der Nickelodeon-Show ‹You Can't Do That on Television› verdient hatte, 1985 für die Produktion ihrer ersten Single, *Fate Stay With Me*. Derartig unbeirrbare Geradlinigkeit konnte nur in einer

Karriere enden. 1991 veröffentlichte sie ihr Debütalbum, eine Dance-Platte, von der über 100 000 Exemplare verkauft wurden. Als «vielversprechende weibliche Künstlerin» erhielt die Tochter einer Ungarin und eines Frankokanadiers daraufhin den kanadischen Plattenpreis Juno. Mit dem ein Jahr später folgenden Album *Now Is The Time* konnte Morissette diesen Erfolg nicht wiederholen. Sie ging nach Los Angeles und traf den renommierten Produzenten Glen Ballard, der schon für Michael Jackson, Aretha Franklin und Barbra Streisand gearbeitet hatte. Ballard wurde zum starken Mann hinter Morissette, der sich in ihr Songwriting einmischte, bis sich sein Anteil an ihrer Musik nicht mehr genau ausmachen ließ. Für die Plattenaufnahmen engagierte er Musiker der ersten Garnitur – neben anderen Flea (bg) und David Navarro (g) von den Red Hot Chili Peppers sowie Benmont Tench (org) von Tom Pettys Heartbreakers –, griff selbst zur Gitarre und produzierte. Nach einigen vergeblichen Versuchen bei den großen amerikanischen Plattenfirmen nahm Madonnas Label Maverick Morissette unter Vertrag. Die im April 1995 veröffentlichte LP *Jagged Little Pill* hatte mit den Dance-Jugendsünden der kanadischen Sängerin nichts mehr zu tun. In ausschließlich eigenen Texten verwischte sie die Grenzen zwischen Erlebtem, Erdachtem und Zusammenphantasiertem und reflektierte kühl, distanziert, als lägen ihre Themen auf dem Seziertisch der Pathologie. Dem Allzu-Kalkulierten wirkte sie mit manchmal brutaler Offenheit und einem emotionalen, um Klangschönheit unbekümmerten Gesangsstil entgegen, der an Tori Amos oder Lisa Dalbello erinnerte. Joni Mitchell nannte sie als ihr Vorbild. In ihren Texten ließ Morissette die katholisch geprägte Kindheit und Jugend durchblicken – mal direkt wie in *Forgiven*, mal indirekt wie in *You Oughta Know*, in dem der Ex-Geliebte mit geradezu alttestamentarischer Gewalt verflucht wird: «Jedesmal, wenn du ihren Namen sagst, / weiß sie, wie du meinen gesagt hast, wie du mich gehalten hast, / bis du stirbst, bis du stirbst, / aber noch lebst du.» Allemal ging es um Schuld und Selbstbehauptung, um den Platz im Leben und in der Gesellschaft, um die gerechtfertigten oder ungerechtfertigten Ansprüche der anderen. Den Versuch, sie als Rock-Vorzeigefeministin umzuwerten, wies Morissette zurück: «Einige Künstlerinnen kamen zu mir und sagten: Yeah, wir übernehmen nun die Sache. Da schüttelte ich nur meinen Kopf.» Zu diesem Zeitpunkt hatte die Sängerin mehr als 14 Millionen Exemplare von *Jagged Little Pill* verkauft. In monatelangen Welt-Tourneen hatte sie mit ihrer Band, zu der Nick Lashly (g), Jesse Tobias (g), Chris Chaney (bg) und Taylor Hawkins (dr) gehörten, ihre Songs vor Tausenden von Menschen gespielt und sich trotzdem «völlig allein» auf der Bühne gefühlt – für sie ein Anlaß zu tiefgründelnden Psychogedanken. «Ich fühle die Energie der Menschen, ich weiß, daß sie da ist. Aber da ist diese Grenze. Ich bin nicht mit Körper und Seele für sie da.» Im Januar 1996 schloß sie ihre neverending tour mit einem wie stets ausverkauften Konzert in Mesa, Arizona, vorerst ab – aber nur, um für eine Kette von Preisverleihungen sogleich wieder auf die Bühne zu gehen: Brit Award als «Best International Newcomer» in London, vier Grammies für *Jagged Little Pill* in Los Angeles, zwei World Music Awards als bestverkaufte internationale Rock-Sängerin in Monte Carlo, drei Preise für das Video *Ironic* bei den MTV Music Video Awards in New Yorks Radio City Music Hall, noch ein MTV-Video-Preis für Europa in London sowie ein Award als «Best New Act» vom britischen Magazin ‹Q›. Kurz nachdem Miss Morissette um den Jahreswechsel 1996/97 in Las Vegas Auszeichnungen als «Künstlerin des Jahres» und für das «Album des Jahres» sowie in L. A. zwei American Music Awards entgegengenommen hatte, passierte die US-Auflage von *Jagged Little Pill* die 15-Millionen-Marke. Ein Echo-Preis der Deutschen Phono Akademie folgte im März, drei Tage später drei Juno Awards daheim in Hamilton, Ontario, Kanada. An Studioarbeit war während dieser hektischen Erfolgsmonate nicht zu denken. Ein Video *Jagged Little Pill – Live* heizte den Umsatz durch TV-Ausstrahlungen ein weiteres Mal an, machte selbst Millionenumsatz und fuhr im Februar 1998 einen weiteren Grammy ein. *Pill*-CD-Auflage in den USA im Juli: 16 Millionen. Erst im Oktober, nachdem die Sängerin fast drei Jahre lang lediglich mit je einem neuen Titel auf der CD *Before These Crowded Streets* der Dave Matthews Band (*Spoon*, 1998) sowie auf der Soundtrack-CD *City Of Angels* (*Uninvited*, 1998) zu hören gewesen war, gab es unter dem CD-Titel *Supposed Former Infatuation Junkie* ein reguläres neues Produkt. Infatuation = Verblendung. Mit dem mit Nick Lashley (g), Joel Shirer (g), Chris Chaney (bg), Gary Novak (dr) im Aerowave Studio ihres Produzenten und Song-Partners Glen Ballard (Ex-Michael Jackson) in Encino, Kalifornien, eingespielten Album zog Morissette nach der geschäftlichen nun die emotionale Bilanz. Insgesamt 28 Millionen Mal war *Jagged Little Pill* weltweit verkauft worden. 84 Wochen hielt es sich in den Charts. Die Konflikte und Konfusionen der nun 24jährigen hatten sich dadurch eher noch verstärkt: «Es gab eine Dissonanz in dem ganzen äußerlichen Erfolg. Einerseits wurde von mir überschwengliche Freude darüber erwartet, andererseits beängstigte er mich.» Auf Reisen nach Indien und Kuba, bei verloren geglaubten Freunden, in ihrer Familie und in neuen Liebschaften hatte sie Entlastung gesucht. Sie hatte gemalt, kochen gelernt, war gelaufen, geschwommen, Fahrrad gefahren und hatte dreimal inkognito am Triathlon in Los Angeles teilgenommen. Am Ende erwies sich das Songschreiben als die beste Therapie: «Je verwirrter und verletzender ein Text ist, desto erlöster fühle ich mich, wenn ich ihn geschrieben habe.» Im Song *The Couch* versuchte sie ihren Vater zur Psychoanalyse zu schicken, in mehreren Songs rechnete sie – nach zuvor eingeholter Erlaubnis und unter geänderten Namen – mit ehemaligen Liebhabern ab: «I was hoping we could heal each other.» In 13 der 17 Songs, vielfach ungereimte Rezitative, schrieb Glen Ballard zu ihren Tagebuchnotizen die Melodien. «Nach der effektgetriebenen Anschuldigungsprosa des Debüts nun retrospektive Aufräumungsarbeit» (so Patrick Großmann in ‹Tip›) – mit vorhersagbarem Anschlußerfolg: Zwei Monate nach Veröffentlichung waren in den USA drei Millionen Exemplare verkauft. Dazu half auch das Video *Thank You*, in dem die Sängerin nackt in einer U-Bahn posierte. Für die Single *Uninvited* nahm sie 1999 zwei weitere Grammies entgegen: «Best Rock Song» und «Best Female Rock Performance». Und wie schon bei *Pill* vermarktete die Plattenfirma Maverick auch das Songmaterial von *Junkie* noch einmal als Live-Video, diesmal auch als Live-CD.

Der Mitschnitt eines Konzerts in der Brooklyn Academy of Music wurde im November 1999 in der TV-Reihe ‹MTV Unplugged› ausgestrahlt und erschien unter diesem Titel auch auf dem Plattenmarkt. Das roch nach Überexposition, und die Rock-Presse, zumal in Deutschland, nahm dies übel. In ‹Stereoplay› mokierte sich Jürgen Elsässer über «trotz gitarrenlastigem Sound reichlich weichgespülte Arrangements» und fragte sich artig: «Ob's an den Texten liegt, in denen Alanis ihr Seelenleben, flüchtiges Glück und bittere Enttäuschungen reflektiert?» Im ‹Musikexpress› roch Lukas Grasberger beim Anhören der CD ein «Kunstfurnierholz-Mädchenzimmer» und kam zu dem gewiß zutreffenden Schluß: «Alanis Morissette, die Identifikationsfigur mit dem angeklebten Haupthaar, wird sich ihre ehrliche Haut ein weiteres Mal vergolden lassen.»

LPs auf MCA: *Alanis* (1991); *Now Is The Time* (1992) … auf Maverick: *Jagged Little Pill* (1995); *Supposed Former Infatuation Junkie* (1998); *MTV Unplugged* (1999); *Still* (2000)

Moroder, Giorgio (electronics, bg), am 26. April 1940 in St. Ulrich, Südtirol, geboren, erzielte als Produzent und Interpret mit dem minimalistischen Einsatz elektronischer Gimmicks eine maximale kommerzielle Wirkung. Zu aggressiver elektronischer Punktierung, die an das Flackern des Disco-Stroboskoplichts erinnern oder den erhöhten Herzschlag des überhitzten Dauertänzers simulieren mochte, ließ er seine Muse Donna Summer von 1976 bis 1980 auf sieben vergoldeten Alben in die «Alpträume eines bösartigen Universums» geraten: «Da kämpft sie mit ihrer Kindfrau-Stimme gegen eine frenetische Synthesizer-Baßlinie aus dem linken Kanal an und duckt sich gleichzeitig vor einem Vocoder-Klang aus dem rechten Kanal, der wie eine Peitsche auf Beton schlägt. ‹I Feel Love›, wirft sie zaghaft ein, doch ein künstlicher Harmoniegesang heult wie ein Geschwader Turbojets dazwischen. ‹I Feel Love› – und verfremdete Gitarren kreischen lustvoll wie metallische ‹Star Wars›-Monster, die in einer Wiederaufbereitungsanlage kopulieren» (‹Tip›). Einen solchen Umgang mit Mensch und Technik nannte der ‹Melody Ma-

ker› «schiere Brillanz, ultramoderne Musik, die sich neben Eno, Fripp, Kraftwerk und Bowie behaupten kann». Im gleichen Jahr erschien Moroders «revolutionäres Album» *From Here To Eternity*, auf der Bewunderer von Tangerine Dream, Kraftwerk, Popol Vuh «die volle Power des Synthesizers im Pop-Konzert» (‹Rolling Stone›) präsentierte. «Das Anpassungsgenie» (‹Stern›) hatte zunächst als Session-Musiker und Studiohilfe in Berlin und München gearbeitet, bevor es 1969 mit *Mendocino* (Michael Holm) und *Arizona Man* (Mary Roos) als Produzent sowie mit *Looky, Looky* als Solo-Interpret reüssieren konnte. Für Donna Summer, damals bei der Münchner ‹Hair›-Truppe und Background-Sängerin in seinen Musicland-Studios, tüftelte er in einer nächtlichen Bastelstunde eine Parodie auf den französischen Stöhn-Hit *Je T'aime Mois Non Plus* zurecht, die in einer auf nahezu 17 Minuten gestreckten Version ein Welterfolg wurde. Dem Team Moroder, Summer, Keith Forsey (Songschreiber, Drummer), Harold Faltermeyer (Arrangeur), Pete Bellotte (Co-Produzent), Jürgen Koeppers (Toningenieur), das wie eine Rock-Band zusammenarbeitete, gelang mit *Bad Girls* (1979) «das quintessentielle Album der späten siebziger Jahre, das Furcht, Hysterie, Dekadenz, hilflose Suche und Zelebration des narzißtischen Ich in brillanten musikalischen Statements einfing und das präzise Abbild einer zerrissenen Generation im Umbruch lieferte» (‹Der Spiegel›). Moroder widmete sich nach der Trennung von Donna Summer vorwiegend Soundtrack-Arbeiten. Für die Filmmusiken zu ‹Midnight Express› (1978), ‹Flashdance› (1983), ‹Top Gun› (1986) erhielt er Oscar-Auszeichnungen. Den Olympischen Spielen in Los Angeles lieferte er 1984 mit *Reach Out* die inoffizielle Hymne. Sein ambitioniertestes Projekt brachte ihm kein Gold, sondern nur gallige Kommentare: 1984 bot er eine nachkolorierte und mit einem Rock-Soundtrack unterlegte Neufassung des Fritz Lang-Klassikers ‹Metropolis› als «Snack für die Fantasy-Generation» (‹Stern›) im Kino an. «Seine größte Leistung bestand darin, ‹Metropolis› noch kitschiger erscheinen zu lassen, als es ohnehin schon war», befand die ‹Village Voice› nach der Besichtigung des mit Millionenaufwand herausgeputzten Kinoschinkens. Wenn er 1992 auch noch einmal mit einer Tanzplatte (*Forever Dancing*) an seine früheren Erfolge anzuknüpfen versuchte, so galt sein hauptsächliches Interesse nun schnellen Autos: Er entwarf einen eigenen Sportwagen.

LPs auf Hansa: *That's Bubble Gum That's Giorgio* (1968); *Son Of My Father* (1972) … auf Philips: *Giorgio's Music* (1973) … auf Teldec: *Solitary Men* (mit Joe Esposito, 1983) … auf Oasis: *Knights In White Satin* (1976); *From Here To Eternity* (1977); *E=MC²* (1979); *Innovisions* (1985) … auf MCA: *Cat People* (Soundtrack, 1982) … auf Casablanca: *Midnight Express* (Soundtrack 1978); *Foxes* (Soundtrack, mit anderen, 1980); *Flashdance* (Soundtrack, mit anderen, 1983) … auf Polydor: *American Gigolo* (Soundtrack, mit anderen, 1980) … auf CBS: *Metropolis* (Soundtrack, mit anderen, 1984); *Top Gun* (Soundtrack, mit anderen, 1986) … auf Virgin: *Electric Dreams* (Soundtrack, mit anderen, 1984); *Forever Dancing* (1992) … LP mit Phil Oakey auf Virgin: *Phil Oakey/Giorgio Moroder* (1985)

Morphine, 1990 in Boston gegründet, waren eine der originellsten Bands der neunziger Jahre. Sie klangen stets wie eine Mischung aus Beatnik- und Jazz-Combo, ohne jedoch allzuviel mit Jazz am Hut zu haben. Allein ihre Instrumentierung mit Baritonsaxophon, zweisaitigem Slide-Baß und Schlagzeug machte die Gruppe zu einem «Goth Jazz-Trio, das ohne weiteres Liebeskinder von Tom Waits, Nick Cave und den Lounge Lizards sein könnten» (‹Rockpool›). Im gitarredominierten Einerlei von Grunge und Crossover machte sich der ebenso intelligente wie unprätentiöse Pop überraschend entspannend aus. «Früher oder später mußte es einfach eine Band wie Morphine geben. Die Gitarrengötter hatten sie schon lange angekündigt» (‹taz›). Bassist und Sänger Mark Sandman hatte bereits als Bauarbeiter in Colorado und als Fischer in Alaska gearbeitet, ein Jahr in Brasilien gelebt und an diversen Bostoner Bands wie Treat Her Right, Like Swimming, Pale Brothers, Candy Bar, Either/Orchestra und Supergroup partizipiert, bevor er sich mit Dana Colley (bs) und Jerome Deupree (dr) zu einer Band zusammenschloß, «deren rauchige, minimalistische Töne schwer zu klassifizieren sind» (‹Boston Globe›). Sandman selbst nannte es einfach Bariton-Musik. Der von der Presse gefeierte gitarrenlose Sound auf Morphines Debüt-Album *Good* (1992) war das Postulat einer «reduktiven Philosophie» (‹Option›), die nach einer «stark zugespitzten Hommage an Can» (‹CMJ›) klang. Morphine vollbrachten «das Kunststück, mollgeladene Stimmungen ohne Dramatik darzubieten» (‹Spex›). Ebenso minimalistisch wie die Musik waren die Texte der Gruppe. «Es ist, als würde ich eine Sauce auslassen. Jegliche überflüssige Masse wird rausgekocht. Am Ende hast du nur noch die essentiellen Worte. Die Bedeutung der Sätze, die du herausgekocht hast, bleibt in den Skeletten jener, die geblieben sind, wie Schatten bestehen» (Mark Sandman in ‹Rolling Stone›). Während der Aufnahmen zu der Platte *Cure For Pain* (1993) wurde Deupree von Bill Conway ersetzt, der schon bei Treat Her Right mit Sandman zusammengespielt hatte. Auf ihrem dritten Album, *Yes* (1995), setzten Morphine auf komplexere Strukturen und orchestralere Arrangements, doch auf *Like Swimming* (1997) kehrten sie zum reduzierten Sound-Appeal und der «bewegenden Musik» (‹Zillo›) ihrer ersten beiden Alben zurück, nur daß Sandmans Songwriting immer präziser wurde. Das Album wurde nicht zuletzt vom Sound der Tritar, einem Instrument mit zwei Baßsaiten und einer Gitarrensaite, charakterisiert. Zwei Jahre, die von der Compilation *B-Sides And Otherwise* (1998) überbrückt wurden, arbeiteten Sandman & Co. an dem fulminanten *The Night* (2000), auf dem Colley sein Instrumentarium um ein Baßsaxophon erweiterte und Gäste wie die Cellistin Jane Scarpantoni (Lounge Lizards) oder Organist John Medeski (Medeski Martin & Wood) den Sound der Band anreicherten. Auch Jerome Deupree kehrte für einige Songs zu seiner alten Band zurück. Sandman erlebte die Veröffentlichung der Platte allerdings nicht mehr, da er am 3. Juli 1999 während eines Auftritts im italienischen Palestrina einem Herzinfarkt erlag. Colley und Conway gründeten daraufhin das Morphine Orchestra, das Sandmans Traum von einer Bariton-Army verwirklichte und unter Beteiligung diverser Bostoner Jazzmusiker mit großem Erfolg durch die USA tourte. Im Sommer 2000 erschien mit *Bootleg 2000* der autorisierte Schwarzmitschnitt eines 1994 erfolgten Konzerts.

LPs auf Rykodisk: *Good* (1992); *Cure For Pain* (1993); *Yes* (1995); *Like Swimming* (1997); *B-Sides And Otherwise* (1997); *The Night* (2000); *Bootleg Detroit* (2000) … Sandman und Conway mit Treat Her Right auf RCA: *Treat Her Right* (1986); *Tied To The Tracks* (1989) … auf Rounder: *What's Good For You* (1991)

Morrison, George Ivan **Van** (voc, g, harm, sax), am 31. August 1945 in Belfast, Nordirland, als Sohn eines schottischen Dockarbeiters geboren, sang seinen von Hank Williams-Schwermut und Leadbelly-Sinnlichkeit getönten weißen Blues mit einer poetischen Finesse und vokalen Komplexität, die kaum ein anderer Rock-Interpret erreichte. Seine verwirrenden Tongedichte glitten wie «surrealistische Traumgespräche» (‹Billboard›) über verhalten markierte Instrumental-Kadenzen, die Morrisons ungezügelten Gesang mit Andeutungen von Saxophon-Swing à la Glenn Miller, süßlich-südstaatlichen Gitarren und diskreten Piano-Exkursionen umfächelten. Auf «Strömen von Imagination» (‹Cash Box›) ließ sich Morrison durch Phantasiestraßen seiner Kindheit treiben (*Cypress Avenue*), segelte an allegorischen Figuren seiner Pubertät (*Madame George*) vorbei *Into The Mystic* (Songtitel) und schwelgte in hymnischer Erlösungshoffnung (*St. Dominic's Preview*). Seine brillante Lyrik offerierte er in formlosem, fast monotonem Sprechgesang, der mitunter energetische Rock-Impulse enthielt, in repetitiven Flüsterphrasen Station machte, Verszeilen abbrach, vertauschte, ausließ und in scheinbar unkontrolliertem Scat-Stakkato vorwärtsstürzte. 1967 trennte er sich von der Gruppe Them, schloß einen Solo-Vertrag mit dem New Yorker Produzenten und Songschreiber Bert Berns und erzielte mit *Brown Eyed Girl*, der ersten von vier Berns/Morrison-Singles, seinen ersten Hit. Berns starb im Dezember 1967 an einem Herzinfarkt. Nach dem ungenügend produzierten und von Morrison nicht autorisierten Solo-Album *Blowin' Your Mind* auf Bang Records reizte der «Cowboy aus Belfast» (‹Creem›) die Phantasie einer sich ständig vergrößernden Kultgemeinde mit der 1968 veröffentlichten «Rock-Oper» (Morrison) *Astral Weeks*, in der er nach Meinung des Kritikers Greil Marcus «die Grenzen des Blues aufhob». In einem 48stündigen Mara-thon in den New Yorker Century Sound Studios aufgenommen, tupfte eine Kammer-Rock-Band ihre Klänge so unschematisiert hin, als würde sie ihre Instrumente stimmen, Hintergrundsänger gospelten an der Hörgrenze, und Morrison lebte sich in diesem Freiraum mit Vehemenz und poetischer Eindringlichkeit aus. Weitere Produktionen brachten ähnliche Stimmungshologramme hervor, die mit Jazz-Flavor, Rock-Riffs und herber Country-Folklore gefüllt waren. Die Konzerte des nur ein Meter sechzig großen Sängers waren Wechselbäder künstlerischer Unausgeglichenheit, seine Plattenproduktionen wurden in Generalstabspräzision mit minimalen Remix-Korrekturen durchgeführt. Er hatte sich zunächst in Cambridge, Massachusetts, niedergelassen und zog nach dem Erfolg des Albums *Moondance* (Platz 29 in den USA, Platz 32 im UK) mit der Zeitgeist-Single *Into The Mystic* sowie ersten erfolgreichen Auftritten im Fillmore West, San Francisco, 1970 nach Kalifornien. Die Single *Domino* aus der LP *His Band And The Street Choir* (1970) plazierte sich auf Position neun in den Billboard-Charts. Er gründete das elfköpfige Caledonia Soul Orchestra, zu dem obligat Streicher gehörten, und widmete dessen Studioproduktion *Tupelo Honey* (1971) mit einer Folge von Liebesliedern seiner frischvermählten Frau Janet Planet. In dieser Zeit jammte er mit Robbie Robertson und den Musikern von The Band, die ihn auf ihrer LP *Cahoots* mitsingen ließen, sowie mit John Lee Hooker, der ihn für seine Alben *Never Get Out Of These Blues Alive* (1971) sowie *Born In Mississippi, Raised In Tennessee* (1973) als Gast ins Studio bat. Und da ihn Hooker obendrein als «größten weißen Blues-Sänger» lobte, fühlte sich der Ire ganz als Amerikaner. Er nahm Bob Dylans *Just Like A Woman* und Doris Days *Qué Será Será* in sein Repertoire auf, bedichtete auf der LP *St. Dominic's Preview* (1972) eine schwarze Ghetto-Legende, *Jackie Wilson Said* (*I'm In Heaven When You Smile*), und nahm für *Hard Nose The Highway* (1973) das ehrgeizige, zehn Minuten lange Werk *Autumn Song* mit dem Oakland Symphony Orchestra auf. Als seine Ehe im Herbst 1973 mit einer Scheidung endete, zog es den Barden trotz aller amerikanischen Anerkennung nach Irland zurück. Er dokumentierte seine Arbeit mit dem Caledonia Soul Orchestra noch einmal mit dem

Live-Doppelalbum *It's Too Late To Stop Now* (1974), bevor er es auflöste. Sein kontemplativer, sehr persönlicher Soul-Zyklus *Veedon Fleece* (1974) leitete eine dreijährige Periode der Versenkung in seinem Studio in Belfast ein, die er 1977 mit der Comeback-LP *A Period Of Transition* beendete. Er war Ende 1976 nach Kalifornien zurückgekehrt, hatte am Abschiedskonzert der Band, «The Last Waltz», teilgenommen und legte auf *Transition* eine Sammlung kurzer, prägnanter Jazz- und R & B-Stücke mit Dr. John am Piano vor. Mit dem Album *Wavelength* (1978) begab er sich ins Management des Impresarios Bill Graham (bis 1981), der für gute Promotion sorgte, aber Morrisons Menschenscheu und sein extremes Lampenfieber nicht wirksam bekämpfen konnte. So kam es – wie ganz spektakulär 1979 im New Yorker Palladium – gelegentlich vor, daß der Künstler die Bühne mitten im Auftritt wortlos verließ und nicht wiederkehrte. Noch im Februar 1993, als er im Hotel Century Plaza in Los Angeles in die Rock and Roll Hall of Fame aufgenommen werden sollte, war er der erste lebende Rock-Künstler, der zu dieser Ehrung nicht persönlich erschien. Robbie Robertson nahm sie für ihn entgegen. Spirituelle Sinnsuche, die den Wiedergeborenen Christen auch in die Fänge des Psychokonzerns Scientology führte, trieb ihn in den achtziger Jahren ebenso um wie die Suche nach seinen gälischen Wurzeln. Beides klang an auf der LP *Common One* (1980). Auf dem Cover zu *Inarticulate Speech Of The Heart* (1983) brachte er «special thanks» auf den Scientology-Gründer L. Ron Hubbard aus. Für *A Sense Of Wonder* (1985) grub er im Werk des tiefgründigen Poeten William Blake und vertonte im Song *Let The Slave* dessen Poem ‹The Price of Experience›. Kritischen Kommentaren zu derlei Esoterik begegnete er mit dem trotzigen LP-Titel *No Guru, No Method, No Teacher* (1986). Das alles, erklärte er 1997 in einem seiner seltenen Interviews dem Journalisten Paul du Noyer, sei «etwas übertrieben dargestellt» worden: «Nur weil ich ein paar Bücher von Blake gelesen und das mal in einem Interview erwähnt hatte, wurde gleich eine große Sache daraus gemacht.» Die gälische Spurensuche, durch den Instrumentaltitel *Celtic Swing* auf *Inarticulate Speech Of The Heart* akzentuiert, kulminierte in dem Album *Irish Heartbeat* (1988) mit dem Folk-

Ensemble The Chieftains. Weil er «seine Belfaster Kindheit und die Atmosphäre der Stadt, Schauplätze, Straßen und Menschen in seinem gesamten Werk reflektiert» (so die Laudatio), zeichnete ihn die University of Ulster in Jordanstown im Juli 1992 mit der literarischen Ehrendoktorwürde aus. Ende 1996 steuerte er den Song *Before The World Was Made* zu einer CD-Dokumentation mit Gedichten von William Butler Yeats auf der Marke Grapevine bei: *Now And In The Time To Be*. Für das Album *Avalon Sunset* (1989) holte sich Van Morrison Georgie Fame als Gesangspartner und an die Keyboards und sang mit seinem Glaubensbruder Cliff Richard das Spiritual *Whenever God Shines His Light*. Das Feeling von *Avalon Sunset* bestimmte sein Schaffen in den Neunzigern: die Wiederbegegnung mit Freunden, Vorbildern, Idolen aus Rock, Jazz und Blues. 1990 beteiligte er sich an Roger Waters' (Pink Floyd) Performance von *The Wall* auf dem Berliner Potsdamer Platz. 1991 schrieb und produzierte er vier Songs der Tom Jones-LP *Carrying A Torch*, darunter das Titelstück, und gastierte auf John Lee Hookers *Mr. Lucky*. 1992 trat er, ganz gegen seine sonstige Medien-Phobie, in einem Konzert zum 20. Berufsjubiläum des Kritikers Joel Selvin in San Francisco auf. Als er im Februar 1993 in Dublin seinen Klassiker *Gloria* intonierte, enterten Bono (U 2), Johnny Cash, Bob Dylan, Elvis Costello, Jerry Lee Lewis, Steve Winwood, Chrissie Hynde, Nanci Griffith, Kris Kristofferson und weitere Stars zum Singalong die Bühne. Höhepunkte jenes Jahres waren die Konzerte im Dezember 1993 im Masonic Auditorium von San Francisco und dem Mystic Theater in Petaluma, die unter dem Titel *A Night In San Francisco* (1994) als Doppelalbum veröffentlicht wurden – eine explosive Blues-Session mit John Lee Hooker, Junior Wells, Jimmy Witherspoon und der holländischen Saxophonistin Candy Dulfer als Gäste. *Too Long In Exile* (1993) wurde durch eine Romanze mit der früheren Miss Ireland, Michelle Rocca, beflügelt, die er kurz darauf heiratete. Es klang, «als seien all seine Gefühle und musikalischen Instinkte aufgefrischt worden», notierte ‹Q›. Das Album *Days Like This* (1995), an dem Morrisons Tochter Shana als Duettpartnerin mitwirkte, schmückte die Ex-Schönheitskönigin Michelle Rocca auf dem Cover. Der R & B-Party dahinter bescheinigte ‹Der Spiegel›, sie sei «so gut, daß normale Menschen sie erst verlassen würden, wenn es draußen hell wird». ‹Q› zeichnete den Künstler im Londoner Park Lane Hotel als besten Songschreiber des Jahres aus. Für ein Jazz-Album, das er im traditionsreichen Club Ronnie Scott's in London-Soho aufnahm, reklamierte er den Gershwin-Song *How Long Has This Been Going On* (1996) als Titel und notierte Georgie Fame als Co-Star auf dem Cover. Dabei verzichtete er «auf billige Funk- oder Acid Jazz-Anbiedereien, sondern bettet sich trunken in flauschige Big Band-Daunen» (so, flauschig, das Magazin ‹Tip›). Zwei Stücke der LP, *Don't Worry About A Thing* und *Your Mind Is On Vacation*, stammten von dem Musiker-Idol Mose Allison, dessen Werk Morrison anschließend – unter Mitwirkung von Allison selbst – die LP *Tell Me Something* (1996) widmete; mit dabei: Ben Sidran und Georgie Fame. Die Presseformulierungen zu dieser Kombination waren vorhersehbar: «Cabaret-Jazz für den Nightclub, wie Mose ihn lieben und hassen gelernt hat» (deutscher ‹Rolling Stone›); «eine geballte Ladung Bluesfeeling, Swingseligkeit und Jazzatmosphäre für die wee small hours of the morning» (‹Musikexpress›). Einem anderen Künstler hätte die Kritik diese Ausflüge ins vermeintlich Seichte kaum durchgehen lassen. Nicht einmal ein ziemlich seniles, aber immer noch kräftig swingendes Skiffle-Gipfeltreffen mit den Senioren Lonnie Donegan, 68, und Chris Barber, 69, oder der Rock 'n' Roll-Atavismus einer Duett-CD mit Jerry Lee Lewis' nöliger Schwester Linda Gail Lewis konnten den Rezensenten den Spaß verderben. ‹Musikexpress› über *The Skiffle Sessions – Live In Belfast* (1999): «Sauertöpfischen Zeitgenossen, die sagen, das sei ihnen alles zu abgestanden, albern, altmännerhaft und Fasching ohnehin Scheiße, brüllen wir fröhlich ‹Na und?› entgegen...» – ‹Tip› über die Morrison/Lewis-CD *You Win Again* (2000): «Van The Man Morrison spielt neuerdings gern Van The Boy.» Van Morrison galt wohl zu Recht als unberührbar, als eines der wenigen Rock-Originale, deren Musik «unnachahmlich ist, weil sie nicht Ausdruck eines kultivierten Stils, sondern ihrer Persönlichkeit ist» (‹Rolling Stone›). Nicht einmal der Lapsus, daß er den Titelsong *The Philosopher's Stone* bei der Zusammenstellung dieses Polydor-Doppelalbums (1998) wohl schlicht vergaß und diese Komposition erst im darauffolgenden Album *Back On Top* (1999) bei einer anderen Firma – Point Blank / Virgin – veröffentlichte, konnte seinen pauschalen Kredit bei den Kritikern wesentlich ändern. Der große Grantler mache, so Jörg Feyer in ‹Rolling Stone› über *Back On Top*, «natürlich keine wirklich schlechten Alben». Er bürge immer noch, so Peter Felkel im ‹Musikexpress› über dasselbe Spätwerk, «fern aller Moden, Mythen und Marotten für magische Momente».

LPs auf Bang: *Blowin' Your Mind* (1967); *The Best Of Van Morrison* (1967); *This Is Where I Came In* (1977) ... auf Warner Bros.: *Astral Weeks* (1969); *Moondance* (1969); *His Band And The Street Choir* (1970); *Tupelo Honey* (1971); *St. Dominic's Preview* (1972); *Hard Nose The Highway* (1973); *It's Too Late To Stop Now* (1974); *Veedon Fleece* (1974); *A Period Of Transition* (1977); *Wavelength* (1978) ... auf Mercury: *Into The Music* (1979); *Common One* (1980); *Beautiful Vision* (1982); *Inarticulate Speech Of The Heart* (1983); *A Sense Of Wonder* (1984); *Live At The Opera House Belfast* (1984); *No Guru, No Method, No Teacher* (1986); *Poetic Champions Compose* (1987); *Irish Heartbeat* (mit The Chieftains, 1988) ... auf Exile / Polydor: *Avalon Sunset* (1989); *Enlightenment* (1990); *The Best Of Van Morrison* (1990); *Hymns To The Silence* (1991); *Too Long In Exile* (1993); *The Best Of Van Morrison Volume 2* (1993); *A Night In San Francisco – Live* (1994); *Days Like This* (1995); *The Healing Game* (1997); *The Philosopher's Stone* (1998) ... auf Epic: *Bang Masters* (1991; frühe Solo-Aufnahmen) ... auf Verve: *How Long Has This Been Going On* (1995); *Tell Me Something* (1996) ... auf Virgin: *Back On Top* (1999); *The Skiffle Sessions – Live in Belfast* (mit Lonnie Donegan, Chris Barber, 2000); *You Win Again* (mit Linda Gail Lewis, 2000) ... LPs mit Them auf Decca: *(The Angry Young) Them* (1965); *Them Again* (1966)

Motörhead wurden 1975 von Ian «Lemmy» Kilmister, am 24. Dezember 1945 in Stoke-On-Trent geboren, zusammengenietet, der als Roadie für Hawkwind gefront hatte, kurzfristig als Bassist der Gruppe beisprang, 1974 wegen exzessiven Drogenkonsums straffällig wurde und das Ensemble verlassen mußte. Er gründete mit Larry

Wallis (g), Lucas Fox (dr) das Trio Bastard, entschied sich aber dann doch für den zündenderen Namen Motörhead, ein amerikanisches Slang-Wort für Geschwindigkeitssüchtige. Als der Lemmy-Trupp im Oktober 1975 im Vorprogramm von Blue Öyster Cult in London zum erstenmal auftrat, wurde er von der britischen Musikpresse nahezu kollektiv als «schlechteste Band der Welt» geschmäht. Tumultuöse Rangeleien um Verträge, Repertoire und Mitspieler verzögerten das Erscheinen des ersten Albums bis 1977. *Motörhead*, mit Eddie Clarke (g), geboren am 5. Oktober 1950, Philip «Philthy Animal» Taylor (dr), geboren am 21. September 1954 in Chesterfield, eingespielt, bot überkreischte Gitarren, Riffs wie Kettensägen, rotzigen Gesang und Texte voll überdrehter Macho-Selbstgefälligkeit. Weitere LP-Titel wie *Overkill, Bomber, On Parole, Iron Fist* betonierten programmatisch das Dampframmen-Image der Band, die ihre Instrumentalsoli nie länger dehnte, «als es dauert, eine Bierflasche zu köpfen» («New Musical Express»). Die drei Tank-Rocker kamen dabei bei Heavy Metal-Freaks und Punk-Fans gleichermaßen an, denn «sie leisteten für Metal, was Punk für Rock 'n' Roll bewirkt hatte: Sie ließen allen Firlefanz beiseite, verlegten sich auf reine Speed-Musik, volle Power und totale Lautstärke, behielten aber dabei doch das klassische Erscheinungsbild und die aufreizende Häßlichkeit, die die Schmuddelfiguren des Genres auszeichnet» («Village Voice»). «Stereo Review» war sich sicher: «Sie wissen, daß sie wie die Tiere sind, und sie wollen auch als gar nichts anderes erscheinen. Wo im Heavy Metal so viele häßliche Frösche herumspringen, die sich einbilden, sie seien Gottes Geschenk an die Frauen, kommen einem diese Quasimodos sogar irgendwie charmant vor.» 1982 wechselte Brian Robertson (dr) von Thin Lizzy vorübergehend für Taylor zu Motörhead und trug dazu bei, «daß aus der simplizistischen, radikalen, todesverachtenden, lauten Idiotenrockband mit grunzend-hymnisch-guten Songs, an denen Speedfreaks mit Freude am Ausgemergelten und Intellektuelle mit Spaß am Süffisanten gleichermaßen ihre brüllend-idiotische Freude hatten, eine ganz normale Heavy Metal-Band wurde» (Kritiker Diedrich Diederichsen). 1983 schließlich verließen Robertson

und Taylor die Band und wurden durch Phil Campbell, geboren am 7. Mai 1961 in Pontypridd, und Wurzel, als Michael Burston am 23. Oktober 1943 in Cheltenham geboren, ersetzt. Mit dem früheren Saxon-Drummer Pete Gill wuchs Motörhead wieder zum Quartett. Mit *Orgasmatron* (1986) und *Rock 'n' Roll* (1987) versuchten Lemmy und seine neuen Kumpel 1986/87 an die Zeiten der Overkill-Live-LP *No Sleep 'til Hammersmith* (1981) anzudocken, als der hochphonige Sound «beinahe garantiert Lautsprecher zum Schmelzen brachte, Verstärkern die Sicherungen rausschlug und Plattenspieler zum Kurzschluß trieb – als bestes Beispiel hochgetrimmter Energie seit *Live At Leeds* von den Who» (Kritiker Mike Clifford). Lemmy lebte und spielte bewußt auf Risiko, denn «mir ist es völlig wurscht, ob ich arm sterbe oder heute nacht draufgehe. Mir ist es doch die Jahre über verflucht gut gegangen. Ich hab das erlebt, was drei normale Leute zusammen nicht erleben können. Vorher habe ich im Ersatzteillager einer Waschmaschinenfabrik gearbeitet, und das war weiß Gott kein Spaßvergnügen. Also zum Teufel mit der Sicherheit.» Unter Spaß verstand Lemmy vor allem Feiern und Saufen. Diese Lebensweise gab er auch im fitnessbewußten Kalifornien nicht auf, wohin er seinen Wohnsitz verlegt hatte. 1991 bestand Motörhead, inzwischen bei Epic/CBS unter Vertrag, aus ihm, Wurzel, dem zurückgekehrten Taylor und Campbell. Ihr Album *1916* wurde von den Fans der Band gebührend gefeiert. «Motörhead ist wieder da, wo sie schon seit langer Zeit hingehören», jubelte ‹Record Collector› über Platz 24 in den britischen Charts. In Worten: Platz vierundzwanzig. Bei größtem Krach kleine Umsätze. «Dieselbe unveränderte Richtung», notierte ‹Q› über *March Ör Die* (1992), obwohl Ozzy Osbourne und Slash von Guns N' Roses als Gäste mitgerockt hatten. Zu *Bastards* (1993) auf dem eigenen Motörhead-Label fiel dem Blatt nur noch ein: «Der Lärm hält an.» Lemmy verkleinerte die Band und spielte 1997 mit Phil Campbell (g) und Mickey Dee (dr) *Snake Bite Love* ein. «So wurde schon vor 30 Jahren Rock 'n' Roll geschmiedet», glaubte ‹Musikexpress›, «so wird er auch noch im Jahr 2063 funktionieren.» Steht zu befürchten.

LPs auf Chiswick: *Motörhead* (1977) ... auf Bronze: *Overkill* (1979); *Bomber* (1979); *Ace Of Spades* (1980); *No Sleep 'til Hammersmith* (1981); *Iron Fist* (1982); *Another Perfect Day* (1983); *No Remorse* (1984); *The Best Of Motörhead* (1985) ... auf United Artists: *On Parole* (1980) ... auf Big Beat: *What's Words Worth* (1983) ... auf GWR: *Orgasmatron* (1986); *Rock 'n' Roll* (1987); *No Sleep At All* (1988); *1916* (1991) ... auf Essential: *Meltdown* (1991); *Protect The Innocent* (4-CD-Box, 1997) ... auf Epic: *March Ör Die* (1992); *Live* (1992) ... auf Zyx: *Bastards* (1993) ... auf SPV: *Overnight Sensation* (1996); *Snake Bite Love* (1998); *Everything Louder Than Everyone Else* (1999) ... auf CMC: *Everything Louder Than Everyone Else* (1999); *We Are Motörhead* (2000) ... auf Metal-Is: *Best Of* (2-CD, 2000) ... LPs Fast Eddie Clarke mit Fastway: *Fastway* (1983); *All Fires Up* (1984)

Motorpsycho, 1989 in Trondheim gegründet, lieferten mit einer Reihe von Alben, in erstaunlich stilistischer Bandbreite den eindrucksvollen Beweis, daß die norwegische Pop-Szene mehr zu bieten hatte als nur A-ha. Das nach einem Russ Meyer-Film benannte Trio ließ sich zu keinem Zeitpunkt auf eine bestimmte Stilistik oder einen Trend festlegen, sondern entwickelte immer wieder neue skurrile Vorlieben. Motorpsycho genossen die Reputation «einer der sowohl produktivsten als auch innovativsten Bands nicht nur Europas», so ‹Visions›, sie seien «die Quersumme von Beatles, Deep Purple und Sonic Youth, natürlich jeweils auf die besten Tage aller Bands bezogen». Nach einem «Masterplan» (‹Analog›) bastelten sie an einem «Mosaik der Klänge und Stile» (‹Seven›). Bent Saether, geboren am 18. Februar 1969 (voc, g, bg, dr), Hans Magnus «Snah» Ryan, geboren am 31. Dezember 1969 (g, voc, kb, bg, fiddle), und Hakon Gebhardt, geboren am 21. Juni 1969 (dr, g, kb, bj, voc), kamen in dem Universitätsstädtchen Trondheim in einer Umgebung zusammen, die von vielfältiger musikalischer Aktivität von Klassik bis Punk geprägt war. All diese Erfahrungen flossen bereits in ihre ersten Alben *Lobotomizer* (1991) und *Soothe* (1992), die bestenfalls «Exotenstatus auf Grund ihres Herkunftslandes einheimsen» konnten (‹Intro›). Erst mit der Doppel-LP *Demon Box* (1993), mit der sie sich zwischen Bands wie Monster Magnet

und Dinosaur Jr. plazierten, erlangten Motopsycho Anerkennung über die Grenzen Norwegens hinweg. Das wie auch alle folgenden Platten gemeinsam mit dem Sound-Tüftler Helge Sten alias Deathprod produzierte Konzeptwerk enthielt sanfte Folk-Balladen, brachiale Hardcore-Kracher, zappaeske Collagen, ausgedehnte Prog Rock-Experimente und glamouröse Hymnen. Die Band nutzte die Erfolgswelle und ging mit den beiden psychedelischen EPs *Another Ugly EP* und *Mountain* (beide 1993) auf ausgedehnte Tourneen durch ganz Europa. Sowohl diese Veröffentlichungen als auch die Konzerte bestätigten den Ruf einer Band, die sowohl kleine, sparsame Songperlen als auch Monster-Rock à la Black Sabbath oder King Crimson überzeugend umsetzen konnte. Wie die Besessenen arbeiteten die drei Musiker weiter und ließen schon im nächsten Jahr die Triple-LP *Timothy's Monster* folgen, mit der sie sich zwar ein wenig für radiokompatiblen Pop öffneten, aber ihrem alten Prinzip des stilistischen Verwirrspiels unvermindert treu blieben und lustvoll zwischen den Extremen ganz hart und ganz weich pendelten. Nach der Arbeit am Soundtrack für einen Spaghetti-Western von Theo Buhara nahmen sie das Album *Blissard* (1996) auf, das «getragene Gitarrenmonotonie kombiniert mit einem Schlagzeug, das zwar oft schnell und immer schwer, aber nie heavy dahinpoltert» (‹WOM Journal›). Die Platte war wiederum poporientiert, klang aber dennoch wie die Fortsetzung eines unendlichen Kontinuums. Ganz nebenbei brachte die Gruppe die verschmitzte Country-Parodie *The Tussler* (1996) heraus. Den Alben folgten derart ausgedehnte Tourneen, daß man sich fragen mußte, wann die Gruppe Zeit fand, nur ein Jahr später das Konzept-Album *Angels And Daemons At Play* nachzulegen, das an *Demon Box* anzuschließen schien. Ein Kritiker von ‹Tribe› hatte den Eindruck, «daß die Band bestrebt war, Popsongs zu schreiben, aber irgendwie scheiterte. Man stolpert förmlich über absichtliche Ungereimtheiten.» Ebenso opulent und widersprüchlich fiel die Doppel-CD *Trust Us* (1998) aus, mit deren Material die Gruppe im März 1999 auf dem Festival South By Southwest erstmals in Amerika auftrat. Im selben Jahr erschien der erste Teil der *Roadworks*-Serie, auf der Motorpsycho den großen Unterschied ihrer von spontanen Eingebungen erfüllten Live-Auftritte zu ihren ausgetüftelten und perfektionierten Studio-Alben dokumentierten. Deathprod startete unterdessen das Quartett Supersilent, mit dem er, auf den Erfahrungen von Motorpsycho aufbauend, «die bisher überzeugendste Fusion von improvisierter, komponierter und elektronisch generierter Musik vornimmt» (‹Der Tagesspiegel›). Das sanfte, mit unscharfen Streicherparts versehene und für Motorpsycho verhältnismäßig kurze Album *Let Them Eat Cake* (2000) spaltete erstmalig die Kritiker. Sahen die einen die Band eine neue Ausdrucksebene erklimmen, fragte der Kritiker Patrick Großmann in ‹Visions› befremdet: «Wo sind die fetten Gitarrenwände? Was hat das hier noch mit Space Rock zu tun?» Motorpsycho blieben weiterhin unberechenbar. «Wo sich die anderen ähneln oder gegenseitig die Gunst des Publikums streitig machen mögen, stehen Motorpsycho allein in der Tundra, und die ist bekanntlich weit. Niemand klingt wie sie, niemand reicht an sie heran, auch wenn die drei Norweger vielleicht nicht die großen Posen draufhaben, die wohl inzwischen zum Geschäft gehören mögen. Doch wer posen muß, hat den Spaß an der Sache verloren. Nein, sie sind froh, in Norwegen, am Rand Europas, zu wohnen, wo sie ihre Ruhe haben, den Rest der Welt beobachten können, und sich bei Bedarf zu bedienen, wo immer sie wollen» (‹NM! Messitsch›). «Hätten Motorpsycho nach Zentraleuropa übergesetzt, wären sie längst die berühmteste Alternative-Band der Alten Welt. Doch nirgendwo würden sie ein derart inspirierendes und zugleich langfristig kreatives Umfeld finden wie in Norwegen» (‹Jazzthetik›).

LPs auf Voices of Wonder: *Lobotomizer* (1991); *8 Soothing Songs For Ruth* (1992); *Demon Box* (1993) …auf Stickman Records: *Timothy's Monster* (1995); *Blissard* (1996); *Angels And Daemons At Play* (1997); *Trust Us* (1998); *Roadwork Vol. 1* (1999); *Let Them Eat Cake* (2000) …Solo-LP Gebhardt auf Stickman: *Plays With Himself* (2000) …LP Gebhardt mit HGH auf Stickman: *Pignoise* (2000)

Muddy Waters, bürgerlich: McKinley Morganfield (voc, g), am 4. April 1915 in Rolling Fork, Mississippi, geboren und bei den Großeltern in Clarksdale aufgewachsen, hatte als erster Country Blues-Musiker dem Blues Großstadt-Drive gegeben und ihn, elektrifiziert, als Rock-Impuls wirksam gemacht. Sein *Rollin' Stone Blues* gab der erfolgreichsten britischen Rock-Band und wohl auch der tonangebenden amerikanischen Popmusik-Zeitschrift den Namen. Auf Howard Stovalls Plantage in Mississippi, wo er als Baumwollpflücker arbeitete, wurde der Adept des schwarzen Country Blues-Veteranen Son House 1940 von den Folklore-Forschern Alan Lomax und John Work entdeckt, die zwei Stücke mit ihm für die Library of Congress in Washington aufnahmen: *I Be's Troubled* und *Country Blues*. 1943 ging Waters nach Chicago, arbeitete in einer Papierfabrik, als Lastwagenfahrer und machte 1946 seine ersten kommerziellen Platten für die Marke Aristocrat, aus der 1950 die Firma Chess hervorging: *Gypsy Woman*, *Little Anna Mae*, *I Feel Like Going Home*, *I Can't Be Satisfied*. Anfang der fünfziger Jahre galt die Muddy Waters Band mit Little Walter Jacobs (harm), Jimmy Rogers (g), «Big» Crawford (b), Elgar Edmonds (dr) und Waters' Halbbruder Otis Spann (p) als Inbegriff des nervösen, aggressiven Chicago Blues-Stils. Die mit sexuellen Anspielungen durchsetzten Stücke der Band (*Got My Mojo Workin'*, *Hoochie Coochie Man*) und Waters' spannungsgeladenes Gitarrenspiel regte zahlreiche weiße Rockmusiker an. Paul Butterfield und Mike Bloomfield, mit denen er 1969 das vielbeachtete Doppelalbum *Fathers And Sons* produzierte, gehörten in den Chicagoer South Side-Kneipen zu seinen unmittelbaren Schülern. Seine Teilnahme an mehreren Jazz- und Folk-Festivals in Newport und Monterey sowie seine Europa-Tourneen (u. a. mit dem «American Folk Blues Festival») brachten ihm auch außerhalb der Blues-Zirkel internationales Renommee. 1971, als die amerikanische Schallplattenakademie NARAS endlich die Musik der frühen Underdogs anerkannt hatte, erhielt er für sein Album *They Call Me Muddy Waters* den ersten von mehreren folgenden Grammies. 1975 verklagte er seine Firma Chess auf Nachzahlung unrechtmäßig einbehaltener Verlagstantiemen. Nach dem unvermeidlichen Bruch begab sich Muddy Waters in die Obhut seines Schülers Johnny Winter, der die folgenden vier erfolgreichen Alben für Blue Sky Records produzierte. Mit dem Blues-Albino Winter bestritt er bis zu seinem Tod auch noch zahlreiche Konzerte. Waters starb in der Nacht vom 29. auf den 30. April 1983 in seinem Haus in Westmark bei Chicago an Herzversagen. Die ihm zustehenden Ehrungen erfuhr er erst postum: 1987 Aufnahme in die Rock and Roll Hall of Fame, 1992 der Grammy-Lifetime Achievement Award. Ebenfalls 1992 wurde in seiner Heimatstadt Rolling Fork, Mississippi, ein Denkmal für ihn enthüllt. 1993 brachte Paul Rodgers (Free, Bad Company) für Victory Music das Album *Tribute To Muddy Waters* zustande, auf dem auch die Gitarristen Jeff Beck, Carlos Santana, Slash, Dave Gilmour, Gary Moore, Brian May ihrem Vorbild huldigten.

LPs (Auswahl) auf Testament: *Down On Stovall's Plantation* (1966) ... auf Sunnyland: *Vintage Muddy Waters* (1970) ... auf Chess: *Best Of Muddy Waters* (1958); *Sings Big Bill Broonzy* (1959); *At Newport* (1961); *Sail On*; *Folk Singer* (1964); *Real Folk Blues* (1966); *Muddy, Brass & Blues* (1967); *More Real Folk Blues* (1967); *Super Blues* (mit Bo Diddley / Little Walter, 1967); *Super Super Blues Band* (mit Bo Diddley / Howlin' Wolf, 1968); *Electric Mud* (1968); *After The Rain* (1969); *Fathers And Sons* (mit Paul Butterfield / Mike Bloomfield, 1969); *They Call Me Muddy Waters* (1971); *Hoochie Coochie Man* (1971); *The London Muddy Waters Sessions* (1972); *Live* (1972); *McKinley Morganfield History* (1973); *London Revisited* (mit Howlin' Wolf, 1974); *Experiment In Blues* (1973); *Can't Get No Grindin'* (1974); *Unk In Funk* (1974); *Woodstock Album* (1975); *Blues Masters* (1977); *Chicago: 5 Golden Years* (1980); *Chess Box* (1989; Box mit drei CDs, enthält unter anderem bis dahin unveröffentlichte Aufnahmen) ... auf Muse: *Mud In Your Ear* (1973) ... auf Blue Sky: *Hard Again* (1977); *I'm Ready* (1977); *Muddy Mississippi Waters (Live)* (1979); *King Bee* (1981) ... auf Syndicate Chapter: *Back In The Good Old Days*; *Good News Vol. 3* (1982) ... auf Teldec: *In Memoriam* (1983) ... auf Charly: *The Complete Muddy Waters 1947–1967* (1994; Box mit neun CDs)

Mudhoney, 1988 in Seattle gegründet, waren der Prototyp der Grunge-Band. Konsequent widersetzten die Musiker sich jeder Vereinnahmung durch das Establishment und überlebten deshalb jenen beispiellosen Ausverkauf, der Mitte der Neunziger zuerst über Seattle und dann über den ganzen Alternative Rock kam. «Die schlammverkrusteten, netten College-Jungs von nebenan mit einer Vorliebe für F ... -Kraftausdrücke» (‹NM! Messitsch›) frönten anfangs grenzenlosem Noise, verkörperten in späteren Jahren jedoch mehr als irgendeine andere Band ihres Umfelds den rebellischen Geist des klassischen Rock 'n' Roll. Mark Arm (g, voc), geboren am 21. Februar 1962, und Steve Turner (g), geboren am 18. März 1965, spielten bereits seit Mitte der achtziger Jahre in der Band Green River, die Elemente von Heavy Metal und Punk zu einer explosiven Mischung verband. Zu den anderen Green River-Musikern gehörten Gitarrist Stone Gossard und Bassist Jeff Amend, die nach dem Split der Gruppe die legendären Mother Love Bone und später Pearl Jam gründeten. Obwohl Green River exakt den Grunge-Sound vorwegnahmen, war die Zeit noch nicht reif für diese Band, was wohl daran lag, daß sie nicht die Songs hatten, die sich einem größeren Publikum einprägten. Zu Arm und Turner gesellten sich der ehemalige Melvins-Bassist Matt Lukin, geboren am 16. August 1964, und Dan Peters (dr), geboren am 18. August 1968, um mit der nach einem Film von Russ Meyers benannten Band Mudhoney das Vermächtnis von Green River fortzuführen. Zunächst lieferte die Band einen Beitrag zu der Compilation *Sub Pop 200* (1988), die die Fachwelt mit Bands wie Nirvana und Soundgarden auf die neue Welle aus Seattle aufmerksam machte. Die EP *Superfuzz Bigmuff* (1989), benannt nach Turners Lieblings-Gitarrenpedal, enthielt dann den Song, der den Rock 'n' Roll veränderte. *Touch Me I'm Sick* wurde zur Hymne einer ganzen Altersgruppe, die unter dem Synonym Generation X als unwillig, aufsässig und der bestehenden gesellschaftlichen Strukturen überdrüssig galt. Mudhoney schleuderten ihre Wut ungefiltert durch die Mikrofone und Verstärker. «Als ein Administrator ihres Labels Sub Pop die Musik von Mudhoney als very grungy punk rock bezeichnete, war auch ein Etikett für den Stoff der Band und all ihrer Epigonen gefunden. Grunge wurde binnen zweier Jahre zum Markenartikel aus Seattle. Die einzigen, die dem ganzen Rummel um die Grunge-Hauptstadt Seattle über all die Jahre widerstanden, waren Mudhoney selbst» (‹Intro›). Es folgte eine Tour im Vorprogramm von Sonic Youth und eine Split-

Single, auf der Mudhoney und Sonic Youth kurze Zeit später gegenseitig Songs voneinander coverten. Die Mitglieder von Sonic Youth wurden nicht müde, in Interviews die Bedeutung Mudhoneys für den Rock hervorzuheben. Binnen weniger Monate war die Gruppe in die Aristokratie der Independent-Bands aufgestiegen. Ihr Debütalbum *Mudhoney* (1989) bewirkte zurückhaltende Rezensionen, obgleich es derselben Rezeptur folgte wie die EP *Superfuzz Bigmuff* und von «Grunge-Gott» (NM! Messitsch) Jack Endino produziert worden war. Ende dieses für Mudhoney ungemein bedeutenden Jahres folgten eine gemeinsame Tour mit Nirvana und Tad (am 9. November 1989 traten sie in Berlin auf) und die ausschließlich in Australien veröffentlichte EP *Play The Police*. Die Shows von Mudhoney gerieten oft außer Kontrolle, weil die Band das Publikum aufforderte, auf die Bühne zu kommen. Nicht selten ging dabei die Einrichtung eines Clubs zu Bruch. 1990 ging Dan Peters ging kurzzeitig zu Nirvana, Mark Arm unternahm einen Alleingang als Freewheelin' Mark Arm und gründete schließlich die Blues-Band The Monkeywrench, zu der später auch Steve Turner stieß. Mit Monkeywrench verarbeitete Arm seine Erfahrungen, die er am Rande der Mudhoney-Tourneen vor kleinem Publikum als Blues-Sänger gesammelt hatte. Nach der Veröffentlichung von *The Monkeywrench* (1991) meldeten sich Mudhoney zunächst mit der Single *Let It Slide* und dann mit der LP *Every Good Boy Deserves Fudge* zurück. Die Bandmitglieder hatten sich die Haare abgeschnitten, und der Sound der Band wirkte gesetzter. Arms Spiel auf der Slide Guitar und süffige Rock'n'Roll-Licks schufen eine unerwartete Verbindung zur amerikanischen Rock-Historie. Differenzen über finanzielle Fragen führten zu einem Bruch mit ihrer Firma Sub Pop, so daß das Album *Piece Of Cake* (1992) bei Reprise erschien. Am rauhen, bluesigen Grunge-Sound der Band änderte das nichts. «Das groovet, lärmt, grunget und swingt gar wunderbar» (‹Rock Power›). Vom überwältigenden kommerziellen Erfolg ehemaliger Freunde und Mitstreiter wie Nirvana, Soundgarden oder Pearl Jam unbeeindruckt, entwickelten Mudhoney nie den Ehrgeiz, mehr zu sein als eine ganz normale Mittelklasse-Band aus Seattle. «Wir sahen einfach, was mit unseren Freunden passierte. Wir wollten nie den größten Bissen der Pop-Torte abhaben, denn wir wissen es zu schätzen, abends einfach aus dem Haus gehen zu können, ohne ständig auf der Hut vor überall lauernden Fans zu sein», erinnerte sich Gitarrist Steve Turner Jahre später. «Mudhoney sind im Kampf um den Grunge-Pokal eher FC St. Pauli als Alice In München oder Eintracht Soundgarden» (‹Spex›). Die Mini-LP *Five Dollar Bob's Mock Cooter Stew* (1993) rückte die Band noch dichter an Blues und Rockabilly, ließ aber auch Erinnerungen an frühen Garagen-Punk wach werden. Das Jahr 1994 sah das Quartett auf Welt-Tournee mit Pearl Jam, «eine Band, die auf dem Boden geblieben ist und obendrein gut zahlt» (Mark Turner), die sich der Street Credibility Mudhoneys gern als Support bedienten. Mit John Wahl von Clawhammer an der Mundharmonika, Renestair E. J. von Bloodless am Saxophon und Produzent Jack Endino entstand das Album *My Brother The Cow* (1995), dessen ungeschliffener Street Rock Mudhoney wieder viel Kritikerlob eintrug. In dem Song *Into The Shtik* setzte sich die Band mit dem Tod Kurt Cobains auseinander, in *1995* verneigte sie sich vor Iggy Pop. Erst 1998 veröffentlichten sie die Platte *Tomorrow Hit Today*, deren Titel auf den Spacemen 3-Hit *When Tomorrow Hits* anspielte, den sie acht Jahre zuvor auf *Mudhoney* gecovert hatten. ‹Intro›: «Die Karawane ist längst weitergezogen, aber Mudhoney bellen unverdrossen, wie sie das schon vor zehn Jahren getan haben. Was kümmert sie der Zeitgeist?»

LPs auf Sub Pop: *Superfuzz Bigmuff* (1988); *Mudhoney* (1989); *Every Good Boy Deserves Fudge* (1991) ... auf Reprise: *Piece Of Cake* (1992); *Five Dollar Bob's Mock Cooter Stew* (1993); *My Brother The Cow* (1995); *Tomorrow Hit Today* (1998) ... auf Varese: *Here Comes Sickness: Best Of BBC Recordings* (2000) ... Arm und Turner mit Green River auf Homestead: *Come On Down* (1985) ... auf Sub Pop: *Dry As A Bone* (1986); *Rehab Doll* (1988) ... Arm und Turner mit Monkeywrench auf Sub Pop: *Clean As A Broke-Dick Dog* (1992) ... auf Estrus: *Electric Children* (2000)

Müller-Westernhagen, Marius → Westernhagen, Marius

N

'N Sync, 1996 in Orlando, Florida, gegründet, waren die letzte große Boy Group der neunziger Jahre. Mit flauschigem, melodischem Harmoniegesang, sorgfältigen Arrangements, «absoluter Pop-Perfektion» (‹Billboard›), präziser Bühnenchoreographie und harmlosen Themen zwischen Euphorie und Weltschmerz brachen sie massenweise die Herzen der 15jährigen und ihrer Mütter. Aus den Fehlern anderer Boy Groups lernend, gaben sich 'N Sync nach außen stets bescheiden. «Diese Typen mögen riesig sein, aber ihre Egos sind alles andere» (‹Twist›). Im Gegensatz zu New Kids On The Block und den Backstreet Boys hatten 'N Sync stets «die Kontrolle über ihre Musik, ihre Karriere und ihr Leben behalten» (‹Request›). Doch «obwohl es die Boy Band-Hasser niemals zugeben würden, berührten 'N Sync dieselbe Teenager-Unruhe wie der wesentlich dunklere Stoff von Teen-Horrorfilmen oder Grunge» (‹Rolling Stone›). Ihre Heimatstadt Orlando war schon als Ausgangspunkt der Backstreet Boys in die Annalen der Pop-Geschichte eingegangen, als Justin Timberlake, geboren am 31. März 1981 in Memphis, Tennessee, und Joshua Chasez, geboren am 8. August 1976 in Washington, D.C., als Vocal-Duo gemeinsam im Mickey Mouse Club auftraten. Kurze Zeit später zogen sie nach Nashville, Tennessee, um, wo sie mit verschiedenen Textern versuchten, eine Identität zu finden. 1996 kehrten sie nach Orlando zurück, um mit ihren Freunden Chris Kirkpatrick, geboren am 17. Oktober 1971 in Clarion, Pennsylvania, und Joey Fatone, geboren am 28. Januar 1977 in Brooklyn, New York, eine gemeinsame Band zu gründen. Mit dem Bassisten Lance Bass, geboren am 4. Mai 1979 in Laurel, Massachussetts, zum Quintett komplettiert und von Timberlakes Mutter aus der Kombination von Buchstaben der Vornamen der Mitglieder mit einem Bandnamen versehen, startete die Gruppe ihre Erfolgsstory. Bevor sie sich an die Produktion eines ersten Albums machten, gingen sie zunächst, von ihrem Label BMG unterstützt, auf ausgedehnte Touren, wobei sie das Hauptaugenmerk auf den europäischen Markt legten, der dem Boy Group-Phänomen von jeher aufgeschlossener war. Mit der Single *I Want You Back* eroberte die Gruppe im November 1997 auch das amerikanische Teenie-Publikum. Den großen Durchbruch auf beiden Seiten des Ozeans schafften «die Megawatt-Pop-Stars» (‹Seventeen›) mit dem Album *'N Sync* (1998), das zehnmal Platin erhielt und sich 90 Wochen in den Top 100 hielt. Das exakt auf die Befindlichkeit ihrer Fans abgestimmte Weihnachtsalbum *Home For Christmas* (1998) untermauerte den Erfolg der singenden Jünglinge. Mit ihrer vertraglichen Situation unzufrieden, beschloß die Gruppe 1997, sich aus dem BMG-Deal herauszuklagen. Ohne Plattenvertrag nahm die Gruppe einen großen Teil der Songs für ihr drittes Album auf. Ihr Ex-Label versuchte indes vergeblich, die Band per Gegenklage an der weiteren Nutzung ihres Namens zu hindern. Zu weitaus günstigeren Konditionen unterschrieb die Gruppe schließlich bei Jive. Auf dem dritten Album *No Strings Attached* (2000) debütierten 'N Sync auch als Songschreiber. Hinter dem Plattentitel verbarg sich kein musikalisches Statement, sondern eine Reaktion auf die neu gewonnene Freiheit. Mit 2,5 Millionen verkauften Einheiten innerhalb der ersten Woche brach die Gruppe alle kommerziellen Rekorde. ‹Entertainment Weekly›: «Diese fünf

Workaholics sind vielleicht die effizienteste, nutzerfreundlichste Pop-Maschine, die je auf einem Teenagerschrei von 135 Dezibel geritten ist.»

LPs auf BMG: ʼN Sync (1998); Home For Christmas (1998); Bye Bye Bye (2000) … auf Jive: No Strings Attached (2000)

Naidoo, Xavier (voc), am 20. Oktober 1971 in Mannheim geboren, nannte sich selbstironisch einen «Neger aus Kurpfalz». Seine Mutter, irischer Abkunft und in Südafrika geboren, hatte in London einst für die Beatles Bühnenkostüme geschneidert. Sein Vater, ebenfalls aus Südafrika, hatte indische und deutsche Vorfahren und ließ sich nach beruflichen Anfängen als Industrieschweißer in England schließlich als Schichtarbeiter in Mannheim nieder. Seit Naidoo am einsamen Silvesterabend 1992 zufällig die Bibel aus Vaters Bücherregal zog und durch den Petrusbrief erleuchtet wurde, lobte er als «Jesus der Hitparaden» (‹Der Spiegel›) den Herrn, und durch seine Konzerte zog immer – so die ‹Tageszeitung› – «ein Hauch von Kirchentag». Nach den Regeln des Popgeschäfts mache er eigentlich alles falsch, postulierte die ‹Berliner Zeitung›. Er covere sein Vorbild Herbert Grönemeyer (mit dem Song Flugzeuge im Bauch), singe deutschsprachigen Soul über Gott und Gospels über Mannheim, und alles, was er tue, sei «haarsträubend peinlich: Xavier Naidoo überrumpelt souverän sämtliche Vorurteile, und genau das macht ihn so unwiderstehlich». Nachdem sich der ehemalige Meßdiener, dessen Vorname wie Saviour (Retter) ausgesprochen wird, in seiner badischen Heimatstadt als Kochlehrling, Boutiquenverkäufer, Badehosenmodell, Türsteher einer Diskothek, Jingle-Sänger und regionaler Musical-Interpret (im Stück ‹Human Pacific›) versucht und 1992 sogar schon einmal an einem verunglückten Plattenalbum für die USA mitgewirkt hatte, heuerte er als Background-Stimme bei den Pelham Power Productions (3 p) des cleveren schwarzen Glatzkopfs Moses P. in Frankfurt-Rödelheim an. Seine auch solistische Mitwirkung an Sabrina Setlurs Rap Frei sein (samt Video) ließ Kritiker bereits von «technisch unumstrittenen Sangesqualitäten (‹Tip›) schwärmen. Angesichts des offiziellen CD-Erstlings Nicht von dieser Welt (1998), dieser

laut Claudia Wiegand im Berliner Stadtmagazin ‹Tip› «perfekten, nicht nuschelnden Kopie seines Vorbilds Grönemeyer», bejubelten deutsche Gazetten «eine Stimme, die in kleinsten Abstufungen und Nuancen Gefühle transportiert und sich in jeder Silbe des Schutzes der himmlischen Heerscharen bewußt ist, auf deren Back-up-Gesang man beinahe wartet» (‹Frankfurter Rundschau›). Das Album wurde mehr als einemillionmal verkauft und befand sich im April 1999, ein Jahr nach Veröffentlichung, durch den Erfolg der Single Sie sieht mich nicht abermals auf Platz eins der deutschsprachigen Album-Charts. Im März 2000 wählten die Juroren des deutschen Echo-Schallplattenpreises Naidoo – neben der Labelkollegin Sabrina Setlur – zum «Künstler des Jahres – national». Bis dahin hatte Naidoo mit «genau jener Mischung aus Coolness und Spannung, die Soul oder Rhythm & Blues brauchen» (‹Berliner Morgenpost›) mehr als 70 Konzerte vor über 300 000 Fans aller Altersklassen absolviert. Aus den Auftritten in Rastatt, Mannheim und Travemünde wurde, nur geringfügig nachbearbeitet, das Tourneealbum Live angefertigt, das ‹Rolling Stone› als «charismatisches Hochamt» anpries – «mit einer Stimme, die der vergleichsweise behäbigen deutschen Sprache das Tanzen beibringt». Kritiker Jörg-Peter Klotz: Die Studioversionen der Erweckungslieder auf der CD Nicht von dieser Welt könne man «nach den fast 80 Live-Minuten getrost dem nächstbesten Bibelkreis in den Klingelbeutel werfen». Im Sommer 2000 veröffentlichte Naidoo den von ihm komponierten Titelsong zum Film ‹Dolphins› (Kein Weg daran vorbei) mit der Sängerin Yvonne Betz auf dem kurz zuvor gegründeten eigenen Label Söhne Mannheims und überwarf sich mit seinem Entdecker Pelham. Auf dessen einstweilige Verfügung hin wurden 50 000 CDs eingestampft, 140 Filmkopien umgeschnitten und Co-Star Naidoo im Video zum Song mit gepixelten Flammen unkenntlich gemacht. Pelham berief sich dabei auf seinen Künstlerkontrakt, den Naidoos Anwälte als «Knebelvertrag» interpretierten: «Der Plattenvertrag wurde über fünf Alben bei einer Mindestlaufzeit von fünf Jahren abgeschlossen. Mit jeder Single, die auskoppelt wird, verlängert sich die Kündigungsfrist um ein halbes Jahr. Vom Handelsabgabepreis jedes Albums erhält Naidoo nur fünf Prozent – normal sind Beteiligungen zwischen sieben und zehn Prozent», so Ann Thorer in der ‹Bunten›. Da von Naidoos erstem Album *Nicht von dieser Welt* mehr als eine Million Exemplare verkauft wurden, schätzte die Illustriertenredakteurin, «daß Pelham ca. 25 Millionen Mark an seinem Star verdient hat, der Sänger dagegen nicht einmal zwei Millionen». Dieser aber schien am Geldverdienen gar nicht so besonders interessiert zu sein. Im ersten Halbjahr 2001 lieh er seine Stimme so vielen Kollegen und Kolleginnen zu hitträchtigen Duetten, daß der deutsche ‹Rolling Stone› bereits mutmaßte, «jeden Plattenfirmen-Manager würde diese wild wuchernde Medienpräsenz dem Kardiologen näher bringen»: Edo Zanki (*Gib mir Musik*), Reamonn (im Cover des Falco-Titels *Jeanny*), Ben Becker (*Du, nur du* nach einem Gedicht von Rainer Maria Rilke), Sékon (*Silver & Gold*), Erkan Aki (in einer Tenor-Version des Karat-Stückes *Über sieben Brücken*), auf einer CD des Kabarettisten Michael Mittermeier sowie im Chor Brother's Keepers neben Torch, Afrob, D-Flame, Sékon, Samy Deluxe etc. (im Protestsong *Adriano* für den von Nazi-Skins ermordeten Mosambikaner Alberto Adriano). Gegen all diese Singles (außer *Adriano*) kam Moses Pelham bei Gerichten in Frankfurt/M., Hamburg, Köln, München, Karlsruhe und Mannheim – vergeblich – um einstweilige Verfügungen ein. Der 3p-Boss konnte mit juristischen Mitteln auch nicht verhindern, daß Ende 2000 das Album *Zion* von Naidoos 17köpfigem Big Band-Projekt Söhne Mannheims im Eigenvertrieb in den Handel kam. Die CD, laut Naidoo «aus dem Wissen entstanden, daß wir uns auf Zion, dem Heiligen Berg (Heidelberg, Königsstuhl) befinden», wurde von einem Teil der Kritik als «lauwarme Scheiblette eines versierten Haufens mundartlicher Mietmucker» (‹Tip›), als «schwammig wie die Heils- und Glaubensbekenntnisse Naidoos» (‹Die Woche›) abgetan. Sie fand aber auch Befürworter wie den deutschen ‹Rolling Stone›: «*Zion* besticht vor allem durch perfekte, variable Gesangsarrangements, die trotz eines Überangebots an guten Sängern nie den Fehler machen, die grandiose Stimme Naidoos aus dem Zentrum der Songs zu nehmen. Auch wenn dem Prediger die Mütze brennt» (Jörg-Peter Klotz). Das im Studio des deutsch-jugoslawischen Schlager- und Soul-Veteranen Edo Zanki in Karlsdorf produzierte Album wurde bereits vor seiner Auslieferung mit Goldstatus gehandelt. Aber auch außerhalb von Studios und Gerichtssälen machte der selbsternannte Saviour mit naiven Gesetzesübertretungen und gelebten Sozialutopien immer wieder Schlagzeilen. Nachdem er sich in einem Interview («Ich rauche eigentlich ziemlich viel Marihuana») als Kiffer geoutet hatte, beschlagnahmte die Polizei in seiner Wohnung 50 Gramm Gras. Wiederholt wurde er beim Fahren ohne Führerschein ertappt. Das Amtsgericht Mannheim verurteilte ihn einmal zu fünf Monaten auf Bewährung, das zweite Mal zu 20 Monaten Haft auf Bewährung und 100 000 Mark Geldbuße. Er beteiligte sich an Udo Lindenbergs Benefizkonzerten «Rock gegen rechte Gewalt» zugunsten von Naziopfern im neuen Gesamtdeutschland und kaufte rund 70 alte Autos zusammen, hauptsächlich Mercedes-Limousinen aus den Siebzigern, um damit den Autoverleih «Mannheim Mobiles» zu gründen, «in dem man ohne Kreditkarte einen Wagen leihen kann». Naidoo sprach: «Ich träume von einer Stadt, in der es allen gut geht. Ich möchte Kindergärten bauen, Wohnungen anmieten und sie armen Familien zur Verfügung stellen.» Naidoo sang: «Was wir jetzt brauchen, ist nicht Zeit/sondern Liebe/Es wäre hart für mich/wenn ich nicht meine Lieder schriebe.» Unter den jungen deutschen Popmusikern war der «singende PR-Agent Gottes» (‹Süddeutsche Zeitung›) 2001 der charismatischste. Unschlagbar sei Xavier Naidoo, so Kritiker Niklas Maak, «allerdings erst dadurch, daß er rechtzeitig zur Auflösung von Sex & Drugs & Rock 'n' Roll den ältesten Rebellentyp der westlichen Zivilisation wiederaufleben läßt: den einsamen Wanderprediger.»

LPs auf 3 p/Epic/Sony: *Nicht von dieser Welt* (1998); *Live* (1999) ... LP Söhne Mannheims auf DKSMS: *Zion* (2000)

Napalm Death, 1982 in Ipswich, England, gegründet, waren die Väter des britischen Grindcore. Im Gegensatz zu vielen anderen Bands, die mit dieser Musik nur eine Art Totenkult betrieben, verstanden sie sich stets als Stimme, die Kommentare zu politischen und sozialen Verhältnissen abgibt. Personell instabil wie kaum eine andere erfolgreiche Gruppe der Rockgeschichte – die gesamte Besetzung wurde mehrfach ausgewechselt –, flossen in den Bandkontext die verschiedensten Stilistiken und Spielauffassungen ein, wie Napalm Death ihrerseits Legionen von Gruppen und Projekten vom Heavy Metal über Free Jazz bis zu Ambient und Techno beeinflußten. Unmittelbar waren die Biographien von Cathedral, Extreme Noise Terror, Meethook Seed, Painkiller, Deafication, Techno Animal und zahlreicher anderer Gruppen mit ihnen verbunden: «Napalm Death sind die einflußreichste existierende Band» (Steven Wells, ‹NME›). Sie entstand 1982 als Opposition zu einer internationalen Rock-Szene, deren Protestpotential kaum noch wahrnehmbar war. Die ständig wechselnden Besetzungen ließen sich bald nicht mehr nachvollziehen. Mitte der Achtziger schälte sich mit Mick Harris (dr), Nick Bullen (bg) und Justin Broadrick (g) die erste feste Mannschaft heraus, mit der im August 1986 die erste Seite der EP *Scum* aufgenommen wurde – ohrenbetäubend laut, Instrumente einzeln nicht mehr wahrnehmbar, der Gesang in einem einzigen Röcheln versuppte. Doch ihre Energie übertraf selbst die des Punk und Hardcore um Längen. Schon die zweite Seite von *Scum* wurde im Mai 1987 in einer völlig anderen Besetzung eingespielt. Bullen verschwand für einige Zeit in der Versenkung, Broadrick ging zunächst zu Head Of David, gründete dann die Doom-Band God Flesh, um später mit Techno Animal in die vorderste Front der Techno-Innovatoren aufzurükken. Zu Harris gesellten sich derweil Lee Dorrian (voc), Jim Whitely (bg) und Bill Steer (g). Die Zeitschrift ‹Skug› über die Platte: «Sie sind die Bannerträger des englischen Grindcore, malträtieren die Ohren ihrer Fans mit unartikuliertem Gegrunze und stellen die Geduld der Hartgesottensten mit Stücken von einer sagenhaften Länge von anderthalb Sekunden auf die Probe. Scum – Abschaum!» Innerhalb weniger Wochen kletterte *Scum* auf Position drei der britischen Indie-Charts. Napalm Death ließen keine Gelegenheit aus, sich politisch zu äußern und an Veranstaltungen gegen den aufkeimenden Neofaschismus teilzunehmen. Zu ihren frühen Unterstützern gehörte John Peel, der die Band im September 1987

und im März 1988 zu zwei BBC-Sessions holte. Auf ihrem ersten Album *From Enslavement To Obliteration* (1988) wurde Whitely durch Shane Embury ersetzt, der künftig als Band-Sprecher fungierte. Die Tracks des Albums, das auf Platz eins der UK-Indie-Charts aufstieg, waren selten länger als eine Minute, jedoch in sich gebrochen und verschachtelt wie ultrakurze Sinfonien. Für das zweite Album *Harmony Corruption* (1990) wurde das Line-up abermals völlig umgekrempelt. Dorrian hatte die Doom-Band Cathedral gegründet, deren schleppende, mittelalterlich anmutende Endlos-Epen die Kraft von Napalm Death mit der Geschmeidigkeit von Violinenklängen verband. Steer stellte daneben mit Carcass eine der erfolgreichsten Death Metal-Bands auf, deren Konzept in der musikalischen Nachstellung von Leichensektionen bestand. Shane Embury gründete die intellektuelle Lo-fi-Trash-Band Unseen Terror, kehrte jedoch schon nach kurzer Zeit zu Napalm Death zurück. Hinter dem Mikrofon nahm nun Mark «Barney» Greenway Platz, während sich den Gitarrenpart die beiden Amerikaner Mitch Harris und Jesse Pintado, letzterer zuvor bei Terrorizer, teilten. An Sound und Struktur der Stücke änderte das jedoch wenig, lediglich die Dauer der Tracks verlängerte sich auf normales Maß. 1991 gaben Napalm Death ein Konzert in Moskau vor 14 000 Zuschauern, die jedoch das Anliegen der Gruppe mißverstanden und sich mit Nazi-Symbolen schmückten. Als Reaktion darauf coverten Napalm Death auf der Dead Kennedys-Tribute-Compilation *Virus 200* den Song *Nazi Punks Fuck Off*. Auf der an Kraft nicht mehr zu überbietenden EP *Mass Appeal Madness* (1991) und der LP *Death By Manipulation* (1991) hielt die Gruppe an dem eingeschlagenen Weg fest. Eine folgenschwere Veränderung trat ein, als mit Mick Harris das letzte Gründungsmitglied die Band verließ. Harris gründete mit den Ur-Napalm Death-Mitstreitern Broadrick und Bullen das Trio Scorn, das sich von bizarren Grindscapes in Richtung Ambient vorarbeitete. Mit dem Projekt Lull beschränkte er sich einzig auf Drones, und gemeinsam mit den Avantgarde-Jazzern John Zorn und Bill Laswell rief er die Band Painkiller ins Leben, die zwischen Free Jazz, Noisecore und Dub pendelte. Statt seiner wurde für das Album *Utopia Banished* (1992) der Amerikaner Danny Herrera rekrutiert. Greenway war stimmlich in seiner besten Verfassung, und mit kurzen Gitarrensoli wurde der bisherige kompakte Bandsound aufgeweicht. «Die fünf apokalyptischen Reiter aus Birmingham» (‹Tip›) nutzten öffentliche Auftritte nach wie vor, um sich mit Rechtsradikalismus und bürgerlicher Ignoranz auseinanderzusetzen. Auf *Fear, Emptiness, Despair* (1994) dominierten einmal mehr politische Themen. Nach dem etwas glatteren Album *Diatribes* (1995) begann es erneut bei Napalm Death zu kriseln. Greenway wurde vom Rest der Band zum Sündenbock gemacht und gefeuert. Als Neuer stellte sich Mitte 1996 Phil Vane von Optimum Wound Profile vor. Doch die Chemie des Ensembles stimmte mit ihm nicht. Greenway kehrte während einer Studiosession zur Band zurück, um mit *Inside The Torn Apart* (1997) eines ihrer vielschichtigsten Alben einzuspielen. Mitch Harris, der mit seiner Solo-Band Meethook Seed eher Industrial-Pfade beschritt, hatte offenbar stärkeren Einfluß auf den Sound der Gruppe gewonnen. ‹Visions›: «Napalm Death ist es noch einmal gelungen, sich am eigenen Zopf aus dem Teich der Stagnation zu ziehen». Auf *Words From The Exit Wound* (1999) kehrten die Musiker, die inzwischen auf den schwarzen Listen mehrerer Neonazi-Gruppen standen, wieder zum Sound ihrer frühen Platten zurück. Auf der EP *Leaders Not Followers* (1999), der Erstveröffentlichung auf ihrem eigenen Label Dream Catcher Records, coverte sich die Band durch die Rock-Geschichte. Mit dem kompromißlosen Power-Rock auf der programmatisch betitelten CD *Enemy Of The Music Business* (2000) machte die Band deutlich, daß sie sich auch nach fast zwei Jahrzehnten noch nicht anzupassen gedachte. Nach Ansicht von ‹Visions› waren die Spieler dieser Gruppe längst Kultfiguren geworden: «Herauszufinden, wie wichtig ihr Beitrag zur abendländischen Musikkultur des ausgehenden 20. Jahrhunderts ist, bleibt Musikwissenschaftlern überlassen. Immer mehr Komponisten aus dem Lager der sogenannten ernsten Musik berufen sich auf die Kürze, Prägnanz und Heftigkeit von Napalm Death. In ihrer eigenen Flora finden sie sich jedoch nur ganz allein zurecht. Gleich einem Efeu werfen sie ihre Triebe über die marode Fassade des Rock 'n' Roll.»

LPs auf Earache: *Scum* (1987); *From Enslavement To Obliteration* (1988); *Harmony Corruption* (1990); *Death By Manipulation* (1991); *Utopia Banished* (1992); *The World Keeps Turning* (1992); *Fear Emptiness Despair* (1994); *Diatribes* (1996); *Inside The Torn Apart* (1997); *Bootlegged In Japan* (1998); *Words From The Exit Wound* (1999) ... auf Spitfire: *Enemy Of The Music Business* (2001) ... LPs Mick Harris mit Scorn auf Earache: *Vae Solis* (1992); *Evanescence* (1994); *Colossus* (1994); *Ellipsis* (1995); *Gyral* (1995); *Logghi Barogghi* (1996); *White Irises Blind* (1997) ... auf Invisible: *Zander* (1997); *Whine* (1997); ... auf Hymen: *Greetings From Birmingham* (2001) ... LPs Mick Harris mit Lull auf Sentrax: *Journey Through Underworlds* (1993); *Cold Summer* (1994); *Dream About Dreaming* (1995) ... auf Relapse: *Continue* (1996); *Moments* (1998) ... LPs Mick Harris mit Painkiller auf Earache: *Guts Of A Virgin* (1991); *Buried Secrets* (1992) ... auf Toys Factory: *Rituals* (1993); *Execution Ground* (1995) ... LP Shane Embury mit Unseen Terror auf Earache: *Human Error* (1987) ... LP Embury mit Blood From The Soul: *To Spite The Gland That Breeds* (1994) ... LPs Lee Dorrian mit Cathedral auf Earache: *Forest Of Equilibrium* (1991); *The Ethereal Mirror* (1993); *The Carnival Bizarre* (1995); *Supernatural Birth Machine* (1996); *Caravan Beyond Redemption* (1998); *Endtyme* (2001) ... LPs Bill Steer mit Carcass auf Earache: *Reek Of Putrefaction* (1988); *Symphonies Of Sickness* (1989); *Necrotism: Desçanting The Insalubrious* (1991); *Tools Of The Trade* (1992); *Heartwork* (1994); *Swansong* (1996); *Wake Up And Smell The Carcass* (1996) ... LP Mitch Harris mit Meethook Seed auf Earache: *Embedded* (1993)

Naughty By Nature, 1989 in East Orange, New Jersey, gegründet, kultivierten den Funk im Hip Hop. Die «partyorientierte Rap-Gruppe» (‹Rolling Stone›) setzte perfekt die Stimmung der Ghetto-Straßen um, ohne Hörer anderer Sozialisation auszugrenzen. Die beiden Rapper Treach, als Anthony Criss am 27. Dezember 1970, Vinnie, als Vincent Brown am 17. September 1970, sowie DJ Kay Gee, als Keir Gist am 15. September 1969 – alle drei in East Orange – geboren, lernten sich an der High School in ihrer Heimatstadt kennen. «Ihre Lebensgestaltung war», so ‹Visions›, «allerdings recht unterschiedlicher Natur. Treach, das Drogen-Ticker-Kid, der zum Hip Hop-Darling und Easy Reimer avancierte, Vinnie, der lonesome Musiker, der den Kopf seit der elften Klasse nur noch für das Projekt freihatte, und Kay Gee, der Familientyp.» Bei einem Talentwettbewerb an ihrer Schule traten sie 1989 erstmals unter dem Namen The New Style gemeinsam auf. Nachdem sie mit ihren Rhymes in ihrer Nachbarschaft auf wenig Gegenliebe gestoßen und mit ihrem Song *O.P.P.* bei keinem Label untergekommen waren, nahm sich die bekannte Rapperin Queen Latifah ihrer an. Als *O.P.P.* 1991 endlich erschien, verkaufte sich die eingängige Single zweimillionenmal und eröffnete dem Hip Hop der Neunziger neue kommerzielle Perspektiven. In die Schlagzeilen geriet der Song außerdem, weil sich die Öffentlichkeit stritt, ob der Titel für *Other People's Property* oder *Other People's Pussy* stand. Das Album *Naughty By Nature* (1991) wurde ein ein Verkaufshit, ebenso der Nachfolger *19 Naughty III* (1993), dessen Auskopplung *Hip Hip Hooray* sich zur Party-Rap-Hymne des Jahres entwickelte. Neo-Blaxploitation-Erfolgsregisseur Spike Lee drehte zu der Single ein Video. Nach dem im Vergleich mit seinen beiden Vorgängern «ersten durchgängig guten Album» (‹Jazzthing›) *Poverty's Paradize* (1995) gingen die drei Naughtys zunächst getrennte Wege. Treach tauchte als Darsteller in mehreren mittelmäßig erfolgreichen Filmen auf. Vinnie übernahm selbständig das NBN-Merchandising. Kay Gee verdingte sich als Produzent bei Motown. Erst 1999 fand sich das Trio wieder zusammen und veröffentlichte *19 Naughty Nine: Nature's Fury.* Obwohl oder gerade weil das Kleeblatt dafür einen American Music Award als Best New Rap Group und einen Grammy erhielt, enttäuschte die Platte die eigentlichen Fans, ließ sie doch den Biß und die gesellschaftliche Brisanz früherer Alben vermissen. Indem sie sich willig vom Establishment eingemeinden ließen, wurden Naughty By Nature auf der Schwelle zum neuen Jahrtausend von der Realität eingeholt.

LPs auf Tommy Boy: *Naughty By Nature* (1991); *19 Naughty III* (1993); *Poverty's Paradise* (1995) ... auf Arista: *19 Naughty Nine: Nature's Fury* (1999)

Nelson, Willie (voc, g), am 30. April 1933 in Abbott, Texas, geboren, war ein Sänger und Songschreiber von beachtlicher Eigenständigkeit und stilistischer Unabhängigkeit, der sich stets vom kommerziellen Mainstream gängiger Nashville-Trends fernhielt und dennoch zu den erfolgreichsten Stars seines Metiers zählte. Er verband bei seinem Vortrag von Eigenkompositionen und Pop-Standards asketische Distanziertheit und warmherzige Anteilnahme mit einem sachten Pathos, gab abgespielten Evergreens oftmals eine zuvor nie gehörte vokale Brillanz, ließ die Schlagermusiken von der Tin Pan Alley beinahe wie Balladen von der Pioniergrenze der Western-Abenteurer klingen und wertete die kommerziellen Lieblingssongs der Mittelklasse zu Hymnen auf. «Sein Wertekatalog ist anders», definierte ‹Spex› den Unterschied zu seinen Nashville-Kollegen, «weil er nicht sein Verlieren, seine Schwäche, seine Schlechtigkeit verkauft, sondern einen anderen, gänzlich unmodischen Wert: Demut.» Sein Talent, «mit Klasse einlullen zu können», rückte ihn nach Meinung der ‹SoHo News› von dem «flegelhaften Rebellentum Sinatras» weg und brachte ihn eher in die Nähe «passiver und wohlmeinender» Schönsinger wie Bing Crosby, Pat Boone, James Taylor: «Was sie alle verkörpern, ist im Grunde reaktionär» – Besänftigungsmusik für die vom Rock 'n' Roll verstörte schweigende Masse. Nelson hatte nach dem Air Force-Dienst als Gelegenheitsjobber in Bars gespielt, Lexika von Tür zu Tür verkauft, Discjockey-Dienste versehen und Bibelunterricht in der Sonntagsschule gegeben. Später zog er als Wandersänger durchs Land, erteilte Gitarrenlektionen und schrieb Songs. Seine ersten in Nashville verlegten Stücke waren *Night Life*, ein Hit für Rusty Draper, und *Family Bible. Funny (How Time Slips Away)*, *Crazy* (für Patsy Cline), *Hello Walls* (Faron Youngs Hit), *Pretty Paper* (Roy Orbison) machten ihn als Songlieferanten bekannt. Seine Eigenproduktionen, die er mit nasalem Bariton zu minimalistischer Combo-Begleitung vortrug, galten lange Zeit als unkommerziell. ‹Der Spiegel›: «Ende der sechziger Jahre verdiente Willie Nelson mehr als 100 000 Dollar im Jahr, aber als Komponist war er ein Niemand, und das meiste Geld verlor er, weil er das nicht einsehen wollte und mit seiner Band auf Tourneen ging, die in halbleeren Gemeindesälen stattfanden.» 1970 zog er nach Austin, Texas, und definierte dort bei Bar-Auftritten und in Barbecue-Jam-Sessions sein Konzept von Countrymusik als Mischung aus Honky Tonk, Western Swing und anderen Frühformen mit einer zeitgemäßen, coolen Spielweise. Sein erster kommerzieller Erfolg war die Country-Oper *Red Headed Stranger* (1975), eine mystische Story von Liebe und Tod, Rache und Vergeltung, die neben Nelson-Eigenkompositionen auch ein Remake des Standards *Blue Eyes Crying In The Rain* enthielt. Ein Jahr später beteiligte er sich an dem Outlaws-Projekt seines Freundes Waylon Jennings und galt fortan als Repräsentant einer musikalischen Allianz zwischen puristischen Rednecks und Hippie-Spielern, die gleichermaßen der cremigen Nashville-Schlagermusik ablehnend gegenüberstanden. Mit seinem langen, gelegentlich zum Zopf geflochtenen Haar, einem wild wachsenden Bart, Stirnband, Jeans, T-Shirt und Jogging-Schuhen entsprach Nelson ohnehin nicht dem Konfektions-Image eines modischen Country-Entertainers. Seine unnachahmliche Art, nonchalant Gospelhymnen, traditionelle Pophits, Broadway-Stücke, Weihnachtslieder und Country-Balladen vorzutragen, brachte ihn «so nah an Ray Charles heran, wie das ein Weißer nur schaffen kann» (‹Rolling Stone›). Als Duettpartner von George Jones, Merle Haggard, Leon Russell und anderen genrenahen Sangeskollegen sowie in der Formation The Highwaymen (mit Jennings, Johnny Cash und Kris Kristofferson) zeigte er seine Virtuosität jenseits aller Stilgrenzen, machte aber auch deutlich, «daß selbst ein Außenseiterverhalten schnell zur Formel erstarren kann» (‹Rolling Stone›). Ohnehin: «In knapper Dosierung ist Nelson ein Sänger mit viel Charme und Ernsthaftigkeit; exzessiv dargeboten jedoch, hinterläßt er einen saccharinsüßen Geschmack» (‹Stereo Review›). Seine LPs *Stardust* (1982) mit Evergreens und *Always On My Mind* (1985) mit Rock-Oldies wie *Let It Be Me, A Whiter Shade Of Pale* wurden über dreimillionenmal verkauft. Seine Konzerte brachten allein 1985 14,5 Millionen Dollar ein. Die Zeitschrift ‹Vanity Fair› reihte ihn unter «die großen klassischen amerikanischen Songwriter dieses Jahrhunderts» ein, ‹Life› nannte ihn ein «nationales Monument». Doch dann schlug das Finanzamt zu. Mit Luftaufnahmen wiesen Steuerfahnder dem Sänger 70000 Besucher in Open Air-Arenen nach, für die nur 20000 Tickets abge-

rechnet worden waren. 1990 präsentierte ihm die Finanzbehörde IRS (Internal Revenue Service) einen Steuerbescheid über 32 Millionen Dollar. Ein New Yorker Finanzberater konnte die Forderung in einjährigen zähen Verhandlungen auf 16,7 Millionen herunterdrücken, doch auch damit war der spendable Entertainer, dessen frisch angetraute Frau Annie D'Angelo im eigenen Lear Jet umherdüste, bankrott. Seine gesamte Habe, Landbesitz in drei US-Bundesstaaten mitsamt Golfplatz, Konzertflügel und Goldenen Schallplatten, wurde versteigert – für magere zwei Millionen Dollar. Das Finanzamt akzeptierte darüber hinaus Ratenzahlung und installierte ein eigenes Inkasso: Unter einer kostenfreien Telefonnummer konnten US-Kunden eine CD mit Nelsons 25 größten Hits direkt beim staatlichen Gläubiger bestellen. Und dann ging der alte Wildwest-Hippie jeweils für ein Drittel der nächsten Jahre wieder tingeln – durch Kneipen, Saloons und Honky Tonks. Alle Rundfunkantiemen aus seinen rund 1000 Songs wurden zur Schuldentilgung verwendet. Er komponierte neue Stücke und nahm Platten auf: 1993 unter der Regie von Don Was *Across The Borderline* mit Hits von Bob Dylan, Paul Simon, Bonnie Raitt, 1994 *Healing Hands Of Time* und *Augusta* (zusammen mit Don Cherry), 1995 *Just One Love* (mit Kimmie Rhodes). Nach fünf Jahren war er wieder schuldenfrei: «Ich spiele wieder Golf, und zwar auf meinem eigenen Platz. Ich habe ihn zurückgekauft.» Für *Healing Hands Of Time* gönnte er sich Frank Sinatras Producer Jimmy Bowen und ein riesiges Orchester zur «späten Genugtuung» (Thomas Hüetlin im ‹Spiegel›): «Es beweist, daß nicht einmal ein Haufen Geiger einen Willie Nelson-Song kaputtkriegt.» 1995 bot Nelson Chris Blackwells Label Island ein Reggae-Album an. Blackwell nahm Nelson als ersten Country-Musiker seines Labels unter Vertrag und verlangte gleich drei Alben. *Spirit*, das erste in dieser Folge, erschien 1996, das von Don Was produzierte Reggae-Album sollte zu einem späteren Zeitpunkt folgen. *Spirit*, so Nelson, sei sein «wichtigstes Album seit 15 Jahren». Es enthalte «eine Art spirituelle Botschaft: Die Wolken verziehen sich, und es ist, als ob man aus einem bösen Traum erwacht.» Aus welchen spirituellen oder kommerziellen Gründen auch immer veröffentlichte Island zwei Jahre später mit *Teatro* (1998) das dritte Album des Deals vor dem zweiten: Nelsons Reggae blieb unter Verschluß. Für *Teatro*, in einem abgewrackten Filmtheater in Oxnard, Kalifornien, aufgenommen, griff Produzent Daniel Lanois auf düstere Songs wie *I've Just Destroyed The World* oder *I Never Cared For You* aus Nelsons Jugendjahren zurück – Songzeile: «The sun is filled with ice and has no warmth at all.» Für den Soundtrack verschmolz Lanois rauhe Gitarrenakkorde mit flirrenden Vibraphontönen, unreal wirkende Synthesizer-Klangflächen mit übereinandergelegten Rumba-Rhythmusfiguren und baute lähmende Vorhalte in die Abläufe ein, so daß beispielsweise das umwölkte *Pick Up The Pieces* wie eine Trip Hop-Hymne klang. «Einen Charakter wie Willie Nelson in diese Klangwelt zu verpflanzen hieße, Ikea-Möbel in ein Designer-Apartment zu stellen, schrieb Ben Ratliff sinngemäß in der ‹New York Times›. Inzwischen hatte der Künstler zusammen mit Ringo Starr im kanadischen Peterborough, Ontario, zugunsten der Schizophrenie-Forschung und neben Neil Young in Columbia, South Carolina, zur Unterstützung der Farmer gesungen (1996), war mit Johnny Cash in der TV-Serie «Storytellers» von VH-1 aufgetreten, hatte auf einer kurzen Tournee Deutschland und Großbritannien bereist (1997) sowie mit seiner Schwester Bobbie auf der Marke Fine Arts nebenbei die CD *Country Christmas* herausgebracht. Und da – aus welchen vertraglichen Gründen auch immer – neues Material ausblieb, begannen die Firmen Buddah, RCA, Sony 1998 Re-issues zu veröffentlichen – z. B. *Stardust*, die Alben *Red Headed Stranger* und *To Lefty From Willie* als Doppel-CD, *Country Willie – His Own Songs, Night Life* etc. Unter dem Titel *Night And Day* kam im Frühsommer 2000 bei Padernales Records eine Intrumental-CD heraus, auf der er im Swingstil der Jazzer Charlie Christian und Django Reinhardt improvisierte – auch über *Nuages*, die berühmteste Komposition des französischen Zigeunergitarristen. Drei Monate später veröffentlichte Mercury das reine Bluesalbum *Milk Cow Blues* mit den prominenten Gastmusikern B. B. King (*The Thrill Is Gone*), Susan Tedeschi (*Kansas City*), Kenny Wayne Shepherd (*Texas Flood*), Dr. John (*Black Night, Fool's Paradise*): alles in allem Dokumente einer Karriere,

die aus unbekannten Ursachen aus dem Tritt geraten war. Im Sommer 2001 war das von Don Was für Island produzierte Reggae-Album immer noch unveröffentlicht.

LPs auf Liberty: *And Then I Wrote* (1962); *Here's Willie Nelson* (1963) … auf RCA: *Country Willie* (1965); *Country Favourites* (1966); *Country Music Concert* (1966); *Make Way For* (1967); *The Party's Over* (1967); *Texas In My Soul* (1968); *Good Times* (1968); *My Own Peculiar Way* (1969); *Both Sides Now* (1970); *Laying My Burdens Down* (1970); *Willie Nelson And Family* (1971); *Yesterday's Wine* (1971); *The Words Don't Fit* (1972); *The Willie Way* (1972); *What Can You Do To Me* (1975); *Wanted: The Outlaws* (1976); *Willie Nelson Live* (1976); *Before His Time* (1977); *Waylon & Willie* (mit Waylon Jennings, 1978); *Sweet Memories* (1978); *Minstrel Man* (1980); *My Own Way* (1983); *Did You Ever Get Tired Of Hurting Me*; *Help Me Make It Through The Night* (1984) … auf Camden: *Columbus Stockade* (1970); *Country Winners* (1973); *Spotlight On* (1974) … auf Sunset: *Hello Walls* (1966); *Classic Willie Nelson* (1979) … auf Atlantic: *Shotgun Willie* (1973); *Phases And Shapes* (1974) … auf Plantation: *Willie Nelson And Friends* (1976) … auf Double Barrel: *Willie Nelson 1961* (1977) … auf United Artists: *Texas Country* (1976); *There'll Be No Tears* (1978) … auf Lone Star: *Face Of A Fighter* (1978) … auf Songbird: *Family Bible* (1980) … auf Hallmark: *A Song For You* (1983) … auf Monument: *The Winning Hand* (1982) … auf Takoma: *The Legend Begins* … auf Epic: *Poncho & Lefty* (1983) … auf 2 Pair: *Once More With Feeling*; *Good Hearted Woman* (1986) … auf Allegiance: *Wild & Willie*; *Willie Or Won't He* … auf Columbia: *Red Headed Stranger* (1975); *Sound In Your Mind* (1976); *Troublemaker* (1976); *To Lefty From Willie* (1977); *Stardust* (1978); *Willie And Family Live* (1978); *Pretty Paper* (1979); *One For The Road* (mit Leon Russell, 1979); *Electric Horseman* (1979); *Sings Kris Kristofferson* (mit Kris Kristofferson, 1979); *San Antonio Rose* (mit Ray Price, 1980); *Honeysuckle Rose* (Soundtrack, 1980); *Somewhere Over The Rainbow* (1981); *Blue Skies* (1981); *Always On My Mind* (1982); *Greatest Hits* (1982); *City Of Dreams*; *Tougher Than Leather* (1983); *Take It To The Limit* (1983); *Without A Song* (1983); *City Of New Orleans* (1984); *Angel Eyes* (mit Jackie King, 1984); *Portrait In Music* (1984); *Half Nelson* (Duette mit Merle Haggard, Lacy J. Dalton, Neil Young, Hank Williams, Leon

Russell, Ray Charles, Julio Iglesias, Carlos Santana, George Jones, 1985); *Music From Songwriter* (mit Kris Kristofferson); *Old Friends* (mit Roger Miller); *In The Jailhouse Now* (mit Webb Pierce); *Brand On My Heart* (mit Hank Snow); *Funny How Time Slips Away* (mit Faron Young); *Without A Song*; *Me And Paul* (mit Paul English, 1985); *Partners* (1986); *Promiseland* (1986); *Island In The Sea* (1987); *Seashores Of Old Mexico* (mit Merle Haggard, 1987); *Collection* (1988); *What A Wonderful World* (1988); *A Horse Called Music* (1989); *Born For Trouble* (1990) … auf Sony: *Who Will Buy My Memories?* (1991); *Across The Borderline* (1993); *Moonlight Becomes You* (1993); *VH-1 Storytellers* (mit Johnny Cash, 1998); … auf Rhino: *Nite Life: Greatest Hits And Rare Tracks 1959–1971* (1990) … auf EMI: *Healing Hands Of Time* (1994) … auf Sema: *Augusta* (mit Don Cherry, 1994) … auf Justice: *Just One Love* (1995) … auf Island: *Spirit* (1996); *Teatro* (1998) *Rainbow Connection* (2001) … auf Fine Arts: *Country Christmas* (1998) … auf Bear Family: *Nashville Was The Roughest* (8-CD-Box, 1998) … auf Padernales: *Night And Day* (2000) … auf Mercury: *Milk Cow Blues* (2000)

Neurosis, 1985 in Oakland, Kalifornien, gegründet, vollzogen die Hochzeit von Psychedelic und Hardcore. Mehr noch als durch ihre Alben wurden sie durch ihre visuellen Multimedia-Spektakel bekannt. Die Band, in deren Besetzung Beleuchter und Projektoren gleichberechtigt neben den Musikern standen, «schuf eine bedrohliche Collage aus Industrial-Lärm, Hardcore-Brachialität, beängstigendem Doom Rock und seltsamen Samples, die bestehende Genregrenzen verwischt und somit Crossover im positiven Sinne darstellt» (‹Burn›). Die Band teilte sich nicht in die traditionellen Funktionen einer Gruppe. Ihre rituellen Klangdichte basierten einzig darauf, daß alle Instrumente den Rhythmus bedienten. Die Texte waren meist spirituellen Inhalts. In vieler Hinsicht waren Neurosis die brachiale Inversion der New Age-Bewegung, die gerade in ihrer kalifornischen Umgebung Blüten trieb. Aus der Band Violent Coercion hervorgegangen, probierten Scott Kelly (g, voc), Dave Edwardson (bg, voc), Jason James alias Jason Roeder (dr) erst verschiedene Gitarristen aus, bevor sie mit Steve Von Till (g) zu ihrer endgültigen Besetzung fanden. Ihr Debütalbum *Pain Of Mind* (1987) auf dem alle

vier Musiker unter absurden Pseudonymen auftauchten, war ein deftiges Punk-Opus, in dem sich der spätere Sound erst in ganz schwachen Umrissen abzeichnete. Es fand nur wenig Beachtung. Neurosis warteten bis 1992, um mit Noah Landis (kb, samples, tape effects) und Pete Inc. (visuals) fast gleichzeitig die Platten *Word As Law* und *Souls At Zero* zu veröffentlichen. «*Souls Art Zero* verschaffte ihnen in Core-Kreisen eine so einstimmige Beliebtheit, daß diese Kreise sich gleich gezwungen sahen, die ersten Major-Vertragsgerüchte zur Nivellierung ihrer eigenen Begeisterung in die Welt zu setzen» (‹Spex›). Die Live-Shows, in denen das Publikum in einen Sog aus Licht und Sound gezogen wurde, glichen religiösen Offenbarungen. Neurosis hatten ihren Punk-Background überwunden und orientierten sich an der formalen Maßlosigkeit von Pink Floyd, King Crimson und Black Sabbath. Auf *Enemy Of The Sun* (1993) wechselten Neurosis mit Simon McIllroy ihren Keyboarder, setzten ihren hypnotischen Ganzheitstrip jedoch unbeirrt fort. Nach Landis' Rückkehr erschien mit dem sinfonisch anmutenden *Through The Silver In Blood* (1996) das kommerziell erfolgreichste Album der Band. Sie hatte ihren apokalyptischen Kontext durch Dudelsäcke und Streicher erweitert. In den folgenden Jahren konzentrierten sich die Musiker nicht nur mehr auf ihr gemeinsames experimentelles Alter Ego Tribes Of Neurot, sondern versuchten auch ein neues Verhältnis zum Alltag zu bekommen. Bis dahin hochgradig drogenabhängig, nahmen sie eine kollektive Entgiftung vor und verbrachten mehr Zeit mit ihren Familien. Erst 1999 kehrten sie mit der von Steve Albini perfekt produzierten CD *Times Of Grace* zurück. Die Platte klang weicher, verbindlicher, die Stücke wirkten übersichtlicher, melodischer. ‹Visions›: «Nachdem mit *Enemy Of The Sun* das Maximum an klanglicher Textur erreicht war, legten Neurosis den Fokus auf die seit *Through Silver In Blood* absehbare Tendenz und reduziertendie Songs auf ein gesundes Minimum, um die Dynamik der einzelnen Stücke herauszuarbeiten. Neurosis befinden sich trotz oder wegen Drogenentzugs im Kreativitätstaumel».

LPs auf Alternative Tentacles: *Pain Of Mind* (1987); *The Word As Law* (1992); *Souls At Zero* (1992);

Enemy Of The Sun (1993) … auf Relapse: *Through Silver In Blood* (1996); *Times Of Grace* (1999); *A Sun That Never Sets* (2001) … LPs The Tribes Of Neurot auf Relapse: *Silver Blood Transmission* (1995); *Static Migration* (1998) … auf Invisible: *Rebegin* (1998) … auf Man's Ruin: *Adaption & Survival* (1998) … auf Neurot: *Grace* (1999); *60 Degrees* (2000)

New Model Army, 1980 in Bradford, England, gegründet, führten den in seinen Formen und Gesten erstarrten britischen New Wave der Achtziger zu seinen proletarischen Wurzeln zurück. Die politisch aktive Band, «deren Platten immer einen grau-düsteren Schatten hinterließen» (‹Visions›), die sich jedoch nie auf eine Seite festlegen wollte, folgte konsequent dem Wahlspruch «Everything needs to be resisted». Benannt nach einer Eliteeinheit von Oliver Cromwells Revolutionsarmee, bestand das Trio aus Justin Sullivan alias Slade The Leveller (voc, g), geboren 1956, Stuart Morrow (bg) und Robb Heaton (dr, g), geboren 1962. Schon vor ihrer ersten Platte sammelten sie mit ihrem Groll auf das britische Establishment, besonders die Tory-Regierung, eine treue Anhängerschar. Die Songs ihres Debütalbums *Vengeance* (1984) waren militante Friedenslieder, unter anderem über den Falklandkrieg. Der Titelsong stand wegen seiner politischen Brisanz zeitweilig sogar auf dem Index, was der Popularität der Gruppe nur förderlich sein konnte. Mit ihrem zweiten Album *No Rest For The Wicked* (1985) und der Single *No Rest* schaffte «die wichtigste britische Band seit The Clash» (‹Times›) den Einstieg in die Charts, aus denen sie fortan nicht mehr wegzudenken waren. Song-Statements zur Rüstungspolitik der Nato führten dazu, daß die Gruppe 1985 nicht in die USA einreisen durfte, was offiziell mit «künstlerischer Bedeutungslosigkeit» begründet wurde. Schon kurz nach Veröffentlichung der LP setzte ein offen ausgetragener Streit zwischen der Band und ihrer Firma EMI ein, der die Medien mindestens ebenso in Aufregung versetzte wie die Musik selbst. 1986 wurde Morrow durch Jason «Moose» Harris, geboren 1968, abgelöst, den die Band 1989 wieder feuerte und durch Peter Nelson ersetzte. Nach vier weiteren kompromißlosen Platten, die eine beeindruckende Tour de force von naivem,

Bekenner-Rock zu ausgeklügelter Konzeptkunst dokumentierten, wechselte die Band 1993 zu Epic. *The Love Of Hopeless Causes* (1993) war ein vorsichtiges Bekenntnis zum Mainstream, das mit *Here Comes The War* jedoch auch eine weitere militante Hymne aufwies. Nach der unmittelbar auf das Album folgenden EP *Ballads* (1993) löste Sullivan seine Elite-Truppe 1994 auf. Unerwarteten Erfolg hatte die Gruppe 1994 postum mit einem Dance-Remix ihres einstigen Hits *Vengeance*. Trotz gelegentlicher Konzerte bis 1997 kamen New Model Army offiziell erst 1998 mit Sullivan, Nelson, Michael Dean (dr), Dave Blomberg (g) und Dean White (kb) wieder zusammen. Das Album *Brotherhood* (1998) war «ein bißchen ruhiger, ein bißchen softer geraten» (‹Intro›) als seine Vorgänger. Die anschließende Tournee wurde auf dem von der Kritik gelobten Live-Doppelalbum *… & Nobody Else* (1999) festgehalten, das neben ungeschliffenen Rocksongs auch sensibel vorgetragene Soulballaden enthielt. Ein Jahr später schob Sullivan weitgehend im Alleingang das NMA-Studio-Album *Eight* (2000) nach, dessen öffentliche Resonanz sich jedoch in Grenzen hielt.

LPs auf Progressive: *Vengeance* (1984) … auf Capitol: *No Rest For The Wicked* (1985); *The Ghost Of Cain* (1986); *New Model Army* (1987); *Thunder & Consolation* (1989); *Impurity* (1990) … auf Epic: *The Love Of Hopeless Causes* (1993) … auf EMI: *Strange Brotherhood* (1998) … auf Zomba: *… & Nobody Else* (1999); *Eight* (2000)

Newman, Randy (voc, p), am 28. November 1943 als Sohn eines renommierten Internisten, der vor seinem Medizinstudium kurz im Benny Goodman Orchestra Klarinette gespielt hatte, in Los Angeles geboren, bewies einer entzückten Kultgemeinde, «daß Zynismus aus jedem Milieu erwachsen kann und daß der Blues dabei entbehrlich ist» (‹Stereo Review›). Der Neffe des Filmkomponisten-Trios Alfred, Emil und Lionel Newman brachte in seinen Balladen die Frustrationen, Traumata und trostlosen Realitäten des amerikanischen Mittelstands mit einer dermaßen präzisen Bösartigkeit zur Sprache, daß nicht wenige Kritiker in ihm «den Mark Twain des populären Liedes» (‹Cream›) zu erkennen glaubten und dem ehemaligen Musikstudenten bescheinigten, er beherrsche «wie Gershwin auf meisterliche Weise den gesamten Bereich musikalischer Invention und Architektur» (‹New York Times›). In seinen «schockierend amoralischen Songs» (‹Rolling Stone›) ließ Newman eine biedere College-Freundin beim Spaziergang am Meer unter die Planierwalze der Strandreinigung geraten (*Lucinda*); ein elternloser Knabe wurde von seinem Vormund gezwungen, zur Gaudi eines rohen Publikums seine Fettleibigkeit tanzend zur Schau zu stellen (*Davy The Fat Boy*); die *Love Story* eines trübsinnigen Paares erschöpfte sich im gemeinsamen Gähnen vor dem Fernsehschirm und in der Vorfreude auf das Altenasyl in Florida; ein alternder Sittenstrolch kündigte einer durch Zufall aus dem Telefonbuch ermittelten Suzanne per Anruf eine Vergewaltigung an; die eintönige Metropole Cleveland wurde in dem übertrieben hymnischen Song *Burn On* als «city of light, city of magic» verhöhnt; der in den zwanziger Jahren verfaßte Neger-Schmähgesang *Underneath The Harlem Moon* zerfiel in Newmans schwarzgefärbtem Slang-Gesang zu einem Spottlied auf den weißen Rassenhochmut der *Rednecks* (Songtitel), an deren Frustrationen und Aggressionen er eine LP lang (*Good Old Boys*) scheinheilig Anteil nahm. Er machte sich mit didaktischer Hinterlist zum vermeintlichen Sprachrohr der Intoleranz (*Short People*), setzte sich als selbstgefälliger Businessman mit reaktionärer Grundüberzeugung in Positur (*It's Money That I Love*) oder bekannte sich mit Augenzwinkern zu den Absurditäten und Torheiten seiner Heimatstadt (*I Love L.A.*). «Der König des Vorort-Blues» (‹Rolling Stone›) verletzte in seinen zynischen Texten mit Vorsatz, um aus der Betroffenheit der Zuhörer Nachdenklichkeit zu erlösen. Seine komprimierten Poeme überspitzten Beispiele von Grausamkeit, Gleichgültigkeit bis zum Schauer des schwarzen Humors. «Helden haben mich nie interessiert», behauptete Newman. «Ich kümmere mich mehr um die schrecklichen Dinge, die wir Minoritäten angetan haben.» Seine Anti-Heroen waren der in der Stadtlandschaft verzweifelte Cowboy, ein wegen seiner sexuellen Präferenzen angefeindetes Paar (*You Can Leave Your Hat On*), bespöttelte Exoten (*Yellow Man*), ein naives Mädchen, das auf eine Party von Drogen-Profis gerät (*Mama Told Me Not To Come*). Die ungemein kunstvollen Song-Arrangements setzte Newman kontrapunktisch ein. Ästhetischer Reiz wurde zum Brechreiz, Jubelklänge degenerierten zu Terrorfanfaren. Die lieblose Rede am Sterbebett des Vaters («Kein Gott wird dich trösten, du hast mir doch beigebracht, so einem Schwindel nicht zu glauben») schwelgte in seiner sehnsuchtsvollen Folkweise. Newmans rauhe Stimme, «wirklich eine Geschmackssache» (‹Newsweek›), schliff jede Verbindlichkeit und allen Wohllaut von den Texten und wirkte trotz ihrer groben Unmusikalität sehr ausdrucksstark und flexibel. «Seine wunderbaren Lieder», resümierte ‹Esquire›, «werden von wunderbaren Stars aufgenommen, von wunderbaren Fans abgehört.» Tatsächlich wurde Newman eher als Songlieferant denn als Interpret bekannt. Judy Collins und mehr als 40 andere Interpreten sangen sein melancholisches *I Think It's Going To Rain Today,* Alan Price hatte mit *Simon Smith And The Amazing Dancing Bear* 1967 einen Top-Hit in England, Three Dog Night machten *Mama Told Me Not To Come* 1970 zu einem Weltbestseller. Die ersten Newman-LPs dagegen verkauften sich so schlecht, daß die Plattenfirma Warner Brothers die Restbestände als Werbegeschenke fortgab. Auch das *Live*-Album war zunächst nur als Promotion-Gabe für Branchen-Insider gedacht. Als es schließlich doch auf den Markt kam, wurde es überraschenderweise von 60 000 «wunderbaren Fans» abgenommen. Newman blieb jedoch eine Kultfigur, weil er kaum öffentlich auftrat, nur sporadisch Plattenaufnahmen machte und sich ständig mit den Bossen der Unterhaltungsindustrie anlegte. Der «führende Erneuerer des Rock 'n' Roll» (‹Rolling Stone›), der in der Tradition seiner drei Onkel auch als Soundtrack-Komponist brillierte (‹Ragtime›, ‹The Natural›, ‹The Three Amigos!›, ‹Avalon›, ‹Awakenings›), nahm seine Außenseiter-Rolle als unvermeidlich hin: «Die meiste Musik wird heutzutage für Autoradios gemacht, um den Straßenlärm zu übertönen. Persönlich glaube ich, daß die populäre Musik niemals besser war als zu den Zeiten, da Crosby und Sinatra eine Menge damit zu tun hatten. Sie konnten wirklich herrlich singen. Deshalb werde ich wohl nie populär, solange mich mein Komischsein davor bewahrt, ernst genommen zu werden. Mir ist es allerdings ernst mit der Komik.» 1988 beendete er eine fünfjährige Aufnahmepause mit dem Album *Land Of Dreams* – von Mark Knopfler (Dire Straits) und ELO-Oberhaupt Jeff Lynne, der noch jeder seiner Produktionen einen Hauch von Electric Light Orchestra gab, produziert; über ELO hatte Newman sich noch 1979 in dem Song *Story Of A Rock 'n' Roll Band* lustig gemacht. 1995 legte er eine Neudeutung der Faust-Legende als Musical in einer hochrangig besetzten Studiofassung vor: Don Henley (Faust), James Taylor (Gottvater), er selbst als Mephisto, dazu Elton John, umgarnt von Linda Ronstadt und Bonnie Raitt. Newman zitierte in seiner Partitur zu den 17 Songs zwischen Ragtime und Hard Rock die Beatles, Bob Dylan, Led Zeppelin und erzielte damit hochdramatische Wirkungen. Newman: «Der Teufel denkt und äußert sich immer in kleinen Shuffles und Melodien. Der große Gospelsong hat eine ganz andere Überzeugungskraft. Diese Musik hat eine Wirkung, die der Teufel nie erzielen könnte.» Doch auf solche augenzwinkernd vorgetragenen Werkdeutungen des großen Satirikers solle man nicht hereinfallen, so Fritz Werner Haver in der ‹Frankfurter Allgemeinen Zeitung›. «Die ausgefeilten Kompositionen und der ungebremste Zynismus mancher Texte machen das Album zu einem Meisterwerk.» Im Herbst 1996 wurde das Musical mit David Garrisch als Teufel, Kurt Deutsch als Rocksänger Henry Faust, Ken Page als Gott in der Regie von Michael Greif im La Jolla Playhouse in San Diego, Kalifornien, als Bühnenstück aufgeführt und überwiegend verrissen. Die Kritiker bemängelten das Buch, die Regie, die Darsteller und die Überlänge des Stückes, nicht aber die Songtexte und die Musik. Daß der «Außenseiter für Insider» (‹Frankfurter Rundschau›) nach *Land Of Dreams* zwölf Jahre lang kein neues Song-Album zustande brachte, war zumindest auch die Folge einer Infektion mit dem Epstein-Barr-Virus, das Depressionen und chronische Müdigkeit auslöste. Newman zum autobiographischen Song *My Country* auf der CD *Bad Love* (1999): «Ich habe tatsächlich einen großen Teil meines Lebens vor dem Fernseher verplempert. Ich schäme mich dafür. Ein paar Jahre lang nahm ich Kodein, saß am Pool und plauderte mit dem Gärtner.» Nur die Musik zu Disney-Zeichen-trickfilmen wie ‹Toy Story›, ‹Schweinchen Babe›, ‹Jason und der Riesenpfirsich›, ‹Das große Krabbeln›, für die er mehrere Oscar-Nominierungen erhielt, ging ihm relativ flott von der Hand: «Der Regisseur sagt dir, was er braucht, du bekommst deinen Abgabetermin vorgeschrieben, und sie sagen dir, worum es geht. Wenn du dagegen nur für dich selbst schreiben sollst, machst du gar nichts. Du gehst vielleicht zum Friseur, aber selbst das ist schon zuviel.» Nach 18jähriger Ehe trennte er sich von seiner Frau, mit der er drei Söhne hatte, heiratete wieder und bekam zwei weitere Kinder. 1997 wurden seine Produzenten Russ Titelman und Schulfreund Lenny Waronker, die trotz enttäuschender Umsatzzahlen stets zu ihm gehalten hatten, bei Warner Bros. entmachtet. Ihr letzter Akt: die 4-CD-Box *Guilty – 30 Years Of Randy Newman* mit den besten Studioaufnahmen, einer Auswahl von Demos und Live-Mitschnitten sowie einem Konzentrat aus den Film-Soundtracks. Für das langerwartete Songalbum *Bad Love* übernahm die Firma Dreamworks die Kosten und bestellte mit Tchad Blake und Suzanne Vegas Ehemann Mitchell Froom zwei Producer-Profis, die Newman («Filmmusik erweitert das musikalische Spektrum») bezüglich Arrangements und Orchestierungen alle Freiheiten ließen. Froom, der neben Greg Cohen (bg) und Pete Thomas (dr) Keyboards und Orgel spielte: «In der Art, wie Randy Stimmen, Orchester und Bläser einsetzt, ist er allen anderen überlegen.» Newman: «Ich schreibe keine witzige Musik. Manchmal mache ich ein paar dunkle Scherze im Stil von Kurt Weill, manchmal eine schräge Version von Show Biz. Mal komponiere ich gegen die Texte, mal ganz straight.» Heraus kam, so Konrad Heidkamp im ‹Spiegel›, «ein neues Meisterwerk seiner Kunst, sich mit Präzision und Sarkasmus in den Horror des Alltags hineinzudenken». Mit dem ersten gesungenen Satz «Let's go back to yesterday…» blätterte der große Spötter wie einst ein Panorama menschlicher und gesellschaftlicher Unzulänglichkeiten auf: Kolonialismus (*The Great Nations Of Europe*) und Kommunismus (*The World Isn't Fair*), die Geilheit alter Böcke und die Gier junger Chicks (*Shame*), die Lethargie des Nachwuchses (*My Country*) und die Banalität alternder Rock-Stars (*I'm Dead, But I Don't Know It*): «I have nothing left to say / But

I'm gonna say it anyway ... Each record that I'm making / Is like a record that I've made / Just not as good.» Neben solchen Rollenspielen gelangen dem weltweisen Barden diesmal jedoch auch intime, teils schmerzhafte Liebeslieder (*Every Time It Rains, I Miss You*) sowie das Bekenntnis *I Want Everyone To Like Me*, bei dem er wohl alle Selbstironie fahren ließ: «A couple kiddies at my side / To keep me fat and satisfied / I want everyone to like me / That's one thing I know for sure / I want everyone to like me / 'Cause I'm a little insecure.» Wäre es anders, hätte er dieses geniale, von amerikanischen Rezensenten mit Kurzgeschichten von William Faulkner und Gemälden von Edward Hopper verglichene Spätwerk gewiß nicht aufgenommen. In den USA war *Bad Love* ein halbes Jahr nach Veröffentlichung sechzigtausendmal, in Europa achtzigtausendmal verkauft worden und hatte damit noch nicht die Produktionskosten eingespielt.

LPs auf Reprise: *Randy Newman* (1968); *12 Songs* (1970); *Randy Newman / Live* (1971); *Sail Away* (1972); *Good Old Boys* (1974); *Best Of* (1983); *Land Of Dreams* (1988) ... auf Warner Bros.: *Little Criminals* (1977); *Born Again* (1979); *Trouble In Paradise* (1983); *Lonely At The Top* (1984) ... auf Elektra: *Ragtime* (Soundtrack, 1981); *Parenthood* (Soundtrack, 1990); *Awakenings* (Soundtrack, 1991) ... auf A & M: *Faust* (1995) ... auf Rhino: *Guilty: 30 Years Of Randy Newman* (1998) ... auf Dreamworks: *Bad Love* (1999)

Nine Inch Nails, 1988 in Cleveland, Ohio, gegründet, waren die einflußreichste Industrial-Band neben Ministry. Auf den Sounds von The Cure und Depeche Mode aufbauend, machten sie Industrial einem breiten Pop-Publikum zugänglich. Dabei setzten Nine Inch Nails deutlich stärker auf destruktive Elemente und Noise als auf konstruktivistische Strukturen. Obgleich niemals wirklich als Solo-Projekt angelegt, verbarg sich hinter dem Logo weit mehr die Idee eines einzelnen Mannes als eine auch nur halbwegs solide Band. «Das erste, was man über Nine Inch Nails wissen sollte, ist, daß sie in Wirklichkeit gar nicht existieren» (‹Musician›). Die einzige feste Größe war der Multiinstrumentalist Trent Reznor. Effekte waren ihm stets wichtiger als Inhalte. «Ver-

steckt hinter weißem, mehligem Puder, schwarzem Lippenstift und Mascara», so schilderte ‹Spin›, «bewegt er sich langsam und provokant, um sogleich in einen wilden, hemmungslosen Tanz auszubrechen. Im Gegensatz zu seiner harschen, aggressiven Musik und seinen dramatischen Bühnenauftritten ist Trent Reznor – etwas größer als fünf Fuß, mit langem schwarzem Haar, an beiden Seiten rasiert, mit Reifenohrring und schwarzen Kampfstiefeln – persönlich eher schüchtern, eher melancholisch» Michael Trent Reznor, am 17. Mai 1965 in Mercer, Pennsylvania, geboren, wuchs bei seinen Großeltern auf und begann mit fünf Jahren Piano zu spielen. Nach der High School schloß er sich der Band Innocent an, auf deren Live-Album *Livin' On The Streets* er Keyboards spielte. Nach einem Intermezzo bei Urge ging er erst zu der Percussion-Band Exotic Birds und später zu Problems, Slam Bam Boo und Lucky Pierre. Im Sommer 1988 produzierte er unter dem Logo Nine Inch Nails drei Demos, mit denen er auf der Stelle von TVT-Records verpflichtet wurde. Die Beziehung zu dem Label, das ihm stets in seine Arbeit reinreden wollte, gestaltete sich von Anfang an schwierig. Das «Blockbuster Debut» (‹Rolling Stone›) *Pretty Hate Machine* (1990) produzierte Reznor gemeinsam mit Adrian Sherwood, Keith Leblanc und Flood. Es war «eine Kollektion von dichtem elektronischem Noise, synthetisierten Beats und kraftvollen Klagen, die sich in Selbstanklagen suhlen, mit gewalttätigen Schreien attackieren und verführerischem Flüstern spuken» (‹Spin›). ‹Alternative Press› beschrieb das Album als «lästiges Porträt eines Mannes, der von Wut, Verzweiflung und Frustration vereinnahmt ist». Zwar kam die Platte nie über Position 75 der amerikanischen Charts hinaus, verkaufte aber trotzdem bis 1995 zwei Millionen Exemplare. Mit ihren Auftritten auf dem Lollapalooza-Festival 1991 erlangten Nine Inch Nails Kultstatus. Zur selben Zeit gastierte Reznor bei verwandten Projekten wie den Revolting Cocks und Pigface. Ein weiteres Album der Nine Inch Nails war für 1992 geplant, doch die stetigen Auseinandersetzungen mit TNT verhinderten die Veröffentlichung. Als Konsequenz gründete Reznor das Label Nothing, auf dem er neben eigenen auch die Platten von Marilyn Manson und Pop Will Eat Itself herausbrachte. Als erste

Editionen auf dem neuen Label erschienen die wuchtige EP *Broken* (1992) und ihre Remix-Variante *Fixed* (1992) mit Remixen von Foetus, Butch Vig, Coil und anderen. 1993 ließ sich Reznor in Los Angeles in jenem Haus nieder, in dem Sharon Tate von Charles Manson ermordet worden war. Unter dem Einfluß von David Bowie entstand das Album *The Downward Spiral* (1994). «Dieses Resultat seiner Tate-Übernahme ist aggressiv, rüde, erfindungsreich und unberechenbar. Die Texte sind kalt und voller Bezüge auf Themen wie Schmerz, Sex und Krankheit (‹Keyboard›). Im selben Jahr produzierte Reznor den Soundtrack des Oliver Stone-Films ‹Natural Born Killers›, in dem auch Material von Nine Inch Nails zu hören war, 1997 beteiligte er sich am Soundtrack zu David Lynchs ‹Lost Highway›. Zwei Jahre lang arbeitete Reznor gemeinsam mit Co-Produzent Alan Moulder am dritten Album der Nine Inch Nails *The Fragile* (1999), auf dem Gäste wie Adrian Belew und David Bowie auftraten. ‹Rolling Stone› beschrieb die Platte als «Reznors Version von Pink Floyds *The Wall*, ein Doppelalbum, das seine Entfremdung und Qualen in paranoide Studio-Halluzinationen verwandelt, jeder Track derart mit Overdubs vollgeknallt, daß keine Luft zum Atmen bleibt. Die betäubend lauten Gitarren-Riffs, verschlungenen Synthesizer-Schreie und verflochtenen Drum Machine-Patterns fließen zu einem zweistündigen Schaumbad in der Abwasserleitung von Trents Seele zusammen». Live wirkte Reznor nun abgeklärter als in der Vergangenheit. «Vorbei die Zeiten, als der Nine Inch Nails-Kopf seine angemieteten Tourmusiker auf offener Bühne verprügelte, als Reznor sich in der Rolle des ewigen Selbstmordkandidaten suhlte. Mit der Zeit wird auch der Selbstmord zur Routine. Zumal die zur Schau getragene Dauerverzweiflung blöderweise verdeckte, was der Mann musikalisch draufhat» (‹WOM Journal›).

LPs auf TVT: *Pretty Hate Machine* (1989) ... auf Interscope: *The Downward Spiral* (1994); *The Fragile* (1999); *Fisted* (1999); *Things Fall Apart* (2000); *Damaged* (2000)

Nirvana, 1988 in Aberdeen, Washington, gegründet, sprachen dem angeblichen Vorhandensein einer hedonistischen MTV-Jugend der neunziger Jahre Hohn und popularisierten statt dessen das Bild einer eher realistischen, häufig pessimistischen und nach privaten Auswegen suchenden Adoleszenz. Der kometenhafte Aufstieg der «größten Band der neunziger Jahre» (‹The Observer›) fand seinen jähen Abbruch mit dem Tod ihres geistigen und musikalischen Kopfes Kurt Donald Cobain. Cobain (voc, g, dr), geboren am 20. Februar 1967 in Hoquiam bei Aberdeen, hatte mit Krist «Chris» Novoselic (bg, g), geboren am 16. Mai 1965 in Kroatien, zunächst unter dem Namen Skid Row eine Band zu gründen versucht. Als es ihnen gelang, den Drummer Dale Crover für sich zu interessieren, wechselte Cobain zur Gitarre und Novoselic zum Baß; das Trio nannte sich nach einigen Umbenennungen schließlich Nirvana. Crover produzierte von einigen Cobain-Songs Demos und konnte das Independent-Label Sub Pop in Seattle zu einem Plattenvertrag überreden. Das erste Ergebnis war allerdings kein Cobain-Song, sondern eine Coverversion des Shocking Blue-Songs *Love Buzz*. Verstärkt um den Gitarristen Jason Everman, nahm die Gruppe 1989 ihre erste LP *Bleach* auf. Mit harten Metal-Riffs und unerwarteten melodischen Einfällen Cobains setzte die Band sich an die Spitze der Grunge-Bewegung. Everman verließ im Jahr darauf die Band; Crover wurde durch Chad Channing (dr) ersetzt, der ebenfalls bald wieder ging. 1990 stieß Dave Grohl (dr), geboren am 14. Januar 1969, zu Nirvana. Die stabilisierte Band wechselte zum Major-Label Geffen und machte sich mit Producer Butch Vig (Garbage) an die Aufnahmen zu *Nevermind* (1991). Die kompromißlose, an den britischen Punk der siebziger Jahre erinnernde Gitarrenmusik, die Intensität Cobains und das illusionslose Image der Band trafen den Nerv der Zeit: Die ausgekoppelte Single *Smells Like Teen Spirit* schien das Lebensgefühl einer ganzen Generation zu beschreiben. Nirvana sprenge «das Schubkastensystem, das in den achtziger Jahren zu immer mehr Spezialisierungen und Verästelungen im musikalischen Underground führte», analysierte Anfang 1992 ‹Der Spiegel›. «Sie lassen die Energie auf die Härte von Heavy Metal prallen und verbinden beides mit Pop-Melodien. Aus dieser Mischung erfinden sie eine Art neue Rockmusik, die in sich geschlossen wirkt – laut und unschuldig, resigniert und wütend, verletzlich und eigenständig.» Cobains Stimme, schrieb ‹Q›, klinge nach «all dem Schmerz, den Verletzungen und dem Elend des ewigen Verlierers». Das Album verdrängte beinahe mühelos Michael Jacksons *Dangerous* von der Top-Position der US-Charts. Mit einer Auflage von nur 40 000 Exemplaren gestartet, wurde das Album knapp zehnmillionenmal verkauft. Mit den Folgen des plötzlichen Ruhms und den Umarmungsversuchen der Unterhaltungsindustrie kam der sensible Cobain nicht zurecht. Von angeschlagener Gesundheit, zeitweise heroinabhängig, sprach er immer wieder von Selbstmord. Nachdem er die erste Krise halbwegs überwunden hatte, verordnete er sich und der Band Abstand vom Rock-Rummel und ließ für eine Tour durch die USA nur kleine Hallen buchen. Folgerichtig setzte das Trio mit *In Utero* (1993) den Erfolg von *Nevermind* nicht einfach fort, sondern kehrte zu den ursprünglichen Rock-Mustern zurück; ursprünglich geplanter LP-Titel: *I Hate Myself And I Want To Die.* Streitereien mit der Plattenfirma waren unausweichlich, zumal Geffen den Produzenten Steve Albini abgelehnt hatte. Doch das Album plaziert sich unmittelbar nach Erscheinen im September 1993 an die Spitze der Charts. Die Kritik war beeindruckt, sogar die ehrwürdige ‹Times›: «Gleichzeitig brutal und intelligent, dürfte Nirvana die bestimmende Rockband der neunziger Jahre sein.» Ein Nirvana-Konzert im New Yorker Coliseum mit 7000 Plätzen war binnen weniger Stunden ausverkauft. Cobains psychische und gesundheitliche Probleme verstärkten sich ungeachtet der Anerkennung seiner Musik. Trotz der Erfüllung seines Lebenswunsches, eine Familie zu gründen – er hatte 1992 Courtney Love, Sängerin von Hole, geheiratet –, trotz des Hilfeangebots von Freunden wie Michael Stipe von R.E.M. und Neil Young erschoß er sich am 5. April 1994 mit einer Schrotflinte. Unmittelbar nach seinem Tod begann die Mythenbildung, die Cobain in eine Reihe mit Brian Jones, Janis Joplin und Jimi Hendrix zu stellen versuchte. Hatte die Sensationspresse den Fall bald beiseite gelegt, so versuchten die Musikblätter, sich gegenseitig mit gefühligen, mitunter verlogenen selbstkritischen Hintergrundberichten zu überbieten, und bezichtigten einander, den Fall nur ausschlach-

ten zu wollen. Cobains Tod hatte andererseits ungeahnte Wirkung auf die Rockmusiker. Neil Young wollte seinen Song *My My, Hey Hey (Out Of The Blue)*, dessen Zeile «It's better to burn out than to fade away» Cobain in einem Abschiedsbrief zitiert hatte, nicht mehr spielen, Paul Hester von Crowded House verließ mit Hinweis auf Cobains Schicksal seine Band, Lenny Kravitz schrieb den Song *Don't Go And Put A Bullet In Your Head*. Die Plattenfirma Nirvanas reagierte gewohnt geschäftstüchig und veröffentlichte Ende 1994 den Mitschnitt des ‹MTV Unplugged›-Konzerts der Band. Tonmitschnitte aus dem Fernsehen, illegal veröffentlicht, überschwemmten zu dieser Zeit bereits den Bootleg-Markt. «Keine Band der Neunziger bringt es auf mehr Raubpressungen», konstatierte der ‹Musikexpress›, «darunter unzählige Live-Mitschnitte, deren Soundqualität häufig eine reine Katastrophe ist.» Das offizielle Album *Unplugged In New York* dämmte diesen Schwarzmarkt ein, enttäuschte Nirvana-Fans aber durch Abgleiten in den Mainstream. Dem ‹Musikexpress› kam der «erschreckende Gedanke»: «Kurt Cobains wütendes Anschreien gegen die kühle Erwachsenenwelt letztlich nur mehr ein musikalisches Sedativum zum entspannten Mitpfeifen»? Die Nirvana-Überlebenden, die sich nach Cobains Tod emotional außerstande erklärten, den Nachlaß der Band aufzuarbeiten, edierten nun 16 Konzertaufnahmen von 1989 bis 1994 aus dem Paradiso in Amsterdam, dem Paramount Theater in Seattle, dem Astoria in London etc. im Album *From The Muddy Banks Of The Wishkah* (1996) – betitelt nach dem Flüßchen, an dem Seattle liegt. Im Gegensatz zu «Unplugged lite» kündigten sie den *Muddy Banks*-Sampler im Begleittext zutreffend als «Nirvana raw» an. ‹Rolling Stone›: «Hier wird krakeelt, geknüppelt, gerockt. Keine Überraschung, nirgends. Drei Musiker, Gitarre, Baß, Schlagzeug.» Das dürfte Nirvana, aller Zeitgeist-Mythen entkleidet, dann wohl gewesen sein. Drummer Dave Grohl hatte 1995 mit Pat Smear (g), Nate Mendel (bg), William Goldsmith (dr) die Band Foo Fighters gegründet, in der er selbst Gitarre spielte und die Lead Vocals übernahm. Seine Kompositionen hatten mit Grunge nichts zu tun und erinnerten auf den CDs *Foo Fighters* (1995) mit den Hits *Monkey Wrench, Big*

Me und *The Colour & The Shape* (1997) eher an die frühen Beatles. Auf dem zweiten Album spielte Franz Stahl statt Smear Gitarre, auf dem dritten – *Nothing Left To Lose* (1999) – Chris Chiflett (g) mit Taylor Hawkins am Schlagzeug. Nirvana-Bassist Krist Novoselic tat sich 1995 mit der aus Venezuela stammenden Straßensängerin Yva Las Vegas zum Duo Sweet 75 zusammen, dessen Debütalbum mit einer Mischung aus Hard Rock und Latin-Rhythmen nach dreijähriger Studioarbeit erst 1997 auf den Markt kam. Daneben formierte der linke Aktivist ein Joint Artists and Music Promotions Political Action Committee (JAMPAC). An Kurt Cobains Charisma und die einstigen Nirvana-Umsätze reichten die Aktivitäten seiner einstigen Sidemen jedoch nicht heran. Auch das postume Album *From The Muddy Banks Of The Wishkah* belegte in den US-Charts im Oktober 1995 wieder Platz eins. Im selben Monat erreichte *Nevermind* die Auflagenhöhe von neun Millionen, für *In Utero* wurden fünf Millionen verkaufte Exemplare gezählt. In der beim Alternativ-Filmfestival Slamdunk in Park City, Utah, im Januar 1998 uraufgeführten Dokumentation ‹Kurt and Courtney› von Nick Broomfield wurde der Selbstmord des Grunge-Stars in Frage gestellt. Courtney Loves mit ihr entzweiter Vater Hank Harrison erklärte: «Ich glaube, er wurde ermordet. Ich sage nicht, Courtney tat es. Ich weiß es nicht, aber die Indizien sind erdrückend.» Ein ehemals für Frau Love tätiger Privatdetektiv namens Tom Grant vermutete, Courtney habe Kurt «von Anfang an benutzt und ihn lediglich geheiratet, um zu Reichtum und Starruhm zu kommen».

LP auf Sub Pop: *Bleach* (1989) ... auf Geffen: *Nevermind* (1991); *Incesticide* (1992); *In Utero* (1993); *Unplugged In New York* (1994); *From The Muddy Banks Of The Wishkah* (1996) ... LPs Dave Grohl mit Foo Fighters auf Capitol: *Foo Fighters* (1995); *The Colour & The Shape* (1997); *Touch* (1997) ... auf RCA: *There Is Nothing Left To Lose* (1999) ... LP Krist Novolesic mit Sweet 75 auf Geffen: *Sweet 75* (1997)

NoMeansNo, 1980 im kanadischen Victoria, British Columbia, gegründet, mischten sich mit ihrem intelligenten, brillant gespielten und rotzfrechen Punk ins Alltagsleben der westlichen Mittelklasse. Sie setzten nie auf Konsens mit ihrem Publikum, sondern hielten ihm lieber einen Spiegel vor, den sie mit aberwitzigen Texten, funkigen Beats, jazzigen Harmonien und höllischem Lärm garnierten. Obgleich ihre Songs voll feiner politischer Spitzen steckten, ließen sie sich doch nie für irgendeine Art Politrock vereinnahmen. Mit ihrem Nebenprojekt Hanson Brothers machten sie sich sowohl über die kanadische Eishockey-Leidenschaft als auch über den populären Surf Punk im Stil der Ramones lustig. Ihren Namen entlehnten einer Anti-Vergewaltigungskampagne. In Europa wesentlich erfolgreicher als in den USA und Kanada, beeinflußten sie maßgeblich die holländische Punk Jazz-Band The Ex, mit der sie einen regen Austausch pflegten. «NoMeansNo gelten gemeinhin als die Erneuerer des Hardcore, die ihn aus der Sackgasse der Schneller-höher-weiter-Ideologie herausführten» (‹NM! Messitsch›). Den Kern bildeten die Brüder Rob (bg) und John Wright (dr), auf deren finten- und hakenreichem, ebenso minimalistischem wie ausladendem Spiel die meisten Songs von NoMeansNo basierten. Ihr erstes Album *Mama* (1982) blieb weitgehend unbeachtet, doch als sie für die auf ihrem eigenen Label Wrong Records veröffentlichte EP *You Kill Me* (1985) den Gitarristen Andrew Kerr verpflichten konnten, machten sie als Geheimtip der kanadischen Alternative-Szene von sich reden. Mit einer Coverversion des Hendrix-Songs *Manic Depression* sagten sie der Hippie-Generation den Kampf an. Ein Jahr später wurde Wrong Records von Jello Biafras Label Alternative Tentacles lizenziert, womit der internationale Vertrieb gesichert war. Auf *Sex Mad* (1986) versahen sie geradeaus gespielten Hardcore Punk mit asymmetrischem Jazz-Groove. In ihren Songs schienen sich Minutemen und Black Flag zu kreuzen. Wesentlich glatter und poppiger fiel *Wrong* (1989) aus. 1991 wurde zu einem aktionsreichen Jahr für die Band. Auf *Live & Cuddly* dokumentierten sie endlich ihre teilweise auf Dialogen mit dem Publikum basierende Live-Energie, auf *The Sky Is Falling And I Want My Mama* fungierten sie als fulminante Backing-Band für Jello Biafras dadaistischen Agitprop-Rock, und mit *0+2 = 0* veröffentlichten sie ihr bis dahin reifstes und ausgefeiltestes Studio-Album. Rob Wright und Kerr waren außerdem am Debütalbum *Pull The Wool* der aus Vancouver stammenden Band Itch beteiligt, welcher Wright auch weiterhin die Treue hielt. *Why Don't You Call Me Mister Happy?* (1993) brach mit der Kraft einer Naturkatastrophe über den Hörer herein. «Bei diesem Album spürt man vom ersten bis zum letzten Ton einen eisernen gestalterischen Willen. Eine stilistische Klammer hält alle Songs zusammen und macht das Album zu einem stringenten Gesamtkunstwerk» (‹Visions›). Es war auch das Abschiedsalbum von Andrew Kerr, der sich in den Niederlanden niederließ und dort die Gruppe Hissanol gründete. Die Wright-Brüder machten als Mr. Wright & Mr. Wrong weiter und veröffentlichten unter dem Titel *One Down And Two To Go* (1994) eine Collage, die sowohl Material von NoMeansNo als auch Tracks der Hanson Brothers, Solo-Stücke und Spoken Word-Vorträge enthielt. 1995 kehrten NoMeansNo mit Gitarrist Tom Holliston, dem zweiten Schlagzeuger Ken Kempster und dem Album *The Worldhood Of The World (As Such)* zurück, konnten aber trotz grandioser Live-Shows die Erwartungen in diese Reunion nicht erfüllen. Erst mit der EP *In The Fishtank* (1997) und dem Longplay *Dance Of The Headless Bourgeoisie* (1998) fanden die Kanadier zu ihrem alten Biß und der von ihnen gewohnten Boshaftigkeit zurück. NoMeansNo «brettert wieder so unglaublich gnadenlos und koboldhaft los, überschreitet alle Grenzen und zündet ein derartiges Feuerwerk hymnischen Chaos und geordneter Wirrnis, daß es eine reine Freude ist» (‹WOM Journal›). 2001 folgte mit *NoMeansNo One* ein weiterer Höhepunkt in der Band-Diskographie.

LPs auf Wrong: *Mama* (1984); *Mr. Wright & Mr. Wrong* (1994); *Generic Shame* (2001); … auf Undergrowth: *You Kill Me* (1985); … auf Psyche: *Sex Mad* (1987) … auf Alternative Tentacles: *Wrong* (1989); *0 + 2 = 1* (1991); *Live & Cuddly* (1991); *Why Do They Call Me Mr. Happy?* (1994); *The Worldhood Of The World (As Such)* (1995); *Dance Of The Headless Bourgeoisie* (1998); *No Means No One* (2000) … LP mit Jello Biafra auf Alternative Tentacles: *The Sky Is Falling And I Want My Mommy* (1991) … LPs als Hanson Brothers auf Alternative Tentacles: *Gross Misconduct* (1992); *Sudden Death* (1996)

Nova, Heather (voc), als Heather Frith 1968 auf den Bermudas geboren, war eine der wenigen ernstzunehmenden Chanteusen des Alternative Rock, deren Erfolg fernab griffiger Girlie-Klischees über den Tag hinausreichte. Die «zierliche Pop-Prinzessin mit starken Songs» (‹WOM Journal›) fand eine genuine Sprache in der Schnittmenge von Joni Mitchell und Patti Smith. Ihre Lieder waren poetisch und nachdenklich, aber stets gleichzeitig herausfordernd und kraftvoll offensiv. Bis zu ihrem 16. Lebensjahr wuchs Heather Frith auf einem zwölf Meter langen Boot auf, mit dem ihre Eltern in der Karibik kreuzten. Ohne Fernsehen und andere Teenager-Ablenkung hatte sie alle Zeit der Welt, um Gitarre zu lernen und sich mit den elterlichen Platten von Neil Young und den Bells zu beschäftigen. Mit 19 besuchte Heather Nova die Art School in Providence, Rhode Island. Zunächst gehörte ihre Neigung dem Film, dann begann sie ihre Streifen mit Soundtracks aus eigener Feder zu versehen. Es dauerte nicht lange, bis sie eigene Songs schrieb. 1990 nahm sie unter ihrem bürgerlichen Namen die EP *These Walls* auf, die jedoch ohne Resonanz blieb. Ein wenig später produziertes Demo gelangte auf den Schreibtisch des britischen Labels Big Cat, für das sie eine Single einspielte, die sie als Support für die Violent Femmes, Bob Mould und die Cranberries empfahl. Heather Nova siedelte nach London über und ging eine Arbeitsgemeinschaft mit dem Produzenten Youth (ehemals Killing Joke) ein, mit dem sie das auf 5000 Einheiten limitierte Album *Glowstars* (1993) aufnahm, das bereits nach sechs Wochen ausverkauft war. Nach überschwenglichen Kritiken veröffentlichte sie zunächst die Live-Alben *Blow* (1993) und *Live From The Milky Way* (1993), deren ungeschliffener Stil «jung, schön und nicht peinlich» (‹Spex›) war. Als sich auch diese Testballons als Erfolge entpuppten, folgte das erste reguläre Studio-Album *Oyster* (1995). Musikalisch war *Oyster* «das perfekte Gegengift gegen den grassierenden Ideenmangel, der weite Teile der gegenwärtigen Rockszene kennzeichnet» (‹WOM Journal›). «Jeder Track in dieser Auster schimmert wie eine Perle» (‹People Magazine›). Obwohl Titelthema sämtlicher Rock-Gazetten, ließ sich Heather Nova nicht von den Versuchungen eines Alternative-Stars verlocken. Für das

Nachfolgealbum *Siren* (1998) ließ sie sich drei Jahre Zeit, um die Öffentlichkeit mit einem rauheren, aber noch persönlicheren Album zu überraschen. «*Siren* weckt Hoffnung ohne Pathos oder Überschwenglichkeit und untermauert dies in relaxten Midtempo-Songs», befand ‹Visions›: «Die neuen Stücke wirken befreit und abseits jeglicher modellierter musikalischer Katharsis». Ihre außerordentliche Stärke als Interpretin gefühlvoller Balladen stellte sie 1999 mit ihrer Version des 1935 entstandenen und vor ihr von Billie Holiday, Serge Gainsbourg, Sinéad O'Connor und Elvis Costello zelebrierten Songs *Gloomy Sunday* für den deutschen Spielfilm ‹Ein Lied von Liebe und Tod› unter Beweis. Mit dem stimmigen Live-Album *Wonderlust* (2000) fand sie Anschluß an die Live-Platten vom Beginn ihrer Karriere.

LPs auf Butterfly: *Glow Stars* (1993) ... auf Big Life: *Blow* (1993); *Oyster* (1994) ... auf Sony: *Siren* (1998) ... auf V2: *Wonderlust* (2000) ... auf Matador: *South* (2001)

NWA, 1986 in Los Angeles gegründet, machten schon mit ihrem Namen Niggers With Attitude unmißverständlich klar, daß sie eine neue Ära einläuten wollten. Nach Jahrzehnten schleppender bis vergeblicher Annäherungsversuche der Schwarzen an den weißen amerikanischen Lebensstandard ging es ihnen nicht mehr darum, sich zu emanzipieren, sondern nur noch um erbarmungsloses Zurückschlagen. «Rap, so hart wie Punk, brachte eine handverlesene Gemeinde von Kids zusammen, die alles repräsentierte, wovor sich ihre Eltern am meisten fürchteten», registrierte ‹L. A. Weekly›. Trotz der Jugend ihrer Mitglieder waren NWA bereits ein Allstar-Ensemble, als sie zusammenkamen. Ice Cube, als O'Shea Jackson am 15. Juni 1969 in South Central Los Angeles geboren, hatte schon als 16jähriger in der Gruppe CIA von sich reden gemacht, für die er den Rap *Boyz 'N The Hood* verfaßte, der später zur Hymne von NWA werden sollte. Plattendreher Dr. Dre, als Andrew Young am 18. Februar 1965 in South Central Los Angeles geboren, war Produzent von CIA und DJ der World Class Wreckling Cru gewesen. Eazy-E, als Eric Wright am 7. September 1973 in Compton, Kali-

fornien, geboren, hatte bereits unter eigenem Namen mehrere Singles auf seinem Label Ruthless veröffentlicht. Komplettiert wurde das Team von MC Ren, bürgerlich: Lorenzo Patterson, und DJ Yella, bürgerlich: Antoine Carraby. In den ganz frühen Tagen des Projekts gehörten noch Arabian Prince und D.O.C. dazu. Schon mit ihrer ersten Single *Boys 'N The Hood* «markierten sie ihr lyrisches Territorium: Waffen, Gewalt und Schlampen» (‹Virgin Encyclopedia›). Mit den extremistischen, an den Parolen von Malcolm X angelehnten Statements ihrer Alben *NWA And The Posse* (1987) und *Straight Outta Compton* (1988), dem «Äquivalent des Rap zu ‹A Clockwork Orange›» (‹Los Angeles Times›), behauptete «the world's most dangerous band» (Dr. Dre in ‹Break Out›) ihre Stellung als Führungsriege des Gangsta Rap. Der Song *Fuck Tha Police* vom Album *Straight Outta Compton* veranlaßte das FBI erstmals in ihrer Geschichte, einen offiziellen Brief an die Musikindustrie zu schreiben. Der Populariät der Rapper konnte diese Aktion nur förderlich sein. Daß sie mit *Efil4zaggin* (1991) Platz eins der US-Charts belegten, mochte als Beleg für die immense Unzufriedenheit schwarzer Jugendlicher in den USA dienen. In Großbritannien wurde das Album sogar mittels Gerichtsbeschluß aus dem Verkehr gezogen, aber infolge positiver Expertisen von Wendy K von Talking Loud und David Toop nach kurzer Zeit wieder zugelassen. Das Album strotzte von Obszönitäten, offenen Aufrufen zur Gewalt und versteckten Aufforderungen zum Drogenkonsum. Ice Cube hatte die Band auf Grund finanzieller Streitigkeiten mit deren jüdischem Manager Jerry Heller bereits 1989 verlassen. Er wurde nicht müde, sich in antisemitischer Propaganda zu profilieren. Für seinen vom Public Enemy-Produktionsteam Bomb Squad in New York betreuten Solo-Einstand *AmeriKKKa's Most Wanted* (1990) erntete er herbe Kritik, da er mit seinen sexistischen und gewalttätigen Raps zu weit gegangen war. Auf dem wesentlich reiferen Album *The Predator* (1992) setzte sich Ice Cube mit den Ursachen, Folgen und Begleitumständen der L. A. Riots auseinander. Daneben startete er auch eine Karriere als Filmschauspieler in Streifen wie ‹Trespass›, ‹Boyz 'N The Hood› und ‹Higher Learning›. All seine Alben wurden Millionenseller, und der Rapper landete auf der Abschußliste einer rechtsradikalen Killertruppe, die aber rechtzeitig entdeckt werden konnte. Es war wohl Ironie des Schicksals, daß ausgerechnet die Polizei dem erklärten Polizistenfeind das Leben rettete. Später machte sich Ice Cube auch einen Namen als Plattenproduzent, unter anderem für Da Lench Mob, und als Filmregisseur. Sein Regie-Debüt ‹The Players Club› (1998) spielte innerhalb der ersten sechs Wochen an amerikanischen Kassen 20 Millionen Dollar ein. Auch die verbliebenen Mitglieder von NWA hielt es nicht mehr lange zusammen. Nach finanziellen Auseinandersetzungen zwischen Eazy-E und Dr. Dre gründete er das Label Death Row und ging Solo-Aktivitäten nach. Er stellte eine Band auf, der Tony Green (bg) und Ricky Rouse (g) angehörten, und plazierte sein unter dem musikalischen Einfluß George Clintons produziertes Debütalbum *The Chronic* (1993) zehn Monate lang in den Billboard Top Ten. Als Produzent nahm er sich Acts wie Snoop Doggy Dog, Above The Law, Tupac Shakur und Eminem an. Obgleich er ein Leben in Luxus führte, geriet er wegen seiner unbeherrschten, gewalttätigen Art immer wieder in Konflikt mit dem Gesetz. Nach dem Verkauf von Death Row an Interscope gründete er mit Aftermath abermals ein Hip Hop-Label. Eazy-E arrangierte sich indessen als Vorzeige-Rapper mit allen gesellschaftlichen Kreisen, die er zuvor attackiert hatte, und verlor so den Kredit seiner Fans. Seinen Alben fehlte es am Biß, den man von NWA kannte. Eric Wright alias Eazy-E starb am 26. März 1995 an Aids. MC Ren veröffentlichte eine Reihe von Solo-Alben auf Ruthless, die aber weder kommerziell noch musikalisch oder textlich ins Gewicht fielen. NWA waren das perfekte Beispiel einer amerikanischen Band, die mit unkonventionellen Mitteln einen schnellen Aufstieg schaffte, sich für kurze Zeit provokant an der Spitze einer Bewegung halten konnte, aber am eigenen Potential zerbrach.

LPs auf Priority: *N.W.A. And The Posse* (1987); *Straight Outta Compton* (1988); *Niggaz4life* (1991) … LPs Eazy-E auf Ruthless: *Eazy-Duz-It* (1988); *Str8 Off Tha Streetz* (1995) … LPs Dr. Dre auf Death Row: *The Chronic* (1992) … auf Aftermath: *Dr. Dre Presents The Aftermath* (1996); *2001* (1999) … LPs Ice Cube auf Priority: *AmeriKKKa's Most Wanted* (1990); *Death Certificate* (1991); *The Predator* (1992); *Lethal Injection* (1994); *War & Peace, Vol. 1* (1998); *War & Peace, Vol. 2* (2000) … LPs MC Ren auf Ruthless: *Shock Of The Hour* (1993); *Da Villain In Black* (1996); *Ruthless For Life* (1998)

O

Oasis, 1991 im englischen Manchester gegründet, stellten 1995 eine Art Gegenentwurf zu Blur dar, als Suede bereits abgeschlagen waren. Dabei wurde von der britischen Musikpresse der scheinbare Gegensatz zwischen Blur und Oasis derart auf die Spitze getrieben, daß die etwa zeitgleiche Veröffentlichung von Singles im Spätsommer 1995 einem Showdown nahekam. Mit wenig Berechtigung: Abgesehen davon, daß Blur zu diesem Zeitpunkt bereits drei LPs veröffentlicht hatten – Oasis nur eine –, schöpften beide Bands aus denselben Quellen: der britischen Musik von der Music Hall über Beatles, Kinks, T. Rex bis zu The Stone Roses. Liam und Noel Gallagher beschlossen 1989 während eines Konzerts der Stone Roses in Manchester, gemeinsam eine Band zu gründen. Doch kam es zunächst nicht dazu: Noel, geboren am 29. Mai 1967 in Burnage bei Manchester, bat in demselben Konzert einen Zuhörer, den er den Auftritt hatte mitschneiden sehen, um eine Kopie des Bandes. Es stellte sich heraus, daß es sich bei dem Bootlegger um einen Musiker der Inspiral Carpets handelte, der Noel als Gitarren-Roadie engagierte. Zwei Jahre lang begleitete Noel Gallagher die Inspiral Carpets auf Tourneen und nahm erst dann den Plan, eine eigene Band zu gründen, wieder auf. Sein Bruder Liam, geboren am 21. September 1972, hatte diesen Schritt bereits vollzogen. Zusammen mit Paul «Bonehead» Arthurs (g), Paul «Guigs» McGuigan (bg) und Tony McCarroll (dr) hatte er die Band Rain gegründet. Als Noel dazustieß, riß er sogleich das Heft an sich: Liam sollte zwar Vorsänger bleiben, die Band aber ausschließlich seine Songs spielen. Durch eine Verkettung glücklicher Umstände gelang es Oasis,

wie die Band inzwischen hieß, im Rahmen eines Konzerts in Glasgow fünf eigene Songs zu spielen, die den Chef des Labels Creation, Alan McGee, so beeindruckten, daß er die Gruppe unter Vertrag nahm. Eine Promotion-Single verhalf zu etwas Radiobekanntheit, dann machten sich die keineswegs immer brüderlich verbundenen Gallaghers an ihre erste LP. Die vorab ausgekoppelte Single *Supersonic* (1994) wurde vom ‹New Musical Express› und vom ‹Melody Maker› zur «Single der Woche» gekürt und läutete damit die rasante Karriere der Gruppe ein. Noch immer bezogen sich Oasis auf die Beatles, doch schlug das Album *Definitely Maybe* auch andere Töne an. «Noel Gallaghers Empfänglichkeit für musikalische Strukturen und Phrasen grenzt an Sammelwut», staunte ‹Q›. «*Definitely Maybe* ist weder Grunge-Lustlosigkeit noch Retro-Dilettantismus.» Der britischen Musikpresse schien Oasis trotz des violinseligen Beatles-Nostalgiestücks *Whatever* als Verkörperung des rohen Rock 'n' Roll schlechthin. Auch untereinander schenkten sich die kaum unter übermäßiger Bescheidenheit leidenden Oasis-Musiker nichts: Als Liam Gallagher Drummer McCarroll einmal verprügelte, verließ dieser die Band und wurde durch Alan White (nicht der Yes-Drummer) ersetzt. Für die künstlich erzeugte Publicity-Kontroverse mit Blur ließ sich das nutzen. Als Gegensatz zu den Blur-Bürgersöhnchen drängte sich bei Oasis ein Proletarier-Image geradezu auf: Rüpel wie weiland die Rolling Stones mit ähnlicher Karrieremotivation. «Für einen Erfolg», kommentierte Konkurrent Morrissey Ende 1995 den Charts-Volltreffer *Morning Glory*, «würden die Gallaghers sogar das Gebiß ihrer Großmutter verkaufen.» Zu legitimen «Erben der Pop-Genies» fehlten ihnen jedoch, so ‹Die Welt› im Januar 1996, «Witz und vor allem Charme». Und etwas Inspiration: Immer wieder bezogen die Gallaghers sich auf die Beatles und verzichteten auch nicht darauf, in Promotion-Videos zu ihrer LP *Be Here Now* (1997) mit an ‹Yellow Submarine› erinnernden Versatzstücken zu arbeiten. Tatsächlich gab es auch außerhalb der Musik Parallelen zu den Fab Four: Seit Mitte 1995 befand sich die Band in einem Dauerhoch, gab weltweit in den größten Hallen Konzerte, nahm nebenbei eine neue LP auf, wurde mit Auszeichnungen bedacht und von Trennungsgerüchten nicht verschont. Ihr Privatleben – beide Gallaghers heirateten 1997 – schotteten die Musiker ab, so gut es ging. Dennoch wirkte sich die Belastung aus, die «größte Band der Welt» zu sein (‹Q›). Der Entfremdung von ihrer Umwelt begegneten die Brüder mit den schon gewohnten Rüpelhaftigkeiten und großen Sprüchen. Doch der Erfolg machte auch nachdenklich: «Mir würde es natürlich gefallen», versicherte Liam Gallagher, «überall in der Welt zur gleichen Zeit die Nummer eins zu sein. Aber ich riskiere weder meine Gesundheit noch meine Kraft, nur deshalb Songs zu schreiben.» So abgeklärt konnte er es möglicherweise bereits gelassen nehmen, daß die Band beim im Februar 1998 vergebenen Brit Award leer ausging und der Konkurrenz Verve Platz machen mußte. Aber das Ungemach hielt an: Das Album *Be Here Now* blieb mit weltweit acht Millionen Auflage um die Hälfte hinter dem Vorgänger *Morning Glory* zurück. Es war der am rasantesten verkaufte Tonträger der britischen Pop-Geschichte, der aber auch am schnellsten in den Second-Hand-Läden landete. Von den weit über eine Million Exemplaren in Großbritannien, so gestand Noel Gallagher enttäuscht ein, habe man ihm ganze drei jemals zum Signieren vorgelegt: «Bei der Produktion waren wir buchstäblich Koks-verrückt. Wir konnten einfach nicht aufhören, haben eine Linie auf die andere getürmt. Im Ergebnis haben wir damit eine Dichte erreicht, die viel Sinn macht, aber so nie beabsichtigt war. Noch mehr stören mich allerdings die Texte: Sechstkläßlerquark. Ich hätte mir mehr Zeit dafür nehmen sollen.» Enttäuschung auch bei den alten Kumpanen aus Manchester: Gitar-

rist «Bonehead» Arthurs und Bassist «Guigs» McGuigan verließen die Band und mußten durch «Mietmusiker» (Noel) ersetzt werden: die Profis Gem Archer (g) von Heavy Stereo und Archie Bell (bg), vormals Gitarrist bei Ride und Hurricane # 1. In die Neuformierung der Band mit einem neuen Logo und die Vorbereitung der nächsten CD platzte die Nachricht, ihr Entdecker und Förderer Alan McGee habe sein Indie-Label Creation, an dem schon seit 1992 Sony mit 49 Prozent beteiligt war, nun komplett an den internationalen Multi verkauft. Derart geschockt und wohl auch wieder alkoholisiert, las der Legastheniker Liam Gallagher das Zitat von Isaac Newton von 1676 auf dem Rand der britischen Zwei-Pfund-Münze falsch, das er als Titel für das nächste Album übernahm: «I have seen farther than others, it is because I was standing on the shoulders of giants.» Bei Gallagher war aus dem Plural «shoulders» ein falscher Singular geworden: *Standing On The Shoulder Of Giants* (2000). Darauf Arne Willander in ‹Rolling Stone›: «Ist nicht der gesamte Noel, der gesamte Gallagher und die gesamte Oasis ein einziger grammatischer Fehler, eine Fehlleistung, ein Gebrechen? Dada auf Reimzwang, chronische Wiederholungssucht, Zitatenbrei allüberall, Sound-Modernismen hurtig angeeignet, zunehmende Neigung zu Bombast und Lärm – das Oasis-Projekt krankt.» Wenn es denn eine Weiterentwicklung gab, dann von den Sechzigern in die Siebziger – von der Beatles-Kopie zum Nachhall von Led Zeppelin und Slade oder, wie es David Sinclair in der ‹Times› formulierte: «Unfortunately they have not moved into the 21st century at all.» Während der «Shoulder»-Asien- und Amerika-Tournee im Frühjahr 2000 gaben sich die Brüder Gallagher in Interviews lammfromm, während hinter den Kulissen zwischen ihnen wieder die Fetzen flogen. Im Mai, vor der Europa-Tournee, beschloß Liam, zu Hause zu bleiben und sich vom Gitarristen Matt Deighton (Paul Weller Band) vertreten zu lassen. «Todgeweihte grüßen ein letztes Mal müde den Zeitgeist und das Publikum», überschrieb Thomas Groß seinen Konzertbericht aus der Berliner Arena in der ‹Zeit›. Wolfgang Doebeling: «Das Heroische hat sich verflüchtigt, aus der Oasis-Saga droht eine Seifenoper zu werden.» Im Herbst verließ Noels

Frau und Muse Meg Matthews, Mutter der neun Monate alten Tochter Anais, ihren Mann und die gemeinsam erworbenen Besitztümer auf Ibiza und in Buckinghamshire. Liams Frau, die Schauspielerin Patsy Kensit, tat es ihr nach. Da war an Studioarbeit nicht zu denken. Also veröffentlichte der einstige Creation-Plattenboss Alan McGee auf seinem neuen Label Big Brother im Sony-Vertrieb die Live-CD *Familiar To Millions* (2000). Ein Live-Album, während das Standing bröckle, sei «so clever wie der Börsengang eines Fußballclubs im Formtief», befand Oasis-Experte Wolfgang Doebeling. Dessen ungeachtet sei *Familiar To Millions* «eine prächtige Werkschau, ein bemerkenswert stimmiges Tondokument und für Fans, die dabei waren, ein prima Souvenir». Rund 30 Millionen Tonträger hatten Oasis mit vier Alben bis dahin verkauft. Im August 1996 hatten sie im Knebworth Park bei London vor 250 000 Menschen gespielt: Europa-Rekord. «Am Tag nach Knebworth», erinnerte sich Liam Gallagher, «stand ich da, schaute über dieses riesige, einsame Feld und dachte: Was nun? Die Bar war geschlossen, die Party vorbei.»

LPs auf Creation: *Definitely Maybe* (1994); *(What's The Story) Morning Glory?* (1995); *Be Here Now* (1997); *The Masterplan* (1998) *Standing On The Shoulder Of Giants* (2000) … auf Big Brother: *Familiar To Millions* (2000)

O'Connor, Sinéad (voc), am 12. Dezember 1966 in Glenageary, Irland, geboren, verschreckte potentielle Käufer ihrer ersten LP *The Lion And The Cobra* (1987) mit einem Cover, das die zierliche Sängerin mit Glatze und aggressivem Gesichtsausdruck zeigte. Diese Selbstdarstellung war ebenso wenig Marketing-Kalkül wie der auf dem Cover vermerkte Dank an ihre Familie obligate Höflichkeitspose. Daß sie diese LP ihrer 1985 tödlich verunglückten Mutter widmete, ließ auch nicht auf ein intaktes Mutter-Kind-Verhältnis schließen, sondern war der Reflex auf eine Kindheit, die im wesentlichen aus einem ungleichen Krieg zwischen Mutter und Tochter bestand. Die psychische Bewältigung dieses Kindheitstraumas war möglicherweise die Triebfeder für O'Connors kompromißloses, extrovertiertes und selbst für Rockstars ungewöhnlich provokatives Auftre-

ten. Sie rechtfertigte den Terror der IRA, zerriß vor den Augen eines konsternierten amerikanischen Publikums mit den Worten «Kämpft gegen den wahren Feind» eine Fotografie von Papst Johannes Paul II., gab sich mal als schutzbedürftiges kleines Mädchen, mal als unnahbare Kratzbürste, dann wieder versöhnlich: 1997 bat sie den Papst für ihre «Jugendsünde» (O'Connor) um Vergebung. Ihre Musik geriet dabei allzuoft in den Hintergrund. Ließ sich *The Lion And The Cobra* weitgehend noch als Rock goutieren – in dem sie zuvor bei der Band Ton Ton Macoute ihre ersten musikalischen Gehversuche unternommen hatte –, sprengte die zweite LP, *I Do Not Want What I Haven't Got* (1990), die Grenzen des Genres. Schon auf der ersten LP hatten ihr eigenwilliger, pathetischer Gesang und, ihre klare in hohen Lagen oft brechende Stimme die Eigenständigkeit O'Connors gezeigt; mit der zweiten LP bewies sie völlige musikalische Unabhängigkeit. Irische Volksmusik, Soul-Muster, Streicherklänge und schnurgeraden Rock zwang sie unter ihren Gesang. Die erste, vorab veröffentlichte Single *Nothing Compares 2 U*, eine Herz-und-Schmerz-Komposition von Prince, gestaltete O'Connor zu einem expressiven, emotional anrührenden und auch sentimentalen Kunstwerk. Im Video zur Single ließ sie echte Tränen kullern, vermied aber jede Anbiederung und nannte die Musikindustrie «verrottet». Adresse war in diesem Fall die US-amerikanische National Academy of Recording Arts and Sciences, die jährlich die Grammys verleiht. «Die Frau, deren großes Vorbild Jeanne d'Arc heißt, führte ihren Privatkrieg gegen den Rest der Welt weiter, und jeder Rückschlag, so schien es, verstärkte ihr Gefühl, für das Richtige zu kämpfen» (‹Der Spiegel›): Sie verteidigte den inhaftierten Ex-Boxweltmeister und Vergewaltiger Mike Tyson und nahm Hussein ebenso in Schutz wie Hitler. Ihre Erklärung für deren Gewalttätigkeit: Sie seien als Kinder mißbraucht worden. Ehemals mißbrauchte Kinder terrorisierten später als Mörder, Vergewaltiger, Alkoholiker und Drogenabhängige die Welt. Zur Bekräftigung ihrer Thesen machte sie auch vor Selbstentblößung nicht halt: «Ich habe als Kind jede Art von Mißhandlung erlitten. Ich habe gehungert, weil ich tagelang ohne Essen eingeschlossen wurde, ohne Kleider. Ich mußte vor dem Haus im Garten übernachten.» Das mochte manche schrille Töne erklären. Ihre Zuhörer teilten sich in zwei Lager: Im Pop-Poll 1990 von ‹Rolling Stone› wurde sie sowohl als beste wie als schlechteste Sängerin ermittelt. Auf die ihr entgegenschlagende Ablehnung reagierte O'Connor mit Verweigerung und wollte gar nichts mehr mit Musik zu tun haben: «Ich bin die langweiligste Person der Welt.» Nach Jahren stark verringerter Aktivität – gelegentliche Auftritte und eine Aids-Benefiz-Platte – veröffentlichte sie 1992 ein Album mit Big Band-Standards: *Am I Not Your Girl?* «Ein Desaster», war das Urteil der ihr wohlgesinnten Zeitschrift ‹Q›. Zwischenzeitlich war sie eine Verbindung mit Peter Gabriel eingegangen, sang auf dessen Platte *Us* und begleitete ihn auf einer «WOMAD»-Tour durch die USA. Auf der Reise versuchte sie sich mittels Schlaftabletten und Wodka umzubringen. 1994 veröffentlichte Sinéad O'Connor eine in Zusammenarbeit mit dem Vater ihres damals siebenjährigen Sohnes Jake, John Reynolds (dr), produzierte LP, der sie den Titel *Universal Mother* gab. ‹Mojo› sah Gemeinsamkeiten mit Lennons Mutterverlust und seiner Musik-Selbsttherapie und ließ auch die religiösen Aspekte von O'Connors Liedern nicht abseits: «Sie sitzt sozusagen in der Ecke, zittert und umarmt sich – ein trauriges, ziemlich kleines Ding.» In Wirklichkeit hatte sie ihr zweites kleines Ding, die 1996 geborene Tochter Roisin aus ihrer Verbindung mit einem Journalisten, mit den kleinen Freuden des Alltags und des Familienlebens versöhnt. Sie war aus Dublin nach London gezogen und lebte in einem kleinen Haus am Stadtrand. «Ich könnte auch als Bäckerin arbeiten», erklärte sie dem ‹Stern›, «und freue mich schon auf meine Enkel.» Die Wut war verraucht, sie ließ sich sogar die Haare wieder wachsen. 1997 veröffentlichte die zweifache Mutter eine EP mit sechs Wiegenliedern in der Tradition ihrer Heimat. *The Gospel Oak EP* biete, so ‹Musikexpress›, «zeitgemäße Berceuse-Balladen des ausgehenden 20. Jahrhunderts». Berceuse? Lieder im wiegenden Sechs-Achtel-Rhythmus mit meist schlichter Melodie. In Zusammenarbeit mit U 2 steuerte sie den Song *I'm Not Your Baby* zum Wim Wenders-Film ‹The End of Violence› bei, intonierte für die TV-Serie ‹The Irish in America› das Lied *Skibbereen*, gastierte mit den irischen Chieftains ebendort sowie auf ihrer «Lilith Fair»-Tour auch einmal in der Londoner Royal Albert Hall. Mit einem Sorgerechtsprozeß um die Tochter Roisin, den deren Vater John Waters anstrengte und gewann, endete im März 1999 das irische Idyll. Der Kolumnist der ‹Irish Times› hatte die eigenwillige Mutter vor Gericht als drogensüchtige Furie dargestellt, worauf diese einen Selbstmordversuch unternahm. Dem Tod entgangen, warf sie sich in die Arme des von dem irischen Ex-Polizisten Michael Cox gegründeten und wegen Korruption, Steuerhinterziehung und Sexualdelikten von Gottesmännern verschiedentlich in die Schlagzeilen geratenen Tridentiner-Ordens, einer Splitterkirche, die ihre Messen in lateinischer Sprache zelebrierte. Gegen den Obolus von – nach widersprüchlichen Angaben – 150 000 oder 200 000 britischen Pfund war Bischof Cox gern bereit, sie am 22. April 1999 in der von Rom abtrünnigen römisch-katholisch-lateinischen Tridentiner-Kirche im französischen Wallfahrtsort Lourdes zur Priesterin zu berufen und auf den Namen Mutter Bernadette Maria vom Orden der Mutter Gottes zu taufen. Ganz so klang ihr gottesfürchtiges Werk *Faith And Courage* (2000): «Musikalische Instant-Kost, gebremster Säuselpop mit schlafmütziger Rhythmik, darüber ihr immer noch charismatischer Gesang» (Karin Hildebrand im ‹Musikexpress›), ein «Seelenstriptease, der ihre Liebe zu Gott, ihren Groll gegen Irland sowie die Vorbehalte gegen das starke Geschlecht zum Ausdruck bringt» (Marcel Anders im ‹WOM Journal›). Männer, immerhin, hatten ihr als Produzenten der 15 Songs zur Seite gestanden: Brian Eno, Dave Stewart (Eurythmics), Wyclef Jean (Fugees), Adrian Sherwood, Skip McDonald. Mutter Bernadette: «Als Freunde sind Männer großartig, aber sobald du mit ihnen ausgehst, fangen sie an, dich zu kontrollieren. Außerdem stehen Männer in Konkurrenz zu Gott. Mit ihnen findest du kaum Zeit, dich auf deinen Glauben zu konzentrieren. Sie lenken zu sehr ab.»

LPs auf Ensign: *The Lion And The Cobra* (1987); *I Do Not Want What I Haven't Got* (1990); *Am I Not Your Girl?* (1992); *Universal Mother* (1994) ... auf Chrysalis: *The Gospel Oak EP* (1997) ... auf East West: *Faith And Courage* (2000)

The Offspring, 1985 in Orange County, Kalifornien, gegründet, folgten klanglich weitgehend dem Vorbild von Bad Religion, verdankten ihren Ruhm jedoch dem Boom der stilistisch ersten Grades artverwandten Band Green Day. Dennoch gebührte ihnen «das Verdienst, die Kraft der punkbeeinflußten Musik in den Mainstream der mittleren Neunziger geführt zu haben» (‹Rolling Stone›). Ihre kurzen, harten, präzisen Surf Punk-Songs waren eingängig und unverfänglich genug, um das Bedürfnis ihrer Fans nach schnörkellosem Rock mit rebellischem Anstrich ohne Konsequenzen zu befriedigen. 1984 gründete Bryan «Dexter» Holland (g) von den Clowns Of Death, geboren am 29. Dezember 1966 in Orange County, gemeinsam mit Greg Kriesel (bg), geboren am 12. Januar 1965 in Glendale, Kalifornien, die Band Manic Subsidal, die durch Doug Thompson (voc) und Jim Benton (dr) komplettiert wurde. Nach kurzer Zeit wurde Thompson gefeuert. Holland übernahm selbst den Vocal-Part und verstärkte mit seinem ehemaligen Clowns Of Death-Kollegen Kevin «Noodles» Wasserman, geboren am 4. Februar 1963 in Los Angeles, die Gitarrenfront. Für wenige undokumentierte Jahre ersetzte James Lilja, ebenfalls Ex-Clowns Of Death, Jim Benton. In dieser Besetzung nannte sich die Gruppe 1985 in The Offspring um. Als Lilja ein Medizinstudium aufnehmen wollte, stieß im Juli 1987 der erst 16jährige Ron Welty, geboren am 1. Februar 1971 in Long Beach, Kalifornien, zu den Nachkommen. Ein erstes Album wurde 1989 für Nemesis Records aufgenommen, das 1995 unter dem Titel *The Offspring* neu ediert wurde. Auf dem Punk-Label Plastic Head erschien EP *Baghdad* (1991), als die Band von Brett Gurewitz (Bad Religion) für dessen Label Epitaph verpflichtet wurde. Mit den packenden Songs ihrer LP *Ignition* (1992) und ausgiebigen Tourneen, unter anderem mit NOFX, erspielten sich The Offspring erste Aufmerksamkeit einer größeren Öffentlichkeit. Während das gesamte Umfeld der Band von Bad Religion bis Green Day ins Major-Lager wechselte, blieben The Offspring ihrem Independent-Label Epitaph treu und setzten auch geschäftlich weiterhin auf soliden Punk. Im Juli 1994 toppten sie mit der markanten, Punk und Ska verbindenden Single *Come Out And Play* die amerikanischen Modern Rock-Charts und traten einen Monat später in Frankfurt/M erstmals außerhalb Nordamerikas auf. Auf *Smash* (1994), von dem innerhalb zweier Jahre 8,5 Millionen Einheiten verkauft wurden, klangen die «Platin-Punks» (‹WOM Journal›) noch reifer, voller und selbstbewußter. «Amiland entdeckt das Zeitalter melodischer Wildheit», jubilierte ‹Rock Hard›. Im Frühjahr und Sommer 1995 spielte die Band auf allen großen europäischen Rockfestivals und leistete einen Beitrag zum Soundtrack von ‹Batman Forever›, was einen weiteren Popularitätsschub nach sich zog. 1996 ließen sich Offspring von Columbia mit einem Vorschuß von 6,5 Millionen Dollar aus dem Deal mit Epitaph herauskaufen, was nicht ohne gerichtliche Auseinandersetzungen abging. So wurde das Platin-Album *Ixnay On The Hombre* (1997) in Amerika auf Columbia und in Europa weiterhin auf Epitaph veröffentlicht. Erstaunlicherweise büßten sie mit ihrem Spagat zwischen verbalen Bekenntnissen zum Indie-Lager und dem tatsächlichen geschäftlichen Gebaren in der sensiblen Punk-Szene nichts von ihrer Glaubwürdigkeit ein, obwohl sie auf dem Höhepunkt ihrer Popularität musikalisch wenig Neues zu bieten hatten. Die Band verstand das Album als «Standortbestimmung und Abgrenzung zugleich – weg vom Teenie-Image, Distanzierung vom Punk-Revival und Rückbesinnung auf die eigenen Wurzeln» (‹WOM Journal›). Auf eine solide Fan-Basis zählend, brauchte die Gruppe auch für *Americana* (1999) stilistisch nichts zu verändern, um abermals drei Millionen Alben abzusetzen. Ihr erfrischender Punk von einst war jedoch spätestens zu diesem Zeitpunkt zu einer kühl kalkulierten und kommerziellen Erfolg versprechenden Pose erstarrt.

LPs auf Epitaph: *Offspring* (1989); *Ignition* (1993); *Smash* (1994) … auf Columbia: *Ixnay On The Hombre* (1997); *Americana* (1998); *Conspiracy Of One* (2000)

Oldfield, Mike (g, bg, kb), am 15. Mai 1953 in Reading, Berkshire, geboren, weichte die rigiden Prinzipien minimalistischer Musik (Philip Glass, Steve Reich) kommerziell attraktiv auf und webte in seinen Klangteppich eingängige Folk- wie

Rockmotive hinein. Auf melodische Baßlinien baute er Jam Session-artige Variationen, die er oftmals im Multiplayback-Alleingang aus über 20 verschiedenen Instrumenten aufschichtete. So entstanden «Klänge von ungeheurer Trivialität» («HiFi-Stereophonie›), die zunächst eine Mehrzahl begeisterter Kritiker als «Klangtüftelei von erstaunlicher Subtilität» (‹Q›) lobte. Immerhin fanden auch Oldfield-Opponenten: «Die Klänge stören nicht, sie sind Kulisse, vielleicht zur Meditation anregend, vielleicht auch als Beruhigungsmittel nützlich» (‹HiFi›). Oldfield hatte sich als 14jähriger mit seiner Schwester Sally zum Folkduo zusammengetan. Nachdem er vorübergehend die Barefeet geleitet hatte, spielte er in der Band Whole World des ehemaligen Soft Machine-Bassisten Kevin Ayers und brachte bei Stücken wie *Whatevershebringswesing* seine singende Gitarre zu Gehör. Nach der Auflösung des Ensembles überarbeitete er das 50-Minuten-Demo einer Instrumentalkomposition mit dem ursprünglichen Titel *Breakfast In Bed* neun Monate lang mit 28 verschiedenen Klangkörpern und konnte es 1973 zum Start des neuen Labels Virgin als *Tubular Bells* herausbringen. Die Reaktion von Presse und Publikum war einhellig: ‹Rolling Stone› hörte in dem Monumentalwerk Einflüsse von Sam Cooke bis Johann Sebastian Bach, das renommierte Jazzmagazin ‹Down Beat› verlieh dem Stück, das auch noch in einer Symphonieorchester-Fassung herauskam und bis 1981 zehnmillionenmal verkauft wurde, fünf Sterne. Ein *Tubular Bells*-Digest fand als Soundtrack-Musik zu dem Horrorfilm ‹Der Exorzist› (1973) vor allem in den USA Anklang. Oldfield erhielt für seine Verdienste um den britischen Musikexport und für sein humanitäres Engagement bei zahlreichen Benefizaktionen die prestigeträchtige «Freedom of the City of London»-Auszeichnung und wurde als einziger Popmusiker neben Paul McCartney ins britische ‹Who's Who› aufgenommen. Weitere Alben und Titel wie «die totale Langeweile von *Hergest Ridge*, die lieblose Liebe von *Guilty*, die freudlose Freude von *Portsmouth*» (‹New Musical Express›) schleppten sich «schwerfällig, grob, aber durch und durch professionell» (‹Q›) dahin und waren «eine Studie und Reflexion jenes Wertesystems, das in etwa der Lebensphilosophie von Suburbia entspricht» (‹NME›). Bei vor allem auf Kontinentaleuropa beschränktem Erfolg versuchte sich Oldfield immer wieder an einem weiteren rockorientierten Bombaststück, wie *Ommadawn, QE 2, Five Miles Out, Islands*, «bei dem es nur so singt und klingt, bimmelt und piepst, dudelt und geigt, pfeift und brüllt, in dem es dröhnt und rauscht und donnert und tost und rumpelt, in dem es orgelt und tänzelt, in dem 1000 Schwellkörper schwellen – ohne daß, genau besehen, irgend etwas passiert. Bestenfalls kommt es zu einer Ejaculatio praecox» (‹Sounds›). Oldfields Klangwolken hatten immerhin Richard Bransons Label Virgin aus einem Nischendasein unter die Großen der Branche befördert. Doch in dem aufstrebenden Konzern, der in Punk und New Wave die Chance sah, sich mit neuer Rockmusik zu profilieren, störte der Soundtüftler bald. Weibliche Firmenangestellte fürchteten zudem die Zudringlichkeit des Schürzenjägers und sein cholerisches Temperament. «Ich weiß nicht, ob ich jemals wirklich geliebt habe», bekannte er Ende November 1999 Moira Perry von der Londoner ‹Times›: «Wenn man jemanden trifft und einen das Kribbeln überkommt – ist das dann Liebe, oder sind es die Hormone? Die meiste Zeit meines Lebens habe ich mich ungeliebt und nicht liebenswert gefühlt.» Um seinen Hormonhaushalt sicherzustellen, gab Schwester Sally in der ‹Sunday Times› Kleinanzeigen mit falscher Altersangabe auf: «Successful, good looking musician/composer, 43, fun-loving with occasional artistic moods, seeks lovely affectionate lady, 25–35, to share extraordinary life of romance.» Eine der Lovely Ladies, die sich meldeten, Amy Lauer, verkaufte anschließend ihre Story an ein Boulevardblatt: Oldfield habe sich als «foul-tempered control freak» entpuppt. Der Komponist: «Ich kann mich gar nicht genau an sie erinnern – nur, daß sie sich über die geringsten Kleinigkeiten aufregte.» Nach der kurzen Affäre habe sie ihn mit ellenlangen Briefen belästigt und überall Botschaften für ihn hinterlassen: «Es war wie im Film ‹Fatal Attraction›.» Um den Grund seiner Sexsucht herauszufinden und warum ihn psychisch gestörte Frauen so faszinierten, ließ er einen Privatdetektiv zwei Jahre lang in seiner Kindheit und seiner Familiengeschichte stöbern.

Ergebnis: Die 20 Jahre zuvor verstorbene Mutter, eine irisch-römisch-katholische Krankenschwester, war von ihrer Familie verstoßen worden, als sie einen protestantischen Arzt heiratete. Dieser war zum Katholizismus übergetreten, um ihren Kontakt zur Familie wiederherzustellen. Vier Jahre nach Mike brachte sie ein mit dem sogenannten Down-Syndrom schwer behindertes Kind zur Welt, das – angeblich tot – ein Jahr in einem Heim überlebte. Die Mutter, die ihn auch schlug, hatte selbst einige Zeit in Nervenkliniken verbracht. In solchen Phasen beim Vater unterbrach Mike auch den Kontakt zu den Geschwistern Sally und Terry (der ebenfalls Musiker wurde) und zog sich zu seiner Gitarre zurück. Um diese Kindheit aufzuarbeiten, unterzog er sich 1978 einer Exegese-Therapie und machte der Therapeutin Diana Fuller, obgleich er zu dieser Zeit drei Freundinnen unterhielt, nach sechs Wochen aus einer Laune heraus einen Heiratsantrag: «Ich wollte einfach wissen, wie das ist.» Zum Standesamt, wo sich Virgin-Boss Branson mit Freundin als Trauzeugen eingefunden hatten, schwebte er nebst Braut im Hubschrauber. Er fand es witzig, Branson am nächsten Morgen telefonisch mitzuteilen, nun wolle er sich wieder scheiden lassen, und war nicht amüsiert, als ihm sein Anwalt mitteilte, er habe soeben sein halbes Vermögen verspielt. Neben zahllosen Affären hatte er danach aus zwei jeweils langdauernden Partnerschaften mit Sally Cooper und Anita Hegerland, je zwei und somit – seine älteste Tochter Molly hinzugerechnet – insgesamt fünf Kinder. Nach der umstrittenen Exegese-Methode psychisch therapiert, vertraute er fortan auf die Sangesqualitäten von Roger Chapman (Family), Jon Anderson (Yes), seiner zeitweiligen Lebensgefährtin Anita Hegerland, die als deutscher Kinderstar mit Roy Black den Hit *Schön ist es, auf der Welt zu sein* gesungen hatte, vor allem aber auf Maggie Reilly. Deren Oldfield-Hit *Moonlight Shadow*, eine der aus *Crises* (1983) ausgekoppelten Singles, machte Virgin allein nicht froh, denn immer noch lieferte Oldfield mitunter auch halbstundenlange Instrumentals ab: «*Tubular Bells* war mein ganzes musikalisches Leben gewesen, da konnte ich wirklich nicht gleich etwas ganz anderes machen.» Er überwarf sich mit Ballonfahrer Branson, unterschrieb bei WEA und

tat sich mit dem Produzenten Trevor Horn zusammen, um in Los Angeles *Tubular Bells II* aufzunehmen. Über das technisch aufgedonnerte Werk konnte ‹Q› nur lächeln: «Es scheint, als wäre auch der Fortschritt ein wenig nostalgisch.» Ironie des Schicksals: Die renovierte Fassung zog die Urfassung von 1973 wieder in die Charts. Für *The Songs Of Distant Earth* (1994) nutzte der technikbegeisterte Oldfield als erster Rockmusiker die zukunftsträchtige CD-ROM-Technologie. ‹Q› beeindruckte dies nicht: «Ohne diese optische Unterstützung dauerte das Ganze noch länger.» Musikalisch erinnerte die ausufernde Suite mit ihren Anklängen an Irish Folk, afrikanische Polyrhythmen, Klassik, Kinderlieder und Pop die Zeitschrift ‹Stereoplay› an «Ethno-Eintopf oder uninspirierte Passagen von Tangerine Dream». Die Klänge nach dem gleichnamigen SF-Roman von Arthur C. Clarke entfalteten aber auch «eine ganz eigene Magie, nicht von dieser Welt». Damit konnte Oldfield nun wieder gut leben: «Ich frage mich immer wieder, ob ich mit dieser Welt auch nur das geringste zu tun habe. Und je länger ich lebe, desto eindeutiger fällt die Antwort aus: nein, eigentlich nicht. Und das ist gut so.» Er ließ seine Häuser in Buckinghamshire, Chalfont St. Giles und Hollywood hinter sich und bezog mit einer spanischen Rosa eine Luxusherberge auf der Mittelmeerinsel Ibiza, um in erschöpfenden Disco-Nächten «meine Jugend nachzuholen». Oldfield: «Drei Jahre lang riskierte ich meine Gesundheit. Ich kam erst wieder zu mir, als ich merkte, daß meine Finger taub wurden.» Im August 1998 verkaufte er die Hazienda mit Motoryacht, Mercedes und Jeep für rund zwei Millionen Pfund (3,5 Millionen Euro) und kehrte mit einer französischen Fanny sowie der fertigen Produktion *Tubular Bells III* nach London zurück. Der nunmehr dritte Aufguß des magischen Motivs aus acht Noten wurde am 4. September während eines Unwetters mit zwei Stromausfällen open air auf der ehrwürdigen Horse Guard's Parade für ein Publikum unter Regenschirmen und Plastikplanen uraufgeführt: eine Dancefloor-Melange aus Techno, Flamenco und Drum 'n' Bass mit den Stimmen von Cara, Heather Burnett, Amar und Rosa Cedron sowie Pepsi Demarque, die sofort Platz vier der UK-Charts belegte. Im Sommer 1999 führte Oldfield seine Klang- und Lichtkaskaden unter dem Titel «Live Then & Now» 32mal auf Europatournee zwischen Budapest (18. Juni) und Riga (15. August) auf, um dann die Jahrtausendwende in Berlin auf seine Art zu begehen. Mit der Staatskapelle St. Petersburg, die an die Stelle des Londoner Session Orchestra der CD-Fassung trat, stellte er nach Rechercherreisen nach Venedig, Peru und Westafrika an der Berliner Siegessäule unter dem Titel *The Millennium Bell* 2000 Jahre Menschheitsgeschichte in 45 Minuten dar: von Christi Geburt über die Inka-Dynastien, die Entdeckung Amerikas und den Sklavenhandel bis zum Zweiten Weltkrieg, dem Schicksal der Anne Frank und dem Internet, überhöht durch einen Lichtdom wie von Albert Speer in einer Ästhetik wie von Leni Riefenstahl. Eine Methode bei der Auswahl der dargestellten Ereignisse habe er nicht verfolgt, erklärte Oldfield, sie seien ihm in einer Art kreativer Trance eingefallen: «Man muß die Dinge lieben, die man macht, und den Mut aufbringen, sie durchzusetzen.» Doch die elf Stücke der Millenniums-Glocke mit «einem klassischen, einem Gospel-Chor und einem aus Südafrika, von Opernhaftem über Weihnachtslieder bis zu Rap-Tunes, von russischen Weisen über Orchesterstücke à la Mahler bis zu Techno» (Oldfield) klangen «lieblos und schematisch», so Björn Döring in der ‹Berliner Zeitung›. Da habe Oldfield seine frühere Detailverliebtheit dem Bombast geopfert: «Walt Disney wäre von dieser rückstandsfreien Loslösung der Geschichte aus ihrem komplizierten Kontext begeistert gewesen.»

LPs auf Virgin: *Tubular Bells* (1973); *Hergest Ridge* (1974); *The Orchestral Tubular Bells* (1975); *Ommadawn* (1975); *Boxed* (1976); *Incantations* (1978); *Exposed* (1979); *Platinum* (1979); *QE 2* (1980); *Airborn* (1980); *Music Wonderland* (1981); *Five Miles Out* (1982); *Crises* (1983); *Discovery* (1984); *The Killing Fields* (Soundtrack, 1984); *The Complete* (1985); *Islands* (1987); *Earthmoving* (1989); *Amarok* (1990); *Heaven's Open* (1991); *Elements* (1993) … auf WEA: *Tubular Bells II* (1992); *The Songs Of Distant Earth* (1994; auch mit CD-ROM); *Voyage* (1996); *XXV – The Essential Mike Oldfield* (1997) … auf EMI: *Orchestral Tubular Bells* (1999); *Tubular Bells III* (1998); *The Millennium Bell* (2000) … LPs von Mike Oldfields Schwester Sally Oldfield auf Bronze: *Water Bearer* (1978); *Easy* (1979); *Celebration* (1980); *Playing In The Flame* (1981); *In Concert* (1982); *Strange Day In Berlin* (1983); *Mirrors* (1987) … auf CBS: *Femme* (1987); *Instincts* (1989) … auf Ariola: *Three Rings* (1994) … LP Mike und Sally Oldfield auf Line: *Children Of The Sun* (1968)

The Orb, 1988 in London gegründet, waren Englands einflußreichster Act im Niemandsland zwischen Dance und Ambient. Sie machten alles anders als alle anderen Bands und Projekte und «wollten nicht mit irgendeiner Konvention der traditionellen Musikbranche in Verbindung gebracht werden» (‹Intro›). Dr. Alex Paterson (der vermeintliche Doktortitel war nichts weiter als die Zusammenfassung der Initialen seiner ersten beiden Vornamen Duncan und Robert) arbeitete zunächst als A & R-Mann für Brian Enos Ambient-Label EG Records, bevor er vom Acid House-Virus infiziert wurde und Jim Cauty von KLF kennenlernte. Im Sommer 1988 kreierten Paterson und Cauty mit unzähligen Tapedecks, Turntables und Samplern einen sechsstündigen Soundtrack für einen Chill-out Room in Paul Oakenfords Acid House-Domizil Land of Oz. Mit den Erfahrungen dieses Projekts gingen sie ins Studio, um unter dem Logo The Orb den Track *Tripping On Sunshine* für die von Youth (Killing Joke) zusammengestellte Compilation *Eternity Project One* (1988) aufzunehmen. Den Bandnamen hatten sie sich aus Woody Allens Film ‹Sleeper› ausgeliehen. Wenig später folgte die *Kiss EP* (1989) mit Mixen von Stücken des New Yorker Senders Kiss FM. In dem Kolossalwerk *A Huge Ever Growing Pulsating Brain That Rules From The Centre Of The Ultraworld* (1989) nahmen The Orb einen abenteuerlichen Mix aller nur denkbaren und sich gegenseitig ausschließenden Stilrichtungen vor. «Der extravaganten Mesalliance von Progressive Rock und Ambient lag ein Sample von Minnie Ripertons *Lovin' You*» zugrunde. Mit ihrer «Ambient House-Variante von KLFs Electro Dance-Pasteten» (‹Rolling Stone›) erfanden The Orb auf Grundlage allgemein zugänglicher Medien eine hochgradig individuelle Musik. John Peel entdeckte das Potential der Band und popularisierte sie über seine BBC-Radio-Sessions. Dennoch verließ Cauty seinen

Partner, um mit KLF weiterzumachen und unter dem Logo Space Aufnahmen von The Orb, auf denen sämtliche Beiträge Patersons gelöscht waren, im Alleingang zu veröffentlichen. Paterson arbeitete indessen interimsweise mit Youth weiter, bis er in dem 18jährigen Techniker Thrash, bürgerlich: Kris Weston, einen vollwertigen Ersatz für Cauty gefunden hatte. Zwei Jahre lang bastelte das Duo an neuen Aufnahmen, die im März 1991 unter dem Titel *The Orb's Adventures Beyond The Ultraworld* erschienen. In der Folge fertigten The Orb unzählige Remixe an und agierten als Remixer für Killing Joke, Yellow Magic Orchestra, Primal Scream, Front 242, Material und zahlreiche andere Bands. Kurzzeitig arbeitete Paterson bei System 7 mit, einer Band der ehemaligen Gong-Mitstreiter Steve Hillage und Miquette Giraudy, die später auch als Gäste bei The Orb auftauchten. Nach einer weiteren Peel Session, auf der sie unter anderem *No Fun* von den Stooges coverten, erschien mit dem 40minütigen *Blue Room* die längste Single der Geschichte, die prompt in die britischen Top Ten einstieg. Mit dem dubbigen *U.F.Orb* (1992) enterten sie sogar Platz eins der Album-Charts. Die Live-Platte *Live Orb '93* (1993) faßte Aufnahmen verschiedener Festival-Auftritte desselben Jahres zusammen. Nach einer sich fast über ein Jahr hinziehenden Kollaboration mit Robert Fripp erschien im Frühjahr 1994 *Pomme Fritz – The Orb's Little Album*, von dem Paterson erklärte: «Es ist voll Terror, es ist voll Beweih-räucherung, es ist voll Liebe.» Des ewigen Tourens müde, verließ Thrash 1994 das Projekt und wurde auf *Orbus Terrarum* (1995) von Andy Hughes ersetzt, der zuvor als Techniker für The Orb tätig gewesen war. Ende der Neunziger erweiterten The Orb ihr Repertoire um Drum 'n' Bass und ihre Besetzung um den Berliner Ambient-Spezialisten Thomas Fehlmann. In dieser Konstellation erschien das atmosphärisch dichte Album *Orblivion* (1997). «Sprachfetzen und Umweltgeräusche, sphärische Flächen und verwinkelte Beats werden ergänzt durch zeitgemäße Drum 'n' Bass-Rhythmik; fast überladen wirkende Klanggemälde entstehen so, aber auch eine gewisse Orientierungslosigkeit macht sich breit» (‹WOM Journal›). Als inspirierte Zusammenfassung der ersten zehn Jahre veröffentlichte die Gruppe ein Jahr später die Compilation *U.F.Off.*

LPs auf Big: *The Orb's Adventures Beyond The Ultraworld* (1991); *U.F.Orb* (1992) ... auf Island: *Live '93* (1993); *Orbus Terrarum* (1995); *Orblivion* (1997) ... auf MCA: *Cydonia* (2001) ... LP Paterson mit Space auf Space-KLF: *Space* (1990) ... LP Paterson mit FFWD auf Inter-Modo: *FFWD* (1994) ... LPs Thomas Fehlmann mit Palais Schaumburg auf Kamera: *Palais Schaumburg* (1982) ... auf Phonogram: *Lupa* (1982); *Parlez-Vous Schaumburg?* (1984) ... LPs Thomas Fehlmann mit Sun Electric auf R&S: *Kitchen* (1993) ... auf Apollo: *Present* (1996); *Via Nostra* (1998)

P

Palace war das gängige Synonym für eine ganze Reihe von Projekten des Sängers, Gitarristen und Songwriters Will Oldham, geboren am 15. Januar 1970 in Louisville, Kentucky. Hartnäckig entzog er sich journalistischem Zugriff. Der Wunderknabe einer neuen Country-Auffassung zwischen erstaunlicher Unschuld und gähnendem Überdruß, «der den Namen seiner Band mit beinahe jedem Album wechselte» (‹Spin›), veröffentlichte binnen eines Jahrzehnts ein Werk von beispielloser Unübersichtlichkeit. Lange bevor er eine Karriere als depressiver Frischzellenspender der Country-Szene einschlug, machte sich Oldham bereits einen Namen als Darsteller in Underground-Filmen. 1993 rief er –, getreu dem Motto des ehemaligen Dead Kennedys-Frontmannes Jello Biafra, «Nichts ist subversiv genug, es sei denn Country Music», in Louisville, gemeinsam mit seinen Brüdern Ned (b, g) und Paul (g) die Palace Brothers ins Leben, die einen gleichermaßen simplen wie zutiefst traurigen Country-Sound zelebrierten. Das Debüt-Album *There Is No-One That Will Take Care Of You*, eingespielt mit den Squirrel Bait- und Slint-Veteranen Brian McMahan (g) und Britt Walford (dr), löste einen regelrechten Country-Boom unter Jugendlichen aus, «deren eigenes Leben eine vor Enttäuschungen eiternde Wunde ist. Doch zumindest ist dort jemand, dem es noch schlechter geht» (‹NME›). «Amerikas niedergeschlagenste Band» (‹WOM Journal›) wies einen Weg, auf dem man fernab der Kommerzialität eines Garth Brooks unprätentiöse, Alltagsthemen reflektierende Roots-Songs singen konnte. Auf dem zweiten, schlicht *Palace Brothers* betitelten Album begleitete sich Oldham solo auf der akustischen Gitarre. Die Zeitschrift ‹Option› fand für seine und die Musik des stilistisch ähnlich ausgerichteten Chicagoer Projekts Smog den Begriff «Anti-Folk». In unterschiedlichen Besetzungen, zu denen unter anderen die Gitarristen Dave Pajo (Slint, Tortoise, Areal M) und David Grubbs (Bastro, Gastr Del Sol), Pianist Sean O'Hagan (Stereolab, High Llamas) sowie Bassist Jason Loewenstein (Sebadoh) gehörten, spielte er fortan eine Reihe von Alben unter den Logos Palace Music, Palace Songs, Palace, Bonnie «Prince» Billy, Push oder seinem bürgerlichen Namen ein. Live trat er meist solo auf, was dem minimalistischen Dadaismus von Songs wie *You Will Miss Me When I'm Burn* oder *I Send My Love To You* keinen Abbruch tat. Unverwechselbar waren seine rauhe, tränenerstickt wirkende Stimme und seine schleppenden Banjo- und Gitarrenklimpereien. «Da singt kein Mensch», so Christoph Gurk in ‹Spex›, «in dessen Leben dies und jenes schiefgelaufen ist; da will keiner seine oder anderer Leute Gefühle ein schützendes Zeltdach überspannen, damit man es sich im Gemütsknast gemütlich machen kann: In Will Oldhams sich unwillkürlich überschlagender Stimme, dem von allen Lebensgeistern verlassen vor sich hinpluckernden Banjo steigen vage Erinnerungen auf, die sich wie lange schwarze Schatten auf die Seele geworfen haben.» Will Oldham sah die Welt durch die Augen eines Kaspar Hauser und erlangte den Ruf eines Underdog, indem er ausschließlich den Regeln folgte, die er selbst aufgestellt hatte. Seine Alben, darunter besonders *Viva Last Blues* (1995), *Arise Therefore* (1996), *Joya* (1998) und *I See A Darkness* (1999) verunsicherten mit ihren kaleidoskopartigen stilistischen

Drehmomenten fortwährend den Hörer. Langweilig wurde sie nie.

LPs auf Drag City: *There Is No-One What Will Take Care Of You* (1993); *Palace Brothers* (1994); *Days In The Wake* (1994) ... als Palace Music: *Viva Last Blues* (1995); *Palace Music* (1993); *Arise Therefore* (1996) ... als Palace Songs: *Hope* (1994) ... als Bonnie «Prince» Billy: *I See A Darkness* (1999); *Ease Down The Road* (2001) ... als Will Oldham: *Yoya* (1997); *Guarapero/Lost Blues Vol. 2* (1999); *Ode Music* (1999)

Parton, Dolly (voc, g), am 19. Januar 1946 in Locust Ridge, Tennessee, geboren, breitete in ihren zumeist selbstgeschriebenen Liedern die Saga der Frauen in der Country-Musik aus, von den morbiden Moritaten über verratene Liebe und bestrafte Untreue bis zu den selbstbewußten Statements einer emanzipierten Entertainerin, die im Männer-Business alle Karrierefäden in der Hand hielt. Mit anrührendem Kindfrau-Sopran klagte sie über das harte Brot der frühen Jahre, das sie mit elf Geschwistern teilen mußte, und wußte von Gottvertrauen, Demut und stillem Glück im Arme-Leute-Winkel zu berichten. Mit sechs Jahren begann sie, selbstverfertigte Liedchen öffentlich vorzutragen, mit zehn trat sie regelmäßig in einer lokalen Radioshow auf, mit zwölf sang sie das erstemal in der Grand Ole Opry von Nashville. 1964, unmittelbar nach Schulabschluß, zog sie in die Country-Metropole, wurde nach einiger Zeit ein Ensemble-Mitglied in der Fernsehshow des Country-Stars Porter Wagoner und avancierte zu seiner Duett-Partnerin. Mit platinblonden Grotesk-Perücken, extrem busenbetonter Kleidung, grellem Make-up und langen, auffällig lackierten Fingernägeln war sie eine vorsätzliche Parodie jener Dumb Blonde, die sie auf ihrer ersten Single besang. «Ich bin ein Zigeunertyp», bekannte sie. «Ich liebe das Extreme, ich will anders sein, das ist mein Leben, und ich verlange von niemandem, daß er es mir nachmacht.» Ihr unnachahmlicher Appeal lag in der «perfekten Balance zwischen der Realität ihrer Country-Herkunft und der Irrealität ihres superglamourösen Image» (‹New Musical Express›). Einfache, ehrliche Balladen wie *Jolene, Coat Of Many Colors, My Tennessee Mountain Home, Bargain Store* machten sie über die Western-Zirkel hinaus bekannt als «die Frau aus den Bergen, die etwas von der Unabhängigkeit und der Manipulation von Männern verstand, lange bevor das erste City-Girl feministische Anwandlungen hatte» (‹Newsweek›). 1976 trennte sie sich von Partner Porter, gab ihrer Band den Laufpaß und nahm sich einen Rock-Manager. «Ich fühle mich wie ein gefangener Adler», sang sie in einem ihrer neuen Lieder nach dem Karriere-Umsturz. «Doch ein Adler muß fliegen können. Nun, da ich meine Freiheit habe, werde ich adlergleich zum Himmel aufsteigen» – Flugrichtung Hollywood. «Wie eine Eisbombe nach einem Diätmonat» (‹Time›) erschien sie auf der Hollywood- und Las Vegas-Szene, ließ sich in Erfolgsfilmen wie ‹9 to 5› (mit Jane Fonda, Lily Tomlin) und Kinoflops wie ‹The Best Little Whorehouse in Texas› (mit Burt Reynolds) und ‹Rhinestone› (Partner: Sylvester Stallone) sehen und peppte ihre Alben mehr und mehr mit Pop-Pyrotechnik oder Disco-Donner auf. «Die einstmals süße Stimme ist nun Saccharin», klagte ‹Rolling Stone›, «und sie klingt wie eine Tuntenmutter, die sich als Show-Attraktion aufputzt. Wenn sie so weitermacht, wird die Tatsache, daß sie einmal eine große Country-Sängerin war, wohl in Zukunft nur noch in der Rubrik ‹Kaum zu glauben, aber wahr› abgehandelt.» Immerhin schloß die «Königin der Künstlichkeit in einer Zeit, die das Natürliche vergöttert» (‹TV Guide›), 1987 mit dem US-TV-Network ABC einen 44-Millionen-Dollar-Kontrakt über eine wöchentliche Fernsehshow ab. Doch ‹Dolly!› rutschte schon nach zwei Monaten auf den 43. Platz in der Beliebtheitsskala aller Fernsehsendungen ab und wurde vorzeitig aufgegeben. Erfolg hatte sie immerhin mit ihrem Vergnügungspark Dollywood, der sich zu einer Touristen-Attraktion im Stil von Disneyland entwickelte. Platten-Prestige brachte ihr das mit dem Grammy ausgezeichnete Album *Trio* (1987) zurück, das sie mit ihren Freundinnen Emmylou Harris, Linda Ronstadt einspielte. 1989 nahm sie in Nashville *White Limozeen* auf. Die von Ricky Scaggs produzierte LP fand nicht die Zustimmung von ‹Rolling Stone›: «Es ist eine Schande, daß Scaggs es nicht vermochte, mehr Bluegrass einfließen zu lassen.» Dolly Parton klang für das Blatt einfach «nervös und schnaufend». Das Country-Comeback wurde der Sängerin auch mit *Eagle When She Flies* (1991) nicht ohne weiteres abgenommen. Dennoch setzte sie die Gratwanderung zwischen Country und Pop mit dem 1993 veröffentlichten Album *Slow Dancing With The Moon* unbeirrt fort. «Das mag ja traditionell klingen mit all dem Steel-Guitar-Geklimper», relativierte ‹Q› die Songs der «Silberstimme», aber: «Dies ist der Beginn von Erotic Country.» Genau in diesem Bereich zwischen Pop und etablierten Country-Mustern sah Dolly Parton ihre Zukunft. Immerhin paßten ihre Kompositionen auch der Mainstream-Popdiva Whitney Houston, die 1992 den Parton-Song *I Will Always Love You* zu Hitehren führte. Mit einer neuerlichen Trioplatte – diesmal mit Tammy Wynette und Loretta Lynn – hatte Parton dagegen kein Glück. Die von den drei Damen vorgetragenen Country-Standards auf *Honky Tonk Angels* (1994) empfand Kritiker David Hepworth nur noch als «ein Requiem auf die Country Music der guten alten Zeit». Als sie im April 1998 Tammy Wynette in Nashville das letzte Geleit gab, brach sie zusammen und konnte ihr Abschiedslied *Shine On* nicht zu Ende singen. Für *Trio II* kehrte sie 1999 zu dem bewährten Triumvirat mit Emmylou Harris, Linda Ronstadt zurück. Ihr Sony-Kontrakt war 1996 ausgelaufen, was die Firma mit der Box *A Life In Music-Ultimate Collection* dokumentierte. Mit dem Anschlußalbum *Treasures* (1996) für Rising Tide/MCA wurde der Pop-Aspekt durch die Mitwirkung des durch Paul Simons *Graceland* in den USA bekannt gewordenen A-cappella-Ensembles Ladysmith Black Mambazo (neben Alison Krauss, John Popper) sowie durch Schlager wie *Just When I Needed You Most* und *Walking On Sunshine* vom Producer Steve Buckingham noch verstärkt – nicht ganz zur Freude ihrer Fans. Für *Hungry Again* (1998), co-produziert mit Richie Owens, mußte sie sich abermals eine neue Plattenfirma suchen: Decca. Das Album deutete ihren Rückzug in bodenständigere Country-Bezirke bereits an, der mit *The Grass Is Blue* (1999) voll zum Tragen kam. Da ließ sie wieder Fiddle, Mandoline, Dobro und Banjo zirpen und kassierte prompt einen Grammy für das Bluegrass-Album des Jahres – diesmal bei der Firma Sugar Hill. Der amerikanische ‹Rolling Stone› über die «akustische, beinahe spartanische Country Music» (deutscher ‹Rolling Stone›): «All the make-up is gone.» Das war auf dem Plattenmarkt zwar erfolgreicher als alle poppigen Produktionen der durch permanente TV-Präsenz an Erfolg gewöhnten Nashville-Diva in den Neunzigern, aber, gemessen an ihrer angestrebten Mainstreet zwischen Country und Pop, auch wieder nur der andere Seitenweg. Mit *Little Sparrow* (2001), wieder mit Steve Buckingham als Producer, hatte sie die Richtung justiert. Stilgerecht verneigte sie sich vor der Country-Tradition und ihren Legenden: «I'm heading for bluer pastures / Where the bluegrass waves sweetly in the wind / And the bluegrass music's always playing / To the haunting sound of Monroe's mandolin.» Andererseits beschwor sie im Titelsong den ganzen Folk-Kosmos von Hexen, Geistern und Dämonen, verlor sich in den hymnischen Höhen des Gebets *Shine* von Collective Soul, riskierte mit *Seven Bridges Road* von den Eagles einen sofort zum Banjo umgeschwenkten Blick auf das Hippie-Kalifornien der Siebziger und brachte schließlich auch noch Cole Porters *I Get A Kick Out Of You* zum Swingen. Binnen kurzem, so Anthony DeCurtis in der ‹New York Times›, werde die Herkunft der Songs gänzlich gegenstandslos und nur noch eines zähle: «The superb band and her peerless voice.» Die aber, schwärmte Wolfgang Doebeling im deutschen ‹Rolling Stone›, «erstrahlt im alten Glanz, gluckst und jubiliert, daß es eine Wonne ist».

LPs auf RCA: *In The Good Old Days* (1969); *Love And Music* (mit Porter Wagoner, 1973); *Jolene* (1974); *The Best Of* (1975); *My Tennessee Mountain Home* (1975); *Love Is Like A Butterfly* (1975); *The Best Of Vol. 2* (1976); *All I Can Do* (1976); *New Harvest ... First Gathering* (1977); *The Hits Of* (1977); *Here You Come Again* (1977); *Heartbreaker* (1978); *Great Balls Of Fire* (1979); *Dolly, Dolly, Dolly* (1980); *Porter & Dolly* (1980); *The Love Album* (1980); *9 To 5 And Odd Jobs* (1980); *Heartbreak Express* (1982); *Greatest Hits* (1982); *Burlap & Satin* (1983); *The Love Album 2* (1983); *The Great Pretender* (1984); *Rhinestone* (Soundtrack, 1984); *Real Love* (1985); *Think About Love* (1986); *The Best Of Vol. 3* (1987); *The Best There Is* (1987); *Once Upon A Christmas* (mit Kenny Rogers); *The RCA Years* (Aufnahmen von 1967–1986; zwei CDs) ... auf

JEM: *Beginnings* ... auf Monument: *In The Beginning* (1978) ... auf Pair: *Just The Way I Am* (1986); *Portrait* (1986) ... auf Columbia: *Rainbow* (1987); *White Limozeen* (1989); *Eagle When She Flies* (1991); *The River Unbroken* (1991); *Slow Dancing With The Moon* (1993); *Heartsongs* (1994); *Honky Tonk Angels* (mit Tammy Wynette und Loretta Lynn, 1994); *Something Special* (1995); A Life In Music – Ultimate Collection (1997) ... auf Warner Bros.: *Trio* (mit Linda Ronstadt und Emmylou Harris, 1987); *Trio II* (mit Emmylou Harris, Linda Ronstadt, 1999) ... auf MCA: *The Best Little Whorehouse In Texas* (Soundtrack, 1982) ... auf Rising Tide: *Treasures* (1996) ... auf Decca: *Hungry Again* (1998) ... auf Sugar Hill/Sanctuary: *The Grass Is Blue* (1999); *Little Sparrow* (2001)

Pavement, 1989 in Stockton, Kalifornien, gegründet, bezogen ihre Energie aus dem Gegensatz von vollendetem Songwriting und einer spontanen bis anarchistischen Umsetzung ihrer Lieder. Ihre hymnischen Songs waren Kathedralen des Alltags, die bereits in der Aufbauphase zum Einsturz gebracht wurden. Als sie 1993 jedoch vollmundig verkündeten: «Wir sind vielleicht nicht die beste Band der Welt, aber es gibt wenige, die besser sind als wir», gab es kaum Widerspruch. Urheber der Band waren der Songschreiber, Sänger und Gitarrist Steven Malkmus, geboren 1967, und der Gitarrist Scott «Spiral Stairs» Kannberg, geboren 1967. Bereits 1989 nahmen sie auf eigene Kosten die EP *Slay Tracks* auf, deren unbeschwerte Mischung aus Noise und Westcoast-Stimmung sie sogleich zum Insider-Tip der Indie-Szene machte. Weitere EPs erschienen unter den Titeln *Demolition Plot J-7* und *Perfect Sound Forever*. Ihren Durchbruch schaffte die Band, inzwischen durch Bob Nastanovich (perc), Mark Ibold (bg) und den zwei Jahrzehnte älteren Drummer Gary Young zum Quintett verstärkt, 1992 mit dem Album *Slanted & Enchanted*. Diese Platte sei «wahrscheinlich das am sehnsüchtigsten erwartete Debütalbum einer amerikanischen Independent-Gruppe seit ... Gott weiß wann», jubilierte der ‹Melody Maker› und war sich mit anderen Magazinen darüber einig, daß Pavement sich als die größte Sensation seit Sonic Youth und Nirvana erweisen würden. ‹Spex› charakterisierte die 14 Songs als «Aufschwingen, nein, lockeres Hinaufgleiten zu einer Dichte, die alle Zwischenräume zuläßt, die krampflose Entfaltung bietet, die nichts ungehört läßt». Die Single-Auskopplung *Trigger Cut* erreichte den ersten Platz der britischen Indie-Charts. Mit Sonic Youth gingen die Kalifornier noch im selben Jahr auf Europa-Tournee, wobei sie erstmals ihre außergewöhnliche Fähigkeit zur Selbstdemontage unter Beweis stellten. Während Malkmus beinahe einschlief, trommelte Gary Young die poetischen Songs der Band in Grund und Boden. Nach der Tour veröffentlichten sie mit *Westing (By Musket And Sextant)* eine Compilation aus Tracks ihrer früheren EPs und Singles. Für *Crooked Rain/Crooked Rain* (1994) entledigte man sich des spröden Gary Young, der nach Aussage Malkmus' die Arbeit der Band eher blockierte als vorantrieb. Statt seiner engagierten Pavement mit Steve West einen alten Schulfreund des Sängers, der auch optisch besser in die Band paßte als das Hippie-Relikt Young. Pavement war ein beinahe perfektes Pop-Album gelungen, ohne die leiseste Konzession an den Publikumsgeschmack zu machen. Provokant stellte Malkmus seine Band in Interviews in eine Reihe mit R.E.M. und den Rolling Stones. Gary Young veröffentlichte unterdessen mit *Hospital* (1994) noch ein dadaistisches Solo-Album, bevor er völlig von der Bildfläche verschwand. Das zwischen Chaos und Melancholie taumelnde *Wowie Zowie* (1995) war eine bewußte Abkehr vom Vorgängeralbum. Die Band benügte sich oft mit Torsi und Fragmenten, die erst in der Imagination des Zuhörers zu fertigen Songs wurden. Der deutsche ‹Rolling Stone› bescheinigte der Platte trotzdem oder gerade deshalb «List und Lust»: «17 Tracks zwischen Unfug und Genialität, die sich meistens so anhören, als wäre der Vorgang des Komponierens Herrn Malkmus so fremd wie die Zubereitung marsianischer Methanolsuppe» (‹WOM Journal›). Nach Seitensprüngen von Malkmus zur Band des kalifornischen Poeten Steve Berman, Silver Jews, und von Libold zu Kim Gordons Free Kitten entstand 1997 mit *Brighten The Corners* eine Kollektion von Songs, die bei der Kritik wenig Gefallen fand, obgleich sich die Single-Auskopplung *Shady Lane* wochenlang in den Charts hielt. Pavement waren vergeblich damit beschäftigt, sich von ihrer Vergangenheit zu lösen. Erst mit *Terror Twilight* (1999), einer Schichtung «schwebender Vokalmelodien über Tempowechseln à la Ringo Starr, Blues Jams mit dem Swing der Groundhogs und klassischer Rock-Anleihen der frühen Siebziger von Don McLean bis zur James Gang» (‹The Hexx›), war der Schatten einstiger Erfolge endgültig abgeworfen. Die Gruppe, deren Mitglieder inzwischen zum größten Teil nach New York übergesiedelt waren, hatte ihre alte Form wiedergefunden. Das teilweise im Sonic Youth-Studio produzierte Werk war die gelungene Standortbestimmung einer in die Jahre gekommenen Band, die nicht mehr vor der Tatsache zurückschreckte, daß sie dem Independent Rock entscheidende Impulse verliehen hatte. «Pavement bestehen als die beste Rock Band der Neunziger», resümierte die ‹Village Voice›.

LPs auf Big Cat: *Slanted And Enchanted* (1992); *Westing (By Musket And Sextant)* (1993); *Crooked Rain, Crooked Rain* (1994); *Wowee Zowee* (1995) … auf Matador: *Brighten The Corners* (1997) … auf Virgin: *Terror Twilight* (1999) … LP Stephen Malkmus auf Virgin: *Stephen Malkmus* (2001) … LPs Malkmus mit Silver Jews auf Domino: *Starlite Walker* (1994); *American Water* (1998) … LP Gary Young auf Big Cat: *Hospital* (1994) … LP Scott Kannberg mit Preston School Of Industry auf Domino: *All This Sounds Gas* (2001)

Pearl Jam, 1990 in Seattle gegründet, waren «eine der größten Bands der neunziger Jahre, obwohl oder gerade weil sie sich den Mechanismen der Musikindustrie konsequent verweigerten» (‹Musikexpress›). Sie waren die Erben der Grunge-Bands Green River und Mother Love Bone. Als Mother Love Bone-Sänger Andrew Wood an einer Überdosis Heroin starb, suchten Jeff Ament (bg), am 10. März 1963 in Missoula, Montana, geboren, und Stone Gossard (g), am 20. Juli 1965 in Seattle geboren, weitere Musiker, um eine neue Band zu gründen. Sie fanden zunächst den Gitarristen Mike McCready, geboren am 5. April 1966 in Seattle, und nahmen mit Soundgarden-Drummer Matt Cameron Demos auf; als ständiger Schlagzeuger stieg wenig später Dave Krusen ein. Eines der Bänder hörte Eddie Vedder, als Edward Louis Severson Jr. am 23. Dezember 1966 in Chicago geboren. Angetan von Vedders Texten, en-

gagierten Ament und Gossard den Sänger für ihre Band, die sich nach einem Basketball-Star Mookie Blaylock nannte. Vedder hatte seit seinem 15. Lebensjahr, auf sich allein gestellt, in San Diego gelebt und suchte als Hobbymusiker die Nähe von Rockbands. Nach Veröffentlichung eines unter dem Projektnamen Temple Of The Dog gemeinsam mit Soundgarden aufgenommenen Albums zum Gedenken an Wood gab sich die Band den Namen Pearl Jam – familieninterne Bezeichnung für eine von Vedders Großmutter gekochte Marmelade. Im allgemeinen Grunge-Fieber nahm Epic die Gruppe unter Vertrag, obgleich die Musik Pearl Jams mit Grunge wenig zu tun hatte: Hard Rock à la Kiss und Aerosmith standen an die Doors erinnernde Deklamationen Vedders in Songs wie *Once, Alive, Jeremy, Release* gegenüber. In den Pearl Jam-Konzerten stand Vedder wie gequält am Mikrofon, rang die Hände, verfiel in Verrenkungen, krümmte sich zusammen. Krusen verließ noch während der ersten Tournee die Gruppe und wurde durch Dave Abruzesse (dr), geboren am 17. Mai 1968 in Stamford, Connecticut, ersetzt. Danach trat die Band in der ‹Unplugged›-Reihe von MTV auf. In für Vedder typischer Weise erhielt die LP *Pearl Jam – Vs.* (1993) keinen Titel, die Stücke waren wieder mit Ein-Wort-Bezeichnungen wie *Go, Animal, Dissident* versehen, und es gab die Platte zunächst eine Woche lang nur in Vinyl – laut ‹Melody Maker› «ein brillantes, schonungsloses Passionsspiel». In den USA gehörten Pearl Jam mittlerweile zu den erfolgreichsten Live-Bands. «Pearl Jam sind explosiv. Nur wenige amerikanische Bands haben so viel Talent wie sie mit *Ten* bewiesen; und *Pearl Jam* steht noch über dem Debüt» (‹Pulse›). Derlei Lob veranlaßte den von der Presse als «Grunge-Großvater» apostrophierten Neil Young zur Zusammenarbeit. Während mit *Vitalogy* (1994) ein weiteres Pearl Jam-Album mit widerborstigen Texten, einer mitunter an Punk erinnernden, dann wieder experimentellen, fast nachlässigen Musik und einem kryptischen Cover erschien, «ein rauhes und schwieriges Werk» (‹Rolling Stone›), spielte Young live und im Studio mit der Band, die von diesen Aktivitäten vorübergehend vollständig beansprucht wurde. Abruzesse verließ 1994 Pearl Jam und wurde durch Jack Irons, ehemals Schlagzeuger bei Red Hot

Chili Peppers, ersetzt. Trotz ihrer mittlerweile erreichten Reputation verweigerten sich die Musiker den Usancen des Musikgeschäfts. Sie lehnten es ab, Interviews zu geben, Videos zu drehen und Promotion-Bücklinge zu machen, sie legten sich mit dem Konzertkarten-Vertreiber Ticketmaster an, um die Eintrittspreise für ihre Konzerte niedrig zu halten. Was die Presse mitunter als Unbeständigkeit Vedders auslegte, verstanden die Fans als Geradlinigkeit und Unbestechlichkeit. Vedder, der in Rockmusik eine Heilwirkung hineindeutete, reflektierte auf der LP *No Code* (1996) über erlebte und imaginierte psychische Konstellationen; selbst ein Schlaflied für eine fiktive Tochter war dabei. Den Absturz in bloße Gefühligkeit verhinderte die Band mit rauhem, aber auch lakonisch distanziertem Sound. Pearl Jam war sicher das wichtigste, aber nur eines von vielen Projekten der Musiker: 1996 hatte Vedder auch mit Nusrat Fateh Ali Khan zusammengearbeitet, Ament mit anderen Musikern unter dem Namen Three Fish eine LP eingespielt. Immer hatten die Pearls auch ein Herz für andere: für Victoria Williams, für den Benefiz-Sampler *Music For Our Mother Ocean*, für die Aktion «Home Alive». Die gewaltigen Auflagen ihrer eigenen Platten waren dagegen beinahe ohne ihr Zutun zustande gekommen: *Ten* allein in den USA neun Millionen, *Vs* sechs Millionen, *Vitalogy* immer noch fünf Millionen. Der dagegen nur geringe Erfolg von *No Code* mit 1,3 Millionen war ein Alarmzeichen. «Wir fragten uns allen Ernstes, ob wir weitermachen sollten,» erklärte Gitarrist Mike McCready. «Die Antwort war Ja, aber wir mußten unsere Prioritäten überdenken. Also wieder raus auf die Rolle und all die Gigs spielen, die wir wegen unserer Kontroverse mit Ticketmaster gecancelt hatten.» Mit Jack Irons kam ein neuer Drummer, und für die Promotion von *Yield* (1998) fand sich die Band überraschend zu Interviews bereit. Auf die Frage, warum die Band überlebt habe, sagte Vedder böse: «Zum Beispiel, weil wir uns nicht umbringen.» Auch er war nun offenbar, wie der ‹Spiegel› vermutete, «aus jahrelanger Lethargie erwacht. Und so könnte *Yield* der Band, die den Haß aufs käufliche Pop-Entertainment zum Programm erklärt hat, eben das bescheren, was sie angeblich am meisten verabscheut: kommerziellen Erfolg.» Denn das Album

bot mit prägnanten Stücken wieder jene bewährte Mischung aus aggressivem Gitarren-Rock und depressivem Weltschmerz, welche die Band einst berühmt gemacht hatte. *Yield* plazierte sich am 21. Februar 1998 in den US-Charts hinter dem ‹Titanic›-Soundtrack auf Position zwei und hatte schon Mitte März den Gesamtumsatz von *No Code* überrundet. Aus Tourneemitschnitten desselben Jahres legte die Band Ende 1998 mit *Live On Two Legs*, «in bestechender Klangqualität und mit immenser Spielfreude gesegnet» (‹Tip›), ihre erste autorisierte Konzertaufnahme vor. Jahresbilanz: eine Auszeichnung als «Favorite Alternative Music Artist» bei den American Music Awards sowie vier erste Plätze im ‹Rolling Stone›-Leser-Poll – Best Band, Best Rock Artists, Best Video (*Do The Evolution*), Best Tour. Matt Cameron (dr) von Soundgarden hatte inzwischen den aus gesundheitlichen Gründen schnell wieder ausgeschiedenen Jack Irons ersetzt. Und noch eine Änderung: Nach *No Code* hatte Vedder als Leadsänger und bis dahin einziger Song-Autor die Bandmitglieder aufgefordert, nicht mehr nur musikalische Ideen und Motive, sondern auch in Melodie und Text ausgereifte Stücke zum Repertoire beizutragen. «Das entzündete unsere kreative Energie und gab uns noch mehr Zusammenhalt», so Bassist Jeff Ament, dessen Songs *Lowlight* und *Pilate* von Jon Pareles in der ‹New York Times› als «besonders rätselhaft» (enigmatic) hervorgehoben wurden. Die Band sei nun «refocused, newly balanced and surprisingly hopeful». Doch mit *Binaural* (2000) schien Vedder eher bei dem experimentelleren Album *No Code* wieder anschließen zu wollen. Für besondere klangtechnische Finessen hatte er Tchad Blake (u. a. Soul Coughing, Tom Waits, Sheryl Crow) als Produzenten gewonnen, einen Spezialisten für natürlich-räumliche, «binaurale» Kunstkopf-Aufnahmetechniken. *Binaural*, urteilte Ethan Brown im ‹New York›-Magazin, sei eine «bemerkenswert zitatenreiche Hommage an den Stadion-Rock der Siebziger». Die Baßlinie in *Breakerfall* erinnerte an The Who, das Dröhnen von *Evacuation* an Led Zeppelin, Orchestrierung und Spiritualität von *Soon Forget* an das magische *The End* von den Doors, aber noch nie, so Kritiker Patrick Großmann, «klangen Pearl Jam derart lebendig und warm». Der Sound hatte gegenüber dem Plattenumsatz offenbar wieder die Priorität. Die Band, die ihren Fans immer schon erlaubt hatte, jeden ihrer Gigs mitzuschneiden, tat das nun selbst in bester Qualität und bot jedes Konzert binnen kurzem als Doppel-CD zu moderaten Preisen unter www.tenclub.net im Internet an. Nicht weniger als 25 dieser vollständigen Konzerte von der Europa-Tournee 2000 übernahm Epic für den regulären Plattenmarkt. Kritiker Arne Willander hörte sie (Respekt!) für den deutschen ‹Rolling Stone› allesamt durch: «Neil Youngs rotziges *Fuckin' Up* gibt es öfter, sein fabelhaftes *Rockin' In The Free World* zu selten, das zähe *Baba O'Riley* von den Who zum Glück fast gar nicht. *Jeremy* wenig, *Corduroy* fast immer. *Last Kiss* im sonnigen Süden, in Wembley dann nicht mehr.» Die Logik der einzelnen Konzerte und der Gesamt-Edition erschließe sich nicht, so Willanders Fazit, die schiere Quantität sei nicht zu bewältigen: «Für den Fan ist die Sammlung mehr Tort als Wonne, denn er wird sich nicht entscheiden können, welche Konzerte er unbedingt braucht. Das gesamte Opus ist auch dem glühendsten Verehrer zu teuer. Vom quälenden Selbstversuch des Gesamthörens zu schweigen.»

LPs auf Epic: *Ten* (1991); *Pearl Jam – Vs.* (1993); *Vitalogy* (1994); *No Code* (1996); *Yield* (1998); *Live On Two Legs* (1998); *Binaural* (2000); *25 Konzerte* von der Europa-Tournee 2000 in Doppel-CDs (2000) … mit Neil Young auf WEA: *Mirror Ball* (1995) … LPs Stone Gossard mit Brad auf Epic: *Shame* (1993); *Interiors* (1997) … LP Temple Of The Dog mit Stone Gossard und Jeff Ament auf A & M: *Temple Of The Dog* (1991)

Pet Shop Boys Neil Tennant (voc), Chris Lowe (electronics) bastelten aus nonchalanten Beobachtungen des alltäglichen Irrsinns, dem Straßentheater des Hip Hop und dem homosexuellen Disco-Drama Schlagermythologien von Jugend, Pop, Männer-Erotik, die sie mit düsteren Elektronik-Effekten à la Kraftwerk verschnitten. Die schwermütige Nacht & Neon-Poesie der beiden Großstadt-Jungen schlug dabei meist um in den «näselnden Zynismus eines Society-Kolumnisten, der genüßlich jene Rituale beschreibt, mit denen die bürgerliche Welt ihre brüchige Moral kaschiert» (‹Die Zeit›): Vorort-Paranoia (*Suburbia*), Freundschaft gegen Vorauskasse (*Rent*), als Sozialpartnerschaft getarnte Profitgier (*Opportunities*). Textbeispiel: «Ich hab den nötigen Sachverstand, du hast das entsprechende gute Aussehen – laß uns zusammen jede Menge Geld machen.» Dem Texter Tennant wurde bisweilen «Designer-Zynismus» vorgeworfen. Doch er wußte seine galligen Bonmots über Yuppie-Strebertum, Teenager-Ängste und den Warencharakter von Beziehungen treffsicher zu plazieren. Stücke wie *It's A Sin*, eine hintergründige Persiflage auf katholische Schuldgefühle, *Heart, What Have I Done To Deserve This*, ein Duett mit Dusty Springfield, *Always On My Mind*, Remake eines Elvis-Erfolges, *Left To My Own Devices* reflektierten mit Zorn und Trauer «die Schmierigkeit von Margaret Thatchers Kleinbürger-Kapitalismus und die unerfüllte Lust in der Post-Aids-Ära» (‹Village Voice›). Neil Francis Tennant, am 10. Juli 1954 in Gosforth, North Shields, geboren, war zuvor Mitarbeiter der Pop-Gazette ‹Smash Hits› und mit Tradition wie Marktmechanismen im Pop bestens vertraut. Mit dem ehemaligen Architekturstudenten Christopher Sean Lowe, am 4. Oktober 1959 in Blackpool, Lancs., England, geboren, veröffentlichte er 1984 auf einem unabhängigen US-Label *West End Girls*, eine Phantasie über Verlockung und Abenteuer in den Großstadtstraßen. Der Song kam jedoch über den Status eines Club-Hits nicht hinaus. Nach zähen Ablöseverhandlungen wechselten die Musiker zum EMI-Konzern und leiteten 1985 mit einer Neuversion von *West End Girls* eine internationale Hitserie ein, die die Pet Shop Boys zur «wahrscheinlich besten Popgruppe der Welt» (‹New Musical Express›) machte. ‹Rolling Stone› hingegen war nicht beeindruckt und zeigte sich von Tennants nörgelndem Gesang und den trotzigen Kameraposen des Duos auf Plattenhüllen wie in Videoclips irritiert: «Sie kommen einem vor wie Heulsusen, die ihr Taschengeld nicht rechtzeitig gekriegt haben.» Außerdem: «Ihre Tanzrhythmen haben den ansprechenden Sound einer vielbenutzten Flughafen-Rollbahn.» Beschaulicher ging es hingegen nach Meinung britischer Premierenkritiker beim ersten Kinofilm der Pet Shop Boys zu. ‹It Couldn't Happen Here› (1988), eine «Allegorie von Vergangenheit, Gegenwart und Zukunft» (Regisseur Jack Bond), war 87 Minuten lang angefüllt mit lüsternen Priestern, lasziv agierenden Nonnen, mordlustigen Anhaltern, dicken Damen am Strand, tollkühnen Piloten in fliegenden Kisten sowie anderen Stereotypen und schlichtweg «zum Einschlafen» (‹NME›). Pop, so Tennant, sei mehr als nur Musik: «Es geht immer darum, von wem eine Platte ist, wie die Stars aussehen, wie sie im Fernsehen singen und was sie für Kleider anhaben.» Folgerichtig versuchten sie ihr Image, von der Cover-Grafik über Videos und Pressefotos bis zum Bühnen-Make-up, komplett zu kontrollieren. Exklusivinterviews mit MTV steigerten den Videoeinsatz, perfektes Styling erhöhte den Promotioneffekt. Live wagten sie sich 1989 erstmals auf die Bühne: Tennant als Dandy in Melone und Maßanzug, Lowe mit Baseball-Kappe, Bomberjacke und Gletscherbrille. Die Musik kam aus dem Computer. Sänger Tennant: «Wir sind nicht Jimi Hendrix.» Dafür aber das erfolgreichste Pop-Duo der Welt. 1989 gründeten sie mit New Order-Gitarrist Bernard Sumner und Johnny Marr, vormals Gitarrist der Smiths, die Formation Electronic und gastierten erstmals in den USA – Vorläufer einer Welttournee der Pet Shop Boys 1991, bei der sie unter der Regie des Opern-Spezialisten David Alden mit zehn Tänzern die Geschichte ihrer Karriere als Musical darboten und mit ‹Performance› wohl nicht zufällig an Bühnenspektakel von Oskar Schlemmer und Robert Wilson erinnerten. Ihren Liedern, mittlerweile auf einem Dutzend LPs verbreitet, bescheinigte ‹Der Spiegel› zu dieser Zeit «frostige Schönheit, lässige Modernität, verträumte Distanz, elegante Melancholie». Kolumnist Thomas Hüetlin: «Die Jungs mögen es, wenn ihre Songs nach großem Kino klingen, nach Cinemascope und Technicolor, nach nassem Pflaster, hohen Häusern und nach Frauen, die schön sind, aber unerreichbar.» Liza Minnelli, immerhin, ließ sich von den Jungs 1989 das Album *Results* schneidern. Die von den Boys produzierte Single *Losing My Mind* stieg in die Top Ten. Ihr eigenes Album *Behaviour* (1990) fiel gegenüber früheren Veröffentlichungen leicht zurück, wurde aber durch die Umsätze von *Very* (1993) wieder aufgefangen. Die Musiker benutzten HiNRG-Stilelemente und setzten statt durchgängiger Synthesizerstimmen partiell auf reale Orchester-Grundierungen; die darin versierte Anne

Dudley von Art Of Noise besorgte die Arrangements. In ihr Album *Bilingual* (1996) brachten die Boys nicht nur eine Vielfalt südamerikanischer Rhythmen mit der «Atmosphäre des brasilianischen Karnevals» (‹The Times›, London) ein, sondern zum erstenmal auch handfesten Funk-Groove. ‹Times›-Kritiker David Sinclair: «Clever waren die beiden schon immer. Jetzt haben sie auch noch Soul.» Sein Landsmann Roger Scruton hielt dagegen: Der Beitrag der Pet Shop Boys zu ihrer eigenen Musik, so lästerte er in seinem Buch ‹An Intelligent Person's Guide to Modern Culture› (1998), sei «eher minimal» – und wurde von den Boys prompt wegen Rufschädigung verklagt. In der Öffentlichkeit zeigten sich die Partner drei Jahre lang nur selten: bei einer Party von Premierminister Tony Blair in Downing Street 10 zu Ehren der britischen Musikindustrie (1997), bei einer Aids-Gala anläßlich des Benefiz-Samplers *Twentieth Century Blues – The Songs Of Noël Coward* im Londoner Park Lane Hotel (1998), bei der Beerdigung ihres Idols Dusty Springfield in Henley-on-Thames, Berkshire (1999), der sie Ende der Achtziger mit den Songs *What Have I Done To Deserve This, Nothing Has Been Proved* und dem Album *Reputation* zu einem Comeback verholfen hatten. Tennant erging sich in Gummistiefeln der Marke Wellington mit seinem Yorkshire-Terrier auf seinem Anwesen in Nord-England bei der Gartenarbeit, Lowe war zwischen London, Ibiza und New York beinahe nonstop auf Party-Trip. Im Mai 1998 quittierte ihre Managerin Jill Carrington nach neun Jahren den Job, angeblich um sich mehr ihrem Sohn widmen zu können. Das war wohl das Zeichen, daß wieder einmal Studio angesagt war. Doch die CD *Nightlife*, die Tennant und Lowe im Herbst 1999, maskenhaft geschminkt unter gelbblonden Struwwelpeter-Perücken, in London der Presse präsentierten, fand – mit Ausnahme des ‹Musikexpress› und der Postille ‹Q› – nicht das Wohlwollen der Kollegen. Die Orchesterarrangements von Vincent Montana Jr. (Salsoul Orchestra) und der Mix des New Yorker DJ David Morales hätten das Duo in die Disco-Anfänge des Studio 54 zurückgeschmettert, befand Lisa Verrico im New Yorker Blatt ‹Metro›, die Duettpartnerin Kylie Minogue (*In Denial*) habe mit den Pet Shop Boys so viel zu tun wie diese mit einem

Weihnachtslied. Einen Teil des Albums habe zudem, so Sebastian Wehlings im Berliner ‹Tip›, der Faithless-Produzent Rollo «mit klammen Trance-Sounds verhunzt». Selbstzitate, Klang-Diebstahl bei Chic und den Village People sowie Selbstzerstörung und Overkill waren weitere Kritiker-Verdikte. Arne Willander im deutschen ‹Rolling Stone›: «Die Pet Shop Boys als müde Maden des Popkulturbetriebs, ohne Thema, ohne Statement, aber mit Tournee.» Die Welttournee sodann auf einer in Goldtönen gehaltenen, von der iranischen Star-Architektin Zaha Hadid mit Ornamenten aus ‹Tausendundeiner Nacht› verzierten Hollywood-Bühne, Show-Treppe inklusive – keinesfalls «ein gewöhnliches Konzert, eher eine überkandidelte Inszenierung mit Kulturauftrag» (Kritiker Ulf Lippitz). In den späten Siebzigern, so hatte Lowe einst dem Magazin ‹Smash Hits› gestanden, habe er in einer Londoner Disco namens Dixieland Gläser eingesammelt und jedesmal Gänsehaut bekommen, wenn der DJ mittels einer genialen Disco-Platte sogar die Barmixer zum Tanzen brachte: «Plötzlich war ich mittendrin in einem gigantischen Musical. Das war eine der besten Erfahrungen meines Lebens.» Im Juni 2001 wurde das Musical ‹Closer to Heaven› von Lowe, Tennant und dem britischen Bühnenautor Jonathan Harvey über einen Jungen aus Irland, der in London die Ups and Downs eines Clubtänzer-Lebens durchmacht, im Londoner Westend uraufgeführt. Neil Tennant: «Das Ganze spielt im Club, weil die Nachtkultur eine Welt ist, die wir kennen und verstehen. Ich kannte Menschen, die in diesem Universum an Spaß und Drogen zugrunde gegangen sind – und trotzdem kenne ich keine schönere Art, das Leben zu verbringen.» Böswillige Kritiker hatten indes auch für eine solche Attitüde wieder nichts als Häme parat. Die CD *Nightlife* klinge, so Heiko Zwirner im Berliner ‹Tagesspiegel›, «wie das Nachtleben von ergrauten Dandys, die mit leeren Blicken am Rand der Tanzfläche stehen und in den jungen Bewegungen der Tänzer nur noch ihre eigene Vergangenheit erkennen können».

LPs auf Parlophone: *Please* (1986); *Disco* (1986); *Disco – The Remix Album* (1986); *Actually* (1987); *Introspective* (1988); *Behaviour* (1990); *Discography* (1991); *Very* (1993); *Disco 2 – The Remix Album* (1994); *Alternative* (1995); *Bilingual* (1996); *Nightlife* (1999)

Tom Petty And The Heartbreakers, 1975 in Los Angeles in der Besetzung Petty (voc, g), Mike Campbell (g), Benmont Tench (kb), Ron Blair, später Howard Epstein (bg), Stan Lynch (dr) gegründet, verschmolzen den flirrenden Gitarrensound der Byrds mit dem aufsässigen Rhythm & Rock der Rolling Stones und einer kräftigen Dosis südstaatlichen Country Folk-Feelings. Nicht minder charakteristisch für die Band war Pettys rauhes Wispern und schwermütiges Gemurmel, das zwischen dem Tonfall von Bob Dylan und dem Timbre des Byrds-Sängers Roger McGuinn oszillierte. Der am 20. Oktober 1952 in Gainesville, Florida, geborene Chef-Heartbreaker hatte zunächst in der High School-Band Epics gespielt und sich dann den lokalen Favoriten Mudcrutch angeschlossen, zu denen Campbell, Tench gehörten. Verlockt von einem Plattenvertrag, zog die Gruppe nach Los Angeles um, brach jedoch bei den Plattenaufnahmen wegen stilistischer Differenzen auseinander. Petty, der einen Solo-Kontrakt angeboten bekam, entschloß sich dennoch mit Campbell, Tench und den Newcomern Blair, Lynch zur Gruppenbildung. Das Debütalbum von 1976 fand zunächst keine Resonanz. Doch das Feedback einer erfolgreichen Englandtournee mit Nils Lofgren verwandelte den Single-Ladenhüter *Breakdown* überraschend in einen Chart-Erfolg. Vertragliche Dispute mit der Plattenfirma unterbrachen Pettys Karriere nach dem günstig aufgenommenen zweiten Album. *Damn The Torpedos* (1979), ein «gutes Beispiel für schnörkellosen amerikanischen Rock 'n' Roll» (‹Melody Maker›), brachte nach der Zwangspause den Heartbreakers ihren Durchbruch zum Mainstream-Erfolg: sieben Wochen Platz zwei der Billboard-Charts, dreimal Platin allein in den USA. Bereits zwei Jahre später brach der nächste Konzern-Konflikt aus, als Petty den Listenpreis des Albums *Hard Promises* für zu hoch hielt und eine Protestaktion seiner Fans organisieren wollte. Weitere Plattenproduktionen und Konzerte reflektierten diesen emotionalen Feuereifer allerdings überhaupt nicht; Petty und sein Ensemble waren qualitativ ausgebrannt. Das Comeback-Album *Southern Accents* (1985), ein Song-panorama südstaatlicher Lebensart und Mentalität, vom reaktionären Redneck-Dixie bis zum erdigen Stax-Soul, mißfiel als «ungenießbarer Mischmasch» aus «halbgarem psychedelischem Revisionismus», «scheinheiliger Sentimentalität» und «bizarrer Überproduktion» (‹Stereo Review›). Auch *Let Me Up (I've Had Enough)*, von ‹Billboard› als «hart und geradlinig» gefeiert und von ‹Rolling Stone› als «erfrischend direkt» gepriesen, war im Grunde nicht mehr als «eine unbehaglich stimmende Collage aus urbaner Angst und Liebesbekundungen wie in der Jeans-Reklame» (‹City Limits›). Dem ‹New Musical Express› schien es, als hätte der Musiker den Anschluß an den Zug der Zeit verpaßt: «Petty hat sich ein Loch gegraben und in einer flachen Grube von angenehm klingenden Gitarrenriffs und passablen Pop-Singles eingeigelt.» Bob Dylan erlöste ihn daraus, indem er Tom Petty And The Heartbreakers für sein Tournee-Vorprogramm engagierte. Die Seelenverwandtschaft Dylan / Petty schlug sich in gemeinsamen Songs nieder, schließlich jammten sie zusammen mit Jeff Lynne, George Harrison und Roy Orbison als The Traveling Wilburys (1988) auch öffentlich. In Lynne hatte Petty einen versierten Produzenten und Co-Autor gefunden, der die europäische Mentalität kannte und die Alben *Full Moon Fever* (1989) und *Into The Great White Open* (1991) beiderseits des Atlantiks in Multi-Platinhöhen katapultierte. Pettys Karriere, attestierte die Londoner ‹Times›, sei «eine der großen Erfolgsstorys dieser musikalischen Generation». Mit der Sammlung *Greatest Hits* lief 1993 nach 18 Jahren der Vertrag mit der Plattenfirma MCA aus. Unter den zahlreichen Angeboten entschied sich der Gitarrist für die Warner-Offerte, weil er die Bosse Mo Ostin und Lenny Waronker kannte und als kompetent respektierte: «Ich wollte in der Situation sein, jederzeit anrufen und den Chef verlangen zu können.» Nach 18 Monaten Produktionszeit lieferte er *Wildflowers* (1994) ab. Rick Rubin von American Recordings hatte für einen glasklaren Rocksound gesorgt, Tonmeister Jim Scott kassierte für seine Arbeit einen Grammy, Warner drei Platintrophäen. *She's The One* (1996), wiederum von Rubin produziert, ging aus dem Auftrag hervor, eine Single als Opener für den gleichnamigen Edward Burns-Film zu komponieren. Petty lieferte ein ganzes Album mit Songs, die den Film gelegentlich untermalten, ohne damit gleich ein Soundtrack-Album zu sein. Trotz der hypnotischen Single-Auskopplung *Walls* hatte es die Platte auf dem Markt schwer: MCA hatte kurz zuvor ein attraktives Box-Set, *Playback* (1995) mit 92 Tracks auf sechs CDs, 27 davon zuvor unveröffentlicht, in die Läden gestellt. Petty gab vor, ihm sei dies egal: «Meine Marktstrategie ist: Mach eine Platte, schieß ein Video, dann geh raus und spiel!» Dabei zog er zunehmend die Publikumsnähe eines wenn auch großen Clubs der Gigantomanie der Stadionkonzerte vor. 1997 absolvierte er mit den Heartbreakers 20 Auftritte hintereinander im Fillmore West in San Francisco, 1999 sieben: «Das ist einfach der bessere Gig. In keinem Stadion habe ich ähnlich freie Hand. Oder glaubst du, ich könnte vor 20 000 derart obskure Musik machen?» Über *Echo* (1999), das erste offizielle Heartbreakers-Album seit 1991, schrieb Christian Stolberg im ‹WOM-Journal›, es atme «die Aura eines besonders pessimistischen Spätwesterns, mit viel Zeitlupe, stoischen, zerfurchten Gesichtern in Großaufnahme und kaum Action-Szenen». Erstens war Stan Lynch (dr) nicht mehr dabei. Pettys engster Vertrauter hatte sich nach 19 Jahren Bandangehörigkeit als Produzent selbständig gemacht. Zweitens hatte sich seine langjährige Ehefrau Jane nach einer zermürbenden Trennungsphase von ihm scheiden lassen: «Nach der ‹Wildflowers›-Tour tat ich ein ganzes Jahr lang überhaupt nichts. Ich war in dieser schrecklichen Phase, in der man versucht, Bilanz zu ziehen und herauszufinden, was falsch gelaufen ist. Es dauerte lange, bis ich wieder auf die Beine kam.» *Echo*, in der Besetzung Tench (kb), Epstein (bg), Campbell (g) mit den Gastmusikern Scott Thurston (g), Steve Ferrone (dr), Lenny Castro (perc) eingespielt und mit Rick Rubin und Mike Campbell koproduziert, verstand Petty als Resultat seiner «Trauerarbeit»: «Ich wollte kein Album über meine persönlichen Probleme machen, aber es war unmöglich, nichts davon einfließen zu lassen.» Kritiker lobten das geradezu «unproduziert» wirkende Album «zwischen rohen Kraftausbrüchen und brüchigen Balladen» (‹Musikexpress›), die «reduzierte

Lyrik, grandiosen Harmonien und eine edel gereifte Band» (‹Rolling Stone›), Petty: «Ich merke, daß ich mit wachsendem Alter dem Blues immer näher komme. Das ist Musik pur. Oh, Mann, was gäbe ich dafür, wie Jimmy Reed zu sein!»

LPs auf Shelter: *Official Live Bootleg* (1976); *Tom Petty And The Heartbreakers* (1977); *You're Gonna Get It* (1978) ... auf Backstreet: *Damn The Torpedos* (1979); *Long After Dark* (1982) ... auf MCA: *Hard Promises* (1981); *Southern Accents* (1985); *Pack Up The Plantation* (1985); *Let Me Up (I've Had Enough)* (1987); *Songs From The Garage* (1988); *Full Moon Fever* (1989); *Into The Great White Open* (1991); *Greatest Hits* (1993); *Playback* (1995; Box mit sechs CDs, enthält auch bis dahin unveröffentlichte Aufnahmen) ... auf TL: *Live In Oakland* (1991) ... auf Warner Bros.: *Wildflowers* (1994); *Music From The Motion Picture She's The One* (1996); *Echo* (1999)

Phish, 1983 an der University of Vermont in New England gegründet, schlossen nahtlos dort an, wo Grateful Dead schon Jahre vor dem Tode Jerry Garcias aufgehört hatten, und versammelten eine neue, vom Alternative Rock geprägte Generation von Phishheads um sich. In den USA gehörten Phish zu den erfolgreichsten Live-Acts überhaupt und zogen zu ihren Konzerten regelmäßig Zehntausende von Besuchern an. Ihre Shows «beschworen sowohl die nächtelangen Acid-Tests der Sechziger als auch die Raves der Neunziger» (‹Rolling Stone›). Von Beginn an funktionierten Trey Anastasio (g, voc), Page McConnell (kb, voc), Mike Gordon (bg, voc) und Jon Fishman (dr, voc) wie eine verschworene Gemeinschaft, deren Mitglieder mehr verband als nur die Musik. Anastasio hatte Gordon und Fishman über Flyer angeworben, die er auf dem Campus verteilt hatte. Anfangs gehörte auch noch der Gitarrist Jeff Holdsworth dazu, der die Gruppe jedoch noch vor den ersten Aufnahmen wieder verließ. 1985 stieß McConnell zu der Gruppe. Ähnlich wie bei ihren Vorbildern Grateful Dead setzte sich die Melange von Phish aus weichem Psychedelic Rock, flockigem Jazz und markigem Funk zusammen. Nachdem sie die ersten Jahre regelmäßig in einem Club namens Burlington's Nectar in Vermont aufgetreten waren, begannen sie landesweit im Bus zu touren. Ihre oft vier Stunden und länger dauernden Shows weckten das Interesse der bis dahin an kleine Formate gewöhnten Kids. 1986 schrieb Anastasio das Rock-Märchen *The Man Who Stepped Into Yesterday (TMWSIY)*, das zwar aufgenommen, aber nie als offizielles Phish-Album veröffentlicht wurde, obwohl die Songs des Werkes oft Bestandteil der Live-Auftritte der Gruppe waren. Das erste offizielle Album *Junta* (1988) erschien zuerst nur auf Kassetten, die während der Konzerte der Band verkauft wurden. «Musik und Texte etablierten Phish als talentiertes Quartett mit Witz und Sensibilität» (‹Rolling Stone›). In den folgenden zwei Jahren bauten Phish ihre Fanbasis kontinuierlich aus, indem sie unentwegt durch den Nordosten der USA tourten. Als eine der ersten Bands erkannte das Quartett die Möglichkeiten des Internet, das es schon früh für den Vertrieb von Live-Kassetten und zur Kommunikation mit einem rasch wachsenden Online-Community nutzte. Die nächsten beiden Alben *Lawnboy* (1990) und das Elektra-Debüt *A Picture Of Nectar* (1992) standen im Zeichen einer stilistischen Erweiterung der Band, die nun stärker die traditionelle amerikanische Folk Music als Inspirationsquelle nutzte. Auf *Rift* (1993) zeigten sich Phish in alter konzeptioneller Stärke, wenngleich einige Kritiker einen Verlust an Energie zu erkennen meinten. *Hoist* (1994) markierte für die Band einen methodischen Wandel, da sie die Songs des Albums erstmalig nicht vorher live ausprobiert, sondern erst im Studio geprobt hatte. Die Tracks wurden dadurch kürzer und konzentrierter. 1994 coverten Phish auf einer großen Halloween-Show das komplette *White Album* der Beatles und behielten dieses Prinzip in den nächsten Jahren bei. 1995 folgte *Quadrophenia* von The Who und 1996 *Remain In Light* von den Talking Heads. Mit der Doppel-CD *A Live One* (1995) dokumentierte die Gruppe, die wie ihre Geistesverwandten Grateful Dead jedermann gestattete, Konzerte auf Band mitzuschneiden, erstmalig offiziell ihre Live-Qualitäten, wobei sie auch eine Reihe unveröffentlichter Songs vorstellte. Im Sommer 1996 veranstaltete die Gruppe in Plattsburgh, New York, das Festival The Clifford Ball, zu dem 135 000 Fans pilgerten. Nun kamen auch die amerikanischen Medien nicht mehr umhin, über Phish, die ihre Popularität bis dahin fast ausschließlich subversiver Selbst-Promotion zu verdanken hatten, zu berichten. Auch war die Band fortan regelmäßig auf MTV zu sehen. Mit *Billy Breathes* (1996) erreichte die Gruppe ihren kreativen Höhepunkt. Im selben Jahr debütierte Anastasio als Leiter der Big Band Surrender To The Air, die unter Beteiligung der Jazzmusiker Marc Ribot, John Medeski (Medeski Martin & Wood) und diversen Mitgliedern des Sun Ra Arkestra einen spacigen Tribut an Sun Ra einspielte. Nach einem weiteren Live-Album *Slip Stitch And Pass* (1997) wagte sich die Gruppe mit *Story Of The Ghost* (1998) an ein Konzeptalbum, das stilistisch an den mittleren Pink Floyd orientiert war. Als echte Band der Superlative brachten Phish 2000 die Sechsfach-CD *Hampton Comes Alive* heraus, die eine komplette Show mit ihren ekstatischen Improvisationen dokumentierte und das Quartett als Prototyp der um die Jahrtausendwende an US-Colleges aufkeimenden Jam Rock-Szene auswies.

LPs auf Elektra: *Junta* (1988); *A Picture Of Nectar* (1991); *Lawn Boy* (1991); *Rift* (1993); *Hoist* (1994); *A Live One* (1995); *Stash* (1996); *Billy Breathes* (1996); *Slip; Stitch & Pass* (1997); *The Story Of The Ghost* (1998); *Hampton Comes Alive* (1999); *Farmhouse* (2000); *The Siket Disc* (2000); *Live Phish Vol. 1* (2-CD-Set, 2001); *Live Phish Vol. 2–6* (fünf 3-CD-Sets, 2001) … LP Trey Anastasio mit Surrender To The Air auf Elektra: *Surrender To The Air* (1996)

Pink Floyd, das 1965 von vier Schulfreunden in Cambridge, England, gegründete Schrittmacher-Quartett des elektronischen Rock, bestanden zunächst aus dem Sänger und Leadgitarristen Syd Barrett (geboren am 6. Januar 1946 in Cambridge), dem Baßgitarristen und Sänger Roger Waters (geboren am 6. September 1944 in Great Bookham), dem Pianisten und Organisten Rick Wright (geboren am 28. Juli 1945 in London) und dem Schlagzeuger Nick Mason (geboren am 27. Januar 1945 in Birmingham). 1968 wurde Barretts Part von David Gilmour (geboren am 6. März 1944 in Cambridge) übernommen. Anders als die meisten Rockbands, die ihren Gitar-

renverstärkern in der Regel nur simples Rückkopplungsgeheul entlockten, erschlossen Pink Floyd – drei von ihnen hatten am Londoner Polytechnikum studiert – das ganze Arsenal elektronischer Sinustöne und Sägezahnklänge für die Popmusik. Mit den Science-fiction-Hörbildern ihrer Stücke *A Saucerful Of Secrets*, *Set The Controls For The Heart Of The Sun*, *Astronomy Dominé* und *Interstellar Overdrive*, zu denen sie im Londoner UFO-Club phantastische Lichtshows zelebrierten, «rockten und rollten» sie 1967/68 «in eine neue Musizier-Epoche» (‹The Observer›). Wo sie ihren sogenannten Azimuth-Koordinator aufstellten, schrien Möwen, plätscherte Wasser, ratterten Maschinengewehre, dröhnten Düsenflugzeuge, explodierten Bomben: Mit dem komplizierten, siebenkanaligen 360-Grad-Misch- und Steuersystem ließen sich all diese Geräusche von Tonbändern einspielen oder instrumental imitieren. Durch Lautsprecher, die an allen vier Seiten der Konzertsäle angebracht waren, ermöglichte der Koordinator raffinierte Echowirkungen und einen vollendeten Quadro-Raumeindruck. Die Musik, empfand der Kritiker Tony Palmer, «scheint von deinem Nebenmann, von der Decke, von unter dem Sitz zu kommen, manchmal sogar aus deinem eigenen Gehirn». Das Jazzmagazin ‹Down Beat› in den USA bewunderte die «superbe Kontrolle der Strukturen und Effekte»; die ‹New York Times› lobte «eine Lebendigkeit, der klassische Elektronikwerke oft ermangeln». Die Anerkennung aus dem E-Musik-Lager und aus den internationalen Feuilletons verführte die Gruppe jedoch bald zu eklektizistischen Imitationen seriöser Konzertmusik und zur Gigantomanie. Die Dominantseptakkord-Reihen aus Bachs g-Moll-Präludium, mit mulmigem Schwellorgelklang intoniert, kehrten in ihren Stücken fortan häufig wieder. Mit dem aufwendigen Chor- und Orchesterwerk *Atom Heart Mother* gelang ihnen nur mehr «eine substanzlose Melange» aus Aaas und Ooos, aus Yeah und Sasasasa – «im Ganzen schmalzig und ein wenig schal» (‹Rolling Stone›). Spielfilme wie Antonionis ‹Zabriskie Point› und eine amerikanische Cartoon-Fernsehreihe waren mit dem Sphärengetön vortrefflich zu untermalen. Ihren größten Kommerzerfolg lancierten Pink Floyd 1973 mit dem «Rock-Meisterwerk» (Irwin Stambler) *Dark Side Of The Moon,* einem düsteren Tongemälde über die Pressionen des Alltagslebens und die Reaktionen darauf: Entfremdung, Verdrängung, Schizophrenie. Alle Texte stammten von Waters. Für die instrumentalen Überleitungen zwischen den Songs kamen alle Sound-Experimente aus den vorausgegangenen LPs *Meddle* (1971), *Obscured By Clouds* (1972) konzentriert zur Anwendung. 1980 brach die LP den vorherigen Rekord von Carole Kings *Tapestry* als Longseller (302 Wochen) in den Billboard-Charts. Nach 15 Jahren wurde die LP unter den Top 100 immer noch geführt – 1988 in der 700. Woche. Bis 1994 war sie 13millionenmal verkauft worden. Die Gigantomanie auf den Bühnen der *Dark Side* sowie die auf den folgenden LPs *Wish You Were Here* (1975) und *Animals* (1977) begleitenden Tourneen wurde eher noch größer. Riesige Puppenmonstren überragten die Bühnen von Open Air-Stadien mit Kapazitäten von 40 000 bis 50 000 Besuchern. Filmprojektionen umrahmten die Bühnenaktion in geschlossenen Hallen. 1979 gelang den Musikern – Gilmour und Wright hatten inzwischen ihre ersten Solo-LPs veröffentlicht – mit *The Wall* ein weiterer großer Wurf. Thema blieb die Isoliertheit und Bedeutungslosigkeit des (jungen) Menschen in der Massengesellschaft: «Nur ein weiterer Stein in der Mauer.» Obgleich die Single *Another Brick In The Wall* von Rundfunksendern wie der BBC boykottiert wurde, etablierte sie sich als erste kleine Platte der Gruppe beiderseits des Atlantik auf Platz eins. Die LP belegte 15 Wochen lang die erste Chartsposition und wurde in dieser Zeit mehr als achtmillionenmal verkauft. Auflage 1995: zehn Millionen. Für Konzerte mit *The Wall* schwoll der Bühnenaufwand nach den Wünschen der Musiker derart an, daß die volle Show nur in London, New York, Los Angeles und Dortmund gezeigt werden konnte. Über die ganze Bühnenbreite wurde eine Mauer errichtet, die auf dem Höhepunkt des Geschehens in sich zusammenfiel. Das Spektakel hatte 1982 Alan Parker verfilmt. Inzwischen waren zwischen den Musikern Spannungen gewachsen. Nach der Veröffentlichung von *A Collection Of Great Dance Songs* (1981) verließ Rick Wright die Band. Roger Waters nahm mit den beiden anderen Ensemblemitgliedern noch *The Final Cut* (1983) auf und ging

dann ebenfalls auf Solokarriere. Doch der «letzte Schnitt» war noch keineswegs gemacht. Gilmour und Mason beschlossen, Pink Floyd wiederzubeleben, und noch während des Produktionsprozesses für *A Momentary Lapse Of Reason* (1987) schloß sich ihnen Wright wieder an. Vergeblich versuchte der im Konzertsaal nur mäßig erfolgreiche Waters, dem Trio die Verwendung des Namens Pink Floyd verbieten zu lassen. Gilmour hatte sich längst zum Chef aufgeschwungen und sprach von Waters gegenüber der Presse nur als von «dieser Person». Die Konzerte der Gruppe zwischen 1987 und 1989 erzielten neue Besucherrekorde in noch mehr Ländern. In der Moskauer Olympiahalle hörten im Juni 1989 30 000 Sowjetbürger Pink Floyd. Nach Venedig pilgerten wenige Tage danach 200 000. Doch so bereitwillig sich die Fans in die lustvolle Elektronik-Emigration säuseln und donnern ließen, so wenig Gefallen fanden die meisten Kritiker daran. «Die Vernunft ist mit Pink Floyd auf Dauer ausgefallen», schrieb ‹Die Zeit› über *A Momentary Lapse Of Reason.* «Der Schaden, den die Propheten der selbstzufriedenen Nichtigkeit in der Musik und in den Köpfen ihrer Hörer über die Jahre angerichtet haben, ist vermutlich nicht wiedergutzumachen.» Nachdem Ende 1989 die Berliner Mauer, Grenzbefestigung der kommunistischen DDR, unter dem Druck mächtiger Massendemonstrationen niedergebrochen war, kam Roger Waters auf den kommerziell stichhaltigen Gedanken, auch seine eigene ‹Wall› auf dem historischen Terrain des Todesstreifens am Potsdamer Platz in Berlin publikumswirksam noch einmal einstürzen zu lassen. Für 15 Millionen Mark Produktionskosten bot der Pink Floyd-Renegat am 21. Juli 1990 eine All-Star Cast aus Bryan Adams, The Band, Van Morrison, Joni Mitchell, Sinéad O'Connor, Marianne Faithfull, Cindy Lauper, den Scorpions und anderen für nach Polizeiangaben 320 000 Besucher auf. Diese «wohnten einem technischen Overkill bei – mit Schweinen aus dem Weltall, einer haushohen Lehrerfratze mit Scheinwerfer-Augen, Militäraufmärschen, aufgeblasenen Multimedia-Effekten und einer kongenialen Sound-Orgie», notierte der ‹Stern›, der das Ereignis als «Monument des Größen-Wahns» qualifizierte. Dabei war es nicht nur künstlerisch, sondern auch technisch und organisatorisch ein Desaster. Kritiker Uwe Golz in der ‹Berliner Morgenpost›: «Für die Mehrzahl der ‹Wall›-Besucher gestaltete sich diese wagnerianische Veranstaltung zu einer Qual. Die Musiker, Ameisen gleich und genauso groß, tummelten sich auf einer nur erahnbaren Bühne, Videoschirme verwirrten ob ihres schnellen Bildes (die Musik kam verzögert), die zahlreichen Einspielungen und Projektionen auf einer kreisrunden Leinwand und der stetig wachsenden Mauer machten das Sinnlabyrinth komplett.» Es wurde weltweit live im Fernsehen übertragen. Kritiker Dietrich Leder, der das Ereignis im ZDF-Kanal auf dem Bildschirm verfolgte, im Branchendienst ‹Funk-Korrespondenz›: «Das Urteil nach den ersten Minuten konnte schlimmer nicht ausfallen: Idee, Konzept, Dramaturgie und Musik von *The Wall* erwiesen sich als grauenhaft schlecht. Das ZDF trieb einen immensen Aufwand, um mit diversen Kameras die Aktivitäten auf der Bühne aus immer neuen Perspektiven wiederzugeben. Der gelangweilte Zuschauer nahm nur geschäftige Betriebsamkeit wahr.» Immerhin erzielte die Ausstrahlung auch noch in globaler Entfernung den gewünschten Effekt: Das Original-Doppelalbum von *The Wall* aus dem Jahr 1979 rutschte noch einmal in die Charts (UK 52, USA 120), die brandneue Konserve *The Wall – Berlin 1990* plazierte sich schon im September 1990, zwei Monate nach dem Ereignis, im United Kingdom auf Nr. 27, auf Nr. 56 in den USA. Darüber konnte sich auch David Gilmour freuen, der Waters' Berliner *Wall* ansonsten für «schrecklich» hielt. Über das nächste Pink Floyd-Album ‹The Division Bell›, das mit seinem Erscheinen Ende April 1994 sofort auf Platz eins in die US-Charts einrückte, urteilte ‹Der Spiegel›: «Was Rick Wright an den Tasteninstrumenten leistet und Nick Mason am Schlagzeug, ist nicht erinnernswert. Gitarrist David Gilmour, der im Konzert so ergreifend ins Leere gucken kann wie O. W. Fischer als Bayernkönig Ludwig II., hat offenbar auch die letzten kreativen Impulse eingebüßt.» Gleichwohl besuchten mehr als drei Millionen Amerikaner die 59 Konzerte der ‹Division Bell›-Materialschlacht, davon 52 Konzerte ausverkauft, und gaben 103,7 Millionen Dollar für Tickets aus. Für die anschließende Europa-Tournee, 42 Shows in 16 Ländern, schloß die Truppe einen lukrativen Sponsoringvertrag mit dem Volkswagenwerk, den ein VW-Sprecher ohne Angabe des finanziellen Volumens bejubelte: «Wir haben eine interaktive Methode der Kommunikation mit den Kunden gefunden.» Die Autofirma lieferte eine Pink Floyd-Sonderauflage ihres Modells Golf als Limousine und Cabrio. Die 48 Sattelschlepper, die 700 Tonnen Stahl für die Bühnenkonstruktion, 300 Lautsprecherboxen und eine gigantische Licht- und Laser-Maschinerie durch Europa schipperten, führten auch VW-Transparente mit. Das Stück *Marooned* von der LP *Division Bell* wurde im März 1995 als beste Rock-Instrumentalaufnahme mit einem Grammy ausgezeichnet – für Gilmour ein amüsanter Nebeneffekt. Wichtiger war, daß auch die Live-LP *Pulse* (1995) von der Tournee in England und den Vereinigten Staaten sofort auf Platz eins in die Charts rückte und sich allein in den USA binnen sechs Wochen zweimillionenmal verkaufte. Zwar räumte der Gitarrist im Sommer 1995 in einem ‹Spiegel›-Gespräch ein, er betrachte «die Menge Geld, die wir verdienen, als obszön», relativierte aber sogleich: «Wenn man es mit dem vergleicht, was irgendwelche Bosse irgendwelcher Konzerne verdienen, dann meine ich schon, daß mir meine Millionen eher zustehen als denen. Ich habe schließlich der Welt mehr Freude bereitet als Unilever.» Als 1994 *The Division Bell* bei der ‹New York Times› zur Besprechung anstand und keiner der renommierten Musikredakteure diesen langweiligen Job übernehmen wollte, lieh sich das Blatt Dimitri Ehrlich vom Magazin ‹Interview› als Rezensenten aus. «Stilistisch», schrieb er, «hätte dieses Album auch schon vor 15 Jahren aufgenommen sein können, was die Würde dieser Musik allerdings in keiner Weise mindert. Man kann der Band nicht vorwerfen, sie sei retro. Pink Floyd haben diesen Stil ja schließlich erfunden.» Soll sein. Aber bei allem High-Tech-Aufwand konnten sie nicht darüber hinwegtäuschen, daß ihnen mit der Bewältigung der Elektronik keine zeitgemäße Ästhetik gelungen war. Aufs Ganze gesehen, klang die Pink Floyd-Musik kaum anders, als wenn man eine Violinsonate aus dem 19. Jahrhundert auf der Hammondorgel spielte. Im Februar 2000 schätzten Josef Winkler und Arno Frank im deutschen ‹Rolling Stone› die Band, die 1996 in die Rock and Roll Hall of Fame aufgenommen worden war, nur mehr als «Institution gepflegt-langweiligen Bombast-Entertainments» ein, «für die der Markenname Pink Floyd seit 13 Jahren steht». Der Rest war wirklich retro. Anfang 2000 erschienen als Re-issue *Wish You Were Here – 25th Anniversary Issue* sowie das Doppelalbum *Is There Anybody Out There? – The Wall Live 1980–81* mit bis dahin unveröffentlichten Live-Mitschnitten sowie zwei Stücken, die auf der *Wall*-LP von 1997/80 nicht zu hören waren: *What Shall We Do Now?* und *The Last Few Bricks*. Zwei unveröffentlichte Aufnahmen der frühen Pink Floyd, *Nick's Boogie* und ein Alternative-Take von *Interstellar Overdrive*, kamen im Sampler *In London 1966–67* (2000) der Firma See for Miles in den Handel. Roger Waters ging 1999 nach zwölf Jahren erstmals wieder auf eine USA-Tournee und führte in kleinen Hallen neben weniger bekannten Solonummern auch die alten Pink Floyd-Heuler auf. Mitschnitte aus Phoenix, Las Vegas, Irvine und Portland mit Andy Wallace (kb), Snowy White (g), Andy Fairweather-Low (g) erschienen im Doppelalbum *In The Flesh* (2000) – aus purer Geldschneiderei, vermutete Birgit Fuß in ‹Rolling Stone›: «Neu interpretiert wird jedenfalls nichts, dem alten nichts hinzugefügt. Warum muß immer und immer wieder diese Band ausgeschlachtet werden, bis sie irgendwann jeder haßt?» Derlei wollte sich Roger Waters nicht zweimal fragen lassen. 2001 vollendete er die Partitur der Oper ‹Ca Ira› nach einem Libretto des französischen Autors Etienne Roda-Gil für die Sänger Ying Huang (Sopran), Paul Groves (Tenor), Bryan Terfel (Bariton) und schwärmte: «Ins Studio zu treten, zuzuschauen, wie die Musiker ihre Instrumente auspacken und mit dem Stimmen beginnen – es ist jedesmal wieder großartig. Wenn 85 menschliche Wesen zusammen die Luft massieren, dann geschieht etwas mit dir. Das ist nicht wie mit dem Computer, der diese Klänge theoretisch auch produzieren kann.» So könnte es denn sein, daß Roger Waters immer schon die große Oper im Kopf hatte und daß sich der Riesenerfolg von Pink Floyd beim Rock-Publikum im nachhinein als ein gigantisches Mißverständnis entpuppt.

LPs auf Tower: *Piper At The Gates Of Dawn* (1967); *A Saucerful Of Secrets* (1968); *More* (Soundtrack, 1969) … auf Harvest: *Ummagumma* (1969); *Atom Heart Mother* (1970); *Meddle (1971); Obscured By Clouds* (1972); *The Dark Side Of The Moon* (1973); *Wish You Were Here* (1976); *Animals* (1977); *The Wall* (1979); *The Final Cut* (1983) … auf EMI: *A Momentary Lapse Of Reason* (1987); *Delicate Sound Of Thunder* (1988); *The Division Bell* (1994); *Pulse* (1995); *Is There Anybody Out There? – The Wall Live 1980–81* (2000); *Wish You Were Here – 25th Anniversary Edition* (2000) … Zusammenstellungen auf EMI: *The Best Of Pink Floyd* (1970); *Works* (1983); *Shine On* (1992) … auf Harvest: *Relics* (1971); *First Eleven* (Box mit den ersten elf LPs, 1980); *A Collection Of Great Dance Songs* (1981); *Shine On* (Box mit neun CDs, 1992) … auf See for Miles: *In London 1966–67* (2000) … Solo-LPs Roger Waters auf Harvest: *The Body* (mit Ron Geesin, 1970); *The Pros And Cons Of Hitch Hiking* (1984) … auf EMI: *Radio K.A.O.S.* (1987) … auf Virgin: *When The Wind Blows* (Soundtrack, mit anderen, 1986) … auf Mercury: *The Wall – Berlin 1990* (1990) … auf Columbia: *Amused To Death* (1992); *In The Flesh* (2-CD, 2000) … Solo-LPs Rick Wright auf Harvest: *Wet Dreams* (1978); *Identity* (1984) … Solo-LPs Nick Mason auf Harvest: *The Fictitious Sports* (1981); *Profiles* (mit Rick Fenn, 1984) … Solo-LPs David Gilmour auf Harvest: *David Gilmour* (1978); *About Face* (1984) … Solo-LPs Syd Barrett auf Harvest: *The Madcap Laughs* (1970); *Barrett* (1970) … auf EMI: *Opel* (1989; enthält Aufnahmen von 1968–1970); *Crazy Diamond* (1993; enthält drei CDs: *The Madcap Laughs, Barrett* und *Opel*)

Pixies, 1986 in Boston gegründet, waren die erste erfolgreiche Band, für die Independent Rock und eingängige Pop-Melodien keinen Widerspruch darstellten. Nichts an ihnen war spektakulär. Sie spielten einfach nur guten und grundehrlichen Rock 'n' Roll und bestellten damit den Boden für eine neue Massenkultur. Als der Anthropologie-Student Charles Michael Kitteridge Thompson IV, geboren am 6. April 1965 in Long Beach, Kalifornien, angeblich unter dem Eindruck des Halleyschen Kometen und vermeintlichen UFO-Sichtungen in Neuseeland vom sonnigen Kalifornien die Nase voll hatte, beschloß er, nach Boston überzusiedeln und eine Band zu gründen, die das Beste von den Beatles mit der Ästhetik Iggy Pops verband. Zuvor hatte er sich aus Opposition gegen seinen Vater leidlich Gitarre und Piano beigebracht. Im Blumenladen, in dem er jobbte, traf er einen College-Kollegen namens Joey Santiago, geboren am 10. Juni 1965 in Manila auf den Philippinen, den er für den Part des Leadgitarristen verpflichtete. Auf eine Eingebung Santiagos ging der ursprüngliche Name Pixies In Panoply zurück. Thompson legte sich das Pseudonym Black Francis zu und fahndete via Anzeige im ‹Boston Globe› nach einem Bassisten, der sowohl Peter Paul & Mary als auch Hüsker Dü möge. Auf das Inserat meldete sich einzig Kim Deal alias Mrs. John Murphy, geboren am 10. Juni 1961 in Dayton, Ohio, die zuvor mit ihrer Zwillingsschwester Kelly in der Folk-Band The Breeders, benannt nach einem Insider-Terminus Homosexueller für Heteros, gespielt hatte. Als Deal gleich noch den Schlagzeuger Dave Lovering, geboren am 6. Dezember 1961 in Boston, zuvor bei Iz Wizard und Riff Raff, mitbrachte, war die Band, die sich inzwischen kurz Pixies nannte, komplett. Im Sommer 1986 spielten sie ihren ersten Gig im Rat Club in Boston und erhielten kurze Zeit später die Chance, im Vorprogramm der Bostoner Lokalmatadore Throwing Muses aufzutreten. Deren Manager Ken Goes erkannte sofort ihr Potential und vermittelte sie an das Muses-Label 4AD. Unter dem Titel *The Purple Tape* hatten die Pixies eine Demo-Kassette mit 18 Songs zusammengestellt, die sie hauptsächlich an Parties verschickten. 4AD-Chef Ivo Watts-Russell fischte acht Tracks davon für die EP *Come On Pilgrim* (1987) heraus, die prompt Position eins der britischen Indie-Charts erklomm. Es mochte an ihrem englischen Label liegen, daß die Pixies auch künftig in Europa mehr Erfolg haben sollten als in ihrer Heimat. Ihre Texte basierten in jener Phase meist auf frühpubertären Erfahrungen Thompsons mit der Bibel, gemischt mit sexuellen Sehnsüchten. Ivo Watts-Russell schlug für die Produktion des zweiten Albums *Surfer Rosa* (1988) Steve Albini vor, der die Gitarren mehr in den Vordergrund rückte und der Band damit eine stärkere Durchschlagskraft verlieh. Im April 1988 gingen die Pixies abermals im Vorprogramm der Throwing Muses auf eine UK-Tournee. Ein britischer Kritiker bezeichnete diese Zusammenstellung als bestes Doppelpaket, «seit die Römer beschlossen hatten, Christen und Löwen gemeinsam auftreten zu lassen». Mit der Single *Gigantic* landete die Band im selben Jahr einen weiteren Hit in den britischen Charts, der ihnen eine Tour als Headliner einbrachte. Sie traten bei John Peel auf und machten Aufnahmen, die später auf der Live-Compilation *Pixies At The BBC* (1998) veröffentlicht wurden. Während eines Konzerts im Londoner Mean Fiddler spielten die Pixies gemeinsam mit The Perfect Disaster, deren Bassistin Josephine Wiggs, geboren am 26. Februar 1965, sich in Kim Deal verliebte. Das Nachfolge-Album *Doolittle* (1989) gelangte in den britischen Charts auf Position acht, in den USA nur auf Platz 98. Nach einer US-Tournee wurde die Band von ‹Rolling Stone› zur besten amerikanischen Nachwuchs-Band 1989 gekürt. Kim Deal, unzufrieden mit ihrem Anteil an den Pixies-Songs, reaktivierte unterdessen mit Josephine Wiggs, Tanya Donelly von den Throwing Muses, geboren am 14. August 1966, und dem ehemaligen Slint-Drummer Brit Walford, der sich jetzt Shannon Doughton nannte, die Breeders, deren erstes, von Steve Albini produziertes Album *Pod* (1990) von der Kritik noch als verborgene Seite der Pixies bewertet wurde. Das im selben Jahr erschienene Pixies-Album *Bossanova*, «ein eigenwilliges Konglomerat aus schleimigen Shangri La's-Gitarren und manischer Grobheit, leicht verdaulich und brutal zugleich» (‹Musikexpress›), klang im Vergleich zum Debüt der Breeders jedoch eher zahm. Black Francis war nach Kalifornien zurückgegangen, was im Sound der Band Spuren hinterließ. Trotzdem gelangte die Platte auf Platz drei der britischen und Platz 70 der amerikanischen Charts. Im Sommer 1991 spielte die Band auf Europatournee selten vor weniger als 20 000 Zuschauern. Das fünfte Pixies-Album *Trompe Le Monde* (1991), auf dem Eric Drew Feldman von Captain Beefheart und Pere Ubu Keyboards spielte, fiel bei der Kritik als zu maßlos durch. Nach einer vielbejubelten Tour im Vorprogramm von U 2 erklärte der «schwergewichtige Schreihals» (‹Musikexpress›) Black Francis am 14. Januar 1993 im Radio die Auflösung der Pixies, ohne die anderen Band-Mitglieder von dieser Entscheidung zu informieren. David Lovering tauchte zunächst bei Nitzer Ebb auf, um mit Cracker erneut zur Spitze des Alternative Rock vorzurücken. Joey Santiago blieb vorerst an der Seite von Black Francis, bis sich seine Spuren gänzlich verloren. Kim Deal erhob die Breeders nun zu ihrer Haupt-Band. Tanya Donelly, die mit Belly ihr Solo-Projekt begründet hatte, wurde von Kelly Deal ersetzt, und am Schlagzeug nahm Jim MacPherson, geboren am 23. Juni 1966, Platz. Nach der weitgehend ignorierten EP *Safari* (1992) ging das Quartett mit Nirvana auf Europa-Tournee und landete mit der Single *Cannonball* (1993) einen internationalen Hit. Das darauffolgende Album *Last Splash* verkaufte allein in den USA eine Million Einheiten. Die mit J. Mascis von Dinosaur Jr. eingespielte Single *Divine Hammer* (1993) und die EP *Hand To Toe* (1994) setzten die Erfolgsserie fort. Was den Pixies nie vergönnt war, die große Anerkennung in Amerika, schaffte Kim Deal mit den Breeders, wobei die Band von einer plötzlichen Pixiemanie jener profitierte, die mit den Pixies zu Zeiten ihrer Existenz wenig anfangen konnten. Nach verschiedenen Drogentherapien der Deal-Zwillinge gründete Kim unter dem Pseudonym Tammy Ampersand mit MacPherson die Band The Amps, die mit dem Album *Pacer* (1995) in rauhere Gefilde zurückkehrten, während Kelly mit Kelly Deal 6000 zwei erfrischende Blues Rock-Platten einspielte. Black Francis hatte weniger Glück. Sein Versuch, als Frank Black das Erbe der Pixies mit dem Vermächtnis der Beach Boys zu verbinden, sorgte mit der «kultivierten Popmusik» (‹NM! Messitsch›) seines Solo-Debüts *Frank Black* (1994) noch für einen gewissen Überraschungseffekt, hatte sich aber spätestens auf der Doppel-CD *Teenager Of The Year* (1995) totgelaufen. Es folgte ein Intermezzo mit dem Teenage Fanclub bei einer Peel-Session, doch eine weitere, ebenso hemmungslose wie uninspirierte Pop-Doppel-CD des selbsternannten «Ernest Hemingway des Indie-Rock» unter dem Titel *The Cult Of Ray* (1996) zehrte den Pixies-Bonus vollends auf. Ein wenig Boden machte er mit dem schnörkellos rockigen *Frank Black & The Catholics* (1997) gut. Die Catholics wurden Frank Blacks neue Band, in der er mit einfachen Rock-Songs Mut zum Konservatismus bewies. Mit *Pistolero* (1998) und *Dog In The Sand* (2000) schickte er zwei Alben hinterher, welche die Sonderklasse des Pixies-Songschreibers noch einmal erkennen ließen. Die sorgfältig zusammengestellten Compilations *Death To The Pixies* (1997) und *Pixies At The BBC* (1998) waren glanzvolle

Requiem einer Band, die ihr Potential nie ganz ausreizen konnte und unvollendet verschied. 1998 hatte Frank Black wesentlichen Anteil an dem Hole-Album *Celebrity Skin*.

LPs auf 4AD: *Come On Pilgrim* (1987); *Surfer Rosa* (1988); *Doolittle* (1989); *Bossanova* (1990); *Trompe Le Monde* (1991); *Death To The Pixies* (1997); *Pixies At BBC* (1998) ... Black Francis als Frank Black auf 4AD: *Frank Black* (1993); *Teenager Of The Year* (1994) ... auf American: *The Cult Of Ray* (1996) ... auf spinART: *Frank Black & The Catholics* (1998); *Pistolero* (1999) ... auf What Are?: *Dog In The Sand* (2001) ... LPs Kim Deal mit Breeders auf 4AD: *Do You Love Me Now?* (1992); *Cannonball* (1993)

Pizzicato Five, 1984 in Tokio gegründet, wurde von allen japanischen Designer-Pop-Bands der Post-Yellow-Magic-Orchestra-Ära im Westen die größte Aufmerksamkeit zuteil. Mit ihrem flockigen Easy Listening, das sich am Middle Of The Road-Pop der Sechziger sowie dem Acid Jazz und der DJ-Kultur der Neunziger orientierte, galten sie als Hauptvertreter des nach einem Tokioter Einkaufsviertel benannten Shibuya-Sounds. Optimistisch bis zur Naivität, kultivierten Pizzicato Five die perfekte Oberfläche ohne den Ansatz jeglicher inhaltlichen Tiefe. «Keiner soll bei unserer Musik grüblerisch werden, die Menschen sollen alles vergessen, sie sollen sich fühlen wie zu Weihnachten», so die Band. Mit «angenehm substanzlosem Fingerschnipp-Pop, entstanden aus Tonnen von Lounge, Beat und Pulp, aus Schubiduu und Wah-Wah und dem ebenso inbrünstigen wie hoffnungslosen Streben, die Qualitäten eines Bacharach zu erreichen» (‹Intro›), waren sie immerhin «so hip, daß es weh tut» (‹i.D.›). Sie bedienten sich an der abendländischen Popmusik, wo immer sie konnten, und pflegten den virtuellen Austausch mit Künstlern rund um den Erdball. Häufig vorgebrachte Vermutungen, die «Tokioter Kitsch-Pop-Dekonstrukteure» (‹All Music Guide›) hätten ihre Musik ausschließlich für den europäischen Markt entworfen, waren allerdings falsch. Ihre Ursprünge gingen ins Jahr 1979 zurück, als die Studenten Yasuharu Konishi, geboren am 3. Februar 1959, und Keitaro Takanami eine Band zu gründen beschlossen. Konishis Geburtstag fiel auf den Todestag von Buddy Holly, worin der jugendliche Musiker eine schicksalhafte Verstrickung und Verpflichtung zu erkennen glaubte. Dritter im Bunde wurde Ryo Kamamiya. Von Anfang an Perfektionisten, brauchten sie ein halbes Jahrzehnt, bis sie in Mamiko Sasaki die geeignete Sängerin gefunden hatten. 1985 erschien die erste Single *The Audrey Hepburn Complex*. Mit dem Titel einer weiteren Single, *Twiggy vs. James Bond*, machten Pizzicato Five ihre Obsession klar: der mondäne Schick der sechziger Jahre. Das Album *Pizzicato Five In Action* (1986) brachte ihnen einen ersten Achtungserfolg in Japan. 1988 verließen Kamamiya und Sasaki die Band, kurzzeitig ersetzt von Takao Tajima, die ebenfalls nach einem Jahr die Segel strich. Mit Maki Nomiya, geboren am 12. März 1965, wurde 1990 die Single *Lovers Rock* aufgenommen, von der an die Popularität der Japaner in ihrem Heimatland stetig wuchs. 1994 erschien mit der Compilation-EP *Five By Five* ein erster Tonträger der Pizzicato Five in Europa und Amerika. Als danach Takanami die Gruppe verließ, blieben Konishi, «der große Vorsitzende der japanischen Clubszene» (‹WOM Journal›), und Nomiya als Duo zusammen. Die folgenden euroamerikanischen Veröffentlichungen *Made In USA* (1994) und *The Sound Of Music* (1996) waren Zusammenstellungen früherer Band-Tracks. Erst mit *Happy End Of The World* (1997) veröffentlichte die Gruppe ein erstes Album gleichzeitig in Japan und im Westen. Mit *Playboy & Playgirl* (1998) und *The Fifth Release Of Pizzicato Five* (2000), gewohnt unverbindlich fluffig, wußten Pizzicato Five stets das Club-Publikum auf beiden Seiten des Globus hinter sich.

LPs auf Sony: *Couples* (1987); *Belissima!* (1988); *On Her Majesty's Request* (1989); *Soft Landing On The Moon* (1990); *Instant Replay* (1993); *Expo 2001* (1993); *Romantique 96* (1995); *Antique 96* (1996); *A Quiet Couple* (1996); *Great White Wonder* (1996) … auf Matador: *Happy End Of The World* (1997); *Pizzicatomania!* (1998); *Playboy & Playgirl* (1998); *Overdose* (1999); *The Fifth Release From Pizzicato Five* (2000)

Placebo, 1994 in London gegründet, vollzogen mit Musikern aus Schweden, England und den USA einen weiten Bogen von artifiziellem Progressive Rock zu unprätentiösem Gitarrenrock,

der sie zu einer der führenden Alternative Bands auf der Jahrtausendschwelle machte. Dabei war nicht immer klar, ob sich das Interesse der Medien mehr auf die Musik oder auf das androgyne Outfit des Bandleaders Brian Molko richtete. «Vieles an Placebo ist ein bißchen verwirrend,» klagte ‹Visions›: «Ein amerikanisch-englisch-schwedisches Trio, das unter dem Label Britpop populär wurde, aber eigentlich nie welchen gespielt hat, das von David Bowie zum Tour-Support eingeladen wurde, noch bevor das Debütalbum veröffentlicht war, und dessen Sänger von 98 von 100 Menschen auf den ersten Blick als Frau identifiziert wird.» ‹Intro› traf mit einer provokant formulierten Frage das Dilemma der Band: «Genügt es, den eigenen Drang nach geschlechtlicher Indifferenz und beruflicher Maßlosigkeit verschwenderisch zur Schau zu stellen, um catchy Wave Rock in die Charts zu wuchten?» Molko antwortete: «Wenn du als Rockstar ernst genommen werden willst und dann durch eigene Dummheit und Naivität zur Comic-Figur mutierst, ist das ein ziemlicher Schock.» Für ‹Kerrang› waren sie dennoch «die letzten großen Rockstars» der britischen Inseln. Der Amerikaner Brian Molko (voc, g) und der Schwede Stefan Olsdal (bg) lernten sich bereits mit acht Jahren auf einer internationalen Schule in Luxemburg kennen. 1994 trafen sie sich in einer Londoner U-Bahn-Station wieder und beschlossen spontan, eine Band zu gründen. Nach ersten Experimenten konsolidierte sich der Post-New Wave des Projekts mit dem Breed-Schlagzeuger Steve Hewitt, der zuvor schon bei den Boo Radleys aktiv gewesen war. Noch vor der ersten Veröffentlichung fühlte sich Hewitt der Doppelbelastung nicht mehr gewachsen und räumte seinen Stuhl für den Schweizer Robert Schultzberg. Erste Singles auf Independent-Labels weckten das Interesse verschiedener Major-Firmen. 1996 kam es zum Debütalbum *Placebo*, dessen Auskopplung *Nancy Boy* sogleich in die britischen Top Ten stieg. So galt Placebos «Glam-Sex-Punk mit einem melodischen Dreh als letztes Gegengift gegen den Britpop» (‹Rolling Stone›). Der Erfolg wurde begünstigt, weil Sänger Molko, eine Kreuzung aus Boy George und Marilyn Manson, sich als Titelthema für Musikgazetten empfahl. Für das zweite Album *Without You I'm Nothing* (1998) kehrte

Steve Hewitt zu Placebo zurück. Musikalisch war die Platte introvertierter, textlich ein Ausdruck von Selbstreflexion. Mit ihrem Auftritt in dem Glamour-Retro-Film ‹Velvet Goldmine› und einer beinahe authentischen Version des T. Rex-Klassikers *20th Century Boy* wurden Placebo auch zur festen Größe bei den Seventies-Revivalisten. Das dritte Opus *Black Market Music* (2000) war «eine oft sinnliche, immer stimmige Mischung aus dem lärmenden Rock des Debüts und dem mal melancholischen, mal glamourösen Pop des Zweitlings, angereichert mit Texten über Liebe, Lust und den Kater danach» (‹Der Spiegel›). Unter dem Eindruck der Straßenkrawalle während der WTO-Konferenz in Seattle 1999 und den Londoner Unruhen am 1. Mai desselben Jahres gestalteten die vormaligen Teenie-Rocker ihre dritte Platte «merklich politischer und realitätsnäher» (‹Visions›).

LPs auf Caroline: *Placebo* (1996) … auf Virgin: *Without You I'm Nothing* (1998); *Black Market Music* (2000)

The Pogues gaben nach eigener Aussage «Saufgelage-Songs» zum besten, «wie man sie in den irischen Pubs in Nord-London zu hören bekommt; und in unseren Texten sagen wir nichts anderes, als daß jeder nach seiner Fasson selig werden soll». Ihr Mix aus Punk-Arroganz und Pub-Aggressivität, der ein verkorkstes Leben in Schmutz, Schweiß und Tränen mit verballhorntem irischem Folk-Gegröle rüde glorifizierte, wurde zunächst als herablassende Stereotypisierung der Iren und ihrer angeblich permanenten Sauf- und Rauflust mißverstanden. Tatsächlich aber versuchten Shane MacGowan (voc), geboren am 25. Dezember 1957 in Kent, Jem Finer (bj), Jimmy Fearnley (acc), Spider Stacy (fl), Cait O'Riordan (b), Andrew Ranken (dr), Philip Chevron (g) «das Leben, wie es nun mal ist», zu skizzieren, mit typischer Außenseitermoral, voller Faszination für die morbide Aussteigeridylle der Verlierer im Existenzkampf. In ihren «pockennarbigen Liebesliedern, beduselten Gebeten, Gossen-Balladen, Anti-Thatcher-Tiraden, Kneipen-Couplets voller Joyce-Romantik» waren die Schnapsbrüder, Rebellen, Penner und Ausgeflippten «die Opfer von Dämonen, die sie nicht

kontrollieren können – sozial, ökonomisch, politisch, psychologisch – und die sich zu den bösen Geistern aus der Flasche gesellen. Aber selbst in ihren vulgärsten Momenten schlagen sie mit entschlossener Würde zurück» (‹Stereo Review›). Dabei schien sich MacGowan durchaus bewußt, das das Lumpenproletariat-Leben, über das er sich beklagte, «Teil des schillernden Band-Mythos war, der ihn zu einem Pop-Helden gemacht hat» (‹The Face›). MacGowan hatte zunächst bei den Nipple Erectors, später Nips, auf der Londoner Punk-Szene mitgemischt, bevor er sich 1982 mit einigen Kumpels zum Clan der Pogue Mahones (gälisch für «Leckt mich am Arsch») zusammentat. Die Gruppe kürzte später ihren Namen zu Pogues und brachte 1984 auf dem Stiff-Label ihr Debütalbum *Red Roses For Me* heraus. Weitere LP-Produktionen, wie *Rum, Sodomy & The Lash*, produziert von Elvis Costello, *If I Should Fall From Grace With God*, betreut vom Star-Producer Steve Lillywhite, waren geradezu frappierend in der brillanten Balance von irischem Folk-Sentiment, Punk-Feeling, Country-Atmosphäre, orientalischen Anklängen, Jazz-Elementen, Spaghetti-Western-Sounds, karibischen Rhythmen. MacGowans torkelnder, raspelnder Rülps-Gesang machte die Lieder zu hochprozentigen «Melodramen voll tragischer Ironie und herzerwärmender Simplizität» (‹Die Zeit›). Mit den Newcomern Daryl Hunt, der 1986 Cait O'Riordan – sie heiratete im selben Jahr Costello – ersetzte, und dem Multiinstrumentalisten Terry Woods schuf das «kolossale Talent» MacGowan «düstere Meisterwerke» (‹New Musical Express›), in denen sich «Music Hall-Romantik, Intellekt und unverfälschte Gefühlsseligkeit» dermaßen eindrucksvoll miteinander verbanden, «daß man um die Pogues einfach nicht mehr herumkommt» (‹Time Out›). Jedenfalls solange MacGowan trotz seiner Trunksucht, die nach eigenen Worten «seinem Geist das Paradies zeigte», noch immer als singulärer Songwriter seiner Band von ausgefuchsten Instrumentalisten vorstehen konnte. Das fiel ihm im Laufe der Jahre immer schwerer. Er verlallte Auftritte oder erschien gar nicht erst auf der Bühne. Schlimmer noch: Unter Unmengen von Alkohol litt auch seine Qualität als Songschreiber. *Peace And Love* war der Titel des 1989 erschienen Pogues-Album, aber die Band empfand keine

Liebe mehr für ihren glasig blickenden Frontmann und schied in Unfrieden von ihm – offiziell erst 1991, doch hatte seine Arbeit als Leadsänger immer wieder der frühere Clash-Hauptmann Joe Strummer übernommen. Strummer, «Pogue ehrenhalber» (‹Q›), hatte auch die 1990 erschienene LP *Hell's Ditches* produziert, die die letzten Songs von MacGowan für die Band enthielt. «Nicht gerade eine Rückkehr zur alten Form», maulte ‹Rolling Stone›, «aber allemal wert, gehört zu werden.» Während MacGowan orientierungslos durch die Kneipen irrte – eine tragische Figur, die der englischen Musikpresse immer wieder als Zielscheibe des Spotts diente –, konsolidierte sich seine ehemalige Band und nahm zusammen mit dem Sänger Spider Stacy *Waiting For Herb* (1993) auf. ‹Q› vermißte «ein stürmisches keltisches Sauflied», fand aber ansonsten wenig an der LP auszusetzen: «Wenn auch MacGowan gegangen ist, blieben doch einige Dinge in der Pogues-Welt unverändert: Liebende trennen sich ohne triftigen Grund, Männer trinken, Schiffe sinken …» MacGowan hatte sich inzwischen so weit berappelt, daß er wieder an Plattenaufnahmen dachte und mit Paul McGuinness (g), Bernie France (bg), Tom McManamon (banjo), Danny Pope (dr) The Popes gründete. Die erste LP der neuen Formation startete der Sänger provokant wie gewohnt: mit einem blasphemischen Promotionfoto in der Pose einer Kreuzigung. ‹Q› zeigte sich von *The Snake* (1994) beeindruckt: «MacGowan entblößt seine Seele kraftvoll und direkt.» Auch das Popes-Album *The Crock Of Gold* (1997), das sich eine Woche lang auf Platz 59 der UK-Charts etablieren konnte, fand das Wohlwollen der den schrägen Außenseitern zugeneigten Presse. Die Pogues hielten sich noch bis 1997 durch Auftritte bei lokalen Festen mit überregionalem Anspruch wie dem von der Bierbrauerei ausgerichteten Heineken Music Festival in Castle Field, Portsmouth, aufrecht und wurden im Juni 1997 sogar zum Montreux Jazz Festival in die Schweiz eingeladen. Dort taten sie ihren letzten Rülpser.

LPs auf Stiff: *Red Roses For Me* (1984); *Rum, Sodomy & The Lash* (1985) … auf Pogue Mahone/EMI: *If I Should Fall From Grace With God* (1988) … auf Warner Bros.: *Peace And Love* (1989); *Hell's Ditch* (1990); *The Best Of The Pogues* (1991);

The Best Of The Rest Of The Pogues (1993); *Waiting For Herb* (1993); *Pogue Mahone* (1995) … auf Island: *Yeah, Yeah, Yeah, Yeah, Yeah* (1990); *Essential Pogues* (1990) … LPs Shane MacGowan & The Popes auf ZTT: *The Snake* (1994); *The Crock Of Gold* (1997)

The Police, 1977 in London formiert, verbanden die Post-Punk-Prinzipien von Simplizität und Spontaneität mit melodischem Feingefühl sowie einem organischen Gruppensound aus den markanten Baß-Riffs und den hohen, kraftvollen Vokalisen des Frontmannes Sting, bürgerlich: Gordon Matthew Sumner (am 2. Oktober 1951 in Wallsend, Tyne & Wear, geboren), dem atmosphärisch dichten Gitarrenspiel von Andy Summers, bürgerlich: Andrew Somers (am 31. Dezember 1942 in Blackpool, England, geboren), dem virtuosen, unprätentiösen Schlagzeugeinsatz von Stewart Copeland (am 16. Juli 1952 in Alexandria, Virginia, geboren). Markenzeichen der Band waren die originelle Verschmelzung von schwarzem jamaikanischem Reggae mit schnellem weißem New Wave-Rock zu einem «sinnlichen Mix» (‹Billboard›) und die intelligente Einarbeitung diverser Stilelemente aus Funk, Minimalismus, Jazz, arabischen Klängen zu einer «Fusion von Avantgarde und Kommerzialität» (‹New York Times›). «Wir sind eine Pop-Band im besten Sinne», erklärte der charismatische Sting. «Wir sprechen viele Leute auf verschiedenen Ebenen an, ohne dabei unsere Musik zu kompromittieren.» Copeland, der Sohn eines CIA-Agenten, hatte überall dort, wo sein Vater im Einsatz war, in Rock-Ensembles gespielt, so auch bei der britischen Band Curved Air. Nach der Auflösung der Gruppe 1976 tat er sich mit dem ehemaligen Lehrer Sting und dem Gitarristen Henri Padovani zum Trio The Police zusammen und brachte mit ihnen die Single *The Fall* auf dem unabhängigen Label Illegal Records Syndicate (IRS) seines Bruders Miles heraus. Die Band fiel in Punk-Zirkeln unangenehm auf, als sie mit blondgebleichten Haaren für eine Kaugummi-Reklame posierte, behielt jedoch diesen Surfboy-Look bei, als Mitte 1977 Padovani gegen den Rock-Veteranen Summers ausgetauscht wurde, der mit zahlreichen Rockbands wie Animals, Soft Machine sowie mit Zoot Money und Kevin Coyne getingelt hatte. Mit

New Wave-Attitüde legte die Police-Besatzung ihren Einstieg ins Platten-Business an: Die Musiker ließen sich gegen alle Branchenregeln von ihrer Vertragsfirma A & M keinen Vorschuß zahlen, sondern handelten höhere Tantiemenprozente aus. Somit blieben sie schuldenfrei, kassierten aber seit dem Erfolg ihrer US-Start-Single *Roxanne* eine höhere Umsatzrendite. Zuvor mußte die Band eine finanzielle Durststrecke überwinden: Sie verdingte sich 1977 bei dem deutschen Pop-Dirigenten Eberhard Schoener, auf dessen LP *Video Flashback* die drei Musiker zu hören waren. Außerdem machten sie, ebenfalls branchenunüblich, eine Tournee durch Amerika, bevor überhaupt eine Platte auf dem Markt war, und hatten beim Erscheinen von *Roxanne* gleich eine erwartungsvolle Fangemeinde. Ihre weiteren Hitsingles *Message In A Bottle, Walking On The Moon, Don't Stand So Close To Me, Invisible Sun, Every Little Thing She Does Is Magic, Every Breath You Take, Wrapped Around Your Finger, Synchronicity II, King Of Pain* waren reich an spannenden Improvisationspassagen, phantasievoller Klangfarbenmalerei, mitreißenden Steigerungen und Effekten; ihre manieriert betitelten Alben wie *Outlandos d'Amour, Regatta de Blanc, Zenyatta Mondatta, Ghost In The Machine* (nach Arthur Koestler), *Synchronicity* (nach C. G. Jung) «bewegten sich in gefährlicher Balance auf dem schmalen Grat zwischen Seriosität und Zeremonie» (‹New York Magazine›) und «standen den schönen Künsten näher als der Populärkultur» (‹Village Voice›). Dennoch empfanden selbst engagierte Rockfans die immer ambitionierter werdenden Plattenproduktionen mit ihren literarischen und sozialphilosophischen Querverweisen als «gelegentlich sensationell» (‹New Musical Express›). Die Gruppe, die in ständigen Auseinandersetzungen zu zerfallen drohte und doch immer wieder in glänzender Gemeinschaftsform zusammenfand, gab im Sommer 1987 angesichts der Solo-Eskapaden von Sting und diverser Alleingänge von Copeland und Summers ihren Dreierbund ohne formelle Ankündigung auf. Sting forcierte seine exorbitant erfolgreiche Solokarriere, während Copeland mal hier, mal da zu den Stöcken griff (beispielsweise im Trio Animal Logic mit Sängerin Deborah Holland und Bassist Stanley Clarke) oder verquaste Solo-Platten aufnahm (*The Equalizer & Other Cliff Hangers*, 1988). Summers nutzte seine Police-Erfolge, die ihm finanzielle und künstlerische Unabhängigkeit beschert hatten, für eigensinnige, skurrile und mitunter auch bizarre Solo-LPs und Film-Soundtracks; in Robert Fripp fand er zeitweilig einen Geistesverwandten. Der Hunger des Publikums nach weiteren Police-Stücken wurde von A & M mit einer Reihe von Zusammenstellungen wenn schon nicht gestillt, dann doch wenigstens erhalten. 1995 erschien mit *Live!* eine Doppel-CD. Ein Mitschnitt von 1979 fing die Konzertatmosphäre wie kaum eine zweite Live-Aufnahme ein und übertraf darin selbst die zahllosen Bootlegs der Band. Der zweite Mitschnitt von 1983 zeigte die Band auf dem Höhepunkt ihres Ruhmes. «Die Songs haben Biß und übertreffen bisweilen die Studioversionen» (‹Rolling Stone›). 1997 brachte Miles Copeland auf seinem Label Ark 21 nicht nur die allerersten Police-Aufnahmen inclusive unveröffentlichter Sting-Demos (*Police Academy*), sondern unter dem Titel *Regatta Mondatta* auch Police-Hitnummern in den Reggae-Versionen von Ziggy Marley, Steel Pulse, Aswad, Maxi Priest und anderen heraus.

LPs auf A & M: *Outlandos d'Amour* (1979); *Regatta de Blanc* (1979); *Zenyatta Mondatta* (1980); *Ghost In The Machine* (1981); *Synchronicity* (1983); *Every Breath You Take – The Singles* (1986); *Greatest Hits* (1992); *Message In A Box* (1993; Box mit vier CDs); *The Police – Live!* (2-CD, 1995); *The Very Best Of Sting And The Police* (1997)... auf Ark 21: *Police Academy* (1997) ... Solo-LPs Stewart Copeland auf A & M: *Rumble Fish* (Soundtrack, 1983); *The Rhythmatist* (1985) ... auf IRS: *The Equalizer & Other Cliff Hangers* (1988) ... als Klark Kent auf A & M: *Klark Kent* (1980) ...LPs Steward Copeland mit Animal Logic auf Virgin: *Animal Logic* (1989)... auf IRS: *Animal Logic II* (1991) ... Solo-LPs Andy Summers auf EG: *I Advance Mask* (1982; mit Robert Fripp); *Bewitched* (1984; mit Robert Fripp) ... auf MCA: *XYZ* (1987) ... auf Private: *The Golden Wire* (1989); *Mysterious Barricade* (1989); *Charmed Snakes* (1990) ... auf Mesa Blue Moon: *Invisible Threads* (1993; mit John Etheridge) ... auf CMP: *Synaesthesia* (1995) ... auf RCA: *The Last Dance Of Mr. X* (1997); *Strings Of Desire* (1998); *Green Chimneys* (1999); *Peggy's Blue Skylight* (2001)
Weitere Solo-LPs → Sting

Iggy Pop And The Stooges schlossen sich 1968 in Ann Arbor, Michigan, aus «Langeweile und unerfüllter Teenager-Lust» (‹Cream›) zur Rock 'n' Roll-Clique zusammen. Iggy Pop, bürgerlich: James Osterberg (voc), am 21. April 1947 in Ann Arbor geboren, Ron Asheton (g), Scott Asheton (dr) und Dave Alexander (bg) hatten zuvor in diversen Bands Detroit-Blues und London-Beat imitiert, wobei Iggy, genannt nach seiner ersten Combo The Iguanas, mit den Drumsticks klapperte. Als Stooges (Strohpuppen) führten sie unverändert dreisten Dilettantismus vor. Die Gitarristen nudelten läppische Wah-Wah-Effekte herunter, der Drummer knallte sein Minimal-Repertoire dazu, und Iggy kreischte wie ein verunglückter Mick Jagger. Seinetwegen kamen die minderjährigen Teenager in Skandal-Konzerte, die die Stooges meist im Tandem mit MC Five bestritten: Iggy stellte sich in zerrissenen Jeans und bloßem Oberkörper mit goldenen Lurexhandschuhen bis zu zehn Minuten an die Bühnenrampe und starrte das Publikum feindselig an. Wenn die Band dann endlich ihre Trivial-Akkorde anschlug, brüllte und knurrte Iggy Selbstquälerisches («Ich bin der letzte Dreck»), schlug sich dabei mit einer splitternden Flasche auf die Brust, goß heißes Wasser über seine Hosen und taumelte blutend von der Bühne, während die gelegentlich in Nazi-Uniformen gekleideten Musiker ihre Instrumente zum Rückkoppelungsgeheul an die Verstärker lehnten. Es war, wie die ‹Los Angeles Free Press› verzückt meldete, die «perfekte Hintergrundmusik für eine Auspeitsch-Party». Bei Clubauftritten warf der feminin wirkende Sado-Sänger bisweilen Tische um, riß Mädchen an den Haaren und leckte sie mit seinen schwarzbemalten Lippen ab, beschimpfte das Publikum, ließ sich von der Bühne in die kreischenden Zuschauermassen fallen und erbrach sich oft, während er seinen Show-Stopper heulte: «Ihr kotzt mich an.» Die Mischung aus kalkulierter Sado-Show und Rauschgift-Zerrüttung brachte ihm im Underground den Ruf ein, der «Mann mit dem meisten Sex-Appeal» zu sein, und verschaffte seiner Gruppe einen Schallplattenauftrag für zwei Alben, die mit wechselndem Personal unter Anleitung von John Cale eingespielt wurden. Vom Heroin zermürbt, schleppte sich Iggy Ende 1972 nach einer Entzie-

hungskur mit Ron Asheton (bg), James Williamson (g) und Scott Asheton (dr) vor die von David Bowie beaufsichtigten Mikrofone eines Londoner Studios, um sein Album *Raw Power* aufzunehmen, dessen morbide Schock-Musik die Phantasie einer neuen Teenager-Generation anregen sollte. Ein Teil der Rock-Bosse applaudierte: «Ob Sie es zugeben oder nicht, wir alle identifizieren uns in dieser oder jener Hinsicht mit Iggy; er ist viel zu sehr ein Teil unserer Wirklichkeit, um ignoriert zu werden» (‹Circus›). Bowie unterstützte den «globalen Dorftrottel» (‹Stereo Review›), dessen Karriere permanent zwischen Exzeß und Entzug hin und her torkelte, auch bei weiteren Platten in der Rekonvaleszenzphase nach einem Aufenthalt in Pflegeheimen, brachte Iggy Pop-Stücke wie *China Girl* auf seinen Bestseller-Platten unter und verhalf damit dem beschädigten Rock-Veteranen zu erheblichen Tantiemen-Einkünften. 1984 heiratete Iggy ein japanisches Mädchen, das er im Publikum eines Konzerts in Tokio erspäht hatte, und präsentierte sich fortan als athletischer Rocker. Der «Pate der Punk-Musik» (‹City Limits›) hatte seinen manischen Zwang zur Selbstzerstörung in einen fanatischen Gesundheitstrip verwandelt. «Die große Lüge dabei ist, daß dies als ein Prozeß der Reifung ausgegeben wird» (‹Village Voice›). «Aber die Vehemenz, mit der er gestartet war, und sein langsames Scheitern machten aus der lächerlichen Figur auch eine Legende, ein Symbol fürs wilde Leben, das in Tragik endet, aber nicht zu Ende gehen will» (‹Der Spiegel›). Iggy Pop lenkte seine Karriere jedenfalls in rockübliche Bahnen: Zum einen ging er wieder daran, Platten aufzunehmen – 1986 erschien die wiederum von Bowie produzierte LP *Blah Blah Blah* –, zum anderen nutzte er seine dramatischen Talente und spielte in den Filmen ‹Sid and Nancy› und ‹The Color of Money›. Die aus *Blah Blah Blah* ausgekoppelte Single *Real Wild Child* – als das er sich wohl selbst am liebsten sah – wurde sein erster Hit in Großbritannien. Pop war damit nicht nur in der Pop-Welt etabliert, sondern auch als Musiker anerkannt: *Instinct* (1988) wurde von Bill Laswell produziert, *Brick By Brick* (1990) von Don Was. Für diese LP hatte er ein anderes «schreckliches Kind» als Spielkameraden gewonnen: Slash von Guns N' Roses, der mit ihm zusammen komponierte und zu vier Songs in die Saiten griff. Single-Duette mit Debbie Harry (Blondie) und Kate Pierson (B-52's) waren mäßig erfolgreich, bewiesen aber Anfang der Neunziger seine ungebrochene Präsenz. Der «entwaffnend freimütige Kumpel» (‹Q›) zeigte sich auf seiner 1993 veröffentlichten LP *American Caesar* als abgeklärter Musiker, der «Punk, Grunge, Balladen, Folk und dramatische Reden mit beeindruckender Nonchalance mischt» (‹Q›). Voller Schärfe, Verwegenheit und Poesie, aber auch voller Übersicht artikulierte Iggy Pop hier noch einmal seine großen Themen, so ‹Spiegel›-Kolumnist Thomas Hüetlin: Außenseiterdasein, Einsamkeit, Haß, Liebessehnsucht. «Wie niemandem sonst in der zeitgenössischen Popmusik gelingt es Iggy, dieser gebrochenen Individualität Größe zu geben, die schmerzhafte Differenz zwischen ihm und dem Rest der Welt zu verherrlichen.» Mit dem *Highway Song* gelang ihm ein klassischer Road-Song, der die Straße zum Synonym für Seele überhöhte: «I am addicted to the highway / Coz I just can't do things their way / And there ain't nothing gonna take this road away / outa my heart.» Die Reife und Raffinesse von *American Caesar* war nur durch ihr pures Gegenteil zu übertreffen: einen Rückgriff auf die rüde Spontaneität der Stooges-Anfänge. Iggy Pop versuchte dies mit Hilfe der erfahrenen Punk-Produzenten Thom Wilson (The Offspring) mit dem Album *Naughty Little Doggie* (1996): «Es ist die schwierigste Aufgabe der Welt für einen Rock 'n' Roller, eine simple Platte aufzunehmen, die dem Hörer in den Arsch tritt.» Man merkte die Absicht und war verstimmt. Iggy Pop einsichtig: «Ich habe diesen Charakter Iggy geschaffen, und er kommt gut an. Aber wenn jemand länger als eine Viertelstunde mit mir verbringt, kann ich diesen Mythos nicht aufrechterhalten. Auf der Bühne bin ich gefährlich nah an dem Punkt, *Johnny B. Goode* fehlerlos herunterzuspulen und in Langeweile zu verkommen.» Für drei Jahre gönnte er sich eine Auszeit, spielte wenig, verlegte seinen Wohnsitz von New York nach Miami, las Bücher (Voltaire, Charles Dickens, Victor Hugo, Marquis de Sade), wurde Mitglied in einer «sehr guten Videothek», hörte Platten von Frank Sinatra, Leonard Cohen, Tom Waits, spielte Golf, kurvte mit seinem knallroten Cadillac Cabrio, Baujahr 68, durchs Vergnügungsviertel South Beach oder beobachtete bei Sonnenuntergang – catspotting – streunende Katzen am Strand. Seine Frau Sushi hatte sich von ihm scheiden lassen, befreundete Künstler hatten auf Royalty Records ein Iggy Pop-Tribute-Album (*We Will Fall*, 1997) herausgebracht, und Hollywood integrierte seinen Song *Success* in den Spielfilm ‹Great Expectations› (1998), der dazugehörige Soundtrack erreichte Position 25 in den US-Charts. Dann meldete er sich auf dem Album *Avenue B* (1999) mit einem gesprochenen Intro wieder zu Wort: «It was in the winter of my fiftieth birthday, when it hit me, I was really alone.» Er habe eine Balance zwischen Würde und Spaß finden wollen, erklärte er. Der erste Song, *No Shit*, begann mit den Zeilen: «I want to fuck her on the floor / Among my books of ancient lore», dazu klassische Streicher, später Bongos, Akustikgitarren und der luftige Jazz des New Yorker Trios Medeski Martin & Wood. Der kontemplative Song *She Called Me Daddy* mit dem Eingeständnis, junge Mädchen sähen in dem 52jährigen nur mehr die Vaterfigur, sei «eine schmerzvoll ehrliche Erkenntnis für jemanden, dessen Selbstdefinition stets auf animalischer Attraktion und Obsession oder zumindest Ekel basierte», lobte Claudia Wiegand in ‹Tip›. Das späte Meisterwerk «über den Tod, die Korruption und die vergänglichen Freuden der fleischlichen Lust» (‹Musikexpress›) wurde weltweit derart enthusiastisch rezensiert, daß die Firma VSP noch im gleichen Jahr die CD *Nuggets* (1999) mit unveröffentlichten Studioaufnahmen von 1977 bis 1985 auf den Markt warf. Das kommerzielle Kalkül ging nicht auf. Beide CDs erreichten nicht die bescheidene Auflage des bisherigen Iggy Pop-Bestsellers *Brick By Brick* von 1990: ganze 250000 in den USA. Als wäre ihm nun schon alles egal, ließ er mit dem Image eines «fast greisen Rotzlöffels», eines «Rock 'n' Roll-Scherzartikels», einer «One Man Freak Show» (so der deutsche ‹Rolling Stone›) auf der hingerotzten Hardrock-CD *Beat 'Em Up* (2001) wieder voll die Sau raus. Er nöle «mit der bekannten Inbrunst und Hingabe gegen Amerika und für die Freiheit», kommentierte RS-Kritiker Jörn Schlüter, «und das mag man ja beklatschen. Anhören mag man es indes nicht.»

LPs auf RCA: *The Idiot* (1976); *Lust For Life* (1977); *TV Eye Live* (1978); *Choice Cuts* (1984) ... auf Revenge: *Hippodrome – Paris 1977* (1977); *Wild Animal – Live USA* (1977) ... auf Radar: *Kill City* (1977) ... auf Arista: *New Values* (1979); *Soldier* (1980); *Party* (1981) ... auf Animal: *Zombie Birdhouse* (1981) ... auf PMV: *Blah Blah Blah* (1986) ... auf Invasion: *I Got A Right* (1983) ... auf A & M: *Instinct* (1988) ... auf Virgin: *Brick By Brick* (1990); *American Caesar* (1993); *Naughty Little Doggie* (1996); *Nude & Rude – The Best Of Iggy Pop* (1996); *Avenue B* (1999); *Beat 'Em Up* (2001) ... auf Skydog: *Wake Up Suckers* (1995) ... auf Narva: *Live Berlin 1991* (1991) ... LPs mit The Stooges auf Elektra: *Stooges* (1969); *Funhouse* (1970); *No Fun* (1980) ... LPs von Iggy Pop and the Stooges auf Skydog: *Metallic K.O.* (1976) ... auf Columbia: *Raw Power* (1973) ... auf VSP: *Nuggets* (1999)

Portishead, 1993 im englischen Bristol gegründet, sahen sich selbst als «langweilige Leute, die Musik machen». Die Musik der Formation war alles andere als langweilig: Ein Theremin jaulte seine schaurig-schönen Sinustöne, Rhodes-Klänge waberten, knisternde Bassdrum-Samples vereinigten sich mit blechern scheppernder Percussion zu einer dürren Schlagzeugbegleitung, Scratches quakten dazwischen. Über diesem langsam dahinfließenden Gemisch rätselhafter, unheimlicher Klänge schwebte die zerbrechliche Stimme von Beth Gibbons, die depressive Texte wie «Es hört mich niemand, wie sehr ich auch schreie» sang. «Beth weiß, was sie mit ihren Texten sagen will», versicherte ihr Partner Geoff Barrow, «ich bin mir aber nicht sicher, ob ich alles verstehe.» Barrow, am 9. Dezember 1971 in Walton-In-Gordano, Avon, geboren, war in dem verschlafenen Nest Portishead in der Nähe der britischen Stadt Bristol aufgewachsen, hatte in einer konventionellen Rockband Schlagzeug gespielt und gelegentlich als Discjockey gearbeitet. Die Berührung mit House und Dub motivierte ihn, sich intensiv mit Studioelektronik, Synthesizern und Samplern zu beschäftigen. Ein Job im Coach House Studio in Bristol bot ihm gleich zwei Chancen: Er lernte die Arbeitsweise von Massive Attack kennen, die dort ihr erstes Album aufnahmen, und konnte sich nachts selbst an die Regler setzen, um mit seiner eigenen Musik zu experimentieren.

Für Massive Attack kochte er zwar nur Tee und holte die Bänder aus dem Lager, seine Mischpultexperimente fielen aber einem Freund von Neneh Cherry auf, der ihn an Cherrys Album *Homebrew* (1992) mitarbeiten ließ. *Someday* auf Cherrys Platte nahm atmosphärisch einiges von dem vorweg, was Barrow später mit Portishead ausformulierte; das knisternde Zitat aus der *Mondscheinsonate* von Ludwig van Beethoven am Anfang des Stückes ging auf Co-Autor Barrow zurück. Barrow meldete sich arbeitslos und gründete eine eigene Produktionsfirma. Pflichtgemäß nahm er an einem Fortbildungskurs des Arbeitsamtes teil, wo er Beth Gibbons (voc), geboren am 4. Januar 1965 in Devon, kennenlernte. Die Sängerin arbeitete zwar noch als Grafik-Designerin, wollte aber unbedingt professionell Musik machen. So hatte sie schon in einer Band Titel von Janis Joplin und Fleetwood Mac gesungen, interessierte sich aber weit mehr für Jazz. Dennoch tat sich das ungleiche Duo zusammen. Cherry und ihr Mann Cameron McVey ließen die beiden in ihrem Heimstudio aufnehmen, doch kam zunächst nichts Vorzeigbares zustande. Erst als sie gemeinsam an dem Film ‹To Kill a Dead Man› arbeiteten, gewannen die Kompositionen des Duos Form; einige der Songs erschienen später auf dem Erstling der Band, *Dummy* (1994). Barrow hatte bei seiner Studioarbeit den Gitarristen Adrian Utley und den Toningenieur Dave MacDonald kennengelernt, der mit den Jazz Messengers, Big John Patton, Dick Morrissey zusammengearbeitet hatte. Das Quartett produzierte gemeinsam ein Demoband und verschickte es an mehrere Plattenfirmen. Das Unterlabel Go! Beat der Firma Go! Disc gab Gibbons und Barrow einen Vertrag, den die beiden Musiker als Portishead unterschrieben; MacDonald und Utley nahmen eine seltsame Zwischenstellung als Bandmitglieder sowie als Berater ein. Parallel zu der Arbeit an ‹To Kill a Dead Man› entstand das erste Album der Gruppe. Formal bot die Musik Barrows weder Neues noch Ungewöhnliches: *Roads* und *Glory Box* beispielsweise basierten auf einem ähnlichen harmonischen Schema, einem abgegriffenen viertaktigen Riff, wie es zweitklassige Heavy Metal-Bands als Ostinato für ausufernde Gitarrensoli benutzten. Morricone-Verehrer Barrow legte über die langsam absteigenden Baßtöne breite Streicherklänge, Reminiszenzen an die besonders traurigen und sentimentalen Szenen beliebiger Italo-Western. Gibbons schärfte das weiche Klanggerippe mit ihrem in der Rockmusik singulären Gesang und Texten, für die das Wort Melancholie ein Euphemismus war. «Ich wurde nicht sexuell mißbraucht», wehrte die Sängerin tiefgründelnde Nachfragen ab, «und daß meine Eltern geschieden sind, tut nichts zur Sache.» *Dummy* war vom Start weg so erfolgreich, daß Portishead als die Protagonisten des Trip Hop galten, dessen Maßstäbe sie setzten. Nach einem Jahr hatte die Band zwei Millionen Platten verkauft. Beinahe über Nacht sahen sich Barrow und Gibbons größtem Druck ausgesetzt: Konzerte geben, zweite Platte aufnehmen, Interviews tolerieren, Public Relations vorantreiben. Das Duo entzog sich auf seine Weise. Die Musiker arbeiteten an der Live-Übersetzung ihrer Platte, engagierten den Bassisten Jim Barr, den Keyboarder John Baggott für Mellotron, Rhodes-Piano und Hammondorgel sowie Clive Deemer, der die vielen Samples von Lalo Schifrin, Weather Report, Isaac Hayes und anderen einspielte. Die bleiche Beth Gibbons, die sich beharrlich weigerte, Interviews zu geben, stand, in blaues und weißes Licht getaucht, vor der Band, umklammerte mit beiden Händen inbrünstig das Mikrofon und sang. Barrow, der sich nur ungern fotografieren ließ, sah die Konzerte nur als Durchgangsstadium. Bei der Vorbereitung für das zweite Album erfaßte ihn eine Kreativitätskrise: «Ich ging ein Jahr lang jeden Tag ins Studio, und nichts lief. Trotzdem habe ich jeden Tag gearbeitet. Für mich war es die Hölle.» Um jeden Preis forderte er von sich, sich nicht zu wiederholen: Für das Album *Portishead* (1997) nahm er Musikfetzen auf Tonbandkassetten auf oder ließ sie auf Vinyl pressen, um sie dann als verschlissene Sample-Soundstücke in die neuen Kompositionen einzufügen. Die Stimme von Beth Gibbons verzerrte er mitunter unerträglich, jagte sie durch ein Leslie, gab ihr den Nachhall eines leeren Kellers und machte damit deutlich, daß auch diese Stimme ihm Material war. Sie stand neben den Erinnerungen an B-Movie-Soundtracks, Orchesterklängen, Hinweisen auf den Soul der Sechziger und auf den Jazz der Vierziger. Der Musikindustrie, die nun begann, die Gruppe zu hofieren, begegnete Portishead mit unverhohle-

ner Abneigung: Bei Top of the Pops wollten sie schon früher nicht mitmachen, für die Brit Awards nicht auf die Bühne gehen. Sich selbst treu bleiben wurde der Band zum Credo. «Ich weiß nicht, wie man ‹Erfolg macht›», beteuerte Barrow, «und ich werde mit Sicherheit keine Platte herausbringen, die ich nicht wirklich gut finde.» Mit dem Mitschnitt des Konzerts seines Triumvirats mit einem um Holz- und Blechbläser erweiterten 30köpfigen Streichorchesters am 24. Juli 1997 im New Yorker Roseland Ballroom waren er wie auch die Kritiker zufrieden. Hier wirkten Portisheads «düstere Trip Hop-Symphonien wärmer als im Original, ohne jedoch auch nur ein Quentchen ihres beklemmenden, klaustrophobischen Charakters einzubüßen», schrieb Christof Hammer in ‹Stereoplay› über die um je einen Titel aus San Francisco (*Sour Times*) und dem norwegischen Kristiansand *(Roads)* erweiterte CD *Roseland NYC Live* (1998).

LPs auf Go! Disc: *Dummy* (1994); *Portishead* (1997); *Roseland NYC Live* (1998)

Presley, Elvis A(a)ron (voc, g), am 8. Januar 1935 in East Tupelo, Mississippi, als Sohn des Landarbeiters Vernon Presley und seiner Frau Gladys geboren, verkörperte als «archetypischer Held der amerikanischen Populärkultur» (‹Twen›) den Mythos des Rockers par excellence – mit Aggressivität, grobschlächtiger Sinnlichkeit und der Schwermut des Außenseiters. Aus dem Bodensatz der Gesellschaft schwang sich der «Anwalt der unterdrückten Teenager-Sehnsüchte» (Franz Schöler), dessen Zwillingsbruder Jesse Garon kurz nach der Geburt gestorben war, zum Multimillionär auf, der beinahe jede Honorarsumme für seine Darbietungen fordern konnte. Bis zu seinem Tod 1977 hatte Presley rund 500 Millionen LPs und Singles abgesetzt und übertraf damit jeden anderen Showstar. Für mehr als 100 Singles und 40 LPs nahm der höchstbezahlte Entertainer der Welt, Headliner in über 30 Hollywoodfilmen, Goldtrophäen entgegen. Seine Fernsehshow ‹Aloha from Hawaii› am 14. Januar 1973 wurde über Satellit weltweit live übertragen und von etwa einer Milliarde Menschen gesehen – auf den Philippinen bei einer Einschaltquote von 91 Prozent. Dieser beinahe magische Konsensus zwischen Sänger und Publikum funktionierte in den ersten Jahren seiner beispiellosen Karriere noch ohne Massenmanipulation. Elvis war damals der natürliche Outlaw, ein schüchterner Junge, der seine Mutter abgöttisch verehrte, sich während seiner Schuljahre Haare und Koteletten zur Selbstbestätigung lang wachsen ließ, die von Weißen verschmähten schwarzen Radiostationen abhörte und seine Zweidollarfünfzig-Gitarre nach dem Rhythm & Blues von Ghetto-Idolen wie Arthur Crudup, Junior Parker, Chuck Willis stimmte. Der Song *My Happiness*, den er im Sommer 1953 als Geburtstagsgruß für seine Mutter im Plattenstudio von Sun Records in Memphis sang und pressen ließ, war in jenem Jahr ein aktueller Hit des schwarzen Ensembles The Ink Spots. Sun-Inhaber Sam Phillips, der den jungen Lastwagenfahrer der Crown Electric Company daraufhin zunächst widerstrebend unter Vertrag genommen hatte, lancierte Presleys Coverversion von Crudups 1946 veröffentlichtem Blues *That's All Right, Mama* sowie des Bill Monroe-Bluegrass-Stückes *Blue Moon Of Kentucky* im Juli 1954 auf lokale Rundfunkwellen und erhielt in den darauffolgenden Tagen 5000 Bestellungen. Mit seinen ständigen musikalischen Begleitern Scotty Moore (g), Bill Black (bg), J. D. Fontana (dr) entwickelte Presley sodann im Sun-Studio jenen Rockabilly-Personalstil, eine Melange aus Country, Blues, Gospel und Rock 'n' Roll, der «die Musikwelt entflammen» sollte (‹The Memphis Commercial Appeal›). Nachdem *Baby, Let's Play House* im Juli 1955 bis auf Platz 15 der nationalen Country-Bestsellerliste vorgestoßen und Elvis aus einer Discjockey-Umfrage als «vielversprechendster Country & Western-Star» hervorgegangen war, erwarb der New Yorker RCA-Konzern den Sun-Schallplattenkontrakt mitsamt allen bereits gefertigten Aufnahmen für 35 000 Dollar sowie eine Abschlagszahlung von 5000 Dollar für den Künstler. Am 28. Januar 1956 präsentierte Presley in der ‹Tommy and Jimmy Dorsey Stage Show› seinen ersten RCA-Titel *Heartbreak Hotel*. «Er ließ seine weitgespreizten Beine schlottern», erinnerte sich sein Biograph Jerry Hopkins, «und zuckte kaum merklich mit dem rechten Knie. Es war eine Art Mischung aus rasantem Schlurfen und Charleston-Geschlenker. Er grinste höhnisch, senkte seine Augenlider, lächelte aus dem linken Mund-

winkel und zuckte mit den Hüften. So etwas hatte das amerikanische Fernsehpublikum noch nie gesehen; und Elvis bot es … im Fernsehen … von Küste zu Küste.» *Heartbreak Hotel* verkaufte sich auf Anhieb eineinhalbmillionenmal. In einer Woche im September 1956, in der Presley bei einer Sehbeteiligung von 82,6 Prozent in der Ed Sullivan-Fernsehshow auftrat, warf RCA sieben Singles gleichzeitig auf den Markt – unmittelbar gefolgt vom Titelsong *Love Me Tender* des ersten Presley-Films, der eine Single-Auflage von sieben Millionen erreichte. Es kam die Zeit, da sich der Sänger im goldenen Cadillac mit Perlmuttdach zum hysterischen Kreischen verzückter Teenager auf die Konzertbühne chauffieren ließ und auf dem Cover einer LP erklärte: «50 Millionen Elvis-Fans können sich nicht irren.» Zwar wetterten die professionellen Kritiker in der ganzen Welt einhellig wie nie zuvor gegen den «Alptraum an schlechtem Geschmack» (‹Look›), den «Striptease in Kleidern» (‹New York Times›) und die «aufdringliche Barbarei» (‹Encyclopedia Britannica›), aber das allerorten vorausgesagte baldige Ende der Presleymanie blieb aus – dank der «genial gelungenen Strategie eines cleveren Unternehmers» (‹Die Zeit›). Von Anfang an wurde Presleys Karriere von seinem Manager «Colonel» Tom Parker gelenkt. Der einstige Tingeltangel-Schausteller, der im Süden der USA vordem Spatzen gelb angemalt und als Kanarienvögel verkauft sowie tanzende Hühner auf heißen Blechplatten zur Jahrmarktsattraktion erhoben hatte, «trieb einen Wucher mit Elvis' Pfunden, der zwar maßlos und lachhaft war, aber dennoch ständig erstaunliche Erfolge brachte» (‹Die Welt›). Parker sorgte dafür, daß Presley auch während seiner Militärzeit in Deutschland (1958 bis 1960) in den Schlagzeilen blieb, obgleich er sich keine privaten Exzesse zuschulden kommen ließ. Er konnte es sich leisten, bei einer TV-Show nur 2500 Dollar für den Presley-Auftritt zu verlangen und auf die Frage nach dem Grund für diesen billigen Tarif zu antworten: «Die restlichen 47 500 Dollar kassieren wir für den Abgang.» Er erhielt die geforderten 25 000 Dollar Zusatzhonorar bei einer MGM-Filmproduktion, in der Elvis vor der Kamera seine eigene Armbanduhr getragen hatte – Parker: «Daß er seine eigene Garderobe beibringen muß, war nicht ausgemacht.» Er setzte sogar die Komponisten, die für seinen Schützling schreiben wollten, mitunter derart unter Druck, daß sie den Sänger als angeblichen Co-Autor an ihren Tantiemen beteiligten. Eigentümer des Musikverlags: «Colonel» Parker. Für ihn war Presley wohl wirklich von Anfang an «die ideale Marionette für lukrative Überlegungen, der Idealfall eines geglückten Managements, die traurige Karikatur eines Rockers, dem man nach erfolgreicher Gehirnwäsche jegliche Vitalität ausgetrieben hat» (Franz Schöler). Das Wirken des Managers reicht freilich nicht aus, den überdimensionalen Initialerfolg des Sängers in den Jahren 1956 bis 1958 zu erklären. Auch die Tatsache, daß die damals kommerziellsten Produzenten, Jerry Leiber und Mike Stoller, den Top-Rocker betreuten, ist als Grund für das Presley-Charisma ungenügend. «Elvis tat nichts anderes», schrieb die Londoner ‹Times›, «als das Höllenfeuer und die Verdammungsintensität der Pentecostal-Gemeinde, der er in seiner Jugend angehörte, in ein *Good Rockin' Tonight* zu übersetzen.» Aber auch das definiert die Erfolgsformel nicht genau. Presleys Songs waren – zumal im Anfang – stets dreidimensional in Text, Musik und Live-Interpretation. Die Texte seiner Lieder spiegelten allenfalls eine unschuldige, pubertäre Teenager-Erotik wider und stießen deshalb bei den Rundfunksendern kaum auf Ablehnung. Seine vokale Interpretationsweise deutete diese Texte, für Zensurinstanzen unwägbar, durch eine sexuell wirksame Atemgeräusch-Technik und sinnliche Dehnungen als laszives Kopfkissengeflüster während eines Beischlafs aus. Auf der Bühne schließlich wirkte der «Wolf (Stimmton) im Schafspelz (Texte)» (‹The Guardian›) durch die eindeutigen Bewegungen seines Unterleibs unmaskiert «wie ein sexueller Freibeuter» (Geoffrey Cannon) – und wurde damit insgesamt zum Teenager-Idol. Als «Dr. Jekyll and Mr. Hyde des Rock 'n' Roll» (Schöler) nach acht Jahren ausschließlicher Filmtätigkeit, in der sich bei aller «kriminellen Vergeudung seines Talents» (Producer Jack Good) der Mythos während der Beatles- und Dylan-Zeit am besten bewahren ließ, gelang ihm dann auch «das vielleicht eindrucksvollste Comeback in der Geschichte der Popmusik» (‹Time›). Im Januar 1969 betrat er nach 14 Jahren wieder ein Plattenstudio in seiner Heimatstadt Memphis und nahm eine Reihe von Songs auf, die stilistisch an seine Sun-Zeiten und an die Rhythm & Blues-Einflüsse seiner Jugend erinnerten. Dieser Comeback-Session war eine gleichermaßen spektakuläre TV-Show vorausgegangen, in der «Elvis Aeternus» (‹Time›) sich als zeitloser Rocker restilisierte, dem der Übergang von der Folk Art seiner primitiven Anfänge bis zur Popular Art seiner kommerziell gelenkten Gegenwart ohne Bruch und unter Mitnahme und Verstärkung seiner Anhängerschar, gelungen war. Sein von 696 Schautafeln und 100 Radiospots angekündigtes Live-Comeback in Las Vegas 1970 brachte den Mythos aus dem Film-Kabinett unter die gealterten Fans und Nachwuchs-Anhänger, die seinen Auftritten wie Ritualen beiwohnten. Entscheidend für die Massensuggestion war nicht mehr die Qualität seiner Performance, sondern allein seine Präsenz. Diese Maßlosigkeit in der Vorführung eines Idols wurde am beklemmendsten deutlich, als Parker einer Vierfach-Kassette mit alten Presley-Hits angebliche Stoffteile von Elvis' Bühnengarderobe beilegen ließ, die die Käufer wohl wie Reliquien verwahren sollten. Auch musikalisch enthielten alle Presley-Alben jener Zeit neben gelungenen Reminiszenzen der Anfangsjahre derartigen Müll. «Es gibt um alles in der Welt keinen Grund», schrieb ‹Rolling Stone›, «warum er nicht ein Album macht, das von Anfang bis Ende gut ist. Muß er sich denn völlig wegwerfen?» Elvis: «Als ich ein Junge war, sah ich mich immer als den Helden in Comic-Büchern und Filmen. Ich wuchs auf im Glauben an diesen Traum. Nun habe ich ihn erlebt. Mehr kann sich ein Mensch nicht wünschen.» Diese resignative Einstellung mag auch die letzten Lebensjahre des alternden Rockers bestimmt haben, der das Scheitern seiner Ehe mit Priscilla Beaulieu (1967–1973) nicht verwinden konnte: Er «wurde fett, eigenbrötlerisch und zunehmend paranoid» (‹Newsweek›). Seine private und künstlerische Orientierungslosigkeit offenbarte sich fortan mehr denn je im exzessiven Arzneimittelkonsum und in «chaotischen Gewalttätigkeiten und Schießorgien» (‹Der Spiegel›), grotesk stilisierten Konzertauftritten und indifferent absolvierten Plattendarbietungen. Als er am 16. August 1977 im Badezimmer seiner Villa Graceland in Memphis, Tennessee, sterbend aufgefunden wurde, war er schon längst in den «Rock 'n' Roll-

Himmel» (‹New York Magazine›) der Entertainment-Legenden aufgestiegen. «Nichts hat seit der Ermordung Kennedys den englischsprechenden Westen so berührt wie dieser Tod», erkannte die ‹FAZ›. Der damalige Präsident Carter pries denn auch den toten Heros als weltweites Symbol für die «Vitalität, das Rebellentum und den guten Geist Amerikas». Eine Massenflut von Büchern, Schallplatten, TV-Specials und Filmbiographien, die hemmungslose Souvenirindustrie sowie Skandalbekenntnisse abgehalfterter Partyfreunde, vermeintlicher Dauergespielinnen und selbsternannter Presley-Sprößlinge reicherten die Kult-Aktivitäten um das tote Idol auf Dauer an. Vor allem an seinem Geburts- und Todestag wurde die Grabstätte in Memphis alljährlich zum Lourdes der Rock-Pilger, die dem «King» in bizarrer Ergebenheit ihre Reverenz erwiesen. Zu einer von den Elvis Presley Enterprises der Witwe Priscilla Presley und ihres Investmentbankers Jack Soden ausgerufenen «Elvis Week 97» zum 20. Todestag des Idols pilgerten 75 000 Fans, Touristen und Journalisten aus allen fünf Kontinenten nach Memphis. 113 TV-Stationen aus aller Welt schickten ihre Teams, 60 Rundfunkstationen und mehr als 150 Presseorgane waren durch Korrespondenten vertreten. Mit rund 30 000 Besuchern allein in der Nacht vom 15. zum 16. August wurde die Villa Graceland zur «Kathedrale für eine der größten Massen-Wallfahrten der neunziger Jahre» (‹Focus›). In seinem Buch ‹Worshipping Elvis› (‹Anbetung von Elvis›) legte der Schriftsteller John Strausbaugh Indizien für die These vor, Elvis könne sich postum zum ersten Religionsstifter des Medienzeitalters entwickeln: «Jede Religion hat mit einer schillernden, charismatischen Persönlichkeit ihren Anfang genommen.» So wie das frühe Christentum oder der Islam in seinen Anfängen habe der Presley-Kult Männer und Frauen aus allen Schichten und Altersstufen erfaßt, zunehmend auch aus der jungen Generation. Mehr als die Hälfte aller Graceland-Besucher, so die Statistik, waren 1997 jünger als 35. «Und einige aus der Masse», so Strausbaugh, «verhalten sich tatsächlich wie gläubige Jünger.» Einer von ihnen, der ehemalige Postbote James Brown, 30, aus dem nordirischen Belfast, setzte sich 1998 selbst auf den Thron des Herrn. Als «The King» zog der Elvis-Wiedergänger durch europäische Konzertsäle, schmachtete *Love Me Tender* und plauderte aus seinem Leben als 64jähriger, so daß ihn naive Gemüter im Publikum in «kollektivem, unkontrollierbarem Wahnsinn» (‹Melody Maker›) tatsächlich für eine Reinkarnation ihres Heilands hielten. 1999 betrieben die trauernden Hinterbliebenen selbst die Exhumierung des Idols in ganz großem Stil. Witwe Priscilla und ihre Tochter, die Scientologin, Graceland-Erbin und zeitweilige Michael Jackson-Gemahlin Lisa Marie Presley, beauftragten den Show-Profi Stig Edgren, der schon das Inaugurationsspektakel für Präsident Bill Clinton in Washington ausgerichtet hatte, mit dem Welt-Tournee-Event «Elvis – The Concert». Zusammengeschnitten aus seinen Live-Filmen ‹That's The Way It Is›, ‹On Tour›, ‹Aloha from Hawaii›, sang der King of Rock 'n' Roll überlebensgroß von einer sieben Meter hohen Leinwand herunter zu den Klängen eines real anwesenden Unterhaltungsorchesters, einer Show-Band und zweier Gospelgruppen seine Greatest Hits. New Yorks Radio City Music Hall, Londons Wembley Arena, Sport- und Messehallen in Kontinentaleuropa waren bei dieser «allerersten Elvis-Welttournee aller Zeiten» (Werbung) ausverkauft. US-Schlagzeile: «Elvis is back in the building.» Auf dem Schallplattenmarkt war er nach seinem Tod fortlaufend präsent. Nach der offiziellen Verlautbarung der Record Industry Association of America (RIAA) hatte der King bis zum Juni 1995 in den USA 48,5 Millionen LP-Einheiten verkauft, weltweit wohl weit mehr als doppelt so viele; exakte Zahlen lagen dafür nicht vor. Auch danach wurden die Elvis-Masters mehr oder weniger sorgfältig, liebevoll oder sachgerecht weiterhin entstaubt, durch Nachlaßtitel ergänzt, neu geordnet, umgepackt, wiederveröffentlicht. Unter den Editionen des ausklingenden Jahrhunderts waren die vom Graceland-Archivar Greg Howell mit Hilfe des Phono-Historikers Ernst Jørgensen zusammengestellte 4-CD-Box *Platinum – A Life In Music* (1997), das um Raritäten erweiterte Doppelalbum *The Complete Sun Sessions* von 1987 mit dem neuen CD-Titel *Sunrise* (1999) sowie das um acht Titel erweiterte und komplett remixte Material der Original-LP *From Elvis In Memphis* im Doppelalbum *Suspicious Minds – The Memphis 1969 Anthology* (1999) erwähnenswert. Die von

Fan-Clubs, Fachjournalisten und Prominenten zusammengestellte 3-CD-Box *Artist Of The Century* (1999) mit 75 Love-Songs war nach kommerziellen Kriterien makellos. Die Box *Peace In The Valley* (2000) enthielt mit 88 Titeln auf drei CDs sämtliche bis dahin bekannten Hymnen, die Presley eingespielt hatte, inklusive der Weihnachtsplatten, Tourneemitschnitten und Privataufnahmen. Escott und Jørgensen begannen aber auch, *Home Recordings* (1999) zu vermarkten, die Elvis' Vater Vernon in seinem Schrank verstaut hatte und die besser dort geblieben wären. Franz Schöler im deutschen ‹Rolling Stone›: «Ein übler Fall von Ausbeutung.» Positiv wie negativ – der ‹Last Train to Memphis›, so der Titel der definitiven Presley-Biographie von Peter Guralnick (1994), fuhr auch im neuen Jahrtausend noch full steam ahead.

LPs (Auswahl) auf RCA: *Elvis Presley* (1956); *Elvis* (1956); *Loving You* (1957); *Christmas Album* (1957); *Elvis' Golden* (1958); *King Creole* (Soundtrack, 1958); *For LP Fans Only* (1959); *A Date With Elvis* (1959); *50 000 000 Elvis Fans Can't Be Wrong – Elvis' Gold Records, Vol. 2* (1959); *Elvis Is Back* (1960); *G. I. Blues* (Soundtrack, 1960); *His Hand In Mine* (1960); *Something For Everybody* (1961); *Blue Hawaii* (Soundtrack, 1961); *Pot Luck* (1962); *Girls! Girls! Girls!* (Soundtrack, 1962); *It Happened At The World's Fair* (Soundtrack, 1963); *Elvis' Golden Records, Vol. 3* (1963); *Fun In Acapulco* (Soundtrack, 1963); *Kissin' Cousins* (Soundtrack, 1964); *Roustabout* (Soundtrack, 1964); *Girl Happy* (Soundtrack, 1965); *Elvis For Everyone* (1965); *Harum Scarum* (1965); *Frankie And Johnny* (Soundtrack, 1966); *Harem Holiday* (Soundtrack, 1966); *Paradise, Hawaiian Style* (Soundtrack, 1966); *California Holiday* (Soundtrack, 1966); *Spinout* (1966); *Double Trouble* (Soundtrack, 1967); *How Great Thou Art* (1967); *Clambake* (Soundtrack, 1967); *Elvis' Golden Records, Vol. 4* (1968); *Speedway* (Soundtrack, 1968); *Elvis Singing Flaming Star And Others* (1968); *Elvis (TV Special)* (1968); *From Elvis In Memphis* (1969); *From Memphis To Vegas / From Vegas To Memphis* (1969); *On Stage: February, 1970* (1970); *Worldwide 50 Gold Award Hits, Vol. 1* (1970); *Back In Memphis* (1970); *Elvis: That's The Way It Is* (1970); *In Person At The International*; *Elvis Country I'm 10 000 Years Old* (1971); *Love Letters From Elvis* (1971); *50 Golden Awards, The Other Sides* (1971); *Today Tomorrow And Forever* (1971); *Wonderful World Of Christmas* (1971); *Elvis Now* (1972); *Live At Madison Square Garden* (1972); *He Touched Me* (1972); *Elvis: The Rockin' Days* (1972); *Aloha From Hawaii* (1973); *Elvis* (1973); *Raised On Rock* (1973; *Legendary Performer* (1974); *Good Times* (1975); *Live On Stage In Memphis* (1974); *Graceland Live In Memphis* (1974); *Having Fun On Stage* (1974); *Elvis Forever* (1974); *Hits Of The 70's* (1975); *Promised Land* (1975); *Portrait In Music* (1975); *Gold Thirty* (1975); *Pure Gold* (1975); *Today* (1975); *Legendary Performers, Vol. 2* (1975); *Pictures Of Elvis* (1975); *The Sun Sessions* (1975); *From Elvis Presley Boulevard* (1976); *Welcome To My World* (1977); *In Demand* (1977); *The '56 Sessions* (1978); *40 Greatest Hits* (1978); *He Walks Beside Me* (1978); *TV Special* (1978); *Songs For Children* (1978); *Canadian Tribute* (1978); *Good Rockin' Tonight*; *Elvis Golden Records*; *Panel Deluxe*; *Great Hits*; *Golden Boy*; *Rockin' On Vol. 1*; *Rockin' On Vol. 2*; *Blue Christmas*; *Elvis Presley*; *Greatest Hits* (7-LP-Set); *The '56 Sessions Vol. 2* (1979); *Our Memories Of Elvis, Vol. 1* (1979); *Our Memories Of Elvis, Vol. 2* (1979); *Jailhouse Rock / Tickle Me* (1979); *Easy Come / Kid Gallahad* (1979); *Rare Elvis* (1980); *Elvis Aaron Presley* (8-LP-Set, 1980); *Guitar Man* (1980); *This Is Elvis* (1981); *Moody Blue* (1981); *Golden Boy* (1981); *Greatest Hits* (1982); *The Sound Of Your Cry* (1982); *Our Memories Of Elvis Vol. 2*; *By Request Of Japan Fans*; *Para Los Fans Espagnoles*; *South Africa*; *Elvis In Person Las Vegas*; *Elvis*; *Elvis Presley*; *Magic Moments* (1984); *Sings Leiber & Stoller* (1984); *First Live Recordings* (1984); *Gold Records Vol. 5* (1984); *I Can Help* (1984); *It Won't Seem Like Christmas Without You* (1984); *The First 10 Years* (1984); *The Sound Of Your Cry* (1984); *This Is Elvis* (1984); *20 Greatest Hits Vol. 1* (1984); *20 Greatest Hits Vol. 2* (1984); *32 Film Hits* (1984); *Rocker* (1984); *Elvis' Gold Records, Vol. 5* (1984); *Elvis – A Golden Celebration* (1984); *64 Film Hits* (1985); *Elvis The Pelvis* (1985); *Reconsider Baby*; *Elvis Sings The Blues* (1985); *A Valentine Gift For You* (1985); *Always On My Mind* (1985); *Remembering* (1986); *Return Of The Rocker* (1986); *The Complete Sun Sessions* (1987); *The Number One Hits* (1987); *The Memphis Record* (1987); *Essential Elvis* (1988); *Stereo '57 (The Essential Elvis Vol. II)* (1988); *50 World Wide Gold Award Hits Volume 1, Part 1* (1988); *50 World Wide Gold Award Hits Volume 1, Part 2* (1988); *The Top Ten Hits* (1988); *Elvis Country* (1988); *Elvis In Nashville* (1988); *The Alternate Aloha* (1988); *Elvis Gospels 1957–1971*:

Known Only To Him (1989); *The Million Dollar Quartet* (1990); *The Great Performances* (1990); *The Essential Elvis, Vol. III* (1990); *Collectors Gold* (1991); *Elvis Presley Sings Leiber & Stoller* (1991); *The Lost Album* (1991); *Elvis – The King Of Rock & Roll: The Complete '50s Masters* (1992); *From Nashville To Memphis* (1993; Box mit fünf CDs); *Platinum – A Life In Music* (1997; Box mit vier CDs); *Sunrise* (2-CD, 1999); *Suspicious Minds – The Memphis 1969 Anthology* (2-CD, 1999); *Home Recordings* (1999); *Artist Of The Century* (3-CD-Box, 1999); *Peace In The Valley* (3-CD-Box, 2000) … auf Camden: *Elvis Sings Flaming Star* (1969); *Let's Be Friends* (1970); *Elvis Christmas Album* (1970); *Almost In Love* (1970); *C'mon Everybody* (1971); *I Got Lucky* (1971); *You Never Walk Alone* (1971); *Hits From The Movies* (1972); *Hits From The Movies Vol. 2* (1972); *Burning Love* (1973); *Separate Ways* (1973); *US Male* (1974); *Heartbreak Hotel* (1981); *It's Now Or Never* (1981); *Are You Lonesome Tonight?* (1982); *Suspicious Minds* (1982); *Love Songs* (1983); *The Legend* (1984) … auf Audition: *Burbank Sessions* … auf Pickwick: *Double Dynamite* (1975); *Elvis Presley Collection* (1978); *Return To Sender*; *Elvis*; *Wonderful World* … auf K-Tel: *Inspiration* (1980); *Rock 'n' Roll Rebel* (1982) … auf Jubilee: *Magical Rockin' Sound* … auf Premier: *Blue Rhythm* (1984)

The Pretenders räumten smart, lakonisch und direkt «Pomp und Posen beiseite, die seit 1980 die britische Punk-Bewegung verkrustet hatten» (‹Time›), und boten entschlackten Rock 'n' Roll in einem barorientierten Sound mit sachten Tremolo-Gitarreneffekten, der traditionelle Rock-Aggressivität mit neuer feministischer Sensibilität verband. Christine Elaine «Chrissie» Hynde, am 7. September 1951 in Akron, Ohio, geboren, dominierte das Quartett, das sie 1978 in London mit drei Musikern aus Hereford gegründet hatte. Sie schrieb und sang, mit einem Flair für klassische Rock-Melodien, schroffe Texte über lädierte Beziehungen, unerfüllte Sehnsüchte, den bitteren Nachgeschmack enttäuschender Begegnungen und blieb dabei eher kühl als sentimental, eher fatalistisch als depressiv oder euphorisch. Sex als Machtinstrument, als Hilfsmittel bei der Persönlichkeitsentfaltung, als Kriegswaffe im Geschlechterkampf war Leitthema vieler Pretenders-Songs. Gegen übermächtige und unkontrollierbare Triebe entwickelte Hynde eine «Serie brillanter Verteidigungsmechanismen – der Selbstschutz von jemandem, der einmal viel zu arglos war, inzwischen aber zu viele Überlebenstricks lernen mußte, um jemals wieder mit schlichter Ehrlichkeit agieren zu können» (Kritiker Tom Carson). Hynde wurde als «beste weiße Sängerin in der Geschichte des Rock 'n' Roll» (‹Stereo Review›, ‹Melody Maker›) gepriesen, ‹Billboard› erkannte: «Sie hat den zähen, hungrigen, harten, aber doch verletzlichen Look, dem das Rockpublikum noch immer verfallen ist, seit sich Elvis Presley und die Shangri-Las Lederjacken anzogen.» Vor dem Pretenders-Start hatte Chrissie Hynde für den ‹New Musical Express› gearbeitet, bei einer französischen Band gesungen, während eines US-Trips bei der Rhythm & Blues-Gruppe Jack Rabbit ein Gastspiel gegeben und danach in London diverse Jobs als Background-Sängerin angenommen, bevor sie sich mit James Honeyman-Scott (g), geboren am 4. November 1946 in Hereford, Pete Farndon (bg), geboren am 2. Juni 1952 in Hereford, Martin Chambers (dr), geboren am 4. September 1951 in Hereford, zusammentat. Die dritte Single *Brass In Pocket* (1979) und die Debüt-LP *The Pretenders* erreichten auf Anhieb den ersten Platz der britischen Charts. Nach Erscheinen des zweiten Albums starben die beiden drogensüchtigen Mitglieder Honeyman-Scott am 16. Juni 1982 und Farndon am 14. April 1983; Farndon hatte kurz vorher die Band verlassen. Mit Aushilfsmusikern gelang Chrissie Hynde 1982 die Come-*Back On The Chain Gang*-Hit-Single. Danach rekrutierte sie Rob McIntosh (g; vorher Manfred Mann) und auf dessen Empfehlung Malcolm Foster (bg) und wurde bei Veröffentlichung der LP *Learning To Crawl* wieder als «eines der aufregendsten Phänomene im Rock» (‹Newsweek›) gefeiert. 1986 zeigte sie erneut, wer Herrin im Hause war, als sie den langjährigen Drummer Chambers feuerte und die dritte Inkarnation der Pretenders mit T. M. Stevens (bg), Blair Cunningham (dr), Robbie McIntosh (g) zusammentrommelte. Die neue LP *Get Close* klang so unredlich, forciert auf Imageverkauf getrimmt wie die Bemerkung auf der Plattenhülle: «Dieses Album wurde ohne Grausamkeit gegen Tiere gemacht» – während auf dem Begleitfoto ihre Musiker im Lederdress posierten. Die selbstbewußte Sängerin, die 1983 ein Wunschkind von ihrem Jugendschwarm Ray Davies (The Kinks) bekam – dessen *Stop Your Sobbing* ihr erster Charts-Auftritt war – und 1984 den Simple Minds-Sänger Jim Kerr heiratete, trat gelegentlich mit UB 40 auf und machte gemeinsam mit der Band ein Remake des Sonny & Cher-Klassikers *I Got You Babe* 1985 zu einem Top-Hit, dem 1988 ein *Breakfast In Bed* folgte. 1990 veröffentlichte sie mit Hilfe ihrer Band und einiger Kollegen wie Bill Bremner (g; Ex-Rockpile, Dave Edmunds). Dominic Miller (bg) die LP *Packed!* Mittlerweile hatte sie sich von Kerr wieder losgesagt, den die Trennung in eine Schaffenskrise stürzte. Doch auch an Hynde gingen die Wirren ihres Lebens nicht spurlos vorüber: Über *Packed!* sagte sie kurz: «Einfach elf blöde Popsongs», wenn auch ‹Q› gütlich bemerkte, daß das Album «nicht wirklich schlecht» sei. 1994 reihte ‹Mojo› sie in die «Rock Legends» ein und ließ ihr vor Bowie, Gabriel, Rundgren den Vortritt. «Schwer festzunageln, die Frau», bemerkte das Blatt über die in Interviews eloquent agierende Hynde. McIntosh verließ die Band, sollte durch Johnny Marr (Smiths) ersetzt werden, dieser ließ dann doch die Finger von den Pretenders. 1994 begannen die Pretenders wieder zu touren, Chambers war auf den Drum-Hocker zurückgekehrt, Adam Seymour (g) und Andy Hobson (bg) hinzugekommen. Das Album *Last Of The Independents* (1994) enthielt neben 13 neuen Hynde-Kompositionen den Dylan-Evergreen *Forever Young*. Auf der ausgekoppelten Single *I'll Stand By You*, Nummer 16 in den US-Charts, wurde die Sängerin vom Londoner Community Gospel Choir begleitet. Zur Veröffentlichung gab sie Erklärungen über den Sinn ihres Lebens ab: «Einige Frauen brauchen einen Mann, ich brauchte eine Band. Rock 'n' Roll und trautes Heim – die Erfahrung hat mir gezeigt, daß es enorm schwer ist, beides zu verbinden. Jetzt bin ich nur noch Rocksängerin. Und das war es immer, was ich sein wollte.» Auf Frank Sinatras Album *Duets II* sang sie mit ihm *Luck Be A Lady* aus dem Musical ‹Guys and Dolls› und beim Baseballspiel der Cleveland Indians gegen die Atlanta Braves 1995 in Cleveland, Ohio, die US-Nationalhymne. Das Live-Album *The Isle Of View*, auf dem die Pretenders Höhe-

punkte aus ihrer Karriere noch einmal akustisch darboten, kam auf Platz 23 in den englischen, auf Platz 100 in den amerikanischen Charts. Dann waren Chrissie Hynde und Band fünf Jahre lang nur noch mit Einzeltiteln auf Samplern wie *Friends – The Album* (1995), der Sammlung von James Bond-Themen *Shaken Not Stirred* (1996), dem Film-Soundtrack zu *GI Jane* (1997), einer Zusammenstellung ihrer *Singles* (CD-Titel, 1998) sowie in ausgewählten Konzerten wie dem Burt Bacharach-Tribute ‹One Amazing Night› im New Yorker Hammerstein Ballroom und einer kurzen US-Tournee mit U 2 (beides 1998) zu hören. Die «Queen of Chick Rockers» (‹Rolling Stone›) hatte im Juli 1997 den aus Kolumbien stammenden Bildhauer Lucho Brieva geheiratet und war zur Vegetarierin und militanten Tierschützerin mutiert. Diese Passion hatte sie mit ihrer Freundin Linda McCartney geteilt, der sie ein Jahr nach deren Tod, am 10. April 1999, in der Londoner Royal Albert Hall das Gedenkkonzert ‹Here, There and Everywhere› mit George Michael, Elvis Costello, Sinéad O'Connor, Tom Jones u. a. ausrichtete. Unmittelbar danach erschien das Pretenders-Album *Viva El Amor!* in der Stammbesetzung Adam Seymour (g), Andy Hobson (bg), Martin Chambers (dr). Der spanische Titel werde wohl durch den spanischsprechenden Ehemann verständlich, mutmaßten die Rezensenten und deuteten Autobiographisches in Songtexte wie *Popstar* hinein: Ihr Lover verläßt sie für eine karrieregeile junge Sängerin («She'll get to join the meritocracy / All the designers send her their new clothes / She gets to look like Kylie Minogue»). Die Kritiker verneigten sich vor Chrissies facettenreicher Stimme, «mal messerscharf und schneidend, im nächsten Moment von tremolierender, trunkener Hingabe» (Wolfgang Doebeling), und beklagten, sie wisse diese «neugewonnene Kraft letztlich nicht in Kreativität, sondern leider nur in Handwerk umzusetzen» (Hagen Liebing). Zwar adelte Jeff Beck, Tierschützer wie sie, das Stück *Legalize It* durch ein glitzerndes Gitarrensolo, ansonsten aber: «Die Riffs gebremst, das Schlagzeug wattiert» (Doebeling). Willi Andresen fand das Album dagegen «Klasse», und Christoph Lindemann war sich jedenfalls sicher, daß es «seinen klitzekleinen Platz in der Geschichte der Rockmusik finden wird». Und Chrissie? – «Für das nächste Album lasse ich mir wieder vier Jahre Zeit.»

LPs auf Ariola: *Pretenders* (1979); *II* (1981) … auf WEA: *Learning To Crawl* (1984); *Get Close* (1986); *The Singles* (1987); *Packed!* (1990); *Last Of The Independents* (1994); *The Isle Of View* (1995); *The Singles* (1998); *Viva El Amor!* (1999) … auf Pickwick: *Don't Get Me Wrong* … LP Chrissie Hynde mit UB 40 auf Virgin: *Breakfast In Bed* (1988)

Primal Scream, schrieb die ‹Frankfurter Rundschau›, seien «ein Urschrei, den man nur schwer überhören kann». Die 1984 im schottischen Glasgow gegründete Band habe den «Geist der sechziger Jahre mit der Dancefloor-Musik der neunziger» geschickt kombiniert, kombinierte der ‹Stern›. Der ‹New Musical Express› lieferte das Etikett: «Space Rock 'n' Roll». Tatsächlich bot das fiebrige Stilgemisch des mit jedem Album in anderen Tonfarben schillernden Chamäleons Primal Scream über die Jahre sämtlichen abgetragenen Rock-Moden Raum. Das Debütalbum *Sonic Flower Groove* (1987) entstand mittels Resteverwertung aus Anklängen an MC 5, Byrds, Velvet Underground, Uriah Heep, Rolling Stones. Die LP *Primal Scream* (1989) versuchte den Spagat zwischen Beach Boys-Harmonien und Punk. Für das als «eine Reise in die Vergangenheit des Rock – und in seine Zukunft» (‹Süddeutsche Zeitung›) gepriesene Album *Screamadelica* (1991), für den deutschen ‹Rolling Stone› die «wichtigste britische Platte jenes Jahres», wurden die Stones-Reminiszenzen mit Dance-Beats, Club-Sounds und Samples, aber auch mit Sitar-Zirpen und Gospel-Akkorden aufgepeppt. Das von Tom Dowd (Allman Brothers, Lynyrd Skynyrd), George Drakoulias (Iron Maiden), Brendan Lynch (Lynchmob) sowie George Clinton in Memphis und L.A. produzierte Album *Give Out, But Don't Give Up* (1994) fiel wie erwartet in blues-funkigen Südstaaten-Rock 'n' Roll und psychedelisch flackernden Westküsten-Rock mit stereotypen Hooklines zurück: «Get yer rocks off, get yer rocks off, honey.» – «Funky, funky, get a little funky.» «Cry, cry, cry, cry, cry, cry, cry, I'm gonna cry myself blind». Primal Scream hätten, konstatierte Thomas Groß anläßlich solchen

«Lebensstilstoffs» in der ‹taz›, «einmal den Planeten Pop umkreist, Wimp-, Plinker-, Schlonk- und Plönk-Rock hinter sich gelassen, Prä-, Hoch- und Spät-Rave überrundet, Tupfenhelme gegen Paisleywesten gegen Ledermonturen getauscht» – so nach einer Pressekonferenz 1994 mit dem «rappeligen Bobby Gillespie». Groß: «Jetzt hat seine kleine Band die Rockin' Pneumonia, die Boogie Woogie Flu, und ganz nebenbei kriegen alle noch ihre Ya-Yas raus.» Robert «Bobby» Gillespie (voc, g, dr), am 22. Juni 1964 in Glasgow geboren, hatte als Fan von Sly Stone, Stooges, Love und Rolling Stones zunächst der Gruppe Wake angehört und ein Jahr für The Jesus And Mary Chain getrommelt. Als er unter dem Namen Primal Scream im Mai 1985 auf dem Independent-Label Creation die Single *All Fall Down* herausbrachte, waren Jim Beattie (g), Robert Young (bg), Tom McGurk (dr), Martin St. John (dr, perc) mit von der Partie. Nach mehreren Personalwechseln konsolidierte sich die Truppe Ende 1986 mit Gillespie, Beattie, Young, Andrew Innes (g), Dave Morgan (dr). Kaum war ihre Debüt-LP *Sonic Flower Groove* 1987 auf dem Warner-Sublabel Elevation auf Platz 62 der UK-Charts gestiegen, holte Creation-Boß Alan McGee die Band, die er auch als Manager unter Vertrag genommen hatte, zu seinem Label zurück. Drogen erschütterten das Gruppengefüge. Skinner und Beattie sprangen Anfang 1988 ab und wurden für das kommerziell erfolglose, lediglich auf den britischen Indie-Charts notierte Album *Primal Scream* durch Jim Navajo (g), Henry Olsen (bg), Philip «Toby» Tomanov (dr) ersetzt. Als im April 1990 die sieben Minuten lange, nur von Gillespie, Young und Innes eingespielte Single *Loaded* auf Platz 16 der britischen Charts stieg und in der Club-Szene zum Kultlied der Pillenschlucker mutierte, ließ Manager McGee das Stück vom angesagten DJ Andrew Weatherall aus Manchester mit Samples aus ‹Easy Rider›, Bläsern und einer zusätzlichen Pianospur zu einem aufregend müden Dance-Dub remixen. Der Hit, Platz 16 in England, öffnete den Weg für die vom Stones-Producer Jimmy Miller (*Sticky Fingers*) hergestellte LP *Screamadelica*, die einschließlich der Drogen-Hymne *Higher Than The Sun* von der Kritik als Meisterwerk rezipiert wurde, die bandtypische Rolling Stones-Kopie mit Songs wie

Movin' On Up, Damaged aber auch auf die Spitze trieb. Fortan setzte sich der schwer rauschmittelabhängige Urheber des Urschreis («Behind every great song there's a great pill») fortwährend gefragt oder ungefragt gegen den Plagiatsvorwurf zur Wehr. Gillespie 1991: «Es regt mich auf, wenn gesagt wird, wir klingen wie die Stones oder irgendwelche Rave-Bands. Unsere Musik ist schlicht dem Leben abgeschaut.» Gillespie 1994: «Popmusik hat gar nichts mit Originalität zu tun. Spiel mir ein Lied vor, und ich sage dir, welches die Lieblingsplatten der Musiker sind.» Vor dem in der Besetzung Gillespie, Young, Innes, Martin Duffy (kb), Gary «Mani» Mounfield (bg), Paul Mulreany (dr) aufgenommenen Album *Vanishing Point* (1997) hatte der für seine Gefolgschaft charismatische Sänger «mit dem erotischen Flair einer Wolke Fußspray» (‹Junge Welt›), der «aussieht, als trüge er regelmäßig jeden Morgen (oder Mittag) nach dem Aufstehen sein Kämpfchen mit dem Sensenmann aus» (‹Frankfurter Rundschau›), nach eigenem Bekunden Free Jazz von Sun Ra und das Geklimper des ehemaligen Doors-Keyboarders Ray Manzarek gehört. Das Resultat beschrieb Kritiker Stefan Nink in der ‹FR›: «Keyboard-Töne fiepsen wie einst bei Can, werden rädchendrehend rauf- und runtermoduliert, verhallen irgendwann, tauchen wieder auf oder nicht. Songstrukturen sind nur noch hin und wieder zu erkennen, und selbst wenn Gillespie mal zum Mikro greift, kommt da nur manchmal etwas heraus, was an Gesang erinnert.» Kritiker Wolf Kampmann konterte in der ‹SZ›: «Die Band ist maßlos in der Wahl ihrer Mittel und doch diszipliniert in ihrem Einsatz.» Wer Primal Scream bei ihrer Europatournee Ende 1991, in den USA im Sommer 1994 oder in Australien 1995 auf der Bühne erlebt hatte, mochte das bezweifeln: Chaos und Konfusion auch als Bühnenstil. Gleichwohl empfand Gillespie seine Musik zum Schluß als «nur noch langweilig – wir müssen wieder zum Punk zurück». Und zur politischen Provokation: «Wir kommen aus einer Generation, für die Rock 'n' Roll noch etwas bedeutete. Selbst in unserer üblen Heroinphase vor acht Jahren haben wir Benefizkonzerte für entlassene Minenarbeiter gegeben. Bevor die Kids endgültig abstumpfen, müssen wir sie aufklären. Das ist unsere verdammte Pflicht.» Also legte er sich

auf dem Album *XTRMNTR* (Exterminator ohne Vokale, 2000) erneut atemlos mit dem Buckingham Palace *(Insect Royalty)*, den Liberalen *(Kill All Hippies)* und – *Blood Money* – überhaupt mit dem Klassenfeind an: «Was derzeit in der Welt abläuft, ist für mich schleichender Faschismus. Multinationale Konzerne haben alles im Griff.» Der Vertriebsfirma Sony in Deutschland ging der Vergleich Konzerne = Nazis zu weit. Sie änderten den Songtitel *Swastika Eyes* (Hakenkreuzaugen) in ihrer CD-Ausgabe in *War Pigs* (Kriegsschweine) um. Der Sound allein, eine mit Hilfe von Chemical Brothers, Dan The Automator, Jagz Kooner (Sabres Of Paradise), David Holmes, Kevin Shields (My Bloody Valentine), Adrian Sherwood (On-U) hergestellte Free Jazz-Techno-Hip Hop-Dub-Punk-Noise-Kakophonie, war ihnen wohl rebellisch genug. Zu sagen, man möge dieses Album, urteilte Barbara Ellen in der Londoner ‹Times›, sei dasselbe, wie zu erklären, man habe es gern, wenn ein Helikopter in seinem Wohnzimmer explodiere: «Dieses intensive, verstörte, schizoide Album anzuhören ist ein bißchen, als ginge man in der Sicherheit und Wärme der eigenen Wohnung zu Bett und erwache auf dem Set zu ‹Einer flog über das Kuckucksnest› mit nichts als der Plattensammlung zu seinem Schutz.» Oder auch so: «Die Musik kracht wunderbar, reißt Mauern ein, kriecht hypnotisch in den Körper und läßt jede Love Parade abgestanden erscheinen» (Ulf Lippitz im Berliner Stadtmagazin ‹Zitty›). Oder so: «*XTRMNTR* ist leider vrdmmt vrzchtbr» (Frank Lähnemann im deutschen ‹Rolling Stone›).

LPs auf Elevation/WEA: *Sonic Flower Groove* (1987) ... auf Creation/Sony: *Primal Scream* (1989); *Screamadelica* (1991); *Give Out, But Don't Give Up* (1994); *Vanishing Point* (1997); *Echo Dek* (1997); *XTRMNTR* (2000) ... LPs Andrew Innes mit Revolving Paint Dream auf Creation: *Off To Heaven* (1987); *Mother Watch Me Run* (1989); *Green Sea Blue* (1989) ... LP Jim Beattie mit Spirea X auf Rough Trade: *Fireblade Shies* (1994)

Primus, 1984 in San Francisco gegründet, bauten ihr ganzes Konzept auf einem Baß auf. Mit ihrem Gourmet-Rock sprachen sie nicht nur ganz unterschiedliche Publikumsschichten an, sondern gefielen auch der Presse. «Primus bieten uns in mehr oder weniger regelmäßigen Abständen die Möglichkeit, die Fahne des Kenners zu hissen, den Eingeweihten zu mimen, verschwörerische Kontakte und Bande zu den rar gesäten Addicts zu knüpfen – ein schöner Brauch der siebziger Jahre, als die Grenzen zwischen Posern und Hardcore-Hermeneuten noch scharf gezogen waren», bekannte ein Kritiker des ‹WOM Journal› stellvertretend für seinen ganzen Berufsstand. Ihren Mix aus Punk, Funk, Grunge, Heavy Metal, Pop, Zappaeskem und Jazz Rock bezeichnete Bandleader Les Claypool selbst als «Psychedelic Polka». «Ein scharfes Amalgam aus spacigen Rhythmen, rollendem Baß, kantiger Gitarre und cartoonhaftem Gesang, gemixt mit Shanties, einem Schuß surrealem Humor und einer Obsession für Fisch machten Primus zu einem der führenden Lichter der Alternative Scene» (‹Rolling Stone›). Der mit virtuosen Fähigkeiten ausgestattete Bassist Les Claypool, geboren am 29. September 1963 in Richmond, Kalifornien, spielte zunächst in der Band Blind Illusion, bevor er bei Metallica vorspielte, die ihm aber nicht gewogen waren, nachdem er die Band in ein Thema der Isley Brothers geführt hatte. 1984 entschloß er sich, mit Primate eine Band aufzustellen, die sein Können in angemessener Weise herausstellen sollte. Gemeinsam mit Gitarrist Todd Huth, geboren am 13. März 1963 in San Leandro, Kalifornien, benannte «der begnadete Frickler» (‹Intro›) die Gruppe in Primus um und probierte im Lauf von sechs Jahren sieben Schlagzeuger aus, bevor er in Tim Herb Alexander, geboren am 10. April 1965 in Cherry Point, New Jersey, der ebenfalls von Blind Illusion kam, endlich den Mann fand, mit dem eine solide Zusammenarbeit möglich war. Von seinem Vater borgte sich Claypool 1000 Dollar, um sein erstes Album zu finanzieren. Für das live aufgenommene *Suck On This* (1990), veröffentlicht auf Claypools eigenem Label Prawn Song, tauschte er jedoch Huth gegen Larry LaLonde, geboren am 12. September 1968 in Richmond, aus, der als Student von Joe Satriani die Virtuosität des Bandleaders teilte und zuvor bei Possessed gespielt hatte. Mit dem Nachfolge-Album *Frizzle Fry* (1990), dessen Material teilweise aus denselben Sessions stammte wie das von *Suck On This*, gewannen Primus den Bay Area Music

Award und wurden ein beliebter Support für bereits etablierte Crossover-Bands wie Faith No More, Jane's Addiction und 24–7 Spice. Zu den beliebtesten Themen der Band gehörte die Seefahrt. Auf *Sailing The Seas Of Cheese* (1991) konnte Tom Waits als Gastvokalist gewonnen werden. Der unerwartete Erfolg des Albums (200 000 verkaufte Einheiten) war nicht zuletzt darauf zurückzuführen, daß Claypool einen Teil seines Labels an Interscope lizenzieren konnte. Mit einem Standbein weiter im Independent-Sektor veröffentlichte er aber auf Prawn Song auch Platten der jungen Jazz-Szene von San Francisco, darunter das Debütalbum des späteren Star-Gitarristen Charlie Hunter. 1992 punkteten Primus zusätzlich als Anheizer für U 2, und ein Jahr später gingen sie parallel zum Erscheinen des Albums *Pork Soda* (1993), mit dem sie auf Platz sieben der US-Charts stiegen, auf Lollapalooza-Tour. Um sich nicht auf einen Kontext festlegen zu lassen, gründete Claypool zur selben Zeit mit Todd Huth und dem Charlie Hunter- und ehemaligen Primus-Kurzzeit-Schlagzeuger Jay Lane, geboren am 15. Dezember 1964 in San Francisco, die Band Sausage, die das Album *Riddles Are Abound Tonight* (1994) veröffentlichte. In die Liga der internationalen Superstars stiegen Primus 1995 mit dem ungeheuer abwechslungsreichen Meisterwerk *Tales From The Punchbowl* auf, das sie letztmalig in bewährter Besetzung antreten ließ. Für die avantgardistische Freak Show *The Brown Album* (1997) übernahm Brain, bürgerlich: Brian Mantia, der von Bill Laswells Band Praxis und den Gruppen von Buckethead bekannt war, den Platz am Schlagzeug. Mit anderen Gleichgesinnten aus der Bay Area, unter ihnen Jay Lane, Charlie Hunter und PJ Harvey-Gitarrist Joe Gore, fand sich Claypool 1996 auch zu der Power Folk-Band Les Claypool & The Holy Mackerel zusammen, mit der er das skurrile Kleinod *High Ball* (1997) einspielte. Das kurze Interimsalbum *Rhinoplasty* (1998) versammelte Coverversionen von Police, XTC, Peter Gabriel und Metallica sowie Neueinspielungen eigener Songs. Einen weiteren Meilenstein setzte «die maßloseste Band der Welt» (‹Cheesy Primus Page›) mit dem zappaesken Opus *Antipop* (1999), auf dem die Band sich mit Gästen wie Tim Morello von Rage Against The Machine, James Hetfield von Metallica, Stewart

Copeland von The Police, Fred Durst von Limp Bizkit und abermals Tom Waits umgab. Als Gegenleistung gastierten Primus dafür geschlossen auf Waits' *Mule Variations*. Im April 2000 gründete Claypool gemeinsam mit Gitarrist Trey Anastasio von Phish und Stewart Copeland das Trio Oysterhead, mit dem er im selben Jahr auf dem Jazz & Heritage Festival in New Orleans auftrat. Mit Primus feierte er weitere Erfolge auf den von Korn veranstalteten ‹Family Values›-Tourneen.

LPs auf Caroline: *Suck On This* (1990); *Frizzle Fry* (1990) ... auf Interscope: *Sailing The Seas Of Cheese* (1991); *Pork Soda* (1993); *Tales From The Punch Bowl* (1995); *The Brown Album* (1997); *Rhinoplasty* (1998); *Antipop* (1999) ... LPs Les Claypool auf Interscope: *Highball With The Devil* (1996) ... auf Prawn Song: *Live Frogs* (2001)

Prince (voc, g, kb, dr), bürgerlich: Prince Rogers Nelson, am 7. Juni 1958 in Minneapolis, Minnesota, geboren, bastelte in seinem Heimstudio (‹Paisley Park›) aus schamlosen Andeutungen zwischen Zote und erotischer Delikatesse, soziosexuellen Tabutrümmern und feucht flatternden Traumpoemen eine morbide Songwelt zusammen, die die «schmutzige Phantasie» (Albumtitel) seiner Zuhörer auf Touren bringen sollte. Dabei schien er die «Kontroverse» (LP-Titel) mit der puritanischen Gesellschaft geradezu herauszufordern. Vom Inzest aus Erfahrung («alles, was man sich davon verspricht») bis zum Oralsex (*Head*), von der Transsexualität (*I Would Die 4 U*) bis zum Sadomasochismus im Vorüberrollen (*Lady Cab Driver*) reichte seine Angebotspalette an sexuellen Schockthemen. Der Sohn eines Tanzbandleaders und einer Nachtclubsängerin hatte bereits als Zwölfjähriger mit seinem Schulfreund André Cymone, einem vorpubertären Autodieb und Herumstreuner, in diversen High School-Bands aufregend abseitige Musik gemacht. Der Konzern Warner Bros. wurde 1978 auf den minderjährigen Autodidakten, der angeblich 26 Instrumente spielen konnte, aufmerksam und gab ihm einen Kontrakt mit voller Kontrolle über seinen Plattenausstoß. Fortan komponierte, arrangierte, interpretierte und produzierte «der erste schwarze Rock-Star seit Jimi Hendrix» (‹Soho News›) beinahe jeden

Lust-Laut auf seinen spektakulären Alben selbst. Dabei borgte er sich Versatzstücke aus der gesamten Rockgeschichte zusammen, von den Beatles bis zu Sly And The Family Stone, von James Brown bis Smokey Robinson und Joni Mitchell. Die Pop-Alchimie fand, bei aller Virtuosität der Montage, nicht nur begeisterte Abnehmer: «Er fummelt dauernd an sich herum und drückt ganz aufgeregt auf seinen elektronischen Selbstauslöser. Aber nichts passiert», lästerte Julie Burchill im ‹New Musical Express› und deklassierte seine «Partymusik» als «Autowäsche fürs Gehirn». In der Tat verpuffte sein Feuerwerk von Déjà-vu-Effekten oft sehr schnell, war dabei aber doch dem gängigen US-Hitparaden-Pop stilistisch um Lichtjahre voraus. *When Doves Cry* (1984), *Kiss* (1986), *Sign 'O' The Times* (1987) zeigten in der kargen Schönheit ihrer Arrangements und der raffinierten Balance von Stimmen und Instrumenten seine Meisterschaft als Singles-Tüftler. «Luzifers Antwort auf Michael Jackson» (‹The Face›) gab sich in Konzerten mit knappem Slip und Damenstrümpfen, in Rüschenhemd und Samtjackett halbseiden wie ein bisexueller Rokoko-Strichjunge, machte aber mit seiner Tourneeband Revolution den begeisterten Fans so viel Feuer, «daß Michael dagegen wie das Bambi der Rock-Stars aussah» (‹USA Today›). Mit den Revolution-Spielern, zu denen Wendy Melvoin (g), Lisa Coleman (p) (Wendy and Lisa) gehörten, stellte sich der scheue, nur einen Meter sechzig große Prince in seinem ersten (semibiographischen) Spielfilm ‹Purple Rain› dar, der 1984 ein weltweiter Kassenerfolg wurde und dessen Soundtrack-Album sich allein in den USA mehr als zehnmillionenmal verkaufte. Der «Fassbinder von Minneapolis» (‹Time›) hatte zu jener Zeit einen Clan von Musikern um sich versammelt, die er im Platten- oder Filmstudio für sich in Anspruch nahm und bei deren Solo-Ambitionen dirigierte. Zur Prince-Garde gehörten The Time mit Morris Day (voc, dr), Jerome Benton (voc) sowie Jimmy «Jam» Harris (kb) und Terry Lewis III (perc), die nach ihrem Ausscheiden zu Star-Producern avancierten, ferner die Pop-Sirene Sheila E(scovedo) (voc, dr) – Tochter des Santana-Percussionisten Pete Escovedo – und das Erotik-Ensemble Vanity 6, später in Apollonia 6 umbenannt. Der zweite Prince-Film ‹Under the

Cherry Moon› (1986), ein kunstgewerblicher Egotrip, bei dem der Star auch noch die Regie an sich gerissen hatte, fiel als «katastrophale Fehleinschätzung seiner Ausstrahlung und seines Talents» (‹New York Magazine›) bei Kritik und Publikum durch. Der Soundtrack erschien unter dem Plattentitel *Parade* (1986) und enthielt mit *Kiss* und *Boys And Girls* wenigstens zwei überragende Songs. Folgerichtig besann sich der exzentrische Einsiedler auf sein Platten-Charisma als «naiver sexueller Anarchist» und «schriller Erlöser einer verklemmten Welt» (‹Tip›) und lieferte mit *Sign ’O’ The Times* (1987) ein facettenreiches Doppelalbum von «verblüffender Brillanz» (‹Rolling Stone›) ab. ‹Newsweek› genoß die hastig gefertigte Kollektion von Balladen, Funk-Nummern, Live-Mitschnitten und Rock-Knallern als «erregenden Sound eines erstaunlichen Talents auf dem Höhepunkt seiner Schaffenskraft». Folgerichtig geriet dem Pop-Prinzen die Tour zur LP zu einem Triumphzug durch die großen Hallen und kleinen Clubs, in denen Prince und seine erstklassige Band – mit Sheila E. am Schlagzeug – ihre zu dieser Zeit einsame Klasse unterstrichen. Seine kreative Potenz erschöpfte sich um die Jahreswende 1987/88 in einem Verwirrspiel mit Fans und Fachhandel: Prince annoncierte die «heimliche» Veröffentlichung eines ganz in Schwarz gehaltenen Albums mit sexplosiven Funk-Stücken. Kurz vor dem Erscheinungsdatum blies er die manierierte Verkaufsoffensive aus unerfindlichen Gründen wieder ab. Raubkopien des *Black Album* kursierten weltweit auf gehobenen Trödelmärkten und wurden sogar im Radio gespielt. 1994 wurde die LP offiziell in den Handel gebracht. Einige Monate nach den Veröffentlichungsmätzchen offerierte der «manische Narziß» (‹Stern›) seinen «Porno-Cocktail» (‹NME›) *Lovesexy*, eine «Orgie für die Ohren» (‹USA Today›) und Soundtrack für eine begeistert aufgenommene Welttournee. Aus einer vorübergehenden kommerziellen Krise nach flauem LP-Umsatz befreite sich Prince 1989 mit dem millionenfach verkauften Soundtrack zum ‹Batman›-Kinofilm, der an der Kasse milde floppte. Ähnlich erging es dem Film ‹Graffiti Bridge› ein Jahr später: der Film ein Flop, der Soundtrack ein Top-Ten-Erfolg beiderseits des Atlantik. Prince hatte The Revolution aufgelöst

und die Songs des Soundtracks teils mit einer Vielzahl von Musikern, teils im Alleingang aufgenommen. Anfang 1991 stellte er die Band The New Power Generation zusammen, zu der neben der üblichen Instrumentalbesetzung auch der Rapper Tony M und die Sängerin Rosie Gaines gehörten. Mit ihr nahm er *Diamonds And Pearls* (1991) auf. Die LP wie auch die ausgekoppelte Single *Cream* katapultierten Prince, «das Ein-Mann-Argument für die 80-Minuten-Kapazität der CD» (‹Q› über *Diamonds And Pearls*), wieder weltweit an die Spitze der Charts. Sein Erfolg und seine Bedeutung für Warner verschafften ihm für Vertragsverhandlungen 1992 eine sichere Position. Warner zahlte ihm für vier künftige Alben eine Summe zwischen 60 und 100 Millionen Dollar und hievte ihn und sein Paisley Park-Label in eine Schlüsselstellung: Was immer Prince unter Paisley Park produzierte – Warner wollte es vertreiben. Prince begann Warner mit einer Flut eigener Aufnahmen und Einspielungen von Paisley Park-Schützlingen einzudecken, darunter Mavis Staples. Unter Verweis auf branchenübliches Marketing – jedes Jahr nur eine Platte – spielte Warner nicht mit. Prince verlangte daraufhin die Masterbänder seiner Aufnahmen, die Warner als ihr vertraglich gesichertes Eigentum betrachtete. Der Kunst-gegen-Kommerz-Konflikt, der sich anzubahnen schien, hatte für Prince – wie auch der ähnlich gelagerte Fall von George Michael – einen ernsten Hintergrund: Die wachsende Bedeutung digitaler Medien Ende der achtziger Jahre ließ Musik zunehmend zur Software werden, die in beliebiger Form unter die Menschheit gebracht werden konnte. Prince unterstellte Warner diese Absicht. Den Einfluß auf sein geistiges Eigentum wollte er mittels der Masterbänder wiedererlangen. Sein anhaltender Erfolg behinderte die schnelle Lösung des Konflikts. Ende 1992 veröffentlichte Prince unter der Bezeichnung Prince And The New Power Generation die LP *Symbol*. Die Sammlung «kunstgerecht arrangierter» Songs, die Prince «mit seinem ganzen lüsternen Charme» (‹Q›) vorführte, stieg umgehend in die Top Ten der amerikanischen Charts. Hinter den Kulissen spitzte sich der Streit zu. Prince gründete mit NPG (New Power Generation) ein unabhängiges Label, auf dem er zunächst die Single *The Most Beautiful Girl In The*

World veröffentlichte. Warner sah über diesen Affront hinweg, unterband aber weitere Veröffentlichungen auf NPG mit dem Hinweis auf bestehende Verträge. Prince annullierte seinen Namen gegenüber der Öffentlichkeit und firmierte fortan nur noch als «The Symbol» oder «The Artist Formerly Known As Prince» (der früher als Prince bekannte Künstler), kurz: TAFKAP. Eine neue Platte *The Gold Experience* zeigte er überall herum, durfte sie aber erst 1995 veröffentlichen. Warner wollte er sie lange Zeit nicht überlassen. Die Plattenfirma publizierte im Gegenzug relativ wahllos Single- und Hit-Kompilationen, unter anderem auch den peinlichen Hör-Porno *Come*. 1994 und 1995 tourte Prince, ließ sich in der Öffentlichkeit nur noch mit dem Schriftzug «Slave» auf der Wange sehen und gab trotz seiner Pressescheu auch wieder Interviews, um seinen Standpunkt darzulegen. *Chaos & Disorder* (1996) sollte dann das letzte Warner-Album sein. Der Titel war durchaus autobiographisch gemeint. Am 14. Februar hatte er kurz entschlossen seine langjährige Freundin, die New Power Generation-Tänzerin Mayte Garcia, in Minneapolis und nicht, wie geplant, in Paris geheiratet. Am 23. Oktober kam im Children's Health Care Hospital von Minneapolis sein Sohn Gregory mit mißgebildetem Knochenbau zur Welt und überlebte nur eine Woche. Später ließ er die Ehe mit Mayte annullieren und heiratete sie im Februar 1999 erneut. In der Zeitung ‹USA Today› erklärte er am 12. November 1996: «Mayte und ich finden, daß es cool ist, über uns selbst zu sprechen und nicht über unsere Kinder.» Tags darauf ließ er zur Promotion eines neuen Albums ein Mitternachtskonzert aus dem Paisley Park-Studio via Satellit um den Globus beamen. Bedeutsam nannte er seine bei Capitol/EMI im November 1996 erschienene CD-Veröffentlichung *Emancipation*. Aber er war vorsichtig geworden und wollte sich nicht mehr an eine Plattenfirma binden: Sein vier CDs umfassendes Werk *Crystal Ball* (1997) sollte nur via Internet im Direktverkauf zu erhalten sein. *Crystal Ball* enthielt auf drei CDs Remixe, neue und ältere Songs. Auf der vierten CD mit dem Untertitel *The Truth* sang er zur akustischen Gitarre. Karriere gestört, Platz in der Geschichte gesichert: Prince verband Rock, Funk und Soul wie kein anderer vor ihm. Sein kompositorisches Genie, seine be-

flügelnde Wirkung auf Künstlerinnen wie Madonna, Sheena Easton, Kate Bush, Sheila E., Candy Dulfer, Mavis Staples, Jill Jones, Martika etc. sowie sein monomanisch vorgeführtes Interesse an Sex machten ihn zu einer singulären Erscheinung in der Popmusik. Mit der Wut seines fulminanten Albums *Chaos & Disorder* und dem kreativen Überfluß von *Crystal Ball* schien er darauf zu pfeifen: *I Rock Therefore I Am*, so ein brillant aufmüpfiger Hip Hop-Fetzer: «Ich rocke, also bin ich.» Vier Alben mit insgesamt neun CDs stellte er zwischen 1996 und 1998 unter www.1800newfunk.com ins Internet. Das 4-CD-Set *Crystal Ball* wurde eigenen Angaben zufolge mehr als 250 000mal verkauft – offenbar für ihn enttäuschend, denn mit *Rave Un2 The Joy Fantastic* kehrte er 1998 zum Major-Label Arista zurück. In der Zwischenzeit hatte er Chaka Khans Comeback-CD *Come 2 My House* nach sechsjähriger Abwesenheit produziert, das Album *Newpower Soul* (1998) seiner Begleitband New Power Generation auf NPG veröffentlicht und alle 18 Warner-Alben noch einmal eingespielt, um sich die Rechte zu sichern: «Ich habe einen Vertrag mit Gott. Und der ist in meinem Herzen. Irdische Verträge bestehen aus Klauseln, denen du nicht trauen kannst. Das habe ich aus meiner Zeit bei Warner gelernt. Heute gehöre ich zu den ganz wenigen Musikern, die ihre Masterbänder selbst besitzen.» Immerhin ließ er sich für *Rave Un2 The Joy Fantastic* vom Arista-Chef Clive Davis beraten, der mit einem Studioaufgebot von Gast-Stars soeben den Gitarren-Veteranen Carlos Santana mit dem Album *Supernatural* an die Charts-Spitze zurückbefördert hatte. So tummelten sich auf dem Arista-Album des Artist, der sich als Producer und als Sänger des Titelstücks nun auch mal wieder Prince nennen ließ, Sheryl Crow, Gwen Stefani (No Doubt), der Saxophonist Maceo Parker sowie eine allerdings unhörbare Ani DiFranco. ‹Rolling Stone› verbuchte das Album unter «passabel», dem ‹New York›-Magazin erschien es als «eine Rückkehr zur Form» – allerdings nicht ganz. Denn der Artist, der im Song *Undisputed* lautstark tönte: «Commercialisation of the music is what brought it down», beschloß das Album mit Werbung für seine übrigen Produkte übers Internet («To experience NPG merchandise and music …») und versteckte den besten Titel der CD, *Prettyman*, mit einem frenetischen Sax-Solo von Maceo Parker und Prince-Vocals wie in alten Zeiten, unregistriert dahinter. ‹New York›-Kritiker Ethan Smith: «Now commercials, not commercialisation, are bringing the music down.» Wie Prince einmal geklungen hatte, brachten Warner Brothers indes mit dem Album *The Vault – Old Friends For Sale* (1999) in Erinnerung. Um alte Schulden zu begleichen, mußte der Artist einem 39-Minuten-Set mit zehn Tracks aus den Jahren 1985 bis 1994 zustimmen, «in denen ihm Verdaulichkeit noch eine Tugend war», so ‹Rolling Stone›: «Das Album ist kurz, kann aber vorbehaltlos empfohlen werden.» Der ‹Musikexpress› stimmte zu: «Ein Sack voll Entertainment.»

LPs auf Warner Bros.: *For You* (1978); *Prince* (1980); *Dirty Mind* (1980); *Controversy* (1981); *1999* (1983); *Purple Rain* (Soundtrack, 1984); *Around The World In A Day* (1985); *Batman – Motion Picture Soundtrack* (1989); *The Hits I* (1992); *The Hits II* (1992); *The Hits I & II Plus The B-Sides* (1992); *Black Album* (1994); *Prince 1958–1993 – Come* (1994); *The Gold Experience* (1995); *Chaos & Disorder* (1996); *The Vault – Old Friends For Sale* (1996) … auf Paisley Park: *Parade* (Soundtrack, 1986); *Sign ’O’ The Times* (1987); *Lovesexy* (1988); *Music From Graffiti Bridge* (Soundtrack, 1990); *Funky Weapon Remix* (1990) … mit New Power Generation auf Paisley Park: *New Power Generation* (1990, Mini-LP); *Diamonds And Pearls* (1991); *Cream – Remixes* (1991); *Symbol* (1992) … auf New Power Generation: *The Beautiful Experience* (1994); *Crystal Ball* (4-CD-Box, 1997) *Newpower Soul* (1998) … auf New Power Generation/Capitol: *Emancipation* (1996) … auf Castle: *94 East/Minneapolis Genius* (1997) … auf NPG/Arista: *Rave Un2 The Joy Fantastic* (1999)

Die Prinzen waren das erste ostdeutsche Pop-Ensemble, das in der Bundesrepublik der Nachwendezeit Karriere machte, ohne auf eine vorangegangene DDR-Karriere gleichen Formats bauen zu können. Musikalisch unerfahren waren die fünf Musiker aus Leipzig dennoch nicht: Sebastian Krumbiegel, am 5. Juni 1966 in Leipzig geboren, Tobias Künzel, am 26. Mai 1964 in Taucha geboren, Wolfgang Lenk, am 4. September 1966 in Leipzig geboren, und Henry Schmidt, am 17. August 1967 in Leipzig geboren, waren Mitglieder des Leipziger Thomanerchors; Jens Sembdner, am 20. Januar 1967 in Weimsdorf geboren, hatte im Dresdner Kreuzchor gesungen. Die privilegierte Stellung der Chorsänger, die auf Auslandstourneen schon früh Erfahrungen mit der Überflußgesellschaft des Westens gesammelt hatten, sorgte für ein ausgeprägtes Selbstbewußtsein, das ihnen später zugute kam. Den Grundstein für ihre Erfolge legten sie aber noch in der DDR: Krumbiegel und Lenk gründeten das Gesangsensemble Phönix, Künzel 1982 die Rockband Rockpol, die er 1984 in Amor & the Kids umbenannte. 1987 wurde aus Phönix die Gruppe Herzbuben, die DDR-Karriere kam mit A-cappella-Gesängen zu mehr oder weniger frechen, mitunter DDR-üblichen doppeldeutigen Texten in Schwung. Zwar waren die Herzbuben in den Kulturhäusern und Diskotheken der Republik durchaus erfolgreich, nach Ansicht der Staatsfirma Amiga aber nicht plattentauglich. Mittlerweile hatten sich Krumbiegel und Lenk mit Sembdner und Schmidt zusammengetan. Als 1989 die DDR zusammenbrach, suchten die Musiker im Westen Anschluß. Doch mit den entfernt an die legendären Comedian Harmonists erinnernden A-cappella-Stücken und dem irreführenden Namen fanden sich die Sänger auf Volksmusik-Konzertabenden wieder. Auch die Umbenennung in Commerzbuben vergrößerte ihr Publikum nicht. Erst die frühere Ideal-Sängerin und mittlerweile erfolgreiche Produzentin Annette Humpe erkannte das sängerische Können der bunten Truppe, sah aber auch, wo es fehlte: Sie überredete die Commerzbuben zum Namen Die Prinzen und unterlegte ihre Gesänge mit obligatem Schlagzeug, später auch mit unauffälligen Beigaben anderer Instrumente. Auf Textverständlichkeit legte sie weiterhin Wert. 1991 erschien mit *Gabi und Klaus* die erste Single, die sich auf Anhieb mehr als 500 000mal verkaufte. Bereits auf der zweiten Single sangen sie scheinbar naiv: «Ich wär so gerne Millionär.» Die im September 1991 veröffentlichte Debüt-LP *Das Leben ist grausam* ging mehr als einemillionmal über den Ladentisch und die Band 1992 mit Udo Lindenberg auf Tournee. Singles wie *Mann im Mond* und *Küssen verboten* und die LP *Küssen verboten* brachten den Prinzen Gold und Platin ein. Sie waren gleichermaßen erfolgreich im Westen wie im Osten der neuen Bundesrepublik. Einerseits waren ihre Texte apolitisch genug, um nirgends anzuecken, andererseits vergaßen sie ihre Herkunft nicht: «Wir haben es im Osten nicht so schlecht gehabt, daß wir unbedingt sagen müßten: Wir wollen da weg» (Künzler). Krumbiegel meinte sogar, daß «wir nun mehr Probleme haben als früher im Osten. Jetzt müssen wir bestimmte Wörter vermeiden, sonst wird das Lied im Radio nicht gespielt.» Der Südwestfunk hatte das Wort «Schwein» in *Gabi und Klaus* mit einem Pfeifton zensiert, Radio Nordrhein-Westfalen mochte den Song *Bombe* wegen angeblichen Aufrufs zur Gewalt nicht mehr im Hauptprogramm spielen. Mit derlei Widrigkeiten ließ sich der gesamtdeutsche Erfolg des «Leipziger Pop-Allerlei» (‹Tip›) nicht aufhalten: Die dritte Platte, *Alles nur geklaut* (1993), mit dem selbstironischen Titelsong sowie *Geld ist schön (Danke)* und die vierte, *Schweine* (1995), mit *(Du mußt ein) Schwein sein* waren vom Start weg bereits für Gold gut. Marktgerecht hatten Die Prinzen bis dahin jeder regulären LP eine weitere mit den A-cappella-Fassungen der Songs folgen lassen. Die Gewichte innerhalb der Arrangements hatten sich verschoben: Den Instrumenten wurde größerer Raum gegeben, der A-cappella-Satzgesang zurückgenommen. Sie waren *Ganz oben,* wie sie 1997 auf der Hülle einer Hit-Sammlung verkündeten, engagiert für Greenpeace und die Aktion «Helfen statt Hauen» gegen rechts – in ihrem Selbstverständnis längst mehr als eine bloße Teenie-Band. Doch es kam wie im Märchen vom Fischer un sin Fru: Mit Auflagen von mehr als einer Million pro Platte nicht mehr zufrieden, drehten sie ihrer Produzentin und Co-Autorin Annette Humpe den Rücken und holten sich den von der Plattenindustrie als «Deutschlands erfolgreichster Produzent 1996» mit einem Echo preisgekrönten TV-Blödler Stefan Raab ins Boot. Mit Texten wie «Du bist heut' abend wieder scharf wie Schifferscheiße» und klanglichem Tiefgang versenkte der «Kölner Faxenkönig» (‹Tip›) das Prinzen-Schiff. Von der fünften LP *Alles mit'm Mund* (1997), die nicht einmal die Top 20 erreichte, wurden weniger als 200 000 Exemplare abgesetzt. «Nichts wird in Frage gestellt, keiner zerreißt sich das Maul, die Prinzen sind einfach weggepustet», notierte Joy Kronberg in ‹Tip›: «Das ist offenbar das Schicksal einer Combo, die sowieso nie hochgelobt, sondern von den Medien lediglich als Phänomen betrachtet wurde.» Die Prinzen kehrten indes 1999 mit dem Album *So viel Spaß für wenig Geld* zu ihren ursprünglichen Tugenden zurück und verzichteten auf Gitarren- und Keyboard-Ballast, um sich mehr auf ihre vokalen Stärken und raffiniert generierte Stimm-Samplings zu konzentrieren. Mit *Festplatte* (1999) schoben sie im selben Jahr ein freches Weihnachtsalbum hinterher. Furore machten sie jedoch erst wieder im Herbst 2001, als sie im Zuge allgemein aufflammenden Patriotismus die von den Medien wegen ihres provokanten Textes und Covers (eine deutsche Flagge mit Einschüssen) kontrovers diskutierte Single *Deutschland* als Vorboten ihrer CD *D* (2001) veröffentlichten.

LPs auf Hansa/Ariola: *Das Leben ist grausam* (1991); *A Capella Album* (1992); *Küssen verboten* (1992); *Küssen verboten – A Capella* (1993); *Alles nur geklaut* (1993); *Alles nur geklaut – A Capella* (1994); *Schweine* (1995); *Ganz oben – Hits 1991–1997* (1997); *Alles mit'm Mund* (1997); *Festplatte* (1999); *D* (2001)

Prodigy, 1990 im englischen Braintree, Essex, gegründet, bahnten mit Logik und Konsequenz eine originäre Synthese der Punk- und Dance-Szene an. Anders als Chumbawamba und ähnliche Bands konvertierten sie nicht von der einen zur anderen Richtung, sondern praktizierten beides gleichzeitig. «Ob Prodigy nun die Bad Boys des Techno sind oder aber die Protagonisten einer neuen Punk-Generation, der Erfolg des Quartetts aus Braintree ist fast ebenso furchteinflößend wie das martialische Auftreten seiner Mitglieder» (‹WOM Journal›). Sie waren einer der ersten Dance Acts mit einem Erfolg, der sonst nur Rockbands zuteil wurde. Liam Howlett (kb, turntables), geboren am 21. August 1971 in Braintree, hatte seit frühester Kindheit Pianounterricht genossen. Er spielte in Schülerbands und trat mit 16 als DJ der Hip Hop-Gruppe Cut To Kill bei. Nach einer Messerstecherei in einem Hip Hop-Club und Vertragsstreit mit seinen Bandmates verließ Howlett die Gruppe 1988 wieder, arbeitete als Solo-DJ und begann unter dem Einfluß von Meat Beat Manifesto Dance-Songs härterer Gangart zu schreiben. Auf einem Rave lernte er Keith Flint (voc), geboren am 17. September 1969 in Braintree, und den Tänzer Leeroy Thornhill, geboren am 8. Oktober 1968 in Peterborough, Essex, kennen und gründete den dreiköpfigen Rumpf einer Band. Als der MC Maxim Reality, als Keeti Palmer am 21. März 1967 geboren, hinzukam, taufte er das Projekt Prodigy. Anfangs gehörte noch eine Freundin namens Sharky dazu, doch als Howlett einen Vertrag bei dem britischen Dance-Label XL Recordings unterschrieb, traten Prodigy schon in Quartett-Stärke an. Mit diversen Singles, unter anderen dem auf einem Sample des Arthur Brown-Songs beruhenden Hit *Fire*, eroberte die Gruppe obere Charts-Positionen und zog in den USA einen Deal mit Elektra an Land. Ihr Debütalbum *Experience* (1992) wurde den Erwartungen entsprechend ein kommerzieller Erfolg. Das Album war ein Verschnitt von harten Breakbeats, grollenden Baßlinien, kantigen Melodien und Gesangsfetzen. Ihren legendären Ruf als Pioniere des Techno Punk begründeten Prodigy mit dem schwindelerregend dichten Album *Music For The Jilted Generation* (1993), das auf Position eins in die britischen Charts einstieg. Die meisten der folgenden zahlreichen Singles taten es der LP gleich. Auf ihren ausgedehnten Tourneen wurde die Gruppe durch den «stachelhaarigen Sid Vicious-Klon» (‹Rolling Stone›) Gizz Butt an der Gitarre erweitert, der dem Sound von Prodigy ein rockigeres Flair gab. Das dritte Album *The Fat Of The Land* (1997), war «ein elektronisches Beat-Gewitter: energiegeladen wie eine Kernfusion» (‹Der Spiegel›). Es «hatte den Charakter von Öl, das in ein Feuer gegossen wird, das jetzt schon die Ausmaße eines Steppenbrandes besitzt» (‹Intro›). Das Album stieg in 22 Ländern gleichzeitig auf Platz eins und verkaufte in kürzester Zeit zwei Millionen Kopien, wurde aber von großen Warenhausketten wegen des Songs *Smack My Bitch Up* aus dem Sortiment genommen. Im britischen Unterhaus wurden sogar Appelle an XL Recordings debattiert, die Poster für den Song zurückzuziehen. Auf der '97er Lollapalooza-Tournee bestanden Prodigy erfolgreich vor dem amerikanischen Crossover-Publikum solcher Bands wie Korn und Tool. Resistent gegen kommerzielle Vereinnahmung, lehnte Howlett im selben Jahr das Angebot ab, ein Album von Madonna zu produzie-

ren. Auf dem DJ-Album *Prodigy Present The Dirtchamber Sessions Volume One* (1999) verrührte er vielerart Sounds zu einem fulminanten Mix, der Aufschluß über die Quellen von Prodigy gab – von den Sex Pistols bis Fatboy Slim. Kurz vor der Produktion des fünften Prodigy-Albums verließ Tänzer Leeroy Thornhill die Gruppe, weil er angeblich nicht genug Beachtung fand. Für sein Solo-Projekt Flightcrank suchte er sich die Unterstützung von Lee «Scratch» Perry.

LPs auf XL Recordings: *Experience* (1992) … auf Mute: *Music For The Jilted Generation* (1994) … auf XL: *Fat Of The Land* (1997) … LPs Maxim auf IXL: *My Web* (1999); *Hell's Kittchen* (2000)

Propellerheads, gegründet 1996 in Bath, England, kombinierten Acid House, Big Beat, Drum 'n' Bass, Jazz, Ambient, Funk und das Flair von Soundtracks aus den Sixties zu einer schamlosen Partymusik, der sie über Nacht zum führenden Duo des britischen Alternative Dance Pop machte. Mit einem einzigen Album und mehreren EPs brachten sie prägnanter als andere den Zeitgeist der späten Neunziger zum Ausdruck, ohne sich ihm unterzuordnen. Besonderen Geschmack entfalteten Propellerheads bei der Wahl und Verarbeitung ihrer Quellen. «Staubsaugersurren und schreiende Kühe», staunte ‹Der Spiegel›, «alles wird bei ihnen zu Musik.» Frei von Vorurteilen, produzierten sie «Rhythmen von der Wucht explodierender Splitterbomben» (‹Stern›). Der Multiinstrumentalist Alex Gifford, der sich seine umfassende musikalische Bildung mit Hilfe der Plattensammlung seines Vaters zulegen konnte, arbeitete zunächst sechs Jahre lang als fester Saxophonist für die Stranglers, als Live-Keyboarder für Van Morrison und als Toningenieur für Peter Gabriels Real World Studio, bis er der Dance-Band The Grid beitrat, für die er unter anderem die Compilation *Arcane* produzierte. «Der erste Kompromiß in Richtung tanzbodenorientierte Halbband mit starken DJ-Einflüssen manifestierte sich alsdann in dem semierfolgreichen Projekt The Grid, das Alex gemeinsam mit dem ehemaligen Soft Cell-Musiker Dave Ball in Angriff nahm» (‹Visions›). Nebenbei sammelte er Erfahrungen als Club-DJ. 1996 wollte Gifford sich endlich auf eigene musikalische Beine stellen und gründete mit dem Schlagzeuger Will White in seiner Heimatstadt Bath Propellerheads. Noch im selben Jahr veröffentlichte das «Trip Hop-Acid-Duo» (‹Rolling Stone›) seine erste EP *Diver* auf dem Big Beat-Label Wall of Sound, deren Titelsong sogleich von Adidas zum Soundtrack für einen Werbespot erkoren wurde und damit international Verbreitung fand. Die zweite EP *Take California* (1996) wurde ein Clubhit auf dem britischen Underground-Dance-Pflaster. Mit ihrer dritten EP *Spybreak!* (1997) offenbarten Gifford und White ihre Liebe zu alten Agentenfilmen. Im selben Jahr hatte das Duo einen Hit mit einer Coverversion des James-Bond-Themas *On Her Majesty's Secret Service* für die Compilation *Shaken Not Stirred: The David Arnold 007 Project*. In den USA debütierten Propellerheads 1997 mit der EP *Propellerheads* und der Auskopplung *Bang On*. Erst 1998 veröffentlichte die Gruppe ihr LP-Debüt *Decksandrumsandrockandroll*, das ihr positive Kritiken einbrachte. Mit Shirley Bassey spielten sie den Song *History Repeating* ein, worauf ‹Visions› radebrechte, sie hätten «dem Zahn der Zeit eine Jacketkrone von ungeahnter Qualität» aufgesetzt. Das Album machte sie laut ‹Traxx› zum «Aufsteiger-Act des Jahres 1998», und ‹Buzz› erkannte: «Ihre wahren Qualitäten entfalteten sie jedoch live.» Im Konzert war sich das Duo selbst genug und kam völlig ohne Gastmusiker aus. Von vergleichbaren britischen Acts, die in der Regel bestimmte Spuren von DAT-Tapes abspulten, hoben sich die beiden ab, indem sie auf der Bühne mit vier miteinander gekoppelten Plattenspielern, einer Orgel und einem Schlagzeug arbeiteten. 1999 mußten die Propellerheads aussetzen, da Will White durch eine schwere Operation arbeitsunfähig war.

LP auf Wall of Sound: *Decksandrumsandrockandroll* (1998)

Public Enemy, benannt nach einem James Cagney-Gangsterfilm von 1931, fanden sich 1984 bei der College-Radiostation WBAU in Long Island, New York, zusammen und brachten mit ihren phantasievollen, unkonventionellen Rap-Mixes «die Imagination der schwarzen Zuhörergemeinde zur Explosion» (Discjockey Chuck D).

Flavor Flav (voc), bürgerlich: William Drayton, geboren am 16. März 1959 in Roosevelt, Long Island, Professor Griff (voc), bürgerlich: Richard Griffin, Terminator X (turntables), bürgerlich: Norman Rogers, geboren am 25. August 1966 in New York, Chuck D (voc), bürgerlich: Charlton Ridenhour, geboren am 1. August 1960 in Roosevelt, und die mit Uzi-Maschinenpistolenattrappen bewaffnete Bühnenschutztruppe S1W (Security of the First World) traten, nachdem Def Jam-Chef Rick Rubin sie unter Vertrag genommen hatte, ab 1986 als militantes Show-Ensemble auf und «genossen es, wie ihre Punk-Vorläufer The Clash, in Apocalypse Now zu machen» (‹The Face›). «Wir sind vor allem dazu da, den Standpunkt der jungen schwarzen Männer in Amerika zu vertreten», tönte Chuck D und animierte seinen Polit-Pop-Trupp zu «Hörcollagen, die avantgardistisch und aufregend sind» (‹Billboard›), «furchterregend akkurate musikalische Visionen des urbanen Chaos und perfekte Interpretationen der Hysterie und Verzweiflung in der City» (‹Time Out›). So war *Night Of The Living Baseheads* eine wütende Attacke auf Drogendealer, «mit all dem hyperaktiven Gehechel eines Zeitungsverkäufers an der Straßenecke» (‹New Musical Express›), *Sophisticated Bitch* giftete schwarze Frauen an, die sich nicht dem Willen der Ghetto-Chauvis unterordnen wollten, *Party For Your Right To Fight* rechtfertigte nachträglich die urbanen Guerilla-Aktivitäten der Schwarzen Panther aus den sechziger Jahren, *Louder Than A Bomb* verdächtigte FBI und CIA, an der Ermordung von Malcolm X und Martin Luther King mitgewirkt zu haben, *Black Steel In The Hour Of Chaos* berichtete von einem Wehrdienstverweigerer, der im Gefängnis einen Aufstand und Ausbruch organisiert und darauf hofft, mit Hilfe der Public Enemy-Schutzstaffel S1W freizukommen. Vor allem weiße Journalisten begeisterten sich für den radikalen Schick des Ensembles, das seine Tiraden aus peinlicher Halbbildung und unreflektiertem Haß zusammenbraute. «Musikalische Minenleger», ortete ‹Q› im Kriegsberichterstatter-Jargon, «Kaleidoskope freiformaler Rhythmen explodieren», freute sich der ‹NME›, «zarte Ohren werden verkokelt», jubilierte ‹Billboard› martialisch. ‹City Limits› gefiel an der Gruppe «ihre Bitterkeit und gerechtfertigte Paranoia, ihre

Militanz und ihre Musik, ihre Verschwörungstheorien und die Tatsache, daß sie genug Mund und genug Grips haben, dies zu artikulieren». Allerdings: «Wer Public Enemy mal kennengelernt hat, freut sich an ihrem Agitprop und ihrer kunstvollen Soundtüftelei», fand der schwarze Kritiker Greg Tate in der ‹Village Voice›, «aber die verquere, hirnrissige Philosophie, die sie absondern, liefert schon Anlaß zur Besorgtheit.» Weiß Gott. «Katzen miauen, Hunde bellen, und Weiße sind ihrer Natur nach Mörder und Betrüger», ließ Professor Griff, der sogenannte Minister of Information der Bestseller-Band, verlauten. Und: «Schwule tragen nichts zum Aufbau der schwarzen Gesellschaft bei, sie haben keinen Platz in unserer Kultur.» – «Die Weißen sind die wahren Verwandten der Affen, denn mit denen haben sie's ja getrieben in den Kaukasus-Bergen.» – «Wenn sich die Palästinenser ein Gewehr greifen würden, nach Israel einmarschierten und alle Juden töten, wäre das schon toll.» Die Mit-Agitatoren tolerierten Griffs Ausfälle und unterstützten sie durch ihr uneingeschränktes Engagement für den schwarzen Rassisten, Hitler-Bewunderer und Demagogen Louis Farrakhan («ein heiliger Mann»), bis auch gutwillige weiße, liberale Bewunderer ihr Entsetzen über die volksverhetzenden Terrorsprüche der selbsternannten Ghetto-Lautsprecher nicht mehr verdrängen mochten. Nach erneuten antisemitischen Ausfällen («Die Juden sind verantwortlich für das Böse in der Welt; sie finanzieren Aids-Experimente mit Schwarzen in Südafrika») trennte sich Chuck D vorübergehend von seinem Propagandaminister. Der Widerspruch im radikalen Selbstverständnis der schwarzen Polemiker wurde damit nicht aufgehoben: Mit ihrem fehlgeleiteten, religiös verbrämten Rigorismus «bestätigen Public Enemy die biblische Grundlage der rassistischen US-Machtstruktur» (‹Village Voice›). Außerdem: «Seit wann sind die Ideale im Rock Rassismus, Sexismus und Homophobie?» Der Ablehnung der Textinhalte und der Statements der Gruppe stand die Anerkennung ihrer Musik durch Kritik und Publikum gegenüber. Die antisemitischen Anwürfe Professor Griffs zogen indes Auseinandersetzungen innerhalb der Gruppe nach sich, in deren Folge Griff mit der Band brach und eine Solo-Karriere aufnahm. Die langanhaltende Wirkung seiner Sprüche bekam Public Enemy bald zu spüren: Die aus der 1990 veröffentlichten LP *Fear Of A Black Planet* ausgekoppelten Singles wurden von zahlreichen Radiostationen boykottiert, mit der Folge, daß keine einzige sich in den US-Charts plazieren konnte. Auch die jüdischen Vereinigungen der USA machten gegen die Rapper mobil: «Public Enemy is your enemy» war der Slogan, mit dem Plattenläden aufgefordert wurden, die Band zu boykottieren. Da die Konzerte der Gruppe fast immer in Prügeleien mündeten, sah sich das FBI zu einem Kongreßbericht «Rap Music and Its Effects on National Security» veranlaßt. Die Polizei hatte noch mehr mit Public Enemy zu tun: Während Chuck D versuchte, die Gruppe durch die neue «Informationsministerin» Sister Souljah zu konsolidieren, wurde Flavor Flav seiner Freundin und Mutter seiner drei Kinder, Karen Ross, gegenüber tätlich. Flav wurde für 30 Tage hinter Gitter gebracht und Miss Ross Polizeischutz gewährt. Trotzdem brachte Public Enemy 1991 ein weiteres Album zustande. *Apocalypse 91 … The Enemy Strikes Back*, ein weiterer Platin-Erfolg, begeisterte einmal mehr die Kritiker: «Ein großartiges, hartes Rap-Album, überzeugender als alles, was die anderen Westcoast-Angeber zu bieten haben», frohlockte ‹Q›. Rap und Hip Hop schickten sich zu dieser Zeit an, die Hitparaden zu erobern. Die milderen, verbindlicheren Formen standen dabei dem Gangsta Rap gegenüber, Public Enemy galten als dessen großer Ahne. Trotz des anhaltenden Erfolgs wackelte die Karriere der Gruppe nach *Greatest Misses* (1992): Terminator X hatte bereits ein Solo-Album veröffentlicht; Flavor Flav, der 1992 wegen Fahrens ohne Führerschein und Verweigerung von Alimentenzahlungen vor dem Richter stand, tat es ihm 1993 nach. Kurz nach Veröffentlichung seiner LP wurde er abermals verhaftet, weil er aus Eifersucht auf seinen Nachbar Thelouizs English in Brooklyn geschossen hatte; 1995 erhielt er dafür 90 Tage Knast. 1994 mußte er sich vor dem Kadi verantworten, weil er auf einer New Yorker Straße einen Passanten zusammengeschlagen hatte, der seine Tochter fotografieren wollte. 1995 brach er sich in Mailand, Italien, bei einem Motorradunfall beide Arme und wurde fünf Monate später wegen angeblichen Besitzes von Crack und einer nicht angemeldeten Schußwaffe arretiert.

Die Anklage wurde im Oktober 1996 fallengelassen; sechs Wochen darauf stand Flav wegen des Besitzes von Marihuana erneut vor dem Bronx Criminal Court. Parallel dazu veröffentlichte Chuck D die Solo-CD *The Autobiography Of Mistachuck* sowie einen gleichnamigen Lebensbericht. Ihr letztes gemeinsames Album, *Muse Sick-N-Hour Mess Age* (1994), hatte ‹Q› mit dem Satz kommentiert: «Public Enemy haben immer noch den Funk und den Überblick.» Funk mochte wohl sein, aber was hieß hier Überblick? Um diesen nach all den Turbulenzen zurückzugewinnen, versöhnten sich Griff und Flav nach siebenjähriger Trennung Anfang 1997 für das Konzert «New York History of Rap» im Madison Square Garden in der Enemy-Originalbesetzung. Aber erst Anfang 1998 konnten sich Chuck D, Flavor Flav und Terminator X dazu entschließen, unter ihrem sechsköpfigen Produzententeam The Bomb Squad für den Soundtrack des Spike Lee-Films ‹He Got Game› (1998) sowie das Public Enemy-Album *Resurrection* wieder richtig zu arbeiten. Der vergleichsweise relaxte Kino-Rap stimulierte die Stimmung des Lichtspiels, blieb aber auf CD hinter den Umsatzerwartungen von Def Jam zurück. *Resurrection* wurde erst gar nicht veröffentlicht. Als die Firma dem Triumvirat Anfang 1999 dann auch noch verbot, ein weiteres neues Produkt unter dem Titel *Bring The Noise 2000* kostenfrei ins Internet zu stellen, kehrten Public Enemy Def Jam verärgert den Rücken. Der Frust war beidseitig. Def Jam kippte die Band von ihrer Website. Auf dem Album *There's A Poison Goin' On* (1999), das Public Enemy tatsächlich als erste namhafte Interpreten zunächst übers Internet und dann erst im regulären Handel anboten, wurde Def Jam dafür unter dem Titel *Swindler's Lust* nach Kräften beschimpft. Nach geringen Kräften! Die Schlange hatte ihren Giftzahn verloren: There's no poison goin' on.

LPs auf Def Jam: *Yo Bum Rush The Show* (1987); *It Takes A Nation Of Millions To Hold Us Back* (1988); *Fear Of A Black Planet* (1990); *Apocalypse 91 … The Enemy Strikes Back* (1991); *Greatest Misses* (1992); *Muse Sick-N-Hour Mess Age* (1994); *He Got Game* (1998); *20 th* Century Masters (2001) … auf FI: *Bring Us Noise* (1992) … auf Play It Again Sam (PIAS): *There's A Poison Goin' On* (1999) … Solo-LP Professor Griff auf Musicdisc: *The X Minista* (1999) … Solo-LPs Flavor Flav auf Def Jam: *Flavor Flav* (1993) … auf Lightyear: *It's About Time* (1999) … Solo-LP Chuck D auf Def Jam: *The Autobiography Of Mistachuck* (1996)… Solo-LPs Terminator X auf Ral: *Terminator X & The Valley Of Jeep Beats* (1991); *Super Bad* (1994)

Public Image Ltd. wurden 1978, nachdem die Sex Pistols ihr Pulver verschossen hatten, von John Lydon (voc), Keith Levene (g), Jah Wobble (bg), bürgerlich: John Wordle, Jeannette Lee (video), Dave Crow (Finanzen) und dem zeitweiligen Drummer Jim Walker zunächst unter dem Namen Canivorous Buttock Flies gegründet. Der Musikverein änderte dann seinen Namen in Public Image Ltd., «um zu betonen, daß wir keine übliche Rockband sind, sondern eine Medienfabrik, die mit verschiedenen elektronischen Mitteln arbeitet» (Lydon). «Wir haben Rock 'n' Roll zu dem Fiasko gemacht, das er sowieso immer war», erklärte der ehemalige Pistols-Sänger das Wirken seiner Ex-Band und stellte klar: «Ich bin niemals als politischer Prediger aufgetreten; ich habe höchstens versucht auszudrücken, was common sense ist.» Mit «rigoros antikommerzieller, beinahe puritanischer Abenteuerlust» (‹Melody Maker›) wandte er sich nunmehr radikalen Aussteiger-Sounds zu. Die ersten Alben mit Wobbles wuchtigen, drohenden Baßlinien, Levenes neopsychedelischer Gitarre und den auf merkwürdige Weise tanzbaren Anti-Rhythmen gefielen durchaus nicht allen Kritikern. Untrainierte Ohren mochten die beunruhigend dissonanten Klänge als «Kollaps-Gekreisch einer abgewrackten Altmetallverarbeitungs-Anlage» mißverstehen und Lydon und zeternden Sprechgesang für die «Wimmer-Litanei eines derangierten Punk-Rabbis» (‹Stereo Review›) halten. ‹Sounds› hingegen wußte das Bemühen der Band zu würdigen, den Schemata zu entkommen, die gemeinhin die Artikulationen einer Rockband bestimmt hatten: «Obwohl die Gruppe Musikstrukturen, auch die eigenen bisher bekannten, manchmal chaotisch-akribisch zerstückelt, erzeugt sie nie die druckvolle Depression, die ja das Markenzeichen fast aller psychedelischen Rockmusik geworden ist.» Bei *Flowers Of Romance* (1981) verwandte die inzwischen nach Los Angeles ausgewanderte, bald auf

Lydon und Levene reduzierte Gruppe atonale Klangelemente bis hin zum bloßen Geräusch, die aber nicht austauschbar oder aufgesetzt klangen, weil sie raffiniert in einen traditionellen musikalischen Kontext irischer Folklore-Anklänge, islamischer Gesänge, indischer Harmonik, afrikanischen Ritual-Trommelns eingebaut waren. In der Folgezeit führte Lydon Public Image Ltd. (PIL) als Einmannunternehmen mit wechselnden Gehilfen und hatte mit *This Is Not A Love Song* und *Rise* sogar Single-Hiterfolge außerhalb der Off-Szene. 1984 gab er mit Afrika Bambaataa als Duo Time Zone einen Kommentar zur *World Destruction* ab. Auf weiteren Alben fühlte sich Lydon, angeblich *Happy?*, mit forciertem Elan als «Clown-Prinz von irgendwas» und «Gräte im Hals der britischen Bourgeoisie» (Kritiker Biba Kopf) auf, obwohl «man doch bei seinen Mätzchen mittlerweile eindöst». Dem ‹New Musical Express› kam das Lydon-Gelaber nur noch «prätentiös» und «selbstgefällig» vor: «Wenn andere so etwas produziert hätten, wäre Lydon längst hemmungslos drüber hergefallen.» 1986 legte Lydon das von Bill Laswell produzierte und exzeptionell gestaltete *Album* (beziehungsweise *Cassette/CD*) vor, das er mit zahlreichen Gastmusikern aufgenommen hatte, unter ihnen Ginger Baker, Steve Vai, Tony Williams, Ryuichi Sakamoto. Er stellte wieder eine PIL-Band zusammen, vermochte aber nicht, Musiker für längere Zeit zusammenzuhalten. 1992 nahm er unter dem Druck seiner Plattenfirma Virgin mit Levene, Russell Webb (bg) und Mike Joyce (dr) *That What Is Not* auf. Nach einigen Konzerten mit dieser Formation und einem kurzen Gastspiel bei dem Duo Leftfield unterschrieb er 1993 einen Vertrag bei Atlantic Records. 1994 erschien seine mit Hilfe der Journalisten Kent und Keith Zimmerman verfaßte Autobiographie ‹Rotten: No Irish, No Blacks, No Dogs›. 1996 ließ er sich in der Hoffnung auf ausverkaufte Konzerte zu einer Sex Pistols Reunion-Tournee überreden, die er nach enttäuschender Resonanz im Branchenblatt ‹Billboard› kommentierte: «Die Kohle hat mir gefallen. Am Anfang war es wie auf einer x-beliebigen Tour mit den Original-Pistols. Aber am Ende verabscheute ich diese Band.» Die erste LP in seiner 22jährigen Karriere unter eigenem Namen veröffentlichte Lydon erst 1997 mit *Psycho's Path*. Nur die Single

Sun daraus plazierte sich für eine Woche, auf Position 42, in den britischen Charts. Der Versuch einer eigenen TV-Show unter dem Titel ‹Rotten Television› bei VH 1 scheiterte 1998.

LPs auf Virgin: *Public Image Ltd.* (1978); *Second Edition* (1979); *Metal Box* (1979); *Paris Au Printemps* (1980); *The Flowers Of Romance* (1981); *Live In Tokyo* (1983); *This Is What You Want* (1984); *Album* (1986); *Happy?* (1987); *9* (1989); *Greatest Hits… So Far* (1990); *That What Is Not* (1992) … auf PIL: *Commercial Zone* (nur auf Kassette, 1984) … Solo-LP John Lydon auf Virgin: *Psycho's Path* (1997)

Puff Daddy (rap, prod), als Sean Combs am 4. November 1970 in Harlem, New York, geboren, galt dem ‹New Musical Express› als «reichster, mächtigster und von manchen gefürchtetster junger Mann der Popmusik», der ‹New York Times› als «Kombination der Kohle von Donald Trump mit dem Temperament von Mike Tyson». Als er selbst von sich behauptete: «Ich bin der Mozart 1997», hatte der schwarze Entertainer, der kein Instrument beherrschte und nach eigener Aussage weder singen noch rappen konnte, soeben von der gesampelten Single *I'll Be Missing You* (nach dem Hit *Every Breath You Take* von Police) zehn Millionen, von der CD *No Way Out* sechs Millionen Exemplare abgesetzt und als Produzent 36 Wochen lang Nummer-eins-Hits in den USA verbucht. Seine Version von *I'll Be Missing You* stand in 18 Ländern an der Spitze der Charts und trug ihm als die bis dahin erfolgreichste Hip Hop-Single einen Grammy ein. Mit seinen Musik-, Film- und TV-Produktionen, zwei Restaurants in New York und Atlanta sowie der Modeline Sean John Clothing meldete er unter dem Firmennamen Bad Boy Entertainment 1997 122 Millionen Dollar Umsatz an – viel zu wenig, wie Steuerexperten vermuteten: Der wirkliche Umsatz läge wohl bei 200 Millionen. «Kein Drehbuchautor», so der Original-Bad Boy im Interview mit Christoph Amend, «könnte eine Figur wie mich erfinden. Schreiben Sie mein Leben auf, und schicken Sie das Script nach Hollywood. Man wird es Ihnen zurückschicken, weil die Geschichte des Sean ‹Puffy› Combs in keine Kategorie paßt. Ich bin nicht Ihr typischer Ghetto-Bengel und auch kein Waisenknabe. Suchen Sie mich irgendwo dazwischen.» Daß der abwesende Vater im Central Park erschossen wurde, als Sean drei Jahre alt war, hatte ihm die Mutter, ein Model, nicht erzählt. Und als sie später bemerkte, wie vertraut der Junge mit Dealern und Zuhältern umging, schickte sie ihn auf die Privatschule Mount St. Michael's Academy in Mount Vernon, New York State. Dort erhielt er den Spitznamen Puffy, weil er beim Football sein Trikot ausstopfte (engl.: puffed out). Als Wirtschaftsstudent an der Howard University in Washington handelte er mit allem, was Geld brachte, organisierte Busreisen, Partys, Konzerte, heuerte 1988 bei Uptown Records in Harlem als Praktikant an und übernahm binnen kurzem Producer-Jobs. Dabei half ihm ein Rat seines Mentors, des Uptown- und früheren Motown-Präsidenten Andre Harrell, den Combs später in seine eigene Firma übernahm: «Wenn du einen Star aufbauen willst, mußt du zuerst selber Starqualität entwickeln – nicht im Mediensinn, sondern in deinem ganzen Auftreten. Beeindrucke den Künstler durch die Energie, die er erst noch zu gewinnen sucht.» So kreierte Sean Combs, bald zum Vizepräsidenten von Uptown Records aufgestiegen, sein Alter ego Puff Daddy, «one of the greatest talent scouts in the history of urban music» (‹New York Times›), und überschüttete fortan die Charts mit Hits von Mary J. Blige, Jodeci, Lil' Kim, Mariah Carey, LL Cool J. etc. 1993 gründete er mit zehn Millionen Dollar Startkapital von der Bertelsmann-Tochter Arista, die dafür 50 Prozent Firmenbeteiligung erhielt, Bad Boy Entertainment: «Arista hatte das Geld, ich die Ideen.» Mit dem Sampling von Rock-Oldies wie Matthew Wilders *Break My Stride* oder David Bowies *Let's Dance* bediene er, so der ‹Stern›, «schwarzen und weißen Geschmack gleichermaßen», verbreite er die «Hip Hop-Kultur mit Hilfe weißer Pop-Strategien». Puff Daddy: «Ich bin nicht nur mit Run-D.M.C. aufgewachsen, sondern auch mit Led Zeppelin. Ich muß mich nicht in die Mehrheit hineindenken, ich bin die Mehrheit.» Als er 1993 antrat, wurde der Hip Hop-Markt der USA von der Firma Death Row Records des Ex-Gangsters Marion «Suge» Knight in Los Angeles kontrolliert; deren Bestseller: der Gangsta Rap des Superstars Tupac Shakur. 1995 wurde ein enger Freund des gefürchteten Mr. Knight auf einer Party in Atlanta, Georgia, umgebracht. Der Mör-

der konnte nicht identifiziert werden, aber in der Szene hielt sich das Gerücht, es sei ein Bodyguard und Cousin von Mr. Combs gewesen, der auf der Party anwesend war. Drei Jahre lang herrschte zwischen der Ost- und der Westküste im Hip Hop-Gewerbe Krieg, der bisweilen «mit Maschinengewehren» (‹Die Zeit›) ausgetragen wurde. Combs damals: «Die Sache ist außer Kontrolle geraten, und ich weiß immer noch nicht, wie ich damit umgehen soll.» Sein Bestseller: der sogenannte Player Rap des Superstars Notorious B.I.G., bürgerlich: Christopher Wallace, genannt Biggie, der mit seinem Debüt-Album *Ready To Die* (1994) für zwei Millionen Auflage gleich Doppel-Platin abgeräumt hatte. Im März 1997, kurz nach Veröffentlichung seines zweiten Albums, *Life After Death*, starb Notorious B.I.G. auf offener Straße in Los Angeles im Kugelhagel aus einem vorüberfahrenden Auto; Puff Daddy Combs stand nur wenige Meter entfernt. Ein halbes Jahr später, im September 1997, wurde Tupac Shakur, der Joker der Gegenseite, auf dem Heimweg von einem Mike Tyson-Boxkampf in Las Vegas erschossen. Die Täter wurden in beiden Fällen nicht gefaßt. Der Gang-Krieg des Hip Hop endete, als «Suge» Knight kurz darauf wegen eines anderen Totschlags ins Gefängnis mußte. Puff Daddy schien gewonnen zu haben, jedenfalls hatte sich der Sound der Szene verändert: «Ab sofort ist Hip Hop nicht mehr böse, sondern positiv», deklarierte Combs. Ab sofort keine gewaltschürenden Gangsta-Alben mehr, sondern «schmusiger bis grooviger Hip Hop mit einer Prise Ghetto-Realität». Das Modell dazu hatte er in Videos zu Hits wie *One More Chance* oder *Juicy* von Notorious B.I.G. vorgegeben: der Star, umringt von lasziven Schönheiten, als Player in einem mit Luxus überfrachteten Playboy-Milieu, in dem der Champagner in Strömen floß. In diesem Garten Eden wurde zur Spannungssteigerung der Player-Hater als die Schlange der Rachsucht und der üblen Nachrede eingeführt, im Video oft als Schwarm grünäugiger Piranhas dargestellt, in den Texten von Mase (*Looking At Me, Hater, Wanna Hurt Mase*), Biggies postumer Single *No Money, No Problems* oder Puff Daddys eigenem Hit *Been Around The World* auch zu hören. An seinem Debütalbum als Rap 'n' Sample Artist, *No Way Out* (1997), hatte sein Freund Christopher Wallace alias Notorious B.I.G. noch mitgearbeitet. Das Police-Cover *I'll Be Missing You* sollte ein Requiem für ihn sein. Es wurde mit weltweit 39fachem Platin die Sommer-Single 1997. Für sein zweites Album, *Forever* (1999) addierte Puff Daddy die Gast-Stars Faith Evans, R. Kelly, Nas, Lil' Kim, Redman, Busta Rhymes, Jay-Z, Bizzy Bone, Twista, Ron Isley zu einer «perfekten Nullsumme» (‹Rolling Stone›). Zu den Altwaren, die er dafür plünderte, gehörten diesmal *Sailing* von Christopher Cross unter dem neuen Titel *My Best Friend*, *Fantasy* von Earth, Wind & Fire *(Angels With Dirty Faces)*, der Public Enemy-Klassiker *Public Enemy No. 1 (P.E. 2000)*, aber auch das noch ganz aktuelle *I Got 5 On It* von Luniz *(Satisfy You)*. «Puffys Aufgabe bestand darin, zu produzieren, einige Zeilen aufzusagen und gelegentlich ‹Aha› zu grunzen», so Thomas Weiland in ‹Tip›: «Ein bißchen wenig.» Neunzig Prozent seiner Mixe beruhten auf Autobiographischen, renommierte Puff Daddy, der sich immer wieder gern mit seinem 350 000-Dollar-Bentley, die Zigarre in der Hand, in seinem dreistöckigen Apartment an der Park Avenue oder auf seinem Anwesen in New Yorks absolutem Upper-Class-Resort East Hampton auf Long Island als der perfekte Player ablichten ließ. «Laß mich fragen, was du gegen mich hast», rappte er in *P.E. 2000*, «ist es mein Mädchen, oder ist es der Bentley? Ist es mein Haus, oder sind es vielleicht alle drei?» Im Magazin ‹New York› kommentierte sein Konkurrent, der Platten-Boss Russell Simmons: «Für Puffy ist Obszönität ein unbekanntes Wort, und niemand sagt ihm, daß auch Reichtum obszön wirken kann.» Daher gerieten ihm seine Live-Shows, im Frühjahr 2000 auch in Europa, bei denen die Musik außer einem DJ und einem Percussionisten total vom Band kam, zu puren Machtdemonstrationen und – so die ‹Berliner Morgenpost› – «einem Feuerwerk der Gigantomanie». Auf der CD *Forever* verglich er sich mit Gottes Sohn («I'm on the run like Jesus»), zitierte dessen Gebet am Kreuz («Herr, vergib ihnen, denn sie wissen nicht, was sie tun») und schwang sich im bombastischen Opener zum Racheengel auf: «I will look in triumph at those who hate me… Though hostile nations surround me, I destroy them all in the name of the Lord.» Im wirklichen Leben wurde er im Herbst 1999 im Manhattan Criminal Court Building zu einer the-rapeutischen, behördlich überwachten Einübung von Gewaltlosigkeit verurteilt. Das Delikt: Er hatte mit zwei Bodyguards am 15. April den Columbia-Manager Steve Stoute in dessen Büro krankenhausreif geprügelt, nachdem dieser eine Vereinbarung über eine Video-Aufzeichnung der Nas-Single *Hate Me Now* nicht eingehalten hatte, die Combs halbnackt am Kreuz zeigte. Seine Mutter Janice Combs mochte diese Szene nicht, und Stoute hatte ihm zugesagt, sie vor der Ausstrahlung herauszuschneiden. Daß sie dringeblieben war – ein Lapsus oder böse Absicht? Außergerichtlich hatte Puff Daddy seinem Opfer dem Vernehmen nach eine halbe Million Dollar Schmerzensgeld sowie eine Beteiligung an Bad Boy Entertainment angeboten und erschien vor Gericht einträchtig mit Stoute. Drei seiner wichtigsten Mitarbeiter verließen die Firma. Am 27. Dezember desselben Jahres wurde Combs nebst seiner Freundin Jennifer Lopez, seinem Bodyguard Anthony Jones und dem Rapper Jamal Barrow alias Shyne nach einer Schießerei in der Nobel-Disco ‹Club New York› und einer dramatischen Flucht im Lincoln-Jeep elf Straßenblocks über rote Ampeln hinweg verhaftet. Nachdem ein Gast Puff Daddy offenbar eine Handvoll Kleingeld ins Gesicht geworfen hatte, waren Schüsse gefallen, eine Frau im Gesicht, zwei Männer an der Schulter getroffen worden. Im Wagen fand die Polizei einen als gestohlen gemeldeten Neun-Millimeter-Revolver, aus dem allerdings nicht geschossen worden war. Jamal wurde wegen dreifachen Mordversuchs angeklagt, die Anklage gegen Sean Combs wegen unerlaubten Waffenbesitzes, Zeugenbestechung und Besitzes von Marihuana nach einem langwierigen Verfahren im Mai 2001 fallengelassen. Er war auch juristisch schon immer ein guter Player. Als 1991 bei einem von ihm veranstalteten Benefiz-Basketballspiel zwischen Prominenten aus Hip Hop und Entertainment neun Fans zu Tode getrampelt wurden, weil nicht genügend Ordnungskräfte eingesetzt worden waren, kam er ebenfalls ohne Strafe davon. Combs damals: «Die Angehörigen haben mein tiefstes Mitgefühl. Ich bete jeden Tag für sie.» Nach dem richterlichen Freispruch für die Schießerei in der Disco versprach er, als Zeichen der Läuterung seinen Namen zu ändern – von Puff Daddy in P. Diddy. ‹Tip›: «Ha, ha, ha!»

LPs ... auf Bad Boy/BMG: *No Way Out* (1997); *Forever* (1999); *The Saga Continues* (2001); *Thank You* (2001)

Puhdys, 1969 in Freiberg, Sachsen, gegründet, waren die Super Group der ehemaligen Deutschen Demokratischen Republik und überstanden den Mauerfall ohne größere Blessuren. Zum 30. Bühnenjubiläum, das sie am 19. Juni 1999 mit ihrem 3000. Konzert vor 20 000 Fans auf der Berliner Waldbühne feierten, dankte Bundeskanzler Gerhard Schröder für «30 Jahre viel Freude für ganz viele Menschen unter gelegentlich auch sehr schwierigen Bedingungen». Der mediengewandte PDS-Politiker Gregor Gysi grüßte: «Ihr seid eine Legende, und ich weiß immer noch nicht, wie man zu einer solchen wird.» Brandenburgs Ministerpräsident Manfred Stolpe, auf der Waldbühne inkognito persönlich anwesend, ließ sich mit dem Text vernehmen, die Puhdys seien «Rockmusik mit Weltniveau gewesen, Muntermacher mit nachdenklichen Texten, Ermutigung nach der Wende». In der Wertung der Pop-Deuter klafften die Puhdys-Erinnerungen weit auseinander. Während ihnen der ‹Musikexpress› im Januar 2000 bescheinigte, «im DDR-Terrarium Stones-, Maffay- und Freidenker-Ersatz» gewesen zu sein, kam das Berliner Stadtmagazin ‹Zitty› im Juni 1999 zu dem Schluß: «Ähnlich wie Pink Floyd für die kritische Punk-Szene in den Siebzigern, wurden die Puhdys in der DDR zum verhaßten Synonym für Establishment-Rock.» In der ‹Süddeutschen Zeitung› verstand sich Hans Hoff im Oktober 1999 zu dem späten Verriß: «Wo Reime gewürgt werden, bis sie sich fügen, wo eckige Aussagen vor glatter Form stehen, wo Schönheit ein Begriff für den Versandhauskatalog bleibt, da sind die Puhdys zu Hause.» Unbestritten hatte die Gruppe zu diesem Zeitpunkt 20 LPs veröffentlicht und in einer Auflage von 18 Millionen in mehr als 20 Ländern verkauft. «Und nur absolut eingefleischte Grenzbewohner abgelegener Gebirgsregionen im wildesten Westen der Bundesrepublik werden darauf bestehen, zu den Puhdys kein, aber auch gar kein rechtes Gefühl entwickelt zu haben» (Kritiker Mirko Heinemann). Dieter «Maschine» Birr (voc, g), am 18. März 1945 geboren, Harry Jeske (bg), am 6. Oktober 1937 geboren, Gunther Wo-sylus (dr), Peter Meyer (kb), am 5. Januar 1940 geboren, und Dieter «Quaster» Hertrampf (voc, g), am 29. November 1948 geboren, hatten sich als Studenten der Musikschule Friedrichshain in den sechziger Jahren kennengelernt. Nach dem Abschluß stellten sie sich dem staatlich vorgeschriebenen Anhörungsverfahren und durften dann professionell Musik machen – sehr bald erfolgreicher als jede andere DDR-Formation. Nach der Fernsehsendung ‹Basar› mit dem Song *Türen öffnen sich zur Stadt* beherrschten sie ein halbes Jahr lang die DDR-Hitparade; der Song wurde folgerichtig 1971 «Schlager des Jahres». Auch *Geh dem Wind nicht aus dem Weg* wurde mit dieser Ehrung bedacht, auch wenn die Musik der Puhdys nicht unbedingt als Schlagermusik bezeichnet werden konnte. Die Kompositionen der Band waren zumeist domestizierter Hard Rock in Anlehnung an britische Vorbilder wie Slade, Uriah Heep. Die Puhdys sangen allerdings in deutscher Sprache. Lange Jahre war der Dramaturg des Friedrichsstadtpalastes in Ost-Berlin, Wolfgang Tilgner, der Verfasser ihrer Texte. 1974 erhielt die Band die Weihe des Komitees für Unterhaltungskunst und durfte für das staatseigene Label Amiga Platten einspielen. Der endgültige Durchbruch gelang den Puhdys, als sie zum Defa-Kultfilm ‹Die Legende von Paul und Paula› drei Songs beisteuerten und mit der britischen Band Middle Of The Road durch den Arbeiter-und-Bauern-Staat tourten. Ihr Album *Rock 'n' Roll Music* wurde in der DDR mehr als 750 000mal verkauft. Fortan wurde ihren Plattenveröffentlichungen entgegengefiebert, enthielten ihre Texte doch je nach Standpunkt des Hörers entweder gar keine Wahrheit oder gleich mehrere: *Alt wie ein Baum* mußte man schon werden, um die DDR als Rentner verlassen zu dürfen. *Geh zu ihr und laß deinen Drachen steigen* wurde nur von Naiven wörtlich genommen. Immerhin hatte auch der später in Ungnade gefallene Dichter Ulrich Plenzdorf für die Musik der Band Texte geschrieben – *Jegliches hat seine Zeit*. Die in Diktaturen unausweichliche Fetischisierung von Texten verfing im westlichen Ausland verständlicherweise nicht, obwohl die Puhdys auch in der Bundesrepublik Deutschland seit 1976 auf Konzertreisen gingen und mit ihren im Westen auf Pool veröffentlichten Platten mehr als nur Achtungserfolge erzielten. Die ‹FAZ› 1977: «Die künstlerische Integrität der Gruppe steht außer Frage.» Die ihnen verbliebenen Devisen setzten die Musiker konsequent in Musik-Equipment um und bauten sich zielstrebig ihr eigenes Studio auf. Die «renitenten Muster-Ossis» (Gunnar Leue in ‹Zitty›), die es auch durch ihren geschickten Umgang mit der Staatssicherheit geschafft hatten, «einen lockeren Spagat zwischen der drohenden Zensur und zwar nicht offen gesellschaftskritischen, aber gesellschaftsprägenden Texten hinzulegen» (Mirko Heinemann in ‹Zitty›), wirkten in sieben Defa-Filmen und TV-Produktionen mit, gaben Konzerte in 20 Ländern und wurden zwölfmal zur beliebtesten Rockband der DDR gewählt. Die eingefahrenen und mit schlafwandlerischer Sicherheit beherrschten Geleise ihrer Musik verließen die Puhdys für viele Jahre nicht, musikalische Umbrüche im Westen wie Punk und New Wave brachten die Nationalpreisträger nur wenig aus der Ruhe. *Computer-Karriere* nannten sie ihr 1983 veröffentlichtes Album, auf dem sie vorsichtig mit aktuellen Klängen und etwas zeitgemäßeren Texten experimentierten. Doch stagnierte die Band zu diesem Zeitpunkt schon auf hohem Niveau. Wosylus hatte 1979 die Band verlassen und war durch den am 27. Februar 1954 in Berlin geborenen Klaus Scharfschwerdt ersetzt worden, der – zehn Jahre jünger – den Sound durch frische Grooves zu aktualisieren versuchte. Doch der hymnische Stil blieb das Markenzeichen der Band. Den eingängigen, durch einen Jugendchor unterstützten Anti-Atom-Friedenshit *Das Buch* (1984), letzter Volltreffer der DDR-Rockgeschichte, nannte das ansonsten nüchternere ‹Munzinger-Archiv› ein «Meisterwerk», das «dann doch sehr an der Seele rührt». Zu ihrer vorletzten DDR-Veröffentlichung *Neue Helden* (1989) steuerte der Nummer-eins-Texter der Republik, Kurt Demmler, unter dem Pseudonym Kowarski vorsichtig vorweggenommene Wende-Lyrik bei. Birr brachte 1986 sein Solo-Album *Intim*, Hertrampf *Liebe pur* heraus. Kurz vor dem Fall der Mauer veröffentlichten sie noch ein Jubiläums-Album, dann löste sich die Band auf. Im Zuge der Wiedervereinigungseuphorie um 1990 und bald grassierender DDR-Nostalgie kamen sie 1991 für ein Konzert am Berliner Brandenburger Tor noch einmal zusammen und beschlossen *Wie ein Engel* (LP-Titel, 1992) die eigene Wiedervereinigung. Die gesetzten Fünfziger konnten im Osten der Republik nach wie vor die Konzertsäle halbwegs füllen und mit dem Motto ihrer LP *Die Zeiten ändern sich* (1994) auch ansehnliche Verkaufszahlen ihrer Platten der Neunziger verzeichnen. Im Westen blieben sie eine Randerscheinung. «Was gut ist, setzt sich durch», sangen sie in Werbespots für eine Berliner Brauerei und meinten damit nicht nur das Bier. Schlagzeuger Gunther Wosylus, der sich als einziges SED-Mitglied der Gruppe frühzeitig eines der ersten Tonstudios der DDR eingerichtet hatte, war Anfang der Achtziger nach Hamburg abgewandert und arbeitete dort für eine Sound-Company. Bassist Harry Jeske wanderte Anfang 1998 im Alter von 60 Jahren mit seiner philippinischen Frau Erma, 30, auf die Insel Lapu im Südchinesischen Meer südlich von Manila aus und hinterließ in Deutschland seine Memoiren: ‹Mein wildes Leben und die Puhdys›. An seine Stelle trat Peter «Bimbo» Rasym, geboren am 7. Juli 1953, der vorher bei Stern Meißen und der Gruppe Datzu gespielt hatte. Im Sommer 1998 schlossen die Puhdys nach einem Intermezzo bei Zyx einen Millionenvertrag mit ihrem alten Label Amiga, mittlerweile Teil der Bertelsmann Music Group. BMG-Geschäftsführer André Selleneit, Berlin: «Wir haben ein Jahr hart verhandelt und freuen uns, daß sie künftig all ihre Platten bei uns herausbringen werden.» Mit den zwei Samplern *Das Beste aus 25 Jahren* sowie den Alben *Puhdys live – 25 Jahre die totale Aktion* und *Raritäten* war Amiga bereits zwischen 1993 und 1995 in Vorlage getreten. Jetzt erschienen in rascher Folge *Puhdys 1969–1999* mit acht neu produzierten Hits, zwei neuen und zehn digital remasterten Songs, *Wilder Frieden* (1999) und *Zufrieden?* (2001) mit gänzlich neuem Songmaterial. «Die Puhdys haben nun, wenn auch mit einiger Verspätung, die Neue Deutsche Härte für sich entdeckt», urteilte Torsten Wahl in der ‹Berliner Zeitung›: «Doch leider hinterläßt *Wilder Frieden* keinen geschlossenen Eindruck, sondern bietet wieder mal die gesamte Bandbreite.» Einerseits ahmten sie im Song *Wut will nicht sterben* den Stil von Rammstein bis in die Diktion des Textes nach und verbrüderten sich für dieses Lied mit deren Sänger

Till Lindemann – Textprobe: «Deinen Haß rammst du wie einen Stein in ihn hinein, o Rammstein.» Andererseits ließen sie im Duett mit Birr den Schauspieler Mario Adorf à la Chanson sprechsingen – Textprobe: «Eisgrau ist dein Haar / doch der Nachtwind macht dich frisch wie nie / Komm, Gigolo, komm, mach dich fein / die Töchter deiner Fraun sind reif.» Adorf hatten die Puhdys bei den Dreharbeiten zur Filmkomödie ‹Comeback für Freddy Baker› (Regie: Matti Geschonnek, 1999) kennengelernt. Sie waren die Band, mit der der abgetakelte Entertainer Freddy (Adorf) nach jahrzehntelangem USA-Aufenthalt in der deutschen Heimat einen Neuanfang versucht. Dabei stellte sich Dieter Birr in der Rolle des Gitarristen Edgar als begabter Mime heraus: «Während seine Bandkollegen sich schlicht selbst spielen, bastelt der lange, dünne Mann lapidar und unaufdringlich an einem amüsanten, in seiner Tragikomik an Buster Keaton erinnernden Charakter, der zwar meist nur im Hintergrund agiert, dabei aber alle Sympathie und Aufmerksamkeit auf sich ziehen kann» (Hagen Liebing in ‹Tip›). Birr setzte sein Entertainer-Talent vom Herbst 2000 an auch wöchentlich sechs Stunden bei Rocklandradio Sachsen-Anhalt als Moderator ein. Den Kapitalismus hatten die Puhdys, denen der Ostdeutsche Rundfunk Brandenburg (ORB) am 22. März 1999 sein komplettes TV-Abendprogramm inklusive eines Dokumentarfilms von Hans-Michael Marten widmete, problemlos gelernt. Bei ihren Konzerten ließen sie in einem Fan-Shop alte LPs, Flyers und T-Shirts verkaufen, lieferten dem Fußballclub Hansa Rostock und dem EHC Eisbären Berlin massenwirksame Stadion-Hymnen und hatten auch gegen die Firma Opel und den Berliner Energieverbund Bewag als Sponsoren gar nichts einzuwenden. ‹Zitty›: «Ob Möbel-Walther oder PDS, Minol oder SPD – wer im Osten auf Kundenfang ging, buchte die Puhdys.» Da konnten sie gut singen: «Alles klar – wozu noch Superstars aus Amerika / Wir brauchen keine Stars aus Amerika / Wir haben doch bei uns schon alles da / Doch wenn ihr mal jemand' braucht in Amerika / schicken wir euch einen ‹Big Brother›-Star» – so im Song *Stars* auf der CD *Zufrieden?*. Das konnten «Maschine» Birr und seine Mannen wohl sein. In seiner TV-Dokumentation der

Band ließ Hans-Michael Marten verlauten, von der DDR seien eigentlich nur drei Dinge übriggeblieben: der grüne Pfeil beim Abbiegen, das Sandmännchen und die Puhdys.

LPs auf Amiga: *Puhdys* (1974); *Puhdys* (1975); *Sturmvogel* (1976); *Rock 'n' Roll Music* (1977); *Perlenfischer* (1977); *Puhdys 6 – Live* (1979; zwei LPs); *Heiß wie Schnee* (1980); *For From Home; Computer-Karriere* (1983); *Das Buch* (1984); *Puhdys 13 – Live in Sachsen* (1984); *Ohne Schminke* (1986); *Jubiläums-Album*; *Das Beste aus 25 Jahren, Vol. 1* (1993); *Vol. 2* (1995); *Puhdys live – 25 Jahre die totale Aktion* (1994); *Raritäten* (1994); *Puhdys 1969–1999* (1999); *Wilder Frieden* (1999); *Zufrieden?* (2001) … auf Pool (die Veröffentlichungen auf Pool / Hansa weichen teilweise in der Zusammenstellung von den Amiga-LPs ab): *Puhdys 1* (1977); *Rock 'n' Roll Music* (1977); *Puhdys 3* (1977); *Puhdys 5* (1978); *Puhdys 6 – Live* (1979); *Heiß wie Schnee* (1980); *Schattenreiter* (1984); *Computer-Karriere* (1983); *Live in Sachsen* (1984); *Das Buch* (1984); *14 – ohne Schminke* (1985); *Neue Helden* (1989) … auf Deutsche Schallplatten: *Wie ein Engel* (1992) … auf Zyx: *Die Zeiten ändern sich* (1994); *Frei wie die Geister* (1997) … Solo-Album Dieter Birr auf Amiga: *Intim* (1986) … Solo-LP Dieter Hertrampf auf Amiga: *Liebe pur* (1987)

Pulp, die «bunteste Schaustellertruppe auf dem Jahrmarkt der Eitelkeiten» (‹Die Zeit›), wurden 1979 als Arabacus Pulp in Sheffield, South Yorkshire, von Jarvis Cocker (voc, g, kb) gegründet. Er war «ein Loser, die Sorte Typ, die als Kind auf dem Schulweg verprügelt wurde – kein Wunder, denn seine Mutter zwang ihn, bayerische Lederhosen zu tragen» (‹Zitty›). «Ein bleicher Dandy, einer, der nirgendwo sonst auf diesem Planeten eine Chance als Sex-Symbol gehabt hätte und dem es mit seinen schnippischen Texten gelang, dem glanzlosen Working Class-Alltag, Fish and Chips und seltsamen Affären Zauber und Charme zu verleihen» (‹Der Spiegel›). Fünfzehn Jahre tingelte Cocker mit seiner häufig umbesetzten Band, die seit 1981 Pulp hieß und immer mal wieder eine erfolglose Platte veröffentlichte, durch die britische Provinz. Dann ließ er am 19. Februar 1996 bei der festlichen Verleihung der Brit Awards im Londoner Earl's Court Exhibition Centre die Hosen runter. Beim von Kindern gesäumten Auftritt von Michael Jackson sprang er entblößt auf die Bühne, um «gegen Jacksons Anmaßung zu protestieren, er sei so was wie Jesus mit der Kraft zu heilen» (Cocker). Der Skandal machte ihn weltbekannt und half zweifellos zur Promotion seiner Nummer-eins-LP *Different Class* (1995), die erst nach dem Vorfall in den USA veröffentlicht wurde. ‹Die Zeit›: «Es geht um britische Exzentrik, um Shrillness, um die seit Jahrzehnten aktenkundige Mesalliance zwischen Art School und Pop.» Cocker, im September 1962 in Sheffield geboren, hatte seit 1979 mit Schulkameraden in einer Schülerband gespielt, die Musik für den Schmalfilm eines Freundes geschrieben und schickte 1980 John Peel ein Demo-Band. Peel lud die zu dieser Zeit aus Pete Dalton (g), Jamie Pinchbeck (bg) und Wayne Furniss (dr) bestehende Band zu Aufnahmen für sein Radio 1-Programm ein. Die Aufnahmen verliefen ohne brauchbares Ergebnis. Das Ende der Schulzeit bedeutete das Aus für die Schülerband. Cocker rekrutierte seine Schwester Saskia (backing-voc), Simon Hinkler (kb), Peter Boam (bg), David Hinkler (kb), Timm Allcard (kb), Gill Taylor (backing-voc) und Gary Wilson (dr) und erhielt von dem örtlichen Label Red Rhino sogar einen Plattenvertrag. *It* (1983) war zwar nur ein Mini-Album, Cocker glaubte sich aber auf dem richtigen Weg – wenn die Platte auch die Charts verfehlte. 1985 wollte er ein Mädchen beeindrucken und sprang aus einem Fenster – danach saß Cocker monatelang im Rollstuhl. Wieder genesen, integrierte er das Gefährt in seine Auftritte. 1986 unterschrieb er bei dem Independent-Label Fire einen Bandvertrag, der zwei LPs ergab, die aber wiederum nicht in die Charts kamen. 1990 erhob ‹New Musical Express› Pulps Single *My Legendary Girlfriend* zur «Single des Monats». Pulp hatten sich mittlerweile konsolidiert: Neben Cocker, der nebenbei an der Central Saint Martin's School in London Film studierte, spielten Russell Senior (g), Candida Doyle (kb), Steve Mackey (bg), Nick Banks (dr), später kam Mark Webber (kb, g) hinzu. 1993 interessierte sich mit Island ein Major-Label für Cockers Musik. Die hatte sich über die Jahre verändert: Dem an The Smiths orientierten Gitarrenrock waren an Scott Walker erinnernde Songs mit Synthesizer und Streichern gefolgt, bis die Band auf *Different Class*

(1995) ihren Sound gefunden hatte. Einigermaßen konstant geblieben waren Cockers Themen: das Leben in der Provinz, die sexuellen Nöte des Teenagers. Er trat damit in die Spur von Ray Davies (The Kinks), Pete Townshend, Elvis Costello, sein Gesang erinnerte an David Bowie, die Band griff Sounds von Bowie und Roxy Music auf. *Common People* (1995), vorab aus *Different Class* ausgekoppelt, beschrieb das verwöhnte Mädchen aus wohlhabendem Haus, das die glamouröse Anziehungskraft der Armut erleben wollte, aber schon den Besuch eines Supermarkts für einen kaum zu verstehenden Spaß hielt: «Du lachst mit den gewöhnlichen Leuten, du lachst auch noch, wenn sie über dich lachen.» *Common People* erreichte Platz zwei der britischen Hitparade, Pulp zog mit Britpop-Bands wie Blur und Oasis gleich. 1996 ging die Band auf weltweite Tourneen, die Produktion eines Nachfolge-Albums zog sich hin, *This Is Hardcore* erschien erst im Frühjahr 1998. «Schon nach anderthalb Minuten ist der Dreampeak im roten Bereich», so Christine Heise in ‹Tip›. «Here comes the fear again, the end is near again. Bald wird es die Hymne der Traurigen und Einsamen ebenso wie von denen, die den Affen im Nacken bekämpfen. Es folgt *Dishes*, ein zarter, selbstreflektierender Song eines Mannes, der lieber Geschirr spült, als den Superstar zu markieren (I'm not Jesus, though I have the same initials), und der sich sorgt, weil er schon 33 ist ... und dann Punktlandung im Zentrum: *This Is Hardcore* – and this is not a love song.» Der Verlierer von einst sei nun, lobte ‹Stereoplay›, «der Clown, dessen Kampf mit den Schicksalsschlägen einem das Lachen im Halse steckenbleiben läßt, der Transvestit, der zu Tränen rührt: Eleganz in Größe, Tragik inklusive». Auf die Frage, ob er je daran gedacht habe, Bücher zu schreiben, antwortete Jarvis Cocker: «Was ich sagen will, kann ich mit zwei oder drei Seiten Text sagen. Ich weiß nicht, ob ich die Disziplin hätte, 200 Seiten zu schreiben. Vielleicht werde ich diszipliniert genug sein, wenn ich 60 bin.»

LPs auf Red Rhino: *It* (1983) ... auf Fire: *Freaks* (1987); *Separations* (1991); *Master Of The Universe (Singles 1985–1986)* (1994) ... auf Island: *Intro – The Gift Recordings* (1993); *His 'N' Hers* (1994);

Different Class (1995); *This Is Hardcore* (1998); *We Love Life* (2001) ... auf Nectar Masters: *Countdown 1992–1983* (1996)

Pur, 1985 im schwäbischen Bietigheim-Bissingen nahe Stuttgart aus einer Schüler- und Studentenband hervorgegangen, die unter den Namen Crusade und Opus musizierte, war als erfolgreichstes deutsches Pop-Ensemble der neunziger Jahre «die Band für den Normalo von nebenan, der nie etwas anderes tut, als von ihm erwartet wird, der in seinem kleinen Unglück auch mal Trost von Mensch zu Mensch verlangt, der sich verstanden fühlen will von jemandem, der so ist wie er selbst» (‹Der Spiegel›). Mit ihrem Leadsänger und Texter Hartmut Engler an der Spitze wischten «die fünf Rock-Ritter der guten Gesinnung alle Berührungsängste mit dem deutschen Schlager professionell weg», konstatierte Peter Kemper in der ‹FAZ›: «Ihr Fleiß und vor allem ihre kumpelhafte Freundlichkeit machen sie zu schmuseweichen Sympathieträgern.» Die größten anzunehmenden Konflikte – zerbrochene Beziehungen, Rechtsradikalismus, Religion, die Einsamkeit der Hausfrau und der Krebstod einer Freundin – würden in ihrer simpelsten Form abgehandelt, analysierte die ‹Spiegel›-Kolumnistin Marianne Wellershoff: «Die Musik von Pur, das ist die Seifenopfer zum Mitsingen, die neue Volksmusik für die Trash-Gesellschaft – unkompliziert, leicht verdaulich, Limonade für Ohr und Seele.» Anne Zielke brachte es in der ‹Süddeutschen Zeitung› auf den Nenner: «Pur haben das Dichten und Denken auf ein kompaktes Minimum reduziert.» Den Super-Erfolg der Schwaben ausschließlich im Land der Dichter und Denker konnten die bösen Kritiker nicht verhindern. «Ob Arbeitsiedlung im Ruhrpott, Fischernest an der Nordsee oder Plattenbau in Marzahn – Bietigheim ist überall, und Engler ist ‹mittendrin›. Die einen finden sich in seinen Worten wieder, fühlen sich verstanden, andere mögen Pur wegen der eingängigen Melodien, an die man sich nicht gewöhnen muß. Wenn bei Konzerten die Halle mitsingt, fühlen die Fans die Verbundenheit und Gemeinschaft, wie es sie in den neunziger Jahren nur selten gab» (‹Focus›). Ingo Reidl (kb), am 10. Juni 1961, und Roland Bless (dr, voc, g), am 8. März 1961, beide in Bie-

tigheim, geboren, brauchten 15 Jahre, um diese Erfolgsebene zu erklimmen. 1975 gründeten sie als Schüler mit anderen Pennälern im Keller einer Kirchengemeinde ihrer Heimatstadt die Band Crusade. Hartmut Engler (voc), am 24. November 1961 im Nachbardorf Ingersheim geboren, nahm bei Reidl Klavierunterricht und schloß sich 1976 der Amateurkapelle an. 1979 kam Jörg Weber (bg, g, voc, fl), geboren am 28. März 1963 in Bietigheim, hinzu, der bei Eheschließung den Nachnamen seiner Frau annahm und fortan Joe Crawford hieß. 1980 machte der am 3. Juni 1955 im jugoslawischen Beceg geborene Rudi Buttas (g) die bis 2001 unveränderte Besetzung komplett. Die Band tingelte als Moonstone in US-Clubs für die GIs, gab sich für Tanzabende und Mini-Konzerte in deutschen Jugendzentren nun aber den Namen Opus. Daß die Musiker daneben zielstrebig studierten, hielten ihnen Kritiker später als Professionalität zugute. Engler war Germanist mit dem Berufsziel Oberstufenlehrer, Bless hatte Elektrotechnik belegt, Reidl / Buttas / Weber absolvierten ein ordentliches Musikstudium. «Wir wollten unantastbar, einzigartig und definitiv eine deutsche Kunstrock-Band werden», erinnerte sich Engler später. Da sich für seine «verschraubte Steppenwolf-Poesie» (‹Junge Welt›) jedoch keine Plattenfirma fand, brachte die Band ihre LPs *Opus 1* (1983) und *Vorsicht zerbrechlich* (1985) im Selbstverlag heraus. Das Debüt-Opus wurde nach den ersten großen Erfolgen 1990 vom Intercord wiederveröffentlicht. Die Entdeckung, daß eine Band namens Opus aus der österreichischen Steiermark mit einem Song namens *Life Is Live* einen Hit hatte, veranlaßte die cleveren Schwaben zunächst, sich vorsätzlich irrtümlich als Opus buchen zu lassen – nicht ohne Witz: Sie interpretierten den Hit mit der Refrainzeile «Scheiß bleibt Scheiß». Dann nannten sie sich schleunigst um – in Pur, denn das (so die ‹SZ›) «klingt nach reinem Sprachgebrauch, sauberer Gesinnung und irgendwie auch nach ultimativem Waschmittel, blassen Hintern und letztendlich Eindeutigkeit». Darauf kam es dem Pur-Autorenduo Engler (Texte) / Reidel (Musik) – Kunstrock ade! – jetzt an: «Schließlich kriegten wir mit, einfach erzählte, gefühlvolle Songs hatten im Konzert die weitaus besseren Chancen» (Engler). «Auch an den allerschönsten

Körpern nagt / der Weisheitszahn der Zeit / fürwahr – die Jugend ist vergänglich, das Alter wächst / und das zu feiern ist der schönste Zeitvertreib». Es waren Verse wie dieser zu «mittelhartem Rock, halbschnulzigen Balladen und gefälligen, Optimismus ausstrahlenden Melodien» (‹SZ›), die auch Künstler wie Peter Maffay und Reinhard Mey zu Kunden der Songautoren Engler / Reidl und ihre Band Pur zur «mit Abstand erfolgreichsten deutschsprachigen Musikgruppe der neunziger Jahre» (‹Berliner Morgenpost›) machte. Denn nach dem Sieg beim Bundeswettbewerb des Deutschen Rockmusikerverbandes 1986 als Vertreter Baden-Württembergs und dem Schlager *Hab mich wieder mal an dir betrunken* fand sich in der Stuttgarter Intercord schnell ein einheimisches Label, mit dem Pur Umsatzgipfel erklomm und dem sie auch treu blieben, als die Firma an EMI in Köln verkauft wurde. In konzertierter Aktion setzten Intercord und Pur, nun gern in Zirkusuniformen, ein unfehlbares Hit-Karussell in Gang: etwa im Jahresabstand LP – Hit-Auskopplung – Tournee. Nach dem zögerlichen Start mit dem Debütalbum *Pur* (1987) und der Single *Hab mich wieder mal an dir betrunken* 1988 die LP *Wie im Film* mit dem Hit *Kowalski* (die Kunstfigur eines typischen Deutschen, die Engler / Reidl auf späteren LPs wieder aufleben ließen), 1989 LP *Unendlich mehr* (Single *Freunde*); 1990 *Nichts ohne Grund* (Single *Lena*) und so fort. Das Album *Pur Live* (1992), Protokoll einer Mammut-Tournee mit weit über hundert Konzerten, wurde mehr als einemillionmal verkauft. *Seiltänzertraum* (1993) hielt sich über zwei Jahre in den deutschen LP-Charts und fand 1,5 Millionen Käufer, *Abenteuerland* (1995) 2,3 Millionen. Die deutschen Pop-Kritiker mochten Pur immer noch nicht, aber zu ihren Verrissen in den Feuilletons gesellten sich immer häufiger Meldungen über Preise und Auszeichnungen auf den Nachrichtenseiten: Goldene Europa des Saarländischen Rundfunks 1988, Preis der Deutschen Schallplattenkritik 1989, Fred Jay-Textpreis der Gema 1990, Goldene Stimmgabel erstmals 1993 und dann mehrmals, Goldener Löwe von Radio Luxemburg 1994, Echo 1995 / 1996, Goldene Stimmgabel in Platin, Goldene Kamera und Bambi 1997 und so fort. Auf Tournee füllten Pur mittlerweile die Dortmunder Westfalenhalle oder die Münchner Olympiahalle jeweils zwei Abende hintereinander. Zu zwei Auftritten im Düsseldorfer Rheinstadion kamen 1996 mehr als 120 000 Fans, und alle sangen und klatschten die Lieder mit. Auf zwei Live-LPs (1992 und 1996) war es zu hören. Das Album *Mächtig viel Theater* (1998) sprang in der Woche nach Erscheinen in den deutschen Charts sofort auf Platz eins. «Ich glaube, daß wir Identifikationsfiguren für ganz, ganz viele Menschen sind, die sonst keine Identifikationsfiguren haben», gab Hartmut Engler 1998 der ‹Berliner Morgenpost› zu Protokoll: «Wir sprechen Menschen an, die sich nicht wiederfinden in diesem Hip-, Trendy- und Cool-Getue, die dann irgendwie nach Inhalten suchen. Die sagen, ‹die Kirche hat mir nichts mehr zu erzählen›, und in ein Werte-Vakuum fallen. Und vielleicht ist dann da eine Band, die einen mit dem einen oder anderen Stück ein wenig rausreißt. Ich denke doch, daß man mit Liedern noch ein kleines bisserl mehr machen kann, als bloß in die Charts zu gehen und Geld zu verdienen.» Peter Kemper hielt in der ‹FAZ› dagegen: «Ein Popsong braucht wahrlich keine analytische Genauigkeit zu besitzen, doch ein wenig verstörend, spielerisch spöttisch, vielleicht sogar durch das erzählende Spiel mit Extremen geschärft könnte er schon sein.» Seit langem nahmen Pur ihre CDs mit erfahrenen Studiomusikern in den hochprofessionellen Studios von Nashville auf; das Album *Mittendrin* (2000) kam im belgischen Galaxy Studio zustande. Das 20jährige Band-Jubiläum wurde 2001 mit einer Open Air-Sommertournee gefeiert, die bis zum TV-Abschlußkonzert in der kurz zuvor fertiggestellten Gelsenkirchener Fußballarena ‹Auf Schalke› am 25. August mit preisreduzierten Tickets für Kinder bis zwölf sowie einem Freigetränk für jeden Besucher einem Triumphzug gleich. Und doch enthielten Verlautbarungen aus Bietigheim oft einen Hauch von Spießigkeit und Minderwertigkeitskomplex. Von ‹Musikexpress / Sounds› ließ sich Hartmut Engler 1998 den Satz entlocken: «Ja, es ist wichtig, daß wieder ein Artikel über Michael Jackson in der Zeitung steht. Der ist wirklich ein Weltstar und verkauft in Deutschland fast halb so viele Platten wie wir.» Die offizielle Band-Biographie im Internet (www.pur.de / bio / bio.html) nannte als Gründe ihrer Beliebtheit beim deutschen Publikum: «Ein präziser Blick für den Alltag eines Jedermann statt großspuriger Flausen für elitäre Zirkel. Ein leichter Hang zu Romantik und Poesie statt Rokkergehabe und Punkschmäh.» Warum mußte Hartmut Engler zu Steffen Rüth von der ‹Berliner Morgenpost› sagen: «Ich muß auch noch sagen: Wir sind nicht blöde»? Andreas Obst 1998 in der ‹Frankfurter Allgemeinen Zeitung›: «Ein Abend mit Pur ist wahr und schön und deshalb gut. Triumph des Bewahrten und Bewährten. Es ist die Rückkehr des Muffs von einst. Und es ist ein Verdacht, der im Laufe des Abends immer drängender wird: Womöglich war der Muff nie weg. Überspitzt ließe sich formulieren: Die Rolling Stones stehen für einen Anfang in der Rockmusik. Pur markiert einen Endpunkt. ‹Gib mir meine Hoffnung zurück›, heißt es in einem ihrer Lieder: ‹Treib mich weiter.› Doch wohin?»

LPs als Opus im Selbstverlag: *Opus 1* (1983, auf Intercord 1990 wiederveröffentlicht); *Vorsicht zerbrechlich* (1985) ... als Pur auf Intercord: *Pur* (1987); *Wie im Film* (1988); *Unendlich mehr* (1990); *Nichts ohne Grund* (1991); *Live* (1992); *Seiltänzertraum* (1993); *Abenteuerland* (1995); *Live – Die Zweite* (1996); *Mächtig viel Theater* (1998); *Mittendrin* (2000); *Jubiläumsalbum* (Arbeitstitel, 2001)

Pussy Galore, 1985 in Washington, D.C., gegründet, waren die vielleicht unorganisierteste, chaotischste und spontanste Band der Rockgeschichte. Zugleich waren sie die Keimzelle für eine ganze Reihe später wesentlich erfolgreicherer Gruppen wie Boss Hog, Jon Spencer Blues Explosion, Free Kitten und Royal Trux. Bewußt knüpften sie dort an, «wo Sonic Youth nach dem *Whitey Album* einen Schlußpunkt setzte und in anderer Richtung weiterging. Eine in jeder Hinsicht chaotische, alles verschlingende Fake Punk-Band» (‹Visions›). Die «erklärten Non Musicians» (‹Rolling Stone›) waren zeit ihrer Existenz eher ein anarchistisches Lebendkunstwerk ihrer Mitglieder als eine Band, der es vorrangig um die Produktion von Musik gegangen wäre. Den Grundstein zu Pussy Galore, die sich nach einer Figur in dem James Bond-Film ‹Goldfinger› benannten, legten Jon Spencer (g) und Julie Cafritz (g), die sich auf einem College in Providence, Rhode Island, kennenlernten. Von der Prüderie des Provinz-College angewidert, setzte sich das Paar nach Washington D. C. ab und beschloß, eine Band zu gründen. Gemeinsam mit dem Drummer John Hammill nahmen sie die EP *Feel Good About Your Body* (1985) auf. Mit ihrem bizarren Rock-Theater wurden sie auch in der amerikanischen Hauptstadt nicht heimisch und zogen nach New York weiter, wo sie mit Neil Hagerty (g) und dem ehemaligen Sonic Youth-Schlagzeuger Bob Bert im Quartett spielten. Indem sie auf Alltagsmaterialien wie Straßenschildern, Benzinkanistern und Autoteilen herumtrommelten, realisierten sie ihre eigene Vorstellung von Recycling-Kunst. 1986 stieg die bisherige Bandfotografin Christina Martinez als vierter Gitarrist in die Band ein. In dieser Quintett-Besetzung entstand die in ganzen 550 Kopien gefertigte Kassette *Exiles On Main Street* (1986), auf dem die Band nicht nur den vollständigen gleichnamigen Klassiker der Rolling Stones coverte, sondern auch eine rotzige Antwort auf das *Whitey Album* von Sonic Youth fand. Sie bearbeiteten die Songs mit Bandschnipseln und Straßengeräuschen, bis am Ende vom Original der Stones nicht viel übrigblieb. Nach nur sechs Monaten stieg Martinez auf Grund bandinterner Rangeleien und permanenter Nachstellungen des bis über beide Ohren verliebten Jon Spencer wieder aus der Gruppe aus. Zur exzentrischen Kultband der New Yorker und Londoner Kunstszene avanciert, nahm die Gruppe mit dem Hardcore-Produzenten Steve Albini und mit Hilfe von Kramer die Platte *Sugarshit Sharp* (1987) auf. Mit Albumtiteln wie *Groovy Hate Fuck* (1986) oder *Dial M For Motherfucker* (1988) provozierten die «Apologeten des Noise» (‹Intro›) die Öffentlichkeit. Auftritte, die nicht länger als 30 Sekunden dauerten, wie 1988 im Londoner Main Fiddler, brüskierten auch ihre eigenen Fans. 1989 verließ Julia Cafritz die Gruppe wegen Differenzen mit Spencer. Im Trio mit Hagerty und Bert nahm Spencer *La Historia De La Musica Rock* (1990) auf, das neben anderen Coverversionen eine Adaption von *Little Red Rooster* unter dem Titel *Eric Clapton Must Die* enthielt. Als sich die Extremschraube nicht mehr weiterdrehen ließ und die Spannungen innerhalb der Band unerträglich wurden, blieb der Gruppe 1990 nur die Auflösung. Das nachgeschobene Album *Corpse Love* (1992), teils Compilation, teils Anti-Konzeptalbum, dokumentierte noch einmal eindrucksvoll die zerstörerische Kraft von Pussy Galore. Die Bandmitglieder gingen eigene Wege. Bob Bert suchte sich mit den Chrome Cranks, Bewitched und den Action Swingers immer wieder Kontexte, in denen er provozieren und sein kreativ-destruktives Potential entfalten konnte. Hagerty setzte sich nach Chicago ab und gründete mit Royal Trux eine Band, die über unzählige Veröffentlichungen einen Weg vom Anarcho-Punk zum Stones-beeinflußten Blues beschritt, um 2001, vom Pop-Business angewidert, mit *Neil Michael Hagerty* ein Album zu produzieren, dessen Songs von der bis dahin für den Rock weitgehend unerschlossenen Rattlesnake Music inspiriert waren. Julia Cafritz gründete mit Kim Gordon von Sonic Youth, Yoshimi von der japanischen Jazzcore-Band Boredoms und Marc Ibold von Pavement die Designer-Rock-Band Free Kitten, denen der ‹Melody Maker› nachsagte, sie sägten «unter dreckigem Gitarrendonner an den Klischees des Musik-Business und sichern sich dabei geschickt einen Platz in der New Yorker Noise-Szene». Wie in einem Hollywood-Happy-End fanden Christina Martinez und Jon Spencer nach Auflösung von Pussy Galore doch noch zusammen und gründeten mit Boss Hog eine Art Rock-Band, die eine für die neunziger Jahre typische Laufbahn absolvierte. ‹Spex›: «Boss Hog waren jung, mischten die Karten im Rock 'n' Roll neu, fühlten Blues, waren dreist und loteten vom offensiv benutzten Coverfoto bis zur Unkenntlichkeit destruktiven Songtexten immer wieder Grenzen aus. Dennoch waren sie irgendwie romantisch, verwegen, verrucht. Die klassische Geschichte von Love / Hate.». Sie gehörten zunächst zum Stall von Amphetamine Reptile, in der Nachbarschaft von Helmet, Surgery und Wharton Tiers, die ebenfalls ein neues Art Rock-Konzept im Punk-Gewand verteidigten. Als sie 1995 bei Geffen anlegten, gerieten sie abermals in gute Gesellschaft – diesmal Beck, Sonic Youth, Hole und die Nirvana-Erbengemeinschaft. Ihr Major-Debüt *Boss Hog* «bediente

noch einmal alle Erwartungen, die man an die Downtown-Spontis hatte» (‹Visions›). *Whiteout* (1999) sei, so die Visionäre, «ein komplexes Pop-Album mit großen Gesten, eingängigen Melodien, verständlich vorgetragenen Texten und einem leichten Hauch lasziver Melancholie». Mit dem Familienunternehmen Boss Hog nicht ausgelastet, rief Jon Spencer 1991 mit Judah Bauer und Russell Simins noch die Jon Spencer Blues Explosion ins Leben, die den klassischen Blues zuerst persiflierten, ihn jedoch von Album zu Album immer mehr verinnerlichten. «Eine Blues-Band ist die Jon Spencer Blues Explosion beim besten Willen nicht» (‹WOM Journal›). Mit Pussy Galore hatte das aus zwei Gitarristen und einem Drummer bestehende Trio den Verzicht auf einen Bassisten gemein. Nach diversen live im Studio eingespielten Alternative Blues-Alben fand die Gruppe mit *Experimental Remixes* (1995) Anschluß an den experimentellen Mainstream wie Beck und Moby. Der Gitarrist Spencer sei, deutete das ‹WOM-Journal›, «so etwas wie ein Lenny Kravitz der Schattenwelt, eine Art Evil Recycler. Wo sich Kravitz aus Blues, Sixties-Rock, Rhythm & Blues, Street Funk und tausend anderen Stiltraditionen die Rosinen rauspickt, um gefälligen Pop zu basteln, wühlt Spencer in den Resten.» Spencer & Co gingen 1996 mit dem Delta Blues-Urgestein R. L. Burnside eine Liaison auf dessen Album *A Ass Pocket Of Whiskey* ein und stellten dafür die Weichen für ein alternatives Blues Revival, an dem auch Judah Bauer mit seinem Solo-Projekt 20 Miles und Russell Simins partizipierten. Auch wenn Pussy Galore selbst nur fünf Jahre existierten und ihr Einfluß während ihrer Existenz begrenzt gewesen sein mochte, hatten ihre zahlreichen Nachfolgebands inzwischen derart viele Adepten gefunden, daß ihr Geist in Rock und Pop erhalten blieb.

LPs auf Vinyl Drip: *Groovy Hate Fuck* (1986) ... als Kassette ohne Label: *Exiles On Main Street* (1986); *1 Yr. Live* (1986) ... LPs auf Caroline: *Pussy Galore, Right Now* (1987); *Dial M For Motherfucker* (1989) ... LPs Neil Hagerty mit Royal Trux auf Drag City: *Royal Trux* (1988); *Twin Infinities* (1990); *Royal Trux* (1992); *Cats & Dogs* (1993); *Accelerator* (1998); *Veterans Of Disorder* (1999); *Pound For

Pound (2000) ... auf Virgin: *Thank You* (1995); *Sweet Sixteen* (1997) ... LP Neil Hagerty auf Drag City: *Neil Michael Hagerty* (2001) ... LPs Jon Spencer mit Jon Spencer Blues Explosion auf Caroline: *Jon Spencer Blues Explosion* (1992) ... auf 1+2: *Crypt Style* (1992) ... auf Matador: *Extra Width* (1993); *Orange* (1994); *Now I Got Worry* (1996); *Acme* (1998) ... LPs Jon Spencer und Christina Martinez mit Boss Hog auf Amphetamine Reptile: *Drinkin' Lechin' & Lyin'* (1989); *Cold Hands* (1990) ... auf Geffen: *Boss Hog* (1995) ... auf In The Red: *Whiteout* (2000) ... LPs Julia Cafritz mit Free Kitten auf WIIIJA: *Unboxed* (1993); *Free Kitten* (1994); *Sentimental Education* (1997)

Q

Queen, 1970 aus der erfolglosen englischen Band Smile hervorgegangen, wurden 1974 durch die Gold-Single *Killer Queen*, das Erfolgsalbum *Sheer Heart Attack* sowie eine sprunghaft wachsende Konzert-Gefolgschaft in Europa, Ostasien und den USA als «eine der gegenwärtig heißesten Rockgruppen» (‹Melody Maker› im November 1974) gekrönt. Der Name war zweideutig: Queen = Königin, im Slang aber ein gebräuchlicher Terminus für Tunte. Musikalisch erweckten die Darbietungen von Freddie Mercury (voc, p), als Frederick Bulsara am 5. September 1946 in Sansibar geboren, Brian May (g, p, voc), geboren am 19. Juli 1947 in Hampton Hill, Twickenham, Middlesex, John Deacon (bg), geboren am 19. August 1951 in Leicester, Roger Meadows-Taylor (dr, perc, voc), geboren am 26. Juli 1949 in Kings Lynn, Norfolk, eher den Eindruck von extremer Kälte. Nachdem die ehrgeizige Königin ihre nach Led Zeppelin-, Black Sabbath-, Uriah Heep- und veralteten Yes-Modellen gewirkten Prinzessinnenkleider abgelegt hatte, registrierten Kritiker in den «präzis ausgearbeiteten, mit komplizierten Rockzitaten angefüllten Stücken … überspitzt pathetische und gekünstelte Arrangements» sowie die Gefahr tödlicher «Überperfektion» (Ingeborg Schober). Sänger Freddie Mercury, der im schwarzweißen Phantasiedress eines hocherotischen Todesengels durch eine artifizielle Body- und Light-Show die Bühnenwirksamkeit von Teenager-Sexidolen wie Mick Jagger und Rod Stewart zu übertreffen versuchte, nannte Liza Minnelli als sein wichtigstes Vorbild: «Selbst wenn alles um sie herum zusammenbrechen würde, gäbe sie noch eine exzellente Show durch ihre pure Kraft.» So wie Liza Minnelli überkommene Show-Formeln durch Energie und Technik noch einmal konsumierbar gemacht hatte, so überspielten Queen durch Präsenz, Power und Prätention bemerkenswert überzeugend ihren Mangel an Originalität und Emotion. Alle vier Musiker hatten wenig Bauch und viel Kopf – ausgewiesen in akademischen Attributen. Taylor trug einen Doktortitel im Fach Biologie, May hatte in Astronomie gleiches versucht und im zweiten Anlauf aufgegeben. Deacon konnte ein Diplom in Elektronik vorweisen, Mercury eine Auszeichnung für Grafik und Design. Derlei Kopflastigkeit verlangte geradezu nach intellektuellen Spielereien wie der LP *A Night At The Opera* (1975), die den vielfach übereinanderkopierten Mercury-Hit *Bohemian Rhapsody* enthielt – neun Wochen lang Nummer eins in den britischen Charts. In den USA kam die böhmische Rhapsody mit ihrem wohl parodistisch gemeinten, von den Fans aber ernst genommenen Umpah-Rhythmus immerhin auf Platz neun und markierte den Anfang einer ganzen Kette von Hits. Erwähnenswert darunter sind *Under Pressure* (1982) mit dem Gastsolisten David Bowie sowie die Disco-Single *Another One Bites The Dust* (1980), deren Baß-Riff von Popmusikern eifrig gesampelt wurde. «Meine Lieder sind wie Einwegrasierer», erklärte der flamboyante Sänger. «Sie machen Spaß, sie sind modern, und wenn man sie ein paarmal gehört hat, reicht es. Wunderbarer Wegwerf-Pop.» 1988, nachdem er den Titel *Love Kills* zum neuen Soundtrack des Fritz Lang-Kinoklassikers ‹Metropolis› beigetragen hatte, machte sich Mercury mit der LP *Mr. Bad Guy* und der Hit-Single *I Was Born To Love You* vorübergehend selbständig. Für das bombastische Video beschäftigte er eine Riesen-Komparserie. Dieser Hang zu Verkleidungs-exzessen und zum opernhaften Schwulst fand einen Höhepunkt in der LP *Barcelona* (1988) mit der spanischen Primadonna Montserrat Caballé. Das gleichnamige Lied wurde die offizielle Hymne für die Bewerbung der spanischen Metropole um die Olympischen Spiele 1992 – erfolgreich. Bekennend bisexuell, wurde Mercury im November 1987 von der Zeitschrift ‹Woman's Own› auf Aids angesprochen. Antwort: «Ich habe den Test gemacht und bin okay.» Aber das Gerücht hielt sich, er sei HIV-positiv. Im Februar 1990 sagten Queen kurzfristig ihre Teilnahme an den Brit Awards ab. Bilder eines eingefallenen Mercury machten die Runde. Im Herbst nahm die Band das Album *Innuendo* auf, das auf Platz eins in die UK-Charts einstieg. Mercury war schwach, wollte aber weiterproduzieren. Er mietete ein Haus am See in Montreux unweit vom gruppeneigenen Studio. Wenn er sich kräftig genug fühlte, ließ er die Musikanten kommen. Er starb am 24. November 1991 in seinem Haus am Londoner Holland Park an den Folgen der Immunschwächekrankheit. Nach Mercurys Tod vervierfachte sich der Umsatz von Queen-CDs. Ein Solo-Album mit alten Flops wurde von EMI überarbeitet als *Remixes* (1993) veröffentlicht und gut verkauft. Mercurys letzte Aufnahmen erschienen 1995 unter dem Titel *Made In Heaven* mit gemischten Reaktionen. «Eine Platte, die so rätselhaft wie eindrucksvoll ist», orakelte ‹Der Spiegel›. Das Magazin ‹Tip› beurteilte die Nachlaßproduktion der «solo kaum überlebensfähigen» Herren May, Deacon und Taylor als «unentschuldbaren Akt der Nekrophilie»: «*Made In Heaven* klingt nach Business, wirkt melancholisch und macht traurig.» May und Taylor setzten gleichwohl ihre Solo-Arbeiten fort, veröffentlichten eigene CDs und trafen sich gelegentlich, um Queen-Huldigungen und Preise entgegenzunehmen (einen Kerrang! Award in London 1996, einen Kometen bei der Popkom in Köln sowie einen Premios Ondas Award in Madrid 1997 für das Queen-Gesamtwerk) oder um Queen-Comeback-Pläne zu entwerfen, die sich bis 2001 nicht realisierten. Am 24. November 1997, 18 Uhr 48, exakt sechs Jahre nach Freddie Mercurys Tod, wurde im New Yorker Sanford Meisner Theatre off Broadway eine One Man Show von Charles Messina mit Paul Gonclaves in der Titelrolle uraufgeführt: ‹Mercury: The Afterlife and Times of a Rock God›. Je mehr Queen verblaßten, desto mehr Aufmerksamkeit fand der tote King. Ende 2000 veröffentlichte Parlophone von dem Sänger, der zu Lebzeiten nur zwei Solo-LPs herausgebracht hatte, eine *Solo Collection* mit nicht weniger als zwölf CDs – «einen opulentest edierten Bildband, der in Sachen Bindung, Bild-, Druck- und Papierqualität ohne weiteres den Rang einer bibliophilen Kostbarkeit beanspruchen kann und dem eben auch noch zwölf Silbertaler beiliegen» (‹Stereoplay›): die beiden Mercury-Soloscheiben, *The Great Pretender*, zweimal *The Singles*, einmal *The Instrumentals*, dreimal *The Rarities*, dazu David Wiggs-Interviews aus den Jahren 1979 und 1987 sowie zwei DVDs mit allen Videos, einer Dokumentation Freddie privat und einer interaktiven Foto-Collection. Kommerz hin oder her: Besser und sorgfältiger wurde das Werk eines Pop-Solostars und seiner Begleitband im 20. Jahrhundert wohl kaum jemals dokumentiert.

LPs auf EMI: *Queen* (1973); *Queen II* (1974); *Sheer Heart Attack* (1974); *A Night At The Opera* (1975); *A Day At The Races* (1976); *News Of The World* (1977); *Jazz* (1978); *Live Killers* (1979); *The Game* (1980); *Flash Gordon* (Soundtrack, 1980); *Greatest Hits* (1981); *Hot Space* (1982); *The Works* (1984); *A Kind Of Magic* (1986); *Live Magic* (1986); *Live At Wembley* (1986); *The Miracle* (1989); *Innuendo* (1991); *Greatest Hits Volume II* (1991); *Made In Heaven* (1995) ... auf Hollywood Records: *At The BBC* (1995) ... Solo-LPs Freddie Mercury auf CBS: *Mr. Bad Guy* (1985) ... auf Polydor: *Barcelona* (1988) ... auf Parlophone/EMI: *Remixes* (1993); *Queen Rocks* (1997); *The Solo Collection* (12-CD-Box, 2000) ... Solo-LPs Roger Taylor auf EMI: *Fun In Space* (1981); *Strange Frontier* (1984); *Shove It* (1988); *Happiness* (1994); *Electric Fire* (1998) ... Solo-LPs Brian May auf EMI: *Star Fleet Project* (1983); *Back To The Light* (1992); *Live At The Brixton Academy* (1993); *Resurrection* (1993); *Another World* (1998)

R

Radiohead, 1991 in Oxford gegründet, konnten sich im Schatten des Hype um Suede, Oasis und Blur Mitte der neunziger Jahre ungestört ihrer Musik widmen und legten 1997 mit *OK Computer* eine CD vor, die die frappierende Entwicklung einer lärmenden Gitarrenband hin zu einem Kollektiv strikt gemeinsam agierender Individualisten dokumentierte. Auf der Platte fehlte mit *Karma Police* zwar nicht die für britische Bands der Neunziger unumgängliche Beatles-Reverenz, Thom E. Yorke, Kopf der Band, hatte es aber verstanden, die scheinbar unvereinbaren Interessen der Bandmitglieder unter einen Hut zu bringen, und sich selbst ein Forum für seine mitunter radikal selbstentblößenden Songs (*Creep* auf *My Iron Lung*) geschaffen. Yorke (voc, g), geboren am 7. Oktober 1968 in Wellingborough, Northants, hatte schon als Halbwüchsiger musikalische Experimente in einem Art Pop-Duo veranstaltet: Er spielte Gitarre, während ein Freund Fernsehapparate zertrümmerte. Mit 14 sang er in der Schüler-Punkband TNT, «weil kein anderer das machen wollte». Als TNT explodierte, schloß er sich mit seinen Schulkameraden Edward «Ed» John O'Brien (g), geboren am 15. April 1968 in Oxford, und Colin Greenwood (bg), geboren am 26. Juni 1969 in Oxford, in einer losen Formation zusammen, um eigene Songs zu spielen. Bald musizierten in der Schülerband auch Greenwoods Bruder Jonathan «Jonny» Greenwood (g), geboren am 5. November 1971, und Phil Selway (dr), geboren am 23. Mai 1964 in Hemingford Grey. Noch unter dem Namen On A Friday musizierte die Band in Oxford und fiel dem dortigen Korrespondenten des Musikblattes ‹Melody Maker› auf. John Harris bemerkte zwar «die nervöse Ruhe und wahn-

sinnige Verzweiflung» dieser «erstaunlich intensiven Band», stieß sich aber an dem Namen: «Schrecklich. Wie eine biertriefende Pub Rock-Band.» Yorke änderte den Namen in Radiohead – *Radio Head* war ein Song auf dem Talking Heads-Album *True Stories* (1986). Parlophone, das traditionsreiche Label der britischen EMI, hatte der Band im September 1991 einen Vertrag gegeben, *The Drill EP* erschien 1992. Die vier Songs zeigten eine stürmische, oft undisziplinierte Rockband mit einem auf eigenartige Weise in seinen Bann ziehenden Sänger, der manchmal wie Howard Devoto von Magazine klang. Der mitunter brüllende Sound von drei Gitarren, Baßgitarre und Drums war die ideale Grundierung für Yorkes langgezogene Melodiebögen; der rauhe Gitarrensound nahm seinem Schönklang die sentimentale Spitze. *The Drill EP* war aber die Platte einer unfertigen, noch unerfahrenen Band. Die amerikanischen Produzenten Paul Q. Kolderie und Sean Slade erklärten sich bereit, das erste Album zu produzieren. *Pablo Honey* (1993) war in kaum vier Wochen fertig aufgenommen, doch sah es Kolderie als einen Kampf: «Es war ihre erste LP, sie wollten die Beatles sein, und es durfte kein Hallgerät geben, alles Ideen, die man nach 20 Jahren Plattenhören so hat.» *Pablo Honey*, trotz der harten Hände von Kolderie, Slade und dem Co-Produzenten Chris Hufford alles andere als ausgeglichen klingend, enthielt neben den typischen Radiohead-Songs mit ruhigen Gesangslinien und dazwischenschreienden, querschießenden Gitarrenklängen den grandiosen Song *Creep*, eine wie mit unterdrückter Wut gesungene Ballade über ein unerreichbares Mädchen, die Beschreibung einer vermeintlichen Mesalliance. *Creep* zog nach anfänglichen Startschwierigkeiten in Großbritannien das Album mit sich, es erreichte in den USA Platz 32 der Charts, in der Heimat nach der Wiederveröffentlichung Platz sieben. Ende 1993 hielt Yorke die erste Platin-Platte in den Händen. Die Musiker, alles andere als Rock-Stars, sahen sich dem Rock-Zirkus ausgesetzt: In den USA wurde Yorke beinahe selbst als «Creep» angesehen und Gemeinsamkeiten zwischen ihm und einem Wurm gesucht. Vulgärpsychologische Gründe ließen sich finden, denn Yorke, dessen linkes Auge auf Grund einer angeborenen Muskelschwäche des Lides meist fast geschlossen war, wurde deswegen in der Schule oft gehänselt; sein Haupthaar machte er zum Schauplatz ständiger Experimente. Allzu aufdringlichen Taschen-Freudianern beschied er: «Meine Mutter sagt, daß ich ein ruhiges und fröhliches Kind war.» Die Zeit bis zum zweiten Album überbrückte die Band mit einer EP. *My Iron Lung* (1994) enthielt neben einigen nun schon durchaus disziplinierteren Songs auch eine akustische Fassung ihres Hits *Creep*. Doch stand die EP bald im Schatten der zweiten LP *The Bends* (1995) und des Gerüchts, die Band wolle sich trennen. Beides hing unmittelbar zusammen. «Wir wollten Songs schreiben und Musiker sein», klagte Multiinstrumentalist Jonny Greenwood, «und was waren wir ein Jahr lang? Spieldosen.» So setzten sie sich selbst unter Druck, eine noch bessere, noch erfolgreichere LP aufzunehmen. *The Bends* schoß innerhalb einer Woche auf Platz sechs der britischen Hitparade, blieb in den USA trotz ausgedehnter US-Tourneen der Gruppe auf Platz 147 hängen und kam erst nach einigen Wochen auf Platz 88. Die Erfahrungen, die sie mit den Aufnahmen zu *The Bends* gemacht hatten, wollte Yorke nicht wiederholen. «Es ist sehr einsam», sagte er über das Songwriting während einer laufenden Tour, «aber auch wieder inspirierend. Ich glaube jedoch, daß wir am besten in einer gewissen Isolation arbeiten können.» Für *OK Computer* (1997) ließen die Musiker sich ein mobiles Studio bauen und nahmen die Songs schließlich im Landhaus der Schauspielerin Jane Seymour auf. Die LP enthielt mehrere potentielle Hits: das wie ein verschollener Beatles-Song klingende *Karma Police*, das leuchtende *Paranoid Android* mit seinen nicht enden wollenden Melodiebögen und

schroffen Gitarreneinwürfen, das träumerische *Let Down* und *Exit Music (For A Film)*, das, wie für einen Soundtrack gemacht, tatsächlich als Ballade in ‹Romeo and Juliet› auftauchte. «Es gibt keinen besseren Sänger als Thom Yorke», glaubte Gary Gersh, Präsident von Capitol Records, «und keinen aufregenderen Gitarristen als Jonny Greenwood. Und wir geben nicht auf, bis sie die größte Band der Welt sind.» Die anderthalbjährige Welttournee mit mehr als hundert Konzerten, auf die sie Capitol schickte, entwickelte sich zur Tortur und wurde im 95-Minuten-Film ‹Meeting People Is Easy› von Grant Gee effektvoll dokumentiert. Bei einem Foto-Shooting in Japan beispielsweise verdichtete sich im Film das Klicken der Apparate peu à peu zu einem Geräuschkonglomerat, bis es schließlich klang «wie das Trommelfeuer von Maschinengewehren» (‹Musikexpress›). Kaum ein Kritiker zweifelte am Ende der *OK Computer*-Tournee daran, daß dieses Album «ein schillerndes Meisterwerk der Rockmusik am Ende des Jahrhunderts», so der Londoner ‹Guardian›, oder gar, wie ‹Q› wieder einmal übertrieb, «der beste Tonträger aller Zeiten» sei. Mit zwei Premier Awards des ‹New Musical Express› im Januar beginnend, holten sich Radiohead 1998 beinahe jeden Preis ab, den es für das beste Album einer Rockband irgendwo zu gewinnen gab: den dänischen Grammy in Kopenhagen, den US-Grammy (Best Alternative Music Performance) in der New Yorker Radio City Music Hall bis hin zu zwei Ivor Novello Awards im Grosvenor House, London. Thom Yorke aber, von dem alle Welt nun ein zumindest adäquates Anschluß-Album erwartete, war am Rand des psychischen Ruins: «Ich hatte eine massive Schreibblockade. Es begann, daß ich alles, was irgend jemand sagte, wahnsinnig interessant fand und auf einem kleinen Zettel notierte. Plötzlich hatte ich Hunderte von solchen Zetteln, auf denen sinnloses Zeug stand. Auf ganz ähnliche Weise sammelte ich Hunderte von Soundschnipseln. Es war lächerlich, aber ich dachte wirklich, ich würde nie wieder einen Song schreiben können.» Fast kam es soweit. Der Titelsong des wiederum mit einem Grammy prämierten Albums *Kid A* (2000), das Wiegenlied für ein perfekt geklontes Kind namens A, begann mit einem unverständlichen Text. Im Song *Everything Is In His Right Place* greinte Yorke: «Gestern erwachte ich / lutschte eine Zitrone / zwei Farben in meinem Kopf / Was war es noch, das du mir sagen wolltest?» Yorke erklärte sein Unvermögen zum Vorsatz: «Ich hatte die Nase voll von Melodien, ich wollte nur Rhythmus. Melodien jeder Art fand ich nur noch peinlich.» Da man aus dem multistilistischen *Kid A*-Patchwork mit seiner Fülle angefangener und nicht zu Ende gebrachter Soundschnipsel schwerlich Songs auskoppeln konnte, beschloß er: keine Singles, keine Videos, keine Songtexte im Booklet. Dennoch kannte der Presse-Hype um das «am heißesten erwartete Album des Jahres 2000» (‹Musikexpress›), das in England und den USA sofort auf Platz eins schoß, kaum Grenzen. Mit Ausnahme der Londoner ‹Times›. («Der Pomp auf *Kid A* erinnert einen an Brian Eno an einem seiner schlechten Tage oder Genesis an einem ihrer guten») klangen die Rezensionen weltweit überschwenglich und zugleich ratlos wie die von Andreas Obst in der ‹FAZ›: «Man kann die Stücke in ihre Einzelteile und Samples zerlegen, kreischende Gitarrenläufe, schwerfälliges Baßstampfen, nervöse Schlagzeugrhythmen, zackige Blechbläser-Chöre und allerlei, was aus den Tiefen des Halls fiept und piept – entzaubern läßt sie sich nicht. Das ist die eigentliche Stärke dieser Musik: Sie widersetzt sich und widersteht der Analyse.» Des Kaisers neue Kleider: Gitarrist Jonny Greenwood verstand nicht, «warum sich die internationale Presse anscheinend entschieden hat, unser neues Album zu unterstützen». Bei dem Chaos im Studio (Yorke: «Jedesmal, wenn ich die Gitarre zur Hand nahm, bekam ich das Grausen») waren jedoch viel mehr Skizzen entstanden, als die Band für *Kid A* umsetzen konnte, und nachdem sie mittels eines eigenen Zirkuszelts für 10 000 Besucher dem Tourneestress der Messehallen und Stadien entkommen war, gab es auch wieder Muße, sie ordentlich auszuarbeiten. So waren im Album *Amnesiac* (2001) zwar immer noch «Partikel jener Verweigerungshaltung» zu spüren, die *Kid A* prägte» (‹Stereoplay›), die Band wartete auch wieder nicht mit Hits und Hooklines auf, dafür hatte sie mit Anklängen «an Eric Satie oder Vertreter der Minimal Music» (so Patrick Gross in ‹Tip›) offenbar aber ein anderes Ufer erreicht: «Am Ende sind Radiohead beim Jazz, bei Klarinetten und Trompeten angelangt» (‹Stereoplay›).

Die scharfsinnige Barbara Ellen von der Londoner ‹Times› hatte auch dafür den passenden Kommentar: «Ich, für meinen Teil, bin mir nicht sicher, daß es von Radiohead besonders nett war, die Popmusik umzubringen. Gewiß, sie war ein bißchen faul geworden, ein bißchen behäbig und selbstgerecht und hätte wohl eine Aufmunterung verdient. Aber sie deshalb gleich zu killen, das schien mir, nun, ein bißchen unnötig zu sein.»

LPs auf Parlophone: *Pablo Honey* (1993); *My Iron Lung* (1994; EP mit acht Songs); *The Bends* (1996); *OK Computer* (1997); *Kid A* (2000); *Amnesiac* (2001)

Rage Against The Machine, 1992 in Los Angeles gegründet, setzten in einer Epoche, in der der Rock 'n' Roll seine kämpferische Dynamik längst zugunsten einer auf ultimativen Fun und immer schnelleren Konsum bei geringerer Halbwertzeit ausgerichteten Fast Food-Ideologie eingebüßt hatte, mit einer radikalen Mischung aus rüdem Rap, rauhem Rock und fiesem Funk unmißverständliche politische Akzente. «Wir sind keine Maschinenstürmer, sondern wenden uns gegen die Maschinerie der politischen und gesellschaftlichen Wirklichkeit», so Tom Morello in einem Interview. RATM-Gründer und Gitarrist Morello, geboren am 30. Mai 1964 in New York, stammte aus einem politisch aktiven Elternhaus. Sein Vater gehörte der kenianischen Mau Mau-Guerilla an, die gegen die britische Gesetzgebung des Landes opponierte, sein Onkel Jomo Kenyatta war der erste Präsident von Kenia. Morellos Mutter gehörte zu den Mitbegründern der Bewegung Parents for Rap and Rock. 1986 beendete er ein Studium an der Harvard University, bevor er 1989 mit der Band Look Up ein wenig erfolgreiches Album für Geffen produzierte. Gemeinsam mit Brad Wilk, geboren am 5. September 1968 in Portland, Oregon, dem Schlagzeuger von Look Up, suchte er 1992 nach neuen Mitstreitern. Bei Auditions trafen sie auf Sänger Zack de la Rocha, geboren 1970 in Long Beach, Kalifornien, der zuvor bei Inside Out gesungen hatte, und Bassist Timmy C. Die Band verschickte eine Demo-Kassette und wurde auf Grund ihres martialischen Sounds, Vocals mit der Durchschlagskraft einer Panzerfaust und Gitarrenriffs, die an das Scratchen eines DJs erinnerten, sofort von mehreren Labels umworben. Ein Angebot von Madonnas Maverick-Label ausschlagend, unterschrieben sie bei Epic. Noch vor Veröffentlichung ihres ersten Albums *Rage Against The Machine* (1993) erspielte sich die Gruppe als Support für Body Count, Public Enemy, Pearl Jam und Porno For Pyros internationale Anerkennung. In Deutschland debütierten sie im Vorprogramm der Suicidal Tendencies, die sie nach einhelliger Kritikermeinung gnadenlos an die Wand spielten. Die Band war sich der Tatsache bewußt, daß sie sich in erster Linie durch ihre ekstatischen Live-Shows im Bewußtsein ihrer Fans verankerte, und setzte auch nach dem Album-Release ihre Konzertaktivität rund um den Globus fort. Es dauerte bis Februar 1994, bis die Platte, deren Texte laut ‹Tip› «ein einziger empörter Aufschrei, gerichtet gegen staatliche Willkür und Unterdrückung» waren, in die amerikanischen Top 50 gelangte. Rage Against The Machine mischten sich ein, wo und wann immer sie konnten, starteten Kampagnen, versteckten in Videos, die über MTV liefen, politische Botschaften, machten Werbung für die von Keith Haring gegründete Vereinigung Refuse & Resist, setzten sich jedoch auch dem Vorwurf aus, auf Epic selbst zum Teil der kapitalistischen Maschinerie geworden zu sein. «Lange hat keine Band mit einem derart offen formulierten politischen Anspruch wie Rage Against The Machine ein ähnlich breites Publikum gefunden, und das weltweit. Sehr viel mehr befremdet jedoch das Phänomen, daß Rage Against The Machine auch alle Unterstützung von ebenjener Maschine erhalten, gegen die sie wüten, nämlich von ihrer Plattenfirma, den Radiostationen, dem Fernsehen sprich: dem gesamten Establishment» (‹Visions›). Doch die Band konterte, daß man diesen Kompromiß eingehen mußte, um eine möglichst breite Massenbasis zu erlangen. In mannigfaltige politische Aktivitäten verwickelt und Benefiz-Konzerte sowohl für die Freilassung Mumia Abu Jamals als auch für diverse sozial engagierte Stiftungen organisierend, brauchte die Band mehr als drei Jahre, um ihr zweites Album *Evil Empire* (1996) zu veröffentlichen, das auf Position eins in die amerikanischen Charts einstieg. «Obgleich RATM auf den ersten Tracks eher wie ein unter

Beruhigungsmitteln stehender Henry Rollins als wie sie selbst klingen» (‹WOM Journal›), holten sie sich auch eine Menge street credibility mit rüden Rap-Attacken. Durch den neuerlichen Erfolg angespornt, setzten Rage Against The Machine ihre politischen Aktivitäten mit unverminderter Intensität fort und erreichten ein Multimillionen-Publikum, als sie Ende 1996 an dem weltweit übertragenen Free Tibet Festival teilnahmen. Es dauerte noch einmal vier Jahre, bis das dritte Album *The Battle Of Los Angeles* (1999), eine bitterböse Abrechnung mit dem Millenniums-Rummel, erschien, das abermals auf dem Spitzenplatz in die Billboard-Charts einstieg. *Renegades* (2000), auf dem RATM ihre Lieblingsklassiker der Rockgeschichte, unter anderem *Kick Out The Jams* und *Street Fighting Man*, in ein ihrem Bandsound entsprechendes Gewand kleideten, wurde das Abschiedsalbum von Zack de la Rocha, der sich fortan einer Solo-Laufbahn widmete.

LPs auf Epic: *Rage Against The Machine* (1992); *Evil Empire* (1996); *The Battle Of Los Angeles* (1999); *Renegades* (2000)

Raitt, Bonnie (voc, g, p), am 8. November 1949 in Burbank, Kalifornien, geboren, war als Tochter des Musicalstars John Raitt in der Glamourwelt Hollywoods und des Broadway aufgewachsen und verabscheute daher jeglichen Starrummel. Zwischen 1968 und 1971 hatte die Ex-Studentin aus Cambridge, Massachusetts, in den Folkclubs zwischen Boston, Philadelphia und New York ein «Publikum, das in mir einen Freund sah». Mit ihren ersten Platten erregte sie jedoch so viel Aufmerksamkeit, daß sie um ihren engen Kontakt mit den Zuhörern fürchten mußte. Bonnie Raitt sammelte seit ihrem zwölften Lebensjahr Platten solcher Country Blues-Sänger wie Son House, Robert Johnson, Mississippi John Hurt und sang Blues, Folk und Rock zu authentischem, mit beachtlicher Kenntnis der alten Bottleneck-, Slide- und Funktechniken dargebotenem Gitarrenspiel. Mit einer bewegend-emotionsgeladenen, falsetto- und glissandoreichen Stimme artikulierte sie in der Art der in den zwanziger Jahren berühmten Bluesmatrone Sippie Wallace, mit der zusammen sie beim Ann Arbor Blues & Jazz Festival 1972 aufgetreten war. Mit den schwarzen

Chicago-Musikern Junior Wells (harm) und A. C. Reed (ts) produzierte sie ihr Debütalbum im Sommer 1971 auf einer Insel des Minnetonka-Sees in Minnesota; ihre zweite Platte wurde in Woodstock aufgenommen und war partiell dem im Juni 1972 verstorbenen Bluessänger «Mississippi» Fred McDowell gewidmet. Den legendären Robert Pete Williams nahm sie bei Konzerten an US-Universitäten mit auf die Bühne, Arthur «Big Boy» Crudup war bis kurz vor seinem Tod mit Bonnie Raitt auf Tournee. 1973 nahm sie für ihr von Lowell George (Little Feat) produziertes Album *Takin' My Time* mit Songs von Randy Newman, Mose Allison u. a. erstmals auch nicht bluesgeprägtes Material auf und erweiterte ihren Bühnen-Act auf ein Rock-Quartett oder -Quintett. Ihre sechste LP *Sweet Forgiveness* (1977) wurde mit Gold prämiert und brachte den Single-Hit *Runaway* (von Del Shannon) hervor. Die Atomkraft-Gegnerin gründete die Musiker-Initiative M.U.S.E. (Musicians United for Safe Energy) und organisierte im September 1979 im Madison Square Garden mit Stars wie James Taylor, Jackson Browne, Doobie Brothers ein spektakuläres Protestkonzert, das als Drei-LP-Set veröffentlicht wurde. Von ihrer achten LP, *Green Light* (1982), an, bei der sie von der Bump Band unter Leitung des ehemaligen Faces-Keyboarders Ian McLagan begleitet wurde, lag sie nur noch durch ihre originelle Repertoiregestaltung neben dem Rock-Mainstream – nicht ohne Überlebensprobleme. Ihre LP *Nine Lives* (1986) kam als Vertragskompromiß zwischen der Künstlerin und Warner Bros. auf den Markt. *Nick Of Time* (1988), bei Capitol, mit namhaften Gastmusikern wie Herbie Hancock, empfand sie als «einen Schritt auf dem Weg zu mir nach mancherlei Abwegen». Gemeint war ihre Alkoholsucht, die sie zu dieser Zeit überwunden hatte. Vor allem war es ein Schritt auf dem Weg an die Spitze. Von Don Was produziert, verkaufte es sich auf Anhieb viermillionenmal und trug der Sängerin drei Grammies ein, darunter einen für das «Album des Jahres». Einen vierten Grammy kassierte sie im Februar 1990 für ihr Duett *I'm In The Mood For Love* mit John Lee Hooker von dessen Platte *The Healer*. *Nick Of Time* sei ein «fast schon trotziges Comeback in ganz großer Form», schrieb Franz Schöler in der ‹Zeit›, «Rückkehr zu den Blues-Anfängen des Debüts von 1971 zum einen und zumal in den Balladen von einer so diskreten wie überwältigenden Emotionalität, daß man nach ihren Liebesliedern süchtig werden kann». Mit *Luck Of The Draw* (1991) setzte sich die verdiente Glückssträhne fort: wiederum mehr als vier Millionen verkaufte Exemplare, wieder drei Grammies inklusive «Album des Jahres». Im April 1991 hatte Bonnie Raitt den Schauspieler Michael O'Keefe geheiratet, der fortan als Texter mit ihr zusammenarbeitete – das erste Mal für das Stück *One Part Be My Lover* auf *Luck Of The Draw*. Für das nächste Album *Longing In Their Hearts* (1994) lieferte O'Keefe das Titelstück. Nach den beiden Hit-Alben mit ihren vielen Grammies, bemerkte Ken Tucker in der ‹New York Times›, sei man «nicht vorbereitet auf eine solche emotionale Tiefe». Fünf der zwölf Titel hatte sie selbst komponiert; Resultat: ein Grammy für das beste Pop-Album des Jahres. Inzwischen trat sie vorwiegend in Amerikas großen Arenen und Konzerthallen auf und leistete sich endlich das Live-Album, das Kritiker Schöler schon 1990 von ihr verlangt hatte: «Auf Konzertbühnen spielt sie über alle technische Bravour hinaus buchstäblich noch entfesselter.» So war denn ihr atemberaubendes Spiel auf der Slide-Gitarre auf dem Live-Album *Road Tested* (1995) das eigentliche Feature. Auf *Fundamental* (1998), das Suzanne Vegas Ehemann Mitchell Froom (kb) einfühlsam für sie produzierte, vermittelte sie «die Emotionen so fragil, daß man sie übers Knie brechen könnte» (‹New York Times›). «Who will stalk that little bit of love that hasn't been killed?» fragte sie in einem Song von John Hiatt und antwortete: «Lovers will.» In der Zusammenstellung älteren Materials, mit dem sich ihre frühere Firma Warner Bros. unter dem Titel *Collection* am Raitt-Boom beteiligte, fanden sich auch zwei Live-Duette mit Sippie Wallace und John Prine. Während der Neunziger war sie mit Duetten an Platten von John Lee Hooker, Willie Nelson, Elton John, in Aretha Franklins Duett-TV-Shows sowie mit Solostücken auf Tribute-Alben für Richard Thompson (*Beat The Retreat*, 1994) und Stevie Ray Vaughan (1996) sowie Pete Seeger (1998) zu hören. Mit zahllosen berühmten Gesangskollegen teilte sie die Bühnen, vielfach in Benefizveranstaltungen für Obdachlose, Frauenrechte, Indianerreservate, Hurrikan-Opfer, alternde Bluesmusiker und so fort. 1995 wurde eine Fender Stratocaster-Gitarre nach ihr benannt, eine Ehrung, die Gitarrenbauer bis dahin nur Männern hatten zuteil werden lassen. Die ihr dafür zustehenden Tantiemen spendete sie für den Gitarrenunterricht junger Mädchen. Sie betrachte es, so Raitt, «geradezu als einen Vorteil, daß ich keine Sexbombe bin; das erlaubt mir nämlich, in Würde zu altern». Obgleich sie selbst komponierte, sagte sie: «Ich bin nur das Transportmittel für alte und neue Songs, die man vergessen hat oder nicht beachtet.» Sie fühlte aber auch, daß sie bei aller musikalischen Kompetenz die Bedeutung des Blues nur annähernd wiedergeben konnte: «Blues bedeutet Schmerz; und es mag sein, daß wir uns, göttlich dekadent, das ausborgen, weil die Probleme der weißen Mittelklasse nur läppisches Oberflächengeplätscher sind.» New Yorks ‹Daily News› sah das nach drei spektakulären Konzerten im Mai 1998 im Beacon Theater am Broadway anders: «Raitt On: Bonnie's Show Is the Real Thing». Für ihr Album *Fundamental*, das sie dabei vorstellte, hatte sie sich hochkarätige neue Musikanten engagiert: Steve Donnelly (g) hatte vorher bei Sheryl Crow und Suzanne Vega gespielt, Joey Sampinato (bg) kam von NRBQ, Pete Thomas (dr) hatte der Elvis Costello-Band angehört. Auf der Release-Party gab es gute Nachrichten von der RIAA: Bonnie Raitts Album *Nick Of Time* war bis dahin fünfmillionenmal verkauft worden, *Luck Of The Draw* siebenmillionenmal.

LPs auf Warner Bros.: *Bonnie Raitt* (1971); *Give It Up* (1972); *Takin' My Time* (1973); *Streetlights* (1974); *Home Plate* (1975); *Sweet Forgiveness* (1977); *The Glow* (1979); *Green Light* (1982); *Nine Lives* (1986); *The Bonnie Raitt Collection* (1990) … auf Capitol: *Nick Of Time* (1989); *Luck Of The Draw* (1991); *Longing In Their Hearts* (1993); *Road Tested* (1995; amerikanische Ausgabe, enthält 22 Songs); *Fundamental* (1998) … auf Parlophone: *Road Tested* (1995; britische Ausgabe, enthält 16 Songs)

Rammstein spielten seit ihrer Gründung 1994 mit dem Feuer: auf der Bühne, wo sie mit deutscher Perfektion die feurigen Gags von Arthur Brown bis Red Hot Chili Peppers nachahmten, mit ihren Texten und ihrem Gebaren, die den Musikern den Ruf rechter Gesinnung einbrachten. Der Band-Name erinnerte an die Absturzkatastrophe auf der US Air Base in Ramstein, Rheinland-Pfalz, wo 1988 siebzig Menschen während einer Flugshow den Tod fanden: «Rammstein, Fleischgeruch liegt in der Luft / Rammstein, ein Kind stirbt / Rammstein, die Sonne scheint» (Songtext). Die martialische Truppe war ursprünglich ein Nebenprojekt einiger Musiker aus Berlin und Schwerin, die in ihren Bands Das Elegante Chaos – später Das Auge Gottes –, Feeling B und Inchtabokatables manche ihrer Ideen nicht verwirklichen konnten und sich mit Rammstein «ein Ventil» (Rammstein) verschafften. In dem ehemaligen Schwimmsportler und Vize-Europameister der Junioren Till Lindemann, geboren am 4. Januar 1966 in Leipzig, fanden die fünf Musiker den Frontmann, der bis dahin nur Schlagzeug in einer Punk-Band gespielt hatte, aber der geeignete Transporteur für Texte wie «Ihr glaubt, zu töten wäre schwer, doch wo kommen all die Kreuze her?» zu sein schien: Niemand sonst rollte das R so dramatisch wie er. Die Musiker traten nur im Kollektiv auf und gaben auf ihrer ersten LP *Herzeleid* (1995) weder Namen noch instrumentale Zuordnung preis – zur Band gehörten Paul Landers (g), am 9. Dezember 1966 in Berlin geboren, Richard Kruspe (g), am 24. Juni 1967 in Wittenberg geboren, Oliver Riedel (bg), am 16. November 1966 in Schwerin geboren, Christoph Schneider (dr), am 11. Mai 1966 in Berlin geboren, und Christian «Flake» Lorenz (kb). Ihre provokativen Songs ähnelten den Werken von Deutsch Amerikanische Freundschaft, die seinerzeit ihres Hits *Der Mussolini* wegen geschmäht wurden. Dabei waren die Texte Lindemanns zwar jenseits des guten Geschmacks angesiedelt und wirkten mitunter gekünstelt, blieben politisch aber indifferent. «Wir wollen uns nicht erklären», beharrte Keyboarder Flake und erklärte dann doch: «Diese Ära ist so undurchschaubar, daß man nur mit Provokation darauf reagieren kann.» Tatsächlich schien *Herzeleid* einer latenten Grundstimmung vieler Rockhörer vor allem im Osten der Bundesrepublik Deutschland zu entsprechen. Bis Mitte 1997 war die Band erfolgreich mit MTV aneinandergeraten – der Dudelsender mochte Rammsteins Feuermusik nicht – und hatte mehr als 250 000 Exemplare des rüden Lärms verkauft, während schon die erste Single des Nachfolge-Albums *Sehnsucht* (1997) die Hitparaden erklomm. Die Frohbotschaft *Engel* war dann sogar radiotauglich, zumal Pfarrerstochter Christiane Hebold von Bobo In White Wooden Houses mitgesungen hatte. Das zweite Album enthielt wieder Songs voll platter Parolen (*Bück dich, Tier, Bestrafe mich*), untermauert vom rauhen Sound der Band. Rammstein lebte von einer perfekt aufeinander abgestimmten Rhythmusgruppe und krankte an der Unsicherheit, Keyboardklänge adäquat einzubinden. Dennoch erregten die Töne aus Deutschland das Interesse des Regisseurs David Lynch; er nahm die Songs *Rammstein* und *Heirate mich* in den Soundtrack seines Films ‹Lost Highway› auf. Das verhalf der Band, deren Traum es einst war, «eines Tages mit dem Gitarrenkoffer in der Hand ins Flugzeug zu steigen und irgendwo zu spielen, wo man nur mit dem Flugzeug hinkommt» (Gitarrist Landers), zum großen Sprung nach Amerika. Die CD *Sehnsucht* wurde am 13. Januar 1998 in den USA veröffentlicht, enterte die Billboard-Charts am 18. Juli auf Position 108, sprang in der nächsten Woche auf Platz 80, in der übernächsten auf 60 und war bis dahin schon 113 000mal verkauft worden. Die Band ging mit Kiss auf Stadiontournee über den ganzen amerikanischen Kontinent, anschließend als Solo-Act nach Australien. Und obgleich die ‹New York Times› nach einem Gig im New Yorker Roxy im Mai 1998 unter der Überschrift «Beware of Flaming Germans» urteilte, Rammstein sei «eine breitgetretene, nicht sehr clevere Karikatur der dunklen Seite des deutschen Temperaments mit all seiner Verklemmtheit zu eindimensionalen Metal-Riffs und dumpf pumpenden Synthesizer-Breaks», freute sich Gitarrist und Texter Kruspe: «Durch uns beginnt sich das Bild, das viele Ausländer von uns haben, zu drehen. Besonders in den USA fangen die Jugendlichen an, sich für unsere Kultur zu interessieren.» Etwa für das Video zu Rammsteins Depeche Mode-Cover *Stripped*, in dem Regisseur Philipp Stölzl Bilder aus Leni Riefenstahls Berliner Olympia-Propagandafilm von 1938 verwendete. Stölzl, der vom Video *Du hast* an die Optik der Band mitbestimmte: «Bei Till Lindemanns Lyrik fallen mir Expressionisten wie Georg Kaiser ein, Bruckner, schwarze Romantik. Die Musik spricht eine schwere, erotische, blutige Sprache, okay, aber für mich ist dieser Wille zum großen Symbol eher ein opernhaftes Moment.» Beim Stück *Bück dich*, Liebemachen von hinten, ging Lindemann mit angeschnalltem Plastik-Dildo auf Keyboarder Lorenz los, was die Polizei in Worcester, Massachusetts, als «lascive stage acting» deutete und die beiden für einige Stunden ins Gefängnis steckte. Nach dreimaliger Verhandlung wurde das Strafmaß auf hundert Dollar und sechs Wochen auf Bewährung festgelegt: Good Promotion, ebenso wie die Tatsache, daß die deutsche Freiwillige Selbstkontrolle (FSK) die Besichtigung des Videos *Bück dich* erst für Kids über 18 genehmigte. So war denn die Rezeption der Rammstein-Variante deutscher Kultur durchaus auch von beabsichtigten und unbeabsichtigten Mißverständnissen geprägt. Als im April 1999 nach einem blutigen Massaker auf dem Schulhof von Littleton, Colorado, behauptet wurde, die jugendlichen Killer Eric Harris, 18, und Dylan Kiebold, 17, hätten sich mit Rammstein-Gedröhn in ihren mörderischen Wahn hineingesteigert, erwogen Schul- und Jugendbehörden auch in Deutschland, Songs wie *Weißes Fleisch* auf den Index setzen zu lassen: «Du auf dem Schulhof/ich zum Töten bereit/und keiner hier weiß von meiner Einsamkeit/Rote Striemen auf weißer Haut/ich tue dir weh und du jammerst laut/Jetzt hast du Angst und ich bin soweit/mein schwarzes Blut versaut dir das Kleid/Dein weißes Fleisch erregt mich so/ich bin doch nur ein Gigolo.» Bis zu diesem Zeitpunkt waren von den beiden CDs *Herzeleid* und *Sehnsucht* in 40 Ländern insgesamt vier Millionen Stück abgesetzt worden, von den Singles mehr als 1,5 Millionen Einheiten. 1998 war die Band in Deutschland mit einem «Echo» für das beste Video (*Engel*) und mit einem «Kometen» des TV-Kanals Viva als bester Live-Act ausgezeichnet worden, 1999 erhielt sie abermals einen «Echo» als «erfolgreichste nationale Künstler im Ausland» und wurde in den USA in der Kategorie «Best Metal Performance» für einen Grammy nominiert. Doch der allzu erkennbar aus kommerziellem Kalkül martialisch und mit Feuerzauber zelebrierte Reiz des

Tabubruchs – «Sagt Till: Okay, Inzest hatt ich schon, Mord hatt ich schon, Alptraum hatt ich schon» (Landers) – verbrauchte sich rasch. Wenn im ersten Stück *Spiel mit mir* auf der CD und im Video *Live aus Berlin* (1999) 40000 Berliner in der Wuhlheide auf Lindemanns «Vater, Mutter …» folgerichtig mit «Kind» antworteten, dann klinge das, so Birgit Fuß in ‹Rolling Stone›, «wie ein Haufen 15jähriger, die Lederhosen in Kindergröße kaufen und sich freuen, daß sie so was Verbotenes sehen dürfen. Beim Blick aufs Cover, das die Herren als moderne Version der Comedian Harmonists zeigt, offenbart sich plötzlich die harte Wahrheit: Rammstein sind ein Witz.» Ihr drittes Studio-Album *Mutter* (2001) beurteilte Josef Winkler im ‹Musikexpress› als «ein Mirakel: eine Platte, die gleichzeitig als Gipfelleistung und als ultimative Parodie ihres Genres funktioniert». Diesmal unter einem Cover, das die Herren in Glaszylindern als Feuchtpräparate zeigte, hob Lindemann gurgelnd zum Titelsong an: «Keine Sonne, die mir scheint/keine Brust hat Milch geweint/in meiner Kehle steckt ein Schlauch/hab' keinen Nabel auf dem Bauch.» Die Litanei eines Retortenbabys habe «irgend etwas Therapeutisches, Kathartisches, Urschreiartiges», empfand Thomas Groß für ‹Die Zeit›: «Mindestens genauso stark aber erinnert das schaurige Mutter-Rufen an die Fischer-Chöre.» Um endlich von dem Vorwurf der Nazi-Propaganda loszukommen, unterzeichneten Rammstein 2001 nicht nur Udo Lindenbergs Aufruf «Rock gegen rechte Gewalt», sondern intonierten auf dem *Mutter*-Werk auch: «Sie woll'n mein Herz am rechten Fleck/doch seh ich dann nach unten weg/dann schlägt es links zwo drei vier.» US-Sender boykottierten die Single *Links 234* gleichwohl, weil sie schon wieder nach brauner Marschmusik klang.

LPs auf Motor Music: *Herzeleid* (1995); *Sehnsucht* (1997); *Singles Collection* (Box, 1998); *Live aus Berlin* (1999); *Mutter* (2001)

The Ramones, 1974 in Queens, New York, gegründet, wollten «den Rock wieder zu seinen Anfängen zurückführen: sexy, knallhart, rabiat, komisch». In aggressiver Reaktion auf den saturierten Superstar- und Stadion-Rock der siebziger Jahre hatten sich die Schulfreunde Joey Ramone (voc), bürgerlich: Jeffrey Hyman, geboren 19. Mai 1952 in Forest Hills, N.Y., Johnny Ramone (g), bürgerlich: John Cummings, geboren 8. Oktober 1951 auf Long Island, N.Y., Dee Dee Ramone (bg), bürgerlich: Douglas Colvin, geboren 18. September 1952 in Fort Lee, Virginia, Tommy Ramone (dr), bürgerlich: Tom Erdelyi, geboren 28. Januar 1952 in Budapest, Ungarn, zu einem Quartett der ungenierten Amateure zusammengefunden. Ihren Namen entlehnten sie dem Pseudonym Phil Ramone (nicht zu verwechseln mit dem gleichnamigen US-Produzenten), das sich Paul McCartney während seiner Sauf- und Raufjahre mit den Silver Beatles gegeben hatte. Spontane Aufmerksamkeit erregte die Anfänger-Clique durch charakteristische Outfits (Lederjakken, zerrissene Jeans, ausgelatschte Turnschuhe, Sonnenbrillen, zerstruwwelte Pilzkopf-Frisur) sowie durch einen hochtourigen minimalistischen Rock-Sound mit primitiv gegriffenen, plärrenden Gitarren und cleveren Texten über pubertäre Wut und Wonne. Obwohl sich The Ramones «so unprätentiös wie ein Sack Zement» (‹Sounds›) gaben, wurden sie gerade deswegen mit ihren ersten beiden Alben *Ramones*, *Ramones Leave Home* über den Punk-Zirkel des New Yorker Alternativ-Schuppens CBGB's hinaus vor allem in England zu Leitfiguren einer radikalen Rock-Erneuerer-Welle. Stücke wie *Beat On The Brat*, *Blitzkrieg Bop*, *Now I Wanna Sniff Some Glue*, *I Wanna Be Sedated* und die Stil-Promenadenmischung aus Bubblegum, Surf und Punk bei *Sheena Is A Punk Rocker*, *Rockaway Beach* fanden die Kritiker «perfekt» (‹Village Voice›), «wertlos» (‹Crawdaddy›), «wahrlich grauenhaft» (‹London Evening Standard›). Den Einfluß der «besten jungen Rockband im uns bislang bekannten Universum» (‹Newsday›) auf die neue Generation der Rock-Rebellen werteten Sympathisanten so verheerend positiv, «als seien Herman's Hermits von einer Wasserstoffbombe getroffen worden» (‹Washington Times›). «Sie sehen aus wie Pattex-Schnüffler, die gerade eine Ausstellung von Modellflugzeugen gestürmt haben», verulkte ‹Time› das Quartett mit dem Schlachtruf «Gabba Gabba Hey!», dessen zur Selbstparodie tendierende Verrücktheit der eher betulichen amerikanischen New Wave-Musik einen flippigen Herzschlag verpaßte. 1977 verließ Tommy Ramone die Band und wurde durch Marky Ramone, bürgerlich: Marc Bell, geboren am 15. Juli 1956 in New York, sowie später durch Ricky Ramone, bürgerlich: Richard Beau, ersetzt. Ihre *Road To Ruin* begann infolge endloser Wiederholung derselben Klischees nach ihrer so betitelten vierten LP 1978. Um den Absturz der Verkaufszahlen aufzuhalten, wurde für *End Of The Century* (1980) Phil Spector mit Streichern und Bläsern als Produzent angeheuert. Seine Walls of Sound «nahmen sich gegen das bis dato gelieferte Brutal-Gitarrenbrett wie dünner Lehmputz aus» (‹Tip›). Obwohl die Band mit *Subterranean Jungle* 1983 immer noch Garagenmusik in Vollendung bot, verlor sie sich vor allem live «in abgestumpftem, routiniertem Gitarrengewummer, das sie uns permanent auftischen, seitdem ihnen die New Wave die Schau gestohlen hat» (‹Stereo Review›). Doch die Veteranen des Hardcore-Sound im Rock blieben trotz gelegentlicher Formtiefs immer noch *Too Tough To Die* (Albumtitel, 1985) und bewiesen mit der Anti-Reagan-Tirade *Bonzo Goes To Bitburg* – damit auf Reagans umstrittenen Besuch des Friedhofs in der deutschen Kleinstadt, auf dem auch SS-Angehörige beerdigt sind, anspielend – sowie der USA for Africa-Satire *Something To Believe In* ihre brillante Außenseiter-Position als «Könige des ausgehungerten Rock & Roll» (‹Rolling Stone›). Allerdings waren die Ramones mittlerweile Ikonen ihrer selbst geworden: Als Joey für den Film ‹Roadkill› engagiert wurde, brauchte er sich nicht zu verstellen. Die Musik der Band – zusammengefaßt auf *Ramones Mania* (1988) – konnte man ebenso für Stagnation wie Beständigkeit halten, Entwicklung war dem Ramones-Sound fremd und wurde von den Musikern auch gar nicht angestrebt. Dee Dee hatte 1989 von den endlosen Repetitionen genug: als Dee Dee King machte er sich zum Rapper und versuchte eine Solokarriere; 1992 gründete er unter dem Namen Dee Dee Ramone & The Chinese Dragons wieder eine herkömmliche Rockband. Für ihn kam C. J., bürgerlich: Christopher Joseph Ward, geboren am 8. Oktober 1965 auf Long Island, N.Y., als Bassist zu den Ramones. 1990 erschien eine Best-of-Platte, 1991 eine Live-Zusammenstellung. ‹Tip›: «Eine Jukebox im Dauerbetrieb.» Erst ein Label-Wechsel half etwas nach: Nun bei Radioactive Records/Chrysalis unter Vertrag, mit Hilfe von richtigen Musikern wie dem Gitarristen Vernon Reid (Living Colour) und Flo & Eddie, forderte *Mondo Bizarro* (1992) den milden Spott der Kritik heraus: «Es ist von einer alarmierenden Entwicklung zu berichten. Hier ist nämlich eine Ballade zu hören» (‹Q›). Andere Songs, wie *Heidi Is A Headcase*, waren den eingefleischten Fans schon vom Titel her vertrauter. Wie alle etablierten, müde gewordenen Rockmusiker verständigten sich die Ramones über ihre Lieblingssongs und veröffentlichten 1994 *Acid Eater*, eine Sammlung von Coverversionen. Für den Who-Klassiker *Substitute* überredeten sie Pete Townshend, im Background mitzusingen. Die Ermüdungserscheinungen ließen sich allerdings nicht mehr verbergen: Die 1995 veröffentlichte LP der Band trug den ominösen Titel *Adios Amigos*, zeigte auf dem Cover ausgestorbene Tiere, und folgerichtig gaben die Ramones Anfang 1996 ihre Auflösung bekannt. Johnny Ramone: «Rock 'n' Roll ist etwas für junge Leute. Wenn du genug Geld gemacht hast, solltest du dich zurückziehen und die Kids ranlassen.» In der Brixton Academy für Großbritannien, im Avalon Ballroom in Boston für die USA zelebrierten sie Abschiedskonzerte, dann immer noch ein weiteres, das letzte am 6. August 1996 im Palace in Hollywood. Wie zur Bekräftigung des Entschlusses schoben sie verschämt 1997 noch einmal eine CD in die Läden: *We're Outta Here* – wir sind hier raus. Am 19. Januar 1998 wurde Joey Ramone mit Verdacht auf Blutkrebs auf die Intensivstation eines New Yorker Krankenhauses eingeliefert. Er starb, Todesursache Lymphoma, am 15. April 2001. Im Eingang seiner Lieblingskneipe, des Rocklokals CBGB's, errichteten Fans einen Schrein, an dessen Punk-Devotionalien der Verstorbene seine Freude gehabt hätte: Kondome, leere Getränkebüchsen, abgekaute Pizza und eine Flasche Leim zum Schnüffeln. Danny Fields, der frühere Manager der Ramones, pries die Müllhalde als «a wonderful performance-art piece». Es beweise, «daß ihn die Fans wirklich verstanden haben». Kerzen, Blumen und konventionelle Beileidsbekundungen gab es auch. Den 19. Mai, an dem Joey 50 geworden wäre, beging New Yorks Punk-Elite, was sich dafür hielt oder was davon übrig war, im Hammerstein Ballroom mit einer Art Totentaz: «Life's a Gas – Joey Ramone's Birthday Bash.» Daß das Leben der Ramones in Wahrheit alles andere als «a gas» war, hatte Dee Dee Ramone inzwischen in seinem Erinnerungsbuch ‹Lobotomy, Surviving the Ramones› (Thunder Mouth Press, 2000) dargestellt – «die Geschichte seiner Sklaverei wie ein Schauerroman, dazu angetan, jedem aufstrebenden Rockmusiker die Gitarre in den Händen gefrieren zu lassen» (Christine Wunnicke in der ‹Süddeutschen Zeitung›): «15 Jahre die gleiche Motorradjacke, die gleichen Sneakers, die gleichen kaputten Jeans, 15 Jahre geschrumpfte T-Shirts und Ponyfrisur – die Corporate Identity der Ramones fordert ihren Tribut. Johnny kommandiert. Joey schmollt. Tommy rennt weg, Marky wird Drummer. Marky dreht durch, aber bleibt. Dee Dee fixt, säuft, kokst, mault und träumt. 13 Jahre lang wortlos im Tourbus. 13 Jahre lang den Chorus von *Pinhead* singen, Abend für Abend *Gabba Gabba Hey*, der Schlachtruf der Freaks aus Todd Brownings gleichnamigem Film. Manchmal springt ein fetter Roadie auf die Bühne, dann wackelt das Stativ, und Dee Dee knallt das Mikrofon gegen die Zähne. ‹Wenn es in diesem Leben eine Logik gibt›, schreibt er, ‹wüßte ich gern, welche.› Er spielt auch heute noch *Pinhead*. Manchmal freiwillig, manchmal, wenn man laut genug danach schreit. ‹Eine Ramones-Geschichte›, sagt Dee Dee, ‹hat nie ein Happy End.›»

LPs auf Sire: *Ramones* (1976); *Ramones Leave Home* (1976); *Rocket To Russia* (1977); *Road To Ruin* (1978); *It's Alive* (1979); *Rock 'n' Roll High School* (Soundtrack, 1979); *End Of The Century* (1980); *Pleasant Dreams* (1981); *Subterranean Jungle* (1983); *Too Tough To Die* (1985); *Animal Boy* (1986); *Halfway To Sanity* (1987); *Ramones Mania* (1988); *All The Stuff (And More) Vol. 1* (1990); *All The Stuff (And More) Vol. 2* (1991) ... auf Radioactive/Chrysalis: *Brain Drain* (1989); *Loco Live* (1991); *Mondo Bizarro* (1992); *Acid Eaters* (1993); *Adios Amigos* (1995); *Greatest Hits Live* (1996) ... auf Eagle: *We're Outta Here* (1997) ... auf Rhino: *Hey Ho Let's Go, The Ramones Anthology* (Box, 1999) ... LPs Dee Dee Ramone auf World's Best: *I Hate Freaks Like You* (1994); *Zonkes* (1997; in Europa unter dem Titel *Ain't It Fun?* veröffentlicht); *Latest And Greatest* (2000)

Rea, Chris (voc, g), am 4. März 1951 im britischen Middlesborough als Sohn eines italienischen Eisdielenbesitzers und dessen irischstämmiger Frau geboren, erwarb sich als «treusorgender Traumbegleiter und Platzhalter eines tröstlichen Pop-Pathos» (‹Frankfurter Allgemeine Zeitung›) vor allem in Deutschland einen Star-Namen und Charts-Positionen. «Reas Gitarre ist einfach, wandelbar, wunderbar,» schwärmte 1991 ein journalistischer Fan namens Rolf Schuler in der ‹Neuen Zeit›: «Sie kann ein Hilferuf sein und vorwärtstreibender Hammer, kann leise trauern und sich erinnern. Seine Lieder sind zumeist ein bestens arrangiertes Crescendo, sie steigern sich in ihrer Intensität, nehmen immer neue Stimmen auf und bleiben dennoch überschaubar in ihrer Wirkung, gleiten nicht in intellektuelle Verstiegenheit ab.» Mit anderen Worten: «Seine Welt ist die Schmuseecke» (‹Süddeutsche Zeitung›), oder auch: «Er bleibt der Meister des Schmachtfetzens» (‹Die Tageszeitung›). Seine erste Gitarre erwarb der gelernte Koch, zeitweise Aushilfskraft im väterlichen Icecream-Salon, unter dem Eindruck der Saitenkunst von Joe Walsh und Ry Cooder erst mit 19 und schloß sich der Band Magdalene an, deren Leadsänger David Coverdale soeben zu Deep Purple abgewandert war. Aus Magdalene wurden die Beautiful Losers und – mit Singleveröffentlichungen bei Magnet Records – laut ‹Melody Maker› 1975 die «Best Newcomers of the Year». Reas erstes Soloalbum erschien 1978 bei Magnet mit erlesener Studiobesetzung, u. a. Pete Wingfield (kb), Rod Argent (kb), Dave Mattacks (dr): *Whatever Happened To Benny Santini*. Die Single *Fool If You Think It's Over*, die Elkie Brooks 1982 erfolgreich coverte, kletterte auf Platz zwölf in den US-Charts, das Album plazierte sich auf 49. Daß der Künstler nach seiner Grammy-Nominierung als «Best New Artist» eine gutdotierte USA-Tournee ablehnte, um lieber im United Kingdom wieder ins Studio zu gehen, erwies sich als Fehler. Von nun an galt er als Europäer, 1988 mit einer Goldenen Europa des Saarländischen Rundfunks ausgezeichnet. Nennenswerte Charts-Erfolge in den USA waren ihm danach nicht mehr gelungen. Dafür wurde jedes seiner (bis zum Jahr 2000) 18 Alben wenigstens in einem europäischen Land unter den Top 20 notiert – in England zum erstenmal *Shamrock Diaries* (1985) auf Platz 15, *On The Beach* (1986) auf Platz elf, *Dancing With Strangers* (1987) bereits auf Platz zwei, *Road To Hell* (1989) auf Platz eins. Die sensationslose Kontinuität LP / Tournee / LP / Tournee, die verläßliche Produktion eingängiger Melodien, an denen sich auch andere Sänger wie Rod Stewart, Lulu oder Dolores Keane bedienten, sowie ein ausgeglichenes Familienleben zahlten sich aus. 1980 hatte er seine Jugendfreundin Joan geheiratet, seinen Töchtern Josephine (1985) und Julia (1993) widmete er Songs. Im Februar 2000 schätzte ‹Musikexpress› das Vermögen des Singer / Songwriters, der damit renommierte, kein Haus auf Ibiza zu besitzen, aber rund drei Monate jährlich auf Fuerteventura verbrachte, auf 15 Millionen DM ein. Mit harmlosen, eingängigen Songs vielfach in Ferienstimmung wie *On The Beach*, in das er auch im Konzert Meeresrauschen und Möwenschreie einblenden ließ, oder *Looking For The Rainbow*, in dessen Intro Regenschauer erklangen, war Chris Rea ein gesamteuropäisches Pop-Idiom auf traditioneller Rock-Basis gelungen: leichter, langsamer Groove im Sinne von Dire Straits, Ende der Achtziger von einer kompetenten Tourneeband dargeboten: Robert Ahwaii (g), Max Middleton (kb), Kevin Leach (kb), Dave Kemp (sax), Eogham O'Neill (bg), Dave Mattacks (dr), Chris Reas Bruder Kevin (voc, perc). Die Stammbesetzung seiner Band in den Neunzigern, mit der er *The Blue Café* (1998) herausbrachte, bestand aus Max Middleton (kb), Sylvan Marc (bg), Martin Dittcham (dr, perc). Das Titelstück dieser CD wurde im ARD-Fernsehen publikumswirksam für einen Schimanski-‹Tatort› mit Götz George eingesetzt. 1999 überraschte der «bislang eher als Warmduscher geltende Slidegitarrist» (‹Musikexpress›) auf der CD *Road To Hell Part 2* mit House-Beats, jazzigen Passagen, Disco-Vocals und Tricks aus dem Techno-Arsenal. ‹Stereoplay›: «Das knarzt hier und da durchaus interessant, doch allzuoft hat Rea bei der Zubereitung dieses Melodic Rock die wichtigste Zutat vergessen: die Melodie.» Das nahmen seine Fans übel, wie schon den Ausflug des passionierten Autonarren und Hobby-Rennfahrers 1996 in die Filmproduktion. Rea hatte seinen Testarossa-Tourenwagen verkauft, um 4,5 Millionen DM in

den Rennfahrerfilm ‹La Passione› zu investieren. Der Film floppte, die Soundtrack-CD plazierte sich in Großbritannien auf Nr. 43 – eine einzige Woche lang. Der Hit daraus, das Duett Chris Rea / Shirley Bassey *Disco La Passione,* kam etwas besser – auf Platz 41, ebenfalls für eine Woche. Die während eines Urlaubs auf einer der Cayman-Inseln in der Karibik geschriebenen Songs der CD *King Of The Beach* (2000) versetzten Christof Hammer von ‹Stereoplay› durch ihre «fast weihnachtlich bedächtigen Stimmungen» in «Kaminfeuer-Atmosphäre». Da ging es, wie im Poem *Sandwriting,* bisweilen gar philosophisch zu. Rea steht am Ufer des Atlantischen Ozeans und denkt über die Spuren tausendjähriger Zivilisationen nach. «Alles wurde weggewaschen», so der Grübler: «Und letztlich wird es uns allen ebenso ergehen.» Ein warmes Bad in der Melancholie.

LPs auf Magnet: *Whatever Happened To Benny Santini* (1978); *Deltics* (1979); *Tennis* (1980); *Chris Rea* (1981); *Water Sign* (1983); *Wired To The Moon* (1984); *Shamrock Diaries* (1985); *On The Beach* (1986); *Dancing With Strangers* (1987) ... auf WEA: *New Light From Old Windows* (Sampler, 1988); *The Road To Hell* (1989); *Auberge* (1991); *King Of The Beach* (2000) ... auf East / West: *God's Great Banana Skin* (1992); *Espresso Logic* (1993); *The Best Of C. R.* (Sampler, 1994); *La Passione* (Soundtrack, 1996); *The Blue Cafe* (1998); *Road To Hell Part 2* (1999);

The Red Hot Chili Peppers, 1978 als Schülerband Los Faces in Los Angeles gegründet, vermischten vom Jazz abgekupferten Funk mit mehr oder weniger gängigem Heavy Metal-Rock und galten mit diesem Mix etwa seit Anfang der neunziger Jahre als Urväter des Crossover, wie ihn Fishbone, Faith No More, Living Colour und eine Vielzahl von Bands wie Dog Eat Dog oder Mr. Ed Jumps The Gun in abgewandelter Form übernahmen. Sänger Anthony Kiedis, der sich gelegentlich auch «Antwan the Swan» nannte, geboren am 1. November 1962 in Grand Rapids, Minnesota, Bassist Flea, bürgerlich: Michael Balzary, geboren am 16. Oktober 1962 in Melbourne, Australien, Gitarrist Hillel Slovak, geboren am 13. April 1962 in Haifa, Israel, und Drummer Jack Irons, geboren am 18. Juli 1962 in L.A., gaben ihrer Gruppe Anfang der Achtziger den Namen Anthem. Die Erfolglosigkeit dieser Formation veranlaßte Slovak und Irons, die Band zu verlassen und ihr Glück mit What Is This zu versuchen. Als Kiedis und Flea von EMI America einen Plattenvertrag erhielten, tauften sie ihre Band The Red Hot Chili Peppers und gingen mit Gitarrist Jack Sherman und Drummer Cliff Martinez (vorher bei Captain Beefheart) ins Studio. Mit ihrem Debütalbum *The Red Hot Chili Peppers* (1984) konnte die Band ihrem in zahlreichen Konzerten erworbenen Ruf als ebenso rüdem wie unterhaltsamem und leicht obszönem Live-Act allerdings nicht ganz gerecht werden. Jedenfalls mochte sich EMI nicht dazu durchringen, diese und die zweite LP, *Freaky Styley* (1985), in Europa zu veröffentlichen. *Freaky Styley* hatte nicht zuletzt dank der Produktion durch Funk-Altmeister George Clinton in den USA einigen Erfolg zu verzeichnen, so daß *The Uplift Mofo Party Plan* (1987) schließlich weltweit veröffentlicht wurde. Das Manko der Platten war vor allem die Pennäler-Erotik der Peppers: Songs wie *Party On Your Pussy* mochten im Getümmel der energiegeladenen, unberechenbaren Live-Auftritte untergehen, auf Platten wirkten sie kindisch. Die eingeübten Konzert-Grobheiten versuchte die Band aber auch weiterhin auf ihre Platten zu leiten: Auf der 1988 erschienen EP *Abbey Road* ließen sie sich als Beatles-Parodie ablichten – nackt bis auf eine umfunktionierte Socke. Die mit dem zurückgekehrten Irons kaum konsolidierte Band stand kurz vor der Auflösung, als Slovak am 25. Juni 1988 in Los Angeles an einer Überdosis Heroin starb und Irons erschüttert die Band wieder verließ. Flea schloß sich für kurze Zeit der überwiegend aus schwarzen Musikern bestehenden Band Fishbone an, fand sich aber wieder bei den Peppers ein, als Kiedis mit John Frusciante einen neuen Gitarristen und mit Chad Smith einen neuen Drummer angeheuert hatte. Die reformierte Band tat sich mit dem Ex-Material-Mitglied Michael Beinhorn zusammen und veröffentlichte *Mother's Milk*. «Leider mehr Metal und weniger melodisch», bedauerte ‹Rolling Stone›. Flea und Kiedis hatten den Gruppensound von psychedelischen Elementen gesäubert und verbindlichere

Töne angeschlagen. Endgültig eroberten die Peppers mit *Blood Sugar Sex Magik* (1991) die Hitparaden. Produzent Rick Rubin hatte dem rauhen Gitarren-Funk ein voluminöses Sound-Gewand geschneidert. Der Höhenflug wurde von dem Entschluß Frusciantes, die Band während einer Japan-Tournee zu verlassen, abrupt gestoppt. «Musik langweilt mich eigentlich unheimlich», hatte der exzentrische Gitarrist wenige Wochen zuvor in einem Interview mit ‹Fachblatt Musikmagazin› gesagt. Die Rauschgiftsucht, an der Kiedis und Slovak während der ganzen achtziger Jahre laborierten (Kiedis durfte 1986 wegen seiner Sucht einen Monat lang nicht mitspielen), hatte nun auch ihn gerissen. Frusciante schrammte in seiner massiven Heroinabhängigkeit während der Neunziger hart am Exitus vorbei. Einen Ersatzmann fanden die Peppers nur mit Mühe: Nach Zander Schloss, Arik Marshal und Jesse Tobias nahm Dave Navarro, vorher bei Jane's Addiction, den Schleudersitz ein. Mehr als drei Jahre benötigte die Band, um wieder Tritt zu fassen. Dabei steigerte sich in ungewöhnlicher Weise die Erwartung von Publikum und Kritik, nur mäßig von einigen Zusammenstellungen und Live-Mitschnitten gedämpft. Als 1995 *One Hot Minute* erschien, war die Band für zahllose Titelblätter gut. Ihre Musik hatte weitere Ecken und Kanten eingebüßt: Mochten Funk Jazz-Formationen wie Slickaphonics oder Material bereits Anfang der Achtziger schon härter gespielt haben, mochten Brit Funk-Bands wie Level 42 erfolgreicher gewesen sein, so kam den Peppers das Verdienst zu, Klänge dieser Art in den Mainstream überführt und entschärft zu haben. Über den weiteren Weg waren die Musiker uneins. Während Navarro und Flea sich bei Alanis Morissette oder der Band Porno For Pyros Arbeit suchten, Smith sich dem Familienleben hingab, übte Kiedis sich in Selbsterfahrung und Meditation. Darüber wurden Konzerttermine immer wieder abgesagt, Aufnahmen für eine neue Platte kamen nicht in Gang. Mitunter stand Navarro allein im Studio. «Ideen sind genug da», sagte er, «das müßte bloß alles aufgenommen werden.» Als Kiedis sich bei einem Motorradunfall schwer verletzte und monatelang mit komplizierten Knochenbrüchen darnieder lag, zog es den charismatischen Gitarristen zurück zu seiner alten

Band Jane's Addiction, die Addiction-Oberhaupt Perry Farrell hatte auferstehen lassen. Auch Flea nahm an den Aufnahmen für zwei neue Songs des Addiction-Samplers *Kettle Whistle* (1997) teil. Navarro fand an der neuen alten Band so viel Gefallen, daß er sich im April 1998 von den Red Hot Chili Peppers lossagte. «Unsere Freundschaft wird ewig dauern», beteuerte er, und auch Flea war sich sicher, «daß wir auch in Zukunft immer wieder mal etwas gemeinsam machen werden». Zehn Tage später war kompetenter Ersatz für Navarro gefunden: Frusciante hatte sich im Januar 1998 endlich in eine Drogentherapie begeben und kehrte zu den Peppers zurück. Kiedis nach der ersten Probesession zum Album *Californication* (1999): «Wenn John auf Touren kommt, ist er wie eine Starkstromleitung mit acht Milliarden Volt.» Das überwiegend von Kiedis konzipierte und wieder von Rick Rubin produzierte L.A.-Porträt als einer gnadenlosen Glitzer-City aus Sex & Drugs & Rock 'n' Roll war aus Drogenerfahrung autobiographisch unterfüttert. Kiedis, der nach seinem Motorradunfall zum bis dahin letztenmal rückfällig geworden war, formulierte im Song *This Velvet Glove* die triviale Erkenntnis «It's a waste to be wasted» und porträtierte in *Purple Stain* Frusciante als Junkie. Kritiker Patrick Großmann: «Man wird das ungute Gefühl nicht los, Herr F. sei noch nicht voll wiederhergestellt. Vieles wirkt fahrig, zusammengestoppelt, fast junkiehaft zittrig. Selten nur blitzt Frusciantes genialisch-angeschrägter Kaputtnik-Charme auf.» Rezensenten mit weniger sensiblen Ohren beurteilten *Californication* als «gnadenlos gut» (‹WOM Journal›), als «ein kerniges Paket an geballter Rock-Power» (‹Stereoplay›). Jedenfalls gaben die Peppers nach 17 Jahren, sieben Alben und sieben Gitarristen und «vier Jahren der Irrfahrten durch Drogensümpfe und der kreativen Vollflaute» (‹Musikexpress›) als «beste Funk-Band der Welt» (‹Rolling Stone› im Mai 2000) wieder weltweit Konzerte. Drummer Chad Smith auf die Frage nach ihrem bekanntesten Promotion-Kostüm, nackt bis auf weiße Tennissocken über dem Gemächt: «Gebt uns 100 Millionen für die Reunion-Tour 2022, dann tragen wir das in jeder Stadt. Die Socke unterm Bierbauch wäre zwar nicht mehr zu sehen, aber Hauptsache, es gibt Kohle.»

LPs auf EMI: *The Red Hot Chili Peppers* (1984); *Freaky Styley* (1985); *The Uplift Mofo Party Plan* (1987); *Mother's Milk* (1989); *What Hits* (1992); *Out In L.A.* (1994); *Greatest Hits* (1995) … auf Capitol: *The Abbey Road EP* (1988) … auf Warner Bros.: *Blood Sugar Sex Magik* (1991); *One Hot Minute* (1995); *Live Rare Remix Box – Limited Edition* (o. J.); *Californication* (1999) … LPs John Frusciante auf American: *Niandra Lades And Usually Just A T-Shirt* (1995); *Smile From The Streets You Hold* (1997) … auf Warner Bros.: *To Record Only Water For Ten Days* (2001)

Redding, Otis (voc, g, p, org, dr), am 9. September 1940 als Sohn eines schwarzen Baptistenpredigers in Dawson, Georgia, geboren, kam am 10. Dezember 1967 bei einem Flugzeugabsturz ums Leben. Seine gecharterte zweimotorige Privatmaschine stürzte auf dem Weg zu einem Konzert in Cleveland, Ohio, mit acht Insassen, darunter vier Mitglieder der Band Bar-kays, in den vereisten Lake Pomona bei Madison, Wisconsin. Zu seiner Beisetzung in Macon, Georgia, kamen 4500 Menschen. Postum wurde er als «König aller Soul-Interpreten» (‹Crawdaddy›) mit zwei Grammies für die Aufnahme *The Dock Of The Bay* geehrt. Das gleichnamige Album, im Januar 1968 veröffentlicht, brachte ihm mit über 1,5 Millionen verkauften Exemplaren seine erste Goldene Schallplatte ein. Solange er lebte, hatte der Sänger, der im Stück *My Girl* die Zeile «I don't need no money, all I need is my fame» mit besonderer Inbrunst herausgeschleudert hatte, auf den Superstar-Ruhm gewartet. 1967, als ihn ‹Melody Maker› nach jahrelanger Herrschaft von Elvis Presley zum weltbesten Pop-Vokalisten wählte, schien der große internationale Erfolg endlich gekommen zu sein. Mit 15 besuchte Redding die High School in Macon, Georgia, Geburtsort von Little Richard, dessen Ekstatik er ebenso bewunderte wie die gefühlvolle Stimme von Sam Cooke. Aus beiden Einflüssen formte er seinen Stil: emotionale Wärme in einem rezitativ-verhaltenen Balladenvortrag, den er bis zum hektischen, überschnappenden Vokalexzeß zu steigern vermochte. Bestes Beispiel: *Try A Little Tenderness* auf der LP *Live In Europe*. Als Band-Boy und späterer Sänger des Ensembles Johnny Jenkins And The Pinetoppers bekam er 1962 im

Stax-Studio in Memphis die Chance, seine erste Singleplatte zu produzieren: *These Arms Of Mine*. Mit den Stax-Musikern Booker T. an den Tasteninstrumenten, seinem Co-Songschreiber Steve Cropper (g), dem sicheren Rhythmiker Al Jackson (dr) und Bläsern nahm er zunächst vorwiegend sentimentale Soul-Lieder wie *Pain In My Heart, Mr. Pitiful, That's How Strong My Love Is* auf. 1965 brachte er den Hit *Respect* heraus, der zwei Jahre danach in der Version von Aretha Franklin zum Millionen-Seller wurde. Im gleichen Jahr erschien sein Album *Dictionary Of Soul*, mit dem er das höchste Niveau seiner Ausdrucksfähigkeit erreichte – «wahrhaft eine der schönsten Pop-Platten des Jahrzehnts und mit Sicherheit das beste Beispiel für moderne Soul-Musik, das je produziert wurde» (Jon Landau). Übertroffen wurde dieser akustische Beleg einer erstaunlichen Kommunikationskraft später allenfalls von den Live-Aufnahmen und von dem Nachlaßalbum *The Dock Of The Bay*, in dem sich Redding, der vordem problemlose Texte bevorzugt hatte, ungewohnt sozialorientiert und nachdenklich zeigte: «Left my home in Georgia; headed for the Frisco Bay. I have nothin' to live for; looks like nothing's gonna come my way. So I'm sittin' on the dock of the bay, watching the tide roll away.» 17 Jahre später erklang dieses Lied noch einmal aus drei jungen Soul-Kehlen. Otis Reddings zwei Söhne und ein Neffe hatten sich 1982 zum erfolgreichen Trio The Reddings formiert. 1989 wurde er postum in die Rock and Roll Hall of Fame aufgenommen, 1994 in die Songwriters Hall of Fame; 1999 erhielt er bei der Grammy-Verleihung einen Lifetime Achievement Award.

LPs auf Volt: *Dictionary Of Soul* (1965); *Otis Blue* (1965); *Soul Ballads* (1965); *Sings Soul* (1965); *The Soul Album* (1966); *King And Queen* (mit Carla Thomas, 1966); *Otis Redding And Joe Curtis* (1966); *Live In Europe* (1967); *The Dock Of The Bay* (1968) … auf Atlantic / Atco: *Pain In My Heart* (1965); *In Person At The Whisky A Go Go* (1968); *The Immortal* (1968); *Best Of O. R.* (1968); *History Of O. R.* (1969); *Love Man* (1969); *Tell The Truth* (1970); *Recorded Live* (1982); *That's Soul* (1984); *Otis Redding Story* (1988); *The Definitive Collection* (1993) *The Very Best of* (1994); *The Very Best Of, Vol. 2* (1995)

… auf Reprise: *Historic Performances At The Monterey International Pop Festival* (mit Jimi Hendrix, 1970) … auf Pair: *The Legend Of* (1986) … auf Rhino: *Otis! The Definitive Otis Redding* (4-CD-Box, 1992) … auf Ace: *Not Sentimental* (1992)

Reed, Lou (voc, g), am 2. März 1943 in New York geboren, schrieb in den Songs der Velvet Underground die Chronik der New Yorker Außenseiter-Szene 1966 bis 1970. In einer Mischung aus journalistischer Kühle und doppeldeutigem Engagement verfaßte er in spielerischen Sadomasochismus getränkte Rock-Lyrik, die seine Musiker in hochphonige Sound-Orgien verpackten. Der «Chuck Berry der siebziger Jahre» (‹Cream›) sang mit leichtem Dylan-Akzent Folk-Balladen aus der Nachtwelt der Drogenschießer, sexuellen Abenteurer, Psycho-Esoteriker und annoncierte den Fixern mit kokett geschwenktem Zeigefinger den Todes-Flash (*Heroin*). Lasziv berichtete er vom Kick und der Qual der Sucht (*Waiting For The Man*), pries den Liebesdienst mit der Peitsche (*Venus In Furs*) und sah so manche Bürgerneurose durch den Dezibel-Schock des Rock 'n' Roll geheilt (*Rock And Roll*). Gemeinsam mit dem ehemaligen Piano-Studenten und Tin Pan Alley-Songschreiber John Cale lieferte Velvet Underground in vollendeter Manieriertheit eine Hommage an stille Leidenschaften und versteckte Triebe, die an das Klima «Berlins in den dekadenten Dreißigern» (‹Los Angeles Magazine›) erinnerte. Nachdem Reed seinen Underground-Spielplatz 1970 verlassen hatte, baute er solo an seinem Image eines «effeminierten Frankenstein» (‹Rolling Stone›). Seine nach dem Patent-Rezept der Velvets gefertigten Déjà-vu-Alben lösten, obgleich sie auch gelungene Hits wie *Walk On The Wild Side* enthielten, bei den Kritikern zumeist helle Empörung aus. «Manche Platten sind so ausgekocht widerlich, daß man an den Künstlern, die sie verbrochen haben, am liebsten physisch Rache nehmen möchte», eiferte sich ‹Rolling Stone› beim Abhören des voreilig als «*Sgt. Pepper* der siebziger Jahre» gepriesenen Konzeptalbums *Berlin*. Ungerührt brachte Reed jedoch weiterhin diffuses Licht ins Abseits menschlichen Erlebens. Sein Album *Metal Machine Music* (1975) nannte der ‹Spiegel› das «unanhörbarste Werk der Rock-Geschichte» –

vier Seiten Lärm, jede genau 16,01 Minuten lang. Mit ausrasiertem Hakenkreuz in der Frisur taumelte er durch Greenwich Village, abgemagert, mit irrem Blick, von der Szene gemieden. «Was ich dem Publikum gebe, damit es in Fahrt kommt», erklärte sich Reed, «ist die Erfahrung all der Trips, die ich mitgemacht habe. Aber nicht auf die Weise, wie sie eine Rock 'n' Roll-Band in Fahrt bringt – nicht bloß elektrisierende Spannung. Ich möchte, daß die Leute in eine andere Welt abfahren, in die sie normalerweise nicht reinkämen. Nicht wie in einem Horrorfilm oder Western, den man erlebt und nach Hause geht. Wenn die Leute von einem meiner Auftritte nach Hause gehen, möchte ich, daß sie nicht mehr dieselben sind.» Seine faszinierend monströsen LP-Fehlgeburten fanden ihre Entsprechung in unausgegorenen Bühnenshows, deren trauriger Höhepunkt darin bestand, daß Reed vor dem Publikum einen Fix simulierte. ‹Melody Maker›: «Eine betrübliche Parodie seiner selbst.» Auf den Alben *The Blue Mask* (1982), *Legendary Hearts* (1983) zog Reed schließlich eine «alptraumhafte Bilanz seiner langen Odyssee durch die Lust am Schmerz und die Qual der Lust» (‹Rolling Stone›) und bekannte: «I'm an average guy.» Der «frühere Apostel des Rock-Nihilismus» (‹The Face›) siedelte sich mit seiner zweiten Frau im ländlichen New Jersey an und erläuterte seine Hinwendung zum «Alters-Rock 'n' Roll» der humorgetränkten Liebesbekenntnisse und «bergwasserkristallklaren Naivität» (‹Spex›) mit dem «Unterschied zwischen zwanzig sein und vierzig sein». Der gereifte Dauerfavorit der Kritiker bekannte: «Ich wünsche mir mehr kommerziellen Erfolg.» Aber: «Meine Arbeit wird dadurch nicht beeinflußt. Irgendwie mache ich doch immer, im Guten wie im Bösen, was mir gefällt.» Sein Album *New York* (1989), «ein frappierender Tribut an die 13 Millionen armen Schlucker, die sich einbilden, sie ‹lebten› dort» (‹City Limits›), war ein Meisterwerk in Moll und knüpfte an die grimmigen Kultstücke seiner Lower East Side-Jugend an. Er lebte jetzt wieder in einem Apartment an der Christopher Street und suchte Versöhnung mit der Vergangenheit. Dazu gehörte eine Wiedervereinigung von Velvet Underground, die während einer Europatournee scheiterte, weil sich die Mitglieder John Cale, Sterling Morrison und

Maureen Tucker Reeds rüde Bevormundungen auf offener Bühne verbaten. Dazu gehörte auch ein karger musikalischer Nachruf auf Andy Warhol: 13 *Songs For Drella* (1990) von Cale am Piano, Reed an der Gitarre, jeweils einer sang – gut gemeint. Schon immer wollte Reed «einfache Worte benutzen, um Gefühle auszulösen und sie dann in Musik umzusetzen: Nimm die Sensibilität Raymond Chandlers und die Unverschämtheit Hubert Selbys, und mach Rockmusik daraus». Nachdem er 1991 den Gedichtband ‹Between Thought and Expression› herausgebracht und beiderseits des Atlantik daraus gelesen hatte, gelang das 1992 vorbildlich für die LP *Magic And Loss*: poetische Rocksongs auf den Krebstod seiner Freunde Rotten Rita und Doc Pomus, «ein unerschrockener Blick auf Tod und Leid» (‹Rolling Stone›) sowie «die transformative Kraft der Kunst» (‹The Times›). Nach einem weiteren Reunion-Versuch von Velvet Underground 1993 und Songs für Robert Wilsons Bühnenstück ‹Time Rocker› nach dem Roman ‹Die Zeitmaschine› von H. G. Wells am Hamburger Thalia-Theater, nach der Mitwirkung an Lebensgefährtin Laurie Andersons Album *Bright Red*, an Paul Austers und Wayne Wangs Filmerfolg ‹Blue in the Face›, einer Jimi Hendrix-Dokumentation, einer Kurt Weill-Hommage, einem Doc Pomus-Tribute-Album, einem Verdienstorden vom französischen Kulturminister und einer «ovalen Brille, die ihn aussehen ließ wie einen Altlinken, der den Radikalenerlaß überstanden hat und trotzdem andauernd sauer ist» (‹Spiegel›-Kolumnist Thomas Hüetlin), noch einmal Rock 'n' Roll: Das Spätwerk *Set The Twilight Reeling* (1995) löste manche Versprechungen von Lou Reeds chaotischem Zickzack-Kurs durch die Rockgeschichte ein: «Ich traf mein neues Ich um acht Uhr morgens – das andere ging verloren», sang er im Stück *Trade In*: «Ich will einen Umtausch, die 14. Chance für dieses Leben.» Songs wie seine Abrechnung mit fundamentalistischem Christentum, *Sex With Your Parents (Motherfucker)* erreichten die alte energetische Bissigkeit, aber die Einstands-CD zu einem neuen Warner Brothers-Vertrag, die Reed komplett in seinem Heimstudio The Roof eingespielt hatte, kam in den US-Charts nur auf Platz 110. Das war ihm zunehmend egal. «One night, one take, no bullshit», kommentierte er seine Live-CD *Perfect Night* (1998) mit Mike Rathke (g), Fernando Saunders (bg), Tony «Thunder» Smith (dr) aus der Londoner Royal Festival Hall: «Ich hatte in dieser Nacht eine akustische Gitarre, die wie ein Diamant klang, und ich wußte, daß ich diesen Sound, den ich noch nie gehört hatte, mit allen teilen konnte.» Mit *Why Do You Talk?, Into The Divine, Talking Book* enthielt *Perfect Night* neben einer Karriere-Retrospektive drei der 16 Songs aus dem Musical ‹Time Rocker› das nach seiner Hamburger Premiere und einer Aufführung in Paris im November 1997 mit gemischten Rezensionen an zehn Abenden auch in der New Yorker Brooklyn Academy of Music gezeigt worden war. Die viktorianischen Kostüme und Settings der dialogarmen, nur vage an H. G. Wells angelehnten Bühnenstory und Lou Reeds lautstarker Vier-Akkord-Rock klafften auseinander. Dennoch der Komponist: «Ich bin sehr stolz auf das Stück, auch wenn es von Kritikern prätentiös genannt wird. Ich sehe mich selbst als einen musikalischen Künstler und glaube, nicht im Rock-Genre gefangen zu sein, das seine eigenen Kinder frißt.» Im Juli 1997 ging er an der Seite von Laurie Anderson bei einem Free Jazz-Konzert des Saxophonisten Ornette Coleman im New Yorker Lincoln Center auf die Bühne. Im September 1998 gab er auf Bitten seines Freundes, des tschechischen Präsidenten Vaclav Havel, im East Room des Weißen Hauses in Washington eine Art Kammerkonzert. Im Juni 1999 stellte das Henri Martin-Museum in Canhors, Südfrankreich, unter dem Titel EXTRAetORDINAIRE künstlerische Schwarzweiß-Fotografien des vielseitigen Artisten aus. Reed: «Kameras sind wie Gitarren, man will beide zum Singen bringen.» Im Februar 2000 wurde seine zweite Kollaboration mit dem Slow-Motion-Regisseur Robert Wilson, die Edgar Allan Poe-Revue ‹POEtry›, im Hamburger Thalia-Theater uraufgeführt: «These are the stories of Edgar Allan Poe / He ain't exactly the boy next door.» Reed: «Ich betrachte von jeher all meine Songs als Monologe für ein inneres Theater. Und wann immer ich eine Konzertbühne betrete, fühle ich mich als Schauspieler.» Konrad Heidkamp in der ‹Zeit›: «Hätte man ihm nur nicht das Libretto anvertraut.» Kunsteifrig habe er Motive aus Erzählungen und Essays des alkoholkranken englischen Dichters (1809–1849) verschachtelt, dessen Alpträume und Horrorvisionen vom ‹Untergang des Hauses Usher›, die verschiebbaren Kerkerwände aus ‹Die Grube und das Pendel›, den Leuchter aus acht Menschenfackeln im ‹Froschhüpfer› in einem rockigen Bilderbogen aufgeblättert und dabei die Zentralfigur Edgar Allan Poe verfehlt: «Sein Erschrecken hätte man ernst nehmen müssen, nicht den Schrecken, seine Blicke wahrnehmen, nicht seine Bilder.» Indes habe er grandiose neue Rocksongs geschrieben, und als er als Premierenzugabe in Hamburg selber *Guardian Angel* sang, habe man gewußt, wie das klingen kann. «Songs wie gleißende Lavaströme» machte denn auch ‹Die Woche› auf Reeds CD *Ecstasy* (2000) aus. In seinem eigenen Purgatorium Manhattan stieg der «Baudelaire von N.Y.» noch einmal (so Thomas Groß in der ‹Zeit›) «tief in den Bauch von Babel hinab, um dort die dunkelsten Perversionen und repressivsten Entsublimierungen vorzufinden: Menschen, die aus Krügen koksen und über Schuhe ejakulieren. Großes urbanes Sittengemälde.» Und Kafkas ‹Verwandlung› auf amerikanisch: Eines Morgens erwachte Lou Reed in seinem Bett und sah sich in eine riesige Beutelratte verwandelt. 18 Minuten lang auf der Platte, bei Live-Auftritten bis zu einer Stunde, heulte er in dieser apokalyptischen Verlängerung seines Lebensmotivs *Take A Walk On The Wild Side* in *Like A Possum* den Beutelrattenblues: «I got a hole in my heart the size of a truck / It won't be filled by a one-night fuck.» Man frage sich angesichts dieser «undomestizierten, drogenlodernden, unersättlichen Energie», überlegte Stephen Holden in der ‹New York Times›, ob dies nicht «die Alptraum-Vision seines eigenen Lebens» sei, hätte er sich nicht für jenen anderen Weg entschieden, den er in *Turning Time Around* besang: «Ein Mann, zusammengekauert in einer schmalen, kahlen, aber sicheren Zelle, vor der ein Gespenst heult und herein will» (Holden). Oder, mit den Worten von Thomas Groß: Seine Muse, seine sexuelle Obsession, heiße nun «nicht mehr Stephanie, Caroline oder Candy wie das Personal seiner frühen Songs. Mittlerweile ähnelt sie mehr einer mythologischen Figur, einer Nymphe, die aus dem Schmutz des Hudson River gestiegen ist, um dem Dichter sein Spiegelbild zurückzuwerfen.»

LPs auf RCA: *Lou Reed* (1972); *Transformer* (1972); *Berlin* (1973); *Rock 'n' Roll Animal* (1974); *Sally Can't Dance* (1974); *Live* (1975); *Metal Machine Music* (1975); *Coney Island Baby* (1976); *Walk On The Wild Side* (1977); *Vicious* (1979); *The Blue Mask* (1982); *Legendary Hearts* (1983); *New Sensations* (1984); *Live In Italy* (1984); *Mistrial* (1986); *Between Thought And Expression* (1992; Box mit drei CDs, enthält unter anderem bis dahin Unveröffentlichtes) ... auf Arista: *Rock 'n' Roll Heart* (1976); *Street Hassle* (1978); *Live: Take No Prisoners* (1978); *The Bells* (1979); *Growing Up In Public* (1980); *Rock 'n' Roll Diary* (1980); *City Lights Classic Performances By Lou Reed* (1985) ... auf Sire: *New York* (1989); *Magic And Loss* (1992); *Set The Twilight Reeling* (1995); *Perfect Night* (1998) ... mit John Cale auf Sire: *Songs For Drella* (1990) ... auf Lukua Bop Records: *Blue In The Face* (Soundtrack, mit Madonna, 1995) ... auf Reprise: *Perfect Night* (1998) ... auf Warner Bros.: *Ecstasy* (2000)
Weitere LPs → Velvet Underground

R.E.M. (benannt nach dem Medizinerkürzel für «Rapid Eye Movement», der schnellen Augenbewegung von Träumenden) besangen mit «düsterer südstaatlicher Folk-Kunstfertigkeit» (‹Rolling Stone›) ein mythologisches Amerika, «das eigentlich nur in der Phantasie der Leute existiert hat» (Sänger Michael Stipe), und lieferten «das akustische Äquivalent zu den Filmen von Nicolas Roeg: fragmentarisch, beinahe wirr, aber immer noch akzeptabel für die breite Masse, der zuliebe sie sich an gewisse Regeln halten müssen, wenngleich ihnen zugestanden wird, sich über die Grenzen der Konvention hinwegzusetzen» (‹New Musical Express›). Michael Edward «Mike» Mills (bg), geboren am 17. Dezember 1956 in Orange, Kalifornien, William Thomas «Bill» Berry (dr), geboren am 31. Juli 1958 in Hibbing, Minnesota, hatten zusammen in der Studentenband Corncob Webs gespielt, bevor sie 1981 in Athens, Georgia, mit ihren Kommilitonen Peter Lawrence Buck (g), geboren am 6. Dezember 1956 in Berkeley, Kalifornien, John Michael Stipe (voc), geboren am 4. Januar 1960 in Decatur, Georgia, als R.E.M. ihre erste Single *Radio Free Europe* herausbrachten. Bucks unermüdlich erfindungsreiches, Folk-energetisches Gitarrenspiel, Mills' virtuose, nuancierte Baßeinsätze, Stipes düsteres Bariton-Gemurmel schwer ver-

ständlicher Bücherwurm-Lyrik zu Berrys etwas schlaffem Drum-Sound erinnerten an Westküsten- und Garagenrockbands der sechziger Jahre, als ob «der 12-Saiten-Sound der Byrds durch eine Post-Post-Hippie-Sensibilität gefiltert und mit einem Hauch altmodischen angelsächsischen Folk-Gefühls koloriert worden sei» (‹Stereo Review›). Die Wortfetzen, die der introvertierte Stipe gelegentlich aus dem Musikmix auftauchen ließ, deuteten Fatalismus, soziale Desorientiertheit, Klage über Bindungsarmut an. «Die Liebe zur Natur und der Schmerz darüber, wie die Leute mit den ihnen anvertrauten Werten umspringen, bringen R.E.M. in Einklang mit der südstaatlichen Tradition, sich nach außen hin frei in einem weiten Land zu fühlen und nach innen an der Paranoia sozialer Konventionen beinahe zu ersticken» (‹City Limits›). Seit ihrem als «beste LP des Jahres» (‹Rolling Stone›) gelobten Debütalbum *Murmur* (1983) hatten die «nervösen Jungs, die statt in einer Garage in einer alten Kirche übten, auf Ärger aus waren und trotzdem ABBA ganz gut leiden konnten» (‹Der Spiegel›), bei nur geringen Formtiefs stetig durch «unverwechselbare Hymnen musikalischer Unabhängigkeit» (‹Time›) überzeugt. Die «inoffiziellen Anführer einer Rock-Rebellion von der Basis her» waren ein Beispiel dafür, «daß Rock nicht prinzipienarm und bedeutungslos sein muß, um Erfolg zu haben», und gaben damit «einen beeindruckenden Standard an Integrität» vor, wie ‹Rolling Stone› bewundernd registrierte. Obwohl das Quartett zunächst nicht den verdienten Aufstieg in die Liga der Superstar-Acts zu schaffen schien, waren R.E.M. dennoch «wegen ihres beispielhaften künstlerischen Engagements und ihres Talents ein unverzichtbarer Teil des amerikanischen Kulturlebens». Die Band arbeitete sich mit kontinuierlich guten bis hervorragenden Schallplatten und Homogenität langsam, aber sicher zum Stadion-Füller hoch. Dabei waren ihre Singles aus erfolgreichen Alben wie *Reckoning* (1984), *Fables Of The Reconstruction* (1985), *Life's Rich Pageant* (1986) kaum Träger der Massenbegeisterung: In den Charts plazierten sie sich unter ferner liefen, Radiostationen – sieht man von College-Stationen ab – ließen die Finger von der eigenwilligen, keineswegs freundlichen Musik. Extensives Touren 1984 und 1985 festigte die Reputation der Band, führte Anfang 1985 allerdings auch zu einem völligen Zusammenbruch Stipes. Die sich mitunter unmißverständlich politisch äußernde Band brachte 1987 schließlich zwei Alben in die Plattenläden, *Dead Letter Office* mit Outtakes und Singles sowie *Document*, das den endgültigen Durchbruch markierte. Die Leser des britischen ‹New Musical Express› und des US-amerikanischen ‹Rolling Stone› bejubelten die Band in Polls und verhalfen R.E.M. zu einem neuen, millionenschweren Plattenvertrag bei Warner. *Green* (1988), das erste Warner-Album, enthielt «sicherlich keinerlei Konzessionen an den Massengeschmack» (‹Rolling Stone›), trotzdem favorisierten die Massen die Musik. R.E.M. hatten seit ihrem Karrierestart im Süden der USA ihre Ideale nicht verraten, Starrummel schien den Musikern fremd, musikalische Gimmicks unangebracht. Ihre Songs waren «voller Schmerz und Zweifel und trotzdem voll von Beharren und Zauber, Musik von sicheren Verlierern, die dennoch zu Gewinnern wurden» (‹Der Spiegel›). Für Kritik wie Publikum überraschend, wartete *Out Of Time* 1991 mit dem Klang von Mandolinen (*Losing My Religion*), Streichern und Bläsern (*Endgame*) sowie dem Gesang von Kate Pierson (B-52's) auf (*Shiny Happy People, Me In Honey*). ‹Rolling Stone›: «Es scheint, als wären R.E.M. gerade erst in Schwung gekommen.» Die Band war mit *Out Of Time* zu einer Super Group geworden, ganz in der Nähe der Rolling Stones. Folgerichtig stieg die 1992 veröffentlichte LP *Automatic For The People* umgehend auf Platz zwei der US-Charts. Stipes Texte «funktionierten als Alltagsenzyklopädie der Popkultur», so ‹Der Spiegel›. «Brettspiele, Sport, Tütensuppen, CNN.» – «Düster, mysteriös oder einfach unbegreiflich – das sind Michael Stipes große Ideen», so ‹Q› andächtig. Trotz ihrer spöttischen Verweigerungshaltung wurde die Gruppe mit Anerkennungen überhäuft: kein Preis der Musikindustrie und der Musikpresse, den sie nicht erhielten. Der «fein abgestimmte, ziselierte und teleologisch entworfene Gitarrenlärm» (‹Rolling Stone› über *Monster*, 1994) ging Millionen in die Ohren. Mit einem wuchtigen, wenn auch vertraut klingenden Gitarren-Riff (*What's The Frequency, Kenneth?*) eröffnet, hatte das Album nichts mehr mit den Byrds-Reminiszenzen früherer Platten ge-

mein. Stipe: «Dies ist unser Punk-Album.» Die ‹Monster›-Tournee wurde durch eine Krankheit Bill Berrys kurz nach Beginn für mehrere Monate unterbrochen. Berry hatte während eines Konzerts in Australien einen Schwächeanfall erlitten, dessen Ursache ein Blutgerinnsel im Gehirn war. Im November 1997 gab der Schlagzeuger bekannt, daß er die Band verlasse. Gitarrist Peter Buck: «Er lebt jetzt in Georgia auf seiner 100-Acres-Farm, sät Gras und schneidet es wieder ab. Alles, was er will, ist, zu Hause zu bleiben.» Als Superstars, die nach *New Adventures In HiFi* (1996) für weitere fünf Alben einen 80-Millionen-Dollar-Vertrag von Warner erhielten, hatten die Musiker seit langem ein Doppelleben geführt. Ihre Zusammenarbeit mit Billy Bragg und Warren Zevon fiel ebenso in die Jahre um 1990 wie Auftritte unter Pseudonymen: Hindu Love Gods oder Bingo Hand Job. Sie nahmen an Tribute-Alben teil (Walt Disney-Filmmusik, Leonard Cohen) wie an zahllosen Benefizkonzerten zu den unterschiedlichsten Anlässen. Ihrer LP *Out Of Time* legten sie Karten bei, mit der sich die Käufer in die US-Wahlverzeichnisse eintragen lassen konnten, und unterstützten mit vorformulierten Briefen, die *Automatic For The People* beilagen, Proteste gegen die anhaltende Arrestierung der burmesischen Friedensnobelpreisträgerin Aung Sung Suu Kyi. Michael Stipe, «einer der charismatischsten Rockstars der neunziger Jahre», und seine Band R.E.M. galten, so Thomas Hüetlin im ‹Spiegel›, «im Underground als Symbol dafür, daß man im Mainstream landen kann, ohne zum selbstgefälligen Geldtrottel oder zum selbstgefälligen Talk-Show-Clown zu werden». Als die Band, zum Trio geschrumpft, im Herbst 1998 zu Rundfunkkonzerten in Hamburg, Madrid, Stockholm, Wien sowie einem Open Air in Mailand aufbrach, hatte sie das mit Spannung erwartete Album *Up* im Gepäck. An die Stelle von Berrys Schlagzeug war ein exzessiverer Umgang mit Drum-Computern getreten. Stipe: «Du hörst jetzt, was sonst immer darunter lag. Der Sound hat sich von unten nach oben gedreht. Gitarren und reales Schlagzeug haben wir entweder ganz rausgekickt oder extrem zurückgenommen. Und so mußte automatisch alles andere lauter werden.» Dabei halfen, von Pat McCarthy produziert, die Gastmusiker Barrett Martin (Screaming

Trees, Tuatara), Scott McCaughty (Young Fresh Fellows, The Minus 5), Joey Waronker (Beck), Bruce Kaphan (American Music Club), John Keane, von denen jeder diverse Instrumente und elektronische Klangquellen bediente. Christine Heise (‹Tip›) registrierte auf dem Album mit erstmals beigelegten Songtexten, das in England auf Platz zwei, in den USA auf Platz drei notierte, «lennonhafte Klarheit ohne Stipesche Verdrehungen, große Intensität», Konrad Heidkamp (‹Die Zeit›) Stipes «unverwechselbare Verbindung aus Monotonie und Sensibilität, unterlegt mit jener bisexuellen Zweideutigkeit von Gefühl und Verstand», während ‹Der Spiegel› eher nichtssagend urteilte: «In schwelgerischer Stimmung huldigt Stipe den Freuden der Rockgitarre und der Melancholie von langen, heißen Nachmittagen.» Nachdem *Up* die Umsatzerwartung von Warner Bros. nicht erfüllt hatte und die ‹Spiegel›-Journalisten Christoph Dallach, Wolfgang Höbel im Sommer 1999 Stipe darauf ansprachen, reagierte der R.E.M.-Boss aggressiv auf «diese typische, bösartige Medienhaltung, die uns dauernd unser Versagen vor Augen halten will ... zum Glück ist das europäische Publikum wesentlich toleranter gegenüber Experimenten als das amerikanische». Frage: «Was läuft falsch in den USA?» – Stipe: «Das ist ein Nachbeben der achtziger Jahre unter Leuten wie Reagan und Bush, einer Ideologie, die Erfolg nur in Absatzzahlen mißt. Dieser Hollywood-Rekordwahn hat auch die Musikindustrie voll erfaßt: Der Rummel um Fragen wie ‹Wieviel hat die Platte in der ersten Woche verkauft?› und all dieser Quatsch drohen alles andere zu übertönen. Ob der Künstler etwas gewagt oder zu sagen hat, schert niemanden mehr.» Als der Hollywood-Regisseur Milos Forman (‹Mozart›) 1999 daran ging, das Leben des subversiven, mit 35 Jahren an Lungenkrebs gestorbenen US-Komikers Andy Kaufman (17. 1. 1949 – 16. 5. 1984) mit Jim Carrey, Courtney Love, Danny DeVito unter dem Titel ‹Man on the Moon› zu verfilmen, forderte er bei Stipe nicht nur den gleichnamigen R.E.M.-Song an, sondern beauftragte ihn gleich mit dem ganzen Soundtrack. Die ausgekoppelte Single *The Great Beyond* schloß als Radio-Hit auf Platz eins in den USA an frühere Single-Erfolge wie *Man On The Moon, Radio Free Europe, Losing My Religion* an –

Höhepunkt: Michael Stipe als Varieté-Sänger im Duett mit Tony Clifton (*Friendly World*). Vom Kino erneut angezündet, widmete sich Stipe 2000 vor allem seinen zwei Filmproduktionen Single Cell in Los Angeles (mit den Filmen ‹Being John Malkovich›, ‹Velvet Goldmine›) und C-Hundred in New York (‹American Movie›, ‹Spring Foreward›, ‹Girls in Town›). ‹Spring Foreward›, inszeniert von dem Newcomer Tom Gilroy, war die Auseinandersetzung von zwei Angestellten in Connecticut (Ned Beatty, Liev Schreiber) über Karma, spirituelles Wachstum, Homosexualität und den Dalai Lama, die gleichen Themen, mit denen sich auch Stipe während der Neunziger herumgeschlagen hatte. Beinahe nebenbei hatte er in South Beach auch noch das R.E.M.-«Sommeralbum» *Reveal* (2001) abgemischt. «Das Unfaßbare ist geschehen», staunte Birgit Fuß im deutschen ‹Rolling Stone›: «Eine Band, die viele Soundtracks für den Herbst geliefert hat, macht sich auf in den Süden.» Die Lieder, die Mike Mills und Peter Buck dafür schrieben, seien «das Resultat eines recht sorgenfreien Lebens», zerschmölzen «zu einem Gesamtkunstwerk, weil alle dieselbe Stimmung einfangen», und Stipes gewohnt geheimnisvolle Texte klängen «befreit» und «wunderschön». So fand die komplexe R.E.M.-Story mit *Reveal*, dieser «Wundertüte für Erwachsene» (Fuß), wenigstens vorübergehend ein Happy End – wie im Song *Imitation Of Life*: «That sugar cane, that tasted good / That's cinnemon, that's Hollywood.»

LPs auf IRS: *Chronic Town* (Mini-LP, 1982); *Murmur* (1983); *Reckoning* (1984); *Fables Of The Reconstruction* (1985); *Life's Rich Pageant* (1986); *Document* (1987); *Dead Letter Office* (1987); *Eponymous* (1988); *The Best Of R.E.M.* (1991); *Singles* (1994) ... auf Warner Bros.: *Green* (1988); *Out Of Time* (1991); *Automatic For The People* (1992); *The Automatic Box* (4-CD-Box, 1993); *Monster* (1995); *New Adventures In HiFi* (1996); *Up* (1998); *Man On The Moon* (Soundtrack, 1999); *Reveal* (2001)

The Replacements, 1980 in Minneapolis, Minnesota, zunächst als Impediments gegründet, waren «grobschlächtig, ungehobelt, altklug, rüde, widerwärtig, vulgär, hektisch, lustig, vielseitig, unverschämt, empfindsam, dümmlich, ausgeflippt, brillant» (‹Rolling Stone›), eine Band, die ihre seelische Unausgegorenheit, soziale Unangepaßtheit und künstlerische Unzufriedenheit mit virtuoser Ruppigkeit im Spiel und poetischer Intelligenz im Vokalvortrag artikulierte. «Es gibt sicher Tausende von beschäftigungslosen High School-Dropouts, die Bands gegründet haben, zu Hause wohnen, ihre Eltern hassen, Golden Earring-Songs im Keller einüben, nur an Sex, Suff und Autorasereien Vergnügen finden und richtigen Spaß dran haben, sich selbst zu ruinieren. Doch die Replacements sind die einzigen, die es dabei zu wahrer Größe gebracht haben» (‹Village Voice›). Paul Westerberg (voc, g), geboren am 31. Dezember 1960 in Minneapolis, Bob Stinson (g), geboren am 17. Dezember 1959 in Mound, Minnesota, Tommy Stinson (bg), geboren am 6. Oktober 1966 in San Diego, Kalifornien, Chris Mars (dr), geboren am 26. April 1961 in Minneapolis, hatten sich zunächst auf dem lokalen Twin Tone-Label mit den vier Alben *Sorry Ma, Forgot To Take Out The Trash, Stink, Hootenanny, Let It Be* bis 1985 eine beachtliche Underground-Reputation als kompromißlose Blues-Punk-Rebellen erspielt. Stücke wie *Fuck School, I Hate Music, God Damn Job, I'm In Trouble, Gimme Noise, Kids Don't Follow* waren programmatische Bekundungen pubertärer Ratlosigkeit und Auflehnung. Mit Ironie und Zuneigung rückten sie der Pop-Historie zu Leibe, zerfetzten die Who, beklauten T. Rex, zerspielten Hank Williams, machten Ted Nugent nach, hielten sich an Alice Cooper schadlos, zerbröselten Kiss. Aus den Bruchelementen, Versatzstücken, Klangzitaten, ausgeborgten Riffs und nachempfundenen Melodien tüftelte das Quartett mit Westerberg, «dem besten Rock-Songschreiber der Welt» (‹Stereo Review›), ein Repertoire «ungemein animierender Songs» (‹New Musical Express›) zusammen, das sie «mit der Wildheit der besten Punk-Bands und der Musikalität ausgefuchster Veteranen» (‹Billboard›) herunterspielten. Hochgelobte Alben wie *Tim* (1985) offerierten eine mollgestimmte Weltsicht «aus dem Blickwinkel eines Zwanzigjährigen, der weder vorwärts- noch zurückschauen kann, sondern nur abwärts auf die schmelzenden Eiswürfel in seinem Drink» (‹Rolling Stone›). Die Band fuhr fort, Platten aufzunehmen und in disziplinierter Regelmäßigkeit auf den Markt zu bringen. Disziplin galt auch in der Band: Weil Bob Stinson seinen exzessiven Alkohol- und Drogenkonsum nicht aufgeben wollte, wurde er 1987 gegen Robert «Slim» Dunlag (g), geboren am 14. August 1951 in Plainview, Minnesota, ausgetauscht. Als aber auch *Pleased To Meet Me* (1987), *Don't Tell A Soul* (1989) und *All Shook Down* (1990) ohne größere Resonanz blieben, löste Westerberg die Band auf und zog sich nach Minneapolis zurück: «Was soll ich in New York City? Ich arbeite mit Fiktionen, die in meinem Kopf passieren. Da ist es absolut natürlich, zu Hause zu bleiben. Mit wachsendem Alter verlagern sich die Schwerpunkte ohnehin zu introspektiven Songs. In 16 Jahren habe ich rund 95 Rock 'n' Roll-Nummern geschrieben, fürs erste genug.» Westerberg schrieb Filmmusik zu einer Dokumentation über die aufstrebende Grunge-Szene Seattles. Die jungen amerikanischen Bands sahen in ihm einen «Godfather of Grunge», obwohl er selbst kein Grunge-Musiker war: «Natürlich wurmt es mich, daß Bands mich schlecht kopieren und damit mehr Erfolg haben, als ich jemals hatte.» Zu seinem zweiten Soloalbum *Eventually*: «Ich erstrebe Zeitlosigkeit und reduziere deshalb die Musik auf die purste Form, bis kein Zeitzeichen von 1996 mehr auf der neuen Platte zu finden ist.» Tatsächlich spielte er die meisten der zwölf Stücke jeweils mit dem ersten oder zweiten Take spontan ein und erreichte damit extrem ungefiltertes Zeitkolorit. Mit der Ballade *Good Day* gedachte er des einstigen Kumpels Bob Stinson, der am 18. Februar 1995 in seinem Apartment in Minneapolis an einer Rauschgift-Überdosis gestorben war. Eine weitere Solo-CD erschien 1999 bei Capitol unter dem Titel *Suicaine Gratifica-tion*. Die Plattenfirma Sire beendete ihr Replacements-Kapitel 1997 mit der Doppel-CD *All For Nothing / Nothing For All*. Unter den 33 Tracks waren 17 unveröffentlichte Stücke, außerdem B-Seiten, Outtakes und Raritäten. Das Nachlaßalbum verkümmerte in den US-Charts auf Position 143.

LPs auf Twin Tone: *Sorry Ma, Forgot To Take Out The Trash* (1981); *Stink* (1982); *Hootenanny* (1983); *Let It Be* (1984); *The Shit Hits The Fans* (nur auf

Kassette, 1985) ... auf Sire: *Tim* (1985); *Pleased To Meet Me* (1987); *Don't Tell A Soul* (1989); *All Shook Down* (1990); *All For Nothing/Nothing For All* (2-CD, 1997) ... auf Glass: *Boink* (1986) ... Solo-LPs Paul Westerberg auf Sire: *14 Songs* (1993); *Eventually* (1996); ... auf Capitol: *Suicaine Gratification* (1999) ... Solo-LPs Chris Mars auf Smash: *Horseshoes And Hand Grenades* (1992); *75 % Less Fat* (1993) ... auf Bar / None: *Tenterhooks* (1995) ... Solo-LP Slim Dunlag auf Twin Tone: *The Old New Me* (1993) ... Solo-LP Tommy Stinson auf Sire: *Friday Night Is Killing Me* (1993)

The Residents machten aus der Identität ihrer Musiker ein publikumswirksames Geheimnis und heizten mit allerlei Verwirrspielen, Gerüchten, Spinnereien einen absurden Fankult an, der den grotesken Mythos mehr feierte als die bizarre Musik. So vermuteten einige Fabel-Fabrikanten hinter den vier anonymen Akteuren gar die Beatles, während andere Kult-Erfinder den Milliardär Howard Hughes als Drahtzieher des absurden Theaters ausgaben, der seinen Tod nur simuliert hatte und die Band benutzte, um mit den UFOs Kontakt aufzunehmen. Das Residents-Œuvre, ein Sammelsurium von bitterernst gemeinten Persiflagen und hinterlistig konzipierten Hommagen auf die amerikanische Populärmusik, wurde auf diese Weise mit einer Bedeutungsschwere befrachtet, die einer Band ohne Masken, Kostüme und Live-Auftritt hinter Wandschirmen niemals widerfahren wäre. Möglicherweise kamen die zunächst fünf Residents Ende der sechziger Jahre aus Louisiana nach San Mateo, Kalifornien, und boten 1971 der Firma Warner Bros. ein komplett gemischtes Band einschließlich Albumgrafik zur Veröffentlichung an. Warner schickte das Band desinteressiert an die ungenannten Bewohner (residents) zu der auf dem Paket angegebenen Adresse zurück – und der Gruppenname war geboren. Über die Cryptic Corporation, deren Repräsentanten Jay Clem, Homer Flynn, Hardy Fox, John Kennedy wahrscheinlich die Musiker selbst waren, vertrieben sie ihre Platten anfänglich allein im Postversand. Die eigentümlichen Klänge dieser obskuren Werke reichten vom Kammerorchester-Sound über den atonalen Jazz bis zu elektronischen Verzerrungen und vorsätzlich näselnden Vokaleinla-

gen. *The Third Reich 'n' Roll* (1976) war «ein musikalischer Eintopf aus Sechziger-Jahre-Rock-Häppchen, die zerstückelt und in eine elektroteutonische Soße getunkt wurden» (‹Billboard›). *Eskimo* (1979) gab vor, ein ethnisches Dokument mit arktischen Volksweisen und irritierenden Naturgeräuschen zu sein. Das *Commercial Album* (1980) vereinigte 40 Song-Bruchstücke in der Werbespot-Länge von genau einer Minute zu einer Parade von musikalischen Leckerbissen. *George & James* (1984), *Stars And Hank Forever!* (1986) boten manierierte Schock-Fassungen von Gershwin-Kompositionen, James Brown-Stücken, John Philip Sousa-Märschen, Hank Williams-Schlagern und klangen nach «einer Horde Marsmenschen, die die Dynamik und Tonalität menschlicher Musik dechiffrieren wollen» (‹New Musical Express›). Die Gruppe, in den achtziger Jahren zum Duo mit Zusatzspielern geschrumpft, zeigte sich bei ihren raren Live-Auftritten oftmals in Frack und Zylinder, mit einer Maske in Form eines Augapfels vor dem Gesicht. Das geheimnisvolle Getue und das abwegige Repertoire lockten natürlich die professionellen Rock-Tiefgründler an: «Ihre selbstbestimmte Art und Weise neuer Zusammensetzung von Lauten, Geräuschen und auch Tönen im traditionellen Sinn erfordert vom Zuhörer eine Beschäftigung, die sich vom täglichen Konsum nicht lebendiger Ware mit dem Etikett (Rock-)Musik radikal unterscheidet» (‹Sounds›). Dabei war manches, was die Residents auch auf ihren Compilation-LPs *Heaven?* und *Hell* (beide 1986) kryptisch vorführten, purer Sampler-Leerlauf. Ihr bevorzugtes Instrument, der Emulator der Firma Emu-Systems, lud geradezu dazu ein, vorhandene Musik zu sezieren und neu zusammenzusetzen. Zu den interessanten Resultaten neben vielen sinnlosen gehörte eine vertrackte Elvis-Rekonstruktion, die aus der amerikanischen Pop-Ikone ein Hörbild im Schnelldurchgang machte (*The King And Eye*, 1989). Anfang der neunziger Jahre waren die Fans des Versteckspiels müde geworden. *Freak Show* (1991) erschien zunächst als gewöhnliche Schallplatte, wenig später als CD-ROM-Fassung. *The Residents Present Our Finest Flowers* (1993) zum 20jährigen Jubiläum der Band war weniger ein Greatest Hits-Album als ein Scherbenhaufen von Musik-Bruchstücken früher erschienener Residents-Werke. «Ohne Zweifel eine gute Idee», lobte ‹Q› scheinheilig, «Greatest Hits-Zusammenstellungen gibt es ja ohnehin genug.» Mit der CD-ROM-Technik hatten die Residents inzwischen ein adäquates Medium gefunden: Nach der *Freak Show* stellten sie die CD-ROMs *Gingerbread Man* (1995) und *Bad Day On The Midway* (1996) zusammen: Allesamt machten sie den Residents-Fan mit obskuren Gestalten und seltsamen, oft unheimlichen und gewalttätigen Szenarien bekannt. Der Himmel war es nicht, in dem sich die Dämonen da tummelten.

LPs auf Ralph: *Meet The Residents* (1974); *Fingerprince* (1976); *The Third Reich 'n' Roll* (1976); *Not Available* (1978); *Buster Glen – Duck Stab* (1978); *Eskimo* (1979); *Diskomo* (Mini-LP, 1980); *Subterranean Modern* (mit Tuxedo Moon / Chrome / MX 80 Sound, 1980); *The Commercial Album* (1980); *Mark Of The Mole* (1981); *The Tunes Of Two Cities* (1982); *Intermission* (Mini-LP, 1982); *Residue* (1983); *Title In Limbo* (mit Renaldo & The Loaf, 1983); *George & James* (1984); *Whatever Happened To Vileness Fats* (1984); *Census Taker* (Soundtrack, 1985); *The Big Bubble – Part 4 Of The Mole Trilogy* (1985); *13th Anniversary Show: Live In Japan* (1985); *Stars And Hank Forever* (1986); *Live In Holland – 13th Anniversary Show* (1986); *God In Three Persons* (1988); *The King And Eye* (1989); *Cube-E – Live In Holland* (1990); *Freak Show* (1990; auch als CD-ROM); *Our Finest Flowers* (1992); *Gingerbread Man* (1994; auch als CD-ROM); *Bad Day On The Midway* (1996; auch als CD-ROM); *Have A Bad Day* (1996); *Our Tired, Our Poor, Our Huddled Masses* (1997; Box mit 4 CDs); *Wormwood* (1998); *Roadworms* (2000); *Icky Flix* (2001) ... auf Double Vision: *Mole Show Live* (1985) ... auf Rykodisc: *Heaven?* (CD-Compilation, 1986); *Hell* (CD-Compilation, 1986) ... auf UEWB Special Products: *Stranger Than Supper* (1990) ... auf EfA: *Uncle Willie's Highly Opinionated Guide* (1992)

Richard, Cliff, bürgerlich: Harry Webb (voc, g), am 14. Oktober 1940 in Lukknow, Indien, geboren, predigte das Rock-Evangelium in variationsreicher Manier. 1958 startete er mit seinem ersten Hit *Move It* zunächst wie eine Kopie von Elvis Presley: als vorlauter Rock-Rowdy, der zur Teenager-Revolte ermunterte. Doch zu der Zeit, da Richard mit Pomade, Lederjacke und furchterre-

gendem Blick agierte, war Presley bereits auf die vaterländische weiche Welle umgeschwenkt. Richard schaltete gleichfalls um und ließ sich von dem Fernsehproducer Jack Good Ende 1958 in der TV-Show ‹Oh Boy!› als verlorener Sohn der Music Hall-Enthusiasten feiern. Sein zahmer Millionenhit *Living Doll* (1959) trug erheblich dazu bei, das Rock 'n' Roll-Fieber in England herunterzutreiben; das Sonnyboy-Ideal der Mittelklasse hatte über die Außenseiter-Attitüde der Vorstadt-Teddyboys gesiegt. Fortan ließ sich Richard mit seiner Begleitband The Shadows vornehmlich in gediegenen Slow-Songs oder harmlosen Stimmungsschlagern (*Congratulations*) hören. Deren Texte malten alle Schicksalsaspekte einer normengerechten Twen-Liebe in Traumfabrik-Farben aus. Nur gelegentlich gestattete Richard seinem wohltuenden Bariton einige rauhe Schlenker, die an eine schnell bewältigte Rock-Vergangenheit erinnerten. Tief bewegt vom Tod seines Vaters, wandte sich Richard 1963 den Zeugen Jehovas zu, fand ein Jahr später jedoch mehr Erbauung bei der protestantischen Sekte der Crusaders. Zwei Jahre später trat er mit dem Evangelisten Billy Graham bei dessen England-Tournee in großen Religions-Rallyes auf. 1966 engagierte er einen Religionslehrer als ständiges Mitglied seines Beraterstabs. Er begann in Kirchen und Sonntagsschulen zu predigen, beteiligte sich an zahlreichen Spendenaktionen und Wohltätigkeitskonzerten und achtete bei Film- und Fernsehverpflichtungen auf saubere Texte und jugendfreie Kamerapositionen. Der unverheiratete Sänger mied jede Art von Genußmitteln, enthielt sich derber Redewendungen und bewies auch im geschäftlichen Bereich Familiensinn: Seine mehr als 100 Single-Platten ließ er zumeist von Mutter und Schwestern aussuchen; durchweg mit Erfolg: Nur eine kam nicht in die Hitparaden. Richard wahrte seine Popularität, mit Abstrichen, auch während der von Beatles und Rolling Stones beherrschten sechziger Jahre und konnte im darauffolgenden Jahrzehnt zum erstenmal in den USA reüssieren (*Devil Woman, We Don't Talk Anymore*). Zweimal beteiligte er sich am Grand Prix d'Eurovision – mit *Congratulations* und *Power To All Our Friends*. Er hielt sich immer einige Grad oberhalb der Spießbürgerlichkeit, wich peinlicher Sentimentalität aus und ließ naive Frömmelei vor der Studiotür. «Ich sehe mich als Christ», erklärte Richard, «der zufälligerweise im Showgeschäft ist – und nicht etwa umgekehrt.» Der Wandel zwischen den Welten hatte seine Kritiker offensichtlich verwirrt: «Als ich mich zu Jesus bekannte, sagten die meisten Leute: ‹Na, da ist ja wieder eine gute Karriere zu Ende.› Als es aber nicht zu Ende ging, sagten sie: ‹Oh, das ist ja eine herrliche Masche.›» 1986 erfuhr die Dauerkarriere ihre kosmische Apotheose: In Dave Clarks Musical ‹Time› gab der immergrüne Sänger einen Rock-Star, der ins All «gebeamt» wurde, um die Erde bei einem galaktischen Tribunal zu verteidigen. «Ein Rocksänger», erkannte Richard rollengemäß, «hat nun mal mehr weltweiten Appeal und größere humanitäre Glaubwürdigkeit als ein Politiker.» Im selben Jahr ließ er seinen Song *Living Doll* von der Komikertruppe The Young Ones durch den Kakao ziehen und nahm selbst an der Aufnahme teil. Die Ulkfassung hielt sich drei Wochen auf Platz eins der nationalen Charts. Der Popularität Richards gab dieser Erfolg einen erneuten Schub, die 1987 erschienene LP *Always Guaranteed* plazierte sich ebenso unter den Top Five wie die ausgekoppelte Single *Some People*, im darauffolgenden Jahr hatte er mit *Misteltoe And Wine* sogar wieder einen Nummer-eins-Hit in Großbritannien. Seine 56. Platte, *Cliff Richard – The Album* (1993), stieg wiederum auf Platz eins der britischen LP-Charts. Anläßlich eines Konzertes zum 35. Bühnenjubiläum in der Sheffield Arena am 16. Dezember 1994 zog er in einem BBC-Interview Hit-Bilanz: Von seinen bis dahin 115 Singles hatten es 109 in England unter die Top 30 geschafft, 14 kamen auf Platz eins. ‹Q› sah den Grund seines Erfolgs in der Tatsache, daß Richard nicht selbst Songs schrieb, sondern eine glückliche Hand bei der Auswahl des Materials hatte. Bei *The Album* griff er nach Meinung des Blattes zu oft daneben: «Nichts hier läßt sich vergleichen mit früheren Meilensteinen wie *I'm Nearly Famous* oder *Now You See Me*.» Die Bedeutung Richards für die britische Rockmusik wurde durch derartige Kritik nicht geschmälert: 1995 überschrieb ‹Mojo› ein Feature über die britische Musik der beginnenden sechziger Jahre mit «Cliff, quiffs and winklepickers: How Britain learnt to rock». Richard duettierte nicht nur mit

Petula Clark, Olivia Newton-John, Sarah Brightman, Sheila Walsh, sondern auch mit Phil Everly, Elton John und Van Morrison und wurde mit zahllosen Auszeichnungen bedacht, 1980 gar von der Queen ausgezeichnet. 1996 versuchte er sich noch einmal als Hauptdarsteller eines Musicals: Tim Rice (Texte), John Farrar (Musik) entwickelten die Show ‹Heathcliff› nach dem romantischen Epos ‹Wuthering Heights› von Emily Brontë aus dem 19. Jahrhundert und einer Handlungsidee von Frank Dunlop und Cliff Richard. Der Star präsentierte das Spektakel 126mal in Englands großen Hallen und Arenen. 200 Techniker transportierten in 18 Lastwagen eine Drehbühne, fünf Filmleinwände, sechs Projektoren, eine Laserkanone und 32 Kilometer Lichtkabel für 600 Scheinwerfer 21 000 Kilometer weit über die britische Insel. Tausend Liter Trockeneisnebel wurden verbraucht, 8,5 Millionen Pfund bereits im Vorverkauf erlöst. Die Show unter Dunlops Regie war indes «derart zusammenhanglos, daß sie eingeblendeter Inhaltsangaben bedurfte, um den Zuschauer nicht gänzlich im unklaren zu lassen» (Fachblatt ‹Musicals›). Die Show unternehme den innovativen Versuch, ein Popkonzert in neuer Form zu präsentieren, urteilte ‹Musicals›-Kritiker Marc Wein: «Ist Richard aber zum Deklamieren gezwungen und muß in tränenreicher Verzweiflung über den Tod von Cathy, dem Wahnsinn nahe, auf offener Bühne zusammenbrechen, stößt er an seine Grenzen.» Dem Fan bleibe dann nur der Gang zum Merchandise-Stand, «denn dort gibt es ja Cliff-Poster, Cliff-T-Shirts, Cliff-Sticker, Cliff-Kaffeetassen und – jawohl! – den Cliff Richard-Teddybär». Ein Song aus ‹Heathcliff›, das Duett *The Wedding* mit Helen Hobson, wurde am 30. März 1996 für nicht mehr als eine Woche auf Platz 40 der britischen Charts notiert, aber mit dem Kartenvorverkauf für die Aufführungsserie des Musicals im Londoner Westend erzielte er ein weiteres Rekordergebnis: Am ersten Tag wurden für 2,3 Millionen Pfund Tickets verlangt. Der Himmel war klar erkennbar auf seiner Seite. Als Sir Cliff Richard beim Wimbledon-Tennisturnier am 4. Juli 1996 kurzentschlossen *Summer Holiday*, *The Young Ones*, *Bachelor Boy* und *All Shook Up* intonierte, um einen Regenschauer zu überbrücken, kam die Sonne wunderbarerweise nach 20 Minuten wieder durch die Wolken. Das Ereignis werde in die Chronik von Wimbledon als «Cliffstock» eingehen, bemerkte der ‹Daily Telegraph›. 1997 nahm Sir Cliff am Beerdigungsgottesdienst für Princess Diana in der Westminster Abbey teil und gab zwei Gospelkonzerte im britischen Newport, Gwent. 1998 sang er beim Princess Diana Memorial Concert im Althorp House und verbuchte mit *Can't Keep This Feeling* wieder einmal einen Top Ten-Hit. 1999 rezitierte er beim Begräbnis der ermordeten TV-Moderatorin Jill Dando in der Clarence Park Baptist Church in Weston-Super-Mare, Somerset, den 46. Psalm. Er war doch wirklich ein guter Christ und konnte gar nicht verstehen, warum sich Kollegen und Mitbewerber im Christmas Business über sein Weihnachtslied *Millennium Prayer* Ende 1999 so aufregten. Er hatte lediglich das Vaterunser nach der Volksliedmelodie *Auld Long Syne* gesungen und das verpopte Gebet, das seine Firma EMI nicht haben wollte, im Vertrieb eines kleinen Labels an die Spitze der UK-Charts plaziert. George Michael nannte den angeblichen Kommerz-Mißbrauch des Vaterunsers «widerlich», Spice Girl Melanie C. rief dazu auf, nicht *Millennium Prayer*, sondern die Single *It's Only Rock 'n' Roll*, bei der sie mitsang, auf den Gabentisch zu legen, denn der Reinerlös dieser Platte sei für das Kinderhilfswerk Children's Promise bestimmt. Da kam sie Cliff Richard allerdings gerade recht. Der hatte die Reineinnahmen aus seinem seichten Jahrtausendgebet nämlich schon längst Children's Promise zugedacht. «Was soll's?» kommentierte der Künstler: «Ich bin seit über 40 Jahren im Geschäft, ich habe mehr als 280 Millionen Alben verkauft und viele Menschen glücklich gemacht. Ich bin ein zufriedener Mann.»

LPs (Auswahl) auf EMI: *Cliff* (1959); *Cliff Sings* (1959); *Me And My Shadows* (1960); *Listen To Cliff* (1961); *How Wonderful To Know* (1961); *The Young Ones* (1961); *It'll Be Me* (1962); *Summer Holiday* (1963); *Hit Album* (1963); *Cliff's Greatest* (1963); *When In Spain* (1963); *International* (1963); *Cliff's Songs* (1963); *Wonderful Life* (1964); *Forever* (1964); *Aladdin And His Wonderful Lamp* (1964); *Our Friends* (1964); *Cliff Richard* (1965); *More Hits* (1965); *When In Rome* (1965); *Cliff And The Shadows '65* (1965); *Love Is Forever* (1965); *Cliff And The Shadows '66* (1966); *Kinda Latin* (1966); *Finders Keepers* (1966); *Cinderella* (1967); *International Again* (1967); *Don't Stop Me Now* (1967); *In Japan* (1967); *Good News* (1967); *Cliff In Japan* (1968); *Congratulations* (1968); *Two A Penny* (1968); *Established 1968* (1968); *Hier ist Cliff* (1969); *Best* (1969); *Cliff Richard* (1969); *Sincerely Cliff* (1969); *Cliff Richard, Edition 2000* (1970); *Live At The Talk Of The Town* (1970); *About That Man* (1970); *Tracks 'n' Grooves* (1970); *His Land* (1970); *Ich träume Deine Träume* (1971); *Best Vol. 2* (1972); *Power To All Our Friends* (1973); *Seine größten Erfolge* (1973); *Take Me High* (1973); *Spanish Harlem* (1974); *I'm Nearly Famous*; *Every Face Tells a Story* (1977); *My Kind Of Life* (1977); *40 Golden Greats* (1977); *Small Corners* (1978); *Green Light* (1978); *Rock 'n' Roll Juvenile* (1979); *Thank You Very Much* (1979); *I'm No Hero* (1980); *We Don't Talk Anymore* (1980); *Wired For Sound* (1981); *Love Songs* (1981); *Now You See Me Now You Don't* (1982); *Silver* (1983); *The Rock Connection* (1984); *Always Guaranteed* (1987); *Private Collection* (1988); *From A Distance* (1990); *Meine großen Erfolge* (1991); *Together With Cliff Richard* (1992); *The Album* (1993); *The Hit List* (1994); *The Winner* (1995); *Songs From Heathcliff* (1995); *At The Movies – 1959–1974* (1996); *Heathcliff Live (The Show)* (1996); *The Rock 'n' Roll Years* (4-CD-Box, 1997) … auf Bear Family Records: *On The Continent* (1997) … auf Razor Tie Records (USA): *The Cliff Richard Collection 1976–1994* (4-CD-Box, 1994)

Richie, Lionel (voc, sax), am 20. Juni 1949 in Tuskegee, Alabama, geboren, emanzipierte sich 1982 aus dem Gruppenverband der Commodores, nachdem er als Produzent und Autor für Kenny Rogers (*Lady*) sowie als Gesangspartner von Diana Ross (*Endless Love*) Soloerfolge erzielt hatte. Fortan machte er sich vorwiegend bei weißen Konsumenten einen Namen als Interpret «gefälliger Easy Listening-Balladen für Haushalte, die funkorientierteres Material höchstens durch den Dienstboteneingang reingelassen hätten» (‹Rolling Stone›). Richie wußte solche Tiraden enttäuschter Soul-Fans abzuwehren: «Nicht alle Schwarzen singen eben den Blues, nicht alle Schwarzen spielen Basketball, nicht alle Schwarzen können tanzen.» – «In einer Ära des modischen Zynismus weist (er) mit seinem Herzen den Weg», verteidigte die ‹Village Voice› den

Sänger mit der erotisch aufgerauhten Tenorstimme, und ‹Stereo Review› attestierte: «Er hat ein ausgeprägtes Gefühl für Melodien, gekoppelt mit einer emotionalen Empfindsamkeit, die es ihm ermöglicht, Stimmungen mit ungewöhnlicher Klarheit in Musik umzusetzen.» Auf seinem internationalen Bestseller *Can't Slow Down* (1983) erweiterte Richie seine Ausdrucksmöglichkeiten zu einer stilistischen Regenbogenkoalition aus amerikanischem Country-Pop (*Stuck On You*), afro-kubanischer Musik, Karnevalsklängen aus Rio (*All Night Long*), gitarrendominiertem Power-Pop (*Running With The Night*), ohne seine Domäne der schmalzigen Balladen zu vernachlässigen (*Hello*). Der globale Erfolg, der sich durch seine Co-Autorenschaft an dem Benefiz-Hit *We Are The World* (1985) noch verstärkte, machte Richie offenbar in seiner kreativen Freizügigkeit befangen. Die LP *Dancing On The Ceiling* (1986), immerhin bestückt mit dem Kinoschlager *Say You, Say Me*, wirkte «unengagiert, antiseptisch und nach der Erwartungshaltung der Konsumenten gefertigt» (‹Time Out›). «Die Arrangements stolpern dahin, als hätten sie Migräne, die Melodien geben sich vertraut, ohne Erinnerungswert zu haben, und die Produktionsdaten sind lesenswerter als die Songtexte» (‹New Musical Express›). Tatsächlich kam auch Richies Karriere ins Stolpern: Eine Ehekrise machte ihm kontinuierliche Arbeit unmöglich, eine Stimmbandkrankheit erzwang mehrere Operationen. Hinzu kamen juristische Anschuldigungen, er habe Songs plagiiert. 1993 koppelte er drei neue Songs, die ersten seit 1986, mit elf seiner Greatest Hits zum Album *Back To Front*. Es repräsentiere, so die Promotion, «24 Wochen Platz eins der US-Charts, 18 American Music Awards, fünf Grammies und einen Oscar», mithin Lionel Richies Lebenswerk. Der Erfolg des Albums vor allem in Großbritannien veranlaßte Mercury, für fünf Platten dem Vernehmen nach 30 Millionen Dollar in den Sänger zu investieren. Auf die erste davon mußten Firma und Fans bis 1996 warten. *Louder Than Words*, von Jimmy Jam und Terry Lewis produziert und abermals eine Kombination von Schmuseballaden und mittelschnellen Tanzstücken, erreichte in den USA Platz 28, in Großbritannien Platz elf und blieb – obgleich ein halbes Jahr nach Erscheinen vergol-

det – hinter Mercurys hochgeputschten Umsatzerwartungen zurück. Immerhin wurde der Softie 1996 in London auch für sein Lebenswerk mit dem neugestifteten Music of Black Origin Award (MOBO) ausgezeichnet und spielte neben Whitney Houston im Film ‹The Preacher's Wife› mit. Das Jahr 1997 brachte Richie in Monte Carlo als «Legende» einen World Music Award ein, blieb aber im Studio folgenlos. Mercury behalf sich Anfang 1998 mit einem Sampler: *Truly – The Love Songs*. Im Juli lieferte er wieder: «So souverän und gut abgehangen klang konventioneller Soulpop schon lange nicht mehr», notierte Christof Hammer über das Album *Time* (1998) in ‹Stereoplay› und lobte besonders die Midtempo-Songs, «die klingen, als hätte Richie jungen Kollegen wie Seal genau zugehört». Auch das nächste Album *Renaissance* (2000) mit «viel Melodie und weitgehend ballastfreiem Arrangement» sowie «reihenweise Hooklines von hohem Wiedererkennungswert» (‹Musikexpress›) fand bei wohlgesinnten Kritikern durchaus Gnade. Andreas Kletzin: «Das alles ist clever zusammengeklaut, aber in sich stimmig.» Der Sänger hatte sich die Backstreet Boys für Backing Vocals geleistet, wartete mit modischen Latin Beats auf (*Angel*) und traf mit seinen Texten wieder alle grünen Witwen mitten ins Herz: «Tell me how am I feeling cause my heart is on fire / Only you could be my one love forever / Just tell me you stay / And we'll dance the night away.» Für ihn sei das Komponieren wie eine Unterhaltung mit dem Publikum, bekannte Richie Ende 2000 Lars Jensen von der ‹Süddeutschen Zeitung›: «Ich erlebe etwas, dann denke ich: Fühle ich wirklich, was ich gerade fühle? Und das schreibe ich dann auf?» Frage: «So problemlos denkt man sich Welthits aus?» Antwort: «Du mußt im richtigen Moment einfach aufschreiben, was du fühlst. Zum Beispiel am Frühstückstisch: How do you feel? Antwort: I feel easy like Sunday morning. Im richtigen Moment aufgepaßt, und schon hat man einen Klassiker.» Denkpause. «It's easy, baby / When you know / Which tender button to push»: Dieser Möchtegern-Songtext ist allerdings nicht von ihm.

LPs auf Motown: *Lionel Richie* (1982); *Can't Slow Down* (1984); *Dancing On The Ceiling* (1986);

Composer (1989); *Back To Front* (1992) ... auf Mercury: *Louder Than Words* (1996); *Truly – The Love Songs* (1998); *Time* (1998); *Renaissance* (2000) Weitere LPs mit den The Commodores

Robinson, William **Smokey** (voc), am 19. Februar 1940 in Detroit, Michigan, geboren, zählte zu den Universaltalenten der Soulmusik-Industrie. Als Leader der Miracles führte er fast 20 Jahre ein Ensemble kultivierter Rhythm & Blues-Stilisten, dem seit der Gründung 1953 Bobby Rogers (voc), Ronnie White (voc), Pete Moore (voc), Marv Taplin (g) sowie Smokeys Frau Claudette Rogers (voc) angehörten. Mrs. Robinson wirkte allerdings seit 1965 nur noch bei Platteneinspielungen mit. Die High School-Freunde traten zunächst als Amateur-Straßenchor auf. 1958 schlossen sie einen Vertrag mit dem unabhängigen Songschreiber und Producer Berry Gordy Jr., der ihre besten Platten auf verschiedenen Lizenzlabels unterbrachte. Die Debüterfolge des Vokal-Clans ermöglichten Gordy die Gründung einer eigenen Musikproduktion: Motown Records. 1961 erzielten die Miracles mit dem Robinson-Titel *Shop Around* ihren ersten Millionentreffer auf dem neuen Label. Smokey erwies sich bald als wesentlicher Auftriebsfaktor für Motown. Er regte das Engagement zukünftiger Hitmacher wie The Supremes an, verfaßte zugkräftige Schlagertexte für Mary Wells (*My Guy*, 1964), The Temptations (*My Girl*, 1965) und andere Firmen-Stars, leitete zahlreiche Platten-Sessions und stattete seine Miracles weiterhin mit einem üppigen Hit-Repertoire aus: *You Really Got A Hold On Me* (1963), *Get Ready* (1964), *Ooo Baby Baby, The Tracks Of My Tears, Going To A Go Go* (1965), *More Love, The Tears Of A Clown* (1967). Robinson orientierte seine Songs an den Erfordernissen des Hitparaden-Radios: «Je kürzer eine Platte ist, desto öfter wird sie gespielt. Beim Schreiben gehe ich davon aus, daß ein Song einen vollständigen Gedanken enthalten muß und eine Geschichte in der Zeit zu erzählen hat, die für eine Platte zur Verfügung steht.» Innerhalb dieses Zeitlimits gelangen Robinson einprägsame Beispiele eines sanften, poetischen Rhythm & Blues, der banale Redewendungen der Alltagssprache mit ungewöhnlichen Metaphern und originellen Gleichnissen anreicherte

und in der Gegenüberstellung von Sein und Schein eine «Aura der Unschuld, des Erstaunens, der Überraschung» (Charlie Gillett) aufkommen ließ: «People say I'm the life of the party, 'cause I tell a joke or two, but although I may be laughin' loud and hearty, deep inside I'm blue» (*The Tracks Of My Tears*). Robinsons kommerzielles Verständnis war nicht zuletzt auch darauf zurückzuführen, daß er seit 1964 als Vizepräsident von Motown Records wesentlich stärker in die Business-Planungen des Konzerns integriert war. Dem Wunsch der Firmenleitung, sich auch auf weißen Märkten durchzusetzen, entsprach auch seine vorsichtige Haltung gegenüber schwarzem Selbstbewußtsein im Show Business: «Ich bin stolz darauf, daß ich schwarz bin; aber ich glaube nicht, daß die Bühne der richtige Ort ist, um darüber einen Vortrag zu halten. Die Leute kommen, weil sie sich unterhalten lassen wollen.» Das allerdings taten die Miracles vorzüglich mit der ersten choreographischen Darbietung eines schwarzen Vokal-Ensembles. Smokeys elegantes Falsett, das die Klarheit und Weichheit eines Soprans annahm, wand sich geschmeidig durch die Stimmungslagen seiner Songs und sparte nicht mit sentimentalem Pathos und effektvollem Wechsel der Tonlagen, während die Miracles ein dichtes Netz kontrastierender Vokalpartien webten. 1972 trennte sich Robinson von seinen Gesangspartnern. Seine Solo-LPs füllte er mit Liebesliedern und Songs über familiäre Beziehungen (*The Love Between Me And My Kids*). Stücke wie *Virgin Man* wurden zu Diskotheken-Rennern, durchweg jedoch waren die Texte weniger scharfsinnig als früher. An seine Stelle bei den Miracles trat William Griffith (voc). Mit dem Album *A Quiet Storm* (1975) erreichte Robinson seinen höchsten Reifegrad als Komponist. Das Titelstück, urteilten Hardy & Laing, enthalte «rhythmische Muster, die auch auf einer Miles Davis-Platte von 1965 nicht fehl am Platze gewesen wären». Zugleich kultivierte er mit Stücken wie *Baby That's Backatcha* abermals die Kunst der kleinen Form, honoriert mit einem Nummer-eins-Hit. Nicht nur er selbst als Interpret (etwa mit der LP *Cruisin'* und der Single *Being With You*, 1981) stieß mit seinen Song-Kreationen immer wieder in die oberen Seller-Ränge vor. Auch andere Künstler wie Linda Ronstadt

(*Ooo Baby Baby*), die Beatles (*You've Really Got A Hold On Me*), die Rolling Stones (*Going To A Go-Go*), Rare Earth (*Get Ready*), Johnny Rivers (*The Tracks Of My Tears*) oder Kim Carnes (*More Love*) ersangen dem Komponisten satte Hits. 1988 trat er von seinem Posten als Motown-Vizepräsident zurück und schrieb seine Autobiographie (mit David Ritz): ‹Smokey: Inside My Life›. Das Buch war ein Lehrstück über das schwarze Musikgeschäft in den USA, die Sucht nach Hits und die Verlockungen des Kokains. Robinson, der in den Neunzigern vornehmlich bei Benefizveranstaltungen auftrat und zahlreiche Ehrungen erfuhr, hatte das alles hinter sich gebracht. «Wenn man im Musikgeschäft überleben will», sagte der Veteran 1988, «ist es das wichtigste, daß man seine Gedanken nicht beschmutzen läßt: ein solides Leben, ein solider Job, solide Musik.» In diesem Jahr erhielt er für den Song *Just To See Her* (Best R & B Vocal Perfomance) seinen ersten Grammy. Fortan ließ er sich gern von Damen oder auch von einer fashionablen Gruppe wie Manhattan Transfer zu Duettaufnahmen bitten: 1988 Dolly Parton *(I Know You By Heart)*, 1993 Aretha Franklin *(Just To See Her)*, 1994 Tammy Wynette *(I Second That Emotion)* und denselben Song 1995 noch einmal für das Manhattan Transfer-Album *Tonin'*. Er gastierte auf Festivals und Musikmessen wie MIDEM in Cannes (1992), ließ sich im gleichen Jahr zu einer Englandtournee mit 19 Konzerten überreden, erhob die Stimme in einem Memorialkonzert für Ella Fitzgerald in Universal City, Kalifornien, (1995) und war mit den Oldies *Oh Baby Baby, Tracks Of My Tears* zur Stelle, als die Miracles 1999 in New York mit dem Pioneer Award der R & B Foundation ausgezeichnet wurden. Er selbst wurde in den Neunzigern mit Ehrungen für sein Lebenswerk überschüttet: Songwriters Hall of Fame in N. Y. (1990), Soul Train Award in L. A. (1991), Motor City Music Award in Detroit (1992) ... bis hin zum Lifetime Achievement Award bei den Grammies 1999 im Shrine Auditorium von Los Angeles. Ein einziges Mal nur hatte er nach 30 Jahren bei Motown und nach dem Album *Love, Smokey* (1990) neue Songs zu lancieren versucht: 1991 bei SBK Records auf der CD *Double Good Everything*. Die Single mit dem Titelstück stoppte auf der US-Chartsposition 91, das Album

wurde gar nicht notiert. Motown edierte 1992 *The Greatest Hits* und legte 1994 weitere Highlights von Smokey Robinson And The Miracles in der 4-CD-Box *The 35th Anniversary Collection* vor. Beim verzweifelten Suchen nach marktgängiger Miracles-Ware griff Motown schließlich auf Archivposten aus Robinsons Anfangsjahren vor 1962 zurück und förderte unter dem Titel *Along Came Love* (1999) ein Sammelsurium stilistisch unausgegorener Sound-Plagiate zutage. Nur eine einzige Aufnahme in dieser Raritäten-Kollektion, einen bis dato unveröffentlichten Live-Mitschnitt von *Shop Around*, ließ Kritiker Franz Schöler als «reinste Soul-Ekstase» gelten: «Im Vergleich dazu klingt das Studio-Original – na ja – ganz nett.»

LPs The Miracles mit Smokey Robinson auf Tamla: *Hi, We're The Miracles* (1961); *Cookin' With The Miracles* (1961); *I'll Try Something New* (1962); *Christmas With The Miracles* (1962); *The Miracles On Stage* (1963); *Doin' Mickey's Monkey* (1963); *The Fabulous Miracles* (1964); *I Like It Like That* (1965); *Going To A Go-Go* (1966); *Greatest Hits From The Beginning* (1966); *Away We A Go-Go* (1967) ... LPs Smokey Robinson & The Miracles auf Tamla: *Make It Happen* (1968); *Greatest Hits Vol. 2* (1968); *Special Occasion* (1969); *Live!* (1969); *Four In Blue* (1972); *What Love Has Joined Together* (1970); *A Pocketful Of Miracles* (1970); *Smokey Robinson & The Miracles* (1970); *One Dozen Roses* (1971); *Flying High Together* (1972) ... Solo-LPs Smokey Robinson auf Tamla: *Smokey* (1973); *Pure Smokey* (1974); *A Quiet Storm* (1975); *Smokey's Family Robinson* (1976); *Deep In My Soul* (1977); *Big Time* (1977; Soundtrack); *Smokey's World* (1978); *Love Breeze* (1978); *Smokin' Live* (1979); *Where There's Smoke* (1979); *Warm Thoughts* (1980); *Being With You* (1981); *Yes It's You Lady* (1982); *Touch The Sky* (1983); *Blame It One Love & All Great Hits* (1983); *Essar* (1984); *Smoke Signals* (1986); *One Heart Beat* (1987); *Love Smokey* (1990); *The 35th Anniversary Collection* (1994; Box mit vier CDs); *Along Came Love* (1999) ... auf SBK: *Double Good Everything* (1991) ... LPs The Miracles mit William Griffith auf Tamla: *Renaissance* (1973); *Do It Baby* (1974); *Don't Cha Love It* (1975); *City Of Angels* (1975); *The Power Of Music* (1976) ... auf Columbia: *Love Crazy* (1977); *Miracles* (1978)

The Rolling Stones waren die «bad boys» der Rockmusik und zugleich deren Inkarnation: schlicht die perfekteste Rockband der Welt. Trotz der Multi-Millionen-Umsätze ihrer Platten, trotz ihrer Luxusvillen, Schlösser, Landhäuser und Wagenparks haben sich Mick Jagger (voc), Keith Richards (g), Brian Jones (später der am 17. Januar 1949 in Hatfield, Herts., geborene Mick Taylor [g] und von 1975 an der am 1. Juni 1947 in London geborene Ron Wood [g, voc]), Bill Wyman (bg) aus Penge, am 24. Oktober 1941 geboren, sowie der am 2. Juni 1941 in Islington geborene Charlie Watts (dr) das Rebellen-Image bewahren können. Sie hatten sich mit ihren Sex- und Drogenausschweifungen konsequent über bürgerliche Moralvorstellungen hinweggesetzt und galten daher als schmutzige, böse, aggressive Exponenten einer neuen proletarischen Musik. Wo sie in den Jahren 1964 bis 1967 auftraten, stets in Riesenarenen, ging nicht selten das Mobiliar zu Bruch. Was dort erklang, erkannte der Regisseur Jean-Luc Godard, der sie in seinem Film ‹One plus One› porträtierte, «könnte der Beginn einer Revolution sein». In ihrem größten Hit *(I Can't Get No) Satisfaction* entdeckten die Fans «die Aufforderung an jeden einzelnen, sich nicht länger einzuordnen, unterzuordnen, sich nicht länger die Befriedigung zu versagen, deren Erfüllung doch längst schon möglich ist» (‹Die Zeit›). Die meisten jedoch hatten überhört, daß der Rolling Stones-Song *Street Fighting Man* («Die Zeit ist reif, in den Straßen zu kämpfen») mit der Zeile endete: «Aber was kann ein armer Junge anderes tun, als in einer Rock 'n' Roll-Band zu singen?» Für das Selbstverständnis der Rolling Stones war «revolutionärer Heroismus stets lediglich eine Pose» und «der Rock 'n' Roll nur ein wenig Paprika auf dem atomaren Fernseh-Abendbrot» (so der US-Kritiker Stanley Booth). Zugegebenermaßen ging es ihnen immer nur um die Freiheit, ihre Musik und Geld zu machen. Beides konnten sie optimal verwirklichen. In ihrer ersten Phase hatte die Band, die sich 1962 im Londoner Marquee Club von Alexis Korners Blues Incorporated abspaltete, ausschließlich amerikanisches Bluesmaterial nachgespielt. Mit den Jagger/Richards-Kompositionen *The Last Time*, *Satisfaction*, *Get Off Of My Cloud*, *19th Nervous Breakdown* sowie den Alben *Between*

The Buttons und *Aftermath*, in denen sie «den Rhythm & Blues neurotisierten» (so der deutsche Stones-Experte Franz Schöler), fanden sie nach 1965 ihren eigenen, ungeheuer ökonomischen Stil: Zu einfachen, durch Gitarrenornamente ausgezierten Riff-Figuren steigerte sich Mick Jaggers Gesang auf einen explosiven Spannungshöhepunkt. Von einem plastischen Flimmerbild der fünf Musiker im Märchengewand gecovert, wurde die Gruppe 1967 psychedelisch: Ihr Album *Their Satanic Majesties Request* offenbarte ein phantastisches Pop-Universum zwischen Ganges und Galaxis, durch das Strawinsky, Bach und Stockhausen geisterten, in dem es elektronisch zwitscherte, blubberte und schwirrte, in dem Lachen und Schnarchen widerhallte und die satanischen Majestäten den LSD-frommen Choral anstimmten: «Warum singen wir nicht alle zusammen und warten, bis die Bilder kommen?» – Ein Song trug den Titel «2000 Lichtjahre von zu Hause», ein anderer verkündete: «Mein Name ist nur eine Nummer, ein Stückchen auf einem Plastikstreifen.» Diese Pop Art, neben dem *Sgt. Pepper*-Album der Beatles immerhin die phantasiereichste, die es in der Rockmusik gab, wurde von vielen Kritikern (Schöler: «Völlig unglaubwürdig») nicht goutiert. Deshalb erinnerten sich die Rolling Stones wieder ihrer alten Underground- und Kloaken-Perspektive. Für die Platte *Beggars Banquet*, auf der Jagger die Liebeskünste eines 15jährigen Mädchens pries, um «Mitleid mit dem Teufel» warb und «jeden Polizisten einen Verbrecher» nannte, reichte die Gruppe der Plattenfirma Decca ein Coverbild ein, das eine verschmutzte Toilette mit ordinären Slang-Marginalien zeigte. Als die Firma den Entwurf ablehnte, gingen die Stones vor Gericht und trennten sich schließlich wegen dieser und anderer Schwierigkeiten von Decca, um ihr eigenes Plattenlabel zu gründen. Jagger: «Wenn wir ihnen heute erlauben, über die Verpackung zu bestimmen, werden sie uns morgen vorschreiben, was wir singen dürfen.» Mit fast jeder ihrer LPs hatten die Musiker das Blues- und Rockschema ihrer Musik in der Folge weiter differenziert. Sie ließen Hillbilly-Fideln, Harlem-Saxophone und Mundharmonikas erklingen, gospelten wie in der Kirche und intonierten Folksongs im Stil von Bob Dylan. Auf *Let It Bleed* ließen sie den Londoner Bach-Chor jubilieren; auf *Sticky Fingers* (mit einem Hüllenentwurf von Andy Warhol) beschrieb Jagger die letzten Minuten eines sterbenden Fixers, der nur noch von fern die Sirene des Ambulanzwagens hört, den Doktor nicht mehr erkennen kann und um eine letzte Morphiumspritze bettelt; auf *Exile On Main Street* stimmten sie mit zahlreichen prominenten Gastmusikern (etwa Billy Preston, Nicky Hopkins, Bobby Keyes) erneut den Outcast-Blues der Spieler, Komödianten und Trunkenbolde an, ein Lied der Penner, Prostituierten und Pimps voller Aggression, Obszönität und Poesie. Von Jahr zu Jahr hatten die Stones auch ihre Live-Auftritte und Tourneen, die zunehmend im Stil eines Industrieunternehmens geplant wurden, zu gewinnträchtigen Ritualen perfektioniert. Bei ihrer USA-Tournee 1969, die ihnen bei 7,23 Millionen Mark Einnahmen eine Gage von 4,1 Millionen einbrachte, im Film ‹Gimme Shelter› dokumentiert wurde und zu dem Mord-Desaster von Altamont führte, spielten die «Teufelsschüler», diese «elektrisch verstärkte Straßengang» (‹Saturday Review›), besser und energetischer als je zuvor. Bei ihrer US-Konzertreise 1972 hatten sich 560 000 New Yorker Rockfans schriftlich um die 20 000 Eintrittskarten zum Stones-Konzert im Madison Square Garden beworben; die Karten zu sechs Dollar mußten ausgelost werden. Das «organisierte Chaos» dieser Tournee, ein «Triumphzug von Macht, Kraft, Perversion, Liebe, Sex, Drogen und Rock ’n’ Roll» (Journalist Edi Schwager), wurde von Robert Greenfield im Buch ‹STP – A Journey Through America with the Rolling Stones› beschrieben und im Auftrag der Stones von Robert Frank im Film ‹Cocksucker Blues› ausführlich dokumentiert. Auf Grund intimer Innenansichten – Keith Richards läßt sich bei einer Gruppensex-Party im Tourneejet einen Heroinschuß setzen – blieb der Film unter Verschluß. (Erst 1984 wurden einige Sequenzen daraus in das 60-Minuten-Video ‹Rewind› eingebaut.) Ein offizieller, harmloser Konzertfilm, im Juni 1972 in Texas aufgezeichnet, fiel beim Publikum durch. Umstritten waren die Rolling Stones, die sich aus Steuergründen in Südfrankreich angesiedelt und sich künstlerisch auf eine reine Entertainment-Position zurückgezogen hatten (*It’s Only Rock ’n’ Roll, But I Like It*), in den siebziger Jahren wie eh und je. Während ein Teil der Kritiker in ihren Konzerten nur mehr eine trotzige Kraftanstrengung, ein letztes Aufbäumen vor dem Ende sah, diagnostizierte ein anderer Teil einen fortschreitenden musikalischen Reifungsprozeß. «Hatte der Rock am Anfang Musik in eine Zeitstimmung überführt, so überführen die Stones eine Zeitstimmung in Musik. Sie heizen keine Emotionen an, sie drücken sie aus» (‹Die Zeit›). Von 1972 an gingen die Stones nur noch etwa alle drei Jahre auf Tournee. Vor der Konzertreise 1975 erklärte Gitarrist Mick Taylor seinen Abschied und wurde durch Ron Wood von den Faces ersetzt. Die Musiker sonnten sich nach ihren Konzerten auf Parties im Glanz von Schickeria-Größen wie Andy Warhol, Truman Capote, Tennessee Williams oder Prinzessin Radziwill und schienen in den «Jahren des bequemen Mittelmaßes» (Jagger-Biograph Peter Urban) 1973 bis 1976 mit LPs wie *Goat’s Head Soup*, *It’s Only Rock ’n’ Roll* und *Black And Blue* nur mehr ihren Ruf als «Greatest Rock ’n’ Roll Band in the World» zementieren zu wollen. Jagger hatte am 12. Mai 1971 in St. Tropez das Jet-Set-Girl Bianca Morena de Macías aus Nicaragua geheiratet; die Ehe wurde 1980 geschieden. Richards und seine langjährige Freundin Anita Pallenberg wurden im März 1977 in Kanada wegen Heroinbesitzes verhaftet, was die Fertigstellung der nächsten LP verzögerte. Doch mit *Some Girls* (1978) und vor allem *Tattoo You* (1981) zeigten sie sich, bei größeren LP-Auflagen als je zuvor, wieder ganz als die alten Rüpel. Zu aggressiven Gitarrensounds, durch Disco-Injektionen aufgefrischt, röhrte Jagger «energiegeladen, zynisch und scharf» (Urban) Macho-Philosophien, durchaus manchmal mit selbstironischem Akzent: «Nun sind wir angesehen in der Gesellschaft / Und die Sachen von früher sind vergessen. / Mit dem Präsidenten sprechen wir über Heroin …» Mit der Single *Miss You* (aus *Some Girls*) lancierten sich die Stones auf Platz eins in den Charts, mit *Start Me Up* (aus *Tattoo You*) auf Platz zwei. Es waren faszinierende Tanznummern auf der Höhe der Disco-Mode ohne Verlust der Rhythm & Blues-Tradition. Die Tournee 1981 / 82 durch die USA und Europa brachte der Band 50 Millionen Dollar ein: 30 Millionen aus Kartenverkäufen, zehn Millionen aus Stones-

T-Shirts und anderen Andenken, viereinhalb Millionen aus dem Verkauf von drei Millionen *Tattoo You*-LPs, dazu ein Millionenbeitrag von einer Parfümmarke als Sponsor der Tour. Der Mitschnitt kam auf dem Album *Still Life* (1982) in den Handel und warf auch noch den von Hal Ashby gedrehten Film ‹Let's Spend the Night Together› sowie Clips für Videos ab. «Danach», urteilte ‹Rolling Stone›, «finden wir Mick Jagger enthüllt als meisterlichen Karriere-Strategen, als den zähesten, scharfsinnigsten Geschäftsmann, der nach Bop Hope und Frank Sinatra die Entertainment-Szene betrat.» Neben ihren gemeinsamen LPs *Undercover* (1983), *Rewind* (1984) und *Dirty Work* (1986) haben alle Stones-Musiker in den achtziger Jahren auch Soloalben gemacht. Der Zusammenhalt der Gruppe zerbröckelte bis hin zu einer Jagger-Solotournee mit gemieteten Musikern, für die er den Namen Rolling Stones in Anspruch nahm. Als der Leadsänger im Mai 1988 im Londoner Savoy-Hotel beim ersten Treffen aller fünf Stones seit zwei Jahren die alten Kameraden für eine neuerliche Großtournee überreden wollte, ließ ihn Richards abfahren: «Come back when you're clean» (etwa: «Komm noch mal, wenn du wieder richtig tickst»). Sein Kommentar: «Mick führt sich wie ein Diktator auf. Außerdem will er nur deshalb wieder mit uns auftreten, weil er als Alleinunterhalter nur geringe Erfolge hat.» Ein halbes Jahr später hatte er es sich anders überlegt. Am 13. Januar 1989 flog er zu Jagger nach Barbados und gab nach einer reinigenden Auseinandersetzung sein Einverständnis zu weiterer Kooperation. Fünf Tage später, am 18. Januar, wurden die Rolling Stones im New Yorker Waldorf Astoria Hotel in die Rock and Roll Hall of Fame aufgenommen. Sie bedankten sich mit dem Song *Start Me Up*. Für die erste Stones-Tournee seit 1981, Start im August 1989, handelte Jagger eine Mindestgage von 70 Millionen Dollar aus. Nach den jahrelangen Querelen um die stilistische Richtung und einzelgängerischen Kapriolen der Bandmitglieder legten die Stones im 27. Karrierejahr ein Album vor, das die Schwächen eines desorientierten Superstar-Ensembles offenbarte. *Steel Wheels* (1989) machte auf peinigende Weise deutlich, daß die Rolling Stones nichts im Repertoire hatten, was schwarze Rhythm & Rock-Musiker nicht

bravouröser darbieten könnten. Die englischen Dollar-Millionäre wußten nur besser auf der Business-Klaviatur zu spielen. Sie trafen den Sound des Hitparaden-Radios trotz Mimikry-Bemühungen nicht mehr, schafften weder im United Kingdom noch in den USA den Platz eins der LP-Charts, konnten aber das Gros mehrerer Generationen entwöhnter Stones-Fans in ihre Konzerte mobilisieren. Als die «Steel Wheels»-Tournee im August 1990 nach einem Jahr und 116 Konzerten im Londoner Wembley-Stadion zu Ende ging, hatten rund sechs Millionen Menschen die Veteranen gehört. In dieser Zeit war Bill Wyman, 52, der vor Tourneebeginn im englischen Suffolk in zweiter Ehe heimlich die 19jährige Mandy Smith geheiratet hatte (sein 28jähriger Sohn Stephen war Trauzeuge), schon beinahe wieder geschieden. Keith Richards hatte sich an einer Stahlsaite einen Finger eingerissen, so daß wichtige Konzerte in England verschoben werden mußten. Ron Wood brach sich unmittelbar im Anschluß an die Tournee in der englischen Grafschaft Wiltshire bei einem Verkehrsunfall beide Beine, und Mick Jagger heiratete noch vor Jahresende 1990, am 21. November, auf Bali Jerry Hall. Die gute Nachricht: Die Stones gewannen im Kritikerpoll der namensverwandten Zeitschrift drei Preise: Künstler des Jahres, beste Tournee, bester Drummer (Charlie Watts). Im März 1992 kündigte Bill Wyman an, die Band verlassen zu wollen, und machte es Anfang 1993 wahr. Im Februar erschien sein Soloalbum *Stuff*, seine Scheidung von Mandy Smith wurde mit einer Zahlung von 580 000 Pfund rechtskräftig, im März heiratete er wieder – in St. Paul de Vence, Frankreich, die amerikanische Fashion-Designerin Suzanne Accosta, 33. An seine Stelle trat mit dem Album *Voodoo Lounge* (1994) Darryl Jones (bg) von Miles Davis und Sting. Die Platte zeigte eine emotional und musikalisch konsolidierte Band, erhielt durchweg positive Kritiken und wurde als «Bestes Rock-Album 1994» mit einem Grammy prämiert. Die Tournee, in Europa von Volkswagen gesponsert, gestaltete sich von 1994 bis 1996 zu einem Triumphzug um die Welt ohnegleichen. Sie erbrachte mit mehr als 300 Millionen Dollar Gewinn das größte Plus, das je eine Musikgruppe eingefahren hatte. Das während der Tournee am 25. und 26. Mai 1995 u. a. im Amsterdamer Paradiso mitgeschnittene Live-Album *Stripped* (1995) gab den «Kollektivorgasmus eines Publikums, das die Wiedergeburt von *Wild Horses* feiert» (‹Tip›), nur bedingt wieder. Der alte Schwung, bemängelte beispielsweise Kritiker Hagen Liebing, sei einer professionellen Geschmeidigkeit gewichen: «Eine leichte Verschiebung zum Western-Swing bei *Love In Vain*, die Temposteigerung bei *Dead Flowers* oder der brillante Sound können eines nicht ersetzen: den *human factor*, der diese unaufhörlich rotierende Rock-Maschine stets geölt hat.» Mehr noch als *Voodoo Lounge* mit ihren Dirty-Old-Man-Liebesliedern («I have never found a woman so hot») hart an der Grenze der Peinlichkeit, mehr auch als die abgemilderte Oldies-Sammlung *Stripped* zeigte das Folgealbum *Bridges To Babylon* (1997) das Dilemma der Stones in den Neunzigern: Sie füllten die größten Arenen und promoteten damit ihre LPs. Sie mußten mit neuen Songs beweisen, daß sie keine Nostalgiekapelle waren, aber sie erreichten die Hitparaden nicht mehr. Auf *Bridges To Babylon*, vom ‹Spiegel› voreilig als «entspanntes Alterswerk» gepriesen, versuchten sich die Songschreiber Jagger und Richards erstmals an einer ihrem Alter entsprechenden Problematik. Im Song *Out Of Control*, der an *Cloud Nine* von den Temptations und an das Stones-eigene *Heartbreaker* erinnerte, dachte der Sänger an «times long ago» zurück, in denen er «jung, närrisch, zornig, eitel und glücklich» war: «Tell me how I have changed», sang er scheinheilig. «Diese Songs klingen hohl», urteilte Jon Pareles in der ‹New York Times›, «niemand erwartet, sie in zwei Jahren noch zu hören.» Erfolgreiche eigene und fremde Passepartouts schienen durch: *Already Over Me* klang nach *Angie*, *Anybody Seen My Baby* in den Versen nach Michael Jacksons *Billy Jean*, im Refrain nach k. d. langs *Constant Craving* (sie wurde auch als Co-Autorin genannt). «Es gibt viele Möglichkeiten, einen Song zu spielen», sagte Mick Jagger, «aber was du immer brauchst, ist ein Groove.» Vorschlag von Jon Pareles für die Stones 2000: ein Album mit hart groovenden Instrumentals oder eine EP mit vier sorgsam ausgesuchten neuen Songs, von denen jeder ein Knaller ist. Daraus wurde nichts. Das Anschluß-Album zu *Bridges Of Babylon* ent-

hielt das Repertoire der US-Tournee «No Security» (1998), die Europa nicht erreichte, und wurde im Leserpoll des amerikanischen ‹Rolling Stone› zum besten Live-Album des Jahres gewählt. Wolfgang Doebeling im deutschen ‹Rolling Stone›: «Das Programm wurde generalüberholt, die Band spielt härter und wilder, die Stücke sind kürzer, fetziger.» Auch eine Möglichkeit!

LPs auf Decca: *The Rolling Stones* (1964); *The Rolling Stones No. 2* (1964); *Out Of Our Heads* (1965); *Bravo! The Rolling Stones* (1965); *Aftermath* (1966); *Big Hits (High Tide And Green Gras)* (1966); *Between The Buttons* (1967); *Flowers* (1967); *Their Satanic Majesties Request* (1967); *Beggars Banquet* (1968); *Through The Past, Darkly* (1969); *Let It Bleed* (1969); *Get Yer Ya-Ya's Out* (1970); *Around And Around* (1970); *Stone Age* (1971); *Milestones* (1971); *Gimme Shelter* (1971); *Hot Rocks 1964–71* (1972); *Rock 'n' Rolling Stones* (1972); *More Hot Rocks* (1973); *Metamorphosis* (1975); *Rolled Gold* (1975); *Rolled Gold Vol. 2*; *Heartbreakers* (1981); *Stones Story* (1981) ... auf Nova: *Great Hits* (1976); *The Rolling Stones Story* (12 LP-Box, 1980); *Collector's Only* (1980) ... auf London (Veröffentlichungen in den USA): *England's Newest Hitmakers – The Rolling Stones* (1964); *12x5* (1964); *The Rolling Stones, Now!* (1964); *December's Children (And Everybody's)* (1965); *Got Life If You Want It!* (1966); *No Stone Unturned* (1972) ... auf Rolling Stones Records: *Sticky Fingers* (1971); *Jamming With Edward* (1972); *Exile On Main Street* (1972); Goat's Head Soup (1973); *It's Only Rock 'n' Roll* (1974); *Made In The Shade* (1975); *Black And Blue* (1976); *Love You Live* (1977); *Some Girls* (1978); *Emotional Rescue* (1980); *Sucking In The Seventies* (1981); *Tattoo You* (1981); *Still Life (American Concert 1981)* (1982); *Undercover* (1983); *Rewind* (1984); *Dirty Work* (1986); *Steel Wheels* (1989); *Flashpoint* (1991) ... auf Virgin: *Voodoo Lounge* (1994); *Stripped* (1995); *Bridges To Babylon* (1997); *No Security* (1998) ... Solo-LPs Bill Wyman auf Rolling Stones Records: *Monkey Grip* (1974); *Stone Alone* (1976) ... auf Polydor: *Green Ice* (Soundtrack, 1981) ... auf A & M: *Bill Wyman* (1982) ... auf Ripple: *Willie And The Poor Boys* (1985) ... auf Victor: *Stuff* (1992) ... LPs Bill Wyman's Rhythm Kings auf RCA Victor: *Anyway The Wind Blows* (1998) ... auf Roadrunner: *Groovin'* (2000) ... Solo-LPs Ron Wood auf CBS: *I've Got My Own Album To Do* (1974); *Now Look* (1975); *Gimme Some Neck*

(1979); *1234* (1981) ... auf Atlantic: *Mahoney's Last Stand* (mit Ronnie Lane, 1976) ... Solo-LPs Charlie Watts auf CBS: *Live At Fulham Town Hall* (1986) ... auf Virgin: *Long Ago And Far Away* (1996) ... auf Cyber Octave: *Charlie Watts / Jim Keltner Project* (2000) ... Solo-LP Mick Taylor auf CBS: *Mick Taylor* (1979) ... LPs The Andrew Loog Oldham Orchestra auf Ace of Clubs: *16 Hip Hits* (1964) ... auf Decca: *Lionel Bart's Maggie May* (1964); *The Rolling Stones Songbook* (1966) ... auf Parrot: *East Meets West – Famous Hits Of The Beach Boys And The Four Seasons* (1964; US-Veröffentlichung) ... LP Brian Jones auf Rolling Stones Records: *Brian Jones Presents The Pipes Of Pan Of Joujouka* (1971) ... LPs Keith Richards auf Haro: *No Guilty* (1980) ... auf Virgin: *Talk Is Cheap* (1988); *Live At The Hollywood Palladium, December 12, 1988* (1991); *Main Offender* (1992) ... mit Wingless Angels auf Island Jamaica: *Wingless Angels* (1997)
Weitere Solo-LPs → Mick Jagger

Rollins Band, 1987 in Los Angeles gegründet, verband physische Gewalt und Intellekt zu einer ebenso harmonischen wie explosiven Einheit. Henry Rollins, am 13. Februar 1961 in Washington, D.C., als Henry Garfield geboren, wuchs in bescheidenen sozialen Verhältnissen auf, denen er schon als Kind durch Überaktivität zu entfliehen suchte. In den späten Siebzigern machte er gemeinsam mit Ian MacKaye, später Fugazi, seine Heimatstadt unsicher. Kaum in Los Angeles angekommen, wurde er 1981 von Gregg Ginn zum Sänger von Black Flag, dem Flaggschiff des Hardcore, berufen, nachdem er sich während einer Show der Band kurz entschlossen des Mikrofons bemächtigt hatte. Rollins avancierte rasch zum Star, stritt sich jedoch permanent mit Ginn, der die Gruppe im Frühjahr 1986 auflöste. Der begabte Lyriker, Prosa-Autor und Workaholic Rollins, der sich auch als Spoken Word Performer einen Namen machte, schnitt sich die Haare ab und ging bereits im Oktober desselben Jahres mit Chris Haskett (g), Mick Green (dr), die beide zuvor bei Surfin' Dave & Absent Legends gespielt hatten, sowie Bernie Wandell (bg) ins Studio, um *Hot Animal Machine* (1987) aufzunehmen. Das Soloalbum zeigte mit seinem kompromißlosen Hardcore zunächst noch starke Nähe zu Black Flag, ebenso wie die während derselben Session entstandenen Aufnahmen zur EP *Drive By Shoot-*ings, die unter dem Bandnamen Henrietta Collins And The Wife-Beating Child Haters veröffentlicht wurde und mit *I Have Come To Kill You* eine bissige Coverversion des Queen-Songs *We Will Rock You* enthielt. Obgleich er nach dem Split von Black Flag geschworen hatte, nie wieder auf Tournee zu gehen, tauschte Rollins 1987 Wendell und Green gegen Andrew Weiss (bg) und Sim Caine (dr), die Rhythmus-Gruppe seines Ex-Kollegen Gregg Ginn, aus und begab sich unter dem Logo Henry Rollins Band auf eine erste ausgedehnte Tournee. Er besaß jetzt nicht nur eine der instrumental versiertesten Gruppen des Hardcore, sondern verfügte auch über den Klang, um seine provokanten Texte adäquat zu verpacken, was er sogleich auf den Alben *Life Time*, produziert von Andy McKaye, und *Do It* (beide 1988) unter Beweis stellte. Rollins formulierte Slogans wie «Try to find a closet to hide in and there's someone inside who wants to fuck with you» und schoß sie wie Torpedos ins Publikum. Sein muskulöser, vom Hals bis zu den Waden mit Tattoos übersäter Körper, der meist nur mit lendenschurzartigen Shorts bedeckt war, unterstrich in den Konzerten seine animalische Seite, die in schroffem Gegensatz zu den scharfen Geistesblitzen seiner eingestreuten Poetry-Fragmente stand. Auf *Hard Volume* (1989) und dem in einem Stück aufgenommenen Live-Album *Turned On* (1990) stellte der Tarzan der Punk-Poesie immer offensiver seine Fähigkeiten als stimmgewaltiger Shouter und weitblickender Rock-Dramaturg unter Beweis. Der Ruf der Rollins Band als exzellenter Live-Act sicherte ihr 1991 einen Platz im Programm des mobilen Lollapalooza-Festivals. Nach diesem Auftritt widmete sich Rollins zunächst gemeinsam mit Andrew Weiss der Band Wartime und einer Kollaboration mit den australischen Hard-Ons, die auf eine ekstatische Adaption des AC/DC-Hits *Let There Be Rock* hinauslief. Am 19. Dezember 1991 war Rollins Zeuge, wie sein Freund, Zimmergenosse und Ex-Kollege Joe Cole beim Einkaufen in Los Angeles erschossen wurde. Dieses Erlebnis veränderte schlagartig die Inhalte seiner Songs. Lautete seine Devise zuvor: «Ich spiele nicht gern, wenn ich weder Blut sehe noch Schmerz verspüre», ließ er nun verlauten, er verstehe nicht, warum ein Mensch einem anderen

Leid zufügen müsse, wenn er statt dessen die Musik von Miles Davis hören könne. «Eisenhenry ist nicht nur der harte Kerl mit dem bulligen Bizeps», versuchte ihn das ‹WOM Journal› zu typisieren, «er ist ein Mensch voller Gefühle und Selbstzweifel. Ein ewig unzufriedener rastloser Gefangener im supercoolen Los Angeles. Allein in der gefährlichsten aller Großstädte, umgeben von Irren, Gewaltverbrechern und Psychopathen. Ein gefallener Engel.» Die Rückkehr der Rollins Band erfolgte 1992 mit dem Album *The End Of Silence*, das von der Kritik gelobt wurde und auf Imago Records auch den Einstieg der Gruppe ins Major-Lager markierte. ‹Visions› charakterisierte das Album als «ultimative Abrechnung mit den Illusionen einer verkommenen, maroden, dekadenten, ja untergehenden Zivilisation». Er hatte seiner gewalttätigen Umgebung den Kampf angesagt, was ‹Tip› zu der Einschätzung veranlaßte, Henry Rollins sei «ein Mann fürs Extreme und zugleich eine der wenigen ernst zu nehmenden Kultfiguren im Rock-Business überhaupt. Wenn er den Mund aufmacht, wird zugehört.» Mit dem Material von *The End Of Silence* absolvierte die Rollins Band bis Ende des Jahres eine 162 Konzerte umfassende Tournee. 1993 erschien auf Imago die Spoken Word-Doppel-CD *The Boxed Set*, auf der er mit dem Leben als Rockstar abrechnete. Ein Jahr zuvor hatte Quarterstick seine besten Arbeiten als Wortkünstler in der Sechs-CD-Box *Deep Throat* veröffentlicht. 1994 trat die Rollins Band auf der Neuauflage des Woodstock-Festivals auf. Kurz darauf verabschiedete sich Andrew Weiss und wurde von dem Jazz-Bassisten Melvin Gibbs (zuvor u. a. Ornette Coleman, Defunkt und Bill Frisell) ersetzt. «Meine Band funktioniert wie das Mahavishnu Orchestra», äußerte der erklärte Jazz-Fan angesichts des 1994 in einer Blockhütte in Nevada aufgenommenen Albums *Weight*. Im selben Jahr veröffentlichte er auf dem eigenen, nach seinem Geburtsdatum benannten Label 2 13 61 Records neben weiteren Spoken Word-Dokumenten Arbeiten von Free Jazz-Musikern wie Charles Gayle oder Matthew Shipp und erwies sich als einer der wichtigsten Förderer der New Yorker Avantgarde-Szene. Filmrollen wie in Adam Rifkins ‹Heat› und Robert Longos ‹Johnny Mnemonic› sowie Buch-Projekte (zwi-

schen 1984 und 1993 nicht weniger als elf) ließen dem Michelangelo des Power Rock nach *Weight* kaum noch Zeit für die Arbeit mit seiner Band. 1995 wurde er für das Spoken Word-Album *Get In The Van: On The Road With Black Flag* mit einem Grammy ausgezeichnet, 1996 ließ er sich für die Lese-Doppel-CD *Everything* von dem Saxophonisten Charles Gayle und John Coltranes ehemaligem Schlagzeuger Rashied Ali begleiten. Doch es verging noch ein weiteres Jahr, bis er mit *Come In And Burn* das komplexeste und in der Einheit von Text und musikalischer Umsetzung geschlossenste Album der Bandgeschichte und zugleich ein Feuerwerk an Zweideutigkeiten veröffentlichte. Zwar fiel es bei ‹Spin› und ‹Rolling Stone› als antiquiert durch, doch Christoph Gurk kommentierte in ‹Spex› treffend: «Henry Rollins ist inzwischen eine all-amerikanische Ikone. Als solche ist er so sehr damit beschäftigt, eine Welt für sich zu verkörpern, daß Henry Rollins tatsächlich nur noch daraus besteht, *Körper* zu sein. Wen interessiert es da noch, ob das teils neue Werk nun weniger oder mehr gelungen ist, wo es im Prinzip nur um die Herstellung von Selbstähnlichkeit geht?» Eine Steigerung schien nicht mehr möglich, so daß der «König unbrauchbarer Information» (‹Neue Zürcher Zeitung›) sich fortan auf seine Lesungen und Vorträge konzentrierte, wobei er eine erstaunliche Wandlung von einer «Kampfmaschine» (‹Spex›) in einen charmanten und eloquenten Plauderer vollzog. Chris Haskett ging solo, Melvin Gibbs gründete gemeinsam mit Brandon Ross die Jazz Rock-Band Harriet Tubman, Sim Cain schloß sich Elliott Sharps Terraplane an. 2000 trat Rollins erneut mit der Rollins Band an, jedoch in völlig veränderter Besetzung. Mit Jim Wilson (g, p), Marcus Blake (bg) und Jason Mackenroth hatte er die komplette Alternative-Band Mother Superior adoptiert, um zu den Wurzeln des Rock zurückzukehren. Doch sein Versuch, die Unschuld zurückzuerlangen, fiel eher peinlich aus und stieß selbst bei Rock-Puristen nach anfänglicher Begeisterung eher auf Ablehnung. Henry Rollins handelte aus Überzeugung, nicht aus kommerziellem Kalkül. «Alle seine Platten», schrieb die ‹Neue Zürcher Zeitung› hymnisch, «machten ihn nie zu einem Rock'n'Roll-Schwerverdiener, sondern zementierten ihn als ein aufrechtes Idol politisch korrekter Rockmusik, als einen, der nicht nachläßt und der seine Ideale nicht verkauft. Rollins ist ein Mann, den jüngere MTV-Stars wie Eddie Vedder von Pearl Jam gern als Vorbild nennen; aber weiter als in deren Vorprogramm hat er es nie geschafft.»

LPs auf Buddha: *Life Time* (1988); *Hard Volume* (1989) ... auf Texas Hotel: *Do It* (1989) ... auf Quarterstick: *Turned On* (1990) ... auf Imago: *The End Of Silence* (1992); *Weight* (1994) ... auf Dreamworks: *Come In & Burn* (1997); *Get Some Go Again* (2000) ... auf Steamhammer: *Nice* (2001) ... LPs Henry Rollins auf Texas Hotel: *Hot Animal Machine* (1987) ... auf Quarterstick: *Big Ugly Mouth* (1987); *Sweatbox* (1989); *Live At McCabe's* (1990); *Human Butt* (1992); *A Rollins In The Wry* (2001) ... auf Imago: *The Boxed Life* (1993); *Get In The Van: On The Road With Black Flag* (1994) ... auf Thirsty Ear: *Everything* (1996); *Black Coffee Blues* (1997) ... auf Dreamworks: *Think Tank* (1998)

Ronstadt, Linda (voc), am 15. Juli 1946 als Tochter eines Rinderzüchters in Tucson, Arizona, geboren, hörte während ihrer Kindheit mit Vorliebe Countrymusik mexikanischer Radiostationen und schulte ihre Stimme, an Folksong-Schallplatten von Joan Baez. Diese Folk- und Countrytradition, die sie als 17jährige zunächst im Geschwistertrio New Union Ramblers nutzte, hatte sie nach 1965 in kalifornischen Bierpinten perfektioniert und in eine Band namens Stone Poneys eingebracht. Da sie mit diesen Musikern jedoch stilistisch nicht harmonierte, machte sie sich 1969 selbständig und ließ sich live gern vom Rockquintett Swamp Water begleiten, das mit der folkloristischen Diktion Louisianas musizierte. Ihre LP *Silk Purse* nahm sie in der Country & Western-Metropole Nashville, Tennessee, auf; der Song *Long Long Time* daraus wurde ein Single-Hit. Adäquat begleitet, transportierte Linda Ronstadt mit einer kräftigen, bluesgefärbten Stimme Countryfeeling in die Rockwelt. «Sie vermittelt die Stimmung dieser Musik, ohne sich vollständig mit ihr zu identifizieren» (‹Rolling Stone›). Das gebrochene, vielleicht sogar leicht ironische Verhältnis zu ihrem Material ging aus einem Songtext hervor: «We need a whole lot more of Jesus and a lot less Rock and Roll» (Wir

brauchen viel mehr von Jesus und viel weniger Rock 'n' Roll). Statt in die Evangelisation ging sie jedoch so erfolgreich ins Show Business, daß ihr das ‹Time›-Magazin schon im Februar 1977 eine Titelstory widmete. Viermal hintereinander waren ihre LPs mit Platin prämiert worden. «Sie singt, lieber Gott», so ‹Time›, «in vielen Stilen: Country, Rhythm & Blues, Rock, Reggae, gefühlvolle Balladen, verknüpft durch eine seltene und anrührende Stimme mit einem Hauch von Verlorenheit und der Andeutung von vielerlei Möglichkeiten.» Sie war, so die britische ‹Encyclopedia of Rock› (1987), «a new, hip easy listening superstar». Unterstützt von ihrem langjährigen Produzenten Peter Asher (vom ehemaligen britischen Folk-Duo Peter And Gordon), machte sie aus ihrer Vielseitigkeit, einer Todsünde im US-Show Business, ein Erfolgsrezept. Sie holte sich Sangesschwestern wie Karla Bonoff, Maria Muldaur, Dolly Parton, Emmylou Harris, Wendy Waldman ins Studio und nahm deren Kompositionen auf. Sie sang Punk von Elvis Costello und auf drei LPs in Arrangements von Nelson Riddle die großen Melodien vom Broadway. 1980 spielte sie in New York die Rolle der Mabel in der Operette ‹The Pirates of Penzance› von Gilbert and Sullivan aus dem 19. Jahrhundert. «Ich bin», sagte die langjährige Lebensgefährtin des kalifornischen Gouverneurs Jerry Brown 1989, «ein musikalisches Chamäleon. Wo immer es etwas zu singen gibt, schlüpfe ich in die Rolle.» Ihre Bandbreite: die LP *Songs From Liquid Days* des E-Musik-Minimalisten Philip Glass (1986), *Under African Skies* (Songtitel) auf Paul Simons Album *Graceland* (1986), Rock mit Neil Young auf dessen LP *Freedom* (1989), Country & Western auf dem Album *Trio* (1987) mit Dolly Parton und Emmylou Harris und eine Adaption der Musical-Nummer *To Know Him Is To Love Him* von Andrew Lloyd Webber, lateinamerikanische Salsa-Musik mit Rubén Blades auf dessen LP *Escenas* (1985) sowie auf den eigenen Alben *Canciónes De Mi Padre* (1987), *Mas Canciónes* (1991) und *Frenesi* (1992), Auftritte mit dem Geiger Itzhak Perlman und dem Los Angeles Philharmonic Orchestra in der Hollywood Bowl (1994). Ihr Album *Cry Like A Rainstorm – Howl Like The Wind* (1994) mit dem Oakland Interfail Gospel Choir wurde mit zwei Grammies prämiert – in der Duo/Group-Kategorie für *Don't Know Much*, eines von vier Duetten mit dem Sänger Aaron Neville (Neville Brothers), und als «Best Engineered Recording». Dieser Preis galt vor allem ihrem Tonmeister und Co-Produzenten George Massenburg. Mit ihm legte sie 1993 das stimmungsvolle Balladenalbum *Winter Light* mit Melodien von Burt Bacharach und Hal David, Brian Wilson und Jim Webb vor; Ronstadt und Massenburg produzierten auch Webbs erstes Soloalbum nach 16 Jahren: *Suspending Disbelief* (1993). Auf den beiden CDs *Warm Your Heart* (1991) und *The Grand Tour* (1993) von Aaron Neville war sie zu hören sowie mit dem Evergreen *Moonlight In Vermont* auf Frank Sinatras *Duets II* (1994) und Randy Newmans Musical-Konzeptalbum *Faust* (1995). 1996 wartete sie unter dem Titel *Dedicated To The One I Love* mit einer Sammlung von Pop/Rock-Wiegenliedern auf, beteiligte sich 1997 mit zwei Duetten an Aaron Nevilles CD *To Make Me Who I Am*, ließ 1998 das auf Platz 160 in der «Billboard»-Hitparade unter «Ferner liefen» qualifizierte Mainstream-Popalbum *We Ran* ab und ging für das Projekt *Trio II* (1999) noch einmal mit Dolly Parton und Emmylou Harris ins Studio. In einer Einschätzung ihres Lebenswerks auf knapp drei Dutzend LPs urteilte Franz Schöler anläßlich ihres *Box Set* (2000) mit drei CDs, sie habe in 33 Jahren allenfalls eine knappe Handvoll hervorragender Platten veröffentlicht. Zu ihren brillantesten Aufnahmen zählten die von klassischen Torch- und Country Songs – sowie die Duett- und Trio-Aufnahmen mit hochkarätigen Sangestalenten. Schölers Understatement verstellte ein Lob: «Nicht die von ihr handverlesenen Soloaufnahmen sind unter dem Strich die überzeugendsten, sondern die des dritten, *Collaborations* betitelten Plättchens.»

LPs auf Pickwick: *Linda Ronstadt And The Stone Poneys* (1967); *Stoney* (1968) ... auf EMI: *The Southern Belle* (1978) ... auf Capitol: *Hand Sown, Home Grown* (1969); *Silk Purse* (1970); *Linda Ronstadt* (1972); *Different Drum* (1974); *Heart Like A Wheel* (1974); *Retrospective* (1977) ... auf Asylum: *Don't Cry Now* (1973); *Prisoner In Disguise* (1975); *Hasten Down The Wind* (1976); *Simple Dreams* (1977); *Greatest Hits* (1977); *Living In The USA* (1978); *Mad Love* (1980); *Greatest Hits Vol. 2* (1980); *Get Closer* (1982); *What's New* (1983); *Lush Life* (mit Nelson Riddle, 1984); *Blue Bayou* (1984); *For Sentimental Reasons* (mit Nelson Riddle, 1986); *Round Midnight* (mit Nelson Riddle, 1986); *Trio* (mit Dolly Parton und Emmylou Harris, 1987); *Canciónes De Mi Padre* (1987) ... auf Pair: *Prime Of Life* (1986) ... auf Elektra: *Cry Like A Rainstorm – Howl Like The Wind* (mit Aaron Neville, 1989); *Mas canciónes* (1991); *Frenesi* (1992); *Boleros Y Rancheras* (1992); *Winter Light* (1993); *Feels Like Home* (1994); *Dedicated To The One I Love* (1996); *We Ran* (1998); *A Merry Little Chrismas* (2000)

Ross, Diana (voc), am 26. März 1944 im Black Bottom-Ghetto von Detroit geboren, half nach Stimmtraining im Chor einer Baptistenkirche als Lead-Sängerin der Supremes ihrer Firma Tamla Motown, 25 Millionen Platten zu verkaufen; mit 25 Jahren war sie bereits Millionärin. Nach ihrer Trennung von den Supremes im Januar 1970 schien es zunächst, die Glamour-Vokalistin werde in Amerikas teuersten Nachtlokalen und Supper-Clubs weiter jene kindischen oder unpersönlichen *Baby Love*-Songs ihrer Anfangsjahre artikulieren, die ihr einst das Image einer «Prinzessin des Plastik-Pop» eingebracht hatten. In ihren kostbaren Kostümen (Motown-Chef Berry Gordy hatte allein für die Erstausstattung 60 000 Dollar ausgegeben) entwickelte sie sich mit Liedern wie *Reach Out And Touch, Remember Me, I'm Still Waiting*, die ihr fast alle vom Autoren-Team Nicholas Ashford/Valerie Simpson geliefert wurden, zur Solistin durchaus eigener Prägung. Ihre Platte *Ain't No Mountain High Enough* bezeichnete Michael Thomas in ‹Rolling Stone› leicht übertreibend sogar als «eine der zehn besten Singles, die je produziert worden sind». In der 1972 uraufgeführten Filmbiographie der Jazz-Sängerin Billie Holiday (‹Lady Sings the Blues›) spielte sie die Titelrolle so gut, daß sie für einen Oscar nominiert wurde. Musikalisch hatte sie sich dem Holiday-Stil in Ton und Phrasierung kongenial angenähert, ohne die eigene Persönlichkeit aufzugeben und plump zu kopieren. Der Soundtrack stand zwei Wochen an der Spitze der amerikanischen Charts. Ihr zweiter Spielfilm, ‹Mahogany› (1975), bei dem Berry Gordy höchstselbst Regie führte, spielte in der Modewelt Roms, war demgemäß fashionable ausgestattet, konnte Miss Ross jedoch nicht zu schauspielerischen Hochleistungen inspirieren. Die Titelmelodie *Do You Know Where You Are Going To* brachte sie 1976 wieder auf Platz eins der Singles-Charts. Im gleichen Jahr erreichte sie auch mit der Disco-Nummer *Love Hangover* aus dem Album *Diana Ross* die Spitzenposition. Im Juni 1976 präsentierte sie ihre One Woman Show «An Evening with Diana Ross» am Broadway, ließ sie für eine LP mitschneiden und beendete das Jahr damit auf Tournee. 1977 spielte sie die kleine Dorothy in einer Filmversion des schwarzen Musicals ‹The Wiz› nach dem Märchenstoff ‹The Wizard of Oz›, zeigte sich aber dem Vergleich mit Judy Garland in derselben Rolle nicht gewachsen. Ihre LP-Karriere in den siebziger Jahren, die eine Duettplatte mit Marvin Gaye sowie einen Live-Mitschnitt aus Caesar's Palace in Las Vegas enthielt, hob nicht ab. Erst die Zusammenarbeit mit den Disco-Profis Nile Rodgers und Bernard Edwards (Chic) brachte sie im Studio als Pop-Attraktion zur Geltung. Ihr Album *Diana* (1980) erreichte Platz zwei in den Charts und Platin; die Single *Upside Down* hielt sich vier Wochen auf Platz eins; *My Old Piano*, *I'm Coming Out* und *It's My Turn* erzielten Anschlußtreffer. Ihren letzten Top-Hit für ihr Label Motown, dem sie zwei Jahrzehnte verbunden war, spielte Diana Ross 1981 in einer Blitzsession in Reno, Nevada, ein. Nur dort und nur kurz ließ sich ein Treffen mit dem Commodores-Star Lionel Richie für das Duett *Endless Love* arrangieren, das als Titelmelodie des gleichnamigen Films (mit Brooke Shields) vorgesehen war. Der Studio-Quickie etablierte sich für neun Wochen als Nummer eins in den ‹Billboard›-Charts. Derart im Aufwind, fiel es der Diseuse leicht, einen lukrativen Vertrag mit anderen Plattenfirmen aushandeln zu lassen: RCA für die USA, EMI/Capitol für den Rest der Welt. Von ihren Aufnahmen profitierten alle: *Why Do Fools Fall In Love*, Remake eines Millionensellers von Frankie Lymon And The Teenagers aus dem Jahr 1956; *Muscles*, geschrieben und produziert von Michael Jackson; *All Of You*, ein Duett mit dem spanischen Herzensbrecher Julio Iglesias; *Swept Away*, geschrieben und produziert von Hall And Oates; *Missing You*, dem Andenken an Marvin Gaye gewidmet, geschrieben und produziert von Lionel Richie; *Eaten Alive* mit Michael Jackson als Background-Sänger, produziert von Barry Gibb; *Chain Reaction*, geschrieben von den Bee Gees, produziert von Barry Gibb. 1987 fungierte Diana Ross in Los Angeles als Gastgeberin der vom Fernsehen übertragenen Verleihung der American Music Awards und bekannte sich mit der LP *Red Hot Rhythm & Blues* demonstrativ zur afroamerikanischen Musik. Kurz darauf gab sie ihren Vertrag mit RCA auf und entschied sich auch auf dem amerikanischen Markt für EMI/Capitol. Im Februar 1986 heiratete sie in Genf den millionenschweren norwegischen Reeder Arne Naers, dem sie binnen kurzem zwei Söhne gebar, Ross und Evan. Aus ihrer ersten Ehe mit dem Entertainment-Manager Robert Silverstein 1971 bis 1976 hat sie die Töchter Rhonda, Tracey und Chudney, wenngleich Berry Gordy in seiner 1984 erschienenen Autobiographie reklamierte, Rhondas biologischer Vater zu sein. 1989 kaufte sie sich als Teilhaberin bei Motown ein und eröffnete ihr eigenes Label Ross Records. Das aufwendige Startalbum *Workin' Overtime* wurde von Nile Rodgers produziert. EMI England konterte mit älterem Capitol-Material auf der LP *Greatest Hits Live* (1989). Während sich ihre Schallplattenumsätze während der Neunziger in England im Mittelfeld der Charts hielten, verweigerten ihr die Fans in den USA große Auflagen. Keine ihrer US-Veröffentlichungen *Workin' Overtime* (1989), *The Force Behind The Power* (1991), *Stolen Moments* (1993), *Take Me Higher* (1995), *Voice Of Love* (1996) kam unter die Top 100 der Album-Charts. Popmusik-Chronisten spekulierten, der Image- und Umsatzeinbruch sei auf zwei negative Auftritte des Jahres 1983 zurückzuführen. Erstens hatte sie sich während der TV-Aufzeichnung zur Jubiläums-Show «25 Jahre Motown» in aller Öffentlichkeit mit ihrer Ex-Supreme-Kollegin Mary Wilson angelegt und die Diva herausgekehrt. Der Eindruck entstand, die Supremes-Karriere sei tatsächlich so unschön verlaufen, wie in Michael Bennetts erfolgreichem Broadway-Musical ‹Dreamgirls› (1981) dargestellt. Mary Wilson bestätigte dies 1986 in ihrer Autobiographie. Zweitens hatte sie 1983 versprochen, vom Erlös zweier Open Air-Konzerte im New Yorker Central Park eine Viertelmillion Dollar für ein städtisches Kinderzentrum zu stiften.

Das erste Konzert ertrank in einem Sturmregen. 350 000 Besucher verursachten schwere Flurschäden im Central Park; 84 Menschen wurden wegen aggressiver Handlungen und Straßenraubs verhaftet. Das zweite Konzert jedoch fand statt, nur die Spende blieb aus. Diana Ross zahlte erst fünf Monate später widerstrebend, nachdem Bürgermeister Ed Koch sie wiederholt öffentlich gemahnt hatte. Zu ihrem schlechten Image in den Neunzigern trug auch bei, daß Motowns 4-CD-Edition *Forever Diana* (1994) wegen schlechter Sound-Qualität vom Markt zurückgezogen werden mußte. Späte Highlights ihrer Karriere wurden dabei vielfach übersehen. Im Dezember 1992 trat sie mit einer hochkarätig besetzten Jazzband unter dem Titel ‹Diana Ross Live – The Lady Sings› im amerikanischen Pay-TV auf. Die brillante Show wurde unter dem Titel *Stolen Moments* (1993) auf CD veröffentlicht. Weihnachten 1993 jubilierte sie – musikalisch extrem gegensätzlich – neben den Tenören José Carreras und Placido Domingo in der TV-Show ‹Christmas in Vienna›, das Gipfeltreffen wurde im Juli 1996 zur Tausendjahrfeier der Stadt in Budapest sowie 1997 in Taipeh wiederholt. In der ersten Februarwoche 1994 überreichte ihr Frankreichs Kulturminister Jacques Toubon beim MIDEM-Musikmarkt in Cannes während der Gala «Lady Sings the Blues» mit dem Orchester von Michel Legrand einen Orden. Diana Ross wenig damenhaft: «To think I've been doin' this for thirty fucking years!» 1995 gastierte sie zweimal im Kreml in Moskau und als Headliner der «Greatest Music Party in the World» in Birmingham. 1996 holte sie sich bei den World Music Awards im Sporting Club von Monte Carlo den Preis für ihr Lebenswerk ab. Nach ihrem Konzert in Dublin im Juli 1997 schrieb Nick Kelly in der Londoner ‹Times›, statistisch gesehen sei Diana Ross im Alter von 53 Jahren mit 72 Hit-Singles die erfolgreichste Pop-Künstlerin, aber: «Sie ist auch einer der größten Entertainer. Das Show Business liegt ihr im Blut.» So war es wohl berechtigt, wenn sich Diana Ross auf ihrem Album *Take Me Higher* (1995) voller Inbrunst den Gloria Gaynor-Hit *I Will Survive* aus dem Jahr 1979 zu eigen machte. Und obgleich sie in ihrem Leben kaum eine musikalische oder textliche Idee realisieren konnte, sondern nach eigener

Aussage stets nur ein «Magnet für gute Songs» war, ließ sie sich von der Songwriters Hall of Fame bei einem Galadiner im New Yorker Sheraton Hotel and Towers 1998 deren Hitmaker Award überreichen – unmittelbar gerechtfertigt durch die CD *40 Golden Motown Greats* mit Supremes-Klassikern und Soloaufnahmen von ihr, die anschließend erschien. Im Mai 1999 wurde sie nach 13 Ehejahren von Arne Naers geschieden, war aber mit der Promotion für ihr Album *Every Day Is A New Day,* das in derselben Woche erschien, viel zu beschäftigt, um intensiv darüber nachzudenken: «Manchmal treten Menschen in dein Leben, und dann kommt wieder eine Zeit für Veränderungen. Diese ist eine solche.» Die aus demselben Geist je nach Betrachtungsweise optimistisch oder kaltschnäuzig betitelte CD enthielt auch vier Songs aus dem TV-Spielfilm ‹Double Platinum›, der im März 1999 im ABC-Sendernetz ausgestrahlt worden war. Diana Ross spielte darin die Sängerin Olivia King, die 1981 ihre Tochter Kayla (R & B-Star Brandy) in Atlanta, Georgia, zurückgelassen hatte, um sich ganz ihrer Karriere zu widmen. Ihr Versuch, spät die Liebe der Tochter wiederzugewinnen, und ein handfester Generationenkonflikt waren der Inhalt des von Robert Allen Ackerman inszenierten Films, die besten Szenen die glamourös präsentierten Songs. «Die Songs von Diana Ross sind immer noch ein starkes Stück unserer Jugendkultur», urteilte das Magazin ‹Time›. Sean Combs alias Puff Daddy hatte ihre Stimme gesamplet, an der CD waren Diane Warren, Eric Carmen, Denise Rich, Rick Wake, Daryl Simmons, Malik Pendleton, Arif Mardin, Chuckii Booker in diversen Funktionen als Hilfskräfte beteiligt. «Vom Soul über Gospel bis hin zu südamerikanischen Rhythmen ist alles vertreten», staunte das ‹WOM-Journal›: «Das ideale Album, um die neueste Flamme zu verführen – langsamer Einstieg, bombastischer Schluß.» Aber nicht alles in diesen Modern Times der Musikindustrie verlief nach Wunsch. Diana Ross war wütend, daß die Sängerin Monica ihr Stück *Love Hangover* von 1974 fast vollständig für die Nummer-eins-Single *The First Night* gesamplet hatte («They didn't even ask me, before they did it») und klagte, der TV-Kanal VH-1 habe bei der Show ‹Divas Live 99› Tina Turner, Brandy und sie selber geradezu aufeinandergehetzt: «Sie wollten mörderische Konkurrenz zwischen uns. Das war nicht okay.» Und auch gleich noch ein Seitenhieb auf die Filmindustrie, von der sie sich unterfordert fühlte: «Jahrelang bin ich in Hollywood mit der Josephine Baker-Story hausieren gegangen. Sie ließen mich einfach am langen Arm verhungern.» Doch auf die Frage eines ‹Time›-Reporters, ob es in ihrer langen Karriere irgendwelche Entscheidungen gäbe, die sie nachträglich gern ändern würde, antwortete sie kurz und knapp: «No.» Diana Ross 2001: «Als ich zu singen anfing, hatte ich eine dünne, nasale Stimme. Die ist mit mir erwachsen geworden. Und ich bin dankbar dafür, diese Stimmqualität zu besitzen, die man Wiedererkennungswert nennt. Das allein zählt in unserem Geschäft.»

LPs Diana Ross auf Motown: *Everything Is Everything* (1970); *Diana!* (1971); *Surrender* (1971); *Lady Sings The Blues* (1972); *Diana & Marvin* (1973; mit Marvin Gaye); *Touch Me In The Morning* (1973); *Last Time I Saw Him* (1973); *Diana Ross Live At Caesar's Palace* (1974); *Mahogany* (1974; Soundtrack); *Diana Ross* (1976); *An Evening With Diana Ross* (1977); *Baby It's Me* (1977); *Pops, We Love You* (1978); *The Wiz* (1978); *Ross* (1978); *The Boss* (1979); *It's My Turn* (1980; Soundtrack); *Diana* (1980); *To Love Again* (1981); *Endless Love* (1981); *Workin' Overtime* (1989); *Greatest Hits Live* (1989); *Private Times … And The Whole 9!* (1990); *The Force Behind The Power* (1991); *When You Dream* (1992); *Stolen Moments – The Lady Sings Jazz And Blues* (1993); *Forever Diana Ross – Musical Memories* (1993; vier CDs mit den Einzeltiteln: *Reflections, Reach Out And Touch, Chain Reaction, The Best Years Of My Life*); *Christmas In The City* (1993); *Christmas In Vienna* (1993); *A Very Special Season* (1994); *Making Spirits Bright* (1994); *A Tribute To Berry Gordy* (1995); *Take Me Higher* (1995); *Voice Of Love* (1996); *40 Golden Motown Greats* (2-CD, 1998) … auf RCA: *Why Do Fools Fall In Love* (1981); *Silk Electric* (1982); *Ross* (1983); *Swept Away* (1984); *USA For Africa* (1985; mit Michael Jackson, Tina Turner, Stevie Wonder, Lionel Richie); *Eaten Alive* (1985); *Red Hot Rhythm & Blues* (1986) … auf EMI: *Greatest Hits Live* (1986); *Extended – The Remixes* (1994); *One Woman – The Ultimate Collection* (1993); *Voice Of Love* (2001) … auf Parlophone: *Every Day Is A New Day* (1999)

Roth, David Lee (voc, g), am 10. Oktober 1955 in Bloomington, Indiana, geboren, posierte als Leadsänger der Band Van Halen selbstverliebt, aber nicht ohne Selbstironie in hautengen Trikots, mit karategestähltem Körper und Löwenmähne wie eine lebende Cartoon-Figur aus dem Heavy Metal-Zirkus und propagierte in großsprecherischen Interviews nicht ohne Charme den rockmythologischen Lebensstil von Sex & Suff & Remmidemmi. «Vielleicht bin ich ein Rock 'n' Roll-Klischee», bekannte er freimütig. «Das kommt daher, weil ich musiksüchtig bin und mir alle Bands anschaue. Möglicherweise bin ich ein Destillat all dieser Typen.» Folgerichtig «denke ich überhaupt nicht daran, originell zu sein. Ich fühle mich ganz einfach sexy und tue, was mir gefällt.» Der ‹New Musical Express› hatte daraufhin den Eindruck:» Einen stärkeren Exhibitionisten kann man sich nicht vorstellen, sei es im Rock 'n' Roll oder im Gebrauchtwagenhandel.» Roth, der Van Halen 1986 zugunsten einer Solo-Karriere verließ, hatte bereits 1985 mit der Mini-LP Crazy *From The Heat* den Alleingang riskiert. Mit Pomp und Parodie frischte er Oldies wie *California Girls, Just A Gigolo, I Ain't Got Nobody* zu Pop-Zirkusnummern auf und ließ in überdrehten Videoclips harmlosen sexistischen Phantasien von blonden, vollbusigen Bikini-Girls freien Amoklauf. Seinen amüsanten Metall-Machismo stellte Roth 1986 mit dem offiziellen Debütalbum *Eat 'em And Smile* und der patriotischen Heavy-Hymne *Yankee Rose* zur Show. Dabei assistierte ihm bis 1989 vor allem Steve Vai, ehemals Gitarrist bei Frank Zappa, «ein Meister der Heavy Metal-Technologie und der billigen Theatralik» (‹Stereo Review›). Bei seinen Konzerten im Van Halen-Stil gelang dem trainierten Bergsteiger und passionierten Dschungel-Abenteurer die Gratwanderung zwischen «frohgestimmter Aufdringlichkeit und reiner Idiotie» (‹Village Voice›). Weitere Platteneinspielungen wie *Skyscraper* (1988) waren so unausgegoren und gimmicküberfrachtet, «als ob man eine Stunde mit einem neurotischen Kind zubringen muß» (‹Q›). Roth schien sich fortwährend beweisen zu müssen: «Wir Amerikaner stürzen uns auf jedes Hindernis, ob wir dabei mit dem Kopf gegen eine Wand rennen oder nicht. ich bin hartnäckig, zäh und kann mich immer wieder auf Dinge einstellen.» Offenbar zuwenig, wie sein Album *A Little Ain't Enough* (1991) zeigte: In seinem ohnehin nur schwer beweglichen Heavy Metal-Kokon fand keine Entwicklung mehr statt, erst recht nicht in seinem kurios veralteten Männerbild. In die LP Your *Filthy Little Mouth* (1994) ließ er Nile Rodgers (Chic) eine Prise Funk einschießen – ein bißchen war nicht genug. Im Zeitalter von Political Correctness, spottete ‹Q›, wirke David Lee Roth «wie ein Kerl, der seine Kondome einzupacken vergaß». So kehrte er, vielleicht reumütig, 1996 für kurze Zeit zu Van Haien zurück, wurde alsbald aber gegen Ex-Extreme-Sänger Gary Cherone ausgemustert und widmete sich seiner Autobiographie ‹Crazy From the Heat›. Das 1997 erschienene Buch gehört zu den wenigen authentischen, wirklich lesenswerten Büchern aus dem Inneren der Rockmusik.

LPs auf Warner Bros.: *Crazy From The Heat* (4-Track-EP im LP-Format, 1985); *Eat 'em And Smile* (1986); *Sonrisa Salvaje* (spanisch gesungene Version von *Eat 'em And Smile*, 1986); *Skyscraper* (1988); *A Little Ain't Enough* (1990); *Your Filthy Little Mouth* (1994)

Roxy Music legte im Juni 1972 eine gleichnamige Debüt-LP vor, die das im November 1970 gegründete Londoner Sextett als Rock-Nostalgiker im Stil der US-Truppe Sha Na Na zu qualifizieren schien. Ein Jahr später war aus der zunächst eher harmlos wirkenden Puppe ein farbenprächtig schillernder Musik-Schmetterling von dekadenter Faszinationskraft geschlüpft. Bryan Ferry (voc, kb), am 26. September 1945 im englischen Washington, Co. Durham, geboren, führte mit seiner in Leder, Seide, Goldlamé und Federn gekleideten, mit Geschmeide behängten, teilweise karmesinrot und silberblond gefärbten Truppe eine abgefeimte Transvestiten-Show auf. Die hauptsächlich vom ehemaligen Kunstlehrer und Ex-Studenten der Newcastle University Bryan Ferry komponierte, von Andrew «Andy» Mackay (sax, oboe), Phil Manzanera (g), als Philip Targett-Adams geboren am 31. Januar 1951, Richard «Rik» Kenton (bg), Paul Thompson (dr) und einem Elektro-Sound-Spezialisten mit dem vollen Namen Brian Peter George

St. John Le Baptiste De La Salle Eno (synthesizer, tape recorder, g, bg, voc) interpretierte Musik war ein cleveres Gebräu aus brutalen Rock 'n' Roll-Monotonismen, Jazz- und E-Musik-Formen mit Anklängen an Sonny Rollins und Kurt Weill, exotischen Tanzrhythmen und Canzone-Schmalz. Besonders Mackay, am 23. Juli 1946 in Lostwithiel, Cornwall, geboren, Ex-Oboist des London Symphony Orchestra, zwang die «durch irrsinnige Strukturen taumelnden Klanggebilde» (‹Süddeutsche Zeitung›) mit bohrend-intensiven Sax- und Oboenchorussen in die Gehörgänge. In der durch einen Mangel an überzeugenden musikalischen Ideen gekennzeichneten Saison 1972/73 wirkte die Roxy Music außerordentlich erregend. Nach Brian Enos Ausscheiden 1973 wurden die Stücke der nun mit Edwin Jobson (kb), Johnny Gustafson (bg) besetzten Band zunehmend zu Vehikeln für Ferrys Lyrik und seinen rezitativen, stakkatoartigen Gesang; sie hatten nur geringes melodisches Eigengewicht. Ferry vermochte den monochromen Roxy-Stil jedoch stets durch Accessoires aus der Abseite bis hin zu einer angedeuteten Naziuniform (Stiefel, Breecheshosen, weißes Hemd, Schulterriemen) auffällig zu gestalten. In zahlreichen Soloproduktionen der ursprünglichen Roxy-Spieler bildete sein Dekadenz-Rock auf der Musikszene Metastasen. Ferry selbst erging sich in destruktiven Umdeutungen der Songs von Bob Dylan (*A Hard Rain's A-Gonna Fall*), Jerome Kern (*Smoke Gets In Your Eyes*) oder der Rolling Stones (*Sympathy For The Devil*). Mackay improvisierte auf seinem Instrumentalalbum *In Search Of Eddie Riff* radikale Oden über *The End Of The World* (Songtitel) und zerstörte Melodien von Franz Schubert und Richard Wagner. Eno, am 15. Mai 1948 im englischen Woodbridge geboren, driftete in die Nähe der Velvet Underground-Erben John Cale, Nico sowie des King Crimson-Königs Robert Fripp und jagte Relikte aus den Avantgardeklängen der sechziger Jahre durch den Synthesizer. Mit Phil Manzanera (g), als Philip Targett-Adams geb. am 31. Januar 1951 in London, war 1972 ein weiterer stilbildender Solist in die Band gekommen. Auf der LP *Stranded*, die im November 1973 Platz eins der britischen LP-Charts erreichte, gab er auch als Komponist seine Visitenkarte ab. In aller Welt erfolgreich, taten sich Roxy Music mit ihrem Art Rock in den USA zunächst schwer. Das Album *Country Life* kam 1975 in den ‹Billboard›-Charts auf 37, die Single *Love Is A Drug* aus dem Album *Siren* im gleichen Jahr auf Platz 30. Danach löste Ferry die Band zunächst auf, um seine mit der LP *These Foolish Things* (1973) begonnene Solo-Spur fortzusetzen. Mackay und Manzanera taten es ihm nach. Im November 1978 kamen die drei mit Paul Thompson (dr), Paul Carrack (kb), Alan Spenner (bg), Gary Tibbs (bg) in einem New Yorker Studio zur Produktion der Roxy-LP *Manifesto* (1979) wieder zusammen. Die bizarren Spitzen von einst wurden abgeschmolzen. Ferry & Co. «kreierten reihenweise Ohrwürmer von unterkühlter Melodiosität für einen Frontalangriff auf die Diskotheken» (Kritiker Christian Graf). An einer Welttournee mit dem neuen Pop-Material konnte sich Drummer Thompson, geb. am 13. Mai 1951 im englischen Jarrow, Tyne & Wear, nicht beteiligen. Er hatte sich bei einem Motorradunfall den Daumen gebrochen und verließ die Band. Nach dem relativ großen Erfolg von *Manifesto* – Nummer 23 in den USA – rekrutierte Ferry 1980 für *Flesh And Blood* um das verbliebene Roxy-Trio herum eine ganze Studio-Big Band. Sie ließ die Kritiker kühl, imponierte aber den Fans: zum zweitenmal (nach *Stranded*) Nummer eins in England, wieder nur 35 in den USA. 1981 vergossen die Musiker Krokodilstränen für den ermordeten John Lennon mit der Hit-Single *Jealous Guy* und besangen 1982 eiskalt die romantische Insel *Avalon* (LP-Titel) aus König Artus' mythischem Königreich. Mit einer neuerlichen Welttournee ging Bryan Ferrys zweite Amtszeit als Primadonna von Roxy Music 1983 zu Ende. Danach hatte er 1988 nur noch einmal einen Top-40-Hit in den USA: *Kiss And Tell* aus seiner Solo-LP *Bête Noir* war im Film ‹Bright Lights, Big City› mit Michael J. Fox verwendet worden. Manzanera und Mackay arbeiteten weiterhin gelegentlich zusammen – als Duo und in der kurzlebigen Band Explorers (1985). Manzanera verlegte sich aufs Produzieren, Mackay veredelte zahlreiche Studioprodukte als Solist. Nach den gemeinsamen Alben *Crack The Whip* (1988), *Up In Smoke* (1989), *Manzanera & Rocky* (1990) erklärten sich die beiden 1994 zur Mitarbeit an Brian Ferrys CD *Mamouna* bereit,

für die auch Brian Eno wieder Songs schrieb. Eine zumindest kommerziell naheliegende Wiedervereinigung von Roxy Music scheiterte an der Weigerung Enos, der als einziger der Truppe eine kreative Identität mit eigenständigem Charisma entwickelt hatte. Im Herbst 1999 flog Ferry zur Vorbereitung seines Soloalbums *As Time Goes By* zu Eno ins russische St. Petersburg, wo sich dieser zeitweise aufhielt, und versuchte ihn abermals ergebnislos zu einer Roxy-Reunion zu überreden. Das Comeback vollzog sich schließlich im Sommer 2001 ohne neues Album für eine Europatournee mit 50 Konzerten. Ferry, Mackay, Manzanera und ihr früherer Drummer Paul Thompson füllten das Ensemble mit notenkundigen Studiomusikern auf. Kritiker Rolf Dombrowski nach der Deutschland-Premiere in der nur mäßig gefüllten Münchner Olympiahalle: «Es wurde nett, eine ästhetisierte und in Details ironische Form der Vergangenheitsbewältigung. Brian Ferry schwelgte einfach in der Kunst des Entertainments» – und gab sich in Interviews völlig entspannt: «Wir haben nicht den geringsten Druck. Es gibt keine Plattenfirma, die uns sagt, was wir als nächstes tun müssen. Wenn uns danach ist, spielen wir morgen einen Akustik-Gig in irgendeinem verrauchten Schuppen.» John Peel, der legendäre BBC-Radiomann, wusste auch schon, wo. «Es hätte durchaus seinen Reiz», spottete er, «eine Band wie Roxy in unserem lokalen Gemeindehaus zu hören.»

LPs auf Island: *Roxy Music* (1972); *For Your Pleasure* (1973); *Stranded* (1973); *Country Life* (1974); *Siren* (1975); *Viva* (1976) … auf Polydor: *Greatest Hits* (1977) … auf EG: *Manifesto* (1979); *Flesh & Blood* (1980); *Avalon* (1982); *The High Road* (1983); *Heart Still Beating* (1990) … auf Atco: *The Atlantic Years* (1983) … auf Virgin: *The Ultimate Collection* (1988); *The Thrill Of It All* (1995; Box mit vier CDs); *Collection* (1995) … auf Reprise: *Street Life – 20 Greatest Hits* (1989) … LPs Phil Manzanera mit 801 auf Island: *801 Live* (1976) … auf Polydor: *801* (1977) … auf EG: *Primitive Guitars* (1982); *Guitarissimo* (1986); *Impossible Guitar* (Mini-LP) … auf Geffen: *Wetton/Manzanera* (mit John Wetton, 1987) … auf Blue Song: *Mato Grosso* (1990) … Solo-LPs Andy Mackay auf Island: *In Search Of Eddie Riff* (1974) … auf Bronze: *Resolving Contradictions* (1978) … LP Manzanera/Mackay auf Relativity: *Up In Smoke* (1989) … Solo-LP Paul Carrack auf Vertigo: *Nightbird* (1980) … auf Epic: *Suburban Voodoo* (1982) … Solo-LP Eddie Jobson auf Capitol: *Zinc / The Green Album* (1983) … Manzanera / Mackay auf Relativity: *Crack The Whip* (1998); *Up In Smoke* (1989) … auf Expression: *Manzanera & Mackay* (1990) … Solo-LP Manzanera auf Expression: *Southern Cross* (o. J.) Weitere Solo-LPs → Brian Eno, → Bryan Ferry

Run-D.M.C. fanden 1983 im schwarzen New Yorker Bezirk Hollis, Queens, als Rap-Trio zusammen, das «die Kunst der Beat-Box-Brutalität und des Remmidemmi-Rapping in bislang unerreichte Höhen trieb» (‹Time Out›). In schwarzen Lederanzügen, mit dunklen Filzhüten, schweren Goldketten um den Hals und Adidas-Turnschuhen ohne Schnürsenkel an den Füßen boten sie bei ihren knallharten Auftritten die riskante romantische Verklärung des aggressiven «B-Boy»-Straßencharakters und ein leicht mißzuverstehendes Ghetto-Gangster-Image, wenngleich ihre Rap-Verse das schwarze Mittelklasse-Ethos hochleben ließen. Joseph Simmons, der Sohn eines Bürgerrechtlers, am 15. November 1964 in Hollis geboren und wegen seiner Geschicklichkeit beim Plattenmixen «Run» genannt, hatte während der Schulzeit gelegentlich als DJ Run Love, The Son Of Kurtis Blow für den Rapper aus Harlem Platten aufgelegt, den sein älterer Bruder Russell managte. Einen Kurs in Beerdigungskunde am LaGuardia Community College führte er dann aus Desinteresse nicht zu Ende. Sein Freund Darryl McDaniels («It's McDaniels, not McDonald's, the rhymes are Darryl's, the burgers are Ronald's»), am 31. Mai 1964 in New York geboren, der sich kürzelhaft D.M.C. nannte, belegte an der St. John's University Wirtschaft und englische Literatur, während Jason Mizell (Jam Master Jay), 1965 in New York geboren, am Queens College Computertechnik studierte. College-Dropout Run nahm zwar 1982 durch Vermittlung seines Bruders, dem zur Hälfte das Def Jam-Label gehörte, einen Solo-Rap auf (*Street Kid*), entschloß sich aber doch, gemeinsam mit seinen Freunden einen Act zu formen: «Hardcore, B-Boy, Typen, die immer gewinnen, eiskalt und magisch, wie wir's ja auch in den Parks und auf den Parties gemacht haben.»

It's Like That / Sucker MCs (1983) leitete eine Kette verbal treffsicherer Rap-Stücke ein, deren musikalische Begleitakzente rudimentär, aber effektvoll am Text gehalten wurden. Platten-Mixer Mizell hatte gelegentlich Alben von AC / DC, Aerosmith in sein Scratch-Repertoire eingearbeitet und steuerte das Trio zu einer Synthese aus Funk-Minimalismus und Hard Rock – «das Beste, was Heavy Metal je widerfahren ist» (‹Time Out›). *Walk This Way*, ein Remake des Aerosmith-Hits von 1977 mit Angehörigen der weißen Arena-Rockband (Steve Tyler, Joe Perry), machte Run-D.M.C. auch bei «bessergestellten Weißen wie Schwarzen mit Mainstream-Geschmack» (‹New Yorker›) bekannt. Die hartgesottene Kerntruppe unter den Stammfans aus den schwarzen Innenstadtbezirken nutzte jedoch Konzerte der Band oder Vorführungen ihres ersten Spielfilms ‹Krush-Groove› zu tätlichen Auseinandersetzungen, die bisweilen sogar Todesopfer forderten und die Band ohne eigenes Verschulden für Promoter zu einem Risikofaktor machten. Obwohl sich die drei Rapper nachdrücklich gegen Drogen aussprachen, für den Gebrauch von Verhütungsmitteln einsetzten, gegen Aussteiger-Mentalität und Straßenkriminalität wetterten und sich bei Benefiz-Aktionen wie Live Aid, Artists United Against Apartheid sozial verantwortlich gaben, wurde ihr sinistres Bühnen-Image als Aufforderung zu Ausschreitungen mißverstanden. Dabei sollte der schwarze proletarische Rock voller Biß und Witz («I'm the King of Rock / There is no Higher / Sucker MCs should call me Sire / To burn my Kingdom you must use Fire / I won't stop rocking until I Retire!») die Jungs aus geordneten schwarzen Verhältnissen vor allem bei den Kids aus der Unterschicht akzeptabel machen, damit die bürgerliche Botschaft von der Teilhabe am amerikanischen Traum die Adressaten überhaupt erreichen konnte. 1987 erschien *Raisin' Hell*, die mehr als dreimillionenmal verkauft wurde und der Fusion von Rock und Rap endgültig den Durchbruch verschaffte: Run-D.M.C. waren die erste Rap-Truppe, die ihre Videos bei MTV zeigen durfte, und die erste, die auf dem Cover des mittlerweile eher konservativen Magazins ‹Rolling Stone› erschien. Die Folge-LPs *Tougher Than Leather* (1988) und *Back From Hell* (1989) brachten kommerziell wie musikalisch einen Rückschritt. Zu *Tougher Than Leather* hatte Run-D.M.C. wieder einen Film fabriziert, der sich als schlichter Mißerfolg erwies. McDaniels und Simmons laborierten an persönlichen Problemen und suchten nach religiöser Orientierung. Unter ihren Singles gab es immer wieder Momente ihrer alten Anziehungskraft wie *What's All About* oder *Beats To The Rhyme*, doch hatten die drei Rapper spürbar den Anschluß an den Markt verloren. Für *Down With The King* (1993) suchten sie die Unterstützung jüngerer Rapper wie The Bomb Squad, EPMD, Naughty By Nature, A Tribe Called Quest und Neneh Cherry – vergeblich. Nach dem Auftritt bei der Gavin Convention in San Francisco tröstete ‹Billboard›: «Denk an die vielen schlechten Shows, die du mehr oder weniger durchgeschlafen hast, um dann am Altar von Run-D.M.C.s Größe niederzuknien.» Das Magazin ‹The Source› versuchte mit einer Coverstory zu helfen: «Ich würde niemals die Kraft einer Band unterschätzen, die einen Standard geschaffen hat, der das Pop Business für fünf ganze Jahre gefangenhielt.» Das war prophetisch: 1997 veröffentlichte Run-D.M.C. mit Jason Nevins eine fiktive Rap-Schlacht: *It's Like That* war der Remix eines eigenen Stücks von 1983 und im Frühjahr 1998 erneut ein Nummer-eins-Hit in sieben europäischen Ländern, darunter Deutschland, Österreich und die Schweiz. Damit auch das nächste Album nun aber bestimmt wieder ein Charts-Longrunner werde, holten sich Run & Co nach vergeblichen Verhandlungen mit Aerosmith, denen sie 1986 mit *Walk This Way* wieder auf die Beine geholfen hatten, Sugar Ray, Everlast, Kid Rock, Fred Durst, Method Man, Nas & Prodigy, Jagged Edge, Stephan Jenkins und Fat Joe «featuring» auf die Platte – sämtlich Artisten, die von Anwälten gemanagt wurden (Mike D., Adrock und die Beastie Boys wirkten außerdem incognito mit). Entsprechend langwierig verliefen die Verhandlungen, so daß der Veröffentlichungstermin von *Crown Royal* mehrfach, schließlich auf den 2. April 2001, verschoben werden mußte. D.M.C. stand auf dem Cover, Darryl McDaniels war auf der CD aber nur in den letzten beiden Tracks und gelegentlich im Refrain zu hören. Er hatte eine zukunftsweisende, keine Retroplatte gewollt und sich während des Produktionsprozesses schmollend absentiert. Jay verteidigte das von Arista-Boss Clive Davis (ursprünglich für die Santana-CD *Supernatural* entwickelte) Konzept des Einsatzes von Huckepack-Stars: «All diese Künstler wollten unbedingt mit uns aufnehmen. Das ist Ausdruck eines Respekts, wie er uns zusteht.» Erste Fan-Reaktionen im Internet reichten von «geniale Verbindung von Hip Hop und Rock» bis «ohne übermäßige Inspiration». Kritiker Norbert Schiegl beklagte für Amazon.de das «wenig überzeugende Songmaterial». Wieder einmal hatten sich die Hip Hop-Pioniere, die in den Achtzigern knapp 30 Millionen Alben verkauften, geweigert, fuck und andere for-letter-words auszusprechen, und verfehlten damit die street credibility. ‹WOM Journal›: «Die Old School ist geschlossen.» Jam Master Jay trotzig: «Wir brauchen überhaupt keine Platte, um im Gespräch zu bleiben, sondern gehen einfach wieder auf Tour. Wir werden gut bezahlt, fliegen erster Klasse, übernachten in teuren Hotels und essen frischen Hummer. Wir sind die Kings, Mann!» D.M.C., inzwischen von einer Solo-CD entbunden, war im Sommer 2001 auch wieder mit von der Partie.

LPs auf Profile / London: *Run-D.M.C.* (1984); *King Of Rock* (1985); *Raising Hell* (1986); *Tougher Than Leather* (1988); *Back From Hell* (1990); *Greatest Hits 1983 – 1991* (1991); *Together Forever: Greatest Hits 1983 – 1998* (1998) … auf IRS: *Down With The King* (1993) … auf Arista: *Crown Royal* (2001)

S

Sade nannten Stuart Matthewman (sax), Paul S. Denman (bg), Andrew Hale (kb) ihr Ensemble mit der Leadsängerin Sade Adu, bürgerlich: Helen Folasade Adu, am 16. Januar 1959 in Ibadan, Nigeria, als Tochter eines Nigerianers und einer Engländerin geboren. Als aparte «Erscheinung wie hingehaucht» sang sie «Barmusik mit Niveau, schwarz, aber nicht zu inbrünstig, Soul, aber nicht zu heiß, Jazz, aber nicht zu grell, Latin Music, aber nicht zu hektisch» (‹Der Spiegel›), und dominierte mit ihrer kehligen, schwermütigen Stimme, in der blasierte Sinnlichkeit mitschwang, die Darbietungen ihrer Gruppe. Der «Kokosnuß-Funk» ihrer «Drei-Minuten-Hymnen, die wie aufgefrischte Standards klingen», war «durch und durch modern im Timbre, aber absolute Retro-Nostalgie in Gefühl und Rhythmus» (‹Village Voice›). Songs wie *Your Love Is King, Smooth Operator, Hang On To Your Love* gaben sich wie klassische Jazz-Lamentos, die an die Ära der Billie Holiday erinnern mochten. «Aber während Billie ihren schmalen Stimmumfang durch Expressivität kompensierte, machte Sade gerade ihren Mangel an Ausdruckskraft zu einem Aspekt ihres Stils», bemerkte ‹Billboard›. «Stimmungsmusik für romantisch veranlagte Yuppies», wertete ‹Rolling Stone› 1984 das Debütalbum *Diamond Life* ab. Immerhin konnte Sade dafür weltweit über sieben Millionen Interessenten finden. Auch die Nachfolge-LP *Promise* wurde ein Bestseller. ‹Time› widmete ihr eine Cover-Story und nannte sie «die neue Prinzessin des Pop», nachdem sie 1985 als «beste neue Künstlerin» jenes Jahres mit einem Grammy ausgezeichnet worden war. Sade Adu hatte zunächst in London eine Modeschule besucht, als Fotomodell posiert und bei der Funk-Band Pride als Background-Sängerin gewispert. 1982 löste sie sich mit Matthewman und Denman von der Gruppe und ging mit ihren Begleitern auf einen individuellen Trip, der sie alsbald zu «Duran Duran für bürgerliche Rockjournalisten mit gehobenem Schulabschluß» (‹New Musical Express›) machte. Ihre elegante Musik, die tropische *film noir*-Klänge mit New Wave-Minimalismus zu vereinen schien, «als ob Ava Gardner auf die Avantgarde trifft» (‹Time Out›), war vielen Kritikern nicht authentisch genug: «Mehr Wasserbett als Wassermelone» (Julie Burchill). Sade wehrte sich gegen unfaire Vergleiche mit verblichenen Soul- und Jazz-Legenden: «Zuerst werfen sie einem vor, daß man angeblich etwas sein möchte, was man in Wirklichkeit gar nicht sein will, und dann machen sie einem die Hölle heiß, weil man nach ihrer Meinung nicht erreicht hat, was man überhaupt nicht erreichen wollte. Das ist ganz schön frustrierend.» Nach dem Welterfolg ihrer beiden ersten Alben zog sie sich für einige Zeit vom Streß des Berühmtseins zurück, heiratete den spanischen Filmproduzenten Carlos Scola und war 1988 mit dem Album *Stronger Than Pride* wieder da. Die kargen, verhaltenen Darbietungen im gewohnten Stil irritierten die auf ständige Neuigkeiten erpichte Rockpresse. «Zum Einschlafen», fand ‹City Limits› die Comeback-Produktion. Vielleicht lag es an Sades Status als junge Mutter: «Die Band spielt so leise, als hätte sie Angst, ein im Studio schlafendes Baby aufzuwecken» (‹Q›). Tatsächlich bestand das Manko von Sades Pseudo-Club-Jazz darin, daß die Platten die Illusion intimer Atmosphäre weckten, der Erfolg aber Konzerte in großen Sälen nötig machte. So sah sich Sade Adu gezwungen, ihren Gesang zu forcieren, was dem Gesamtklang nicht zugute kam und nicht ihre Bühnensicherheit förderte. Nach der Scheidung von Scola und dem Aufbau eines eigenen Studios in London veröffentlichte sie 1992 *Love Deluxe*. Das Publikum schien auf die Rückkehr der singenden Schönheit gewartet zu haben und kaufte das Album beiderseits des Atlantiks in die Top Ten. Sade sang mit ihrer Goldstaub-Stimme nun auch über zerbrochene Gefühle und den Aids-Tod eines Freundes, von der Rockpresse wie gehabt wegen ihrer «monotonen Grooves» (‹Q›) gescholten, von den Massenblättern als «Juwel in neuem Glanz» (‹Stern›) glamourös ausgestellt, ebenfalls wie gehabt. «Was sollte daran schlecht sein», so rhetorisch der ‹Stern›, «daß es wenigstens noch eine Sängerin gibt, die auf Sparsamkeit und filigrane Nuancen statt auf Verausgabung setzt?» Den neugestifteten Black Music Awards in London war das sogleich eine Auszeichnung als «Best Artist» wert. Das Jahr 1993 verbrachte Sade überwiegend in amerikanischen und europäischen Konzertsälen und holte sich im März 1994 in der New Yorker Radio City Music Hall einen Grammy für die «Best R & B Performance by a Duo or Group with Vocal» ab. Der Preis galt der Single *No Ordinary Love*, die auch im Film ‹Indecent Proposal› mit Demi Moore und Robert Redford Verwendung gefunden hatte. Im Oktober 1994 wurde das Lied von EMI in London noch einmal als eines der meistgespielten des Jahres prämiert. Pünktlich zum Erscheinen des Samplers *The Best Of Sade* Ende 1994 mit den Charts-Notierungen sechs in England, neun in den USA veröffentlichte die Record Industry Association of America (RIAA) eine Zwischenbilanz ihrer amerikanischen CD-Auflagen. Danach waren von *Diamond Life* vier Millionen, von *Stronger Than Pride* drei Millionen, von *Love Deluxe* ebenfalls vier Millionen Tonträger abgesetzt worden. Für *The Best Of Sade* wurden im Juli 1997 drei Millionen verkaufte CDs gemeldet, von *Promise* vier Millionen. Paul Cook, ein zeitweiliger Drummer ihrer Band, strengte erfolglos einen Copyright-Prozeß um die elf Songs an, die mit ihm an der Schießbude produziert worden waren. Sade, finanziell unabhängig und neu in Liebe gefallen, erbat sich wegen Schwangerschaft Urlaub von Sony und ihrer Band und brachte eine Tochter namens Ila zur Welt. Im Frühjahr 1997 wurde sie in Montego Bay auf Jamaika wegen zu schnellen Fahrens, Beleidigung eines Polizeibeamten und Widerstandes gegen die Staatsgewalt angeklagt und – da sie zu mehreren Gerichtsterminen nicht erschien – in Abwesenheit zu einer Gefängnisstrafe verurteilt. Sie kümmerte sich derweil in London um ihr Baby. Erst Ende 1999 erklärte sie sich zu einer weiteren Comeback-CD bereit und ging mit Andrew Hale (kb), Stuart Matthewman (g), Paul S. Denman (bg) wieder ins Studio. Die dort über Monate entwickelten Songs zum Drumcomputer klangen, als hätte es abermals keinerlei Unterbrechung gegeben. Sade stehe auch mit ihrem Album *Lovers Rock* (2000), dessen Homogenität und Klasse für «zart gewobenes Charisma ohne jede Künstlichkeit», urteilte Andreas Kletzin im ‹Musikexpress› und befand das Album als «extrem wohltuend».

LPs auf Epic: *Diamond Life* (1984); *Promise* (1985); *Stronger Than Pride* (1988); *Love Deluxe* (1992); *The Best of Sade* (1994); *Lovers Rock* (2000)

Santana, Carlos (g, voc), am 20. Juli 1947 in Autlán de Navarro, Mexiko, geboren, spielte mit fünf Jahren Violine und unterhielt schon als 15jähriger in den Kneipen und Bordellen der Grenz- und Vergnügungsstadt Tijuana US-Touristen als Sänger und Gitarrist. Als er sich 1967 im spanischen Viertel von San Francisco das Rockseptett Santana zusammenstellte, heuerte er sich für den Rhythmus lateinamerikanische Musikanten an. Organist Gregg Rolie: «Jeder von uns spielt die Musik, mit der er aufgewachsen ist.» Das Pluggern und Pochen afrikanischer, kubanischer und mexikanischer Polyrhythmen, in zahlreichen Fillmore West-Auftritten ausprobiert und beim Woodstock-Festival 1969 in Hit-Nummern wie *Evil Ways*, *Black Magic Woman*, *Soul Sacrifice* und dem auf einem Motiv von Aaron Copland beruhenden *Jingo* als Sensation empfunden, hat Santana berühmt und seine LPs zu Millionensellern gemacht. *Abraxas* wurde dreieinhalbmillionenmal verkauft. Kritiker nannten die Gruppe, in der viel improvisiert und wenig gesungen wurde, «eine Reinkarnation der epochalen Cuban Jazz-Big Band von Dizzy Gillespie Ende der vierziger Jahre» (‹The Times›). Zumindest was die Kraft, Lautstärke und Spielfreude anging, war das zutreffend. Santana wirkte wie eine donnernde, aber perfekt geölte Rhythmusmaschine, die in ihren besten Momenten hochdifferenzierte, durchaus poetische Klangmuster hervorbrachte, bei Überbeanspruchung jedoch leerzulaufen drohte. «Wie Methedrin einen Rausch ohne Bilder erzeugt, offerierte Santana manchmal einen aufregenden Rockstil ohne Substanz» (‹Rolling Stone›). Lange konnte Carlos Santana die Soulsauce aus Samba, Rumba, Cha-Cha und Rock allerdings nicht am Kochen halten. 1972 tauschte er den geschäftlichen und musikalischen Rat seines Managers und des Santana-Förderers Bill Graham gegen die religiöse Erleuchtung durch John McLaughlins Guru Sri Chinmoy ein. Er ließ sich die Haare schneiden, legte weiße Gewänder an, begann makrobiotisch zu speisen und zu meditieren. In vollmundigen Gitarrenchorussen verströmte er im Album *Love Devotion Surrender* neben McLaughlin seine neue Innerlichkeit. Zusammen mit der Harfenistin Alice Coltrane, Witwe des Jazz-Saxophonisten John Coltrane, entartete der Religionstrip nach einem salbungsvollen Vorspruch des Gurus sodann zu selbstgerechter Frömmelei und zu einer penetranten Klangtapete: «Da rauschen majestätische Tonkaskaden, da gurgelt und gluckst, jauchzt und jubiliert es so inniglich, daß einem das Herz im Busen erbebt» (‹Sounds›, Hamburg). Die Entwicklung zu einer lateinamerikanisch angehauchten Background-Musik wollten mehrere Santana-Musiker 1972 nicht mitvollziehen: Sie verließen die Truppe. Von den 16 Gründungsmitgliedern der Latin Rock-Big Band Azteca, die sich in San Francisco formierte, hatten acht zuvor regelmäßig oder bei Plattensessions mit Carlos Santana musiziert: Coke Escovedo (timbales), Tom Harrell (tp), Mel Martin (sax, fl), Bob Ferrara (sax, fl), Victor Pantoja (voc, perc), Rico Reyes (voc, perc), Wendy Haas (voc, perc,) Pete Escovedo (voc, perc). Trotz der Mammutbesetzung pulsierte der Azteca-Klang zum rhythmischen Ticken des umfangreichen Percussionsarsenals zeitweise organischer als die kleinere Santana-Formation. Vor allem die Jazz-Stimmen von Leon Thomas, Airto Moreira und Flora Purim phrasierten die Santana-Stücke mitunter an der Aufnahmebereitschaft des Rockpublikums

vorbei, bis Vokalist Leon Patillo auf der LP *Borboletta* der Band Soulfarben vermittelte und ihr mit dem Stück *Mirage* wieder eine einprägsame Melodie verschrieb. Gemessen am früheren Drive des Ensembles jedoch, musizierte Santana auch 1974/75 mit verminderter Kraft. Am meisten vom alten Santana-Geist zeigte zu dieser Zeit der Timbales-Akrobat José «Chepito» Areas auf einer bläserbesetzten Solo-LP. Keyboarder Gregg Rolie scherte aus, um die Band Journey zu gründen; Santana-Mitbegründer Michael Shrieve (dr) floh immer häufiger zu den Sessions anderer Musiker und formierte schließlich auch ein eigenes Ensemble: Automatic Man. Derart auf die Überlebensprobe gestellt, besann sich Carlos Santana mit den LPs *Amigos*, *Festival* (beide 1976) und *Moonflower* (1977) auf sein ursprüngliches Latin-Konzept – mit gutem Erfolg. Mit den Stücken *Dance Sister Dance* (von *Amigos*) und *She's Not There* (von *Moonflower*) erzielte er seine größten Siebziger-Jahre-Hits. *Inner Secrets* (1978) und *Marathon* (1979) entwickelten den Latin-Rhythmus durch Funk-Beigaben noch mehr in Richtung Disco-Verwertbarkeit, überzeugten aber eher für Tanz-Marathons denn durch erinnerungsfähige Melodien. Die kamen erst durch *Zebop!* (1981) ins Repertoire zurück, besonders durch das vom Ex-Argent-Musikanten Russ Ballard komponierte Stück *Winning*, das Santana abermals auf die Top-20-Popebene erhob. Seine Hits konnten allerdings nicht darüber hinwegtäuschen, daß Carlos Santana das lukrative Band-Business nur mehr halbherzig betrieb. Er lieh seine Gitarre für Soulproduktionen von Narada Michael Walden und für Fusion-Sessions von Herbie Hancock aus und lud sich umgekehrt hochkarätige Gäste derselben Couleur für seine Soloalben ins Studio. So wirkten auf seinem rockigen Album *Havana Moon* (1983) der Country-Hipster Willie Nelson sowie Booker T. Jones von Booker T. And The M.G.'s mit; so verpflichtete er für *The Swing Of Delight* (1980) die Miles Davis-Adepten Herbie Hancock, Tony Williams, Ron Carter sowie Wayne Shorter (von Weather Report). Die LP *Live* (1984) teilte er sich solistisch mit dem Drummer Buddy Miles. Zum 20. Jubiläum der Band brachte der Guitarero das 3-LP-Album *Viva Santana!* teils mit Live-Mitschnitten, teils mit Neuaufnahmen wie Santanas intensivem Vokalstück *Angel Negro*, teils mit Remix-Versionen der großen Hitnummern heraus. Für die Promotion-Konzerttournee stellten sich auch Kameraden der ersten Stunde wie Gregg Rolie (kb) und Michael Shrieve (dr) wieder ein. Weitere Mitglieder von Santana 1988: José «Chepito» Areas (perc), Armando Peraza (perc), Chester Thompson (kb, von Tower Of Power), Alphonso Johnson (b, von Weather Report). 1989 gewann die Truppe für das Stück *Blues For Salvador* einen Grammy: beste Instrumentalaufnahme des Jahres. Carlos Santana beteiligte sich an John Lee Hookers Comeback-CD *The Healer* (1989) und gründete seine eigene Plattenmarke: Guts & Greace. Nach einem Konzert vor 31 577 Fans im Sportpalast von Mexico City wurde er am 27. Juni 1991 auf dem Intercontinental Airport von Houston, Texas, festgenommen. Er hatte fünf Gramm Haschisch in einer Filmbüchse geschmuggelt. Strafe für das Bagatelldelikt: ein Free Concert für die Drogenhilfe. Nachdem die Resonanz auf sein Album *Spirits Dancing In The Flesh* (1990) auf Grund von Distributionsproblemen eher flau gewesen war (Platz 85 in den USA, Platz 68 in England), schloß er 1992 für sein Label einen Vertriebsvertrag mit Polydor und kassierte Preise als hervorragender Gitarrist in Kalifornien: Bay Area Music Award, Golden Eagle Award 1992, «Musiker des Jahres» in San Francisco 1993. Ein Vierteljahrhundert nach seinem großen Durchbruch beim Woodstock-Festival beteiligte er sich im August 1994 als Star auch an Woodstock II. Auf der CD *Brothers* (1994) stellte er seinen jüngeren Bruder Jorge (g), Chef der Latin-Band Malo, sowie seinen Neffen Carlos Hernandez (g) vor, der mit Heavy Metal debütiert hatte. Dem Jazz-Magazin ‹Down Beat›, das vor allem die kollektive Energie des Drei-Gitarren-Sets lobte, war die Platte drei von fünf Sternen wert; sie verkaufte sich auch nur durchschnittlich. Zum 30. Band-Jubiläum veröffentlichte Columbia im August 1995 eine vortrefflich edierte 3-CD-Box mit 34 Karriere-Highlights unter dem Titel *Dance Of The Rainbow Serpent*. Im Februar 1996 richtete ihm die NARAS im kalifornischen Universal Amphitheater ein Jubiläumskonzert mit prominenten Gästen wie Hancock, Hooker, Buddy Guy und Kirk Hammet von Metallica aus – Santana:

«Ein spiritueller Orgasmus von viereinhalb Stunden, die mir vorkamen wie viereinhalb Minuten.» Die Magie seiner Musik, erklärte er Mitte der Neunziger noch einmal im Interview mit ‹Stereoplay›, komme von Gott: «Gehirnmusik ist meine Sache nicht. Die schmeckt wie ein Essen bei McDonald's, jedesmal gleich. Herzmusik ist dagegen wie Angeln: Du weißt nie, ob du als nächstes einen Fisch fängst oder einen Schuh.» Und da er viel zu Gott betete und auch seinen früheren Förderer Clive Davis immer schön in die Gebete einschloß, bescherte ihm Gott endlich mit Hilfe von Clive Davis einen ganz großen Fisch. Sein Album *Supernatural* (1999) wurde in der von lateinamerikanischen Beats und Sounds à la Ricky Martin, Jennifer Lopez, Enrique Iglesias aufgeheizten Saison 1999 / 2000 zum Überraschungs-Hit, der ihm nicht weniger als acht Grammies eintrug, und mit 21 Millionen weltweit verkauften Alben innerhalb eines Jahres zum Mega-Seller. Das kam so: Davis hatte Santana 1968 für Columbia verpflichtet, nun war er Chef von Arista. «Also sprach ich Mantras für Mr. Davis», so der Gitarrist im Gespräch mit Chris Heath von ‹Rolling Stone›, «27mal am Tag. Dabei stellte ich mir vor, wie er aus einer Limousine steigt und aus einem vorüberfahrenden Taxi Musik von mir hört. Ich wollte, daß er überall mit meiner Musik verbunden ist.» Als sie sich tatsächlich in einem Hotel in San Francisco trafen, fragte Davis: «Was will Carlos Santana machen?» Antwort: «Ich möchte die Moleküle wieder mit dem Licht vereinigen.» Davis nickte. Er habe gewissermaßen den «Bauplan» des Albums entworfen, erklärte er später: «Die Hälfte des Albums sollte klassischer Santana sein – im Geiste von *Oye Como Va*. Für die andere Hälfte schlug ich musikalische Begegnungen vor, die seine Integrität nicht beschädigen, aber gleichzeitig dafür sorgen würden, daß er wieder ins Radio kommt – was er sich ja wünschte. Um geeignete Partner würde ich mich kümmern, und auf dieser Liste standen dann Lauryn Hill, Wyclef Jean, Eric Clapton, Everlast, Dave Matthews, Eagle-Eye Cherry, Rob Thomas von Matchbox 20 und so fort.» Carlos Santana meditierte und besprach die Sache mit seinem unsichtbaren Schutzgeist Metatron: «Meine Instruktionen für dieses Album lauteten: Sei geduldig, sanftmütig und dankbar. Es gibt ein unsichtbares Radio, das Leute wie Jimi Hendrix und John Coltrane hören konnten. Und wenn du die richtige Welle findest, erhältst du Zugang zu einer ganz anderen Musik.» Ob Cosmic Carlos die esoterische Frequenz fand oder nicht, war dem Album nicht anzuhören. «Der Mann hat seinen Spaß, das hört man», mäkelte Frank Schäfer im deutschen ‹Rolling Stone›, «und dieser warme, leicht näselnde Gitarrenton besitzt immer noch einigen Charme, aber man kennt das andererseits auch schon so gut und so lange …» Er sei nun mal ein Saitenakrobat, bedauerte Kritiker Christoph Lindemann nach dem Santana-Konzert Anfang 2000 in München, und so hätten Pop-Hörer enttäuscht feststellen müssen, «daß die Strophe nach dem Gitarrensolo nur die Strophe vor dem nächsten Gitarrensolo ist». Clive Davis' Mischkalkulation jedenfalls war aufgegangen. *Supernatural* gelangte in die Liste der zehn bestverkauften LPs/CDs aller Zeiten – im Business-Jargon Top Ten All Time Soundscan Selling Albums. Carlos Santana sammelte nach den Grammies auch noch den Golden Eagle Legend in Music Award, die Auszeichnung Latino Music Legend of the Year sowie eine Flut weiterer Preise ein und wurde schließlich in die Rock and Roll Hall of Fame introduziert. Sein Erfolg möge Ermutigung sein, sagte er in seiner Dankesrede für die Grammies am 23. Februar 2000 im Staples Center von Los Angeles, «für alle Menschen, die ohne Strom und fließend Wasser auskommen müssen. Wenn ich das geschafft habe, könnt ihr es auch.» Und zum Schluß Poesie: «Das Leben ist ein Traum. Der Tod bedeutet Erwachen. Bitte weckt mich nicht auf.»

LPs auf Columbia: *Santana* (1969); *Abraxas* (1970); *The Third Album* (1971); *Carlos Santana & Buddy Miles Live* (1972); *Caravanserai* (1972); *Love Devotion Surrender* (mit John McLaughlin, 1973); *Welcome* (1973); *Borboletta* (1974); *Illumination* (mit Alice Coltrane, 1974); *Lotus* (1975); *Amigos* (1976); *Festival* (1976); *Moonflower* (1977); *Inner Secrets* (1978); *Silver Dreams, Golden Reality* (1979); *Marathon* (1979); *The Swing Of Delight* (1980); *Zebop!* (1981); *Shango* (1982); *Havana Moon* (1983); *Beyond Appearances* (1985); *Black Magic Woman* (1986); *Blues For Salvador* (1987); *Freedom* (1987); *Viva Santana* (1988); *Spirits Dancing In The Flesh* (1990); *Best Of* (1998) … auf Polydor: *Milagro* (1992); *Sacred Fire – Live In South America* (1993) … auf Guts and Grace: *Live Forever* (1994) … auf Arista: *Supernatural* (1999) … Zusammenstellungen (Auswahl) auf Columbia: *Greatest Hits* (1974); *25 Santana Hits* (1978); *Love Songs* (1990); *Dance Of The Rainbow Serpent* (1995; Box mit drei CDs); *Viva* (1995; zwei CDs) … auf Sony: *The Ultimate Collection* (1992); *Live At The Fillmore* (1997; Aufnahmen von 1968) … mit Santana Brothers auf Polydor: *Santana Brothers* (1994)

Scorpions, 1971 in Hannover, Deutschland, gegründet, «können für sich die Ehre in Anspruch nehmen, den schlaffen Dinosaurier Heavy Metal durch die siebziger Jahre geschleift zu haben» (‹New Musical Express›). Brillant betreut von Dieter Dierks, «dem möglicherweise besten Heavy Metal-Produzenten der Welt» (‹Rolling Stone›), ließen Rudolf Schenker (g), geboren am 31. August 1948, Francis Buchholz (bg), geboren am 19. Februar 1950, Matthias Jabs (g), geboren am 25. Oktober 1955, Herman Rarebell (dr), bürgerlich: Hermann Erbel, geboren am 18. November 1948, «interessante Riffs» und «überraschende Arrangements» hören und zeigten dabei ein «beachtliches, fundiertes musikalisches Wissen» (‹Billboard›). Zu Rarebells Drum-Drive, «der wie eine Peitsche zischte» (‹Melody Maker›), lieferte Sänger Klaus Meine, geboren am 25. Mai 1948, einen in der Phrasierungskunst sowie Falsett-Akrobatik subtilen und ausgefeilten Gesangsvortrag, der seine Gruppe als *Bad Boys Running Wild* (Single) glorifizierte, deren *Animal Magnetism* (LP) einen ungeheuren *Lovedrive* (LP) signalisierte und in ein rhythmisches Unwetter umschlug: *Love You Like A Hurricane.* «Mag sich auch Gitarrist Jabs freizügig aus Eddie Van Halens Arsenal an instrumentalen Tricks bedienen und Sänger Klaus Meine wie Rob Halford von Judas Priest losröhren – der Gesamteffekt ist so tollkühn überzogen, daß irgendwie alles hinhaut», staunte ‹Rolling Stone›. Auch der ‹Record Mirror› schmolz beim Anhören der Metallurgen dahin: «Scorpions sind eine der wenigen Bands in diesem Genre mit der Fähigkeit, einen in Mark und Bein zu erschüttern und den Zuhörern Wonneschauer über den Rücken zu jagen. Es ist natürlich der reinste präpotent angeberische Eskapismus, den wir aber von Zeit zu Zeit brauchen. Dabei verdient es die Gruppe, wirklich ernst genommen zu werden.» Tatsächlich erreichten seit 1982 alle Scorpions-Alben wie *Blackout, Lovedrive, World Wide Live, Savage Amusement* allein in den USA Millionenauflagen. Die Konzerte der Gruppe waren in Japan wie Frankreich, in der UdSSR wie Südamerika Massenattraktionen. Zweifelhaftes Aufsehen erregten die Musiker dabei auch durch extrem sexistische Plattenhüllen und Konzertposter, die Frauen als Spott- und Lustobjekte in einer rüden Manier vorführten, wie sie selbst im wenig zimperlichen Metal-Milieu ungewöhnlich war. Scorpions hatten um den Kern Klaus Meine, Rudolf Schenker seit ihrer Formation zahlreiche Besetzungswechsel erfahren. So verließ Rudolfs Bruder Michael Schenker (g), geboren am 10. Januar 1955, 1974 die Gruppe und schloß sich für sechs Jahre den britischen UFO an, bevor er kurzfristig zu den Hannoveranern zurückkehrte, dann erneut wieder den Scorpions-Stachel löckte und mit seiner Michael Schenker Group auf einen erfolgreichen Solo-Trip ging. Seit 1977 bis in die neunziger Jahre blieb das Ensemble unverändert. «Wir haben nie nach den besten Musikern gesucht», erläuterte Rudolf Schenker die Gruppen-Philosophie, «sondern nach Leuten, die zusammenpassen. Wir wollten Harmonie, aber auch Disharmonie haben. Disharmonie ist nämlich wichtig für die Kreativität. Das ist wie bei einer Gitarrensaite – ohne Spannung gibt es keinen Sound. Ist aber zuviel Spannung da, bricht die Saite.» 1989 beendete Schenker wegen finanzieller Streitigkeiten und Umbesetzungswünschen die jahrelange Zusammenarbeit mit Dieter Dirks, und die Scorpions wechselten zu Phonogram. Die Band ging gestärkt aus der Krise hervor: Das Phonogram-Debüt *Crazy World* (1990), von Keith Olsen produziert, enthielt den als Single ausgekoppelten Song *Wind Of Change*, weltweit ein Top Ten-Hit. Single wie Album brachten der Schenker-Crew Gold und Platin ein. Olsen war es gelungen, den Sound der Hard Rocker verbindlicher zu gestalten und damit neue Hörerkreise zu erschließen, ohne die alten Fans zu verprellen. «Nur selten zogen die fünf Aufrechten in den vergangenen Studio-Jahren derart ungeniert vom

Leder. Von Kopf bis Fuß regeneriert, entfachen sie ein Rock-Feuerwerk der explosivsten Sorte», jubelte ‹Musikexpress›. 1991 lud sie Präsident Michail Gorbatschow zu einer Audienz ein – wegen des laut ‹Spiegel› als «weltweit gültiger Pop-Kommentar zum Ende des Kalten Krieges bejubelten» Hits *Wind Of Change*. Danach verließ der langjährige Bassist Francis Buchholz, nebenbei Finanzmanager der Band, die Scorpions und wurde durch Ralph Rieckermann ersetzt. Nach einer Welttournee 1993/94 mit dem Repertoire des Albums *Face The Heat* (1993) veröffentlichten sie zum Abschied von Phonogram das Live-Album *Live Bites* (1995), während EMI im selben Jahr den Best-of-Sampler *Deadly Stings* auf den Markt brachte. Trotz ihrer rund 25 Millionen verkauften LPs litt die Band, «von der keiner unserer Leser zugeben würde, daß er eine ihrer Platten im Schrank hat, obgleich er die meisten Songs mitsingen kann» (‹New Musical Express›), unter ihrem Krautrock-Image von Musikern mit Frauen und Kindern «in matt-luxuriösen Eigenheimen in Hannovers Vororten, wo Deutschland am prosaischsten ist» (‹Der Spiegel›). Ein in New York gewerkeltes Video, *You And I*, «das unter der Regie von Markus Nispel mit Hochhaus-Projektionen und nächtlichen Straßenszenen Kraft und Gefühl in suggestive Bilder umsetzt» (‹Der Musikmarkt›), sollte das ändern, bevor die im heimatlichen Studio entstandene CD *Pure Instinct* (1996) in die Läden kam. Kleiner Wermutstropfen: Drummer Rarebell hatte genug von der Scorpions-Idylle und stieg aus. ‹Der Spiegel› zitierte in einer Story von Wolfgang Höbel «über die deutsche Rockband Scorpions und ihren Kampf um Klasse» den Gitarristen Rudolf Schenker («Wenn du nach Hause, nach Hannover kommst, da ist Ruhe, da ist die Familie, das ist in Ordnung so») und bestätigte mit einem hämischen Kommentar den Satz vom Propheten im eigenen Lande: «Also keine Häuser in Malibu oder auf den Dächern Manhattans, keine zertrümmerten Hotelzimmer, kein wüster Rock ’n’ Roll-Terror mit Schweinen im Flugzeug oder zu Kleinholz zerdroschenen Gitarren: viel Milch, wenig Kakao auf der Kinderschokoladenseite der Popmusik.» Immerhin gastierten die Scorpions mit ihrem neuen Drummer James Kottak, geboren am 26. Dezember 1962 in Louisville, Kentucky, 1998 auch wieder in den großen Städten Südamerikas, wo der Kakao herkommt. «Isn't it fun / To be number one» – so auf der von Peter Wolf produzierten CD *Eye To Eye* (1999), deren Texten Wolfgang Hertel im ‹Musikexpress› nachsagte, man habe sie «in dieser Einfalt garantiert noch nicht gehört»: «Brake the bread, drink the wine / In my heart you live forever / Time to go is never right.» Klaus Meine war sich sicher, «daß ich diese Texte auch in fünf Jahren noch singen kann». Rudolf Schenker: «Gerade wenn viele Leute denken, bei den Scorpions läuft nix mehr, kommt doch wieder was. Wachsame Pioniere wie wir entdecken immer wieder die Lücke, in die sie reinstechen können. Und auf einmal merken sie, daß sie auf Gold gestoßen sind.» Die Lücke war 2000, nachdem *Eye To Eye* nicht so richtig lief, die Weltausstellung in Hannover, die auch nicht so richtig lief. Daran war das Konzert der Band bei der Expo 2000 mit den Berliner Philharmonikern nur bedingt schuld. Als der Event aus der Hauptstadt Niedersachsens auf der CD *Moments Of Glory* (2000) zu Markte getragen wurde, gestand selbst das zu Promotion verpflichtete Branchenblatt ‹Der Musikmarkt› ein: «Über die Dringlichkeit und den künstlerischen Wert mag man tatsächlich streiten können, doch eines ist unstrittig: Der Käufer will derlei Klassik / Rock-Fusionen, ob's den Feuilletonisten paßt oder nicht.» Nur wegen der Verrisse hätte die Band allerdings nicht gleich ins Kloster gehen müssen. Gemach. Dort, in Portugal, meditierten die Musiker nicht nur mit den Mönchen, sie nahmen zwischen den Klostermauern auch ihre Live-CD *Acoustica* (2001) auf. Die Lücke, in der die wachsamen Pioniere diesmal nach Gold schürften, hieß Unplugged. Meine: «Früher wollten wir nie auf diesen Zug aufspringen. Nun hatten wir Lust, schrieben neue Songs, arrangierten alte und spielten ein paar Cover-Versionen ein.» Im Mai 2001 war der Zug noch nicht angekommen, der Goldschatz noch nicht gehoben, um bei den bandeigenen Vergleichen zu bleiben, die Scorpions aber wie immer hoffnungsfroh. Meine: «Wir sind jetzt erst dabei, unsere Früchte einzusammeln. Wir spielen heute mit einem Sinfonieorchester in Moskau, übermorgen einen Rock-Gig in Mexiko, die Möglichkeiten sind gigantisch. Wir wären ja blöd, wenn wir jetzt zu Hause bleiben würden.» Na denn: Gute Reise!

LPs auf Brain: *Lonesome Crow* (1972) ... auf RCA: *Fly To The Rainbow* (1974); *In Trance* (1975); *Virgin Killer* (1977); *Taken By Force* (1978); *Tokyo Tapes* (1978) ... auf Harvest: *Lovedrive* (1979); *Animal Magnetism* (1980); *Blackout* (1982); *Love At First Sting* (1984); *Gold Ballads* (1984); *World Wide Live* (1985); *Savage Amusement* (1988) ... auf Mercury: *Crazy World* (1990); *Face The Heat* (1993); *Live Bites* (1995) ... auf EMI: *Deadly Sting* (1995) ... auf EastWest: *Pure Instinct* (1996) ... auf WEA: *Eye II Eye* (1999); *Moments Of Glory* (mit den Berliner Philharmonikern, 2000); *Acoustica* (2001) ... LPs Michael Schenker mit UFO auf Chrysalis: *Phenomenon* (1974); *Force It* (1975); *No Heavy Petting* (1976); *Space Metal* (1976); *Lights Out* (1977); *Strangers In The Night* (1978); *Obsessions* (1978) ... auf Eagle: *Walk On Water* (1997) ... mit der Michael Schenker Group auf Chrysalis: *Michael Schenker Group* (1981); *MSG* (1981); *One Night At Budokan* (1981); *Assault Attack* (1982); *Built To Destroy* (1983); *Rock Will Never Die* (1984) ... auf BBC: *BBC Radio 1 – In Concert* (1982) ... auf EMI: *Save Yourself* (1989); *Unplugged Live* (1992); *Nightmare: The Acoustic M.S.G.* (1992); *The Story Of Michael Schenker* (1993); *Written In The Sand – 25th Anniversary* (1997); *Moment Of Glory* (2000) ... auf Eagle: *Walk On The Water* (1998) ... als McAuley Schenker Group auf EMI: *Perfect Timing* (1987) ... auf MSR: *Thank You* (1993) ... auf MSG: *Written In The Sand* (1996) ... LPs Michael Schenker auf Shrapnel: *MS 2000: Dreams & Expressions* (2001) ... auf Steamhammer: *Adventures Of The Imagination* (2000) ... Solo-LPs Herman Rarebell auf Harvest: *Nip In The Bud* (1981); *Herman Ze German And Friends* (1985)

Screaming Trees, 1983 in Seattle gegründet, gerieten auf Grund ihrer geographischen Herkunft eher zufällig in den Grunge-Strudel, aus dem sie sich selbst weder befreien wollten noch konnten. Sie teilten mit Gruppen wie Nirvana oder Soundgarden einzig deren pessimistische Grundstimmung, waren stilistisch jedoch eher Wegbereiter des Neo-Psychedelic Rock. Während viele ihrer aus Seattle stammenden Zeitgenossen beschäftigt waren, die Riffs von Black Sabbath und den Stooges zu rekonstruieren, fusionierten die Screaming Trees Sixties-Psychedelia und -Garage Rock mit Seventies-Hard Rock und Eighties-Punk. Die Punk-Wurzeln wurden allerdings über die Jahre von einer tiefen Depression verdrängt, aus der die «melancholischste Musik der Post-Grunge-Ära» (‹Kerrang!›) geboren wurde. Legendär waren der Mißbrauch von Alkohol und Drogen und die handgreiflichen Auseinandersetzungen innerhalb der Band, deren Mitglieder zu drei Vierteln die Figur von Sumo-Ringern hatten. Sie spielten «am Rand der Selbstzerstörung», diagnostizierte der ‹Melody Maker›, «aber die Pillen des Untergangs sind zuweilen bitter.» Niemand stand dem Erfolg der «ewig unterschätzten Screaming Trees» (‹Sounds›) auf die Dauer derart im Weg wie die Band selbst. Die Brüder Van Conner (bg), geboren am 17. März 1967 in Apple Valley, Kalifornien, und Gary Lee Conner (bg), geboren am 22. August 1962 in Fort Irwin, Kalifornien, sowie Mark Lanegan (voc), geboren am 25. November 1964 in Ellensburg, Washington, lernten einander kennen, weil sie an der Highschool ihrer Heimatstadt Ellensburg, nahe Seattle, angeblich die einzigen waren, die sich für Punk und Garage Rock interessierten. Nach Abschluß der Schule verloren sie sich zunächst aus den Augen. Gary Lee Conner machte unter dem Pseudonym Butch «The Butcher» Butcher als Wrestler Karriere. Van Conner gründete Anfang der Achtziger eine Band mit dem Sänger Mark Pickerel. Lanegan übernahm den Drum-Part, und als Gary Lee Conner der Band beitrat und Pickerel seine Position mit Lanegan vertauschte, stand die Besetzung der Screaming Trees. Ihren Namen hatten sie von einem Gitarrenverzerrer. Nach einem ersten Demo 1985 verschaffte ihnen ihr Produzent Steve Fisk einen Vertrag bei dem kleinen Indie-Label Velvetone, wo sie ihr erstes Album *Clearvoyance* (1986) veröffentlichten. Sie wechselten zu SST, wo sie mit *Even If And Especially When* (1987) erstmals von der amerikanischen Independent-Gemeinde wahrgenommen wurden. Die Platte klang noch ungelenk, Lanegan hatte zwar schon jenes heiser-melancholische Timbre, das ihn später berühmt machen sollte, doch noch überschlug sich seine Stimme und wirkte unsicher. Ungeschliffener, aber auch selbstbewußter und druckvoller klang *Invisible Lantern* (1988), auf dem Steve Fisk am Piano gastierte. Mit *Buzz Factory* (1989) fand der psychedelische Sound, der auf Lanegans butterweicher Stimme über Gary Lee Conners beständig penetrant jaulender Gitarre beruhte, seine

volle Entfaltung. Nachdem der Vertrag mit SST ausgelaufen war, unterschrieb die schwergewichtige Band beim Seattle-Label Sub Pop, auf dem sich gerade all jene Bands versammelten, die kurz darauf als Grunge-Szene Rock-Geschichte schreiben sollten. Die EP *Changes Come* (1990) stand jedoch unter keinem günstigen Stern, da die bandinternen Streitigkeiten unerträgliche Ausmaße angenommen hatten und sich die Mitglieder lieber Solo-Projekten widmeten. Lanegan nahm sein erstes Album *The Winding Street* (1990) mit Unterstützung von Kurt Cobain und Krist Novoselic von Nirvana auf, Gary Lee Conner spielte mit seinem jüngeren Bruder Patrick als Purple Outside die psychedelische Supernova *Mystery Lane* (1990) ein, die, leider völlig unbeachtet, zu den besten Gitarren-Rock-Alben der Neunziger zählte, und Van Conner gründete die Band Solomon Grundy. Erstaunlicherweise wehte den Screaming Trees, vom sich abzeichnenden Seattle-Hype begünstigt, trotzdem ein Vertrag von Epic auf den Tisch. Der Wechsel zu der Plattenfirma brachte eine Neuorientierung auf einen weicheren, kompakteren Sound mit sich. «Einzige Konstante blieb der Doors-artige Groove» (‹Rolling Stone›). Mit dem exzellent gespielten und von Soundgardens Chris Cornell exorbitant produzierten *Uncle Anesthesia* (1991) blieben die Screaming Trees weit hinter ihren Verkaufserwartungen zurück. Da Van Conner der Band den Rücken kehrte und statt dessen als Bassist von Dinosaur Jr. auf Tour ging, waren sie so gut wie handlungsunfähig. Nach Rückkehr des Bassisten verließ Pickerel, der ständigen Streitereien müde, die Gruppe und gründete mit Hiro Yamamoto von Soundgarden die Grunge-Band Truly. Mit dem neuen Drummer Barrett Martin, geboren am 14. April 1967 in Olympia, Washington, nahmen die Screaming Trees ihr umfassend stimmiges Werk *Sweet Oblivion* (1992) auf, dessen «Verwundbarkeit und Sinnlichkeit über die Grunge-Meute herausragt» (‹Musician›). Jeder einzelne Song hatte das Zeug zum Hit, der Opener *Nearly Lost You* wurde sogar ein College-Radio-Hit, doch im Vergleich zu anderen Seattle-Bands blieben die Screaming Trees chronisch erfolglos. Mit 300 000 verkauften Einheiten wurde *Sweet Oblivion* immerhin das einträglichste Album in ihrer Geschichte. Die «selbststilisierten Bad Boys mit Bierbäuchen» (‹NME›) gingen für ein ganzes Jahr auf Tour und beschlossen danach abermals, sich aufzulösen. Barrett Martin trat der Allstar-Band Mad Season bei, während Lanegan unter der Beteiligung diverser Mitglieder von Dinosaur Jr., Mudhoney und Tad sowie seinem alten Kompel Mark Pickerel das überwältigend sentimentale Solo-Werk *Whiskey For The Holy Ghost* (1994) aufnahm. ‹Kerrang!› hudelte, vielleicht sogar mit Recht: «Wie ein mit Bourbon abgefüllter Tom Waits klingend, der für einen David Lynch-Western schreibt, mag Mark Lanegan der talentierteste Rock-Songwriter seit Kurt Cobain sein.» 1996 rauften sich die Screaming Trees wieder zusammen, um mit *Dust* (1996) eine Platte aufzunehmen, die zwar von der Kritik positiv aufgenommen wurde, aber nicht mehr die heftige Entrücktheit früherer Produktionen aufwies. ‹Metal Hammer›: «In den Tagen homogenisierter, vereinnahmter Rock-Clones verkörpern die Screaming Trees das immer seltener werdende Biest – eine Band mit einem auf Anhieb erkennbaren Sound.» 1997 traten die Screaming Trees auf dem Lollapalooza-Festival auf und legten erneut eine Auszeit ein. Lanegan bastelte an seiner Solo-Karriere, legte mit *Scraps At Midnight* (1998) eine schwermütige Surf Rock-Perle vor und ließ dieser ein Jahr später das Balladen-Album *I'll Take Care Of You* (1999) folgen, auf dem Van Conner, Pickerel und Martin gastierten. «Seine Songs sind von depressiver Schönheit, sein Gesang ist ein Flüstern. Wenn er erzählt, klingt es, als betete er» (‹Intro›). Diese Solo-Exkurse bewiesen, daß Lanegan die Screaming Trees nicht mehr brauchte. Vier Jahre nach ihrem letzten Album erklärten sie ihre Auflösung.

LPs auf Velvetone: *Clearvoyance* (1986) ... auf SST: *Even If and Especially When* (1987); *Invisible Lantern* (1988); *Buzz Factory* (1989) ... auf Sub Pop: *Changes Come* (1990) ... auf Epic: *Uncle Anesthesia* (1991); *Sweet Oblivion* (1992); *Dust* (1996) ... LPs Mark Lanegan auf Sub Pop: *The Winding Street* (1990); *Whiskey For The Holy Ghost* (1994); *Scraps At Midnight* (1998); *I'll Take Care Of You* (1999) ... LP Gary Lee Conner mit Purple Outside auf New Alliance: *Mystery Lane* (1990) ... LP Van Conner mit Solomon Grundy auf New Alliance: *Solomon Grundy* (1990)

Sebadoh, gegründet 1989 in Northhampton, Massachusetts, galten lange Zeit als Seitenprojekt von Dinosaur Jr. In der Tat wurden ihre ersten Tapes als Gimmick zur zweiten Dinosaur-LP gereicht. Sebadoh-Gründer Lou Barlow, geboren am 17. Juli 1966, war als Bassist maßgeblich an den ersten drei Alben von Dinosaur Jr. beteiligt, hatte jedoch irgendwann genug von den Launen des Bandleaders J. Mascis und beschloß während einer Schaffenspause der Band, eigene Wege zu gehen. Er legte, so der ‹Tagesspiegel›, «den Dinosaur-Gestus des gelangweilten Selbstmitleids ab», konvertierte zur Gitarre und tat sich mit dem Schlagzeuger Eric Gaffney zusammen, mit dem er bis 1990 die beiden Mini-Alben *Freed Man* und *Weed Forstin* aufnahm. 1991 stieß Jason Lowenstein hinzu, ein ehemaliger Schlagzeuger, der sich für den Baß entschieden hatte. Sebadoh nahmen ihre Songs von Anfang an im Home-Recording-Verfahren auf, so daß sie schnell zu den Helden der im Aufwind befindlichen Lo-fi-Bewegung wurden. Auf ihrem Debütalbum *Sebadoh III* (1991) verwursteten die drei alle Einflüsse, deren sie irgend habhaft werden konnten – von Hard Rock über folkige Akustik-Songs bis zu freundlichem Pop. Die Band verfügte über ein unerschöpfliches Song-Reservoir. Barlow prahlte damit, jährlich etwa 200 Lieder zu schreiben. In der ‹New York Times› erklärte er: «Ich glaube, wir schreiben, um unsere Dämonen zu exorzieren, aber was meine Texte betrifft, bin ich ein totaler Exhibitionist.» Mit den beiden auf Sub Pop veröffentlichten Alben *Rocking The Forest* und *Sebadoh vs. Helmet*, das nichts mit der gleichnamigen Band zu tun hatte, folgten die drei 1992 dem eingeschlagenen Weg und machten sich auf letztgenannter sogar an *Everybody's Been Burned* von den Byrds heran. Einfallsreichtum veranlaßte die Zeitschrift ‹Rock Pool› zu der euphorischen Feststellung: «Diese Band kann alles», und ‹Gimmie Indie Rock› sprach von «einer neuen Generation des elektrischen White Boy Blues». Während sein ehemaliger Chef J. Mascis murrte, Lou Barlow verkaufe sich unter Wert, wurde im Rahmen einer Tournee von Sonic Youth auch das europäische Publikum mit Sebadoh bekannt gemacht. Für *Bubble And Scrape* tauschten die Musiker 1993 das Schlafzimmer gegen ein richtiges Studio ein. Die Band klang gesetzter und weniger ungestüm als zuvor. Dieses Album half einen neuen Indie-Mainstream zu etablieren. Mit Projekten wie The Folk Implosion, Setridoh, Beltbuckle oder Lou Barlow And Friends nahm Barlow weiterhin auf der Couch Songs mit dem Walkman auf und machte mit diesen Produktionen, denen er selbst das Prädikat «Losercore» verlieh, den Palace Brothers (für die Lowenstein gelegentlich Baß und Schlagzeug spielte) Konkurrenz. 1994 verließ Gaffney die Band, um von Bob Fay, dem Cover-Model von *Sebadoh vs. Helmet*, ersetzt zu werden. Das '94er Album *Bakesale* erntete Begeisterungsstürme. Erstmals trat auch Lowenstein als Songschreiber in den Vordergrund. Spielerisch wie kompositorisch wirkte er «entspannter als zwanzig Evan Dandos nach dem Beschuß mit einer Elefanten-Dosis Valium» (‹Melody Maker›). ‹Spex› dozierte: «Daß Rock 'n' Roll immer auch gegen sich selbst gerichtet sein muß, wenn er ein menschliches Antlitz bewahren will – diese alte Weisheit tritt bei Sebadoh in wünschenswerter Klarheit zutage.» Mit *Bakesale* war Sebadoh endlich keine «Lou Barlow Band» mehr, sondern ein Trio gleichberechtigter Mitglieder ein. Mit *Harmacy* (1996) trafen sie exakt den Nerv einer von der grüblerischen Tiefgründigkeit des Grunge übersättigten Jugend auf beiden Seiten des Ozeans. «In einer ehrlichen Welt würden Sebadoh genauso angesehen sein wie R.E.M.», vermutete ‹Vox›. Doch so ausgewogen ihre Alben klangen, so unbeherrscht und infantil waren immer noch die Live-Shows der Band. Während eines Berliner Konzerts wäre es beinahe zu einer Prügelei mit einem Beleuchter gekommen, der Barlow zu sehr geblendet hatte. Nach *Harmacy* suchte Bob Fay das Weite und bot den beiden anderen einen willkommenen Anlaß zur Zäsur. Der neue Drummer Russ Pollard veränderte das Band-Konzept. «Plötzlich», so Barlow, «hatten wir einen Trommler, der nicht nur unbeteiligt neben der Band hertrommelte, sondern alle dynamischen Fäden selbst in die Hand nahm. Früher hatte ich stets Angst vor den Auftritten. Jetzt fühle ich mich einfach nur noch wohl, denn wenn du den richtigen Schlagzeuger hast, spielt sich die Musik wie von selbst.» Mit dem ebenso programmatischen wie selbstbewußten Album *The Sebadoh* (1999) präsentierte sich ein ausgereiftes Ensemble, das auf der Energie von Gruppen wie The Who und The Kinks aufbaute, ohne sie zu kopieren.

LPs auf Homestead: *The Freed Man* (1989); *Weed Forestin* (1990); *III* (1991) ... auf Sub Pop: *Smash Your Head On The Punk Rock* (1992); *Bubble & Scrape* (1993); *Bakesale* (1994); *Harmacy* (1996) ... auf Sire: *The Sebadoh* (1999) ... LPs Lou Barlow mit Sentridoh auf Smells Like Records: *Lou Barlow And His Acoustic Sebadoh* (1995) ... auf Shrimper: *Losing Losers* (1995) ... LPs Barlow mit The Folk Implosion auf Communion: *Take A Look Inside* (1994); *Dare To Be Surprised* (1997) ... auf Interscope: *One Part Lullaby* (1999)

Seeger, Peter R. **Pete** (voc, g, bj), am 3. Mai 1919 in New York City geboren, entstammte einer alten amerikanischen Volksmusik-Dynastie, deren Stammbaum er bis zu den Kolonialisten vor 300 Jahren zurückverfolgen konnte. Sein Vater, der 1886 in Mexico City geborene Dirigent, Musikprofessor und Ethnologe Charles Louis Seeger, gehörte zu den ersten systematischen Sammlern ethnischer US-Folklore; seine 1933 und 1935 geborenen Geschwister Mike und Peggy machten mit Banjo, Gitarre und Folksongs eigene Karrieren. Pete jedoch, Ex-Soziologie-Student der Harvard University, wurde zur Symbolfigur des Folksong-Revivals. Als Assistent der Forscher John und Alan Lomax konservierte er 1939/40 vornehmlich in den Südstaaten halbvergessene Volkslieder und Blues. Bevor er 1942 zur Armee einberufen und für drei Jahre als Truppen-Entertainer in den Pazifik entsandt wurde, trug er diese Melodien mit seinen Almanac Singers sowie im Duo mit Woody Guthrie vor. Von Jugend an politisch links orientiert, gründete er 1945 eine Vereinigung der Volksmusikschaffenden (‹People's Songs Inc.›), der zeitweilig etwa 3000 Komponisten und Interpreten angehörten. In sogenannten Hootenannys machten Seeger und seine Freunde alte Weisen und idiomgleiche Novitäten populär. Nach dem didaktischen Versvortrag Seegers, in der Regel weder künstlerisch noch ausdrucksstark, stimmten die Zuhörer über Banjoakkorden in den Refrain ein. Seegers Slogan: «Selbst wenn Sie das Lied noch nie gehört haben, können Sie es singen.» Auf diese Weise hob der Troubadour die «Amerikanische Volksmusik und ihre Ursprünge» (so der Titel einer Konzertfolge an der New Yorker Columbia University 1954/55) als deren bester Propagandist wieder ins Bewußtsein der Zeitgenossen. Er drehte Filme (‹And Hear My Banjo Play›), brachte in Los Angeles ein Folk-Musical (‹Dark Side of the Moon›) heraus und gründete 1948 zur Verstärkung seines musikalisch eher profillosen Gesangsvortrags das Quartett The Weavers, das bis zu seiner ersten Auflösung 1952 rund vier Millionen Schallplatten mit Wald-und-Wiesen-Liedern verkaufte. Von 1955 an wurde Seeger, der den simplen Song stets mit politischer Aufklärung verband, 17 Jahre lang von den US-Kommerzsendern boykottiert: In der McCarthy-Ära in den Verdacht kommunistischer Umtriebe geraten, hatte er sich geweigert, vor einem Kongreßausschuß in Washington auszusagen. Seine Kompositionen, etwa *Where Have All The Flowers Gone* (*Sag mir, wo die Blumen sind*), *If I Had A Hammer*, *Kisses Sweeter Than Wine*, wurden in dieser Zeit in Funk und Fernsehen durch andere Interpreten propagandiert. Folkloreanhänger bevorzugten jedoch stets die Plattenversionen Seegers, obgleich sich das vielbeschriebene Gemeinschaftserlebnis seiner Konzerte durch Lautsprecher kaum vermitteln ließ. Der «Guerilla-Minstrelsänger» (‹Rolling Stone›), «die grandiose Verkörperung von 100 Jahren amerikanischer Folklore» (‹Billboard›), gab in den achtziger Jahren wiederholt Konzerte mit Arlo Guthrie, dem Sohn seines langjährigen musikalischen Wegbegleiters Woody. «Eine höchst angenehme Art, den Abend zu verbringen», lobte ‹Variety› diese nostalgischen Singalong-Meetings. Als gälte es, der amerikanischen Singebewegung des 20. Jahrhunderts ein Testament aufzusetzen, vereinigte Seeger, zu dieser Zeit 74 Jahre alt, am 17. Mai 1993 noch einmal die Folk-Cream aus drei Generationen zu einem Benefizkonzert für die gefährdete Kaufmann Concert Hall an New Yorks 92nd Street: «Folksongs U.S.A.». Neben den Senioren Burl Ives, 83, im Rollstuhl, Odetta, Theodore Bikel sangen unter anderen Tom Paxton, Bob Sherman, Eric Weissberg und Art Garfunkel. Das Chad Mitchell Trio trat seit drei Jahrzehnten zum erstenmal wieder auf. Paul Robeson Jr. und Josh White Jr. repräsentierten die Enkel. Nur die Folk-Legenden

Woody Guthrie und Leadbelly fehlten. Das Publikum huldigte ihnen und Pete Seeger mit den Liedern *This Land Is Your Land* und *Goodnight, Irene* als Singalongs. Es war, so die ‹New York Times›, noch einmal «eine pure Alternative zum Mainstream der Popmusik». Zwischen Herbst 1996 und Dezember 1997 nahmen Künstler aller Generationen, die sich der Folk-Legende Pete Seeger verpflichtet fühlten, die Tribute-Doppel-CD *Where Have All The Flowers Gone* mit 37 neuen Stücken (plus zwei Seeger-Oldies) für ihn auf. Bonnie Raitt, Jackson Browne, Bruce Springsteen, Judy Collins, Donovan, Nanci Griffith und viele andere sangen in dieser liebevollen Edition mit zweieinhalb Stunden Spieldauer und zwei Booklets mit zusammen 92 Seiten alle großen Songs aus Pete Seegers Repertoire.

LPs (Auswahl) auf Folkways: *Ballads* (1957); *At Carnegie Hall* (1958); *Ballads* (1959); *Gazette* (1959); *Nonesuch* (1959); *Ballads* (1960); *Champlain Valley Songbook* (1960); *Rainbow Design* (1960); *Indian Summer* (Soundtrack, 1961); *Sing Out* (1961); *Ballads* (1961); *At Village Gate* (1962); *Gazette* (1962); *Songs Of Struggle And Protest* (1965); *Broadsides* (1965); *American Favorite Ballads* (1965); *American Industrial Ballads*; *Darling Corey*; *Frontier Ballads*; *Goofing Off Suite*; *Love Songs For Friends And Foes*; *Sampler*; *Talking Union*; *With Voices Together We Sing*; *Rainbow Quest*; *Where Have All the Flowers Gone*; *Wimoweh & Other Songs*; *Pete Seeger With Sonny Terry* … auf Archive of Folk Music: *Pete Seeger* (1966) … auf Broadside: *Broadside Vol. 1/2* (1963); *Sings And Answers Questions* (1970) … auf Odysseys: *3 Saints, 4 Sinners* (1968) … auf Stinson: *Concert; Pete, Folk Songs & Ballads* … auf Harmony: *John Henry & Other Folk Favorites* (1969) … auf Capitol: *Freight Train* (1964) … auf Xtra: *The Pete Seeger Box* (1966) … auf CBS: *Bitter & Sweet* (1963); *We Shall Overcome* (1964); *Strangers And Cousins* (1965); *I Can See A New Day* (1965); *God Bless The Grass* (1966); *Dangerous Songs* (1966); *Greatest Hits* (1967); *Waist Deep* (1967); *Now* (1968); *Young Versus Old* (1969); *Rainbow Race* (1971); *The World Of* (1973) … auf Tradition: *Folk Music Of The World* (1973) … auf Reprise: *Arlo Guthrie & Pete Seeger Live* (1975) … auf Embassy: *Greatest Hits* (1978) … auf MMG: *Tribute To Leadbelly* (1977) … auf Warner Bros.: *Circles & Seasons* (1979); *Precious Friend* (mit Arlo

Guthrie, 1981) … auf Vanguard: *Essential Pete Seeger Vol. 1*; *Essential Pete Seeger Vol. 2* (1978); *Pete Seeger At Newport 1963–65* (1993) … auf Flying Fish: *Carry It On* (mit Jane Sapp und Si Kahn, 1987) … auf Columbia: *The Complete Carnegie Hall Concert* (1989); *Children's Concert At Town Hall* (1990) … Tribute-Doppel-CD auf Aris / BMG: *Where Have All The Flowers Gone* (1998) … auf Sony: *Pete Seeger's Family Concert* (1992); *Waist Deep In The Big Muddy* (1993); *Link In The Chain* (1996)

Sepultura, 1984 in Belo Horizonte, Brasilien gegründet, trugen als erste Band den sagenhaften Ruf des lateinamerikanischen Heavy Metal nach Europa und Nordamerika. Ihr Sound war in seiner Bösartigkeit, Schwere und Brutalität der Gegenpol zu Tropicalia und Bossa Nova. «Jahrelang führten Sepultura die düstere Existenz einer durchschnittlichen Death Metal-Horde, grantig, sperrig, stählern. Platte für Platte versetzten sie die hartgesottensten Todeskandidaten dies- und jenseits des Atlantik in nekrophile Verzückung. Daß die Songs der Band voll politisch motivierter Botschaften steckten, wurde dabei gern übersehen» (‹Tip›). Unbestritten war die Virtuosität der Gruppe, deren Name auf portugiesisch Grabmal bedeutet und dem Motörhead-Song *Into The Grave* entlehnt wurde. «Über eine Periode von zehn Jahren wuchs die Band von einer Stärke zur nächsten und transformierte sich selbst von einem primitiven Death Metal-Ensemble zu einem der führenden kreativen Trendsetter der internationalen Szene aggressiver Musik» (‹All Music Guide›). Die von italienischen Eltern abstammenden Brüder Max Cavalera (g, voc), geboren am 4. August 1969 in Belo Horizonte, und Igor Cavalera (dr), geboren am 4. September 1970 in Belo Horizonte, sowie deren Nachbarn und Schulfreunde Jairo T. (g) und Paulo Pinto Jr. (bg), geboren am 30. April 1969 in Belo Horizonte, fanden sich zusammen, um nordamerikanischen Vorbildern wie Metallica und Slayer auf geborgten Instrumenten eine eigene Metal-Variante gegenüberzustellen. Punk und Heavy Metal galten in den mittleren Achtzigern in Brasilien als gesellschaftlich inakzeptabel, und Platten mit derartiger Musik waren so gut wie nicht zu haben. Die Cavalera-Brüder besorgten sich Tonträger und

Informationen aus Europa. Am 30. März 1985 trat das Quartett zum erstenmal auf. Nach einer ersten Split-LP mit Overdose erschien bereits 1985 das Debütalbum *Morbid Versions*, das nur eine vage Ahnung von der späteren Kreativität der Band vermittelte. Im Bewußtsein ihrer Unzulänglichkeit arbeiteten die Musiker bis zur Erschöpfung an der Verbesserung ihrer spielerischen Möglichkeiten. Um ihre Basis zu erweitern, zogen sie nach São Paulo um. Die schlechte Reputation von Sepultura sollte sich ändern, als Jairo T. 1986 abwanderte, um seine Band Mist zu gründen, und von dem klassisch geschulten Gitarristen Andreas Kisser, geboren am 24. August 1968 in San Bernando, ersetzt wurde. Mit *Schizophrenia* (1987) stieg die Truppe in die Oberliga des internationalen Metal auf. Sepultura wurden von Roadrunner, zu jenem Zeitpunkt noch ein Metal-Gourmet-Label, unter Vertrag genommen und veröffentlichten mit *Beneath The Remains* (1989) ein Feuerwerk an spielerischer Leidenschaft. Sie gingen auf Deutschlandtournee und überrumpelten Fans, Kritiker und Konkurrenten. Als Anheizer für die dröge deutsche Metal-Band Sodom unterwegs, galten sie schnell als Hauptattraktion dieses Tour-Pakets. 1990 siedelte die Gruppe nach Phoenix, Arizona, über, um auch den nordamerikanischen Markt in den Griff zu bekommen. Mit dem apokalyptisch funkelnden Monumentalwerk *Arise* (1991) schnellte «die innovative Metal-Band» (‹Rolling Stone›) an die Spitze der internationalen Metal-Charts. Vor Energie berstend, gründete Cavalera gemeinsam mit Alex Newport von den Doom-Avantgardisten Fudge Tunnel nebenbei die Industrial-Band Nailbomb. Hochgradig gesellschaftskritisch fiel das Album *Chaos A.D.* (1993) aus, auf dem Sepultura ihre Autorität für politische, religiöse, soziale, mediale und biotechnologische Themen nutzten. Der bisher dominante Metal-Aspekt im Gruppensound wurde von Hardcore-Einflüssen überlagert. Als Support einer Amerikatournee von Ozzy Osbourne brachten die Brasilianer 1994 auch das Mainstream-Metal-Publikum auf ihre Seite. Ihr innovativstes Werk *Roots* (1996), entstand zu großen Teilen im brasilianischen Dschungel bei und mit dem Indiovolk Xavante. Mit diesem aufwendigen Konzeptwerk «hat sich ihr gesamtes rhythmisches Gefüge verändert. Der Platte wohnt eine rituelle Energie inne, die man von keiner Metal-Band jemals gehört hatte» (‹Tip›). Mit ihrer Industrial-nahen Heavy Metal World Music öffneten Sepultura Tore für eine völlig neue Musizierhaltung. So entschieden das Statement auf *Roots* war, so sehr geriet die Band jedoch selbst ins Straucheln. Wegen des tödlichen Unfalls seines Stiefsohns (dem Sohn von Sepultura-Managerin Gloria Cavalera) kehrte Max Cavalera von einer Europa-Tournee kurzfristig nach Amerika zurück. Das Rest-Trio kündigte daraufhin dem Management, was den Frontmann wiederum zum Ausstieg veranlaßte. «Eine der erfolgreichsten und sympathischsten Bands der 90er ist auf häßliche Weise auseinandergebrochen», kommentierte ‹Visions› gleich zahlreichen anderen Medien. Allen Gerüchten zum Trotz lösten sich Sepultura jedoch nicht auf, sondern rekrutierten den aus Cleveland, Ohio, stammenden Derrick Green als neuen Sänger. Auf *Against* (1998) nahmen sie mit einem japanischen Percussion-Ensemble eine nochmalige Erweiterung ihres Vokabulars vor, doch ihres kreativen Kopfes beraubt, ging der Band die einstige Stringenz, Komplexität und Logik ab. Max Cavalera gründete unter dem Einfluß des brasilianischen Crossover-Stars Chico Science die Band Soulfly. Mit Roy Mayorga (dr, Ex-Shelter), dem Sepultura-Roadie Marcello Rapp (bg) und dem nach dem Tode von Chico Science frei gewordenen Gitarristen Jackson Bandeira schloß er an, wo er mit *Roots* aufgehört hatte. Die Alben *Soulfly* (1998) und *Primitive* (2000) signalisierten eine Abkehr von Heavy Metal. Cavalera: «Ich versuche etwas vom Hip Hop-Spirit in den Metal zu integrieren, denn dort finde ich die Glaubwürdigkeit, die Metal alleine nicht mehr zu bieten hat. Was James Hetfield zu sagen hat, läßt mich ziemlich kalt, während ich bei Chuck D aufmerksam zuhöre.» Von den neuen Sepultura enttäuscht, sahen viele ehemalige Fans in Soulfly den legitimen Nachfolger des Originals. Doch auch Sepultura veränderten sich. Auf dem deutlich schlankeren Album *Nation* (2001) kehrten sie zu ihrer originären Mischung aus Hardcore Punk und Metal zurück.

LPs auf Roadrunner: *Morbid Visions* (1986); *Schizophrenia: Roadrunner* (1987); *Beneath The Remains* (1989); *Arise* (1991); *Dead Embryonic Cells* (1991); *Chaos A. D.* (1993); *Roots* (1996); *Against* (1998); *Nation* (2001) ... LPs Andreas Kisser mit Nailbomb auf Roadrunner: *Point Blank* (1994); *Proud To Commit Suicide* (1995) ... LPs Max Cavalera mit Soulfly auf Roadrunner: *Soulfly* (1998); *Primitive* (2000)

Setlur, Sabrina (rap voc), als Tochter indischer, über die USA nach Deutschland immigrierter Eltern am 10. Januar 1974 in Frankfurt/M. geboren, stieg 1997 mit ihrem 300 000mal verkauften Rap-Debüt *Die neue S-Klasse* in der ‹Echo›-Wertung der Deutschen Phono-Akademie zur «Besten nationalen Künstlerin» auf, indem sie den bisherigen bundesdeutschen Hip Hop konterkarierte: «Niemand hat geredet, wie viele Rapper gerappt haben» (‹Süddeutsche Zeitung›). Das Beste an Sabrinas Sprache sei, so der SZ-Feuilletonist Christoph Amend, «daß man sie gar nicht richtig versteht. Weil bei ihr, wie das eben vorkommt in Hessen, die Konsonanten grundsätzlich weich geredet werden, aus dem Buchstaben T ein D wird oder aus einem CH ein SCH. Dieses Weichreden macht erst möglich, was man im Hip Hop den flow nennt: Die Reime fließen, und es ist gar nicht immer wichtig, was da gesagt wird. Es muß sich nur gut anhören.» Der Fama zufolge war diese Qualität ihrem Schulfreund Thomas Hofmann kurz nach ihrem Abitur im Frühling 1994 bei einer gemeinsamen Autofahrt im Taunus erstmals aufgefallen: Sabrina rappte zum Autoradio-Song *Nothing But A ’G’Thang* von Dr. Dre. Hofmann, Partner des Produzenten Moses Pelham im soeben gegründeten Rödelheim Hartreim Projekt, rekrutierte die Studien-Anwärterin (Betriebswirtschaftslehre) für eine Rap-Strophe auf dem Album *Direkt aus Rödelheim* (‹Rolling Stone›: «Ein stilisierter Frankfurter Ghetto-Slang, in dem es vor Tschabos und Fotzenleckern nur so wimmelt»). Studium ade! Schwester S., so ihr Profi-Logo, stieg beim Rödelheimer Produktionsteam 3p als Kaffeeköchin, Telefonistin, Assistentin von Moses Pelham ein und ließ sich auf ihrer ersten eigenen CD *S. ist soweit* im Hit *Ja klar* von ihren Kollegen anrappen: «Schwester, Schwester, für mich bist du wie Sahnetorte, ich möchte dich mal probieren.» TV-Viva zeichnete die spröde Schöne, die auf dem Cover mit Bomberjacke, Katzenpulli und Springerstiefeln posierte, als «besten Hip Hop Act 1995» mit einem «Kometen» aus. Das nächste Album *Die neue S-Klasse* wurde 1997 unter ihrem eigenen Namen veröffentlicht, mit einer Goldenen Schallplatte prämiert und enthielt die Nummer-eins-Single *Du liebst mich nicht*. Rüde raunzte sie über ihr Konkurrenz-Duo aus Dortmund: «Wie auf'm Klo is' die Scheiße von Toe, Tic und Tac/ungefähr zwei Kalorien ohne Erfrischung und Geschmack/Ich pack euch in 'nen Sack und schmeiß den ganzen Sack ins Wasser/Die Dicke quillt dann weiter auf und die bunten Zwei werden blasser.» Setlur 1997: «Ich bin nun eine eigenständige Künstlerin und nicht mehr nur das Badewasser-Babe meiner beiden Hasis.» Bei der Veröffentlichung ihres dritten Albums *Aus der Sicht und mit den Worten von …* (1999) schränkte sie das wieder ein: «Moses gibt mir ein paar Tapes mit Beats, aus denen ich mir dann die Sachen aussuche, mit denen ich was anfangen kann. Ich kick dann meine Texte, und die weitere Produktion machen Moses und Martin Haas. Ich hab zwar schon mal versucht, ein paar Ideen beizusteuern, aber ich muß sagen, als Künstler ist man manchmal etwas übermotiviert und hat Ideen, die oft gar nicht passen.» Die Grundstimmung ihres dritten Albums, so versuchte der ‹Musikexpress› den Erfolg von Sabrina Setlur bei den Spät-Teens der Jahrhundertwende zu erklären, wechsele ständig «zwischen nachdenklicher, manchmal gar zärtlich-gehauchter Lebensbilanz und böse-aggressivem Um-sich-Schlagen gegen alles und jeden, was der Entfaltung des wilden Lebensgestaltungswillens entgegenstehen könnte». Eine noch bessere Erklärung war aber wohl ihre Aufrichtigkeit. Sabrina Setlur war Identifikationsfigur gerade in ihren Handikaps. «Als ich vor zwei Jahren hier war, habe ich gesagt, daß ich nicht tanzen kann», so der «eiskalte Engel des deutschen Rap» (‹Rolling Stone›) 1997 im Berliner Tempodrom: «Jetzt muß ich leider zugeben, daß ich nicht mal singen kann.» Schade eigentlich. ‹Frankfurter Rundschau›: «Und so kommt unterm Strich dabei nur ein ziemlich reduzierter Rotzlöffel-Gehalt zustande – ähnlich dem der Halbwüchsigen-Gang, die bei Rot grölend und aufreizend langsam über den Zebrastreifen schlendert und auf der anderen Seite triumphiert, wenn zwei Autos abbrem-

sen mußten: Wow, denen haben wir's aber gezeigt.» Nicht durch äußere Umstände, ganz und gar selbst verschuldet kam Sabrina Setlurs Karriere im Jahr 2000 ins Trudeln. Als «kühle Sprechgesangsqueen in Designerklamotten» (‹FAZ›) ließ sie sich den Kulturpreis der SPD überreichen, nahm an einer Kindermodenschau in Offenbach teil und machte als buntes Huhn im erotischen Gehege der deutschen Sportskanone Boris Becker Schlagzeilen, aber keine gute Figur. «Unsere Beziehung ist eine junge Pflanze, die gegossen werden muß», war das Romantischste, was der omnipotente Tennis- und Werbe-Star («Bin ich schon drin?») zwischen Scheidungskrieg in Florida (Babs) und One Night Stand in London (Angela Ermakowa) zum Thema Sabrina von sich gab. Seine süffisante Antwort auf die Reporterfrage, was ihn an ihr so fasziniere, konnte zu ihrer street credibility jedenfalls kaum beitragen: «Das ist nun wirklich nicht jugendfrei.» Das Ende der Affäre brachte das Society-Blatt ‹Gala› auf die Schlagzeile: «Das war wohl nichts.» Schade eigentlich.

LPs auf 3p/MCA: *S. ist soweit* (1995) … auf 3p/Epic/Sony: *Die neue S-Klasse* (1997); *Aus der Sicht und mit den Worten von …* (1999)

Setzer, Brian (g, voc), am 10. April 1960 in New York geboren, brachte mit seinem Brian Setzer Orchestra fulminanten Big Band-Swing zurück in den Rock 'n' Roll, ohne dabei Anspruch auf Virtuosität und Komplexität eines Jazzmusikers zu erheben oder an seine Bandmitglieder zu richten. Setzer ging es stets nur um eine möglichst massive Party-Musik. Nachdem er als Teenager in einer Highschool-Band Tuba gespielt hatte, gründete er mit Slim Jim Phantom (dr), als Lee McDonnell am 21. März 1961 in New York geboren, und Lee Rocker (bg, b), als Leon Drucker am 3. August 1961 ebenfalls in New York geboren, 1979 die Stray Cats, mit denen er mit Punk-Prägnanz eine energiegeladene Rockabilly-Variante entwickelte. Anfangs coverte die Band in erster Linie Songs von Eddie Cochran und Gene Vincent. Mit der von Dave Edmunds produzierten LP *Stray Cats* (1981) und der Single *Runaway Boys* wurden die Musiker schnell zu Idolen der Teddyboys, die zu den Punks im gleichen Verhältnis standen, wie anderthalb Jahrzehnte davor die Mods zu den Rockern. Mit ihrem antiken Sound aus Telecaster, Kontrabaß und einem Schlagzeug, das nur aus Snare- und Bass-Drum bestand, räumten sie zunächst vor allem in Europa kräftig ab. Mit in rascher Folge veröffentlichten Alben wie *Gonna Ball* (1981), *Built For Speed* (1982) und *Rant 'n' Rave* (1983) lösten sie auf beiden Seiten des Atlantik ein nicht mehr für möglich gehaltenes Rock 'n' Roll-Fieber aus. Nachdem sie 1984 die Rolling Stones durch Europa begleitet hatten, fiel die Band auseinander, und Setzer unternahm mit *The Knife Feels Like Justice* (1984) einen ersten Solo-Versuch. Die beiden anderen Stray Cats formierten sich mit David Bowies Gitarristen Earl Slick zu Phantom, Rocker & Slick, um 1985 das gleichnamige Album herauszubringen. Die einen so wenig erfolgreich wie der andere, spielten die Stray Cats 1985 das Reunion-Album *Rock Therapy* ein, das jedoch kaum Neues bot und entsprechend wenig Beachtung fand. 1986 übernahm Setzer in dem Film ‹La Bamba› die Rolle des Eddie Cochran. Mit *Live Nude Guitars* (1988) veröffentlichte er ein weiteres laues Soloalbum und versuchte es 1989 für die kaum erwähnenswerte LP *Blast Off* noch einmal mit den Stray Cats. Das ursprünglich als Bootleg gehandelte Standard-Coveralbum *Original Cool* (1993) markierte endgültig das Ende dieser Band. Bereits ein Jahr später präsentierte Setzer unter dem Eindruck der Mel Lewis Big Band in Los Angeles sein 16köpfiges Brian Setzer Orchestra, mit dem er zwar keine wesentlichen Veränderungen am Stil der Stray Cats vornahm, aber durch ungemein fetzige Bläsersätze mit fünf Saxophonen, vier Trompeten und vier Posaunen das kompakte Feeling einer modernen Swing-Band vermittelte, deren Charme jedoch auf die Urkraft des Rock 'n' Roll zurückzuführen war. Sein Trick: Er machte die Elektrogitarre zum Lead-Instrument. «Obwohl er sich natürlich Jazztechniken bedient», analysierte ‹Intro›, «ist es die rauhe, lodernde Gitarrenarbeit, die man von ihm seit den Stray Cats kennt, nur daß sie mittlerweile in einer geringfügig dichteren Form daherkommt.» Wie er fast anderthalb Jahrzehnte zuvor ein weitgreifendes Rockabilly-Revival ausgelöst hatte, so leitete er nun weltweit einen seit den Vierzigern nicht

mehr dagewesenen Swing-Boom ein. Das Album *The Brian Setzer Orchestra* (1994) vereinte nicht nur Rock 'n' Roll-Klassiker, sondern auch Songs der Rolling Stones und von Clash. Setzer stellte es auf einer Tournee mit 50 Stationen vor, gekrönt von einem Auftritt beim Montreal Jazz Festival. Mit den Alben *Guitar Slinger* (1996) und *The Dirty Boogie* (1998) behauptete er nicht nur seine Ausnahmestellung unter den Swing-Revivalisten, sondern befreite sich auch von der Uniformität der Neo-Swing-Szene. «Zum Glück blieb Setzer seiner originalen künstlerischen Vision treu, statt vollends an der Swing-Revival-Marotte teilzuhaben», freute sich ‹Rolling Stone›: «Statt dessen brachte er Alben raus, die den Jump Blues von Louis Jordan mit altmodischem Rock 'n' Roll à la Elvis Presley verbanden.» Auf *Vavoom* (2000) modifizierte er seinen Sound, indem er sich Latin-Einflüssen öffnete.

LPs auf Hollywood: *The Brian Setzer Orchestra* (1994) ... auf Interscope: *Guitar Slinger* (1996); *The Dirty Boogie* (1998); *Vavoom!* (2000) ... auf Hollywood: *Ignition!* (2001) ... LPs Setzer mit Stray Cats auf Arista: *Stray Cats* (1981); *Gonna Ball* (1981) ... auf EMI: *Built For Speed* (1982); *Rant N' Rave With The Stray Cats* (1983); *Rock Therapy* (1986); *Blast Off* (1989) ... auf Receiver: *Live* (1994); *Something Else* (1995) ... auf JRS: *Choo Choo Hot Fish* (1994)

The Sex Pistols posierten 1976/77 rüde, ungehemmt, kalkuliert provokant als radikale Antithese zum Großgrundbesitzer-Rock der abgeschlafften Pop-Elite, der mit den Sorgen und Sehnsüchten des einfachen Publikums nichts mehr zu tun hatte. Der Sturm ihrer skandalösen Publicity scheuchte die etablierten Stars aus ihrer Selbstgefälligkeit hoch, brachte die in Business-Routine erstarrten Platten-Manager auf Trab und regte überall in der Welt junge Bands an, ungeniert und ungelenk draufloszumusizieren. Dadurch wurden sie zu einem «Symbol der rastlosen Energie jugendlicher Subkultur, die die industrialisierte bourgeoise Gesellschaft als heuchlerisch, selbstsüchtig und abgeschlafft verachtet» (‹New York Times›). Steve Jones (g), am 3. September 1955 in London geboren, Paul Cook (dr), am 20. Juli 1956 in London geboren, hatten sich regelmäßig in Malcolm McLarens «Sex»-Boutique herumgetrieben, in der ihr Freund Glen Matlock (bg), am 27. August 1956 in Greenford, Middlesex, geboren, gelegentlich aushalf. McLaren, der bereits die New York Dolls betreut hatte, animierte die Halbwüchsigen, sich zu einer Band zusammenzutun, die das akustische Äquivalent zu seinen radikalen Modestatements bilden sollte. Als Sänger empfahl er den vollkommen unerfahrenen John Lydon, am 31. Januar 1956 in London geboren, den er wegen seines mangelnden Hygienegefühls in Johnny Rotten umtaufte. Gleich der erste Gig der neuen Rabaukentruppe Sex Pistols im November 1975 mußte nach zehn Minuten wegen Erregung öffentlichen Ärgernisses abgebrochen werden. Fortan steigerte McLaren den schlimmen Ruf der krassen Außenseiter-Band durch manipulierte Randale-Aktionen, die in den Medien Empörung und bei den Anhängern der sich zu jener Zeit zusammenraufenden Punk-Szene Begeisterung hervorriefen. Nachdem der Musikkonzern EMI, eine Bastion biederen britischen Marketings, die Sex Pistols schließlich für 40 000 Pfund Vorschuß eingefangen hatte, brachte das Quartett Ende des Jahres die Debüt-Single *Anarchy in the U.K.* heraus, wurde aber nach einer chaotischen Fernseh-Talk-Show umgehend aus dem Vertrag entlassen. Im März 1977 trat John Ritchie (John Beverley), am 10. Mai 1957 in London geboren, für den ausgeschiedenen Matlock in die Band ein und erhielt von Lydon den Spitznamen Sid Vicious. Ein zweiter lukrativer Plattendeal mit A & M endete ebenfalls in einem Debakel, bis Virgin Records schließlich mit McLaren handelseinig wurde. Die zweite Single *God Save The Queen (The Fascist Regime)*, im Mai 1977 pünktlich zum Silbernen Thronjubiläum von Elizabeth II veröffentlicht, war ein zorniges Pamphlet in der Tradition jener angry young men, die in den sechziger Jahren die britische Literatur- und Theaterszene verstört hatten. Selbstverständlich wurde die Platte sofort von den Medien boykottiert, erreichte aber aus dem Off den zweiten Platz der Verkaufscharts. Da die Sex Pistols nunmehr kaum noch Auftrittsmöglichkeiten im Königinmutterland fanden, wichen sie auf den europäischen Kontinent und in die USA aus. Dort wurden sie als Kuriosität zur Kenntnis genommen, vor allem, weil sie durch diszipliniertes Gebaren den Schockwert

ihrer Konzerte gering hielten. Furore machte dann die LP *Never Mind The Bollocks, Here's The Sex Pistols*, «das klassische Album einer Band, auf die die siebziger Jahre gewartet haben» (‹Melody Maker›). «Dagegen klingt die Musik der Ramones, als wäre sie von Walt Disney», fand ‹Rolling Stone›, «dabei tun sie doch nichts, was auch nur annähernd originell genannt werden könnte» (‹Stereo Review›) – «simple Riffs und elementare Akkorde mit einem Maschinengewehr-Beat; aber niemand macht es besser» (‹Billboard›). Im Januar 1978 verließ Lydon die Spektakel-Combo und gründete Public Image Ltd. Sid Vicious modelte sich eine Art Solokarriere zurecht und kam mit einer eigenwilligen Coverversion des Sinatra-Schlagers *My Way* sogar zu Hitehren. Seine wüste Liebesaffäre mit dem Groupie Nancy Spungen führte am 12. Oktober 1978 zu deren Tod im Zimmer 100 des New Yorker Chelsea Hotel. Der tatverdächtige Sid starb, nach vorübergehender Freilassung auf Kaution, am 2. Februar 1979 an einer Überdosis Heroin. Der Film ‹Sid and Nancy: A Love Story› zeichnete 1986 das triste Leben und Sterben der beiden Rock-Streuner nach. McLaren, der Lydon zunächst durch den aus England geflohenen Posträuber Ronald Biggs ersetzen wollte, begnügte sich schließlich damit, das magere Œuvre der defekten Pistols in selbstironischer Hemmungslosigkeit zu vermarkten. Eine vom Sexfilm-Spezialisten Russ Meyer unter dem Titel ‹Who Killed Bambi?› begonnene Kinostory um die Schock-Rocker wurde als ‹The Great Rock 'n' Roll Swindle› vom ehemaligen Architekturstudenten Julien Temple zu Ende gekurbelt, erreichte aber noch nicht einmal Kultfilmstatus beim harten Kern punknostalgischer Fans. Einige bis dahin unveröffentlichte Pistols-Aufnahmen wurden 1980 unter dem Titel *Flogging A Dead Horse* veröffentlicht. 1986 verklagten die drei überlebenden Sex Pistols Lydon, Jones, Cook und die Mutter von Sid Vicious McLaren auf eine Million Pfund. Dieser zahlte nach außergerichtlicher Einigung kleinere Münze. Um schnöden Mammon ging es wohl auch nur, als Rotten mit James, Cook und Glen Matlock (bg) 1996 ihren alten Heulern noch einmal auf einer Tournee die drei Punk-Akkorde abtrotzten. Mit Anarchie habe die Show im «matten Glanz der Nietenhalsbänder» rein gar nichts mehr zu tun, klagte die ‹Berliner Zeitung›, «eher mit einem rotzigen Lippenbekenntnis zur Marktwirtschaft, dem simplen Verticken einer Ware, und sei sie noch so verrottet». Die humorlose Rezensentin mußte sich vom Berliner Stadtmagazin ‹Zitty› zurechtweisen lassen: «Wer den Pistols heute Ausverkauf oder Verrat vorwirft, hat nichts, aber auch gar nichts vom Punk verstanden.» Den Mitschnitt der späten Pistols aus dem Londoner Finsbury Park auf Virgin, *Filthy Lucre Live* (1996), lobte Kritiker David Sinclair in der ‹Times›: «Actually very good indeed.» Im Frühjahr 1998 versah US-Kritikerpapst Greil Marcus, der ein mehr als 500 Seiten dickes Buch über Punk und die Folgen verfaßt hatte (deutsch: ‹Im faschistischen Badezimmer›, 1994), im Interview mit ‹Zitty› auch die frühen Pistols noch einmal mit einem Heiligenschein: «Vor zwei Tagen hörte ich auf einer Fahrt im Autoradio unvermittelt *God Save The Queen*. Und ich mußte wieder einmal erkennen, daß ich es nie geschafft habe, auch nur ansatzweise die Bitterkeit, die Stärke und die Härte dieses Stückes zu erfassen.»

LPs auf Virgin: *Never Mind The Bollocks – Here's The Sex Pistols* (1977); *The Great Rock 'n' Roll Swindle* (1979); *The Great Rock 'n' Roll Swindle* (Soundtrack, 1979); *Some Product* (1979); *Flogging A Dead Horse* (1980) … auf Quid: *Filthy Lucre Live* (1996) … auf Factory: *The Heyday* (nur auf Kassette, 1980) … auf Chaos: *The Mini-Album* (Mini-LP, 1985) … auf Receiver: *The Original Pistols Live* (1985); *After The Storm* (1985) … auf Konexion: *Live World Wide* (1985) … auf Bondage: *Best Of The Sex Pistols Live* (1985) … auf UK: *Anarchy In The UK Live* (1985) … auf Hippy: *Never Trust A Hippy* (1985) … auf 77: *Where Were You In '77* (1985); *Power Of The Pistols* (1985) … auf TNT: *Party Till You Puke – The Demos* (1989) … auf Castle: *Alive* (1996); *Live At Winterland 1978* (1997) … Solo-LPs Sid Vicious auf Virgin: *Sid Sings* (1979) … auf Konexion: *Love Kills NYC* (1985) … Solo-LP Steve Jones auf MCA: *Fire And Gasoline* (1989) Weitere LPs John Lydon → Public Image Ltd.

Silly, 1978 als Familie Silly in Ost-Berlin gegründet, waren «eine Kultband aus der Spätphase der DDR, die mit ihrem pathetisch aufgeladenen Synthipop den DDR-Krautrock an den technischen Standard des Westens ankoppelte» (‹Der Tagesspiegel›). Vor allem aber waren sie die Band von Tamara Danz. Als sich Thomas Fritzsching (g, voc, perc), Mathias Schramm (bg, voc), Uli Mann (kb, voc), Manfred Kusno (kb) und Michael Schafmeier (dr) nach Erfahrungen in anderen Bands zusammentaten, um Funk und Reggae mit deutschen Texten zu musizieren, überredeten sie als «engagierte Frontfrau» (‹Berliner Morgenpost›) die am 14. Dezember 1952 in Breitungen, Thüringen, geborene Diplomatentochter Danz, die teilweise im Ausland aufgewachsen war, mehrere Sprachen beherrschte, beim Oktoberklub und in der Horst Krüger Band die Stimme trainiert und mit dem Berufsziel Übersetzerin in Berlin Philologie studiert hatte. Die später als «deutsche Tina Turner» apostrophierte Sängerin galt als «rigoros, konsequent und so wenig easy going wie ihre Musik» (‹Berliner Zeitung›). Weil sie nicht «übersetzen wollte, was andere Leute sagen, auch wenn es der größte Schwachsinn ist», hatte sie ihr Studium bereits geschmissen und nahm die Offerte an; sie gehörte damals, wie sie 1996 dem ‹Stern› offenbarte, «zu einer Clique in der legendären Milchbar» am Strausberger Platz: «Wir hörten bevorzugt Platten, für die strengstes Einfuhrverbot galt, und die Rolling Stones standen ganz oben auf unserer Liste. Die Kunde von den Studentenunruhen im Westen erweckte eine Art rebellische Nervosität bei uns, die auf wundersame Weise mit der Stones-Musik verschmolz. Diese ‹Zusammenrottungen› wurden regelmäßig von der Polizei auseinandergetrieben. Auf diese Weise geriet ich in eine Razzia und sammelte Erfahrungen mit Stasiverhören. Von da an waren Rock 'n' Roll und Politik untrennbar verbunden. Mir wurde klar: Du mußt in dieser Gesellschaft einen Platz finden, der dir ein Höchstmaß an Freiheit und ihr ein Mindestmaß an Einschränkung erlaubt. So bin ich Sängerin geworden.» Nach einem Silly-Schlagererfolg als Vertreter der DDR beim Festival «Bratislavska Lyra» 1981 mit dem Song *Gut' Nacht, Amigo* und der LP *Tanzt keiner Boogie*, die zuerst im Westen erschien und 1981 auf Amiga in der DDR nachgezogen wurde, entschied sich Silly zu einer härteren Gangart. Mann und Kusno verließen die Band für Rüdiger «Ritchie» Barton (kb). Das Album *Mont Klamott* (1983) mit den Stücken *Liebeswalzer, Bataillon* *d'Amour, Februar* (Texte: Werner Karma) avancierte zur «Platte des Jahres» und zur «Bückware» – in der DDR ständig ausverkauft und nur unter dem Ladentisch zu haben. «Der überragende Beitrag zur Entwicklung der DDR-Rockmusik in den letzten Jahren wurde von der Gruppe Silly geleistet», konstatierte das Ost-Berliner Fan- und Fachblatt ‹Melodie und Rhythmus› 1985. Silly konnten sich leisten, auf Politveranstaltungen nicht mehr aufzutreten. Wo andere DDR-Musiker den Reiz ihrer Songs aus Doppeldeutigkeiten ableiteten, waren die Silly-Texte den Zensurbehörden oft allzu eindeutig: «Alles wird besser, aber nichts wird gut.» Oder: «In die warmen Länder würden sie so gerne fliehen / die verlornen Kinder in den Straßen von Berlin.» Mehr als 13 000 Briefe schrieben Fans in einem einzigen Jahr an die Band – «immer in dem Wissen, daß es in der DDR keine verlorenen, fernwehkranken Kinder zu geben hatte und daß selbstverständlich immerzu alles besser wurde» (Birgit Walter in der ‹Berliner Zeitung›). Eine ganze LP-Auflage wurde bei Amiga eingestampft, weil sich Tamara Danz und ihre Gruppe weigerten, politisch unliebsame Textstellen zu ändern. Dennoch wurden die Texte in Konzerten oft mitgesungen: Die Lyrik kursierte im Underground. 1984 kam Herbert Jungk ans Schlagzeug, 1988 Hans-Jürgen «Jack» Reznicek an den Baß. Uwe Haßbecker (g), Jahrgang 1959, von der avantgardistisch ambitionierten Band Stern Meissen (vordem: Sterncombo Meissen) stieß als sechstes Bandmitglied hinzu. Nach einer dreijährigen Veröffentlichungspause erschien 1989 das Album *Februar* mit Texten von Gerhard Gundermann und Tamara Danz. Die Staatsmedien heulten, der Titel *Ein Gespenst geht um (in der Mitropa)* verunglimpfe den berühmten ersten Satz des ‹Kommunistischen Manifests› von Marx und Engels. In der Sendung ‹Dramms› des DDR-Jugendfernsehens hieß es vorwurfsvoll, der Songtext *Verlorene Kinder* ignoriere die Existenz zweier deutscher Staaten. Doch Danz und Co. wollten sich nicht mehr gängeln lassen. 1989 gehörten sie zu den Erstunterzeichnern der sogenannten «Rockerresolution» an die DDR-Regierung, deren Text sie verbotenerweise in ihren Konzerten verlasen. Die bevorstehende Wende mit ihren Protestgottesdiensten und landesweiten Montagsdemonstrationen («Wir sind das Volk») versetzte sie, so Honza Klein in der ‹Berliner Morgenpost›, in einen «unvergleichlichen Rauschzustand». In einem «Konzert gegen Gewalt» protestierte Tamara Danz neben anderen prominenten Künstlern gegen Polizei- und Stasi-Übergriffe bei den Demonstrationen am 7. und 8. Oktober, bei denen Hunderte junger DDR-Bürger verhaftet worden waren. Sie unterzeichnete den Novemberaufruf «Für unser Land» und kümmerte sich auch nach der Wende in einem «Komitee für Gerechtigkeit» und als aufmüpfiger Gast zahlloser Talk-Shows um ebendieses. Als Musikerin fiel ihr die Wende schwer. Silly versuchten in einem Studio in Bayern eine West-Platte und gaben nach dem dritten Titel wegen unüberbrückbarer Differenzen mit dem kommerziell denkenden Produzenten auf. Die von ihm gewünschten Songs waren «infantile Scheiße, bei denen sich die Fußnägel hochrollen» (Danz). Daß aber auch ihre Titel *Hurensöhne, Traumpaar* oder *Einmal* (wieder mit Gundermann), mit denen sich die Band im wiedervereinigten Deutschland künstlerisch konsolidiert hatte, 1993 die Charts verfehlten, gehörte «zu den Unergründlichkeiten, mit denen der Markt seine Hits aussiebt» (Birgit Walter). Tamara Danz war schon zweimal operiert worden, hatte ihren Lebensgefährten Uwe Haßbecker geheiratet, eine Chemotherapie hinter sich und bekam schmerzstillendes Morphium, als sie in ihrem Danzmusikerstudio in Berlin-Lichtenberg ausschließlich eigene Texte für die Silly-LP *Paradies* (1996) sang: «Gib mir Asyl, hier im Paradies, hier kann mir keiner was tun. Gib mir Asyl, hier im Paradies, nur den Moment, um mich auszuruhn.» Eine geplante Tournee kam nicht mehr zustande. Tamara Danz starb am 22. Juli 1996 an Lungenkrebs. Ihre Musiker veröffentlichten nach ihrem Tod *Bye Bye – Best Of Silly, Volume One* und *Volume Two*. Doch das eigentliche Nachlaßalbum erschien mit der Doppel-CD *Unplugged* erst 1999: der Mitschnitt eines Konzerts, das Silly zusammen mit Gerhard Gundermann & Seilschaft im November 1994 im Potsdamer Lindenpark gegeben hatten. ‹FAZ› am 25. Juni 1999: «Die so verschiedenen Musiker und ihr Publikum verschmolzen zur Gemeinschaft, die trotz trauriger Lieder selbstbewußt das Leben feierte.

Die gescheiterten Kinder, angekommen im Niemandsland, öffneten ihre Seelen weiter als je zuvor. Schaut her, schrien ihre entfesselten Körper: Der Osten ist wieder zu neuen Liedern fähig.»

LPs auf Amiga: *Tanzt keiner Boogie* (1981); *Mont Klamott* (1983); *Liebeswalzer* (1985); *Bataillon d'amour* (1986); *Februar* (1989); *Hurensöhne* (1993); *Unplugged* (mit Gundermann & Seilschaft, 2-CD, 1999) ... auf SPV: *Paradies* (1996) ... auf BMG Ariola: *Best Of Silly, Volume One* (1995) ... Solo-LPs Gerhard Gundermann auf Amiga: *Männer, Frauen und Maschinen* (1990) ... auf Buschfunk: *Einsame Spitze* (1992); *Der siebente Samurai* (1993); *Frühstück für immer* (mit Seilschaft, 1995) ... auf Hansa: *Unplugged* (1999)

Silverchair, 1992 in Newcastle, Australien, gegründet, versetzten als Nirvana-Clones par excellence jenen Grunge-Nachwuchs in Verzückung, der Kurt Cobain & Co. nur aus der Retrospektive kannte. Ihre jugendliche Unverbrauchtheit und lässige Unschuld waren verblüffend. Kritiker, die das Teenager-Trio als Backstreet Boys des Grunge bezeichneten, mußten sich oft revidieren, wenn sie die Band erst live gesehen hatten. Kleine Mädchen fielen angesichts der drei smarten Jungs reihenweise in Ohnmacht, ältere Semester betrachteten die Kids mit Rührung. Silverchair schienen den Rock 'n' Roll in den Jungbrunnen geführt zu haben. Bei allem Kult um das Teenager-Phänomen ließ sich jedoch nicht verhehlen, daß sie erstaunlich gute Songs schrieben. Im Gegensatz zu zahllosen anderen Teenie-Bands verdankten sie ihren Erfolg nicht nur weitgehend eigener Kraft, sie waren auch in der Lage, ihren Nimbus über das Teeniestadium hinaus zu retten. Dazu mag beigetragen haben, daß sie sich ebenso hartnäckig wie selbstbewußt weigerten, Hochglanzmagazinen und Teenie-Presse Interviews zu geben. Weit entfernt von allen musikalischen Zentren der Welt begannen die gerade zwölfjährigen Schulkameraden Daniel Johns (g, voc), Ben Gillies (dr) und Chris Joannou (b), als The Innocent Criminals in der Garage von Joannous Eltern Musik zu machen. Ihre Vorbilder waren Nirvana, Soundgarden und Pearl Jam. 1994 schickten sie ein Demo-Tape zu einem Talentwettbewerb ein und gewannen den ersten Platz, der darin bestand, einen Song in einem Radiostudio aufnehmen zu können. Die daraus resultierende Single *Tomorrow* wurde in Australien ein mittlerer Radiohit. Das Sony-Sublabel Murmur wurde auf das Teenager-Trio aufmerksam und brachte die Single noch einmal heraus, diesmal unter dem Bandnamen Silverchair, der auf die Songs *Sliver* von Nirvana (den die Band falsch buchstabierte) und *Berlin Chair* von You Am I zurückging. Innerhalb einer Woche nahmen Silverchair ihr Debütalbum *Frogstomp* (1995) auf, das als erstes australisches Album der Geschichte auf Position eins in die australischen Charts einstieg. ‹WOM Journal›: «Wer einen tollen, heftigen bis niedlichen Grunge-Punk-Sampler sucht, ist bestens bedient.» Allein in den USA gingen zwei Millionen Einheiten des Albums über den Ladentisch. Im folgenden Jahr nutzten die drei Schüler ihre Ferien, um unentwegt durch Europa und die USA zu touren. Auf Grund eines Gerichtsbeschlusses durften sie Australien jedoch nur in Begleitung ihrer Eltern verlassen. Das zweite Album *Freak Show* (1996) erhielt bessere Kritiken als sein Vorgänger, blieb aber hinter dessen Auflage zurück. Auf *Neon Ballroom* (1999), dessen Titel eine Verbindung von Zukunft und Vergangenheit symbolisieren sollte, hatten sich die inzwischen 19jährigen vom Nirvana-Schatten gelöst und «legten ihre Hände auf alles, dessen drei Jungs aus Australien habhaft werden können: Led Zeppelin, The Clash, The Who, Cheap Trick» (‹Rolling Stone›). Als Gast gewannen sie den Klassik-Pianisten David Helfgott. ‹Intro›: «Jetzt dürfte auch der letzte Zweifler zu der Erkenntnis kommen, daß die Band nicht nur erwachsen, sondern zu einer festen, ernst zu nehmenden Größe im Musikzirkus geworden ist.» Um ihre künstlerische Eigenständigkeit endgültig unter Beweis zu stellen, lehnten sie 2000 eine Verlängerung ihres Sony-Vertrages ab.

LPs auf Sony: *Frogstomp* (1995); *Freak Show* (1997); *Neon Ballroom* (1999)

Simon And Garfunkel, das Duo von Paul Simon (g, voc) und Art Garfunkel (voc, g), wurde mit seinem eingängigen, einprägsamen Klang – eine madrigalartige, von einer einzigen Gitarre ergänzte Harmonie aus Tenor und Kontratenor –

1965 bekannt und wenig später zum erfolgreichsten Folk Rock-Team in den USA. Die jüdischen Schulfreunde aus dem New Yorker Stadtteil Queens, die schon 1957 unter dem Namen Tom And Jerry den Single-Hit *Hey Schoolgirl* gelandet hatten und in der TV-Show ‹American Bandstand› aufgetreten waren, nahmen 1964 ihre erste Folksong-LP *Wednesday Morning 3 A.M.* auf. Der Song *Sounds Of Silence* aus diesem Album (Textprobe: «Die Worte der Propheten sind an U-Bahn-Wände und Mietskasernen geschrieben und geflüstert in den Klang der Stille») kam – nachträglich von Columbia mit Gitarren- und Geigenschall unterlegt – 1965 auf die Bestsellerlisten und wurde zur «Hymne einer ganzen Generation» (‹New York Times Magazine›). Von ihrem zweiten Album an machten sämtliche Simon And Garfunkel-Alben je mehr als eine Million Dollar Umsatz. Mitte 1968 waren fünf S & G-Produktionen unter den Top 100 der USA, darunter der Soundtrack des Films ‹The Graduate› (‹Die Reifeprüfung›), zu dem sie unter anderem den Schlager *Mrs. Robinson* beigetragen hatten. Von ihrem Superseller *Bridge Over Troubled Water* wurden 1969 in den ersten drei Wochen nach Erscheinen allein in den USA 1,7 Millionen LPs ausgeliefert, das Album erreichte die Rekordauflage von annähernd neun Millionen. Das Titelstück, nebenbei auf acht Millionen Singles abgesetzt, lief beinahe stündlich in allen Popmusiksendern Amerikas. Es wurde mit fünf Grammies ausgezeichnet, die LP zusätzlich als «Album des Jahres». Ende 1970 trennten sich Simon And Garfunkel. Zur Unterstützung des demokratischen Präsidentschaftskandidaten George McGovern traten sie im Frühsommer 1972 im New Yorker Madison Square Garden jedoch wieder gemeinsam auf. Weitere künstlerische Begegnungen folgten. 1975 produzierten sie gemeinsam den Hit-Song *My Little Town*, der auf Solo-LPs von beiden veröffentlicht wurde. 1978 trafen sie sich (neben James Taylor) erneut im Studio für eine Coverversion des Sam Cooke-Klassikers *Wonderful World*. Ihre Reunion-Sternstunde aber schlug am 19. September 1981 vor 400 000 Fans im New Yorker Central Park. ‹Rolling Stone›: «Obgleich das Konzert sich als eines der schönsten des Jahres erwies, wagte es keiner, diese Veranstaltung als ein bloßes musikalisches

Ereignis zu sehen.» Die Zeitschrift notierte «eine Art Heimatgefühl, dem sich nicht einmal die Veteranen der sechziger Jahre verschließen konnten». Gerade sie nicht. Die vom Erfolg des Konzerts und des mit Gold prämierten Live-Doppelalbums ausgelöste Reunion-Welttournee ließ Kritiker in vielen Ländern von «einem beinahe religiösen Ereignis» schwärmen. Die zu Herzen gehenden Nostalgie-Hits wurden weltweit mit Wunderkerzen illuminiert. Eine Europatournee mit neun Konzerten endete am 19. Juni 1982 im ausverkauften Londoner Wembley-Stadion vor 70 000 Menschen. Eine weitere Reunion-Tournee begann am 19. Juli 1983 in Akron, Ohio, offenbarte aber bald tiefgreifende Divergenzen in den Auffassungen der beiden Musiker. Die Studioaufnahmen zu einem geplanten S & G-Album *Think Too Much* wurden abgebrochen; Simon brachte das Projekt unter dem Titel *Hearts & Bones* (1983) allein zu Ende. Nachdem die beiden 1990 bei der Aufnahme in die Rock and Roll Hall of Fame im New Yorker Waldorf Astoria den Hit *The Boxer* vereint vorgetragen hatten, trafen sie sich in den Neunzigern gelegentlich bei Benefiz-Anlässen; einzige Ausnahme: eine Serie von 21 ausverkauften Konzerten 1993 im New Yorker Paramount Theatre, gefolgt von einer kurzen Asien-Tournee. Aber das war eigentlich ein Fake. Paul Simon holte den Partner nur am Anfang und am Schluß auf die Bühne und bestritt den überwiegenden Teil des Konzerts allein.

LPs auf Columbia: *Wednesday Morning 3 A.M.* (1965); *Sounds Of Silence* (1966); *Parsley, Sage, Rosemary And Thyme* (1966); *The Graduate* (Soundtrack, 1968); *Bookends* (1968); *Bridge Over Troubled Water* (1970) ... auf Warner Bros.: *The Concert In Central Park* (1982) ... Zusammenstellungen (Auswahl) auf Columbia: *Greatest Hits* (1972); *Simon & Garfunkel Collection* (1981); *Collected Works* (1985); *Collected Works* (1990); *The Definitive Simon & Garfunkel* (1991); *Collected Works* (3-CD-Box, 1993); *Old Friends* (3-CD-Box, 1997) ... LPs Art Garfunkel auf Columbia: *Angel Clare* (1973); *Breakaway* (1975); *Watermark* (1977); *Fate For Breakfast* (1979); *Scissors Cut* (1981); *My Best* (1984); *The Animals' Christmas* (mit Amy Grant, 1986); *Lefty* (1988); *Garfunkel* (1988); *Up 'Til Now* (1993) ... auf Virgin: *Across America* (1997) Weitere Solo-LPs → Paul Simon

Simon, Carly (voc, p, g), am 25. Juni 1945 als Tochter des Verlegers Richard Simon (Simon and Schuster) in New York geboren, war in Reichtum aufgewachsen, hatte vorzügliche Schulen besucht und sich neben ihren älteren Schwestern (Joanna wurde Opernsängerin) stets vernachlässigt gefühlt: «Um wenigstens irgend etwas zu sein, sprang ich einmal auf den Kaffeetisch, imitierte Al Jolson und galt fortan als Clown der Familie; das war wenigstens was.» Neben ihrer zweijährigen Ausbildung an der Sarah Lawrence-Schauspielschule trat sie zusammen mit Schwester Lucy als The Simon Sisters in Folkclubs auf. Bob Dylans Manager Albert Grossman lehnte es ab, ihr zu helfen: «Man merkt deinen Liedern an, daß du es immer zu leicht hattest. Du hast nie erfahren, was es heißt, für sein Leben schuften zu müssen.» Daraufhin wurde sie Sekretärin, schrieb Reklametexte, gab Gitarrenunterricht und ging zur Psychoanalyse. Einen Vers ihres Songs *Rolling Down The Hills* nahm sie wörtlich: «People who have no hills write songs about plains» (Wer keine Berge hat, soll von Ebenen dichten). Ihre folgenden Stücke, die sie mit einer wandlungsfähigen, oft leicht nasal klingenden Stimme vortrug, schilderten die flachen, manchmal nur eingebildeten Probleme und Emotionen der betuchten US-Bürgerjugend: Familienleben, Liebe, Ehe, Einsamkeit, Generationskonflikt. Die harmlosen Verse von «stillen Mittagen, tränenreichen Nächten, zornigen Morgenstunden», von «einem Leben, von dem man mir immer gesagt hat, es solle so sein» (Songtext *That's The Way I've Always Heard It Should Be*), kamen an. Von dem Album *Anticipation* wurden in vier Monaten 400 000 Exemplare verkauft, *No Secrets* und *Hotcakes* erreichten in noch kürzerer Zeit die Millionengrenze. Im Herbst 1972 hatte Carly Simon den Sänger und Gitarristen James Taylor geheiratet, der sie bei *Hotcake* instrumental und auf der Hit-Single *Mockingbird*, Coverversion eines 1963er R & B-Songs von Charles und Ines Foxx, auch vokal begleitete. Die Ehe, der eine Tochter Sarah Marie entstammt, wurde 1982 geschieden. 1988 heiratete sie ihren langjährigen Lebensgefährten James Hart. Auf der Bühne war die Künstlerin, die unter extremem Lampenfieber litt, nur selten zu sehen. Ihr Album *Greatest Hits Live* (1988) nahm sie vor geladenen Gästen im Hafen von Gay Head auf der Prominenteninsel Martha's Vineyard auf – ein Heimspiel. Auf Platten versuchte sie mehrfach durch überraschende und überraschend musikalische Stilwendungen dem Vorwurf, sie sei der «perfekte Yuppie-Popstar» (‹Rolling Stone›), zu entkommen. 1981 brachte sie auf der LP *Torch* herkömmliche Standards von Hoagy Carmichael, Duke Ellington, Rodgers & Hart in eine zeitgemäße Form. 1983 ließ sie sich für *Hello Big Man* von Bob Marleys Reggae zum Flirt mit schwarzer Musik verführen und holte sich die besten Rhythmiker aus Jamaika ins Studio: Sly Dunbar (dr), Robbie Shakespeare (bg). Vom Kino war Carly Simon fasziniert, seit sie 1977 mit ihrem Titelsong *Nobody Does It Better* zum James Bond-Film ‹Der Spion, der mich liebte› bis auf Platz zwei der Charts vorgestoßen war. 1986 wurde ihr Beitrag zum Ehe-Lichtspiel ‹Heartburn›, *Coming Around Again*, als «Filmsong des Jahres» für einen Oscar nominiert. 1989 lieferte sie fast den vollständigen Soundtrack zu ‹Working Girl› (‹Mit den Waffen einer Frau›) und sang in dieser Emanzipationssaga neben dem Titelstück *Let The River Run*, für das sie den Oscar erhielt, vier weitere Songs. Weitere Soundtracks: *Postcards From The Edge* (1990) mit dem Song *You Are The Love Of My Life*, *This Is My Life* (1992). Am 25. Februar 1993 wurde ihre Kinderoper ‹Romulus Hunt› über den vergeblichen Versuch eines Sohnes, die geschiedene Ehe der Eltern wieder zu kitten, im New Yorker John Jay Theater uraufgeführt und anschließend im Kennedy Center in Washington sowie in der Metropolitan Opera gezeigt. Sie schrieb die vier Kinderbücher ‹Amy The Dancing Bear›, ‹The Boy of the Bells›, ‹The Fisherman's Song›, ‹The Nighttime Chauffeur› und arbeitete 1997 an einem Roman für Erwachsene. In den Neunzigern brachte sie bis dahin nur eine einzige LP mit neuen Songs heraus (*Letters Never Sent*, 1994) und unternahm – nach 15 Jahren – 1995 nur eine einzige Tournee. Unverändert bevorzugte sie für ihre Live-Auftritte die entspannte Ferienatmosphäre von Martha's Vineyard, wo sie schon einmal Präsident Clinton auf dem Saxophon begleitete (September 1994) und wo sie (August 1995) vor 10 000 Besuchern mit ihrem Ex-Gatten James Taylor ein Benefizkonzert für die Agricultural

Society gab. 1994 wurde Carly Simon im New Yorker Sheraton Hotel in die Songwriters Hall of Fame aufgenommen. Daß sie die Auszeichnung verdiente, belegte die 3-CD-Box *Clouds In My Coffee* (1995), in der Arista die besten Produkte ihrer Schallplattentätigkeit bei Elektra, Warner Bros., United Artists, Angel und Arista editorisch vorbildlich zusammengefaßt hatte. ‹Stereoplay›: «Eine Singer / Songwriterin, die um den feinen Unterschied zwischen Emotion und Kitsch weiß.» Ihren Überdruß an dem permanenten Vorwurf, sie sei doch nur ein privilegiertes, reiches Mädchen, hatte sich die Sängerin, die sich Anfang 1998 einer Brustoperation mit anschließender Chemotherapie unterziehen mußte, schon 1985 vom Songautor Larry Raspberry für ihr Album *Spoiled Girl* von der Seele schreiben lassen: «Tired of all the platinum frustration, tired of looking like a cutie on the cover of a magazine, tired of chasing all the latest sensations, tired of being blonde.» 1999 gab sie ihr Elf-Zimmer-Apartment am New Yorker Central Park West auf, nachdem die Monatsmiete von 2500 Dollar auf 8000 Dollar erhöht worden war, und zog nach Boston, wo ihr im Mai 1998 vom Berklee College die Ehrendoktorwürde verliehen worden war. Dort und auf Martha's Vineyard schrieb sie sich zur Produktion im Heimstudio mit namhaften Gastmusikern, darunter Jazz-Drummer Steve Gadd, die Krebsangst und die Tortur der Therapie von der Seele. *The Bedroom Tapes* (2000), voller Narben (im Song *Scar*), Furcht (*I Forget*) und der Darstellung ihrer Maskeraden (*Actress*), wurde ihr bis dato persönlichstes und anrührendstes Album. Stilistisch oszillierte es zwischen Folk, Dixieland, R & B und Mainstream Rock mit einer unmißverständlichen Broadway-Reverenz. Der Schlußtitel, *In Honor Of You (George),* war an George Gershwin gerichtet. Textprobe: «Wie kann ich weitermachen, wenn jeder Gedanke schmerzt / Ich flirte mit der Vorstellung, nie wieder Songs zu schreiben.» Ins Great American Songbook gehörte Carly Simon schon jetzt.

LPs auf Elektra: *Carly Simon* (1971); *Anticipation* (1971); *No Secrets* (1972); *Hotcakes* (1974); *Playing Possum* (1975); *Another Passenger* (1976); *The Best Of* (1976); *Boys In The Trees* (1978); *Spy* (1979) … auf Warner Bros.: *Come Upstairs* (1980); *Torch* (1981); *Hello Big Man* (1983) … auf Epic: *Spoiled Girl* (1985) … auf Arista: *Coming Around Again* (1987); *Working Girl* (1988; Soundtrack); *Greatest Hits Live* (1988); *My Romance* (1990); *Have You Seen Me Lately* (1990); *Postcards From The Edge* (1990; Soundtrack); *Letters Never Sent* (1994); *Clouds In My Coffee 1965 – 1995* (3-CD-Box, 1995); *Film Noir* (1997); *The Bedroom Tapes* (2000) … auf Quest: *This Is My Life* (1992; Soundtrack) … auf Angel: *Romulus Hunt – A Family Opera* (1993)

Simon, Paul (g, voc), am 13. Oktober 1941 als Sohn eines Rundfunkmusikers in Newark, New Jersey, geboren, war der Komponist und Texter des Erfolgsduos Simon And Garfunkel. Seine Lieder, zu denen sich der studierte Rechtswissenschaftler und Absolvent der Brooklyn Law School von viktorianischen Balladen, den Romanen von James Joyce, Kritzeleien an Pissoirwänden und vom Reimlexikon anregen ließ, waren zwischen 1967 und 1970 mehrfach Nummer eins in Amerika. Beispiele: *I Am A Rock, Homeward Bound, Mrs. Robinson, El Condor Pasa, Keep The Customer Satisfied.* Sein größter Hit, *Bridge Over Troubled Water* («Ich bin bei dir, wenn sich keine Freunde finden, ich werde dir wie eine Brücke über Wildwasser sein»), in dem Violinen schmachten, Celli summen und spröde Klavierakkorde zerbröckeln, wurde von der US-Schallplattenakademie mit sechs Preisen zum «Song des Jahres 1969» gewählt. «Bitte mich, und ich spiele», textete Simon im *Song For The Asking,* «mit aller Liebe, die in mir ist.» Seine Liebe galt vor allem den Gestrandeten und Außenseitern. Er erzählte von erschöpften Wanderern und erfrorener Leidenschaft, von den Huren in der Seventh Avenue und von einem kampfmüden Boxer. In seinen Versen saßen Greise «wie Bücherstützen» auf Parkbänken, der Wind blies Zeitungen über den Rasen, und am Himmel hing immer der «neblige Schatten des Winters». Diese sensitive Lyrik über die Kontaktarmut der City-Bewohner («Wir sind Verse ohne Rhythmus, Couplets ohne Reim») fand vor allem bei der College- und Middleclass-Jugend Resonanz. Sie wurde von Kritikern aber auch als «Rock für Leute, die keinen Rock mögen» (‹Esquire›) abgetan. Paul Simons 1969 geäußerter Wunsch, «einmal die Kraft zu finden, nicht mehr erfolgreich zu sein», hat sich bislang nicht erfüllt. Ende 1971, ein Jahr nach seiner Trennung von Art Garfunkel, veröffentlichte der intellektuelle Popmusik-Spitzenverdiener sein erstes, vielbeachtetes Soloalbum. In Studios rund um den Globus aufgenommen, zeigte es eine größere musikalische Vielfalt als die Songs mit Garfunkel. In einem Stück war der betagte französische Jazz-Violinist Stephane Grappelli zu hören, ein anderes, der frühe Reggae *Mother And Child Reunion*, wurde in Jamaika produziert. Das nächste Album *There Goes Rhymin' Simon* (1973) bestätigte, daß Simon offenbar die Ausweitung seines Klangmaterials fortzusetzen gedachte, die er mit dem Song *El Condor Pasa* und der Folkloregruppe Los Incas (auf *Bridge Over Troubled Water*) begonnen hatte. Diesmal holte er sich das peruanische Ensemble Urumbamba sowie die Spiritualgruppe Dixie Hummingbirds, ging mit ihnen – im Album *Live Rhymin'* dokumentiert – auch auf Tournee und landete mit dem Quasi-Gospelsong *Loves Me Like A Rock* einen veritablen Hit: Platz zwei in den Charts. Seine Single *American Tune* aus dem zweiten Album wurde von ‹Rolling Stone› mit dem Argument als Song des Jahres prämiert, hier sei die gesellschaftliche Stimmung der USA nach der Watergate-Affäre konzentriert präsent. Die Nummer eins der Hitparade erreichte er abermals 1975 mit *50 Ways To Leave Your Lover* aus der LP *Still Crazy After All These Years*. Der Kontakt zu Art Garfunkel riß während der siebziger Jahre nicht gänzlich ab. 1972 gaben die beiden ein Benefizkonzert für den demokratischen Präsidentschaftskandidaten George McGovern; 1975 erschien ihr Duett *My Little Town* auf LPs von beiden; 1980 wurden sie von 400 000 Fans in einem Reunion-Konzert im New Yorker Central Park gefeiert, das in eine spektakuläre Welttournee mündete. Inzwischen hatte Simon eine kleine Rolle in Woody Allens Film ‹Annie Hall› gespielt und sich mit ‹One Trick Pony› an einem eigenen Filmprojekt versucht. Obgleich der Film bei durchweg gemischten Kritiken auch als «einer der besten Musikfilme über eine Band auf Tour» (‹Musik-Szene›) gelobt wurde, geriet er – mit Paul Simon in der Hauptrolle – nicht zum Kassenerfolg und wurde außerhalb Amerikas nicht gezeigt. Der Soundtrack jedoch enthielt mit *Late In The Evening* (Nummer sechs in Amerika) wieder einen Hit. Die LP *Hearts And Bones* (1983), in der er sich überwiegend in tiefsinniger Gedankenlyrik erging, verhallte beinahe ungehört, obgleich sie mit dem Song *The Late Great Johnny Ace* eines der wenigen nicht platten Erinnerungsstücke an John Lennon trug. «Ich bin jung, bei guter Gesundheit», klagte er zu dieser Zeit. «Ich habe Geld und Talent und weiß wirklich nicht, warum ich so unglücklich bin.» Er überwand die Krise mit seinem ehrgeizigsten und am Ende finanziell erfolgreichsten Projekt *Graceland* (1986), einem Brückenschlag zu den schwarzen Musikanten in Soweto, Südafrika. Das überwiegend im Apartheid-Staat aufgenommene Album löste bei politischen Aktivisten wütende Attacken aus. Vor allem in England wurde ihm vorgeworfen, er habe den UNO-Kulturboykott Südafrikas unterlaufen und beute die schwarzen Musiker in kolonialer Manier aus. Tatsächlich hatte jeder Musiker einen Stundenlohn von 196,41 Dollar erhalten, die beste Studiobezahlung in den USA. Spieler, die zu Songs entscheidende Beiträge geleistet hatten, nahm er ins Copyright auf. Als Probe aufs Exempel, ob das Experiment gelungen war, lud er die Musiker der LP, das schwarze A-cappella-Ensemble Ladysmith Black Mambazo, den Jazztrompeter Hugh Masekela sowie die afrikanische Sängerin und Bürgerrechtskämpferin Miriam Makeba zu einer Welttournee ein. Das Konzert im Harare-Rufaro-Stadion in Zimbabwe vor 40 000 Zuhörern, davon über 3000 Weiße aus dem nahen Südafrika, geriet zu einem tumultuarischen Triumph «mit Paul Simon als ruhigem Zentrum dieses musikalischen Hurrikans» (‹Creem›). Das Album *Graceland* wurde im ersten Jahr nach Erscheinen achtmillionenmal verkauft und erhielt zahlreiche Preise, darunter ein Grammy und das Prädikat «Dance Album of the Year» des britischen ‹New Musical Express›. Für den Kritiker von ‹Sounds› (London) enthielt die geschmackvolle Überblendung afrikanischer Tonfarben mit Everly Brothers-Harmonien «zumindest drei der makellosesten Melodien, die ich jemals gehört habe». In einem Interview mit ‹Creem› betonte Simon, er denke heute nicht mehr in den Kategorien von Hits: «Wenn man jung ist, sind deine Gedanken und das, was deine

Generation denkt, vielfach dasselbe. Mit wachsendem Alter werden die Vorstellungen komplexer, persönlicher. Wenn das passiert, ist es schwierig, ein Massenpublikum zu erreichen. Und dann ist es toll, wieder einmal Teil der Gemeinschaft zu sein. Doch über 40 muß man sagen: Das bin ich, nehmt es, oder laßt es sein. So fühlt man sich stärker im Einklang mit sich selbst.» 1989 ging Paul Simon mit der *Graceland*-Crew zum zweitenmal auf Welttournee. 1990 gehörte er als US-Delegierter zu der internationalen Kommission, welche die Wahlen in der Tschechoslowakei überwachte, und sang vor 10 000 Zuhörern auf dem Prager Wenzelsplatz. Als er dann nach dreijähriger Vorbereitungszeit sein mit dem brasilianischen Samba-Ensemble Olodum aufgenommenes Album *The Rhythm Of The Saints* (1990) vorlegte und nach dreimonatiger Probenzeit mit seiner United-Colors-of-Ethno-Pop-Big Band auf Tournee ging, bekam er die geballte Wut einer Rock-Kritik zu spüren, die stets zuschlägt, wo mit Volksmusik Geld verdient wird. ‹Der Spiegel›: «Ethno-Pop als Aufputschdroge für alternde Künstler». ‹Wiener›: «Nachdem Tränendrüse Paul Simon afrikanische Musik ausgebeutet hat, ist jetzt Südamerika fällig: explosiver Samba wird zum Chartsfutter degradiert.» ‹New Musical Express›: «Simon hat einige der aufregendsten Sounds der Welt genommen und sie mit glatten Kabarett-Arrangements und langweiligen Midlife-Crisis-Texten verkrüppelt.» Tatsächlich stand Simon mit dem Rückgriff auf ethnische Motive und Spielweisen in der guten Tradition von Komponisten wie Anton Dvorák, Aaron Copland, Jerome Kern und George Gershwin, die sich von schwarzer US-Folklore zu ihren auskomponierten Werken anregen ließen. «Das Schreiben eines Songs», konterte Simon, «besteht für mich vor allem im Erfinden einer Melodie und eines Textes. Getrommel allein genügt nicht.» Kritiker Stephen Holden wurde *The Rhythm Of The Saints* in der ‹New York Times› am ehesten gerecht: «Die musikalische Mischung von primitiven und entwickelten Elementen verleiht dem Album Vielschichtigkeit in jedem einzelnen Moment. Während *Graceland* kräftige Grundfarben mit einem explosiven, aber unausgesprochenen politischen Subtext unterlegte, besteht *The Rhythm Of The Saints* aus Pastelltönen, die eine berauschende tropische Welt voll übernatürlicher Phantome beschwört. Jeder Song schafft sich seine eigene Atmosphäre.» Die Welttournee mit dem «Rhythmus der Heiligen» stellte Simon unter die Schlagzeile «Born At The Right Time» und trat mit «einer der teuersten Produktionen der Pop-Geschichte» (‹Der Spiegel›) als erster westlicher Pop-Künstler nach den prowestlichen Demonstrationen auf dem Platz des Himmlischen Friedens 1989 im Herbst 1991 auch im kommunistischen Peking auf. Fünf Stunden nach dem Eintreffen der Mammut-Crew zum 151. Konzert der Tournee durch 27 Länder zerbombten radikale schwarze AZAPO-Terroristen in Johannesburg, Südafrika, das Konzertbüro. Das Konzert am 11. Januar 1992 war aus Angst vor weiteren Anschlägen schlecht besucht. Am 20. Mai 1992 heiratete Simon in zweiter Ehe in Montauk auf Long Island, N.Y., die Sängerin Edie Brickell, deren Album *Picture Perfect Morning* (1994) er produzierte und die ihm am 28. Dezember 1992 den Sohn Adrian Edward gebar. 1993 trat er verschiedentlich in Konzerten und im Fernsehen mit Willie Nelson auf und beteiligte sich mit den Duett-Titeln *Graceland*, *American Tune* an dessen Album *Across The Borderline*. Im Frühjahr 1995 schrieb Simon zum erstenmal Auditions für eine A-cappella-Teenagergruppe für sein geplantes Broadway-Musical ‹The Capeman› aus. Der Schritt zum Theater erschien folgerichtig. «Mr. Simon hat die Roots Music verschiedener Kulturen vermischt, verarbeitet und verfeinert zu einem Studio-Kunstlied mit vielschichtigen Strukturen und einer nachdenklichen, geheimnisvollen Poesie» (Stephen Holden). Um diese auf die Bühne zu bringen, wählte er einen authentischen Kriminalfall aus dem Jahr 1959, für das Zeitkolorit Salsa und Doo Wop Rock ’n’ Roll, als Setting East Harlem. Der Fall des sogenannten Kapuzenmannes hatte seinerzeit Schlagzeilen gemacht, weil der damals 16jährige Puertoricaner Salvador Agron und sein Kumpan, The Umbrella Man, die zwei weiße Teenager irrtümlich umgebracht hatten, als erste Jugendliche im Staat New York zum Tode verurteilt wurden. Auf Grund einer mächtigen Protest- und Petitionswelle wurde Agron vom Gouverneur Nelson Rockefeller zu lebenslänglichem Zuchthaus begnadigt und kam 1979 durch einen Gnadenakt frei. Sieben Jahre später starb Agron mit 42 in der Bronx an einem Herzinfarkt. Paul Simon faßte das blutige Geschehen dieser wahren West Side Story in 13 Lieder und brachte die *Songs From The Capeman* (LP-Titel) im November 1997, selbstgesungen und beifällig aufgenommen auf den Markt. Das Musical ‹The Capeman›, am 29. Januar 1998 im Marquis Theatre am Times Square uraufgeführt, wurde von den Theaterkritikern einhellig verrissen und am 28. März wieder abgesetzt. Grund: Der Perfektionist Simon hatte aus der Produktion eines Musicals, dieser am meisten auf Teamwork angelegten und am wenigsten von einem einzelnen Autor und Produzenten kontrollierbare Unterhaltungsform, eine One Man Show gemacht und das Produktionsprinzip des Broadway auf den Kopf gestellt. Er hatte von den Songs aus gedacht und die Handlung gänzlich in diese verlegt. Erst danach kam das Buch, das er zu gleichen Teilen mit dem Literaturnobelpreisträger von 1992, Derek Walcott, verfaßte, der eine Nähe zur lateinamerikanischen Musik hatte, weil er auf der Karibikinsel Trinidad ein eigenes Theater betrieb. Simon bestimmte die Musiker, den musikalischen Direktor, die Schauspieler, den Choreographen und ganz zum Schluß erst den Regisseur – die 38jährige Argentinierin Susanna Tubert. Die gab aber im Laufe der nervenzehrenden Proben auf, und der Choreograph Mark Morris übernahm. Die Aufführung wurde im Workshop-Prinzip entwickelt und sollte mit einer Preview-Show in Chicago starten. Das wurde aus Kostengründen abgesagt, sonst hätte die Produktion 13 statt 11 Millionen Dollar gekostet. Als im November 1997 die New Yorker Previews begannen, war die Show alles andere als fertig. Immer wieder fand der Autor Simon noch etwas verbesserungswürdig, veränderte es in anstrengenden Nachtproben und nahm es dann wieder zurück, weil die von der Regie erarbeitete erste Fassung doch die bessere gewesen war. Pauls Freunde, die Regisseure Mike Nichols und Jerry Zaks, boten Hilfe an. Zaks, Regisseur der spektakulären und vielfach preisgekrönten Aufführung des Musicals ‹Guys and Dolls› von 1992, stieg am Ende wirklich noch ein und verschob die Premiere um drei Wochen – ohne nennenswerte Verbesserung. Die Songs unterstützten nicht die Handlung und vertieften ihre emotionalen Schwerpunkte, sie enthielten selbst die Story. Da wurden die Schauspieler auf der Bühne, darunter Rubén Blades als Salvador Agron, beinahe funktionslos, Aktion fand nicht statt. Die *Songs From The Capeman*, so befand Stephen Holden, seien Paul Simons beste Kreationen «mit Sicherheit seit *Graceland* und vielleicht sogar seit *One Trick Pony*» – ein Song-Zyklus, ein Oratorium, aber eben kein Musical. Für den Autor fand ‹Der Spiegel› tröstliche Worte: Er müsse, «im Gegensatz zu den Kollegen seiner Generation, nicht fürchten, daß er sich mit zunehmendem Alter als Pop-Figur lächerlich macht: Er ist nicht zu ewiger Jugend verurteilt. Paul Simon, der Liebling der Bildungsbürger, wird sich noch lange auf großen Bühnen verstecken.» Seine nächste große Tournee als zweiter Headliner neben Bob Dylan begann am 6. Juni 1999 in der World Arena in Colorado Springs und endete nach 32 Konzerten am 31. Juli im Jones Beach Theatre in Wantagh, New York. Dazwischen hatte ihn, im Juni 1998, die Songwriters Hall of Fame mit ihrem Johnny Mercer Award geehrt, die Rock and Roll Hall of Fame nahm ihn zum zweitenmal als Solokünstler auf. Als er im Oktober 2000 mit Vincent Nguini (g), Mark Stewart (g, bj), Bakithi Kumalo (b, bg), James Haddad (perc), Steve Gadd (dr) zu einer Europatournee aufbrach, hatte er das Album *You're The One* mit neuen Songs über die Liebe, deren Zerbrechlichkeit und das Älterwerden im Gepäck: «Ich wollte ein Album machen. Das ist das Wertesystem, das mich prägte. Es war meine Generation, die das Pop-Album als eigenständige Einheit hervorbrachte. Und ich bin einer von denen, die dazu beitrugen. Ich wußte von Anfang an, daß ich Geschichten erzählen wollte. Ich wußte außerdem, daß ich keine Pop-Single schreiben werde. Mein Hirn arbeitet nicht mehr so.» Auf die Frage von Anthony DeCurtis vom ‹New York›-Magazin, was er vor allem im Kopf hatte, als er mit dem Album begann, antwortete Simon mit einem einzigen Wort: «Sound.» Die ersten Zeilen des Albums: «Somewhere in a burst of glory / Sound becomes a song.»

LPs auf Columbia: *Songbook* (1965); *Paul Simon* (1971); *There Goes Rhymin' Simon* (1973); *Live Rhymin'* (1974); *Still Crazy After All These Years*

(1975) ... auf Warner Bros.: *One Trick Pony* (1980); *Hearts And Bones* (1983); *Graceland* (1986); *Rhythm Of The Saints* (1990); *Concert In The Park* (1991); *Songs From The Capeman* (1997); *You're The One* (2000) ... Zusammenstellungen (Auswahl) auf Columbia: *Greatest Hits* (1977) ... auf Warner Bros.: *Negotiations And Love Songs 1971–1986* (1988); *Anthology* (1993; 2 CDs); *1964–1993* (1994; 3 CDs) ... auf WEA: *Shining Like A National Guitar – Greatest Hits* (2000)
Weitere LPs → Simon And Garfunkel

Simple Minds, 1977 in Glasgow von Jim Kerr (voc), geboren am 9. Juli 1959, und Charlie Burchill (g), geboren am 27. November 1959, mit Brian McGhee (dr) zunächst als Johnny And The Self Abusers gegründet, komplettierten sich ein Jahr später mit Derek Forbes (bg), geboren am 22. Juni 1956, und Michael MacNeil (kb), geboren am 20. Juli 1958, alle in Glasgow, «gingen mit staunenden Augen in die Welt und kamen mit Sternen in den Augen zurück» (Kritiker Biba Kopf). Sie starteten voll durch als kunstgewerbliche Punks und wandelten sich zu Repräsentanten eines neuen elektronischen Romantizismus, mit «Musik einer trancegleichen Jenseitigkeit, als wären Roxy Music unterwegs im Jahre 2001» (‹Rolling Stone›). Dabei waren ihre ersten Platten noch so epigonal, «als hätten sie ziemlich viel Zeit damit verbracht, sich die LP *Revolver* von den Beatles anzuhören» (‹Billboard›). Unter Anleitung des besessenen Visionärs Jim Kerr kreierten die Schlichten Gemüter aus choralgleichen Klangelementen, stakkatohaften Pianopassagen, Gitarrenglissandi, sachten Feedback-Effekten und metallischem Drum-Scheppern eine «transzendentale Tanzmusik für höhere Bewußtseinsebenen, die es so vorher noch nicht gegeben hat» (‹Sounds›). Dabei hob der charismatische Simplizissimus Kerr sein Live-Publikum mit ekstatischen Predigergebärden, opernhaftem Pathos und triumphierendem Gesang in einen Zustand der Seligkeit und bekannte: «Die Rockmusik hat einen besseren Menschen aus mir gemacht.» Nach langer Tingelei durch Clubs, Pubs und Universitätssäle in Europa wie in den USA und nach diversen New Wave-Umwegen landeten die Simple Minds 1985 «endlich da, wo es sich lohnt, ein besserer Mensch zu sein – auf dem Gipfel des Erfolges» (‹Der Spiegel›). Die Hitserie *Don't You (Forget About Me)*, *Alive And Kicking*, *Sanctify Yourself*, *Ghost Dancing*, von der konsolidierten Besetzung Kerr, Burchill, MacNeil, John Giblin (bg), Mel Gaynor (dr) eingespielt, machte die Band zu Disco-Favoriten und Stadion-Füllern. Die Erhabenheit der oftmals religiös durchwirkten Texte schlug dem Kerr-Kader alsbald jedoch simpel aufs Gemüt: «Simple Minds versinken langsam unter dem Gewicht ihrer eigenen Bedeutsamkeit wie die Sonne im Westen» (‹Melody Maker›). Die Morgenröte eines Comebacks zu einem «mehr physischen, militanten und hoffentlich wesentlich unverblümteren Sound» (Kerr) bescherten ihnen das Album *Street Fighting Years* (1989) und vor allem die von Trevor Horn produzierte Hit-Single *Belfast Child* nach der irischen Volksweise *She Moved Through The Fair*. ‹New Musical Express›: «Beeindruckend provokativ.» Die Single erwies sich als Eintagsfliege: Schon *The Amsterdam EP*, auf der auch eine Fassung von *Sign 'O' The Times* (Prince) enthalten war, konnte den Höhenflug von *Belfast Child* nicht wiederholen. Kerr und Burchill brachen 1990 nach einer Welttournee mit dem langjährigen Management und entließen die übrigen Mitglieder der Band. Sie zogen sich nach Amsterdam zurück und begannen Songs für ein geplantes Album zu schreiben. Mitte des Jahres bezogen sie ihr eigenes Studio in Schottland, holten Gaynor zurück und engagierten den Bassisten Malcolm Foster und den Keyboarder Peter Vitesse, der früher auch einmal bei Jethro Tull die Tasten gedrückt hatte. *Real Life*, 1991 veröffentlicht, brachte Kerr und Burchill zurück in die Hitparaden. «Als eine Vernunftehe zwischen Kunst und Kommerz kann *Real Life* kaum geschlagen werden», urteilte ‹Q›. Nach einer gescheiterten Ehe mit Pretenders-Chefin Chrissie Hynde heiratete Kerr 1992 die Schauspielerin Patsy Kensit (‹Absolute Beginners›). Die Ehe scheiterte nach wenigen Jahren, als Patsy Kensit sich Liam Gallagher von Oasis zuwandte. Mit neuen Platten ließen Kerr und Burchill sich so lange Zeit, daß man im Frühjahr 1994, als *Good News From The Next World* erschien, bereits von einem Comeback sprach. «Die Simple Minds, protzigste Band der Achtziger, melden sich zurück – in vorbildlicher Bescheidenheit», staunte ‹Der Spiegel›. Das Duo hatte manche Songs lediglich mit Gitarre, Baß und Drums instrumentiert. ‹Rolling Stone› moserte: «Den Biß der frühen Tage haben die Simple Minds jedenfalls nicht wiedererlangt.» ‹Musikexpress› fomulierte das anläßlich der Veröffentlichung von *Néapolis* (1998) drastischer: «Simple Minds waren künstlerisch tot und begraben.» Kerr hatte Bassist Forbes zurückgeholt und das Label gewechselt. Die früheren noch favorisierten Rockinstrumente Gitarre, Baß, Schlagzeug mußten der Elektronik den Vorrang einräumen. Die Stücke *Tears Of A Guy, Superman Vs. Superman* nannte ‹Musikexpress› «das Schwächste, was Kerr je geschrieben hat». *Néapolis*, so das Blatt abschließend, sei der «kreative Offenbarungseid einer überlebten Supergroup».

LPs auf Arista: *Life In A Day* (1979); *Real To Real Cacophony* (1979); *Empires And Dance* (1980) … auf Virgin: *Sons And Fascination* (1981); *Sister Feelings Call* (1981); *New Gold Dream* (1982); *Sparkle In The Rain* (1983); *Celebration* (1983); *Once Upon A Time* (1985); *Simple Minds Live* (1987); *In The City Of Light* (1987); *Life In A Day* (1988); *Street Fighting Years* (1989); *Real Life* (1991); *Glittering Prize* (1992); *Good News From The Next World* (1994) … auf Chrysalis: *Néapolis* (1998) … auf Red Ink: *Neon Lights* (2001)

Simply Red kamen 1984 in Manchester, England, auf Initiative des ehemaligen Kunststudenten und Discjockeys Mick Hucknall zusammen und versuchten, die stromlinienförmige Eleganz elektronischen Pop mit dem emotionalen Feuer des traditionellen Rhythm & Blues zu verbinden. Hucknall, am 8. Juni 1960 in Manchester geboren, hatte zunächst bei der New Wave-Funkband The Frantic Elevators gesungen, die einige Singles für Independent Music-Freaks veröffentlichte. 1981 blieb der Elevator stecken, und Hucknall suchte jahrelang neue Spielkameraden. Simply Red, benannt in Anspielung auf Hucknalls feuerrotes Kraushaar, konsolidierte sich in der Besetzung Fritz McIntyre (kb), Sylvan Richardson (g), Tony Bowers (bg), Tim Kellett (tr), Chris Joyce (dr), «Red» Hucknall (voc). Ihre erste Single, ein Remake des sozialkritischen Disco-Hits *Money's Too Tight (To Mention)* der Va-

lentine Brothers aus dem Jahre 1982 sowie die darauffolgende LP *Picture Book* mit der melancholischen Hitballade *Holding Back The Years* irritierten viele Kritiker wegen Hucknalls verblüffend selbstsicherem Umgang mit schwarzen Vokaltechniken. «Die Einsamkeit eines Jungen aus Manchester kann einfach nicht im traditionellen Blues ausgedrückt werden», befand ‹City Limits› kategorisch. ‹Spex› zeigte sich befremdet von dem übertriebenen Eklektizismus der Musiker, die vor allem Aretha Franklin, Sly And The Family Stone, Al Green, James Brown, Ray Charles zu ihren Vorbildern zählten: «Die Zitate fordern mehr Aufmerksamkeit als die Songs, die gut sind, die Stimme, die schön ist und sehr weiblich klingt, und die Produktion, die altmodisch und modern zugleich ist.» Dennoch, erkannte ‹Stereo Review›, reihte sich Hucknall mit der Platte «auf Anhieb in die Riege der großen Soulsänger in den achtziger Jahren» ein. Sein publikumswirksames, kapriziöses Gebaren, das zwischen Zärtlichkeit, Aufsässigkeit, Verletzlichkeit und Selbstgefälligkeit pendelte, machte ihn mit seinen Musikern zu einer Live-Attraktion. «Wenn sie so bleiben», orakelte ‹Billboard› nach den ersten Konzerten, «dann hat Simply Red ganz simpel eine große Zukunft vor sich.» Und ‹Rolling Stone› vermutete: «(Hucknall) könnte der erste weiße Soulsänger aus England sein, der über die talentierte Mimikry hinaus seine eigene bequeme Nische findet, in der er weder sein Talent überstrapaziert wie Paul Young oder verplempert wie Boy George.» Das «Boy George-Syndrom» ereilte Simply Red beim dritten Album *A New Flame* (1989): «Sie waren vielversprechend, ihnen glückte ein eigener Stil, und dann versanken sie, so schnell wie sie aufgestiegen waren, in Manieriertheit und Mittelmaß» (‹Q›). Hucknall, Edelstein im Eckzahn, heuerte und feuerte seine Musiker al gusto und ließ keinen Zweifel, wer der Boss war: «Simply Red waren nie eine Band, sondern immer ein Soloprojekt. Ich betrachte mich eher als einen Nachfolger Duke Ellingtons.» Huldvoll nahm er für die Single *If You Don't Know Me By Now* 1990 einen Grammy (Best Rhythm & Blues Song) entgegen. Obgleich er gern mit seinem Designer-Dress renommierte («Früher war es Moschino, nun ist es Krizia, der meine Bühnenklamotten schneidert»), wählte ihn das englische Zeitgeist-Magazin ‹Arena› unter den am schlechtesten angezogenen Männern Großbritanniens 1991 auf Platz drei. Nach dem Tantiemensegen aus seinem Album *Stars* (1991), bis zum Nachfolgealbum *Life* (1995) weltweit neunmillionenmal verkauft, zog er sich aus Steuergründen monatelang nach Mailand zurück, hörte alten Jazz, kochte und genoß die italienische Pasta-Kultur. Spitzname in Italien: Testa di Spaghetti (Spaghettikopf). Obgleich sich die Kritiker ziemlich einig waren, dem «Marvin Gaye von Liverpool» (‹Q›), der «derart viel Soul-Vergangenheit aufgreift, daß man schon nicht mehr zu fragen wagt, wer da alles Pate gestanden haben könnte» (‹Szene›), fehle es «einfach an Wärme und Glamour, um mehr zu sein als eben ein Sänger, der ganz gut singen kann» (‹Der Spiegel›), brachte es der Rotkopf immer wieder fertig, daß sich die Medien gebetsmühlenhaft mit ihm beschäftigten. ‹Der Spiegel› 1992: «Mick Hucknall ist ein begabter Langweiler, zu dessen Musik eine Menge Menschen gern tanzen, Auto fahren oder abwaschen – gehobenes Bacardi-Feeling für Kreditkartenbesitzer.» ‹Der Spiegel› 1995: «Hucknall produziert das angenehme und konstante Hintergrunddudeln in einer Popwelt, in der die meisten nur Sternchen für eine Single sind: Gebrauchsmusik für die zehn Minuten Gefühl, die sich schnelle, moderne Menschen zwischen Fitneß-Studio und Sushi-Bar leisten.» Die Quintessenz aus so viel Einsicht machte beim mit Coverversionen wie *The Air That I Breathe* (Hollies) oder *Mellow My Mind* (Neil Young) angereicherten Album *Blue* (1998) eine weitere Simply Red-Story des Nachrichtenmagazins überflüssig: «Hucknall verkörpert den Star-Typus der neunziger Jahre» – selbstgefällig, oberflächlich, imitativ. Bei einer Pressekonferenz in Berlin im Mai 1999 auf das «halbgebackene Album» (‹The Times›), den «Schmuse-Flop *Blue*» (‹Zitty›) angesprochen, antwortete Hucknall: «Es war doch nur als Spaß gedacht. Die Leute haben es viel zu ernst genommen.» Aber nicht doch: *Blue* erwirtschaftete Platin und belegte in der ersten Verkaufswoche in England Platz eins, in den USA allerdings nur 145. Das machte die Nähe zum richtigen Rhythm & Blues. Mit einer «verzwickten Kreuzung aus schwitzigem Stax-Soul und süßer Phillysound-Kuvertüre», die Matthias Inhof-

fen der Single *Ain't That A Lot Of Love* aus dem darauffolgenden Album *Love And The Russian Winter* (1999) in ‹Stereoplay› bescheinigte, durfte man den Amis nicht kommen. In Europa aber war, wie der ‹Musikmarkt› zum Start des «Russischen Winters» zufrieden mitteilte, Hucknalls Pop-Wohlklang «auch 1999 so beliebt wie Freibier, Ferien und Benzinpreissenkungen». Da war, logisch, auch wieder mal eine Greatest Hits-Sammlung fällig, die letzte lag bereits fünf Jahre zurück. EastWest legte sie dem Multimillionär mit dem Diamanten im Schneidezahn und seinen vielen Fans unter dem Titel *It's Only Love* zu Weihnachten 2000 auf den Gabentisch.

LPs auf Elektra: *Picture Book* (1985); *Men And Women* (1987); *A New Flame* (1989); *Stars* (1991); *Life* (1995); *Greatest Hits* (1996); *Blue* (1998); *Love And The Russian Winter* (1999); *It's Only Love* (Sampler, 2000)

Siouxsie And The Banshees stiegen 1976 in der Besetzung Siouxsie Sioux (voc), Steve Severin (bg), bürgerlich: Steve Havoc, am 25. September 1955 geboren, Marco Pirroni (g; Adam Ant), Sid Vicious (dr; Sex Pistols) auf die Bühne des Londoner Punk-Etablissements 100 Club und malträtierten 20 Minuten lang das Vaterunser in einer ohrenbetäubenden Version, die ihnen auf Anhieb Kultstatus sicherte. Siouxsie, bürgerlich: Susan Dallion, am 26. Mai 1957 in London geboren, «perfektionierte» danach «ihren Lidstrich und wurde zum einflußreichsten Popstar der Dekade» (‹Village Voice›). Mit Severin sowie wechselnden Gitarristen und Drummern entwickelte sie «einen eigenständigen Stil aus Kälte, Hoffnungslosigkeit, Wut und Gewalt» (‹Sounds›) und lieferte seit dem Debütalbum *The Scream* (1978) mollgetönte «Skizzen einer aus der Balance geratenen suburbanen Geisteslandschaft» (‹Melody Maker›). Das Ensemble, zu dem 1988 Sioux, Severin, Martin McCarrick (kb, cello), John Klein (g), Budgie (dr), als Peter Clark am 21. August 1957 in St. Helens, England, geboren, gehörten, bot vokal und instrumental extreme voyeuristische Geisterbahnfahrten durch ein Horrorhaus der Mythen, Monster, Mutationen. Dabei frappierte vor allem Siouxsie durch den eigenwilligen Umgang mit ihrem Vokalregister.

Allmählich aber gerieten die grellen Existentialisten, die bisweilen den Tod als willkommene End-Erlösung von einem unerträglichen Dasein priesen, in «die Sackgasse ihrer greulichen Visionen, die sich wie weggeworfene Versatzstücke eines Low Budget-Horrorfilms türmten» (‹New Musical Express›). Siouxsie und Severin probierten 1981 mit den Nebenbei-Ensembles The Creatures, Severin und Robert Smith von The Cure mit The Glove Alternativ-Ausflüge ins Reich der mystisch-magischen Übersinne; Smith half den Banshees auch als Gitarrist aus. Nach einer Zwangspause wegen Siouxsies vorübergehender stimmlicher Indisposition kehrten die Banshees 1983 mit ihrem bewährten Spuk auf die düstere Szene zurück. Die einstmals verwegenen Voyeure hatten sich mit *Nocturne* (1983) zu Narzißten gewandelt, «während sie sich allmählich auf eine ärgerlich stimmende elitäre Anti-Punk-Attitüde zurückzogen» (‹Sounds›). Grund für die Schelte mochte vor allem der überraschende kommerzielle Erfolg der Coverversion von *Dear Prudence* von den Beatles gewesen sein: Siouxsie hatte ihre Kultgemeinde und ihren festen Platz in der Düster-Abteilung zu haben, nicht aber in der kommerziellen Sonne der Charts. Neuere Produktionen bewiesen die anhaltende «schwarze Magie» (‹Q›) der radikalen Off-Entertainer und ihre phantasievolle Vielfalt: *Through The Looking Glass* (1987) war ein ganzes Album mit Coverversionen von Disney-Songs bis hin zu konventionellen Rocksongs von den Sparks oder John Cale, die in der ätherischen Interpretation Siouxsies ein interessantes Eigenleben entfalteten; Fans sprachen nicht ohne Grund von der «spaßigen Phase». Wenn auch das folgende Album *Peep Show* (1988) noch einmal mit Blut und Knochen schockte, so war doch offensichtlich, daß die «lebenslange Liebesaffäre mit Verrücktheit und gewalttätigen Vorstellungen» (‹Record Collector›) sich ihrem Ende näherte. «Punk wurde lächerlich», sagte Siouxsie einige Jahre später, «und noch lächerlicher ist jede Form von Punk-Revival.» So versuchte Siouxsie zusammen mit Bassist Stephen Severin und Drummer Budgie seit Anfang der neunziger Jahre verbindlichere, kommerziell erfolgreichere Klänge mit ihren eigenen Vorlieben zu verbinden. Alben wie *Superstition* (1991) und die Singles-Anthologie *Twice Upon A Time* (1992) brachten dann selbst in den USA gedämpfte Anerkennung. Für *The Rapture* (1994) holten die Banshees und ihre charismatische Lead-Sängerin John Cale als Co-Produzenten. *The Rapture* hinterließ bei ‹Mojo› einen zwiespältigen Eindruck: «Das Album enthält so viele Stimmungen wie eine multiple Persönlichkeit. Manchmal ist es schön. Das Problem ist nicht das Material, sondern der Gesangsstil von Siouxsie … eine Art bösartige Nostalgie.» Das empfand die Sängerin schließlich wohl selbst und löste 1996 die Band auf.

LPs auf Polydor: *Scream* (1978); *Join Hands* (1979); *Kaleidoscope* (1980); *Juju* (1981); *Kiss In A Dreamhouse* (1982); *Once Upon A Time* (1982); *Nocturne* (1984); *Hyaena* (1984); *Tinderbox* (1986); *Through The Looking Glass* (1987); *Peep Show* (1988); *Superstition* (1991); *Twice Upon A Time – The Singles* (1992); *The Rapture* (1994) … LP Siouxsie Sioux / Budgie als The Creatures auf Polydor: *Feast* (1983); *Boomerang* (1989) … LP Severin und Robert Smith als The Glove auf Polydor: *Blue Sunshine* (1983)

Sisters Of Mercy, 1980 in Leeds, England, gegründet, spielten eine «düster psychedelische, tanzbare Musik, die sich laut Bandleader Andrew Eldritch am Leichnam des Rock 'n' Roll gütlich tut» (‹Rolling Stone›) und trugen nachhaltig dazu bei, das Gothic-Image als Massenkultur zu etablieren. Botschaften, Kleidung und Habitus der personell äußerst inkonsistenten Band waren streckenweise wesentlich einflußreicher als ihre Musik. Der Bandname könnte ebenso auf den Titel eines Songs von Leonard Cohen zurückgehen wie auf einen Nonnenorden. Die Sisters Of Mercy begannen als Heavy Metal-Duo. Andrew Eldritch (voc), als Andrew Taylor am 15. Mai 1959 geboren, und Gary Marx, bürgerlich: Mark Pearman (g), experimentierten im Studio mit einem Drum Computer, den sie Doctor Avalanche nannten. In dieser Konstellation produzierten sie die Single *The Damaged Done* auf dem eigenen Label Merciful Release. Um ihre Studio-Elaborate auch live umsetzen zu können, erweiterten sie die Besetzung um Ben Gunn (g) und Craig Adams (bg), geboren am 4. April 1962. Eine weitere Single, *Body Electric*, und die EP

Alice sowie eine Peel Session bei der BBC ließen die Fangemeinde der schwarzen Schwestern schnell wachsen. Mit der EP *Reptile House* (1983) gelang es ihnen sogar, die britischen Indie-Charts anzuführen. Doch der allzu rasche Erfolg führte zu künstlerischen Differenzen. Nach der ersten US-Tournee 1983 verließ Gunn die Band und wurde durch Wayne Hussey, als Jerry Lovelock am 26. Mai 1958 geboren, von Dead Or Alive ersetzt. Nach der erfolgreichen Single *Temple Of Love* (1983) unterschrieb die Gruppe einen weltweiten Vertriebsdeal bei WEA. Das erste Album *First And Last And Always* (1985), produziert von Dave Allen von The Cure, markierte eine Richtungskorrektur, denn die Sisters erweiterten ihren Metal-Sound um Dance- und Pop-Elemente. Obwohl die Platte in die britischen Top 20 aufstieg, entflammten erneute interne Probleme. Eldritchs Gesundheit war durch seinem Lebensstil zerrüttet. Und Marx, eifersüchtig auf Hussey, erschien nicht mehr zu den Proben. Eldritch stellte dem Gitarristen ein Ultimatum, professionell zu arbeiten oder die Gruppe zu verlassen. Marx entschied sich für letzteres und gründete Ghost Dance. Kurze Zeit später verließen auch Hussey und Adams die morbide Truppe, um mit The Mission erfolgreiche Pfade zu beschreiten. Eldritch siedelte nach Hamburg um und rieb sich in gerichtlichen Auseinandersetzungen mit seinen ehemaligen Bandmates auf. Unter dem Logo Sisterhood, mit dem er dem Vernehmen nach lediglich Hussey und Adams an der Verwendung dieses Namens hindern wollte, arbeitete er mit Alan Vega von Suicide, Patricia Morrison, geboren am 14. Januar 1962, vom Gun Club und Sänger James Ray an der Tape-Collage *Gift* (1986). Im Duo mit Patricia Morrison erschien 1987 endlich das zweite Sisters Of Mercy-Album *Floodland*, auf dem das an Led Zeppelin erinnernde Dröhnen von Husseys Gitarre durch Synthesizer-Klangflächen zurückgedrängt wurde. Der kommerzielle Erfolg der Platte veranlaßte Eldritch dazu, sein Line-up wieder aufzustocken. Morrison ging, statt ihrer kamen von Generation X Tony James (g), von All About Eve Tim Bricheno (bg), geboren am 6. Juli 1963, und Andreas Bruhn (dr), geboren am 5. November 1967. Nach abermals zweijähriger Pause veröffentlichten die Sisters Of Mercy das Album *Vi-sion Thing* (1990), «mit dem sie das Leben unter George Bush und Margret Thatcher kommentierten» («Rolling Stone»). Der Gruppensound war nun wieder rockiger, nur Eldritchs Stimme blieb gewohnt düster. Mit Keyboarder Dan Donovan gingen die Sisters auf eine ausgedehnte Tour mit Public Enemy, die aber ihrer hohen finanziellen Verluste wegen abgebrochen werden mußte. Die Band fiel ein weiteres Mal auseinander, und Tony James gefiel sich darin, für viel Geld interne Skandalgeschichten an die Presse zu verkaufen. Mit sporadisch wechselnden Besetzungen und immer erfolgreichen Compilations hielt Eldritch die Sisters Of Mercy als Gothic-Dinosaurier weiterhin am Leben.

LPs auf Merciful Release: *Alice* (EP, 1982); *The Reptile House* (EP, 1983); *Body And Soul* (EP, 1984) ... auf Elektra: *First And Last And Always* (1985); *Floodland* (1987); *Vision Thing* (1990); *Some Girls Wonder By Mistake* (Sampler, 1992); *Greatest Hits, Vol. 1* (1993); *A Slight Case Of Over Bombing* (1993)

Skunk Anansie, 1994 in London gegründet, bewiesen, daß für politisch engagiertem Rock Kommerz-Erfolg auch in der Spaßgesellschaft der späten Neunziger noch möglich war. «Selten hat eine Rockband so aggressiv mit politischen Radikalparolen um sich geworfen wie Skunk Anansie», konstatierte das ‹WOM Journal› und fand das «paradox: den größten Erfolg haben sie damit ausgerechnet in der erklärtermaßen unpolitischen Crossover- und Fun-Sport-Szene». Als globale Agitatoren für Unabhängigkeit und Unantastbarkeit des Einzelnen spielten sie sogar auf einer Geburtstagsfeier des südafrikanischen Präsidenten Nelson Mandela. Sound und Songs von Skunk Anansie lebten von der außerordentlich charismatischen Stimme der «Hobby-Agitatorin» (‹Intro›) Skin, als Deborah Ann Dyer 1968 in London geboren. Anfang der Neunziger probierte sie diverse Musiker aus, die ihr aber alle zu rockig waren. Lediglich mit Cass (bg) blieb sie zusammen. Im Januar 1994 stieß sie auf Ace (g) und Robbie (dr), mit denen sie Skunk Anansie gründete. Der Name ging auf die Märchenfigur Anansie, den Spinnenmann, zurück und wurde durch Skunk ergänzt, um ein bißchen mehr Biß und Ekel ins Logo zu kriegen. Die ersten Singles

Little Baby Swastika, die nur über Mail Order erhältlich war, und *Selling Jesus* aus dem Soundtrack zum Film ‹Strange Days› lösten in Großbritannien Kontroversen aus. Ihr Debütalbum *Paranoid And Sunburnt* (1995), eine Mischung aus Agitprop und Funk Metal, steckte voll verbaler Power, konnte die Prägnanz der Singles aber nicht über eine ganze Stunde halten. Es war derart voller Attacken gegen das politische und militärische Establishment, daß der Band von der britischen Presse die Glaubwürdigkeit abgesprochen wurde. Härter und effizienter klang das zweite Album *Stoosh* (1996), voller Hitqualität: «Crossover mit gebremstem Zorn-Schaum, raffinierte Pop-Melodien, Gitarrenriffs, die eher an Stadion-Rock denken lassen als an verbiesterten Protest-Gesang» (‹WOM Journal›). Aber es dauerte noch drei Jahre, bis Skunk Anansie sich mit *Post Orgasmic Chill* (1999) vom Marx-Murks lösten und auf Liebe & Triebe umschalteten. ‹Visions›: Ihr Sound wechselte nun zwischen ultraweichen, sphärischen Balladen und harten Funk-Krachern. 2000 konnte Skin mit der Ballade *You Can't Find Peace* ihre beeindruckende Stimme auch ohne die Band in den Soundtrack zum deutschen Spielfilm ‹Der Krieger und die Kaiserin› einbringen. Während Anfang des neuen Jahrtausends euphorisierte Fans sehnsüchtig auf die vierte LP von Skunk Anansie warteten, löste sich die Band sang- und klanglos auf.

LPs auf One Little Indian: *Paranoid And Sunburnt* (1995); *Stoosh* (1996) ... auf Virgin: *Post Orgasmic Chill* (1999)

Slayer, 1982 in Huntington Beach, Kalifornien, gegründet, «waren eine der eigenständigsten, einflußreichsten und extremsten Trash Metal-Bands der Achtziger» (‹All Music Guide›). So brutal und stumpf ihre Texte oft waren, so kompakt und gekonnt war ihre Musik. Halsbrecherische Riffs, spielerische Präzision, häufige Tempowechsel innerhalb der Stücke und die außerordentliche Musikalität der Gruppe veranlaßten einen Jazzkritiker schon Ende der Achtziger zu dem Ausruf, diese Art von Speed Metal sei der Jazz Rock der Neunziger. Die Aussage sollte sich später bewahrheiten, als Slayer-Drummer Dave Lombardo 1999 zu einem der gefragtesten Jazz

Rock-Drummer Amerikas avancierte. Trotz ihrer konsequenten Brutalität und bewußter Bedienung aller Metal-Klischees (sie mußten sich satanistische und faschistische Tendenzen nachsagen lassen) gehörten Slayer neben Metallica zu den Bands, die Heavy Metal härtester Gangart salonfähig machten. Schon kurz nachdem sich Tom Araya (voc, bg), geboren am 6. Juni 1961 in Chile, Jeff Hannemann (g), geboren am 31. Januar 1964 in Los Angeles, Kerry King (g), geboren am 3. Juni 1964 in Huntington, Kalifornien, und Dave Lombardo (dr), geboren am 16. Februar 1965 in Los Angeles, zum erstenmal getroffen hatten, machten sie sich rund um Los Angeles als aggressive Live-Band einen Namen. Anfangs begnügten sie sich mit Coverversionen von Songs der Judas Priest oder Iron Maiden. Mit *Aggressive Protector* auf der Compilation *Metal Massacre III* (1983) wurde die Kunde von der Band erstmals auch über die kalifornischen Grenzen hinausgetragen. Ihr erstes Album *Show No Mercy* (1983) wie auch die Nachfolger *Hell Awaits* (1985), dessen konzeptionelle Dichte für Metal-Verhältnisse ungewöhnlich war, und *Live* (1985) liefen in Europa erfolgreicher als in den USA. 1986 machte sich Starproduzent Rick Rubin für Slayer stark und produzierte das Album *Reign Of Blood* (1986). Die Weigerung von CBS, das Album auf den Markt zu bringen, verhalf der Gruppe zu unerwarteter Publicity. Auf Geffen veröffentlicht, katapultierte die Platte Slayer an die Spitze des internationalen Heavy Metal. Später übernahm Rubin das Album wie auch alle weiteren Slayer-Platten auf sein Label Def American. 1987 wurde Lombardo durch T. J. Scaglione von Whiplash ersetzt, kehrte aber schon nach kurzer Zeit zur Band zurück. Mit dem Konzeptalbum *South Of Heaven* (1988) bewiesen Slayer endgültig, daß sie nicht nur im Lärm- und Geschwindigkeitsrausch operierten, sondern auf der Suche nach einer genuinen Ästhetik in der Lage waren, die Stilgrenzen zu erweitern. Die Hardcore-Slayer-Fans verübelten der Band jedoch ihre Wendung in kommerziellere Fahrwasser. Auf *Seasons In The Abyss* (1990) wurde wieder ordentlich zugelangt. Ihre Live-Shows galten indes als Materialschlachten erster Güte. Auf dem Doppelalbum *Decade Of Aggression* (1991) wurde die Live-Energie adäquat dokumentiert. Danach verließ Lombardo auf Grund persönlicher Auseinandersetzungen mit den anderen Bandmitgliedern abermals die Gruppe, und startete das Projekt Grip. Um Slayer wurde es stiller. Die einzige nennenswerte Aufnahme der frühen Neunziger war der gemeinsam mit Ice-T aufgenommene Song *Disorder* für die Compilation *Judgement Night.* Für *Divine Intervention* (1994) wurde Forbidden-Drummer Paul Bostaph, geboren am 4. März 1965 in Hayward, Kalifornien, angeheuert. Das Album erhielt euphorische Kritiken, Slayer wurden als Überväter einer wiedererstarkenden Metal-Szene gefeiert. Bostaph verließ die Gruppe wieder, und startete das Solo-Projekt Truth About Seafood. Für die CD *Undisputed Attitude* (1996), die hauptsächlich aus Coverversionen von Punk- und Hardcore-Klassikern bestand, wurde Jon Dette von Testament engagiert, um auf *Diabolus In Musica* (1998) jedoch wieder Platz für Bostaph zu machen. Dave Lombardo heuerte 1998 bei Mike Pattons Trash Jazz-Formation Fantomas an, trat im folgenden Jahr in einer Jazz Rock-Allstar-Band mit John Zorn, Bill Laswell und Fred Frith als Headliner auf dem New York Jazzfestival auf und beteiligte sich maßgeblich an John Zorns Platte *Taboo & Exile* (2000).

LPs auf Metal Blade: *Show No Mercy* (1983); *Hell Awaits* (1985); *Live Undead* (1985) … auf American: *Reign In Blood* (1986); *South Of Heaven* (1988); *Seasons In Abyss* (1990); *Live* (1991); *Decade Of Aggression* (1991); *Divine Intervention* (1994); *Undisputed Attitude* (1996); *Diabolus In Musica* (1998); *God Hates Us All* (2001) … LP Dave Lombardo mit John Zorn auf Tzadik: *Taboo And Exile* (1999) … LPs Lombardo mit Fantomas auf Ipecac: *Amenaza El Mundo* (1999); *The Director's Cut* (2001)

Sly & Robbie bereiteten rhythmisch vertrackte und ästhetisch verfeinerte Pop-Klänge der dritten Welt mit allen Finessen moderner Studio-Technologie auf. Die Klangmixturen der sogenannten Riddim Brothers pulsierten wie «die Musik für einen postapokalyptischen Film, der im High-Tech-Lagos spielen könnte» («New Musical Express»). Lowell Fillmore «Sly» Dunbar (dr), am 10. Mai 1952 in Kingston, Jamaika, geboren, und Robert «Robbie» Shakespeare (bg),

am 27. September 1953 in Kingston geboren, sammelten zunächst als rhythmische Begleiter einheimischer Reggae-Stars wie Burning Spear, Peter Tosh, Bob Marley And The Wailers Studioerfahrungen, bevor sie sich 1976 zur Dub-Band Revolutionaires zusammentaten. 1978 gründeten Drumbar und Basspear, wie die beiden Musiker auch genannt wurden, ihre eigene Plattenfirma Taxi Records, sammelten Black Uhuru, Max Romeo und andere Reggae-Acts in einem Talent-Pool und brachten ihre eigenen Duo-Aufnahmen fortan weltweit im Island Records-Vertrieb unter dem Markennamen Sly & Robbie heraus. Plattenerfolge als Sessionbegleiter und Producer etablierter Popstars wie Jimmy Cliff, Bob Dylan, U-Roy, Ian Dury, Joan Armatrading, Grace Jones, Robert Palmer, Joe Cocker erhöhten ihre Reputation als «eine der besten Rhythmus-Sektionen in der Popmusik überhaupt» («Billboard»), die von Produzenten wie Bill Laswell bevorzugt wurde. Laswell produzierte auch ihr 1985 erschienenes Album *Language Barrier.* Zur Summe all ihrer Erfahrungen und zu einem brillanten Ausweis ihrer Kreativität geriet das Album *Rhythm Killers* (1987), ein «Techno-Voodoo mit Profikaliber» («New Musical Express»), bei dem sie feurige Bluesgitarrenläufe mit Streicherklängen, Rap-Extravaganzen und jazzig ausufernden Saxophonmonologen verschmolzen. Die «wundervolle Stilmixtur» ergab eine «Ruck-und-Zuck-Musik, wo jeder Ruck an der richtigen Stelle sitzt» («Stereo Review»). Anfang der neunziger Jahre geriet die Karriere ins Stocken, Plattenveröffentlichungen wurden seltener. 1997 besannen sie sich ihrer Freunde und riefen die falschen. Auf dem Album *Friends* filterten Mick Hucknall und seine Simply Red-Crew, Ali Campbell von UB 40 und andere Mainstreamer Sly & Robbies Dub zu simplem Pop-Reggae herunter. Die dringend notwendige Verjüngungskur verpaßte ihnen der aus Schottland stammende Dance-Produzent Howie B., renommierter Remixer von Madonna, Bjork, U 2, der dafür Namensnennung im Albumtitel verlangte: *Drum & Bass Strip To The Bone By Howie B* (1999). «Und siehe da», so Thomas Weiland in ‹Tip›, «althergebrachte Dub-Rhythmen (*Ballistic Sequence*) kommen dank elektronischer Stör- und Randgeräusche neu zur Geltung. *Drilling For Oil* birgt innovatives Potential in sich, wenngleich man keine Sensation erwarten sollte.» Immerhin waren Drumbar und Basspeare wieder im Geschäft und kümmerten sich sogleich um ihre alte Gruppe Black Uhuru, die nach dem Ausscheiden des Leadsängers Michael Rose an internem Neid, Streit und der Geldgier der Rest-Musiker in zwei Teile zerbrochen und dabei auf der Strecke geblieben war. Sly & Robbie taten sich für eine CD und eine Comeback-Tournee 2000 mit Andrew Bees als Leadsänger zusammen und nannten sich X Uhuru, nachdem Uhuru-Gründer und Namensgeber Ducky Simpson einen jahrelangen Rechtsstreit zu seinen Gunsten entschieden hatte. Sly Dunbar: «Wir leben im Jahr 2000, basta! Soulbands reformieren sich, Rockbands auch. Reunion-Fieber, wohin du blickst. Nur wir hier im Reggae-Business sind so verdammt selbstsüchtig, daß wir im allgemeinen keinen Gedanken daran verschwenden.» Kritiker wurden des verquälten Halb-Comebacks der 1974 auf Jamaika gegründeten, von ‹Billboard› einst zur «beständigsten Reggae-Band der Welt» erklärten und in den frühen Neunzigern ausgebrannten Black Uhuru-Rhythmusgruppe nicht froh. Peter Lau in ‹Rolling Stone›: «Mit echtem, altem, kraftvollem, körperwarmem Reggae hat das so viel zu tun wie Bryan Adams mit Blues.» Und auch das Album *Hail Up Taxi 2* (1999) auf dem eigenen Taxi-Label mit einem Sammelsurium kaum kompatibler Gast-Stars vom Reggae-Veteran Dennis Brown über den offenbar unvermeidlichen Mick Hucknall bis zu den Jamaika-Küken Teisha & Fiona mit dem Spice Girls-Cover *Too Much* und Amelique gar mit dem Brazil-Schlager *Copacabana* stellte sich, hoffnungslos übermixt, als krampfhaftes Schielen nach der Hitparade dar. Dann schon lieber eine weitere Begegnung mit Jazz, bei der die Riddim Twins ihren legendären Groove wieder mal in den Dienst eines stilsicheren Solisten stellen und diesem das Repertoire überlassen konnten. Auf der CD *Monty Meets Sly & Dunbar* (2000) musizierten sie mit dem ebenfalls in Kingston geborenen Pianisten Monty Alexander in Jazz-Hits wie Bobby Timmons' *Moanin'* oder *The In Crowd* von Ramsey Lewis in relaxter Sunsplash-Festivalstimmung wieder derart virtuos, als wäre das ganze Kommerz-Gemixe nur eine Fata Morgana gewesen.

LPs (Auswahl) auf Island: *Sly & Robbie Present Taxi* (1981); *The 60's + 70's & 80's = Taxi* (1981); *Raiders Of The Lost Dub* (1981); *Crucial Reggae Driven By Sly & Robbie* (1982); *Language Barrier* (1985); *A Dub Encounter* (1985); *Taxi Fare* (1986); *Rhythm Killers* (1987); *Silent Assassin* (1989) ... auf CSA: *Uhuru In Dub* (1982); *A Dub Extravaganza* (1984); *Mambo Taxi* (1997) ... auf EastWest: *Friends* (1997) ... auf RAS: *Power Matic Dance Hall Volume!* (1992); *Remember Precious Times* (1993) ... auf Sema: *The Speeding Taxi* (1993) ... ... mit Can't Stop auf Cannon: *Reggae Dance Hall* (1994) ... auf Palm Pictures / RTD: Drum & Bass Strip To The Bone By Howie B (1999); *Fatigue Chic* (1999) ... auf Tabon 01 – Ninety Nine: *X Uhuru* (1999); *Trengae* (2000); *Dance Hall Killers* (2000) ... auf Telarc: *Monty Alexander Meets Sly And Robbie* (2000) ... Solo-LPs von Sly Dunbar auf Island: *Sly, Wicked & Slick* (1979); *Sly-Go-Ville* (1982)
Weitere LPs mit Black Uhuru

Sly And The Family Stone, 1967 in Oakland, Kalifornien, gegründet, schossen in einer «flammenden Lichtshow in Tönen» (Robert Shaw) Spurenelemente von Psychedelia in ihren energetischen Rhythm & Blues. Sie zerpflückten das traditionelle Ruf-Antwort-Schema der Gospelmusik, das den meisten Soul-Schlagern als Vorlage diente, und überzogen ihre Neu-Arrangements mit überraschenden Bläser-Attakken, lautmalerischem Singsang und wabernden Klang-Impulsen aus elektronisch verstärkten Instrumenten. Der Leadsänger und Organist Sly Stone (bürgerlich: Sylvester Stewart), am 15. März 1944 in Dallas, Texas, geboren, war eine Zeitlang Discjockey an einer Rhythm & Blues-Radiostation in San Francisco und produzierte einige Tanzplatten lokaler Starbands. 1967 organisierte er sich mit Rose Stone (p, voc), Freddie Stone (g, voc), Larry Graham Jr. (gb, voc), Greg Errico (dr) – später ersetzt durch Jerry Gibson –, Jerry Martini (sax, fl, p) und Cynthia Robinson (tp) zur Family Stone und «öffnete damit die Tür zu einer neuen Ära in der Soul-Musik» (‹Rolling Stone›). Der stilprägende Einfluß der Band ließ sich in den Plattenproduktionen von The Temptations, Isaac Hayes, Miles Davis und später bei Prince hören. Die ersten Songs der Stone-Formation waren optimistisch, in ihrer Sound-Collagierung der Schnitt-Technik von TV-Commercials ähnlich und voll cleverer sozialer Anspielungen. Das Vorbild, The Mothers Of Invention aus dem nahen Los Angeles, war vor allem auf dem dritten Album (*Life*) herauszuhören, dem «wahrscheinlich radikalsten Soul-Album, das je herausgekommen ist» (‹Rolling Stone›). Auf dem Woodstock-Festival von 1969 waren Sly Stones Musiker (Gruppengage: 7000 Dollar) mit ihrem suggestiven Entertainment-Soul eine Sensation. Doch mit steigenden Honoraren stieg auch die Unzuverlässigkeit von Sly Stone, der 1970 26 von 80 Konzertauftritten unentschuldigt fernblieb, 1971 zwölf von 40 Shows versäumte und jahrelang Plattenstudios blockierte, ohne ein Album abzuliefern. Seine Plattenfirma machte dem Soul-Evolutionär, der mit Drogenproblemen kämpfte, nach Auslaufen des Vertrages schließlich das ultimative, aber immer noch verlockende Angebot: eine Million Dollar für jedes abgelieferte Album. Das erste Ergebnis dieses Angebots, *There's A Riot Goin' On*, klang mit gebrochenen Stimmen, schleppenden Rhythmen und müde jaulenden Instrumenten wie der Katzenjammer der abblätternden Psychedelic-Szene, aus der die Gruppe hervorgegangen war: wie der «Tod eines Fixers» (‹Rolling Stone›). Doch selbst im morbiden Off war Sly Stone noch brillanter als manche seiner Imitatoren. Sein im Sommer 1973 veröffentlichtes Album *Fresh* wurde weithin als Zeichen einer psychischen Gesundung verstanden. Es wirkte ausgeglichen, aktivistisch und erhielt wie immer Superlativ-Produktionen – unter anderem die Soul-Adaption des alten Doris Day-Schlagers *Que Sera*. «Irgend etwas hätte kommen und mich wegraffen können», gospelte Stone nun, «aber der Chef hat wohl beschlossen, daß Slys Tage noch nicht zu Ende sind. Dafür sollte ich ihm dankbar sein, yeah, yeah.» Er irrte; sein Exzentrik-Ruhm glühte langsam aus. Das Publikum war offenbar seine Affront-Touren und sein offensives Negativ-Charisma leid und wollte Leistung sehen. Die konnte er gerade noch liefern: Zu seiner publicityträchtigen Goldlamé-Hochzeit im New Yorker Madison Square Garden (vor 23 000 Trauzeugen) brachte er im Juni 1974 mit den neuen Bandmitgliedern Bill Lordan (dr), Rusty Allen (bg), Sid Page (vi) eine LP auf den Markt (*Small Talk*), die die elektrisierende Ausgeflipptheit von einst ah-

nen, die artistische Degeneration von morgen jedoch befürchten ließ. Ehefrau Kathy Silva reichte vier Monate später die Scheidung ein. Zu einer Serie von acht Konzerten in der 6000 Besucher fassenden New Yorker Radio City Music Hall kamen im Januar 1975 nur etwa 2000 Fans pro Show. Slys offenbar von zwanghaften Rückfällen belastete Drogenabhängigkeit demolierte seine Karriere. Gelegentlich auf Platten dokumentierte Comebackversuche «klangen, als suchte er die Tür in die achtziger Jahre» (‹Billboard›). Der ‹Melody Maker› urteilte über den tragischen Rauschgift-Delinquenten: «Er war ein vielseitiges Talent, angetrieben von einer Lust am Leben, die ihn plötzlich furchtbar leer zurückließ, als er all seine Ressourcen aufgebraucht hatte.» Zwar veröffentlichte Sly Stone in den siebziger und achtziger Jahren noch einige Platten, so etwa *High On You* (1975), *Heard You Missed Me, Well I'm Back* (1976), *Ain't But The One Way* (1984), und nahm auch als Gastmusiker an der einen oder anderen Aufnahme teil, doch verhinderte seine Drogenabhängigkeit kontinuierliche Arbeit. Ende der achtziger Jahre kam er wegen unterschiedlicher Delikte, zumeist Drogenbesitz, mit dem Gesetz in Konflikt und mußte sich 1989 auf richterliche Anordnung einer Entziehungskur stellen. Sein Einfluß auf die Rockwelt war jedoch bis weit über die Jahrhundertwende spürbar, wie etwa die Musik von Arrested Development bewies.

LPs auf Ace: *In The Studio With Sly Stone* (Aufnahmen von 1963–1965) … mit Sly and the Family Stone auf Epic: *A Whole New Thing* (1967); *Dance To The Music* (1968); *Life* (1968); *Stand!* (1969); *Greatest Hits* (1970); *There's A Riot Goin' On* (1971); *Fresh* (1973); *Small Talk* (1974); *High Energy* (1975); *High On You* (1975); *Heard You Missed Me* (1976); *Ten Years Too Soon* (1979); *Anthology* (1981); *Best Of* (1992) … auf Warner Bros.: *Back On The Right Track* (1979); *Ain't But The One Way* (1983)

The Smashing Pumpkins nannte der Eigenbrötler Billy Corgan (voc, g, bg), am 17. März 1967 in Chicago, Illinois, als Sohn eines Blues Rock-Gitarristen geboren, sein Trio, das er nach langen Alleingängen im heimischen Ministudio gründete. Zunächst machte er mit James Iha (g), am 26. März 1968 in Elk Groove, Illinois, geboren, gemeinsame Sache und überredete während eines Dan Reed Network-Konzerts die Bassistin D'Arcy Wretzky, am 1. Mai 1968 in South Haven, Michigan, geboren, bei ihm einzusteigen. Den Drum-Part übernahm für die ersten Aufnahmen und Auftritte ein Computer, bis sich ihnen der Schlagzeuger Jimmy Chamberlin, am 10. Juni 1964 in Joliet, Illinois, geboren, anschloß. Die Gruppe, eher eine Zweckgemeinschaft als eine Band, litt von Anfang an unter heftigen inneren Spannungen. Dennoch brachten die Musiker 1990 eine Single zustande und wurden bald darauf vom Grunge-Label Sub Pop (Nirvana, Mudhoney, Afghan Whigs) in Seattle unter Vertrag genommen, wenn auch wieder nur für eine Single. Corgan, der aus einem zerrütteten Elternhaus stammte, trug seine psychischen Probleme in die Band und tyrannisierte die übrigen Kollegen. «Bei den Pumpkins zu sein ist», folgerte D'Arcy Wretzky, «als wäre man mit drei verschiedenen Menschen verheiratet, mit denen man sich normalerweise noch nicht einmal verabreden würde.» Trotz dieser ungünstigen Umstände erschien 1991 die erste LP: *Gish*, von Butch Vig noch vor *Nevermind* von Nirvana produziert und nach der Schauspielerin Lilian Gish benannt, wurde dem beginnenden Grunge-Fieber gutgeschrieben. Weltweit fanden sich mehr als anderthalb Millionen Käufer für die wütenden Gesangs- und Gitarrenausbrüche Corgans. Doch schon mit *Siamese Dreams* (1993) wandelte sich das Bild: Die Gruppe engagierte Streicher und verwendete ein Mellotron. Zunehmend benutzte Corgan die Band als Ausdrucksmittel seiner psychischen Probleme. Zeitweilig unterzog er sich einer Psychotherapie. Spannungen in seinen persönlichen Beziehungen wie zu seiner früheren Freundin Courtney Love, der späteren Ehefrau Kurt Cobains, versuchte er musikalisch zu kompensieren. Einerseits erschwerte dies die Arbeit der Gruppe, andererseits lebte die Musik der Smashing Pumpkins von dieser unablässig betriebenen Nabelschau. Die Mischung aus brüllenden Gitarrenklängen, auseinanderstrebenden Instrumentierungen und mitunter romantisch versponnenen Texten gipfelte in der Musik des Doppelalbums *Mellon Collie And The Infinite Sadness* (1995). Die Band hatte sich konsolidiert

und unter der Regie von Flood, Produzent von Erasure, Depeche Mode, U 2, eine Basis gefunden. Vorangegangen waren ein Nervenzusammenbruch Corgans, extensiver Drogen- und Alkoholmißbrauch Chamberlins und das Ende der Liebe zwischen Iha und Wretzky. Dabei schien der immense Erfolg der *Siamese Dreams*, die mehr als viermillionenmal verkauft wurden, an den Musikern ohne Wirkung vorübergegangen zu sein: Corgan, der fast sämtliche Kompositionen und Texte allein geschrieben hatte, betrieb weiterhin seine öffentliche Selbsttherapie. Songs wie *Here Is No Why, Bullet With Butterfly Wings, Cupid De Locke, Where Boys Fear To Tread, In The Arms Of Sleep* wiesen ihn als literarisches Talent aus, das seine Zweifel an der Welt, an den Menschen und den Beziehungen zwischen Menschen in manchmal endlosen Hard Rock-Tiraden, aber auch in poetischen Klangminiaturen mehr verhüllte als offenbarte. «Meine Persönlichkeit ist verworren», trotzte Corgan, «so einfach ist das.» Trotzdem versuchte er die Band arbeitsfähig zu halten. Als Chamberlin auch nach dem Herointod ihres Tour-Keyboarders Jonathan Melvoin am 12. Juli 1996 in New York seine Drogenabhängigkeit nicht in den Griff bekam, entließ ihn die Band. Dennoch gab es 1996 auch einen kleinen Lichtblick: MTV Europe wählte das Rest-Trio zum «besten Rock Act». Bei der Aufnahme von Songs für die Filme ‹Batman & Robin›, ‹Lost Highway› experimentierte Corgan auf der Suche nach einem neuen Gruppensound vorsichtig mit elektronischen Instrumenten. Während Iha sich auf seiner LP *Let It Come Down* (1997) sanft und songbewußt gab und damit Talente zeigte, die bei den Pumpkins nicht recht zum Zuge kamen, war das endlich Mitte 1998 veröffentlichte Band-Album *Adore* «eine Orgie aus Streichern, Mandolinen, Pianos, akustischen Gitarren, angereichert mit einem Tupfer Elektronik» (‹Musikexpress›); wieder hatte ein Computer den Drum-Part übernommen. Der Rezensent – ratlos: «*Adore* ist ein Konzept-Album, dessen Intention es ist, Verwirrung zu stiften.» Die Plattenfirma Virgin, die noch im Januar 1998 die Band mittels einer Klage vor dem California Superior Court zur Ablieferung von vier vertraglich vereinbarten CDs zwingen wollte, konnte zunächst zufrieden sein. Die Smashing Pumpkins hatten im Februar für die «Best Hard Rock Performance» (*The End Is The Beginning Is The End*) einen Grammy erhalten und wurde für *Adore*, Platz zwei in den US-Charts, im Juli mit Platin prämiert. Auf einer Sommertournee erlösten sie 2,6 Millionen Dollar für wohltätige Zwecke und traten Ende Juli live in David Lettermans ‹Late Show› im CBS-Fernsehen auf. Das Video zur Hit-Single *Ava Adore*, in der Corgan Bewunderung und Bedrohung in der à la Jagger gefauchten Zeile «We must never be apart» ununterscheidbar werden ließ, brachte ihnen schließlich im November bei den Video-Awards in Helsinki den Preis für den besten internationalen Rock-Act ein. Pumpkins im Aufwind. 1999 kehrte Jimmy Chamberlin, angeblich von der Drogensucht genesen, an die Trommeln zurück. Corgan: «Es war nicht meine Entscheidung, daß Jimmy wieder bei uns ist. Es war die Entscheidung von Gott. Ich glaube sowieso, daß Gott alles für uns entscheidet.» Aber er selbst führte sich zunehmend wie der Allmächtige auf. Für das Album *MACHINA / The Machines Of God* – entwarf er ein Szenario für eine fiktive Band, die von den Smashing Pumpkins gespielt werden sollte, so wie die Beatles einst *Sgt. Pepper's Lonely Hearts Club Band* imaginierten. Corgan: «James wäre der superlässige Rockstar mit Plateaustiefeln geworden, D'Arcy die Space Queen. Und zwar rund um die Uhr, nicht nur auf der Bühne und auf Platte, sondern bei sämtlichen öffentlichen Auftritten und allen Interviews.» Die siebenteilige Story faßte der Band-Boss «mit der gefürchteten Reputation eines arroganten Tyrannen» (‹The Times›) in einer graphischen Partitur voller Verweispfeile zusammen, die er fast während des ganzen Jahres 1999 im Studio minutiös umzusetzen versuchte. Noch bevor das Album endgültig abgemischt war, stieg die Bassistin D'Arcy aus. Sie wolle sich nun endgültig einer Karriere als Schauspielerin zuwenden, erklärte sie, verriet aber hinter vorgehaltener Hand: «Es war ein höllischer Überlebenskampf.» Unmittelbar vor Antritt einer Europatournee mit dem neuen Material, im Januar 2000, warf die Managerin der Band, Ozzy Osbournes Frau Sharon Osbourne, nach nur vier Monaten im Amt das Handtuch und wurde deutlicher: Der Allmächtige habe tagelang buchstäblich durch sie hindurchgesehen

und sie an den Rand des Herzinfarkts getrieben: «Billy Corgan macht mich krank.» Dann nahm Frau Osbourne Management-Verhandlungen mit Courtney Loves Band Hole auf, der Corgan soeben die Bassistin abgeworben hatte. Bei der Präsentation des Albums für die internationale Presse auf einer obskuren Vorstadt-Fabriketage, 431 North Wolcott Street, Chicago, Illinois, stellte er Melissa Auf Der Maur (bg), geboren am 17. März 1972 in Montreal, Kanada, als Bandmitglied vor, obgleich sie an der CD noch nicht beteiligt war, und beschwor die Zukunft: «Daß es die Smashing Pumpkins weiter gibt, daran ändert auch der Ausstieg von D'Arcy nichts. Wir werden uns niemals auflösen, niemals.» Als *MACHINA / The Machines Of God* (2000) endlich auf dem Player lag, hagelte es Verrisse: Leblos … pompös … prätentiös … ein überbordendes Full-Screen-Gemälde … ein Schocker in Breitwandformat. «Die melodienseligen Songs sind vollgestellt mit biblischen Figuren», schrieb Patrick Großmann in der ‹Berliner Zeitung›, «dauernd passieren unerklärliche Dinge, und irgendwie leiden alle ganz doll.» In der Londoner ‹Times› setzte Barbara Ellen in einem fünfspaltigen Rundumschlag («Roll on the end of the world») zu einer Pumpkins-Totalvernichtung an. Sie verglich Corgan mit einem «außerirdischen Riesenbaby, das schmollt, weil es den Weg zum Grunge-Mutterschiff nicht mehr finden kann», und die Band mit der «Addams Family nach einer anstrengenden Nacht beim Erschrekken der Pferde». Das Album klinge wie «die Nachricht eines stockbesoffenen Trent Reznor auf dem Anrufbeantworter, der dazu im Hintergrund Marilyn Manson oder Kiss laufen läßt». Und das einzig Interessante, was Billy Corgan je zustande gebracht habe, sei ohnehin, mit Courtney Love zu schlafen. Corgan auf den ‹Spiegel›-Vorhalt, er gehöre zu den am meisten geächteten Stars des Musikgeschäfts: «Man muß schon etwas darstellen, damit man so verabscheut wird. Und wir sind eine Band, die es auf Konfrontationen ankommen läßt.» Als dann aber im Mai die amerikanischen *MACHINA*-Verkaufszahlen bekannt wurden – nur 500 000 gegenüber *Adore* mit 1,1 Millionen und *Mellon Collie* mit 4,5 Millionen –, fuhr Corgan am Ende der US-Tournee zur Radiostation KROQ in Los Angeles und sprach ins Mikrofon, er löse die Band auf. Angeblich war dies schon lange beschlossene Sache gewesen, doch die Musiker traf es, «wie wenn dein Kind von der Schule fliegt, nachdem es jahrelang nur Einser nach Hause gebracht hat» (Drummer Chamberlin). Auf einer «The Sacred and Profane» überschriebenen Welttournee traten Smashing Pumpkins noch einmal vor ihre Fans. «Gequält und gequengelt», so die ‹FAZ›, nahmen sie «Abschied in der Blüte des Lärms». Am 2. Dezember 2000 gaben sie im Cafe Metro in Chicago, wo sie am 5. Oktober 1988 ihr offizielles Debüt gegeben hatten, nach 25 Millionen verkauften Exemplaren ihrer fünf Alben vier Stunden lang mit 35 Songs ihr Finale. David Fricke in ‹Rolling Stone›: «Corgan, der in seiner silbernen Tunika aussieht wie eine Kreuzung aus Papst und Ziggy Stardust, bringt es einfach nicht fertig, die Bühne zu verlassen. ‹Let's rock one more time›, schreit er vor dem letzten Donnerschlag von Gitarren und Schlagzeug. ‹Nicht für euch› – er strahlt ins Publikum –, ‹denn ihr habt's ja begriffen. Sondern für die ganzen Leute, die nicht kapieren. Die nicht verstehen, daß Musik den ganzen Bullshit überwinden kann.›»

LPs auf Hut/Virgin: *Gish* (1992); *Siamese Dreams* (1993); *Mellon Collie And The Infinite Sadness* (1995); *Adore* (1998); *MACHINA/The Machines Of God* (2000) ... auf Strange Fruit: *Hut Recordings: The Peel Sessions* (1992) ... auf Virgin: *Pisces Iscariot* (1994; B-Sides, Outtakes); *The Aeroplane Flies High* (1996; Box mit fünf CDs) ... Solo-LP James Iha auf Hut: *Let It Come Down* (1997)

Smith, Patricia Lee, **Patti** (voc), am 31. Dezember 1946 in Chicago, Illinois, geboren, war «die erste publizierende Dichterin, die ihre Poesie komplett zu Rock 'n' Roll gemacht hat» und experimentierfreudige Rockfans mit ihrem hypnotisierenden Gesang zur amateurhaft monotonen Begleitmusik à la Velvet Underground in «das verbotene Kino ihrer halluzinierenden Phantasie» (‹New York Times›) lockte. Mit visionären Sprachbildern und surrealistischen Reflexionen voller Paranoia und Hysterie über UFOs, Einsamkeit, Erwachsenwerden, den Dichter Arthur Rimbaud, die letzten Tage von Jimi Hendrix, Pferde als Metapher für bedrohliche sexuelle Energie, Strände unerfüllter lesbischer Liebe und erschreckende wie erhellende Reisen ins Innere stilisierte sie sich zur «einzigen wahren Schamanin im Rock» (‹Village Voice›). Patti Smith hatte seit 1969 in New York als Schauspielerin und Rockjournalistin gearbeitet und einige Gedichtbände veröffentlicht. Auf Anregung des Rock-Autors Lenny Kaye ließ sie sich von ihm bei ihren Lesungen dilettantisch auf der Gitarre begleiten. Ermutigt vom Erfolg dieser musikalischen Séancen stellte sie mit Kaye, Richard Sohl (p), Ivan Kral (g) und (später) Jay Dee Daugherty (dr) ihre eigene Band zusammen und nahm 1974 mit finanzieller Unterstützung des Fotografen Robert Mapplethorpe die Underground-Kultsingle *Hey Joe/Piss Factory* auf; Mapplethorpe lieferte später Fotos zu den Alben der Sängerin. Die erste LP *Horses* war ein Essay über die amerikanische Nacht als spirituelles Phänomen, das Lou Reed, Jim Morrison und Bob Dylans beste Arbeiten hervorgebracht hatte. Auf dem Album verschmolz sie Rock-Riffs und Sprach-Rhythmen zum «besten Garagensound, den es bislang in den siebziger Jahren gegeben hat» (‹Creem›). Ihre hyperkinetische, magische Punk-Poesie wirkte auf die Zuhörer solcher Szene-Schuppen wie CBGB's, als habe sie «den Stoff von Rimbaud, Burroughs, Dylan, Velvet Underground auf eine heiße Spritze gezogen und unter die Haut gedrückt» (‹Sounds›). Patti Smith sah sich als *Rock 'n' Roll Nigger* (Songtitel), zusammen mit Jesus und Jimi Hendrix, neben Jim Morrison der Erzengel in ihrem privaten Pantheon. Sie «läßt einen wieder an den Rock and Roll glauben, selbst wenn man sich sofort bewußt ist, daß sie eigentlich Nonsens redet. Wie alle wahren Rock and Roll-Visionäre ist Patti Smith eine tragische Heldin, gehandikapt durch die Besessenheit ihres Glaubens», glaubte ‹Crawdaddy›. Immerhin besaß sie «Qualitäten, die im amerikanischen Rock and Roll nicht mehr zu finden sind: Leidenschaftlichkeit, die Bereitschaft, überschwenglich auf den Putz zu hauen, ein Gefühl für epische Größe und den Glauben an die Musik als revolutionäre Kraft» (‹Rolling Stone›). Diese Qualitäten verwandelten sich allmählich in Manierismen. So sah ‹Rolling Stone› sie in ihren immer häufiger werdenden schwachen Momenten auch als «spinnerte Hohepriesterin der Kunst, die sich ständig selbst Altäre errichtet und damit einfach nur langweilt». 1978 schrieb sie zusammen mit Bruce Springsteen *Because The Night*, ihren einzigen Single-Hit. Ein Jahr später brachte sie das passable, von Todd Rundgren produzierte Album *Wave* heraus, zog sich dann von der Szene zurück, heiratete 1980 Fred «Sonic» Smith (*Frederick*), Ex-Mitglied der MC 5, und ging mit ihm als Mutter, Hausfrau, Schriftstellerin ohne musikalische Ambitionen nach Detroit. Erst im Sommer 1988 tauchte sie wieder mit der LP *Dream Of Life* auf, die sie mit Sohl, Daugherty, Fred Smith (g) eingespielt hatte. «Übermäßig sentimental» fand die ‹New York Times› die Comeback-Platte mit ihrer Weichspül-Poesie von Träumen, Paradies, Himmel und Meer: «Ms. Smith war stets sowohl Visionärin als auch Schrulle. Ohne festen Boden unter den Füßen hören sich ihre Songs nun ganz schön verschroben an.» Dabei war Patti Smith, wenn überhaupt je, zu dieser Zeit längst nicht mehr hauptsächlich an Musik interessiert, wenn sie auch bis in die neunziger Jahre hinein, meist mit Smith, Kaye und Daugherty, sporadisch auftrat, um die Haushaltskasse aufzubessern. 1993 widmete sie eine Sammlung von Kurzgeschichten, ‹Woll Gathering›, ihren verstorbenen Freunden Andy Warhol, Robert Mapplethorpe und Richard Sohl, der 1990 einem Herzinfarkt erlegen war. Am 5. November 1994 starb ihr Mann Fred Smith, ebenfalls an Herzversagen. «Meine Generation hat viel mit Verlust zu tun gehabt», so Patti Smith 1996. «Ich habe meine ersten Freunde im Vietnam-Krieg verloren. In den siebziger Jahren haben die Drogen viele das Leben gekostet. Und dann kam Aids. Ich kannte mindestens hundert Leute, die an Aids gestorben sind.» Von der Vergänglichkeit und Sterblichkeit sang sie dann auch im Album *Gone Again* (1996), bei dem ihr Tom Verlaine und John Cale im Studio halfen. Die von Lenny Kaye und Malcolm Burn produzierte CD und die dazugehörige Tournee bescherten der Poetin einen späten Überraschungserfolg, den sie mit einer Gedichtzeile von Allen Ginsberg kommentierte: «Zünde eine Kerze an und tanze weiter.» Ein Jahr später gab ihr der Tod des befreundeten Romanciers William S. Burroughs Anlaß zu einer weiteren Kerze. Mit dem «finsteren Meisterwerk» (‹Der Spiegel›) *Peace And Noise* (1997) demonstrierte sie in «leicht klaustrophobischen Balladen» über dezenten Dance Grooves, «daß sie nicht vorhat, in den Kreis der leise trauernden Witwen einzutreten» (‹Zitty›). Patti Smith im Dezember 1997: «Okay, ihr behauptet, daß ich eine Unruhestifterin bin – alles klar. Dann verbreite ich auch soviel Unruhe wie möglich.» 1998 sang sie wieder einmal im Fillmore in San Francisco und gastierte mit Bob Dylan in Australien. 1999 bereiste sie mit Lenny Kaye (g), Oliver Ray (g), Tony Shanahan (bg), J. D. Daugherty (dr) Europa und demonstrierte für das von China okkupierte Tibet – am 22. Februar beim jährlichen Tibet House Benefit-Konzert in der Carnegie Hall, am 24. März mit der Lesung des Gedichts eines Friedensaktivisten, der in Tibet eine 17jährige Haftstrafe verbüßte, bei den Reebok Awards in der Columbia University. Ihr Album *Gung Ho* (2000) widmete sie jedoch nicht dem Dalai-Lama, sondern dem vietnamesischen Revolutionsführer Ho Chi Minh: «Give me one more revolution / One more turn of the wheel.» *Strange Messenger*, das zweite starke Stück neben dem Titelsong, beschwor alptraumhaft Sklaventransporte, Auktionen und Lynchmorde an Menschen, deren Geister keine Ruhe finden: «Men knew it was wrong / But they looked away.» Das Album, an dem Michael Stipe (R.E.M.), Grant Hart (Hüsker Dü), Tom Verlaine (Television) brillant, Pattis Sohn Jackson als Gitarrist entbehrlich teilnahmen, balanciere – so Wolfgang Doebeling im deutschen ‹Rolling Stone› – «zwischen Empörung und Versöhnung». Als Sängerin wisse sie, rhetorische Effekte zu erzielen, schrieb Stephen Holden in der ‹New York Times›, klinge aber nur selten affektiert: «Wenn es gerade mal scheinen will, sie sitze auf einem zu hohen Roß – wie in dem höhnischen *New Party* –, schleicht sich ein Unterton punkigen Humors in ihren Gesang und bringt die Sache ins Lot.» In einem Interview mit Caitlin Moran von der Londoner ‹Times› bekannte Patti Smith, sie hole sich ihre Balance und ihre Gelassenheit beim Golf: «I love the golf courses in Scotland. I love the British Opens, I've seen a lot of wonderful British Opens. I can't really play, but I love hitting the irons. And I love it when my ball gets in the sand. I love hacking away.» Patti Smith stand eben fast immer mit beiden Beinen auf dem Rasen.

LPs auf Arista: *Horses* (1975); *Radio Ethiopia* (1976); *Easter* (1978); *Wave* (1979); *Dream Of Life* (1988); *Gone Again* (1996); *Peace And Noise* (1997); *Gung Ho* (2000)

Smog, der Projektname des Songwriters, Gitarristen und Sängers Bill Callahan, geboren am 3. Juni 1966 in Maryland, gehörte zu jenen stilistisch schwer zu ortenden Vehikeln, die Country Music, Lounge Jazz und Alternative Rock zu einer unvorhersehbaren Melange verarbeiteten. Seit Ende der achtziger Jahre nahm er mit seiner 4-Track-Bandmaschine skurrile, wehmütig melancholische Songs auf, die ihn zum Vorläufer des Home Recording Booms machten. «Obwohl Smog als Vorreiter der Lo-fi-Bewegung verehrt wird, hat dieses einengende Etikett dem nomadisierenden Songwriter kaum Dienste erwiesen. Er ist ein offensichtlicher Fan von Selbstparodie und -ironie, und er hat einen inspirierenden Weg, Upbeat-Tempi mit Down Beat-Texten zu kombinieren» (‹Rolling Stone›). Öffentlichkeitsscheu und zurückhaltend, äußerte sich Bill Callahan kaum über seine Songs. ‹Intro›: «Der Mann ist wie seine Musik – pur, still, verschlossen und sehr, sehr ruhig.» Seine oft fragmentarisch wirkenden Songs «offerierten die Peepshow-Perspektive in eine insulare Welt aus Entfremdung und innerer Zerrissenheit, seine schmerzhaft intimen Lieder pingpongten wild durch ein Sammelsurium aus Kindheitserinnerungen, verpatzten Beziehungen, bizarren Fetischen und zerschlagenen Hoffnungen» (‹All Music Guide›). Die Kritikerkürzel für Bill Callahan reichten von «der van Gogh des Indie Rock» bis «Seelen-Stripper». 1988 debütierte Smog mit der Kassette *Macrame Gunplay*, veröffentlicht auf Callahans eigenem Label Disaster. Nach drei weiteren Tape-Veröffentlichungen (*A Table Setting*, *Tired Tape Machine* und *Sewn to the Sky*) unterschrieb er 1991 einen Vertrag beim Chicagoer Label Drag City, auf dem noch im selben Jahr die EP *Floating* erschien, stärker als alle bisherigen Werke songorientiert. Das Album *Forgotten Foundation* (1992) erzielte einen Achtungserfolg. Auf der mit Jim O'Rourke und Cynthia Dall eingespielten CD *Julius Caesar* (1993) erweiterte Callahan seine Songs um Cello- und Geigenklänge. Die Kritik verglich das Werk mit Pavement und Seba-

doh. «Callahan kreierte eine Art von neurotischen Lo-fi-Weisen, die aufmerksamen Hörern Bluthochdruck und Hämorrhoiden verursachen. Er ist ein cleverer Soundarchitekt, der Rock, Folk, Blues und Kammermusik (die Lo-fi-Form von klassischer Musik) fleddert, um klischeefreie, melodische Stücke von peinlichem Charme zutage zu fördern» (‹Alternative Press›). In dem Song *I Am Star Wars!* outete sich Smog mit einem gewagten Tapeloop von *Honky Tonk Women* als begnadeter Experimentalist. Ungewohnt rockig und laut kam Callahan auf der EP *Burning Kingdom* (1994) daher. *Wild Love* (1995) und *The Doctor Came At Dawn* (1996) waren lose Sammlungen von Kleinodien jeder nur denkbaren Färbung. Ganz anders das von Jim O'Rourke produzierte, konzeptionell dichte, beinahe beatleseske *Red Apple Falls* (1997), das diesmal Vergleiche mit Phil Spector und Nick Drake einbrachte. Auf *Knock Knock* (1999) hatte der ehemalige Lo-fi-Chaot zu opulent arrangierten Songs gefunden, deren raffinierte Schichtung zuweilen an Philip Glass oder Laurie Anderson erinnerte. Das Album *Dongs Of Salvation* (2000) mit seinen intelligent gezwirbelten Texten war ein geradezu dadaistisches Meisterwerk. Aus einem bekennenden Scharlatan war ein respektabler Songpoet geworden.

LPs auf Drag City: *Forgotten Foundation* (1992); *Julius Cesar* (1993); *Burning Kingdom* (1994); *Wild Love* (1995); *Sewn To The Sky* (1995); *Doctor Came At Dawn* (1996); *Red Apple Falls* (1997); *Knock Knock* (1999); *Dongs Of Salvation* (2000); *Rain On Lens* (2001)

Snoop Dogg, auch Snoop Doggy Dogg, als Celvin Broadus am 20. Oktober 1972 in Long Beach, Kalifornien, geboren, machte Gangsta Rap zum Medienspektakel. Als geschickter Demagoge und Massenpsychologe lebte er in extremen Maßen die in seinen Texten propagierten, politisch keineswegs korrekten Botschaften aus und verwischte die Grenzen zwischen Realität und Fiktion. Sein immenser Erfolg beruhte weniger auf der Durchschlagskraft seiner Songs als vielmehr auf den unzähligen Skandalen um seine Person, die bis zu Mordanklagen reichten. Den Spitznamen Snoop Dogg erhielt Celvin Broadus schon als Kleinkind von seiner Mutter in Anspielung an die Peanuts-Figur Snoopy. Als Schüler gründete er ein erstes Rap-Trio, dem Warren G. und Nate Dogg angehörten. Da er seine Kreativität jedoch in der Crips Street Gang lieber auf kriminelle Aktivitäten konzentrierte als auf seine Rhymes, wurde zunächst nichts aus einer Künstlerkarriere. Erst hinter Gittern fand er die Muße, an seinem Stil zu feilen. ‹WOM Journal›: «Während eines Gefängnisaufenthalts wegen Drogenmißbrauchs baute er aus den Geschichten seiner Mitgefangenen seine ersten Rap-Texte. Schon bald machte daraufhin sein ‹Doggystyle› den Gangsta-Rap gesellschaftsfähig.» Warren G. gab ein im Knast angefertigtes Tape an seinen Stiefbruder Dr. Dre weiter, der sich des jungen Rappers annahm. Er war es auch, der Snoop Doggy Dogg auf seinem Album *The Chronic* (1992) der Öffentlichkeit vorstellte. Die Single-Auskopplungen *Nuthin' But A 'G' Thang* und *Dre Day*, die Snoop maßgeblich featureten, wurden Top Ten-Hits. Im Handumdrehen avancierte der Rapper zum Hip Hop-Superstar des. Die Produktion seines ersten Albums wurde durch einen Mord überschattet. Sein Bodyguard McKinley Lee erschoß aus einem von Snoop gesteuerten Auto den 20jährigen, einer rivalisierenden Street Gang angehörenden Philip Woldermarian, worauf der Rapper der Beihilfe zum Mord angeklagt wurde. Snoop Dogg plädierte im Prozeß auf Notwehr und wurde freigesprochen. Die Schlagzeilen bedeuteten Promotion, und so wurde *Doggy Style* (1993) zum ersten Debütalbum, das jemals auf Platz eins in die Billboard-Charts einstieg. Trotz anfänglicher Kritik, die das Album als exakte Kopie von *Chronic* abstempelte, verkaufte es sich in den folgenden Jahren rund siebenmillionenmal. Die Probleme wurden nach dem erfolgreichen Album nicht weniger. Auf einer Englandtour 1994 machte sich ein Tory-Minister im Verein mit der britischen Boulevard-Presse persönlich dafür stark, den Rapper des Landes zu verweisen. Dieser reagierte mit dem bitterbösen Video zum Song *Murder Was The Case*. Fortlaufende gerichtliche Auseinandersetzungen sorgten dafür, daß die Nachfolge-LP *Tha Doggfather* (1996) drei Jahre auf sich warten ließ. Das Album «wirkte völlig ungezwungen, verbreitete richtig gute Vibes, klang streckenweise wie ein Hörspiel»

(‹Visions›) und blieb mit immerhin noch zwei Millionen verkauften Kopien dennoch weit hinter allen Erwartungen zurück. Der Grund lag im allgemeinen Rückgang des Interesses am Gangsta Rap. Snoop zog Konsequenzen und näherte sich dem Rock-Lager an. 1997 ging er mit dem Lollapalooza-Festival auf Tournee und strich das Wort Doggy aus seinem Logo. 1998 erschien sein drittes Album *Da Game Is To Be Sold Not To Be Told*, doch der einstige Biß war dahin. ‹Intro›: «Dieser fettgefressene Dogg wird mit Leichtigkeit von all den jüngeren Rap-Kats auf die höchsten Baumwipfel von L. A. gejagt.» Kurz hintereinander veröffentlichte Snoop Dogg die Alben *Top Dogg* (1999) und *The Last Meal* (2000), die ‹Visions› nur noch als «fade Hip Hop-Henkersmahlzeit» empfand.

LPs auf Death Row: *Doggystyle* (1993); *Tha Doggfather* (1996) … auf No Limit: *Da Game Is To Be Sold Not To Be Told* (1998) … auf Priority: *Top Dogg* (1999); *Tha Last Meal* (2000)

Sonic Youth fanden sich 1981 in Manhattan zusammen, «als der Gott der Coolness eine Rotte kellerasseliger Punk-Musiker und Künstler auflas, sie beim Kragen packte, voller Wucht mit New York kollidieren ließ und sie ganz lässig auf ihren acht Turnschuhfüßen landeten» (‹New Musical Express›): Thurston Moore (g, voc), geboren am 25. Juli 1958 in Coral Gables, Florida, seine Frau Kim Gordon (bg, voc), geboren am 28. April 1953 in Rochester, New York, Lee Ranaldo (g, voc), geboren am 3. Februar 1956 in Glen Core, New York, Richard Edson (dr), später ersetzt durch Bob Bert und (ab 1986) Steve Shelley, geboren am 23. Juni 1963 in Midland, Michigan. Die «Könige des amerikanischen Independent-Underground seit der Mitte der achtziger Jahre» (‹Rolling Stone›) tobten sich aus an Geschichten von Gewalt und Extremismus und gingen als Maschinisten der White Noise-Krach-Ästhetik «so weit, wie man nur im Gitarrendröhnbereich gehen kann» (‹Time Out›). Moore, Gordon und Ranaldo hatten sich 1979 bei Workshops des New Yorker Avantgarde-Komponisten Glenn Branca getroffen, der unter anderem Sinfonien für neun extrem verstärkte und verzerrte elektrische Gitarren schrieb und die lautesten Sounds im Genre produzieren ließ. Als Sonic Youth gaben sie ihren Songs die nervös überzüchtete Spannung eines Alptraums, der nicht weichen will, und «die Form eines mysteriösen Mordfalls, bei dem allerdings die Rätsel keine Lösungen finden, sondern die Lösungen zu Rätseln werden» (‹Village Voice›). So inszenierten sie ihren Repertoire-Klassiker *Expressway To Yr Skull* wie einen morbid derangierten Beach Boys-Song und demontierten bei ihrem Beinahe-Konzeptalbum *Bad Moon Rising* (1985) die damals aufkommende 60er-Jahre-Nostalgie mit Erinnerungen an den Ritualmörder Charles Manson und die militaristischen Abenteuer der USA in Südostasien. Allmählich ging die «Troublegum-Band» (‹NME›) vom extremen Gebrauch der Rückkoppelungen, Interferenzmuster und chaotischen Improvisationen zu festeren Songstrukturen über. Fortan lebte die Musik der Sonic Youth «aus dem Spannungsverhältnis zwischen Punk-Noise und Pop-Melodie. Die schillernde Vieldeutigkeit, die Konflikte und Reibungen, die natürlicherweise in der Kollision solcher konträren Stile liegen, machen die Essenz dieser Band aus» (Kritiker Robert Palmer). Ein abnormes Interesse an den Amouren und Affären des Popstars Madonna Ciccone brachte das Quartett dazu, 1988 als Ciccone Youth *The Whitey*-Album mit überdrehten Coverversionen und Klangexperimenten herauszubringen, nachdem Sonic Youth bereits 1986 den später abgehalfterten Madonna-Mann in *The Crucifixion Of Sean Penn (Madonna, Sean And Me)* in makabrer Anteilnahme märtyrerhaft verklärt hatten. Auf *Goo* (1990), der ersten Veröffentlichung beim Major-Label Geffen, gab es konzisere Kompositionen und auch einen Gastauftritt des Rappers Chuck D, vor allem aber schleuderte die Band «ihren kühlen Kunst-Punk-Kommentar in das Gesicht des Indie-Mainstream» (‹Mojo›). Im Song *Tunic (Song For Karen)* gedachte Sonic Youth der an Magersucht gestorbenen Schlagersängerin Karen Carpenter (Carpenters). Das Requiem «für das blitzsauberste aller amerikanischen Showgeschöpfe» passe so recht zum Ruf der schrägen Combo, so ‹Der Spiegel›. Das Blatt definierte die Kunstauffassung von Sonic Youth als eine «Art Jäger-und-Sammler-Ethos der abgeklärten Sorte, die Erweiterung des Zitate-Pop auf

musikferne Lebensbereiche». Der Gefahr eines «Durchbruchs zum Mainstream», den ‹Q› dem aufwendig von Butch Vig produzierten, aber eher nach Pflichtübung klingenden Album *Dirty* (1992) attestierte, entzog sich die Band mit dem chaotisch-genialen Tournee-Video *1991 – The Year Punk Broke* (1992), in dem Gitarrist Thurston Moore einen makabren Toast auf die Plattenfirma ausbrachte: «Destroy Your Record Company!» Bis zur Veröffentlichung des Albums *Experimental Jet Set, Trash And No Star* (1994), laut ‹Rolling Stone› eine Collage aus «gebremstem Krach, sphärischen Splittern, Melodienbrüchen, Maschinenrattern, Country, Popsongs wie Intros und Rückkopplungen als letztes Aufbäumen», tummelten sich die Protagonisten in rockfernen Lebensbereichen. Gitarrist Ranaldo dichtete und filmte, Moore und Bassistin Gordon wurden Eltern einer Tochter, Drummer Shelley gründete das Label Smells Like Records. Moore und Ranaldo experimentierten überdies mit Free Jazz. *Experimental Jet Set* zu etikettieren taten sich die Rock-Beschreiber schwer. ‹Der Musikmarkt› wartete mit dem Paradoxon «Quiet Noise» auf: Ruhiger Krach. ‹Q› stotterte: «Post-Punk, Pre-Grunge American Rock». Moore kam ihnen zu Hilfe: «Wir respektieren die Rock-Tradition, nur gehen wir nicht dorthin zurück.» *A Thousand Leaves* (1998) enthielt erste Kostproben dieser lärmenden Unbeugsamkeit, ging – so ‹Musikexpress› – «den vier New Yorkern» mit einigen Songs doch «wirklich jede Konsensfähigkeit ab». Das war aber nicht alles, was Sonic Youth zu bieten hatten, *A Thousand Leaves* war gewissermaßen die Sonic Youth-Platte für das Rock-Publikum. Was sie diesem nicht zumuten wollten, veröffentlichten sie 1998 auf ihrem im Jahr zuvor gegründeten eigenen Label: *Anagram* etwa oder *Slaapkamers Met Slagroom*. Die häufig ausschließlich instrumentalen Improvisationen auf diesen Alben zwischen Feedback und elektronischen Geräuschen waren Reminiszenzen an ihren Lehrmeister Branca. ‹Musikexpress›: «Klar, das alles ist harter Stoff.» Aber gelegentlich kommt dem Hörer die Vorsehung zu Hilfe. 1999 wurde der Band auf einer US-Tournee das gesamte Equipment entwendet. Lee Ranaldo: «Der Diebstahl zwang uns, in eine musikalische Richtung zu gehen, die wir wahrscheinlich sonst nicht eingeschlagen hätten.» Für das Doppelalbum *Goodbye 20th Century* (2000) auf dem eigenen Label spielten Ranaldo, Moore, Gordon und Shelley auf ihre Weise Werke der E-Musik-Avantgarde ein: John Cage, Steve Reich, Christian Wolff, Nicolas Slonimsky, aber auch Yoko Ono. Deren *Voice Peace For Soprano*, gesungen von Coco Gordon Moore, dauerte zwölf Sekunden, *Four6* von John Cage 30 Minuten, Cages Spätwerk *Six* aus dem Jahr 1991 wurde in zwei unterschiedlichen Versionen dargeboten. Ranaldo: «Von nun an war klar, daß diese Musik eine Seite von uns war, die wir nicht mehr zu verbergen brauchten.» Mit dem gleichen «Gestus des Aufbegehrens», mit dem Sonic Youth und ihr in Chicagos vielstimmiger Avantgardeszene verwurzelter Producer Jim O'Rourke diese E-Musik realisierten, fingen sie auch das Album *NYC Ghosts & Flowers* (2000) für den Geschäftspartner Geffen an. Ranaldo: «Darin ist unsere Beschäftigung mit den Komponisten der neuen Klassik deutlich hörbar. Die Stücke sind sehr linear, nichts wiederholt sich. Jeder Teil leitet in den nächsten über.» Statt nach der klassischen Songform AABACA habe man diesmal nach dem Modell ABCDEFG komponiert: «Mit Ausnahme des zweiten Stückes ist nichts auf der Platte, das wir einen Rock 'n' Roll-Song nennen könnten.» Eigen- und Nebengeräusche des klassischen Rock-Instrumentariums stünden im Mittelpunkt, analysierten die Musikologen Jens Balzer und Wolfgang Fuhrmann und zählten auf: «Glockenähnliche Sounds, die man erhält, wenn die Saiten hinter dem Steg oder am Sattel gezupft werden; Verzerrungen, die durch unsauberes Greifen und die Übersteuerung des Gitarrenverstärkers entstehen; die Vielfalt an Feedback-Variationen, die sich je nach Einstellung der Klangwiedergabe, Entfernung des Musikers zum Verstärker, Neigungswinkel des Instrumentes, Kabelbeschaffenheit oder allgemeiner Luftfeuchtigkeit bei der Aufnahme ergeben.» Mit anderen Worten: Es wurde wieder gepingelt, geschrillt, gezwitschert und gefiept. Alles in allem jedoch, bemerkte der ‹Musikmarkt›, sei die CD «für Sonic Youth-Verhältnisse sehr mellow», und der ‹Musikexpress› tröstete: «Bei weitem versöhnlicher als die Werke der achtziger und frühen neunziger Jahre.» Frage an Lee Ranaldo:

Kein Bock mehr auf Rock? – Antwort im Juli 2000: «Wir sind sehr an Rockmusik interessiert, bloß machen wir zur Zeit keine.»

LPs auf Neutral: *Sonic Youth EP* (1982) ... auf Zensor: *Confusion Is Sex* (1983); *Kill Yr Idols* (1983) ... Ecstatic Peace: *Sonic Death: Sonic Youth Live* (1984) ... auf Homestead: *Bad Moon Rising* (1985); *Death Valley 69* (1986) ... auf SST: *Evol* (1986); *Sister* (1987); *Master Dik* (1988) ... auf Blast First/Enigma: *Daydream Nation* (1988) ... auf DGC/Geffen: *Goo* (1990); *Dirty* (1992); *Experimental Jet Set, Trash And No Star* (1994); *Washing Machine* (1995); *A Thousand Leaves* (1998) ... auf Rhino: *Made In USA* (1995; Soundtrack) ... auf Sonic Youth Records: *Anagram* (1998); *Slaapkamers Met Slagroom* (1998); *Goodbye 20th* Century (2000) ... auf Geffen: *NYC Ghosts & Flowers* (2000) ... LP Sonic Youth mit Jim O' Rourke auf Sonic Youth Records: *Invito Al Cielo* (1998) ... LP Ciccone Youth auf Blast First: *The Whitey Album* (1988) ... Solo-LP Thurston Moore auf DGC/Geffen: *Psychic Hearts* (1995)

Soul Coughing, 1993 in New York gegründet, begannen als eine von unzähligen Gelegenheitsbands, die Mitte der Neunziger ohne die geringste Aussicht auf rudimentären kommerziellen Erfolg aus dem brodelnden Hexenkessel der Lower Eastside hervorgingen. Doch gerade die aus dieser Perspektive resultierende, mit songschreiberischem Fingerspitzengefühl und spielerischem Können verbundene Nonchalance führte die Gruppe zum Erfolg. «Sie sind weder Green Day noch Snoop Doggy Dogg, sie sind weder M-People noch Sonic Youth, und doch vereinen sie einiges von den Eigenschaften all dieser Bands, ohne sich irgendwo anzubiedern oder niederzulassen» (‹Diabolo›). M. Doughty (voc, g), als Michael Doughty am 10. Juni 1970 in Fort Knox geboren, Mark de Gli Antoni (kb, samplings), geboren am 20. Juni 1962 in San Francisco, Yuval Gabay (dr, perc), geboren am 3. Juni 1963 in Jerusalem, und Sebastian Steinberg (bg), geboren am 20. Februar 1959 in New York, waren in unterschiedliche Aktivitäten und Formationen involviert, bevor sie im April 1993 in dem New Yorker Avantgarde-Club Knitting Factory vor genau drei Zuschauern, von denen zwei auf der Gästeliste standen, ihr erstes gemeinsames Konzert gaben. Der ehemalige Folksinger Doughty verdingte sich nach seinem Eintreffen in New York zuerst als Eiscreme-Fahrer und arbeitete später als Türsteher in der Knitting Factory, wo er auch die anderen Musiker kennenlernte. De Gli Antoni gehörte zu Rough Assemblage, einem Zirkel junger Komponisten zeitgenössischer Klassik, Gabay war Mitglied der Techno Jazz-Band Bosho, und Steinberg hatte Erfahrungen mit John Zorn, Marc Ribot und anderen Avantgardisten gesammelt. Ein erstes, nie erschienenes, aber in späteren Jahren viel Verwirrung stiftendes Album war unter dem Titel *Double M.* jahrelang auf der Website von Knitting Factory Records angekündigt. Die Band debütierte mit *Ruby Vroom* (1994) auf Slash. Der mit geradezu ignorant anmutender Teilnahmslosigkeit vorgetragene Text des Openers *Is Chicago, Is Not Chicago* verschaffte der kauzigen Mischung aus «kehlig geknarzten Blues-Klagen» (‹Rolling Stone›), jazzigen Beats, hypnotischen Dance Grooves und gewagten Samplings ein unerwartetes Echo. «Einmal ertönt Musik, die fordert, eigene Visionen verfolgt und die Handschrift der neunziger Jahre trägt. Zum anderen sind experimentelle und konträre Bestandteile dermaßen liebevoll und geschickt verflochten, daß ein Unikat ohne stilistische Parallelen entstehen konnte» (‹Tip›). «Die Detailtreue, das Füllen jeder Lücke mit Gesprächsfetzen, Orchestersamples oder vorbeifahrenden Autos» (‹Intro›) dokumentierte einen ausgeprägten Sinn für das Machbare, der sich auf dem zweiten Album *Irresistable Bliss* (1996) fortsetzte. Die Band ging mit jedem einzelnen Element weiter ins Extrem, wahrte aber die Balance der Bestandteile. Der Hip Hop-Aspekt wurde zugunsten einer stärkeren Betonung des Rock-Backgrounds Doughtys in den Hintergrund gerückt. Dem minimalistischen Sound haftete ein Flair von gewissenhafter Studio-Tüftelei an. In denselben Sessions wie das Album entstanden auch Beiträge zu den Soundtracks von *Akte X* und *Blue In The Face.* Live setzten Soul Coughing ihre Studioproduktionen mit erstaunlicher Präzision um, verstärkte jedoch den Druck. «Sie werfen mit Samplings um sich, daß man zuweilen in Deckung gehen muß, improvisieren wie die Teufel und kehren immer wieder vergnügt zu den roten Fäden ihrer Songs

zurück» (‹Visions›). Das dritte Album *El Oso* (1998) klang wie eine Kombination der ersten beiden und wartete trotz eines Mangels an überraschenden Momenten mit eingängigen Songs auf. «Zum drittenmal hintereinander ein nahezu identisches Album veröffentlichen darf man eigentlich nur, wenn das Ergebnis immer noch frisch klingt, wenn man einen eigenen Stil entwickelt hat und nicht nur ein Abziehbild von anderen Künstlern abliefert. Soul Coughing erfüllt diese Anforderungen mit einer wilden Mischung aus Hip Hop, Jazz, Alternative-Rock und einer fetten Portion Pop-Appeal» (‹WOM Journal›). Sie traten als Headliner auf diversen Festivals auf, hatten aber begriffen, daß sie dem bereits Gesagten im Band-Kontext nichts mehr hinzufügen konnten. In einer in gegenseitigem Einvernehmen verfaßten Erklärung auf der Webpage wurde die Auflösung avisiert: «Das markiert kein Ende, sondern einen neuen Anfang für alle Beteiligten.» M. Doughty nahm seine Solo-Karriere wieder auf, de Gli Antoni widmete sich vor allem der Komposition von Soundtracks, Steinberg und Gabay traten als Drum ’n’ Bass-Duo unter dem Namen UV Ray auf.

LPs auf Slash: *Ruby Vroom* (1994); *Irresistible Bliss* (1996); *El Oso* (1998) ... LP Mark de Gli Antoni mit Rough Assemblage auf Avant: *Construction And Demolition* (1995) ... LP de Gli Antoni auf Tzadik: *Horse Tricks* (1999) ... LP Yuval Gabay mit Bosho auf Atonal: *Chop Socky* (1991)

Soul II Soul war die «Musikmaschine» (‹Billboard›) eines Londoner «Netzwerks von Aktivitäten, das schwarze Musik, Kultur, Mode und Lifestyle zusammenschweißt» (Chef-Initiator Jazzie B, bürgerlich: Beresford Romeo, geboren am 26. Januar 1963 in London). Nach dem Motto «A happy face a thumping bass for a loving race» bot der Soul II Soul-Clan auf seinem ersten Album einen sinnlichen afro-karibischen Mix von Hip Hop und House Music, reich an schwelgerischem Soulgesang, geladen mit harten Drum-Sounds, großorchestralen Schwellklängen und dröhnenden Reggae-Baßlinien. Jazzie B, der Sohn westindischer Immigranten, hatte bereits mit 14 seine erste Band Jah Rico formiert, bevor er sein Organisationstalent entdeckte und als

Discjockey wie Impresario der alternativen Amüsierszene Londons Impulse zu geben begann. Mit einer Rotte inspirierter Freunde wie Nellee Hooper, Nicolai Bean, Daddae baute er ein Mini-Imperium aus Klamotten-Shops auf, in denen selbstentworfene T-Shirts, Jogging-Anzüge, Lederjacken, Regenschirme, Amulette und Afro-Schmuckstücke feilgeboten wurden, weiter gehörten ein Musikcomputer-Vertrieb, ein Party-Management und eigene Tanz-Clubs dazu. Dabei kombinierten Mercedes-Fahrer Jazzie und seine Freunde «die äußeren Kennzeichen geschäftlichen Erfolges mit dem afro-karibischen Dreadlock-Stil einer starken schwarzen Identität» und «überbrückten die Kluft zwischen Straßenjunge und Yuppie, ohne durch irgendwelche Konzessionen dem Klischee eines Aufsteigers zu verfallen» (‹The Face›). Mit dieser merkantil orientierten Vision einer multirassischen Gesellschaft gaben sie «dem schwarzen Großbritannien ein neues Gesicht» (‹Spin›), mußten sich allerdings auch Vorwürfe des Thatcherismus gefallen lassen. Jazzie B («Wir sind vor allem ein Business und keine politische Bewegung») sah sich mißverstanden: «Jeder sollte die Freiheit besitzen, einen schönen Mercedes zu fahren, satanische Verse zu schreiben oder Julio Iglesias zu samplen. Warum soll (Virgin-Plattenboss) Richard Branson ein Held und ich ein Verräter sein? Darf ein Schwarzer denn partout keine Dollars machen?» Schon vor der Veröffentlichung der LP *Club Classics Volume One* (1989) hatte die Single *Keep On Movin'* die Gruppe nicht nur landesweit bekannt gemacht. Sängerin Caron Wheeler zog mit ihrer Stimme auch die aus der LP ausgekoppelte Single *Back To Life (However Do You Want Me)* beiderseits des Atlantik in die Charts. 1990 schlug sie eine nicht minder erfolgreiche Solokarriere ein. Als Soundtüftler halfen Jazzie B und Hooper Fine Young Cannibals, Neneh Cherry und lieferten 1991 mit dem Arrangement des Prince-Songs *Nothing Compares To You* für Sinéad O'Connor ihr vorläufiges Meisterstück. Der Mühe Lohn: Brit Awards, American Awards, Grammies, ‹Rolling Stone›-Ehrung. Ihr Sammelsurium-Imperium bauten die Musiker zielstrebig um eine Video- und Schallplattenabteilung sowie eine Talentagentur weiter aus. Für ihre zweite Platte engagierten sie Saxophon-Altmeister Courtney Pine und nahmen junge Talente wie Hip Hop-Musiker Fab 5 Freddie sowie die Sängerinnen Kym Mazelle und Razette neben einer Vielzahl von weiteren Musikern hinzu. Die «patentierte Formel» (‹Q›) ging wieder auf: *Volume II: 1990 A New Decade* (1990) stieg innerhalb kürzester Zeit auf Platz eins der britischen Charts und konnte sich auch in den USA behaupten. Eine begonnene US-Tournee im selben Jahr konnte Soul II Soul nicht zu Ende führen: Jazzie B wurde bei einem Autounfall schwer verletzt. Wieder genesen, gründete er 1991 das lange geplante Label Funki Dred. Währenddessen hatte Hooper Massive Attacks LP *Unfinished Sympathy* produziert. Mit ihrer dritten eigenen Produktion setzte sich der Trend fort, in Europa erfolgreicher zu sein als in den USA: *Volume III – Just Right* enterte in Großbritannien mühelos die Top Ten, in den USA lediglich die Top 100. Ehrung aus den USA kam von anderer Seite: James Brown engagierte Jazzie B für seine Platte *Universal James*. Die jungen Soul-Verwerter aus Großbritannien waren anerkannte Partner für die Soul-Stars der USA geworden. Dafür lief Jazzie B mit seiner eigenen Musik den Trends bald orientierungslos hinterher. *Time For Change* (1997) liebäugelte mit Soul, Drum 'n' Bass, Reggae, setzte aber den Titel der CD nicht in die Tat um.

LPs auf 10 / Virgin: *Club Classics Volume One* (1989); *Volume II: 1990 A New Decade* (1990); *Volume III – Just Right* (1992); *Volume IV – The Classic Singles '88 – '93* (1993); *Volume V – Believe* (1995) … auf Island: *Time For Change* (1997)

Sparks brachen 1974 mit der Hit-Single *This Town Ain't Big Enough For Both Of Us* von London aus auf den internationalen Plattenmarkt durch, nachdem ihnen von Kalifornien aus kein Echo beschieden war: zwei musik- und modebewußte Brüder mit extrem gegensätzlichem Look. Ron Mael (kb), bürgerlich: J. Ronald Day, am 12. August 1948 in Culver City, Kalifornien, geboren, trat mit Schnauzbärtchen und Kurzhaar wie ein melancholischer Pop-Chaplin in Hitler-Maske auf. Russell Mael (voc), bürgerlich: Dwight Russell Day, am 5. Oktober 1953 in Santa Monica, Kalifornien, geboren, huschte wie ein attraktiv verjüngter Tiny Tim mit langen Locken und Sex-Appeal über die Bühne und sang wie Tiny Tim auch Falsetto-Sopran. Ihre kunstvoll ausgearbeiteten Songs, harmonisch oft verschroben und melodisch zumeist verquer, wirkten unorganisch, konstruiert und verfehlten dennoch nicht ihre Wirkung. Die Texte steckten voll Platitüden der Art, ein Amateur-Violinist könne nicht gleich ein Menuhin sein (*Amateur Hour*), ihre Message blieb durch die manieristische Interpretation jedoch vielfach unverständlich – «als würde The Sadistic Mika Band aus Japan Rolling Stones-Songs auf französisch vortragen» (Ingeborg Schober). Die Mael-Brüder kamen als Modelle für Teenagermode erstmals mit den Medien in Berührung, besuchten die Filmklasse an der UCLA in Los Angeles und gründeten schließlich, «um kommerziell voranzukommen», die Rockband Halfnelsons. Ihre erste, von Todd Rundgren produzierte und auf dem Bearsville-Label ihres neuen Managers Albert Grossman veröffentlichte LP zündete nicht, trotz der mittelmäßig akzeptierten Single *Wondergirl*. Daraufhin taufte Grossman die Gruppe in Sparks um, steckte die LP in ein anderes Cover und schob ein zweites Album nach – wieder ohne das erwartete große Inkasso. Erst der dritte Anlauf glückte – ohne Grossman auf dem Londoner Island-Label mit den englischen Begleitmusikern Adrian Fisher (g), Martin Gordon (bg), Sir Peter Oxendale (org), Dinky Diamond (dr). Im Sommer 1974 wurden die neuen Sparks im ‹Melody Maker›-Poll als hoffnungsvollste internationale Band ermittelt und ihre Single *This Town …* als eine der besten kleinen Platten des Jahres ausgezeichnet. Auf der Bühne erwies sich jedoch schnell, daß der stets nach dem gleichen Schema ausgetüftelte Sparks-Stil, dem die englischen Rock-Chronisten Hardy & Laing immerhin «einen feinen Sinn für das Theatralische» bescheinigten, für ein volles Konzertprogramm kaum trug. ‹Melody Maker›: «Was auf den Platten ein kleines Meisterwerk voll Witz und Einfallsreichtum zu sein schien, stellte sich bei Live-Darbietungen als ein blecherner Kabarett-Akt heraus, als ein bis zum Extrem ausgewalzter Gimmick.» Als Stammbesetzung hatten sich inzwischen Trevor White (g), Jan Hampton (bg) und Dinky Diamond (dr) bewährt. Sie verhalfen

den Sparks zu vier weiteren Single-Hits, ihre LPs wirkten unausgeglichen. Bei nachlassendem Erfolg kehrten die Mael-Brüder nach Kalifornien zurück, um sich 1977 im Auftrag ihrer neuen Plattenfirma Virgin vorübergehend in München niederzulassen. Dort legte der Produzent Giorgio Moroder ihre charakteristischen Synthiesounds über einen modischen Disco-Beat und verhalf ihnen mit Singles wie *The Number One Song In Heaven* und *Beat The Clock* wieder zu einigem Charts-Erfolg. Das Album *Terminal Jive* (1980), von Moroders Protegé Harold Faltermeyer produziert, wurde in den USA nicht veröffentlicht, war aber in Frankreich ein Disco-Hit. Mit ihren ersten LP-Produktionen der achtziger Jahre, *Whomp That Sucker* (1981), *Angst In My Pants* (1982), *Sparks In Outer Space* (1983); *Pulling Rabbits Out Of A Hat* (1984), kehrten die Sparks zu ihrem Ausgangsstil zurück. Das Album *Music That You Can Dance To* (1986) erkannte der ‹Musikexpress› als ein «pastorales Disco-Meisterwerk», aber es verkaufte sich schlecht. In jenen Jahren pendelten die Maels zwischen Belgien und Kalifornien, entschieden sich angesichts zu geringer Erfolge und zu hoher Kosten schließlich wieder für Los Angeles. Dort werkelten sie im Heimstudio 1988 für ihr eigenes Label Fine Art *Interior Design*, in dem sich kaum ein Fan einrichten wollte, und hielten sich mit Film- und Fernsehmusik über Wasser. Von der Szene waren sie verschwunden, wurden von der nachfolgenden Generation der Elektro-Rocker bereits als Kultmusiker gefeiert. 1994 schien die Zeit reif für ein Comeback. In London veröffentlichten sie mit einem bombastischen Konzert *Gratuitous Sax & Senseless Violins* (1994) mit dem ganzen alten Unsinn, der plötzlich wieder en vogue war. Angesichts von Mael-Titeln wie *When I Kiss You I Hear Charlie Parker Playing* oder *When Do I Get To Sing «My Way»* registrierte der ‹Stern› eine «Renaissance des Operetten-Pop». «My Way» etablierte sich auf Platz 40 der britischen Charts. Derart im Aufwind, legten die «Marx Brothers des Pop» (‹Musikexpress›) 1997 noch einen Zahn zu. Sie gaben dem T. Rex-Arrangeur und Kultproduzenten Tony Visconti ein Tribute-Album für sich selbst in Auftrag. Dessen Arrangements der Sparks-Oldies, die er von aktuellen Charts-Abonnenten einspielen lassen wollte, gerieten so «schräg, eigenartig und mysteriös» (‹Zitty›), daß sie die Maels lieber gleich selbst aufnahmen. Titel des originellen Selbstplagiats: *Plagiarism* (1997). Übereinstimmend lobte die Pop-Presse das Werk. ‹Musikexpress›: «Allenthalben fährt der Techno-Groove ins Tanzbein, trifft Humptata-Herrlichkeit auf avantgardistische Rummelplatz-melodien, klingt's, als hätte man sich von den Leningrad Cowboys den Chor der Roten Armee ausgeliehen ... oder als würde Russell Mael mit den Pet Shop Boys Opernarien trällern. Kurzum: Auf *Plagiarism* glotzt der nackte Wahnsinn aus allen Ecken.» Doch, als habe sich das Blatt mit dieser Superlativ-Kaskade zu weit aus dem Fenster gelehnt, ging der Rezensent am Schluß mit einer Frage wieder auf Distanz: «Welche Halbwertszeit haben eigentlich Witze?» Beim «wilden Zick-zackkurs» (‹Der Spiegel›) ihrer dreißigjährigen Karriere mit spektakulären kommerziellen Ups und Downs bei kaum verändertem stilistischem Ansatz waren sich die Maels der Verderblichkeit ihrer Ware und ihrer Abhängigkeit vom Zeitgeist wohl bewußt. Dummerweise, so Russell Mael im Herbst 2000, sei dies «die anstrengendste Art von Karriere, die man sich denken kann: Auf Dauer sind wir für ein Massenpublikum wohl einfach zu kompliziert.» Da war ihr 18. Album *Balls* schon ein paar Wochen auf dem Markt, lau rezensiert, schlecht verkauft. «Die vordergründige Dark-Room-Erotik des Titelsongs und von *Bullet Train* sowie das klagsame *More Than A Sex Machine* lassen die Sparks wie Igel erscheinen, die dem *Nightlife*-Album der Pet Shop Boy-Hasen zwanghaft hinterherhecheln» (Jörg-Peter Klotz im deutschen ‹Rolling Stone›). Ingeborg Schober, die Doyenne unter den deutschen Pop-Journalisten, sah das in der ‹Süddeutschen Zeitung› nicht ganz so verbissen: «Am besten sind die Sparks immer, wenn sie Popkultur ironisieren und *The Angels* fliegen lassen. Bei diesem 50er-Jahre-Schieber unter der Glitzerkugel werden Tanzstundenerin-nerungen wach.»

LPs auf Bearsville: *Sparks* (1971); *A Woofer In Tweeter's Clothing* (1972) ... auf Island: *Kimono My House* (1974); *Propaganda* (1974); *Indiscreet* (1975); *Big Beat* (1976) ... auf Epic: *Introducing Sparks* (1977) ... auf Oasis: *No. 1 in Heaven* (1979); *Terminal Jive* (1980); *Whomp That Sucker* (1981);

Angst In My Pants (1982) ... auf Atlantic: *In Outer Space* (1983); *Pulling Rabbits Out Of A Hat* (1984) ... auf MCA: *Music That You Can Dance To* (1986) ... auf Rhino: *Interior Design* (1988); *Profile: The Ultimate Sparks Collection* (1991) ... auf Logic: *Gratuitous Sax & Senseless Violins* (1994) ... auf Roadrunner: *Plagiarism* (1997) ... auf Strange Ways/Indigo: *Balls* (2000)

Spears, Britney (voc), am 2. Dezember 1981 in Kentwood, Louisiana, etwa eine Autostunde nördlich von New Orleans, geboren, war zur Jahrtausendwende die «Queen of Teenage Pop» (‹New York Times›), «Sexphantasie und dufter Kumpel in einem, Pin-up und braves Mädchen, das man auch heiraten kann, später» (Pop-Professor Diedrich Diederichsen), oder auch «ein fix und fertig gestyltes Fließbandprodukt, dem das Kunststück gelang, ihre Debütsingle sowie das dazugehörige Album sofort nach der Veröffentlichung gleichzeitig an die Spitze der internationalen Hitparaden zu hieven» (‹Rolling Stone›). Von ihren beiden CDs *Baby One More Time* (1999) und *Oops! ... I Did It Again* (2000) wurden innerhalb eines Jahres weltweit rund 20 Millionen Exemplare abgesetzt. Für ihre Welttournee 2000, allein in Europa 32 ausverkaufte Hallen mit einer durchschnittlichen Kapazität von 12 000 Plätzen bei Eintrittspreisen zwischen 25 und 30 Euro, handelte ihr Manager Johnny Wright eine Umsatzgarantie in zweistelliger Dollar-Millionenhöhe aus. «95 Prozent davon bleiben bei Spears & Co hängen», glaubte das Magazin ‹Focus› zu wissen. Von ihrer ersten verdienten Dollar-Million hatte der Teenager mit 19, selbst inzwischen mit einem Apartment im New Yorker Greenwich Village gesegnet, den Eltern als Dank für frühe Unterstützung schon einmal eine stattliche Tudor-Villa gekauft. Da ihr Vater Jamie, ein Bauunternehmer, über die Woche in Memphis arbeitete, schlief Britney bei ihrer Mutter im Ehebett. Mit vier trat sie zum erstenmal öffentlich in einer Kirche auf, mit sechs gewann sie ihren ersten Talentwettbewerb, Mutter Lynne immer neben ihr. Als Britney neun und Mama Lynne mit ihrem Sohn Jamie Lynne schwanger war, reisten die beiden dessenungeachtet nach New York, um die Aufnahme der Tochter in die Professional Performing Arts

School durchzusetzen. Britney: «Als wir nach New York kamen und die Leute hörten, aus welch einem winzigen Provinznest wir kamen, dachten sie, wir hätten ein Rad ab. Mom fühlte sich dort überhaupt nicht wohl, aber sie glaubte an mich. Wenn ich in derselben Situation wäre, wüßte ich nicht, ob ich das durchstehen würde. Aber das Härteste für sie wäre wohl gewesen, von mir getrennt zu sein und darauf vertrauen zu müssen, daß alles in Ordnung geht.» Etwa in der Hälfte der Zeit war die Mutter im Jahr 2000 auch auf der Welttournee dabei. In der anderen Hälfte verarbeitete sie ihre Erlebnisse mit Britney (ihrer Co-Autorin) für den Roman «A Mother's Gift», von dem der Verlag Delacorte schwor, es sei kein Ghostwriter beteiligt gewesen, nur die beiden Frauen. Nicht die ehrgeizige Mutter – die energische, zielstrebige Tochter war stets die treibende Kraft. Sie war kaum in New York, da stellte sie sich bereits in der TV-Nachwuchssendung ‹Star Search› vor. Mit elf ergatterte sie in Orlando, Florida, eine Rolle als moderierender Sangesknirps in der TV-Serie ‹The New Mickey Mouse Club›, und als diese zwei Jahre später abgesetzt wurde, war sie für ihren ersten Plattenvertrag reif. Den gab ihr die Firma Jive Records in Orlando, auf dem Teen-Markt einschlägig erfahren durch die Backstreet Boys und die Gruppe ’N Sync, deren Mitglied Justin Timberlake wie sie aus der Mickey Mouse-Serie kam und mutmaßlich ihr erster Boyfriend war. Drei ausgebuffte Profis nahmen nun Britneys Karriereplanung in die Hand: 1. der schwarze Manager Johnny Wright mit der brillantgefaßten Plakette WEG (Wright Entertainment Group) an einer massiven Silberkette um den Hals, Ex-Roadie der New Kids On The Block, Ex-Manager der Backstreet Boys und Erfinder von ’N Sync; 2. Jeff Fenster, A & R-Chef von Jive Records in Orlando mit seiner engen Produktionsbeziehung zur Hitfabrik Cheiron der Europop-Produzenten Max Martin und Dennis Pop in Stockholm; 3. Rechtsanwalt Larry Rudolph, der den Plattenvertrag ausfertigte und Britney Spears sogleich auch als persönlich zu betreuende Klientin übernahm. Eric Foster White, der Produzent ihres ersten Albums, der ihr die Flausen ausredete, «ein bißchen wie Sheryl Crow» klingen zu wollen, «bloß jünger», war längst nicht so wichtig wie das Triumvirat, wel-

ches ihr Marketing bestimmte. «Als erstes kam die Britney-Website mit persönlicher E-Mail-Adresse und eigener Hotline-Nummer, die auf einigen hunderttausend Postkarten in Umlauf gebracht wurde,» berichtete Steven Daily in ‹Rolling Stone›: «Im Sommer 1998, ein halbes Jahr vor der Veröffentlichung ihres Albums, trat Britney in 26 amerikanischen Einkaufszentren auf, begleitet von zwei Tänzern und einem ganzen Lastwagen voller Kostüme. Diverse amerikanische Teenie-Zeitschriften fungierten als Hofberichterstatter – mit dem Resultat, daß Britney bereits fleißig Autogramme gab, bevor auch nur ein Ton im Radio zu hören war.» Den ersten Hit lieferte ihr Max Martin, Ex-Sänger der schwedischen Heavy Metal-Band It's Alive, der seit Beginn der Neunziger in seinem Stockholmer Cheiron-Studio Bands wie Ace Of Base, Dr. Alban, aber auch die Backstreet Boys mit Mainstream-Reggae und anderem Charts-Futter versorgte. Martin hatte den Song *Baby One More Time* ursprünglich für die Band TLC geschrieben, deren zweites Album in Skandinavien als ein Meisterwerk galt, deren Karriere aber auf Grund von Rechtsstreitigkeiten vier Jahre lang auf der Stelle trat. In der Version von Britney Spears mit ihrer variablen Kindfrau-Stimme, die gleiche Stimmlage wie Michael Jackson, traf das Lied den Nerv von Pubertierenden beiderlei Geschlechts. «Statt auf Provokation setzt sie mit Kulleraugen-Charme auf cleanen, aber nichtsdestoweniger anregenden Jungfrauen-Appeal zwischen Lolita, Barbarella und Barbiedoll», notierte Claudia Wiegand in ‹Tip›. Aber bereits mit dem Video zu *Baby One More Time* ließ sie, nun ganz sexy young lady mit einem gepiercten Nabel und einem koketten kleinen Tattoo, das Schulmädchen-Image hinter sich. Selbstbewußt sang sie auf ihrem zweiten, ebenfalls extrem erfolgreichen Album: *Oops! … I Did It Again* im Song *What U See (Is What U Get)*: «Now you think I'm wearing too much make-up / And my dress is too tight …» und endete mit der Zeile: «I can't be nobody else and I like the way I am.» Sie wagte sich sogar an die Rolling Stones-Hymne *Satisfaction* mit einem Synthesizer-Arrangement, das verdächtig nach Michael Jacksons *Billie Jean* klang, ließ sich dazu aber einen neuen Text verfassen: «When a girl comes and tells me / How tight my skirt should be / She can't tell me who to be / I've got my own identity.» Das war perfide clever gezielt auf die werbegesteuerten Bedürfnisse der Hilfiger-Generation. Die Identität, die das Lied anpries, sei die eines Konsumenten, kommentierte Jon Pareles in der ‹New York Times›, und die Freiheit, die sie erstrebe, erschöpfe sich darin, sich entweder als Pop-Produkt oder als Lustobjekt zu verkaufen. Pflichtschuldig verdammte die vereinigte Rock-Kritik das trivialisierte *Satisfaction*-Cover als «abgehackt-computerisiertes Desaster, das nun gar nichts von der Leidenschaft des Originals hat» – so, pars pro toto, das Berliner Stadtmagazin ‹Tip›. Britneys Musik analysieren zu wollen sei genauso, befand Barbara Ellen in der Londoner ‹Times›, «als schriebe man eine Restaurantkritik über ein Stück Kaugummi» – um so mehr, als die Sängerin nicht einmal ihr eigenes Material schreibe. Britney Spears verdanke ihren Erfolg nur der Tatsache, «daß sie zwar die Teen Queen spielt – aber mit dem Verstand einer erfahrenen Geschäftsfrau, die weiß, was sie will (Ruhm), und sich wenig darum schert, wie sie es bekommt». Als dieser ‹Times›-Artikel erschien, war Britney 19. Als Madonna so alt war, hatte man schon einmal die gleichen Argumente gehört.

LPs auf Jive: *Baby One More Time* (1999); *Oops! I Did It Again* (2000) … auf BMG: *Britney* (2001)

The Spice Girls, im März 1994 in London zusammengestellt, demonstrierten in der britischen Popmusik wieder mal den Sieg des Körpers über die Seele: «Das Gute an ihnen ist», bemerkte säuerlich Ex-Beatle George Harrison, «daß man sie sich wenigstens ansehen kann, wenn man den Ton wegdreht.» Bis Ende 1997 hatten die fünf quirligen Frauen einen Vertrag über zwei Millionen britische Pfund bei Virgin eingeheimst, vier Singles in ununterbrochener Folge auf Platz eins der britischen Charts plaziert, waren mit ihrem im Juli 1996 veröffentlichten Song *Wannabe* in mehr als dreißig Ländern an der Spitze der Hitparaden gelandet und allein im Jahre 1997 eine jede um geschätzte zehn Millionen Pfund reicher geworden – der wohlfeile Vergleich mit den Beatles konnte da nicht ausbleiben. Geplant hatten das Medienereignis namens

Spice Girls die Musikmanager Chris Herberts und sein Vater Bob, der schon an dem Marketing der Gruppe Bros beteiligt war. «Die ganze Teen Band-Szene zu dieser Zeit wurde von Boygroups bestimmt», erinnerte er sich: «Clones von New Kids On The Block und Take That, für die sich nur das weibliche Publikum interessierte. Wenn man aber eine weibliche Gruppe zusammenstellen könnte, die den Mädchen etwas Aufmüpfigkeit und den Jungens etwas Sex Appeal bieten würde, könnte man das Publikum wenigstens verdoppeln.» Oder vervielfachen: Für die Spice Girls, ursprünglich Touch genannt, dann nur Spice, interessierten sich nicht nur die Kinder, sondern auch die Eltern. Wohlüberlegt hatten die Herberts die Gruppendamen nach Typen ausgewählt: Geri «Ginger» Spice, am 6. August 1972 als Geraldine Halliwell in London geboren, Mel B «Scary» Spice, am 29. Mai 1975 als Melanie Janine Brown in Leeds geboren, Mel C «Sporty» Spice, als Melanie Jayne Chisholm am 12. Januar 1974 in Merseyside geboren, «Posh» Spice, als Victoria Adams am 14. April 1975 in Hertford geboren, und Michelle Stephenson, die allerdings schon im Juli 1994 ausschied. Für Stephenson kam Emmie «Baby» Spice, als Emma Lee Bunton am 21. Januar 1976 in London geboren, ins Geschäft. Eine bunte Mischung: blond, schwarz- und rothaarig, der muntere Kumpeltyp, die zornige Selbstbewußte, die blauäugig Naive, die burschikos Spröde und die intelligent Aussehende. Die fünf Frauen hatten bereits einige Erfahrungen in den Niederungen des Showgeschäfts sammeln können, als Fotomodelle, in Spielshows, als Seite-3-Schönheit. Etwas singen und etwas tanzen konnten einige von ihnen auch. Herberts verordnete dem Quintett eine Klausur, um die eventuell schlummernden Talente zu wecken und zu trainieren. Professionelle Autoren wie Erwin Keiles, John Thirkell, Tim Hawes schneiderten ihnen Songs nach Maß: *Sugar And Spice*, *Melody Of Life* und *Is This Love?* Hawes erkannte, sie seien «im Texten kreativ. Sie haben eine Menge Ideen, aber sie brauchen natürlich auch eine Menge Führung.» Doch kaum hatten die Spice Girls verstanden, worum es Bob und Chris Herberts ging, tauschten sie Vater und Sohn gegen den ausgebufften Simon Fuller aus. Der Manager von Annie Lennox gab wenig auf die Kreativität der

Spice Girls und engagierte weitere Komponisten und Texter: Richard Stanner und Mathew Rowbottom (East 17), Paul Wilson und Andy Watkins sowie Eliot Kennedy. Als im Oktober 1996 die erste LP der Spice Girls erschien, bot die Musik keinerlei Überraschung: Soul-, Funk- und Disco-Elemente waren mit sanftem Rap vermischt, über vokale Unzulänglichkeiten halfen Studioelektronik und ausgeklügelte Gesangsarrangements hinweg. Doch da war *Wannabe* schon ein Hit. Ohne einen einzigen Konzertauftritt halfen die Spice Girls bald alles zu verkaufen: Platten, T-Shirts, Puppen, Sofortbildkameras, Kaffeetassen und das eigene ‹Spice›-Magazin. Die britische Musikpresse, mit Oasis und Blur beschäftigt, überließ das publikumswirksame Quintett Radaublättern wie ‹Sun›, ‹Daily Star›, ‹The Mirror› und ‹The Sport›, die mit Lust in der Vergangenheit der fünf Frauen wühlten. Aber auch das Intelligenzblatt ‹The Spectator› interviewte die Spice Girls und outete sie bei dieser Gelegenheit als Anhänger der Eisernen Lady Margaret Thatcher: «Die Pionierin unserer Ideologie – Girl Power.» Die Musikpresse fühlte sich aber auch nicht zuständig. Zwischen Wonderbras, Girl Power-Nebel und Plateausohlen mochten die Musikjournalisten Mel Chisholm («Music is my first love») nicht recht glauben und fragten die Frauen hinterlistig nach Hendrix, Hawkwind und Captain Beefheart aus – «Captain who?». Ende des Jahres 1997, das den Spice Girls noch vor ihrer ersten Tournee und der Uraufführung ihres Films ‹Spice World› (Regie: Bob Spiers) Verträge mit Pepsi, Sony, Polaroid, Chupa Chupa Sweets eingebracht hatte, glaubten manche Skeptiker den Spice-Riesendampfer schon schlingern zu sehen: Manager Fuller, dem eine Liaison mit Emma Bunton nachgesagt wurde, wurde entlassen, die zweite, mit kaum 39 Minuten Spieldauer kläglich kurz geratene LP *Spice World* verkaufte sich nicht so gut wie erwartet, es kamen Trennungsgerüchte auf. Auf die Frage, ob sie sich vorstellen könne, daß je eines der Spice Girls eine Solo-Karriere einschlagen würde, trumpfte Melanie Brown auf: «Ganz klar», relativierte aber sofort: «Im Moment natürlich nicht. Aber man kann nicht für immer in einer Gruppe bleiben. Manche Dinge müssen sich bewegen.» Im Mai 1998 trat die Truppe in Skandinavien erstmals ohne die unentschuldigt fehlende Ginger auf. «Die Freundschaft unter den Spice Girls wird ewig währen», sprachen die Rest-Girls der beunruhigten Weltöffentlichkeit in die TV-Kameras. Wenige Tage später bewegte sich Geri «Ginger» Spice nach heftigem Streit über ihren Führungsanspruch offiziell aus der Gewürz-Truppe. Über ihren Anwalt ließ sie verlauten: «Es gab Meinungsverschiedenheiten zwischen uns. Ich bin sicher, die Gruppe wird weiterhin erfolgreich sein, ich wünsche ihr das Beste» – und zog sich mit Boyfriend Christian Horsfall in George Michaels Haus in St. Tropez zurück. Das verbliebene Quartett verschanzte sich vor lästigen Reportern in Elton Johns Villa in Nizza und setzte nach einer Erholungspause die Welttournee in Nordamerika fort. Der Name Halliwell alias Ginger kam in den Statements der Rest-vier fortan nicht mehr vor. Fortan beherrschten private Neuigkeiten die Schlagzeilen der Klatsch- und Fan-Presse. Im August: Posh und Scary sind schwanger. Im September: Scary heiratet den Breakdancer Jimmy Gulzar und nennt sich Mel G. Ihre Tochter Phoenix Chi Gulzar kommt im Januar 1999 zur Welt. Im März beglückt Posh ihren Mann David Beckham, Fußballstar bei Manchester United mit rund drei Millionen Pfund Jahresgehalt, mit dem Sohn Brooklyn George. Nach einem Jahr voller Auszeichnungen und Schmähungen – von den ‹Best-Selling Pop Artists of the Year› bei den World Music Awards in Monte Carlo bis zu ‹The Year's Biggest Hype› im Leserpoll des US-‹Rolling Stone› – am 7. Dezember 1998 noch einmal ein großer Auftritt bei der 77. Royal Variety Performance im Londoner Lyceum: Da intonierte Mel C mit Bryan Adams für Prince Charles und den königlichen Hofstaat *When You're Gone*, und die vier Spice Girls zwitscherten *Goodbye*. Sechs Wochen vorher hatte auch Geri Halliwell für Prince Charles geträllert: *Happy Birthday* zu seinem 50. Geburtstag, ebenfalls im Lyceum. Sie hatte im Oktober 1998 einen Solovertrag mit EMI abgeschlossen, plazierte drei Singles an die Spitze der UK-Charts, veröffentlichte im Sommer 2000 die CD *Look At Me* und ein Jahr später *Scream If You Wanna Go Faster*: Absprung geglückt. Auch die anderen Girls gingen solo. Melanie Gulzar (Mel G), geborene Brown (Mel B), wurde von der

US-Hip-Hopperin Missy Elliot für den Film ‹Why Do Fools Fall In Love› zum Duett gebeten und mit dieser Single *I Want You Back* (1999) sogar in den amerikanischen R & B-Charts notiert. Ein Jahr und eine Scheidung später rechnete sie im Song *Tell Me* mit Ex-Ehemann G. ab, er habe nur an ihr Geld gewollt. Das groovende Bekenntnis erschien unter dem Namen Melanie B auf der CD *Hot* (2000), der Albert Koch im ‹Musikexpress› trotz einer illustren Produzentenriege (Sisquo, Missy Elliot, Max Beesley, Freddy Jenkins, Jimmy Jam und Terry Lewis) «in ihren besten Momenten den Spannungsgrad eines Tanzschulenwalzers» zugestand. Melanie Chisholm (Mel C) alias Sporty ließ ihre Debüt-CD *Northern Star* (1999) von Rick Rubin, dem Entdecker der Beastie Boys, produzieren, und sie klang – so Christian Seidl in der ‹Woche› – «nach dem sinistren Sound von Gruppen wie Garbage oder Portishead» – aber nur ein bißchen. Andreas Obst in der ‹FAZ› hörte «ein Dutzend sorgfältig produzierte Popsongs, nicht richtig wild, nicht allzu banal, Hördurchschnittsware». Da wirkte die Pose einer Punk-Lady mit Tattoo, Nietenhalsband und Cowboystiefeln und den Textzeilen «I have gone hardcore» oder «I have become a superbitch» eher peinlich. Londons ‹New Musical Express› bürstete *Northern Star* mit zehn Minuspunkten ab. Emma Bunton alias Baby Spice, an deren Single *Tin Tin Out* (1998) sich schon kaum noch jemand erinnerte, saß mittlerweile zu Hause und sah TV. Erst spät, im Sommer 2001, kam sie zögerlich mit der Solo-CD *A Girl Like Me* heraus – «nett, melodisch, zart besaitet, harmlos und klinisch sauber» (‹Musikexpress›). Die Comeback-Doppelsingle der Spice Girls, *Holler / Let Love Lead The Way* im Herbst 2000 sprang in England – zum neuntenmal in ihrer Karriere – sofort wieder auf Platz eins. Das dazugehörige Album *Forever*, im November 2000 ausgeliefert, klang wie «ein Mischmasch aus Gestohlenem von TLC, Toni Braxton, Destiny's Child» (Barbara Ellen in der Londoner ‹Times›), «als seien vier Frauen ins Studio gekommen, die ihre eigenen Wege gehen und mal eben noch ein gemeinsames Album abliefern mußten» (Linda Kube im ‹WOM Journal›). Im Song *Right Back At Ya* konstatierten die Spices: «We've had a taste of what we can achieve / Now we're coming back for

more.» Barbara Ellen: «Oh, gebt's auf, Ladies. Was immer Pop sein mag, eins ist er jedenfalls nicht: ein Frühstücksbuffet, von dem sich jeder so viel nehmen kann wie reingeht.» Wirklich nicht? Von den Spice Girls wurden bis dahin 38 Millionen Tonträger verkauft.

LPs auf Virgin: *Spice* (1996); *Spice World* (1997); *Forever* (2000) … Solo-LP Melanie C auf Virgin: *Northern Star* (1999) … Solo-LPs Geri Halliwell auf EMI: *Look At Me* (2000); *Scream If You Wanna Go Faster* (2001) … Solo-LP Melanie B auf Virgin: *Hot* (2000) … Solo-LP Emma Bunton auf Virgin: *A Girl Like Me* (2001)

DJ Spooky, als Paul D. Miller am 6. September 1970 in Washington, D.C., geboren, war die Galionsfigur eines Zirkels von Discjockeys, die über das bloße Auflegen von Platten und Scratching hinausgingen und auf dem Weg des Recyclings vorhandener Ressourcen neue Werke schufen. «Warum soll ich einzelne Töne spielen, wenn ich mit einer einzigen Fingerbewegung eine ganze Sinfonie in Gang setzen kann?» Für ‹Harper's Bazaar› war Paul D. Miller «ein Mann, der dem Wort interdisziplinär eine neue Bedeutung verleiht», für ‹Wire› «ein Renaissance-Mann für das neue Millennium», der Ornette Colemans harmolodisches System in die DJ-Ästhetik übersetzte. Im Alter von drei Jahren verlor Miller seinen Vater, einen prominenten Anwalt der Black Panther-Bewegung, der ihm eine gewaltige Platten- und Büchersammlung hinterließ. Um seinen Vater postum kennenzulernen, studierte er akribisch die von ihm gesammelten Platten. Seine Mutter nahm ihn auf Weltreisen mit, die sie unternahm, um Kunsthandwerk für ihren Laden Toast and Strawberry in Washington einzukaufen. Miller begriff, daß er sowohl an der afrikanischen als auch an der amerikanischen Kultur teilhatte und sich bedienen konnte, wo immer er wollte. Ein dritter früher Einfluß war die Szene von Washington, D.C., die von Hardcore über GoGo bis Funk reichte. 1988 begann er in seiner Radio-Show *Dr. Seuss Eclectic Jungle* am Bodwoin College, an dem er Französische Philosophie und Literatur studierte, die Sampling-Basis von Hip Hop-Platten zu erkunden. Daneben lernte er Kontrabaß. Nach seiner Übersiedlung nach New

York Anfang der Neunziger gehörte er neben WE, Sub Dub und Byzar zu einem losen Kreis von DJs und Electronic-Acts, die unter dem Sammelbegriff Illbient versuchten, Brian Enos Ambient-Begriff von einer Sound-Umgebung mit Inhalten zu füllen. Die unter Spookys Beteiligung entstandene Compilation *Incursions In Illbient* (1996) war ein erstes Dokument dieser Bewegung. Er beteiligte sich an diversen Compilations, unter anderen an der stilprägenden *A Storm Of Drones – The Sombient Trilogy* (1995), auf der Künstler verschiedener Genres von Electro und Ambient über frei improvisierte bis Neue Musik versuchten, eine gemeinsame Sprache zu finden, und arbeitete für Musiker wie Arto Lindsay und Bill Laswell. 1996 erschienen mit seinen ersten beiden Alben *Songs Of A Dead Dreamer* und *Necropolis* in kurzer Folge zwei Remix-Collagen, deren Quellen sich nicht in gewohnter Weise zurückverfolgen ließen. «Die Klänge des Stadtlebens (Verkehr, zufällige Stimmen, Polizeisirenen) wurden gesamplet, rekonfiguriert und neu zusammengesetzt über einem klaustrophobischen Untergrund von dubbigen Bässen, Turntable-Scratches und Rhythmen, die von lethargischem Hip Hop bis aggressivem Drum 'n' Bass reichten» (‹CMJ New Music Report›). Die Musik Spookys stieß auf ein sehr geteiltes Echo, «denn sie war das Gegenteil dessen, was Schwarze wie Weiße von Black Music erwarteten» (‹San Francisco Guardian›). Sie war kühl, kalkuliert und obendrein mit essayistischen Liner-Notes versehen, die den Anspruch des Soundkünstlers auf hohem philosophischem Niveau postulierten. «Sein Meta-Dub hatte ebensoviel mit Action Painting zu tun wie mit elektronischer Musik» (‹Village Voice›). Keine Quelle, die in seinen Elaboraten nicht verwertbar gewesen wäre. Es kam stets nur darauf an, den passenden Weg zu finden, um von der sinnlichen Oberfläche in eine subliminale Tiefe zu gelangen. Während ihn ein Kritiker als ‹DJ Stoopit› bezeichnete, war ‹Spooky, the Subliminal Kid›, wie er sich nannte, für die Intellektuellen der New Yorker Downtown-Szene das Ding, auf das sie seit Jahren gewartet zu haben meinten. Sogenannte Soundlabs und Chill Out Lounges schossen aus dem Boden, in denen gigantische Illbient-Parties stattfanden. Spookys Texturen und Strukturen waren so dicht, wie man es von allein aus Fremdquellen generierter Musik noch nie erlebt hatte. «Sein Sound hatte weniger mit Variation und Entwicklung zu tun als mit zufälligen Sequenzen, bei denen jeder Klang in jeden anderen hinüberführt und immer so weiter» (‹Village Voice›). Doch DJ Spooky, der inzwischen im Internet DJ-Lektionen erteilte, gab sich nicht damit zufrieden, auf der Schaumkrone einer neuen Trendwelle zu reiten. Der Cage-Schüler Ben Neill zog ihn zu seinem Album *The Gold Bug* (1997) hinzu, und mit dem griechischen E-Musik-Komponisten Iannis Xenakis nahm er eine auf Live-Manipulationen beruhende Neufassung von dessen 30 Jahre zuvor entstandener Komposition *Kraanerg* auf. Als Paul D. Miller versah er eine Ausstellung visueller Arbeiten mit der als Katalog fungierenden, streng limitierten Doppel-CD *Death In Light Of The Phonograph* (1997) und gab die sich allein aus Drones aufbauende *Viral Sonata* (1998) heraus. Gleichzeitig fertigte er Remixes für Nick Cave, Cibo Matto und Kim Gordons Band Free Kitten an. Den Höhepunkt seiner Tätigkeit als Remixer erreichte er mit der Teilnahme an dem Steve Reich-Album *Reich Remixed* (1999), zu dem er eine Neubearbeitung des Stückes *City Life* beisteuerte. Im Frühjahr 1999 erfolgte ein gemeinsamer Auftritt Spookys mit Reich in Paris, von dem Reich später sagte, er hätte sich nicht wie der Lehrer, sondern wie der Schüler gefühlt. Mit der EP *Synthetic Fury* (1998) nahm Spooky eine stilistische Umorientierung in Richtung Hip Hop, Dub und experimentellem Pop vor und «machte seine abstrakten Kompositionen unmittelbar konkret» (‹Rolling Stone›). Auf der LP *Riddim Warfare* (1999) wandte sich «der Joker des Hip Hop» (‹Boston Phoenix›) gänzlich von den gewohnten Intellektualismen ab und arbeitete «flüssig, intuitiv und unerwartet expressiv» (‹Spin›) mit überschaubaren Songformaten, einfachen Melodien und konventionellen Raps, vorgetragen von Kool Keith, Sir Melelik, Killah Priest und Organized Confusion. Um die Musik des Albums auch live umzusetzen, gründete er die in der Besetzung variierende Universal Robot Band. Zeitgleich startete er nach dem Prinzip der Mailart via Internet eine virtuelle Kollaboration mit dem japanischen Sound-Tüftler Ken Ishi, deren erste Ergebnisse auf Ishis Album *Sleeping Madness* (1999) zu hören waren.

LPs auf Knitting Factory: *Necropolis* (1996) ... auf Asphodel: *Songs Of A Dead Dreamer* (1996); *Death In Light Of The Phonograph* (1996); *Viral Sonata* (1997); *Synthetic Fury* (1998); *Riddim Warfare* (1998) ... auf Bar None: *Subliminal Minded* (2000) ... LP mit Freight Elevator Quartet auf Caipirinha: *File Under Futurism* (2000) ... LP mit Iannis Xenakis auf Asphodel: *Kraanerg* (1997)

Springsteen, Bruce (voc, harm, g, p, mandolin, dr), am 23. September 1949 in Freehold, New Jersey, geboren, war «für seine ergebenen Fans die Verkörperung der romantischen Mythen, über die er schreibt: ein Jedermann aus der Arbeiterklasse, der aussichtslose Liebhaber aus der Großstadt, der Geist des Rock 'n' Roll» (‹Rolling Stone›). Er war «ein Live-Performer der ersten Kategorie, ein hochtalentierter Songschreiber und die charismatischste Persönlichkeit, die seit den frühen Siebzigern aus dem amerikanischen Rock hervorgegangen ist» (Phil Hardy und Dave Laing). Seine Vier- bis Fünf-Stunden-Konzerte in Amerikas größten Arenen grenzten an religiöse Rituale. Er konnte sich von einer meterhohen Bühne ins Publikum fallen lassen und sicher sein, daß er aufgefangen und unversehrt zurückgebracht wurde. Beim Präsidentschaftswahlkampf 1984 reklamierten sowohl Präsident Reagan als auch dessen Opponent Walter Mondale Springsteens Vision eines Amerika voll Hoffnung und Zuversicht für sich, bis sich der Künstler von jederart «blindem Vertrauen» distanzierte. «Man kann mich nicht unter Druck setzen», hatte er schon 1975 gesagt. «Ich weiß sehr wohl, wer ich bin und woher ich komme. Unter Druck kennt man sich selber nicht mehr. Man wird ein Produkt der Unterhaltungsindustrie. Ich will versuchen, meine eigene Perspektive zu behalten. Das kann der Plattenfirma nur nützen, denn ich gebe mein Bestes, und es wird sich erweisen, daß es nur auf diese Weise geht.» Sein Vater jobbte in schlecht bezahlten Berufen – als Fabrikarbeiter, Gefängniswärter, hauptsächlich Lastwagen- und Busfahrer. Er war fasziniert von «Cars, Highways, Driving». «Hier liegt eine Erklärung für die Besessenheit, mit der Springsteen in sehr vielen seiner Songs immer wieder Straßen, Autos und das Fahren an sich zu Metaphern jugendlicher Existenz und Flucht gemacht

hat» (Biograph Teja Schwaner). Nach vergeblichen Versuchen am Schlagzeug besorgte er sich 1963 für 18 Dollar aus dem Leihhaus eine Gitarre. Im Anschluß an eine Schülerband, The Castiles, gründete er mit Vini «Mad Dog» Lopez (dr, voc), «Southside Johnny» Lyon (voc, harm), «Miami» Steve Van Zandt (g, bg) die Gruppen Steel Mill (ursprünglich Child), Dr. Zoom and the Sonic Boom, schließlich die E Street Band. Als deren Kern firmierten jahrelang Clarence Clemons (sax), David Sancious (bis 1974, kb), Steve Van Zandt (bis 1983, g), Danny Federici (org), Roy Bittan (p), Gary Tallent (bg), Max Weinberg (dr). Van Zandt wurde 1984 durch Nils Lofgren ersetzt, 1988 kam Patti Scialfa (g, voc) hinzu. «Bruce», erklärte der Kritiker und spätere Springsteen-Produzent Jon Landau, «hat zwölf Jahre damit verbracht, jede erdenkliche Art von Rock 'n' Roll zu erlernen. Daher kann er aus einem viel größeren Reservoir schöpfen als die meisten anderen Musiker. Er hat seine Wurzeln an der Jersey-Küste, und dorthin haben sich die Talentsucher der Plattenfirmen nie verirrt.» 1972 unterschrieb Springsteen den Jung-Produzenten Mike Appel und Jim Creteros auf einem unbeleuchteten Parkplatz für ihre Firma Laurel Canyon Productions einen langfristigen Management- und Verlagsvertrag, der ihm später massive rechtliche Probleme bringen sollte. Appel garantierte dem Künstler drei Prozent Tantiemen auf fünf LPs und kassierte von Columbia / CBS – bei einem Vertrag über zehn LPs – neun Prozent. Ihr Gesprächspartner bei CBS war der legendäre Talent-Scout John Hammond, der in den dreißiger Jahren die Bluessängerin Bessie Smith wiederentdeckt, die Jazz-Heroine Billie Holiday ins Studio geholt und das Benny Goodman Orchestra in der Carnegie Hall vorgestellt hatte. Anfang der Sechziger war er auch für den CBS-Kontrakt von Bob Dylan verantwortlich. Springsteens erste LP *Greetings from Asbury Park, N.J.* (1973), entgegen seinem Willen in den CBS-Katalogen in der Singer / Songwriter- statt in der Rock-Kategorie, erzielte bei gemischten Kritiken nur eine Auflage von 25 000 Exemplaren. Manche der mit Binnenreimen angereicherten Textzeilen wurden durch eine Überfülle von Bildern erstickt und ergaben keinen Sinn; etwa: «Madman drummers bummers and Indians in the summers with a teenage diplomat …», oder: «Hey bus driver keep the change, bless the children, give them names, don't trust men who walk with canes …». Dennoch war *Asbury Park* gewiß mehr als «eine monumentale Zeitvergeudung» (‹New Musical Expres›). Mit dem Folgealbum *The Wild, The Innocent & The E Street Shuffle* wurde Springsteen seinem wachsenden Ruf als Songautor besser gerecht: knapper im Ausdruck, präzis in den Beobachtungen. Als Poet New Yorker City-Abgründe und der Waterfront-Slums von New Jersey entwarf er in Stücken wie *Incident On 57th Street*, *New York City Serenade*, *Asbury Park Fourth Of July (Sandy)* das Szenarium für eine aktualisierte ‹West Side Story› voller Neon-Alpträume, Abfall-Romantik und Gewalt. Die Situationen und Charaktere seiner Songs, behauptete Springsteen, seien «authentisch und real», bis hin zu den verwendeten Namen. Das erschien glaubhaft, und die Live-Darbietungen wurden immer kompakter. Im Zwiegespräch mit den Saxophonfiguren des schwarzen Hünen Clarence Clemons, geboren am 11. Januar 1942 in Norfolk, Virginia, formte der Sänger schreiend und flüsternd, gestikulierend und tanzend aus dem Rhythm & Blues des Ensembles und seinen Freak-Versen auf der Bühne einen packenden Akt. Im Mai 1974 spielte die E Street Band (so genannt nach der Straße in Belmar, N.J., in der die Mutter des Pianisten Sancious wohnte) drei Nächte im Charley's Club in Cambridge, Massachusetts. Anschließend veröffentlichte der einflußreiche Kritiker Jon Landau, damals 26, Plattenrezensent für ‹Rolling Stone›, im Bostoner ‹Real Paper› den ebenso verführerischen wie fatalen Satz: «Ich habe die Zukunft des Rock 'n' Roll gesehen, ihr Name war Bruce Springsteen.» Die CBS-Promotion stürzte sich darauf, publizierte ihn in ganzseitigen Anzeigen und drängte andere Journalisten, in ähnlichem Sinne zu schreiben. Das Album *Born To Run*, am 6. September 1976 ausgeliefert und keineswegs sonderlich originell, wurde von der Presse vom Start weg als Rock-Klassiker gefeiert. Es handelte sich, jubelte Dave Marsh, der später zwei Bücher über Springsteen auf den Markt brachte, um «eine Platte, welche die Musik den Händen der Handwerker und Profitgeier entrissen hat, um sie den Leuten wiederzugeben, die sie lieben, weil sie

sie leben». Am 27. Oktober 1976 erschienen die beiden US-Nachrichtenmagazine ‹Time› und ‹Newsweek› mit Springsteen-Titelgeschichten. Zu zwei Konzerten im Hammersmith Odeon im November wurden Flugzeugladungen europäischer Journalisten von CBS nach London transportiert. Viele von ihnen schrieben in ihren Blättern, die Hype-Maschine der Musikindustrie habe sich hier selbständig gemacht. Gewiß trug diese jedem Fan einsichtige, überbordende Promotion dazu bei, Springsteens Ankunft als Plattenverkäufer zu verzögern. *Born To Run* hielt sich auf Platz drei nur kurz in den Charts. 1976 brach die ausbeuterische Vertragslage in einem Gerichtsverfahren auf. Appel kassierte mittlerweile 14 Prozent vom Großhandelspreis Tantiemen von CBS und gab nur 3,5 Prozent an Springsteen weiter. Überdies verbot er dem Künstler, sich von Jon Landau produzieren zu lassen, was Springsteen nach positiven Studioerfahrungen für *Born To Run* wünschte. Der Konflikt blockierte die Arbeit. Erst 1978, nach drei Jahren, kam das Anschluß-Album *Darkness On The Edge Of Town* heraus. In seiner weitverbreiteten Zeitungskolumne ‹Pop, Rock & Soul› urteilte Irwin Stambler, es unterscheide sich deutlich von den vorausgegangenen LPs: «Im überwiegenden Teil erzählen die Songs von den Problemen der realen, wiedererkennbaren Welt und weniger von Springsteens persönlichen Jugendeindrücken in New Jersey.» Mit *The River* (1980) brachte Springsteen seine von Medien- und Show Business-Turbulenzen geschüttelte Aufbruchphase zum Abschluß. Das Doppelalbum erreichte in den USA Platz eins, in Großbritannien Platz zwei und hielt sich länger als ein Jahr in beiden Charts. Die «The River»-Tournee startete am 3. November 1980 in Ann Arbor, Michigan, und endete am 11. Mai 1981 nach 32 Konzerten in Europa in Paris. «All die Dinge, die so wichtig erschienen», sang Springsteen im Song *The River*, «haben sich jetzt in Luft aufgelöst, und ich verhalte mich, als könnte ich mich nicht erinnern.» Nach weiteren zwei Jahren, im September 1982, veröffentlichte er das auf einem Vierspurkassettenrecorder in seiner Wohnung aufgenommene Album *Nebraska*. Es erinnerte in seiner rohen Tonqualität, der primitiven Gitarre- und Mundharmonika-Begleitung sowie den archetypischen Sujets an die Folk-

Balladen Woody Guthries und des frühen Bob Dylan. Das Titelstück war der innere Monolog des Massenmörders Charlie Starkweather, der – historisch verbürgt – zehn Menschen umbrachte und 1958 hingerichtet wurde. Schwaner: «Die scheinbar emotionslose Kaltblütigkeit, mit der der Mörder davon spricht, daß er und seine Freundin ihren Spaß an den Taten hatten, macht ebenso erschauern wie die Töne der Mundharmonika. Ein Stück amerikanischer Realität ist zu Musik geronnen, die einem das Blut in den Adern gefrieren läßt.» In Songs wie *Johnny 99*, *State Trooper*, *Open All Night* zeichete Springsteen Skizzen von Außenseitern, Outcasts, Ausgestoßenen der Gesellschaft. Und obgleich Präsident Reagan sowie Teile des Publikums und der Presse das Album *Born In The U.S.A.* (1984) mit der E Street Band als patriotische Hymne mißverstanden, entwarf der Sänger auch damit ein düsteres Gesellschaftsbild. Zwei Jahre lang hatte er die Vereinigten Staaten mehr oder weniger inkognito bereist, rund 100 Songs geschrieben, 60 aufgenommen und zwölf davon veröffentlicht. Unter einem Coverfoto aus T-Shirt, Jeans und den Streifen der US-Flagge beschwor er das Vietnam-Trauma: «Born down in a dead man's town / The first kick I took was when I hit the ground / You end up like a dog that's been beat too much / Till you spend half your life just covering up.» Doch dieses «umflorte Album über das Ende des amerikanischen Traums» (Stephen Holden in der ‹New York Times›) hielt sich zwei Jahre in den Charts, erreichte weltweit eine Auflage von 21 Millionen LP-Einheiten, davon elf Millionen in den USA, und zündete ein permanentes Volksfest auf einer ausverkauften Tournee. Überall rief Springsteen zu Sozialarbeit für die Arbeitslosen, Obdachlosen und Unterprivilegierten auf. Das Angebot von zwölf Millionen Dollar zur Chrysler-Automobilwerbung lehnte er ab. Schon 1979 hatte er sich für das Benefizkonzert «Musicians United for Safe Energy» (MUSE) im New Yorker Madison Square Garden maßgeblich engagiert und dafür gesorgt, daß kein Politiker diese Initiative für sich verbuchte. Er spielte auf der Dreifach-LP *No Nukes* und in dem gleichnamigen Film. 1985 sang er die Lead-Stimme für das «U.S.A. for Africa»-Produkt *We Are The World* auf Schallplatte und Video sowie für die «Artists United Against Apartheid»-Single *Sun City*. Um der Fülle von Bootlegs seiner mehr als 500 Live-Shows innerhalb eines Jahrzehnts gegenzusteuern, brachte er 1986 eine Fünf-LP-Kassette *Live 1975–85* in den Handel. Die teure Box erreichte binnen kurzem die Top-Chartsposition in den USA und eine ehrenvolle englische Nummer vier. 1987 schoß die LP *Tunnel Of Love* in beiden Ländern aus dem Stand auf Platz eins. Das Titelstück sowie die Songs *One Step Up*, *Brilliant Disguise* schienen zu signalisieren, daß Springsteen endlich mit seiner Umwelt im Einklang war. Er hatte im Mai 1985 die Schauspielerin Julianne Phillips geheiratet. Im August 1988 klagte das Ex-Model mit gigantischen Finanzforderungen auf Scheidung. Bereits bei der Hochzeitszeremonie, die von indiskreten Reportern aus dem Hubschrauber gefilmt wurde, hatte Springsteen seinem Biographen Dave Marsh zugeflüstert: «Ich glaube nicht an die Welt, in der ich mich aufhalte, und verstehe sie nicht. Setz das an den Anfang deiner Reportage.» So geschah es – im Blatt ‹Today›. Nun konnte er kaum glauben, daß ihn seine Frau mit der Androhung erpreßte, Details ihres Privatlebens in ihren Memoiren zu veröffentlichen, und verstand nicht, daß sie vor Gericht Fotos seiner Turtelei mit der Background-Sängerin Patti Scialfa verwendete. Im März 1989 wurde er nach einer außergerichtlichen Einigung von Miss Phillips geschieden und heiratete im Juni 1991 Miss Scialfa, die ihm am 25. Juli 1990 den Sohn Evan James geboren hatte. Am 30. Dezember 1991 folgte Tochter Jessica Rae, am 5. Januar 1994 der zweite Sohn Sam Ryan. 1989 hatte er die E Street Band aufgelöst und 1990 für 14 Millionen Dollar ein herrschaftliches Anwesen in Beverly Hills, Kalifornien, erworben, ohne seine Farm bei Freehold und ein weiteres Haus in Rumson, New Jersey, aufzugeben. Nach all diesen Turbulenzen begann er im Januar 1990 im Heimstudio neue Songs mit Soul- und R & B-Touch aufzunehmen, entschied sich aber, das Album *Human Touch* zunächst nicht zu veröffentlichen, als es ein Jahr später fertig war: «Ich empfand, daß ich zu sehr um die Sache herumtanzte, die ich sagen wollte, und nicht auf den Punkt kam.» Also produzierte er ein zweites Album, eher in Folk Rock-Manier, aber wiederum mit introspektiven Texten, *Lucky Town*. Beide Tonträger wurden im Frühjahr 1992 veröffentlicht und okkupierten sofort Spitzenplätze in den Charts: *Human Touch* Nummer eins in England, Nummer zwei in den USA (hinter *Adrenalize* von Def Leppard), *Lucky Town* Nummer zwei in England, Nummer drei in den USA. *Human Touch* wurde in den ersten vier Monaten in den USA 1,7 millionenmal verkauft, *Lucky Town* 1,6 millionenmal – beide zusammen mehr als zuvor *Tunnel Of Love*. Hinzu kamen für beide Alben mehr als vier Millionen außerhalb der USA. Die Konzerte seiner Welttournee, die er am 15. Juni 1992 vor 15 500 Menschen in Stockholm begann und nach 68 Konzerten vor 15 700 im amerikanischen Pittsburgh, Pennsylvania, beendete, wurden von rund einer Million Fans besucht und erlösten 30 Millionen Dollar. Doch die Kritik reagierte lau, insbesondere die deutschen Medien schrieben den Künstler ab: «Er hat die Dynamik der Bühnenunruhe gegen die Statik des Umherschreitens getauscht. Das Gefühl für Einfaches liegt irgendwo auf dem Bankkonto begraben» (‹Berliner Zeitung›). – «Wenn ein 43jähriger Multimillionär und Familienvater allen Ernstes über schweißtreibende Arbeit und wilde Liebe singt, klingt das eher komisch als authentisch» (‹Der Spiegel›). – «Der Rocker der Vergessenen, der Zweifler am amerikanischen Traum ist mit 42 ein glücklicher Mann geworden. Schön für ihn, schlecht für den Rock ’n’ Roll» (‹Stern›). Springsteen im März 1996 über Journalisten: «Von diesen Leuten ist keine Hilfe zu erwarten, wenn es einem schlechtgeht. Mir hat ein anderer geholfen. Es war der Regisseur Jonathan Demme, der mich vor ein paar Jahren anrief und mich bat, den Titelsong für seinen Film ‹Philadelphia› zu schreiben.» Der Song *Streets Of Philadelphia*, Nummer zwei in England, Nummer neun in den USA, trug ihm 1995 einen Oscar und drei Grammies ein, darunter «Song des Jahres». Er rief die E Street Band mit Steve Van Zandt wieder zusammen, präsentierte sie für eine Live-Video-Produktion am 21. Februar 1995 im New Yorker Club Tramps und nahm mit ihr für das Album *Greatest Hits* (1995) zwei neue Titel auf (*Secret Garden, This Hard Land*). Der 16-Track-Sampler plazierte sich in England und USA sofort an den Spitzen der Charts. Springsteen beschloß das Jahr 1995 mit dem Lied *Angel Eyes* für die TV-Hommage zu

Frank Sinatras 80. Geburtstag, bei dem Sinatra, Springsteen und Bob Dylan spontan zusammen sangen, und der Veröffentlichung seines düsteren, akustischen Albums *The Ghost Of Tom Joad*, «das beste Studio-Album seit *Tunnel Of Love* und der direkte Nachfolger von *Nebraska*» (‹Musikexpress›). Springsteen erzählte mit Mundharmonika und Gitarre John Steinbecks Roman ‹Früchte des Zorns› fort, aus dem die Titelfigur der LP stammte. Seine Helden waren Strafgefangene, Arbeiter, deren Jobs wegrationalisiert wurden, mexikanische Immigranten, die Koks in Kondomen schmuggelten und bei einer Explosion im Drogenlabor starben. «Ich weiß, wie die Welt von unten aussieht», kommentierte der Künstler, «und der Rock ’n’ Roll schenkte mir die Zuversicht, daß es trotzdem da draußen eine Welt gibt, die riesig ist und auf mich wartet. Eine Welt, in der es nicht so darauf ankommt, was genau man tut: Hauptsache, man meint es ernst. Hauptsache, es hat Zauber. Hauptsache, es hat Kraft.» Die Jahre 1996 und 1997 verbrachte er überwiegend mit dem «Geist von Tom Joad» und akustischer Musik. Mit den Songs der CD und seinen solistisch zur Gitarre vorgetragenen Evergreens bereiste er mehrfach die USA, außerdem Japan, Australien und Europa, erstmals auch die früheren Ostblockländer Polen und Tschechien. Mit der Familie war er an die Ostküste zurückgekehrt und hatte in New Jersey eine Ranch bezogen, ganz in der Nähe, wo er aufwuchs: «Ich bin dort eine Art Weihnachtsmann am Nordpol – mit Eltern, Tanten, Onkel, Cousinen, Großeltern in einer einzigen Straße. Das kann anstrengend sein, auf Dauer aber ist es wunderschön. Man lebt hier normal, geregelt, und hat jede Menge Unterstützung von den Nachbarn. Das bewirkt, daß man den Tagesablauf als sinnvoll erachtet.» Dort, in seinem Heimstudio, selektierte er in Muße aus seltenen Outtakes, Alternativversionen und B-Seiten die 4-CD-Box *Tracks* (1998) mit 66 Songs als eine Art musikalische Zwischenbilanz – Springsteen: «eine Alternativversion meines Lebens». Darunter waren Raritäten wie ein Dokument seiner ersten Audition für den legendären Columbia-Produzenten John Hammond von 1972, Hammonds Stimme inklusive, sowie zu Unrecht unveröffentlichte frühe Aufnahmen mit der E Street Band –

Springsteen: «diese endlos langen, seltsamen Stories, diese knalligen Epen oder wie man diese Nummern sonst bezeichnen will». Ein Konzentrat dieses «heiligen Grals der Box-Sets» (‹Boston Globe›) veröffentlichte Columbia/Sony ein Jahr später auf der CD *18 Tracks* (1999). Wohl von dieser Springsteen-Inventur inspiriert, tauchte 1999 eine Gruppe von Singer/Songwritern, Folk- und Rockstars in die Frühzeit des Boss zurück. Unter dem Titel *Badlands – A Tribute To Bruce Springsteen's ‹Nebraska›* spielten und sangen Chrissie Hynde, Ben Harper, Aimee Mann, Deana Carter, Adam Seymour u. v. a. das Album akkurat in der Vierspurtechnik von 1982 nach, das als Springsteens persönlichstes galt. Drei Songs aus der *Nebraska*-Session, die damals ausgesondert wurden, kamen in den Versionen von Johnny Cash, Raoul Malo (The Mavericks) und Damien Jurado als Bonus-Tracks auf die CD. Doch mit Ausnahme der folkorientierten Ani DiFranco (*Used Cars*), Dan Williams (*Highway Patrolman*) sangen die Interpreten über die schmerzhafte Sozialkritik des Originals hinweg, und nur einer, Eric Bachman unter dem Pseudonym Crooked Fingers, eröffnete einem Song (*Mansion On The Hill*) mit Loop und Piano eine neue, klaustrophobische Dimension. Gleichwohl bezeichnete Anthony DeCurtis das Album in der ‹New York Times› wohl zu Recht als «Bekräftigung des rebellischen Geistes in einer Zeit, die von politischer Apathie, Pop-Glätte und Marketing-Macht beherrscht wird». Aus demselben Geist berief Springsteen selbst die E Street Band mit Lofgren und Van Zandt im März 1999 zu zwei Benefizkonzerten in der Constitution Hall von Asbury Park, New Jersey, wieder ein und erklärte anschließend, es habe sich um Tryouts für eine Tournee gehandelt. Diese fand ihren Höhepunkt in zwei Konzerten am 29. Juni und 1. Juli 2000 im Madison Square Garden und dem Doppelalbum *Live In New York City* (2001) mit den Liner Notes von Jon Pareles von der ‹New York Times›: «Diese Shows haben nichts mit Mitleid und Fatalismus zu tun, hier geht es um Kameradschaft und Erlösung.» Im «Sperrfeuer von drei elektrischen Gitarren» mit «schier explosiver Rock 'n' Roll-Kraft» (Michael Schlüter in ‹Stereoplay›), griff der Boss selbst noch einmal auf sein *Nebraska*-Repertoire zurück. Die langsame, nur von akustischen Gitarren begleitete Version seines Stadion-Rockers *Born In The USA* zeigte «eine in Würde gealterte Rocklegende, die sich gleichzeitig selbstreferentiell hochleben läßt, wie sie fernab hohler Nostalgie mit beiden Beinen fest im Hier und Jetzt steht» (Ernst Hofacker im ‹Musikexpress›). – «Bei Springsteen gibt es zwei Möglichkeiten», so der britische Schriftsteller Nick Hornby: «Entweder du bleibst, wo du bist, und verrottest. Oder du machst dich auf den Weg und verbrennst.»

LPs auf Columbia: *Greetings From Asbury Park, N.J.* (1973); *The Wild, The Innocent And The E Street Shuffle* (1974); *Born To Run* (1975); *Darkness On The Edge Of Town* (1978); *The River* (1980); *Nebraska* (1982); *Born In The U.S.A.* (1984); *Live 1975–85* (1986); *Tunnel Of Love* (1987); *Human Touch* (1992); *Lucky Town* (1992); *In Concert – MTV (Un)plugged* (1993); *Greatest Hits* (1995); *The Ghost Of Tom Joad* (1995); *Tracks* (4-CD-Box, 1998); *18 Tracks* (1999); *Live In New York City* (2-CD, 2001) … Springsteen-Tribute-Album auf Sub Pop/WEA: *Badlands – A Tribute To Bruce Springsteen's ‹Nebraska›* (2000)

Status Quo war eine der am längsten bestehenden und am härtesten arbeitenden britischen Bühnen-Bands mit einer der längsten Single-Hitlisten in den britischen Charts, laut ‹Musikexpress› «die Live-Band an sich»: «Quo auf der Bühne heißt für die Zuhörer Pulsfrequenz 130, schweißnasses T-Shirt zum Auswringen, heisere Stimme vom Mitsingen sowie die Erkenntnis, sich heute abend mal wieder richtig ausgetobt zu haben.» Mike «Francis» Rossi (g, voc), geboren am 25. Mai 1949 in Forest Hill, London, Alan Lancaster (b, voc), geboren am 7. Februar 1949 in Peckham, London, John Coghlan (dr, voc), geboren 19. September 1946 in Dulwich, London, trafen sich erstmals 1962 in einer Schülerband in Süd-London und gründeten im April 1965 mit Roy Lynes (org, voc), geboren 25. Oktober 1943, die Gruppe The Spectres, die sich bald in Traffic Jam umtaufte. Um Verwechslungen mit Steve Winwoods Traffic zu vermeiden, änderten sie 1967 den Gruppennamen in Status Quo. Kurz zuvor hatte sich ihnen Rick Parfitt (g, voc), als Richard Harrison am 12. Oktober 1948 in Woking, Surrey, geboren, als fünfter Musiker angeschlossen. Nach ihrem Einstandshit *Pictures Of Matchstick Men* folgten die Single-Bestseller *Ice In The Sun* und *Down The Dustpipe*: harte, harmlose Eintagsfliegen für den Teenbeat-Markt. Ein Bandprofil bildete sich nicht heraus. Die Resonanz bei den Live-Konzerten nahm so sehr ab, daß die Musiker 1969 kaum noch einen Gig vermittelt bekamen. Organist Lynes stieg aus. Mit der LP *Ma Kelly's Greasy Spoon* (1970) stellte die Band die Weichen in Richtung Boogie-Hard Rock zum Tanzen, den sie auf *Piledriver* (1972) ausgereift vorführten. Den Durchbruch zur «people's band» (‹Melody Maker›) erreichte das Quartett 1974/75 mit fetzenden, musikalisch belanglosen Endlos-Riffs à la *Down Down, Break The Rules, Roll Over Lay Down, Rockin' All Over The World*. In den USA konnten Status Quo nie richtig Fuß fassen. Dort stöhnte das einflußreiche Blatt ‹Rolling Stone› schon 1975: «Zum Erbarmen jämmerlich.» In Europa und Australien jedoch wurde ein jahrelang anhaltender «konsequenter Koitus zwischen Interpreten und Publikum» (Kritiker Wolfgang Bauduin) vollzogen. Andy Bown (kb, voc), seit 1973 als Gastmusiker dabei, kam 1982 auch offiziell in die Band. Coghlan stieg zu dieser Zeit aus und überließ seinen Platz Pete Kircher, geboren am 21. Januar 1948 in Folkestone, Kent, der 1985 wieder ging. Lancaster verlegte 1984 seinen Wohnsitz nach Australien, blieb der Band aber noch zwei weitere Jahre verbunden. 1986 stießen John Edwards (bg), Jeff Rich (dr) hinzu. Immer wieder einmal war von einer Auflösung der Gruppe die Rede, aber immer wieder griff sie ohne wesentliche Veränderung ihres Partystils zum akustischen Dampfhammer und in die Boogie-Tasten. 1989 etablierten sich Status Quo mit ihrem 39. Charts-Hit *Burning Bridges (On And Off And On Again)* als erfolgreichste Singles-Künstler Großbritanniens vor den Rolling Stones (34 Hits) und den Hollies (31 Hits). 1991 wurden sie ins ‹Guinness-Buch der Rekorde› aufgenommen: Zu ihrem 25jährigen Jubiläum hatten sie ihr Tourneeprogramm «Rock 'Til You Drop» innerhalb von zwölf Stunden in vier verschiedenen Arenen in Sheffield, Glasgow, Birmingham und Wembley aufgeführt. Eine Dokumentation dieses Ereignisses am 21. September 1991 wurde unter dem Titel ‹Rockin' All Over The UK› im englischen C4-TV

gezeigt. Rechtzeitig zum Beginn einer monströsen «Just For The Record World Tour» im November 1993 legten Rossi und Parfitt die Autobiographie der Band als Buch vor. Am 21. Mai 1995 verursachte Parfitt unter Alkohol und Drogen mit seinem Porsche in Surrey einen Autounfall. Im Fahrzeug wurde Kokain im Straßenverkaufswert von 100 Pfund gefunden. Er verlor den Führerschein für 18 Monate und wurde zur Zahlung von 1000 Pfund für Alkohol am Steuer plus 500 Pfund für Drogenbesitz verurteilt. Zu ihrem 30jährigen Bandjubiläum legten Rossi und Parfitt Anfang 1996 das Album *Don't Stop* mit Hit-Remakes aus der Rock-Geschichte vor: *Proud Mary, Get Back, Lucille, Sorrow, Raining In My Heart*. Beim Surf-Klassiker *Fun Fun Fun* wirkten die Beach Boys zwanzig Jahre nach dem Exit der Gruppe persönlich mit. Die Hit-Verwurstung über der «notorisch arthritischen Quo-Rhythmusgruppe» (‹Times›, London) klang indes derart gerontologisch, daß sich die BBC-Welle 1 FM weigerte, *Fun Fun Fun* zu dudeln. Die Band, meinte der Sender, sei «zu alt». Die ‹Times› nannte *Fun Fun Fun* «beinahe schon tragisch» und seufzte in Anspielung auf den Albumtitel: «Don't Stop? Wenn sie es doch nur täten.» Statt dessen hoben die Veteranen Ende Februar 1997 in der Shibuya Public Hall in Tokio zu einer Can't Stop-Welttournee mit dem ausdrücklichen Ziel an, nach 21jähriger Abwesenheit nun auch Amerika zu erobern. Das war wohl zu hoch gegriffen. Ende April wurde Parfitt total überanstrengt ins Wellington Hospital in St. Johns Wood eingeliefert und vier Stunden lang am Herzen operiert. An Studioarbeit war danach zunächst nicht zu denken, also wurde fürs Herbstgeschäft unter dem Titel *Whatever You Want* (1997) eilends eine Best-of-Kompilation zusammengestellt. Bei den Sommerfestivals, die die Band alljährlich europaweit bespielte, wurden sowieso nur die alten Heuler verlangt. Zwölf neue Songs auf der CD *Under The Influence* fanden kaum Liebhaber, zumal diese mit dem Werbehinweis, ganz ohne Samples, Raps und anderen neumodischen Kram auszukommen, am jungen Markt vorbeigedacht war. Also dann lieber richtig zurück in die Zukunft, diesmal noch konsequenter als bei *Don't Stop*, ihrer letzten einigermaßen erfolgreichen CD. Noch einmal ein tiefer Griff in die Rock 'n' Roll-Hitkiste, noch einmal von *Hound Dog* bis *Roll Over Beethoven* Boogie Woogie all night long. Auf der Hülle stand: *Status Quo – Famous In The Last Century* (2000). Das war unbestreitbar und zugleich ein guter Titel für ein Requiem.

LPs auf Pye: *Picturesque Matchstickable Messages From Status Quo* (1968); *Spare Parts* (1969); *Ma Kelly's Greasy Spoon* (1970); *Dog Of Two Head* (1971); *The Best Of Status Quo* (1973); *The Rest Of Status Quo* (1976) ... auf Vertigo: *Piledriver* (1972); *Hello* (1973); *Quo* (1974); *On The Level* (1975); *Blue For You* (1976); *Live* (1976); *Rockin' All Over The World* (1977); *If You Can't Stand The Heat* (1978); *Whatever You Want* (1978); *Just Supposin'* (1980); *Twelve Gold Bars* (1980); *Never Too Late* (1981); *1+9+8+2* (1982); *From The Makers Of ...* (1982; 3 LPs); *Back To Back* (1983); *Live At The N.E.C.* (1984); *In The Army Now* (1986); *Ain't Complaining* (1988); *Perfect Remely* (1989); *Rock 'Til You Drop* (1991) ... auf Polystar: *Hit Album* (1986) ... auf PRT: *Quotations Vol. 1* (1987); *Quotations Volume 2 – Flipsides Alternatives and Oddities* (1987) ... auf Polydor: *Live Alive Quo* (1992); *Thirsty Work* (1993); *Don't Stop* (1996); *Whatever You Want, The Very Best* (1997) ... auf Zounds: *Caroline – Best* (1996) ... auf Eagle: *Under The Influence* (1999) ... auf Mercury: *Famous In The Last Century* (2000) ... Solo-LP Francis Rossi: *King Of The Doghouse* (1996)

Steely Dan, nach einer Formulierung in William S. Burroughs' Roman ‹Naked Lunch› benannt («Steely Dan from Yokohama» ist ein Dildo), wurde 1972 im Studio der Plattenfirma ABC in Los Angeles als Vehikel für die Stücke von Donald Fagen (voc, kb), geboren am 10. Januar 1948 in Passaic, New Jersey, und Walter Becker (voc, bg), geboren am 20. Februar 1950 in Queens, New York, gegründet. Der kühle, intelligente, facettenreiche Stil der Gruppe, der laut ‹Melody Maker› die US-Rockszene «auf den Weg zu musikalischer Kreativität zurückgeführt» hatte, beeindruckte und verwirrte bereits auf der Debüt-LP Fans und Kritiker. auf Grund des Starterfolges von *Can't Buy A Thrill* und der ausgekoppelten Single *Do It Again* mußte die zunächst nur als Studioformation konzipierte Band sogleich sechs Wochen lang konzertieren und löste fortan bei übereinstimmendem Lob unterschiedliche, bisweilen groteske Vergleiche aus: «Amerikas Tanzband-Alternative zu Slade» (‹Rolling Stone›); «Grateful Dead mit bösen Vibrationen» (Robert Christgau); «der Unilever-Konzern unter den Rockbands» (‹Sounds›, London); «die definitive Großstadtmusik» (‹Sounds›, Hamburg). Richtig war, daß Fagen, Becker und ihre nebst wechselnden Gastmusikern konstanten Partner Jeff «Skunk» Baxter (g, steel-g), geboren am 13. Dezember 1948 in Washington, D.C., Denny Dias (g, sitar), Jim Hodder (dr, voc) über das gesamte Spektrum von Jazz und Reggae bis zum Dead-Folk Rock, zur Band-Nostalgie, zur Beatles-Melodik und zum Harmoniegesang à la Crosby, Stills, Nash & Young verfügten. Die beiden eher an Jazz denn an konventionellem Rock interessierten Songschreiber, die bei Text und Musik zusammenarbeiteten, studierten gemeinsam am renommierten Bard College, besorgten die auf einer Spark-LP vorgelegte Filmmusik (*The Original Soundtrack*) zu Zalman Kings Experimentalfilm ‹You Gotta Walk It Like You Talk It (Or You Lose that Beat)› und zogen zwei Jahre mit Jay and the Americans auf Tournee «durch amerikanische Toiletten, ab und zu unterbrochen von einer Konzertarena» (Becker). Producer Gary Katz holte sie sodann zum Hausautoren-Team von ABC nach Kalifornien. Den etablierten ABC-Interpreten paßten die Fagen/Becker-Kreationen indes so wenig, daß ein Abnehmer erst geschaffen werden mußte: Steely Dan. Nach der zweiten, unentschlossenen LP *Countdown To Ecstasy* (1973), die keinen einzigen Hit enthielt, entschlossen sich Fagen und Becker, denen sich Michael McDonald (später Doobie Brothers), geboren am 12. Februar 1952 in St. Louis, Missouri, als Background-Sänger zugesellt hatte, für *Pretzel Logic* (1974) und *Katy Lied* (1975) zu noch mehr Jazz. Durch Stücke wie *Parker's Band* und die Verpflichtung des Altsaxophonisten Phil Woods wurde das unmißverständlich betont und von den Plattenkäufern honoriert. Jede Steely Dan-LP verkaufte sich fortan immer noch besser als die vorausgegangene. 1978 steuerten die beiden Autoren fünf Titel zu einer Big Band-LP von Woody Hermans Thundering Herd bei und bekräftigten damit ihr Renommee in der Jazz-Welt.

Daneben wurden ihre Alben *Aja* (1978) und *Gaucho* (1980) mit Grammies für den besten Studio-Sound prämiert. 1981 trennten sich die beiden, um Fagen die Chance eines Soloalbums bei Warner Bros. zu geben: *The Nightfly* (1982). 1986 arbeiteten sie für das Album *Zazu* der Sängerin Rosie Vela im Studio aber wieder zusammen. Seitdem wurde das Gerücht über ein bevorstehendes Comeback von Steely Dan immer wieder aufgewärmt, bestätigte sich aber erst im August 1993. Als das Duo bei einer Pressekonferenz vor Beginn seiner ersten Tournee seit fast 15 Jahren in Auburn Hills, Michigan, nach dem Grund für die lange Live-Pause gefragt wurde, scherzte Becker: «Wir müssen mal wieder Geld verdienen. Von unserer letzten Tournee hatten wir 800 Dollar übrigbehalten, und die sind nun weg.» Tatsächlich hatten die für ihre Auflagen vielfach prämierten Autoren über die Jahre jedenfalls keine finanziellen Probleme gehabt: Platin für *Pretzel Logic, Katy Lied, Can't Buy A Thrill, The Royal Scam*, Gold für *Best Of* und *Gold*. *Aja* wurde – Doppel-Platin – sogar mehr als zweimillionenmal verkauft. Nach dem Studiostress – immer noch kompliziertere Arrangements, noch perfektere Abmischungen – waren die beiden Musiker nach ihrem Album *Gaucho* (1980) einfach ausgebrannt: Fagen beim Psychiater, Becker an der Nadel. Fagen fand als Kolumnist für Filmzeitschriften und mit Routinejobs als Plattenproduzent langsam wieder zu seiner einstigen Form zurück. Becker verbrachte die Achtziger auf Hawaii, züchtete Avocados und entwöhnte sich mit Yoga-Übungen dem Heroin. Im August 1990 präsentierte Fagen beim Evian Music Festival in Southampton auf Long Island seine erste «New York Rock And Soul Revue», die mit Michael McDonald, Boz Scaggs, Phoebe Snow, Charles Brown mehrere Sommer aufspielte – so erfolgreich, daß sie 1991 das Album *Live At The Bacon* abwarf. 1992 spielte auch Walter Becker mit. Bevor sich die beiden Partner zu Steely Dan wiedervereinigten, produzierte jeder von ihnen zunächst ein Soloalbum des anderen: Becker Fagens *Kamakiriad* (1993), Fagen Beckers *11 Tracks Of Whack* (1994). Versteckte Fagen im Konzeptalbum *Kamakiriad* seine Seele hinter dem coolen Märchen von der Reise mit einem dampfgetriebenen Automobil, so ließ Becker in seinen «elf durchgedrehten Songs» (so etwa der LP-Titel) Narben hören. Die Helden seiner Songs, die er durchaus nicht mehr kühl distanziert darstellte, waren ausnahmslos Verlierer: Junkies und Heiratsschwindler, ein gestrandeter Alien aus dem All und ein selbstmordgefährdetes Mauerblümchen, verblaßte Lieben und ein mißratener Sohn. In *Junkie Girl* beschreibt der Erzähler, wie die Hure, die er liebt, an einem Drogenschuß stirbt. *This Moody Bastard* terrorisiert viele Jahre danach immer noch sein einstiges College Girl. In *Cringemaker* verwandelt sich eine «college bell» in «the wife from hell». Der Mitschnitt der Steely Dan-Reunion-Tournee mit 18 US-Konzerten kam unter dem Titel *Alive In America* (1995) auf den Markt. Während einer Sommertournee 1996, die auch einige Konzerte in Europa einschloß, kündigte Becker in der Londoner Wembley Arena mit dem neuen Titel *Jack Of Speed* auch ein weiteres Studio-Album an – für «irgendwann im Laufe unseres Lebens». In Fagens River Sound Studio an Manhattans Upper East Side arbeiteten sie drei Jahre an *Two Against Nature* (1999), das klang, als läge ihr letztes Studioprodukt *Gaucho* nicht 20 Jahre, sondern allenfalls 20 Monate zurück. Fagen: «Wir sehen schon eine Entwicklung, aber an einer Neuerfindung liegt uns nichts.» Für den ‹Rolling Stone› hörte Wolfgang Doebeling «federleichten Funk aus agilen Baßläufen, metronomisches Schlagwerk, Fagens karge Tastenfiguren, Beckers ökonomische, trocken kommentierende Gitarren-Licks und Miniatursoli» – ganz wie einst. Für ‹Stereoplay› konstatierte Willi Andresen: «Der Titelsong mit teuflischen, auf lateinamerikanischen Füßen tanzenden Rhythmen (mit einem vielleicht etwas überzogenen Saxophonsolo) zeigt die Spielfreude in neuem Terrain.» Es überraschte indes nicht, daß sich die Spielfreude auf der Tournee 2000 in aller Regel auf die perfekte, plattengetreue Live-Wiedergabe des Albums beschränkte. Jobst Kaiser nach dem Berliner Konzert in der ‹Süddeutschen Zeitung›: «Das Arrangement als der Fetisch, Spontaneität als der Feind.» Alles erschien außerordentlich un-hip, un-cool und noch nicht einmal camp, so daß der Millionenerfolg des Albums und die Auszeichnung mit vier Grammies, darunter «Album des Jahres», gegen die Konkurrenz des Hip

Hoppers Eminem im Februar 2001 als Sensation empfunden wurde. Fagen: «Das Biest hat uns gefressen, jetzt müssen wir uns also wieder nach außen nagen. Und – das ist wirklich kein Scherz – ich habe herausgefunden, daß der Glanz eines Grammies dich nur maximal 24 Stunden erstrahlen läßt. Am Tag nach der Verleihung war urplötzlich jeder mein bester Freund, jeder in meiner Straße wußte, wer ich war. Doch einen Tag später wurde man zwar noch erkannt, aber keiner wollte mehr so richtig was von uns wissen.» Steely Dan hätten die Rock-Lüge von der Verpflichtung zu ewiger Jugend bekämpft, schrieb ‹Der Spiegel›, «indem sie sich wie Erwachsene benahmen, so kühl und unaufgeregt wie sonst nur schwarze Musiker: Die Helden des Jazz und des Rhythm & Blues hatten es niemals nötig, für ihr Publikum alte Halbstarke zu spielen.» Der ‹Spiegel›-Essay «Countdown zur Ekstase» von Claudius Seidel über den Mythos Steely Dan anläßlich des Comebacks 1994 könnte dereinst auch als Nachruf taugen: Ihr raffinierter, aus vielen heterogenen Quellen gespeister, vielfach überblendeter Sound war «kein Vorgriff auf postmoderne Unverbindlichkeit. Es war schon eher so, als denke in den Songs von Steely Dan die Musik über sich selbst nach, über die Bedingungen ihres Entstehens und die Wege, auf denen sie sich entwickeln könnte. Und Becker und Fagen blieben scheinbar cool und mischten sich nicht ein. So wurden sie zur unbekanntesten Supergroup der Popmusik. Die Platten verkauften sich millionenfach, doch ihre Schöpfer kannte keiner.»

LPs auf Probe: *Can't Buy A Thrill* (1972); *Countdown To Ecstasy* (1973); *Pretzel Logic* (1974); *Katy Lied* (1975); *The Royal Scam* (1976); *Aja* (1977); *Greatest Hits* (1978); *Gaucho* (1980) ... auf Bellaphon: *Berry Town* (1985) ... auf MCA: *Gold* (1982); *Reelin' In The Years* (1985); *Do It Again* (1987); *A Decade Of* (1988); *Gold, Extended Edition* (1991); *Remastered – The Best Of Steely Dan* (1993); *Citizen Steely Dan* (1993; vier CDs); *Showbiz Kids 1972–1980* (2-CD-Konzentrat der 4-CD-Box *Citizen Steely Dan*, 2001) ... auf Giant: *Alive In America* (1995); *Two Against Nature* (1999) ... auf Line: *In The Early Years* (1983) ... auf Magnum: *Stone Piano* (1988) ... Solo-LPs Donald Fagen auf Warner Bros.: *The Nightfly* (1982) ... auf Reprise: *Kamakiriad*

(1993) ... mit New York Rock And Soul Revue auf Giant: *Live At The Beacon* (1991) ... Solo-LP Walter Becker auf Giant: *11 Tracks Of Whack* (1994) ... LP Rosie Vela auf A & M: *Zazu* (1987)

Stereo MC's, 1985 in London gegründet, brachen als erster britischer Act das amerikanische Hip Hop-Monopol. Mit ihrer vitalen Groove-Variante, die Verweise auf Jazz und Acid House ebenso zuließ wie den Einsatz von Live-Instrumenten, trugen sie maßgeblich dazu bei, den Hip Hop aus dem suburbanen Ghetto herauszuführen und zu europäisieren. Ihr Markenzeichen war nasaler, im Vergleich zu amerikanischen Rappern emotionsloser Gesang auf filigranen Beats, deren Magie in ihrer Unaufdringlichkeit bestand. Rob Birch (voc), als Robert Charles Birch am 11. Juni 1961 in Ruddington, Nottinghamshire, geboren, und The Head (kb, turntables), als Nick Hallam am 11. Juni 1962 in Nottingham geboren, kannten sich bereits seit ihrer Schulzeit. Anfang der Achtziger gründeten sie die Rockband Dogman & The Head. 1987 siedelten sie nach London um und begannen unter dem Einfluß amerikanischer Rap-Produktionen mit eigenen Aufnahmen. Gemeinsam mit Jon Baker und DJ Richie Rich gründeten sie das Label Gee Street und produzierten die ersten Singles ihrer Band Stereo MC's, zu der nach der im Duo eingespielten Single *Move It* noch der italobritische DJ Cesare stieß. Nach einer Tournee mit Jesus Jones verließ Cesare die Gruppe wegen künstlerischer und finanzieller Differenzen. Für den Vertrieb von Gee Street konnte die Major Company Island gewonnen werden, was dem wieder im Duo eingespielten Debütalbum *33, 45, 78* (1989) einen europaweiten Erfolg ermöglichte. Für das zweite Album *Supernatural* (1990) tat sich das Duo mit Baby Bambaataa von den Jungle Brothers zusammen. Zunächst nur für Live-Auftritte wurde Owen If (dr) gewonnen, als Ian Frederick Rossiter am 20. März 1959 in Newport, Wales, geboren. Owen If hatte hauptsächlich Erfahrungen als Sound-Effektsetzer für Filmproduktionen wie *Batman* oder *Full Metal Jacket* und wußte die Songs der Stereo MC's geschickt zu pointieren. Für die Single *Elevate My Mind* stieß Cath Coffey, als Catherine Muthomi Coffey um 1965 in Kenia geboren, zu der Gruppe. Beide blieben als feste Mitglieder und *Elevate My Mind* wurde die erste britische Rap-Single, die es in die amerikanischen Top 40 schaffte. Mit Tourneen im Vorprogramm von EMF und den Happy Mondays festigten die Stereo MC's ihr Live-Standing. Mit den Background-Chanteusen Andrea Bedassi, am 7. November 1957 in London geboren, und Verona Davis, am 18. Februar 1952 in London geboren, wurde die Band zum Sextett aufgestockt. In dieser Besetzung entstand das Album *Connected* (1992). Die Auskopplungen *Connected* und *Step It Up* wurden zu Clubhits, deren Aura bis ans Ende der neunziger Jahre nicht verblaßte. Der Erfolg von *Connected* «rollte länger als der Volkswagen» (‹Intro›), führte jedoch zu einer kreativen Auszeit. Wie kaum eine andere Gruppe hatten die Stereo MC's die Gangart auf dem europäischen Dancefloor beeinflußt, waren aber das klassische Beispiel für Musiker, deren künstlerischer Erfolg zu Lasten des persönlichen Umfelds geht. Unfähig, sich aus der selbst verursachten privaten Krise und sozialen Isolation zu befreien, verlegten sich Birch und The Head aufs Remixen. Erst acht Jahre nach *Connected* erschien mit *DJ Kicks* (2000) ein Remix-Album der Stereo MC's, auf dem mit *Rhino 1–3* drei neue Songs der Gruppe waren. Mit dieser Produktion brach die kreative Blockade. Ein Jahr später legten die Zeremonienmeister mit *Deep Down & Dirty* ein fulminantes Album vor, auf dem sie mit ihrer Vergangenheit abrechneten. Ohne die eigene Tradition zu verraten, arbeiteten die MC's unaufdringlich die Erfahrungen der neunziger Jahre in ihr Soundkonzept ein. Das Hit-Potential der Platte war gewaltig, und nur mit Mühe konnte die Band vermeiden, ihre privaten Katastrophen aus der Folgezeit von *Connected* im neuen Jahrtausend zu wiederholen.

LPs auf 4th & Broadway: *33–45–78* (1989); *Supernatural* (1990); *Connected* (1992) … auf Studio!K7: *DJ Kicks* (2000) … auf Island: *Deep Down & Dirty* (2001)

Stereolab, 1991 in London gegründet, schufen einen Sound, der sich gleichermaßen an John Cage wie an Sonic Youth, Velvet Underground oder Serge Gainsbourg orientierte. Von den ausgefuchsten Klangdesignern gingen Impulse zur Überwindung von Genregrenzen und der Herausbildung eines internationalen Universalstils aus. Sie waren integraler Teil einer über Länder und Kontinente hinweg operierenden Musiker-Familie, zu der auch Tortoise, Jim O'Rourke, Sonic Youth, Mouse On Mars, High Llamas und Olivia Tremor Control gehörten. «Stand anfangs noch das sperrige Arrangement aneinandergereihter Gitarrensequenzen im Vordergrund, entwickelte sich der Sound von Stereolab immer mehr in eine Melange aus Muzak, französischem Pop der 60er, Minimal-Techno, Jazzy Easy Listening und einer unverkennbaren, leicht schrägen Stimme» (‹WOM Journal›). Ihre kaum zu zählenden Veröffentlichungen bildeten ein Kontinuum, aus dem sich einzelne Songs oder Alben kaum heraushoben. Tim Gane (g, kb), geboren am 12. Juli 1964, leitete zunächst die Londoner Underground-Band McCarthy, die den Stereolab-Sound mit auf wenigen Akkorden basierenden, repetitiven Gitarrenfiguren bereits vorzeichnete. Ende der Achtziger traf er die Französin Laetitia Sadier (voc, kb), geboren am 6. Mai 1968. Gane und Sadier waren anfangs nur ein Liebespaar, sie nahmen gemeinsame musikalische Projekte erst in Angriff, nachdem sich McCarthy 1990 aufgelöst hatten. Allerdings hatte die Französin schon einige Vocal-Tracks zum letzten McCarthy-Album beigesteuert. Unter dem Namen Stereolab, ein Aufnahmeverfahren aus den Fünfzigern, begannen sie als Duo Mailorder-Singles zu verschicken. Innerhalb kurzer Zeit rekrutierten sie Joe Dilworth (dr), vormals Faith Healers, Martin Kean (bg), davor Chills, und die Backgroundsängerin Gina Morris. Die ersten drei Singles wurden auf dem Album *Switched On* (1992) zusammengefaßt. Zeitgleich erschien mit *Peng!* auch das erste offizielle Album der Gruppe. Trotz ihrer Album-Releases behielt die Band die Veröffentlichung halboffizieller Singles bei. Tim Gane verfolgte die Politik, mit seinem Output soviel Verwirrung wie möglich zu stiften, selbst aber die Kontrolle zu behalten. Auf der Single *John Cage Bubblegum* (1992) stellten sich Gane und Sadier in neuer Besetzung mit Mary Hansen (voc, kb) und Andy Ramsey (dr) vor. Auf dem Lounge Pop-Album *Space Age Bachelor Pad Music* (1993) wurde die Kerngruppe um Gitarrist Sean O'Hagan (g) von Microdisney, später High

Llamas, und Duncan Brown (bg) erweitert. Der ungewöhnliche Sound zwischen 50's Pop und Science Fiction Music brachte den Briten einen Vertrag mit dem amerikanischen Major Label Elektra ein. Um sich gegen jede Art von Ausverkauf abzusichern, gründeten sie parallel in England ihr eigenes Label Duophonic, auf dem sie weiterhin obskure Singles edierten. Mit dem Lo-fi-Album *Transient Random-Noise Bursts With Announcements* (1993) landeten sie erstmalig einen Hit im amerikanischen College-Radio und gingen gemeinsam mit Sonic Youth und Pavement auf Europa-Tournee. Einen Übergang zu wesentlich üppigeren Soundschichtungen vollzogen Stereolab auf *Mars Audio Quintet* (1995). Auf Grund seines Engagements bei den High Llamas arbeitete Sean O'Hagan nur noch sporadisch mit Stereolab, dafür stieß mit Katherine Gifford eine weitere Keyboarderin zu der Gruppe. Bis 1996 erfolgten mehrere experimentelle Sound Art-Projekte, unter anderem die von aufwendigen Streicher- und Vocal-Arrangements dominierte EP *Music For The Amorphous Body Study Centre* (1995), die von Charles Long für eine interaktive Kunstausstellung in Auftrag gegeben worden war. 1996 räumte Katherine Gifford ihren Platz für Morgane Lhote, mit der das bis dahin erfolgreichste Stereolab-Album *Emperor Tomato Ketchup* (1996) entstand. Gane, Sadier und Co. hatten endlich die optimale Balance zwischen leichtverdaulichem Pop und ihrem Experimentiergeist gefunden und brachten wenig später mit *Refried Ectoplasm* (1996) eine zweite Singles-Collection heraus. 1997 wurde Duncan Brown durch Richard Harrison ersetzt. Auf dem gemeinsam mit Mitgliedern von Tortoise und Mouse On Mars eingespielten *Dots And Loops* (1997) verarbeiteten Stereolab zuckerwattige Bossa-Einflüsse im Stile Antonio Carlos Jobims. 1998 nahmen Gane und Sadier eine durch das Raritäten-Doppelalbum *Aluminium Tunes* (1998) überbrückte Auszeit und konzentrierten sich auf die Geburt ihres ersten Kindes. Auf dem von dezenter Elektronik getragenen, ungewohnt jazzigen *Cobra And Phases Group Play Voltage In The Milky Night* (1999) gaben sich Stereolab experimentierfreudig, aber mit überwiegend handgemachten Klängen. ‹Intro›: «Am Wendepunkt zu noch mehr Elektronik einen Schritt zurück zu

machen, rettet vieles, was Stereolab eigen macht.» Den Baß hatte sich inzwischen Simon Jones umgehängt. In Zusammenarbeit mit Jim O'Rourke und John McEntire war es der Band einmal mehr gelungen, sich selbst treu zu bleiben, ohne sich zu wiederholen. ‹Visions›: «Sie kreuzen zwischen Kitsch und Avantgarde, zwischen Barock und Minimal, klimpern auf Vibraphon und elektrischem Cembalo, gehen verschlungene Wege, die zugleich Ziel sind.»

LPs auf Too Pure: *Peng!* (1992); *Switched On* (1992); *The Groop Played Space Age Bachelor Pad Music* (1993) … auf Elektra: *Transient Random Noise-Bursts With Announcements* (1993); *Mars Audiac Quintet* (1994); *Emperor Tomato Ketchup* (1996); *Dots And Loops* (1997); *Cobra & Phases Group Play Voltage In The Milky Night* (1999) … auf Drag City: *Aluminum Tunes* (1998) … auf Sprawl: *Chinese Whispers* (1999)

Stewart, Roderick David **Rod** (voc), am 10. Januar 1945 in London geboren, brachte mit grotesken Gebärden und extravaganter Kostümierung Abwechslung in den uniformen Jeans-Look der Rock-Interpreten von 1970. «Es gibt eine Menge farbiger Burschen», erkannte er, «die mich von der Bühne singen könnten. Aber Musik ist ein Produkt, sie muß verkauft werden. Also zählt das Image und nicht, was man singt.» Dementsprechend toupierte er sein Haar wie das Blätterbüschel einer Ananas, drapierte sich in Satin und Leopardenfell und hetzte im Konzert mit kuriosen Trippelschritten zwischen zwei an den Bühnenenden postierten Mikrofonen hin und her. Was er dem Publikum vortrug, war auch ohne Show eine Sensation. In einer «unglaublichen Mixtur aus Phlegma, Katarrh und physischem Humor» (‹Rolling Stone›) gab er mit der Sandpapierstimme eines «weißen Chorknaben, der einen Negersänger imitiert» (‹Daily Mirror›), ein Repertoire zum besten, dessen Auswahl und Interpretation höchst ungewöhnlich und geschmackvoll waren. Nach seinen Folk- und Blueslehrjahren bei Jimmy Powell and the Five Dimensions, John Baldrys Hoochie Coochie Men sowie Steampacket (mit Brian Auger, Julie Driscoll) schloß sich Stewart, der ursprünglich Profi-Fußballer hatte werden wollen, 1968 der

Jeff Beck Group an. Auf deren LP *Truth* sang er, zu majestätischer Tympani-Begleitung, eine emotional überzeugende Bluesversion des Musical-Standards *Ol' Man River* und putschte Willie Dixons *I Ain't Superstitious* im Duett mit Beck zu einem Zweikampf Gitarre – Vokalist hoch. Doch erst auf seinen Solo-LPs (seit 1970) konnte er sein Talent als erstklassiger Songautor und kompetenter Interpret schwierigen Fremdmaterials voll zur Geltung bringen. Seine Version des Rolling Stones-Titels *Street Fighting Man* übertraf das Original an Intensität und instrumentaler Dynamik; Elton Johns *Country Comfort* präzisierte er als schmerzliche Erinnerung an die Unschuld ländlichen Lebens; in der Folk-Ballade *Dirty Old Town* vermittelte er einen bedrückenden Eindruck von der Tristesse englischer Industrievorstädte. Stewarts mitunter autobiographisch gefärbte Eigenkompositionen faszinierten ebenfalls durch emotionale Spannweite und dichte Arrangements. Die Musikbegleitung besorgten Spieler der Faces, denen er sich 1970 in separatem Kontrakt als Leadsänger angeschlossen hatte – «poor man's Rolling Stones» (Stewart) –, sowie Martin Quittenton (g), Micky Waller (dr). Seine Live-Auftritte sah der Sportfanatiker Stewart als Ersatz für eine verhinderte Fußballkarriere an: In neunzig Bühnenminuten verausgabte er sich regelmäßig wie bei einem dramatischen Match. Diese energievolle Präsenz, sein Gespür für Show-Effekte und das außergewöhnlich hohe Niveau seiner ersten LPs machten ihn zu einem Superstar mit ausverkauften Großtourneen und Goldenen Schallplatten. 1973 begann Stewart, seine Erfolgsformel über Gebühr zu strapazieren, als er mit dem gewagt betitelten Album *Never A Dull Moment* («Nicht ein Moment Langeweile») eine unoriginelle Reprise seiner vorigen LP herausbrachte. Sein vormals treffsicherer Wortwitz («Shanghai Lil never used the pill/She said, ‹It just ain't natural!›»), die einstigen rockmusikalischen Patentrezepte und seine distinktive Vokal-Akrobatik schienen zu Leerformeln eines Star-Routinebetriebs zu degenerieren. Stewarts unverhohlene Abneigung gegen konzentriertes Arbeiten im Plattenstudio sowie ein möglicher Mangel an geeignetem Songmaterial deuteten sich in immer längeren Pausen zwischen seinen LP-Veröffentlichungen an. Der Sänger schien

sich seines Leistungsabfalls durchaus bewußt zu sein, als er im Frühjahr 1973 eine LP seiner Faces, zu der er die Hälfte des Songmaterials geschrieben hatte, vor der Presse in narzißtischer Aufrichtigkeit als «lausig» bezeichnete. Auf seiner Ende 1974 veröffentlichten LP *Smiler* lief Stewart wieder zu alter Hochform auf, allerdings stereotyp nach bewährter Masche. Mit Single-Hits wie *Tonight's The Night, Da Ya Think I'm Sexy, Young Turks, Baby Jane* gelang ihm in späteren Jahren immer wieder einmal ein Vorstoß in die Charts. Doch sein Image wurde zunehmend vom hedonistischen Lebensstil seiner Steueroase Beverly Hills und von Amouren mit blonden Starlets wie Britt Ekland geprägt. In diese Zeit fiel die Veröffentlichung von *Atlantic Crossing* (1975) mit der Stadion-Hymne *Sailing*. Der LP-Titel war wörtlich zu verstehen: Stewart, der reichlich Steuerschulden in Großbritannien hatte, lebte hauptsächlich in den USA und trug sich mit dem Gedanken der Einbürgerung. *Atlantic Crossing*, unter anderem mit Steve Cropper und Donald «Duck» Dunn eingespielt, war in hohem Maße erfolgreich, wurde aber von *A Night On The Town* (1976) noch übertroffen. Doch die Kritiker begannen sich bald zu langweilen. «Die Beseeltheit, der Witz und die Humanität seiner frühen Arbeiten sind nur noch Erinnerung», grämte sich ‹Stereo Review›. «Seine Einstellung zu Frauen», giftete der ‹New Musical Express› über Stewarts chauvinistisch getöntes Repertoire, «entspricht der eines Neandertalers.» – «Er weiß gar nicht, wovon er singt», kommentierte ‹Rolling Stone› seine «stümperhaften Versuche, eine tragisch ins Abseits getrudelte Karriere wiederzubeleben». Einsicht schien der erste Weg zu Stewarts künstlerischer Besserung zu sein: «Viel an diesen Kritiken», gab er zu, «ist berechtigt.» Dabei konnte dieses Mea Culpa kaum ernst gemeint sein: Stewart hatte weiterhin mit Platten wie *Blondes Have More Fun* (1979) und *Foolish Behaviour* (1980) Erfolg beiderseits des Atlantik. Zwischenzeitlich hatte er seine Liaison mit Ekland aufgegeben und Alana Hamilton, ebenfalls blond, geheiratet, ohne daß der «letzte naive Rock-Hedonist» (‹Der Spiegel›) seinen Lebensstil aufgegeben hätte. Die fortschreitenden achtziger Jahre brachten ihm allerdings eine gewisse Durststrecke, weniger kommerziell als künstlerisch. Das Lausbuben-Image begann in den Achtzigern ebenso lächerlich zu wirken wie die unablässige Schürzenjägerei. Mittlerweile von Hamilton geschieden, heiratete er 1990 das Fotomodell Rachel Hunter. Die neue Ehe schien Ruhe in sein Leben zu bringen. *Vagabond Heart* (1991), seinem verstorbenen Vater gewidmet, schloß an die früheren Erfolge an. Bei MTV ‹Unplugged› traf er 1993 mit Ron Wood zusammen, wenig später mit den restlichen Faces-Musikern – lediglich der an multipler Sklerose erkrankte Ronnie Lane fehlte. Bald darauf erschien eine Best-of-LP (*Rod Stewart: Lead Vocalist*), die auch einige Aufnahmen der nicht veröffentlichten LP *Under The Blue Moon* enthielt, und schließlich die MTV-Session *Unplugged ... And Seated,* für ihn wie zuvor für Eric Clapton und Paul McCartney der Jungbrunnen. ‹Q›: «Kein Zweifel, Rod Stewart ist einer der Großen.» Und plötzlich entdeckte die Musikpresse in Stewart den unverbesserlichen «Lad», den zuverlässigen Kumpel, der sich auch noch verbindlich zeigte: «Ich habe ein oder zwei durch und durch kommerzielle Alben gemacht», gestand er ‹Q›, «aber ich sage nicht, welche.» Derartige dosierte Selbsterkenntnis gefiel, Stewart konnte sich in zahlreichen Interviews 1995 von seiner besten Seite zeigen. Die Blätter vergalten es ihm mit ungewohnter Liebenswürdigkeit. Mit «unangestrengter Zuversicht» gelängen ihm heute wieder Konzerte und Songs «voll warmherziger Zurückhaltung», sülzte ‹Der Spiegel›. Und der ‹New Musical Express› verbeugte sich tief vor dem «größten Soulsänger, den England hervorgebracht hat». 1998 legte er unter dem Titel *When We Were The New Boys* ein Bündel englischer Pop-Songs der nächsten Generation wie *Cigarettes And Alcohol* (Oasis), *Rocks* (Primal Scream), *Hotel Chambermaid* (Graham Parker) vor und gab auf die immer gleichen Fragen wieder die immer gleichen Antworten. Fritz Werner Haver für die ‹Berliner Morgenpost›: «Fußball und Rock ’n’ Roll – was ist wichtiger? – Was haben Fußball und Rock ’n’ Roll gemeinsam? – Was hält Ihre Tochter von der Musik ihres Daddys? – Wie bringt man die Rolle als Familienvater und den Rock ’n’ Roll unter einen Hut?» Nur einmal auf der selbstproduzierten CD, urteilte David Sinclair in der ‹Times›, treffe Stewart ins Mark: mit

dem «glorios rekonstruierten Rock ’n’ Roll-Song» *Hotel Chambermaid.* Den solle man auflegen, «wenn Lads eines bestimmten Alters zusammenkommen, um ihr Glas auf die guten alten Zeiten zu erheben». Dafür mochten auch die Reissue-Kollektionen gut sein, die nun aus der Frühzeit des «noch nicht so heiseren Rod» (‹Rolling Stone›) erschienen: 2000 das Doppelalbum *Rod Stewart 1964 – 1969,* 2001 *A Little Misunderstood – The Sixties Sessions* – von zwei verschiedenen Firmen nahezu identisches Material in zweifelhafter Tonqualität. Oder doch lieber das Album *Human* (2001) auf der ehrwürdigen Soul-Marke Atlantic «mit üppigen Chören, fetten Streichern und gelegentlichen Querverweisen auf den wohlbekannten Sixties-Motown-Sound» (‹Musikexpress›), für das er sich u. a. von Mark Knopfler (g), Slash (g), Pino Palladino (bg) begleiten ließ und zu dem er abermals die unvermeidlichen Interviews gab. Fragen von Christoph Dallach für den ‹Kulturspiegel›: «Wann haben Sie sich das letzte Mal so richtig betrunken? – Um wieviel Uhr trinken Sie das erste Glas? – Wo schmeckt das Bier besser, zu Hause oder im Pub? – Wo kann man eher in Würde altern: im Fußball oder im Rock ’n’ Roll?» Auf die letzte Frage Rod Stewarts Antwort: «Im Rock ’n’ Roll. Ich habe mir neulich ein Tom Jones-Konzert angeschaut. Wollte mit ein paar alten Freunden mal kräftig ablachen, aber er war unglaublich gut. Ein beruhigendes Erlebnis: Der Mann ist 60. So kann man alt werden.»

LPs auf Vertigo: *An Old Raincoat Won’t Ever Let You Down* (US-Titel auf Mercury: *The Rod Stewart Album*) (1969); *Gasoline Alley* (1970) ... auf Mercury: *Every Picture Tells A Story* (1971); *Never A Dull Moment* (1972); *Sing It Again Rod* (1973); *Smiler* (1974); *The Best Of Vol. 1* (1977); *The Best Of Vol. 2* (1977) ... auf Byg: *The First Rhythm & Blues Festival In England* (1972); *The Steampacket* (1972) ... auf Warner Bros.: *Atlantic Crossing* (1975); *A Night On The Town* (1976); *Foot Loose & Fancy Free* (1977); *Blondes Have More Fun* (1978); *Greatest Hits* (1979); *Foolish Behaviour* (1980); *Tonight I’m Yours* (1981); *Collection* (mit The Faces, 1982); *Absolutely Live* (1982); *Body Wishes* (1983); *Camouflage* (1984); *Every Beat Of My Heart* (US-Titel: *Rod Stewart*) (1986); *Out Of Order* (1988); *Storyteller* (1990; vier CDs); *Vagabond Heart* (1991); *Lead Vo-*

calist (1993); *Unplugged … And Seated* (1993); *A Spanner In The Works* (1995); *When We Were The New Boys* (1998) … auf Private Stock: *A Shot Of Rhythm & Blues* (1976) … unter dem Pseudonym Python Lee Jackson auf Youngblood: *In A Broken Dream* (1972) … auf Drive: *Shake – The Good Old Bluestime* (1989) … auf NMC Pilot 44: *Rod Stewart 1964 – 1969* (2-CD, 2000) … auf Atlantic: *Human* (2001) … auf Yeaah / EfA: *A Little Misunderstood – The Sixties Sessions* (2001)

Sting (voc, bg, g), bürgerlich: Gordon Matthew Sumner, am 2. Oktober 1951 in Wallsend, England, geboren, entwickelte sich aus dem Gruppenverband der Police zu einem der kunstfertigsten, stilbewußtesten Songschreiber der achtziger Jahre und zu einem «weltlichen Pop-Prediger, der in bewußtseinserweiternder Mission das globale Dorf bereist» (‹New York Times›). Mit «stilisiertem Trenchtown-Akzent» (‹Billboard›), in oftmals kindlichem Singsang, wies er mit didaktischer Ernsthaftigkeit auf die problematischen Verflechtungen von Natur, Technologie, Gesellschaft und persönlichem Engagement hin, geißelte die zerstörerische Egozentrik der Mächtigen, lamentierte über das Elend der sozial Ohnmächtigen und empfand seinen privaten Schmerz als Reflexion kommunaler Not. Dabei verlor er sich bisweilen in «Ethnischem aus zweiter Hand und Selbstgefälligkeit ersten Grades» (‹Village Voice›). Der aufstiegsorientierte Sohn eines Milchmannes und einer Friseuse hatte sich frühzeitig den nordenglischen Provinz-Akzent abgewöhnt und während seiner Ausbildung zum Grundschullehrer allerlei Bildungsgut angehäuft. Als Sänger in der jazzorientierten Amateurband Last Exit fiel er 1977 in Newcastle dem Drummer Stewart Copeland auf, der ihn animierte, in London das Trio The Police zu organisieren. Mit seinem guten Aussehen, dem intellektuellen Gebaren und seinen musikalischen Interessen von Blues bis Brecht / Weill avancierte er binnen kurzem zum Pop-Idol. «Wie er Reggae und Rock zusammenbringt, Drama und Musik, Radikalismus und Reaktion, jungenhaften Habitus und reife Sensibilität – das macht Sting zum universellen Star, zum neuen und modernen Pop / Rock-Archetypus» (‹The Face›), zum «Hauptdarsteller in Teenager-Träu-

men» (‹Der Spiegel›). Dieses Talent brachte er in Spielfilmen wie ‹Dune›, ‹The Bride›, ‹Plenty›, ‹Quadrophenia› auch ins Kino und bereitete ab 1985 seinen Alleingang auf der Musikszene vor. Alben wie *The Dream Of The Blue Turtles* (1985), … *Nothing Like The Sun* (1987), mit jungen Jazz-Virtuosen wie Branford Marsalis (sax), Kenny Kirkland (kb), Darryl Jones (bg), Omar Hakim (dr) aufgenommen, verbanden Swing, Prokofieff, Hanns Eisler, Rhythm & Blues und Hitparaden-Rock zu einer esoterischen Kunstübung, die Massenbeifall fand und das Ende der Police beschleunigte. «Hollywood-Insider», so fand «Esquire» heraus, «bezeichnen ihn als talentiert, fleißig, ungeniert ehrgeizig und natürlichen Exhibitionisten. Er ist nicht arrogant, er hat das Selbstbewußtsein von jemandem, der sich selbst erschaffen hat. Er zeigt nicht das übliche Bravado der Rock 'n' Roll-Leute, eher die Blasiertheit von jemandem, der wirklich hip ist.» Kritiker Werner Burkhardt sah Sting sicher auf den Erfolgswogen: «Zwischen Skylla und Charybdis, die im Show Business den älter werdenden Popstar bedrohen, ist er hindurchgeschwommen. Weder hat er sich auf den Erfolgen seiner stürmischen Jugend ausgeruht und ist dabei versteinert, noch ist er hechelnd jedem Trend hinterhergerannt und hat dabei – wie so viele – den höchsten Preis bezahlt: die Selbstpreisgabe.» Materiell abgesichert, engagierte sich Sting Ende der achtziger Jahre politisch. Im Song *They Dance Alone* (1987) nahm er sich die Opfer der Militär-Junta Argentiniens zum Thema, setzte sich für die Erhaltung des Regenwaldes ein und tourte in Rahmen einer Amnesty International-Kampagne durch die Welt. Darüber geriet seine Karriere keineswegs ins Stocken, wenn auch seine Umtriebigkeit eine veritable Midlife Crisis verdeckte: Der frühe Tod seiner Eltern 1987 löste bei ihm eine Schreibhemmung aus. «Ich hatte keine Blockierung hinsichtlich der Musik», erklärte er später, «aber immer wenn es an die Texte ging, war da nichts. Zwei Jahre lang kein einziges Wort.» Das Aufarbeiten seiner Kindheit, die Erinnerung an den toten Vater brachen zwar die Schreibhemmung, wurden aber in einem ‹Q›-Feature in derselben Weise vermarktet wie die Geburt eines seiner sechs Kinder, die in dem Film ‹Bring On the Night› (1985; Regie: Michael Apted) zu sehen war. Das Ergebnis der Innenschau, *The Soul Cages* (1991), Parabeln über sein Leben, beschrieb ‹Q› als «eine breite Seelenschau, anspruchsvoll angelegt, offenkundig literarisch bestimmt und gelegentlich auch bewegend, etwa in der zerbrechlichen Ballade *When Angels Fall*». Die wieder gemeinsam mit Hugh Padgham produzierte Platte erwies sich ungeachtet der melancholischen, von der Londoner ‹Times› als selbstgefällig und «miserabel» abqualifizierten Grundstimmung und der kargen Instrumentierung als ein weltweiter Erfolg. Sting zeigte sich als Hans Dampf in allen Gassen: Seine Songtexte erschienen in Buchform, für die LP *For Our Children* sang er ein Kinderlied, gab den Erzähler in einer ‹Peter und der Wolf›-Aufnahme des Dirigenten Claudio Abbado, nahm an der Elton John / Bernie Taupin-Hommage *Two Rooms* (1992) teil und stellte sich in mehreren Filmen als Schauspieler vor die Kamera. Die Universität in Newcastle ernannte ihn zum Ehrendoktor der Musik, der spanische König zum Ehrenmitglied des Europäischen Rates. Der gute Mensch Sting hielt sich auf dem Hochplateau seiner Karriere, ohne seine Ideale zu verraten, ohne ewige Jugend vorzuspiegeln, ohne den Kotau vor dem Publikum zu vollführen. Das 1993 erschienene Album *Ten Summoner's Tales* mit der unbescheidenen Titelanspielung des Musikers mit dem bürgerlichen Namen Sumner auf Geoffrey Chaucers Literaturklassiker ‹Canterbury Tales› würdigte ‹Q› dann auch als «das Album eines selbstsicheren Mannes, dessen handwerkliches Können seinen Höhepunkt erreicht hat». Stings Können war unbestritten, an seiner Ausdruckskraft schieden sich die Geister. Was der eine Kritiker noch als cleveren Eklektizismus durchgehen ließ, erschien dem anderen als Oberflächlichkeit. Stil-Klau sei bei ihm Methode, schrieb die ‹Frankfurter Rundschau›: «Sting ist ein König der Diebe, der den postmodernen Pop-Mix zur Kunstform verdichtet hat.» Sein Album *Mercury Falling* (1996) widmete der Künstler dann auch einsichtig Merkur, dem Gott der Räuber und Kaufleute. Der Standard an Musikalität sei ein Superlativ, befand die ‹Times›, die Darbietung perfekt, die Melodien gingen streckenweise unter die Haut: «Aber es ist schwer, sich für ein Werk mit so wenig Begeisterung und so wenig Feuer im Bauch zu erwär-

men.» ‹Der Spiegel› sagte dem Album eine «gutgelaunte Direktheit» nach, «mit welcher der Mann die Genres wechselt»: ein «Sinnsucher ohne göttliche Botschaft predigt den Mut zu Intuition und grimmigem Selbstbewußtsein». Gordon Matthew Sumner mit Würde: «Ich bin 44 und habe sechs Kinder. Ich gebärde mich nicht, als wäre ich jünger. Und so hört sich auch meine Musik an. Ich bin nicht sicher, ob es überhaupt noch Rockmusik ist. Aber das ist mir völlig egal.» Ein ganzes Jahr, vom Juni 1996 bis Juli 1997, war er mit *Mercury Falling* weltweit unterwegs. In den Jahren 1997 bis 1999 business as usual für einen Superstar: Einzelauftritte (mit Puff Daddy in der Radio City Music Hall bei den MTV Video Awards), Benefits für die Vulkan-Opfer von Montserrat, die Aidshilfe, Tibet und immer wieder den Regenwald, Requiem (für Giovanni Versace in Milano), TV-Auftritte (‹Saturday Night Live›). Im März 1997 kam der erste Film seit acht Jahren, in dem er mitspielte, in die Kinos: «Gentlemen Don't Eat Poets». A & M Japan brachte 17 Soundtrack-Songs von Sting und Police unter dem CD-Titel *At The Movies* (1997) heraus. Im Oktober desselben Jahres erschien bei Verve in den USA die CD *Porgy and Bess* des Tenorsaxophonisten Joe Henderson, auf der er als Gast *It Ain't Necessarily So* sang. Ebenfalls 1997 hatte er mit dem EMI-Musikverlag für sich und den Police-Katalog einen Copyright-Vertrag abgeschlossen, der dem Vernehmen nach 20 Millionen englische Pfund wert war. Erst im September 1999 wartete er mit dem neuen Album *Brand New Day* auf, an dem er in Studios von Rom, Paris, London rund ein Jahr gearbeitet hatte: «Ich komponierte zuerst die Melodien und wartete dann so lange, bis mir Geschichten dazu einfielen. Das hat zwar länger gedauert, aber die Songs sind so viel organischer.» Lauter Love Songs: der Opener *A Thousand Years* zu einem von J. S. Bach abgeleiteten Zweivierteltakt-Motiv, *Big Lie – Small World* mit einem Bossa Nova-Rhythmus im Neunachteltakt, *Fill Her Up* am Anfang als Countrynummer, am Ende als Gospelsong mit James Taylor (voc), *Tomorrow We'll See* mit dem Jazz von Branford Marsalis' Klarinette, *Desert Rose* mit dem algerischen Popsänger Cheb Mahri aus Tausendundeiner Nacht, und immer mal wieder spielte Stevie Wonder Harmonika. «Lieben darf man das natürlich nicht, aber man kann es toll finden», orakelte der ‹Musikmarkt› mit einer Fünf-Sterne-Wertung: «Erratisch, eklektizistisch, perfekter Pop nach Gutsherrenart.» Ein Jahr später schob A & M dieselben Lieder noch einmal in *Brand New Day – The Remix Album* (2000) nach. Und wie stets ging Sting auch mit diesem Repertoire plus der immer wieder gern gehörten Hits vom Zuhälter Mackie Messer, der Prostituierten Roxanne und dem Mond über der Amüsiermeile Bourbon Street für viele Monate auf Tournee. Andreas Obst im April 2000 nach einem Konzert in der Frankfurter Festhalle in der ‹FAZ›: «Stings Lieder schleichen sich überall ein, und sind sie erst angekommen, wird man sie nicht wieder los. Die Songs nehmen Platz in den Bibliotheken aufgeklärter Musikhörer, die doch eigentlich vom Rock längst zu Bach und Mozart gewechselt sind. Sie grundieren Fahrten im Hochhausaufzug und das Schlangestehen in der U-Bahn. Diese Musik könnte einem sogar die Angst vorm Fliegen nehmen. Diese Lieder sind so groß, daß sie sogar die allergrößten Konzerthallen füllen. Vor lauter Dabeisein ist die Hoffnung fast verschwunden, hernach erzählen zu können, was alle, die nicht da waren, verpaßt haben. Man vermißt sie nicht.»

LPs auf A & M: *The Dream Of The Blue Turtles* (1985); *Bring On The Night* (1986); *Nothing Like The Sun* (1987); *Nada Como el Sol* (gesungen in spanischer und portugiesischer Sprache, 1988); *The Soul Cages* (1991); *Acoustic – Live In Newcastle* (1991); *Ten Summoner's Tales* (1993); *The Best Of Sting 1984–1994* (1994); *Mercury Falling* (1996); *At The Movies* (in Deutschland auf PMS/Polygram, 1998); *Brand New Day* (1999); *Brand New Day – The Remix Album* (2000).
Weitere LPs → The Police

The Stone Roses, 1985 in Manchester gegründet, hatten alle Voraussetzungen zur Supergroup, brachten es aber kaum über einen hochdotierten Underground-Act mit Ansätzen zur Legendenbildung hinaus. «Bahnbrechendes Gitarrespiel, eine Rhythm Section, die von höherer Macht zusammengestellt worden sein muss, und vorneweg der wurlige Ian Brown, der seine fehlende Live-Stimme durch Attitüde, Stolz und Kumpelcharme zehnmal ausglich. Beatles-Melodien,

neue Tanzbarkeit, Virtuosität, Ausstrahlung – dieser Vierer schien unschlagbar» (‹WOM Journal›). Gruppen wie die Charlatans, Happy Mondays, Inspiral Carpets und in deren Gefolge Oasis und Blur entlehnten ihren Sound den «Herrschern von Manchester» (Pressetext). So einflußreich sie mit ihrer genuinen Mischung aus psychedelischem Gitarrenrock und zündenden Dance-Beats jedoch auf die Musikszene der britischen Inseln waren, so wenig vermochten sie für sich selbst auf Dauer eine Massenbasis zu erlangen. In maßloser Überschätzung des eigenen Stellenwertes ließen sie sich für ihre Produktionen über Gebühr Zeit und brüskierten Fans, Kollegen und Kritiker mit Überheblichkeiten und Handgreiflichkeiten. «Die älteren Brüder des Britpop-Revivals sind sicher keine einfache Band. Kompromisse gehen sie nur ein, wenn es sein muss» (‹Intro›). So brachten sie 1995 die britische Presse gegen sich auf, indem sie der Straßenzeitung ‹The Big Issue› als einzigem Medium ein Interview gaben, die gesamte Musik- und Regenbogenpresse jedoch im Regen stehen ließen. Von den Erlösen konnte das Magazin sechs Apartments für Obdachlose kaufen, aber die Stone Roses waren in England unten durch. Ian Brown (voc), geboren am 20. Februar 1963 in Ancoats, und John Squire (g), geboren am 24. November 1962 in Broadheath, hatten bereits seit ihrem elften Lebensjahr gemeinsam die Schule besucht, bevor sie 1980 die Band Patrol gründeten. Brown spielte damals noch Baß, Andy Couzens stand hinter dem Mikrofon, und Simon Wolstencraft, ehemals The Fall, war für das Schlagzeug zuständig. Nach erfolglosen Anfängen firmierte die Band als The Mill, bis sie sich unter dem Eindruck eines Songs der Setting Sons in English Rose umbenannte und durch die Clubs in und um Manchester zu tingeln begann. Anlässlich eines überraschenden Tourangebots durch einen schwedischen Agenten übernahm Brown den Gesang, Couzens wechselte an die zweite Gitarre, Peter Garner wurde eilig für den Baß und Wren, als Alan John Wren am 10. April 1964 in Manchester geboren und mit Squire und Brown seit Kindheitstagen bekannt, fürs Schlagzeug engagiert. In Schweden benannten sie sich angeblich als Tribut an die Rolling Stones in Stone Roses um. 1985 erregte die Gruppe weniger durch ihre Auftritte als dadurch Aufsehen, dass sie ganz Manchester mit ihrem Bandlogo vollsprühte. Die ersten Singles verkauften sich nur in der Heimatstadt der Gruppe, was Garner und Couzens zum Ausstieg veranlasste, letzterer um High zu gründen. Als neuer Bassist kam Mani, als Gary Michael Mounfield am 16. November 1962 in Crumpsall geboren, hinzu. Mit unablässigen Tourneen erspielte sich die personell endlich konsolidierte Band nun auch in London, Liverpool und anderen englischen Metropolen Respekt. Die von Peter Hook von New Order produzierte Single *Elephant Dance*, zu der Squire ein Cover im Stile Jackson Pollocks lieferte, ließ die britische Musikpresse aufhorchen, und mit *Made Of Stone* stieg das Quartett auf Platz vier der britischen Single-Charts. Ihr Debütalbum *The Stone Roses* (1989) wurde trotz schleppender Verkäufe zur Blaupause für eine neue Generation britischer Gitarrenbands. Die Stone Roses traten in England vor 30 000 und mehr Zuschauern auf, wobei sie ihr Publikum in grenzenloser Fehleinschätzung der eigenen Möglichkeiten oft mit ermüdenden DJ-Sets enttäuschten. Dessen ungeachtet schlugen sie selbstbewusst ein Angebot Mick Jaggers aus, die Rolling Stones auf deren Amerika-Tournee des folgenden Jahres anzuwärmen. Doch der allzu leichtfertige Umgang mit ihrer Umgebung sollte sich nicht auszahlen. Ständige, meist zu ihren Ungunsten ausgehende gerichtliche Auseinandersetzungen hinderten die Band daran, in einem vertretbaren Zeitrahmen den Nachfolger zu ihrem Platten-Erstling zu produzieren. Erst 1992 veröffentlichten sie auf dem Major-Label Geffen, das sie für vier Millionen Pfund unter Vertrag genommen hatte, mit *Turn Into Stone* eine Single- und B-Seiten-Kollektion. Statt sich zu sanieren, sahen die sich Stone Roses jetzt jedoch auch noch mit einer saftigen Klage ihres ehemaligen Managers Gareth Evans konfrontiert, so daß auch das mehrfach angekündigte zweite reguläre Album *Second Coming* erst im November 1994 auf den Markt kam. Trotz des latenten Krieges mit der britischen Musikpresse stieg die Platte auf Platz vier in die UK-Charts ein. Der ständigen Konflikte müde, verließ Wren im April 1995 die Band und wurde durch Robbie Maddix ersetzt, der zuvor für Terence Trent

D'Arby und Rebel MC getrommelt hatte. Als es 1996 auf der ersten UK-Tournee seit fünf Jahren zu Tumulten kam, erklärte auch Squire seinen Ausstieg. Als neue Bandmitglieder wurden Aziz Ibrahim (g) und Nigel Ippinson (kb) vorgestellt. Doch der neue Schwung hielt nicht an, er erstickte im überkommenen psychischen und sozialen Ballast. Noch im selben Jahr gab Brown die Auflösung der Stone Roses bekannt, führte aber mit seinen erfolgreichen Solo-Alben *Unfinished Monkey Business* (1998) und *Golden Greats* (1999) das Vermächtnis der Band weiter. Squire landete mit seiner Combo Seahorses und dem Album *Do It Yourself* (1997) noch einmal auf Platz zwei der britischen Charts, Mani folgte dem Ruf von Primal Scream. Im Dezember 1996 erschien indes unter dem Titel *Garage Flower* noch eine Sammlung früher Aufnahmen aus der Hinterlassenschaft der Stone Roses.

LPs auf Silvertone: *Stone Roses* (1989); *The Complete Stone Roses* (1995); *Garage Flower* (1996) … auf Geffen: *Second Coming* (1994) … LPs Ian Brown auf Polydor: *Unfinished Monkey Business* (1998) … auf Interscope: *Golden Greats* (2000)

Stone Temple Pilots, 1992 in Los Angeles gegründet, trugen den Grunge-Sound aus der Gegend um Seattle in die bis dahin vom Sleaze-Rock à la Guns N' Roses dominierten Clubs von Los Angeles und von dort in die großen Stadien. Ihr fulminanter Hard Rock orientierte sich ebenso an den großen Bands der Siebziger, Led Zeppelin oder Kiss, wie an der bluesorientierten Fraktion des Grunge, allen voran Pearl Jam, Alice In Chains und Soundgarden. Vor allem der Bezug auf diese drei Gruppen wurde ihnen anfangs von der amerikanischen Presse verübelt. Sie galten als «eine der ersten Bands, die Anfang der Neunziger erfolgreich auf den Grunge-Zug aufsprangen und sich dem dummen Vorwurf des Kopismus aussetzen mußten» (‹Intro›). Doch indem sie «den Heavy-Gitarren-Sound der Arena-Rock-Bands mit der unernsten Attitüde des Punk verbanden» (‹Rolling Stone›), versöhnten sie zwei konträre Lager und brachten die Kritik auf ihre Seite. Von MTV und breiten Anzeigenkampagnen gepusht, waren sie «eine der größten

Hoffnungen der US-Alternative-Szene – bis die Drogenprobleme ihres Sängers Scott Weiland zum Dauerthema für die Gerichte wurden» (‹WOM Journal›). Weiland, geboren am 27. Oktober 1967 in Santa Cruz, Kalifornien, und Bassist Robert DeLeo, geboren am 2. Februar 1966 in New Jersey, lernten sich 1992 zufällig in der Bierschlange bei einem Konzert von Black Flag in Los Angeles kennen. Sie fanden heraus, daß sie beide dieselbe Freundin hatten, und begannen, gemeinsam Lieder zu schreiben. Mit DeLeos Bruder Dean (g), geboren am 23. August 1961 in New Jersey, und dessen Freund Eric Kretz (dr), geboren am 7. Juni 1966 in Santa Cruz, gründeten sie das nach einem totgeglaubten Bluesmusiker aus Chicago benannte Quartett Mighty Joe Young, das sie nach kurzer Zeit in Stone Temple Pilots umbenannten. Sie verlegten ihr Hauptquartier von Los Angeles nach San Diego und erspielten sich in den dortigen Clubs schnell eine ergebene Gefolgschaft. «Die dichten Mauern aus muskulösen Gitarren über einer festen, präzisen Rhythmusgruppe lieferten eine kraftvolle Grundlage für Weilands gefühlvollen Gesang und seine herausfordernden Texte» (‹Yahoo Music›). Noch im Jahr der Bandgründung erschien das Debütalbum *Core* (1992). Auf Grund von Weilands tiefer, rauchiger Stimme wurde die Band zunächst für ein heimliches Nebenprojekt von Pearl Jam-Sänger Eddie Vedder gehalten. Binnen eines Jahres verkaufte sich *Core* allein in den USA viermillionenmal und gelangte in die amerikanischen Top 20. Mit dem wesentlich kompakteren *Purple* (1994) stiegen die Pilots bereits auf der Top-Position in die Charts. Die Band versuchte alle Assoziationen mit Pearl Jam & Co. zu vermeiden und tendierte mit ihrem Soundkonzept in Richtung Psychedelic. Nach dem großen Erfolg des Albums nahmen sich die Piloten eine unbefristete Auszeit, in der Weilands Heroinabhängigkeit begann. Im Mai 1995 wurde er erstmalig wegen Heroin-Mißbrauchs inhaftiert, kam jedoch auf Bewährung frei. Das dritte, von der Kritik einhellig als bis dahin bestes Werk der Band gefeierte Album *Tiny Music…* (1996) entstand unter massivem Drogenkonsum. Weilands Stimme hatte eine Entwicklung «vom kraftvollen Gesang zu leicht Verschrobenem» (‹Visions›) vollzogen. Die Vermarktung des Albums litt darunter, daß

sich der Frontmann einer intensiven Drogentherapie unterziehen und die Band eine komplette Tour absagen mußte. Trotz zufriedenstellender Verkäufe machten Auflösungsgerüchte die Runde, die dadurch verstärkt wurden, daß Weiland 1998 unter dem Titel *12 Bar Blues* ein Soloalbum veröffentlichte, während die übrigen Musiker mit dem Sänger Dave Couts das Projekt Talk Show ins Leben riefen, mit dem sie 1998 die CD *Talk Show* erscheinen ließen. Ein Jahr später fand man sich jedoch wieder zusammen, um *No 4* (1999) zu produzieren. Mit ihrem vierten Album «blieben die Piloten auf Kurs mit den eigenen Tugenden, glitten in handfesten Rockern durch Doors-Pathos und Lennon/McCartney-Reminiszenzen und ließen jedwede Spekulation um den (Nicht-)Fortbestand der Band verpuffen» (‹Intro›). Die Euphorie war jedoch nur von kurzer Dauer, da Weiland wegen Nichteinhaltung seiner Bewährungsauflagen im August 1999 eine einjährige Haftstrafe antreten mußte.

LPs auf Atlantic: *Core* (1992); *Purple* (1994); *Tiny Music* (1996); *No. 4* (2000); *Shangri-La Dee Da* (2001) … LP Scott Weiland auf Atlantic: *12 Bar Blues* (1998)

The Stranglers, 1974 in Guildford, England, zunächst mit Hugh Cornwell (voc, g), am 28. August 1949 in London geboren, Jean-Jacques Burnel (voc, bg), am 21. Februar 1952 als Sohn französischer Eltern in London geboren, Jet Black (dr), bürgerlich: Brian Duffy, am 26. August 1948 in Ilford, Essex, geboren, als Guildford Stranglers gegründet, ein Jahr später mit Dave Greenfield (kb), am 29. März 1949 in Brighton, Sussex, geboren, komplettiert, machten «psychopathisch eindringliche Gegenwartsmusik» (‹Sounds›) mit brutalen rhythmischen Strukturen und finsteren Texten, in einer «seltsamen Mischung aus Pessimismus und Romantizismus» (‹New Musical Express›). In ihrem Musikgefühl waren sie dem US-Westküstenrock der sechziger Jahre verhaftet, gebärdeten sich wie eine New Wave-Band, waren aber ganz sicher keine Punk-Gruppe. «Der kennzeichnende pulsierende Rhythmus, die immer noch an die Doors erinnernde Orgel, die abgehackten Gitarrenläufe, dieses Sprachkauderwelsch und Herumgestottere, diese Überdrehtheit und Ruhelosigkeit der Stranglers ist doch nichts anderes als ein Symptom der Aufbruchstimmung, die endlich jene lärmende Lethargie und Resignation der 70er Jahre wegfegen will» (Kritikerin Ingeborg Schober). Mit sexistischen Songtexten, verbaler Kraftmeierei und tätlichen Angriffen auf kritische Journalisten machten sie sich alsbald einen zweifelhaften Namen. So glaubten sie an das «Gesetz des Dschungels», sonst «wird man so wie Schweden». Frauen waren für sie «Objekte männlicher Lust», die «bloß einen guten Orgasmus brauchen». Die Frauenbewegung verhöhnten sie als «brauchbar», denn «ich mag es immer, wenn sich eine Frau unter mir bewegt» (Cornwell). Mit einem Vokabular, das sie wiederholt dem Faschismusverdacht aussetzte, taten sie die Amerikaner als «minderwertige Rasse» ab, weil ihnen in den USA der Erfolg versagt blieb, und hielten Gewalt für «eine nützliche Sache» (Burnel). Nach ihrem Hit-Debüt *Rattus Norvegicus* (1977) und einigen Anschlußtreffern gerieten sie 1979 in ein Karrieretief. Sie gingen verstärkt auf Tournee, wurden in juristische Händel verstrickt und 1980 in Nizza sogar ins Gefängnis gesteckt. 1981 hatten die Stranglers mit den Alben *The Meninblack*, *La Folie* erneut eine Glückssträhne. Die Singles *Golden Brown*, *Strange Little Girl* waren mit ihrem untypischen sanften Sound internationale Erfolge. Dementsprechend versuchte die Band auch, ihr Image zu ändern, und tat ihr früheres grobschlächtiges, mißverständliches Gebaren als Zeichen einer überwundenen Unreife ab. Dennoch gerieten sie mit weiteren Produktionen ins Minenfeld verfestigter kritischer Vorurteile. So lobte der ‹Musikexpress› neuere Arbeiten als «großartige Synthese aus Rock 'n' Roll, Pop, Boogie und Synthieblues», während der ‹NME› bösartig konstatierte: «Sie bleiben musikalisch ihrem Namen treu und strangulieren uns mit ihren häßlichen, uninspirierten und sinnentleerten Songs.» Spätestens seit Anfang der achtziger Jahre stand den vier versierten Musikern ihr Böse-Buben-Image im Wege. Die Alben *The Raven* (1979), *La Folie* (1981) und *Aural Sculpture* (1984) mit Songs wie *Duchess*, dem Cembalo-Walzer *Golden Brown*, dem französisch gesungenen *La Folie* und *Let Me Down Easy* zeigten das Pop-Potential der Band, handwerkliches Kön-

nen, Ideenreichtum. Nebenbei produzierten Burnel, Cornwell sowie Burnel und Greenfield Soloalben. Stur hielt ‹Rolling Stone› die Band für eine ewiggestrige Punk-Formation – erst recht, als die Musiker mit markigen Sprüchen – «Americans got small brains» – aneckten. Verhängnisvoller als die abnehmende Publikumsgunst erwies sich das Desinteresse der Musiker an ihren eigenen Klängen. Auf *Dreamtime* (1986) folgte eine laue Zusammenstellung von Live-Aufnahmen, dann eine Singles-Collection. Cornwell begann sich von den Stranglers zu lösen und unterschrieb 1988 einen Solo-Vertrag bei Virgin; 1990, noch vor der Veröffentlichung des zehnten Albums (*10*) verließ er die Band. Burnel, Greenfield und Black engagierten Paul Roberts als Sänger und den Ex-Vibrators-Gitarristen John Ellis. Als die LP *Stranglers In The Night* 1992 erschien, verglich ‹Q› Roberts mit Julian Cope und Andy Bell (Erasure), doch war durchaus Ähnlichkeit mit Cornwells Timbre auszumachen. Immerhin: «Zu einem Zeitpunkt, als mehr darauf hindeutete, daß die Band auseinanderbreche, als daß sie sich zu neuen Höhen aufschwingen würde, reagieren sie mit einem Album solcher Qualität, wie um alte Fans, die sich schon abgewandt hatten, zu beschämen» (‹Q›). *About Time* (1995) lobte ‹Mojo› abermals als «dunkel und gefährlich», wenn das Blatt sich auch an Paul Roberts' «manieriertem Pop-Gesang» stieß und Cornwell zurückwünschte. *Written In Red* (1997) schaffte es in den UK-Charts gerade noch auf Platz 52 – für eine einzige Woche. Das 21jährige Bestehen der Band zeigte die Stranglers als Club von Dirty Old Men: Für das Konzert zum Ereignis holten sie sich ein Streichorchester auf die Bühne, um die ausgebleichten Hits zu spielen – es bestand nur aus Frauen. Doch dann übernahm ein entschlossener Mann das Kommando und – zumindest für die Hälfte der Stücke – das Mikrofon. Mehr noch: Bassist Burnel sang auf *Coup De Grace* (1998) nicht nur, er steuerte mit Songs wie *Miss You, In The End, You Don't Think ...*, *God Is Good* auch ganz frische Melodien und Arrangements zum Repertoire bei. ‹Musikexpress›: «Alles in allem Pop auf höchstem Niveau.» J. J. Burnel: «Jetzt machen wir nur noch Sachen, die für uns Neuland bedeuten und die Stranglers nicht zu einem bloßen Job verkommen lassen.» Während des NATO-Einsatzes im Kosovo reiste die Truppe zur Truppenbetreuung ins jugoslawische Pristina und gab in Bosnien mehrere Konzerte. Burnel: «Die Soldaten haben im Laufe des Abends angefangen, um ihre Maschinenpistolen herumzutanzen.» Aufnahmen vom martialischen Punk wurden u. a. im Live-Doppelalbum *5 Live 01* (2001) veröffentlicht. Burnel: «Es erscheint uns richtig, alle paar Jahre das jeweils letzte Kapitel unserer Historie mit einem Live-Album zu dokumentieren.» Neue Stücke enthielt es naturgemäß nicht, worauf ‹Stereoplay› mäkelte: «Hätten sie ihre Zeit doch besser in ein neues Studio-Album gesteckt.» Man kann's eben nicht allen recht machen.

LPs auf United Artists: *Rattus Norvegicus* (1977); *No More Heroes* (1977); *Live (X-Cert)* (1978); *Black And White* (1979); *The Raven* (1979) ... auf Liberty: *The Meninblack* (1980); *La Folie* (1981); *The Collection 1977–1982* (1982); *Off The Beaten Track* (1986) ... auf Epic: *Feline* (1982); *Aural Sculpture* (1984); *Dreamtime* (1986); *All Live And All Of The Night* (1988); *10* (1990); *Greatest Hits 1977–1990* (1991) ... auf China: *In The Night* (1993) ... auf Receiver: *Death & Night & Blood – Live* (1994) ... auf When Records: *About Time* (1995); *Written In Red* (1997) ... auf Eagle: *Friday The Thirteenth – Live At The Albert Hall* (1997); *Coup De Grace* (1998) ... auf Steamhammer: *5 Live 01* (2-CD, 2001) ... Solo-LPs Jean-Jacques Burnel auf United Artists: *Euroman Cometh* (1979); *Un Jour Parfait* (1988) ... Solo-LPs Hugh Cornwell auf Liberty: *Nosferatu* (1979) ... auf Virgin: *Wolf* (1988) ... auf IRS: *Wired* (1993) ... auf Badfish: *Guilty* (1997)

Streisand, Barbra Joan (voc), am 24. April 1942 als Tochter eines jüdischen Lehrers im New Yorker Stadtteil Brooklyn geboren und mit 15 Monaten vaterlos geworden, beklagte sich im Juni 1971 bei ‹Rolling Stone›, sie sei zu Unrecht als Interpretin der Alten und des Establishment abgestempelt worden: «Ich bin doch erst 29, ist das vielleicht alt?» Wie jung sie musikalisch geblieben war, versuchte der Broadway-, Hollywood- und Schallplattenstar, höchstbezahlte Stimme Amerikas, danach auf einigen LPs zu beweisen. Auf ihre unverwechselbar dramatische Art, mit Jazzphrasierung, Soulfarben und Gospeltönen sang sie auch Rockstücke von John Lennon, Paul Simon, Randy Newman, Laura Nyro, Carole King und putzte sie gelegentlich zu Show-Arien auf. In ihrem Album *Barbra Joan Streisand* wurde sie vom Damen-Rockquartett Fanny begleitet. In *Enough Is Enough (No More Tears)*, für zwei Wochen Nummer eins in Amerika, war sie mitreißend neben Donna Summer zu hören. Der Welt-Hit *Woman In Love* aus ihrem Bestseller-Album *Guilty* (weit über 20 Millionen Dollar Umsatz) wurde von Barry Gibb von den Bee Gees produziert. Gewiß, Barbra Streisand hatte sich in den Musical-Filmen ‹Funny Girl›, ‹Hello Dolly!›, ‹On A Clear Day You Can See Forever›, ‹Funny Lady› als Spitzen-Entertainer der USA profiliert, sie hatte mit ihren Unterhaltungsmusik-LPs die Vortragskunst herkömmlicher Songs zur Vollendung gebracht und sich als Filmproduzentin (‹Yentl›) gegen viele Widerstände in der harten Männerwelt Hollywoods durchgesetzt. Sie beherrschte nach einer ärmlichen Kindheit und harten Lehrjahren als Putzfrau, Toilettenfrau, Platzanweiserin, Barsängerin aber nur annähernd das aggressive Rockidiom. «Viele Rocksänger», sagte sie, «haben eine Begabung, die mir leider fehlt, sie schreiben sich ihr eigenes Repertoire.» Als sie es mit dem ‹Love Theme› aus dem von ihr produzierten Film ‹A Star is Born› (Titel: *Evergreen*) zusammen mit dem Komponisten Paul Williams einmal versuchte, wurde sie prompt mit einem Grammy prämiert. Aber das war nur eine ihrer zahlreichen Auszeichnungen. Barbra Streisand hat – außerhalb der Rockmusik – ähnlich wie Frank Sinatra die Kunst der Popsong-Interpretation auf einen Höhepunkt geführt. Besonders ihre Live-Alben *One Voice*, 1987 im Garten ihres kalifornischen Anwesens aufgenommen, und das vom Konzert im Madison Square Garden 1994 demonstrierten ihren magischen Rapport mit dem Publikum. ‹Rolling Stone›: «Ihr Status als Pop-Ikone ist in den neunziger Jahren endgültig gesichert.» Als sie am Ende des Jahrzehnts und jenes Jahrhunderts, das sie zur «Voice of America» erhoben hatte, ihre späte Hochzeit mit dem Schauspieler James Brolin mit zwölf Love Songs auf dem Album *A Love Like Ours* (1999) feierte, bemerkte der ‹Musikexpress›, die Arrangements plätscherten «reibungslos im Hintergrund», und erwies der Funny Lady Respekt: «Kantigere Produktionen wie auf *Butterfly* oder *Stoney End* werden wir wohl nie wieder von ihr hören, aber das geht in Ordnung: die 57jährige ist in ihrem eigenen Universum, Lichtjahre jenseits von Diva, Kitsch und Nasenoperation» (Christoph Lindemann). Mit dem Konzert *Timeless*, am Silvesterabend 1999 im MGM Grand Hotel von Las Vegas für ein Doppelalbum mitgeschnitten und in je zwei Galas im September 2000 in Los Angeles und New York wiederholt, verabschiedete sie sich von der großen Bühne, um fortan nur noch in Film- und Plattenstudios aufzutreten oder Regie zu führen – «aus Lampenfieber», wie sie sagte. *Timeless – Live In Concert* (2000) war ein Rückblick auf die beispiellose Schallplattenkarriere der höchstbezahlten Popsängerin des 20. Jahrhunderts. 36 ihrer Alben wurden mit Gold ausgezeichnet, 20 mit Platin, zehn davon sogar mehrfach. Am 28. Januar 2000 wurde sie im Beverly Hilton Hotel von Los Angeles mit einem Golden Globe für ihr Lebenswerk ausgezeichnet – nur noch ein weiterer ihrer diversen Lifetime Achievement Awards. Kurz zuvor hatte sie von Christie's in New York Möbel, Geschirr, Kleider und einen schwarzen Thunderbird aus dem Jahre 1956 für insgesamt 980 000 Dollar versteigern lassen. «Alles alter Plunder», sagte sie. Ihre vielen Grammies und Oscars und Memories waren nicht dabei.

LPs (Auswahl) auf Columbia: *The Barbra Streisand Album* (1963); *The Second Album* (1963); *The Third Album* (1965); *My Name Is Barbra* (1965); *My Name Is Barbra – Two* (1965); *Color Me Barbra* (1966); *Je m'appelle Barbra* (1966); *A Happening In Central Park* (1967); *Simply Streisand* (1967); *Funny Girl* (1968; Soundtrack); *What About Today?* (1970); *Stoney End* (1971); *Barbra Joan Streisand* (1971); *Barbra Streisand Live* (1972); *Live Concert At The Forum* (1972); *Classical Barbra* (1973); *And Other Musical Instruments* (1973); *The Way We Were* (1974); *Greatest Hits* (1974); *Butterfly* (1974); *Funny Lady* (1975; Soundtrack); *Lazy Afternoon* (1975); *Christmas Album* (1976); *Classical Barbra* (1976); *A Star Is Born* (mit Kris Kristofferson, 1977); *Streisand Superman* (1977); *Songbird* (1978); *Greatest Hits Vol. 2* (1979); *Wet* (1979); *The Main Event* (1979; Soundtrack); *Guilty* (mit Barry Gibb, 1980); *Memories* (1981); *Yentl* (1983; Soundtrack); *Emotion* (1984); *The Broadway Album* (1985); *One Voice* (1987); *Nuts* (1987; Soundtrack); *Till I Loved You* (1988); *A Collection: Greatest Hits … And More* (1989); *Just For The Record* (1991; vier CDs, Aufnahmen von 1955–1988); *The Prince Of Tides* (1991; Soundtrack); *Back To Broadway* (1993); *Barbra – The Concert 1994* (1994); *The Mirror Has Two Faces* (1996; Soundtrack); *Higher Ground* (1997); *A Love Like Ours* (1999); *Timeless – Live In Concert* (2-CD, 2000) … auf Capitol: *People* (1964); *Funny Girl* (1964; Original Broadway Cast) … auf RCA: *On A Clear Day You Can See Forever* (1965; Soundtrack) … auf 20th Century Fox: *Hello Dolly* (1969; Soundtrack) … auf Arista: *Funny Lady* (1975)

Suede, 1987 in London gegründet, hatten noch kaum einen Ton veröffentlicht, als die britische Musikpresse die Band 1992/93 in einen Kultstatus hob und das Musikmagazin ‹Q›, immer auf der Suche nach neuen Britpop-Attraktionen, sie sogar auf den Titel hievte. Die Presse-Euphorie entpuppte sich in kürzester Zeit als Hype und bekam der Band schlecht: In der nächsten Saison war Suede vergessen, Blur und Oasis in den Mittelpunkt des Journalisteninteresses gerückt. Brett Anderson (voc), geboren am 27. September 1967 in Haywards Heath, Sussex, hatte 1985 zusammen mit seinem Schulfreund Mat Osman (bg), geboren am 9. Oktober 1967, sowie Gareth Perry (g) und Danny Wilder (dr) in Heywards Heath, Sussex, das Quartett Geoff gegründet. Die Band brach nach einigen Demo-Aufnahmen wieder auseinander, Anderson und Osman, die zum Studium nach London gingen, gründeten dort Suave & Elegante. Auf der Suche nach weiteren Mitgliedern fanden sie über eine Anzeige im ‹New Musical Express› den Gitarristen Bernard Butler, geboren am 1. Mai 1970. Umbenannt in Suede und verstärkt um eine Drum Machine, nahm das Trio, zu dem zeitweilig auch Andersons Freundin, die Gitarristin Justine Frischmann, gehörte, einige von Anderson und Butler geschriebene Demos auf und konnte das Independent-Label RM dafür interessieren. Die Single *Be My God* beeindruckte die Redaktion des ‹Melody Maker› so sehr, daß die stets um Trends bemühte Zeitschrift die Band auf das Cover nahm und ihre Karriere in Gang brachte. Mit Simon Gilbert, am 23. Mai 1965 geboren, hatte Suede endlich auch einen Drummer gefunden und veröffentlichte innerhalb weniger Monate mit *The Drowners* und *Metal Mickey* weitere Singles. Die Begeisterung der britischen Presse konnte im übrigen Europa und in den USA nicht recht nachvollzogen werden: Auf einer kurzen Tournee Anfang 1993 präsentierte Anderson sich in Gestus und Phrasierung als Bowie-Adept, die Musik spielte mit Versatzstücken aus den siebziger Jahren. Anderson, Butler, Osman und Gilbert überlagerten Gitarre und Drums mit Phasingeffekten und legten breite Synthesizer-Sounds darunter. Eine erste US-Tournee desillusionierte die vom heimischen Hype geblendeten Musiker: Nur wenige Zuschauer wollten die Band sehen; die zweite Tournee durch die Vereinigten Staaten wurde zu einem Triumphzug ihrer Vorgruppe The Cranberries. Die Produktion neuer Songs zog sich hin, der häufig mit dem Smiths-Gitarristen Johnny Marr verglichene Bernard Butler verließ die Band und wurde durch den erst achtzehnjährigen Richard Oakes (g) ersetzt. An Andersons Führungsanspruch änderte sich nichts. Für *Dog Man Star* (1994) setzte er auf elegische Klangschönheit, ließ das Mellotron wimmern und wirkliche Streicher die Songs von Einsamkeit, Depression, Intoleranz in wogenden Wohlklang tauchen. David Sinclair in der ‹Times›: «War schon ihr Plattendebüt sensationell, so übertrifft das neue Album jeden Superlativ.» Doch die wetterwendische und auflagengeile britische Musikpresse hatte ungeachtet solcher Jubelrufe im Feuilleton längst Abschied von Suede genommen, bezeichnete das Album als «Schwanengesang» (‹Q›) und wandte sich jüngeren Bands zu. In den USA wartete man ab: «Eines Tages», mutmaßte ‹Rolling Stone›, «werden sie hier in den großen Hallen spielen, und keiner wird bemerkt haben, wie es dazu kam.» Als sich der Rauch um Blur und Oasis verzogen hatte, erstand Suede wie ein Phönix aus der Asche und konnte mit *Coming Up* (1996) auch das Interesse der Musikblätter wieder auf sich ziehen. Anderson hatte den Keyboarder Neil Codling in die Band geholt, der sich auch als talentierter Songwriter entpuppte. Die zehn Songs – «wenigstens fünf potentielle Singles darunter» (‹Q›) – überraschten die Suede-Fans nicht mit Ungewohntem: Anderson klang zuweilen immer noch wie Bowie, Oakes ahmte hier und da immer noch Butler nach. Der hatte zwei Singles mit dem Sänger David McAlmont aufgenommen und schraubte dann endlos an seinem ersten Soloalbum *People Move On* (1998). Da hatte Suede schon die B-Seiten ihrer Singles zu einem Doppelalbum zusammengestellt. *Sci-Fi Lullabies* (1997) sei aber deshalb noch lange keine «langweilige Restmüllverwertung», befand ‹Musikexpress›, sondern enthalte «genau jene Mischung aus Weltschmerz und Selbstverliebtheit, Glamour und Kitsch, die aus einem stinknormalen Britpop-Album ein polarisierendes Suede-Album macht». Und während Butlers *People Move On* sich auf dem elften Platz der UK-Charts nicht mehr weiterbewegte, stieg Anderson mit seinem nächsten Suede-Album *Head Music* (1999) sofort zur Spitzenposition auf. Dance-Producer Steve Osborne hatte etwas Reggae reingemischt, den Baß hochgezogen, mit *Crack In The Union Jack* einen antinationalistischen Ausflug in die Politik gewagt und mit *Savoir Faire, She's In Fashion* für ordentliche Popsongs gesorgt. Kritiker Ulf Lippitz: «*Head Music* revolutioniert nicht die Musikwelt, es ist ein eklektisches Dokument einer bravourösen Band.» Solches aber war gar nicht im Sinne des Youngsters und Möchtegern-Punks Richard Oakes, der auf der *Head Music*-Tour demonstrativ gegen den im Konzert wie ein Pfau herumhüpfenden, auf die Boxen springenden und sich spreizenden Brett Anderson ankämpfte, mal die Gitarre mit AC/DC-Minimalriffs bis zum Hörsturz aufheulen ließ und jegliche Kommunikation mit der Rest-Band verlor, mal Andersons Idol David Bowie in Interviews madig machte: «Er hat aufgehört, gute Musik zu machen, bevor ich geboren wurde.» Kritiker Michael Hufnagel, ‹Berliner Morgenpost›, diagnostizierte: «Suede explodieren nicht, sie implodieren. Mit elegischen und feinmotorischen Elementen hatte sich das englische Quintett in der Musikszene der Neunziger festgemacht. Nun soll brachial etwas dargestellt werden, was dem Naturell nicht entspricht. Diese Metamorphose hätte man sich besser erspart.»

LPs auf Nude: *Suede* (1993); *Dog Man Star* (1994); *Coming Up* (1996); *Sci-Fi Lullabies* (1997); *Head Music* (1999) ... Solo-LP Bernard Butler auf Creation: *People Move On* (1998)

Suicidal Tendencies, 1981 in Los Angeles gegründet, schlugen als allererste Band eine vorsichtige Brücke vom Hardcore und Heavy Metal zum Rap, obgleich Annäherungen von der anderen Seite schon zahlreich stattgefunden hatten. Sie waren die Pioniere des Skate-Punk und überstanden unzählige personelle und stilistische Stürme, ideologische und juristische Anfechtungen. Mastermind und Maskottchen war Mike Muir (voc), zu erkennen an seinem blau geblümten Kopftuch. Seine sich ständig überschlagende, aber dennoch kraftvolle und markante Stimme war wie geschaffen für den konfusen Sprechgesang, der zum Markenzeichen der Suicidal Tendencies wurde. Noch vor Veröffentlichung eines Albums erhielt die Gruppe von dem Fanzine ‹Flipside› das Prädikat «worst band and biggest assholes 1982». Dessenungeachtet legte die Band im folgenden Jahr in der Besetzung Muir, Grant Estes (g), Louiche Mayorga (bg) und Amery Smith (dr) das beeindruckend freche Debütalbum *Suicidal Tendencies* vor. ‹Visions›: «Nichts ist bei Muir zufällig, alles Teil eines großen Gedankengebäudes, das für ein paar Sekunden Bestand hat, um in der Hitze des Wortgefechts sofort wieder durch die diametrale Position ersetzt zu werden.» Die Auskopplung *Institutionalized* fand Unterstützung durch MTV, die Gruppe Zugang zu einem größeren Markt. Angeblich wurde *Suicidal Tendencies* das bis in die Neunziger hinein meistverkaufte amerikanische Punk-Album. Dennoch dauerte es vier Jahre, bis Muir und Co. wieder ins Studio gingen. Die Band tourte ununterbrochen und «bewegte sich langsam vom Punk zum Hardcore zum Speed Metal» (‹Rolling Stone›). Auf *Join The Army* (1987) machten Estes und Smith Rocky George und R. J. Herrera Platz, der harte Sound der Gruppe klang ausgewogener und das Chaos kontrollierter. Neben Songs mit bissigen Polit-Schlachtrufen enthielt das Album mit *Possessed To Skate* die erste Skate-Hymne der Rockgeschichte. Schon auf dem dritten Album *How Will I Laugh Tomorrow When I Can't Even Smile Today* (1988) trat die Band in abermals veränderter Besetzung an. Bob Heathcote hatte den Baß übernommen und Rhythmusgitarrist Mike Clark die Band zum Quintett aufgestockt. Mit einem vollen, vielfach in sich gebrochenen Stakkato-Rock hatten die Suicidal Tendencies endlich ihre Soundkennung gefunden, an die sie sich auch auf *Controlled By Hatred / Feel Like Shit … Deja-Vu* (1989) hielten. Mit wachsender Popularität geriet die Band jedoch auch immer stärker in die öffentliche Schußlinie. Der Gruppe wurde unterstellt, nicht zuletzt mit ihrem Namen die Verantwortung für eine Reihe von Teenager-Selbstmorden zu tragen und als Gang unter dem Deckmäntelchen einer Rock-Band zu agieren. Muir konnte alle Vorwürfe eloquent entkräften: «Wir würden niemals Selbstmord begehen. Allein der Gedanke daran ist völlig idiotisch. Milliarden Menschen nehmen jedoch für sich in Anspruch, lebendig zu sein, obwohl sie nur klinisch lebendig sind. Mit ihnen passiert nichts mehr. Sie sind tot und merken es nicht. In diesem Kontext wollen wir das Wort suicidal verstanden wissen.» Als unpolitisches Seitenprojekt gründete er unterdessen gemeinsam mit Bassist Robert Trujillo die zappaeske Comedy-Band Infectious Grooves, deren Debütalbum *The Plague That Makes Your Booty Move … It's The Infectious Groove* (1991) wie ein humoristischer Lichtblick in einer todernsten Rockszene wirkte. Trujillo stieß dann auch zu den Suicidal Tendencies für deren Album *Lights … Camera … Revolution* (1990), mit dem die Band eine Drehung in Richtung aufwendig produzierten Art Rock machte, der immer noch voller Humor steckte. «Die Suicidals besitzen eine Qualität, die sich im weiträumigen Crossover-Bereich höchst selten zeigt: Witz (was nicht Fun meint). Wirklich gut gespielter Punk mit hurtigem Sprechgesang trifft nette melodische Refrains, aus Speed-Passagen plumpsen traditionelle Rockriffs und herzzerreißende Gitarrenchorusse» (‹NM! Messitsch›). Den Höhepunkt dieser Entwicklung erreichten sie mit *The Art Of Rebellion* (1992), einem ehrgeizigen Album von schwindelerregenden Tempowechseln und faszinierender Buntheit, auf dem die Heavy-Elemente deutlich in den Hintergrund traten. Am Schlagzeug hatte inzwischen Josh Freeze, auch er ein Mitglied der Infectious Grooves, Platz genommen. Statt nach neuen Ausdrucksmöglichkeiten zu suchen, entschloß sich das letzte verbliebene Suicidals-Gründungsmitglied Mike Muir zu einem bis dahin einmaligen Schritt und nahm das komplette Debütalbum der Band unter dem Titel *Still Cyco After All These Years*

(1993) noch einmal auf. Es schien, als würde Muir sein kreatives Potential eher mit den Infectious Grooves austoben, mit denen er die tolldreisten Abenteuer-Trips *Sarsippus' Ark* (1993) und *Snapped Lika Mutha* (1994) herausbrachte. Das ST-Album *Suicidal For Life* (1994) klang verglichen damit nur wie ein lascher Aufguß alter Heldentaten. Zwar hatte die Band mit dem neuen Drummer Jimmy DeGrasso (Ex-White Lion) noch einmal Kraft geschöpft, doch reichte es nicht für einen überzeugenden Neuanfang. Kurze Zeit später löste Muir die Suicidal Tendencies auf, machte aber auf seinem harmlosen Soloalbum *Lost My Brain! (Once Again)* (1995) im gleichen Stil weiter. Als 1997 die Compilation *Prime Cuts* angekündigt wurde, machten Reunion-Gerüchte die Runde. In der Tat enthielt die Platte zwei nagelneue Tracks, die Muir mit Clark, Dean Pleasants (g), Josh Paul (bg) und Brooks Wackerman (dr) aufgenommen hatte und die die Band in bester Funk Rock-Verfassung zeigten. Mit dem geradlinigen Anschluß-Album *Freedump* (1999) war wieder alles beim alten. ‹Intro›: «Hier ist fast alles pures Gebolze. Hochgeschwindigkeitspunkrock mit der typisch irren Maschinengewehrzunge von Mike Muir, der nicht mit Zynismus geizt.» Auf *Free Your Soul … And Save My Mind* (2000) setzte das Songwriter-Gespann Muir / Clark mit dem Rest der seit der Runderneuerung personell erstaunlich stabilen Sucidals das bewährte Erfolgsrezept mit unverminderter Schlagkraft fort.

LPs auf Epitaph: *Suicidal Tendencies* (1983) … auf Caroline: *Join The Army* (1987) … auf Epic: *How Will I Laugh Tomorrow When I Can't Even Smile Today* (1988); *Controlled By Hatred / Feel Like Shit … Deja Vu* (1989); *Lights … Camera … Revolution!* (1990); *The Art Of Rebellion* (1992); *Still Cyco After All These Years* (1993); *Suicidal For Life* (1994); *Prime Cuts* (1997) … auf Suicidal Records: *Freedumb* (1999); *Free Your Soul And Save My Mind* (2000) … LP Mike Muir als Cyco Miko auf Epic: *Lost My Brain! (Once Again)* (1995) … LPs Muir mit Infectious Grooves auf Epic: *The Plague That Makes Your Booty Move … It's Infectious Grooves* (1991); *Sarsippus' Ark* (1993); *Groove Family Cyco* (1994) … auf Suicidal Records: *Mas Borracho* (2000)

Suicide, 1970 in New York gegründet, erfanden die Grundlagen des Techno, zwei Jahrzehnte bevor dieser Begriff zum Markennamen wurde. «Ein dumpf wiederholtes Minimal-Riff aus dem Synthesizer, auf eins-eins-eins-eins reduzierte Rhythmik und Fetzen finaler Lyrik» machten ihre Songs «zu einer Annäherung an die Grenzen der Musik, die kaum je in dieser Konsequenz gewagt wurde, auch seither nicht» (‹WOM Journal›). Den einen galten sie als logische Weiterführung von Velvet Underground, andere zählten sie zu den einflußreichsten Punk-Bands Amerikas. «Martin Revs knöcherne Keyboardarbeit auf einer kaputten Farfisa, deren Reparatur sich Suicide nicht leisten konnten, und Alan Vegas psychotischer Gesang – eine Mischung aus weihevollem Seelenschrei und Rockabilly-Exzeß – waren die perfekte Synthese der knurrenden Attitüde des Punk und der Pop-Impulse des New Wave» (‹Pulse›). Alan Vega (voc), geboren 1948, und Martin Rev (kb) kamen Ende der Sechziger aus der New Yorker Kunstszene. Rev hatte bereits als Free Jazz-Musiker Erfahrungen gesammelt. Zunächst tingelten sie durch die New Yorker Galerien und Clubs, allen voran Max' Kansas City. Vegas Wortfetzen waren auf Revs ohrenbetäubenden Drones kaum verständlich. Nach anfänglicher Euphorie stieß die Gruppe auf immer größere Schwierigkeiten, Auftrittsorte zu finden, und stellte ihre Arbeit 1973 zunächst ein. Angespornt vom Erfolg der Ramones und Patti Smith', begannen Suicide drei Jahre später wieder aufzutreten und avancierten zu einer der Stammbands des New Yorker Punk-Clubs CBGB's. Auf ihrem mit Hilfe des ehemaligen New York Dolls-Managers Martin Thau veröffentlichten Debütalbum *Suicide* (1977) stellten sie schicksalsschwere Drogen- und Selbstmord-Songs vor, die sie bereits seit sieben Jahren aufführten. Eine anschließende Europa-Tournee mit The Clash und Elvis Costello entwickelte sich zur Katastrophe. In Brüssel lösten sie einen Aufstand aus, den sie wenig später auf der infernalischen Flexi *23 Minutes Over Brussels* verarbeiteten. Unter der Regie von Ric Ocasek (The Cars) entstand 1980 das Album *Alan Vega / Martin Rev – Suicide*, dessen Pop-Appeal der Band ihren Biß nahm. Trotz partiellen Erfolgs, der bis zu Fernsehauftritten führte, fiel die Gruppe auseinander. Rev und Vega produzierten eine Reihe von Soloalben, während das Debütalbum von Suicide auf diversen Labels immer neue Wiederveröffentlichungen erlebte. 1988 fanden Suicide wieder zusammen, schienen aber mit dem Album *A Way Of Life* (1989) immer noch nicht in ihre Zeit zu passen. Nicht anders erging es ihnen drei Jahre später mit *Why Be Blue* (1992). Um Rev wurde es still. Vega veröffentlichte auf Henry Rollins' Label 2. 13. 61 Records. Erst als Ende der Neunziger der Boden für eine neue Elektronik-Avantgarde geebnet war, fanden Suicide Anerkennung als Vorreiter eines ganzen Genres. Anläßlich einer Wiederveröffentlichung von *Suicide* einschließlich eines Live-Mitschnitts aus dem CBGB's und *23 Minutes Over Brussels* auf dem britischen Label Mute (1998) kamen Suicide für mehrere Performances wieder zusammen. «Mit unglaublichem Druck und ungezügelter Leidenschaft drücken die zwei in die Jahre gekommenen Klangpioniere ihr elektronisches Soundgewitter aus den Boxen», registrierte ‹Tip›: «Nebulöse Drones breiten sich auf hämmerndem Stahlwerk-Groove aus. Alan Vega läßt sich mental fallen und improvisiert seine teils morbiden, teils alltagsbezogenen Texte. Die musikalischen Verschränkungen sind so dicht, daß man kaum glauben will, daß das Duo seit mehr als fünf Jahren nicht mehr miteinander gespielt hat.» ‹Visions›: «Zwanzig Jahre später wird ihr Album plötzlich wie eine Neuerscheinung und das Duo wie Propheten behandelt.» Doch der neue Schwung hielt nicht lange an. Rev verfolgte wieder Solopläne, während Vega nach dem Prinzip von Suicide das brachiale Techno Punk-Duo Revolutionary Corpse Of Teenage Jesus gründete und eine Kollaboration mit der finnischen Electro-Avantgarde-Band Pan Sonic einging, die vom britischen ‹Independent On Sunday› als «Zukunft der Musik oder der schlechteste Kunstgag der Geschichte» apostrophiert wurde.

LPs auf Red Star: *Suicide* (1977) ... auf Bronze: *24 Minutes Over Brussels* (1978) ... auf Ze: *Suicide* (1980) ... auf ROIR: *Half Alive* (1981); *Ghost Riders* (1986) ... auf Wax Trax!: *A Way Of Life* (1988) ... auf Brake Out: *Why Be Blue* (1992) ... LPs Martin Rev auf Infidelity: *Martin Rev* (1980) ... auf New Rose: *Clouds Of Glory* (1985) ... auf Marilyn: *Cheyenne* (1995) ... auf ROIR: *See Me Ridin'* (1996) ...

auf Caroline: *Strangeworld* (2000) ... Alan Vega auf Ze: *Vega* (1980); *Collision Drive* (1981); *Saturn Trip* (1983); *Just A Million Dreams* (1985) ... auf Infinite Zero: *Deuce Avenue* (1990) ... auf Warner Bros.: *New Race Is On* (1995) ... auf 2. 13. 61: *Dujang Prang* (1996) ... mit Sisterhood auf Casablanca: *Gift* (1986) ... mit Pan Sonic auf Blast First: *Endless* (1998) ... mit Revolutionary Corps Of Teenage Jesus auf Creeping Bent: *Righteous Lite* (1999)

Summer, Donna (voc), bürgerlich: Donna Gaines, am 31. Dezember 1948 in Boston, Massachusetts, geboren, kam 1975 zu Weltruhm, als sie, eher aus einer Studio-Laune heraus, auf der parodistisch überzogenen Lust-Weise *Love To Love You Baby*, einem «Marathon der Orgasmen» (‹Time›), in 16 Minuten und 50 Sekunden 32mal intim Laut gab. Damit war die «Stöhn-Muse» (‹Der Spiegel›) als «First Lady of Love» etabliert und gefiel mit ihrem lasziven Repertoire von Tanzschlagern vor allem den homosexuellen Hedonisten, die der «Jeanne d'Arc von der Lichtorgel» (‹Tip›) in Neon-Nacht und Disco-Nebel huldigten. Summer war 1968 als US-Import in das Münchner ‹Hair›-Ensemble integriert worden und trat unter dem Pseudonym Gayn Pierre in diversen deutschen Musical-Inszenierungen auf, bevor sie Giorgio Moroder und sein Partner Pete Bellotte als Pop-Solistin entdeckten und ihr mit *The Hostage*, *Lady Of The Night*, *Virgin Mary* vor allem in den Benelux-Ländern erste Hiterfolge verschafften. Mit Arrangeur Harold Faltermeyer, Drummer und Co-Autor Keith Forsey, Toningenieur Juergen Koeppers entwickelte das Summer-Team einen hochenergetischen Eurodisco-Sound, der bei *I Feel Love* (1977) seine Vollendung erreichte: «Da kämpft sie mit ihrer Kindfrau-Stimme gegen eine frenetische Synthesizer-Baßlinie aus dem linken Kanal und duckt sich gleichzeitig vor einem Vocoder-Klang aus dem rechten Kanal, der wie eine Peitsche auf Beton schlägt. Dazu kreischen verfremdete Gitarren lustvoll wie metallene ‹Star Wars›-Monster, die in einer Wiederaufbereitungsanlage kopulieren» (‹Tip›). «Astreine Brillanz», jubelte der ‹Melody Maker›, «ultramoderne Musik, die sich glatt neben Eno, Kraftwerk und Bowie behaupten kann.» Nicht minder brillant war das Doppelalbum *Bad Girls* (1979), das Hysterie, Furcht, Dekadenz, hilflose Suche und Zelebration des narzißtischen Ichs in frappierenden musikalischen Statements einfing und damit das präzise Abbild einer orientierungslosen Lebewelt beim Tanz auf dem Laserlicht-Vulkan lieferte. «Schon wieder liegt sie auf der Chaiselongue und vibriert wie eine Stimmgabel», hatte ‹Stereo Review› bereits nach dem Erscheinen ihrer zweiten LP *A Love Trilogy* gestöhnt: «Vielleicht kriegen wir eines Tages auch mal vertikales Entertainment von ihr.» Tatsächlich wandelte sich Donna Summer allmählich vom singenden Vibrator zur vibrierenden Sängerin und versuchte mit gehobenerem Liedgut, ihr Image als Disco-Diva zu korrigieren. Nachdem ein weiteres Doppelalbum mit dem bewährten Producerteam Moroder/Bellotte 1981 vom Boss ihrer neuen Plattenfirma Geffen nicht akzeptiert worden war, versuchte Quincy Jones, die «High Tech-Primadonna» (‹Village Voice›) im Bombast überladener Funk-Arrangements als schwarzen Rhythm & Rock-Star aufzubauen. Das Experiment mißlang, während die von Michael Omartian verantwortete Nachfolge-LP *She Works Hard For The Money* (1983) immer dann überzeugte, wenn sie die erfolgreich gestrickte Moroder-Masche wieder aufnahm. Als «neugeborene Christin» fühlte sich Donna Summer fortan zu altklug moralisierenden Statements bemüßigt. So schreckte der einstige Star der «gay discos» von San Francisco bis Sylt bei Konzerten nicht vor antihomosexuellen Witzen zurück und erklärte 1983 nach einem Auftritt: «Aids wurde von Gott geschickt, um die Schwulen zu bestrafen.» Ihren bigotten Fauxpas dementierte sie später lahm: «Ich dachte, das sei bloß eine Art Geschlechtskrankheit.» Zu der Zeit hatte ihre Karriere bereits einen Image-Knick erlitten, den «die alternde Frömmeltrine» (‹New Musical Express›) auch mit *Cats Without Claws* (1984) nicht mehr ausbügeln konnte. Für Gospelplatten kassierte sie 1984 und 1985 Grammies, ihre 1987 veröffentlichte Pop-LP *All Systems Go* verkaufte sich dagegen so schlecht, daß sie eine geplante US-Tournee absagte. Als letzten Versuch legte sie ihr Geschick in die Hände des Produzententeams Stock Aitken Waterman, das ihr 1989 wenn schon nicht zu einem Comeback, so doch zu einem mittleren Erfolg verhelfen konnte. Die von elektronischen Sounds bestimmte Musik von *Another Place And Time* sah ‹Rolling Stone› kritisch: «Diese Maschinen-Musik kann sie ja wohl kaum motivieren.» 1993 versammelte Donna Summer ihren gesamten Katalog mit einem geschickten Vertragswerk bei Polygram und brachte die Doppel-CD *Anthology* heraus, gefolgt von einem weiteren Greatest Hits-Paket: *Endless Summer* (1994). Die Neuaufnahme *Melody Of Love* daraus prämierte ‹Billboard› als No. 1 Dance Single von 1995. Sie konzertierte mit großen Orchestern und gab im Februar 1996 eine Gala in der New Yorker Radio City Music Hall. Dolly Parton und Reba McEntire nahmen Songs von ihr auf, mit Barbra Streisand und Liza Minnelli sang sie Duette. Sie hatte sich in Nashville niedergelassen und malte Bilder, die sie für fünfstellige Summen verkaufte. Im Frühjahr 1998 verlautete am New Yorker Broadway, Donna Summer bereite ein Musical über ihr Leben mit den großen Hits ihrer Karriere vor. Das Repertoire erschien ausreichend: elf Gold- und zwei Platin-Singles, acht Gold- und drei Platin-LPs. Doch das Projekt, an dem die Songautoren Bruce Sudano, Al Kasha, Michael Omartian mitarbeiten wollten, verzögerte sich weit über die Jahrtausendwende hinaus. Zunächst einmal präsentierte sie den Karriererückblick in einem Benefizkonzert zugunsten der Gay Men's Health Crisis, wie um den bösen Schwulenspruch wiedergutzumachen, im März 1998 in der Carnegie Hall. Nach dieser Quasi-Generalprobe wurde das Programm am 4. Februar 1999 im New Yorker Hammerstein Ballroom als VH1-TV-Gala aufgezeichnet und für die CD *Live & More – Encore!* (1999) mitgeschnitten, die unter einem neuen Columbia-Vertrag auf dem Sublabel Epic erschien. Der ‹Musikexpress› beurteilte besonders den Opener *MacArthur Park* als «beeindruckend vital» und staunte, daß die Disco-Diva «auch 1999 noch Akzente setzen kann». ‹Kulturspiegel›, die Beilage des Nachrichtenmagazins, hatte es noch eine Nummer kleiner. Auf die selbstgestellte Frage «Was macht eigentlich Donna Summer?» antwortete dort Claudia Voigt: «Das Stöhnen hat sie längst aufgegeben, aber nicht das Singen.»

LPs auf Oasis: *Lady Of The Night* (1974) … auf Atlantic: *Love To Love You Baby* (1975); *A Love Trilogy* (1976); *Four Seasons Of Love* (1976); *I Remember*

Yesterday (1977); *Once Upon A Time* (1977); *Mistaken Identity* (1991) ... auf Casablanca: *Live And More* (1978); *Bad Girls* (1979); *On The Radio* (1979); *Walk Away* (1981); *The Dance Collection* (1987) ... auf Mercury: *She Works Hard For The Money* (1983); *The Summer Collection* (1985); *Anthology* (1993); *Endless Summer* (1994); *Christmas Spirit* (1994) ... auf Global: *Star Gold* (1981) ... auf Geffen: *The Wanderer* (1980) ... auf Warner Bros.: *Donna Summer* (1982); *Cats Without Claws* (1984); *All Systems Go* (1987) ... auf WEA: *Another Place And Time* (1989); *Best Of* (1990) ... auf Mercury/Chronicles: *I'm A Rainbow* (2-CD, 1996) ... auf Epic: *Live & More – Encore!* (1999)

The Supremes waren beinahe ein Jahrzehnt lang das stärkste Verkaufsargument des Motown-Musikkonzerns in Detroit. Elfmal hintereinander plazierten sie sich mit ihren erregend erotischen Gesängen von *Baby Love* und vom *Love Child* an der Spitze der US-Hitparaden. Ihr Album *Where Did Our Love Go* wurde über ein Jahr lang unter den Top 40-LPs notiert; das Titelstück funkte die amerikanische Weltraumbehörde NASA zur Unterhaltung der Astronauten Charles Conrad und Gordon Cooper sogar ins All. In einer Leserumfrage des britischen ‹Record Mirror› erhielt das Trio 1966 als beste weibliche Gesangsgruppe mehr Stimmen als die restlichen dreizehn genannten Ensembles zusammen. Diana Ross, Mary Wilson, geboren 6. März 1944 in Greenville, Mississippi, und Florence Ballard, geboren 30. Juni 1943 in Detroit, hatten in Kirchenchören des schwarzen Detroit begonnen, als Minderjährige Evergreens und Hillbilly-Hits für ein paar Cents auf den Straßen gesungen und sich 1960 erstmals bei Motown beworben. Chef Berry Gordy schickte sie zurück auf die High School, erlaubte aber Diana Ross, täglich einige Stunden im Büro auszuhelfen. Diana: «Ich hatte keine Ahnung, was man als Sekretärin zu tun hat, aber jedesmal, wenn Gordy seine Tür aufmachte, fing ich an zu singen.» Zwar flog die zielstrebige Star-Anwärterin schon nach 14 Tagen wieder hinaus, aber sie hatte es fertiggebracht, das Trio zur Verstärkung des Background-Chors ins Aufnahmestudio zu lancieren. Wochenlang gaben die Supremes nur Aaas und Ooos von sich, dann durften sie vor die Mikrofone. Erst die zehnte Single klickte: *Where Did Our Love Go*. Fortan gingen sie aufwärts: in den Hollywood Palace, in die New Yorker Philharmonic Hall, in die elegantesten Nightclubs und zu den TV-Hullaballoos. Mit zwanzig Bühnenkostümen aus den Saks-Ateliers an der Fifth Avenue von Manhattan im Reisegepäck flogen sie zum Holland Festival, in die Pariser Music Hall Olympia, zum Bal Paré nach München und ins Kopenhagener Tivoli. «Mit einem Grad an Präzision, der bereits wieder nonchalant wirkt» (Kritiker Werner Burkhardt), stilisierten sie ihre Ghetto-Erfahrungen zur Show. Selbst ihre simpelsten Plastik-Schlager, derentwegen sie oft angegriffen wurden, hatten ein Soul-Passepartout. Im Sommer 1967 schied Florence Ballard aus und wurde durch die am 15. Dezember 1939 in Camden, New Jersey, geborene Cindy Birdsong aus dem Ensemble Patti And The Bluebelles ersetzt; zugleich wurde die Gruppe in Diana Ross And The Supremes umgetauft. Im Januar 1970 zog die Star-Sängerin Ross eine Solokarriere dem Teamwork vor; Jean Terrell, geboren am 26. November 1944 in Texas, trat an ihre Stelle. Schließlich übernahm Lynda Lawrence Cindy Birdsongs Platz. Durch all diese Personalwechsel blieb der unvergleichliche Supremes-Dreiklang erhalten. Mit wachsendem Alter der Sängerinnen und durch unterschiedliche Plattenproduzenten (Stevie Wonder, Jim Webb) wurde das Gruppen-Image jedoch zunehmend problematisch. Für den Sommer 1973 nahm das Trio einen dreimonatigen Urlaub, um in Ruhe eine neue musikalische Richtung zu finden. Mary Wilson: «Es ist schwierig, sich umzustellen, wenn man eine so profunde und etablierte Identität hat wie wir. Doch im Augenblick expandieren wir stürmisch – in alle Richtungen auf einmal.» In Wirklichkeit waren es bei den drei Damen nur unterschiedliche Richtungen; die Uneinigkeit hielt an. Motown, nach Diana Ross' Ausscheiden ohnehin nicht mehr sonderlich an dem einstigen Erfolgstrio interessiert, lancierte mit Sherri Payne, geboren am 14. November 1944 in Detroit, eine weitere neue Lead-Sängerin in die Gruppe. Für eine Rückkehr an die von früher gewohnten Charts-Plätze gab es kaum noch Hoffnung. Erneut wurden 1975 mit Susaye Green und Karen Jackson neue Sängerinnen rekrutiert. Sie brachten mit *You're My Driving Wheel* 1976 aber nur noch einen höchst mickrigen Mini-Hit zustande: Nummer 85 in den ‹Billboard›-Pop-Charts und – noch schlimmer – nur noch Platz 50 beim Rhythm & Blues. Am Ende der Siebziger ging Mary Wilson mit minderwertigen Begleitstimmen unter dem Etikett Mary Wilson And The Supremes wieder auf die Bühne. 1983 veröffentlichte sie unter dem Titel ‹Dreamgirl: My Life as a Supreme› ihre Autobiographie und damit eine schonungslose, bittere und wahrscheinlich zutreffende Abrechnung mit Motown und dem Musikgeschäft. Der Titel des Buches bezog sich auf das gleichnamige Erfolgsmusical von Michael Bennett (Buch und Regie), Marvin Hamlisch (Musik) mit der Sängerin Jennifer Holliday aus dem Jahr 1981, dem die Supremes-Story zugrunde lag. 1986 vereinigten sich Jean Terrell, Lynda Lawrence und Scherri Payne, die nie gleichzeitig den Supremes angehört hatten, zum Trio FLO's (Former Ladies of the Supremes), produzierten eine LP für das kleine US-Label Superstar International (in England auf Motorcity) und tingelten gemeinsam bis 1993. Dann ersetzte Sundray Tucker Frau Terrell bei den falschen Supremes. Die richtigen wurden 1988 in die Rock and Roll Hall of Fame aufgenommen, 1998 auch in die Vocal Group Hall of Fame und deren neues Museum in Sharon, Pennsylvania. Am 29. Januar 1994 raste Mary Wilson mit ihrem Jeep Cherokee auf einem Highway in Kalifornien gegen eine Leitplanke. Sie und ihr 14jähriger Sohn, der sich im Wagen befand, waren sofort tot. 1998 brachte Motown das exzellent edierte CD-Doppelalbum *40 Golden Motown Greats* von Diana Ross & The Supremes heraus, gefolgt von der *Supremes Box* mit vier CDs (2001), in der auch die Trio-Ausgaben nach der Zeit mit Frau Ross berücksichtigt wurden. Eine fünfte (Bonus-)CD in dem 88 Tracks starken Set wartete mit zehn Live-Aufnahmen aus den Jahren 1964 bis 1970 auf. Zusammengenommen rekonstruierten die beiden Veröffentlichungen das Bild einer von der Pop-Historie unter Wert eingeschätzten großen Gruppe, in der nicht nur die Leadsängerin Diana Ross für den Vocal Sound ihres Protegés Michael Jackson, sondern das Ensemble für jede Girl Group nach ihm stilbildend und wegweisend war. Ohne die Motown-Ler-

chen aus Detroit wären Pop-Spatzen wie die Spice Girls oder Destiny's Child kaum möglich gewesen.

LPs auf Tamla Motown: *Meet The Supremes* (1963); *Where Did Our Love Go* (1964); *A Bit Of Liverpool* (1964); *Country, Western & Pop* (1965); *More Hits* (1965); *We Remember Sam Cooke* (1965); *At The Copa* (1965); *Merry Christmas* (1965); *I Hear A Symphony* (1966); *A Go-Go* (1966); *Sing Holland-Dozier-Holland* (1967); *Sing Rodgers & Hart* (1967); *Greatest Hits* (1967); *Reflections* (1968); *Funny Girl* (1968); *Live At The Talk Of The Town* (1968); *Love Child* (1968); *Join The Temptations* (1968); *TCB* (mit den Temptations, 1968); *Let The Sunshine In* (1969); *Together* (mit den Temptations, 1969); *Cream Of The Crop* (1969); *On Broadway* (mit den Temptations, 1970); *Greatest Vol. 3* (1970); *Right On* (1970); *Farewell* (1970); *The Magnificent Seven* (mit den Four Tops, 1970); *New Ways But Love Stays* (1970); *Touch* (1971); *Surrender*; *The Return Of The Magnificent Seven* (mit den Four Tops, 1971); *Dynamite* (mit den Four Tops, 1971); *Floy Joy* (1972); *The Supremes, Produced And Arranged By Jim Webb* (1972); *Greatest Hits* (1974); *Anthology* (1974); *Supremes* (1975); *High Energy* (1976); *Mary Sherri & Susaye* (1976); *Early Years* (1980); *40 Golden Motown Greats* (1998); *The Supremes Box* (2001; Box mit vier CDs) … Solo-LP Mary Wilson auf Motown: *Mary Wilson* (1979) … Solo-LP Jean Terrell auf Columbia: *I Had To Fall In Love* (1978) Weitere Solo-LPs → Diana Ross

Sylvian, David (voc, g, kb), als David Alan Bat am 23. Februar 1958 in einer Arbeiterfamilie im englischen Lewisham, Kent, geboren, wurde Anfang der Achtziger als Leadsänger der Band Japan zum androgynen Inbegriff der New Romantic-Bewegung hochstilisiert. Mit seiner kühnen Fönfrisur, Lipgloss, gepudertem Gesicht und weiblicher Kostümierung galt er eine Zeitlang als «schönster Mann der Popmusik». Zwanzig Jahre und zwei Hände voll beeindruckender Soloalben später beschrieben ihn Pop-Deuter als «kreativen Schöngeist» (‹Berliner Morgenpost›), als «Aristokraten der Düsternis» (‹Berliner Zeitung›), als «asozialen, sensiblen, gnadenlos selbstreflektierenden Sinnsucher» mit «schmerzdurchzogenen, beklemmend ehrlichen Texten» (‹Tagesanzeiger›). Die Wirkung seiner Musik, so

Sylvian selbst, sei «vergleichbar mit der Stimmung, die entsteht, wenn man ganz allein in einem Zimmer ist. Menschen, die ohne Gesprächspartner augenblicklich den Fernseher anstellen müssen, mögen meine Musik nicht.» Die Band Japan, 1994 mit seinem als Steve Batt am 1. Dezember 1959 in London geborenen Bruder Steve Jansen (dr) in der britischen Hauptstadt gegründet, machte im Verlauf weniger Jahre die Metamorphose von einer matten New York Dolls-Kopie zu einem eigenständigen Ensemble durch, das avantgardistische Electronic-Sounds mit Funk verband und auch die Nähe zu New Age-Music nicht scheute. Der Name Japan hatte zunächst keinerlei programmatische Bedeutung, sondern wurde gewählt, «weil er einfach gut klang» (David Sylvian). Gemeinsam mit ihren Schulfreunden → Mick Karn (bg), als Anthony Michaelides am 24. Juli 1958 in London geboren, und Richard Barbieri (kb), am 30. November 1959 geboren, sowie Rob Dean (g) übten die Batt-Brüder ein Programm aus Coverversionen und Sylvian-Kompositionen ein. Bei britischen Plattenfirmen stießen Japan 1977, im Jahr des Punk, allerdings auf taube Ohren. Der etwas unbeholfene Glam Rock paßte ebensowenig in die Zeit wie das durchgestylte Äußere der Musiker. Das deutsche Label Hansa, das zu dieser Zeit in Großbritannien Fuß zu fassen versuchte, nahm die fünf Musiker unter Vertrag und veröffentlichte 1978 den Erstling *Adolescent Sex*. Weder in Europa noch in den USA mochte jemand die Band hören. Lediglich in Japan konnte Japan nach ihrem Auftritt im Vorprogramm von → Blue Öyster Cult gewisse Erfolge vorweisen. Das zweite Album *Obscure Alternatives* erschien kaum sechs Monate nach dem ersten, hinterließ aber ebenfalls einen zwiespältigen Eindruck: Einerseits setzte es die stilistische Richtungslosigkeit mit Reggae- und Hard Rock-Anleihen fort, andererseits zeigten einige Kompositionen Sylvians die Entwicklung zu eigenständiger Musik. Angeregt durch Konzerte der → Talking Heads, die um 1980 afrikanische Elemente in ihre Musik einflochten, versuchten Sylvian, Jansen, Karn, Dean und Barbieri Fernöstliches in ihre Musik zu integrieren. Doch Hansa wollte endlich Erfolge sehen und verordnete der Band → Giorgio Moroder als Produzenten. Dessen Versuche, Japan

im Lager der New Romantics wie → Ultravox und Visage unterzubringen, schlug jedoch fehl. Erst in dem → Roxy Music-Produzenten John Punter fand die Band endlich den Mann, der Sylvians Musik Richtung und Form geben konnte – wenn er Sylvian auch dazu brachte, wie → Bryan Ferry zu intonieren. *Quiet Life* (1980) fand mehr Gehör beim britischen Publikum, aber das Verhältnis zu Hansa war überstrapaziert. Japan wechselte zum aufstrebenden Label Virgin und fand auf *Gentlemen Take Polaroids* (1980) zu ihrem endgültigen Stil. Obwohl wiederum John Punter als Produzent engagiert worden war, hatte Sylvian starken Einfluß genommen. Die Platte festigte den Erfolg der Band in Großbritannien, vermochte die britische Musikpresse allerdings nicht zu überzeugen. «Hüte dich vor Bands, die 1980 noch wie Roxy Music klingen. Hüte dich vor Japan», schrieb der ‹Melody Maker›. Der ‹New Musical Express› befand: «Immer noch mehr Schein als Sein.» Dean verließ bald die Gruppe, deren Musik mehr und mehr von Synthesizern geprägt wurde und Sylvians Tendenz, musikalische Anregungen außerhalb der Gruppe zu suchen, etwa mit Ryuichi Sakamoto vom → Yellow Magic Orchestra. Mit *Tin Drum* erschien 1981 die letzte, «eindrucksvolle» (‹Trouser Press›) Studio-LP von Japan. Der getragene Gesang Sylvians, der gegenspielerische Klang der bundlosen Baßgitarre Karns, die eigentümlichen Synthesizer-Klangwelten Barbieris und das häufig archaisch wirkende, fast symbolische Schlagzeugspiel Jansens bestimmten die singuläre Musik dieser LP. Die zunehmenden Solo-Ambitionen Sylvians und Karns führten 1982 noch vor der Veröffentlichung des Live-Doppelalbums *Oil On Canvas* zum Bruch der Band. Jansen und Barbieri tauchten zunächst hier und da als Studiomusiker auf und fanden schließlich für eine LP in dem Duo The Dolphin Brothers zusammen. Sylvians Solokarriere hatte 1982 mit einem Song-Beitrag zum Kinofilm ‹Merry Christmas, Mr. Lawrence› sowie der Zusammenarbeit mit dem japanischen Pianisten und Orchesterleiter Ryuichi Sakamoto begonnen, deren Ergebnis *Bamboo Houses* unter dem kombinierten Autorennamen Sylvian Sakamoto erschien. Sein erstes total eigenes Soloalbum *Brillant Trees* (1984) zeigte den extrem introvertierten und bühnenscheuen Sylvian auf dem Coverfoto ungeschminkt und musikalisch mit teils rein instrumentalen Fusion- und Crossover-Sounds. Neben den Japan-Kumpanen Barbieri und Jansen trugen der Electronica-Pionier Holger Czukay von Can sowie die Jazztrompeter Kenny Wheeler und John Hassell dazu bei. Mit Czukay brachte er in den folgenden Jahren auch die von Elektronikern und Esoterikern gleichermaßen beachteten Ambient-Alben *Plight And Premonition* (1988) sowie *Flux And Mutability* (1989) heraus. Nach einem nur auf Kassette veröffentlichten zweiten Solowerk (*His Alchemy – An Index Of Possibilities*, 1985) wurde für das Doppelalbum *Gone To Earth* (1986) der Gitarrist Robert Fripp von King Crimson sein wichtigster Partner, auf dessen rokkigen Produktionen *The First Day* (1993), *Damage* (1994) er sich später revanchierte. Die LP *Secrets Of The Beehive* (1987) schloß Sylvians Soloarbeit unter eigenem Namen für die Achtziger mit den wichtigsten Musikern der vorausgegangenen Platten ab und führte sie meditativen, hochemotionalen Ambient-Balladen wie *Opheus* oder *September* auf einen Höhepunkt. Die 1989 erschienene und auf 30 000 Exemplare limitierte *Weatherbox* (1989) faßte die Solo-Highlights des Jahrzehnts nur noch einmal zusammen. 1990 versuchten die Japan-Musiker Sylvian, Karn, Jansen und Barbieri unter dem Namen Rain Tree Crow einen gemeinsamen Neustart. Die Erwartungen waren nach *Tin Drum* von 1981 hoch gesteckt und wurden enttäuscht. Das Album *Rain Tree Crow* (1991) erreichte nur Position 24 in den britischen Charts. Sylvian reagierte auf den Produktionsstress mit den einstigen Kollegen depressiv. Das Gerücht eines psychischen Kollapses machte die Runde. Sylvian: «Mein Leben in London war furchtbar intensiv und von einer ständigen Unruhe geprägt. Ich konnte kaum mehr arbeiten und fühlte mich vollkommen kraftlos. England wirkte zynisch und einengend auf mich.» Während der Produktion des Sakamoto-Albums *Heartbeat* (1992) lernte er die deutschstämmige Sängerin und Poetin Ingrid Chavez kennen, heiratete sie nach wenigen Monaten und folgte ihr nach Minneapolis. Sylvian: «Bevor ich Ingrid kennenlernte, dachte ich nicht im Traum daran, nach Amerika auszuwandern. Doch die Begeiste-

rungsfähigkeit der Amerikaner wirkte befreiend auf mich, und in Minneapolis merkte ich, wie sich meine Sinne langsam zu klären begannen.» Als Vater zweier Töchter widmete er sich der Familie und gewann 1994 während einer kurzen Solo-Tournee, auf der er sich selbst mit Gitarre und Keyboard begleitete, das Vertrauen in seine Kreativität zurück. Es dauerte fünf weitere Jahre, bis er mit *Dead Bees On A Cake* (1999) eine CD veröffentlichte, von der selbst erklärte, sie besitze «einen Grad der Vollendung, an den keines meiner früheren Alben herangekommen ist». Sie klinge «wie eine Plastik aus feuchtem Holz», schwärmte Gernot Gärtner in der ‹Berliner Zeitung›: «archaisch und doch vergänglich, spröde und doch filigran. Man glaubt sie mehr zu riechen als zu hören». Neben den erprobten Mitstreitern Sakamoto, Jansen, Wheeler, Frisell und seiner Frau Ingrid Chavez brachten Noise-Gitarrist Marc Ribot einen südstaatlichen R & B-Touch, der englische Tablaspieler Talvin Singh indisches Flair in einige der 14 Tracks, in denen auch Samples von John Cage und John Lee Hooker Verwendung fanden. Sylvian: «Die Songs hatte ich wie immer schnell geschrieben, doch es brauchte unzählige Anläufe, bis ich sie dort hatte, wo ich sie haben wollte.» Er begann in Sakamotos Studio in New York, fuhr in Peter Gabriels ‹Real World›-Studio im südenglischen Bath fort und gab den Aufnahmen in seinem Heimstudio in Sonoma, Kalifornien, wohin die Familie inzwischen umgezogen war, den letzten Schliff. Kritiker Gärtner: «Rhythmen und Sounds sind wie ein steiniger Grund, über den die vergeistigt vorgetragenen, oft mehrdeutigen Texte Sylvians tänzeln. Da ist eine leise Note von Optimismus in der Musik, die man von dem Grübler so nicht kennt. Er verfügt als Sänger nicht über ein großes Volumen. Es sind Schattierungen, Veränderungen von Timbres, das Anpassen an das gesungene Wort, das die Stimme zu einem Instrument macht.» Die jahrelange Arbeit ergab so viel Material, daß Sylvian im gleichen Jahr 1999 mit *Approaching Silence* noch ein weiteres Album veröffentlichen konnte. Beide standen unter dem spirituellen Einfluß seiner indischen, in den USA lebenden Glaubenslehrerinnen Shree Maa und Mata Anritandandamayi, die er durch seine Frau kennengelernt hatte. Und wie seine Plattenfirma Virgin 1989 mit der *Weatherbox* eine Zwischenbilanz seines Schaffens gezogen hatte, so legte er im Herbst 2000 mit dem Doppelalbum *Everything And Nothing* eine weitere Werkschau mit Remixen, Alternativfassungen, Raritäten und gänzlich unveröffentlichten Aufnahmen vor, darunter Songs, die Sylvian zu Platten seiner Freunde beigesteuert hatte. Die Ballade *Heartbeat* beispielsweise, Titelsong des gleichnamigen Albums von Ryuichi Sakamoto, hatte seine Ehe gestiftet, *Buoy* war 1986 auf der Solo-LP *Dreams Of Reason Produce Monsters* seines Japan-Kollegen Mick Karn erstmals erschienen. *Rick* aus der Zeit von *Secrets Of The Beehive* empfand Franz Schöler im deutschen ‹Rolling Stone› als «eine dieser epischen Balladen, die klingen, als hätten sie Burt Bacharach und Scott Walker gemeinsam komponiert». Und das alles entweder neu eingesungen oder im Studio auf den Sound-Standard von 2001 gebracht – Sylvian:

«Ein Überblick für diejenigen, die mich 1982 von der populären Musik weggehen sahen, und für solche, die schon etwas von meinen Soloaufnahmen kennen.» Schöler: «Ein work in progress».

LPs auf Virgin: *Brilliant Trees* (1984); *Alchemy* (Kassette, 1985); *Gone To Earth* (2-CD, 1986); *Secrets Of The Beehive* (1987); *Weatherbox* (5 CDs, 1989); *Dead Bees On A Cake* (1999); *Approaching Silence* (1999); *Everthing And Nothing* (2-CD, 2000) … mit Japan auf Hansa: *Adolescent Sex* (1978); *Obscure* (1978); *Quiet Life* (1978); *Assemblage* (1981) … mit Japan auf Virgin: *Gentlemen Take Polaroids* (1980); *Tin Drum* (1981); *Oil On Canvas* (1983) … mit Holger Czukay auf Venture / Virgin: *Plight And Premonition* (1988); *Flux And Mutability* (1989)… mit Robert Fripp auf Virgin: *The First Day* (1993); *Damage* (Live, 1994) … auf Ryuichi Sakamoto: *Heartbeat* (1992) … LP Sylvian / Karn / Barbieri / Hansen als Rain Tree Crow auf Virgin: *Rain Tree Crow* (1991)

T

T. Rex, 1970 in London gegründet, war die infantilisierte Zweitauflage der Flower Power-Märchen-Band Tyrannosaurus Rex, die sich 1968/69 mit surrealistischer Scherzlyrik und reizvollen Klangarabesken wie das Produkt einer geheimen Liaison von Kinks und Incredible String Band gerierte. Ihr Initiator war Marc Bolan (voc, g), bürgerlich: Mark Feld, am 30. September 1947 in East London geboren. Bolan geriet schon mit 15 Jahren ins Show Business. 1962 posierte er für das Londoner ‹Town›-Magazin als Repräsentant der «Mod Generation» schick gekleideter junger Männer. Nach einem halbjährigen Paris-Aufenthalt, bei dem er sich mit Informationen über Mystizismen und rätselreiche Kulte auflud, nahm er seine ersten beiden Singles auf, die jedoch wie magisch in den Regalen der Plattenhändler festsaßen. Vom Producer Kit Lambert ließ sich Bolan 1967 überreden, seine poetische Phantasie in der Gruppe John's Children nutzbar zu machen, die mit The Who auf Tournee gehen sollte. Elektronischer Schnickschnack und exaltierte Bühnenmanieren brachten Bolan und seine Leute dermaßen in den Mittelpunkt des Publikumsinteresses, daß die Band auf Wunsch der Who nach vier Tagen aus dem Tourneeprogramm genommen werden mußte. Nach seinem Abschied von John's Children tat sich Bolan 1968 mit Steve Peregrine Took (bongos) zum Duo Tyrannosaurus Rex zusammen. Die zwei kamen trotz gutbesprochener Alben und reichlicher Discjockey-Publicity, vor allem von T. Rex-Fan John Peel, nie über eine magere Underground-Reputation hinaus. Als Took 1969 gegen Bolans Willen politisch links ausscherte, trennte sich der einen Meter sechzig kleine Verbal-Magier von seinem radikalen Mit-

spieler. Seit 1970 machte Bolan mit Mickey Finn (bongos), Jahrgang 1947, Bill Legend (dr), Jahrgang 1946, und Steve Currie (bg), Jahrgang 1947, in der Formation T. Rex einen matten Zauber für die Massen, der einiges von der esoterischen Lyrik des Tyrannosaurus Rex aufwies, aber mehr vom Showklamauk à la John's Children konservierte. In Bolans Märchenwelt einer früh verdorbenen Kinderphantasie tummelten sich flüssige Priesterinnen, Zauberer, Druiden, elektrische Hexen. Giraffen hetzten durch das Haar weiser Männer, «versandete Bettler» trugen «Hände voller Himmel», während der Dichter im «Alligator-Regen» gestand, daß er «noch nie eine Autotür geküßt» habe. Diese Donovan nachgewisperte Traumpoesie reiht sich wie eine Halluzination aus flüchtig gelesenen Tolkien-Novellen und halb verstandenen Lovecraft-Stories auf Gitarrenriffs von Chuck Berry und Rick Nelson. Bolan klagte über seinen mystischen Kosmos wie ein arabischer Minarettsänger mit flattriger Stimme und heulendem Vibrato. Seine selbstgefälligen Bühnenmanieren degradierten die Mitspieler zu Statisten in einer Ein-Mann-Show der eitlen Selbstüberschätzung. Englands Teenager brachte ein solches Showgebaren in «Rextase». In eineinhalb Jahren verkaufte Bolan an seine Schulmädchen-Kundschaft 18 Millionen Platten; sein Gedichtband ‹The Warlock of Love› ging 30 000mal weg. Selbst seriöse Musikzeitschriften glaubten, in ihm den «Propheten der neuen Generation» (‹Melody Maker›) zu sehen, die Tageszeitungen berichteten von Konzerten, bei denen die eine Hälfte des weiblichen Publikums in tiefer Ohnmacht lag, während sich die andere in Schreikrämpfen wand. ‹Born to Boogie›, ein von Ringo Starr angekurbelter Film, dokumentierte 1972 den kurzlebigen Superstar-Triumph des «Elfchen Presley» (‹New Musical Express›). Während Bolan zu jener Zeit Britanniens Publicity-Wellen regierte, blieb die übrige Welt verhältnismäßig teilnahmslos. Bolans Konsum-Surrealismus, seine clever vermarktete Nonsens-Lyrik, die stereotype Ausschlachtung pseudointellektüeller Dada-Klischees und das harmlose Image einer Eisdielen-Bisexualität kamen nicht an bei Rock-Fans, die eher den schweren Hammer von Black Sabbath spüren wollten oder in der krassen Vulgarität Alice Coopers den totalen Schock-Trip suchten. Den anspruchsvolleren Rock-Hörern war Bolans musikalische Geltungssucht eher so «verdrießlich wie der Anblick eines Narziß, der stundenlang mit sich vor dem Spiegel kokettiert» (‹Cream›). «Ich lebe in einer Schattenwelt von Drogen, Schnaps und schrägem Sex», bekannte das schmächtige Idol, als sein Stern zu flackern begann. 1974 trennte er sich von seiner Frau und seinem Produzenten, erlitt 1975 einen Herzanfall, erklärte T. Rex für aufgelöst und ging mit seiner neuen Freundin Gloria Jones einige Zeit in die USA. 1977 war er mit T. Rex wieder präsent – als Guru der neuen romantischen Welle, die damals über Englands Trend-Discotheken schwappte. Am 16. September 1977 starb er in London bei einem Verkehrsunfall. Einige Jahre nach seinem Tode etablierte sich ein Kult um den selbstzerstörerischen Musiker, der in Abständen zu Ausbrüchen von «Rexnaissance» mit Plattenveröffentlichungen, huldigenden Artikeln, TV-Dokumentationen und immer wieder zu Charts-Notierungen führte. So auch Anfang der neunziger Jahre, als *20th Century Boy* für eine Jeans-Reklame herhalten mußte und endlich *The Ultimate Collection* der T. Rex-Songs vorgelegt wurde.

LPs Tyrannosaurus Rex auf Regal Zonophone: *My People Were Fair And Had Sky In Their Hair* (1968); *Prophets, Seers And Sages The Angels Of The Ages* (1968); *Unicorn* (1969); *A Beard Of Stars* (1970) … als T. Rex auf Fly: *T. Rex* (1970); *Electric Warrior* (1971); *Bolan Boogie* (1972) … auf Ariola: *The Slider* (1972); *Tanx* (1973); *Zinc Alloy & The Hidden Riders Of Tomorrow* (1974); *Futuristic Dragon* (1976); *Dandy In The Underworld* (1977) … auf Intercord: *In Concert* (1981) … Zusammenstellungen (Auswahl) auf Fly: *The Best Of T. Rex* (1971) … auf Ariola: *20th Century Boy* (1973, wiederveröffentlicht 1994 auf Total Records); *The Ultimate Collection* (1991); *The Essential Collection* (1995) … auf Edsel: *Great Hits 1972–1977: The A-Sides* (1995); *Great Hits 1972–1977: The B-Sides* (1995); *Messing With The Mystic* (1995) … Solo-LPs Marc Bolan auf Track: *Hard On Love* (1966) … auf Cube: *The Words And Music Of …* (1978) … auf Cherry Red: *You Scare Me To Death* (1981) … auf Ariola: *Zip Gun* (1974); *Billy Super Duper* (1982) … Marc Bolan mit John's Children auf Track: *Backtrack 1* (1970, mit anderen); *Backtrack 2* (1970, mit anderen)

Tackhead, 1987 in London gegründet, waren eine Keimzelle des britischen Electro Dub, obgleich alle Mitglieder aus den USA stammten. Lange vor der Etablierung des Begriffes Crossover mixten sie Reggae-Grooves mit Techno-Beats, Fußball-Chorälen, psychedelischen Keyboard-Parts, harter Rock-Gitarre und galten als «eine der extraordinärsten Rhythmusgruppen» (‹New York Times›). So postulierte die Band: «Wir selbst nennen es Disco, obwohl es eigentlich gar keine Discomusik ist. Das Problem mit fast allen Tanzplatten ist ihre Eindimensionalität, sie sind nur zum Tanzen da. Unsere Musik ist auch als Tanzmusik zwingend, aber darüber hinaus wird man noch durch tausend andere kleine Ereignisse stimuliert.» Keith LeBlanc (dr, kb), Doug Wimbish (bg) und Skip McDonald (dr) spielten seit den frühen achtziger Jahren in Bristol, Connecticut, sowohl unter ihren eigenen Namen Wood, Brass & Steel als auch als Begleitung für diverse Rap- und Soul-Acts wie Melle Mel und Grandmaster Flash. Sie waren das Rückgrat des Labels Sugar Hill Records und der Sugar Hill Gang, die Hip Hop-Klassiker wie *The Message* und *White Lines Don't Do It* produzierte. LeBlanc machte darüber hinaus mit der musikalisch wie politisch ambitionierten Single *Malcolm X* und als Produzent der Drumbeats für DMX auf sich aufmerksam. Nach dem Zusammenbruch von Sugar Hill Records 1984 siedelten zuerst LeBlanc, später auch Wimbish und McDonald nach London über, wo sie zur Keimzelle von Adrian Sherwoods Label On-U Sound wurden. Sherwood, geboren 1958, hatte mit On-U-Sound nicht nur eine Produktionsplattform und Vereinigung unabhängiger Musiker geschaffen, sondern auch eine politisch-ethnisch bestimmte Identität. Auf On-U Sound hatte sich erstmalig der vehemente Drang der asiatischen und vor allem karibischen Minderheiten der britischen Inseln nach einem eigenen Platz in der Popkultur des Landes manifestiert. 1980 zur Produktion eines Albums der New Age Steppers ins Leben gerufen, war On-U Sound Mitte der Achtziger aus dem britischen Musikgeschehen nicht mehr wegzudenken. LeBlanc, Wimbish und McDonald operierten weiter als Rhythmus-Einheit und nannten sich Fats Comet. Ihr erstes gemeinsames Album *Major Malfunction* (1986) brachten sie unter Keith LeBlancs Namen heraus. Erst 1987 legten sie sich das Logo Tackhead zu, was im New Jersey-Slang soviel wie Stubenhocker bedeutet. Mit Sherwood, der die unvergleichliche Ambient- und Dub-Atmosphäre der Gruppe produzierte, und Gary Clail (voc) veröffentlichten sie 1987 als Gary Clail's Tackhead Sound System das Album *Tackhead Tape Time.* Zur selben Zeit unterstützten sie unter dem Namen The Maffia die Solo-Streifzüge des ehemaligen Pop Group-Chefs Mark Stewart. Ihren ersten großen Erfolg hatten Tackhead mit der Single *The Game,* auf der sie einen Kommentar des Fußballreporters Brian Moore mit kantigen Beats unterlegten. 1989 folgte mit *Stranger Than Fiction* ein weiteres Album unter Beteiligung aller unter LeBlancs Namen. Im selben Jahr begann die als Studio-Projekt konzipierte Band auf Tour zu gehen. Mitschnitte dieser Konzerte erschienen unter dem Titel *In Concert* (1989), wurden aber unmittelbar nach Veröffentlichung wieder zurückgezogen. *Friendly As A Hand Granade* (1989) war das erste offizielle Tackhead-Album. Auf Vermittlung von Mick Jagger hatte Bernard Fowler den Vocal-Part auf dem erfolgreichen Album übernommen. Tackhead kehrten in die USA zurück und nahmen das Album *Strange Things* (1990) auf, das trotz oder gerade wegen Zugeständnissen an den Massengeschmack und eines Gastauftritts Mick Jaggers ein kommerzieller Reinfall wurde. Die Band hörte auf zu existieren. Die Kollaboration der Tackhead-Mitglieder dauerte jedoch an. 1991 fungierten sie als Backing Band für Gary Clails provokantes Dub-Album *Emotional Hooligan.* McDonald gründete die Reggae-Band Little Axe,

an deren beiden Produktionen *The Wolf That House Built* (1994) und *Slow Fuse* (1996) sämtliche Tackhead-Mitglieder beteiligt waren. Wimbish wurde eine Zeitlang als aussichtsreichster Anwärter für den Posten des Rolling Stones-Bassisten gehandelt, ersetzte 1995 Muzz Skillings bei Living Colour, gründete 1998 gemeinsam mit Living Colour-Drummer Will Calhoun und DJ Vinx das Jazz Rock-Trio Jungle Funk, dessen Album *Drum & Bass* von der Kritik als gelungene Verbindung von Jazz und Jungle bejubelt wurde. Auf seinem Soloalbum *Tripty Notes For Bass* (1999) versammelte sich abermals die komplette Tackhead-Mannschaft. Das authentischste Album in der Nachfolge von Tackhead war Keith LeBlancs Powersinfonie *Freakatorium* (1999), auch sie im Verein mit sämtlichen Tackheads entstanden. «Schemenhafte Heavy-Gitarren surfen da über asymmetrische Elektro-Beats, Dub, Drum 'n' Bass und Hip Hop lösen sich in pointillistischen Rhythmus-Zirkeln auf, und kurz vor dem Kollaps bringt eine verträumte Folk-Gitarre den ganzen Streß beinahe zum Stillstand. Das Prinzip Anything Goes wird ersetzt durch Anything Makes Sense» (‹Jazzthetik›). Bernard Fowler brachte sich in den Neunzigern vor allem als Background-Sänger der Rolling Stones und diverser Rolling Stones-Seitenprojekte in Erinnerung.

LPs auf TVT: *Friendly As A Hand Grenade* (1989) … auf SBK: *Strange Things* (1990) … LPs Keith LeBlanc auf Tommy Boy: *No Sell Out* (1983) … auf World: *Major Malfunction* (1986) … auf Enigma: *Stranger Than Fiction* (1989) … auf EfA: *Freakatorium* (1998) … LPs Skip McDonald mit Little Axe auf OKeh: *The Wolf That House Built* (1994) … auf Wired: *Slow Fuse* (1996) … LP Doug Wimbish auf On U Sounds: *Trippy Notes For Bass* (1999) … LPs Adrian Sherwood mit Dub Syndicate auf On U Sound: *Pounding System* (1982); *North Of The River Thames* (1984); *Tunes From The Missing Channel* (1985); *Strike The Balance* (1990); *Ital Breakfast* (1996); *Live At The Town & Country Club, April 1991* (1999); *Acres Of Space* (2001) … auf ROIR: *One Way System* (1983) … auf Restless: *Stoned Immaculate* (1991); *Echomania* (1994) … Sherwood mit New Age Steppers auf On U Sound: *New Age Steppers* (1980); *Foundation Steppers* (1983); *Victory Horns* (1983); *Massive Hits, Vol. 1* (1994) … auf Statik: *Action Battlefield* (1981); *Crucial 90* (1981)

Taj Mahal, bürgerlich: Henry Saint Clair Frede-
ricks (voc, harm, g, bj, b, p, vib, cello, tp), am
17. Mai 1942 im New Yorker Stadtteil Harlem als
eines von neun Kindern eines aus Jamaika stammenden Jazzmusikers und einer Lehrerin und
Gospelsängerin aus South Carolina geboren, war
der einzige junge schwarze Musiker, der es von
Ende der sechziger Jahre an mit stilreinem Country Blues zu Rock-Ruhm und bescheidenem
Reichtum gebracht hatte. Er wuchs in Springfield,
Massachusetts, auf und arbeitete acht Jahre als
Farmgehilfe, um sich ein Landwirtschaftsstu-
dium an der Amherst University zu ermöglichen.
An der Universität wurde er Mitglied der Folklore
Society, der auch Buffy St. Marie angehörte, und
«studierte die Bluesplatten von Robert Johnson
und anderen Mississippi-Veteranen so intensiv
wie andere Leute Strawinsky». Anhand seltener Folklore-Aufnahmen beispielsweise aus der
Library of Congress drang er noch tiefer in die
afroamerikanische Musiziertradition ein: «In erster Linie bin ich Afrikaner, in zweiter ein schwarzer Jamaikaner, erst in dritter ein schwarzer Amerikaner.» Auf seiner Blues-Wanderschaft durch
die USA kam er nach Kalifornien, wo er die kurz-
lebige Band The Rising Sons gründete, in der auch
Ry Cooder spielte. Mit seinem Columbia-Platten-
debüt *Taj Mahal* erregte er sofort die Bewunderung von Rock-Prominenten wie Eric Clapton.
Und obgleich Clapton später einwandte, der Produzent Al Kooper habe Taj Mahals Musik schon
auf der zweiten LP *Natch'l Blues* durch Bläser-Arrangements verwässert, war doch sein weiterer
Plattenweg eher eine «Rückkehr in den Dschungel» (Mahal). Denn der Sänger, der sich bisweilen
von vier Tubaspielern begleiten ließ, hat stärker
als jeder andere Rockmusiker primitive, ethnische Klangfloskeln, etwa komplizierte Klatsch-
Rhythmen, afrikanische Trommelfiguren, halbvergessene Blueszeilen wie «An' if you don' like
mah peaches, Mama, you don' hafta shake mah
tree» (Wenn du meine Pfirsiche nicht willst,
Mama, solltest du nicht an meinem Baum schütteln) auf seinen Schallplatten aktualisiert. Auf den
LPs *Oooh So Good 'n Blues* und *Mo' Roots* ging
er stilistisch weit vor die Geburt des Blues um
die Jahrhundertwende zurück, seine kreolischen,
afro-amerikanischen Folklore-Remakes wirkten
dennoch nicht weniger funky und intensiv als die

besten Voodoo-Beschwörungen von Dr. John.
Zugunsten von Live-Atmosphäre verzichtete er
gern auf Studio-Tricks. «So viele Leute versuchen,
perfekte Aufnahmen zu machen, aber wir sind
nicht perfekt, wir sind Menschen.» Ein Star wollte
er nicht werden, und von seinen Einnahmen, etwa
eine Viertelmillion Dollar jährlich, machte der in
Santa Monica, Kalifornien, ansässige Musiker, der
autodidaktisch mehr als zehn Instrumente beherrschen lernte, nur sparsam Gebrauch. Er
fürchtete, «daß zuviel öffentliche Aufmerksamkeit und Wohlleben sich in meiner Musik nieder-
schlagen könnte». Mit Ausnahme des ihm seelenverwandten Blues-Indianers Jesse Ed Davis (g,
voc) auf *Giant Step* und *Happy Just To Be Like I Am*
oder den Pointer Sisters in einem Frühstadium
ihrer Laufbahn vermied er es, seine Bands mit
prominenten Spielern zu besetzen. Dafür gab er
ihnen phantasievolle Namen: Innergalactic Soul
Messengers Band (1975) oder East-West Connection Orchestra. Live spielte er am liebsten solo.
Sein Wechsel von Columbia zu Warner Bros. bekam ihm nicht. Die neue Firma versuchte ihn aus
seiner ethnischen Nische zu locken, und verfehlte
damit das Wesen seiner Musik wie auch seinen
speziellen Markt. In den achtziger Jahren produzierte Taj Mahal seine Platten für kleine West-
coast-Marken wie Margaret Records oder Crystal
Clear. Sein Album *Taj* (1986), das den Rundfunk-
Hit *Do I Love Her* enthielt, wurde auf dem Label
Gramavision veröffentlicht, zwei weitere Alben
folgten. 1990 fand er bei der kleinen Marke Private
Music in einem alten Theater in der Melrose Avenue von Los Angeles eine Heimat und nahm dort
wahrhaft privat klingende CDs voller welt-
musikalischer Begegnungen abseits des Blues-
Mainstream auf: Reggae, Calypso, Zydeco, R & B,
Gospel, Jazz, westafrikanische und indische Ele-
mente waren herauszuhören. Seine Jazz-Tradi-
tion reichte vom *Señor Blues* (CD-Titel 1996) des
Funk-Pianisten Horace Silver bis zum Fats Wal-
ler-Oldie *You Rascal, You* von 1929 auf derselben
Platte zurück. Gleichwohl erhielten die Private-
Produktionen zeitgemäße Frische durch die Mitwirkung aktueller Rockkünstler – bei *Like Never
Before* (1991) beispielsweise Dr. John, wieder die
Pointer Sisters, Hall & Oates. «Mit dem Kurzwel-
lenradio meines Vaters hörte ich mich als Kind in
der ganzen Welt um», erklärte das fünfsprachige

Multitalent, «in London ebenso wie in Rio. So entdeckte ich durch die Musik der verschiedenen Völker deren spezifische Eigenheiten.» Sein Album *Hula Blues*, im Mai 1997 mit sechs einheimischen Bandmitgliedern auf der Hawaii-Insel Kawai aufgenommen, wo er zwölf Jahre seines Lebens verbracht hatte, empfand er als «a cultural blend of joy, love and harmony». Anders als sein früherer Band-Kollege Ry Cooder, der ebenfalls als Hawaii-Experte galt, betrachtete er die Musiktradition der Inseln noch als ursprünglich und lebendig genug, um sie westlichen Hörern zu erschließen («Hawaii hat heute wahrscheinlich die größte Musikerdichte pro Quadratmeile»), und ging mit einer Hula Blues Band auf Europa- und Amerikatournee. «Afrika ist die Mutter dieser ganzen Musik», erklärte der Kosmopolit: «Westliche Musiker versuchen in den Klängen zuerst ihre Männlichkeit auszuleben. Afrikanische Künstler drücken im Unterschied dazu Nachgiebigkeit, Süße und Härte zugleich aus. Ihre Musik ist warmherzig geblieben, weil sie nie aus ihrer Vergangenheit gerissen wurde.» Da er herausgefunden zu haben glaubte, vom Stamm der Kouyate in Mali abzustammen, nahm er dort mit dem Kora-Virtuosen Toumani Diabate, der Sängerin Ramata Diakite und jungen malinesischen Musikanten das Album *Kulanjan* (1999) auf. ‹Tip›: «Lieder der westafrikanischen Kora-Tradition gehen nahtlos in des Gitarristen Fingerpicking über, und ein amerikanisches Traditional wie *Ol' Georgie Buck* klingt, als habe das Lied nie den Weg über den Atlantik gemacht.» Mit seinem alten Freund, dem Tuba-Virtuosen Howard Johnson, teilte er im November 1996 ein Konzert beim Berliner Jazz-Fest, die CD *An Evening With Acoustic Music* (1993) und sang – von schnaufenden Tubas begleitet – auf Johnsons Album *Right Now!* (1997) den Peggy Lee-Titel *Fever* mit. Eine vorzügliche Live-CD mit einem typischen Auftritt seiner Phantom Blues Band, die etwa auch Taj Mahals Auftritt beim SWR-Bluesfest in Lahnstein am Rhein 1999 entsprach, wurde im Mint Club von Los Angeles mitgeschnitten und erschien unter dem Titel *Shoutin' In Key – Live* (2000). Peter Felkel im ‹Musikexpress›: «Wo – verdammt noch mal – hat dieser Kerl bloß seine ‹balls› her?» Den besten Karriere-Rückblick mit einer Fülle von Facetten seines vielstimmigen Werkes bot die 3-CD-Box *In Progress & In Motion, 1965–1998* (1998) mit 54 Songs, darunter 15 Raritäten (u. a. Ausschnitte aus einem Konzert mit den Pointer Sisters von 1971), und einem exzellenten Essay von David Ritz. Mehrfach hat Taj Mahal Hollywood und das US-Fernsehen mit Soundtracks beliefert, so für die Spielfilme ‹Sounder› (1972), bei dem er auch mitspielte, ‹Sounder II›, ‹Brothers›, ‹Trial & Error› (1997) sowie die Comic-Verfilmung der ‹Blues Brothers›. Als einen Höhepunkt seiner reichen, aber unspektakulären Karriere sah er sein Werk ‹Mule Bone› für das Broadway-Theater an. Das Blues Poetry Drama des schwarzen Dichters Langston Hughes und der Romanautorin Zora Neale Hurston aus dem Jahre 1930 war 60 Jahre unveröffentlicht geblieben. Auf Betreiben der Dramaturgin Ann Catteno wurde es am 14. Februar 1991 im New Yorker Lincoln Center endlich uraufgeführt – mit Musik von Taj Mahal.

LPs auf Columbia: *Taj Mahal* (1967); *Natch'l Blues* (1968); *Giant Step* (1969); *The Real Thing* (1971); *Sounder* (Soundtrack, 1972); *Happy Just To Be Like I Am* (1972); *Recycling The Blues & Other Related Stuff* (1972); *Oooh So Good 'n Blues* (1973); *Mo' Roots* (1974); *Music Keeps Me Together* (1975); *Satisfied 'n' Tickled Too* (1976); *Going Home* (1980); *Higher Ground* (1997); *In Progress & In Motion* (3-CD, 1998) ... auf Warner Bros.: *Music Fuh Ya'* (1977); *Brothers* (1978); *Evolution – The Most Recent* (1978) ... auf Crystal Clear: *Taj Mahal And International Rhythm Band Live & Direct* (1979) ... auf Magnet: *Taj Mahal And International Rhythm Band* (1980) ... auf Gramavision: *Taj* (1986); *Live And Direct* (1988); *Mule Bone* (1991) ... auf Private Music: *Like Never Before* (1991); *Dancing The Blues* (1993); *Phantom Blues* (1996); *Señor Blues* (1997); *Blue Light Boogie* (1999) ... auf Indigo: *An Evening With Acoustic Music* (mit Howard Johnson, 1993); *Taj Mahal And The Hula Blues* (1997); *Kulanjan* (1999); *Shoutin' In Key – Live* (2000) ... auf BMG: *Dancing The Blues* (1993) ... mit V. M. Bhatt auf Water Lily Acoustics: *Mumtaz Mahal* (1994) ... mit Howard Johnson & Gravity auf Motor Music: *Right Now!* (1997)

Take That, die erfolgreichste europäische Boy Group der Neunziger, wurden im Herbst 1990 in Manchester, England, vom Manager Nigel Martin-Smith zusammengestellt, indem er zunächst zwei Duos, die sich bei seiner Agentur bewarben, fusionierte: das Breakdance-Team Street Beat mit Howard Donald, Jason Orange und das Vocal/Piano-Duo The Cutest Rush mit Gary Barlow, Mark Owen. Barlow (p, voc), am 20. Januar 1971 in Frodsham, Cheshire, geboren, hatte schon als Teenager in der Ken Dodd TV Show Orgel gespielt und mit *Let's Pray For Christmas* in der BBC 1-Fernsendung ‹Peeble Mill at One› einen Song-Wettbewerb gewonnen. Von den Demos, die er mit 16 aufnahm, wurden später einige Titel für B-Seiten der ersten Take That-Singles verwendet. Mark Antony Owen (voc), am 27. Januar 1974 in Manchester geboren, wollte von Kind an Sänger werden und startete als Hilfskraft im Aufnahmestudio von Martin-Smith. Howard Paul Donald (voc), am 27. April 1970 in Droylsden, Manchester, geboren, hatte bereits eine Lehre als Automechaniker begonnen; Jason Thomas Orange (voc), am 10. Juli 1970 in Manchester geboren, war noch berufslos. Da Martin-Smith in der amerikanischen Boy Group New Kids On The Block ein Modell sah, suchte und fand er mittels eines Zeitungsinserats sein fünftes Kid: Robert Peter Williams (voc), am 13. Februar 1974 in Stoke-on-Trent, Staffs., geboren, in einer Kneipe aufgewachsen und als Sohn des Entertainers Peter Conway bereits ein routinierter Komödiant. Die erste Single der Gruppe, die Martin-Smith im Juli 1991 auf dem eigenen Label Dance U. K. veröffentlichte, erreichte auf Position 82 der U.K.-Charts einen Achtungserfolg und führte zu einem Vertrag mit RCA: *Do What You Like.* Für Williams wurde das zum Motto. Er war für die Rolle des unangepaßten Strahlemanns gecastet worden und spielte sie hinter der Bühne stoned, alkoholisiert und nach allen Röcken grapschend skandalträchtig weiter, bis ihm das Management im Juli 1995 kündigte und Take That kurz darauf zerbrach. Bis dahin hatte jedoch vor allem Williams' Charisma der Gruppe einen Charts-Höhenflug beschert. Von der Single *Pray* im Juli 1993 bis zum Bee Gees-Cover *How Deep Is Your Love* im März 1996 plazierte sie sich in England achtmal auf Platz eins. In dieser Zeit erfaßte das Take That-Fieber die weiblichen Teenager aller europäischen Länder, im geringeren Ausmaß auch die USA, und ließ die Charts-Notierungen überall bis in die Top Ten empor-

schnellen. Nach der ersten RCA-Single *Promises*, im November 1991 in England auf Platz 38, tingelte die Gruppe zunächst mit mäßigem Erfolg durch englische Schulen und Clubs, bis *It Only Takes A Minute* im Mai 1992 dank eines aufreizend erotischen Videos auf Position sieben in die Top Ten einrückte. Das von Ray Hedges produzierte Debütalbum *Take That And Party*, überwiegend mit Songs von Gary Barlow, kam im September auf Platz fünf und brachte der Gruppe zum Jahresende im Leserpoll des Teen-Magazins ‹Smash Hits› sieben Preise ein. Den Durchbruch bescherte ihnen im Januar 1993 die Barry Manilow-Ballade *Could It Be Magic* aus dem Jahr 1975, wieder mit einem attraktiven Video, die sich auf drei plazierte und das Album *Take That And Party* noch einmal auf die Charts-Position zwei nachzog. *Could It Be Magic* erhielt als Single des Jahres einen Brit Award. Der Start in den USA und auf dem europäischen Kontinent ließ sich trotz Promotion-Auftritten in Schulen und Rundfunkstudios ebenso zögerlich an. In Deutschland beispielsweise wurden die ersten drei Singles überhaupt nicht veröffentlicht, *Could It Be Magic* schaffte nur die Top 40. Doch als Take That von diesen Reisen nach England heimkehrten, war das Londoner Wembley-Stadion schon lange vor dem angekündigten ersten Konzert ausverkauft, und mit *Pray*, gefolgt von *Relight My Fire* mit der Gast-Sängerin Lulu, begann ihre Kette von Nummer-eins-Hits. Das zweite Album *Everything Changes* (1993) sprang sofort auf Platz eins und wurde binnen kurzem weltweit dreimillionenmal abgesetzt. Im Mai 1994 erhielten Gary Barlow als «Songschreiber des Jahres» und *Pray* als «Bester zeitgenössischer Song» im Londoner Grosvenor House Ivar Novello Awards. MTV Europe Music Award wurde der Gruppe in einer Fernsehgala am Brandenburger Tor in Berlin überreicht. Zur ersten Präsentation ihres dritten Albums *Nobody Else* (1995) für die internationale Presse wählten sie die Bayerische Theaterakademie in München aus. Die Deutschland-Konzerte im April 1995 zeigten Take That perfekt eingespielt und mit aggressiven Posen auf dem Höhepunkt ihrer Karriere, aber die Spannung zwischen Williams und dem Rest der Truppe wurde immer spürbarer. Robbie Williams, der favorisierte Mädchen-

Schwarm, neidete Barlow die Führungsrolle und den Songwriter-Erfolg. Von Anfang an als Enfant terrible besetzt, wendete er nun seine destruktive Energie gegen das Management, die Gruppe und sich selbst. Nachdem er im Juni 1995 während eines Auftritts von Oasis beim Glastonbury Festival volltrunken auf die Bühne getorkelt war, wurde er von Nigel Martin-Smith gefeuert. Williams klagte gegen den Manager und versuchte in einem Prozeß gegen die RCA-Mutterfirma BMG die Veröffentlichung eines *Greatest Hits*-Albums zu verhindern. Wenige Minuten vor dem Gerichtstermin am 26. Februar 1996 wurde von den Anwälten beider Seiten eine außergerichtliche Einigung erzielt. Die CD *Greatest Hits* kam Anfang April auf den Markt und belegte in England sofort wieder Platz eins. Doch daß *Take That* ohne Williams allenfalls noch die Hälfte wert waren, mußte auch sein ungeliebter Partner und Konkurrent Gary Barlow eingestehen. Nach einer Pressekonferenz in Manchester am 13. März 1996, auf der Barlow und Martin-Smith das Ende der Boy Group bekanntgaben, mußten in englischen Krankenhäusern Nottelefone geschaltet werden – so viele halbwüchsige Mädchen drohten verzweifelt ihren Selbstmord an. Ein Girl nahm sich tatsächlich das Leben. Barlow nahm Ende Mai 1996 als Komponist, Textdichter und Erfolgsautor weitere Ivor Novello Awards entgegen und startete mit dem Nummer-eins-Album *Open Road* sowie der Nummer-eins-Single *Forever Love* eine Solokarriere. Robbie Williams hatte noch eine Wegstrecke durch Alkohol- und Drogentäler vor sich, bevor ihn die Medien am Ende des Jahrzehnts zum hoffnungsvollsten jungen Entertainer der Popwelt erhoben.

LPs auf RCA: *Take That And Party* (1992); *Everything Changes* (1993); *Nobody Else* (1995); *Greatest Hits* (1996) ... Solo-LP Gary Barlow auf RCA: *Open Road* (1996) ... Solo-LP Mark Owen auf RCA: *Green Man* (1996) ... Solo-LPs → Robbie Williams

Talking Heads verschmolzen New Wave-Klänge aus dem Großstadtdschungel, fiebernde Rock-Intensität und afrikanische Rhythmen zu einer sehr publikumswirksamen Einheit. Dabei bot die Band ihre beinahe reaktionär pessimisti-

schen Lieder von Aussichtslosigkeit und Ausgeliefertsein dem Zuhörer zur freien Interpretation an. Songs wie *Psycho Killer* spiegelten eine kaputte Seelenwelt der Verklemmungen, Ticks und Frustrationen. Lead-Sänger David Byrne, am 14. Mai 1952 in Dumbarton, Schottland, geboren, näselte seine Reports aus der globalen Poliklinik mit hysterisch sich überschlagender Stimme in der Rolle eines schwer angeschlagenen Stadtneurotikers. Zu einer tiefschwarzen Funk-Musik, die an die besten Zeiten der Memphis-Soulmusik erinnerte, in komplexen Ruf- und Gegenruf-Verschachtelungen, bei sacht orientalisch wabernder Elektronik rückten die Talking Heads vom üblichen Rocksong-Schema weit ab. «Unsere Musik», so Byrne, «inspiriert ihrer Natur gemäß zu einer mystischen Kommunion zwischen Musikern und Publikum. Damit haben wir Schwingungen aufgefangen, die in der Luft zu liegen scheinen. Niemand hat sie bisher dechiffrieren können. Wir beginnen gerade damit.» Der Anfang wurde bereits 1975 gemacht, als die ehemaligen Kunststudenten Byrne, Chris Frantz (dr), am 8. Mai 1951 in Ft. Campbell, Kentucky, geboren, seine spätere Frau Martina Weymouth (bg), am 22. November 1950 in Coronado, Kalifornien, geboren, und – seit 1977 – Jerry Harrison (kb, g), am 21. Februar 1949 in Milwaukee, Wisconsin, geboren, in den Punk-Zirkeln um das New Yorker CBGB's ihre Endzeit-Balladen anstimmten und von der ‹Village Voice› ein zwiespältiges Lob als «konservativer Impuls im neuen Rock-Underground» erhielten. In den von Byrne verfaßten Texten gingen die Talking Heads weit über die Aggressivität und schlichte Remmidemmi-Poesie ihrer Punk-Kollegen hinaus. Sie kommentierten treffsicher und mit Ironie die Angst der weißen Überflußgesellschaft vor der Auflösung aller Werte und ihre daraus resultierende Flucht in die Neurose. Zur stilistischen Wasserscheide zwischen der Phase übernervöser Intensität bei der «Beschreibung der permanenten Katastrophe zwischen Holocaust und nuklearem Overkill» (‹Der Spiegel›) und einer «intensiven Beschäftigung mit afrikanischen Rhythmen und Sensibilitäten» (Byrne) geriet das von Brian Eno coproduzierte Album *Remain In Light* (1980), dessen Stücke in Avant-Punk-Stilisierungen afrikanischer Polyrhythmik schwelgten. «Damit driften die Heads auf mittleres Pink Floyd-Territorium zu», warnte ‹Stereo Review›: «Der logische nächste Schritt wären Sound-Effekte, sich dahinschleppende Schwellklänge, Vögel, die in der Stille der Nacht zwitschern.» Genau das bot das Byrne/Eno-Projekt *My Life In The Bush Of Ghosts* (1981), das exotische wie elektronische Perkussion, Originalton-Aufnahmen amerikanischer Prediger und Discjockeys mit vorderasiatischen Ethno-Beat-Aufnahmen durchdacht verklammerte und späteren Protagonisten der sogenannten World Music Anregungen lieferte. Der von ‹Time› als «Renaissance-Mensch» gefeierte Byrne erweiterte seinen Aktionsradius, indem er Ballettmusiken für die Choreographin Twyla Tharp schrieb (*The Catherine Wheel*), Klangkulissen für Projekte des Theatermannes Robert Wilson konzipierte (‹The Civil warS›), Texte für ein Minimal Rock-Album des Komponisten Philip Glass verfaßte. Nach dem von Jonathan Demme dirigierten hochgepriesenen Talking Heads-Konzertfilm ‹Stop Making Sense› (1984) versuchte sich Byrne 1986 mit mäßigem Erfolg als Kinoregisseur (‹True Stories›). Mehr Fortune hatte er als Soundtrack-Zulieferer bei Bernardo Bertoluccis ‹Der letzte Kaiser›: Er wurde 1988 mit einem Oscar ausgezeichnet. Die übrigen Bandmitglieder mühten sich ebenfalls, mit Soloprojekten künstlerische Individualität zu demonstrieren. So nahm Harrison einige Alben im Alleingang sowie mit seiner Formation The Casual Gods auf und agierte als Nachwuchsproduzent. Das Paar Frantz/Weymouth präsentierte sich mit federleichter karibisch getönter Funk-Discomusik als Tom Tom Club. Trotz dieser Eigenständigkeiten und Byrnes von den Medien hochgespielter Statur als «Rockstar für denkende Menschen» (‹New York Times›) bewahrte das Quartett seinen Zusammenhalt durch alle Ego-Krisen hindurch bis in die Neunziger. Byrne: «Als wir uns einmal darauf geeinigt hatten, stilistisch nicht nur an einer Sache zu kleben, da war plötzlich alles offen. Es schien so, als wäre uns nun alles möglich. Also ist es schon ziemlich schwer, sich im Gruppenverband zu langweilen. Auf der Basis könnten wir noch ziemlich lange weitermachen.» Tatsächlich war Byrne für alles offen, was Byrne interessierte. Nur wenn der charismatische Gitarrist und Sänger sich bewegte,

standen Weymouth, Frantz, Harrison in den Startlöchern, ansonsten warteten sie auf die Einfälle des Meisters. 1988 erbrachten diese das Album *Naked*, mit dem Byrne wieder einmal «die übrigen Talking Heads-Mitglieder zu Session-Musikern degradierte» (‹Rolling Stone›). Danach entließ Byrne seine Talking Heads, die sich wie er selbst eigenen Projekten zuwandten – den Casual Gods, dem Tom Tom Club. Byrne verbiß sich wieder in ein Weltmusik-Projekt und veröffentlichte die Sammlung *Brasil Classics 3* (1991). Im gleichen Jahr kam die Band noch einmal zusammen, um neue Songs aufzunehmen und alte zu remixen. Nach getaner Arbeit, 1992 als *Once In A Lifetime – The Best* und als *Popular Favorites 1972–1992: Sand In The Vaseline* veröffentlicht, verkündete Byrne die Auflösung der Band. Diese formierte sich ohne ihn 1996 neu für das Album *No Talking Just Head*. Byrne lieferte mit den CDs *Uh-Oh* (1992) und *David Byrne* (1994), ebenfalls mit prominenten Gastmusikern, ein breites Stimmungskaleidoskop aller musikalischer Facetten ab, welche das Talking Heads-Werk auszeichnete – im Zweifelsfall eher akustisch als synthetisch. Auf der Basis dieses World Rock zwischen Kongo und Psychedelica und nachdem er unter dem Titel ‹Strange Ritual› ein Buch mit fetischistischen Reisefotos veröffentlicht hatte, war es nur folgerichtig, die Musik durch optische Environments und Installationen zu ergänzen. Im Massachusetts Institute of Contemporary Art (Mass MOCA) in einer alten Textilfabrik in North Adams, Massachusetts, zeigte Byrne im Sommer 1996 seine Ausstellung «Desire»: Zivilisations- und exotische Kult-Artefakte verbunden mit postmodernen Werbeslogans und Trivialerkenntnissen («Musik ist die Politik der Besitzlosen», «Die Vergangenheit ist tot. Die Zukunft gehört dem Glauben an die eigene Phantasie»), die durch Stimmen und Sounds unter dem Walkman-Kopfhörer zu einer neuen, virtuellen Realität verschmolzen. Die ‹New York Times› diagnostizierte «postmoderne Gehirnwäsche» und ernannten David Byrne zum «Acoustiguide-Artisten»: «Wer würde schon die Platitüden bezweifeln. Wahrscheinlich niemand. Aber es gibt ja immer noch die Möglichkeit, daß Mr. Byrne mehr damit meint – oder weniger.» Zu dieser Zeit meinte Mr. Byrne, daß ihm der Titel Talking

Heads allein gehöre – nicht mehr und nicht weniger. Er strengte beim US District Court in New York einen Prozeß gegen seine drei Mitstreiter an, die dabei waren, unter dem Bandnamen Heads eine CD ohne ihn zu veröffentlichen. In der Verhandlung wurde ein Agreement erzielt, daß der Titel allen vier Mitgliedern zu gleichen Teilen gehöre. Das Heads-Album erschien mit den Gastsolisten Debbie Harry (Blondie), Michael Hutchence (INXS), Andy Partridge (XTC) im Oktober 1996 beim Label Radioactive unter der Überschrift *No Talking Just Head*: «Ein kühler, ab und an phlegmatischer Funkrock, unter dessen Oberfläche eine nervöse Spannung pulsiert» (‹Stereoplay›). Der leicht gekränkte Byrne nannte sein nächstes Soloalbum im Sommer 1997 *Feelings*. 1998 und die ersten Monate 1999 moderierte er an jedem Wochenende die Sendung «Sessions at West 54th Street» im New Yorker PBS-TV und interviewte die dort auftretenden Musiker. Gegen die inflationäre Verwendung des Begriffes World Music als eines reinen Marketing-Etiketts polemisierte er am 3. Oktober 1999 in einem achtspaltigen Artikel («I hate World Music») in der ‹New York Times›. «Das Wort Weltmusik klingt bescheuert», so brachte er dessen Inhalt auf einen Nenner, «weil natürlich jeder Künstler seinen eigenen Stil hat und einen türkischen Popsänger wenig mit einem brasilianischen Hip Hop-Produzenten verbindet.» Aber er fuhr fort, sich für sein eigenes Schaffen aus all diesen Quellen zu bedienen. Von einem Unterhaltungskonzert in Madrid inspiriert («rhythmisch und klanglich total falsch, aber mit unglaublichen Vibes»), mixte er ein Demo-Tape aus Songs von Björk, Serge Gainsbourg, Caetano Veloso etc. mit Fahrstuhl- und Filmmusik wie dem *Shaft*-Thema von Isaac Hayes und gab es seinen Musikern für das Album *Look To The Eyeball* (2001) zum Inhalieren: Der Drummer kam aus Rio, der Bassist von der New Yorker Lower East Side, ein Arrangeur aus Portugal. Das Stück *Neighborhood* klang wie Phillysoul von den O'Jays – Thom Bell, der Erfinder des Sounds, hatte es konzipiert. *The Accident*: metallische Klänge eines Crashs. Durch die Vielzahl der Materialien und Einflüsse jedoch war alles – so Marshall Sella im «New York Times Magazine» – «indisputable catchy stuff: komplex

und poetisch, und man kann danach tanzen.» ‹Der Spiegel› nannte *Look Into The Eyeball* «ein lustiges Crossover aus Funk und Pop und Latin», Byrnes Stimme verleihe den Songs «eine lässige Melancholie». Parallel dazu erschien eine Kurzgeschichte von ihm in einer Prosasammlung von Songautoren im New Yorker Hyperion-Verlag. Das Buch hieß ‹Songs Without Rhyme›, Byrnes Story ‹A Self-Made Man›. Beides mochte wohl auf diesen rastlosen Pop-Intellektuellen und seine Sketche zutreffen. «Mein Job ist es», renommierte er, «mir die Dinge, die als Tugenden gelten, vorzunehmen und klarzulegen, daß sie sich nur als Tugenden maskieren.»

LPs auf Sire: *'77* (1977); *More Songs About Buildings And Food* (1978); *Fear Of Music* (1979); *Remain In Light* (1980); *House In Motion* (Mini-LP, 1981); *The Name Of This Band Is Talking Heads* (1982); *Speaking In Tongues* (1983) … auf EMI: *Stop Making Sense* (1984); *Little Creatures* (1985); *True Stories* (1986); *Naked* (1988); *Once In A Lifetime – The Best* (1992); *Popular Favorites, 1976–1992* (1992; zwei CDs, enthalten auch bis dahin Unveröffentlichtes) … Solo-LPs von David Byrne auf Sire: *Songs From The Catherine Wheel* (1981) … auf Editions EG: *My Life In The Bush Of Ghosts* (mit Brian Eno, 1981) … auf EMI: *Music For The Knee Plays* (1985); *True Stories* (Soundtrack, 1986); *Rei Momo* (1989) … auf Virgin: *The Last Emperor* (Soundtrack mit Ryuichi Sakamoto, 1987) … auf Luaka Bop/Sire: *The Forest* (1991); *Feelings* (1997): *Look Into The Eyeball* (2001) *Talk And Talk And Talk* (mit Jim White, 2001) … auf Warner Bros.: *Uh-Oh* (1992); *David Byrne* (1994) … Solo-LPs Jerry Harrison auf Sire: *The Red And The Black* (1981); *Casual Gods* (1988) … LPs Frantz/Weymouth auf Island mit Tom Tom Club: *Tom Tom Club* (1981); *Close To The Bone* (1983) … auf Fontana: *Boom Boom Cho Boom Boom* (1988) … auf Ryko: *The Good, The Bad & The Funky* (2000) … LP Harrison/Weymouth/Frantz als The Heads auf Radioactive/MCA: *No Talking Just Head* (1996)

The Temptations, 1960 in Detroit, Michigan, formiert, sangen in den ersten Jahren einfallsreich aufgefächerte Harmonien, deren stark betonte Baßpartie an den Rhythm & Blues-Gesang der Drifters erinnerte. Paul Williams, geboren am 2. Juli 1939 in Birmingham, Alabama (Tenor), Otis Williams, als Otis Miles geboren am 30. Oktober 1939 in Texarkana, Texas (Tenor), Melvin Franklin, als David English geboren am 12. Oktober 1942 in Montgomery, Alabama (Baß) setzten geschickte Begleitakzente zu dem charakteristischen Wechselspiel zwischen dem kraftvollen Sandpapier-Tenor von David Ruffin, geboren am 18. Januar 1941 in Whynot, Mississippi, und der zum klagenden Falsett tendierenden Tenor-Stimme von Eddie Kendricks, geboren am 17. Dezember 1939 in Union Springs, Alabama. Das Quintett machte sich zunächst mit sensibel getexteten Liebesliedern, zumeist aus der Feder von Smokey Robinson, bekannt: *My Girl* (1964), *Since I Lost My Baby* (1965), *Ain't Too Proud To Beg* (1966). Der intensive Vortragsstil, die starke rhythmische Akzentuierung der Songs sowie eine experimentierfreudige Produktion waren ausschlaggebend dafür, daß die Temptations binnen kurzem zu Top-Entertainern des Motown-Konzerns avancierten. Als jedoch David Ruffin Auskunft darüber begehrte, warum die Gruppe trotz beträchtlicher Gagen und Tantiemen-Einnahmen auch 1968 mit nur 500 Dollar pro Woche abgefunden wurde, mußte er auf Anordnung der Geschäftsleitung das Ensemble verlassen und wurde in einem restriktiven Solo-Kontrakt kaltgestellt. Kendricks, der wegen dieser Relegierung ebenfalls ausscheiden wollte, mußte jedoch noch einige Jahre in Begleitung weitersingen, bis auch er 1971 wegen diverser freimütiger Zeitungsinterviews einen Knebelvertrag als Solist erhielt. Als Ersatz stellte die Firma Dennis Edwards und Damon Harris ein. Für Paul Williams, der 1972 krankheitshalber ausschied, wurde Richard Street, geboren am 5. Oktober 1942 in Detroit, von den Monitors verpflichtet. Williams eröffnete eine Boutique, blieb der Truppe aber als Choreograph ihrer Bühnenshows erhalten. Am 17. August 1973 wurde er nur wenige Blocks von den Motown-Büros entfernt in seinem Auto tot aufgefunden. Wohl auf Grund seiner zerrütteten Gesundheit, von Eheproblemen und 80 000 Dollar Steuerschulden hatte er sich eine Kugel in den Kopf geschossen. Die nach dem Fortgang stilprägender Mitglieder drohende Ensembleschwäche der Temptations fing deren Producer Norman Whitfield durch einen komplexen Soundwechsel auf.

Das Repertoire der Gruppe wurde mit sozialen Anklagen und «Black is beautiful»-Slogans modernisiert, das Standardformat kompakter Songs in üblicher Single-Länge fiel fort zugunsten frei strukturierter Langtitel, deren Arrangements sich der psychedelischen Soul-Formel von Sly Stone bedienten. *Runaway Child Running Wild* (1969) war eines der ersten Stücke, die auf diese Weise das herkömmliche Soul-Format sprengten. *Cloud Nine, Psychedelic Shack, Ball Of Confusion* setzten die Serie der bombastisch orchestrierten Ghetto-Statements fort bis zum Übersättigungs-Rückschlag von *Ungena Za Ulimwengu (Unite The World)* (1970), dem 1971 mit dem Millionenhit *Just My Imagination* eine kurzfristige Besinnung auf frühere stilistische Schlichtheit folgte. Fortan jedoch waren die Temptations auf ihren Alben immer seltener zu hören. Dafür arrangierte Whitfield seine brillanten Einfälle in den Vordergrund. In dem «sensationellen» (‹Playboy›) Zwölf-Minuten-Stück *Papa Was A Rolling Stone* (1972) legte er einen unentwegt pulsenden Baß als Hauptschlagader für eine faszinierende Klang-Konstruktion aus. In Echoeffekten verschwimmende Bläsersätze, kaleidoskopartig wirbelnde Elektrogitarren, an- und abschwellendes Violinrauschen, Pianogeflimmer, ekstatisch ausbrechendes Händeklatschen und erotisierendes Tambouringeklingel ordnete Whitfield effektsicher und geschmackvoll zu großen Soul-Sinfonien, die weniger Muzak-Charakter hatten als vergleichbare Titel von Isaac Hayes. Doch das Patentrezept wurde alsbald zur Blaupause für «Ready Made-Produktionen, die Whitfield wohl aus einer Aerosol-Dose sprühen muß» (‹Rolling Stone›). Die Kritiker-Befürchtung, die Temptations könnten zu einem Begleitchor auf Whitfield-Solo-LPs verkümmern, schien auf dem *Masterpiece*-Album (1973) endgültig dokumentiert: Auf dem Platten-Cover wurden die Temps zweimal, Whitfield dagegen sechsmal genannt. Bei späteren, von anderen Producern betreuten Aufnahmen gewannen sie wieder mehr Vokal-Prominenz, ohne den von Whitfield gesetzten Qualitätsstandard in ihrer Instrumentalbegleitung aufgeben zu müssen, 1975 ersetzte Glenn Leonard Damon Harris, 1977 Louis Price Dennis Edwards. Atlantic Records warb die Temps im gleichen Jahr von Motown ab, wußte aber mit ihrer *Sophistication* (Verfeinerung) im rauhen Harlem-Klima wenig anzufangen. Reumütig kehrte die Truppe 1980 zu Motown und dort zum Label des Chefs, Gordy Records, zurück. Auf den Spielstätten der reichen Schwarzen zwischen Encino und Beverly Hills, an Swimmingpools und Tennisplätzen gab es mittlerweile auch für erfolgreiche Gesangsgruppen genügend Kohle und Koks. Für ein Reunion-Album mit den alten Motown-Buddies stellten sich 1982 sogar Kendricks und Ruffin wieder ein. Beide schwirrten zwar bald wieder davon, behielten aber für ein Live-Album mit Hall & Oates im Apollo Theater (1985) sowie eine glanzvoll-simple Ruffin & Kendricks-LP im besten, treibenden Motown-Stil (1987) miteinander Kontakt. Für Edwards kam Ali-Ollie Woodson als Lead-Sänger in die Gruppe und bescherte dem Ensemble 1984 den Hit *Treat Her Like A Lady*. 1988 erschien die Story der Temptations von Otis Williams und Patricia Romanowski im Verlag G. P. Putnam's Sons. Möglicherweise hat der Tod des Bassisten Melvin Franklin am 23. Februar 1995 die Temptations-Geschichte endgültig beendet, nachdem am 1. Juni 1991 Ruffin im Krankenhaus der University of Pennsylvania an einer Drogen-Überdosis und am 5. Oktober 1992 Kendricks im Baptist Medical Center Princeton von Birmingham, Alabama, an Lungenkrebs gestorben waren. Kurz vor Franklins Tod hatte Motown / Polydor die Box *Emperors Of Soul* mit fünf CDs dieser «komplettesten Gruppe von Sängern» (Kritiker Gerald Hündgen) mit ihren Hits und einigen bis dahin unveröffentlichten Aufnahmen herausgebracht – wohl das Vermächtnis der Gruppe, obgleich sie auch danach noch unermüdlich an die Mikrophone trat. Von 1961 bis 2001 hatten mehr als 20 Sänger bei den Temptations den Mund aufgemacht.

LPs auf Tamla Motown: *Meet The Temptations* (1964); *Temptations Sing Smokey* (1966); *Temptin' Temptations* (1966); *Gettin' Ready* (1966); *Temptations' Greatest Hits* (1967); *Temptations – Live* (1967); *With A Lot O' Soul* (1968); *In A Mellow Mood* (1968); *I Wish It Would Rain* (1968); *Live At The Copa* (1968); *T. C. B.* (mit Diana Ross & the Supremes, 1969); *Cloud Nine* (1969); *Show* (1969); *Puzzle People* (1969); *Together* (mit Diana Ross & the Supremes, 1969); *Psychedelic Shack* (1970); *Live At London's Talk Of The Town* (1970); *Greatest Hits, Vol. 2* (1970); *Christmas Album* (1970); *The Sky's The Limit* (1971); *Solid Rock* (1972); *All Directions* (1972); *Masterpiece* (1973); *Anthology* (1974); *1990* (1974); *Temptations* (1974); *10th Anniversary* (1974); *House Party* (1975); *A Song For You* (1975); *Wings Of Love* (1976); *Do The Temptations* (1976); *Greatest Hits, Vol. 3* (1977); *Temptations* (1977); *Power* (1980); *20 Golden Greats* (1980); *Temptations* (1981); *Reunion* (1982); *Surface Thrills* (1983); *Back To Basics* (1983); *Truly For You* (1984); *Touch Me* (1985); *Give Love At Christmas* (1986); *25th Anniversary* (1986); *To Be Continued* (1986); *Together Again* (1987); *Milestone* (1991); *Emperors Of Soul* (5-CD-Box, 1994); *For Lovers Only* (1996); *Phoenix Rising* (1998) ... auf Atlantic: *Hear To Tempt You* (1978); *Bare Back* (1980); *Special* (1989) ... Solo-LPs David Ruffin auf Tamla Motown: *My Whole World Ended* (1969); *Feelin' Good* (1969); *Doin' This Thing* (1972); *Me 'n' Rock 'n' Roll Are Here To Stay* (1974); *Who Am I* (1975); *Everything's Coming Up Love* (1976); *In My Stride* (1977); *At His Best* (1978) ... auf Warner Bros.: *So Soon We Change* (1979); *Gentleman Ruffin* (1981) ... auf RCA: *Family* (mit Eddie Kendricks, 1986) ... Solo-LPs Eddie Kendricks auf Motown: *All By Myself* (1971); *Boogie Down* (1974); *For You* (1974); *The Hit Man* (1975); *He's A Friend* (1976); *Goin' Up In Smoke* (1976) ... auf Arista: *Vintage '78* ... auf Atlantic: *Love Keys* (1981)

Tenor, Jimi, irgendwann unter irgendeinem Namen in Finnland geboren, versteckte hinter hippen Groove-Gemälden geschickt die Anlagen eines umfassend begabten Allroundmusikers. Bevor er zum Idol der Rave-Generation wurde, hatte er eine zwölfjährige Ausbildung an einer Musikakademie erhalten. Neben einem Arsenal elektronischer Instrumente beherrschte er Klavier, Flöte, Saxophon und Schlagzeug. ‹WOM Journal›: «Jimi Tenor verabscheut Computer.» Obwohl seine Songs gerade vom Techno-Publikum goutiert wurden, grenzte er sich beharrlich vom Techno ab. Äußerlich eine Mischung aus Arto Lindsay und Andy Warhol, unternahm «der erste Cabaret-Star des Techno» (‹All Music Guide›) erste Schritte Ende der achtziger Jahre als Jimi Tenor & His Shamans. Unter diesem Logo veröffentlichte er zahlreiche Platten, die ausschließlich auf dem finnischen Markt vertrieben wurden. Er verwandte viel Energie darauf, elektronische Musik ihrer Perfektion zu entkleiden und somit lebendiger klingen zu lassen. Nach dem Ende der Shamans ging Jimi Tenor nach New York, wo er sich zunächst als Touristen-Fotograf auf dem Empire State Building verdingte. Unter dem Einfluß eines Soloalbums von Mika Vainio von Panasonic schloß er einen Vertrag mit dem finnischen Label Sähkö ab. 1994 erschien sein Solo-Debüt *Sähkömies,* ein entspanntes Lounge Jazz-Album, auf dem der Multiinstrumentalist zurückhaltend seine mannigfaltigen virtuosen Fähigkeiten ins Spiel brachte. Nach einer Kollaboration mit dem deutschen DJ Khan kehrte Tenor 1995 wieder in sein Heimatland zurück, um einen von der finnischen Regierung finanzierten Dokumentarfilm über das Sähkö-Label zu drehen. Sein zweites Album *Europa* (1996) brachte ihm einen Vertriebsdeal mit dem britischen Trend-Label Warp ein, der ihn endlich über die finnischen Grenzen hinaus bekannt machte. Beinahe über Nacht avancierte er zum Superhelden der europäischen Lounge-Szene. Mit seinem Namen verband sich alles, was man mit dem Wort Coolness assoziierte. Die eingängige Techno-Trash-Single *Take Me Baby* bescherte ihm im selben Jahr einen internationalen Hit, der als Kulthymne der Love Parade '96 Hunderttausende in den Zustand totaler Entfesselung versetzte. Auf seinem dritten Album *Intervision* (1997) brachte Tenor Elemente von Jazz und Easy Listening offensiver zum Einsatz. So wagte er sich an eine unkonventionelle Dance-Version von Duke Ellingtons Klassiker *Caravan*. Auf *Organism* (1999) schließlich ließ der einst so introvertiert wirkende Studiotüftler alle Masken fallen. Das Album «wirkt beinahe wie ein letzter Hilfeschrei vor dem großen Knall. Wollte man Jimi Tenor Böses, so könnte man meinen, daß er mit seiner Prophezeiung auf plumpe und peinliche Weise erneut versuche, seinen Selbstdarstellungsdrang zu befriedigen» (‹WOM Journal›). Das Jahr 2000 eröffnete der Finne als Impostor Orchestra mit der Big Band-Produktion *Heliopause,* auf der er erheblich behutsamer mit seinen gestalterischen Mitteln umging als auf seinem vorhergehenden Solo-Projekt. Dicker trug er wieder auf *Out Of Nowhere* (2000) auf, einem Monumentalwerk, das er mit dem Sinfonieor-

chester der Stadt Lodz einspielte. Jimi Tenor war an einem Punkt angelangt, an dem er unprätentiös Dance Pop mit Mitteln der Neuen Musik inszenieren konnte.

LPs auf Sähkö: *Sähkömies* (1994); *Europa* (1995) … auf Warp: *Intervision* (1997); *Organism* (1999); *Impostor Orchestra – Heliopause* (2000); *Out Of Nowhere* (2000)

The The war der Markenname für die musikalischen Erzeugnisse des Einzeltäters Matt Johnson (voc, g, kb), am 15. August 1961 im Londoner East End geboren. Mit ständig wechselnder Besetzung, zu der 1989 Johnny Marr (g, kb, vormals bei den Smiths), James Eller (bg), Dave Palmer (dr, Ex-ABC) gehörten, arbeitete er in seinen Alben die Schlagzeilen der Weltpresse auf. Religiösen Fanatismus, den wirtschaftlichen Aufstieg und moralischen Abstieg Großbritanniens (*That Sinking Feeling*), Sexskandale der Politiker, die Aids-Tragödie, staatlichen und individuellen Terrorismus, Drogenkriminalität und das Drama einer verlorenen Generation, die mit Vorurteilen und gesellschaftlicher Desinformation großgezogen wird (*The Beat[en] Generation*), bearbeitete er in einem «Wechselbad zwischen frühlingshafter Euphorie und düsterem kulturpessimistischem Pathos» (‹Der Tagesspiegel›). Dabei sah sich Johnson nicht als Zyniker, eher als Skeptiker: «Ich bin irgendwie ein existentialistischer Blues-Sänger.» Der Bewunderer des späten John Lennon wollte seine Zuhörer «vor den Kopf, ins Herz und am Körper treffen» und mutete sich dabei selbst nicht wenig zu: «Die Charaktere in meinen Songs habe ich vorher bis zur Schmerzgrenze ausgelebt.» Sein «Geheul aus so was wie einer dunklen Nacht der Seele» (‹Q›) fand vor allem bei schwerblütigen und schwermütigen Deutschen großen Anklang, bescherte ihm allerdings auch darüber hinaus eine «ergebene internationale Kultgemeinde» (‹Time›). Da sich Johnsons Leidensmiene von Platte zu Platte verfinsterte, mochten manche Kritiker bei dem Album *Mind Bomb* (1989) nur noch «Brimborium ohne Analyse und Humor» sowie die reaktionäre «Rückkehr zu dem wolkigen konservativen Konzept einer besseren Vergangenheit» (‹20/20›) konstatieren. Nichts gegen rechtschaffene Empörung und aufrüttelndes Unrechtsbewußtsein: «Grundanständigkeit ist an sich kein Problem, es sei denn, sie wird in altlinken New Age-Knittelversen artikuliert, die unbeholfen und hirnverbrannt zugleich sind, und zu einer Musik dahergereimt, die so einschläfernd wie unerotisch ist» (Kritiker Biba Kopf). Der ‹New Musical Express› sinnierte: «Es ist sicherlich schwachsinnig, Leute dafür zu verspotten, daß sie endlich mal etwas Ungewöhnliches riskieren. Aber man wird doch noch sensibel fragen dürfen: Können sie das gut, und ist es die Sache überhaupt wert?» *Dusk* (1993), mit Keith Joyner, Jared Nickerson, D. C. Collard, Jim Fitting, David Palmer in nicht enden wollenden Sessions im Londoner Hit Factory-Studio aufgenommen, nannte Johnsons CD-Producer Bruce Lampcov «Plastic Ono Band ohne Müll-Songs». Das düstere, blueslastige Album über Liebe und Tod, nur gelegentlich durch Hoffnungsschneisen aufgehellt, anschließend auf einer Welttournee dargeboten, schaffte es in der UK-Hitparade auf Platz zwei, ließ aber mit dem Song *I Saw The Light* bereits einen Stilwechsel ahnen. Johnson nahm sich der Songs seines Idols Hank Williams an. Für *Hanky Panky* (1994) coverte er bekannte und weniger bekannte Songs des 1953 verstorbenen Country-Sängers. «Ich wollte keine Songs mehr schreiben müssen. Ich habe sie monatelang auf der Bühne gesungen und kann meine eigenen Sachen nicht mehr hören», erklärte Johnson. Die distanzierte und die Originale verfremdende Musik des Albums mißfiel ‹Rolling Stone›: «In guten Momenten klingen The The immer nach naßgeschwitzten Laken, in schlechten nach Werbung für After Shave. Bei *Hanky Panky* trifft letzteres zu.» Mitte der Neunziger schien das Glück Matt Johnson verlassen zu haben. Seine langjährige Lebensgefährtin beendete die Beziehung, enge Freunde verstarben, die fast 20 Jahre gutwillige Firma 4AD schickte ihm das fertige Album *Gun Sluts* mit der Aufforderung zurück, es durch einige kommerziellere Songs zu ergänzen. Er weigerte sich. Enttäuscht und verärgert verließ er England und begab sich in New York in eine Art innerer Emigration: «Ich ging kaum raus und kaufte mir keine Platten. Den Fernseher hatte ich abgemeldet. Im Radio hörte ich nur die Nachrichten, weil ich von all den Boy Groups und Mainstream-Rockbands Depressionen bekam.» Er da-

gegen sei ein «method songwriter», von Sebastian Wellings in ‹Tip› erklärt als «jemand, der sich für seine Songs in extreme Situationen begibt, in denen er extreme Erfahrungen macht, um daraus wieder extreme Songs zu machen». Das 2000 von Motor Music veröffentlichte Album *Naked Self*, «ein in schweren Wogen heranbrechender Feedback-Rocker» (Wellings) mit Eric Schermerhorn (g), Spencer «The Beast» Campbell (bg), Earl Harvin (dr) klang genau so. «There's only one thing in life that holds / You're on your own», sang Johnson: «Das einzig Sichere im Leben ist, man ist allein.» Dazu krachten die Rückkopplungen, donnerten die Riffs. Brüchig, spröde, zur akustischen Gitarre gecroont, aber deutlicher als auf früheren CDs artikuliert, kam im Song *Soul Catcher* auch wieder Hoffnung auf: «My life is halfway through / And I still haven't done / What I'm here to do.» Mit dem Anbruch des neuen Jahrtausends hatte er sich ein eigenes Label, Lazarus Records, geschaffen und plante die Veröffentlichung des zurückgewiesenen Albums *Gun Sluts* sowie der Produktion *The Pornography Of Despair* von 1982 / 83, aus der 4AD seinerzeit nur Einzeltitel auf Single und EP veröffentlicht hatte. Außerdem sei er dabei, so Johnson 2000, ein richtiges Pop-Album zu schreiben: «Ein Song wird von meinem ersten Schultag erzählen, ich schlage die Brücke in meine Kindheit zurück.» Sebastian Wellings: «Pop als Grenzerfahrung, als Lebensbeichte, Aktualität erübrigt sich da.»

LPs auf 4AD: *Burning Blue Soul* (1981) ... auf Some Bizarre: *Soul Mining* (1983); *Infected* (1986) ... auf Epic: *Mind Bomb* (1989); *Dusk* (1992); *Hanky Panky* (1995) ... auf Interscope: *Naked Self* (2000) ... LPs Matt Johnson mit Gadgets auf Final Solution: *Gadgetree* (1980); *Love, Curiosity, Frickles & Doubt* (1981); *The Blue Album* (1982)

Therapy?, 1987 in Belfast, Nordirland, gegründet, erfüllten die alte Mär vom Working Class Hero, der seinem Unmut mit lautem Gitarrenrock Luft macht, in einer Zeit mit neuem Leben, da die Working Class auf den britischen Inseln selbst kaum mehr als eine Erinnerung war. Anfangs verbanden sie eine «frustriert aggressive Attitüde mit fiesen, simplen Gitarrenhackriffs, die technoid repetitiv vorwärtskloppten. Dazu lineare, harte Rhythmik, und heraus kam ein Sound, der der erste Rock-Techno-Crossover zu werden drohte» (‹WOM Journal›). Unter dem Einfluß von Hüsker Dü und Nirvana formulierten Andy Cairns (voc, g), Michael McKeegan (bg), Fyfe Ewing (dr) einen knackig-frechen Anti-PC-Hardcore, der in schroffem Gegensatz zum handelsüblichen Besserwisser-Rock von der Grünen Insel stand. Therapy? «begründeten ihre Karriere auf der uninteressantesten aller menschlichen Emotionen: Ärger» (‹Wall Of Sound›). Doch schon nach wenigen Alben nahm die politische Durchschlagskraft der Band ab. Ihr Power-Punk klang immer routinierter nach Revolution aus der recyclebaren Dose, bis die einstige Rebellen-Troika sich endgültig in ein angepaßtes Hit-Monster des Indie-Establishments verwandelt hatte und sich orientierungslos von der Wetterwendigkeit des Marktes umhertreiben ließ. Nachdem sie 1988 die Single *Meat Abstract* produziert hatten und ein Jahr nach Gründung bereits über ein Repertoire von etwa 30 Songs verfügten, besuchten die Musiker ein Konzert der Revolting Cocks, in deren Vorprogramm die Gruppe Silverfish spielte. Cairns gab ein Exemplar der Single an Silverfish, und diese stellten eine Verbindung mit dem Londoner Independent-Label Wiiija her. Nach einer weiteren Single wurde die EP *Babyteeth* (1991) veröffentlichte, deren «rowdyhafter Ausdruck lebhafter Schnelligkeit auf geniale Art und Weise das Vertrauen in die Musik erneuerte» – so jedenfalls hypte ein Band-Pressetext. In der Tat klangen die bewußt dreckig produzierten, prägnanten Hardcore-Quickies wie Aufrufe zum Aufstand. Zur Veröffentlichung ihrer zweiten EP *Pleasure Death* (1992) hatte sich der Ruf «der dreiköpfigen Band, die sich einen Dreck darum schert, wo man sie einordnet» (‹Intro›), bereits verbreitet, die Platte stieg unerwartet in die britischen Top 50. Therapy? unterschrieben bei A & M und produzierten mit einem Budget, das wesentlich mehr Bewegung erlaubte, das fulminante, filigrane, aber im Vergleich zu den Vorgängern bereits deutlich glattgebügelte Album *Nurse* (1992). Das Trio tendierte nun stärker in Richtung Heavy Metal, ein Trend, der sich auf *Troublegum* (1994) fortsetzte. Die Texte artikulierten zwar immer noch Wut, aber nicht mehr gegen das Establishment. Auf *Infernal Love* (1995) hatten

sich Therapy? endgültig von den einstigen Idealen losgesagt und bekannten sich zu hemmungslosem Monster-Rock. Vereinzelte noisige Gitarrenparts wirkten wie Fremdkörper auf einem Album, das durch das Cello-Spiel von Martin McCarrick mit einem zusätzlichen Weichmacher versehen worden war. ‹Visions›: Hinter den sauber arrangierten und perfekt produzierten Songs steckte viel zu viel Kalkül, um noch an die Energie von Alben wie *Troublegum* oder *Babyteeth* heranzureichen.» (‹Visions›). Die Band befand sich in einer künstlerischen Sackgasse und löste sich auf. 1988 kehrte sie nach erfolgreicher Selbsttherapierung mit Cairns, McKeegan, McCarrick, der zur Gitarre gewechselt war, und dem neuen Drummer Graham Hopkins sowie dem Album *Semi Detached* zurück. ‹Visions›: «Wo andere sich mit kosmetischen Korrekturen genügen, nahmen Therapy? eine Wurzelbehandlung vor.» Schon der Albumtitel, der sich auf die unter britischen Arbeiterfamilien üblichen Doppelhaushälften bezog, deutete auf eine Rückkehr der Band zu ihrer ursprünglichen Sozialisation. Der Sound war wieder prägnant, schnörkellos und erfrischend aggressiv. Doch das mittlerweile vom Britpop korrumpierte Publikum dankte der Band diese Rückbesinnung nicht. Die Beendigung des Vertragsverhältnisses mit A & M war eine logische Folge auf «die Absage einer Fangemeinde, die auf melodischen, wenngleich aggressiven Punkrock steht. Genau das hatten Therapy? verweigert und waren prompt in Ungnade gefallen. Jetzt versuchen sie es erneut – mit derselben dickköpfigen Härte» (‹WOM Journal›) und dem wiederum stärker am Heavy Metal orientierten Album *Suicide Pact – You First* (1999), das aber niemanden mehr vom Hocker riß. Mit der allgemeinen Krise des Gitarrenrock um die Jahrtausendwende hatten sich auch Therapy? überlebt.

LPs auf Wiiija: *Babyteeth* (1991); *Pleasure Death* (1992) … auf A & M: *Nurse* (1992); *Troublegum* (1994); *Infernal Love* (1995); *Semi Detached* (1998) … auf ARK 21: *Suicide Pact – You First* (1999); *Shameless* (2001)

Thievery Corporation, 1995 in Washington, D.C., gegründet, galten dem Fachblatt ‹Intro› als «zwei Handlungsreisende in Sachen gute Rhythmen, die für ihren leicht verdaulichen Dance Pop Einflüsse aus allen Ecken der Welt zu einem smarten Stil-Cocktail mixten», sie zogen die Quersumme aus Antonio Carlos Jobim und Kraftwerk und ließen sich mit einem exhibitionistischen Haute-Couture-Outfit als Snobs des modernen Lounge Pop huldigen. «Trotz aller Verpackung und Politur schreiben die beiden Amerikaner wunderbare Melodien und aufregende Arrangements» (so ‹Der Spiegel›). Die beiden DJs Rob Garza, geboren 1970, und Eric Hilton, geboren 1966, «kombinierten Ausdrucksstärke mit kraftvollen Emotionen» (‹Muse›), «kreierten Hightech-Acid-Jazz-Grooves» (‹Rolling Stone›) und zauberten laut ‹Spiegel› einen «eleganten Pop aus sanften Dub Beats, gedämpften Soul-Bläsern und einer Spur Hollywood-Melancholie. Es ist eine Musik, die man hört, wenn man vom Ledersofa aus zusieht, wie draußen im Garten die Sonne untergeht». Als sich Garza und Hilton begegneten und unter dem Titel Thievery Corporation spontan Zusammenarbeit beschlossen, war der Projektname sofort Programm: «Wir glauben an die Idee, daß Musik für jedermann freien Zugriff und die Möglichkeit zur Interpretation bietet. Mittels Samplern sind Musiker in der Lage, sich aus der gesamten Geschichte der aufgenommenen Musik zu bedienen und etwas Neues zu schaffen. Auf der Hut müssen wir nur vor den Anwälten sein» (Rob Garza). Mit ihrer instrumentalen Midtempo-Dance-Music traten sie zunächst in der Eighteenth Street Lounge auf, einem Club in ihrer Heimatstadt Washington, nach dem sie auch ihr Label benannten. Mit einem Track des Duos auf der Remix-Platte *DJ-Kicks* von Kruder & Dorfmeister erlangten Thievery Corporation überregionale Aufmerksamkeit. 1997 veröffentlichte das Duo sein erstes komplettes Album *Sounds From The Thievery Hi-Fi*, das ein Jahr später von 4AD in den weltweiten Vertrieb genommen wurde. Die «Besitzer eines hochmodernen Samplerfuhrparks durchgrooven einzig und allein das Feld des Down Beat» und «achten peinlichst genau darauf, daß ihre bpm-Zahlen diesseits der 100er-Grenze bleiben, während sie sich hemmungslos ihren Vorlieben für Dub, Jazz, trippigen Hop und Bossa Nova hingeben» (‹Intro›). Das Album wirkte wie eine universale Droge, deren geschmackvoll kontemplativem Sog sich we-

der erfahrungshungrige Party-Kids noch abgeklärte Jazz-Oldsters entziehen konnten. Die Veröffentlichung des zweiten regulären Albums mußte mehrfach verschoben werden, nachdem die fertigen Masterbänder auf offener Straße gestohlen worden waren. Zur Überbrückung wurde die Remix-Compilation *Abductions & Reconstructions* (1999) eingeschoben. Auf *The Mirror Conspiracy* (2000) setzten sie ihre Reise in die surrealen Welten der Low Grooves endlich fort. ‹Wall Of Sound› schwärmte: «Die Körperschaft hinterlegt verstohlen Overdubs von Keyboards, Kongas und perkussiven Instrumenten, um ein dunkelschönes Stück Musik zusammenzustückeln.» Mit einer illustren Gästeschar, unter ihnen die Chanteusen Lou Lou und Bebel Gilberto, rückten Thievery Corporation von den abstrakten Sounds der Vergangenheit ab und legten stärkeres Augenmerk auf die Songs.

LPs auf 18th Street Lounge Music: *Sounds From The Thievery Hi-Fi* (1997); *Abductions & Reconstructions* (1999); *The Mirror Conspiracy* (2000)

Tic Tac Toe waren nach der Einschätzung des Wochenblattes ‹Die Zeit› «das kommerzielle Substrat der feministisch motivierten Riot-Girls-Bewegung aus den USA und Deutschlands Antwort auf die Spice Girls, die mit Rebellion light soeben Englands Hitparade aufgemischt hatten». Von den beiden CDs des Hip Hop-Trios Lee, Jazzy und Ricky wurden 1996 und 1997 im deutschsprachigen Raum mehr als drei Millionen Exemplare an vorwiegend minderjährige Mädchen abgesetzt. Die angeblich «frei nach Schnauze» (Tic Tac Toe) getexteten Singles *Ich find dich Scheiße, Verpiß dich, Leck mich am A, B, Zeh* stiegen 1996 schnell in die deutschen Top Ten, *Warum?* 1997 sogar auf Platz eins. Wöchentlich gingen bis zu 2000 Fanbriefe zu den rotzigen Rap-Weisen über Blondinen, Machos, Manta-Fahrer, Beziehungskisten, Drogenprobleme und Safer Sex («Das Wichtigste ist das Gummi») bei der Plattenfirma BMG Ariola ein. Der PR-Legende zufolge hatten sich die drei farbigen Girls im Teenager-Alter 1995 bei einem Hip Hop-Festival im Ruhrgebiet kennengelernt und waren nach einem spontanen Auftritt von ihrer späteren Managerin Claudia Wohlfromm ins Studio gebeten worden: Liane Wiegelmann, als Liane Springer am 29. Juli 1974 in Iserlohn geboren («Lee»); Marlene Victoria Tackenberg, am 4. August 1975 in Gelsenkirchen geboren («Jazzy»); Ricarda Wältgen, am 24. Februar 1978 in Dortmund geboren («Ricky»). Tatsächlich war dabei nichts spontan. Tic Tac Toe waren «ein Produkt von Marketing-Profis, für eine junge und finanzstarke Zielgruppe zurechtgeschliffen im Alter, in Struktur (eine ist laut, eine ist leise, eine ist lustig) und Form: frech, hübsch und zweimal mokkafarben. Eine singende Illusion» (‹Schwäbische Zeitung›). Als Claudia Wohlfromm, Sproß eines Spirituosen- und Süßwarenladens in Iserlohn, Tic Tac Toe erfand, war sie knapp über 30 und hatte den Traum, mit eigenen Bands wie Demnächst, Cory & The Flippers oder einer deutschen Fassung des Madonna-Hits *Holiday* (*Endlich Ferien*) zum Popstar zu werden, bereits hinter sich. Da ihr Freund und späterer Ehemann, der Texter und Musikproduzent Torsten Böger, in Iserlohn über ein eigenes Studio verfügte, lag die Idee einer Girlie-Retortenband mit deutschen Hip Hop-Texten nahe. «Hier fängt die Geschichte von Tic Tac Toe an», so Lucas Koch in der Zeitung ‹Die Woche›, «und mit ihr die Lügen: Das Trio wurde nicht bei einem Hip Hop-Wettbewerb entdeckt, sondern jede Sängerin wurde einzeln für das Projekt ausgewählt … biographische Daten aus einem Märchenbuch. Drei Tage Brainstorming am Strand von Portugal, Probeaufnahmen, Plattenvertrag.» Nach der Enthüllung der falschen Altersangaben schoß sich die ‹Bild›-Zeitung im Frühjahr 1997 mit einer Folge von Horror-Schlagzeilen auf die «erfolgreichste und skandalumwittertste deutsche Mädchengruppe» (‹Der Tagesspiegel›) ein: Nicht nur, daß Lee (22 und nicht 18) bereits verheiratet nur, nicht nur, daß die Tochter eines Limbotänzers aus Jamaika und einer deutschen Krankenschwester mit 16 zwei Wochen lang in einem Bordell in Bielefeld angeschafft und Drogen konsumiert hatte – termingerecht wurde auf einem Dachboden auch noch Lees seit sechs Monaten vermißter Ehemann aufgefunden; er hatte sich an einem Stromkabel erhängt. ‹Bild› titelte mit einem Foto von Liane Wiegelmann im Bielefelder Eros Center: «Die Wahrheit ist so bitter», ‹Bild am Sonntag› titelte: «Lee trieb Baby ab – es

war nicht vom Ehemann», ‹Bild› titelte: «Sie wurde Star, ihr Freund erhängte sich» und wußte Details: Der baumelnde Leichnam war, als man ihn fand, bereits «teilweise skelettiert». Nun wurde der Fall Tic Tac Toe zur Medien-Messe. Der ‹Stern› bezahlte für ein Exklusivinterview mit den Girls 50 000 Mark («Stimmt es, daß Sie im Rotlichtmilieu gearbeitet haben? – Nehmen Sie Drogen? – Haben Sie auch schon mal an Selbstmord gedacht?»). Im ‹Spiegel› schwadronierte Thomas Hüetlin, der Fall verweise aufs Iserlohner Subproletariat: Der Mann des «Mischlingskindes habe sich beschneiden lassen und sei Mohammedaner geworden». Im ‹Zeit-Magazin› fragte sich der Schriftsteller Maxim Biller, ob «Lee anderswo mit ihrer Ballade von Drogen, Slum und Tod ein großer, ergreifender, tragischer Star geworden» wäre. Als «nationale Unterhaltungsmythologie aus Ruhrgebiet, Pop und Puff», analysierte Jürgen Kiontke in der ‹Jungen Welt›, funktioniere der «Chic des Asozialen» gut. Dazu erklang im Radio der Nummer-eins-Hit *Warum?*: «Ich ahnte die Gefahr, sie war da, sie war nah. Sie war kaum zu übersehen, doch ich wollte nicht verstehen. Der Wind hat sich gedreht, es ist zu spät. Du kommst nie mehr zurück.» Der Song aus der CD *Klappe die 2te* galt einer drogenkranken Lee-Freundin namens Melanie, wurde aber auch auf die Gruppe bezogen. Nach der Auszeichnung als «bester Act national» mit dem Viva-Preis Komet wurde eine geplante Tournee im Herbst 1997 krankheitshalber abgesagt. Im November schränkten Lee und Jazzy ein: Nur Ricky sei krank – psychisch. Sie habe den Streß nicht ausgehalten. Bei einer Pressekonferenz im Münchner Lustspielhaus mit zwölf Kamerateams, vom Management zur Versöhnung der zerstrittenen Partnerinnen einberufen, fielen die drei keifend übereinander her. Ricky: «Wenn ich alles sagen würde, dann würdet ihr auf dem Boden liegen und Scheiße brüllen!» Die beiden Echo-Preise als erfolgreichste deutsche Gruppe und für die Hit-Single *Warum?* nahmen Tic, Tac und Toe im März 1998 in Hamburg noch gemeinsam entgegen, aber nur Jazzy und Lee sangen als Tic Tac Two. Im Frühjahr 1999 durften Jazzy und Lee Claudia Wohlfromms Neuentdeckung Sara Brahms auf der Single *Nie wieder* als «Gast-Rapper» begleiten. Der Erfolg blieb aus, die Produzentin besann sich auf den eingeführten Markennamen und schickte das Trio mit der CD *Ist der Ruf erst ruiniert* wieder als Tic Tac Toe ins Rennen. Ricky brachte im Frühjahr 2000 ein Soloalbum heraus. ‹Die Zeit›: «Selten wurde der Funktionsmechanismus der Kulturindustrie so auf den Begriff gebracht wie durch die Affäre Tic Tac Toe.» ‹Frankfurter Rundschau›: «Das kann man auch anders sehen. Was wäre denn, wenn die Lieder über Machos, die Frau einfach ‹Scheiße› finden muß, über Drogenmißbrauch oder den Haß gegen Ausländer nicht erfunden wurden, sondern tatsächlich von etwas anderen Teenager-Nöten eines farbigen Mädchens im Ruhrpott handeln?»

LPs auf BMG Ariola: *Tic Tac Toe* (1996); *Klappe die 2te* (1997); *Ist der Ruf erst ruiniert* (2000) ... Solo-LP Ricky auf Eastwest: *Ricky* (2000)

Tindersticks, 1992 in Nottingham gegründet, waren lange Zeit ein Synonym für ein Höchstmaß an unpathetischer Traurigkeit. Das Ensemble, das mehr den Charakteristika eines kleinen Orchesters als denen einer Band gerecht wurde, «ließ mit tränenverhangener Magie Wellen hingerissener Verblüffung um die Welt schwappen» (‹WOM Journal›). Sie führten Shakespearesche Tragik in den Alternative Rock ein. ‹Der Spiegel›: «Niemand kann tristem Liebesleid so elegant etwas abgewinnen wie die Tindersticks.» Ihre liebevoll komponierten und geschmackvoll arrangierten Alben galten allesamt als «Wunderwerke» (‹Intro›). «Die Tindersticks verstehen sich geschickt auf Andeutungen, befand die ‹Berliner Zeitung›, «so daß der Hörer genötigt ist, Angefangenes zu Ende zu denken und in seinem Kopf ohnehin schon Schwellendes bis ins Unermeßliche zu steigern. Sie sind ein herbstzeitloser Leckerbissen für den Song-Gourmet.» Die «finstere Indie-Rock-Gruppe» (‹Rolling Stone›) ging 1992 aus den Resten der Band Asphalt Ribbons hervor, die an ihrem Pathos scheiterte. Die Fehler der Asphalt Ribbons im Hinterkopf, wollte Songwriter und Sänger Stuart Staples ein Vehikel schaffen, das tiefgehende Emotionen auf intime Weise transportiert. Seine Songs verströmten von Anfang an eher die Aura von filigranen Kunstliedern als von bodenständigem Pop oder Rock. «Wo ihre Zeitgenossen oft direkt und geradeheraus waren, waren die Tindersticks verblümt und bedächtig und schufen dichte, geschichtete Songs mit literarischen Texten, verflochtenen Melodien, murmelndem Gesang und sanften, melancholischen Orchestrationen» (‹All Music Guide›). Außer Staples waren von den Asphalt Ribbons auch David Boulter (kb) und Dickon Hinchcliffe (v) gekommen, die von Neil Fraser (g), Mark Colwill (bg) und Alistair McCauley (dr) ergänzt wurden. Nach ersten Proben 1992 begannen sie auf ihrem eigenen Label Tippue Toe mit der unregelmäßigen Veröffentlichung limitierter Singles, darunter *Patchwork* (1992), *Marbies* (1993) und die 4-Track-EP *Unwired* (1993). Binnen kurzem genossen die Tindersticks den Ruf einer Kult-Band. 1993 brachten sie auf dem Label This Way Up mit *Tindersticks* (1993) ihr Debütalbum heraus, das vom ‹Melody Maker› zum «Album of the Year» gekürt wurde. 1994 folgte eine Bearbeitung des John Barry-Songs *We Have All The Time Of The World* heraus, (ein Motto, dem sich die Gruppe selbst eng verbunden fühlte,) sowie das Live-Album *Amsterdam 1994.* Für ihr zweites Studio-Album, das abermals *Tindersticks* (1995) betitelt war, gewann die Band als siebtes, nicht offizielles Mitglied den Bläser und Arrangeur Terry Edwards von Gallon Drunk, der den Sound sowohl transparenter machte als auch mit neuen Farbtönen versah. Als Gastsängerin wirkte Carla Torgerson von den Walkabouts mit. Im Gegenzug beteiligte sich die Gruppe an zwei Songs auf dem Duo-Debütalbum der Walkabouts-Masterminds Chris & Carla. Die Euphorie der Kritiker ließ nicht nach, gemeinsame Konzerte mit Nick Cave bescherten den Tindersticks immer mehr Zulauf. Das Live-Album *Bloomsbury Theatre* (1996) dokumentierte einen Auftritt mit einem 24köpfigen Orchester. Nach der Arbeit an dem Soundtrack zum Claire Denis-Film ‹Nénette Et Boni› (1996) machten die Tindersticks Schlagzeilen mit der Single *A Marriage Made In Heaven,* auf der sich Staples ein Stelldichein mit der Schauspielerin Isabella Rossellini gab. Die Gruppe hatte endgültig den Ruf einer Underground-Band überwunden und spielte fünf Tage hintereinander im Londoner Institute of Contemporary Arts. Mit dem Album *Curtains* (1997) genügte es den Tindersticks nicht mehr, die traurigste Gruppe der Welt zu sein. Die Songs wirkten luftiger, Staples' Stimme klang selbstbewußter, die spielerisch gereiften Bandmitglieder genossen mehr instrumentale Freiheit. Hinchcliffe, der nach eigener Aussage zwei Jahre zuvor noch nicht einmal über Notenkenntnisse verfügt hatte, schrieb jetzt sämtliche Streicher-Arrangements. Auf dem programmatisch betitelten Opus *Simple Pleasure* (1999) hatte die Gruppe endgültig einen neueren, soulig-kraftvollen Sound gefunden. Obwohl sie mit diesem Album laut ‹Spiegel› «die Sonne entdeckt» hatten, sahen sie sich erstmalig mit zurückhaltenden Rezensionen konfrontiert, denn der Sinneswandel zugunsten neuer Lebensfreude ging auf Kosten der für die Band charakteristischen emotionalen Tiefe. Eine bessere Brücke von schwerer Vergangenheit zu lichter Erwartung fand das inzwischen zu Orchesterstärke angewachsene Ensemble auf *Can Our Love ...* (2001). ‹Piranha›: Sie «zelebrieren das Leid der Existenz, gerade weil ihnen das Prinzip Hoffnung keine Ruhe läßt».

LPs auf This Way Up: *Tindersticks* (1993); *Bloomsbury Theatre* (1994); *Tindersticks* (1995); *Nénette Et Boni* (1996); *Curtains* (1997) ... auf Island: *Simple Pleasure* (1999) ... auf Beggars Banquet: *Can Our Love ...* (2001)

Tool, 1990 in Los Angeles gegründet, schlugen die stilistische Brücke von Metallica zu Jane's Addiction. Indem sie düsteren, schleppenden Heavy Metal mit anspruchsvollen Art Rock-Konzepten versetzten, erreichten sie sowohl Metal-Fans als auch Kids, die eher im Alternative- und Post-Punk-Bereich zu Hause waren. «Tools düstere zwiespältige Texte waren von ebenso dunklen Instrumentalpassagen durchsetzt, die ganz nebenbei die Strukturen des Progrock wiederbelebten», schrieb ‹Rolling Stone›. «Die musikalischen Dramen des kalifornischen Quartetts mobilisieren starke Emotionen, sie sind fesselnd und doch kein bequemes Hörvergnügen», notierte das ‹WOM Journal›. Tool wurden nicht müde zu betonen, daß «Musik in erster Linie Kunst und nicht Transportmittel für Image und Attitüde sei» (‹Intro›). Statt auch nur einen Ton zu produzieren, hinter dem sie nicht hundert-

prozentig hätten stehen können, zogen es «die medienscheuen Rock-Avantgardisten» (‹WOM-Journal›) mehrfach vor, über Jahre in Vergessenheit zu geraten, um dann jeweils mit fulminanten Alben zurückzukehren. Adam Jones (g), der zuvor als Designer für Spezialeffekte gearbeitet hatte, Maynard James Keenan (voc), Paul D'Amour und Danny Carey (dr) kamen als reines Freizeitprojekt zusammen. Nur zögerlich begannen die vier Musiker an einem alternativen Metal-Konzept zu arbeiten. Ihre erste EP *Opiate* (1992) gab nur einen vagen Vorgeschmack auf das tatsächliche Potential der Band, wobei die Kritik die rhythmische Dichte des Mini-Werkes bereits lobend registrierte. Auf Tourneen im Vorprogramm von Rage Against The Machine in Europa und der Rollins Band in Amerika führte sich die Band bei ihrem Live-Publikum ein. Auf *Undertow* (1993) kamen ihre poetischen, kompositorischen und spielerischen Fähigkeiten vollends zur Entfaltung. Für einen Track konnte Henry Rollins als Gastvokalist gewonnen werden. In ihren Texten nahm die Gruppe vor allem die zu jenem Zeitpunkt in Amerika besonders arg grassierende Political Correctness ins Visier und ging mit dem Platin-Album *Undertow* und massiver Unterstützung durch MTV 1993 auf die Lollapalooza-Tour. Drei Jahre vergingen, bis die Gruppe mit dem neuen Bassisten Justin Chancellor, der von Peach gekommen war, ihr drittes Album *Aenima* (1996) vorstellte. Obwohl die Platte auf Platz zwei in die amerikanischen Charts einstieg, konnte das anspruchsvolle Konzeptalbum nicht die Verkaufserwartungen erfüllen. Ein Rechtsstreit mit ihrem Label und Keenans zeitweilige Arbeit in der Band A Perfect Circle wurde mit der Live- und Outtake-CD/DVD *Salival* (2000) überbrückt. 2001 meldete sich die Band mit dem Mammutwerk *Lateralus* (2001) zurück. «Zwischen Aggression und Elegie winden sich die Songs um einen roten Faden, der das ganze Album durchwebt», schwärmte ‹Intro›: «An diesem Faden orientiert, verlieren sie sich immer wieder in ausufernden, verschachtelten Instrumentalpassagen, bis dann allmählich wieder bekannte Elemente auftauchen. Konventionelle Songstrukturen und Hooklines müssen hier noch hartnäckiger gesucht werden als auf *Aenima*.» Die Zeitschrift ‹Piranha› ergänzte:

«Wieder dreht sich alles um den Spannungsaufbau, um den Wechsel von trügerisch sanften Klängen zu explosiven Lärmausbrüchen, wieder steht Keenans wehklagende Stimme in perfektem Einklang mit der Musik und damit allen Zweiflern im Wege, und wieder drückt sich Tools beinahe zwanghafter Antikommerzialismus in bis zu elfminütigen Songungetümen aus, die garantiert jedes Radioformat sprengen.»

LPs auf Zoo: *Opiate* (1992); *Undertow* (1993) ... auf Volcano: *Aenima* (1996); *Salival* (2000); *Lateralus* (2001)

Tortoise, 1990 in Chicago gegründet, beschritten erfolgreich den schmalen Grat zwischen experimentellem Easy Listening und entspanntem Pop, so daß ‹Wire› formulieren konnte, je nach Blickwinkel seien sie «entweder Avant Rock auf der Kante oder unverbesserliche Progrock-Revivalisten.» Ihre schwer kategorisierbare instrumentale Musik wurde 1995 vom britischen Journalisten Simon Reynolds in der ‹Village Voice› mit dem hilflosen Begriff Post Rock versehen, der anschließend in der Presse herumgeisterte. Tortoise standen sowohl für den kollektiven Aufbruch der gesamten jüngeren Chicago-Szene, die sich mit Namen wie Jim O'Rourke, The Sea And Cake, Freakwater, Isotope 217 und Bobby Conn eingrenzen ließ, als auch für eine weltweite Neuorientierung intellektueller Pop-Bands auf komplexere Strukturen und Traditionslinien, die neben Dub und Ambient auch in den Jazz, die Neue Musik und Elektroakustik hineinreichten. Eigentlich hätten Tortoise alle Voraussetzungen erfüllt, um als unpopulärer Irrtum im Loch der Musikgeschichte zu verschwinden, spekulierte ‹Jazzthing›: «Die Band aus Chicago ist öffentlichkeitsscheu, verzichtet auf einen internen Leader, Star oder Frontman, meidet Songs, die ein euphorisiertes Publikum mitsingen könnte, wirkt uncool und asexuell, zwingt zum Zuhören, hat jedoch nicht einmal einen spezifischen Sound. Aber vielleicht ist es gerade die Kombination all dieser Merkmale, die Tortoise zum Sound-Synonym für die Endneunziger macht. In einer Zeit galoppierender Vereinsamung vollziehen Tortoise die Rückkehr zum Kollektiv.» Wie viele Musiker in Chicago, so war auch 11th

Dream Day-Bassist Doug McCombs, geboren am 9. Januar 1962 in Peoria, Illinois, stets in mehrere Projekte involviert. Gemeinsam mit dem ehemaligen Poster Children-Percussionisten Johnny Herndon, geboren am 8. April 1966 in Long Island, New York, suchte er nach einer Formation, mit der er entspannte Instrumentalmusik umsetzen konnte. Nach einjähriger Duo-Arbeit unter dem Logo Mosquito wurde die Gruppe durch die Percussionisten John McEntire, geboren am 9. April 1970 in Portland, Oregon (zuvor The Sea And Cake, Bastro, Red Crayola) und Dan Bitney, geboren am 7. Oktober 1970 in Madison, Wisconsin (zuvor Liz Phair), sowie Bassist Bundy K. Brown (zuvor Bastro, Red Crayola, Seam) erweitert. Zunächst als gemeinsames Nebenprojekt betrieben, nahm die Band 1993 zwei Singles auf, eine noch als Mosquito, die andere bereits als Tortoise, um unter der Regie von Brad Wood, der auch am Sampler saß, das Album *Tortoise* (1994) zu produzieren. Die Kritik war zunächst sprachlos. Das ‹WOM Journal› schrieb hilflos von «softem Easy-Listening-Pseudo-Jazz». ‹Spex› deutelte: «Alles auf der Platte bleibt (gewissermaßen rockistisch) einfach; kleine, manchmal süßliche Baß- oder Vibraphonlinien schaffen Ruhepunkte, fügen sich zusammen, fallen wieder auseinander, manchmal entstehen Easy-Listening-Jazz-artige Improvisationsparts, die Kompliziertheiten liegen weit, weit darunter.» Auf Grund unerwartet rasch steigender Nachfrage war die Band im Begriff, «sich aus einer lose gestrickten Kollektion von Musikern, die eher zufällig aus Chicagos Rock- und Experimental-Talent-Becken gefischt wurden» (‹Magnet›), in die gemeinsame Hauptband aller Beteiligten zu verwandeln. Diese Tendenz veranlaßte Bundy K. Brown 1995 zum Ausstieg. Er sah plötzlich all jene Verpflichtungen auf sich zukommen, denen er mit Tortoise gerade hatte entfliehen wollen. Auf der Ästhetik von Tortoise basierend, gründete er sporadisch arbeitende Projekte wie Directions In Music oder das akustische Gitarren-Quartett Pullman bzw. produzierte Jazz-Gruppen wie Isotope 217 und das Chicago Underground Orchestra. Ersatz kam mit dem ehemaligen Slint- und King Kong-Bassisten Dave Pajo. Mit dessen Hilfe wurde unter dem Titel *Rhythms, Revolutions & Clusters* (1995) ein Remix-Album der ersten Platte angefertigt, dessen Titel bereits die künftige Richtung andeutete. Die «Musik für Fortgeschrittene» (‹Rolling Stone›) des zweiten regulären, von McEntire produzierten Albums *Millions Now Living Will Never Die* (1996) stellte elektronische Klänge in den Mittelpunkt. Der 21minütige Opener *Djed* war eine mehrfach in sich gebrochene Soundanimation, deren Spektrum sich von Minimal Music bis Drum 'n' Bass erstreckte. Live entwaffneten Tortoise ihr Publikum mit «selbstmörderischem Understatement» (‹Select›). Ganz oben auf der Erfolgsleiter änderte die Band abermals ihr Konzept. Das dritte Album *TNT* (1998) mit den Gästen Rob Mazurek (tp), Sarah P. Smith (tb), Jeff Parker (g) vom Chicago Underground Orchestra wurde geschmeidiger, heller und zugleich jazziger. Die ‹Chicago Reader› empfand die jazzigen Gitarrensounds naserümpfend als «überraschend für eine Gruppe, die zwei Jahre zuvor nicht genug hofiert werden konnte Nach Veröffentlichung des Albums stieg Pajo aus um sich der ebenfalls instrumentalen Band Areal M., später Papa M., zu widmen, Jeff Parker wurde festes Bandmitglied. Herndon, Bitney und Parker gründeten mit Trompeter Rob Mazurek und Bassist Matt Lux das Space Jazz-Quintett Isotope 217, das künftig häufig mit Tortoise auf Tour gehen sollte. McCombs, Bitney und Parker spielten gemeinsam in der Avantgarde Jazz-Band Toe 2000. Nach einer Europatournee nahmen Tortoise einschließlich Mazurek mit der holländischen Polit-Punk-Band The Ex die 30minütige CD *Tortoise & The Ex* (1999) auf, und im Oktober desselben Jahres spielte die Band im Nonett mit Mazureks Chicago Underground Trio und der 70jährigen Chicagoer Free Jazz-Saxophon-Legende Fred Anderson auf dem Deutschen Jazz Festival in Frankfurt / M. John McEntire nahm indessen im Alleingang den Soundtrack *Reach The Rock* (1999) auf und machte sich einen Namen als Produzent anderer Bands, unter anderem des aus Washington, D. C. stammenden Trios Trans-Am, The For Carnation und der britischen Stereolab. Die «Konsens-Band des neuen Chicago-Sounds» (‹Visions›) verwandelte sich immer mehr zur Aktionsplattform für die stark miteinander verzahnten Solo-Projekte ihrer Mitglieder. Mit Gästen von Stereolab und Isotope 217 veröffentlichte

Doug McCombs im Frühjahr 2000 das Debütalbum seiner Band Brokeback, das ebenfalls von John McEntire produziert wurde, Parker debütierte mit der Ambient Jazz-Band Tricolor. Mit all diesen Solo-Erfahrungen, machten sich Tortoise im Frühjahr 2000 an die Aufnahmen für *Standards* (2001), dessen kompakte Songformate abermals überraschten und verschreckten. ‹Visions›: «Standards erwartet man von Herbie Hancock oder Eric Clapton, nicht aber von einer Gruppe, bei der die Bewegung, der Flow, der Track absolute Priorität vor dem abgeschlossenen Stück hat. Hier jedoch sind es die beteiligten Persönlichkeiten, die durch ihre Erfahrung Standards setzen. Ein krachendes Intro, an dem Neil Young die reinste Freude haben würde, ein schwerer Dub, durchzogen von lichten, barocken Cembalo-Fäden, ein Wechselbad der Emotionen und Stimmungen.» – ‹Jazzthing› poetischer: «Die Gruppe betreibt ein durchtriebenes Spiel mit wundervollen Melodien, die aus dem Nichts auftauchen, manchmal als Hintergrundinformation nur ein einziges Mal zu hören sind und in den Weiten des Äthers verschwinden.»

LPs auf Thrill Jockey: *Tortoise* (1994); *Rhythms, Revolutions & Clusters* (1995); *Millions Now Living Will Never Die* (1996); *TNT* (1998); *Standards* (2001) … auf Konkurrent: *Tortoise + The Ex* (1999) … LPs Herndon, Bitney und Parker mit Isotope 217 auf Thrill Jockey: *The Unstable Molecule* (1997); *Utonian Automatic* (1999); *Who Stole The I Walkman?* (2000) … LP John McEntire auf Hefty: *Reach The Rock* (1998) … LPs McEntire mit The Sea & Cake auf Thrill Jockey: *The Sea And Cake* (1994); *Nassau* (1995); *The Biz* (1995); *The Fawn* (1997); *Oui* (2000)

Die Toten Hosen fanden sich 1982 in Düsseldorf aus Ensemblemitgliedern der Bands KZ und KFC zusammen und beschlossen, in der Tradition der britischen Punks Musik nach dem Motto zu machen: «Es muß laut sein und knallen.» Campino (voc), bürgerlich: Andreas Frege, am 22. Juni 1962 in Düsseldorf geboren, Andreas «Breiti» Breitkopf (g), am 6. Februar 1964 in Düsseldorf geboren, Kuddel (g), bürgerlich: Andreas von Holst, am 11. Juni 1964 in Münster geboren, Andreas «Andi» Meurer (bg), am 24. Juli 1962 in Essen geboren, Wolfgang «Wölli» Rohde (dr), am 8. Mai 1964 in Kiel geboren, sahen sich als «Wattenscheid 09 der Musikliga», hatten nicht viel übrig für etablierte Stars wie Herbert Grönemeyer, Wolfgang Niedecken von BAP, «die Balladen auf Liedermacher-Basis machen, aber keinen Rock», gaben sich statt dessen erfrischend unberechenbar, derb volkstümlich, rotzfrech radikal und hochprozentig klamaukbereit. Mit Songs wie *Altbier, Bommerlunder* (den sie mit Funk-Elementen später zum *Hip Hop Bommi Bop* einschwärzten) torkelte die «Trinker-Truppe» (‹Der Spiegel›) «zwischen Bierdose, Beischlaf und Bodenlosigkeit herum» (‹Die Welt›), lehnte aber dieses von der Presse breitgeschriebene Image der Fusel-Freibeuter ab: «Also 'ne Pulle Wein, Irokesenschnitt und den ganzen Tag vorm Kaufhof hängen, damit haben wir nichts zu tun.» Statt dessen zogen Die Toten Hosen mit ihren Remmidemmi-Hits *Liebesspieler, Komm mit uns, Opel-Gang, Tausend gute Gründe* über die Dörfer, ließen sich über eine speziell geschaltete Telefonnummer von Familien, die den Wunsch nach Hausmusik verspürten, zu einem Heimspiel einladen, wurden von der ARD-Show ‹Vier gegen Willi› angeheuert, um einer Kandidatenfamilie die Wohnung zu demolieren, gerieten auf Einladung des Goethe-Instituts als musikalische Botschafter nach Seoul, brachten Teenager in Rom und Punk-Novizen in Moskau zum Ausflippen und ließen im Slogan einer Deutschland-Tournee 1987 unverblümt die Hosen runter: «Ficken, Bumsen, Blasen.» Gelegentlich sang auch bei ihnen das selbsternannte Heino-Double Norbert Hähnel im Vorprogramm «Blau, blau, blau blüht der Enzian» aus dem Repertoire des bebrillten und gebleichten volkstümlichen Sängers, bis dessen Rechtsanwälte einschritten. Danach brachten die Hosen eine LP mit verballhornten deutschen Steinerweichungs-Schnulzen heraus, die das Liedgut von Freddy Quinn und Caterina Valente den Randale-Kids erschloß, und erkannten dabei: «Der Unterschied zwischen Spießbürgertum und Punk ist manchmal nur 'ne Rhythmusfrage.» Mit zunehmendem Erfolg gerieten die schwarz-rot-goldenen Punker in die Glaubwürdigkeits-Zwickmühle: «Sie sind einerseits viel zu etabliert, um das wilde Punkband-Image aufrechterhalten zu können, auf der anderen Seite bemüht, nicht

in die Räder des Establishments zu geraten» (‹Ketchup›). Die Kulturschickeria nahm sich 1988 die Hosen-Jungs zur Brust, als sie in den Bad Godesberger Kammerspielen bei der deutschen Bühnen-Erstaufführung von ‹A Clockwork Orange› «schönen Lärm» (‹Die Zeit›) veranstalteten. Der Song *Hier kommt Alex* aus der LP *Ein kleines bißchen Horrorschau* (1988) kam als erste Hosen-Single in die deutschen Charts. *Auf dem Kreuzzug ins Glück* (1990) überraschte mit einem Stich ins Musikalische und fiel dann doch wieder in Nordkurven-Klamauk zurück. Ihre Punk-Würdigkeit erhöhte die Band 1991, als sie mit einigen früheren Mitgliedern britischer und amerikanischer Punk-Bands die LP *Learning English, Lesson One* aufnahm, darunter Joey Ramone und Johnny Thunders, der wenige Tage nach den Aufnahmen starb. Den Hosen-Fans gefiel solcher Englischunterricht nicht, die Platte verkaufte sich deutlich schlechter. Die Musiker legten eine Pause ein: 1991 erschien der Film ‹Die toten Hosen – Drei Akkorde für ein Hallelujah›, eine neue LP kam erst 1993 auf den Markt. *Kauf mich!*, so der unverblümte Titel, war ehrliches Programm: «Die ganzen Bands denken sich tolle Titel für ihre LPs aus», wußte Campino, «dabei wollen sie im Grunde nur eine Botschaft draufhaben: Kauf mich! Wir spielen damit.» Die Musiker moderierten eigene Radiosendungen oder schwangen gegen die Leningrad Cowboys die Eishockeystöcke (Niederlage 10:11). 1994 waren die Toten Hosen mit drei LPs gleichzeitig in den deutschen Charts vertreten, Ende des Jahres traten sie in den USA im Vorprogramm der amerikanischen Band Green Day auf. Dort, fern der Heimat, gewann Campino ganz neue Einsichten: «Deutschland ist irgendwo richtig weinerlich. Die Gesellschaft ist schon von den Idealen her krank.» Den Titel der 1995 auf dem neugegründeten eigenen Label JKP veröffentlichten LP *Opium für das Volk* wollte der Vorgröhler gesellschaftskritisch verstanden wissen – oder so: «Letzten Endes sind wir auch irgendwie Opium für das Volk.» Irgendwie schon. Aber the show must go on. Campino: «Für uns wäre es eine schöne Vorstellung, daß wir mit sechzig als Opas auf die Bühne kommen und dann immer noch total die Post abgeht. Aus'm Altersheim, aber immer noch voll auf Punk. Vorher noch so richtig Baldrian eingelöffelt bekommen, die Ärzte hängen dann in der Gegend und zittern mit.» Soweit war es aber noch nicht: *Opium für das Volk* besetzte 1996 vier Wochen lang die Top-Position der LP-Charts, das Live-Album *Im Auftrag des Herrn* war vom Start weg gut für Gold, die 100 Konzerte der «Ewig währt am längsten»-Tour durch Deutschland, Schweiz und Österreich wurde von etwa 700 000 Fans gesehen. 1997 legte die Band um Campino eine Pause ein und trat nur ein einziges Mal auf: Am 28. Juni wollten die Toten Hosen im Düsseldorfer Rheinstadion zusammen mit ihren Fans den 1000. Konzertauftritt feiern. Das Jubiläum wurde vom Tod einer 16jährigen überschattet, die vor der Bühne zusammenbrach. Tief erschüttert sagte die Band sämtliche geplanten Festival-Auftritte des Jahres ab. Wie sich herausstellte, waren weder Alkohol noch Drogen die Todesursache. Campino später: «Bei jeder großen Veranstaltung bleibt ein Restrisiko, man kann so etwas nie ganz ausschließen. Wir wollen aber trotz dieses schlimmen Erlebnisses nicht anfangen, die Leute wie auf dem Rindermarkt mit Gittern einzusperren oder in bestuhlten Hallen zu spielen. Dann gäbe es keinen Grund mehr, die Hosen zu sehen. Unsere beste Qualität ist es doch, die Leute zum Schwitzen und zum Tanzen zu bringen.» Zu den ersten Auftritten danach reiste die Band nach Australien. Das erste Album danach, *Warten aufs Christkind*, erschien Ende 1998 unter dem erprobten Pseudonym Die Roten Rosen. Campino: «Wir wollten mal wieder über uns selbst lachen können und alles ein bißchen easy nehmen. Und die Roten Rosen waren immer schon easy – eine ideale Seitensprungmöglichkeit oder auch eine Art Selbstbetrug. Wenn im Studio irgend etwas nicht perfekt war, konnten wir leicht sagen: Das sind ja nicht wir, also scheiß drauf.» Ein total trunkenes Konzert im Herbst 1998 in der Berliner Wuhlheide, das sechs von sieben Zeitungen mit vernichtenden Kritiken quittiert hatten, war nicht so leicht zu übergehen. Campino: «Das war desaströs, und ich habe mich geschämt, weil ich einen Harald-Juhnke-mäßigen Vollausfall hatte. Das war für mich ärgerlich, aber man ist eben keine Maschine.» Die Ober-Hose bewies es um so mehr, als Campino auf der CD *Unsterblich* (1999) zwischen den fetten Gitarrensounds der Band unerwartet melancholische, besinnliche Töne zu Piano-Intros und Drum-Loops

anschlug. Im Song *Helden und Diebe* wurde die Frage nach einer möglichen Endlichkeit der Toten Hosen gestellt, *Unser Haus* handelte von der Kindheit und dem Tod des Vaters. Campino im Gespräch mit Hagen Liebing für ‹Tip›: «Seit ich 16 war, stehe ich irgendwo auf der Bühne und schreibe Lieder – allein oder mit anderen. Wenn die Band dabei unter sich bleibt, hat man nur ein begrenztes Reservoir an Geschmack und an Sicht der Dinge. Du mußt dir also immer neue Tricks einfallen lassen, nur in Regionen in dir selbst vorzustoßen, die du noch nicht abgegrast hast. Das Schreiben hat nichts von unbeschwerter Lockerheit, es ist ein schwieriger, anstrengender Prozeß.» Die Kritik reagierte auf *Unsterblich* herablassend (‹Stereoplay›: «Schicksal des Älterwerdens, dem auch die Hosen nicht zu entgehen scheinen») oder respektvoll: In der Streicherballade *Unser Haus*, dem träumerischen Titelsong oder dem tiefgründigen *Die Unendlichkeit* nutzten die Toten Hosen den Punk Rock, so Björn Döring in der ‹Berliner Zeitung›, «bestenfalls noch als Rückendeckung, als stilistisches Fundament für ihre Ausflüge in unbekannte Welten, mit denen sie ihrer bisher mutigsten Platte zu ungeahnter Vielfalt verhelfen». Drummer «Wölli» Rohde hatte nach einem Bandscheibenvorfall das Spielen aufgeben müssen und war durch seinen Drum-Roadie Vom Ritchie ersetzt worden, blieb aber dennoch Bandmitglied. Campino: «Wir haben eben noch 'ne Menge andere Ebenen des Umgangs miteinander als nur das Musikmachen und den Proberaum.»

LPs auf Totenkopf: *Opel-Gang* (1983) … auf Virgin: *Unter falscher Flagge* (1984); *The Battle Of The Bands* (1985); *Damenwahl* (1986); *Bis zum bitteren Ende* (1987); *Ein kleines bißchen Horrorschau* (1989); *Auf dem Kreuzzug ins Glück* (1990); *Learning English Lesson One* (1991); *Kauf mich!* (1993); *Reich und Sexy – Ihre 20 größten Erfolge* (1993); *Musik war ihr Hobby – Die frühen Singles* (1995; sieben Single-CDs) … auf JKP/EastWest: *Opium für das Volk* (1995); *Im Auftrag des Herrn* (1996); *Unsterblich* (2000); *En Misión Del Señor: Live In Buenos Aires* (2-DVD, 2001) … als Die Roten Rosen auf Virgin: *Never Mind The Hosen* (1987) … auf JKP: *Warten aufs Christkind* (1998) … LP mit T. V. Smith auf JKP: *Useless* (2001)

Townshend, Peter Denis Blanford **Pete** (voc, g), geboren am 19. Mai 1945 in Chiswick, England, zeigte als Absolvent der Ealing Art School immer einen Sinn für optische und theatralische Wirkungen. Als Anführer des Quartetts The Who avancierte er nach 1965 mit einem aus der britischen Fahne geschneiderten Jackett zum Idol der englischen Mode-Jugend. Seine aus simplen Phrasen bestehenden und dennoch klischeearmen Gitarrenchorusse, die als Quintessenz der Rockmusik gelten, setzte er mit Verstärkerdonner und Bühnengymnastik clever in Szene. Sein Meisterstück lieferte er als Showmann und Komponist, als er 1970, von einem Sektenprediger namens Meher Baba erleuchtet, sein «Rock-Oper» genanntes Song-Oratorium *Tommy* mit «Overture», «Underture», Arien und Rezitativen in die Opernhäuser von New York, Hamburg und Kopenhagen lancierte. Townshend erklärte sein Libretto als «ständiges Spiel zwischen Wirklichkeit und Illusion»: Seit der kleine Tommy miterlebt hat, wie sein Vater den Hausfreund mordete («Du hast nichts gehört, du hast nichts gesehen, du wirst nie darüber sprechen»), ist er blind, taub und stumm. Er läßt sich gleichmütig mit brennenden Zigaretten quälen, von einem Onkel mißbrauchen, mit LSD füttern und spielt am liebsten nur am Flipperautomaten. Erst als er sein eigenes Spiegelbild zertrümmert, gewinnt er seine Sinne zurück, predigt nun eine Religion des Spiels und sammelt Jünger um sich, die unaufhörlich flippern. Zu dieser «hochmoralischen und tiefreligiösen Geschichte» («Newsweek») ließen Townshend und seine Kameraden Marsch-, Walzer- und Gospelrhythmen, Vaudeville-Geklimper und Bluesmotive erklingen – im harten Rock 'n' Roll-Stil der Who. Wo immer das Quartett auftrat, wurde *Tommy* verlangt. Kritiker nannten das Oratorium «ein Dokument unserer Zeit» («Cashbox»), ein «großes Ereignis für die zeitgenössische Musik» («Wall Street Journal») und das «wahrscheinlich wichtigste Werk, das die Rockmusik ›hervorgebracht hat» («New York Times»). *Tommy* wurde im April 1971 von der Truppe Les Grands Ballets Canadiens im New York City Center getanzt und im November 1972 vom London Symphony Orchestra und einem Kammerchor im Londoner Rainbow Theatre interpretiert. Parallel zu dieser «wahrhaft monumentalen» Aufführung («New Musical Express») starteten die Musikproduzenten Lou Reizner und Lou Adler die Orchesterfassung in einer Zwei-Platten-Kassette für 60 000 Pfund (etwa eine halbe Million Mark) Produktionskosten als bis dahin teuerste Musikkonserve der Welt. Nie zuvor waren in einem Aufnahmestudio so viele Rockstars von unterschiedlichen Plattenfirmen vereint. Die Künstler (unter ihnen Pete Townshend, Roger Daltrey, Steve Winwood, Rod Stewart, Ringo Starr, Richie Havens, Merry Clayton und Maggie Bell) konnten ihre musikalischen Talente freilich nicht voll entfalten. Was sie von sich gaben, wurde von einem Orchesteraufguß à la ‹Petruschka› und ‹West Side Story› zugedeckt. Von der Spannung und Klarheit des billigen Who-*Tommy* war kaum etwas übriggeblieben («Observer»: «Zu mies, Tommy»), die Authentizität des Werks war geopfert worden zugunsten eines überdimensionalen Geschäfts, das schließlich auch den 1975 erschienenen, mit produktionstechnischen Neuerungen angereicherten Ken Russell-Film einschloß. Ende 1973 legte Townshend in einer Zwei-Platten-Kassette ein «physisch aufregendes und intellektuell faszinierendes» (‹The Guardian›) Nachfolge-Opus zu *Tommy* vor: die 82 Minuten lange, aus 17 Songs bestehende Rock-Legende *Quadrophenia*, eine wehmütige Reflexion über die rebellischen Gründerjahre des britischen Rock. In komplizierter Rollenverteilung erzählten die vier Who-Musiker darin die Story eines Mod-Jugendlichen auf seinem Frustrationsweg aus einem Trinker-Haushalt durch Rockmusik und Rocker-Schlachten in die Schizophrenie und zum Selbstmordplan. «Rock 'n' Roll», kommentierte Townshend, «ist nur etwas für frustrierte, überdrehte Kinder, und nur bei ihnen funktioniert er.» 1979 wurde *Quadrophenia* in der Regie von Frank Roddam mit dem Sänger Sting von Police in einer Nebenrolle verfilmt. Townshends durch exzessiven Alkoholgenuß aufgeheizte Aggressivität und seine Rivalität mit dem attraktiven Sänger Daltrey entlud sich während der Dreharbeiten in einer Schlägerei: «Ich wehrte mich gegen jeden, der die Richtung der Band mitbestimmen wollte, und ich schmollte, wenn die anderen meiner Diktatur nicht zustimmten.» In den Songs für die LP *The Who By Numbers* (1975) hatte der Komponist bereits an sich selbst eine Psychoanalyse versucht:

«Ich muß mich in Cognac ersäufen, verstecken im Schlaf, wieviel ich auch trinke, es ist mir egal, was du sagst, es gibt keinen Ausweg» (*However Much I Booze*). Während der Arbeit an seinem Soloalbum *Empty Glass* (1980) brach er in der Szenekneipe Club of Heroes bewußtlos zusammen und wachte im Krankenhaus auf. Um vom Alkohol loszukommen, nahm er Suchtmittel anderer Art, sogar Heroin. Zusammen mit seiner Mutter, ebenfalls Alkoholikerin, unterzog er sich in Kalifornien einer Entziehungskur. Das positive Resultat beschrieb er im Song *Somebody Saved Me* (auf der LP *All The Best Cowboys Have Chinese Eyes*, 1982). Als Chronist und Kommentator hat Townshend viele Artikel für die britische Musikpresse verfaßt. «Rock 'n' Roll kann dich als Mensch beeinträchtigen», schrieb er, «ich vergöttere Rock nicht mehr. Das schlimmste daran, das stinkende Übel, ist die Fixierung der Leute darauf, wie Dinge sein müssen, wie man etwas zu machen hat. Das Tolle an der britischen Musikszene ist, daß immer wieder jemand daherkommt, der zeigt, daß man alles auch anders machen kann.» Er selber machte es freilich 1989 wieder auf seine bewährte Art. Nach dem Kinderbuch ‹The Iron Man›, das er während seiner Lektorentätigkeit im Verlag Faber and Faber entdeckt hatte, fabrizierte er ein weiteres Rock-Musical zur Teenager-Problematik. *The Iron Man* schilderte einen Tag im Leben des zehnjährigen Hogarth, der dessen ganzes Leben verändert. Für die LP-Fassung gewann Townshend zwei seiner eigenen Jugendidole: Nina Simone und John Lee Hooker. Als Townshend 1985 sein literarisches Debüt ‹Horse's Neck› vorlegte, eine Mischung aus Fact und Fiction, hatte die ‹New York Times› geurteilt, er besitze «ein instinktives Gespür dafür, den Stoff des Lebens zu mythisieren». ‹Der Spiegel› wandte ein, möglicherweise habe der Autor weniger ein philosophisch-essayistisches als ein dramatisches Talent. Im Anschluß an *Iron Man* begann er Songs für eine sarkastische, autobiographisch gefärbte Farce über den gealterten Rock-Star Ray Highsmith zu entwerfen. «Als ich mich entschied, das als Stück zu gestalten», so Townshend, «habe ich mich als Schriftsteller wiederentdeckt.» Die Veröffentlichung des Audiodramas *Psychoderelict*, in dem Schauspieler zwischen den Liedern Dialoge sprachen, verzögerte sich bis Juni 1993 durch die Geburt seines Sohnes Joseph, ein bei einem Fahrradunfall gebrochenes Handgelenk sowie Schwierigkeiten bei der Abmischung. Im Dialog fragte ein Mann: «Bist du Harold Pinter?» Eine Frau antwortete: «Eher Noël Coward, glaube ich.» Nach Erscheinen der LP folgerte ‹Der Spiegel›, tatsächlich erweise sich der Autor dieses Verwirrspiels als Großkomödiant: «Pete Townshend ist der Noël Coward der Rockmusik.» Und wie dieser genialische Komödienautor aus der ersten Jahrhunderthälfte war auch Pete Townshend mittlerweile am Broadway gelandet. Am 22. April 1993 hatte eine *Tommy*-Musicalfassung in der Regie des Co-Autors Des McAnuff mit der Rekord-Vorverkaufskasse von 494 897 Dollar im New Yorker St. James Theatre Premiere – laut ‹New York Times› das «authentische Rock-Musical, auf das der Broadway seit zwei Jahrzehnten gewartet hatte». Futuristische Produktions- und Bühnentechnik verwandelten das Theater streckenweise in einen einzigen überdimensionalen Flipperautomaten. Das Stück wurde mit drei Tony-Theaterpreisen, die Original-Cast-LP mit einem Grammy prämiert. Die Neunziger wurden für den Komponisten eine Zeit der Ehrungen. Roger Daltrey nahm seinen 50. Geburtstag zum Anlaß einer Huldigung für den Freund. Am 23. und 24. Februar 1994 offerierte die New Yorker Carnegie Hall zwei Festkonzerte «Daltrey sings Townshend», an denen sich neben dem 65köpfigen Juilliard Orchestra auch Lou Reed, Alice Cooper, Sinéad O'Connor, die 4 Non Blondes, die Spin Doctors und andere beteiligten. Townshend erhielt 1991 in der Londoner Dockland Arena den Living Legend Award, 1993 im Theaterrestaurant Sardi's an New Yorks 44. Straße für *Tommy* den Preis der Behindertenorganisation Very Special Arts, 1994 im New Yorker Roseland Ballroom den Silver Clef Award der Nordhoff-Robbins-Musiktherapie-Foundation. Zusätzlich zu Roger Daltreys LP *A Celebration: The Music Of Pete Townshend And The Who* und der 4-CD-Retrospektive *30 Years Of Maximum R & B* (beide 1994) ließ es sich der Songwriter nicht nehmen, die 14 besten Lieder seiner Wahl aus 20 Jahren Solokarriere detailliert und selbstkritisch ediert auf der LP *Coolwalking Smoothtalking* (1996) vorzulegen. Daß ihn Brian Christian, der Tonmeister von Pink Floyds *The Wall*, bat, die ganze Wahrheit virtuell zu einer CD-ROM *Pete Townshend Presents*

Tommy: The Interactive Adventure (1996) beizutragen, mochte er als zusätzliche Auszeichnung empfunden haben. «Wenn ich die alten Songs heute im Theater höre», erklärte der im lebenslangen Phonhagel fast taub gewordene Musiker 1997 dabei, «wenn ich den Tommy fern jeder Ähnlichkeit mit Roger Daltrey betrachte, dann weiß ich, daß die Who endgültig Vergangenheit sind.» Für sich selbst wollte er das keineswegs gelten lassen. Er erinnerte sich seines alten Theaterprojekts *Lifehouse*, das kurz nach *Tommy* 1971 im Young Vic, dem kleinen Haus des Londoner Victoria Theater, eine Studioaufführung erlebt hatte. Townshend hatte zunächst ein Who-Album, später einen Film daraus machen wollen, ließ es dann aber liegen und benutzte einige der bereits fertigen *Lifehouse*-Songs für die LP *Who's Next*. Im Dezember 1999 wurde das wiederentdeckte Stück von BBC Radio 3 als Hörspiel gesendet. Nigel Williamson beschrieb es in der ‹Times› als «kompliziert und in Teilen konfus». Townshend sang selbst zur akustischen Gitarre und dirigierte das London Chamber Orchestra. Auf die Frage nach dem Grund dieser Ausgrabung antwortete er: «Wenn ich heute Songs schreibe, dann sind sie das Werk eines sehr erwachsenen, stabilen, nüchternen, gesammelten und ausgeglichenen Mannes. Dann höre ich mir diese alten Songs an und erkenne: Da war Leidenschaft!» Sogleich ging er daran, das Projekt – stabil, nüchtern und gesammelt – von den ersten Demos 1971 bis zum BBC-Hörspiel für eine geplante 6-CD-Box, *The Lifehouse Chronicles*, zu edieren.

LPs auf Polydor: *Who Came First* (1972); *Rough Mix* (mit Ronnie Lane, 1977) … auf Atco: *Empty Glass* (1980); *All The Best Cowboys Have Chinese Eyes* (1982); *Scoop* (1983); *White City: A Novel* (Soundtrack, 1986); *Pete Townshend's Deep End Live!* (1986); *Another Scoop* (1987) … auf Virgin: *Iron Man* (1989) … auf EastWest: *Psychoderelict* (1993); *Psychoderelict – Music Only Version* (1993); *Coolwalking Smoothtalking (The Best Of)* (1996) … auf RCA: *Tommy* (Original Cast des Broadway-Musicals, 1993) … auf Interplay: *Pete Townshend Presents Tommy: The Interactive Adventure* (CD-ROM, 1996) … auf Platinum: *Pete Townshend Live* (1999) … auf Rhino: *The Oceanic Concerts* (2001) Weitere LPs → The Who

Trans Am, 1990 in Maryland gegründet, wagten ein raffiniertes Spiel mit elektronisch-synthetischer Musik und handfestem Gitarren-Rock, wobei sie beide Wege separat beschritten und jeweils ins Extrem führten. Bei jedem Album «drängt sich der Eindruck auf, es würde sich um zwei Bands handeln, die unter demselben Logo firmieren. Die eine spielt rüde, die Hardcore-Erfahrung ausdehnende Rock-Improvisationen, die andere experimentiert auf der elektronischen Ebene» (‹Visions›). Phil Manlay (g, kb, DJ), Nathan Means (bg, kb) und Sebastian Thompson (dr, programming), alle Jahrgang 1973, lernten sich am Oberlin College kennen. Nach ersten fehlgeschlagenen Versuchen mit einem Sänger beschlossen sie, auf Vokals zu verzichten und instrumental weiterzuarbeiten. Auf einen musikalischen Stil wollten sie sich dabei nicht festlegen. Eine selbstproduzierte Single fiel John McEntire (Tortoise, The Sea And Cake) in die Hände, der Kontakt mit der Band aufnahm und sie für eine Produktion nach Chicago einlud. McEntire stellte auch die Verbindung zu dem Chicagoer Label Thrill Jockey her. Die erste, von McEntire produzierte EP *Trans Am* (1995) war «ein wahres Sammelsurium unterschiedlicher Stücke. Knakkige Groover, mit schneidenden Gitarren stehen neben rauschenden Soundsprenkeln, und vor einem kaltschnäuzig eingestreuten Hard Rock-Riff ist man ebenfalls nicht sicher. Die Sounds der geschlossenen Einheiten kommen extrem exakt und präzise» (‹Skug›). Im Zusammenhang mit dem Tortoise-Boom wurden Trans Am von der Kritik zu den neuen Heroen des Post Rock erhoben, ein Etikett, gegen das sich die Band heftig zur Wehr setzte. Statt sich in Chicago, dem Zentrum der neuen amerikanischen Instrumentalmusik, anzusiedeln, ließ sich die Gruppe in der Hardcore-City Washington, D.C., nieder. Prallten die Gegensätze der beiden tragenden Elemente im Sound von Trans Am auf der ersten Veröffentlichung noch unvermittelt aufeinander, so versuchte das Trio diese auf dem Nachfolger *Surrender To The Night* (1997) auszubalancieren. Auf *Surveillence* (1997) erweiterten sie ihr elektronisches Equipment und arbeiteten den Kontrast zwischen Synthetischem und Handgemachtem noch stärker heraus. *Future World* (1999) markierte das Ende der Zusammenarbeit mit

John McEntire und leitete eine neue Phase ein. Erstmals arbeiteten Trans Am mit Gesang. Ihren bislang strikt eingehaltenen Dualismus gaben sie zugunsten einer veritablen Multistilistik auf, die wesentlich stärker Krautrock-Einflüsse einbezog. Nach dem zwischengeschobenen Outtake-Album *You Can Always Get What You Want* (2000) präsentierten Trans Am mit *Red Line* (2000) ihr bis dahin reifstes Album. Aus einem innovativen musikalischen Versuchslabor war endlich eine Band geworden. ‹Tip›: «Über treibenden Synthie- und Rhythmus-Teppichen werden mit preußischer Präzision deutsche und englische Wortfetzen aneinandergereiht. Je absurder, desto besser. Wie auf der Hatz wird der Hörer von eklektischem Psycho-Dada vor der Band hergetrieben. Dabei schlagen Trans Am immer neue Haken, kommen stets aus unvermuteter Richtung.»

LPs auf Thrill Jockey: *Trans Am* (1995); *Surrender To The Night* (1997); *Surveillence* (1998); *Futureworld* (1999); *You Can Always Get What You Want* (2000); *Red Line* (2000)

Transglobal Underground, 1991 in London gegründet, galten als Katalysatoren der Global Fusion-Bewegung. Sie setzten ebenso auf traditionelle Musizierweisen aus aller Welt wie auf jeweils neueste Errungenschaften der Musik- und Studiotechnologie. Im Gegensatz zu musikalisch vergleichbaren Gruppen wie Fun-Da-Mental oder Asian Dub Foundation verfolgten Transglobal Underground weniger politische Ziele, sondern arbeiteten mit neutralen Motiven und setzten humoristische Akzente. Ihre Musik bediente sich offen der verschiedensten Klischees, war nicht immer geschmackssicher, dafür aber völlig frei im Zugriff auf musikalische Einflüsse aus der ganzen Welt. Im ethnisch gemischten West-London entstanden Transglobal Underground als lockerer Zusammenschluß von Musikern unterschiedlicher Prägung um Alex Kasiek (kb, programming), als Tim Whelan am 15. September 1958 in London geboren, und Hamid Mantu (dr), als Hamilton Lee am 7. Mai 1958 in London geboren. Mit der düsteren Debüt-Single *Tempie Head* (1991), auf der tibetanische Gesänge mit House-Beats und Rockgitarre gemixt wurden,

erregte das Projekt sofort Aufsehen. Für das Album *Dream Of 100 Nations* (1993) stieß die Sängerin Natasha Atlas, geboren am 20. März 1964, hinzu. Binnen kurzem avancierten Transglobal Underground zur führenden britischen Ethno-Techno-Band, doch schon auf ihrem nächsten Album *International Times* (1994) ließen sie vom radikalen Sampling originaler Quellen ab und konzentrierten sich stärker auf die Arbeit mit einer Vielzahl internationaler Gastmusiker. Das Spektrum reichte von fernöstlichen Einflüssen über arabische, karibische und afrikanische Musik bis zu Hip Hop, Raggamuffin und Drum 'n' Bass. Die Konzerte der Band galten als farbenprächtiger Karneval der Weltmusik. Ganz im Fahrwasser von TGU veröffentlichte Natasha Atlas 1995 ihr Solo-Debüt *Diaspora,* auf dem sie ihre sephardische Herkunft betonte. Jah Wobble bescheinigte ihr für dieses Album «dieselbe Art zu singen und dieselbe Gewandtheit wie Frank Sinatra». Transglobal Underground mutierten zu mehr Langsamkeit und Sanftheit, indem sie auf *Psychic Karaoke* (1996) mit einem Streichensemble arbeiteten. Auch Natasha Atlas ging auf ihrem zweiten Soloalbum *Halim* (1997) dezentere Wege und folgte im selben Jahr dem Ruf Peter Maffays für eine gemeinsame Studioproduktion. Mit *Rejoyce Rejoyce* (1998) lieferten TGU ihren bis dahin breitesten und ausgewogensten Mix globaler Einflüsse ab. Im Anschluß an das Album wurden die Protagonisten der Gruppe von Page & Plant als Backing-Band für deren Live-Tour verpflichtet. Während Natasha Atlas sich für ihr drittes Albums *Gedida* (1998) teilweise vom James Bond-Komponisten David Arnold produzieren ließ und ihren Lebensmittelpunkt nach Kairo verlegte, hielten TGU auf der Doppel-CD *Backpacking On The Graves Of Our Ancestors* (1999) eine rasante Rückschau auf veröffentlichte und unveröffentlichte Höhepunkte ihrer Laufbahn, um 2001 mit *Yes Boss Food Corner* ohne Natasha Atlas das bislang stringenteste, dichteste und spannendste Album ihrer Laufbahn vorzulegen.

LPs auf Nation: *Dream Of 100 Nations* (1993); *International Times* (1994); *Interplanetary Meltdown* (1995); *Psychic Karaoke* (1997); *Rejoice, Rejoice* (1998); *Backpacking On The Graves Of Our An-*

cestors (1999) … auf Ark 21: *Yes Boss Food Corner* (2001) … LPs Natacha Atlas auf Beggars Banquet: *Diaspora* (1995); *Halim* (1997); *Gedida* (1999); *Ayeshteni* (2001)

Travis, um 1990 im schottischen Glasgow gegründet, waren eine von Tausenden von Mainstream-Rockbands auf den britischen Inseln. Ihre Songs waren weder innovativ noch besonders aufregend, aber «ihr melodienreicher Britpop bleibt in jeder besseren Mitsing-Gehirnzentrale für immer hängen» (‹WOM Journal›). Der Popularität der «ganz unskandalösen Scotboys von nebenan» (‹Visions›) kam zugute, daß die vier Mitglieder sich zu keinem Zeitpunkt vom Ruhm verführen ließen. ‹Melody Maker›: «Travis spielen die Wahrheit einfach so, wie sie sie sehen.» Unter dem Einfluß von Rock in der Machart Neil Youngs trafen sich Francis Healy (voc), Andy Dunlop (g), Neil Primrose (dr), um nur zum Spaß unter dem Namen Glass Onion mit zwei weiteren Musikern der Glasgower Bar King Tut's Wah Wah Hut aufzutreten. 1994 wurden Dunlop und Primose gefeuert und durch Douglas Payne (bg) ersetzt. Nach Beendigung des Studiums an der Art School zogen die Musiker nach London um und begannen ernsthaft an Travis zu arbeiten. Noch im Herbst desselben Jahr brachten sie selbst ihre EP *All I Wanna Do Is Rock* heraus, deren Titel das Programm der Band kennzeichnete. Andy McDonald von dem Gourmet-Label Go! Discs wurde auf Healys Fähigkeiten als Songwriter aufmerksam und verpflichtete die Band für sein Label. Auf Grund interner Streitigkeiten mit der Mutterfirma PolyGram wurde Go! Discs aufgelöst. McDonald präsentierte das in nur vier Tagen von Steve Lilywhite aufgenommene Travis-Debütalbum *Good Feelings* (1997) als erste Veröffentlichung seines neuen Labels Independente, was der Gruppe zunächst viel Neugier seitens der Medien einbrachte und die Platte auf Anhieb in die britischen Top Ten hievte. ‹NME› beurteilte die CD als «Debüt, das im Herzen des Rock 'n' Roll-Klassizismus wurzelt, aber auch eine gelungene Übung in der Kunst ist, spannende und einprägsame Pop-Songs zu schreiben». Laut ‹Sky Magazine› schufen Travis eine ideale Verquickung «von US-College Rock im Stil der Flaming Lips und den ersten Lautmeldungen der Faces». Die Aufnahmen zum zweiten Album *The Man Who* (1999) zogen sich über viele Monate und durch sechs Studios. «Einfache Weisheiten wurden darauf besungen, in einer heimelig melancholischen Stimmung» (‹Intro›). Das Album stieg zwar auf Platz fünf in die britischen Charts ein, rutschte aber schnell wieder ab. Gerade als ihr Stern zu verblassen begann, kam Travis der Zufall zu Hilfe. Die Band sang auf dem Glastonbury Festival den Song *Why Does It Always Rain On Me?*, als es heftig zu regnen begann. Das sprach sich im Handumdrehen im ganzen Königreich herum, und von dem Album wurden allein in Großbritannien über zwei Millionen Einheiten abgesetzt. Die USA nahmen Travis Anfang 2000 im Vorprogramm von Oasis mit größtem Wohlwollen auf. Die Schotten befreiten sich vom gewaltigen Erwartungsdruck in ihrem Heimatland und nahmen ihr drittes Album *The Invisible Band* (2001) in Kalifornien auf. ‹Visions›: «Ohne Anstrengung gelingt es ihnen, nach wie vor überzeugend das Bild von der krisenfreien, sympathischen Band aus Schottland zu vermitteln. Dabei legen sie überhaupt keinen Wert auf Image-Aspekte, statt dessen betonen sie mit dem Titel ihres neuen Albums die Vorteile der Invisible Band. Und es geht ihnen einzig und allein um Songs, Songs und Songs.»

LPs auf Indepentente: *Good Feeling* (1997) … auf Epic: *The Man Who* (1999); *The Invisible Band* (2001)

Turner, Tina (voc), als Annie Mae Bullock am 26. November 1939 in Brownsville, Tennessee, geboren, war im Duo mit ihrem Mann Ike (g, p), als Ike & Tina Turner von 1956 bis 1976 ein heißer Act auf dem R & B-Markt und ein Kult-Star der Hippie-Generation. Sie floh mittellos aus ihrer Ehe, die sie im Buch ‹Ich, Tina› (1986) später als fortgesetzte Tortur und als Leibeigenschaft beschrieb und empfing Sozialhilfe. Das Scheidungsurteil bürdete ihr 1978 nur Kosten auf. Mühsam hielt sie sich zunächst in kleinen Clubs und in den Lounges von Las Vegas über Wasser, trat in Jugoslawien, Polen, Singapur und Bahrein auf, immer von Pfändungsbescheiden bedroht. 1979 – sie hatte eine halbe Million Dollar Schulden – bot ihr der junge Promoter Roger Davies aus Australien an, die Karriere zu liften. Mit neugewonnenem Selbstvertrauen, das sie besonders ihrer Vertiefung in buddhistisches Gedankengut verdankte, willigte sie ein. Im Sommer 1981 warb eine ganzseitige Anzeige in der New Yorker ‹Village Voice› für einen Tina-Gig im In-Lokal The Ritz. Das Szene-Ereignis wurde von der Rock-Schickeria besucht, unter den Gästen: Mick Jagger, Andy Warhol, Robert DeNiro, Diana Ross. Aus einem Konzert wurden drei, das ‹People›-Magazin vermeldete die «Rückkehr der Tina Turner» auf der Titelseite. Im November trat die Sängerin mit ihrer Band im Vorprogramm der Rolling Stones-USA-Tournee auf, beginnend vor 25 000 Fans in der Brendan Byrne Arena in New Jersey, 25 Kilometer vor New York. Die meinungsbildenden Rock-Reporter hörten dort erstmals Tinas Duett mit Mick Jagger über *Honky Tonk Women*, das im Juli 1985 im Live Aid Concert noch einmal für Hunderte von Millionen TV-Zuschauer in aller Welt aufgeführt wurde. Der Abschluß eines neuen Plattenvertrags mit EMI / Capitol gestaltete sich schwierig. Da verließ David Bowie im Dezember 1982 eine EMI-Versammlung in New York, bei der sein neues Album *Let's Dance* vorgestellt worden war, «um meine Lieblingssängerin im Ritz zu hören». Die meisten EMI-Manager schlossen sich an und bestätigten an Ort und Stelle den Vertrag. Greg Walsh und Martyn Ware, Mitglieder der New Wave-Band Heaven 17, produzierten in London ihre erste Capitol-Single *Let's Stay Together* (von Al Green), die in England Platz sechs, in den USA 25 erreichte. Für das Album *Private Dancer* (1984) beschäftigte Capitol acht Songschreiber und vier Produzenten, darunter Rupert Hine, Terry Britten und vor allem Mark Knopfler von Dire Straits. Die LP hielt sich von August 1984 bis Mai 1985 in den US-Charts und wurde weltweit zehnmillionenmal verkauft. Die zweite Single-Auskopplung, *What's Love Got To Do With It*, brachte für die Sängerin einen ungewöhnlichen Rekord: Zwischen Tina Turners erster Eintragung in die ‹Billboard›-Charts (*A Fool In Love*) und ihrem ersten Nummer-eins-Erfolg war die längste bisher registrierte Zeit vergangen – 24 Jahre. 1985 beherrschte sie mit *Private Dancer* die Grammy Awards. *What's Love Got To Do With It*

errang Preise als Platte des Jahres, Song des Jahres und beste weibliche Gesangsdarbietung. Der Song *Better Be Good To Me* wurde als beste weibliche Rock-Vokalaufnahme prämiert. Eine Europatournee im Sommer 1985 brach ebenfalls Rekorde. Ihre Konzerte in Deutschland mußten ob des gewaltigen Zuspruchs von acht auf 30 erhöht werden. Die Europatour 1987, von Pepsi-Cola gesponsert, stellte in 13 Ländern Kassenrekorde auf. Ihre LP *Break Every Rule* stand zu dieser Zeit in neun nationalen Märkten auf Platz eins. Nach 230 Konzerten in 25 Ländern mit insgesamt 3,5 Millionen Besuchern ging diese Tournee im März 1988 zu Ende. In der Marcana Arena in Rio de Janeiro hatte Tina Turner vor der größten Menschenmenge gesungen, die je ein Solokünstler erreichte: 182 000 Personen. Das brachte ihr eine Eintragung ins Guinness-Buch der Rekorde und wurde im Video ‹Rio 88› für die Nachwelt konserviert. Doch ihr Doppelalbum von der Welttournee, *Live In Europe* (1988) mit David Bowie, Eric Clapton, Bryan Adams, Robert Cray als Gastsolisten, das im UK immerhin Platz acht erreichte, wurde in den US-Charts nur mehr unter Nummer 86 geführt. Ihr Album *Foreign Affairs* (1989) mit neuem Material und einem fesselnden Edgar Winter-Saxophonsolo im Hit-Titel *The Best* sollte dem vermuteten Knick in der Popularitätskurve entgegenwirken und sprang auch gleich auf Platz eins in England, Platz 31 in den USA. Immerhin sprach sie bei der Party zu ihrem 50. Geburtstag 1989 im Londoner Reform Club schon mal vom Aufhören und kündigte die «Foreign Affair»-Welttournee als ihre letzte an. Als die Tour de Force am 4. November 1990 im belgischen Antwerpen endete, hatten mehr als drei Millionen Menschen den erwachsenen Rock-Superstar, der sich in der Garderobe die aufsehenerregenden Perücken immer noch selber knüpfte, noch einmal als Show-Dynamo erlebt. Sie zog sich zurück, lebte mit ihrem rund 15 Jahre jüngeren Freund Erwin Bach, Managing Director bei EMI Electrola, zeitweise in Köln, bis das Finanzamt fünf Millionen Mark forderte, weil sie am Rhein einen Steuerwohnsitz begründet hätte. Sie erntete Preise: 1991 Rock and Roll Hall of Fame (mit Ike, der im Gefängnis saß, sie ging auch nicht hin), 1993 Essence Award im New Yorker Paramount, World Music Award im

Sporting Club, Monte Carlo, Sidewalk of the Stars an der New Yorker Radio City Music Hall. Eine Zeit des Rückblicks: Am 25. Februar 1992 strahlte die BBC-1 die TV-Dokumentation ‹The Girl from Nutbush› aus, im Juni 1993 kam der Film ‹What's Love Got to Do With It› nach ihrer Autobiographie mit Angela Bassett als Tina und Lawrence Fishburne als Ike mit gemischten Kritiken in die Kinos. «Der Film tilgt viel von der Brutalität, die Tina über Jahre aushielt», gestand Regisseur Brian Gibson ein: «Tina ist nicht glücklich mit einigen Teilen, die fiktiv sind.» Immerhin veranlaßte sie der Filmstart zu einer kurzen USA-Tournee, und der Soundtrack – Platz 17 in Amerika – wurde ein Platin-Hit auf dem Plattenmarkt. Auf die Frage, wo sie in den vergangenen sechs Jahren geblieben sei, antwortete Tina Turner im März 1996 anläßlich ihres Comeback-Albums *Wildest Dreams* und einer weiteren Europatournee in einem ‹Spiegel›-Gespräch: «Ich war müde geworden, ich konnte mich nicht mehr in der Glotze und auf Zeitschriftencovern sehen. Deshalb bin ich für eine Weile verschwunden. Ich habe mir ein Haus in Frankreich gekauft, es mit vielen schönen Sachen eingerichtet und mir einfach eine nette Zeit gemacht. Dann bin ich in die Schweiz gezogen, und jetzt bin ich wieder da.» Sie sang den Titelsong zum James Bond-Film ‹Golden Eye› (1995) und drehte dazu ein Glamour-Video. Auf *Wildest Dreams* (1996) duettierte sie in neuen Songs (u. a. von Sheryl Crow, Tony Joe White, Pet Shop Boys, Arthur Baker, Trevor Horn) mit Sting und dem sexy Actor Antonio Banderas. Frankreich verlieh ihr seinen höchsten Kulturorden, den Chevalier des Arts et des Lettres, für ihr Lebenswerk. Und die großen Arenen waren auch wieder ausverkauft. «Eigentlich sollte man meinen», erklärte die Diva mit 56, «daß mit durchgedrehten Bühnenshows in diesem Alter Schluß ist. Aber mein Arzt hat mich durchgecheckt, und alles ist in Ordnung. Also bin ich wieder bereit für einen Boogie.» And again and again and again: nach der Europatournee 1996 mit 150 Konzerten 1997 Australien und danach drei Monate mit Cyndi Lauper als Supporting Act Nordamerika. Nach einer kleinen Verschnaufpause 1998 stand die «sexiest grandmother ever», wie sie englische Boulevardzeitungen apostrophierten, im April 1999 neben Cher

und Elton John wieder auf der Bühne des New Yorker Bacon Theatre für die TV-Aufzeichnung «Divas Live '99». Eine mit Elton John geplante USA-Tournee wurde abgesagt; die Diven hatten sich bei den Proben im Bacon Theatre zerstritten. Tina: «Am Anfang sollten es drei Monate sein mit drei Auftritten pro Woche. Das wäre ein Klacks für mich gewesen. Aber dann wurde von elf Monaten geredet und von einer Erweiterung der Tournee nach Europa. Das Ganze geriet mir aus der Hand, also fand es nicht statt.» Im Herbst 1999 erschien der Sampler *Greatest Hits 2*, aber mit Wiederveröffentlichungen wollte sie es wirklich nicht bewenden lassen. Zudem drängten Manager und Label: «Do it while you can!» Also ließ sie sich für das Album *Twenty Four Seven* (1999) – Synonym für 24 Stunden, sieben Tage lang unter Volldampf – von den Bee Gees, Graham Lyle, Jerry Britten u. a. radiofreundliche Balladen schreiben, die angesagte Produzententeams wie Absolute und Metro mit einer Europop-Tünche aus Synthesizern und Strings übergossen. Dessenungeachtet bescheinigte ihr die Kritik, der Abschwung zu gedeckteren Tönen stünde zugleich «für aufrichtiges und realistisches, wenn nicht sogar wagemutiges und revolutionäres Wachstum» (so Edna Gundersen in ‹USA Today›). Die Musik ließ ihr Raum für Funk und Gospel Feeling: *Absolutely Nothing's Changed*. In Texte wie *When The Heartache Is Over* hatten die Autoren geschickt autobiographische Anspielungen eingelegt: «Sometimes I look back in anger / Thinking about all the pain / But I know that I'm stronger without you / And I'll never need you again.» In *Go Ahead* und dem Duett mit Bryan Adams, *Without You*, drehte sie auch energetisch noch einmal richtig auf. Als die CD am 1. Februar 2000 in den USA in die Läden kam, waren in Europa schon zwei Millionen Exemplare davon verkauft worden. Die US-Tournee mit 50 Konzerten (Tina Turner: «wirklich die allerletzte») begann am 23. März 2000 in Minneapolis. Als sie den Deutschland-Teil ihrer anschließenden Welttournee am 3. Juli im Niedersachsenstadion von Hannover eröffnete, registrierte Andreas Obst für die ‹FAZ› ein «rundum sensationelles Erlebnis». Mehr als 50 000 Fans waren gekommen, «um womöglich wirklich ein letztes Mal das Turner-Wunder zu

erleben. Sie würden dereinst gewiß auch zum al-
lerletzten Mal kommen und danach zum alleral-
lerletzten Mal – und nie würden sie damit etwas
falsch machen» (Obst). Nein, sie werde nach dieser Weltreise natürlich nicht zu singen aufhören,
erklärte die Sängerin, nur nicht mehr auf solchen
endlosen Stadiontourneen, und vielleicht werde
sie auch noch ihre schauspielerischen Fähigkeiten aktivieren: «Man kann nicht gesund und
glücklich sein und die Energie und die Liebe und
den Respekt des Publikums haben und das alles
brachliegen lassen. Ich bin doch erst 60.»

LPs Tina Turner auf United Artists: *Let Me Touch
Your Mind* (1973); *Turns The Country On* (1974);
Acid Queen (1975); *Rough* (1978); *Love Explosion*
(1979) ... auf Capitol: *Private Dancer* (1984); *Private Dancer Mixes* (1984); *Break Every Rule* (1986);
Live In Europe (1988); *Foreign Affair* (1989); *Simply
The Best* (1991); *What's Love Got To Do With It*
(1993); *Sixties To Nineties – Collected Recordings*
(1994; drei CDs); *Wildest Dreams* (1996); *Greatest
Hits 2* (1999); *Twenty Four Seven* (1999) ... auf
Kama Sutra: *Stand By Your Man* (1986) ... auf Fantasy: *Mini* (Mini-LP, 1984) ... LPs Ike & Tina Turner auf Sue: *The Soul Of Ike And Tina Turner*
(1961); *Don't Play Me Cheap* (1962); *It's Gonna
Work Out Fine* (1962) ... auf Kent: *Ike & Tina Turner Revue!!!* (1964) ... auf Warner Bros.: *Live! The
Ike & Tina Turner Show* (1965); *The Ike & Tina Turner Show Vol. II* (1967) ... auf Philles: *River Deep –
Mountain High* (1966); *So Fine* (1969) ... auf Minit:
In Person (1969) ... auf Blue Thumb: *Outta Season*
(1969); *Come Together* (1970); *The Hunter* (1970)
... auf Liberty: *Live In Paris* (1971); *Workin' To-
gether* (1971) ... auf United Artists: *Live At The Car-
negie Hall – What You Hear Is What You Get* (1971);
'Nuff Said (1972); *Feel Good* (1972); *Let Me Touch
Your Mind* (1973); *Nutbush City Limits* (1973);
Sweet Rhode Island Red (1974); *Delilah's Power*
(1977; Aufnahmen Anfang der siebziger Jahre) ...
Zusammenstellungen (Auswahl) auf Warner Bros.:
Greatest Hits (1965); *Ike & Tina's Greatest Hits*
(1969) ... auf Liberty: *Soul Sellers* (1979); *Nice
'N'Rough* (1984); *Tough Enough* (1984) ... auf Uni-
ted Artists: *The World Of Ike And Tina Turner*
(1973); *The Very Best Of Ike And Tina Turner* (1976)
... auf Kent: *The Ike & Tina Sessions* (1987) ... auf
Bellaphon: *Good Old Times* (1991; Aufnahmen von
1968 – 1974) ... auf EMI: *Legendary Masters* (1991;
Aufnahmen von 1960 – 1975) ... Solo-LPs Ike Turner auf United Artists: *Blues Roots* (1972); *Confined
To Soul* (1974) ... auf Bellaphon: *And The Kings Of
Rhythm* (1974) ... auf Fantasy: *The Edge* (1980) ...
auf Mystic: *My Bluescountry* (1996)

U

U 2, 1976 als Quartett von Schulfreunden in Dublin, Irland, gegründet, steigerten sich bei ihren Darbietungen mit leidenschaftlicher Selbstvergessenheit in einen messianischen Rock and Roll-Idealismus, der von zynischen Musikkritikern zumeist nicht goutiert wurde. Für das Millionenheer ihrer Jünger jedoch war die Band mit dem phonetisch verfremdeten Gruppennamen (You Too) ein Trupp gleichgesinnter Weltverbesserer, die die Rockmusik mit verbalem Feuer und deftigem Gitarrenklang reformieren wollten. Paul «Bono» Hewson (voc), geboren am 10. Mai 1960, David «The Edge» Evans (g), geboren am 8. August 1961, Adam Clayton (bg), geboren am 13. März 1960, Larry Mullen Jr., geboren am 31. Oktober 1961, vereinten in ihrem simplen, effektarmen Zusammenspiel die rauschhaften, atmosphärisch dichten Klänge von Television mit den monotonen Akkordreihungen der Velvet Underground und den Hard Rock-Attacken der frühen Who. Einer Generation, der das Desaster der Rolling Stones in Altamont und die kläglichen Drogentode von Jimi Hendrix, Janis Joplin, Jim Morrison bestenfalls ferne Erinnerung waren, gaben sie erneut die Illusion, Rockmusik könne der «Soundtrack der gesellschaftlichen Veränderung» (Bono) sein. Der christlich geprägte Feuereifer der Musiker und ihr Verdruß über die schmerzlichen politischen Dauerkonflikte in Irland beeinflußten ein Song-Repertoire von frommen Wünschen und utopischen Forderungen. Auf ihrem ersten Album *Boy* (1981) gaben sich die wilden Romantiker wie Halbwüchsige, die sich nicht entscheiden mochten, ob sie sich nun der rauhen Erwachsenenwelt stellen oder im Reich der pubertären Sehnsüchte weiterhin versteckt

halten sollten. Bei weiteren Platteneinspielungen und mitunter demagogisch inszenierten Konzerten handelten die vier Rocker der Apokalypse brennende Tagesthemen mit dermaßen wohlfeilen Sprüchen ab, daß ‹Rolling Stone› bereits 1982 tadelte: «Bono muß sich aber nun wirklich von dem Zwang lösen, jedes Klischee noch einmal neu zu erfinden.» Den Zuhörern riet das Blatt, die vokalen Bemühungen des U 2-Stars «einfach als Sound-Effekt» hinzunehmen. Dabei wickelte Überzeugungstäter Bono sein Publikum mit guten Geschichten und geschickten Gesten dermaßen suggestiv ein, «daß selbst ein Skeptiker vorübergehend an Wunder glauben mag» (‹Village Voice›). Wenn er mit weitausladender Emotion und zärtlicher Intimität zugleich *Pride (In The Name Of Love)*, seine Ode an den ermordeten Martin Luther King, vortrug oder zur Pazifisten-Hymne *Sunday Bloody Sunday* ein weißes Banner schwenkte, «dann grenzte die Publikumsreaktion an Hysterie» (‹Billboard›). Neuere Aufnahmen faszinierten durch ein erregendes Zusammenspiel von Producer Brian Eno am Synthesizer und der in geradezu obsessiven Akkordstrukturen röhrenden Gitarre von «The Edge». Dazu lieferten Mullen Jr. an den Drums und Claytons exquisite Baßbegleitung ein kompaktes Rhythmus-Fundament. Bono jedoch, der aus seinem selbstgerechten Herzen immer weniger eine Mördergrube machte («Ich kann die Welt nicht ändern, aber ich kann die Welt in mir ändern»), rückte vor allem auf *The Joshua Tree* (1987) mit theatralischem Stimmeinsatz den Gruppensound in die Nähe eines antiquierten Led Zeppelin-Getöses. Bono: «Immerhin wollen wir eine laute Rockband sein. Wenn wir auf die Bühne kämen und die Leute würden eines Tages alle nur noch ‹Om› singen oder den Rosenkranz beten, wäre das ganz schön schrecklich.» In dem Tourneefilm ‹Rattle and Hum› (1988) dokumentierte das Quartett seinen rührenden Versuch, den Rock-Legenden auf einem Trip durch die USA im Schnellkurs nachzuspüren, und bat im Jahr darauf B. B. King vor das Mikrofon (*When Love Comes To Town*). «U 2-Songs sind wie Möbel von Ikea», erkannte der ‹Stern› beim Anhören des Soundtrack-Albums. «Sie sind die Illusion von Chic im funktionellen Design unserer Zeit, mit einem Hauch von Sponti, Nonchalance, jugendlicher Normverweigerung.» Von allem wußte der charismatische Bono zu nutzen. Der Hauch von Kargheit und Düsternis, der U 2 und ihre Songs umgab, fand seine optische Entsprechung in der LP *Achtung Baby*, mit der die Gruppe 1991 in Irland begonnen hatte, sie aber in Berlin fertigstellte. Die Novemberstimmung der Stadt kaum zwei Jahre nach dem Mauerfall übertrug sich auf die Musik der Iren, die auch auf gesamtdeutsche Details Wert legten: Das Cover schmückt ein Trabant, der Volkswagen der verblichenen DDR. Sechs buntbemalte Wracks des Pappe- und Kunststoffautos wurden zur Dekoration des Bühnenhimmels auf die 1992 folgende Tour mitgeschleppt. «U 2 s Reise ins Herz der Dunkelheit», raunte ‹Q› ergriffen über das hochgelobte Album und verglich die Band mit Dylan und Springsteen. Die von Daniel Lanois unter Mitwirkung von U 2-Spezi Eno produzierte LP empfand ‹Audio› als «die eindrucksvollste Warnung vor der Zukunft von *Zooropa*». Bono selbst sagte über *Achtung Baby*: «Die Songs haben keine großartigen Melodien. Aber sie gehen unter die Haut.» Chamäleonartig änderte die Band ihr Image: In schwarzem Leder oder im Silberlaméanzug genoß Bono offensichtlich das Show-Element des Superstar-Daseins. Die Band hatte sich in die Höhen der Rolling Stones, Elton Johns und Phil Collins' emporgearbeitet, ihre Mitglieder waren je nach Veranlagung fester Bestandteil des Jet Sets geworden. Andere Superstars wollten sich mit ihnen sehen lassen: Auf die Bühnen ihrer Welttournee 1992 drängelten sich Axl Rose (Guns N' Roses), Steve Tyler und Joe Perry (Aerosmith), Benny Anderson und Björn Ulvaeus (ABBA). Umgekehrt suchte Bono die Nähe von ihm bewunderter amerikanischer Musikgrößen: Für den Song *The Wanderer* auf ihrem Album *Zooropa* (1993) gewannen sie Country-Star Johnny Cash, «eine der besten Sachen, die wir je gemacht haben» (Bono). Für das Album *Original Soundtracks 1* (1995), auf dem ansonsten «die Module zirpen und blubbern und ab und zu das Echo einer verzerrten Gitarre durch die unendlichen Weiten des Klang-Universums rauscht» (‹Der Spiegel›), schmetterte der nicht unter allzuviel Bescheidenheit leidende Bono – «Wer schüchtern ist, wird Kofferträger und gründet keine Rockband» – mit dem Opern-Megastar Luciano Pavarotti das Duett *Miss Sarajevo*, wiederum ganz zeitgerecht. Und als ob dies noch nicht genüge, beteiligte er sich mit dem Cole Porter-Oldie *I've Got You Under My Skin* auch noch an Frank Sinatras Duettproduktionen (*Duets*, 1993). Um die U 2-Fans mit den überwiegend instrumentalen, überaus kakophonischen Klangcollagen der *Original Soundtracks 1* zu 13 Filmen eher obskurer Regisseure (darunter aber auch ‹Jenseits der Wolken› von Wim Wenders und Michelangelo Antonioni) nicht zu sehr zu verschrecken, pappten sie der CD den Bandnamen Passengers auf. «Nach dem Ende der *Zooropa*-Tournee haben wir die Fernsehgeräte angestellt und dazu gejammt», so Bono. «80 Prozent des Materials waren unbrauchbar, der Rest aber ungemein interessant.» Meister-Mixer Brian Eno konfektionierte die Spontansounds sodann im Studio. Sein Kommentar: «Die Lieder sollten den Eindruck erwecken, die Hi-Fi-Anlage sei kaputt.» Rockenden Wohlklang produzierten die laut ‹Spiegel› von «bodenständigen Politrockern zu postmodernen Popzynikern gewandelten» U 2 daneben mit dem Hit *Hold Me, Thrill Me* für den Film ‹Batman› sowie mit dem Titelthema des James Bond-Streifens ‹Golden Eye›, dem Tina Turner ihre Stimme lieh. Mit dem Titel *Miss Sarajevo* finanzierte Bono 1995 einen Dokumentarfilm über Jugendliche in der vom Krieg zerstörten Stadt, lehnte es aber ab, in ‹Batman› einen Bösewicht zu geben: «Der schauspielernde Rockstar ist doch nun wirklich ein unsägliches Klischee.» Im Januar 1996 erschien es ihm, «als sei ich selbst in einen Krimi geraten». Beim Rückflug von einem privaten Besuch im Anwesen des Island-Bosses Chris Blackwell auf Jamaika nahm die Küstenwache von Montego Bay die Privatmaschine des Rock-Stars Jimmy Buffett mit Blackwell und Bono an Bord unter Feuer. Die Polizei hatte einen anonymen Hinweis erhalten, die Maschine werde zum Drogenschmuggel benutzt, und offenbar das Flugzeug verwechselt. Niemand wurde verletzt. Im Frühjahr 1997 plazierte sich das Techno-infizierte U 2-Album *Pop* trotz gemischter Kritiken in allen wichtigen Musikmärkten der Welt an der Spitze der Charts. Die Band begann in Las Vegas unter dem Titel Pop Mart Tour eine gigantische Welttournee mit Rekord-Besucherzahlen, die erst im März 1998 in Johannesburg, Südafrika, zu Ende ging. Unter einem Triumphbogen à la McDonald's und einer überdimensionalen Plastikzitrone vollführte Bono als McPhisto, eine Figur im Goldlaméanzug mit weiß geschminktem Gesicht und rotsamtenen Teufelshörnern, einen Dauermarathon über die großen Bühnen des Globus, oder er lag als zappelnde Fliege auf dem Rücken. Bono 1997: «Es macht Spaß, die Leute zu verunsichern, sie zu überraschen.» In Rotterdam kamen zu zwei Konzerten knapp 100 000 Besucher, in Warschau 52 000, in London zu zwei Shows 144 308, in Mexico City 106 966, in Reggio Emilia, Italien, 150 000. In den USA, wo die Band zweimal die Runde machte, blieb der Kartenverkauf hinter den Erwartungen zurück. So wurden beispielsweise im November 1997 für das Houlihan's Stadion in Tampa, Florida, mit 70 000 Sitzplätzen nur 17 776 Tickets verkauft. Dennoch wurden in Nordamerika beim zweiten Durchgang aus 46 Auftritten in 37 Städten mit mehr als 1,7 Millionen Besuchern 79,9 Millionen Dollar erlöst. Immer mal wieder kassierten Bono und seine Mannen auch Preise und Ehrungen ein: im November 1996 in London den Inspiration Award der Zeitschrift ‹Q›, im August 1997 einen Kometen bei der Popkomm in Köln, im November 1997 die Auszeichnung Best Live Act bei den MTV Europe Music Awards in Rotterdam, im Februar 1998 die Statuette Best International Group bei den Londoner Brit Awards, im April 1998 Best Band und Best Live Act im irischen Belfast bei den Hot Press Awards. «Fest steht», resümierte ‹Stereoplay›, «daß U 2 die einzige große Band der Achtziger ist, die nicht wie The Cure, Depeche Mode oder die Simple Minds ständig ihre alten Sounds reproduziert». Doch zum Ende des Jahrzehnts stellte die Band ihr Gesamtwerk während

der Neunziger selber in Frage. War das Album *Pop* wirklich «der hüftsteife Versuch, sich qua elektronischen Schnickschnacks und Dance-Beats neu zu erfinden» (Peter Scharf in der ‹Frankfurter Rundschau›), eine «well-intentioned electro-experimental self-destruction» (Barbara Ellen in der Londoner ‹Times›)? Bono: «Wir schilderten auf *Pop*, was wir um uns herum wahrgenommen hatten – DJs in Clubs und die Stimmung in den Städten. Brian Eno als Producer war einer von uns, doch dieses Spiel mit Sounds und Grooves kann sehr schnell ermüden.» War die monströse Pop Mart Tour mit ihrem überladenen Dekor wirklich der Versuch, «die Mythologie und den ganzen Hokuspokus von Rockstar-Dasein, Kapitalismus und Macht im selben Atemzug zu entlarven» (Schriftsteller Salman Rushdie), oder nur das Bemühen, sich mit dem Zeitgeist zu synchronisieren und Anschluß an die Spaßgesellschaft zu finden? Bono: «Eine Zeitlang dachte ich, es gäbe nie wieder einen Weg zurück aus der Ironie. Alles, was wir in den neunziger Jahren machten, stand unter dem Verdacht, nicht ernst gemeint zu sein. Aber wenn man einen Song schreibt, drückt man aus, was man auf dem Herzen hat. Danach kann man den Song ironisch verkleiden. Unsere Gefühle lagen nackt zutage, da brauchten wir die ironische Distanz als Schutz.» Rund drei Jahre antichambrierte Paul Hewson alias Bono mit der selbstgewählten Aufgabe, die Entwicklungsländer zu entschulden, bei den Mächtigen dieser Welt. Er wurde von Bill Clinton im Oval Office des Weißen Hauses in Washington empfangen, parlierte mit Senatoren beider Parteien im amerikanischen Kongreß, mit UN-Generalsekretär Kofi Anan in New York, mit Bundeskanzler Gerhard Schröder beim Treffen der Wirtschaftsnationen in Köln, mit dem tschechischen Präsidenten Vaclav Havel und dem Präsidenten des Internationalen Währungsfonds, Horst Köhler, beim G 8-Gipfel in Prag und schenkte dem Papst bei einer Privataudienz im Vatikan eine Sonnenbrille. Bono: «Die Industrienationen haben sich darauf geeinigt, den Entwicklungsländern 100 Milliarden Dollar zu erlassen – das ist doch kein schlechtes Ergebnis für mehrere Jahre Arbeit.» Nebenbei war noch Zeit, Salman Rushdies Rock-Roman «Der Boden unter ihren Füßen» zu überarbeiten, dafür zu sorgen, daß Wim Wenders in einem heruntergekommenen Viertel von Hollywood den Film «The Million Dollar Hotel» drehte, und Musik dazu zu schreiben. Keine Angst mehr vor Emotionen: Die Single *Beautiful Day*, mit der U 2 das Album *All That You Can't Leave Behind* (2000) an den Start brachte und die vom ZDF als Olympia-Jingle eingesetzt wurde, verbreitete «in den wenigen Sekunden ihres Refrains genau die Mischung aus Euphorie und gnadenlosem Optimismus, mit der man Männern Damenbinden, Gebißträgern klebrige Müsliriegel und überzeugten Fahrradfahrern übermotorisierte Sportwagen verkaufen kann» (Kritiker Peter Scharf). Bono: «Als The Edge mit diesem Gitarrenriff kam, wußte ich, dieses Stück wird riesig. Sie werden es nonstop im Radio spielen. Und alle werden sagen: ‹Ahh, sie gehen zurück, zurück zu den warmen Gefühlen.› Aber am Ende sagten wir: ‹Fuck it!›, laß es uns tun.» Single und Album wurden erwartungsgemäß Charts-Topper, erzielten Millionenumsätze und lösten für U 2 einen Grammy-Regen aus. Neben den Producern Brian Eno und Daniel Lanois hatte Steve Liliwhite, der Erfinder ihres Sounds aus den frühen Tagen, wieder mitproduziert, und so klang das Album mit fetten R & B-Bläsersätzen wieder bodenständig nach Blues, Gospel & Soul und enthielt simple Botschaften wie «Heaven on earth / We need it now» oder «I'm just trying to find a decent melody / A song that I can sing in my own company». Die Tourneevorbereitungen in den USA liefen im Frühjahr 2001 unter dem programmatischen Arbeitstitel «Into the Heart». Als die Reise als «The Elevation Tour» in Miami, Florida, begann, enthielt der Terminplan keine Mammutarenen mehr, auch der Bühnenaufbau war abgespeckt. «Für jemanden in meinem Alter, der sich noch daran erinnern kann, daß dies einmal der Normalzustand im Rock war», erklärte Salman Rushdie, «wirkte die Show nostalgisch und innovativ zugleich.» Michael Pilz in der Tageszeitung ‹Die Welt›: «U 2 löschen ihre 90er aus, als wäre nichts passiert.»

LPs auf Island: *Boy* (1981); *October* (1981); *War* (1983); *Under A Blood Red Sky* (1983); *The Unforgettable Fire* (1984); *Wide Awake In America* (1985); *The Joshua Tree* (1987); *Rattle And Hum* (Doppelalbum, davon eine LP als Soundtrack, 1988); *Achtung Baby* (1991); *Zooropa* (1993); *Pop* (1997); *The Best Of 1980–1990* (1999); *All That You Can't Leave Behind* (2000) ... LP mit Brian Eno: *Passengers: Original Soundtracks 1* (1995)

UB 40, eine gemischtrassige Band aus Birmingham, England, machten melodischen Reggae mit sanften Vokalbeiträgen, lässigen Saxophonzutaten und einem eher entspannten Karibikbeat. Alastair «Ali» Campbell (voc, g), am 15. Februar 1959 in Birmingham geboren, sein Bruder Robin (g, voc), am 25. Dezember 1954 in Birmingham geboren – beide Söhne des Folksängers Ian Campbell –, Brian Travers (sax), Earl Falconer (bg), Jimmy Lynn (kb), 1979 von Michael Virtue ersetzt, James Brown (dr), Norman Hassan (perc), Astro (toasting, voc, tp), bürgerlich: Terence Wilson, hatten 1977 zusammengefunden und sich, ihrem damaligen Beschäftigungsstatus entsprechend, nach der Kennchiffre des Antragsformulars für Arbeitslosenunterstützung benannt. Die Sprecher der beschäftigungslosen Jugend Großbritanniens wollten sie deshalb aber nicht sein. «Wir wollen Reggae spielen und Geld verdienen.» Dennoch geriet ihr Repertoire von Songs über den Bergarbeiterstreik, die britische Militärpräsenz in Ulster, minderjährige Dropouts (*One In Ten*), nukleare Bedrohung, Endzeitstimmung (*The Earth Dies Screaming*), Medienmacht und Apartheid in Südafrika (*Sing Our Own Song*) zu einem «Dauer-Soundtrack der Thatcher-Ära» (‹New Musical Express›). Während jamaikanische Reggae-Musiker gemeinhin die Rastafarier-Botschaft vom Frieden durch religiöse Ergebenheit und kultisches Kiffen in den Mittelpunkt ihrer Songs stellten, konzentrierten sich die weißen Ensemblemitglieder von UB 40 bei ihren Liedtexten auf Visionen einer neuen Gesellschaft, ohne Entfremdung bei der Arbeit, sinnentleerte Freizeit oder Hilflosigkeit gegenüber den Widrigkeiten des englischen Klassensystems. Da sie sich dabei eher utopisch-optimistisch als militant gaben, wurden sie bisweilen für ihre sanfte Alternativhaltung gescholten: «Zuviel Tralala, zuviel easy going, zuviel Hitparade. Verpopter Reggae, der gefällt. Fatal» (‹Sounds›). Dabei rührten selbst vorsätzlich harmlose Stücke wie *I Got You Babe* (1985), Coverversion des Sonny & Cher-Klassikers mit Chrissie Hynde von den Pretenders, als «überzeugende Solidaritätsbekundung von Sänger zu Sänger, von Band zu Fans» («Rolling Stone›). Überhaupt: «Ernsthaftigkeit und Idealismus sind liebenswerte, willkommene Schwächen. UB 40 hat Gott sei Dank viel von beiden» («Musician›). Mit Reggae-Versionen nicht allzu unbekannter Songs, als Singles veröffentlicht, eroberten sie die Hitparaden, während ihre LPs die ambitionierten Songs, auch Eigenes enthielten und nicht ganz so erfolgreich waren. Listig verlängerte die Band dabei ihr Material: *Baggariddim* (1985) enthielt Dub-Versionen einiger ihrer früheren Songs. *Rat In The Kitchen* von 1986 war dann mal wieder eine originäre UB 40-LP, auf der sich sogar A & M-Gründer und Trompeter Herb Alpert hören ließ. Die Karriere der Band begann in sich zu kreisen: Einer *Best Of*-LP (1987) folgte *Labour Of Love Vol. II*, bald darauf wurden *Labour Of Love Vol. I* und *II* zusammengepackt, so daß UB 40 die beginnenden neunziger Jahre mit minimalem Aufwand an eigener Kreativität erreichte. Zwischenzeitlich kehrte der alte Single-Hit *Red Red Wine* noch einmal in die Charts zurück. 1992 war es dann aber doch Zeit, eine neue LP aufzunehmen. Die bewährte Strategie wurde beibehalten: Eine bekannte Aufnahme – *Can't Help Falling In Love* von Elvis Presley – wurde in Reggae gefaßt, enterte die Top Ten und ebnete der bald folgenden Platte *Promises And Lies* (1993) den Weg: Platz eins der britischen Charts, Top Ten in den USA. «*Promises And Lies* ist ihr bestes Album und der höchst wunderbare Song *Bring Me Your Cup* möglicherweise ihr bester Song», jubelte ‹Q› und stellte bekräftigend fest: «UB 40 haben Reggae mehr popularisiert als jeder andere außer Bob Marley.» Sänger Ali Campbell debütierte mit *Big Love* 1995 als Solist. *Guns In The Ghetto* (1997) sollte sodann, wie die Musiker bekanntgaben, der erste Teil einer Trilogie werden, mit der sie den Heroen des Reggae huldigen wollten. Der Leerlauf der Bandroutine sorgte allerdings dafür, daß *Guns In The Ghetto* sich nur unwesentlich von ihrem Debütalbum unterschied. «UB 40 haben alle Chancen», spottete Kritiker Ian McCann, «die Status Quo des Reggae zu werden.» Das Album erreichte in den UK-Charts Platz sieben, wurde in den USA aber nur auf Platz 176 notiert. UB 40 back to the roots: Unter der Leitung von Producer Bertie Grant trafen sie sich für ihr *Dancehall Album* (1998) in einem Studio auf Jamaika mit den gerade aktuellen Reggae-Stars Stritchie, Ninji Man, Pincers, Beenie Man, Merciless, General Degree etc. und der wegen allzu freizügiger Texte gerade wieder einmal vom Rundfunk boykottierten Lady Saw. Authentischer ging es nun wirklich nicht mehr. Mit *Labor Of Love III* (1998) setzte die Band ihre originellen Bearbeitungen von Reggae-Klassikern fort, diesmal u. a. Bob Marleys *Soul Rebel* und Peter Toshs Marihuana-Hymne *Legalize It*. Die ausgekoppelte Single, Neil Diamonds *Holly Holy*, kam in Großbritannien nur auf Position 31. Bei Open Airs wie 1998 für MTT/Planet Hollywood auf Londons Leicester Square, 1999 beim Benefit «Party in the Park» im Hyde Park, 2000 bei Sommerfesten auf dem europäischen Kontinent brachten sie immer noch Menschenmengen zum Tanzen – getreu ihrem Motto: «Guaranteed to break the ice on parties.»

LPs auf Graduate: *Signing Off* (1980); *The Singles Album* (1980) ... auf Epic: *Present Arms* (1981); *Present Arms In Dub* (1981) ... auf Virgin: *UB 44* (1982); *Live* (1983); *Labour Of Love* (1983); *Geffery Morgan* (1984); *Baggariddim* (1985); *The UB 40 File* (1985); *Little Baggariddim* (Mini-LP, 1985); *Rat In The Kitchen* (1986); *CCCP Live In Moscow* (1987); *Best Of UB 40 – Volume One* (1987); *UB 40* (1988); *Labour Of Love II* (1989); *Promises And Lies* (1993); *Best Of Volume Two* (1995); *Guns In The Ghetto* (1997); *UB 40 Presents The Dancehall Album* (1998); *Labour Of Love III* (1998) ... Solo-LP Ali Campbell: *Big Love* (1995)

Urge Overkill, 1986 in Chicago gegründet, gingen als Erfinder des Alternative Trash in die Annalen des Rock ein. Wie alle großen Innovatoren bereiteten sie den Boden für unzählige Epigonen, waren aber selbst von anhaltendem Mißgeschick verfolgt. Sie brachen ein Tabu nach dem anderen, zitierten sich wie besessen durch die Rockgeschichte, verstanden sich auf grandiose Inszenierungen und beherrschten das Vokabular der großen Gesten. Sie schütteten Gräben zwischen Pop und Rock zu, schrieben geniale Songs, setzten die Herzen ihrer Fans mit gewagten Coverversionen in Wallung und entwickelten eine wohlproportionierte Mixtur aus anspruchsvoll dreister Unterhaltung und erdiger Power. ‹Visions›: «Als sich das gute alte Konzeptalbum auf Nimmerwiedersehen von der Bildfläche verabschiedet hatte, kam Urge Overkill mit einem Konzeptalbum par excellence heraus, und als Anfang der Neunziger nichts verrufener war, als sich an klebrigen Disco-Hits der Spätsiebziger festzuhalten, coverte die Band ungeniert *Emmaline* von den unverwechselbar-unerträglichen Hot Chocolate. Kleidung, Styling, Sprache, Cover-Artwork – alles war auf den grandiosen US-Entertainment-Fake, den letzten großen, fröhlichen Rock 'n' Roll Swindle abgestimmt. Ihr Pech, daß sie nicht von allen verstanden wurden.» Sie erreichten ihren kreativen Höhepunkt zu einer Zeit, da die Zugehörigkeit zum Major- oder Independent-Lager wie auch das Bekenntnis zu Rock oder Pop noch eine Glaubensfrage war. Urge Overkill wagten den Sprung, erlitten eine Bruchlandung und verbrannten. Obwohl sie Millionen von Platten absetzten und «zum Besten gehörten, was Amerikas Rockszene zu bieten hat» (‹WOM Journal›), brachten sie es doch kaum über die Rolle des Anheizers bei Nirvana-Konzerten hinaus. Urge Overkill verströmten die Aura von schwarzem Glanz und Glamour, doch in Wirklichkeit waren und blieben sie schrullige Tüftler, die in ihrem Labor das Elixier für die Superstars von morgen zauberten. Nash Kato (g, voc), als Nathan Katruud am 31. Dezember 1965 in Grand Fork, North Dakota, geboren, und King Roeser (g, bg, voc), als Eddie Roeser am 17. Juni 1969 in Litchfield, Minnesota, geboren, gehörten einem Künstlerkreis an, der in den Cafés von Chicago leidenschaftlich über Rock 'n' Roll diskutierte. Daraus nahm die Idee einer Band Gestalt an, die einen neuen Sound aus der Bündelung der Energien von Funkadelic, Cheap Trick und AC/DC erzielte. Kato und Roeser ließen auf Worte Taten folgen und gründeten Urge Overkill als praktisches Experimentierfeld einer intellektuellen Debatte. Bereits auf ihrer Debüt-EP *Strange, I ...* (1986) versahen sie sich selbst mit dem Image eines musizierenden Comic strips. Zutreffend beschrieb ein PR-Text ihren Stil: «Der Sound einer lärmenden Schüler-Garagen-Punkband mit Clockwork Orange-Attitüde inklusive passender Kostümierung wurde verfeinert von Nash Katos Versuch, Chicagos Zahnärz-

ten per enervierende Gitarrenarbeit zu mehr Umsatz zu verhelfen, unterstützt von King Roeser, der sich damals nicht nur im Baß-Spiel sondern auch gesanglich in einer extremen Variante der Urschrei-Therapie übte.» Kurzzeitig wurde das Duo von dem irischstämmigen Schlagzeuger Pat Byrne unterstützt. Mit Hilfe des Produzenten Steve Albini entstand das Album *Jesus Urge Superstar* (1989), dessen ironischer Konzeptionalismus jedoch nur bei Insidern auf Wohlwollen stieß. Unter dem Einfluß der Butthole Surfers nahm die Band mit Produzent Butch Vig *Americruiser* (1990) auf, das von vielen Kritikern später als Prototyp einer Grunge-Platte angesehen wurde. Doch erst als auf *Supersonic Storybook* (1991) Blackie Onassis (dr), als Johnny Rowan am 27. August 1967 in Chicago geboren, zu der Gruppe stieß, wurde das Rock-Cabaret als Band wahrnehmbar. Urge Overkill inszenierten sich selbst und machten auch ihr ausschweifendes Privatleben zum Teil dieser Inszenierung. Sie fuhren in Samt und Seide gekleidet in Cabrios oder Pferdekutschen durch die Straßen Chicagos, genossen verschwenderisch Champagner und imitierten das Leben steinreicher Tagediebe. Die Chicago-Scene mochte das nicht, doch Urge Overkill setzten noch einen drauf und wichen künstlerisch in die spießige Kleinstadtidylle aus, bis die Grenzen zwischen Fake und Wirklichkeit nicht mehr erkennbar waren. Die ursprünglich in limitierter Auflage gepreßte, nach einer Geisterstadt in Kansas benannte EP *Stull* (1992) enthielt mit einer ketzerischen Version von Neil Diamonds *Girl, You'll Be A Woman Soon* den größten Hit, den Urge Overkill je hatten. Gruppen wie Nirvana und Pearl Jam bedienten sich der zwielichtigen Ausstrahlung des Trios und nahmen es mit auf Tourneen beiderseits des Atlantik. Mit einem Vertrag von Geffen und unter der Regie des Hip Hop-Gespanns Butcher Brothers entstand mit dem aufwendigen Album *Saturation* (1993) eine Tour de Force durch die Ästhetik der Siebziger, die fälschlicherweise mit nostalgischem Retro-Rock assoziiert wurde. Regisseur Quentin Tarantino entdeckte in einem Londoner Plattenladen die *Stull*-EP und bediente sich des Songs *Girl* für seinen Kultfilm ‹Pulp Fiction›. Die EP mußte millionenfach nachgepreßt werden, das aktuelle Album *Saturation* blieb jedoch im Schatten des unerwarteten Erfolgs. Urge Overkill gerieten in die wenig vorteilhafte Situation, sich von ihrem eigenen Image befreien zu müssen, um künstlerisch überleben zu können. Mit *Exit The Dragon* (1995) produzierten sie nicht nur ein exzellentes Album, auf dem sie sich geschmackvoll und für ihre Verhältnisse zurückhaltend an der eigenen Ästhetik schadlos halten konnten, sondern brachen auch mit ihrem bisherigen Stil. Den Unterschied des Albums zu *Saturation* verglich Blackie Onassis treffend mit «dem Unterschied zwischen *Sergeant Pepper's* und *The White Album*. Wir haben uns von einer Band, die komplexe Themen in den Mittelpunkt stellte, zu einer Band entwickelt, die aus drei komplexen Persönlichkeiten besteht.» Der ursprünglich gewählte und dann doch verworfene Albumtitel *100 % Not Guilty* gab einer Art künstlerischer Paranoia Ausdruck, die von Urge Overkill Besitz er-

griffen hatte. Eine anschließende Tournee absolvierte die Band mit zusätzlichem Drummer, doch wirkte sie nicht zuletzt auf Grund persönlicher Krisen ausgepowert und müde. Ein weiteres Album wurde angekündigt, jedoch nie fertiggestellt. Seitdem hielten sich Gerüchte um die Wiederauferstehung von Urge Overkill hartnäckig. Alle Hoffnungen wurden jedoch zunichte gemacht, als Nash Kato 2001 mit dem Soloalbum *Debutante* auf den Markt kam, auf dem er zwar den Trash Pop im Stile Urge Overkills weiterzuführen versuchte, jedoch im Alleingang die Brillanz und Treffsicherheit der Band nicht erreichte.

LPs auf Touch & Go: *Jesus Urge Superstar* (1989); *Americruiser* (1990); *The Supersonic Storybook* (1991) ... auf Geffen: *Saturation* (1993); *Exit The Dragon* (1995) ... LP Nash Kato auf Will: *Debutante* (2000)

V

Van Halen, 1974 in Pasadena, Kalifornien, gegründet, kamen aus einem Teenagermilieu, wo der Besitz des schnellsten Autos, der hübschesten Freundin, des teuersten Surfbretts den sozialen Status definierte. Entsprechend großspurig gestalteten David Lee Roth (voc), am 10. Oktober 1955 in Bloomington, Indiana, geboren, Edward «Eddie» Van Halen (g, electronics), geboren am 26. Januar 1957 in Nijmwegen, Niederlande, Mike Anthony (bg), geboren am 20. Juni 1955 in Chicago, Alex Van Halen (dr), geboren am 8. Mai 1955 in Nijmwegen, ihre Stadionauftritte mit gigantischen Lautsprechertürmen, überdimensionierten Flutlichtanlagen und einem Bühnengebaren, das an Outriertheit bei den Fans keine Wünsche mehr offenließ. «Unsere Musik ist die City: Crash! Boom! Boom! Bang!» verkündete Roth, der Laut-Sprecher der Gruppe. «Van Halen heißt: einen draufmachen, high am Leben werden. Wir treiben mit voller Lautstärke die bösen Geister aus.» Dazu zwängte sich Roth in hautenge, phantasievoll gemusterte Spandex-Hosen, unter denen sich alle Geschlechtsmerkmale deutlich abzeichneten, und trieb vor dem Mikrofon eine absurde Showgymnastik, die Hollywood und Hard Rock vereinigte. Dieser amüsant narzißtische Vaudeville-Akt machte mögliche Einwände wegen seiner mangelnden vokalen Qualifikation nahezu überflüssig. Dafür brillierte Eddie Van Halen auf der Gitarre und an den Keyboards mit Schrill-, Heul- und Splitter-Effekten in atemberaubendem Tempo, voller trickreicher Übergänge, verblüffender Brüche, ungemein komplexer Phrasierungstricks. Dennoch, so fand die ‹Village Voice›, hatte seine instrumentale Pyrotechnik nur «die emotionale Tiefe eines Steven

Spielberg-Films». Eddie und sein Bruder Alex wurden in den Niederlanden als Söhne eines Jazzmusikers geboren, studierten Piano und klassische Kompositionstechnik, bevor sie 1968 mit ihren Eltern nach Kalifornien auswanderten. Dort gründeten sie die Heavy Metal-Partyband Mammoth, taten sich dann mit Roth, Anthony zum Quartett Rat Salade zusammen, das sie später in Van Halen umtauften, weil – so Eddie – «sich das wie eine deutsche Atombombe anhört». Ihr erstes Album (1978) war «ohne Zweifel eine der größten Heavy Rock-Veröffentlichungen unserer Zeit; eine schnelle, aufregende, elektrisierende Angelegenheit. Es war eigentlich fast zu gut» (‹Melody Maker›). Der Musik-Mix aus Jazz, Klassik und altmodischem bluesgetöntem Rock 'n' Roll erinnerte bisweilen an Led Zeppelin, an den Donnerbeat der Vanilla Fudge, das Poseur-Getöse von Aerosmith, den funkorientierten Rock der Bad Company. Ihren sogenannten Big Rock brachte die Band am vorteilhaftesten auf der LP *MCMLXXXIV* zu Gehör, die den weltweiten Hit *Jump* enthielt. 1985 trennte sich Roth von der Gruppe, die mit ihm Millionen von Platten verkauft und die größten Arenen gefüllt hatte, und ging auf einen Solo-Trip. Sammy Hagar, am 13. Oktober 1947 in Monterey, Kalifornien, geboren und einst bei der Heavy Metal-Powerband Montrose, danach lange Jahre solo, nahm seine Stelle ein. Die Alben *5150* (Radio-Code der US-Polizei für «gemeingefährlicher Psychopath ausgebrochen»), *OU812* (Kürzel für das erotisch mehrdeutige «oh, you ate one, too») balancierten auf dem schmalen Grat zwischen dem Glamour-Image von Sex & Suff & Schlägerei und einem eher harmlosen Klamauk-Rock und hielten die Band nach wie vor in der Oberliga der Bestseller-Gruppen. Der Weggang ihres Leadsängers schadete Van Halen ebensowenig wie die parallele Solokarriere ihres Sängers Sammy Hagar, die dieser mehr oder weniger ambitioniert betrieb. Eine längere Platten- und Konzertpause Ende der achtziger Jahre glaubte der von Michael Jackson, Frank Zappa, Miles Davis hoch geschätzte Gitarrist Eddie Van Halen sich gönnen zu dürfen. Der Zuspruch von Publikum und Kritikern gab ihm recht: *For Unlawful Carnal Knowledge* (1991) notierte sich sofort auf Platz eins der US-Charts ein und brachte «weitere Verfeinerungen in Van Halens Sound» (‹Rolling Stone›). Die Konkurrenz hatte aber mittlerweile aufgeholt: Liebhaber von Schwermetall-Rock bedienten sich nun auch bei den Platten von Metallica oder Megadeth, bei Extreme, Bon Jovi, Aerosmith. Das 1993 veröffentlichte Live-Doppelalbum *Right Here, Right Now* knickte die Karriere Van Halens leicht nach unten, wenn es auch immer noch ein Top Ten-Album war. Der Schock für die Band kam, als sie 1995 als Europa-Toursupport für die «Poser» (Alex Van Halen) Bon Jovi auftreten sollte. Dabei war das Album zur Tour, *Balance* (1995), von Metal-Meister Bruce Fairbairn produziert worden und hatte durchaus gute Kritiken erhalten: «Van Halen in Top-Form», bewunderte ‹Rolling Stone› und fand lediglich an Hagar etwas auszusetzen. ‹Q› sah das ähnlich: «Hätte Van Halen einen einfallsreicheren Sänger als Hagar, würde man die Band in einem Atemzug mit Led Zeppelin nennen.» Eddie Van Halen: «Wir haben uns noch nie sonderlich um die ständig wechselnden Musikgeschmäcker gekümmert. Das ist eher ein Ding der Plattenfirmen und Medien.» Die reagierten überrascht, als Van Halen Ende 1996 Hagar kurzerhand entließ. Für ein kurzes Zwischenspiel kehrte Roth zu seinen alten Kumpanen zurück, doch wollte Van Halen nicht auf Dauer mit ihm zusammenarbeiten. Mit Gary Cherone, Ex-Extreme, bekam die Band einen Sänger, der aus seiner Bewunderung für Robert Plant nie ein Hehl gemacht hatte. Mit seiner Vorliebe für Zahlenspiele nannte Van Halen die mit Cherone aufgenommene CD *Van Halen III* (1998) – weil er der dritte Sänger der Band war. Sänger und Band schienen sich abzutasten. Eddie Van Halen, der nun ausschließlich mit Edward

angesprochen werden wollte, füllte den leeren Raum, den Cherone ließ, mit allerlei Gitarrengeräuschen. ‹Musikexpress› mochte es nicht fassen: «Das war einst eine amüsante Rockband.» ‹Zitty› assistierte: «Die endlosen Gitarrensoli nerven inzwischen auch die eingefleischtesten Rocker.» Das Magazin ‹New York› gab noch eins obendrauf: «Van Halen grows ever more irrelevant.» Und als habe es den Zeitgeist persönlich als Autor gewonnen, führte das Berliner carrousel-Theater im April 1998 in der Regie von Matthias Messmer ein Off-Drama (von Alexej Schipenko) mit dem Titel ‹Der Tod Van Halens› auf. Die Band eröffnete zu dieser Zeit in Wellington, Neuseeland, eine Welttournee, das Album *Van Halen III* stand in den US-Charts auf Platz vier. Für *Best Of Vol. I* meldete die Record Industry Association of America zwei Millionen verkaufte Exemplare, für *River Down* vier Millionen. Am 3. Juni 1998 wurde Drummer Alex Van Halen beim Soundcheck zu einem Konzert im Hamburger Hafen von einem herunterfallenden Zementbrocken so schwer getroffen, daß mehrere Konzerte abgesagt werden mußten. Im Herbst gastierte die Band in Alaska, Hawaii und Japan. 1999 meldete die RIAA, das Album *1984* habe die Zehn-Millionen-Marke passiert. Dann passierte monatelang nichts. Im April 2001 wurde bekannt, der Gitarrist kämpfe mit einer Krebserkrankung; er war schon im Jahr davor präventiv auf Zungenkrebs behandelt worden. Der alte Partner und Rivale David Lee Roth übermittelte auf seiner Website Genesungswünsche und verriet, er habe mit Van Halen im Juli 2000 drei neue Songs entwickelt – «some of the most amazing, phenomenal music ever». Es klang, als stehe ein Reunion der alten Band unmittelbar bevor.

LPs auf Warner Bros.: *Van Halen* (1977); *Van Halen II* (1979); *Women And Children First* (1980); *Fair Warning* (1981); *Diver Down* (1982); *MCMLXXXIV* (1983); *5150* (1986); *OU812* (1988); *For Unlawful Carnal Knowledge* (1991); *Right Here, Right Now – Live* (1993); *Balance* (1995); *Best Of – Volume 1* (1996); *Van Halen III* (1998) ... Solo-LPs Sammy Hagar auf Capitol: *Nine On A Ten Scale* (1976); *Sammy Hagar* (1977); *Musical Chairs* (1978); *All Night Long* (1978); *Street Machine* (1979); *Danger Zone* (1980); *Loud And*

Clear (1980); *Rematch* (1982); *Red Alert – Dial Nine (The Very Best of Sammy Hagar)* (1982); *Rematch* (1983) … auf Geffen: *Standing Hampton* (1982); *Three Lock Box* (1982); *Through The Fire* (1984; Hagar, Schon, Aaronson, Shrieve); *VOA (Voice Of America)* (1984); *Sammy Hagar* (1987); *Looking Back* (1983); *Unboxed* (1994) … auf Warner Bros.: *The Best Of Sammy Hagar* (1994) … auf MCA: *Marching To Mars* (1997) *Red Voodoo* (1999) … auf Beyond: *Ten Thirteen* (2000)
Weitere Solo-LPs → David Lee Roth

Van Zandt, Townes (voc, g), am 7. März 1944 in Fort Worth, Texas, geboren, galt seinen Kollegen als «the songwriter's songwriter», Journalisten nannten ihn immer wieder den «berühmtesten unbekannten Folk-Poeten». Kaum jemand, der dieses «schützenwerte Exemplar des Wanderbarden, eines amerikanischen Archetyps» (‹New York Times›) qualifizieren wollte, verzichtete auf das Statement des renommierten Countrysängers Steve Earle aus dem Begleittext seiner LP *At The Window* von 1987: «Townes Van Zandt ist der beste Songautor in der ganzen Welt, und ich würde mich mit meinen Cowboystiefeln auch auf Bob Dylans Kaffeetisch stellen, um das zu sagen.» Christoph Dieckmann nannte Van Zandt in der ‹Zeit› den «van Gogh der Folk Music: Seine Sonnenfinsternisse waren unser Naturheilmittel gegen die Depressionen der flächenversiegelten Welt. Townes' Wasser kam noch aus reinen Gebirgen und seine Kunst von Gott.» Bei ihm glaube man einen unverstellten Blick in die Seele eines Menschen tun zu können, schwärmte der amerikanische Rock-Kolumnist Robert Palmer: «Man hört den Süden und Südwesten im Akzent, gelegentlich die Namen von Flüssen und Städten, den ungekünstelten Swing der Musik, den magischen Highway.» Seine Songs seien «die Antithese alles Industriellen», urteilte Paul Zollo: «Er hält sich außerhalb der Maschinerie, und das macht seine Musik unabhängig vom Markt.» Sein Vater, ein Ölmagnat, machte viel Geld im Bohr- und Raffineriegeschäft, Voraussetzung: Mobilität. Als Van Zandt acht war, zog die Familie von Fort Worth nach Midland in Texas, ein Jahr später nach Billings, Montana. Von seinem zwölften Lebensjahr an zwei Jahre Boulder, Colorado, ein Jahr Chicago, Illinois, zwei Jahr Minnesota, dann wieder Colorado und zurück nach Texas: Als die Familie in Houston landete, war Townes 19. Als stabiler Faktor hatte ihn während seiner Jugendjahre sein Radio begleitet. Hank Williams war sein Idol, aber erst Elvis im Fernsehen gab den Ausschlag. Sein Vater hatte ihm mit neun zu Weihnachten eine Gitarre versprochen, wenn er bis dahin den Song *Fraulein* lernte: «Fraulein, Fraulein, you are my pretty Fraulein.» Die Musikszene von Houston, Texas, wurde bei seiner Ankunft von zwei Klängen bestimmt: dem psychedelischen Blues Rock der Brüder Johnny und Edgar Winter, The Moving Sidewalks und The America Blues (aus denen später ZZ Top hervorgingen) sowie den Folk-Gitarren von Guy Clark, Jerry Jeff Walker, Mickey Newbury, Richard Dobson, Guy und Susannah Clark, die im Club Poor Richard's auftraten. Townes Van Zandt, nun bereits unter dem Eindruck von Dylans Lyrik, der Gitarrentechnik von Hoyt Axton und dem Blues von Lightnin' Hopkins, gehörte bald zu ihnen und blieb dennoch ein Außenseiter. Der Versuch, sich in eine Band namens The Peace Corps zu integrieren, mißlang. Den Folkies galt er als deprimierend, und er war es – durchaus im medizinischen Sinne: «Townes war pathologisch depressiv. Die Ursache dafür mögen andere erforschen. Tatsache bleibt, Depressionen sind eine Krankheit, und wann immer sie ausbrach, war Townes wie gelähmt. Mittlerweile weiß man einiges über Depressionen: u. a., daß sie durch ein chemisches Ungleichgewicht im Körper ausgelöst werden können, z. B. durch Alkohol und Drogen» (Ed Ward). Monatelang wurde er mit einer Insulin-Schocktherapie behandelt, die seine Merkfähigkeit beeinträchtigte, aber seine Musikalität unberührt ließ. Das Gefühl, irgendwo seßhaft zu sein, hatte er nie gehabt. Also ging er on the road, sang, soff, nahm Drogen und suchte die Gesellschaft von Seinesgleichen: Alkies, Druggies, Vagabunden. Van Zandt: «Ich hatte jahrelang keine Adresse, nur einen Koffer und eine Gitarre. Dann hatte ich Adressen, wo ich mich aber nur selten aufhielt. Ich bin nicht der Verrückte im Geschehen, ich bin der Beobachter.» In irgendeiner Spelunke traf er sein Idol Lightnin' Hopkins und frage ihn: «Sir, was ist Blues?» Der antwortete: «Eine Kreuzung von Grün und Gelb.» Fünf Jahre lebte er in einer Berghütte in Colorado ohne Strom und Telefon. Von Zeit zu Zeit kam er zu Tal, um ein paar Auftritte zu absolvieren und mit einer Ladung Gin und Whiskey zurückzukehren: «Ein Barhocker, eine Gitarre, vier Spots, die unter dem Cowboyhut oft tiefe Schatten über die stets geschlossenen Augen warfen» (Ralph Stolle). Mit 17 hatte er seinen ersten Song geschrieben: *Waitin' Round To Die* «über das Streunen und Saufen und weitere Arten, den Tod zu erwarten», so Christoph Dieckmann, der einige von Van Zandts Texten ins Deutsche übertrug: «Finger laufen dunkelwärts/Mitternacht in Sinnen/sammle dir dein Gold aus Herz/Mondschein, Narr, ist drinnen/greifst du es und trägst es heim/schmelzen deine Hände/so laß diesen Traum allein/such ein anderes Ende.» Oder: «Leih mir Lungen; bitte ich/meine wollen sterben/stehe starr und bitterlich/atme Zeit in Scherben/atme her und atme hin/bete, daß kein Gift im Tag/rings ist Leben, und ich bin/einsam, unentschieden, zag.» Auf die Frage, warum seine Musik so düster sei, antwortete Townes Van Zandt 1994: «Weil die Sonne verbrennt. Alles, was ich liebe, ist gestorben, und wenn nicht, wird es sterben. Das ist der Lauf der Welt, aber es bricht dir das Herz.» In *A Song For You* sang er: «There's no place left in this world to go/My arms, my legs are trembling/Thoughts both clouded and blue as the sky/Not even worth the remembering/Now as I stumble and reel to my bed/All that I've done and all that I've said/Means nothing to me I'd be soon as be dead/and all this world be forgotten.» Woher ihm die Texte und Bilder kamen, wußte er selbst nicht zu sagen und berief sich auf eine Art psychischen Automatismus. Den Song *Mr. Mudd And Mr. Gold* beispielsweise habe er eines Nachts um drei in South Carolina «in einer Art Anfall» geschrieben: «Er drängte aus mir heraus. Ich habe ihn so schnell geschrieben, daß mir anschließend die Hand schmerzte. Und ich schwöre: Auch ich weiß nicht, worum es dabei geht. Ich weiß nur, daß mir meine Depressionen physisch zusetzen. Es zerreißt mir den Kopf. Ich habe Schmerzen. Ich schreie. Es gab Zeiten, da hätte ich mir am liebsten die Hände abgehackt, um Ruhe zu finden.» 1968 nahm er für das kleine Label Poppy Records sein erstes Album auf: «Schlichte Folksongs, rätselhaft verschlüsselte Balladen, die den weißen Blues der Appalachen mit dem schwarzen des Südens vereinten», so Kritiker Ralph Stolle, aber auch «die Art Songs, bei denen man sich von offenen Fenstern im zehnten Stock fernhalten sollte.» Ein Freund holte ihn aus den Bergen von Colorado in die Country-Metropole Nashville, wo er zwischen 1969 und 1978 sieben LPs produzierte, die sich infolge geringen Werbe- und Promotionaufwands seiner Firma Tomato Records nur in kleinen Stückzahlen verkauften. Der Künstler schien sich über seinen permanenten Mißerfolg nicht zu wundern: «Wenn man meine Songs nicht zu ernst nimmt, sind sie ganz okay. Und wer sie zu ernst nimmt … der braucht echt professionelle Hilfe.» Inzwischen aber hatten Kollegen in Nashville unter den rund 150 Songs, die Van Zandt am Ende hinterließ, hitverdächtige Edelsteine entdeckt. Texas-Songwriter wie Lyle Lovett, Rodney Crowell, Steve Earle begannen sein Loblied zu singen. Emmylou Harris bracht sein *If I Needed You* im Duett mit Don Williams in die Charts, Steve Young sang *No Place To Fall*, Robin und Linda Williams *None But The Rain*, Willie Nelson und Merle Haggard waren mit *Pancho & Lefty* 1981 an der Spitze der Charts so erfolgreich, daß dieses Lied «als Meilenstein für die Country-Musik angesehen werden kann» (‹Munzinger Archiv›). Das brachte Tantiemen ein, die er aber überwiegend der Familie überließ. Es war mehrfach verheiratet und hatte drei Kinder. Als seine Tochter Anfang 1992 geboren wurde, waren seine Söhne aus früheren Ehen 22 und acht Jahre alt. Sie hatten wenig von ihrem Vater gehabt. Ralph Stolle: «Van Zandt hatte fast so viele Entzüge hinter sich, wie er Platten machte, und in vielen Bars in Nashville bekam er schon lange keinen Tropfen mehr. Er wurde bereits einmal in einem Krankenhaus für tot erklärt. Nach der ‹Wiederauferstehung› nannte er sein nächste Album *The Late Great Townes Van Zandt*. Schwarzes Hallelujah!» Dann ging er mit seiner Gibson J 200 wieder on the road. Ja, auch er hatte sich einmal niedergelassen, so erklärte er 1995 Barbara Winkler von der ‹Süddeutschen Zeitung›: «Vor ein paar Jahren war es sogar soweit, daß ich Großvater wurde. Ich dachte mir, Großvater, das ist es, was ich wirklich sein möchte. Ich bekam einen Schaukelstuhl, und alles war um mich herum, außer meinen Enkelkindern. Die interessierten sich nicht für den heruntergekommenen, alten trinkenden Mann und verjagten mich. Das war zu der Zeit, als mir meine Frau sagte, daß ich wieder Vater würde. Also ließ ich den Großvater sein.» Sein letzte Studioalbum für Tomato Records erschien 1978: *Flyin' Shoes*. Zwölf Jahre lang, nur ein einziges Mal durch das kaum beachtete Album *At My Window* (1987) auf dem Black Music-Label Sugar Hill unterbrochen, war auf dem Plattenmarkt nichts von ihm zu hören: «Ich habe jahrelang nur mit meinem Pferd Amigo in den Bergen gelebt. Das einzige, was mich interessierte, war das Verhältnis zwischen mir und dem Tier, um das du dich kümmern mußt, weit oben in den Bergen von Colorado, in der Einsamkeit.» Im Song *To Live Is To Fly* dichtete er: «We all got holes to fill / Them holes are all that's real / Some fall on you like a storm / Sometimes you dig your own.» Sein Kommentar dazu: «Man muß bereit sein. Man muß einsam sein, wenn der Song kommt.» 1991 unternahm er, bleich und ausgemergelt, wie aus dem Nichts kommend, eine Europatournee, die das Album *Rain On A Conga Drum – Live In Berlin* (1991) abwarf. 1993 / 94 / 95 und 1996 kam er wieder, die 94er Tournee auf der CD *In Pain* (1999) dokumentiert. Sein körperlicher Verfall schritt voran. «Geniale Momente, die es natürlich immer noch gab», so protokollierte die Plattenfirma Normal Records zu *In Pain*, «wurden überschattet von Passagen reinster Verwirrung und völliger Unkonzentration», bis er nur noch auf die Bühne taumelte oder sogar im Rollstuhl geschoben werden mußte. Um den Eindruck von Hinfälligkeit abzuschwächen und Mitleid gar nicht erst aufkommen zu lassen, würzte er seine düsteren Recitals zunehmend mit sarkastischen bis makabren Witzen der Art: «Dreimal in meinem Leben schütteten mir Frauen Schnaps ins Gesicht. Am schlimmsten war …» Kurze Pause: «Tequila.» Oder: «Was ist das: Hat vier Beine und einen Arm.» –?? – «Ein Rottweiler.» Auf dem Schallplattenmarkt löste das sogenannte Comeback in den Neunzigern Veröffentlichungen von ganz anderer Substanz und Konsistenz aus. Unter dem Titel *Road Songs* brachte 1992 erstmals ein Major, BMG Ariola, eine Sammlung von Fremdtiteln etwa von Bruce Springsteen (*Racing In The*

Streets) oder Bob Dylan (*Man Gave Names To All The Animals*) heraus, die Van Zandt mit den Musikern Owen Cody, Jimmy Gray, Michey White und Ruester Rowland an unterschiedlichen Plätzen in den USA aufgenommen hatte. Der ‹Musikexpress› bescheinigte dem Album «gänsehauterregende Intensität, Herzenswärme, innere Zerrissenheit und Melancholie». Zwei ältere, vordem unveröffentlichte Live-CDs schlossen sich an: *The Nashville Sessions* (1992) aus dem Hause Tomato und *Rear Mirror View* (1993) mit Aufnahmen aus dem Jahr 1979 auf der Marke Veracity / IRS. Das kleine süddeutsche Feinkost-Label Veracity erwarb sich durch das makellose Album *No Deeper Blue* ein besonderes Verdienst, das 1994 von Producer Phillip Donelly in Irland aufgenommen wurde – rauher und rockiger als je zuvor. Van Zandt: «Ich wollte keine weitere Nashville- oder L.A.-Platte machen. Ich sagte Phil, er allein sei der Produzent. Er solle Musiker besorgen, die er für geeignet hält. Ich hatte keine Ahnung, wie das Ergebnis klingen würde. Sonst folgt ja die Band meiner Akustikgitarre. Diesmal habe ich nur gesungen und für einen einzigen Song selbst Gitarre gespielt.» *No Deeper Blue* (1994) wurde sein Requiem. *Abnormal* (1996) gehörte als Solo-Konzertmitschnitt von der Deutschlandtournee 1995 wie auch das postume Album *Highway Kind* (1997) eigentlich bereits zum Nachlaß. Wenn er die Familie auf der Farm nahe Nashville besuchte, war er stets in einer Herberge abgestiegen, die Musiker das Rock 'n' Roll-Hotel nannten. Im November 1996 eröffnete er – in beklagenswertem gesundheitlichem Zustand – der ‹Neuen Zürcher Zeitung›, er werde sich wohl nun doch auf diese Farm zurückziehen und sich nur noch um die Esel Eenie, Meenie und Minie kümmern. Am Neujahrstag 1997 starb er dort, bei seiner geschiedenen Frau Jeanene in Smyrna, Tennessee, an alkoholisch bedingtem Herzversagen; Fachdiagnose: Polyneuropathie. Zu den Rockbands, die seine Songs nachspielten, gehörten mittlerweile auch die Cowboy Junkies, Tindersticks und Walkabouts. Er selbst hatte eine Studiosession mit Sonic Youth projektiert. Noch im gleichen Jahr 1997 legte JPC die Sieben-CD-Box *The Tomato Recordings* mit dem Gesamtwerk auf diesem Label vor, 1998 gefolgt von dem Doppelalbum *Anthology*

(1968–1979) mit den 40 wichtigsten Stücken auf Charly Records im Vertrieb von Koch International. Demo-Aufnahmen von neuen Songs, die Townes Van Zandt zwischen 1989 und 1996 auf eine Dat-Kassette gespielt und kurz vor seinem Tod Frau Jeanene übergeben hatte, wurden von seinem Ex-Produzenten Eric Paul mit Hilfe erfahrener Studiomusiker ergänzt und auf der CD *A Far Cry From Dead* (1999) ediert. Während ‹Der Musikexpress› vorsichtig formulierte, die Frage, «inwieweit die Songs tatsächlich so klingen, wie es Van Zandt gewollt hätte», bleibe unbeantwortet, bejubelte Michael Sailer im ‹WOM-Journal› «kurz gesagt eine der größten, bewegendsten US-amerikanischen Schallplatten überhaupt». Ob dies wie auch der Mitschnitt des Repertoires von *No Deeper Blue* aus einem Nachtclub in Santa Monica, Kalifornien, vom 10. Februar 1995 auf der CD *Live At McCabe's* (2001) «Fledderei oder Faszinosum» sei, bewertete Peter Felkel im ‹Musikexpress› lakonisch: «Beides!» – «Die Musik von Townes Van Zandt schien immer», schrieb die ‹Frankfurter Allgemeine Zeitung› am 4. Januar 1997 in ihrem Nachruf, «als sei sie auf die schiefe Bahn geraten. Aber unter all den baufälligen Akkorden und windigen Melismen seiner brüchigen Säuferstimme sind die wunderbaren Träume ihres Schöpfers stets unversehrt geblieben. Townes Van Zandt wird als Dylan Thomas der Rockgeschichte in Erinnerung bleiben, seine Werke als grandiose Labyrinthe der Einsamkeit.»

LPs auf Poppy Records: *For The Sake Of The Song* (1968) … auf Tomato: *Our Mother, The Mountain* (1969); *Townes Van Zandt* (1970); *Delta Momma Blues* (1971); *High, Low And In Between* (1972); *The Late Great Townes Van Zandt* (1973); *Live At The Old Quarter, Houston, Texas* (1977); *Flyin' Shoes* (1978); *The Nashville Sessions* (1993) … auf Weton: *Dollar Bill Blues* (Sampler, 1985, wiederveröffentlich unter dem Titel *Pancho & Lefty (Live And Obscure)* auf Edsel 1987) … auf Sugar Hill: *At My Window* (1987) … auf Silenz Records/IRS: *Rain On A Conga Drum – Live In Berlin* (1991) … auf Chlodwig/BMG Ariola: *Road Songs* (1992) … auf Veracity/IRS: *Rear Mirror View* (1994); *No Deeper Blue* (1994) … auf Return To Sender 24/Normal: *Abnormal* (1996); *Highway Kind* (1987); *In Pain* (1999); *Live At McCabe's* (2001) … auf Charly:

Anthology (1968–1997) (2-CD, 1998) … auf Arista: *A Far Cry From Dead* (1999) …

Vangelis (kb), bürgerlich: Evangelos Odysseus Papathanassiou, am 29. März 1943 in Athen, Griechenland, geboren, präsentierte symphonischen Pop auf der Höhe seiner technologischen Entfaltungsmöglichkeiten, wobei er elektronischen Overkill und Synthesizer-Kitsch als Stilmittel nicht verschmähte. Im Gegensatz zu vielen anderen 220-Volt-Tüftlern war der griechische Soundfanatiker immerhin in der Lage, «richtige Melodien zu fertigen und sie weiterzuentwickeln, ohne in der Technik unterzugehen» (‹Stereo Review›). Dennoch tadelte der ‹Melody Maker› den elektronischen Odysseus, der alle Instrumente sowie die synthetischen Simulationen konventioneller Klangkörper selber spielte: «Wenn es um maßlose Übertreibung geht, ist Vangelis in einer Liga mit Hitler und Attila, dem Hunnenkönig.» Rare Live-Auftritte gingen nach Meinung des Blattes dermaßen in die vollen, als wohne der Zuhörer einer «Walt Disney-Version von Dantes Inferno in der Inszenierung von Cecil B. DeMille» bei. Vangelis hatte zunächst im heimatlichen Griechenland bei der Rockband Formynx den Ton angegeben. Nach dem Putsch der Obristen nahm er 1967 in Paris Zuflucht. Mit Demis Roussos und anderen Exilgriechen stellte er die Popband Aphrodite's Child zusammen, die mit einem Euro-Hit (*Rain And Tears*, 1968) und einer bombastischen Vertonung der Offenbarung des Johannes im Doppelalbum-Format (*666*, 1972) beeindrucken konnte. Roussos avancierte nach der Auflösung der Gruppe zum Sonnenkönig des emotional exaltierten Breitwandschlagers. Vangelis zog 1974 nach London und experimentierte in seinem Soundlabor mit Sphärenmusiken (*Cosmos*), expressionistischer Klangarchitektur (*Beaubourg*), Panorama-Skizzen von Phantasie-Trips (*China*), pathetischen Hymnen auf die gefährdete Natur (*Soil Festivities*). Mit Jon Anderson von Yes, denen er sich nach dem Fortgang Rick Wakemans als Keyboard-Spieler anschließen sollte, machte Vangelis eine Reihe erfolgreicher Duo-Aufnahmen, zu denen die Single-Hits *I'll Find My Way Home*, *State Of Independence* gehörten. Seine Reputation als Klangmaler festigte er vor allem mit

Soundtrack-Musiken – ‹L'Apocalypse des Animaux›, ‹Blade Runner›, ‹Missing›. Für die exquisiten Tonschöpfungen zu dem Film ‹Chariots of Fire› erhielt er 1982 den Oscar; Album und Single wurden zu Welterfolgen. Obwohl seiner Musik gelegentlich bloß «therapeutischer Nutzen als Heilmittel gegen Schlaflosigkeit» (‹Stereo Review›) attestiert wurde, fühlte sich Vangelis wie ein einsamer Virtuose in seinem Genre und bedauerte technologisch verwandte Bands à la Human League, Kraftwerk wegen ihrer coolen Effizienz als «schöne, tote Vögel». Seine Klangsprache erweiterte sich stets parallel zu den technischen Entwicklungen der Synthesizer-Industrie. Trotzdem war Vangelis mehr als ein bloßer Sequenzer-Monteur: Mit seinem Album *Direct* (1988) versuchte er der massierten, im Grunde unbeweglichen Elektronik als Instrumentalist beizukommen, indem er seine Ad-hoc-Kompositionen und Klangerfindungen direkt, also ohne Einsatz von Editier- und Nachbearbeitungsprogrammen aufnahm. Seine Plattenfirma Arista ordnete das Elaborat in die Kategorie New Age ein. Abgesehen von Alben dieser Art sowie einer neuerlichen Zusammenarbeit mit Jon Anderson 1991 (*Page Of Life*) dürfte Vangelis' Talent sich vor allem in seinen Soundtrack-Kompositionen entfalten: 1990 schrieb er die Musik zu dem Film ‹City›, 1992 zu der Kolumbus-Saga mit Gérard Depardieu ‹1492 – Conquest Of Paradise› (‹1492 – Die Eroberung des Paradieses›). Über die Jahre entwickelte sich die Musik zum Kultfilm ‹Blade Runner›, die zunächst gar nicht, dann 1989 in Bruchstücken, 1994 schließlich vollständig veröffentlicht wurde, zum Bestseller. Wiederholt waren es sportliche TV-Großereignisse, die Vangelis' pathetische Sequenzen massenwirksam um den Globus flackern ließen: 1988 das Thema *Chariots Of Fire* als BBC-Signet für die weltweite Berichterstattung von den Olympischen Spielen in Seoul, 1994 – eine Nummer kleiner – *Conquest Of Paradise* beim Einmarsch des deutschen Box-Gladiators Henry Maske in den Ring. Den Kulturanspruch seiner Titelgebung hielt er von den Frühwerken *Hypothesis*, *Phos Socrates* aus den Siebzigern bis zum Spätwerk der Neunziger aufrecht – weltumspannend *Voices* (1995), *Oceanic* (1996), *El Greco* (1998). 1999 zeichnete ihn der Präsident des griechischen Olympischen Komitees für seine Verdienste mit einer Ehrenmedaille aus. 2001 hob er gänzlich ab: Mit Hilfe der Sopranistinnen Kathleen Battle, Jessye Norman, dem London Metropolitan Orchestra und dem Chor der griechischen National-Oper belieferte er die NASA mit einer Suite für eine Mars-Odyssee; Titel: *Mythodea*.

LPs auf Charly: *The Dragon* (1971); *Hypothesis* (1971) ... auf Reprise: *Fais que ton reve soit plus long que la nuit* (1971) ... auf Vertigo: *Earth* (1973); *Phos Socrates* (1976) ... auf Polydor: *L'Apocalypse des animaux* (Soundtrack, 1973); *China* (1979); *Opera sauvage* (1979); *See You Later* (1980); *Chariots Of Fire* (Soundtrack, 1981); *Soil Festivities* (1984); *The Mask* (1985); *Antarctica* (1988); *Themes* (1989); *Portraits (So Long Ago, So Clear)* (Sampler, 1996) ... auf Bellaphon: *Can You Hear The Dogs Barking* (Soundtrack, 1975) ... auf RCA: *Heaven And Hell* (1975); *Albedo 0.39* (1976); *Spiral* (1977); *Beaubourg* (1978); *La Fête sauvage* (Soundtrack, 1978); *Best Of* (1978); *To The Unknown Man* (1982); *Cosmos* ... auf EGG: *Ignacio* (Soundtrack, 1977) ... auf Amiga: *Greatest Hits* (1986) ... auf Arista: *Direct* (1988) ... auf Atlantic: *The City* (1990) ... auf East-West: *1492 – Conquest Of Paradise* (Soundtrack, 1992); *Blade Runner* (Soundtrack, 1994); *Voices* (1995); *Oceanic* (1996); *El Greco* (1998) ... auf Sony: *Mythodea* (2001) ... LPs mit Jon Anderson als Jon & Vangelis auf Polydor: *Short Stories* (1980); *The Friends Of Mr. Cairo* (1981); *Private Collection* (1983); *Best Of* (1984) ... auf Arista: *Page Of Life* (1991) ... LPs mit Aphrodite's Child auf Mercury: *End Of The World* (1966); *Aphrodite's Child* (1975); *Best Of* (1975) ... auf Vertigo: *666, Apocalypse Of John* (1972); *It's Five O'Clock*; *Rain And Tears* (1975) ... auf Fontana: *Greatest Hits* (1981)

Väth, Sven (voc, dj), am 26. Oktober 1964 in Offenbach geboren, war neben West Bam und Snap! der dritte im Techno-Bunde, der den Ruf der deutschen Dancefloor Music begründete und international durchsetzte. Mit seinen Firmen Eye Q, Recycle Or Die und Hardhouse erzielte er jährlich mehr als zehn Millionen D-Mark Umsatz. Der gelernte Bauschlosser machte Anfang der achtziger Jahre in der Frankfurter Diskothek Dorian Gray die Nächte zu Tagen, bis er selbst die Chance erhielt, als Discjockey hinter den Plattentellern zu stehen. Bald lernte er die Frankfurter DJs Michael Münzing und Luca Anzilotti (Snap!) kennen, die ihn einluden, bei ihrem Projekt Off mitzuarbeiten. Väth übernahm den Vokalpart für *Electric Salsa*, einer der frühen deutschen House-Hits. Der Erfolg der Platte bestärkte ihn in der Ansicht, derartiger Tanzmusik gehöre die Zukunft. Gemeinsam mit zwei Partnern gründete er in Frankfurt den Club Omen und schuf dieser Musik damit selbst ein Forum. Zunächst verließ der mit Zopf und Dschingis-Khan-Bart versehene Väth den Diskotheken-Umkreis nicht, von eigenen Plattenwerken nahm er Abstand. Erst als er 1991 gemeinsam mit dem ehemaligen Geschäftsführer des Dorian Gray, Heinz Roth, und dem Produzenten Mathias Hoffmann das Label Eye Q sowie die Sub-Labels Hardhouse und Recycle Or Die gründete, machte er sich an die Aufnahmen zur ersten eigenen Platte. *An Accident In Paradise* (1992) war die Reflexion der musikalischen Prägung Väths: Er hatte indischen Musikern abgelauschte Rhythmen mit den Klangwelten der von ihm früher gehörten Kraftwerk, Tangerine Dream, Jean Michel Jarre, Holger Czukay verbunden und mit verschiedensten Samples versehen. In *Barbarella* beispielsweise hörte man Film-Barbarella Jane Fonda sprechen. Neu war an Väths Collagen indes kaum etwas: «Kraftwerk war auch schon groovig», räumte er ein, «aber bei uns gab es dann die Fusion von House und elektronischer Vergangenheit. Und daraus ist dann letztlich etwas Neues entstanden.» Dem Love Parade-Aktivisten schien die bloße Musik ein zu enger Rahmen: Mit seiner zweiten LP, *The Harlequin, The Robot And The Ballet Dancer* (1994) deutete er im Titel schon an, was er plante: «Zum Beispiel ‹Cocoon›», begeisterte er sich 1996, «das wird so eine Art Tanzspektakel mit Zirkusartisten in verrückten Kostümen, mit Feuer und Trapez und speziellen mobilen Dekorationen – die Mutation der Insekten, ein surrealistisches Spektakel.» Nach der Produktion des Soundtracks zu Ralf Hüttners Film ‹Der kalte Finger› geriet Väths stürmische Karriere vorübergehend ins Stocken. Er trennte sich 1997 von seinem Label Eye Q und unterschrieb bei Virgin. Für das Titelstück seines Einstandswerks *Fusion* (1998) hatte er eine 22 Musiker starke Big Band mitsamt Streichern ins Studio gebracht, eine Huldigung an James Last. Der Name *Fusion* war Programm: «Wenn man die Zutaten Electro, House, Big Beat, Dub, Trance, Techno und Ambient zusammenrührt», erklärte der optisch wieder völlig veränderte DJ seine Musik, dann erhalte man eben ein «riesengroßes Rhythmussüppchen». Abseits von gesellschaftlichen Entwicklungen sah sich Goethe-Institut-Botschafter und Dampfplauderer Väth als Traumverkäufer: «Ich kümmere mich darum, daß die Leute eine schöne Zeit haben, wenn's auch nur in diesem einen Moment ist.» Und so senkte er denn im verzweifelten Bemühen um *Contact* (so der CD-Titel aus dem Jahr 2000) seine Animation auf das Niveau eines Betriebsausflugs oder einer Butterfahrt. «Dein Schweiß, der Nektar meiner Begierde», schmatzte er auf gut hessisch zu allerlei Elektronik-Geblubber wohl in dem Irrglauben, sein Stammeln wirke erotisch. Pidgin-Englisch, aber treffsicher die Erkenntnis: «I lost my senses, balla balla.» – «Da spielt Väth plötzlich den Clown zu Euro-Dance-Schlock», konstatierte Thomas Weiland im ‹Musikexpress›, fragte rhetorisch: «Mußte das alles sein?» und schloß das Kapitel mit dem Urteil: «Ein unverzeihlicher Absturz.»

LPs auf Eye Q / WEA: *An Accident In Paradise* (1992); *An Accident In Paradise – Re-Edition* (1993); *The Harlequin, The Robot And The Ballet Dancer* (1994); *Touch Themes Of Harlequin Robot Ballet Dancer* (1995) … auf Mixmag: *Mixmag Vol. 2* (o. J.) … auf Virgin: *Fusion* (1998); *Contact* (2000) … mit Off auf Zyx: *Organisation Fun* (1987) … auf BMG Ariola: *Ask Yourself* (1988) … als Astral Pilot auf WEA: *Electro Acupuncture* (1995) … B-Zet & Sven Väth auf WEA: *Der kalte Finger* (1996)

The Velvet Underground, nach einem gleichnamigen sadomasochistischen Groschenroman, nannte Andy Warhol eine Band, die 1965 in Syracuse, New Jersey, als The Falling Spikes zusammengekommen war. Der Pop Art-Papst engagierte Lou Reed (voc, g), am 2. März 1943 in New York in geboren, John Cale (viola, voc), am 9. März 1942 im englischen Garnant, Wales, geboren, Sterling Morrison (bg), am 29. August 1942 in East Meadow, Long Island, geboren, und die 1945 geborene Maureen «Moe» Tucker (dr) für seine Multi-Media-Show ‹The Exploding Plastic Inevitable›, die ab April 1966 im Dome, einem ehemaligen polnischen Ballhaus auf der New Yorker Lower East Side, vorgeführt wurde. Nico, der damalige Superstar der Warholschen Film-Factory, als Christa Päffgen am 16. Oktober 1938 in Köln geboren, half der Combo als Vorsängerin, im Flower Power-Sommer jenes Jahres die «Blumen des Bösen» (‹Chicago Daily News›) auszustreuen. In schwarzem Leder oder dunklem Vinyl stellten sich die Musiker mit dem Rücken zum Publikum und entrissen ihren Instrumenten Akkorde von sinistrer Schönheit und paranoider Aggressivität. Reed ließ seine Gitarre in ausgeklügelten Rückkopplungen bis an die Schmerzgrenze schreien, Cales Viola warf elektronische Splitterbomben, Morrisons Baßgitarre dröhnte unheilvoll wie ein Schwarm Tiefflieger, und Maureen Tucker, erster weiblicher Drummer in einer Star-Rockband, trommelte klaustrophobische Monotonie. Dazu raunte Nico beinahe entmaterialisiert; Reed näselte wie ein vom Marquis de Sade trainierter Dylan bislang unerhörte Lyrik mit frei assoziierten Metaphern, während Warhols Hauspoet Gerard Malanga die Bullenpeitsche schwang. Ihre Live-Schocker *Waiting For The Man*, *Heroin*, *Venus In Furs*, *Sister Ray*, *Femme Fatale* und *European Son To Delmore Schwartz* brachte Velvet Underground mit ständig wechselnder Besetzung kongenial auf Studio-Platten. Nico verließ die Gruppe bereits nach der Produktion der ersten LP, deren Cover mit der abziehbaren Bananenschale Andy Warhol entworfen hatte: «Diese Musiker mögen überhaupt keine Frauen.» Sie nahm Soloplatten auf, wobei sie vor keinerlei zweifelhafter Extravaganz bei der Repertoiregestaltung zurückschreckte – ob sie nun *Das Lied der Deutschen* wie ein Lullaby der Eva Braun kurz vor dem Selbstmord mit ihrem geliebten Führer vortrug oder den Standard *My Funny Valentine* mit trauriger Erhabenheit zelebrierte. Später lebte sie zurückgezogen in Paris oder London und gab gelegentlich denkwürdige Konzerte: im Juni 1974 mit John Cale, Kevin Ayers, Brian Eno im Londoner Rainbow Theatre, im Dezember 1974 mit Tangerine Dream in der Kathedrale von Reims. Nico, die aus einer Verbindung mit dem Filmschauspieler Alain Delon einen Sohn hatte, starb am 18. Juli 1988 auf Ibiza an Herzschlag, nachdem sie in größter Hitze eine Fahrradtour unternommen hatte. John Cale machte sich 1970 selbständig und wurde durch Doug Yule (g, bg) ersetzt. Walter Powers (bg) kam im September 1970 für Lou Reed ins Spiel, William Alexander reihte sich Mitte 1971 für Sterling Morrison ein. Seit 1972/73 war keines der ursprünglichen Underground-Mitglieder mehr in der Formation, die von Doug Yule unter dem alten Namen weitergeführt wurde. Die gedämpfte Kopie entsprach nicht annähernd der bösartig schillernden Brillanz des Originals, der Yule wieder näherzukommen suchte, indem er die Velvets endgültig auflöste und sich 1975 dem Begleitensemble von Lou Reed anschloß. Bands der prosperierenden New Wave wie Joy Division, Sonic Youth und zahllose andere beriefen sich mit mehr oder weniger Berechtigung auf die New Yorker Gruppe. ‹Der Spiegel› 1993: «Bei Velvet Underground gab es keine Mißverständnisse, keine verqueren Hoffnungen. Es gab nur Pop und die silbrige Helle, das Dämmerlicht von Heroin und Amphetamin – und deren Überwindung.» Die ehemaligen Mitglieder der Band hielten diesen Mythos mit sporadischen gemeinsamen Projekten am Leben: 1974 traten Cale, Reed und Nico gemeinsam in Paris auf, wenig später Nico und Cale gemeinsam mit Kevin Ayers und Brian Eno. Auch bis dahin Unveröffentlichtes kam von Zeit zu Zeit auf den Markt. 1989 nahm Maureen Tucker, nachdem sie zuvor durch Europa getourt war, die LP *Life In Exile After Abdication* auf, an der sich auch Reed beteiligte. Dies war der Grundstein zu einer vorsichtigen Reunion der Band, die 1990 anläßlich einer retrospektiven Warhol-Ausstellung in Paris zustande kam. Im selben Jahr nahm Reed zusammen mit Cale die Warhol-Hommage *Songs For Drella* auf. 1991 spielten dann endlich sämtliche verbliebenen Underground-Mitglieder für Moe Tuckers Album *I Spent A Week There The Other Night* einen Song ein. John Cale: «Ich war so tief bewegt von dem Spaß, den wir zusammen hatten, und der Herzlichkeit, mit der wir plötzlich miteinander umgehen können.» Bei der Europatournee, zu der die Velvet-Veteranen 1993 ansetzten, war davon wenig übriggeblieben. Lou Reed spielte sich derart ungeniert als Star der Gruppe auf, daß die anderen den späten Trip enerviert abbrachen. Eine «ultimative Werkausgabe» (‹Der Tagesspiegel›) mit sämtlichen Originalen plus 37 Demos und Outtakes entschädigte die Fans 1995 in der Fünf-CD-Box *Peel Slowly And See* auf Polydor. 1997 legte die Wiederverwertungsfirma Rhino in den USA unter dem Titel *Loaded (The Fully Loaded Edition)* das Cotillion-Album von 1970 in einer Doppel-CD nach, aufgeladen durch 17 Demos und Outtakes. Kritiker Christian Beck: «Die Leistungen der Band werden künftig in noch hellerem Licht schimmern.» Im Januar 1996 waren Velvet Underground endlich in die Rock and Roll Hall of Fame aufgenommen worden und hatten bei dieser Gelegenheit ein Requiem für Sterling Morrison uraufgeführt: *Last Night I Said Goodbye To My Friend*. Das war möglicherweise der letzte gemeinsame Auftritt von Reed und Cale. In seinen Lebenserinnerungen ‹What's Welsh for Zen›, 1999 mit Hilfe des Journalisten Victor Bockris bei Bloomsbury Publishing, London, veröffentlicht, entschied John Cale: «Ich möchte ihn nie wieder sehen, nie wieder mit ihm sprechen und nichts mehr über ihn hören.» Die Stärken dieser mit Fotomontagen, Comic strips und typographischen Anordnungen (von Dave McKean) dem Velvet Underground-Collagestil optisch angenäherten Memoiren seien (so Karl Bruckmaier im ‹Spiegel›) «die Zoten und Anekdoten aus dem Zwischenbereich von Pop und Kunstbetrieb, kernige Merksätze wie ‹Man braucht einen Rechtsanwalt, einen Buchhalter und einen Manager› und die quälende Selbstanalyse eines Popstars, der dazu neigt, die Gründe des eigenen Scheiterns bei Dritten zu suchen – ein Lehrstück in Sachen Paranoia». Das letzte Wort zum Thema Velvet Underground konnte dieses Buch keinesfalls sein.

LPs auf Verve: *The Velvet Underground And Nico* (1967); *White Light/White Heat* (1968); *The Velvet Underground* (1969); *Archetype* (1974); *VU* (1984); *Another View* (1986) … auf Cotillion: *Loaded* (1971); *The Velvet Underground Live At Max's Kansas City* (1972) … auf Polydor: *Squeeze* (1973); *Peel Slowly And See* (5-CD-Box, 1995) … auf Mercury: *Live* (1974) … auf Warner Bros.: *Live MCMXCIII – 10 Songs* (1993); *Live MCMXCIII – 23 Songs* (1993) … auf Raven: *What Goes On* (3-CD-Box, 1990) …

auf Rhino: *Loaded (The Fully Loaded Edition)* (2-CD, 1997) … Solo-LPs von Maureen Tucker auf EfA: *Live In Exile After Abdication* (1989); *I Spent A Week There The Other Night* (1991) … auf Lakeshore Drive: *Grl-Grup EP* (1997) … auf Newro: *Oh No They're Recording This Show* (1997; Live) … auf Casino Music: *Not Dogs … To Simple (A Tale Of Two Kitties)* (1998; Kinderlieder) … Solo-LPs von Nico auf Verve: *Chelsea Girl* (1967) … auf Elektra: *Marble Index* (1968) … auf Reprise: *Desertshore* (1971) … auf Island: *The End* (1974); *June 1st, 1974* (1974) … auf Aura: *Drama Of Exile* (1981); *Blue Angel* (1986) … auf 1/2 Records: *Procession* (Mini-LP, 1982) … auf Beggars Banquet: *Camera Obscura* (1985) … auf Dojo: *Behind The Iron Curtain* (1985); *Live In Tokyo* (1987) … auf SPV: *Fata Morgana – Nico's Last Concert* (1988) … auf Strange Fruit: *The Peel Sessions* (1988) … auf EMI: *Vuelo Quimico* (mit Neuronium, 1978) … auf Ana: *Heroine* (1994) Weitere Solo-LPs → John Cale, → Lou Reed

The Verve, 1990 im englischen Wigan, Lancashire, gegründet, spielten mit dem Image der Bad Boys des Britpop und waren zugleich ihre Antithese, denn ihre Songs «schilderten individuelle Alltagsdepressionen» (‹Der Spiegel›). Ein bißchen bluesiger und psychedelischer als alle anderen Britpop-Bands, würzten sie Einflüsse der Beatles und Rolling Stones mit Ingredienzen von Led Zeppelin, den Byrds, Funkadelic und Krautrock. Ihre Musik war «die meiste Zeit leicht daddeliger Hippie-Rock, der häßlich wird, wenn er sich zu eindeutig an Blues-Schemata orientiert, aber Klasse ist in Momenten streicherlastiger Traumlandschaften» (‹Visions›). «Obwohl die Musik von The Verve streckenweise eher klingt wie die Doors nach dreijährigem Manchester-Urlaub» (‹WOM-Journal›), hätten sie mit etwas mehr Durchstehvermögen den Aufstieg in die oberste Rock-Liga schaffen können, doch persönliche Probleme nötigten die Band schon nach drei Alben zum Aufgeben. Ihre Karriere war über lange Strecken weniger von Musik gekennzeichnet als von Gerichtsverfahren und Drogenmißbrauch. Mit ihrer Angewohnheit, kein Hotelzimmer unverwüstet zu lassen, entpuppten sich die Kritikerlieblinge letztlich als unverbesserliche Rock-Anachronisten. Richard Ashcroft (voc), geboren am 24. September 1971, Nate McCabe (g), geboren am 14. Juli 1971, und Peter Salisbury (dr), geboren am 11. September 1971, kannten sich bereits seit der Schulzeit. Nach ihrer Abiturfeier 1989 fuhren sie zum Zelten in den Wald und beschlossen, eine Band zu gründen. Mit Simon Jones (bg), geboren am 29. Juli 1972, war das Quartett komplett. Anfangs nannten sie sich einfach nur Verve, doch das gleichnamige amerikanische Jazzlabel konnte per Gerichtsbeschluß eine Umbenennung in The Verve durchsetzen. Uneingeschränkter Leiter war von Anfang an Richard Ashcroft, der «ein Übermaß an Selbstsicherheit verströmte, die schon fast an Größenwahn grenzte» (‹Visions›). Sein exzessiver Drogenkonsum trug ihm den Spitznamen Mad Richard ein. Nachdem die Band bei dem Virgin-Sublabel Hut unterschrieben hatte, debütierte sie 1992 mit der Single *All In The Minds*, mit der sie sofort in die Charts einstieg. Weitere Single-Erfolge schlossen sich an. Mit der damals noch unbekannten Band Oasis als Vorgruppe gingen The Verve 1993 auf ihre erste Tournee. Das Debüt-Album *A Storm In Heaven* (1993) wurde von der Presse einhellig gelobt, ging aber nur sehr zögerlich über den Ladentisch. Dennoch «war das Geraune über diese heiße, neue Band auf beiden Seiten des Ozeans zu hören» (‹Rolling Stone›). 1994 spielten The Verve auf der Nebenbühne des Lollapalooza-Festivals. Die Tour geriet zur Katastrophe, als Salisbury wegen der Demolierung eines Hotelzimmers in Kansas verhaftet wurde und Ashcroft auf Grund akuter Dehydration (ihm fehlten sieben Liter Körperflüssigkeit) ins Krankenhaus mußte. Unter dem Einfluß massiven Ecstasy-Konsums entstand 1995 das zweite Verve-Album *A Northern Soul*. «Nie zuvor hatten The Verve so powerful geklungen» (‹Mojo›), doch das paradoxe Spiel des Vorgängers sollte sich wiederholen: Die Kritiker jubelten, die Verkäufe ließen zu wünschen übrig. Da die Platte in einer alle Beteiligten einschließlich Oasis-Produzent Owen Morris erschöpfenden Marathon-Jam entstanden war, «bestand die ganze Band nur noch aus emotionalen Wracks» (‹Mojo›). Enttäuscht und am Ende seiner Kraft löste Ashcroft The Verve auf, um sie wenige Wochen später zu reformieren. Doch McCabe folgte dem Ruf nicht. Zunächst wurde er durch den Gitarristen und Keyboarder Simon Tong ersetzt. Als die Chemie nicht stimmen wollte, wurden Versuche mit Jon Squire von den Stone Roses und Bernard Butler von Suede

unternommen, The Verve als Quintett zu stabilisieren. Doch erst als McCabe zurückkehrte, konnten sich die Musiker von den Schlacken ihrer Vergangenheit befreien und zogen die Kritiker mit *Urban Hymns* (1997) ein drittes Mal auf ihre Seite. «Waren sie früher wie Zauberlehrlinge, denen das Zauberpulver in den Händen zerrann, sind sie heute Magier, die das zu Gold werden lassen, was sie anfassen» (‹WOM Journal›). «Von jeher benutzte Sound-Parameter wurden hinterfragt und kanalisiert, das Epische an den Kompositionen ist zugunsten einer mal zart, mal fett konturierten Bauweise gewichen – flugs gefüllt mit der grandiosen, emotionalen Stimme Richard Ashcrofts», urteilte ‹Intro› und sprach von einem «in seiner spirituellen Kraft geradezu archetypisch daherspazierendes Album». Doch es war weniger das musikalische Gewicht als der Skandal um den Opener *Bitter Sweet Symphony*, der diesmal die Verkaufserwartungen nicht nur erfüllte, sondern bei weitem übertraf. Das in der Tat verdächtig an den Song *The Last Time* erinnernde Stück brachte der Band eine von den Medien lautstark begleitete Plagiatsklage der Rolling Stones ein. The Verve mußten die Rechte an dem Song zu hundert Prozent an die Stones abtreten, aber das Album entwickelte sich zum Millionseller (in drei Jahren verkaufte es sich siebenmillionenmal). Eine für Sommer 1998 angekündigte Europatournee mußte wegen einer Viruserkrankung von Simon Jones abgesagt werden. Auf der anschließenden US-Tournee erklärte McCabe abermals seinen Ausstieg und wurde durch den Steel-Gitarristen B. J. Cole ersetzt. Am 28. April 1999 gaben The Verve ihre endgültige Auflösung bekannt. Richard Ashcroft schlug eine Solokarriere ein. Sein unter eigenem Namen veröffentlichter Platteneinstand *Alone With Everybody* (2000), an dem auch Salisbury und Cole sowie Verve-String-Arrangeur Will Malone mitwirkten, wurde zwar von einer gigantischen internationalen Pressekampagne begleitet, doch führten ihn seine Solopfade, so ‹Der Spiegel›, «schnurstracks auf die breite Straße des Mainstreams».

LPs auf Vernon Yard: *A Storm In Heaven* (1993); *A Northern Soul* (1995) ... auf Virgin: *Urban Hymns* (1997) ... LP Richard Ashcroft auf Virgin: *Alone With Everybody* (2000)

W

Waits, Tom (voc, g, kb), am 7. Dezember 1949 in Pomona, Kalifornien, geboren, stellte sich im Second Hand-Boheme-Outfit auf die Bühne, balancierte eine Zigarette im Mundwinkel, schob den Hut ins Gesicht und sang mit einer knarrigen Grabesstimme «wie eine offene Wunde» (‹SoHo Weekly News›), «als hätten Ozeane von billigem Fusel an ihm genagt» (‹Variety›), ausgeflippt nonchalante Balladen einer klaustrophobischen Nachtwelt «urbanen Abstiegs und Verfalls» (‹Billboard›). «Es gibt eine Form von Einsamkeit», so Waits, «die man überall von Küste zu Küste spürt. So etwas wie eine allen gemeinsame Identitätskrise aus Orientierungsmangel. Es ist die dunkle, warme, narkotisierende amerikanische Nacht. Tragisch und typisch amerikanisch.» Der «Orson Welles des lyrischen Wortspiels» (‹The Face›) raspelte zu simplen, eindrucksvollen Melodien poetisch virtuose Einsamkeits-Reports aus schäbigen Motelzimmern, von Bakelit-Bartheken, ausrangierten Oldsmobiles, Muckefuck-Bistros, «in denen die Kuchensorten alle Namen wie Nutten haben», wo Handelsvertreter mit Ausverkaufsanzügen zu den Jukebox-Songs ihrer verlorenen Jugend auf die magere Tagesabrechnung starren. Das «Beatnik-Revival in einer Person» (‹Rolling Stone›), der «beste Freund der Schlaflosigkeit» (‹Crawdaddy›) hatte seine romantische Neigung zu den Schatten-Existenzen der amerikanischen Nacht & Neon-Städte aus den Büchern von Jack Kerouac und Charles Bukowski gewonnen und seinen musikalischen Geschmack nostalgisch an Stephen Foster, George Gershwin, Bing Crosby orientiert. Als Türsteher in einem Nachtclub bastelte der «Privatdetektiv der Nacht» (Waits über Waits) aus aufgeschnappten Redefetzen seiner Klientel die ersten Songs, die er ab 1969 vortrug. 1972 machte er erste Plattenaufnahmen und avancierte allmählich zum Kult-Idol. Der Verehrer von Ray Charles bevorzugte als musikalische Begleitung zunächst einen sachten saxophongestimmten Cool Jazz-Background. Später nahm er, hemmungslos eklektizistisch, Ragtimes, Shuffles, Polkas, Gitarren-Rock, Schlager-Schmelz, Musical-Klangfarben und Kurt Weill-Soundchiffren zur Illustration seiner stimmungsvollen Lieder «von Schauplätzen, wo keiner mehr hingeht» (‹Time Out›), die so schwermütig stimmten «wie abgegriffene Postkarten eines lieben Freundes, der sich auf Nimmerwiedersehen irgendwohin abgesetzt hat» («Esquire»). Mit dem Album *The Heart Of Saturday Night* brillierte Waits 1974 als «einer der wenigen Performer der siebziger Jahre, die Größe haben» (Kritiker Jon Landau). Er machte Aufnahmen mit Bette Midler, seiner vorübergehenden Freundin Rickie Lee Jones, sang 1982 mit Crystal Gayle auf dem Soundtrack von Francis Ford Coppolas grandios verunglücktem Kinomusical ‹One From the Heart› und war in einer Reihe weiterer Spielfilme als Schauspieler zu sehen (‹Rumble Fish›, ‹Cotton Club›, ‹Down By Law›, ‹Ironweed›). Während der Dreharbeiten zu «One From The Heart» hatte er die irische Cutterin und Dramaturgin Kathleen Brennan kennengelernt und sie am Silvestertag 1981 in Los Angeles geheiratet. Sie wurde fortan auch beruflich zur Partnerin und beeinflußte seinen Stil: «Ich bin der Schürfer, sie ist der Koch. Sie sagt: ‹Bring es nach Hause, ich bereite es zu.› Sie hat eine ungefilterte Phantasie, ein großartiges Rhythmusgefühl und erfindet Melodien, die gegen den Strich gebürstet sind und neugierig machen. Die meisten signifikanten Breaks von mir stammen aus der Zeit, als wir uns trafen.» Tom Waits' Alben *Swordfishtrombones* (1983), *Rain Dogs* (1985) mit klassischen Songs wie *Soldier's Things, Blind Love, Downtown Train* («der größte Song, den Bruce Springsteen nicht geschrieben hat» ‹New Musical Express›), *9th & Hennepin* klangen «wie nichts sonst im Radio und wie herzlich wenig in der Geschichte des Rock 'n' Roll» (‹Stereo Review›). Man müsse immer wieder hören, so Arne Willander in ‹Rolling Stone›, wie Waits das Stück *60 Shells From A Thirty-Ought Six* «um Schlagwerk, Baß und einen stählernen Groove baut – es klingt, als swinge eine Betonmischmaschine auf der Baustelle, und der Preßlufthammer tanzt». 1986 arbeitete Waits mit seiner Frau den Monolog *Frank's Wild Years* aus dem Album *Swordfishtrombones* zu einer «Kabuki-Burleske» auf, die im gleichen Jahr in Chicago ihre Theaterpremiere erlebte. Die Show ‹Frank's Wild Years› führte Off-Charaktere nicht mehr als schwärmerisch verklärte Symbole eines Lebens am Existenz-Rand vor, sondern gab ihnen eine realere, furchterregendere Dimension. Waits thronte auf einem Podium vor seinem Klavier, eine altmodische Stehlampe tauchte ihn in orange-gelbes Licht, der restliche Bühnenaufbau versank in Finsternis. Begleitet wurde Waits von kongenialen Musikern wie Michael Blair (perc), Ralph Carney (sax), Willie Schwarz (kb), Greg Cohen (b, bg) und Marc Ribot (g). Teile dieser Show flimmerten durch ‹Big Time› (1988), eine u. a. in Berlin, Dublin, Stockholm, San Francisco und Los Angeles aufgezeichnete Revue mit Waits-Songs für das Kino. 1990, als Rod Stewart den Waits-Song *Downtown Train* auf Platz drei der ‹Billboard›-Charts sang, arbeitete er selber mit William Burroughs als Buchautor und dem Slow Motion-Regisseur Robert Wilson den Opernstoff «Der Freischütz» von Carl Maria von Weber für das Hamburger Thalia-Theater zum Musical «Black Rider» um. Die Musik des vielerorts nachgespielten Stückes, das seine US-Premiere im Dezember 1993 in der New Yorker Brooklyn Academy of Music erlebte, brachte Englands Pop-Postille ‹Q› ins Grübeln: «Eklektisch, bleich, spaßig, gelegentlich einfach bekloppt und mit einigen herausragenden Momenten ist es anrührend wie alles, was Waits aufnimmt.» – ‹Rolling Stone›

brachte die Songs und Song-Bruchstücke auf der CD *Black Rider* (1993), darunter auch reine Instrumentalfragmente, auf den Nenner «muntere Genre-Skizzen». Eine weitere Kollaboration mit Robert Wilson für das Thalia-Theater, das vom ‹Spiegel› als «öde Märchenstunde zu bonbonfarbenem Klamauk» abqualifizierte Musical «Alice» (1992) nach Lewis Carrolls «Alice im Wunderland», erschien nicht auf Schallplatten. Mit Waits' elftem Studio-Album *Bone Machine* (1992), «eine mörderische Häckselmaschine und Sägemühle» (Arne Willander), schien seine Plattenkarriere beendet zu sein. ‹Rolling Stone› diagnostizierte «majestätischen Stillstand» und sprach von einem «Spätwerk in Weisheit und Trotz … Verderbnis und Untergang sind mit gewissermaßen abgeklärter Geste inszeniert». Es brachte ihm im Februar 1993 («Best Alternative Music») seinen ersten Grammy ein. Kurz danach ließ er seinem Musikverlag Third Story Music vom Los Angeles Superior Court gerichtlich verbieten, mit ihm und (auch) für ihn Geld zu verdienen. Der Verlag hatte den Song *Heart Attack And Vine* an Levi's Jeans sowie *Ruby's Arms* an eine französische Kosmetikfirma ohne Einwilligung des Komponisten vertragswidrig zur Fernsehwerbung verkauft. Im Dezember 1995 mußte sich die Hosenfirma Levi Strauss in einer ganzseitigen Anzeige in ‹Billboard› dafür entschuldigen, *Heart Attack And Wine* in TV-Werbespots mit dem Bluessänger Screamin' Jay Hawkins zwischen Januar und Juni 1993 in 17 Ländern ausgestrahlt zu haben. In einem zweiten Prozeß ließ Waits Ende 1996 Third Story Music verbieten, Motive aus seinem Soundtrack *One From The Heart* zur TV-Werbung zu verwenden, nachdem der Verlag *Opening Montage / Once Upon A Town* daraus für 100 000 Dollar an die Schokoladenfirma Suchard verkauft hatte. Inzwischen nahmen zahlreiche Pop-Artisten wie Sarah McLachlan, Meat Loaf, Bruce Springsteen, die Ramones, Ramblin' Jack Elliott Waits-Songs auf, die kanadische Jazz-Pop-Sängerin Holly Cole sogar ein ganzes Album (*Temptation*, 1999). 1998 entließ ihn Island Records mit dem von ihm noch selbst produzierten Sampler *Beautiful Maladies – The Island Years* aus dem Vertrag. Waits schloß für ein Album mit dem Indie-Label Epitaph des ehemaligen Bad Religion-Gitarristen Brett Gurewitz ab und landete mit der

CD *Mule Variations* (1999) einen Charts-Hit: Platz 30 in den USA, vier in der Bundesrepublik Deutschland, Top Ten in Japan und in mehreren europäischen Ländern. Einer der starken Songs des Albums hieß *Big In Japan*, ein selbstironisches Stück über Musiker, die nur noch in dem ostasiatischen Inselstaat gefragt sind. Waits, Vater der 1983 geborenen Tochter Kellesimone und des 1985 geborenen Sohnes Casey Xavier: «Vielleicht habe ich mit *Mule Variations* einen Weg gefunden, die Extreme etwas miteinander zu versöhnen. Verheiratet zu sein und Kinder zu haben gibt einem tatsächlich eine andere Perspektive. Aber im Grunde schwanke ich weiter zwischen nacktem Wahnsinn und Sentimentalität.» Das «spartanisch, rough und knorrig klingende, verknobelte, archaische 16-Track-Album» (Roger Waltz in ‹Tip›) wurde in einem holzgetäfelten Raum auf einer Hühnerfarm mit Richtmikrophonen vom Flohmarkt aufgenommen: «Wenn du die richtig aufstellst zwischen Hühnern und Hunden, mit Geräuschen von Flugzeugen und Trucks, ist es phänomenal, wie diese Umgebung in dir arbeitet und auf der Platte wirkt» (Waits). Die farbig instrumentierten Kompositionen zwischen Hahnenschrei und quietschenden Türen entsprachen seinem auch im Musikalischen bildhaften Denken. Seine Arbeit als Filmschauspieler war daher weniger Ausdruck einer mehr oder weniger zufälligen Doppelkarriere als vielmehr die zweite Seite seiner Persönlichkeit. Nach seinen Filmrollen in den Neunzigern – «Night On Earth», «Leolo», «Little Criminals», «Smoke», «Dead Man Walking», «Bunny» – spielte er 1999 in der Kinokomödie «Mystery Men» mit Ben Stiller, in der er Waffen für eine Bande glückloser Desperados erfand. Im Herbst 2000 erarbeiteten Waits und seine Frau Kathleen Brennan die Songs für ein weiteres Robert Wilson-Musical nach dem Dramenfragment von Georg Büchner von 1836/37 über das Elend des Soldaten Franz Woyzeck, den seine Marie mit einem Tambourmajor betrügt, worauf er sie am Ende ersticht. Waits: «Es geht um Irrsinn, Kinder, Besessenheit und Mord, also um all die Dinge, die uns heute interessieren.» Der Woyzeck-Theaterabend habe «den Schwung eines gut geölten Karussells», schrieb Wolfgang Höbel im ‹Spiegel›: «Gleich zu Beginn sieht man eine nett expressionistische Farbenschlacht und einen kafkaesken Affengnom, der mit Tom Waits' Stimme vom *Misery River* singt, dem Jammerfluß ohne Wiederkehr.» Die Musik erinnere wieder einmal an Kurt Weill: «Die Songs und das ganze Mörderspiel sind unverschämt nah am Kitsch und dabei wunderbar beherzt, der alte Stoff ist ohne Zaudern umgebogen auf den Entertainment-Schmelz der Gegenwart» – also gelungen. Zum Millennium sinnierte Waits, der «Kauz, dem das Leben auf der Schulter hockt» (Christine Heise), mit der «schwärzesten weißen Stimme, die wir im Pop haben» (Anna-Bianca Krause) über Kreativität und Karriere: «Die Songs kommen – gar kein Problem. Bloß, weil du heute nicht zum Fischen gegangen bist, bedeutet das nicht, daß draußen keine Fische mehr herumschwimmen. Und wenn du mal ein paar Wochen keine Lust zum Fischen hast – oder sogar ein paar Jahre? Was soll's! Die Fische kommen wunderbar auch ohne dich klar.»

LPs auf Asylum: *Closing Time* (1973); *The Heart Of Saturday Night* (1974); *Nighthawks At The Diner* (1975); *Small Change* (1976); *Foreign Affairs* (1977); *Blue Valentine* (1978); *Heart Attack And Vine* (1980); *Bounced Checks* (1982); *Asylum Years* (1984); *Anthology* (1985) … auf Island: *Swordfishtrombones* (1983); *Rain Dogs* (1985); *Frank's Wild Years* (1987); *Big Time* (Soundtrack, 1988); *Bone Machine* (1992); *Black Rider* (1993); *Beautiful Maladies – The Island Years* (1998) … auf Columbia: *One From The Heart* (Soundtrack, 1982) … auf Bizarre: *The Early Years* (1991) … auf Epitaph: *Mule Variations* (1999)

The Walkabouts waren neben Bands wie Uncle Tupelo und 10 000 Maniacs für den alternativen Folk-Boom Ende der Achtziger verantwortlich. Keine andere Gruppe jedoch blieb diesem Genre über mehr als anderthalb Jahrzehnte so treu und gewann ihm dennoch so viele unterschiedliche Schattierungen ab. Songwriter, Sänger und Gitarrist Chris Eckman, geboren am 21. Juli 1960, Sängerin und Gitarristin Carla Torgerson, geboren am 11. November 1957, sowie der Schlagzeuger Grant Eckman fanden sich 1983 in Seattle, Washington, zusammen. Ihre Punk-Hörner hatten sich die Eckman-Brüder schon während der College-Zeit abgestoßen, so daß sie nicht mehr die Frustrationen einer mißverstandenen Jugend von der Bühne schmettern mußten. Lange bevor der Begriff Americana zum Schlagwort wurde, bekannten sich die Walkabouts, deren Name dem Nicolas Roeg-Film ‹Walkabout› entlehnt war, ebenso jedoch die Wanderlust der Bandmitglieder ausdrückte, zur Tradition des amerikanischen Folk- und Country-Songs. Als maßgeblichen Einfluß nannten sie immer wieder die düsteren Balladen von Leonard Cohen. Nachdem die Band durch den Bassisten Michael Wells zum Quartett erweitert worden und der erste LP-Versuch 1986 fehlgeschlagen war, brachte sie ein Jahr später die Single *Linda Evans* heraus, die einen Vertrag bei dem Independent-Label Necessity zur Folge hatte. Die 1988 veröffentlichte LP *See Beautiful Rattlesnake Gardens* wurde ein Achtungserfolg, der das lokale Magazin ‹The Rocket› ausrufen ließ: «Eckmans Talent, Songs zu schreiben, das auf 1000 verschiedenen Ebenen wirkt, macht die Walkabouts wahrscheinlich unter allen Seattle-Bands zu derjenigen, die in den Neunzigern einen großen Hit landen wird.» Als die Band ein Jahr später einen Kontrakt bei dem Lokal-Label Sub Pop unterschrieb, konnte sie nicht ahnen, daß sie damit bei dem erfolgreichsten Indie der angehenden Neunziger gelandet war. Mit dem Neuzugang Glenn Slater an den Keyboards fand die Gruppe auf *Rag & Bone* 1990 ihren endgültigen weichen, balladesken Sound, der «runtergeht wie Seide» (‹Melody Maker›) und «feierlich melancholische Stimmungen» (‹NM!Messitsch›) beschwor. Auf US-Tourneen mit 10 000 Maniacs und Uncle Tupelo stellten sie sich erstmalig einem größeren Publikum vor. Nach dem Album *Scavenger* (1992) wurde Grant Eckman durch die Trommlerin Terri Moeller ersetzt. Der von Nirvana ausgelöste Seattle-Boom trug die Kunde von den introvertierten Folk-Musikern um die Welt. The Walkabouts standen im Ruf einer «punkigen amerikanischen Folk-Band, die keine lächerlichen Geschichten übers Trinken und Aufwachen in der Erkenntnis, mit der falschen Frau verheiratet zu sein, erzählt» (‹Q›). In nur zwei Jahren entstanden vier Platten, die Doppel-LP *New West Motel* und das Album *Satisfied Mind*, eine Sammlung von Coverversionen, mit denen die Band sich bewußt vom Grunge-Herd distanzieren wollte und bei dem

sie unter anderem von R.E.M.-Gitarrist Peter Buck, der traurigen Stimme der Screaming Trees, Mark Lanegan, und dem multipel einsetzbaren Gitarristen Ivan Kral unterstützt wurde. Sie waren «die einzige Band aus Seattle, die nicht nur schon vor zwanzig, sondern vor hundert Jahren existiert haben könnte», schrieb ‹Melody Maker› anläßlich dieses «erstaunlichen Nachtsturms von Kleinstadt-Legenden und primitiver Country-Seele» (‹Spin›). Hinzu kamen bis Ende '94 die Alben *Setting The Woods On Fire* und *To Hell And Back*. Neben der kontinuierlich arbeitenden Band riefen Eckman und Torgerson das sporadisch wirkende Projekt Chris & Carla ins Leben, mit dem die beiden Masterminds der Walkabouts Titel aufnehmen wollten, die ihnen für den Band-Kontext zu intim waren. Die Walkabouts-Version des Nick Cave-Songs *Loom Of The Land* auf *Satisfied Mind* führte 1995 zur Zusammenarbeit mit Caves Produzenten Victor van Vught für das Album *Devil's Road*, die erste Produktion der Walkabouts für Virgin, die im Berliner Conny Plank-Studio aufgenommen wurde. Der Wechsel zum Major wurde vollzogen, weil Eckman aufwendigere Konzepte verfolgte, die das Budget des Indie-Labels überstiegen hätten. Mit den Warschauer Philharmonikern setzte die Band ausgefeilte Streicherarrangements um, die sie in die Nähe der deutschen Romantik rückten und «endgültig die desolate Atmosphäre von Nowhereville, U.S.A., beschworen» (‹Melody Maker›). Noch organischer gelang die Verbindung pastoraler Folk-Songs, urbaner Noise-Samples und fetter Streicher auf *Night Town* (1997), einer desillusionierenden Wanderung durch die nächtlich schwüle Großstadt. Mehr denn je inszenierte die Band ein Album nicht nur als Sammlung von Songs, sondern als Gesamtkunstwerk. Die Zeitschrift ‹Neon› fand für den Sound dieses Albums den Begriff «Rock Noir». Den Posten des Bassisten hatte inzwischen Baker übernommen, der nach der Produktion durch den Jazz-Bassisten Fred Chalenor (Hughstore, The President) ersetzt wurde. Nach Koordinationsschwierigkeiten mit Virgin unterzeichneten die Walkabouts bei dem deutschen Label Glitterhouse und veröffentlichten im Sommer 1999 mit *Trail Of Stars* eine CD, mit der sie sich stilistisch noch weiter öffneten. Im Gegensatz zu anderen Folk-Bands und der gesamten Lo-fi-Szene, die sich uneingeschränkt auf die Errungenschaften der Walkabouts berief, waren die Songs der Wanderfreunde von Album zu Album anspruchsvoller geworden. Resümierend bezeichnete Chris Eckman das Gesamtwerk der Band als «Soundtrack für die Nacht».

LPs auf Pop Llama: *See Beautiful Rattlesnake Gardens* (1987) ... auf Sub Pop: *Cataract* (1989); *Scavenger* (1990); *Rag & Bone* (1990); *Where The Deep Water Goes* (1991); *Dead Man Rise* (1992); *Satisfied Mind* (1993); *New West Motel* (1993); *Setting The Woods On Fire* (1994) ... auf Virgin: *Devil's Road* (1996); *Nighttown* (1997) ... auf Glitterhouse: *Trail Of Stars* (2000); *Ended Up A Stranger* (2001) ... LPs Eckman und Torgerson als Chris & Carla auf Glitterhouse: *Shelter For An Evening* (1993); *Life Full Of Holes* (1995); *Nights Between Stations* (1995); *Swinger 500* (1998) ... LP Chris Eckman auf Glitterhouse: *A Janela* (1999)

Watt, Mike (voc, bg) geboren am 20. Dezember 1957 in Portsmouth, Virginia, hat zuerst mit den Minutemen entscheidend den Hardcore der achtziger und später mit fIREHOSE den Alternative Rock der neunziger Jahre geprägt, um seit 1995 ambitionierte Konzeptalben unter eigenem Namen zu veröffentlichen. Er war ein sensibler Bär, dessen Kraft und Verletzlichkeit sich stets in einem kreativen Ungleichgewicht befanden. «Der Bassist mit den Jungenaugen und dem offenen Herzen» (‹Tip›) verfolgte verschiedene äußerst kreative Konzepte, konnte aber aus kommerzieller Sicht kaum auf eine erfolgreiche Laufbahn zurückblicken. Nur wenige Musiker seiner Generation «haben ihrem Publikum so viele Rätsel gestellt wie er» (‹Rolling Stone›). Die Minutemen kamen 1980 in San Pedro, Kalifornien, mit Watt (bg, voc), D. Boon (g), als Dennes Dale Boon am 1. April 1958 in Arizona geboren, und Frank Tonche (dr) unter dem Namen The Reactionaries zusammen, benannten sich jedoch in Minutemen um, als George Hurley, geboren am 4. September 1958 in Brockton, Massachusetts, Tonche ersetzte. Mit Beiträgen zu mehreren Compilations für die Labels New Alliance und Posh Boy erspielten sie sich schnell den Ruf einer ebenso kompromißlosen wie risikofreudigen Hardcore-Attraktion. Ihre Songs waren von bra-chialer Schnelligkeit und Lautstärke, jedoch strukturell vielschichtig und voll aberwitziger Details. «Mehr als irgendeine andere Hardcore-Band verkörperten die Minutemen jenes freigeistige Unabhängigkeitsideal, das den Kern von Alternative / Punk ausmachte. Eklektisch wild und politisch revolutionär, hielten sich die Minutemen nie zu lange an einem Ort auf. In rasender Geschwindigkeit bewegten sie sich von Free Jazz zu Punk zu Folk zu Funk» (‹All Music Guide›). 1981 legten sie bei Greg Ginns Label SST an und veröffentlichten in ganzen vier Jahren elf Alben. Mit Platten wie *Buzz Or Howl Under The Influence Of Heat* (1983) und *Project: Mersh* (1985) gewannen sie ähnlichen Einfluß in der Hardcore-Gemeinde wie Hüsker Dü oder Black Flag und öffneten dem Genre Türen zu einer breiteren Öffentlichkeit. Doch im Gegensatz zu ihren Kollegen aus Minneapolis und Los Angeles zeichneten sich die drei Minutenmänner durch einen extrem engen Band-Zusammenhalt aus. Noch ehe die Rockwelt richtig begriffen hatte, was sie an den Minutemen hatte, verunglückte D. Boon am 23. Dezember 1985 tödlich bei einem Autounfall. Die beiden verbliebenen Mitglieder der Band beschlossen, das Logo Minutemen abzulegen, und Watt fiel in tiefe Depressionen. 1986 gründeten Hurley und Watt gemeinsam mit dem Gitarristen Ed Crawford alias eD fROMOHIO, geboren am 26. Januar 1962 in Steubenville, Ohio, die Band fIREHOSE, die sich noch im selben Jahr mit Sonic Youth die Split-Single *Into The Groove(y)* teilte. Bereits das Debütalbum des neuen Trios, *Ragin', Full On* (1987) machte deutlich, daß Watt und Hurley den Fokus stärker auf melodiebetonten Rock legten als auf die frühere Extrem-Power. Erfolgreiche Veröffentlichungen wie *If'n* und *fROMOHIO* folgten. 1988 entfalteten Watt und Hurley ihre avantgardistischen Obsessionen auf dem Debütalbum der Bootstrappers, einer von unzähligen Bands des New Yorker Noise-Magiers Elliott Sharp. Nach dreijähriger Pause nahmen fIREHOSE ihre Arbeit wieder auf und produzierten für Columbia das weitgehend domestiziert klingende Album *Flyin' The Flannel* (1991). Das unambitionierte *Mr. Machinery Operator* (1993) konnte trotz intensiver Mitarbeit von J. Mascis (Dinosaur Jr.) nur noch auf ganzer Linie enttäuschen und führte 1995 zur

Auflösung der Gruppe. Mike Watt fiel in noch tiefere Depressionen als zuvor, brachte aber mit *Ball-Hog Or Tugboat?* (1995) ein Album heraus, das weniger wegen seiner beseelten Songs für Aufsehen sorgte als wegen seiner Besetzung, zu der neben den fast vollständigen Sonic Youth J. Mascis, Eddie Vedder von Pearl Jam, Dave Grohl und Krist Novoselic von Nirvana, Dave Pirner von Soul Asylum, Henry Rollins sowie die Jazz-Gitarristen Nels Cline und Joe Baiza gehörten. 1996 wurde Watt als Bassist von Porno For Pyros angeheuert, in deren Art Rock-Kontext er sich hervorragend einpaßte, doch da die Band kurze Zeit später auseinanderfiel, bastelte Watt an seiner Solo-Karriere weiter und partizipierte an DOS, der Gruppe seiner Frau und ehemaligen Black Flag-Drummerin Kira Roessler. 1997 nahm er mit Nels Cline (g) und dem ehemaligen Tom Waits-Mitstreiter Stephen Hodges (dr) «das Opus seines Lebens» (‹Visions›) auf. *Contemplating The Engine Room* erzählte in eindrucksvoll klaustrophobischen Bildern die Geschichte von drei Männern, die 24 Stunden im Maschinenraum eines Schiffes eingesperrt sind. «Die Geschichten aus dem Maschinenraum sind keine Rock-Oper im herkömmlichen Sinne. Sie sind nicht ausladend und seicht, sondern von der schroffen Schönheit einer monolithischen Klippe, die seit Jahrhunderttausenden von tosender Brandung umspült wird» (‹Tip›). Trotz euphorischer Kritiken versäumte es Watt, persönlichen Nutzen aus dem Album zu ziehen, verkroch sich in die Welt seiner Erinnerungen und tauchte erst im Sommer 2000 mit einem Live-Projekt auf, in dem er in New York und Los Angeles mit J. Mascis und dessen Co-Dinosaur Murph alte Stooges-Songs coverte.

LPs auf Columbia: *Ball-Hog Or Tugboat?* (1995); *Contemplating The Engine Room* (1997) … LPs Watt mit The Minutemen auf SST: *The Punch Line* (1981); *Buzz Or Howl Under The Influence Of Heat* (1983); *What Makes A Man Start Fires?* (1983); *Double Nickels On A Dime* (1984); *The Politics Of Time* (1984); *My First Bells* (1985); *3-Way Tie For Last* (1985); *Ballot Result* (1987) … LPs Watt mit fIREHOSE auf SST: *Ragin' Full On* (1986); *If'n* (1987); *Fromohio* (1989) … auf Columbia: *Flyin' The Flannel* (1991); *Mr. Machinery Operator* (1993)

Ween traten weniger als Band in Erscheinung denn als wirkungsvolles Rock-Cabaret, das die Grenzen zwischen Alltag und Märchen auf bizarre Weise verschwimmen ließ. Die Protagonisten Gene Ween (Aaron Freeman, geboren 1970, voc) und Dean Ween (Mickey Melchiondo, geboren 1970, g) lernten sich als Schüler in New Hope, Pennsylvania, kennen. 1984, beide waren gerade 14, erschufen sie die Gottheit Boognish, die von diesem Zeitpunkt über ihr Wirken wachte. Von unbändiger Produktionswut getrieben, spielten die «neckischen Noise-Zwerge» (‹Visions›) bis Ende der Achtziger etwa 400 Songs ein, von denen die besten 26 auf dem Doppelalbum *God Ween Satan* (1990) vorgestellt wurden. Nur von ihrem Drum-Computer unterstützt, einem Schlagzeuger, «der keine finanziellen Forderungen stellt und niemals betrunken zu den Proben erscheint» (Dean Ween), begleiteten «die pennsylvanischen Struwwelpeter» (‹WOM Journal›) die Band Eugene Van Beethoven 1990 auf deren Europatournee. Ihre Punk-Performance war eine Mischung aus gekonnter Persiflage und zügellosem Noise. 1991 wurde Galaxie 500-Produzent und Bongwater-Chef Kramer auf das Duo aufmerksam. Er holte Ween auf sein Label Shimmy Disc und produzierte das zweite Album *The Pod* (1991). Das Cover war die Verballhornung eines klassischen Leonard Cohen-Artworks. Frohgemut und sicher im Zugriff stahlen sich die beiden angehenden Twens durch die Supermärkte der amerikanischen Rock- und Pop-Geschichte. Hinter der Identität des geheimnisvollen dritten Musikers auf dem Album, Mean Ween, versteckte sich angeblich Kramer selbst, was dieser weder dementierte noch bestätigte. Sicher ist jedoch, daß Kramer die Gruppe auf deren anschließender England-Tour begleitete. Lag den ersten beiden Platten ein ähnliches Schema zugrunde, so wechselten sie auf *Pure Guava* (1993) die Gangart. Mit einem Budget von Elektra wurden die Songs wesentlich aufwendiger produziert. Das einstige Reluzzer-Clown-Image wurde zugunsten eines tiefergehenden Humors und eines ernsthaften Bekenntnisses zum Soul aufgegeben. Für die darauffolgende Tournee wurde die Band sogar zum Quintett aufgestockt, was ihr sowohl von den Fans als auch von der Kritik übelgenommen wurde. Das neue Band-Konzept der Boognish-Bekenner ging erst auf der «Achterbahnfahrt der Skurrilitäten» (‹WOM Journal›) *Chocolate & Cheese* (1994) auf: «ein Fest, das einen Spaghetti-Western in Miniaturform, Beach Boys-Wanderlust, bunte Pop-Phantasien, Funk-Freakouts, das tabubrechende *Spinal Meningitis Got Me Down* und ein lächerlich unbeschwertes Vergnügen mit dem Titel *The HIV Song* umfaßt» (‹NME›). Unüberhörbar taten Ween alles, um das Image von Rock-Komikern abzustreifen und als vielseitig interessierte Musiker ernst genommen zu werden. Die Comedy-Nummern von einst hatten sich in versierte Hommagen verwandelt, aus Dean und Gene Ween war ein treffsicheres Songwriter-Gespann geworden, und ‹Spin› urteilte: «Dean ist einer der größten lebenden Gitarristen dieses Planeten.» Den Besuchern ihrer Live-Konzerte vermittelten sie stets das Gefühl, «eine Band von Superstars im Madison Square Garden zu erleben» (‹Melody Maker›). Daß die nächsten Platten wie Konzeptalben klangen, war eher Zufällen zu verdanken. *12 Golden Country Greats* (1996) war zwar stilistisch durchgehend ein Country-Album, doch ging die Veröffentlichung der Songs im Albumformat auf eine Entscheidung der Plattenfirma Elektra zurück, während Ween selbst lediglich ein paar Erfahrungen im Umfeld von Nashville-Musikern hatten sammeln wollen. Neben vielen anderen waren an der Session die beiden Bob Dylan-Mitstreiter Pig Robbins und Charlie McCoy beteiligt. Bei der amerikanischen Kritik stieß die Platte auf einhellige Ablehnung, in Europa wurde sie gefeiert. Doch schon vor den Aufnahmen zu *12 Golden Country Greats* hatte das Duo, das sich immer noch unter der Obhut ihres Schutzgeistes Boognish wähnte, mit den Arbeiten an ihrer nächsten regulären LP *The Mollusk* begonnen. Während der insgesamt drei Jahre, die Dean und Gene Ween in einer Hütte am Ozean an diesem Werk bastelten, mußten sie erleben, daß erst die Leitungen des Studios einfroren, dann die gesamte Behausung von einer Sturmflut davongetragen wurde. ‹Visions› bejubelte die maritime Platte, deren Spektrum von einfühlsamen Balladen über süffige Shanties bis zu aufgeblasenen Progressive Rock-Orgien reichte, als das *Sgt. Pepper's* des Indie Rock. Um sich nicht in ihrem un-gewollten Konzeptionalismus festzufahren, realisierten die Ween-Brüder nebenbei andere Projekte. Mit der Garage Rock-Band Moistboyz kehrten sie zu den Produktionsprinzipien der ersten Ween-Platten zurück. Mit dem japanischen Noisecore-Geschwader Boredoms riefen sie das Unternehmen Z-Rock ins Leben, um ihren spielerischen Leidenschaften im Stil eines rasanten Comic strips freien Lauf zu lassen. Auf der Live-Compilation *Paintin', The Town Brown, Ween Live '90 – '98* (1999) nahmen Ween eine skurrile Rückschau auf die ersten neun Jahre ihrer professionellen Karriere vor. Bewußt verzichteten sie auf den Eindruck eines geschlossenen Konzertdokuments und setzten Aufnahmen, die sowohl im Hinblick auf den Entwicklungsstand der Band als auch bezüglich der Tonqualität recht konträr waren, gegeneinander. Auf *White Pepper* (2000) vollzog «die kleinste Sekte der Welt» (‹Berliner Zeitung›) einen klaren Bruch mit allen bisherigen Maximen. Nicht nur, daß sie unwiderruflich das Duo-Format aufgaben, sie tauschten auch die einstige subversive Kraft gegen gefällige Backgroundchöre und überfrachtete Streicher-Arrangements ein, die ihre Tiefenwirkung nur langsam und widerwillig entfalteten. Dennoch brauchte man «ihrem Album an beliebiger Stelle nur fünf Sekunden Gehör zu schenken, um in dem zynischen Zweier die wahre Inkarnation der Fab Four aus Liverpool zu erkennen» (‹Tip›).

LPs auf Twin/Tone: *God Ween Satan* (1990) … auf Elektra: *The Pod* (1991); *Pure Guava* (1992); *Chocolate And Cheese* (1994); *12 Golden Country Greats* (1996); *The Mollusk* (1997); *Paintin' The Town Brown* (1999); *White Pepper* (2000) … LPs als Moist Boys auf Grand Royal: *Moistboyz* (1995); *Moistboyz 2* (1996) … LP mit Boredoms als Z-Rock auf Hip Guitar: *Hawaii* (1997)

Weezer, offiziell am 14. Februar 1992 in Los Angeles gegründet, waren eine Straight-Ahead-Pop-Band, die mit College-Appeal, eingängigen Songs, Intellekt und Humor und einer stets kontrollierten Wildheit aus dem Stand die Massen eroberte, für ein paar Jahre Furore machte, für eine Weile abtrat, ohne eine Lücke zu hinterlassen oder vermißt zu werden und dann mit großem Furore zurückkehrte. «Die charmanteste College-Rockband des Jahrzehnts machte fröhliche Pop-Melodien auch im Gitarrenlager wieder hoffähig» (‹Visions›), verband Folk-Elemente mit Grunge und Hardcore, legte sich jedoch zu keinem Zeitpunkt auf eine Stimmung fest, sondern konnte himmelhochjauchzende Euphorie ebenso überzeugend vermitteln wie tiefe Depression. Rivers Cuomo (g, voc), ca. 1971 auf dem Lande in Connecticut geboren, war von Kindheit an von der Idee besessen, mit einer erfolgreichen Rockband aufzutreten. Mit 18 zog er nach Los Angeles und unternahm erste Versuche, seine Ambitionen in die Tat umzusetzen. Nach unvermeidlichen Fehlschlägen traf er auf Matt Sharp (bg) und Patrick Wilson (dr), die von ähnlichen Wünschen getrieben durch Los Angeles streiften. Brian Bell (g) machte wenig später das Quartett vollzählig. Ein Jahr später wurde die Band im Zuge der Nirvana-Ekstase ohne Vorleistungen von Geffen verpflichtet. Nach dem überraschenden Erfolg erster Singles und einer Tournee, die sieben Monate lang kreuz und quer durch die USA führte, ging die Gruppe mit Produzent Ric Ocasek ins Studio und nahm *Weezer* (1994) auf. Sie «frönten hemmungslos und in bester Everly Brothers-Manier dem naiv romantischen Popsong der Sechziger, packten Schreddergitarren obendrauf, kramten ein wenig in der ’80s-Heroes-Abteilung ihrer Plattensammlung und hatten immer das gewisse, meist latent melancholische Trumpf-As in der Tasche, das sie trotz all ihrer furiosen Eingängigkeit nie in die Untiefen der Beliebigkeit abdriften ließ» (‹Visions›). Cuomos nasaler Quasi-Sprechgesang wechselte sich mit kunstvoll arrangierten Vocal-Sätzen ab und wirkte wie ein Brückenschlag von Dinosaur Jr. zu den Beach Boys. Daß das ebenso dynamische wie ausgewogene und erstaunlich reife Debüt allein im Heimatland der Band über eine Million Mal verkauft wurde, verdankte die Band vor allem der Dauerrotation auf MTV. Auf den unerwarteten Erfolg reagierten die Musiker zunächst geschockt. Cuomo kehrte ans College zurück, Sharp gründete mit Wilson und Petra Haden von That Dog die semierfolgreiche Designer-Rock-Gruppe The Rentals, Bell rief The Space Twins ins Leben, und Wilson zog mit Huge Guy nach. Nach Überwindung einer Schreibblockade holte Cuomo den Rest der Band 1996 wieder zusammen, um das Album *Pinkerton* (1997) einzuspielen. Die Band klang mit dem gleichen Soundkonzept unverbraucht und frisch, strukturell hatte sich jedoch einiges geändert. Sharp, Bell und Wilson kümmerten sich in erster Linie um ihre Solo-Beiträge und wurden zur Backing-Band für den unumschränkten Oberweezer Cuomo. Von der Kritik gelobt, blieb das Album hinter seinen Verkaufserwartungen zurück. MTV und die US-Rockradios hatten auf neue Sounds umgeschaltet und gitarrenorientiertem Punk-Pop die Unterstützung entzogen. Die Band nahm eine weitere Auszeit, in der sie Schlagzeilen durch eine Auseinandersetzung mit der Sicherheitsfirma Pinkerton Service machte, die vergeblich versuchte, den Titel des zweiten Weezer-Albums gerichtlich untersagen zu lassen. Inspiriert von «Legionen ergebener Fans» (‹Rolling Stone›), gab Cuomo Ende 2000 eine zweite Reunion seines Quartetts bekannt und veröffentlichte mit dem abermals *Weezer* (2001) betitelten, aber als *The Green Album* in die Bandgeschichte eingegangenen Opus eine Platte, deren Sound sich gegenüber ihren beiden Vorgängern weder abgenutzt noch im mindesten verändert hatte. ‹Visions›: «Weezer haben es wieder einmal nicht geschafft, einen schlechten Song aufzunehmen.»

LPs auf DGC: *Weezer* (1994); *Pinkerton* (1997); *Weezer* (2001) ... Sharp und Wilson mit The Rentals auf Maverick: *Return Of The Rentals* (1995)

Weller, Paul (voc, g), am 25. Mai 1958 im englischen Woking, Surrey, geboren, vollzog eine eindrucksvolle Metamorphose vom Mod-Punk über ein Acid Jazz-Stadium zum omnipotenten Songwriter. Bei zunehmender künstlerischer Eleganz ließ er nie sein aus Punk-Tagen stammendes politisches und soziales Engagement außer acht. Unterschiedliche Phasen seiner Entwicklung wurden von den verschiedenen Kreisen seiner Fans sehr unterschiedlich aufgenommen. Galt er den einen als «der miese Typ, der Style Council verbrochen hat» (‹Intro›), so war er für die anderen der «als Britpop-Gott verehrte Paul Weller» (‹Der Spiegel›). Einig war man sich jedoch darüber, daß er mit The Jam «einer ganzen Generation von Mods das Erwachsenwerden erleichtert hat» (‹Intro›). Schon als Kind bekam der in kümmerlichen Verhältnissen aufgewachsende Weller von seinen Eltern eine Gitarre geschenkt. Mit 15 gründete er eine Schulband und schrieb mit seinem Klassenkameraden Steve Brooks erste Songs. Gemeinsam mit Brooks gründete er 1975 The Jam, die zwei Jahre später zu einer der einflußreichsten britischen Punk-Bands avancieren sollten und die einst von The Who angeführte Bewegung der Mods mit neuem Leben erfüllten. Anfang 1983 löste Weller unter dem massiven Eindruck des Motown-Sounds The Jam kurzerhand auf und gründete wenige Wochen später mit dem Jazz-Organisten Mick Talbot die Soul-Gruppe Style Council, mit der er aus dem Nichts heraus neue Triumphe feierte und mit einer Mischung von Soul, Fusion Jazz und Acid House das Konzept des Acid Jazz vorwegnahm. Weller verstand Style Council stets als stilistisch und personell offene Band. 1985 konnten Style Council ihre enormen Erfolge auf den Britischen Inseln auch auf die USA übertragen. Ein Jahr später mischte sich die Gruppe zugunsten der Labour Party in den britischen Wahlkampf ein. Ende der Achtziger begann sich der Fusion-Sound jedoch abzunutzen, und Weller wagte abermals den Absprung. Nach dem Bruch mit ihrem Label Polygram löste Weller Style Council auf und begann ohne Plattenvertrag seine Solokarriere. Nach zweijähriger Klausur kehrte er mit dem Projekt The Paul Weller Movement und der neopsychedelischen Single *Into Tomorrow* (1991) zurück, die er noch im gleichen Jahr mit einer Tour promotete, auf der er das Material für sein Solo-Debütalbum *Paul Weller* (1992) erarbeitete. Unter der Ägide von Brendan Lynch und der Mitarbeit seiner Frau Dee C. Lee sowie verschiedener Mitglieder der Young Disciples entstanden zwölf geschmackvolle Pop-Songs, die verspielt mit Wellers Jazz-Erfahrungen umgingen. Das Album erfreute sich bei Kritikern wie Käufern regen Zuspruchs. Mit *Wild Wood* (1993), das ein Jahr später den Novello Award für die «Outstanding Contemporary Song Collection» erhielt, untermauerte Weller seinen Anspruch als seriöser Songschreiber und Performer. Nach dem Live-Album *Live Wood* (1994) gelang ihm mit *Stanley Road* (1995) seine erfolgreichste Platte seit The Jam, die auf Platz eins in die britischen Charts einstieg. Auf der Höhe des Britpop-Booms mit Oasis und Blur genoß Weller in England ein derartiges Ansehen, daß er sich leisten konnte, eine komplette Amerikatournee abzusagen. Noel Gallagher wurde nicht müde, ihn als Vater des Britpop zu preisen. Nachdem er von seiner Backing-Band verlassen worden war, die fortan als Ocean Colour Scene firmierte, heuerte Weller für sein nächstes Album völlig neue Musiker an. Auf *Heavy Soul* (1997) zelebrierte er «Dayglo-Sunset-Pop und bluesige Melodramatik, die sachte an die Machart der späten Sechziger und Siebziger von The Kinks, The Move und Traffic erinnerten» (‹Rolling Stone›). Mit dem in seiner Ausgewogenheit unübertroffenen *Heliocentric* (2000) schließlich formulierte Weller sein musikalisches Credo. ‹Intro›: «Weller ist einen weiten Weg gegangen, aber krasse Brüche braucht er nicht. Alles, was er je angefaßt hat, ist auch auf *Heliocentric* vertreten – eine bescheidene Schwermut und nach wie vor viel Soul.» Doch der Perfektionismus hatte seinen Preis. Als Wellers Plattenfirma sich 2001 weigerte, eine US-Tournee finanziell zu unterstützen, mußte er aus Kostengründen absagen – eine bittere Pille für den Mann, der einst eine Amerikatournee aus purem Snobismus canceln konnte.

LPs auf London: *Paul Weller* (1992) ... auf Polygram: *Wild Wood* (1993); *Heavy Soul* (1997) ... auf Go! Discs: *Live Wood* (1994); *Stanley Road* (1995) ... auf Universal: *Heliocentric* (2000) ... LPs mit The Jam auf Polydor: *In The City* (1977); *This Is The Modern World* (1977); *All Mod Cons* (1978); *Setting Songs* (1979); *Sound Affects* (1980); *The Jam* (Mini-LP, 1981); *The Gift* (1982); *Dig The New Breed – Live 1977–1982* (1982); *Snap* (1983); *Live Jam* (1993); *Extras* (1993); *Direction, Reaction, Creation* (5-CD-Boxset, 1997) ... LPs mit Style Council auf Polydor: *Introducing The Style Council* (1983); *Cafe Bleu* (1984); *Our Favourite Shop* (1985); *Home And Abroad – Live* (1986); *The Cost Of Loving* (1987); *Confessions Of A Pop Group* (1988); *Singular Adventures* (1989) ... auf Geffen: *Internationalists* (1985); *My Ever Changing Moods* (1986)

Westernhagen, Marius, ursprünglich Müller-Westernhagen (voc, g), am 6. Dezember 1948 in Düsseldorf geboren, brauchte sich lange nicht zwischen einer Schauspieler- und einer Rockmusiker-Karriere zu entscheiden. Auf Vermittlung seines Vaters, des Schauspielers Hans Müller-Westernhagen, war er bereits als Halbwüchsiger im Film ‹Die höhere Schule› (Regie: Wilhelm Semmelroth) aufgetreten und bald ein gefragter Kinderstar für Fernseh- und Rundfunkproduktionen. Er schloß sich verschiedenen Düsseldorfer Schülerbands an und erlangte als Frontmann der Formation Harakiri Whoom lokale Berühmtheit. Als die Band sich 1970 auflöste, schien die Schauspielkarriere vorgezeichnet. Als Gag-Autor für das Fernseh-Satiremagazin ‹Express› trat er 1973 aber wieder ans Mikrofon und verballhornte Paul McCartneys *Give Ireland Back To The Irish* zu *Gebt Bayern zurück an die Bayern*. Zwar wurde die entsprechende Single auf Grund öffentlicher Entrüstung schnell wieder vom Markt genommen, Müller-Westernhagen blieb Rockhörern aber als auffallender Sänger im Gedächtnis. Nach seinem Umzug nach Hamburg, wo gerade die «Hamburger Szene» aufblühte, kam mit der Single *Celebration* die musikalische Karriere in Fahrt: 1974 veröffentlichte er mit Hilfe des Gitarristen und Produzenten Peter Hesslein (Lucifer's Friend, James Last) die LP *Das erste Mal*. Die Melange aus Rock-Elementen und Liedermacher-Texten aus eigener Feder kam beim Publikum nicht an. So widmete sich der Sänger wieder der Schauspielerei – ohne die Musik gänzlich aus dem Auge zu verlieren. 1976 war er das erste Mal in der Rolle des Theo zu sehen, eine Stehaufmännchen-Figur, mit der Marius Müller-Westernhagen identifiziert und mitunter verwechselt wurde. Der Theo-Film ‹Aufforderung zum Tanz› (Regie: Peter F. Bringmann) ließ die musikalischen Ambitionen Müller-Westernhagens weiter in den Hintergrund treten. Engagements für Filme von Tankred Dorst (‹Klaras Mutter›) und Margarete von Trotta (‹Das zweite Erwachen der Christa Klages›) verdeckten die Plattenveröffentlichungen *Bittersüß* und *Ganz allein krieg ich's nicht hin*. Beide LPs, wieder in Zusammenarbeit mit Peter Hesslein, ließen einen unentschlossenen, den eigenen Fähigkeiten nicht trauenden Müller-Westernhagen hören. Die nicht mehr ganz zeitgemäße Musik Hessleins versah der dürre Sänger mit pseudopoetischen Texten und brachte dabei Gefühl und Gefühligkeit durcheinander. Unzufrieden mit sich und seinen Platten, wechselte er den Produzenten und nahm 1978 unter der Regie des früheren Amon Düül II-Bassisten Lothar Meid *Mit Pfefferminz bin ich dein Prinz* auf. Meid setzte auf kompromißlose Rockmusik für «die Platte, mit der Marius Müller-Westernhagen endlich seinen Stil gefunden hat» (Müller-Westernhagen-Biograph Wolfgang Höbel). Der Titelsong taugte ebenso zum Hit wie die Stücke *Dicke*, *Johnny W.* *Dicke* markierte gleichzeitig des Sängers Hang zu publikumswirksamer Unfreundlichkeit – später machte er sich über DDR-Ausbürgerungen lustig. Der Erfolg des Albums und der 1980 folgenden LP *Sekt oder Selters* machten Müller-Westernhagen zu einem Star der deutschen Rockmusik. Er ließ den «Krautrock» der siebziger Jahre hinter sich und biederte sich nicht bei der zeitgleich grassierenden Neuen Deutschen Welle an. Der Film ‹Theo gegen den Rest der Welt› (1980, Regie: Peter F. Bringmann) brachte dem Schauspieler Müller-Westernhagen ein Millionenpublikum, von dem auch der Rockmusiker M.-W. profitierte. Endlich wirkte der Sänger in seinen Konzerten «nicht mehr wie ein Schauspieler, der seine Lieblingsrolle spielt – die eines Rocksängers» (Kritiker Werner Burkhardt). Die LP *Stinker* (1981) wurde nach dem gleichen Muster wie die Vorgänger gestrickt, wie diese ging sie hunderttausendfach über den Ladentisch. Die 1982 veröffentlichte und nach einem Schlager des früheren deutschen Schwergewichts-Boxweltmeisters Max Schmeling betitelte LP *Das Herz eines Boxers* beendete vorerst die Erfolgssträhne des Sängers – verkaufte sich aber immer noch gut. Müller-Westernhagen gehörte inzwischen neben Udo Lindenberg, Peter Maffay und Herbert Grönemeyer zu den Größen der deutschen Rockmusik, für die andere Maßstäbe galten. In den achtziger Jahren stagnierte seine Karriere auf diesem Niveau. Auch mit neuen Filmen konnte er nicht an die Theo-Erfolge anknüpfen. ‹Der Madonna-Mann› (Regie: Hans Christoph Blumenberg) wurde sein vorerst letzter Film, für die Produktion des Albums *Westernhagen* ließ er sich zwei Jahre Zeit. Der lange Anlauf lohnte sich: *Westernhagen* und mehr noch *Hallelujah* bescherten dem «begabten Menschenfänger» (Höbel) ein ungeahntes Comeback. Von nun an wurden seine LPs *Westernhagen Live, Jaja* und *Affentheater* in Millionenauflagen verkauft. Hervorragende Musiker gaben seinen nicht immer schlüssigen Texten einen Background aus schnörkellosem Rock amerikanischer Machart. Trotz des immensen Erfolgs dieser Musik ohne Risiko – Westernhagen trat in den neunziger Jahren in den größten Hallen und in Fußballstadien auf, seine *Affentheater*-Tour (1995) ließ er von Don A. Pennebaker abfilmen – schien der Sänger des Starrummels müde. Er schottete sich ab, versuchte die Medien zu steuern und vergatterte selbst enge Mitarbeiter wie Freund und Produzent René Tinner. Kritik an diesem Fan-fernen Gebaren ließ ihn unberührt. «Haß mich oder lieb mich, das ist mir egal», hatte Müller-Westernhagen schon früher gesungen. Der Gigantomanie der Tournee zur CD *Radio Maria* (1998) bescheinigte der ‹Musikexpress› «wagnerianische Ausmaße: Die Bühne wog 570 Tonnen, die Beschallung mit 200 000 Watt hätte ausgereicht, ein mittelschweres Erdbeben auszulösen. Dazu kamen ein ausgetüfteltes Lichtdesign, ein riesiger beweglicher Monitor-Satellit, auf den eigens gedrehtes Filmmaterial projiziert wurde und Cat-Walks, auf denen selbst ein Marathonläufer hätte trainieren können.» Der *Supermann*, der *Walkman* (so zwei neue Songtitel), der Marius, 50, der seit einem Jahrzehnt den Müller im Nachnamen gestrichen hatte, drehte darauf noch einmal seine Runden mit der alten pubertären Attitüde («Geiles Biest, ohne Höschen nach Paris») bis zum Tournee-Finale in Hamburg, und danach Schluß mit den Stadionkonzerten. So jedenfalls der Vorsatz: «Ich wollte mindestens ein Jahr nicht mehr arbeiten. Doch ich mußte feststellen, daß ich für meine Umwelt und für mich selbst ungenießbar wurde. Wenn ich rumsitze, fange ich an zu grübeln. Ich bekomme schlechte Laune und nörgele an allem und jedem herum. Ich muß produktiv sein, sonst werde ich depressiv.» Also ließ er alle 18 LPs / CDs seine Katalogs in London von Tim Young digital remastern und wählte 29 Titel für die Best-of-Doppel-CD *So weit* (2000) aus – für weniger betuchte Fans auch als Einzel-CD mit 18 Titeln erhältlich. Die Werkschau eröffne den Blick, so Jürg-Peter Klotz im deutschen ‹Rolling Stone›, nach wenigen glaubhaft-proletigen Rockstücken aus der Frühzeit vor allem auf

«weichgespülte Bücklinge vor den Bedürfnissen des gleichgeschalteten Formatradios, mit denen uns die Firma Westernhagen seit dem 1992er *Jaja*-Album mit konstanter Boshaftigkeit behelligt». Und es sei «nicht nachvollziehbar, warum jemand, der wahrscheinlich sogar von vertonten Bundestagsreden eine halbe Million Exemplare ungehört im Vorverkauf absetzen könnte, nicht bereit ist, auch nur das kleinste künstlerische Risiko einzugehen». Aber was hieß hier künstlerisch? Auch als Udo Lindenberg im Frühjahr 2001 zur Aktion «Rock gegen rechte Gewalt» aufrief, konnte Marius Westernhagen gerade nicht. Er mußte sich seelisch auf das Bundesverdienstkreuz vorbereiten, das er dann aus der Hand seines Duzfreundes, des Kanzlers Gerhard Schröder, entgegennahm.

LPs auf WEA: *Das erste Mal* (1975); *Bittersüß* (1976); *Ganz allein krieg ich's nicht hin* (1977); *Mit Pfefferminz bin ich dein Prinz* (1978); *Sekt oder Selters* (1980); *Stinker* (1981); *Das Herz eines Boxers* (1982); *Geiler is' schon* (1983); *Die Sonne so rot* (1984); *Laß uns leben* (1985); *Lausige Zeiten* (1985); *Westernhagen* (1987); *Hallelujah* (1989); *Westernhagen Live* (1990); *Jaja* (1992); *Affentheater* (1994); *Keine Zeit – Live* (1996); *Radio Maria* (1998); *So weit – Best Of* (Doppel- und Einzel-CD, 2000)

White, Barry (voc, kb, dr), als Booker T. Washington White am 12. September 1944 in Galveston, Texas, geboren, war mit 106 Gold- und 41 Platin-LPs der König der Disco-Musik und schwankte in der Beurteilung gleichaltriger Mitmenschen sowie deren Kinder und Enkel zwischen erotischem Erlöser und abgefeimtem Erzeuger musikalischen Kitschs. Mit «einer Stimme, die an Erdstöße oder an ein geplatztes Wasserbett erinnert, und Songtexten (‹Your eyes, your hair / Everything I like you've got right there›) so komplex und erwachsen wie die Sprüche auf Love-Hearts-Konfekt» (‹The Times›), galt er als «ein Liberace des Soul, der mit seinem Love Unlimited Orchestra schwarzen Groove mit einer Breitseite samtig schmachtender Geigen umarmt» (‹Berliner Morgenpost›). «Nach den strengen Regeln der Political Correctness erfüllten seine brünstigen Balladen den Tatbestand verbaler Vergewaltigung», übertrieb Michael Pilz in der Tageszeitung ‹Die Welt›, während Gitti Gülden in ‹Rolling Stone› mutmaßte, im Grunde sei es ganz gleich, «welches Raunen und Seufzen da aus dem Hause White und aus den Lautsprechern quillt – die Auflösung jedweden Widerstandes ist eine Art Album-Garantie. Barry White in allen Schlafzimmern der Welt, und die Geburtenrate steigt.» Tatsächlich hatte der «Bedroom Brumbass» (Gülden), selber Vater von acht Kindern, den gefälligen, an breite Käuferschichten appellierenden Soul-Stil von Isaac Hayes nur noch weiter vereinfacht. Mit gutturalem Kopfkissengeflüster, schwelgerischen Violinarrangements und textlicher Beischlaf-Animation trug er noch dikker auf. «Ich weiß», sagte er, «daß ich mit Liedern weder Kriege in Asien stoppen noch das Rassenproblem lösen kann. Wenn mir aber eine Frau sagt, ihr Mann sei im Bett freier, nachdem er meine Platten gehört hat, macht mich das happy. Laßt mich also meinen kleinen Beitrag dazu leisten, den Krieg im Schlafzimmer zu beenden.» Der Sohn einer Gospelsängerin, die im Film ‹Trader Horn› auch einmal eine Kinorolle gespielt hatte, war vom Babyalter an in den South Central-Slums von Los Angeles aufgewachsen. Wenn er nicht gerade im Kirchenchor sang, Orgel spielte oder Schlagzeug übte, knackte er Autos. Als Halbwüchsiger wurde er in die Reese School eingewiesen, ein Institut für schwer erziehbare Kinder. «Die Musik hat mir das Leben gerettet», sagte Barry White, nachdem am 5. Dezember 1983 sein ein Jahr jüngerer Bruder Darryl zwischen 33. Straße und Central Avenue von Downtown Los Angeles bei einem Gang-Krieg erschossen worden war: «Darryl liebte es zu kämpfen, ich liebte den symphonischen Klang von Violinen.» Noch als Pennäler spielte er gelegentlich bei der R & B-Combo Upfronts mit und verdiente 1961 hundert Dollar, als er bei der Aufnahme der obskuren Single *Tossing On Ice Cube* im Studio das Händeklatschen besorgte. 1963 gründete er die Atlantics, 1964 zusammen mit Carl Carlton die Majestics, trat in Clubs auf, arbeitete als Studiomusiker und komponierte die Charts-Hits *Harlem Shuffle* für das Duo Bob & Earl und *The Duck* für Earl Nelson von Bob & Earl, aufgenommen unter dessen Pseudonym Jackie Lee. 1966 engagierte ihn der Plattenproduzent Bob Keene für eine Wochengage von 40 Dollar als A & R-Mann seiner Labels Bronco und Mustang. Dort schrieb und produzierte er u. a. für Felice Taylor die bescheidenen Hits *It May Be Winter Outside, I Feel Love Comin' On*, für Viola Wills *Lost Without The Love Of My Guy* und versuchte sich mit *All In The Run Of A Day* auch als Sänger. 1968 stellten sich ihm drei Ex-Gospelsängerinnen aus dem kalifornischen San Pedro als frisch formiertes und noch namenloses Trio vor: Diane Taylor und die Schwestern Glodean und Linda James. White hatte inzwischen erkannt, «daß das einzige Wort, das ich für meine Musik buchstabieren können muß, ‹Liebe› heißt». Er nahm die drei Sängerinnen als Manager und Produzent unter Vertrag, nannte sie Love Unlimited, vermittelte sie zu Uni Records, schneiderte ihnen den Song *Walking In The Rain* und verkaufte davon mehr als eine Million Singles. 1992 gründete er zusammen mit seinem Partner Larry Nunes die Produktionsfirma Soul Unlimited und schloß für diese, das Trio Love Unlimited sowie sich selbst als Solokünstler mit 20th Century einen Vertriebsvertrag. Whites Debütalbum *I've Got So Much To Give* (1973) kam in den US-Pop-Charts auf Platz 16, die Single *I'm Gonna Love You Just A Little More, Baby* auf Platz drei. Seine zweite LP *Stone Gon'* (1974) mit der Single *Never, Never Gonna Give You Up* stabilisierten den Erfolg auf den Positionen 20 und sieben. Doch das Album *Under The Influence Of ...* des Trios Love Unlimited zog an allem vorbei: Nummer drei in Amerika. Die mit einem 40köpfigen Orchester aufgenommene, acht Minuten lange instrumentale Ouvertüre der LP *Love Theme* wurde von US-Discjockeys im Rundfunk derart oft aufgelegt, daß White sie von dem anschließenden Song *I'm Under The Influence Of Love* abkoppelte und separat als Single veröffentlichte. *Love Theme*, wochenlang Nummer eins in den US-Charts, war eine der drei Singles, die in der ersten Jahreshälfte 1974 die Disco-Musik endgültig als «sound of the seventies» im Bewußtsein der Pop-Konsumenten etablierten (neben George McCraes *Rock Your Baby* und *Rock The Boat* von der Hues Corporation). Als Barry White am 4. Juli 1974 im gänzlich zu diesem Zweck gemieteten (und später abgerissenen) Hotel Diplomat an New Yorks 43rd Street West, gegenüber der Town Hall, seine Hochzeit mit der Love Unlimited-Sängerin Glodean James vom Haschisch-Keller bis zum Dachgarten mit Feuerwerk medienwirksam zelebrierte, war die Disco-Ära spektakulär eröffnet. Über Nacht galt die Diskothek Le Jardin im Hotel Diplomat als Mekka der neuen Tanzmode – ein Vorläufer des später erfolgreicher gemanagten Tanz-Tempels und Snobiety-Treffpunkts Studio 54. Sein *Love Theme* hat White mit dem Love Unlimited Trio in diversen Besetzungen, dem Love Unlimited Orchestra, dem immer wieder hochbezahlte Musikstars wie Kenny Gorelick alias Kenny G (sax), Wilton Felder (kb), Wah Wah Watson (g), Paulinho da Costa (perc) u. a. angehörten, sowie als Solo-Star seither nur noch kommerziell ertragreich variiert. Stücke wie *I've Got So Much To Give, You're The First, The Last, My Everything, I Can't Get Enough Of Your Love* trugen ihm auf Grund ihres gewaltigen Diskotheken-Appeals ein Charts-Abonnement ein. Während ihm Kritiker jahrzehntelang vorwarfen, seine «Songs mit Zeitlupen-Groovers und seltenen Akkordwechseln» seien «Musik jenseits jeglicher Aufnahmefähigkeit und damit nicht analysierbar» (Christoph Lindemann im ‹Musikexpress›), lobten Kollegen wie der Arrangeur und Songautor Gene Page: «Seine Idee vom Breitwand-Soul war für damalige Verhältnisse ebenso unkonventionell wie brillant.» 1979 schuf sich White für sein Label Unlimited Gold, mittlerweile im Auftrag der Labels von CBS, in San Diego ein hochmodernes Aufnahmestudio, doch die Kette seiner Super-Singles endete im gleichen Jahr mit der Billy Joel-Komposition *Just The Way You Are* aus dem Album *The Man* (1998), die in England die Charts-Position zwölf erreichte, in den USA aber gar nicht mehr ausgekoppelt wurde. Die Disco-Ära war vorüber. Die achtziger Jahre verbrachte «The Man» relativ orientierungslos und ohne nennenswerte Hits. Er trat 1984 beim Gospel-Festival in Jerusalem auf und erfuhr 1985 aus dem Fachblatt ‹Billboard›, Marvin Gaye habe ihn als Producer seines nächsten Albums vorgesehen – was nicht zustande kam, da Gaye vorher erschossen wurde. *Barry And Glodean* (1980), ein Duett-Album mit seiner Frau, verfehlte die Hitparaden, *Sheet Music* (1980), *Change* (1982), *Dedicated* (1983) sowie die Comeback-Versuche mit einer neuen Plattenfirma (A & M), einer neuen Band und den LPs *The Right Night* (1987), *The Man Is Back* (1988) blieben weit unterhalb der Top 100

stecken. Erst 1990 ging er nach sieben Jahren wieder auf eine Welttournee und wurde – beispielsweise in den sechs ausverkauften Konzerten in England von 70 000 Besuchern – stürmisch bejubelt. White war jetzt Kult. 1993 veröffentlichte Polygram die 3-CD-Box *Just For You* mit all seinen Hits. 1994 erhielt er im Shrine Auditorium von Los Angeles einen Soul Train Award für vergangene Leistungen, 1995 zwei Soul Train Awards für ein ganz aktuelles Produkt: Seine CD *The Icon Is Love*, wieder mal Nummer eins in Amerika, wurde als bestes R & B / Soul-Album des Jahres prämiert, die Single *Practice What You Preach* als R & B / Soul-Song des Jahres. Binnen kurzem waren drei Millionen CDs abgesetzt. Erneut ging er auf Welttournee, gastierte als erster Künstler aus der Ersten Welt im Safari Park Garden Theatre von Nairobi, Kenia, in der Dritten Welt und konzertierte erstmals auch wieder in den USA. Als er am 2. November 1995 in L. A. in die Soul Train Hall of Fame aufgenommen werden sollte, mußte er der Zeremonie fernbleiben: Er lag mit der Diagnose totale Erschöpfung in Las Vegas im Krankenhaus. Ärzte sprachen von hohem Herzinfarkt-Risiko – der übergewichtige Künstler wog 150 Kilo. In den Neunzigern wurde White auch als Komponist und Duettpartner wiederentdeckt. Mick Hucknalls Band Simply Red coverte erfolgreich seinen Song *It's Only Love*, Isaac Hayes (*Dark And Lovely [You Over There]*), Edie Brickell (*Good Times*), Tina Turner (*In Your Wildest Dreams*), aber auch Big Daddy Kane und Lisa Stansfield wünschten sich seine Stimme auf ihren Platten. Lisa Stansfield und Chaka Khan erklärten sich umgekehrt gern bereit, mit ihm für Whites Album *Staying Power* (1999) zu duettieren. Da sie beide zusagten, kam der Song *The Longer We Make Love* in zwei verschiedenen Versionen auf die Platte. Background sangen Bridget White-Hancock und Brenda Hollaway. Puff Daddy hatte den Evergreen von Sly & The Family Stone *Thank You* in einer Länge von drei Minuten und 15 Sekunden inszeniert. Ansonsten aber war es wie früher, keine Nummer unter 5'45": «Tonight, when we make love / I'm gonna work your body with my tongue / My message is clear, baby: I got staying power.» Auch die Rezensenten reagierten wie gehabt, als abschreckendes Beispiel eine Probe ‹Musikexpress›: «Barry grummelt und brummelt, baggert und schleimt sich ins Schlafzimmer, nackt bis auf die Goldkette, ein sabberndes Klischee, feucht und verkitscht, seventies und soulful.» In der Londoner ‹Times› spielte Barbara Ellen unter der Gürtellinie auf Whites Alter, 56, und den CD-Titel *Staying Power* mit den Worten an, er klinge, als habe er sich ein Jahr lang jeweils Sekunden vor der Aufnahme mit Viagra-Pillen, dem Altmänner-Aphrodisiakum, aufgeputscht. Das ging nun wirklich etwas zu weit.

LPs auf 20th Century: *I've Got So Much To Give* (1973); *Stone Gon'* (1974); *Together Brothers* (Soundtrack, 1974); *Can't Get Enough* (1974); *Just Another Way To Say I Love You* (1975); *Let The Music Play* (1976); *Is This Watcha Want* (1976); *Sings For Someone You Love* (1977); *The Man* (1978); *I Love To Sing The Songs I Sing* (1979) ... auf Unlimited Gold: *The Message Is Love* (1979); *Sheet Music* (1980); *Barry and Glodean* (1981); *Beware* (1981); *Change* (1982); *Dedicated* (1983) ... auf Casablanca: *Greatest Hits; Greatest Hits Vol. 2* ... auf A & M: *The Right Night* (1987); *The Man Is Back* (1989); *The Icon Is Love* (1994) ... auf Prism: *Your Heart And Soul: The Love Album* (2000) ... LPs von Love Unlimited auf 20th Century: *Under The Influence Of Love Unlimited* (1973); *In Heat* (1974); *Together Brothers* (Soundtrack, 1974) ... auf MCA: *Barry White Presents* (1975) ... LPs von Love Unlimited Orchestra auf 20th Century: *Rhapsody in White* (1973); *White Gold* (1974); *Grand Gala* (1974); *Music Maestro Please* (1975); *He's All I've Got* (1975); *Let The Music Play* (1976); *My Summer Suite* (1976); *My Musical Bouquet* (1978) ... auf Unlimited Gold: *Love is Back* (1979); *Let 'em Dance* (1981); *Welcome Aboard* (1981) ... auf 20th Century: *The Collection* (1988); *Greatest Hits* (1975), *Greatest Hits, Vol. 2* (1977) ... auf A & M: *Put Me In Your Mix* (1991) ... auf Polygram: *Just For You* (3-CD Box, 1993); *The Icon Is Love* (1995) ... auf Private Music / BMG: *Staying Power* (1999)

Whitley, Chris (voc, g), am 31. August 1960 in Houston, Texas, geboren, betrieb in seinen zerklüfteten Folksongs eine Art der Selbstzerfleischung, die in der amerikanischen Songwriter-Szene ihresgleichen suchte. Er sei ein «leidenschaftlicher Anachronist, und das nicht etwa, weil er den Anschluß an den Zeitgeist verpaßt hätte, sondern weil er sich verweigert», pries ihn

‹In Music›: «Er ist einer der letzten Singer/Songwriter, die diesen Namen wirklich verdienen.» Darüber hinaus war er ein hypersensibler Chronist seiner Zeit, der zwar «formale Präzision und eine lebendige Bildsprache mustergültig vereinte» (‹Rolling Stone›), aber völlig planlos und in jeder Hinsicht unprogrammatisch arbeitete, ein «unverwechselbarer Individualist» (‹WOM Journal›), dem es in letzter Konsequenz egal war, ob er gehört wurde oder nicht, weil er seine Songs in erster Linie als Möglichkeit zur Selbsttherapie verstand. ‹Solo›: «Der Mann verkörpert den Archetypus des rastlosen Tramps, an endlosen US-Highways entlang, mit dem Daumen im Wind und der Gitarre auf dem Rücken.» Schon als Kind war Chris Witley oft unterwegs. Als er elf war, ließen sich seine Eltern scheiden, und seine Mutter zog vorübergehend mit ihm nach Mexiko, später nach Vermont. Unter dem Einfluß von Creedence Clearwater Revival, Johnny Winter und Jimi Hendrix begann er mit 15 Gitarre zu spielen uns entschied sich bald für die Slide Guitar. Kurz vor dem Abschluß verließ er die Schule und zog nach New York, wo er auf der Straße spielte. Nach kurzer Zeit weckte er das Interesse des Inhabers eines Reisebüros, der ihn nach Europa schickte. In Belgien machte er eine Reihe von Aufnahmen, die unentschieden zwischen Blues, Funk und Rock pendelten. 1990 kehrte er nach New York zurück. Dort traf er Daniel Lanois, der ihm zu einem Vertrag auf dem Label Columbia verhalf und sein Debüt *Living In The Law* (1990), «ein rauhbeiniges und größtenteils akustisches Blues-Album» (‹Musikexpress›), produzierte. Einhellig positive Kritiken führten dazu, daß Tom Petty den Sänger und Gitarristen als Support engagierte. Mit nur einem Album genoß Whitley unter «Anhängern dezenter Düsternis» (‹Gitarre & Bass›) Kultstatus, doch statt seine Basis auszubauen, wartete er fünf Jahre, um sein hartes, schweres, vom Grunge beeinflußtes Blues Rock-Album *Din Of Ecstasy* (1995) herauszubringen. Trotz brillanter Songs wurde es nur noch von Insidern wahrgenommen und von der Kritik als «laut und kaputt» (‹Akustik Gitarre›), «kakophonischer Neolärm» (‹Frankfurter Rundschau›) abgetan. Der vorschnell als Wunderknabe des akustischen Songs gefeierte Whitley «fiel aus der Schublade ins Nirgendwo» (‹taz›). Und weitere zwei Jahre verstrichen, bis er auf dem streckenweise lustlosen, «desolaten» (‹Rolling Stone›) Album *Terra Incognita* (1997) zu introvertierterem Folk Rock zurückkehrte. Whitley erkannte jedoch, daß er sich mit eindimensionaler Soloarbeit in eine künstlerische Sackgasse manövrierte, und produzierte in einer Autowerkstatt in Vermont mit *Dirt Floor* (1998) ein «schönes Album von Ein-Mikrofon-Simplizität» (‹New York Times›), auf dem er sich immerhin selbst mit Gitarre, Banjo und Fußstampfen begleitete. In Craig Street hatte Whitley einen Produzenten gefunden, der die spirituelle Kraft des Sängers und Songwriters adäquat umzusetzen wußte. Whitleys Stimme klang wesentlich düsterer als zuvor, sein Spiel auf Gitarre und Dobro hatte an Tiefe und Unschärfe gewonnen. In der Folge des Albums ging der «Asphalt-Tiger» (‹In Music›) dreimal auf Welttournee und wurde zu Konzerten von Alanis Morissette und Jonny Lang als Support eingeladen. Auf *Live At Martyrs'* (2000) gelang ihm eine Dokumentation seiner Live-Performance, die Wärme und Nähe, aber auch spielerische Magie transportierte. Obwohl er seine Suchtprobleme noch lange nicht im Griff hatte, gelang ihm zumindest, seine Position als einer der wichtigsten amerikanischen Songpoeten zu festigen. Mit Chris Wood (b) und Billy Martin (b) von der Jazzgruppe Medeski Martin & Wood nahm er unter dem Titel *Perfect Day* (2000) Songs auf, die ihn bis zu diesem Zeitpunkt beeinflußt hatten, unter anderen Originale von Bob Dylan, Jimi Hendrix, Lou Reed, Robert Johnson, Muddy Waters und den Doors. ‹Jazzthik›: «Er hält sich nicht mit Rekonstruktionen oder Interpretationen auf, sondern transformiert diese persönlichen Kostbarkeiten durch das Wurmloch selbst erfahrener und noch kommender Schmerzen. Unverholen gibt er zu, daß es ihm dabei nicht zuletzt um Irritation, um die Vereinbarung von Gegensätzlichkeiten geht.» Die schmerzhaft persönlich gehaltenen Klassiker-Interpretationen spalteten Publikum wie Kritik ebenso wie das folgende Album *Rocket House* (2001), mit dem er eine 180-Grad-Wende vollzog. Er warf, so ‹Tip›, «alles über den Haufen, was er zuletzt aufgebaut hatte, und läßt sich auf Loops und Ambientscapes in unbekannte Räume treiben. Seine Stimme wird zum Spielball

der ihn umgebenden Sounds. Auf den ersten Eindruck scheint das Album viel weniger feinsinnig zu sein als sein Vorgänger. In Wirklichkeit betritt er den Komplex seiner Themen nur von der gegenüberliegenden Tür.» Chris Whitley, «ein moderner Fürst Myschkin» (‹Jazzthetik›), stellte sich in Gegensatz nicht nur zur Gesellschaft, sondern auch zu allen Erwartungen, die an ihn gerichtet wurden. Seine Karriere reflektierte eine im Musikgeschäft einzigartige Ästhetik des Widerstands.

LPs auf Columbia: *Living With The Law* (1991); *Terra Incognita* (1997) ... auf Work: *Din Of Ecstasy* (1995) ... auf Messenger: *Dirt Floor* (1998); *At Martyrs* (2000) ... auf New Machine: *Perfect Day* (2000) ... auf ATO: *Rocket House* (2001)

The Who kamen 1965 mit dem Hit *My Generation* aus einer alten Londoner Garage und waren bis in die neunziger Jahre hinein für ihre Generation tonangebend geblieben. Pete Townshend (g, voc), Roger Daltrey (voc), John Entwistle (bg, voc) und Keith Moon (dr), die sich anfangs The Highnumbers nannten und in Vorstadtkneipen rockten, hatten ihre Auftritte (beispielsweise bei den epochalen US-Popfestivals in Monterey und Woodstock) zu einem optisch fesselnden Musiktheater und zu Orgien der Gewalttätigkeit gemacht. Am Ende der Show zertrümmerten sie eine Zeitlang regelmäßig ihre Instrumente. Sie waren die ersten, die elektronische Rückkopplungen in ihre durch riesige Verstärker- und Lautsprechertürme projizierten Lärmsymphonien einkomponierten und zudem Collagetechniken für Rockschallplatten nutzten. Auf der LP *The Who Sell Out* parodierten sie mit witzigen Texten, Geigenschmalz und Fanfaren die Werbesendungen von «Wonderful Radio London»; mit dem durchkonzipierten Album *A Quick One* (US-Titel: *Happy Jack*) regten sie den *Sgt. Pepper* der Beatles an; mit dem Song-Zyklus *Tommy* (Pete Townshend) brachten sie als erste Band Rockmusik in die Opernhäuser mehrerer Kontinente. Dem harten, vulgären, schonungslosen Rock 'n' Roll-Stil der englischen Arbeiterjugend hat das Quartett kaum etwas hinzugefügt, aber es hat diesen Stil humorvoll und artifiziell zur Vollendung geführt. Jeder von Townshends Partnern war ein Rockmusiker par excellence. Roger Daltrey, am 1. März 1944 im Londoner Stadtteil Hammersmith geboren, war zwar kein technisch überragender Sänger. Er setzte seinen direkten, so gut wie verzierungslosen Vokalstil jedoch kraftvoll und derart ensemblekonform ein, nach einer selbstentwickelten Choreographie wirbelte er seinen Körper und das Mikrofon derart artistisch über die Bühne, daß selbst das heikle Jazzmagazin ‹Down Beat› anerkennen mußte, er erfülle seinen Job außerordentlich ehrlich und effektiv. In der Filmversion von *Tommy* spielte Daltrey die Titelrolle. Keith Moon, am 23. August 1946 in Wembley, England, geboren, war nicht nur ein fulminanter Showdrummer mit einer Begabung für groteske Gesten, sondern auch ein Schlagzeugvirtuose, der die melodischen Möglichkeiten der Trommeln und Becken vortrefflich nutzte. «Er erschöpft sein Instrumentarium und holt alle nur denkbaren Tonfarben heraus» (‹Down Beat›). Als im November 1972 die Orchesterfassung von *Tommy* im Londoner Rainbow Theatre Bühnenpremiere hatte, gab er – wie später auch im *Tommy*-Film – den schrecklichen Onkel Ernie, der sich mit verschwitzter Damenunterwäsche erotisch stimuliert und seinen Neffen Tommy mißbraucht. Moon starb am 7. September 1978 an einer Überdosis des Medikaments Heminevrin, das ihm zur Dämpfung seiner Alkoholsucht verschrieben worden war. ‹Die Zeit›: Moon war «ein genuiner Komiker». John Entwistle, am 9. November 1945 in Chiswick, England, geboren, hatte Musiktheorie und French Horn studiert und als Steuerbeamter gearbeitet, ehe er als Baßgitarrist und Co-Autor von Townshend zum ruhenden Pol im Bühnen-Furioso der Who wurde. Daß sich die Musikalität des brillanten Rhythmikers in seiner Who-Rolle nicht erschöpfte, bewies er mit Soloalben, auf denen er Baßgitarre, French Horn, Trompete, Posaune, Klavier, Elektroklavier, Orgel spielte und sang. Entwistle hatte zudem Stücke komponiert, arrangiert und in eigener Regie produziert. 1973 lud er Alan Ross (g), Tony Ashton (kb) und Graham Dekain (dr) zu einem Studioquartett ein, mit dem er unter den Combotiteln Ox und Rigor Mortis in Stücken wie *Hound Dog, Lucille, Big Black Cadillac, Peg Leg Sue* hochaktuellen Rock ’n’ Roll produzierte. Die starken latenten Spannungen zwischen den eingefleischten Who-Individualisten brachen bei der Produktion des Albums *Quadrophenia* offen aus und wurden zwischen Townshend und Daltrey sogar in der englischen Musikpresse ausgetragen. Durch das Soloalbum *Daltrey* (1973) mit Songs von Leo Sayer, die mit der Who-Klangsprache wenig gemein hatten, hatte der Sänger Selbstvertrauen gewonnen. Der Konflikt überschattete die Welttournee 1976 und führte zu einer Produktionspause der Band zwischen dem schnörkellosen Rockalbum *The Who By Numbers* (1975) und *Who Are You* (1978), welche die vier Musiker mit Soloprojekten füllten. Überrascht konstatierte Townshend im *New Song*: «Wir singen die gleichen alten Strophen, / nur für ein anderes Publikum, und alle sind begeistert. / Wir laufen unendlich weit, um noch Höheres zu erreichen, / scheinen aber dem Gipfel nie näher zu kommen. / Wir singen die gleichen alten Lieder, die gleichen.» Durch den Tod von Keith Moon, der noch für sein Comic-Album *Two Sides Of The Moon* positive Kritiken eingeheimst hatte (Greil Marcus: «Wenn ich mir seine Aufnahmen anhöre, klingt er nach mehr als nach dem besten Drummer der Rockgeschichte, er klingt wie der einzige»), wurde *Who Are You* zum letzten Who-Album in der Originalbesetzung. Es hatte Platin-Erfolg. Kenny Jones (dr), ehemals bei den Small Faces, trat an Moons Stelle. Für den Dokumentarfilm zur Band-Geschichte ‹The Kids Are Alright›, dessen Soundtrack als Platte erschien, arbeitete die neue Formation erstmals zusammen – mit geringem Enthusiasmus und in Konzerten mit geringer Kraft. Daß in einem Who-Mammutkonzert im Dezember 1979 im Riverfront Coliseum in Cincinnati elf Menschen zu Tode getrampelt wurden, lastete schwer auf dem Selbstverständnis der Musiker. Einen Monat nach der Veröffentlichung des Albums *It’s Hard* (1982) stürzte ihr Producer und Manager Kit Lambert eine Treppe hinunter und war tot. Noch einmal unternahm die Band eine spektakuläre Nordamerikatournee, die in Toronto endete. Ihr Abschiedskonzert gab sie im englischen Birmingham. Nach dem Doppelalbum *Scoop* (1983) mit unveröffentlichten Arbeitsproben und Demos erschien 1984 die letzte Live-LP der Gruppe: *Who’s Last*. Im Juli 1985 trafen sich die Musiker für einen Beitrag zum weltweit ausgetragenen Benefizkonzert Live Aid. Angesichts so vieler älterer Rock-Matadore bei einem Gala-Diner zur Rock and Roll Hall of Fame 1987 in New York meditierte Townshend: «Wir sollten auch wieder auf Tournee gehen.» Und prompt initiierte er ein Doppelalbum sowie ein 60-Minuten-Video mit den wichtigsten alten Heulern (1988) zur Vorbereitung eines Comebacks: *Who's Better, Who's Best.* Von Saratoga Springs aus gingen The Who mit Simon Phillips (dr) anstelle von Kenny Jones plus Steve «Boltz» Bolton (g) 1989 auf eine USA-Tournee mit 43 Konzerten in 25 Städten. Mit zwölf zusätzlichen Musikern und Sängern führten sie *Tommy* in der New Yorker Radio City Music Hall auf. Vier anschließende Konzerte im Giants Stadium, New Jersey, vor je 54 000 Fans waren ausverkauft. 5 243 672 Dollar wurden eingenommen. Tourneegewinn für die Band: rund 30 Millionen Dollar. The Who cash in. 1993 veröffentlichte die Recording Industry Association of America (RIAA) amerikanische Auflagenzahlen einiger Who-Alben: *Greatest Hits*, *Live At Leeds*, *Tommy*, *Who Are You?* je zwei Millionen, *Meaty, Beaty, Big And Bouncy*, *Quadrophenia*, *The Who By Numbers* je eine Million (Platin), *Hooligans*, *Who's Better, Who's Best* je eine halbe Million (Gold), *Who's Next* drei Millionen. 1994 erschien unter dem Titel *30 Years Of Maximum R & B* eine 4-CD-Box mit einem sorgfältig edierten Karriererückblick der Band, die 1990 auch in die Rock and Roll Hall of Fame aufgenommen worden war. Die Box enthielt unter den vordem unveröffentlichten Stücken auch den intensiven Who-Auftritt beim Woodstock Festival 1969. Ende Juni 1996 trat die Band kaum geprobt und lädiert bei einem Konzert für den Wohltätigkeitsverein von Prinz Charles neben Bob Dylan, Gary Glitter und Eric Clapton vor 150 000 Menschen im Londoner Hyde Park auf. Daltrey trug eine rotblaue Augenklappe: Glitter hatte ihn beim Soundcheck mit dem Mikrofon verletzt. «Manchmal», so Townshend wütend, «fühle ich schon noch den Drang, wie früher meine Gefühle am Equipment auszulassen.» Die Live-Show brachte die alten Recken aber auch wieder auf den Geschmack. Im Frühjahr 1997 starteten Townshend, Daltrey und Entwistle mit Ringo-Sohn Zak Starkey (dr) und 15 Musikern und Sän-

gern in New York die 2,5 Millionen Dollar teure Multi-Media-Show *Quadrophenia* für eine Welttournee. ‹New York Post›: «Einer ihrer größten Triumphe und vielleicht das beste Rock 'n' Roll-Konzert des Jahres.» Als Zugabe intonierten Daltrey und Townshend *Won't Get Fooled Again* mit der Refrainzeile: «Pick up your guitar and play – just like yesterday.» Vier Jahre danach wurden The Who plus Starkey (dr) und John «Rabbit» Bundrick (kb) abermals rückfällig. Im Herbst 2000 begannen sie auch ohne neuen Tonträger in Londons Wembley Arena mit den alten Songs und neuen Sprüchen («Das nächste Stück handelt garantiert nicht vom Internet») eine weitere Tournee. Die Konzerte waren bei durchschnittlichen Preisen von – umgerechnet – 55 Euro überall ausverkauft. Ansage Townshend, begeistert: «Leute, das war eine der besten Sachen, die wir je gemacht haben. Ich danke euch für den Applaus und die Kohle.»

LPs auf Brunswick: *My Generation* (1965) … auf Reaction: *A Quick One* (1966; erschien in den USA unter dem Titel *Happy Jack* auf Decca); *The Who Sell Out* (1968); *Magic Bus – The Who On Tour* (1968); *Tommy* (1969); *Live At Leeds* (1970; die 1995 veröffentlichte CD enthält das komplette Konzert); *Who's Next* (1971) … auf Track: *Quadrophenia* (1973) … auf Polydor: *The Who By Numbers* (1975); *Who Are You?* (1978); *Face Dances* (1981); *It's Hard* (1982); *Tommy* (Soundtrack, 1975); *Quadrophenia* (Soundtrack, 1979); *BBC Sessions* (2000) … auf Castle: *Live At The Isle Of Wight Festival 1970* (1996)… Zusammenstellungen (Auswahl) auf Reaction: *Direct Hits* (1968); *Meaty, Beaty, Big And Bouncy* (1971) … auf Track: *Odds And Sods* (1974); *Rarities Vol. 1 (1966–1968)* (1983); *Rarities Vol. 2 (1970-1973)* (1983) … auf Polydor: *The Story Of The Who* (1976); *The Kids Are Alright* (1979); *My Generation* (1981); *Who's Greatest Hits* (1983); *The Singles* (1984); *Who's Better Who's Best* (1988); *Who's Missing* (1988), *30 Years Of Maximum R & B* (1994; Box mit vier CDs) … auf MCA: *Hooligans* (1981; US-Veröffentlichung, 1988 in GB veröffentlicht) … auf Impression: *The Who Collection* (1985; zwei CDs) … auf Virgin: *Join Together* (1990) … Orchesterfassungen, Soundtracks auf Ode: *Tommy* (mit London Symphony Orchestra, 1972) … Solo-LPs Roger Daltrey auf Polydor: *Daltrey* (1973); *Ride A Rock Horse* (1975); *One Of The Boys* (1977);

McVicar (Soundtrack, 1980) ... auf WEA: *Parting Should Be Painless* (1984) ... auf 10 Records: *Under A Raging Moon* (1985); *Can't Wait To See The Movie* (1987) ... Solo-LP Keith Moon auf Polydor: *Two Sides Of The Moon* (1975) ... Solo-LPs John Entwistle auf Track: *The Ox* (1970; enthält die von Entwistle geschriebenen Who-Songs); *Bang Your Head Against The Wall* (1971) ... mit Rigor Mortis auf Track: *Whistle Rhymes* (1972); *Rigor Mortis Sets In* (1973) ... mit John Entwistle's Ox auf Nova: *Mad Dog* (1975) ... auf WEA: *Two Late The Hero* (1981) Weitere Solo-LPs → Pete Townshend

Wilco, 1993 in Belleville, Illinois, aus der Band Uncle Tupelo hervorgegangen, galten als heimliche Könige des Alternative Country, waren aber zu nett und zurückhaltend, um ihren Thron offen zu beanspruchen. Spielfreude und «good vibes» gingen ihnen dabei über Innovation. Sie zelebrierten «sanft schwingenden Country Rock, Easy Listening Blues, balladesken Rock und hie und da eine verträumte Straight-ahead-Nummer in Songs verpackte Wehmut und Sehnsucht, wie sie von Hunderten von Bands gespielt werden, so ‹Visions›: «Es muß doch eigenartig für Wilco sein, in einer Welle mitzuschwimmen, die sie einst selbst ausgelöst haben.» Wilcos Glaubwürdigkeit beruhte nicht zuletzt darauf, daß sie eine transamerikanische Band waren. Ihre Mitglieder kamen aus Chicago, New Orleans, Dallas und Nashville. ‹WOM Journal›: «Wilco gehören zu jenen Menschen, die die Löcher auf der Rückseite eines alten Rundfunkempfängers zu würdigen wissen. Abgesehen davon riecht man ihren Songs förmlich das Kunstleder der Autositze an, auf denen die weiten Strecken zwischen den Wohnorten der einzelnen Bandmitglieder zurückgelegt wurden.» Uncle Tupelo wurden 1982 in Belleville von den beiden Schulfreunden Jay Farrar (g, voc) und Jeff Tweedy (b, voc), beide Jahrgang 1968, gegründet. Als erste Band verbanden sie rauhe Punk-Power mit schmalzigen Country-Roots. Das Ergebnis dieser Addition geriet zuweilen in erstaunliche Nähe der Sprache eines Neil Young. Sie ließen sich jedoch Zeit, um ein eigenes, originelles Vokabular auszuformulieren. 1990 debütierten sie mit dem Album *No Depression*, auf dem sie wehmütige Erinnerungen an Woody Guthrie mit ungebremster Teenager-Wut kombinierten.

Ihr zweites Album *Still Feel Gone* (1991) weckte das Interesse Peter Bucks von R.E.M., der in nur fünf Tagen die Platte *March 16–20, 1992* (1992) produzierte. Klanglich etwas vorsichtiger, galten Uncle Tupelo inzwischen als Amerikas bestgehüteter Geheimtip, was unweigerlich die Major-Labels auf den Plan rief. An ihrem Major-Einstieg *Anodyne* (1993) zerbrach die in geschäftlichen Dingen ungeübte Partnerschaft zwischen Tweedy und Farrar. Indes hatten Uncle Tupelo «einen mythischen Status erlangt, der ihre mageren Plattenverkäufe vergessen machte» (‹Rolling Stone›). Am Ende «schlüpften aus der toten Mutter zwei verdammt erwachsene Kinder» (‹Intro›). Jay Farrar gründete mit Jim Boquist (b, Ex-Joe Henry), dessen Bruder Dave (g, fiddle, banjo) und dem ehemaligen Tupelo-Drummer Mike Heidorn die Band Son Volt, die weiterhin erfolgreich in den Spuren von Uncle Tupelo wandelte. Jeff Tweedy gründete mit den Musikern, die mit Ausnahme Farrars das letzte Line-up Uncle Tupelos ausgemacht hatten, Wilco. Tweedy: «Es war Klasse, in einer Band zu spielen, die zwei Songwriter und zwei Sänger hatte. Ein Teil von mir wollte, daß die Zeit mit Uncle Tupelo nie zu Ende geht, aber die Trennung hat uns in einer großartigen Situation zurückgelassen.» Tweedy konnte auf dem Kultstatus von Uncle Tupelo aufbauen, verstand Wilco aber von Anfang an nicht als Solo-Projekt, sondern als solide Band. Mit Ken Coomer (dr), John Stirratt (bg) und Max Johnston (fiddle, g), zu denen später noch Jay Bennett (kb, harmonica, acc, lap steel) stieß, generierte er einen süffigen Sound, der an die Rolling Stones der Mick Taylor-Jahre erinnerte. Das Debütalbum *A. M.* (1995) wurde von der internationalen Presse mit *Exile On Mainstreet* verglichen. Davon überrascht, ging der scheue Tweedy erst einmal auf Tauchstation. Hin und wieder ließ sich die träge Band zu einer kurzen Tour hinreißen. Ihre Auftritte verblüfften immer noch durch eine dem Punk entlehnte Urgewalt, von der auf den Platten nichts zu hören war. Unter dem Eindruck der Geburt seines ersten Sohnes Spencer Miller Tweedy veröffentlichte Tweedy das zweite Wilco-Album *Being There* (1996), dessen Titel einem Peter Sellers-Film entlehnt war. Hier trug die Band wesentlich dicker auf als auf *A.M.*, arbeitete mit Bläsern und prominenten Gästen, darunter Folk-

Legende Greg Leisz. Um sich stilistisch und personell nicht festzufahren, gründete Tweedy gemeinsam mit Mitgliedern der Jayhawks sowie Soul Asylum und Run Westy Run die Supergroup Golden Smog, deren Platten *Down By The Old Mainstream* (1996) und *Weird Tales* (1998) Perlen des alternativen Folk-Songwriting waren. Aber auch mit Wilco suchte Tweedy nach neuen Abenteuern. An der Seite des britischen Politrockers Billy Bragg durchforschten sie das Archiv ihres Idols Woody Guthrie. Ihr gemeinsames Album *Mermaid Avenue* (1998) holte Guthrie in die Welt der Lebenden zurück, wobei Wilco zunächst die Rolle einer Backing-Band für Bragg zugewiesen war. Im selben Jahr legten Wilco mit *Summer Teeth* «eine perfekte, altmodische Pop-Platte vor» (‹Intro›), die sich vom Americana-Sound befreit hatte und stärker am Beat der Sixties orientierte. «Dieser Jeff Tweedy», staunte ‹Der Spiegel›, «hat wieder einen Weg gefunden, von Liebe und Zuckerwatte zu berichten, ohne daß die Leute anheben zu gackern und Sonnenblumen zu schwenken.» Zwei Jahre später folgte mit *Mermaid Avenue Vol. 2* (2000) eine weitere Reise in die Welt Woody Guthries, auf der den spielerischen Möglichkeiten der Gruppe besser Rechnung getragen wurde. 2000 begann Jeff Tweedy eine Zusammenarbeit mit dem Chicagoer Produzenten und Song-Wizard Jim O'Rourke.

LPs auf Sire: *A.M.* (1995); *Being There* (1996); *Summer Teeth* (1999) … LPs mit Billy Bragg: *Mermaid Avenue* (1998); *Mermaid Avenue, Vol. 2* (2000) … LPs Jeff Tweedy mit Uncle Tupelo auf Rockville: *No Depression* (1990); *Still Feel Gone* (1991); *March 16–20, 1992* (1992) … auf Sire: *Anodyne* (1993)

Williams, Hiram **Hank** (voc, g), am 17. September 1923 in Mt. Olive, Alabama, geboren, besaß «mehr weißes Soul-Gefühl, als erlaubt sein sollte» (Paul Hemphill) und sang den Blues der kleinen Leute «ungeschminkt, ehrlich und nicht aufgesetzt wie in den schmalzigen Balladen seiner Zeit» (Franz Schöler). Williams, der aus einer armen Landarbeiterfamilie stammte und schon früh als Schuhputzer und Zeitungsjunge hinzuverdienen mußte, hatte das Gitarrenspiel bei einem schwarzen Straßensänger gelernt. 1949 erjodelte sich der «Prototyp des hageren und einzelgängerischen Südstaaten-Hillbilly» (Hemphill) einen Millionenhit mit dem *Lovesick Blues*, der Coverversion eines Country Blues-Klassikers von 1925. In den folgenden vier Jahren schrieb Williams 125 Lieder, darunter Standards wie *Jambalaya, Your Cheatin' Heart, I Saw The Light, Cold Cold Heart* und *I'm So Lonesome I Could Cry*. Er wurde mit elf Goldenen Schallplatten ausgezeichnet und verdiente 200 000 Dollar im Jahr. Eheprobleme und Gesundheitssorgen ließen ihn jedoch alkoholsüchtig und drogenabhängig werden. Am 1. Januar 1953 starb er, 29jährig, zwischen Montgomery, Alabama, und Oak Hill, West Virginia, in seinem weißen Cadillac auf der Fahrt zu einem Konzert. Der Todesbefund lautete auf Herzversagen. Williams, dessen Kompositionen noch in den Neunzigern etwa 100 000 Dollar Tantiemen im Jahr einbrachten, hatte zahlreiche Rock- und Folksänger wie Tim Hardin, Bob Dylan und Roger McGuinn (The Byrds) stilistisch beeinflußt. Auch unter jüngeren Rockmusikern fand der Einzelgänger Verehrer: The The-Oberhaupt Matt Johnson widmete seine LP *Hanky Panky* (1994) seiner Musik. Sein einziger Sohn, Randall Hank (Hank Williams Jr.), am 26. Mai 1949 in Shreveport, Louisiana, geboren, konnte trotz zahlreicher privater Tragödien (Alkohol- und Drogenprobleme, Ehescheidungen, schwerer Bergsteigerunfall mit kosmetischer Totaloperation des Gesichts) aus dem Schatten seines legendären Vaters treten und als rockorientierter Country-«Outlaw» eine eigene Karriere-Identität entwickeln. Zu seinen Millionensellern zählte der autobiographische Song *A Country Boy Can Survive* (1982), der für den Vater noch mehr zutraf als für den Sohn. Der Nachruhm von Hank Williams sr. überstrahlte bis über die Jahrtausendwende hinaus den jedes anderen toten Country-Stars. Postum wurde er in jede nur denkbare Ehrenhalle gewählt und mit allen möglichen Preisen für sein Lebenswerk bedacht: 1961 erster Künstler in der neu gestifteten Country Music Hall of Fame, 1987 Rock and Roll Hall of Fame, 1979 Pioneer Award der Academy of Country Music, 1988 Lifetime Achievement-Grammy und so fort. 1964 wurde sein Leben (mit George Hamilton) unter dem Titel «Your Cheatin' Heart» verfilmt, 1996 das Musical «Lost

Highway: The Music and Legend of Hank Williams» (mit Jason Petty) in Nashville uraufgeführt. Am 17. September 1991, zu seinem 68. Geburtstag, wurde in Montgomery, Alabama, eine lebensgroße Bronzestatue des Gitarren-Heros enthüllt; 1992, knapp 40 Jahre nach seinem Tod, wählten die Leser des Magazins ‹Country America› drei seiner Songs unter die zehn All Time Hits der Country-Music: *Your Cheatin' Heart, I'm So Lonesome I Could Cry, Lovesick Blues*. 1994 und 1995 erschienen die Tribut-Alben *Hanky Panky* der Gruppe The The und *Alone And Forsaken* mit 16 Tracks verschiedener Künstler. Immer wieder einmal gelangten elektronische fabrizierte Duette von Hank jr. und Hank sr. auf untere Ränge der Charts, das Album *The Best Of Hank And Hank* erreichte auf der ‹Billboard›-Popliste 1993 die Position 179. Inzwischen war auch der Enkel der Country-Legende als Hank Williams III. ans Mikrofon getreten und brachte mit Vater und der Stimme des Großvaters 1996 das Album *Three Hanks: Men With Broken Hearts* auf den Markt. Als Mercury 1998 das Gesamtwerk aus 225 Songs, darunter alle offiziellen Platten von 1946 bis 1952, aber auch Demos, Live- und Rundfunkaufnahmen, veröffentlichte, rühmte Hagen Liebing in ‹Tip›: «Ein Monolith» – nicht nur «wegen der opulenten Ausstattung», sondern vor allem, «weil Hank Williams als Primus des Country bis heute gültige Maßstäbe in Sachen Dichtung und Phrasierung setzte». Die Aura des früh vollendeten Alten wirke immer noch nach. Im Februar 1998 wurde bei Christie's in New York seine Southern Jumbo Gibson-Gitarre versteigert. Sie brachte 115 000 Dollar ein.

LPs (Auswahl) auf MGM: *Hank Williams Sings* (1959); *Lonesome Sound* (1960); *Wait For The Light* (1960); *Hank Williams' Greatest Hits* (1961); *Spirit Of Hank Williams* (1961); *On Stage* (1962); *Greatest Hits, Vol. 2* (1962); *The Very Best Of Hank Williams* (1963); *Greatest Hits, Vol. 3* (1964); *The Very Best Of Hank Williams, Vol. 2* (1964); *Lost Highway* (1964); *Hank Williams Story* (1964); *Country & Western Flavor, Vol. 1* (1965); *Hank Williams* (1965); *Hank Williams Sings Kaw-Liga* (1965); *Mr. And Mrs. Hank Williams* (1966); *Legend Lives Anew* (1966); *Country & Western Flavor, Vol. 2* (1966); *Luke The Drifter* (1966); *Hank Williams With Strings, Vol. 1* (1966); *Hank Williams And Hank Williams Jr.* (1966); *More Hank Williams With Strings* (1967); *Immortal Hank Williams* (1967); *It Won't Be Home No More* (1967); *Hank Williams With Strings, Vol. 3* (1968); *In The Beginning* (1968); *Essential* (1969); *First, Last Always; I Saw The Light; On Stage With Andy Williams; On Stage, Vol. 2; 24 Karat Hits; Unforgettable; Life to Legend; 24 Greatest Hits; Starportrait Hank Williams* (1971); *Send Me Some Lovin'* (mit Lois Johnson, 1973) … auf Polydor: *40 Greatest Hits; Honky Tonkin'; I Ain't Nothing But Time* (1985); *I Saw The Light; Live At The Grand Ole Opry; Lost Highway* (1986); *The Singles* (1991; Box mit drei CDs, Aufnahmen von 1942–1952) … auf Polygram: *Health And Happiness Shows* (1993, Rundfunkaufnahmen von 1949) … auf Mercury: *The Collector's Edition* (1993; acht CDs mit insgesamt 169 Aufnahmen aus den Jahren 1946–1952); *The Complete Hank Williams* (10 CD-Box, 1998) … LPs (Auswahl) Hank Williams Jr. auf Polydor: *After You; 14 Greatest Hits; 40 Greatest Hits; Greatest Hits Volume 2; Live At Coco Hall; Legend In Song* (mit Hank Williams Sr.); *Sweet Dreams* (mit Mike Curb); *Standing In The Shadows* (1988) … auf Warner Bros.: *Family Tradition; Whiskey Bent & Hell Bound; Greatest Hits* (1984); *Five-O* (1985); *Volume 2; Habits Old & New; High Notes; Major Moves; Man On Steel; The New South; One Night Stands; The Pressure Is On; Rowdy; Strong Stuff; Montana Cafe* (1987); *Hank Live* (1987); *Born To Boogie* (1987); *Wild Streak* (1988); *Greatest Hits III* (1989); *Out Of Left Field* (1992); *The Bocephus Box* (1993) … auf Curb: *Maverick* (1992); *A Tribute To My Father* (1993)

Williams, Robert Peter **Robbie** (voc) war der «bad boy bei Take That: Er vögelte, er soff, er warf Pillen, er kokste, und er fraß» – und das so intensiv, daß der Pop-Journalist Ulrich Hoffmann diesen Satz in einer exzellenten Reportage für den ‹Musikexpress› unwesentlich variiert vier Mal wiederholte. Doch als der «Teen-Rabauke, traurige Tanzbär und schließlich einer der heißesten Entertainer der Welt» seine Sturm- und Drang-Jahre hinter sich hatte, klopfte er (so derselbe Autor im ‹WOM-Journal›) «vehement an die Pforte des Pop-Olymps». Wie Frank Sinatra aus der Boy Group The Hoboken Four hervorging, konstatierte im März 2001 Adam Olschewski in der ‹Frankfurter Rundschau›, so trainierte Williams seine Entertainer-Qualitäten bei Take That. Weitere Parallelen: «Beide stammen aus unwirtlichen Städten nahe am Wasser, hier: Hoboken, New Jersey, dort: Stoke-on-Trent; beide stammen von gutbürgerlichen Familien gläubiger Katholiken ab; beide hatten Probleme mit Alkohol; beide pickten sich bei der Wahl ihrer Lieder Bekanntes heraus und eigneten es sich schamlos an. Sinatra sang die Klassiker des Broadway nach, Williams sampelt die Beatles, Bond-Melodien, Gloria Gaynor, John Coltrane.» In der englischen Provinzstadt Stoke-on-Trent, Staffordshire, nahe Manchester, wo Robbie Williams am 13. Februar 1974 geboren worden war, betrieben seine Eltern Theresa und Peter Conway am Rande eines Fußballstadions den Red Lion Pub. Als sie sich trennten, war Robbie drei Jahre alt. Er wuchs mit seiner Schwester Sally bei der Mutter im Pub auf. Der Vater verdiente auch Geld als Komiker und gewann 1974 den «New Faces»-Talentwettbewerb. Von Kind an war Robbies Berufswunsch Schauspieler. Bereits als Schuljunge spielte er Kinderrollen in Musicals wie ‹Oliver›, ‹Tschitti Tschitti Bäng Bäng›, ‹Fiddler on the Roof› sowie in der TV-Soap ‹Brookside›. Als er sich 1991 mit 16 auf eine Zeitungsanzeige hin als fünftes Mitglied der Boy Group Take That bewarb und genommen wurde, soll er zum Fenster hinausgeschrien haben: «Jetzt werde ich ein Star.» Aber obgleich der notorische Klassenclown der Group mit seinen Eskapaden die Würze gab, ließ ihn Songschreiber, Pianist und Leadsänger Gary Barlow aus seinem Schatten nicht heraus. Nur in zwei Songs, *Everthing Changes* und *Could It Be Magic*, durfte er die Leadstimme übernehmen, und nur für einen, *Nobody Else*, wurde er neben den Kollegen Barlow und Mark Owen wenigstens als Co-Autor zugelassen. Doch Williams, so erinnerte sich die ehemalige Background-Sängerin Alice Stewart-Sanford, «sang und bewegte sich schon damals meilenweit besser als die Aushängeschilder Barlow und Owen, die Pin-ups der Retortenkreation Take That. Ein Eigentor des Managements war Robbies Sternstunde als Solosänger und Tänzer im Barry-Manliow-Cover *Could It Be Magic*. Dazu live in concert das Beatles-Medley. Jeder wußte nach der Video-Veröffentlichung: Robbie ist der bessere Frontmann.» Sein Ausweg aus dem Dauerfrust: Alkohol, Sex, Drogen. Beim Glastonbury Festival im Juni 1995 stieg er total betrunken auf die Oasis-Bühne, torkelte zwischen den Musikern herum, bot Journalisten lallend Interviews an und grinste in jede Kamera. Einen Monat später, im Alter von 21, war sein Gastspiel bei Take That nach vier Jahren beendet, ein halbes Jahr danach brach die Band auseinander. Die Auflösung seines Vertrags mit der Plattenfirma kostete ihn dem Vernehmen nach rund eine Viertelmillion Euro, ein Mehrfaches davon drei Manager, die er kurz hintereinander anheuerte und wieder verstieß. Seine Besäufnisse, Drogenexzesse, Ausfälle dauerten an. Um seinen Erzfeind Gary Barlow, einen erklärten George Michael-Fan, zu ärgern, coverte er den Michael-Hit *Freedom* und nannte Barlow einen «hirnlosen Wichser». Dieser revanchierte sich später, indem er die Williams-Single *Strong* mit dem Titel *Stronger* quittierte. Die kleine Platte *Freedom '96* wurde nur 270 000mal verkauft. Von Williams' CD-Solodebüt *Life Thru A Lens* (1997) waren zwei Monate nach Veröffentlichung gerade einmal 33 000 Einheiten abgesetzt. Er hatte das Album im Vollrausch eingespielt: «Ich sang den ersten Vers, nahm einen Schluck Wein, zweiter Vers, langer Zug an der Zigarette, Refrain, mehr Wein, letzter Vers, Zusammenbruch im Studio.» Einziger Ausweg: eine Entziehungskur. Während sich Williams in der ‹Clouds House›-Suchtklinik der Drogentherapie unterzog und anschließend, da suizidgefährdet, über den Winter 1997/98 in psychiatrischer Betreuung blieb, gaben die Rundfunksender der britischen Insel der aus *Life Thru A Lens* ausgekoppelten Single *Angel* Powerplay. 1,2 Millionen Exemplare wurden verkauft. Damit zogen auch die LP-Verkäufe an – von 33 000 auf 300 000 innerhalb eines Monats, auf weltweit 1,8 Millionen innerhalb des nächsten Jahres. 28 Wochen nach Veröffentlichung erreichte *Life Thru A Lens* die Spitze der englischen Charts. Die zweite Single daraus sprang sofort auf Platz drei und lieferte dem Sänger sein musikalisches Leitmotiv: *Let Me Entertain You*. «Ich liebe Sinatra, Sammy Davis Jr., Nat King Cole», renommierte er: «Ich kann nichts anderes als entertainen, also will ich in meinem Fach der Beste sein.» Und wie er zuvor, wiederum mit Sinatras Karriere vergleichbar, ein Idol kreischender Teenager gewesen war, so avancierte er nun zum

Liebling der Pop-Kritik. Gesangstechnisch sei Williams nicht gerade erschütternd, so näherte sich David Sinclair im Mai 1998 in der Londoner ‹Times› dem aufstrebenden Superstar an, sein spröder Ton mit den auf nordenglische Art verwischten Vokalen füge sich «irgendwo zwischen Lennon und Liam» (Gallagher) ein: «Aber als Persönlichkeit ist er etwas ganz Besonderes, ein Interpret autobiographischer Songs wie *Teenage Millionaire* oder *Old Before I Die*, arglos aufrichtig und mit unforciertem Schwung.» In der ‹New York Times› stellte ihn kurze Zeit später Jon Pareles als «letzte Hoffnung des Britpop» und als großen Enzyklopädisten der englischen Rockmusik zwischen 1960 und Ende der Achtziger vor: «Seine Songs sind stolze Echos auf David Bowie, die Stones und besonders die Beatles, deren *Lazy Days* im Marschrhythmus er in den Singslong-Chorus von *Hey Jude* einmünden läßt. Er verwendet Material von The Clash und Blur und erweist mit seiner Single *Millennium* einer anderen britischen Ikone seine Reverenz – James Bond mit dem Soundtrack-Thema *You Only Live Twice*.» Ganz ohne Oasis-, Pulp- oder Divine Comedy-Versatzstücke habe Williams zu einer eigenen Sprache gefunden, rühmte Thomas Weiland das zweite Soloalbum *I've Been Expecting You* (1998) im Berliner ‹Tip› und verbeugte sich in tiefer Bewunderung: «Sein Mumm, seine Bestimmtheit beeindrucken. In Britannien jedenfalls laufen sie scharenweise zu diesem Kerl über, und mir fällt jetzt auch nicht mehr viel ein, wie man da noch gegenhalten kann.» Innerhalb der nächsten drei Jahre, bis zum Frühjahr 2001, erzielte Williams in England zwölf Top Ten-Hits, statistisch fast jedes Quartal einen. Im Januar 1999 empfing er den Premier Award als bester Solosänger vom ‹New Musical Express›. Einen Monat später wurde er in derselben Eigenschaft sowie für die beste englische Single (*Millennium*) und das beste Video (*Let Me Entertain You*) mit drei Brit Awards dekoriert. Ende des Jahres wurden Williams und sein Komponist und Produzent Guy Chambers als «Songschreiber des Jahres» auch noch mit dem wertvollen Ivor Novello Award bedacht. Der schüchterne Rotschopf Chambers, ehemals Chef der erfolglosen Band Lemon Trees, sei «eine Art Pop-Professor», befand Arne Willander in ‹Rolling Stone›, «der sich aufs Elektronische ebenso versteht wie aufs Baladeske, der das Coole mit dem Kitsch vermählt, den Krawall mit dem Kontemplativen – eine menschliche Jukebox». Chambers selber gab zu: «Wir haben immer versucht, die besten Details der modernen Musik zu plündern.» Williams schrieb ihm dafür die Widmung ins Booklet der CD *Sing When You're Winning* (2001): «To Guy Chambers, who is as much Robbie as I am.» Dieses dritte Soloalbum war wieder ein «Gemischtwarenladen der Stile, als bräche morgen eine Hungersnot aus» (Arezu Weitholz in der ‹Süddeutschen Zeitung›). Chambers belieh Roy Orbison (*Singing For The Lonely*), David Bowie (*Love Calling Earth*), Gloria Gaynors *I Will Survive* (*Supreme Amour*) und so fort, Williams sang Duett mit Kylie Minogue (*Kids*) und warf sich zum Schluß rappend in Pose: «I'm an honorary Sean Connery, born 74 / Ain't no chance of the record company dropping me / Press be asking do I care for sodomy / I don't know, yeah, probably.» Die Zeilen «Die Presse will wissen, ob ich pervers bin / Ich weiß nicht, wahrscheinlich» wurden von der Presse genüßlich zitiert. Williams 1997: «Take That waren asexuell, zumindest auf der Bühne. Bei Konzerten durfte nicht ein Anflug von Körperlichkeit gezeigt werden, aber anschließend ging ich selten allein nach Hause. Heute lasse ich auf der Bühne den Sexprotz heraushängen und gehe dann ins Hotel, um Backgammon zu spielen.» Im Sommer 1998 machte er der Sängerin Nicole Appleton von All Saints einen Heiratsantrag und wurde erhört, doch die Verlobung platzte, weil er fremdgegangen war. Als ihm die Presse nach einem gemeinsamen St.-Tropez-Urlaub mit Geri Halliwell im Sommer 2000 eine Liaison mit dem ehemaligen Spice Girl unterstellte (‹The Sun›: «Es ist Liebe»), fuhr er Journalisten in Paris an: «Ich bin schwul, wußten Sie das nicht?» Das englische Magazin ‹Heat› kürte ihn zum «Sexiest Man in Showbiz», die Zeitschrift ‹Cosmopolitan› sogar zum «Sexiest Man alive». Gegenüber der Zeitschrift ‹Q› spottete er: «Ich will Liam Gallagher von Oasis bewußtlos ficken, und er soll mir auch noch dankbar dafür sein.» Zur Veröffentlichung des Oasis-Albums *Standing On The Shoulder Of Giants* (2000) schickte er den Gallagher-Brüdern mit Beileidsbekundung einen Trauerkranz.

Liam: «Ich breche ihm seine verdammte Nase.» Für einen von der Agentur Reuters angekündigten Boxkampf Robbie versus Liam nahmen englische Büros Wetten an. Ganzseitige Überschrift in der Londoner ‹Times› am 10. März 2000: «Sing if you think you're hard enough.» Alles gut für die Promotion. Zugleich erinnerte es ein wenig an die Kapriolen Frank Sinatras zu seiner Rat Pack-Zeit. Indem Robbie Williams auf der Bühne *My Way* sang und seinen Song *The Road To Mandalay* dem gleichnamigen Sinatra-Schlager nach einem Gedicht von Rudyard Kipling nachgestaltete, war er 2001 seinem Idol wenigstens äußerlich schon recht nahe gekommen. Als nächstes kündigte er ein Album mit Swing-Evergreens an.

LPs auf Chrysalis: *Life Thru A Lens* (1997); *I've Been Expecting You* (1998); *Sing When You're Winning* (2001) … auf Chrysalis USA: *The Ego Has Landed* (16 Tracks aus den ersten beiden englischen LPs, 1999)
Weitere LPs mit → Take That

Wilson, Brian (kb, voc, bg), am 20. Juni 1942 in Hawthorne, Kalifornien, als Sohn eines Maschinengroßhändlers geboren, kreierte für die Beach Boys eine trendunabhängige Musik von brillanter Simplizität und komplexer Klangfülle. Der «Beethoven des Rock» (‹Eye›), seit frühester Kindheit auf einem Ohr taub, «destillierte die Mythen und Frustrationen des halbwüchsigen Amerika» (Lester Bangs) mit der gleichen Präzision wie eine Dekade zuvor Chuck Berry. Von diesem übernahm Wilson den Grundrhythmus für seine sloganhaft getexteten Songs, die so naiv-optimistisch klangen «wie ein Nachmittag in Disneyland» (Richard Goldstein). *Surfin' U.S.A.*, ein programmatischer Beach Boys-Hit, war beispielsweise nichts anderes als Berrys Rock 'n' Roll-Fanal *Sweet Little Sixteen* mit neuen Glorien-Versen über den ewigen Sommer der Wellenreiter. Wilson ließ diese Frohsinnsnachrichten von seinem Ensemble im mehrschichtigen Harmoniegesang verkünden, bei dem sich die von Baß bis Falsett differenzierten Stimmen im Kanon, mit Verzierungen, in Gegenläufen und verschiedenen Tempi auf kunstvolle Weise miteinander verwoben. Die Aufbereitung derart kompliziert arrangierter Songs

erforderte so viel Studiozeit, daß sich der sensible Wilson 1964, vom Tourneestress erschöpft, aus der Gruppe zurückzog und die Beach Boys fortan ausschließlich als Komponist und Producer betreute. Während die übrigen Musiker Gastspiele in aller Welt gaben, bastelte Wilson im Studio seines lila gestrichenen Hauses in Beverly Hills an sinfonischen Soundmauern, wie Phil Spector sie für die Righteous Brothers, die Ronettes, Ike & Tina Turner aufgetürmt hatte. Im Gegensatz zu Spector, der sich an Gospel und Rhythm & Blues orientiert hatte, borgte Wilson Stilelemente der klassischen Musik und versponn sie zu feinen Soundgeweben, «wie Zuckerwatte, mit dem besten Nachgeschmack in der ganzen Branche» (‹Rolling Stone›). Sein poetisches Talent dagegen schien limitiert zu sein, wie der Producer-Kollege Terry Melcher feststellte: «Seine Musik ist genial, aber seine Texte sind Mittelschule.» Wilson fand in Van Dyke Parks einen adäquaten Co-Autor. Mit ihm arbeitete er ein Jahr lang an der Rock-Sinfonie *Smile*, die ein Porträt amerikanischer Lebenserfahrung in surrealistischen Texten und avantgardistischen Musikcollagen ergeben sollte. Das vierstündige Werk wurde nie veröffentlicht, da Parks und Wilson die Arrangements ständig umdisponierten und schließlich das Interesse verloren. Als Kompromiß-LP kam 1967 *Smiley Smile* heraus, die die Fragmente *Heroes And Villains* und *Vegetables* enthielt. Weitere Teile fanden sich auf *20/20* (*Cabinessence*) sowie *Surf's Up* (*Surf's Up*). Leonard Bernstein, dem Wilson in einer Fernsehshow einen Klavierauszug von *Smile* vorführte, lobte das Stück als «die größte Musik, die ich je in meinem Leben gehört habe». Solche Fachurteile und die exzentrische Abgeschiedenheit, in der sich der Beach Boy versteckte, erhoben ihn bald zur lebenden Legende. So zog er bei den Aufnahmen für einen Ulk-Song ein Clownkostüm an und bemalte sich das Gesicht, um in die rechte Stimmung zu kommen. Im Wohnzimmer seines Hauses hatte er eine Zeitlang Sand aufgeschüttet, damit er sich beim Komponieren wie am Strand fühlen konnte. Eine Platten-Session in Holland verpaßte er, weil es ihm zu der Zeit psychisch nicht möglich war, ein Flugzeug zu besteigen. Interviews und Plattenveröffentlichungen plante er grundsätzlich nur nach astrologischer Voraussage. Mitunter fühlte sich Wilson sogar von dunklen Mächten verfolgt: Kurz nachdem er in seinem Heimstudio die Musikcollage *Fire Music* vollendet hatte, brannten in der Nachbarschaft aus ungeklärten Gründen mehrere Häuser nieder. In den Folgejahren verlor der Beach Boy mehr und mehr die seelische Balance. Er versteckte sich in seinem Haus, wusch sich nicht mehr, aß oftmals bis zum Erbrechen, schluckte wahllos Drogen und schwemmte zu beinahe 300 Pfund auf. Nachdem bei ihm erhebliche Steuerschulden aufgedeckt worden waren, feuerten ihn seine Brüder und die Band im November 1982. Einzige Chance zur Rückkehr: eine Rund-um-die-Uhr-Betreuung durch den Prominenten-Psychiater Dr. Eugene Landy, die Brian auch akzeptierte. Die Dauer-Therapie brachte nach Jahren tatsächlich Erfolge: Wilson regulierte sein Gewicht auf Normalformat, fand seine emotionale Stabilität wieder und nahm erneut an Plattenaufnahmen und Tourneen seiner Gruppe teil. Er war nunmehr derart auf dem Gesundheits-Trip, daß er auf Publicity-Fotos überzeugend als Bodybuilder posieren konnte. Einen besonderen Kraftakt bot sein Comeback als Platten-Performer: *Brian Wilson* (1988), das Solo-Debüt, war «eine wirklich gute Platte» (‹Village Voice›), «das beste Beach Boys-Album seit *Surf's Up*» (‹Q›), das «auf frappierende Weise daran erinnert, was der Popmusik in all den Jahren entgangen ist» (‹Rolling Stone›). Einige Kritiker empfanden Wilsons «Solo-Safari» (‹Billboard›) als kaum noch zeitgemäßen Frührentner-Trip; doch: «Brian Wilson außerhalb des Kontextes seiner Geschichte zu bewerten wäre lächerlich» (‹New Musical Express›). Vor allem die restlichen Beach Boys sahen in ihm einen kranken Mann, der nicht für sich selbst sorgen konnte. Tatsächlich war Wilson tief in die Abhängigkeit von Landy geraten, der selbst an den Aufnahmen zu seiner Platte beteiligt war. Das von der Gruppe angestrengte Verfahren – Brian Wilson sollte 80 Millionen Dollar an die Band herausgeben – führte zu einer Gegenklage Wilsons, der seinerseits Tantiemen aus dem Backkatalog früherer Beach Boys-Aufnahmen haben wollte. Als das Gericht Wilson zwar recht gab, ihm aber auferlegte, die Verbindung zu Landy abzubrechen und für seine Finanzen einen Treuhänder zu bestellen, ging Mike Love vor Gericht und behauptete,

Songs wie *California Girls* und *Surfin' U.S.A.* seien von Wilson und ihm gemeinsam geschrieben worden. In die Gerichtshändel mischten sich auch Mikes Brüder Stan und Stephen Love ein und überzogen die Beach Boys und Brian Wilson mit weiteren Klagen; Mike Love wiederum ging gegen seine Brüder gerichtlich vor. Die Prozeßflut hinderte Wilson jahrelang an kreativer Studioarbeit. 1995 konnte ihn Don Was überreden, seine persönlichen Lieblingslieder von einst mit Hilfe guter Freunde und seiner Töchter für den Soundtrack einer Schwarzweiß-Dokumentation noch einmal einzuspielen – leichte Mühe, wie es schien. Tatsächlich dokumentierten der Film und die 30-Minuten-LP *I Just Wasn't Made For These Times* (1995) die alten Lieder, darunter eine Original-Demo-Version von *Still I Dream Of It* von 1976, mit neuen Geschichten so herzerfrischend, bisweilen sogar bewegend, daß ‹Der Spiegel› befand, nur Wilsons Musik sei noch besser als seine Anekdoten. Sein Hit-Oldie *Caroline* sei entstanden, so Wilson, nachdem seine Frau ihr Haar geschnitten hatte. «Mädchen, die ihr Haar zu sehr kürzen», sang er, «verlieren ihren Zauber.» Die Neuaufnahme des Titels *The Warmin' Of The Sun*, mit dem die Beach Boys 1963 auf die Ermordung John F. Kennedys reagierten, bescherte Kritikerin Christine Heise im Magazin ‹Tip› «eine Sternstunde von Popmusik als wahrhaftige Kommunikation». Und dann erst das richtige Studio-Album *Orange Crate Art* zusammen mit dem alten Studiopartner Van Dyke Parks, das Wilson im selben Jahr 1995 vorlegte – nach Christine Heise «ein Meisterwerk '95». Im Januar 1996 musizierte Brian – in der Londoner Brixton Academy zum 30. Bühnenjubiläum von Status Quo – zum erstenmal wieder gemeinsam mit den Beach Boys, gefolgt von zwei weiteren Auftritten in Las Vegas. Für den Sommer erklärte er sich bereit, in Nashville mit Gästen wie Willie Nelson, Steve Earle, Alabama ein Country-Tribut an die Beach Boys aufzunehmen und die CD *Stars And Stripes, Vol. 1* mit dem Country-Producer Joe Thomas kozuproduzieren. Die für seine Verhältnisse extreme Lebenszugewandtheit hatte er dem ehemaligen Model Melinda Ledbetter aus Santa Monica, Kalifornien, zu verdanken. Sie arbeitete 1986 in einem Autosalon, in dem Brian Wilson einen Cadillac erwarb. Während einer dreijährigen Liaison hatte sie versucht, ihn psychisch zu stabilisieren und den unheilvollen Einfluß von Landis abzublocken. Nach einer ebenfalls dreijährigen Trennungsphase kamen sie 1992 wieder zusammen und heirateten am 6. Februar 1995, am Geburtstag von Brians geschiedener Frau Marilyn Rovell. 1996 kauften Melinda Wilson und die Ehefrau von Joe Thomas zwei benachbarte Landsitze in den Hügeln von St. Charles, Illinois, nahe Chicago, und bauten den Keller der Wilson-Villa zum Studio aus. Dort entstand in Kooperation von Wilson und Thomas das Album *Imagination* (1998), «eine eher mittelprächtige Sammlung amerikanischer Hitparadenmusik und vor allem deshalb ein Ereignis, weil sie überhaupt fertig wurde» (‹Der Spiegel›). Von der «subtilen Magie einer klassischen Brian Wilson-Platte» ließ der «süßliche Softrock» nichts ahnen (‹Rolling Stone›). Neben Rückgriffen auf das Beach Boys-Repertoire (*Let Him Run Wild, Keep An Eye On Summer*) versuchte Wilson auch Statements zu seinem gegenwärtigen Zustand wie in dem dissonant beginnenden *Happy Days* («Oh God, the pain I've been going through …») mit dem geradezu kitschig-optimistischen Schluß: «Goodbye, blues, happy days are here again.» Er hatte das Album nach dem Auslaufen seines Vertrags mit Warner Bros. dem kleinen Label Giant Records anvertraut, dessen Präsident Irving Azoff tönte: «*Imagination* ist ein Anwärter für das größte Comeback aller Zeiten im Musikgeschäft, und ich werde alles tun, um das zu erreichen.» Doch die CD kam in den US-Charts nur auf Platz 88 und wurde in den von Giant beworbenen Monaten nicht mehr als 120 000mal verkauft. Wilsons Frau Melissa motivierte ihn auch, nach mehr als 20 Jahren wieder Konzerte zu geben. Nach einem gelungenen Versuch im März 1998 mit einer 13köpfigen Band in Chicago unternahm er im Sommer eine USA-Tournee. Diese bewarb weniger das Album *Imagination* als ein 4-CD-Set mit zwei Büchern, den Capitol inzwischen unter dem Titel *The Pet Sound Sessions (Produced By Brian Wilson)* auf den Markt gebracht hatte. Wieder einmal hatten die Capitol-A & R-Manager versucht, die verschollenen *Smile*-Aufnahmen für eine 3-CD-Box *Smile Era* zusammenzubringen. Wieder hatte sich Wilson herausgeredet, die Bänder seien von Un-

bekannten verbrannt worden, während Insider abermals aussagten, er habe im permanenten Drogenrausch damals einfach nichts zustande gebracht und den Großteil der Bänder selbst vernichtet. Statt dessen nun also *The Pet Sound Sessions* (1997) mit jedem seinerzeit bespielten Stückchen Tonband komplett. Joe Thomas konterte: «Brian ist heute nicht mehr derselbe Mensch, der *Pet Sounds* geschrieben hat. Auch musikalisch ist er ein anderer geworden, er hört völlig andere Sachen.» Dagegen war der Beach Boy wohl nur zu bereit, *Pet Sounds*, das zur Zeit seiner Entstehung als unverkäuflich galt, im nachhinein als sein Meisterwerk zu akzeptieren. Ende 1999 führte er es mit Big Band und Sinfonieorchester sensationell erfolgreich in der Hollywood Bowl auf. ‹Rolling Stone›: «Von einem Keyboard-Pult aus dirigierte er die Band und das Orchester durch dichte Songgebilde – cleverer Pop mit Klassikanspruch.» Zu Beginn des neuen Jahrhunderts arbeitete Wilson mit seinem langjährigen Freund und Studiopartner Andy Paley in Los Angeles an einem neuen Studio-Album. Melissa Wilson in St. Charles, Illinois, wollte lieber zuerst ein Live-Album veröffentlichen. Der wahre Geniestreich oder das größte Debakel der genialen Partnerschaft Brian Wilson / Van Dyke Parks aber, der längst zum Mythos verklärte historische Torso *Smile*, stand im Sommer 2001 immer noch aus.

LPs auf Sire: *Brian Wilson* (1988) … auf MCA: *I Wasn't Made For These Times* (1995) … mit Van Dyke Parks auf WEA: *Orange Crate Art* (1995) … auf Giant: *Imagination* (1998) … auf BriMel: *Live At The Roxy Theatre* (2000)
Weitere LPs → The Beach Boys

Wonder, Stevie (voc, harmonica, org, p), als Steveland Morris Judkins am 13. Mai 1950 in Saginaw, Michigan, geboren, befreite sich 1971 aus der «Zitadelle der seidenen Affektiertheit» (‹Crawdaddy›), dem Glamour-Soul-Zugriff des Motown-Plattenkonzerns. Wonders seit diesem Jahr in eigener Regie aufgenommenen Alben klangen manchen Rezensenten wegen ihrer musikalischen Raffinesse und stilistischen Perfektion wie ein «*Sgt. Pepper* der Soul-Musik» (‹Melody Maker›) im Ohr. Unmittelbar nach seiner Geburt verlor er sein Augenlicht, da er als Frühchen zur Welt kam und im Inkubator zuviel Sauerstoff erhielt. Er startete mit zwölf Jahren als Wunderkind in der «obligaten tragischen Ray Charles-Pose» (‹Crawdaddy›). Sein erster, auf Band mitgeschnittener Auftritt im Apollo Theater von Harlem kam als Single-Extrakt unter dem Titel *Fingertips* auf die Liste der zehn meistverkauften Platten des Jahres 1963. Zunächst als «Little» Stevie Wonder, den von Motown-Chef Berry Gordy verordneten Zusatz «Little» gab Wonder schon 1964 auf, wurde er in den folgenden Jahren für Motown Records zu einem konstanten Hitfaktor. Seine mit charakteristischem «Overdrive» (‹Rolling Stone›) gehechelten Tempo-Songs wie *Uptight, I Was Made To Love Her* und *For Once In My Life* hatten fast nie die psychologische Komplexität anderer Motown-Elaborate, die Ghetto-Leben und schwarze Frustration manchmal recht unsentimental analysierten. Die verbale Indifferenz wurde jedoch durch musikalische Feinfühligkeit und emotionale Direktheit ausgeglichen. Jene ungekünstelte Intensität mit den «intimen schweren Atmern» und dem «freudigen Gejapse» (‹Rolling Stone›) ließ er auch auf den LP-Produktionen nach seinem vorübergehenden Bruch mit Motown Records hören, der ihn 1971 zu einer musikalischen Neuorientierung brachte. In künstlerischer Unabhängigkeit produzierte er sich nun als Experimentator zwischen den Musikgenres und heimste für Aufnahmen wie *Livin' For The City, Superstition, You Are The Sunshine Of My Life, You Haven't Done Nothin', Boogie On Reggae Woman* Goldtrophäen wie Grammies ein. Doch im elektronischen Niemandsland geriet Wonder mitunter auch in die Fußangeln technischer Gimmicks, deren Manierismus die von ihm und seiner (auch solo auftretenden) Ex-Frau Syreeta Wright verfaßten Texte entsensibilisierten und das pralle Spiel seines Oktetts Wonderlove unnötig belasteten. Dennoch ließ sich aus dem halluzinierenden Klanggemisch «das Wirken eines nun ganz zur Reife gelangten Genius» (‹Rolling Stone›) heraushören. Vor allem das Doppelalbum *Songs In The Key Of Life* (1976) wurde zur «endgültigen Bestätigung seines überwältigenden Talentes» (‹People›). Das nahezu im Alleingang gefertigte Wonder-Werk, «eine der absolut unverzichtbaren Platten des Jahres» (‹Melody

Maker›), bot als Konvolut aus Liebesliedern, Kindheitserinnerungen, Ghetto-Reportagen und Lektionen in Geschichte und Kultur ein Song-Panorama schwarzen Seins und Sehnens. Wonder erwies sich damit «als vollkommener Popmusiker, -komponist und -produzent, dessen Bedeutung höchstens mit der der Beatles in den späten sechziger Jahren verglichen werden kann.» Mit seinen vertonten Statements zur Lage der schwarzen Nation gab sich der blinde Star nicht zufrieden. Seinem vehementen Einsatz war es maßgeblich zu verdanken, daß der Geburtstag des Bürgerrechtlers Dr. Martin Luther King (15. Januar) in den USA zum nationalen Feiertag erhoben wurde. Seinen Oscar für den Filmsong *I Just Called To Say I Love You* (1984) widmete er dem eingesperrten südafrikanischen Apartheid-Opfer Nelson Mandela. Mit den Singles *That's What Friends Are For* (ein Quartett mit Elton John, Dionne Warwick, Gladys Knight) und *Don't Drive Drunk* (1985) engagierte er sich in der Aids-Fürsorge und gegen Alkoholismus am Steuer. Daß sein Platten-Output nicht immer dem von ihm selbst gesetzten Standard entsprach, wurde von der Kritik bedauert, von Wonder jedoch abgewehrt: «Ich muß mir nicht ständig beweisen, wie kühn und wegweisend ich sein kann. Ich weiß um meine Möglichkeiten, und ich weiß, wann sie einzusetzen sind. Ich habe mich noch längst nicht zur Ruhe gesetzt.» Mit neuen Platten ließ er sich aber immer mehr Zeit: 1985 war es *In Square Circle*, 1987 *Characters*, 1991 der Soundtrack zu dem Spike Lee-Film ‹Jungle Fever›. Dazwischen zahllose Benefiz-Auftritte für die unterschiedlichsten Anliegen, freigiebig verteilte Konzertgagen, immer wieder Ehrungen für seine Musik wie für seine Wohltätigkeit. Doch zwischen *Characters* und seinem nächsten regulären Studio-Album *Conversation Peace* (1995) vergingen acht Jahre, in denen sich die black music tiefgreifend verändert hatte. «Wonder ist sich über seine Rolle im Jahrzehnt des Rap unsicher», mutmaßte ‹Rolling Stone›, fand aber dann doch, daß *Conversation Peace* «sowohl klassisch als auch zeitgemäß» sei. Wonder thematisierte unter anderem die Lebensperspektive von Großstadtkindern, die in Straßengangs gepreßt werden, hielt sich aber überwiegend wieder mit Friede, Freude, Eierkuchen auf: «Reach your arms out and hug someone / Be it king or homeless one / We are all one underneath the sun» (Umarme jemanden, ob er nun ein König oder ein Obdachloser sei, unter der Sonne sind wir alle gleich), so in dem Song *Take The Time Out*. Saxophonist Branford Marsalis tutete Mainstream-Jazz, Anita Baker säuselte makellos, Take 6, die Sounds of Blackness und Stevies fünf Kinder zwischen vier und 19 spendeten Harmoniegesang, und von so viel Einvernehmen ganz trunken sang er sogar mit seiner Ex-Frau Syreeta Wright wieder Duett: *My Love Is With You*. In Wahrheit sei er seit einigen Monaten in ein Mädchen namens Tracy verliebt, erklärte der 44jährige Wonder bei einer Pressekonferenz zur Platte in Paris: «Ich möchte sie heiraten und Kinder mit ihr haben. Sie ist wundervoll.» Die versammelten Journalisten lächelten gequält und schrieben ihre Rezensionen: *Conversation Peace* sei «ein dezentes Album» (‹Mojo›) mit einer «illustren Gästeschar» (‹Stereoplay›), das von «wiedererwachter Experimentierfreude zeugt», aber «auch den klassischen Stevie Wonder» zeigt (‹Musikmarkt›), eine «klebrige Verbindung von Afrozentrizität und US-Sessionschmus» (‹Tip›), doch auch «königlich groovende Lehrstunden für die Souljazz-Gemeinde unserer Neumusikzeit» (ebenfalls ‹Tip›), die jedenfalls bei allem Vorbehalt «wenigstens ein faires Anhören» verdienten (‹Times›, London). Das Album, Platz 16 in den US-Charts, wurde vergoldet. Wonder ging auf Welttournee, wurde in Dimona, Israel, u. a. für seine Benefizaktionen ausgezeichnet und musizierte in Japan mit dem Tokyo Symphony Orchestra – zu hören auf der Doppel-CD *Natural Wonder* (1995). Im Februar 1996 empfing er bei der Grammy-Verleihung im Shrine Auditorium, L. A., den Lifetime Achievement Award. *For Your Love* aus *Conversation Peace* erhielt die Preise Best R & B Song und Best R & B Vocal Performance Male. Der Grammy Best Rap Solo Performance ging an die Nummer-eins-Single *Paradise* des Rappers Coolio, die aber basierte auf dem Stück *Pasttime Paradise* aus Stevie Wonders Album *Songs In The Key Of Life* von 1976. Von der University of Alabama in Birmingham, an deren Center for Computing in the Arts er sich mit einer großzügigen Zuwendung beteiligt hatte, empfing er nach einem Konzert mit dem Birmingham Philhar-

monic Orchestra den Ehrendoktorhut. Weitere Ehrungen folgten bis zum Ende des Jahrzehnts, darunter Parent Ambassador des Breithaupt Vocational Technical Centers in Detroit, Person of the Year der Hilfsorganisation MusiCares, ein Ehrendoktor der Rutgers University in New Brunswick, New Jersey, sowie der Grammy Best Male R & B Vocal Performance 1999 für seine Version des *St. Louis Blues*. Auf die Bühne ging er nur noch bei besonderen Anlässen wie der Eröffnung der Olympischen Spiele in Atlanta und dem 50jährigen Jubiläum der schwarzen Illustrierten ‹Ebony› in Los Angeles 1996, einem Unplugged-TV mit Babyface zugunsten eines Rehabilitationszentrums für Drogenkranke in New York 1997, Luciano Pavarottis Benefizgala für Kriegswaisen in Modena, Italien, sowie Nelson Mandelas 80. Geburtstag in Johannesburg, Südafrika, 1998 und so fort. Im November 1999 erklärte er während eines Gottesdienstes in Detroit, er werde sich demnächst einer Augenoperation unterziehen, um mit Hilfe eines implantierten Chips wieder sehen zu können, aber die Methode war medizinisch noch nicht ausgereift. Zu seinem 50. Geburtstag veröffentlichte Motown im Mai 2000 die 4-CD-Box *At The Close Of The Century* mit 70 Songs aus 33 Jahren und einem 92seitigen Gratulationsbooklet inklusive Essay und seltenen Bildern. Erst 50? Er hatte eben als Wunderkind begonnen.

LPs auf Motown: *12-Year-Old Genius* (1963); *Tribute To Uncle Ray* (1964); *Jazz Soul* (1964); *With A Song in My Heart* (1965); *At The Beach* (1966); *Uptight* (1966); *Down To Earth* (1966); *I Was Made To Love Her* (1967); *Someday At Christmas* (1967); *Greatest Hits* (1968); *For Once In My Life* (1969); *My Cherie Amour* (1969); *Stevie Wonder Live* (1970); *Signed, Sealed, Delivered* (1970); *Talk Of The Town* (1970); *Where I'm Coming From* (1971); *Greatest Hits Vol. 2* (1971); *Music Of My Mind* (1972); *Talking Book* (1972); *Innervisions* (1973); *Fullfillingness' First Finale* (1974); *Songs In The Key Of Life* (1976); *Anthology* (1977); *Journey Through The Secret Life Of Plants* (1979); *Hotter Than July* (1980); *Original Musiquarium* (1982); *The Woman In Red* (Soundtrack, 1984); *In Square Circle* (1985); *Characters* (1987); *Jungle Fever* (Soundtrack, 1991); *Conversation Peace* (1995); *Natural Wonder* (2-CD, 1995); *Love Songs – 20 Classic Hits* (o. J.); *At The Close Of The Century* (4-CD-Box, 2000)

Wynn, Steve (voc, g), am 21. Februar 1960 in Los Angeles geboren, zählte zu den grauen Eminenzen des amerikanischen Underground-Rock, die Generationen von Musikern und Bands unterschiedlichster Szenen und stilistischer Ausprägung beeinflußten, obwohl sich ihr persönlicher Erfolg kommerziell in Grenzen hielt. «Man könnte ihn mit allen möglichen Leuten von Cracker bis Soul Asylum vergleichen. Aber die haben's ja von Steve Wynn meist erst gelernt» (‹WOM Journal›). Darüber hinaus machte er das Publikum des College-Rock mit dem Gitarrensound der Sechziger und Siebziger vertraut. Als brillanter Songschreiber arbeitete er im Rahmen des sogenannten Paisley Underground von Los Angeles (Bangles, Three O'Clock) in einer ganzen Reihe von Bands, bis er vom Zeitgeist ungerührt eine Solokarriere einschlug, die den ruhelosen Nomaden zu einem der bodenständigsten amerikanischen Musiker zwischen Country, Blues, Westcoast- und Alternative-Rock machte, sei «Steve Wynn einer der letzten Outlaws, befand ‹Tip›: «Nicht, daß er mit seinen Alben alle Regeln des Songwritings aus den Angeln heben würde. Doch die Art, in der er seit Jahrzehnten unbeeindruckt von der allgemeinen Hatz nach dem Big Hit singt, was ihm gerade in den Fingern und Mundwinkeln juckt, ist der Stoff, aus dem die heutigen Legenden sind.» Nach einer in Los Angeles verbrachten Kindheit ging Wynn Ende der siebziger Jahre an die University of California in Davis, wo er die New Wave-Band Suspects gründete. Auf der Suche nach dem untergetauchten Songschreiber Alex Chilton trat er seine erste große Reise durch die USA an. Als er 1981 nach Los Angeles zurückkehrte, war er an der Gründung der Long Ryders beteiligt, bei denen er kurz darauf von Stephen McCarthy ersetzt wurde, und gründete unter dem Eindruck von R.E.M. die Gruppe Dream Syndicate. Mit Karl Precoda (g), später ersetzt durch Paul B. Cutler, Kendra Smith (bg), später ersetzt durch Mark Walton (bg), und Dennis Duck (dr) überführte er die Ästhetik von Velvet Underground und Big Star in die Achtziger. Als Nebenprojekt unterhielt er mit Dan Stuart von Green On Red die Trash-Folk-Band Danny & Dusty, zu der auch McCarthy und Duck gehörten. Mit ihren nicht enden wollenden Jams und dem krassen Gegensatz von Wynns sanfter Stimme und schrillen Feedback-Eskapaden erspielte sich Dream Syndicate Live-Gefolgschaft in den gesamten USA. Ständige Labelwechsel bescherten der Band keine befriedigenden Plattenverkäufe. «Trotz vier recht unterschiedlicher Alben schafften sie nie den Sprung vom College Rock zum Mainstream» (‹Rolling Stone›). 1989 gab die Gruppe ihre Auflösung bekannt. Wynn legte für kurze Zeit bei Giant Sand an und veröffentlichte 1990 sein erstes Soloalbum *Kerosene Man*, auf dem Musiker von Giant Sand und den Long Ryders gastierten. Wie auch auf seinem zweiten Album *Dazzling Display* (1992) bot Wynn solides Songwriting mit leichtem Country-Einschlag, verträumten Texten und einer geradezu perfekten Mischung aus Lebensbejahung und Weltflucht. Klangen die ersten beiden Alben wie eine Fortsetzung des Sounds von Dream Syndicate, schlug Wynn auf *Fluorescent* (1994) eine wesentlich poetischere, introvertiertere Richtung ein. Mit seinem alten Freund Stephen McCarthy, Brian Harvey und Johnny Hott von House Of Freaks und Bob Rupe von den Silos gründete er die Psychedelic Folk-Allstar-Band Gutterball, mit der er seine dunkleren und raueren Wesenszüge ausdrücken konnte. Die beiden Alben *Gutterball* (1994) und *Weasel* (1996) gehören zu den Glanzstücken des elektrifizierten Folk-Rock der Neunziger. Mitte des Jahrzehnts siedelte Wynn nach New York um und coverte die Energie der Ostküstenmetropole auf seinem mit den Musikern von Come als Backing-Band eingespielten Album *Melting In The Dark* (1996), auf dem er unerwartet punkig klang. ‹Wall Of Sound›: «Es ist erfrischend, Wynn den Aggressor spielen zu hören.» Material, das er zur selben Zeit mit der Chicagoer Band Eleventh Dream Day einspielte, blieb leider unveröffentlicht. Auf *Sweetness And Light* (1997) setzte er seine rockigen Pfade fort, wobei sein Gesang immer mehr gegen Bob Dylan konvergierte. 1999 erschien sein «Meisterwerk» (‹Intro›) *My Midnight*, auf dem er sich wieder in leichtere, poppigere Gefilde begab. 2000 ging er mit Musikern von Come und dem stilistisch verwandten Psychedelic Folk-Poeten Chris Cacavas ins Studio, um um sich für die Doppel-CD *Here Come The Miracles* (2001) ausschließlich mit kalifornischen Themen zu beschäftigen.

LPs auf Rhino: *Kerosene Man* (1990); *Dazzling Display* (1991) ... auf ENEMY: *Fluorescent* (1994); *Melting In The Dark* (1996) ... auf Zero Hour: *Sweetness & Light* (1997); *My Midnight* (1999) ... auf Innerstate: *Here Come The Miracles* (2001) ... LPs mit Dream Syndicate auf Ruby: *Days Of Wine And Roses* (1982) ... auf A & M: *Medicine Show* (1984); *This Is Not The New Dream Syndicate Album ... Live!* (1984) ... auf Big Time: *Out Of The Grey* (1986) ... auf Enigma: *Ghost Stories* (1988) ... auf Restless: *Live At Raji's* (1989) ... LP mit Danny & Dusty auf Demon: *The Lost Weekend* (Records, 1985) ... LP mit Giant Sand auf Demon: *Swerve* (1990) ... LPs mit Gutterball auf ENEMY: *Gutterball* (1984); *Weasel* (1986)

X

XTC, 1977 in der britischen Kleinstadt Swindon, Wilts., anderthalb Autostunden westlich von London, gegründet, waren «eine der innovativsten, harmoniesüchtigsten und sträflichst unterbewerteten Bands Englands» (‹Stereoplay›) und Anreger für so gut wie alle Gruppen, die später unter dem Begriff Britpop firmierten. Sie waren Power Pop-Füchse im Punk-Pelz und sangen über typische Themen der Popmusik wie Macht und Mädchen aus einer untypischen Sound-Perspektive. In bisweilen abenteuerlicher Manier ließen sie atonale Klänge mit klassischen Rockharmonien à la Beatles oder Beach Boys kollidieren, trumpften mit eigenwilliger Instrumental-Virtuosität auf, schwelgten in bizarren poetischen Ergüssen. «Und trotzdem wird aus dem ganzen Mischmasch ein wunderbarer, eingängiger Pop» (‹Stereo Review›). Andy Partridge (g, voc), am 11. November 1953 in Malta, Colin Moulding (bg, voc), am 17. August 1955 in Swindon, Terry Chambers (dr), am 18. Juli 1955 in Swindon geboren, hatten seit 1973 unter diversen Gruppennamen wie Skyscraper, Star Park und Snakes zusammengespielt und ab 1975 als Helium Kidz erste erfolglose Plattenversuche gemacht. Ein Jahr später beteiligte sich Barry Andrews (kb), am 12. September 1956 in West Norwood, London, geboren, an weiteren Unternehmungen, extravagante Songkonzepte zu Vinyl zu bringen. Unter dem neuen Gruppenkürzel XTC (ecstasy) veröffentlichten die vier schließlich 1977 ihre Debüt-LP *White Music*, «ein zickig überdrehtes, neurotisches, hysterisches und vergagtes Feuerwerk an Ideen, das im Wahnsinnstempo vorbeirauscht» (‹Sounds›). Andrews wurde nach dem zweiten Album von Dave Gregory (g, synthesizer) abgelöst, tat sich mit Robert Fripp zur League of Gentlemen zusammen und gehörte schließlich zu der Band Shriekbak. Mit Gregory lieferte XTC eine Reihe vielbestaunter popmusikalischer Kabinettstückchen ab: *This Is Pop, Meccanik Dancing (Oh We Go), Life Begins At The Hop, Making Plans For Nigel, Living Through Another Cuba.* Allerdings verloren sie sich dabei gelegentlich in der eigenen Cleverness. So war das von Hugh Padgham produzierte Doppelalbum *English Settlement* (1982) zwar «ein Festmenü für die Ohren» (‹Trouser Press›), «so randvoll mit Material und Ideen, daß der forschende Geist Stunden damit beschäftigt ist» (‹Melody Maker›), verriet aber «leider keinerlei Emotion und Engagement» und war letztlich «schlankweg langweilig» (‹New Musical Express›). Kritikerin Julie Burchill mißfiel die vermeintlich radikale Attitüde der Gruppe als Ersatzbefriedigung für Leute, die alles über das Abgründige im Rock 'n' Roll wissen wollten und sich schließlich doch nicht trauten: «Als Punk seinen Aufbruch erlebte, lieferten XTC den optimalen Service für alle, die up to date sein wollten, ohne sich dabei verändern zu müssen. Das ist SPD-Pop.» Derart vorschnelle Urteile ließen außer acht, daß die Band mit New Wave in Verbindung gebracht wurde, ohne um ihre Einwilligung dazu gebeten worden zu sein. Tatsächlich wurzelten die Songs Partridges in der Single-Musik der sechziger Jahre und wirkten Anfang der achtziger natürlich anachronistisch oder unverständlich. Zu einer normalen Rockband taugte XTC aber auch aus einem anderen Grund nicht: Partridge war 1982 zweimal auf der Bühne zusammengebrochen. Als Ursache der Erschöpfung wurde ein Magengeschwür festgestellt, dessen Existenz er auf sein Unvermögen zurückführte, vor Publikum Musik zu machen. Für die Zukunft schloß er XTC-Live-Auftritte aus. Chambers wollte sich damit nicht abfinden und verließ die Band. Der Studiomusiker Pete Phibbs übernahm seinen Platz, wurde aber nie als festes Bandmitglied akzeptiert. Auch die Plattenfirma hielt Auftritte für die Promotion des Albums *Mummer* (1983) für unentbehrlich. Die Band driftete auseinander: Partridge produzierte andere Gruppen, die Musiker legten sich Ende 1983 erstmals ein Pseudonym zu (The Three Wise Men). Als The Dukes of Stratosphear veröffentlichte das Trio 1985 als psychedelische Reminiszenz an die sechziger Jahre das Minialbum *25 O'Clock*. 1987 benutzte die Band das Pseudonym für die Alben *Psonic Psunspots* und *Chips From The Chocolate Fireball* noch einmal; von den beiden LPs wurden allein in den USA mehr als eine halbe Million Exemplare abgesetzt. Partridge veröffentlichte inzwischen auch unter dem Namen Buster Gnoad and the Jolly Josticles. 1989 gelang XTC mit *Oranges & Lemons* ein vorerst letzter großer Wurf, für ‹Rolling Stone› allerdings «eine weitschweifige, überfüllte Rückkehr zu geistreicher Gefälligkeit». Das Blatt meinte damit die unverhohlenen Rückgriffe auf die Rockmusik der sechziger Jahre, etwa Beatles und Kinks. «XTC waren die Antithese zu Improvisationsschweiß und lockerer Natürlichkeit», resümierte Robert Rotifer in der ‹Berliner Zeitung›: «Ihr Sound, der die New Wave-Ästhetik entscheidend mitprägte, war ökonomisch, transparent und zappelig. Gitarrenlinien und Schlagzeugrhythmen fügten sich wie Puzzlesteine zusammen, während die Texte nur so vor ausgeknobelten Zweideutigkeiten und multiplen Reimen strotzten.» Partridge: «Ich zeichnete mir Kastenelemente auf, die den verschiedenen Teilen der Songs entsprachen, und tüftelte mir so schon im vorhinein immer genau aus, was wir im Studio machen würden. Ich wollte einfach keine Studiozeit verschwenden.» Das aber wurde von der Plattenfirma Virgin und dem Virgin-Musikverlag, mit dem Partridge und Moulding separate Autorenverträge abgeschlossen hatten, nicht angemessen honoriert. Anfang der Neunziger monierten die Songschreiber zu geringe Tantiemenzahlungen und wurden auf das Kleingedruckte in ihren Verträgen verwiesen.

Daraufhin traten sie in Streik. *Nonsuch* (1992) war das für sieben Jahre letzte Lebenszeichen von XTC. Mit der offiziellen Band-Biographie «Chalkhills and Children» (Omnibus Press, London 1992) stimmte Chris Twomey schon eine Art Grabgesang an. Partridge tat sich mit dem Texter Martin Newell von Captain Sensible zusammen und veröffentlichte mit ihm die LP *The Greatest Living Englishmen* (1993), anschließend mit dem Ambient-Tüftler Harold Budd für die LP *Through The Hill* (1994). In den USA brachte das Indie-Label Thirsty Ear Records 1995 ein Tribut-Album heraus, an dem sich neben Künstlern wie Joe Jackson, The Rembrandts, Crash Test Dummies, They Might Be Giants auch Partridge, Moulding und Gregory als Dukes Of Stratosphear beteiligten: *A Testimonial Dinner: The Songs Of XTC*. Und da die Nachfrage nach der Gruppe in den Plattenläden unverändert anhielt, übernahm die Firma Night Track die schon 1989 von der Radiostation kommerziell zugänglich gemachten *BBC Sessions 1977–1989* unter dem Titel *Drums & Wireless* (1994) in ihren Katalog. Virgin behalf sich mit der Kollektion *Fossil Fuel – The XTC Singles 1977–1992* (1996). Und just zu dem Zeitpunkt, als Andy Partridge im Winter 1997/98 durch seine laut Selbstaussage «dunkelste Periode» ging («Ich war krank, frisch geschieden und durch die Scheidung all meiner Rücklagen beraubt»), lenkte Virgin endlich ein und entließ die Musiker aus ihrem Knebelvertrag. Ihr Einstand bei der neuen Firma Cooking Vinyl war gleich eine 4-CD-Box mit fabelhaften, vielfach nie zuvor gehörten Rundfunkproduktionen aus zwei Jahrzehnten in der Form eines Kofferradios der Fünfziger: *Transistor Blast – The Best Of The BBC Sessions* (1998). Im Streit darüber, wie es mit XTC künstlerisch weitergehen solle, sprang Dave Gregory 1998 ab. Partridge und Moulding potenzierten ihre Kapazitäten mit dem Hörbild *Apple Venus* (1999) in zwei Teilen – *Volume 1* als orchestrale Pop-Suite, von der Pop-Presse als «bezaubernd elegantes, sonnendurchflutetes, hinreißend melodisches, schwerelos reifes, rundum perfektes Wunderwerk» (‹WOM Journal›), als «Seelenbalsam, Streicheleinheit und Denkanstoß zugleich» (‹Musikexpress›) eingesülzt, *Volume 2* eher rockig, die E-Gitarre im Vordergrund, und nicht zu aller Kritiker Zufriedenheit. «Die scharfen Riffs sind rund geworden und swingen ein wenig», bemängelte Lukas Grasberger im ‹Musikexpress›: «Das Spiel mit der Rockgitarre, aus dem man sehr wohl seinen Profit zu ziehen weiß, wirkt abgeschmackt.» Partridge und Moulding wußten den Einsatz der Rockgitarre in ihren auch auf der CD *Wasp Star (Apple Venus Volume 2)* feingliedrigen Songstrukturen jedoch sehr wohl zu erklären: «Wenn du ein Orchester vor dir hast, kannst du nicht sagen, laß uns einfach jammen, so wie Oasis das tun. Wenn man solche Dinge dem Zufall überläßt, kann das schiefgehen. Das ist dann so, als hätte die Nachlässigkeit dein Baby gekidnappt und in ein junges Nilpferd verwandelt, wo du doch eigentlich einen wunderschönen, geflügelten Cherub aus ihm machen wolltest» (Partridge). Der Schaffensprozeß war mittels der CD *Homespun* (1999) nachzuvollziehen, auf der XTC die Demos zu *Apple Venus, Vol. 1* aus ihrem Heimstudio veröffentlichten. Und mit Rock and Roll oder den Produkten nachgeborener R'n'R-Epigonen hatten Partridges Kreationen schon seit langem nichts mehr zu tun: «Ich versuche nur, die Bilder in meinem Kopf umzusetzen, und das ist ein schmerzhafter Prozeß. Ich sehe riesige Bühnenbilder, in denen Menschen mit zuviel Make-up agieren. Dieses Theater ist für mich realer als die Realität. Hätte ich die Wahl zwischen einem Blick aus meinem Fenster und einem Blick auf die Bühne, ich würde letzteres wählen.»

LPs auf Virgin: *3 D* (Mini-LP, 1977); *White Music* (1978); *Go 2* (1978); *Go+* (1978); *Drums And Wires* (1979); *Black Sea* (1980); *5 Senses* (Mini-LP, 1981); *English Settlement* (1982); *English Settlement (2 LPs,* 1982); *Waxworks* (1982); *Mummer* (1983); *The Big Express* (1984); *Skylarking* (1986); *Oranges & Lemons* (1989); *Rag & Bone Buffet* (1990); *Nonsuch* (1992); *Fossil Fuel – The XTC Singles 1977–1992* (1996) ... auf Windsong: *Live In Concert 1980* (1992) ... auf Cooking Vinyl: *Transistor Blast – Best Of The BBC Sessions* (4-CD Box, 1998); *Apple Venus, Vol. 1* (1999); *Homespun* (1999); *Wasp Star (Apple Venus, Vol. 2)* (1999) ... auf BBC: *BBC Radio 1 – Live Concert* (1980); *Drums & Wireless – BBC Radio Sessions* (1989, 1994 unter demselben Titel auf Night Tracks veröffentlicht) ... auf ROIR: *XTC Live* (1993) ... auf TVT: *Apple Venus, Pt. 1* (1993); Homespun (1999); *Wasp Star* (2000); *Homegrown* (2001) ... LPs als Dukes of Stratosphear auf Virgin: *25 O'Clock* (1985); *Psonic Psunspot* (1987); *Chips From The Chocolate Fireball* (1987) ... LP Andy Partridge mit Harold Budd auf All Saints: *Through The Hill* (1993) ... Andy Partridge mit Martin Newell auf Pipeline: *The Greatest Living Englishman* (1993)

Y

Yello wurden 1978 als Konzept der Schweizer Klangfetischisten Boris Blank, Carlos Peron geboren, die sich bei Tonaufnahmen an der Schrottpresse eines Autofriedhofs kennengelernt hatten. Das Ralph-Label der mysteriösen Residents bot den Tüftlern aus den Bergen bei einem San Francisco-Aufenthalt eine Plattenchance, die sie 1979 mit Dieter Meier realisierten. *Solid Pleasure*, 1980 veröffentlicht, entsprach den Aufnahmekriterien der esoterischen Kalifornier: «Intelligenz, revolutionäre Ideen und Sinn für Humor». Angeführt vom Film-, Video-, Concept Art-, Performance-Multitalent und Lebenskünstler Meier richteten Blank und Peron, der allerdings 1982 in aller Freundschaft ausschied, fortan verblüffende Serien elektronischer Séancen an, in die fremdsprachige Gesänge, Naturgeräusche, Industriekrach in exquisiter Montagetechnik einkomponierten. Bei aller Schweizer Präzision ließ das Trio Experimental dennoch Raum für anarchistische Ausbrüche und spontane Scherze. In ihren «Soundtracks für imaginäre Filme» (Meier) beschworen sie die Kino-Atmosphäre exotischer Dschungelschinken, phantastischer Weltall-Epen oder sehnsüchtiger Großstadt-Einsamkeitsdramen in Schwarzweiß. Dazu «tauchte» Weltmann Meier «mit dem pomadigen Pathos seines Sprechgesanges in den Schmalztopf großer Gefühle» (‹Der Spiegel›). Beigaben von zupackendem Elektrofunk, karibisch wippenden Synthi-Rhythmen, orientalisch wabernden Klangteppichen hoben Stücke wie *Pinball Cha Cha, I Love You, Oh Yeah, Vicious Games, Swing, Lost Again, The Race* aus dem popmusikalischen Kunstgewerbemuseum in die hitzige Avantgarde-Disco-Szene. Meier, der aus dem Zürcher Geldadel stammte,

studierte zunächst Jura, heiratete gutbürgerlich und lebte im High Society-Stil, bevor er aus dem Wohlleben ausbrach und sich diversen Happening-Zirkeln anschloß. Er brillierte als Golf-Nationalspieler, professionelles Poker-As, Designer und radikalästhetischer 16-mm-Filmer, den es gelegentlich auch ins große Kino verschlug (‹Jetzt und alles›, 1981). Typische Meiereien: Bei der «documenta 5» ließ er 1972 auf dem Kasseler Bahnhofsvorplatz eine Eisentafel einbetonieren und mit der Aufschrift versehen: «Am 23. März 1994 von 15.00 – 16.00 Uhr wird Dieter Meier auf dieser Platte stehen», was dann tatsächlich geschah. Auf den Straßen New Yorks errichtete er ein «Freiluft-Büro», kaufte den Passanten für jeweils einen Dollar ein laut gerufenes «Yes» oder «No» ab und ließ die skurrile Aktion filmen. Ein dermaßen einfallsreicher Mensch lehnte natürlich für Yello jedwede stilistische Verwandtschaft mit Kraftwerk, Philip Glass, Giorgio Moroder ab: «Ich habe mich aus mir selbst erfunden.» Unentwegt mit Erfinden beschäftigt, blieb Meier für Yello nur wenig Zeit. Daran änderte auch die Arbeitsteilung des Duos nichts: Während Blank sich um die Technik und die Musik kümmert, war Meier für die Texte und den Gesang zuständig. Nach *Baby* (1991) und der Zusammenstellung *Essential Yello* (1992) bot Techno einen neuen Reiz. «Wir springen auf keinen Zug», behauptete Blank keck zum Album *Zebra* (1994), «denn wir haben nie etwas anderes gespielt als Techno.» Meier, der sich in seinen halbfertigen Film ‹Snowball› verbissen hatte und in Hollywood Fuß zu fassen versuchte, ließ sich 1995 von Blank sogar überreden, auf der Dortmunder Techno-Veranstaltung Mayday aufzutreten. Er hatte es auch für nicht mehr als angemessen und völlig logisch gehalten, daß die Elite der deutschen und einige internationale Top-DJs 1994 *Hands On Yello* (CD-Titel) gelegt und einige Chart-Klassiker des Duos durch sämtliche Acid-, House-, Ambient-, Techno-Mühlen gedreht hatten. Höhepunkt: der 20minütige Remix *You Gotta Say Yes To Another Excess* der cleveren Bleep- und Blonk-Erfinder The Orb aus Großbritannien. Seit in den frühen achtziger Jahren die schwarze New Yorker Dance-Radiostation WBLS die Yello-Single *Solid Pleasure* wie in einer Endlosschleife rotieren ließ, seit Afrika Bambaata mit *Bostich* einen seiner frühen Raps unterlegte, seit zu *You Gotta Say Yes To Another Excess* die weltweite Disco-Gemeinde nickte und *Stella* schließlich 1985 ganz groß in die Dance-Charts einstieg, sickerte der gelbe Avantgarde-Tanzbeat buchstäblich in alle Medien: in die Radio-Charts (größter Hit: *The Race*, 1988), ins Fernsehen (*Desire* in ‹Miami Vice›, 1985), ins Kino (*Oh Yeah*, 1987), schließlich in Dieter Meiers mehrfach prämierten Videos (World Music Award in Monte Carlo) und in der Werbung sowieso. Meiers Motto von Anfang der achtziger Jahre war wahr geworden: «Die erste und die letzte Musik der Welt ist Tanzmusik. Nur Krieg und Vernichtung können die Welt vom Tanzen abhalten.» Während die DJ-Prominenz Yello von gestern noch remixten, tanzten ihnen Meier und Blank mit ihrem Album *Zebra* schon wieder multimedial voraus. Die «erste globale Dancefloor-Produktion des außergewöhnlichen Duos» (‹Der Musikmarkt›) erschien in einem metallenen «Limited Edition Box Set» mit einer Uhr aus alten Weißblechdosen an einem Armband aus recyceltem Kunststofflaschenmaterial. Zum dazugehörigen Slogan «F.R.I.S. (Fully Recycled Industrial Sound) meets F.R.I.M. (Fully Recycled Industrial Material)» ließen Meier und Blank via E-Mail und online mit sich kommunizieren. Die Single *How How* wurde nicht nur mit zwei eigenen Remixen und je vier von Plutone und Fluke, sondern auch mit einer Sammlung von «Breaks, Beats & Loops», für DJs und Homerecorder einzeln codiert und musikalisch freigestellt, bestückt. Dazu lief («Do Your Own How How – Remix») unter anderem beim Musikkanal Viva ein Wettbewerb. Voraussetzung dieses ganzen Irr-Sinns sei freilich die Bereitschaft, so ‹Stereoplay›, sich in die verschrobene Bilder- und Ge-dankenwelt von Meier und Blank einzuklinken: «Andernfalls sind sie nichts weiter als billige, uninspirierte Dance-Tracks.» Elf solche waren auf der CD *Eccentric Remixes* (1999) zu hören. Den überwiegend abgestandenen Singles halfen auch die Remixe von Fluke, Ian Pooley, Hardfloor etc. nicht mehr auf. Der ‹Musikexpress› diagnostizierte: «Die einst revolutionären Sound-Alchimisten stecken bereits seit Jahren in einer tiefen künstlerischen Krise.»

LPs auf Vertigo: *Solid Pleasure* (1980); *Claro Que Si* (1981); *You Gotta Say Yes To Another Excess* (1983); *Live At The Roxy* (1984); *Stella* (1985); *Yello 1980–1985 The New Mix In One Go* (1986); *One Second* (1987); *The Flag* (1988); *Baby* (1991); *Essential Yello* (1992) ... auf Mercury: *Jetzt und Alles* (Soundtrack, mit anderen, 1981); *Zebra* (1994); *Pocket Universe* (1997) ... auf Barclay / Mercury: *Eccentric Remixes* (1999) ... Solo-LPs von Carlos Peron auf Konkurrenz: *Impersonator* (1981) ... auf Dark Star / Indigo: *Die Schwarze Spinne* (1983); *Impersonator III* (1992); *Ritter und Unholde* (1993; *Die Schöpfung der Welt* (1994); *13 Years Of Lust – Best of Carlos Peron ... Vol. 1* (1994); *Manhattan II* (1995); *La Salle Nori* (1996); *Ritter, Tod & Teufel* (1996); *Baker's Barn* (1997) ... auf Kristall: *Nothing Is True, Everything Is Permitted* (1984) ... auf Play It Again Sam; *Impersonator II* (1988) ... auf Teldec: *Gold For Iron* (1989) ... auf Erdenklang: *Trancetruemental* (1993) ... auf 10 000 Zippers: *La Salla Blanche* (1994) ... auf New: *Triggering* (1995) ... auf Polygram: *Pocket Universe* (1997) ... auf Universal: *Motion Picture* (1999) ... LP Carlos Peron mit Victor Berkovitz auf 10 000 Zippers: *Terminatrix* (1993) ... LP Carlos Peron mit Dark Ruler auf Dark Star: *F.I.R.E.* ... *F.O.E.T.U.S.* (1994)

Yo La Tengo, 1984 in Hoboken, New Jersey, gegründet, starteten als ganz normale Independent-Band mit einer Schnittmenge aus Folk Rock, Hardcore und liebevoll arrangiertem Alternative Pop. Album für Album durchlief die Gruppe jedoch eine intellektuelle Metamorphose, die sie bis an die Grenzen der elektronischen Musik und des Free Jazz führte. Die Keimzelle von Yo La Tengo, die sich nach einem Ruf lateinamerikanischer Baseball-Spieler benannten, bestand aus der Schlagzeugerin Georgia Hubley und ihrem Ehemann, dem Gitarristen und Sänger Ira Kaplan, die einander in Clubs als DJ und Musikkritiker kennengelernt hatten. ‹Der Tagesspiegel› nannte sie das «wohl über Jahrzehnte innovativste Ehepaar der Rock-Geschichte». Nach ersten Gehversuchen in einem losen Kollektiv und der selbstverlegten Single *A House Is Not A Motel* (mit Bassist Dave Rick, später Run On) konsolidierte sich die Gruppe mit Dave Schramm (g) und Mike Lewis (bg). In dieser Besetzung erschien 1986 das Album *Ride The Tiger*, dessen atmosphärischer Anklang an Velvet Underground der Gruppe erste Achtungserfolge bei Kritikern einbrachte. «Sicher, Yo La Tengo sind der Kritiker Lieblinge, aber das hat einen Grund», merkte ‹Pulse› an: «Sie machen ungewöhnlich guten Pop. Erlebe sie live, und du wirst lernen, daß sie ebenso in der Lage sind, ungewöhnlich rauhen Noise zu machen.» Diese Kombination von weichem Westcoast-Pop und experimentellen Eastcoast-Sounds wurde fortan zum Markenzeichen der Band. Nach dem Album gründete Dave Schramm die Band The Schramms, mit der er mehrere erfolgreiche Folk-Alben veröffentlichte. Yo La Tengo probierten verschiedene Bassisten aus, bis sie mit Stephan Wichnewski das luftige Album *New Wave Hot Dogs* und die tonnenschwere Feedback-Orgie *President Yo La Tengo* (beide 1989) einspielten. Für das weitgehend aus folkigen Coverversionen bestehende *Fake Book* (1990) kehrte Dave Schramm zurück und brachte aus seiner Band den Akustik-Bassisten Abe Greller mit. Die Phase der Suche endete 1991 mit dem Mini-Album *That Is Yo La Tengo*, auf dem Gene Holder den Baßpart übernahm. Mit dem Zugang von Bassist James McNew, der neben Yo La Tengo immer auch an seinem Projekt Dump arbeitete, mit dem er drei Platten veröffentlichte, begann 1992 «ein magisches Abenteuer für den Kopf wie für die Seele» (‹Wiener›). Yo La Tengo «bevorzugten die Karriere-Leiter mit den vielen, niedrigen Sprossen» (‹Zounds›) und fädelten über neun Jahre eine Reihe von Platten auf, deren Konzepte jeweils auseinander hervorzugehen schienen. Auf *May I Sing With Me* (1992) hielten sich lockere Pop-Songs und Gitarren-Kracher die Waage. Das Album gehörte «zum Besten, was man mit E-Gitarre, Baß und Schlagzeug anstellen kann», (‹WOM Journal›). Mit dem zehnminütigen *Sleeping Pill* brachte die Band den langformatigen Song in eine

von kurzen Formaten geprägte Ära zurück. *Painful* (1993) setzte die Ästhetik von *May I Sing With Me* fort, erweiterte sie aber vor allem durch meditative Keyboard-Parts und ausgefeilte Gitarrenarrangements à la Sonic Youth. Das in Nashville aufgenommene, «garantiert nicht leicht konsumierbare» (‹WOM Journal›) *Electr-O-Pura* (1995) erweiterte diesen Kontext um Elemente von Americana. Als Interimsalbum und Bestandsaufnahme, aber auch als Positionsbestimmung erschien 1996 die Doppel-CD *Genius + Love = Yo La Tengo*, die eine vokale und eine instrumentale Platte enthielt. Auf *I Can Hear The Heart Beating As One* bewegte sich die Band in Richtung Electro, Ambient und Drum 'n' Bass. In einer limitierten Auflage wurden dem Album Remixe u. a. von Tortoise und dem britischen Tüftler Kevin Shields beigelegt. Für den Soundtrack des Films *I Shot Andy Warhol* steuerte Yo La Tengo im selben Jahr mehrere Stücke bei, Georgia Hubley übernahm in dem Streifen die Rolle der Mo Tucker. Ein Jahr später wurde unter dem Titel *Strange But True* eine skurrile Sammlung von Song-Torsi veröffentlicht, die Yo La Tengo in den Jahren 1994 bis '96 gemeinsam mit Jad Fair, Mastermind von Half Japanese, aufgenommen hatten. Ihre Krönung erfuhr das Gesamtwerk schließlich durch das Album *And Nothing Turned Itself Inside Out* (2000), auf dem von countrygetränktem Folk Rock über Electronica bis zu Dialogen mit der Free Jazz-Trommlerin Suzie Ibarra alle Schattierungen der zeitgenössischen amerikanischen Musik enthalten waren, ohne wie ein Gemischtwarenladen zu klingen. Das 18minütige Klangepos *Night Falls On Hoboken* hob das Trio endgültig aus dem Einerlei des amerikanischen Rockgeschehens heraus. Zeitgleich zu der LP veröffentlichte die Band mit der New Yorker Free Jazz-Band Other Dimensions In Music unter dem gemeinsamen Logo Other Dimensions In Yo La Tengo die beiden Singles *Now 2000* und *Excalibur 2000*. ‹Visions›: «Man darf diese Hinwendung zum Jazz dennoch nicht überbewerten. Yo La Tengo verwandeln sich nicht in eine Jazz-Gruppe, doch nach jahrelangem Americana-Overkill stellt sich eine kollektive Besinnung auf andere Traditionen amerikanischer Musik ein. Yo La Tengo verknüpfen den Jazz-Einfluß und die Nashville-Erfahrung zu einer wundervollen Space-Music.»

LPs auf Matador: *Ride The Tiger* (1986); *Painful* (1993); *Electr-O-Pura* (1995); *Genius + Love = Yo La Tengo* (1996); *I Can Hear The Heart Beating As One* (1997); *Strange But True* (1998); *And Then Nothing Turned Itself Inside Out* (2000) ... auf Coyote: *New Wave Hot Dogs* (1987); *President Yo La Tengo* (1989) ... auf Bar / None: *Fakebook* (1990) ... auf Alias: *May I Sing With Me* (1992) ... LPs Dave Schramm mit The Schramms auf Okra: *Walk To Delphi* (1990) ... auf East Side: *Rock, Paper, Scissors, Dynamite* (1992); *Little Apocalypse* (1994) ... auf Checkered Past: *Dizzy Spell* (1998) ... auf Madacy: *100 Questions* (2000) ... LPs James McNew mit Dump auf Brinkman: *Superpowerless* (1993); *I Can Hear Music* (1995); *Plea For Tenderness* (1998) ... auf Shrimper: *Women In Rock* (1999); *This Skinny Motherfucker With The Big Voice?* (2001)

Young, Neil (voc, g, p), am 12. November 1945 in Toronto, Kanada, geboren, war in den Ensembles Buffalo Springfield und Crosby, Stills, Nash & Young sowie als Solist mit den Begleitcombos Crazy Horse und Stray Gators eine der interessantesten Figuren des vom Drogen-Horror geschwärzten Folk Rock der Post-Flower-Power-Jahre nach 1968. Die Springfield-Band bereicherte er mit poetisch tiefsinnigen Klagesongs (*Broken Arrow*) und einem energetischen Lead-Gitarrenspiel; gleichzeitig zermürbte er jedoch das Gemeinschaftsgefühl der Truppe durch mehrmaligen Ausstieg kurz vor entscheidenden Tourneen und durch Rivalitäten mit Stephen Stills, die bis zu Handgreiflichkeiten auf der Bühne führten. Stills, der Young dennoch in einer Art Haßliebe verbunden war, holte diesen 1969, nach dem Ende von Buffalo Springfield, in eine Folk Rock-Kongregation, die er kurz zuvor mit Graham Nash und David Crosby gebildet hatte. In diesem Quartett sublimierten die Flügelmänner Young und Stills ihren musikalischen Ehrgeiz zu einem spannungsreichen Wechselspiel. Während Young die CSN & Y-Gruppe als Demonstrationsvehikel für seine Virtuosität ansah, benutzte er den erdigen Sound des Rock-Quartetts Crazy Horse als Hintergrund für seine Solo-LPs, auf denen er sich als introvertierter Romantiker präsentierte, «der auf der Suche nach einem verlorenen Paradies Amerika ist und bei dieser Suche doch nur eine Alptraumwelt findet» (Franz Schöler).

Mit schriller, pueriler Stimme lamentierte er zu beißender oder monoton scheppernder Gitarrenbegleitung über die Frustrationen eines ewigen Außenseiters – in Versen, die durch präzise Diktion und die Schönheit ihrer Bildersprache faszinierten. Der sich in den Millionenumsätzen seiner Platten dokumentierende Doppelerfolg Youngs als Solist und Ensemblespieler verleitete ihn jedoch, sein Talent imagegerecht zu konfektionieren. Er gefiel sich, vor allem auf der Platte *Harvest*, in der Pose des Outcast, brachte seine Wehleidigkeit auf einen Generalton, normte seine Melodien als Reprisen früherer Klagelieder und schablonisierte seine Texte zum Einheitslamento eines Cowboys, der F. Scott Fitzgerald und Tennessee Williams gelesen hat. Nach der Loslösung von Crosby, Stills, Nash (1971) wurde Young immer mehr zur «Greta Garbo des Rock» («Melody Maker»). Er trat aus Krankheitsgründen nur noch selten auf und veröffentlichte seine Platten in immer größeren Abständen. Eine 1972 edierte Soundtrack-LP aus einem Dokumentarfilm über Youngs künstlerischen Werdegang war mit dermaßen minderwertigem Restmaterial aus Konzerten und Studiosessions vollgepfropft, daß «Rolling Stone» es zu Recht als «ungeheuerlich» empfand, «daß dieses Album überhaupt veröffentlicht wurde». Der «Melody Maker» argwöhnte damals, mit Youngs Talent als Songschreiber sei es vielleicht nicht mehr zum besten bestellt. «Ich wurde diesen «middle of the road»-Kurs allmählich leid», erklärte der Musiker seine exzentrische Abkehr vom eleganten Harmonie-Pop der CSN & Y-Jahre. «Ich bin dann einfach in den Graben gefahren. Das war zwar holpriger, aber ich habe interessantere Leute kennengelernt.» Tatsächlich schien er in seinen zahlreichen Momenten persönlicher Krisen in der Musik eine Lösung aller Probleme und eine neue Standortbestimmung zu suchen. *Tonight's The Night* (1975) war ein brillanter Höhepunkt depressiven Songschreibens und narzißtischer Selbstverlorenheit. «Neil Young wurde zu einem alten Rebellen, weil er vergessen hatte, wohin der Rest der Parade marschiert war», glossierte der «New Musical Express» die eigenwillige Art des Sängers, sich Moden zu verweigern oder Trends zu ignorieren. Mit der sorgfältig auf drei Platten zusammengestellten Werkschau *Decade* (1978) konnte Young «den Anspruch erheben, neben Bob Dylan der wichtigste Rock-Komponist und -Performer zu sein, den Nordamerika hervorgebracht hat» (‹New York Times›). *Rust Never Sleeps* (1979), Studio-Begleitalbum zu einem Konzertfilm und einer Live-LP, «verrät mir mehr über mein Leben, mein Land und den Rock & Roll als jede andere Musik, die ich in den letzten Jahren gehört habe», begeisterte sich ‹Rolling Stone›-Kritiker Paul Nelson für die Sammlung introspektiver Songs über die alles verzehrende Leidenschaft zur Musik und die Faszination der Gewalt in Amerika von damals und heute. «Es ist besser, sich völlig zu verbrennen, als zu verrosten», sang Young in der Ode *Out Of The Blue*, die er den Sex Pistols und ihrem Anführer John Lydon (Johnny Rotten) widmete. Seine Nachfolgealben klangen zwar mit ihren radikalen Stilvariationen garantiert rostfrei, setzten aber in den Regalen der Plattenhändler Staub an. *Trans* (1982) schockte als Elektro-Funk-Versuch, *Everybody's Rockin'* (1983) befremdete als chaotische Hommage an den Rockabilly der 50er Jahre, *Old Ways* (1985) irritierte als manieriertes Country-Album mit reaktionären Obertönen. Der Kanadier hielt in Konzerten und Interviews nicht mit seiner erzkonservativen Weltsicht und seiner Sympathie für Präsident Reagans unsensible Großmachtpolitik zurück; Jahre später distanzierte er sich vorsichtig von seinen damaligen Ansichten. Dennoch bewahrte ihm eine große Zahl von Sympathisanten aus Fan- und Fachkreisen die Treue, die ihr Idol als bizarren Genius verklärten. «Neils Abstieg wurde kaschiert und präsentiert als eine Suche nach ‹neuen Wegen›», erkannte der ‹New Musical Express›. Das Album *Freedom* von 1989 jedoch befreite Fans und Fachleute von ihren Zweifeln an der andauernden Kreativität Youngs. ‹NME›-Kritiker Gavin Martin: «Seine qualitativ einheitlichste und mitreißendste Arbeit seit dem Ende der siebziger Jahre.» Wie im Studio, so auf der Bühne: Der konservative Folk Rocker, der im Song *This Note's For You* (1988) das Sponsoren-Unwesen im Rockgeschäft geißelte, barst anfang der Neunziger vor jugendlicher Kraft. Seine Gitarreneruptionen degradierten die Mitmusiker zu Statisten, in weiten Sprüngen beherrschte er den Bühnenraum. Diese kalkulierte Unzähmbarkeit faszinierte die Grunge-Musiker aus Seattle, allen voran Kurt Cobain von Nirvana und Eddie Vedder von Pearl Jam. Young trat in eine äußerst kreative Phase ein: Er verband sich wieder mit seiner Band Crazy Horse für die Alben *Ragged Glory* (1991) und *Sleeps With Angels* (1994) – «musikalische Trauerarbeit» nach dem Tod Cobains, der kurz vor seinem Selbstmord versucht hatte, mit Young in Kontakt zu treten. Daneben veröffentlichte er mit *Harvest Moon* (1992) eine Reflexion auf *Harvest*, nahm ein *Unplugged*-Album bei MTV auf, tourte mit Sonic Youth und Teenage Fanclub und machte nach einigem Konzertgeplänkel mit Pearl Jams Eddie Vedder endlich Ernst: 1995 entstand gemeinsam mit den Pearl-Jam-Musikern *Mirror Ball*, ohne daß aus Vertragsgründen die Gruppe Pearl Jam erwähnt werden durfte. Die Kritik reagierte enthusiastisch: «phantastische Momente» (‹Mojo›), «eine hymnische, ergreifend schlichte und schlanke Beschwörung des Hippietums» (‹Rolling Stone›). «Don Grungeone» (‹NME›) Young präsentierte sich als «große Pop-Diva» (‹Spex›) und genoß den Rummel um seine Person und die Platte, zeigte sich aber auch belustigt: «Ich verbringe heutzutage viel weniger Zeit mit Musik, bin aber viel kreativer.» Und wenn mal nicht, wich Neil Young einfach wieder in die erhabene Zeitlosigkeit des Folk Rock-Idioms aus: «Talking about you and me / Talking 'bout eternity / Talking 'bout the big time» (Songtext). Anläßlich des 1996 wieder mit Crazy Horse eingespielten Albums *Broken Arrow* zweifelte Jon Pareles in der ‹New York Times›, ob Young die sieben neuen Songs «in fünf Minuten oder in fünf Jahren geschrieben hat». Immerhin hörte der Kritiker aus den zeitlosen Blue Notes und Rock-Riffs eine fundamentale Aussage des umtriebigen Veteranen heraus: «Dein Herz mag brechen, und du weißt nicht wohin. Der Rest der Welt schnattert weiter und kümmert sich nicht darum.» Die Europatournee mit Crazy Horse 1996 wurde von Jim Jarmusch auf Super-8 grob und körnig gefilmt und kam 1997 als 107-Minuten-Dokumentation ‹Year of the Horse› in die Kinos. Unter demselben Titel erschien eine Live-Doppel-CD. 1999 gab Young wieder mit Crosby, Stills, Nash einige Konzerte und brachte vier Songs, die er für das eigene Album *Silver & Gold* (2000) vorgesehen hatte, ins Reunion-Album *Looking Forward* der Altherrenriege ein. Er selbst blickte auf *Silver & Gold*, begleitet von Spooner Oldham (kb), Donald ‹Duck› Dunn (bg), Jim Keltner (dr), Emmylou Harris und Linda Ronstadt als Backing Vocals, ausschließlich zurück: in seine Kindheit (*Daddy Went Walking*), zu seiner ersten prominenten Band (*Buffalo Springfield Again*) und der ersten Liebe (*Razor Love*). Im zentralen Song *Distant Camera* war der Prozeß des Erinnerns selbst das Thema: «The flash of a distant camera, reconnecting thoughts and action.» Das in dreijähriger Arbeit in der Abgeschiedenheit von Neil Youngs Farm 70 Kilometer südlich von San Francisco entstandene Album wirke über weite Strecken «wie am Küchentisch geschrieben», empfand Tom Liwa in ‹Tip›. Es erinnere «an den verschlissenen Ruhm des Sixties Rock», rühmte Robert Levine im Magazin ‹New York›, und reflektiere «die Freundschaften und Exzesse jener Ära». «Alle Songs», schwärmte Christian Buss in der ‹Berliner Zeitung›, «erzählen von Freundschaft und Versöhnung.» Und in all diesem Gehudel, all den «sweetly sentimental sounds» (‹Newsweek›) der internationalen Presse gab es nur einen, der mit Dissonanzen aufwarten konnte: der Künstler selbst. *Silver & Gold* war im Mai 2000 gerade eine Woche in den Läden, da titelte die ‹New York Post›: «Did Young change tune?» Inhalt der Story: Der launische Rock-Star hatte dem renommierten Verlag Random House die Veröffentlichung des Buches ‹Sharkey – The Biography of Neil Young› aus der Feder des ‹Village Voice›-

Journalisten Jimmy McDonough untersagt, obgleich Young die Arbeit zuvor genehmigt und sogar daran mitgearbeitet hatte. McDonough, der nach Angaben seines Anwalts acht Jahre an der Biographie gearbeitet hatte, verklagte Young auf 1,8 Millionen Dollar. Merke: Es ist ein Unterschied, ob man mit seiner Vergangenheit ohne Rücksicht auf Fehlleistungen und Charakterschwächen zwischen Buchdeckeln konfrontiert wird oder ob man sie selber geschönt besingt.

LPs auf Reprise: *Neil Young* (1969); *Everybody Knows This Is Nowhere* (mit Crazy Horse, 1969); *After The Goldrush* (mit Crazy Horse, 1970); *Harvest* (mit The Stray Gators, 1972); *Journey Through The Past* (Soundtrack, 1972); *Time Fades Away* (1973); *On The Beach* (1974); *Tonight's The Night* (1975); *Zuma* (1975); *Long May You Run* (1976); *American Stars 'n' Bars* (1977); *Decade* (1977); *Comes A Time* (1978); *Rust Never Sleeps* (1979); *Live Rust* (Soundtrack, 1980); *Hawks And Doves* (1980); *Re-Ac-Tor* (1981); *This Note's For You* (mit The Bluenotes, 1988); *Freedom* (1989); *Ragged Glory* (1990); *Weld* (1991); *Arc-Weld* (1991); *Harvest Moon* (1992); *Unplugged* (1993); *Sleeps With Angels* (1994); *Mirror Ball* (mit Pearl Jam, 1995); *Broken Arrow* (1996); *Year Of The Horse* (1997); *Silver & Gold* (2000); *Road Rock, Vol. 1* (2000) ... auf Geffen: *Trans* (1982); *Everybody's Rockin'* (1983); *Old Ways* (1985); *Landing On Water* (1986); *Life* (1987); *Lucky Thirteen* (1992)
Weitere LPs → Crosby, Stills, Nash & Young

Z

Zappa, Frank (voc, g), als Sohn eines Chemikers griechisch-arabisch-sizilianischer Abstammung am 21. Dezember 1940 in Baltimore, Maryland, geboren, verkörperte mit seiner Band The Mothers of Invention jahrelang die ‹Quintessenz des Grotesken in der Rockmusik› (‹The Guardian›). Mit Showgreueln wie dem Massaker von Babypuppen, obszönen Akten (eine Stoffgiraffe ejakulierte ins Publikum), einem vorsätzlich häßlichen Bandhabitus sowie einer bei flüchtigem Zuhören chaotisch wirkenden Musik machte der Wortführer einer subversiven Gegenkultur 1966 auf sich aufmerksam: «Kein Akkord ist häßlich genug, all die Scheußlichkeiten zu kommentieren, die von der Regierung in unserem Namen verübt werden.» Die rebellische Attitüde hatte sich Zappa schon als Kind zugelegt. Der asthmatische Knabe opponierte mit einer Gasmaske, die er nicht mehr ablegen wollte, gegen die Arbeit des Vaters in der Rüstungsindustrie. Als die Familie nach Kalifornien umgezogen war, legte er an der High School von San Diego Feuer, sammelte Rhythm & Blues-Schallplatten, terrorisierte die Mutter mit überlaut abgespielten Avantgarde-Kompositionen von Edgar Varese und verließ schließlich das Elternhaus, um zusammen mit Schwarzen und Mexikanern in einer Tanzkapelle zu spielen. Nacheinander hießen seine Bands The Blackouts, The Omens, Captain Glasspack and His Magic Mufflers und – ab 1964 in Pomona, Kalifornien – The Mothers of Invention. Mit dieser «radikalsten und unterhaltsamsten Rockgruppe der USA» (‹Newsweek›) attackierte Zappa in stundenlangen ‹Underground-Oratorien› wie in kurzweiligen Mini-Kompositionen von bisweilen nur 90 Sekunden Dauer den American Way of Life. Er verherrlichte den Sex mit Minderjährigen und demütigte die Bürger als ‹Plastic People›. Er adaptierte Klangstrukturen von Igor Strawinsky, John Cage und Edgar Varese, schockte mit elektronisch erzeugten Kreischtönen, wirren Geräuschcollagen und verzerrten Tonbandklängen, ließ Free Jazz-Chorusse improvisieren und parodierte den sentimentalen Rock 'n' Roll der fünfziger Jahre. Obgleich diese «musikalischen Müll-Skulpturen» (Zappa), diese «ebenso sarkastischen wie anregend witzigen» Mütter-Laute (‹The Observer›) von den meisten US-Sendern boykottiert oder durch eingeblendete Pfeiftöne unverständlich gemacht wurden, erzielten sie im Untergrund hohe Umsätze. Daher durfte Zappa, mittlerweile Eigentümer der Plattenmarken Bizarre und Straight, im April 1969 bei der International Music Industry Conference auf Paradise Island, Bahamas, sein Manifest verlesen: «Sie nennen es Lärm, doch Sie überhören bloß die Akkordstrukturen und die Melodie. Manche Untergrund-Gruppen sind heute vor allem an künstlerischem Ausdruck und nicht mehr an Hit-Schallplatten interessiert.» Vom internationalen Musik-Establishment akzeptiert, von seinen ehemaligen linken Parteigängern als Abtrünniger geschmäht, an den Mothers of Invention nicht mehr allzusehr interessiert, improvisierte Zappa, der mit einem weltweit verbreiteten Klosett-Poster für sich warb, nun zunehmend mit einer Ad-hoc-Combo Hot Rats und ging daran, seine Collagetechnik noch einmal zu steigern: In seinem surrealistischen Semi-Dokumentarfilm ‹200 Motels› (1971) über das Tourneeleben der Mothers glossierte der «erste Meister der Mixed Media» (‹New York Times›) mit Hilfe von Solisten, Choristen, Groupies, einem Symphonieorchester und seiner Band seine alte Vorliebe für Puppen, Transvestiten und Zoten. Er parodierte das Musical ‹West Side Story›, moderne Oratorien à la Penderecki und empfahl, mittelmäßige Philharmoniker in Spezial-KZs zu bessern. In den Ruf, «wie eine Überdosis Novocain» (‹New York Times›) zu wirken, «unverschämt und eklektisch» (‹Time›) sowie «der teuerste Amateurfilm» aller Zeiten (‹Rolling Stone›) zu sein, geriet das Lichtspiel durch die exzentrische Bildtechnik: Unentwegt verändern sich die Farben, zerfließen Gesichter, zerhacken Strichraster das oft im Takt der Musik blubbernde Leinwandbild. Bis zu vier Szenen, von TV-Kameras simultan aufgenommen, wurden mit allen Raffinessen der Trickschaltung in- und übereinanderprojiziert. Der Versuch vieler Rockgruppen, die Musik in Filmen und Lichtshows nicht nur optisch, sondern auch in ihrer inhaltlichen Bedeutung anschaulich zu machen, war Zappa mit ‹200 Motels› geglückt. Der Musik zum Film wurde weniger applaudiert. Als Zappa im Juni 1970 *Excerpts From 200 Motels* in einem Konzert von Zubin Mehta und den Los Angeles-Philharmonikern zur Aufführung brachte, hörte der Klassik-Kritiker der ‹Los Angeles Times› statt eines Lehrbeispiels der Verbindung von Rock und Symphonik nur «Mengen von halbverdauten, 50 Jahre alten Klischees: Spaß vielleicht, aber wohl kaum das aufsehenerregendste Musikereignis seit der Weltpremiere von Strawinskys Frühlingsopfer». 1975 gelang es Zappa, mittels einer außergerichtlichen Einigung die Rechte an seinen bisherigen Aufnahmen von Verve Records zurückzuerlangen, dazu eine Abschlagszahlung von 100 000 Dollar für nicht erstattete Tantiemen. Anschließend löste er seinen Vertriebsvertrag mit Warner Bros., mußte aber noch drei LPs abdienen. Er lieferte die Instrumentalalben *Studio Tan* (1978), *Sleep Dirt* und *Orchestral Favorites* (1979). Inzwischen hatte er die Mothers of Invention entschlafen lassen. Vom Doppelalbum *Zappa In New York* (1978) an benutzte er seinen Nachnamen auch für die Band. Das neugegründete Label Zappa Records gab er bei Mercury in den Vertrieb. Die erste Veröffentlichung *Sheik Yerbouti* (1979), eine Verballhornung des erfolgreichen Disco-Titels *Shake Your Body* von K. C. and the Sunshine Band, wurde mit der Charts-Position 22 seine bestverkaufte LP. Zwei Songs trugen vor allem dazu bei: *Jewish Princess*, gegen den die jüdische Organisation B'nai B'rith bei der Zensurbehörde Federal Communications Commission wegen Obszönität und Blasphemie Sturm lief, und *Dancing Fool*, der in den Diskotheken einschlug. Um den Erfolg zu wiederholen, arbeitete der Komponist in den ersten LP-Teil einer geplanten Rock-Oper, *Joe's Garage, Act I* (gefolgt vom Doppelalbum *Joe's Garage, Act II and III*) in Anspielung an die *Jewish Princess* das ähnlich blasphemische *Catholic Girls* ein. Die kommerzielle Spekulation mißlang, und die Rock-Oper wurde nie aufgeführt. Als sich Mercury 1980 aus politischen Gründen weigerte, die Single *I Don't Wanna Get Drafted* (Ich will nicht eingezogen werden) zu veröffentlichen, kündigte er den Vertrag und schuf sich abermals ein eigenes Label: Barking Pumpkin Records, vertrieben von CBS oder im eigenen Mailorder-Service. Zappas immer schon hektische Veröffentlichungspolitik lief zu Hochform auf. Innerhalb weniger Monate erschienen die LPs *Shut Up'n Play Yer Guitar, Shut Up'n Play Yer Guitar Some More, Return Of The Son Of Shut Up'n Play Yer Guitar*. Einige der Ur-Mothers, darunter Jimmy Carl Black, Don Preston, Bunk Gardner, führten mittlerweile unter dem Band-Namen The Grandmothers Zappa-Songs aus den sechziger Jahren auf, ohne daß er es verhindern konnte. Er kam seinem Ideal eines «Underground Mail Order Empire» zur Vermarktung auch noch der geringsten Kreativität seiner sämtlichen Familienmitglieder immer näher. Auf der LP *Ship Arriving Too Late To Save A Drowning Witch* (1982) ließ er seine damals 14jährige Tochter Moon Unit einen Rap im Jargon der gelangweilten Prominenten-Teenager in San Fernando Valley absondern. Das Werk *Valley Girl* beflügelte den amerikanischen Volksmund und trieb Frank Zappa vor Gericht, um die unberechtigte Verwendung dieses Songtitels als Filmtitel zu verhindern. Neben seinem Studio in den Hollywood Hills hatte er sich zur Steuerung der Geschäfte das Büro Utility Muffin Research Kitchen (UMRK) eingerichtet. Es betreute den Postversand der Barking Pumpkin Records und den Souvenirvertrieb Barfko Swill: Zappa-Noten, Bücher, Poster, Postkarten, Sticker, T-Shirts. Reporter Steve Lake, Juli 1988: «Wenn seine Tochter Diva –

sie ist erst acht – ein erstaunliches Stück abstrakten Expressionismus auf Papier schmiert, das sie ‹Sunburn Monster› nennt, druckt es Frank Zappa auf ein T-Shirt und verkauft es der Welt. Seine ältere Tochter Moon (20) hat ein T-Shirt im Barfko-Swill-Katalog mit einer Zeichnung von ein paar toten Vögeln bedruckt.» Das erste Gitarren-Album des Zappa-Sohnes Dweezil, *Having A Bad Time*, im Alter von 16 aufgenommen, wurde über Barking Pumpkin 140000mal abgesetzt. Zappa senior ließ 1985 eine Sieben-LP-Box mit Remix-Versionen seiner Klassiker aus den Sechzigern plus unveröffentlichten Materials vertreiben. Das Doppelalbum *You Can't Do That On Stage Anymore* (1988) war als Beginn einer Zwölf-LP-Collection mit Live-Raritäten aus seiner ganzen Karriere angelegt. Für das Album *Jazz From Hell* wurde er 1988 (Best Rock Instrumental) mit einem Grammy prämiert. Seine Tournee «Broadway The Hard Way» mit Bobby Martin (kb), Scott Thunes (bg), Chad Wackerman (dr), Ed Mann (perc), Ike Willis und Mike Keneally (voc, g), Walt Fowler (tp), Bruce Fowler (tb), Paul Carman, Albert Wing, Kurt McGettrick (sax) wurde nach Konzerten in Europa und dem Nordosten der USA mit einem Verlust von 400000 Dollar abgebrochen. «Das lag daran», so Zappa 1992 in einem ‹Spiegel›-Gespräch, «daß einige Bandmitglieder den Bassisten nicht mochten. Es gab bereits ausverkaufte Konzerte, aber meine Musiker traten nicht an, weil ihnen der Bassist nicht paßte.» In Wahrheit hatte der Musiker allen Ernstes politische Ambitionen auf das Präsidentenamt der USA und in seinen Konzertfoyers Kabinen zur Registration von Jungwählern aufstellen lassen: «Man sollte aus ganz Washington einen Vergnügungspark machen. Dort sitzen die schlechtesten Clowns, die man für Geld kaufen kann.» So fand er zwar 11 000 potentielle Wähler, verprellte aber wohl weit mehr gestandene Fans. Die Tour war seine letzte. Zappa zum ‹Spiegel›: «Ich bin 51 und habe keine Pläne, noch jemals eine Rock 'n' Roll-Tournee zu unternehmen. Genausowenig werde ich noch mal eine Rock 'n' Roll-Platte aufnehmen.» Statt dessen ließ er sich vom tschechischen Präsidenten Václav Havel als Kulturattaché anheuern, kommentierte im TV-Kanal Financial News Network als angeblicher Osteuropa-Experte den Moskauer Immo-bilienmarkt oder die Produktionskraft der sowjetischen Landwirtschaft und pflegte sein Image als klassischer Komponist. 1990 wurden Zappa-Werke von Orchester und Ballett der Oper in Lyon, Frankreich, aufgeführt. 1991 hatte seine erste Orchester-Suite *The Yellow Shark*, von den 26 Spielern des Ensemble Modern dargeboten, in der Alten Oper zu Frankfurt / Main Premiere. Am zweiten der drei Aufführungstage, 18. September, mußte er aus gesundheitlichen Gründen nach Los Angeles zurückfliegen und konnte auch nicht an der Hommage teilnehmen, die frühere Bandmitglieder, A-cappella-Gruppen, Opernsänger und ein 25köpfiges Orchester an vier Novemberabenden im New Yorker Ritz für ihn veranstalteten – «eine wilde, mitreißende Show, gegen die die ‹Rocky Horror Picture Show› wie die Sonntagsmatinee eines Seniorenvereins wirkte» (Kritiker Jörg Eipasch). Zappa litt an Prostatakrebs, der zehn Jahre lang nicht erkannt worden war. Er arbeitete, stark geschwächt, verzweifelt an der Mischung des Albums *Yellow Shark* (1993) sowie an *Civilization Phaze III* (1994), das sein erstes Nachlaß-Opus werden sollte. Bereits 1967 hatte er die «Piano People» erfunden, indem er Musiker und Techniker die Köpfe ins Piano stecken und sie wirres Zeug reden ließ. Teile dieser Nonsense-Mumbles waren auf verschiedenen Platten verarbeitet worden, andere archiviert, um sie mit einer avancierteren Klangtechnik zu verwenden. 1991 ließ er weitere Piano People murmeln und mischte sie mit Synclavier-Spuren und Sounds des Ensemble Modern. «Ästhetische Vollendung wechselt sich mit flüchtigem Blödsinn ab; ein ordinärer Rülpser erhält denselben Stellenwert wie das klassisch geprägte Klangideal eines Kammerensembles. Über Jahrhunderte festgefügte Wertvorstellungen geraten aus den Fugen» (Wolf Kampmann im ‹Tagesspiegel›). Am 4. Dezember 1993 starb Frank Zappa an seinem Krebsleiden in seinem Haus im Laurel Canyon, Nord-Hollywood. «Ein Genie der elektronischen Avantgarde-Musik, ein musikalischer Scharlatan und Schwindler, ein massiver Bluff?» fragte der Rock-Chronist Irwin Stambler: «Es wird wahrscheinlich eine Weile dauern, ehe die Bedeutung Frank Zappas für die populäre Musik richtig eingeschätzt werden kann – ob er für den Rock ist, was Mahler und Schönberg für die Klassik waren, oder ob sein Beitrag nur ein langlebiger Gimmick war. Aber wie immer die Historiker urteilen werden, sie werden schwerlich finden, Zappa sei langweilig oder umstritten gewesen.» Sein Gesamtwerk auf 53 LPs wurde 1995 von Relativity Records in den USA digital gemastert auf CD vorgelegt. Dweezil Zappa veröffentlichte 1997 drei «einzigartige» («Musikexpress»), große Gitarrensoli des Meisters – *Black Napkins, Zoot Allures, Watermelon Baster Hay* – in den LP-Fassungen sowie in (besseren) bisher unveröffentlichten Live-Versionen. Zappas Jazz-Aufnahmen mit George Duke, Patrick O'Hearn, Jim Gordon, Chester Thompson, Terry Bozio und den Brecker Brothers, die 1977 von Warner Bros. abgelehnt worden waren, erschienen nun endlich in der 4-CD-Box *Läther* (1996) bei Rykodisk. Die gleiche Firma brachte die Outtakes, Demos und Live-Mitschnitte aus den frühen Sechzigern, die den beiden Editionen *Old Masters, Box One* und *Box Two* auf den zwei Bonus-CDs *Mystery Disk* beigelegen hatten, 1998 unter demselben Titel als Einzel-CD heraus. Wie er das alles verstanden wissen wollte, hatte der Verstorbene 1988 in seiner Autobiographie ‹The Real Frank Zappa Book› (Poseidon Press) kundgetan: «Rock 'n' Roll ist eine Angelegenheit der Konzerne geworden. Er ist nicht mehr ästhetischen oder musikalischen Regeln unterworfen, er muß nur noch mit der Corporate Identity des jeweiligen Konzerns zusammenpassen. Alles ist ein großer Betrug.» Zahlreiche Ensembles aus dem Jazz- und Pop-Bereich wie die Ed Palermo Big Band, die BRT Big Band, das Trio Cucamonga oder die Muffin Men beschäftigten sich nach dessen Tod mit Zappas Repertoire – weit unter seinem Niveau. Einzig das von ihm selbst autorisierte Ensemble Modern ging auch weiterhin werkgetreu und kreativ im Sinne moderner E-Musik mit seinem Nachlaß um. Anläßlich seines zwanzigjährigen Bestehens produzierte der Klangkörper in Frankfurt / Main Ende 2000 ein zweites Zappa-Programm mit zwei Werken, die er selbst zeitlebens für unspielbar hielt: *Dental-Hygiene Dilemma* aus *200 Motels* und *The Adventures Of Greggery Peccary*, das der Komponist als Hörspiel, als Kammeroper und auf zahllosen Synclavier-Dateien in jeweils anderer Form hinterließ. Die Version, die Ali N. Askin davon einrichtete, vereine «in einem rasenden Musik-Wortwitz-Wirbel nahezu alle Elemente aus Zappas musikalischem Kosmos», urteilte Peter Kemper in der ‹FAZ›: «Die zirzensische Lust, die das Ensemble Modern an den Tag legte, machte aus dem zwanzigminütigen Stück einen jubelnden Jahrmarkt zeitgenössischer Sound-Störung. David Moss rezitierte sich in einen Sprachrausch hinein, als sei er TV-Ansager auf einem LSD-Trip. Und die Mitmusiker schwelgten völlig losgelöst in ihrer Lust an Verfremdung.» So hatte sich das der Meister wohl gedacht. Und so mag es denn durchaus sein, daß sein ehemaliger Drummer Terry Bozio mit seinem optimistischen Statement recht behält: «Wenn in 200 Jahren von der großen Musik unserer Zeit die Rede ist, wird Franks Name der erste sein, der dabei fällt.»

LPs Frank Zappa auf Bizarre: *Hot Rats* (1970); *Chunga's Revenge* (1970) ... auf United Artists: *200 Motels* (1971) ... auf Discreet: *Apostrophe* (1974); *Zappa In New York – Live* (1978); *Studio Tan* (1978); *Sleep Dirt* (1979); *Orchestral Favorites* (1979) ... auf Warner Bros.: *Zoot Allures* (1976) ... auf Zappa: *Sheik Yerbouti* (1979); *Joe's Garage Act I* (1979); *Joe's Garage Act II & III* (1980); *Broadway The Hard Way* (1988); *The London Symphony Orchestra Vol. II* (1988); *Baby Snakes* (1989); *Beat The Boots – 10 Bootleg-LPs* (1991); *The Best Band You Never Heard In Your Life* (1991); *Make A Jazz Noise Here* (1991); *You Can't Do That On Stage Anymore Vol. III* (1991); *You Can't Do That On Stage Anymore Vol. IV* (1991); *Boulez Conducts Zappa: The Perfect Stranger* (1992); *Francesco Zappa* (1992); *Playground Psychotics* (1992); *You Can't Do That On Stage Anymore Vol. V* (1992); *You Can't Do That On Stage Anymore Vol. VI* (1992); *Yellow Shark* (1993); *Civilization Phaze III* (1995) ... auf Barking Pumpkin: *Tinseltown Rebellion* (1981); *You Are What You Is* (1981); *Ship Arriving Too Late To Save A Drowning Witch* (1982); *The Man From Utopia* (1983) ... auf Barking Pumpkin / CBS: *Shut Up'n Play Yer Guitar* (1982); *Jazz From Hell* (1986) ... auf EMI: *Them Or Us* (1984) ... auf Capitol: *Thing Fish* (1985); *Frank Zappa Meets The Mothers Of Prevention* (1986) ... auf Rykodisc: *Peaches In Regalia / I'm Not Satisfied / Lucille Has Messed Up My Mind* (1987; Set mit 3 EPs); *Sexual Harrassment In The Workplace / Watermelon In Easter Hay* (1988; 3 CDs); *Zomby Woof / You Didn't Try To Call Me* (1988; 3 CDs); *Montana (Whipping Floss / Cheep-*

niss) (1988); *Ahead Of Their Time* (1995); *Strictly Commercial* (1995); *Have I Offended This?* (1997) ... auf Barking Pumpkin: *Old Masters – Box One* (1987); *Old Masters – Box Two* (1987); *Old Masters – Box Three* (1987); *Guitar* (1988); *You Can't Do That On Stage Anymore* (1988); *You Can't Do That On Stage Anymore Vol. II* (1988) ... auf Rykodisk: *Läther* (4-CD Box, 1996); *Mystery Disc* (1998) ... Solo-LP von Dweezil Zappa auf Barking Pumpkin: *Having A Bad Time* (1986) ... auf Chrysalis: *My Guitar Wants To Kill Your Mama* (1988) ... auf Zappa: *Confessions* (1991)
Weitere LPs → The Mothers of Invention

ZZ Top, 1970 in Houston, Texas, gegründet, veredelten ihren aufgekratzten Hühnerstall-Boogie zum Weltraum-Blues der achtziger Jahre, ohne die Besetzung zu ändern oder stilistisch extravagante Experimente zu riskieren. Mit einer hochtourigen Mischung aus traditionellem Delta Blues, Country-Musik und fetzigem Hard Rock brachen sie auf ausgedehnten Tourneereisen sämtliche Zuhörer- und Kassenrekorde und verkauften allein in den achtziger Jahren mehr als 25 Millionen Platten. Billy Gibbons (g, voc), geboren am 16. Dezember 1949 in Houston, hatte zunächst in der Psychedelic-Band Sidewalk gespielt, die 1967 mit *99th Floor* einen regionalen Hit erzielte und im darauffolgenden Jahr Jimi Hendrix auf seiner US-Tournee begleiten durfte. Im Gegensatz zu dem Schöngeist Gibbons, der aus einer Familie klassischer Musiker stammte, waren Dusty Hill (bg, voc), geboren am 19. Mai 1949 in Dallas, Frank Beard (dr), geboren am 11. Juni 1949 in Frankston, Texas, bodenständige Rocker in der Band American Blues. Als der Flower-Gruppe Sidewalk die Power ausging, brachte Gibbons' Manager Bill Ham seinen Schützling mit Hill und Beard zusammen. Das Trio ZZ Top orientierte sich auf seinen ersten Alben mehr am progressiven Rock und Power-Blues britischer Ensembles wie Free, Jethro Tull, Cream, Jimi Hendrix Experience. Allmählich jedoch spielten sich die einfühlsamen Virtuosen in das Country Blues-Territorium von Lightnin' Hopkins, Robert Johnson, B. B. King vor (dessen Initialen sie angeblich zu ihrem Gruppenkürzel inspirierten). Stücke wie *Beer Drinkers And Hell Raisers*, *Nasty Dogs & Funky Kings* oder Trash-Titel wie *Arrested For Driving While Blind*, *Cheap Sunglasses*, *Groovy Little Hippy Pad* hatten zwar starkes texanisches Lokalkolorit, «aber im Grund interessiert sich doch jeder für Nutten, Bier und schnelle Autos» (Hill). Nicht zuletzt wegen der langen Bärte, die sich Hill und Gibbons im Lauf der Jahre wachsen ließen, wegen der fellbespannten Gitarren und straßbesetzten Cowboy-Klamotten waren die Musiker lange Zeit bei Rock-Kritikern aus den großen Städten als ordinäre Provinzkapelle verschrien und galten als sexistisch, imitativ, grobschlächtig – Blues ohne Feeling, Regionalismus ohne «Roots», Charaktermasken ohne Identität, Schrägheit ohne Exzentrik, Witz ohne Humor. Im Überschwang mitreißender Konzerte und Overdrive hochenergetischer Platten offenbarten sich ZZ Top den Skeptikern schließlich doch als «großartiger Anachronismus», als «Überraschung des Jahres» und «einzige Boogie-Band im Universum, die sich hip nennen darf» (‹New Musical Express›). Die Gruppe führte als Markenzeichen in ihren amüsanten, verschlagenen, chauvinistischen Videos zu den Hits *Gimme All Your Loving*, *Legs*, *Sleeping Bag* ein Ford Coupé Eliminator, Baujahr 1933, ein, an dessen Zündschlüssel das charakteristische Doppel-«Z» der Band baumelte. 1985 gelang den Frohsinnsrockern sogar zum erstenmal in ihrer phänomenalen Karriere mit *Rough Boy* eine sensible Ballade. ZZ Top waren die perfekten «Post Rock-Entertainer, die die Sprache des Rock 'n' Roll nutzten, um damit das traditionelle Vokabular des Showbiz zeitgemäß aufzupolieren» (‹Village Voice›). Folglich brauchte das Trio auch nichts an seinem Erfolgsrezept zu ändern: *Afterburner* (1985) war die listige Wiederholung von *Eliminator* (1983) unter anderem Titel und verschaffte der Gruppe für Jahre einen freien Rücken. Erst 1990 mußte das ZZ Top-Gebräu mittels moderner Soundtechnik wieder einmal hochgekocht werden. *Recycler* enthielt wiederum tadellos gespielten Blues und Blues Rock, wenn auch die Synthesizer-Sounds, mit denen die Band kurzzeitig liebäugelte, bisweilen über Gebühr in den Vordergrund traten – aber überraschen konnten Gibbons und Hill nur noch mit ihren ständig wechselnden Gitarrenmodellen. Bei *Antenna* (1994) hatte das dann auch ‹Q› bemerkt: «Zu viele Songs klingen einfach wie zu viele frühere ZZ Top-Songs.» Die Londoner

‹Times› disqualifizierte das Produkt als «ein derbes Album, das kein bißchen funkelt», und ZZ Top als «eine Band, die ihren goldenen Touch verloren hat». Da mußte sich dringend etwas ändern, und die von den Fans in den großen Stadien wie der Berliner Waldbühne oder dem Londoner Wembley-Stadion bei der *Recycler*-Tournee nicht angenommene Computer-Elektronik schied aus. «Wir sind drauf und dran, den Kneipen-Blues mit exotischen Elementen anzureichern», erklärte Billy Gibbons: «Percussion zum Beispiel spielt mittlerweile eine größere Rolle. In gewisser Weise sind wir einfach trashiger geworden.» Doch als das Album *Rhythmeen* 1996 in die Läden kam, kam die neue Musik – etwas vitaler, frischer und spaßiger zwar – doch wieder auf die alte heraus. Ins Album *XXX* (1999) hatten sich einige Drum & Bass-, Noise- und sogar Rap-Arabesken verirrt, aber dann ließ Billy Gibbons im Stück *36–22–36* wieder die Bluesharp aufheulen und der Boogie ging wieder ab. «Für ein einziges der wuchtigen, peitschenartigen Riffs würden 99 Prozent derer, die sich heute Rocker nennen, Haus, Hof, Harley und Großmutter verkaufen», schwärmte Svevo Bandini im ‹WOM Journal›: «Das knallt, dröhnt, röhrt, dampft, groovt und rollt, daß es eine wahre Freude ist.» Zur Hälfte live, zur Hälfte im Studio produziert, bot *XXX* zwar möglicherweise «das Lauteste und Dreckigste, was ZZ Top je verbrochen haben» (Marcel Anders im ‹Musikexpress›), aber wiederum ohne Risiko. Gibbons hatte auch dazu wieder einen Spruch: «Ich habe die Kompositionsstrukturen in Hunderten von Rocksongs studiert, um etwas mehr Abwechslung in unsere Musik reinzubringen. Dazu meinte mein alter Freund und Produzent Bill Ham: ‹Glaubst du wirklich, daß du mit einer Komposition beeindrucken kannst, die anders ist als Vers, Vers, Vers, Gitarrensolo, Vers, Gitarrensolo, Ende?› Und er hat recht, genau das ist und bleibt die Magie unserer Musik.» In eine Music Hall of Fame aufgenommen wurden die Blues-Spaßvögel mit ihren bewährten Bärten, Mützen und Sonnenbrillen auch – 1998 im Museum of the Gulf Coast im Civic Center von Port Arthur in Texas. Von ihrem Album *Eliminator* wurden zwischen 1983 und 1999 allein in den USA zehn Millionen Exemplare verkauft.

LPs auf London: *First Album* (1971); *Rio Grande Mud* (1972); *Tres Hombres* (1973); *Fandango* (1975); *Tejas* (1976); *Best Of* (1977) ... auf Warner Bros.: *Deguello* (1979); *El Loco* (1981); *Eliminator* (1983); *Afterburner* (1985); *Six Pack* (die ersten sechs ZZ Top-LPs auf drei CDs, 1988); *Recycler* (1990); *Greatest Hits* (1992); *One Foot In The Blues* (1994) ... auf RCA: *Antenna* (1994); *Rhythmeen* (1996); *XXX* (1999)

Das Personenregister führt alle Personen- und Bandnamen auf, die sich in den Biographien und den zugehörigen Diskographien finden. Die angegebene Seitenzahl bezieht sich auf die jeweils erste Nennung in einem Artikel. **Halbfett** gesetzte Seitenzahlen verweisen auf einen eigenen Artikel. Bei Geburts- und Künstlernamen, Pseudonymen sowie Änderungen des Namens bzw. der Schreibweise wird auf die jeweils gängigere bzw. neuere Form verwiesen (z. B. Rebennack, Malcolm «Mac» → Dr. John The Night Tripper); geringfügige Änderungen (z. B. Keith Richards, bis 1977 Keith Richard) sind ebensowenig berücksichtigt wie der englische Artikel «the» in Bandnamen. Bei Namensgleichheit wurden Instrument bzw. Nationalität zur Unterscheidung beigefügt (z. B. Williams, Tony [bg]).